ISBN 978-0-266-64960-1
PIBN 10998058

This book is a reproduction of an important historical work. Forgotten Books uses
state-of-the-art technology to digitally reconstruct the work, preserving the original format
whilst repairing imperfections present in the aged copy. In rare cases, an imperfection in
the original, such as a blemish or missing page, may be replicated in our edition. We do,
however, repair the vast majority of imperfections successfully; any imperfections that
remain are intentionally left to preserve the state of such historical works.

1 MONTH OF
FREE
READING

at
www.ForgottenBooks.com

By purchasing this book you are
eligible for one month membership to
ForgottenBooks.com, giving you
unlimited access to our entire
collection of over 1,000,000 titles via
our web site and mobile apps.

To claim your free month visit:

www.forgottenbooks.com/free998058

English
Français
Deutsche
Italiano
Español
Português

www.forgottenbooks.com

Mythology Photography **Fiction**
Fishing Christianity **Art** Cooking
Essays Buddhism Freemasonry
Medicine **Biology** Music **Ancient
Egypt** Evolution Carpentry Physics
Dance Geology **Mathematics** Fitness
Shakespeare **Folklore** Yoga Marketing
Confidence Immortality Biographies
Poetry **Psychology** Witchcraft
Electronics Chemistry History **Law**
Accounting **Philosophy** Anthropology
Alchemy Drama Quantum Mechanics
Atheism Sexual Health **Ancient History**
Entrepreneurship Languages Sport
Paleontology Needlework Islam
Metaphysics Investment Archaeology
Parenting Statistics Criminology
Motivational

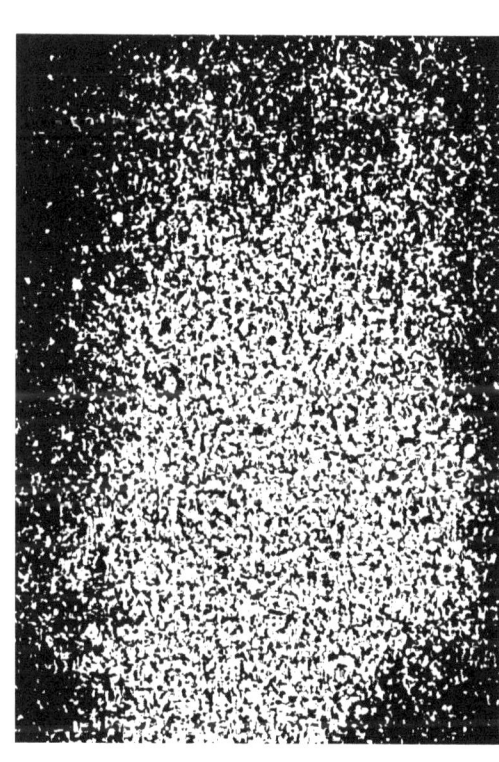

GRUNDRISZ

ZUR

GESCHICHTE DER DEUTSCHEN DICHTUNG

GRUNDRISZ

ZUR

GESCHICHTE DER DEUTSCHEN DICHTUNG

AUS DEN QUELLEN

VON

KARL GOEDEKE

Zweite ganz neu bearbeitete Auflage

Nach dem Tode des Verfassers in Verbindung mit Fachgelehrten

fortgeführt von

EDMUND GOETZE

———

SECHSTER BAND

Zeit des Weltkrieges

Siebentes Buch, erste Abteilung

Multum adhuc restat operis,
multumque restabit;

nec ulli praecludetur occasio
aliquid adhuc adjiciendi.
SENECA, *Epp. 64.*

LEIPZIG   DRESDEN   BERLIN
VERLAG VON L. EHLERMANN
MDCCCXCVIII

Vorwort.

Der erste Bogen dieses Bandes wurde schon im März 1894 dem Setzer übergeben, der Druck der späteren Bogen aber nur in großen Zwischenräumen vollendet, sodaß das vierzehnte Heft erst 1895 herauskam, weil mir der Herr Verleger die Muße gewährte, meine Arbeiten, die im Jubiläumsjahre des Hans Sachs erscheinen sollten, zu vollenden.

Der Stoff, den die Paragraphen 282 bis 298 enthalten, ist gegen die erste Auflage gewaltig angewachsen; denn für die Zeit der Romantiker sind inzwischen viele reiche Quellen erschlossen worden. Und das ist auch noch während des Erscheinens der einzelnen Hefte geschehen; kein einziger Abschnitt ist deshalb ohne Nachträge geblieben. Spätere Abschnitte enthalten auch Ergänzungen zu früheren Namen, Sophie Mereau z. B. ist sogar ganz neu bearbeitet worden. Doch haben wir uns bei der Vervollständigung auf die Schriftsteller beschränkt, die ihrer Landsmannschaft nach oder wie die ebengenannte wegen ihrer Verwandtschaft auch in den betreffenden Paragraphen hätten aufgenommen werden können. Die Freunde des Grundrisses wollen sich deshalb gedulden; es wird unausgesetzt an seiner Vervollkommnung gearbeitet; diesmal aber mußte ich manches zurück stellen, damit der Band nicht zu sehr anschwölle. Der nächste wird wohl etwas mehr aufnehmen können.

Wer an der Ausführlichkeit des § 298, Österreich, Anstoß nehmen sollte, weil er darin sogar solche Schriftsteller aufgeführt findet, deren dichterische Erzeugnisse als elende Verse oder als gereimter Unsinn bezeichnet wurden, als sie ans Licht traten, der vergegenwärtige sich, was ein Grundriß eigentlich geben will. Während die Litteraturgeschichte von dem Einflusse spricht, den die Schriftwerke auf die Zeitgenossen ausüben, berichtet der Grundriß, daß die Dichtungen da sind oder da waren. Nur in den zusammenfassenden Einleitungen sollen Wertungen vorgenommen und nur bei einzelnen hervorragenden Persönlichkeiten Charakteristiken angeknüpft werden.

August Sauer, der Bearbeiter des § 298, hat sich im Euphorion über dessen Entstehungsgeschichte ausgesprochen. „Goedekes Absicht,“ sagt er, „war, in diesem Kapitel die ‚untergeordneteren‘ Schriftsteller der Jahre 1800 bis 1815 ‚nach den Ländern ihrer Geburt und innerhalb dieser Grenzen nach der Zeit ihres Auftretens‘ zu ordnen, und

da die Epiker, die Dramatiker, die Romanschriftsteller, auch die untergeordneteren, in den vorausgehenden Paragraphen bereits vereinigt
sind, scheint es sich ihm hier im wesentlichen um die kleineren
Lyriker gehandelt zu haben. Darum stellte er auch eine Übersicht
der provinziellen und lokalen Musenalmanache jedem einzelnen Paragraphen voraus. Die einfache Durchführung dieser Absicht an der
Hand des in Österreich vorhandenen, Goedeke unzugänglich gebliebenen Materials ergab eine viel größere Anzahl hierhergehöriger
Schriftsteller und eine ungleich ausgedehntere Thätigkeit der von
ihm bereits aufgeführten.

Bei der ausschließlichen Benutzung norddeutscher Bibliotheken
war die österreichische Litteratur besonders stark zu Schaden gekommen. Dies ließ sich aber auch schon für die früheren Bände
konstatieren. Sollte daher der § 298 nicht ganz in der Luft hängen,
so mußte über die im Grundriß fast ganz vernachlässigten Neunziger-
jahre eine Verbindung mit der Josephinischen und Theresianischen
Epoche gesucht werden. So wurden die wichtigsten Nachträge zu
den österreichischen Dichtern des 4. und 5. Bandes unserem Paragraphen eingefügt, ohne daß jedoch dabei Vollständigkeit angestrebt
wurde. In einer dritten Auflage des Grundrisses wird leicht wieder
eine Entlastung dieses Schwellparagraphen eintreten können, wenn
der Bearbeiter der österreichischen Partien schon in einem früheren
Zeitraume einsetzt. Andererseits wurden aus späteren Paragraphen
des alten dritten Bandes, insbesondere aus dem als ‚Nachlese' bezeichneten § 336 alle jene österreichischen Dichter, die bereits vor
1815 aufgetreten waren, in unseren Paragraphen herübergenommen.
Die ungefüge Masse grundverschiedener Elemente, die auf solche
Weise zusammenkam, verlangte notwendigerweise eine sinngemäße
Gliederung, und als solche ergab sich eine Scheidung der Dichter
nach den österreichischen Kronländern, die ebenso viele verschiedene
Kulturgebiete bedeuten. Der Föderalismus mag politisch ein Unding
sein, litterarhistorisch ist er eine Notwendigkeit. So zerfiel der
Paragraph in 15 kleinere Abschnitte, die als selbständige Organismen
wieder eine neue Ausgestaltung erheischten, um so mehr, als es an
Vorarbeiten fast gänzlich fehlte. So ausführlich der Paragraph nun
auch geraten ist, so unvollständig und lückenhaft bleibt er doch noch
in vieler Hinsicht. Weiter wird sich nur an Ort und Stelle gelangen
lassen bei besserer Ausnutzung der einzelnen österreichischen Landes-
bibliotheken, die für die provinziale Litteraturgeschichte weit mehr
Material besitzen, als mir trotz des großen Entgegenkommens der
einzelnen Bibliotheksvorstände durch Versendung zugänglich gemacht
werden konnte."

Auch sonst ist manches neu hinzugekommen, ohne daß Goedeke
dazu besondere Vorarbeiten hinterlassen hatte. So Gaudy und in dem
Gelehrten-Paragraphen Carl Ritter, beide von mir; ebenso die Brüder
Grimm, die Reinhold Steig bearbeitet hat. Von demselben, der
überhaupt den Grundriß fort und fort mit Zufügungen bedenkt, stammt
§ 286, der Artikel Heinrich von Kleist rührt von Reinhard Kade,
Adelbert von Chamisso und K. G. v. Brinckmann von E. F. Koßmann im Haag, § 295 von Carl Müller, und die beiden Forster
mit Thomas Sömmerring von Dan. Jacohy her. Zu Danke verpflichtet
bin ich auch Gotthold Klee, weil er auf mein Ersuchen Ludwig Tieck,
Oskar F. Walzel, der Varnhagen durchgesehen, und Albert Leitzmann, der Jens Baggesen vervollständigt hat. In der großen Zahl
derer, die ich dankbar zu nennen habe, weil sie Vorschläge gemacht
oder Ergänzungen und Verbesserungen eingesendet oder auf Anfragen
geantwortet oder endlich mir ihre Schriften oder Kataloge haben
zugehen lassen, begegnen viele treue Namen, die an dieser Stelle
auch in den vorigen Bänden stehen. Ich nenne in Berlin Paul Benecke,
Fritz Jonas, Heinrich Meisner und Heinrich Stümcke; in Breslau
Max Koch; in Cambridge Karl Breul; in Chemnitz Herm. Ullrich;
in Darmstadt Joh. Waitz; in Dresden Hubert Ermisch, H. A. Lier;
Sophus Ruge, Wilhelm Rüger, Franz Schnorr von Carolsfeld und
Robert Wuttke; in Elbing L. Neubaur; in Eilsdorf P. Schleiff;
in Gernsbach Heinrich Funck; in Gotha Heinr. Georges; in Graz
Adalbert Jeitteles, Anton Schlossar und Hans von Zwiedineck;
in Greifswald Edmund Lange; in Hamburg C. Redlich; in Hannover
P. Waitz; in Hildesheim Ignaz Gebhard; in Innsbruck Dr. Hitt-
mair und Ludwig von Hörmann; in Königsberg H. Becker und
Otto Kröhnert; in Leipzig F. A. Brockhaus, Aug. Leskien,
Philipp Reclam, Eduard Sievers und Gustav Wustmann; in Mar-
burg a/Drau S. M. Prem; in München Anton Englert, Ludwig
Fränkel, Ludwig Rosenthal, A. L. Stiefel und Emil Sulger-
Gebing; in Nauen Franz Brümmer; in Nürnberg Eugen Träger;
in Prag Rudolf Fürst und Richard Rosenbaum; in Preßburg
Johann Batka; in Quedlinburg Selmar Kleemann; in Rostock
Herm. Tardel; in Ulm Eberh. Nestle; in Wien Alfred Daubrawa
und Carl Glossy; in Zwickau Richard Beck.

Wie mir das Entgegenkommen der österreichischen Bibliotheken
für die Zwecke des Grundrisses gerühmt wird, so muß ich dieselbe
Bereitwilligkeit der hiesigen Königlich öffentlichen und der Stadtbibliothek, ebenso die Mithilfe der Münchner Hof- und Staatsbibliothek
und der dortigen Universitäts-Bibliothek mit freudigem Danke hervor-
heben. Zwar wird erst der nächste Band die Beweise für die Mitarbeit

der beiden letztgenannten bringen, danken aber kann ich nicht zeitig
genug. Fortwährend bei der Korrektur unterstützt haben mich
Johannes Höser und von § 288 an Karl Siegen in Leipzig, der
aus seinem reichen Bücherschatze dem Buche manche sonst schwer
zu erhaltende Notiz zugeführt hat.

Professor Albert Schumann in Aarau hat leider die Vollendung
dieses Bandes, der ihm viel verdankt, nicht erlebt. Er starb am
25. Februar 1897, nachdem er fast zwei Jahre lang in reichen Sendungen mitgeteilt hatte, was er in der ihm unterstellten Bibliothek
und in Bibliotheken der Nachbarorte bei seinen Arbeiten zur Ergänzung des Grundrisses gefunden hatte. Ich bedaure aufs innigste,
seine buchstabengetreuen und gewissenhaften Zuwendungen, die er
in rührend bescheidener Weise bot, entbehren zu müssen.

Einen ganz besonderen Anteil an diesem Bande hat Alfred
Rosenbaum in Prag; er hat nicht nur §§ 294 und 296 zum
größten Teile bearbeitet und mir nur wenig dabei mitzuwirken übrig
gelassen, sondern ist auch bei allen Abschnitten helfend und ratend
thätig gewesen. Dazu befähigt ihn seine umsichtige Anlage des
Schlußregisters, auf das ich im Vorwort zum vierten Bande hinwies.
Wie es für die Studien nutzbar werden kann, habe ich schon mehrmals
dankbar erprobt; es bis ins kleinste sorgfältig auszugestalten, ist
sein unablässiges Bestreben.

Wäre ich ein Freund von litterarischen Kämpfen, so gäbe es
zu Verteidigung und Angriff Anlaß genug. Ich meine aber, daß
solche Fechtergänge kaum vorübergehende Teilnahme erwecken,
während der Grundriß etwas Bleibendes sein soll. Wie die Be-
sprechungen, die mir zu Gesicht gekommen, von mir gelesen und
geprüft worden sind, kann man aus den Nachträgen ersehen.

Dresden-Neustadt, im Juni 1898.

Edmund Goetze.

In diesem Neudrucke, der sich erfreulicherweise nötig gemacht
hat, sind nur alle Druckfehler verbessert und die Hinweise auf das
Spätere bis zum achten Bande, was also in zweiter Auflage vorliegt, vervollständigt worden. Ebenso ist angegeben, wo das Ende
des Bandes Nachträge bringt.

September 1906.   E. G.

Siebentes Buch.

Zeit des Weltkrieges.

Phantastische Dichtung.

§ 282.

Die romantische Schule, deren kurze Wirksamkeit gleichzeitig verlief mit dem großen Kriege, war eine Auflehnung gegen die Klassizität des achtzehnten Jahrhunderts und hatte ihren bestimmenden Charakter mehr in der ablehnenden Bekämpfung als in künstlerischer Gestaltung neuer schöpferischer Ideen. Zunächst gingen die Stifter und Träger der Schule von dem Kampfe gegen die Verstandesaufklärung des norddeutschen Rationalismus aus und suchten dabei nach einem gemeinsamen festen Boden der Vermittelung zwischen Leben und Kunst, zwischen Volk und Bildung. Sie verirrten sich jedoch in eine nur erträumte Welt, deren körperlose Gebilde mit der idealen Wahrheit im grellen Widerspruchs standen. Bei ihrem Suchen nach dem Boden, auf dem sie eine neue Welt aufbauen könnten, stellten sie alles Gesicherte: Staat und Kirche, Haus und Familie, Kunst und Dichtung, ja fast die Sprache selbst bis zur Auflösung in Frage und gelangten, je nach der Eigenart der Persönlichkeiten, in ihrem rückwärtsschreitenden Streben mehr oder minder bis zum Beruhen in einer äußerlich dem römischen Katholizismus angepaßten. innerlich aber sehr ungleichen hierarchischen Lebensform, indem sie sich dem Übertritte näherten, oder wirklich übertraten. Auf dem Wege dahin machten sie mit ihren tastenden Vorstellungen von der Grundlage des Lebens in Staat und Kirche, mit ihren Versuchs-Ehen und sinnlichen Sittlichkeitsgrundsätzen, mit ihren mehr blendenden als erleuchtenden philosophischen Betrachtungen über die Mustergiltigkeit der Kunst in Bild, Ton und Wort vielfachen Wandel durch. Überall empfanden sie ein Mißverhältnis zwischen idealem und realem Leben, das sie mit den wunderlichsten Mitteln auszugleichen bemüht waren, ohne in irgend einem entscheidenden Punkte eine neue dauernde Gestaltung zu gewinnen. Was aus ihren Bestrebungen an wissenschaftlicher Ausbeute fruchtbringend hervorging, gehört, wenn auch hier wurzelnd, wesentlich doch einer späteren beruhigteren Zeit an. Die großen Leistungen Goethes und Schillers samt denen ihrer Vorgänger und Zeitgenossen schienen auf denselben Grundlagen weder zu übertreffen, noch zu erreichen. Es war daher eine Hauptaufgabe der Schule, andere Ausgangspunkte aufzufinden und vorzugsweise solche, die sich mit der Klassizität füglich nicht vergleichen ließen. In diesem Sinne wurden die Werke der fremden Litteratur durchforscht und die Engländer, Spanier und Italiener, sowie die Dichtungen des deutschen Mittelalters, das ohnehin den Vorstellungen einer hierarchischen Lebensform zu entsprechen schien, in die Gegenwart eingeführt. Dem klassischen Kunstidealismus trat die schwärmerische Begeisterung für die Werke der katholischen Kunst entgegen. So wohltätig und fördernd diese Forschungen und Aufstellungen für die historische Erkenntnis wirkten, ebenso wenig Kraft hatten sie, zu allgemein giltigen Ergebnissen zu führen. Die Begeisterung für die altdeutsche Kunstschule und für die italienisch-katholische Malerei wurde bald auf das richtige Maß zurückgeführt, da fast überall die Berichtigung des Urteils durch die Vergleichung des mit bestimmten technischen Mitteln Geleisteten und der Natur auf éinen Blick möglich war. Wo langsameres Studium vorausgesetzt wird, wie es bei Werken der Dichtung der Fall ist, konnte das Urteil schwankender bleiben. Die Neigung zu den ausländischen Litteraturen, die sich vorzugsweise in vollkommenen Übersetzungen betätigte und sich weit über Europa hinaus bis in den Orient und versuchsweise, mehr ahnend als erkennend, selbst bis Indien erstreckte, hat zwar die von Herder angeregte universale Auffassung der Weltpoesie unendlich vertieft und erweitert, uns aber auch in eine Unsicherheit des Geschmackes und in erneute Abhängigkeit von ausländischer Dichtung geführt; die Kluft zwischen Bildung, die gegenwärtig einen nicht unbedeutenden Grad von Gelehrsamkeit voraussetzt, und zwischen Bildungsbedürftigkeit ist noch umfangreicher und tiefer geworden, als in der vorigen Periode; um die vaterländische Litteratur zu verstehen und zu würdigen, ist neben der Kenntnis des klassischen Altertums eine Art von Vertrautheit mit der Litteratur jedes Volkes älter und neuer Zeit erforderlich geworden. Die Vertiefung in die ältere Litteratur des Vaterlandes, der erst in nachfolgenden Jahrzehnten das rechte Verständnis folgte, führte nicht minder auf Abwege, indem sie Abgeleitetes für Ursprüngliches ansah und geschichtlich Berechtigtes als absolut Richtiges auffaßte; sie führte aber auch zu einer Kräftigung des vaterländischen Sinnes, da sie dem zersplitterten, von eigenen und fremden Despoten verratenen und verkauften Vaterlande ein von altersher gemeinsames Gut in Sprache und Dichtung, in Sitte und Glauben, in Recht und Geschichte nachwies und, bei allen Selbsttäuschungen im Einzelnen, sich über den Wert des Ganzen doch nicht irrte. Dieser Richtung verdankte zum großen Teil die Litteratur am Schlusse der Periode ihren patriotischen Aufschwung; alle Dichter waren über das nächste Ziel und die Wege dahin einig; Freiheit durch Kampf war die Losung, und wie ein brausender begeisterter Jubelruf erklang von allen Seiten das freiheitsdurstige deutsche Schlachtlied. — Die eigenen selbständigen Leistungen der Schule waren bei kleinlicher Sorgfalt für das Einzelne von großer Formlosigkeit und bei empfindlicher Leere überaus anspruchsvoll. Weder durch künstlerische Form, noch durch wertvollen Gehalt ist irgend eins ihrer Werke dauernd geworden; mit Ausnahme einiger Dramen von Kleist, denen jedoch auch die Merkmale der schwärmerischen Zeit ankleben, und einiger Lieder von diesem und jenem, sind die Dichtungen der Schule vergessen, fast unverständlich geworden; wo sie mit ihren mystisch-absolutistischen Traumgebilden und Lehrsätzen auf praktischen Gebieten vorübergehende Geltung erlangt hatte, ist sie von dem gesunden kräftigen Leben überholt und im wesentlichen beseitigt. Sie ist wie ein knatterndes

Raketenfeuer am nächtlichen Himmel vorübergerauscht. Der helle Tag, der auf ihre trübe Nachtdämmerung folgte, hatte andere Aufgaben, als die der romantischen Schule waren.

a) Theod. Echtermeyer und A. Ruge, Der Protestantismus und die Romantik. Ein Manifest: Hallische Jahrbücher für deutsche Wissenschaft und Kunst 1839. Jahrg. 2, Spalte 1953 bis 2480.

b) Joseph Freih. v. Eichendorff, Ueber die ethische und religiöse Bedeutung der neueren romantischen Poesie in Deutschland. Leipzig 1847. VI, 296 S. 8. Wiederholt im 2. Teile von Eichendorffs Geschichte der poetischen Literatur Deutschlands. Paderborn 1857. II. 8.; Zweite Aufl. (Abdr.). 1861. — S. unten S. 795.

Richard Dietze, Eichendorffs Ansicht über romantische Poesie im Zusammenhange mit der Doktrin der romantischen Schule aus den Quellen dargelegt. Diss. Leipzig 1888   70 S. 8.

c) Julian Schmidt, Geschichte der Romantik in dem Zeitalter der Reformation und der Revolution. Studien zur Philosophie der Geschichte. Leipzig 1848. II. 8.   Zweiter Band.   S. 864 bis 506.

d) Hermann Hettner, Die romantische Schule in ihrem inneren Zusammenhange mit Göthe und Schiller. Braunschweig 1850. 4 Bl., 207 S. 8. — Stephan Waetzold, Goethe und die Romantik: Zwei Goethevorträge. Berlin 1888. 8. S. 27 bis 56.

e) (Adolph Tellkampf) Phantasus. Eine Auswahl aus erzählenden Dichtungen der Romantiker. Mit einleitenden Bemerkungen über die romantische Schule. Hannover 1853. V, 502 S. 16.

f) Rudolf von Gottschall, Die deutsche Nationallitteratur des neunzehnten Jahrhunderts. Litterarhistorisch und kritisch dargestellt. Breslau 1855. II. 8.; 1861. III. 8.; 1872; 1875. IV.; 1881; Sechste verm. und verb. Auflage. Breslau 1891 bis 92. IV. 8.

g) (Wilhelm Dilthey) Aus Schleiermacher's Leben. In Briefen. Berlin 1858 bis 63. IV. 8.

h) J. H. Schlegel, Die neuere Romantik in ihrem Entstehen und ihre Beziehungen zur Fichte'schen Philosophie. Progr. Rastatt 1862 bis 1864. 8 Hefte. 4.

i) (G. L. Plitt) Aus Schellings Leben. In Briefen. Leipzig 1869—70. III. 8.

k) Rudolf Haym, Die romantische Schule. Ein Beitrag zur Geschichte des deutschen Geistes. Berlin 1870. XII, 951 S. 8. Für die Entwickelung der Romantik nach 1804 sieh Max Kochs Einleitungen zu Dtsch. Nat.-Litt. Band 146 und 146 II, 1.

l) Rud. von Raumer, Vom Auftreten der Romantiker bis zum Erscheinen von Grimms Grammatik: Geschichte der germanischen Philologie vorzugsweise in Deutschland. München 1870. 8. S. 292 bis 467.

m) Georg Brandes, Die Hauptströmungen der Literatur des neunzehnten Jahrhunderts (übers. von Ad. Strodtmann). Zweiter Band: Die romantische Schule in Deutschland. Berlin 1871 bis 1873. 8. — Vollständig umgearbeitet und von Brandes selbst deutsch abgefaßt. Leipzig 1887. 8.

n. Ein Engländer über deutsches Geistesleben im ersten Drittel dieses Jahrhunderts. Aufzeichnungen Henry Crabb Robinson's; nebst Biographie und Einleitung von Karl Eitner. Weimar 1871. XXXII, 443 S. 8.

o) Aus dem Nachlaß Varnhagens von Ense. Briefe von der Universität in die Heimath. Leipzig 1874. X, 530 S. 8. Briefe Adolf Müllers aus Bremen, geb. 1785, † 8. Januar 1811. Sehr lehrreich über die Wandlungen der jungen Leute durch romantische Einflüsse; Vergötterung Tiecks, Herabsetzung Schillers und besonders der ungeheure Einfluß von Steffens und Schleiermacher in Halle vor dem Falle der Universität. Müller lebte in Halle, Berlin, Paris.

p) J. H. Schlegel, Ueber den Begriff des Romantischen. Progr. Wertheim a M. 1878. 86 S. 4.

q) Hermann Petrich, Drei Kapitel vom romantischen Stil. Ein Beitrag zur Charakteristik der romantischen Schule, ihrer Sprache und Dichtung, mit vorwiegender Rücksicht auf Ludwig Tieck. Leipzig 1878. XVI, 152 S. 8.

r) Wilhelm Beste, Ueber den Geist der romantischen Dichterschule. Braunschweig 1881. 88 S. 8.

s) Karl Bartsch, Romantiker und germanistische Studien in Heidelberg 1804 bis 1808. Progr. Heidelberg 1881. 46 S. 4. — s'. Sieh unten S. 795.

t) Friedrich Pfaff, Romantik und germanische Philologie. Heidelberg 1886.
32 S. 8. Sammlung von Vorträgen, hg. von Frommel und Pfaff 15, 9.
u) Heidelberger Romantik und die Anfänge der Sprachwissenschaft: Münchn.
Allg. Ztg. 1886. Nr. 199.
v) Charlotte Lady Blennerhassett, geb. Gräfin Leyden, Frau von Staël,
ihre Freunde und ihre Bedeutung in Politik und Litteratur. Berlin 1887—89.
III. 8. Dtsch. Litt.-Ztg. 1891. S. 462 f.
w) H. Zimmer, J. G. Zimmer und die Romantiker. Mit ungedruckten Briefen
von Arnim, Böckh, Brentano, Görres, Marheineke, Fr. Perthes, Savigny, Brüder
Schlegel, L. Tieck, de Wette. Frankfurt 1888. VIII, 383 S. 8.
x) Julian Schmidt, Geschichte der Deutschen Litteratur von Leibniz bis auf
unsere Zeit. Vierter Band. 1797 bis 1814. Berlin 1890. VIII, 474 S. 8.
y) Hermann Fischer, Klassizismus und Romantik in Schwaben zu Anfang
unseres Jahrhunderts: Beiträge zur Litteraturgeschichte Schwabens. Tübingen,
1891. 8. S. 40 bis 78. Vorher: Festschrift der Univ. Tübingen zum 25. Juni 1889.
22 S. 4. — z) Hermann Paul, Das Zeitalter der Romantik: Grundriß der germanischen Philologie. Straßburg 1891. I, 56 bis 94. — tz) S. 795.
Von dem Worte Romantisch: Zsch. f dtsch. Alterth. 1882. 26, 192; Zsch.
f. vgl. Litt.-Gesch. 1887/88. N. F. 1, 259. 396; Anz. f. d. Alterth. und deutsche
Litt. 1889. 15, 223 und Zsch. f. vgl. Litt.-Gesch. 1890. N. F. 3, 491.

Erstes Kapitel.

Die eigentlichen Führer der romantischen Schule waren die Gebrüder Schlegel, von denen der ältere, Aug. Wilhelm, sich von der
Neigung für die Klassizität niemals ganz lossagte, während sein Bruder
Friedrich, obwohl er vom klassischen Altertum ausging, sich in ganz
entgegengesetzte Bahnen begab. Beide waren poetisch unbegabt. Den
Mangel, über den sie nach unglücklichen Versuchen sich schwerlich
täuschen konnten, suchten sie in verschiedener Weise zu verbergen:
A. Wilhelm, indem er das Äußere der Form mit der genauesten Sorgfalt
ausarbeitete und durch Mannigfaltigkeit der Darstellungen die Armut des
Talents versteckte oder mit der poetischen Kraft sich anzuschmiegen, die
ihm eigen war, die großen Dichter Englands, Spaniens und versuchsweise
auch Dante übersetzte; Friedrich kehrte nach wenigen und durchaus
unglücklichen Versuchen (Lucinde, Alarcos, Romanzen) zu seinen ge-
schichtsphilosophischen Darstellungen zurück und richtete (nach Forsters und
Dalbergs Vorgange) das Augenmerk zuerst auf Indien, wohin sein Bruder
ihm mit größerer wissenschaftlicher Befähigung und Gründlichkeit folgte.
Beide waren in Polemik und Kritik gleichmäßig tätig und bekämpften
die poetische Mittelmäßigkeit nicht ohne glücklichen Erfolg. — Das fruchtbarste Talent der Schule war Ludwig Tieck, der alle Wandlungen des
Lebens durchmachte und in gewissem Sinne wie Goethe das Abbild seiner
Zeit geworden ist. Die Hastigkeit seines Schaffens verdünnte die Leistungen,
die bei allem Anziehenden einzelner Stücke im ganzen ebenso leer und
öde sind wie die der Schlegel; nur in der Prosa sammelte und hob er
sich mehr, sodaß einige seiner kleinen Novellen aus älterer und neuerer
Zeit noch gegenwärtig gefallen, während die aus Schwärmerei und Ironie
gemischten dramatischen Versuche völlig veraltet und die leeren Klänge
seiner Lyrik, namentlich die flachen Nachbildungen nach deutschen
epischen Sagen, unerträglich geworden sind. — Als ihren tiefsten Dichter
feierten die Romantiker Novalis, dessen träumerisch-mystisches Grübeln
weder zu einer Klarheit und Reinheit des poetischen Empfindens noch zu

folgerichtigem Aufbau gelangte. In seinen geistlichen Gedichten spricht sich eine bekenntnislose Frömmigkeit aus, die durch menschliche Innigkeit rührt, aber auch durch anschwärmerischen Mystizismus und Ultramontanismus abstößt. Ein großes Werk zu vollenden war ihm nicht gegönnt. — Vielseitiger zeigten sich Brentano und Arnim. Der erste suchte in verworrenen Gestaltungen das sinnliche Sittlichkeitsprinzip geltend zu machen und spielte dann mit seinem reichen Talente willkürlich, bis er aus der weltlichen Phantastik in die religiöse geriet und darin unterging. Kräftiger und gehaltener zeigte sich Arnim, dessen realistischer Zug in anderen Verhältnissen zu großen festen Gestaltungen hätte gelangen können, im Wetteifer mit den Tollheiten der Schule nun zum Zerrbilde wurde. — Was an wissenschaftlichem Werte aus dieser Schule hervorging, kann nur durch Namen angedeutet werden. Männer wie Görres, Schubert, Schleiermacher, Savigny, Humboldt, Ad. Müller, Gentz und andere gehören mehr in die Geschichte bestimmter Fachwissenschaften oder in die allgemeine Kulturgeschichte, als in die der Dichtung.

§ 283.

1. **August Wilhelm von Schlegel**, geb. am 5. (get. am 8.) September 1767 in Hannover, Sohn des Dichters Joh. Adolf Schlegel (§ 206, 4), besuchte das Lyzeum seiner Vaterstadt und studierte in Göttingen zuerst Theologie, dann Philologie unter Heynes Leitung. Bürger hatte wesentlichen Einfluß auf Schlegel und nannte ihn mit Selbstgefühl seinen lieben Sohn in Apoll. Von Bürger geleitet, suchte Schlegel das Formelle der Poesie bis zur glänzenden Glätte durchzubilden. Auch die Vorliebe für die Dichter der südlichen Länder fand in Göttingen durch Bouterwek und die Schätze der Universitätsbibliothek Vorschub. Nach Vollendung der Universitätsstudien nahm Schlegel eine Hauslehrerstelle in Amsterdam an; dort blieb er vier Jahre. 1796 verheiratete er sich mit Caroline, der Tochter des Prof. Michaelis, die vorher mit dem Bergphysikus Böhmer in Clausthal verheiratet gewesen war (§ 283, 2). 1796 bis 1801 lebte Schlegel in Jena, zuerst bei der Litteratur-Zeitung thätig, dann als Professor und erhielt vom Herzoge von Weimar, der ihn schätzte, den Titel eines Rates, wohl nicht ohne Goethes Zustimmung, der ihm wegen seiner ausgebreiteten Kenntnisse und seines Übersetzertalentes die sonstige Hohlheit und Leere seines Wesens nachsah und ihm sogar in der metrischen Ausfeilung seiner Elegien und Epigramme freie Hand ließ. Schiller zeigte sich anfangs freundlich und wohlwollend gegen Schlegel, brach aber den persönlichen Verkehr bald in schroffer Weise ab und ließ die litterarische Verbindung, die auf den Horen und dem Musenalmanache beruht hatte, allmählich erlöschen (Bd. V. S. 71), da er von der inneren Leere sich widrig berührt fand. Schlegel verwickelte sich aus persönlichen Anlässen in vielfache Streitigkeiten, die er dann von den Personen auf die Sachen zu lenken bemüht war, zum Teil auf eigene Hand, zum Teil in Verbindung mit seinem Bruder und später auch von den übrigen Freunden unterstützt. Vorzugsweise war die Polemik gegen Kotzebue und seinen Bundesgenossen Garlieb Merkel gerichtet, die den platten Verstand vertraten und ebenso schonungslos und wirksam die lächerlichen und liederlichen Verirrungen der romantischen Schule, ihre an-

maßliebe unschöpferische Armut und kecke Absprecherei aufdeckten, wie
die Romantiker die Mattherzigkeit und nüchterne Plattheit ihrer Gegner
dem Gelächter und der Verachtung preisgaben. Aus diesem gegenseitigen
Vernichtungskampfe, der auf beiden Seiten nur verneinend und ohne
allen thatsächlichen Rückhalt geführt wurde, gingen die Fragmente des
Athenäums (Bd. V. S. 71), und der Triumphbogen für Kotzebue hervor. —
Von Jena war Schlegel nach Berlin gegangen. Als Neckers Tochter,
Frau von Staël, im Frühjahre 1803 von Weimar nach Berlin reiste,
ließ sie sich von Goethe an Schlegel empfehlen (Bd. IV, 544) und
knüpfte eine länger dauernde Verbindung mit diesem an, der sich von
seiner ersten Frau (oder sie sich von ihm) hatte scheiden lassen.
Schlegel lebte mit Frau von Staël in Italien und in Coppet am Genfer See,
später auch in Dänemark und Schweden. Hier wurde er 1809 zum
Legationsrat ernannt. Er begleitete 1813 den Kronprinzen von Schweden,
dem er die Erneuerung seines Familienadels (Schlegel von Gottleben) verdankte, als geh. Kabinettssekretär nach Deutschland, verfaßte die meisten
von dessen Proklamationen und ließ mehrere staatsmännische Schriften in französischer und deutscher Sprache erscheinen, wie er sich denn überhaupt ge-
wöhnt hatte, sich beider Sprachen zu bedienen. Nach den Kriegen lebte er
wieder mit Frau v. Staël in Coppet, bis er 1818 an der neuerrichteten
Universität Bonn als Professor der Litteratur angestellt wurde. Hier betrieb
er vorzugsweise das Studium des Indischen, machte, um die Quellen herbei-
zuschaffen, Reisen nach Paris und London, gründete eine Druckerei mit
Sanskrittypen und übernahm die Leitung des antiquarischen Museums in
Bonn. In den letzten Jahren verwickelte er sich wiederum in litterarische Streitigkeiten mit Heinrich, mit Niebuhr, Bopp und anderen, die
von seiner Seite zum Teil durch mutwillige Neckereien und epigrammatische Ausfälle veranlaßt wurden. Als Goethe seinen Briefwechsel mit
Schiller veröffentlichte, fühlte sich Schlegel durch die Äußerungen Schillers
über ihn und seine Genossen an der empfindlichsten Seite getroffen. Er
suchte sich in den Epigrammen des Wendtschen Musenalmanachs an
Schillers Schatten zu rächen. Aber der Anklang, den er früher in Deutschland gefunden hatte, war längst verhallt; die jüngeren Schulen bemäch-
tigten sich mit einer Art von grausamer Wollust der vielfachen Lächerlichkeiten, zu denen ihn eitles Selbstgefallen verleitete, und trieben mit dem
Manne, dessen Anteil an der Weltlitteratur sie zu schätzen vorgaben, ihr
mutwilliges Gespött. Schlegel selbst blieb bis ans Ende von seinem Werte
und seinen Verdiensten überzeugt. Er starb am 12. Mai 1845.

Schlegels Bedeutung in der Litteratur beruht zum kleinsten Teile
auf seinen eigenen dichterischen Leistungen. In seinen Gedichten war die
formelle Behandlung der Sprache und des Verses beinahe Selbstzweck. Ein
dichterischer Vollgehalt brach nicht mächtig hervor, sodaß er in geregelten
Formen hätte müssen gebändigt und gestaltet werden; die Formen wurden
gefüllt, um sie glänzend und scheinend darzubieten. Er bewegte sich nur
in kleinen und engen Rahmen, in den engsten am erfolgreichsten. Sonett
und Epigramm entsprachen seinen Fähigkeiten. Die Überwindung der
Schwierigkeiten spannte seine Kraft und forderte keine dauernde Haltung.
Was sich in diesen engen Grenzen mit Einfällen und künstlicher Gedanken-
stellung leisten ließ, schien einer poetischen Schöpfung gleichzukommen,
weil die Lösung einer technischen Aufgabe gelungen war. Bei jedem

Schritt auf Gebiete, wo die Form allein, auch bei gutgewählten Stoffen, nicht ausreichte, um den Eindruck einer poetischen Schöpfung hervorzubringen, wie bei der Romanze, versagte die Kraft. Es blieb ein unausgeglichenes Mißverhältnis zwischen der guten Anlage und dem künstlerischen Gewande einerseits und dem nicht zum vollen Leben erweckten Stoffe anderseits übrig und dem zum Genusse Herantretenden fühlbar. Der Dichter verkündete Wirkungen, die man den aufgewendeten Mitteln nicht zutrauen konnte. In der epischen Behandlung der Tristansage nach dem alten Gedicht in der Form der neuen italienischen Epopöendichter erlahmte die Kraft. Das Schauspiel Ion, das zu dem Euripideïschen in ein Verhältnis treten sollte, wie Goethes Iphigenie zu der des Euripides, scheiterte an der menschlichen Lösung des Problems. In allen seinen poetischen Versuchen war Schlegel durch Klarheit und Anmut der Darstellung seinem Bruder Friedrich überlegen, und was dieser an mystischen Elementen voraus zu haben schien, war menschlich und poetisch weit mehr Krankheit als gesunde Tiefe. A. Wilh. Schlegel täuschte über seinen dürftigen Gehalt nicht wie jener durch Dunkelheit, der man Tiefe zutrauen, die an sich aber niemals Tiefe sein kann.

August Wilhelm Schlegels Bedeutung beruht auf seinen schöpferischen Übersetzungen, mit denen in Deutschland, soweit neuere Sprachen in Frage kamen, die Kunst der Übersetzung an die Stelle der Bearbeitung tritt. Er ließ die Dichter so auftreten, wie sie wirklich waren, nicht wie das vermeinte Bedürfnis der Zeitgenossen sie forderte. Vor Schlegels Übersetzung des Shakespeare hatte in Deutschland noch niemand auch nur einmal versucht, dem englischen Dichter in alle seine Eigentümlichkeiten zu folgen; seine Arbeit war eine Interlinearversion mit der vollen unabhängigen Freiheit des deutschen Sprachgeistes. Was Shakespeare in voller Unabhängigkeit geschaffen hat, schuf der von ihm völlig abhängige Übersetzer mit der Kraft und Gewalt, der Anmut und Laune eines ursprünglichen Dichters nach. Die mühsamste Arbeit erschien wie freier Erguß und leichtes Spiel. Mit vollem Rechte nannte er sich den Schöpfer und das Bild der Regel. Und beides war er auch bei Dante und Calderon, von deren Wesen vor ihm noch keines deutschen Übersetzers Kunst eine Ahnung gehabt hatte. Seinem Vorgange haben wir den Vorzug zu verdanken, daß alle bedeutenden Dichtwerke der Welt sich jedem, der Deutsch gelernt hat, in dieser einen Sprache, wie die Originale selbst erschließen oder erschließen werden, da alle Dichtungen alter und neuer Zeit, der Heimat wie der Fremde, nur dann für künstlerisch übersetzt gelten, wenn sie den Schlegelschen Grundsätzen mit Schlegels Takt und Glück entsprechend nachgeschaffen sind. Auch auf die Übertragungen aus dem klassischen Altertume wirkte Schlegels Beispiel zurück und wirkt der Stil seiner Übertragungen fortdauernd ein. Vossens formelle Auffassung, wie sehr sie auch die Kunst des Übersetzers gefördert hatte, konnte nicht mehr genügen, da sie bei aller äußeren Treue Stil und Charakter bis zur völligen Unkenntlichkeit verwischte, das Leichte und Einfache feierlich und tönend, das Tändelnde schwerfällig, den kecken Witz der Grazien wohl gar plump, grob und gemein machte.

Die umfassenden Studien und die gründliche Erkenntnis, welche den glücklichen Leistungen des Übersetzers vorausgegangen sein mußten, hatte Schlegel anfänglich nur in Rezensionen über Schriften des Tages gezeigt;

im Stillen war er immer beflissen gewesen, das Vereinzelte zu ergänzen,
das Enge zu erweitern und das Ganze abzurunden. In seiner Vergleichung
der Phädra des Euripides mit der des Racine, die, französisch geschrieben,
in Frankreich wie in Deutschland wirkte, schritt er auf der von Lessing
betretenen Bahn weiter und zerstörte, freilich nicht minder einseitig als
sein großer Vorgänger, die blinde Verehrung für den französischen Tragiker,
den Schiller gleichzeitig wieder eingeführt hatte. In umfassender Weise
behandelte er die dramatische Kunst der alten und der neueren Völker,
wobei das gründlichste Quellenstudium zur Widerlegung der im Laufe des
Jahrhunderts aufgekommenen und vererbten Irrtümer und Täuschungen
die Mittel bot, während die anregende Weise der Untersuchung und die
überredende Art des Vortrags dem Ganzen Eingang verschaffte. Bis zur
reinen historischen Erkenntnis war Schlegel zwar nicht durchgedrungen,
er hatte sich aber vor den philosophischen Schulansichten ebenso unbefangen zu bewahren gesucht, wie er sich von der Trockenheit, die der
ernst durchforschte Stoff häufig in die fleißige Arbeit bringt, fern zu halten
gewußt hatte. Diese Vorlesungen über dramatische Litteratur sind der
eigentliche Kern in Schlegels litterarischer Wirksamkeit.

In späteren Jahren, als die von Friedrich Schlegel angeregten Studien
über Indien sich in England und Frankreich schon gehoben hatten, in
Deutschland aber ohne Teilnahme geblieben waren, führte Wilhelm Schlegel
sie ein und gab ihnen zugleich den echt wissenschaftlichen Charakter, indem
er sie unmittelbar zu den Quellen selbst führte. Auch auf diesem Gebiete hat er sich große und bleibende Verdienste erworben.

a) A. Wilh. und Frdr. Schlegel: Zeitgenossen 1816. I, 4. Abthlg., 179 bis 187.
b) Ph. Golbéry, Notice sur Mr. A.-G. de Schlegel. Strasbourg 1834.
IV, 117 S. alle
c) Nekrolog 1845. 23, 438—447; abgekürzt aus der Allg. Ztg. Beil. 1845.
Nr. 166 u. 167.
d) Ch. Galusky, Guillaume de Schlegel: Revue des deux Mondes 1846.
T. 13. S. 400 bis 442.
e) J. W. Loebell, Fragmente zur Charakteristik Wilhelms v. Schlegel:
Vom Rhein. Leben, Kunst und Dichtung. Hg. von Gtfr. Kinkel. 1847. S. 217
bis 234.
f) A. Wilh. v. Schlegel: Blätter f. lit. Unterhaltung 1846. I. S. 98.
g) David Friedrich Strauß, August Wilhelm Schlegel: Die Gegenwart.
Leipzig, Brockhaus. 1849. 8, 74 bis 95 — Kleine Schriften biographischen,
literar- und kunstgeschichtlichen Inhalts. Leipzig 1862. 8. 122 bis 184 — Gesammelte Schriften. Bd. 2. Bonn 1876. 8. 119 bis 158.
h) DD. 2, 271 bis 279.
i) Julian Schmidt, Zur Erinnerung an Aug. Wilh. Schlegel: Westermanns
Monatshefte 1870. Oktober. Bd. 29, 72 bis 90.
k) Alex. Kaufmann, Zur Erinnerung an A. W. v. Schlegel: Monatsschrift
für rhein.-westfäl. Geschichtsforschung 1875. Jhg. 1
l) Werner Hesse, Heine und Schlegel. Ein Culturbild aus der ersten Zeit
der Bonner Universität: Allgemeine Zeitung 1880. Beilage Nr. 173 bis 176.
m) Heinrich Welti, Geschichte des Sonettes in der deutschen Dichtung.
Leipzig 1884. 8. 8. 160 bis 176 und 241 bis 250.
n) Jacob Minor, Aug. Wilhelm von Schlegel in den Jahren 1805 bis 1845:
Zsch. für die österreichischen Gymnasien. 1887. 38, 8. 590 bis 613. 733 bis 753.
o/p) Allg. Dtsch. Biogr. 1890. 31, 354 bis 368 (Franz Muncker).
q) Katalog der von Aug. Wilh. von Schlegel nachgelassenen Büchersammlung.
Bonn 1845. Darin 8. I bis XXVIII: Verzeichniß der von Aug. Wilh. von Schlegel
verfaßten gedruckten Schriften (von Eduard Böcking). Vgl. K. A. Varnhagen von
Ense, Denkwürdigkeiten und vermischte Schriften. N. F. 3. Bd. Leipzig 1846. S. 527.

Briefe: α) Anton Klette, Verzeichniss der von A. W. v. Schlegel nachgelassenen Briefsammlung. Nebst Mittheilung ausgewählter Proben des Briefwechsels mit den Gebrüdern von Humboldt, F. Schleiermacher, B. G. Niebuhr und J. Grimm. Bonn 1868. 28 S. 4. Diese Sammlung ist jetzt ebenso wie viele Handschriften Schlegels Eigentum der Dresdner Kgl. öffentl. Bibliothek. Sieh Nr. 2. e).

β) an Sophie Bernhardi: Holtei, 300 Briefe. 2, 1, 61. — Bopp: S. Lefmann, Franz Bopp Berlin 1891. Anhang S. 84* bis 114*. — C. A. Böttiger: Schnorrs Archiv 1874. 3. 152 bis 161. — Fouqué: Briefe an de la Motte Fouqué. Berlin 1848. 8. S. 354 bis 367. — Goethe (s. § 234. B, I. 48): Preuß. Jahrb. 1862. 9, 216. — Göschen: Weim. Jahrb. 1856. 4, 26. — J. J. Horner: Zürcher Taschenbuch 1891. — Huber: Preuß. Jahrb. 1861. 8, 225. — H. Jacobi: Rud Zoeppritz, Aus Jacobis Nachlaß. Leipzig 1869. II, 25. — Novalis: Novalis Briefwechsel mit Schlegel. Mainz 1880. 8. — Pauly: Jahrb. d. Shakesp.-Gesellsch. 1872. Bd. 7, S 75. — Ge. Reimer: Zsch. f. vgl. Litt.-Gesch. 1889. N. F. II, S. 441 bis 449 — Schelling: § 282. i). — Schiller: Preuß. Jahrb. 1862. 9, 194 bis 225. — Friedrich Schlegel: O. F. Walzel, Friedrich Schlegels Briefe an seinen Bruder August Wilhelm. — Schleiermacher: Dilthey, Aus Schleiermachers Leben 3, 141. 147. 181. 218. 431 u. o. — C. G. Schütz: Sämmtliche Werke 11, 427 bis 430. Chn. G. Schütz, Halle 1835. 2, 423. — Friedrich Tieck: Holtei, 300 Briefe. 2, 1, 71. — Ludwig Tieck: Holtei, Briefe an L. Tieck 3, 223 bis 310. — Unzelmann: Jahrb. d. Shakesp.-Gesellsch. Bd. 7, S. 52. — § 282. w) S. 220. — Ein Brief von A. W. Schlegel mitget. von O. Walzel: Zsch. f. d. österr. Gymn. 1891. 42, 108. — Sieh S. 795.

γ) Briefe von Fouqué an A. W. Schlegel: Holtei, 300 Briefe. 1, 1, 97. — Henriette Mendelssohn: Holtei, 300 Briefe. 1, 2, 165. — (vier) von Karl August an Aug. Wilh. Schlegel: Zsch. f. d. österr. Gymn. 1892. 43, 289.

1) Augusti Guilelmi Schlegel de geographia Homerica commentatio, quae in concertatione civium academiae Georgiae Augustae IV Junii 1787 proxime ad praemium accessisse pronuntiata est. Hanoverae 1788. VIII, 198 S. 8.

2) Rezensionen in den Göttingischen Gel. Anzeigen 1787—91. Vgl. Nr. 75) Band X.

3) Beiträge zum Göttinger Musen-Almanach für 1787, 1789 bis 1792 (Bd. IV, S. 363. h); zu Bürgers Akademie der schönen Redekünste (Berlin 1791. s. § 253, 21) 8. a); zu Meyers Spielen des Witzes und der Phantasie. Berlin 1798.

4) Joachim Rendorp's geheime Nachrichten zur Aufklärung der Vorfälle während des letzten Krieges zwischen England und Holland. Aus dem Holländischen mit erläuternden Anmerkungen. Leipzig 1793. 4 Bl., 312 S. 8.

5) Beiträge zu Schillers Horen 1795 bis 1797. Vgl. Bd. V. S. 192 bis 197 und Nr. 13) f. g. und Nr. 75) Band VII.

6) Beiträge zu Schillers Musenalmanach 1796 bis 1799. Vgl. Bd. V. S. 205 bis 209.

7) Beiträge zur Allgem. Literatur-Zeitung 1796 bis 1799. Vgl. Nr. 75) Band XI u. XII.; zu den Jahrbb. der preußischen Monarchie 1798; zu Beckers Taschenbuch zum geselligen Vergnügen 1794 bis 1799.

8) Shakespeare's dramatische Werke, übersetzt von August Wilhelm Schlegel. Berlin 1797—1810. IX. 8. (Unvollendet.) Enth.

I. 1797: Romeo und Julia. Sommernachtstraum. — II. 1797: Julius Caesar. Was ihr wollt. — III. 1798: Sturm. Hamlet. — IV. 1799: Kaufmann von Venedig. Wie es euch gefällt. — V. 1799: König Johann. Richard II. — VI. 1800: Heinrich IV. 1. 2. — VII. 1801: Heinrich V. Heinrich VI. 1. — VIII. 1801: Heinrich VI. 2. 3. — IX. 1810: Richard III. Vgl. Herrigs Archiv 7, 90.

Die Schlegelschen Texte verbesserte auf Grund von Schlegels Handschriften M. Bernays, Shakespeares dramatische Werke, übersetzt von Schlegel und Tieck. Berlin 1871/72. XII. 8. - Sieh Band VII. S. 709 f., 13).

8 a) Schreiben an Herrn Buchhändler Reimer in Berlin und Anmerkungen zu Tiecks Anmerkungen zum deutschen Shakespeare und zu einigen Stellen des englischen Textes. 1838/39: Nr. 75) VII, 281 bis 302.

a) Michael Bernays, Der Schlegel-Tiecksche Shakespeare: Kölnische Zeitung 1864 Septbr. 14. — Shakespeare-Jahrb. 1, 396 bis 405.

b) Michael Bernays, Zur Entstehungsgeschichte des Schlegel'schen Shakespeare. Leipzig 1872. VI. 260 S. 8. — Zum Studium des deutschen und englischen Shakespeare: Münchn. Allg. Ztg. 1884. Nr. 307 bis 309.

c) Rudolph Genée, Studien zu Schlegels Shakespeare-Uebersetzung. Nach den Handschriften A. W. Schlegels: Schnorrs Archiv 1881. 10, 236 bis 262.

d) Bernh. Seuffert, Wielands, Eschenburgs und Schlegels Shakespeare-Uebersetzungen: Schnorrs Archiv 1885. 13, 229.

e) Michael Bernays, Vor- und Nachwort zum neuen Abdruck des Schlegel-Tieckschen Shakespeare: Preuß. Jahrb. 1891. 68, 524 bis 569.

f) K. Holtermann, Vergleichung der Schlegelschen und Vossischen Übersetzung von Shakespeares Romeo and Juliet. Progr. Münster 1892. 30 S. 4.

9) Athenaeum. Eine Zeitschrift von August Wilhelm Schlegel und Friedrich Schlegel. Berlin (Bd. I. bei Fr. Vieweg, dem älteren, II und III bei Beinr. Frölich) 1798—1800. III. 8. — § 314,9 = Band VIII. 8. 8.

Enth. I. 1 (IV, 177 S.): a) Vorerinnerung W. und F. — b) Die Sprachen. Ein Gespräch über Klopstocks grammatische Gespräche. W. [Aug. Wilh. Schlegel]. — c) Blütenstaub. Novalis. — d) Elegien aus dem Griechischen. W. und F[riedrich]. — e) Beyträge zur Kritik der neuesten Litteratur. W. — 1, 2 [178 S.): f) [447] Fragmente [von Friedrich Schlegel und Schleiermacher]. Vgl. Sigwart, Schleiermacher in seinen Beziehungen zu dem Athenäum der beiden Schlegel. Progr. Blaubeuren 1861. 4. 8. 1 bis 25. Herrigs Archiv 32, 114. — g) Über Goethe's Meister. [Friedrich].

II, 1 (180 S.): a) Über die Philosophie. An Dorothea. Von F. — b) Die Gemählde. Ein Gespräch von W. — c) Ueber die natürliche Gleichheit der Menschen. Von Hülsen. — II, 2 (S. 181—340): d) Die Kunst der Griechen. Elegie an Goethe. Von W. — e) Ueber Zeichnungen zu Gedichten und John Flaxman's Umrisse. Von W. — f) Eilfter Gesang des rasenden Roland; nebst einer Nachschrift des Übersetzers an L. Tieck. Von W. — g) Notizen [von A. W., Friedrich und Dorothea Schlegel]. — h) Litterarischer Reichsanzeiger oder Archiv der Zeit und ihres Geschmacks [von A. W. und Fr. Schlegel].

III, 1 (164 S.): a) An Heliodora. Von Friedrich Schlegel. — b) Ideen. Von Fr. Schlegel. — c) Naturbetrachtungen auf einer Reise durch die Schweiz. Von Hülsen. — d) Gespräch über die Poesie. Von Fr. Schlegel. — e) Notizen. [Von A. W. und Fr. Schlegel]. — III, 2 (S. 165—352): f) An die Deutschen. Von F. — g) Gespräch über die Poesie, Fortsetzung. Von F. — h) Hymnen an die Nacht. Von Novalis. — i) Lebensansicht. Von Sophie B[ernhardi]. — k) Idyllen aus dem Griechischen. Von W. und F. — l) Sonette. Von W. und F. — m) Notizen (Ramdohrs moralische Erzählungen, von D[orothea]; Engels Philosoph für die Welt, 3. Teil von S[chleiermache]r., Parny guerre des Dieux, von W.; Herders Metakritik, von B[ernhardi]; Fichtes Bestimmung des Menschen, von S—r.; Sultans Übersetzung des Don Quixote, von W.; Belletristische Zeitung, von W.). — n) Über die Unverständlichkeit. Von F. — 8. Band VIII. 8. 700.

10) Gedichte von August Wilhelm Schlegel. Tübingen, Cotta, 1800. VI, 255 S. 8.,

G. Merkel, Briefe an ein Frauenzimmer. 1. Band. Berlin 1800. 8. 241 bis 256. 272 bis 284. Vgl. Herrigs Archiv 7, 127: Zur Quellenkunde des ‚Arion‘; 35, 27: über das Gedicht ‚Lebensmelodien‘.

11) Historische, literarische und unterhaltende Schriften von Horatio Walpole, übersetzt von August Wilhelm Schlegel. Leipzig 1800. VIII, 446 S. 8.

12) Ehrenpforte und Triumphbogen für den Theater-Präsidenten von Kotzebue bey seiner gehofften Rückkehr ins Vaterland. Mit Musik. Gedruckt zu Anfange des neuen Jahrhunderts. o. O. VIII, 104 S. und Notenbeilagen 8. Vgl. § 258, S. 58) und Charles Rabany. Kotzebue, sa Vie et son Temps, ses Oeuvres dramatiques. Paris und Nancy 1893. 536 S. 8. 68 f.

Der Freimüthige im Faustkampf mit dem Eleganten von Angelus Cerberus. Neu-Athen 1803. 8. (Satire gegen die Gebr. Flegel).

G. Merkel, Briefe an ein Frauenzimmer. 2. Band. Berlin 1801. 8. 378 bis 80. 475.

13) Charakteristiken und Kritiken. Von August Wilhelm Schlegel und Friedrich Schlegel. Königsberg, bei Friedrich Nicolovius, 1801. VIII, 397 und IV, 400 S. II. 8. I a: Recension von Jacobi's Woldemar nach der Ausgabe von 1796. — b: Rec. der vier ersten Bände von Niethammers philosophischem Journal. — c: Georg Forster's Schriften. — d: Charakteristik des Wilhelm Meister. — e: Ueber Lessing. (a bis e von Friedrich). — f: Ueber Shakespeare's Romeo und Julia. — g: Briefe über Poesie, Sylbenmaaß und Sprache. (f und g aus den ‚Horen‘).

II. h: Ueber Bürgers Werke. — i: Recensionen (Vossens Homer; Goethes Römische Elegien; Herzensergießungen eines Klosterbruders; Fr. Schulz, Romane und Erzählungen; Neubecks Gesundbrunnen; Tiecks Blaubart und gestiefelter Kater; Hermann und Dorothea; Tiecks Don Quixote-Übersetzung). — k: Charakteristiken und einzelne Bemerkungen (Geßner; Jak. Balde; Rollenhagens Froschmäuseler; Ramler). — l: Nachricht von Boccaccios poetischen Werken (von Friedrich).

Erich Schmidt, Ein verschollener Aufsatz A. W. Schlegels über Goethes ,Triumph der Empfindsamkeit': Festschrift zur Begrüßung des 5. allg. dtsch. Neuphilologentages. Berlin 1892. 8. 77 bis 92. Vgl. Band IV. S. 666, 10). Dtsch. Litt.-Ztg. 1891. S. 982.

14) Friedrich Nicolai's Leben und sonderbare Meinungen. Ein Beitrag zur Litterargeschichte des vergangenen und zur Pädagogik des angehenden Jahrhunderts. Von Johann Gottlieb Fichte. Herausgegeben von A. W. Schlegel. Tübingen, Cotta 1801. 180 S. 8. § 222, 14. 36) und § 247, 16. 14).

Fichte war der alleinige Verfasser, und Schlegel, der sich der Zensurfreiheit wegen auf dem Titel nannte und die ,petillante' Vorrede dazu schrieb, ließ nur eine die sächsische Regierung betreffende Anmerkung weg. Vgl. Aus Schleiermachers Leben 1, 231. Kynosarges S. 157—188.

15) A. W. Schlegels Vorlesungen über schöne Litteratur und Kunst. Herausgegeben nach der Handschrift von Jacob Minor. Heilbronn 1884. III. 8. — Dtsch. Litt.-Denkm. 17 bis 19. Enth. 1. Teil (1801—1802): Die Kunstlehre. 2. Teil (1802 bis 1803): Geschichte der klassischen Litteratur. 3. Teil (1803—1804): Geschichte der romantischen Litteratur.

In welchem Verhältnisse diese Vorlesungen zu Nr. 58) standen, setzt der Herausgeber I, XXXIf. auseinander.

16) Musen-Almanach für d. J. 1802. Herausgegeben von A. W. Schlegel und L. Tieck. Tübingen, in der Cotta'schen Buchhandlung, 1802. VI, 293 S. 12. (Gedruckt Jena bei Frommann und Wesselhöft).

Die größere Gefahr (Sonett). Schlegel. — Die Zeichen im Walde. Romanze. Tieck. — Im Frühlinge. Fr. Schlegel. — Die Tragiker. Schlegel. — Wiedergeburt. W. Süvern. — Romanze. Sz. [Schütze]. — An Tieck. Novalis. — Lebens-Elemente VIII. Tieck. — Klage. Fr. Schlegel. — Die Warnung. Romanze. Schlegel. — Fantasie. Friedrich. — Studium des Altertums. Schlegel. — Ballade. Sophie B[ernhardi]. — Zauberei der Nacht. Romanze. Sz. — Die Tänzer. Sz. — Wonne der Nacht. Sz. — Das Feenkind. Schlegel. – An Buri (Sonett). Schlegel. — Das Ideal. Friedrich. — Der Besuch IV. Tieck. — Die letzten Worte des Pfarrers zu Drottning auf Seeland (Terzinen). Bonaventura [Schelling] — Skolion. Schlegel. — Bilder der Kindheit. Sophie B. — Abendröthe. (Die Berge. Die Vögel. Der Knabe. Der Fluß. Der Hirt. Die Rose. Der Schmetterling. Die Sonne. Die Lüfte. Der Dichter. Der Wanderer. Der Mond. Nachtigallen. Das Mädchen. Der Wasserfall. Die Blumen. Der Sänger. Die Sterne. Die Gebüsche. Der Dichter). Friedrich. — Thier und Pflanze. Bonaventura. — Bergmanns-Leben. Novalis. — Lob des Weins. Novalis. — Einsamkeit. Tieck. — Lied Friedrich. — Idylle. ***. — Todten-Opfer IX. Schlegel. — An Novalis (2 Sonette). Tieck. — Geistliche Lieder VII. Novalis. — Alte Gedichte aus dem Spanischen. (Auf die hl. Catharina. Auf der Pilgrimschaft. Vom Leiden Christi. Lied). Friedrich. — Hymnen nach dem Lateinischen. (Die vor Liebe sterbende Maria. Die Himmelfahrt der Jungfrau. Vom jüngsten Gericht). Schlegel. — Hellenik und Romantik. (Das Leben. Der Tod). Mnioch. — Hymnen III. Friedrich. — Der Zornige. Tieck. — Lied. Bonaventura. — Fortunat. Romanze. Schlegel. — Der Frühling. H. — Romanze vom Licht. Friedrich. — Der Streit für das Heilige (Sonett). Ungenannter. — Sanftmuth. Tieck. – Der Traum. B. — Loos der Erde. LL. [Schelling]. — Ein schön kurzweilig Fastnachtsspiel vom alten und neuen Jahrhundert. Inhumanus [Schlegel]. — S. unten S. 795 zu S. 11.

17) Beiträge in der Zeitung für die elegante Welt 1802,3.

18) August Wilhelm Schlegel, An das Publikum. Rüge einer in der Jenaischen Allg. Literatur-Zeitung begangnen Ehrenschändung. Tübingen, 1802. 28 S. 8. Dagegen: Chn. Gottfried Schütz, Species facti nebst Actenstücken zum Beweise daß Hr. Rath August Wilh. Schlegel der Zeit in Berlin mit seiner Rüge, worinnen er der Allgem. Lit. Zeitung eine begangne Ehrenschändung fälschlich aufbürdet, niemanden als sich selbst beschimpft habe. Nebst einem Anhange über das Benehmen des Schellingischen Obscurantismus. Jena und Leipzig, 1803. 67 S. 8.

19) Ion ein Schauspiel von August Wilhelm Schlegel   Hamburg, bei Friedrich Perthes, 1803. 161 S. 8.

Bernh. Seuffert, Schlegels Bemerkungen über die Decoration zum Ion: Vierteljahrschrift 1893 VI, 619 bis 627.

Goethe (Hempel) 28, 676 bis 678. — Herder's Werke (Hempel) 14, 737. — Goethe-Jahrb. 1, 326 bis 329.   2, 250 bis 252. 4, 210. — Waitz, Caroline 2, 162f. — Ztg. f. d. eleg. Welt 1802. Nr. 7. 16. Januar. — Böttiger, Literar. Zustände 1, 94. — Bd. IV, S. 541.

20) Ueber die Aufführung von Shakespeare's Julius Caesar 1803: Jahrb. der Shakespeare-Gesellschaft 1872. 7, 53f. — W. v. Maltzahn, Julius Caesar für die Bühne eingerichtet von A. W. Schlegel: Jahrb. d. Shakesp.-Gesellsch. 1872. 7, 48 bis 81.

21) Spanisches Theater. Herausgegeben von August Wilhelm Schlegel. Berlin 1803—1809. II. 536 und 343 S. 8.   Hitzig, bei dem nur der 2. Band erschien, gab auch 1809 den 1. mit neuem Titel heraus. Nachdruck: Wien 1813 — Magazin der ausländischen classischen Litteratur. Bd. 5/6.; Zweite Ausg, besorgt von Eduard Böcking. Leipzig 1845. II. 8. — Sieh Band VII. S. 647, 228. 2).

Euth. I. a: Die Andacht zum Kreuze. — b: Ueber allen Zauber Liebe. — c: Die Schärpe und die Blume. — II. d: Der standhafte Prinz.   Neu herausgegeben von Schack im 2. Bande von: Calderons ausgewählten Werken, übersetzt von Schlegel und Gries. Stuttgart o. J. 8. — e: Die Brücke von Mantible.

22) Beiträge zu Friedrich Schlegels Europa 1803. Vgl. § 283, S. 24) und Nr. 75) Bd. XII.

23) Lacrimas ein Schauspiel. Herausgegeben von August Wilhelm Schlegel. Berlin 1803. 8. Vgl. W. v. Schütz § 289, 2. 2).

24) An die Königin. Am 10. März 1802 (Sonett; unterz. Friederike Unzelmann). 1 Octavseite.

25) Blumensträuße italiänischer, spanischer und portugiesischer Poesie von August Wilhelm Schlegel. Berlin 1804 238 S. 16. S. 1: Dante. 9: Petrarca. 77: Boccaccio. 91: Ariosto. 107: Torquato Tasso. 123: Guarini. 155: Montemayor. 181: Cervantes. 199: Camoens. 226: Anhang eigner Gedichte.

26) Dramatische Spiele von Pellegrin. Herausgegeben von August Wilhelm Schlegel. Berlin 1804. 8. Vgl. Fouqué § 290, 1. 2).

27) Rom. Elegie von August Wilhelm Schlegel. Berlin 1805. Bei Joh. Friedr. Unger. 19 S. 4.

Roma, elegia Aug. Guil. Schlegel, latinitate donata nobisque illustrata a. J. D. Fuss. Coloniae Agrippinae 1817. V, 35 S. 4.; e Germanica in Latinam linguam translata. Leodii o J. 37 S. 4.

Elegie auf Rom, erklärt von Ch. Th. Schuch. Donaueschingen 1853. 8.

28) Beiträge zur Jenaischen Allg. Litteraturzeitung 1804—1808. Vgl. Nr. 75) Bd. XII.

29) Testimonia Auctorum de Merkelio, das ist: Paradiesgärtlein für Garlich Merkel. Kölln, bei Peter Hammer, 1806. 104 S. 8. [Vf. war K. A. Varnhagen].

30) Comparaison entre la Phèdre de Racine et celle d'Euripide, par A. W. Schlegel. Paris, chez Tourneisen fils, libraire, 1807. 108 S. 8.

Vergleichung der Phädra des Racine mit der des Euripides, von A. W. Schlegel. Uebersetzt, und mit Anmerkungen und einem Anhange begleitet von H. J. von Collin. Wien. 1808. XVI, 192 S. 8. — Collins Werke 6, 103 bis 214. S. 215 bis 247 Anhang: Beurtheilung der vorhergehenden Schrift, eingerückt in drey Blättern des Journal d'Empire vom 16. bis 24. Februar und 4. März 1808.

31) Beiträge zum Berlinischen Damenkalender auf 1807; zu L. v. Seckendorfs und Jos. Ludw. Stolls Prometheus 1808 (vgl. Dtsch. Litt.-Denkm. 17 S. XXVII); zum Taschenbuch für Damen 1808.

32) Ueber dramatische Kunst und Litteratur. Vorlesungen von August Wilhelm Schlegel. Heidelberg 1809—1811. III. XII, 380; 300; VIII, 429 S. 8.; wiederh. Heidelberg 1817. III. 8. Nachdr.: Wien 1825. IV. 16. — Classische Cabinetsbibliothek Bd. 8—11.

Übersetzungen ins Französische: Paris 1814. III. 8. (nicht von Helmine von Chézy und A. von Chamisso; sieh dessen Werke 5, 285); ins Englische von John

Black. London 1815. II. 8.; wiederh. 1817. II. 8.; ins Italienische von Giovanni
Gherardini. Mailand 1817. III. 8.
Vgl. Herrigs Archiv 1, 445. 23, 100f. C. Humbert, Deutschlands Urtheil über
Molière. Oppeln 1883. 8 Sieh auch Zsch für neufranzösische Sprache und Litte-
ratur. Sopplem.·Heft III. 1885. Auguste Ehrhard, Les comédies de Molière en
Allemagne. Paris 1888. 8. S. 368 bis 431.
Wie lehrreich würde es für junge und alte Dichter sein, wenn Meister wie
Göthe bisweilen eines ihrer besten Werke vom Ei an, mit allen nach und nach
hinzu gekommenen Veränderungen drucken ließen, das sollte mehr aufklären, als
zehen Bände Schlegelscher Vorlesungen. Kotzebue: Lit.-Wochenbl. 1818. 8. 19.

83) Beiträge zu den Heidelbergischen Jahrbüchern 1810 bis 1812, 1815 und
1816; zum Deutschen Museum von Fr. Schlegel 1812; zu den Alpenrosen 1812 bis
1813; zu Brockhausens Urania für 1812 S. 94 und S. 130 bis 148.

84) August Wilhelm Schlegels poetische Werke. Heidelberg, bey Mohr und
Zimmer, 1811. II. 335 und 298 S. 8. Nachdruck: Upsala 1812. 488 S. 8.

85) Sur le système continental et sur ses rapports avec la Suède. A Hambourg 1818. au mois de février. VI u. 94 S. 8. — A Hambourg. Au mois de
février, 1813. VI u. 61 S. 8. — Ueber das Continentalsystem und den Einfluß
desselben auf Schweden. Aus dem Französischen 1813. VII u. 55 S. 8.; Von A. W. S.
o. O. 1818. 109 S. 8.; Wien, 1813 8. — Ueber das Continental-System und seine
Verbindungen mit Schweden. Im Februar 1813. VI u. 111 S. 8. — Schwedisch:
Stockholm 1813. 3 Bl. u. 78 S. 8. — 36) Betrachtungen über die Politik der
dänischen Regierung. Von August Wilhelm Schlegel. 1813. 46 S. 8. — Considérations sur la politique du gouvernement Danois. Par un Allemand. 1813.
80 S. 8.; Par A. W. S 1813. 48 S. 8. — 87) Remarques sur un article de la
Gazette de Leipsick du 5. octobre 1813. Relatif au prince royal de Suède. Leipsick
au mois d'octobre 1813. 27 S. 8. — Bemerkungen über einen Artikel der Leipziger Zeitung vom 5. October 1813. 32 S. 8. — 88) Proclamation
8r. Königl. Hoheit des Kronprinzen von Schweden und im Hauptquartier der vereinigten Armee von Nord-Deutschland bekannt gemachte Berichte vom Anfang der
Kriegs-Operationen bis zum 10. Nov. 1813. Göttingen, bei Heinrich Dieterich, 1813.
100 S. 8. — 39) Ueber einzelne Proclamationen und Bekanntmachungen vom Dec.
1813 u. Jan. 1814. — 40) Réflexions sur l'état actuel de la Norvège. A Londres 1814.
17 S. 8. — 41) Tableau de l'état politique et moral de l'empire français en 1813.
Hanovre, au mois de février, 1814 et Londres chez J. Murray 1814.

42) Lettre aux éditeurs de la Bibliothèque italienne, sur les chevaux de
bronze de Venise. Par A W. de Schlegel. Florence, chez Jean Marenigh 1816.
28 S. 8. — Italienisch: Milano 1816. 22 S. 8. — 42') unten S. 795.

43) An Fräulein Albertine von Staël bey ihrer Vermählung. Pisa den
XXsten Februar 1816. 3 Bl. 4. — 43') unten S. 795.

44) Le couronnement de la Sainte Vierge, et les miracles de Saint-Dominique;
Tableau de Jean de Fiesole, publié en quinze planches par Guillaume Ternite.
Avec une notice sur la vie du peintre et une explication du tableau par Auguste-
Guillaume de Schlegel. Paris 1817. Fol.

45) Observations sur la langue et la littérature provençales, par A. W. de
Schlegel. Paris 1818. 122 S. 8. — 45') unten S. 796.

46) Considérations sur les principaux événements de la révolution françoise,
ouvrage posthume de Madame la Baronne de Staël, publié par M. le Duc de
Broglie et M. le Baron de Staël (und A. W. v. Schlegel). Paris 1818. 8. —
47) Ueber den Character und die Schriften der Frau von Staël, von Frau Necker
gebohrne von Saussure. (Uebersetzt von A. W. von Schlegel). Paris, London und
Straßburg. 1820. XII u. 338 S. 8.

48) Specimen novae typographiae Indicae, litterarum figurae ad elegantissi-
morum codicum Bibliothecae Regiae Parisiensis exemplaria delineavit, caelandas,
feriundas, flandas curavit Aug. Guil. Schlegel. Lutetiae Parisiorum. 1821. 6 Bl. 8.

49) An meinen Freund Windischmann bei der Vermählung seiner Tochter
Frl. Wilhelmine Windischmann mit Hrn. Ferdinand Walter [Sonett]. Bonn, den
27sten December 1821. 2 Bl. 4.

50) Corinna auf dem Vorgebirge Miseno, nach dem Roman der Frau von Staël. Gemälde von Gérard. 1821. 9 S. 8.

51) Flore und Blancheflur; vgl. Soph. Bernhardi. § 284, 3. 6).

52) Indische Bibliothek. Eine Zeitschrift von August Wilhelm von Schlegel. Bonn, bei Eduard Weber 1823—30. 8. I—III, 1. Enth.
I. Zueignung an den Fürsten v. Hardenberg. 1: Ueber den gegenwärtigen Zustand der Indischen Philologie. 2: Indische Dichtungen. 3: Ausgaben Indischer Bücher. 4: Zur Geschichte des Elephanten. 5: Indische Sphinx. 7: De studio etymologico. 8: Wilsons Wörterbuch. 9: Nachrichten. 10: Neueste Mittheilungen. — II. 1827: 1: Allgemeine Uebersicht. 3: Ankündigung. 4: Briefwechsel. 5: An Baron Schilling von Canstadt. 7: Indische Erzählungen. 8: Indische Sphinx. 10: Briefe an Heeren über Indien. 11: Zwei Epigramme. — III. 1830: 2: Denksprüche aus dem Sanskrit.

53) Bhagavad-Gita. Id est Θεσπεσιον μελος, sive almi Krishnas et Arjunae colloquium de rebus divinis, Bharateae episodium. Textum recensuit, adnotationes criticas et interpretationem Latinam adjecit Augustus Guilelmus a Schlegel. Bonnas ap. Ed. Weber. 1823. XXVI u. 190 S. 8.

54) Ramayana, id est, carmen epicum. Textum codd. mss. collatis recensuit Augustus Guilelmus a Schlegel. Prospectus (1823). 8 S. 8.

55) Oratio quam natalibus Friderici Guilelmi III. celebrandis die III. Augusti 1824 in academia Borussica Rhenana habuit A. G. a Schlegel, p. p. o. Bonnae. 17 S. 4.

56) Faustam navigationem regis Friderici Guilelmi III. quum navi vaporibus acta Bonnam praeterveheretur 14. Sept carmine celebrat 18. Oct. 1825. Aug. Guil. a Schlegel, univ. Rhen. h. t. rector. 4 Bl. 4. — Die Huldigung des Rheines an Friedrich Wilhelm III. zum Andenken an die glückliche Schifffahrt des Königs 14. Sept. Von Aug. Wilhelm v. Schlegel. Bonn 1825. 7 Bl. 4. — Die Rheinfahrt des Königs von Preußen auf dem Cölnischen Dampfschiffe Friedrich Wilhelm zur Einweihung desselben am 14. September 1825. In lateinischer Sprache besungen von A. W. v. Schlegel. Nebst einer deutschen Übersetzung vom Justizrath Bardua in Berlin. Für das abgebrannte Städtchen Friesack. Berlin 1825. 4 Bl. 8.

57) Viro clarissimo, Joanni Friderico Blumenbach, [§ 293, IV. 2] s. p. d. rector et senatus academiae Borussicae Rhenanae. Bonn 1825. 4 Bl. 4.

58) A. W. von Schlegel's Vorlesungen über Theorie und Geschichte der bildenden Künste. (Gehalten in Berlin, im Sommer 1827). Berlin 1827. 4. (Aus dem Berliner Conversations-Blatt 1827. Nr. 113 bis 159 besonders abgedruckt). Vgl. Nr. 15).

59) Berichtigung einiger Mißdeutungen von August Wilhelm von Schlegel. Berlin, 1828. Gedruckt und verlegt bei G. Reimer. 114 S. 8.
Wilhelm Smets, August Wilhelm von Schlegel's in Berlin erschienene Schrift: „Berichtigung einiger Mißdeutungen" hin und wieder berichtigt und beleuchtet. Köln 1829. V, 30 S. 8.

60) Kritische Schriften von August Wilhelm von Schlegel. Berlin, bei G. Reimer. 1828. II. XXII, 486; 420 S. 8. Enth.
I. a: Abriß von den europ. Verhältnissen der deutschen Litteratur 1825. — b: Ueber einige Werke von Goethe. 1795 bis 97. — c: Homer von Voß 1796. — d: Die Gesundbrunnen von Neubeck 1797. — e: Der Wettstreit der Sprachen 1798. — f: Ueber kritische Zeitschriften 1798. — g: Schauspiele und Romane (Iffland, Fr. Schulz, Lafontaine, Thümmel, Tieck). — h: Rollenhagens Froschmeuseler 1797. — i: Jac. Balde 1797. — k: Sal. Geßner 1796. — l: Chamfort 1796. — m: Ueber den dramat. Dialog 1796. — n: Ueber Shakespeares Romeo und Julia 1797. — o: Urtheile, Gedanken und Einfälle über Litteratur und Kunst 1798. — II. p: Bürger 1800. — q: Matthisson, Voß und Schmidt (v. Werneuchen) 1800. — r: Regulus von Collin (aus der Ztg. f. d. elegante Welt) 1802. — s: Ueber den Deutschen Ion (aus der Ztg. f. d. elegante Welt) 1802. — t: Die Gemälde 1798. — u: Ueber Zeichnungen zu Gedichten und John Flaxman's Umrisse 1799. — v: Ueber das Verhältniß der schönen Kunst zur Natur 1802. — w: Schreiben an Goethe über einige Arbeiten in Rom lebender Künstler 1805. — x: Johann von Fiesole 1817. — y: Corinna Nr. 50)

61) Die heilige Elisabeth an Augusta, Prinzessin von Preußen, Kurfürstin von Hessen. Am 1. Mai 1828 ehrerbietigst überreicht von A. W. v. Schlegel. 2 Bl. 8.

62) Beitrag zum Berliner Kalender 1829 und 1831: Indien in seinen Hauptbeziehungen, 1: bis auf Vasco de Gama, 2: bis auf die neueste Zeit.

63) Ramayana id est carmen epicum de Ramae rebus gestis poetae antiquissimi Valmicis opus. Textum codd. mer. collatis recensuit interpretationem latinam et annotationes criticas adjecit Augustus Guilelmus a Schlegel. Bonnae ad Rhenum typis regiis sumptibus editoris. 1829—1846. IV. 8.; Bonnae 1846.

64) Hitopadesas id est institutio salutaris. Textum codd. mss. collatis recensuerant [interpretationem latinam] et annotationes criticas adjecerunt Augustus Guilelmus a Schlegel et Christianus Lassen. Bonn 1829—81. II. 8.

65) Zu Goethe's Geburtsfeier am 28. August 1829. 2 Bl. 8. (auch im Wendt'schen Musenalm. f. 1831. 8. 111).

66) Beiträge zu den Blättern für lit. Unterhalt. 1831. 8. 49; zum Museualmanach von Wendt f. 1831—32, im letzteren die „Litterarischen Scherze" 8. 315 bis 83, die Ballade vom Raube der Sabinerinnen 8. 9 u. s w. vgl. Arndt.

67) Briefe und Abhandlungen im Journal des Débats 1833. 1834; in den Transactions of the Royal Society of Literature 1834; Revue des deux Mondes 1836 und 1837.

68) Réflexions sur l'étude des Langues Asiatiques, suivies d'une lettre à M. Horace Hayman Wilson. Bonn 1832. XII, 205 8. 8.

69) Gedichte im Deutschen Musenalmanach f. 1836; im Rheinischen Odeon f. 1836.

70) Vorrede zu L. Haymanns Übersetzung von J. C. Prichards Darstellung der Aegyptischen Mythologie. Bonn 1837. — Aufsätze über den Thierkreis in der Zeitschrift für Kunde des Morgenlandes 1837 u. 1840.

71) Verzeichniß einer von Eduard Alton hinterlassenen Gemäldesammlung. Nebst einer Vorerinnerung und ausführlichen Beurtheilung dreier darin befindlichen Bilder. Herausgegeben von A. W. von Schlegel. Bonn 1840. VIII, 86 8. 8.

72) Essais littéraires et historiques par A. W. de Schlegel. Bonn, chez E. Weber, libraire. 1842. XXVI, 544 8. 8.
a: Du Système continental. — b: Tableau de l'état politique et moral de l'Empire français en 1813. — c: Comparaison entre la Phèdre de Racine et celle d'Euripide. — d: Lettre sur les chevaux de bronze de la basilique de St. Marc à Venise. — e: Observations sur la langue et la littérature provençales. — f: De l'origine des Romans de chevalerie (Journal des Débats 1833. 22. Octbr., 14 Novbr., 31. Dezbr. 1834. 21. und 22. Jan.). — g: Le Dante, Pétrarque et Boccace, justifiés de l'Imputation d'hérésie et d'une conspiration tendant au renversement du Saint-Siége (Revue des deux Mondes 1836 August). h: De l'origine des Hindous (Transactions of the royal Society of litterature 1834, nicht 1835). — i: Les mille et une nuits, recueil de contes originairement Indiens: 1. Notice littéraire et bibliographique. 2. Lettre à M. Silvestre de Sacy (Nouveau Journal asiatique de Paris).

73) Zum Empfange I. M. der Königin Elisabeth von Preußen. Bonn, 14. Sept. 1842. 2 Bl 4.

74) Zwei Gedichte in L. Schückings Rhein. Jahrb. f. 1846.

75) August Wilhelm von Schlegels sämmtliche Werke. Herausgegeben von Eduard Böcking Leipzig 1846—47. XII. 8. Enth.
I. XV, 384 8.: Gedichte. (Vermischte Gedichte. Lieder und Romanzen. Sonette). — II. XIV, 370 8.: Rhythmische Gedichte, Ion. Scherzhafte Gedichte, Epigramme (vgl. Herrigs Archiv 15, 387) und litterarische Scherze auf Zeitgenossen, Ehrenpforte und Triumphbogen für Kotzebue. Anhang. 8. 362f. stehen zwei Sonette, die von Bürger verfaßt sind. Sieh Strodtmann. Briefe von und an Bürger. Bd. 3. 8. 275. — III bis IV. X, 888; X. 293 8.: Poetische Übersetzungen und Nachbildungen (aus dem Indischen, Griechischen, Lateinischen, Italienischen, Spanischen, Portugiesischen, Englischen, Französischen) nebst Erläuterungen und Abhandlungen. — V bis VI. XVI, 371; VIII, 451 8.: Vorlesungen über dramatische Kunst und Litteratur.
VII. XXXVI, 302 8.: Vermischte und kritische Schriften. 1. Band: Vorerinnerung zum Athenäum. Vorrede zu Nr. 13. Vorrede zu Nr. 60. Ueber Schillers Künstler. Etwas über Shakespeare bei Gelegenheit W. Meisters. Ueber Shakespeares Romeo und Julie, Briefe über Poesie, Silbenmaß und Sprache. Betrachtungen über

Metrik (erster Druck). Der Wettstreit der Sprachen. Aphorismen, die Etymologie des Französischen betreffend. Vorrede zu Flore und Blanscheflur. Schreiben an Ge. Reimer. Anmerkungen zu Tiecks Anmerkungen zum deutschen Shakespeare und zu einigen Stellen des englischen Textes.
VIH. VI, 336 S. 2. Band: Charakteristiken und Litteratur. Urtheile, Gedanken und Einfälle über Litteratur und Kunst. Litterarischer Reichsanzeiger oder Archiv der Zeit und ihres Geschmacks. Entwurf zu einem kritischen Institute. Vorrede zu: ‚Horatio Walpole‘. Bürger. Vorrede zu Nicolais Leben von Fichte. Brief an Fouqué (zuerst im Morgenblatt 1845. Nr. 143/46). Umriße entworfen auf einer Reise durch die Schweiz. Biographie J. Necker's. Vorrede zu Frau Neckers ‚Ueber den Charakter und die Schriften der Frau v. Staël‘. Abriß von den europäischen Verhältnissen der deutschen Litteratur. Berichtigung einiger Mißdeutungen. Ueber Friedrich Schlegel. Vorläufiger Entwurf einer neuen Ausgabe der Werke Friedrichs d. Großen. Ueber historische und geographische Bestimmungen der Zoologie.
IX. VI, 396 S. 3. Band: Malerei, bildende Künste, Theater. Die Gemälde. Ueber Zeichnungen zu Gedichten und John Flaxman's Umriße. Ueber die Berlinische Kunstausstellung. [Sieben] Theaterkritiken aus der Zeitung f. d. eleg. Welt 1802/3. Schreiben an Goethe über einige Arbeiten in Rom lebender Künstler. Ueber einige tragische Rollen von Frau v. Staël dargestellt. Ueber die Vermählungsfeier Kaiser Franz I. Ueber das Verhältniß der schönen Kunst zur Natur, über Täuschung und Wahrscheinlichkeit. Stil und Manier. Johann v. Fiesole. Kunst- und Antiquitätensammlung des Herrn Canonikus Tieck. Corinna auf dem Vorgebirge Miseno. Beschreibung eines bei Lecherich ausgegrabenen Erzgefäßes. Vorerinnerung zu dem Verzeichniß von d'Altons Gemäldesammlung.
X. X, 420 S. 4. Band: Recensionen aus den Göttingischen gel. Anzeigen 1789 bis 1791; aus der Jenaischen allg. Litt.-Ztg. 1796 bis 1797.
XI. 1847. 430 S. 5. Band: Recensionen aus der Jenaischen allg. Litt.-Ztg. 1797 bis 1799.
XII. 1847. 528 S. 6. Band: Recensionen. Kritiken aus dem Athenäum 1798 bis 1800; aus der Europa 1803; aus der Jenaischen allg. Litt.-Ztg. 1804 bis 1808; aus den Heidelbergischen Jahrbüchern 1810 bis 1816; Recension von Humboldts Vue des Cordillères. 1817.
Zur Vervollständigung von Schlegels ‚sämmtlichen Werken‘ sieh R. Haym, Die romantische Schule S. 869.
Blätter f. liter. Unterhaltung 1848. Nr. 245 bis 251. — Hallische allg. Litt.-Ztg. 1848. Nr. 228 bis 233.

76) Oeuvres de Mr. A. G. de Schlegel écrites en français et publiées par Édouard Böcking. Leipzig 1846. III Bde. VI, 336; 409; VI, 341 S. 8.

77) Opuscula quae Augustus Guilelmus Schlegelius Latine scripta reliquit. Collegit et edidit Eduardus Böcking. Lipsiae venum dantur apud Weidmannos. 1848. Enth. Nr. 1). — Antiquitates Etruscas. Praelectiones a. 1822 in univ. litt. Bonnensi publice habitas. — Opuscula (de studio etymologico aus Nr. 52) I, 7 und II. 4.; De Zodiaci antiquitate et origine; Nr. 55); orationes; Nr. 57); Quaestiones historicae; Nr. 56); Epigrammata; Ghatakarpara.

78) Oskar F. Walzel, August Wilhelm und Friedrich Schlegel. In Auswahl herausgegeben. Stuttgart o. J. (1892). LXXV, 421 S. 8. enth. von A. W. Schlegel die 4., 5., 9., 10. und 12. der dramatischen Vorlesungen. — Dtsch. Nat.-Litt. Bd. 143.

2. Caroline Schlegel, geb. am 2. September 1763 in Göttingen, eine Tochter des Prof. Michaelis, verheiratete sich 1784 mit dem Bergphysikus Böhmer in Clausthal, einem Sohne des Göttinger Justizrates. Eine Tochter aus dieser Ehe starb in Bocklet; ihr ist Aug. Wilh. Schlegels ‚Totenopfer' in seinem Musen-almanach gewidmet. Nachdem Caroline Witwe geworden war, heiratete sie im J. 1796 A. Wilh. Schlegel, der sie schon, als er in Göttingen studierte, kennen gelernt hatte. Diese Ehe wurde getrennt, und die Geschiedene heiratete Fr. W. Jos. Schelling (Bd. V, S. 11); mit ihm ging sie nach München. Sie starb auf einer Reise zu ihren Schwiegereltern in Maolbronn am 7. September 1809.
a) Meusel 10, 538. 15, 286.
b) Raßmanns Gallerie. Erste Fortsetzung S. 27. Zweite Fortsetzung S. 59.
c) Schindel 2. 246 bis 247.
d) (Elise Camps, geb. Hoffmann) Aus dem Leben von Johann Diederich Gries. o. O. 1855. S. 25. 39 (192). 47. 53. 83. 90. 156.

e) Caroline. Briefe an ihre Geschwister, ihre Tochter Auguste, die Familie Gotter, F. L. W. Meyer, A. W. und Fr. Schlegel, J. Schelling u. a. nebst Briefen von A. W. und Fr. Schlegel u. a. Hrsg. von Georg Waitz. Leipzig 1871. II. 8. Auf Carolinens Briefe, die für die Adressaten berechnet waren, ist zu viel gebaut worden: es sind schauspielerische Leistungen, denen das Leben hinter den Coulissen nicht entspricht (K. Goedeke).

f) Rud. Haym, Ein deutsches Frauenleben aus der Zeit unserer Litteraturblüte: Preuß. Jahrb. 1871. 28, 451 bis 506. Vgl. Wilh. Scherer: Wiener Presse 1871 Nr. 164 — Vorträge und Aufsätze zur Geschichte des geistigen Lebens in Deutschland und Oesterreich. Berlin 1874. 8. 8. 356 bis 372.

g) Johannes Janssen, Eine Culturdame und ihre Freunde: Zeit- und Lebensbilder. Freiburg i. Br. 1875. 8.; 4. verm. Aufl. 1889. 8. 8. 1 bis 94.

h) J. M. Raich, Novalis Briefwechsel mit Friedrich und August Wilhelm, Charlotte und Caroline Schlegel. Mainz 1880. 8.

i) G. Waitz, Caroline und ihre Freunde. Mittheilungen aus Briefen. Leipzig 1882. IV, 108 S. 8. Vgl. W. Scherer, Dtsch. Rundschau 1882. 82, 473 — Kleine Schriften 2, 252 bis 254.

k) Heinr. Gross (1882) S. 97 f.

l) v. Wegele, Ein Frauenkrieg an der Universität Würzburg: Allg. Ztg. 1885. Beilage. 2. Juni. Darin einige Bemerkungen über Caroline, ihre reiche Briefsammlung und ihr Verhältnis zu Schiller.

m) Kuno Fischer, Geschichte der neueren Philosophie 6, 1. Cap. 5 bis 10.

n) August Sauer, Caroline Schelling: Frauenbilder aus der Blüthezeit der deutschen Litteratur. Leipzig 1885. 4. S. 67 bis 74 und 105.

o) Allg. Dtsch. Biogr. 1890. 31, 3 bis 6 (Franz Muncker).

p) F. Hummel, Das Grab von Caroline Schelling: Besondere Beilage des Staatsanzeigers für Württemberg. 1891. Nr. 13. 14 — p'. Sieh S. 796.

q) Vgl. auch § 281, 16, Verspottung der Bürgerin Böhme in Mainz.

Romeo und Julie von Shakespeare, aus dem Englischen übersetzt (mit A. W. Schlegel). Berlin 1797. 8.

3. Karl Wilhelm Friedrich von Schlegel, geb. am 10. März 1772 in Hannover, wurde für den Handelsstand bestimmt und begann in Leipzig seine Lehrzeit, wandte sich jedoch im 16. Jahre den Wissenschaften zu und studierte in Göttingen und Leipzig Jurisprudenz, Philologie, später nur Kunst und besonders Geschichte der alten Litteratur. Nach einem Aufenthalte in Dresden begab er sich 1796 nach Jena zu seinem Bruder August Wilhelm, siedelte aber bald nach Berlin über. Im J. 1799 wendete er sich wieder nach Jena und hielt dort im Wintersemester 1800/1801 philosophische Vorlesungen. Fleißiges und einsichtiges Quellenstudium bewahrte ihn vor Nachbeterei und gab ihm die Sicherheit eigener Forschung und selbständigen Urteils. Von beiden zeugen seine litterargeschichtlichen Arbeiten, in denen zuerst die nationalen Elemente berücksichtigt und dazu benutzt wurden, die poetischen Gattungen und die Stilarten zu scheiden. Von da an gewann die richtige, von dem Wechsel der ästhetischen Ansichten und befangener Beurteilung unabhängige Auffassung der Dichtung mehr und mehr an Tiefe und Umfang. Die Dichter und ihre Werke wurden nicht mehr als Erscheinungen genommen, die außerhalb des heimischen Volkes und der gleichzeitigen Bildung stehen, vielmehr als Glieder in der Entwickelung der Geschichte ihres Volkes oder Stammes, sodaß die vom ästhetischen Standpunkte vielleicht als Fehler und Schwächen erscheinenden Eigentümlichkeiten als wesentliche Züge und als Wurzeln erkannt wurden, mit denen die Einzelerscheinung in der Gesamtheit haftete. Die Grundsätze, auf denen die Forschungen Schlegels beruhten, wurden von ihm teils in größeren Arbeiten durchgeführt, teils in aphoristischer Weise und wie in Orakelworten ausgestreut. Unter die

letztere Form mischten sich dann auch Sätze, die aus dem individuellen
Leben hergenommen, wie allgemein giltig aufgestellt wurden und eine
der sozial-ethischen Seiten der romantischen Schule begründeten. Um-
fassend versuchte Friedrich Schlegel diese Doktrin in dem Roman Lucinde
auszuführen, der auf nichts anderes hinausläuft, als daß die freie und
durch eine Art philosophischer und physiologischer Selbstbeobachtung ver-
feinerte Sinnlichkeit der eigentliche für das Menschengeschlecht gehörige
Kultus sei. Diese Sinnlichkeitsphilosophie, die in Wahrheit die Philosophie
zur Schwärmerei und die Sinnlichkeit zur Nüchternheit macht, gewann
unter den Romantikern Anhänger und Nachfolger.   Schleiermacher, mit
dem Friedrich Schlegel zu Berlin in vertrautem Umgangs lebte, versuchte
die in der Lucinde waltenden Ansichten zu begründen und auszuführen,
und einzelne Romantiker übertrugen die Doktrin mit großer Unbefangenheit in das Leben.   Schlegel selbst war der Tochter Moses Mendelssohns
Dorothea, verehelichten Veit, mit denselben Grundsätzen begegnet und
hatte sie vermocht, ihren Mann zu verlassen und mit ihm 1802 nach
Paris zu gehen.   Sie wird bald als sein guter, bald als sein böser Genius
geschildert, wenigstens nahm sie an seinen ernsten Studien ernsten Anteil
und trat mit ihm 1808 zur katholischen Kirche über.   Darauf wurde er
Sekretär bei der Hof- und Staatskanzlei in Wien, verfaßte 1809 die österreichischen Proklamationen gegen Napoléon, in denen Österreich deutsch,
und deutsch in mehr als einem Sinne redete.   Nach dem Kriege wurde
Schlegel zum österr. Legationsrat beim Bundestage ernannt, kehrte 1818
nach Wien zurück und leitete neben seinen Geschäften die Herausgabe
seiner Schriften, die unvollständig und im einzelnen vielfach gemildert
und verändert sind.   Im Winter 1828—29 hielt er in Dresden Vorlesungen über die Philosophie des Lebens und starb vor deren Beendigung
den 11. Januar 1829 am Stickfluß.

Friedrich Schlegel war kein Dichter.   Alles, was er in poetischer
Form versuchte, diente entweder wie die Lucinde fremdartigen Tendenzen
oder war mühsam zusammengegrübelt und in roher ungefüger Form, die
den Anspruch des Bedeutenden machte, nicht ausgeführt, sondern ausgearbeitet.   Daß dennoch unter den kleinen Gedichten mitunter voller
poetischer Klang vernehmbar wird, soll nicht geleugnet werden, aber ein
paar Lieder verschwinden im Vergleiche mit den Ansprüchen, die Schlegel
als Dichter machte, und dem Rufe, den sein anspruchsvolles Auftreten
erzeugte.   Sein Trauerspiel Alarcos, das Goethe nachgiebig und nicht eben
zum Frommen des Verfassers oder der Schule auf die Bühne brachte,
bietet ein so grauenvolles Gemisch der Formen und des Widerspenstigen,
daß es recht in Wahrheit als Ausdruck des Mißverhältnisses zwischen
Willen und Kunstvermögen der Romantiker und im allgemeinen als Vertreter der romantischen Weltverwirrung gelten kann. — Was er als
ordnender Forscher auf dem Gebiete der Litteraturgeschichte leistete, ist
schon erwähnt worden.   Aus seinen Studien des Sanskrit ging das Buch
über Sprache und Weisheit der Indier hervor, worin die in Deutschland
bis dahin nur vereinzelten Kenntnisse von der indischen Litteratur, der durch
Forster und Dalberg nach englischen Übersetzungen wiedergegebenen Dichtungen von Kalidása und Jajadeva, in überraschender Weise und durch
reiche Gabe erweitert und die mehr auf Ahnung als klarer Erkenntnis
beruhenden Lehren aufgestellt wurden, daß die Wiege aller nach dem

Westen ausgedehnten Völkerbildung in den Gangesländern zu finden und
das gemeinschaftliche Band, das alle ausgewanderten Stämme unter sich
und mit dem Mutterlande zusammenhalte, noch aufzusuchen sei. Mit
diesem Werke war die fruchtbarste und lange nachwirkende Anregung für
die historischen Wissenschaften gegeben; von da an wendeten sich diese
mehr und mehr der Völkerwiege zu. Das sprachvergleichende Studium,
das die vergleichende Mythenforschung nach sich gezogen hat und bis zur
vergleichenden Untersuchung der buddhistischen und christlichen Religion
vorgerückt ist, beruhte auf der Anregung dieses Buches. Die unmittelbare Nachfolge, wie sie sich in der Mythengeschichte der asiatischen Welt,
später in dem Heldenbuche von Iran von Görres (auch in der Einleitung
zum Lohengrin) kund gab, schwankte zwar in unklarem Dämmer pfadlos
umher, aber die Wissenschaft hat sich immer sicherer und klarer herausgearbeitet; die höchsten Resultate, die sie in dieser Richtung erzielen
wird, haben ihren ursprünglichen Keim in Schlegels veraltetem, und doch
unvergänglichem Buche. Die ganze orientalische Richtung in der neueren
Poesie ist wesentlich ihm anzurechnen. — Schlegels spätere philosophischen
Schriften, die auf einer eklektischen Mystik beruhen, fallen außerhalb des
Kreises der Geschichte der Dichtung und verraten nur zu sehr die Absicht, die innere quälende Unruhe zu beschwichtigen und der wieder-
erstarkten Macht der Gewalthaber und den Neigungen des Absolutismus
die Wege zu bahnen.

a) Zeitgenossen 1, 4, 182.   [Nachträge S. 796.
b) v. Bucholts, Zur Erinnerung an Friedrich v. Schlegel: Hormayrs Neues
Archiv 1829 Nr. 21 und 22.
c) Nekrolog: Allg. Ztg. 1829 Nr. 25. wiederh. Nekrolog 7, 80 bis 89. —
Vgl. Das Inland. Ein Tageblatt für das öffentl. Leben in Deutschland, mit vorzüglicher Rücksicht auf Bayern. 1829. Nr. 31. dazu: Eos. Münchener Blätter für
Literatur und Kunst. 1829. Nr. 28. 36 und 37.
d) Aug. W. Schlegel, Über Friedrich Schlegel. Brief an Windischmann
1834 Dezember 29: Sämtliche Werke 8, 235.
e) Schleiermacher und F. Schlegel: Varnhagen von Ense, Denkwürdigkeiten
1838. 4, 267.   § 249, B. II. 30) Band V, S. 110.
f) L. Tieck an Riemer 3. Juli 1841: Weimarisches Sonntagsblatt 1856 Nr. 5,
wiederh. Hoffmann v. Fallersleben, Findlinge. Leipzig 1859. S. 149 f.
g) Ernst v. Feuchtersleben, Friedr. v. Schlegels Biographie: Band XV
von Nr. 39) — Feuchtersleben, Sämtliche Werke. Wien 1853. 6, 248 bis 281.
h) J. A. Moritz Brühl, Gesch. der kathol. Litteratur Deutschlands vom
17. Jh. bis zur Gegenwart. Leipzig 1854. 8. 175 bis 222.
i) Helmina von Chézy, Unvergessenes. Leipzig 1858. I, 258 f.
j) Mich. Bernays, Fr. Schlegel und die Xenien: Die Grenzboten 1869.
Nr. 50 und 51.
k) Zusammenstoß des jungen Gottfr. Hermann mit Frdr. Schlegel: G. Hermanns lateinische Briefe an Volkmann. Heidelberg 1882. Epist. 12.
l) J. Minor, Friedrich Schlegel: Die Grenzboten 1883. Nr. 30.
m) R. Fester, Rousseau und die deutsche Geschichtsphilosophie. Stuttgart
1890. S. 188 bis 211 (über F. Schlegels Geschichtsphilosophie).
n) Allg. D. Biogr. 1891. 33, 737—752 (Franz Muncker).
o) H. Prodnigg, Goethes Wilhelm Meister und die aesthetische Doctrin
der älteren Romantik. Progr. Graz 1891. 31 S. 8.
p) Felix Poppenberg, Züge zu Fr. Schlegels Bild: Münchner Allg. Ztg.
1892. Beilage Nr. 239
q) Grillparzer, Sämtliche Werke 14⁴, 135.
r) Über Frdr. Schlegel in Wien: Aus dem Leben Theodor von Bernhardis.
Leipzig 1893. 8. Theil 1, S. 24. 27 f.

2*

s) Oskar Walzel, Schiller und die Romantik: Sonntagsbeilage der Vossischen Ztg. 1898. Nr. 41. 42.

Briefe: α) an Caroline: Nr. 2. e) Bd. 1 und 2. — β) Arnim, mitget. von O. F. Walzel: Zach. f. d. österr. Gymn. 1889. 40, S. 99. — γ) C. A. Böttiger (17), F. J. Niethammer (6), K. J. H. Windischmann (4): Schnorrs Archiv 1887. 15, S. 399 bis 442. Vgl. 1825. 13, 564. — δ) Dorothea und ihre Söhne: Raich, Dorothea v. Schlegel. Mainz 1881. 1, 182. 386. 406. 413. 420. 2, 17. 51. 191. 212. 306. 448. — ε) Fouqué: Briefe an Friedrich Baron de la Motte Fouqué. Berlin 1848. 8. S. 368 bis 373. — ζ) Görres: Jos. v. Görres gesammelte Briefe. München 1874. 2, 337. 3, 337. — η) F. H. Jacobi: Rud. Zoepprits, Aus Jacobis Nachlaß. Leipzig 1869. 2, 104. 110. — θ) Novalis: Raich, Novalis Briefwechsel. Mainz 1880. S. 82 und 127; Zach. f. d. österr. Gymn. 1891. 42, S. 105 bis 107 (O. F. Walzel). — ι) die Gräfin O'Donell, geb. Gaisruck: Österr.-ungar. Revue 1890. 8, S. 283 (R. M. Werner). — κ) Schiller: § 249, B. I. 50a) Band V, S. 103. — λ) Schleiermacher: Dilthey, Aus Schleiermachers Leben. Band 3. — μ) Frau v. Staël: Zach. f. d. österr. Gymn. 1890. 41, S. 106. — ν) Tieck: Holtei, Briefe an L. Tieck 3, 311 bis 345. — ξ) Frdr. Aug. Wolf, mitget. von O. F. Walzel: Zach. f. d. österr. Gymn. 1889. 40, S. 97. — ο) Zimmer: § 282, w. S. 226 bis 238. — π) Friedrich Schlegels Briefe an seinen Bruder August Wilhelm. Hg. von Oskar F. Walzel. Berlin 1890. XXVI, 680 S. 8. Dtsch. Litt.-Ztg. 1891. Sp. 457f. — Sieh unten S. 796.

1) Der älteste Aufsatz Friedrich Schlegels ist eine Rezension der von Bürger hg. Akademie der schönen Redekünste. Bd. 1, Stück 1 bis 3 in der Jenaischen Allgem. Lit.-Ztg. 1792 April 26: O. F. Walzel, Eine verschollene Recension Friedrich Schlegels: Zach. f. d. österr. Gymn. 1889. S. 485 bis 493.

2) Von den Schulen der griechischen Poesie: Biesters Berlinische Monatsschrift 1794. Band 24 S. 378 bis 400. J. Minor (Nr. 40) Band 1, S. 1—10. — ,Nur wenig verändert' Werke (Nr. 35) Band 4, S. 5 bis 24. Handschrift aus dem Nachlasse Kestners in der Leipziger Universitätsbibliothek.

3) Vom ästhetischen Werth der griechischen Komödie: Biesters Berlinische Monatsschrift 1794. Band 24, S. 485 bis 505. J. Minor (Nr. 40) Band 1, S. 11 bis 20. — Werke (Nr. 35) Band 4, S. 25 bis 45.

4) Ueber die weiblichen Charaktere in den griechischen Dichtern: Leipziger Monatsschrift f. Damen. 1794. Bdch. 4. October und November. Wiederholt Nr. 14) Anhang. Z. Minor (Nr. 40) Band 1, S. 28 bis 45. — Werke (Nr. 35) Band 4, S. 66 bis 89.

Mich. Bernays, Ein alter Aufsatz Friedrich Schlegels: Augsb. Allg. Ztg. 1882. Beilage. Juli 4. Vgl. Lit. Centralblatt 1882 Sp. 1016 und Nr. 40) Bd. I S. X.

5) Ueber die Grenzen des Schönen: Neuer Ttsch. Merkur 1795. May. S. 79 bis 92. J. Minor (Nr. 40) Band 1, S. 21 bis 27. — Werke (Nr. 35) Band 4, S. 151 bis 165.

6) Ueber die Diotima: Biesters Berlinische Monatsschrift 1795. Band 26, Nr. 3 und 4. Wiederholt Nr. 14) II. J. Minor (Nr. 40) Band 1, S. 46 bis 74. — Werke (Nr. 35) Band 4, S. 90 bis 150.

7) Rezension von Condorcets Esquisse d'un tableau: Niethammers Philosophisches Journal 1795. Bd. 3, 2. S. 161 bis 172. J. Minor (Nr. 40) Band 2, S. 50 bis 56.

8) Rezensionen von Schillers Horen 1796. 2. bis 12. Stück (s. unten S. 796), von Schillers Musen-Almanach 1797 (Xenien), von Herders Humanitätsbriefen 7. und 8. Sammlung und von Fülleborns kl. Schriften: Reichardts Deutschland. Dritter und Vierter Band. J. Minor (Nr. 40) Band 2, S. 7 bis 50.

9) An den Herausgeber Deutschlands, Schillers Musen-Almanach betreffend: Reichardts Deutschland 1796. Band 2. St. 6, S. 348 bis 360. J. Minor (Nr. 40) Band 2, S. 1 bis 6. Vgl. Band V, S. 200, 2).

10) Versuch über den Begriff des Republikanismus. Veranlaßt durch die Kantische Schrift zum ewigen Frieden: Reichardts Deutschland. Berlin 1796. Band 3. St. 7. Nr. II. S. 10 bis 41. J. Minor (Nr. 40) Band 2, S. 57 bis 71.

11) Goethe. Ein Fragment von A. W. (l) Schlegel: Reichardts Deutschland 1796. Band 1. St. 2 S. 258 bis 261. J. Minor (Nr. 40) Band 1, S. 114 bis 115.

12) Der deutsche Orpheus. Ein Beitrag zur neuesten Kirchengeschichte: Reichardts Deutschland. Berlin 1796. Band 4. St. 10. Nr. V. S. 49 bis 66. J. Minor (Nr. 40) Band 2, S. 92 bis 99.

13) Ueber die Homerische Poesie. Mit Rücksicht auf die Wolfischen Untersuchungen: Reichardts Deutschland 1796. Band 4, St. 11. Nr. II. S. 124 bis 156. J. Minor (Nr. 40) Band 1, S. 215 bis 229.

14) Die Griechen und Römer. Historische und kritische Versuche über das Klassische Alterthum, von Friedrich Schlegel. Erster (einziger) Band. Neustrelitz, 1797. XXIV, 358 S. 8. Enth. 1. S. 1 bis 250. Ueber das Studium der Griechischen Poesie. J. Minor (Nr. 40) Band 1, S. 75 bis 178. — Werke (Nr. 85) Band 4, S. 25 bis 218. II. Ueber die Diotima. J. Minor (Nr. 40) Band 1, S. 46 bis 74. Anhang: Ueber die Darstellung der Weiblichkeit in den Griechischen Dichtern. J. Minor (Nr. 40) Band 1, S. 28 bis 45.

15) a. Ueber Lessing: Reichardts Lyceum der schönen Künste. Berlin 1797. Band 1, Theil 2. S. 76 bis 128. J. Minor (Nr. 40) Band 2, S. 140 bis 164. — b. Kritische Fragmente: Reichardts Lyceum der schönen Künste. Berlin 1797. Band 1, Theil 2. S. 133 bis 169. J. Minor (Nr. 40) Band 2, S. 183 bis 202.

16) Der Epitafios des Lysias: Attisches Museum § 223, C. 128) 1797. Band 1, 2. S. 213 bis 278. J. Minor (Nr. 40) Band 1, S. 181 bis 193. — Wiederholt Werke (Nr. 85) Band 4, S. 166 bis 216.

17) Kunsturtheil des Dionysios über den Isokrates: Attisches Museum § 223, C. 128) Band 1, 3. S. 125 bis 175. — Wiederh. Werke (Nr. 85) Band 4, S. 217 bis 229. Die Nachschrift des Übersetzers bei J. Minor (Nr. 40) Band 1, S. 194 bis 200.

18) Geschichte der Poesie der Griechen und Römer, von Friedrich Schlegel. Ersten Bandes erste Abtheilung. Berlin, bey Johann Friedrich Unger. 1798. 236 S. 8. J. Minor (Nr. 40) Band 1, S. 231 bis 362. — Werke (Nr. 85) Band 3, S. 9 bis 242.

19) Athenaeum. Eine Zeitschrift. Vgl. A. W. Schlegel Nr. 9). J. Minor (Nr. 40) Band 1, S. 201 bis 214. Band 2, S. 239 bis 395.

20) Lucinde. Ein Roman von Friedrich Schlegel. Erster (einziger) Theil. Berlin. Bei Heinrich Fröhlich 1799. 300 S. 8. — Nachdruck: Berlin bei Duncker und Humblot 1799. 8. Vgl. Neue Allg. dtsch. Bibl. 59, 345. 71. 86. — Zweite, unveränderte Ausgabe. Stuttgart 1835. 8 Bl., 156 S. 8. — Herausgegeben und fortgesetzt von W. Christern. Hamburg 1842. 8.; 1848. 384 S. 8.; Schwäbisch Hall 1850. 8.; Neue elegante Ausgabe. Stuttgart 1859. 12.; Coburg 1868. 8.; Reclams Univ.-Bibl. Nr. 320. Vgl. Band V, S. 72. Schiller an Goethe 1799 Juli 19 und Goethes Antwort 20. — Sieh unten S. 796.
a. Vertraute Briefe über Friedrich Schlegels Lucinde (von Friedrich Schleiermacher). Lübeck und Leipzig 1800. 152 S. 8.; Mit einer Vorrede von Karl Gutzkow. Stuttgart 1835. XXXVI, 124 S. 8. — 8. Bd. VIII. S. 700.
b. Diogenes Laterne (von Daniel Jenisch, § 274, 7). Leipzig 1799. 379 S. 8. Vgl. Ebeling, Kom. Litt. II, 447.
c. Lindor. Seitenstück zu Fr. Schlegels Lucinde (von Michael Kosmeli, § 295, I. 15. 1). Altona 1799. 8.; Hamburg und Mainz 1801. 8.
d. Drey Briefe an ein humanes Berliner Freudenmädchen über die Lucindo von Schlegel. Frankfurt und Leipzig 1800. 84 S. 8. Neue Allg. dtsch. Bibl. 59, 349.
e. Fiormona, oder Briefe aus Italien. Berlin bei Nauck 1794. VIII, 286 S. 8. Nachdr.: Kreuznach 1803. 2. Aufl. Berlin 1805. 8.; 1829. 8.; 1888. 8.; 1869. 8. Vgl. § 280, 13. 26) a. und § 232, 89. am Ende.
f. J. Bernhard Vermehren, Briefe über Friedrich Schlegels Lucinde, zur richtigen Würdigung derselben. Jena 1800. IV, 254 S. 8.
g. Die Lehrjahre der Liebe. Penig 1804—6. II. 8.
h. Die Mysterien der Liebe und des Lebensgenusses. Eine Gallerie von Cabinets-Stücken für philosophische Lüstlinge. Philadelphia 1805. 8.
i. Verirrungen der Liebe. Paris (Halle) 1806. VI, 194 S. 8.
k. Ein Nachtstück für lüsterne Leser (Roman). Leipzig o. J. (1808). 8.
l. Situationen aus dem Blüthenalter eines Mannes von Gefühl. Berlin 1810. 8.
m. Fritzchen, eine kleine Geschichte für Freunde schöner Mädchen. Von Theodiscus (§ 277, 25. 7). Berlin 1810. 8.
n. Beiträge zur Modelectüre, von Theodiscus (§ 277, 25. 9). Berlin 1811. 8.

o. Vgl. § 258, 8. Kotzebue Nr. 58).

p. R. Haym, Fr. Schlegel und Lucinde: Preuß. Jahrb. 1869. 24, 261 bis 295.

q. Julius Duboc, Grundriß einer einheitlichen Trieblehre. Leipzig 1892. 8. S. 134 und 296 f.

r. J. O. E. Donner, Der Einfluß Wilhelm Meisters auf den Roman der Romantiker. Helsingfors und Berlin 1893. 8. S. 74 bis 101.

21) Charakteristiken und Kritiken. Vgl. A. W. Schlegel Nr. 13). J. Minor (Nr. 40) Band 2, 8. 72 bis 91 und 100 bis 182 und 396 bis 431.

22) Alarcos. Ein Trauerspiel von Friedrich Schlegel. Berlin, 1802. Bei Johann Friedrich Unger. 65 S. 8.; Nr. 30) und Nr. 35) VIII. Neue Allg. dtsch. Bibl. 87, 207. Vgl. Band IV. S. 541 f. — Henriette v. Bissing, Goethe und ‚Alarcos': Das Leben der Dichterin Amalie v. Helvig geb. Freiin v. Imhoff. Berlin 1889. S. 68. — a. Expectorationen. Ein Kunstwerk und zugleich ein Vorspiel zum Alarcos. o. O. (auf dem Umschlage: Berlin) 1803. 56 S. 8. Sieh Band IV. S. 603, 7). — b. Etwas über Alarcos, ein Trauerspiel von Fr. Schlegel. Ein Versuch, die Leser zum Schmecken zu zwingen (von Gerhard Anton Gramberg d. Ä. § 271, 13 am Ende). Münster 1803. 8. — Vgl. § 221. D. 101) Parodien in Band IV. S. 151.

23) Geschichte der Jungfrau von Orleans. Aus altfranzösischen Quellen. Mit einem Anhange aus Hume's Geschichte von England. [Übersetzt von Dorothea]. Hg. von Friedrich Schlegel: Berlin 1802. 152 S. 8.

23a) Beiträge zu A. W. Schlegel und Tiecks Musen-Almanach 1802; A. W. Schlegel Nr. 16).

23b) Beiträge zu Vermehrens Musenalmanach § 289. 4. 4) a und b.

24) Europa. Eine Zeitschrift. Herausgegeben von Friedrich Schlegel. Frankfurt a. M. bei Friedrich Wilmans, 1803 [bis 1805]. II. 8.

I. Bd. 1. St. 180 S. a: Vorrede. — b: Reise nach Frankreich. [Friedrich]. — c: Litteratur. [Friedrich]. — d: Ueber die Resultate der Expedition nach Egypten. ***r. — e: Gedichte (Zu einer Volksmelodie. D[orothea]. Ein Traum. [Friedrich]. Bei Erblickung der Handschrift eines verstorbenen Freundes. D[orothea]. Betrachtung. An eine Freundin der Poesie. [Friedrich]. — [Vier] Variationen. Liebe denkt in süßen Tönen. A. W. Schlegel. Raphael. [Friedrich]. An den Tod. R. Stanzen zur Einleitung eines Märchens. An Sidonien. [Friedrich]). — f: Ueber die Pariser Kunstausstellung vom Jahre XI. ***ch. — g: Nachricht von den Gemälden in Paris an einen Freund in Dresden. — h: Ansichten und Miscellen (Vorerinnerung. [Friedrich]. Aus dem Briefe einer Deutschen. H—a***r. [H. v. Hastfer § 290, 3. 1)]. Talma als Orestes. Buonaparte im Nationalinstitut. Aufführung der Nina. [Dorothea]. Theaterkritik. Einheit der franz. und niederländischen Schule. Der gestiefelte Kater auf dem Théâtre des jeunes artistes. D[orothea]).

2. St. 167 S. i: Von Raphael (die alte und die neue Schule der italiänischen Mahlerei; Gegenstände der Mahlerei). — j: Uebersicht der neuesten Fortschritte der Physik. O. — k: Beiträge zur Geschichte der modernen Poesie und Nachricht von provenzalischen Manuscripten. [Friedrich]. — l: Ueber das spanische Theater. A. W. Schlegel. — m: Gespräch über die neuesten Romane der Französinnen. D[orothea]. — n: Einige Nachrichten über die neuesten Arbeiten der Pariser Philologen. J. G. S. — o: Die Sylbenmaasse (Hexameter, Elegie, Jambe, Choliambe). A. W. Schlegel. — p: Kleine Gedichte aus dem Griechischen. A. W. Schlegel. — q: Pariser Neuigkeiten (enth. u. a. Ausbreitung der deutschen Sprache in Frankreich. Ueber den Zustand der Musik in Paris. D. R. Jardin des plantes. Ueber den Zustand der Anatomie in Paris. Froriep. Französische Kunstausstellung. Guter Rat für Reisende. Michel-Auge im Theater Feydeau. Charles' Vorlesungen über Physik. O. Villoisons Cours des Neugriechischen. K. H. [Karoline v. Humboldt]. Lafond als Tancred. Journalisten und Theater. Hamlet in Frankreich. Literarische Anfrage. Deutsche Fremde in Paris. Polymathische Schule). Druckfehler im ersten Heft.

II. Bd. 1. St. 1803. 206 S. r: Ueber Literatur, Kunst und Geist des Zeitalters, einige Vorlesungen in Berlin zu Ende des J. 1802 gehalten von A. W. Schlegel. — s: Nachtrag italienischer Gemälde. — t: Probe einer metrischen Uebersetzung des Racine, erster Akt des Bajazet. [Friedrich]. — u: Erzählungen von Schauspielen mit Vorerinnerung des Herausgebers. [A. v. Arnim]. — v: Miscellen (Sprachlehre von A. F. Bernhardi. A. W. Schlegel. Nachricht von Choiseul-Gouffier).

2. St. 1805. 146 S. [mit Raphaels St. Michael, gestochen von Lips]. w: Zweiter Nachtrag alter Gemälde. — x: Geschichte von Bachram Gur aus dem Persischen des Ferdusi von Gottfried Hagemann. — y: Epochen der griechischen Philosophie. Fr. Ast. — z: Der gehörnte Siegfried in der Schmiede. D. L. M. F. [De la Motte Fouqué]. Der Ritter und der Mönch. D. L. M. F. Der alte Held. D. L. M. F. — α: Gespräche über Tiecks Poesie. H. v. Hastfer. — β: Dritter Nachtrag alter Gemälde. — γ: Anzeige (über chinesische Buchstaben). Anzeige einiger Druckfehler.

25) Kritische Grundgesetze der schriftstellerischen Mittheilung, nebst einem Gedicht Herkules Musagetes. Von Fr. Schlegel. Hamburg, bei Carl Anton Heydemann 1803. 8.

26) Geschichte der Margaretha von Valois, Gemahlin Heinrichs IV. Von ihr selbst beschrieben. [Original: Mémoires de la Royne Marguerite. Paris 1628; Bruxelles 1658; Liège 1713]. Nebst Zusätzen und Ergänzungen aus den Französ. Quellen von Frdr. Schlegel. Leipzig 1803. 8.

27) Lessings Geist aus seinen Schriften, oder dessen Gedanken und Meinungen zusammengestellt und erläutert von Friedrich Schlegel. Leipzig 1804. III. 8.; Neue unveränderte Ausgabe. Leipzig 1810. III. 8. § 221, C. 2). Band IV. S. 136. Neue Allg. dtsch. Bibl. 102, 86 bis 92.
Enth. I. a: An Fichte, vom Hg. — b: Allgemeine Einleitung. Vom Wesen der Kritik, vom Hg. — c: Bruchstücke aus Briefen. Nebst einer Vorerinnerung und Nachschrift, vom Hg. — d: Antiquarische Versuche. Nebst einer Vorerinnerung und Nachschrift, vom Hg. — II. e: Einleitung. Vom combinatorischen Geist, vom Hg. — f: Fragmente dramaturgischen, litterarischen und polemischen Inhalts. — III. g: Einleitung. Vom Charakter des Protestanten, vom Hg. — h: Erziehung des Menschengeschlechts. — i: Ernst und Falk 1. und 2. Gespräch. — k: Nathan. Nebst Prolog und Epilog, vom Hg. — l: Ernst und Falk. Bruchstück eines dritten Gesprächs, vom Hg.

28) Poetisches Taschenbuch für das Jahr 1805 (und 6). Berlin bei J. Fr. Unger 1805—6. II. 8. § 315, II. 82 = Band VIII. S. 63.

28a) Beiträge zu den Heidelbergischen Jahrbüchern. Sieh Nr. 41).

29) Ueber die Sprache und Weisheit der Indier. Ein Beitrag zur Begründung der Alterthumskunde von Friedrich Schlegel. Nebst metrischen Uebersetzungen indischer Gedichte. Heidelberg bei Mohr und Zimmer. 1808. XVI, 324 S. 8. Wiederholt Nr. 39) Band VIII. § 310, A. IV. a — Bd. VII. S. 583.
Vorrede. Erstes Buch. Von der Sprache. Kapitel 1: Von der indischen Sprache überhaupt. S. 3. 2: Von der Verwandtschaft der Wurzeln. S. 6. 3: Von der grammatischen Structur. S. 27. 4: Von zwei Hauptgattungen der Sprache nach ihrem innern Bau. S. 44. 5: Von dem Ursprunge der Sprachen. S. 60. 6: Von der Verschiedenheit der verwandten und von einigen merkwürdigen Mittelsprachen. S. 71. — Zweites Buch. Von der Philosophie. Kapitel 1: Vorläufige Bemerkungen. S. 89. 2: System der Seelenwandrung und Emanation. S. 95. 3: Von der Astrologie und dem wilden Naturdienst. S. 114. 4: Die Lehre von zwei Principien. S. 125. 5: Vom Pantheismus. S. 140. — Drittes Buch. Historische Ideen. Kapitel 1: Vom Ursprunge der Poesie. S. 157. 2: Von den ältesten Wanderungen der Völker. S. 165. 3: Von den indischen Kolonien und der indischen Verfassung. S. 173. 4: Von orientalischen und indischen Studium überhaupt, und dessen Werth und Zweck. S. 196. — Indische Gedichte. I. Anfang des Ramayon. S. 231. II. Indische Kosmogonie, aus dem ersten Buche der Gesetze des Monu. S. 272. III. Aus dem Bhogovotgita. S. 284. IV. Aus der Geschichte der Sokuntola, nach dem Mohabharot. S. 308.
Vom Frühjahr 1803—1804 genoß Schlegel den mündlichen Unterricht Alexander Hamiltons in der Sanskrit-Sprache und studierte dann unter Langle's Leitung die Mss. der Pariser Bibliothek. — Bei seiner Arbeit mußte er sich ,für erste darauf beschränken, nur einen Beweis mehr zu liefern, wie fruchtbar das indische Studium dereinst noch werden könne, die Ueberzeugung allgemeiner zu verbreiten, welche reiche Schätze hier verborgen seien, die Liebe für das Studium wenigstens vorläufig, auch in Deutschland, anzufachen, und für die Ansicht des Ganzen einen festen Grund zu legen, auf welchem sich nachher mit Sicherheit weiter fortbauen ließe'. Die metrischen Übersetzungen empfiehlt er als ersten Versuch dieser Art nachsichtiger Beurteilung. Vgl. H. Oldenberg, Über Sanskritforschung: Dtsch. Rundschau 1886. 47, 386 bis 409.

29a) Österreichische Zeitung [redigiert von F. Schlegel im Hauptquartier des Erzherzogs Carl; in den Briefen Dorotheas an F. Schl. und sonst als ‚Armeezeitung‘ angeführt]. Erschien 1809 vom 24. Juni bis 16. Dezember zweimal wöchentlich in 52 Nummern. Vgl. Anz. f. dtsch. Alterth. 1898. 19, 81 (O. F. Walsel).

30) Friedrich Schlegels Gedichte. Berlin 1809. 4 Bl., 388 S. 8. Enth. Kleinere Gedichte. Alarcos. Roland, Heldengedicht in 15 Romanzen, zuerst in Nr. 28) 1806. Sieh Nr. 85) VIII bis IX. — Sieh unten S. 796.

Die Berliner Zensur ließ das letzte Blatt S. 387/8 mit Gelübde: ‚Es sey mein Herz und Blut geweiht, Dich Vaterland zu retten‘ ausschneiden; einige vollständige Exemplare waren schon in Leipzig ausgegeben worden. Vgl. Chamisso, Werke 1839. 5, 230.

Fouqué, Ein Wort über F. Schlegels Gesammelte Gedichte: Die Musen 1810 — Sammlung kleiner prosaischer Schriften 2, 145 bis 156.

81) Ueber die neuere Geschichte. Vorlesungen gehalten zu Wien im Jahre 1810 von Friedrich Schlegel. Wien 1811. 4 Bl., 564 S. 8.

82) Friedrich Schlegels Geschichte der alten und neuen Litteratur. Vorlesungen gehalten zu Wien im Jahre 1812. Wien 1815. II. XVI, 302 und 332 S. 8. Ein ‚Zweiter Theil‘ erschien unter dem Titel: Friedrich von Schlegel's Geschichte der alten und neuen Literatur. Bis auf die neueste Zeit fortgeführt von Theodor Mundt. Die Literatur der Gegenwart. Berlin 1842. 8.; Zweite Aufl. Wien 1847. XVIII, 497 S. 8. — Sieh unten S. 796.

83) Deutsches Museum, herausgegeben von Friedrich Schlegel. Wien 1812 bis 13. In der Camesinaschen Buchhandlung. Zwei Jahrgänge, jeder von 12 Monatsheften. 8. — Sieh Band VIII. S. 22, 96.

Erster Band. 1812. 545 S. a: Vorrede. — b: Die Sprache. Von Frh. v. Steigentesch. — c: Aus einer noch ungedruckten historischen Untersuchung über das Lied der Nibelungen. Von A. W. Schlegel. — d: Zerstreute Blätter von Heinrich v. Collin, aus dessen litterar. Nachlasse. — e: Agronomische Briefe. Von Adam Müller. Erster Brief. — f: Recension. F. H. Jacobi Von den göttlichen Dingen und ihrer Offenbarung. Vom Herausg. — g: Johann Hunniady Corvin. Von Car. Pichler, geb. von Greiner. — h: Die scandinavische Halbinsel und ihre Bewohner. Von J. W. Ridler. — i: 2. Brief von e. — k: Der Philosoph und die Sonne. Von Matthias Claudius. — l: Rezept. Von v. St. — m: Ueber nordische Dichtkunst. Vom Herausg. — n: Ein Wort über deutsche Litteratur und deutsche Sprache. Vom Frh. v. Steigentesch. — o: Ueber das Studium der Kriegsgeschichte. Von E. v. Pfuel. — p: Aus dem Trauerspiele Marius. Von Matthäus v. Collin. — q: Aussichten für die Kunst in dem österr. Kaiserstaat. — r: Gedichte auf Rud. v. Habsburg von Zeitgenossen. Von A. W. Schlegel. — s: Ueber den Glauben. Von M. Claudius. — t: Kunstnachrichten aus Rom. Vom Mahler Müller. — u: Der Adler Jupiters. Von J. G. Meinert. — v: Jakob Degen. Von J. L. Stoll. — w: Preisaufgabe des Erzherzogs Johann über die Geographie Inner-Oesterreichs im Mittelalter. — x: Kaiser Friedrichs I. Barbarossa, Pallast in der Burg zu Gelnhausen. — y: Aus dem Trauerspiele Hannibal. Vom Frh. v. Röthkirch. — z: Herausgabe des alten Reinhart Fuchs durch die Brüder Grimm in Cassel. — tz: Dämmerungs-Schmetterlinge oder Sphinxe. Von Jean Paul. — α: Ueber die Uebungen der Soldaten. Vom Frh. v. Steigentesch. — β: Nachtrag über Shakspeare vom Hg. — γ: Kunstnachrichten aus Rom. Vom Mahler Müller. — δ: Aus den Vorlesungen über die Geschichte der Litteratur. 12. Vorl. Vom Hg. — ε: Ueber das Nibelungen-Lied. Von den Nibelungen. Von A. W. Schlegel. — ζ: Kunstnachrichten aus Rom. Vom Mahler Müller.

Zweiter Band. 1812. 554 S. a: Ueber das Nibelungen-Lied. Angebliche Dichter der Nibelungen. Von A. W. Schlegel. — b: Einfälle eines Dilettanten über historische Gegenstände. — c: Nachricht von der Breslauer Gemähldesammlung. Mit Vorerinnerung von Frdr Schlegel. Von Büsching. — d: Aus dem romantischen Schauspiele Kunigunde, Römisch-deutsche Kaiserin, von F. L. Zacharias Werner. — e: Nachricht von Phil. Otto Runge. — f: Olafs Ausfahrt. Eine nordische Abentheure. Von Fouqué. — g: Leben des Dichters, Martin Opitz v. Boberfeld. Nebst Bemerkungen über seinen poetischen Charakter. Von Hegewisch. — h: Sendschreiben an A. H. Müller, durch e und i des 1. Bd. veranlaßt. Von Wilh. v. Schütz. — i: Der Abschied. Von A. W. Schlegel. — k: An die Schönheit. Vom Gf. Heinrich Larisch. — l: Das Glück. Von J. Erichson. — m: Kunstnachrichten aus Rom. Vom Mahler Müller. — n: Ueber das historische Schauspiel. Von Matthäus v. Collin. — o: Agronomische Briefe. Von A. Müller. — p: Kaiser Karl der Große. Abschnitt einer altdtsch. poet. Chronik. Von B. J. Docen. — q: Ueber die deutsche Litteratur. Von Chn. Gttfr. Körner, nebst der Antwort des Hg. — r: Schluß von g. — s: Doctor Faust. Von Stieglitz. — t: Berichtigung einer Stelle in Dampmartins Gesch. von Frankreich. Von J. W. Ridler. — u: Ueber ein österr. Idiotikon, mit Anm. des Hg. Von K. — v: Ueber ein neues deutsches Sprachwerk, das 1813 erscheinen soll. Ein Vorbeugungs-Versuch von B. J. Docen. — w: Schloß Karlstein bey Prag. Vom Hg. — x: Ankündigung (Ausg. des Nibelungenliedes betr.). Von A. W. Schlegel. — y: Beschreibung altdeutscher Gemählde. Von Am. v. Hellwig. — z: Abend-unterhaltungen der Wiedergekehrten. Von Karoline v. Fouqué. — tz: Ueber das Mittelalter. Eine Vorlesung, geb. 1803. Von A. W. Schlegel. — α: Ankündigung des 2. Jahrgangs. Vom Hg. — β: Der Werth der positiven Offenbarung, aus der Unhaltbarkeit der bisherigen philosopbischen Bemühungen. Von E—r. — γ: Ankündigung einer Schrift über die Vaskische Sprache und Nation. Von Wilh. v. Humboldt. — δ: Bemerkungen auf einer Reise durch Deutschland, aus einer frz. Hsch. — ε: Scenen aus dem Trauerspiele Zrini. Von Theod. Körner. — ζ: Scenen aus dem Schauspiele Rudolph von Habsburg. Von M. H. Mynart. — η: Ueber die unmusikalische Beschaffenheit der dentschen Sprache, mit Antwort des Hg. Von J. — ϑ: Timotheus, oder die Gewalt der Musik.

Dritter Band. 1813. 554 S. a: Vorrede. Vom Hg. — b: Ueber die Erkenntnißquellen. Vgl. Bd. 2, Nr. β. Von E—r. — c: Ode an den Gf. Frdr. Leopold Stolberg. Von Gf. Chn. Stolberg. — d: Der Philosoph Hamann. Vom Hg. Nebst Hamanns frühester Schrift. Mitgetheilt von Frdr. H. Jacobi. Sieh Bd. IV, S. 267. — e: Gedanken über Mythos, Epos und Geschichte. Mit altdeutschen Beispielen. Von Jacob Grimm. — f: Wie steht es um die deutsche Bühne? Br. am Schlusse des Jahrs 1812. Von —y. — g: Fortsetzung von Nr. b. — h: Ein teutsches Wort gegen die untentschen, widersinnigen, oder willkührlich neugeschaffenen sinn- und gehaltlosen Kunstausdrücke in heuttagigen Schriftverhandlungen; bes. nach philosoph. und heilkundiger Beziehung, mit Zusätzen des Hg. Von G. Schwarzott. — i: Scenen aus dem Trauerspiel Germanicus, von Caroline Pichler. — k: Apologie des Krieges. Besonders gegen Kant. Vom Obersten von Rühl. — l: Wielands Begräbniß. — m: Beschluß von Nr. k. — n: Betrachtungen über die Geschichte. Von M. — o: Fragmente einer Geschichte der Baukunst im Mittelalter von K. Frdr. Rumohr. — p: Ueber das deutsche Lustspiel Von A. v. Steigentesch. — q: Antiquarische Anfrage von Friedrich Tieck. — r: Bitte des Hgs. an die Mitarbeiter. — s: Fortsetzung von Bd. 2, Nr. y. — t: Betrachtungen über das Trauerspiel Hamlet. Von Wilh. v. Schütz. — u: Hunibalds Chronik. Ein merkwürdiges Denkmal altdeutscher Sagengeschichte. Von Görres. — v: Antwort auf Bd. 2, Nr. v. Von Theod. Heinsius. — w: Vom Ursprungs der gothischen Baukunst. Von K. Frdr. Rumohr. — x: Ueber die Kleidung der alten Deutschen. Nach Hachenberg von Joseph Koller. — y: Briefe von Wieland (8). Sieh § 223. A. 1, d) II — z: Fortsetzung von Bd. 3, Nr. g. — α: Fortsetzung von Nr. w. — β: Fortsetzung von Nr. u. — γ: Etwas über die Verhältnisse zwischen Heyne und Winkelmann. Von H. A. L. Heeren. — δ: (4) Briefe von Wieland. — ε: Ueber eine bevorstehende Herausgabe der sämmtlichen Werke Gerstenbergs. Von Ferd. Eckstein.

Vierter Band. 1813. 547 S. a: Klopstock und Wieland. oder die Traubenpflege in Osmanstädt. Bruchstück aus Wielands Denkwürdigkeiten vom J. 1797. Von C. A. Böttiger. — b: Ueber Schicks Laufbahn und Charakter als Künstler. Von P. — c: Ueber eine Hsch. des altdtsch. Gedichtes Gottfried v. Bouillon, angeblich von Wolfram von Eschilbach. Von Kopitar. — d: Erklärung einer an mehreren Orten Deutschlands zu findenden Alterthümlichkeit. Von Büsching. — e: Sonette. Von Frb. von Rothkirch. — f: Fortsetzung von Bd. 3, Nr. z. — g: Eine Grablegung auf Island. Nach der Egills Saga. Von Fouqué. — h: Fee Gig. Von Meinert. — i: 8 Briefe von K. W. Ramler. 2 von M. A. v. Thümmel, 1 von J. J. (!) Sulzer, 4 von Lessing, 2 von Klotz. — k: Vor Peters Gemählde: Kaiser Maximilian 1. (2 Sonette). Von Caroline Pichler. — l: Litteratur. Heyne, von Heeren Vom Hg. — m: Ueber die Gemähldesammlung des Hn. v. Massias in Oggersheim. Von A. M. Wallenberg. — n: Schluß von Nr. f. — o: Das Banner. Eine altnordische Geschichte in Balladen. Von Fouqué. — p: Litteratur. Ueber Mahler Müllers Werke. § 230, 16. 24). — q: Zweites Sendschreiben. Sieh Bd. 2, Nr. h. — r: Reynold von Montalban. — s: Fortsetzung von Bd. 3, Nr. β. — t: Aus einem Briefe des

dänischen Reisenden Brönstedt. — u: Kunstnachricht aus Rom. Von Mahler
Müller. — v: Schluß von Nr. s. — w: Hertha. Deutsche Mythe. Von Lauer. —
x: Wien eine Festung. Von Hofstätter. — y: Nachricht von altdtsch. Hsch. in
Ungarn. Von Kovachich. — z: Gedichte von Theodor Körner. — α: Moskau's
Brand. Ode 1812. Von Gf. Franz v. Enzenberg. — β: Von dem Purismus der
österr. Mundart. Von K. Fischer. — γ: Nachrichten von Alterthümern des trans-
albingischen Sachsens. Von K. F. Rumohr. — δ: Die deutsche Orthographie.
Von einem Kosaken. — ε: An die Leser. Vom Hg.

34) Concordia. Eine Zeitschrift, herausgegeben von Friedrich Schlegel.
1. bis 6. Heft. 1820—1823. Wien 1823. Gedruckt und im Verlage bey J. B.
Wallishausser. 398 S. u. 1 Bl. Inhalt. 8.
    Enth. a: Vorrede. S 1. — b: Signatur des Zeitalters, vom Herausgeber.
S. 3. — c: Unsre Zeit. Vom Herausgeber. S. 71. — d: Ueber den Einfluß der
Zeichen der Gedanken auf deren Erzeugung und Gestaltung. Von Franz Baader.
S. 75. — e: Die innere Staatshaushaltung, systematisch dargestellt auf theo-
logischer Grundlage. Erster Versuch. Von Adam Müller. S. 87. — f: Corre-
spondenz-Nachrichten. Aus einem Briefe vom westlichen Deutschlands. S. 129. —
g. Anzeige von Claudius Werken. Von F. L. Z. Werner. — h: Die innere
Staatshaushaltung; systematisch dargestellt auf theologischer Grundlage. Erster
Versuch. Von Adam Müller. Beschluß. S. 133. — i: Von der Grundlage des
Friedens. Von H. S. 156. — k: Signatur des Zeitalters. Vom Herausgeber. Fortsetzung. S. 164. — l: Revolutionäre Anwendung der evangelischen Lehre. Von
B. S. 190. — m: Entwicklung des innern Lebens. I. Von der Seele. Vom Heraus-
geber. S. 197. — n: Ueber den neuen Grundsatz: „das Vaterland ist der Boden".
Von H. S. 224. — o: Ueber Stolbergs letzte Schriften. Von B. S. 231. —
p: Der Tempel und sein Baumeister, oder: Das entschleierte Geheimniß der Ewigkeit. Von Fb. S. 296. — q: Entwurf einer christlichen Legenden-Sammlung.
S. 304. — r: Ueber La Martine's religiöse Gedichte. Von F[riedrich] S[chlegel].
S. 307. — s: Rhapsodische Bemerkungen über die Kunst. Von Dr. S. 317. —
t: Zusätze zu dem Aufsatze: Ueber Stolbergs letzte Schriften (o, S. 231 bis 296).
Von B. S. 334. — u: Ueber den Grundvertrag der Gesellschaft. Von H. S. 337.
— v: Signatur des Zeitalters. Vom Herausgeber. Beschluß. S. 348.

35) Friedrich Schlegel's sämmtliche Werke. Wien 1322—25. X. 8.
    Enth. I bis II: Geschichte der alten und neuen Litteratur. Zweyte verb. u.
verm. Aufl. von Nr. 32). — III bis IV: Studien des classischen Alterthums: Geschichte der epischen Dichtkunst der Griechen; Bruchstücke zur Gesch. der
lyrischen Dichtkunst; Von den Schulen der griechischen Poesie; Vom künstlerischen
Werthe der alten griechischen Komödie; Ueber die alte Elegie, und einige erotische Bruchstücke derselben, und über das bukolische Idyll; Ueber die Darstellung
der weiblichen Charaktere in den griechischen Dichtern; Ueber die Diotima;
Ueber die Gränzen des Schönen; Die epitaphische Rede des Lysias; Kunsturtheil
des Dionysios über den Isokrates; Caesar und Alexander. Eine welthistorische Vergleichung. (Hier zuerst veröffentlicht). — V. 1823: Kritik und Theorie der alten und
neuen Poesie. a) Ueber das Studium der griechischen Poesie; b) Gespräch über die
Poesie. — VI: Ansichten und Ideen von der christlichen Kunst. a) Gemählde-
beschreibungen aus Paris und den Niederlanden in den Jahren 1802 bis 1804;
b) Grundzüge der gothischen Baukunst, auf einer Reise durch die Niederlande,
Rheingegenden, die Schweiz und einen Theil von Frankreich in den Jahren 1804 bis
1805; c) Vermischte Aufsätze: Schloß Karlstein bey Prag und Die heilige Cäcilia von
Ludwig Schnorr. — VII: Romantische Sagen und Dichtungen des Mittelalters:
a) Merlin; b) Lother und Maller [von Dorothea Schlegel]. — VIII bis IX: Gedichte.
Vielfach verm. Aufl. von Nr. 30). — X. 1825: Vermischte Kritische Schriften: a) Beiträge zur Kenntniß der romantischen Dichtkunst (Boccaccio, Camoens; nordische
Dichtkunst; Shakespeares ältere dramatische Werke); b) Neue Kunst und Litteratur
(Goethe's Meisters Lehrjahre, 1798; Goethe's Werke nach der Cotta'schen Ausgabe
1806. Erster bis vierter Band. 1808; Ueber die deutsche Kunstausstellung zu Rom
im J. 1819; Ueber La Martine's religiöse Gedichte, 1820); c) Alte Weltgeschichte.

36) Philosophie des Lebens. In fünfzehn Vorlesungen gehalten zu Wien im
Jahre 1827. Von Friedrich von Schlegel. Wien 1828. 482 S. 8. Als Vorläufer
erschien: Die Drey ersten Vorlesungen über die Philosophie des Lebens. Als Abdruck für die Zuhörer. Wien 1827. 92 S. 8.

87) Philosophie der Geschichte. In 18 Vorlesungen gehalten zu Wien 1828. Wien 1829. II. 8. S. unten S. 797. — 81') sieh ebenda.

38) Friedrich Schlegel's Philosophische Vorlesungen aus den Jahren 1804 bis 1806. Nebst Fragmenten vorzüglich philosophisch-theologischen Inhalts. Aus dem Nachlaß des Verewigten herausgegeben von C. J. H. Windischmann. Bonn 1836 bis 87. II. 8.; Zweite Ausgabe. Bonn 1846. IV. 8. Diese zweite Ausgabe erschien auch mit dem Titel: Supplemente zu Friedr. v. Schlegel's sämmtlichen Werken.

39) Sämmtliche Werke. Zweite Orig.-Ausg. Wien 1846. XV. 8. Vgl.oben Nr.35); davon abweichend VIII: Vermischte kritische Schriften a); b); c): d) Über die Sprache und Weisheit der Indier. — IX bis X: Gedichte. 1. Roland. Erste Frühlingsgedichte. Abendröte. Stimmen der Liebe. Alarcos. Bajazet. Lehrgedichte. 2. Kunstgedichte. Scherzgedichte. Sprüche. Romanzen und Lieder. Lyrische Gedichte. Geistliche Gedichte. Gedichte aus dem Indischen. Noahs Morgenopfer. — XI: Über die neuere Geschichte. Nr. 81). — XII: Nr. 86). — XIII bis XIV: Nr. 87). — XV: Philosophische Vorlesungen insbesondere über Philosophie der Sprache und des Wortes. Geschrieben und vorgetragen in Dresden im Dez. 1828 und in den ersten Tagen des Januar 1829. Fr. v. Schlegels Biographie von E. v. Feuchtersleben; s. oben Nr. g).

40) Friedrich Schlegel 1794—1802. Seine prosaischen Jugendschriften. Herausgegeben von J. Minor. Wien 1882. II. 8.

Erster Band. XIII, 362 S.: Zur griechiscuen Literaturgeschichte. — Zweiter Band. XIII, 431 S.: Zur deutschen Literatur und Philosophie.

W. Scherer: Dtsch. Rundschau 1883. 34, 157 = Kleine Schriften. Berlin 1893. 2, 250. — Daniel Jacoby: Anz. f. dtsch. Alterth. 1884. 10, 128 bis 144.

41) August Wilhelm und Friedrich Schlegel. In Auswahl hg. von Oskar F. Walzel. Stuttgart o. J. [1892] = Dtsch. Nat.-Litt. Bd. 143, enth. S. 245 bis 421 von Friedrich: Vom Wert des Studiums der Griechen und Römer (Hier zum ersten Male gedruckt). Reise nach Frankreich. Litteratur. Fünf Rezensionen aus den Heidelbergischen Jahrbüchern: Fichte; Stolberg; Büsching und v. d. Hagen; Goethe; Adam Müller.

42) Teutsche Constitution in vierzehn Paragraphen. Politisch-satirisches Gedicht von Friedrich Schlegel. Mitgetheilt von F. v. Meyenn: Jahrbücher des Vereins f. mecklenb. Gesch. 1893. 58, Berichte S. 19 bis 22.

43) Friedr. v. Schlegel begleitete mit Vorrede: Joh. Peter Silbert, Dom heiliger Sänger oder fromme Gesänge der Vorzeit. Wien u. Prag 1820. 8.

4. Dorothea Schlegel, geb. am 24. Oktober 1763 in Berlin, älteste Tochter des Philosophen Moses Mendelssohn, wurde verheiratet an den israelitischen Kaufmann Simon Veit († Nov. 1819), dem sie zwei Söhne, die späteren Maler V., gebar. Innige Freundschaft zu Frdr. Schlegel ging in Liebe über. Dorothea folgte Schlegel nach Paris, wurde dort Christin und in Köln römisch-katholisch. Sie begleitete ihren Mann nach Wien, später nach Frankfurt a. M. und Dresden; † den 3. August 1839 in Frankfurt a. M.

a. Schindel 2, 260. — b. Nekrol. 17, 1089 bis 1092. — c. Augsb. Allgem. Ztg. 1839 Nr. 241 (Helmine v. Chézy?). — d. S. Hensel, Die Töchter Moses Mendelssohns: Die Familie Mendelssohn. Dritte Aufl. Berlin 1882. 1, 42 bis 50. 2, 7. — e. Dorothea von Schlegel geb. Mendelssohn und deren Söhne Johannes und Philipp Veit. Briefwechsel, im Auftrage der Familie Veit hg. von J. M. Raich. Mainz 1881. II. XVI, 448 und VI, 456 S. 8. Vgl. Münchner Allg. Ztg. 1881. Nr. 326 und 327 (Max Koch). — f. Ludw. Geiger, Dorothea Schlegel, geb. Mendelssohn: Aus alten Zeiten und Landen 1883. Heft 4. — g. Allg. D. Biogr. 1890. 31, 872 bis 876 (Franz Muncker).

Briefe an Rahel Jena 1799 Nov. 18, 1800 Jan. 23, April 28; Frankfurt 1816 Aug. 7, Dez. 6, 1817 April 10, April 16, 1819 März 28: Dorow, Denkschriften IV S. 103 bis 185. — an Tieck: Holtei, Briefe an L. Tieck 3, 345 bis 351.

Die von Fr. Schlegel teils unter seinem Namen und auch unter seiner Mitwirkung herausgegebenen Schriften seiner Frau sind folgende:

1) Florentin. Ein Roman, hg. von Frdr. Schlegel. Erster (einziger) Band. Lübeck und Leipzig 1801. 385 S. 8.

Vgl. Schiller an Goethe 1801 März 16 und Goethes Antwort. — J. O. E. Donner, Der Einfluß Wilhelm Meisters auf den Roman der Romantiker. Helsingfors und Berlin 1893. 8. S. 102 bis 124.

2) Sammlung romantischer Dichtungen des Mittelalters. Aus gedruckten und handschriftlichen Quellen herausg. von Fr. Schlegel. Leipzig 1804. II. 8. Enth. I: Geschichte des Zauberers Merlin. II: Geschichte der schönen und tugendsamen Euryanthe. — Schon am Merlin hatte Helmine von Chézy teil; Euryanthe ist ganz von ihr. Vgl. Chamissos Werke 5, 261.

3) Lother und Maller. Eine Rittergeschichte aus einer ungedruckten Handschrift hg. und bearb. von Friedr. Schlegel. Frankfurt a. M. 1805. 8. Vgl. § 96, 19. 5) Band I, S. 857.

4) Corinne oder Italien von Frau von Staël, übersetzt von Frdr. Schlegel. Berlin 1807—8. IV. 8.; Berlin 1852. III. 16.

§ 284.

1. **Johann Ludwig Tieck,** geb. am 31. Mai 1778 zu Berlin, wo er unter Gedike das Friedrich-Werdersche Gymn. besuchte und sich mit inniger Freundschaft an seinen Schulgenossen Heinrich Wackenroder anschloß. Er studierte 1792—93 in Halle und Göttingen, 1793—94 in Erlangen und wieder in Göttingen, namentlich neuere Sprachen und die Litteratur der neueren Völker meist auf eigene Hand, ohne äußere Anleitung. Schon in Berlin, kaum siebzehnjährig, hatte er zu schriftstellern begonnen. In Göttingen beschäftigte er sich vorzugsweise mit dem Studium des Englischen. Er hatte sich schon damals als Lebensaufgabe eine umfassende Arbeit über Shakespeare und die englische Bühne vorgesetzt, ein Werk, das immer hinausgeschoben wurde und niemals zustande gekommen ist, weil es anfänglich nicht mit vollem wissenschaftlichen Ernst angegriffen, später durch dichterisches Schaffen zurückgedrängt und zuletzt in die Produktion hinübergeleitet wurde. Die erste Frucht seiner Shakespeare-Studien war die Bühnenbearbeitung des Sturms und ein Aufsatz über Shakespeares Behandlung des Wunderbaren. Beide gingen ohne Teilnahme vorüber und wurden von Tieck selbst nicht weiter betont. Seit 1794 hatte er wieder in Berlin gelebt und dort für den bekannten Buchhändler Fr. Nicolai Übersetzungen und eigene Arbeiten geliefert, die im Sinne der damaligen Berliner Aufklärung gehalten und zunächst des Erwerbes wegen geschrieben waren. Schon 1789 hatte er im Reichardtschen Hause in Berlin eine Tochter des Hamburger Predigers Alberti, eines Hauptgegners des Hauptpastors Goeze, kennen gelernt, mit dieser verheiratete er sich 1798. Vom Herbste 1799 bis Ende Juli 1800 verlebte er zehn Monate in Jena, im vertraulichen Verkehre mit den Brüdern Schlegel, Schelling, Fichte und Brentano; auch Novalis lernte er dort kennen und schloß sogleich innigste Freundschaft mit ihm. Schiller, der sein Talent anerkannte, bedauerte, daß die junge Schule von übelm Einflusse auf seine Herausbildung gewesen sei (Band V, S. 73); Goethe schätzte ihn persönlich und als Autor, wenn er auch der ganzen Dichtung, in der sich Tieck als Erzähler der Volksmärchen, als Richter des Zerbino und der Genoveva und besonders als Kunstschwärmer in den Herzensergießungen des Klosterbruders und im Sternbald bewegte, keine wahrhafte Teilnahme abgewinnen oder schenken konnte. Die romantische Jugend aber liebte und verehrte gerade dieser Werke wegen den Dichter der Schule, für die er im Octavian das Höchste erreichte, wozu sie es im poetischen Schaffen

jemals gebracht hat. Hier war alles vereinigt, was die alte Pracht der
wundervollen Märchenwelt, die sinnbefangende mondbeglänzte Zaubernacht
an duftigen und körperlichen Wesen zu bilden vermochte, vom glänzenden
phantastischen Aufzuge der Romanze bis zu den derben Spottgeburten des
Fleischers Clemens und des Bauern Hornvilla, bunte Verwickelungen und
rascher Wechsel; nur die maßvoll und ruhig waltende Hand des ordnenden
Künstlers fehlte hier wie in allen Schöpfungen der Schule. — Von Jena
wandte sich Tieck zunächst zu kurem Aufenthalte nach Hamburg, von da
nach Berlin und siedelte 1801 nach Dresden über. Hier blieb er bis
gegen Ende 1802 und verkehrte viel mit dem in Tharandt weilenden
Henrich Steffens. Dann folgte er einer Einladung seines Freundes Wilhelm von Burgsdorff nach Ziebingen bei Frankfurt an der Oder, einem
Gute des Grafen Finckenstein, und trat im J. 1804 mit seiner Schwester
eine Reise nach Italien an, wurde aber durch schwere Krankheit in
München festgehalten und konnte erst im Sommer 1805 die Reise fort-
setzen. Sein Bruder Friedrich, der Bildhauer, und der später als Novellist
und Kunsthistoriker bekannt gewordene Freiherr von Rumohr hatten sich
angeschlossen. In Rom studierte Tieck mittelhochdeutsche Dichtungen in
den Heidelberger Handschriften des Vatikans. Als Ausbeute dieser Studien
erschienen ohne sein Wissen die Fragmente aus Rother (§ 32, 3), die
kürzende Übersetzung des Frauendienstes von Ulrich von Lichtenstein
(§ 57) gab er selbst heraus, die bis auf die von Karajan und Lachmann
veranstaltete Ausgabe das Original vertrat. Schon vor der Reise hatte
er die Bearbeitung der Minnelieder erscheinen lassen, die Schiller wie
Spatzengezwitscher anwiderten, aber besonders durch die Vorrede sehr
wesentlich zur Anregung mittelhochdeutscher Studien und der älteren
deutschen Dichtung überhaupt beitrugen. Die beabsichtigte Herausgabe des
Nibelungenliedes unterblieb, als Frdr. Holnr. von der Hagen seine Ausgabe
erscheinen ließ; nach den Proben aus Rother, die von abenteuerlichen
Lesefehlern wimmelten, war es durchaus nicht zu bedauern, daß Tieck das
Feld deutscher Philologie nicht weiter bebaute; seine Übersetzung der
Nibelungen, aus der von der Hagen lange Jahre nachher eine Probe veröffentlichte, wäre nicht geeignet gewesen, für die Dichtung zu gewinnen. —
Nach längerem Aufenthalt in Italien, besonders in Rom und Florenz, kehrte
Tieck im Herbste 1806 nach Deutschland zurück und erlebte in Ziebingen,
wo er wieder gastliche Aufnahme fand, das verhängnisvolle Geschick, das
über Preußen hereinbrach. In dieser Zeit lernte er Solger kennen, aber
erst 1811 verband er sich mit ihm zu herzlichster Freundschaft, sodaß
er später dessen schriftlichen Nachlaß gemeinschaftlich mit Frdr. von Raumer
ordnete und herausgab. — Ohne Aussichten in Preußen ging er im
Sommer 1808 nach Wien, wo sein Freund Frdr. Schlegel Einfluß gewonnen hatte. Doch auch in Österreich eröffneten sich ihm, dem Protestanten, der sich nicht entschließen mochte, zur katholischen Kirche überzutreten, keine Aussichten; ebensowenig in München, wohin er im Winter
gegangen war und wo er abermals schwer erkrankte. Sein Leiden, die
Gicht, erlaubte ihm erst im Jahre 1810 die Veränderung des Orts. Er
gebrauchte die Wasser von Baden-Baden und kam neu gekräftigt wieder
in Ziebingen an. Während des Krieges von 1813 lebte er mit den
Seinigen in Prag, wohin sich auch andere namhafte Norddeutsche, wie
Woltmann und seine Frau und manche Berliner, geflüchtet hatten. Die

alten Studien über Shakespeare hatte er mit erneutem Eifer wieder aufgenommen, sie hatten ihn tiefer in die dramatische Litteratur Englands
eingeführt. Eine Frucht dieser Beschäftigungen war das ,altenglische
Theater' gewesen, worin zweifelhafte oder unechte Stücke Shakespeares
übersetzt waren. Die Beschränktheit der in Deutschland damals zugänglichen Quellen ließ es wünschenswert erscheinen, dem Gegenstande in
England selbst genauer nachzuforschen. So reiste Tieck 1817 mit Burgsdorff nach London und besuchte auch Shakespeares Geburtsort Stratford.
Vor der Reise hatte er das ,Deutsche Theater' herausgegeben, eine chrono-
logische Auswahl dramatischer Stücke von Rosenblut, Hans Sachs, Jak.
Ayror, den englischen Komödianten, Gryphius und Lohenstein; in den
Vorreden wurde der Einfluß der englischen Litteratur und Schauspiel-
kunst auf Deutschland nachzuweisen versucht. — Aus England kehrte
Tieck über Paris und Frankfurt a. M. im Herbste nach Ziebingen zurück.
Hier starb im folgenden Jahre der alte Graf Finckenstein; deshalb ließ
sich Tieck im Juli 1819 mit seiner Familie und der ältesten Comtesse,
Henriette von Finckenstein, dauernd in Dresden nieder und brachte, in
Goethes Spuren wandelnd, die Novellendichtung in Aufnahme. Unter der
unabsehbaren Menge von Nachahmungen, die sein Vorgang weckte, behauptete
er, ungeachtet der Geschmackswandlungen, die er erlebte, bis an das Ende
seiner novellistischen Tätigkeit die hervorragende Stellung des Meisters zu
den Schülern. Er war glücklich in der Wahl einfacher Stoffe und in der
Bildung gesonderter Gestalten. Die Ideen und Strömungen der Zeit, den
Ernst wie die törichte Verirrung, faßte er lebendig auf und wußte sie mit
seinen Figuren geschickt zu verbinden. In der gewandten Dialektik seiner
Geschöpfe suchte er ein Ideal geistig bewegter und durch geselliges Maß
verfeinerter Menschheit aufzustellen. In den historischen Novellen, dem
Aufruhr in den Cevennen, jenem Kriege der Camisarden, worin der enthu-
siastische bis zur Schwärmerei, Verzückung und Todesverachtung gesteigerte Religionseifer den Kern bildete; im Dichterleben, das dem
britischen Dramatiker und seinen Zeitgenossen gewidmet war; im Tode
des Dichters, des unglücklichen vom Vaterlande vergessenen Camoens, dem
kein anderer Freund geblieben war, als der durch menschliche Güte ge-
wonnene Sklave; im griechischen Kaiser und selbst in der geringeren
Novelle, dem Hexensabbath, wußte er die Zeiten, aus denen er die Stoffe
entlehnte, und ihren Bildungsodem wahr und lebendig wiederzugeben ohne
die Forderung, die die Bildung seiner Zeitgenossen an den Erzähler und
geistvollen Dialektiker machen durfte, unbeachtet und unbefriedigt zu
lassen. Zwar drängte sich auch in diese Schöpfungen wie in die aus der
Gegenwart entnommenen Stoffe mannigfache Phantastik ein, aber meist in
humoristischer Form, die den strengeren Ernst belebte, ohne die Haltung
des Ganzen zu beeinträchtigen. Den romantischen Zauber, der die Novellen des Phantasus umspielte und der noch heute für Poesie gehalten
wird, trugen diese auf realistischem Boden gegründeten Schöpfungen nicht;
sie griffen aber, da sie sich in bestimmten Grenzen der wirklichen Welt
hielten, tiefer in menschliche Motive, lösten die Formel zum Leben auf
und gaben diesem selbst anschauliche Gestaltung. Tieck hatte eine würdige
Form gewählt, in der sich ein Dichter an der Behandlung des Zeitinteressen
beteiligen konnte, und er handhabte sie in würdiger und anmutiger Weise.
Die Gefahr freilich lag nahe — und er selbst hat sie nicht immer glück-

lich vermieden — daß dem Alltäglichen durch eine lebhafte und vielseitige gesellschaftliche Besprechung der Schein des Bedeutenden gegeben und das also Gesteigerte wie etwas wirklich Poetisches behandelt wurde. Die nachteilige Wirkung dieser Novellenpoesie zeigte sich zunächst darin, daß sich die Empfindung für die reine dichterische Form abstumpfte und daß sich Autoren und Leser in die Täuschung hineinlebten, die novellistische sei eine wirklich poetische Form, während sie nur eine Stufe des zur poetischen Vollendung heranwachsenden Stoffes ist. Die Selbständigkeit der Novelle, die auf dem Problem beruht, und der das dialektische Element wesentlich fremd ist, bezeichnete viel mehr eine Verkümmerung und eine Stufe des Verfalls, als eine neue förderliche Entwickelung der Poesie. Die Genußfähigkeit für poetische Elemente wurde ausgebreiteter, aber in demselben Maße sank der Geschmack an der poetischen Form; das geistreiche Gerede begann die geistvolle Behandlung zu verdrängen; die Betrachtung ersetzte die Schöpfung; Erfindung und Gestaltung gingen im Dialog unter. An diesem Übel leidet die Litteratur, sowohl auf der schaffenden wie auf der genießenden Seite, großenteils noch gegenwärtig, und je mehr man sich beiderseits in die Täuschung hineingewöhnte, daß die Novelle Kraft und Raum für alle Arten poetischer Elemente besitze, desto weiter wurde auch der Kreis der poetischen Elemente gezogen, so daß zwischen der gewöhnlichsten Alltäglichkeit und dem poetischen Vollgehalt des Lebens kaum noch eine Grenze fühlbar blieb. Man fand die Novellenform bequem für alles, und allen war sie bequem; die Dichtung war zur Prosa niedergezogen. — Das Leben selbst suchte Tieck aus der Prosa emporzuheben, wenigstens das seines engeren Kreises in Dresden, wo er seit 1819 und seit 1825 als Hofrat und Dramaturg des Hoftheaters lebte. Er pflegte abends vorzulesen, meistens dramatische Dichtungen, die er durch charakteristische poetische Auffassung und Vielseitigkeit des Ausdruckes, je nach der Eigentümlichkeit der redenden Personen, wahrhaft belebte. Von ihm ging diese Art des Vortrages aus, die seitdem von Verschiedenen mit größerem und geringerem Erfolge in Deutschland, zum Teil auch gewerbsmäßig, ausgebreitet wurde. Seine Stellung in Dresden war übrigens keine befriedigende, teils hatte er mit Sorgen zu ringen, teils war das sog. schöngeistige Treiben der Dresdner Dichter in der Restaurationsperiode wenig erfreulich für ihn, teils hatte er, wie jeder, der mit dem Theater zu schaffen hat, unter den Anmaßungen und Intriguen dieses Stückes Welt zu leiden. Durch Produktion und Studium suchte er sich zu wehren. Seine kritischen Ansichten über Drama und Theater legte er in freimütigen Rezensionen dar, die er als ‚Dramaturgische Blätter‘ gesammelt herausgab. An der Vollendung des Schlegelschen Shakespeare nahm er nur anregend, prüfend teil; die eigentlichen Übersetzer waren Wolf Graf Baudissin und Tiecks Tochter Dorothea. In späteren Jahren mußte er sich auch gegen die jungen aufstrebenden Geister zur Wehre setzen, die in ihm einen hemmenden Gegner erblickten und durch verdächtiges Lob wie kecken Angriff sein ohnehin nicht frohes Alter beunruhigten. Er fand sich, wie er es immer getan hatte, in seiner Weise polemisch mit ihnen ab. Im Jahre 1841 berief ihn der romantische Friedrich Wilhelm 4. von Preußen zu sich, um ihm ein sorgenfreies Alter zu gewähren. Tieck siedelte daher gegen Ende 1842 nach Potsdam über. Hier und in Berlin verbrachte er mit geringen Unterbrechungen die Jahre seines Alters. Er mußte in den nicht immer sehr aufmerksamen Hofkreisen vorlesen, was ihm zuweilen unleidlich wurde. Doch hatte er in dieser Stellung die Freude, die alte Shakespearische Bühne, wie er sie sich zurechtgedacht hatte, nachgebildet zu sehen, aber daran fand das Publikum dann wieder zu kritteln und zu spotten. Obwohl er durch die Freigebigkeit des Königs gegen drückende Sorgen geschützt war, verkaufte er doch seine mühsam gesammelte wertvolle Bibliothek bei Lebzeiten weit unter dem Werte. Am 23. November 1847 verlor er seine langjährige treue Freundin, die Gräfin Henriette Finckenstein, durch den Tod. Er selbst starb am 28. April 1853 in Berlin und wurde auf dem neuen Dreifaltigkeitskirchhofe bestattet.

a) Franz Grillparzer, Tieck. 1826: Sämtliche Werke 14⁴, 135. 153.

b) Florilegium poeticum, das ist: Probe einer poetischen Blumenlese aus den Werken eines Mannes, den seine Verehrer und Anbeter den Großen zu nennen pflegen: Ratzeberger jun. [Wagenseils] Literar. Almanach 1828. 8. 1 bis 25. Vgl. 1829. G. 266 f.

c) Heinrich Laube, Ludwig Tieck: Moderne Charakteristiken. Mannheim 1835. 2, 145 bis 169.

d) Karl Gutzkow, Tieck: Beiträge zur Geschichte der neuesten Literatur. Stuttgart 1836. 1, 48 f.

e) Karl Rosenkranz, Ludwig Tieck und die romantische Schule: Hallische Jahrb. 1838. 8. 1233 bis 1302; wiederabgedruckt: Studien. Berlin 1839. I, 277 bis 344.

f) G. Scherer, Ein Abend bei L. Tieck: Lewalds Europa 1839. 4, 8 bis 18.

g) Rudolph Kausler, Tieck und die deutsche Romantik: Mundts Freihafen 1839. Jahrgang 2, Heft 3. 8. 106 bis 139. Heft 4. 8. 74 bis 105.

h) Henrich Steffens, Was ich erlebte. Breslau 1840. 4, 368 f.

i) C. G. Carus, Zur Geschichte von Tiecks Vorlesungen in Dresden: Raumers histor. Taschenb. N. F. 1845. 6, 193.

k) H. Blaze de Bury, Louis Tieck: Écrivains et poëtes de l'Allemagne. Paris 1846. 8. 363 f.

l) Worte am Sarge L. Tiecks. Gesprochen am 1. Mai 1853 von A. Sydow. Berlin 1853. 14 8. 8. — Zw. Aufl. Berlin 1853. 14 8. 8.

m) Hermann Hettner, Ludwig Tieck als Kritiker: Blätter f. liter. Unterhaltung 1853. Nr. 16 = Kleine Schriften. Braunschweig 1884. 8. 513 bis 519.

n) Meister Ludwig Tiecks Heimgang. Novelle von Adolf Zeising. Frankfurt 1854. Vgl. dazu Grenzboten 1854. 1, 2. 8. 92.

o) Rudolf Köpke, Ludwig Tieck. Erinnerungen aus dem Leben des Dichters nach dessen mündlichen und schriftlichen Mittheilungen. Leipzig 1855. II. 12. Zweiter Theil. 8. 285 bis 314: Chronologisches Verzeichniß von Tieck's Werken. Vgl. dazu Klee (Nr. 132), 3, 8. 459 bis 472.

p) K. C. von Leonhard, Aus unserer Zeit in meinem Leben. Zweiter Band. Stuttgart 1856. 8. 8. 250 f.

q) J. L. Hoffmann, Ludwig Tieck. Eine literarische Skizze: Album des lit. Vereins in Nürnberg 1856. 8. 1 bis 180. Auch besonders erschienen: Nürnberg 1856. III, 180 8. 8.

r) Wilhelm Bernhardi, Ludwig Tieck und die romantische Schule: Herrigs Archiv 1863. 33, 153 f.

s) § 282. 1) 8. 298 bis 304 und 323 f.

t) Hermann Freiherr von Friesen, Ludwig Tieck. Erinnerungen eines alten Freundes aus den Jahren 1825—1842. Wien, 1871. II. 8. Vgl. Magazin f. d. Lit. des Ausl. 1872. 8. 96 f. (H. Herrig).

u) Adolf Stahr, Ludwig Tieck: Kleine Schriften. Erster Band. Berlin 1871. 8. 295 bis 308.

v) Zur Erinnerung an Ludwig Tieck, geb. zu Berlin am 31. Mai 1773, im Hause Roßstraße Nr. 1, gest. ebendaselbst am 28. April 1853, im Hause Große Friedrichsstraße Nr. 208: Deutsche Monatshefte. 1. Jahrgang. 1. Band 1873. 8. 492 bis 497.

w) § 256, 4. n) 8. 425 bis 474.   [Nachträge 8. 797.

x) Hermann Petrich, Drei Kapitel vom romantischen Stil. Ein Beitrag zur Charakteristik der romantischen Schule, ihrer Sprache und Dichtung mit vorwiegender Rücksicht auf Ludwig Tieck. Leipzig 1878. XVI, 152 S. 8. Vgl. § 282. q). Enth. Einleitung. I. Die Bildlichkeit des romantischen Stils. II. Der Archaismus d. r. St. III. Die Mystik d. r. St.

γ) Adolf Stern, Ludwig Tieck in Dresden: Zur Litteratur der Gegenwart. Leipzig 1880. 8. S. 1 bis 46.

z) Erinnerungen an Friedrich von Uechtritz und seine Zeit in Briefen von ihm und an ihn. Mit einem Vorwort von Heinrich von Sybel. Leipzig 1884. 8.

tz) Alfred Meißner, Geschichte meines Lebens. Wien und Teschen 1884. Bd. 1, S. 18f. berichtet über eine Vorlesung Tiecks von Ben Jonsons ,Volpone'.

aa) DD. Abtheilung 2, S. 284 bis 302.

bb) J. Minor, Tieck als Novellendichter: Akademische Blätter. Hg. von Otto Sievers. Braunschweig 1884. 8. S. 129 bis 161 und 193 bis 220.

cc) Oskar Kaiser, Der Dualismus Ludwig Tiecks als Dramatiker und Dramaturg. Diss. Leipzig 1885. 67 S. 8. — dd) Adolf Hanffen, Zu Ludwig Tiecks Nachlaß: Schnorrs Archiv 1887. 15, 316 bis 322.

ee) L. H. Fischer, Aus Berlins Vergangenheit. Gesammelte Aufsätze zur Kultur- und Litt.-Gesch. Berlins. Berlin 1891. 205 S. 8. Ein litterarischer Zwist auf der Berliner Hofbühne [Tieck, Iffland, Beck]: S. 96 bis 107. Ludwig Tieck am Hofe Friedrich Wilhelms IV.: S. 107 bis 141. Ludwig Tieck und die Berliner Hofbühne: S. 141 bis 162. Ludwig Tieck und Adam Oehlenschläger: S. 162 bis 168 (s. Nr. 123. II). Träume und Visionen in Ludwig Tiecks Leben und Schriften: S. 168 bis 180. Ludwig Tieck und Justinus Kerner: S. 180 bis 191.

ff) Gotthold Klee, Tiecks Leben und Werke: Nr. 132) Bd. 1, S. 1 bis 75. Auch besonders erschienen: Leipzig und Wien [1894]. 95 S. 8.

gg) Bernhard Steiner, Ludwig Tieck und die Volksbücher. Ein Beitrag zur Geschichte der älteren romantischen Schule. Berlin 1893. IV, 88 S. 8.

hh) Aus dem Leben Theodor von Bernhardis [Tiecks Neffen]. Leipzig 1893. 8. Theil 1 und 2.

ii) Adolf Friedrich Graf von Schack, Ludwig Tieck [in Dresden]: Episteln und Elegien. Stuttgart 1894. 8. 84 bis 89.

jj) Karoline Bauer, Aus meinem Bühnenleben. Erinnerungen, hg. von Arnold Wellmer. Berlin 1871. 8. S. 382 bis 431.

kk) Alfred von Reumont, Aus König Friedrich Wilhelms IV. gesunden und kranken Tagen. Leipzig 1885. 8. 159f.

ll) Drei Vorreden. Rosen und Golem-Tieck. Eine tragikomische Geschichte mit einer Kritik von Friedrich Rückert. Herausgegeben von Otto von Skepsgardh. Berlin 1844. III. 8. Enthält die Angriffe eines Halbwahnsinnigen auf Tiecks Person. Vgl. Holtei, Briefe an Tieck 4, S. 37 bis 43.

Briefe und persönliche Beziehungen zu α) Bernhardi: Briefe von Chamisso, Gneisenau, Haugwitz, W. v. Humboldt, Prinz Louis Ferdinand, Rahel, Rückert, L. Tieck. Nebst Briefen, Anmerkungen und Notizen von Varnhagen von Ense. Leipzig 1867. Bd. 1, S. 189 bis 242. — β) Sophie Bernhardi: G. Klee in Forschungen zur dtsch. Philol. Festgabe für R. Hildebrand. Leipzig 1894. S. 180 bis 190. — γ) Prof. Braniß: Autographensammlung des Grafen Ludw. Paar. Berlin 1898. Nr. 1412 und 1412a und Briefe an Tieck (ζζ) Bd. 1, S. 91 und 92. — δ) Friedrich Wilhelm 4.: Nr. ee). — δ') Frommann: Das Frommannsche Haus und seine Freunde. 3. Ausg. Stuttgart 1889. S. 85 bis 87. — ε) Goethe s. Bd. IV, S. 516. 531. 535. 554. 576, 83) und Bd. V, S. 72. — ζ) Grabbe: Grabbes Werke, hg. von Blumenthal. Detmold 1874. Band 4, S. 619 bis 622 und Briefe an Tieck (ζζ) Bd. 1, S. 242 bis 253. Vgl. Blumenthal a. a. O. Bd. 4, S. 860 bis 872. — η) Gries: Weim. Jb. 1855. 3, 205. — ϑ) Hebbel: Gegenwart 1889. Nr. 86 — Friedrich Hebbels Briefwechsel, hg. von Felix Bamberg. Berlin 1890. Bd 1, S. 144; Biographie Hebbels von Kuh. 1877. Bd. 2, S. 484. 440; Hebbel, Reiseeindrücke. Aus Berlin: Werke 1891. Bd. 9, S. 241. 252. — ι) Holtei: Briefe aus und nach Grafenort von Karl von Holtei. Altona 1841. S. 81. 79 bis 116. — κ) Iffland: Teichmanns Literar. Nachlaß, hg. von F. Dingelstedt. Stuttgart 1863. S. 281 bis 290. Band V, S. 265. α). — λ) K. Immermann: Briefe an Tieck (ζζ) Bd. 2, 88; Reisejournal, zweites Buch. 1831.; Bl. f. literar. Unterh. 1841. S. 789. — μ) Justinus Kerner: Nr. ee) S. 180 bis 191. — ν) F. H. Jacobi: Rud. Zoeppritz, Aus Jacobis Nachlaß. Leipzig 1869. 2, 82. — ξ) Jos. Max: August Geyder, Einiges aus Briefen von Goethe,

Steffens und Tieck an den Buchhändler Josef Max in Breslau: Dtsch. Museum von Prutz 1864. Nr. 25 S. 888 bis 895. — o) Mörike: Beilage der Münchner Allg. Ztg. 1893. Nr. 178 (R. Krauß). — π) Maler Müller s. Bd. IV, S. 134, 26) — 348, 81) s. 344. 345, α). — ρ) Nicolai s. Bd. IV, S. 169. Briefe e). — σ) J. P. Le Pique: Holtei, 300 Briefe 4, 90. — τ) Friedrich v. Raumer: Raumers Lebenserinnerungen und Briefwechsel. Berlin 1861. Bd. 2, S. 77. 81. 131 u. o.; Raumers Litterarischer Nachlaß. Berlin 1869. Bd. 2, S. 139 u. o. — v) Riemer: § 283, 3. f). — φ) Schiller s. Bd. IV, S. 516. 531. V, S. 72. — χ) A. W. Schlegel s. Bd. V, S. 73 und Bd. VI, S. 9; G. Waitz, Caroline und ihre Freunde. Leipzig 1882. S. 57 f. 83. 91. — ψ) F. Schlegel s. Bd. V, S. 73 und Bd. VI, S. 20. — ω) Solger: Nr. 187) Band 1, S. 214 u. o. — αα) Frdr. v. Uechtritz: s. vorher Nr. z) S. 145 bis 152. — ββ) Gustav Waagen: ζζ) 4, 158. bis 165. — γγ) W. H. Wackenroder: Holtei, 300 Br. 4, 27 bis 90. — δδ) Amad. Wendt: Holtei, 300 Br. 4, 96. — εε) J. G. Zimmer s. § 282. w) S. 239 bis 266. — ζζ) Briefe an Ludwig Tieck. Ausgewählt und herausg. von Karl von Holtei. Breslau 1864. IV. 8. Der vierte Band enthält ein vollständiges Verzeichnis der Briefsteller. [Nachträge S. 797 f.

Eine Sammlung Tieckscher Briefe bereitet Gotthold Klee vor.

Catalogue de la bibliothèque célèbre de M. Ludwig Tieck qui sera vendue à Berlin le 10. Décembre 1849 et jours suivants par MM. A. Asher et comp. Berlin 1849. 362 S. 8. Euth. 7980 gezählte Nummern.

1) Die Sommernacht, ein dramatisches Fragment. [1789]: Rheinisches Taschenbuch von C. Dräxler-Manfred. Frankfurt a. M. Sauerländer. 1851. 8. 1 bis 24 (mit Vorwort von Ed. Bülow). Besonders gedruckt: Die Sommernacht. Eine Jugenddichtung Ludwig Tieck's. Mit einem Vorworte von J. D. Walter. Frankfurt a. M. 1853. 48 S. 8. N. S. (Nr. 129) I, 3 bis 20. Blätter f. lit. Unterh. 1854. 1, 144.

1') Das Reh. Ein Feenmärchen in vier Aufzügen [1790]: N. S. (Nr. 129) I, 21 bis 75. Nach Hauffen (oben Nr. dd) von Schmol verfaßt; aber Tieck schreibt an seine Schwester, Göttingen 1792 Nov. 6: ‚Bitte doch Wackenroder, daß er dir von Bernhardi den zweiten Akt der Anna Boleyn holt, packe auch diesen ja mit ein, auch die Briefe vergiß nicht, — kurz nichts, nichts meine[r] schriftlichen Sachen, — auch die nicht, die von Schmols Hand sind, wie das Reh und Abdallah'.

2) Alla-Moddin. Ein Schauspiel in drei Aufz. [1790—91]. Berlin, Langhoff 1798. 8. und Schriften (Nr. 127), Bd. 11, 269 bis 368.

3) Thaten und Feinheiten renomirter Kraft- und Kniffgenies. Berlin, Himburg 1790 bis 91. II. 8. Die Erzählung des 2. Bandes: Matthias Klostermayer oder der bayersche Hiesel ist von Rambach (§ 279, 27. 1) begonnen, von Tieck (S. 141 bis 334) vollendet worden.

4) Almansur. Ein Idyll. [1790]: Nesseln von Falkenhain [d. i. J. C. A. Ferd. Bernhardi § 284, 2]. Berlin 1798. 8. 180 f. und Schriften, Bd. 8, 259 bis 278.

5) Paramythien: Nachgelassene Schriften (Nr. 129) I, 188 bis 195.

6) Ottokar Sturm, Die eiserne Maske, eine schottische Geschichte. Leipzig 1792. 558 S. 8.; vgl. § 279, 27. 2). Zwei Gesänge und das letzte Kapitel stammen von Tieck: N. S. I, 195 bis 204 und II, 3 bis 18.

7) Abdallah. Eine Erzählung. [1792]. Berlin und Leipzig. Bey Carl August Nicolai. 1795. 3 Bl., 356 S. u. 3 Bl. 8. Schriften, Bd. 8, 1 bis 242.

8) Adalbert und Emma [1792]: H. Lenz [d. i. Rambach], Ritter, Pfaffen und Geister. Leipzig 1793. 8.; vgl. § 279, 27 5). — Unter dem Titel: Das grüne Band, Erzählung. Schriften, Band 8, 279 bis 345.

9) Der Abschied. Ein Trauerspiel in zwey Aufzügen. [1792]. Berlin, bei Langhoff 1798. 8. — Schriften, Bd. 2, 273 bis 326. — Klee (Nr. 132) 1, S. 63 bis 100.

10) Ein Schurke über den andern oder die Fuchsprelle. Ein Lustspiel in drey Aufzügen. [1793]. Berlin, Langhoff 1798. 150 S. 8. — Schriften, Bd. 12, 1 bis 154 unter dem Titel: Herr von Fuchs, Lustspiel in 3 A. nach dem Volpone des Ben Jonson. Vgl. Bd. 11, S. XVIII f.

10') Sieh Nr. 124) b. [1793].

11) Der Sturm. Ein Schauspiel von Shakspear, für das Theater bearbeitet von Ludwig Tieck. Nebst einer Abhandlung (wiederh. Nr. 124) c) über Shakspears Behandlung des Wunderbaren. Berlin und Leipzig. Carl August Nicolai 1796. 2 Bl., 44 und 104 S. 8. — Neue Auflage. Berlin 1826. 8. — Schriften (Nr. 48), Bd. 9.

12) Schicksal. Erzählung (nach dem Französischen). [1795]: Straußfedern. Berlin und Stettin, Friedrich Nicolai 1795. Bd. 4, 15 bis 78 und Schr., Bd. 14, 1 f. — Vgl. § 224, 45. 6). § 230, 25. 10) und 18) und unten Nr. 48).

13) Die männliche Mutter. Erzählung (nach d. Fr.) [1795]: Straußfedern, Bd. 4, 79 bis 100 und Schr., Bd. 14, 53 f.

14) Die Rechtsgelehrten. Erzählung (nach d. Fr.) [1795]: Straußfedern, Bd. 5 (1796), 1 bis 52 und Schr., Bd. 14, 71 f.

15) Die Brüder. Eine Erzählung. [1795]: Straußfedern, Bd. 5, 71 bis 90 und Schr., Bd. 8, 243 bis 258.

16) Die Sühne. Eine Scene aus dem Mittelalter. [1795]: Archiv der Zeit und ihres Geschmackes. Berlin 1795. 1. Jahrg. und Schr., Bd. 14, 109 f. (Die Versöhnung).

17) Peter Lebrecht. Eine Geschichte ohne Abentheuerlichkeiten. [1795]. Berlin und Leipzig, C. A. Nicolai 1795—96. II. 8. Neue Allg. dtsch. Bibl. 32, 155. — Schriften (Nr. 48) Bd. 4 und Schr. Bd. 14, 161 f. und Bd. 15, 1 f.

18) Karl von Berneck. Trauerspiel in fünf Aufzügen. [1793—95. Schicksalstragödie]. Volksmährchen (Nr. 89), Bd. 3 und Schr., Bd. 11, 1 bis 144 (ohne den Prolog).

18′) Hanswurst als Emigrant. Puppenspiel in drei Acten [1795]: N. S. (Nr. 129) I, 76 bis 126.

19) Geschichte des Herrn William Lovell. [1793—96]. Berlin und Leipzig, bey Carl August Nicolai. 1795 bis 1796. III. 8. (in 9 Büchern). Der Titel auf Bd. 2 und 3 lautet nur William Lovell; daneben bei Bd. 3 Motto aus Shakespeare [Timon I, 2, 141 bis 144]. — Schriften (Nr. 48) Bd. 1 bis 3. — Neue Aufl. (umgearbeitet, in 7 Büchern) 1813. II. 8. — Schr., Bd. 6 und 7 (in 19 Büchern). Quelle: Le Paysan perverti von Rétif de la Bretonne. — Vgl. Allg. Lit.-Ztg. 1795. IV, 244 und 1797. IV, 196.

20) Der Fremde. [1796]: Straußfedern, Bd. 5, 53 bis 70. — § 284, 2. 6) e. — Schr. 14, 125 bis 140.

21) Die beiden merkwürdigsten Tage aus Siegmund's Leben. Eine Erzählung. [1796]: Straußfedern, Bd. 5, 91 bis 186 und Schr., Bd. 15, 87 f.

22) Der blonde Eckbert. [1796]: Volksm., Bd. 1, 191 bis 242. — Phantas., Bd. 1, 165. Schr., Bd. 4, 144. — Welti (Nr. 130) 1, 77 bis 96. — Klee (Nr. 132) 2, 1 bis 26. Vgl. Allg. Lit.-Ztg. 1797. IV, 565 und A. W. Schlegel Nr. 9) I. e).

23) Ulrich der Empfindsame [1796]: Straußfedern, Bd. 5, 187 bis 220 und Schr., Bd. 15, 121 f.

24) Fermer der Geniale [1796]: Straußfedern, Bd. 6, 3 bis 36 und Schr., Bd. 15, 181 f. Fermer, a Novel from L. Tieck, transl. by F. Marckwort. Brunsvic and London 1837. 8.

25) Der Naturfreund. [1796]: Straußfedern, Bd. 6, 37 bis 58 und Schr., Bd. 15, 205 f.

26) Die gelehrte Gesellschaft. [1796]: Straußfedern, Bd. 6, 113 bis 138 und Schr., Bd. 15, 223 f.

27) Der Psycholog. [1796]: Straußfedern, Bd. 6, 229 bis 236 und Schr., Bd. 15, 245 f.

28) Die Theegesellschaft. Lustspiel in Einem Aufzuge. [1796]: Straußfedern, Bd. 7, 141 bis 206 und Schr., Bd. 12, 355 bis 420.

28′) Recension der neuesten Musenalmanache und Taschenbücher: Archiv der Zeit 1796. I, S. 215 f. — Sieh Nr. 124) d.

29) Ritter Blaubart. Ein Ammenmährchen [in vier Akten] von Peter Leberecht. Berlin und Leipzig 1797. 190 S. 8. Volksm., Bd. 1, 1 f. — (in fünf Akte umgearbeitet) Phantas., Bd. 2, S. 9 bis 135. — Schr., Bd. 5, 7 f. Vgl. A. W. Schlegel Nr. 75) Bd. 11, 136; ferner oben Briefe λ). — R. Fellner, K. Immermanns Leitung des Stadttheaters zu Düsseldorf. Stuttgart 1888. S. 398 bis 405. — Theaterbriefe von Immermann. Berlin 1851. S. 90 bis 96. — Grabbes sämtl. Werke. Detmold 1874. 4, 292. — Nr. 126) Band 2, S. 379 f.

30) Die Geschichte von den Heymons Kindern, in zwanzig altfränkischen Bildern. [1796]: Volksm., Bd. 1, 248 bis 366. — Schr., Bd. 13, 1 f.

31) Wundersame Liebesgeschichte der schönen Magelone und des Grafen Peter aus der Provence. [1796]: Volksm., Bd. 2, 145 bis 264. — Phantas., Bd. 1, 324 bis 392. — Schr., Bd. 4, 292 f. — Welti (Nr. 130) 1, 27 bis 76. — Minor (Nr. 131) 1, 55 bis 104.

3*

32) Ein Prolog [1796]: Volksm., Bd. 2, 265 bis 309. — Schr., Bd. 13, 239 f.

33) Denkwürdige Geschichtschronik der Schildbürger in zwanzig lesenswürdigen Kapiteln. [1796]: Volksm., Bd. 3, 227 bis 332. — Schr., Bd. 9, 1 bis 82.

34) Der gestiefelte Kater. Ein Kindermährchen in drey Akten [1797], mit Zwischenspielen, einem Prologe und Epiloge von Peter Leberecht. Aus dem Italienischen. Erste unverbesserte Auflage. Bergamo 1797, auf Kosten des Verfassers. In Commission bei Ouario Senzacolpa. 144 S. 8; Berlin 1797 bey Carl August Nicolai. 144 S. 8. — Volksm., Bd. 2, 1 bis 144. — Phantas. 2, 145 bis 249 (erweitert). — Schr., Bd 5, 161 f. — Welti (Nr. 130) 1, 197. — Minor (Nr. 131) 1, 1 bis 53. — Klee (Nr. 132) 1, 101 bis 166. Vgl. A. W. Schlegel Nr. 75) Bd. 11, 136. Zsch. f. dtsch. Philol. 20, 75. — Satire gegen § 258, 7. b) — Band V. S. 264.

35) Der Roman in Briefen [1797]: Straußfedern Bd. 7, 71 bis 118. — Schr., Bd. 15, 253 f.

36) Herzensergießungen eines kunstliebenden Klosterbruders. Berlin, Unger 1797. 275 S. 8. — Neuer Abdruck: Berlin, Herbig 1822. 8. Vgl. A. W. Schlegel Nr. 75) Bd. 10, 363.

37) Phantasien über die Kunst, für Freunde der Kunst. Hg. von Ludwig Tieck. Hamburg, Fr. Perthes 1799. IV, 283 S. 8. — Tieck und Wackenroder, hg. von J. Minor. Nat.-Litt. Nr. 145, S. 1 bis 104. Vgl. Neue Allg. dtsch. Bibl. 68, 375.

Nr. 36) und 37) mit H. Wackenroder. Sieh Band IV, S. 543.

Wackenroders Anteil an Nr. 36) und 37) gab Tieck besonders heraus. Sieh § 284, 4. 7).

Albert Köster, Schiller als Dramaturg. Beiträge zur deutschen Litteratur-Geschichte des 18. Jh. Berlin 1891. 8. 222 bis 225.

38) Prinz Zerbino oder die Reise nach dem guten Geschmack gewissermaßen eine Fortsetzung des gestiefelten Katers. ein Spiel in sechs Aufzügen [1796 bis 1798] von Ludwig Tieck. Leipzig und Jena 1799. 422 S. und 1 Bl. 8. — In den romantischen Dichtungen (Nr 49), Bd. 1, 1 f. Tiecks Erläuterungen dazu Bd. 6, S. XXX bis LIII. — Schr., Bd. 10 (verändert). — Welti (Nr. 130) Bd. 3.

Allg. Lit.-Ztg. 1800. IV, 321 f.

39) Volksmährchen herausgegeben von Peter Leberecht. Berlin, Carl Aug. Nicolai 1797. III. 8. Enth. I: Ernsthafte Vorrede; scherzhafte Vorrede; Nr. 29); 22); 30). — II: Nr. 84); 31); 32). — III: 18) umgearbeitet; 33).

39') Die Freunde [1797]: Straußfedern. Bd. 7, 207 bis 231. — Schriften, Bd. 14, 141 bis 160. — Klee (Nr. 132) 2, 27 bis 44.

40) Die sieben Weiber des Blaubart. Eine wahre Familiengeschichte, herausgegeben von Gottlieb Färber. Istambul, bey Heraklius Murusi, Hofbuchhändler der Hohen Pforte; im Jahr der Hedschrah 1212 [Berlin, C. A. Nicolai 1797]. 4 Bl., 268 S. 8. — Schriften, Bd. 9, 83 bis 242.

41) Das Ungeheuer und der verzauberte Wald. Ein musikalisches Mährchen in vier Aufzügen [1798]. Bremen, Friedrich Wilmanns 1800. IV, 210 S. 8. — Schriften, Bd. 11, 145 bis 268. Vgl. Neue Allg. dtsch. Bibl. 57, 72; G. Merkel, Briefe an ein Frauenzimmer. 1 Bd Berlin. 8. 222 f. S. unten S. 798.

41') Recension über die neuesten Musenalmanache und Taschenbücher: Archiv der Zeit 1798. I, S. 301 f.

42) Ein Tagebuch [1798]: Straußfedern. Band 7, 3 bis 100. — Schriften, Band 15, 291 f. Quelle: Philanders von Sittewalt Gesichte § 190, 11 (A la Mode Kehraus) und Simplicissimus § 192, 31. 19 (Buch 3, Kap. 3 bis 5).

43) Straußfedern. Eine Sammlung kleiner Romane und Erzählungen. Band 4 bis 8 Berlin und Stettin, bei Fr. Nicolai. 1795 bis 1798. 8. Vgl. § 224, 45. 6) und § 230, 25. 10). Enth. von Tieck.

Bd. IV: Nr. 12); 13). — V: Nr. 14); 20); 15); 21); 23). — VI: Nr. 24); 25); 26); 27). — VII: Nr. 35); 28); 39'). — VIII: Nr. 42); 44).

44) Merkwürdige Lebensgeschichte Sr. Majestät Abraham Tonelli; in drei Abschnitten [1798]: Straußfedern. Band 8, 101 bis 222 — Schriften, Bd. 9, 243 bis 338.

45) Die verkehrte Welt. Ein historisches Schauspiel in fünf Aufzügen [1798. Possenspiel]: Bamboceiaden. Bd. 2, 103 bis 276 (s. § 294, 2. 2) e. — verändert Phantas. Bd. 2, 252 bis 333. — Schriften, Bd. 5, 283 bis 433. — Quelle: § 194, 1. 16) — Band III. S. 279. — Über eine beabsichtigte Aufführung sieh Mörike, Maler Nolten. Bd. 2, 518.

46) Franz Sternbalds Wanderungen. Eine altdeutsche Geschichte herausgegeben von Ludwig Tieck [1797 bis 98]. Berlin, Unger 1798. II. VI, 373 und 410 S. 8. J. Minor, Tieck und Wackenroder. S. 105 bis 407. — Ein Kapitel aus der neuen Bearbeitung des Romans: Franz Sternbalds Wanderungen von L. Tieck: Dresdener Morgenzeitung 1827. Nr. 71 bis 74. - [Neue Bearbeitung:] Schriften, Bd. 16. Sieh Band IV, S. 543. Neue Allg. dtsch. Bibl. 46, 329. Allg. Lit.-Ztg. 1799. Nr. 71.

Heinr. Prodnigg, Über Tiecks Sternbald und sein Verhältnis zu Goethes Wilh. Meister. Progr. der Landes-Oberrealschule zu Graz 1892. 21 S. 8. — Hub. Roetteken, Die Charaktere in Tiecks Roman ,Franz Sternbald's Wanderungen': Zach. f. vgl. Litt.-Gesch. N. F. 1893. 6, 188 bis 242. — J. O. E. Denner, Der Einfluß Wilhelm Meisters auf den Roman der Romantiker. Berlin 1893. 8. S. 34 bis 64.

47) Der getreue Eckart und der Tannenhäuser [1799]: Romantische Dichtungen Bd. 1, S. 423 bis 492. — Phantasus Bd. 1, S. 196 bis 238. — Schriften, Bd. 4, 173 bis 213. — Welti (Nr. 130) 1, 97 bis 126.

Den tro Eckart, en Fortaellig af Ludwig Tieck, overs. af Johan Krag. Kjöbenhavn 1816 (1815). 8. — 8. unten S. 798.

48) Johann Ludwig Tiecks Sämmtliche Schriften. Berlin und Leipzig, C. A. Nicolai. 1799. XII. 8. Titelausgabe, vom Verleger ohne Zustimmung des Verfassers gedruckt. Vgl. Intelligenzblatt der Allg. Lit.-Ztg. 1798. Nr. 161.

Die Exemplare weichen von einander ab. Manche enthalten I bis III: Nr. 19). — IV: Nr. 17). — V: Nr. 7). — VI bis VIII: Nr. 39). — IX: Nr. 11); Das Kloster Netley [von Wackenroder § 284, 4. 4]. — X: Der Demokrat [von Wackenroder § 284, 4. 2]. — XI: Das Schloß Montford [von Wackenroder § 284, 4. 3]. — XII: Nr. 40). — Andere Exemplare enthalten I bis III: Nr. 19). — IV: Nr. 7). — V: Nr. 11). — VI: Kloster Netley. — VII und VIII: Der Demokrat. — IX: Nr. 40). — X bis XII: Nr. 39).

49) Romantische Dichtungen von Ludwig Tieck. Jena bei Friedrich Frommann 1799—1800. II. 492 und 506 S. 8. Enth. I: Nr. 88); 47). — II: Nr. 50); 54); 53).

G. Merkel, Briefe an ein Frauenzimmer. 1. Bd. Berlin. 8. 17 bis 32. 47 f. Neue Allg. dtsch. Bibl. 58, 352.

50) Leben und Tod der heiligen Genoveva. Ein Trauerspiel [1799]: Romantische Dichtungen Bd. 2, 1 bis 330. — Neue verbesserte Auflage. Berlin, G. Reimer 1820. 256 S. 8. — Schriften, Bd. 2, S. 1 bis 272. — Welti (Nr. 130) Bd. 2. — Minor (Nr. 131) 1, 105 bis 322. — Klee (Nr. 132) 1, 167 bis 388. Vgl. § 230, 16. 17). — Sieh Band V, S. 73.

Archiv der Zeit 1800. 1, S. 457 (Bernhardi).

Golo und Genoveva. Romantische Oper in 8 Akten mit Tanz. Nach L. Tiecks Genoveva für die Bühne bearbeitet von Görner. Musik von Huth (1841 in Berlin aufgeführt).

51) Leben und Thaten des scharfsinnigen Edlen Don Quixote von la Mancha, von Miguel de Cervantes Saavedra, übersetzt von Ludwig Tieck. Berlin, Unger 1799 bis 1801. IV. 8. — Zweite Auflage. Berlin, Unger 1810 bis 1816. IV. 8. — Dritte Auflage. Berlin, G. Reimer 1830 bis 1832. IV. 8. — Dritte (!) Auflage. Berlin, A. Hoffmann 1852 und 1853 u. o. II. 16.

A. W. Schlegel: Allg. Litt.-Ztg. 1799. Nr. 230/1 = Sämmtl. Werke, Bd. 11, S. 408 bis 426.

52) Das jüngste Gericht. Eine Vision [1799]: Poetisches Journal S. 221 bis 246. — Schriften, Bd. 9, 339 bis 359.

53) Leben und Tod des kleinen Rothkäppchens. Eine Tragödie [1800]: Romantische Dichtungen Bd. 2, 465 bis 506. — Phantasus Bd. 1, S. 478 bis 511. — Schriften, Bd. 2, 327 bis 362. — Rothkäppchen. Dramatisches Kindermährchen in einem Anfzuge von Ludwig Tieck. (Zum Zwecke einer Weihnachtsdarstellung für die Bühne eingerichtet von Feodor Wehl): Wahl, Deutsche Schaubühne. Hamburg 1862. Heft 10, S. 41 bis 57. — Reclams Univ.-Bibl. Nr. 2044.

54) Sehr wunderbare Historie von der Melusina. In drei Abtheilungen [1800]: Romantische Dichtungen Bd. 2, 331 bis 464. — Schriften, Bd. 13, 67 f. — Welti 1, 127.

55) Epicoene oder Das stumme Mädchen. Ein Lustspiel in fünf Akten von Ben Jonson [1800]: Poetisches Journal (Nr. 57), S. 259 bis 458. — Schriften, Bd. 12, 155 bis 354. (E. oder Das stille Frauenzimmer).

56) Der neue Hercules am Scheidewege, eine Parodie in Versen [1800]: Poetisches Journal S. 81 bis 164. — Als: Der Autor. Ein Fastnachts Schwank. Schriften, Bd. 13, 267 bis 334. — Vgl. Aus Schleiermachers Leben 3, S. 190.

57) Poetisches Journal. Erster Jahrgang. Jena, Frommann 1800. 494 S. 8. Enth. S. 1: Einleitung. — S. 11: Die neue Zeit (Terzinen). — S. 18: Briefe über W. Shakspeare (auch Nr. 124, I. S. 133). — S. 81: Nr. 56). — S. 165: Ueber die mythologischen Dichtungen der Indier. Von F. Majer. — S. 217: An Ritter (Canzone) von Fr. Schlegel. — S. 221: Nr. 52). — S. 247: Erklärung die Allg. Litt.-Ztg. betr. — S. 259: Nr. 55). — S. 459: Briefe über Shakspeare. — S. 473: Erinnerung und Ermunterung (20 Sonette). Neue Allg. dtsch. Bibl. 56, 142.

57') Bemerkungen über Parteilichkeit, Dummheit und Bosheit bei Gelegenheit der Herren Falk, Merkel und des Lustspiels ‚Camäleon'. [Fragment. 1800]: N. S. (Nr. 129) II, S. 35 bis 93. Sieh oben Nr. ee) S. 96 f.

57'') Anti-Faust oder Geschichte eines dummen Teufels. Ein Lustspiel in fünf Aufzügen. [Fragment 1801]: N. S. (Nr. 129) I, S. 127 bis 159.

58) Der Runenberg [1802]: Taschenbuch für Kunst und Laune. Köln, Haas u. Sohn 1804. Jhrg. 3. — Phantasus Bd. 1, S. 239 bis 272. — Schriften, Band 4, 214. — Klee (Nr. 132) 2, 45 bis 74.

59) Musen-Almanach für d. J. 1802. Herausgegeben von A. W. Schlegel und L. Tieck. Vgl. § 283, 1. 16) und sieh Kynosarges (§ 284, 2. 4) S. 121 bis 153.

60) Prolog zur Magelone [1803]: Gedichte (Nr. 74), Bd. 3, 24 bis 35. — Schriften, Bd. 13, 229 bis 238. — Gedichte (Nr. 122) S. 205 bis 212.

61) Minnelieder aus dem Schwäbischen Zeitalter neu bearbeitet und herausgegeben von Ludwig Tieck. Berlin 1803. XXX, 286 S. 8. Sieh § 26 — Bd. I, S. 47. Neue Allg. dtsch. Bibl. 91, 304 und Allg. Lit.-Ztg. 1806 Nr. 109.

62) Kaiser Octavianus. Ein Lustspiel in zwei Theilen von Ludwig Tieck [1801 bis 1803]. Jena, bei Friedrich Frommann. 1804. 499 S. 8. — Kreutznach, Kehr o. J. [1805] — Neue dtsch. Schaubühne Band 2. 456 S. 8. — Schriften, Bd. 1. — Klee (Nr. 132) 1, 389 bis 420: Der Aufzug der Romanze. Prolog zum Lustspiele. Neue Allg. dtsch. Bibl. 100, 316. Quelle sieh Band II. S. 21. 6.

63) König Rother zieht einer Jungfrau die Schuhe an. Fragment aus einer alten Handschrift, bearbeitet von Ludwig Tieck [1806]: Arnims Zeitung für Einsiedler 1808. Nr. 3 bis 5. — Schriften, Band 13, 171 bis 192. Vgl. § 32, 3. Band I. S. 68.

63') Melusine. Fragment [1807]: N. S. (Nr. 129) I, S. 160 bis 170.

64) Das Donauweib. Erster Akt [1808]: Försters Sängerfahrt. Berlin 1818. S. 7 bis 38. — Schriften, Band 13, 193.

64') Epilog zum Geschäftigen von Holberg [1807]: Gedichte (Nr. 74), Bd. 2. S. 272 f.

65) Liebeszauber [1811]: Phantasus Bd. 1, S. 273 bis 314. — Schriften, Band 4, 245 bis 283.
The Old Man of the Mountain (Nr. 96), the Lovecharm and Pietro of Abano (Nr. 83). Tales from the German of Tieck. London 1831. 8.

66) Alt-Englisches Theater. Oder Supplemente zum Shakspear. Übersetzt und herausgegeben von Ludwig Tieck. Berlin, 1811. II. XXIII, 371 und XIV, 348 S. 8. Band I. Vorrede. a: König Johann von Engelland, von Shakspear. — b: George Green, der Flurschütz von Wakefield, [von Robert Green]. · c: Perikles, Fürst von Tyrus, von Shakspear. — Band II. Vorrede. d: Lokrine, Trauerspiel von Shakspear. — e: Der lustige Teufel von Edmonton. — f: Das alte Schauspiel vom König Lear und seinen Töchtern, nach der Chronik verfaßt von W. Shakespear.

67) Die Elfen [1811]: Phantasus Band 1, S. 400 bis 430. — Schriften, Band 4, 365 bis 392. — Klee (Nr. 132) Bd. 2, S. 75 bis 103.

68) Der Pokal [1811]: Phantasus Band 1, S. 431 bis 456. — Schriften, Band 4, 393 bis 415. — Klee (Nr. 132) Bd. 2, S. 103 bis 123.

69) Leben und Thaten des kleinen Thomas, gen. Däumchen. Ein Mährchen in drei Akten [1811]: Phantasus Bd. 2, S. 448 bis 549. — Schr., Bd. 5, 487 bis 595.

70) Frauendienst, oder: Geschichte und Liebe des Ritters und Sängers Ulrich von Lichtenstein, von ihm selbst beschrieben. Nach einer alten Handschrift

bearbeitet [die Erzählung in Prosa] und herausgegeben von L. Tieck. Stuttgart u. Tübingen 1812. VIII, 287 S. 8. Vgl. § 57 — Band I. S. 169. Unten S. 798.

71) Fortunat. Erster Theil. Ein Mährchen in fünf Aufzügen [1815 bis 1816]: Phantasus Bd. 3, S. 5 bis 221. Prolog ebenda S. 249 bis 266. Zweiter Theil. Ein Mährchen in fünf Aufzügen [1816]: Phantasus Bd. 3, S. 267 bis 494. — Schr., Bd. 3.

72) Phantasus. Eine Sammlung von Mährchen, Erzählungen, Schauspielen und Novellen, hg. von Ludwig Tieck. Berlin, 1812—16. III. 8. — Zweite Ausgabe. Berlin 1844—45. III. 8.

Die erste Ausgabe enthält Bd. 1: An A. W. Schlegel (Anstatt einer Vorrede) 2 BL — Einleitung S. 1 bis 184. — Phantasus. Erste Abtheilung. S. 185 bis 474; darin eingeflochten Nr. 22); 47); 58); 65); 81); 67); 68). — Phantasus. Zweite Abtheilung. Lothar. S. 475 bis 516; darin eingeflochten Nr. 53). — Bd. 2 [Fortsetzung der 2. Abtheilung) 555 S.; darin Nr. 29); 84); 45); 69). — Bd. 3 [Fortsetzung der 2. Abtheilung] 524 S.: Nr. 71). — In den Schriften füllt der Phantasus Bd. 4 und 5; aber Nr. 53) und 71) sind herausgenommen und in Bd. 2 und 3 untergebracht. — — Die zweite Einzelausgabe enthält wieder Nr. 53). Sieh Klee (Nr. 132) 2, 78 f. Tiecks Phantasus als Entwurf [Die Gartenwochen]: Weim. Jahrb. 1856. 4, 25. Vgl. § 233 — Band IV. S. 585. 554.

73) Deutsches Theater. Herausg. von Ludewig Tieck Berlin 1817. II. 8. Enth. I. S. III bis XXXII: Vorrede. — S. 1 bis 16: Hans Rosenplüt. — S. 17 bis 164: Hans Sachs. — S. 165 bis 366: Jacob Ayrer. Vgl. § 170, 11. 26. 28. 50. 52. Band II. S. 547 f. — S. 367 bis 407: Englische Comödien und Tragödien. Vgl. § 169. 4. 8). Bd. II. S. 544. — II. S. 1 bis XXII: Vorrede. — S. 3 bis 58: Engl. Comödien (Comoedia. Von Fortunato und seinem Seckel und Wünschhütlein, darinnen erstlieb drey verstorbenen Seelen als Geister, darnach die Tugendt vnd Schande eingeführet werden). — S. 59 bis 80: M. Opitz (Dafne). — S. 81 bis 272: Andr. Gryphius (Cardenio und Celinde. Horribilicribrifax. Peter Squenz). — S. 273 bis 344: D. Casper v. Lohenstein (Ibrahim Bassa).

74) Gedichte von L. Tieck. Dresden bei P. G. Hilscher 1821—23. III. 8.; Neue unveränderte Ausgabe (Titelauflage) Dresden 1834. III. 8. Im 3. Teile befindet sich ein chronologisches Verzeichniß der Gedichte in allen drei Teilen. Vgl. Nr. 122). Ein Sonett von Tieck: Galatea, steht unter A. W. Schlegels Namen in dessen Gedichten (Nr. 10) S. 192 — Sämmtliche Werke (Nr. 75) 1, 192. Vgl. Köpke 1, S. 252. — Ein anderes von Tieck und A. W. Schlegel gemeinsam verfaßtes Sonett gegen Garlieb Merkel, zuerst als fliegendes Blatt [1799], von Merkel abgedruckt in den Briefen an ein Frauenzimmer 1800. 1, S. 299; Testimonia Auctorum (§ 292, 1. 4) S. 25; A. W. Schlegel (Nr. 75) 2, S. 201. Vgl. Aus Schleiermachers Leben 3, S. 130 f. Waitz, Caroline 1, 174. Dorow, Denkschriften 4, S. 111. Haym S. 712. 761. Welti, Geschichte des Sonettes S. 163 f. Dänisch: Digtninger af Ludwig Tieck, oversatte af Ad. Oehlenschlager. Kjöbenhavn 1838 bis 1839. II. 8.

74¹) Ludwig Tieck's sämmtliche Werke. Wien, L. Grund. 1817 bis 1824. XXX. 8. [Unberechtigte Ausgabe]. Enth. I: Nr. 50); 54). — II: Nr. 62). — III bis VII: Nr. 51). — VIII: Nr. 70. — IX: Phantasien über die Kunst von einem kunstliebenden Klosterbruder [von Wackenroder § 284, 4. 7)]. — X bis XV: Nr. 72). — XVI und XVII: Nr. 19. — XVIII: Nr. 38). — XIX: Nr. 7) — XX: Nr. 61). — XXI und XXII: Nr. 66). — XXIII und XXIV: Nr. 46). — XXV bis XXVII: Nr. 78). — XXVIII: Nr. 28) I und II. — XXIX: Nr. 77); 81); 78). — XXX: Nr. 76); 79); 11). Die Inhaltsangabe in Band XXI weicht davon ab.

75) Abend-Zeitung herausgegeben von Theodor Hell und Friedrich Kind. Dresden. 4. brachte 1821, 1823 und 1824 viele Rezensionen von L. Tieck, die in Nr. 82) gesammelt worden sind.

76) Die Gemälde. Novelle [1821]: Taschenbuch zum geselligen Vergnügen auf das J. 1822. Leipzig. Besonders: Dresden, Arnoldische Buchhandlung. 1823. 198 S. 8. — Novellen (Nr. 97), Bd. 1. — Schr., Bd. 17, 1 bis 100. — Novellen (Nr. 128) 1, S. 3 bis 98. — Welti (Nr. 130) 5, S. 1 bis 74. — Minor (Nr. 131) 2, 1 bis 72. — Klee (Nr. 132) Bd. 2, S. 125 bis 210. — S. unten S. 798. The Pictures; the Betrothing (Nr. 79). Two Novels from the German of Tieck. London 1825. 8.

Varnhagen v. Ense, Zur Geschichtschreibung und Litteratur. Hamburg 1833. 8. 575.

77) Der Geheimnißvolle. Novelle [1821]: Dresdn. Merkur für 1822. Nr. 1 bis 25. — Besonders: Dresden, bei Hilscher, 1823. 245 S. 8. — Schriften, Bd. 14, 253 bis 382. — Novellen (Nr. 128) 1, S. 343 bis 461. — Welti (Nr. 130) 5, 131 bis 270. — Klee (Nr. 132) Bd. 2, S. 211 bis 314. — Übers. ins Dänische vgl. ςς) 3, S. 9.

78) Die Reisenden. Novelle [1822]: Taschenbuch zum geselligen Vergnügen f. 1823. 8. 143 bis 273. Besonders: Dresden 1824. 198 S. 8. — Novellen (Nr. 97), Bd. 3. — Schriften, Bd. 17, 169 bis 280. — Novellen (Nr. 128) 1, S. 165 bis 270. — Minor (Nr. 131) 2, 123 bis 204.

79) Die Verlobung. Novelle [1822]: Berlinischer Taschenkalender f. 1823. — Dresden 1823. 124 S. 8. — Schriften, Bd. 17, 101 bis 168. — Novellen (Nr. 128) 1, S. 99 bis 163. — Minor (Nr. 131) 2, S. 73 bis 122.

Vgl. Nr. 76). Goethe, Ueber Kunst und Alterthum 4. Bd. 3. Heft. 1824. 8. 184.

79x) Ludwig Tieck, Ein Faustisches Festspiel zu Goethes 75. Geburtstag 1823: Eduard W. Sabell, Zu Goethes hundertdreißigstem Geburtstag. Heilbronn 1879. 8. S. 1 bis 25. Goethe-Jahrb. 1880. 1, 394 bezeichnet Ludwig Robert als Verfasser. Sieh § 234, C. IV, 14 — Bd. IV. S. 604; dazu Bd. VIII. S. 518.

80) Shakspeare's Vorschule. Herausgegeben und mit Vorreden begleitet von Ludwig Tieck. Leipzig 1823—29. II. 8. Tiecks Tochter Dorothea [geb. 1799 in Berlin, † 21. Febr. 1841 in Dresden an den Masern] hat die ersten beiden Stücke übersetzt. Enth. I. 1823. XLII S. Vorrede. S. 1: Die wunderbare Sage vom Pater Baco. Schauspiel von Robert Green. — S. 113: Arden von Feversham. Tragödie (von einem unbekannten Autor; vielleicht eine Jugendarbeit Shakspears). — S. 251: Die Hexen in Lancashire von Thom. Heywood (Gespielt 1615 auf dem Globus-Theater in London). — II. 1829. XLIX S. Vorrede. S. 1 f.: Die schöne Emma. Ein Schauspiel. Um 1586 geschrieben. — S. 87: Der Tyrann, oder die zweite Jungfrauen-Tragödie. Trauersp. von Ph. Massinger. Geschr. 1611. — S. 219: Die Geburt des Merlin, oder das Kind hat seinen Vater gefunden. Ein Schausp. von W. Shakspeare und W. Rowley. Um 1612 bis 1613 geschrieben.

Aus Tiecks Nachlaß hat Johannes Bolte herausgegeben: Mucedorus (Berlin 1893. 8.), der mit Dem schönen Mädchen von Bristol und Niemand und Jemand (sieh Jahrb. der Dtsch. Shakespeare-Gesellsch. XXIX) den 3. Band der Vorschule bilden sollte. — Sieh unten S. 798.

81) Musikalische Leiden und Freuden. Novelle [1822]: Rheinblüten. Taschenbuch auf das Jahr 1824. Carlsruhe. — Dresden, Arnoldische Buchhandlung 1824. 136 S. 8. — Novellen (Nr. 97), Bd. 4. — Schriften, Bd. 17, 281 bis 356. — Novellen (Nr. 128) 1, S. 271 bis 342. — Roclams Univ.-Bibl. Nr. 1925. — Welti (Nr. 130) 5, 127 bis 180. — Minor (Nr. 131) 2, 205 bis 260. — Klee (Nr. 132) Bd. 2, S. 315 bis 382.

82) Dramaturgische Blätter. Nebst einem Anhangs noch ungedruckter Aufsätze über das Deutsche Theater und Berichten über die Englische Bühne, geschrieben auf einer Reise im J. 1817. Von Ludwig Tieck. Breslau 1825—26. II. 16. Nachdruck: Wien 1826. III. 8. Vgl. Nr. 126).

83) Märchen und Zaubergeschichten. I. Pietro von Abano oder Petrus Apone, Zaubergeschichte. [1824]. Breslau 1825 [einige Exemplare: 1824]. 186 S. 8. — Novellen (Nr. 128) 6, S. 223 bis 352. — Schriften, Bd. 23, 295 bis 376.

Vgl. Nr. 65) und Abendzeitung 1824. S. 883, wo die Fortsetzung (Die Schwäne) angekündigt wird. Oper nach Tiecks Erzählung, Text von Karl Pfeiffer, Musik von L. Spohr: Pietro von Abano. 1827.

84) Ueber Shakspears Sonette einige Worte, nebst Proben einer Uebersetzung derselben: Penelope. Taschenbuch für 1826. Hg. von Theod. Hell. Leipzig. S. 314 bis 339. Die Übersetzung von Tiecks Tochter Dorothea, die Bemerkungen von Tieck. — In einer Subskriptions-Anzeige hinter Nr. 82) II wird angekündigt: Shakespeare's sämmtliche Sonette, mit Bemerkungen, Erläuterungen und Nachrichten über Shakespeare's Leben, herausg. von Ludwig Tieck.

85) Shakspeares dramatische Werke. Uebersetzt von A. W. v. Schlegel, ergänzt und erläutert von Ludwig Tieck [Dorothea Tieck und Wolf Graf Baudissin] Berlin 1825—33. IX. 8.; Berlin 1839—40. XII. 8.; Berlin 1843—44. XII. 8.

Vgl. § 283, 1. 8). Dorothea Tieck an Uechtritz (oben Nr. z) S. 172. W. Graf Baudissin, Gedenkbuch für seine Freunde. 1880. 8. 414 bis 421. N. Delius, Die Schlegel-Tiecksche Shakespeare-Übersetzung beleuchtet. Bonn 1846. 8.

86) Die Gesellschaft auf dem Lande. (Novelle) [1824]: Berlinischer Taschen-Kalender auf das Gemein-Jahr 1825. 8. 58 bis 212. — Novellen (Nr. 97), Bd. 5, S. 209 bis 245. — Schriften, Bd. 24, S. 391 bis 513. — Reclams Univ.-Bibl. Nr. 1881. Varnhagen v. Ense, Zur Geschichtschreibung und Litteratur. Hamburg 1833. 8. 518. — Sieh unten S. 798.

87) Dichterleben. Novelle [1824–25]: Urania auf das J. 1826. 8. 1 bis 189. — Novellen (Nr. 97), Bd. 6 (mit Nr. 88). — Klee (Nr. 182) Bd. 3, S. 107 bis 216. — Vgl. Nr. 88 und 100.
Dänisch: Digterliv, Novelle af Tieck; overs. af Ph. J. Th. Schorn. Kjöben-havn 1826. 8. Mitternachtblatt 1826. Nr. 50. — Sieh unten S. 798.

88) Das Fest zu Kenelworth. Prolog zum Dichterleben [1828]: Novellen (Nr. 97), Bd. 6 (1828). — Vgl. Nr. 87 und 100.

89) Der Aufruhr in den Cevennen. Eine Novelle in vier Abschnitten [1820–26]. Erster und zweiter Abschnitt (nicht mehr erschienen). Berlin, 1826. 8. — Schriften, Bd. 26, 71 bis 348. — Welti (Nr. 130), Bd. 4. — Minor (Nr. 131) Bd. 2, 261 bis 470. — Klee (Nr. 132) Bd. 3, S. 217 bis 457.
Angeregt durch Sinclairs Dramen über den Cevennenkrieg § 291, 4. Tiecks Quellen: Lettres des Protestants des Cévennes aux Réfugiés François-Allemands. Berlin 1704. 8.; Misson, Le théâtre sacré des Cévennes. London 1707; Histoire des Camisards. Londres 1744. 8.; Mémoires du Duc de Villars. Haag 1734.
Eine Oper nach Tiecks Novelle von A. Langert: Jean Cavalier oder die Camisarden 1880.

90) Die Insel Felsenburg oder wunderliche Fata einiger Seefahrer. Eine Geschichte aus c Anfange des achtzehnten Jh. Eingeleitet von Ludwig Tieck. Breslau 1828. VIIem16. Vgl. § 192, II. 56) — Bd. III, S. 264. Deutsche Rundschau 1888. 56, S. 879f. Die Einleitung abgedruckt Nr. 124) n.

91) Leben und Begebenheiten des Escudero Marcos Obregon. Oder Auto-biographie des Spanischen Dichters Vicente Espinel. Aus dem Spanischen zum erstenmale in das Deutsche übertragen und mit Anmerkungen und einer Vorrede begleitet von L. Tieck. [Übersetzerin war Dorothea Tieck]. Breslau 1827. II. LVII, 258 und 188 S. 8. Die Vorrede: Nr. 124) k.

92) Dresdner Morgenzeitung. Herausgegeben von Friedrich Kind und Kraukling, nebst dramaturgischen Blättern von L. Tieck. Dresden 1827. 4. Vgl. Nr. 126) 2. Theil.

93) Glück giebt Verstand. Novelle [1826]: Berliner Kalender 1827. — Novellen (Nr. 97) Bd. 7. — Schriften, Band 19, 1 bis 124. — Novellen (Nr. 128) 3, 3 bis 120.

94) Der funfzehnte November. Novelle [1827]: Dresdner Morgenzeitung 1827. Nr. 37 bis 49. — Novellen (Nr. 97), Band 7, S. 165 bis 234. — Schriften, Bd. 19, 125 bis 198. — Novellen (Nr. 128) 3, 121 bis 188. — Klee (Nr. 132) Bd. 2, S. 383 bis 442.

95) Der Gelehrte. Novelle [1827]: Orphea. Taschenbuch für 1828. — Pantheon 5. Band (Stuttgart, Hoffmann 1829), S. 1 bis 64. — Gesammelte Novellen (Nr. 123), Bd. 3, S. 1 bis 80. — Schriften, Bd. 22, S. 3 bis 52. — Klee (Nr. 132) Bd. 3. S. 1 bis 44.

96) Der Alte vom Berge [1828] (vgl. Nr. 65) und: Die Gesellschaft auf dem Lande (Nr. 86). Zwei Novellen. Breslau 1828. 8. — Novellen (Nr. 97) Bd. 5, S. 1 bis 208. — Gesammelte Nov. (Nr. 123), Bd. 7, S. 231 bis 416. — Schriften, Bd. 24, S. 145 bis 262.

97) Novellen. Berlin und Breslau 1823 bis 1828. VII. 8.
Enth. I: Nr. 76). — II: Nr. 79). — III: Nr. 78). — IV: Nr. 81). — V: Nr. 96) und 86). — VI: Nr. 88) und 87). — VII: Nr. 93) und 94).

98) Braga. Vollständige Sammlung klassischer und volksthümlicher deutscher Gedichte aus dem 18. und 19. Jahrh., herausgegeben von Anton Dietrich. Mit einer Einleitung [über die neue Volkspoesie] von Ludwig Tieck. Dresden 1827 bis 1828. X. 8. Vgl. Nr. 124) m.

99) Das Zauberschloß. Novelle [1829]: Urania auf das Jahr 1880. — Gesammelte Novellen (Nr. 123) Band 2, S. 83 bis 240. — Schriften, Bd. 21, S. 187 bis 286.

100) Dichterleben. Zweiter Theil. Novelle [1829]: Novellenkranz, Ein Alma-nach auf das Jahr 1831. Von Ludwig Tieck. 1. Jahrgang. Berlin, Reimer. 8. 1

bis 206. — Unter dem Titel: Der Dichter und sein Freund. Gesammelte Novellen
(Nr. 123), Bd. 11, S. 111 bis 332. — Mit Nr. 88 und 87: Schriften, Bd. 18 (1844).
— Novellen (Nr. 128) 2 (1853). — Collection Spemann Nr. 68.
The Life of Poets from the German of L. Tieck. Leipzig 1830. 8.

101) Die Wundersüchtigen [1829]: Novellenkranz a. d. J. 1831. S. 207 bis
368. ·· Ges. Novellen (Nr. 123), Bd. 6, S. 1 bis 222. — Schriften, Bd. 23, S. 157
bis 294.

102) Der griechische Kaiser. Novelle [1830]: Urania auf das Jahr 1831. —
Gesammelte Novellen (Nr. 123), Bd. 4, S. 1 bis 358. — Schriften, Bd. 22.

103) Der Jahrmarkt [1831]: Novellenkranz auf das J. 1832. Zweiter Jahrgang. Berlin. 8. S 1 bis 210. — Schriften, Bd. 20, S. 1 bis 188. — Novellen
(Nr. 128) 4, S. 1 bis 180. – Vgl. K. Immermann, Reisejournal 2, S. 4 f.

104) Der Hexen-Sabbath [1831]: Novellenkranz a. d. J. 1832. S. 211 bis 512.
— Schriften, Bd. 20, S. 189 bis 458. — Novellen (Nr. 128) 4, S. 181 bis 434.
Le Sabbat des Sorcières, Chronique de 1459. Trad. de l'Allem. de L. Tieck.
Paris 1833.

105) Prolog zur Aufführung von Goethes Faust an Goethes Geburtstage
[1829]; Wendts Musenalm. f. 1832. S. 309. S. § 246, 303a) = Band IV. S. 755.

106) Der Mondsüchtige. Novelle [1831]: Urania auf das Jahr 1832. — Ges.
Novellen (Nr. 123), Bd. 1, 95 bis 210. — Schriften, Bd. 21, S. 63 bis 136.

107) Ludwig Tieck, Epilog zum Andenken Goethes. Nach Darstellung der
Iphigenie in Dresden d. 29. März 1832. Dresden 1832. 8. — Mit Änderungen
wiederholt als: Epilog zur hundertjährigen Geburtsfeier Göthes, gedichtet von
L. Tieck. Berlin, Hertz (1849) 10 S. 8. Sieh § 234, C. IV, 22 = Band IV. S. 604.

108) Die Ahnenprobe. Novelle [1832]: Urania auf das Jahr 1833. — Ges.
Nov. (Nr. 123), Bd. 3, S. 81 bis 268. — Schriften, Bd. 22, S. 53 bis 166.

109) Eine Sommerreise. Novelle [1833]: Urania auf das Jahr 1834. — Ges.
Nov., Bd. 5. — Schriften, Bd. 23, S. 3 bis 156.

110) Der Tod des Dichters [1833]: Novellenkranz auf das J. 1834. Berlin.
16. — Schriften, Bd. 19, S. 199 bis 508. — Novellen (Nr. 128) 3, S. 189 bis 484.
— Welti (Nr. 130) 3, 5 bis 224.

111) Die Vogelscheuche. Märchen-Novelle in fünf Aufzügen [1834] (per-
sifliert den Dresdner Liederkreis): Novellenkranz. Berlin. 16. — Ges.
Novellen, Bd. 13. 14. — Schriften, Band 27. — Sieh unten S. 798.

112) Das alte Buch und die Reise in's Blaue hinein. Eine Märchen-
Novelle [in fünf Aufzügen] [1834]: Urania auf das Jahr 1835. — Ges. Novellen,
Bd. 7, S. 1 bis 230. — Schriften, Bd. 24, S. 3 bis 144.

113) Eigensinn und Laune. Novelle [1835]: Urania auf das Jahr 1836. —
Ges. Nov., Bd. 8, S. 1 bis 206. — Schriften, Bd. 24, S. 263 bis 390.

114) Der junge Tischlermeister. Novelle in sieben Abschnitten von Ludwig
Tieck [angefangen 1811, vollendet 1836]. Berlin 1836. II. 352 und VI, 393 S. 8.
Es giebt noch Exemplare mit sechs statt sieben Abschnitten. — Schriften, Bd. 28.
J. O. E. Donner, Der Einfluß Wilhelm Meisters auf den Roman der
Romantiker. Berlin 1893. S. 64 bis 73.

115) Vier Schauspiele von Shakspeare. Uebersetzt von Ludwig Tieck. Stuttgart
und Tübingen 1836. 366 S. 8. Enth. a: Eduard der Dritte. — b. Leben und Tod
des Thomas Cromwell. — c: Sir John Oldcastle. — d: Der Londoner verlorne Sohn.
Die Übersetzung ist von Wolf Grafen Baudissin (geb. am 30. Januar
1789 in Rantzau, gest. am 4. April 1878 in Dresden); Tieck sah sie nur durch.
Vgl. G. Freytag, Gesammelte Werke Bd. 16, 140.

116) Wunderlichkeiten. Novelle [1836]: Urania auf das J. 1837. — Ges. Nov.,
Bd. 10, S. 79 bis 251. — Schriften, Bd. 25, S. 225 bis 340. — Reclams Univ.-Bibl. Nr. 2064.

117) Die Klausenburg. Eine Gespenstergeschichte [1836]; Helena, Taschen-
buch für 1837. Bunzlau. 16. — Ges. Nov., Bd. 9. — Schriften, Bd. 25, S. 73 bis 174.
Dänisch: Klausenburg. En Spøgelsehistorie af Ludwig Tieck, oversat af
Jacob Rüse. Kjøbenhaven 1889. 8.

118) Des Lebens Ueberfluß. Novelle: Urania auf das J. 1839. — Ges. Nov.,
Bd. 11, S. 1 bis 110. — Schriften, Bd. 26. Vgl. Lit. Centralblatt 1891. Sp. 764. —

Reclams Univ.-Bibl. Nr. 1925. — Welti (Nr. 130) 5, 75 bis 126. — Klee (Nr. 132) Bd. 8, S. 45 bis 106. — Heyse-Kurz, Dtsch. Novellenschatz Bd. 8.

119) Liebeswerben. Novelle [1837]: Helena für 1839. — Ges. Novellen, Bd. 12, S. 1 bis 197. — Schriften, Bd. 26, S. 349 bis 472.

120) **Vittoria Accorombona.** Ein Roman in fünf Büchern von Ludwig Tieck [1836—40]. Breslau 1840. II. 16.; Zweite Aufl. Breslau 1841. II. 16. (Mit einem Anhange von Chn. J. Braniß). — Welti (Nr. 130) Bd. 7.
Übersetzung ins Italienische von G. E. Furzi. Firenze 1843. — The Roman Matron, or Vittoria Accorombona. From the German. London 1845. III. 8.

121) Waldeinsamkeit. Novelle [1840]: Urania für 1841. — Ges. Nov., Bd. 12, S. 198 bis 345. — Schriften, Bd. 26, S. 473 bis 567.

122) Gedichte von Ludwig Tieck. Neue Ausgabe. Berlin, bei G. Reimer 1841. X, 598 S. 8. Vgl. Nr. 74). Zu S. 229 vgl. § 237, 11) 109 = Bd. IV, 658.

123) **Gesammelte Novellen.** Vermehrt und verbessert. Breslau 1835—42. XIV. 8.; Neuer Abdruck von Bänden 1—4. Breslau 1888. 8.
Enth. I: Der Wassermensch [1834]. § 254. 4) 5. Der Mondsüchtige. — II: Weihnacht-Abend [1834]; Nr. 99); Uebereilung [1835]. Vgl. L. H. Fischer, Aus Berlins Vergangenheit. Berlin 1891. 8. 162 bis 168. — III: Nr. 95); Nr. 108). — IV: Nr. 102), — V: Nr. 109). — VI: Nr. 101); Nr. 83). — VII: Nr. 112 und Nr. 96). — VIII: Nr. 113) und 86). — IX: Der Schutzgeist; Nr. 117). — X: Abendgespräche; Nr. 116): Die Glocke von Aragon. — XI: Nr. 118) und Nr. 100). — XII: Nr. 119) und 121). — XIII bis XIV: Nr. 111).

124) Kritische Schriften. Zum erstenmale gesammelt und mit einer Vorrede herausgegeben von Ludwig Tieck. Leipzig 1848. II. XVI, 388 und VI, 424 S. 8. Sieh auch Nr. 126).
Enth. 1. a: Vorrede. — b: Die Kupferstiche nach der Shakspeare-Galerie in London. Briefe an einen Freund [1793], zuerst in der Bibliothek der schönen Wissenschaften und der freyen Künste 1795. Bd 55, Stück 2, S. 187 bis 226. — c: Shakspeares Behandlung des Wunderbaren (Einleitung zu Nr. 11). — d: Die neuesten Musenalmanache und Taschenbücher (Nr. 28' und 41'). — e: Briefe über Shakspeare (Nr. 57. S. 18 u. 459). — f: Die altdeutschen Minnelieder (Vorrede zu Nr. 61). — g: Das altenglische Theater (Vorreden zu Nr. 66 und 80). — h: Die Anfänge des deutschen Theaters (Vorreden zu Nr. 73).
H. 1: Heinrich von Kleist (Einleitung zu Nr. 135) und 136). — k: Der spanische Dichter Vicente Espinel (Einleitung zu Nr. 91). — l: Bücherschau (aus Nr. 92). — m: Die neue Volkspoesie (Vorwort zu Nr. 98). — n. Kritik und deutsches Bücherwesen. Ein Gespräch (Einleitung zu Nr. 90). — o: Göthe und seine Zeit (Einleitung zu Nr. 139). — p: Die geschichtliche Entwickelung der neueren Bühne und Friedrich Ludwig Schröder (Einleitung zu Nr. 140) — q: Zur Geschichte der Novelle (Vorwort zu Nr. 141). — r: Ein Brief an Friedrich Laun (Vorwort zu Nr. 146). — s: Über nordische Volksmärchen (Vorworte zu Nr. 147) und 151). — t: Ein Brief an den Uebersetzer der Elektra (Vorwort zu Nr 148).

125) Epilog zur hundertjährigen Geburtsfeier Goethe's gedichtet. Berlin 1849. 10 S. 8. Sieh Nr. 107).

126) Dramaturgische Blätter. Zum ersten Male vollständig gesammelt von Ludwig Tieck. Mit Vorbericht von Eduard Devrient. Leipzig 1852. II. 8. Auch unter dem Titel: Kritische Schriften. Dritter und vierter Band. Vgl. Nr. 124) und Nr. 82), die hier vermehrt ist.

127) Ludwig Tieck's Schriften. Berlin bei G. Reimer. 1828 bis 1846. XX. 8. Sieh Nr. 128).
Enth. I (1828) XLIV 8. Vorbericht Nr. 62), — II: Nr. 50); 9); 53). — III Nr. 71). — IV und V: Nr. 72). — VI und VII: LIV 8. Vorbericht. Nr. 19). — VIII: Nr. 7); 15); 4) und 8). — IX: Arabesken: Nr. 33); 40); 44); 52). — X: Nr. 88). — XI (1829): XL 8. Vorbericht. Nr. 18); 41) und 2). — XII: Nr. 10); 55); 28). — XIII: Nr. 30); 63); 64); 60); 32) und 56). — XIV: Nr. 12); 18); 14); 16) 20); 39'); 17) erster Teil; 77). — XV: Nr. 17) 2. Teil; 21); 23); 24); 25); 26); 27); 35) und 42). — XVI (1843): Nr. 46). — XVII (1844): Nr. 76); 79); 78) und 81). — XVIII: Nr. 88); 87) und 100). — XIX (1845): Nr. 93); 94) und 110). — XX (1846): Nr. 103) und 104).

127') Ludwig Tieck's sämmtliche Werke. Paris, Tétot frères 1837. II. 4.

I enthält Band 1 bis 7 der Originalausgabe der Schriften (Nr. 127) außer dem 'Vorbericht zur zweiten Lieferung', der im 2. Bande steht. Aus Nr. 127) Band 8 ist am Schlusse noch Nr. 8) abgedruckt. — II enth. Band 8 bis 15 von Nr. 127) außer Nr. 8), ferner den Vorbericht zur zweiten Lieferung' und die Novellen Nr. 76); 79); 78); 108); 81); 88). — Ein 8 Band, der erscheinen sollte ,sobald der Stoff für einen neuen Band hinreichend sein' werde, ist nicht erschienen.

128) Gesammelte Novellen. Vollständige aufs Neue durchgesehene Ausgabe. Berlin 1852 bis 1854. XII. 8. Band 5 bis 12 führen den Doppeltitel: Nr. 127) Band 21 bis 28.

128') Das Lied der Niebelungen. Ein Altdeutsches Episches Gedicht, neu bearbeitet und hg. von Ludwig Tieck: v. d. Hagens Germania (Neues Jahrbuch der Berlinischen Gesellschaft für Deutsche Sprache und Alterthumskunde) 1853. 10, S. 1 bis 16. Enth. 1. Gesang und Nachrichten v. d. Hagens über Tiecks Nibelungenarbeiten. — Vgl. Klees Progr. 1895 (unten S. 797) S. 17/20.

129) Ludwig Tieck's nachgelassene Schriften. Auswahl und Nachlese. Herausgegeben von Rudolf Köpke. Leipzig 1855. II. 8.
    Enth. I: Vorwort von Köpke; Nr. 1); 1'); 18'); 57''); 63'); Lyrisches. — II: Ryno, sieh Nr. 6); Hütten-Meister. Märchen-Novelle. Fragment; Nr. 57'); Das Buch über Shakspeare. Fragment und Entwürfe.

130) Ludwig Tiecks ausgewählte Werke. Mit einer Einleitung (26 S.) von Heinr. Welti. Stuttgart [Bibliothek der Weltliteratur] o. J. [1886 bis 1888]. VIII. 8.

181) Tiecks Werke. Herausgegeben von Dr. J. Minor. Berlin und Stuttgart o. J. II. XXIV, 322, 476 S. 8. — Dtsch. Nat.-Litt. Bd. 144f.

132) Tiecks Werke. Hg. von Gotthold Ludwig Klee. Kritisch durchgesehene und erläuterte Ausg. Leipzig o. J. [1892]. Bibliogr. Institut. III. VIII, 75 und 426, 448, 473 S. 8. Sieh Lyons Zsch. 1894. 8, 77f.

Tieck gab noch [vgl. Nr. 90, 91, 98] heraus oder bevorwortete:

133) Mahler Müllers Werke. Heidelberg 1811. III. 8. § 230, 16. 24) Bd. IV, S. 347 (mit J. P. Le Pique und Friedrich Batt).

134) Novalis Schriften. Herausgegeben von Fr. Schlegel und L. Tieck. Berlin 1802. II. 8. 3. Theil. 1846. 8. Sieh § 285, 1. 4) und 5).

135) Hinterlassene Schriften von Heinrich von Kleist. Herausgegeben von L. Tieck. Berlin 1821. 8. Sieh Nr. 124) i und § 288, 1. 12).

136) Gesammelte Schriften von Heinrich von Kleist. Herausgegeben von Ludwig Tieck. Berlin 1826. III. 8. Sieh Nr. 124) i und § 288, 1. 13).

137) Solger's nachgelaßne Schriften und Briefwechsel. Herausg. von L. Tieck und Fr. v. Raumer. Leipzig 1826. II. 8. § 247, 33. 1) = Bd. V. S. 14.

138) Alexander und 'Darius. Trauerspiel von Friedrich von Uechtritz. Mit einer Vorrede von L. Tieck. Berlin 1827. 8.

139) Jakob Michael Reinhold Lens gesammelte Schriften. Herausgegeben von Ludwig Tieck. Berlin 1828. III. 8. Sieh Nr. 124) o. Vgl. § 230, 6. 30) Bd. IV. S. 313. Außerdem § 213, 4. 3) = Bd. IV. S. 58. § 229. C, 34) = Bd. IV. S. 290. § 230. p). = Bd. IV. S. 309.

140) Fr. L. Schröders dramatische Werke. Herausgegeben v. Eduard v. Bülow. Mit einer Einleitung von L. Tieck. Berlin 1831. 8. Sieh Nr. 124) p. Vgl. § 226, 8. 4).

141) Eduard von Bülow, Das Novellenbuch; oder hundert Novellen nach alten italiänischen, spanischen, französischen, lateinischen, englischen und deutschen bearbeitet. Mit einem Vorworte von Ludwig Tieck. Leipzig, Brockhaus 1834—36. IV. 8. Sieh Nr. 124) q.

142) Evremont. Ein Roman. Herausgegeben von L. Tieck. Breslau 1836. III. 8. Vgl. § 284, 3. 7).

143) Die Leiden des Persiles und der Sigismunda, von Miguel de Cervantes Saavedra. Aus dem Spanischen übersetzt (von Dorothea Tieck). Mit einer Einleitung von L. Tieck. Leipzig 1838. II. 8.

144) König Sebastian von Frans Berthold (Adelheid Reinhold, geb. 1802 in Hannover, gest. am 14. Februar 1839 in Dresden). Herausg. von L. Tieck. Dresden und Leipzig 1839. II. 8.

145) Gesammelte Novellen von Franz Berthold. Herausgegeben von L.Tieck. Leipzig 1842. II. 8.

146) Friedrich Launs gesammelte Schriften. Neu durchgesehen, verbessert und mit Prolog von L. Tieck. 1. Band. Stuttgart 1843. 8. Sieh Nr. 124) r.

147) Volkssagen und Volkslieder aus Schwedens älterer und neuerer Zeit von A. A. Afzelius, übers. von Dr F. H. Ungewitter. Mit Vorwort von L. Tieck. Leipzig 1842. III. 8. Sieh Nr. 124) s.

148) Sämmtliche Tragödien des Sophokles. Metrisch übertragen von Franz Fritze. Berlin 1845. 8. Vorwort von L. Tieck. Sieh Nr. 124) t.

149) Gedichte von Karl Förster. Herausgegeben von Ludwig Tieck. Leipzig 1843. II. 8.

150) Goethe. Aelteste Liedersammlung. Hg. von L. Tieck: Neues Jahrbuch der Berlinischen Gesellschaft für deutsche Sprache und Alterthumskunde 6, 272 bis 288. Besonders erschienen: Goethes ältestes Liederbuch. Berlin 1844. 20 S. 8. Sieh § 236, 21) — Band IV. S. 638.

151) Norwegische Volksmährchen, gesammelt von P. Asbjörnsen und Jörgen Moe. Deutsch von Fr. Bresemann. Mit einem Vorworte von L. Tieck. Berlin 1847. II. 8. Sieh Nr. 124) s.

152) Lieder von Dilia Helena. Mit einem Vorworte von L. Tieck. Berlin 1848. 8.

153) John Fords dramatische Werke, übersetzt von M. Wiener. 1. Band. Mit einem Vorworte von L. Tieck. Berlin 1848. 8.

154) F. Lehmann, Streit und Friede. Gedichte. Mit einer Vorrede von Ludwig Tieck. Berlin 1851. 12.

155) Mährchen von L. Wahl. Nebst einer Vorrede von L. Tieck. Berlin 1852. 8.

2. **Johann Christian August Ferdinand Bernhardi**, geb. am 24. Juni 1769 in Berlin, studierte in Halle, wurde Subrektor am Friedrich-Werderschen Gymnasium in Berlin, mit Sophie Tieck verheiratet. 1803 Prorektor, 1804 von seiner Frau geschieden, 1808 Direktor des Friedrich-Werderschen Gymnasiums zu Berlin, 1811 auch Privatdozent und 1816 auch Konsistorialrat; † am 2. Juni 1820. — Sprachphilosoph (Vollständige latein. und griech. Grammatik) und als Dichter Ironiker in Tiecks Manier.

Wilhelm Bernhardi, Ludwig Tieck und die romantische Schule: Herrigs Archiv 1863. 33, 153 f.

Berlinische Nachrichten. Haude und Spenersche Ztg. 1820. Nr. 69. — Ersch und Gruber, Encyclop. I. 9, 190 und 14¹, 182. — Allg. Dtsch. Biogr. 1875. 2, 458 (Hettner). — Sieh unten S. 798.

1) Nesseln. Von Falkenhain [d. i.. Bernhardi; vgl. Köpke, Tieck 2, 287]. Berlin 1798. 198 S. 8. Neue Allg. dtsch. Bibl. 42, 23 bis 25. Vgl. § 254, 8) 24. qq. = Bd. V. S. 204.

R. Haym, Die romantische Schule. S. 867 bis 869.

2) Bambocciaden. Berlin 1797-1800. III. 8. Enth. I. 1797. VIII und 200 S. a: Geschichte eines Mannes, welcher mit seinem Verstande auf's Reine gekommen [von Bernhardi]. — b. Sechs Stunden aus Fink's Leben [von Bernhardi; zuerst in dem Berlinischen Archiv der Zeit 1796 April und Mai, unterz.: Gk]. — II: 1799. IV und 276 S. c: Die Witzlinge, ein Miniaturgemälde [von Bernhardi]. — d: Die vernünftigen Leute [von Bernhardi wahrscheinlich]. — e: Die verkehrte Welt. Ein historisches Schauspiel [von L. Tieck Nr. 45)]. — III. 1800. II und 363 S. f: Der Besessene [von Bernhardi]. — g: Die Reise durch das Gottfriedland [von Bernhardi]. — h: Der Greis im Felsen [von J.]. — i: Die Höle [von T.]. — k: Die gelehrte Gesellschaft. Darin das Familiengemälde in einem Akte: Seebald oder der edle Nachtwächter [von Bernhardi].

3) Sonett: Denkschriften und Briefe zur Charakteristik der Welt und Literatur. IV. Berlin 1840. S. 112 A.

4) Kynosarges. Eine Quartal-Schrift. Hrsg. von Aug. Ferd. Bernhardi. Erstes Stück. Berlin, 1802. 8.

5) Schillers Totenfeier. Ein Prolog von Bernhardi und Pellegrin [Fouqué]. Berlin 1806. 8. Vgl. Bd. V, S. 122.

6) Reliquien, Erzählungen und Dichtungen von A. F. Bernhardi und dessen Gattin, Sophie Bernhardi, geb. Tieck. Hrsg. von dessen Sohne, Wilhelm Bernhardi. Mit einem Vorworte von Varnhagen von Ense. Altenburg 1847. III. 16. Enth. 1. Band. a: Geschichte eines Mannes, welcher mit seinem Verstande auf das Reine gekommen. — b: Ein Mährchen. — c: Der Greis im Felsen. — d: Eine Reise. — e: Der Fremde [L. Tieck Nr. 20]. — 2. Band. f: Die Witzlinge. Ein Miniaturgemälde — g: Die neue Donna Diana. — h: Männertreue. — i: Die Entführung. — k: Sechs Stunden aus Fink's Leben [Darin Seebald oder: der edle Nachtwächter. Familiengemälde in einem Akte]. — l: Die vernünftigen Leute. — 3. Band. m: Der Besessene. — n: Die Höhle. — o: Traum und Wirklichkeit. — p: Freund und Geliebte. — q: Das Portrait. — r: Ein Abenteuer zu Paris.

7) Beiträge zum Athenäum, zu Schlegels Musenalmanach, zur Europa.

3. Sophie Bernhardi, geb. Tieck, geb. in Berlin 1775, verheiratete sich mit dem Freunde ihres Bruders, August Ferdinand Bernhardi, verließ ihren Gatten 1802 und wurde 1804 geschieden. Sie lebte in Weimar mit ihren Brüdern, dem Dichter und dem Bildhauer, längere Zeit in München und Italien. 1805 verheiratete sie sich mit dem Estländer Johann Ludwig von Knorring (1769 bis 1837); mit ihm ging sie nach Rom, Wien, München, später nach Estland. Seit 1819 lebte sie einige Zeit in Heidelberg, ging 1820 in die neue Heimat zurück und starb dort 1836. — Band VII. 8, 491.

Schindel 1, 257. 3, 188. — Recke-Napiersky 2, 468. — Beise 1, 812. — Hoffmann, Findlinge S. 184 f. — Allg. Dtsch. Biogr. 1875. 2, 459 (Hettner). — Aus dem Leben Theodor von Bernhardis. 1. Th. Leipzig 1893. 8.

1) Julie Saint Albain. Dresden 1801. II. 8.

2) Wunderbilder und Träume in eilf Märchen. Königsberg 1802. 8.; Neue Ausgabe Berlin 1823. 8.

3) Lebenslauf. Eine Allegorie: Kynosarges (s. oben Nr. 2. 4) S. 17 bis 21.

4) Dramatische Phantasien. Drei romantische Schauspiele. Berlin 1804. 8.

5) Egidio und Isabelle. Trauerspiel: Dichter-Garten von Rostorf (G. A. K. von Hardenberg). Würzburg 1807. S. 188 bis 334.

6) Flore und Blanchefleur. Romantisches Gedicht in zwölf Gesängen. Herausgegeben und mit Vorrede begleitet von A. W. Schlegel. Berlin, 1822. XXXIV, 293 S. 8. Vgl. § 283, 1. 51).

7) Evremont. Roman. Herausgegeben von Ludwig Tieck. Breslau 1836. III. 8.; Verb. Aufl. 1845. III. 8.

8) Gedichte in § 283, 1. 9) III. und 16), in Raßmanns Sonetten der Deutschen.

9) Sieh oben Nr. 2. 6).

4. Wilhelm Heinrich Wackenroder, geb. 1773 in Berlin, Freund Tiecks. Er studierte von Ostern 1793 in Erlangen, lernte Bamberg und Nürnberg genau kennen, Michaelis 1793 bis 94 in Göttingen, von wo aus er Kassel und Salzdahlum besuchte. 1796 sah er die Dresdner Galerie; Kammergerichtsreferendar in Berlin. Er starb am 13. Februar 1798. — Wackenroder betonte das Vaterländische und Kirchliche in der Kunst (Malerei) und trug viel dazu bei, die altdeutsche Malerei wieder in Aufnahme zu bringen, gerade als Goethe mit Meyer glaubte, die klassisch-idealistisch-symbolische wieder erobert zu haben.

Haym S. 52 f. 114 f. — Eichendorff S. 62 f. — Sechzehn Briefe an Tieck: Holtei, Briefe an L. Tieck IV, S. 169 bis 264. — S. unten S 798.

1) Die Unsichtbaren. Ritterroman von Ernst Winter. 1794. II. 8. Neue Allg. dtsch. Bibl. 13. St. 2 Heft 6 S. 884 f.

2) Der Demokrat. Aus dem Englischen. Berlin 1796. II. 8. § 284, 1. 48) und im Wiener Nachdr. von Tiecks Schr. Bd. 10.

3) Das Schloß Montford oder der Ritter von der weißen Rose. Berlin 1796. 8. § 284, 1. 48) und Wiener Nachdr. Schr. Bd. 11.

4) Das Kloster Netley. Eine Geschichte aus dem Mittelalter. Berlin 1796. 8. § 284, 1. 48) und Wiener Nachdr. Schr. Bd. 12.

5) Herzensergießungen eines kunstliebenden Klosterbruders. (Vgl. § 284, 1. 36). Berlin. Bei Johann Friedrich Unger. 1797. 275 S. 8.

Enth. 8. 5: An den Leser dieser Blätter [Tieck]. — 11: Raphaels Erscheinung [Wackenroder]. — 23: Sehnsucht nach Italien. T. — 27: Der merkwürdige Tod

Francesco Francias. W. — 41: Der Schüler und Raphael. W. — 52: Brief des Mahlers Antonio und Antwort T. — 61: Leonardo da Vinci. W. — 90: Zwey Gemähldeschilderungen. W. · 97: Allgemeinheit, Toleranz und Menschenliebe in der Kunst. W. — 108: Ehrengedächtniß unsers ehrwürdigen Ahnherrn Albrecht Dürers von einem kunstliebenden Klosterbruder. W. (Zuerst 1796 im 7. Stücke von Reichardts ‚Deutschland‘ veröffentlicht). — 131: Von zwey wunderbaren Sprachen, und deren geheimnißvoller Kraft. W. — 141: Piero di Cosimo. W. — 157: Wie man die Werke der großen Künstler eigentlich betrachten, und zum Wohl seiner Seele gebrauchen müsse. W. — 166: Die Größe des Michelangelo. W. — 179: Brief eines jungen deutschen Malers in Rom an seinen Freund in Nürnberg. W. T. — 194: Die Bildnisse der Mahler. W. T. — 200: Die Mahlerchronik. W. — 228: Joseph Berglinger. W. Heinrich Wölfflin, Die Herzensergießungen eines kunstliebenden Klosterbruders: Studien zur Litteraturgeschichte. Michael Bernays gewidmet. Hamburg und Leipzig. 1893. 8. 61 bis 78.

6) Phantasien über die Kunst, für Freunde der Kunst. Herausgegeben von Ludwig Tieck (Nr. 1, 37). Hamburg bei Perthes 1799. IV, 283 S. 8.
Enth. 8. 5: Albrecht Dürer nebst seinem Vater. W. — 30: Erzählung, aus einem italien. Buche übers. T. — 50: Raphael's Bildniß. T. — 63: Das jüngste Gericht von Michelangelo. T. — 76: Die Peterskirche. W. — 88: Wateau's Gemählde. T. — 93: Die Kinderfiguren auf den Rafaelschen Bildern. T. — 100: Billigkeit, Mäßigkeit, Toleranz T. — 111: Die Farben. T. — 124: Die Ewigkeit der Kunst. T. — 131: Musikalische Aufsätze von Joseph Berglinger. a: Ein wunderbares morgenländisches Mährchen von einem nackten Heiligen. W. — b: Die Wunder der Tonkunst. W. — c: Von den verschiedenen Gattungen in jeder Kunst, und insbesondre von verschiedenen Arten der Kirchenmusik. W. — d: Fragment aus einem Briefe Joseph Berglingers. W. — e: Das eigenthümliche innere Wesen der Tonkunst, und die Seelenlehre der heutigen Instrumentalmusik. W. — f: Ein Brief Joseph Berglingers. W. — g: Unmusikalische Toleranz. T. — h: Die Töne. T. — i: Symphonien. T. — S. 270: Der Traum. Eine Allegorie in Stanzen. T.

7) Phantasien über die Kunst, von einem kunstliebenden Klosterbruder. Hrsg. von L. Tieck. Neue, veränderte Auflage. Berlin, 1814. IV, 244 S. 8. [Wackenroders Anteil an Nr. 5) und 6)]. — Wiener Nachdruck von Tiecks Schriften Nr. 74') Band 9.

8) Tieck und Wackenroder. Hg. von Jacob Minor. Berlin und Stuttgart o. J. [1886]. VIII, 410 S. 8. — Dtsch. Nat.-Litt. Bd. 145. Enth. Phantasien über die Kunst. Franz Sternbalds Wanderungen.

5. Philipp Otto Runge, geb. am 2. Juli 1777 in Wolgast in Pommern, das damals zu Schweden gehörte, Sohn eines Schiffsreeders und Kaufmanns. Er wurde von Kosegarten unterrichtet und vom Vater, der dem Universitätswesen und den Gelehrten abhold war, gegen seine Neigung zum Kaufmannsstande bestimmt. So kam er nach Hamburg in das Geschäft seines ältesten Bruders Johann Daniel (vgl. § 304 = Bd. VII. S. 381 f.), vermochte sich aber nicht in den Beruf zu finden und wurde durch den Verkehr mit Speckter, Hülsenbeck, Perthes, Besser und anderen nur noch mehr bestärkt, sich seiner Neigung gemäß auszubilden. Er widmete sich der Malerei zuerst in Hamburg bei Gerold Hardorf, einem Schüler Anton Tischbeins und Casanovas, dann in Kopenhagen bei Juel, endlich seit 1801 in Dresden. Das ungünstige Urteil der Weimarischen Kunstfreunde über sein Konkurrenzstück, Der Kampf Achills mit den Flußgöttern, bestimmte ihn die Antike zu verlassen und sich der romantischen Darstellung der Natur zu widmen. Er suchte nun die Grundlage des Kunstwerkes ‚in der inwohnenden Gottesahnung, die sich im Menschen durch die ewigen Töne der Natur entzündete‘. Bekanntschaft mit Tieck bestärkte ihn in dieser künstlerischen Richtung und führte ihn näher zu der Dichtung zu. Brentano wollte seine Romanzen vom Rosenkrans nur mit Runges künstlerischer Unterstützung ausführen. In der Litteratur wird er als Aufzeichner der beiden plattdeutschen Märchen vom Fischer und seiner Frau und von dem Machandelboom (in Grimms Kindermärchen) fortleben. Seine Bilder pflegte er in lyrischen Gedichten zu paraphrasieren; so war das bekannteste von ihnen ein dichterischer Ausdruck seiner Federzeichnung von den heiligen drei Königen. Er starb am 2. Dezember 1810 in Hamburg.
Schröder 6, 427 bis 429 — Friedrich Perthes Leben. Gotha 1861. Bd. 1, S. 120 f. (Urteil Goethes über Runge). — Goethe (Hempel) 28, 798 f. —

Fr. Strehlke, Goethe's Briefe, Berlin 1884. Thl. 2, S. 108 bis 111; vgl. Band IV.
S. 571, 36). — Herm. Petrich, Pommersche Lebens- und Landesbilder. 2. Teil:
Erster Halbband. Stettin 1884. S. 235/281. — Allg. Dtsch. Biogr. 1889. 29, 692/4
(Pyl). — 1) Von dem Machandel Bohm. Ein Kindermärchen in der Hamburger
Volkssprache, nacherzählt von Ph. O. Runge: Arnims Zeitung für Einsiedler. 1808.
St. 29. Vergl. Aufsätze über Märchen und Volkslieder von Reinhold Köhler.
Hg. von Joh. Bolte und Erich Schmidt. Berlin 1894. 8. S. 16 f. und dazu Anm.
Vorbemerkung. — 2) Hinterlassene Schriften von Phil. Otto Runge, Mahler. Hg.
von dessen ältestem Bruder. Hamburg, Fr. Perthes 1840 bis 1841. II, 435 und
XII, 554 S. 8. Theil 2, 441/512 Nachrichten von dem Lebens- und Bildungsgange
des Mahlers Runge. — Von ihm das Lied: Es blüht eine schöne Blume
(Mel. von Luise Reichardt).

§ 285.

1. Friedrich Leopold **Hardenberg** (Schriftstellername **Fr. Novalis**),
Sohn des sächsischen Salinendirektors H., am 2. Mai 1772 zu Wieder-
stedt (Grafsch. Mansfeld) geb., erhielt von einer ängstlichen frommen Mutter,
später von Hauslehrern eine sorgfältige Erziehung. Nachdem er eine Zeitlang
das Gymnasium in Eisleben besucht hatte, studierte er von Mich. 1790 an
in Jena, dann in Leipzig und Wittenberg Rechtswissenschaften. In Leipzig
lernte er während des Winters 1791/2 Fr. Schlegel kennen. Seine praktischen
Übungen machte er von Herbst 1794 an im damals kursächsischen Tennstädt
in Thüringen. Damals lernte er in Grüningen bei Greußen, das von Tennstädt 1 1/2 Meile entfernt ist, Sophie von Kühn kennen und verlobte sich
am 15. März 1796 mit ihr, verlor sie aber schon am 19. März 1797 durch
den Tod. 1796 wurde H. Salinen-Auditor in Weißenfels, Ende 1797 bis
1799 war er in Freiberg, um unter Werner Bergwerkskunde zu studieren.
In engeren Verkehr mit den beiden Schlegels kam er von 1797 ab. Als er
1799 Salinen-Assessor in Weißenfels geworden war, trat er mit dem Kreise der
romantischen Dichter, die sich damals in Jena vereinigten, in nähere Verbindung
und verfaßte von da an seine meisten Dichtungen. 1800 wurde er zum Amtshauptmann in Thüringen designiert, konnte aber sein Amt nicht antreten, da
er langsam hinsiechte, nachdem er seit dem Tode der Sophie von Kühn gekränkelt hatte. — Jung und weder durch Wissenschaft noch durch gehaltvolles
Leben ausgebildet, nur durch vielfache Studien erregt, stellte er eine Menge
unklarer und einander häufig widersprechender Ideen auf, die er weder durch-
arbeiten, noch für die Öffentlichkeit gestalten konnte Nach seinem frühen
Tode gaben seine Freunde das Unfertige und Unvollkommene wie Offenbarungen
eines tiefen und umfassenden Geistes heraus, und zeigen ihn, der auf lauter
Durch- und Übergangsstufen erscheint, wie einen Vollgereiften, bei dem
jede Äußerung gleiche Giltigkeit haben sollte, selbst wenn die Ansicht
für bestimmte poetische Persönlichkeiten berechnet und keineswegs aus
eigenem Munde gesprochen war und in einer andern ebenfalls relativ ge-
dachten ihr Korrektiv erhalten sollte oder erhalten hatte. Daß dabei im
Parteigeiste der Schule verfahren wurde, zeigen viele der Fragmente, die
erst mehr als vierzig Jahre nach der ersten Ausgabe der Schriften veröffentlicht wurden. Novalis ging allerdings von der Polemik gegen die
Philanthropen und Aufklärer des 18. Jahrhunderts aus und glaubte, daß
ein christliches Volk eben ein christliches nicht bloß heißen, sondern auch
sein müsse, der Ausgleich zwischen Glauben und Wissen demgemäß

auch nur im Christentume gegeben sein könne. Von dieser Grund-
anschauung aus wollte er die Poesie zum christlichen Organe machen und
durch die Poesie das Leben in Geschichte, Staat, Kirche und Kunst neu
gestalten. Wohin ihn diese Strebungen geführt haben würden, ist nicht
mit Sicherheit zu erkennen, da seine fragmentarisch ausgesprochenen Ansichten ebenso und meist wohl mit größerem Rechte für die Ansichten
bestimmter poetischer Gestalten, als für eigene und individuell ausge-
sprochene genommen werden müssen. Wollte oder müßte man jeden
seiner Aussprüche als den reinen Ausdruck der eigenen persönlichen Ansicht auffassen, so würde er allerdings, wie die ultramontanen Darsteller
seiner Doktrin annehmen, das angewandte, lebendig gewordene Christentum nur im alten katholischen Glauben gelten lassen, dessen Allgegenwart im Leben, dessen Liebe zur Kunst, dessen tiefe Humanität, dessen
Unverbrüchlichkeit der Ehen, dessen menschenfreundliche Mitteilsamkeit,
Freude an der Armut, Gehorsam und Treue er als unverkennbare Zeichen
echter Religion und Grundzüge seiner Verfassungen rühmt. Nicht mit
voller Entschiedenheit, aber mit völliger Geneigtheit stellt er ,die Hierarchie,
diese systematische Grundfigur der Staaten, als das Prinzip des Staaten-
vereins, als eine intellektuale Anschauung des politischen Ichs' auf, und
zwar, wie es sich schon in der Ausdrucksweise kund giebt, thut er dies
aus Anregung der Fichteschen Philosophie, deren Formalismus die Schule
in ihrem Sinne auszufüllen und auszudeuten liebte. Bei dem weiteren
konsequenten Auftreten gegen den Protestantismus ging er zwar in leichter
Täuschung von der Meinung aus, daß die vorübergehende, in der Zeit
ihre Erklärung findende Erscheinung, der aufklärende Rationalismus, das
Wesen des Protestantismus bilde, dem er die Aufstellung einer Menge
richtiger Grundsätze, die Einführung einer Menge löblicher Dinge, die Ab-
schaffung einer Menge verderblicher Satzungen einräumt, aber zugleich vor-
wirft, daß er das notwendige Ergebnis seiner Entwickelung vergessen, das
Untrennbare getrennt, die unteilbare Kirche geteilt und sich frevelnd aus
dem allgemeinen christlichen Vereine gerissen hätte, durch den und in
dem allein die echte und dauernde Wiedergeburt möglich gewesen wäre.
So habe die Religion ihren großen friedenstiftenden Einfluß verloren,
und durch die Fortsetzung des sogenannten Protestantismus sei etwas
durchaus Widersprechendes, eine Revolutionsregierung permanent erklärt
worden. In dieser sophistischen, mit aller vor- und nachreformatorischen
Geschichte in Widerspruch stehenden Darstellung, die man nur dem
Parteischriftsteller nachsehen darf, eines nach Wahrheit ringenden Forschers
aber unwürdig nennen muß, wendet er sich gegen die Reformation,
die Wissen und Glauben in entschiedenen Gegensatz gebracht habe,
während doch die ältere Kirche das Wissen gegen den menschlichen
Glauben niemals aufkommen ließ. Der anfängliche Personalhaß gegen
den katholischen Glauben, meint er weiter, sei allmählich in Haß gegen
die Bibel, gegen den christlichen Glauben und gar gegen die Religion
übergegangen. Noch mehr, der Religionshaß habe sich sehr natürlich
und folgerecht auf alle Gegenstände des Enthusiasmus ausgedehnt, Phantasie und Gefühl, Sittlichkeit und Kunstliebe, Zukunft und Vorzeit ver-
ketzert, nur der Enthusiasmus für die herrliche großartige Philosophie, die
den Menschen nur mit Not in der Reihe der Naturwesen oben angesetzt
und die unendliche schöpferische Musik des Weltalls zum einförmigen

Klappern einer ungeheuren, auf dem Strom des Zufalls schwimmenden
Mühle gemacht habe, sei dem armen Menschengeschlecht übrig gelassen
worden. In diesem einseitigen Gedanken wendet er sich gegen Luther,
der das Christentum willkürlich behandelt, seinen Geist verkannt und einen
anderen Buchstaben und eine andere Religion eingeführt habe, ‚nämlich die
heilige Allgemeingültigkeit der Bibel‘. Dadurch sei leider eine andere
höchst fremde irdische Wissenschaft in die Religionsangelegenheit gemischt,
die Philologie, deren auszehrender Einfluß von da an unverkennbar werde.
Der heilige Geist sei mehr als die Bibel; er solle unser Lehrer des
Christentums sein, nicht toter, irdischer, zweideutiger Buchstabe. Mit
der Behauptung der unbedingten Volkstümlichkeit der Bibel sei es dahin
gekommen, daß ‚nun der dürftige Inhalt, der rohe abstrakte Entwurf
der Religion in diesen Büchern‘ desto merklicher drücke und dem heiligen
Geiste die freie Belebung, Eindringung und Offenbarung unendlich er-
schwere. Solche Wahngebilde eines jungen krankhaften Mannes nahm
die Schule für tiefe maßgebende Weisheit, und die römisch-katholischen
Parteischriftsteller berufen sich auf diese Gedankenspiele eines jungen
kranken Kopfes noch gegenwärtig wie auf Zeugnisse der Wahrheit. Die
Ergebnisse dieser Anschauungen wollte Novalis in einer Reihe von
Romanen veranschaulichen, konnte aber nur den ersten von ihnen, Heinrich von Ofterdingen, teilweise ausarbeiten. Alles was träumerische Un-
klarheit der Schule über das Thema phantasieren konnte, daß die als
Organ der Religion wirkende Poesie das Leben neu erschaffen müsse,
drängt sich in diesem Romane durcheinander; er enthält einen Wust von
Vorstellungen ohne Gestaltung. Ihn zu zergliedern und zu erklären ist
deshalb mehr eine Aufgabe der Geschichte der Schwärmer und Träumer,
als der der Dichtung, die es mit künstlerisch gestalteten Ideen zu thun
hat. Am reinsten spricht sich sein Wesen und seine christliche, nicht
kirchlich beschränkte Richtung in seinen religiösen Liedern aus, dem
Einzigen, was er fertig und vollendet hinterlassen hat, während alles
Übrige, was wir von ihm gedruckt besitzen, vorübergehenden Stimmungen
Ausdruck giebt. Außer ihm und Albertini ist eigentlich kein Zeitgenosse
zu nennen, der sich der bekenntnislosen christlichen Frömmigkeit und Andacht geweiht hätte. Vieles, was jetzt bei ihm schroff und seltsam erscheint, würde sich nach diesem Lichte gewandt und daran geläutert,
manche Dissonanz harmonisch aufgelöst haben, aber drängende Jugend und
früher Tod ließen ihn das Ziel nicht erreichen. Er starb am 25. März
1801 in Weißenfels an der Schwindsucht.

a) Nekrolog 4, 187 bis 261. J. C. Just — S. 51, 5) a.
b) Menzel, Historische und literarische Unterhaltung. Koburg 1818. S. 238.
c) Ersch und Grubers Encyklopädie. 2. Section. 2. Theil. Leipzig 1828.
S. 385 bis 388.
d) DD. 2, 323 bis 328.
e) Wilhelm Haffner, Novalis: Westermanns Monatshefte Bd. 25. S. 277.
f) Wilhelm Dilthey, Novalis: Preuß. Jahrb. 1865. 15, 596 bis 650.
g) Henrich Steffens, Was ich erlebte. Breslau 1840. 4, 217 f. 320 f. 5, 339.
h) Karl Fortlage, Sechs philosophische Vorträge (Ueber Novalis und die
Romantik). 2. Ausg. Jena 1872. VII, 238 S. 8.
i) Friedrich von Hardenberg (genannt Novalis). Eine Nachlese aus den Quellen
des Familienarchivs, herausgegeben von einem Mitglied der Familie. Gotha, F. A.
Perthes. 1873. VI, 251 S. 8.; 1883. VI, 278 S. 8. Allg. Ztg. 1873. Beilage Nr. 158.
j) G. A. L. Baur, Novalis als religiöser Dichter. Vortrag. Leipzig 1877. 46 S. 8.

k) Allg. Dtsch. Biogr. 1879. 10, 562 bis 570 (G. Baur).

l) Roman Wörner, Novalis Hymnen an die Nacht und geistliche Lieder. München 1885. 58 S. 8.

m) Richard Rothe, Novalis als religiöser Dichter: Gesammelte Vorträge und Abhandlungen (zuerst Allg. kirchl. Zsch. 1862). Elberfeld 1886. 8. 64 bis 82.

n) Friedrich Nippold, Rothe und Novalis: ebenda S. 196 bis 208.

o) Lebrun, Un Allemand d'il y a cent ans: Frédéric Novalis: La nouvelle Revue. 1886. Nov. 1.

p) A. Schubart, Novalis' Leben, Dichten und Denken. Auf Grund neuerer Publikationen im Zusammenhang dargestellt. Gütersloh, 1887. IX, 466 S. 8.

q) Richard Weißenfels, Kleist und Novalis: Zsch. für vergl. Litt.-Gesch. N. F. 1, 301 bis 323.

r) Just Bing, Novalis (Friederich von Hardenberg). Eine biographische Charakteristik. Hamburg und Leipzig 1893. VIII, 176 S. 8.

s) Theobald Ziegler, Zur Genesis eines aesthetischen Begriffs: Zsch. f. vergl. Litt.-Gesch. N. F. 7, 113 bis 120. [Nachträge S. 799].

Briefe an α) Bürger: Wagners Archiv S. 182. Strodtmann, Briefe von und an Bürger 3, 234 bis 236. — β) Dietrich v. Miltitz: Adolf Peters, General Dietrich von Miltitz, sein Leben und sein Wohnsitz. Nebst vier noch ungedruckten Briefen an ihn von Novalis und einem Facsimile von Novalis Handschrift. Progr. Meißen 1863. 4. — γ) L. Tieck: Holtei, Br. an Tieck 1, 304 bis 312. — δ) Novalis Briefwechsel mit Friedr. und Aug. Wilh., Charlotte und Caroline Schlegel. Hg. von Dr. J. M. Raich. Mainz 1880. 192 S. 8. Vgl. Allg. Ztg. 1880. Beilage Nr. 283. — Neue evangelische Kirchenzeitung Jahrg. 22. Nr. 52. — Sieh unten S. 799.

1) Blüthenstaub: Athenaeum 1, 1, 70 bis 106 [113 Fragmente, in den Schriften zerstreut]. § 283, 1. 9).

2) Die Christenheit oder Europa. Ein Fragment [geschrieben im Jahre 1799]: Schriften 4. Aufl. [nur in dieser] 1826. 1, 187 bis 208. — J. M. Raich (sieh oben δ) S. 143 bis 187.

3) Beiträge zu Schlegel-Tiecks Musen-Almanach für das J. 1802. Sieh § 283, 1. 16). a: An Tieck. b: Bergmanns-Leben. c: Lob des Weins. b und c aus dem Ofterdingen. d: Geistliche Lieder.

4) Novalis Schriften. Herausgegeben von Friedrich Schlegel und Ludwig Tieck. Berlin 1802. II. 8. — Zweite Auflage. Herausgegeben von Ludwig Tieck und Fr. Schlegel. Berlin 1805. II. 8. — Dritte Auflage Berlin 1815. II. 8. — Vierte Aufl. Berlin 1826. II. 8. — Fünfte Aufl. Berlin 1837. II. 8.

I: Leben: a: Heinrich von Ofterdingen. Besonders herausgegeben: Heinrich von Ofterdingen, hg. von Julius Schmidt. Leipzig 1876. J. O. E. Donner, Der Einfluß Wilhelm Meisters auf den Roman der Romantiker. Berlin 1893. 8. S. 125 bis 146. — II: b: Hymnen an die Nacht [Athenaeum 3, 2, 195; vgl. oben Nr. 1]. — c: [15] Geistliche Lieder. — d: Vermischte Gedichte. — e: Die Lehrlinge zu Sais. Vgl. unten S. 799. — f: Fragmente vermischten Inhalts. I. Philosophie und Physik. II. Aesthetik und Literatur. Dialogen. III. Moralische Ansichten. — g: Anhang. 1. Blumen. 2. Der Fremdling. 3. Briefe.

5) Novalis Schriften. Herausgegeben von Ludwig Tieck und Ed. v. Bülow. Dritter Theil. Berlin, Verlag von G. Reimer. 1846. XIV, 324 S. 8.

Enth. a: Ueber das Leben Friedrichs von Hardenberg. Von Just. b: Aus Novalis Tagebuche seiner letzten Lebensjahre. c: [24] Gedichte. d: Verstreute Blätter. e: Briefe. f: Fragmente.

6) Novalis Gedichte. Berlin 1857. 16.

7) (Vier ungedruckte) Jugendgedichte von Novalis: Findlinge. Zur Geschichte deutscher Sprache und Dichtung von Hoffmann von Fallersleben. Leipzig 1860. S. 139. 140.

8) Novalis' Gedichte, hg. von Willibald Beyschlag. 2. Aufl. Leipzig 1877. 8.

9) Novalis Apologie von Fr. Schillers Gedicht 'Die Götter Griechenlands': Germania 1885. 30, 223.

10) Novalis Werke. Hg. von J. Dohmke. Kritisch durchgesehene und erläuterte Ausgabe. Leipzig und Wien o. J. [1898] Bibliographisches Institut. 280 S. 8. Enth. Novalis Leben und Werke (16 S). Hymnen an die Nacht. Geistliche Lieder. Vermischte Gedichte. Heinrich von Ofterdingen. Das Märchen von Hyacinth und Rosenblüt.

2. Georg Anton von Hardenberg (Schriftstellername Sylvester), geb. am 28. Juli 1781 in Schlöben bei Altenburg, Bruder des Novalis, war Oberforstmeister in Hessen und starb als preußischer Kammerherr und Landrat in Oberwiederstedt bei Eisleben am 10. Juli 1825.

Nekrolog 3, 1498.

1) Beiträge zu Rostorfs Dichtergarten. Würzburg 1807. 12.

2) Gedichte in Musenalmanachen.

Ludwig von Zollern. Ein Roman v. Sylvester. Berlin 1821. 8., der ihm beigelegt wird, ist von Theodor Schwarz geschrieben; vergl. § 332.

3. Gottlob Albrecht Karl von Hardenberg (Schriftstellername Rostorf), geb. am 13. März 1776 in Oberwiederstedt, Bruder des Novalis, starb als sächsischer Amtshauptmann in Weißenfels am 28. Mai 1813. — Nachträge S. 799.

Guden 216. — Einige Worte zum Andenken an Novalis Bruder, Karl von Hardenberg. Von J. O. [Grafen Loeben]: Kinds Harfe 1816. 3, 351 bis 362. — Hoffmanns Findlinge S. 184.

1) Die Pilgrimmschaft nach Eleusis. Von Rostorf. Berlin. Bei Johann Friedrich Unger. 1804. 364 S. 8. Darin S. 264f.: Raymund. Ein Heldengedicht in 15 Romanzen; S. 195: Geistliche Gedichte und S. 203 ein Gedicht an die Jungfrau Maria.

2) Rostorfs Dichter-Garten. Würzburg 1807. 12. Darin Beiträge von Karl v. Hardenberg und Sophie Bernhardi. § 315, II. 105 = Band VIII. S. 65.

3) Beiträge zu Loebens Hesperiden 1816. 1, 37; 38; 77 bis 81; 82.

4. Johann Baptist von Albertini, geb. am 17. Februar 1769 in Neuwied; mit Schleiermacher in der Brüdergemeinde erzogen; seit 1788 Lehrer in Niesky und Barby; 1804 Prediger und Inspektor am Seminar in Niesky, 1814 Bischof, 1817 nach Gnadenberg bei Bunzlau und später nach Bertheledorf bei Herrnhut berufen, starb am 6. Dezember 1831. — Seine geistlichen Lieder, die auch bei Protestanten Aufnahme gefunden haben, sind konfessionslos, warm und gedankenreich

Nekrolog 9, 1027 bis 1031. — Zum Gedächtnisse des Bruders (J. B.) Albertin. Gnadau 1832. 8. Leipz. Lit.-Ztg. 1832. Nr. 96. — Allg. Dtsch. Biogr. 1875. 1, 216f. (Römer). — Nachträge S. 799.

Geistliche Lieder. Bunzlau 1821. 8. — wiederh. Gnadau 1823. 8. — Dritte Aufl. Bunzlau 1835. 12.

§ 286.

1. Clemens Maria Brentano, geb. am 8. September 1778 in Ehrenbreitstein. Sein Vater Pietro Antonio Brentano (geb. 1735) war in jungen Jahren aus seiner italienischen Heimat, Tremezzo am Comersee, ausgewandert und hatte in Frankfurt a. M. in der Sandgasse ein eignes Kauf- und Handelshaus, den goldnen Kopf genannt, begründet. Nach dem Tode der ersten Frau, von deren Kindern vier am Leben blieben, heiratete er 1774 die siebzehnjährige Maximiliane von Laroche, die Tochter Sophiens von Laroche (§ 224, 38). Brentano war ernst und strengkatholisch, Maximiliane im Sinne ihrer Zeit weltfroh und aufgeklärt; Goethe, der in Frankfurt ihnen nahe stand, hat einzelne ihrer Züge auf Albert und Lotte im Werther übertragen. Clemens war das dritte Kind dieser Ehe: er wurde geboren, als seine Mutter zum Besuche ihrer Eltern in Ehrenbreitstein weilte.

Die früheste Kinderzeit verlebte Clemens im Elternhause. Seit 1784 wurde er zugleich mit seiner älteren Schwester Sophie (§ 286, 3) von der kinderlosen Tante Luise Möhn in Coblenz erzogen und besuchte dort das Gymnasium. Nach dem Tode Möhns kehrten die Kinder 1790 mit der Tante Luise nach Frankfurt zurück, Clemens aber wurde bald darauf in die Pension Winterwerbers (vgl S. 799) nach Mannheim gegeben. Von hier sollte er, im Spätherbst 1793, nach Bonn übersiedeln, als am 21. November seine Mutter starb. Den von ihr gehegten Wunsch, Clemens einer gelehrten Laufbahn zuzuführen, suchte der Vater zu erfüllen. Allein Clemens' Studienaufenthalt in Bonn dauerte nicht ein volles Jahr; in seinem ganzen Wesen schwankend und ungewiß, schien es für ihn am besten, gleich den ältern Brüdern Kaufmann zu werden. Er trat also 1794 in die väterliche Handlung ein, die er im folgenden Jahre, zumal nach des Vaters dritter Verheiratung (im Juni 1795), mit der des Herrn Polex in Langensalza vertauschen mußte; hier blieb er bis in den Sommer 1796.

Die Angaben, die Brentano selbst oder Angehörige und Freunde der Familie über seine Jugend gemacht haben, sind mit Vorsicht aufzunehmen. Ein jetzt reichlich vorhandenes Quellenmaterial läßt uns fast überall die Wirkung einer poetisch schaffenden Formgestaltung erkennen. Dies trifft gewiß auch für die kaufmännische Lehrzeit zu, die Clemens nicht befriedigen konnte. Noch mit der Einwilligung seines Vaters begab er sich gegen Ende 1796 zu seinem Onkel, dem preußischen Bergrat Karl von Laroche, nach Schönebeck bei Magdeburg, um zum Sommersemester 1797 die Universität Halle zu beziehen. Kurz vorher starb der Vater (am 11. März 1797), und Clemens kam dadurch frühzeitig in den Genuß eines Vermögens, das ihn jeder ernsten Sorge für immer überhob. So überließ er sich in Halle gänzlich seinen Neigungen, und als er ein Jahr später sich nach Jena wandte, stürzte er sich mit jugendlich-genialer Ungebundenheit in die Weimar-Jenaische Litteraturbewegung. Bei Wieland, Herder, Goethe war er wie durch Familienanrecht aufgenommen. Mit Schlegel, Fichte, Tieck und ihren jüngeren Anhängern, von denen Heinrich Steffens, Diederich Gries, August Winkelmann († 1806, nicht 1810), Johannes Ritter, August Klingemann, Kestner (Lottens Sohn) genannt seien, pflegte er freundschaftlichen Verkehr. Dort fand er auch Sophie Mereau, geb. Schubart aus Altenburg, die 1803 seine Gattin wurde. Ihr, als der schönen Quelle seines Enthusiasmus, sowie ihrer Schwester Henriette und ihren Freundinnen Minna und Julia Ronneberg aus Altenburg, ist das erste größere Werk gewidmet, mit dem Brentano sich bekannt machte: Godwi oder das steinerne Bild der Mutter. Vollendet war der erste Band bereits zu Anfang 1799, die Vorrede datiert vom Juni 1800. Brentano trat mit seinem Roman in die Tradition des Wilhelm Meister. Wie Goethe, hat auch Brentano die Erfahrungen und Wünsche seines eignen Lebens, jedoch sie weniger verhüllend, dargestellt. Am Schlusse stirbt der Held, und ein Zurückgebliebener — es ist August Winkelmann — nimmt das Wort, um ,einige Nachrichten von den Lebensumständen des Verstorbenen' zu geben. Der Roman, der neben jugendlich Unausgereiftem Stellen von der größten dichterischen Schönheit enthält, bietet gleichsam wie im Keime alle Vorzüge und Mängel der späteren Tätigkeit Brentanos. Wie eine Spezialausführung der im Roman auf Brentanos damalige litterarische Parteistellung deutenden Bemerkungen erscheint die Satire ,Gustav Wasa', die sich in erster Linie gegen Kotzebue, dann aber auch gegen eine Reihe anderer Modeschriftsteller richtete.

Zwischen der Entstehung des ersten und der Vollendung des zweiten Bandes des Godwi änderten sich die Verhältnisse Brentanos. Seine Schwester Sophie starb 1800 bei Wieland in Oßmannstädt, und nun schloß Clemens

mit Bettina den Geschwisterbund, von dem die Widmung des zweiten Bandes
des Godwi und der ‚Frühlingskranz‘ poetische Kunde geben. Die Genossen
von Jena her fand er zwar im Mai 1801 in Göttingen wieder, aber er gewann hier den Freund seines Lebens: Achim von Arnim. Im Umgang mit
ihm vollendete er den Godwi und infolge eines Konkurrenzausschreibens
Goethe's das Lustspiel Ponce de Leon, das 1804 im Druck erschien. Es
ist ein Intriguenspiel von loser dramatischer Komposition, das aber in der
Valeria einen tief angelegten Charakter aufzuweisen hat. Nach seinem
Fortgang von Göttingen nahm Brentano Aufenthalt in Marburg bei Karl
Friedrich von Savigny, den er 1799 in Jena kennen gelernt hatte. Von
hier entfernten ihn häufige Reisen, mit Arnim 1802 den Rhein hinab, bis
Düsseldorf, wo er Ende 1802 unter Benutzung eines Liedes aus dem
Godwi sein schwermütiges Singspiel ‚Die lustigen Musikanten‘ schrieb,
dann im Frühjahr 1803 nach Jena und Weimar, von wo ihm im Herbste
Sophie Mereau nach Marburg folgte. In der ihn beglückenden Ehe brach
nun eine Zeit der inneren Beruhigung für ihn an. Er brachte die schon
in Jena begonnenen Übersetzungen italienischer und spanischer Novellen
zum Abschluß, die in zwei Bänden Sophie ‚herausgab‘. Die Arbeit an den
Märchen, an der Chronika eines fahrenden Schülers, an den Romanzen vom
Rosenkranz rückte vorwärts. Aber häusliches Ungemach, die Abreise
Savignys, der nun der Gatte seiner Schwester Kunigunde (Gundel) geworden war, und die Berufung seines Freundes Creuzer nach Heidelberg
bestimmten ihn, Marburg bereits im Sommer 1804 zu verlassen. Er wandte
sich gleichfalls nach Heidelberg, wo ihn ein größerer Kreis geistig betrieb-
samer Menschen empfing.

In diesem Sommer kehrte Arnim von seiner großen Reise zurück,
und um ihn wiederzusehen, reiste Clemens im November nach Berlin, in
dessen litterarische und gesellschaftliche Verhältnisse er durch Arnim eingeführt wurde. Hier erhielt der längst gefaßte Gedanke gemeinsamer
Liederarbeit eine festere Gestalt. Im Frühling 1805 kam Arnim zu Clemens
nach Heidelberg. Die Thätigkeit der Freunde galt der Sammlung, Ergänzung und Ordnung ‚alter deutscher Lieder‘, und zur Michaelismesse,
aber mit dem Titeljahr 1806, erschien in Heidelberg bei Mohr und Zimmer
der erste Band von ‚Des Knaben Wunderhorn‘. Die Fortsetzung, welche
schnell erfolgen sollte, wurde durch das Unglück unsres Vaterlandes hinausgeschoben, das jeden Verkehr zwischen den Freunden unterbrach. Clemens
verlor am 31. Oktober 1806 seine Frau und nun stand er wieder ·allein
in der Welt. Trost und Hilfe fand er bei seinem Jugendfreunde Joseph
Görres aus Coblenz, der damals seine Universitäts-Karriere in Heidelberg
begann. Im Geiste des Wunderhorns schrieb Görres 1807, auf Grund der
Sammlungen Brentanos, über die deutschen Volksbücher, und beide verfaßten gemeinsam in der entstehenden Fehde gegen den alten Voß des Uhrmachers BOGS wunderbare Geschichte. Eine Rheinreise führte Brentano
bis nach Holland hinab. Endlich kam der Friede, und Clemens und Arnim
sahen sich im Oktober 1807 in Weimar wieder.

Brentano wohnte damals in Cassel, das die Hauptstadt des neu-
gebildeten Königreiches Westphalen geworden war. Dort nahm sein
Schwager Jordis, der Gatte seiner Schwester Ludovika (Lulu), als Hofbankier eine wichtige Stellung ein. Von dem dahin berufenen Kapellmeister Reichardt und den sich ernst emporarbeitenden Brüdern Grimm

empfing er neue Anregungen in Kunst und Litteratur. Vom Cassel aus arbeitete er an dem zweiten und dritten Bande des Wunderhorns, sowie an Arnims Einsiedlerzeitung mit, und erneute Jörg Wickrams Goldfaden, der 1809 erschien. Aber die guten Tage wurden ihm durch die unseligen Folgen seiner zweiten, im Sommer 1807 mit Auguste Busmann aus Frankfurt, einer Nichte Moritz Bethmanns, übereilt geschlossenen Ehe vergällt. Er begab sich Ausgangs April 1808 nach Heidelberg, wo er mit Arnim und Görres zusammentraf.

Inzwischen hatte Savigny einen Ruf an die Universität Landshut erhalten, und Clemens und seine Frau gingen im Herbst 1808 mit nach Baiern. In Landshut knüpfte sich die Freundschaft mit Sailer und Ringseis an; in München verkehrte er bei dem Kupferstecher Heß und mit den Akademikern Jacobi, Jacobs, Ritter; auch traf er Tieck wieder, den er 1804 mit Arnim in Ziebingen besucht und 1806 in Heidelberg und Frankfurt wiedergesehen hatte. Zu poetischer Fortarbeit kam er indes nicht, da die ehelichen Unzuträglichkeiten sich dermaßen steigerten, daß eine Trennung der Gatten unerläßlich ward. Clemens reiste im Herbst 1809 über Jena, wo er Goethe sprach, zu Reichardts nach Halle und von hier mit Wilhelm Grimm zu Arnim nach Berlin.

In Berlin rüsteten sich alle Kräfte auf den großen Zukunftskampf gegen Napoléon. Um so tiefer empfand man den Tod der Königin Luise, auf welche die Patrioten ihre Hoffnung setzten: Brentano drückte den allgemeinen Schmerz um sie in einer Trauerkantate aus. Noch in dem Jahre 1810 wurde die Universität Berlin gegründet, zu deren Eröffnungsfeier er die Festkantate dichtete. Er hielt sich mit Arnim zu dem Kreise derer, die sich in Heinrich von Kleists Berliner Abendblätter ein Publikationsorgan für ihre Gesinnung schufen oder schaffen wollten; in dieser Umgebung entstand 1811 sein ‚Philister vor, in und nach der Geschichte‘. Daneben arbeitete er an seinen älteren Plänen, namentlich an den Romanzen vom Rosenkranz, für die er noch die künstlerische Anteilnahme des krankenden Malers Otto Runge (§ 285, 5) zu gewinnen suchte. Aber im allgemeinen bot für Brentano, der ohne politische Neigung war, das damalige Berlin keine rechte Gelegenheit zu schriftstellerischer Betätigung, und darum ging er im Frühling 1811 nach Böhmen ab, wo seine Familie in der Nähe Prags die Herrschaft Bukowan besaß.

Prag war damals die Mitte des durch die politischen Verhältnisse gesteigerten Verkehrs zwischen Preußen und Österreich. Viele hervorragende Männer kamen und gingen. Brentano sah auch Tieck hier und machte die verhängnisvolle Bekanntschaft Varnhagens. Als ein bleibender Gewinn erwuchs ihm aus dem böhmischen Aufenthalt seine Gründung Prags, in der er die alte Sage von der königlichen Libussa dramatisch neu behandelte; der ganze Zauber einer traumhaft-unbewußten, heldenstarken Vorzeit quillt aus dieser Dichtung uns entgegen. Gedruckt erschien sie 1814, aber schon zwei Jahre früher las sie Clemens seinen Geschwistern, Savigny und Arnim in Teplitz vor, mit denen er damals ein nahes Wiedersehen in Berlin verabredete. Aber der Ausbruch der Freiheitskriege hielt ihn in Österreich fest. Im Sommer 1813 ging er nach Wien, die großen Ereignisse mit seinem Liede begleitend. Ein (nicht aufgeführtes) Festspiel ‚Victoria und ihre Geschwister‘ schrieb er zwischen dem Kulmer und Leipziger Sieg für das Theater an der Wieden;

ein anderes, ‚Am Rhein, am Rhein‘, dichtete er, als die Nachricht von
der Befreiung des Rheins einlief, für das Burgtheater; in diesem wurde
auch ein von ihm verfaßter Festprolog zum Geburtstag der Kaiserin am
11. Februar 1814 gesprochen. Indessen fiel seine ‚Valeria‘, wie er die
bühnengerechte Bearbeitung des Ponce de Leon nannte, bei der Aufführung im Burgtheater am 18. Februar 1814 gänzlich durch, eine Enttäuschung, die ihm den weiteren Aufenthalt in Wien verleidete. Im
September 1814 traf er bei Arnim in Wiepersdorf ein.

Die preußischen Verhältnisse hatten sich sehr verändert. Anstatt
der früheren Begeisterung machte sich eine wachsende Verstimmung be-
merkbar, die in Görres' Rheinischem Merkur zum Ausdruck kam. Brentano,
der sich wieder nach Berlin gewandt hatte, beteiligte sich in einheimischen
und auswärtigen Blättern an der Tagesschriftstellerei. In Försters Sängerfahrt, in Straubes und Hornthals Wünschelruthe, in Gubitz' Gesellschafter
und Gaben der Milde erschienen kleinere und größere Arbeiten von ihm.
Im Jubeljahr der Reformation, 1817, gab er die Trutznachtigall des
Jesuiten Spee heraus, von dessen Gedichten er einige schon, neben Arnims
Auswahl aus den Liedern der Wittenbergischen Nachtigall, in das Wunderhorn aufgenommen hatte, und so kündigte sich auch litterarisch der
große Umschwung seines Innern an. Brentano war von Hause aus ein
religiös gestimmter und religiös bedürftiger Mensch gewesen. Aus der
ihn immer heftiger ergreifenden Not und Unruhe seines Herzens rettete
er sich in den Frieden seines katholischen Christenglaubens. Er fand auf
seinem Wege, den er fortan mit Festigkeit verfolgte, gleichgestimmte
Menschen, vor allen in Berlin Luise Hensel und in Dülmen, wohin er
1818 besuchsweise, 1819 zu dauerndem Aufenthalte sich begab, die Nonne
Katharina Emmerich, deren Gespräche er als Ergüsse höherer Offenbarung
niederschrieb, lange Jahre hindurch bearbeitete und zum Teil selbst noch
der Öffentlichkeit übergab.

Nach ihrem Tode (1824) verblieb er im katholischen Deutschland
und lebte in Frankfurt, am Rhein, in Regensburg und seit 1833 in
München. Seine Reisen nach der Schweiz, Paris und Tirol, ebenso die
meisten seiner Publikationen, zu denen er sich fast wider seinen Willen
bestimmen ließ, galten katholischen Interessen; das 1838 der Frau
Marianne von Willemer gewidmete Gockelmärchen macht eine Ausnahme.
Sein Verkehr zog sich immer mehr auf hervorragende katholische Personen zusammen, von denen Sailer († 1832), Diepenbrock, Ringseis,
Görres die bekanntesten sind. Wichtig für die Erhaltung seiner Schriften
wurde die Freundschaft mit Böhmer und Guido Görres. Eine tiefere
Neigung faßte er in München noch einmal zu Emilie Linder. Als sein
Ende nahte, holte ihn sein Bruder Christian nach Aschaffenburg, und
hier ist er am 28. Juli 1842 gestorben.

Über Clemens Brentano sind die verschiedenartigsten Urteile ausgesprochen worden. Je nachdem man sich den Standpunkt wählte, hat
man ihn erhoben oder herabgesetzt. Nur wenige, darunter aber die besten
Männer unsres Volkes, haben ihn verstanden. Es lag in seiner Natur
etwas Dämonisches, das ihn allgewaltig mit sich riß, im Guten wie im
Schlimmen. Dieser dämonische Zug geht auch durch seine Dichtungen.
Die Phantasie Brentanos kennt keine Schranken. Den Dramen fehlt daher zusammenhaltende Kraft und Energie, seine Begabung war eine

weichere, mehr lyrisch-epische. Innerhalb dieser Grenzen aber bewegte er sich mit genialer Schaffensfreiheit, vom einfachen Volksliedtone bis zum mystisch-tiefsinnigen Phantasiegebilde, von schmeichelnder Erzählung bis zur erschütternd-ernsten Novelle, vom geisterfüllten Witze bis zum schonungslosen · Spotte. · Lange Zeit war sein Andenken im südlichen Deutschland lebendiger, als im protestantischen Norden. Wie es scheint, beginnt jetzt das Gefühl seines Wertes ein allgemeineres zu werden.

a) [August Winkelmann] Einige Nachrichten von den Lebensumständen des verstorbenen Maria, mitgetheilt von einem Zurückgebliebenen — Godwi 2, 431; Werke 8, 18.

b) Arnim über Brentano 1810: Dorow, Reminiscenzen. Leipzig 1842. 8. 106.

c) Henrich Steffens, Was ich erlebte. Breslau 1840. 6, 110.

d) Phil. Otto Runge, Hinterlassene Schriften. Hamburg 1840. 1841. 8. 2, 393 bis 416.

e) Martin v. Deutinger, Verhältnis der Kunst zum Christenthume. Progr. Freising 1843.

f) Karoline Pichler, Denkwürdigkeiten aus meinem Leben. Wien 1844. Bd. 2, S. 239 bis 247.

g) Emma von Niendorf [Frau von Suckow], Sommertage mit Clemens Brentano: Aus der Gegenwart. Berlin 1844. 8. 1 bis 101. Vgl. Theobald Kerner, Das Kernerhaus und seine Gäste. Stuttgart 1894. 8. 303 und Nr. pp) S. 861.

h) DD. 2, S. 302 bis 311.

i) Denkwürdiger und nützlicher Rheinischer Antiquarius. Coblens 1845. Mittelrhein 2, 1 f. Ehrenbreitenstein, Feste und Thal. Historisch und topographisch dargestellt durch Chn. v. Stramberg.

j) Guido Görres, Erinnerungen an den Dichter Clemens Brentano: Historisch-politische Blätter für das katholische Deutschland. München 1844. Bd. XIV, S. 1 bis 32. 65 bis 96. 177 bis 208. 257 bis 272. 1845. XV, 1 bis 32. Zum Teil wörtlich in die Vorrede von Nr. 46) übernommen. — Guido Görres, Bettina von Arnim und Clemens Brentano: Histor.-polit. Blätter XV, 481 bis 500. 732 bis 745. 806 bis 819.

k) [Emilie Brentano] Biographisches. Frankfurt a. M. 1855 (Bd. 8 der Gesammelten Schriften).

l) Clemens Arsten [Wilhelm Hemsen], Clemens Brentano. Züge zu seinem Bilde: Bl. f. literar. Unterh. 1852 Nr. 48 und 51.

m) Tieck, Brentano: Ludwig Tieck, von Rudolf Köpke. Leipzig 1855. 2, 204.

n) Rheinisches Taschenbuch für 1856. S. 149 bis 188 (Clemens Brentano. Aus einem Dichterleben).

o) Heinrich Schmidt, Erinnerungen eines weimarischen Veteranen aus dem geselligen, literarischen und Theater-Leben. Leipzig 1856. 8. S. 209 bis 217.

p) Sebastian Brunner, Clemens Maria Hoffbauer und seine Zeit. Wien 1858. S. 172 bis 174.

q) J. G. Schick, Leben des Clemens Brentano. Schaffhausen 1861. 143 S. 8.

r) Joseph von Eichendorff, Halle und Heidelberg: Aus dem literar. Nachlasse Joseph Freiherrn von Eichendorffs. Paderborn 1866. S. 290 bis 329.

s) Emilie Linder. Ein Lebensbild: Histor.-polit. Blätter für das kathol. Deutschland. 1867. Bd. 59, S. 713 bis 742. 836 bis 869.

t) Joseph Kehrein, Biographischliterarisches Lexikon der katholischen deutschen Dichter, Volks- und Jugendschriftsteller im 19. Jahrhundert. Zürich, Stuttgart und Würzburg 1868. 1, 86 bis 88.

u) F. W. Gubitz, Clemens Brentano: Berühmte Schriftsteller der Deutschen. Berlin 1854 · 1855. 2, 337 bis 346 — F. W. Gubitz, Erlebnisse. Berlin 1868. Bd. 2, S. 142 bis 149.

v) Johannes Janssen, Joh. Friedrich Böhmers Leben und Anschauungen. Freiburg im Breisgau 1869. 8. 101 bis 118: Böhmers Verkehr mit Clemens Brentano seit 1828.

w) Varnhagen von Ense, Clemens Brentano: Biographische Portraits. Leipzig 1871. 8. 59 bis 116.

x) J. B. Diel S. J., Clemens Brentano: Stimmen aus Maria-Laach. Katholische Monatsschrift.· Freiburg i. Br. 1872. Bd. 3, 60 bis 76; 154 bis 170; 240 bis 255; 429 bis 445; 544 bis 562.

y) Allg. Dtsch. Biogr. 1876. 3, 310 bis 313 (Hettner).

z) Joseph Reinkens, Luise Hensel und ihre Lieder. Bonn 1877.
aa) Clemens Brentano. Ein Lebensbild nach gedruckten und ungedruckten
Quellen von P. Johannes Baptista Diel. S. J. Ergänzt und hg. von Wilhelm
Kreiten. S. J. Freiburg im Breisgau 1877—78. II. 8.

bb) Marianne und Clemens Brentano: Creizenach, Briefwechsel zwischen
Goethe und Marianne von Willemer. 2. Auflage. Stuttgart 1878. 8. 12 bis 19.
Vgl. Steig, Arnim und Brentano S. 73 bis 75.

cc) J. B. Heinrich, Clemens Brentano. Köln 1878. V, 104 S. 8.

dd) Heinrich Löwe, Johann Emanuel Veith. Wien 1879. 8. S. 39.

ee) Wilhelm Buchner, Clemens Brentano und Freiligrath: Westermanns
Monatshefte. 1880. Februar. Sieh W. Buchner, Ferdinand Freiligrath. Lahr
1888. Bd. 1, S. 355.

ff) Karl Bartsch, Romantiker und germanistische Studien in Heidelberg
1804—1808. Heidelberg 1881. 4.

gg) L. A. Rosenthal, Clemens Brentano: Europa 1882. Nr. 85. 86.

hh) Fridrich Pfaff, Einleitung zum Neudruck von ‚Arnims Tröst Einsamkeit'. Freiburg und Tübingen 1883. 8.

ii) Eduard Grisebach, Die Romantik und Clemens Brentano: Gesammelte
Studien. Leipzig 1884. 8. S. 214 bis 258.

jj) Frans Binder, Luise Hensel. Ein Lebensbild nach gedruckten und ungedruckten Quellen. Freiburg im Breisgau 1885. 8.

kk) Emilie Ringseis, Erinnerungen des Dr. Johann Nepomuk von Ringseis.
Regensburg und Amberg 1886—1892. IV. 8.

ll) Eduard Grisebach, Das Goethe'sche Zeitalter der deutschen Dichtung.
Mit ungedruckten Briefen Wilhelm Heinse's und Clemens Brentano's. Leipzig 1891.
8. 110 bis 140: Brentano. S. 168 bis 184: Ungedruckte Briefe Clemens Brentano's.

mm) F. Lorinser, Aus meinem Leben. Wahrheit und keine Dichtung.
Regensburg 1891. I, 373. 878. II, 77.

nn) Reinhold Steig: Dtsch. Rundschau 1892. 72, S. 262 bis 274.

oo) Max Koch, Einleitung zum 146. Bande der Deutschen National-Litteratur, herausgegeben von Joseph Kürschner. Stuttgart [1892].

pp) Reinhold Steig, Achim von Arnim und Clemens Brentano. Stuttgart
1894. X, 376 S. 8. = Achim von Arnim und die ihm nahe standen. Hg. von
R. Steig und Herman Grimm. 1. Band.   [Nachträge S. 799.

Briefe an α) Bettina: [Bettina] Clemens Brentano's Frühlingskranz aus
Jugendbriefen ihm geflochten, wie er selbst schriftlich verlangte. Charlottenburg
1844. 8.; Neu herausgegeben von Reinhold Steig. Berlin 1891. VI, 288 S. 8.
Allg. Ztg. 1891. Beilage Nr. 160. — β) Familienangehörige und nahestehende Freunde:
Clemens Brentano's Gesammelte Briefe von 1795 bis 1842. Frankfurt a. M. 1855. II.
(8. und 9. Band der Gesammelten Schriften). Ergänzungen sieh bei Johannes
Janssen, Joh. Friedrich Böhmers Leben, Briefe und kleinere Schriften. Freiburg i. Br. 1868. III. 8., sowie in Nr. aa). — γ) Sophie Mereau, Achim von Arnim
u. a.: Nr. pp). — Einzelne Briefe an: δ) Pfarrer Bang: Weimar. Jahrbuch 1856.
4, 177 bis 179; Steig, Arnim und Brentano S. 366; Geiger, Günderode S. 117.
— ε) Direktor des Künstler-Vereins in Berlin, 1816: Kunst, Kunst-Literatur,
Betriebsamkeit 1845. Nr. 3. Beilage zum 13. Blatte des Gesellschafters. — ζ) Freiligrath: Buchner, Freiligrath 1, 355. — η) Goethe: Schriften der Goethe-Gesellschaft
6, 231. — ϑ) Görres: Joseph von Görres Gesammelte Briefe. München 1874. Bd. 2
und 3 (Joseph von Görres Gesammelte Schriften Bd. 8 und 9). — ι) die Günderode:
Ludwig Geiger, Karoline von Günderode und ihre Freunde. Stuttgart 1895. S. 89
bis 115. — κ) Mozler: Nr. oo) Einleitung S. XXIX. — λ) Otto Runge: Hinterlassene Schriften von Runge 2, 393 bis 406 (vgl. 1, 187); 407 bis 409; 413 bis 416;
wiederholt in Brentanos Gesammelten Schriften 8, 185 bis 160. — μ) Savigny:
W. Dittenberger, Die Universität Heidelberg im Jahre 1804. Heidelberg 1844.
S. 25. — ν) Frau von Suckow: E. v. Niendorf, Aus der Gegenwart S. 78. 80. —
ξ) Tieck: Briefe an Ludwig Tieck. Ausgewählt und herausgegeben von Karl
von Holtei. Breslau 1864. 1, 94 bis 107. — ο) Varnhagen und Rahel: Biographische Portraits S. 77 bis 116. — π) August Winkelmann: Nr. pp) und Reinhold
Steig, Ueber den Göttingischen Musenalmanach vom Jahre 1808: Euphorion 1895.
Heft 2. — ρ) Zimmer: Johann Georg Zimmer und die Romantiker, herausgegeben
von Heinrich W. B. Zimmer. Frankfurt a. M. 1888. 8. 176 bis 194. — Sieh auch Nr. ll).

Die als ein Werk Brentanos aufgeführten Schneeglöckchen von Maria. Hamburg 1819. sind von Maria von Plessen, geb. Fick, und enthalten nur gewöhnliche Erzählungen. Die Verwechselung stammt daher, daß Brentano wie Frau von Plessen unter dem Namen Maria schrieb.

1) Ein Jugendgedicht von Clemens Brentano, 1795. Mitgetheilt von Reinhold Steig: Seufferts Vierteljahrschr. 1898. VI, 159 f.

2) Anteil an August Klingemanns ,Memnon. Leipzig 1800'. Vgl, Ges. Schriften 8, 21 Anm.; Nr. pp) S. 850; Alfred Kempner, Clemens Brentanos Jugenddichtungen. Berlin 1894. 8. 9.

3) Satiren und poetische Spiele von Maria. Erstes (einziges) Händchen. Gustav Wasa. Leipzig, 1800. bei Wilhelm Rein. VIII, 186 S. 8. — Neu hg. von Jacob Minor. Heilbronn 1883. XIV, 186 S. 8. — Deutsche Litt.-Denkm. Nr. 15.

Satire auf Kotzebues Gustav Wasa (§ 258, 8. 70) nach der Aufführung in Weimar; Parodie einiger Acte mit Zwischengesprächen der Zuschauer, der Arabesken im Schauspielhause, der Orchesterinstrumente u. s. w.

4) Godwi oder Das steinerne Bild der Mutter. Ein verwilderter Roman von Maria. Bremen, bei Friedrich Wilmans 1801—1802. II. 400 und XXXII, 456 S. 8. — Fragment daraus in den Schriften Bd. 5, 285 bis 826.

Vgl. Neue Allg. dtsch. Bibl. 69, 107. Chamisso, Werke 5, 134. J. O. E. Donner, Der Einfluß Wilhelm Meisters auf den Roman der Romantiker. Berlin 1893. S. 147 bis 164. — Nr. pp) S. 19. 22; Alfred Kempner, Clemens Brentanos Jugenddichtungen. Berlin 1894. 8. 1. Der Ideengehalt des Godwi.

Bd. 2, 329 bis 836: Die lustigen Musikanten; sieh Nr. 7) S. 33 bis 35. DD. 2, 304 f. Koch (Nr. 55) 1, 127 bis 132. Dohmke (Nr. 56) S. 19. — Bd. 2, 392 bis 396: Lore Lay. Koch (Nr. 55) 1, 132 bis 136. Dohmke (Nr. 56) S. 22.

5) Anteil an Sophie Mereaus ,Kalathiskos. Berlin 1801 bis 1802', sicher: Fragment eines Briefes über Wilhelm Meisters Lehrjahre 1799. Sieh Nr. pp) S. 77.

6) Claudia. Am Geburtstage einer Freundin von Clemens Brentano. [1808] o. O. u. J. — Gesammelte Schriften 2, 486.

7) Die lustigen Musikanten. Singspiel. Frankfurt a. M. 1803. 78 S. 8. — Schriften, Bd. 7, 217 bis 278. — Sieh E. T. A. Hoffmann: Band VIII. S. 505, 101) a.

8) Ponce de Leon. Ein Lustspiel von Clemens Brentano. Göttingen, bey Heinrich Dieterich. 1804. XVI, 280 S. 8. — Schriften, Bd. 7, 1 bis 216.

S. 212: Nach Sevilla. DD. 2, 308. Koch (Nr. 55) 1, 137. Dohmke (Nr. 56) S. 19.

9) Spanische und Italienische Novellen, herausgegeben von Sophie Brentano. Penig 1804. 1806. II. 8. — Als ein Werk Clemens Brentanos erwiesen Nr. pp) S. 158. 856.

10) Widmung und Mitarbeit an der ,Buuten Reihe kleiner Schriften' von Sophie Brentano. Frankfurt a. M. 1805; vgl. Nr. pp) S. 123.

11) Zwölf Gesänge mit Begleitung des Forte-Piano, componirt und ihrer geliebten Schwester Friederika zugeeignet von Louise Reichardt. Hamburg, bey Johann August Böhme, S. 7: Ich wollt ein Sträulein binden (Ponce S. 99). — Vgl. Gesammelte Schriften 2, 172 und Weimar. Jahrbuch 1856. 4, 179.

12) Kurfürstlich privilegirte Wochenschrift für die Badischen Lande. Heidelberg, Juli 1806 bis Ende Juni 1807. Die prosaischen und poetischen Beiträge Brentanos sieh Nr. pp) S. 180. 186. 187. 857; zum Teil in die Gesammelten Schriften 4, 414 bis 421 aufgenommen. — Daraus besonders:

Lied von eines Studenten Ankunft in Heidelberg und seinem Traum auf der Brücke; worin ein schöner Dialogus zwischen Frau Pallas und Karl Theodor. In der Nacht vor dem Dankfeste den 26. Juli 1806: Beilage zu Nr. 5, 1806, Sp. 81 bis 88. — Mit Vorwort und Anmerkungen hg. von Karl Bartsch. (Neudrucke aus dem Mohr'schen Verlage Heft 1). Freiburg i. B. und Tübingen 1882. 24 S. 8. — Gesammelte Schriften 2, 3 bis 32.

13) Voranzeige über La Fiammetta di Messer Giovanni Boccaccio [anonym, aber sicher von Clemens Brentano]: Ztg. für die elegante Welt, 10. Mai 1806. — Sieh Nr. pp) S. 856.

14) Des Knaben Wunderhorn. Alte deutsche Lieder. Gesammelt von L. A. v. Arnim und Clemens Brentano. Mit einem Anhange von Kinderliedern. Heidelberg 1806—1808. III. 8. — Zweite Auflage. Heidelberg 1819. III. 8. — Neue Aus-

gabe. Charlottenburg und Berlin. 1845—1854. IV. 8. Der vierte Band von Ludw.
Erk. — Des Knaben Wunderhorn. Alte deutsche Lieder neu bearbeitet von
A. Birlinger und W. Crecelius. Wiesbaden 1872—76. II. 8.
        Vgl. § 286, 7. 12). — Hoffmann v. Fallersleben, Zur Geschichte des Wunder-
horns: Weim. Jahrb. 1855. 2, 261 f., ergänzt Nr. pp) S. 150. — Alemannia 1886.
14, 194 bis 214.
        Über die Forgery, die Bearbeitungen Büsching, Hagens Volkslieder 1807.
S. VIII Fr. Schlegel: Heidelberger Jahrb. 1808. 1, S. 135. Beitrag zum Wunderhorn: Morgenblatt 1808 Nr. 283. 284. Johann Heinrich Voß. Vgl. Band IV, 406,
1) gegen Ende. Goethe § 243, 11) 2.

        15) Des Uhrmachers BOGS wunderbare Geschichte, wie er zwar das menschliche
liche Leben längst verlassen, nun aber doch, nach vielen musikalischen Leiden zu
Wasser und zu Lande, in die bürgerliche Schützengesellschaft aufgenommen zu
werden, Hoffnung hat, oder die über die Ufer der bad. Wochenschrift als Beilage
ausgetretene Konzert-Anzeige. Nebst des Herrn Bogs wohlgetroffenem Bildniß
und einem medicinischen Gutachten über dessen Gehirnzustand. Heidelberg 1807.
52 S. — Schriften, Bd. 5, 827 bis 870.

        16) Prosaische und poetische Beiträge zu Arnims Tröst Einsamkeit. Heidel-
berg 1808. 4. Neudruck von Friedrich Pfaff. Freiburg und Tübingen 1883. 8. —
Daraus in die Gesammelten Schriften aufgenommen: 4, 479 bis 515 Von dem
Leben und Sterben des Grafen Gaston Phöbus von Foix und von dem traurigen
Tode seines Kindes Gaston; 5, 447 bis 479 Geschichte und Ursprung des ersten
Bärenhäuters. — Über den versteckten (brieflichen) Anteil vgl. Steig, Arnim und
Brentano S. 248. 360.
        Ein ungedruckter Beitrag Clemens Brentanos zu Arnims ‚Trösteinsamkeit',
mitgeteilt von Reinhold Steig: Euphorion 1894. 1, 124 bis 128.

        17) Der Goldfaden. Eine schöne alte Geschichte, wieder herausgegeben von
Clemens Brentano. Mit Vignetten [von Ludwig Grimm]. Heidelberg, bey Mohr und
Zimmer. 1809. 371 S. 8. Vgl. Wilhelm Grimm, Kleinere Schriften 1, 261 bis 265.
        Die ursprüngliche Erzählung ist von Jörg Wickram § 159, 1. 19).

        18) Cantate auf den Tod der Königin Luise von Preußen. Gedichtet von
Clemens Brentano, componirt von Reichardt: Diel-Kreiten 1, 427 bis 441.

        19) Universitati literariae. Kantate auf den 15ten October 1810. Berlin 1810.
16 S. 4. — Ein Fragment daraus in den Gesammelten Schriften 8, 48 bis 50.
Neudruck bei Diel-Kreiten, Lebensbild 1, 415 bis 426.

        20) Beiträge zu Heinrich von Kleists Berliner Abendblättern, 1. Oktober 1810
bis 30. März 1811. Daraus das ‚Andenken eines trefflichen deutschen Mannes und
tiefsinnigen Künstlers [Otto Runges]' in den Hinterlassenen Schriften von Runge
2, 551 bis 554 abgedruckt; in Brentanos Gesammelten Schriften 4, 480.

        21) Gesänge der Liedertafel. Erstes [und einziges] Händchen. Berlin 1811.
Gedruckt bei Georg Decker, S. 236: Der Musikanten schwere Weinzunge, von
Brentano.

        22) Der Philister vor, in und nach der Geschichte. Aufgestellt, begleitet
und bespiegelt aus göttlichen und weltlichen Schriften und eigenen Beobachtungen.
Scherzhafte Abhandlung auf Subscription einer fröhlichen Tischgesellschaft, für die
Mitglieder derselben, zum Besten einer armen Familie abgedruckt. (Hiebei eine
Handzeichnung aus der Italienischen Schule, vorstellend die Kehrseite eines Philosophen, dem alles zu kurz wird; weiter einen philosophirenden Philister, dem alles
zu lang wird, und den seine Frau widerlegt, sodann des Teufels Compaß und
Windmühlenflügel, weiter eine tragische Muse, einige begeisterte Anhänger und
eine skeptische Gans). — Gesammelte Schriften 5, 371 bis 446.

        23) Beiträge zum ‚Hesperus, ein Nationalblatt für gebildete Leser, hg. von
Christian Carl André. Prag bei Calve 1812'. — Gesammelte Schriften 4, 403 bis 413.

        24) Beiträge zum ‚Kronos'. Prag 1813. — Vgl. Nr. pp) S. 309. 366.

        25) Anteil am ‚Preußischen Correspondenten' während Arnims Redaktion,
1. Oktober 1813 bis 31. Januar 1814: Nr. pp) S. 324. 328.

        26) Der Rheinübergang. Ein Rundgesang für Deutsche. Wien 1814. 8. —
Gesammelte Schriften 2, 33 bis 42.

        27) Die Gründung Prags. Ein historisch-romantisches Drama. Von Clemens
Brentano. Pesth, 1815, bei Conrad Adolph Hartleben. 450 S. 8. — Schriften, Bd. 6.

28) Beiträge zum ,Dramaturgischen Beobachter'. Wien 1814. — Vgl. Nr. pp) S. 838 und unten S. 799, qq.

29) Beiträge zur ,Spenerschen Zeitung'. Berlin 1815 und 1816. — Vgl. Nr. pp) S. 340 f.

30) Beiträge zu Görres' Rheinischem Merkur. Koblenz 1815. — Schriften 2, 66 bis 69.

31) Viktoria und ihre Geschwister, mit fliegenden Fahnen und brennender Lunte. Ein klingendes Spiel von Clemens Brentano. Berlin, 1817. In der Maurerschen Buchhandlung (Poststraße No. 29). XVI, 224 S. 8. — Schriften, Bd. 7.
Schon 1813 zwischen der Schlacht bei Kulm und der bei Leipzig geschrieben. S. 13: Schlummerstille herrscht im Lager. DD. 2, 806. Palinodie der Goethischen Meeresstille. — S. 93: Es leben die Soldaten. DD. 2, 309.

32) Trutz Nachtigal durch den ehrwürdigen Pater Friedrich Spee Priester der Gesellschaft Jesu. Wörtlich treue Ausgabe vermehrt mit den Liedern aus dem güldnen Tugendbuch desselben Dichters. Berlin, 1817. Bey Ferdinand Dümmler. XXXII, 458 S. 12. Vgl. § 188, 1. 1) und unten Nr. 38).

33) Geschichte vom braven Kasperl und dem schönen Annerl. Von Clemens Brentano: Gaben der Milde, hg. von F. W. Gubitz. Berlin 1817. 2, 7 bis 81. — Wiederh. Berlin, 1838. 12. — Zweite Auflage. Berlin 1851. 16. — Schriften, Bd. 4, S. 169 bis 210. Reclam, Univ.-Bibl. Nr. 411. Koch (Nr. 55) 2,305. Dohmke (Nr. 56) 8.87.

34) Beiträge zum Gesellschafter, hg. von F. W. Gubitz. 1817.
a: Altes Deutsch und fremdes Deutsch. Parabel aus dem 17ten Jahrhundert. S. 443. — Schriften, Bd 4, S. 468.
b: Die Legende von einem Schwaben, der das Leberlein gefressen. Ein alter deutscher Bürgerspaß. S. 453. — Schriften, Bd. 4, S. 463.
c: Aus einem geplünderten Postfelleisen. S. 470. — Schriften, Bd. 4, S. 454.
d: Die Gasterei. Parabel aus dem 17ten Jahrhundert. S. 485. — Schriften, Bd. 4, S. 469.
e: Megole de Lescar S. 498. — Schriften, Bd. 4, S. 461.
f: Die drei Nüsse S. 521. 526. 530. 533. — Schriften, Bd. 4, S. 275.
g: Das Leichenbegängniß. Parabel aus dem 17ten Jahrhundert. S. 554. — Schriften, Bd. 4, S. 470.
h: Altdeutsche Haussprüche S. 587. — Schriften, Bd. 4, S. 467.
i: Wenig und viel. Parabel. S. 581. — Schriften, Bd. 4, S. 472.
j: Almosen. Parabel. S. 619. — Schriften, Bd. 4, S. 478.
k: Die mehreren Wehmüller und ungarischen Nationalgesichter S. 625. 629. 633. 637 bis 671. — Wiederholt mit Eichendorffs Novelle: Viel Lärmen um Nichts. Berlin 1833. 8. — Zweite Aufl. Berlin 1843. 16. — Schriften, Bd. 4, S. 211.
l: Gottes Lohn. Parabel aus dem 17ten Jahrh. S. 719. — Schriften, Bd. 4, S. 474.
m: Lieblingslied der Geitzigen S. 729. — Schriften, Bd. 4, S. 458.
n: Kinder-Disputation. Parabel aus dem 17ten Jahrh. S. 841. — Schriften, Bd. 4, S. 476.

35) Aus der Chronicka eines fahrenden Schülers (schon 1803 begonnen, Werke 8, 40): Försters Sängerfahrt. Berlin 1818. 4. S. 234 bis 258. — Schriften, Bd. 4. — Die Chronik des fahrenden Schülers. Erstlich beschrieben von dem weiland Meister Clemens Brentano. Augsburg 1888. IV, 100 S. 4.
,Chronika eines fahrenden Schülers' im ersten Entwurf: Stimmen aus Maria-Laach. 1880. 8. 320 bis 330. 473 bis 486. 511 bis 533. — Fortgesetzt von A. von der Elbe [Auguste von der Decken]. 5. Aufl. Heidelberg 1886. 8. — Dohmke (Nr. 56) S. 41 bis 85.

36) Beiträge zur Wünschelruthe. Herausgegeben von H. Straube und Dr. J. P. v. Hornthal. Januar bis Juni 1818. Göttingen. 4. Vgl. Erich Schmidt: Seufferts Vierteljahrschrift 1889. II, 476; Nr. pp) S. 345. 367.

37) Beiträge zum Gesellschafter, hg. von F. W. Gubitz 1818.
a: Der Hunger. Parabel aus dem 17ten Jahrh. S. 185. — Berliner Neudrucke. Hg. von Ludw. Geiger und Geo. Ellinger. Berlin 1892. Dritte Serie. Erster Band. S. 123. — b: Der Kunsthändler, Parabel. S. 207. — Berliner Neudrucke. 3. Serie. 1. Band. S. 124 bis 125. — c: Traum des Dom-Küsters Andreas Otto zu Berlin 1620. S. 325. 331. — Berliner Neudrucke. 3. Serie. 1. Bd. S. 126 bis 130.

38) Fr. Spee's goldenes Tugendbuch, das ist: Werke und Uebungen der göttlichen Tugenden, des Glaubens, der Hoffnung, der Liebe. Coblenz 1829. II. 12. — Zweite Auflage. Coblenz 1850. XVI, 547 S. 12.

Vgl. § 188, 1. 2) und oben Nr. 32).

39) Das Mosel-Eisgangs-Lied von einer wunderbar erhaltenen Familie und einem traurig untergegangenen Mägdlein in dem Dorfe Lay bei Coblenz am 10. Februar 1830. 12 Bl. 8.

40) Die Barmherzigen Schwestern in Bezug auf Armen- und Krankenpflege. Nebst einem Bericht über das Bürgerhospital in Coblenz und erläuternden Beilagen von Clemens Brentano. Coblenz 1831. VI, 488 S. 8. — Zweite, mit Zusätzen vermehrte Auflage. Mainz 1852. 8. — Dritte (Titel-)Auflage. Mainz 1856. III, 444 S. 8.

41) Das bittere Leiden unsers Herrn Jesu Christi. Nach den Betrachtungen der gottseligen Anna Katharina Emmerich, Augustinerin des Klosters Agnetenberg zu Dülmen nebst dem Lebensumriß dieser Begnadigten. Sulzbach. In Commission der J. E. von Seidel'schen Buchhandlung. 1833. XLVIII, 360 S. 8.

42) Varinka, oder: Die rothe Schenke, von Dr. Schiff. Und: Die drei Nüsse. Von Clemens Brentano. Zwei Volks-Erzählungen. Berlin und Königsberg in der Neumark 1834. 8. — Schriften, Bd. 4.

43) Gockel Hinkel Gakeleja. Mährchen, wieder erzählt von Clemens Brentano. Frankfurt bei Schmerber. 1838. XIV, 346 S. 8. — Schriften, Bd. 6. — Gockel, Hinkel und Gackeleia. Märchen von Clemens Brentano. Hg. und eingeleitet von Eduard Grisebach. Berlin, G. Grote'sche Verlagsbuchhandlung. 1872. XX, 308 S. 8. Sieh Nr. 46). — Reclam, Univ.-Bibl. Nr. 450.

44) Anteil an den ‚Historisch-politischen Blättern für das katholische Deutschland. Bd. 1 und 2, 1837 und 1838': Bilder und Gespräche aus Paris. I. Der Wegweiser durch Paris (1, 413 bis 416). II. Das Tagebuch (2, 152 bis 158). — Der Welt Urtheile über geistliche Vereine. Eine Betrachtung (2, 116 bis 120). — Schriften, Bd. 4, 355 bis 364. 395 bis 399.

45) Rothkehlchens, Liebeseelchens Ermordung und Begräbniß. (In 16 lithograph. Darstellungen). Zürich 1843. 8. — Sieh unten S. 799 f.

46) Die Märchen des Clemens Brentano. Zum Besten der Armen nach dem letzten Willen des Verfassers hg. von Guido Görres. Stuttgart und Tübingen 1846 und 47. II. LVIII, 495 und 608 S. 8.

47) Fanferlieschen Schönefüßchen. Ein Märchen nach Clemens Brentano: Rheinisches Taschenbuch für 1851.

48) Zum Eingang. Von Cl. Brentano: Rheinisches Taschenbuch für 1852.

49) Leben der heiligen Jungfrau Maria. Nach den Betrachtungen der gottseligen Anna Katharina Emmerich, Augustinerin des Klosters Agnetenberg zu Dülmen († 9. Februar 1824). Aufgeschrieben von Clemens Brentano. München 1852. 8. — Zw. Aufl. München 1854. VIII, 885 S. 8. — Neuester unveränderter Abdruck. Stuttgart 1875. VI, 400 S. 8.

50) Clemens Brentano's Gesammelte Schriften. Herausgegeben von Christian Brentano. Frankfurt a. M. 1852 bis 1855. IX. 8. Band I bis VII Schriften; VIII und IX Briefe, sieh β).

I: XXII, 551 S. Geistliche Lieder. — II: XV, 604 S. Weltliche Gedichte. — III: 2 Bl., 473 S. Romanzen vom Rosenkranz. — IV: 2 Bl., 518 S. Der kleinen Schriften erster Theil: Chronika eines fahrenden Schülers. Tagebuch der Ahnfrau. Geschichte vom braven Kasperl und der schönen Annerl. Die mehreren Wehmüller und ungarischen Nationalgesichter. Die drei Nüsse. Lebensumriß der Katharina Emmerich. Bilder und Gespräche aus Paris. Vermischte Aufsätze. Von dem Leben und Sterben des Grafen Gaston Phöbus von Foix. — V: 2 Bl., 479 S. Der kleinen Schriften zweiter Theil: Gockel, Hinkel und Gackeleia. Die Rose. Fragment aus Godwi. Wunderbare Geschichte von BOGS dem Uhrmacher. Der Philister vor, in und nach der Geschichte. Geschichte und Ursprung des ersten Bärenhäuters. — VI: 2 Bl., 450 S. Die Gründung Prags. — VII: VIII, 501 S. Ponce de Leon. Die lustigen Musikanten. Victoria und ihre Geschwister. Am Rhein! am Rhein! — Anhang zu Band IX: Vorrede zu Nr. 32). Vorrede zu Fenelon's Leben, aus dem Französischen des Ritters von Ramsay übersetzt. Koblenz bei Hölscher. 1826. 8.

51) Gedichte von Clemens Brentano. In neuer Auswahl. Frankfurt a. M., Sauerländer 1854. VIII, 548 S. 8. — Zweite Auflage. Frankfurt a. M. 1861. 16.

52) Neue Ausgabe der beiden Bände IV und V von Nr. 50) unter dem Titel: Clemens Brentano's Kleine prosaische Schriften. Herausgegeben von Christian Brentano. Frankfurt a. M. 1862. II. 8.

53) Clemens Brentano's ausgewählte Schriften, chronologisch geordnet und mit Anmerkungen versehen von J. B. Diel. Freiburg, Herder. 1873. II. 8.

54) Ausgewählte Gedichte von Clemens Brentano. Herausgegeben von Julius Eckardt. Berlin, G. Grote, 1874. 8.

55) Arnim, Klemens und Bettina Brentano, J. Görres. Hg. von Max Koch. Stuttgart [1892]. (Deutsche National-Litteratur, historisch-kritische Ausgabe, hg. von Joseph Kürschner. 146. und 147. Bd.)

56) Brentanos Werke. Herausgegeben von J. Dohmke. Kritisch durchgesehene und erläuterte Ausgabe. Leipzig und Wien. Bibliogr. Institut. o. J. [1893]. 8.

2. Sophie Brentano, Clemens Brentanos erste Frau, geb. am 28. März 1770 in Altenburg. Sie war die Tochter des gräflichen Sekretarius und Obersteuerbuchhalters Gotthelf Schubart daselbst, dem sie allein nach dem frühen Tode der Mutter ihre Bildung verdankte. Als die schöne junge Frau des Bibliothekars und späteren Professors Friedrich Ernst Karl Mereau trat sie 1793 dauernd in die litterarischen Kreise Jenas ein. Unter Schillers freundlicher Pflege entwickelte sie rasch ihr poetisches Talent. Wie sie sich für ihre Dichtungen mit Leichtigkeit die Formen Schillers und Goethes zu eigen machte, berührte sie sich anderseits mit den Anschauungen der Romantiker. Ihre Ehe, der eine Tochter (spätere Frau Professor Ullmann) entstammte, war eine unglückliche; seit Jahren bereits sich völlig entfremdet, wurden die Gatten am 7. Juli 1801 von einer unter Herders Vorsitz zu Wilhelmsburg versammelten Kommission förmlich getrennt; Sophie wandte sich nach Weimar. Mit Clemens Brentano, der sie seit dem Jahre 1798 mit leidenschaftlicher Glut liebte, ging sie in Marburg am 29. November 1803 eine zweite Ehe ein; im Sommer 1804 siedelte sie mit ihm nach Heidelberg hinüber. Wiewohl noch immerfort als Schriftstellerin thätig, sah sie doch ihre höhere Pflicht darin, die Arbeitspläne ihres Gatten zu fördern. In diesem Sinne hat sie auf die schönsten Dichtungen Brentanos, besonders auf den ersten Band des Wunderhorns, wohlthätig eingewirkt. Er hat ihr Bild in seinen Werken gezeichnet. Sie starb am 31. Oktober 1806 in Heidelberg.

e) Nekrolog: Badische Wochenschrift Nr. 19, 7. November 1806. Sp. 297 und 298. — b) Jördens, Suppl. 6, 586. — c) Meusel, Gel. Teutschl. 10, 282. 14, 549. — d) Schindel 1, 58. 3, 53. — e) H. Groß S. 68 f. — f) Clemens Brentanos Godwi 2, 435 bis 440. — g) Adolf Stoll, Fr. K. von Savignys Sächsische Studienreise 1799 und 1800. Cassel 1890. 4. S. 17. — h) Karl von Holtei, Vierzig Jahre, Bd. 4. — i) Karl Bartsch, Romantiker und germanistische Studien in Heidelberg. Heidelberg 1881. S. 41 f. -- kl Jos. v. Görres' Gesammelte Briefe 1, 479 f. — l) Journal des Luxus und der Moden, Januar 1807. S. 68 ff. (Borstig). — m) G. Poel, Johann Georg Rists Lebenserinnerungen. Gotha 1880. 1, 67.

n) Allg. Dtsch. Biogr. 1885. 21, 420 bis 421 (Daniel Jacoby). — o) Reinhold Steig, Clemens Brentano und Sophie Mereau: Achim von Arnim und Clemens Brentano. Stuttgart 1894. 8. 76 bis 219 und sonst. — p) Reinhold Steig, Sophie Mereau's Bild in Clemens Brentanos Dichtung: Beilage zur (Münchner) Allg. Ztg., 30. Juni 1894. Nr. 178.

Vgl. Briefwechsel zwischen Schiller und Goethe. Schillers Briefwechsel mit Körner. Briefwechsel zwischen Schiller und Cotta.

Briefe an α) Schiller: Briefwechsel zwischen Schiller und Cotta (Stuttgart 1876) S. 99; Schillers Briefe an sie § 249 B, I, 20). — β) Clemens Brentano: Steig, Arnim und Brentano S. 80 bis 92, 121 und Clemens Brentanos Frühlingskranz 2. Aufl. S. 271; vgl. γ) S. 356. — γ) Arnim: Steig, Arnim und Brentano S. 171.

1) Beiträge zu Schillers Thalia Bd. 3 (1791), s. § 253, 1.

2) Das Blüthenalter der Empfindung. Gotha 1794. 8.

3) Beiträge zu Schillers Horen 1795—1797, s. § 254, 1.

4) Beiträge zu Schillers Musenalmanach für 1796—1799, s. § 254, 2 bis 5.

5) Erholungen, herausgegeben von W. G. Becker, Leipzig 1797: 8, 189 bis 214 Briefe der Ninon von Lenclos, von Sophie Mereau.

6) Beiträge zu dem Taschenbuch für Damen auf das Jahr 1798: S. 171 bis 175 Bergphantasie, S. 176 bis 177 Schwermuth; vgl. Briefw. zw. Schiller und Cotta. Stuttgart 1876. S. 246.

7) Roman-Kalender für das Jahr 1799. Von B****, August Lafontaine, Mademoiselle Levesque, Sophie Moreau, Karl Reinhard und G. W. K. Starke. Göttingen, bei Dieterich: S. 229 bis 312 Die Prinzessin von Cleves. Frei nach dem Französischen bearbeitet. Von Sophie Mereau. — Nach Vollmer, Briefw. zw. Schiller und Cotta S. 270 Anm., enthalten auch die (mir nicht zugänglichen) Bände 1800. 1801 Beiträge von Sophie Mereau.

8) Damen Kalender 1800, Berlin: 8. 1 bis 80 Der Prinz von Condé. Nach dem Französischen, als ein Beitrag zur Sittengeschichte der damaligen Zeit.

9) Gedichte von Sophie Mereau. Berlin 1800—1802. II. 8.; vgl. Herder in den Erfurter Nachrichten von gelehrten Sachen, 29. September 1800 (S. W. 20, 362). — Daniel Jacoby, Goethe-Jahrbuch 1885. VI, S. 330.
Der Sophie Mereau Gedichte. Wien und Prag 1805. 8. (Nachdruck).

10) Kalathiskos von Sophie Mereau. Berlin 1801—1802. II. 8.; vgl. Steig, Arnim und Brentano S. 77.

11) Beiträge zu den Musen-Almanachen für d. J. 1802/3, hg. von Bernhard Vermehren, s. § 231, 43 und § 289, 4. 4) — Vgl. Steig, Arnim und Brentano S. 352 (zu 83).

12) Mu   -Almanach für das Jahr 1803. Göttingen, bei Dieterich; vgl. § 231, S. k).sen
Reinhold Steig, Über den Göttingischen Musen-Almanach für 1803: Euphorion 1895. Bd. 2, S. 312 bis 323.

13) Amanda und Eduard. Ein Roman in Briefen. Herausgegeben von Sophie Mereau. Frankfurt a. M. 1803. II. 8. — Einige dieser Briefe schon in Schillers Horen 1797.

14) Die Margarethenhöhle oder die Nonnenerzählung. Aus dem Englischen. Berlin 1803. 8. Auch als Sammlung neuer Romane Bd. 1.

15) Spanische und Italienische Novellen. Herausgegeben von Sophie Brentano. Penig 1804—1805. II. 8. — Diese Novellen sind eine Arbeit Clemens Brentanos, die seine Frau Sophie ,herausgab', vgl. darüber Steig, Arnim und Brentano S. 158. 356.

16) Beiträge zum Taschenbuch für d. J. 1803—1806. Der Liebe und Freundschaft gewidmet. Frankfurt a. M.

17) Bunte Reihe kleiner Schriften von Sophie Brentano. Frankfurt a. M. 1805. 8. — Vgl. Steig, Arnim und Brentano S. 123.

18) Sapho und Phaon, oder der Sturz von Leukate. Roman nach dem Englischen von Sophie Mereau. Aschaffenburg 1806. 8.; Würzburg 1824. 8. — Vgl. Schwering, Grillparzers hellenische Trauerspiele. Paderborn 1891. S. 14, und A. Sauer: Anz. f. dtsch. Alterth. 1893. 19, 316.

19) Fiametta. Aus dem Italienischen des Boccaccio übersetzt von Sophie Brentano. Berlin 1806. 8. Sieh auch § 286, 1. 13).
Sieh § 271, 4 — Band V. S. 429.

3. Sophie Brentano, Clemens' Schwester, geb. am 15. August 1776. Sie wurde in Coblenz erzogen, Freud und Leid mit Clemens teilend, wie er seitdem in Freundschaft den Familien Görres und Lassaulx zugethan. Sie war verlobt mit einem Grafen Herberstein in Wien, der ihrer noch in späterer Zeit mit Rührung gedachte. Im Sommer 1799 kam sie mit ihrer Großmutter Sophie von Laroche zuerst zu Wieland nach Oßmannstädt, den sie mit kindlicher Liebe verehrte. Damals wurde sie auch mit Goethe, Schiller, Herder und den Jenenser Studienfreunden ihres Bruders, Ritter und Winkelmann, bekannt. In ihrem Wesen lag, bei zarter, jungfräulicher Anmut, etwas dichterisch Begeisterndes. Clemens schildert sie in seinem Godwi, als die Lais lebt ihre Gestalt im Aristipp von Wieland fort. Sie starb am 19. September 1800 in Oßmannstädt, Herders Sohn Gottfried leistete ihr die letzte ärztliche Hilfe. Sie ruht neben Wieland und seiner Gattin. Der tiefsinnige Nachruf von Clemens an sie: ,Wie war dein Leben so voller Glanz' steht im zweiten Bande des Godwi.

a) Joseph von Görres Gesammelte Briefe Bd. 1: Görres an seine Braut. — b) Sophie von Laroche, Schattenrisse abgeschiedener Stunden in Offenbach, Weimar und Schönebeck i. J. 1799. — c) Clemens Brentano, Godwi. — d) Bettina, Goethes Briefwechsel mit einem Kinde S. 815. 816; Ilius Pamphilius 2, 45. — e) Lütkemüller, Sophie Brentano: Gubitz' Gesellschafter 1826, S. 933 bis 939, wiederholt in F. W. Gubitz, Berühmte Schriftsteller der Deutschen. Berlin 1855. Bd. 1, 226 bis 244. — f) Bernhard Seuffert, Reliquien von Sophie Brentano: Deutsche Rundschau, Bd. 52 (1887) S. 199 bis 214. — g) Reinhold Steig, Arnim und Brentano. Stuttgart 1894. S. 10 bis 22. 117. 316. 350. 366.

Briefe an α) Clemens: Steig S. 10 bis 22. — β) Wieland, bei Seuffert: Dtsch. Rundschau. — γ) Henriette von Arnstein: Karl Weinhold mit herzlichen Glückwünschen zum 26. October 1896 dargebracht von Erich Schmidt, S. 5 bis 7. — δ) an eine Wiener Freundin: Erich Schmidt, Charakteristiken. Berlin 1886. S. 293.

4. Christian Brentano, geb. am 24. Januar 1784 in Frankfurt a. M. Seine Jugenderziehung war wie die seines Bruders Clemens eine schwankende. Der Versuch, ihn in Hamburg, von 1797 ab, zum Kaufmann zu bilden, schlug fehl. Bei einem Mathematiker in Sachsen erhielt er weiteren Unterricht. In der Gesellschaft seines Freundes Crabb Robinson bereiste er einen großen Teil Deutschlands zu Fuße. Dann widmete er sich in Marburg, mit kurzer Unterbrechung (seit dem Herbst 1802) in Jena, medizinischen Studien, ohne auf einen festen Lebensberuf bedacht zu sein. Seit dem Jahre 1808 führt er im Namen der Seinigen die Verwaltung des böhmischen Gutes Bukowan, wo sich auch Clemens von 1811 bis 1813 aufhielt. In acht Tagen schrieb er hier, von Clemens veranlaßt, ein großes Lustspiel, das auch fremden Beifall sich erwarb. Er begann ferner 1813 einen Cyklus von sechs Lustspielen, worin der Held alle Stände der Welt durchschreitet, als Dichter Landwirt, Landmann, Soldat, König mit reinster Liebe dem Ideal nachtrachtet, aber überall an der komisch-schlechten Welt scheitert und am Ende als Einsiedler weltverachtend Ruhe findet. Es war dies die Stimmung, mit der ihn viele Mißerfolge in Bukowan erfüllt hatten; die Stücke blieben aber ungedruckt. Nach dem Verkaufe Bukowans, 1815, kehrte er nach Frankfurt zurück. Ein von ihm 1816 zur häuslichen Aufführung und Belustigung geschriebenes Schattenspiel wurde 1850 in Aschaffenburg gedruckt; die Verfassungsnöte der Republik Frankfurt und ein übertriebener Franzosenhaß machen den an komischer Wirkung und drolligen Späßen reichen Inhalt aus; einiges erinnert an den Schelmuffsky, der von Chn. Brentano während seiner Studienzeit in Marburg gleichsam neu entdeckt worden war. Zu gleicher Zeit, wie bei Clemens, vollzog sich bei Christian Brentano die Wandlung zum strenggläubigen Katholizismus. Er war es, der Clemens auf die Nonne Katharina Emmerich aufmerksam machte. Sailer, Windischmann, Diepenbrock wurden seine Freunde. 1823 ging er auf vier Jahre nach Rom und beschäftigte sich dort hauptsächlich mit katholischer Theologie. Nach seiner Rückkehr aus Italien beteiligte er sich an dem von Weis redigierten Katholiken und war auch sonst als religiöser Schriftsteller tätig. In Boppard lernte er Emilie Genger kennen und verheiratete sich mit ihr 1835 in Nizza. Er lebte zunächst auf Kloster Marienberg bei Boppard, dann bis zuletzt in Aschaffenburg. Hier starb 1842 Clemens; dessen schon im Druck begonnenes „Leben Mariä" führte er zu Ende; er gab auch mit seiner Gemahlin Clemens' Gesammelte Schriften heraus. Am 27. Oktober 1851 starb er auf einer Reise im elterlichen Hause zu Frankfurt; er ruht neben Clemens in Aschaffenburg.

a) Katholik 1852. Heft 4. — b) Nekrol. 29, 1851 bis 1854. — c) Biographie [zum Teil Selbstbiographie] vor dem ersten Bande der Nachgelassenen religiösen Schriften. — d) Bettina, Goethes Briefwechsel mit einem Kinde. 3. Aufl. S. 834. 842 f. — e) Crabb Robinson, Diary. — f) Clemens Brentanos Gesammelte Briefe (Bd. 8 und 9 der Gesammelten Schriften). — g) Reinhold Steig, Achim von Arnim und Clemens Brentano. Stuttgart 1894.

1) Der unglückliche Franzose oder Der Deutschen Freiheit Himmelfahrt, ein Schattenspiel mit Bildern. Manuskript von 1816. Herausgegeben von Chn. Brentano. Aschaffenburg 1850. 60 S. 8.

2) Nachgelassene religiöse Schriften von Christian Brentano. München 1854 [mit einem Portrait aus dem Jahre 1817 nach einem Kupfer Ludwig Grimms]. II. 8.

Bettina, sieh Nr. 8. Bettina von Arnim.

5. Ludovica (Luise oder Lulu) **Brentano,** Clemens' Schwester, geboren am 9. Januar 1787, zusammen mit Bettina in der Klosterpension zu Fritzlar, dann von ihrer Großmutter Sophie von Laroche in Offenbach erzogen. Sie heiratete in erster Ehe den westfälischen Hofbankier Karl Jordis, in zweiter den Freiherrn Richard Pierre Rozier des Bordes. Je tiefere Blicke sie, zu Cassel und Paris, in das glänzende Getriebe einer großen Welt getan hatte, desto stärker machte sich bei ihr das Bedürfnis nach der Stille geistigen und religiösen Lebens geltend. Ihren Gefühlen und Stimmungen gab sie dichterischen Ausdruck. Ihre ,geistlichen Lieder', die sie in den Widmungsstrophen an ihren Schwager von Savigny als selbstempfundene, lautre Wahrheit bezeichnet, enthalten Weihnachts-, Marien-, Passions- und Kommunions-Lieder; zwei Abteilungen sind ,Priesterthum' und ,vermischte Gedichte' überschrieben. Sie trifft nicht selten den herzlich-warmen Ton ihres Bruders Clemens, dessen ,Sträußchen' im Ponce sie an die Jungfrau Maria gerichtetes ,Dreifaltigkeitsblümchen' (S. 39) nachahmt; auch den Klang des Volksliedes vernimmt man bisweilen aus ihren Gedichten. Sie hat den Brüdern Grimm, wie deren Handexemplar ausweist, die Märchen von der Frau Füchsin erzählt. Der vierte Band von Clemens' Schriften ist ihr von Christian gewidmet. Sie starb am 19. November 1854.

Vgl. Bettinens Briefwechsel. — Christian Brentanos Strophen an Ludovica vor Clemens Brentanos ,Gesammelten Schriften'. Frankfurt 1852. — Reinhold Steig, Achim von Arnim und Clemens Brentano. Stuttgart 1894. — Hermann Grimm, Deutsche Rundschau 1895. Bd. 82, 98.

Geistliche Lieder von L. Ffr. von des Bordes, geb. Brentano von La Roche. Regensburg 1853. XII und 276 S. 8.

Henriette Schubert, sieh § 333.

6. Karoline von Günderode (Schriftstellername: **Tian**), geb. am 11. Februar 1780 in Karlsruhe. Sie wuchs in Hanau auf und lebte seit 1797 als Stiftsdame in Frankfurt am Main. Sie war befreundet mit den Geschwistern Brentano und denen, die durch Verwandtschaft oder Bekanntschaft ihnen zugehörten. Ihre Gedichte erschienen von 1804 bis 1806. Sie glühte für alles Große in Religion, Geschichte, Kunst und Philosophie. Das Große war für sie das Göttliche, zu dem sie, die irdische Schranke überwindend, ihr eignes Selbst hinaufzusteigern habe. ,Die Seele des Menschen', sagt sie im Mahomed, ,stirbt nicht mit dem Tode des Leibes, sie verlässet ihn, wenn sein Leben aufgehöret hat; und wenn es die Seele eines Frommen ist, so steigt sie empor in den Raum der Gestirne und bildet sich einen Körper aus Luft; dieser neue Körper hat alle Sinne wie der vorige, nur in einem noch höheren Grade; er wird nie müde, kennt keine Schmerzen und ist voll ewiger Gesundheit, Leben und Jugend. Mit diesem Körper kommen die Gläubigen in das Paradies, den Ort, den Gott für sie bereitet hat, um sie ewig zu erfreun'. Viel Leid und Enttäuschung war ihr irdisches Teil gewesen. Den Mann, den sie liebte, Professor Creuzer in Heidelberg, konnte sie, durch Verhältnisse getrennt, niemals besitzen. Am 26. Juli 1806 schied sie freiwillig und leicht aus diesem Leben; auf dem Friedhofe zu Winkel am Rhein, wo sie endete, liegt sie begraben.

a) [Bettina] Die Günderode. 2 Theile. Grünberg und Leipzig 1840. 8.; Neudruck: Berlin 1890. 8. S. unten S. 800. — Sieh auch Goethe's Briefwechsel mit einem Kinde. Dritte Auflage, herausgegeben von Herman Grimm. Berlin 1881. S. 50 bis 70; Clemens Brentanos Frühlingskranz; Ilius Pamphilius und die Ambrosia 1, 817 f.; Achims von Arnim Erinnerung an seinen und Bettinens Besuch der Grabstätte 1811, am Schlusse der Anekdote Melück Maria Blainville (Werke 1, 287 f.).

b) Karl Schwartz, Karoline von Günderode: Ersch und Grubers Allgemeine Encyclopädie 1878. I, 97. S. 167 bis 231. 4.

Es ist dies heute noch die maßgebende biographische Arbeit über die Günderode; auch ist hier die gesamte frühere Litteratur benutzt und gewissenhaft verzeichnet, sodaß eine Einzelaufzählung entbehrlich erscheint

c) Georg Weber, Heidelberger Erinnerungen. Stuttgart 1886. 8. S. 118 bis 121. — d) Reinhold Steig, Zur Günderode: Deutsche Rundschau, August 1892. S. 267 bis 270; Arnim und Brentano. Stuttgart 1894. S. 856 zu 172.

e) Ludwig Geiger, Karoline von Günderode und ihre Freunde. Stuttgart 1895. 198 S. 8. — Sieh dazu Reinhold Steig: Euphorion 1895. Bd. 2, S. 406 bis 419.

f) bis i) sieh unten S. 800.

1) Gedichte und Phantasien von Tian. Hamburg und Frankfurt in Commission in der J. C. Hermannschen Buchhandlung 1804. 187 S. 8.   1') unten S. 800.
2) Poetische Fragmente von Tian. Inhalt. Hildgund. Piedro. Die Pilger. Mahomed, der Prophet von Mekka. Frankfurt a. M., bei Friedrich Wilmans 1805. 1 Bl., 221 S. 8.
3) Udohla, in zwei Acten. Von Tian; Magie und Schicksal, in drei Acten. Von Demselben (sol): Studien. Herausgegeben von Carl Daub und Friedrich Creuzer, Professoren in Heidelberg. Erster Band. Frankfurt und Heidelberg 1805. S. 863 bis 401; S. 403 bis 461.
4) Nikator. Eine dramatische Skizze in drei Akten von Tian: Taschenbuch für das Jahr 1806. Der Liebe und Freundschaft gewidmet. Frankfurt am Mayn, bei Friedrich Wilmans. S. 85 bis 120.   4') unten S. 800.
5) Gesammelte Dichtungen von Karoline von Günderode. Zum ersten Mal vollständig herausgegeben durch Friedrich Götz. Nebst einem Brustbilde der Dichterin und ihrem Grabsteine. Mannheim. Verlagshandlung von Friedrich Götz. 1857. 78 S. 4.
Inhalt: Biographische Einleitung S. VII; Lyrische Gedichte und Phantasien S. 8 bis 29; Dramatische Dichtungen S. 88 bis 78. — Vgl. auch Friedrich Götz, Geliebte Schatten. Mannheim 1858.
Die Angabe Schindele (1, 178 und 8, 142) zur Günderode, daß sich in Kinds Harfe eine ‚Nachlese ihrer Gedichte und Phantasien‘ befinde, beruht auf einem wunderlichen Schreibfehler. Denn in Kinds Harfe steht nur (1816. 8, 873) ein Gedicht Buris mit der Überschrift: ‚Nach Lesung der Gedichte und Phantasien von Tian‘ [1804].

7. Ludwig **Achim von Arnim,** geb. am 26. Januar 1781 in Berlin, stammte aus einer alten, in der Uckermark angesessenen Adelsfamilie. Sein Vater Joachim Erdmann war unter Friedrich dem Großen in den preußischen Staatsdienst eingetreten und hatte während der Jahre 1776 bis 1778 das Amt eines Directeur des spectacles in Berlin bekleidet. Er heiratete die Tochter des (damals verstorbenen) Barons von Labes, der infolge merkwürdiger Lebensschicksale ein ebenso tätiges wie phantastisches Dasein sich geschaffen hatte; die Frau von Labes, eine Tochter des von Friedrich Wilhelm 1. wertgehaltenen Fabrikanten Daum in Potsdam, war in erster kinderloser Ehe mit dem Geheimkämmerer Fredersdorf, dem Vertrauten Friedrichs des Großen, vermählt gewesen. So vereinigte sich in der Ehe Joachim Erdmanns von Arnim die auf Patriotismus und freier Hingabe an die Person des Königs gegründete Staatsauffassung des märkischen Edelmannes mit der Begabung und Liebe zu höherer geistiger Bildung. Diese Eigenschaften gingen wie ein Erbe auf seine beiden Söhne Carl und Achim von Arnim über.

Achims Geburt kostete der Frau von Arnim das Leben. Die Knaben wurden daher von ihrer Großmutter in Berlin erzogen, wo sie das Joachimsthalsche Gymnasium besuchten. Ostern 1798 gingen sie gemeinschaftlich nach Halle; Achim studierte besonders die Physik, aus deren Bereich er schon im Jahre 1799 mit eigenen Publikationen hervortrat. Er wandte sich Ostern 1800 nach Göttingen. In einem Kreise junger, von Jena eingetroffener Freunde erhielt er entscheidende Anregungen zu allgemein-litterarischer Tätigkeit. Hier sah er Goethe zum ersten Male und lernte im Frühling 1801 Clemens Brentano kennen. Es folgte eine große Reise durch Süddeutschland, die Schweiz, Frankreich, England, Holland. Unterwegs besuchte er, im Juni 1802, von München aus die Familie Brentano in Frankfurt und reiste in Clemens' Begleitung den Rhein hinab, bis Düsseldorf. Nach dreijähriger Abwesenheit kehrte er, im August 1804, ins Vaterland zurück.

5*

Diese Studien- und Reise-Erlebnisse Arnims, verbunden mit Erinnerungen seiner früheren Zeit und erhöht durch phantasieerfüllten Aus-
blick in eine ihm noch unbestimmte Zukunft bilden den Inhalt seiner
Jugendschriften. In seinem Werther-Romane ‚Hollins Liebeleben‘ (1802,
in der ‚Gräfin Dolores‘ 1809) huldigte er, wie seine Göttinger Freunde
damals, Ludwig Tieck, dem er 1801 in Dresden näher getreten war.
Während der Reise entstanden die als ‚Ariels Offenbarungen‘ zusammen-
gefaßten Versuche, deren erster (und einziger) Teil 1804 in Göttingen erschien, zu denen aber seine ‚Erzählungen von Schauspielen‘, in Schlegels
Europa 1803, und die ‚Schweizer Novelle‘, in den französischen Miscellen
der Frau von Chézy 1803, als Fortsetzungen hinzuzunehmen sind, beide
zugleich die litterarischen Zeugnisse seines persönlichen Verkehrs mit
Schlegel und der Chézy in Paris. Die Elegie über ‚Genua‘ brachte später
die Einsiedlerzeitung und die Gräfin Dolores. Lokal und Motive der durch-
reisten Länder kehren in nachmals geschriebenen Novellen und Romanen
wieder. Auch noch naturwissenschaftliche Abhandlungen gelangten von
der Reise aus in deutsche Fachzeitschriften.

Im Herbst 1804 kam Brentano zu Arnim nach Berlin. Von diesem
Zusammensein der Freunde gingen Wirkungen aus, die weit über ihre
Person und Lebenszeit hinausreichten und die Entwickelung der Poesie
unseres Jahrhunderts wesentlich mitbestimmten. Arnim und Brentano
waren nach Herkommen, Temperament und Begabung grundverschieden,
ergänzten sich aber in wahrer Freundschaft; sie trafen in romantischer
Neigung zum Volksmäßigen zusammen. Beide hatten, im Godwi wie im
Ariel, Proben davon abgelegt. Arnims Produktivität verlor sich gar zu
leicht in der flutenden Masse seiner Phantasiegebilde, für die ihm keine
Form genügen wollte; Brentanos mehr auf ein bestimmtes Ziel gerichtete
Dichtung, die aus der Fülle eigener Empfindungen schöpfte, ermüdete oftmals, ehe es erreicht war. Für beide erwies es sich als heilsam, daß sie
sich jetzt auf einen festen Arbeitsplan verpflichteten, der die einzelnen
Leistungen dem gemeinsamen Urteil unterstellte und keinem zurück-
zubleiben verstattete. Der Plan galt der Sammlung und Erneuung
älterer deutscher Lieder. Tieck war kurz zuvor mit seinen Minneliedern
vorangegangen. Es lag mehr als eine äußerliche Ehrfurchtsbezeugung in
dem Besuche, den die Freunde damals von Berlin aus Ludwig Tieck in
Ziebingen machten.

Als erstes Manifest erschien in Reichardts Musikalischer Zeitung
Arnims Aufsatz ‚von Volksliedern‘; Reichardt hatte schon zu Arnims Vater
in freundschaftlichem Dienstverhältnisse gestanden. Im Frühjahr 1805
nahm Achim über Halle und Giebichenstein, wo Reichardt damals wohnte,
seinen Weg nach Heidelberg zu Brentano. Voll Lebenslust und Arbeits-
freude schufen sie ihr Liederbuch. Nach einer altfranzösischen Ballade
Anselm Elwerts, die sie umdichteten, nannten sie es ‚des Knaben Wunderhorn‘. Der erste Band erschien zur Michaelismesse 1805, mit dem Titeljahr 1806. Erst spät im Jahre reiste Arnim heim. Unterwegs sprach
er bei Goethe ein. Das Weihnachtsfest verlebte er bei Reichardts in
Giebichenstein. Kurz nach Neujahr 1806 war er wieder in Berlin.

Preußen schien schon damals durch die französische Machtausdehnung
ernst bedroht. Arnim, der Napoléon als den Erben der Revolution von Herzen
haßte, gehörte zur preußischen Kriegspartei; ja als es schien, daß Preußen

losschlagen würde, war er entschlossen gewesen, unter dem Prinzen Louis Ferdinand Dienste zu nehmen. Doch der Lauf der Politik zwang ihn zu resigniren. Von neuem widmete er sich der litterarischen Tätigkeit. Im Sommer 1806 ging er nach Göttingen und sammelte fleißig weiter. Eben wollte er sich zur Fortsetzung des Wunderhorns nach Heidelberg aufmachen, als der Krieg ausbrach und Süd- und Norddeutschland sich feindlich gegenüberstellte. Arnim hoffte und bangte für sein Vaterland. Er plante die Herausgabe eines patriotischen Volksblattes, das ,der Preuße' heißen sollte, bis er es, nach Wiederherstellung Deutschlands von langer Krankheit, ,den Deutschen' nennen könne. An Blüchers Soldaten, die durch Göttingen zogen, verteilte er Kriegslieder, nach Art von fliegenden Blättern gedruckt. Da fiel der Schlag bei Jena. Arnim eilte über Berlin nach Prenzlau auf seine Güter, von hier durch Pommern und Ostpreußen nach Königsberg, wo der König und was sonst Rang und Namen hatte sich zusammenfand. Erst als wieder Friede war, im Oktober 1807, reiste er mit Reichardt nach Halle und über Weimar, wo er bei Goethe mit Savignys, Clemens, Bettina und Melina Brentano zusammentraf, nach Cassel. Hier richtete er gemeinschaftlich mit Clemens das Manuskript zum zweiten und dritten Bande des Wunderhorns her. Im Januar 1808 ging er nach Heidelberg, um den Druck zu überwachen; im Sommer war er vollendet. Den mutig-zuversichtlichen Ton des ersten Bandes freilich hatten Arnim und Brentano nicht wieder gewinnen können: das Gefühl des allgemeinen Unglücks war noch zu frisch und ungemildert.

Arnim fand 1808 das geistige Leben Heidelbergs in zwei Parteien gespalten: auf der einen Seite standen, in naher Verbindung zu ihrem Verleger Zimmer, Crenzer, Görres und eine Anzahl jüngerer Männer; auf der anderen Johann Heinrich Voß und sein über das Cottaische Morgenblatt gebietender Anhang. Arnim gründete im Verlage Zimmers seine ,Zeitung für Einsiedler'. Er wollte die Gegenwart wieder erfüllen mit demütig-frommer Gesinnung und werktätiger Liebe zum großen deutschen Vaterlande. Außer ihm waren Görres. Brentano und die Brüder Grimm die hervorragendsten Mitarbeiter; auch die jungen schwäbischen Dichter nahmen teil; andere wie Maler Müller, Tieck, Runge hatten sich mit ihrem Anteil nicht unmittelbar an die Zeitung gewendet. Der Gegensatz zu Voß trat nun litterarisch hervor, am heftigsten über das Wunderhorn, ein Streit, in dem Goethe die Partei Arnims nahm. Nach halbjährigem, unregelmäßigem Erscheinen ging die Zeitung ein, für die Buchausgabe erhielt sie den Titel ,Trösteinsamkeit'. Arnim verließ, wie Brentano, Görres und Creuzer, Ende 1808 Heidelberg. Die Mitarbeit an den Heidelbergischen Jahrbüchern war für die nächsten Jahre noch das äußere Band, das ihn mit Heidelberg verknüpfte.

Innerlich freilich erscheinen die meisten der nun folgenden Werke Arnims wie leuchtende Ausstrahlungen seiner Heidelberger Romantik. Sein Wintergarten (1809), Halle und Jerusalem (1810), die Schaubühne (1813) sind im wesentlichen Erneuungen alter deutscher Poesie. Mit der ,Gräfin Dolores' (1809), in die er aber eine große Zahl früherer Arbeiten aufnahm, und mit den ,Novellen' (1812) trat er mehr in die Wege der modernen Dichtung. In seinen ,Kronenwächtern' erhob er sich zu der großen, originalen That eines historisch-poetischen Aufbaus der deutschen Reformationswelt. Der erste Band erschien 1817; der zweite, unvollendet gebliebene, wurde 1854 aus Arnims (noch vorhandenem) Manuskript als Fragment gedruckt.

Aus diesen Werken allen kann man herauslesen, welchen Flug Arnims vaterländische Wünsche und Hoffnungen nahmen. Wie er von schonender Fortbildung des geschichtlich Bewährten, nicht von unhistorischer Neubildung, die Erhebung und Einigung Deutschlands erwartete; wie er aber anderseits mit dem wirklichen Gange der Dinge nicht zufrieden sein konnte. Diese Stimmung Arnims und der Seinigen kam in der Teilnahme an Kleists Abendblättern (1810. 1811), auch in seiner Leitung des ‚Preußischen Correspondenten‘ (1813. 1814), in der Mitarbeit an Görres' ‚Rheinischem Merkur‘ (1814. 1815) und an manchen anderen politischen Zeitungen zum Ausdruck. Die Folge war, daß ihm, solange Hardenberg an der Spitze der Geschäfte stand, der Eintritt in den preußischen Staatsdienst verschlossen blieb.

Seit seinem Fortgange von Heidelberg wohnte Arnim in Berlin; dorthin wandte sich im Herbste 1809 Clemens Brentano und im folgenden Jahre, als Professor an die neugegründete Universität berufen, auch Savigny. Mit der Familie Savigny kam Bettina Brentano; sie wurde im Frühling 1811 Arnims Gattin. Beim Ausbruch der Freiheitskriege trat er in den Berliner Landsturm ein als Hauptmann und Vice-Chef eines Bataillons. Nach der Aufhebung des Landsturms, gegen die er als eine verfehlte Maßregel freimütige Vorstellungen an den König richtete, wünschte er der Landwehr zugeteilt zu werden; allein sein Gesuch wurde, wie z. B. auch das gleiche Niebuhrs, abschläglich beschieden. So trat er in das Privatleben zurück. Um zu ,sparen‘, zog er 1814 in sein Ländchen Beerwalde, nach Wiepersdorf; äußerlich war er zwar von dem Getriebe der Welt geschieden, aber innerlich nahm er an allem, was vorging, Anteil. Die Jubelfeier der Reformation begrüßte er (1817) mit einer Erneuung der Predigten des Matthesius, denen er die von seinem jungen Freunde Ludwig Grimm radierten Köpfe Luthers und Melanchthons beigab. In Gubitz' Gesellschafter bearbeitete er mit und ohne seinen Namen litterarische Tagesgeschichte. Allmählich war er zu dem Rufe eines anerkannten Schriftstellers gelangt, auf dessen Teilnahme die vornehmeren Unterhaltungsblätter und almanachartigen Unternehmungen schon um des Namens willen Gewicht zu legen hatten. Aus seinem großen Vorrat kleinerer Arbeiten vermochte er den verschiedensten Ansprüchen, die an ihn gestellt wurden, zu genügen. Weniger Erfolg hatte er mit den ernstgemeinten Versuchen, seine dramatischen Arbeiten auf die Bühne zu bringen. Seine ,Vertreibung der Spanier aus Wesel im Jahr 1629‘, die doch ein Zeitbedürfnis zu berühren schien, wurde in Breslau dreimal, doch ohne Glück, gegeben; in Regensburg kamen am 14. März 1821 ,die Gleichen‘ von ihm zur Aufführung, auf dem Berliner Hoftheater am 19. Januar 1821 seine Bearbeitung von Massingers Lustspiel ,Neues Mittel, alte Schulden zu bezahlen‘. Arnim vermochte sich zu wenig den realen Bedürfnissen und Beschränkungen einer modernen Bühne anzupassen; seine nie verleugnete Neigung zur altdeutschen Schaubühne, von der er ausgegangen war, blieb ihm zu einem vollen Erfolge hinderlich.

Von den Freunden der Jugend waren ihm nur wenige noch übrig geblieben. Auch Brentano ging fort von Berlin, und wenngleich die alte Liebe und Freundschaft nicht erlosch, so verlor sich doch für beide die

Möglichkeit und das Bedürfnis eines fortlaufenden Gedankenaustausches, wie er früher ein Glück ihres Lebens gewesen war. Wie zum Ersatze für Clemens erblühte ihm die Freundschaft der Brüder Grimm; ihr Briefwechsel spannt sich in ununterbrochener Folge bis zu Arnims Ende. Er hatte sich in sein stilles Landhausleben gefunden, in welches immerhin Besuche, Reisen oder längerer Aufenthalt in der Hauptstadt Abwechselung brachten. Vier Söhne und drei Töchter wurden ihm geboren. In der Kraft seiner Jahre, am 21. Januar 1831, starb er plötzlich in Wiepersdorf; so leicht und schön, wie er es sich einst in den Kronenwächtern erbeten hatte, war das Ende herbeigekommen. Er ruht neben der Kirche im Park zu Wiepersdorf.

a) Clemens Brentano, Godwi. Bremen 1802. 2, 442; Ponce de Leon. Göttingen 1804. 8. 276 bis 280 ‚Zugabe (an Arnim)‘; Die Märchen Stuttgart 1879. S. 99. 100.

b) Mein Leben, wie ich Johann George Scheffner es selbst beschrieben. Leipzig 1816. 8. 302.

c) [Hitzig] Gelehrtes Berlin. Berlin 1826. S. 8 f.: selbstbiographische Angaben Arnims.

d) Nekrolog 9, 88 f.

e) Joseph Görres, Achim von Arnim: Literatur-Blatt. Redigirt von Dr. Wolfgang Menzel. Nr. 27 bis 80. 11. bis 21. März 1831.

f) Preußische Staatszeitung, Januar 1831, Nr. 29 (von Varnhagen, wieder abgedruckt in seinen ‚Denkwürdigkeiten und vermischten Schriften‘. Mannheim 1837. 1, 813 bis 818).

g) Der Freimüthige. Berlin 1831. Nr. 25 (Nekrolog von W. Alexis).

h) C. O. L. von Arnim, Flüchtige Bemerkungen eines Flüchtig-Reisenden. Berlin 1837 bis 1850. Bd. 2 und 8.

i) Wilhelm Grimm, Vorwort zu Ludwig Achim's von Arnim sämmtlichen Werken. Berlin 1839. Bd. 1. 8. V bis XII. Wiederabgedruckt in Wilhelm Grimms Kleineren Schriften 1, 811 bis 814.

k) [Bettina Brentano] Clemens Brentano's Frühlingskranz. Charlottenburg 1844. Berlin 1891; die Günderode. Grünberg und Leipzig 1840. Berlin 1890. 8.

l) Moriz Carriere, Achim von Arnim und die Romantik. Die Günderode. Studien für eine Geschichte des deutschen Geistes. Grünberg und Leipzig 1841. 8.

m) Wilhelm Dorow, Erlebtes aus den Jahren 1790 bis 1827. Dritter Theil. Leipzig 1845. 8. 8. 9. 12. 62. 140.

n) Varnhagen, Denkwürdigkeiten des eignen Lebens. 2. Auflage 1, 851. 875. 878, vgl. Steig Nr. ee) 8. 185; Ausgewählte Schriften 1875. 18, 112, vergl. Nr. ee) S.365, wo eine Klarstellung der Angelegenheit Arnim und Moritz Itzig versprochen wird.

o) Meine Lebens-Erinnerungen. Ein Nachlaß von Adam Oehlenschläger. Leipzig 1850. Bd. 2.

p) F. W. Gubitz, L. Achim von Arnim: Berühmte Schriftsteller der Deutschen. Berlin 1854. 1855. 2, 813 bis 836 — F. W. Gubitz, Erlebnisse. Berlin 1868. 2, 125 bis 142.

q) Tieck, Achim von Arnim: Ludwig Tieck, von Rudolf Köpke. Leipzig 1855. 8. 2, 203 bis 204.

r) A. Hagen, Max von Schenkendorf's Leben, Denken und Dichten. Berlin 1863. 8. 8. 42. 71.

s) Halle und Heidelberg: Aus dem literarischen Nachlasse Joseph Freiherrn von Eichendorffs. Paderborn 1866. 8. 8. 290 bis 329.

t) Karl von Raumer's Leben, von ihm selbst erzählt. Stuttgart 1866. 8.

u) Allgemeine Deutsche Biographie 1875. 1, 557 bis 558 (Bettner).

v) Fridrich Pfaff, Einleitung zu seiner Neuausgabe von Arnims Tröst Einsamkeit. Freiburg und Tübingen 1883. 8.

w) Deutsche Encyclopädie 1885. Band 1, S. 799 (Max Koch).

x) Emilie Ringseis, Erinnerungen des Dr. Johann Nepomuk Ringseis. Regensburg und Amberg 1886—1892. IV. 8.

y) Adolf Friedrich Graf von Schack, Ein halbes Jahrhundert. Erinnerungen und Aufzeichnungen. Stuttgart und Leipzig 1888. 8. 1, 14 bis 16.

z) Wilhelm Scherer, Achim von Arnim. Als Vortrag 1867 im Berliner Handwerkerverein gehalten: Dtsch. Rundschau 1890. Bd. 65. S. 44 bis 63 — Kleine Schriften 2, 102 bis 123.

aa) Mejer, Kulturgeschichtliche Bilder aus Göttingen. Hannover 1889. S. 143.

bb) Max Koch, Einleitung zum 146. Bande der Deutschen National-Litteratur, herausgegeben von Joseph Kürschner. Stuttgart [1893].

cc) Hanne Steffens über Achim und Bettina von Arnim: Reinhold Steig, Chronik des Wiener Goethe-Vereins, 31. December 1892.

dd) Reinhold Steig, Achim von Arnim über Savigny's Buch vom Beruf unserer Zeit: Zsch. für Rechtsgeschichte, german. Abth. XIII S. 227; vgl. Steig Nr. ee) S. 357.

ee) Reinhold Steig, Achim von Arnim und Clemens Brentano. Stuttgart 1894. X, 376 S. 8. Vgl. Herm. Grimm, A. v. Arnims Briefwechsel mit Clemens Brentano: Deutsche Rundschau 1894. 79, 194 bis 206.　　　　　S. auch S. 800.

Briefe an α) Bettina: in Nr. 60) ein Facsimile. — β) Clemens Brentano: Nr. ee) — γ) Sophie Brentano (-Mereau): Nr. ee). — δ) Helmina von Chézy: Steig Nr. ee) S. 68. 343; vgl. Unvergessenes. Denkwürdigkeiten aus dem Leben von Helmina von Chézy. Von ihr selbst erzählt. Leipzig 1858. 1, 246. — ε) Cotta: Kürschner's Dtsch. National-Litteratur Bd. 146. S. CXLVI. — ζ) Dorow: Remi- niscenzen. Goethe's Mutter; nebst Briefen und Aufzeichnungen zur Charakteristik anderer merkwürdiger Männer und Frauen. Herausgegeben von Dr. Dorow. Leip- zig 1842. 8. 94 bis 115. (Facsimile des einen Briefes in Dorows ,Handschriften berühmter Männer und Frauen'). Vgl. Seufferts Vjs. 2, 475 f. — η) Görres: Joseph von Görres Gesammelte Briefe. München 1874. Bd. 2 und 3 (Joseph von Görres Gesammelte Schriften. Bd. 8 und 9). — ϑ) Goethe: Reinhold Steig, Goethe und die Brüder Grimm. Berlin 1892. S. 37. 39. — ι) Jacob und Wilhelm Grimm: Steig, Goethe und die Brüder Grimm. Berlin 1892. — x) Hinze: Nr. ee) S. 168 bis 169. — λ) Frau von Krüdener: Nr. ee) S. 55. 361.

μ) Jean Paul: Denkwürdigkeiten aus dem Leben von Jean Paul Friedrich Richter, herausgegeben von Ernst Förster. Berlin 1863. S. 230; vgl. Dtsch. Revue 1889. 14. 2, 33. Steig Nr. ee) S. 360. — ν) Reichardt: Nr. ee) S. 358 zu 196. — ξ) Reimer: Nr. ee) S. 324 bis 326. — o) Riemer: Chronik des Wiener Goethe- Vereins vom 30. Oktober 1892, mitgeteilt von Karl Schröer; vgl. Steig in der- selben Chronik vom 31. Dezember 1892. — π) Otto Runge: Hinterlassene Schriften von Runge. Hamburg 1840. 1841. Vgl. Nr. ee) S. 363. — ϱ) Savigny: Steig Nr. ee) S. 69 und Nr. dd. — σ) Frau von Schiller: Urlichs, Charlotte Schiller und ihre Freunde 1, 598. — τ) Scheffner: Mein Leben S. 302. — υ) Friedrich Schlegel: Zs. f. d. österr. Gymn. 1889. 40, 98 f. Nr. ee) S. 163. 817. — φ) Tieck: Briefe an Ludwig Tieck. Ausgewählt und herausgegeben von Karl von Holtei. Breslau 1864. 1. 9 bis 15; betreffs der Datierung vgl. Steig, Goethe und die Brüder Grimm S. 248. — χ) Uhland: Ludwig Uhland, seine Freunde und Zeitgenossen. Erinnerungen von Karl Mayer. Stuttgart 1867. 1, 89; vgl. Steig Nr. ee) S. 248. 249. — ψ) Varnhagen: Dorow, Reminiscenzen. Leipzig 1842. S. 115 bis 120. — ω) Winkelmann: Nr. ee) S. 29. 51. — αα) Zimmer: Johann Georg Zimmer und die Romantiker. Herausgegeben von Heinrich W. B. Zimmer. Frankfurt a. M. 1888. S. 146 bis 153. (Der Brief auf S. 149 bei Zimmer ist vom Jahre 1809, nicht 1808).

1) Versuch einer Theorie der elektrischen Erscheinungen. Von Ludwig Achim von Arnim. Mit einer Kupfertafel. Halle 1799. II und 146 S. 8. Vgl. Koch Nr. bb) S. X.

2) Beiträge zu Gilberts Annalen der Physik, von 1799 bis 1807. Vgl. Koch Nr. bb) S. XI.

3) Aufsätze im ,Allgemeinen Journal der Chemie. Herausgegeben von D. Alexander Nicolaus Scherer'. IV. Band. Leipzig 1800. Vgl. Steig Nr. ee) S. 349 zu 3.

4) Rezensionen in den ,Annalen der chemischen Literatur. Herausgegeben von Friedrich Wolff'. Berlin 1808. Vgl. Steig Nr. ee) S. 349 zu 8.

5) Hollin's Liebeleben. Roman. [Vorrede unterzeichnet: L. A. von Arnim]. Göttingen bey Heinrich Dieterich. 1802. 150 S. 8.; davon S. 132 bis 150: Beylage. Erinnerung an Horace Benedikt von Saussure. — Ein erzählender Auszug in der ,Gräfin Dolores' (Nr. 23) 2. Abtheilung, 9. Kapitel; Werke 7, 151 bis 189. — Berlin 1844. 16. — Elegante Bibliothek moderner Novellen. Hg. von Feodor Wehl. Bd. 3. — Hollin's Liebeleben. Ein Roman von L. Achim von Arnim. Neu herausgegeben und mit einer Einleitung versehen von J. Minor. Freiburg und Tübingen 1883. 8.

6) Erzählungen von Schauspielen: Europa. Eine Zeitschrift. Herausgegeben von Friedrich Schlegel. Frankfurt a. M. 1803. II, 140 bis 192. Nr. IV.

7) Aloys und Rose. Französische Miscellen aus Wallis. Aus dem Tagebuche eines hipochondrischen Reisenden, herausgegeben von Achim von Arnim. A . . d. Mittags: Französische Miscellen [hg. von Helmina Fr. v. Hastfer, geb. v. Klencke]. Dritter Band. Tübingen 1803. S. 1 bis 18, 73 bis 94. — Werke 10, 305 bis 351.

8) Ariel's Offenbarungen. Roman. Herausgegeben von L. A. von Arnim. Erstes [und einziges] Buch. [Motto:] Haud igitur cessat gigni de rebus et in res Recidere assidue, quoniam fluere omnia constat: Lucret. V, 280. Göttingen, 1804. Bey Heinrich Dieterich. 8. — Vgl. Steig Nr. ee) S. 86 bis 87.
S. 1 bis 142: Das Heldenlied von Herrmann und seinen Kindern in zwey Gesängen. — S. 143 bis 174: Heymar's Dichterschule. Erster Gesang. Unterricht nach Gemählden und Erzählungen; S. 175 bis 217: Heymar's Dichterschule. Zweyter Gesang. Anwendung zu Gemählden und Erzählungen von seinen Schülern. — S. 218 bis 276: Das Sängerfest auf Wartburg. Der lustigen Vögel Nachspiel zur ersten Aufführung von Herrmann und seinen Kindern am Weihnachtsabend. Schlußgedicht zu Heymar's Dichterschule.
Die Stücke unter Nr. 6) und 7) waren ursprünglich als Fortsetzungen gedacht; vgl. auch den ‚Wintergarten‘ (Nr. 22) 6, 110.

9) Berlinische Musikalische Zeitung. Herausgegeben von Johann Friedrich Reichardt, Königl. Preuß. Capellmeister.
Erster Jahrgang. Berlin 1805. Stück 9: Morgengruß. — Stück 20 bis 26: Von Volksliedern (An den Herausgeber dieser Zeitung); später vollständig hinter dem ersten Bande des Wunderhorns abgedruckt. — Stück 32: Ueber deutsches Silbenmaß und griechische Deklamation. — Zweiter Jahrgang. Berlin 1806. Stück 6: Etwas über das deutsche Theater in Frankfurt am Mayn, von einem Reisenden; anonym, vgl. Steig Nr. ee) S. 115. 354.

10) Anteil an der ‚Bunten Reihe kleiner Schriften‘ von Sophie Brentano. Frankfurt a. M. 1805. Vgl. Steig Nr. ee) S. 123.

11) Anzeigen und Aufforderungen in Beckers Reichsanzeiger: Nr. 254, 22. September 1805; Nr. 339, 17. Dezember 1805; Nr. 340, 18. Dezember 1805. — Sieh Steig Nr. ee) S. 150 bis 151.

12) Des Knaben Wunderhorn. Alte deutsche Lieder, gesammelt von L. A. Arnim und Clemens Brentano. [Band III mit einem Anhang:] Kinderlieder. Heidelberg bey Mohr und Zimmer 1806—1808. III. 8.
Bd. I: 1806. 1819; Berlin 1845 — Werke Bd. 13. — Bd. II: 1808; Berlin 1846 — Werke Bd. 14. — Bd. III: 1808; Berlin 1846 — Werke Bd. 17. — Bd. IV. schon 1810 in der Jen. Lit.-Ztg. angekündigt, wurde 1854 aus Arnims Nachlaß von Ludwig Erk besorgt: Werke, Bd. 21. — Reclams Univ.-Bibl. Nr. 1251 bis 1256.
Vgl. Brentano § 286, 1. 14. § 111, 6. 42. Über die von Ludwig Grimm gearbeiteten Titelbilder des 2. und 3. Bandes vgl. Steig, Goethe und die Brüder Grimm. Berlin 1892. S. 20. 248.   S. auch S. 800.

13) Lieder in: Le Troubadour, italien, français et allemand. Par Jean-Frédéric Reichardt, maître de Chapelle de Sa Majesté le Roi de Pruss. I—III: Cahier. à Berlin [Anfang 1806] chez Henry Frölich. Sämtliche Lieder sind mit Arnims Namen gezeichnet.

14) Lieder in: Zwölf Gesänge mit Begleitung des Forte-Piano, componirt und ihrer geliebten Schwester Friederike zugeeignet von Louise Reichardt. Hamburg, bei Johann August Böhme [1806]. Mit Arnims Namen gezeichnet.

15) Kriegslieder. Erste [und einzige] Sammlung [Göttingen 1806]. — Neudruck von Reinhold Steig, Arnim und Brentano S. 197 bis 206.

16) Frau von Krüdener in Königsberg: Vesta. Für Freunde der Wissenschaft und Kunst. Herausgegeben von Ferdinand Frh. von Schrötter und Max von Schenkendorf. Königsberg 1807. 1, 119 bis 127. Vgl. über Arnims Beziehungen zur Krüdener Steig Nr. ee) mehrfach.

17) Tröst Einsamkeit, alte und neue Sagen und Wahrsagungen, Geschichten und Gedichte. Herausgegeben von Ludwig Achim von Arnim. Mit sehn [zum größeren Teile von Ludwig Grimm gearbeiteten] Kupfertafeln. Heidelberg, bei Mohr und Zimmer 1808. XIV, 296 und 40 Spalten. 4. — Neue Ausgabe von Fridrich

Pfaff. Freiburg und Tübingen 1883. XCVI, 412 S. 8. — Zweite [Titel-]Ausgabe. Freiburg 1890. 8.

Diesen Titel erhielt die Zeitschrift bei der späteren Buch-Ausgabe. Während ihres Erscheinens hieß sie die „Zeitung für Einsiedler'. Wöchentlich wurden zwei Nummern ausgegeben, und zwar: vom 1. April bis 30. July 1808 die Nummern 1 bis 35, dann die Nummern 36 und 37 am 27. und 30. August 1808, außerdem die „Beylage zur Zeitung für Einsiedler' 40 Spalten. Mitarbeiter waren hauptsächlich: Arnim und Görres in Heidelberg. Clemens Brentano, Jacob und Wilhelm Grimm in Cassel; ferner Beiträge von Hölderlin, Maler Müller, Runge, Tieck, Uhland, Kerner u. a. Vgl. § 314, 78 — Band VIII. S. 19.

Über die versteckte Widmung an Goethe vgl. Reinhold Steig, Goethe und die Brüder Grimm. Berlin 1892. 8. — Ein ungedruckter Beitrag Clemens Brentanos zu Arnims „Trösteinsamkeit', mitgeteilt von Reinhold Steig: Euphorion 1894. 1, 124 bis 128.

18) Rezensionen und Ankündigungen in den Heidelbergischen Jahrbüchern 1808 f. Vgl. Wilhelm Grimms Kleinere Schriften 1, S. VII und 288. 1, 173. 237.

19) Die Uhr der Liebe: Prometheus. Eine Zeitschrift, von Leo v. Seckendorf und Jos[eph] Ludw. Stoll. Wien 1808. 1, 5. und 6. Heft, S. 182.

20) Erklärungen und Anzeigen in der Jenaischen Literatur-Zeitung 1808 bis 1810. Vgl. Hoffmann von Fallersleben: Weimarisches Jahrbuch 1855. 2, 261 f.; Steig Nr. ee) S. 270. 276 und sonst.

21) Zwei Sonette „Räthsel' und „Auflösung' [1808]: Blumenlese aus dem Stammbuche der deutschen mimischen Künstlerin, Frauen Henriette Hendel-Schütz gebornen Schüler. Leipzig und Altenburg 1815. 8. 128 bis 130. Vgl. Steig Nr. ee) S. 363.

22) Der Wintergarten. Novellen von Ludwig Achim von Arnim. Berlin, 1809. In der Realschulbuchhandlung. XVI und 488 S. 8. — Werke Bd. 11. 12.

Vgl. § 97, 2. 1) C. § 194, 1. 3) l) und Anton Reichl, Über die Benützung älterer deutscher Literaturwerke in Ludwig Achim von Arnims Wintergarten. 2 Theile. Arnau 1889 und 1890.

23) Armuth, Reichthum, Schuld und Buße der Gräfin Dolores. Eine wahre Geschichte zur lehrreichen Unterhaltung armer Fräulein aufgeschrieben von Ludwig Achim v. Arnim. Mit Melodien [von Bettina Brentano, Fürst Anton Radzivil, Johann Friedrich und Luise Reichardt]. Berlin, in der Realschul Buchhandlung [1809]. II. 8. — Werke Bd. 7. 8. Vgl. Wilhelm Grimms Kleinere Schriften 1, 289 bis 297.

24) a. Nachtfeier nach der Einholung der hohen Leiche Ihrer Majestät der Königinn. Eine Kantate von Ludwig Achim von Arnim, in Musik gesetzt von Georg Abr. Schneider, Königl. Preuß. Kammermusikus. Berlin, 1810. Gedruckt zum Besten der Armen. 16 S. 8.

b. Nachtfeier nach der Einholung der Hohen Leiche Ihrer Majestät der Königinn. Eine Cantate von Ludwig Achim von Arnim, in Musik gesetzt von Georg Abr. Schneider, Königl. Preuß. Kammermusikus. Berlin, bei Gröbenschütz und Seiler. Dem Andenken der frühverklärten unvergeßlichen Koenigin weihet sich in Andacht und Liebe dieser Gesang der Trauer und des Trostes. 56 S. Querfolio. — Auf diesen „Clavierauszug seiner Musik' von Schneider verweist in einer Anmerkung zu dem Vorwort „an die Leser':

c. Nachtfeier nach der Einholung der hohen Leiche Ihrer Majestät der Königin. Eine Kantate von Ludwig Achim von Arnim. Verbesserte Auflage. Berlin, 1810, In der Realschulbuchhandlung. 32 S. 8. [Auf der Rückseite des Titels:] In Musik gesetzt von Herrn Kammermusikus G. A. Schneider; aufgeführt den 18ten und 25ten August im Saale des Königl. Opernhauses. — Werke Bd. 22.

25) Beiträge zu Heinrich von Kleists Berliner Abendblättern, 1. Oktober 1810 bis 30. März 1811.

26) Gesänge der Liedertafel. Erstes [und einziges] Bändchen. Berlin 1811. Gedruckt bei Georg Decker, S. 246 bis 248: Katz ist nit zu Haus, von Achim von Arnim.

27) Halle und Jerusalem. Studentenspiel und Pilgerabentheuer von Ludwig Achim von Arnim. [Mit einem von Ludwig Grimm radierten Portrait nach Holbein:] Ahasverus. Heidelberg 1811, bei Mohr und Zimmer. 436 S. 8. — Werke Bd. 16.

Dem Schauspiele liegt das Trauerspiel Cardenio und Celinde von A. Gryphius, § 189, 20. 12) f, zu Grunde, aus dem auch Karl Immermann, § 327, 36), schöpfte.

28) Isabella von Aegypten, Kaiser Karl des Fünften erste Jugendliebe. Eine Erzählung. Melück Maria Blainville, die Hausprophetin aus Arabien. Eine Anekdote. Die drei liebreichen Schwestern und der glückliche Färber. Ein Sittengemälde. Angelika, die Genueserin, und Cosmus, der Seilspringer. Eine Novelle. Von Ludwig Achim von Arnim. Nebst einem Musikblatte [Composition von Bettina]. Berlin, 1812. In der Realschulbuchhandlung. XVIII und 390 S. 8. — Werke Bd. 1.

29) Ludwig Achim von Arnim's Schaubühne. Erster [und einziger] Band. Berlin, 1813. [Mit dem Untertitel:] a: Jann's erster Dienst, Posse [vgl. § 170, 4) 51]; b: der Auerhahn, dramatische Geschichte [Otto der Schütz]; c: das Frühlingsfest, Nachspiel [aus der Päpstin Johanna, vgl. Werke Bd. 19, 150]; d: Mißverständnisse, Lustspiel; e: die Befreiung von Wesel (1629), Schauspiel; f: das Loch, Schattenspiel [aus den sieben weisen Meistern]; g: Hanrei und Maria, Pickelheringsspiel [nach den englischen Comoedianten § 169, 4. 9)]; h: der wunderthätige Stein, Hanswurstspiel [nach § 169, 4. 10)]; i: Jemand und Niemand, Trauerspiel [nach § 169, 4. 6)]; k: die Appelmänner [1576], Puppenspiel von Ludwig Achim von Arnim. Berlin, 1813. In der Realschulbuchhandlung. 308 S. 8. — Werke Bd. 5. 6; zu Bd. 6 ist noch ,die Capitulation von Oggersheim' hinzugekommen. Am Schlusse giebt Arnim selbst seine Quellen an; in den Appelmännern ein Aufruf an das Volk, sich gegen die fremden Unterdrücker zu erheben.

30) Der Preußische Correspondent. Berlin, 1. April 1813 bis 1814 zu Ende. Arnims Redaction vom 1. October 1813 bis 31. Januar 1814. Vgl. Steig Nr. ee) S. 323 f.

31) Beiträge zu Görres' Rheinischem Merkur. Koblenz 1815. Vgl. Frans Binder, Görres' Gesammelte Schriften 3, 448. 449. 482.

32) Die Kronenwächter von L. Achim von Arnim. Erster Band. Berlin, 1817. In der Maurerschen Buchhandlung. [Mit dem Untertitel:] Berthold's erstes und zweites Leben. Ein Roman von Ludwig Achim von Arnim. Berlin 1817. 441 S. 8. Werke Bd. 3. Vgl. Wilhelm Grimms und Bettinas Heidelbergische Recension: Wilhelm Grimm Kleinere Schriften 1, 298 bis 310. — Der zweite Teil wurde 1854 als Band 4 der Werke nach dem Manuscript gedruckt. — Collection Spemann Nr. 9. — Reclams Univ.-Bibl. Nr. 1504 f. — Koch (Nr. 61) Bd. 2.

33) Predigten des alten Herrn Magister Mathesius über die Historien von des ehrwürdigen, in Gott seligen, theuren Manns Gottes, Doktor Martin Luthers Anfang, Lehre, Leben und Sterben. Mit einer Vorrede herausgegeben von Ludwig Achim von Arnim. Mit den Bildnissen Luthers und Melanchthons [nach Münchner Gemälden Kranachs radiert von Ludwig Grimm]. Berlin 1817. In der Maurerschen Buchhandlung. VIII und 73 S. 4. Sieh § 127, 62. g).

34) Lieder in: Zwölf Gesänge mit Begleitung des Fortepiano's. Componirt und ihrer jungen Freundin und Schülerin Dem^lle Louise Sillem zugeeignet von Louise Reichardt. [Um 1817]. Drittes Werkchen (Hamburg, bei Joh. Aug. Böhme). — Mit Arnims Namen gezeichnet.

35) Prosaische und poetische Beiträge zu Gubitz' Gesellschafter. Arnims Beiträge reichen von 1817 bis 1832 [17. Januar 1832: Waisenhäuser in Berlin, Nachlaß von Achim von Arnim], zum Teil anonym. Die größeren Stücke in den Werken abgedruckt. Einzelnes wiederholt in: Gubitz' Erlebnissen. Berlin 1868. S. 128; Wagners Archiv für deutsche Sprache 1861. S. 313 bis 324, vgl. § 258, 7. 1); [Gubitz] ,Geistige Feldzüge. Berlin 1857'. Ein nicht vollständiger Abdruck von Beiträgen nur aus den Jahren 1817 bis 1820: Ludwig Achim von Arnim. Unbekannte Aufsätze und Gedichte. Mit einem Anhang von Clemens Brentano. Herausgegeben von Ludwig Geiger. Berlin 1892 (= Berliner Neudrucke III, 1). — Vgl. Reinhold Steig, Achim von Arnim als Tagesschriftsteller: National-Zeitung, 19. Juli 1892.

36) Mitarbeit am ,Deutschen Beobachter oder privilegirten Hanseatischen Zeitung'. Hamburg 1817.

37) Beiträge zu Amadeus Wendt's Leipziger Kunstblatt für gebildete Kunstfreunde, 1817—1818.

38) Der tolle Invalide auf dem Fort Ratonneau: Gaben der Milde, hg. von F. W. Gubitz. Berlin 1818. 4, 75 f. — Werke Bd. 2. — Heyse-Kurz, Deutscher Novellenschatz, Bd. 1. — Reclams Univ.-Bibl. Nr. 197.

39) Doktor Faustus. Tragödie von Christoph Marlowe. Aus dem Englischen übersetzt v Wilhelm Müller. Mit einer Vorrede von Ludwig Achim von Arnim. Berlin 1818en

40) Seltsames Begegnen und Wiedersehen. Eine Erzählung: Friedrich Försters Sängerfahrt. Berlin 1818. 4. S. 71 f.; außerdem S. 230, zwei Gedichte: ‚Ermunterung‘ und ‚Der sündige Heilige‘. — Werke Bd. 10.

41) Eine Rezension über Hardenberg (Novalis) in Okens Isis.

42) Beiträge zur Wünschelruthe. Herausgegeben von H. Straube und Dr. J. P. v. Hornthal. Januar bis Juni 1818 und Zugabe Nr. 1 bis 4. Göttingen. 4. Nr. 5: Zur Weihnachtszeit. — Nr. 12: Die heiligen Zeichen. — Nr 23 (19. März) bis Nr. 34 (27. April): Briefe über das neue Theater von L. Achim von Arnim und Clemens Brentano: über den Anteil beider vgl. Steig Nr. ee) S. 343 bis 345. 367. — Nr. 50 und 51: David der Prediger und Spinner. — Nr. 52: Oliviers Berchtolsgadner Landschaft.

43) Die Liedertafel. Berlin, 1818: S. 222 und 365 ‚Katz ist nit zu Haus‘; wie Nr. 26). — S. 310 ‚Christmarkt im Felde‘, von A. von Arnim.

44) Beiträge zu den ‚Originalen aus dem Gebiete der Wahrheit, Kunst, Laune und Phantasie‘ von Lotz in Hamburg. Darin 1818 Nr. 148 Die zerbrochene Postkutsche. — Werke Bd. 10.

45) Die Gleichen. Schauspiel von Ludwig Achim von Arnim. Berlin, 1819. Maurersche Buchhandlung. 190 S. 8. — Werke Bd. 20.

46) Gesänge der jüngeren Liedertafel. Berlin 1820. S. 23: Klage beim Bundestage. Eine abweichende Fassung in Gubitz' Gesellschafter (Nr. 35) 1817. S. 645.

47) Elegie auf den Tod eines Geistlichen: Askania. Zeitschrift für Leben, Litteratur und Kunst. Herausgegeben von Wilhelm Müller. Dessau 1820. S. 364.

48) Die Majorats-Herren. Erzählung von Ludwig Achim von Arnim: Taschenbuch zum geselligen Vergnügen auf das Jahr 1820. S. 20 bis 83. — Werke Bd. 2.

49) Die Kirchenordnung. Erzählung von Ludwig Achim von Arnim: Taschenbuch zum geselligen Vergnügen auf das Jahr 1822. S. 102 bis 199. — Werke Bd. 9.

50) Owen Tudor. Eine Reisegeschichte von Ludwig Achim von Arnim: Taschenbuch zum geselligen Vergnügen auf das Jahr 1821. S. 9 bis 73. — Werke Bd. 2.

51) Raphael und seine Nachbarinnen. Erzählung von Ludwig Achim von Arnim: Taschenbuch zum geselligen Vergnügen auf das Jahr 1824. S. 137 bis 217. — Werke Bd. 9.

52) Die Verkleidungen des französischen Hofmeisters und seines deutschen Zöglings. Novelle: Frauentaschenbuch für 1824. — Werke Bd. 2. — Reclams Univ.-Bibl. Nr. 128.

53) Landhausleben. Erzählungen von Ludwig Achim von Arnim. Erster [und einziger] Band. Leipzig, bei C. H. F. Hartmann. 1826. 522 S. 8. — Werke Bd. 15. Vgl. Varnhagen v. Ense, Zur Geschichtschreibung und Litteratur. Hamburg 1833. S. 537. — § 245. 4) f. — Bd. IV. S. 729.

54) Sammlungen zur Theatergeschichte. Von Ludwig Achim von Arnim: Monatliche Beiträge zur Geschichte dramatischer Kunst und Literatur. Herausgegeben von Karl von Holtei. Berlin 1827 und 1828. Bd. 2, S. 1 bis 42; vgl. Bd. 1, S. 192 bis 194.

55) Mitarbeit am ‚Berliner Conversations-Blatt für Poesie, Literatur und Kritik. Redigirt von Dr. Fr. Förster und W. Häring (Willibald Alexis). Berlin 1827 f.: darin 1828. II, 123 bis 124, 126 bis 128, 130 bis 131, 135 bis 136 ‚Ausflüge mit Hölderlin. Von Ludwig Achim von Arnim‘. Sieh § 276, 8. d) = Bd. V. S. 471. — II, 137 bis 138 ‚Pathmos. An den Landgrafen von Homburg. Von Hölderlin, mitgetheilt von L. A. von Arnim‘.

56) Erinnerungen eines Reisenden: Berlinische Blätter für deutsche Frauen. Eine Wochenschrift. Herausgegeben von Friedrich Baron de la Motte Fouqué. IX. Bandes 2. Heft. Berlin, 1829. S. 107 f.

57) Ausgestreute Stammbuchblätter von Ludwig Achim von Arnim: Berliner Musen-Almanach für 1831. Herausgegeben von Moritz Veit. Berlin 1831. S. 8 bis 31. Diese ‚Stammbuchblätter‘ enthalten zwölf Gedichte, sämtlich und in gleicher Reihenfolge in den Werken Bd. 22 S. 74 bis 90 abgedruckt; nur ist bei dem siebenten die ursprüngliche Überschrift ‚Kindergeschrei‘ in ‚Schnabelweide‘ verwandelt worden.

58) Arnims letztes Gedicht abgedruckt als ,Vorwort' zu den ,Gedichten von Kühnemund von Arnim, hg. von Friedmund von Arnim. Berlin 1860'. 8. 3 bis 6.

59) Sechs Erzählungen. Nachlaß von L. Achim von Arnim. Berlin und Königsberg in der Neumark. In der Vereins-Buchhandlung. 1885. 140 S. 8. Inhalt: 1. Frau von Saverne. 2. Die Einquartierung im Pfarrhause 3. Die Weihnachts-Ausstellung. 4. Juvenis. 5. Fürst Ganzgott und Sänger Halbgott. Reclams Univ.-Bibl. Nr. 197. 6. Der tolle Invalide auf dem Fort Ratonneau. — Werke Bd. 2. 10.

60) ,Laßt uns ruhig weiter bauen'. ,Die Wahrsagerin'. ,Die Wetterfahne'. ,Die Bekehrung'. Aus dem Nachlaß Achim's von Arnim: Berliner Taschenbuch. Herausgegeben von H. Kletke, Alexander Duncker, Eduard Haenel. Berlin 1843. 8. S. 101 bis 113. — Die drei letzten Gedichte sieh Werke Bd. 22, 282. 295. 314.

61) Sämmtliche Werke. Berlin 1839 f. Bd. I bis III und V bis VIII. 8. — Neue Ausgabe. Berlin 1853—1856. XXII. 8.

Nach Arnims Tode faßte Bettina den Entschluß, seine Schriften neu zu drucken. Wilhelm Grimm, der die Herausgabe übernahm, schrieb zum ersten, 1839 erschienenen, Bande die Vorrede. Die noch ungedruckte Korrespondenz hierüber ist vorhanden. Damals waren, laut eines mir vorliegenden Prospekts (Berlin, im Juni 1839) zunächst nur acht Bände in Aussicht genommen; über die Anordnung der folgenden Bände behielt sich Wilhelm Grimm eine schließliche Entscheidung vor. Später zog er sich von der Herausgabe zurück, und Bettina ließ die ursprüngliche Beschränkung fallen. Die Sammlung stieg, ohne vollständig zu sein, auf 22 Bände. An der Herrichtung einzelner Bände, namentlich des Gedichtbandes, war Varnhagen mitbeteiligt. Der Inhalt der neuen Ausgabe Bettinens, die in den entsprechenden Bänden mit der Wilhelm Grimms übereinstimmt, ist folgender: I.: Isabella von Aegypten, Kaiser Karl des Fünften erste Jugendliebe, eine Erzählung. — Melück Marie Blainville, die Hausprophetin aus Arabien, eine Anekdote. — Die drei liebreichen Schwestern und der glückliche Färber, ein Sittengemälde. — Angelika, die Genueserin und Cosmus, der Seilspringer. — II.: Die Ehenschmiede, Novelle aus den Denkwürdigkeiten eines Naturforschers. — Die Verkleidungen des deutschen Hofmeisters und seines deutschen Zöglings, Novelle. — Die Majoratsherren, Erzählung. — Owen Tudor, eine Reisegeschichte. — Fürst Ganzgott und Sänger Halbgott. — Der tolle Invalide auf dem Fort Ratonneau. — III.: Die Kronenwächter. — V.: Janns erster Dienst, eine Posse. — Der Auerhahn, eine Geschichte in vier Handlungen. — Das Frühlingsfest, ein Nachspiel. — Mißverständnisse, ein Lustspiel. — Die Vertreibung der Spanier aus Wesel im J. 1629, Schauspiel in drei Handlungen. — VI.: Das Loch, oder das wiedergefundene Paradies, ein Schattenspiel. — Der Hanrei und die Marie vom langen Markte, ein Pickelhäringspiel. — Der wundertätige Stein, ein Hanswurstspiel. — Jemand und Niemand, ein Trauerspiel. — Die Appelmänner, ein Puppenspiel. — Die Capitulation von Oggersheim, ein heroisches Lustspiel in drei Aufzügen. — VII. bis VIII.: Gräfin Dolores. — IX.: Der Pfalzgraf, ein Goldwäscher. — Die Kirchenordnung. — Raphael und seine Nachbarinnen. — X.: Seltsames Begegnen und Wiedersehen. — Martin Martir. — Frau von Saverne. — Juvenis. — Die zerbrochene Postkutsche. — Die Weihnachtsausstellung. — Aloys und Rose. — XI. bis XII.: Der Wintergarten. — XIII. bis XIV.: Des Knaben Wunderhorn 1. 2. — XV.: Landhausleben. — XVI.: Halle und Jerusalem. — XVII.: Wunderhorn 3. — XVIII.: Schaubühne, dritter Band: Der echte und der falsche Waldemar. — XIX.: Die Päbstin Johanna. — XX.: Schaubühne. — Markgraf Philipp von Brandenburg. — XXI.: Wunderhorn, 4. Bd. mit Register, herausgegeben von L. Erk. — XXII.: Gedichte, erster Band. IX und 874 S.

62) Arnims Werke. Herausgegeben von J. Dohmke. Kritisch durchgesehene und erläuterte Ausgabe. Leipzig und Wien. Bibliographisches Institut. [1892].

63) Arnim, Klemens und Bettina Brentano, J. Görres. Hg. von Max Koch. Stuttgart [1893]. (Dtsch. National-Litteratur, historisch-kritische Ausgabe, hg. von Joseph Kürschner. 146. und 147. Band).

64) Contes Bizarres par Achim d'Arnim, traduction de Théophile Gautier fils. Paris 1856. 313 S. 8. S. 1 bis IV: Introduction. — S. 1 bis 190: Isabelle d'Egypte. — S. 191 bis 242: Marie Melück-Blainville. — S. 243 bis 313: Les héritiers du Majorat.

8. Bettina von Arnim, die Gemahlin Achims von Arnim und
Schwester Clemens Brentanos, geboren am 4. April 1785 zu Frankfurt
am Main. Ihre Taufnamen waren Katharina Elisabet Ludovica Magdalena.
Über das Geburtsjahr schwanken die Angaben in den Schriften Bettinas
wie in Familienaufzeichnungen zwischen 1785 und 1788. Es entscheidet
jedoch der von Kreiten in den ‚Stimmen aus Maria-Laach' (19,476) ur-
kundlich aufgestellte Stammbaum der Familie Brentano für das Jahr 1785
als dasjenige ihrer Geburt.
    Die Kunde von ihrer Kindheit und Jugend fließt uns hauptsächlich
aus ihren eigenen Werken zu. Sie wuchs im ‚goldnen Kopf' zu Frankfurt inmitten einer zahlreichen Geschwisterschar heran. Der Tod eines
geliebten Bruders, dann der der Mutter und des Vaters grub die ersten
tiefen Schmerzen in das Gemüt des Kindes, das doch nicht aufhörte mit
den Geschiedenen fortzuleben, wie wenn sie gegenwärtig wären. Mit ihren
Schwestern Lulu und Melina war sie einer Klosterpension in Fritzlar anvertraut worden, von wo sie ihren ersten Brief nach Frankfurt an den
Vater schrieb (Die Günderode, 1890. S. 123). Hier, in der einsamen
Stille des Klostergartens, schloß sie ihren Bund mit der Natur wie zum
Ersatze dessen, was sie von der Welt entbehren mußte. Vier Jahre, bis
1798 (nicht bis 1801, wie anscheinend aus den ‚Gesprächen mit Daemonen'
S. 10 geschlossen worden ist) dauerte dieser Aufenthalt. Dann lebten die
Schwestern wieder abwechselnd in Frankfurt bei ihrem mit Antonie
von Birkenstock aus Wien verheirateten Bruder Franz oder bei der
Großmutter Sophie von Laroche in Offenbach. Diese Frau, seit Jahrzehnten schriftstellerisch mitbeteiligt an der geistigen Entwickelung
bei uns, unterhielt mit den maßgebenden Männern in Deutschland,
mit Wieland, Goethe, Herder, Gedankenaustausch und Verkehr. In ihr
Haus zu Offenbach traten vornehme Emigranten ein, gleichsam lebendige
Träger moderner französischer Bildung. In Frankfurt wieder mahnten
tausend Erinnerungen an die alte Zeit, deren Zusammenbruch schon
damals unvermeidlich schien. So nahm Bettina durch persönlichen Umgang eine Fülle von Kultur- und Bildungselementen höchster Art in
sich auf.
    Auch zu den jung aufstrebenden Talenten in der Litteratur trat
Bettina in ein unmittelbares Verhältnis. Die Gelegenheit bot sich für sie
durch ihren Bruder Clemens. Seit den Tagen der Kindheit außerhalb des
Elternhauses stehend, sah er, gelegentlich eines Ferienbesuches von Jena
aus, Bettinen fast wie eine Fremde wieder. Er fühlte, daß sie ihm gleich-
geartet sei. Sie konnte ihm ersetzen, was er an seiner Schwester Sophie
verlieren mußte. Die Dedikation des zweiten Teiles seines Godwi ist das
erste Zeichen des neuen Geschwisterbundes, der für das Leben geschlossen
ward. Clemens' Jenaer und Göttinger Freunde, besonders Savigny, Arnim,
und später Tieck, wurden ihre Freunde. Aus Savignys Kreise gesellte
sich Karoline von Günderode hinzu. Und nun entfaltete sich um Bettinen
für die nächsten Jahre ein neues reichbewegtes Leben: zu Haus, in Marburg und am Rhein. Als die Günderode im Frühling 1806 geschieden
war, suchte sie Goethes Mutter auf, deren Gespräche und Erzählungen
über ihren Sohn sie niederschrieb, und durch welche sie nun auch in die
unmittelbare Gemeinschaft mit Goethe eintrat. Jeder weiß, welche Rolle
der Frau Rat und Goethe in Bettinens Schriften zusteht. Bettina ist die

erste, die das Charakterbild der wunderbaren Frau in umfassender, und nicht übertroffener Weise dargestellt hat.

Der napoleonische Krieg brachte kurz darauf den Zusammensturz und die Neuordnung der Verhältnisse in Deutschland. Cassel, die Frankfurt nahgelegene Residenz Jérômes, zog von allen Seiten bedeutende Leute an sich. Auch Bettina weilte dort zum Besuch ihrer Schwester Lulu Jordis. Von Cassel aus wurde ihr endlich der Wunsch erfüllt, Goethe von Angesicht zu schauen. Sie durfte ihren Schwager Jordis nach Berlin begleiten, und auf dem Rückwege traf sie am 23. April 1807 in Weimar ein, von Wieland und Goethe aufgenommen als ‚Sophiens Schwester, Maximilianens Tochter, Sophie La Rochens Enkelin‘. Was Goethe für Bettina in der Folge war, aber auch was er von ihr empfing, ist in seinen und ihren Briefen, die nun gewechselt wurden, ausgesprochen. Viermal traf sie später noch mit Goethe persönlich zusammen: 1807 im Herbst, 1810, 1811, 1824; und noch kurz vor seinem Tode hat ihm ihr Sohn Friedmund den letzten Brief gebracht.

Als wieder Friede im Lande war, erschien Achim von Arnim in Cassel bei Clemens, schon in Weimar von Savignys und den Geschwistern Brentano empfangen. Das volle Jahr, das er am Main und Neckar verblieb, entschied über sein und Bettinens Lebensschicksal. Als er sie im Herbste 1808, auf der Reise nach Landshut mit der Familie Savigny, bis Aschaffenburg begleitete, schieden beide von einander in seliger Gewißheit, daß sie sich unzertrennlich angehörten. Fast zwei Jahre lebte Bettina in Landshut und in München, wo sie vielfach um F. H. Jacobi war. Wieder fuhr der Krieg durch die Lande: ihr Herz schlug für die deutsche Sache und für den Heldenmut der unglücklichen Tiroler, denen sie die Gunst des Erbprinzen Ludwig zuzuwenden bemüht war. Als Savigny an die neuerrichtete Universität Berlin berufen wurde, traf Bettina mit ihm und den Seinigen über Wien, wo sie Beethoven kennen lernte, 1810 in Berlin ein. Im Dezember verlobte sie sich mit Arnim und im folgenden Frühlinge wurde sie seine Gattin. Zwanzig Jahre ehelichen und mütterlichen Glückes waren ihr an Arnims Seite beschieden. Die Geschichte dieser Jahre fällt naturgemäß mit der ihres Gatten zusammen.

Arnim starb 1831. Ein Jahr darauf Goethe. Ein neuer Abschnitt in dem Leben Bettinas begann.

Bettina war nun wieder auf sich selbst gestellt; die Erinnerung an das Vergangene wurde mächtig in ihr. Die, zum allergrößten Teile noch vorhandene, Korrespondenz mit Goethe war ihr durch Vermittelung des Weimarischen Kanzlers von Müller zurückgegeben worden, und wie sie vor einem Jahrzehnt Goethes Monument zu formen begonnen hatte, beschloß sie jetzt ihm ein litterarisches Denkmal zu schaffen. Goethe hatte, nicht ohne ihre Mithilfe, mehr aus nachdichtender Erinnerung, als auf Grund äußeren Materials, sein Leben geschrieben. Ebenso betrachtete Bettina die Blätter ihrer und seiner Hand nur als Mittel für eine höhere Darstellungsform ihrer Gedanken über Goethe. Sie war, auch wo sie sich des Wortes bediente, eigentlich nicht Schriftstellerin, sondern Künstlerin. So hat sie aus ihrer wirklichen Korrespondenz, die Form des Briefes beibehaltend, ein Kunstwerk geschaffen: Goethe's Briefwechsel mit einem Kinde. ‚Kind‘ nicht von Bettinens Kindheit, sondern im geistigen Sinne als ‚Kind Goethes‘ verstanden (an Meusebach S. 401). Das Buch er-

schien 1835. Der Erfolg war ein ungeheurer. Neue Auflagen, eine englische und eine französische Übersetzung wurden nötig. Die geniale Frau
war mit einem Schlage auch die berühmteste Frau Deutschlands geworden.

Eine Flut von Zuschriften aus allen Gegenden und Ständen drückte
ihr enthusiastisch den Dank des ,Volkes' aus. Jacob Grimm erklärte
öffentlich, daß diesen Briefen kein anderes Buch in Gewalt der Sprache wie
der Gedanken an die Seite zu setzen sei, und daß sie mit der Zeit einen
Anhang, ja integrierenden Teil der Werke Goethes bilden würden. Wilhelm
Grimm meinte, das Buch müsse alle Menschen beglücken, denen der Staub
nicht fingerdick auf der Seele sitze. Der Freiherr von Meusebach, scharf
in das Gefüge des Werkes eindringend, sagte voraus, daß es Mühe haben
werde sich der Unsterblichkeit zu entziehen. Dies Wort ist wahr geworden, trotz aller ,Kritiker' und ,Forscher', die in letzter Linie auf
Gervinus' Autorität zurückgehend allmählich nur noch von ,Erfindungen'
Bettinens zu reden wußten. Die litterarische Betrachtung bei uns ist jetzt
wieder zu einer richtigeren Würdigung des Briefwechsels gelangt, und in
weiten Kreisen des Volkes wird das Buch noch gelesen, wie wenn es eben
frisch aus Bettinas Hand hervorgegangen wäre.

Goethe's Briefwechsel mit einem Kinde ließ Bettina 1840 ihr Buch
,Die Günderode' und, nach dem Tode ihres Bruders, 1844 ,Clemens
Brentano's Frühlingskranz' folgen. Beide führen in die Zeit vor dem
Briefwechsel mit Goethe, und zwar der (nicht vollendete) Frühlingskranz
bis in den Herbst 1803, die Günderode bis in das Jahr 1806. Wieder
liegen wirkliche Korrespondenzen zu Grunde. Wieder dieselbe Arbeits-
methode Bettinens, und natürlich auch der Widerstreit der kritischen
Stimmen. Die Gestaltung des jugendlichen Clemens wie der Günderode
ist ebenso wahr wie liebenswürdig. Bettina hat durch ihr Werk der
einstigen Jugendfreundin fortlebende Anerkennung ausgewirkt.

An diese drei Briefwechsel knüpft sich für uns der litterarische Nach-
ruhm Bettinens, weil in ihnen das Lebendig-Persönliche am reinsten zum
Ausdruck kommt. Nicht als ob sie die einzigen Zeugen solcher genial gesteigerten Verhältnisse aus Bettinens Leben wären. Wir wissen von ihrem
Verkehre mit Gneisenau, Schleiermacher, Fürsten Pückler, den Brüdern
Grimm, Humboldt und Friedrich Wilhelm 4. Überall sehen wir sie
enthusiastischer Hingabe fähig und bedürftig. Gedruckt und ungedruckt
liegen auch Korrespondenzen mit jungen Leuten vor, an deren Zukunft sie
glaubte, und die sie mit dem Ideal ihrer Seele zu füllen trachtete.
Unter diesem Gesichtspunkte sind die am Ende der dreißiger Jahre mit
Philipp Nathusius gewechselten Briefe aufzufassen, die Bettina 1848 unter
dem Titel ,Ilius Pamphilius und die Ambrosia' erscheinen ließ. Aus diesen
Jünglingen Männer zu bilden, die hochgesinnt allein dem Volke dienen
würden, war die über den Einzelnen weit hinauszielende Absicht, die
Bettina dabei verfolgte.

Sie selbst ist in eignen Schriften für das Wohl des ,Volkes' eingetreten. Um diesen Zug ihres Charakters zu verstehen, bedenke man,
welche Stellung die Romantiker überhaupt dem ,Volke' gegenüber einnahmen. Liebe zum Volke verpflichtet aber zu thatkräftigem Schutze der
Armen und Schwachen. So betrachtete sich auch Bettina zeitlebens als
die natürliche Beschützerin aller Bedrängten, Verfolgten und Vertriebenen,

und ihr Frauenwille zu helfen schritt über Hindernisse hinweg, die Männern unüberwindlich schienen. Das Elend des Volkes hatte sie 1831 zur Zeit der Cholera, wo sie unerschrocken in die Häuser der Armen eintrat, zuerst in Masse kennen gelernt und mit ihren Kräften zu lindern gesucht. Wenn auch vor der Hand durchgreifende Hilfe zu schaffen nicht möglich war, so hoffte sie doch von dem Regierungsantritt Friedrich Wilhelms 4. den Beginn einer allgemein beglückenden Zeit. Nun erhob auch sie, 1841, ihre Stimme in dem feurig geschriebenen ‚Königsbuch‘, an das sich 1853, zu spät und ohne die vorige Wirkung, als zweiter Band die ‚Gespräche mit Daemonen‘ anschlossen. Bettinens Enthusiasmus gehörte einem gottbegnadeten, geisterfüllten Königtum, ihre vorwärtsdrängende Fürsorge den Armen und Schwachen des Volkes; ihr Groll richtete sich gegen die Staatsmänner, die nach veralteter Staatsraison jede unmittelbare lebendige Wechselwirkung zwischen Fürst und Volk zu hintertreiben wußten. Schlechtigkeit und Verbrechen in den niedrigsten Schichten sei eine selbstverschuldete Staatskrankheit der Herrschenden. Ein neuer Staat, der allein den reinen, natürlichen Menscheninteressen diene, müsse an Stelle des alten aufgebaut werden. Diese schöpferische Tat sei nur unter einem von allgemeinster Menschenliebe erfüllten Königtum möglich, dankbar werde dem König dann sein Volk zujubeln. Wer das Königsbuch liest, wird auch heute noch von seinem Inhalt ergriffen werden. Die Fäden sind wohl erkennbar, die aus dem Gewirr damals erhobener Forderungen sicher zu der Gestaltung unserer Gegenwart hinüberleiten. Der Auserwählte, der — um mit Bettinens Worten zu reden — den Volksgeist wahrhaft in sich tragend das große Werk vollenden würde, ist uns ja, wenn auch später als sie dachte, erschienen, und wie hätte sie heute mit dem gesamten Deutschland seinem ‚Genius‘ gehuldigt! Demgegenüber tritt die Erwägung zurück, ob und in wie weit sich Bettina von dem Boden der realen Verhältnisse entfernt hat. Ihr schöner Irrtum war der Glaube an die schließliche Selbsterhebung der menschlichen Natur zum Guten, auch wo sie noch so tief entartet sei.

Die ‚Gespräche mit Daemonen‘ sind Bettinens letztes Buch. Die ihr noch verbleibenden Jahre benutzte sie, die Sammlung der Schriften Arnims zum Abschluß zu bringen, von ihren eigenen Werken besorgte sie gleichfalls eine (Titel-)Gesamtausgabe, Unternehmungen, woraus ihr manche äußerliche Ungelegenheiten erwuchsen. Musik und Kunst und immer neuer Umgang mit Menschen hielt ihr Alter frisch. Bis zuletzt schuf sie an ihrem Goethe-Monument, von dem ein Gypsmodell in ihrer zu Berlin, in den Zelten, gelegenen Wohnung aufgestellt war. Hier ist sie am 20. Januar 1859 gestorben. Sie ruht, den Gatten zu Häupten, neben der Kirche im Schloßpark zu Wiepersdorf.

Eine durchaus erschöpfende Bibliographie ist für Bettina nicht zu geben. Die große Masse rein journalistischer Artikel muß ausgeschieden bleiben. Anderseits können nicht all die vielen Schriften, Briefwechsel und Biographien anderer Personen einzeln aufgeführt werden, in denen Bettina beiläufig, bisweilen auch bedeutsam, erwähnt wird. Eine Auswahl war notwendig. Hoffentlich aber wird es möglich sein, von der hier angeführten Litteratur aus sämtlichen Beziehungen Bettinas nachzukommen.

a) Karl Immermann, Münchhausen. Eine Geschichte in Arabesken. Düsseldorf, 1838. 8. Bd. 1, Capitel XVI, S. 225 bis 227.

b) Moriz Carriere, Achim von Arnim und die Romantik. Die Günderode. Studien für eine Geschichte des deutschen Geistes. Grünberg und Leipzig. 1841. 8.

c) Guido Görres, Bettina von Arnim und Clemens Brentano: Histor.-polit. Blätter 1845. XV, 481 bis 500. 782 bis 745. 806 bis 819.

d) An G. H. Lewes eine Epistel von Heinrich Siegfried. Berlin 1858. 36 S. 8.

Die Epistel richtet sich gegen die ,vier ganz unverantwortlichen Seiten über die genialste Schriftstellerin Deutschlands' in Goethe's Leben und Schriften von Lewes.

e) H(ermann) G(rimm), Bettina von Arnim: Vossische Zeitung, 25. Januar 1859. Nr. 20, zweite Beilage.

f) Karl Goedeke, Emanuel Geibel. Stuttgart 1869. 1, 69 bis 70. 77 bis 79. 97 bis 99. 101 bis 104. — Carl C. T. Litzmann, Emanuel Geibel. Berlin 1887. 8. 36. 89. 162.

g) Herman Grimm, Goethe, Minna Herzlieb und Bettina Brentano: Preußische Jahrbücher 1872 30, 591 bis 603.

h) Allgemeine deutsche Biographie. 1875. 2, 578 bis 582 (G. von Loeper).

i) Heinrich Grunholzer. Lebensbild eines Republikaners im Rahmen der Zeitgeschichte von Trangott Koller. Zürich 1878. Bd. 1, S. 264 bis 272.

k) Die Briefe und Mitteilungen von Bettina von Arnim [über Beethoven]: Alexander Wheelock Thayer, Ludwig van Beethoven's Leben. Berlin 1866 bis 1879. Bd. 3, S. 453 bis 462. — Vorher: Julius Merk, Drei Briefe von Beethoven an Bettina: Athenäum für Wissenschaft, Kunst und Leben. Nürnberg, Januar 1839; Ilius Pamphilius und die Ambrosia 1848, S. 213 bis 230. Und sonst in Beethoven-Biographien.

Die Echtheit des im Ilius Pamphilius abgedruckten Briefes Beethovens von Carriere durch Einsicht des Originals verbürgt, wodurch allein sich eine zweifelnde Bemerkung des deutschen Übersetzers von Thayers Werke beseitigt. — Vgl. auch die Grenzboten 1867. 26, 2, 100 bis 101.

l) Briefe Goethe's an Sophie von La Roche und Bettina Brentano nebst dichterischen Beilagen herausgegeben von G. von Loeper. Berlin 1879. 8.

m) Lina Morgenstern, Die Frauen des 19. Jahrhunderts. Berlin 1889. Bd. 1, S. 171f.

n) Herman Grimm, Bettina von Arnim: Goethe-Jahrbuch 1880. Bd. 1, S. 1 bis 16; wiederholt als Einleitung zu Nr. 8) c., und in ,Fünfzehn Essays von Herman Grimm. Dritte Folge. Berlin 1882', S. 272 bis 286.

o) Über das Verhältnis zwischen Lachmann und Bettina: Christian Belger, Moriz Haupt als academischer Lehrer. Berlin, 1879. S. 26; Briefwechsel des Freiherrn von Meusebach mit J. und W. Grimm, hg. von Camillus Wendeler. Heilbronn 1880. S. 266; Karl Lachmanns Briefe an Moriz Haupt. Hg. von J. Vahlen. Berlin 1892 mehrfach; Reinhold Steig, National-Zeitung vom 26. November 1892.

p) Conrad Alberti (d. i. Conrad Sittenfeld), Bettina von Arnim. 1785 bis 1859. Ein Erinnerungsblatt zu ihrem hundertsten Geburtstag. Leipzig 1885. 185 S. 8. — Vgl. Moriz Carriere, Bettina von Arnim: Beilage zur Münchner Allgemeinen Zeitung 1885 Nr. 356.

q) Moriz Carriere, Bettina von Arnim: Gesammelte Werke von Moriz Carriere. Leipzig 1890. Bd. 12, (= Lebensbilder), S. 226 bis 275; vorher veröffentlicht in ,Nord und Süd' 1887. Bd. 40, S. 65 bis 103, und als XLII Heft der ,Deutschen Bücherei' Breslau [1887]. 43 S. 8.

Im Anschluß an eine Anzeige der ,Lebensbilder' Carrieres publiciert Herman Grimm (Deutsche Rundschau 1890. Bd. 60. S. 471 bis 472) die beiden Sonette ,War unersättlich' und ,Ein Strom entrauscht' aus Goethes eigenhändigen, Bettina einst übersandten Niederschriften.

r) Reinhold Steig, Bettina: Deutsche Rundschau. Bd. 72 (1892), S. 262 bis 274.

s) Max Koch, Einleitung zum 146. Bande der Deutschen National-Litteratur, hg. von Joseph Kürschner. Stuttgart [1892].

t) Reinhold Steig, Bettina und Johann Isaak Gerning: Ein Stammbuch für Wilhelm Hertz zum siebzigsten Geburtstage. Berlin 1892. 8. S. 64 bis 66.

u) Heinrich von Treitschke, Deutsche Geschichte im Neunzehnten Jahrhundert. Fünfter Theil. Leipzig 1894. S. 284f.

Briefe an α) Rosa Maria Assing: Briefe von Stägemann ... und Bettina von Arnim (hg. von Ludmilla Assing). Leipzig 1865. S. 380/2. — α') S. 800. — β) Henriette von Bardeleben: Briefe von Stägemann .. und Bettina von Arnim, S. 854 bis 857. — γ) Peter Anton Brentano: Bettina, Die Günderode, 1890, S. 124 bis 125. — δ) Clemens Brentano: Clemens Brentano's Frühlingskranz. — ε) Melina Brentano, vermählte von Guaita: Nr. q) S. 280. — ζ) Carriere: Nr. q) S. 249. — ζ') Dahlmann: Anton Springer, Friedrich Christoph Dahlmann. Leipzig 1870. 1872. 2, 101. 103. 105. — η) Dorow: Briefe von Stägemann . . . und Bettina von Arnim. S. 327; vgl. Steig, Arnim und Brentano. Stuttgart 1894, S. 364 bis 365. — ϑ) Friedrich Wilhelm 4.: Nr. o) Camillus Wendeler S. 291 (wo auch des Kronprinzen Briefe an Bettina abgedruckt sind). — ι) Görres: Joseph von Görres' Gesammelte Schriften 9, 439. — κ) Goethe: Goethe's Briefwechsel mit einem Kinde; Briefe an Stägemann . . . und Bettina von Arnim (hg von Ludmilla Assing). Leipzig 1865. S. 294 bis 295; G. von Loeper Nr. l) S. 147 bis 157; Reinhold Steig, Deutsche Rundschau 1892. 72, S. 271 f. — λ) Goethes Mutter: Nr. 8) und Nr. 9) Bd. 2, S. 206 bis 212. — μ) J. und W. Grimm: Springer, Dahlmann 2, 101. 103. 107. — ν) Günderode: Nr. 4); Steig, Deutsche Rundschau 1892, S. 270; Geiger, Günderode und ihre Freunde. 1895. S. 142 bis 161 (vgl. Euphorion 1895. 2, 415 f.).

ξ) Alexander von Humboldt: Briefe von Stägemann .. und Bettina von Arnim. Leipzig 1865. S. 342. 347. 358. 368. Sieh die ,Briefe von Alexander von Humboldt an Varnhagen' Nr. 51. 144. 162, und den ,Briefwechsel des Freiherrn von Meusebach mit J. und W. Grimm, hg. von Wendeler. Heilbronn 1880. S. 295 bis 296. — ο) Jacobi: Aus F. H. Jacobi's Nachlaß, Ungedruckte Briefe von und an Jacobi und Andere. Hg. von Rudolf Zoeppritz. Leipzig 1869. Bd. 2, S. 27. — π) Krausnick: Briefe von Stägemann . . . und Bettina von Arnim, S. 843 bis 847. — ρ) Freiherrn von Meusebach: Camillus Wendeler, S. 288 bis 284, 399 bis 402, 404 bis 405; Bettina, Ilius Pamphilius 2,280.

σ) Pückler: Briefwechsel des Fürsten Hermann von Pückler-Muskau, hg. von Ludmilla Assing. Hamburg 1873. Bd. 1, 83 bis 271; vgl. [Fürst Pückler] Tutti Frutti. Stuttgart 1834. Bd. 1, S. 7 bis 10. — τ) Rahel: Briefe von Stägemann . . . und Bettina von Arnim, S. 276 bis 815. — υ) Moritz Robert-tornow: Philipp Spitta, Deutsche Rundschau, März 1891, Bd. 66, S. 885 bis 887; wiederholt in Philipp Spitta, Zur Musik. Sechzehn Aufsätze. Berlin 1892. S. 845 bis 849; sieh Nr. 6) Anmerkung. — φ) Rumohr: Koch Nr. a) S. CLV bis CLVII (der Schluß faksimiliert); Goedeke, Emanuel Geibel. Stuttgart 1869. 1, 77. — χ) Tieck: Briefe an Ludwig Tieck. Ausgewählt und herausgegeben von Karl von Holtei. Breslau 1864. Bd. 1, S. 16 bis 19; dazu Steig, Arnim und Brentano. Stuttgart 1894. S. 194. — ψ) Varnhagen: Briefe von Stägemann . . . und Bettina von Arnim (hg. von Ludmilla Assing). Leipzig 1865. S. 284 bis 407. — ω) Veit: Wiener Neue Freie Presse 1895. Nr. 10940, 7. Februar.

1) B[ettina], Seelied: Arnims Tröst Einsamkeit Nr. 12, vom 11. Mai 1808. Bettinens eigne Angabe, daß sie die Dichterin sei, ist ohne Grund angezweifelt worden. Im Nachlaß befindet sich noch die Druckvorlage: sie ist von Bettinens Hand geschrieben, und nur der Titel ,Seelied' und die Unterschrift ,B.' sind von Arnim redaktionell hinzugesetzt.

Über Bettinens Bemühungen für des Knaben Wunderhorn vgl. ,Die Günderode', Ausg. 1890, S. 851; ihr Anteil wird seinerzeit festgestellt werden.

2) Anzeige von Arnims ,Kronenwächtern', mit Wilhelm Grimm: Heidelbergische Jahrbücher 1818. 1, 452 bis 464; wiederabgedruckt in Wilhelm Grimms Kleineren Schriften 1, 298 bis 810.

3) a. Goethe's Briefwechsel mit einem Kinde. Seinem Denkmal. Berlin, bei Ferdinand Dümmler. 1835. III. 8.

Erster Theil (mit einem Stich von Bettinens Goethe-Monument, dem Fürsten Pückler gewidmet): X, IV und 856 S. — Zweiter Theil (mit einem Stich nach Prellers Zeichnung von Goethe): 324 S. — [Dritter Theil (mit einem Stich von Göthes Zimmer im älterlichen Hause in Frankfurt am Main)]: Tagebuch. 243 S.

b. Goethes Briefwechsel mit einem Kinde. Seinem Denkmal. Zweite Auflage. Mit Königlich Würtembergischem Privilegium gegen den Nachdruck für alle drei Bände. Berlin, bei C. H. Jonas. 1837. III. 8.

Der bildliche Schmuck derselbe wie zur ersten Auflage. Der dritte Theil führt von jetzt ab den Titel: Tagebuch zu Goethe's Briefwechsel mit einem Kinde. — Titelauflagen der zweiten Ausgabe erschienen: Berlin 1849. III. 8 und Berlin 1853. III. 8.

c. Goethe's Briefwechsel mit einem Kinde. Seinem Denkmal. Dritte Auflage. Herausgegeben von Herman Grimm. Berlin, 1881. Verlag von Wilhelm Hertz. 546 S. 8. (Mit einem Stich von Bettinens Goethe-Monument nach der Original-zeichnung).
Vorangeht eine ‚Vorrede‘, S. V bis VI und aus Nr. n) wiederholt, der Aufsatz über ‚Bettina von Arnim‘. S. XI bis XXIV, von Herman Grimm.
Reclams Univ.-Bibl. Nr. 2691 bis 2695.
d. Goethe's Correspondence with a child. For his monument. Berlin, 1838. III. 8.
Diese Ausgabe bietet an bildlichem Schmuck Stiche vom Monument, ‚Goethe's Mother‘, ‚The Author of Werther‘, ‚Where he wrote Werther‘. Der dritte Theil ‚The Diary of a child. 1838‘ mit einer Anrede ‚to the English bards‘ und ‚Preamble‘, S. I bis X, von Bettina.
e. Goethe et Bettina; correspondance inédite de Goethe et de Mᵐᵉ Bettina d'Arnim; traduit de l'allemand par Séb. Albin (pseudon. für Hortense Cornu, geb. Lacroix; vgl. S. 86 nach Nr. 14). 2 vol. 8. Paris 1843. (Lorenz, Catalogue 2, 463).

Rezensionen und Erläuterungen:

α) (Hallische) Allgemeine Literatur-Zeitung vom Jahre 1835. Julius 1835. Nr. 115 bis 120. Sp. 289 bis 336 (von Karl Hartwig Gregor Freiherrn von Meusebach); vgl. Briefwechsel des Freiherrn Karl Hartwig Gregor von Meusebach mit Jacob und Wilhelm Grimm. Hg. von Camillus Wendeler. Heilbronn 1880. 8. 205. 394 bis 407; Fischartstudien des Freiherrn von Meusebach, hg. von Camillus Wendeler. Halle 1879. 8. 85. — β) Jacob Grimm: Gött. gelehrte Anzeigen 1835, S. 915 bis 916: in den kleineren Schriften 6, 419 bis 420; Reinhold Steig. Goethe und die Brüder Grimm. Berlin 1892. S. 222. — γ) Wilhelm Grimms briefliche Urteile über Goethe's Briefwechsel mit einem Kinde: Steig, Goethe und die Brüder Grimm, S. 221 bis 222. — δ) Morgenblatt für gebildete Stände. 1. bis 11. April 1835. Nr. 78 bis 87 (von Joseph Görres). Vgl. Görres' Gesammelte Schriften 9, 439. — ε) Blätter für litterarische Unterhaltung 1835. Nr. 79 bis 81 (von W. Alexis). — ζ) Jahrbücher für wissenschaftliche Kritik 1835. Nr. 84 bis 85 (von Chn. Herm. Weiße); wiederh. im Anhange zu Kritik und Erläuterungen der Göthe'schen Faust. Leipzig 1837. 8. § 246, 46). — η) Bettina. Geistes- und Charakter-Gemälde dieser ausgezeichneten Frau in sorgfältig gewählten Stellen des Vortrefflichsten aus ihren Briefen und ihrem Tagebuch. Hg. von Z. Funck [K. F. Kunz]. Bamberg 1836. 8. — η') S. 800. — ϑ) Semiramis (dramat. Skizze). Frankfurt 1836. 8. — ι) Ueber den Göthischen Briefwechsel. Von G. G. Gervinus. Leipzig 1836. 8. 8. 153 bis 185. — ϰ) G. F. Daumer, Bettina. Gedichte aus Goethes Briefwechsel mit einem Kinde. Nebst erläuternden und vergleichenden Anmerkungen. Nürnberg 1837. 8. — λ) Baltische Monatsschrift. Riga 1879. Bd. XXVI. 8. 487 bis 515 (von F. Sintenis). — μ) Reinhold Steig, Goethe's Briefwechsel mit einem Kinde: Goethe und die Brüder Grimm. Berlin 1892. Capitel XV, S. 220 bis 228.
Vgl. Band IV. 8. 548 und § 234. B, I. 24) — ebenda 8. 569 f.
Die Originale einiger von Bettina benutzter Materialien sind abgedruckt in: Ersch und Grubers Realencyclopädie I 91, 308, von Herman Grimm; Loeper Nr. l); Weimar. Goethe-Ausgabe I 29, 231 bis 238; Grimm Nr. q); Steig Nr. r).

4) Die Günderode. Grünberg und Leipzig, 1840. Den Studenten. II. 440 und 306 S. 8. — Erster Theil: Briefe aus den Jahren 1804 bis 1806. Zweiter Theil: Die Günderode im Jahr 4. — Titelauflage: Berlin 1858. II. 8. — Die Günderode. Ausgabe von 1840. Berlin, 1890. 442 S. 8. — Sieh unten S. 800.
Vgl. Schwartz, das Frühere zusammenfassend, in Ersch und Grubers Realencyclopädie I. 97, 199 f.; Steig: Deutsche Rundschau, August 1892, S. 267.

5) Drei Briefe Bettinens über die ‚Fünfzig Gedichte von Philipp Engelhard Nathusius. Braunschweig 1839‘: Hallische Jahrbücher für deutsche Wissenschaft und Kunst 1889. Nr. 254 und 255. Vgl. Ilius Pamphilius und die Ambrosia 2, 814.

6) Ein offener Brief Bettinens zu Gunsten Spontinis: Schilling's Jahrbücher des deutschen National-Vereins für Musik und ihre Wissenschaft. Dritter Jahrgang. Nr. 22, 3. Juni 1841, 8. 173 bis 174, als Correspondenz aus Berlin vom 15. Mai 1841.
Dieser vor der Veröffentlichung Spontini von Bettina mitgeteilte Brief ist neuerdinge nach einer (noch vorhandenen) Copie von Schreiberhand zwar etwas vollstän-diger, aber irrtümlicher Weise als sei er neu und allein an Moritz Robert-tornow am 27. September 1841 gerichtet, von Spitta publiziert worden; sieh Briefe Nr. v).

7) Dies Buch gehört dem König. Berlin 1848. II. 8. — Dies Buch gehört dem König. Des Königsbuchs erster Band von Bettina Arnim. Zweite [Titel-] Auflage. Berlin, Arnim's Verlag. 1852. VIII und 597 S. 8. — S. 1 bis 138 bei Koch (Nr. 12) 2, 441 bis 518.

Nach Nr. i) 1, 271. 272 stammen die auf S. 586 bis 598 abgedruckten ,Erfahrungen eines jungen Schweizers im Vogtlande', aber nicht die Vorbemerkungen S. 583 bis 585, von Heinrich Grunholzer.

Bettina und ihr Königsbuch. Von A. St(ahr). Hamburg 1844. 8. — Buchlosigkeit der Schrift: Dies Buch gehört dem König. Ein unterthäniger Fingerzeig, gewagt von Leberecht Fromm. Bern 1844. 8.

Der Titel wurde mehrfach nachgeahmt: ,Dies Buch gehört den Damen . . . . Frankfurt a. M. 1844. 16. — ,Dies Buch gehört dem Volke' (von Otto Lüning. Bielefeld von 1845 und 1846). — ,Dies Buch gehört der Jugend' (von Stöber, Nieritz und andern), Coesfeld 1846 u. s. w.

8) Clemens Brentano's Frühlingskranz aus Jugendbriefen ihm geflochten, wie er selbst schriftlich verlangte. Erster [und einziger] Band. Charlottenburg, bei Egbert Bauer. 1844. VIII, 473 S. 8. Sr. Königlichen Hoheit dem Prinzen Waldemar von Preußen. — Neuer unveränderter Abdruck mit einem Vorwort von Reinhold Steig. Berlin, 1891. X[VI], 288 S. 8.

Die Originale einiger von Bettina benutzter Materialien sieh bei Steig, ,Vorwort' VII bis VIII; Deutsche Rundschau, August 1892, S. 263 bis 267; Arnim und Brentano. Stuttgart 1894. 8. 356, vgl. S. 350.

9) Ilius Pamphilius und die Ambrosia. Von Bettina Arnim. I: Leipzig, 1848. 363 S. 8. II: Berlin, 1848. 384 S. 8. — Außerdem Titelauflagen.

10) Gespräche mit Daemonen. Des Königsbuchs zweiter Band von Bettina Arnim. Berlin, 1852. VIII, 371 S. 8. — Außerdem Titelauflagen.

11) Sämmtliche Schriften. Zweite Ausgabe. Berlin 1853. XI. 8. Inhalt I: Nr. 8). — II bis III: Nr. 4). — IV bis VI: Nr. 8). — VII bis VIII: Nr. 9). — IX bis X: Nr. 7). — XI: Nr. 10).

12) Arnim, Klemens und Bettina Brentano, J. Görres. Hg. von Max Koch. Stuttgart [1893]. (Dtsch. National-Litteratur, historisch-kritische Ausgabe, hg. von Joseph Kürschner. 146. und 147. Band).

13) Das Goethe-Monument. Bettina begann die Arbeit zu Anfang der zwanziger Jahre, als man Goethe in Frankfurt ein Denkmal setzen wollte. Sie brachte selbst 1824 in Weimar ihre Zeichnung vor Goethe. Mit Wichmanns Hilfe stellte sie dann, 1824. 1825, eine Thonskizze her. Von ihr und Steinhäuser wurde das große Gypsmodell aufgebaut, das bis zuletzt in ihrer Wohnung stand, vor dem sitzend sie uns Ludwig-Grimms Radierung (28. November 1838 ad vivum) zeigt. Steinhäuser führte in Rom das Denkmal kolossal in Marmor aus. Bettina sah es noch in Weimar, wo es im Treppenhause des Neuen Museums aufgestellt ist. — Vgl. Herman Grimm, Bettina's Goethe-Statue in Weimar: Deutsche Rundschau 1889. Bd. 60, S. 469 bis 471.

Motive aus ihren Zeichnungen zur Ausschmückung der Vorhalle des Berliner Museums verwendet (Carriere).

14) Musikalische Compositionen. a. Compositionen zu Arnims Gräfin Dolores 1809 und den Novellen v. J. 1812, vgl. § 286, 7. 23) und 28).

Das für Bettina gewählte Pseudonym ,Beans Beor' (= beglückend werde ich beglückt) von Arnim aus den Anfangsbuchstaben ihres vollen Namens gebildet, während er selbst sich ebenso als ,Amans Amor' (= liebend werde ich geliebt) bezeichnete.

b. Dedié (so!) à Spontini, Directeur général (so!) de la Musique et premier maître de chapelle de S. M. le roi de Prusse. etc. etc. Par Bettine Arnim. Leipzig, en Commission chez Breitkopf & Härtel [1843]. 14 S. Querfolio.

Inhalt: Nr. 1. Mondenschein schläfert ein. — Nr. 2. Aus Faust. O schaudre nicht, laß diesen Blick, laß diesen Händedruck dir sagen. — Nr. 3. Aus dem ,Wintergarten' von Arnim. Den trägon Tag verfolgt der Mond. — Nr. 4. Ein Stern der Lieb' am Himmelslauf die off'ne Brust mit Glanz umhüllt. — Nr. 5. Herbstgefühl. Fetter grüne, du Laub, am Rebengeländer hier am Fenster hinauf. — Nr. 6. Duett. Abendstille öffnet Thüren, Lieb' der Liebe zuzuführen. — Nr. 7. Duett. Vom Nachen getragen, mein Nachen versenket, mein Leben verklaget.

Eins der Motive aus Nr. 2 in Joachims Violinconcert verwendet (H. Grimm). Außerdem ungedruckte Compositionen zum Faust.

Nach einer Tradition, der G. v. Loeper (Allg. dtsch. Biogr. 2, 582) folgt, wäre Bettina auch die Verfasserin nachstehender Broschüre gewesen:

An die aufgelö'ste Preußische National-Versammlung. Stimmen aus Paris. Paris. Massue & Cie., Quai Voltaire. Berlin. Reuter und Stargardt. [o. J. VI, 75 S. 8.] Der Frau Bettina von Arnim gewidmet. [Vorrede ‚im Namen vieler Polen' unterzeichnet:] St. Albin. Paris, 15. December 1848.

Gegen Bettinens Autorschaft spricht der Stil. Wer war aber St. Albin? Die Vorrede an Bettina beginnt (S. V): ‚Ich habe Ihre Werke ins Französische übersetzt'. Die Übersetzerin aber war (vgl. Nr. 3. e) die Polin Hortense Lacroix, vermählte Madame Cornu, die unter dem Pseudonym Seb. Albin schrieb. Sie wird also auch die Verfasserin der Broschüre sein, und dann wäre St. Albin in dem zu Berlin hergestellten Drucke ein leichter Fehler für Séb. Albin. Möglicherweise hatte Bettina, die mit Mad. Cornu in Beziehung stand, irgendwie Anteil an der Drucklegung; in ihrem Buchnachlasse findet sich noch eine Anzahl von Exemplaren der Broschüre.

9. Friedmund von Arnim, Achims und Bettinens dritter Sohn, geboren am 9. Februar 1814, sein Name wie der der beiden älteren Brüder Freimund (geboren 1812) und Siegmund (geboren 1813) und der des jüngeren Bruders Kühnemund (geboren 1817) in Rücksicht auf die damaligen Zeitverhältnisse gewählt; dem kleinen Johannes Freimund ist die erste Ausgabe der Grimm'schen Märchen 1812 zugeeignet. Friedmund von Arnim war ein eigenartiger, auf sich selbst beruhender Charakter, von den vielseitigsten, allgemeingerichteten Interessen erfüllt. Aus voller Überzeugung trat er für die unbedingt naturgemäße Entwickelung und Selbstbestimmung des Menschen ein. Als ländlicher Grundherr, im Besitze der Herrschaft Blankensee bei Gerswalde in der Mark, sorgte er unablässig für die Wohlfahrt seiner Eingesessenen und war auf die Erhaltung und Stärkung aller volkstümlichen Eigenart bedacht. Aus dem Munde des Volkes sammelte er in der Heimat und auf Reisen Lieder, Sagen und Märchen. Die Märchen ließ er im Druck erscheinen: nach Sprache und Lebensauffassung in denselben mehr auf die unteren Schichten berechnet. Er verfaßte auch eine Reihe naturphilosophischer und praktisch-politischer Schriften, wie er sich gleich seinem Vater eindringend mit der Mathematik beschäftigte. Er starb am 24. Juli 1883 zu Blankensee, wo er auch begraben ist.

Hundert Mährchen im Gebirge gesammelt von Friedmund von Arnim. Erstes [und einziges] Bändchen. Charlottenburg. Bei Egbert Bauer. 1844. 136 S. 8.

10. Kühnemund von Arnim, Achims und Bettinens vierter Sohn, geb. am 24. März 1817. Er wurde kaum zwanzig Jahre alt. Es fanden sich Gedichte von ihm vor, die sein Bruder Friedmund für die Familie drucken ließ. Jugendliche Gedanken, Hoffnungen und Wünsche machen ihren Inhalt aus. Man empfindet wohl den poetischen Einfluß seines Vaters und hauptsächlich Schillers. Eins seiner Gedichte gilt der ‚letzten Stunde' Schleiermachers (12. Februar 1834), von dem er eingesegnet worden war. Er starb am 24. Juni 1835 an den Folgen eines unglücklichen Sturzes beim Baden; das Nähere enthält ein Brief Mensebachs an Jacob Grimm vom 25. Juni 1835 (Briefwechsel, hg. von Wendeler, 1880. S. 206).

Letzte Andenken von Kühnemund von Arnim. Den Geschwistern, Verwandten und Freunden zur liebreichen Erinnerung bisher aufbewahrt und jetzt herausgegeben von seinem Bruder Friedmund von Arnim. Berlin 1860. 52 S. 8.

11. Gisela von Arnim, Achims und Bettinens jüngste Tochter, am 30. August 1827 in Berlin geboren. seit 1859 mit Herman Grimm vermählt, gestorben in Florenz am 4. April 1889 und daselbst auf dem neuen evangelischen Kirchhof an der Certosa bestattet.

Gisela war noch nicht drei Jahre alt, als ihr Vater starb, an den sie keine persönliche Erinnerung behielt, und so wuchs sie unter dem alleinigen Einfluß ihrer Mutter auf, deren liebstes, schönstes und begabtestes Kind sie war. Früh begann Gisela zu dichten und zu schreiben, wie wenn dies für ein Mitglied der Familie Arnim-Brentano das Natürliche sei. Auch ihre älteren Schwestern Maximiliane, vermählte Gräfin Oriola (1818 bis 1894), und Armgard, vermählte Gräfin Flemming (1822 bis 1880), besaßen diese natürliche Gabe, sich schriftlich auszudrücken und mitzuteilen. Während aber die von ihnen verfaßten Lebenserinnerungen und Korrespondenzen bis jetzt Manuskript geblieben sind, hat Gisela selbst eine Reihe ihrer Dichtungen dem Druck übergeben, und viele Blätter ihrer Hand liegen noch in ihrem Nachlaß da. Niemals aber richtete sie das, was sie schrieb, an den Beifall einer unbegrenzten Öffentlichkeit im heutigen Sinne. Sie wandte sich vielmehr in Gedanken immer an einen bestimmten Kreis durch Verwandtschaft oder Freundschaft ihr zugehöriger Personen, die sie verstehen würden.

Ihre ersten Dichtungen las Gisela in einem Vereine junger Damen und Herren, der um den Anfang der vierziger Jahre sich gebildet hatte. Von dem Geist und der Laune dieser vornehmen Geselligkeit, die der Kaffeter hieß, legen die handschriftlichen Sitzungsprotokolle Zeugnis ab. Wir kennen die Scherznamen der Mitglieder dieses Kaffeters, dem auch Geibel als Ehrenmitglied angehörte: Gisela führte den Namen Spatz von Spatzenheim. I. J. 1845 nun entstand ,Das Heimelchen', um dieselbe Zeit ,Mondkönigs Tochter' und ,Aus den Papieren eines Spatzen'. Es sind Märchen, nicht in der strengeren volkstümlichen Art der Brüder Grimm, sondern wie sie Arnim, Brentano, E. T. A. Hoffmann gedichtet hatten. Um die Menschen, die Gisela schafft, lebt und webt die ganze Natur. An das Wirkliche schmiegt sich das Wunderbare und steigert es zu idealem Dasein. Wie innig ist in ,Mondkönigs Tochter' der Tod des armen Kindes als ein Sichhinaufsehnen zum leuchtenden Monde dargestellt. Welch märchenhafte Wohligkeit verbreitet das gute Heimelchen um sein liebes Prinzchen Ohnestündchen. Wie freuen wir uns über die gelungene Allerweltsweisheit des bethulichen Spatzen, dem zwei junge Menschen ihr Liebes- und Lebensglück verdanken. Und überall, namentlich aber im ,Heimelchen', finden wir eigene Lebensbeziehungen Giselas eingestreut. Das ,blaue Ländchen' z. B., wo die Familie der Heimeli wohnt, ist das ,Ländchen' Beerwalde mit Wiepersdorf und seinem schattigen Park, durch den, wie im Märchen, noch heute die ,Varlobungs- allee' sich zieht: blau aber ist, seit Novalis, die Farbe der Romantik. Und dann liest man, wie ,der Urahn und die Urahne und die vier Jungens und drei Töchter', d. i. Achim und Bettina von Arnim mit den sieben Kindern, für den Winter nach der Hauptstadt Perlhuhn, d. i. Berlin, zu Wagen übersiedelten, und ,der Urahne sei ein Dichter gewesen und seine Gemahlin ebenso viel, wo nicht mehr, und die Kinder, die wären alle Dichterkinder gewesen'; und wie im Walde ,der Ahne in seiner kühnen Dichter-Schönheit im grünsammtenen Kleide' prüfend jeden jungen Eich- stamm von der Wurzel bis zum Wipfel angeschaut und leise vor sich hin ein Lied vom jungen lichten Holz' gesungen habe, das so lustig leicht in Himmelsbläue steige und auch seinen Sinn, wenn er gestorben sei, hin zum blauen Himmel tragen werde.

Ein Jahrzehnt später, seit 1857, fingen die dramatischen Dichtungen zu er- scheinen an. Auch bei diesen ging Gisela von volksmäßig-epischen, durch die deutsche Romantik vermittelten Stoffen aus. Der Geist der altdänischen Helden- lieder Wilhelm Grimms beseelte sie, als sie das königliche Dulden und Siegen Inge- borgs von Dänemark am französischen Hofe dichtete. Ossians Gesänge, Walther Scott und die schottischen Volkslieder gaben ihr die Grundstimmung für das früh begonnene, spät vollendete Drama ,Altschottland', wie die Hochlandsfamilie des Grafen Jacob und allen freudigernst voran die jugendliche Elinor für ihren an- gestammten Prinzen Charlie Stuart Lebensglück und Reichtum opfern; Ort, Zeit, Namen, alles ist nach freier Eingebung gearbeitet, während die geschichtliche Wahr- heit dem Buche von Hassell's über ,den Aufstand des jungen Prätendenten Carl Eduard Stuart' entstammt; als vollere Ausdichtung einer balletartigen Szene (Alt- schottland S. 121) war früher schon ,das Licht' entstanden. Für Adelaide Ristori, von deren Spiel auf der Berliner Bühne, namentlich als ,Myrrha' Alfieris, sie ergriffen worden war, schrieb Gisela ,Das Herz der Nero'; Lais ist eine Tänzerin des Nero, die im Opfertod für einen armen Sklaven das gebrochene Geschick ihres Daseins zu schmerzverklärter Reinheit erhebt. Zum ersten Male tritt Gisela hier auf italienischen Boden hinüber, auf dem sich auch die beiden großen dramatischen Dichtungen ,Trost in Thränen' und ,Das Steinbild der Cornelia' bewegen. Jene, zu der Guhls Künstlerbriefe den ersten Anstoß gaben, hat zum Inhalt der reich entfalteten Handlung die schmerzlich entsagende Liebe Michelangelos zur göttlichen Vittoria Colonna. Bei dieser steht, leise mitlebend und die Entscheidung bringend, das Steinbild der Cornelia im Mittelpunkt, das der herrliche Amano nach dem Bilde seiner Gattin geschaffen hat.

Bis dahin hatte Gisela ihre Stoffe einer größeren Vergangenheit entnommen. In ihre Gegenwart griff sie mit voller Begeisterung ein, als 1870 Thaten geschahen, wie sie früher die Welt nie gesehen hatte. Während die deutschen Heere draußen im Felde standen, widmete sie sich daheim, wie hervorragend ihre Schwester Maximiliane, der Pflege der verwundeten Krieger in den Lazaretten. Was sie damals fühlte und mit eigenen Augen sah, hat sie in der dramatischen Erzählung ‚Wie es unterdessen daheim war' ausgesprochen. Der Zeitgang ist nur vom Juli bis August 1870. In erster, wesentlich kürzerer Gestalt war das Stück von ihr für die Einholung unserer siegreichen Truppen bestimmt und wurde der Königlichen Hofbühne zu diesem Zwecke eingereicht, jedoch nicht aufgeführt. Bei voller Hingabe an die Gegenwart erkannte Gisela die großen Ereignisse doch als historisch und poetisch vorbereitete. Sie empfand, daß in der heimlichen Poesie des deutschen Haus- und Märchenlebens der Volksgeist frisch erhalten worden sei und daß Novalis, Körner, Arndt und alle die anderen, die sie zu Worte kommen läßt, nicht umsonst dem deutschen Volke gesungen haben. Unsere großen Männer, die toten und die lebenden, sind da wie zu einer höheren, Sieg und Erfüllung verheißenden Gemeinde versammelt, an ihrer Spitze König Wilhelm und Bismarck. Wie stimmungsvoll ist ihr Bismarcklied (S. 143), und wie preist sie später noch Kaiser Wilhelms und Fürst Bismarcks Thaten, die ‚Krieg und Frieden machten', gegenüber einem flachen, gewöhnlichen Durchschnittsmenschentum! Diese vaterländische Dichtung Giselas, die voll wirklicher, dem Leben abgelauschter Züge ist, wird künftigen Zeiten einmal als Kultur- und Stimmungsbild wichtig sein.

So sehen wir Gisela von Arnim in der Stille mitbeteiligt an der geistigen Arbeit, die dem Wiederaufbau unseres nationalen Lebens voraufging. Ihre Weltanschauung war die Winckelmanns und Goethes, fortgebildet durch die vaterländischen Bestrebungen der Romantik. Sie liebte die Meister des Cinquecento, Albrecht Dürer und deutsche Herrlichkeit, in bewußtem Gegensatze zu dem um sich greifenden Materialismus neuerer Zeit; als ein Werk dieses Materialismus hat sie noch zuletzt in einem offenen Briefe die moderne Zerstörung Roms bekämpft. Es lebte in ihr mit dem Blute Arnims und Brentanos auch deren Gesinnung. Indessen tritt das Arnimsche Element in ihr stärker hervor, als das Brentanosche. Gisela und Bettina waren in diesem Sinne verschiedenartige Naturen. Giselas Phantasie fehlte der südlich warme Hauch, sie hatte mehr etwas norddeutsch Gemäßigtes. Ihre Frauengestalten sind, auch wo sie auf italienischem Boden wandeln, deutsche Frauen; das große Liebesgespräch zwischen Cornelia und Amano, das Schönste, was sie gedichtet hat, ist im reinsten Sinne eine deutsche Dichtung. Die Dramen entbehren packender Momente und Szenen; am spannendsten vielleicht ist die Handlung im ‚Steinbild der Cornelia', das Gisela besonders lieb war und zur Umarbeitung noch auf ihre letzte Reise mitgenommen wurde. Sonst ist die Entwickelung der Dramen eine leise, im Innern der Personen sich vollziehende, worin sie wieder an ihren Vater erinnert; auch in der freien Behandlung des Stoffes und der Sprache ihm am meisten gleichend. Was sie schreibt, ist klar und flüssig, vielleicht etwas fester zusammengehalten als bei Arnim; man empfindet, wie sie Schlichtheit der Sprache als ein Kunstmittel anstrebt, dem Gedanken das Vorrecht zu lassen. So steht Gisela innerhalb ihrer Familientradition durchaus selbständig da. Ihre Werke sind heute nur von wenigen gekannt. Ich glaube, daß die Litteraturgeschichte einst ihre Bedeutung anerkennen wird.

Urkundliches Material zum Leben Giselas von Arnim liegt bis jetzt, wie natürlich, so gut wie gar nicht vor. Die einzelnen Fälle, wo in Publikationen ihr Name genannt wird, hier aufzuführen, würde zwecklos sein. Ihre Persönlichkeit schildert Herman Grimm in der Zueignung der zweiten Auflage Altschottlands an die Freunde.

1) Mondkönigs Tochter. Mährchen für eine Abendstunde von Marilla Pitchersvogel übersetzt aus dem Tyroler Dialekt ins Hochdeutsche. Herausgegeben von J. F. Klein, Faktor der Buchdruckerei von Trowitzsch und Sohn. Zweite Auflage. Berlin 1849. 30 S. 8.

Die erste Ausgabe ist mir nicht bekannt. Nach den Verlagsbemerkungen auf den Umschlägen zu 2) und 3) zu schließen, wäre ‚Mondkönigs Tochter' das zuerst erschienene Märchen.

2) Aus den Papieren eines Spatzen. Märchen für eine Morgenstunde von Marilla Fittchersvogel. Berlin 1848. An Frau Dorothea Grimm [die Gattin Wilhelm Grimms], Frau Claudina v. Firnhaber [spätere Gattin Freimunds von Arnim] und das Heimelchen. 84 S. 8. — Zweite [Titel-] Auflage in demselben Jahre.

3) Das Heimelchen. Dämmermährchen von Allerlei-Raub, aus der Familie der Heimeli im blauen Ländchen. Berlin 1848. 70 S. 8. Den gelehrten und getreuen Kaffeologen . . . in Liebe gewidmet vom Lord A. — Zweite [Titel-] Auflage in demselben Jahre.
Mit Zeichnungen von Maximiliane und Gisela von Arnim, Marie von Olfers und Herman Grimm, mit einem Schlußgedicht von Gelbel. — Das ‚Heimelchen‘ setzt nach S. 18 ‚Aus den Papieren eines Spatzen‘ voraus.

4) Drei Mährchen. I. Das Heimelchen. II. Aus den Papieren eines Spatzen. III. Mondkönigs Tochter. Mit 11 Illustrationen. Neue Ausgabe. Berlin, 1853. Vereinigung der drei voranstehenden Märchen; keine Neudrucke.

5) Ein Brief über Signora Ristori als ‚Myrrha‘ auf der Berliner Bühne. Berlin 1856. 16 S. 8. — Vgl. Dramatische Werke Bd. 1, 281.

6) Dramatische Werke von Gisela von Arnim. Bonn und Berlin 1857 bis 1875. IV. 8.
Erster Band, Bonn 1857. S. 1/280: Ingeborg von Dänemark. Meiner Mutter der Frau Bettina von Arnim gewidmet. — S. 281/320: Das Herz der Lais. Für Signora Ristori, Marquise del Grillo, geschrieben und ihr gewidmet. S. unten S. 800.
Zweiter Band, Bonn 1857. 270 S.: Trost in Thränen. Den Freunden des Hauses Herman Grimm und Joseph Joachim gewidmet.
Dritter Band, Berlin 1865. 315 S.: Das Steinbild der Cornelia. Im Sinne eines christlichen Drama geschrieben. Herman Grimm gewidmet.
Vierter Band, Berlin 1875. X, 410 S.: Wie es unterdessen Daheim war. Dramatische Erzählung. Dem deutschen Heer und den pflegenden Jungfrauen gewidmet vom Hutzelmännlein.

7) Das Licht. Festspiel zum Geburtstag des Weisen. Berlin 1870. 47 S. 8.

8) Ein Brief über Rom und Berlin. Berlin 1887. 55 S. 8.

9) Alt Schottland. Drama in fünf Akten mit einem Vorspiel von Gisela von Arnim [1889]. 262 S. 8.

10) Alt Schottland. Drama von Giesela von Arnim. Zweite Auflage mit Zueignung (an die Freunde) und Nachwort herausgegeben von Herman Grimm. Berlin 1890. XXI, 266 S. 8.

Zweites Kapitel.

Neben jenen Gruppen von Dichtern, auf deren Wirksamkeit die eigentliche Kraft und Bedeutung der romantischen Schule beruhte, standen andere von geringerer, doch keineswegs unerheblicher Wichtigkeit; zunächst einige Dramatiker wie Zacharias Werner, Heinrich von Kleist und die beiden Collin. Werners unleugbares Talent kränkelte an unheilbarem Zwiespalt zwischen Leben und Dichtung und zerfloß in unklarem Streben nach unklarem Ziel; er suchte durch die bekenntnislose Maurerei einen Durchgang zu einem geläuterten Katholizismus und endete im Schoße der römisch-katholischen Kirche. Kleist rang mit großer dramatischer Gestaltungskraft nach der Lösung psychologischer Probleme, die ihm, wenn man die Grundlagen und Voraussetzungen zugiebt, trefflich gelangen; er hütete sich jedoch nicht sorgsam genug vor der Anwendung wunderlicher Motive, wie dem Schlafwachen im Prinzen von Homburg und dem Käthchen von Heilbronn. Dennoch war er von allen Zeitgenossen innerhalb der romantischen Schule fast der einzige, der sein Talent mit den berechtigten Forderungen der Bühne in Übereinstimmung zu setzen und große Wirkungen zu erzielen wußte. Wie kein anderer glühte er voll edler Vaterlandsliebe, die in der ‚Hermannsschlacht‘ gipfelt. Dieser

Richtung wandten sich auch die Brüder Collin zu, die ungleich den
meisten Romantikern die wirksame Herausbildung patriotischer Stoffe in
klassischen Formen des Altertums wenigstens versuchten und deshalb in
dieser romantischen Zeit immer eine gewisse Fremdartigkeit der Erscheinung behielten. — Eine Anzahl von Dilettanten wie Graf Loeben,
W. v. Schütz, Karl Giesebrecht versuchten sich in mancherlei
Formen ohne besonderen Erfolg und ohne die ihrem kleinen Talent angemessenen zu finden. Schwach wie sie waren, bildeten sie nicht selten,
während sie mit ihren Nachahmungen den begabteren Dichtern sich an-
zuschließen bemüht waren, das Zerrbild ihrer Muster und verfielen, luftige
Phantastik mit Poesie verwechselnd, in Unsinn und baren Aberwitz.
Mit Vorliebe gab sich Fouqué einer erträumten Welt des Nordens hin,
deren Sagenwelt er in phantastisch-manierierter Weise gestaltete und mit
einer Art von ritterlichem Heldentume zu verschmelzen suchte, während
seine Frau die Konflikte der vornehmen Welt der Gegenwart nicht un-
gefällig und meist realistisch, wenn auch nicht immer poetisch behandelte. — Eine eigentümliche Gruppe bildeten mehrere im Auslande geborene und nur teilweise in Deutschland heimisch gewordene Dichter, wie
Chamisso, Sinclair, Brinkmann, Oehlenschläger, Baggesen,
Steffens und andere, die von deutscher Bildung angezogen deutsch
dichteten, ohne ihrer Muttersprache zu entsagen. Während A. W. Schlegel
sich mit seinen französischen Schriften im Auslande ein Publikum suchte,
trat der Franzose Chamisso mit den Dänen, Schweden und Norwegern zu
uns herüber, eine beachtenswerte Erscheinung der Weltvermischung im
Zeitalter des großen Weltkrieges. Zu ganz anderen Richtungen als den
in der Jugend eingeschlagenen, ging in der Folge Varnhagen über, der
anfänglich ein lebhafter, aber unbedeutender Mitläufer der Romantik war,
später durch seine Frau eine gewisse Bedeutung gewann und über das
Grab hinaus die eitle Rolle des gewissenlosen Klätschers fortsetzte.

§ 287.

Friedrich Ludwig Zacharias Werner, geb. am 18. November
1768 zu Königsberg in Preußen, Sohn des Professors der Geschichte und
Beredsamkeit Jak. Fr. Werner († 1782) und mütterlicherseits Großneffe
des Dichters Valentin Pietsch, protestantisch, bezog nach vollendetem
Schulunterrichte 1784 die Universität Königsberg, um Rechte und Cameralia
zu studieren, hörte nebenher auch Kants Vorlesungen. Schon 1789 ließ
er eine Sammlung von Gedichten drucken, ganz im Nachahmerstile der
Zeit, und was das darin enthaltene Spottgedicht über Mönchtum, Jesuiterei
und Intoleranz betrifft, ganz im Charakter der Aufklärungsperiode. 1790
machte er eine Bildungsreise über Berlin nach Dresden, kehrte dann nach
Königsberg zurück und wurde 1793 expedierender Sekretär in Südpreußen,
ein Amt, das gewöhnlich nur Unstudierte versahen, das er aber, wie
wenig es ihm auch zusagen mochte, dort und in Warschau zwölf Jahre
lang mit redlicher Diensttreue verwaltete. In diesen zwölf Jahren hatte
er drei Ehen geschlossen, die erste mit einer Person vom übelsten Rufe;
die zweite mit einem gutmütigen Wesen, das froh war, als der exzentrische
Mann ihr die Freiheit wiedergab; die dritte mit einer jungen Polin, die
so wenig deutsch, wie er polnisch verstand. In allen drei Ehen ließ er

sich nicht irre machen in den Genüssen, die Warschau damals bot und die
teils der niedrigsten, unedelsten Art waren, teils geist- und herzerhebend
auf ihn hätten wirken können, da Mnioch und E. T. A. Hoffmann
daran teilnahmen, wenn nicht auch letzterer dem wüsten Treiben geneigter
gewesen wäre, als dem edlen. Reiner war der Verkehr mit E. Hitzig,
der damals bei der Regierung in Warschau als Referendar stand; bei
seiner Versetzung nach Berlin brachte er Werner erste dramatische
Arbeiten, ‚die Söhne des Thales' und ‚das Kreuz an der Ostsee'
bei einem Verleger unter. Inzwischen war Werners mit seiner dritten
Frau 1801 wieder nach Königsberg gereist, um seine kranke Mutter zu
pflegen; sie war in Geisteszerrüttung verfallen und hatte den fixen Wahn,
die Jungfrau Maria zu sein, während sie ihren Sohn für den Heiland der
Welt hielt. Am 24. Februar 1804 verlor er zugleich seine Mutter in
Königsberg und seinen Freund Mnioch in Warschau. Dieser Tag blieb
ihm fortan ein Tag des Schreckens und diente ihm deshalb später als Titel
eines Trauerspieles. Nach Berlin versetzt und mit allen Berufsarbeiten
verschont, widmete er sich ganz der Ausbildung seines dramatischen
Talentes. Im Umgange mit Joh. v. Müller, Fichte, Uhden, Hirt, Schadow
und den Künstlern der Bühne, besonders der Bethmann-Unzelmann, verlebte er das nächste Jahr, in dem sein ‚Luther' auf die Bühne kam.
Werner schwelgte in Dichterruhm und -lust, vernachlässigte aber darüber
seine dritte Frau, sodaß es beiden am geratensten erschien, die Ehe auf-
zulösen. Nach der Schlacht von Jena blieb Werner den Winter noch in
Berlin, reiste aber im Sommer 1807 über Frankfurt und Köln nach Gotha
und wurde dort von dem wunderlichen Herzoge freundlich aufgenommen.
Dann kam er nach Jena und Weimar. (Vgl. Bd. IV, S. 551 und 580, 135).
Nachdem er hier drei Monate verlebt und seine Wanda für den Geburtstag der Herzogin Louise vollendet hatte, kehrte er im Frühjahr
1808 nach Berlin zurück und reiste im Sommer nach der Schweiz. Im
Spätherbste sah er Paris und im Dezember kam er wieder nach Weimar.
Inzwischen hatte er den Attila erscheinen lassen, der sehr lau aufgenommen wurde. Im Frühjahre 1809 erhielt Werner (zugleich mit Jean
Paul) vom Fürsten Primas (Dalberg) eine Pension, die später Karl August
von Weimar übernahm; der Großherzog von Hessen verlieh ihm den Titel
eines Hofrates. Im Sommer verbrachte Werner vier Monate in Coppet
bei Frau von Staël und ging von dort im November 1809 über Turin
und Florenz nach Rom, wo er am 9. Dezember ankam und bis zum
22. Juli 1813 verweilte. Während seines dortigen Aufenthaltes erschienen
in Deutschland seine Wanda und die Klagen um die Königin Luise.
Auch hatte er ‚seinen Irrglauben abgeschworen'. Er wollte dazu durch
die Stelle des 53. Kap. im 3. Buche des Thomas v. Kempen, die er am
Grabe des heil. Petrus gelesen habe, vorzüglich bestimmt worden sein.
Das Glaubensbekenntnis legte er in die Hände des Abbate Don Pietro
Ostini, Prof. am Collegium Romanum, am 19. April 1810 ab. Er begann
nun katholische Theologie zu studieren, und nachdem er im Herbste 1813
nach Frankfurt gekommen, von wo aus er die Weihe der Unkraft
gegen sich und sein Kriegslied gegen Frankreich richtete, wurde er in
das Seminar zu Aschaffenburg aufgenommen und am 16. Juli 1814
durch den Suffragan Dalbergs, den Weihbischof v. Kolborn, zum Priester
geweiht. Schon im August reiste er nach Wien, wo der Congreß tagte,

und verursachte durch die Seltsamkeit seiner Erscheinung einen außer-
ordentlichen Zulauf zu seinen Predigten, die er von da an fast immer,
den Winter in Wien, den Sommer in österreichischen Provinzen, selbst in
Venedig, fortsetzte. Von 1816 bis 1817 lebte er in der Familie des
Grafen Choloniewski in Podolien, und hier ernannte ihn der Bischof
v. Mackiewicz zum Ehrendomherrn des Kathedralkapitels zu Kamieniec.
Zu Ende des Jahres 1819 nahm der Graf Hohenwarth, Fürstbischof von
Wien, Werner in sein Haus auf. Nachdem er sein letztes Werk, die
Mutter der Makkabäer, 1820 hatte erscheinen lassen, verfiel er im
Spätherbste 1821 in Kränklichkeit. Ein Aufenthalt in Baden stellte ihn
etwas wieder her, aber schon im Herbste 1822, als er den ländlichen
Aufenthalt verlassen hatte, zeigten sich bedenkliche Rückfälle. Seiner ver-
schlimmerten Gesundheit ungeachtet setzte er seine Predigten und Fastenvorträge fort; er hielt es ‚einem echten Streiter ziemlich, auf dem Schlachtfelde zu sterben‘. Die letzte Predigt hielt er am 5. Januar, er starb in
der Nacht vom 16. auf den 17. Januar 1823. Am 20. Januar wurde er
in Enzersdorf am Gebirge bei Wien begraben.

Es ist schwer, sich ein richtiges Bild von Werner zu schaffen, da
Leben und Dichtung bei ihm in unversöhnlichem Widerspruche zu stehen
scheinen. Seiner Zeit und dem Orte seiner Geburt entsprechend begann
er mit Gedichten im Sinne der damaligen Verstandesaufklärung und endete
wie Brentano mit Schriften, die von den esoterischen Katholiken für ausgezeichnet erklärt wurden. Sein wildes liederliches Leben, das wie bei
Brentano erst recht heraustritt, wenn man die tagebuchartigen Selbstbekenntnisse mit ihrer Mischung von sinnlichem Genusse und geistlicher
Übung neben seine Biographie hält, scheint mit dem mystischen Katholizismus nicht zu stimmen. Aber wenn man nach Novalis Ausspruche
um büßen zu können, vorher sündigen, um sich mit Gott liebevoll zu
versöhnen, vorher von ihm abfallen mußte, lebte Werner ganz korrekt,
nur daß wir Protestanten und hoffentlich auch die unbefangenen Katholiken weder die Theorie noch die Praxis dieser Lebensphilosophie für zulässig erkennen. Früher schon wollte Werner, daß man in ihm den
prosaischen Menschen vom poetischen unterscheide. Prosaisch sei er mit
dem kältesten Denker einverstanden, daß · Aufklärung des Verstandes und
Veredlung der moralischen Freiheit die Hauptgüter der Menschheit seien
und daß die schönsten Bilder weder zur Erfüllung unserer Handlungspflicht
hinleiten, noch von Erfüllung unserer Denkpflicht ableiten sollen; mit einem
Worte, er trenne die hohe Moral ganz von der Ästhetik oder Disziplin des
Schönen. Aber eben aus dem Grunde mache er letztere auch nicht zur
Dienerin der Moral oder der Humanität, welche er beide für hocherhaben,
aber für total prosaisch halte. Kunst und Religion sollten seiner Meinung
nach das Herz wie ein Gefäß durch Anschauen des Schönen und des
Universums nur so weit reinigen, daß es für die höheren Wahrheiten der
Moral empfänglich sei, nicht dem Herzen diese Wahrheiten selbst ‚ein-
trichtern‘, denn das wäre ein der Moral, die nur reine Motive brauche,
unwürdiges Vehikel. Nun seien aber die Herzen der Alltagsmenschen
kalt, sie müßten also durch Bilder des Übersinnlichen erst entflammt
werden, wie ein irdenes Gefäß ausgeglüht, ehe die reine Milch der Moral
in sie gegossen werden könne. Das sei sein kurzes Glaubensbekenntnis
über Kunst, die ihm nicht als flüchtiges Amusement, sondern als Leiterin

durchs Leben gelte. Er setzte demnach die Kunst (mit Inbegriff der Dichtung) als eine Stufe der Moral voraus, während die der ganzen Menschheit nötige Moral und deren göttliches Fundament vor aller Kunst gelten und wirken muß, da die Kunst nur die freiere Entfaltung des menschlichen mit der Pflicht im Einklange stehenden Lebens sein kann. Seine poetischen Arbeiten waren demgemäß nicht Ausflüsse einer in sich heiter geschlossenen Natur, sondern Zeugnisse eines unklar drängenden Strebens nach einem unklar dämmernden Ziele. Die Haupttendenz seiner ‚Söhne des Thales‘ erklärt er (1802) für nichts weiter, als für den Sieg des geläuterten Katholizismus mittels der Maurerei über den in seinen Grundsätzen zwar ehrwürdigen, aber dem Menschengeschlecht als solchem nicht angemessenen, durchaus prosaischen Gang eines durch keine Phantasie begrenzten Kritizismus. Diesen idealisierten Katholizismus hatte er, der damalige Protestant oder Kryptokatholik, sich erst zu schaffen, und sein Ideal wich weit ab von der Kirche. In poetischer Hinsicht nahm er nicht nur die Maurerei, sondern selbst manches von ihrer Geheimniskrämerei, ja, wie er sich ausdrückt, sogar den jetzt aufs neue Mode werdenden Katholizismus, nicht als Glaubenssystem, sondern als eine wiederaufgegrabene mythologische Fundgrube theoretisch und praktisch in Schutz, und erklärte, daß allen europäischen Kunstgenius und Kunstgeschmack allmählich der Teufel hole, wenn wir nicht zu einem geläuterten, keineswegs metamorphosierten Katholizismus zurückkehrten. Und in diesem Sinne, meinte er, könne sein Schauspiel ebenso gut eine Predigt heißen. Sein idealisierter Katholizismus war selbst nur ein Gemisch von christlichem und heidnischem Glauben und Aberglauben, von positiver Religion und phantastischen Extravaganzen; neben einer christlich demütigen Ergebung in den als höher und besser erkannten Ratschluß Gottes lag eine brutale Erlahmung menschlicher Willenskraft vor einer Weltordnung, nach der die Schuld auch an der Unschuld gerächt wird. Mit dieser Ansicht, die namentlich im ‚Vierundzwanzigsten Februar‘ beleidigend hervortritt, schuf Werner die Karikatur der Schicksalstragödie (§ 322, 3), die erst recht zu spuken begann, als Werner selbst bereits verschollen war.

a) Meusel, Gel. Teutschland 8, 455f.; 16, 198; 21, 500 bis 502.

b) Goethe, Den 6. Februar 1814 ‚Herr Werner ein abstruser Dichter‘: Weim. Ausg. I, 5¹, 195. Sieh unten S. 801.

c) Horstig aus Wien vom Dezember 1814: Morgenblatt 1815. Nr. 13. S. 52.

d) § 279, 100. 44) in Band V. S. 538.

e) Friedrich Ludwig Zacharias Werner's letzte Lebenstage und Testament. (Nebst einem hierher gehörigen, im Jahre 1812 zu Florenz begonnenen Aufsatze des Verblichenen). Wien 1823. 8.

f) Waitzeneggers Gelehrten- und Schriftsteller-Lexikon der deutschen katholischen Geistlichkeit. Landshut 1822. Band 8, S. 409 bis 421.

g) (Jul. Ed. Hitzig) Lebens-Abriß Friedrich Ludwig Zacharias Werners. Beilage zu der dritten Ausgabe der Söhne des Thal's. Von dem Herausgeber von Hoffmanns Leben und Nachlaß. Berlin, 1823. In der Sanderschen Buchhandlung. 3 Bl., 164 S. 8. — g') sieh unten S. 801.

h) Neuer Nekrolog 1824. 1, S. 56 bis 78 (E. Hitzig).

i) Zacharias Werner kein Katholik, oder vom wahren Katholicismus und falschen Protestantismus. Göttingen 1825. 8.

k) Georg Carl Herloßsohn, Ein Gespräch mit F. L. Z. Werner [Wien 7. Nov. 1821]: Gesellschafter 1826 Nr. 27/30 — wiederh. in Herloßsohns Kometenstrahlen; auszüglich mitgeteilt in P. A. Klar's Libussa für 1849. S. 429/40.

l) Schiller, Iffland und Zach. Werner: Gesellschafter 1829, S. 55 f.

m) Zach. Werners Biographie und Charakteristik, nebst Original-Mittheilung aus dessen handschriftlichen Tagebüchern herausgegeben von Fr. Karl Julius Schütz. Grimma 1841. II. 8. — Nr. 18) Bd. XIV und XV.

n) Joseph Kehrein, Biographischliterar. Lexikon 1868. 2, S. 250 f.

. o) David August Rosenthal, Convertitenbilder aus dem neunzehnten Jahrhundert. Schaffhausen 1866. Bd. 1, 153 bis 189.

p) Heinrich Düntzer, Zwei Bekehrte. Zacharias Werner und Sophie von Schardt. Leipzig 1873. 8.

q) Aug. Hagen, Ueber F. L. Z. Werner (Vortrag): Altpreuß. Monatsschrift 1874. Band 11, S. 625 bis 647.

r) Friedrich Schubart, Zacharias Werner in Weimar: Schnorrs Archiv 1875. 4, 459 bis 482.

s) Erich Schmidt, Neue Actenstücke über Zacharias Werners Priesterweihe: Schnorrs Archiv 1877. 6, 233 bis 249.

t) Jacob Minor, Die Schicksals-Tragödie in ihren Hauptvertretern. Frankfurt a. M. 1883. 8. S. 1 bis 99. — t') Kürschners DNL (1884), Bd. 151.

u) Enr. Nencioni, la conversione d'un poeta. F. L. Zaccaria Werner: Nuova Antologia A. XX. 2. ser. Vol. 58. 1885. Fasc. 21.

v) Wurzbach 1887. 55, 72 bis 96.   [S. unten S. 801.

w) Geistes-Funken, aufgefangen im Umgange mit weiland F. L. Z. Werner. Herausgegeben von Isidorus Regiomontanus. Würzburg 1827. 8.

Briefe an α) Chamisso 1808 Februar 14: Wilhelm Dorow, Denkschriften und Briefe. Berlin 1838. 1, 93 f. — α') Goethe u. W.: Bd. IV. 8. 580, 135. — β) Iffland: Johann Valentin Teichmanns Literarischer Nachlaß, hg. von Frans Dingelstedt. Stuttgart 1863. S. 291 bis 332. — γ) Joh. v. Müller 1807 Januar 24: Briefe an Johann von Müller. Hg. von Maurer-Constant. Schaffhausen 1840. Bd. 4, S. 389. — δ) Mad. Sander 1804 Juli 19: Dorow a. a. O. 1, 90 f. — ε) Joh. George Scheffner (im Kgl. Geheim. Archiv zu Königsberg i. Preußen): Blätter f. literar. Unterhaltung 1831. Vgl. dazu Wilhelm Dorow, Krieg, Literatur und Theater. Leipzig 1845. S. 202 bis 209. — ζ) Varnhagen v. Ense (Fragment eines [nicht abgesandten] Briefes, Berlin Sommer 1806): Euphorion 1895. 2, 361 bis 363.

1) Vermischte Gedichte. Königsberg 1789. 8.

2) Die Söhne des Thales. Ein dramatisches Gedicht. Berlin, bei Johann Daniel Sander. 1803. II. 8. — Zweite Auflage. Berlin 1807 und 1819. II. 8. — Dritte Auflage. Berlin 1823. II. 8. Beilage zur 3. Ausgabe der ‚Söhne des Thals‘ sieh Nr. g). — Schriften, Bd. 4 bis 5.
I: Die Templer auf Cypern. II: Die Kreuzes-Brüder. Die Aufführung in Berlin 1807 vor leerem Hause: Morgenblatt 1807. S. 368.
Felix Poppenberg, Zacharias Werner. Mystik und Romantik in den Söhnen des Thals‘. Berlin 1893. 8. — Berliner Beiträge zur germ. u. roman. Philologie. German. Abtlg. Nr. 2.

3) Das Kreuz an der Ostsee. Ein Trauerspiel. Vom Verfasser der Söhne des Thales. Erster [einziger] Theil: Die Brautnacht. Berlin, bei J. D. Sander, 1806. XX, 291 S. 8. — Zweite Auflage. Berlin 1823. 8. — Schriften Bd. 7.

4) Martin Luther, oder Die Weihe der Kraft. Eine Tragödie, vom Verfasser der Söhne des Thales. Berlin, bei Johann Daniel Sander. 1807. XXIV, 379 S. 8. — Nachdruck: Reutlingen 1807. 8. — Schriften Bd. 6. — Mit Einleitung und Anmerkungen hg. von J. Schmidt. Leipzig 1876. — Reclams Univ.-Bibl. Nr. 210. Morgenblatt 1807. Nr. 58. 9. März.
Dänisch: Marten Luther eller Kraftindvielsen. Tragoedie af Werner. Oversat af K. L. Rahbeck. Kobenhaven 1818. 8.

5) Attila, König der Hunnen. Eine romantische Tragödie in fünf Akten. Von Friedrich Ludwig Zacharias Werner. Berlin. 1808. In der Realschulbuchhandlung. 255 S. 8. — Wohlfeile [Titel-] Ausgabe. Berlin 1812. 8. — Schriften, Bd. 8. Morgenblatt 1809. Nr. 9.

6) Ein unbekanntes Loganlied von Zacharias Werner, 24. Juni 1809 in Gotha gesungen. Mitgetheilt von Heinrich Düntzer: Schnorrs Archiv 1875. 4, S. 115 bis 116.

7) Wanda, Königin der Sarmaten. Eine romantische Tragödie mit Gesang in

fünf Akten. Von Friedrich Ludwig Zacharias Werner. Tübingen 1810. In der
J. G. Cotta'schen Buchhandlung. 8. — Schriften, Bd. 7.
Am 30. Januar 1808 in Weimar aufgeführt, sieh Band IV, S. 551. Morgen-
blatt 1808. Nr. 32 und 46.

8) Werners Klagen um seine Königin, Luisa von Preußen. Rom, den 4ten August
1810. 4 Bl. 4. Abgedruckt in Kinds Taschenbuch f. d. gesell. Vergnügen auf 1825.

9) Die Weihe der Unkraft. Ein Ergänzungsblatt zur deutschen Haustafel,
von Friedrich Ludwig Zacharias Werner. Frankfurt am Main, 1814. 40 S. 8.
(K. Müchler) Die Weihe der Unkraft von Fr. Ludw. Zacharias Werner.
Nebst einer Antwort von einem Deutschen. Deutschland, 1814. 51 S. 8.
Morgenblatt 1815. Nr. 6. Lit.-Bl. 2.

10) Kriegslied für die zum heiligen Kriege verbündeten deutschen Heere.
Frankfurt a. M. 1813. 8 S. 8.; wiederh.: Die Musen von Fouqué. Jahrg. 1814.
S. 77 bis 80.

11) Te Deum zur Einnahme von Paris. Frankfurt a. M. 1813. 4. Bd. VII. S. 625.

12) Der vierundzwanzigste Februar. Eine Tragödie in Einem Akt. Von Friedrich
Ludwig Zacharias Werner. (Zuerst gedruckt in der Urania f. 1815. S. 307 bis 384).
Leipzig und Altenburg 1815. 173 S. 8. — Zweite Auflage. Leipzig 1819. 8. —
Schriften, Bd. 9. — Reclams Univ.-Bibl. Nr. 107. — Morgenblatt 1815. Nr. 88. S. 352.
Nach Hitzig (Nekrol. 1, 65) 1809 in Weimar entstanden in einem projektierten
Wettkampfe mit Goethe, zur Dichtung eines sog. Fluch- und Segensgemäldes in
dem begrenzten Raume von einem Akte. Goethe führte das Stück 1810 auf; vgl.
Band IV. S. 551. In der Urania S. 309 bemerkt Werner: ,1809 unter den Auspizien
seiner Exc. des Hrn. Geheimenrats von Göthe zu Tage gefördert.' Sieh Goethe-
Jahrb. 1880. 1, 239 bis 242. — Zacharias Werners 24. Februar: Zsch. f. dtsch.
Alterth. 1886. 30, 85. — Erich Schmidt, Zum ,Vierundzwanzigsten Februar': Seuf-
ferts Vierteljahrschrift 1888. I, 503. — S. auch R. Köhler, Kleine Schriften 3, 185/99.

13) Cunegunde die Heilige, Römisch-Deutsche Kaiserin. Ein romantisches
Schauspiel in fünf Akten. Leipzig und Altenburg 1815. 8. — Schriften, Bd. 9.

14) Theater von Friedrich Ludwig Zacharias Werner. Wörtlich nach der
Original-Ausgabe. Zweyte durchgängig vermehrte und verbesserte Auflage. Wien,
Im Verlage bey Leopold Grund. 1816—1818. VI. 8.
Inh. I und II: Die Söhne des Thales. — III: Martin Luther. — IV: Das
Kreuz an der Ostsee. 1. Theil. Wanda. — V: Attila. — VI: Cunegunde.

15) Geistliche Uebungen für drey Tage. Wien 1818. 12.

16) Die Mutter der Makkabäer. Tragoedie in fünf Akten von Friedrich Ludwig
Zacharias Werner. Wien, 1820. Gedruckt und im Verlage bey J. B. Wallishausser.
XVIII, 226 S. 8. — Schriften, Bd. 10.
Literar. Wochenblatt 1820. September. Band VI, Nr. 64. Morgenblatt 1820.
Nr. 107 (Müller).

17) Vorrede zu J. P. Silberts Übersetzung des Thomas a Kempis von der
Nachfolge Christi. Wien 1822. 8.

18) Ausgewählte Schriften. Aus seinem handschriftlichen Nachlasse heraus-
gegeben von seinen Freunden. Einzig rechtmäßige Gesammtausgabe. Grimma 1840
und 1841. XV. 8. — Titel-Aufl.: Sämmtliche Werke. Grimma o. J. XIII. 8.
Inhalt: I bis III. Poetische Werke. Herausgegeben von Joh. Baron von Zedlitz
(I: Gedichte bis 1810, vgl. Schnorrs Archiv 1877. 6, 412; II: Gedichte bis 1823;
III: Geistliche Gedichte. Disputa). — IV bis X. Dramatische Werke (IV und V:
Die Söhne des Thals; VI: Luther oder die Weihe der Kraft; VII: Das Kreuz an
der Ostsee. Wanda; VIII: Attila; IX: Der 24. Februar. Cunegunde; X: Die Mutter
der Makkabäer). — XI bis XIII. Ausgewählte Predigten. Auch besonders heraus-
gegeben unter dem Titel: Der christ-katholische Glaube und seine beseligende
Gotteskraft. Für Freunde höherer religiöser Erkenntniß in zweiundfunfzig Predigten
dargestellt von Fr. Ludw. Zacharias Werner, und aus seinem handschriftlichen
Nachlasse herausgegeben von seinen Freunden. Grimma 1840 und 41. III. 8. —
XIV und XV: — Nr. m).

19) Die Posaunen des Weltgerichts. Eine Predigt. Mit einem Vorwort von
J. G. v. Oettel. Würzburg 1825. 8.; 2. Aufl. Regensburg 1856. 29 S. 8.
Fälschlich zugeschrieben wird Werner (und auch Xaver Franz Carnier § 267,
27): Die Kreuzfahrer. Ein dramatisches Gedicht. Königsberg 1806. II. 8.

§ 288.

1. Bernd Heinrich Wilhelm von Kleist wurde am 18. Oktober 1777 in Frankfurt a. d. Oder geboren und für den Militärstand bestimmt. Seine erste Erziehung erhielt er durch einen Hauslehrer, der ihn als einen nicht zu dämpfenden Feuergeist schildert. In seinem 11. Jahre 1788 verließ Kleist das Haus seiner Eltern, trat 1792 bei der Garde in Potsdam ein und machte 1793 den Feldzug am Rheine mit. Darauf blieb er zwar noch einige Jahre beim Militär, fand aber wenig Genügen daran und nahm 1799 seinen Abschied, um in Frankfurt hauptsächlich Mathematik und Philosophie zu studieren. Hier verlobte er sich auch mit Wilhelmine von Zenge (1780 bis 1852), die er ebenso sehr durch leidenschaftliche Liebe wie durch eigensinnige Zumutungen quälte. Im Sommer 1800 vertauschte er Frankfurt mit Berlin und trat hier in ein ziemlich äußerliches Verhältnis mit Struensee, dem Chef des Zolldepartements. Nach der ganz dunklen Würzburger Reise begab er sich 1801 nach Paris, um wie andere Romantiker, mit denen er jedoch noch nicht in Verbindung getreten war, Naturwissenschaften zu studieren und die Kantische Philosophie dort zu verbreiten. Da das Unternehmen natürlich keinen Erfolg hatte, fand er ohne ausreichende Mittel den Aufenthalt in Paris nicht nach Wunsch und ging von dort in die Schweiz, wo er sich am liebsten als Bauer angesiedelt hätte. Er wurde in Bern mit Heinrich Zschokke, Heinrich Geßner und Ludwig Wieland bekannt. In ihrem Vereine ward sein schlummerndes dramatisches Talent geweckt und Kl. zur Abfassung der ‚Familie Schroffenstein‘ angeregt. Dazu verabredeten alle drei, nach einem Kupferstiche ‚la cruche cassée‘ des J. J. Le Veau ein und denselben Stoff zu behandeln: Zschokke verwertete ihn novellistisch, Kleist und Wieland dramatisch. So entstanden hier die Gestalten von Kleists Dorfrichter und Wielands Ambrosius Schlinge. Das thätige Zusammenleben mit den Freunden beschäftigte angenehm, hatte aber für Kleist keine Dauer. Auch mit seiner Braut hatte der junge Dichter ohne eigentlichen Grund gebrochen. Er wandte sich aus der Schweiz, wo er eine sichernde Lebensstellung nicht finden konnte, nach Deutschland zurück und nahm vorübergehenden Aufenthalt in Weimar und in Dresden. Nachdem er 1803 abermals nach Frankreich gegangen war, kehrte er nach Berlin zurück; endlich fand er eine geringe Anstellung als Diätar bei der Domänenkammer in Königsberg, gab sie aber nach dem Sturze des preußischen Staates auf. Im Januar 1807 zog er wieder nach Berlin, wurde jedoch von den Franzosen als verdächtig aufgegriffen, nach Frankreich geführt und ein halbes Jahr in Châlons-sur-Marne gefangen gehalten. Nach seiner Freilassung wandte er sich nach Dresden und gab da in Gemeinschaft mit Adam Müller die Zeitschrift ‚Phöbus‘ heraus. Während dieser Zeit wurde er auch mit den Romantikern bekannt. Die Zeitschrift hielt sich nur ein Jahr. Beim erneuten Ausbruche des Krieges eilte Kleist nach Prag und war im Begriffe nach Wien zu gehen, als der Friedensschluß seine Aussichten vereitelte. Er gab hierauf in Berlin die ‚Abendblätter‘ heraus, die sich günstiger Teilnahme zu erfreuen hatten. Hier lernte er die musikalisch begabte Frau Henriette Vogel, geb. Keber (geb. 1780) kennen, die an einem unheilbaren Übel zu leiden glaubte und ihm in einem

Momente der Aufregung das Versprechen abnahm, ihr einen Dienst zu
leisten, sobald sie ihn fordern werde. Sie vermochte ihn, mit ihr nach
Wansee bei Potsdam zu fahren; dort kehrten sie in einem Hause unweit
der Berliner Chaussee ein, verbrachten die Nacht mit Briefschreiben und
lösten am 21. November 1811 in einem nahegelegenen Wäldchen ihr Gelübde. Kleist erschoß erst die Frau und dann sich selbst. Sie wurden
beide an derselben Stelle begraben; ein einfacher Gedenkstein bezeichnet
das Grab des unglücklichen Dichters. (Vgl. H. Grimm, K.'s Grabstätte:
Fünfzehn Essays. Erste Folge. 3. Aufl. Berlin 1884. 8. 310 f.).

Kleists Schriften gab zuerst Ludwig Tieck heraus und begleitete sie
mit einer warm empfundenen biographischen Einleitung. Seitdem hat sich
durch die Veröffentlichung von Briefen an Freunde, an die Braut und
an seine Schwester Ulrike mancherlei in diesem Bilde berichtigt. Der
Dichter tritt aus der Stellung eines Helden mehr in die eines Leidenden
hinüber, die Fremdartigkeit seiner Erscheinung fügt sich mehr in die un-
klare Krankhaftigkeit der Zeit. Das selbstquälerische Grübeln und Grollen
war mehr durch eigene Gemütsanlage, als durch die politische Lage der
Welt und die ohnmächtige Zerrissenheit des Vaterlandes bedingt. Dennoch
bleibt seiner Dichtung der große Vorzug wirklicher Gestaltungskraft, fester
sicherer Zeichnung und lebensvoller Ausführung.

Nach der Bearbeitung des Molière'schen ‚Amphitryon‘, der ihn nicht
der Possen, sondern des eigentümlichen Problems wegen anzog, trat er mit
einer dramatisch sehr gewandten Dichtung, der ‚Familie Schroffenstein‘ hervor, wobei ihn wieder das Problem, die Selbstzerstörung des Argwohns,
reizte. Mit völlig geübter Hand und ohne Zurückhaltung entwarf er kühn
und folgerecht das düstere Bild der Zerstörung zweier verwandter Häuser,
die sich eben nur seines bloßen Argwohnes wegen zu Grunde richten.
Wie kräftig und reich sein Talent war, zeigte er, indem er fast zu
gleicher Zeit ein Lustspiel begann und in dem ‚zerbrochenen Kruge‘ mit
der heiteren Kunst eines niederländischen Malers ein derbes Bild entwarf,
das in technischer Vollendung, durch rasch fortschreitende, nur hier und da
kunstvoll verzögerte Handlung und durch kecke Ausführung der Charaktere
die gereifte Kunst des Meisters darlegte. In Weimar fiel das ‚langweilige
und abgeschmackte‘ Stück zwar durch (am 2. März 1808, vergl. Brief des
Fräuleins von Knebel an ihren Bruder, 5. März 1808 Briefe 8. 328),
aber das weimarische idealische Publikum war für diese derbe Kunst-
schöpfung kein maßgebender Richter: sie hat sich bis in die Gegenwart
auf der Bühne erhalten und erfreut noch immer in erster Frische. Einen
gewagteren Schritt that Kleist mit der ‚Penthesilea‘, in der ihn auch das
Problem der Liebe und Blutgier reizte und die er mit derselben sicheren
Kraft und Kühnheit durchführte, wie die Schroffensteiner und den zerbrochenen Krug, nur daß hier die Kraft bis zur Wildheit gesteigert war.
Giebt man die Amazone als Dichtungsstoff einmal zu, so darf man auch
vor der Durchführung nicht zurückschrecken. Alles Süße und allen wilden
Blutdurst vereinigte der Dichter in der Brust dieser Männin, die den geliebten Feind überwunden zu haben wähnt und, als sie der Täuschung
inne wird, ihm den tödlichen Pfeil durch den Hals bohrt, die Zähne mit
den Hunden um die Wette in seine weiße Brust schlägt und dann, die
grauenvolle That anstarrend, ihm in den Tod nachfolgt. Es liegt etwas
Übermenschliches in dieser Schöpfung, und nur die Wahl des Gegen-

standes läßt sich tadeln. Die Entfaltung und Durchführung sind über
allen Tadel. Den vollen Gegensatz lieferte er im Käthchen von Heilbronn,
diesem hingebenden, sanften, geduldigen Wesen, das wie eine zweite
Griseldis ihrer Liebe unerschütterlich treu bleibt. Die Lösung dieses
Problems durch eine Art von tierischem Magnetismus, der damals durch
Mesmer und seine Jünger in der Zeit spukte, ist freilich so wenig lobens-
wert wie die schließliche Verwandlung der Tochter des Waffenschmiedes
in ein Fürstenkind, die allzusehr an Kotzebue'sche Theatercoups erinnert;
aber die Ausführung auf der Bühne ist menschlich und natürlich gehalten.
Der aus den Flammen rettende Cherub fällt in einem romantischen
Ritterschauspiel kaum übler auf, als der schwarze Ritter in Schillers
Jungfrau von Orleans. — Im Prinzen von Homburg reizte das Problem,
in derselben jugendlichen Menschenbrust kriegerischen Heldenmut und die
Liebe zum Leben in Zwiespalt zu setzen und diese siegen zu lassen. Die
landesüblichen Vorstellungen von todesverachtendem Heldensinn wurden
freilich dadurch verletzt und in einer kriegerischen Zeit, wo die selbst
mit siegreichem Erfolge gekrönte Übertretung eines militärischen Gebots
ein todeswürdiges Verbrechen war, mochte der Prinz den Tod zu verdienen scheinen; Kleist aber that wohl, die menschliche Regung nicht
durch den Buchstaben des Gesetzes zu ersticken. Eine Schwäche des
Stückes liegt nur in der schlafwachenden Szene des Anfanges, wo der
kurfürstliche Hof seinen Scherz mit dem schlafenden Prinzen treibt und
dadurch das ganze Spiel in Bewegung setzt. — Kleists ‚Hermannsschlacht‘
ist die einzige, welche neben patriotischem guten Willen auch Gestalten
und Verhältnisse giebt, die sich jenen Zeiten, in denen die Schlacht vorging, zugestehen lassen, was weder bei Klopstock, noch bei Grabbe, noch
bei anderen Hermannsschlachtdichtern der Fall ist. Das Drama behandelt
ohne alle Seitenblicke nur ganz historisch und sachgemäß die Vertreibung
. der Römer aus Deutschland durch den Cherusker Hermann und ist doch
ein klarer Spiegel der schmachvollen Zerrissenheit und des nach Einigung
und Befreiung von fremdländischem Joche drängenden Volksgeistes, ein
Abbild der Zeit, wo Dörnberg, Schill und die Tiroler für das Vaterland
litten, weil ihnen ein Hermann fehlte. Dies treue Spiegelbild durch zwei
Jahrtausende getrennter Zeiten ist neben dem leider unvollständig gebliebenen ‚Robert Guiskard‘ das Höchste, was Kleist gelang. — Seine
Novellen, die meisterhaft sind, zeichnen sich durch den strengsten folge-
rechten Gang der Handlung aus, die mit eberner Hand bis zu den äußersten
Konsequenzen durchgeführt wird. Vor allen ist ‚Michael Kohlhaas‘ ein
Muster kräftiger Gestaltung; aus einer kleinen unbedeutenden Begebenheit
wird eine Reihe von Handlungen des um sein Recht verkürzten Helden mit
so natürlicher Kunst entwickelt, daß man lange Zeit den Kleistschen Kohlhaas für geschichtlich angesehen und die poetische Erfindung für einen
historischen Bericht genommen hat.

a) Meusel, Gel. Teutschland 1810. 14. 304. 1821. 18, 356. 1834. 23, 157.
b) Über die Appellation an die Ankläger und Richter Heinrich von Kleists:
Morgenblatt 1812. Nr. 47. 48.   [§ 290, 1. 94) Bd. 1, S. 116 f.
c) Ein Gespräch über die Dichtergabe Kleists: Morgenblatt 1816. Nr. 53. 54.
d) M. v. Collin, Über neuere dramatische Litteratur: Jahrbuch der Litteratur
1822. XX. S. 120.
e) Heinrich von Kleist's Leben und Briefe. Mit einem Anhange hg. von
Eduard von Bülow. Berlin 1848. 286 S. 8.

f) DD. Zweite Abtheilung, S. 328 bis 334.

g) Gompers, Emendationen zu den Werken Heinrichs von Kleist: Grenzboten 1854. III, S. 394 bis 399. 433 bis 435.

h) Briefwechsel zwischen Friedrich Gentz und Adam Müller. Stuttgart 1857. S. 123.

i) Heinrich von Treitschke, Heinrich von Kleist: Preußische Jahrbücher 1858. 2. 599 bis 623 — Historische und politische Aufsätze. Neue Folge. Leipzig 1872. Teil 2, 3. 660.

j) Julian Schmidt. Sieh die Einleitung in Nr. 15).

k) A. R. Schillmann, Heinrich von Kleists Jugend und die Familie Schroffenstein nebst einem bisher ungedruckten Stück aus dem Katechismus der Deutschen. Progr. Frankfurt a. O. 1863.

l) Adolf Wilbrandt, Heinrich von Kleist. Nördlingen 1863. 8. Sieh auch Nr. 17) Theil 1, S III bis LXIV.

m) Reinh. Köhler, Zu Heinrich von Kleist's Werken: Schnorrs (Gosches) Archiv 1870. 1, 326. 577.

n) Paul Lindau, Ueber die letzten Lebenstage Heinrich von Kleists und seiner Freundin: Die Gegenwart. 1878. 4, S. 69. 87. 101. 117.

o) Schwarze, Heinrich von Kleists Familie: Die Gegenwart 1876. 10, S. 287.

p) Julian Schmidt, Heinrich von Kleist: Preuß. Jahrb. 1876. 37, 598f.

q) Karl Siegen, Kleists Totenschein: Didaskalia 1877. Nr. 202. 203.

r) O. Wenzel, Ein Beitrag zur Lebensgeschichte Heinrich von Kleists: Vossische Zeitung 1880. Sonntagsbeilage Nr. 37 und 38.   rʾ) S. 301.

s) Karl Siegen, Heinrich von Kleist und seine Familie: Die Gegenwart 1882. Nr. 19. Bd. 21, S. 292.

t) Allg. dtsch. Biogr. 1882. 16, 127 bis 149 (Felix Bamberg).

u) Theophil Zolling, Heinrich v. Kleist in der Schweiz. Nebst achtunddreißig bisher ungedruckten Briefen von Heinrich von Kleist, C. M. Wieland, Ludwig Wieland, Johann Gottfried Herder, Carolina Herder, Heinrich Zschokke, Jens Baggesen, Heinrich Geßner, Franz Xaver Bronner, J. R. Meyer. Stuttgart 1882. VIII, 178 S. 8.

v) Heinrich Bulthaupt, Dramaturgie der Classiker. Oldenburg 1882. 8. Band I.; 2 Aufl. 1883 8. 351f.   vʾ) S. 301.

w) Heinrich von Kleist und Friedrich Hebbel: Beilage zur Münchner Allg. Zeitung 1882. Nr. 293.

x) Erich Schmidt, Heinrich von Kleist: Oesterreich. Rundschau 1883. Heft 2 — Charakteristiken. Berlin 1886. 8. 350 bis 380.

y) Theophil Zolling, Nachträge zu Heinrich v. Kleists Leben. Nebst sechzehn Briefen und anderem ungedruckten Material: Die Gegenwart 1883. Nr. 34. 35. 37. 38.

z) Otto Rrahm, Heinrich von Kleist. Preisschrift des Berliner Vereins für Deutsche Literatur. Berlin 1884. 8. — 1885. 8. — 3. Aufl. Berlin 1892. 8. Vgl. W. Bormann: Allg. Ztg. 1887. Beilage Nr. 37 bis 42.

tz) Ersch und Gruber, Encyklopädie 1885. Sect. 2. Theil 37, 40 bis 44 (Max Koch).

aa) Th Zolling, Neues über Heinrich von Kleist: Die Gegenwart 1885. Nr. 37. Bd. 28, S. 166.   aʾ) S. 301.

bb) Reinhard Kade, Kleist und seine Sprache: Lyons Zach. für den deutschen Unterricht 1888. 2, 193 bis 208.

cc) Karl Biltz, Zum Gedächtniß Heinrich von Kleist's (1871): Zur deutschen Sprache und Litteratur. Vorträge und Aufsätze. Potsdam 1888. 8. 8 5 bis 21.

dd) Richard Weißenfels, Über französische und antike Elemente im Stil Heinrich von Kleists. Habilitationsschrift. Braunschweig 1888. 96 S. 8. (= Sonderabdruck aus Herrigs Archiv Band 80).

ee) Richard Weißenfels, Kleist und Novalis: Kochs Zeitschrift 1888. N. F. 1, 301 bis 323.

ff) W. Böhme, Erläuterungen zu den Meisterwerken der deutschen Dichtkunst. II. 1890.

gg) J. Minor, Studien zu Heinrich v. Kleist: Euphorion 1894. 1, 564 bis 590. 1: Roberd Guiscard S. 564 bis 581. — 2: Die Ironie bei H. v. Kl. S. 582f. — 3: Lieblingsmotive des Dichters S. 583 bis 585. — 4: Zum Stil der Kleistschen Erzählungen S. 585 bis 589. — 5: Die Sosiaszenen im Amphitryon S. 589f.

hh) R. Kade, Kleist in Dresden: Dresdner Anzeiger 1894 Oktober 18.

ii) Raymond Bonafous, Henri de] is. Sa Vie et ses Oeuvres. Paris 1894. XI, 424 S. 8. Vgl. Kochs Zsch. 8K 142t.

jj) O. Frick und H Gaudig, Wegweiser durch die klassischen Schuldramen. Gera und Leipzig 1895. Band 5, S. 1 bis 847.

kk) Handschriftliches von und über Heinrich von Kleist: Seufferts Vierteljahrschrift 1889. II, S. 301.

ll) Briefe an Ludwig Tieck, hg. von Karl von Holtei 2, 172f. und oft.

mm) Hermann Isaak, Schuld und Schicksal im Leben v. Kleists: Preußische Jahrb. 1885. 55, 433f.   mm') S. 801.

nn) Heinrich von Kleist. Trauerspiel in vier Akten von Wilhelm von Polenz. Dresden und Leipzig, Pierson. 1891. 8.

oo) Albert Schäfer, Verzeichnis sämtlicher Tonwerke zu den Dramen ... Kleists .. Leipzig 1886. 8. Vgl. § 250. B, III. 18) χ) — Band V. S. 154. Sieh unten S. 801.

Briefe: α) 1801 aus Paris: Dresdner Morgenzeitung 1827. — β) 1810: Ludw. v. Ompteda's Politischer Nachlaß 2, 18. — γ) 1811 April 25 und Aug. 15: Briefe an Friedr. Baron de la Motte Fouqué. Berlin 1848. S. 223 bis 226. — δ) Heinrichs von Kleist Briefe an seine Schwester Ulrike. Hg. von A. Koberstein. Berlin 1860. 8. — δ') an Goethe s. unten S. 801. — ε) an Iffland: Joh. Valentin Teichmanns Literarischer Nachlaß, hg. von Franz Dingelstedt. Stuttgart 1863. 8. 273f. — ζ) Sieben Briefe an Cotta im 4. Bande von Munckers Ausgabe Nr. 22). — η) Heinrich von Kleists Briefe an seine Braut. Zum ersten Mal vollständig nach den Originalhandschriften hg. von Karl Biedermann. Breslau und Leipzig 1884. 8. Vorher: Nord und Süd 1881. Oktober und 1882. September und Oktober. Vergl. dazu Karl Siegen, Heinrich v. Kleist und Wilhelmine v. Zenge: Sievers Akademische Blätter. 1884. I, S. 363/9 und unten S. 801. — ϑ) Dreißig Briefe in der Einleitung von Zollings Ausgabe Nr. 26). — ι) Wolfgang Schmidt, Von und über Heinrich v. Kleist. Zum 24. Juni 1890 in Druck gegeben. Berlin 1890. 4 S. (enth. 1 Brief an den Buchhändler Walther, 1 an Collin). — χ) Berthold Schulze, Zu Heinrich von Kleists Briefen: Euphorion 1895. 2, 857/60.

1) Die Familie Schroffenstein. Ein Trauerspiel in fünf Aufzügen. Bern und Zürch 1803. 8. Handschrift in der Berliner Kgl. Bibliothek: Cod. ms. Germ. quart 822 (Schaukasten Nr. 78). — Reclams Univ.-Bibl. Nr. 1768.

Die erste Fassung: Die Familie Ghonorez im 1. Bande von Zollings Ausgabe Nr. 26). — Otto Brahm, H. v. Kleists Familie Thierrez-Ghonorez-Schroffenstein. Nach handschriftlichem Material: Voss. Ztg. 1883. Sonntagsbeilage Nr. 10. 11.

Franz von Holbeins Bearbeitung sieh § 296, 61. 10). — Die Familie Schroffenstein. Große Tragödie von Heinrich von Kleist, der 4. und 5. Act von Gottfr. Stommel. Düsseldorf 1888. — Sieh auch unten S. 801.

2) Amphitryon, ein Lustspiel nach Molière. Herausgegeben von Adam H. Müller. Dresden o. J. (1807). 8. — wiederh.: 1818. 8.

K. v. Reinhardstoettner, Kleists Amphitryon: Plautus. Spätere Bearbeitungen plautinischer Lustspiele. Leipzig 1886. 8. 226f. — Vergl. Euphorion 1894. 1, 589f. — Sieh unten S. 801.

3) Phöbus. Ein Journal für die Kunst. Herausgegeben von Heinrich v. Kleist und Adam H. Müller. Erster Jahrgang. 1808. Dresden. 4.

Erstes Stück. Januar 1808. Dresden, gedruckt bei Carl Gottlieb Gärtner. 58 S. 4. — S. 8: Prolog von H. v. Kleist. (Elegie). — I. S. 5: Organisches Fragment aus dem Trauerspiel Penthesilea, v. H. v. Kleist. — II. S. 33: Über die Bedentong des Tanzes, von **r. (Müller). — III. S. 38: Der Engel am Grabe des Herrn, von H. v. Kleist. — IV. S. 40: (Gedicht) An Dorothee. Zum Dank für das reizende Bild meiner Julie. Von Novalis. — V. S. 41: Fragmente über dramatische Poesie und Kunst, von Adam H. Müller. — VI. S. 52: Popularität und Mysticismus. — VII. S. 54: Über den schriftstellerischen Charakter der Frau v. Stael-Holstein (Müller). — S. 57: Epilog von H. v. Kleist (Elegie).

Zweites Stück. Febr. 1808. 48 S. 4. -- I. S. 3: Die Marquise von O ...., von H. v. Kleist (nach einer wahren Begebenheit, deren Schauplatz nach Norden nach dem Süden verlegt worden). — II. S. 32: Die beiden Tauben, eine Fabel nach Lafontaine, von demselben. — III. S. 35: Vorlesungen über das Schöne, von Adam H. Müller. — IV. S. 42: Corinne ou l'Italie par Madame de Stael-Holstein, von demselben.

Drittes Stück. März 1808. 56 S. 4. — I. S. 3 bis 31: Vorlesungen über das

Schöne (Fortsetzung), von Adam H. Müller. — II. S. 32 bis 46: Fragmente aus dem Lustspiel: Der zerbrochene Krug, von H. v. Kleist. (Dazu eine Anmerkung, daß eigentlich das Fragment eines größeren Werkes, Robert Guiskard, habe eingerückt werden sollen, da aber der Krug eben im Theater zu Weimar verunglückt sei, werde es die Leser vielleicht interessieren, einigermaßen prüfen zu können, worin dies seinen Grund habe). Abgedruckt sind Auftritt 1. 4. 5. — III. S. 47: Fabeln (in Prosa) von H. v. Kleist (I: Die Hunde und der Vogel. 2: Die Fabel ohne Moral). — IV. S. 47: Othar's Brautwerbung, eine Sage des Saxo Grammaticus, in (zehn) Romanzen, von P(ellegrin Fouqué)

Viertes und fünftes Stück. April und Mai 1808. 108 S. 4. — I. S. 3 bis 20: Fragment aus dem Trauerspiel: Robert Guiskard, Herzog der Normänner, von H. v. Kleist. — II. S. 21: Der Alte und sein Übersetzer (poetischer Dialog, unterzeichnet Q. D. B F. d. i. Fr. Gottlob Wetzel sich § 232, 29. 20) — Band IV. S. 409). — III. S. 25 bis 44: Die Abentheuer des Fiedlers zu Schiras (in Prosa, unterzeichnet rs tu). — IV. S. 44: M. und S. (die Braut des Dichters und ihre verheiratete Schwester) von Novalis. — V. S. 45 bis 58: Adam Müller, Vorlesungen über das Schöne (Fortsetzung). — VI. S. 54 bis 56: Faareveile (aus dem Dänischen des Adam Öhlenschläger. Gedicht). — VII. S. 56 bis 67: Ironie, Lustspiel, Aristophanes: aus Adam Müllers Vorlesungen über dramatische Poesie und Kunst. — VIII. S. 67 bis 68: Fragmente aus einer Vorlesung. Von Dr. G. H. Schubert. — IX. S. 69 bis 71: (Vierundzwanzig) Epigramme von H. v. Kleist. — X. 71 bis 73: Etwas über Landschaftsmalerei, von A. Müller. — XI. S. 73 bis 74: Variation auf die Musen und Grazien in der Mark, von Dr. Wetzel. — XII. S. 75 bis 104: Fragment aus dem Schauspiel: Das Käthchen von Heilbronn, oder die Feuerprobe, von H. v. Kleist. (Akt 1 Auftritt 1 u. 2, Akt 2 Auftritt 1). — XIII. S. 104 bis 107: Saul und David, Gemälde des Herrn Gerhard von Kügelgen, Gedicht von W(etzel).

Sechstes Stück. Junius 1808. 48 S. 4. — I. S. 1 bis 8 (Französisches Gedicht): La fête de la victoire ou le retour des Grecs, par Madame de Stael-Holstein. — II. S. 8 bis 17: Das Mährchen von der langen Nase (in Prosa). — III. S. 17 bis 20: Vom großen Christoph, von Dr. Wetzel (Gedicht). — IV. S. 20 bis 34: Michael Kohlhaas, von H. v. Kleist (am Schluß: Fortsetzung folgt, ist aber nicht erfolgt). — V. S. 34 bis 41: Apologie der französischen dramatischen Literatur, aus A. Müllers Vorlesungen über dramatische Poesie. — VI. S. 42 bis 44: Kunstkritik. An die Leser des Phöbus, von Adam Müller. — VII. S. 44 bis 47: (Zwanzig) Epigramme von H. v. Kleist.

Siebentes Stück. Julius 1808. Dresden, im Verlage der Waltherschen Hofbuchhandlung. 46 S. 4. — I. S. 3 bis 12: Vom Charakter der spanischen Poesie. Aus Adam Müllers Vorlesungen über dramatische Poesie. — II. S. 12 bis 23: Von der didaktischen Poesie. Von (W.) Nienstädt. — III. S. 24 bis 28: Iduna, Göttin der Unsterblichkeit. Nach der isländischen Edda (Gedicht) von Wesel. — IV. S. 29: Gottes Strom. Nach dem Talmud (Gedicht). — V. S. 29 bis 31: Die versäumte Kirche (Gedicht) 1807, von Wezel. — VI. S. 31 bis 46: Philosophische und kritische Miscellen (in Prosa und Versen).

Achtes Stück. August 1808. 48 S. 4. -- I. S. 3 bis 9. Der Wole Grab. Das nordische Requiem, nach der Edda (Gedicht), von Wezel. — II. S. 10 bis 18: Einleitung in die Betrachtung der griechischen Bühne. Aus A. Müllers Vorlesungen über dramatische Kunst. — III. S. 19 bis 20: Kleobis und Biton (Gedicht), von Wesel. — IV. S. 20 bis 33: Von der didaktischen Poesie. (Fortsetzung), von W. Nienstädt. — V. S. 33 bis 39: Philosophisch-kritische Miscellen. 1—3. (Unterzeichnet A. M.) — VI. S. 39 bis 44: Die Schule Johann von Müllers, von Ad. Müller. — VII. S. 45 bis 47: Noch etwas über den Unterschied des antiken und modernen Theaters.

Neuntes und Zehntes Stück. Septbr. und Octbr. 1808. 90 S. 4. — I. S. 3 bis 13: Vom religiösen Character der griechischen Bühne, von Ad. Müller. — II. S. 13 bis 15: Zur Weinlese. 5. October 1799. Von Friedrich v. Hardenberg (Novalis). — III. S. 15 bis 54: Zweites Fragment des Schauspiels: Käthchen von Heilbronn, von H. v. Kleist (Akt 2, Auftritt 2, 3, 5—10, 12, 13). — IV. S. 55 bis 87: Fragmente über William Shakespear. Aus Ad. Müllers Vorlesungen über die dramatische Kunst. — V. S. 87 bis 89: (Fünf) kleine Gelegenheitsgedichte, von H. v. K.

Eilftes und Zwölftes Stück. November und December 1808. 84 S. 4. — I. S.

8 bis 27: Prolegomena einer Kunst-Philosophie, von Adam Müller. — II. bis V.
S. 27 bis 29: Vier Gedichte von Wesel (2. Lied von der Jugend. 3. Der Tod.
4. Fluch der Zeit. 5. Das Kleinod.) — VI. S. 30 bis 35: Der Schrecken im Bade.
Eine Idylle (in Jamben, Dialog zwischen Johanna und Margaretha). Von Heinr.
v. Kleist. — VII bis IX.: Drei Gedichte von Graf O. Heinr. von Löben (S 35:
Kunz von Kauffungen, Romanze). — S. 36: Die sterbende Maria, nach einem altdeutschen Bilde aus dem Schlosse zu Nürnberg. — S. 38 bis 39: Die himmel-
fahrende Maria). — X. S. 39 bis 40: Druck der Seele (Gedicht) von X** (Immer
denk' ich, 's soll sich wenden). — XI. S. 40 bis 47: Italienisches Theater. Masken,
Extemporiren. Aus Adam Müllers Vorlesungen über dramatische Kunst. —
XII. S. 48: Geisternähe, Fragment (Gedicht). — XIII. S. 49 bis 50: Ueber das
deutsche [dramatische] Familiengemälde. — XIV. S. 50 bis 51 (Gedicht): An J.
Als sie dreizehn Jahr alt war ins Stammbuch geschrieben, von A. M(üller). —
XV bis XVIII.: Vier Gedichte von Wesel. (S. 51. Unsichtbare Nähe. S. 52.
Wanderers Tagereise. S. 53. Wanderers Abend. S. 54 bis 56: Wanderers Nacht-
lager.). — XIX. S. 57 bis 71: Über Kunstausstellungen und Kunstkritik, von
Ferdinand Hartmann. — XX. S. 71 bis 83: Noth- und Hülfsbüchlein für
Künstler und Kunstliebhaber in Mildheim (vgl. § 278, 3) aus den Schriften des
Herrn von Ramdohr (vgl. § 264, 6), mit Fleiß zusammengetragen.

4) Penthesilea. Ein Trauerspiel von Heinrich von Kleist. Tübingen, im
Verlage der Cottaischen Buchhandlung und gedruckt in Dresden bei Gärtner.
1808. 176 S. 8. — Reclams Univ.-Bibl. Nr. 1305. — S. unten S. 802.

Vgl. Nr. 3) Phöbus. Januar. — Goethe in Hoffmanns v. F. Findlingen
S. 179 f. — Heinrich Welti, Textkritisches zu . . Penthesilea: Akademische Blätter
1884. 8. 295 bis 297. — Richard Weißenfels, Vergleichende Studien zu Heinrich
von Kleist. I. Der Tod der Penthesilea (Penthesilea = Ulrike): Kochs Zsch. f. vergleichende Litt.-Gesch. 1887. 1, 273 bis 294. — Hubert Roetteken, Kleists Penthesilea: Kochs Zsch. N. F. 1894. 7, 28 bis 48. — Johannes Niejahr, H. v. Kleists
Penthesilea: Seufferts Vierteljahrschrift 1893. VI, S. 506 bis 553. — H. Roetteken,
Nochmals Penthesilea: Kochs Zsch. 1895. 8, 24 bis 50. Vgl. Centralblatt für
Nervenheilkunde mit Psychiatrie Juni 1894 (Sommer).

5) Berliner Abendblätter (Zeitschrift). Berlin 1811. 8. Sieh Nr. 16).
Darin auch erste Drucke von Goethe. Sieh § 243, 35) = Band IV. S. 704.

6) Das Käthchen von Heilbronn oder die Feuerprobe. Ein großes historisches
Ritterschauspiel. Berlin, Realschulbuchhandlung 1810. 8. — Zweite Auflage. Berlin,
G. Reimer 1846. 8.

Vgl. Nr. 3) Phöbus. Mai S. 75 und Oktober S. 15. — Morgenblatt 1810.
Nr. 21. — Bühnenbearbeitung von Franz von Holbein. § 296. — Für die Bühne
eingerichtet von H. Laube. Wien 1857. 8. — Zum ersten Male auf Grund des
ursprünglichen Plans neu für Bühne und Haus bearbeitet von Karl Siegen.
Leipzig 1890. 8. — C. Reinthaler, Das Käthchen von Heilbronn. Romantische
Oper in 4 Akten frei nach H. v. Kleists gleichnamigem Schauspiel (Berliner Oper
1890 März 22). Euphorion 1895. Bd. 2. Ergzgsh. S. 14/36. — unten S. 802.

7) Erzählungen. Berlin 1810—1811. II. 8.

I. a: Michael Kohlhaas. Vgl. Nr. 3) Phöbus. Juni. S. 20. — Emil Kuh,
Die Quelle der K'schen Erzählung Michael Kohlhaas: Kolatscheks Stimmen der
Zeit. 2. Ausg. Leipzig. 1861. [Nicht aufzutreiben!] — C. A. H. Burkhardt,
Der historische Hans Kohlhase u. H. v. Kl's Michael Kohlhaas. Nach neuen
Quellen. Leipzig 1864. — Michael Kohlhaas. Trauerspiel in 6 Aufzügen von
R. Prölss. Dresden. 1863. — Maltitz, Hans Kohlhas. Trauerspiel in 5 Akten.
Berlin 1828. 8. § 334, 765. 13). — Reclams Univ.-Bibl. Nr. 1338. — Vgl. R. Sprenger:
Lyons Zsch. 1890. 4, 378 und unten S. 802.

b: Die Marquise von O****. Vgl. Nr. 3) Phöbus. Febr. S. 3. Reclams Univ.-
Bibl. Nr. 1957. Vgl. Rich. M. Werner, Kleists Novelle, Die M. v. O.: Seufferts
Vierteljahrsschr. 1890. III, 483 bis 500 und unten S. 802.

c: Das Erdbeben in Chili. — Heyse-Laistner, Neuer deutscher Novellenschatz
Bd. 24, S. 83.

II. d: Die Verlobung in S. Domingo. — Reclams Univ.-Bibl. Nr. 858. —
Heyse-Kurz, Dtsch. Novellenschatz Bd. 1. — Reinhard Kade, Zu Kleists Verlobung
in S. Domingo und Körners Toni: Grenzboten 1889. S. 171 bis 174. — G. Feier-

feil, Die Verlobung in St. Domingo von H. v. Kleist und Th. Körners Toni. Brauns 1892. 8.

e: Das Bettelweib von Locarno.

f: Der Findling. — Reclams Univ.-Bibl. Nr. 858.

g: Die heilige Caecilie oder die Gewalt der Musik, eine Legende. Vgl. Erich Schmidt, Kleists ‚Heilige Cäcilie' in ursprünglicher Gestalt: Seufferts Vierteljahrschrift 1890. III, S. 191.

h: Der Zweikampf.

O. Brahm, H. v. Kleist als Novellist: Beilage zur Münchner Allg. Zeitung 1884. Nr. 144 und 145. — F. Muncker, Ein Nachtrag zum Studium der Novellen Kleists: Münchner Allg. Ztg. 1884. Nr. 153. — J. Minor: Euphorion 1894. 1, 585 bis 589.

8) Der zerbrochene Krug. Ein Lustspiel. Berlin 1811. 8.; 1812. 8. — Vgl. Nr. 3) Phöbus. März S. 33. — Reclams Univ.-Bibl. Nr. 91. — Prachtausgabe: Eingeleitet von Fr. Dingelstedt. Mit 30 Text-Illustrationen und 4 blattgroßen Holzschnitten nach Ad. Menzel. Berlin o. J. Folio.

Karl Siegen, Der zerbrochene Krug. Festschrift. Leipzig 1876. — Karl Siegen, H. v. Kleist und der zerbrochene Krug. Neue Beiträge. Sondershausen 1879. XV, 133 S. 8. — Christian Semler, Der zerbrochene Krug. Leipzig 1879. 8. Chn. Semler, Der Dorfrichter Adam: Lyons Zsch. 1893. 7, 874. — Lyons Zsch. 1892. 6, 732. 1893. 7, 561. 683. [Nachtr. S. 802.

Theophil Zolling, Urbild des zerbrochenen Kruges: Dichterhalle 1873. Nr. 15. Friedrich Ludwig Schmidt, Der zerbrochene Krug. Bühnenbearbeitung § 258, 16. 21). Reclams Univ.-Bibl Nr. 2304.

9) H. v. Kleist, Germania an ihre Kinder. [1813, ged. 1809] o. O. u. J. 4 S. 4.

10) An die Königin Luise (‚Du, die das Unglück'): Die Musen, hg. von Fouqué und Neumann 1812. 1, 177. — ‚Winter, so weichst Du': ebenda 1814. 1, 418.

11) Das letzte Lied: Frauentaschenbuch für 1818. 8. 64 bis 66.

12) Hinterlassene Schriften von Heinrich von Kleist. Herausgegeben von Ludwig Tieck. Berlin 1821. 8. Sieh § 284, 1. 135).

Inhalt:

a: Der Prinz von Homburg.

Erste Aufführung in Wien 1821 Oktober 30. Sieh Ludwig Costenoble, Aus dem Burgtheater 1818-1837. Wien 1889; in Dresden 1821 Dezember 6.

Die Schlacht bei Fehrbellin. Schauspiel in 5 Akten von H. v. Kleist. Wien 1822. J. B. Wallishausser, Berlin bei Reimer. 104 S. 8. — Mit Anmerkungen von H. Weismann. Stuttgart, Cotta. 1882. 8. — von L. Zürn. Leipzig 1888. 8. — Mit Anmerkungen von Reinhard Kade. Wien 1888. 8. — von H. Windel. Leiprig, Velhagen und Klasing o. J. 8.

Vergl. B. Erdmannsdörffer, Zu Kleists Prinzen von Homburg: Preuß. Jahrb. 1874. 34, 205. — Julian Schmidt: Preuß. Jahrb. 1878. 41, 648. — C. Varrentrapp, Der Prinz von Homburg in Geschichte und Dichtung: Preuß. Jahrb. 1880. 45, 385 f; auch besonders erschienen. Berlin 1880. — Felix Bamberg, Über den Prinzen von Homburg: Rötschers Jahrbücher für dramatische Kunst und Litteratur 1847 f. Band II. — B. Litzmann, Zu Kleists Prinzen von Homburg: Grenzboten 1887. 46, II. Nr. 22. — Herm. Unbescheid: Lyons Zsch. 1887. 1. 222. 820 — Beitrag zur Behandlung der dramat. Lektüre. 2. Aufl. Berlin 1891. 8. 164. — L. Zürn, Zu H. von Kleists Prinzen Friedrich v. Homburg: Herrigs Archiv 1888. Bd. 81, 477 f. — Frdr. Seiler, Die Behandlung des sittlichen Problems in Kleists ‚Prinz von Homburg'. Progr. Eisenberg 1890. 4. Sieh § 254, 5) 2. h — Band V. S. 207. — J. Jungfer, Der Prinz von Homburg. Nach archivalischen und anderen Quellen. Berlin 1890. 8. — Lyons Zsch. 1890. 4, 1. 441. 451 bis 480. 1891. 5, 60. 422. 1893. 7, 60. 422. 494. 683. — H. Gilow, Die Grundgedanken in Heinrich von Kleists ‚Prinz Friedrich von Homburg'. Progr. Berlin 1893. 4. — Johannes Niejahr, H. v. Kleists Prinz von Homburg und Hermannsschlacht: Seufferts Vierteljahrschrift 1893. VI, S. 409 bis 429.

b: Die Hermannsschlacht.

Rudolf Genée, Neue Bearbeitung der Hermannsschlacht mit Einleitung und Anmerkungen. Berlin 1871. Verlag von F. Lipperheide.

Vargl. R. Löhner, Zu Kleists Hermannsschlacht: Lyons Zsch. 1889. 8, 280.

— Heinrich Ortner, Bemerkungen zu Kleists Hermannsschlacht. Progr. Regensburg 1894. 8.

c: Robert Guiskard. Fragment.

Vergl. O. Brahm, H. v. Kl. und sein Dramenfragment ‚Robert Guiskard‘: Dtsch. Rundschau 1884. Bd. 89. S. 52 bis 66; sieh in Nr. z). — C. Bößler, H. v. Kls. unvollendete Tragödie Robert Guiscard: Preuß. Jahrb 1890. 65, 485 f.; dazu E. Schmidt: Dtsch. Litt.-Ztg. 11, Sp. 71. — J. Minor: Euphorion 1894. 1, S. 564 bis 581.

13) Gesammelte Schriften von Heinrich von Kleist. Herausgegeben von Ludwig Tieck. Berlin 1826. III. 8. Sieh § 284, 1. 136).
I. a: Die Familie Schroffenstein. — b: Penthesilea. — c: Amphitryon. - II. d: Der zerbrochene Krug. — e: Das Käthchen von Heilbronn. — f: Prinz Friedrich von Homburg. — g: Die Hermannsschlacht. — III. h: Michel Kohlhaas. — i: Die Marquise von O. - k: Das Erdbeben in Chili. — l: Die Verlobung auf S. Domingo. — m: Das Bettelweib von Locarno. — n: Der Findling. — o: Die heilige Caecilie. — p: Der Zweikampf. — q: Robert Guiskard. — r: Epigramme und Gedichte.

14) Ausgewählte Schriften von Heinrich von Kleist. Hg. von Ludw. Tieck. Berlin 1846. 1847. IV. 8.
I. a: Das Käthchen von Heilbronn. — II. b: Der zerbrochene Krug. — c: Prinz Friedrich von Homburg. — III. IV. d: Erzählungen.

15) Heinrich von Kleist's gesammelte Schriften. Hg. von L. Tieck, revidirt, ergänzt und mit einer biographischen Einleitung versehen von Julian Schmidt. Berlin 1859 III. 8. — Zweite Ausg. 1863. III. 8. — Stereotyp-Ausg. 1882. III. 8. ·· Neue Stereotyp-Ausg. 1891. III. 8.

Reinhold Köhler, Zu Heinrich von Kleists Werken. Die Lesarten der Originalausgaben und die Änderungen L. Tiecks und J. Schmidts zusammengestellt. Weimar, Böhlau 1862. VIII, 108 S. 8.

16) Heinrich von Kleists politische Schriften und andere Nachträge zu seinen Werken. Mit einer Einleitung von Rud. Köpke. Berlin 1862. 8. Sieh Nr. 5).

17) H. von Kleist's Werke. Nebst der Biographie des Dichters (LXIV S.), von Adolf Wilbrandt. Berlin, G. Hempel o. J. V. 8.

18) P. L(indau), Ein politisches Manifest von Heinrich von Kleist: Die Gegenwart 1876. Nr. 45 S. 294 f.

19) Kleists ausgewählte Dramen. Mit Einleitung und Anmerkungen herausg. von Karl Siegen. Leipzig, Brockhaus 1877. II. 8.

20) Kleists Werke. Hg. von Heinrich Kurz. Hildburghausen 1878. II. 8.

21) Heinrich von Kleist, Ueber die allmähliche Verfertigung der Gedanken beim Reden: Nord und Süd 1878.

22) Heinrich von Kleists sämmtliche Werke. Neu durchgesehene und ergänzte Ausgabe. Mit Einleitung (34 S.) von Franz Muncker. Stuttgart, Cottasche Bibl. der Weltlitteratur 1882. IV. 9.

23) Heinrich von Kleists sämmtliche Werke. Herausgegeben von Ed. Grisebach. Leipzig, Reclam [1882]. II. 8. Numerierte Exemplare auf Büttenpapier. Prachtausgabe.

24) Heinrich von Kleist, Unwahrscheinliche Wahrhaftigkeiten. Eine bisher ungedruckte Humoreske. Veröffentlicht von Theoph. Zolling: Die Gegenwart 1884. 26, S. 157 f.

25) Heinrich von Kleist, Sonderbare Geschichte. Eine ungedruckte Humoreske. Veröffentlicht von Theophil Zolling: Die Gegenwart 1884. 26, S 283 f.

26) Heinrich von Kleists Werke (Mit biographischer Einleitung und Briefen CLII S.). Hg. von Theophil Zolling. Stuttgart 1885. IV. 8. Deutsche National-Litteratur Nr. 149. Beste Ausgabe. Darin die beste Wiedergabe des einzigen Bildes von Kleist.

27) Drei ungedruckte Gedichte von Heinrich von Kleist. Mitgetheilt von Theophil Zolling: Die Gegenwart 1886. 29, S. 211 bis 215. Sieh unten S. 802.

2. Ludwig Friedrich August Wieland, geb. am 28. Oktober 1777 in Weimar, Sohn des Oberondichters; studierte in Jena und Erlangen, ging 1800 nach

Bern zu seinem Schwager Heinrich Geßner, der dort Nationalbuchdrucker war, verkehrte in Bern mit Heinrich von Kleist und Zschokke; alle drei bearbeiteten den zerbrochenen Krug. Wieland wurde 1809 Bibliothekar des Fürsten Esterhazy, seit 1811 lebte er unabhängig in Wien, dann in Weimar. Er veröffentlichte verschiedene politische Flugblätter, Aufsätze in politischen Zeitschriften, wie dem Vorwärts, und gab die kurzlebige Monatsschrift ‚Der Patriot‘ heraus. Er starb in Jena am 12. Dezember 1819.

a) Meusel, Gel. Teutschland 1812. 16, 225. 1827. 21, 556.

b) Hoffmann von Fallersleben, Findlinge. Leipzig 1859. 8. 171 f. Brief Wielands, des Vaters, über das Lustspiel von Ludwig W.: Die Überraschung 1806; wiederh.: Joh. Valentin Teichmanns Literar. Nachlaß, hg. von Franz Dingelstedt. Stuttgart 1863. 8. 270 bis 272. — c) Theophil Zolling, Kleist in der Schweiz. Stuttgart 1882. 8. 26 bis 27. 100 bis 101. — d) Wurzbach 1888. 56, 18.

Brief an Heinrich Geßner in Nr. c) S. 155; an seinen Vater: Grenzboten 1870. 2, 262; zwei von seinem Vater in Nr. c) S. 149 bis 152.

1) Erzählungen und Dialogen von Ludwig Wieland. Herausgegeben von C. M. Wieland. I. Leipzig 1803 II. Zürich, Heinrich Geßner. 8. Sieh § 223, C. Nr. 140' — Band IV. S. 208 b.

Enth. I. a: Dialogen. — b: Das Fest der Liebe. Eine Erzählung. — II. 1805. c: Die Glücksritter. Eine Erzählung. — d: Der Barbier von Bagdad. Eine Posse nach dem Französ. — e: Der Unglückliche. Ein Schwank. — f: Verwegenheit aus Liebe. Eine Geschichte in Briefen. — g: Gespräch.

2) Evelina oder das Burggespenst. Ein romantisches Drama in drei Aufzügen nach dem Englischen des Castle Spectre für die deutsche Bühne bearbeitet. Braunschweig 1804. 8.

3) Lustspiele von L. Wieland. Braunschweig, 1805. gedruckt bei Friedrich Vieweg. 327 S. 8.

Enth. a: Ambrosius Schlinge. Eine Komödie (in Versen). — S. 145. b: Die Bettlerhochzeit. Ein Lustspiel in drey Aufzügen (Prosa).

4) Über Ifflands Darstellungen in Weimar, im December 1812: Journal des Luxus 1813, Februar. Sieh Band V. S. 265. [Nachtr. S. 802.

5) Die Belagerten. Ein Schauspiel. Wien 1814. 8. Sieh § 296, 70, 16) b.

6) Bemerkungen gegen die Schrift des Geheimenrath Schmalz zu Berlin über politische Vereine. Von Ludwig Wieland. Erfurt 1815, G. A. Keysers Buchhandlung. 24 S. 8. — Nebst einem Anhang. Zweite Auflage 1817.

7) Ueber die Schmalzische Vertheidigungsschrift gegen Herrn Staatsrath Niebuhr. Ein Gespräch hg. von Ludwig Wicland. Erfurt, G. A. Keysers Buchhandlung 1816. 24 S. 8 Sieh § 257, 35. 9). § 316 — Band VIII. S. 134.

L. Wicland gab heraus: Auswahl denkwürdiger Briefe von C. M. Wieland. Wien 1815. II. 8. (120 Briefe aus den Jahren 1763 - 1812 an Orell, Geßner und Füßli, an Madame de la Roche, an Friedrich Just Riedel, an den Fürsten v. Kaunitz, an drei Kunstrichter, an Gluck. II: an Freiherrn v. Gebler, an Freiherrn von Retzer, an Blumauer, an den Geh. Regierungsrat v. Müller aus Weimar, an eine deutsche Fürstin d. i. verwitwete Frau Fürstin von Neuwied nach Böttiger: Frauenzimmer Almanach auf 1819. 8. 12). Sieh § 223, A. 1. d) — Band IV. S. 188 f.

Heinrich Zschokke sieh Buch VIII. § 332.

3. Heinrich Joseph von Collin, geb. am 26. Dezember 1771 in Wien, Sohn des 1781 gestorbenen Arztes, würde im Löwenburgischen Convicto in Wien vorgebildet und studierte seit 1790 die Rechte. Nach Vollendung seiner Studien wurde er Konzipist bei der Finanzhofstelle, dann Hofsekretär und 1809 Hofrat bei der damaligen Kredits-Hofkommission. Rastloses Arbeiten erwarb ihm die Gunst des Finanzministers Grafen Jos. O'Donel, untergrub aber, weil er die Nächte der Poesie widmete, seine Gesundheit. Am 28. Juli 1811 erlag er einem Nervenfieber. (Vgl. über sein Denkmal in der Wiener Borromäuskirche: Morgenblatt 1813. Nr. 239. S. 956).

Seine von edlem Streben nach klassischer Einfalt eingegebenen Dramen nähern sich doch mehr dem rhetorischen Pathos der französischen, als der lebensvollen Größe der griechischen Tragödie. Das beste darunter, sein Regulus, wurde

infolge einer Wette binnen sechs Wochen vollendet. Seine Gedichte voll patriotischer Wärme und kräftige Zeugnisse für den edlen Geist, der damals in Österreich aufzuleben begann, sind nur in einzelnen Klängen im übrigen Deutschland
bekannt geworden. Während die kräftigen Wehrmannslieder, die in Österreich
lautes Echo fanden, im übrigen Deutschland still vorübergingen, drangen hier
auch einzelne seiner Balladen, wie ‚Kaiser Max auf der Martinswand‘, ‚Herzog
Leopold vor Solothurn‘, ‚Kaiser Albrechts Hund‘, durch und erhielten sich lange
in Gedichtsammlungen.

Menzel, Gel. Teutschland 1808. 13, 240. 14, 340. 16, 838. 17, 344. 22f, 522.

a) Moriz v. Dietrichstein in den Vaterländischen Blättern für den österreichischen Kaiserstaat 1811 August 3.

b) Biographie von Matthäus von Collin in Heinrich Collins Werken 1814.
Bd. 6, 249 bis 447.

c) Ersch und Grubers Encyclopädie 1822. I. Sect. 22 S. 53. — c') S. 802.

d) Wurzbach 1857. 2, 412.

e) F. Gassner, Ueber Heinrich von Collin. Beitrag zur Gesch. österreichischer Dichter. Progr. 1873. 44 S. 8.

f) Allg. dtsch. Biogr. 1876. 4, 407 (K. Weiß).

g) Ferdinand Laban, Heinrich Joseph Collin. Ein Beitrag zur Geschichte der
neueren deutschen Literatur in Oesterreich. Wien. Carl Gerold's Sohn. 1879. 8.

Briefe an α) Moriz Gf. v. Dietrichstein: Ferdinand Laban S. 211. β) Ludwig
Schubart: Wiener allg. Theaterzeitung, hg. von Ad. Bäuerle. Jahrg. 9. Nr. 93.
— von Ludwig van Beethoven: Ferd. Laban S. 212. — S. unten S. 802.

1) Scheinverbrechen. Ein Schauspiel in fünf Aufzügen. Für das k. k. National-
Hoftheater. Wien, J. B. Wallishausser. 1794. 99 S. 8.; wiederholt unter dem Titel:
Julie von Billenau in Nr. 13), Bd. III., S. 191 bis 316. Die Quelle sieh § 224,
52. 7) Neunte, Zehnte Sammlung: ‚Auch Vorwitz kann seinen Nutzen haben‘.
Vergl. auch § 259, 131 und § 264, 10. 8) a.

2) Regulus. Eine Tragödie in fünf Aufzügen von Collin. Berlin, bei Johann
Friedrich Unger. 1802. 184 S. 8. — Nachdruck: Berlin 1802. 4 Bl. 125 S. 8.
— Nachdruck: Berlin 1802. 183 S. 8. — Nachdr.: Wien, bey J. B. Wallishausser.
1802. 146 S. 8. — Aachen, bei F. W. Forstmann. 1816. 196 S. 16. — Regulus,
Tragödie in fünf Aufzügen von Heinrich v. Collin. Zum großen deutschen Turn-
fest eig ns für das Leipziger Stadttheater eingerichtet von Feodor Wehl: Die
Deutsche Schaubühne 1868. Jahrgang 4. Heft 9. — Reclams Univ.-Bibl. Nr. 329.
— Mit Einleitung und Anmerkung von H. Kny. Wien 1888. 8.
Italienisch von Lorenzo Randolini.

Vgl. A. W. Schlegel: Zeitung für die elegante Welt 1802. Nr. 49. Sp. 885
bis 388 und Nr. 50. Sp. 393 bis 395 = Kritische Schriften. Band II, S. 122 f. Sieh
§ 283, 1. 60) r. — Schiller an Goethe 1802 März 17. — Goethe § 242, 20) 4. a.
Sieh Band IV. S. 697. — K. L. Kannegießer, Marcus Atilius Regulus, Trauerspiel
in 5 Aufz. von H. v. Collin und Oper in 3 Aufz. von Metastasio: Herrigs Archiv
1861. Band 29, S. 255 bis 272.

3) Coriolan. Ein Trauerspiel in fünf Aufzügen von Collin. Berlin, bei Johann
Friedrich Unger. 1804. 148 S. 8. — Nachdr.: Berlin 1804. 120 S. 8. — Ein
Schauspiel in fünf Aufzügen. Für die k. k. Hoftheater. Wien 1804. J. B. Wallis-
hausser. 127 S. 8.

Ganz unabhängig von Shakespeare.

4) Polyxena. Ein Trauerspiel in fünf Abtheilungen von Collin. Berlin, bei
Johann Friedrich Unger. 1804. 158 S. 8. — Nachdr.: Berlin 1804. 126 S. 8.

5) Balboa. Ein Trauerspiel in fünf Aufzügen von Collin. Berlin, bei Johann
Friedrich Unger. 1806. 131 S. 8. — Für die k. k. Hoftheater. Wien, 1807.
J. B. Wallishausser. 114 S. 8.

6) Künstler-Entzückung. Eine Ode von Collin. Wien 1807. Fol.

7) Vergleichung der Phädra des Racine mit der des Euripides, von A. W.
Schlegel (§ 283, 1. 30). Uebersetzt, und mit Anmerkungen und einem Anhange
begleitet von H. J. von Collin. Wien 1808. XVI, 192 S. 8. Sieh unten Nr. 13)
VI, 103 bis 247. Collin selbst zeigte im Prometheus, hg. von Leo v. Seckendorf
und Jos. Lud. Stoll. Wien, 1808. Heft 2, Anzeiger S. 20 f. die Übersetzung an.

8) Bianca della Porta. Ein Trauerspiel in fünf Aufzügen von Collin. Berlin,

bei Johann Friedrich Unger. 1808. 150 S. 8. — Für die k. k. Hoftheater. Wien 1809. J. B. Wallishausser. 122 S. 8. Morgenblatt 1808. Nr. 273.

9) Lieder Oesterreichischer Wehrmänner von H. J. v. Collin. Erste Abtheilung. Wien, 1809. Gedruckt und im Verlage bey Anton Strauß. 32 S. 8. Kriegslieder der Deutschen von Bornstädt, Collin, Lüttwitz u. s. w. In Musik gesetzt von Fr. L. Himmel, Breslau 1813.

10) Mäon. Ein Trauerspiel in fünf Aufzügen von Collin. Berlin 1809 bei Joh. Frdr. Unger. 8.

11) Gedichte von H. J. v. Collin. Wien, 1812. Gedruckt und im Verlage bey Anton Strauß. 4 Bl., 288 S. 8. Morgenblatt 1813. Nr. 5.

12) Die Befreyung von Jerusalem. Oratorium gedichtet von Heinrich und Matthäus von Collin. In Musik gesetzt von Herrn Abbé Maximilian Stadler. Wien o. J. gedruckt bey Anton Strauß. 36 S. 8. — .... Großes Oratorium .... Stadler. Aufgeführt von. den Mitgliedern des Musik-Vereines in dem Ständischen Theater in Linz den 15. November 1822. Linz, 1822 gedr. bey Wenzel Schlesinger. 31 S. 8. Auch in den Gedichten Nr. 11) S. 221 bis 248.

13) Heinrich J. v. Collin's sämmtliche Werke. [Herausgegeben (mit Biographie) von Matth. von Collin]. Wien, 1812—1814. Gedruckt und im Verlage bey Anton Strauß. VI. 8.

Enth. I. 1812. Regulus. Coriolan. Polyxena. — II. 1812. Balboa. Bianca della Porta. Mäon. Macbeth. — III. 1812. Die Horatier und Curiatier. Bradamante, ein lyrisches Schauspiel in vier Aufzügen (nach Ariost; als Oper, Musik von Joh. Friedr. Reichardt 1809 vollendet, aber nie aufgeführt). Julie von Billenau, ein Schauspiel in fünf Aufzügen [Nr. 1)]. Kindespflicht und Liebe, ein Schauspiel in vier Aufzügen.

IV. 1813. Epische und lyrische Gedichte. Darunter: Bruchstücke des Heldengedichts Rudolph von Habsburg. — V. 1813. Prosaische Aufsätze: a. Anna Maria Adamberger, und ihr Abschied von der Bühne. b. Rosalie Nouseul, k. k. Hofschauspielerinn. c. Über das Lustspiel: Verstand und Herz (vgl. § 253, 20. 12) 3). d. Aphoristische Gedanken über verschiedene Gegenstände der dramatischen Kunst. e. Über die Einheit des Ortes und der Zeit im Drama. f. Über das Lustspiel. g. Über das gesungene Drama. h. Über den Chor im Trauerspiele. i. Arist und Euphranor, ein Gespräch. j. (7) Briefe über die Charakteristik im Trauerspiele. k. (4) Briefe über die Versification des ernsten Drama. l. Die Bruderlade zum Apollo. m. Über das Ballet Richard Löwenherz. n. Lyrische Declamation, und Declamation der Lenore (§ 232, 12. 6). o. Regulus. p. Über Alxingers Doolin von Mainz (§ 225, 4. 4) und Wielands Oberon (§ 223, C. 93). q. Über August von Kotzebue (§ 258, 8). r. Trauerspiele. s. Kunstrichter. t. Theobald. u. Über Ifflands und Brockmanns Darstellung des Königs Lear. v. Etwas über den Hexameter. w. Roher Entwurf zu einem Belisar, und Entwurf einer Scene. x. Die stille Gesellschaft. y. Raymund Zobel, Nekrolog. z. Joseph Graf O'Donel, Nekrolog. aa. Ideen zur Verbesserung der Wiener Bühne. bb. Wahrmund, Bruchstück eines Romans.

VI. 1814. a. Zerstreute Blätter. b. Vergleichung der Phädra des Racine mit der des Euripides. Mit einer Vorrede des Übersetzers vom 24. April 1808. c. Beurtheilung der vorhergehenden Schrift, eingerückt in drey Blättern des Journal d'Empire vom 16. und 24. Februar und 4. März 1808. d. Über Heinrich Joseph Edlen von Collin und seine Werke. Matthäus von Collin. e. Über Heinrich (Joseph Edlen von) Collins Denkmahl. Moriz, Graf von Dietrichstein.

14) Eine Ode: ,Du liebst mich', die nicht in den Werken steht, sieh im Morgenblatte 1816. Nr. 80. April 8.

15) Trauerspiele. Rechtmäßige, vom Verfasser selbst veranstaltete Ausgabe. Berlin, bei F. A. Herbig, früher J. F. Unger 1828. III. 8. — Titelausg. der Einzeldrucke.

Die Pilgerreise (auch im 4. Bande der sämmtlichen Werke, Nr. 13). Ein dramatisches Gedicht zu Collins Feyer. Wien 1812. Anton Strauß. Beigegeben: 1. Klage auf den Tod H. J. Edlen von Collin. Gedichtet von Caroline Pichler. In Musik gesetzt vom Grafen Moritz von Dietrichstein. (§ 277, 29. 6). 2. Gesänge aus der Tragödie Polyxena von Collin. In Musik gesetzt von Abbé Max Stadler. 35, 16 S. und 1 Notenbeilage.

4. Matthäus Casimir von Collin, geb. am 3. März 1779 in Wien, Bruder Heinrichs; studierte die Rechte, 1804 Doctor, 1808 Prof. der Ästhetik in Krakau,

1810 Hofkonzipist, 1812 Prof. der Geschichte und Philosophie in Wien, seit 1814
Redakteur der Wiener Allg. Litteratur-Zeitung und seit 1815 Erzieher des Herzogs
von Reichstadt, gründete 1818 die Wiener Jahrbücher, trat aber bald von ihnen
zurück. Er starb am 23. November 1824.

Nr. 5) I. a. — Meusel, Gel. Teutschl. 17, 344 f 221, 522. — Nekrolog 2, 1222.
— Wurzbach 1857. 2, 415. — Allg. dtsch. Biogr. 1876. 4, 409 (K. Weiß).

Briefe an α) Moriz Gf. v. Dietrichstein: Ferdinand Laban, Heinrich Joseph
Collin. Wien 1879. 8. 212 f. — β) von Oberkany: ebenda 8. 215. — γ) ? über
Sands Mordthat: ebenda 8. 214 f. — δ) Ludw. Tieck: Karl von Holtei 1, 142 bis 157.
— ε) Fouqué: Briefe an Friedr. Baron de la Motte Fouqué. Berlin 1848. 8. 55 bis 74.

1) Belas Krieg mit dem Vater. Ein historisches Schauspiel von Matthäus von
Collin. Tübingen in der J. G. Cotta'schen Buchhandlung. 1808. 186 8. 8.

2) Sieh Nr. 3. 12) und 13) VI. d.

3) Dramatische Dichtungen. Pesth, Hartleben. 1813 bis 1817. IV. 8.

Enth. I. a: Der Tod Friedrichs des Streitbaren. Trauerspiel in fünf Aufzügen.
— b: Der Cid. Trauerspiel in fünf Aufzügen nach Corneille. — II. c: Annius und
die Legionen. Vorspiel zu Marius. — d: Marius, Trauerspiel in fünf Aufzügen. —
e: Calthon und Colmal, Lyrisches Schauspiel in drei Aufzügen (Musik von Winter
1800). — III. f: Bela. - g: Die feindlichen Söhne, Schauspiel in drei Aufzügen. —
h: Der Tod Heinrichs des Grausamen, Trauerspiel in einem Aufzuge. — IV. i: Butes,
Trauerspiel. — j: Der Streit am Grabe, Vorspiel zu k. — k: Die Kunringer,
Schauspiel in fünf Aufzügen.

3) Die Rückkehr. Ein musikalisches Schauspiel, gedichtet von Matthäus
Edlen von Collin. In Musik gesetzt von J. F. Mosel. Wien, 1814. Gedruckt bei
Anton Strauß. 16 8. 8.

4) Cyrus und Astyages, Oper in drei Aufzügen nach Metastasio. Wien 1818. 8.

5) Matthäus Edlen von Collin's nachgelassene Gedichte, ausgewählt und mit
einem biographischen Vorworte begleitet von Joseph von Hammer. Wien. Gedruckt und im Verlage bey Carl Gerold. 1827. II. 8.

Enth. I. a: Biographisches Vorwort. — b: Essex. Trauerspiel in fünf Aufzügen. Nach dem ältern Stücke dieses Namens neu bearbeitet von Matthäus
von Collin. — II. c: Fortunats Abfahrt von Cypern. Ein dramatisches Bruchstück.
— d: Aus dem Lustspiele: Die Liebeswerbung. — e: Die Rückkehr. — f: Gedichte.

Friedrich Kind sieh § 331.

§ 289.

1. Ferdinand August Otto Heinrich Graf von Loeben (Schriftstellername: Isidorus Orientalis), geb. am 18. August 1786 in Dresden, studierte von
1804 in Wittenberg, dann in Heidelberg bis 1807. Später lebte er in Wien, Berlin
und bei Fouqué in Nennhausen. Im Jahre 1813 machte er als sächsischer Unter-
leutenant der Freiwilligen den Krieg gegen Napoléon mit, zog nach dem Frieden
nach Dresden und verkehrte dort vorzugsweise mit E. v. d. Malsburg. 1822 wurde
er vom Schlage gerührt. Er ließ sich von Justinus Kerner magnetisch behandeln,
doch ohne Erfolg; am 3. (nicht 4.) April 1825 ist er in Dresden gestorben.

a. Meusel, Gel. Teutschland 1821. 18, 563. 1834. 23, 442. — b. Neuer
Nekrolog 3. Jahrg. 8. 1387 bis 1390 von Wilh. Müller in Dessau. — c. Allg.
dtsch Biogr. 1884. 19, 40 bis 45 (Franz Muncker). — d. Thech. Kerner, Das
Kernerhaus und seine Gäste. Stuttgart 1894. 8. 51 bis 53. — e. Eine scharf
satirische Schilderung von Lochen gab der eine Zeit lang mit ihm befreundete
Jos. v. Eichendorff in seinem Romane ,Ahnung und Gegenwart' Kap. 12.

(Fünf) Briefe an Fouqué: Briefe an Fouqué. Berlin 1848. 8. 229 bis 253.
— (Sieben) an Ludwig Tieck. Ausgewählt und hg. von Karl von Holtei. Breslau
1864. 2, 264 bis 279. — Sieh unten S. 802.

1) Gedichte: Morgenblatt 1807. Nr. 164. 172. 176. 285. 307. 1808. Nr. 1.

2) Guido. Von Isidorus Orientalis. Mannheim in der Schwan- und Götzischen
Buchhandlung 1808. XVI, 360 8. 8. (Erster Theil: Die Sehnsucht. Zweiter
Theil: Das Reich der Minne. Dritter Theil: Die Verklärung).

Morgenblatt 1808. Nr. 107. 108. 110. 111. 113.

Ohne Wissen des Verfassers mit neuem Titel herausgegeben: Romantische Darstellungen. Von Isidorus. Mannheim 1817. 8.

3) Blätter aus dem Reisebüchlein eines andächtigen Pilgers. Von Isidorus (Orientalis). Mannheim, Schwan und Götz 1808. 8.
Morgenblatt 1808. Nr. 165. 166.

4) Julius und Blanka. Eine Novelle. J. O.: Morgenblatt 1808. Nr. 139. 140.

5) Gedichte. Berlin 1810. 8.   5') S. unten S. 802.

6) Arkadien. Ein Schäfer- und Ritterroman. Berlin 1811 und 1812. II. 8. — wiederholt 1821. II. 8. Sieh Briefe an Fouqué S. 238.

7) Deutsche Worte über die Ansichten der Frau v. Staël von unserer poetischen Litteratur in ihrem Werk über Deutschland. Heidelberg, bey Mohr und Zimmer 1814. 250 S. 8. Unterzeichnet: Isidorus.

8) Beiträge zum Jahrbüchlein deutscher Gedichte für 1815.

9) Ein fein lustig Waldstücklein. Von Kuckuck Waldbruder. 1808: Kinds Harfe 1816. 3, 159 bis 174. Vgl. Beckers Taschenbuch für 1826 S. 419.

9') Einige Worte zum Andenken an Novalis Bruder, Karl von Hardenberg. Von I. O.: Kinds Harfe 1816. 3, 351 bis 362.

10) Beiträge zu den deutschen Frühlingskränzen für 1816.

11) Die Hesperiden. Blüthen und Früchte aus der Heimath der Poesie und des Gemüths. Herausgegeben von Isidorus. Leipzig, Göschen. 1816. 260 S. 8.

Mit Beiträgen von Wilh. v. Schütz, M. v. Schenkendorf, Jos. v. Eichendorff, Giesebrecht, Werner, Goldmann, Gottwalt, Helmina von Chezy, Koreff, Phil. Veit, Justinus Kerner u. a. S. Bibl. Repert. 1 (1904), S. 315/20.

12) Lebenskranz um eine theure Todtenurne. 1816. o. O. 1 Bogen 8. Inhalt: Meinem Bruder. Todesstimmen. Frühlingsstimmen. Dem Unvergeßlichen.

13) Der Schwan. Poesieen aus dichtrischer Jugend [1806] mitgetheilt von Isidorus. Leipzig, bei Georg Joachim Göschen 1816. 183 S. 8.

14) Der Liebe Selbstvernichtung. Novelle von Otto Grafen von Loeben: Urania auf das Jahr 1817, S. 79 bis 110.

15) Rosengarten. Dichtungen von O. H. Grafen von Loeben. Altenburg und Leipzig: F. A. Brockhaus. 1817. II. 8.

Enth. I. 306 S. a: Das weiße Roß, eine altdeutsche Familienchronik in 36 Bildern. — b. S. 161: Die Sonnenkinder. - c. S. 248: Die Perle und die Maiblume. Novelle. — II. 312 S. d: Cephalus und Procris, ein romantisch-musikalisches Drama. Sieh Nr. 16). — e. S. 131: Ferdusi (2 Romanzen). — f. S. 145: Persiens Bitter, Erzählung. — g. S. 235: Die Zaubernächte am Bosporus, ein romantisches Gedicht (in Stanzen und in 6 Gesängen).

16) Cephalus und Procris. Ein romantisch-musikalisches Drama von O. H. Grafen von Loeben. Altenburg und Leipzig: F. A. Brockhaus 1817. 130 S. 8.
Aus Nr. 15) besonders ausgegeben.

17) Lotosblätter. Fragmente von Isidorus. Bamberg und Leipzig 1817, bei Carl Friedrich Kunz. II. 8.

Enth. I. a: Der Vorhof (Wissenschaft). Streben und Wissen. — b: Der goldene Faden (Kunst). Poesie, Literatur und Kunst. — c: Das Labyrinth (Politik). Staat, Geschichte, Kirche, Zeit.

II. d: Der Fremdling (Seelen- und Lebenskunde). Der Mensch und die Natur. 1. Allgemeine Lebensansichten, moralische und psychologische Winke. 2. Die Lebensalter und Geschlechter. 3. Naturstimmen der Sehnsucht. Die Jahreszeiten. — e: Die Befreiung (Religion und Liebe). Glauben, Schmerz und Liebe. Blicke in das höhere Leben auf Erden. Ahnungen vom Geheimnisse des Daseyns.

18) Leda. Erzählung von Otto Graf v. Loeben: Urania für 1818. S. 305 bis 337.

19) Prinz Floridio. Ein Mährchen: Urania für 1819. S. 319 bis 370.

20) Ritterehr und Minnedienst. Alte romantische Geschichte. Berlin 1819. 8.

21) Liebesdemuth: Gebauers Morgenröthe 1819. S. 144 bis 192.

22) Stiefmütterchen. Eine deutsche Geschichte: W. G. Becker's Taschen
buch auf das Jahr 1820. Leipzig. 8. 78 bis 112.
Ebenda auch Gedichte.

23) Die Fürstenkinder: Cornelia. Taschenbuch für Deutsche Frauen auf das
Jahr 1820. Heidelberg. 8. 124 bis 155.
Ebenda auch Frühlingslieder und andere Gedichte.

24) Die lustigen Musicanten: Beckers Taschenbuch für 1821. 8. 143 bis 196.

25) Die Irrsale Klotars und der Gräfin Sigismunda. Eine romantische Geschichte von Otto Heinrich Grafen von Leeben. Altenburg 1821. Verlag von
Christian Hahn. 352 S. und 1 Bl. 8. — Zweite Ausgabe 1831. 8.

26) Beiträge zu dem Frauentaschenbuch für 1822. — 26') 8. unten S. 802.

27) Erzählungen von Otto Heinrich Grafen von Loeben. Dresden, bei Paul
Gottlob Hilscher. 1822 und 1824. II. 8.
Inhalt: I. 5 Bl., 191 S. E. F. G. O. v. d. Malsburg gewidmet. a: Die
Todtenmahnung (zuerst in Beckers Taschenbuche für 1819). — b. S. 89: Leßke
und Faniska. — c. S. 79: Der Tuneser und der Pisaner. — II. 2 Bl., 224 S.
d: Der Brillantenschmuck. — e. S. 99: Die Sühnung. — f. S. 157: Der Sclaven-
ring. — g. S. 195: Loreley, eine Sage vom Rhein (zuerst in der Urania für 1821,
S. 327 f.; aus dem Liede und dem Eingange der Erzählung schöpfte H. Heine
sein Lied von der Loreley).

28) Lyrische Mittheilungen: Morgenblatt 1824. Nr. 179 bis 198.

29) Der Pilger und die Pfalzgräfin. Ein Ritterlied. Heidelberg 1825. 8.

30) Sprüchlein: Dresdner Morgenzeitung 1827, Nr. 205.

2. Christian Wilhelm von Schütz, geb. am 13. April 1776 in Berlin;
preuß. Landrat und Direktor der Ritterschaft in der Neumark zu Ziebingen an
der Oder; lebte dann in Dresden und starb am 9. August 1847 in   ig.
Meusel, Gel. Teutschland 15, 393. 20, 317. — Nekrolog 25, 945.e-pzS. unten
S. 802. — Allg. dtsch. Biogr. 1891. 33, 134 bis 136 (Oskar F. Walzel).

1) Romanzen, unters. Sz. s. § 231, 41. § 283, 1. 16). Dort ist nach Redlichs
Chiffrenlexicon 1875. S. 50 Stephan Schütze als der Verfasser angegeben.

2) Lacrimas ein Schauspiel. Herausg. von Augu Wilhelm Schlegel.
Berlin, Im Verlage der Realschulbuchhandlung 1803. 2 Blat 140 S. 8. Schlegel,
sämtl. Werke 1, 370.

3) Niobe. Eine Tragödie vom Verf. des Lacrimas. Berlin 1807. In der
Realschulbuchhandlung. 53 S. 8. Morgenblatt 1807. Nr. 126.

4) Der Graf und die Gräfin von Gleichen. Eine Tragödie vom Verf. des
Lacrimas. Berlin 1807. In der Realschulbuchhandlung. 56 S. 8. Morgenblatt
1808 Nr. 63. — Zsch. f. allg. Gesch. 2, 456.

5) Romantische Wälder vom Verf. des Lacrimas. Berlin 1808. In der
Realschulbuchhandlung. 230 S. 8. Morgenblatt 1808. S. 847. — Deutsches
Museum 1813. 3, 296.
Inhalt: S. 1. a: Der Fels der Liebenden. — S. 61. b: Die Eroberung von
Antiochia. — S. 73. c: Des Kamaldulensers Pfingst-Feier. — S. 85. d: 19) Ro-
manzen. — S. 117. e: Eclogen. — S. 201. f: Aser und Zalinde.. — 6') S. 802.

6) Der Garten der Liebe. Erstes Buch o. O. u. J. [Berlin 1811]. 290 S. 8.

7) Der Raub der Proserpina. Eine Frühlingsfeier: Friedrich Försters
Sängerfahrt. Berlin 1818. 8. 157 bis 186.

8) Graf von Schwarzenberg. Trauerspiel in 5 Akten. Berlin 1819. 8.

9) Rußland und Deutschland oder über den Sinn des Memoire von Aachen.
Von Wilhelm von Schütz. Leipzig, bei Gerhard Fleischer 1819. 8.   9') S. 803.

10) Karl der Kühne. Drama in fünf Akten, mit einer Abhandlung über
das vaterländisch-historische Drama. Leipzig 1819. 8.   S. unten S. 803.

11) Deutschlands Preßgesetz. Landshut 1821. 8.

12) Dramatische Wälder. Von Wilhelm von Schütz. Gismunda. Evadne.
Leipzig: F. A. Brockhaus. 1821. 298 S. und 2 S. Druckfehler. 8.

13) Zur intellectuellen und substantiellen Morphologie, mit Rücksicht auf die

Schöpfung und das Entstehen der Erde von Wilhelm von Schütz. Leipzig: F. A. Brockhaus. 1821 bis 1823. 3 Hefte. 8. Vgl. Goethe (Hempel) 29, 750; 33, 124. 498. § 245, 5c) vor 1 — Band IV. S. 733.

14) Aus den Memoiren des Venetianers Jacob Casanova de Seingalt, oder sein Leben, wie er es zu Dux in Böhmen niederschrieb. Nach dem Original-Manuscript bearbeitet von Wilhelm Schütz. Leipzig: F. A. Brockhaus 1822 bis 1828. XII. 8. Einige Abschnitte der deutschen Bearbeitung vorher: Urania für 1822. 1823. 1824; erschienen auch gesammelt: Casanoviana oder Auswahl aus Casanova's de Seingalt vollständigen Memoiren. Erstes [einziges] Bändchen. Leipzig 1823. 382 S. 8.

15) Gemälde aus Böhmen: Reiseerinnerungen, zusammengestellt aus Briefen von Wilhelm von Schütz: Minerva für 1822. S. 421 bis 490.

16) Die Epik der Neuzeit in Betrachtung des Heldengedichts Tunisias von Ladislaus Pyrker. Altenburg 1844. 8.

17) Goethes Faust und der Protestantismus. Manuscript für Katholiken und Freunde. Bamberg 1844. 118 S. 8.

18) Die aufgehellte Bartholomäusnacht. Von Wilhelm von Schütz. Seitenstück zur Schrift: Kämpfe und Triumphe der Römischen Kirche in siebzehn Horen dargestellt. Zweite unveränderte Auflage. Leipzig, 1845. Verlag von Ignaz Jackowitz. 8.

3. Franz Karl Leopold (Leo) Freiherr von Seckendorff-Aberdar, geboren am 2. Dezember 1775 in Ansbach, studierte in Göttingen und Jena die Rechte, wurde Regierungsassessor in Weimar, 1802 Regierungsrat in Württemberg. 1805 beschuldigte man ihn der Teilnahme an verräterischen Umtrieben und setzte ihn auf den Asperg; aber noch in demselben Jahre wurde er freigesprochen. Dann widmete er sich ganz der Litteratur, zog 1808 nach Wien, um dort den ‚Prometheus‘ herauszugeben. Beim Ausbruch des Krieges trat er als Hauptmann in die österreichische Landwehr, am 6. Mai 1809 wurde er in dem Gefechte bei Ebelsberg in der Nähe von Linz verwundet und verbrannte an demselben Tage mit dem Hause, in das man ihn gebracht hatte.   S. unten S. 803.

a. Meusel, Gel. Teutschland 10, 665. 15, 437. 20, 400. — b. Wurzbach 1877. 33, 268 f. — c. G. Scheidel, K. F. L. von Seckendorff und seine litterarischen Beziehungen. Nürnberg 1885. 8. — d. Neues Stuttgarter Tageblatt 1890. Nr. 29. Februar 5. — e. Allg. dtsch. Biogr. 1891. 33, 519 (Theodor Schön).

1) Blüthen griechischer Dichter, übersetzt von Leo von Seckendorf. Weimar 1800. 8. Band VII. S. 594, 16).

2) Neujahrs Taschenbuch von Weimar, auf das Jahr 1801. Herausgegeben von Seckendorf. Weimar, gedruckt und verlegt bey den Gebrüdern Gädicke. XXXVI und 250 S. 12. Vgl. § 223. C, 137) — Band IV. S. 208ᵇ, § 242, 6) ⸗ Band IV. S. 692 und § 315, II. 36 ⸗ Band VIII. S. 57.

3) Oster Taschenbuch von Weimar, auf das Jahr 1801. Herausgegeben von Seckendorf. Weimar, gedruckt und verlegt bey den Gebrüder Gädicke. 12.

Enth. Dem neuen Jahrhundert, von Knebel. I. Blumen, von Herder. II. Fragmente aus den heiligen Schriften der Indier, von F. Majer. III. Der Schuldner, von Lütkemüller. IV. Madagaskarische Lieder, v. Knebel. V. Der neue Protagoras, v. Sonnenfels. VI. Proben aus Georg Frank's nachgelassenen Briefen und Papieren, v. M***. VII. Die Gaben der Muse. Sonnet, v. Messerschmid. VIII. An Ludwig Tieck. Sennet, v. F. Schlegel. IX. Nachtmusik, an Olimpia. Aus Siegmund von Seckendorfs Nachlasse. X. Die vier Weltalter der Indier, von F. Majer. XI. Der Haarring, aus dem Persischen, v. Hammer. XII. Hialmars Abfahrt, v. Gräter. XIII. Das Lied der Littauerin Elzke Mantwillaite, v. Gräter. XIV. Eidüllien, von Rückert u. Gerning. XV. Gesang der Sechshundert, als sie unter Dias Anführung. in die Schlacht zogen, von Leo von S. (Dia-Na-Sore. Fünfter Teil. Ende). XVI.. Der Kranz, v. Knebel, Gerning, Rückert, H. L. und Leo von S. XVII. Der Tod Oskars. Aus dem ersten Gesang von Ossians Temora von Leo von S.

4) Taschenbuch für Weimar auf das Jahr 1805 (die Vermählungs- und Einzugsfeierlichkeiten in St. Petersburg und Weimar bei der Hochzeit des Erbprinzen Karl Friedrich und der Großfürstin Marie Pawlowna). Weimar. 12.

5) Musenalmanach für das Jahr 1807 (und 1808). Herausgegeben von Leo Freiherrn von Seckendorf. Regensburg, Montag und Weiß. II. 12. Darin Volkslieder.

6) Prometheus. Eine Zeitschrift. Herausgegeben von Leo v. Seckendorf und Jos. Lud. Stell. Wien, in Geistinger's Buchhandlung. 1808. 6 Hefte. 8.

Inhalt: Einleitung von Stoll. 1. Heft. a: Pandora's Wiederkunft. Ein Festspiel von Goethe. — b: Ueber Handzeichnungen. Meyer. — c: Amors Bild. Ein Spiel in einem Act, von Stoll. — d: Versuch einer Allegorie über den Homer. Wezel. — e: An Olympia, zu ihrem Geburtstage, den 24. October 1791, von C. M. Wieland. — f: Die Kraft des Genies. J. Erichson. — g: An Friedrich Schlegel. Im Herbst 1802. A. W. Schlegel. — h: An A. W. Schlegel, 1807. Friedrich Schlegel. — i: Der schlummernde Satyr. Eine Statue von Diodor, von Plato in in der griech. Blumenlese. J. Erichson. — j: Das Ungewitter im Walde. An Heloisen. Joh. Falk. — k: Die deutschen Mundarten, von A. W. Schlegel. Sieh § 283, 1. 75) VIII. Umrisse. — l: Vom starken Hans. Wezel. — m: Rastlose Liebe, von Goethe, componirt von Reichardt.

Anzeiger für Litteratur, Kunst und Theater. n: Ueber die Vermählungsfeyer des Kaisers Franz I. mit Beatrix von Oesterreich. A. W. S[chlegel]. — o: Bildende Künste in Wien. Ellmaurer. — p: Sendschreiben aus Elysium an Stoll. Von Johannes Falk. — q: Kurze Notizen aus Weimar, Dresden, Wien.

2. Heft. a: Fortsetzung von 1. a. — b: Montbard. A. W. Schlegel. Sieh § 283, 1. 75) VIII. Umrisse. — c: Das Duell. Eine dramatische Maske. Stoll. — d: Fortsetzung von I. b. — e: Lied. Stoll. — f: Kassandra. Aus dem Agamemnon des Äschylos. J. H. Voß. — g: Lied (Laue Lüfte, Blumendüfte). A. W. Schlegel. — h: Blumenstrauß. J. v. Collin. — i: Epigramme aus dem Griech. des Apollonidas. J. Erichson.

Anzeiger. k: Die Dresdner Antikengallerie, mit Fackelbeleuchtung gesehn, von Böttiger. — l: Ueber Macbeth, nach Schiller, aufgeführt in dem k. k. Hoftheater im Februar, von L. von S. — m: Schlegels Vergleichung der Phädra des Racine und Euripides, von J. v. Collin (sieh § 288, 3. 7). — n: Ueber Wächters Gemählde: Der schlummernde Sokrates im Gefängnisse, von Ellmaurer. — o: Kurze Nachrichten: Lipperts Daktyliothek. Aus Berlin, Dresden, Lübben, Weimar (Wanda).

3. Heft. a: Die Täuschung des Gylfo (Aus dem Isländischen der jüngeren Edda übersetzt). F. Majer. — b: Rückkehr des Gefangenen. Meister Eckardt. — c: Ines und Pedro. Gedicht in Romanzen 1—5. — d: Andeutungen. Franz Horn. — e: Die Schnitter. Theokrits zehnte Idylle. J. H. Voß. — f: Haydn's Jubelfeyer. H. J. v. Collin. — g: Sehnsucht von Goethe, comp. von Beethoven.

Anzeiger. h: Statuten der k. k. Akademie der bildenden Künste in Wien. — i: Über die neuesten Entdeckungen in der Chemie. — k: Kunstnachrichten aus Wien. Musik. Von L. v. S. — l: Kunstnachrichten aus Dresden. — m: Nachricht, A. W. Schlegels Vorlesungen über Dramaturgie betreffend.

4. Heft. a: Schluß von 2. c. — b: Über die Nachahmung des italiänischen Verses in der deutschen Poesie. Fernow. — c: Proben einer Übersetzung des Korans. — d: Griech. Epigramme. J. Erichson.

Anzeiger. e: Schluß von Anz. (3. Heft) h. — f: Über einige theatralische Vorstellungen zu Weimar, von Falk. (Wanda, Kleists Zerbrochener Krug, Tyroler Wastel). — g: Kunstnachrichten aus Wien. Bildende Kunst von R--e. — h: Gallerie szenischer Künstler (Koch, Brockmann, Weidmann, Roose, Krüger).

5. und 6. Heft. Herausgegeben von Leo v. Seckendorf. — a: Über das Verhältniß der schönen Kunst zur Natur; über Täuschung und Wahrscheinlichkeit; über Styl und Manier. A. W. Schlegel (aus § 283, 1. 15). — b: Sonnette eines Reisenden. Werner. — c: Über die Tendenz der Wernerschen Schriften. — d: Der Scherz. Wagner. — e: Fortsetzung von 3. c. — f: Fortsetzung von 2. d. — g: Das Bild des modernen Geschichtschreibers nebst einem Bruchstück aus der Geschichte Karls des Großen. H. K. Diepold. — h: Der Dom zu Mailand. A. W. Schlegel. — i: Das Wahrzeichen. Wezel. — j: Frühlingsgefühl. J. Erichson. — k: Im Winter. Wezel. — l: Macht der Musik. Wezel. — m: Griech. Epigramme. J. Erichson. — n: Adonis. — o: Die Uhr der Liebe. A. L. v. Arnim, mit Musikbeilage von J. F. Reichardt.

Anzeiger. p: Über F. Schlegels Werk von der Sprache und Weisheit der Indier. — q: Über die Darstellung des Trauerspiels König Lear im Theater an der Wien. — r: Was hat die K. K. Hofbühne im verflossenen Jahre 1807 geleistet? — s: Briefe aus Rom. — t: Kurze Nachrichten (Kunstnachrichten aus Dresden. F. v. d. Hagen und Büschings altdeutsche Gedichte. Reichardts Kompositionen zu Göthes Liedern. Ahlwardts Übersetzung von Ossians Gedichten).

4. Johann **Bernhard Vermehren**, geb. 1774 in Lübeck, Dr. der Philosophie und Privatdozent in Jena, † am 29. November 1803.

Meusel, Gel. Teutschl. 8, 208. 10, 767. 11, 780. 16, 87. 21, 206.

1) Armuth der Sprache von Vermehren: Schillers Musen-Almanach f. d. J. 1799. S. 149 bis 150.

2) Über Schiller's Maria Stuart von I. B. Vermehren. Ein Gedicht. Jena, bey Wolfgang Stahl 1800. 30 S. 4. § 255, 2) a — Band V. S. 219.

3) Briefe über Friedrich Schlegels Lucinde, zur richtigen Würdigung derselben. Jena 1800. IV, 254 S. 8. § 288, 3. 20)f.

4) a. Musen-Almanach für das Jahr 1802. Herausgegeben von Bernhard Vermehren. Leipzig in der Sommerschen Buchhandlung. 286 S. 12. Vgl. § 231, 43.

Mit Beiträgen von A. — Broxtermann. — C. G. H. Burdach. — Cena. — Dana. — A. G. Eberhard. — G. v. Eckardt. — Gerning. — Haug. — Hölderlin. — A. von J. — Julius. — Kapf. — Klopstock. ·· von Knebel. - Kochen. — L. Th. Kosegarten. — K. — Sophie Mereau. — Messerschmid. — N. Meyer — Karl v. Münchhausen. — Lebrecht Nöller. — Overbeck. — Pfeffel. — R. — Friedrich Schlegel. — Henriette S. Schubart. - Tiedge. — Henriette Vermehren. — (Bernhard) Vermehren. — August Winckelmann.

b. Musen-Almanach für das Jahr 1803. Herausgegeben von Bernhard Vermehren. Zweiter Jahrgang. Jena, in der Akademischen Buchhandlung. 305 S. 12.

Mit Beiträgen von: Fr. Ast. — E. Bartels. — Luise Brachmann. — C. G. Burdach. — Cons. — Gerning. — Haug. — Hölderlin. — von Knebel. — A. Kochen. J. von Kottulinsky. — Kuhn. — August Kuhn. — Messerschmid. — Sophie Mereau. — N. Meyer. — J. F. von Meyer. — C. von Münchhausen. — Neubeck. — Lebrecht Nöller. — Rostorf. — R. — E. A. Schmid. — Fr. Schlegel. — Gustav Scholz. — Henriette Schubart. — F. Schütt. — Henriette Vermehren, geb. v. Eckardt. — Vermehren. — Werthes. — Wezel. — August Winckelmann. — Winckler. — Wolfgang. — Auf meinen Vogel. Von einem dreyzehnjährigen Knaben. — Aus einem alten Buche von 1742. Ernst August, Herzog zu Sachsen Weimar.

Die Chiffren A und B bedeuten, wie in dem gleichzeitig von Sophie Mereau (§ 286, 2. 12) herausgegebenen Göttingischen Musen-Almanach, August Winckelmann; sieh Reinhold Steig im Euphorion 1895. 2, 320f.

„Poesien von Louise Brachmann, Cons, Haug, Kuhn, Sophie Mereau, Friedr. Schlegel etc. (so!) Ein Musen-Almanach für 1809. Frankfurt bei Friedrich Wilhelm Hahn. 305 S. 12.‘ sind nur eine mit diesem Titel versehene Neu-Ausgabe des Almanachs für 1803.

5) Gedichte im Musenalmanache der S. Mereau 1806. § 231, 3 k).

6) Schloss Rosenthal. Ein Märchen. Berlin, bei Rücker, 1803. 8.

5. Henriette Vermehren, geb. in Jena, Tochter des Geh. Hofrats J. L. Frhr. von Eckardt in Jena, verheiratete sich mit dem Taxischen Postmeister Ebert in Jena, nachher zum zweiten Male mit dem Privatdozenten J. B. Vermehren (Nr. 4) und nach dessen Tode mit dem Hofrat und Prof. der Mathematik und Physik **Johann Heinrich Voigt** in Jena († 6. September 1823; vergl. Nekrel. 1, 682). Später lebte sie in Jena (noch 1840).

Beiträge zu Vermehrens Musen-Almanach für das Jahr 1802 und 1803.

6. Karl Heinrich Ludwig Giesebrecht, geb. am 9. Juni 1782 zu Mirow in Mecklenburg-Strelitz, seit 1805 Lehrer am Pädagogium in Bremen, 1810 Professor am akademischen Gymnasium daselbst und Lehrer am Pädagogium und Lyzeum bis 1812; dann Professor am Gymnasium zum Grauen Kloster in Berlin; † am 20. September 1832 in Berlin.

Meusel, Gel. Teutschland 13, 466. 17, 713. 22 II, 356. — (Hitzig) Gelehrtes Berlin 1825. S. 75. — Nekrolog 1833. 10, 673 bis 675. — Allg. dtsch. Biogr. 1879. 9, 157. (W. v. Giesebrecht, sein Sohn).

1) Armida, eine Tragödie [in zwei Akten]. Penig, Dienemann 1804. 108 S. 8.

2) Mnemosyne. Ein poetisches Taschenbuch auf 1807. Bremen, in der Hanseatischen Buchhandlung. 208 S. 12. § 815, II. 101. == Band VIII. S. 65.

3) Sertorius. Trauerspiel in fünf Aufzügen, von Carl Giesebrecht. Bremen, bei Johann Heinrich Müller 1807. 180 S. 8.

4) Dramatische Studien. Bremen, Heyse 1809. 8.

5) Die Schlacht bei Leipzig. Weihnachten 1813: Die Musen, hg. von Fouqué und Neumann. Berlin 1814. 8. S. 199 bis 218. Neunundfünfzig Stanzen.

6) Über die neuen Assassinen (mit O. Schulz). Zwei Schreiben an A. Zeune. Berlin 1819. 8.

7) Deutsche Blätter. Brandenburg 1822. 8.

8) Klopstocks Jahrhundertfeyer. Veranstaltet von der Berlin. Gesellsch. f. dtsch. Sprache am 2. Juli 1824. Berlin 1825. 8. § 216, B. oo) — Band IV. 8. 86.

Außerdem: Beiträge zum Taschenbuch Cupido. Penig 1803. 8., zu der Zeitschrift Apollon. Penig 1808 und 1804. 8., zu Horns Luna 1804 und 1805, zum Jahrbüchlein deutscher Gedichte. Stettin 1816. 8., zum dramaturgischen Wochenblatt. Berlin 1815—1817, zum Jahrbuch der Berliner Gesellschaft für deutsche Sprache. Berlin 1820. Band 1 u. a.

7. Joseph (nicht Johann) **Ludwig Stoll**, geb. 1778 in Wien. Der Vater, der ihm ein großes Vermögen hinterließ, starb schon 1787. Ohne seine Studien vollendet zu haben, durchreiste Stoll Italien, Frankreich, Belgien, England, Deutschland und verbrauchte fast all sein Geld. In Weimar lernte er Leo von Seckendorff kennen und vereinigte sich mit ihm in Wien, wohin sich beide begeben hatten, zur Herausgabe des ‚Prometheus‘, einer Zeitschrift, die wegen des drohenden Krieges nur eine kurze Dauer hatte. Stoll erhielt, nicht ohne Goethes Verwendung (s. Goethes Werke, Weimar. Ausg. IV 19, 444f.) die Stelle eines Theater-Regisseurs und erwirkte sich als Sohn des berühmten Arztes Maximilian Stoll bei Napoléon bei dessen Anwesenheit in Wien eine kleine Pension. Deswegen verlor er seine Stelle und geriet in Dürftigkeit, als bald auch die Pension ausblieb. Der Ertrag für den ersten Band seiner poetischen Schriften ermöglichte es ihm, nach Paris zu reisen, um dort wegen seiner Pension vorstellig zu werden. Aber als der Krieg wieder ausbrach, kehrte Stoll nach Wien zurück und starb in sehr kümmerlichen Verhältnissen am 22. Juni 1815.

Meusel, Gel. Teutschland 15, 554. 20, 651f. — Zeitgenossen 1818. 2, 6, 180/5 = Karl Ludw. v. Woltmann's sämmtliche Werke. Sechste Lieferung (1821) 8. 240 bis 246. — Joseph Kehrein, Biographischliterar. Lexikon. 1871. 2, 8. 183. — Wurzbach 1879. 39, 157/61. — Allg. dtsch. Biogr. 1893. 36, 404. — § 320, 1. C. 28).

1) Scherz und Ernst. Ein Spiel in Versen. Berlin, Unger 1804. VI, 86 8. 8. Freie Nachbildung des Lustspiels Défiance et Malice von Dieulafoy. Bd. VII. S. 677.

2) Das Bild Amors: Prometheus Nr. 3. 6) c. Auch bes. erschienen Wien, 1808.

3) Die Schnecken-Comödie. Ein scherzhaftes Taschenbuch auf das Jahr 1810. Nebst einem Anhange kleiner Gedichte. Wien. 12.

4) Poetische Schriften. Erster Theil. Heidelberg, Braun 1811. 8. Enthält Nr. 1) bis 3).

5) Einzelne Gedichte in Seckendorffs Musenalmanach (Nr. 3. 5).

6) Gab mit Seckendorff den Prometheus heraus (Nr. 3. 6).

7) Beiträge in Erichsons Neuer Thalia und dessen Musen-Almanach (Nr. 8. 3) und 4).

8. Johann Erichson, geb. im September 1777 zu Stralsund, studierte 1795 bis 1798 in Jena, dann in Greifswald Theologie; 1800 bis 1804 Erzieher im Hause des Kommerzienrates Bohnstedt in Stralsund; ging 1805 nach Berlin, Dresden und Wien; dort widmete er sich der Philosophie und den schönen Wissenschaften und wurde vom Fürsten Joh. v. Lobkowitz für gelehrte Arbeiten beschäftigt. 1814 kehrte er nach Greifswald zurück und wurde Adjunkt der philosophischen Fakultät für deutsche Stilistik, Latinität und Ästhetik, 1822 außerordentlicher, 1830 ordentlicher Professor. Er starb am 16. Dezember 1856.

Meusel, Gel. Teutschland 17, 524. 22 II, 72. — Biederstedt, Nachrichten von den jetzt lebenden Schriftstellern in Neuvorpommern und Rügen. Stralsund 1822. 8. — Allg. dtsch. Biogr. 1877. 6, 214 (Häckermann).

Bruchstücke eines Briefes an Goethe 1797 März 28: Goethes Werke (Weim. Ausg.) IV. 12, 413. — Goethes Antwort 1797 April 28: ebenda S. 111f.

1) Glauben und Poesie zum Frühling des Jahres 1806. Eine Sammlung von Dichtungen und Bruchstücken in Prosa. Herausgegeben von Lucian. Berlin 1806. 8. Vergl. Sinclair. § 291, 4. 1).

2) Griechischer Blumenkranz ausgewählter griech. Epigramme. Nebst einem
Anhang eigener Epigramme. Wien und Triest, Geistinger. 1810. 8.
Friedrich Schlegel: Der österreichische Beobachter 1810. Mai. Joh. Heinr.
Voß: Heidelbergische Jahrbücher 1811. Juli.
3) Neue Thalia. Eine Zeitschrift. Wien 1811 bis 1814. 3 Hefte. 8. Mit
Beiträgen von Matth. v. Collin; Jos. v. Hammer; Stoll u. a. Unten S. 511f.
4) Musen-Almanach. Hg. von Joh. Erichson. Mit Kupfern und Compositionen.
Wien, bei Carl Gerold. 1814. 16. Sollte den Prometheus (Nr. 3. 6) ersetzen.
Mit Beiträgen von J. K. Bernard; Matthäus v. Collin; Rosalia v. Collin; Dein-
hardstein; Docen; Erichson; Frhr. de la Motte Fouqué; Hammer; Frans. Rud.
Herrmann; Isidorus [Otto Graf v. Loeben s. oben S. 109. § 289, 1]; Koreff; Theodor
Körner; Kuffner; Ernst Frh. v. d. Malsburg; Meinert; Mynart; Anton Passy; Philipp
Otto Runge; Jos. Ludw. Stoll; Weisser; Zach. Werner. Unten S. 527f.
5) Joh. Erichson gab heraus: Greifswaldisches Academisches Archiv. Eine
Zeitschrift. Erster [einziger] Band. Greifswald bey E. Mauritius 1817.
Inhalt: Erstes Heft: a: Rede nach öffentlicher Übernahme des Rektorats
der Universität Greifswald, (über ein neu einzuführendes deutsches Gesetzbuch)
von Professor Schildener. S. 1. — b: Denkmäler der Vorzeit der Insel Rügen
und ihrer Umgebungen, von B. O. Franck. S. 29. — c: Das Weltgebäude. Welthistorischer Vorlesungen Erste. Von Consistorialrath L. G. Kosegarten. S. 60. —
d: Zur Theorie des Tanzdrama's, von Dr. Joh. Erichson. S. 78. — e: Vom Wesen
der Heilkunde und Heilkunst, ein Bruchstück von Prof. Mende. S. 90. — f: Beytrag
zur Erklärung des Liedes der Nibelungen, aus einer bisher unbenutzten Quelle,
von Prof. C. W. Ahlwardt. S. 99. — g: Ulrich Huttens Klaggedicht an den Herzog
Buslav X. von Pommern, von Mohnike. S. 106. — h: Griechische Epigramme,
übersetzt von Joh. Erichson. 1. Meer und Erde, S. 28. — 2. Die Zeit, S. 59. —
3. Auf die Bildsäule einer Backchantinn, S. 89. — 4. Die Lampe, ein Räthsel,
S. 89. — 5. Der Wasserspiegel, S. 105. — 6. Heldenvolk, S. 125.
Zweytes Heft: i: Beiträge zur religiösen Bildung unsrer Zeit, von Th.
Schwarz. S. 1. — k: Ueber den Antheil, den die Wissenschaft und die Academien
Deutschlands an dem glücklichen Ausgange des Kampfes für die Freiheit und
das Heil der Völker gehabt haben. Rede zur Feyer des 68sten Geburtstages Sr.
Maj. des Königs von Schweden Carls XIII. am 7. October 1815 auf der Academie
von Greifswald gehalten von Joh. Erichson. S. 20. — l: Beyträge zur allge-
meinen Geschichte des Lebens, von Mende. S. 35. — m: Des M. Hieronymus
Vida, Bischofs zu Cremona Schachias, aus dem Latein. übersetzt von K. Lappe.
S. 43. — n: Ueber die religiöse Liebe der Mohammedaner, von H. Gottfr.
L. Kosegarten. S. 87. — o: Epigramme: 1. Griechische von J. E[richson]. —
2. Ponticus Schriften, aus Martial, von H. Pistorius. S. 129. — p: Ueber die
Behandlung der Gefangenen in unsern Gefängnissen, von Mende. S. 132. —
q: Intelligenzblatt. Chronik der Universität Greifswald. S. 141.
Drittes Heft: r: Animadversiones in Charitonis Aphrodisiensis de Chaerea
et Callirhoe amatoriarum narrationum libros. Scripsit J. E[richson]. S. 1. —
s: Ueber den klinischen Unterricht auf Universitäten, von Mende. S. 17. —
t: Von der religiösen Liebe der Mohammedaner, von H. Gottfr. L. Kosegarten
(Fortsetzung). S. 35. — u: Demosthenes und Phokion, von Schömann. S. 67. —
v: Ueber Götzendienst und Orakel zu Arkona auf Rügen, von B. O. Franck.
S. 91. — w: Frühling (Gedicht). S. 112.
6) Beiträge zum Prometheus 1808 (Nr. 3. 6) 1, f. i. 2, i. 4, d. 5/6, j. m);
zum Wiener Musenalmanach 1812; zu Schlegels deutschem Museum 1812 (§ 288,
3. 33) H. l); zur Abendzeitung 1822; zu Okens Isis 1825.

§ 290.

1. **Friedrich** Heinrich Karl Baron **de la Motte Fouqué**, Schriftstellername Pellegrin, geb. am 12. Februar 1777 in Brandenburg a. d. Havel, Enkel des
berühmten Freundes und Generals Friedrichs des Großen, wurde seit 1783 in Sacrow
bei Potsdam, wo die aus Frankreich stammende Familie sich damals aufhielt, von
dem Kandidaten A. F. Sachse aus Soest unterrichtet, der später mit der Familie
nach dem Rittergute Lenzke bei Fehrbellin übersiedelte und 1789 Prediger wurde

8*

(† 1829). Der nächste Hauslehrer war Aug. Ludw. Hülsen (§ 288, 1. 9) II. c.
III. c); sieh besonders Haym S. 445 f.). Im Jahre 1794 focht Fouqué im Rhein-
feldzuge schon als Leutenant bei der Leibschwadron des Kürassierregimentes
Herzog von Weimar mit, zog sich aber dann aus Rücksicht auf seine Gesundheit
zurück. Erst im J 1813 trat er wieder ein, mußte aber vor dem Einrücken nach
Frankreich auf dringendes Anraten des Arztes den Abschied einreichen. Mit der
Genehmigung seines Gesuches erhielt er den Majorsrang. Er lebte nun ab-
wechselnd in Berlin und auf dem Gute Nennhausen bei Rathenow. Nach dem
Tode seiner Frau aber, im J. 1831, konnte er das Gut nicht halten und zog nach
Halle. Dort hielt er vor einem gemischten Kreise Privatvorlesungen über Geschichte der Zeit. Friedrich Wilhelm 4. zog ihn aus beschränkten Umständen,
indem er ihn nach Berlin kommen ließ. Hier ist er am 23. Januar 1843 gestorben.

Fouqué suchte die Romantik auf eigene Weise weiterzubilden, indem er
sich in das Nordlandsreckentum und das chevalereske Mittelalter vertiefte und
aus beiden ein phantastisches Ideal bildete; dem strebte er nach in Vers und Prosa.
Einen fast beispiellosen Erfolg und die verehrende Teilnahme der Lesewelt errang er mit seinen Zauber- und Heldenromanen voll süßlicher Kraft und minnig-
licher Tugendhaftigkeit. Indessen kamen diese Lieblinge bald genug wieder aus
der Mode. In allen seinen Dichtungen macht sich neben warmen Empfindungen
eine künstlich gezierte Kälte fühlbar, und neben lichte, scharfe Zeichnung von
Personen und Geschicken drängt sich so viele barocke Willkür und abenteuerliches Spukwesen, daß ein reiner, ungestörter, dauernder Genuß nirgend aufkommen
kann. In seiner gefeierten ‚Undine' sind die Grundlagen poetisch unwahr, und
die Ausführung ist überall mit kindischem Gespensterwesen und dunklen Un-
geheuerlichkeiten so durchwachsen, daß man sich auf den chaotischen Charakter
der Zeit, die an Wirrsalen und Wundern so reich war, wie kaum eine andere,
besinnen muß, um den Beifall, der dem Märchen gespendet wurde, nicht gerechtfertigt, sondern nur möglich zu finden. Nach dem Kriege wurde Fouqués Art
förmlich Manier, seine Frömmigkeit wurde kopfhängerisch und seine Geschichts-
anschauung, die man in seinen Dichtungen nicht anstößig gefunden hatte, erweckte
den Hohn der Gegner. Sie fanden für den früheren Liebling des Publikums kaum
noch andere Bezeichnungen, als die eines turnierenden Ritters, der mit seiner
Lanze dahersprenge wie der edle Ritter von der Mancha. Vielleicht hat niemand
herber und bitterer die Wandelbarkeit der Leser erfahren als Fouqué: der einst vergötterte Verfasser der Undine, des Zauberringes, des Sigurd u. a. starb verlassen,
vergessen und vor Mangel kaum durch die Huld seines Königs Friedrich Wil-
helme 4. geborgen, dem er in besseren Tagen eine helle Zukunft gedeutet hatte.

a. Lebensgeschichte sieh unten Nr. 144), Nr. 160) und Nr. 161).
b. Meusel, Gel. Teutschland 14, 597. 18, 789. 22 II, 189.
c. Grillparzer, Sämmtliche Werke⁴, Band 14, 134.
d. Julius Eduard Hitzig, Nekrolog: Allg. Augsb. Litt.-Ztg. 1843 Nr. 55.
e. Neuer Nekrolog 1845. 21, 73 — Abdruck von d, der auch in den Briefen
an Fouqué wiederholt wurde.
f. Ersch und Grubers Allgemeine Encyklopädie 1848. Sect. 1. Th. 47.
S. 78 bis 86 (Heinrich Döring).
g. DD. Zweite Abtheilung 1849. S. 342 bis 344.
h. Briefe an Ludwig Tieck. Hg. von Karl von Holtei. Breslau 1864. und
Goethes Gespräche. Hg. von W. v. Biedermann. Sieh dort die Register. — h') S. 808.
i. Allg. dtsch. Biogr. 1878. 7, 198 (Jos. Kürschner).
k. Fouqués Leben und Werke: J. Dohmke, Novalis' Werke. Fouqués Undine.
Leipzig und Wien o J. [1893]. Bibliographisches Institut. 8. S. 233 bis 238.
l. Max Koch, Einleitung zu Nr. 172) S. 1 bis LXXXII.
m. Johann Krejči, Nordische Stoffe bei Fouqué: Seufferts Vierteljahrschrift
1893. VI, 553 bis 570. Sieh auch Nürnberger Festschrift 1894. S. 259 f.

Briefe an (9) J. L. Deinhardstein: Deutsche Dichtung 1891. X. Heft 11,
S. 271 4. — (6) Fichte: Joh. G. Fichtes Leben und litterarischer Briefwechsel. Leipzig
1862. — (2) Jos. v. Görres: Gesammelte Schriften 8, 408. 480. — Fr. Kind: A. Hof-
meisters Unterhaltungssaal 1845 Nr. 74. — (5) Matthisson: Matthissons litterarischer
Nachlaß. Berlin 18 2. 4, S. 80/92. — Raßmann: s. S. 808. — Ludwig Sigismund
Ruhl: Münchner Allg. Ztg 1892 September 24 Beilage Nr. 266. — (3) A. W.
Schlegel: Holtei, Dreihundert Briefe. Hannover 1872. 1, 97/105. Die Originale davon,

und zehn andere ungedruckte Briefe befinden sich in der Dresdner Königl. Bibliothek.
— Dorothea Schlegel: J. M. Raich, Dor. von Schlegel und deren Söhne. Mainz
1881. 2, 267 f.

Briefe an Friedrich Baron de la Motte Fouqué von (August Apel, Atterbom,
Ferdin. Bernhardi, sieh auch Holtei, 300 Briefe. 1, 1, 36 f., Al. v. Blomberg, Paul
Gf. von Brühl), Chamisso (sieh auch J. E. Hitzig, Leben und Briefe von A. v.
Chamisso. Leipzig 1886. Band 1. S. 181 bis 375), Helmina v. Chezy, Matth.
v. Collin, Jos. v. Eichendorff, (Witwe des Philosophen Fichte, Frz. v. Gaudy),
Gneisenau, (A. v. Helvig), H. Heine, E. T. A. Hoffmann, Fr. Horn, K. Immermann,
Jung Stilling, Just. Kerner, (Fr. Kind), H. v. Kleist, (Krug v. Nidda, O. H. Gf.
v. Loeben, Gräfin Louise, Friedrich Majer, Friedr. von Matthisson, Carl Borrom. von
Miltitz, Ferd. Karl Frhr. v. Müffling), Wilh. Müller, (Wilh. Neumann), G. H. L.
Nicolovius, (Jeanette Paalzow, Chn. Friedr. Perthes), Jean Paul, (Frdr. Rochlitz),
Frdr. Rückert, Frdr. Wilh. Jos. Schelling, (H. von Schenkendorf), A. W. v. Schlegel,
(sieh auch § 283, 1. 75, VIII), Friedr. v. Schlegel, Dorothea v. Schlegel (wiederh.
J. M. Raich, Dor. Schlegel und deren Söhne. Mainz 1881. 2, 244 und 270; s. auch
unten S. 803), Gustav Schwab, (Heinrich Stieglitz, Chn. Gf. zu Stolberg), F. L.
Gf. zu Stolberg, (Sophie Stolberg, Ludw. Frdr. Frz. Theremin, Chn. v Truchseß),
Ludw. Uhland, Heinrich Voß, (Adolph Wagner). Mit einer Biographie Fouqué's
von Jul. Ed. Hitzig (= Nr. d.) und einem Vorwort und biographischen Notizen
von Dr. H. Kletke herausgegeben von Albertine Baronin de la Motte Fouqué.
Berlin. W. Adolf & Comp. 1848. 8. — von Brentano: Cl. Brentanos Ges. Schr.
8, 165.

1) a. Der gehörnte Siegfried in der Schmiede. Dramatische Scene von D. L M. F.
— b. Der Ritter und der Mönch. D. L. M. F. — c. Der alte Held. D. L. M. F.:
Fr. Schlegels Europa 1803. II. Heft 2. S. 82 bis 94. Auch in Nr. 64) Band I.

2) Dramatische Spiele von Pellegrin. Herausgegeben von A. W. Schlegel. Berlin,
1804. Bei Johann Friedrich Unger. 270 S. und 1 S. Inh. 8. § 283, 1. 26).
Euth. S. 3 bis 47. a: Liebe und Streit. — S. 49 bis 97. b: Streit und Liebe.
— S. 99 bis 133. c: Aquilin. — S. 135 bis 170. d: Des heiligen Johannis Nepomuceni
Märtyrer-Tod. — S. 171 bis 218. e: Rübezahl. — S. 219 bis 270. f: Die Minnesinger.

3) Romanzen vom Thale Ronceval. Berlin, in der Realschulbuchhandlung,
1805. 1 Bl., 54 S. 8.
Theodor Eicke, Zur neueren Litteraturgeschichte der Rolandssage in Deutschland und Frankreich. Leipzig 1891. S. 23. Vergl. Kochs Ztsch. für vergl. Litt.-
Gesch. VI, 257.

4) Zwei Schauspiele, von Pellegrin. Berlin 1805. Bei Gottlieb August Lange.
363 S.
Enh. a: Der Falke in fünf Aufzügen. — b: Das Reh in fünf Aufzügen.

5) Die Zwerge. Ein dramatisches Spiel von Pellegrin. Berlin, bei C. Quien.
1805. 2 Bl., 98 S. 8. — wiederh. Berlin 1816. 8.

6) Sieben Gedichte in dem Musenalmanach auf das Jahr 1806, hg. von
Chamisso und Varnhagen, unterz. Pellegrin.

7) Schillers Todtenfeier. Ein Prolog von Bernhardi und Pellegrin. Berlin,
1806, bei Himburg. 8. § 249. C. IV. 22) — Band V. S. 122. § 284, 2. 5).

8) Historie vom edlen Ritter Galmy und einer schönen Herzogin aus Bretagne.
von Pellegrin. I. Theil 313 S. II. Theil 196 S. Berlin 1806, in der Himburg'schen
Buchhandlung. 8. Vergl. § 159, 1. 4)l.
1807. Sieh Nr. 62).

9) Anteil an dem Buche: Die Versuche und Hindernisse Karls, eine deutsche
Geschichte aus der gegenwärtigen Zeit. Erster Band. Berlin und Leipzig 1808. 8.
Vergl. Varnhagen, Denkwürdigkeiten I², S. 438 f. und § 292, 6. 8). — Wilh. Grimm
an Jacch 1809 Oktober 3.

10) Alwin. Ein Roman in zwei Bänden von Pellegrin. Berlin, bei Fr. Braunes
1808. II. 349 und 299 S. 8.
Vergl. Jean Paul's Werke (Hempel) Band 52, 88 bis 90.

11) Gespräch zweier Preußischen Edelleute über den Adel. Berlin, bei
J. E. Hitzig 1808. 8. Erschien erst 1813, weil 1808 die französische Zensur das
Imprimatur nicht gab.

12) Othars Brautwerbung, eine Sage des Saxo Grammaticus, in (zehn) Romanzen von P.: Phöbus 1808. Erster Jahrgang. Drittes Stück, S. 47. Auch in Nr. 64) Band I, S. 140.

13) Sigurd, der Schlangentödter. Ein Heldenspiel in sechs Abentheuren von Friedrich Baron de la Motte Fouqué. Berlin 1808. Bei Julius Eduard Hitzig (Schützenstraße Nr. 10). 166 S. 4.

Vergl. Jean Paul: Heidelbergische Jahrbücher der Literatur. 1809. Zweiter Jahrgang. Heft 10. S. 852f. — Hempel 52, 91 bis 93. — Wilhelm Grimm und Achim von Arnim: Heidelbergische Jahrbücher 1811. S. 121 bis 129 — Wilhelm Grimms Kleinere Schriften. Bd. 1, S. 237 bis 244. Anz. f. d. Alterth. 19, 332f.

14) Taschenbuch für Freunde der Poesie des Südens. Erstes. Berlin 1809. Bei Julius Eduard Hitzig. Enthält N u m a n c i a, Trauerspiel von Miguel Cervantes de Saavedra zum erstenmale übersetzt aus dem Spanischen in den Versmaßen des Originals. Die Übersetzung stammt von Fouqué; sie erschien auch besonders Berlin 1811. § 310, A. 222. 7) — Band VII. S. 646.

15) Eine Geschichte vom Galgenmännchen: Pantheon 1810. Band 1, S. 198/240. Dramatisiert als Feenmärchen von Rosenau unter dem Titel: Vizlipuzli, 1817 Zugstück des Leopoldstädtischen Theaters in Wien. Vergl. Oehlenschlägers Briefe in die Heimath. Altona 1820. II, S. 43 und 242 (§ 334 Nr. 430 irrtümlich mit desselben Verfassers Puzlivizli identifiziert). — Band 2, S. 63/77: Die gebrochene Burg. Eine altsächsische Geschichte in [7] Balladen.

16) a. Das Nachtgesicht. Eine Sage (Gedicht), unterzeichnet: de la Motte Fouqué: Urania für 1810. S. 211 bis 217. — b. Abgeschiedenheit, unterz.: Pellegrin: ebenda, S. 373 bis 375.   16') a. unten S. 303.

17) Der Held des Nordens. Drei Heldenspiele. Von Friedrich Baron de la Motte-Fouqué. Berlin 1810. Bei Julius Eduard Hitzig. III. 8. — Wien 1816. In der Haas'schen Buchhandlung. 8. Erster Band. Sigurd, der Schlangentödter. Zweiter Band. Sigurds Rache, ein Heldenspiel in sechs Abentheuern. Dritter Theil. Aslauga, ein Heldenspiel in drei Abentheuern.

Vergl. Jean Paul's Werke (Hempel) 52, 94 bis 103. — Friedrich Schlegel: Deutsches Museum 1812. Band 1, S. 185 bis 194. — K. Landmann, Ein Sänger der Vorzeit: Über Land und Meer 1892. Oktober. — S. unten S. 303.

18) Der Todesbund. Ein Roman. Halle 1811 bei Schimmelpfennig und Compagnie. 1 Bl., 286 S. 8.

19) Eginhard und Emma. Ein Schauspiel in drei Aufzügen von Friedrich Baron de la Motte Fouqué. Nürnberg, bei Johann Leonhard Schrag. 1811. 77 S. 8.

Vergl. Jean Paul's Werke (Hempel) 52, 104 bis 107. — E. T. A. Hoffmanns Nachlaß 3, 206 bis 211. — Euphorion 1895. 2, 618.

Hermann Varnhagen, Eginhard und Emma. Eine deutsche Sage und ihre Geschichte: Schnorrs Archiv 1887. 15, 1 bis 20.

20) Vaterländische Schauspiele von Friedrich Baron de la Motte Fouqué. Berlin bei Julius Eduard Hitzig. 1811. VI, 202 S. 8.

Enth. bis S. 132. a: Waldemar, der Pilger, Markgraf von Brandenburg. Ein Trauerspiel in fünf Aufzügen. — S. 133 bis 202. b: Die Ritter und die Bauern, ein Schauspiel in vier Aufzügen.

21) Über den sogenannten falschen Waldemar. Berlin bei Julius Eduard Hitzig 1811. 8. Diese Geschichte gab Fouqué die Veranlassung zu Nr. 20)a.

22) Die Jahreszeiten. Eine Vierteljahrsschrift für romantische Dichtungen. Herausgegeben von Friedrich Baron de la Motte Fouqué (mit der Zufügung u. a. m. vom zweiten Hefte an). Berlin, bei J. E. Hitzig. 1811 bis 1814. 4 Hefte. 8.

a. Frühlings-Heft (1811). Mit Musik von J. H. Jung, genannt Stilling. 3 Bl., 188 S.: U n d i n e, eine Erzählung. Vom Verfasser des Todesbundes. Vergl. Nr. 23).

b. Sommer-Heft (1812): Die beiden Hauptleute. Eine Erzählung. Vom Verfasser der Undine.

c. Herbst-Heft (1814): Aslauga's Ritter. (Übersetzt: German Romance. Edinburg 1827. Carlyles Einleitung: Critical and miscellaneous Essays. 1847. I, 238). — Alpin und Jucunde. Eine schottische Geschichte in Balladen.

d. Winter-Heft (1814): S i n t r a m u n d s e i n e G e f ä h r t e n. [Eine nordische Erzählung nach Albrecht Dürer. Als Seitenstück zum Zauberring].

d ist auch einzeln erschienen: Braunschweig 1857. 16.; 1894. 16. — London 1867. 16.

28) Undine. Eine Erzählung von Friedrich Baron de la Motte Fouqué. Berlin, bei Julius Eduard Hitzig. 1811. 8. Vgl. Allg. Litt.-Ztg. 1812. Nr. 289 und Fouqué's Musen-1812. 4, 198 f., wo Fouqué als Quelle seiner Undine angiebt: Theophrastus Paracelsus Werke. Basel 1590. Tom. IX., S. 45 über de nymphis, sylphis, Pygmaeis et Salamandris et de caeteris spiritibus (die Geschichte des Stauffenbergers).

Vgl. Lehr, An Fouqués Undine. Morgenblatt 1815 Nr. 246.

Das ist die zweite Auflage, während die im ersten Hefte der Jahreszeiten (Nr. 22) Berlin 1811. erschienene als erste zu betrachten ist. — Nachdr.: Wien, 1814. In der Frans Haas'schen Buchhandlung. 168 S. 8. — Dritte Aufl. Berlin, 1820. Bei Ferdinand Dümmler. 8. — Vierte Aufl. Berlin 1826. 8. — Sechste Auflage. Berlin 1841 bei Ferdinand Dümmler. 188 S. 8. — Siebente Aufl. Berlin 1848. 187 S. 16. — Neunte Auflage mit Holzschnitten nach Zeichnungen von Adalbert Müller, ausgeführt von A. Gaber. Berlin 1855. XXXVIII, 129 S. 4. — Siebzehnte Auflage. Berlin, bei Ferdinand Dümmler 1870. 8. — Vierundzwanzigste Auflage. Berlin, Dümmler 1881. — Fouqués Undine. Herausgegeben von J. Dohmke. Leipzig und Wien o. J. [1898]. Bibliographisches Institut. 8. — Reclams Univ.-Bibl. Nr. 491.

Edition spéciale pour la France. Avec des notes explicatives par Charles Fournet. Berlin 1855. IV, 192 S. 4. — übersetzt durch la baronne Albertine de la Motte-Fouqué, née Tode. Leipzig 1857. 4.; 1868. 16.

Ins Englische übersetzt durch F. E. Bunnett. Leipzig, Bernh. Tauchnitz. 1867. 8. — Ins Italienische: Ondina von Adolf Wagner. Lipsia o. J. [1815]. 5 Bl., 149 S., 1 S. Druckfehler. Vergl. § 296, 40. 18).

Über Fouqués Textbuch Undine sieh Nr. 158); Georg Ellinger, E. T. A. Hoffmann. Halle, Niemeyer 1894. 8. 105. 218 und Band VIII. 8. 505, b.

Undine. Romantische Zauberoper in vier Aufzügen. Nach Fouqués Erzählung frei bearbeitet. Musik (und Dichtung) von Albert Lortzing.

Zum erstenmale aufgeführt in Hamburg am 15. April 1845.

Eine englische dramatische Bearbeitung ist erwähnt: Dresdner Abendzeitung 1821 Juni 5.

24) Eine nordische Sage von F. v. Fouqué: A. G. Eberhard und A. Lafontaine, Unterhaltungen für die leselustige Welt. Bd. 1. Halle 1811. 8. 125 bis 138.

25) Das Schauerfeld. Eine Rübezahlsgeschichte von F. v. Fouqué: Eberhards und Lafontaines Unterhaltungen. Bd. 2. Halle 1812. 8. 262 bis 288.

26) Poetischer Almanach f. 1812. Herausgegeben von Just. Kerner. Heidelberg. 8. Dann wieder herausgegeben unter dem Titel: Romantische Dichtungen von Fr. de la Motte Fouqué, Hebel, Kerner, Schwab, Uhland, Varnhagen u. a. Karlsruhe 1818. 4, 296 S. 8.

Darin von Fouqué: Wehmut. — Sinnspruch. — Tröstung. — An Otto Heinrich, Grafen von Loeben. In ein spanisches Wörterbuch. — Das Schlachtfeld. Eine nordische Abentheure.

27) Die Musen. Eine norddeutsche Zeitschrift. Herausgegeben von Friedrich Baron de la Motte Fouqué und Wilhelm Neumann. Berlin, in der Salfeldschen Buchhandlung. 1812. 8.

Jahrgang 1813 und 1814 erschienen: Berlin, bei Julius Eduard Hitzig, und zwar 1813 in einem Bande von drei Heften, sodaß dort die Bezeichnung: Erster Band hinfällig wird. Auf der Rückseite des ersten Stücke des Jahrgangs 1814 wird dies folgendermaßen auseinandergesetzt: ,Die Unruhen des verflossenen Jahres, und die Abwesenheit beider Herren Herausgeber mit der Armee, sind die Veranlassung gewesen, daß von dem Jahrgang 1813, statt der versprochenen 6 Hefte der Musen, nur 3 geliefert worden .... Der Jahrgang 1813 bleibt hiernächst aus einem Bande von 3 Heften bestehend'. Auch von dem Jahrgange 1814 ist nur ein Band von drei Heften erschienen.

Inhalt. Erstes Quartal. S. 1 bis 206. a: Zueignung von F. S. Siebmann. — b: Ueber den Mythos der Sündflut von Philipp Buttmann. — c: Ueber den Einfluß der den Juden in Spanien im Mittelalter bewilligten Vorrechte auf die Staatsverfassung und das öffentliche Wohl von Moldenhaver (übers. von Friedrich Rühs). — d: Ueber den Lebensmagnetismus von Wolfart. — e: Zauber und Liebe. Eine nordische Sage von Fouqué. — f: Das warnende Gespenst von K. A. Varnhagen von

Ense. — g: Eine altitaliänische Geschichte von Fouqué. — h: Herkules Torelli.
Eine Erzählung von Neumann. — i: Belohnter Fürstenmuth. Eine geschichtliche
Begebenheit von Fouqué. — j: Vetter Rameau von Varnhagen. — k: Hülsen von
Varnhagen. — l: Umrisse und Bruchstücke von J. G. S[eegemund?] — m: An
die Königin Louise von Preußen. Zur Feier ihres Geburtstages, den 10. März 1810.
Aus dem Nachlasse Heinrichs von Kleist. — n: Rittersitte. Eine Romanze von
Ludwig Robert. — o: Die Harfe. Schottische Sage von Friedr. Rühs. — p: An
J. W. von Goethe (Siehe seine Geheimnisse) von J. G. S[eegemund?]. — q: Ein
Wort über F. Schlegels gesammelte Gedichte von Fouqué.

Zweites Quartal. S. 1 bis 199. a: Vorlesungen über die Bestimmung des
Gelehrten von J. G. Fichte. — b: Ueber Mysticismus und Schwärmerei von Adolf
Wagner. — c: Erinnerung an Phil. Jakob Spener von Franz Horn. — d: Stimmen
des Christenthums, Darstellung der christlichen Religion als Glaube von Christian
Gottfried Schniebes. — e: Gemählde der Herren Boisserée und Bertram in Heidel-
berg von Helmina v. Chezy, geb. v. Klencke. — f: Die Verlegenheiten des Ge-
fälligen. Eine Erzählung von K. v. Pirch. — g: Andeutung über F. Schlegel von
Franz Horn. — h: Wegtamsquida oder das Lied von Wegtamr (Aus der älteren
Edda in der Versweise des Originals) von Friedrich Majer. — i: Siegfrieds
Schwerdt. Das traurige Turnei von Volker [L. Uhland]. — j: Hymne auf das
Abendmahl von Chn. G. Schniebes. — k: Die todte Hand von J. G. S. — l: Romano
von Regina Frohberg, rezensirt von August Becker. — m: Natalie von Fanny
[Tarnow], rez. von Fouqué. — n: Skizzen der allgemeinen Geschichte von Dippold,
rez. von Adolf Wagner.

Drittes Quartal. S. 1 bis 214. a: Cadmus oder allgemeine Alphabetalogie
von Du Bois. — b: Beschluß von I. 2, d. — c: Ueber das altfranzösische Epos von
Ludwig Uhland. — d: Der Brautring. Novelle von August Apel. — e: Ein Wort
über das bürgerliche Lustspiel von Karl von Pirch. — f: Ueber die Aufführung
der Schauspiele des Calderon de la Barca auf dem Theater in Bamberg [von
E. Th. A. Hoffmann]. — g: Thrymsquida, edr Hamarsheimt. Das Lied von Thrym
oder die Wiedererlangung des Hammers (Aus der ältern Edda, in der Versweise
des Originals) von Friedrich Majer. — h: Traum von Volker. — i: Mitternacht.
Trauer. Die Nachtigall. Sie, nur Sie! (nach Hafis). Klage von Helmina von
Chezy. — j: Innrer Frieden von J. G. S. — k: Die beiden Hagen (An den Herausgeber des Nibelungenliedes) und Der kranke Ritter von Fouqué. — l: Nachruf
an Peter Simon Pallas. Der Schiffer von K. A. Rudolphi. — m: Denkmal auf
die gefallenen Preußen an der Düna im August 1812 von Pudor. — n: Goethes
Aus meinem Leben. Erster Theil, rez. von Varnhagen. — o: Bitte um Belehrung
an einen Rezensenten [von den Herausgebern].

Viertes Quartal. S. 1 bis 204. a: Ueber die Bestimmung des Gelehrten.
Zweite Vorlesung, von J. G. Fichte. — b: Karl der Große. Eine Vorlesung [Süvern,
§ 293, V. 29. 9) d]. — c: Aphorismen, als Vorgänger eines Versuchs, die Gesetze
des Universums anzuschauen vom Frhrn. v. Seckendorf. — d: Proben aus altfranzösischen Gedichten von Ludwig Uhland. — e: Epigramme des Platon, aus
dem Griechischen, von K. A. Varnhagen von Ense. — f: Epistel an Thrasys, von
J. G. S. — g: Goethes Wahrheit und Dichtung. Zweiter Theil, rez. von Varnhagen. — h: Clorinde, Tragödie von Heinr. Loest, rez. von F. H. K[oelle]. —
i: Notiz von Fouqué. S. oben Nr. 23). — j: Ankündigung von Fr. Rühs.

Jahrgang 1813. Erstes Stück. S. III und IV, 1 bis 132. a: An die Leser.
Die Herausgeber. — b: Ueber Aristides von J. G. Woltmann. — c: Schicksale der
bildenden Künste unter Maximilian, König von Bayern. I. Die Architektur. —
d: Der stereotypische Druck, eine ursprünglich in Deutschland gemachte Erfindung.
Mit Original-Aktenstücken. — e: Originalschriften Luthers, Melanchthons und
Friedrich Wilhelm des Großen. — f: Der Andreasabend von Fouqué. — g: Hora-
tius' erste Satire deutsch und mit berichtigtem Text von dem Übersetzer der
Wolken [Fr. Aug. Wolf]. — h: Der heilige Dulder von Fr. Schlegel. — i: Die
Muse aus H. K. Dippold's Nachlaß. — j: Bue und sein Schatz. Nordische Sage
von Fouqué — k: N. Vogt, Die deutsche Nation und ihre Schicksale, rez. von
Hans Karl Dippold.

Zweites Stück. S. 133 bis 260. k': Über Machiavel als Schriftsteller und Stellen
aus seinen Schriften von J. G. Fichte. — l: Wielands Tod, nebst einer Nachricht
über seine letzten Augenblicke, einem Briefe von ihm an Engel und dessen Ant-

wort. Von W. N[eumann]. — m: An Cynthia. Propers I, 8. Von Joh. Heinr.
Voß Vater. — n: Mannsfelds Träume und An den Grafen und die Gräfin von
Reden von Friedr. Leopold Grafen zu Stolberg. — o: Das Ständchen. Dramatische
Episode von Ludw. Uhland. — p: Gebet von Fouqué. — q: Schöne Litteratur.
Marie von Steigentesch, rez. von einer Frau [Caroline Fouqué?].
  Drittes Stück. S. 261 bis 376. r: Die Assassinen von Friedr. Rühs. — s: Die
Elfenkinder. Ein Zauberspiel von Fouqué. — t: Lied von Chn. Gf. zu Stolberg.
— u: Ritter Oge und Jungfrau Else. Ein Ritterlied a. d. Dän. von Chn. Gf. zu
Stolberg. — v: Die Herbstblumen aus H. K. Dippold's Nachlaß. — w: Bilder von
Karl Besseldt. — x: Auf dem Marsche. Vor der Schlacht bei Culm. Nach der
Schlacht bei Culm. In einem verfallenen Fenster der Ruinen des Schloßberges
zu Töplitz von Fouqué. — y: An die Frau Apellationaräthin Körner von Caroline
Pichler, geb. von Greiner. — z: Sprachkunde. Bruchstücke über Sprachenmischung.
Veranlaßt durch K. W. Kolbe's Schrift: Über Wortmengerei. Leipzig 1812. Von
Frans Paßow.
  Jahrgang 1814. Erstes Stück. S. 1 bis 120. a: Germanische Trümmern von
J. A. Kanne. — b: Lebensharmonie. Ein Sextett mit Schlußchor von C. W. Con-
tessa. — c: Kriegslied für die zum heiligen Kriege verbündeten deutschen Heere
von F. L. Z. Werner. § 287, 10). — d: An die Liebe von Ida, Gräfin von der
Gröben, geborne von Auerswald. — e: Als der erste Schnee fiel in Schlesien im
Jahre 1812 den 2ten November von Ebenderselben. — f: Rundgesang für Deutsche
in der Fremde. Gothenburg 1810. von Fr. Rühs. — g: Herbstfeier im Jahre 1813
(Aus Schwaben). Von Justinus Kerner. — h: Die beiden Volker. An den mit dem
Heere abwesenden Fouqué von August Zenne. — i: Die Heilung des Wahnsinnigen
von Fouqué. — k: Die Siegeslichter. An die Preußen von Ebendemselben. —
l: Dem Russisch-Kaiserlichen Herrn Generalmajor Freiherrn von Tottenhorn, v. K.
A. Varnhagen von Ense. — m: Alte Literatur. Ueber die Farbengebung des Alter-
thümlichen in Verdeutschung alter klassischer Prosa, bei Gelegenheit von Lange's
Uebersetzung des Herodot. Berlin 1812 bis 1813. Von Pudor.
  Zweites Stück. S. 121 bis 240. a: Andenken an Fichte. 1. J. G. Fichte,
Professor der Philosophie in Berlin, gestorben den 29sten Januar 1814 von G. K.
in S. 2. An Fichte's Grabe. Am 81sten Januar 1814 gesprochen von Marheinecke.
— b: Asträa's Erscheinung. Eine Novelle von Fouqué. — c: Die Ehen werden im
Himmel geschlossen. Ein Familiengemälde von C. W. Contessa. — d: Die Schlacht
bei Leipzig. Weihnachten 1813, von Karl Giesebrecht. (59 Stanzen). — e: Vor-
wärts! von L. Uhland. — f: Scene aus der Schlacht bei Lützen von Max von
Schenkendorf. — g: Auf Scharnhorst's Tod. Mel. Prins Eugen der tapfre Ritter.
Von demselben. — h: Romanze von dem Prinzen von Hessen-Homburg von demselben. — i: Ich bin ein Deutsches Weib von Cyane [= Philippine Calenberg]. —
k: Deutsches Kriegslied im Jahre 1813 von derselben. — l: Friedrich in Stettin.
Am 24. Januar 1814 von J. G. Seegemund, Offizier im Regiment Colberg. — m: Der
Nachtwächter am Schlusse des Jahres 1813 von Fouqué. Nachtrag zu des Ver-
fassers Gedichten vor und während dem Kriege 1813 (Sieh Nr. 86). — n: Ver-
mischte Schriften. Einige Worte über das neueste Werk der Frau von Staël, de
l'Allemagne, London bei Murray und Berlin, bei Hitaig 1814. von Caroline de la
Motte Fouqué. — o: Leyer und Schwert von Theodor Körner von Fouqué.
  Drittes und letztes Stück. S. 241 bis 456. a: Erinnerung an Johann Kaspar
Schade von Franz Horn. — b: Briefe des Baron Wallborn an den Kapellmeister
Kreisler und des Kapellmeisters Johannes Kreisler an den Baron Wallborn. Mit
Vorwort und Fouqué und Hoffmann. — c: Der Todesengel von C. W. Contessa.
— d: Scenen aus Aristofanes Acharnern von J. H. Voß Vater. — e: Unter einem
niederländischen Gemälde eines fröhlichen Trinkers und Tabackrauchers von Fr.
L. Gf. zu Stolberg. — f: Aus Heinrich von Kleists Nachlaß. ,Winter so weichst
du.' § 288, 1. 10). — g: Dichtergemüth von Louise Brachmann. — h: Gedichte
von Freimund Reimar. — i: Schöne Literatur. Goethes Wahrheit und Dichtung.
Dritter Theil. Von Varnhagen. — k: Ueber Graf Friedrich Stolberg und Klopstock. In Bezug einer Aeußerung der Frau von Staël in ihrem Werke de l'Allemagne von Caroline de la Motte Fouqué. — l: Ueber den Dichter Freimund
Reimar und das deutsche Sonnett von Fouqué.
  28) Taschenbuch der Sagen u. Legenden, herausgegeben von Amalie v. Helwig
und Fr. Baron de la Motte Fouqué. Berlin, in der Realschulbuchhandlung. o. J.
[1812] und 1817. II. 8. — Sieh Band VIII. S. 80, 153.

Enth. I. a: Stiftungsbrief den Freunden. — b: Das Gebet der heiligen Scholastika. Legende. — c: Die Hülfe der heiligen Jungfrau. Legende. — d: Die Rückkehr der Pförtnerinn. Legende. — e: Adolphs Eck. Sage. — f: Der Sanct Elisabethen-Brunnen. Legende. — g: Sanct Georg und die Wittwe. Legende. — h: Der Siegeskranz. Legende in Prosa [von Fouqué]. — i: Das Grab des heiligen Clemens. Legende. — j: Die Nacht im Walde. Dramatische Sage [von Fouqué]. — k: Der Gang durch Cöln. Sage in Prosa. — l: Die Martins-Wand. Sage.

II. m: Stanzen. — n: Richard und Blondel. [Dramatische] Sage [von Fouqué]. — o: Herzog Kanut, genannt der Heilige. [Dramatische] Sage [von Fouqué]. — p: Die Götzeneiche. Sage [in Prosa von Fouqué]. — q: Der Heilquell der heiligen Ragnill. Legende. — r: Der letzte Skalde. Sage nach dem Schwedischen von E. G. Geijer. — s: Radegundis. Legende. — t: Die heilige Brigatta und ihr Sohn. Legende. — u: Die Siebenschläfer. Legende. (Des frommen Kaisers Theodosii Leid. Der Siebenschläfer Zeugniß. Zueignung). 28) unten S. 803.

29) Olaf's Ausfahrt. Eine nordische Abentheure. Von Fouqué: Frdr. Schlegels Deutsches Museum 1812. Band 2, S. 97 bis 115.

30) Ixion. Eine Novelle. Von Friedrich Baron de la Motte Fouqué: Urania auf das Jahr 1812. S. 63 bis 77. In demselben Jahrgange des Taschenbuches noch zwei Gedichte, unterz.: Pellegrin.

31) a. Eine Grablegung auf Island. Nach der Egills Saga. b. Das Banner. Eine altnordische Geschichte in Balladen: Friedr. Schlegals Deutsches Museum. 1813. Band 4, S. 110 bis 115 und S. 285 bis 240.

32) Deutscher Dichterwald von Justinus Kerner, Friedrich Baron de la Motte Fouqué, Ludwig Uhland und Anderen. Tübingen, bei Heerbrandt, 1813. 4 Bl., 248 S. 8. § 315. II. Nr. 154. (Gedichte).

33) Alboin der Langobardenkönig. Ein Heldenspiel in sechs Abentheuern, von Friedrich Baron de la Motte Fouqué. Leipzig, 1813. In der Weygand'schen Buchhandlung. 240 S. 8.

34) Dramatische Dichtungen für Deutsche. Von Friedrich Baron de la Motte Fouqué. Mit Musik. (Neue vaterländische Schauspiele). Berlin bei Julius Eduard Hitzig 1813. 2 Bl., 362 S. nebst 2 Bl. Notenbeilagen. 8. Anz. f. d. A. 19, 383.

Enth. S. 1 bis 54. a: Alf und Yngwi. Ein Trauerspiel. — S. 55 bis 118. b: Die Irmensäule. Ein Trauerspiel in fünf Aufzügen. — S. 119 bis 168. c: Die Runenschrift. Ein altsächsisches Schauspiel in drei Aufzügen. — S. 169 bis 238. d: Die Heimkehr des grossen Kurfürsten. Ein dramatisches Gedicht. — S. 239 bis 362. e: Die Familie Hallersee. Ein Trauerspiel aus der Zeit des siebenjährigen Krieges. — d und e erschienen auch allein: Schauspiele für Preußen. Berlin 1813. 8. Sieh unten S. 803.

35) Der Zauberring ein Ritterroman von Friedrich Baron de la Motte Fouqué. Nürnberg, bei Johann Leonhard Schrag. 1813. III. 8. — Zweite verbesserte Auflage. Nürnberg 1816. III. 8. - Neue Ausgabe. Braunschweig 1855. VIII, 620 S. 16. — wiederh. ebenda 1865.

36) Gedichte vor und während des Feldzugs 1813 von Fouqué. Als Manuskript für Freunde. Berlin, bei Hitzig (1813). 8.; Zweite vollständige Ausgabe. 1814. 12.

Diese Gedichte waren zuerst auf einzelne Blätter gedruckt und das ‚Kriegeslied für die freiwilligen Jäger von Friedrich Baron de la Motte Fouqué, Lieutenant der freiwilligen Jäger im Brandenburgischen Kürassier-Regiment. 2 Bl. 8. ‚Frisch auf zum fröhlichen Jagen' (5 Strophen) auch in Nr. 104 des preußischen Korrespondenten erschienen.

37) Corona. Ein Rittergedicht in drei Büchern. Von Friedrich Baron de la Motte Fouqué. Stuttgart und Tübingen, in der J. G. Cotta'schen Buchhandlung 1814. XIV, 386 S. 8. Morgenblatt 1815. Nr. 11.

38) Beiträge zu Erichsons Musen-Almanach für 1814. Sieh § 289, S. 4).

39) Der unheimliche Gast. Erzählung von Friedrich de la Motte Fouqué: Stephan Schützes Taschenbuch für 1814. S. 183 bis 208. Dieser Jahrgang enthält auch noch: Falko und Isula. Lieder eines Troubadours von Friedr. de la Motte Fouqué: S. 95 bis 102.

40) Kleine Romane. Berlin 1814—1819. VI. 8.

Enth. I: Der Todesbund. Ein Roman. Zweite Auflage. Sieh Nr. 18).
II. Erzählungen. Berlin 1812. Bey Julius Eduard Hitzig. 2 Bl., 338 S.
a: Die Güter in Valencia. — b: Die vierzehn glücklichen Tage. — c: Der böse Geist
im Walde. — d: Das Schwerdt des Fürsten. — e: Violante, eine Novelle. — f: Das
Opfer, eine altsächsische Geschichte. — g: Die Bächerin, eine Novelle. — h: Eugenie,
eine Novelle.
III. Neue Erzählungen. Erster Theil. Berlin 1814. Bei Julius Eduard Hitzig.
2 Bl., 304 S. a: Die Köhlerfamilie. — b: Ixion. Eine Novelle. — c: Der unbekannte Kranke. — d: Das Galgenmännlein. — e: Das Schauerfeld. Eine Rübezahlsgeschichte. — f: Die Laterne im Schloßhofe. — g: Olaf's Sage. — h: Die Heilung.
— i: Der Statthalter und seine Nachfolger.
IV. Neue Erzählungen. Zweiter Theil. Berlin, 1816. a: Rose. — b: Der Andreasabend (Die Musen 1813. I, S. 58 bis 97). — c: Der Verfechter. — d: Asträa's Erscheinung (Die Musen 1814. 1, S. 147 bis 174). — e: Adler und Löwe. — f: Die
Geschichten vom Rübezahl. Ein Schwank. — g: Die Kämpfer aus Trondheim. —
h: Die Rast auf der Flucht. Eine altsächsische Begebenheit. — i: Eine Grablegung
auf Island. — k: Der Künstlerbund. — l: Ein Waldabentheuer.
V. Neue Erzählungen. Dritter Theil. Berlin 1818. Bei Ferdinand Dümmler.
2 Bl., 336 S. a: Die beiden Friedriche. Eine Erzählung. — b: Das Gelübde. Eine
nordische Sage. — c: Die eifernden Göttinnen. Eine nordische Sage. — d: Die
Geschichten vom Kaiser Julianus und seinen Rittern. — e: Rosaura und ihre Verwandten. — f: Der Fürsprecher. — g: Der unheimliche Gast.
VI. Neue Erzählungen. Vierter Theil. a: Furio. — b: Paul Pommer. —
c: Der neue Regulus. — d: Ritter Toggenburg. — e: Die Geschichte von den
drei Bildern. — f: Die Götzeneiche.
Kleine (Vom 2. Bande an: Neue kleine) Romane, Märchen und Erzählungen
von Friedrich Baron de la Motte Fouqué. Wien in der Haas'schen Buchhandlung
1815 bis 1818. V. 8.
Dieser Nachdruck enthält dieselben Stücke in anderer Anordnung.

41) Auch ein Wort über die neuste Zeit. Nebst einigen Beilagen. (ohne
Namen). Tübingen, 1815, bei Cotta. 8.

42) Jahrbüchlein Deutscher Gedichte auf 1815 von Heinr. Löst, Friedrich Baron
de la Motte Fouqué, Ludwig Giesebrecht u. a. Stettin 1815. 4 Bl., 279 S. 8.
§ 315. II. Nr. 23). Darin von Fouqué: Die Eroberung von Norwegen. Eine altnordische Gesch. in Balladen und Die Wiederbevölkrung von Island. Eine Abentheure.

43) Frauentaschenbuch für das Jahr 1815 von de la Motte Fouqué, Franz Horn,
Caroline de la Motte Fouqué, Fr. Kind, L. Uhland u. a. Vom nächsten Jahre lautet
der Titel: Frauentaschenbuch für das Jahr 1816 (bis 1821) von de la Motte Fouqué.
Nürnberg, bei Joh. Leonh. Schrag. (1815 bis 1820). 8. — Vergl. § 315, II. 167. —
Euphorion 1895. 2, 624.

44) Theudelinde von de la Motte Fouqué: Frauentaschenbuch für 1815. S. 1 bis 21.

45) Walgers und Hildegunde. Eine Polnische Sage in Balladen: ebenda S. 277
bis 317. Auch in Nr. 64) Band III. S. 105 f. Sieh § 11, 7. letzten Absatz = Band I.
S. 14.

46) Der Künstlerbund. Unters. Fouqué: W. G. Becker's Taschenbuch für 1815.
S. 266 bis 295.

47) Die Belagerung von Ancona von Lamotte Fouqué: Minerva für 1815.
S. 81 bis 92.

48) Die Geschichten vom Rübezahl. Ein Schwank von Friedr. de la Motte
Fouqué: St. Schützes Taschenbuch für 1815. S. 255 bis 269.

49) Tassilo (der Bayernherzog) Vorspiel. Berlin 1815. 8. Zuerst aufgeführt
in Berlin 1815 am 22. Oktober.

50) Von Fouqué ist das 2. und 7. Kapitel des im Jahre 1815 von Chamisso,
Fouqué, Contessa und Heffmann begonnenen Romans gearbeitet. Vergl. Briefe
an Fouqué. S. 136 und Hoffmanns Ausgew. Schr. 1827. I. 131.

51) Die Fahrten Thiodolfs des Isländers. Ein Ritterroman von
Friedrich Baron de la Motte Fouqué. Erster Theil 324 S. Zweiter Theil
303 S. Hamburg, bei August Campe. 1815. 8. — Zweite Auflage. Hamburg 1848.
II. 12.

52) Der Normann auf Lesbos. Eine Abenteure. Von Friedrich Fouqué: Kinds Harfe 1815. I, 103 bis 152.

53) Die Zauberer und der Ritter. Einige Scenen von Fouqué: Frauentaschenbuch f. d. J. 1816. 8. 1 bis 55. Auch in Nr. 64) Band IV.

54) Der Dichter und sein Freund. Ein Gespräch von la Motte Fouqué: ebenda S. 265 bis 275. Sieh auch Nr. 67).

55) Die Geschichte von den drei Bildern. Von Friedrich de la Motte Fouqué: St. Schützes Taschenbuch der Liebe und Freundschaft gewidmet, 1816. 8. 7 bis 36.

56) a. Für müssige Stunden. Vierteljahrschrift. Herausgegeben von Fr. Baron de la Motte Fouqué, Caroline Baronin de la Motte Fouqué, geb. von Briß (so l), J. C. Hohnbaum, C. Hohnbaum, C. W. Justi, A. Lafontäne, G. Reinbeck, Freimund Raimar (Rückert), Fr. Sickler, K. E. Schmid und andern. Erstes Bändchen. Hildburghausen, im Comptoir für Literatur. 1816. VI, 254 S. 8.

Inhalt S. 1 bis 8: (6) Sonnette von Freimund Reimar [Friedrich Rückert]. — S. 9 bis 108: Knecht Ruprecht. Von L. M. Fouqué. — S. 109 bis 124: Molltöne. Von Carl Hohnbaum. — S. 125 bis 140: (9) Lieder von Freimund Reimar. — S. 141/230: Der Deutsche Krieger in Rußland. Erzählung von G. Reinbeck. — S. 231/54: Selenens Monatsregierung. Ein Feenmährchen. Von Hb. [= Joh. Chn. Hohnbaum].

b. Für müssige Stunden. Vierteljahrschrift. Herausgegeben von Fr. Baron de la Motte Fouqué, Caroline Baronin de la Motte Fouqué, geb. von Briest, [Alb. Ludw.] Grimm in Weinheim, J. C. Hohnbaum, C. Hohnbaum, C. W. Justi, A. Lafontäne, Freimund Raimar, G. Reinbeck, K. E. Schmid, Fr. Sickler, H. Voß und andern. Zweites Bändchen. Hildburghausen, im Comptoir für Literatur. 1817. 258 S. 8.

Inhalt S. 1 bis 10: Gedichte von Freimund Reimar. — S. 11 bis 116: Der Ragusaner. Eine Erzählung von Caroline Baronin de la Motte Fouqué, geb. von Briest. — S. 117 bis 132: Ein Spaziergang Fenelon's. Nach dem Französischen von Reinbeck. — S. 133 bis 226: Wilhelm der Weise, Landgraf von Hessen. Von Dr. K. W. Justi. Unterz.: Marburg, im Julius 1816. — S. 227 bis 258: Der arme Claus. Ein Mährchen. [Von Hohnbaum].

c. Für müssige Stunden. Vierteljahrschrift. Herausgegeben von F. L. Bührlen, Fr. Baron de la Motte Fouqué, Caroline Baronin de la Motte Fouqué, geb. von Briest, Grimm in Weinheim, J. C. Hohnbaum, C. Hohnbaum, C. W. Justi, A. Lafontäne, Freimund Raimar, G. Reinbeck, K. E. Schmid, H. Voß und andern. Drittes Bändchen. Jena, bei August Schmidt. 1819. 237 S. 8.

Inhalt S. 1 bis 18: Pyramus und Thisbe. Aus Shakspeare's Sommernachtstraum, von J. H. Voß, dem Vater. — S. 19 bis 82: Der deutsche Krieger in Frankreich. Erzählung von Reinbeck. — S. 83 bis 110: Legenden. I. Sankta Musa, von Grimm. — II. Die Westmünsterabtey in London, von Christian Hohnbaum. — S. 111 bis 218: Castello. Eine Geschichte von F. L. Bührlen. — S. 219 bis 237: I. Der Engel der Pflanzenwelt. Eine Mythe, von Christian Hohnbaum. — II. Kraft des Gebetes, von D. Carl Hohnbaum.

d. Für müssige Stunden. Vierteljahrschrift. Viertes Bändchen. Jena, bei August Schmid. 1820. 221 S. 8.

Inhalt S. 1 bis 16: Der Abschied der Schanfari. Aus dem Arabischen von H. G. L. Kosegarten. — S. 17 bis 112: Die Beichte. Eine Erzählung von Caroline Baronin de la Motte Fouqué, geb. von Briest. — S. 113 bis 114: Des Jahres Abschied. Von St. Schütze. — S. 115 bis 170: Der Traum von Caroline Fouqué. — S. 171 bis 221: List wider List. Novelle nach dem Spanischen von Beauregard Pandin.

e. Für müssige Stunden. Herausgegeben von Caroline Baronin de la Motte Fouqué, geb. von Briest. Fünftes Bändchen. Jena, bei August Schmid. 1821. 250 S. 8.

f. Für müssige Stunden. Herausgegeben von Caroline Baronin de la Motte Fouqué, geb. von Briest. Sechstes Bändchen. Jena, bei August Schmid. 1821. 255 S. 8.

g. Für müssige Stunden. Herausgegeben von Caroline Baronin de la Motte Fouqué, geb. von Briest. Siebentes Bändchen. Jena, bei August Schmidt. 1821. 257 S. 8.

57) William Shakespeares Jubelfeier: St. Schütze's Wintergarten 1816. I, 137.

58) Beiträge zu den Hesperiden, hg. von Isidorus. Leipzig 1816. 8. Sieh § 315, II. 184 und vergl. § 289, 1. II).

58x) Reidmar und Diona. Ein Roman von Friedrich Baron de la Motte Fouqué. Wien, 1816. In der Haas'schen Buchhandlung. 8.

59) Eine rheinische Sage, in Balladen. Von La Motte Fouqué: Minerva für das J. 1816. 8. 157 bis 172. Eine Fassung der Sage vom Schwanenritter.

60) Kindermärchen von E. (so) W. Contessa, Friedrich de la Motte Fouqué und E. T. A. Hoffmann. Berlin 1816 bis 1817. II. 8. — Neue Auflage. Berlin 1839. 16. Darin von Fouqué: Die kleinen Leute. — Band VIII. S. 489, 27).

61) Sängerliebe. Eine provenzalische Sage in drei Büchern. Von Friedrich Baron de la Motte Fouqué. Stuttgart und Tübingen, in der J. G. Cotta'schen Buchhandlung. 1816. 322 S. 8. — Nachdruck: Wien 1816. 8.

62) Die Pilgerfahrt, ein Trauerspiel in fünf Aufzügen von Friedrich Baron de la Motte Fouqué. Herausgegeben von Franz Horn. Nürnberg bei Johann. Leonhard Schrag 1816. 208 S. 8. Die Vorrede Franz Horns, aus der wir erfahren, daß das Trauerspiel 1807 gedichtet wurde, ist mit römischen Seitenzahlen bezeichnet, die durch deutsche fortgesetzt werden.

63) Karls des Großen Geburt und Jugendjahre, ein Ritterlied von Friedrich Baron de la Motte Fouqué. Herausgegeben von Franz Horn. Nürnberg, bei Joh. Leonh. Schrag. 1816. 186 S. 8.

64) Gedichte von Friedrich Baron de la Motte . Fouqué. Stuttgart und Tübingen, in der J. G. Cotta'schen Buchhandlung. 1816—1827. V. 8.
Enth. I. 1816. Gedichte aus dem Jünglings-Alter. — II. 1817. Gedichte aus dem Manns - Alter. — III. 1818. Romanzen. Idyllen. — IV. 1820. Dramatische Dichtungen nebst einigen Liedern. — V. 1827. Gedichte aus dem Mannesalter.
Nachdrucke: Wien 1817 f. 8. — Cöln 181? f. 8.

65) Das Fürstenkind. Dramatische Dichtung von de la Motte Fouqué: Frauentaschenbuch 1817. 8. 1 bis 23.

66) Die Rheinfahrt von L. M. Fouqué: ebenda. S. 140 bis 195.

67) Der Dichter und sein Freund. Zweites Gespräch. Von L. M. Fouqué: ebenda. S. 217 bis 225. Vergl. Nr. 54).

68) Rosaura und ihre Verwandten von Friedrich Baron de la Motte Fouqué: Minerva für 1817. 8. 1 bis 68.

69) Die Löwenjagd. Eine Erzählung, von L. M. Fouqué: Rheinisches Taschenbuch auf das Jahr 1817. 8. 196 bis 258.

70) Beiträge zu den Abendunterhaltungen zu gemüthlicher Erheiterung des. Geistes. Von H. Zschokke, Fouqué, Glatz, Pichler und andern. Wien 1817. 8. § 298, A. II. pp — unten S. 513f.

71) Der Liebestrank. Unterz. Fouqué: W. G. Beckers Taschenbuch auf das Jahr 1817. 8. 31 bis 62.

72) Ritter Toggenburg. Eine Erzählung von L. M. Fouqué: Frauenzimmer-Almanach zum Nutzen und Vergnügen für das Jahr 1817. 8. 110 bis 155.

73) Paul Pommer, Scenen aus dem Leben eines preußischen Invaliden: Fr. W. Gubitz, Gaben der Milde. 1. Bändchen. Berlin 1817. 8. 1 bis 46.

74) Die beiden Einsiedler. Eine Erzählung von Friedrich de la Motte Fouqué: Stephan Schützes Taschenbuch 1817. 8. 75 bis 134.   74') S. 803.

75) Wunderbuch. Herausgegeben von Friedrich Baron de la Motte Fouqué und Friedrich Laun. Drittes Bändchen. Leipzig, bei Georg Joachim Göschen (1817). 303 S. nebst 1 S. Druckfehler und 2 S. Vorrede von Friedrich Laun; darin teilt er mit, daß an die Stelle des verstorbenen August Apel, mit dem Laun die beiden ersten Bändchen herausgegeben hatte, als Mitherausgeber und Mitarbeiter (Fouqué getreten sei. Das 3. Bändchen enthält von Fouqué: Die drei Templer S. 1 bis 56) und Altmeister Ehrenfried und seine Familie (S. 255 bis 303).

76) Die zwei Brüder. Trauerspiel in vier Aufzügen, mit einem Vorspiele, von Friedrich Baron de la Motte Fouqué. Stuttgart und Tübingen, in der J. G. Cottaschen Buchhandlung. 1817. 147 S. 8.

77) Die wunderbaren Begebenheiten des Grafen Alethes von Lindenstein. Ein Roman von Friedrich Baron de la Motte Fouqué. Leipzig, bei Gerhard Fleischer dem Jüngren 1817. IV, 222 und 192 S. 8. — Nachdruck: Wien 1817. II. 8.

78) Liebesrache. Ein Trauerspiel in drei Aufzügen von Friedrich Baron de la Motte Fouqué. Leipzig, bei Gerhard Fleischer. 1817. VI, 185 S. 8.

79) Kloster Mariafrede. Einige Scenen von L. M. Fouqué: Minerva für 1818. S. 313 bis 348. Auch in Nr. 64) Band IV.

80) Der Hirt des Riesengebirges. Eine Sage von Friedrich de la Motte Fouqué: Urania. Taschenbuch für Damen auf das Jahr 1818. Leipzig und Altenburg. 8. S. 149 bis 177. Auch in Nr. 64) Band V.

81) Das Waldfräulein. Eine Erzählung von L. M. Fouqué: Rheinisches Taschenbuch auf das Jahr 1818. S. 123 bis 164.

82) Regner Lodbrog. Eine altdänische Sage in Balladen, von de la Motte Fouqué: Frauentaschenbuch f. d. J. 1818. S. 1 bis 56.

83) Ehrlich währt am längsten. Eine Erzählung von de la Motte Fouqué: ebenda S. 378 bis 417.

84) Jäger und Jägerlieder, ein kriegerisches Idyll. Hamburg, Fr. Perthes. 1818. 8. — Zweite Auflage. Gotha, 1871. F. A. Perthes. VII, 79 S. 8.

85) Aus der Geisterwelt. Geschichten, Sagen und Dichtungen. Herausgegeben von Friedrich von Fouqué und Friedr. Laun. Erste Sendung. Mit einem Titelkupfer. Erfurt, in der Keyserschen Buchhandlung. 1818. 260 S. 8. Zweite Sendung. Mit einem Titelkupfer. Erfurt, in der Keyserschen Buchhandlung. 1818. 304 S. 8.

86) Heldenspiele. Von Friedrich Baron de la Motte Fouqué. Stuttgart und Tübingen, in der Cotta'schen Buchhandlung 1818. 498 S. 8.
Enth. a: Baldur der Gute. Ein Heldenspiel in sechs Abentheuern. — b: Helgi in drei Heldenspielen. I. Helgi der Hiorwardsohn. Ein Heldenspiel in drei Abentheuern. II. Helgi der Hundingstödter. Ein Heldenspiel in vier Abentheuern. III. Helgi der Haddingenheld. Ein Heldenspiel in zwei Abentheuern.

87) Altsächsischer Bildersaal. Von Friedrich Baron de la Motte Fouqué. Nürnberg, bei Johann Leonhard Schrag. 1818 bis 1820. IV. 8.
Enth. I. 1818. XIV, 412 S. Herrmann, ein Heldenspiel in vier Abentheuern. — II. 1818. 688 S. Welleda und Ganna. Eine altdeutsche Geschichte in vier Büchern. — III. 1818. 2 Bl., 142 S. Schön Irsa und ihre weisse Kuh. Ein Mährchen. — IV. 1820. 700 S. Die vier Brüder von der Weserburg. Eine altdeutsche Rittergeschichte in vier Büchern.

88) Burg Saint-Severin. Erzählung von L. M. Fouqué: Taschenbuch zum geselligen Vergnügen für 1819. S. 362 bis 403.

89) Das Kloster der Liebenden. Eine alt französische Sage von de la Motte Fouqué: Frauentaschenbuch für das J. 1819. S. 1 bis 46.

90) Das Pfand. Normannische Sage in Balladen, von L. M. Fouqué: ebenda. S. 438 bis 456.

91) Die Lieder vom König Sebastian. Idyllen, von L. M. Fouqué: Minerva für 1819. S. 385 bis 410.

92) Waldesruf. Eine Erzählung von L. M. Fouqué: Rheinisches Taschenbuch für 1819. S. 113 bis 153.

93) Hieronymus von Stauf. Trauerspiel in fünf Aufzügen von Fr. Baron de la Motte Fouqué. Berlin, in der Schlesingerschen Buch- und Musikalienhandlung, 1819. 200 S. 8.

94) Gefühle, Bilder und Ansichten. Sammlung kleiner prosaischer Schriften von Friedrich Baron de la Motte Fouqué. Leipzig, bei Gerhard Fleischer d. Jüng. 1819. XII, 276 und 281 S. 8.
Inhalt. Erstes Bändchen. S. III: Der Gärtner und sein Freund. Als Vorwort. — S. 3: Welche Bücher soll man öfter lesen? — S. 5: Gespräch über den 19ten Julius des Jahres 1810 († Königin Luise). — S. 17: Eine Sterbe-Scene. — S. 21: Ueber Schwärmerei. — S. 23: Der Gang nach dem Kirchhofe. — S. 32: Kriegsregel. — S. 33: Der Klingentausch. Eine Anekdote aus dem siebenjährigen Kriege. — S. 36: Gespräch zweier Preußischen Edelleute über den Adel. Sieh Nr. 11). — S. 72: Andeutungen (z. Th. 1814 geschrieben). — S. 82: Sprachbemerkungen. — S. 83: Antwort auf einige gutgemeinte Bedenklichkeiten. — S. 92: Stimme eines Preußen an die Hanseatischen Städte. — S. 97: Auch ein Wort über die neueste Zeit. — S. 104: Ueber die Sehnsucht nach Ruhe. — S. 111: Ueber Napoleon Buona-

parte's Aussichten. — S. 116: Ein Gespräch über die Dichtergabe Heinrichs v. Kleist. Sieh § 288, 1. c) — Bd. VI. S. 98. — S. 136: Der unentschiedene Wettstreit. — S. 139: Leier und Schwert. Von Theodor Körner. — S. 142: Ueber eine interessante Erscheinung in unserer neuern Literatur. (Frans Horns Roman Kampf und Sieg). — S. 145: 1) Brief des Baron Wallborn an den Kapellmeister Kreisler. 2) Der Kapellmeister Johannes Kreisler an den Baron von Wallborn. — S. 166: Ueber einen Veteran unserer Poesie (J. H. Voß). — S. 169: Ein Ehrengedächtniß (Aug. Apel). — S. 173: Correggio. Tragödie von Oehlenschläger. — S. 178: Andeutungen. — S. 182: Mytholog. Taschenbuch von Friedrich Majer. — S. 189: Ueber die Germania des Tacitus. — S. 269: Zum Andenken des Karl Andreas von Boguslawsky.

Zweites Bändchen. S. 3: Friedrich der Große und der General Fouqué. — S. 26: Ueber Ehre und Ambition. — S. 35: Des alten Schimmels letzte Stunde, und einige Gedanken darüber. — S. 42: Andeutungen. — S. 46: Ein Gespräch über das Theater und über noch Vieles. — S. 127: Ueber den sogenannten falschen Waldemar. Sieh Nr. 21). — S. 145: — Die Musen. Berlin 1812. 1. Quartal. Nr. q. — S. 157: Natalie von Fanny — Die Musen. 1812. 2. Quartal. Nr. m. — S. 165: Andeutungen. — S. 169: Ueber den Spruch: Nemo ante mortem beatus! — S. 175: Noch etwas über den Tod. — S. 179: Eine Andeutung. — S. 180: Etwas über den Don Quixote des Cervantes, nebst einer Nutzanwendung. — S. 195: Auswahl neuer Balladen und Romanzen. Hg. von Frdr. Raßmann. — S. 204: Ueber anonyme Kritiker. — S. 211: Die Verlobung, eine Geschichte vom ersten April. — S. 221: Albrecht Achilles. Ein Gemälde von Kolbe. — S. 230: Der Dichter und sein Freund. Sieh Nr. 54 und 67). — S. 251: Die Schlacht bei Cannä. Nach Polybius, mit Bezug auf des Ritters Folard Bemerkungen.

95) Etwas über den deutschen Adel, über Ritter-Sinn und Militär-Ehre in Briefen von Fr. Baron de la Motte Fouqué und Fr. Perthes in Hamburg. Nebst Beilagen aus Mösers, F. L. von Hallers und Rehbergs Schriften. Hamburg, bei Perthes und Besser 1819. 8.

96) Der Mord August's von Kotzebue. Freundes Ruf an Deutschlands Jugend von Friedrich Baron de la Motte Fouqué. Berlin 1819. In der Maurerschen Buchhandlung. 2 Bl., 12 S. 8. § 258, 8. ee) und unten S. 803.

97) Die Morgenröthe. Mit Beiträgen von Louise Brachmann, Helmina von Chézy, Ehrenberg, Fouqué, Friedrich und Ludw. Giesebrecht, Heilmann, Frans Horn, Graf Loeben, Frhrn. E. v. d. Malsburg, Strauß, Fanny Tarnow u. a. herausgegeben von A. Gebauer. Elberfeld, bei Büschler, 1819 und 1821. II. 8.

98) Der Gärtner in Lissabon. Eine Erzählung von L. M. Fouqué: Taschenbuch sum geselligen Vergnügen für 1820. 8. 316 bis 358.

99) Babylon. Idyllen von L. M. Fouqué: Frauentaschenbuch für 1820. 8. 1 bis 38.

100) Adam Wiederbauer. Eine Erzählung von L. M. Fouqué: Frauentaschenbuch für 1820. 8. 359 bis 402.
Als romantisches Drama frei bearbeitet von W. A. Gerle, aufgeführt in Prag 1827: § 834, 480. 2). — J. Baechtold, G. Kellers Leben. Berlin 1894. 1, 73.

101) Sängerprüfung. Idylle von L. M. Fouqué: Minerva für 1820. 8. 231 bis 278.

102) Der Leibeigne. Schauspiel in 5 Aufzügen von Friedrich de la Motte Fouqué. Berlin, 1820, Schlesinger. 8. unten S. 808.

103) Wahrheit und Lüge. Eine Reihe politisch-militärischer Betrachtungen in Bezug auf den Vendéekrieg nach dem Werke: „Memoires de Madame la Marquise de Laroche Jaquelin, écrites par elle-même; von Friedrich Baron de la Motte Fouqué. Leipzig, 1820. Knobloch. 8.

104) Der Morgengruß. Scenen, von L. M. Fouqué: Frauentaschenbuch für 1821. 8. 1 bis 36.

105) Die Brautwerbung um Trudchen. Eine Erzählung von L. M. Fouqué: Frauentaschenbuch für 1821. 8. 271 bis 319.

106) Minerva. Eine Erzählung von L. M. Fouqué: Minerva für 1821. 8. 409 bis 482.

107) Die Abendlieder. Eine Erzählung von L. M. Fouqué: Cornelia für 1821. 8. 1 bis 47.

108) Girolamo della Finestra. Eine Erzählung von L. M. Fouqué: Jährliche Mittheilungen von Fr. Rochlitz. Leipzig 1821. Bd. I, S. 153 bis 210. § 277. 30. 21).

109) Der Verfolgte. Roman. Berlin 1821. Schlesinger. III. 8.

110) Bertrand Du-Guesclin. Ein historisches Rittergedicht in vier Büchern mit erläuternden Anmerkungen von Friedrich Baron de la Motte Fouqué. Leipzig bei Gerhard Fleischer. 1821. III. VI, 573, 466 und 358 S. 8.

111) Throndur und Einarm. Eine Islandssage von L. M. Fouqué: Cornelia auf das J. 1822. 8. 40 bis 88.

112) Die Todeswunde. Erzählung von L. M. Fouqué: Jährliche Mittheilungen von Fr. Rochlitz. Leipzig 1822. Bd. 2, S. 363 bis 394. § 277, 30. 21).

113) Ein Wort über Goethes Helden: Ztg. f. d. eleg. Welt 1822. Nr. 213. Sieh § 234. D, I. 6) — Band IV. 8. 606.

114) Gefunden! Bilder aus dem Leben einiger Vielgeprüften. Von La Motte-Fouqué: Minerva für 1822. 8. 355 bis 410.

115) Lalla Rukh, oder die mongolische Prinzessin. Romantische Dichtung aus dem Englischen des Thomas Moore in den Versmaaßen des Originals übersetzt von Friedrich Baron de la Motte Fouqué. Berlin 1822. Schlesinger. 8. Nachdruck: Wien 1825. II. 8. Vergl. § 349, 198. 1).

116) Betrachtungen über Türken, Griechen und Türkenkrieg. Berlin, 1822. In der Maurerschen Buchhandlung. 8.

117) Wilde Liebe. Ein Ritterroman. Leipzig 1822. Hartmann. II. 8.

118) Ritter Elidouc. Eine altbretannische Sage. Leipzig 1823. Hartmann. 228, 181 und 235 S. 8.

119) Der Mensch denkt, und Gott lenkt. Eine Erzählung. Von L. M. Fouqué: Minerva für 1823. 8. 299 bis 368.   8. unten S. 808.

120) Das Dörfchen auf der Haide. Eine Erzählung von L. M. Fouqué: Cornelia für 1823. 8. 48 bis 77.

121) Honoria. Eine Erzählung von L. M. Fouqué: Aurora für 1823. Mannheim. 8. 62 bis 94.

122) Feierlieder eines Preußen im Herbste 1823. Berlin 1823. Herbig. 8.

123) Geistliche Lieder. Erstes Bändchen. Leipzig 1823. Tauchnitz. 8.

124) Reise-Erinnerungen von Friedrich de la Motte Fouqué und Caroline de la Motte Fouqué, geb. von Briest. Zwei Theile. Dresden, 1823, in der Arnoldischen Buchhandlung. 8.
Enth. I. 8. 1 bis 40: Perlen. Eine idyllische Volkssage, von Friedrich de la Motte Fouqué. — S. 41 bis 106: Die Familie Blüher, eine wahre Geschichte; von Friedrich de la Motte Fouqué. — S. 107 bis 264: Proben aus den Reise-erinnerungen von Caroline Baroumn de la Motte Fouqué, geb. von Briest. Dazwischen und danach Distichen von F. L. M. Fouqué.
II. 8. 1 bis 120: Proben aus den Reiseerinnerungen (Caroline). — S. 121 bis 134: Prag. Lieder in böhmischen Maaßen. Von F. L. M. Fouqué. — S. 135 bis 152: Die Bruchschützen in Chemnitz; von Friedrich de la Motte Fouqué. — S. 153 bis 172: Altenburg. Elegieen an Messerschmidt. Von Friedrich de la Motte Fouqué. — S. 173 bis 239: Theaterbemerkungen auf einer Reise durch einen Theil von Sachsen und Böhmen. Von F. L. M. Fouqué.

125) Don Carlos Infant von Spanien. Ein Trauerspiel von Friedrich Baron de la Motte Fouqué. Mit einer Zueignung an Friedrich von Schiller. Danzig, Verlag der J. C. Albertischen Buch- und Kunsthandlung. 1823 287 S. 8. Sieh § 253, 11) k.

126) Sieg und Seegen. Unterzeichn. L. M. Fouqué: W. G. Becker's Taschenbuch auf d. J. 1824. 8. 122 bis 167.

127) Die drei Cliffords. Ein episches Gedicht. In drei Gesängen (Stanzen): J. B. Rousseaus Westdeutscher Musenalmanach auf das J. 1824. 8. 3 bis 82. Sieh § 331, 96. 2).

128) Der Kranz am Ziele: Orphea für 1824. 8. 193 bis 226. — 128°) S. 804.

129) Der Refugié oder Heimat und Fremde. Ein Roman aus der neueren Zeit. Gotha 1824. Hennings. III. 12.

130) Lebensbeschreibung des Königl. Preuß. Generals der Infanterie Heinrich August Baron de la Motte Fouqué. Verfaßt von seinem Enkel Friedrich Baron de la Motte Fouqué, Königl. Preuß. Major a. D. u. Ritter. Berlin, 1824. In der Schüppelschen Buchhandlung. 8.

Die Schrift enthält auch zwei Beilagen: 1. Ueber die Dichtergabe Friedrichs des Zweiten, Königs von Preussen. — 2. Ueber die religiösen Ansichten Friedrichs des Zweiten, Königs von Preussen.

Vgl. Denkwürdigkeiten aus dem Leben des Königl. Preuß. Generals von der Infanterie Freiherrn de la Motte Fouqué. In welchen zugleich dessen merkwürdiger Briefwechsel mit Friedrich dem Zweiten enthalten ist. Zwei Theile. Berlin, bei Fr. Largarde. 1788. 8. Herausgeber ist G. A. Büttner in Königsberg.

131) Die Fahrt in die neue Welt (Und: das Grab der Mutter, von Alexis dem Wandrer, d. i. Leberecht Gotthelf Förster. † 1846). Quedlinburg 1824. Basse. 8.

132) Donnerstag und Freitag. Eine Erzählung von La Motte Fouqué: Minerva für 1825. 8. 107 bis 164. 132a) Gesellschafter 1825 Nr. 19/26.

133) Sophie Ariele. Eine Novelle von L. M. Fouqué. Berlin, 1825. In der Schüppelschen Buchhandlung. 224 S. 8.

134) Die Rettung aus Herkulaneum. Idyllisches Epos von L. M. Fouqué W. G. Beckers Taschenbuch 1825. 8. 220 bis 243.

135) Erdmann und Fiammetta. Novelle von La Motte Fouqué. Berlin, Schlesinger 1825. 8.

136) Pique-Dame. Berichte aus dem Irrenhause, in Briefen. Nach dem Schwedischen. Von L. M. Fouqué. Berlin, Rücker. 1825. 8. — Vergl. § 849, 275.

137) Der Kriegsgefangene. Unterz. L. M. Fouqué: W. G. Beckers Taschenbuch 1826. 8. 335 bis 418. — 137') Der alte Kinderfreund. Sieh Nachtrag S. 804.

138) Geschichte der Jungfrau von Orleans nach authentischen Urkunden und dem französischen Werke des Le Bruu de Charmettes. Von Friedrich de la Motte Fouqué. Berlin 1826. II. 464 und 372 S. 8. § 255, 6) εs.

139) Die Sage von dem Gunlaugur, genannt Drachenzunge und Rafn dem Skalden. Eine Islandskunde des eilften Jahrhunderts. In drey Büchern wiedererzählt von L. M. Fouqué. Wien, 1826. Gedruckt und im Verlage bey Anton Pichler. Leipzig, in Commission bey August Liebeskind. 640 S. 8.

140) Erhörung. Sechs Psalme von L. M. Fouqué. Berlin, 1827. Auf Kosten des Verfassers. 15 S. 8. Angefangen den 9 ten, vollendet den 9 ten November 1826.

141) Die Scipionengruft. Eine Novelle von Friedrich de la Motte Fouqué: Orphea f. 1827. S. 287 bis 290.

142) Er. Eine Novelle. Unterz. Friedrich Baron de la Motte-Fouqué: Dresdner Morgen-Zeitung 1827. Nr. 150 bis 166.

143) Mandragora, eine Novelle. Berlin 1827. Sander. 8.

144) Über den Bildungsgang und den Charakter des Dichters von La Motte Fouqué: Dresdner Morgen-Zeitung 1828. Nr. 8 bis 11.

145) Der fünfte May. Ode auf Napoleons Tod von A. Manzoni. In der Italienischen Urschrift nebst Uebersetzungen von Goethe, Fouqué, Giesebrecht, Ribbeck, Zeune. Berlin 1828. In der Maurerischen Buchhandlung. 8. Vgl. § 245, 1) D. 12 = Band IV. S. 722 und § 849, 233. 4) = III', S. 1852.

146) Der Sängerkrieg auf der Wartburg. Ein Dichterspiel [in drei Abentheuern mit Vorspiel]. Berlin 1828. Herbig. 308 S. 8. Sieh § 70, 2 = Band I. S. 214.

147) Ernst Friedrich Wilhelm Philipp von Büchel, Königl. Preuß. General der Infanterie. Militairische Biographie. Von Friedrich Baron de la Motte Fouqué. Zwei Theile. Berlin, 1828. In der Maurerschen Buchhandlung. 8.

148) Trommelfritz und Klingegut. Eine Erzählung von L. M. Fouqué: Minerva für 1829. 8. 217 bis 274. — 148') Der schwarze Handschuh. Sieh Nachtrag S. 804.

149) Der Mensch des Südens und der Mensch des Nordens. Sendschreiben in Bezug auf das gleichnamige Werk des Herrn von Bonstetten an den Freiherrn Alexander von Humboldt durch Friedrich Baron de la Motte Fouqué. Berlin, 1829. In der Vereinsbuchhandlung. 105 S. 8.

150) Der Jarl der Orkney-Inseln. Trauerspiel in fünf Aufzügen von Fr. Bar. de la Motte Fouqué: S. W. Schießlers Neues deutsches Originaltheater. Prag 1829. Neue Folge. Band 3.

150a) Beiträge zu M. Veits Berliner Musenalmanach f. 1830: Wintergruß; Neujahrsdank an Hufeland; und f. 1831: Undinens Bericht von ihrem Sänger; Liedespreis; Parabel; Romanze; Abendlied.   [151') S. unten S. 804.

151) Jacob Böhme. Ein biographischer Denkstein. Greiz, Henning 1831. 8.

152) Erzählungen und Novellen. Danzig 1833. 8.

153) Beiträge zu Chamissos Deutschem Musenalmanach f. 1835: Am Gründonnerstag: f. 1836: Romanze und f. 1837: Krieg und Friede. Sage.

154) Die Welt-Reiche in den Jahren 1835—40. Eine Bilderreihe (Gedichte). Halle 1835 bis 40. 6 Hefte. 8.

155) Fata Morgana. Eine Novelle. Von Friedr. Baron de la Motte Fouqué. Stuttgart 1836. Jul. Weise. 107 S. 8.

156) Von der Liebes-Lehre. Hamburg, Perthes 1837. 8.

157) B. S. Ingemann, Drei Erzählungen: [a] Der Wehrwolf. — [b] Der lebende Todte. — [c] Der Korsikaner. Aus dem Dänischen von L. M. Fouqué. Halle 1837. 8.

158) Erinnerungen an E. T. Hoffmann, aufgezeichnet durch L. M. Fouqué: E. T. A. Hoffmanns Erzählungen aus seinen letzten Lebensjahren. Stuttgart 1839. Band 5, S. 217 bis 251.

159) Preußische Trauersprüche und Huldigungsgrüße für das Jahr 1840. Halle, Ed. Anton 1840.

Gedichte auf den Tod Friedrich Wilhelm 3. und zur Huldigung für den Nachfolger.

160) Göthe und Einer seiner Bewundrer. Ein Stück Lebensgeschichte von Friedrich Baron de la Motte Fouqué. Berlin. Verlag von Alexander Duncker. 1840. 70 S. 8. § 234. B, I. 34) — Band IV. S. 571.

161) Lebensgeschichte des Baron Friedrich de la Motte Fouqué. Aufgezeichet durch ihn selbst. Halle, C. A. Schwetschke und Sohn. 1840. 368 S. 8.

162) Ausgewählte Werke. Ausgabe letzter Hand. Halle 1841. XII. 16. Inhalt: I bis III: Der Held des Nordens. — IV bis VI: Der Zauberring; wiederh. 1855. — VII: Sintram und seine Gefährten; wiederh. 1857. — VIII: Undine. — IX bis X: Novellen, Erzählungen. (Die beiden Hauptleute; Das Galgenmännlein (Nr. 15); Der unbekannte Kranke. — Der Geheimrath; Das Schwert des Fürsten; Der Siegeskranz; Rose). — XI: Adler und Löwe; Rosaura und ihre Verwandten (Nr. 68); Eginhard und Emma (Nr. 19). — XII: Die Nacht im Walde (Drama); Ausgewählte Gedichte; Nachwort.

Vergl. Blätter für litter. Unterhaltung 1842. Nr. 323/4. ‚15' [— W. Alexis].

163) Andersens Bilderbuch ohne Bilder. Aus dem Dänischen von La Motte Fouqué. Berlin 1842. Besser. 8.

164) Denkschrift über Friedrich Wilhelm III., König von Preußen. Eine biographische Mittheilung. Nordhausen 1842. 16 — Zweite Auflage: Aus dem Leben Friedrich Wilhelms III., Königs von Preußen. Biographische Mittheilung. Leipzig 1846. 16.

165) Der Pappenheimer Kürassier. Scenen aus der Zeit des dreißigjährigen Krieges. Nordhausen 1842. 193 S. 16. — Neue (Titel-)Auflage. Bautzen 1858. VI, 193 S. 16. Sieh § 255, 1) ωω⁴ — Band V. S. 218.

166) Novellen-Mappe. Von L. M. Fouqué, Friedrichsen, F. W. Gubitz, Ludwig Halirsch, Moltke, Schiff und einem Ungenannten. Berlin 1843. 8.

167) Abfall und Buße, oder die Seelenspiegel. Ein Roman aus der Grenzscheide des XVIII. und XIX. Jahrhunderts. Berlin 1844. 310, 387 und 214 S. 8.

168) Joseph und seine Geige. Kaiser Karls V. Angriff auf Algier. Zwei Novellen. Potsdam 1845. 8.

169) Geistliche Gedichte. Herausgegeben von Albertine de la Motte Fouqué. Mit einem Vorworte von H. Kletke. Berlin 1846. 16. — Berlin 1858. VI, 190 S. 8.

170) Christlicher Liederschatz zur Erbauung von Jung und Alt. Von Baron Friedrich de la Motte Fouqué. Gesammelt aus dem nachgelassenen Tagebuche des

Verfassers. Herausgegeben von Albertine Baronin de la Motte Fouqué. Berlin, 1862. Kastner u. Co. X, 320 S. 16.

171) Christliche Worte über Erziehung und ihr Ziel, im Gegensatze zur beidnischen Ansicht über beide: Kürschners Signale aus der litter. Welt. Sp. 1765 bis 1780.

172) Friedrich Baron de la Motte Fouqué und Josef Freiherr von Eichendorff. Herausgegeben von Max Koch. Stuttgart [1894] — Deutsche National-Litteratur Band 146. Enth. Sigurd. Undine. Die ersten 8 Kapitel des Zauberrings. Gedichte. Fouqué gab heraus oder bevorwortete:

173) Hülsen, Aug. Ludw., Philosophische Fragmente aus seinem litterarischen Nachlaß, hg. von Fouqué: Schellings Allg. Zsch. von Teutschen für Teutsche. 1813. Heft 2.

174) Peter Schlemihl's wundersame Geschichte, mitgetheilt von Adelbert von Chamisso und herausgegeben von Friedrich Baron de la Motte Fouqué. Nürnberg, bei Johann Leonhard Schrag. 1814. 8. § 291, 1. 14).

175) Ahnung und Gegenwart. Ein Roman von Joseph Freiherrn von Eichendorff. Mit einem Vorwort von de la Motte Fouqué. Nürnberg, bei Johann Leonhard Schrag. 1815. 8.
S. III bis VI. Vorwort von Fouqué: Geschrieben am 6. Januar 1815.

176) August Fresenius, Hinterlassene Schriften, hrg. von Fr. Baron de la Motte Fouqué. Frankfurt 1818. 8. § 301, 50. 3) und § 834, 596.

177) Alexanders von Blomberg hinterlassene poetische Schriften mit Lebensbeschreibung und einem Vorspiele von Friedrich de la Motte Fouqué. Berlin 1820. 8. Vergl. § 311, 6. 2). Kosackenklage über Alexanders von Blomberg Tod von F. Fouqué: Kinds Harfe 1815. 1, 322.

178) Biographisches Vorwort zu Samuel Christian Papes Gedichten. Tübingen 1821. § 308, 30. 3) — Band VII. S. 328.

179) Vorwort zu Christian Ehrenfried Leberecht Blochmanns Drama: Gertha von Stalimene. Danzig 1822. 8. § 305, 52. 4) — Bd. VII. S. 422.

180) Joh. Bapt. Rousseau, Spiele der Muse². Mit einem Vorwort von Fouqué. Frankfurt 1829. 8. § 331, 96. 10).

181) Poetische Einleitung zu: Tasso's Befreiung. Ein dramatisches Gedicht aus dem Dänischen des Bernhard Severin Ingemann übersetzt von Hans Gardthausen. Leipzig 1826. 8. § 331, 102. 2).

182) Ernst Hoffmann, Wanderlieder. Mit Vorrede von F. de la Motte Fouqué. Greis 1828. 8. § 840, 1337.

183) Fouqué war Redacteur der Zeitung für den Deutschen Adel, die C. L. F. W. G. v. Alvensleben herausgab. Leipzig 1840 bis 1842. 4. 3 Jahrgänge.

2. Karoline Freiin de la Motte Fouqué, geb. von Briest, geb. 1773 in Nennhausen bei Rathenow, war seit 1789 mit einem Herrn von Rochow verheiratet. Die Ehe wurde jedoch 1800 getrennt, und die Geschiedene vermählte sich 1802 mit dem Dichter Fouqué. Mit ihm lebte sie abwechselnd in Nennhausen und Berlin. Sie starb am 21. Juli 1831 in Nennhausen.

a. Meusel, Gel. Teutschland 13, 404. 18, 141. 22 II, 192 f.
b. Neuer Nekrolog 1831. 9, 652 bis 658.
c. Schindel 1, 130. 3, 90.
d. Ersch und Grubers Encyklopädie 1848. I. 47, 86 f.
e. Allg. dtsch. Biogr. 1878. 7, 200 f.
Aus dem Nachlaß Varnhagen's von Ense. Biographische Portraits von Varnhagen von Ense. Nebst Briefen von Koreff, Clemens Brentano, Frau von Fouqué. Leipzig: F. A. Brockhaus. 1871. 8.

1) Zwei Gedichte: Perlen und Edelsteine. Unterz. ‚Von einer Ungenannten': Musenalmanach auf das Jahr 1806. Hg. von Chamisso und Varnhagen. § 291, 1. 5).

2) Roderich. Ein Roman in zwei Theilen. Berlin, bei J. E. Hitzig. 1806. 8.

3) Drei Mährchen. Von Serena. Berlin, bei J. E. Hitzig 1806. 12.

4) Die Frau des Falkensteins. Ein Roman von der Verfasserin des Roderich. Berlin, bei J. E. Hitzig. 1810. II. 8.

5) Briefe über Zweck und Richtung weiblicher Bildung. Eine Weihnachtsgabe. Berlin, bei J. E. Hitzig 1810. 12.

6) Kleine Erzählungen von der Verfasserin des Roderich, der Frau des Falkensteins u. s. w. Berlin, bei J. E. Hitzig 1811. 8. Nachdr.: Wien, Haas 1814. 8. Enth. a: Arnold und Marie. — b: Das Seegestade. — c: Der Rosengarten. — d: Der Hochzeitabend — e: Das Fräulein vom Thurme. — f: Der Ring von Savoyen. — g: Keusche Minne.

7) Ein Wort der Warnung: Ztg. f. d. eleg. Welt 1812. Nr. 168 und 169.

8) Abendunterhaltungen der Wiedergekehrten. Von Karoline von Fouqué: Fr. Schlegels Deutsches Museum 1812. II. 8. 398 bis 431.

9) Magie der Natur. Eine Revolutions-Geschichte. Berlin, bei J. E. Hitzig 1812. 8. Nachdr.: Wien, Haas 1814. 8.

10) Briefe über die griechische Mythologie für Frauen. Von Caroline Baronin de la Motte Fouqué. Berlin, bei J. E. Hitzig 1812. 8.

11) Taschenbuch der Sagen u. Legenden, herausgegeben von Amalie v. Helwig geb. v. Imhof und Fr. Baron de la Motte Fouqué. in der Realschulbuchhandlung. Berlin (1812) und 1817. II. 16. Sieh oben Nr. 1. 28).

12) Ruf an deutsche Frauen. Berlin 1813. 8.

13) Beiträge zu den Jahrgängen 1813 und 1814 der Musen. Sieh Nr. 1. 27) 1813 Nr. q. 1814 Zweites St. Nr. n. Drittes St. Nr. k.

14) Die Verwünschung. Eine Erzählung von Caroline de la Motte Fouqué: Minerva für 1814. 8. 1 bis 40.

15) Ueber deutsche Geselligkeit in Antwort auf das Urtheil der Frau von Staël. Von Karoline de la Motte Fouqué. Berlin, bei L. W. Wittich. 1814. 86 S. 8.

16) Die Spanier und der Freiwillige in Paris. Eine Geschichte aus dem heiligen Kriege. Berlin, Nicolai 1814. 8. — Wien, Gräser 1815. 8.

17) Feodora. Ein Roman. Leipzig 1814. III. 8. — Wien, Haas 1815. II. 8.

18) T   bis zum Tode. Erzählung von Caroline Fouqué: Kinds Harfe 1815. 1, 7 bis 52reu

19) Bilder aus dem Leben der Kaiserin Eudoxia von Karoline de la Motte Fouqué: Frauentaschenbuch für das J. 1815. 8. 121 bis 155.

20) Edmunds Wege und Irrwege. Ein Roman aus der nächsten Vergangenheit. Leipzig 1815. III. 8.

21) Der Cypressenkranz von Caroline Baronin de la Motte Fouqué: Frauentaschenbuch für 1816. 8. 65 bis 95.

22) Der Abtrünnige. Eine Vision . . . Von Caroline Baronin de la Motte Fouqué: Frauentaschenbuch für 1816. 8. 200 bis 227.

23) Das Heldenmädchen aus der Vendée. Ein Roman. Leipzig 1816. II. 8.

24) Der heilige Athanasius von Caroline de la Motte Fouqué: Minerva für 1816. 8. 99 bis 156.

25) Der Delphin, von Caroline Baronin de la Motte Fouqué, gebohrnen von Briest: Frauentaschenbuch für 1817. 8. 363 bis 397.

26) Der Ragusaner. Eine Erzählung von Caroline Baronin de la Motte Fouqué, geb. von Briest: Für müssige Stunden 1817. Zweites Bändchen. 8. 11 bis 116.

27) Neue Erzählungen. Berlin 1817. 8. Enth. a: Die unsichtbaren Schlingen. — b: Die Verwünschung. — c: Der Waldbrunnen. — d: Der Cypressenkranz (Nr. 21). — e: Der Abtrünnige (Nr. 22). — f: Bilder aus dem Leben der Kaiserin Eudoxia (Nr. 19). — g: Der heilige Athanasius (Nr. 24). — h: Treu bis zum Tode (Nr. 18).

28) Für müssige Stunden. Vierteljahrsschrift (Mit Fouqué, C. und J. C. Hohnbaum, K. W. Justi, A. Lafontaine u. a.). Hildburghausen 1816—17. II. 8. Drittes Bändchen. Jena 1819. 8. Viertes bis Achtes Bändchen. Jena 1820—21. 8. Die drei letzten Bändchen nur von ihr; vergl. Nr. 46).

29) Der Scharffenstein. Eine Erzählung von Caroline de la Motte Fouqué geborne v. Briest: Frauentaschenbuch für 1818. 8. 77 bis 155.

30) Die Richter. Eine Erzählung von Caroline Baronin de la Motte Fouqué, geb. von Briest: Minerva für 1818. 8. 1 bis 50.

31) Die früheste Geschichte der Welt. Ein Geschenk für Kinder. Von Caroline de la Motte Fouqué. Leipzig, G. Fleischer, 1818. III. 8.

32) Frauenliebe. Ein Roman in 3 Büchern von Caroline de la Motte Fouqué. Nürnberg, bei Johann Leonhard Schrag. 1818. III. 8. Ins Französische übersetzt: Claire, ou les femmes seules savent aimer. Paris 1821. 12.

33) Das Recht will Recht behalten. Eine Erzählung von Caroline Baronin de la Motte Fouqué geborne von Briest: Frauentaschenbuch für 1819. S. 258 bis 329.

34) Dornen und Blüthen des Lebens. [Eine Erzählung in Briefen]. Von Caroline Baronin de la Motte Fouqué, geb. v. Briest: Frauentaschenbuch für 1820. S. 125 bis 183.

35) Die Beichte. Eine Erzählung von Caroline Baronin de la Motte Fouqué, geb. von Briest: Für müßige Stunden 1820. Viertes Bändchen, 8. 17 bis 112.

36) Der Traum. Eine Erzählung . . . . : ebenda 8. 115 bis 170.

37) Der Gasthof. Eine Erzählung von Caroline Baronin de la Motte Fouqué geb. von Briest: Minerva für 1820. 8. 1 bis 54.

38) Die drei Wanderer: Der Freimüthige 1820. Nr. 221 f.

39) Ida. Ein Roman. Berlin, Schlesinger 1820. III. 8.

40) Lodoiska und ihre Tochter. Ein Roman von Caroline Baronin de la Motte Fouqué, geb. von Briest. Leipzig, bei Gerhard Fleischer 1820. III. 8.

41) Fragmente aus dem Leben der heutigen Welt. Berlin, Schlesinger 1820. 8.

42) Kleine Romane und Erzählungen. Neue Sammlung. Jena 1820. II. 12. Enth. I. a: Die Fahrt im Walde. — b: Der Scharffenstein (Nr. 29). — c: Der Ragusaner (Nr. 26). — d: Das goldene Schloß — e: Die Richter (Nr. 30). — f: Der Klostergarten. — g: Die Nonne von Moret. — II. h: Die eine Liebe. — i: Alphonsine. — k: Der nächtliche Gast. — l: Laura. — m: Dornen und Blüthen des Lebens (Nr. 84). — n: Bruchstücke aus den Papieren des Lord B. — o: Der Gasthof (Nr. 37).

43) Das Wahrzeichen. Eine Erzählung von Karoline Baronin de la Motte Fouqué, geb. von Briest: Minerva für 1821. S. 143 bis 178.

44) Die blinde Führerin. Ein Roman. Berlin 1821. 8.

45) Der Maltheser. Eine Erzählung von Caroline Baronin de la Motte Fouqué, geb. von Briest: Frauentaschenbuch für 1821. S. 145 bis 194.

46) Heinrich und Marie. Ein Roman von Caroline de la Motte Fouqué, geb. von Briest. Jena, bei August Schmid. 1821. III. 8. Auch Bändchen 6 bis 8 Für müßige Stunden. Sieh oben Nr. 1. 56) e bis g.

47) Briefe über Berlin, im Winter 1821. Berlin 1821. 8. Erschienen zuerst in dem Freimüthigen 1821.

48) Der Mönch am Bache. Eine Erzählung von Caroline Baronin de la Motte Fouqué, geb. von Briest: Ztg. für die eleg. Welt 1822. Nr. 85 bis 107.

49) Vergangenheit und Gegenwart. Ein Roman in einer Sammlung von Briefen. Berlin 1822. 8.

50) Die Herzogin von Montmorency. Ein Roman. Leipzig 1822. III. 8.

51) Der letzte der Paläologen. Eine Novelle aus Griechenland: Ztg. für die eleg. Welt 1823. Nr. 43 f.

52) Die Vertriebenen. Eine Novelle aus der Zeit der Königin Elisabeth von England. Leipzig 1823. III. 8. Ins Englische übersetzt von G. Soane. London 1824.

53) Die Familie Aslingen. Erzählung: Der Freimüthige 1823. Nr. 192 f.

54) Das Reh. Erzählung: Der Waisenfreund. Leipzig 1823. 2, 8. 61 f.

55) Reise-Erinnerungen von Friedrich de la Motte Fouqué und Caroline de la Motte Fouqué, geb. von Briest. Dresden, 1823. II. 8. Sieh oben Nr. 1. 124).

56) Die Ruinen von Tancarville. Eine Erzählung von Caroline Baronin de la Motte Fouqué, geb. von Briest: Orphea für 1824. S. 289 bis 338.

57) Neueste gesammelte Erzählungen. Berlin 1824. II. 8. Enth. I. a: Der Zweikampf. — b: Die Familie Aslingen. — c: Die drei Wanderer. — d: Der Mönch am Bach. — II. e: Der letzte der Paläologen. — f: Der Meierhof von Southwark. — g: Ottilie. — h: Das Wahrzeichen. — i: Der Maltheser.

58) Die beiden Freunde. Berlin 1824. III. 8.

59) Aurelio. Eine Novelle. Berlin 1825. 8.

60) Bodo von Hohenried. Ein Roman neuerer Zeit. Berlin 1825. III. 8.

61) Die Entführung. Eine Begebenheit aus dem Carlsbade. Von Caroline Baronin de la Motte Fouqué geb. von Briest: Orphea für 1826. 8. 317 bis 393.

62) Die Frauen in der großen Welt. Bildungsbuch beim Eintritt in das gesellige Leben. Berlin 1826. 8. — Wien 1827. 12. — Class. Cabinets-Bibl. Bd. 112.

63) Valerie. Die Sinnesänderung, und: Der Weihnachtsbaum. Drei Erzählungen. Berlin, Herbig 1827. 8. Erschien in demselben Jahre auch unter dem Titel: Weihnachtsgabe.

64) Der rothe Thurm. Novelle. Unterz. Car. Baronin de la Motte-Fouqué, g. v. Briest: Dresdner Morgen-Zeitung 1828. Nr. 15 bis 32.

65) Die graue Maske. Von Caroline, Baronin de la Motte Fouqué: Orphea für 1829. 8. 273 bis 314.

66) Resignation. Frankfurt, Fr. Wilmans 1829. H. 8.

67) Der Schreibtisch, oder alte und neue Zeit. Ein nachgelassenes Werk. Köln 1833. 12.

3. Wilhelmine Christiane (Schriftstellername **Helmina**) von **Chézy**, geb. am 26. Januar 1783 in Berlin, eine Tochter der Karoline von Klencke, Enkelin der Louise Karsch (§ 219, 65 — Band IV. 8. 124 f), wurde von ihrer Mutter unterrichtet und bekam erst in ihrem 10. Jahre Unterricht von Lehrern. Im 13. Jahre nahm die Mutter sie wieder zu sich allein, und schon im 16. Jahre, am 19. August 1799 heiratete Helmine, auf den Wunsch der Mutter, den Freiherrn K. Gustav von Hastfer. Sie lebte aber mit ihm so wenig glücklich, daß sie schon im Juni 1800 auf Scheidung drang: im April 1801 wurde die Ehe gelöst. Der Mittellosen, die am 21. September 1802 auch die Mutter verlor, nahm sich Frau von Genlis in Paris wohlwollend an. Helmine kam im Juni 1801 nach Paris und suchte sich durch Herausgabe der ‚Französischen Miscellen‘ Unterhalt zu verschaffen. Im Hause Friedrich Schlegels lernte sie 1803 den französischen Orientalisten Antoine-Léonard de Chézy († am 31. August 1832) kennen und heiratete ihn 1805. Auch diese Ehe war nicht glücklich. Mit Einwilligung des Mannes verließ Helmine ihn und Frankreich im September 1810 und nahm ihre beiden Söhne Wilhelm und Maximilian mit sich. Von nun an lebte sie in Deutschland, zunächst in Heidelberg. Dort war sie mit Amalie von Helvig, geb. von Imhof, Boisserée, Bertram, Karoline Rudolphi, K. Thorbecke, K. v. Raumer, Daub, Creuzer, Nägele, Zachariae v. Lingenthal und anderen in lebendigem Verkehre. Dann wendete sie sich nach Frankfurt a. M. zu Schlosser und Meline v. Guaita, geb. Brentano, später nach Aschaffenburg; dort nahm sich Dalberg ihrer an; 1812 nach Darmstadt mit Henriette von Montenglaut. Die Befreiungskriege regten sie patriotisch auf; sie nahm sich der Pflege Verwundeter an und wandte sich zunächst nach Köln, dann auf Gräfes Weisung nach Namur, bis der Generallieutenant v. Zastrow ihrer Thätigkeit dort ein Ende machte. In Köln, wohin sie zurückgegangen war, geriet sie über den Eifer, eine Lazarett-Untersuchung zu veranlassen, in Konflikt mit der Invaliden-Prüfungskommission, die sich von ihr beleidigt hielt. Helmine wurde jedoch durch Erkenntnis des Berliner Kammergerichtes vom 30. Juni 1817 von dem Vorwurfe, jene Kommission beleidigt zu haben, kostenlos freigesprochen. Sie lebte damals in Berlin in Verkehr mit J. E. Hitzig und von der Prinzessin Wilhelm begünstigt. Im Oktober 1817 schlug sie ihren Wohnsitz in Dresden auf; hier regte sie der Umgang mit Ludw. Tieck, Therese a. d. Winkel, E. v. d. Malsburg, den Grafen Loeben und Kalkreuth, Karl Maria von Weber, Friedr. Kind, Kuhn und Gehe, K. A. Böttiger, Karl Förster und anderen geistig an. Den Herbst und Winter brachte sie gewöhnlich in Berlin zu und kehrte dann nach Dresden zurück; im August 1823 ging sie nach Wien, 1831 nach München und starb erblindet am 28. Januar 1856 in Genf.

a. Meusel. Gel. Teutschl. 13, 228. 17, 325 bis 327. 22^1, 496 bis 498. In Band 17 und 22 sind über 70 periodische und ähnliche Schriften aufgeführt, an denen Helmina mitgearbeitet hat.

b. Lebensgeschichte sieh unten Nr. 17), Nr. 20) und Nr. 44),

c. Schindel, 1, 89. 3, 62.

d. Wilhelm Chézy, Erinnerungen aus meinem Leben. Erstes Buch: Helmina

und ihre Söhne. Schaffhausen. Verlag der Fr. Hurter'schen Buchhandlung. 1868. II. 8. Zuerst veröffentlicht im Morgenblatt unter dem Titel: ‚Aus dem Leben einer deutschen Dichterin' 1856, 1857 und 1858.
Vergl. Hieronym. Lorm, Der Abend zu Hause. Berlin 1881. 8. 189 f.
e. Allg. dtsch. Biographie 1876. 4, 119 bis 120 (H. Holland).
f. Wilhelm Hosäus, Helmina von Chézy über den Aufenthalt des Herzogs Leopold Friedrich Franz von Anhalt-Dessau und dessen Umgebung in Paris, 1807: Mitteilungen des Vereins für Anhalt. Geschichte und Altertumskunde 1890, Band 5. S. 306 f. 846 f.
g. Zugleich als Nachtrag zu Band IV. S. 124 f: Achim von Arnim, Ungedruckte Briefe der Karschin: Gubitz, Gesellschafter 1819. S. 46. 181. 187. 189. 195. Wiederabgedruckt mit der Gegenerklärung der Frau von Chézy im ‚Bemerker' 1819 Nr. 10: [Gubitz] Geistige Feldzüge. Bedeutsam bleibende literargeschichtliche Kämpfe. Berlin 1857 Vereins-Buchhandlung und ohne die Erklärung in Geigers Berliner Neudr. Dritte Serie. Erster Band. S. 55 f. Vgl. S. III.
Briefe an α. Deinhardstein (1832 Juni 2, 1853 Februar 18): Deutsche Dichtung 1894. Bd. 15, Heft 12. — β. Fouqué: Briefe an Fouqué. Berlin, 1848. S. 49 bis 55. — γ. Goethe. Vergl. dessen Tagebuch von 1818 Februar 11: ‚Brief von Helmina' (Weim. Ausg. III, 6, 170. 811). — δ. Jean Paul: Vossische Zeitung 1883. Sonntagsbeilage Nr. 39. 40. — ε. Dr Kolb (Augsburg 1842): Graf L. Paars Autographensammlung. Berlin 1893. Nr. 1136. — ζ. Karl Mayer: Wagners Archiv für deutsche Sprache 1861. S. 90. — ζ'. Nachtr. S. 804. — η. Ludwig Tieck: Briefe an Tieck. Hg. von Holtei. Breslau 1864. 1, 129 bis 188. — ϑ. Karl M. v. Weber: Max M. v. Weber, ...
Briefe von A. v. Arnim sieh § 286, 7. Briefe δ.

1) Gespräche über Tiecks Poesie. Unterz. H. v. Hastfer: F. Schlegels Europa 2, 2, S. 95 bis 108. Vergl. § 288, S. 24) II. 2. α. — Koberstein 4⁵, 665 am Ende vermutet richtig, daß Helmina auch den ‚Brief einer Deutschen': Europa 1, 1, S. 159 bis 168 geschrieben habe. H—a***r = Hastfer. § 283, 3. 24) 1, 1. h. — S. 22.

2) Französische Miscellen. Tübingen in der J. G. Cotta'schen Buchhandlung 1803 bis 1807. XVIII. 8. Die Zeitschrift bildete mit den englischen Miscellen von J. C. Hüttner und den italienischen Miscellen von Rehfues die Vorgänger des 1807 begründeten Cottaischen Morgenblattes.
Die Aufsätze der Helmina von Chézy sind unterzeichnet entweder: Helmin Fr. v. Hastfer, geb. v. Klenk: oder bloß Helmina oder gar nicht.

3) Geschichte der schönen und tugendsamen Euryanthe. Leipzig 1804. 8. Zweiter Band der unter Frdr. Schlegels Namen erschienenen Sammlung romantischer Dichtungen des Mittelalters, deren erster Band von ihr und Dorothea Schlegel war. § 283, 4. 2) — S. 28.

4) Psyche und Lied nach Goethe von Hellmina (so!) v. Hastfer, geb. v. Klencke: Müchlers Egeria. Taschenbuch f. das J. 1805. Berlin, Unger. 8. 198 und 207.

5) Leben und romantische Dichtungen der Tochter der Karschin [Caroline Louise von Klencke, geb. am 31. Juni 1754 zu Franstadt in Polen, gestorben am 21. September 1802 in Berlin], ein Denkmal kindlicher Liebe von Helmina. Frankfurt am Main bei Fr. Wilmans 1805. 8.

6) Leben und Kunst in Paris seit Napoleon dem Ersten. Von Helmina von Hastfer, geb. von Klenck. Zwei Theile. Weimar im Verlage des Landes-Industrie-Comptoirs. 1805 und 1806. II. 8. Darin im 1. Teile Mittheilungen von A. L. Chézy über orientalische und gallische, im 2. Teile über persische Manuscripte der kaiserl. Bibliothek; ferner von demselben Manuscripte Arabischer, Persischer und Türkischer Historiker.

7) a. Uebersicht der französischen neuen Romanschreiberinnen und Dichterinnen von Helmina Chézy geb. v. Klenk [der 2. Artikel hat die Überschrift: . . . . neuern Schriftstellerinnen]: Journal des Luxus und der Moden 1807. November und Dezember. b. Elegie [in Prosa], unterz.: Helmina: ebenda 1808. Februar. — c. Der blinde Sänger. Erzählung, nach dem Arabischen von Helmina v. Chézy: ebenda S. 93 bis 99. — Außerdem noch Beiträge in den folgenden Jahrgängen.

8) Beiträge zum Jahrgange 1812 der Musen. Sieh Nr. 1. 27) — S. 120.

9) Gedichte der Enkelin der Karschin. Zwei Bände. Aschaffenburg 1812. Gedruckt in der F. P. G. F. Buchdruckerei bei B. Wailandt und Sohn. XX, 120 und 128 S. 8. Der Schmutztitel lautet: Gedichte von Helmina v. Chezy.

10) Blumen in die Lorbeern von Deutschlands Rettern gewunden von Helmine von Chezy, geb. von Klenck (so!) Zur Erinnerung des Deklamatoriums. Am 29. November 1813 in Frankfurt am Main. In Kommission zu haben in allen Buchhandlungen. Preis 30 Kreutzer. Zum Besten der Verwundeten. 1813. 46 S. 8.

11) Die Silberlocke im Briefe, ein Schauspiel in drey Acten. Frey nach Calderon von Helmina von Chezy: Urania auf das J. 1815. S. 171 bis 226. Vgl. Band VII. S. 647, 228. 6). — ebenda S. 289 bis 293: Ein Frühlingskranz von Helmina.

12) Gemälde von Heidelberg, Mannheim, Schwetzingen, dem Odenwalde und dem Neckarthale. Ein Wegweiser für Reisende und Freunde dieser Gegenden. Von Helmina von Chezy. Heidelberg, bei Joseph Engelmann. o. J. [1816]. 8.; Zweite Auflage (Ausg. für 1821, mit Zusätzen und Verbesserungen bis zum 1. Januar).

13) Eginhard und Emma. Ein Spiel mit Gesang von Helmina von Chezy: Urania auf das J. 1817. S. 113 bis 166. Vergl. Schnorrs Archiv 1887. 15, 1 bis 20 (Herm. Varnhagen).

14) Die Apfollese 1711. Eine Geschichte von Helmina v. Chezy, geb. Freiin Klencke: Der Gesellschafter oder Blätter für Geist und Herz. Berlin 1817. Jahrgang 1. Blatt 144 bis 147.

In demselben Jahrgange, im 11ten Blatte: Die Königstochter. Volkssage; im 39. u. 40.: Das Schachspiel. Eine Familiensage.

15) Sceuen aus Calderons Schauspiel „El galan Fantasma". Für die Bühne bearbeitet von Helmina v. Chezy, geb. Fr. Klencke: Der Gesellschafter 1817. Februar. 19tes Blatt f.

16) Die heilige Christnacht. Von Helmina v. Chezy, geb. Freiin Klencke. Der Gesellschafter 1817. Dezember. Blatt 207 bis 210.

17) Neue Auserlesene Schriften der Enkelin der Karschin. Herausgegeben auf Unterzeichnung zur Unterstützung verwundeter Vaterlandsverteidiger. Zwei Abteilungen. Heidelberg 1817, gedruckt und verlegt von Joseph Engelmann. Als Begleitwort, als ‚Weihe des Werks' steht voran: Frauenlob (Ottaverime) von O. H. Graf von Lochen.

18) Der Sieg der Treue. Eine Novelle nach dem Spanischen. Von Helmina v. Chezy: Gaben der Milde. Erstes Bändchen. Berlin 1817. 8. 67 bis 103.

19) Emma's Prüfungen. Eine Geschichte. Heidelberg 1817. 8.

20) Aurikeln. Eine Blumengabe von deutschen Händen hg. von Helmine von Chezy. Mit Selbstbiographie. Berlin, Duncker und Humblot. 1818. 12. Sieh dazu S. 804. — Vergl. 234. B, I. 21) — Band IV. S. 569.

21) Blumen der Liebe auf den Sarg der früh verklärten Lodoiska Freyin von Gelsen. Dresden 1818. 8.

22) Polterabendspiele. Mit Beiträgen von Bornemann, Helmina v. Chezy, Gubitz, Langbein, Müchler, Schink herausgegeben von Fr. W. Jos. Kralowsky. Berlin 1818. 8. Dresdner Abendzeitung 1818. Nr. 259.

23) Iduna. Schriften deutscher Frauen gewidmet den Frauen, herausgegeben von einem Verein deutscher Schriftstellerinnen (mit Fanny Tarnow). Chemnitz 1820. II. 8. § 314, 146 — Band VIII. S. 32.

24) Der glückliche Köhler, oder Lorenzo heiß' ich. Spanische Novelle aus Philipp des Z̄ i   Zeit von Helmina von Chezy: Urania auf das J. 1820. S. 183 bis 210we ten

25) Die drei weißen Rosen. Ein Rittergedicht in drei Gesängen von Helmina von Chezy: Urania auf das J. 1821. S. 1 bis 72. Sechs Stanzen aus dem dritten Gesange vorher: Askania. Zeitschrift für Leben, Litteratur und Kunst. Herausgeber: Wilhelm Müller. Dessau 1820. S. 188 bis 140.

26) Swanehild und Otho. Novelle von Helmina von Chezy, geb. Freyin Klencke: Cornelia auf das J. 1821. 8. 121 bis 179.

27) Beiträge (Gedichte) in den Jahrgängen 1822 und 1823 der Cornelia.

28) Louise Brachmann von H. v. Chezy: Gesellschafter 1822. Nr. 189. Beilage S. 909.

29) Frühlingsliederstrauß von Helmina v. Chezy: Urania für 1822. S. 404 bis 411.

30) Die heilige Cäcilia. Legende (in Ottaverimen) von Helmina v. Chezy: Frauentaschenbuch für 1822. S. 399 bis 425.

31) Die Zeit ist hin, wo Bertha spannl Novelle von Helmina v. Chezy, geb. v. Klencke: Taschenbuch zum geselligen Vergnügen auf das Jahr 1822. S. 219 bis 270.

32) Erzählungen und Novellen. Leipzig 1822. Rein. II. 8.
Enth. I. a: Siegfried und Wallburg. — b: Die Probe. — c: Die Begegnung. — d: Ernst von Felseck (vorher im Gesellschafter). — e: Rosalba. — f: Bilder-Zauber. — g: Kühnheit, Liebe und Glück. — h: Die wunderbare Kur.
II. i: Liebe ist stärker als der Tod. — k: Cäcilia (vorher in der Abend-zeitung 1821). — l: Die Seelenmesse (vorher in Schütze's Wintergarten 1818). — m: Die Rettung (vorher in Hundt-Radowskys Erzähler 1819). — n: Die Ahnen-bilder. — o: Achilles und Swanelind. — p: Die freiwillige Sclavin. — q: Die Unterhändlerin ihrer selbst. — r: Graf Lukanor (vorher in Gubitz' Zeitspenden).

33) Euryanthe von Savoyen. Aus dem Manuscript der K. Bibliothek zu Paris: „Histoire de Gerard de Nevers et de la belle et vertueuse Euryant de Savoye' übertragen von Helmina v. Chezy. Berlin 1823. Vereinsbuchhandlung. 8.

34) Der Zauberspiegel. Novelle von Helmina v. Chezy: Taschenbuch zum geselligen Vergnügen auf das Jahr 1824. 8. 242 bis 272.

35) Der neue Narziß, Lustspiel in einem Aufzug von Helmina von Chezy: Orphea für 1824. 8. 385 bis 867. Besonders erschienen unter dem Titel: Der Wunderquell. Eine dramatische Kleinigkeit in einem Aufzug. Wien 1824. 8. Als: Der neue Narziß in München gegeben; als: Der Wunderquell in Wien am 15. Januar 1824. Sieh Abendzeitung 1824. Nr. 105.

36) Euryanthe. Große romantische Oper in drey Aufzügen, von Helmine von Chezy, geborne Freyin Klencke. Musik von Carl Maria von Weber, Königl. sächsischem Hof-Kapellmeister. Für das k. k. Hoftheater nächst dem Kärnthner-thore. Wien. 1824. Druck und Verlag von J. B. Wallishausser. 47 S. 8. — Reclams Univ.-Bibl. Nr. 2677.
Zum erstenmale in Wien aufgeführt am 25. Oktober 1823. Sieh Abend-zeitung 1823. Nr. 265f.

37) Esslair in Wien. Wien 1824. Wallishausser. 8.

38) Stundenblumen. Eine Sammlung von Erzählungen und Novellen. Wien 1824 bis 1827. Tendler. IV. 12.

39) Jugendgeschichte, Leben und Ansichten eines papiernen Kragens, von ihm selbst erzählt. Seitenstück zu der Novelle: Die Zeit ist hin, wo Bertha spann. Wien 1829. 12.

40) Novellen-Kranz deutscher Dichterinnen. Erster Kranz, aus Beiträgen von Helmina v. Chezy, Elise v. Hohenhausen, Sophie May und Henriette v. Montenglaut gewunden von C. Niedmann. Wolfenbüttel 1829. 8.

41) Herzenstöne auf Pilgerwegen. Gedichte. Sulzbach 1833. 12.

42) Norika. Neues ausführliches Handbuch für Alpenwanderer und Reisende durch das Hochland in Oesterreich ob der Enns. Salzburg, die Gastein, die Kammergüter, Lilienfeld, Mariazell, St. Florian und die obere Steyermark, von Helmina Wittwe von Chezy, geb. Freiin Klencke. München, bei Ernst August Fleischmann. 1833. XXII, 1 unbez. S. 8. Druckfehler, 278 S. 8.
Einige Aufsätze darin von B. W., einige auch von Wilhelm v. Chezy.

43) Dorothea v. Schlegel, geborno Mendelsohn. Nekrolog. Unterz. —y: Augsburger Allgemeine Zeitung 1839. Nr. 241. 29. August. § 283, 4. c.

44) Unvergessenes. Denkwürdigkeiten aus dem Leben von Helmina von Chézy. Von ihr selbst erzählt. Zwei Theile. Leipzig: F. A. Brockhaus. 1858. II. 12. Herausgegeben wurden die Denkwürdigkeiten von einer Verwandten Bertha Christiane Beate Borngräber.
Enth. I. a: Meine Großmutter Anna Luise Karschin. — b: Aus meiner Jugend-zeit. Meine Verheirathung. Frau von Genlis und Jean Paul. — c: Mein Aufenthalt in Paris. Zweite Verheirathung. Abreise nach Deutschland. — II. d: Mein Auf-enthalt in Heidelberg, Aschaffenburg und Darmstadt. — e: Rheinreise. Köln. Mein Conflict mit der Invalidenprüfungscommission in Köln. — f: Reise nach Berlin. Freisprechung. Schriftstellerische Arbeiten. — g: Uebersiedelung nach Dresden. —

h: Erlebnisse im österreichischen Kaiserstaat. — i: München. Chézy's Tod. Neuer Aufenthalt in Paris. — Nachtr. S. 804.

Fälschlich zugeschrieben wurde der Helmina die Paris 1814 erschienene französische Übersetzung von Wilhelm Schlegels Vorlesungen § 283, 1. 32). Nach Euphorion 2, 843 war die Übersetzerin Frau Necker de Saussure.

§ 291.

1. **Louis Charles Adelaide de Chamisso**, der sich in Deutschland erst **L. A. von Chamisso**, dann **Adelbert von Chamisso** nannte, wurde am 30. Januar 1781 auf Schloß Boncourt (bei Vieildampierre an der Aube, Département Marne, Champagne) geboren. Die dem ältesten und angesehensten lothringischen Adel entstammende gräfliche Familie bestand außer den Eltern aus sechs Kindern, von denen Adelbert das zweitjüngste war. Von dem Vater, der seine militärischen Würden nur gelegentlich eingenommen zu haben scheint, ist nichts Charakterzeichnendes bekannt geworden; die Mutter, welche der Sohn als die liebevollste bezeichnet und in seinen Briefen anredet, muß auch eine praktische, energische Frau gewesen sein, doch scheint sie an der frühesten Entwicklung des Knaben nicht so viel mitfühlenden Anteil genommen zu haben, daß sie später für dessen eigentümlich gewendeten Charakter eingehendes Verständnis hätte zeigen können. Mit seiner einzigen, ein Jahr älteren Schwester war das Kind in die entlegene Kinderstube verbannt, einer ‚alten, unwissenden und verhaßten' Gouvernante, der Erzieherin der Mutter, anvertraut. ‚Die ersten Kinderjahre bieten mir nur traurige Erinnerungen; ein Kind von 9 Jahren fühlte ich mich unglücklich' schreibt Chamisso im Jahre 1808, vielleicht etwas schwarz färbend im Unmut über Enttäuschungen des Wiedersehens. Als um das Jahr 1790 die revolutionäre Bewegung der Hauptstadt in die Provinz drang und das Landvolk gegen seine Gutsherren aufstand, wurde auch das Schloß der strengroyalistischen, ja dem Königshause nahestehenden Familie Chamisso de Boncourt ein Opfer der allgemeinen Wut. Freundliche Erinnerung an die ehemaligen Herren haftet noch heute an dem Orte (der Boden, auf dem das Schloß gestanden hat, gilt als der beste Ackergrund in der Umgegend), obgleich die Besitzer, die damals flüchteten, nie wieder auf ihr Erbe zurückkehrten. Die Irrfahrten, Trennungen, Vereinigungen der Familie in der nächstfolgenden Zeit sind im einzelnen nicht zu verfolgen. Nachdem die Mutter mit den jüngeren Kindern in Brabant (Lüttich) und Holland (Haag) längere Zeit zugebracht hatte, vereinigte man sich in Düsseldorf und weilte dort 1794/5. Hier erlernte Adelbert, dem Beispiele der älteren Brüder folgend, die Miniaturmalerei, nachdem man ihn sogar hatte Tischler werden lassen wollen. Darauf zog man nach Bayreuth, wo er seine Kunst zum Unterhalt der Familie ausübte (‚wohldressierter Blumenverfertiger und -verkäufer'). Auf Betreiben eines Bruders, der unterdessen in Berlin Fuß gefaßt hatte, wurde Adelbert im Mai 1796 Page bei der Königin Friederike Louise, der Gemahlin Friedrich Wilhelms 2., im Juli desselben Jahres übersiedelte auch die übrige Familie nach der preußischen Hauptstadt, und hier lebten über vier Jahre die Eltern wieder mit den heranwachsenden Kindern vereint. Jetzt fand sich endlich Gelegenheit, die vernachlässigte Bildung wieder aufzunehmen. Adelbert erhielt durch die Fürsorge der Königin Privatunterricht und nahm Herbst 1796 bis 1798 an einzelnen Unterrichtsstunden im französischen Gymnasium, hierauf an Vorlesungen an der Militärakademie teil. Es sind französische Aufsätze geographischen und historischen Inhaltes, sowie ein sauberausgearbeitetes Namensverzeichnis zu Ovids Metamorphosen erhalten. Dies ist auch die Zeit, wo er ,den Philosophen durch die Schule ließ'; die philosophischen Vorträge seines Gönners Erman regten ihn so an, daß er Kant las, ja seinen Freund nannte, und sich selbsttätig auf diesem Gebiete versuchte. Er philosophiert über das Glück der Menschen in der Kunst zu genießen, über die Langeweile als ,einen der edelsten Vorzüge des Menschen', über die sinnbildliche Sprache der Taubstummen im Dienste einer Philosophie der Sprache, und in ernsten Kämpfen arbeitet er sich unter dem Einflusse Rousseaus und Schillers von der überlieferten Religion los zu einer geläuterten. Die obligaten militärwissenschaftlichen Studien gipfelten in zwei Fachaufsätzen; sie wurden dem König überreicht und hatten seine Beförderung zum Fähnrich (31. März 1798), dann zum Leutnant im Regiment von Götze (29. Januar 1801) zur Folge. Seine litterarischen Bestrebungen dieser Zeit sind von zweierlei Art. Schon wenigstens seit seinem dreizehnten Jahr und so auch jetzt machte er

allerhand französische Verse und stellte diese von Zeit zu Zeit in bedächtig über-
schriebenen Heften zusammen, die er wohl für die Geschwister bestimmte. Doch
wichtiger ist, was er in sich aufnahm. Rousseau und Diderot mußten heftig in ihm
wiederklingen, Voltaire zeigte ihm den Unterschied der französischen und der
deutschen Geistesrichtung. Und lebhaft steigerte sich das Interesse für diese
letztere. Während er sich anfangs noch mehr zur sprachlichen Übung an Klopstock
abgemüht und Engel's ‚Göttinnen‘ übersetzt hatte, ergriff nun Schiller seine ganze
Seele immer mächtiger. Wie tief die litterarischen Neigungen ihm eingeboren waren,
beweist der erhaltene Entwurf zu einer Société littéraire, den er seinen Kameraden
vorlegte. Zufällig ergiebt sich aus demselben, daß er der älteste im Kreise war und
als Führer anerkannt wurde. Anregung oder Leitung von außen scheint er auf diesem
Gebiete noch kaum gehabt zu haben. Der Umgang der Familie war ohne Zweifel
auf den Hof, die Diplomatie und die französische Kolonie beschränkt; höchstens
leitete die Hochfinanz an die Schwelle der jüdischen Salons (les Coens d. i. Cohen
kommen schon in Briefen vor); die Geselligkeit war oberflächlich, mondaine — und
Adelbert der angewiesene Cavalier seiner Schwester auf Bällen. Doch zeigt er sie
schon jetzt als ein Anderer, ein Besondrer: ein Rousseauscher Naturmensch ohne allen
gesellschaftlichen Ehrgeiz, einzig und zwar leidenschaftlich nach inneren Werten
strebend, und harmlos, kindlich, naiv ehrlich bis zur Grobheit. ‚Ich drücke meine
Ideen, die vielleicht nie etwas wert gewesen sind, auf eine Art, die nicht nach der
Mode ist, aus, denn ich bin weder in der Zeit noch am Platze und muß den An-
strich eines Narren haben.‘ Er antwortet der Königin, die ihm auf dem Hofballe
sagt, er solle doch tanzen: ‚Ew. Majestät meine Aufwartung zu machen war mein
einziger Wunsch, da ich gar nicht tanze, und auch keine Lust dazu habe; denn
man muß sein Talent zu nichts zwingen, wozu man kein Geschick hat.‘ Während
seine Mutter ununterbrochen nach guten Partien für die Kinder ausschaut, um der
Familie den schwindenden Rang wiederzugewinnen, träumt er vom Glück in der
Hütte, von einer Frau, frisch vom Lande, ohne conventionelle Formen. ‚Ich spiele
unter Euch,‘ schreibt er der Schwester, ‚die Rolle des kleinen Jungen, dem man zu-
hört, wenn er schwatzt. dessen Naivetät manchmal Lächeln, zum öfteren aber Achsel-
zucken verursacht.‘ Die Berliner Haushaltung löste sich auf, als erst die Schwester,
dann (8. Februar 1801) die Eltern nach Frankreich zurückkehrten. Der mittellose
Leutnant (sein Gehalt betrug 8 Thlr. 2 Sgr. monatlich) richtete sich auf die denkbar
billigste Weise ein und murrte nicht. Zweierlei ist charakteristisch für diese Periode:
sein Widerwille gegen den preußischen Militärdienst wegen des erbärmlichen Geistes in
der Armee — seine Briefe sind historische Dokumente schlimmster Art — und seine
fortschreitende Germanisierung auf schöngeistigem Gebiet. Die Beschäftigung mit
Schiller, Goethe, Wieland, Bürger, Shakespeare in der Eschenburgschen Übersetzung u. a.
füllte i. J. 1801 alle seine Mußestunden aus. Jetzt begann er seine Verse auf Deutsch
zu dichten und übersetzte sogar ein Trauerspiel, Le Comte de Comminges, aus dem
Französischen ins Deutsche. — Familienangelegenheiten riefen ihn im August 1802
nach Frankreich; mit verlängertem Urlaub blieb er dort bis Anfang 1803, ohne daß
sich in seiner äußeren Lage etwas geändert hätte. Kurz nach seiner Rückkehr
fallen aber die für ihn wichtigsten Ereignisse, die Annäherung an gleichstrebende
junge Deutsche. Vor allem gewann er sich den ein Jahr älteren Referendar Julius
Eduard Hitzig, welcher der Steuermann von Ch.'s Leben und Dichten bis über seinen
Tod hinaus blieb, den jungen Theologen Franz Theremin. bald darauf die Freunde
Varnhagen und W. Neumann, jener der neue Hauslehrer der Familie Cohen,
dieser Comptoirgehilfe und Hausgenosse bei derselben. Der Kreis erweiterte sich in
der Folge, als Ch.'s Regimentskamerad de la Foye, Koreff, L. Robert, Graf Lippe,
Julius Klaproth, Bernhardi, G. Reimer, H. Ephraim hinzukamen; noch später
traten ihm Fouqué, Neander, brieflich gelegentlich Zacharias Werner näher, während
Fichte mehr Gönner als Freund war. Seit dem Frühling 1804, als mehrere der
Freunde Berlin verlassen mußten, verband den Kreis auch ein symbolisches Zeichen,
der Nordstern τὸ τοῦ πόλου ἄστρον (τ. τ. π. α.) d. h. die Wissenschaft, das
Chamisso zuerst im zweiten Jahrgang des Musenalmanachs einführte und noch siebzehn Jahre später seinen ‚Bemerkungen und Ansichten‘ vorsetzte. Familienverkehr
und weibliche Anregung öffnete sich bei den Cohen, Ephraim, Hertz, Lehmann, Levin,
Sander in Berlin, Charlottenburg und Lützow. Im Ephraim'schen Hause lernte
Chamisso eine junge französische Witwe, Cérès Duvernay, kennen, die daselbst mit
ihrem Sohne eine Zuflucht gefunden hatte; für sie ergriff den Unerfahrenen eine
heftige Leidenschaft, welche, von dieser hingehalten, seinem Dichten einen neuen Stoff

gab und die Trennung Jahre überdauerte. Der Vereinigungspunkt der Freunde
war die Litteratur. Chamisso hatte sich gleich zu Anfang im Freundeskreis als
Dichter legitimiert durch seinen Faust (1803), in welchem er jene durch die Philosophie in ihm entstandenen Wirren dichterisch herausgearbeitet hatte, und er beschloß nun mit Varnhagen in einem eigenen Musenalmanach vor die Welt zu
treten. Die Aufnahme der drei Jahrgänge, in denen die Jugendversuche des ganzen
Kreises gesammelt sind, konnte keine günstige sein. Wegen der hervortretenden
Formnachahmungen wurden die Jünglinge von den Gegnern der romantischen Schule
als wohlfeile Beute angegriffen (Chamisso wird auch in Baggesens Klingklingel-
almanach unter den 27 Romantikern aufgeführt), und die Schlegel anderseits hatten
kein Interesse daran, eine Lanze für sie einzulegen. Dazu kam, daß die persönlichen Beziehungen unverhältnismäßig viele Gedichte für weitere Kreise unverständlich machen mußten. Immerhin, sie waren gedruckt, es galt nun, für jeden auf
seine Weise, durch Vertiefung weiter zu kommen. Niemand that dies eifriger als
Ch. Allein zurückgeblieben, nachdem die Freunde einer nach dem andern in die
Welt gezogen waren, strebte er, unbeirrt durch den Widerstand seiner Familie, danach, eine seinem Ideal entsprechendere Bahn einzuschlagen, und begann damit sich
leidenschaftlich auf das Griechische zu werfen. Bald schienen freilich die politischen
Verhältnisse allen diesen Bemühungen und Plänen ein jähes Ende bereiten zu wollen,
als im Oktober 1805 das Regiment v. Götze Marschbefehl erhielt; aber gerade diese
Campagne, die im November 1806 mit der schmählichen Kapitulation Hamelns
schloß, brachte Ch., wenn auch auf lästigem Umwege, wenigstens zu dem Ziele, die
verhaßte preußische Uniform ausziehen zu dürfen. Schon zu Ostern 1806, in der
Mondnacht mit den ihn besuchenden Freunden schwärmend, that er das Gelübde,
sein Leben der Wissenschaft zu weihen, und sowie er durch den Fall Hamelns seine
Freiheit erhalten hatte, eilte er nach Frankreich, um seine Angelegenheiten demgemäß zu ordnen. In Hameln entstand Adelberts Fabel, der künstlerische Nieder-
schlag jener Osternacht, geformt unter dem Einfluß von Goethes und Hardenbergs
symbolischen Märchen, und in einem Fortunat nach dem Muster von Tiecks Ok-
tavian wollte er alle seine Kräfte zusammenfassen und nicht nur in Formenreichtum
mit dem Meister wetteifern, sondern auch etwas Neues schaffen, ‚ein Drama, wo die
für sich höchst tragischen Figuren das höchste Komische gebären, und wiederum
die für sich höchst komischen das gräßlichste Tragische'. In der Tat vollzieht sich
der Raub des Säckels, der Andolosia um alles erhoffte Erdenglück bringt, in komischer
Situation und haben alle späteren Mummereien den tragischen Hintergrund, daß sie
dem Betrogenen nur Rache und den Beutel, nicht aber sein verlorenes Liebesglück
und seine Weltfreude wiedergeben können, sodaß Andolosia sich vor dem Moment
fürchten muß, wo er nach errungenem Siege vor dem Nichts steht. Das Werk war
auf fast 1800 Verse gediehen, als die Kriegsereignisse die Fortführung hemmten.
Es sollte nicht wieder aufgenommen werden, denn nachdem er die vorgeschriebene
Laufbahn verlassen hatte, bedurfte es eines sechsjährigen Irrens und Kämpfens, ehe
er zielbewußt die neue Bahn einschlagen konnte. Bald in Frankreich, bald in
Deutschland, bald eine Stellung, bald auch nur eine Lebensrichtung suchend, nun von
Freunden, nun von Verwandten getrieben, mit gelähmter Thatkraft, in geschäftiges
Nichtstun versinkend bei Frau von Staël, Barante oder im Berliner Freundeskreise
‚irr an sich selbst, ohne Stand und Leben, gebeugt, zerknickt' — so war er nahe
daran sich selbst zu verlieren, und von dichterischer Weiterentwickelung konnte keine
Rede sein (das Gedicht ‚Kann nicht reden, kann nicht schreiben' ist fast das einzige
aus dieser ganzen Zeit). In der Schweizer Natur endlich, 1811/12, ging ihm auf,
daß im Studium der Naturwissenschaften, vielleicht in einer Weltreise seine Zukunft
liege. Da lebte plötzlich eine seltene Energie in ihm auf, 31jährig wurde er, was
er solange geträumt hatte, Student in Berlin; ‚so trat ich jetzt erst handelnd und
bestimmend in meine Geschichte ein und zeichnete ihr die Richtung vor, die sie
fortan unverwandt verfolgt hat'. Im Schlemihl hat er zu Anfang des zehnten
Kapitels diese befreiende sittliche That verewigt. Bis 1815 lag Ch. an der neugegründeten Hochschule gründlichen und breitaufgefaßten Studien ob und füllte nebenher noch mit eisernem Fleiße die übriggebliebenen Lücken seiner Jugendbildung aus.
Die einzige längere Unterbrechung wurde wieder durch die Weltereignisse veranlaßt.
Im Sommer 1813 mußte es dem französischen preußischen Offizier peinlich sein in
Berlin zu weilen, er ergriff gern die sich bietende Gelegenheit auf dem Itzenplitzischen
Landgute Cunersdorf seinen Pflanzen leben zu können, bis die patriotische Hoch-
flut abgelaufen wäre. In dieser unfreiwilligen Muße entstand das Märchen Peter

Schlemihl, das allmählich ein Werk der Weltliteratur geworden ist. Der Reiz, den das harmlose Büchlein ausübt, liegt nicht allein darin, daß sich in ihm, wie in der Menschenseele selbst, eine große Anzahl heterogenster Elemente, Realistisches und Phantastisches, Ernst und Humor, Selbsterlebtes und Fremdes, Volkstümliches und Litterarisches, ja Wissenschaftliches, zu einem Stück Natur schier nachlässig und unbeabsichtigt verbinden; nicht allein darin, daß sich die unverkennbar symbolische Bedeutung doch jeder bestimmten Formel gegenüber incommensurabel verhält, daher reizt und fernhält wie jedes Gebilde der Natur: das alles ist der Glücksgriff eines durchaus naiven, in Goethes Sinne dämmernden Dichters — daß aber das tiefhumoristische Phantasiestück in so vollendeter Form, in diesem unübertroffen treuherzigen, schlichten Stil, in so gleichmäßig leisironischer Darstellung vorgetragen wird, das giebt dem Werke des Zufalls das Gepräge bewußter Vollendung. Unzählig sind die litterarischen Wurzeln, die sich aufdecken lassen, und doch bleibt die Geschichte originell ohne gleichen. — Ins Publikum drang das Werk nicht allzuschnell: erst nachdem es 1817 als Volkszauberposse das Wiener Publikum amüsiert hatte, 1822 in französischer Übersetzung erschienen und 1824 die Personen durch Cruikshank in England populär gemacht worden waren, konnte 1827 eine zweite Auflage erscheinen. — Im Sommer 1815 kam E. T. A. Hoffmann nach Berlin, und Hitzig beeilte sich, den Warschauer Freund in seinen Kreis einzuführen. Von einer seitweiligen näheren Verbindung zwischen Ch., Hoffmann, Contessa und Fouqué zeugt ein angefangener gemeinschaftlicher Roman nach dem Muster von Karls Versuchen und Hindernissen (§ 290, 1. 9). - In demselben Jahre, Ch. hörte schon kaum mehr Colleg, wiederholten sich die Bedrängnisse von 1813. ‚Die Zeit hat kein Schwert für mich,‘ schreibt er, ‚aber aufreibend ist es bei solcher waffenfreudigen Volksbewegung müßiger Zuschauer bleiben zu müssen.‘ Diesmal öffnete sich ein andrer Ausweg. War es von Anfang an Ch.'s Idee gewesen, durch eine wissenschaftliche Reise seinen Studien die Vollendung, seinem bürgerlichen Leben einen Anfang zu geben, jetzt konnte eine solche ihn auch aus der Seelennot befreien. Hitzigs Bemühungen gelang es, ihm die Stelle des Naturforschers bei der Romanzoffschen Expedition unter Kotzebues Leitung (1815—1818) zu verschaffen. Verlief diese Reise auch (nicht ohne Schuld des Kapitäns) ihrem Hauptzwecke nach erfolglos, so hat sie doch, wie Krusenstern, der berufenste Beurteiler, hervorhebt, für ‚Navigation, Naturgeschichte (Chamisso und Eschscholtz) und Physik‘ reichhaltige Resultate ergeben. Für Chamisso jedenfalls war sie der Ausgangs- und Angelpunkt seiner wissenschaftlichen Thätigkeit, indem sowohl seine ethnographischen Arbeiten, vor allem die ‚Bemerkungen und Ansichten‘ und das ‚Reisetagebuch‘, als auch seine botanischen und die so hervorragenden zoologischen Schriften fast ausschließlich Ausarbeitungen seiner Reiseerfahrungen sind. Nicht minder wurde sie in seinem bürgerlichen Leben der Abschluß der Irr- und Wanderjahre. Denn bald nach der Rückkehr verlebte er sich mit einer Pflegetochter Hitzigs, Antonie Piaste. Mit ihr verlebte er in glücklicher Ehe bei reichem Kindersegen achtzehn häusliche Jahre. Von außen kamen Ehren: die Berliner Universität ernannte ihn zum Ehrendoktor, gelehrte Gesellschaften zu ihrem Mitgliede. Und in demselben Frühling 1819 wurde er auf den Vorschlag Links, des Direktors des kgl. botanischen Gartens (1819—51), als Mitaufseher des botanischen Gartens und zweiter Kustos am kgl. Herbarium angestellt, mit dem besonderen Auftrage, ein Gartenherbarium anzulegen. Nach Schlechtendals Abgang (1833) übernahm er an dessen Stelle, als erster Kustos, die Aufsicht über das öffentliche Herbarium. In dieser Stellung war Ch. bis zu seiner Pensionierung, einige Tage vor seinem Tode, mit Hingebung und Erfolg tätig, wenngleich in den letzten Jahren seine Krankheit ihn zunehmendem Maße hinderte, regelmäßig den Gang nach dem in Schöneberg gelegenen Garten zu unternehmen.

Die Dichtkunst trat während der Reise und in den ersten Jahren wissenschaftlicher Tätigkeit und häuslichen Lebens in den Hintergrund, ohne jedoch je ganz zu ruhen Zwei der Reisegedichte machte Hitzig gleich im Gesellschafter bekannt, die übrigen sowie die Braut- und Hochzeitslieder und andere gelegentliche Gedichte blieben, sauber in ein ‚poetisches Hausbuch‘ eingetragen, im Pulte liegen. Im Morgenblatt veröffentlichte Ch. 1821,2 seine Nachbildungen isländischer und malayscher Volkspoesie, doch wertvolleres Eigenes, z. B. die Tragische Geschichte und mehrere politische Sonette, ließ er nicht über die Schwelle des engsten Freundeskreises treten. Wiederum war es Hitzig, der Ch.'s Werke bekannt machte. In der von ihm 1824 gegründeten Mittwochsgesellschaft nämlich war der graulockige Weltumsegler, der Naturforscher und Dichter, unter vielen Jüngeren, Unfertigen von Anfang an ein

geehrtes Haupt, und es fehlte nicht an Anlässen, in Scherz und Ernst hervorzutreten.
Die mit der Mittwochsgesellschaft in direktem Zusammenhange stehenden dramatischen Versuche (Wunderkur 1825, Wunderdoktor 1828) erwiesen sich freilich als
erfolglos und wurden still der Vergessenheit überantwortet; dagegen begann Ch. 1826
zu Menzels Moosrosen aus seinem poetischen Hausbuche zu spenden, und als er sich
1827 entschloß, der 2. Auflage des Schlemihl eine Auswahl Gedichte beizufügen,
fand er sich noch so übervoll an Liedern, daß noch etwa zwanzig, d. i. die Hälfte
aller aufgenommenen Gedichte, vor beendigter Drucklegung entstanden. Da hierbei
Gedichte, wie Schloß Boncourt, Die Löwenbraut, Die Sonne bringt
es an den Tag, waren, ist es erklärlich, daß Ch. sich plötzlich und zu seinem nicht
geringen Erstaunen unter Deutschlands beste Lyriker gezählt und von litterarischen
Zeitschriften und Almanachen um Beiträge bestürmt sah. Und der fast Fünfzigjährige hatte sich in der That noch so wenig ausgegeben, daß er unter der freundlichen Anregung der folgenden Jahre schier unerschöpflich schien an neuen Weisen
und Tönen. Über hundert Gedichtcyklen, Lieder, Balladen entstanden nun im Laufe
von fünf Jahren (1828—32), darunter Salas y Gomez, Erscheinung, Frauen-
Liebe und -Leben, Lebenslieder und -bilder, Thränen, Der Klapperstorch, Burg Niedeck, denen an dauernder Popularität nur wenige Erzeugnisse
deutscher Lyrik gleichgekommen sind. Von den so angeknüpften Verbindungen
wurde die mit der Weidmann'schen Buchhandlung, anläßlich des Wendt'schen Musenalmanachs (1830—32), für Ch. die wichtigste. Denn die jugendlichen Inhaber dieses
Geschäftshauses, Karl Reimer und Salomon Hirzel, überzeugt, daß Ch.'s Beiträge
den Hauptwert ihres jungen Unternehmens ausmachten, veranlaßten ihn zu der
ersten Sammlung seiner Gedichte (1831) und gewannen ihn, als sie mit A. Wendt
gebrochen hatten, als Herausgeber des Musenalmanachs (1833—39). Doch nahm
Ch. dieses ehrenvolle und einflußreiche Zensoramt nicht an, ohne sich in der Person
Gustav Schwabs, des welterfahrenen Redakteurs am Morgenblatt, eine mitverant-
wortliche Hilfe und den Deutschen Musenalmanach, so sollte er fortan heißen,
eines süddeutschen Gegengewichtes versichert zu haben. Dieser Almanach war fortan
und fast bis zum letzten Atemzuge der Gegenstand von Ch.'s zärtlicher Fürsorge
und er hatte mit ihm, wie er sich gern ausdrückte, seine ,liebe Not'. Die Redaktion, deren Korrespondenz ziemlich vollständig erhalten ist, war durch die Entfernung und Rücksichten aller Art umständlich genug. Ch. bearbeitete seinen
Teil stets mit einigen jüngeren Freunden, seinen ,stillen Mitredaktoren', erst Simrock,
Wackernagel, Kugler, dann Schöll, später Gaudy, gelegentlich auch mit noch jüngeren,
wie Rauschenbusch; so entstand die Sage, daß Ch. nur gesichtetes Material vor
Augen bekäme und daher für Unbekannte kaum erreichbar wäre. Von dem Jahr-
gang 1837 zog Schwab inmitten des Redaktionsgeschäftes plötzlich seinen Namen
und seine, sowie alle anderen schwäbischen Beiträge zurück, weil er sich durch die
Wahl des Bildes für diesen Jahrgang, Heine, verletzt fühlte; und als er im folgen-
den Jahre Pfarrer in Gomaringen wurde, legte er die Redaktion überhaupt nieder.
An seine Stelle schlug Ch. den ihm inzwischen nähergetretenen Gaudy vor, und die
Verlagshandlung willigte nach einigem Zaudern Ch. zuliebe ein. Doch brach das
Unternehmen, dessen Seele er war, schon im folgenden Jahre mit Ch.'s Tode ab.

Im Jahre 1833 war nämlich seine bisher felsenfeste Gesundheit ins Wanken
gekommen. Die ungewohnten Verwaltungsarbeiten seiner neuen Stellung, eine rück-
fällige Grippe, lange Krankheit von Frau und Kindern bedrückten ihn körperlich
und seelisch, und bald zeigte es sich, daß der nicht weichende Husten die Wirkung
eines Oedems in der rechten Lunge war. So war er nun ein Kranker geworden,
plötzlich gealtert und rechnete mit dem Leben ab (Der ,Nachhall', Dezember 1833).
Zum Singen versagte ihm, wie er zu sagen liebte, die Stimme; in den Jahren
1835 bis 37 entstand kaum soviel, daß seine Name im Musenalmanach nicht überhaupt
zu fehlen brauchte. Dafür entfaltete der tanne im unerschöpften Geiste
neue Kräfte: er arbeitete sein Reisetagebuch zu seiner klassischen Reisebeschreibung
aus und warf sich dann, von Wilhelm Humboldt angeregt, auf das nähere Studium
der hawaiischen Sprache, der er auch auf der Reise schon eingehende Aufmerksamkeit
geschenkt hatte. Mit diesen sprachwissenschaftlichen Studien trat er in der Akademie
auf, in welche er auf A. v. Humboldts und Kuuths Vorschlag im Mai 1835 aufgenommen worden war. Das Jahr 1838 schien den Vereinsamten (seine Frau war
am 21. Mai 1837 plötzlich gestorben) der Dichtung zurückzuführen. Er übersetzte
mit Gaudy gemeinschaftlich Bérangers Lieder, die ihm schon lange nahe standen,
und dichtete mehr Eigenes als in den vorigen Jahren zusammen, da nahm sein

altes Übel plötzlich eine schlimme Wendung, und der Tod ereilte ihn am
21. August 1838.

Der Dichter Chamisso wird durch den Menschen bestimmt: Franzose und
Aristokrat durch Abstammung, Rousseauscher Naturmensch nach Individualität,
deutscher Gelehrter und preußischer Beamter durch freie Wahl; ein harmlos kindlicher Mensch, den eine gewaltig gärende Zeit in ihre Strudel gezogen und weit
aus seiner Bahn geschlagen hat, und der nun vom bescheidenen Port hinausschaut
ins wunderliche Durcheinander des Menschenlebens. An seine Person fesselte besonders seine so wunderlich zusammengesetzte und doch völlig abgeschlossene
Individualität, sein gar nicht alterndes Temperament, die Jugendlichkeit, womit er
gerade das Neue ergriff, seine kindliche Treuherzigkeit, seine gemütvolle Formlosigkeit bei lauterstem Adel der Gesinnung. Schlicht wie seine Denk- und Sehweise ist
auch sein Vortrag; die romantische Klangpoesie streifte er als seiner Natur unan-
gemessen bald ab. Chamissos Gedichte wurzeln in seinem Leben, und seine Persönlichkeit ist es, die ihnen ihr Gepräge verleiht. Es ist bezeichnend, daß die zahlreichen,
rein persönlichen Gedichte zu Chamissos wirkungsvollsten Schöpfungen gehören. Der
von ihm gemäß der Richtung der Zeit gepflegten kleinen poetischen Erzählung
weiß er durch das Persönliche einen eigentümlichen Reiz zu geben. Leidenschaftlich
nimmt er Anteil an dem Gange der Weltereignisse, und seine Zeitgedichte führen
recht eigentlich in den Mittelpunkt seines Sinnens und Trachtens. Chamissos
Freude und Verständnis für alles Volkstümliche hat ihn befähigt, ein hervorragender Interpret des Volksliedes, der Sage und des Märchens zu werden. Am
glücklichsten ist er, wenn er eine einfache, drastische Geschichte, am liebsten ein
Stück menschlicher Thorheit, mit seinem trockenen Humor vorträgt.

a. Meusel, Gel. Teutschl. 13, 227. 17, 828. 22l, 498f.

b. (J. E. Hitzig) Gelehrtes Berlin 1826. 8. 44 bis 46 und 1834, S. 10.

c. An Adelbert von Chamisso zu seinem 51. Geburtstage 27. Jan. 1832. Berlin.
14 S. 8. (Vier Gedichte von W. Wackernagel, K. Simrock, F. Kugler).

d. Heinrich Laube, Chamisso: Moderne Charakteristiken. Mannheim.
C. Löwenthals Verlagshandlung. 1835. II, S. 77 bis 84.

e. A. Rebenstein, A. v. Ch.: Gesellschafter 1836. Nr. 99/103.

f. Nekrologe: Voigt in Nekrolog der Deutschen 1838. — Allg. Zeitung 1838.
Beil. 516 bis 519. — Notice sur Adelbert de Ch. — Gedichte von Dingelstedt,
Andersen, Stägemann, Gaudy Nr. k. Hitzig 1842. II, 118 bis 124.

g. Varnhagen, Zum Gedächtnisse A. v. Ch.: Freihafen 1838. 4. Heft —
Denkwürdigk. N. F. 1840. II, 289 bis 294 = Vermischte Sch. 2. Aufl. 1843. 2, 177f.

h. Rosa Maria. Ad v. Ch. und Rosa Maria: Freihafen 1839. 8. 1 bis 28.

i. Schlechtendal, Dem Andenken A. v. Ch. als Botaniker: Linnaea 1839.
13, 93 bis 112.   i'. Nachgetragen S. 804.

k. Julius Eduard Hitzig, Leben und Briefe von A. v. Ch. Leipzig, Weidmannsche Buchhandlung 1839. 11. 8. — Neue vermehrte Ausgabe 1842. — Dritte
Ausgabe (von Fr. Palm überarbeitet) 1852. — Vierte Ausg. 1856. — Fünfte vermehrte und berichtigte Ausgabe (hg. von Fr. Palm) 1864. — Fünfter und Sechster
Band von Nr. 50). Vergl. Fr. Hebbel, Werke 1892. 12, 49 und unten S. 804.

l. Ampère, A. de Ch.: Revue d. d. mond. 22, 648f. (1840 Mai).

m. Karl Biedermann, A. v. Ch.: Hall. Jahrb. 1840. Nr. 144 bis 151.

n. Gustav Schwab, A. v. Ch.: Heidelberger Jahrbücher 1842. Auszug aus
Hitzig Nr. k.

o. Nic. Martin, Les poètes contemporains de l'Allemagne. Paris 1846. 8. 67 bis 75.

p. K. Häser, Wie Ch. ein Deutscher wurde. Progr. Halle. 1847. 24 S. 4.

q. DD. Zweite Abtheilung. Leipzig 1849. 8. 377 bis 884.

r. Gustav Freytag. A. v. Ch.: Grenzboten 1852. Nr. 47 = Ges. Werke
16, 167f.

r'. Paradisi, A. v. Ch.: Vaterl. Letteroefeningen July 1854. Meng. S. 817 bis 847.

s. Friedrich Kurts, Adelb. v. Cham.: Berühmte Schriftsteller der Deutschen.
Berlin 1855. 2, 205f. und Nr. k. Hitzig 1842. II. 87f. 1864. II, 129.

s'. Karl von Holtei, Charpie I, I f. 1866: In die Büchse gefallen — C. v.
Wurzbach, Historische Wörter, Sprichwörter und Redensarten. 2. Aufl. 8. 52f.

t. A. v. Ch. Winterthur 1868. 8. (Neujahrsblätter der Hülfsgesellsch. z.
Winterthur VI); Auszug aus Hitzig Nr. k.

u. A. Laun, Dichtercharaktere. Norden 1869. Titelaufl. 1889, enth. Essay
über Ch.

v. Friedrich Bodenstedt, Neues von und über Ch.: Dtsch. Revue Okt. 1878.
w. Fr. Chabosy, Über das Jugendleben Ch.'s zur Beurteilung seiner Dichtung Peter Schlemihl. Diss. Jena 1880. 8.
x. Aus den zahllosen Festartikeln zu Ch.'s 100jähr. Geburtstag 1881 seien hervorgehoben:
1. Ascherson und Potonie: Verhandl. d. botan. Vereins d. Prov. Brandenburg. 23, 1 bis 4. — 2. Bastian: Zeitschr f. Ethnologie S. 56 bis 61. — 3. F. Brunold: Berl. Montags-Ztg. 24. Jan. Beil. 4. — 4. Herm. Schultz: Gartenlaube Nr. 1. — 5. Daheim. Nr. 18. — 6. M. Koch: Im neuen Reich Nr. 7. 8. — 7. Voss. Ztg. Sonntagsbeil. Nr. 5. — 8. Anton Schmid: Lit. Beil. der Karlsruher Ztg. Nr. 5 bis 8. — 9. O. Hammann: Unsere Zeit Heft 3. — 10. H. Düntzer: Magazin f d Lit. d. In- u. Ausl. Nr. 5.
y. Karl Fulda, Chamisso und seine Zeit. Leipzig, C. Reißner. 1881. 8. Vergl. Gegenwart 1885. S. 202 bis 205.
z. Allg. dtsch. Biogr. 1876. 4, 97 bis 102 (Mähly).
ts. Aufruf zur Errichtung eines Denkmals für A. v. Ch. Berlin 7. Jan. 1882. 2 S. — Aus den Tagesberichten über die Enthüllung: Gartenlaube 1887. Nr. 15. — Revue crit. 1887. Nr. 39. — Berliner Tagebl. 1888. Nr. 549 (G. Karpeles). — Vergl. Anz. f. d. Alt. 1890. 16, 8. 170. Nr. 524.
aa. Karl Zettel, A. v. Ch., ein Charakterbild: Dtsch. Dichterheim, Jahrg. IV. S. 216 bis 218, 242 bis 244, 274 f.
bb. G. Hofmeister, A. v. Ch. Progr. Berlin 1883.
cc. Ernst Koßmann, C. F. Lessings und A. Schrödters Beziehungen zu A. v. Ch.: Bad. Landeszeitung 1884. Nr. 119.
dd E. Koßmann, Ein deutsches Fest in den Vogesen (Chamisso-Feier auf Burg Nideck): Gegenwart 1884. Bd. 26, Nr. 29.
ee. A. Nagele, A. v. Ch.: Europa 1885. Nr. 24. 25.
ff. E. du Bois-Reymond, Chamisso als Naturforscher: Sitzgsber. Ak. Berlin 1888. — wiederh. Dtsch. Rundschau Bd. 56, S. 329 bis 349. — erweitert: Leipzig 1889. 8.
gg. Zum 50jähr. Todestag 1888 L. Geiger: D. Dichtg. IV, S. 306/10. — R. George, Zum Gedächtnisse A. von Chamissos . . — Anz. f. d. Alt. 1890. 16, S. 170.
hh. Ein Scherz Simrocks mit A. v. Chamisso: Germ. 1888. 33, 508.
hh'. D. Sanders, Eigenthümlichkeiten und Eigenheiten in Chamissos Sprache: Nationalzeitung 1888. Nr. 579 und 597 — Zsch. f. dtsch. Spr. II, 343. 410. 457. 497.
hh". G. Karpeles, Chamisso und Heine: Nationalzeitung 1888. Nr. 563.
ii. Emil Rittershaus, Eichendorff und Chamisso. Vortrag: Leipz. Tagebl. 1889. Nr. 281.
kk. Oscar F. Walzel, Ch.'s Prosa-Erzählungen: Allg. Ztg. 1891. Beilage Nr. 179. 180.
ll. Eugen Oswald, Ch.: Publications of the Engl. Goethe-Soc. Nr. VII. Transact. 1891/2. London 1893. S. 108 bis 143.
mm. Karl Lentzner, Chamisso, a sketch of his life and works, with specimen of his poetry and the original text of Salas y Gomes. London 1893. 4.
nn. J. T., Schloß Boncourt: Dtsch. Rundschau 1893. 74, S. 281 bis 286.
oo. R. F. Arnold, Der deutsche Philhellenismus: Euphorion. Zweites Ergänzungsheft 1896. S. 161 bis 163 (über Ch.s Griechendichtungen). Nachtr. S. 804.
Briefe an α. Eltern und Geschwister (1800 bis 1801): Dtsch. Revue. 1878. Oktober. S. 58 bis 81. — β. (27) Geschwister (1819 bis 1830): Nr. y. Fulda. S. 207 bis 236. — γ Chamisso Frau: Nr. k. Hitzig 1864. II, 99 f. — δ. Albertine, Herzogin von Broglie geb. von Staël: Dorow, Denkschriften und Briefe 5, 15. — ε. Andersen: Nr. k. Hitzig. 11, 326 f. — ζ. D. A. Assing: Nr. k. Hitzig 1864. II, 223. — η. Béranger: Correspondence de Béranger rec. p. Boiteau. Paris o. J. 2, 180. — ϑ. Sophie Borries – Diotima: Nr. k. Hitzig. 11, 143. 245 f. — ι. L. Braunfels: Nr. k. Hitzig. II, 330 f. Vergl. E. Koßmann, Eine Erinnerung an Ludwig Braunfels: Frankfurter Zeitung 1886 März 26. Nr. 85 Beilage. — x. Cérès Duvernay: Briefe von Chamisso, Haugwitz u. s. w. Hg. v. Varnhagen von Ense. Leipzig 1867. 1, S. 187 bis 187. — λ. Fouqué: Briefe an Friedrich Baron de la Motte Fouqué. Berlin 1848. S. 45 bis 49 und Nr. k. Hitzig. 1, 181 f. u. o. — μ. Franceson: Nr. k. Hitzig. I, 98 f. — ν. Ferdinand Freiligrath (1836 bis 1838): Nr. k. Hitzig. II, 332 bis 339. Vergl. Buchner I, 141. 143. 145. 182. 186. — ξ. Friedrich Wilhelm 4.: Nr. k. Hitzig. II, 93. — ο. L. Giesebrecht (1833 Januar): Franz Kern, Ludwig

Giesebrecht. 1875. S. 102. — π. Fanny Hertz: Nr. k. Hitzig. I, 178f. 240. —
ρ. Jul. Ed. Hitzig: Nr. k. Hitzig. I, 32f. u. o. II, 3 bis 64. — σ. Al. v. Humboldt:
Nr. k. Hitzig. II, 141. — r. de la Foye: Nr. k. Hitzig. I, 42f. u o. — v. C. F. Lessing:
Nr. cc. — φ. W. Neumann: Nr. k. Hitzig. I, 80f. u. o. — χ. Rosa Maria: Der
Freihafen. Altona 1889. Heft 1 und Nr. k. Hitzig. I, 258f. u. o. — ψ. A. Schrödter:
Nr. cc. — ω. Gustav Schwab: Nr. k. Hitzig. II, 144. 818. — αα. K. Simrock: Nr. k.
Hitzig. II, 332. — ββ. August Baron von Staël-Holstein: Dorow, Denkschriften 5,
15. — γγ. Treviranus (1819 Jan. 30): Albert Cohn, Aukt.-Katalog 1895. Nr. 207. —
δδ. Trinius: Nr. k. Hitzig. II. 172. — εε. Varnhagen: Der Freihafen. Altona. 1888.
Heft 4 und Nr. k. Hitzig I. Vergl. Ernst Jeep, Günderode. Mitteilungen über ihr
Leben und Dichten [1895]. S. 5. 9. — ζζ. Weidmannische Buchhandlung (1829 bis
1885): Dtsch. Dichtung, hg. von Franzos, 4, 801 bis 806, 854 bis 860; 12, 28 bis
81, 76f., 174 bis 177.

Das Schreiben an Graf Fontanes vom 31. März 1809 (Weim. Jahrb. 1856. 5, 191)
ist nicht von Chamisso verfaßt. Sieh Hoffmann v. F., Findlinge. Leipzig 1860. S. 59.

Briefe an Chamisso von August W. Neander: Nr. k. Hitzig. II, 289 bis 307. —
Uhland: ebenda II, 808f. — Zach. Werner: § 287, α).

1) a. Les jeux de mon imagination rédigés par une verve encore dans l'enfance.
Chevalier de Chamisso âgé de 13—14 ans. A Liège, Dusseldorf et autres lieux
(vgl. Werke V³, 9). — b. Zwei militärwissenschaftliche Aufsätze 1798 und 1799
dem König Friedr. Wilhelm 3. überreicht (a. a. O. 5, 11, 12). — c. Contes en vers par
un jenne exilé, premier cahier 1801 (a. a. O. 5, 15). — d. Der Graf von Comminge.
Ein Trauerspiel in 3 Aufz. Prosa 1801 oder 1802 (aus d. Frz. Fr. B. d'Arnauds
a. a. O. 5, 16f.). — Sämtlich ungedruckt.

2) Musenalmanach auf das Jahr 1804. Herausgegeben von L. A. v. Chamisso
und K. A. Varnhagen. Leipzig, bei Carl Gottlob Schmidt. 1804. VI, 221 S. 12.
a: An die Königin. — b: Die jungen Dichter. Chamisso. — c: An Friedrich
Schlegel. Varnhagen. — d: An Venus. Varnhagen. — e: Sonnet. W. Neumann. —
f: Bei der Trennung. Varnhagen. — g: An Lina. Neumann. — h: Bei Übersendung
der Herzensgießungen eines kunstliebenden Klosterbruders von Wakkenroder. Eduard
[Hitzig]. — i: An Olympia I. II. Varnhagen. — j: Klage. Neumann. — k: Der
Gesang Kalliopens. Varnhagen. — l: Die Nelke. .*[Theremin?] — m: Die Trauung.
Chamisso. — n: Die Puppen und die Menschenkomödie. J. — o: Sonnet. Neumann. —
p: Ein Wintergemälde. Englisch. Von Aicken. Eduard. — q: Anakreontische Ode.
Varnhagen. — r: Epigramme. Neumann. — s: Elegie. Chamisso. — t: Nacht und
Winter. Chamisso. — u: Der Cavalier servente (Cicisbeo). Aus dem Italienischen.
Eduard [Hitzig]. — v: Das Konzert. .*[F. Theremin?] — w: Vergebliche Wünsche.
.*[Theremin?] — x: Romanze. Varnhagen. — y: An Jeanette F. I bis III. Varnhagen. —
z: Sonnet. Neumann. — α: Der grüne Strom. Romanze aus dem Spanischen.
Eduard [Hitzig]. — β: Olympia. Varnhagen. — γ: An das Feenkind [Friederike
Unzelmann], als Susanna in Figaros Hochzeit. Eduard [Hitzig]. — δ: Sonnet.
Neumann. — ε: Der Sturm. Chamisso. — ζ: An den Geweihten. Varnhagen. —
η: An den Retter. Varnhagen. — ϑ: An meine Schwester. Varnhagen. — ι: Auf
dem Wasser. Robert [Levin]. — κ: Ode. Varnhagen. — λ: Variazionen 1. Thema
I. II. Robert. 2. Thema. Robert. — μ: Edom von Gordon. Eine Ballade. Aus
dem Altschottischen. Eduard [Hitzig]. — ν: Liebe. I. Schwermuth. II. Ringen.
III. Aufforderung. IV. Hinfallen. V. Entsagung. VI. Leben aus Tod. Varnhagen. —
ξ: Elegien. I bis III. Robert. — o: An Marianne. Varnhagen. — π: Sirenenlied.
Neumann. — ρ: Rondeau. Nach Voiture. Eduard [Hitzig]. — σ: Romanze. Robert. —
τ: Küsse und Worte. Madrigal. Nach Guarini. Eduard [Hitzig]. — v: An Karoline [Lehmann, 1804 verheir. Clementi † 1805]. I. Der Kuß. Varnhagen. II. Chamisso. — φ: Madame Meyer, als Jungfrau von Orleans. Robert. — χ: An K.
Varnhagen. — ψ: Die Elemente. Robert. — ω: Madrigal. Aus dem Sicilianischen.
Eduard [Hitzig]. — aa: Das Auge. Neumann. — bb: Aufgabe. An D. Robert. —
cc: Petrarcas IXtesSonnet. .*[Theremin?]. Petrarcas XItesSonnet. .*[Theremin?] —
cc': Der Tag. Robert. — dd: Jesuitische Moral. Aus dem Lateinischen. Von einem
Jesuiten. Eduard [Hitzig]. — ee: Letztes Lied. An Jeanette F. Varnhagen. —
ff: Zum Geburtstage eines Forstmeisters. Gottlieb Hiller. — gg: Das Gelübde.
Eine Ballade aus der Bibel. Robert. — hh: Simsons Geburt, Liebe und letzte Rache.
Robert. — ii: A Pauline [Ch.'s Schwägerin]. Sur l'air: Femme sensible (französisch).
Chamisso. — kk: Faust. Eine Tragödie in einem Akt. Ein Versuch. Chamisso. —
ll: Der blinde Knabe. Nach dem Englischen [Colley Cibber]. Chamisso. — mm: An

Friederich Schiller. Chamisso. — nn: An Göthe. Robert. — S. VI. Anmerkung.
Man hat es für nöthig geachtet, hier anzumerken, daß der Mitherausgeber des Alma-
nachs, L. A. v. Chamisso ein geborner Pariser (so!) ist, und sich erst seit wenigen
Jahren mit dem Studium der deutschen Sprache und Litteratur beschäftigt hat.
Gottlieb Hiller ist ein Bauer aus Köthen. Von den übrigen Mitarbeitern ist noch
keiner öffentlich bekannt.

Chamissos Beiträge sind wiederabgedruckt in Nr. 63)Hempel nud in Nr. 64) Koch
(Cotta). — A. v. Chamisso. Faust, a Dramatic Sketch transl. by H. Phillips.
Philadelphia 1881. 24 S. 8.

3) Musenalmanach auf das Jahr 1805. Herausgegeben von L. A. v. Chamisso
und K. A. Varnhagen. Zweiter Jahrgang. Berlin, bei Heinrich Frölich. 1805.
227 S. 12. Τὸ τοῦ πόλου ἄστρον.

a: An Fichte. N. u. Ch. [Neumann und Chamisso]. — b: Sonett. **[Fichte]. —
c: Sonett. ***[Fichte]. — d: Anbetung. Chamisso. — e: Sonett. Varnhagen. —
f: Sonett. Neumann. — g: Sonett. Neumann. — h: Wiedergeburt. Varnhagen. —
i: Hymnen. Aus dem Lateinischen. 1. Auf Maria's Geburt. 2. Die unbefleckte
Empfängniß Maria's. .*[Fichte]. Siehe Berliner Neudr. 2. Ser. 1. Bd. S. XXIII f. —
k: Gebet. Neumann. — l: Ihr Traum. Chamisso. — m: An Sie. [Cérès Duvernay?].
Chamisso. — n: Sonette I bis VII. Varnhagen. — o: An die Freunde. r. r. π. α.
Anthropos [Koreff]. — p: Promemoria 1 bis 29. Robert [Levin]. — q: Romanze vom
Schall. .*[Theremin?] — r: Der Kampf. Anthropos [Koreff]. — s: Licht u. Schall.
Anthropos [Koreff]. — t: Der Wandernde. Romanze. K. Wolfart [§ 296, 77]. —
u: An Apollon und die Muse. Varnhagen. — v: Orion. .*[Theremin?] — w: Frühling.
Augusta [Klaproth]. — x: An Augusta [Klaproth]. Varnhagen. — y: Die eine Farbe.
Wolfart. — z: An Filomela. Nach J. B. Rousseau's Ode. Chamisso. — α: Ballate
der Neifile, aus dem Decamerone des Boccaccio. Neumann. — β: Romanze. Varn-
hagen. — γ: Sie und Er. I. Sie. II. Er. Chamisso. — δ: An Varnhagen. Chamisso. —
ε: An Einen und Viele. Varnhagen. — ζ: Untergang. Chamisso. — η: Göthe. Augusta
[Klaproth]. — ϑ: Mignon. Augusta. — ι: Flucht der Könige. K. [Koreff]. — κ: An B.
Ernst [K. v. Raumer]. — λ: Sonett. Aus dem Spanischen des Cervantes. S. [K. v.
Raumer]. — μ: Die Blume an die Quelle. Neumann. — ν: Die Knospe der Rose.
Chamisso. — ξ: Die Romanze der Blume. Chamisso. — o: Düfte. Varnhagen. —
π: Romanze. Varnhagen. — ρ: An Rosa. Varnhagen. — σ: Rückkehr. Anthropos
[Koreff]. — τ: Flamme und Wasser. Anthropos [Koreff]. — υ: Glauben und
Wissen. S. [K. v. Raumer.] — φ: Geburt des Pan. P. [Paalzow.] — χ: Der
Straßburger Münster. Ernst. [K. v. Raumer.] — ψ: Das Wort. .*[Theremin?] —
ω: Tod Christi. Von Minzoni. .*[Theremin?] — aa: Tod Judä. Von Gianni.
.*[Theremin?] — bb: Variazion. Augusta. — cc: Variazion. Neumann. — dd: An
M. Aus dem Lateinischen des Petron. K. [Koreff] — ee: Liebes Elemente. I.
Feuer. II. Luft. III. Erde. IV. Wasser. .*[Theremin?] — ff: Sonette. I. Der
Schwur. II. Dichtertrost. III. Gewissheit und Hofnung. IV. Wein. V: Krucifix am
Wege. VI. Das Eine. VII. Granaten. VIII. Gebet des Waldbruders. .*[Theremin?] —
gg: Elegie. Varnhagen. — hh: Sonette. I. Tag. II. Mittag. III. Dämmerung.
IV. Nacht. V. Morgenröths. Robert. — ii: Unterwerfung. Robert. — kk: Canzone.
Varnhagen. — ll: Die Selbstvernichtung. .*[Theremin?] — mm: An .*[Theremin?]
Varnhagen. — nn: Milderung. Varnhagen. — oo: Gabe der Nacht. Varnhagen. —
pp: Sonett. Neumann. — qq: Sonett. Neumann. — rr: Genesung. Neumann —
ss: An meine Schwester. Neumann. — tt: An Apollon. Varnhagen. — uu: Ode.
Varnhagen. — vv: Räthsel. Wolfart. — ww: Räthsel. Diehl. — xx: Wald-Gesang.
.*[Theremin?] — yy: Erklärung. An Julie. Chamisso. — zz: Sonet. Neumann. —
αα: Krieg und Friede. Neumann. — ββ: Abschiedslied. Wolfart. — γγ: Spruch der
Oenothea. Aus dem Lateinischen des Petron. Anthropos [Koreff]. — δδ: Epigramme.
Anthropos [Koreff]. — εε: An eine Rose. Neumann. — ζζ: Octavian. An Tieck.
Neumann. — ηη: Der grüne Strom. Aus dem Spanischen. Eduard [Hitzig]. —
ϑϑ: Sonett. Augusta [Klaproth]. — ιι: Hymne an Johannes. Aus dem Lateinischen.
Chamisso. — κκ: Fragment. Die Erscheinung des Johannes spricht. *[Theremin]. —
λλ: Τὸ τοῦ πόλου ἄστρον. An Louis de la Foye. Chamisso. — μμ: Auf der Reise.
Petrarka's Sonett 14. Franz Theremin. — νν: Bitte an die Todte. Petrarka's
Sonett 296. Franz Theremin. — ξξ: An die heilige Jungfrau, von Petrarca. Franz
Theremin. — οο: Die Mutter am Kreuze. Hymne aus dem Lateinischen. Chamisso.

Chamisso's Beiträge abgedr. in Nr. 63) Hempel und in Nr. 64) Koch (Cotta).

4) ‚Angebinde an Selmars Nase': Haude und Spenersche Zeitung 20. Oktober 1804.

Beilage. Gemeinschaftlich mit J. Klaproth; Selmar ist K. G. v. Brinckmann (§ 291, 3). Vergl. Geiger, Scherze Chamissos: Kochs Zs. f. vgl. Litt.-Gesch. III, S. 138 f.; Koßmann, Chamissos Nasengedichte: Seufferts Vierteljahrschr. 1891. IV, S. 181 f.

5) Musenalmanach auf das Jahr 1806. Herausgegeben von L. A. v. Chamisso und K. A. Varnhagen. Dritter Jahrgang. Berlin. Fröhlich'schen (!) Buchhandlung. 1806. 220 S. 12. Τὸ τοῦ πόλου ἄστρον.

a: An Koreff. Varnhagen. — b: Hellas. Varnhagen. — c: Sonett. Varnhagen. — d: An Varnhagen. Franz Theremin. — e: Die Alpen. Franz Theremin. — f: Perlen I bis III. Von einer Ungenannten [Karoline Fouqué]. — g: Edelsteine. Von einer Ungenannten [Karoline Fouqué]. — h: Abendlüfte. Rosa Maria. § 292, 3. — i: Die, Schmerzen gleich, an meinem Herzen nagen. Chamisso. — k: Winter. Chamisso. — l: Wehmuth. Varnhagen. — m: Minnelied. Pellegrin [Fouqué]. — n: Entsagung. Pellegrin. — o: Der Telegraf. Anthropos [Koreff]. — p: Magnet. Anthropos. — r: Madrigal. Neumann. — s: Lied. Neumann. — t: Wechsel. Neumann. — u: Sonett. Neumann. — v: Sonett. Neumann. — w: Schönheit. X. [Theremin?] — x: Der Tag der Tage. X. [Theremin?] y: Sonett. X. [Theremin?] — z: Variazionen. Thema I. 1. Die Verirrte. Pellegrin. — 2. B. [Aug. Bernhardi]. — Thema II. 1. Pellegrin. — 2. Der Schiffer. B. [Aug. Bernhardi]. — III. Der Schiffer. Pellegrin. — IV. Der Lebensmüde. B. [Bernhardi]. — α: Variazion. X. [Theremin?] — β: Variazionen. I. u. II. Varnhagen. — γ: Der Waldgeist. August Bode. — δ: Ceres. Chamisso. — ε: Treu im Tode. Neumann. — ζ: Romanze. Varnhagen. — η: Der Lerchenbaum. Pellegrin. — θ: Blüthenkuß. Anthropos. — ι: Des A. Propertius 19. Elegie des III. Buchs. Varnhagen. — κ: Königin Elianors Beichte. Altenglisch. Pellegrin. — λ: Vom wackern Reichbart. Ein altes Lied aus dem Französischen des XVI Jahrhunderts. Chamisso. — μ: Die wahrsagenden Bäume. Pellegrin. — ν: Elegien I bis III. Varnhagen. — ξ: Nach Anakreon. Chamisso. — o: Aus dem Anakreon. I. An die Taube. — II. Nicht mich bekümmert Gyges. Varnhagen. — II. Ballade von Petrarca X. [Theremin?].—π: Madrigal von Petrarca. X. [Theremin?]. — ρ: Sonette von Petrarca 146. 147 249. 256. X. [Theremin?]. — σ: Petrarcas 250. Sonett. Neumann. — τ: Boccaccio's Sonett auf den Tod des Petrarca. Neumann. — υ: Sonett. Mathilde. — φ: An die heilige Caecilie. Robert. — χ: Lobgesang an die heilige Rosa von Viterbo. Pellegrin. — ψ: Hymne aus dem Lateinischen. Ave Maria. Ad. v. Uthmann [Hitzigs Schwager]. — ω: Stabat mater. Eduard [Hitzig]. — aa: Die Flüsse Rosa Maria. — bb: Auf die mediceische Venus. B. [Aug. Bernhardi]. — cc: Goethe's Werke. Varnhagen. — dd: Schiller. Varnhagen. — ee: Der Jüngling und der Greis. Varnhagen. — ff: Ode. Varnhagen. — gg: An Julie Rosa Maria. — hh: Frühling. Rosa Maria. — ii: Die fünfte Canzone des Petrarca. X. [Theremin?]. — kk: Sonett. Rosa Maria. — ll: Sonett. Rosa Maria. — mm: An meinen Bruder [Varnhagen]. Rosa Maria. — nn: Des armen Mädchens Sang. August Bode. — oo: Die Quelle. Robert. — pp: Romanze. Robert. — qq: Liebe um Liebe. N. — rr: Lied. Varnhagen. — ss: Zueignung, Varnhagen. — tt: Sonett. Varnhagen. — uu: Beim Tode eines Kindes. Varnhagen. — vv: Ja und Nein. Guarini Madrigal 106. Neumann. — ww: Genesung. Guarini Madrigal 131. Neumann. — xx: Guarini's 23. Sonett. Neumann. — yy: Guarini's 82. Sonett. Neumann. — zz: Drei Sonette der Maria Stuart, geschrieben an Bothwell vor ihrer Vermählung mit demselben. Aus dem Altfranzösischen. Robert. — αα: Lied. Nach dem Französischen. Rosa Maria. — ββ: Lied. Nach dem Französischen. Rasa Maria. — γγ: Glückwunsch. X. [Theremin?] — δδ: Rousseau. Anthropos [Koreff]. — εε: Stanze. Anthropos [Koreff]. — ζζ: Antwort auf einige Verse. Anthropos [Koreff]. — ηη: Pellegrins Schauspiele. X. [Theremin?]. — θθ: An Pellegrin. Varnhagen. — ιι: An Koreff. Varnhagen. — κκ: An Franz Theremin. Varnhagen. — λλ: Chamisso. Varnhagen. — μμ: An Adelbert von Chamisso. Bei Uebersendung des Schlegel'schen Lessing. Varnhagen. — νν: An W. Neumann. Varnhagen. — ξξ: Beim Abschiede. I. An Adelbert. Neumann. — II. An Wilhelm. Chamisso. — oo: Sonett. Neumann. — ππ: Elegie. Varnhagen. — ρρ: Der neue Herkules. Sonett. B. [Aug. Bernhardi]. — σσ: Sonett. Von M. Z. zur Aufnahme empfohlen. [Schlußsonett der abweisenden Kritik in der Jenaischen Literaturzeitung, gezeichnet M. Z., von Chamisso zum Scherz aufgenommen und mit der angeführten Bemerkung versehen].

Neudruck: Berlin 1889 — Berliner Neudrucke. Zweite Serie. Bd. I. — Chamisso's Beiträge abgedruckt in Nr. 63) Hempel und Nr. 64) Koch (Cotta).

Rezensionen des Musenalmanachs: Neue Berlinische Monatsschrift 1805 Juli, S. 53 f. (Garlieb Merkel). — Jenaische Allg. Litt.-Ztg. 1805. Nr. 104. 105. 107. (ges.

M. Z. — Jariges, Schriftstellername Beauregard Pandin § 332, 144). — Hall. Allg.
Litt.-Ztg. 1807. Nov. Nr. 284 (Conz).

6) November 1805 bis Januar 1806: ‚Des Harzes Riese ward von mir erschaut‘
[s. DDichtung 4, 286]. Sonett (‚Als zu den Trümmern‘ ungedr.) — Sehnsuchtslilie
[An August Klaproth. ungedr.] — Die Nase und der Braten [sieh Seufferts Vierteljahrschrift IV, S. 184]. — ‚Flaches Ding mit hohem Bauche‘ [auf Merkel. ungedr.] —
Sehnsucht [ungedr.]. — Encheiridion [Epigramme, teilweise gedruckt in Hitzigs Biographie und den Ausgaben]. — Vgl. Chamissos Brief 28 Sept. 1806 u. ö.

7) Adelberts Fabel [geschrieben 18. bis 25. April 1806]: Varnhagen und W.
Neumann, Erzählungen und Spiele. Hamburg 1807. Unter diesem Titel erschien
das für den vierten Jahrgang des Musenalmanachs gesammelte Material.

8) Das Märchen von dem lieben Gänslein. (Juli 1805, unvollendet und ungedruckt).

9) Fortunati Glückseckel (so!) und Wunschhütlein. Ein Spiel von Adelbert von
Chamisso. 1806. — Aus der Handschrift zum ersten Male herausg. von E. F. Koßmann. D. Litt.-Denkm. 54/55 N. F. 4/5. 1895. S. dazu unten S. 804.

Daraus einzeln: a. ‚Wechselgesang bei der Abfahrt‘: Jahrbüchlein Deutscher
Gedichte auf 1815 von Heinr. Löst u. s. w. Stettin, 1815. S. 8 bis 10. — b. ‚Volks-
und Wiegenlied‘ [= Katzen-Königin]: Die Sängerfahrt. Eine Neujahrsgabe ges. von
Friedrich Förster. Berlin, 1818. S. 192 f.

10) De l'administration Prussienne dans les ci-devant provinces polonaises. Essai
pour servir au développement des causes, qui ont amené leur séparation de la métro-
pole. Avis aux nouvelles autorités établies sur ces provinces. (Berlin) 1808. [Über-
setzung aus dem Deutschen des späteren Oberpräsidenten der Provinz Posen, Baumann].

11] Mémoire über die Ereignisse in Hameln (1806) dem Regimentstribunal
eingereicht. 1808. gedr. Nr. k. Hitzig 1839. I, 180. 1864, I, 192.

12) Poetischer Almanach für 1812. Besorgt von Justin. Kerner. Heidelberg,
Braun. S. 122 Der Vogel (= Der Glücksvogel). — S. 188 Lied (= An Fouqué).

13) Übersetzung von Étienne's Deux gendres unter dem Titel Conaxa. Ungedruckt und verloren. Vgl. Ch.'s Werke V⁶, 349, 353.

14) a. Peter Schlemihl's wundersame Geschichte mitgetheilt von
Adelbert von Chamisso und herausgegeben von Friedrich Baron de la Motte Fouqué.
Mit Kupfer [F. Leopold]. Nürnberg bei Johann Leonhard Schrag. 1814.
XII, 126 S. 8.von

— S. II: An Adelbert von Chamisso ‚Trift Frank‘ und Deutscher jetzt zusammen
u. s. w. von Fouqué [diese Verse wurden, nach Fouqué, Gedichte 1817. Band 2,
S. 144 und Ch.'s Werke V⁶ 182 Anm., schon 1807 für Ch.'s Stammbuch gedichtet].
— S. III: Dem Herrn Regierungs-Assessor und Buchhändler J. E. Hitzig, Wohlgeboren, in Berlin. — S. V: Vorwort. An Eduard unterz.: Fouqué. — S. IX: ‚Du
vergissest Niemanden u. s. w.‘ — unterzeichnet: 'Cunersdorf, den 27. September
1813'. hierauf das 'P. S.' — S. 1 bis 126 Text.

b. Peter Schlemihl's wundersame Geschichte, mitgetheilt von Adelbert von
Chamisso. Zweite mit den Liedern und Balladen des Verfassers vermehrte Ausgabe.
Mit sechs Kupfern nach George Cruikshank und einem Titelkupfer. Nürnberg, bei
Johann Leonhard Schrag. 1827. XVI. 213 S. 8.

S. III: An J. E. Hitzig von Ad. v. Chamisso. — S. VII: An Ebendenselben von
Fouqué. — S. XI: An Fouqué von Hitzig. — S. 1 bis 126: Schlemihl. — S. 129
bis 182 Lieder und Balladen: Frühling, Auf der Wanderschaft 1—3, Morgen-
thau, Zur Antwort, Tragische Geschichte, Die erloschene Kerze, Geh du nur hin,
Was soll ich sagen?, Zur Unzeit, Der Glücksvogel, (Nacht und Winter), Blauer
Himmel, Frühling und Herbst, (Katzennatur), Hochzeitlied. Polterabend, Lebe wohl,
Winter, Abend, Laß reiten, Die Müllerin, der Müllerin Nachbar, Don Quixote, Der
alte Müller, (Ungewitter), Die Sterbende, (Die Sonne bringt es an den Tag), Der
Invalid im Irrenhaus, Das Schloß Boncourt. — S. 183 bis 206: Übersetzungen
und Nachbildungen. Französisch 1. Die goldene Zeit, 2. Nachtwächterlied.
Neugriechisch 1. Verrathene Liebe, 2. Georgis. Lithauisch 1. Treue Liebe,
2. Der Sohn der Wittwe. In Malayischer Form. 1. Genug gewandert. 2. Die
Korbflechterin. 3. Todtenklage. — S. 207 (Herein!) — S. 213 An Adelbert von
Chamisso (von Fouqué 1813.)

c. Peter Schlemihls wundersame Geschichte. Dritte Auflage. Mit neun Kupfertafeln. Nürnberg 1835. 8. (S. 1. ‚An meinen alten Freund Peter Schlemihl‘ Berlin
August 1834). — d. A. v. Chamisso's Werke. Vierter Band (mit vier Radierungen

von A. Schrödter) Leipzig 1836. 8. Nr. 50). — e. Stereotypausgabe mit Holzschnitten
(Ad. Menzel und Unzelmann), nach des Dichters Tode neu herausgegeben von J. E.
Hitzig. Nürnberg (1839) 8. in zwei Drucken: 1. Am Ende: Druck von Campe und
Sohn. 2: Druck von Breitkopf und Härtel in Leipzig. Enthält zuerst die 'Vorrede
des Herausgebers'. Später Hamburg J. F. Richter, unter verschiedenen Titeln und
Auflagebezeichnungen; neuestens als „Illustrirte Schulausgabe'. Zwölfte Auflage
1884. — Vierte Auflage. Nürnberg 1842. 8. in zwei Ausgaben, 1. mit den früheren
9 Kupfertafeln, 2. mit 6 neuen Stahlstichen und allegorischem Titelblatt (von
Geißler). — Fünfte Aufl. Nürnberg 1843. 8. — Sechste Aufl. Nürnb. 1845. 16. —
Siebente Aufl. Leipz. 1860. 16. — Prachtausgabe 4. — Berichtigte Ausgabe mit
den verschiedenen Lesarten. Leipzig, Dyk 1869. 16. — Miniaturausgabe Hamburg
J. F. Richter 6. Aufl. 1870. — Berlin Grote hg. von Rauschenbusch (mit Illustr.)
1876. — Verlags-Anstalt, H(ildburghausen). — Reclams Univ.-Bibl. Nr. 93. — P.
Heyse und H. Kurz, Deutscher Novellenschatz III, Serie Bd. V. — Miniaturausg.
m. Illustr. Leipzig, Seemann (1893) — Boston 1888. 8.

Chamissos und Fouqués Erzählungen Lpz. 1877. — Th. Weylers kleine Hausbibliothek für die Jugend Nr. 3. Lpz. 1886; wiederh. 1893 (der Jugend erzählt).

Französische Schulausgaben mit Anm. seit 1874 in großer Zahl, her. von Koell,
H. Grimm, H. Lambert, M. Schmitt, E. Hallberg u. a. sämtlich in Paris — Eng-
lische herausg. von E. S. Buchheim Clarendon Press Series 1889. Nachdr. New York 1889.
Collation einer Hs. mit Korrekturen Chamissos in Nr. 66) Walzel.

Übersetzungen. Französisch: Pierre Schlémihl. Paris chez Ladvocat
1822. 8. — trad. N. Martin. Dunquerque 1837 (enthält ein Schreiben des Übers.
'A propos de l'ombre de P. Schlemihl.' — Merveilleuse Histoire de Pierre Schlé-
mihl, enrichie d'une savante préface où les curieux pourront apprendre ce que
c'est que l'ombre (von Chamisso) Paris, Leipzig, Nuremberg 1838. 8.; wiederh.
Nuremberg 1842. 8. Leipzig 1860. 12. — trad. X. Marmier (Nouvelles allemandes)
Paris 1852. — Paris (Rue des bons enfants) 1853. — Paris (Tardieu) 1864. — Paris
(Nouv. coll. Jannet) 1867. — imité de l'allem. p. A. d'Aveline. Namur 1872. —
seit 1874 große Anzahl im Anschluß an die Schulausgaben trad. H. Lambert, J.
Geny, J. Gourdault u. a. alle in Paris. — P. Schl. suivi d'un choix de ses poésies.
Préf. par H. Fouquier dessins d. Myrbach. Paris 1887. — Traduction nouv. suivie
d'un choix de poésies et préc. d'une étude p. A. Dieterich avec 106 dessins de H.
Pille et 2 portraits. Paris (Westhausser) LXXXVIII, 258 S. 1888.

Englisch: Peter Schlemihl, from the German of Lamotte Fouqué [so!] with
8 plates by G. Cruikshank. London 1824. 8. Nachdr. Boston 1825 8. — P. Sch. a
new transl. by Emilie de Rouillon. London o. J. — transl. by William Howitt. London
(Nürnberg) 1843; wiederh. 1860. — London (Cassell) 1889. — Dänisch: P. Sch's
forunderlige Historie overs. af Fr. Jul. Schaldemose (16 Traesnit af Rothweiler)
Kjöbenhavn 1841. 8. — Holländisch: De wonderbare geschiedenis van P. Sch.
vert. door D. Bomhoff Hz. Zutpben 1881. 8. — Italienisch: L'uome senz'ombra.
Milano 1838. — Polnisch: Przygody Czlowieka, co sprzedal swój cień. Powieść
fantastyczna (myśl z niemieckiego) przez Romualda Podbereskiego (d. i. Romuald
Podbereski) Wilno 1850. — Außerdem sollen spanische (von Donna Juana Perez:
Berliner Figaro 1844. Nr. 3), russische Übersetzungen existieren.

Rez. Varnhagen 1822 (Denkw. u. vorm. Sch. V⁴, 287 bis 291. — Journal des
Débats 20. Mai 1822 (Ch. Nodier?). — Gesellschafter 1827 Nr. 118 Beil. (K. Simrock).
— Menzels Litbl. 1836. Nr. 26 (Menzel). — S. unten S. 804.

Ernst Lösch, Das böse Princip in Goethes Faust und Ch.'s Schlemihl: Alb.
d. Lit. Vereins in Nürnberg 1845. 8. 1 bis 14. — Nr. w. Chabozy. — Franz Kern,
Ch.'r Faust und P. Schlemihl: Voss. Ztg. 1886. Nr. 48. Sonntagsbeil. — Zu deutschen
Dichtern. Gesammelte Aufsätze von Franz Kern. Berlin 1895. Nicolaische Verlags-
Buchhandlung. S. 92 bis 118. — H. Schrader, Was bedeutet der Schatten? Die
Post 1888. Nr. 234 Beil. 1. — ?, Bemerkungen zu Ch.'s Peter Schlemihl: Voss. Ztg.
1889. Nr. 471. 478. — Julius Schapler, Chamissos Peter Schlemihl. Leipzig. Diss.
Deutsch-Krone 1892. 44 S. 8. — Karl Breul, Chamissos Peter Schlemihl: National
Home-Reading Union Magazine. 1896. Januar. Vergl. auch A. N. Harzen-Müller,
Schattenlos: Wissenschaftliche Beilage der Leipziger Zeitung 1895. Nr. 97.

Über die Bedeutung des Schattens im germanischen, griechischen, jüdischen
Volksglauben s. die Litteratur bei Wilhelm Heinrich Roscher: Fleckeisens Jahrb.
1892. Bd. 145, S. 701 f., 863. und Nr. 66) Walzel S. XLVII. Anm.

Nachbildungen, Fortsetzungen, Travestien u. s. w.: E. T. A. Hoffmann, Die Gesellschaft im Keller; ders., Das verlorene Spiegelbild (Die Abentheuer
der Sylvester-Nacht Nr. 2 und 4; vgl. Ellinger, Hoffmann S. 104). — H. C.
Andersen, Der Schatten (Märchen). — F. Rosenau, Der Puslivizli oder der
Mann ohne Schatten (Seitenstück zum Vizlipuzli). Ein komisches Zauberspiel in
3 Aufzügen nach de la Motte Fouqué [so!] aufgeführt im Josephstädter Theater
in Wien. Vgl. Abendzeitung 6. April 1819 und § 334, 436. — Karl Riedel, Peter
Schlemiel und sein Sohn, ein Zeit- und Charakterbild aus den Lauden Bimbam
und Bivbav. Frankfurt und Leipzig 1839. 8. — F. Förster, P. Schlemihls Heimkehr 1843 vgl. § 311, 14. 22). — Frdr. Brunold [d. i. Aug. Ferd. Meyer], See- und
Waldmährchen. Berlin 1845. 8. — L. Bechstein, Die Manuscripte Peter Schlemihls 1851 vgl. § 340, 1359. — D. Kalisch, Peter Schlemihl. Posse mit Gesang
in 1 Aufzug. Teilweise nach einem älteren Sujet. Berlin 1850 — C. E. v. Koets-
veld, Zonder schaduw, eene Kerstvertelling. Schoonhoven 1879. 64 S. 8.

15) Adnotationes quaedam ad Floram Berolinensem C. S. Kunthii. Auctore
Adelberto de Chamisso. 13 S., angehängt an: Verzeichniß der auf den fried-
ländischen Gütern cultivirten Gewächse nebst einem Beitrag zur Flora der Mittel-
mark. Dritte Aufl. 1815.

16) Ch. gab die Idee und einige Kapitel zu einem gemeinschaftlichen mit
E. T. A Hoffmann, Fouqué, Contessa zu schreibenden Romane, nach dem Muster
von Karls Versuchen und Hindernissen (§ 290, 1. 50) und § 292, 1 und 6). Vergl.
Hitzig in Vorr. zu E. T. A. Hoffmanns Erzählungen s. s. letzten Lebensjahren.
E. T. A. Hoffmann, Ausgew. Schriften 1827. I, S. 130 f. Hoffmann an Fouqué
14. Mai 1815 (Briefe an Fouqué), Chamisso an Hitzig 27. Sept. 1815.

17) Vertraute Briefe aus verschiedenen Welttheilen geschrieben: Kotzebues
Wochenblatt 1818.

18) a. Aus einem Gedichte an ***, Behringstraße im Sommer 1816. — Aus
der Behringstraße 1 bis 3: Gubitz, Gesellschafter 2. Januar 1818. [zu dem Namen
eine Anm. des Herausg.].

b. An die Heimath — Bei der Rückkehr: Gubitz, Gesellschafter 31. Oktober
1818 [zu dem Namen eine Anm. des Herausg.].

19) Lettre à Monsieur le Comte de Romanzoff (Verneur, Journal des Voyages.
Dez. 1818). — Bemerkungen und Ansichten auf einer Entdeckungs-Reise, unternommen in den Jahren 1815—1818 auf Kosten Sr. Erlaucht des Herrn Reichs-
Kanzlers Grafen Romanzoff, auf dem Sobiffe Rurick, unter dem Befehle des Lieutenants
der Russisch-Kaiserlichen Marine Otto von Kotzebue. Τὸ τοῦ πόλου ἄστρον. Weimar
1821 als Bd. III der Entdeckungs-Reise in die Süd-See und nach der Berings-
Straße etc. Weimar 1821, (übers. holländisch Amsterd. 1822.) wiederh. Werke
1836 Bd. II. — Daraus vorher einzeln: Die Sandwich-Inseln (Journal f. d. neuesten
Land- und Seereisen her. S. H. Spiker XXXVII, Neues Journal etc. XIII. S. 97 f.
Berlin 1821 mit einl. Bemerkung von Sp[iker].); Die Carolinen-Inseln. Götterlehre
von Ulea (Abendzeitung 2. Jan. 1821). — Notice sur les îles de corail du grand
Océan (Nouvelles Annales des Voyages X Nr. 19. Paris 1821; wiederh. in Choris
Voyage pittoresque Paris 1822. und in Nr. 50). — Lorenzo Ferrer Maldonado,
Bartolomeo de Fonte und die Karte vom Ritter Lapie (Bertuchs Neue geogr.
Ephemeriden X.11). — Anzeige von Choris' Voyage pittoresque: (Flora oder Botanische
Zeitung VI S. 225 bis 229. 21. April 1823). — Ein Bruchstück aus dem Tagebuch
der Reise: (Varnhagen) Goethe in den Zeugnissen der Mitlebenden. Berlin 1823.

20) De animalibus quibusdam e classe vermium Linn. Fasc. I. de Salpa.
Berol. 1819. Fasc. II. reliquos vermes continens: Nova Acta Acad. C. Leopold. 1821.
T. X. P. II. — Tria genera nova offert de Ch.: Horae phys. Berolinenses ed. N. ab
Esenbeck 1820. — Ein Zweifel und zwei Algen: Verhandl. d. Gesellschaft natur-
forsch. Freunde 1821. I, S. — Über die Torfmoore bei Linum: Karstens Archiv f.
Bergbau 1822. V, 253, mit F. Hoffmann und Ch. Poggendorff. — Untersuchung
eines Torfmoors bei Greifswald und ein Blick auf die Insel Rügen: Karstens Archiv
1824. Bd. VIII. — Über die Torfmoore bei Colberg, Gnageland und Swinemünde:
Karstens Archiv 1825. Bd. IX. — Cetaceorum maris Kamtschatici imagines etc: Nova
Acta Acad. C. Leop. 1824. Bd. XII. P. I. — Species nov. conchyl. terrest. ex insulis
Sandwich dict.: N. Acta C. Leop. 1825. Bd. XIV. P. II. — De plantis in expeditione
speculatoria Romanzoffiana observatis rationem dicunt Ad. de Chamisso et D. F. L.
de Schlechtendal: Linnaea I und V—X 1826 1831—1836. In Bd. X S. 32 Schlechtendals
Anm.: Amicissimus auctor adversa eheu valetudine adflictus, quas perfectas habuit

Melastomacearum descriptiones nobis tradidit ut solito more decus Linnaeae nostrae adferrent; quae vero supersunt p s tempori relinquere est coactus. Utinam Te, poetam insignem, Musarum delitias, fontium salutarium Najades integerrimum redderent; utinam Te, botanicum peritissimum et dexterrimum, Silesiae ditissima Flora salvum firmumque remitteret. – Eine Beobachtung über das Nordlicht: Poggendorffs Annalen 1831. XXII. S. 484. Vgl. (Hitzig) Gel. Berlin 1826.

21) Morgenblatt 1821 April: Das Lied von Thrym. – 1822. Januar: In malayischer Form 1–8. Das Vorwort unter dem Titel ‚Über malayische Volkslieder' wiederabgedr. Werke IV⁴, 298 f.

22) Blumen auf das Grab der Schauspielerin Luise von Holtei geb. Rogée. Berlin 1825. S. 80: ‚Mein hoher Herr.'

23) Aus der Mittwochsgesellschaft. Berlin 1825 S. 13: Griesgram (— Hoffm. Findlinge S. 61). — Liederbüchlein der Mittwochsgesellschaft. Erstes Heft. Berlin 1827. Herein! Auch Gesellschafter 1827 Nr 53. — Zweites Heft. Berlin 1827: Liederstreit. Auch Gesellschafter 1827 Nr. 146.

24) Die Wunderkur, Lustspiel in einem Aufzug. 5 füß. Jamben. Aufgeführt im Königl. Schauspielhaus Potsdam 9. V. 1825, wiederholt Berlin 14. V. und Charlottenburg 12. V. in derselben Rollenbesetzung (Graf Maximilian zur Sonnenburg — Devrient) vgl. Ch. an de la Foye 25. Juni 1825 und Ch's. Werke VI⁸, 98; ungedruckt.

25) Moosrosen, Taschenbuch für 1826, her. von W. Menzel. Stuttgart. S. 147 Die·Sterbende. Vgl. E. T. A. Hoffmanns Notatenbuch in Hitzigs Leben Hoffmanns und Felix Poppenberg: Seufferts Vierteljahrschr. 1892. V, 496. — S. 148 Windmüllerlieder. I. (— Die Müllerin), II. (— Der Müllerin Nachbar). — S. 395 Tragische Geschichte.

26) Uebersicht der nutzbarsten und der schädlichsten Gewächse, welche wild oder angebaut in Norddeutschland vorkommen. Nebst Ansichten von der Pflanzenkunde und dem Pflanzenreiche. Berlin 1827, bei Ferdinand Dümmler. 528 S. 8. — Von der Einleitung (abgedruckt in Kochs Ausgabe Nr. 64) 4, 254) sagte Chamisso, er habe in ihr sein wissenschaftliches Glaubensbekenntnis niedergelegt.

27) Der Gesellschafter (Hg. Gubitz) 1827 Nr. 49 (26. März): Die Sonne bringt es an den Tag. — Nr. 61. Ungewitter. — Nr. 155. Lord Byrons letzte Liebe. — Nr. 157 Laß ruhn die Toten. — Nr. 53 u. Nr. 146 s. Nr. 23). – 1828?): Erscheinung, Der Stein der Mutter.

28) Lieder und Balladen, gesammelt in der zweiten Aufl. des Schlemihl 1827. (Sieh Nr. 14).

29) Journal für Litteratur, Kunst und gesellschaftliches Leben 1827 (Aug. 7.): Ein französisches Lied.

30) Der Wunder - Doctor. Lust- und Possenspiel in drei Aufzügen. Nach Molières Médecin malgré lui. 1828. Prosa. Vom Königstädter Theater [H. Schmelka] zur Aufführung vorbereitet; durch den neuen technischen Direktor, A. Wolf, in Folge eines Mißverständnisses (?) im Febr. 1830 dem Dichter wieder zugestellt. Vgl. auch Werke VI³, 98. ungedruckt.

31) Müllners Mitternachtblatt 1828. S. 391: Der Tod Napoleon's. Nach Alessandro Manzoni. — S. 806: Die Giftmischerin. — S. 820: Riego's letztes Gebet. und Dresdner Abendzeitung.

32) Morgenblatt 1829 Juni Nr. 148: Deutsche Barden.

33) Chaos (hg. von Ottilie von Goethe 1829 bis 31. Vgl. Hoffmanns Findlinge S. 247): 1. Jahrg. Nr. 12 Beilage: Weiter nichts als ein Traum. — Nr. 52 An Frau von Goethe. — Idylle. Aus der Tongasprache — 2. Jahrg. S. 81 Trinkspruch am 28. August 1831.

34) Taschenbuch der Liebe und Freundschaft gewidmet. Hrsg. von St. Schütze 1829: Die Löwenbraut. — 1830: Nächtliche Fahrt. — 1831: Geduld. Pech. — 1832: Herzog Huldreich und Beatrix. — 1833: Minnedienst. — 1834: Das Burgfräulein von Windeck. — 1835: Liebesprobe. — 1836: Das Ange.

35) Berliner Musen-Almanach für 1830. Hrsg. von Stieglitz und Veit. S. 60 Vergeltung. — S. 826 Kanon (vgl. Ch.'s Brief an Hitzig Juni 1813). — 1831. Hg. von Moritz Veit: S. 85 Der Tod des Räubers. — S. 91 Rede des alten Kriegers Bunte-Schlange. — S. 96 Das Crucifix (Englische Übersetzung in 11.). — S. 104 Mateo Falcone, der Corse. — S. 152 Die Kartenlegerin (Nach Béranger). — S. 154 Das Dampfroß. — S. 157 Ein Lied von der Weibertreue. Varnhagen, Denkw. u. verm. Schr. XIII, 890 f.

36) Musenalmanach für das Jahr 1830. Hrsg. von A. Wendt. Leipzig, Weid-

mannische Buchhandlung. S. 23 Salas y Gomez. — S. 169 Die Waise. — S. 171
Abdallah. — S. 185 An die Apostolischen (fünf Sonette).

37) Der Gesellschafter (Hg. von Gubitz) 1830 Nov.?: Vor dem Bilde von
Karl Lessing ,Das trauernde Königspaar'.

38) Musenalmanach für das Jahr 1831. Hrsg. von A. Wendt. Zweiter Jahrg.
Leipzig, Weidm. Buchh. S. 51 Das Mordthal. — S. 73 Frauen-Liebe und Leben.
— S. 99 Es ist nur so der Lauf der Welt. — S. 101 Küssen will ich, ich will
küssen. — S. 232 Frühlingslied. — S. 236 Der Bettler und sein Hund.
    Frauen-Liebe und Leben, ill. von P. Thomann 4 und 8. Leipz. 20. Aufl.
1891. — Ill. von A. Zick. Berlin (Grote) 1893. — Ill. von E. Klein und Kepler.
1894. 8. — In Musik gesetzt von Fr. Kugler, Liederhefte V 1853; von Robert
Schumann op. 42. — Vrouwenliefde en leven vert. ten Kate. Amsterdam 1862.

39) Der Gesellschafter 1831. Nr. 130 Der Spielmann (nach Andersen). —
Nr. 169 Das Vermächtniß. — Der Freimüthige 1831. Nr. 220 Der Szekler Landtag.

40) Gedichte von Adelbert von Chamisso. Leipzig, Weidm. Buchh. 1831.
413 S. 8. (enthält bis dahin Ungedrucktes: Berlin 1831. — Thränen 1 bis 7. —
? Gern und gerner. — Die drei Sonnen. — Frisch gesungen! — Der Graf und
der Leibeigene. — Der heilige Martin. — Chios. — Die Versöhnung). — Zweite
Aufl. (ill. Speckter) 1834. 8 (enthält zum ersten Mal: Die kleine Lise am Brunnen.
— Der rechte Barbier. — Die Predigt des guten Britten. — Der jungen Freundin
ins Stammbuch. — Stimme der Zeit. — ? Trinkspruch in einer literarischen Gesellschaft). — Dritte Aufl. 1836. 8. — Vierte Aufl. 1837. 8. — Fünfte Aufl. 1840.
8. u. s. w. — Achtzehnte Auflage. Berlin, Weidmannsche Buchhandlung. 1865.
594 S. 8. — Dreiundzwanzigste Aufl. 1886. 8. — Reclams ¦Univ.-Bibl. Nr. 314
bis 317. — Berlin (Grote). — Berlin (Bong & Co.). — Auswahl. Leipzig (Fock)
1889. 8. — Für die Frauen ausgew. Stuttgart 1888. 8.
    Thränen (m. Musik von B. v. Hornstein). Stuttgart 1893; (m. Musik von
D. de Lange). Amsterdam 1885.
    Sieh Kritische Blätter der Börsenhalle, hg. von C. F. Wurm. Hamburg
1831 Nr. 85 (28. Febr.) — Zeitung f. d. eleg. Welt 1832. — W. Neumann in den
Blättern für litt. Unterh., wiedergedr. Schriften 2, 125 bis 140. — Der Freimüthige 1833. Nr. 203. — Quellenangaben s. Walzels Ausgabe Nr. 66).

41) Der Gesellschafter 1832. Nr. 171 Trinkspruch auf G. und W. Schadow,
Bendemann und Hübner in d. litt. Ges. 16. Okt. 1832.

42) Musenalmanach für das Jahr 1832. Hg. von A. Wendt. Dritter Jahrgang. Leipzig, Weidm. Buchhdlg. S. 21 Lebens-Lieder und Bilder. — S. 123
Hans im Glücke. — S. 165 Die Mutter und das Kind. — S. 201 Der vortreffliche
Mantel. — S. 210 Die Verbannten. 1. Woinarowsky. 2. Bestujeff. — S. 342 Der
vertriebene König. — S. 388 Das Gebet der Wittwe.
    Lebens-Lieder und Bilder, ill. P. Thumann. Leipz. gr. Ausg. 8. Aufl. 1888;
kl. Ausg. 12. Aufl. 1892. — ill. von A. Zick, Berlin. — In Musik gesetzt von L. Hetsch.

43) Deutscher Musenalmanach für das Jahr 1833. Hg. von A. v. Chamisso
und G. Schwab. Vierter Jahrgang. Leipzig, Weidm. Buchhdlg. S. 1 Prolog. —
S. 290 Deutsche Volkssagen 1 bis 4. — S. 301 Das Urtheil des Schemjáka. —
S. 312 Abba Olosk Leczeka [vergl. § 222, 14. 84') p) = Band IV. S. 174]. — S. 324
Verbrennung der Türkischen Flotte zu Tschesme. — S. 326 Ein Gerichtstag auf
Huahine. — S. 333 Don Juanito Marques Verdugo de los Leganes, Spanischer Grande.

44) Morgenblatt 1833. Nr. 54: Nach dem Dänischen von Andersen. Vor-
bemerkung, 1. Märzveilchen, 2. Muttertraum, 3. Der Soldat. — Nr. 188: Die
Kartenlegerin, Die rothe Hanne (nach Béranger). — Nr. 156: Der Geist der Mutter.
— Nr. 166: Prophezeiung des Nostradamus (Béranger). — Der Freimüthige 1833.
Nr. 121: Am zwanzigsten Junius (— Auf den Tod von Otto von Pirch). —
Zeitung für die elegante Welt 1833. S. 198: Aus der Vendée, im Jahre 1833.

45) Deutscher Musenalmanach für das Jahr 1834. Hg. von A. v. Chamisso
und G. Schwab. 5. Jahrgang. Leipz., Weidm. 12. S. 117 Die Blinde 1 bis 6. —
S. 123 Klapperstorch 1 bis 3. — S. 125 Im Herbst. — S. 127 Böser Markt. —
S. 131 Ein Baal Teschuba. — S. 137 Θάνατος. — S. 142 Die Ruine. — S. 148
Chassané und die Waldenser. — S. 151 Sage von Alexandern. Nach dem Tal-
mud. — S. 159 Der alte Sänger.

46) Museum, Blätter für bildende Kunst. Herausg. von F. Kugler 1834.
S. 35 Francesco Francia's Tod.

47) Deutscher Musenalmanach für das Jahr 1835. Hg. von A. v. Chamisso und

G. Schwab. 6. Jahrgang. Leipzig, Weidm. 12. S. 129 Der Republikaner. — S. 134
Mäßigung und Mäßigkeit. — S. 138 Vetter Anselmo. — S. 159 Die Kreuzschau. —
S. 162 Die alte Waschfrau. — S. 435 Nachhall.
48) Gesellschafter 1835. Nr. 25: Zu Stägemann's Jubiläum. Nr. 186 (Nov. 20):
Keine Kritik, eine Hinweisung (über F. W. Krampitz). — 1836 Nr. 182: Trinkspruch
zum 3. Aug. 1836.
49) Deutscher Musenalmanach für das Jahr 1836. Hg. von A. v. Chamisso und
G. Schwab. 7. Jahrgang. Leipzig, Weidm. 12. S. 84 Sternschnuppe. — S. 86
Roland ein Roßkamm. — S. 88 Dichters Unmuth. — S. 89 Der einst zum Grabstein
Blüchers bestimmte Granitblock am Zobten. — S. 40 Sonett (Du sangest sonst). —
S. 41 Sonett (Ich fühle mehr und mehr die Kräfte schwinden).
50) Adelbert von Chamisso's Werke. Leipzig, Weidmann'sche Buchhandlung
1836. IV. 8; V. VI. Leben und Briefe. Herausgegeben durch Julius Eduard Hitzig.
Leipzig 1839. II. 12. enthält auch die seit 1836 veröffentlichten Gedichte und Prosa-
anfätze. — Zweite Aufl. Leipz. 1842. VI. 16. — Dritte (von Frdr. Palm revidierte)
Aufl. Berlin 1852. VI. 16. — Vierte Aufl. Berlin 1856. VI. 16.
I. Tagebuch auf einer Reise um die Welt. — II. Bemerkungen und Ansichten
vgl. Nr. 19). — III. IV. Nr. 40); 7); 14).
Fünfte vermehrte Auflage. Berlin (Hg. von Frdr. Palm) 1864. VI. 8.
I. II. Gedichte. Adelberts Fabel. Schlemihl. Nachlese zu den Gedichten. —
III. Tagebuch etc. IV. Bemerkungen und Ansichten. Notices sur les îles de corail etc.
Über malayische Volkslieder. Über die Hawaiische Sprache 1. 2. — V. VI. Leben
und Briefe. Vermischtes in Prosa: 1. Über Censur und Preßfreiheit. 2. Nr. 57)
3. Über Beranger u. d. frz. Volksl. (sieh Nr. 55). Beilagen zu dem Leben. Chronol.
Verzeichn. der Schriften Ch.'s. Lesarten.
51) Deutscher Musenalmanach für das Jahr 1837. Hg. von Adelbert von
Chamisso. 8. Jahrgang. Mit H. Heine's Bildniß. Leipzig, Weidmannsche Buchhandlung 12. S. 331 Corsische Gastfreiheit. — S 334 Der Müllergesell. — S. 338
Sonett (Der Unhold, der im Schlaf). — S. 339 Sonett (Es ist ja Sommer).
K. E. Franzos, Heine und die Schwaben: Frankf. Zeitung 1890, Mai 24. 29. Juni
4 und Ein Schwabenstreich: Deutsche Dichtung XI, 275.
52) Deutsches Taschenbuch auf das Jahr 1837, her. K. Büchner, Berlin.
S. 379. Vom Pythagoräischen Lehrsatze.
53) Über die Hawaiische Sprache (Versuch einer Grammatik der Sprache der
Sandwich-Inseln). Vorgelegt der königl. Akademie der Wiss. zu Berlin 12. Januar 1837.
Abhandl. d. Ak. 1837 und einzeln: Leipzig, Weidmannsche Buchhandlung. 1837. 4. —
Eine zweite Denkschrift über die Hawaiische Sprache legte Ch. der Akademie am
29. März 1838 vor (vgl. die Monatsberichte der Berl. Akad.), gedruckt Werke IV⁴, 305f.
54) Deutscher Musenalmanach für das Jahr 1838. Hrsg. von A. v. Chamisso
und G. Schwab. 9. Jahrg. Leipzig. S. 309 Die zwei Grenadiere (Béranger). — S. 314
Heimweh. — S. 317 Der erste Schnee. — S. 318 Traum und Erwachen.
55) Bérangers Lieder. Auswahl in freier Bearbeitung von A. v. Chamisso und
Franz Frh. Gandy. Leipzig 1838. 8. — Zw. Aufl. Leipzig 1845. 8. — Reclams
Univ.-Bibl. Nr. 452/3.
Die Vorrede, unterz. A. v. Ch., unter dem Titel ‚Über Béranger und das französische Volkslied': Nr. k. Hitzig. II, 283 bis 286. Chamisso hat nur einige Lieder
in die Ausgabe seiner Gedichte aufgenommen; vollständig stehen die von ihm
übersetzten in Kochs Ausgabe Nr. 64).
56) Zwei Gedichte (ein altes und ein neues) von Adelbert v. Chamisso. Zum
Besten der alten Waschfrau. Berlin, gedruckt bei Julius Sittenfeld. 4 S. 8.
57) Der Gesellschafter 1838 Nr. 104 (30. Juni): Gedichte von Ferdinand
Freiligrath. Nr. k. Hitzig. II, 283 bis 286.
58) Deutscher Musenalmanach für das Jahr 1839, hrsg. A. v. Chamisso und
Franz Freih. Gandy. 10. Jahrg. Leipzig. S. 7 Der arme Heinrich (vergl. § 39, 5)
= Band I. S. 93). — S. 27 Die drei Schwestern. — S. 30 Die stille Gemeinde. —
S. 33 Evang. St. Lucae 18, 10. — S. 34 Thue es lieber nicht. — S. 36 San Vito. —
S. 38 Zweites Lied von der alten Waschfrau. Vergl. Nr. 56). — S. 40 Wer hat's
gethan? — S. 196 Ein russisches Lied von Puschkin (= Die zwei Raben. vgl. Ch.'s
Brief an Varnhagen 6. Aug. 1838 und Goedekes Deutsche Wochenschrift 1854.
S. 60 bis 63. Vergl. Werke VI⁴, S. 148).
59) Von Ch. zurückgehaltene Gedichte wurden veröffentlicht: a. Originalien aus
dem Gebiet der Wahrh., Kunst, Laune u. Phantasie, hg. von G. Lotz 1834 Nr. 56.

Auszüge aus dem Stammbuchs des Herrn Alexander aus Paris. 3. A. d. Chamisso à son célèbre compatriote, de l'herbier royal de Berlin le 26 Octobre 1833. Vgl. Berl. Tagebl. 14. Nov. 1883 Abend. — b. Der Freihafen. Altona 1838. Heft 4 S. 9: An Varnhagen in Hamburg 1805. S. 85f: Epigrammatisch. — c. Hitzig, Leben und Briefe von A. v. Chamisso 1839. I. S. 14 Chorlied aus „der Graf von Comminge" (vgl. Werke V², 16). — S. 15 A Cérès Duvernay. -- S. 17 An Henriette E[phraim?]. — S. 19 Das Lied von der Freundschaft. — S. 251 An Barante. — S. 292 Nach Marot. — S. 311 An Graf Löben. — S. 314 A Madame de Staël. — S. 318 Abschied von S. Sismondi. — II. S. 45 Endlich verherrlicht. — S. 54 Wer gab mir jenen Carabus. — S. 61 So wüthe Sturm. — S. 65 An Lichtenstädt [unvollständig!] — S. 73 Chamisso an Fouqué (unvollständig). — S. 74 Was soll ich sagen? — S 75 Adelbert an seine Braut. — S. 76 Bei Zurücksendung eines vergessenen Strickzeugs. — Die Braut spricht zum Bräutigam. — S. 77 Antonie an die Eltern. — Adelbert. — S. 78 Für Madame Adelbert. — An Antonie. — S. 80 Sonett an Hitzig. — S. 85 Nach der Grippe. — S. 137 Mich ärgern höchlich u. s. w. — d Gedichte von K. Simrock 1844. S. 365 Das Geld ist Macht und Herrlichkeit (Richtspruch in der Tenzone ‚Schwert und Feder'; nicht wieder gedruckt). — e. Hoffm. v. Fallersleben, Findlinge 1860 S. 60 Am Hochzeitsmorgen [An Auguste W.] — f. Werke, dritte Aufl. 1852, her. F. Palm. III, S. 51 Die Braut. — S. 806 Die Weiber von Winsperg. — II. S. 9 Mahnung. — g. Werke, fünfte Aufl. 1864. II. S. 824 An den Träumer (nicht in Nr. 63 Hempel). — S. 825 Der ausgewanderte Pole. — S. 326 Das ist's eben. — S. 328 Der Tochter Verzweiflung. — S. 331 Der arme Sünder. — S. 335 Sängers Lohn (nicht in Nr. 63 Hempel). — S. 336 An W. Neumann. — S. 339 An eine Freundin. — S. 342 Trinkspruch zum 21. März 1826. — S. 348 Trinkspruch am 28. Aug. 1832. — S. 349 An Paul Erman. — S. 350 An E. Hitzig. — S. 351 An Fouqué. Mit dem Schlemihl. — S. 352 An denselben. Mit Bisson vor Stampalin. — V. S. 271 Ich blicke mit dem Herzen fern zurück (= An die Herzogin von Broglie). — S. 825 Einem wohllöblichen gezeichneten und ausgezeichneten Pappelbaum im herrschaftlichen Garten in Nennhausen (= Der Pappelbaum). — VI S. 89 Nicht rechnen mich zu ihrer Zunft die Alten (= An Antonie 1823). — S. 95 Es grüßt dich aus der Ferne. — S. 96 Man schaut von diesem Berges Höh' (= An Antonie 1824). — S. 111 An Eugenie. — S. 125 Und wär ich ein lustiges Vögelein (= An Antoniens Geburtstag). — h Hermann v. Chamisso, A. v. Ch.'s Le château de Boncourt: Vossische Zeitung 1879? 1880?; Fulda. Nr. y. 1881. S. 260f: Eine prosaische und eine poetische Übersetzung von Chamisso, letztere schon vorher fragm. in Chateaubriand, Mémoires d'outre-tombe T. XI. veröffentlicht. — i. Gedichte (ungedruckter Nachlaß), mitget. von E. Koßmann: D. Dichtung 1888. IV. S. 286f.: Des Harzes Riese (vgl. Nr. 6). — Sonett (Berührt vom gottgesandten Dämon). — Segen. — Im Herabsteigen des Brockens. — Zu Antoniens Geburtstag. — Eugenie. Wer kaufet Liebesgötter? — Reinerz. — Reise um die Welt. — k. Ungedruckte Gedichte zur Feier des 13. Juli 1894 für Gustav Freytag in Druck gegeben [von Georg Hirzel]. S. 10 Reigentanz der Mädchen (Französisch). — S. 11 Sonett (Das Lied, mein Freund); auch Oskar F. Walzel Nr. 66) S. 183f. Anm. — S. 12 Sonett (Das wissen wir).

60) Chamissos Poetische Werke. Zwei Bände. Berlin, Weidmannsche Buchhandlung 1868. VIII, 308 und VIII, 300 S. 8. — Neue Ausgabe 1872. II. 8. — 1881. II. 8.

61) Chamisso's Werke. Herausgegeben von Heinrich Kurs. Hildburghausen 1869 und Leipzig und Wien. Bibliogr. Institut o. J. (1873). II. 8. Auswahl.

62) Chamisso's Werke. Herausgegeben von Wilh. Rauschenbusch. Berlin, Grote. 1876. II. 8.; Vierte Auflage 1884. II. 8.; Fünfte Aufl. 1889; 1892; 1892; 1894.

63) Chamisso's Werke. Vier Theile. Nebst einer Biographie von G. Hosekiel. Berlin, Gustav Hempel. o. J. IV. 8. Enthält auch die Jugendgedichte.

64) Chamissos gesammelte Werke. Neu durchgesehene und vermehrte Ausgabe mit biographischer Einleitung (62 S.) herausgegeben von Max Koch. Stuttgart, Cotta. Bibl. der Weltlitteratur o. J. [1883]. IV. 8. Die vollständigste Ausgabe, aber die Gedichte umgestellt.

65) Chamissos sämmtliche Werke. Mit einer biogr. Einleitung von Rod. Böttcher. Zwei Bände. Berlin, Warschauer 1890. II. 8

66) Chamisso's Werke. Gedichte erste und zweite Abteilung. Gelegenheitsgedichte. In dramatischer Form. Übersetzungen. Peter Schlemihls wundersame Geschichte, herausgegeben von Oskar F. Walzel. Stuttgart o. J. [1892] = Deutsche Nat.-Litteratur Bd. 148. Die biographische Einleitung umfaßt CXXII Seiten.

67) Chamissos sämtliche Werke in vier Bänden. Mit einer biographischen Einleitung (22 S.) von Karl Siegen. Leipzig [1895], Gust. Fock. IV. 8.
Stoff und Einzelheiten gab Ch. zu E. T. A. Hoffmanns Datura Fastuosa (Erzähl. a. s. letzten Lebensj. 1889. 2, 1—88. vgl. 1, X.) und Haimatochare (a. a. O. 2, 227—250), sowie zu einem unvollendeten Gedichte Freiligraths ‚Die Flasche' (Buchner 1, 188 - 187); nicht von Ch. ist ‚Die Gauner, oder: Gallerie der pfiffigsten Schliche und Kniffe berüchtigter Menschen. Nach gedruckten und handschriftlichen Quellen herausgegeben von A. v. Chamisso. Sondershausen 1886. 8.'

2. Franz Bernhard Heinrich Wilhelm Freiherr Gaudy (und Craigmanie) geb. am 19. April 1800 in Frankfurt a. d. Oder, wurde, als der Vater, damals Major, 1806 in den Krieg ging, einer Pension auf dem Lande, später einer anderen in Breslau übergeben und besuchte 1810 das französische Gymnasium in Berlin, wo sein Vater Gouverneur des Kronprinzen geworden war. Im J. 1815 kam G. nach Schulpforta; von da aus machte er Ausflüge durch Thüringen und Sachsen bis nach Dresden zu seinem Vater, dem damaligen preußischen Generalgouverneur von Sachsen. 1818 trat er in Potsdam in das 1. Garderegiment und wurde im Oktober 1819 Leutnant; 1821 nach Breslau versetzt, kam dort mit Holtei, Fr. Barth, Schall u. a. in Verbindung und wurde durch sie zu eigenem Schaffen angeregt. Vielfach bewegtes Leben und häufiger Garnisonwechsel wirkten nicht günstig auf ihn; erst in Glogau, wohin er 1825 versetzt wurde, fand er Ruhe, seine Studien wieder aufzunehmen, und Zeit zu poetischen Arbeiten, Lustspielen in Versen und kleinen Gedichten, von denen er 1829 eine Sammlung in Heines Manier herausgab. 1830 rückte das 6. Regiment, bei dem G. stand, nach Posen und nach dem Ausbruche des polnischen Aufstandes an die Grenze. Dort erkrankte G. an der Cholera. Die glücklich überstandene Krankheit gab ihm Anlaß zur Herausgabe der Gedankensprünge in E. T. A. Hoffmanns Manier. Selbständigkeit gewann er mehr und mehr in den in Posen entstandenen Schildsagen und Korallen. Er hatte, mit glücklichem Sprachtalent begabt, Polnisch gelernt und versuchte sich nun in Nachbildungen nach Niemcewicz und Adam Mickiewicz, lernte auch in einem kleinen Grenzorte mit spärlichen Hilfsmitteln Altfranzösisch und Provençalisch. Des Friedensdienstes und des Garnisonlebens in kleinen Orten überdrüssig, nahm er 1833 seinen Abschied und wandte sich nach Berlin. Hier trat er mit Chamisso, Hitzig, Eichendorff, Kugler und Streckfuß in engere Verbindung und mit der jüngeren thränenreichen Dichtergesellschaft aus Heines Schule in freundlichen Verkehr. Die im Winter 1834 bis 35 entstandenen Kaiserlieder zogen zum erstenmale die allgemeine Aufmerksamkeit auf den Dichter, und diese wurde durch ernste und mehr noch durch launige Dichtungen, durch Vers und Prosa, durch Eigenes und Übersetztes unterhalten, ja meist auch zum Beifall gesteigert. Gaudy selbst machte sich durch Reisen mit deutschen und auswärtigen Verhältnissen, mit Künstlern und Dichtern bekannt. 1835 reiste er mit Franz Kugler durch Bayern und die Schweiz nach Italien. Eine Reise nach Island zerschlug sich. Auf einer Wanderung durch die schwäbische Alp und durch Schwaben lernte er Justinus Kerner und Gustav Schwab kennen. Im Juli 1838 machte er seine zweite Reise nach Italien und kehrte nach Jahresfrist zurück. In Berlin war der engere Freundeskreis durch Chamissos Tod gelockert. Gaudy empfand den Verlust vielleicht am tiefsten; es wurde ihm unbehaglich; er machte Pläne, wollte einen bürgerlichen Beruf ergreifen; er erging sich in Reiseprojekten, entschloß sich endlich nach Algier zu gehen. Bevor aber die Ausrüstungen fertig waren, traf ihn bei einem Freunde ein Schlagfluß. Seine Wirkungen schienen zwar durch augenblicklichen Aderlaß beseitigt, er wiederholte sich aber in den nächsten Tagen. Gaudy starb am 5. Februar 1840 und wurde am 8. auf dem alten Hallischen Kirchhofe begraben.

a. Allg. Zeitung 1840. Beilage Nr. 82.
b. Neuer Nekrolog 1840. 18, 178 bis 181.
c. Karl Gödeke, Deutschlands Dichter von 1813 bis 1843. Hannover. Im Verlage der Hahn'schen Hofbuchhandlung. 1844. 8. S. 262 bis 268. Sieh auch ‚Posaune' 1840 Nr. 21.
d. Arthur Muellers Biographie vor den Werken. Nr. 34).
e. Ersch und Gruber, Encyklopädie 1852. Erste Section, Theil 54, S. 465 bis 467 (Heinr. Döring).
f. Ernst Ziel, Der deutsche Béranger. Eine Skizze nach handschriftlichen Mittheilungen: Literarische Reliefs. Dichterportraits. Dritte Reihe. Leipzig 1888.

8. S. 200 bis 213. Zuerst erschienen Gartenlaube 1876. Nr. 29. S. 487 bis 490;
dann auszüglich in Karl Fulda, A. Chamisso und seine Zeit. Leipzig 1881. S. 200
bis 207.
    g. Allg. dtsch. Biogr. 1878. 8, 419 (v. **Meerheimb**).
    h. F. **Brunold** (Aug. Ferd. Meyer), Literarische Erinnerungen. Zürich und
Leipzig 1881. 2, 153 bis 161. 169 f.
    i. Constance von **Gaudy**, des Dichters Nichte, in der biographischen Ein-
leitung zu Nr. 87).
    j. Grillparzers Werke 5. Auflage. XVIII, S. 99 f.
    k. Gotthilf **Kohn**. Franz Frhr. von Gaudy als Mensch und Dichter. Ein
Gedenkblatt zu seiner 50j. Todesfeier gewidmet. Nicht für den Buchhandel bestimmt. Sambor 1890. 19 S. 8.
    l. Franz Frhr. Gaudy. Zum 50j. Todestag: Voss. Ztg. 1890. Nr. 59.
    m. Karl **Siegen** in der biographischen Einleitung zu Nr. 89).
    Briefe an α. seine Schwester [Constanze v. Gaudy, verehl. v. Kalkreuth]: Karl
v. Holtei, Dreihundert Briefe. Theil 1, S. 117 bis 120. — β. Blumröder: Sämmtliche Werke (Nr. 83) Bd. 1. S. XXXVII bis XLIII. — γ. Fouqué: Br. an Fouqué.
Berlin 1848. S. 89. — δ. Salomon Hirzel in G. Hirzel, Franz Frhr. von Gaudy.
Ungedruckte Briefe aus den Jahren 1830—40: Deutsche Dichtung 1893. 14, 147.
177. 202. 225. — ε. G. A. Reimer: Dtsch. Dichtung 1892. 11, 275 f. — ζ. Weid-
mannsche Buchhandlung: Deutsche Dichtung 1893. 14, 147 f. 177 f. 202 f. 225 f.
    1) Vor dem Bilde einer jungen Südländerin. Von F. Fb. v. G—d—y: Eidora.
Taschenbuch auf das Jahr 1823. Schleswig. S. 101 f.
    2) Beckers Taschenbuch für 1824. S. 229: Auf ihrem Zimmer (Sonett).
    3) Taschenbuch zum geselligen Vergnügen für 1825. S. 350 bis 369: Der
Apollo vom Belvedere. Komische Erzählung.
    4) Erato von Franz Freiherrn von Gaudy (Gedichte). Glogau, Verlag von
C. Heymann. 1829. VI, 220 S., 1 S. Verbesserungen. 8. — 2. Aufl. Berlin 1836. 8.
    5) Schlesischer Musen-Almanach für 1830. Herausgegeben von Theodor Brand.
Breslau, Georg Philipp Aderholz. a. S. 16: Das Lied von den Asinis domesticis. —
b. S. 93: Die Katze, Spiel in Versen. — c. S. 157: Der Schönste der Schönen. —
d. S. 159: Das schöne Paar. Unterz.: Franz Freiherr von Gaudy und Craigmanie.
    6) Gedanken-Sprünge eines der Cholera Entronnenen, von Franz Freiherrn
Gaudy. Glogau, Verlag von C. Heymann. 1832. 119 S. 8. — Zweite Aufl. 1832.
    7) Deutscher Musenalmanach für das J. 1833. S. 248 bis 253: a. Zu spät.
b. Die Winter-Rose. c. Hoffnung. d. Der Sabbath-Morgen.
    8) Niemcewicz' geschichtliche Gesänge der Polen, metrisch bearbeitet. Leipzig,
Weidmann. 1833. 8.
    9) Schlesischer Musenalmanach für 1834 enthält außer Gedichten a: Der
Sonntag des Schulmanns. Eidyllion. — b: Die Brüder, Lustspiel.
    10) Bilder und Zerrbilder. Einzelne Schilderungen aus einer unvollendeten
Novelle: Der Freimüthige 1834.
    11) Schild-Sagen von Franz Freiherrn Gaudy. Glogau und Leipzig, Verlag der
Buch-, Kunst- und Musikalienhandlung von Carl Heymann. 1834. 2 Bl., 68 S. 8.
    12) Desengaño. Novelle. Leipzig, Weidmann. 1834. 12.
    13) Korallen (Gedichte). Glogau, Flemming. 1834. 192 S. 8.
    14) Buonaberdi. Von Franz Freiherrn Gaudy: Deutscher Musenalmanach für
das Jahr 1835. Hg von Chamisso und G. Schwab. S. 103 bis 118.
    15) Wace's Roman von Rollo und den Herzögen der Normandie. Leipzig 1835. 8.
    16) Kaiser-Lieder. Von Franz Freiherrn Gaudy. Mit der Todtenmaske
Napoleon's. Leipzig: F. A. Brockhaus. 1835. VI, 198 S. 12.
    17) Deutscher Musenalmanach für das Jahr 1836. S. 127 bis 138: a. Der
steinerne Ritter. b. Der Morlake in Venedig (Illyrisch). c. Die Reiterin. d. Das
Orakel.
    18) Mein Römerzug. Federzeichnungen von Franz Freiherrn Gaudy. 3 Theile
in 1 Bde. Berlin, Enslin (Ferd. Müller). 1836. 8.
    19) Aus dem Tagebuch eines wandernden Schneidergesellen. Die Lebensüber-

drüssigen. 2 Noveletten. Leipzig bei Weidmann. 1836. 8. — Reclam's Univ.-Bibl.
Nr. 289. — Heyse-Laistner, Neuer deutscher Novellenschatz Nr. 7. — R. M. Meyer,
Die Ahnen der Familie Buchholz: Nation 1891. 8, 542 bis 545.

20) Berlinisches Bilderbuch. Gedichte nach alten und neueren Gemälden,
herausgegeben von Franz Freiherrn von Gaudy. Erstes Heft. Berlin, Gropius
1836. 4. Zweites Heft. 1839. — Nr. 84) IX. Copien eines Laien.

21) Deutscher Musenalmanach für das Jahr 1837. 8. 86 bis 118: a. Alt und
Jung. b. Der Warththurm (!). c. Der Veilchenstein. d. Berliner Mai. e. Mir ist's
ein Räthsel. f. Der Engel wider Willen. g. Wo bleibt's? h. Der Zug des Todes.
i. Freie Bearbeitungen aus dem Polnischen des Adam Mickiewicz.

22) Deutsches Taschenbuch auf das Jahr 1837, hg. von Karl Büchner. Berlin.
8. 887: Armand von Béarn. — 8 389: Der Handwerksbursch.

23) Clotilde von Vallon-Chalys. Dichterin des funfzehnten Jahrh. Auswahl
in freier Bearbeitung von Franz Freiherrn Gaudy. Berlin, Enslin'sche Buchhandlung (Ferdinand Müller), 1837. 153 S. 8.

24) Novelletten. Berlin, Enslin (Ferd. Müller) 1837. 8.

25) Lieder und Romanzen. Leipzig, Weidmann. 1837. 8.

26) Deutscher Musenalmanach für das Jahr 1838. 8. 159 bis 185: a. Die
gute alte Zeit. b. Que de bruit pour une omelette! c. Die Katze. d. Was geht's
dich an? e. Spurlos. f. Wandlungen. g. Die Pestjungfrau. Lithauische Volkssage.

27) Béranger's Lieder. Auswahl in freier Bearbeitung von A. v. Chamisso und
Franz Freih. Gaudy. Leipzig, Weidmann'sche Buchhandlung. 1838. 8. — Zw. Aufl.
Leipzig 1845. 8. — Reclam's Univ.-Bibl. Nr. 452/3. Vergl. § 291, 1. 55).

28) Venetianische Novellen. Bunzlau, Appun. 1838. II. 8. — Reclam's Univ.-
Bibl. Nr. 941 bis 943. — Ins Holländische übersetzt.

29) Beiträge in die ,Posaune' [vgl. Werke Nr. 34) I, S. LVI. Anm.] und
Cottas Morgenblatt 1838.

30) Chamisso ist todt (Gedicht: Morgenbl. 1839 Januar 7) und Übersetzung
von H. C. Andersens Gedicht auf Chamissos Tod: Hitzig, Leben und Briefe von
A. v. Chamisso. 1864. 2, 156.

31) Deutscher Musenalmanach für das Jahr 1839. Herausgegeben von A. v.
Chamisso und Franz Freih. Gaudy. Leipzig, Weidmannsche Buchhandlung. 8. 229
bis 261: a. Ewigkeit. b. Die Landesflüchtigen. c. Die Bettlerin vom Pont-neuf.
d. Die Gräber. e. Lebenslotto. f. Des Sapieha Rache. g. Gruß den Schwaben.

32) Novellen und Skizzen. Von Franz Freiherrn Gaudy. Berlin, F. H. Morin.
1839. 8. a: Ludwiga. — b: Der Schweizer-Soldat in Bologna. — c: Jugend-Liebe.
Süddeutsches Genrebild. — d: Der moderne Paris.

33) Deutscher Musenalmanach für 1840, hg. von Th. Echtermeyer und Arnold
Ruge. Mit Gaudys Bildnis. Berlin. 8. 3 bis 12: Gedichte aus dem Nachlasse
von Franz Freiherrn Gaudy. a: Der Ultra-Schwabe. b: Das Märchen vom Schlaraffen-
land. c: Nur fünf Jahre. d: Wer weiß, wozu das gut. e: Dichters Tagewerk.

34) Sämmtliche Werke, hg. von Arthur Mueller. 24 Bde. Berlin, Klemann 1844. 8.

I. Vorwort. Gaudy's Leben. Lieder. — II. Terzinen. Aus dem Tagebuche
eines wandernden Schneidergesellen. — III. Der Liebe Loos. Das fünfzigjährige
Jubiläum. Der Pfarrer von Weinsperg. Der verlorene Sohn. — IV. Paulina. Der
Stumme. Rede am Grabe des Musketiers Gröbel. Jugendliebe. — V und VI.
Portogalli. — VII. Kaiserlieder. — VIII. Lyrische Gedichte. Der moderne Paris.
Aus den Papieren des Candidaten Ballhorn. — IX. Copien des Laien. Die bairische
Kellnerin. Der Deutsche in Trastevere. — X. Desengaño. — XI. Balladen und
Romanzen. — XII. Nachricht von den allgemeinen Schicksalen des Hundes Berganza.
Ludwiga, Novelle (Reclams Univ.-Bibl. Nr. 876). Der junge Autor.
XIII bis XV. Venetianische Novellen. 1. Der öffentliche Erzähler von der Riva
degli Schiavoni. Antonello, der Gondelier. Das Modell. Canaletta. Schloß Pizzi-
gbetone. Gianettino l'Inglese. 2. Die Gefangenen. Frau Venus. Der Liebeszauber.
Die Brenta-Blume. Die Maske. 3. Kalabresische Feindschaft. Villa Tornaquinci.
Der Schatzgräber. Die Calvi. Die Braut von Ariccia. — XVI. Erzählende Dichtungen: Das Mädchen mit dem Sterne. Die Kilmacrenans-Felsen. Das Mährchen
vom goldenen Schlüssel. Die selbstspielende Harfe. Der Arme und der Reiche.

Des Sapicha Rache. Die Pestjungfrau. Die Lebensüberdrüssigen. Wasserrosen.
— XVII. Wanderers Schreibtafel. Die Verrathenen. Aus dem Gedenkbuche des
Ritters Rudolf von Ehingen. Der Schweizersoldat in Bologna. — XVIII. Elegien
und Epigramme. — XIX bis XXII. Mein Römerzug. — XXIII. Vermischte Ge-
dichte. Der Katzen-Raphael. Der Jahrestag. Aus dem Tagebuche eines hessischen
Jägers. — XXIV. Genrebilder und Humoresken. Nachbildungen.

35) Gedichte. Hersg. von Arthur Mueller. Berlin 1847. 8.

36) Franz Freiherrn Gaudy's poetische und prosaische Werke. Neue Ausgabe. Herausgegeben von Arthur Mueller. Berlin, Verlag von A. Hofmann u.
Comp. 1853 bis 1854. VIII. 8.
1. Lieder. Romanzen. Terzinen. — Aus dem Tagebuche eines wandernden
Schneidergesellen. — II. Mein Römerzug. — III. Mein Römerzug. Zweiter Theil.
— IV. Kaiserlieder. — Erzählende Dichtungen. — Vermischte Gedichte.
V. Novellen und Erzählungen. a: Schüler-Liebe (Reclams Univ.-Bibl. Nr. 2319).
— b: Der Stumme. — c: Der verlorne Sohn. — d: Der Pfarrer von Weinsperg.
— e: Ludwiga. — f: Die bayerische Kellnerin, — g: Der Deutsche in Trastevere.
— h: Die Lebensüberdrüssigen. — VI. Novellen und Erzählungen. a: Der Katzen-
Raphael. — b: Jugend-Liebe. — c: Aus dem Gedenkbuche des Ritters Rudolf von
Ehingen. — d: Die Verrathenen. — e: Der Schweizer-Soldat in Bologna. — f: Der
moderne Paris. — g: Der Jahrestag. — Humoresken. h: Besuch bei einem Dichter. — i: Gedankenspiele eines Drallenburger Unter-Lieutenants. — k: Der Sonntag des Schulmanns. — l: Elende, durch Neid veranlaßte Bemerkungen über Orden
und Ehrenzeichen. — m: Die sieben Leidensstationen eines Bräutigams. —
n: Lautes Klagelied der jetzigen Männer. — o: Rede am Grabe des Musketiers
Gottfried Gröbel. — p: Flüchtige Gedanken eines Portensers über Zölle und Zoll-
defraudationen. — p: Freisaufgabe. — r: Das fünfzigjährige Jubiläum. — VII. Der
Liebe Loos. ❧ Portogalli. — VIII. Venetianische Novellen.
Der Katzen-Raphael. Zwölf Blätter nach G. Mind. Nebst der Novelette; Der
Katzenraphael von Gaudy. Berlin 1876. gr. 4.   [36'] S. 804.

37) Ausgewählte Erzählungen von Franz von Gaudy. Mit einer Einleitung
von Constance von Gaudy. Berlin und Stuttgart, W. Spemann (1886). XXIV S.,
191 S. 8. — Collection Spemann Nr. 95.
Enth. Aus dem Tagebuche eines wandernden Schneidergesellen. — Der
Katzen-Raphael. — Schülerliebe.

38) Humoristische Schriften. In Auswahl mit kurzer Biogr. hg. von J. Riffert.
Mit einer Einleitung: Was ist Humor? Leipzig 1890. 184 S. 8.

39) Franz Freiherrn Gaudys Ausgewählte Werke. Mit biographischer Ein-
leitung von Karl Siegen. Drei Bände. Leipzig, Fock. 1896. III. 8.
Enth. Bd. I: Biographische Einleitung (XIV S). — Humoresken. — Bd. II:
Novellen und Erzählungen. — Bd. III; Venetianische Novellen. Kaiserlieder. Lyrisch-
Episches.

3. Karl Gustav von Brinckmann, Schriftstellername Selmar, geb. am
24. Februar 1764 auf dem Gute Nacka bei Stockholm, auf welches sich sein Vater
in noch jungen Jahren vom Hofdienst zurückgezogen hatte. Die häusliche Erziehung
war religiös und streng. Mit elf Jahren kam B. nach Deutschland, zuerst in die
Herrnhuter Erziehungsanstalt Niesky (1775 bis 1782), hierauf in das Seminar der
Brüdergemeinde in Barby (1782 bis 1785); hier wurde Friedrich Schleiermacher sein
Mitschüler und Freund. Da die aufgedrungene geistliche Richtung ihm je länger je
weniger zusagte und er dagegen auf einer Reise durch Deutschland (1785) von
Männern wie Basedow, Niemeyer, Garve lebhaft angezogen wurde, kam es nach seiner
Rückkehr ins Vaterland zum Bruche zwischen ihm und seinem Vater. B. bezog die
Universität Halle (1787 bis 1789), und studierte dort Philosophie, Diplomatik, Staats-
recht, Geschichte. In stetem Umgang mit Professoren, Schriftstellern und hoch-
strebenden Jüngeren wie Schleiermacher, erhielt B. Anregung sich selbst in deutschen
Versen zu versuchen. Nachdem Wieland einige derselben im Merkur veröffentlicht
hatte, trat B. unter dem Decknamen Selmar mit seiner ersten Sammlung auf (1789).
Schon diese erregte, hauptsächlich wegen der sorgfältigen Behandlung von Sprache
und Versbau, die Aufmerksamkeit Klopstocks und Adelungs. B. besuchte nun noch
Wittenberg, Jena, Leipzig, Weimar und Berlin, um litterarische Verbindungen anzu-
knüpfen und kehrte hierauf nach Schweden zurück (1791). Hier gelang es ihm

durch persönliche Bemühung, dem Könige Gustav 3. nahe zu treten, und so eröffneten sich ihm die besten Aussichten für die diplomatische Laufbahn. Sehr bald konnte er als Legationssekretär nach Berlin übersiedeln, wo er sich erst vor kurzem in alle schöngeistigen Kreise hatte einführen lassen (1792 bis 1797). Er verkehrte mit Humboldts, Ludw. Tieck, Gentz, Frdr. Schlegel, dem Rahelschen Kreise, Schleiermacher u. a. Im J. 1798 wurde B. nach Paris versetzt; doch ehe er Deutschland verließ, trat er auch den Weimarer Größen nahe; Schiller räumte ihm einen breiten Raum im Musenalmanach 1798 ein, und Goethe wünschte sogar sein Epos Hermann und Dorothea B.'s prosodischer Kritik unterworfen zu sehen. In Paris verkehrte B. intim mit Frau von Stael und wieder mit Humboldts. Schon nach zwei Jahren wurde B. infolge der politischen Spannung zwischen Frankreich und Schweden aus Paris zurückberufen, trat auf der Durchreise Klopstock, Jacobi, Stolberg, Voß, Reinhold näher und kehrte schon im folgenden Jahre in seine frühere Stellung in Berlin zurück (1801), wo er den alten Freundeskreis noch um Joh. v. Müller, Fichte, A. W. Schlegel, Adam Müller erweitert fand. Trotz aller politischen Mißhelligkeiten blieb B. in persönlicher Gunst am preußischen Hofe: er begleitete, nachdem er 1807 Gesandter geworden war, die königliche Familie auf der Flucht nach Königsberg und Memel und wurde dort besonders dem Kronprinzen und der Prinzessin Charlotte ein vertrauter Freund und Lehrer. Weniger glücklich war B. als Gesandter in London (1808 bis 1810), und seinem Wunsche wieder nach Berlin versetzt zu werden wurde nicht stattgegeben, da der König von Preußen ihn nicht wieder wünschte. Die Gründe dieses Stimmungswechsels sind nicht mit Sicherheit ermittelt. So kehrte B. 1811 nach Stockholm zurück und nahm da mehrmals stellvertretend das Hofkanzleramt ein. Doch noch in demselben Jahre fiel er, infolge einiger unvorsichtigen Äußerungen in vertraulicher Gesellschaft, beim Kronprinzen Bernadotte in Ungnade; und obgleich der Bruch äußerlich überbrückt wurde, ist B. von da ab auf keinen verantwortungsvollen Posten mehr berufen worden. Als Mitglied des Collegiums zur Beratung der allgemeinen Reichsangelegenheiten diente er in den folgenden Dezennien noch seiner Regierung, hauptsächlich lebte er jedoch seinen litterarischen Neigungen, als Dichter nunmehr in schwedischer Sprache, als Mitglied der schwedischen Akademien und wissenschaftlichen Gesellschaften und besonders als unermüdlicher Gesellschafter und Briefschreiber. Er starb in der Weihnachtsnacht 1847 in Stockholm. B.'s Correspondenz war unbegrenzt, an seine pseudonyme Freundin Stella allein hat er über tausend Briefe gerichtet, und es werden Briefe von 114 Quartseiten erwähnt! Mündlicher und schriftlicher Umgang mit Männern und Damen von Geist war B.'s Leidenschaft und hervorstechende Eigenheit von Jugend ab gewesen; sein Archiv ist daher eine noch lange nicht erschöpfte Fundgrube für die Geschichte seiner Zeit. Als Dichter ist B. nur durch die Pflege, welche er dem Distichon gewidmet hat, erwähnenswert, er selbst nennt sich nur ein geübtes Talent, keinen wirklichen Dichter. Wenn die schwedischen Biographen B.'s schwache Seiten hinter seinen tüchtigen zurücktreten lassen, so hat Varnhagen in seiner Darstellung jene mit um so größerem Eifer in den Vordergrund gerückt.

a. Mensel, Gel. Teutschl. 9, 148. 13, 175. 17, 262. 22¹, 889.

b. Chamissos Gedichte auf Selmars Nase § 291, 1. 4).

c. Nekrolog 25, 980. 26, 1010.

d. Bernhard v. Beskow, Biografi öfver C. G. v. Brinkman. Vetenskaps-Akademiens Handlingar för år 1847, Stockholm 1849. 8. 8. 139 bis 162.

e. Beskow, tal vid B.'s begrafning. Stockholm 1848. 8.

f. Börjessons inträdestal i Svenska Akademien Svenska-Akad. Handl. XXXIII.

g. Biografisk Lexicon 'Brinkman'.

h. Varnhagen von Ense, Denkwürdigkeiten. Neue Folge. Bd. 4 — Denkwürd. u. vermischte Schriften Bd. 8, 340 bis 355.

i. G. Andersson, Handlingar ur v. Brinkmanska Arkivet på Trolle-Ljungby. Örebro 1859 – 1865.

j. Wilhelm Dilthey, Leben Schleiermachers. Berlin 1870. 8. S. 84 f.

k. H. G. Wachtmeister, Bidrag till C. G. v. Brinkmans biografi och karakteristik. Diss. Lund 1871. XLVIII, 43 S. 8.

l. Georg Brandes, Goethe und Dänemark: Goethe-Jahrb. 1881. 2, 1 bis 48. Briefe an α. K. A. Böttiger: nach den in der Kgl. Bibl. zu Dresden befindlichen Originalen teilweise in der Wissenschaftl. Beilage der Leipz. Ztg. 1888. Nr. 50. S. 275 abgedruckt; vgl. von Biedermann, Goethes Gespräche 1, 190 f. — β. J. B. S. Dehn (1887): Nr. k. Wachtmeister. S. 41. — γ. Marianne v. Eybenberg, geb.

Meyer (1795 oder 1796): Nr. k. Wachtmeister S. 1. — δ. Gentz: sieh § 293, I. 1.
Nr. 26) IV. d. — ε. Goethe, mitget. von Alb. Leitzmann: Goethe-Jahrbuch 1896.
Bd. 17, 30 bis 45. — ζ. Klopstock (1799): Briefe von und an Klopstock, hrg. von
Lappenberg. Nr. 212 u. Anm. S. 535. — η. Lea Mendelssohn-Bartholdy, geb. Salomon
(1799): Nr. k. Wachtmeister S. 8. — ϑ. Jean Paul, mitget. von P. Nerrlich: D.
Revue 14, 2, 336. — ι. (193) Rahel Levin: eine Auswahl in Rahel, Ein Buch des
Andenkens und Nr. k. Wachtmeister S. 4. — κ. Varnhagen s. Nr. 10). — λ. (2)?
(1834): Goethe-Jahrbuch 1892 13, 145 f. — μ. Schwedische Briefe handschriftl.
auf der Königl. Bibl. in Stockholm sieh Kongl. Bibl. Handlingar 2. 1880. — ν. S. 804.

Einen Auszug aus dem Verzeichnis der Briefsammlungen des Brinckmannschen
Archivs auf Trolle-Ljungby giebt Wachtmeister Nr. k. S. XLIf., er nennt u. a.
Archenholtz, Baggesen, Böttiger, Friederike Brun, Claudius, Marianne v. Eybenberg,
Fichte, Gentz (vgl. Dorow, Denkschriften und Briefe 4, 83), Göckingk, Goethe (vgl.
Werke. Weim. Ausg. IV, 16, 245 f. 333; dazu 18, 113), Sara v. Grotthus, Amalie
v. Helwig, Henriette Herz, Alexander v. Humboldt, Caroline und Wilhelm v. Hum-
boldt (vgl. Euphorion 2, 638 f.), F. H. Jacobi, J. G. Jacobi, Klopstock, Frau Krüdener,
Matthisson, H. Mendelssohn, A. H Müller, Joh. v. Müller, Niemeyer, Oehlenschläger,
Rahel, Jean Paul Richter, Schiller (vgl. F. Jonas, Schillers Briefe [1895] 5, 349),
A. W. Schlegel, Dorothea und Friedr. Schlegel (Euphorion 3, 422 bis 425), Schleier-
macher (vgl. Ueber die Religion. Reden an die Gebildeten unter ihren Verächtern.
Widmung der 2ten und 3ten Ausgabe 1806 und 1821), Spalding, Steffens, Tegnér,
Tieck, Varnhagen, Voß, Pauline Wiesel, Frau v. Wolzogen.

Veröffentlichungen hieraus bereitet Alb. Leitzmann vor; vgl. Euphorion 1, S. 851.

1) Gedichte in Wielands Merkur.

2) Gedichte von Selmar. Zwei Bände. Leipzig in der Gräffschen Buchhandlung.
1789, H. 8 Bl., 410 S.. 1 Bl. Druckfehler und XVIII, 474 S. 8.

3) Beiträge in Vossens Musenalmanach. Vgl. § 231, 4. d).

4) Sechzehn Beiträge (Distichen, Epigramme) in Schillers Musenalmanach 1798.
Chiffre R.

5) Elegien. Abdruck Für Freunde. Paris 1799. 73 Seiten. 8. 21 Gedichte, von
denen 1 in 9) nicht, die andern in Umarbeitung wiederabgedruckt.

6) Prosaische Aufsätze in Eberhards Philosophischem Magazin, Zöllners Unterhaltungen, in der Berlinischen Monatsschrift.

7) Gedichte von Karl Gustav von Brinckmann. Erstes [eins.] Bändchen.
Berlin 1804. 8. wiederh. als: Elegien und Arabesken; Freunden des Edlen und
Schönen gewidmet. Berlin 1820. 8.

8) Philosophische Ansichten. Berlin 1806. 8. (Philosophie — Religion —
Das Christenthum — Moral und Sittlichkeit — Ausbildung — Der höhere Standpunkt — Lebensansichten).

Materialien zu einem beabsichtigten zweiten Teil im Brinckmann'schen Archiv.

9) Vitterhets-Försök II. 1842 - 1843. (Gedichte in schwedischer, lateinischer,
englischer Sprache).

10) Rahel. Brief an Varnhagen von Ense. Stockholm 1834: Varnhagens Denkwürdigkeiten und vermischte Schriften. Bd. 8. S. 639 bis 684.

11) G. Andersson Handlingar ur v. Brinkmanska arkivet på Trolle-Ljungby.

12) Gedichte an Stella, handschriftlich auf der königl. Bibliothek in Berlin.

4. Isaak von Sinclair, geb. im J. 1775. Die Familie, einem schottischen
Geschlecht entstammend, lebte schon vom Großvater an in Deutschland. S. studierte
in Tübingen und Jena, schwang sich rasch empor, schon 1796 Hessen-Homburgischer
Legationsrat, wurde 1805 Geheimer Rat; wohnte dem Wiener Kongreß als Vertreter
seines Landgrafen bei und war eben zum Major im österreichischen Generalstabe
ernannt, als er beim Anmessen einer neuen Uniform in einem Kleiderladen den
29. April 1815 am Schlage starb. Von der Universitätszeit her war er mit Hölderlin
befreundet. Als Dichter nannte er sich Crisalin (Anagramm für Sinclair). Als
Philosoph ging er von Fichte aus, den er in Jena gehört hatte.

a. Morgenblatt 1815. Nr. 146.

b. Varnhagen, Denkwürdigkeiten. 2. Aufl. 1843. 3, 275. 3. Aufl. 4. Theil.
S. 214 f.

c. Cbph. Schwab, Hölderlin 2, 293 f. 818.

d. K. Schwartz, Landgraf Friedrich V. von Hessen-Homburg. 2. Aufl. Homburg v. d. Höhe 1888. 8. 30. 51. 101. 191 bis 251. Vergl. Köstlin, Hölderlin S. XI.

e. Allg. dtsch. Biogr. 1892. 84, 888 bis 889 (F. Otto).

1) Glauben und Poesie. Eine Sammlung von Dichtungen und Bruchstücken in Prosa, zum Frühjahr 1806 herausgegeben von Lucian (Joh. Erichson und Sinclair) Berlin 1806. 16.

2) Das Ende des Cevennenkrieges. Trauerspiel in 5 Aufz. Berlin 1806. 8.

3) Der Gipfel des Cevennenkrieges. Trauerspiel in 5 Aufzügen. o. O. (Heidelberg, Mohr) 1807. 8.

4) Der Anfang des Cevennenkrieges. Trauerspiel in 5 Aufzügen. o. O. (Heidelberg, Mohr) 1807. 8. Zu Nr. 2) bis 4) vergl. § 284, 1. 89).

5) An Tian: Ernst Jeep, Karoline von Günderrode (so!). Wolfenbüttel 1895. 8. 42 bis 43.

6) Beiträge in Seckendorfs Musenalmanach 1808, deren einer von Arnim der 16. Zeitung für Einsiedler vom 25. Mai 1808 vorangestellt ist.

7) Heidelberger Taschenbuch 1810. 8. 174 bis 181.

8) Wahrheit und Gewißheit (Metaphysik) von Sinclair. Frankfurt 1811. III. 8. Vgl. Rosenkranz, Hegels Leben. Berlin 1844. 8. 268 f.

9) Gedichte von Crisalin. Frankfurt 1811 und 1813. II. 8.

10) Versuch einer durch Metaphysik begründeten Physik. Frankfurt. 1813. 8.

11) Kriegslieder von Sinclair 1813. Frankfurt. Hermann.

5. Jens Immanuel Baggesen, geb. am 15. Februar 1764 zu Korsöer auf Seeland, wo sein Vater Bagge Baggesen Kornschreiber war, eine von Haus aus gutgeartete sanfte Natur, die jedoch durch frühen Beifall und Überschätzung vermeinter Genialität verwöhnt und im unausbleiblichen Konflikt zwischen Anspruch und Anerkennung bis zur leidenschaftlichen Heftigkeit gesteigert wurde; mehr für Dänemark als für Deutschland von Bedeutung. Als er seine komischen Erzählungen, die 1785 zuerst dänisch erschienen, ankündigte, fanden sich sofort tausend Subscribenten, und Joh. Herm. Wessel (1742 bis 1785) begrüßte den jungen Nebenbuhler in einem launigen und herzlichen Gesange (Skrivter 2, 161). Seine Jugend war nicht ohne äußeren Druck: ein Jahr lang diente er als Schreiber, besuchte dann 1778 bis 82 die Schule zu Slagelse und studierte 1785 in Kopenhagen. Seine komischen Erzählungen verschafften ihm Gönner; der Prinz von Holstein-Augustenburg brachte ihm ein Reisestipendium der Regierung zuwege, vermöge dessen er im Mai 1789 mit Friederike Brun, Tochter des Bischofs Münter, und Fr. Cramer seine Reise über Kiel antrat. Er hatte die deutsche Litteratur kennen gelernt und Klopstock und Wieland zu Mustern genommen. In Eutin suchte er Voß auf und schloß sich ihm genauer an; in Vossens Sinne sah er fortan die deutsche Litteratur an: deren neuere Entwickelung oder Entartung versuchte er in seiner Manier lächerlich zu machen. In Hamburg machte er Klopstocks persönliche Bekanntschaft und durch ihn die der Familie Reimarus, mit welcher er jahrelang in freundschaftlicher Verbindung blieb. Auch Gerstenberg und Knigge lernte er genauer kennen. Nach einem Badeaufenthalt in Pyrmont setzte er mit seinem Freunde, dem Grafen Moltke (§ 271, 8) die Reise über Göttingen, Kassel und Mainz nach Basel fort, durchstrich die wichtigeren Schweizerkantone und verlebte sich in Bern an Albrecht Hallers Enkelin Sophie, verheiratete sich mit ihr nach einem kurzen Aufenthalte in Paris und ging im Spätsommer 1790 über Jena und Weimar, wo er Wieland, Reinhold und Schiller kennen lernte, nach Kopenhagen. Da seine Frau des dortigen Klimas und Lebens nicht gewohnt werden konnte, kehrte Baggesen 1793 mit ihr und zwei Söhnen nach dem Süden zurück und ging, die Frau in Bern zurücklassend, mit Fernow nach Rom. Nach kurzem Aufenthalte daselbst eilte er in die Schweiz zurück und führte seine Frau zum zweitenmale nach Kopenhagen. 1796 wurde er dort zum Probst der Communität und zum Regenten der Stipendiaten ernannt. Er wanderte nun, da sein Einkommen gesichert war, oft zwischen Kopenhagen und Paris hin und her und verwickelte sich tief in die Irrgänge der Revolution, deren kolossale Formen seine Phantasie auf das gewaltigste ergriffen. Er begleitete Haller, den Schatzmeister Napoléons, bei dessen erstem Zuge nach Italien und erhielt von diesem eine kleine Villa bei Modena, Frasimalga, geschenkt. Seine Begeisterung für Napoléon, die er unverhohlen aussprach, zog ihm mannig-

fache Widerwärtigkeiten zu, und diese, die er nicht geduldig ertrug, bestimmten
ihn, im Spätjahre 1800 sich nach Paris zu wenden, wo er eine Zeit bei Marly eine
Meierei besaß. In der Folgezeit hielt er sich wieder in Deutschland auf. 1811
wurde er zum Prof. der dänischen Sprache und Litteratur in Kiel und 1812 zum
Justizrat ernannt; er ging dann wieder nach Kopenhagen und wurde 1814 seiner
Professur, die er nie versehen hatte, entledigt. Von da lebte er abwechselnd in
Kopenhagen und Paris, meist an letzterem Orte. Die letzten Jahre seines Lebens
rang sein bis dahin überaus kräftiger Körper mit einer tödlichen Nierenschwind-
sucht. In Bern hatte ihn sein Arzt 1825 als bedenklichen Kranken entlassen; er
ging nach Karlsbad, brachte dort mehrere Monate leidend zu und begab sich im
Oktober nach Dresden. Im Winter verschlimmerte sich sein Zustand sehr. Im
Sommer 1826 suchte er zuerst in Teplitz, dann in Karlsbad Heilung; die Ent-
kräftung wurde aber so groß, daß die Ärzte ihn nach Marienbad schickten. Er
wurde irrig als Milzkranker behandelt; sein wahres Leiden fand deshalb nicht einmal Linderung. Im September kam er völlig zerrüttet nach Dresden und trat von
da mit seinem aus Kopenhagen ihm entgegen kommenden Sohne, einem dänischen
Seeoffizier, die qualvolle Reise nach Kopenhagen an, erreichte aber nur Hamburg.
Hier starb er am 3. Oktober 1826 im Freimaurerhospitale.

a. Meusel, Gel. Teutschl. 1808. 13, 56. 17, 71 f. 22 I, 107.

b. C. Friedr. Cramer, Baggesen. Kiel 1789. 8.

c. Karikiert geschildert wird Baggesen in Achims von Arnim Gräfin Dolores
1809 vom 19. Kapitel der zweiten Abteilung an und zwar unter dem Namen ‚Waller‘.
R. Steig glaubt, daß dieser im Hinblick auf den Namen ‚Danwaller‘ gewählt ist,
unter dem sich Baggesen selbst auch im ‚Karfunkel oder Klingklingel-Almanach‘
einführt. Baggesen hielt im Litteraturstreit der Heidelberger zu Voß; deshalb
zieht ihn Arnim in der Dolores (Bd. 1, 277) wegen seiner Hexameter mit Voß, der
ihnen längst den Preis zuerkannt habe, auf. Die Waller-Kapitel sind also die
litterarische Strafe, die Arnim Baggesen für die Angriffe des Klingklingel-
Almanachs erteilt. So erklärt es sich, daß Arnims Vertrauter Wilhelm Grimm in
seiner Heidelberger Rezension der Dolores ausdrücklich auf die ‚große Wahrheit‘
in der Darstellung des ‚Waller, der ein sündliches Gaukelspiel mit dem Heiligsten
treibe‘, hinwies (Kl. Schriften 1, 294) — was wieder ein Stich gegen den Klingklingel-Almanach und in letzter Linie gegen Voß war.

d. Baggesens Besuch bei Wieland sieh § 223, B. γ — Band IV. S. 193.

e. Nekrolog 4, 585 bis 603 nach der Allg. Ztg. 1826. Beilage Nr. 312 f. —
Dresdner Morgenzeitung 1827. Nr. 11 bis 14 (Meusel).

f. J. C. G. Fricke, In memoriam defuncti Jens. Imm. Baggesen. Relatio de
sectione iisque vitiis, quae in obducto defuncti corpore reperta sunt ... Hamburg
1827 (d. i. 1826). 4.

g. Erslew 1, 43 bis 48.

g'. Karl Gutzkow, Jens Baggesen: Beiträge zur Gesch. der neuesten Literatur.
Stuttgart 1836. 2, 54 f.

h. August Baggesen, Jens Baggesens Biographie. Kjöbenhavn 1843 bis
1856. IV. 8. Jeder Band enthält in den Beilagen Briefe von und an Baggesen.

i. Thortsen 1854. 8. 119 bis 126.

k. Kr. Arentzen, Baggesen og Oehlenschläger. Litteraturhistorik Studie.
Kjöbenhavn. 1870 bis 1878. VIII. 8. Inhalts- und Namenregister von C. E. Secher.
1878. 8.

l. Joh. Georg Rist's Lebenserinnerungen. Hg. von G. Poel. Gotha 1880. 1, 135.

m. Georg Brandes, Goethe und Dänemark: Goethe-Jahrbuch 1881. 2, 1 bis
48 — Menschen und Werke. Essays. Frankfurt a. M. 1895. 8. 1 bis 58.

. Dan. Albrecht Ryts, Carl Albrecht Reinhold Baggesen. Basel 1884. 8.
S. 1 f und 101 f.

o. Ph. Schweitzer, Geschichte der skandinavischen Literatur. Leipzig 1888.
Band 2.

p. Aus Phil. Alb. Stapfers Briefwechsel hg. von Rud. Luginbühl. Basel 1891. 1, 98.

q. Blätter aus dem Stammbuch Jens Baggesen's 1787 bis 1797, hg. von
Theodor von Baggesen und Eduard Grupe. Marburg a. L. 1893. qu. 8.

Ed. Grupe, Jens Baggesen's Stammbuch: Allg. Ztg. 1886. Beilage Nr. 288
bis 294. — Schillers Stammbuchverse an Baggesen, Jena 1790: § 253, 29) — Bd. V.
S. 188f.; Deutsche Rundschau 1876. Band 7, 75. Vergl. ‚Eine Reliquie Schillers‘:
Daheim 1885. Bd. 22. Nr. 7. Sieh dazu ‚Berichtigung‘ 1886 Nr. 14.

r. J. Clausen, Jens Baggesen. Kopenhagen, Salmonsen. 1895. 8. — s. J. H. Voß, Ode an Jens Baggesen: Vossens Werke. Leipzig 1850. 4, 110. Briefe an α. seine Frau sieh Nr. o. 1, 417 und 2, 385. — β. Graf Bernstorff: Nr. o. 1, 438. — γ. K. G. v. Brinckmann sieh § 291, 3. k. und oben Nr. h. 4, 170. — δ. (5) Joh. Benj. Erhard: Erhards Denkwürdigkeiten. Stuttgart und Tübingen. 1830. — ε. Heinrich Geßner: Th. Zolling, H. v. Kleist in der Schweiz. Stuttgart 1882. 4. 8. 107. — ζ. Gräfin Anna von Holk: Nr. o. 2, 426. — η Klopstock sieh Lappenberg. 8. 859. — θ. Oehlenschläger: sieh Nr. 7. 36) Bd. I. S. 176f. — ι. Reinhold u. a. (Worb, ohnweit Bern 1797 August 29 bis September 11): Katalog von Maltzahns Autographensammlung. Berlin 1890. Nr. 691. — κ. Schiller (Coppenhagen 1791 November 29): Deutsche Rundschau 1876. 8, 884 bis 886. — λ. Graf Schimmelmann: Nr. o. 1, 442. — μ. Voß: Nr. o. 2, 421. 485. — ν. Wieland: Nr. o. 2, 450 — ξ. Charlotte Wieland: Th. Zolling, H. v. Kleist in der Schweiz. Stuttgart 1882. 4. 8. 109.

o. Aus Jens Baggesen's Briefwechsel mit Karl Leonhard Reinhold und Friedrich Heinrich Jacobi. In zwei Theilen. Nebst achtundzwanzig Beilagen. Leipzig: F. A. Brockhaus. 1831. II. 8. Sieh auch Nr. h. Beilagen.

Vergl. Wiener Jahrb. Bd. 57 und Band V. 8. 43. Grillparzers Sämmtliche Werke 18³, 88f.

π. Hugo Holstein, Briefwechsel zwischen Baggesen und Gleim: Senfferte Vierteljahrschrift 1891. IV, S. 140 bis 143.

Briefe an Baggesen von Fernow: Nr. o. - Friedr. Gräter: Nr. h. 1, Beilagen S. 67. — Lavater: Nr. o. — Niebuhr: Nr. o. — Schiller: Nr. o. 1, 423, 431; Nr. h. 1, Beilagen S. 122; Deutsche Rundschau 1875. 8, 44 bis 46; Jonas, Schillers Briefe 3, 177 bis 182. 188 bis 190 und Band V. 8. 102, 36). — Graf Schimmelmann: Nr. o und Nr. h. 1, Beil. S. 97. — Voß: Nr. o. — Wieland: Nr. o und Nr. h. 1, 302f.

1) Beiträge in: Salz, Laune und Mannichfaltigkeit in comischen Erzählungen. Hamburg, bey Hoffmann. 1790. 8. Vergl. § 225, 84. 12) ⚌ Band IV. 8. 241.

2) Holger Danske, oder Oberon. Oper in 3 Akten von J. Baggesen, hg. von Carl Fridrich Cramer (Musik von F. L. Aemilius Kunzen). Kopenhagen, bei Sönichsen. 1790. 8. Vergl. § 223, C. 93) ⚌ Band IV. 8. 206 und Nr. h. 1, 179.

3) Comische Erzählungen oder Scenen aus dem menschlichen Leben alter und neuerer Zeiten. Copenhagen und Leipzig, 1792 bey Christian Gottlob Proft, Königl. Universit.-Buchhändler. X, 459 8. 8.

Der fünfte Beitrag: Ja und Nein, oder der eilfertige Freyer und der siebente: Thomas Moore, oder der Sieg der Freundschaft über die Liebe sind von Jens Baggesen, ursprünglich beide in Versen. Vergl. § 225, 84. 13) ⚌ Band IV. 8. 241.

4) Baggesen oder Das Labyrinth. Eine Reise durch Deutschland, die Schweiz und Frankreich. Fünf Stücke. Altona und Leipzig, in der Kavenschen Buchhandlung. 1793 bis 1795. V. 8. Mit Nebentiteln. Erstes Stück: Copenhagen oder die Abreise. Uebersetzung aus Baggesens Labyrinth von C. F. Cramer. Kiel und seine Gegend. Zweytes: Kiel. Eutin. Lübeck. Drittes: Hamburg. Altona. Viertes: Wandsbeck bis Pyrmont. Fünftes Stück: Einbeck bis Basel. Uebersetzung aus Baggesens Labyrinth von Carl Friedrich Cramer. [Jördens 6, 601: Die Übersetzung sei mit eigenen Zuthaten Cramers durchwebt]. — Baggesens, Professors in Kopenhagen, Humoristische Reisen durch Dänemark, Deutschland und die Schweiz in fünf Bänden. Zweyte Auflage. Hamburg und Maynz in Commission bey Gottfr. Vollmer. 1801. V. 8. Vergl. § 232, 82. 20) ⚌ Band IV. 8. 415f. und R. Steig, Achim von Arnim und Clemens Brentano. Stuttgart 1894. 8. 170.

Einzelne Fragmente übersetzt: Wielands Neuer Teutscher Merkur 1794 Januar S. 50f. April S. 229f. Mai S. 8f. 1795 Januar S. 12f. Der Übersetzer ist nach Meusel, Gel. Teutschl. 9, 14f. (aus Kordes' Lexikon): Joh. Konr. Ahlmann.

5) A Bonaparte. Ode sapphique composée à l'hospice du Grand St. Bernhard 1798 par J. Baggesen. Traduite du Danois en françois par lui-même. Copenhague 1800. 4 Bl. 8.

6) Taschenbuch für das Jahr 1802. Hg. von Joh. Georg Jacobi. Hamburg, Perthes. Enth. von J. H. Voß das Gedicht ‚An Jens Baggesen', vergl. oben Nr. s., von J. Baggesen: S. 51 bis 53 An J. H. Voß. — S. 102 bis 104 Die neue Begeisterung. — S. 147 bis 149 An Ernst Schimmelmann. — S. 159 Plutus und Amer. — S. 171 bis 173 An die Telyn.

7) Gedichte von Jens Baggesen. Zwei Theile. Hamburg, bey Friedrich Perthes. 1803. 8 Bl., 209 S. und VIII, 232 S. 8.

Oden und Elegieen. — Lieder und vermischte Gedichte.

8) **Parthenais** oder der Junfrauen Wallfahrt, ein episches Gedicht in neun Gesängen von Jens Baggesen. Ein Seitenstück zu Goethes Hermann und Dorothea und Vossens Luise: Taschenbuch für Damen auf 1803. Hamburg, Vollmer. 12. — Parthenais oder die Alpenreise. Ein idyllisches Epos in neun Gesängen. Hamburg und Mainz 1804. 16. — Parthenais oder Die Jungfrauen Wallfahrt zur Jungfrau. Ein idyllisches Epos in neun Gesängen. Zweite unveränderte Auflage. Hamburg bei Vollmer o. J. 12. — Parthenäis (so!) oder Die Alpenreise. Ein idyllisches Epos in Zwölf Gesängen von Jens Baggesen. Amsterdam im Kunst und Industrie Comptoir. o. J. (1808). 222 S. 8. — Parthenais, oder Die Alpenreise. Ein idyllisches Epos in zwölf Gesängen von Jens Baggesen. Gänzlich umgearbeitete und mit drei Gesängen vermehrte Auflage. Amsterdam, Kunst und Industrie Comptoir. 1812. 12. — Parthenais, oder Der Jungfrauen Wallfahrt zur Jungfrau. Ein idyllisches Epos in zwölf Gesängen. Hamburg 1812. 8. — Parthenais oder die Alpenreise. Ein idyllisches Epos in zwölf Gesängen von Jens Baggesen. Neue Auflage. Leipzig, F. A. Brockhaus. 1819. II. 8. — Gänzlich umgearbeitet in Nr. 18) I.

Französisch (in Prosa): La Parthénéide. Poëms de M. J. Baggesen, traduit de l'Allemand. A Paris 1810. 12.

Der Übersetzer war Claude Charles **Fauriel**.

9) Heideblumen. Vom Verfasser der Parthenais. Nebst einigen Proben der Oceania. Amsterdam. Im Kunst- und Industrie-Comptoir. 1808. 335 S. 8.

Die Oceania sollte ein mit Camoens Lusiaden wetteiferndes Gedicht werden, dessen Stoff Cook's Entdeckungsreisen bilden.

10) Janhagel-Prosodie oder Wettgesang der neun Aftermusen. An Voß: Morgenblatt 1808. Nr. 310. 8. 1239 f.

11) Eintrag in Aug. v. Goethes Stammbuch (‚Tiefe Bewunderung griechischer Kunst in göthischer Bildung', unters. Heidelberg, d. 24. Dec. 1808. Baggesen): Deutsche Rundschau 1891. 68, 261.

12) Schiller und Goethe: Morgenblatt 1809. Nr. 8. Vergl. § 249. B, I. 29) ƒ — Band V. S. 101.

Vergl. über Baggesens Anteil am Morgenblatte auch Nr. h. 4, 9. 28.

13) Der Karfunkel oder Klingklingel-Almanach. Ein Taschenbuch für vollendete Romantiker und angehende Mystiker. Auf das Jahr der Gnade 1810 [Sonettschema]. Herausgegeben von Baggesen. Tübingen in der J. G. Cotta'schen Buchhandlung. 8.

Vergl. F. **Pfaff**, Arnims Tröst Einsamkeit. 1888. LXXXVf. und Nr. c.

14) Taschenbuch für Liebende, auf das Jahr 1810. Tübingen 16. Bd. VIII. S. 70.

15) Zwei Gedichte an Henriette Hendel-Schütz: Blumenlese aus dem Stammbuche der deutschen mimischen Künstlerin, Frauen Henriette Hendel-Schütz gebornen Schüler. Leipzig und Altenburg: F. A. Brockhaus. 1815. 8. 12 bis 14. Vergl. Morgenblatt 1808. Nr. 291 und 1809. Nr. 5. Sieh auch Nr. h. 4, 3f.

16) Der Himmelruf an die Griechen in ihrem Todeskampfe für die Freiheit: Morgenblatt 1826. Nr. 278. Auch besonders erschienen: Zum Besten der vielleicht noch lebenden. Breslau 1826. Im Verlage von Josef Max und Komp. 10 S. 8. Vergl. Euphorion 1896. Ergänzungsheft S. 116 und unten Bd. VIII. S. 289, 79) c.

17) Adam und Eva, oder Die Geschichte des Sündenfalls. Ein humoristisches Epos in 12 Büchern. Mit Vorwort von G. J. Göschen. Leipzig 1826. 436 S. 8. Proben daraus standen in der Abendzeitung 1826 Nr. 254. 257. — Adam und Eva. Ein humoristisches Epos von Jens Baggesen. Neue Ausgabe im Auszug redigiert von E. Grupe und mit Beilagen versehen von J. C. Th. Baggesen. Straßburg 1885. Vergl. Anz. f. d. dtsch. Alterth. 12.

18) Jens Baggesen's poetische Werke in deutscher Sprache. Herausgegeben von den Söhnen des Verfassers, Carl und August Baggesen. Fünf Theile. Leipzig: F. A. Brockhaus. 1836. V. 12. I. Nr. 8) — letzte Umarbeitung des Verfassers. — II. Nr. 7). — III: Der vollendete Faust oder Romanien in Jauer. Ein dramatisches Gedicht in drei Abtheilungen. Die Philisterwelt oder Romanien im Wirthshause. Komödie als Vorspiel. Die romantische Welt oder Romanien im Tollhause. Comi-Tragödie in sieben Aufzügen. — IV. Nr. 17). Gedichte der zweiten Periode (Epi-

gramme). — V. Gedichte der zweiten Periode (Lyrische Gedichte, Erzählungen, poetische Episteln).

19) Fragmente. Aus dem literarischen Nachlaß des Verfassers. Herausgegeben von A. Baggesen. Kopenhagen 1855. X, 270 S. 8.

20) Jens Baggesen's philosophischer Nachlaß. Herausgegeben von Karl A. R. Baggesen. Zwei Bände. Zürich, Friedr. Schultheß. 1858 bis 1863. II. 8. Vergl. vorhin Nr. n. 8. 268 bis 269.

6. Gerhard Bonnier, geb. am 21. Oktober 1778 in Besançon, Franche-Comté, kam jung nach Deutschland und wurde in Dresden, aber nicht in der Ritterakademie, erzogen, ging dann zu weiterer Ausbildung nach Österreich. Die Ermordung seines Oheims Bonnier, des französischen Gesandten zum Rastatter Kongresse, verhinderte seine Rückkehr nach Frankreich. Einige Zeit lebte er als Sprachlehrer in Hamburg, kam 1802 nach Kopenhagen, gründete dort eine Leihbibliothek und wurde Buchhändler.

Erslew 1, 168f.

1) Ernst und Satire. No. I bis XII. Kopenhagen 1804. 8.

2) Feldborgs Spazierreise nach Kopenhagen und den umliegenden Gegenden. Kopenhagen 1808. 8. (Aus dem Englischen übersetzt).

3) Neues Taschenbuch der Laune oder Schilderungen aus der wirklichen Welt. Herausgegeben von Ambrosius v. Lucas. Kopenhagen, Boumier. 1814. 8.

7. Adam G o t t l o b **Oehlenschläger,** geb. am 14. November 1779 zu Vesterbro bei Kopenhagen, Sohn des Schloßverwalters und Organisten Joachim Konrad Oehlenschläger zu Frederiksberg, besuchte von seinem 12. bis 16. Jahre die Efterslägtesellskabets-Realschule in Kopenhagen und debütierte 1797 (nicht 1799) als Schauspieler, verließ die Bühne jedoch bald wieder und studierte seit 1800 in Kopenhagen Rechte, erhielt 1801 einen akademischen Preis für eine Abhandlung über den Gebrauch der nordischen Mythologie in der Dichtung (Minerva 1801. I, 272 bis 297) und trat im August 1805 mit einem königlichen Stipendium ausgerüstet eine Reise an, die ihn nach Deutschland, Frankreich, der Schweiz und Italien führte. Im Jahre 1809 kam er zurück nach Kopenhagen, erhielt 12. Dez. 1809 den Titel Professor (Rang 6. Cl. Nr. 3.) und wurde am 21. Sept. 1810 zum außerordentlichen Professor der Ästhetik an der Universität Kopenhagen ernannt. Im Jahre 1817 machte er in Gesellschaft des Barons P. G. Bertouch-Lehn wieder eine Reise nach Deutschland und Frankreich, 1827 wurde er zum ordentlichen Professor der Ästhetik und zum Assessor im Consistorium ernannt, besuchte im Sommer 1829 Malmö und Lund, machte 1831 eine Reise nach Leipzig und Berlin, war 1831 bis 32 Rektor der Universität und reiste 1833 nach Norwegen. Unterm 16. März 1839 wurde er zum wirklichen Etatsrat ernannt, wiederholte im Sommer 1843 die Reise nach Norwegen und ging im Mai 1844 aufs neue auf Reisen, zunächst nach Berlin, Wien und München, blieb den Winter in Paris und kam im Mai 1845 zurück nach Kopenhagen. 1846 bis 47 führte er zum zweitenmale das Rektorat der Universität, reiste im Juli 1847 nach Schweden und starb am 20. Januar 1850 in Kopenhagen. — In ihm verehrte der Norden seinen ausgezeichnetsten Dichter. Er verstand es, die vielfach lebendige Begeisterung für Erinnerungen und den Geist des nordischen Altertums zu entflammen, und schuf, trotzdem daß seine erste dramatische Arbeit wiederholt abgelehnt worden war, ein dänisches Idealschauspiel, das auf Schillerischen Grundlagen dem echten Geiste seines Volkes glänzenden Ausdruck gab. Als Vermittler zweier Nationen, die einander so nahe verwandt und zugleich wie Gegensätze verschieden sind, hat er auch in Deutschland großen Erfolg gehabt und eine zeitlang den Geist des Schillerischen Schauspiels zu erhalten wenigstens beigetragen; seine deutschen Arbeiten sind jedoch an Wärme und Vollendung geringer als seine dänischen, da die deutsche, wenn auch noch so fließend gebrauchte Sprache eine erlernte war, deren Anwendung zwar nichts Mühsames, aber auch nichts Ursprüngliches verrät. Wie seine Übersetzungen Goethischer Dichtungen die Dänen nicht erfassen wie die Originale, so müssen in Deutschland seine Übersetzungen der eigenen Werke (und deutsch schreibend übersetzt er immer dänische Gedanken) hinter der Wirkung seiner Originale bei seinen Landsleuten zurückbleiben. Mit Ehren wie er, war bis dahin und ist seitdem kein dänischer Dichter überhäuft worden, Orden und Ehrenzeichen der nordischen Reiche schmückten ihn, die Jugend vergötterte ihn, sein 70. Geburtstag war ein Volksfest in Dänemark

und Norwegen; mit seiner sterblichen Hülle wurde der Ruhm Dänemarks, einen
lebenden großen Dichter unter den Weltpoeten zu besitzen, begraben.

a. Minna Körner an Frdr. Benedict Weber (Dresden 1806 August 22):
Deutsche Rundschau 1878. 15, 466.

b. Mensel, Gel. Teutschland 14, 685. 19, 8f.

c. Nekrolog 28, 68 bis 70.

d. Erslew 1853. 8, 647 bis 670.

e. Thortsen 1854. 8. 152 bis 157.

f. Selbstbiographie Nr. 29) sand I und II.

g. Frd. Chph. Dahlmann, Betragtninger over Oehlenschlägers dramatiske
Vaerker. Kjöbenhavn 1812. 64 S. 8.

h. F. W. Riemer, Mittheilungen über Goethe. 1841. 1, 415 bis 419.

i. H. Steffens, Was ich erlebte. Breslau 1842. Band 5 und 6.

k. C. Molbech, Studier over Oehlenschlaegers Poesie og Digtervaerker.
Kjöbenhavn 1850. 8.

l. J. P. Mynster, Ved Adam Oehlenschlaegers Jordefaerd; i Frue Kirke-
den 26. Jan. 1850. Kjöbenhavn 1850. 8.

m. H. P. Holst, Adam Oehlenschlaeger. En Mindetale i Efterslägtesel-
skabet den 4. Marts 1850. Kjöbenhavn 1850. 8.

n. Til Minde om Oehlenschlaeger. To Taler og to Digt, udgivne af det
skandinaviske Selskabet. Kjöbenhavn 1850. 8.

o. S. J. Stenberg, Minnestal öfver Adam Oehlenschlaeger. Stockholm 1850. 8.

p. Sieh nachher Nr. 41).

q. Kr. Arentzen, Baggesen og Oehlenschläger. Literaturhistorik Studie.
Kjöbenhavn. 1870 bis 1878. VIII. 8. Inhalts- und Namen-Register von C. E.
Secher. 1878.

r. R. Nielsen, Adam Oehlenschläger. Et mindeskrift. Kjöbenhavn 1879. 8.

s. C. L. N. Mynster, Mindeblade om Oehlenschläger og hans kreds hjemme
og ude, i breve fra og til ham. Kjöbenhavn 1879 (?) 8.

t. Georg Brandes, Goethe und Dänemark: Goethe-Jahrbuch 1881. 2, 1
bis 48. Sieh oben Nr. 5. m.

u. Hanns Maria, Erinnerungen an Oehlenschläger und seinen Kreis. Aus dem
Norwegischen übersetzt: Nordische Rundschau 1885. 4. Jahrgang. Heft 2 bis 4.

v. L. H. Fischer, L. Tieck und A. Öhlenschläger (nach Tiecks ungedrucktem
Briefwechsel): Vossische Zeitung 1886. Sonntagsbeilage Nr. 3 — Aus Berlins
Vergangenheit. Berlin 1891. 8. 162 bis 168. Vergl. § 284, 1. ee). 123) II.

w. R. Schmidt, Fra liv og literatur. syv foredrag. Kjöbenhavn 1887. 8.
enthält Goethe og Oehlenschläger.

x. G. Friedmann, Die Bearbeitungen der Geschichte des Bergmanns von
Fahlun. Berliner Dissert. 1887. 8.

y. C. Elberling, Öhlenschläger og de österlandske eventyr. Kjöbenhavn 1887. 8.

z. Ludwig Schröder, Adam Oehlenschläger og den romantiske skole.
Kjöbenhavn 1888. V, 191 S. 8.

aa. Ph. Schweitzer, Geschichte der skandinavischen Literatur. Leipzig
1889. Band 3.

bb. J. Le Fevre-Deumier, Célébrités allemandes. Essais bibliographiques
et littéraires. Paris 1893. 8. 8.

Briefe an α. H. C. Andersen: Nr. s. Mynster. — β. K. G. v. Brinckmann:
§ 291, 3. k. — γ. Frommann: Das Frommannsche Haus und seine Freunde.
Jena 1872. 8. 86f. — δ. Goethe: Goethe-Jahrbuch 1887. 8, 11 bis 20; dazu 9,
304 und 343f. — ε. F. F. Hebbel: F. Hebbel, Briefwechsel mit Freunden und
berühmten Zeitgenossen. Hg. von F. Bamberg. Berlin 1890. 1, 244f. — ζ. K.
L. Rahbek: Nr. s. Mynster. — η. Es. Tegnér: Nr. s. Mynster. — ϑ. L. Tieck:
Briefe an Tieck 3, 64f. und Nr. s. Mynster.

Briefe an Oehlenschläger von K. L. Rahbek, Rask, Charlotte von Schiller,
Friedrich Schlegel, Schleiermacher, Steffens, Es. Tegnér, L. Tieck und J. H. Voß:
Nr. s. Mynster.

1) Aladdin oder die Wunderlampe. Ein dramatisches Gedicht in zwei Spielen
von Adam Oehlenschläger. Amsterdam, 1808. Kunst- und Industrie-Comtoir. (War-
moesstraat Nr. 2.) 12 unbz. S. Widmung ‚An Göthe‘, 564 S. 8. — Aladdin, oder:
Die Wunderlampe. Dramatisches Gedicht von Oehlenschläger. Neue verbesserte

Auflage in zwei Theilen. Leipzig: F. A. Brockhaus. 1820. II. 8. Schriften Band 3 bis 4. — Werke Band 10 und 11.

Dänisch: Aladdin eller den forunderlige Lampe. Dramatisk Eventyr. Et Lystspil: Poetiske Skrifter. Kjöbenhavn 1805. 2, 75 f.

Schwedisch: Aladdin eller den underbara Lampan. Dramatisk dikt. Öfvers. af Ludv. Borgström. 1819. 20. (Kalender för Damer). Sieh Morgenblatt 1807. Dezember. S. 1211.

Rez. von Jean Paul sieh Hempel-Ausg. 53, 123 bis 128. — G. Brandes, Aladdin: Deutsche Rundschau 1889. 61, 90 bis 111 — Menschen und Werke. Essays. Frankfurt a. M. 1895. S. 97 bis 136.

Einige Szenen las Oehlenschläger schon 1805 in Giebichenstein Goethe vor; vergl. Nr. 1. Band 5. S. 161; Goethe, Tagebuch 1806 Mai 12 und Juni 2 bis 18 — Weim. Ausg. 3, 128. 129 f.; Tag- und Jahres-Hefte 1806 — I, 35, 260. — Goethe an Eichstädt 1808 September 23.

2) Wallfahrt nach Rom. Ein Tagebuch: Morgenblatt 1810. Nr. 87 f.

3) Hakon Jarl. Ein Trauerspiel. Tübingen 1809. 2 Bl., 175 S. 8. — Schriften Bd. 6. — Werke Bd. 5. — Nachdruck: Deutsche Schaubühne. Augsburg und Leipzig (1813). Bd. 18.

Dänisch: Hakon Jarl hin Rige. Et Sörgespil: Nordiske Digte af Adam Oehlenschläger. Kiöbenhavn 1807. S. 233 f.

Schwedisch: Håkan Jarl den Rike. Sorgespel af Adam Oehlenschlaeger. Öfvers. af Ludv. Borgström. Upsala 1817. 8. — Hakon Jarl, Sorgespel i fem akter. Öfversättning. Stockholm 1848. 12.

Englisch von Gilly: Blackwoods Edinb. Magaz. 1820. Band 27. April 78 bis 89, abgekürzt. — London 1840. 8.

Über Goethes Plan, den Hakon Jarl auf die Bühne zu bringen vergl. Tag- und Jahres-Hefte 1806 — Weim. Ausg. I, 85, 246 f. und Grundriß Band IV. S. 551.

Eine deutsche Übersetzung des Haken Jarl in K. Rolff (Therese Thouner 1861 bis 1892). Unter Buchen und Birken. Gesammelte Dichtungen und Übersetzungen. Wien 1895. 8.

4) Axel und Walburg. Eine Tragödie. Tübingen 1810. 1 Bl., 150 S. 8. — Zweite Auflage. Stuttgart und Tübingen 1820. — Schriften Bd. 7. — Werke Bd. 7. — Reclams Univ.-Bibl. Nr. 1897.

Dänisch: Axel og Valborg. Et Sörgespil. Kjöbenhavn 1810. 8. — Fahlun, 1841. 8. Geschrieben in Paris; zuerst aufgeführt am 29. Januar 1810.

Schwedisch: Axel och Walborg. Sorgespel. Öfvers. af Johan Dilluer. Stockholm 1811. 8.

5) Hugo von Rheinberg. Tragödie [dänisch]. Kjöbenhavn 1813. 8. Übersetzt: Schriften Bd. 8. — Werke Bd. 8.

Deutsch: Oehlenschläger's Hugo von Rheinberg. Herausgegeben von Rudolph Christiani [† 1858 in Celle]. Göttingen, bey Deuerlich. 1818. 8.

6) Helge. Et Digt. Kjöbenhavn 1814. 8. — Deutsch in den Werken Bd. 3. Enth. Frodes Lied, Fredes Drama. Helges Märchen, Helges Eventyr Yrsa Tragödie.

König Helge. Eine Nordlands-Sage von A. Oehlenschläger. Übersetzt von Gottfried von Leinburg. 3. Auflage. Berlin 1869 bis 1870. III. 8. — 4. Auflage. Leipzig 1886. III. 8. — 5. Auflage. Verlag von Hermann Gesenius in Halle 1894.

1. Teil: Helge. Ein Gedicht in Romanzen. Zuerst: Leipzig, Arnoldische Buchhandlung. 1865. 8. 2. Teil: Yrsa. Eine Tragödie. 3. Teil: Die Hroars-Sage. Ein Roman.

Vergl. Rudolf Schmidt, Der verwandelte König. Aus dem Dänischen übersetzt von Herm. Varnhagen. Erlangen und Leipzig 1889. 8. S. Vf.

7) Correggio. Ein Trauerspiel. Stuttgart und Tübingen 1816. 198 S. 8. Der 5. Akt: Morgenblatt 1813. Nr. 261 f. — Zweite unveränderte Ausgabe. Stuttgart und Tübingen 1817. 4. — Dritte unveränderte Auflage. Stuttgart und Tübingen 1832. 8. — Schriften Bd. 7. — Werke Bd. 8. — Berlin 1862 16. — Classiker des In- und Auslandes. Stuttgart 1868 (Classische Theaterbibliothek Nr. 84). — Reclams Univ.-Bibl. Nr. 1555.

Vergl. Fouqué § 290, 1. 94) 1, S. 173 f. — Tieck, Kritische Schriften 4, 270 f. Aufgeführt: Berlin 1828 Oktober 15. Vergl. § 334, 909.

Dänisch: Correggio. Tragedie. Kjöbenhavn 1811. 8. Zuerst aufgeführt am 28. Januar 1811.
Schwedisch: Correggio. Sorgespel. Övers. af Per Adolph Sondén. Upsala 1812. 8. — Öfvers. af Sandström. Stockholm 1840. 12.
Italienisch: Jl Correggio. Tragedia tradotta (d. O. dal Borgo di Primo). Pisa 1812. 8.
Französisch: Corrège. Tragédie en cinq actes, traduite (en prose) par X. Marmier. Paris et Strasbourg 1834. 8.
Serbisch von Fräulein Abramovitz. Belgrad 1847.

8) Märchen und Erzählungen. Stuttgart und Tübingen. 1816 bis 1817. II. 8. — Schriften Bd. 16 und 17. — Werke Bd. 20.
Enth. I. a: Aly und Gulhyndi, ein orientalisches Märchen. Dänisch: Aly og Gulhyndi. Et Eventyr i Digtninger. Kjöbenhavn 1811 bis 1813. — Schwedisch von Erik Ekmark. Strengnäs 1819. 8.
b: Vaulundur. Sage. Dänisch: Vaulundurs Saga: Poetiske Skrifter. Kjöbenhavn 1805. 2, 1 f. — Schwedisch von Jakob Adlerbeth. Stockholm 1812. 8.
H. c: Reichmuth von Adocht. Dänisch: Digtninger. Kjöbenhavn 1813. Band 2. - Schwedisch von Carl Erik Ekmark: Berättelser af Adam Oehlenschläger övers. Strengnäs 1819. 8.
d: Das Gemälde. Dänisch: Maleriet: Digtninger. Bd. 2. — Schwedisch von E. Ekmark.
e: Die Glücksritter. Dänisch: Lykkeridderne: Digtninger. Bd. 2. — Englisch: Specimens of German Romance selected and translated from various Authors. London 1826. III. 12.
f: Die Mönchbrüder. Dänisch: Munkebrödrene: Digtninger. Bd. 2. — Schwedisch von Ekmark.
g: Der Eremit. Dänisch: Eremiten: Digtninger. Bd. 2. Schwedisch von Ekmark.
9) Gedichte von Oehlenschläger. Stuttgart und Tübingen, in der J. G. Cotta'-schen Buchhandlung. 1817. 284 S. 8. — Nachdruck: Wien 1818. 8. — Zweite vermehrte Aufl. Stuttgart 1844. 16. — Schriften Bd. 18. — Werke Bd. 21.
Enth. Lieder und Romanzen. — Der irrende Ritter, oder Don Quichote der Jüngere. Ein Abenteuer in vier Romanzen. — Das Evangelium des Jahres. Oder das wiederkehrende Leben Jesu in Natur und Menschensinn (Allegorie).
Wilhelm Grimm übersetzte auch 1810 ,nach dem Dänischen des A. Oehlenschläger' im Vaterländ. Museum 1, 211 bis 213 — Kleinere Schriften 1, 245 bis 247: Christi Wiederscheinen in der Natur. 1. Christi Geburt. 2. Maria. 3. Joseph.
10) Fostbrödrene. Tragedie. Kjöbenhavn 1817. 8. Geschrieben in Paris 1817. Deutsch: Die Blut-Brüder. Trauerspiel. Frei übers. von Georg Lotz. Leipzig 1823. 8.
11) En Reise fortalt i Breve til mit Hjem. Kjöbenhavn 1817 und 1818. II. 8. Deutsch: A. Oehlenschlägers Briefe in die Heimath, auf einer Reise durch Deutschland und Frankreich. Aus dem Dänischen übersetzt von Georg Lotz. Zwei Bände. Altona, bey J. F. Hammerich, 1820. II. 8.
Band 2, S. 276 f. eine Übersetzung von Tale i Anledning af Thorwaldsens Hjemkomst til Fædrelandet; belden ved Festen den 16de October 1819. Kiöbenhavn. 44 S. 8. Rede bei Thorwaldsens Rückkehr ins Vaterland.
Holländisch: Amsterdam 1821.
12) Hagbarth und Signe. Trauerspiel. Stuttgart und Tübingen 1818. 155 S. 8. — Schriften Bd. 9. — Werke Bd. 4.
Dänisch: Hagbarth og Signe. Tragedie. Kjöbenhavn 1813. 8. Zuerst aufgeführt am 19. Januar 1816.
Vergl. Grillparzers Sämtliche Werke 18⁴, 89 f.
13) Ludlam's Höhle Dramatisches Mährchen in fünf Akten von Oehlenschläger. Berlin, 1818. In der Nicolaischen Buchhandlung. Wien, bei Carl Gerold. VI, 220 S. 8. — Wohlfeile Ausgabe. Berlin 1821. — Schriften Bd. 5. — Werke Bd. 14.
Dänisch: Ludlams Hule. Syngespil. Kiöbenhavn 1814. 8.
14) Freyas Altar. Lustspiel in fünf Akten. Berlin 1818. 8. — Wohlfeile Ausgabe. Berlin 1821. 8. — Schriften Bd. 11. — Fehlt in den Werken.
Dänisch: Freias Alter. Lystspil. Kiöbenhavn 1816. 8. Umarbeitung des von

der Theater-Direktion 1804 und 1805 zurückgewiesenen Singspiels (Poetiske Skrifter 1805. Bd. 1), die 1816 wieder eingesandt und im September zum dritten Male zurückgewiesen wurde. Vergl. Til Publikum. I Anledning of Lystspillet Freias Alter, forkastet af Theatercensorerne. Fra Adam Oehlenschläger. Kiöbenhavn 1816. 22 S. 8. Die deutsche Bearbeitung des Lustspiels hat Oehlenschläger geändert und abgekürzt.

15) Palnatoke. Ein Trauerspiel in fünf Akten. Stuttgart und Tübingen 1819. 8. — Schriften Bd. 6. — Werke Bd. 5.

Dänisch: Palnatoke. Et Sörgespil. Af Adam Oehlenschläger. Kiöbenhavn o. J. [1809]. 8.

Eine Anzeige des Palnatoke und eine deutsche Übersetzung des vierten Aktes gab Wilhelm Grimm 1810 in Büschings und Kannegießers Pantheon 1, 251 bis 267 — Kleinere Schriften 1, 248 bis 280.

16) Nordens Guder. Et episk Digt af Adam Oehlenschläger. Kiöbenhavn 1819. 8.

Deutsch: Die Götter Nordens. Episches Gedicht in drei Büchern. Aus dem Dänischen übertragen und mit einem mythologischen Wörterbuche versehen von Gustav Thomas Legis. Leipzig 1829. 8. Sieh § 350, 237.

Englisch: Gods of the North, by W. E. Fry. London 1843. 8.

17) Der Hirtenknabe. Dramatische Idylle von Adam Gottlob Oehlenschläger: Urania auf das J. 1820. 8. 113 bis 182. — Einzeln gedruckt: Leipzig: F. A. Brockhaus. 1821. 4, 121 S. 8. — Schriften Band 12. — Werke Band 9.

Dänisch: Den lille Hyrdedreng. En Idyl. Kopenhagen. 1818. 8. Zum erstenmale aufgeführt am 23. Januar 1819 in Kopenhagen.

Englisch: The little Shepherd-boy. An Idyll. Translated by J. Heath. Copenhagen 1827. 8.

Schwedisch von L. Borgström in: Kalender för Damer.

18) Poetam ut in libro sic in vita sese prodidisse, et opus poeticum virtutes atque vitia auctoris esse sortitum. Progr. Havniae 1820. 51 S. 4.

Dänisch: Digteren i Levnet som i Vaerker. En historik-aesthetisk Afhandling, skrevet som Program ved Universitetes Reformationsfest. Kiöbenhavn 1820. 87 S. 8.; auch in den Digtervaerker og Prosaiske Skrifter Bd. 24.

Deutsch: Oehlenschlägers kleine vermischte Schriften. Erstes Bändchen. Stuttgart 1821. 8. enth.: Die Dichter im Leben, wie in Werken, und Rede, gehalten am Reformationsfest der Universität Kopenhagen übersetzt von G. Lotz.

19) Tordenskjold. Syngspil. Kiöbenhavn 1821. 8.

Deutsch: Tordenskjold. Drama mit Gesängen von A. Oehlenschläger. Nach dem Dänischen von G. Lotz. Cassel 1823. 8. — Zweite Aufl. 1828. 8.

20) Starkother. Tragödie von Oehlenschläger. Stuttgart und Tübingen, 1821. 8. — Schriften Bd. 8. — Werke Bd. 4.

Dänisch: Stærkodder. Tragedie. Kiöbenhavn 1812. 8.; zuerst aufgeführt am 16. Oktober 1812,

Schwedisch: Starkodder. Sorgespel. Öfvers. fr. Danskan af N. J. Stéenhoff. Stockholm 1833. 8.

21) Robinson in England. Lustspiel. Stuttgart und Tübingen 1821. 8. — Schriften Bd. 12. — fehlt in den Werken.

Dänisch: Robinson i England. Comoedie. Kiöbenhavn 1819. 8.

22) Die Räuberburg. Singspiel. Vom Verfasser zur Kuhlauschen Musik aus dem Dänischen übersetzt. Stuttgart und Tübingen 1821. 144 S. 8. — Schriften Bd. 11. — fehlt in den Werken.

Dänisch: Röverborgen. Syngspil. Kiöbenhavn 1814. 8.; zuerst aufgeführt am 16. Mai 1814.

23) Erich und Abel. Trauerspiel. Stuttgart und Tübingen 1821. 8. — Schriften Band 9. — Werke Band 7.

Dänisch: Erik og Abel. Tragödie. Kiöbenhavn 1821. 8.

Deutsch: Erich und Abel. Ein Trauerspiel. Aus dem Dänischen übersetzt von C. H. v. Lowtzow [geb. 1750, † als Geh. Conferenzrat und Amtmann zu Reinbeck in Holstein, am 27. Februar 1880]. Schleswig 1821. 8. — Bruchstücke übersetzt von G. Lotz: Originalien 1821. Jannar-Februar Nr. 14 bis 17.

24) König Hroar in Leire. Eine altnordische Erzählung. Stuttgart und Tübingen 1822. 8. — Zweite Auflage 1825. — Dritte Auflage 1833. — Schriften Band 15. — Werke Band 19.

Dänisch: Hroars Saga. Kiöbenhavn 1816. 8.

Schwedisch: übersetzt von Segerström in Lund.

25) Holberg's Lustspiele. Uebersetzt von A. Oehlenschläger. Leipzig: F. A. Brockhaus. 1822 bis 1823. IV. 8.

I. a: Der politische Kannengießer. — b: Jean de France. — c: Jeppe vom Berge. — d: Geert Westphaler. — e: Der elfte Junius. — f: Die Wochenstube. — II. g: Das arabische Pulver. — h: Die Weihnachtstube, — i: Die Maskerade. — k: Jakob von Tyboe (Bramarbas). — l: Ulysses von Ithacia. — m: Die Reise zur Quelle. — III. n: Melampe. — o: Heinrich und Pernille. — p: Diederich Menschenschreck. — q: Zauberei. — r: Der verpfändete Bauerjunge. — s: Der glückliche Schiffbruch. — IV. t: Erasmus Montanus. — u: Pernille als Tochter vom Hause. — v: Die Unsichtbaren. — w: Viel Geschrei und wenig Wolle. — x: Die honette Ambition. — y: Der Poltergeist. — z: Don Ranudo de Colibrados. Sieh § 257, 17. — Band V. 8. 253f. und § 349, 253.

26) Der Fischer. Stuttgart 1825. 8. Als: ,Die Fischerstochter, in swey Abtheilungen' in den Morgenländischen Dichtungen. Leipzig 1831. Bd. 1. — Werke Band 12.

Dänisch: Fiskeren. Dramatisk Eventyr. Kiöbenhavn 1816. 8. Umgearbeitet als: ,Fiskeren og hans Datter' in den Digterværker 1836. Band 4; für die Bühne bearbeitet: Fiskeren og hans Börn. Kiöbenhavn 1840. 8.

27) Die Inseln im Südmeere. Ein Roman von Oehlenschläger. Stuttgart und Tübingen, in der J. G. Cotta'schen Buchhandlung 1826. IV. 8. — fehlt in den Schriften. — Werke Band 15 bis 18.

Dänisch: Öen i Sydhavet. Roman. Kiöbenhavn 1824 bis 25. IV. 8. — Neue verkürzte Auflage. Kiöbenhavn 1846. II. 8.

Zum Grunde liegt die Insel Felsenburg; sieh § 192, II. 56) — Band III. S. 264.

28) Die Wäringer in Konstantinopel. Trauerspiel in fünf Akten. Berlin, bei Schlesinger. 1828. 191 S. 8. — Schriften Band 10. — Werke Band 6.

Dänisch: Væringerne i Miklagard: Skuespil. Kiöbenhavn 1827. 8. Vergl. Oehlenschlägers Svar til Herr. .Y. Z. [David] paa hans Recension over Væringerne i Miklagard [in Theaterblad 1827 Nr. 5 bis 7]. Kiöbenhavn 1827. 31 S. 8 und: Om Kritiken i Kjöbenhavns flyvende Post [1827. Nr. 99 bis 101, von J. L. Heiberg] over Væringerne i Miklagard. Kjöbenhavn 1828. 24 S. 8.

29) Adam Oehlenschlägers Schriften. Zum erstenmale gesammelt als Ausgabe letzter Hand. Breslau, im Verlage bei Josef Max und Komp. 1829 bis 30. XVIII. 16.

I bis II: Selbstbiographie bis 1809. (Dänisch: Oehlenschlägers Levnet, fortalt af ham selv. Kjöbenhavn 1830 bis 31. II. 8.). — III bis IV: Aladdin. — V: Ludlams Höhle. — VI: Hakon Jarl. Palnatoke. — VII: Axel und Walburg. Correggio. — VIII: Stärkodder. Hugo von Rheinberg. — IX: Hagbarth und Signe. Erich und Abel. — X: Die Wäringer in Konstantinopel. — XI: Freyas Altar. Die Räuberburg. — XII: Robinson in England. Der Hirtenknabe. — XIII: Die Flucht aus dem Kloster. Singspiel. Dänisch: Flugten af Klosteret. Et Syngspil, digtet til Mozarts Musik: Skuespil. Kjöbenhavn 1827. 8. 8f. — Das Bild und die Büste. Komisches Singspiel. Dänisch: Billedet og Büsten, Syngspil: Nye poetiske Skrifter. Kjöbenhavn 1829. Band 3. — XIV: Die Uebereilung. Dänisch: Overilelsen. Syngspil: Nye poetiske Skrifter. Kjöbenhavn 1829. Band 3. — Der blaue Cherub. Lustspiel. — XV: König Hroar, eine altnordische Erzählung. — XVI: Novellen: Reichmuth von Adocht. — Das Gemälde. — Die Mönchbrüder. — Der Eremit. — Die Glücksritter. — Die Strafe nach dem Tode. Dänisch: Straffen efter Doden; zuerst: Hauchs Iris 1819. S. 131 bis 143; dann: Digterværker 1835 bis 40. Bd. 13. S. 60f. Schwedisch von L. Dettlof. Stockholm 1830. 8. — XVII: Mährchen: Aly und Gulbyndi. Waulundur. — XVIII: Gedichte: Lieder, Romanzen. — Der irrende Ritter, oder Don Quixote der Jüngere. Ein Abenteuer in vier Romanzen. — Das Evangelium des Jahres. Vergl. H. Steffens: Breslauer Neue Zeitung (Bücherschau) 1830.

30) Karl der Große: Minerva für 1831. 8. 85 bis 260.

31) Die Rosen (Gedicht): Wendts Musenalmanach f. d. J. 1831. S. 311f.

32) Morgenländische Dichtungen von A. Oehlenschläger. Erstes Bändchen: Die Fischerstochter, in zwei Abtheilungen. Vergl. Nr. 26). Zweites Bändchen: Die Drillingbrüder von Damask. Leipzig: F. A. Brockhaus. 1831. II. 8.
Dänisch: Trillingsbrödrene fra Damask. Lystspil. Kjöbenhavn 1830. 8. — Neue Ausg. Kjöbenhavn 1846. 8.
Diese zweite Dichtung auch Werke Bd. 18.

33) Der bleiche Ritter. Eine Erzählung von A. Oehlenschläger: Urania für 1833. 8. 289 bis 367.
Dänisch: Prometheus, Maanedsskrift for Poesie, Aesthetik og Kritik udgiv. af A. Oehlenschläger. Kjöbenhavn 1832 (September) bis (August) 1834. Band 1. Von Oehlenschläger selbst, und wahrscheinlich die ursprüngliche Fassung.

34) Dramatische Dichtungen. Hamburg, 1835. II. 12.
a: Tordenskiold. Tragisches Drama. Dänisch: Tordenskjold. Tragisk Drama. Kjöbenhavn 1833. 8.
b: Der falsche König Olaf. Trauerspiel. Dänisch: Olaf den Hellige. Tragödie. Kjöbenhavn 1838. 8.
c: Die italienischen Räuber. Trag. Drama. Dänisch: De italienske Rovere. Tragisk Drama. Kjöbenhavn 1835. 8.

35) An Marschner (Gedicht), von den dänischen Studenten, 4. Mai 1836.

36) Adam Oehlenschlägers Werke. Zum zweiten Male gesammelt, vermehrt und verbessert. Breslau, im Verlage bei Josef Max und Komp. 1839. XXI. 8.
I und II: Selbstbiographie. — III: Baldur der Gute. Eine nordisch-mythologische Tragödie. Dänisch: Om Boldur hin Gode. Et mythologisk Sörgespil: Nordiske Digte. Kjöbenhavn 1807. — Helge, ein Gedicht. Romanzen und Tragödie. — IV: Starkodder. — Hagbarth und Signe. — V: Palnatoke. — Hakon Jarl. — VI: Olaf der Heilige. Tragödie. — Die Wäringer in Konstantinopel. Tragödie. — VII: Axel und Walburg. Tragödie. — Erich und Abel. Trauerspiel. — VIII: Correggio. Trauerspiel. — Hugo von Rheinberg. Tragödie. — IX: Sokrates. Tragödie. Dänisch: Sokrates. Tragödie. Kjöbenhavn 1836. 8. — Der Hirtenknabe. Dramatische Idylle. — X und XI: Aladdin, in zwei Spielen. — XII: Die Fischerstochter. In zwei Abtheilungen. — XIII: Die Drillingbrüder von Damask. — XIV: Der kleine Schauspieler oder Schröders Jugendleben. Lustspiel. Dänisch: Den lille Skuespiller. Lystspil i [5] 4 Acter. Kjöbenhavn 1837. 8. — Ludlam's Höhle. Dramatisches Mährchen. — XV bis XVIII: Die Inseln im Südmeer. — XIX: König Hroar. — XX: Novellen und Mährchen (dieselben wie in den Schriften, Band 16 und 17). — XXI: Gedichte (wie in den Schriften, Band 18).

37) Schwedische Tragödien von Bernhard von Beskow. Uebersetzt von A. Oehlenschläger. Leipzig 1841. III. 8. — wiederh.: Dramatische Schriften von B. v. Beskow. Aus dem Schwedischen. Leipzig 1847. III. 8.
a: Gustav Adolph. — b: Torkel Knutson. — c: Birger und sein Geschlecht.

38) Lieb' ohne Strümpfe. Tragi-Comödie, frei nach Joh. Heinrich Wessel. Leipzig 1844. Ernst Fleischer. 2 Bl., 90 S. 8.

39) Oerwarodd, das Heldenkind. Ein altnordisches Märchen von Ad. Oehlenschläger. Leipzig, Ernst Fleischer. 1844. 2 Bl., 214 S. 8.
Dänisch: Orvarodds Saga. Et oldnordisk Eventyr. Kjöbenhavn 1841. 8.

40) Neue dramatische Dichtungen von A. Oehlenschläger. Leipzig: F. A. Brockhaus. 1850 II. 8.
I. Zueignung. a: Das Land gefunden und verschwunden. Eine Tragödie. Dänisch: Land fundet og forsvundet. Et nordisk Heltespil. Kjöbenhavn 1846. 8. Zum erstenmale aufgeführt am 18. Mai 1846. — b: Amleth. Tragödie. Dänisch: Amleth. Tragödie i fem Acter. Kjöbenhavn 1846. 8.; 1847. 8. — Deutsch auch: Amleth. Tragödie. Im Versmaße des Originals übertragen von H. Zeise. Altona 1849. 112 S. 16. — II. c: Dina. Ein Trauerspiel. Dänisch: Dina. Tragisk Drama i fem Acter. Kjöbenhavn 1842. 8.; 1843. 8. — d: Garrick in Frankreich. Ein Lustspiel. Dänisch: Garrick i Frankrig. Lystspil. Kjöbenhavn 1846. 8.

41) Meine Lebens-Erinnerungen. Ein Nachlaß von Adam Oehlenschläger. Deutsche Originalausgabe. Leipzig, Verlag von Carl B. Lorck 1850 bis 1851. IV. 8.
Dänisch: Oehlenschlägers Erindringer. I.—IV. Bind. Kjöbenhavn 1850—51. IV. 8.

42) Digterværker og Prosaiske Skrifter. Kjöbenhavn 1851 bis 52. XXIV. 8.
(Prachtausgabe). — wiederh.: 1852f.
  I: Nordens Guder. — II: Helge, Yrsa. — Hroars Saga. — III: Brolf Krake
(schon 1828 in Nye poetiske Skrifter). Ragnar Lodbrok, et Heltedigt; schon Kjöbenhavn 1849). — IV: Vaulundurs Saga. Örvarodds Saga. — St. Hansaftens-Spil;
vgl. unten. — V: Aladdin. — VI: Fiskeren. — Aly og Gulhyndi. — VII: Noveller.—
VIII: Freyas Alter. — Gjenfærdet paa Herlufsholm, Skuespil; schon Kjöbenhavn
1845. — IX: Robinson i England. — De italienske Rovere. — X: Garrick i Frankrig.—
Den lille Skuespiller. — Sybille-Templet. — XI: Gertrude. Den skinsyge Möller.
Den Rige ag den Fattige, Lystspil i 1 Act; schon Kjöbenhavn 1846. — Aerlighed
varer laengst, Idyl; schon Kjöbenhavn 1813. — Værtshuuskillet, Skuespillet, schon:
Digterværker Kjöbenhavn 1885f. Bd. 10, 289f. — XII: Trillingsbrödrene. — Rover-
borgen. — XIII: Sovedrikken. Syngest. i 2 Acter; schon Kjöbenhavn 1808 (nach
Bretzner; vergl. § 226, 21. 4) n). — Ludlams Hule.   Faruk, Syngespil; schon
Kjöbenhavn 1812; zuerst aufgeführt März 1812. — XIV: Tordenskiold. — Överilelsen.
Rübezahl; zuerst? — Fornuftigermaalet Nr. 2 (bisher ungedruckt). — XV und XVI
Öen i Sydhavet. — XVII bis XXI: Samlede Digte. — XXII: Nordiske Oldsagn; schon
Kjöbenhavn 1840. — XXIII: De to Jernringe. Den vandrede Digter (Norgesreisen.
Kjövenhavn 1834. Fyensreisen. Kjöbenhavn 1885.) — Johannes Evald; schon Kjöben-
havn 1831. 12 S. 8. Svar til Baggesen paa hans Brev Noureddin til Aladdin; schon
Kjöbenhavn 1807. — XXIV: Digter i Levnet som i Værker. — Livet en Reise,
et Digt; schon Kjöbenhavn 1847. 22 S. 8. — Forskjellige Taler ag Fortaler.
  St. Johannis-Abend-Spiel. Dichtung von A. Oehlenschläger. Frei übersetzt
von H. Smidt. Berlin 1853. 53 S. 16.
  Die Übersetzungen aus dem Französischen, Italienischen, Englischen, Schwedischen und Deutschen, so wie die dänisch geschriebenen Werke, die nicht ins
Deutsche übertragen wurden, können hier ebenso wenig genannt werden, wie die
verschiedenen Auflagen der dänischen Originale, die Oehlenschläger selbst übertrug.

  8. Henrich Steffens, geb. am 2. Mai 1773 zu Stavanger in Norwegen, wo
sein Vater Henrich Steffens (geb. 11. Febr. 1744 zu Berbice in Surinam, gest.
27. März 1798) damals Oberchirurg am Lazarett war. Er wurde auf der lateinischen
Schule zu Helsingör, dann vom September 1788 bis Juni 1787 auf der Domschule
zu Roeskilde unterrichtet, studierte in Kopenhagen 1790 bis 94 Naturwissenschaften,
unternahm im Sommer 1794 mit Unterstützung eine mineralogische Reise nach
Norwegen, hielt sich eine kurze Zeit in Bergen auf und verbrachte den Winter 1794
bis 95 in Hamburg, später in Rendsburg, wohin sein Vater als Regimentschirurg
von Helsingör versetzt war. Vom März 1796 bis zum Frühjahr 1798 war er Privatdozent in Kiel, reiste dann mit einem königlichen Stipendium nach Deutschland und
studierte vom Herbst 1798 bis Ostern 1799 in Jena und hörte vorzugsweise Schelling,
ging dann über Berlin nach Freiberg und studierte von Ostern 1799 bis zum Frühjahr 1802 Mineralogie unter Werner. Im Winter 1802 bis 1803 und im nächsten
Winter hielt er philosophische Vorlesungen in Kopenhagen, während er den Sommer
1803 auf einer geognostischen Reise verbrachte. Im März 1804 wurde er zum Prof.
der Mineralogie in Halle ernannt, hielt sich 1807 bis 1809 in Holstein, Hamburg
und Lübeck auf und kehrte dann nach Halle zurück. Seine schöne Gattin war
Johanna (Hanne) Reichardt, eine Tochter des Kapellmeisters Joh. Friedr. Reichardt,
und sein geistig angeregtes Haus, in das Goethe und die jüngeren Vertreter der
Romantik eintraten, wurde auch von großer Wichtigkeit für die Vermittelung der
dänischen Litteratur nach Deutschland. Im Herbst 1811 folgte er einem Rufe nach
Breslau als ordentlicher Professor der Physik und der philosophischen Naturwissenschaft. Als Freiwilliger (Sekondlieutenant) machte er 1813 bis 14 den Feldzug
gegen Frankreich mit und kehrte nach Breslau zurück. Im Sommer 1824 unternahm er eine Reise nach Norwegen und kehrte über Kopenhagen heim. Im Frühjahr 1832 wurde er als Professor der Naturwissenschaften nach Berlin berufen,
1837 zum Geh Reg.-Rat ernannt. Er starb am 13. Februar 1845 in Berlin.

  a. Meusel, Gel. Teutschland 10, 705. 15, 526. 20, 586 bis 588.
  b. N. Nekrolog 1845. 23, 128 bis 142.
  c. Zeitgenossen 1819. Band IV. Abth. 14. S. 115 bis 144.
  d. Morgenblatt 1827. Nr. 73 bis 74.
  e. Lübker S. 578 bis 581.

f. Fr. Hammerich, Henrik Steffens i Forhold til den nordiske Udvikling: Tidskrift for Literatur og Kritik. Kjöbenhavn 1843. Band 3, S. 144 bis 178.

g. Erslew 3, 388 bis 433.

h. Zur Erinnerung an Henrich Steffens. Vier Gedächtnißreden, gehalten am Tage seiner Bestattung am 18. Februar 1845. Hrsg. von Heinrich Gelzer. Breslau 1845. 8.

i. Henrich Steffens und die Wissenschaft der Gegenwart. Einleitung zu den Vorlesungen über Universitätsstudium, gehalten an der Universität zu Berlin von A. Helfferich. Berlin 1845. 8.

k. Alexander Jung. Charaktere, Charakteristiken und vermischte Schriften. Königsberg 1848. 2, 33 bis 64.

l. Sieh § 282, o).

m. Richard Petersen, Henrik Steffens. Ein Lebensbild aus dem Dänischen von A. Michelsen. Gotha 1884. 8.

Vergl. Anz. f. dtsch. Alterth. 7, 419. 11, 380. 12, 847.

n. Ludwig Müller, Aus sturmvoller Zeit. Marburg 1892. 8. 8. 256f. über Steffens' aufwiegelndes Auftreten in Marburg November 1813 und im Anschluß daran ein Gedicht Dithmars.

o. Allg. dtsch. Biogr. 1893. 35, 555 bis 558 (O. Liebmann)

p. Steffens' Eintrag in August von Goethes Stammbuch („Was durch den Vater der Geist mit hoher Bedeutung gestaltet‘): Deutsche Rundschau 1891. 68, 248 f.

Briefe an α. Ϋ (Halle o. J. Oktober 11): J. A. Stargards Katalog 181. Berlin 1891. Nr. 242. — β. Prof. Braniß: Katalog der Autographensammlung des Grafen Ludw. Paar. Berlin 1893. Nr. 1402. — γ. K. G. Brinckmann sieh § 291, 3 k. — δ. Jos. Max: Zur Erinnerung an Heinrich Steffens. Aus Briefen an seinen Verleger. Hg. von Max Tietzen. Leipzig, G. E. Schulze. 1871. 80.8. 8.; sieh auch § 284, l. ε. = oben S. 33f. — z. Oehlenschläger sieh Nr. 7. s. Mynster. — ζ. Geo. Andr. Reimer: R. Fleischers Deutsche Revue 1893. Bd. 4. S. 238f. — η. Tieck: Briefe an Ludwig Tieck, hg. von Holtei 4, 55 bis 86.

Briefe an Steffens von Goethe: Goethes Werke. Weim. Ausg. IV, 15, 234f. 16, 321f. und Goethe-Jb. 1897. 18, 5f. [dazu S. 18/20]. Über Steffens Beziehungen zu Goethe vergl. W. v. Biedermann, Goethes Gespräche 1, 201f. 2, 108. 234f.

Briefe von Hanne Steffens: R. Steig, Goethe und die Brüder Grimm. 1892. S. 48 und Chronik des Wiener Goethe-Vereins vom 31. Dezember 1892 (von R. Steig).

1) Versuche über die Mineralogie und das mineralogische Studium. Altona 1797. 8.

2) Ueber die neuesten Schellingischen naturphilosophischen Schriften: Schellings Zeitschrift für spekulative Physik 1800. Bd. 1, H. 1, S. 1 bis 48 und Heft 2, S. 88 bis 121.

3) Ueber den Oxydations- und Desoxydations-Proceß der Erde. Eine in der naturforschenden Gesellschaft zu Jena vorgelesene Abhandlung: Schellings Ztschr. f. spek. Physik Bd. 1, H. 1, S. 137 bis 168.

4) Beiträge zur innern Naturgeschichte der Erde. Erster Theil. Freiberg 1801. 8.

5) Drei Vorlesungen über Hrn. Dr. Gall's Organenlehre. Halle 1805. 8.; Rudolstadt 1806. 8.

6) Grundzüge der philosophischen Naturwissenschaft. In Aphorismen, zum Behuf seiner Vorlesungen. Berlin 1806. 8.

7) Ueber die Vegetation: Marcus und Schellings Jahrbücher der Medicin als Wissenschaft. 1808. Bd. 3, H. 2, S. 127 bis 197.

8) Ueber die Geburt der Psyche, ihre Verfinsterung und mögliche Heilung: J. Reils und Hoffbauers Beyträge zur Beförderung einer Kurmethode auf psychischem Wege. 1808. Bd. 2, St. 3, S. 378 bis 479.

9) Ueber die Idee der Universitäten. Vorlesungen. Berlin 1809. 8.

10) Geognostisch-geologische Aufsätze. Als Vorbereitung zu einer innern Naturgeschichte der Erde. Hamburg 1810. 8.

11) Abhandlung über die Bedeutung der Farben in der Natur: J. Ph. O. Runge's Farbenkugel. Hamburg 1810. 8. — Steffens vermittelte Runges Verhältnis zu Goethe.

12) Vollständiges Handbuch der Oryktognosie. Halle 1811 bis 24. IV. 8.

13) Notizen über das Jod (mit Link und Fischer): J. Schweigger's Neues Journal der Chemie und Physik 1814. Bd. 11, Heft 2, S. 129 bis 36.

14) Johann Christian Beil. Eine Denkschrift. Halle 1815. 8. Vergl. § 298, IV. Nr. 6. 8).

15) Ueber das respective Verhältnis des Jodins und Chlorins zum positiven Pol der Voltaschen Säule: J. Schweiggers N. Journ. der Chemie u. Physik 1817. ·Bd. 19, H. 3, 8. 313 bis 315.

16) Die gegenwärtige Zeit und wie sie geworden, mit besonderer Rücksicht auf Deutschland. Berlin 1817. II. 8. Vergl. Hall. L.-Ztg. 1819 I. Nr. 42 bis 43. L. Jahn in Hoffmanns Findlingen 202.

17) Turnziel. Sendschreiben an den Herrn Professor Kayßler und die Turnfreunde. Breslau 1818. 8.
Vergl. A. B. Kayßler, Würdigung der Turnkunst nach der Idee. Breslau 1818. 8. — A. B. Kayßler. Die Turnfehde des Prof. Steffens. Breslau 1819. 8.

18) Ueber die Bedeutung eines freien Vereins für Wissenschaft und Kunst, vorgelesen in der philomathischen Gesellschaft am 25. Juni 1817: L. Wachlers Philomathie 1818. Band 1, 8. 3 bis 18. Sieh § 293, V. Nr. 25. 14) I. a.

19) Ueber die electrischen Fische: ebenda 8. 125 bis 146. Sieh § 293, V. Nr. 25. 14) I. d.

20) Schilderung des Herrn von Krosigk: Zeitgenossen 1818. Heft 9. 8. 3 bis 32.

21) Was ist in neueren Zeiten für die Physik des Gebirges geschehen?: Okens Isis 1818. 8. 261 bis 275.

22) Carikaturen des Heiligsten von Henrich Steffens. In zwei Theilen. Leipzig: F. A. Brockhaus. 1819 bis 21. II. 8.
Vergl. Leipziger Lit.-Ztg. 1819. II. Nr. 188f. 1822. I. Nr. 80 bis 82. II. Nr. 209. Gegen die Angriffe des Professor Steffens auf die Freimaurerei. Von vier Maurern [Chn. Traugott Leberecht Wanckel, Karl Gttfr. Rößler, Chn. Ernst Weiß und Max Karl Frdr. Wilh. Grävell]. Leipzig: F. A. Brockhaus. 1821. 3 Bl., 118 8. 8.

23) Die gute Sache von Heurich Steffens. Eine Aufforderung zu sagen, was sie sei, an alle, die es zu wissen meinen, veranlaßt durch des Verfassers letzte Begegnisse in Berlin. Leipzig: F. A. Brockhaus. Im März 1819. 70 8. 8.
Über die gute Sache. Gegen Herrn Professor Steffens. Von Johann Friedrich Herbart. Leipzig: F. A. Brockhaus. 1819 im Monat Mai. 84 8. 8.

24) Über Kotzebue's Ermordung von Henrich Steffens. 1819. Verlag von Josef Max in Breslau. 35 8. 8. § 258, 8. t) — Band V. 8. 273.
Vergl. Leipz. Lit.-Ztg. 1820. I. 8. 874f. und (Karl Frh. v. Lüttwitz) Noch ein Wort über Kotzebues Ermordung. Schweidnitz 1819. 8.

25) Über Sagen und Mährchen aus Dänemark: J. G. Büschings Wöchentliche Nachrichten 1819. Bd. 4. 8. 183f.

26) Über Deutschlands protestantische Universitäten. Antwortschreiben an den Herrn Präsidenten v. Lüttwitz. Breslau 1820. 8. Vergl. Leipz. Lit.-Ztg. 1820. II. Nr. 272. Hall. L.-Ztg. 1821. I. Nr. 16.
K. Frh. von Lüttwitz, Einige Worte zur allgemeinen Beherzigung über den Adel und Turngesinnungen, in ihrer Beziehung zum monarchischen Staate. Leipzig 1819. 8.
Ueber Universitäten und Adel; des Präsidenten Freyherrn von Lüttwitz Erwiederung an Herrn Prof. Steffens. Breslau 1820. 8.

27) Schriften von Henrich Steffens. Alt und Neu. Zwei Bände. 1821. Verlag von Josef Max in Breslau. II. 8.
Enth. Naturphilosophische Abhandlungen, Reden und physikalische Abhandlungen.

28) Anthropologie. Breslau 1822. II. 8. (Leipz. L.-Ztg. 1823. I. Nr. 1—4. Okens Isis 1823. 8. 898—925).

29) Von der falschen Theologie und dem wahren Glauben. Eine Stimme aus der Gemeinde. Breslau 1823. 8. — Neue veränd. Aufl. Breslau 1831. 8. (Vgl. Lit. Conversationsbl. 1824. 8. 53 bis 60). — Dänisch von P. M. Krause. Kbhvn. 1825. 8.

30) Widerlegung der gegen ihn von dem Herrn Consistorialrat Dr. Schultz erhobenen öffentlichen Anklage. Breslau 1823. 8.

31) Geschichten, Sagen und Mährchen von Fr. v. d. Hagen, E. T. A. Hoffmann und H. Steffens. Breslau 1823. 8. 8. Nr. 43).

32) Der Norwegische Storthing im J. 1824. Geschichtliche Darstellung und Actenstücke. Berlin 1825. 8. (Lpzg. L.-Ztg. 1826. I. Nr. 50. Hall. Allg. L. Ztg. 1827. II. Nr. 129.)

83) Die Familien Walseth und Leith. Ein Cyklus von Novellen von Henrich Steffens. Breslau 1826 bis 27. III. 8. — Zweite verbesserte Auflage. Sechs Novellen in fünf Bändchen. Breslau, im Verlage von Josef Max in Breslau. 1830. V. 16. Vergl. Berliner Jahrbücher für wissenschaftl. Kritik 1827. Sp. 1139 bis 1142. (K. Immermann). — Dresdner Morgenzeitung 1827. Nr. 21/24 (Tieck). — Leipziger Litterat.-Ztg. 1828. II. Nr. 258. — Hallische Litt.-Ztg. 1830. I, Nr. 77.
Dänisch: Familierne Valseth og Leith. En Cyclus af Noveller af H. Steffens. Oversat af J. Reimert Reiersen; udgiv. af C. F. Güntelberg. Kjöbenhavn 1834. III. 8. — Übersetzt von Hans Lassenius Bernhoft. Christiania 1827 bis 28. III. 8.

84) Die vier Norweger. Ein Cyklus von Novellen von Henrich Steffens. Breslau 1827 bis 28. VI. 8. — Zweite verbesserte Aufl. Breslau 1837. VI. 16. Vergl. Hallische Allg. Lit.-Ztg. 1830. I. Nr. 77.
Dänisch: De fire Normænd. En Cyclus af Noveller af H. Steffens. Oversat af J. M. Reierson, udgiv. af C. F. Güntelberg. Kjöbenhavn 1835. III. 8. — Schwedisch: Stockholm 1836.

85) Polemische Blätter zur Beförderung der speculativen Physik. Erstes Heft (Zur Geschichte d. heutigen Physik). Breslau 1829. wiederh.: Breslau 1835. 8. — Zweites Heft (Zur Geologie). Breslau 1835. 8.

86) Malkolm. Ein norwegische Novelle von Henrich Steffens. Breslau 1831. II. 8. — Zweite verbesserte Aufl. Breslau 1838. IV. 16.
Dänisch: Malkolm. En norsk Novelle af H. Steffens, overs. af J. Jacobsen [d. i. L. J. Flamand]. Kjöbenhavn 1832 bis 1833 als Band 4 bis 5 der Bibliothek for udvalgte Fortællinger. — Auch: Malkolm. En norsk Novelle af H. Steffens. Oversat af J. R. Reiersen, udgiv. af C. F. Güntelberg. Kjöbenhavn 1835 bis 1836. II. 8.

87) Wie ich wieder Lutheraner wurde und was mir das Lutherthum ist. Eine Confession von Henrich Steffens. Breslau, im Verlage bei Josef Max und Komp. 1831. 181 S., 1 unbez. S. Druckfehler. 8.
Vergl. Berliner Jahrbücher für wissenschaftl. Kritik 1831. II. S. 249 bis 261 (Marheineke). — Hallische Allg. Lit.-Ztg. 1834. Ergänzungsblatt April Nr. 40 S. 313 bis 319.

88) Reden am Tage der Bestattung des Dr. Schleiermacher am 15. Februar 1834. Berlin 1834. 8. Sieh § 293, II. 8. Nr. h.

89) Rezension von Clemens Brentano. § 284, 1. 41): Berliner Jahrbücher für wissensch. Kritik 1834. I. Sp. 147 bis 160.

40) Ueber geheime Verbindungen auf Universitäten. Ein Fragment aus den Vorträgen über die Hodegetik. Berlin 1835. 8.

41) Vorrede zu M. E. v. Bulmerincq's Beiträgen zur ärztlichen Behandlung mittelst des mineralischen Magnetismus. Berlin 1835. 8.

42) Die Revolution. Eine Novelle von Henrich Steffens. Breslau, im Verlage von Josef Max und Komp. 1837. III. 8.
Sieh Karl Gutzkow, Götter, Helden, Don Quixote. Hamburg 1838. 8. S. 394 bis 451.
Dänisch: Revolutionen af H. Steffens. Overs. af J. Reimert Reiersen, udgiv. af C. F. Güntelberg. Kjöbenhavn 1838. II. 8.

43) Gebirgs-Sagen. Als Anhang: Die Trauung, eine Sage des Nordens. Von Henrich Steffens. Breslau, im Verlage bei Josef Max und Komp. 1837. 8. — Gebirgsmärchen: Th. Weylers Kleine Hausbibliothek f. d. Jugend. Leipzig 1838. Nr. 33.
Dänisch: Fjeldsagen, oversatte af C. F. Güntelberg. Kjöbenhavn 1839. 8.

44) Novellen von Henrich Steffens. Gesammt-Ausgabe. Breslau, im Verlage von Josef Max und Komp. 1837 bis 1838. XVI. 8.
I: Nr. 43). — II bis VI: Nr. 83). — VII bis XII: Nr. 84). — XIII bis XVI: Nr. 36).

45) Christliche Religionsphilosophie. Erster Theil: Theologie. Breslau 1839. 8. — Zweiter Theil: Ethik. Breslau 1839. 8.
Vergl. K. Rosenkranz: Berliner Jahrbücher f. wissensch. Kritik. 1840. II. Nr. 81 bis 84. S. 665 bis 695.

46) **Was ich erlebte.** Aus der Erinnerung niedergeschrieben von Henrich
Steffens. Breslau, im Verlage bei Josef Max und Komp. 1840 bis 1844. X. 8. —
Bd. 1 und 2 in zweiter verbess. Aufl. Breslau 1844 8.

Dänisch: Hvad jeg oplevede, nedskrevet efter Hukommelsen af H. Steffens.
overs. af Fr. Jul. Schaldemose. Kjöbenhavn 1840 bis 45. X. 8. Auch als: H. Steffens
samlede Fortællinger Bd. 12 bis 21.

47) **Nachgelassene Schriften** von H. Steffens. Mit einem Vorworte von
Schelling. Berlin, 1846. Verlag von E. H. Schroeder. LXIII, 214 S. 8.

a: Aus einem öffentlichen Vortrage zu H. Steffens Andenken. — b: Pascal
und die philosophisch-geschichtliche Bedeutung seiner Ansichten, — c: Über das
Leben des Jordanus Brunus. — d: Über die Einwirkung des Christenthums auf
die nordische Mythologie. — e: Gutachten über das System des öffentlichen Unterrichts, mit besonderer Beziehung auf die Akademie zu Soroe, erstattet an den
König von Dänemark. — f: Ueber die wissenschaftliche Behandlung der Psychologie.

48) **Lebensspiegel** in Erzählungen von H. v. Kleist ... Steffens ... Varnhagen
von Ense. Aus deren Werken für die reifere Jugend auserwählt. Coesfeld 1846. 16.

Gegen die Bemerkung in Band V. S. 202, 24) den Nachdruck der Xenien
betreffend vergl. C. v. Wurzbach, Schillerbuch. Marg. 483.

§ 292.

1. **Karl August Ludwig Philipp Varnhagen von Ense**, geb. am 21. Februar 1785 in Düsseldorf, studierte zuerst Medizin, dann Litteratur und Philosophie,
lebte in Halle, Hamburg, Berlin und Tübingen, trat 1809 in österreichische, 1813 als
Adjutant des Generals Tettenborn in russische Kriegsdienste; 1814 nahm ihn Hardenberg in seine Kanzlei und ließ ihn mit nach Paris und zum Wiener Kongresse gehen;
1815 wurde er als Minister-Resident am badischen Hofe nach Karlsruhe gesandt,
1819 in gleicher Eigenschaft nach Amerika bestimmt; er blieb aber lieber als Legationsrat außer Dienst in Berlin. Dort ist er am 10. Oktober 1858 gestorben.

Varnhagen war mit **Rahel Levin** (oder späteren Robert), der Schwester des
Dichters Ludwig Robert, verheiratet: ihre Briefe und Einfälle gab er nach ihrem
Tode heraus. Es steckte etwas von der Natur A. Wilhelm Schlegels in diesem
glatten Diplomaten: eine große Eitelkeit und Sorge für das Äußerliche, Leichtigkeit
der Auffassung und Darstellung, eine Selbstgefälligkeit des Stils wie bei wenigen
Zeitgenossen, dabei trotz aller zur Schau getragenen Freisinnigkeit ein Beugen
und Neigen vor den kleinen Größen, die dem Andrängenden freundlich begegneten,
und eine Bitterkeit und Feindseligkeit gegen die, die ihn durchschauten und deshalb fern hielten. Dem entsprechen auch die biographischen Portraits, die er von
bedeutenden und unbedeutenden Zeitgenossen entworfen hat. Die dichterischen
Arbeiten seiner jüngeren Jahre waren ohne Selbständigkeit, bloße Ausfüllung
fremder Formen und Stilarten; in seinen Gedichten suchte er Goethes späteste
Art zu kopieren; in den übrigen lehnte er sich bald an Fouqués, bald an Kleists
Vorbild an. Erst als er zu rein historischen Darstellungen überging, schien er ein
passendes Feld gewonnen zu haben, doch sind diese geschichtlichen, auch mehr
biographischen Arbeiten mit Vorliebe auf das Kleine und Nebensächliche gerichtet
und geben von den Menschen, Dingen und Begebenheiten selbst nur ein ab-
geschwächtes Bild. In den letzten Jahren seines Lebens horchte und lauerte er
in den diplomatischen Kreisen, mit denen er immer in Verbindung geblieben war,
aufmerksam nach Anekdötchen und Skandalgeschichten umher, zeichnete diese
dann .im Dienste der Wahrheit', wie Ludmilla Assing sich auszudrücken beliebt,
tagebuchartig auf und bestimmte sie zum Druck, nur allzugetreue Spiegelbilder
der fremden und der eigenen Erbärmlichkeit. Er brachte auch eine Menge von
zeitgenössischen Originalhandschriften und seltneren Büchern zusammen, die als unteilbare bibliotheca Varnhagen an die Königliche Bibliothek in Berlin gekommen sind.

a. Menzel, Gel. Teutschland 16, 71 f. 21, 188 f.

b. (Hitzig) Gel. Berlin 1826. S. 286 f.

c. Heinrich Laube, Varnhagen von Ense: Moderne Charakteristiken. Zweiter
Band. Mannheim. C. Löwenthals Verlagsbuchhandlung. 1835. S. 283 bis 304.

d. Thomas Carlyle: London and Westminster Review 1838. (Essay über
Varnhagens Denkwürdigkeiten und Rahel-Schriften).

e. Varnhagen von Ense in Stolberg. Unterdrückte Blätter aus seinem Tagebuch. o. O. u. J. (Kissingen 1841.) 8.

f. DD. Zweite Abtheilung. Leipzig 1849. 8. 386.

g. (Eduard) Schmidt-Weißenfels, Literarische Aquarellen II: Gartenlaube 1857. Nr. 42. S. 573 bis 575. Vergl. S. 624.

h. Unsere Zeit 1859. 3, 508 bis 522.

i. Max Ring, Varnhagen von Ense, sein Salon und seine Tagebücher: Gartenlaube 1862. Nr. 13 8. 199 bis 202.

j. R. Haym, Varnhagen von Ense: Preußische Jahrbücher 1863. Band 11, S. 445 bis 515.

k. Karl Mayer, Ludwig Uhland, seine Freunde und Zeitgenossen. Stuttgart 1867. Band 1 und 2.

l. Friedrich Arnold Brockhaus. Sein Leben und Wirken nach Briefen und Aufzeichnungen geschildert von seinem Enkel Heinrich Eduard Brockhaus. Leipzig 1872 bis 1881. III. 8.

m. Karl Hillebrand, Zeiten, Völker und Menschen. Berlin 1875. Bd. 2. S. 420. 2. Aufl. Straßburg 1892. 2, 420. m'. S. unten S. 805.

n. Wurzbach 1884. 49, 282 bis 286.

o. Alfr. Christlieb Kalischer, Beethoven und der Varnhagen-Rahelsche Kreis: Der Bär 1887. Oktober. Nr. 1 bis 4.

p. Feodor Wehl, Zeit und Menschen. Altona 1889. 8. Bd. 2, S. 4 bis 26 und oft in beiden Bänden.

q. L. v. Ranke, Zur eigenen Lebensgeschichte. Hg. von A. Dove. Leipzig 1890. S. 147. 151.

. Theobald Kerner, Das Kernerhaus und seine Gäste. Stuttgart 1894. 8. 175 bis 177.

s. Allg. dtsch. Biogr. 1895. 39, 769 bis 780 (Oskar F. Walzel). — t. S. 805.

Briefe an α. Bettina s. Nr. 52) — β. Amalie Bölte: Briefe an eine Freundin. Aus den Jahren 1844 bis 1858 von Varnhagen von Ense. Hamburg, Hoffmann und Campe. 1860. 8. — γ. Prof. Braniß: Graf Paars Sammlung von Autographen. Berlin 1898. Nr. 1419. — γ'. Brockhaus sieh Nr. 1, 2, 218 bis 216. — δ. (4) Eckermann: Alex. Meyer-Cohn, Gruß aus Badersee! An Erich Schmidt zum 20. Juni 1893. 4 S. 8. — ε. (20) Goethe: Goethe-Jahrbuch 1893. 14, S. 60 bis 95; dazu S. 127 bis 142 und Michael Bernays, Varnhagens Briefe: Schriften zur Kritik und Litteraturgeschichte. Stuttgart 1895. 1, S. 19 bis 61. — ζ. Ottilie v. Goethe: Goethe-Jahrbuch 1889. 10, 164. — η. J. E. Hitzig: Katalog A. Cohn. Berlin 1891. Nr. 1082. — θ. Alex. von Humboldt sieh unten Nr. 49). — ι. Gottfried Keller: J. Baechtold, Kellers Leben 1, 252. — κ. Justinus Kerner: Nr. k. Karl Mayer. 2, 87. — λ. Ludwig 1. von Bayern: Katalog A. Cohn. Berlin 1890. Nr. 458. — μ. Karl Mayer: Nr. k. K. Mayer. 2, 73. — ν. G. A. Reimer: Deutsche Revue 1898. 4, 109. 243. — ξ. Ludwig Robert: (Dorow) Denkschriften. Berlin 1841. 5, 10. — ο. Ernestine Robert-tornow: Deutsche Rundschau 1890. 65, 432. — π. Fanny Tarnow: Katalog A. Cohn. Berlin 1891. Nr. 1083/84. — ρ. Ludwig Tieck: Briefe an Tieck 4, 133 bis 139 und unten Nr. 53) I, S. 239. — σ. (4) Heinrich Viehoff: Deutsche Revue 1887. 12, 4. 105. — τ. Alexander Weill: Briefe hervorragender verstorbener Männer Deutschlands an Alexander Weill. Zürich 1889. 8. 67 bis 73.

υ. Briefwechsel zwischen F. Bopp und Varnhagen von Ense (1833—1836): S. Lefmann, Franz Bopp. Berlin 1891. Anhang XII.

φ. Briefwechsel zwischen Varnhagen von Ense und Oelsner (1816—1828) nebst Briefen von Rahel. Herausgegeben von Ludmilla Assing. Stuttgart, Verlag von A. Kröner 1865. III. 8.

Konrad Engelbert Oelsner, geb. am 13. Mai 1764 in Goldberg in Schlesien, † 1828 in Paris.

χ. Aus dem Nachlaß Varnhagen's von Ense. Briefwechsel zwischen Varnhagen und Rahel. Leipzig: F. A Brockhaus. 1874 bis 1875. VI. 8. Vergl. Augsb. Allg. Ztg. 1874. Nr. 337 und Rahel Nr. 2. η.

ψ. Theodor Wiedemann, Leopold von Ranke und Varnhagen von Ense. Ungedruckter Briefwechsel: Deutsche Revue. Hg. von Rich. Fleischer. 1895. Jahrgang 20, S. 175 bis 190 und S. 838 bis 855.

Briefe an Varnhagen von Friedr. Ancillon: (Dorow) Denkschriften. Berlin 1840. 4, 19f. — A. v. Arnim: Dorow, Reminiscenzen. Leipzig 1842. S. 115 bis 120. § 286, 7. ψ. — Joh. Herm. Ferd. von Autenrieth: (Dorow) Denkschriften. Berlin

1841. 5, 126f. — Bettina s. Nr. 52) S. 284f. — (2) Franz von Baader: Dorow,
Reminiscenzen. S. 124 bis 127. — Carl Friedr. v. Beyme s. Nr. 53) 2 und (Dorow)
Denkschriften. Berlin 1839. 3, 204f. 1840. 4, 23f. — A. Bölte: Dtsch. Rundschau
1892. 71, 238f. Varnhagens Antwort sieh Nr. *β*. S. 277f. — Cl. Brentano an V.
und Rahel sieh Nr. 55) S. 77f. § 286, 1. o. — Briefe Thomas Carlyle's an Varnhagen aus den Jahren 1837 bis 1857. Übersetzt von Richard Preuß: Dtsch. Rundschau 1892. 71, 69 bis 120. 220 bis 245. Auch besonders erschienen Berlin 1892.
163 S. 8. — Lettres du Marquis A. de Custine à Varnhagen d'Énse et Rahel Varnhagen d'Ense, accomp. de plusieurs lettres de la comtesse Delphine de Custine et
de Rahel. Bruxelles 1870. 8. — (11) Eduard Gans: (Dorow) Denkschriften. Berlin
1841. 5, 42f.   Goethe:·§ 284. B, I. 23) — Band IV. S. 569 und Goethe-Jahrbuch 1884. V, 24f. 30f.
      Jenny v. Gustedt: Lily v. Kretschman [verehel. v. Giżycki], Aus Goethes
Freundeskreise. Erinnerungen der Baronin J. v. Gustedt. Braunschweig 1892.
S. 335 bis 338. — H. Heine: Nr. 52) und der Zeitgeist, Beiblatt zum Berliner
Tageblatt 1888. Nr. 14. — W. v. Humboldt: (Dorow) Denkschriften. Berlin 1839.
3, 8f. — Karl Immermann: (Dorow) Denkschriften. Berlin 1841. 5, S. 133 bis 150.
— Gottfried Keller: J. Baechtold, Kellers Leben. Berlin 1894. 2, 189. 243. Vergl.
dort S. 78f. 310. 422. 433 u. o. — Metternich: Nr. 52). — Niebuhr: (Dorow)
Denkschriften Berlin 1889. 3, 13f. — Karl von Nostiz: (Dorow) Denkschriften.
Berlin 1840. 4, 81f. 95f. — (6) K. E. Oelsner: Dorow, Reminiscenzen S. 53 bis 86.
Vergl. Nr. *φ*. — Felix Papencordt: Dorow, Reminiscenzen S. 21 bis 24. — L. Ranke:
Biogr. Bl. 1895. Bd. 1, H. 4. — Joh. Gotth. v. Reinhold: (Dorow) Denkschriften.
Berlin 1841. 5, 194 bis 222. — Ludwig Robert: (Dorow) Denkschriften. Berlin
1888. 2, 76f. — Friedrich Rückert: Nr. 53) Bd. 2, S. 386f — Gustav Graf von
Schlabrendorf: (Dorow) Denkwürdigkeiten. Berlin 1839. 3, 191f. — Friedrich
Schlegel: Dorow, a. a. O. S. 87 bis 89. — Friedrich Schleiermacher: Dorow, a a. O.
S. 90 bis 91. — Friedr. Aug. v. Stägemann: Nr. 52). — Uhland: Ludwig Uhlands
Leben von seiner Wittwe. S. 128f. 129f. 147f. 214f. — Z. Werner: § 287. Nr. ζ)
oben S. 94. — K. L. Woltmann: (Dorow) Denkschriften. Berlin 1841. 5, 180f.

      1) Musenalmanach auf das Jahr 1804 (bis 1806). Herausgegeben von L. A.
v. Chamisso und K. A Varnhagen. Leipzig bei Carl Gottlob Schmidt 1804 (bis
1806). III. 12. Vergl. § 291, I. Chamisso Nr. 2) 3) und 5).
      2) Rezension des Wunderhorns: Nordischer Merkur 1805. Stück X.
      Anonym, aber von Varnhagen sich selber zugeschrieben. Vergl. R. Steig,
Arnim und Brentano. Stuttgart 1894. S. 157. 356. Von Varnhagen ist auch (sieh
an Rahel 1, 333) das Liedchen im Wunderhorn 3, 127 mit der Aufschrift ‚Aus
der Polizey Fama' beigesteuert.
      3) Britannicus. Ein Trauerspiel in 1 Akt: Feßlers Eunomia 1805. Oktober
S. 209 bis 224.
      4) Testimonia Auctorum de Merkelio, das ist: Paradiesgärtlein für Garlieb
Merkel. Kölln, bei Peter Hammer. 1806. 104 S. 8.
      Dieses gewöhnlich (vergl. oben S. 12 Nr. 29) Wilhelm Schlegel zugeschriebene
Schriftchen hat Varnhagen zum Verfasser. Vergl. Leben und Briefe von Chamisso.
Hg. von Hitzig. 5 Aufl. Berlin 1864. 1, 129. 147; Kobersteins Literaturgeschichte
⁴ S. 2492 A.; IV², 872, 103) wird W. Neumann als Mitverfasser genannt. Varn-
hagens eigene Angabe bei R. Steig, Arnim und Brentano. S. 184. 357.
      5) Erzählungen und Spiele Von Karl August Varnhagen von Ense und Wilh.
Neumann. Hamburg 1807. Schmidt. 8. Vergl. § 291, 1. Chamisso. Nr. 7).
      6) Die Versuche und Hindernisse Karl's. Eine Deutsche Geschichte aus neuerer
Zeit. Erster Theil. Berlin und Leipzig [1809]. Vergl. Nr. 6. W. Neumann.
      7) Schloß Bentheim: Morgenblatt 1811. Nr. 208.
      8) Poetischer Almanach für 1812. Besorgt von J. Kerner. Heidelberg. — Mit
neuem Titel: Romantische Dichtungen von ... Varnhagen u. a. Karlsruhe 1818. 8.
      9) Ueber Goethe. Bruchstücke aus Briefen hg. von K. A. Varnhagen von
Ense: Morgenblatt 1812. Nr. 161. 162. 164. 168. 169. 176. Vgl. Goethe-Jahrbuch
1893. 14, 127. Sieh auch Rahel Nr. 2. 1).
      10) Beiträge zum deutschen Dichterwald von Just. Kerner u. a. Tübingen
1813. 8. DD. 2, 386.

11) Geschichte der hamburgischen Begebenheiten während des Frühjahrs 1813. London [bei Perthes in Hamburg]. 1813. 8. Sieh E. Weller, Die falschen Druckorte. 2. Aufl. I, S. 214.

11a) Hambourg avant Davoust, ou exposé etc. Paris 1814. 8. Nach Hitzig Nr. b. S. 287. ? Übersetzung von Nr. 11)?

12) Gedichte während des Feldzugs 1813. Friedrichstadt 1814. 8.

13) Hanseatische Anregungen. Bremen 1814. 8.

14) Geschichte der Kriegszüge des Generals von Tettenborn während der Jahre 1813 und 1814. Stuttgart und Tübingen 1814. 8.

15) Deutsche Ansicht der Vereinigung Sachsens mit Preußen. Ita imperium semper ad optumum quemque a minus bono transfertur. Sallustius. Deutschland (Leipzig) 1814 66 S. 8

16) Deutsche Erzählungen von K. A. Varnhagen von Ense. Stuttgart und Tübingen in der J. G. Cotta'schen Buchhandlung 1815. 3 Bl., 297 S. 8. Die Widmung an den Reichsgrafen Wilhelm zu Bentheim ist aus Berlin, im Februar 1813 datiert. Inhalt: a. S. 1: Mord der Jugend. — b. S. 81: Das warnende Gespenst (vorher: Fouqués Musen 1812. 1, 126 bis 133). — c. S. 91: Die Drangsale unstäten Gefühle — d. S. 153: Reiz und Liebe (auch in Heyse und Kurz, Deutscher Novellenschatz Bd. 15). — e. S. 283: Die Strafe im voraus (vorher: Urania für 1810. S. 180 bis 210). — f. S. 255: Aus Moritz Leben. — g. S. 265: Kriegesabentheuer. — Zweite Auflage. Stuttgart 1879. 211 S. 8.

17) Ueber die Schweiz. Von einem schweizerischen Vaterlandsfreunde. Herausgegeben von K. A. Varnhagen von Ense. Stuttgart und Tübingen in der J. G. Cotta'schen Buchhandlung. 1815. 26 S. 8. Verfasser des Schriftchens ist Ignaz Paul Vitalis Troxler. § 298, IV. 20. 5) — unten S. 270.

18) Deutsche Frühlingskränze für 1815 und 1816 von Isidorus (§ 289, 1.) ... K. A. Varnhagen von Ense ... u. A. Hg. von J. P. v. Hornthal. Bamberg und Würzburg 1815 und 1816. H. 8.

19) Vermischte Gedichte von K. A. Varnhagen von Ense. Frankfurt am Main bei Franz Varrentrapp 1816. IV, 208 S. 12.

20) Geistliche Sprüche aus dem Cherubinischen Wandersmann des Angelus Silesius. Berlin, F. Dümmler. 1820. 8. Vorrede unterz.: V. v. E.

21) Die Sterner und die Psitticher. Novelle von K. A. Varnhagen von Ense (zuerst: Gesellschafter 1821; dann) Berlin 1831. 8. - Klassischer Novellenkranz. Part. III. London. Frans Thimm 1854. 8. Französisch: Les Etoiles et les Perroquets, roman historique. Paris 1823. 8. Vergl. dazu Nr. b. Hitzig. S. 287.

22) Geistreiche Sinn- und Schluß-Reime aus dem Cherubinischen Wandersmann des Angelus Silesius. Herausgegeben von K. A. Varnhagen v. Ense. Hamburg 1822, gedruckt bei J. G. Langhoffs Wittwe. 8.

23) Goethe in den Zeugnissen der Mitlebenden. Beilage zu allen Ausgaben von Goethe's Werken. Erste (einzige) Sammlung. Zum 28. August 1823. Berlin, 1823. Bei Ferdinand Dümmler. IV, 396 S. 8. Vergl. Spenersche Zeitung 1823 Nr. 108.

24) Biographische Denkmale. Von K. A. Varnhagen von Ense. Berlin, 1824 bis 1830. Gedruckt und verlegt bei G Reimer. V. 8. — Zweite vermehrte und verbesserte Auflage. Berlin 1845 und 1846. V. 8. — Dritte Auflage sieh Nr. 56). Enth. I. a: Graf Wilhelm zur Lippe b: Graf Matthias von der Schulenburg. — c: König Theodor von Corsica. — II. d: Freiherr Georg von Derfflinger. — e: Fürst Leopold von Anhalt-Dessau (auch Reclams Univ.-Bibl. Nr. 2656/57). — III. f: Fürst Blücher von Wahlstadt. — IV. g: Paul Flemming — h: Freiherr Friedrich von Canitz. — i: Johann von Besser. — V. k: Graf Ludwig von Zinzendorf. Nr. d bis f erschienen auch besonders unter dem Titel: Preußische biographische Denkmale. — Vergl. Kunst und Alterth. 5, 1, 149 und 6, 1, 134 (Goethe).

25) Denkwürdigkeiten des Philosophen und Arztes Johann Benjamin Erhard. Herausgegeben von K. A. Varnhagen von Ense. Stuttgart und Tübingen, in der J. G. Cotta'schen Buchhandlung. 1830. 8.

26) Graf Schlabrendorf, amtlos Staatsmann, heimatfremd Bürger, begütert arm. Züge zu seinem Bilde: Historisches Taschenbuch. Leipzig: F. A. Brockhaus. 1832. Dritter Jahrgang.

27) Zur Geschichtschreibung und Litteratur. Berichte und Beurtheilungen von K. A. Varnhagen von Ense. Aus den Jahrbüchern für wissenschaftliche Kritik und andern Zeitschriften gesammelt. Hamburg 1838. Bei Friedrich Perthes. 8.

28) Rahel. Ein Buch des Andenkens für ihre Freunde. (Herausgegeben von K. A. Varnhagen von Ense.) Berlin, 1834. Verlag von Duncker und Humblot. Vergl. Nr. 2. Rahel 6 und 6a).

29) Angelus Silesius und Saint-Martin. Auszüge. (Als Handschrift.) Berlin 1834. 16. Vergl. Nr. 37) l m und n. — Dritte Auflage. Berlin 1849. 16. § 188, 15.

30) Leben des Generals Freiherrn von Seydlitz. Von K. A. Varnhagen von Ense. Berlin, 1834. Bei Duncker und Humblot. 8.

31) Lebensumriß Wilh. Neumanns sieh unten 37) I. k und Nr. 6. 8) Theil I,

32) K. L. v. Knebels literarischer Nachlaß und Briefwechsel. Herausgegeben von K. A. Varnhagen von Ense und Theodor Mundt. Drei Bände. Leipzig, Gebrüder Reichenbach. 1835. III. 8. — Zweite Ausgabe 1840.

33) Galerie von Bildnissen aus Rahel's Umgang und Briefwechsel. Herausgegeben von K. A. Varnhagen von Ense. Leipzig, Gebrüder Reichenbach. 1836. II. 8. Enth. I. a: David Veit. — b: Henriette Mendelssohn. — c: Karl Joseph Fürst von Ligne. — d: Wilhelm von Burgsdorf. — e: Thomas Young. — f: Karoline von Humboldt. — g: Peter von Gualtieri. — h: Josephine Gräfin von Pachta. — i: Hans Genelli. — k: Karoline Gräfin von Schlabrendorf. — l: Friedrich von Schlegel. — m: Prinz Louis Ferdinand von Preußen. — II. n: Graf von Tilly. — o: Alexander von der Marwitz. — p: Oelsner. — q: Adam von Müller. — r: Friedrich von Gentz. Chn. Herm. Weiße: Jahrbücher f. wissenschaftl. Kritik 1836. Juni Nr. 119 f. — Kleine Schriften zur Aesthetik und ästhetischen Kritik. Leipzig 1867. 8. 8. 159 bis 170.

34) Leben des Generals Hans Karl von Winterfeldt. Von K. A. Varnhagen von Ense. Berlin, 1836. Bei Dunker und Humblot. 8.

35) Ueber Rahels Religiosität. Von einem ihrer älteren Freunde. Leipzig, Gebrüder Reichenbach. 1836. 8.

36) Leben der Königin von Preußen Sophie Charlotte. Von K. A. Varnhagen von Ense. Berlin, 1837. Bei Duncker und Humblot. 8.

37) Denkwürdigkeiten und vermischte Schriften von K. A. Varnhagen von Ense. Mannheim. Band 1 bis 4. Verlag von Heinrich Hoff, 1837 bis 1838. Band 5 bis 9. Leipzig: F. A. Brockhaus mit einem zweiten Titel, der den Zusatz hat: Neue Folge. Erster bis Fünfter Band. 1840 bis 1859. IX. 8. — Zweite Auflage. Leipzig: F. A. Brockhaus 1843 bis 1859. IX. 8. — Dritte Auflage sich Nr. 56).

I. 1837. A Biographisches. a: Denkwürdigkeiten Justus Erich Bollmanns. (zuerst: Literar. Zodiacus. 1835. S. 255 und 337.) Vergl. Dtsch. Rundschau 1879. 18, 96 f. und Friedrich Kapp, J. E. Bollmann. Ein Lebensbild aus zwei Welttheilen. Berlin 1880. 8. — b: Zum Andenken Friedrich August Wolf's. — c: Graf Schlabrendorf, amtlos Staatsmann, heimathfremd Bürger, begütert arm. — d: Kaiser Alexander von Rußland. — e: Denkwürdigkeiten des Philosophen und Arztes Johann Benjamin Erhard. — f: Friedrich Wilhelm Meyern. — g: Ludwig Achim von Arnim. — h: Wilhelm Nolte, kgl. wirkl. Oberkonsistorialrath. — i: Ludwig Robert. — k: Wilhelm Neumann. — l: Christian Günther, Graf zu Bernstorff. — m: Angelus Silesius. — n: Saint-Martin.
B. Goethe. o: ‚Im Sinne der Wanderer‘ (vorher: Kunst und Alterthum VI, 3, 583). — p: Besuch bei Goethe (vgl. W. v. Biedermann, Goethes Gespräche 3, 291). — q: Rameau. — r: Werther's fünfzigjähriges Jubiläum. — s: Goethe's natürliche Tochter. — Madame Guachet. — t: Fräulein von Klettenberg. — u: Briefwechsel zwischen Goethe und Schultz. — v: Gespräche mit Goethe von Joh. Pet. Eckermann. — w: ‚L'amour est un vrai recommenceur.‘ — x: Frauen in Mannskleidern.
II. A. Aus eigenen Denkwürdigkeiten. a: Herkommen. Erste Jugend. — b: Jugendfreunde. — c: Die Universität. — d: Rahel. — e: Die Schlacht von Deutsch-Wagram. — f: Das Fest des Fürsten Schwarzenberg zu Paris im J. 1810. — g: Am Hofe Napoleons. — B. Kritiken. — C. Gedichte.
III. 1838. Aus eignen Denkwürdigkeiten. a: Studien und Störungen. Berlin 1807. — b: Besuch bei Jean Paul Friedrich Richter (vorher in den Dioskuren. Band II, 1). — c: Tübingen. 1808. 1809. — d: Steinfurt. 1810. 1811. — e: Harren und Streben. Prag 1811. 1812. — f: Tettenborn (vorher Zeitgenossen 1817). — g: Hamburg im Frühjahr 1813. — h: Kriegszüge von 1813. 1814.

IV. a: Kriegszüge von 1813. 1814. (Schluß von III. h.) — b: Lafayette. — c: Bollmann. — d: Huger. — e: Fleury. — f: Condorcet. — g: Tilly. — h: Karl Philipp Morits. — i: Siegmund von Seckendorf. — k: Leuchsenring, — l: Frau von Grotthuß und Frau von Eybenberg. — m: Friederike Robert. — n: Henri Campan. — o: Schleiermacher und Friedrich Schlegel. — p: Wilhelm von Humboldt. — q: Kritiken. — r: Sendschreiben an einen Freund, oder höhere Betrachtungen über die französische Revolution. Von dem unbekannten Philosophen (Saint-Martin). Aus dem Französischen übersetzt.

V. 1840. a: Der Wiener Kongreß. — b: Louise Herzogin von Bourbon. — c: Zwei Gespräche Saint-Martin's. — d: Zur Karakteristik C. E. Schubarth's. — e: Alexander von Humboldt in Göttingen 1837. — f: Was man an Freunden erlebt. Zwei Fälle. — g: (. .) Kritiken. — h: Kriegsabentheuer. — i: Die Sterne und die Psitticher. — k: Die Sylphide. Aus dem Russischen (vorher: Mundts Freihafen. Altona 1839. Heft 1. S. 73 bis 109. Auch Berlin 1844. 16. — Elegante Bibl. moderner Novellen. Hg. von Feodor Wahl. Bdch. 1). — l: Der Winterabend. Aus dem Russischen (vorher: Mundts Freihafen. Altona 1839. Heft 3. S. 23 bis 47).

VI. 18 . . a: Berlin. Herbst 1806. — b: Töplitz. 1811. — c: Paris. 1814. — d: Baden-Baden. 1817. — e: Fanny von Arnstein. — f: Merck-Mephistopheles-Wiesel. — g: Scholz. — h: Zum Gedächtnisse Adelbert's von Chamisso. — i: Karl von Nostitz. — k: Frans von Baader. — l: Kritiken. — m: Das warnende Gespenst. — n: Die Strafe im voraus. — o: Reis und Liebe. — p: Bela. Aus dem Russischen. — q: Die Rückkehr der Bourbons. Nach Schlabrendorf. 1814. — r: Das König-reich der Niederlande. 1817.

VII. 1846. a: Prag. Westphalen. Wien. 1810. — b: Aufenthalt in Paris. 1810. — c: Nach dem Wiener Kongreß. Berlin. Paris. 1815. — d: Frankfurt am Main. 1815. 1816. — e: Mord der Jugend. Wahre Geschichte. — f: Die Drangsale unstäten Lebens. Novelle. — g: (22) Kritiken.

VIII. 1859 (hg. von Ludmilla Assing). a: Ungarn. 1809. — b: Nach dem Wiener Frieden. 1809. 1810. — c: Wien und Baden. 1834. — d: Voltaire in Frankfurt am Main. 1758 (zuerst: Berliner Kalender auf das Jahr 1846. Vergl. R. Jung, Voltaires Verhaftung in Frankfurt a. M. auf Befehl Friedrichs d. Gr.: Archiv f. Frankfurter Geschichte 1891. 3. F. Band 3, 217 bis 237). — e: August Ferdinand Bernhardi. — f: Karl Müller. — g: Karl Gustav Freih. von Brinck-mann. — h: Ludwig Tieck. — i: Goethe beim tollen Hagen. — k: (44) Kritiken. — l: Rahel Levin und ihre Gesellschaft. Gegen Ende des Jahres 1801. — m: Der Salon der Frau von Varnhagen. Berlin, im März 1830. — n: Rahels Bild. — o: Rahel. Brief an Varnhagen von Ense. Von Gustav Freiherrn von Brinckmann. — p: Madame de Varnhagen. Par le marquis de Custine. — q: Ueber Rahels Religiosität. Von einem ihrer ältern Freunde. — r: Rahels Theater-Urtheile (vorher in Lewalds Allg. Theater-Revue 1836. Band II).

Vergl. G. Keller an Ludmilla Assing 1859 April 28: J. Baechtold, Kellers Leben 2,433.

IX. 1859. Denkwürdigkeiten des eignen Lebens. a: Karlsruhe. Baden. Mannheim. 1816. — b: Karlsruhe. Baden. Brüssel. Berlin. 1817. — c: Karlsruhe. Stuttgart. Baden. 1818 — d: Karlsruhe. Baden. 1819.

Vergl. G. Keller an Ludmilla Assing 1859 November 31 (!): J. Baechtold, Kellers Leben 2, 440 f.

38) A. F. Näke, Wallfahrt nach Sesenheim [1822]. Herausgegeben von Varn-hagen von Ense. Berlin 1840. 52 S. 8. Sieh § 236, 28) b. — Band IV. S. 640.

39) Leben des Feldmarschalls Grafen von Schwerin. Von K. A. Varnhagen von Ense. Berlin. Duncker und Humblot. 1841. 8.

40) Leben des Feldmarschalls Jakob Keith. Von K. A. Varnhagen von Ense. Berlin, Verlag von Duncker und Humblot. 1844. 8.

41) Hans von Held. Ein preußisches Karakterbild. Von K. A. Varnhagen von Ense. Leipzig, Weidmann'sche Buchhandlung 1845. 12.

42) Aufenthalt in Paris im Jahre 1810: Historisches Taschenbuch. Leipzig: F. A. Brockhaus. 1845. 12. N. F. Sechster Jahrgang. S. 307 bis 387.

43) Karl [Christian] Müller's Leben und Kleine Schriften. Von K. A. Varn-hagen von Ense. Berlin, 1847. Verlag von G. Reimer. 484 S. 8.

44) Vorwort zu A. F. Bernhardis Reliquien. 1847. Sieh § 284, 2. 6) — Band VI. S. 46.

45) Anteil an der Herausgabe von A. v. Arnims Werken, § 286, 7. 61) erwähnt. 46) Schlichter Vortrag an die Deutschen über die Aufgabe des Tages. Berlin, Georg Reimer. 1848. 15 S. 8.

47) Leben des Generals Grafen Bülow von Dennewitz. Von K. A. Varnhagen von Ense. Berlin, Druck und Verlag von Georg Reimer. 1853. 8.

48) Dichterischer Nachlaß von Johann Gotthard von Reinhold. Herausgegeben von K. A. Varnhagen von Ense. Leipzig: F. A. Brockhaus. 1853. II. 8.

49) Briefe von Alexander von Humboldt an Varnhagen von Ense aus den Jahren 1827 bis 1858. Nebst Auszügen aus Varnhagen's Tagebüchern, und Briefen von Varnhagen und Andern an Humboldt. Leipzig: F. A. Brockhaus. 1860. XV, 400 S. 8. Fünf Auflagen in demselben Jahre. Herausgeberin war Varnhagens Nichte Ludmilla Assing.
Vergl. G. Keller an Ludmilla Assing 1860 März 15: J. Baechtold, Kellers Leben 2, 448 f; derselbe an F. Freiligrath: ebenda S. 461.

50) Aus dem Nachlaß Varnhagen's von Ense. Tagebücher von K. A. Varnhagen von Ense. Leipzig: F. A. Brockhaus. 1861 bis 62. VI. 8. Der siebente und achte Band. Zürich 1865, der neunte bis vierzehnte. Hamburg 1868 bis 70. Von 1835 bis 1848 Herbst. — Zweite Auflage von Bd. 1 bis 4. Leipzig: F. A. Brockhaus. 1863. Sieh R. Haym, oben Nr. j und Hermann Grimm, Fünfzehn Essays. Erste Folge. 3. Aufl. Berlin 1884. S. 362 bis 374.

51) Tagebücher von Friedrich von Gentz. Mit einem Vor- und Nachwort von K. A. Varnhagen von Ense. Leipzig: F. A. Brockhaus. 1861. 8.
Vergl. G. Keller an Ludmilla Assing: J. Baechtold, Kellers Leben 2, 480.

52) Aus dem Nachlaß Varnhagen's von Ense. Briefe von Stägemann, Metternich, Heine und Bettina von Arnim, Anmerkungen und Notizen von Varnhagen von Ense Leipzig: F. A. Brockhaus. 1865. VII, 407 S. 8.
Für Bettina vergl. R. Steig, Arnim und Brentano S. 368.

53) Aus dem Nachlaß Varnhagen's von Ense. Briefe von Chamisso, Gneisenau, Haugwitz, W. v. Humboldt, Prinz Louis Ferdinand, Rahel, Rückert, L. Tieck u. a. Nebst Briefen, Anmerkungen und Notizen von Varnhagen von Ense. Leipzig: F. A. Brockhaus. 1867. II. 8.

54) Aus dem Nachlasse Varnhagen's von Ense. Blätter aus der preußischen Geschichte von K. A. Varnhagen von Ense Leipzig: F. A. Brockhaus. 1868 bis 1869. V. 8.

55) Aus dem Nachlaß Varnhagen's von Ense. Biographische Portraits von Varnhagen von Ense. Nebst Briefen von Koreff, Clemens Brentano, Frau von Fouqué, Henri Campan und Scholz. Leipzig: F. A. Brockhaus 1871. 8.
Für Brentano vergl. Diel-Kreiten, Clemens Brentano 1877. 1, 343 bis 345: Der Geheimporträtist; und R. Steig, Arnim und Brentano S. 304. 350.

56) Ausgewählte Schriften von K. A. Varnhagen von Ense. Erste Abtheilung. Sechs Bände: Denkwürdigkeiten des eignen Lebens. Zweite Abtheilung. Zehn Bände: Biographische Denkmale. Dritte Abtheilung. Drei Bände: Vermischte Schriften. Leipzig: F. A. Brockhaus. 1871 bis 1876. XIX. 8. — Die erste Abtheilung auch unter dem Titel: Denkwürdigkeiten des eignen Lebens. Von K. A. Varnhagen von Ense. Dritte vermehrte Auflage. Erster bis sechster Theil. Sieh Nr. 87). — Die zweite Abtheilung auch unter dem Titel: Biographische Denkmale. Von K. A. Varnhagen von Ense. Dritte vermehrte Auflage. Erster bis zehnter Theil. — Die dritte Abtheilung auch u. d. T.: Vermischte Schriften. Dritte vermehrte Auflage. Erster bis dritter Theil.
I. 1871. 1. Abschnitt: Herkommen. Erste Jugend. Düsseldorf. 1785 bis 1790. — 2: Brüssel. Straßburg. 1790 bis 1792. — 3: Brüssel. Aachen. Düsseldorf. 1792 bis 1794. — 4: Hamburg. 1794 bis 1800. — 5: Medizinisch-chirurgische Pepiniere. Berlin, 1800 bis 1803. — 6: Jugendfreunde. Streben. Berlin, 1803 bis 1804. — 7: Hamburg. 1804 bis 1806. — 8: Die Universität. Halle, 1806. — 9: Berlin: Herbst 1806.
II. 1871. 10: Halle. 1807. — 11: Studien und Störungen. Berlin, 1807. — 12: Hamburg. 1807. — 13: Berlin. 1807. 1808. — 14: Besuch bei Jean Paul Friedrich Richter. Baireuth, 1808. — 15: Tübingen. 1808. 1809. — 16: Berlin. Mai 1809. — 17: Die Schlacht von Deutsch-Wagram, am 5. und 6. Juli 1809. — 18: Wien. 1809. — 19: Ungarn. Preßburg. Whage. Szered. Tyrnau. 1809. — 20: Nach dem Wiener Frieden. 1809. 1810.

III. 1871. 21: Prag. Westphalen. Wien. 1810. — 22: Das Fest des Fürsten von Schwarzenberg. Paris 1810. — 23: Am Hofe Napoleons. Paris, 1810. — 24: Aufenthalt in Paris. 1810. — 25: Steinfurt. 1810. 1811. — 26: Harren und Streben. Prag, 1811. — 27: Töplitz. 1811. — 28: Prag. 1812. — 29: Tettenborn. 1812. 1813. — 30: Hamburg. Frühjahr 1813.

IV. 1871. 31: Kriegszüge von 1813 und 1814. — 32: Paris. 1814. — 33: Der Wiener Kongreß. 1814. 1815. — 34: Nach dem Wiener Kongreß. Berlin. Paris. 1815.

V. 1871. 35: Frankfurt am Main. 1815. 1816. — 36: Karlsruhe. Baden. Mannheim. 1816. — 37: Karlsruhe. Baden. Brüssel. Berlin 1817. — 38: Karlsruhe. Stuttgart Baden. 1818.

VI. 1871. 39: Karlsruhe Baden. 1819. — 40: Januar 1829 — 41: Baden-Baden. 1829. — 42: Rahel. 1833. — 43: Mariane Saaling. Berlin 1834. — 44: Wien und Baden. 1834.

VII. 1872. a: Vorwort zum ersten Theile der ersten und zweiten Auflage. [Berlin, im Januar 1824.] — b: Vorwort zum zweiten Theile der ersten und zweiten Auflage. [Berlin, im April 1825.] — c: Graf Wilhelm zur Lippe. — d: Graf Matthias von der Schulenburg — e: König Theodor von Corsica. — f: Freiherr Georg von Derfflinger.

VIII. 1872. a: Fürst Leopold von Anhalt-Dessau.— b: General Freiherr von Seydlitz.

IX. 1872. Fürst Blücher von Wahlstadt.

X. 1872. a: Paul Fleming. — b: Freiherr Friedrich von Canitz. — c: Johann von Besser. — d: Königin Sophie Charlotte von Preußen.

XI. 1873. Graf Ludwig von Zinzendorf.

XII. 1873. a: General Hans Karl von Winterfeldt. — b: Feldmarschall Graf von Schwerin.

XIII. 1873. a: Feldmarschall Jakob Keith. — b: Hans von Held.

XIV. 1874. General Graf Bülow von Dennewitz.

XV und XVI. 1874. Denkwürdigkeiten des Philosophen und Arztes Johann Benjamin Erhard.

XVII. 1875. Biographisches. a: Angelus Silesius. — b: Siegmund von Seckendorf. — c: Karl Philipp Moritz. — d: Saint-Martin. — e: Zwei Gespräche Saint-Martins. — f: Peter von Gualtieri. — g: Prinz Louis Ferdinand von Preußen. — h: David Veit. — i: Alexander von der Marwitz. — j: Karl Joseph Fürst von Ligne. — k: Karl Czechtitzky. — l: Alexander Graf von Tilly. — m: Flenry. — Condorcet. — Tilly. — n: Henry Campan. — o: Denkwürdigkeiten Justus Erich Bollmanns. — p: Lafayette. — q: Bollmann. — r: Huger. — s: Louise Herzogin von Bourbon. — t: Wilhelm von Burgsdorf. — u: Fanny von Arnstein. — v: Zum Andenken Friedrich August Wolfs. — w: Graf von Schlabrendorf.

XVIII. 1875. Biographisches. a: Kaiser Alexander von Rußland. — b: Merck-Mephistopheles-Wiesel. — c: Leuchsenring. — d: Oelsner. · e: Friedrich Wilhelm Meyern. — f: Adam von Müller. — g: Frau von Grotthuß und Frau von Eybenberg. — h: Briefe von Goethe an Frau von Grotthuß. — i: Briefe von Goethe an Frau von Eybenberg. — j: Ludwig Achim von Arnim. — k: Ludwig Achim von Arnim und Moritz Itzig. — l: Friedrich von Gentz. — m: Scholz. — n: Wilhelm Nolte. — o: Ludwig Robert. — p: Friederike Robert, geborne Braun. — q: Christian Günther Graf zu Bernstorff. — r: Schleiermacher und Friedrich Schlegel. — s: Wilhelm von Humboldt. — t: Wilhelm Neumann. — u: Was man an Freunden erlebt! — v: Litterarische Kriegslisten. — w: Alexander von Humboldt in Göttingen 1837. — x: Zum Gedächtnisse Adelberts von Chamisso. — y: Zur Karakteristik C. E. Schubarths. — z: Karl von Nostitz. — tz: Franz von Baader. — aa: Goethe. aa¹: Im Sinne der Wanderer. — aa²: Rameau. — aa³: Werthers fünfzigjähriges Jubiläum. — aa⁴: Goethes natürliche Tochter. Madame Guachet. ·· aa⁵: Fräulein von Klettenberg. — aa⁶: Gespräche mit Goethe. — aa⁷: ‚L'amour est un vrai recommenceur.'

XIX. Personen. a: Voltaire in Frankfurt am Main. — b: August Ferdinand Bernhardi. — c: Karl Müller. — d: Karl Gustav Freiherr von Brinckmann. — e: Ludwig Tieck. — f: Goethe beim tollen Hagen. — g: Rahel Levin und ihre Gesellschaft — h: Der Salon der Frau von Varnhagen. — i: Rahels Bild. — j: Rahel. — k: Madame de Varnhagen par le Marquis de Custine. — l: Ueber Rahels Religiosität. — m: Rahels Theaternrtheile. — n: Nachwort [von Ludmilla Assing als Herausgeberin].

57) Briefe Adolph Müllers aus Bremen. Aus dem Nachlaß Varnhagens. Sieh § 282. o) — Band VI. S. 3.

2. Rahel Antonie Friederike Varnhagen von Ense, geb. Rahel
Levin, geb. am 26. Mai 1771 in Berlin, Tochter eines reichen jüdischen Geschäfts-
mannes Levin Marcus, Schwester Ludwig Roberts, wurde auf vornehmem Fuß erzogen, aber wenig unterrichtet, bis nach des Vaters Tode die verständige Mutter
auch hierin Versäumtes nachholen ließ. Im J. 1797 war Rahel mit dem Grafen
Karl Friedrich Albrecht von Finckenstein, dem Sohne des preußischen Ministers,
verlobt. Als die Familie aber an der Jüdin Anstoß nahm, gab sie ihm sein Wort
zurück und reiste, nachdem sie eine schwere Krankheit durchgemacht hatte, mit
der Gräfin Schlabrendorf nach Paris. Nach etwa einem Jahre kehrte sie über die
Niederlande und Holland nach Berlin zurück und spielte in den vornehmen Gesellschaften eine nicht ganz unbedeutende Rolle. Die politischen Wechselfälle Preußens
jedoch, die eine Verminderung ihres Vermögens im Gefolge hatten, legten ihr erheb-
liche Einschränkungen auf. Im J. 1813 warf sie sich mit großem Enthusiasmus auf
die patriotische Richtung der Zeit, ging von Berlin nach Prag und widmete sich dort
ebenso, wie sie es in der Vaterstadt gethan hatte, mehrere Monate hindurch der
Krankenpflege. Im September 1814 kehrte sie nach Berlin zurück, verheiratete sich
am 27. dess. M. mit dem um vierzehn Jahre jüngeren Varnhagen und begleitete ihn
nach Wien zum Kongresse. Dort blieb sie bis zum Juli 1815, traf im August mit Varnhagen in Frankfurt a. M. wieder zusammen und zog mit ihm, der Geschäftsträger,
dann Ministerresident wurde, nach Karlsruhe. Beide kehrten im Sommer 1819 nach
Berlin zurück. Einige Badereisen abgerechnet, lebte Rahel dort ununterbrochen.
auch während der Cholerazeit, bis zu ihrem Tode am 7. März 1833. In weiteren
Kreisen wurde sie erst dann durch die litterarische Sorgfalt ihres Mannes bekannt.

    a. Schindel 2, 388.

    b. Nekrolog 11, 155 bis 166 W. Neumann; erweitert Nr. 6. 8) 1, 428 bis 442.

    c. Z. Funck, Rahel. Geistes- und Charaktergemälde dieser großen Frau,
in sorgfältig gewählten Stellen des Vortrefflichsten aus ihren Briefen und Tagebüchern. Toilettengeschenk für die Gebildetsten des weiblichen Geschlechts.
Bamberg, Dresch. 1835. 12.

    d. Rahel und Bettina: Zeitung für die elegante Welt 1835. Nr. 76f.

    e. (Varnhagen und Ense) Ueber Rahels Religiosität. Von einem ihrer älteren
Freunde. Leipzig, Gebrüder Reichenbach. 1836. 8. Sieh § 292, 1. 85) und 87) VIII. q.

    f. Th(eodor) M(undt), Rahel und ihre Zeit: Charaktere und Situationen.
Vier Bücher Novellen, Skizzen, Wanderungen auf Reisen und durch die neueste
Literatur. Wismar und Leipzig 1837. 1, S. 213 bis 271.

    g. G. Osw. Marbach, Über moderne Literatur. In Briefen an eine Dame.
8. Sendung: Gutzkow . . . Bettina. Rahel. Leipzig 1838. 8.

    h. Ein Wort Rahels über die Jungfrau von Orleans: Herrigs Archiv 1854. 15, 351.

    i. Eduard Schmidt-Weißenfels, Rahel und ihre Zeit. Leipzig: F. A.
Brockhaus. 1857. VIII, 257 S. 8.

    k. § 292, 1. 87) Band VIII, 1 bis r.

    l. K. Th. Zianitzka [d. i. Kathinka Zitz], Rahel oder dreiunddreißig Jahre
aus dem Leben einer edlen Frau. Leipzig 1864. VI. 8.

    m. Karl Hillebrand, Zeiten, Völker und Menschen. Berlin 1875. 2. Aufl.
Straßburg 1892. 2, 420.

    n. K. Rosenkranz, Rahel, Bettina und Charlotte Stieglitz: Studien zur
Litt.-Gesch. Leipzig 1875. 8. S. 102f.

    o. Aug. Sauer, Frauenbilder aus der Blütezeit der deutschen Litteratur.
Leipzig 1885. 8. S. 82f.

    p. Heinrich von Treitschke, Deutsche Geschichte. Leipzig 1889. Bd. 4, 427f.

    q. Georg Brandes, Die Litteratur des 19. Jahrh. in ihren Hauptströmungen.
Leipzig 1890. 6,

    r. Lily von Kretschman, Aus Goethes Freundeskreise. Braunschweig
1892. S. 35 bis 41.

    s. Johannes Pröls, Das junge Deutschland. Ein Buch deutscher Geistes-
geschichte. Stuttgart 1892. 8. S. 454 bis 460. 471 bis 491.

    t. Allg. dtsch. Biogr. 1895. 39, 780 bis 789 (Oskar F. Walzel).

    Briefe an α. Gentz: sieh § 293, I. 1. 26) V. bb. — β. Marie v. Korff: Graf
Paars Autogr.-Sammlung 1893. Nr. 1832. — γ. Oelsner: sieh Varnhagen Nr. φ. —
δ. Leop. Ranke: Varnhagen Nr. 52) S. 280f. — ε. (5) L. Tieck: Briefe an Ludwig
Tieck 4, 140/54. — ζ. Pauline Wiesel: § 292, I. Nr. 53) Band 1f. — ζ'. s. S. 805.—
η. Aus dem Nachlaß Varnhagen's von Ense. Briefwechsel zwischen Varnhagen und

Rahel. Leipzig: F. A. Brockhaus. 1874 bis 1875. VI. 8. Vergl. C. Kühn, Rahel und Goethe in Frankfurt: Didaskalia 1889. Nr. 199. Anz. f. dtsch. Alterth. 16, 425 und Nr. m. Hillebrand 2, 420 f. — ϑ. Aus Rahel's Herzensleben. Briefe und Tagebuchblätter, hg. von Ludmilla Assing. Leipzig: F. A. Brockhaus. 1877. VIII, 256 S. 8. Augsb. Allg. Ztg. 1877. Nr. 319 (Carriere). — ι. Briefwechsel zwischen Rahel und David Veit [1771 † 1814]. Aus dem Nachlasse K. A. Varnhagen's von Ense. Leipzig: F. A. Brockhaus. 1861. II. 8. Der erste Brief ist vom 20. März 1793, der letzte vom 20. April 1811 datiert. — x. Briefe von Chamisso, Gneisenau, Haugwitz, W. von Humboldt, Prinz Louis Ferdinand, Rahel, Rückert, L. Tieck u. a. Nebst Briefen, Anmerkungen und Notizen von Varnhagen von Ense. Leipzig: F. A. Brockhaus. 1867. II. 8. — λ. sieh unten S. 805.

Briefe an Rahel von Franz v. Baader: Dorow, Reminiscenzen. Leipzig 1842. 8. 121 bis 123. — Bettina: Nr. 1. 52) 8. 278 bis 315. — Ludwig Börne: (Dorow) Denkschriften. Berlin 1841. 5, 116 f. — Cl. Brentano: § 286, 1. o). — Custine: Nr. 1. — Gentz: § 293, I. 1. 26) I. b. — Karl von Nostitz: (Dorow) Denkschriften. Berlin 1840. 4, 90 f. — Leopold Ranke: Nr. 1. 52) 8. 279 f., Biogr. Bl. 1895. Bd. 1, H. 4 und Euphorion 3, 10 f. — Ludwig Robert: Dorow, Reminiscenzen. 8. 25 bis 34 und Denkschriften. Berlin 1888. 1, 8. 103 bis 116. — Dorothea v. Schlegel: § 283, 4. — Karl von Woltmann: Deutsche Briefe. I. Leipzig 1834. 8.

1) Ueber Goethe. Bruchstücke aus Briefen hg. von K. A. Varnhagen von Ense: Morgenblatt 1812 Nr. 161 bis 176 die mit G. bezeichneten Briefstellen. Sieh oben Nr. 1. 9).

2) Bruchstücke aus Briefen und Denkblättern: Schweizerisches Museum. Aarau 1816. 8. 212 bis 242 und 331 bis 375 die mit G. bezeichneten Abschnitte.

3) Aus Denkblättern einer Berlinerin: Fouqués Wochenschrift ‚Berlinische Blätter für deutsche Frauen' 8, 137 bis 184. Vergl. L. Geiger, Berlin 1688—1840. Berlin 1895. 2, 439.

4) Ueber Wilhelm Meisters Wanderjahre: Der Gesellschafter 1821. Nr. 131 bis 133 die mit Friederike bezeichneten Briefe. Vergl. § 245, 4) b ═ Band IV. S. 729.

5) Bruchstücke über Goethe: [Varnhagen] Goethe in den Zeugnissen der Mitlebenden. Berlin 1823. 8. 207 bis 222.

6) Rahel. Ein Buch des Andenkens für ihre Freunde. Berlin 1833. 8. Als Mscrpt. gedruckt. Vergl. Varnhagen 1. Juli 1836 an Ludwig Tieck.

6a) Rahel. Ein Buch des Andenkens für ihre Freunde. [Hg. von Varnhagen.] Berlin 1834. III. 588, 620, 598 S. 8. ═ Titelauflage von Nr. 6).

7) Rahels Theater-Urtheile. Mitgetheilt von Varnhagen von Ense: Lewalds Allg. Theater-Revue. Stuttgart 1836. Band 2, 45 bis 79. Sieh § 292, 1. 87) VIII. r.

2. Rosa Maria Assing, Schwester Varnhagens, geb. am 28. Mai 1788 in Düsseldorf, lebte mit ihren Eltern nach dem Ausbruch der französischen Revolution in Straßburg, später, von 1796 an, in Hamburg. Sie verlor ihren Vater 1799, war Erzieherin, 1816 mit David Assur Assing verheiratet, starb am 22. Januar 1840 in Hamburg.

a. N. Nekrolog 18, 120 bis 124.

b. Karl Gutzkow, Erinnerungen an Rosa Maria: Telegraph 1840. Nr. 27 und 28. Wiederholt in dessen Vermischten Schriften 1842. 8, 133 bis 147.

c. Schindel 1, 80. 3, 8 f.

d. Schröder 1, 107 bis 109.

Briefe verzeichnet Salomons Auctions-Katalog der Bücher und Sammlungen G. Kühnes. Dresden 1888. Vgl. Anz. f. dtsch. Alterth. 16, 158.

Briefe an Rosa Maria von Bettina sieh § 286, 8. α. ═ Band VI. S. 82. — Ad. v. Chamisso: Jul. Ed. Hitzig, Leben und Briefe von Adelbert von Chamisso. § 291, 1. k. in beiden Bänden; vergl. auch § 291, 1. h.

1) Neun Gedichte in Chamissos und Varnhagens Musenalmanach auf das Jahr 1806. Sieh § 291, 1. 5).

2) Frühlingslied (‚O Frühlingszeit'): Deutscher Dichterwald für 1813. 8. 22.

3) Herr Thomas Brown und seine Nachbarn. Erzählung: Gesellschafter 1823. Nr. 194 bis 197; in Nr. 13) 8. 171; s. unten 8. 805.

4) Der Schornsteinfeger. Erzählung nach einer wahren Begebenheit aus der Mitte des vorigen Jahrhunderts: Gesellschafter 1824. Nr. 77 bis 84. — Nachgedruckt: Straßburg 1834. 12. — in Nr. 13) S. 199. — Neudruck: s u. S. 805; Zürich 1894 — Publikationen des Vereins für Verbreitung guter Schriften in Zürich. Nr. 13. Vergl. J. Baechtold, G. Kellers Leben. Berlin 1894. 2, 370 Anm.

5) Legende [vom faulen Knecht]. Nach Hans Sachs [Schwänke Nr. 170]: Gesellschafter 1826. Nr. 15. S. 69.

6) Clara. Erzählung: Gesellschafter 1827. Nr. 55 bis 62. — Nr. 13) S. 137: Fabio und Clara. Novelle.

7) Gedichte (1 bis 13) aus Juliens Nachlaß: Gesellschafter 1830. Nr. 202 bis 208.

8) a. Rückblick: Deutscher Musenalmanach für 1833. S. 179. — Nr. 13) S. 46 — b. Begegnung: Dtsch. Musenalm. f. 1833. S. 181. — fehlt in Nr. 13). — c. Wiedersehen: Dtsch. Musenalm. f. 1833. S. 182. — Nr. 13) S. 38.

9) Wanderlied: Dtsch. Musenalm. f. 1834. S. 368. — Nr. 13) S. 80.

10) Schifferlieder 1 bis 3: Dtsch. Musenalm. f. 1836. S. 304. — Nr. 13) S. 77.

11) Am Hochzeitsmorgen: Dtsch. Musenalm. f. 1837. S. 223. — Nr. 13) S. 87.

12) a. Beim Feste: Rheinisches Odeon f. 1840. S. 68. — Nr. 13) S. 17. — b. Das seltene Haus: Rhein. Odeon f. 1840. S. 71. — Nr. 13) S. 101.

13) Poetischer Nachlaß. Herausgegeben von D. A. Assing. Altona, Hammerich 1840. VI, 258 S. 8. Enth. S. 1 bis 136: Gedichte. S. 137 bis 258: Erzählungen (Nr. 6. 3 und 4).

4. **David Assur Assing**, geb. am 12. Dezember 1787 in Königsberg i. Pr. studierte Medizin und nahm in jüngeren Jahren unter seinem zweiten Vornamen Assur und seinem eigenen an den Musenalmanachen und Taschenbüchern teil. Als er sich 1816 mit Varnhagens Schwester verheiratete, ließ er sich in Hamburg als praktischer Arzt nieder. Dort starb er am 25. April 1842. Die Eltern überlebten zwei Töchter, Ottilie Davide und Rosa Ludmilla, geb. am 22. Februar 1827 in Hamburg, verehl. Grimelli, gest. geisteskrank in Florenz am 25. März 1880. Die letztere gab den skandalösen Nachlaß ihres Oheims heraus.

a. Nekrolog 20, 1076.

b. Schröder 1, 105. 109.

1) Gedichte in Kerners und Chamissos Musenalmanachen, in Isidorus Hesperiden, Chezys Aurikeln, im Morgenblatt u. s. w.

2) Nänien nach dem Tode Rosa Marias hg. von Dr. D. A. Assing. Hamburg 1840. Als Manuscript gedruckt.

Briefe Gottfried Kellers an Ludmilla Assing nebst einigen Mitteilungen aus Ludmillas Briefen an Keller sieh J. Baechtold, G. Kellers Leben. Berlin 1894. Band 2. 351 f. — Für Ludmilla vgl. Feodor Wehl, Zeit und Menschen Altona 1889. Band 2.

5. **Johann Ferdinand Koreff**, geb. am 1. Februar 1783 in Breslau, studierte Medizin, nahm am Rastatter Kongreß teil und brachte es nach wunderlichen Abenteuern zum preußischen Obermedizinalrat. 1807 siedelte er nach Paris über und wurde während der Occupation zum Glanzpunkt der Gesellschaft. 1816 Prof. der Medizin in Berlin, 1818 Geh. Oberregierungsrat in der Kanzlei des Staatskanzlers Hardenberg; mit ihm zerfiel er aber und ging wieder nach Paris. Dort starb er am 15 Mai 1851.

a. Meusel, Gel. Teutschland 18. 414f. [hier wird ihm fälschlich die Übersetzung von Plautus' prahlerischem Krieger. Berlin 1805. 8. zugeschrieben: sie stammt von Frdr. Karl Mally, vergl. ebenda 14, 482 und Grundriß § 257, 35. 1]. 23, 232f.

b. Nekrolog 29, 1235.

c. Varnhagens Tagebücher, wo sehr viel, zum Teil sehr Ungünstiges über Koreff gesagt wird. das aber Varnhagen in seinen ‚Biographischen Portraits. Nebst Briefen von Koreff, Clemens Brentano, Frau von Fouqué . . Leipzig: F. A. Brockhaus. 1871. 8.‘ in bestimmter Absicht möglichst abzuschwächen gesucht hat.

d. Max Mendheim, Die Lyriker und Epiker der klass. Periode. Stuttgart 1893. 8. — Dtsch. Nat.-Litt. 135, Teil 3.

Brief an Ludwig Tieck: Band II. S. 212.

1) Tibulls und der Sulpicia Elegien. Paris, Schüll. 1810. 4. § 310, A. 139. 5).

2) Anteil an dem Neuen Teutschen Merkur, an den Musenalmanachen und poetischen Jahrbüchern z. B. Loebens Hesperiden 1816.

3) Lyrische Gedichte. Abgedruckt für Freunde. Paris 1815. 4.

4) Don Tacagno. Oper in 2 Akten. Musik von v. Drieberg. Berlin 1819. 8. Aufgeführt in Berlin am 15. April 1812.

5) Aucassin und Nicolette oder die Liebe aus der guten alten Zeit. Oper in 4 Akten. Musik von G A. Schneider. Berlin 1822. 8. Aufgeführt in Berlin am 26. Februar 1822. Vergl. Gesellschafter 1822. Nr. 41. Zuerst gedruckt im Berliner Taschenkalender für 1820 S. 221 bis 298 und für 1821 S. 181 bis 190.

H(eine), Aucassin und Nicolette: Symanski's Zuschauer. Berlin 1822. Nr. 32 vom 14. März. — Vergl. § 342. 1579. 30) I = Band III¹. S. 1152.

6) In den beiden Jahrgängen des Berliner Taschenbuchs auch andere zahlreiche Gedichte Koreffs.

6. Friedrich Wilhelm Neumann, geb. am 8. Januar 1781 in Berlin, widmete sich anfangs dem Kaufmannsstande, studierte dann von 1804 an Theologie in Halle und war seit 1807 Hauslehrer in mehreren angesehenen Familien, 1813 königlicher Beamter, preußischer Intendanturrat im Kriegsministerium. Auf einer Dienstreise starb er nach einem Unwohlsein von wenigen Stunden am 9. Oktober 1834 in Brandenburg a. H. Er gehörte dem Berliner Freundeskreise (Bernhardi, Fouqué, Varnhagen, Hitzig, Chamisso, Theremin) an und schrieb, um die trübe Zeit nach der Jenaer Schlacht zu verwinden, mit den Freunden den Roman: Karls Versuche und Hindernisse, an dem die Verbündeten kapitelweise nach der Reihe und ohne daß einer dem andern etwas von seinem Plane mitgeteilt hatte, arbeiteten. Neumanns Anteil ist der Charakter des bescheidenen Ludwig, in dem er sich zum Teil selbst schilderte, sowie die Parodien Joh. Müllers (Strietzelmeier), Jean Pauls und des alten J. H. Voß. Auch eine der eingeflochtenen Novellen (die von Friedrich während des Platzregens erzählte), die der italienischen Novellistik würdig ist, rührte von ihm her. Das Buch wurde nicht vollendet und von G. Reimer aus besorgter Vorsicht nicht einmal mit seiner Verlagsfirma versehen.

a. Meusel, Gel. Teutschland 14, 656. 18, 833.

b. (Hitzig) Gel. Berlin 1826. 8. 187.

c. Der Freimüthige 1834. Nr. 207 und 228 f.

d. Nekrolog 12, 828.

e. Lebensumriß von K. A. Varnhagen von Ense in Nr. 8) I.

f. Allg. dtsch. Biogr. 1886. 23, 536 f. (Brümmer).

g. Ludwig Geiger, Berlin 1688—1840. Berlin 1895. Band 2, S. 142 f. 246 bis 248. 387 f.

Briefe an Fouqué: Br. an Fouqué. Berlin 1848. S. 279 bis 282.

Briefe an W. Neumann von Chamisso: Hitzigs Leben und Briefe von Adelbert von Chamisso. § 291, 1. Nr. k. in beiden Bänden.

1) § 292, 1. Nr. 4).

2) Erzählungen und Spiele. Von Karl August von Varnhagen von Ense und Wilhelm Neumann. Hamburg 1807. Schmidt. 8.

3) Die Versuche und Hindernisse Karl's. Eine Deutsche Geschichte aus neuerer Zeit. Erster Theil. Berlin und Leipzig [Georg Reimer]. 1808. 8. Sieh darüber den Brief Clemens Brentanos an Görres: Joseph von Görres Gesammelte Briefe. München 1874. Band 2, S. 83 f. Vergl. § 290, 1. Fouqué. Nr. 9); § 292, 1. Varnhagen. Nr. 6) und § 241, 10 = Band IV. S. 683.

4) Des Nikolaus Machiavelli Florentinische Geschichte. Aus dem Italienischen übersetzt. Berlin 1809. II. 8.

5) Der Preußische Vaterlandsfreund (von Neumann redigiert und mit Beiträgen versehen in den Monaten Februar bis Ende Juni). Berlin 1811.

6) Die Musen. Eine norddeutsche Zeitschrift. Herausgegeben von Friedrich Baron de la Motte Fouqué und Wilhelm Neumann. Berlin 1812. 1813. 1814. 8. Vergl. § 290, 1. 27).

7) Beiträge zu den Berliner Jahrbüchern für wissenschaftliche Kritik, den Blättern für litterarische Unterhaltung, zu Chamissos und Varnhagens Musenalmanachen (sieh § 291, 1. 2) 3) und 5), zum Gesellschafter 1827 (sieh § 343, 1632 nach Nr. 6) = Band III¹. S. 1179) und zu andern.

8) Wilhelm　　　　n ' Schriften. In zwei Theilen. Leipzig: F. A. Brockhaus. 1885. II. Neuma n s

Inhalt: 1. Lebensumriß (von Karl August Varnhagen von Ense). Kritiken. — II. Kritiken. Gedichte. Die Versuche und Hindernisse. Eine deutsche Geschichte aus neuerer Zeit.

Julius Eduard Hitzig siehe § 331, 108.

Drittes Kapitel.

Nur in kurzem Überblicke kann hier an die Bewegung erinnert werden, die sich auf anderen Gebieten der Litteratur, als denen der Dichtung, gleichzeitig mit der romantischen Schule geltend machte, da sie mit dem Gegenstande dieses Werkes nur mittelbar in Verbindung steht. Wie die romantische Dichtung von einer Reaktion gegen die kritische Philosophie und ihre Ableitungen ausgegangen war und der Vernunft Phantastik und Obskurantismus entgegengesetzt hatte, so schlug auch die Philosophie selbst, freilich nicht ohne den kräftigsten Widerstand zu finden, aber ohne bis zum erstrebten Ziele siegreich durchzudringen, ähnliche Bahnen ein und gewann ähnliche Ergebnisse. Es darf nur daran erinnert werden, daß zur Zeit der romantischen Dichter die Philosophen Fichte und Schelling, Wagner und Herbart, Solger und Hegel, Baader und Krause ihre widersprechenden Systeme entwickelten und geringere Namen anreizten, lebhaft Partei zu nehmen. Auf enger begrenzten Gebieten bewegten sich gleichzeitig Männer wie Görres, Rixner und Creuzer, Adam Müller und Gentz, Karl Ludwig von Haller und ähnliche Kämpfer für und wider römisch-katholische Hierarchie und absolutistische Staatsformen, teils theoretisch, teils mit der Theorie die Praxis verbindend, manche als Kryptokatholiken in protestantischen Staaten thätig. Daß auch die Theologie, die Jurisprudenz und die Naturwissenschaft von diesen Kämpfen nicht unberührt blieben, zeigen die Namen Schleiermacher und Paulus, Daub und Draeseke, die teils für supernaturalistische, teils für rationalistische Auffassung und Begründung der theologischen Wissenschaften rangen; zeigen die Namen Savigny, Thibaut, Eichhorn, Feuerbach und andere, die das Recht auf ganz neue Grundlagen stellten. Wie gewaltig die Erschütterungen auf den Gebieten der Naturwissenschaften waren, lassen Männer wie Werner, Batsch, Humboldt, Link, Buch, Oken, Eschenmayer und Schubert erkennen, die in der Erweiterung Vertiefung gewannen oder in dunkeln Lehrsätzen gern dem hellen Tage die Augen geschlossen hätten. Unter den Historikern dürfen nur Joh. von Müller, Spittler, Heeren, Luden, Schlosser und vor allen Niebuhr genannt werden, um ins Gedächtnis zu rufen, wie ganz anders in dieser Zeit die Geschichte behandelt wurde. Hier besonders machte sich das kritische Vermögen geltend. Die Völker- und Staatenentwickelungen traten an den kritisch gereinigten Quellen in neuer Gestalt vor Augen. Vieles blieb auch hier noch bloßes Streben, da die Philologie sich eben erst als eine der bedeutendsten geschichtlichen Hilfswissenschaften zu erheben begann. Neben der des klassischen Altertums, die durch Böckh erneuert wurde, rang die der deutschen Vorzeit in gewissem Sinne mit den Naturwissenschaften um den Preis, freilich mehr noch unsicher tastend, als klar beweisend; aber die ersten Versuche der Gebrüder Grimm, die Friedr. Heinr. v. d. Hagen rasch überflügelten, wurden in dieser Zeit gewagt.

Überblickt man diese lange Reihe glänzender Namen, so kann man, wie auch das Urteil über die romantischen Dichter und ihre Werke sein mag, nicht verkennen, daß in dieser tief bewegten Zeit nach allen Richtungen hin Großes erzeugt und auch in der Krankheit der Übergangsperiode gesunde Saat gesät und reife Frucht geborgen wurde.

§ 293.

I. Die Philosophen der Zeit sind bereits bei Schiller und Goethe (§ 247 = Band V. S. 1 bis 14) genannt worden. Hier verdienen noch einige Männer und Staatsmänner besonders hervorgehoben zu werden, die halb philosophisch, halb praktisch den eigentlichen Kampf der Zeit darstellen: Gentz, Ad. Müller und Haller auf der einen und Kanne, Crenzer, Görres auf der anderen Seite. Diese alle weichen in ihren Ausgangspunkten, Zielen und Erfolgen nicht eben wie Gegensätze von einander ab, sondern nur durch Individualität, lokale und historische Verhältnisse, anders entfaltete Ableitungen desselben Prinzips unumschränkter Autorität, die bei den einen in absolutem Staate, bei den anderen in absoluter Kirche gedacht wurde.

1. **Friedrich von Gentz**, geb. am 2. Mai 1764 in Breslau, erhielt seine Bildung dort und in Berlin; Sekretär beim Generaldirektorium; erhielt 1798 den Titel eines Kriegsrates, ging 1802 in österreichische Dienste über und wurde bei der Hof- und Staatskanzlei beschäftigt, ohne einen bestimmten Dienstzweig zu versehen. Dagegen verfaßte er eine Anzahl von Staats- und Denkschriften und führte als Generalsekretär bei allen Kongressen der Zeit das Protokoll. Er starb am 9. Juni 1832 in Wien.

Gentz war ein hochbegabter Publizist, der seine Feder zuerst dem Kampfe gegen die französische Revolution und gegen Napoléon widmete und sie dann ganz in den Dienst der österreichischen Politik stellte, er war der litterarische Gehilfe Metternichs. Selten hat vielleicht ein diplomatisch thätiger Mann so ungeheure Summen verbraucht wie Gentz, der die Großmächte nach der Höhe ihrer Zahlungen bediente und die erpreßten Gelder im leichtsinnigsten Genusse verschwendete. Mehr als ein anderer österreichischer Staatsmann der neueren Zeit stellt Gentz den halb orientalischen Charakter der dortigen Zustände dar. Sieh unten S. 805.

a. Meusel, Gel. Teutschl. 2, 525 f. 9, 413. 11, 264. 13, 455. 17, 690. 22 II, 328.

b. J. v. Horn, Der Guelphenorden des Königreichs Hannover. Lünebg. 1822. S. 277 f.

c. Nekrolog 10, 457.

d. Varnhagen § 292, 1. 28) S. 301 f. und 33) II. r. — d'. Sieh unten S. 805.

e. Wolf, Biographische Parallele zwischen J. Müller und Gentz: Lloyd 1853. S. 309.

f. Ersch und Grubers Encyklopädie 1854. Theil 58, S. 324 bis 392 (R. Haym).

g. Robert Mohl, Geschichte und Literatur der Staatswissenschaften. Erlangen 1856. Band 2, S. 488.

h. Wurzbach 1858. 5, S. 136 bis 143.

i. Bluntschli: Deutsches Staatswörterbuch 1859. Band 4, S. 172.

k. [Eduard] Schmidt-Weißenfels, Friedrich Gentz. Eine Biographie. Prag 1859. II. 8.

l. Geßner, Friedrich von Gentz. Ein Beitrag zur Kulturgeschichte der ersten Hälfte unseres Jahrhunderts: Deutsche Vierteljahrs-Schrift 1862. 2, S. 1 bis 46.

m. Karl Mendelssohn-Bartholdy, Friedrich von Gentz. Ein Beitrag zur Geschichte Oesterreichs im neunzehnten Jahrhundert mit Benutzung handschriftlichen Materials. Leipzig, Verlag von S. Hirzel. 1867. 8.

n. Allg. dtsch Biogr. 1878. 8, 577 bis 593 (Beer).

o. August Fournier, Gentz und Cobenzl. Geschichte der österreichischen Diplomatie in den Jahren 1801 bis 1805. Nach neuen Quellen. Wien 1880. XII, 311 S. 8. p. Die Grenzboten 1887. II. 8. 57 bis 68. 150 bis 169 σ'. Sieh unten S. 805. q. Aug. Fournier, Gentz und der Friede von Schönbrunn: Dtsch. Bundschau 1886. 49, 102 bis 115. r. L. v. Ranke, Zur eigenen Lebensgeschichte. Hg. von A. Dove. Leipzig 1890. 8. Vergl. E. Guglia, Aus Rankes Jugendzeit: Frankfurter Zeitung 1891. März 5 und 6 (behandelt Rankes Verhältnis zu Gentz). s. Aug. Fournier, Stadion über Gentz: Bettelheims Biogr. Blätter 1895. Bd. 1. S. 233 f. t. Gräfin Elise von Bernstorff, geborene Gräfin von Dernath. Ein Bild aus der Zeit von 1789 bis 1835. Aus ihren Aufzeichnungen. Berlin 1896. Ernst Siegfried Mittler und Sohn. 8. 1, 164 f. u. Grillparzers Sämmtliche Werke 15, 123 f. August Sauer, Zwei ungedruckte Fragmente aus Grillparzers Nachlaß: Dem Hochwürdigen Herrn P. Hugo Mareta zum 40 j. Dienstjubiläum von alten Schülern. Wien 1892. 8. 14 f. Eine Satire Grillparzers auf Gentz.

Briefe an α. Ancillon sieh Nr. 29) 1867 1, f. — β. (68) K. A. Böttiger aus den J. 1795 bis 1810 liegen in der Dresdner Kgl. öffentlichen Bibliothek; drei davon sind abgedruckt in der Zsch. f. Geschichte und Politik 1868. 8. 204 bis 304. Sieh auch Nr. 26) IV, S. 303 f. — γ. K. G. v. Brinkmann: (Dorow) Denkschriften und Briefe. Berlin 1840. 4, 32 f. Sieh auch Nr. 26) IV, d — δ. Graf Ferd. Bubna von Littitz: Dtsch. Rundschau 1886. 49, 106 bis 110. 112 bis 114. — ε. Chateaubriand sieh Nr. 26) I, g. — ζ. Heinrich von Collin sieh Nr. 29) 1867. I, c. - η. Baron von Cotta sieh Nr. 26) V, u. — θ. Gräfin Eleonore Fuchs: Neue Freie Presse 1891. Juli 10 und 11. Nr. 9651/52. — ι. Herrn v G. in Königsberg i. Pr.: (Dorow) Denkschriften und Briefe. Berlin 1838. 2, S. 118. — χ. Chn. Garve 1789—1798, hg. von Schönborn. Breslau 1857. 109 S. 8. — λ. Görres: Joseph von Görres Gesammelte Briefe. Bd. 2, S. 470 f. — μ. Goethe sieh Nr. 26) V, w. — ν. Elisabeth Graun sieh Nr. 26) I. a. — ξ. Erzherzog Johann aus den Jahren 1804/5: Allg. Ztg. 1878. Nr. 262. -- θ. Amalie v. Helwig sieh Nr. 26) V. cc. — π. Alex. v. Humboldt sieh Nr. 26) V. y. — ρ. James Makintosh sieh Nr. 26) I. e. und IV. c. — σ. (47) Joh. v. Müller. Hg. von Maurer-Constant. Schaffhausen. 1839. Band I, S. 1 bis 222. Sieh die verbesserte u. vermehrte Ausgabe in Nr. 26) IV. S. 1 bis 299. — τ. Briefe von Friedrich von Gentz an Pilat. Ein Beitrag zur Geschichte Deutschlands im XIX. Jahrh. Hg. von Karl Mendelssohn-Bartholdy. Leipzig 1868. II. 8. Vergl. Die Grenzboten 1868. I. S. 449 bis 467. — Eugen Guglia, Neue Briefe von Gentz [an Joseph Anton Pilat]: Deutsche Rundschau 1892. 70, 103 bis 110. — υ. Rahel: Nr. 26) I. b. — φ. Rühle von Lilienstern sieh Nr. 26) I. f. - χ. S. (Bruder der Bernardine): (Dorow) Denkschriften und Briefe. Berlin 1838. 2, S. 130. — χ'. Stanhope: Nr. 26) V. l. — ψ. Varnhagen: Nr. 26) I. d. — ω. Pauline Wiesel sieh Nr 26) I. c.

αα. Briefwechsel zwischen Friedrich Gentz und Adam Heinrich Müller. 1800 bis 1829. Stuttgart. J. G. Cotta'scher Verlag. 1857. 8. Sieh auch (Dorow) Denkschriften und Briefe. Berlin 1838. 2, 8. 134 4, 8. 85. Die beiden ersten auch in Nr. 26) IV, S. 359 f.

ββ. Aus dem Nachlasse des Grafen Prokesch-Osten, k. k. österreich. Botschafter (!) und Feldzeugmeister (!). Briefwechsel mit Herrn von Gentz und Fürsten Metternich. Wien 1881. H. X, 423 und 415 S. 8.

γγ. Ungedruckte Briefe von Gentz (an Graf Bubna): Neue Freie Presse. 1887. August 31.

Briefe an Gentz von Lord Aberdeen: Nr. 26) V. c. — Gustav v. Brinkmann: Nr. 26) IV. d. — Clancarty: Nr. 26) V. d. — Baron von Cotta: Nr. 26) V. u. — Goethe: Nr. 26) V. w. — Heeren: Nr. 26) V. aa. — Wilh. v. Humboldt: Nr. 26) V. z. - Rahel: Nr. 26) V. bb. — Fran v. Staël: Nr. 26) V. x. — Lord Stanhope: Nr. 26) V. l.

1) a. Ueber den Ursprung und die obersten Principien des Rechts: Berliner Monatsschrift 1791. St. 4, 8. 334 bis 396. — b. Nachtrag zu dem Raisonnement des Prof. Kant über das Verhältniß zwischen Theorie und Praxis: ebenda 1793. St. 12, 8. 518 bis 554.

2) Betrachtungen über die französische Revolution. Nach dem Englischen des Herrn Burke neu bearb. mit einer Einleitung, Anmerkungen, politischen Abhandlungen und einem critischen Verzeichniß der in England über diese Revolution erschienenen

Schriften von Friedrich Gentz. Berlin 1793. bei Friedrich Vieweg dem Aelteren. II. 8. — Neue Auflage. Berlin 1794. 8. — Dritte Auflage. Braunschweig 1888. H. 8. „Ein Wendepunkt in der Geschichte unserer politischen Bildung: H. v. Treitschke, Deutsche Geschichte 1. 117.

8) Mallet Du Pan über das Charakterische der französischen Revolution und die Ursachen ihrer Dauer. Übersetzt, mit einer Vorrede und Anmerkungen versehen von Friedrich Gentz. Berlin 1794, bei F. Vieweg d. Aelteren. XL, 206 S. 8. 8.

4) Ueber die Grundprincipien der jetzigen französischen Verfassung, nach Robespierre's und St. Just's Darstellung derselben: von Archenholtzens Minerva 1794. April und Mai.

5) Mouniers Entwickelung der Ursachen, welche Frankreich gehindert haben, zur Freyheit zu gelangen. Mit Anmerkungen und Zusätzen versehen von Friedrich Gentz. Berlin 1794 bis 1795. IV. 8.

6) Gentz gab 1794 bis 1798 die Neue Deutsche Monatsschrift, Berlin, heraus.

7) Edmund Burke's Rechtfertigung seines Politischen Lebens. Gegen einen Angriff des Herzogs von Bedford und des Grafen Lauderdale bei Gelegenheit einer ihm verliehenen Pension. Uebersetzt mit einer Vorrede und einigen Anmerkungen von Friedrich Gentz. Berlin 1796. bei Friedrich Vieweg dem ältern. 8.

8) Geschichte der französischen Finanzverwaltung im Jahre 1796. Nach dem Französischen des Ritters d'Ivernois, mit einer Vorrede und Zusätzen von Fr. Gentz. Berlin 1797. 8.

9) Seiner Königlichen Majestät Friedrich Wilhelm dem III. Bei der Thronbesteigung alleruntertänigst überreicht. Berlin, den 16. November 1797. 26 S. 8. Vergl. unten Nr. 22).

10) Politische Paradoxien. Ein Lesebuch für denkende Staatsbürger. Leipzig 1799. 8.

11) Historisches Journal. Herausgegeben von Friedrich Gentz. 1799 und 1800. Zwei Jahrgänge von je 12 Heften. Der erste Band erschien in Berlin, bei Friedrich Vieweg dem ältern, der zweite in Berlin. 1800. bei Heinrich Frölich. 8. Enthält ausführliche Beiträge zur Geschichte und Politik damaliger Zeit.

12) Maria Stuart, Königin von Schottland. Historisches Gemälde von Friedrich Gentz: Taschenbuch und Kalender für 1799. Braunschweig. 8. — besonders erschienen: Braunschweig bei Vieweg 1827. 12. Vergl. § 255, 2) ♦ — Band V. S. 221.

13) Essai sur l'état actuel de l'administration des finances et de la richesse nationale de la Grande-Bretagne, par Frédéric Gentz. Londres, Hambourg, Paris 1800. 8.

14) Geschichte der Unruhen in Frankreich während der Gefangenschaft des Königes Johann von Valois. Von Friedrich Gentz: Taschenbuch für 1801. Hg. von Friedrich Gentz, Jean Paul und Johann Heinrich Voß. Braunschweig. S. 1 bis 72.

15) Von dem Politischen Zustande von Europa vor und nach der Französischen Revolution. Eine Prüfung des Buches: De l'état de la France à la fin de l'an VIII. Von Friedrich Gentz. Berlin 1801 bei Heinrich Frölich. Heft 1 und 2. XXVIII, 386 S. 8.

16) Ueber den Ursprung und Charakter des Kriegs gegen die französische Revolution. Berlin 1801 bei Heinrich Frölich. 8.

17) Fragmente aus der neusten Geschichte des Politischen Gleichgewichts in Europa. Leipzig, 1804. 8. — St. Petersburg, 1806. LIV, 274 S. 8.

18) Darstellung der Rechtmäßigkeit des Oesterreichischen Krieges gegen Frankreich. 1805. 8.

19) Authentische Darstellung des Verhältnisses zwischen England und Spanien vor und bei dem Ausbruche des Krieges zwischen beiden Mächten von Friedrich von Gentz. St. Petersburg bei Johann Friedrich Hartknoch 1806. 8.

20) An die Deutschen Fürsten. Und an die Deutschen vom Kriegsrath Gentz. o. O. u. J. (Leipzig 1814). 8. 22 S. 8.

20x) (Gentz?) Ideen über das politische Gleichgewicht von Europa, mit besonderer Rücksicht auf die jetzigen Zeitverhältnisse. Leipzig 1814. in der Baumgärtnerischen Buchhandlung.

21) Gentz beteiligte sich auch lebhaft an den Wiener Jahrbüchern, die er mit Varnhagen von Ense gründete.

22) (Friedrich von Gentz) Seiner Königlichen Majestät Friedrich Wilhelm dem Dritten, bei der Thronbesteigung allerunterthänigst überreicht. (Am 16. Nov. 1797.) Neuer wörtlicher Abdruck nebst einem Verwert über das Damals und Jetzt von einem Dritten geschrieben am 16. November 1819. Brüssel bei C. Franck u. C. und Leipzig in Commission bei F. A. Brockhaus. 1820. XXXXIV, 48 S. 8. Verfasser des Vorworts ist Friedrich Chn. Aug. Hasse § 302, 80.

23) Bemerkungen über die ersten Vorgänge in der Baierischen Ständeversammlung. Geschrieben am 20. Februar 1819: Deutsche Ztschr. für Geschichtswissenschaft. Bd. X, Jahrgang 1898. 2. S. 332 bis 339.

24) Reflections on the Liberty of the Press in Great Britain, translated from the German of the celebrated F. von Gentz. London 1819. 8. Sieh Nr. 26) II. b.

25) Ausgewählte Schriften. Herausgegeben von Wilderich Weick († am 31. Juli 1852 in Rastatt) Stuttgart 1836 bis 1838. V. 8. Enth. I. 1836: Nr. 2). — II. 1837: Politische Abhandlungen. — III. 1837: Nr. 19). — IV. und V. 1838: Politische Aufsätze.

26) Schriften von Friedrich von Gentz. Ein Denkmal. Von Gustav Schlesier. Mannheim. Verlag von Heinrich Hoff. 1838 bis 1840. V. 8.
Enth. I. 1838: Briefe und vertraute Blätter. Einleitung zu den Schriften von Gentz VII bis LII. — Vorwort. 8. I bis 8. — a: An Elisabeth [Graun, geb. Fischer, später verehel. von Stägemann]. 8. 9 bis 92. — b: (85) An Rahel. S. 93 bis 240. Vergl. § 292, 2. und Band V, bb. — c: An Pauline Wiesel. — d: An Varnhagen von Ense. — e: An James Mackintosh. Sieh Band IV. c. — f: An R(ühle) v(on) L(ilienstern) — g: An Chateaubriand.
II. 1838. a: Sendschreiben an Friedrich Wilhelm III. (Sieh Nr. 9). — b: Ueber die Preßfreiheit in England und die Briefe von Junius. Zuerst: Wiener Jahrbücher der Literatur 1819. Nachtrag S. 432. — c: Beitrag zur geheimen Geschichte des Anfangs des Krieges von 1806. Aus ungedruckten Papieren des Herrn von Gentz. Zuerst in einer englischen Zeitung, dann aus dem Engl. übers.: Minerva 1836 und 1837. — d: Oesterreichisches Manifest vom J. 1809. — e: Oesterreichisches Manifest vom J. 1813. Oesterreichische Manifeste von 1809 und 1813. Mit Einleitung und Anmerkungen hg. von E. Guglia. Wien 1889. XV, 44 S. 8. — Gräsers Schulausgaben Nr. 89. — f: Ueber die Deklaration der acht Mächte gegen Napoleon vom 18. März 1815. — g: Ueber den zweiten Pariser Frieden und gegen Görres.
III. 1839. a: Schreiben des Ritters Prokesch von Osten an den Herausgeber. — b: Vorrede. — c: Ueber die Neutralität der Schweiz. Erklärung der Aliirten im J. 1813. — d: Am Schlusse des Wiener Kongresses. — e: Ueber den Beitritt zum heiligen Bunde. — f: Ueber das Wartburgfest. — g: Gegen die Bremer Zeitung. — h: Ueber die Gerüchte vom bevorstehenden Kongreß zu Aachen. — 1: Deklaration vom 15. November 1818. — k: Gegen die Beurtheilung des Kongresses von Aachen in der französischen Minerva. — l: Ueber de Pradt's Gemälde von Europa nach dem Kongreß von Aachen. — m: Eingang zu den Karlsbader Beschlüssen. — n: Französische Kritik der deutschen Bundesbeschlüsse von 1819. — o: Als Gregoire's Aufnahme in die Deputirtenkammer verweigert worden. — p: Ueber den letzten neapolitanischen Feldzug. — q: Ueber Benjamin Constant's Schrift: Du triomphe inévitable et prochain des principes constitutionnels en Prusse. — r: Lafayette im J. 1821. — s: Gegen Friedr. Ludw. Lindner. — t: Beim Tode des Fürsten Hardenberg. — u: Ueber Asyle. Gegen den Konstitutionnel. — v: Anhang. — w: Ueber eine plötzliche Tilgung des österreichischen Papiergeldes. — x: Ueber die österr. Bank. — y: Ungedrucktes Memoire über das Wesen und die Behandlung des Papiergeldes.
IV. 1840. Vorwort a: Briefwechsel zwischen Gentz und Johannes von Müller, mit Beilagen S. 1 bis 299. — b: Gentz an Böttiger S. 303 bis 306. — c: Nachtrag zu den Briefen von Mackintosh S. 307 bis 317. — d: Gustav von Brinckmann an Gentz S. 318 bis 358. — e: Gentz an Adam Müller S. 359 bis 370.
V. 1840. Ungedruckte Denkschriften. Tagebücher und Briefe. Vorwort. a: Gentz's Abgang von Berlin und Anstellung in Österreich. Nebst einer Uebersicht seines Umgangs und Briefwechsels in diesen und den letzten Jahren. Biographisches Fragment vom dem Herausgeber. — b: Gentz und Dalberg in der sächsischen Frage, 1814. — c: Lord Aberdeen an Gentz, 1813. — d: Clancarty an Gentz, 1814. — e: Papier-Monnoie Autrichien de 1811 à 1816. — f: Zwei Briefe an Adam Müller, 1819, 1324. — g: Konnten die Verbündeten 1815 Italien in ein Reich verschmelzen? Gegen das Journal des Débats 1822. — h: Nochmals gegen de Pradt. — i: Memoire

über die Colonialfrage 1824 (in Betreff Munroe's). — k: Biographische Nachrichten über das Haus Rothschild. — l: Briefe an Lord Stanhope. Mit Auszügen aus den Briefen von Stanhope an Gentz. — m: Vertrauliche Bemerkungen über den Stand und die nächste Zukunft der russisch-türkischen Angelegenheiten, 1829. — n: Beim Friedensschluß von Adrianopel. — o: Argumente für die Wahrscheinlichkeit des Friedens. Schreiben von Wien, 5. Dezember 1830. — p: Bemerkungen über das Interventionsrecht, März 1831. — q: Cormenin und seine Widersacher. — r: In der niederländisch-belgischen Frage, Januar 1832. — s: Betrachtungen über die politische Lage von Europa. Nach dem Fall von Warschau. — t: An Herrn von Pilat. 18. Dezember 1831. — u: An Baron von Cotta, die kriegprovocirende Richtung (H. Heine) der Allgemeinen Zeitung betreffend. Nebst Antwort von Cotta an Gentz. — v: Journal der Arbeiten und Lektüren. Aus den Jahren 1826 und 1827. — w: An und von Goethe. — x: Frau von Staël an Gentz, 1815. — y: An Alexander von Humboldt, 1821. — z: Briefe Wilhelms von Humboldt an Gentz. — aa: Heeren an Gentz. — bb: Rahel an Gentz. — cc: An Amalie v. Helwig, geb. Imhoff Okt. 1827.

27) Mémoires et lettres inédits du Chevalier de Gentz. Publiés par G(ustave) Schlesier. Stoutgart 1841. L. Hallberger, libraire. 8. XXIV, 454 S.

Inhalt. a: Mémoire sur la nécessité de ne pas reconnaître le titre impérial de Bonaparte. Adressé au Comte de Cobentzl et présenté le 6 Juin 1804. — b: Projet d'une déclaration de Louis XVIII contre le titre impérial usurpé par Bonaparte. 1804. — c: Observations sur un Article du Moniteur de Paris du 14 Août 1804. — d: Mémoire sur la réunion de Gênes. Adressé à Mr. le Comte de Cobentzl. Vienne, le 15 Juillet 1805. — e: Mémoire adressé à Mr. le Comte de Cobentzl. (Écrit au mois d'Août 1800). — f: Lettre à Sa Majesté le Roi de Suède. Le 25 Juin 1805. — g: Observations sur la négociation entre l'Angleterre et la France en 1806. Notes sur les pièces officielles publiées par la France et la Grande-Bretagne. — h: Journal de ce qui m'est arrivé de plus marquant dans le voyage que j'ai fait au quartier-général de S. M. le Roi de Prusse. Le 2 d'Octobre 1806 et jours suivans. — i: Mémoire sur les droits maritimes. Nr. I. — j: Mémoire sur les droits maritimes. Nr. II.

28) Aus dem Nachlaß Varnhagen's von Ense. Tagebücher von Friedrich von Gentz. Mit einem Vor- und Nachwort von K. A. Varnhagen von Ense. Leipzig: F. A. Brockhaus. 1861. XI, 869 S. 8.

Das ist ein Auszug von Nr. 31).

Friedrich Gentz und die heutige Politik. Von Josef Gentz. Zweite Auflage. Wien, 1861. Wallishausser'sche Buchhandlung (Josef Klemm). 8. -- Ueber die Tagebücher von Friedrich Gentz, und gegen Varnhagen's Nachwort. (Ein Nachtrag zu der Schrift Friedrich Gentz und die heutige Politik.) Von Josef Gentz. Wien, 1861. Wallishausser'sche Buchhandlung (Josef Klemm). 8.

29) Aus dem Nachlasse Friedrichs von Gentz. Wien, Carl Gerolds Sohn. 1867 und 1868. II. 8.

Erster Band. Briefe, kleinere Aufsätze, Aufzeichnungen. 1867. 1. Theil: Briefe. Einleitung. a: Brief Ludwigs XVIII. an Gentz. — b: Brief des Grafen Blacas an Gentz. — c: Drei Briefe Gentzens an Heinrich von Collin. — d: Briefe an Herrn von Pilat. — e: Zwei Briefe über Chateaubriand. — f: Brief an Ancillon. — g: Zwei Briefe an den Fürsten Wittgenstein. — h: Briefe an Baron Salomon von Rothschild. 2. Theil: Kleinere Aufsätze und Aufzeichnungen. Einleitung. i: Ueber Lemontey's Essai sur l'établissement monarchique de Louis XIV. 1826. — k: Ueber Cotta. 1829. — l: Charakteristik der revolutionären Partei in Frankreich nach Cotta. 1829. — m: Ueber die Ordonnanzen von 1830. — n: Ueber die Gefahr einer Revolution. 1832. o: Gegen Montesquieu. — p: Bemerkungen zu einigen Stellen aus Fox Geschichte des ersten Regierungsjahres Jacobs II. 1809. — q: Ueber Kants Rechtslehre. 1809.

Zweiter Band. Denkschriften. 1868. a: Mémoire sur les moyens de mettre un terme aux malheurs et aux dangers de l'Europe et sur les principes d'une pacification générale. 1806. — b: Gedanken über die Frage: Was würde das Haus Oesterreich unter den jetzigen Umständen zu beschließen haben, um Deutschland auf eine dauerhafte Weise von fremder Gewalt zu befreien? 1808. — c: Essai historique et politique sur les rapports entre la Porte Ottomane et les principales puissances de l'Europe. 1815 et 1816. — d: Mémoire sur l'insurrection des Grecs considérée dans ses rapports avec les puissances européennes. 1823. — e: Sur la conduite du gouvernement autrichien relativement au corps de Dwernicki. 1831. — f: Observations sur un mémoire relatif à la position de S. M. le roi des Pays-Bas vis-à-vis de la conférence

de Londres dans les transactions des années 1830 et 1831. — g: Ueber das österreichische Geld- und Creditwesen. 1818.

30) Aus der alten Registratur der Staatskanzlei. Briefe politischen Inhalts
von und an Friedrich von Gentz aus den Jahren 1799—1827. Mit geschichtlichen
Anmerkungen versehen und hg. von Clemens von Klinkowström. Wien, 1870.
Wilhelm Braumüller. 189 S. 8.

Inhalt: Briefe von Gentz an Thugut, Cobenzl, Se. Majestät den Kaiser, Stadion,
Graf Kollowrat, Adair, Metternich, Graf Bombelles, Styx, Graf Bubna, Baron Stürmer,
Graf Senfft, Graf Wallmoden, Janko Caradja, H.v.Fleischhacke, und Briefe von Cobenzl,
Grafvon Götzen, Graf Kollowrat, J. W. Johnson, Nagler, Fürst Caradja, Maurocordato;
S. 182f. ein Brief von Wieland an Graf Bombelles, Weimar, 17. Mai 1806.

31) Aus dem Nachlaß Varnhagen's von Ense. Tagebücher von Friedrich von
Gentz. Leipzig: F. A. Brockhaus. 1873 bis 1874. IV. 8.

32) Dépêches inédites du Chevalier de Gentz aux Hospodars de Valachie pour
servir à l'histoire de la politique européenne (1813 à 1828) publiées par le comte
Prokesch-Osten fils. Paris 1876 bis 1877. III. 8.

33) Zur Geschichte der orientalischen Frage. Briefe aus dem Nachlasse Friedrichs von Gentz 1823—1829. Herausgegeben von Anton Grafen Prokesch-Osten.
Wien, 1877. Wilhelm Braumüller. 8.   Nachtr. s. S. 805.

2. Karl Ludwig von Haller, Enkel Albrechts von Haller, geb. am 1. August
1768 in Bern, 1795 Sekretär des dortigen täglichen Rates, 1800 in österreichischen
Diensten, 1806 Professor der Geschichte in Bern, trat 1808 zur römisch-katholischen
Kirche über, ohne den Übertritt bekannt zu machen, wurde 1814 Mitglied des großen
Rates und schwur bei der Einführung des Amtseid, der auch die Aufrechterhaltung
der reformierten Lehre gelobte. Erst 1821 bekannte er sich äußerlich und öffentlich zum Katholizismus, behielt aber seine Ämter, bis man sie ihm nahm. Darauf
ging er nach Paris und wurde dort 1824 im Ministerium der auswärtigen Angelegenheiten angestellt. Später lebte er einige Zeit in Solothurn, wurde 1830
Professor an der École des chartes in Paris, flüchtete nach der Juli-Revolution
und lebte fortan in Solothurn. Dort starb er am 20. Mai 1854. — Seine „Bestau-
ration der Staatswissenschaften', eine lange Reihe von Jahren hindurch die
eigentliche Rüstkammer für die Geistesarmut der Reaktion, stellte den Grund-
besitz als alleinige Rechtsgrundlage und die absolute, durch die Kirche geheiligte
Gewalt als das Prinzip des Staatsrechts auf. Daß diese heiligende Kirche nur
die katholische sein konnte, verstand sich bei ihm von selbst.

a. Meusel, Gel. Teutschl. 9, 503f. 11, 315. 14, 26. 18, 33f. 22 II, 557f.

b. Theod. Scherer, Revolution und Restauration der Staatswissenschaften,
historisch und kritisch dargestellt. Luzern 1842 bis 1843. 2 Hefte. 8.

c. Le Chroniqueur. Feuille politique, scientifique et littéraire, paraissant le
samedi à Fribourg. Première Année. Fribourg 1854. Nr. 22 bis 27.

d. David August Rosenthal, Convertitenbilder. Schaffhausen 1866. 1, 271 bis 294.

e. Gallerie berühmter Schweizer der Neuzeit. In Bildern von Fr. und H. Hasler.
Mit biogr. Text von Alfred Hartmann. Band 2. Baden im Aargau. 1871. Fol. Nr. 78.

f. Allg. dtsch. Biogr. 1879. 10, 481 bis 436 (Blösch).

Brief an Friedrich Wilken: Ad. Stoll, Der Historiker Friedrich Wilken. Progr.
Cassel 1896. 4. 8. 85 bis 87.

1) Ueber den Patriotismus, eine vor dem Aeußern Stand in Bern am 13ten März
1794 gehaltene Rede. Bern, Hortin. 1794. 8.

2) Projekt einer Constitution für die Schweizerische Republik Bern. Abgefaßt
im März 1798, auf die Voraussetzung daß solche einstweilen Platz haben könne,
von Carl Ludwig Haller. Bern, in der Typographischen Buchhandlung, 1798. 8.

3) Helvetische Annalen. [Hrag. von K. L. v. Haller.] Erstes Stück. Bern,
den 5ten April 1798 bis Vier und sechzigstes und letztes Stück. Bern, den 10ten
Wintermonat [Nov.] 1798. [Bern, o. Dr.] 4.

Zu Anfang des 64. Stückes die Notiz des „Verlegers', daß dem B(ürger) Haller
die fernere Fortsetzung von dem Helvetischen Vollziehungs-Direktorio untersagt
worden sei . . . „Dieses Blatt wird also das letzte der Annalen sein. Indeß, damit
die Pränumeranten nicht unverdient zu Schaden kommen, . . . habe ich dafür gesorgt,
daß durch neue Mitarbeiter ein neues Blatt nächstens erscheine, welches . . . pro-
visorisch wenigstens bis zu Ende des Jahres in gleichem Format erscheinen wird.'

Es waren dies die ‚Helvetischen Nachrichten‘, die von Nr. 1 bis 14 noch im J. 1798, von Nr. 15 bis 46 im J. 1799 herauskamen, ohne daß natürlich Haller ferner die Redaktion führte.

4) Denkmal der Wahrheit auf Johann Caspar Lavater, von Karl Ludwig von Haller. Weimar, gedruckt und verlegt bei den Gebrüdern Gädicke. 1801. 126 S. 8. Vorher im Teutschen Merkur 1801. April bis Juli.

5) Geschichte der Wirkungen und Folgen des Östreichischen Feldzugs in der Schweiz; ein Historisches Gemälde der Schweiz vor, während und nach ihrer versuchten Wiederbefreyung; mit mancherley unbekannten Aufschlüssen über die Ereignisse dieser Zeit von Carl Ludwig von Haller. Weimar, Gädicke. 1801. II. 8. — Weimar, 1802 (ohne Verleger). II. 8.

6) Litterarisches Archiv der Akademie zu Bern. Hg. von C. Ludwig von Haller. Bern 1806 und 1807. Meusel 18, 83 f. führt die einzelnen Beiträge Hallers auf.

7) Handbuch der allgemeinen Staatenkunde. Winterthur 1808. 8.

8) Politische Religion oder biblische Lehre über die Staaten. Zusammengetragen und mit erläuternden Anmerkungen versehen von Carl Ludwig von Haller. Winterthur 1811. in der Steiner'schen Buchhandlung. XII, 104 S. 8.

9) Was sind Unterthanen-Verhältnisse? 1814. o. O. 8.

10) Restauration der Staats-Wissenschaft oder Theorie des natürlich-geselligen Zustands; der Chimäre des künstlich-bürgerlichen entgegengesetzt von Carl Ludwig Haller. Winterthur 1816 bis 1820. IV. 8. — Zweite verm. und verb. Auflage 1820 bis 1825. VI. 8. — Band V: Makrobiotik der geistlichen Herrschaften oder Priester-Staaten. 1824. 8. — Band VI: Von den Republiken oder freyen Communitäten. 1825. 8. Vergl. Adam Müller, Deutsche Staats-Anzeigen II, 8. 147 f.

Restauration de la science politique, ou Théorie de l'état social naturel, opposée à la fiction d'un état facties. Lyon et Paris 1824/25. II. 8.

Karl Ludwig v. Haller's staatsrechtliche Grundsätze. Nach dessen Restauration der Staatswissenschaft bearbeitet und beleuchtet von Karl Riedel. Darmstadt. Druck und Verlag von C. W. Leske. 1842. XXX, 258 S. 8.

11) Ueber die Constitution der Spanischen Cortes. o. O. [Winterthur] 1820. 8.

12) Lettre de Mr. Charles-Louis de Haller, membre de conseil souverain de Berne, à sa Famille, pour lui déclarer son retour à l'église catholique, apostolique et romaine. A Paris et Lyon. 1821. 8. — 13 Aug. 1821. 8. — Sendschreiben des Herrn Karl Ludwig von Haller, Mitglieds des hohen Rathes zu Bern, an seine Familie, um ihr seinen Übertritt zur katholischen, apostolischen und römischen Kirche bekannt zu machen. Aus dem Französischen übersetzt von Andreas Raß und Nicolaus Weis. Mainz, in der Simon Müller'schen Buchhandlung 1821. 47 S. 8. — wiederh. 1821. 8. — Dritte Aufl. 1821. 8. — Übersetzt von Franz Geiger. Luzern 1821. 8. — Übersetzt. Wien 1823. 8.

Hrn. C. L. v. Hallers Brief an seine Familie, worinn er derselben seinen Uebertritt zu der katholischen Religion anzeigt. Aus einer sorgfältig gemachten Abschrift des ursprünglichen Originals neu übersetzt, mit allen von dem Verfasser in der Pariserausgabe späterhin beygefügten Zusätzen und Veränderungen. Das Ganze mit theils berichtigenden theils widerlegenden Anmerkungen auch einigen Beilagen begleitet von S. Studer, Professor der prakt. Theologie in Bern. Bern, bey C. A. Jenni, Buchhändler. 1821. VIII., 127 S. 8.

Carl Ludwig von Haller, gewesenen Mitglieds des souverainen Raths zu Bern Schreiben an seine Familie, zur Erklärung seiner Rückkehr in die katholische, apostolische, römische Kirche Französisch und Teutsch nach der vierten Ausgabe, Paris und Lyon 1821. Mit Beleuchtungen von H. E. G. Paulus. Stuttgart, in der J. B. Metzler'schen Buchhandlung. 1821. 162 S. 8.

Der Uebertritt des Herrn von Haller zur katholischen Kirche, beleuchtet von H. G. Tschirner, Professor der Theologie und Superintendent in Leipzig. Prüfet die Geister. Leipzig, 1821 bei Fr. Chr. Wilh. Vogel. 40 S. 8.

Sendschreiben des Herrn von Haller an seine Familie, betreffend seinen Uebertritt zur katholischen Kirche, und geprüft vom Professor [W. T.] Krug in Leipzig. o. O. 1821. 23 S. 8. Aus der Leipziger Lit.-Ztg. bes. abgedruckt. [Nachtr. s. 805.]

Franz Geiger (vergl. § 232, 14. 22), Professor Krugs Prüfung des Briefs von Haller geprüft; mit einem Anhange gegen die Bemerkungen des Prof. Sam. Studer in Bern, und einer Nachschrift gegen Paulus in Heidelberg. Luzern 1822. 8.

W.T.Krug, Apologie der protestantischen Kirche gegen die Verunglimpfungen des Herrn v. Haller in dessen Sendschreiben an seine Familie. Leipzig 1822. 8. (Zwei Auflagen).

Critique de la Lettre de Mr. de Haller à sa Famille concernant sa conversion à l'église catholique; par Mr. Krug, traduite de l'Allemand par Mr. Richard. Paris, Strasbourg 1821. 87 S. 8.

Polemisch-religiöser, Licht und Wahrheit verbreitender Federkampf, entstanden zwischen dem römisch-katholischen Herrn Chorherrn Geiger, gew. Professor der Theologie in Luzern, und dem reformirten Emanuel Friedrich Fuchs, Handels-Commis in Bern, bei Anlaß des Uebertritts des Herrn Carl Ludw. von Haller von Bern zur römischen Kirche. Alles zur Ehre des Dreieinigen Gottes, und zum Heil der Menschheit. Leipzig 1823. In Commission bei C. H. F. Hartmann. 606 S. 8.

13) Theorie der geistlichen Staaten und Gesellschaften. Winterthur 1822. 8.

14) Entwurf eines Bundes der Getreuen zum Schutz der Religion, der Gerechtigkeit und der wahren Freiheit. Winterthur 1833. 8.

15) Satan und die Revolution. Ein Gegenstück zu den Paroles d'un croyant (von Lamennais). Luzern 1834. 8.

16) Geschichte der kirchlichen Revolution oder protestantischen Reform des Kantons Bern und umliegender Gegenden. Luzern 1836. 8.

17) Die Freymaurerey und ihr Einfluß in der Schweiz. Dargestellt und historisch nachgewiesen von Carl Ludwig von Haller. Schaffhausen, Hurter'sche Buchhandlung. 1840. 106 S. 8. und Nachtrag dazu 1841. 8.

18) Staatsrechtliche Prüfung des vereinigten preußischen Landtages nebst redlichem Rath an den König zur Behauptung seines guten Rechtes. Schaffhausen 1847. 8.

19) Die wahren Ursachen und die einzig wirksamen Abhülfsmittel der allgemeinen Verarmung und Verdienstlosigkeit. Schaffhausen 1850. 8.

3. Adam Heinrich Müller, geb. am 30. Juni 1779 in Berlin, sollte Theologie studieren, wählte aber 1798 in Göttingen die Jurisprudens und beschäftigte sich auch mit Naturwissenschaften. Nachdem er 1802 Referendar bei der kurmärkischen Kammer in Berlin geworden war, machte er eine längere Reise durch Schweden und Dänemark und verweilte einige Jahre in Polen, dem damaligen Südpreußen, auf den Gütern eines Freundes, des Generals Kurnatowsky. Dann ging er, von Gentz angezogen, nach Wien. Dort wurde er am 30. April 1805 katholisch, erhielt aber keine Anstellung. Über Polen begab er sich nach Dresden, hielt da 1806 Vorlesungen über deutsche Litteratur, 1807 über dramatische Poesie, 1808 über die Idee der Schönheit und 1809 über das Ganze der Staatswissenschaften. 1808 gab er mit Heinrich von Kleist den Phöbus heraus. Im J. 1809 begab er sich nach Berlin, hielt dort Vorlesungen über Friedrich den Großen, wurde mit großer Auszeichnung behandelt, fand aber keine Anstellung. 1811 ging er nach Wien, lebte im Hause des Erzherzogs Maximilian von Este wissenschaftlichen Studien und hielt 1812 Vorlesungen über die Beredsamkeit. In den Jahren 1813 und 1814 war er als kaiserlicher Landeskommissär und Tiroler Schützenhauptmann thätig, wurde dann Regierungsrat und ging 1815 mit Kaiser Franz nach Paris. Von da kam er als Generalkonsul für Sachsen und Geschäftsträger an den Höfen von Anhalt und Schwarzburg nach Leipzig, wohnte den Karlsbader und Wiener Ministerialkonferenzen bei und wurde österreichischer Hofrat und Ritter von Nittersdorf. Nachdem er 1827 nach Wien zurückberufen worden war, starb er dort am 17. Januar 1829. Er liegt in Enzersdorf am Gebirge neben Zacharias Werner begraben.

a. Mitteilungen über Adam Müller in den Briefen Brentanos an Arnim aus Wien: Reinh. Steig, Achim von Arnim und Clemens Brentano. Stuttgart 1894. 8. Sieh dort das Register.

b. Meusel, Gel. Teutschland 14, 601 f. 18, 748 bis 750. — b'. s. unten S. 805.

c. Nekrolog 1829. 1, 232.

d. Varnhagen, Galerie 1836: § 292, 1. 33) q.

e. F. Laun § 279, 49. 141) Memoiren 1837. 1, 206 f. 2, 161 f.

f. David August Rosenthal, Convertitenbilder. Schaffhausen 1866. 1, 48 bis 71.

g. Wurzbach 1868. 19, 322 bis 328.

h/i. Allg. dtsch. Biogr. 1885. 22, 501 bis 511 (Mischler).

k. Jul. v. Voß § 279, 100. Nr. 44) = Band V. S. 538.

Karl Ludwig von Haller. Adam Müller. 197

Briefe an α. Brinkmann sieh § 291, 8. k. — β. (2) Goethe: Goethe-Jahrb.
1888. 9, 47f. und dann 8. 98f. — γ. (2) Görres: Joseph von Görres Gesammelte
Schriften. München 1874. 8, 8. 498f. und 588f. — δ. Julius Hitzig: (Dorow) Denk-
schriften und Briefe. Berlin 1838. 2, 138 bis 140. — ε. (5) Joh. v. Müller. Hg. von
Maurer-Constant. Schaffhausen 1839. 3, 8. 91 bis 116. — ζ. Grafen Moritz und
Heinrich O'Donnell: Oesterr.-Ungar. Revue 1890. 8, 283 bis 295. — η. Friedrich
Schulz: (Dorow) Denkschriften und Briefe. Berlin 1888. 2, 140 bis 143.

Briefe an Ad. Müller von Görres: Joseph von Görres Gesammelte Schriften.
München 1874. 8, 8. 558f. und 8. 589f. — Goethe: § 234. B. I. 45a) V.

Briefwechsel zwischen Friedrich Gentz und Adam Heinrich Müller. 1800 –1829.
Stuttgart, J. G. Cotta'scher Verlag. 1857. 8. Sieh auch Gentz Nr. 1. Briefe αα
un 26) IV. f.

1) Die Lehre vom Gegensatze. 1. Buch: Der Gegensatz. Berlin 1804. 8.

2) Vorlesungen über die deutsche Wissenschaft und Literatur, von Adam H.
Müller. Dresden, 1806. in der Arnoldischen Buchhandlung. 8 — Zweite verm.
und verb. Auflage 1807. 8. — Goethe, Tag- und Jahreshefte 1806: Werke, Weim.
Ausg. 1, 35, 261.

3) Amphitryon, ein Lustspiel. Herausgegeben von Adam H. Müller. Dresden
o. J. (1807). 8. Sieh § 288, 1. 2).

4) Phöbus. Vergl. § 288, 1. 3).

5) Von der Idee der Schönheit. In Vorlesungen gehalten zu Dresden im
Winter 1807/8 durch Adam Müller, Herzogl. Sächs.-Weimarischem (!) Hofrathe.
Berlin, bei Julius Eduard Hitzig, 1809. 241 S. 8.

6) Von der Idee des Staates. Dresden 1809. 8.

7) Die Elemente der Staatskunst. Berlin 1809. III. 8.

8) Die Rückkehr des Königs von Preußen in seine Hauptstadt. Zur Erinnerung an den 23sten December 1809. Berlin 1809. 8. — wiederh. in Nr. 15) I. a.

9) Ueber König Friedrich II. und die Natur, Würde und Bestimmung der
Preußischen Monarchie. Oeffentliche Vorlesungen, gehalten zu Berlin im Winter
1810, von Adam Müller. Berlin, bei J. D. Sander. 1810. 8. Die erste Vorlesung:
Pantheon 1810. Band 1. Heft 2. 8. 179 bis 197; die dritte, am 25. Januar 1810
gehaltene, erschien auch besonders 1810. 8.

10) Zum Gedächtniß der verewigten Königin (Luise) von Preußen. Berlin
1810. 4.; wiederh. in Nr. 15) L b.

11) Mitarbeit an Heinrich von Kleists Berliner Abendblättern 1810 und 1811.

12) Vorstellung an den Staatskanzler von Hardenberg im Namen mehrerer
Edelleute gegen die neuen Gesetzvorschriften i. J. 1811: (Dorow) Denkschriften.
Berlin 1889. 3, 215 bis 284.

13) Agronomische Briefe (1812) sieh § 288, 3. 33) I. e. i. II. o; vergl. II. h. IV. q.

14) Theorie der Staatshaushaltung. Wien 1812. II. 8.

15) Adam Müllers vermischte Schriften über Staat, Philosophie und Kunst.
Zwei Theile. Wien 1812, in der Camesina'schen Buchhandlung. II. 8. Morgenblatt
1815. Nr. 17. — Zweite Auflage. 1817. II. 8.

Erster Theil enthält I. Gelegenheitsschriften. a: Nr. 8). — b: Nr. 10). — II.
Vermischte politische und staatswirthschaftliche Schriften. — a: Ueber die politische Meinung in Deutschland. — b: Ueber Machiavelli. — c: Verhältniß des
Staates zur Wissenschaft. — d: Vom Papiergeld. — e: Vom Credit der Grund-
stücke. — f: Von der Gewerbefreyheit. — g: Adam Smith. — h: Streit zwischen
Glück und Industrie. — i: Fragment über den Adel. — j: Grenze zwischen dem
Geburtsvorzuge und dem Verdienste. — k: Vom Geburtsrecht. — l: Bey Gelegenheit der Untersuchungen über den Geburtsadel von Buchholz. — m: Eggers Schrift
über den französischen Erbadel. — n: Indirekte Abgaben, indirekte Rekrutierung
der Armeen. · o: Von politischer Unpartheilichkeit. — p: Programm zu Charles
James Fox Geschichte der Stuarte. — q: Ueber Ständeverfassung. — r: Der
poetische Besitz. — s: Johann von Müller. Phöbus 1808. Achtes Stück S. 39 bis
44. — t: Von der Intrigue. — u: Ueber Brandes Zeitgeist. — v: Inokulation
der politischen Ungleichheit. — w: Der Staat als nützliche Entreprise. — x: Staatsverfassungen. — y: Von der Freyheit. — z: Theilung der Arbeit.

aa: Individuum und Corporation im Staate. — bb: Die einfachen Grundsätze. —
cc: Taxation des Grundeigenthums. — dd: Geldwesen von Großbrittanien. — ee:
Von dem Wesen einer politischen Literatur. — ff: Edmund Burke. — gg: Studium
der positiven Wissenschaften. — hh: Die Jesuiten. — ii: Idee eines staatswirth-
schaftlichen Seminariums für die österr. Staaten [vorher: Hormayr's Archiv 1811.
September]. — jj: Ueber die Errichtung einer Nationalbank für Österreich [vorher:
Hormayr's Archiv 1811. Oktober]. — kk: Um die öffentliche Meinung zu regieren, muß
die Regierung selbst öffentlich sein. — ll: Anmerkungen zur brittischen Staatsverfassung. — mm: Gesetzgebung und Administration. — nn: Der Marquis de Bonald. —
oo: Von der Diplomatie des 17ten Jahrh. — pp: Ueber Fichtes geschloßnen Handels-
staat [vorher: Berlin. Monatsschrift 1801. Dez. S. 436 bis 458]. — III. Beyträge zur Philosophie der Sitten und der Natur. a: Theologische Moral. — b: Versöhnung des
Egoismus mit der Religion. — c: Versöhnung der Sinnenwelt mit der Geisterwelt. —
d: Von den Modulationen des Schmerzes. — e: Die Subordination der Liebe. —
f: Die moralische Person als Autor. — g: Der Entschluß der Tugend. — h: Beyfall der Welt. — i: Wissen und Glauben. — j: Vernunft und Offenbarung. — k:
Denkfreyheit — l: Der christliche Kalender. — m: Globularform aller Wissenschaft. — n: Exegese: — o: Daß es keine Privatlektüre der Bibel gebe. — p: Betrachtungen bey Göthes und Runges Farbentheorie. — q: Wetterkunde.
     Zweyter Theil. I. Ueber die dramatische Kunst (Vorlesungen gehalten zu
Dresden 1806). Viele von ihnen sind vorher im Phöbus gedruckt. — II. Philoso-
phische Miscellen. a: Prolegomena einer Kunstphilosophie (Phöbus Nov. u. Dec.
S. 3). — b: Vom Organismus in Natur und Kunst. — c: Vom Antorganismus. —
d: Einheit in der Zweyheit. — e: Vom Wesen der Definitionen. — f: Die absolute
Identität als Begriff und als Idee, oder der Philosoph im Hafen. — III. Kritische
Miscellen. a: Ueber den schriftstellerischen Charakter der Frau von Staël-Holstein
(Phöbus Januar S. 54). — b: Ueber die Corinna der Frau von Staël (Phöbus Februar
S. 42). — c: Ueber Betty Koch, verewigte Roose. — d: Etwas über Landschafts-
malerey (Phöbus April u. Mai S. 71).
     16) Versuche einer neuen Theorie des Geldes mit besonderer Rücksicht auf
Großbritannien. Von Adam Müller. Leipzig und Altenburg: F. A. Brockhaus. 1816.
VIII, 308 S. 8.
     17) Franz I., Kaiser von Österreich. Wien und Leipzig, bei Carl Gerold und
F. A. Brockhaus. 1816. 59 S. 8. — Der erste Aufsatz in den ‚Zeitgenossen'.
     18) Deutsche Staats-Anzeigen. Hg. von Adam Müller. Leipzig, 1816 bis 1818.
In Commission der G. Voß'schen Buchhandlung. III. 8. Vergl. § 282, 14. 8) 17.
     19) Zwölf Reden über die Beredsamkeit und deren Verfall in Deutschland.
Leipzig, G. J. Göschen. 1817. VI, 280 S. 8.
     20) Etwas das Goethe gesagt hat, beleuchtet. Leipzig 1817. 8. Sieh § 284,
D. IV. 67 = Band IV. S. 619. Die Antwort schrieb W. Traugott Krug.
     21) Aus Speckbachers Leben: Zeitung für die elegante Welt 1817. Nr. 80. 81.
     22) Die Fortschritte der nationalökonomischen Wissenschaft in England.
1. Heft. Leipzig 1817. 8.
     23) An den Sprecher der Stadt und Landschaft Coblenz. Von Adam Müller.
Leipzig 1818. 8. Sieh § 293, I. 6. Nr. 25). Vorher: Staats-Anzeigen III, 874 bis 406.
     24) Franz Horner, Esq. Mitglied des brittischen Parliaments, von Adam Müller:
Zeitgenossen 1818. Band 3. Heft 12. 8. 125 bis 154.
     25) Von der Nothwendigkeit einer theologischen Grundlage der gesammten
Staatswissenschaften und der Staatswirtschaft insbesondere. Leipzig 1819. 8.
     26) Sieh § 283, 3. Nr. 34) e. h. — oben S. 26.
     4. Thaddeus Anselm Rixner, geb. am 3. August 1766 in Tegernsee, durch
einen Sturz in früher Jugend gelähmt und deshalb dem Gelehrtenstande gewidmet,
besuchte die Klosterschule und später in Freysing das Lyzeum, trat 1787 in den
Benediktinerorden und wurde 1789 zum Priester geweiht. Darauf studierte er in
Ingolstadt Kirchengeschichte und Kirchenrecht und wurde 1792 Lehrer der Philosophie am Freysinger Lyzeum. Nach einem Aufenthalte im Kloster 1808 Lehrer
der Philosophie in Amberg, 1805 in Passau, 1806 Prof. der Philos. in Amberg.
Im J. 1834 resignierte Rixner und zog sich zu seinem Freunde Prof. Siber nach
München zurück; dort starb er den 10. Februar 1838 am Nervenschlage.

a. Meusel, Gel. Teutschland 15, 178f. 19, 381.
b. Nekrolog 1838. 16, 195 bis 198.
c. Allg. dtsch. Biogr. 1889. 28, 715 bis 716 (Prantl).
1) Versuch einer neuen Darstellung der uralten Indischen All-Eins-Lehre. Nürnberg 1808. 8.
2. Aphorismen aus der Philosophie, als Leitfaden für den ersten Unterricht der angehenden Wissenschafts-Candidaten. 1. Heft. Landshut 1809. 8.
3) Aphorismen der gesammten Philosophie. Sulzbach 1818. II. 8.
4) Herzog Ernst's von Bayern Erhöhung, Verbannung, Pilgerschaft und Wiederkehr. Eine ritterliche Mähre [von Heinrich von Veldeck]. In verkürztem Auszuge und mit erklärenden kurzen Anmerkungen von Th. A. Rixner. Amberg 1818. 8. — 1830. 8.
5) Leben und Lehrmeinungen berühmter Physiker am Ende des 16. und am Anfange des 17. Jahrhunderts als Beyträge zur Geschichte der Physiologie in engerer und weiterer Bedeutung; hg. von Thaddä Anselm Rixner und Thaddä Siber. Sulzbach 1820 bis 1826. VII. 8.
Enth. 1: Theophrastus Paracelsus. [Zweyte vermehrte und verb. Auflage. 1829.] — 2: Hieronymus Cardanus. — 3: Bernardinus Telesius. — 4: Franciscus Patritius. — 5: Jordanus Brunns. — 6: Thomas Campanella. — 7: Joh. Bapt. v. Helmont.
6) Handbuch der Geschichte der Philosophie. Sulzbach 1822 bis 1829. III. 8.
7) Weisheitssprüche und Witzreden aus J. G. Hamanns und Im. Kants sämmtlichen Schriften. Amberg 1828. 8· — 8) Weisheitssprüche und Witzreden aus Hippels und J. Pauls Schriften auserlesen und alphabetisch geordnet mit den einleitenden Charakteristiken beider Männer und einem Anhange aus deutschen Spruchdichtern des Mittelalters. Amberg 1834. 8. § 276, 4. 49) = Band V. S. 466.
9) Geschichte der Philosophie bei den Katholiken in Altbaiern, baierisch Schwaben und bair. Franken. München 1835. 8.

5. **Johann Arnold Kanne**, geb. im Mai 1773 in Detmold, durchwanderte mehrere Schulen und wurde, da er einem strengen Lehrer entlaufen war, in die Dorfschule zu Heidenoldendorf geschickt; bald gewann der dortige Lehrer Begemann sein Zutrauen. Auf dessen Betrieb und auf Befürwortung des Predigers Ludwig Passavant, der seine religiösen Kämpfe überwinden half, kam er auf ein Gymnasium, war fleißig und zeichnete sich aus. Bald aber war ihm Wissenschaft und Christi Nachfolge ein Dienen zweier Herren. Mit seinem Eifer für die Wissenschaft erkaltete auch die Liebe zu Christo. In Göttingen, wo er Theologie studieren wollte, hörte er Eichhorns Vorlesungen über die Genesis, die aber verleideten ihm das Studium der Theologie. Er warf sich auf die Philologie, und wollte sich dann habilitieren, unterließ es aber, weil Heyne meinte, er sei noch zu jung. Von Göttingen ging K. nach Leipzig, war eine Zeit lang in Halle Lehrer und wanderte dann nach Berlin. Seine Eltern waren gestorben, seine Mittel aufgezehrt; er hatte fortan durch eigene Schuld und Umstände mit Sorgen und Not zu ringen und führte ein romanhaft-abenteuerliches Leben, wie es kaum ein Gelehrter des 16. Jahrhunderts oder des dreißigjährigen Krieges geführt hatte. In Jena hielt er sich kurze Zeit als Privatgelehrter auf, schrieb allerlei Werke, fand aber nur schwer Verleger dazu. Plötzlich erscheint er in Österreich. Kriegsdiensten und dann losgekauft als fleißiger Schriftsteller in Würzburg; dort schrieb er seine Mythologie. Als er den zweiten Teil begann, ging ihm beim Lesen des alten Testamentes mit einem Schlage ein neues Licht auf, und er schrieb in glühendem Eifer seine ‚Ersten Urkunden der Geschichte', sie fanden indes nicht die Billigung des Leipziger Zensors, da sie die Genesis als bloße Idee aufstellten und das Christentum angriffen. Verzweiflungsvoll wanderte er nach Leipzig und erbat mit Berufung auf Jean Paul Richter für seinen neuen Fund die Unterstützung des Herzogs August von Gotha, der aber meinte, ‚der Richter solle hier Richter sein.' In Jena suchte er die Vermittelung des Prof. J. J. Wagner aus Würzburg nach, aber erst Jean Pauls persönliche Rücksprache mit dem Buchhändler Lübeck in Bayreuth machte das Erscheinen des Buches möglich. Unruhig wie Kanne war, suchte er nicht eine seinen Thätigkeiten entsprechende Stellung zu gewinnen, sondern ging wieder nach Berlin und trat im Sommer 1806 in preußische Kriegsdienste, wurde von den Franzosen gefangen und erlitt das bitterste Elend. Wo bei Vach der Marsch durch ein Holz ging, entsprang er, hatte aber mit Hunger, Blöße

und Kälte zu kämpfen. Bei den Darmstädtern, die ihn aufgriffen, log er sich heraus und kam nach Meiningen, wo er einige Jahre früher mit dem Herzoge spazieren gefahren war, als Bettler. In Hildburghausen nahm er mit mehreren Preußen österreichische Kriegsdienste, wurde aber auf dem Marsche nach Eger krank. In Linz kam er ins Hospital: ein Traum, den er drei Jahre vorher gehabt, hatte ihm für diese Zeit den Tod verheißen; da er aber nicht starb, wandte er sich trotzig von Gott ab. Mystische Bücher, die ihm ein mährischer Bruder brachte, wollten ihn nicht erweichen. Aber er wurde losgekauft und zwar auf Jean Pauls Fürbitte durch Fr. H. Jacobi um 160 Gulden. Er kam nach Bayreuth, wurde von seinem Verleger mit 100 Gulden beschenkt und eilte zu Jean Paul. In Erinnerung an eine frühere Liebe zu Henriette Herold aus Rudolstadt beschloß er nun zu heiraten, allein die Existenzmittel fehlten; in Göttingen bewarb er sich vergebens, fast wäre ihm eine Professur in Moskau zu teil geworden; da sorgte wieder Fr. H. Jacobi für ihn, indem er ihn als Professor der Geschichte am Realinstitut in Nürnberg 1809 anstellte. Damals hatte er sein Pantheum und seine Chronik geschrieben, Werke, die er später als unchristlich verwarf. Er schrieb sein Panglossum und erbat zu dessen Herausgabe die Unterstützung des Kaisers Alexander; der Kaiser aber ließ ihn ohne Antwort. Von dieser Zeit an wurde sein Zustand. obgleich er in glücklicher Ehe lebte, immer kläglicher und finsterer, bis endlich ‚die rein gläubige Erkenntnis den Durchbruch gewann'. Bei dieser neuen Entdeckung war ihm ‚ein eifriger Christ', der sog. Rosenbeck Burger zu Nürnberg, ein Schüler des Mechanikus-Predigers Hahn, durch religiöse Schriften und mündliche Erbauungen behilflich. Bis hierher erzählt er selbst sein Leben. Fortan verläuft es einfacher: 1817 wurde er Professor der Philosophie am Gymnasium in Nürnberg und 1818 Professor der orientalischen Litteratur in Erlangen. Hier lebte er sehr eingezogen und starb am 17. Dezember 1824.

　　a. Meusel, Gel. Teutschland 10, 57. 11, 409. 14, 262. 18, 301 bis 303. 23, 85f.
　　b. Selbstbiographie in Nr. 17).
　　c. Jean Pauls Brief an S. A. Mahlmann (1801 Oktober 5): D. Dichtung 1890. 8, 70.
　　d. Joseph von Görres Gesammelte Briefe 2, 75 bis 76, 261 bis 264 und 268.
　　e. Nekrolog 2, 1240 bis 1246. — e'. sieh unten S. 805.
　　f. Allg. dtsch. Biogr. 1882. 15, 77f. (Julius Riffert). — g. sieh u. S. 805.

　　1) Blätter von Aleph bis Kuph von Walther Bergius. Leipzig 1801. 8.

　　2) Kleine Handreise von Walther Bergius. Penig 1803. 8.

　　3) Blepsidemus oder Nicolais literarischer Liebesbrief. Eine Drama in fünf Aufzügen. Leipzig 1803. 8.

　　4) Ueber die Verwandtschaft der griechischen und teutschen Sprache von Johann Arnold Kanne. Leipzig, bei Wilhelm Rein. 1804. 270 S. 8.

　　5) Neue Darstellung und Mythologie der Griechen und Römer. Leipz. 1805. 8.

　　6) Erste Urkunden der Geschichte oder allgemeine Mythologie von Johann Arnold Kanne. Mit einer Vorrede von Jean Paul Friedrich Richter. Baireuth, 1808. bey Johann Andreas Lübecks Erben. II. 8. — wiederh. Hof 1815. II. 8.

　　7) Gianetta, das Wundermädchen Roms. Bayreuth 1809. 8.

　　8) Menschliches Elend. Aus dem Englischen des Jacob Beresford übersetzt von Adolf Wagner. Nebst Gegenbeweisen aus den Kupfern von Johann Arnold Kanne, Prof. in Nürnberg. Bayreuth 1810. II. 8.

　　9) Comoedia humana oder Blepsidemus Hochzeit und Kindtaufe. Ein Lustspiel in zwei Aufzügen. Bayreuth 1811. 8.

　　10) Geschichte des Zwillings a pede. Von Johannes Author. Nürnberg 1811. 8.

　　11) Pantheum der Aeltesten Naturphilosophie, die Religion aller Völker von J. A. Kanne. Tübingen in der Cotta'schen Buchhandlung 1811. 8.

　　12) Johann Arnold Kanne's System der indischen Mythe, oder Chronus und die Geschichte des Gottmenschen in der Periode des Vorrucken der Nachtgleichen. Nebst einer Uebersicht des mythischen Systems, als Beilage an den Verfasser von Adolph Wagner. Leipzig, in der Weygandschen Buchhandlung. 1813. 8.

　　13) Zwanzig kritische Paragraphen und historische Noten zum Text der Zeit, von Anton von Preußen. Leipzig 1814. 8.

　　14) Germanische Trümmer: Die Musen. hg. von Fouqué und W. Neumann. Jahrgang 1814. Erstes Stück. a. – Band VI. 8. 121.

15) Lappalien und gekrönte Preisschriften. Leipzig 1814. 8.

16) Sammlung wahrer und erwecklicher Geschichten aus dem Reiche Christi und für dasselbe. Nürnberg 1815 bis 1822. III. 8.

17) Leben und aus dem Leben merkwürdiger und erweckter Christen aus der protestantischen Kirche von Johann Arnold Kanne. Nebst angehängter Selbstbiographie des Verfassers. Bamberg und Leipzig, bey Carl Friedrich Kunz, 1816 bis 17. II. 8. — Zweite Ausgabe. Leipzig: F. A. Brockhaus. 1842. II. 8.
I. Vorrede (XXXIV S.). — a. Hemme Hayen. — b. Aus dem Leben der Fräulein von Hermsdorf, der Räthin Kellner, der Wittwe Vogel, der Katharina Dahmin. — c. Beata Sturmin, oder die Würtembergische Tabea. — d. Aus dem Leben Edmund Jones, M. Lancasters, Süssenbachs, der Sabine, Christoph Buchens, Thomas Hownham. — e. Johann Bunjan, unstudirter Prediger in Bedford. — f. Johanne Eleonore Petersen, geborne von und zu Merlau. Johann Thamssen. — g. Aus dem Leben L. W. B's. — h. Johann Philipp Burck. — i. Jacob Jansz Graswinkel aus Delft. — k. Aus meinem eigenen Leben.
II. Vorrede (XLVI S.). a. Johann Georg Gichtel. — b. August Herrmann Franke. — c. Christian Hoburg.

18) Sâmundis Führungen, ein Roman aus der Geschichte der freien Maurer im ersten Jahrhundert. Von J. A. Kanne. Nürnberg, bei Riegel und Wießner. 1816. 8.

19) Auserlesene christliche Lieder verschiedener Verfasser der älteren und neueren Zeit. Nebst einem Anhang, enthaltend Lieder von D. Martin Luther. Gesammelt von einer Freundin [der Frau Pastorin Menke in Bremen]. Erlangen 1818. II. 8.

20) Matthes Weyers geistreiche mündliche Sprüche, das inwendige Christenthum betreffend. Neu bearbeitet. Nürnberg 1817. 8.

21) Worte der Warnung, nebst gelegenheitlichen Schriftauslegungen, veranlaßt durch die irrlehrenden Anmerkungen des Herrn Nic. Funk zur privilegirten neuen Altonaer Bibel. Nürnberg 1817. 8.

22) Romane aus der Christenwelt aller Zeiten. Erster Theil. Bamberg 1817. 8. Enth. a: Die zwei Verfolgten. — b. Die zwei Verirrten. — c. Der entlarvte Heuchler.

23) Christus im alten Testament. Untersuchung über die Vorbilder und Messianischen Stellen. Nürnberg 1818. II. 8.

24) Kanne gab heraus: (Joh. Frdr. v. Meyer § 274, 8) Weissagungen und Verheissungen der Kirche Christi auf die letzten Zeiten der Heiden. Nach dem Werk des P. Lambert Auszugsweise für Christen aller Konfessionen bearbeitet und mit Zusätzen und Anmerkungen begleitet von Jaschem. Nürnberg 1818. 8. Meusel 18,303.

25) Biblische Untersuchungen oder Auslegungen mit oder ohne Polemik. Erlangen 1819 bis 1820. II. 8.

26) Ein Recensent und noch einer von Johann Arnold Kanne. Nürnberg, bei Johann Leonhard Schrag. 1820. 30 S. 8.

27) Die goldnen Aerse der Philister. Eine antiquarische Untersuchung. Nürnberg 1821. 8.

28) Zwei Beiträge zur Geschichte der Finsterniß in der Reformationszeit oder Ph. Camerarius Schicksale in Italien, nach dessen eigener Handschrift und Adolph Clarenbachs Martyrthum nach einer sehr selten gewordenen Druckschrift von Johann Arnold Kanne. Frankfurt am Main, Verlag der Hermannschen Buchhandlung. 1822. 232 S. 8.

29) Das Reich des Scherzes von Adolf Wagner [§ 296, 40. 26]. Nebst einem Anhangs von Johann Arnold Kanne. Leipzig 1823. 8.

30) Fortsetzung der Schriften: Leben und aus dem Leben merkwürdiger und erweckter Christen, und: Sammlung wahrer und erwecklicher Geschichten. Viel noch Ungedrucktes enthaltend. Frankfurt a. M. 1824. 8.

6. Johann (nicht Jakob) Joseph von Görres, geb. am 25. Januar 1776 in Koblenz, Sohn eines Floßhändlers, nahm früh an der Politik teil und schrieb im Sinne der Revolutionsideen sein ‚rotes Blatt', änderte aber, nachdem er an der Spitze einer Deputation 1799 selbst in Paris gewesen war, seine Ansichten. 1800 wurde er Professor der Physik an der Koblenzer Secondär-Schule, einer Art von Lyzeum, und heiratete dort 1801 die ebenso schöne wie geistreiche Katharina von Lassaulx.

Als die Romantiker nach Heidelberg zogen, siedelte er 1806 dorthin über und hielt bis 1808 als Privatdozent Vorlesungen. Von 1814 bis Anfang 1816 gab er den Rheinischen Merkur heraus, ein Blatt, das gutgemeint der Idee der Wiederherstellung des deutschen Reiches diente. Als aber der Pariser Frieden die Erwartungen der Deutschen nicht erfüllte, machte Görres dies den preußischen Unterhändlern zum Vorwurf. Den darauf bezüglichen Beschränkungen wollte er sich nicht fügen und ließ das Blatt eingehen. Während derselben Zeit von 1814 bis 1816 war er Generaldirektor des öffentlichen Unterrichts in den Provinzen des linken Rheinufers, kam 1818 als Sprecher einer Deputation der Stadt Koblenz nach Berlin und trug dabei dem Staatskanzler die Wünsche der Rheinlande vor. Da er die Geschichte der Audienz in anmaßender Weise beschrieb und dabei gehässige Anklagen gegen den preußischen Staat erhob, zog er sich die allerhöchste Ungnade zu. Dies veranlaßte ihn 1819, sich nach Straßburg und von da im Frühjahr 1820 nach der Schweiz zu begeben. Er kehrte aber bereits im Oktober 1821 nach Straßburg zurück. Von dort wurde er 1827 als Professor nach München berufen. Hier nahm er als beredtester Wortführer der Ultramontanen an den Parteikämpfen der Zeit teil, besonders bei Gelegenheit der Kölner Wirren im Jahre 1887. Er starb am 29. Januar 1848 in München.

a. Meusel, Gel. Teutschland 1808. 13, 481f. 17, 741f. 22 II, 397f. —
b. J. v. Voß 1818: § 279, 100. 44). — c. Gentz 1815: § 293, 1. 1. 26) II, g.
d. Zeitgenossen. Leipzig 1820. Erste Reihe. Band V, Abthlg. 19, S. 171 bis 184. Von M. — d'. sieh unten S. 805.
e. A. v. Schaden, Gelehrtes München im J. 1834. S. 38f.
f. Ernst Münch, Erinnerungen, Lebensbilder und Studien aus den ersten 37 Jahren eines teutschen Gelehrten. Carlsruhe 1836. 8. Bd. 1, S. 445 bis 452 (Auf persönlichem Verkehr in Aarau beruhende Schilderung von Görres' Eigenart).
g. Th. Mundt, Görres und die katholische Weltanschauung: Der Freihafen. Altona 1838. Zweites Heft. S. 182 bis 197.
h. K. Immermann, Düsseldorfer Anfänge. Maskengespräche. 1840. — Immermann's Werke. Berlin. G. Hempel. 20, S. 113f.
i. Konrad Schwenck, Görres und Börne gegen Goethe: Phönix 1836 = Literarische Charakteristiken und Kritiken. Frankfurt 1847. S. 90 bis 97.
k. Joseph von Görres. Eine Skizze seines Lebens. Erste und zweite Auflage. Regensburg 1848. 39 S. 8.
l. Zu Görres Todtenfeier am 3. Februar 1848 (Gedicht). München 1848. 8.
m. Erinnerung an Jos. v. Görres. Eine Rede, gehalten von Dan. Haneberg: Histor.-politische Blätter 1848. 21, S. 232 bis 256. Vergl. S. 310 bis 315 und 728 bis 738.
n. N. Nekrolog 1848. 26, S. 131 bis 143.
o. Sebastian Brunner, Einige Stunden bei Görres. Regensburg 1848. 43 S. 8.
p. Joseph von Görres: Deutsche Vierteljahrs-Schrift. Stuttgart und Tübingen 1848. S. 126 bis 167.
q. Joseph von Görres: Histor.-polit. Blätter 1851. 27, S. 1 bis 41 Das Vaterhaus und die Kinderjahre; S. 89 bis 128 Schulbildung und Lebensbildung; S. 272 bis 304 Revolutionsschwindel der Zeit und Selbststudium.
r. J. v. Görres. Ein Denkmal aus seinen Schriften auferbaut (von J. A. Moritz Brühl). Aachen 1854. LXXVII, 496 S. 8.
s. (E. v. Lasaulx) Joseph von Görres aus seinen Schriften. Zwei Monate nach seinem Tode: Histor.-polit. Blätter 1853. Bd. 32, S. 557 bis 594. 637 bis 680.
t. (Balduin Frank) Der alte Görres als Kämpe für Deutschlands Ehre und Recht: Histor.-politische Blätter 1860. Bd. 45, S. 160 bis 176. 249 bis 261.
u. Ersch und Grubers Encyklopädie 1861. Section 1. Theil 72. S. 125 bis 144 (Heinrich Döring).
v. Cl. Th. Perthes, Politische Zustände. Gotha 1862. I, S. 291 bis 304.
w. Aus dem literarischen Nachlasse Joseph Frhn. von Eichendorffs. Paderborn 1866. 8. S. 305f.
x. J. B. Heinrich, Joseph von Görres. Ein Lebensbild. Frankfurt a. M. 1867. 32 S. 8. — Zeitgenössische Broschüren 3. Jahrg. Nr. 5. — x'. sieh unten S. 805.
y. Aloys Denk, Joseph von Görres und seine Bedeutung für den Altkatholicismus. Im Auftrag des Vereins zur Unterstützung der kathol. Reformbewegung in Mainz verfaßt. Mainz, Verlag von C. G. Kunze's Nachfolger. 1876. 8.
z. Joseph Galland, Joseph von Görres. Aus Anlaß seiner hundertjährigen Geburtsfeier in seinem Leben und Wirken dem deutschen Volk geschildert. Freiburg im Breisgau. 1876. 8. — 2. Aufl. Freiburg 1877. 12.

aa. (Joh. Nep.) Sepp, Görres und seine Zeitgenossen 1776—1848. Nördlingen, Druck und Verlag der C. H. Beck'schen Buchhandlnug. 1877. 8.

bb. Allg. dtsch. Biogr. 1879. 9, 878 bis 889 (Friedrich).

cc. Max Koch, Arnim, Klemens und Bettina Brentano, J. Görres — Dtsch. Nat.-Litt. Bd. 146.

dd. Julius Fröbel, Ein Lebenslauf. Aufzeichnungen, Erinnerungen und Bekenntnisse. Stuttgart 1890. 1, 51.

ee. Ph. A. Segesser, Erinnerungen. Luzern 1891. 8.

ff. Wilh. Schreiber, Geschichte Bayerns in Verbindung mit der deutschen Geschichte. Freiburg i. B. 1891. 2, 461. 512. 539.

gg. Franz Lorinser, Aus meinem Leben. Wahrheit und keine Dichtung. Regensburg 1891. Bd. 2, S. 48f.

hh. Rud. Goette, Das Zeitalter der deutschen Erhebung 1807 bis 15. Gotha 1891. 8.

ii. Heinrich Leo's Urteil über Görres (aus Leos Geschichtlichen Monatsberichten und Briefen): Konservative Monatsschrift 1893 S. 1296.

kk. W. Warnkönig, Joseph von Görres. Ein Kämpe für die Freiheit. Dem freien deutschen Volke geschildert. Berlin 1895. — Katholische Flugschriften zur Wehr und Lehr Nr. 91.

ll. J. N. Sepp, Görres. Berlin. Ernst Hofmann und Co. 1896. 8. — Geisteshelden. (Führende Geister.) Band 23. mm. und nn. sieh unten S. 805.

Die Briefe von Görres und an ihn sind in Nr. 61) gesammelt und nach der in Band 2, S. XIVf. gegebenen Übersicht leicht zu finden.

Briefe an Chph. v. Aretin. — Melchior und Sulpiz Boisserée. — Clemens Brentano. — Fr. Creuzer. — Fr. v. Dalberg. — Melchior Diepenbrock. — Fabrikherr H. J. Dietz in Koblenz. — W. Dorow. — J. v. Giovanelli. — Gneisenau Nr. 60) 4, 660. — C. Greith in St. Gallen. — Justus v. Gruner: Deutsche Revue 1893. 3, 241 bis 252. 354 bis 369. — J. und W. Grimm. — Fr. Kohlrausch. — E, Fr. und J. Cl. v. Lasaulx. — J. v. Laßberg. — Generalvikar Liebermann. — Liesching. — Ad. Müller. — Fr. Perthes. — Bischof Räß. — Jean Paul. — D. und O. Runge. — Schenk Nr. 60) 4, 670. 677. 686. — Stägemann Nr. 60) 4, 653. — Freih. v. Stein; sieh auch Nr. 60) 4, 682. — Ludwig Tieck. — Charles Villers: Hg. von M. Isler. Hamburg 1879. S. 72 bis 97. — Pfarrer A. Vock in Aarau. — Wangenheim Nr. 60) 4, 647. — K. J. H. Windischmann. — Aug. Zeune. — J. G. Zimmer sieh § 282, w. Vergl. Zsch f. d. österr. Gymn. 1890. S. 529f.

Briefe an Görres von Chph. von Aretin. — Achim und Bettina von Arnim. — Balbier. — Benzenberg. — v. Besserer. — Sulpiz Boisserée. — Clemens Brentano. — W. v. Chezy. — Cornelius. — Fr. Creuzer. — Fr. v. Dalberg. — Melchior Diepenbrock. — H. J. Dietz. — W. Dorow. — Ebel. — Eichendorff. — Follen. — Fouqué. — Gymn.-Direktor Gall in Lüttich. — Gehlen. — Gentz. — J. v. Giovanelli. — Gneisenau; sieh auch Nr. 60) 4, 656f. 662. — J. und W. Grimm. — v. d. Gröben. — Ebbo v. Groote. — Just. Gruner. — A. und W. v. Haxthausen. — Amal. v. Helwig. — Julius. — Bischof v. Keller. — J. Kerner. — J. v. Laßberg. — Fürst Lichnowsky. — Liebermann. — König Ludwig 1. von Bayern. — J. A. Möhler. — J. F. Molitor. — Montalembert. — G. H. Moser. — K. Moser. — Ad. Müller. — Const. Müller. — Jean Paul. — Fr. Perthes. — Andreas Räß. — Rauschenbusch. — G. Reimer. — Ringseis. — D. und O. Runge. — J. M. Sailer. — E. v. Schenk. — A. W. und Fr. Schlegel. — Christian und Fr. Schlosser. — J. Schulze. — L. v. Sinner. — Stägemann. — Staudenmaier. — Freih. vom Stein. - J. Thibaut. — L. Tieck. — Ch. de Villers. — Wangenheim. — J. Widmer. — Wilken. — K. J. H. Windischmann. — A. Winkelmann. — A. Zeune. — Zimmer.

1) Der allgemeine Friede, ein Ideal von J. Oörres. Coblenz im VI. Jahre der fränkischen Republik (1798).

2) Das rothe Blatt, eine Dekadenschrift. Coblenz bei Franz Lasaulx. Jahr VI (1798). II.

3) Der Rübezahl (im blauen Gewande). Eine Monatsschrift von Vendémiaire bis Thermidor des VII. Jahres. Coblenz in der Lasaulx'schen Buchdruckerei. (1798) III.

(Lampadius) Görres als Verfasser des rothen Blattes und des Rübezahls, gegenwärtig Redacteur des Rheinischen Merkurs, oder der Rheinische Januskopf. Germanien (Wiesbaden) 1815. 8.

4) Resultate meiner Sendung nach Paris im Brumaire des VIII. Jahres. Koblenz im Floreal J. VIII. (1800). 8.

5) Aphorismen über Kunst, als Einleitung zu künftigen Aphorismen über Organonomie, Physik, Psychologie und Anthropologie von J. Görres. Koblenz Jahr X (1802). Vergl. § 296, 262 am Ende.

6) Aphorismen über die Organonomic von J. Görres. Erster Band. Koblenz bei Lassaulx. 1803. XIV, 416 S. 8. Vergl. Goethe an Eichstädt 1804 April 21 — Weim. Ausg. IV, 17, 126 f.

7) Rezensionen in der [Neuen] Jenaischen Allg. Lit.-Ztg. 1804 Nr. 167 f. (über August Winkelmanns Einleitung in die dynamische Physiologie. Göttingen 1803). 1805 Nr. 7 bis 9 (über die Gall'sche Schädellehre). Vergl. und Goethe an Eichstädt 1804 April 14. November 21 — Weim. Ausg. IV, 17, 122. 217 f., dazu 232, 13.

8) Corruscationen (d. s. Aphorismen über Poesie, Philosophie und Politik): Aretins Zeitschrift Aurora (München bei Scherer) 1804. Nr. 71 bis 74. 94. 96. 117. 121. 129. 151. 152 und 1805. Nr. 10. 12. 13. 21. 22. 55 und 56.

9) Glauben und Wissen. Von J. Görres. München, in der Scherer'schen Kunst- und Buchhandlung. 1805. 148 S., 1 unbez. S. Druckf. 8.

10) Exposition der Physiologie von J. Görres. Organologie. Koblenz 1805. In der Lassaulx'schen Buchhandlung. XXXII, 344 S. 8.

11) Kindermythen (Prolog. Christkindchen): Taschenbuch der Liebe und Freundschaft für 1806. S. 219 bis 240. — Wieder abgedruckt im Deutschen Hausbuche von G. Görres. Band 2, S. 156 f.

12) Des Uhrmachers BOGS wunderbare Geschichte . . . Heidelberg 1807. 8. Sieh § 286, 1. 15 — Band VI. S. 60. Von Clemens Brentano und Görres gemeinschaftlich verfaßt, deren Namen nach ihren Anfangs- und Schlußbuchstaben den Namen B .. O, G .. S bilden.

13) Religion in der Geschichte: Crenzers Studien 1807. Bd. 3. S. 313 bis 480. Vergl. unten Nr. 7. 1) III. e.

14) Beiträge zu Arnims Tröst Einsamkeit. Heidelberg 1808. 4. Der gehörnte Siegfried und die Nibelungen Nr. 5. 8. 12. 21; Des Dichters Krönung. Beilage S. 33; Doch raunt man von St. Petern und unbekannten Vätern S. 85; Das sind nur dumme Jungen S. 39 u. a.

15) Die teutschen Volksbücher. Nähere Würdigung der schönen Historien-, Wetter- und Arzneybüchlein, welche theils innerer Werth, theils Zufall, Jahrhunderte hindurch bis auf unsere Zeit erhalten hat. Von J. Görres, Professor der Physik an der Secondärschule zu Coblenz. Heidelberg, bey Mohr und Zimmer. 1807. 6 Bl., 311 S. 8. Vergl. § 96 — Band I. S. 341, 4. — Widmung, Einleitung und Nachwort abgedruckt bei Koch Nr. cc. 8. 1 bis 46.

15a) Nachtrag: Heidelbergische Jahrbücher 1808. 1. Jahrg., 5. Abthlg., S. 409 bis 427.

16) Mitarbeit an den Heidelbergischen Jahrbüchern z. B. die Rezension von Des Knaben Wunderhorn.

17) Schriftproben von Peter Hammer. (Heidelberg) 1808. 4. Sieh Morgenblatt 1808. Nr. 159 und 160 und § 262, 5. 22) — Band V. S. 368 und § 296, 103 — unten S. 484.

18) Mythengeschichte der asiatischen Welt. Von J. Görres. Heidelberg, bei Mohr und Zimmer. 1810. II. 8.

19) Lohengrin, ein altteutsches Gedicht, nach der Abschrift des Vatikanischen Manuscriptes von Ferdinand Gloekle. Hg. von J. Görres. Heidelberg, bey Mohr und Zimmer. 1813. 8. Vergl. § 70, 3. Heidelbergische Jahrbücher 1813. S. 849 bis 862 (J. Grimm). — Über Ferdinand Glöckle vergl. Nr. 61) Bd. 2 und 3.

20) Sieh § 288, 3. 33) Dritter Band Nr. u. und β. Vierter Bd. Nr. r. s. und v.

21) Rheinischer Merkur. Koblenz bei Heriot. Vom 23. Januar 1814 bis zum 10. Januar 1816. Im ganzen 357 Nummern, da die Zeitung nur jeden zweiten Tag erschien. Vergl. § 286, 1. 30) und 7. 31) — Band VI. S. 61 und 75.

22) Napoleons Proklamation an die Völker Europas vor seinem Abzuge auf die Insel Elba. Frankfurt 1814. 8. — Vorher im Rheinischen Merkur.

23) Teutschlands künftige Verfassung. Frankfurt 1816.

24) Altdeutsche Volks- und Meisterlieder aus den Handschriften der Heidelberger Bibliothek. Hg. von J. Görres. Frankfurt a. M., 1817. Bey den Gebrüdern Wilmans. LXVII, 336 S. 8.
Vergl. § 91 — Band I. S. 308.

25) Die Uebergabe der Adresse der Stadt Coblenz und der Landschaft an Se. Majestät den König in öffentlicher Audienz bei Sr. Durchl. dem Fürsten Staatskanzler am 12. Januar 1818. Als Bericht für die Theilnehmer. (Coblenz) 1818. 2 Bl., 60 S. 8. — Zweite Auflage. Hadamar in Coblenz. Sieh § 293, I. 3. Nr. 23).

26) Teutschland und die Revolution. Teutschland [Coblenz] 1819. 8. Fragmente daraus mit einigen Bemerkungen vorher im Literar. Wochenblatte 1819. November Nr. 42. — Zweite Auflage Coblenz 1820. 8. — Nachdruck: Teutschland und die Revolution. Von J. Görres. Zweite Auflage. Teutschland, 1819. 1 Bl. (Titel) und 212 S. 8. Nachdruck: Zweite Auflage. Tübingen 1819. Osiander. 8. Vergl. Preußische Staatszeitung 1819 Oktober 30; Allg. Zeitung 1819 Nr. 336, Dezember 2. — Knebel an Goethe 1819 Oktober 29 (Briefw. 2, 262). — Peter Feddersen Stuhr, Deutschland und der Gottesfriede. Sendschreiben an J. Görres gegen seine letzte Schrift mit Auszügen aus derselben. Berlin 1820. 8.

27) Kotzebue und was ihn gemordet: L. Börnes Wage 1819. I, 6, S. 243/54. Vergl. Deutsche Rundschau 70 (1892), S. 104.

28) Das Heldenbuch von Iran aus dem Schah Nameh des Firdussi von J. Görros. Berlin bei G. Reimer. 1820. II. 8.

29) Europa und die Revolution von Görres. Stuttgart, in der J. B. Metzler'schen Buchhandlung. 1821. 8.

30) In Sachen der Rheinprovinzen und in eigener Angelegenheit von J. Görres. Stuttgart, in der J. B. Metzler'schen Buchhandlung. 1822. 302 S. 8.

31) Die heilige Allianz und die Völker auf dem Congresse von Verona. Von Görres. Stuttgart, in der J. B. Metzler'schen Buchhandlung. 1822. 8.

32) Altdeutsche Zeit und Kunst. Herausgegeben von Eberh. v. Groote, Carové, v. d. Hagen, Görres, v. Schenkendorf, P. v. Hornthal, Grimm und Prof. Wallraf. Frankfurt, Körner. 1822. 8.

33) Joh. H. Voß und seine Todesfeier in Heidelberg. Straßburg o. J. (1826). Vorher im Katholiken erschienen (Band 21, S. 208f. Sieh § 232, 29. c) — Band IV. S. 406. Die religiöse Zeitschrift: Der Katholik erschien bei Le Roux in Straßburg.

34) Der heilige Franciscus von Assisi ein Troubadour. Straßburg 1826. 8. Vorher im Katholiken erschienen (Band 20, S. 14 f.). — Neue vermehrte Ausgabe. Regensburg. Druck und Verlag von Georg Joseph Manz. 1879. XLIII, 159 S. 8.

35) Der Kurfürst Maximilian I. an den König Ludwig von Bayern bei seiner Thronbesteigung. Frankfurt 1826. 8. Vorher im Katholiken, Jahrg. 1825. Band 18, S.219f. Franz Xaver von Baader, Vom Segen und Fluch der Creatur. Drey Sendschreiben an Herrn Prof. Görres. Straßburg 1826. 8. Vergl. Nr. 60) 3, S. 233f.

36) Der Kampf der Kirchenfreiheit mit der Staatsgewalt in der katholischen Schweiz am Udligenschwyler Handel im Kanton Luzern dargestellt von J. Görres. Straßburg 1826. Vorher im Katholiken. Jahrgang 1826. Bd. 19, S. 317f.

37) Rom, wie es in Wahrheit ist, aus den Briefen eines dort lebenden Landmannes. März 1826. — Nachwort zu Chn. Brentanos Aufsatz im Katholiken. Jahrg. 1826. Bd. 20, S. 93 bis 115.

38) Vermischte Schriften. Aus dem Katholiken abgedruckt. Speyer 1827. Enth. Nr. 36 (Der Kampf). Nr. 34 (Franc. v. Assisi). Nr. 35 (Maximilian). Nr. 37 (Rom) und Nr. 33 (Voß).

39) Emanuel Swedenborg, seine Visionen und sein Verhältniß zur Kirche. Von J. Görres. Straßburg, Mainz und Speyer, in der Expedition des Katholiken. 1827. 144 S. 8. Vorher im Katholiken. Band 23, S. 302 f.

40) Einleitung zu Melchior Diepenbrocks Ausgabe von Heinrich Suso's Leben und Schriften. Regensburg 1829. 8. — wiederh. 1837. — 3. Aufl. 1854. Vergl. § 69, 8.

41) Ueber die Grundlage, Gliederung und Zeitenfolge der Weltgeschichte. Drei Vorträge, gehalten an der Universität in München von J. Görres. Breslau, im Verlage bei Josef Max und Komp. 1830. 122 S. 8.

42) Joseph Görres, Achim v. Arnim: Menzels Litteraturblatt 1831. Nr. 27 bis 30.

43) Staat, Kirche und Cholera, eine Betrachtung. Speyer 1831. 8. Besonders abgedruckt aus dem Katholiken 1831.

44) Ministerium, Staatszeitung, rechte und unrechte Mitte. München 1832. 8.

45) Vorrede zu § 255, 6) ζζ. — Band V. S. 226.

46) Rezension von Goethes Briefwechsel mit einem Kinde § 286, S. 3) δ. — Band VI. S. 84.

47) Die christliche Mystik, von J. (v.) Görres. Regensburg und Landshut, 1836 bis 1842. Verlag von G. Joseph Manz. IV. 8. — Neue Auflage 1879 in 5 Bänden mit einem Sach- und Namenregister.

K. Rosenkranz, Studien. Fünfter Theil. Leipzig 1848. 8. 100 bis 126.

48) Athanasius von J. Görres. O felix culpa quae talem ac tantum meruit habere redemptorem. Regensburg 1838. Verlag von G. Joseph Manz. S. 8. — Zweite Auflage. 1838. XII, 163 S. 8. — Dritte Ausgabe. 1838. XXIV, 163 S. 8. — Vierte Ausgabe (mit besonderer Bezugnahme auf die päpstliche Staatsschrift und mit drei Vorreden und einem Epiloge). 1838. XLVII, 163 S. 8.

48a) Vorreden und Epilog zum Athanasius. Auf vielfaches Verlangen für die Besitzer der ersten, zweiten und dritten Auflage besonders abgedruckt. Regensburg 1838. Verlag von G. Joseph Manz. 8.

Darlegung des Rechts- und Thatbestandes mit authentischen Documenten, als Antwort auf die Erklärung der königl. preußischen Regierung in der Staatszeitung vom 31. December 1838. Wortgetreue Uebersetzung des zu Rom in der Druckerei des Staats-Secretariats im April 1839 erschienenen italienischen Originals. Im Verlage der Karl Kollmann'schen Buchhandlung. — Heinrich Leo, Sendschreiben an J. Görres. Halle, bei Eduard Anton. 1838. 148 S., 1 unbez. 8. Druckf. 8. Vergl. oben Nr. ii. — Karl Gutzkow, Die rothe Mütze und die Kapuze. Zum Verständniß des Görres'schen Athanasius. Hamburg; bei Hoffmann & Campe 1838. 140 S. 8. — Goerres und Athanasius [s. S. 806]. Leipsig, Verlag von K. F. Köhler. 1838. 65 S. 8. — Philipp Marheineke, Beleuchtung des Athanasius von J. Görres. Eine Recension. (Aus den ,Jahrbüchern für wissenschaftliche Kritik. 1838' besonders abgedruckt). Berlin 1838. Verlag von Duncker und Humblot. 61 S. 8. — J. G. Schlemmer, Görres in seinem Athanasius als unbedingter Vertheidiger des Erzbischofs von Droste-Vischering beleuchtet nach seiner die Selbstständigkeit des Staates, den Protestantismus und die freie geistige Entwicklung gefährdenden Richtung. Nürnberg 1838. Verlag von Bauer und Raspe. (Jul. Merz.) VI, 146 S. 8.

49) Die Triarier H. Leo, Dr. P. Marheinecke, Dr. K. Bruno, von J. Görres. Regensburg, 1838. Verlag von G. Joseph Manz. IV, 188 S. 8.

Der erste Triarier an Joseph von Görres. Von J. Ellendorf. Essen, bei G. D. Bädeker. 1839. 2 Bl., 218 S. 8. Bl. 2': ,daß ich diese meine Schrift ,der erste Triarier' betitelt habe, kommt daher, weil Herr v. Görres nur mit historischen Waffen bekämpft werden kann, die ich zuerst gegen ihn geführt habe. Mein ,Thomas Becket' ist nach dem Urtheile des In- und Auslandes diejenige Schrift, die den ,Athanasius' widerlegt hat.'

Karl Gutzkow, Leos Sendschreiben an Görres 1838: Gesammelte Werke. Jena [1890]. Band 10, S. 133. — derselbe, Görres Triarier: ebenda Band 10, S. 138.

50) Zum Jahresgedächtniß des zwanzigsten Novembers 1837 [Wegführung des Erzbischofs von Köln]. Von J. Görres. Regensburg, 1838. Verlag von G. Joseph Manz. 46 S. 8.

51) P. G. Joh. Lechleitner, Von dem Urgrunde und letzten Zwecke aller Dinge. Mit einem Vorwort von J. Görres. Regensburg 1839. 8.

52) Zweites Jahresgedächtniß des zwanzigsten Novembers 1837. Von J. Görres. Regensburg 1840. Verlag von G. Joseph Manz. 8.

53) Ueber das medicinische System von Ringseis. Regensburg 1841.

54) Der Dom von Köln und das Münster von Strasburg. Von J. v. Görres. Regensburg, 1842. Verlag von G. Joseph Manz. 136 S. 8. Vorher in den Heidelbergischen Jahrbüchern 1824. Nr. 60 f. und 1825 Nr. 36 f.

55) Kirche und Staat nach Ablauf der Cölner Irrung. Von J. v. Görres. Weißenburg a. S., 1842. C. F. Meyer's Verlagsexpedition. 2 Bl., 230 S. 8.

56) Die Japhetiden und ihre gemeinsame Heimat Armenien (Akademische Festrede). München 1844. — Neue Ausgabe.

57) Die Völkertafel des Pentateuch. I: Die Japhetiden und ihr Auszug aus Armenien. Von Joseph v. Görres. Regensburg. Im Verlage von G. J. Manz. 1845. 4.

58) Die Wallfahrt nach Trier. Von Joseph v. Görres. Regensburg 1845. Verlag von G. Joseph Manz. 208 S. 8.

59) Spiegel der Zeit. Gesichte des Sehers von Joseph v. Görres. Aachen 1848. — Leipzig, Verlag von E. Wengler. 1857. 16 S. 8. Früher in Herbsts Eos, Jahrg. 1828, erschienen.

60) Joseph von Görres Gesammelte Schriften. Herausgegeben von Marie Görres. Sechs Bände. (Eigenthum der Familie). München. In Commission der literarisch-artistischen Anstalt. 1854 bis 1860. VI. 8. Erste Abtheilung. Politische Schriften. Ausgeschlossen sind die Schriften, die noch nicht lange vorher erschienen, also noch zu haben waren, die Übersetzungen und alle die Schriften, die durch neuere Forschungen in ihrer Ganzheit entbehrlich geworden waren.
I. a: Der allgemeine Friede, ein Ideal. 1797. — Das rothe Blatt und der Rübezahl, als dessen Fortsetzung. Nr. 1) bis 8). — b: Resultate meiner Sendung nach Paris. Im Brumaire des achten Jahres. 1800. — Nr. 4). — c: Reflexionen 1. Ueber den Fall Teutschlands und die Bedingungen seiner Wiedergeburt. 1810. 2. Ueber den Fall der Religion und ihre Wiedergeburt 1810.
d. Rheinischer Merkur. Januar bis Juli 1814: 1. Vorwort. 2. Stand der Armeen um die Hälfte des Januar 1814. 3. Papst Pius VII. und sein Streit mit Napoleon. 4. Eine Weissagung aus alten Zeiten her. 5. Eine andere Weissagung aus gar alter Zeit her. 6. Preußen und sein Heer. 7. Pariser Moden. 8. Paris und sein Schicksal. 9. Krieg und Frieden. 10. Die eingedrungenen Bischöfe. 11. Uebersicht der neuesten Zeitereignisse im Februar 1814. 12. Nachwort zur ‚Aufforderung an die Männer und Jünglinge des Mittelrheins zum freiwilligen Kampfe für das alte gemeinsame teutsche Vaterland'. 13. Die Verhältnisse der Rheinlande zu Frankreich. 14. Uebersicht der neuesten Zeitereignisse im März 1814. 15. Der Landsturm jenseits des Rheins. 16 Der Status quo. 17. Uebersicht ... April 1814. 18. Napoleons Proclamation an die Völker Europas vor seinem Abzug auf die Insel Elba. Nr. 22). 19. Der künftige Frieden. 20. Das Lied vom Andreas Hofer. 21. Staats- und Kirchengut. 22. Politische Literatur der Franzosen. 23. Uebersicht ... Mai 1814. 24. Spanien und Ferdinand VII. 25. Blick in die Zukunft. 26. Der Frieden von Paris. 27. Die neue französische Constitution. 28. Uebersicht ... „Juni 1814. 29. An die Leser des Rheinischen Merkur.
II. Rheinischer Merkur (Fortsetzung). Juli 1814 bis April 1815: 30. Die teutschen Zeitungen. 31. Stimmung des Volks im südwestlichen Teutschland. 32. Verbot des Rhein. Merkur in Bayern. 33. Europa in Bezug auf den Frieden. Adresse an die Germanen des linken Rheinufers. Im Juni 1814. 34. Sachsens Pflicht und Recht. 85. Ueber Pius VII. von Alex. v. Rennekampf. 36. Blücher und Wrede. 37. Uebersicht ... Juli 1814. 38. Die Elsäßer. 39. Des russ. General-Feldmarschalls, Fürsten Kutusow, vorigjähriger Aufruf an die Deutschen. 40. Bemerkungen und Erinnerungen. 41. Politische Ansichten über Teutschlands Vergangenheit, Gegenwart und Zukunft. 1814. 42. Die künftige teutsche Verfassung. Nr. 23). 43. Das Nationalconcilium zu Paris i. J. 1811. Von F. A. Melchers. Münster 1814. 44. Die Polizei. 45. Einige Worte über ReichzADt. 46. Fragen an die teutsche Nation. 47. Lettres confidentielles sur Mayence.
48. Die Landwehr auf dem linken Rheinufer. 49. Uebersicht ... August 1814. 50. Der teutsche Reichstag 51. Der Kamaschendienst. 52. Die Feier der Leipziger Schlacht. 53. Uebersicht ... September 1814. 54. Ueber einen Aufsatz von den Reichsstädten. 55. Ueber eine Weise den 18. October zu feiern. 56. Ueber das Parteiwesen in Religionsangelegenheiten. 57. Das Luxemburgische. 58. Die Neutralität der Schweiz im December 1813. 59. Ueber das neu zu wählende teutsche Reichswappen. 60. Die Feier der Leipziger Schlacht am Niederrhein. 61. Wie lange ist's her mit der guten alten teutschen Zeit? 62. Der Dom in Köln. 63. Das Einigungs- und Theilungsprincip. 64. Bezüglich auf einen Aufsatz von E. M. Arndt über die Theilung Sachsens. 65. Uebersicht ... November 1814. 66. Frage an

16. Die Kirchenverfolgung in Holland. — 17. Ueber Kirchenfreiheit in besonderer Beziehung auf die Schweiz. Nr. 36). — 18. Quodlibeta. — 19. Signalement eines Jetzigen nebst einigen Lebensumständen von ihm und seinem besten Freunde. Für Statistiker und Biographen (Vorher in der Eos 1828). — 20. Der Spiegel der Zeit. — 21. Aus Vetter Michels Leben (Wahrheit und Dichtung). — 22. Krieg oder Frieden? An die Kriegspartei in Frankreich (1831. Bisher ungedruckt). VL 1860. 23. Vier Sendschreiben an Hrn. Culmann, Secretär der Ständeversammlung: a. Ueber die Congregation in Bayern. b. Ueber den Fortgang der gegen die Congregation eingeleiteten Untersuchung. c. Ueber die endliche Entdeckung der Camarilla und der Congregation und ihre schließliche Inhaftirung. d. Wie der Abgeordnete Culmann auf das vierte Sendschreiben endlich zur Antwort sich entschlossen und den verkappten Verfasser derselben abgefertigt. — 24. Erster Sendbrief an den Abgeordneten Frhrn. v. Rottenhan, über Geist und Inhalt der bayerischen Verfassung. — 25. Ministerium, Staatszeitung, rechte und unrechte Mitte. Nr. 44). — 26. Kurze Weltchronik. — 27. Neujahrspredigt des verneinenden Geistes bei der 5559. Jubelfeier des Sündenfalles. — 28. Malbergische Glossen zum Weltlauf. — 29. König Friedrich Wilhelm III. und sein Nachfolger. — 30. Kirche und Staat, nach der neuesten Schrift des Erzbischofs von Cöln, Clemens August Frhrn. Droste zu Vischering. — 31. Der Gustav-Adolphs-Verein und die Irische Sache. — 32. Die Moral aus den Vorgängen in der Schweiz. — 33. Der Leipziger Handel. — 34. Mane, Thecel, Phares. — 35. Ministerium, Reichsrath, rechte und unrechte Mitte. — 36. Zeitgeschichtliche Glossen. — 37. Die Aspecten an der Zeitenwende. Zum neuen Jahre 1848.

61) Joseph von Görres Gesammelte Briefe. Drei Bände. Herausgegeben von Marie Görres und (Bd. 2 und 3) von Franz Binder. (Eigenthum der Familie.) München. In Commission der litterarisch-artistischen Anstalt. 1858 bis 1874. III. 8. Auch mit dem Titel als Zweite Abtheilung von Nr. 60) Band 7 bis 9.
Band 1: Familienbriefe. Bd. 2 und 3: Freundesbriefe.

7. Georg Friedrich Creuzer, geb. am 10. März 1771 in Marburg, studierte dort und in Jena Theologie und Philologie, wurde dann Lehrer an einer Privatanstalt in Gießen, später in Leipzig, 1802 Professor in Marburg, 1804 in Heidelberg. Nachdem Creuzer 1799 trotz des Abratens seiner Freunde die Witwe des Professors Leske geheiratet hatte, entspann sich später mit der Günderode ein Liebesverhältnis, das aussichtslos war, weil die Frau nicht in eine Scheidung willigte. Vom Juli bis Oktober 1809 hielt er sich in Leyden auf, ohne sich zur förmlichen Übernahme der schon angenommenen Professur entschließen zu können. Schon in demselben Jahre war er wieder in Heidelberg und bekleidete sein Lehramt bis 1848. Gestorben ist er in Heidelberg am 16. Februar 1858.
8. § 286, 6 und die dort angegebene Litteratur.
a. Meusel, Gel. Teutschland 9, 215. 11, 148. 13, 250. 17, 362f. 22ˡ, 543 bis 545.
b. Zeitgenossen. Neue [zweite] Reihe. 1822. Bd. II. Heft 7. 8. 2 bis 47. Selbstbiographie. Neu hg. von W. Dittenberger. 1844.
c. Aus dem Leben eines alten Professors. Von Dr. Friedrich Creuzer in Heidelberg. Leipzig und Darmstadt. Druck und Verlag von Carl Wilh. Leske. 1848. — Friedrich Creuzer's Deutsche Schriften, neue und verbesserte. Fünfte Abtheilung. Erster Band. — Paralipomena der Lebensskizzen eines alten Professors. Gedanken und Berichte über Religion, Wissenschaft und Leben. Frankfurt 1858. 8. — Nr. 5) V, 3.
d. F. W. C. Umbreit, Einige Worte am Begräbnißtage Friedrich Creuzer's, dem 18. Februar 1858: Theolog. Studien und Kritiken. Gotha 1858. Jahrg. 31. S. 599 bis 614.
e. Grenzboten 1858. 2, S. 241 bis 256.
f. K. B. Stark, Friedrich Creuzer, sein Bildungsgang und seine bleibende Bedeutung. Eine Prorektoratsrede nebst Beilagen aus Creuzers handschriftlichem Nachlaß. Heidelberg 1875. 4. — Vorträge und Aufsätze. Hg. von Gottfried Kinkel. 1880. 8. S. 390 bis 408.
g. Weechs Badische Biographieen 1875. I, S. 152 bis 156.
h. Allg. dtsch. Biogr. 1876. 4, 593 bis 596 (L. Urlichs).
i. W. Mensel, Denkwürdigkeiten. Bielefeld 1877. 8. S. 197f.
k. Edm. Stengel, Private und amtliche Beziehungen der Brüder Grimm zu Hessen. Marburg 1886. I, S. 78 und 80.
l. Adolf Stoll, Fr. K. v. Savignys Sächsische Studienreise 1799 und 1800. Progr. Cassel 1890. S. 5 Anm. 21.

m. [Senator Schulin] Friedrich Creuzer und Karoline von Günderode. Mitteilung über deren Verhältnis. Heidelberg. Universitätsbuchhandlung von Karl Groos. 1895. 18 S. 8. Abdruck aus dem Frankfurter Konversationsblatt (Beiblatt zur Postzeitung) 1862. Nr. 164 bis 166. Vergl. Euphorion 2, 840 f. — n. Schiller in Creuzers Stammbuch: § 253, 30) — Band V. S. 189. — o. s. unten S. 806.

Briefe an α. Böttiger (64) Leipzig, Marburg, Heidelberg 1798 bis 1835: Dresdner Kgl. Bibliothek. Exzerpte daraus bei Wilh. Herbst, J. H. Voß. Band 2, Abth. 2. Leipzig 1876. S. 112. 179. 282 bis 292. — β. Görres (52): Joseph von Görres Gesammelte Briefe. Hg. von Franz Binder. München 1874. Band 2 und 3 (= Joseph von Görres Gesammelte Schriften. Bd. 8 und 9). — γ. die Günderode sind zur Herausgabe vorbereitet: A. Stoll. Nr. 1. S. 5. Sieh auch Euphorion 2, 417 Anm. und unten S. 806. — δ. Schelling in dessen Nachlaß.

An Creuzer (7) Briefe von n Görres: Jos. von Görres Ges. Briefe. Band 2 und 3. — Friedrich Ast: Euphorion, Ergänzungsheft zu Band 2. S. 189 f. — Savigny: Ludwig Enneccerus, Friedrich Carl v. Savigny und die Richtung der neueren Rechtswissenschaft. Marburg 1879. 8. S. 56. 62 f. 64 bis 68 und A. Stoll. Nr. 1. S. 6 f. — Schelling: Aus Schellings Leben II, S. 445 f. und III, S. 4 f. 12 f.

Der handschriftliche Nachlaß Crenzers befindet sich in der Hof- und Staatsbibliothek zu Karlsruhe.

1) Studien. Herausgegeben von Carl Daub und Friedrich Creuzer. Frankfurt und Heidelberg bei J. C. B. Mohr. Jahrg. 1805 bis 1810. VI 8.

I. 1805. a: Das Studium des Alterthums, als Vorbereitung zur Philosophie. Creuzer. — b: Plotinos von der Natur, von der Betrachtung und von dem Einen, mit einer Einleitung und mit Anmerkungen. Creuzer. — c: Orthodoxie und Heterodoxie, ein Beitrag zur Lehre von den symbolischen Büchern. Daub. — d: Religion, eine Sache der Erziehung. Schwarz, Prof. in Heidelberg. — e: Ueber Theophrastus Paracelsus von Hohenheim. Dr. Loos. — f: Ueber die Gewissensfreiheit im Staate. Heise. — g: Udohla, in zwei Acten. Tian. — h: Magie und Schicksal, in drei Acten. Tian. Zu g und h vergl. § 286, 6. 3).

II. Frankfurt und Heidelberg bei Mohr und Zimmer. 1806. a: Die Theologie und ihre Encyclopädie im Verhältniß zum akademischen Studium beider. Fragmente einer Einleitung in die letztere. Daub. — b: Ueber das Leben der Dinge. Kastner. — c: Ueber die Gestaltung des Universums. Kastner. — d: Von einem Hauptbildungsmittel zur Religion in der protestantischen Kirche. Abegg. — e: Ueber die Erscheinung des Kohlenstoffs in den Gebirgen. Dr. Zimmermann. — f: Die Turniere. Wilken. — g: Idee und Probe alter Symbolik. Creuzer. — h: Das Geschäft des Psychologen. Dr Weidenbach. — i: Versuch einer Griechen-Symmetrie des menschlichen Angesichts. Johann Päster.

III. Heidelberg, bei Mohr und Zimmer. 1807. a: Ueber die Bildung der Weltseele im Timäos des Platon. August Böckh. — b: Ueber den Ursprung und die Entwickelung der Orthodoxie und Heterodoxie in den ersten drey Jahrhunderten des Christenthums. Marheinecke. — c: Atomistik und Dynamik. Fries. — d: Beytrag zur Charakteristik des Hebraismus. de Wette. — e: Religion in der Geschichte. Erste Abhandlung. Wachsthum der Historie. J. Görres.

IV. 1808. a: Ueber das elegische Gedicht der Hellenen. Conr. Schneider. — b: Ueber die Entstehung der altdeutschen Poesie und ihr Verhältniß zu der nordischen. W. C. Grimm. — c: Ueber die Idee des Staates als absoluter Harmonie. Dresler. — d: Ueber die Hermaphroditen der alten Kunst. F. G. Welcker. — e: Ueber den wahren Sinn der Tradition im katholischen Lehrbegriff und das rechte Verhältniß derselben zur protestantischen Lehre. Marheinecke. — f: Von dem Uebergange der Buchstaben in einander. Ein Beitrag zur Philosophie der Sprache. Aug. Böckh.

V. 1809. a: Einleitung in die christliche Dogmatik. Carl Daub. — b: Ueber das wahre Verhältniß des Katholicismus und Protestantismus und die projectirte Kirchenvereinigung. Nathanaels Briefe an Herrn Consistorialrath Planck zu Göttingen. — c: Ueber Jakob Böhme. Bachmann in Belz bey Bern. — d: Briefe von und an Winckelmann. Aus dem literärischen Nachlasse. Mitgetheilt von C. Hartmann in Rom.

VI. 1810. a: Tradition, Mysticismus und gesunde Logik, oder über die Geschichte der Philosophie. — b: Vier bisher ungedruckte Fragmente des stoischen Philosophen Musonius. Zum erstenmale aus dem Griechischen übersetzt; mit einer Einleitung über sein Leben und seine Philosophie, von G. H. Moser; mit einer Nachschrift von Fr. Creuzer. — c: Uebersicht der Geschichte der Byzantinischen Kaiser von Constantin dem 8ten bis auf Leo den Isaurier. — d: Aufsätze und Briefe von und an Winckelmann. Fortsetzung von Band V. d. — e: Ueber die parodische Poesie der Griechen. G. H. Moser? — f: Tradition u. s. w. Zweite Abhandlung von Band VI. a. — g: Versuche von Uebersetzungen aus dem Werke des Giordano Bruno, von dem Dreifachen, dem Kleinsten und dem Maße.

2) Das akademische Studium des Alterthums. Nebst einem Plane der humanistischen Vorlesungen und des philologischen Seminarium auf der Universität zu Heidelberg. Von Friedrich Creuzer. Heidelberg 1807. Bei Mohr und Zimmer. 8. — Wiederh. Nr. c. S. 273 bis 348.

3) Symbolik und Mythologie der alten Völker, besonders der Griechen. In Vorträgen und Entwürfen von Friedrich Creuzer. Leipzig und Darmstadt, 1810 bis 1812 bei Karl Heyer und Wilhelm Leske. IV. 8. — Zweite Auflage. 1819 bis 1821. — Dritte Aufl. 1836 bis 1843. IV. 8.

Friedrich Creuzer's Symbolik . . . im Auszuge von Georg Heinrich Moser. Mit einer Übersicht der Gesch. des Heidenthums im nördl. Europa von Franz Joseph Mone. Leipzig 1822. 8.

Dazu als fünfter und sechster Teil: Geschichte des Heidenthums im nördlichen Europa von Franz Joseph Mone. Darmstadt 1822 und 1823. II. 8.

J. H. Voß, Antisymbolik. Stuttgart 1824 bis 1826. II. 8. Vgl. § 282, 29. 48).

4) Briefe über Homer und Hesiodus vorzüglich über die Theogonie von Gottfried Hermann und Friedrich Creuzer. (Mit bes. Hinsicht auf des Ersteren Dissertatio de Mythologia Graecorum antiquissima und auf des Letzteren Symbolik und Mythologie der Griechen.) Heidelberg, in August Oswald's Univ.-Buchhandlung. 1818. 8.

5) Friedrich Creuzer's Deutsche Schriften, neue und verbesserte. Fünf Abtheilungen in dreizehn Bänden. Leipzig, Darmstadt, Frankfurt 1836 bis 1858. 8.

Erste Abtheilung. Band 1 bis 4. Leipzig und Darmstadt. Druck und Verlag von Carl Wilhelm Leske. 1837. 1840. 1842. 1843: Dritte verbesserte Ausgabe von Nr. 3). — Zweite Abtheilung. Band 1 bis 3. Leipzig und Darmstadt. Druck und Verlag von Carl Wilhelm Leske. 1846. 1846. 1847: Zur Archäologie oder zur Geschichte und Erklärung der alten Kunst. Abhandlungen von Creuser. Besorgt von Julius Kayser.

Dritte Abtheilung. Band 1 und 2. Leipzig und Darmstadt. Druck und Verlag von Carl Wilhelm Leske. 1845 und 1847: 1. Die historische Kunst der Griechen in ihrer Entstehung und Fortbildung. Von Friedrich Creuzer. Zweite und vermehrte Ausgabe, besorgt von Julius Kayser. — 2. Zur Geschichte der griechischen und römischen Literatur. Abhandlungen von Friedrich Creuzer. Besorgt von Julius Kayser. Darin S. 561 bis 651: Herodot und Thukydides. Versuch einer näheren Würdigung einiger ihrer historischen Grundsätze mit Rücksicht auf Lukians Schrift: ‚Wie man Geschichte schreiben müsse.‘ Diese Schrift erschien zuerst 1798 in Leipzig in der Müllerschen Buchhandlung.

Vierte Abtheilung. Leipzig und Darmstadt, Leske. 1836: Zur Römischen Geschichte und Alterthumskunde. — Fünfte Abtheilung. Drei Bände. 1. Leipzig und Darmstadt, Leske. 1848: Aus dem Leben eines alten Professors. — 2. Frankfurt a. M. Verlag von Joseph Baer. 1854: Zur Geschichte der classischen Philologie seit Wiederherstellung der Literatur, in biographischen Skizzen ihrer älteren Häupter und einer literarischen Übersicht ihrer neueren. Von Friedrich Creuzer in Heidelberg. Besorgt von Julius Kayser. — 3. Frankfurt a. M. Baer. 1858: Paralipomena der Lebensskizzen eines alten Professors. Gedanken und Berichte über Religion, Wissenschaft und Leben von Friedrich Creuzer.

II. In der **Theologie** wirkte der Gegensatz zwischen Vorstandes-aufklärung und Orthodoxie in der Weise fort, daß aus jener sich ein hauptsächlich von Paulus vertretener Rationalismus, aus dieser sich eine supernaturalistische Gefühlstheologie entwickelte; deren Hauptvertreter und eigentlicher Schöpfer war Schleiermacher. Weder die nüchterne Auffassung der Lehre der Aufklärung, die ohne viel historisches Material mit der bloßen individuellen Verstandesmäßigkeit auszureichen meinte und nicht selten ihre Zuflucht zu sehr abenteuerlichen Hypothesen nahm, noch die bei aller scheinbaren Entschiedenheit doch sehr vorsichtige und zurück-

14*

haltende Lehre der zweiten Richtung, die Voraussetzungen machte und zu-
gab, aus denen sie nicht die Folgen ableiten mochte, sollen hier genauer
erörtert werden.   Beide hielten sich auf dem Boden der Bibel, aber beide
bewegten sich sehr verschiedenartig innerhalb dieser gezogenen Grenze und
beide mit sehr verschiedenem Erfolge.   Während der Rationalismus in der
folgenden Periode anfänglich fast alleinherrschend wurde, bis er seinen Einfluß durch die weitergehenden philosophischen Theologen verlor, hatte neben
diesen der Schleiermachersche Supernaturalismus einige Jahrzehnte die
Herrschaft inne, bis auch er wieder durch die weitergehende konfessionelle
Orthodoxie mehr in den Hintergrund gedrängt wurde.

   1. Heinrich Eberhard Gottlob Paulus, geb. am 1. September 1761 in
Leonberg bei Stuttgart, studierte in Tübingen Theologie und wurde nach Beendigung einer Reise 1789 außerordentlicher Professor der orientalischen Sprachen
in Jena. Er verheiratete sich mit seiner Base Karoline Paulus (§ 277, 28 — Band V.
S. 483 f.), erhielt 1793 eine ordentliche Professur der Theologie und stand mit
Goethe und Schiller, die beide ihn sehr schätzten, in freundlichem Verkehr, ließ
sich aber, als die Universität zu sinken begann, nicht in Jena halten, sondern
nahm 1803 einen Ruf als Professor und Konsistorial-Rat nach Würzburg an.
Nach Aufhebung der dortigen theologischen Fakultät 1808 kam er als Konsistorial-
und Schulrat nach Bamberg, 1809 nach Nürnberg und 1811 nach Ansbach. In
demselben Jahre wurde er nach Heidelberg berufen. Dort lehrte er 33 Jahre lang
und beteiligte sich außer an den theologischen und kirchlichen Dingen auch an
den politischen Tagesfragen. Mit Titeln und Ehren ausgezeichnet, verlor er, seit
1844 im Ruhestande, in den letzten Jahren seines Lebens an Einfluß, da die Ent-
wickelungen der jungen Hegelischen Theologie ihn und seine Richtung weit über-
holten. Er starb als Geh. Kirchenrat am 10. August 1851.

   a. Meusel, Gel. Teutschland 6, 41 bis 45. 10, 401 f. 11. 604 f. 15, 16. 19, 76 bis 78.
   b. Zeitgenossen 1827. Zweite Reihe. Band 6, S. 153 bis 167.
   c. Sieh Nr. 21).
   d. N. Nekrolog 1851. Jahrg. 29. S. 614 bis 627.
   e. Karl Alex. v. Reichlin-Meldegg, Heinrich Eberhard Gottlob Paulus
und seine Zeit, nach dessen literarischem Nachlass, bisher ungedrucktem Briefwechsel und mündlichen Mitteilungen dargestellt. Stuttgart. Verlags-Magazin.
1853. II. XXIV, 871 S. 8. (I: 1761 bis 1810. II: 1810 bis 1851). Ein Abschnitt
aus dem Aufsatze ‚Goethe und Paulus' abgedruckt in: W. v. Biedermann, Goethes
Gespräche. Leipzig 1889. Band 1, S. 206 bis 209.
   f. Allg. dtsch. Biogr. 1887. 25, 287 bis 294 (Wagenmann).
   g. Seb. Brunner, Die vier Großmeister der Aufklärungstheologie (Herder,
Paulus, Schleiermacher, Strauß) nach ihrem Schreiben und Treiben verständlich und
nach Möglichkeit erheiternd dargestellt. Paderborn, Schöningh. 1888. XVI, 634 S. 8.
   Briefe an α. Böttiger: Dresdner Kgl. Bibliothek. — β. Schütz: 2, 106 bis 129.
   Briefe Schillers an Paulus: § 249. B, l. 6) II und 64) — Band V. S. 99 und 104.
   1) Exegetisch-kritische Abhandlungen. Tübingen 1784. 8.
   2) Einheit, Geistigkeit Gottes und Glaube, als allgemeine Grundbegriffe der
Christuslehre betrachtet. Eine Reihe von Predigten nebst einem Anhange für gelehrte Leser. Lemgo 1788. 8.
   3) Memorabilien.   Eine philosophisch-theologische Zeitschrift der Geschichte
und Philosophie der Religionen dem Bibelstudium und der morgenländischen
Litteratur gewidmet von Heinr. Eberh. Gottlob Paulus. Leipzig, bey Siegfr. Lebrecht Crusius. 1791 bis 1796. 8 Stücke. 8.
   4) Introductionis in novum testamentum capita selectiora. Quibus in originem,
scopum et argumentum evangeliorum et actuum apostolicorum de novo inquiritur.
Scripsit Henr. Eberh. Gottl. Paulus. Jenae. sumptibus Goepferdtii. MDCCIC. 8.
   5) Philologisch-kritischer und historischer Kommentar über das Neue Testament,
in welchem der griechische Text, nach einer Recognition der Varianten, Interpunc-
tionen und Abschnitte, durch Einleitungen, Inhaltsanzeigen und ununterbrochene
Scholien als Grundlage der Geschichte des Urchristenthums bearbeitet ist von Heinrich

Eberhard Gottlob Paulus. Lübeck, bey Johann Friedrich Bohn. 1800 bis 1804.
IV. 8. — Zweyte, durchaus verbesserte Auflage 1804 bis 05. — wiederh.: 1830
bis 1833. III in 5 Abtheilungen. 8. — wiederh.: 1841 bis 1842.
Vergl. Goethe an Schiller 1802 Februar 19 — Weim. Ausg. Briefe 16, 43. —
(Sebast. Heinr. Müller) Kritik des Kommentars über das Neue Testament von
Herrn D. Paulus. Jena 1804. 8. — A. Sandbüchler, Eine Stimme des Rufenden
in der Wüste, oder Bemerkungen zu dem philosophisch-kritischen und historischen
Commentar über das Neue Testament Herrn Heinrichs Eberhards Gottlobs Paulus.
Linz 1805. 1814. 1817. 4 Hefte. 8.

6) Allgemeine Grundsätze über das Vertreten der Kirche bey Ständeversamm-
lungen, mit bes. Beziehung auf Württemberg. Heidelberg 1816. 4. Sieh unten S. 806.

7) Haupt-Urkunden der Würtembergischen Landes-Grundverfassung, hg. von
H. Eberh. Gottl. Paulus. Heidelberg, Oßwald. 1816. 4 Hefte. 8.

8) Die Heidelberger akadem. Säkularfeyer der Reformation, nebst Gedächtnißrede über den Ursprung der Reformation aus Wissenschaft und Gemüth. Heidelberg, Oßwald. 1817. 8.

9) Philosophische Beurtheilung der von Wangenheimischen Idee der Staatsverfassung und einiger verwandten Schriften von Heinrich Eberh. Gottlob Paulus.
Heidelberg, auf Kosten des Verfassers. 1817. 85 S. 8.

10) Zur Sicherung meiner Ehre. Actenstücke als Mscrpt. für Freunde und
unparteyische Beurteiler. Heidelberg, Groos. 1819. 8.

11) Sophronizon oder unpartheyisch-freymüthige Beyträge zur neueren Geschichte, Gesetzgebung und Statistik der Staaten und Kirchen. Hg. von Dr. Heinrich
Eberhard Gottlob Paulus. Vom 10. Bande an: S. Eine unpartheiisch-freimüthige
Zeitschrift, das Besserwerden in Kirche, Staat und Wissenschaftlichkeit be-
zweckend. Frankfurt am Main, bei den Gebrüdern Wilmans. 1819 bis 1831.
Dreizehn Jahrgänge in vier bis acht Heften, im ganzen 72 Hefte und 1 Supplement-
heft. 8. Vergl. § 232, 14, 22) und 29, 39).

12) Carl Ludwig von Haller, gewesenen Mitglieds des souverainen Raths zu
Bern Schreiben an seine Familie, zur Erklärung seiner Rückkehr in die katholische,
apostolische, römische Kirche. Französisch und Teutsch nach der vierten Ausgabe,
Paris und Lyon 1821. Mit Beleuchtungen von H. E. G. Paulus. Stuttgart, in
der J. B. Metzler'schen Buchhandlung. 1821. 162 S. 8. Vergl. § 298, I. 2. 12).

13) Quintessenz aus Anfang, Mitte und Ende der Wundercurversuche, welche
zu Würzburg und Bamberg durch Martin Michel, Bauer von Wittighausen und
durch Se. Hochwürden und Durchlaucht den Herrn Domherrn, Vicariatsrath und
Prinzen Alexander von Hohenlohe-Schillingsfürst unternommen worden sind. Mit
Beleuchtung des Wunderbaren und des Wunderbeweises überhaupt. Leipzig:
F. A. Brockhaus. 1822. VIII, 344 S. 8. Vergl. § 319, 69) = Band VIII. S. 209.

14) Der Denkgläubige. Eine allgemein-theologische Jahresschrift. Heidelberg 1825 bis 1829. V. 8.

15) Lebens- und Todeskunden über Johann Heinrich Voß. Am Begräbnißtage gesammelt für Freunde von Dr. H. E. G. Paulus. Heidelberg, bey Christian
Friedrich Winter. 1826. 128 S. 8. Vergl. § 232, 29. d. — Band IV. S. 406.

16) Privatgutachten über die aufgeworfene Frage: Kann ein teutscher Regent,
wenn er römisch-katholisch wird, eine Pflicht oder ein Recht haben, auf eine evan-
gelisch-protestantische Landeskirche unmittelbar und persönlich, als Souverain oder
als oberster Bischof zu wirken? Dessau 1827. Bei Christian Georg Ackermann. 141 S. 8.

17) Das Leben Jesu, als Grundlage einer reinen Geschichte des Urchristenthums. Dargestellt durch eine allgemein verständliche Geschichtserzählung über
alle Abschnitte der vier Evangelien. Heidelberg 1828. II in 4 Abtheilungen. 8.

18) Berichtigende Resultate aus dem neuesten Versuche des Supernaturalismus gegen den biblisch-christlichen Rationalismus. Oder zeitgemäße Beleuchtung
des Streits zwischen dem Eingebungsglauben und der unchristlichen Denkgläubig-
keit. Wiesbaden 1830. 8.

19) Ueber die Principien der Preßfreiheits-Gesetzgebung als Rechtsschutz
für die Wahrheitsfreiheit. Zeiterwägende Bemerkungen und Vorschläge praktischen
und rechtlichen Inhalts. Heidelberg 1831. 8.

20) Ueber theologische Lehrfreiheit und Lehrerwahl für Hochschulen. An alle die, welche im freien Kanton Zürich auch eines freisinnigen Auswärtigen gewissenhaft geprüfte Ueberzeugungen gerne prüfen wollen. Zürich, Orell, Füßli und Co. 1889. 8. Bezieht sich auf die Berufung von David Friedrich Strauß.:

21) Skizzen aus meiner Bildungs- und Lebensgeschichte, zum Andenken an mein fünfzigjähriges Jubiläum. Mit vielen den Zeitgeist charakterisierenden Zuschriften. Heidelberg 1889. 8.

22) Neuer Sophronizon oder Reflexionen und Miscellen über wissenschaftliche, kirchliche und allgemeinere Zeiterscheinungen und Denkaufgaben. Von Dr. H. E. G. Paulus. Darmstadt. Druck und Verlag von Carl Wilhelm Leske. 1841 bis 1842. Drei Bände. 8.

23) Die endlich offenbar gewordene positive Philosophie der Offenbarung oder Entstehungsgeschichte, wörtlicher Text, Beurtheilung und Berichtigung der v. Schellingischen Entdeckungen über Philosophie überhaupt, Mythologie und Offenbarung des dogmatischen Christenthums. Der allgemeinen Prüfung dargelegt von H. E. G. Paulus. Darmstadt 1843. 8. Vergl. § 247, 27. 25) = Band V. S. 12.

2. Karl Daub, geb. am 20. März 1765 in Kassel, wurde auf dem dortigen Gymnasium vorgebildet und studierte seit 1786 in Marburg Philosophie und Theologie. 1791 wurde er Mitaufseher der Stipendiaten und akademischer Dozent, 1794 Lehrer in Hanau. 1795 erhielt er einen Ruf als ordentlicher Professor der Theologie nach Heidelberg, und dort wirkte er 41 Jahre lang. Am 19. November 1836 rührte ihn auf dem Katheder der Schlag; er starb am 22. desselben Monats. Von Kant war er zu Schelling, von diesem wie sein Zeitalter zu Hegel übergegangen oder, wie seine Verehrer sagen, fortgeschritten. Er war Freund und Vertrauter Creuzers.

a. Allgemeine Kirchenzeitung 1837. Nr. 26.
b. Nekrolog 14, 731 bis 754.
c. K. Rosenkranz, Erinnerungen an Karl Daub. Berlin 1837. 60 S. 8.
d. Weech, Badische Biographien 1, 160.
e. Allg. dtsch. Biogr. 1876. 4, 768 (Hitzm.).
Sieh § 282, 3. und die dort angegebene Litteratur, worin Briefe Daubs gedruckt sind. Brief an Daub von Ludwig Feuerbach: Deutsche Rundschau 1878. 15, 156 bis 158.

1) Predigten nach kantischen Grundsätzen. Königsberg 1794. 8.

2) Ueber den Lebensgenuß: K. Chn. E. Schmidts philos. Journal für Moralität 1795.

3) Studien. Herausgegeben von Carl Daub und Friedrich Creuzer. Frankfurt und Heidelberg bei J. C. B. Mohr. 1805 bis 1810. VI. 8. Sieh oben S. 210 I. Nr. 7, 1).

4) Einleitung in das Studium der christlichen Dogmatik aus dem Standpunkte der Religion. Heidelberg 1810. 8.

5) Judas Ischariot oder das Böse im Verhältnis zum Guten betrachtet. Heidelberg 1816 bis 1819. II. in drei Abtheilungen.

6) Die dogmatische Theologie jetziger Zeit oder die Selbstsucht in der Wissenschaft des Glaubens und seiner Artikel. Heidelberg 1833. 8.

7) Darstellung und Beurtheilung der Hypothesen in Betreff der Willensfreiheit. Mit Zustimmung des Verfassers aus dessen Vorlesungen herausgegeben von J. C. Kröger. Altona 1834. 8.

8) Carl Daub's philosophische und theologische Vorlesungen. Herausgegeben von Marheineke und Dittenberger. Berlin 1838 bis 1844. VII. 8.

I, 1838: Philosophische Anthropologie. — II. 1839: Prolegomena zur Dogmatik. Kritik der Beweise für das Dasein Gottes. — III. 1839: Prolegomena zur theologischen Moral. Principien der Ethik. — IV. 1840. V, 1. 1841. V, 2. 1843: System der theologischen Moral. — VI. 1841. VII. 1844: System der christlichen Dogmatik.

3. Friedrich Daniel Ernst Schleiermacher, geb. am 21. November 1768 in Breslau, Sohn eines reformierten Feldpredigers. Der Vater, der 1778 nach Pleß in Oberschlesien und ein Jahr später nach der Kolonie Anhalt zog, übergab im Frühjahr 1788 den Sohn der Erziehungsanstalt der Brüdergemeinde Niesky. 1785 kam dieser mit seinem Freunde Albertini (§ 285, 4) auf das Brüderseminar in Barby. 1787 aber trat Schleiermacher aus der Brüdergemeinde, studierte in Halle, wurde 1790 Hauslehrer beim Grafen Dohna-Schlobitten, 1794 zum Predigeramte ordiniert und Hilfsprediger in Landsberg a. d. W., 1796 Prediger am Charité-Krankenhause in

Berlin. Hier lebte er in freundschaftlichem Verkehr mit Henriette Herz, Dorothea Veit und den beiden Schlegels, namentlich mit Friedrich. In Gemeinschaft mit ihm wollte er den Plato übersetzen (vergl. § 292, 1. 33) Band 1, S. 287 f.); er unternahm aber dann die Übersetzung allein und hat durch sie und durch seine Einleitungen für die Kenntnis des griechischen Philosophen gewirkt wie kein anderer. Im Jahre 1802 wurde Schleiermacher als Hofprediger nach Stolpe versetzt und 1804 als Universitätsprediger und Professor der Philosophie nach Halle berufen, mitten unter französischen Bajonetten betrat er nach der Niederlage bei Jena furchtlos die Kanzel und predigte mit dem Glauben an die Zukunft die Pflicht der Treue und aufopfernden Gesinnung. 1807 kehrte Schleiermacher nach Berlin zurück, erhielt 1809 eine Stelle als Prediger an der Dreifaltigkeitskirche und wurde 1810 Professor und zugleich an den Arbeiten für den öffentlichen Unterricht im Ministerium des Innern beschäftigt; seit 1814 war er Sekretär der philosophischen Klasse der Akademie der Wissenschaften. Hier entfaltete sich mehr noch durch Predigt und persönlichen Verkehr, als durch seine wissenschaftliche Stellung sein ungeheurer Einfluß auf die Gesellschaft in Berlin. Er starb am 12. Februar 1834 in Berlin.

A. Biographisches.

a. Selbstbiographie sieh unten Nr. 1).

b. Meusel, Gel. Teutschland 7, 158. 10, 582. 11, 670. 15, 812. 20, 136/8.

c. Zeitgenossen 1818. Zweiter Band. Heft 5, S. 172.

d. L. Jonas, Sendschreiben an den Herrn Verfasser des in der ‚Evangelischen Kirchenzeitung' Nr. 97 f. 1829 enthaltenen Sendschreibens über Schleiermacher. Berlin, G. Reimer. 1830. 8.

e. L. Jonas, Gegen die Rechtfertigung des Sendschreibens über Schleiermacher. Einige Bemerkungen. Berlin, G. Reimer. 1831. 8.

f. Die letzten Tage und Stunden Schleiermachers. Niedergeschrieben von seiner Gattin in den nächsten Tagen nach seinem Hinscheiden: Niedners Zsch. f. d. histor. Theologie. Hamburg und Gotha 1851. Band 21, S. 145 bis 150.

g. N. Nekrolog 1834. 12. Jahrg. 8. 125 bis 141.

h. Drei Reden am Tage der Bestattung des Predigers Schleiermacher am 15ten Februar 1834 gehalten von Fr. Strauß, F. A. Pischon, H. Steffens. Berlin 1834. Gedruckt und verlegt bei G. Reimer. 8.

i. P. Wilh. Hoßbach, Predigt zum Gedächtniß Schleiermachers. Berlin 1834. 8.

j. Ludwig Friedrich Otto Baumgarten-Crusius, Ueber Friedrich Schleiermacher, seine Denkart und seine Verdienste. Jena 1834. 8.

k. Karl August Rütenik, Der christliche Glaube. 2. Theil auch unter dem Titel: Sittenlehre, mit Zuziehung Schleiermacher'scher Predigten aus dem Begriff des Reiches Gottes entwickelt. Berlin 1832. 8. 231 bis 352.

l. Alexander Schweizer, Schleiermachers Wirksamkeit als Prediger. Halle, bei C. A. Kümmel. 1834. XXIV, 99 S. 8.

m. Friedrich Lücke, Erinnerungen an Friedrich Schleiermacher: Theolog. Studien und Kritiken. Hamburg 1834. Jahrgang 7, S. 745 bis 813. m'. — C. 87).

n. Jonas, Fr. E. D. Schleiermacher: Deutscher Volks-Kalender für das Schaltjahr 1836. Hrg. von F. W. Gubitz. Berlin und Königsberg in der Neumark. 8. S. 43 bis 48.

o. Ferdinand Delbrück, Der verewigte Schleiermacher. Ein Beytrag zu gerechter Würdigung desselben seinen Verehrern geziemend dargeboten. Bonn, in Commission bey Adolph Marcus. 1837. 129 S. 8. — Der Freihafen Altona 1838. Drittes Heft. 8. 231 bis 234. — Varnhagen von Ense, Denkwürdigkeiten 1846. N. F. 3, 417.

p. Friedr. Wilh. Goß, Deutliche und möglichst vollständige Uebersicht über das theologische System Dr. Friedrich Schleiermachers, und über die Beurtheilungen, welche dasselbe theils nach seinen eigenen Grundsätzen, theils aus dem Standpunkten des Supranaturalism, des Rationalism, der Fries'schen und Hegel'schen Philosophie erhalten hat. 2. stark verm. und verb. Auflage Reutlingen, Enßlin und Laiblin. 1837. 8.

q. K. W. Rhenius, Friedrich Schleiermachers Predigtweise. Für Theologen und Nicht-Theologen dargestellt. Magdeburg [Leipzig, Klinkhardt]. 1887. 8.

r. Schleiermacher, ein Lebensbild. Von G. Kühne: Büchners Deutsches Taschenbuch vom J. 1838.

s. Schleiermacher und Fr. Schlegel: Varnhagen von Ense, Denkwürdigkeiten. 1838. 4, 267.

t. F. von Gentz, Schriften. Mannheim 1839. Band 3, S. 24 bis 44; sieh § 293, I. I. 26) III. f.

u. Johann Wilhelm Hanne, Friedrich Schleiermacher als religiöser Genius Deutschlands. Braunschweig, Verlag von Oehme und Müller. 1840. XXII, 138 S. 8.

v. Henrich Steffens, Was ich erlebte. Breslau 1842. Band 5 und 6. Sieh außerdem das Register dort im zehnten Bande.

w. Julius Schaller, Vorlesungen über Schleiermacher. Halle 1844. 8.

x. Schleiermacher's christliche Lebensanschauungen, in einer Blüthenlese aus seinen Kanzelvorträgen für die Gegenwart dargebracht von Prediger Albert Bauer. Weimar, Landes-Industrie-Comptoir. 1846. — Neue [Titel-] Ausgabe. Leipzig, Günther. 1868. XXIII, 224 S. 8.

y. Weißenborn, Über Schleiermachers Dialektik und Dogmatik. Halle 1847. II. 8.

z. Erinnerungen an Schleiermacher in Bettina Ilius Pamphilius. — Sieh auch das Gedicht ihres Sohnes auf seinen Tod, oben S. 86, 10.

aa. Ferd. Fischer, Die Schleiermacher'sche Trennung der Theologie von der Philosophie, verglichen mit der spinozischen. Ein Beitrag zur Charakteristik Schleiermachers und Spinozas so wie ihrer Schriften: Theologische Studien und Kritiken. Hamburg 1848. Jahrg. 21, S. 632 bis 674.

bb. K. H. Sack, Mittheilungen aus Briefen Fr. Schleiermacher's: Theologisebo Studien und Kritiken. Hamburg 1848. Jahrg. 21, S. 927 bis 942.

cc. Franz Vorländer, Schleiermachers Sittenlehre ausführlich dargestellt und beurtheilt mit einer einleitenden Exposition des historischen Entwicklungsganges der Sittenlehre überhaupt. Eine von der Königl. Dän. Gesellschaft zu Kopenhagen gekrönte Preisschrift. Marburg 1851. X, 348 S. 8.

dd. Carl Georg Seibert, Schleiermacher's Lehre von der Versöhnung. In ihrem Zusammenhang mit der Schleiermacher'schen Christologie überhaupt, sowie in ihrem Verhältniß zur rationalistischen, altorthodoxen und rein biblischen Lehre dargestellt und beleuchtet. Wiesbaden, Kreidel und Niedner. 1855. 39 S. 8.

ee. C. A. Auherlon, Schleiermacher. Ein Charakterbild. Basel, Bahnmaier's Buchhandlung (C. Detloff). 1859. 2 Bl., 102 S. 8.

ff. Carl Schwarz, Schleiermacher, seine Persönlichkeit und seine Theologie. Ein Vortrag. Gotha, E. F. Thienemann. 1861. 29 S. 8.

gg. Cosack, Schleiermachers Jugendleben: Vorträge für das gebildete Publikum. Elberfeld 1861. 8.

hh. M. Baumgarten, Schleiermacher als Theologe für die Gemeinde der Gegenwart. Vier (in Rostock gehaltene) Vorträge. Berlin 1862. erlag von Julius Springer. VIII, 148 S. 8.

ii. Wilhelm Dilthey, Schleiermachers politische Wirksamkeit: Preuß. Jahrb. 1862. 10, 234 bis 277.

jj. A. Immer, Schleiermacher als religiöser Charakter. Ein Vortrag, gehalten in Bern, den 18. Februar 1859. Bern (Zürich, Fr. Schulteß.) 1864. 63 S. 8.

kk. Rudolf Baxmann, Schleiermacher's Anfänge im Schriftstellern. Eine historische Skizze. Bonn, bei Adolph Marcus. 1864. 3 Bl., 58 S. 8.

ll. K. Schneider, Schleiermacher und Harms. Ein Vortrag im Saale des kgl. Friedrich-Wilhelms-Gymnasiums zu Posen gehalten. Berlin, G. Reimer. 1865. 40 S. 8.

mm. Willibald Beyschlag, Schleiermacher als politischer Charakter. Rede, gehalten beim Antritt des Rektorats der Universität Halle-Wittenberg den 12. Juli 1866. Berlin, Raub. 1866. 40 S. 8.

nn. K. H. Sack, Geschichte der Predigt. Heidelberg 1866.

oo. Richard Frh. von Kittlitz, Schleiermacher's Bildungsgang. Leipzig, Verlag von Wilh. Engelmann. 1867. 3 Bl., 193 S. 8

pp. Emil Schürer, Schleiermacher's Religionsbegriff und die philosophischen Voraussetzungen desselben. Diss. Leipzig 1868. 63 S. 8.

qq. D(aniel) Schenkel, Friedrich Schleiermacher. Ein Lebens- und Charakterbild. Elberfeld 1868. Verlag von R. L. Friederichs. VIII, 606 S. 8.

rr. Rudolf Baxmann, Friedrich Schleiermacher. Sein Leben und sein Wirken für das deutsche Volk. Elberfeld 1868. Verlag von R. L. Friderichs. 160 S. 8.

ss. Theodor Hessbach, Friedrich Daniel Ernst Schleiermacher, sein Leben und Wirken. Berlin 1868, 78 S. 8. — Vierte Aufl. 1869. — Nach Nr. qq. Schenkel gearbeitet.

tt. P. Schmidt, Spinoza und Schleiermacher. Die Geschicke ihrer Systeme und ihr gegenseitiges Verhältniß. Ein dogmengeschichtlicher Versuch. Berlin, G. Reimer. 1868. VIII, 199 S. 8.

uu. L. Schultze, Friedrich Schleiermacher als Bekenner des Wunderglaubens und Zeuge der Auferstehung. Zwei Predigten. Posen, Behr. 1868. 24 S. 8.

vv. Aus den Festreden, Festschriften und Festgaben zur Feier der 100. Wiederkehr von Schleiermachers Geburtstage, am 21. November 1868, seien hervorgehoben:

1. M. Baumgarten, Schleiermacher, eine ihrer Erfüllung entgegengehende Weissagung der deutschen Volkskirche. Eine Festrede, gehalten zu Berlin. Berlin, G. Reimer. 1869. 24 S. gr. 8.

2. Rud. Benfey, Schleiermacher und seine Bedeutung für das deutsche Volk. Eine Festschrift. Berlin, Albrecht. 1869. 23 S. gr. 8.

3. Georg Dreydorff, Schleiermacher. Festrede. Leipzig, Verlag von Duncker und Humblot. 1869. 27 S. 8.

4. H. W. Erbkam, Festrede, gehalten in der Universität zu Königsberg. Königsberg, Gräfe und Unser. 1868. 24 S. 8.

5. Gustav i , Ueber Schleiermacher. Ein Vortrag. Leipzig, Vogel. 1869. 38 S. gr. Ercke

6. L. George, Rede bei der akadem. Feier gehalten in der Aula der Univ. Greifswald. Berlin, Gärtner. 1869. 19 S. gr. 8.

7. K. R. Hagenbach, Festrede, gehalten am Vorabend der Säcularfeier von Schleiermachers Geburtstag in der Aula der Universität Basel. Zürich, Meyer u. Zeller. 1868. 81 S. 8.

8. E. L. Th. Henke, Schleiermacher und die Union. Festrede in der Aula zu Marburg. Marburg, Elwert. 1869. 38 S. gr. 8.

9. Karl Fr. Aug. Kahnis, Rede zum Gedächtniß Schleiermacher's. Leipzig, Dörffling und Franke. 1868. 80 S. 8.

10. Palmer, Zu Schleiermachers Gedächtniß: Der Süddeutsche Schulbote 1868. Nr. 15 bis 18. S. 168 f.

11. August Petersen, Schleiermacher als Reformator der deutschen Bildung. Festrede. Gotha, Gust. Schloeßmann. 1869. 86 S. gr. 8.

12. Hermann Reuter, Rede zur Feier . . . . gehalten. Breslau, Mälzer. 1869. 24 S. 8.

13. K. H. Sack, Rede zum Gedächtniß Schleiermacher's. Bonn, Weber. 1869. 19 S. 8.

14. E. O. Schellenberg, Schleiermacher. Ein Lebensbild zur 100 j. Geburtstagsfeier vorgetragen in den Protestanten-Vereinen zu Karlsruhe und Elberfeld und am 21. November in Mannheim. Mannheim, Bender. 1868. 82 S. 8.

15. Daniel Schenkel, Friedrich Schleiermacher. Eine akademische Rede. Heidelberg, J. C. B. Mohr. 1868. 77 S. 8.

16. Christoph Sigwart, Zum Gedächtniß Schleiermachers. Rede: Kleine Schriften. Erste Reihe. Freiburg i. B. und Tübingen. Akademische Verlagsbuchhandlung von J. C. B. Mohr. o. J. [1881]. 2. Aufl. 1889. 8. S. 221 bis 255, vorher Jahrbücher für dtsch. Theologie 1869.

17. Hermann Spörri, Zur hundertjährigen Feier der Geburt Schleiermachers. Vortrag gehalten vor dem Verein für Kunst und Wissenschaft in der Aula des Johanneums zu Hamburg. Hamburg, Mauke Söhne. 1868. 80 S. gr. 8.

18. Karl Steffensen, Die wissenschaftliche Bedeutung Schleiermacher's: Gesammelte Aufsätze von Karl Steffensen. Mit einem Vorwort von Rudolf Eucken. Basel, C. Detloffs Buchhandlung. 1890. 8. 293 bis 832.

19. Thomas, Rede am . . . Schleiermachers . . . gehalten. Berlin, G. Reimer. 1869. 19 S. 8.

20. Nicol. Thomsen, Academische Festrede am . . . Schleiermachers . . . gehalten. Kiel, Univ.-Buchhandlung. 1869. 24 S. 4.

21. A. Twesten, Zur Erinnerung an F. D. E. Schleiermacher. Vortrag an der Berliner Universität. Berlin, Verlag von Wilhelm Hertz. 1869. 88 S. 8.

22. Th. Woltersdorf, Schleiermachers Predigten über die augsburgische Confession. Ein Vortrag, gehalten im Verein für wissenschaftliche Vorträge zu Greifswald. Greifswald, Bamberg 1868. 58 S. 8.

23. Friedrich Zachler, Friedrich Schleiermacher. Kurzer Abriß seines Lebens und Wirkens. Breslau, Mälzer. 1869. 39 S. 8.

24. Friedrich Schleiermacher. Eine Festgabe. Heidelberg, Emmerling. 1868. 2 Bl., 125 S. gr. 8.

ww. A. Brömel, Homiletische Charakterbilder. Berlin 1869. 1, 151 f.

xx. Karl Beck, Schleiermacher ein deutscher Mann. Neujahrsgabe an das deutsche Volk aus seinen Briefen und Schriften. Reutlingen, Rupp. 1869. 91 und 66 S. 8.

yy. Hermann Gerlach, Die letzten Dinge unter besonderer Berücksichtigung der Eschatologie Schleiermachers nach der Lehre der heil. Schrift dargestellt. Berlin, Hertz. 1869. 2 Bl., 168 S. 8.

zz. Wilhelm Dilthey, Leben Schleiermachers. Erster Band. Berlin, Druck und Verlag von Georg Reimer. 1870. 542 S. und 142 S. Denkmale der innern Entwicklung Schleiermachers, erläutert durch kritische Untersuchungen. 8. R. Haym, Die Diltheysche Biographie Schleiermachers: Preuß. Jahrbücher 1870. Bd. 26, 556. — Wilhelm Scherer, Friedrich Schleiermacher: Vorträge und Aufsätze zur Geschichte des geistigen Lebens in Deutschland und Oesterreich. Berlin 1874. S. 373 bis 388. — Hermann Grimm, Fünfzehn Essays. Erste Folge. 3. Aufl. 1884. S. 350 bis 361.

aα. Gustav Baur, Schleiermacher als Prediger in der Zeit von Deutschlands Erniedrigung und Erhebung. Leipzig 1871. J. C. Hinrichs'sche Buchhandlung. 20 S. 8.

aβ. Friedrich Brandes, Geschichte der kirchlichen Politik des Hauses Brandenburg. Erster Band. Zweiter Teil. Gotha, Friedrich Andreas Perthes. 1873. 8.

aγ. Sieh § 282, o) — oben S. 3.

aδ. Wilhelm Dender, Schleiermachers Theologie mit ihren philosophischen Grundlagen dargestellt. Nördlingen 1876 und 1878. Druck und Verlag der C. H. Beck'schen Buchhandlung. II. 8.

aε. August Nebe, Zur Geschichte der Predigt. Charakterbilder der bedeutendsten Kanzelredner. Wiesbaden 1879. Band III, S. 1 bis 65.

aζ. Christlieb: Herzogs Real-Encyclopädie. Leipzig 1880. VI, S. 289 f. 1888. XVIII, S. 609 bis 612.

aη. Richard Rothe, Geschichte der Predigt von den Anfängen bis auf Schleiermacher. Hg. von August Trümpelmann. Bremen 1881. 8. S. 479 f.

aϑ. Bern   Todt, Ueber Schleiermachers Platonismus. Progr. Wetzlar 1882. 14 S. 4ard

aι. W. Gaß: Herzogs Real-Encyclopädie. Leipzig 1884. XIII, S. 525 f.

ax. Hermann Petrich, Pommersche Lebens- und Landesbilder. 2. Theil. Stettin 1884. S. 1 bis 65.

aλ. Gustav von Rhoden, Darstellung und Beurteilung der Pädagogik Schleiermachers. Diss. Leipzig 1884. 96 S. 8.

aμ. A. Frohne, Der Begriff der Eigentümlichkeit oder Individualität bei Schleiermacher. Halle, Max Niemeyer. 1884. VI, 86 S. 8.

aν. Gerhard von Zezschwitz: Otto Zöcklers Handbuch der theologischen Wissenschaften. Nördlingen 1885. Bd. IV, S. 341 f.

aξ. G. Bauer, Schleiermacher: Schmids Encyklopädie des gesamten Erziehungs- und Unterrichtswesens. Zweite verb. Aufl. Leipzig 1886. Band 7, Teil 2. S. 1 bis 55.

aο. Seb. Brunner, Die 4 Großmeister der Aufklärungstheologie (Herder, Paulus, Schleiermacher, Strauß) nach ihrem Schreiben und Treiben verständlich und nach Möglichkeit erheiternd dargestellt. Paderborn, Schöningh. 1888. XVI, 634 S. 8.

aπ. O. Ritschl, Studien über Schleiermacher: Theolog. Studien und Kritiken 1888. 61, S. 300 f. 687 f.

aϱ. S. Lommatzsch, Geschichte der Dreifaltigkeitskirche. Berlin 1889.

aσ. Leopold von Ranke, Zur eigenen Lebensgeschichte. Hg. von A. Dove. Leipzig 1890. S. 266.

aτ. Allg. dtsch. Biographie 1890. 31, 422 bis 457 (Wilhelm Dilthey).

aυ. Heinrich Riuu, Schleiermacher und seine romantischen Freunde. Hamburg 1890. 30 S. 8. = Sammlung gemeinverständlicher Vorträge. N. F. Fünfte Serie. Heft 111.

aφ. W. Lüthgert, Die Methode des dogmatischen Beweises in ihrer Entwicklung unter dem Einfluß Schleiermachers. Diss. Greifswald 1892. 8.

aχ. Ferd. Kattenbusch, Von Schleiermacher zu Ritschl. Zur Orientierung über den gegenwärtigen Stand der Dogmatik. Gießen 1892. 8.

oψ. Wilhelm Schrader, Geschichte der Friedrichs-Universität zu Halle. Berlin 1894. 8. I, S. 614 bis 634 u. o.

oω. Paul Diebow, Die Pädagogik Schleiermachers im Lichte seiner und unserer Zeit. Halle, Max Niemeyer. 1894. XXVIII, 177 S. 8.

bα. M. Fischer, Schleiermacher und die kirchliche Gegenwart: Protestantische Kirchenzeitung 1894. Nr. 33 bis 42.

bβ. Karl Lachmann über Schleiermacher: Sitzungsberichte der kgl. preuß. Akad. der Wissensch. zu Berlin 1894. XXXIII, 660 f.

bγ. Otto Geyer, Friedrich Schleiermachers ‚Psychologie' nach den Quellen dargestellt und beurteilt. Progr. Leipzig 1895. 4.

bδ. Ludwig Geiger, Berlin 1688—1840. Geschichte des geistigen Lebens der preußischen Hauptstadt. Berlin 1895. II, 261 f. u. o.

bε. B. Becker, Schleiermacher und die Brüdergemeine: Monatshefte der Comeniusgesellsch. Band 3, Heft 2/3.

bζ. Kieser, Ueber Schleiermachers Religionsbegriff: Zeitschrift für wissenschaftliche Theologie 1895. Jahrgang 88. Heft 1.

bη. Otto Kirn, Schleiermacher und die Romantik. Basel 1895. 40 S. 8.

bϑ. A. Neuberg, Friedrich Schleiermacher, ein deutscher Patriot. Zum 12. Februar: Wissenschaftliche Beilage zur Leipziger Zeitung 1895. Nr. 17.

bι. Rudolf Hirzel, Der Dialog. Ein literarhistorischer Versuch. Leipzig 1895. 8. Theil 1 und 2.

B. Briefe.

α. Aus Schleiermachers Leben. In Briefen (an die Familie, Henriette Herz; sieh auch Nord und Süd 1893. 63, 58 f.; Eleonore Grunow, Henriette von Willich u. a.). Vier Bände. Berlin 1860 bis 1863. IV. 8. 1. Band: Von Schleiermachers Kindheit bis zu seiner Anstellung in Halle. Zweite Auflage. 1860. — 2. Band: Von Schleiermachers Anstellung in Halle bis an sein Lebensende. Zweite Auflage. 1860. — 3. Band. 1861: Schleiermachers Briefwechsel mit Freunden bis zu seiner Uebersiedelung nach Halle, namentlich der mit Friedr. und Aug. Wilh. Schlegel. (Sieh Nr. δ.) Zum Druck vorbereitet von L. Jonas, nach dessen Tode herausg. von W. Dilthey. — 4. Band. 1863: Schleiermachers Briefe an Brinckmann. Briefwechsel mit seinen Freunden von seiner Uebersiedelung nach Halle bis zu seinem Tode. Denkschriften. Dialog über das Anständige. Recensionen. Vorbereitet von L. Jonas, herausg. von W. Dilthey. Sieh Grenzboten 1858. 2, 293 bis 307. — Gustav Baur, Schleiermacher. Mit Beziehung auf ‚Aus Schleiermachers Leben. In Briefen': Theologische Studien und Kritiken. Gotha 1859. Jahrgang 32, S. 555 bis 620 und 767 bis 800. — β. Schleiermachers Briefe an die Grafen zu Dohna. Hg. von J. L. Jacobi. Halle 1887. Verlag von Eugen Strien. 95 S. 8. — an γ. (18) E. M. Arndt: E. M. Arndt, Nothgedrungener Bericht aus seinem Leben. Leipzig 1847. II, S. 115 bis 127 und 315 bis 334. — δ. (25 ungedruckt) Wilhelm von Schlegel in der Kgl. öffentlichen Bibliothek in Dresden. Vergl. vorhin Nr. α. Band 3. — ε. (3) Ludwig Tieck: Briefe an L. Tieck 3, 851 bis 353. Vergl. dort 1, 48. — ζ. ? Berlin 1811 September 13: (Dorow) Denkschriften und Briefe. Berlin 1838. 2, 35 bis 88. — ζ'. unten S. 806. — η. Fr. Schl.'s Briefwechsel mit J[oachim] Chr[istian] Gaß [geb. in Leopoldshagen bei Anelam in Pommern am 26. Mai 1766, † als Professor der Theologie in Breslau 19. Februar 1831]. Mit einer biograph. Vorrede hg. von W. Gaß. Berlin, Druck und Verlag von Georg Reimer. 1852. XC, 282 S. 8. — ϑ. K. H. Sack, Briefwechsel zwischen dem Bischof (Friedrich Samuel Gottfr.) Sack und (Frdr.) Schleiermacher: Theologische Studien und Kritiken. Hamburg 1850. Jahrg. 23, S. 145 bis 162. — ι. B. G. Niebuhr: Mittheilungen aus dem Literaturarchive in Berlin. 1894. 8. ?? — κ. Oehlenschläger: § 291, 7. ε. Mynster. — λ. Prof. Schmidt: Zeitgeist 1891. November 30. — μ. Friedrich Tieck: Holtei, 300 Br. II, 3, 106 f. — ν. Ungedruckte Briefe an Luise v. Willich: Nr. αx. Mittheilungen aus v. Willichschen Familienpapieren: Anzeiger für deutsches Alterthum und deutsche Litteratur 1896. Band 22, S. 210 f. - ξ. Briefwechsel mit Twesten: August Twesten nach Tagebüchern und Briefen. Von C. F. Georg Heinrici. Berlin 1889. 8. S. dort das Register. — ο. Varnhagen: W. Dorow, Reminiscenzen. Leipzig 1842. S. 90 f. Briefe an Schleiermacher von Goethe: Goethes Werke. Weim. Ausg. IV, 16, 313 f. — Dorothea Veit [§ 283, 4]: Euphorion 1894. 1, 608/12. — s. unten S. 806.

C. Schleiermachers Werke.

1) Selbstbiographie (1794): Niedners Zschr. für die histor. Theologie. Hamburg und Gotha 1851. Band 21, S. 135 bis 145. Wiederholt in B. Nr. α. Aus Schleiermachers Leben, Bd. 1.

2) Anteil an den Fragmenten des Athenäum § 283, 1. 9) 1, 2, f). Außer den dort genannten Beiträgen Schleiermachers sind noch zwei hervorzuheben: II. 2, S. 289 bis 806 Kants Anthropologie; wiedergedruckt: Aus Schleiermachers Leben 4,

533 f., vergl. 3, 141. — III, 1, S. 129 bis 139 Garves letzte, noch von ihm selbst herausgegebene Schriften; wiedergedruckt unten in Nr. 36) III, 1. Vergl. § 222, 16. d).

[Christoph] Sigwart, Schleiermacher in seinen Beziehungen zu dem Athenäum der beiden Schlegel. Zur Charakteristik seiner inneren Entwicklung. Progr. Blaubeuren 1861. 26 S. 4.

Wilhelm Dilthey, oben Nr. zz. Denkmale S. 74 bis 87.

3) Ueber die Religion. Reden an die Gebildeten unter ihren Verächtern. Berlin, Georg Reimer. 1799. 8. — wiederh.: 1806. — Dritte vermehrte Ausgabe. Berlin 1821. Gedruckt und verlegt bei G. Reimer. XVIII, 462 S. 8. — 1831. — Nr. 36) 1843. I. 1. Band. — Siebente Auflage. Berlin, Georg Reimer. 1878. 8. — Mit Einleitung hg. von D. Carl Schwarz. Leipzig: F. A. Brockhaus. 1868. 8. — Bibliothek der Dtsch. Nationalliteratur Bd. 1. — Friedrich Schleiermachers Reden Ueber die Religion. Kritische Ausgabe. Mit Zugrundelegung des Textes der ersten Auflage besorgt von G. Ch. Bernhard Pünjer. Braunschweig, C. A. Schwetschke und Sohn. (M. Bruhn.) 1879. V, 306 S. 8. — Mit einer Einleitung von S. Lommatzseh. Gotha 1888. — Bibliothek theologischer Classiker. Bd. 4.

Schiller über die Reden sieh Band V. S. 73. — Fr. Schlegel: Athenäum 1799. — J. G. Rätze (§ 247, 10), Ansicht von dem Natürlichen und Uebernatürlichen in der christlichen Religion. Nebst einer Beurtheilung der Schrift: Ueber die Religion . . . Zittau und Leipzig 1803. 8. — Katechismus der wahren Religion für die Verächter der positiven Religion. Aus den Reden über die Religion entworfen und mit kurzen Erläuterungen und Fingerzeigen versehen von Chn. Timotheus. Leipzig 1818. 8. — Neander: Zeitschrift für christliche Wissenschaft. Jahrg. 1850. S. 1 f. — Albrecht Ritschl, Schleiermachers Reden über die Religion und ihre Nachwirkungen auf die evangelische Kirche Deutschlands. Bonn 1874. 8. — O. Ritschl, Schleiermachers Stellung zum Christentum in seinen Reden über die Religion. Ein Beitrag zur Ehrenrettung Schleiermachers. Gotha 1888. 8.

4) Briefe bei Gelegenheit der politisch-theologischen Aufgabe und des Sendschreibers jüdischer Hausväter. Von einem Prediger außerhalb Berlin. 1799. 8.

5) Vertraute Briefe über Friedrich Schlegels Lucinde. Lübeck und Leipzig, bei Friedrich Bohn. 1800. 2 Bl., 152 S. 8. Sieh § 283, 3. 20). Die Eleonore darin ist Eleonore Grunow. — Schleiermachers Vertraute Briefe über die Lucinde, Mit einer Vorrede von Karl Gutzkow. Stuttgart, In Commission der Christ. Hausmannschen Antiquariats-Buchhandlung. 1835. XXXVI, 124 S. 8.

6) Monologen. Eine Neujahrsgabe. Berlin, Georg Reimer. 1800. 12. — wiederh. 1810. 12. — Dritte Ausgabe. Berlin 1822. Gedruckt und verlegt bei G. Reimer. 3 Bl. (Titel, Vorreden zur zweiten und dritten Ausgabe), 126 S. 12. — 1829. 16. — 1836. 12. — Sechste Auflage. Berlin, Georg Reimer. 1843. 8. — 1846. 104 S. 16. — 1849. 16. — Neue (Miniatur-) Ausgabe. Berlin, G. Reimer. 1860. VII, 120 S. 16. — Neue Ausgabe. Berlin 1868. 16. — Zugleich mit Nr. 12) mit Einleitung hg. von D. Carl Schwarz. Leipzig: F. A. Brockhaus. 1869. 8. — Bibl. der Dtsch. Nationalliteratur Bd. 27. — Friedrich Schleiermachers Monologen. Hrsg., erläutert und mit einer Lebensbeschreibung Schleiermacher's versehen von J. H. v. Kirchmann. Berlin, Heimann. 1869. VI, 100 S. 8. — Philosophische Bibliothek oder Sammlung der Hauptwerke der Philosophie alter und neuer Zeit. Hg. . . . von Kirchmann. Heft 2. — Bremen, Kühtmann und Co. 1870. 2 Bl., 132 S. 16. — Reclams Univ.-Bibl. Nr. 502.

Ins Französische übersetzt von Louis Segond. Genève 1837. 12.

B. Pansch, Fichtes ‚Bestimmung des Menschen' und Schleiermachers ‚Monologen'. Beilage zum Programm des Realprogymnasiums zu Buxtehude. Buxtehude. Druck von J. Vetterli. 1885. 27 S. 4.

7) Predigten von Dr. F. Schleiermacher. Berlin. Bei G. Reimer. Erste Sammlung 1801. 1816. — Zweite Sammlung 1808. 1820. — Dritte Sammlung 1814. 1820. 1822. — Vierte Sammlung 1820. 1826. — Fünfte Sammlung 1826. — Sechste Sammlung 1831. — Siebente Sammlung 1833. - Nachdruck: Predigten von Dr. F. Schleiermacher. Erste bis Siebente Sammlung. Neue, nach der vollständigen und unveränderten dritten Berliner Original-Ausgabe gedruckte Auflage. Reutlingen, im Verlage der J. N. Enßlin'schen Buchhandlung. 1835. VII. 8. — Neue Ausgabe. Nr. 36) 1834 und 1835. II. Abtheilung. 1. bis 4. Band.

K. H. Sack, Recension über Schleiermachers Festpredigten = Fünfte Sammlung: Studien und Kritiken. Hamburg 1831. Jahrg. 4, S. 350 f.

Rienäker, Ueber das Verhältniß zwischen Schleiermacher's Predigten und seiner Dogmatik: Theologische Studien und Kritiken. Hamburg 1831. Jahrgang 4. S. 240 bis 254.

8) Grundlinien einer Kritik der bisherigen Sittenlehre von F. Schleiermacher. Berlin 1803. Im Verlage der Realschulbuchhandlung. X, 489 S., 1 unbez. S. Druckfehler. 8. — Zweite Auflage. Berlin, Georg Reimer. 1834. 8.

a. P. Ewh, Die Begriffe Pflicht und Tugend in der Sittenlehre Kants und Schleiermachers. Eine vergleichende Studie. Diss. Erlangen 1891. 8.

b. Franz Bachmann, Die Entwickelung der Ethik Schleiermachers nach den ‚Grundlinien einer Kritik der bisherigen Sittenlehre'. Diss. Leipzig 1892. 54 S. 8.

c. R. Heinrich, Schleiermachers ethische Grundgedanken, nach den von ihm selbst veröffentlichten ethischen Werken und in ihrem Zusammenhange mit der deutschen Romantik betrachtet. Progr. des Progymn. in Kempen (Posen). 1889. 4.

d. P. Uhlhorn, Schleiermachers Entwurf einer Kritik der bisherigen Sittenlehre, dargestellt und nach den bisherigen Ergebnissen untersucht. Leipzig 1894. 8.

e. M. Tuengerthal, Philosophische und christliche Ethik nach Schleiermacher. Diss. Jena 1894. 8.

9) Zwei unvorgreifliche Gutachten in Sachen des protestantischen Kirchenwesens, zunächst in Beziehung auf den preußischen Staat. Berlin, Georg Reimer. 1804. 8.

10) Platon's Werke übersetzt von Friedrich Schleiermacher. Berlin, 1804 bis 1809, in der Realschulbuchhandlung. Drei Theile in sechs Bänden. 8.

I. 1. Band: Einleitung. Phaidros; Lysis; Protagoras; Laches. - 2, Band: Charmides; Eutyphron; Parmenides; Des Sokrates Vertheidigung; Kritou; Ion; Hippias d. Kl.; Hipparchos; Minos; Alkibiades der Zweite. — II. 1. Band: Gorgias; Theaitetos; Menon; Euthydemos. — 2. Band: Kratylos; Der Sophist; Der Staatsmann; Das Gastmahl. — 3. Band: Phaidon; Philebos; Theages; Die Nebenbuhler; Der erste Alkibiades; Menexenos; Hippias; Kleitophon. — I. 1. und 2. II. 1 bis 3. Zweite verbesserte Auflage. 1817. 1818. 1818. 1824. 1826. — Dritte Auflage. 1855 bis 1862. 8. — Dritten Theiles erster Band. A. u. d. T.: Platons Staat von F. Schleiermacher. Berlin, 1828. Gedruckt und verlegt bei G. Reimer. — Zweite Aufl. 1862.

August Böckh: Heidelbergische Jahrbücher 1808. Abtheilung für Philologie, Historie, Literatur und Kunst I, S. 81 bis 121 — Gesammelte kleine Schriften. Leipzig, Teubner. 1872. Band 7, S. 1 bis 38.

10a) Abhandlungen in den Denkschriften der Berliner Akademie der Wissenschaften von 1804 bis 1819.

10b) Eintrag in August v. Goethes Stammbuch (‚Nicht der Jüngling begehrt ich zu sein, so sprächen wohl Viele') 24. Juli 1805: Dtsch. Rundschau 68 (1891), 248.

11) Predigt bei der Eröffnung des akademischen Gottesdienstes der Friedrichs-Universität. Berlin 1806. 8.

12) Die Weihnachtsfeyer. Ein Gespräch. Halle 1806. 8. — wiederh. Berlin 1827. 16. — Dritte Auflage. Berlin, Georg Reimer. 1837. 8. 1846. 8. — Nr. 86) 1843. I. 1. Band. — Neue Ausgabe. Berlin 1850. 16. — Zugleich mit Nr. 6) mit Einleitung herausgegeben von D. Carl Schwarz. Leipzig: F. A. Brockhaus. 1869. 8. — Bibliothek der Dtsch. Nationalliteratur. Bd. 27. — Reclams Univ.-Bibl. Nr. 587.

13) Ueber den sogenannten ersten Brief des Paulos an den Timotheos. Ein kritisches Sendschreiben an J. C. Gass, Consistorialassessor und Feldprediger zu Stettin, von F. Schleiermacher. Berlin. In der Realschulbuchhandlung. 1807. 239 S. 8.

Heinrich Planck, Bemerkungen über den ersten Paulinischen Brief an Timotheus in Beziehung auf das kritische Sendschreiben von ... Schleiermacher. Göttingen 1808. 8.

14) Gelegentliche Gedanken über Universitäten in Deutschem Sinn. Nebst einem Anhang über eine neu zu errichtende. von F. Schleiermacher. Berlin 1808. In der Realschulbuchhandlung. VIII, 176 S. 8.

Savigny, Vermischte Schriften. Berlin 1850. Band 4. Nr. XLII.

15) Predigt über das rechte Verhältnis des Christen zu seiner Obrigkeit. Berl. 1809. 8.

16) Zwei Predigten am 22. Juli und am 5. August gesprochen. Berlin 1810. 8.

17) Kurze Darstellung des theologischen Studiums zum Behuf einleitender Vorlesungen entworfen von F. Schleiermacher. Berlin. 1811. In der Realschulbuchhandlung. 2 Bl., 92 S. 8. — wiederh. 1830. 8. — Nr. 86) 1843. I. 1. Band.

18) Predigt am 22. October in der Dreifaltigkeitskirche in Berlin gehalten. Berlin 1813. 8.

19) F. Schleiermacher an den Herrn Geheimenrath Schmalz. Auch eine Recension. Berlin, in der Realschulbuchhandlung im Novbr. 1815. 56 S. 8.

20) Am 28. März 1813 und am 22. October 1815. Zwei Predigten. Berlin, G. Reimer. 1863. 8.

21) Ueber die neue Liturgie für die Hof- und Garnison-Gemeine zu Potsdam und für die Garnisonkirche in Berlin. Berlin 1816. 8.

22) Ueber die für die protestantische Kirche des preußischen Staats einzurichtende Synodalverfassung. Berlin 1817. 8.

23) Ueber die Schriften des Lukas ein kritischer Versuch von Dr. Fr. Schleiermacher. Erster Theil. Berlin, bei G. Reimer. 1817. XVI, 302 S. 8.

24) An Herrn Oberhofprediger D. Ammon über seine Prüfung der Harmsischen Säze. Von D. F. Schleiermacher. Mit einer Zugabe. Berlin 1818, in der Realschulbuchhandlung. 92 S. 8.

24a) Zugabe zu meinem Schreiben an Herrn Ammon. Berlin 1818, in der Realschulbuchhandlung. 8.

(Ch. F. Ammon) Antwort auf die Zeitschrift des Hrn. Dr. Fr. Schleiermacher ... Hannover und Leipzig 1817. 8.; 2. verb. Ausgabe mit einer Nachschrift an die Leser. ebenda 1818. 8.

25) Predigt am 18. Weinmond 1818. Berlin 1819. 8. und andere Gelegenheitspredigten, meist im fünften Bande der Predigten (Nr. 7) wiederholt.

26) Theologische Zeitschrift. Herausg. von Fr. Schleiermacher, W. M. L. de Wette und Fr. Lücke. Berlin 1819 bis 1822. Drei Hefte. 8.

27) Der christliche Glaube nach den Grundsätzen der evangelischen Kirche im Zusammenhange dargestellt von Friedrich Schleiermacher. Berlin 1821. II. 8. — wiederh. 1830. II. 8. — Fünfte unveränderte Ausgabe. Zwei Bände. Berlin, G. Reimer. 1861. XVIII, 1022 S. 8. — Sechste unveränderte Auflage. Nr. 36) 1884. I. 3. und 4. Band. Vergl. Nr. 32 und 45). — J. G. Rätze, Erläuterung der Hauptpunkte in Schleiermachers christlicher Glaubenslehre. Leipzig 1823. 8. — Christlieb Julius Braniß, Ueber Schleiermachers Glaubenslehre. Ein kritischer Versuch. Berlin 1824. 8. — F. F. Delbrück, Erörterung einiger Hauptstücke in Schleiermachers christlicher Glaubenslehre. Bonn 1827. 8. — Heinrich Schmid, Über Schleiermachers Glaubenslehre mit Beziehung auf die Religion. Leipzig 1835. 8. — Karl Rosenkranz, Kritik der Schleiermacherschen Glaubenslehre. Königsberg 1836. 8. Vergl. § 343, 1674. 17).

28) Predigt, gehalten bei der Wiedereröffnung der deutsch-evangelisch-lutherischen Kirche in der Savoy zu London am 21. September 1821. — wiederh. 1830. 8.

29) Magazin von Fest-, Gelegenheits- und andern Predigten und kleinern Amtsreden. Neue Folge. Herausgegeben von Röhr, Schleiermacher und Schuderoff. 6 Bände. Magdeburg, Heinrichshofen. 1823 bis 29. 8. Vergl. Dräseke. Nr. 5. 11).

30) Ueber das liturgische Recht evangelischer Landesfürsten. Ein theologisches Bedenken von Pacificus Sincerus. Göttingen, Vandenhoeck und Rupprecht. 1824. 8.

31) Gespräch zweier selbst überlegender evangelischer Christen über die Schrift: Luther in Bezug auf die neue preußische Agende. Ein letztes Wort oder ein erstes. (Von Schleiermacher.) Berlin, G. Reimer. 1827. 8.

32) Dr. Schleiermacher über seine Glaubenslehre, an Dr. Lücke: Theolog. Studien und Kritiken. Hamburg 1829. Band 2, S. 255 bis 284. 8. 481 bis 532.

33) Ueber die Zeugnisse des Papias von unsern beiden ersten Evangelien. Von Fr. Schleiermacher: Theologische Studien und Kritiken. Hamburg 1832. 8. 735 bis 768.

34) Predigt am Sonntags Septuagesimae (3. Februar), als am Dankfeste nach der Befreiung von der Cholera, in der Dreifaltigkeitskirche gesprochen. Berlin, G. Reimer. 1833. 8.

35) Letzte Predigt, gehalten in der Dreifaltigkeitskirche in der Frühstunde des 2. Februar 1834. Berlin, G. Reimer. 1834. 8.

36) Friedrich Schleiermacher's sämmtliche Werke (in drei Abtheilungen). I. Abth. Zur Theologie. 1. bis 8. (9. und 10. nicht erschienen). 11. bis 13. Band. II. Abth. Predigten. 1. bis 10. Band. III. Abth. Zur Philosophie. 1. bis 9. Band. Berlin, gedruckt und verlegt bei G. Reimer. 1834 f. XXX. 8.

I. Abtheilung. Zur Theologie. 1. Band: Nr. 17). Nr. 3) Religion. — Nr. 12) Weihnachtsfeier. — 2. Band: Kleine theologische Schriften. — 3. und 4. Band: Nr. 27) Glaube. — 5. Band: Kleine theologische Abhandlungen. — 6. Band: Lit. Nachlaß 1. Bd. 1864: Das Leben Jesu. Vorlesungen zu Berlin im J. 1832 gehalten. Hg. von K. A. Rütenik. — 7. Band: Lit. Nachlaß 2. Bd. 1838: Hermeneutik und Kritik, mit besonderer Beziehung auf das Neue Testament. Hg. von Fr. Lücke. — 8. Band: Lit. Nachlaß 3. Bd. 1845: Einleitung ins Neue Testament. Mit einer Vorrede von Fr. Lücke, hg. von G. Wolde. — 11. Band: Lit. Nachlaß 6. Bd. 1840: Geschichte der christlichen Kirche. Hg. von E. Bonnell. — 12. Band: Lit. Nachlaß 7. Bd. 1848. (2. Aufl. 1884): Die christliche Sitte nach den Grundsätzen der evangelischen Kirche im Zusammenhange dargestellt. Hg. von L. Jonas. — 13. Band: Lit. Nachlaß 8. Bd. 1850: Die praktische Theologie nach den Grundsätzen der evangelischen Kirche im Zusammenhange dargestellt. Hg. von J. Frerichs. — Darstellung vom Kirchenregiment. Abdruck aus Schleiermacher's sämmtlichen Werken, zur Theologie. 13. Bd. Mit einleitendem Vorwort von H. Weiss. Berlin, G. Reimer. 1881. 8.

II. Abtheilung. Predigten. 1. bis 4. Band: Nr. 7). — 5. und 6. Band: Lit. Nachlaß 1. und 2. Bd. — 7. Band: Lit. Nachlaß. 3. Bd. 1836: Predigten in den Jahren 1789 bis 1810 gehalten. Hg. von A. Sydow. — 8. und 9. Band: Lit. Nachlaß 4. und 5. Bd. 1837 und 1847: Homilien über das Evangelium Johannis. Hg. von A. Sydow. — 10. Band: Lit. Nachlaß 6. Bd. 1856: Predigten über die Apostelgeschichte und über einzelne evangelische Stellen.

III. Abtheilung. Zur Philosophie. 1. Band: Philosopbische und vermischte Schriften. 1. Band 1846. — 2. Band: Philos. u. verm. Schriften. 2. Band 1838. — 3. Band: Lit. Nachlaß 1. Bd. 1835: Reden und Abhandlungen, der Kgl. Akademie der Wissenschaften vorgetragen. Hg. von L. Jonas. — 4. Band: Lit. Nachlaß 2. Bd. 1. Abtheilung 1839: Geschichte der Philosophie. Hg. von H. Ritter. 2. Abtheilung 1839: Dialektik. Hg. von L. Jonas. — 5. Band: Lit. Nachlaß 3. Bd. 1835: Entwurf eines Systems der Sittenlehre. Hg. von A. Schweizer. — 6. Band: Lit. Nachlaß 4. Bd. 1862: Psychologie. Hg. von L. George. — 7. Band: Lit. Nachlaß 5. Bd. 1842: Vorlesungen über die Aesthetik. Hg. von Carl Lommatzsch. — 8. Band: Lit. Nachlaß 6. Bd. 1845: Die Lehre vom Staat. Hg. von Ch. A. Brandis. — 9. Band: Lit. Nachlaß 7. Bd. 1849: Erziehungslehre. Hg. von C. Plats.

Friedrich Schleiermachers philosophische Schriften. (Philosophische Bibliothek oder Sammlung der Hauptwerke der Philosophie alter und neuer Zeit. Unter Mitwirkung namhafter Gelehrter hrsg., beziehungsweise übersetzt und mit Lebensbeschreibungen versehen von J. H. von Kirchmann. 43. 45. 48. 52. 57. 58. Heft). Berlin, Heimann. 1869 bis 1870. X, 595 S. 8.

87) Thiel, Schleiermacher, die Darstellung der Idee eines sittlichen Ganzen im Menschenleben anstrebend. Eine Rede an seine ältesten Schüler aus den Jahren 1804—6 zu Halle, von einem der ältesten unter ihnen. Berlin 1835. gehört nach A. m'.

88) Friedrich Schleiermachers Grundriß der philosophischen Ethik, mit Vorrede von August Twesten. Berlin, G. Reimer. 1841. 8.

89) Nekrolog von Friedrich Samuel Gottfr. Sack: Theologische Studien und Kritiken. Hamburg 1850. Jahrg. 23, 8. 148 bis 150.

40) Ideen, Reflexionen und Betrachtungen aus Schleiermachers Werken. Berlin 1854. 8.

41) Predigten über den Christlichen Hausstand von Friedrich Schleiermacher. Vierte Auflage. Berlin. G. Reimer. 1860. 8.

42) Hausandachten aus Schleiermacher's Predigten, in täglichen Betrachtungen nach der Ordnung des Kirchenjahrs zusammengestellt von Franz Remy. Zwei Theile. Berlin, G. Reimer. 1861 und 1862. II. 8.

43) Friedrich Schleiermacher. Lichtstrahlen aus seinen Briefen und sämmtlichen Werken. Mit einer Biographie Schleiermacher's. Von Elisa Maier. Leipzig: F. A. Brockhaus. 1863. VII, 4 unbes. 8., 273 S. 8.

44) Schleiermacher's Räthsel und Charaden. Berlin, Verlag von Wilhelm Hertz. 18 . . — Zweite vermehrte Auflage. 1875. 8. — Dritte vermehrte Auflage mit einem Anhange von Räthseln und Charaden Ph. Buttmann's. Berlin 1883. 8. — Ungedruckte Gedichte. Zur Feier des 13. Juli 1894 für Gustav Freytag in Druck gegeben (von Georg Hirzel). S. 6f.: Drei Charaden von Friedrich Schleiermacher.

45) Handschriftliche Anmerkungen zum ersten Theile der Glaubenslehre, hg. von C. Thönes. Berlin, G. Reimer. 1873. 8.

46) Predigtentwürfe von Friedrich Schleiermacher aus dem Jahre 1800, hg. von Friedrich Zimmer. Gotha, Friedrich Andreas Perthes. 1887. IV, 75 S. 8.

47) Konfirmationsrede am 31. März 1881 in der Dreifaltigkeitskirche zu Berlin bei der Einsegnung des Fürsten Bismarck gehalten von Friedrich Daniel Ernst Schleiermacher. Hg. von Siegfr. Lommatzsch. Berlin, Druck und Verlag von Georg Reimer. 1895. 30 S. 8.

4. Heinrich Christoph Wilhelm von Sigwart, geb. am 31. August 1789 in Remmingsheim im württembergischen Schwarzwaldkreis, 1813 Repetent der theologischen Fakultät, 1816 außerordentlicher und 1818 ordentlicher Professor der Philosophie in Tübingen, auch evangelischer Prälat. Er starb am 16. Nov. 1844 in Stuttgart. Nekrol. 22, 1088. — Allg. dtsch. Biogr. 1892. 34, 306/8 (Liebmann). — unten S. 806.

1) Ueber den Zusammenhang des Spinozismus mit der cartesianischen Philosophie. Ein philosophischer Versuch. Tübingen 1816. 8.

2) Handbuch zu Vorlesungen über die Logik. Tübingen 1818. 8.; 3. A. 1835. 8.

3) Handbuch der theoretischen Philosophie. Tübingen 1820. 8.

4) Antwort auf die Recension meines Handbuches der theoret. Philos. in der Jenaer Lit.-Ztg. Tübingen 1821. 8.

5) Die Leibnitzische Lehre von der prästabilirten Harmonie in ihrem Zusammenhange mit früheren Philosophemen betrachtet. Tübingen 1822. 8.

6) Der Spinozismus historisch und philosophisch erläutert mit Beziehung auf ältere und neuere Ansichten von H. C. W. Sigwart. Tübingen, bei C. F. Osiander. 1839. 264 S., 1 Bl. Inhalt. 8.

7) Geschichte der Philosophie. Tübingen 1844. III. 8.

5. Johann Heinrich Bernhard Dräseke, geb. am 18. Januar 1774 in Braunschweig, studierte in Helmstedt, 1795 zweiter, 1797 erster Prediger in Mölln, 1804 in Ratzeburg, 1814 Pastor an der Ansgarii-Kirche in Bremen, lehnte einen Ruf nach Koburg ab, erhielt 1829 den Titel eines sachsen-gothaischen Kirchenrates, kam 1832 nach Magdeburg und starb am 13. Dezember 1849 als Domprediger und Generalsuperintendent der Provinz Sachsen mit dem Titel eines Bischofs in Potsdam, verhungernd infolge eines schlimmen Halsleidens. Er war einer der bedeutendsten Kanzelredner seiner Zeit, der mit größter Unerschrockenheit gegen die Fremdherrschaft sprach.

a. Meusel, Gel. Teutschland 9, 254 f. 13, 291. 17, 446 bis 448. 22¹, 669 f.

b. Georg Funk, Charakteristik Dräsekes als geistlicher Redner: Hallische Jahrbücher für dtsch. Wissensch. und Kunst 1888. Nr. 77. 78.

c. G. v. C. (König), Der Bischof Dräseke und sein achtjähriges Wirken im Preußischen Staate. Bergen 1840. Bei C. H. Bennemann. 70 S. 8.

d. Der Bischof Dräseke und seine amtliche Wirksamkeit in der Provinz Sachsen. Ein Wort zu seiner Vertheidigung nebst Charakteristik seiner Predigtweise. Von einem Geistlichen. Magdeburg 1841. 30 S. 8.

e. Andeutungen und Winke zur richtigen Auffassung und Würdigung des Bischofs D. Dräseke, als christlich-homiletischen Schriftstellers. Leipzig, Theodor Thomas. 1841. VI, 110 S. 8.

f. König, Dreißig Fragen an die Facultäten. 1841.

g. Auch eine und zwar die allernothwendigste Vertheidigung für den Bischof Dräseke. Leipzig, Otto Wigand. 1841. 30 S. 8. Giebt sieben Schriften gegen Nr. c. G. v. C. an.

h. Nekrolog 27, 969 bis 979.

i. Zöckler, Handbuch der theol. Wissenschaften. 4. Band: Praktische Theologie (Harnack).

k. K. H. Sack, Geschichte der Predigt. Heidelberg 1866.

l. Allg. dtsch. Biogr. 1877. 5, 378 bis 382 (Manchot).

m. Herzog, Realencyklopädie. 8. Band (Tholuck).

n. August Nebe, Zur Geschichte der Predigt. Charakterbilder der bedeutendsten Kanzelredner. Wiesbaden 1879. Band II, S. 286 bis 344.

o. Friedrich Althaus, Theodor Althaus. Ein Lebensbild. Bonn 1888. 8. Sieh im Register S. 463 f. — p. s. unten S. 806.

1) Zur Beförderung wahrer Religiosität. Fünf Religionsvorträge. Schwerin und Wismar 1796. 8.

2) Schilderungen für denkende Christen. Lüneburg 1808. 8.

3) Predigten für denkende Verehrer Jesu. Lüneburg, Verlag von Herold und Wahlstab. 1804 bis 1812. V. 8. — 1810. IV. 8. — 1817 bis 1823. V. 8. — 1826. V. 8. — 1836. II. 8.

4) Ueber Ideale und ihre Bedeutung für den Genuß des Lebens. Eine Vorlesung, am letzten Jahresabend 1807 in der litterar. Gesellschaft zu Ratzeburg gehalten: Ratzeburg. litter. Blätter 1808. Stück 8 bis 11.

5) Glaube, Liebe, Hoffnung. Ein Handbuch für junge Freunde und Freundinnen Jesu. Handbuch für Confirmanden. Lüneburg 1813. 8. — 1814. — 1815. — 1817. — 1824. — 1834. — 1842. 8.

6) Deutschlands Wiedergeburt, verkündigt und gefeiert durch eine Reihe evangelischer Reden im Laufe des unvergeßlichen Jahres 1813; von Johann Heinrich Bernhard Dräseke. Lübeck, bei M. Michelsen. 1814. Auch unter dem Titel: Predigten in der Zeit der Erlösung Deutschlands. Drei Hefte. 8. — Nebst einem Anhange von Predigten, welche den großen Gegenstand berühren.. 2 Bände. 2. Auflage. 1817 und 1818. II. 8.

7) Vaterlandsfreude. Eine Dankpredigt zur Feier des Tages von Leipzig. Bremen 1815. 8.

8) Ueber die Darstellung des Heiligen auf der Bühne. Bremen 1815. 8.

9) Predigten (20) über die letzten Schicksale unsers Herrn, nach Anleitung des Evangelium Matthäi. Lüneburg, bei Herold und Wahlstab. 1815. XV, 499 S. 8.

10) Ueber Ideale und ihre Beziehung auf Lebensgenuß und Lebensfrieden. Eine Vorlesung im Museo zu Bremen am 22ten April 1816 gehalten von J. H. Bernhard Dräseke. Bremen, bei J. G. Heyse. 27 S. 8.

11) Neuestes Magazin von Fest-, Gelegenheits- und andern Predigten und kleinern Amtsreden. Hg. von Hanstein, Dräseke und Eylert. Magdeburg 1816 bis 1818. III. 8. Vergl. Nr. 3. Schleiermacher. 29).

12) Predigten über freigewählte Abschnitte der heiligen Schrift. 2 Jahrgänge. Lüneburg 1817 bis 1819.

13) Predigt zur Feier der Völkerschlacht bei Leipzig am 18. Okt. 1817.

14) Predigten über die letzten Schicksale unsers Herrn. 2 Bände. Lüneburg 1816 bis 1822.

15) Christus an das Geschlecht dieser Zeit. 1819 und 1820 mit den Zugaben Die Gottesstadt und die Löwengrube; Der Fürst des Lebens und sein neues Reich Die höchsten Entwicklungen des Gottesreiches auf Erden. 2. Aufl. 1820.

16) Gemälde aus der heiligen Schrift. Lüneburg, Herold und Wahlstab. 1. Der Weg durch der Wüste. 1821. 2. Paulus zu Philippi. 1824. 3. Lazarus' Auferweckung. 1828. 4. Jesus und Nicodemus. 1828.

17) Vom Reich Gottes. Betrachtungen nach der Schrift mit denkenden Christen angestellt. Bremen, J. G. Heyse. 1830. III. 8. — 1850. III. 8.

18) Worte der Weihe bei der feierlichen Enthüllung des Neuen Denkmals für Gustav Adolph auf dem Schlachtfelde von Lützen am 6. November 1837 gesprochen von Joh. Heinr. Bernh. Dräseke. Magdeburg 1837. 8.

19) Einige (8) in der Domkirche gehaltene Predigten von D. Johann Heinrich Bernhard Dräseke. Magdeburg 1839. 100 S. 8.

20) Nachgelassene Schriften. Hg. von Theod. Heinr. Timoth. Dräseke. Zwei Bände. (A. u. d. Titel: 1. Predigten über die Stufenlieder. 2. Predigten über den Brief des Jacobus. 2 Abtheilungen.) Magdeburg, Heinrichshofen'sche Buchhandlung. 1850 und 1851.

21) Der Bischof Dräseke als Maurer. Eine Sammlung seiner Vorträge und Festreden in der Loge. Hg. von Aug. Wilh. Müller. Magdeburg, Heinrichshofen'sche Buchhandlung. 1852. XXVIII, 337 S. 8.

6. Friedrich Ehrenberg, geb. am 6. Dezember 1776 in Elberfeld, 1798
Prediger in Plettenburg, 1803 in Iserlohn, 1806 Hofprediger in Berlin; † als k.
Oberhofprediger und wirklicher Oberkonsistorialrat in Berlin am 9. Dezember 1852.
    a. Meusel, Gel. Teutschland 13, 811 bis 813 17, 480 f. 22ᴵᴵ, 20 f.
    b. (Hitzig) Gelehrtes Berlin im J. 1825. S 54 f.
    c. Nekrolog 30, 815.
    d. Allg. dtsch. Biogr. 1877. 5, 711 (Wagenmann).

    1) Reden an gebildete Menschen, über die heiligsten Angelegenheiten des
Geistes und Herzens in unsern Tagen; zur Weckung und Belebung des moralisch-
religiösen Sinnes. 1. Bändchen. Düsseldorf 1802. 2. Bändchen. ebenda 1803.
3. Bändchen. Leipzig und Elberfeld 1804. 8. — Nr. 8).

    2) Wahrheit und Dichtung über unsere Fortdauer nach dem Tode. Loipz.1803. 8.

    3) Reden über wichtige Gegenstände der höheren Lebenskunst. Leipzig und
Elberfeld 1804. 8. Sieh Nr. 1).

    4) Reden an Gebildete aus dem weiblichen Geschlechte. Elberfeld 1804. 8.;
wiederh. 1808. — Dritte Aufl. 1817. II. 8. — Vierte Aufl. 1827 bis 29. II. 8. —
Fünfte Aufl. Iserlohn 1853. II. 8.

    5) Das Schicksal. Von Friedrich Ehrenberg. Elberfeld und Leipzig, bey
Heinrich Büschler. 1805. 4 Bl., XXXIX, 248 S. 8.

    6) Die praktische Lebensweisheit. Ein Handbuch für Aufgeklärte von Fried-
rich Ehrenberg. Leipzig, 1805 und 1806, bey Johann Ambrosius Barth. II. 8.

    7) Euphranor, über die Liebe. Elberfeld 1805 bis 1806. II. 8. — Zweite
Auflage 1809 bis 1817. II. 8.

    8) Handbuch für die ästhetische, moralische und religiöse Bildung des Lebens.
Elberfeld 1807. 8.

    9) Der Charakter und die Bestimmung des Mannes. Elberfeld 1809. 8. —
Zweite Auflage. 1822. 8.

    10) Weiblicher Sinn und weibliches Leben. Berlin 1809. 8. — Zweite Auf-
lage. Berlin 1819. II. 8.

    11) Blätter dem Genius der Weiblichkeit gewidmet. Berlin 1809. 8.

    12) Bilder des Lebens. Elberfeld 1811 bis 1814. III. — 1815. III. 8. Aus
dem 3. Teile besonders abgedruckt: Agathes ländliche Stunden. Elberfeld 1815. 8.

    13) Seelengemälde. Berlin 1812. II. 8.

    14) Das Volk und seine Fürsten. Volkswesen und Volkssinn, in Reden.
Leipzig 1815. 8.

    15) Für Frohe und Trauernde. Leipzig 1818. 8. — Zweite Auflage. 1820. 8.

    16) Zur Gedächtnißfeier der Entschlafenen. Berlin 1824. 8.

III. Übereinstimmend mit den Bewegungen der Philosophie, des großen
öffentlichen Lebens in Staat und Kirche, wurde auch die **Jurisprudenz**
von verschiedenartigen Strömungen beherrscht. Die beiden Parteien, die
historische und die nichthistorische Schule, die sich hier gegenüberstanden,
waren in der Erstrebung eines nationalen Rechtes einig, uneinig dagegen
über den maßgebenden Grundsatz. Während T h i b a u t und seine Gesinnungsgenossen das Recht aus dem Geiste des Volkes entwickelt wissen
wollten, eine Richtung, die in späterer Zeit Eduard G a n s besonders nachdrücklich verfolgte, wollten die anderen, die sich an S a v i g n y anschlossen,
es auf die geschichtlichen Elemente zurückführen nnd sprachen der Zeit
selbst den Beruf zur Gesetzgebung ab. Um die Erneuerung des Strafrechts machten sich G r o l m a n und F e u e r b a c h verdient, namentlich
gewann der letztere entschiedene Bedeutung für die wissenschaftliche Erneuerung des Kriminalrechts, das im wesentlichen dreihundert Jahre ge-
stockt hatte. Hauptsächlich durch das mit der Fremdherrschaft eingeführte,
nach der Restauration mit blindem Eifer wieder abgeschaffte Geschworenen-

gericht und durch das öffentliche und mündliche Verfahren kam es überhaupt wieder in Bewegung.

Immanuel Bekker, Ueber den Streit der historischen und der filosofischen Rechtsschule. Akad. Rede. Heidelberg 1886. 4.

1. Gustav Wilhelm Hugo, geb. am 23. November 1764 zu Lörrach im badischen Oberlande, studierte 1782 bis 85 in Göttingen die Rechte (sieh § 293, V. 16), wurde 1786 Lehrer des Erbprinzen von Dessau und erwarb sich durch seine Ausgabe der Fragmente des Ulpian (1788) einen solchen Ruf, daß er zum außerordentlichen und vier Jahre später, 1792, zum ordentlichen Professor in Göttingen ernannt wurde. Er wirkte dort ein halbes Jahrhundert und starb am 15. September 1844.

a. Meusel, Gel. Teutschland 3, 465. 9, 639. 11, 388. 14, 207. 18, 232 f. 22 II, 874 f.
b. Civilist. Magazin 4, 51.
c. Savigny 1838: sieh Nr. 6. 5).
d. N. Nekrolog 1844. 22. Jahrg. S. 655 bis 658.
e. H. Eyssenhardt, Zur Erinnerung an Gustav Hugo. 1845. 8.
f. Allg. dtsch. Biogr. 1881. 13, 321 bis 328 (Mejer).
g. Otto Mejer, Gustav Hugo, der Gründer der historischen Juristenschule: Biographisches. Gesammelte Aufsätze. Freiburg i. B. 1886. 8. S. 3 bis 57.
Brief von K. F. Eichhorn: unten Nr. 7.

1) Civilistisches Magazin vom Professor (Ritter) Hugo in Göttingen. Berlin, bey August Mylius. 1791. 1797. 1812. 1813. 1814. Auf der 384. S. steht April 1817. V. 8

2) Lehrbuch eines civilistischen Cursus vom Professor Ritter Hugo in Göttingen. Berlin, bey August Mylius. 1798 bis 1822. VII. 8.
I. Achte Aufl. 1835: Juristische Encyclopädie. — II. Vierte Aufl. 1819: Naturrecht als eine Philosophie des positiven Rechts, besonders des PrivatRechts. — III. Elfte Aufl. 1832: Geschichte des Römischen Rechts bis auf Justinian. Rec. von Savigny, Vermischte Schriften. Band 5. Berlin 1850. 8. 1 bis 86. — IV. Siebente Aufl. 1826: Pandecten oder das heutige Römische Recht. — V. Dritte Aufl. 1820: Chrestomathie von Beweisstellen für das heutige Römische Recht. — VI. Dritte Aufl. 1880: Civilistische LitterairGeschichte (gelehrte Geschichte). — VII. Zweite Ausgabe 1828: Digesten.

3) § 293, V, 12. Spittler. Nr. c.

4) Beyträge zur civilistischen Bücherkenntniß der letzten vierzig Jahre, aus den Göttingischen gelehrten Anzeigen und den Vorreden, besonders zu den Theilen des civilistischen Cursus, zusammen abgedruckt und mit Zusätzen begleitet vom GeheimenJustizRath Ritter Hugo in Göttingen. Beylage zum civilistischen Cursus und dem civilistischen Magazin. Zwei Bände. Berlin, bey August Mylius. 1828 und 1829. 8.

2. Karl Salomo Zachariä von Lingenthal, geb. am 14. September 1769 in Meißen, studierte in Wittenberg und wurde dort 1800 Assessor der Juristenfakultät und 1802 Professor. Im J. 1807 wurde er als Hofrat und Professor nach Heidelberg berufen, erhielt 1818 den Titel Geh. Hofrat, wurde 1824 Direktor der Gesetzgebungskommission, 1825 Geh. Rat und starb am 27. März 1843.

a. Meusel, Gel. Teutschland 8, 654 f. 10, 848. 16, 292 f. 21, 746 bis 748.
b. N. Nekrolog 1848. 21. Jahrg. S. 245 bis 251.
c. Karl Salomo Zachariä von Lingenthal, biographischer und juristischer Nachlaß. Herausgegeben von dessen Sohne K. E. Zachariä von Lingenthal. Stuttgart 1843. 8.
d. Ch. Brocher, K. S. Zachariae, sa vie et ses oeuvres. Paris 1870.

1) Origines comitiorum, quæ in imperio Sacro Romano-Germanico celebrantur. Wittenberg 1795. 4.

2) Ueber die wissenschaftliche Behandlung des römischen Privatrechts. Leipzig 1795. 8.

3) Handbuch des Chursächsischen Lehnrechts. Leipzig 1796. 8. — Chn. Ernst Weiße und Friedr. Alb. von Langenn besorgten die zweite Auflage: Handbuch des Königl. Sächsischen Lehnrechts. Leipzig 1828. 8.

4) Juris publici Germanici in artis formam redacti delineatio. Leipzig 1797. 8.

5) Die Einheit des Staates und der Kirche, mit Rücksicht auf die Deutsche Reichsverfassung. Leipzig 1797. 8.

6) Ueber die evangelische Brüdergemeinde. Ein Nachtrag zu Nr. 1). Leipzig 1798. 8.

7) Geist der Deutschen Territorial-Verfassung. Leipzig 1800. 8.

8) Karl Salomo Zachariä, Prof. des Lehnrechts auf der Univ. Wittenberg, über die vollkommenste Staatsverfassung. Leipzig, bey Gerhard Fleischer dem Jüngern. 1800. 316 S. 8.

9) Christian Gottlob Gläser. Von Karl Salomo Zachariä. Wittenberg 1801 Gedruckt mit Meltzerischen Lettern. 16 S. 8.

10) Karl Salomo Zachariä, Professor des Lehnrechts auf der Universität Wittenberg, über die Erziehung des Menschengeschlechts durch den Staat. Leipzig, bey Gerhard Fleischer d. Jüngern. 1802. 310 S. 8.

11) Die Wissenschaft der Gesetzgebung. Als Einleitung zu einem allgemeinen Gesetzbuche. Von Karl Salomo Zachariä, öffentlichen Rechtslehrer auf der Universität Wittenberg. Leipzig, bey Gerhard Fleischer, dem Jüngern. 1806. 358 S. 8.

12) D. Karl Salomo Zachariä's öff. ord. Rechtslehrers auf der Universität zu Heidelberg vierzig Bücher vom Staate. Stuttgart und Tübingen, in der J. G. Cotta'schen Buchhandlung. 1820 bis 1832. V. 8. Vom dritten Bande (1826) mit dem Nebentitel: Regierungslehre. Umarbeitung des früher von demselben Verfasser unter demselben Titel herausgegebenen Werkes. Heidelberg, akademische Verlagsbuchhandlung von C. F. Winter. 1839 bis 1843. VII. 8.

13) Lucius Cornelius Sulla, genannt der Glückliche, als Ordner des römischen Freystaates dargestellt von Dr. K. S. Zachariä. Erste — Zweyte Abtheilung. Heidelberg, Druck und Verlag von August Oßwald's Universitäts-Buchhandlung. 1834. 8. — Neue Aufl. in zwei Abtheilungen. Mannheim 1850. XII, 370 S. 8.

14) Ueber das Schuldenwesen der Staaten des heutigen Europa. Von D. K. S. Zachariä. Leipzig 1830. J. C. Hinrichs'sche Buchhandlung. 70 S. 8. (Vorher in den Jahrbüchern der Geschichte und Staatskunst.)

Kurze Beleuchtung der Zachariä'schen Schrift über das Schuldenwesen der Staaten des heutigen Europas. Von Johann Baptist Hiegen, Landgerichts-Auscultator. Trier, 1832. Bei Carl Troschel. 31 S. 8.

15) Vollgraff's Systeme der practischen Politik im Abendlande. Recension von Karl Salomo Zachariä. Heidelberg 1831. Universitäts-Buchhandlung von C. F. Winter. 8. Vorher in den Heidelbergischen Jahrb. d. Literatur.

16) Rechtsgutachten über die zwischen den Fürstlichen Häusern Lippe und Schaumburg-Lippe obwaltenden Streitigkeiten, welche durch einen Beschluß der hohen deutschen Bundesversammlung den 5. August 1830 an das Großherzogl.-Badensche Ober-Hofgericht zur austrägalgerichtlichen Entscheidung verwiesen worden sind. Von K. S. Zachariä. (Heidelberg 1835.) fol.

17) Ueber den gegenwärtigen politischen Zustand der Schweiz. Aus der Kritischen Zeitschrift für Rechtswissenschaft und Gesetzgebung besonders abgedruckt. Heidelberg, J. B. C. Mohr. 1833. 8.

18) Abhandlungen aus dem Gebiete der Staatswirthschaftslehre. Von Dr. K. S. Zachariä. Heidelberg, Druck und Verlag von August Oßwald's Universitäts-Buchhandlung. 1835. VIII S. Schlachtwort, 206 S. 8.
Inh. a: Ueber die demokratische Tendenz der heutigen europäischen Staatswirthschaft. — b: Ueber Besoldungssteuern. — c: Von den Gelddarlehnen, diese im Verhältnisse zu andern Kapitalien betrachtet. — d: Ueber die Regeneration der bürgerlichen Gesellschaft durch eine Umgestaltung des Eigenthumsrechts, d. i. desjenigen Rechts, nach welchem bewegliche und unbewegliche Sachen erworben werden können und besessen werden. — e: Credit-Gesetze. — f: Wirthschafts-Politik oder das Büchlein vom Reichwerden. — g: Auch ein Wort über den Preußischen Mauthverein.

19) Der Kampf des Grundeigenthums gegen die Grundherrlichkeit. Von K. S. Zachariä. Heidelberg, 1832. gr. 8.

20) Die Aufhebung, Ablösung und Umwandlung der Zehnten, nach Rechtsgrundsätzen betrachtet von K. S. Zachariä. Heidelberg, 1831. gr. 8.

3. Anton Friedrich Justus Thibaut, geb. am 4 Januar 1772 in Hameln, studierte in Göttingen, 1793 in Königsberg, 1794 bis 1796 in Kiel; hier habilitierte er sich, wurde 1797 Adjunkt, 1798 außerordentlicher Professor der Rechte in Kiel,

1801 ordentlicher Professor daselbst, 1802 in Jena, 1806 Prof. mit dem Titel Justizrat in Heidelberg, dann Geh. Rat. Berühmter Pandektist. Er starb dort am 28. März 1840. Allg. dtsch. Biogr. 1894. 37, 737 bis 744 mit ausführlichen Litteraturangaben (Ernst Landsberg).

1) Dissertatio inauguralis de genuina iuris personarum et rerum indole, veroque huius divisionis pretio auctore A. F. J. Thibaut, i. u. d. Kiloniae 1796. 148 S. 8.

2) Versuche über einzelne Theile der Theorie des Rechts von Anton Friedrich Justus Thibaut. Jena, bey Johann Michael Mauke. 1798 und 1801. II. 8. — Zweite verbesserte Ausg. 1817. II. 8.

3) Theorie der logischen Auslegung des Römischen Rechts von A. F. J. Thibaut. Altona 1799. 8. — Zweyte vermehrte und verbesserte Ausgabe. Altona, bey Johann Friedrich Hammerich. 1806. 190 S. 8.

4) Beyträge zur Critik der Feuerbachischen Theorie über die Grundbegriffe des peinlichen Rechts von Anton Friedrich Justus Thibaut. Hamburg bey Friedrich Perthes. 1802. 104 S. 8.

5) Ueber Besitz und Verjährung von A. F. J. Thibaut, ord. Prof. d. Rechts in Jena. Jena, bey Johann Michael Mauke. 1802. X, 202 S. 8.

6) System des Pandekten-Rechts von Anton Friedrich Justus Thibaut. Jena, bey Johann Michael Mauke. 1803. II. 8. — Zweite Ausgabe. Jena 1805. III. 8. — Dritte, durchaus vermehrte und verbesserte Ausgabe. Jena, 1809. Bey Johann Michael Mauke gedruckt und verlegt. III. 8. — Vierte Ausgabe. Jena 1814. III. 8. — Fünfte Ausgabe. Jena 1818. III. 8. — Sechste, durchaus vermehrte und verbesserte Ausgabe. Erster bis Zweyter Band. Jena, 1823. bey Friedrich Mauke. 8. — Siebente Ausgabe. 1828. III. 8. — Achte verbesserte Ausg. 1834. II. 8. — Neunte Ausg., besorgt durch Alex. v. Buchholtz. 1846. II. 8.

7) Ueber die Nothwendigkeit eines allgemeinen bürgerlichen Rechts für Deutschland. Von A. F. J. Thibaut. Heidelberg, bey Mohr und Zimmer. 1814. 67 S. 8. Sieh Nr. 8) S. 404 bis 466. — Neue Ausg. 1840. 8. — Vergl. Nr. 6. Savigny. 2).

8) Civilistische Abhandlungen von Anton Friedrich Justus Thibaut. Heidelberg, bey Mohr und Zimmer. 1814. 4 Bl., 472 S. 8. S. 404 bis 466 ist Nr. 7) in zweyter vermehrter Ausgabe, wie die Inhaltsanzeige sagt.

9) Ueber die Reinheit der Tonkunst. Heidelberg, J. C. B. Mohr. 1824. 8. — Zweyte, vermehrte Ausg. Heidelberg, im Verlag von J. C. B. Mohr. 1826. XII, 221 S. 8. — Dritte verm. Ausg. Mit einem Vorwort von K. Bähr. Heidelberg 1851. XXVII, 230 S. 8. — Vierte vermehrte Ausgabe. Mit einem Vorwort von Dr. K. Bähr. Heidelberg, Akademische Verlagshandlung von J. C. B. Mohr. 1861. XXVII, 218 S. 8. — Fünfte Ausg. 1875. 8. — Sechste Auflage 1884.

Verzeichniss der von dem verstorbenen Grossh. Badischen Prof. der Rechte und Geheimrathe Dr. Anton Friedrich Justus Thibaut zu Heidelberg hinterlassenen Musikaliensammlung, welche als ein Ganzes ungetrennt veräußert werden soll. Heidelberg 1842. 8. Die ganze Sammlung hat die Kgl. Hof- und Staats-Bibliothek in München angekauft.

10) Ueber die sogenannte historische und nicht-historische Rechtsschule: Archiv für civilistische Praxis. 1838. 21, 391 bis 419. Heidelberg 1838. 8.

11) Anton Friedr. Just. Thibaut's Juristischer Nachlaß. Hrsg. von Carl Julius Guyet. Berlin, Verlag von Duncker und Humblot. 1841 bis 1842. II. 8.

Erster Band: Code Napoleon. Lehrbuch des französischen Civilrechts in steter Vergleichung mit dem römischen Civilrecht. — Zweiter Band: Römisches Civilrecht. Lehrbuch der Geschichte und Institutionen des römischen Rechtes. Hermeneutik und Kritik des römischen Rechtes.

4. **Karl Ludwig Wilhelm von Grolman**, geb. am 23. Juli 1775 in Gießen. In seiner Vaterstadt wurde er vorgebildet und studierte die Rechte. Dort habilitierte er sich auch 1795, wurde 1798 außerordentlicher und 1800 ordentlicher Professor, 1802 geadelt, 1804 Oberappellationsgerichtsrat, 1815 Kanzler der Universität, 1819 wirkl. Geheimrat, 1820 Staatsminister. Er starb am 14. Februar 1829 als Präsident des Departements des Innern und der Justiz.

a. Meusel, Gel. Teutschland 9, 463 f. 11, 296 f. 13, 506. 17, 787 f. 22 II. 459.

b. Zeitgenossen. Neue Reihe. Bd. 8. Leipzig 1823. S. 1 bis 46.

c. N. Nekrolog 1829. 7. Jahrg. S. 171 bis 180.

d. Scriba 1843. 2. Abthlg. S. 275 bis 278.

e. Strieder-Justi 18, 183 f.

f. Ersch und Grubers Encyclopädie 1872. I. 92, 67 bis 72 (R. Pallmann).

g. Allg. dtsch. Biogr. 1879. 9, 713 bis 714 (Teichmann).

1) Grundsätze der Criminalrechtswissenschaft nebst einer systematischen Darstellung des Geistes der deutschen Criminalgesetze von D. Karl Grolman. Gießen 1798 bey Georg Friedrich Heyer. XXIV, 500 S., 1 Bl. Verbesserungen. 8. — Grundsätze der Criminalrechtswissenschaft von D. Karl Grolman. Zweyte, ganz umgearbeitete Auflage. Gießen und Darmstadt, bey Georg Friedrich Heyer. 1805. XXXII, 861 S. 8.

2) Bibliothek für die peinliche Rechtswissenschaft und Gesetzkunde. Herausgegeben von D. Karl Grolman. Th. 1. Herborn und Hadamar. In der neuen Gelehrtenbuchhandlung. 1798. 8. — Hggbn. von L. Harscher von Almendingen, Karl Grolman und Paul Joh. Ans. Feuerbach. Bd. 2. St. 1. Göttingen, P. G. Schröder. 1800. St. 2. Gießen, Tasché u. Müller. 1804. 8. Stück 2 a. u. d. Tit.: Bibliothek des peinlichen Rechts der peinlichen Gesetzgebung und Gesetzkunde. . . . entworfen und herausgegeben von H. von Almendingen, P. J. A. Feuerbach und K. Grolman. Theil. 1. Giesen bey Tasché und Müller.

3) Magazin für die Philosophie des Rechts und der Gesetzgebung, angelegt von D. Karl Grolman. Zwei Hefte. Gießen, 1798 bis 1799. bey Heinrich Gottfried Stamm, Universitäts Kunst- und Buchhändler. 8.

4) Ueber die Begründung des Strafrechts und der Strafgesetzgebung, nebst einer Entwickelung der Lehre von dem Maasstabe der Strafen. Gießen 1799. 8.

5) Theorie des gerichtlichen Verfahrens in bürgerlichen Rechtsstreitigkeiten, nach gemeinem deutschen Rechte entworfen. 1800. — Zweite Auflage. 1808. — Dritte Auflage. 1818.

6) Ausführliches Handbuch über den Code Napoleon. Zum Gebrauche wissenschaftlich gebildeter deutschen Geschäftsmänner entworfen vom Ober-Appellationsgerichtsrath D. Grolman. Gießen und Darmstadt, bey Georg Friedrich Heyer. 1810 bis 1812. III. 8.

5. Paul Johann Anselm von Feuerbach, geb. am 14. November 1775 in Hainichen bei Jena, Sohn des Rechtsanwalts Anselm F. in Frankfurt a. M., studierte in Jena seit 1792 zuerst Philosophie unter Karl Leonhard Reinhold, dann Jurisprudenz, wurde 1801 ord. Professor des Rechts in Jena, Ostern 1802 in Kiel, 1804 in Landshut. Gegen Ende des J. 1805 wurde er als Geh. Justizreferendar nach München berufen. 1808 Geheimer Rat. Als Protestant stieß er überall auf Mißtrauen und Übelwollen, daher 1814 ‚im glänzenden Exil‘ zweiter Präsident des Appellationsgerichts in Bamberg, 1816 erster Präsident in Ansbach, 1825 wirklicher Staatsrat. Er starb auf einer Reise nach Schwalbach am 29. Mai 1833 in Frankfurt a. M. infolge eines Schlaganfalls.

a. Meusel, Gel. Teutschland 9, 335 bis 337. 11, 218 f. 13, 372. 17, 566. 22 II, 126 f.

b. Zeitgenossen 1823. Neue Reihe. Band III. Heft 11. S. 159 bis 174.

c. Lübker und Schröder. Altona 1829. 8. S. 161 bis 163.

d. N. Nekrolog 1833. 11, 932 bis 934.

e. Ersch und Grubers Encyklopädie 1846. I. 43, 347.

f. Anselm Ritter von Feuerbach's Leben und Wirken aus seinen ungedruckten Briefen und Tagebüchern, Vorträgen und Denkschriften veröffentlicht. Leipzig 1852. II. 8. — Zweite vermehrte Ausgabe unter dem Titel: Biographischer Nachlaß. Leipzig 1853. II. 8. — g. Allgem. Zeitung 1875. Nr. 318. — h. A. Geyer, Paul Anselm von Feuerbach: Dtsch. Rundschau 1877. 10, 456 bis 487.

i. Allg. dtsch. Biogr. 1877. 6, 731 bis 745 (Marquardsen).

j. E. Hölder, Savigny und Feuerbach, die Koryphäen der deutschen Rechtswissenschaft. Vortrag gehalten zu Erlangen. Berlin 1881. 44 S. 8. — Sammlung wissenschaftlicher Vorträge von Virchow und Holtzendorff. XVI. Serie, Heft 378.

k. August v. Bechmann, Feuerbach und Savigny. Progr. München 1894.

l. J. Gensel, Anselm von Feuerbach als politischer Schriftsteller: Grenzboten 1895. III. S. 355 bis 369.   [Nachtr. s. u. S. 806.]

Brief an Charles de Villers, hg. von M. Isler. Hamburg 1879. 8. 62 bis 67.

1) Ueber die einzig möglichen Beweisgründe gegen das Daseyn und die Gültigkeit der natürlichen Rechte. Leipzig und Gera 1795. 8.

2) Kritik des natürlichen Rechts als Propädeutik zu einer Wissenschaft der natürlichen Rechte. Altona 1796. 8.

3) Anti-Hobbes, oder über die Grenzen der bürgerlichen Gewalt und das Zwangsrecht der Unterthanen gegen ihre Oberherrn. Erfurt 1798. 8.

4) Philosophisch-juristische Untersuchung über das Verbrechen des Hochverraths. Erfurt 1798. 8.

5) Revision der Grundsätze und Grundbegriffe des positiven peinlichen Rechts. I. Erfurt 1799. Chemnitz 1800. 8. — 1810. II. 8. — Vergl. Nr. 8. Thibaut. 4).

6) Ueber die Strafe als Sicherungsmittel vor künftigen Beleidigungen des Verbrechers. Als Anhang zu Nr. 5). Chemnitz 1800. 8. Vergl. Karl Grolman, Grundsätze der Criminalrechtswissenschaft. 2. Aufl. Gießen 1805. 8. 2.

7) Sieh Nr. 4. Grolman. 2).

8) Kritik des Kleinschrodischen Entwurfs zu einem peinlichen Gesetzbuche für die Chur-Pfalz-Bayerischen Staaten. Gießen, Tasché 1804. II. 8.

9) Lehrbuch des gemeinen in Deutschland gültigen Peinlichen Rechts. Gießen 1801. 8.; Siebente Aufl. 1820. 8.; Zehnte Ausg. 1828. 8; Elfte Ausg. 1832. 8.; Zwölfte Originalausg. Hg. von C. J. A. Mittermaier. 1836. 8.; Dreizehnte Ausg. 1840. 8.; Vierzehnte Aufl. 1847. 8. ,seinem von Grolmann' gewidmet neben von Almendingen.

10) Ueber Philosophie und Empirie in ihrem Verhalten zu positiven Rechtswissenschaft. Landshut 1804. 8.

11) Blick auf die teutsche Rechtswissenschaft. ⚊ Vorrede zu Unterholzners juristischen Abhandlungen. München 1810. 8.

12) Merkwürdige Criminal-Rechtsfälle. Gießen 1808 bis 1811. II. 8. — Als Nachdruck von Feuerbach erklärt: 1821. 8. — wiederh.: 1839. II. 8.

13) Ueber die Unterdrückung und Wiederbefreiung Europas. München 1813. 8. — Neueste Aufl. 1814. 8.

14) Betrachtungen über das Geschwornen-Gericht. Landshut 1813. 8. Ausgegeben im August 1812. Gegen das französische System. Vgl. 14a) Erklärung des Präsidenten von Feuerbach über seine, angeblich geänderte Ueberzeugung in Ansehung der Geschwornen-Gerichte. Erlangen 1819. 34 8. 8. Sieh dazu den Brief an Charles de Villers.

15) Was sollen wir? Eine Rede an das baiersche Volk. München 1813. 8. Antwort auf die Schrift des Grafen von Aretin: Was wollen wir?

16) Die Weltherrschaft das Grab der Menschheit. o. O. (Nürnberg) 1814. 8.

17) Ueber teutsche Freiheit und Vertretung teutscher Völker durch Landstände. Deutschland (Leipzig) 1814. 8.

18) Die hohe Würde des Richteramts. Rede. Nürnberg 1818. 4.

19) Unterthänige Bitte und Vorstellung der gefangenen Gerechtigkeit an eine hohe Ständeversammlung zu Y. Jena 1819. 8.

20) Betrachtungen über die Oeffentlichkeit und Mündlichkeit der Gerechtigkeitspflege. Gießen 1821. 8. Sieh Nr. 22).

21) Eine längst entschiedene Frage über die obersten Episcopalrechte der protestantischen Kirche, von neuem erörtert von Dr. F*. Nürnberg 1823.

22) Ueber die Gerichtsverfassung und das gerichtliche Verfahren Frankreichs in besonderer Beziehung auf die Oeffentlichkeit und Mündlichkeit der Gerechtigkeitspflege. Gießen 1825. 8. Auch als zweiter Band zu Nr. 20) bezeichnet.

23) Aktenmäßige Darstellung merkwürdiger Verbrechen. Gießen 1828 und 29. II. 8.; 1849. II. 8.

24) Kaspar Hauser. Beispiel eines Verbrechens am Seelenleben des Menschen von Anselm Ritter von Feuerbach. Ansbach, bei J. M. Dollfuß. 1832. 8. Vgl. dazu oben Nr. f. Band 2, S. 319f.

25) Kleine Schriften vermischten Inhalts. Nürnberg 1833. 8. Enth. Nr. 13); 16); 17); 18); Einige Worte über historische Rechtsgelehrsamkeit und einheimische teutsche Gesetzgebung (1816); Nr. 11); Kann die Gerichtsverfassung eines constitutionellen Staates durch bloße Verordnungen rechtsgültig geändert werden (vorher

Nürnberg 1830); 14a); 21) mit der Überschrift: Ueber die obersten Episcopalrechte der protestantischen Kirche; Worte des Dr. Martin Luther über christliche Freiheit, sittliche Zucht und Werkheiligkeit (vorher Nürnberg 1822); Religionsbeschwerden der Protestanten in Baiern im Jahre 1822; Ist denn wirklich Carl der Große i. J. 793 von Regensburg aus, durch den Altmühlgraben, zu Schiff nach Würzburg gefahren?

6. **Friedrich Karl von Savigny,** geb. am 21. Februar 1779 in Frankfurt a. M., studierte von Ostern 1795 bis Juli 1799 in Marburg, das Wintersemester 1796 auf 97 in Göttingen. Darauf unternahm er eine Studienreise an die drei sächsischen Universitäten Halle, Jena und Leipzig. Nach Antritt einer Professur in Marburg und Verheiratung mit Kunigunde Brentano (1804), der Schwester seines Freundes Clemens Brentano, unternahm er eine große Reise durch Deutschland, Italien und Frankreich. Nach Paris ließ er sich seinen Marburger Schüler Jacob Grimm zur Hilfe bei seinen gelehrten Arbeiten nachkommen. Erst 1808 übernahm er von neuem eine Professur in Landshut, wurde aber schon 1810 durch Wilhelm von Humboldt an die Universität Berlin berufen. Oberrevisions- und Staatsrat, unter Friedrich Wilhelm 4. Mitglied der Gesetzgebungskommission, Staatsminister bis 1848, starb er am 25. Oktober 1861 in Berlin.

a. Meusel, Gel. Teutschland 15, 264. 20, 43f.

b. Lebensnachrichten über B. G. Niebuhr. -Hamburg 1838. Bd. 1, S. 480 f. und oft im 2. und 3. Bande.

c. Edouard Laboulaye, Essai sur la vie et les doctrines de Frédéric-Charles de Savigny. Paris 1842. 77 S. 8.

d. v. Scheurl, Einige Worte über Friedr. Carl v. Savigny. 1850.

e. Arndt, Rede zur Feier des Andenkens an Friedr. Carl von Savigny, gehalten am 31. October 1861: Kritische Vierteljahrsschrift für Gesetzgebung IV, S. I.

f. Heidemann, Rede bei der von der Juristischen Gesellschaft zu Berlin am 29. November 1861 veranstalteten Savignyfeier: Deutsche Gerichtszeitung 1861. Nr. 90.

g. Jhering, Friedrich Carl von Savigny: Jahrbücher für Dogm. V, 7.

h. Adolf Friedrich Rudorff, Friedrich Carl von Savigny, Erinnerung an sein Wesen und Wirken: Zeitschrift für Rechtsgeschichte 1862. Bd. 2, S. 1 bis 68. Auch besonders gedruckt: Weimar 1862. 8.

i. (R. Stintzing) Friedrich Carl von Savigny. Ein Beitrag zu seiner Würdigung: Preuß. Jahrb. 1862. Bd. 9, S. 121 bis 168.

j. Reinhold Schmid, Savigny und sein Verhältniß zur neueren Rechtswissenschaft: Deutsche Vierteljahrs-Schrift 1862. I, 139 bis 185.

k. Unsere Zeit 1863. 7, 629.

l. J. K. Bluntschli, Savigny: Westermanns Monatshefte 1879. 46, 316f.

m. M. A. v. Bethmann-Hollweg, Erinnerung an Friedrich Carl von Savigny als Rechtslehrer, Staatsmann und Christ: Zeitschrift für Rechtsgeschichte. 1867. Jahrg. 6. S. 42 bis 81. Auch besonders erschienen: Weimar 1867.

n. A[lois] von Brinz, Festrede zu F. K. von Savigny's 100jährigem Geburtstage. München 1879. 20 S. 8.

o. Karl Esmarch, Friedrich Carl von Savigny. Festgedicht zum Hundertjährigen Jubelfest seiner Geburt. Berlin 1879. 1 Bogen. 8.

p. Ludwig Enneccerus, Friedrich Carl von Savigny und die Richtung der neueren Rechtswissenschaft. Nebst einer Auswahl ungedruckter Briefe. Marburg 1879.

q. Karl Ritter von Czyhlars, Rede zur Feier des 100jähr. Geburtstages Friedrich Carl von Savigny's. Prag 1879. 20 S. 8.

r. E. Hölder, Savigny und Feuerbach, die Koryphäen der deutschen Rechtswissenschaft. Vortrag gehalten zu Erlangen. Berlin 1881. 44 S. 8. — Sammlung gemeinverständlicher wissenschaftlicher Vorträge, hg. von Virchow und Holtzendorff. XVI. Serie. Heft 378.

s. Allg. dtsch. Biogr. 1890. 30, 425 bis 452 (Ernst Landsberg).

t. O. Mejer, Culturgeschichtliche Bilder aus Göttingen. 1889. S. 140.

u. Adolf Stoll, Friedrich Karl von Savignys Sächsische Studienreise 1799 und 1800. Progr. Cassel 1890. 42 S. 4.

v. Joh. Nepom. v. Ringseis, Erinnerungen . . . hg. von Emilie Ringseis. Regensburg und Amberg 1886. Bd. 1, S. 97f. u. o. S. Register im 4. Bande.

w. A. v. Bechmann, Feuerbach und Savigny. Progr. München 1894.

x. Rudolf Köpke, Gründung der Friedrich-Wilhelms-Universität zu Berlin Berlin 1860. 4.

Briefe an α. Friedrich und Leonhard Creuzer: Nr. p. Enneccerus. S. 56 f. u. o. und Nr. u. Stoll. S. 6 f. — β. H. Chn. Bang: Nr. p. Enneccerus. S. 57 f. — γ. J. v. Bostel: Nr. p. Enneccerus. S. 56 f. — δ. Karl Friedrich Eichhorn: Hugo Loersch, Briefe v. K. Fr. Eichhorn. Bonn 1881. 8. S. 90. — ε. Brüder Grimm: Briefe Jacob und Wilhelm Grimms Nr. γc. — ζ. Guaita: Magazin für Literatur 1895. Heft 1. — η. Karoline von Günderode: oben S. 66 e) S. 16 f. — ϑ. Mensebach: Briefwechsel Meusebachs mit Jac. und Wilh. Grimm, hg. von Wendeler. Heilbronn 1880. S. 342. — ι. Henry Crabb Robinson: Eitner, Ein Engländer über deutsches Geistesleben. 1871. 8. 222 bis 225. — ϰ. Kreis-Justizrat Schröder in Treptow: Neue Heidelbergische Jahrb. 1895. Jahrg. 5. Heft 1. — λ. J. G. Zimmer: § 282, w) = oben S. 4.

Briefe an Savigny von A. v. Arnim: § 286, 7. ϱ). — Clemens Brentano: § 286, 1. μ). — Goethe: Lebensnachrichten über B. G. Niebuhr. Bd. 3, S. 367. — Brüdern Grimm: Briefe Jac. und Wilhelm Grimms Nr. γc.

1) Abhandlung von der Lehre vom Besitz. Gießen 1803. 8. — Zweite, vermehrte und verbesserte Auflage mit dem Titel: Das Recht des Besitzes. Eine civilistische Abhandlung von Friedrich Carl von Savigny. Gießen bey Heyer. 1806. 8. — Dritte Auflage. 1818. 8. — Vierte Auflage. 1823. 8. — Fünfte, vermehrte und verbesserte Auflage. 1827. 8. — Sechste Auflage. 1837. 8. — Siebente, aus dem Nachlasse des Verfassers und durch Zusätze des Herausgebers vermehrte Auflage von Adolf Friedrich Rudorff. Wien 1865. VIII, 765 S. 8.

Hallische Litt.-Ztg. 1804. Nr. 40 bis 42 (Thibaut).

Darstellung der Lehre vom Besitz als Kritik des v. Savigny'schen Buches: „Das Recht des Besitzes. 6te verbesserte Auflage" von einem preußischen Juristen. Berlin 1840. 122 S. 8.

2) Vom Beruf unserer Zeit für Gesetzgebung und Rechtswissenschaft. Von Friedrich Carl von Savigny. Heidelberg, bey J. C. B. Mohr. 1814. 8. — Zweite, vermehrte Auflage. 1828. 8. — Dritte Auflage. 1840. 8. — Neudruck: Freiburg i. B. 1892. 8. — Vergl. oben S. 72 dd.

Gegenschrift gegen Nr. 3. Thibaut. 7).

3) Geschichte des Römischen Rechts im Mittelalter. Von Friedrich Carl von Savigny. Heidelberg, bey Mohr und Zimmer. 1815 bis 1831. VI. 8.

Enth. I bis II. 1815. 1817: Die Zeiten vor der Gründung der Schule zu Bologna. — III. 1822: Die Schicksale des römischen Rechts vom 12. Jahrhundert an: Das elfte Jahrhundert. — IV. 1826: Das zwölfte Jahrhundert. — V. 1829: Das dreyzehnte Jahrhundert. — VI. 1831: Das vierzehnte und fünfzehnte Jahrhundert.

In der zweiten Ausgabe 1834 bis 1851. Heidelberg bei J. C. B. Mohr sind die Verbesserungen und Zusätze und die Register als ein VII. Band erschienen.

Histoire du droit romain au moyen-âge, par Savigny. Traduite par Ch. Guenoux. Quatre tomes. Paris 1839. IV. 8.

Emil Steffenhagen, Beiträge zu v. Savigny's Geschichte des Römischen Rechts im Mittelalter. Aus den Handschriften der königlichen Bibliothek zu Königsberg mitgetheilt. Königsberg 1859. 8.; Zweite unveränderte Titel-Ausgabe, nebst einer Vorbemerkung. 1861. 8.

4) Beitrag zur Rechtsgeschichte des Adels im neuern Europa. Berlin 1836. 4.

5) Der zehnte Mai 1788. Beytrag zur Geschichte der Rechtswissenschaft. Berlin, Nicolaische Buchhandlung. 1888. gr. 8. Festschrift zur 50jähr. Jubelfeier von G. Hugo's akadem. Lehrthätigkeit in Göttingen.

6) System des heutigen Römischen Rechts von Friedrich Carl von Savigny. Berlin. Bei Veit und Comp. 1840 bis 1849. IX. 8.

7) Das Obligationenrecht als Theil des heutigen Römischen Rechts. Von Friedrich Carl von Savigny. Berlin. Bei Veit und Comp. 1851 bis 1853. II. 8.

8) Vermischte Schriften von Friedrich Carl von Savigny. Berlin. Bei Veit und Comp. 1850. V. 8.

In dieser Sammlung sind alle die gedruckten Arbeiten (55) Savignys enthalten, die neben seinen größeren Werken erschienen sind. Der erste und zweite Band enthalten Schriften zur Geschichte des Römischen Rechts, der dritte solche zur juristischen Quellenkunde; der vierte: Geschichte des Deutschen Rechts. Criminalrecht. Gelehrtengeschichte. Lehranstalten betreffend, der fünfte: Recensionen. Verfassung und Gesetzgebung betreffend.

9) Zeitschrift für geschichtliche Rechtswissenschaft. Berlin 1815 bis 1850. XV. 8.

Bd. I bis VIII mit C. F. Eichhorn und J. F. L. Göschen, Bd. IX mit Eichhorn und Klenze, Bd. X bis XV mit Eichhorn und Rudorff.

7. Karl Friedrich Eichhorn, geb. am 20. November 1781 in Jena, Sohn des dortigen Orientalisten und theologischen Professors Johann Gottfried E. (sieh nachher V. Nr. 11). Da dieser 1788 nach Göttingen berufen wurde, so studierte Karl Friedrich dort Jurisprudenz. 1805 ging er als Professor der Rechte nach Frankfurt a. d. O. und 1811 an die neu gegründete Universität Berlin. Er machte als Rittmeister eines Landwehr-Kürassier-Regimentes die Schlachten bei Großbeeren, Dennewitz und Leipzig mit, zog mit in Paris ein und kehrte nach Berlin zurück. 1817 wurde er nach Göttingen, wo sein Vater noch wirkte, berufen, legte aber 1829 wegen seiner erschütterten Gesundheit seine Professur nieder und zog sich auf sein Gut Ammerhof bei Tübingen zurück. Aber schon 1832 folgte Eichhorn einem glänzenden Rufe an die Universität Berlin; doch das Lesen wurde ihm zu schwer, und deshalb wurde er Geheimer Obertribunalsrat. 1847 zog er sich ins Privatleben wieder nach Ammern zurück und starb am 4. Juli 1854 während eines Besuches in Köln a. Rh.

a. Nekrolog 24, 567 f.

b. Zeitschrift für dtsch. Recht. 1854. Bd. 15, S. 436 bis 454.

c. H. Zachariae, Johann Stephan Pütter und Karl Friedrich Eichhorn: Göttinger Professoren. Gotha. Fr. A. Perthes. 1872. 8. 121 f.

d. Allg. dtsch. Biographie. 1877. 6, 469 bis 481 (Frensdorff).

e. Heinrich Siegel, Zur Erinnerung an Karl Friedrich Eichhorn. Wien 1881. 8.

f. Ferd. Frensdorff, Karl Friedrich Eichhorn. Göttingen 1881. 8.

g. Joh. Friedr. Schulte, Karl Friedrich Eichhorn nach seinen Aufzeichnungen, Briefen u. s. w. Stuttgart 1884. 8.

Briefe von Karl Friedrich Eichhorn und zwei an ihn gerichtete Schreiben zur Säcularfeier seines Geburtstages hg von Hugo Loersch. Bonn, Verlag von Adolph Marcus. 1881. XII, 92 S. 8. Enth. 47 Briefe aus den J. 1813 und 1814 an seine Frau und seine Eltern, 4 Br. an seinen Sohn Otto aus den J. 1828/29, 1 Br. an Gustav Hugo, 1 Br. an einen Unbekannten (Albrecht?) in Göttingen; ferner ein Begrüßungsschreiben nach Frankreich von den Mitgliedern der Berliner juristischen Facultät und 1 Br. von Fr. K. von Savigny (Berlin 21./X. 1851).

1) Deutsche Staats- und Rechtsgeschichte. Von Karl Friedrich Eichhorn. Göttingen bey Vandenhöck und Ruprecht. 1808 bis 1824. IV. 8. Der erste Band erschien nochmals 1818; 1821; 1834; 1842: der zweite erschien 1813; 1818; 1821; 1835; 1843; der dritte 1817; 1818; 1821; 1836; 1843; der vierte 1823; 1836 und 1844.

2) Ueber das geschichtliche Studium des deutschen Rechts: Zeitschrift für geschichtliche Rechtswissenschaft. 1815. 1, S. 124 bis 146.

3) Ueber den Ursprung der städtischen Verfassung in Deutschland: Zsch. für geschichtl. Rechtswissenschaft 1815. 1, 147 bis 247. 1816. 2, 165 bis 237.

4) Einleitung in das deutsche Privatrecht mit Einschluß des Lehenrechts von Carl Friedrich Eichhorn. Göttingen bei Vandenhoeck und Ruprecht. 1823. XXIV, 933 S. 8. — Zweite Aufl. 1825. 8. — Dritte Ausg. 1829. 8. — Vierte verb. Ausg. 1835. 8. — Fünfte Aufl. 1845. 8.

5) Ueber die Allodification der Lehen von Karl Friedrich Eichhorn. Göttingen, bei Vandenhoeck und Ruprecht. 1828. 47 S. 8.

6) Grundsätze des Kirchenrechts der Katholischen und der Evangelischen Religionspartei in Deutschland von Karl Friedrich Eichhorn. Göttingen, bei Vandenhoeck und Ruprecht. 1831 und 1833. II. 8.

7) Betrachtungen über die Verfassung des deutschen Bundes in Beziehung auf Streitigkeiten der Mitglieder desselben unter einander oder mit ihren Unterthanen in ihrer jetzigen Ausbildung. Von Karl Friedrich Eichhorn. Berlin, bei Ferdinand Dümmler. 1833. 2 Bl., 108 S. 8.

8) Prüfung der Gründe, mit welchen von den Herren Klüber und Zachariä die Rechtsgültigkeit und Standesmäßigkeit der von Sr. Königl. Hoheit dem Herzog von Sussex mit Lady Augusta Murray im Jahr 1793 geschlossenen ehelichen Verbindung behauptet worden ist. Von Karl Friedrich Eichhorn. Berlin, bei Ferdinand Dümmler. XVI, 172 S. und LXXX S. Beilagen. 8.

9) Rechtsgutachten, betreffend die Succession in die reichsgräflich Bentink'-schen Herrschaften, Güter u. s. w., von K. F. Eichhorn. (Als Manuskript gedruckt.) Heidelberg 1847. 8. Im Frühlinge 1829 geschrieben.

Außerdem Redaction der Zeitschrift für geschichtliche Rechtswissenschaft mit Göschen und Savigny (sieh diesen Nr. 6. 9).

IV. Die Naturwissenschaften mußten sich ihrer notwendigen Sachlichkeit wegen von den Richtungen der Romantiker abwenden und blieben näher bei Kant, als daß sie sich zu den tonangebenden Philosophen der Schule bekannt hätten. In der Medizin fehlte es zwar keineswegs an Systemkämpfen, doch blieben sie innerhalb des Kreises der Fachleute. Rationellen Richtungen folgten Loder, Reil und Hufeland, von denen der letztere neben den streng wissenschaftlichen Arbeiten auch mit populär gehaltenen Schriften für die Gesundheitspflege wirkte. Unter den Anatomen zeichneten sich Sömmerring und Blumenbach aus, jener indem er die vergleichende Anatomie schuf, dieser besonders in der Kraniologie durch Scheidung der Menschenrassen. Blumenbach war auch mit Batsch und Oken für zusammenfassende Darstellung des Gesamtgebietes der Naturgeschichte thätig, während Merrem und Treviranus Einzelforschungen nachgingen. Für die Botanik ist Link zu nennen. Die Mineralogie und Geognosie wurden von Werner, mehr durch Lehre, als durch Schrift, neu geschaffen, und auf die Paläontologie wurde die Wissenschaft von L. v. Buch geführt. Schuberts astronomische Arbeiten waren freilich weder bahnbrechend, noch nachhaltig, aber unter den deutschen Zeitgenossen übertraf ihn keiner. Durch Reisen in ferne Länder und fremde Erdteile gewannen beide Forster, Langsdorff, Buch, Link und andere neues Material, sie erweiterten und vertieften dabei die Wissenschaft. Alle Gebiete der Naturforschung, selbst die vernachlässigten Zweige der Physik und Chemie umfaßte Alexander von Humboldt mit genialer Kraft und trug Forschung und Resultat in farbenreichem, glänzendem Stile vor. Daß die krankhaften Elemente der Zeit sich auch auf diesen Gebieten rührten, zeigt Eschenmayer, dessen Dämonologie sich freilich erst später in ihrer ganzen Roheit entwickelte.

1. Abraham Gottlob Werner, geb. am 25. September 1750 zu Wehrau am Queiß in der Ober-Lausitz, wurde in Bunzlau vorgebildet, besuchte seit 1769 die Bergakademie in Freiberg und studierte von 1771 in Leipzig Jurisprudenz und Naturwissenschaften; 1775 Inspektor des Naturalienkabinetts in Freiberg, 1780 Professor, 1792 Berg-Kommissionsrat, 1799 wirklicher Bergrat. Er starb bei einem Besuche in Dresden am 30. Juni 1817. Werner wirkte mehr durch Lehre, als durch Schriften; er stellte die Theorie des Neptunismus auf und war der eigentliche Begründer der wissenschaftlichen Geognosie.

a. Meusel, Gel. Teutschland 8, 453 bis 455. 16, 197. 21, 496 bis 498.

b. Carl Caesar von Leonhard, Zu Werners Andenken gesprochen in der Versammlung der Kgl. Akad. der Wissensch. zu München am 25. Okt. 1817. Frankfurt am Mayn, 1817. 33 S. 8.

c. K. A. Böttiger: Zeitung für die elegante Welt 1819. Nr. 48 bis 53.

d Samuel Gottlob Frisch, Lebensbeschreibung Abraham Gottlob Werners. Nebst zwei Abhandlungen über Werners Verdienste um Oryktognosie und Geognosie von Christian Samuel Weiß. Leipzig: F. A. Brockhaus. 1825. XVIII, 275 S. und 1 unbez S. Verb. 8. Darnach Zeitgenossen N. R. 1826. V, Heft 19. S. 105 f.

e. Luigi Configliachi, Memorie interno alla vita ed alle opere dei due naturalisti Werner ed Haüy. Padova 1827. 8.

f. T. L. Hasse, Denkschrift zur Erinnerung an die Verdienste des Bergrath's Werner. Dresden und Leipzig 1848. 174 S. 4.

g. Werner und das Wernerfest, den 24. bis 26. September 1850. Freiberg, Carl Julius Frotscher. 23 S. 8.

h. Gotthilf Heinrich Schubert, Der Erwerb aus einem vergangenen und die Erwartungen von einem zukünftigen Leben. Eine Selbstbiographie. Erlangen 1855. 8. Zweiter Band, S. 126 bis 147.

Drei Briefe an K. A. Böttiger: Dresdner Kgl. Bibliothek.

1) Von den äußerlichen Kennzeichen der Foßilien, abgefaßt von Abraham Gottlob Werner. Leipzig, bey Siegfried Lebrecht Crusius, 1774. 302 S. und 1 Bl. Druckf. und Inhalt. 8.

2) Neue Theorie von der Entstehung der Gänge, mit Anwendung auf den Bergbau besonders den freibergischen von Abraham Gottlob Werner. Freiberg, 1791, gedruckt und verlegt in der Gerlachischen Buchdruckerei. XXXX, 256 S. 8. Französisch von d'Aubuisson. Freiberg 1802. 8.

3) Ausführliches und sistematisches Verzeichnis des Mineralien-Kabinets des weiland kurfürstlich sächsischen Bergbauptmanns Herrn Karl Eugen Pabst von Ohain hg. von A. G. Werner. Freiberg und Annaberg, in der Crazischen Buchhandlung, 1791/2. II. 8.
Ins Portugiesische übersetzt durch Napione und Eschwege.

4) Oryktognosie, oder Handbuch für die Liebhaber der Mineralogie. Leipz.1792. 8.

5) Kleine Sammlung mineralogischer, berg- und hüttenmännischer Schriften. Erster Band. Leipzig 1811. 8.

6) Die Produktionskraft der Erde oder über die Entstehung des Menschengeschlechts aus Naturkräften. Leipzig 1811. 8.

7) Letztes Mineralsystem. Aus Werners Nachlaß auf cherbergamtliche Anordnung vom Oberbergrat Freiesleben hg. und mit Erläuterungen des Inspectors Breithaupt und des Custos Köhler versehen. Freiberg und Wien 1818. 8. — Nach den neuesten und letzten Entdeckungen hg. von Chr. Mayr. Wien 1820. 8.

2. Johann Friedrich Blumenbach, geb. am 11. Mai 1752 in Gotha, studierte in Jena und in Göttingen. Hier wurde er 1776 außerordentlicher Professor, 1788 Hofrat, 1816 Ober-Medizinalrat und starb am 22. Januar 1840. Durch sein übersichtliches Handbuch der Naturgeschichte (Zoologie) wirksam und durch die Untersuchung über den Bildungstrieb bahnbrechend. Er legte eine Sammlung von Schädeln an, die noch heute die reichhaltigste ihrer Art ist. Die Beschreibung dieses seines ‚Golgatha' verfaßte er lateinisch.

a. Meusel, Gel. Teutschl. 22I, 289 f. — b. N. Nekrolog 18, 124 bis 140.
c. Karl Friedrich Heinrich Marx, Zum Andenken an Johann Friedrich Blumenbach. Eine Gedächtniß-Rede gehalten in der Sitzung der Kgl. Societät der Wissenschaften. Göttingen, Druck und Verlag der Dieterichschen Buchhandlung. 1840. 53 S. 4.
d. Medicinischer Almanach für das Jahr 1841. Von Johann Jakob Sachs. S. 86f.
e. A. Grissbach, Blumenbach: Göttinger Professoren. Gotha 1872. S. 189 bis 165.
f. Allg. dtsch. Biogr. 1875. 2, 748 bis 751 (Oscar Schmidt).
Briefe an α. Heyne: Erich Schmidt § 286, 3. γ. S. 3. — β. Johann Heinrich Merck: Briefe, hg. von K. Wagner. Darmstadt 1835. 8. Nr. 197. 218. 250. — γ. Karl Erenbert von Moll: Mittheilungen aus dessen Briefwechsel. 1829. Abthlg. 1. S. 56 bis 63. — δ. Joh. v. Müller: Hg. von Maurer-Constant. Schaffhausen 1840. Band VI, S. ?? — ε. Thomas Sömmerring: Briefe berühmter Zeitgenossen an Sömmerring. Bei Rud. Wagner, Sömmerrings Leben. Leipzig 1844. Anhang 1, zweite Abthlg.
Briefe von Goethe, Weim. Ausg., Abthlg. IV. S. Band 18 das Personen-Register. — Joh. v. Müller: § 293, V. 10. 83) Tbl. 27, S. 388 f. — Thom. Sömmerring: Briefe berühmter Zeitgenossen an S. a. a. O. S. 311.

1) Dissertatio de generis humani varietate nativa. Gottingae 1775. — Dritte Ausg. 1795. — Deutsche Übersetzung von J. G. Gruber (§ 279, 44). Leipzig 1798. 8.

2) Joh. Friedr. Blumenbachs Handbuch der Naturgeschichte. Göttingen, bey Johann Christian Dieterich. 1779. 8. — Zweyte durchgehends verbesserte Ausgabe. 1782. 8. — Von der Verlagshandlung sind bis 1830 zwölf Auflagen ausgegeben worden. Daneben Nachdrucke und Übersetzungen in fast alle gebildeten Sprachen.

3) Ueber den Bildungstrieb und das Zeugungsgeschäft. Göttingen 1781. 8. — wiederh.: 1789. 8. — Neue verm. Aufl. Göttingen 1791. 8.

4) Medicinische Bibliothek hg. von Joh. Friedr. Blumenbach. Drei Bände. Göttingen, bey Johann Christian Dieterich. 1783. 1785. 1788. III. 8.

5) Beyträge zur Naturgeschichte von Joh. Fr. Blumenbach. Göttingen, bey Johann Christian (Zweyter Theil: Heinrich) Dieterich, 1790 und 1811. II. 8.

6) Abbildungen naturhistorischer Gegenstände hg. von Joh. Friedr. Blumenbach. Nr. 1 bis 100. Göttingen bey Heinrich Dieterich (1796 bis) 1810. 8.

7) Handbuch der vergleichenden Anatomie. Göttingen 1805. 8. — Zweite Auflage. 1815. — Dritte Auflage 1824.

8) ‚Alte Aufschrift in Basel‘: Zeitung für Einsiedler 1808. Nr. 36.

9) Io. Frid. Blumenbachii specimen historiae naturalis ex autoribus classicis praesertim poetis illustratae eosque vicissim illustrantis. Gottingae apud Henricum Dieterich MDCCCXVI. 4.

3. **Ferdinand Just Christian von Loder,** geb. am 12. März 1753 in Riga, studierte in Göttingen Medizin, 1778 Professor in Jena. bereiste 1780 und 1781 Frankreich, die Niederlande und England, gründete darnach in Jena mehrere medizinische Anstalten, wurde Geh. Hofrat und Leibarzt des Herzogs Karl August, ging 1803 als preußischer Geh. Rat und ord. Prof. der Medizin nach Halle, 1806 nach Königsberg, Leibarzt der preußischen Königsfamilie; Ende 1809 wendete sich Loder nach St. Petersburg, später nach Moskau, wurde zum kaiserlichen Leibarzt ernannt. Dort starb er am 16. April 1832. Ausgezeichnet als Anatom und für Begründung einer philosophischen Auffassung der Medizin thätig.
a. Meusel, Gel. Teutschl. 4, 484. 10, 218. 11, 493. 14, 451. — b. Düntzer, Briefe aus Knebels Nachlaß. 1. S. XIV. — c. Allg. dtsch. Biogr. 1884. 19, 76 bis 79 (E. Gurlt). Briefe Goethes an ihn: Fr. Strehlke, Goethe's Briefe. Berlin 1882. 1. Theil, S. 416 f. Sieh Goethes Werke (W. A.) IV, 11, 239. 13, 105. 14, 4. 15, 254.

1) Anatomisches Handbuch von Just Christian Loder. Jena, in der akademischen Buchhandlung. 1788. 8. Erster (einz.) Band. Osteologie, Syndesmologie, Myologie.

2) Anatomische Tafeln zur Beförderung der Kenntniß des menschlichen Körpers gesammelt und hg. von Just Christian Loder. Weimar im Verlage des Industrie-Comptoirs. 1794 bis 1803. Fol.

3) Tabulae anatomicae quas ad illustrandam humani corporis fabricam collegit et curavit Justus Christianus Loder. Vimariae MDCCCIII. Fol.

4) Grundriß der Anatomie des menschlichen Körpers. Zum Gebrauche bey Vorlesungen und Secir-Übungen entworfen von Just Christian Loder. Jena, bey H. W. Ch. Seidler. 1806. Erster (einz.) Theil.

4. Johann Reinhold Forster, geb. am 22. Oktober 1729 in Dirschau a. d. Weichsel, stammte aus einem schottischen Geschlecht. Im sechsten Lebensjahre der Leitung des Vaters beraubt, den eine Lähmung heimsuchte, blieb der begabte Knabe sich selbst überlassen; bei einem Oheim lernte er früh die Landwirtschaft kennen. Vierzehn Jahre alt, besuchte er die Schule zu Marienwerder, zwei Jahre darauf genoß er in Berlin im Joachimsthalischen Gymnasium einen gründlicheren Unterricht in den alten Sprachen, die neueren lernte er durch Umgang mit Ausländern kennen. Im J. 1748 studierte er in Halle Theologie, schon 1751 predigte er mit Erfolg als Kandidat in Danzig, zwei Jahre darauf erhielt er eine Pfarre in Nassenhuben a. d. Mottlau, eine Meile südöstlich von dem damals noch polnischen Danzig, und heiratete 1754 seine Base Justine Elisabeth Nicolai. Geistlicher nicht aus innerem Beruf, genügte er seinen Pflichten äußerlich und studierte daneben emsig Geschichte und Sprachen. Als sein erster Sohn Georg heranwuchs, sah er sich genötigt, um dessen Wißbegier zu befriedigen, sich die früher vernachlässigten Naturwissenschaften anzueignen. Die Heftigkeit seines Wesens, die ihm bis ins späte Alter blieb, zeigte sich in den Streitigkeiten, in die er mit der Gutsherrschaft durch redliche Parteinahme für die Bauern geriet. Dazu kam bei dem Mangel an haushälterischem Sinn seine bedrängte ökonomische Lage. Mit Freude ging er daher, auf den Vorschlag des russischen Residenten in Danzig berufen, im März 1765 nach St. Petersburg; von dort wurde er durch den Grafen Orloff zur Untersuchung des Kolonialwesens nach Saratow und Umgegend entsandt. In sechs Monaten entledigte er sich seiner Aufgabe so gut, daß er nach seiner Rückkehr nach St. Petersburg den Befehl erhielt, eine Art Gesetzbuch für die Kolonien auszuarbeiten. Um den Lohn seiner aufreibenden Thätigkeit durch die Ränke des Woiwoden von Saratow gebracht — Herder hat im Hinblick auf ihn in der ‚Epistel über den Nationenruhm‘ beklagt, daß Deutsche ihre Kraft dem Auslande zu widmen genötigt seien — entschloß sich Forster rasch und segelte 1766 mit seinem Georg nach England. An der Dissenterakademie zu Warrington in Lancashire wirkte er seit dem Sommer 1767 als Lehrer der Naturgeschichte, wie

der französischen und deutschen Sprache und versammelte seine Familie wieder um
sich, die damals außer Georg aus zwei Söhnen und vier Töchtern bestand. Im
nächsten Jahr gab er die Stelle wieder auf; seit 1770 in London, mußte er sich und
die Seinigen durch schriftstellerische und gelehrte Arbeiten unterhalten. Wie eine Erlösung war es ihm, als Lord Sandwich ihn aufforderte, Cook auf seiner Entdeckungsfahrt als Naturforscher zu begleiten; Georg folgte dem Vater: am 13. Juli 1772
verließ Cooks Hauptschiff ,Resolution' den Hafen von Plymouth. Erst im Sommer 1775
kehrten beide Forster nach Europa zurück. Mehr noch als durch die Kenntnis der
Flora und Fauna der Südseeinseln hat sich Reinhold durch umfassende Vergleichung
und philosophische Ordnung der einzelnen Beobachtungen und Wahrnehmungen
Ruhm und Anerkennung erworben. Er ist der Bahnbrecher geworden für die vergleichende Völker- und Länderkunde, wie für wissenschaftliche Reisebeschreibungen
in Deutschland. Mit Georg gab er zunächst 1776 die Sammlung der neuentdeckten
Pflanzen heraus. Die Absicht aber, seine Reise ausführlich zu erzählen, wurde durch
das Verbot der englischen Minister vereitelt, auch sonstige ihm versprochene Vorteile
wurden ihm entzogen. ,Grausam,' so schrieb Georg an F. H. Jacobi, ,und ein Schand-
fleck für England ist es, einem Manne, der nichts in re, sondern in modo fehlte,
seinen verdienten und immer versprochenen Lohn ganz und gar abzusprechen und
ihn auf solche Art ins Unglück zu stürzen.' Da trat der Sohn für den Vater ein:
er schrieb seine Reisebeschreibung englisch und später (s. unten) deutsch mit Benutzung der Tagebücher Reinholds. 1778 legte dieser selbst in einem englischen
Werke die Ergebnisse seiner wissenschaftlichen Beobachtungen dem Leser vor. Bald
geriet er in die drückendste Not (wahrscheinlich hat er eine Zeit lang sogar im
Schuldturm gesessen), bis ihn der Sohn rettete, der bei dem Minister Friedrichs d. Gr.,
Zedlitz, für des Vaters Berufung nach Halle thätig war. Im Juli 1780 traf Reinhold
in Halle ein, nachdem er von den Verbindlichkeiten in London durch eine Sammlung
befreit werden war, an der sich besonders der Herzog Ferdinand von Braunschweig
und die Freimaurerlogen beteiligten. Als Professor für Naturgeschichte und Mineralogie, als Aufseher des botanischen Gartens, wirkte Reinhold in Halle mehr als
18 Jahre. Sein großes Wissen gestattete ihm, auch über andere Gebiete Vorträge zu
halten, z. B. über Landwirtschaft. Durch seine Reizbarkeit machte er sich aber
viele Gegner, an aufrichtigen Verehrern jedoch fehlte es dem eigenartigen Manne
nicht, dem es schwer wurde, sich zu zügeln und engen Verhältnissen anzubequemen.
Auch die späteren Arbeiten, selbst die für den Broterwerb, zum Teil mit Hilfe seines
Schwiegersohnes Matth. Chn. Sprengel verfaßten, haben einen Zug von Größe; sie
haben anregend gewirkt und den Gesichtskreis des deutschen Publikums erweitert.
Ein Bewunderer Friedrichs, mit dem er sich 1780 zwei Stunden unterhielt, wie er
selbst erzählt, war der religiöse Mann ein entschiedener Gegner der kirchlichen
Reaktion unter seinem Nachfolger. Das Unglück seines Sohnes hat er gewiß
tiefer empfunden, als es nach seinen harten Äußerungen den Anschein hatte.
Er starb am 9. Dezember 1798 an einer Verknöcherung der Aorta.

a. Goldbeck, Litterarische Nachrichten von Preußen. Berlin 1781. I, 152
bis 155 (ungenau).

b. Eigene Angaben Reinholds: Jakob's Annalen der Philos., Philos. Anzeiger
St. 2 und 16. Halle 1795.

c. Neue Schriften der Gesellschaft naturforschender Freunde zu Berlin 1799.
II, 414 bis 439.

d. Neuer Teutscher Merkur 1799. I, 35 bis 46. 234 bis 244. II, 8 bis 28;
vergl. 1805. II, 261.

e. Schlichtegroll, Nekrolog auf 1798 (aus d). 1802. I, 210 bis 301.

f. Allgemeine geographische Ephemeriden von Gaspari und Bertuch.
Band 12. Weimar 1803. S. 116 bis 119.

g. Baur, Allg. hister. Handwörterbuch. Ulm 1803. S. 343 bis 348 (aus d und e).

h. Meusel, Gel. Teutschl. 2, 394 bis 402. Lexikon. Leipzig 1804. 8, 430
bis 439.

i. Ersch und Grubers Encyklopädie 1847. 46, 376 bis 382 (Eckstein).

k. F. Strehlke, Aus der Umgegend von Danzig. Programm der Petri-
schule in Danzig 1862 und 1863 (mit Bildern).

l. Allg. dtsch. Biogr. 1878. 7, 166 bis 172 (Alfred Dove).

m. Schnorrs Archiv 1885. 13, 274 bis 275.

n. Garlieb Merkel, Über Deutschland zur Schiller-Goethe-Zeit, hg. von J.
Eckardt. Berlin 1887. S. 134.

Briefe: Ungedruckte Briefe an Buchhändler Spener in Berlin. Die Briefe von und an Reinhold zum großen Teil nicht gedruckt; einen an?, datiert Nassenhof, 1 Meile vor Danzig, den 11. Februar 1758, sieh (Dorow) Denkschriften und Briefe Berlin 1840. 4, 176 bis 182; an Wieland, Halle 1798 Januar 9: Morgenblatt 1855. S. 808. — Fünf Briefe der Gebrüder v. Humboldt an Johann Reinhold Forster. Nebst einem Anhange. Herausgegeben von Fritz Jonas. Berlin 1889. (Mit einem Verzeichnis einer Sammlung von Briefen an Reinhold F. und Stellen aus diesen Briefen; zum Schluß Bruchstück eines Aufsatzes in Briefform von Reinhold F. über die Bildung der ersten Vorstellungen in der Kindesseele). — S. auch Briefe unter Georg F. α. r. — Briefe an Sömmerring s. diesen.

K. Große, Briefe über Spanien, an Joh. Reinb. Forster. Halle 1793. II. 8. Vergl. § 278, 11. 11) — Band V. S. 498.

Ein schönes Bildnis des Vaters mit Georg Forster von Rigau, von D. Beyel gestochen. Ferner ein Bild nach Chodowiecki von Berger gestochen, auch von Bause. Über andere Bildnisse s. Meusel. h. S. 438. Abramson in Berlin prägte 1777 eine Medaille nach seinem Kopf. - S. unten S. 806.

1) An Introduction to Mineralogy. London 1768. 8.

2) A Catalogue of British Insects. Warrington 1770. 16 S. 8.

3) Catalogue of the animals of North-America. London 1771. 8. — Der Anhang dazu deutsch von Joh. Pet. Velthusen, J R. Forsters Anweisung, wie man Naturalien von jeder Art sammeln ... könne; aus dem Engl.: Hannöver. Magazin 1771. St. 98.

4) Flora Americae septentrionalis. London 1771. 8.

5) A voyage to China and the East Indies by Peter Osbeck. Together with a voyage to Suratte by Olof Toreen and an account of the Chinese Husbandry by captain Charles Gustavus Eckeberg. Translated from the German by John Reinhold Forster. London 1771. II. 396 und 367 S. 8.

6) Novae species insectorum cent. I. London 1771. gr. 8.

7) Epistolae ad Joannem Davidem Michaelis hujus spicilegium Hebraeorum geographiae externae jam confirmantes jam castigantes. Gottingae 1772. 38 S. 4. (vgl. J. D. Michaelis, Spicilegium geogr. Hebr. externae. Gott. 1768—70. II. 4.)

8) An easy Method of classing mineral substances. London 1772. 8.

9) Travels through Sicily and that part of Italy Formerly called Magna Graecia. And a tour through Egypt by M. Granger translated from the German by J. R. Forster. London 1773. 383 S. gr. 8. (to Thomas Falconer London 23 Juni 1772.) Übersetzung von Johann Hermann Riedesels Reise durch Sizilien und Großgriechenland. Zürich 1771. 8. Vignette von S. Gessner. — Erneuerte Ausgabe. (Jena) 1830. 8.

10) Anmerkungen zu Alfreds angelsächsischer Übersetzung des Orosius. London 1773. 8.

11) Liber singularis de bysso antiquorum. Lendini 1776. 188 S. 8. (Vor der Weltreise geschrieben.)

12) Characteres generum plantarum, quas in itinere ad insulas maris australis collegit, descripsit, delineavit annis 1772—1775 adjuvante filio Georgio Forster. Londini 1776. 4. (cum 78 tabulis aeri incisis). Vgl. Allg. dtsch. Bibliothek 85, S. 336. Auf eigene Kosten des Verf. herausgegeben. Deutsch mit unrichtigen Kupfern von Johann Simon Kerner. Stuttgart 1779. 4. Vgl. Kurt Sprengels Geschichte der Botanik. II, 342.

13) Die zoologischen Entdeckungen Reinholds hat die Berliner Akademie erst 1844 veröffentlicht; vgl. Descriptiones animalium, quae in itinere ad maris australis terras per annos 1772—1774 suscepto collegit, observavit et delineavit Joannes Reinoldus Forster curante Henrico Lichtenstein academiae socio. Berolini 1844. 8.

14) Observations made during a voyage round the world. London 1778. 4. Deutsch s. Georg Forster Nr. 5. 15). Französische Übersetzung: Paris 1778. 4.

15) Chemical Observations and Experiments on Air and Fire by C. W. Scheele, translated [from the German] by J. R. Forster. London 1780. 8. Das Original von Karl Wilh. Scheele erschien Upsala und Leipzig 1777. 8. Vergl. Mousel. Lex. 12, 104.

16) Tagebuch einer Entdeckungsreise nach der Südsee in den Jahren 1776—80 unter Anführung der Capitaine Cook, Clerke, Gore und King. Eine Übersetzung nebst Anmerkungen. Leipzig, verl. Weidmanns Erben und Reich. 1781. 357 S. 8. Mit Kpf. und einer Karte.

17) Indische Zoologie, lat. und deutsch. Halle 1781. Mit 15 Kpf. Zweite sehr verm. Aufl. Halle 1795. Fol.

18) Von Verbesserung der Lohgärberey nebst der Übersetzung einer Vorschrift, Leder lohgar zu machen, nach einer neuen Art: Wöchentl. Hall. Anzeiger 1781. Nr. 14 bis 15. Auch besonders Halle 1781. 8. Im Anzeiger auch andere Aufsätze über Landwirtschaft.

19) Beiträge zur Völker und Länderkunde. Hggb. von J. R. Forster und M[atthias] C[bn.] Sprongol. Leipzig, in der Weygandschen Buchhandlung. 1781 bis 84. 1786 bis 1790. 14 Teile mit Kpf. und Karten.
R. Forster war nur bei den ersten drei Teilen 1781 bis 83 Mitherausgeber. Dann steht nur C. Sprengel als Hg. auf dem Titel. Fortsetzung sieh Georg F. Nr. 88a).

20) Auf Vernunft und Erfahrung gegründete Anleitung den Kalch und Mörtel zu bereiten. Berlin 1782. 8. — Neue Ausg. Berlin 1820. 8.

21) J. Bapt. Fabronis Versuch von Ackerbau. Übers. und mit Anmerkungen. Berlin 1782. 8.

22) (Karl Renatus Hausen) Historisches Portefeuille zur Kenntniss der gegenwärtigen und vergangenen Zeit. Fortgesetzt von J. R. Forster, Sprengol und Julius A. Remer. Frankf. a. O. 1782 bis 88. Mit Kpf. Vergl. Mousel, Gel. Teutschl. 3, 124 f.

23) Tableau de l'Angleterre pour l'année 1780. o. O. (Dessau). 1783. 8. Anonym, um sich an den „großen Bösewichtern in England" zu rächen, zunächst nur für Friedrich 2. bestimmt, mit freimütigen Schilderungen und Nachrichten über Personen und Verhältnisse in England. Vgl. Schlichtegroll e.

24) Sammlung von Abhandlungen ökonomischen und technologischen Inhalts. Halle 1784. 212 S. 8. (von Hertzberg, Zedlitz u. a. gewidmet.)

25) Allgemeine Geschichte der Entdeckungen und Schiffahrten des Nordens. Mit neuen Originalkarten versehen. Frankfurt a. O. 1783. 596 S. 8. Katharina II. gewidmet. Englisch: History of the voyages and discoveries made in the North, translated from the German. London 1786. 489 S. 4. Französisch: Histoire des découvertes . . . par M. Broussonet. Paris 1788. II. 399 und 410 S. 8.

26) Heinrich Swinburnes Reisen durch beide Sicilien 1777 bis 80. Übersetzt und mit Anmerkungen erläutert. Hamburg 1785 bis 87. II. 536 und 640 S. 8. — Brief Swinburnes vom 6. September 1788, vgl. Jonas (oben, Briefe) S. 25.

27) Allgemeine Vorschläge und Gedanken, wie das Betteln zu verhüten, ein hinlänglicher Fonds zu verschaffen, und die zusammengebrachten Allmosen am vortheilhaftesten anzuwenden sind, besonders in Rücksicht auf die Stadt Halle. Halle 1786. 8.

28) T. Cavallos mineralogische Tafeln. Aus dem Italiän. übers. Halle 1786. Fol. 1790. Fol.

29) Enchiridion historiae naturali inserviens. Halae apud Hemmerde et Schwetschke 1788; ed. alt. emendatior Edinburgi 1794. 224 S. 8.

30) Reise um die Welt der Capitaine Portlock und Dixon, besonders nach der nordwestlichen Küste von Amerika während der Jahre 1785 bis 1788 . . . hg. von dem Capitain Dixon. Aus dem Engl. übersetzt und mit Anm. begleitet. Berlin 1789. 4. Mit Kpf.

31) Wilhelm Patterson's Reisen in das Land der Hottentotten und der Kaffern während der Jahre 1777 bis 79. . Aus dem Engl. übers. Berlin 1790. 8.

32 Magazin v. merkwürdigen neuen Reisebeschreibungen, aus fremden Sprachen übersetzt und mit erläuternden Anmerkungen begleitet. Berlin 1790. 8. I. Band. Vorrede von J. R. Forster. Halle, 17. April 1790. a: Reisen nach Neu-Süd-Wallis. — b: W. Franklins Bemerkungen auf einer Reise von Bengalen nach Persien 1786 und 87 von J. R. F. Auch besond. Berlin 1790. 8.; 1794. 8. — c: Saunders Reise nach Butan und Tibet. — II. Band. Le Vaillants Reisen in das Innere von Africa. Auch besonders Berlin 1790. 8. Vgl. Schiller an Goethe: ‚Le Vaillant auf seinen afrikanischen Zügen ist wirklich ein poetischer Charakter' u. s. w. (13. Februar 1798). — III. Band.

Des Grafen M. A. v. Benjowskys Reisen durch Sibirien und Kamtschatka von J. R. F
Auch besonders Berlin 1790. 8. „Die Übersetzung ist von Dor. Marg. Liebeskind,
(§ 277, 7): Meusel, Gel. Teutschl. 4, 452. Vgl. Aus Knebels Nachlaß I, 174. —
IV. Band. a: Lesseps Reise durch Kamtschatka und Sibirien. Auch besonders
Berlin 1791. 8. — b: Des Grafen von Sauveböuf Reisen in der Türkei, Persien,
Arabien. Auch besonders Berlin 1791. II. 8. — V. Band a: Whites Reise nach
Süd-Wallis. — b: W. Blighs Reise nach Tofoa (Freundschaftsinsel) und Timor. —
c: Entdeckungen im Innern von Africa. a und b auch besonders Berlin 1791. 8.
— d: Norris Reise nach Dahomey. — VI. Band. Thomas Aubureys Reisen im innern
Amerika. Übersetzer ist Georg Forster. Auch besonders Berlin 1792. 8. —
VII. Band. a: Brissots Reise durch die vereinigten Staaten von Nordamerika 1788.
Auch besonders Berlin 1792. 8. — b: Thunbergs Reise in Afrika. Auszugsweise
übersetzt von Kurt Sprengel. Mit Anmerkungen von J. R. F. Auch besonders
Berlin 1792. 8. — VIII. Band. Des Abbé Rochon Reise nach Madagaskar und Ostindien. Nebst Thomas Bowyears und Robert Kirsops Nachrichten von Cochin-
china. Aus dem Franz. und Engl. übersetzt von Georg Forster. Auch besonders
Berlin 1792. 8. — IX. Band. W. Blighs Reise in das Südmeer. Aus dem Engl.
nebst Jean François de Surville Reise in das Südmeer, übersetzt und mit Anmerk.
begleitet von Georg Forster. Mit Kpf. und einer Karte. Auch besonders Berlin
1793. 8. — X. Band. Bartrams Reisen durch Nordamerika übersetzt von E. A. W.
Zimmermann. — XI. Band. John Hunters Reise nach Neu-Südwallis. Aus dem
Engl. mit Anmerkungen von J. R. Forster. Auch besonders Berlin 1794. 8. —
XII. Band. Le Vaillants Zweite Reise in Afrika während der Jahre 1783 bis 85.
Aus dem Französischen mit Anmerk. von J. R. Forster. 1796. — XIII. Band. Le
Vaillant, Fortsetzung. Vgl. J. R. Forsters Neue Beiträge zur Kenntniß von Africa.
Aus dem Englischen. Berlin 1791 bis 94. II. 8. — XIV. Band. a: Samuel Hearne's
Reise von der Hudsonsbay bis zu dem Eismeere 1769 bis 72. Aus dem Engl. mit
Anmerk. von J. R. Forster. Auch besonders Berlin 1797. 8. — b: H. Wanseys
Tagebuch einer Reise durch die vereinigten Staaten von Nordamerika. 8. dazu
S. 806. — XV. Band. Des Fra Paolino da San Bartolomeo Reise nach Ostindien.
Aus dem Franz. mit Anmerkungen von J. R. F. Mit einem Kpf. Auch besonders
Berlin 1798. 8. Vgl. Seufferts Vierteljahrschr. 1889. II, 8. 568. — XVI. Band.
La Peyrouse's Entdeckungsreise in den Jahren 1785 bis 88, herausg. von Milet-
Mureau. Aus dem Franz. und mit Anmerk. von J. R. Forster und C. L. Sprengel.
Auch besonders Berlin 1799 bis 1800. 8. (Nach N. F.'s Tode).

33) Bengt Bergius über die Leckereyen. Aus dem Schwedischen mit Anmerkungen von J. R. Forster und Kurt Sprengel. Halle 1792 in der Buchhandlung
des Waisenhauses. II. 882 und 880 S. 8. Vgl. Georg F. unter Nr. 33).

34) Gab mit G. S. Klügel heraus: Zweytes naturhistorisches Weyhnachts-
geschenk für artige Kinder, oder Abbildungen merkwürdiger Völker und Thiere.
Halle 1793. 8. Vergl. Nr. 37). Vorher erschien: G. S. Klügel, Naturhistorisches
ABC-Buch. Ein Weyhnachtsgeschenk an folgsame Kinder... unter Aufsicht des
Hrn. Prof. Forster verfertiget. Halle 1792. 8.

35) G. Hamilton, Capitain Edward's Reise um die Welt. Aus dem Engl. von
J. R. F. Berlin 1794. 8. S. dazu und zu Nr. 36) S. 806.

36) Lafayette als Staatsmann, als Krieger und als Mensch. Aus dem Französischen. Mit einer Vorrede von J. R. Forster. Magdeburg 1794. 8. Mit Laf.
Bildnis.

37) Beschreibungen zu den Abbildungen merkwürdiger Völker und Thiere
des Erdbodens. Für die Jugend entworfen von J. R. Forster und G. S. Klügel.
Drittes Geschenk. Halle 1794. 8. Sieh Nr. 34).

38) Des Herrn Follies Reise in der Wüste Sahara. Aus dem Französischen.
Berlin 1794. 8.

39) Onomatologia nova systematis oryctognosiae vocabulis latinis expressa.
Halae 1795. Fol.

40) Charakter, Sitten und Religion einiger merkwürdiger Völker. Ein Oster-
meßgeschenk für Kinder. Halle 1795. 8.

41) Kurze Übersicht der Geschichte Katharinas der II., Kaiserin von Rußland.
Halle 1797. 88 S. 8. Mit Vign.

42) J. R. Forsters Karte von der Südspitze Afrikas bis zum Wendekreis des
Steinbocks nach Le Vaillant und Sparrmanns Karte von Afrika und nach eigner
Zeichnung vermehrt. Nürnberg 1797.

43) J. C. de la Metherie's Theorie der Erde. Aus dem Französischen. Nebst
Anhang von J. R. Forster. Leipzig 1797. II. 8. Dazu unten S. 806.

44) Kamilla oder ein Gemälde der Jugend; aus dem Engl. der Frau d'Arblay,
geb. Burney. Mit einer Vorrede von J. R. Forster. Berlin und Stettin 1798. IV. 8.

45) F. le Vaillant's Naturgeschichte der afrikanischen Vögel. Mit Anmerkungen.
1. Bändchen. Mit 18 illum. Kupfern. Berlin 1798. gr. 8.

46) Beobachtungen und Wahrheiten nebst einigen Lehrsätzen, die einen hohen
Grad von Wahrscheinlichkeit erhalten haben, als Stoff zur künftigen Entwerfung
einer Theorie der Erde. Leipzig 1798. 85 S. 8. — Forsters letzte Schrift, ‚worin
er noch einmal seine alte Flut-Hypothese vorträgt, nun in Verbindung mit den
damals modernen geologischen Ideen‘ (Dove).

47) Beiträge Reinh. Forsters zu Zeitschriften, Vorreden u. a. verzeichnet
Meusel, Lex. 3, 437 bis 438.

5. Johann George Adam Forster, Sohn des vorigen, geb. am 26. November
1754 in Nassenhuben. Vom Vater unterrichtet, betrieb er mit Vorliebe Naturkunde, 1765 begleitete er ihn nach Rußland und später nach England. Bei der
Übersetzung mehrerer Werke ins Englische half Georg, noch nicht siebzehnjährig,
dem Vater und gab dabei französischen Unterricht in einem Pensionat. Eine Zeit
ng in einem Londoner Tuchgeschäft thätig, wurde er bald wieder Schriftsteller
und Lehrer. Auf der dreijährigen Weltfahrt Cooks vom Juli 1772 bis 1775 stand
er dem Vater eifrig zur Seite; er zeichnete und ordnete die neu entdeckten Tiere
und Pflanzen und genoß die Eindrücke der Reise mit frischem Geist und ganzer
Seele. Nach der Heimkehr trat der zweiundzwanzigjährige Jüngling für den un-
gerecht behandelten Vater ein. Auf Grund der von diesem und ihm selbst geführten Tagebücher verfaßte er eine Reisebeschreibung, die erst englisch 1777 und
später in einer nur zum Teil von ihm besorgten deutschen Übersetzung erschien.
Seine schriftstellerische Befähigung zeigte er in mehreren Streitschriften. Nach
einem Besuch in Paris im Herbst 1777, wo er Buffon kennen lernte, ging er über
Holland nach Deutschland, um Hilfe für seinen Vater zu erbitten. Im November
1778 betrat er den deutschen Boden: er wurde von bedeutenden Männern freundlich aufgenommen, z. B. von Fr. H. Jacobi in Düsseldorf, von Heyne und Lichtenberg in Göttingen, von Lessing und Jerusalem in Braunschweig, von Nicolai und
Biester in Berlin. Als Professor der Naturgeschichte in Kassel, seit 1779, verkehrte er mit Johannes Müller und besonders mit dem Anatom Sömmerring, der
ihm innig zugethan war und von dem er Anregung, Rat, Ermunterung zu finden
gewohnt war. Die Beteiligung an dem Rosenkreuzerorden wurde für ihn, dem es,
bei seiner weichen, bestimmbaren Natur schwer war, die reichen, geistigen Gaben
zu sammeln, unheilvoll. Seine Verirrung teilte Sömmerring; erst 1788 durchschauten beide Freunde den fremden Betrug und die eigene schwärmerische Thorheit. Auch sie hatten durch Geisterbeschwörung Kunde vom Jenseits zu gewinnen
gehofft, auch sie die Tinctur gesucht, die unedles Metall in edles wandeln sollte,
auch sie hatten die Wahrheit verkannt, daß andächtig schwärmen leichter ist als
gut handeln. Im Jahre 1784 schon konnte Georg an Sömmerring; schreiben: ‚Ich
glaube bei uns conspirirte alles, uns hineinzuziehen, Mangel an Erfahrung, Geist der
Wiß- und Neugierde, blindes Zutrauen zu gut und ehrlich scheinenden Charakteren
und Unbestimmtheit unserer eigenen Gedanken vom Wahrscheinlichen und Unwahr-
scheinlichen, vom Möglichen und Unmöglichen.‘ Gern folgte er 1784 einem Ruf als
Professor der Naturgeschichte an die Universität Wilna. Im Mai des Jahres mit
Therese Heyne (§ 277, 26), der 20jährigen Tochter des großen Philologen verlobt,
reiste er von Göttingen gemächlich durch Sachsen, Böhmen, Österreich — in Wien
nahm ihn Kaiser Joseph freundlich auf — an seinen Bestimmungsort.

Ohne genügende Hilfsmittel zu seinen Studien und zur Ausübung seiner
Lehrpflicht; zum Vortragen in lateinischer Sprache gezwungen; von Unwissenheit
und Gleichgiltigkeit gegen alle höheren Bestrebungen umgeben, sehnte er sich
bald von Wilna hinweg. Dabei geriet er bei dem vom Vater ererbten Mangel an
wirtschaftlichem Sinn in Schulden. Seine Lage war schlimm trotz dem Glück,
das er damals in seiner Ehe mit Therese fand, die seit dem Herbst 1785 mit ihm
vermählt war. Einige Arbeiten gelangen ihm auch damals, so die treffliche Lobschrift auf Cook, den Entdecker. Der erst 1794 durch den Druck bekannt gewordene ‚Blick in das Ganze der Natur‘, eine ‚Einleitung zu den Anfangsgründen
der Thiergeschichte‘ stammt noch aus der Zeit in Kassel.

Wie eine Befreiung erschien ihm die Einladung zur Teilnahme an einer russischen Entdeckungsfahrt in den Norden des stillen Oceans. Durch Katharina 2. wurde er von allen Verbindlichkeiten in Polen losgekauft, im September 1787 brachte er seine Frau und seine Tochter nach Göttingen. Der Ausbruch des Türkenkrieges vereitelte leider seine Hoffnungen; auch die Aussicht einer Sendung in die spanischen Kolonien erwies sich als trügerisch. So nahm er 1788 eine Stelle als Bibliothekar in Mainz an: Johannes Müller, der frühere Bibliothekar, war in die Regierung des Kurfürsten Friedrich Karl Joseph getreten. Trotz dem Scheine der Aufklärung waren die Zustände in Mainz sittlich hohl. Forster wurde in seiner Amtsführung erst nachlässiger, als alle Bemühungen, die Bibliothek Lehrenden und Lernenden wahrhaft nützlich zu machen, an der Gleichgiltigkeit und Sorglosigkeit der leitenden Stellen scheiterten. In seinem Hause verkehrten außer Sömmerring bedeutende Männer; der junge Wilhelm v. Humboldt weilte 1788 und 1789 als Gast bei ihm. Des Erwerbes wegen war Forster als übersetzer thätig. Kalidasas Sakuntala wurde durch ihn zuerst in Deutschland bekannt und fand Goethes und Herders begeisterten Beifall. Vom März bis Juli 1790 reiste Forster mit A. v. Humboldt — ‚ich habe vom Kurfürsten auf 3 Monate Urlaub' schreibt er Heyne am 20. März — durch Belgien und Holland nach England und zurück über Paris. Die ‚Ansichten vom Niederrhein', aus Briefen an seine Frau entstanden, verschafften ihm einen Ehrenplatz neben den besten deutschen Schriftstellern. Seine Kunstbetrachtungen bereicherten, auch nach Heinses vorausgegangenen Versuchen, unsere Litteratur als etwas wesentlich Neues, und seine Städtebilder zeigten, daß er mit dem Interesse für Geschichte und mit dem scharfen Blick des Naturforschers auch das tiefe Verständnis des Politikers und Volkswirtes verband. 1791 fanden auch die Abhandlungen über den amerikanischen Norden verdienten Beifall. Der Einbruch Custines in Mainz im Herbste des Jahres 1792 wurde für Forster verhängnisvoll. Die Liebe zur Freiheit war in ihm immer lebendig gewesen: wie so viele Deutsche im vorigen Jahrhundert war er Weltbürger, allein die Parteinahme für die Franzosen ist dadurch allein nicht erklärt. Häusliches Unglück (Therese hatte sich von ihm abgewandt und ihre Neigung L. F. Huber geschenkt), erregte Stimmung, vielleicht auch Beeinflussung durch Karoline Böhmer, die spätere Gattin W. Schlegels und Schellings, sind dabei gewiß mit in Rechnung zu ziehen. Sömmerrings Worte an Therese, lange nach dem Tode des Freundes, sind nicht unbeachtet zu lassen: ‚Den guten Forster brachte sein Nachgeben um Freunde, um Frau und Kinder, Gesundheit und Leben.'

Mit seinem Freunde Dorsch trat Forster in den Club, wurde Vizepräsident der von Custine eingesetzten provisorischen Administration, seit Neujahr 1793 leitete er die neue Mainzer Zeitung, auch ‚Volksfreund' genannt, und ward Mitarbeiter an Wedekinds Patrioten. Im März war er Abgesandter für Mainz im rheinisch-deutschen Nationalconvent, am 25. März ging er als Deputierter des Convents nach Paris, um die Vereinigung der Mainzer Republik mit Frankreich zu beantragen. Nach der Einnahme der Stadt durch die Preußen in Paris zu bleiben genötigt, lernte er die Schreckensmänner in der Nähe kennen. Alle unnütze Grausamkeit stieß ihn ab, den Glauben an diese Revolution verlor er, nicht den an eine bessere Zukunft der Menschheit. Therese und seine Kinder fanden Zuflucht in Neufchâtel; Huber begab sich im Sommer 1793 zu ihrem Schutze dorthin. Durch Reichsacht von Deutschland ausgeschlossen, von allen Freunden verlassen, ohne Familie, ohne Besitz litt Georg F. unsäglich. Noch einmal sah er die Seinigen in dem Schweizer Grenzdorf Travers. Nach seiner Rückkehr erkrankte er in Paris und am 10. Januar 1794 ward ihm der Tod ein Erlöser. Goethe schrieb an Sömmerring am 17. Februar: ‚So hat der arme Forster denn doch seine Irrtümer mit dem Leben büßen müssen, wenn er schon einem gewaltsamen Tode entging. Ich habe ihn herzlich bedauert.' Jung-Stilling fluchte seinem Weibe, Heyne hat ihn immer schmerzlich vermißt, so schrieb er an Sömmerring und Herder; so noch 1798 an Reinhold Forster: ‚Sein Andenken bleibt mir ewig heilig und unvergeßlich; noch nie habe ich einen Menschen so geliebt, wie ihn; und noch kann ich nicht ohne Wehmut an ihn und seine Schicksale denken, worin mir noch manches unerklärbar ist.' Als Mensch verdient Georg Forster unsere Teilnahme und unser Mitleid, als Schriftsteller unsere Hochachtung. Alexander v. Humboldt nannte ihn im ‚Kosmos' seinen berühmten Lehrer und Freund, durch den eine neue Ära wissenschaftlicher Reisen begann. ‚Nicht etwa bloß,' sagt er, ‚in seiner trefflichen Beschreibung der zweiten Reise des Capitän Cook, mehr noch in den kleinen Schriften liegt der Keim zu vielem Großen, das die spätere Zeit zur Reife gebracht hat'.

a. Goldbeck, Litterarische Nachrichten von Preußen. Berlin 1781. I, 155. II, 139. 267.

b. Strieder, Hessische Gelehrten-Geschichte. Göttingen 1784. 4, 145 bis 159 ‚nach den von G. F. mir mitgeteilten Nachrichten‘ (bis 1784).

c. Allg. Literaturzeitung. Intelligenzblatt vom 5. April 1794.

d. Reinhold F.: Jakob's Annalen der Philos. 1795. phil. Anz. St. 2 und 16.

e. Schlichtegroll. Nekrolog auf das Jahr 1794. II, 274 bis 275 (1796).

f. F. Schlegel. Georg Forster. Fragment einer Charakteristik der Teutschen Klassiker: Reichardt's Lyceum der schönen Künste. Berlin 1797. 1, 1, 32 bis 78. Vgl. Charakteristiken und Kritiken von W. und F. Schlegel I, 88 bis 131. Vgl. Minor, F. Schlegels Jugendschriften. Wien 1882. II, 119 bis 139. F. Schlegels Verteidigung Forsters gegen Schillers Xenien: Minor, a. a. O. 32; sieh Erich Schmidt und B. Suphan, Xenien 1796. Weimar 1893. 8. 180 und 215, auch R. Haym, Die romantische Schule. Berlin 1870. 8. 235 f. Leitzmann unten Briefe *s*).

g. Allgem. geogr. Ephemeriden, sieh Nr. 4. f.

h. Baur, Nr. 4, g. 8. 348 bis 353.

i. Meusel, Lex. 8, 419 bis 430.

k. Therese Forster: L. F. Hubers sämmtl. Werke. Tübingen 1806. Vorbericht.

l. Therese vor dem Briefwechsel, hg. von Th. H., geb. H. Leipzig 1829. II. 8. (sieh unten Briefe *a*): Nachrichten von seinem Leben S. 1 bis 147.

m. Gervinus. VII. Dd. der sämtl. Schriften G. Forsters hg. von seiner Tochter. Leipzig 1843. Vgl. Gervinus, Gesch. der dtsch. Dichtung V⁴, 78. 300 f. 356 f. 378. 662.

n. Ersch und Grubers Encyklopädie 1847. I, 46, 382 bis 391. (H.)

o. W. Stricker: Ed. Dullers Männer des Volkes. Frankfurt 1847. III, 188 f.

p. H. König, Georg Forsters Leben in Haus und Welt; eine Lebensgeschichte. Braunschweig 1852. II. 8. Zweite sehr verb. Aufl. Leipzig 1858. II. 8. (vgl. Grenzboten 1852. Nr. 27.) Vgl. Königs Roman: Die Klubisten in Mainz. 3. Aufl. Leipzig 1875. III. 8.

q. J. Moleschott, G. Forster der Naturforscher des Volkes. Frankfurt a. M. 1854; verb. Aufl. Berlin 1862; 3. Aufl. 1874. Neue Volksausgabe mit Bildnis. Halle o. J.

r. Elisa Maier, G. Forster, Lichtstrahlen aus seinen Briefen und Werken. Mit einer Biographie. Leipzig: F. A. Brockhaus. 1856. 8. (S. 1 bis 126 Biogr.)

s. Grenzboten 1858. 3, 17 bis 30. Vgl. 1859. Nr. 19. 20: Ferdinand und Therese Huber. Vgl. auch 1894. Nr. 7. Sieh § 277, 26.

t. Cl. Th. Perthes, Politische Zustände und Personen in Deutschland zur Zeit der französischen Herrschaft. Gotha 1862. I, 32 bis 117. 2. Aufl. 1863.

u. F. Mann, G. Forster ein deutsches Lebensbild. Frauenfeld 1862.

v. Strehlke sieh oben Nr. 4, k.

w. Karl Klein, Georg Forster in Mainz 1788 bis 1793. Nebst Nachträgen zu seinen Werken. Gotha 1863. 8. Kleins andere Schriften über G. Forster führt er ebenda 8. VI an.

x. Schauenburg: Herrigs Archiv 1865. 37, 141 f. und gegen ihn Klein ebenda 38, 470 f.: G. Forster sei nicht das Vorbild für den Jüngling in ‚Hermann und Dorothea‘ gewesen.

y. G. Kühne, Deutsche Charaktere. Leipzig 1866. 16. II², 181 bis 231.

z. H. Hettner, Geschichte der dtsch. Literat. im 18. Jahrh. III, 3, 2. Abt. Braunschweig 1870. 8. 353 f. Vierte verb. Aufl. Braunschweig 1894. S. 335 bis 354.

aa. H. Uhde, Reichards Selbstbiographie 1877. Verhältnis zu Forster: 8. 252 f. 275. 280. 285.

bb. Allg. dtsch. Biogr. 1878. 7, 172 bis 181 (Alfred Dove).

cc. Georg Forsters litterarischer Nachlaß von L. Geiger: Zeitschr. für dtsch. Alterth. 1878. 22, 307 bis 310.

dd. K. G. Bockenheimer, Georg Forster in Mainz. Mainz 1880. 8.

ee. Robert Springer, Georg Forster und S. Th. Sömmering (so): Essays. Minden 1885. 8. 8. 182 bis 198.

ff. H. Kopp, Die Alchemie in älterer und neuerer Zeit. Heidelberg 1886. II, 45 bis 80. 98 f. 257 f. ‚Forsters Verhältnis zu Therese und zu Huber‘; 270 bis 274: ‚Beeinflussung Forsters in seinem politischen Verhalten durch Frauen‘.

gg. Lady Blennerhassett, Die Deutschen und die französische Revolution: Dtsch. Rundschau 1889. 60, 216 bis 226.

hh. Jahrbuch der Grillparzer-Gesellschaft. Wien 1893. 8. 132 f. 269 f.

ii. Albert Leitzmann, Georg Forster. Ein Bild aus dem Geistesleben des 18. Jahrhunderts. Acad. Antrittsvorlesung. Halle 1893. 8.

kk. G. Westenberger, Georg Forster. Ein Gedenkblatt zu seinem 100
Todestage: Wissenschaftl. Beilage zur Leipz. Ztg. 1894. Nr. 4.
ll. K. G. Bockenheimer, Die Mainzer Clubisten der Jahre 1792 und 1793.
Mainz 1896. 8. Vgl. die Satiren § 281, 15. 16 ↩ Band V. S. 551. Zu Nr. 16
dort sieh auch W. Scherer, Vorträge und Aufsätze. Berlin 1874. S. 370 f.
Eine Biographie Georg Forsters wird von Alb. Leitzmann vorbereitet.
Ein Trauerspiel von L. Eckardt ,Weltbürger und Patriot' Wenigen-Jena 1862.
8. behandelt Forsters Schicksale.
Briefe an: α. die Eltern, die Schwestern: J. G. Forsters Briefwechsel. Leipzig
1829. Band 1. — β. Bertuch: Im neuen Reich 1881. II, 817 bis 828. — δ. J.
H. Campe (5): J. Leyser, J. H. Campe. Braunschweig 1877. II, 237 bis 258. —
γ. Camper: Briefwechsel. Leipzig 1829. Band 1. — δ. Dohm 1791 April 5 Mainz:
Schnorrs Archiv 1884. 12, 572 bis 575. — ε. Goethe: Seufferts Vierteljahrschrift
1893. VI, 152 bis 156. Vergl. A. Leitzmann, Forsters Beziehungen zu Goethe und
Schiller und seine Verteidigung Schillers: Herrigs Archiv 1892. 88, 129 bis 156.
Über Forsters Zusammentreffen mit Goethe sieh oben Band IV. S. 480 f. und
W. v. Biedermann, Goethes Gespräche. Leipzig 1889. 1, 52 bis 54. — ζ. Herder:
Aus Herders Nachlaß. Frankfurt a. M. 1858. II, 383 bis 426. Vergl. R. Haym,
Herder II, 266 f und 455 f. Sieh Herder und Caroline an Therese Forster: Seufferts
Vierteljahrschrift 1893. VI, 588 bis 591 und den Bericht von Therese über Weimar
und Jena 1783: Euphorion I, 72 bis 78. — η. Minister von Herzberg: Forsters Brief-
wechsel. Leipzig 1829. Band 2, 197. – ϑ. Heyne: Forsters Briefwechsel. Leipzig
1829. Band 1 und 2 (oft) und Herrigs Archiv 1893. 91, 129 bis 178; 1894. 92,
241 bis 304; 1894. 93, 23 bis 68. — ι. Huber: Forsters Briefwechsel. Leipzig 1829.
Band 2 und A. Leitzmann, Aus dem Nachlaß G Forsters: Kochs Zschr. f. vergl.
Litt.-Gesch. 1892. 5, 401. — κ F. H. Jacobi (13): Jacobis auserlesener Briefwechsel.
Leipzig 1825 und 1827. Band 1 und 2; ferner A. Leitzmann, Aus dem Nachlaß
G. Forsters: Kochs Zschr. f. vergl. Litt.-Gesch. 1892. 5, 396 bis 403. — λ. Lichtenberg:
Forsters Briefwechsel. Leipzig 1829. Band 1 und Lichtenbergs Vermischte Schriften.
Neue Orig.-Ausgabe. Göttingen 1846 7, 195 f. – μ. J. H. Merck (4): Briefe an
Merck, hg. von K. Wagner. Darmstadt 1835 und Briefe an und von Merck. Darm-
stadt 1838. Nr. 124. — ν. F. L. W. Meyer (Forsters ,Assad'): Zur Erinnerung an
Meyer. Braunschweig 1847. 1, 180 bis 221. — ξ. J. v. Müller: Forsters Briefwechsel
Leipzig 1829. Band 1 — ο. Nicolai: Herrigs Archiv 1892. 88, 287 f. — π. Oberlin:
Schnorrs Archiv 1884. 12, 565 f. — ρ. J. D. Reuß: Herrigs Archiv 1892. 89, 15 bis
32. -- σ. Schiller: Speidel und Wittmann, Bilder aus der Schillerzeit. Berlin und
Stuttgart o. J. [1884] S. 112 bis 114 und Urlichs, Briefe an Schiller. 8. 105 f.
Sieh Nr. ε. — τ. S. Th. Sömmerring: Georg Forster's Briefwechsel mit Sömmerring.
Hg. von Hermann Hettner. Braunschweig 1877. 8. ,Nicht vollständige und nicht
sorgfältige Ausgabe', H Kopp Nr. ff 8. IV. — υ. Spener: Herrigs Archiv 1890. 84,
369 bis 404; 1891. 86, 129 bis 226; 1891. 87, 129 bis 216; 1892. 88, 1 bis 46;
Nachträge 1893. 90, 27 bis 56. — φ. Buchhändler Voß: Forsters Briefwechsel. Leipzig
1829. Band 2 und Hubers Friedenspräliminarien 1795. 8. 176 f. Sehr viele, vielleicht
sämtliche Briefe befinden sich in der Kgl. Bibliothek zu Dresden. Vergl. Schnorrs
Archiv 12, 570. — χ. Wolke: Neue Jahrb. f Philol. und Pädag. 1893. Bd. 148,
S. 629 bis 630. — ψ. Joh. G. Zimmermann: Ed. Bodemann, Joh. G. Zimmermann.
Hannover 1878. Abthlg. 2, 8. 338 bis 366. Z. hatte G. F. an die Kaiserin Katha-
rina empfohlen. Vergl. Abthlg. 1, 8. 122 bis 132 und R. Ischer, Joh. G. Zimmer-
manns Leben und Werke. Bern 1893. 8. 185 f. — ω. ? (Mainz 1791 März 22;
1792 Januar 2): Stargardts 191. Katalog. Berlin 1893. Nr. 25/26.
Briefe und Tagebücher G. Forsters von seiner Reise am Niederrhein, in
England und Frankreich im Frühjahr 1790; hg. von A. Leitzmann. Halle 1893.
8. (Verarbeitet in den ,Ansichten' s. unten Nr. 45). Vgl. D. L.-Z. 1894. Nr. 35
(A. Sauer); Anzeiger f. dtsch. Alt. u. dtsch. Litt. 1894. XX, S. 311 bis 317 (R.
M. Meyer); Euphorion I, 400 bis 403 (R. Fürst).
Briefe an Forster von Camper: Nr. 1. Briefwechsel. — Dohm: Nr. 1. Brief-
wechsel. — Goethe: Werke. Weim. Ausg. IV, 18, 40. 9, 311 bis 313. — Huber:
Nr. 1. Briefw. II, 235 u. o. — W. v. Humboldt: Nr. 1. Briefw.; sieh auch W. v. Humboldts
Werke 1, 271 bis 300. — F. H. Jacobi: Zoeppritz, Aus F. H. Jacobis Nachlaß.
Leipzig 1869. Band 1, Nr. 2 bis 4. — Lichtenberg: § 225, 33 Briefe ▬ Band IV.
8. 289. — J. G. Schlosser: Nicolovius, Leben Schlossers. Bonn, 1844. S. 179 bis 220. —
Andreas Sparrmann: Nr. 1. Briefw. Anhang. — Thunberg: Nr. 1. Briefw. Anhang.

‹ Bildnisse Georg Forsters mit Reinhold vor 51. Bd. der Allg. dtsch. Bibl.
1782, vor dem 8. Bd. von Papst, Entdeckung des fünften Welttheils und vor den
allg. geogr. Ephemeriden 1808. Rigaus Bildnis sieh oben bei Reinhold.

1) Travels into North-America by Peter Kalm translated into English.
Warrington 1770; vol. II—III. London 1771. 8. [Lomonossows russische Chronologie, durch Peter v. Stählin ins Deutsche übersetzt. Kopenhagen und Leipzig
1765. 70 S. 8., soll der 12jährige Georg F. ins Englische übertragen haben].

2) Travels through that part of North-America formerly called Louisiana by
M. Bossu translated from the French. London 1771. II. 8. (Deutsch, nicht
von Forster, I. Teil Frankfurt und Leipzig 1771; II. Teil Helmstädt 1774. 8.)

8) Übersetzung von de Bougainville, Voyage autour du monde par la frégate
du roi la Boudeuse et la Flûte, l'Étoile en 1766—1769. Paris 1771. 417 S. 4.

4) A voyage to China und the East Indies by Peter Osbeck ... sich Reinhold
F. Nr. 5).

5) Characteres generum plantarum ... sieh Reinhold F. Nr. 12).

6) A voyage towards the South Pole and round the world, performed in his
Majesty's Ships the Resolution and Adventure in the years 1772, 1773, 1774 and
1775 written by James Cook, commander of the Resolution. In which is included
Captain Furneaux's Narrative of his proceedings in the Adventure during the sepa-
ration of the Ships. London 1777. II. 4. Deutsch (s. S. 242): Johann Reinhold
Forster's, Doctor der Rechte ... Reise um die Welt, während den Jahren 1772
bis 1775, in dem von Seiner ltzt regierenden Großbrittanischen Majestät auf Entdeckungen ausgeschickten und durch den Capitain Cook geführten Schiffe the Resolution unternommen. Beschrieben und herausgegeben von dessen Sohn und Reisegefährten George Forster. Vom Verfasser selbst aus dem Englischen übersetzt,
mit dem Wesentlichsten aus des Capitain Cooks Tagebüchern und andern Zusätzen
für den deutschen Leser vermehrt und durch Kupfer erläutert. Berlin 1778. I. Bd.
gr. 4. (dem König von Preußen gewidmet. London 1. Sept. 1777 Georg Forster·)
II. Bd. Berlin 1780. gr. 4. — Berlin 1784. II. 4. — Berlin, bey Haude und Spener.
1784. III. 8. Vgl. auch Geschichte der Seereisen und Entdeckungen im Südmeer. IV.—V. Bd. Berlin 1780. 4. — Rezensionen sieh bei Strieder b. — Wielands Anzeige im deutschen Merkur 1778 und Einfluß auf die deutschen Dichter
vgl. Dessoir: Seufferts Vierteljahrschrift 1889. II, 566f.

7) Reply to Mr. Wales Remarks by G. Forster Naturalist on the late voyage
round the world. London 1778. 53 S. 4.

8) A letter to the right honourable Earl of Sandwich. London 1778. 25 S
4. (Percy Street May 20th 1778.) Mit appendix.

9) Leben Dr. Wilhelm Dodds, ehemaligen Königl. Hof-Predigers in London.
Berlin bey Haude und Spener 1779. 134 S. 8. Vgl. Gött. gel. Anz. 1779. 140 St.
Allg. dtsch. Bibl. 41. Bd. S. 574.]

10) Antwort an die Göttingschen Recensenten. Göttingen 1778. 4.

11) Decas plantarum nevarum ex insulis maris australis transmissa a G.
Forstero, Anglo: von Linnés Sohn eingerückt in Nova acta regiae societatis
scientiarum Upsaliensis III, 171—186. Upsaliae 1780. 4.

12) Herrn von Buffons Naturgeschichte der vierfüßigen Thiere mit Anmerkungen und Zusätzen aus dem Französischen übersetzt. VI. Band. Berlin bei
Joachim Pauli 1780. 8.
Übersetzer von Band 1 bis 5. Berlin 1772 bis 1777 war F. H. W. Martini;
von Band 7 und den folgenden. Berlin 1768f. B. Ch. Otto.

13) Beiträge zur Kenntniß Großbrittaniens vom Jahr 1779. Aus der Handschrift eines Ungenannten, herausgegeben von G. Forster. Lemgo 1780. 342 S. 8.
(Der Ungenannte war F. A. Wendeborn).

14) Göttingisches Magazin der Wissenschaften und Litteratur, hg. von Georg
Christoph Lichtenberg und Georg Forster. Göttingen 1780f. (Der eigentliche Herausgeber war Lichtenberg). Von G. Forster: 1. Jahrgang 1780. S. 69 bis 104 und
420 bis 458 O Tahiti; S. 140 bis 157 über Buffons Epochen der Natur; 2. Stück
S. 185 bis 206 Versuch einer Theorie über die Ursache, die die Blätter der Pflanzen
veranlaßt, im Sonnenlicht die faule Luft zu reinigen, im Schatten aber sie zu ver-

giften; 5. Stück S. 293 bis 308 Über die Wärme der Thiere und die Entzündung verbrennlicher Körper. Auszug aus Crawford; 6. Stück S. 346 bis 351 Beschreibung des rothen Baumläufers von der Insel O-Waihi; 7. Stück S. 387 bis 428 Über Cooks letzte Reise und sein Ende. — 2. Jahrgang. 1781. 5. Stück S. 268 bis 309 Des Schiffsbauptmanns Forrest zerstreute Nachrichten von der Insel Magindanao (zwischen China und Borneo); 6. Stück S. 437 bis 445 Vorrechte des spanischen Adels. Ein Auszug; 8. 928 bis 929 Georg Forster an Lichtenberg. — 8. Jahrgang. 1783. S. 256 bis 280 Beschreibung von Batavia; S. 231 bis 288 Ein Versuch mit dephlogistisirter Luft; S. 829 bis 870 Beobachtungen über das Klima in Senegal. Ein Auszug.

15) Johann Reinhold Forster's Bemerkungen über Gegenstände der physischen Erdbeschreibung, Naturgeschichte und sittlichen Philosophie auf seiner Reise um die Welt gesammlet. Übersetzt und mit Anmerkungen vermehrt von dessen Sohn und Reisegefährten Georg Forster. Mit Landcharten. Berlin bey Haude und Spener. 1783. 22, 556 S. 8. Vergl. Nr. 4. 14).

16) Andreas Sparrmanns Reise nach dem Vorgebirge der guten Hoffnung, den südlichen Polarländern und um die Welt 1772 bis 76. Aus dem Schwedischen übers. von Ch. G. Groskurd und mit einer Vorrede begleitet von Georg Forster. Berlin 1784. 8.

17) Du Phénix: Mémoires de la société des antiquités de Cassel. Cassel 1780. S. 425 bis 434 (Rezensionen sieh bei Strieder b. Ebenda S. 187 bis 201 Observations sur le temple de Diane à Éphèse. Von Reinhold F.

18) Morozzo Schreiben an Herrn Macquer über die Zerlegung der fixen und Salpeterluft. Aus dem Französischen. Stendal 1784. 8.

19) Georg Forster . . . vom Brodbaum Mit 2 Kpfrn. o. O. (Cassel) 1784. 47 S. 4. Franz.: ebenda 1784.

20) Hessische Beiträge zur Gelehrsamkeit und Kunst von Georg Forster, Sömmerring, Tiedemann. Frankfurt a. M. 1785 bis 87. II. 695 und 730 S. 8. a: Über die Pygmäen Band 1, S. 1 bis 17. b: sieh Nr. 4. 19) S. 208f. S. 384f.

21) Limites historiae naturalis. Oratio qua lectiones in academia Vilnensi auspicatus est. 1785. Erst im J. 1796 gedruckt sieh Nr. 67) Kleine Schriften V, e.

22) Georgii Forster de plantis esculentis insularum Oceani australis commentatio botanica. Berolini 1786. 80 S. 8.

23) Florulae insularum australium prodromus. Gottingae apud J. C. Dieterich 1786. 101 S. 8. (scribebam Vilnae).

24) Neuholland und die brittische Colonie in Botany-Bay: Historischer Kalender vom Jahre 1786.

25) Noch etwas über die Menschenracen: Deutscher Merkur 1786. Okt. S. 57 bis 86. Nov. S. 150 bis 166. Vgl. I. Kant, Bestimmung des Begriffs einer Menschenrace: Berliner Monatsschrift 1785. Nov. S. 390 bis 418 und Mutmaßlicher Anfang der Menschengeschichte: Berl. Monatsschr. 1786. Jan. S. 1 bis 28; Kants Antwort gegen Forster: Deutscher Merkur 1788. Januar S. 86 bis 52. Vgl. Werke, hg. von G. Hartenstein. 1867. 4, 471 bis 496.

26) Des Capitän Jakob Cook dritte Entdeckungsreise in die Südsee und nach dem Nordpol 1776 bis 1780. Aus dem Englischen übersetzt. Mit Zusätzen und Charten erläutert. Berlin bei Haude und Spener 1787 bis 89. II. 4. Vgl. auch Geschichte der Seereisen. VII. Band. Berlin 1788. Die schöne Lobschrift: Cook der Entdecker geht voran.?

27) Zweifel gegen die Entwicklungstheorie. Ein Brief an Herr (!) Senebier von L°(udwig) P*(atrin) aus der französischen Handschrift übersetzt von Georg Forster. Göttingen 1788. 199 S. 8. Vorbericht Forsters Wilna Juli 1787. (Blumenbach gewidmet vom Übersetzer).

28) Geschichte der englischen Litteratur vom J. 1788: Archenholz, Annalen der brittischen Geschichte 1788. I, 385f. Vergl. Nr. 29) und 47).

29) Geschichte der englischen Litteratur vom J. 1789: Archenholz, Annalen 1789. III, 41f. 1790: Archenholz, Annalen V, 184f.

30) Geschichte der Kunst in England: Archenholz, Annalen 1789. S. 96f.

31) (Dupaty's) Briefe über Italien vom Jahr 1785. Aus dem Französischen. Mainz 1789 bis 90. II. 8. — 2. Aufl. 1805. II. 8. (Einen nur kleinen Teil der Briefe hat Huber übersetzt.)

32) Nachrichten von den Pelewinseln in der Westgegend des stillen Oceans; aus dem Englischen übersetzt. Hamburg 1789. 8. (Die später weggelassene Widmung an den Mainzer Kurfürsten bei Klein w. S. 90 bis 91). Goethes Brief an G. Forster vom 16. Nov. 1789 — Weim. Ausg. IV, 18, 40. Vgl. Seufferts Vierteljahrschrift 1893. VI, 153.

33) Über Leckereien: Göttinger Taschenkalender 1789. S. 81 bis 123. Lotte an Schiller 22. Oktober 1789. Vgl. Seufferts Viertelj. 1890. III, 506. (Vgl. Reinhold F. Nr. 33).

34) Fragment eines Briefes an einen deutschen Schriftsteller über Schiller's Götter Griechenlands: Archenholz, Neue Litteratur- und Völkerkunde 1789. I, 873 bis 392 g   Stolbergs Angriff im Dtsch. Museum von 1788 August. Vgl. Herrigs Archiv 1899 en 88, 142 f.   Körners Urteil an Schiller: 5. Juni 1789.

35) Über Proselytenmacherei: Berlinische Monatsschrift 1789. 14, 543 bis 580 (Der angegriffene Amtmann Bender dankt Forster am 22. März 1790, vgl. Briefwechsel 1829. I, 869 bis 873). Sieh Antwort von Biester an Hrn. Hofrath Forster in Mainz: ebenda 14, 580 bis 602.

36) Leitfaden zu einer künftigen Geschichte der Menschheit: Neues dtsch. Museum von Boie. Sept. 1789. I, 269 bis 83. (‚Ein launiger Einfall, den ich auf Jacobi's Bitte eingeschickt habe‘; an Heyne 3. Oktober 1789).

37) Die Kunst und das Zeitalter: Schillers Thalia 1789. 9, 91 bis 109.

38) Über die Humanität des Künstlers: Thalia 1790. 11. Heft. 8. 83 bis 94. Vgl. Körner an Schiller 24. December 1790. Dieser Aufsatz ist in den ersten Band der ‚Ansichten vom Niederrhein‘ S. 70 f. aufgenommen.

38 a) Gab mit M. Ch. Sprengel heraus: Neue Beyträge zur Länder- und Völkerkunde [vergl. Reinhold F. Nr. 19]. Leipzig 1790 bis 1793. XIII. 8.

39) Des Grafen M. A. von Benjowsky Schicksale und Reisen, aus dem Französischen übersetzt; mit Vorrede von Georg Forster ‚über historische Glaubwürdigkeit‘ und Anmerkungen. Berlin, bei C. F. Voß und Sohn 1790 bis 91. II. 8. Vgl. Reinhold F. Nr. 82). III.   Sieh dazu S. 806.

40) Esther Lynch Piozzi, Bemerkungen auf der Reise durch Frankreich, Italien und Deutschland. Aus dem Englischen [von Dor. Marg. Liebeskind § 277, 7] mit einer Vorrede und Anmerkungen von G. Forster. Frankfurt a. M. und Mainz 1790. II. 8.

41) Geschichte des Schiff'bruchs und der Gefangenschaft des Herrn von Brisson. Aus dem Französischen übersetzt [von D. M. Liebeskind] mit Vorrede. Frankfurt a. M. 1790. 8.

42) Wilhelm Forsyth, Über die Krankheiten und Schäden der Obst- und Forstbäume nebst Heilmittel. Aus dem Englischen. Mainz 1791. 8. Mainz 1796. 8. Mit Anmerkungen von J. L. Christ. Frankfurt a. M. 1801. 8.

43) Sakontala oder der entscheidende Ring, ein indisches Schauspiel von Kalidas. Aus den Ursprachen Sanskrit und Prakrit ins Englische [von William Jones] und aus diesem ins Deutsche übersetzt mit Erläuterungen von G. Forster. Mainz und Leipzig bei J. P. Fischer 1791. XL und 366 S. 8. (Heyne in Göttingen gewidmet.) ‚Ich übersetze aus mit meinem Freunde Huber‘: Brief an Spener 23. Juli 1790. — Scenen daraus: Schillers Thalia 1791. Heft 10. S. 72 bis 88 — Band V S. 179. — Vgl. Herrigs Archiv 90, 56 und die Anmerkung daselbst von Leitzmann. Vgl. Seufferts Vierteljahrschrift 1893. VI, 155. Die 2. Auflage ist von Herder. Frankfurt a. M. 1803 [§ 229, C. 49] 1 — Band IV. S. 291] und Heidelberg 1820. Sieh Goethe's Werke (G. von Loeper). Berlin, 1882. 8. Bd. 1. S. 166 und 402 f. und Herder (Hempel) 6, 203 bis 222 und 223 bis 228.

44) Geschichte der Reisen, die seit Cook an der Nordwest- und Nordostküste von Amerika und in dem nördlichsten Amerika selbst von Meares, Dixon, Portlock, Coxe, Long u. a. m. unternommen worden sind. Aus dem Englischen. Mit vielen Kpfrn. und Karten. Berlin 1791. III. 4. Berlin 1791. III. gr. 8. Daraus einzeln Meares und Douglas Reisen . . . Berlin 1796. 4.; ebenso Portlocks und Mortimers Reisen . . . Berlin 1796. 4.

Sieh Johannes von Müller sämmtl. Werke. Tübingen 1819. Theil 27, S. 265 bis 274.

45) Ansichten vom Niederrhein, von Brabant, Flandern, Holland, England und Frankreich, im April, Mai und Junius 1790. Von George Forster. Berlin 1791. In der Vossischen Buchhandlung II. 8. Der III. Theil, Berlin 1794, hg. von L. F. Huber. Vorrede, datiert Neuburg 1794. Berlin 1793 bis 1794. III. 8. — Neue Aufl. I. Berlin 1800. II. 1804. 8. Lichtenberg hielt die Ansichten 'für eines der ersten Werke in unsrer Sprache': Brief an Forster (1. Juli 1791). Französisch: Charles Fougens nouv. éd. Paris l'an troisième. II. 8. Holländisch: Haarlem 1792 bis 93. 8. — Mit Einleitung und Anmerkungen hg. von Wilhelm Buchner. Leipzig: F. A. Brockhaus 1868. II 8. Vgl. 8. 245 Briefe und Tagebücher hg. von Leitzmann. R. M. Meyer: Vossische Ztg. 1890. Sonntagsblatt Nr. 46. — Die Widmung der 'Ansichten' wird A. Leitzmann aus ungedruckten Briefen erläutern.

46) Thomas Howels Tagebuch seiner Reise nach Indien und von Indien durch Mesopotamien, Armenien und Natolien nach England: Sprengels Beiträge (sieh Reinhold F. Nr. 19) 1791. V. 8. 172f.

47) Geschichte der englischen Litteratur im J. 1791: Archenholz, Annalen 1791. 8. 65f. Vgl. Nr. 28). Für 1792 trat Eschenburg ein (9, 209f.).

48) Über lokale und allgemeine Bildung: Neues dtsch. Museum 1791. 4, 509f.

49) Brief aus Aachen: Deutsche Monatsschrift 1791. St. 1. 8. 81 bis 100 (im I. Band der Ansichten Nr. 45) abgedruckt). Vergl. Gött. gel. Anz. 1791. 8. 667.

50) David Ramsay, Geschichte der amerikanischen Revolution. Aus dem Englischen übers. [von D. M. Liebeskind], mit Anm. von G. Forster. Erster Theil. Berlin 1791. 8. Berlin 1793. III. 8. Vierter und letzter Theil Berlin 1795. 8. Auch unter dem Titel: Die Staatsverfassungen der vereinigten Staaten von Nordamerika. Berlin 1795. 8.

51) Rezension des göttingischen historischen Magazins von Meiners und Spittler, Bd. 4 bis 7: Allgem. Litteraturzeitung 1791. Nr. 7. 8. Vgl. Brief an Dohm 1791: Schnorrs Archiv 1884. 12, 575.

52) Zehn Rezensionen in den Göttingischen gelehrten Anzeigen 1791, für die G. Forster schon früher thätig war und noch 1792.

53) Anbureys Reisen sich R. Forsters Magazin. Vgl. Nr. 32) VI. 1792.

54) Rochons Reise nach Madagaskar. Ebenda. Vgl. Nr. 32) VIII. 1792. Die Vorrede 'über die Insel Madagaskar' von Georg Forster.

54a) Long Reisen . . . Aus dem Englischen übersetzt. Nebst einer vorläufigen Schilderung des Nordens von Amerika. Berlin 1792. 8.

55) C. F. v. Volney, Die Ruinen oder Betrachtungen über die Revolutionen der Reiche und das natürliche Gesetz. Aus dem Französ. [von D. M. Liebeskind] mit einer Vorrede G. Forsters über den gelehrten Zunftzwang. Berlin 1792. 8. 7. Auflage verm. mit einem Vorwort über das Leben des Verfassers vom Grafen Daru. Braunschweig 1829. 8. Mit Volneys Bildnis und 2 Steintafeln. 8. Aufl. ebenda 1834. 8. mit Kpfr. — S. unten S. 806.

55a) W. Robertson's historische Untersuchung über die Kenntnisse der Alten von Indien. Aus dem Englischen [von D. M. Liebeskind]. Mit einer Vorrede und Anm. von G. Forster. Berlin 1792. 8.

56) Antwort eines freien Mainzers an den Frankfurter, der mit dem Franken Custine gesprochen hat. Mainz 1792. 8.

57) Über die Fragen des Redakteurs der Mainzer Nationalzeitung vom 20. Dezember 1792. Im Patrioten Wedekinds. Vgl. auch Leitzmann in Kochs Ztschr. für vergl. Litt.-Gesch. V, 396f. Eine politische Rede Forsters.

58) W. Bligh, Reise in das Südmeer sieh R. Forsters Magazin. Vgl. Nr. 32). IX. 1793. An Heyne 8. Mai 1792: In Zeit von 14 Tagen hoffe ich Bligh's Reise fertig übersetzt zu haben.

59) Erinnerungen aus dem Jahr 1790 in historischen Gemälden und Bildnissen von D. Chodowiecki, D. Berger, Cl. Kohl, J. F. Bolt und J. S. Ringck. Berlin, 1793. In der Vossischen Buchhandlung. 8. Vgl. Briefwechsel II, 198f. 222f. 311f.

60) Über das Verhältnis der Mainzer gegen die Franken. Rede vom 15. November 1792. Mainz 1793. 8.

61) Anrede an die Gesellschaft der Freunde der Freiheit und Gleichheit. Mainz 1793. 8. Bei Klein w. S. 398 bis 404.

62) Disconrs adressé aux commissaires de la convention nationale ... **Mayence** 1793. 4. Bei Klein w. S. 417 bis 420.

63) Entwurf eines Schreibens der allgemeinen Administration von Mainz an die Kommissarien des Nationalconvents vom 9. Januar 1793: Friedens-Präliminarien. Bei Klein w. S. 404 bis 416.

64) Parisische Umrisse 1793: Friedens-Präliminarien 1793 und 1794.

65) Revolutionen und Gegenrevolutionen aus dem Jahre 1790: Hubers Friedens-Präliminarien 1794. 17. und 18. Stück.

66) Über die Beziehung der Staatskunst auf das Glück der Menschheit: Friedens-Präliminarien 1794 (falsch Klein w. 884) St. 23 und 24. S. 873 bis 406.

67) Kleine Schriften. Ein Beytrag zur Völker- und Länderkunde, Naturgeschichte und Philosophie des Lebens gesammlet von Georg Forster. Erster Theil. Leipzig, bey Paul Gotthelf Kummer, 1789; II. bis VI. Berlin, in der Vossischen Buchhandlung. 1794 bis 1797. 8.

I. enthält folgende Aufsätze, ,mit Sorgfalt und Strenge verbessert' (Vorrede): a: Cook, der Entdecker. Nr. 26). — b: Neuholland. Nr. 24). — c: O-Taheiti. Nr. 14). — d: Ueber Leckereyen. Nr. 83). — e: Der Brodbaum. Nr. 19).

II. Hg. von L. F. Huber, wie die späteren. a: Die Nordwestküste von Amerika. Nr. 45). — b: Englische Litteratur des J. 1788. Nr. 28). — c: Menschenraßen. Nr. 25). — d: Reminiscenzen. Fragment. — e: Aus der Brieftasche eines Reisenden. Fragment. — f: Ein Versuch. Nr. 14).

III. 1794. a: Norden von Amerika. Nr. 54a). — b: Englische Litteratur des J. 1789. Nr. 29). — c: Proselytenmacherey. Nr. 85). — d: Leitfaden. Nr. 86). — e: Die Kunst. Nr. 87). — f: Ein Blick in das Ganze der Natur. Einleitung zu Anfangsgründen der Thiergeschichte. Erster Druck. — g: Fragmente aus Georg Forsters Nachlaß. 1. Ueber die Vernunft, in Beziehung auf das Glück der Menschheit. 2. Ueber die öffentliche Meinung.

IV. 1795. a: Forrest. Nr. 14). — b: Dodd. Nr. 9). — c: Englische Litteratur des J. 1790. Nr. 29). — d: Pygmäen. Nr. 20). — e: Historische Glaubwürdigkeit. Nr. 40). — f: Ueber den gelehrten Zunftzwang. Nr. 55). — g: Fragmente aus dem Nachlaß.

V. 1796. a: Madagaskar. Vorrede zu Rochon. Nr. 54). — b: Englische Litteratur des J. 1791. Nr. 47). — c: Observations sur le temple de Diane. Nr. 17). — d: Du Phénix. Nr. 17). — e: Limites historiae. Sieh Nr. 21) zum ersten Male gedruckt, durch Sömmerring übergeben. — f: De plantis esculentis. Nr. 22). — g: Baumläufer. Nr. 14). — h: Recensionen (sieh zum Teil 51), 52).

VI. 1797. Mit dem Nebentitel: Georg Forsters Schriften politischen Inhalts. Mit Kupfern. Auf diesem Titel Motto von Friederike Bruu. a: Erinnerungen. Nr. 57). — b: Revolutionen und Gegenrevolutionen. Nr. 63). — c: Staatskunst. Nr. 66). — d: Parisische Umrisse. Nr. 65).

68) Georg Forster's sämmtliche Schriften. Herausgegeben von dessen Tochter und begleitet mit einer Charakteristik Forster's von G. G. Gervinus. Leipzig: F. A. Brockhaus. 1843. IX. 12.

I und II: Johann Reinhold Forsters und Georg Forsters Reise um die Welt in den Jahren 1772 bis 1775.

III. Ansichten vom Niederrhein u. s. w.

IV. Kleine Schriften. Erster Teil. a: Nr. 45). — b: Nr. 54a). — c: Nr. 24). — d: Nr. 14) (O-Taheiti). — e: Nr. 14) (Forrest). — f: Nr. 54). — g: Nr. 25). — h: Nr. 67). III. f. — i: Nr. 19). — k: Nr. 20). — l: Nr. 14) (Baumläufer.) — m: Nr. 14). (Ein Versuch . . .) — n: Nr. 21). vgl. 67) V. e. — o: Nr. 22).

V. Kleine Schriften. Zweiter Teil. a: Nr. 9). — b: Nr. 26). — c: Nr. 83). — d: Nr. 85). — e: Rede beim Antritt in Cassel 1784. — f: Nr. 86). — g: Nr. 37). — h: Nr. 67) III. g. — i: De la félicité des Étres physiques (discours) 1782. — k: Nr. 17). — l: Nr. 17). — m: Nr. 40). — n: Nr. 55). — o: Nr. 67) IV. g. — p: Nr. 67) V. h.

VI. Kleine Schriften. Dritter Teil. a: Nr. 28). 29). 47). — b: Nr. 57). — c: Nr. 63). — d: Nr 66). — e: Nr. 65). — f: Darstellung der Revolution in Mainz (zum ersten Male gedruckt). — g: Nr. 58). — h: Nr. 61). — i: Nr. 62).

VII. Charakteristik Forsters von Gervinus. — Briefwechsel 1778 bis 1787.

VIII. Briefwechsel 1788 bis 1793.

IX. Briefwechsel 1793 bis 94. — Sakontala.

69) Ausgewählte kleine Schriften von Georg Forster, herausgegeben von Albert Leitzmann. Stuttgart 1894. 8.
a: Nr. 67) III. f. — b: Nr. 25). — c: Nr. 83). — d: Nr. 84). — e: Nr. 86). — f: Nr. 85). — g: Nr. 37). — h: Nr. 48). Vgl. Euphorion 1895. 2, 167 bis 175.

6. Samuel Thomas **Sömmerring,** geb. am 28. Januar 1755 in dem damals zu Polen gehörigen Thorn in Westpreußen als Sohn eines Arztes, der Albinus, Boerhaave, Hoffmann zu Lehrern gehabt hatte. Von 1774 studierte er in Göttingen unter Wrisberg, Gmelin und Baldinger, hörte auch Lichtenberg und Blumenbach, die ihm später befreundet waren. Die erste Arbeit des Dreiundzwanzigjährigen über die Gehirnbasis und die Ursprünge der Gehirnnerven machte ihn bei den Fachgenossen bekannt. Auf einer Reise durch Holland lernte er Peter Camper 1778 kennen, in London schloß er mit Georg Forster eine Freundschaft, die für beide bedeutungsvoll wurde, in Edinburg arbeitete er bei A. Monro. Wieder in Göttingen, geriet er in bedrängte Lage: durch G. Forsters Bemühung bei dem Landgrafen Friedrich und dem Minister Schließen wurde er als Lehrer der Anatomie am Collegium Carolinum in Kassel mit 400 Thaler Gehalt angestellt. Beide Freunde lebten aufs vertrauteste zusammen; 1788 lernte S. auch Goethe kennen: dieser blieb Sömmerring ein treuer Freund, der an dem Forscher einen höchst fähigen, zum Schauen, Bemerken und Denken aufgeweckten, lebendigen Geist schätzte. Auch mit Goethes Freund Merck und mit F. H. Jacobi trat er in ein näheres Verhältnis, da beide Cassel oft besuchten. Wie Forster, beteiligte sich auch Sömmerring an den Arbeiten der alchemistischen Rosenkreuzer: von der Orthodoxie wie von der nüchternen Verstandestheologie abgestoßen, ließ er sich von Mystik und Pietisterei bestricken. Beide hielten einen Verkehr mit den Toten für möglich; beide waren religiöse Schwärmer: durch inbrünstiges Gebet hofften sie das Ziel ihrer alchemistischen Bemühungen zu erreichen. Nach wenigen Jahren erkannten sie ihre Verirrungen: Sömmerring sah, wie Forster, auf sie mit Widerwillen zurück, und noch 1820 verbittet er sich in einem Briefe an Therese Huber nachdrücklich, seiner Teilnahme an der Ordensverbindung in Kassel zu gedenken. Im Frühjahr 1784 verließ Forster Kassel, im Herbst Sömmerring: er wurde in Mainz Professor der Anatomie und Physiologie. In Kassel hatte er nur zwei populäre Arbeiten veröffentlicht, aber für die in Mainz 1784 erschienene, die körperliche Verschiedenheit des Negers vom Europäer behandelnde Schrift, die er ‚seinem vertrautesten Freunde Georg Forster‘ widmete, und die großen Beifall fand, hatte er schon in Kassel die fleißigsten Studien gemacht. Der Landgraf nämlich hatte eine kleine Negerkolonie angelegt, und Sömmerring konnte Neger beiderlei Geschlechts sorgfältig untersuchen und mit dem Bau des Europäers vergleichen. Auf dieses Werk bezieht sich die Titelvignette in der Schrift F. H. Jacobis ‚wider Mendelssohns Beschuldigungen betreffend die Briefe über die Lehre Spinozas‘ (Leipzig 1786; vgl. § 222, 7. 16). In Mainz gewann Sömmerring einen größeren Wirkungskreis und Anregung durch Männer wie Heinse, Johannes Müller, mit dem er schon in Kassel verkehrt hatte, Weidmann, vor allen Forster, der im Jahre 1788 nach Mainz kam. Auch mit den Brüdern Humboldt verkehrte er: Alexander hat ihm 1797 seine ‚Versuche über die gereizte Muskel- und Nervenfaser‘ gewidmet. Zahlreiche Schriften aus dieser Zeit bezeugen Sömmerrings Schaffenslust. Von allgemeinem Interesse ist die von Salzmann in Schnepfenthal mit dem Preise gekrönte Schrift über die Schnürbrüste: durch eine beigegebene Kupfertafel zeigt er die schädlichen Folgen der Schnürleibchen. Dabei bediente er sich zum ersten Male der Hilfe des genialen Künstlers Christian Koeck, den er in Mainz aus niederen Volkskreisen hervorgezogen hatte. Auch in seinem Hauptwerke, dem seit 1791 erschienenen Lehrbuche ‚vom Bau des menschlichen Körpers‘ geht seiner anatomischen Darstellung die Kunst Koecks zur Seite. Im August 1792 erfreute sich Goethe Sömmerrings: dieser hatte einige Monate vorher die Frankfurterin Elisabeth Grunelius geheiratet. ‚Mit Sömmerrings, Huber, Forsters‘, erzählt Goethe aus dieser Zeit, ‚verbracht‘ ich zwei muntere Abende. Von politischen Dingen war die Rede nicht; man fühlte, daß man sich wechselseitig zu schonen habe.‘ Aber zu bald wurde auch Sömmerring durch die Stürme der Zeit aus seinen ruhigen Studien aufgescheucht. Er verblieb in Frankfurt, als Mainz bedroht war; tief schmerzte ihn, daß Forster sich von Deutschland lossagte, nach der Übergabe der Festung im Juli 1793 ging er zwar zurück — ‚außer entsetzliche Unreinlichkeit in meiner Wohnung, fand ich nichts weggekommen‘, schreibt er an Heyne 27. Juli 1793 — aber schon 1795 siedelte er nach Frankfurt a. M. über und ließ sich dort unter die praktischen Ärzte aufnehmen.

Zwei Jahre später nahm er nach kurzem Aufenthalt in Mainz seine Entlassung von der Universität. In dieser unruhvollen Zeit erschien sein Aufsatz ‚Sur le supplice de la Guillotine' (1795), der mit den Worten schließt: ‚Des spectacles aussi abominables ne devoient pas avoir lieu parmi les sauvages: et ce sont des républicains qui les donnent et qui y assistent!' Und ein Jahr darauf die Kant gewidmete Schrift ‚Über das Organ der Seele', in der es (§ 57) heißt: ‚Die Bedingungen, die Descartes fürs Organ des gemeinsamen Sensoriums forderte, erfüllt die Flüssigkeit der Hirnhöhlen.' Der Stolz unseres Jahrhunderts — Worte Sömmerrings — Kant hatte der Idee Beifall geschenkt und sie in einem Briefe an Sömmerring ‚sogar erweitert und verfeinert'; auch Goethes Erinnerungen gegen die Schrift, die er im Briefe vom 28. August 1796 macht, gingen nur gegen die Zusammenstellung der Teile: aber die erhoffte Anerkennung fand Sömmerring keineswegs, und ein neuerer Forscher nennt die Theorie, wonach sämtliche Nerven an bestimmten Stellen der Hirnhöhlen als offene Kanäle einmünden und die in den Hirnhöhlen abgesonderte Flüssigkeit das Organ der Seele darstelle, überaus kraß und des großen Anatomen unwürdig. Als praktischer Arzt war Sömmerring für Verbreitung der Entdeckung Jenners thätig; mit Dr. Lehr stellte er 1801 Impfversuche mit Kuhpocken an und veröffentlichte die Ergebnisse. In demselben Jahre erschien die ‚Abbildung des Auges', ein Meisterstück in der Darstellung und Ausführung nach dem Urteil von August Hirsch. Erst nach dem Tode seiner trefflichen Gattin im Jahre 1802 verließ Sömmerring Frankfurt, besuchte Jena, Halle und andere Städte und nahm 1805 einen Ruf nach München an. Dort ist er bis 1820 geblieben. In der ersten Zeit seines Aufenthaltes beschäftigten ihn anatomisch-physiologische Arbeiten, dann physikalische. Durch eine Unterhaltung mit dem Minister Montgelas veranlaßt, ersann Sömmerring 1809 den galvanisch-elektrischen Telegraphen und zeigte seine Erfindung in der Sitzung der Akademie an. Die Nachfolger verbesserten den Apparat für die Praxis: sein Sohn Wilhelm (1793 bis 1871) hat über des Vaters Erfindung genau berichtet. Daneben fand Sömmerring die Zeit zu paläontologischen Studien. Nach F. H. Jacobis Tode fühlte er sich einsam, verließ München, das ihm nie ganz behaglich gewesen war, und zog sich nach Frankfurt zurück; dort lebte er im Hause seines Schwagers Grunelius, auch im Alter noch wissenschaftlich thätig. Der 7. April 1828, der Tag seines 50jährigen Doctorjubiläums, war ein Festtag für ganz Deutschland: Blumenbachs und Goethes Zuschriften erfreuten ihn besonders. Am 2. März 1830 starb er, wie er gewünscht, ohne allen Kampf. Kant nannte ihn 1795 den ersten philosophischen Zergliederer des Sichtbaren am Menschen; Haeser nennt ihn den bedeutendsten deutschen Anatom aus der zweiten Hälfte des achtzehnten Jahrhunderts.

    a. Meusel, Gel. Teutschl. 7, 531 bis 534. 10, 679. 11, 704. 15, 492 f. 20, 506 bis 508.

    b. J. Döllinger, Gedächtnißrede auf S. Th. v. Sömmerring. München 1830. 4.

    c. A. W. Otto, Denkrede: Nova acta acad. Leopoldino-Carol. XV.

    d. Mappes, Festreden im naturgesch. Museum. Frankfurt a. M. 1842. 8. S. 114 f.

    e. Rud. Wagner, Sömmerrings Leben und Verkehr mit seinen Zeitgenossen. Leipzig 1844. 8. (Bildet auch den ersten Band des unter Nr. 20 genannten Werkes).

    f. W. Stricker, Geschichte der Heilkunde in Frankfurt. Frankfurt 1847. 8. 331 bis 334.

    g. Wilhelm Sömmerring, Jahresbericht des physik. Vereines zu Frankf. 1857/58. 8. 23 bis 36.

    h. J. Hamel, Die Entstehung der galvanischen und elektromagnetischen Telegraphie: Bulletin de l'acad. de St. Petersbourg. N. F. II, 98. 298.

    i. W. Sömmerring, Der elektrische Telegraph als deutsche Erfindung nachgewiesen. Frankfurt 1863. 8.

    j. W. Stricker, Neujahrsblatt des Vereins für Gesch. und Alterthumskunde. zu Frankfurt. 1862 4.: Sömmerring. Nach seinem Leben und Wirken geschildert. Mit einem Porträt in Steindruck nach dem Ölgemälde von Thelott (s. unten Bildnis).

    k. Heinrich Haeser, Geschichte der Medizin. Jena 1881. II³, 559 bis 560.

    l. Friedr. Strehlke, Goethe's Briefe. Zweiter Theil. Berlin 1884. 8. 226 f.

    m. H. Kopp, Die Alchemie in älterer und neuerer Zeit. Heidelberg 1886. 11. 8. II, 83. 94. 123. 130.

    n. Gurlt und Hirsch, Biogr. Lex. der hervorr. Ärzte. 1887. V, 454 f.

    o. Laquer, S. Th. v. Sömmerring und sein Denkmal. Frankfurt a. M. 1891.

    p. Allg. dtsch. Biogr. 1892. 34, 610 bis 615 (Jännicke).

    q. August Hirsch, Geschichte der mediz. Wissenschaften in Deutschland. München und Leipzig 1893. S. 211. 552.

Briefe an *α*. Blumenbach: Briefe berühmter Zeitgenossen an Sömmerring. Bei Wagner. Nr. d. Abthlg. 1, S. 311. — *β*. Ebel: Abthlg. 2, Anhang S. 214 bis 264. — *γ*. Heyne: Abthlg. 2, Anhang S. 189 bis 213 und Forsters Briefw. mit Th. Sömmerring. 1877. S. 575 f. — *δ*. Therese Huber 1820 (nicht 1780): Georg Forster. Briefe Nr. *τ*. S. 673 f. — *ε*. Merck: Briefe an Merck, hg. von Karl Wagner. Darmstadt 1835. 8. und (5): Briefe von und an Merck. Darmstadt 1838. 8. — *ζ*. Freiherrn v. Moll: Augsburg 1835 (nicht im Buchhandel). Vergl. Stricker a. a. O. und Allg. dtsch. Biogr. 22, S. 114.

Briefe an Sömmerring von Blumenbach (9): Nr. d. Erste Abtheilung. S. 296 bis 311. — Bremser (7): ebenda S. 330 bis 350. — Peter Camper (4): ebenda S. 318 bis 329. — Coadjutor Dalberg (2): ebenda S. 72 bis 74. — G. Forster: ebenda S. 122 bis 280. ʹSieh Georg Forster. Briefe Nr. *τ*. — R. Forster (10): Georg Forster. Briefe Nr. *τ*. S. 649 bis 670. — Fürstin Gallitzin (3): Nr. d. Erste Abtheilung. S. 75 bis 78. — Goethe (28): ebenda S. 1 bis 26. — Heinse (21): ebenda S. 351 bis 381. Nach R. Wagner. Nr. d. S. 91 fanden sich 188 Briefe von Heinse vor. — Herder: Nr. d. Erste Abtheilung S. 29 bis 31. — Heyne (87): ebenda S. 79 bis 121. Sieh auch Georg Forster. Briefe. Nr. *τ*. S. 575 bis 647. — Hildebrandt: ebenda S. 382 f. — F. H. Jacobi (10): ebenda S. 82 bis 49. — Kant (3): Kants Werke von Hartenstein. Leipzig 1868. 8, 800 bis 808. — Lavater (2): Nr. d. Erste Abthlg. S. 69 bis 71. — Lichtenberg (31): Lichtenbergs Vermischte Schriften. Neue Orig.-Ausgabe. Göttingen 1847. 8, 270 f. — Merck (8): Nr. d. Erste Abthlg. S. 281 bis 295. — Metzger: ebenda S. 384 f. — J. v. Müller (10): ebenda S. 50 bis 66. — J. Georg Müller: ebenda S. 67 f. — Rudolphi (2): ebenda S. 312 bis 317. — Georg von Sachsen-Meiningen (2): ebenda S. 27 f.

Ein Bildnis Sömmerrings nach Thelot und Bagge, gestochen von C. Barth, vor R. Wagners Werk. Vgl. auch oben i.

Verzeichnis der medizinischen Schriften fast vollständig bei Otto Nr. b.

1) De basi encephali et originibus nervorum cranio egredientium libri V. Cum 4 tab. aen. Gott. 1778. 4. (Vgl. oben Leben.)

2) Bemerkungen über den Bau des Orang-Utang: Götting. Taschenkalender 1780.

3) Beobachtungen an erkrankten Augen, die zur Entdeckung der Durchkreuzung der Sehnerven führten. 1784: Hessische Beiträge zur Gelehrs. und Kunst St. 1 und 4.

4) Über die körperliche Verschiedenheit der Mohren vom Europäer. Mainz 1784. 8. Frankfurt 1785. 8. Mit 2 Kpfrn. (über die k. V. des Negers v. E.).

5) Vom Hirn und Rückenmark. Mainz 1788. 8. — Mainz 1792.

6) Über die Schädlichkeit der Schnürbrüste. Leipzig 1788. 8. — Berlin 1793. Mit einem Kupfer.

7) Über die Verschiedenheiten der Knochen nach den Nationen: Neues dtsch. Museum 1790. St. 7.

8) Abbildungen und Beschreibungen einiger Mißgeburten. Mainz 1791. Mit 12 Kpfrtafeln.

9) Vom Baue des menschlichen Körpers. Frankfurt 1791 bis 1796. V. 8. Zweite, umgearbeitete Ausg. 1800 bis 1801. Lateinisch: De corporis humani fabrica. Francofurti 1794 bis 1801. VI. 8. Italienisch: Sulla Struttura del corpo umano. 1818–1819.

10) Sur le supplice de la guillotine: Magasin encyclopédique 1795 und Klio, Monatsschrift für die französische Zeitgeschichte 1795. Heft 9. Vgl. Moniteur 1795. Nr. 48.

11) Wilhelm Heinse bezeichnet eine größere Anzahl von Ausführungen anatomischer Art über Ohr und die Ohrwerkzeuge in seiner Hildegard von Hohenthal (§ 230, 13. 19) ausdrücklich als von seinem Freunde Sömmerring ihm mündlich oder aus dem Manuscripte dargeboten. Am Schlusse des Werkes Sömmerrings Erklärung der von Koeck gestochenen Figuren.

12) Über das Organ der Seele. Königsberg 1796. 4. Mit Kpfrn. 86 S. ,Unserm Kant gewidmet'. Sieh oben Leben und Briefe Nr. d. 2. Abthlg. S. 270 bis 279. — Epigramme Hölderlins auf die Schrift Sömmerrings sich Seufferts Viertelj. 1889. II. S. 421.

13) Über Ursache und Verhütung der Nabel- und Leistenbrüche. Eine gekrönte Preisschrift. Frankfurt, Varrentrapp und Wenner. 1797. 8.

14) Prüfung der Schutz- oder Kuhblattern durch Gegenimpfung mit Kinderblattern. Frankfurt 1801. 38 S. 8. (Mit Dr. Lehr).

15) Abbildungen der menschlichen Sinnesorgane. I: Abbildungen des menschlichen Auges. Frankfurt 1801. gr. Fol. 110 S. Mit 8 Kpf. (Chr. Koeck ad naturam pinxit.) — II: Abbildungen des menschlichen Hörorgans. Frankfurt 1806. gr. Fol. 86 S. Mit 5 Kpf. ‚Durch Lichtenberg angeregt‘ Vorrede. (Chr. Koeck pinxit; Rücker sc.) I. u. II auch neu hg. von J. F. Schröter. Weimar 1810. 1811. — III: Abbildungen der menschlichen Organe des Geschmacks und der Stimme. Frankfurt 1806. Fol. Mit 4 Kpf. — IV: Abbildungen der menschlichen Organe des Geruchs. Frankfurt 1809. Fol. Mit 9 Kpf.

16) Mit Reisseisen: Über die Structur, Verrichtung und Gebrauch der Lungen. Berlin 1808. 8.

17) Über den elektrischen Telegraphen: Münch. Akad. 1809. Vgl. Leben und Nr. g und i.

18) Über die schnell und langsam tödtlichen Krankheiten der Harnblase und Harnröhre bei Männern im hohen Alter. Frankfurt 1809. 8. Wien 1810. Bd. 69 der auserlesenen med. Bibl. Frankfurt 1822. 8. Französ. 1824. Holländ. 1823.

. 19) Über die fossilen Zähne von Elephanten, Rhinoceroten: Münch. Akad. 1811 bis 21.

20) S. Th. von Sömmerring vom Baue des menschlichen Körpers. Neue umgearbeitete und vervollständigte Original-Ausgabe. Leipzig 1839 bis 1845. VIII. 8.
I. 1 bis 2. Abthlg. sieh Nr. d.
II. Lehre von den Knochen und Bändern. Nach der II. Auflage und nach den Handexemplaren des Vf. hg. von R. Wagner. Leipzig 1839.
III. 1. Abt. Lehre von den Muskeln und Gefäßen, umgearb. von Fr. Wilh. Theile. 2. Abt. Gefäße. Leipzig 1841.
IV. Hirn- und Nervenlehre, umgearb. von G. Valentin. Mit Kpfr. Leips. 1841.
V. Lehre von den Eingeweiden und Sinnesorganen, umgearb. u. beendigt von E. Huschke. Mit 2 Kpfr. Leipzig 1844.
VI. Allg. Anatomie, von J. Henle. 1844.
VII. Entwickelungsgeschichte der Säugethiere und des Menschen von Th. L. W. Bischoff. 1842.
VIII. 1. Abt. Pathologie des menschl. Körpers, von Jul. Vogel. 1845. 2. Abt. Allgem. Theil.

7. Johann Christian Reil, geb. am 28. Februar 1758 zu Rhaude in Ostfriesland, studierte Medizin in Göttingen und in Halle, war seit 1783 praktischer Arzt in Ostfriesland, folgte 1787 einem Rufe als Professor nach Halle, 1810 nach Berlin; 1813 erhielt er die Oberleitung der Lazarette westlich der Elbe. Er starb am 22. November 1813 in Halle am Typhus. Vergl. Band IV. S. 558. Ausgezeichnet als praktischer Arzt drang er darauf, die individuellen Krankheitsursachen zu erforschen.
a. Meusel, Gel. Teutschl. 6, 272 f. 10, 458. 11, 632. 15, 120. 19, 280 bis 282.
b. H. Steffens, Johann Christian Reil. Eine Denkschrift. Halle 1815. 8. § 291, 8. 14).
c. Heinrich Haeser, Geschichte der Medizin. Jena 1853. I², 737 f.
d. Allg. dtsch. Biogr. 1888. 27, 700 f. (Bandorf).
e. M. Holtzmann, Ludwig Börne. Berlin 1885. 8. 46. 48. 59 f.
Brief an Reil von Goethe: Werke (W. A.) IV, 16, 269.

1) Ioannis Christiani Reil exercitationum anatomicarum Fasc. I. de structura nervorum. Halae Saxonum. 1796. fol.

2) Ueber die Erkenntniß und Cur der Fieber. Halle 1797 bis 1802. IV. 8. — Zweyte Auflage. Halle, in der Curtschen Buchhandlung. 1799 bis 1815. V. 8. I.: Allgemeine Fieberlehre. — II.: Besondere Fieberlehre. Gefäßfieber, Wechselfieber, Saugaderfieber und die Entzündungen. — III.: Blutflüsse und kranke Ab- und Aussonderungen. — IV.: Fieberhafte Nervenkrankheiten. (Dem Oberconsul der Französischen Republik Buonaparte dem Kenner und Freunde der Wissenschaften von dem Vf. In der 2. Auflage weggelassen.) — V.: Exantheme. — Neue Ausgabe Bd. 1 und 2: 1820. 3: 1822. 4: 1824. 5: 1828.
Ludwig Börne über Reils Fieberlehre: sieh Holtzmann a. a. O. S. 44.

3) Rhapsodien über die Anwendung der psychischen Curmethode auf Geisteszerrüttungen. Dem Herrn Prediger Wagnitz zugeeignet. Unter der

Vorrede J. C. Reil. Halle in der Curtschen Buchhandlung. 1808. 504 S. 8. — Zweite Ausgabe 1818. 8.

4) Magazin für psychische Heilkunde (mit Kayßler) 1803 bis 1805.

5) Beiträge zur Beförderung einer Curmethode auf psychischem Wege. (mit J. Ch. Hoffbauer). 1808 bis 1812.

6) Praktische Bemerkungen über Geisteszerrüttung. Mit Beilagen über die Ausstellung von Zeugnissen und Gutachten in Fällen von Wahnsinn. Von Joseph Mason Cox. Aus dem Engl. übers. und mit Anm. versehen [von A. H. Bertelsmann]. Nebst einem Anhange über die Organisation der Versorgungsanstalten für unheilbare Irre vom Professor Reil. Halle 1811. In der Rengerschen Buchhandlung. 8.

7) Entwurf einer allgemeinen Pathologie von Johann Christian Beil. Halle in der Curtschen Buchhandlung. 1816. III. 8.

8) J. C. Reil's kleine Schriften wissenschaftlichen und gemeinnützigen Inhalts. Halle, im Verlage der Curtschen Buchhandlung. 1817. 8.

8. Friedrich Theodor von Schubert, geb. am 30. Oktober 1758 in Helmstedt, studierte 1773 in Greifswald, dann in Göttingen Theologie; er wandte sich aber später mathematischen Studien zu und vertiefte sich in astronomische Untersuchungen. Im J. 1783 ging er nach Reval und wurde 1785 an die Akademie der Wissenschaften nach St. Petersburg berufen. Dort wurde er Direktor der akademischen Sternwarte. Er starb am 21. Oktober 1825.

a. Meusel, Gel. Teutschl. 10. 682. 11, 685. 15, 885. 20, 296 f.

b. Nekrolog 1825. S. 1048 bis 1055.

c. Recke-Napiersky 1832. 4, S. 129 bis 135.

d. Allg. dtsch. Biogr. 1891. 32, 628 bis 631 (L. Stieda).

1) Theoretische Astronomie von Friedrich Theodor Schubert. St. Petersburg, 1798, gedruckt bey der Kayserlichen Akademie der Wissenschaften; in Riga zu haben bey Joh. Fr. Hartknoch. III. 4.

Sphärische, theoretische, physische Astronomie.

Traité d'astronomie théorique. A St. Petersburg. 1822. III. 4.

Erläuterungen zum dritten Theile von Schuberts theoretischer Astronomie von Graf Georg von Bouquoi. Leipzig 1811. 4.

2) Populäre Astronomie. St. Petersburg. Gedruckt bey der Kayserl. Akademie der Wissenschaften. 1804 bis 1810. III. 8.

Enth. I.: Geschichte der Astronomie und Sphärische Astronomie. — II.: theoretische, III.: physische Astronomie. — Neue Ausgabe. Hamburg 1834. III. 8.

3) Vermischte Schriften von Friedrich Theodor Schubert. Stuttgart und Tübingen, in der J. G. Cotta'schen Buchhandlung. 1823 bis 1826. IV, 8. — Neue Folge. Breslau und Leipzig. Verlag von Eduard Pelz. 1839. III. 8. Die „Neue Folge' trägt auch den besonderen Titel Fünfter bis siebenter Band der Vermischten Schriften.

Außer den fachwissenschaftlichen, wenn auch populär gehaltenen Aufsätzen zur Astronomie und zur Physik

1. a: Beytrag zur Gesch. der Erfindungen. b: Pitcairn-Eyland. c: Keplers Denkmahl. d: Blinde-Kuh. e: Politische Weissagung. — 2. a: Ueber den Russischen Nationalcharakter. b: Ueber die Duelle. — 3. a: Ueber die Erfindung des Papiers. b: Geschichte des Schach-Spieles. c: Anekdoten. — 4. Ueber Uhren. — 5. a: Ueber den Kalender. b: Die Gefahren der Aufklärung. c: Haben die Alten den Blitzableiter gekannt? — 6. Ursprung und Bedeutung einiger Feste. — 7. a: Ueber den Nutzen der Mathematik. b: Die Inseln des stillen Oceans.

9. Blasius Merrem, geb. am 4. Februar 1764 in Bremen, studierte Naturwissenschaften in Göttingen, wurde Professor in Duisburg, wo ihn Goethe 1792 besuchte (Band IV. S. 512), 1804 Professor der Ökonomie, Botanik und Kameralwissenschaften in Marburg. Dort starb er am 24. Februar 1824.

a. Meusel, Gel. Teutschl. 5, 180 f. 10, 285. 11, 531. 14, 551. 18, 680 f.

b. Strieder und Justi XVIII, S. 369 bis 383 (Selbstbiogr.).

1) Vermischte Abhandlungen aus der Thiergeschichte von Blasius Merrem. Göttingen, im Verlag bey Victorinus Boßiegel. 1781. 4 Bl., 172 S. 4.

2) Beiträge zur besondern Geschichte der Vögel. Göttingen 1781 bis 1786. II. 4.

3) Grundriß zur allgemeinen Geschichte und natürlichen Eintheilung der Vögel. Leipzig 1788. II. 4.

4) Beiträge zur Geschichte der Amphibien. Leipzig 1790. II. 8. Drittes Heft 1822. 8.

5) Beiträge zur Naturgeschichte. Duisburg 1792. II. 8.

6) Handbuch der Pflanzenkunde. Marburg 1809. II. 8.

7) Versuch eines Systems der Amphibien. Marburg 1820. 8.

8) Beiträge zur Naturgeschichte der Schlangen. Essen 1822. 8.

10. **August Johann Georg Karl Batsch** sieh § 270, 15 = Band V. S. 408. B. studierte und habilitierte sich in seiner Vaterstadt Jena, 1793 gründete er eine naturforschende Gesellschaft; durch diese kamen Goethe und Schiller zuerst in nähere Berührung mit einander.

a. Meusel, Gel. Teutschl. 1, 151 bis 153. 9, 56 f. 11, 44. 13, 63.

b. Allg. dtsch. Biogr. 1875. 2, 132 f. (Jessen).

Brief an Goethe: Goethe-Jahrb 1890. 11, 8. 108 f.

Briefe an Batsch von Goethe sieh im Register zu Goethes Werken (W. A.) IV, 18, 120. L. Graf Paars Autographen-Sammlung. Berlin 1893. Nr. 1173. Goethe-Jahrb. 1894. 15, S. 322.

1) Dispositio generum plantarum Jenensium. Jena 1786.

2) Versuch einer Anleitung zur Kenntniß und Geschichte der Pflanzen für academische Vorlesungen entworfen und mit den nöthigsten Abbildungen versehen von Aug. Joh. Georg Carl Batsch. Halle, bey Johann Jacob Gebauer, 1787 und 1788. II. 8.

I.: Allgemeine Einleitung, Kenntniß des Pflanzenkörpers, seiner Theile und seines Lebens. Wissenschaftliche Behandlung des Pflanzenreichs.— II. Merkwürdige Arten der Gewächse nach ihren Aehnlichkeiten geordnet. Anbau und Benutzung.

3) Versuch einer Anleitung zur Kenntniß und Geschichte der Thiere und Mineralien. Jena 1788 und 1789. II. 8.

4) Versuch einer historischen Naturlehre zu einer allgemeinen und besondern Geschichte der körperlichen Grundstoffe für Naturfreunde. Halle 1789 und 1790. II. 8.

I.: Chemischer, II.: physikalischer Theil.

5) Botanische Unterhaltungen für Naturfreunde zu eigner Belehrung über die Verhältnisse der Pflanzenbildung entworfen von A. L. G. C. Batsch. Erster Theil. Jena, im Verlag der Cröckerschen Buchhandlung, 1793. 8.

6) Beyträge und Entwürfe zur pragmatischen Geschichte der drey Natur-Reiche nach ihren Verwandtschaften von A. I. G. C. Batsch. Weimar, im Verlage des Industrie Comptoirs, 1801 bis 1802. III. 8.

I.: Thierreich. — II.: Gewächsreich. — III.: Mineralreich.

Außerdem eine große Menge von Schriften für den akademischen Gebrauch und von speciellen Untersuchungen.

11. **Christoph Wilhelm von Hufeland**, geb. am 12. August 1762 in Langen-salza, wurde in Weimar erzogen, studierte in Jena und in Göttingen Medizin, 1783 Arzt in Weimar, 1793 Professor in Jena, Hofrat, Leibarzt, 1801 preußischer Geheimrat und Direktor des medizinischen Kollegiums, 1809 Professor an der Universität, 1810 Staatsrat und Mitglied der Medizinalsektion im Ministerium des Innern, 1819 Direktor des militärischen medizinisch-chirurgischen Kollegiums. Er starb am 25. August 1836 in Berlin.

a. Meusel, Gel. Teutschl. 3, 457 bis 460. 9, 636 f. 11, 387. 14, 205 f. 18, 229 f. 22 II, 869 bis 872.

b. (Hitzig) Gel. Berlin im J. 1825. S. 117 bis 121.

c. N. Nekrolog 1836. 14, 530.

d. J. J. Sachs, Ch. Wilh. Hufeland. Ein Rückblick auf sein 70 jähriges Leben und Wirken, beim 12. Aug. 1832. Berlin 1832.

e. Medicinischer Almanach für das Jahr 1837 hg. von J. J. Sachs. Nekrologische Erinnerungen S. 39 f.

f. A. de Stourdza, C. W. Hufeland. Esquisse de sa vie et de sa mort chrétiennes. Berlin 1837. 8.

g. Friedrich Ludwig Augustin, Chph. Wilh. Hufelands Leben und Wirken für Wissenschaft, Staat und Menschheit. Potsdam 1887.

h. E. Osann: Encyclopädisches Wörterbuch der medicin. Wissenschaften. 1838. 17, S. 127 f.

i. Johannes Günther, Lebensskizzen der Professoren der Univ. Jena seit 1558 bis 1858. Jena, Friedr. Mauke. 1858. 8. S. 134 f.

k. A. Göschen, Christian (!) Wilh. Hufeland. Eine Selbstbiographie: Deutsche Klinik 1863. Nr. 13 bis 81. Auch besonders erschienen: Berlin. Druck und Verlag von Georg Reimer. 1863. 64 S. 8.

l. Allg. dtsch. Biogr. 1881. 13, 286 bis 296 (E. Gurlt).

Vergl. § 290, 1. 150 a).

1) Mesmer und sein Magnetismus: Der Teutsche Merkur 1784. Okt. S. 60 bis 90. Nov. S. 161 bis 178. Die versprochene Fortsetzung folgte nicht.

2) Aussicht zur Vertilgung der Blattern: Der Teutsche Merkur 1786. November S. 167 bis 181. Dezember S. 253 bis 265.

3) Ueber die Ungewißheit des Todes und das einzige untrügliche Mittel, sich von seiner Wirklichkeit zu überzeugen und das Lebendigbegraben unmöglich zu machen: N. Teutsch. Merkur 1790 May S. 11 bis 39. Dann besonders: Weimar 1791. 8. Nachdruck: ‚Aus dem deutschen Merkur‘. Salzburg, gedruckt und verlegt bey Franz Xaver Duyle. 1791. 8. — Zweite Auflage Halle 1824. 8.

4) Ideen über Pathogenie und Einfluß der Lebenskraft auf Entstehung und Form der Krankheiten als Einleitung zu pathologischen Vorlesungen von Christ. Wilh. Hufeland. Jena, 1795. in der academischen Buchhandlung. 8.

5) Ueber die Natur, Erkenntnißmittel und Heilart der Skrofelkrankheit. Eine von der Kaiserlichen Academie der Naturforscher gekrönte Preisschrift von D. Christ. Wilh. Hufeland. Jena 1795. in der Academischen Buchhandlung. 8.

6) Journal der praktischen Arzneikunde und Wundarzneikunst. Berlin 1795 bis 1814. XXXIX und Register. 8. Vom 28. Bande an mit K. Himly.

7) Die Kunst, das menschliche Leben zu verlängern von D. Christoph Wilhelm Hufeland, der Arzneykunst ordentlichem Lehrer zu Jena. Jena, 1797. in der akademischen Buchhandlung. XXIV, 696 S. 8. — Nachdruck: Kempten 1797. II. 8. u. o. — Zweyte vermehrte Auflage. Jena, 1798. in der akademischen Buchhandlung. 8. — Von der 8. Auflage (1805) an unter dem Titel: Makrobiotik. — Sechste rechtmäßige Aufl. Berlin, 1842. Gedruckt und verlegt bei G. Reimer. — Achte Auflage. 1860. — Reclams Univ.-Bibl. Nr. 481/84.

Eine neue Bearbeitung von Steinthal erschien Berlin 1871 u. o.

Übersetzt wurde Nr. 7) ins Französische, Englische, Holländische, Italienische, Spanische, Polnische, Ungarische, ja auch ins Chinesische. S. unten S. 806.

Kurze Erklärung der Hufelandschen Theorie über die Kunst das menschliche Leben zu verlängern, sammt einer Anweisung zur Ausübung dieser Kunst. Von einem Wienerarzte. Leipzig, 1799. 8. Vergl. Sprengel. § 293, V. 22. 4).

Dan. Collenbusch, Die Kunst, das menschliche Leben zu verlängern, für den Bürger und Landmann umgearbeitet . . . hg. von C. W. Hufeland. 1. Theil. Altenburg 1801. 8.

Gottfried Immanuel Wenzel (§ 259, 287), Diätetik der menschlichen Seele, oder Gesundheit des Herzens, Verstandes und Willens. Ein Seitenstück zu Hufelands Kunst, das menschliche Leben zu verlängern. Grätz 1800. 8.

8) Pathologie von Christ. Wilh. Hufeland. zu academischen Vorlesungen. 1. Band. Pathogenie. Jena, 1799. in der academischen Buchhandlung. 8.

9) Guter Rath an Mütter über die wichtigsten Punkte der physischen Erziehung der Kinder in den ersten Jahren. Berlin 1799, bei Heinr. Aug. Rottmann. 86 S. 8. (dänisch mit Anm. von J. C. Tode. Kopenhagen, 1800. 8.) — Zweite Auflage: Berlin 1803. 8. — Dritte Aufl. Basel 1830. — Vierte Aufl. Basel 1836. — Fünfte Aufl. Leipzig 1844. — Sechste Aufl. 1848. — Siebente Aufl. 1853. XIV, 225 S. 8. — Zwölfte Aufl. Halle 1875. 8. S. unten S. 806.

10) System der praktischen Heilkunde. Jena 1800 bis 1806. II. in 3 Abthlg. 8.

11) Die Verhältnisse des Arztes. Berlin 1806. 8. Aus Nr. 6) Bd. 23, St. 3 besonders abgedruckt. — Zweite umgearbeitete Auflage. Berlin 1808. 8.

12) Geschichte der Gesundheit nebst einer physischen Charakteristik des jetzigen Zeitalters. Berlin 1812. 8. — Zweite verm. Aufl. 1813. 8. — Neuer Abdruck: 1816.

13) Ueber die Kriegspest alter und neuer Zeit, mit besondrer Rücksicht auf das Aderlassen in derselben. Berlin 1814. Realschulbuchhandlung. 8.

14) Kleine medicinische Schriften. Berlin 1822 bis 1828. V. 8.

15) Immanuel Kant, Von der Macht des Gemüths durch den bloßen Vorsatz seiner krankhaften Gefühle Meister zu sein. Hg. und mit Anm. versehen von C. W. Hufeland. Berlin 1824. 8. Vergl. § 247, 1. 19). — 8. Aufl. 1856. 78 S. 8.

16) Joh. Kasp. Lavater's Worte des Herzens. Für Freunde der Liebe und des Glaubens. Hg. von C. W. Hufeland. Berlin 1825. 8. — Vierte Auflage: Berlin 1842. 8.

17) Sieh § 234. C, III. 54 — Band IV. S. 601.

12. Heinrich Friedrich Link, geb. am 2. Februar 1767 in Hildesheim, studierte seit 1786 in Göttingen Medizin, 1792 Professor der Naturgeschichte, Chemie und Botanik in Rostock, ging 1797 mit dem Grafen von Hoffmannsegg nach Portugal, 1811 Professor in Breslau, 1815 Direktor des botanischen Gartens in Berlin. Er starb am 1. Januar 1851.

a. Meusel, Gel. Teutschl. 4, 471 bis 473. 10, 213 f. 11, 491. 14, 445 f. 18, 553 f. 23, 436 f.

b. v. Martius, Denkrede auf Heinrich Friedrich Link: Münchner Gel. Anzeigen 1851. Bd. 32. Nr. 59 bis 69. Mit ausführlichen Litteraturangaben. S. unten S. 806.

c. Allg. dtsch. Biogr. 1883   18, S. 714 bis 720 (Wunschmann).

1) Bemerkungen auf einer Reise durch Frankreich, Spanien und vorzüglich Portugal von Heinrich Friedrich Link. Kiel, in der neuen Academischen Buchhandlung. 1801 bis 1804. III. 8.

2) Grundlehren der Anatomie und Physiologie der Pflanzen. Göttingen 1807. 8. Anhang und Register 1809. Nachträge 1812.

3) Natur und Philosophie. Ein Versuch. Leipzig 1811. 8.

4) Heinrich Friedrich Link's, Professors in Breslau, kritische Bemerkungen und Zusätze zu Kurt Sprengel's Werk über den Bau und die Natur der Gewächse. Halle, bei Carl August Kümmel. 1812. 59 S. 8. Vergl. § 293. V. 22.

5) Ideen zu einer philosophischen Naturkunde. Breslau 1815. 8.

6) Grundwahrheiten der neueren Chemie. Leipzig 1815. 8.

7) Die Urwelt und das Alterthum, erläutert durch die Naturkunde. Berlin 1821. II. 8.

8) Propyläen der Naturkunde von H. F. Link. Berlin, bei Ferdinand Dümmler. 1836/9. II. 8.

13. Friedrich Wilhelm Heinrich Alexander von Humboldt, geb. am 14. September 1769 in Berlin, studierte in Frankfurt a. d. Oder und in Göttingen Naturwissenschaften, bildete sich seit 1791 unter Werner in Freiberg ganz besonders für den Berg- und Hüttendienst, trat dann auch in Berlin als Assessor beim Berg- und Hütten-Departement ein und wurde 1792 Oberbergmeister für die Fürstentümer Ansbach-Bayreuth. Er legte aber sein Amt nieder und bereiste 1795 die Schweiz und Italien. 1797 begab er sich nach Paris, um nach Egypten zu gehen, konnte aber der politischen Verhältnisse wegen seine Absicht nicht ausführen. Nachdem er Aimé Bonpland kennen gelernt und mit ihm weitaussehende Pläne erwogen hatte, ging er nach Madrid, um die Erlaubnis zur Bereisung von Südamerika und Mexico zu erwirken. Er erhielt sie und trat im J. 1799 mit Bonpland die Reise von Corunna aus über Teneriffa nach Cumana an. Erst im August 1804 kehrte er über Philadelphia nach Europa zurück und blieb zunächst in Paris und Rom. Dort arbeitete er seine Reisenotizen aus. Längere Zeit lebte er dann wieder in Deutschland, ging 1818 nach London und wieder nach Paris, bereiste in der Begleitung des Königs von Preußen 1822 Italien und wurde 1826 zum Kammerherrn ernannt. Auf Veranlassung des Kaisers von Rußland bereiste er 1827 bis 29 mit Ehrenberg und Gustav Rose den Ural, Altai und das Kaspische Meer, wurde nach seiner Rückkehr zum wirklichen Geheimenrat ernannt und lebte abwechselnd in Berlin und Paris, bis ihn König Friedrich Wilhelm 4. zu seinem fast beständigen Begleiter machte. Er starb am 6. Mai 1859.

Wie sich in Goethe alle poetischen Quellen sammelten, so umfaßte Humboldt alle Zweige der Naturwissenschaften und brach vielfach Bahn. Humboldts Persönlichkeit war noch großartiger als seine Leistungen, die doch nur ein annäherndes Bild von der Universalität seines Geistes gaben. Sein Einfluß war wie der Goethes unberechenbar. Nur die hohe sittliche Würde Goethes fehlte ihm.

a. Meusel, Gel. Teutschl. 8, 466 f. 9, 641. 14, 208 bis 210. 18, 234 f. 22 II, 876 bis 878.

b. Othm. Frank, Persien und Chile als Pole der physischen Erdbreite und Leitpunkte zur Kenntniß der Erde. Sendschreiben an Herrn von Humboldt. Mit Anhang. Nürnberg 1813. 8.

c. Sieh Fouqué 1829: § 290, 1. 149). — d. Sieh Varnhagen 1840: § 292, 1. 37) V. e.

e. Hermann Klencke, Alexander von Humboldt. Ein biographisches Denkmal. Leipzig, Verlag von Otto Spamer. 1851. XI, 252 S. 8. — Zweite verbesserte Auflage. 1852. VIII, 224 S. 8. — Vierte vermehrte Auflage. 1859. VI, 282 S. 8. — Sechste illustrierte Ausgabe, vielfach erweitert und theilweise umgearbeitet von H. Th. Kühne. 1870. VIII, 432 S. 8. — Siebente Aufl. 1875. 8.

f. Alexander von Humboldt. Cassel 1853. 438 S. 16. — 1855. 344 S. 16.

g. Autobiographische Skizze: Gegenwart 1853. 8, 749 bis 762.

h. Arm. Ewald, Alexander von Humboldt. Eine Biographie. Zweite Auflage. Cassel 1854, Ernst Balde. X, 195 S. 8.

i. W. C. Wittwer, Alexander von Humboldt. Sein wissenschaftliches Leben und Wirken den Freunden der Naturwissenschaften dargestellt. Leipzig, T. O. Weigel. 1860. 8. — Supplement-Theil zu den Briefen über Alexander von Humboldt's Kosmos.

j. Deutsche Vierteljahrs-Schrift 1860. Jahrg. 23, 8. 291 bis 328.

k. Heribert Rau, Alexander von Humboldt. Kulturhistorisch-biographischer Roman in sieben Theilen. Leipzig, Theodor Thomas. 1860 bis 61. — Neue (Titel-) Ausgabe 1861. 8. — Dritte Aufl. Berlin, O. Janke. 1878. 636 S. 8.

l. Memoiren Alexander von Humboldt's. Leipzig, Verlag von Ernst Schäfer. 1861. II. 8. — l'. Sieh unten S. 807.

m. Address delivered on the centennial anniversary of the birth of Alexander von Humboldt, under the auspices of the Boston Society of Natural History, by Louis Agassiz. Boston: 1869. 8.

n. A. Bastian, Alexander v. Humboldt. Festrede bei der von den naturwissenschaftlichen Vereinen Berlins veranstalteten Humboldt-Feier. Gesprochen am Säculartage, den 14. September-1869. Berlin, Wiegandt und Hempel. 1869. 30 S. gr. 8. — 2. Aufl. 1870. 30 S. gr. 8.

o. Rud. Benfey, Alexander v. Humboldt und seine Bedeutung für Volksbildung. Eine Festschrift zu seinem 100jährigen Geburtstage am 14. September 1869. Berlin, Albrecht. 1869. IV, 83 S. gr. 8.

p. H. W. Dove, Gedächtnißrede auf Alexander v. Humboldt gehalten in der öffentlichen Sitzung der kgl. preußischen Akademie der Wissenschaften zu Berlin am 1. Juli, dem Leibnitztage des Jahres 1869. Berlin, Dümmler's Verlag. 1869. 31 S. gr. 8.

q. Heinr. Glogau, Akademische Festrede zur Feier des hundertjährigen Geburtstages Alexander's v. Humboldt am 14. September 1869 gehalten. Frankfurt a. M., Auffarth. 1869. 8.

r. A. Bernstein, Alexander von Humboldt und der Geist zweier Jahrhunderte. Berlin 1869. — Sammlung gemeinverständlicher Vorträge IV, 89.

s. Otto Ule, Alexander von Humboldt. Biographie für alle Völker der Erde. Berlin 1869. 8.

t. Humboldt-Perlen. Ein Demantkranz aus Humboldt's Leben und Schriften. Nebst einer chronologischen Übersicht seines Lebens, einem Verzeichnis seiner zahlreichen Werke und einem Porträt A. v. Humboldt's nach dem von ihm selbst entworfenen Spiegelbilde. Leipzig, Eduard Wartig. 1869. 8.

u. M. O. Mohl, Alexander von Humboldt. Der Altmeister der neuesten Naturforschung. Ein Gedenkbuch zum hundertjährigen Geburtstage Alexander von Humboldt's. Unter Zugrundelegung einer Lebensskizze aus den ,Vorbildern' erweitert und herausgegeben. Leipzig, Verlag von Otto Spamer. 1870. 8.

v. Adolf Kohut, Alexander von Humboldt und das Judenthum. Ein Beitrag zur Kulturgeschichte des 19. Jahrhunderts. Leipzig, 1871. Verlag der F. W. Pardubitz'schen Buchhandlung. (F. Lorber.) 8.

w. Karl Brubns, Alexander von Humboldt. Eine wissenschaftliche Biographie im Verein mit R. Avé-Lallemant, J. V. Carus, A. Dove, H. W. Dove, J. W. Ewald, A. H. R. Grisebach, J. Löwenberg, O. Peschel, G. H. Wiedemann, W. Wundt bearbeitet und herausgegeben. In drei Bänden. Leipzig: F. A. Brockhaus. 1872. III. 8.

Der zweite Band enthält eine bibliographische Uebersicht von Humboldts Werken, Schriften und zerstreuten Abhandlungen von Julius Löwenberg auf S. 485 bis 552.

x. Oscar Peschel, Ueber Alexander von Humboldt: Abhandlungen zur Erd- und Völkerkunde. Hg. von J. Löwenberg. Leipzig, Verlag von Duncker und Humblot. 1877. 1, S. 273 bis 368. Ursprünglich in Nr. w.

y. Allg. dtsch. Biographie 1881. 13, 358 bis 383 (Alfred Dove).

z. Jul. Fröbel, Ein Lebenslauf... Stuttgart 1890. 8. I, 132 bis 144. II, 15.

aa. Wilhelm Förster, Ueber das Zusammenwirken von Bessel, Encke und Alex. v. Humboldt. Rede gehalten in der Aula der Universität zu Berlin am 3. Aug. 1894: Dtsch. Revue 1894. Oktoberheft. S. 94 bis 104.

bb. P. v. Lind, Immanuel Kant und Alex. von Humboldt: Zschrift f. Philos. und philos. Kritik. N. F. 1895. Bd. 106, S. 51 bis 79. 1896. 107, S. 28 bis 47.

cc. Th. Wiedemann, Mitteilungen zu Rankes Lebens-Geschichte. II. Alexander von Humboldt und Leopold von Ranke. Mit zwei Briefen Humboldts: Allg. Zeitung (München) 1895. Beil. Nr. 293.

Briefe an α.? (Paris ungefähr 1820): Deutsche Dichtung Band 16. Heft 12.

β. Briefwechsel und Gespräche Alexander von Humboldt's mit einem jungen Freunde. Aus den Jahren 1848 bis 1856. Berlin. Verlag von Franz Duncker. (W. Besser's Verlagshandlung.) — 1861. X, 141 S. 8. Vorwort ohne Unterschrift des Hg. Friedr. Althaus. Vergl. Friedrich Althaus. Ein Lebensbild. Bonn 1889. 8. 395 f. Hermann Grimm, Fünfzehn Essays. Erste Folge. 3. Auflage 1884. 8. 362 f.

β'. König Maximilian 2. von Bayern, hg. von L. v. Trost: N. Fr. Presse 1894 Sept. 12 und 13.

γ. Briefwechsel Al. v. Humboldts mit Heinrich Berghaus aus den Jahren 1825 bis 1858. Jena, 1863. Costenoble. III. 8. Wohlfeile Ausg. 1869. III. 8.

δ. Bettina: Briefwechsel des Frhrn. von Meusebach mit Jac. und Wilh. Grimm, hg. von Camillus Wendeler. 1880. 8. 295 f. Vergl. dazu oben S. 83. ξ.

ε. Bopp: S. Lefmann, Franz Bopp, sein Leben und seine Wissenschaft. Berlin 1891. S. 123ᵃ bis 126ᵃ. — ζ. Brinckmann: § 291, 3. x.

η. Briefe von Alexander von Humboldt an Christian Carl Josias Freiherr von Bunsen. Leipzig: F. A. Brockhaus. 1869. 212 S. 8.

ϑ. Campe: Band IV. S. 757 zu S. 29.

ι. Im Ural und Altai. Briefwechsel zwischen Alexander von Humboldt und Graf Georg von Cancrin aus den Jahren 1827—1832. Leipzig: F. A. Brockhaus. 1869. XV, 170 S. 8.

x. Carus: im Besitze der Literaturarchiv-Gesellschaft zu Berlin; vergl. deren Jahresbericht für 1894.

λ. Fünf Briefe der Gebrüder von Humboldt an Johann Reinhold Forster. Nebst einem Anhange. Hg. von Fritz Jonas. Berlin 1889. L. Oehmigke's Verlag (R. Appelius). 8.

μ. Dr. Ghillany in Nürnberg, später in München: Oesterreich. Badezeitung 1895. Nr. 14.

ν. Briefe zwischen A. v. Humboldt und Gauß. Zum hundertjährigen Geburtstage von Gauß am 30. April 1877 hg. von K. Bruhns. Leipzig, Verlag von Wilhelm Engelmann. 1877. 8.

ξ. Goethes Briefwechsel mit den Gebrüdern von Humboldt: F. Th. Bratranek, Neue Mittheilungen aus Goethes handschriftlichem Nachlasse. Leipzig 1876. Band 3. Sieh die Weimarer Ausgabe. Abteilung IV. 10, 270 und 12, 88.

o. Dr. Henning. 1828: Antiquitäten-Zeitung III, 10. S. 74. Stuttgart 1895. fol.

π. Henriette Herz: Nord und Süd 1892. Bd. 63. S. 69 bis 74.

ρ. Briefe Alexander's von Humboldt an seinen Bruder Wilhelm. Herausgegeben von der Familie von Humboldt in Ottmachau. Stuttgart. Verlag der J. G. Cotta'schen Buchhandlung. 1880. LXXXVIII (Die Brüder von Humboldt. Geschichtliche Übersicht ihres Lebensganges bis zum Jahr 1835 von Gregorovius), 228 S. 8. Sieh Brief Alexanders aus Tegel 1829 April 10: Ztg. f. d. elegante Welt 1835. S. 367.

ρ'. F. H. Jacobi: R. Zoeppritz, Aus F. H. Jacobis Nachlaß, Bd. 1, S. 147 bis 154.

σ. R. Keil: Vom Fels zum Meer 1890/91. 8. 10 f.

τ. Liszt: Briefe hervorragender Zeitgenossen an Franz Liszt. Hg. von La Mara [d. i. Maria Lipsius]. Leipzig 1895. Bd. 1, S. 37. Bd. 2, S. 60 f.

υ. Moleschott: Jakob Moleschott. Für meine Freunde. Lebenserinnerungen. Gießen 1894. 8. 201. 214.

φ. Briefwechsel mit Marc Aug. Pictet: Le Globe 1868. Bd. 8.

χ. Literarischer Nachlaß von Friedrich von Raumer. Berlin, 8. Mittler und Sohn, 1869. Bd. 1, S. 17 bis 36.

ψ. Alex. Frhr. v. Rennenkampff: dessen Nachlaß; vergl. Euphorion 1895. 2,
821 Anm. — ψ'. Schelling, Aus Schellings Leben. Bd. 2, S. 49. — ω. Schlabrendorf: Im neuen Reich 1878. II, S. 883 f. — ω'. Wilh. Schlegel: § 283, 1. α). — ω'.
S. u. S. 807. — αα. Schubarth: Paul Scholz, Karl Ernst Schubarth. Ein Beitrag zur
Litteraturgeschichte des 19. Jahrh. Progr. Hirschberg i. Schl. 1892. S. 15 f. — αα'.
Chn. Gtfr. Schütz: Leben. Halle 1885. Bd. 2, S. 182 f. — ββ. Spontini: Katalog
der Paar'schen Autographen-Sammlung 1893. Nr. 1266. — γγ. Uhland: Uhlands
Werke. Hg. von Ludw. Fränkel. Leipzig und Wien (1893). Bd. 2, S. 417 bis 420.
δδ. Briefe von Alexander von Humboldt an Varnhagen von Ense aus den
Jahren 1827 bis 1858. Nebst Auszügen aus Varnhagen's Tagebüchern, und Briefen
von Varnhagen und Andern an Humboldt. Leipzig: F. A. Brockhaus. 1860. 8.
Binnen wenigen Monaten fünf Auflagen: die erste und zweite hat XV, 400 S.,
die dritte bis fünfte Aufl. XXIII, 400 S. Vergl. § 292, 1. 49).
εε. Jugendbriefe [16, aus den J. 1788 bis 1790] Alex v. Humboldts an Wilh.
Gabriel Wegener. Hg. von A. Leitzmann. Leipzig 1896.
ζζ. Frau v. Wolzogen: Im neuen Reich 1871. II, 857 bis 860. — ηη. Ziegler: G. Geilfus, Leben des Geographen Jacob Melchior Ziegler. Winterthur 1884.
8. 112 f. — ϑϑ. Leop. Zunz: Zsch. f. d. Gesch. der Juden 1892. 5, 259.
Briefe an Humboldt von Böckh: Biogr. Blätter 1895. Band 1, Heft 1. —
Chamisso: § 291, 1. σ. — Gentz: § 293, I. 1. 26) V. y. — Tieck: L. H. Fischer
§ 284, 1. ee).

1) Mineralogische Beobachtungen über einige Basalte am Rhein. Braunschweig, Vieweg. 1790. 8.

2) Florae Fribergensis specimen, plantas cryptogamicas praesertim subterraneas
exhibens. Berolini, Rottmann. 1793. 8.

3) Friedrich Alexander von Humboldt's Aphorismen aus der chemischen Phy-
siologie der Pflanzen. Aus dem Lateinischen (Nr. 2, S. 133 bis 182) von Gotthelf
Fischer. Nebst einigen Zusätzen von Johann Hedwig und einer Vorrede von
Chr. Fr. Ludwig. Leipzig, Voss. 1794. 8.

4) Die Lebenskraft oder der Rhodische Genius. Eine Erzählung: Horen 1795.
Zweiter Band, 5. Stück. S. 90 bis 96. Vgl. Bd. V. S. 192.

5) Versuche über die gereizte Muskel- und Nervenfaser nebst Vermuthungen
über den chemischen Proceß des Lebens in der Thier- und Pflanzenwelt von Frdr.
Alexander von Humboldt. Posen und Berlin 1797. II. 8.

6) Versuche über die chemische Zerlegung des Luftkreises und über einige
andere Gegenstände der Naturlehre. Braunschweig, Vieweg. 1799. 8.

7) Ueber die unterirdischen Gasarten und die Mittel ihren Nachtheil zu
vermindern. Ein Beitrag zur Physik der praktischen Bergbaukunde, hg. und mit
einer Vorrede von Wilh. von Humboldt. Braunschweig, Vieweg. 1799. 8.

8) Ideen zu einer Physiognomik der Gewächse, von Alexander von Humboldt. Tübingen, in der J. G. Cotta'schen Buchhandlung. 1806. 28 S. 8. Vergl.
§ 243, 11) 5; Goethes Werke (W. A.) II, 7, 93 bis 100.

9) Versuche über die electrischen Fische. Erfurt 1806. 8.

10) Ansichten der Natur, mit wissenschaftlichen Erläuterungen. Von Alexander
von Humboldt. 1. Bd. Tübingen, in der J. G. Cotta'schen Buchhandlung. 1808.
16. — Zweite verbesserte und vermehrte Ausgabe. Stuttgart und Tübingen 1826.
II. 12. — Dritte verbesserte und vermehrte Ausgabe. 1849. II. 8. — Taschen-
ausg. 1860. II. — Reclams Univ.-Bibl. (1892). Nr. 2948/50.

11) Conspectus longitudinum et latitudinum geographicarum, per decursum
annorum 1799 ad 1804 in plaga aequinoxiali ab A. de Humboldt astronomice observa-
tarum calculo subjecit Jabbo Oltmannus. Lutetiae Parisiorum, F. Schoell. 1808. 4.

12) Tables hypsométriques. Tubingue 1809. Fol.

13) Nivellement barométrique fait dans les régions équinoxiales du Nouveau
Continent (1799—1804), par A. de Humboldt. Paris 1809. 4.

14) Versuch über den politischen Zustand des Königreichs Neu-Spanion, enthaltend Untersuchungen über die Geographie des Landes, über seinen Flächeninhalt
und seine neue politische Eintheilung, über seine allgemeine physische Beschaffenheit,
über die Zahl und den sittlichen Zustand seiner Bewohner, über die Fortschritte des
Ackerbaues, der Manufacturen und des Handels, über die vorgeschlagenen Canal-

Verbindungen zwischen dem antillischen Meere und dem großen Ozean, über die militärische Vertheidigung der Küsten, über die Staatseinkünfte und die Masse edler Metalle, welche seit der Entdeckung von America, gegen Osten und Westen, nach dem alten Continent übergeströmt ist. von Friedrich Alexander von Humboldt. Tübingen, in der J. G. Cotta'schen Buchhandlung. 1809 bis 1814. V. 8.

15) Voyage aux régions équinoxiales du Nouveau Continent, fait en 1799, 1800, 1801, 1802, 1803 et 1804 rédigé par Alexandre de Humboldt et Aimé Bonpland. Paris et Tubingen 1810 bis 1832. I. bis VI. Sect. — Sieh Nr. 19). Sect. I: Physique générale, relations historiques et Atlas pittoresque. Géographie des plantes. — Pittoreske Ansicht der Cordilleren. Ideen zu einer Geographie der Pflanzen der Tropenländer. — Sect. II: Zoologie et anatomie comparée. — Beobachtungen aus der Zoologie. — Sect. III: Essai politique sur la Nouvelle Espagne. — Versuch über den politischen Zustand des Königreichs Neuspanien. — Sect. IV: Recueil d'observations astronomiques. — Sect. V: Examen critique de l'histoire de la géographie du Nouveau Continent. — Sect. VI: Botanique: Plantes équinoxiales. Monographie des Mélastomacées.

Humboldts und Bonplands Reise nach den Wendekreisen in den Jahren 1799 bis 1804. Auszug von J. C. Delamétherie. Erfurt 1806. 8.

Humboldts und Bonplands Reisen um die Welt. Vom Verfasser von Cooks Reisen. Hamburg 1805 bis 1822. VI. 8. Sieh Nr. w. Bd. 2, 8. 515.

(Joh. Kasp. Velthusen), Bruchstücke eines versiegelten Buches. Des Herrn von Humboldt's Wahrnehmung phönizischer Gestirnbenennungen in Südamerika. Mit Anzeige ähnlicher Spuren einer Verbreitung phönizischer Phantasien, muthmaßlich durch eine Kette uralter asiatischer Handelsbündnisse. Bremen 1809. 8.

Des Frhrn. Alexander v. Humboldt und Aimé Bonplands Reise in die Aequinoctialgegend des neuen Continents. Für die reifere Jugend zu belehrender Unterhaltung bearbeitet von G. A. Wimmer. Wien 1830. IV. 12 = Bibliothek naturhistorischer Reisen 1 bis 4.

Taschenbuch der neueren Entdeckungsreisen für die Jugend bearbeitet. Band 2. Leipzig 1831. 8. Skizzen nach Humboldt und Bonpland.

Julius Loewenberg, Alexander von Humboldt's Reisen in Amerika und Asien. Eine Darstellung seiner wichtigsten Forschungen. Berlin, 1835 und 1840. Bei J. G. Hasselberg. II. 8. — Zweite Auflage 1842 und 43. II. 12.

Hermann Kletke, Alexander von Humboldt's Reisen in Amerika und Asien. Berlin 1855. IV. 8. — Zweite Auflage 1855 bis 1856. IV. 8. und öfter.

16) Pittoreske Ansichten der Cordilleren und Monumente americanischer Völker von Alexander v. Humboldt. Tübingen, in der J. G. Cotta'schen Buchhandlung. 1810. 8.

17) De distributione geographica plantarum, secundum coeli temperiem et altitudinem montium. Prolegomena. Accedit tabula aenea. Lutetiae Parisiorum et Lübeck 1817. 8.

18) Essai géognostique sur le gisement des roches dans les deux Hémisphères. Paris, Levrault, 1823. 8.

Geognostischer Versuch über die Lagerung der Gebirgsarten in beiden Erdhälften. Von Alexander von Humboldt. Deutsch bearbeitet von Karl Cäsar Ritter von Leonhard. Straßburg 1823. 8.

19) Reise in die Aequinoctial-Gegenden des neuen Continents, in den Jahren 1799, 1800, 1801, 1802, 1803 und 1804. Verfaßt von Alexander von Humboldt und A. Bonplandt. Stuttgart und Tübingen, in der J. G. Cotta'schen Buchhandlung. 1815 bis 1829. VI. 8. Sieh Nr. 15) und Nr. w. Bd. 2, 8. 515. Euphorion 1896. 8, 438. Bearbeitung von Herm. Hauff. Stuttgart 1859 bis 1860. IV. 8.

20) Synopsis plantarum, quas in itinere ad plagam aequinoctialem orbis novi collegerunt Al. de Humboldt et Am. Bonpland, auctore C[arolo] S[igismundo] Kunth. Parisiis et Argentorati, Levrault, 1822 bis 1824. III. 8. Kunth starb am 22. März 1850. Sieh Preuß. Staatsanzeiger 1851. Nr. 128.

21) Bericht (mit Lichtenstein, Link, Rudelph und Weiss) über die naturhistorischen Reisen der Herren Ehrenberg und Hemprich durch Egypten in den Jahren 1820 bis 1826. Berlin 1827. 4. H. Lichtenstein, geb. 1780, gest. 1857; Weiss, geb. 1780, gest. 1856.

22) Ueber die Hauptursachen der Temperatur-Verschiedenheit auf dem Erdkörper: Abhandlungen der Berliner Akademie 1828. 4.

23) Rede, gehalten bei der Eröffnung der Versammlung deutscher Naturforscher und Ärzte in Berlin am 18. September 1828. Von Alexander von Humboldt. Berl. 1828. 4.

24) Amtlicher Bericht über die Versammlung deutscher Naturforscher und Aerzte zu Berlin im September 1828. Erstattet von Alexander v. Humboldt und H. Lichtenstein. Berlin 1829. 4.

25) A. v. Humboldt's Fragmente einer Geologie und Klimatologie Asiens. Aus dem Französischen mit Anmerkungen, einer Karte und einer Tabelle vermehrt von Julius Loewenberg. Berlin, bei J. A. List. 1832. 8.

26) Reise nach dem Ural, dem Altai und dem kaspischen Meere, auf Befehl des Kaisers von Rußland im Jahre 1829 ausgeführt von A. von Humboldt, G. Ehrenberg und G. Rose. Berlin, 1837 und 1842. Verlag der Sanderschen Buchhandlung. (C. W. Eichhoff.) II. 8.
Enthält nur Gustav Roses mineralogisch-geognostische Reise.

27) Kritische Untersuchungen über die historische Entwickelung der geographischen Kenntnisse von der Neuen Welt und die Fortschritte der nautischen Astronomie in dem 15ten und 16ten Jahrhundert von Alexander v. Humboldt. Aus dem Französischen übersetzt von Jul. Ludwig Ideler. Berlin, 1836 bis 1852. In der Nicolai'schen Buchhandlung. III. 8.

28) Central-Asien. Untersuchungen über die Gebirgsketten und die vergleichende Klimatologie von A. v. Humboldt. Aus dem Französischen übersetzt und durch Zusätze vermehrt hg. von Wilhelm Mahlmann. Berlin. Verlag von Carl J. Klemann. 1844. II. 8.

29) Kosmos. Entwurf einer physischen Weltbeschreibung von Alexander von Humboldt. Stuttgart und Tübingen. J. G. Cotta'scher Verlag 1845. 1847. 1850/51. 1858. 1862. V. 8. Der Fünfte Band, der auch ausführliche Register enthält, ausgearbeitet von Ed. Buschmann.
Atlas zu Alex. v. Humboldt's Kosmos in zweiundvierzig Tafeln mit erläuterndem Texte. Hg. von Traugott Bromme. Stuttgart. Verlag von Krais u. Hoffmann. Quer-fol.
Briefe über Alexander von Humboldt's Kosmos. Ein Commentar zu diesem Werke für gebildete Laien. Herausgegeben von Bernhard von Cotta, Julius Schaller, W. C. Wittwer und H. Girard. Leipzig, T. O. Weigel. 1848 bis 1859. IV. 8. Sieh oben Nr. i. Der erste Teil erschien 1850 in zweiter verbesserter Auflage.
Zu Humboldt's Kosmos. Einige Zugaben zum historischen Theile dieses berühmten Werkes. (Aus den neuen Jahrbüchern für Philologie, Supplementband XV., besonders abgedruckt.) Leipzig, Druck und Verlag von B. G. Teubner. 1849.
G. Biedermann, Die speculative Idee in Humboldt's Kosmos. Prag 1849. 8.
Cosmos. Essai d'une description physique du monde. Traduit par H. Faye. Paris 1846.

30) 1849. Sieh § 284, C. 4. 56) — Band IV. S. 605.

31) Kleinere Schriften von Alexander von Humboldt. Erster (eins.) Band. Geognostische und physikalische Erinnerungen. Stuttgart und Tübingen. J. G. Cotta'scher Verlag. 1853. 8.

32) Umrisse von Vulkanen aus den Cordilleren von Quito und Mexico. Ein Beitrag zur Physiognomik der Natur. Stuttgart 1853. Fol. Zwölf Kupfertafeln und ein Blatt Text — Atlas zu Nr. 31).

33) 1853. Sieh § 293, IV. 17. g. — S. 265.

34) 1853. Sieh § 343, 1615, 32) — Band III¹, S. 1169.

14. Adam Karl August von Eschenmayer, geb. am 4. Juli 1770 in Neuenbürg an der Enz in Württemberg, studierte in Tübingen Medizin, Arzt in Kirchheim, dann Professor der Medizin und Philosophie in Tübingen, starb am 17. November 1852 in Kirchheim unter Teck. .

a. Meusel, Gel. Teutschl. 9, 307. 11, 205. 13, 347. 22 II, 79 f.

b. David Friedrich Strauß, Streitschriften. Heft 2: Die Herren Eschenmayer und Menzel. Tübingen 1837. 8.

c. Neuer Nekrolog, Jahrg. 1852. 30. II, S. 785 bis 789.

d. Allg. dtsch. Biogr. 1877. 6, 349 bis 351 (Alberti).

Briefe an Oken sieh in dessen Lehrbuch der Naturgeschichte Bd. 2. Vorrede.

1) Versuch, die Geseze magnetischer Erscheinungen aus Säzen der Natur-
metaphysik mithin a priori zu entwickeln. von C. A. Eschenmeier. Tübingen,
bei Jacob Friedrich Heerbrandt. 1798. 8.

2) Spontaneität — Weltseele oder das höchste Princip der Naturphilosophie
von K. A. Eschenmayer: Schellings Zeitschrift für speculative Physik. Zweyten
Bandes erstes Heft. 1801'. 8. 1 bis 68.

3) Die Philosophie in ihren Uebergängen zur Nichtphilosophie. Erlangen 1803. 8.

4) Der Eremit und der Fremdling. Gespräch über die Heiligen und die Geschichte. Erlangen 1805. 8.

5) Einleitung in die Natur und Geschichte. I. Erlangen 1806. 8.

6) Versuch die scheinbare Magie des thierischen Magnetismus aus physiologischen
und psychischen Gesezen zu erklären. Von C. A. v. Eschenmayer, Professor in Tübingen.
Stuttgart und Tübingen in der J. G. Cotta'schen Buchhandlung 1816. 180 S. 8.

7) Archiv für den thierischen Magnetismus (mit D. G. Kieser und F. Nasse).
Leipzig 1817 bis 1827. XII zu je 3 Heften. 8.

8) Psychologie in drei Theilen als empirische, reine und angewandte. Zum
Gebrauch seiner Zuhörer von C. A. Eschenmayer. Stuttgardt und Tübingen, in der
Johann Georg Cotta'schen Buchhandlung. 1817. 8. — Zweite Aufl. 1822. 8.

9) System der Moralphilosophie von C. A. Eschenmayer. Stuttgart und
Tübingen, in der J. G. Cotta'schen Buchhandlung. 1818. 8.

10) Religionsphilosophie. Von C. A. Eschenmayer. Tübingen, bei Heinrich
Laupp. 1818 bis 1824. III. 8.
I: Rationalismus. — II: Mystizismus. — III: Supernaturalismus, oder die
Lehre von der Offenbarung des A. und N. Testaments.

11) Mysterien des inneren Lebens; erläutert aus der Geschichte der Seherin
von Prevorst, [§ 319, 49] — Band VIII. S. 207f.] mit Berücksichtigung der bisher
erschienenen Kritiken. Von C. A. Eschenmayer. Tübingen, Verlag: Zu Guttenberg. 1830. 8.

12) Grundriß der Natur-Philosophie von C. A. Eschenmayer. Tübingen, bei
Heinrich Laupp. 1832. 8.

13) Reflexionen über Besessensein und Zauber: Justinus Kerner, Geschichten
Besessener neuerer Zeit. Karlsruhe 1834. 8. — Zweite Aufl. 1835. 8.

14) Der Ischariothismus unserer Tage. Eine Zugabe zu dem jüngst erschienenen Werke: Das Leben Jesu von Strauß. Tübingen 1837. 8.

15) Conflict zwischen Himmel und Hölle, an dem Dämon eines besessenen
Mädchens beobachtet. Nebst einem Worte an Dr. Strauß. Tübingen 1837. 8.

16) Charakteristik des Unglaubens, Halbglaubens und Vollglaubens, in Beziehung auf die neueren Geschichten besessener Personen. Tübingen 1838. 8.

17) Grundzüge einer christlichen Philosophie, mit Anwendung auf die evangelischen Lehren und Thatsachen. Basel 1841. 8.

18) Betrachtungen über den physischen Weltbau, mit Beziehung auf die
organischen, moralischen und unsichtbaren Ordnungen. Heilbronn 1852. 8.

15. Georg Heinrich Freiherr von Langsdorff, geb. am 18. April 1774
zu Wöllstein in Rheinhessen, studierte in Göttingen, begleitete den Prinzen
Christian von Waldeck als Leibarzt nach Lissabon und auf einer Reise durch
Portugal; nach dessen Tode machte er den Feldzug in Spanien als Arzt mit und
kehrte 1803 nach Deutschland zurück, schloß sich Krusensterns Expedition zur
Nordwestküste von Amerika an und machte die Reise von Kamschatka zu Lande
durch Sibirien nach St. Petersburg zurück (1803 bis 1806). Die russische Regierung
sandte ihn darauf als General-Consul nach Brasilien. 1825 trat er eine naturhistorische Reise ins Innere von Südamerika an und kehrte 1830 nach Europa
zurück. Durch tropische Fieber war er so entkräftet, daß er geistige Arbeiten
nicht mehr verrichten konnte. Anfangs wohnte er in Lahr, von 1831 in Freiburg i. Br. bis zu seinem Tode am 29. Juni 1852.
    a. Meusel, Gel. Teutschl. 18, 482. 23, 859.
    b. N. Nekrolog, Jahrg. 1852. 30, 436 bis 442.
    c. Allg. dtsch. Biog. 1883. 17, 689f. (Ratsel).

1) Plantes recueillies pendant le voyage de Russes autour du monde. Expédition dirigée par M. de Krusenstern. Publiées par G. Langsdorff et F. Fischer. A Tubingue, chez J. G. Cotta, libraire. 1810. Fol.

2) Bemerkungen auf einer Reise um die Welt in den Jahren 1803 bis 1807 von G. H. von Langsdorff. Frankfurt am Mayn, Im Verlag bey Friedrich Wilmans. 1812. II. 4. — Wohlfeile Ausg. 1813. II. 8. — Auch zwei Bearbeitungen für die Jugend erschienen: von Heinr. Karl Gutmann (d. i. Jakob Glatz). Wien 1816 und F. W. v. Schütz. Zerbst 1819. 8.

Henrich Steffens sieh § 291, 8.

16. Gottfried Reinhold Treviranus, geb. am 4. Februar 1776 in Bremen, studierte in Göttingen Medizin und lebte dann als praktischer Arzt, zugleich von 1797 an als Professor der Mathematik und Medizin am gymnasium illustre in seiner Vaterstadt. Hier ist er am 16. Februar 1837 gestorben.

a. Meusel Gel. Teutschl. 8, 118. 10, 754. 16, 45. 21, 121 f. — b. Allg. dtsch. Biogr. 1894. 88, 588 (Pagel). — S. unten S. 807.

1) Physiologische Fragmente. Hannover 1797 und 1799. II. 8. Der zweite Theil a. u. d. Tit.: Neue Untersuchungen über Nervenkraft, Consensus und andere verwandte Gegenstände der organischen Natur.

2) Biologie, oder Philosophie der lebenden Natur für Naturforscher und Aerzte. Von Gottfried Reinhold Treviranus. Göttingen, bey Johann Friedrich Röwer. 1802 bis 1822. VI. 8.

3) Vermischte Schriften anatomischen und physiologischen Inhalts. Von Gottfried Reinhold Treviranus und Ludolf Christian Treviranus. Göttingen, bey Johann Friedrich Röwer. 1816. — 2. Band: Bremen, Johann Georg Heyse. 1817. 1820 und 1821. IV. 4.

4) Die Erscheinungen und Gesetze des organischen Lebens. Neu dargestellt von Gottfried Reinhold Treviranus. Bremen. 1831 und 1832. Druck und Verlag von Johann Georg Heyse. II. 8.

17. Christian Leopold von Buch, geb. am 26. April 1774 auf Schloß Stolpe in der Uckermark, studierte auf der Bergakademie in Freiberg, Mitglied der Akademie der Wissenschaften in Berlin, nach Werner einer der ersten Geognosten, der sich besonders um die Erforschung des hohen Nordens und in späterer Zeit um die Paläontologie sehr verdient machte. Er starb am 4. März 1853 in Berlin.

a. Meusel, Gel. Teutschl. 9, 158. 13, 185. 17, 276. 22ᴵ, 411.

b. Friedrich Hoffmann, Geschichte der Geognosie. Berlin 1838. S. 121 bis 156.

c. B. Cotta, Festrede 1858.

d. Rud. von Carnall, L. v. Buch, Gedächtnißrede: Zsch. der deutschen geologischen Gesellschaft, Bd V.

e. H. v. Dechen, L. v. Buch. Vortrag: Verhandlungen des naturforschenden Vereins für Rheinland und Westfalen. Bd. 10, S. 241 bis 265.

f. v. Haidinger, Zur Erinnerung an L. v. Buch: Jahrbuch der geologischen Reichsanstalt in Wien 1853. Bd. 4, S. 207 f.

g. Al. v. Humboldt, Ueber Leopold von Buch, unmittelbar nach dessen Tode: Zsch. d. dtsch. geolog. Gesellschaft 1858. V, 261 f.

h. L. v. Buch, sein Leben und seine wissenschaftliche Bedeutung: Die Fortschritte der Naturwissenschaften in biographischen Bildern. Berlin 1857. Heft 4.

i. J. Ewald, Leopold von Buch's Leben und Wirken bis zum Jahre 1806: Nr. 17) Bd. I.

j. Allg. dtsch. Biogr. 1876. 8, 464 bis 475 (Gümbel).

1) Beobachtungen über den Kreuzstein. Der Linneischen Societät in Leipzig mitgetheilt von Leopold von Buch. Leipzig, bey Wagner und Compagnie. 1794. 28 S. 8.

2) Versuch einer mineralogischen Beschreibung von Landeck. Von Leopold von Buch. Breslau, Hirschberg und Lissa, in Südpreußen. 1797. 52 S. 4.

3) Geognostische Beobachtungen auf Reisen durch Deutschland und Italien angestellt von Leopold von Buch. Berlin bei Haude und Spener. 1802 und 9. II. 8. Mit einem Anhange von mineralogischen Briefen aus Auvergne an den Geh. Ober-Bergrath Karsten von demselben Verfasser.

4) Ueber das Fortschreiten der Bildungen in der Natur: Berliner Akad. der Wissenschaften. 1806. — Nr. 17) II, S. 4 bis 12.

5) Reise durch Norwegen und Lappland von Leopold von Buch. Berlin bei G. C. Nauck. 1810. H. 8. — Nr. 17) II, S. 109 bis 563.

5a) Lobrede auf D. L. G. Karsten: Abhandlungen der Akad. d. Wissensch. zu Berlin aus den J. 1815/15. Berlin 1818. 8. 7 bis 23.

6) Physikalische Beschreibung der canarischen Inseln von Leopold von Buch. Berlin, 1825. 407 S. 4. Französisch übersetzt von Boulanger. Paris und Straßburg 1836. 8.

7) Ueber Ammoniten, über ihre Sonderung in Familien, über die Arten, welche in den älteren Gebirgs-Schichten vorkommen, und über Goniatiten insbesondere. Zwei akademische Abhandlungen. Berlin 1832. 4. — Nr. 17). IV, 1. Hälfte S. 70f. und 108f.

8) Ueber Terebrateln mit einem Versuch, sie zu classifizieren. Akademische Abhandlung. Berlin 1835. 4. — Nr. 17) IV, 1. Hälfte S. 167f.

9) Ueber Delthyris, oder Spirifer und Orthis. Akad. Abhdlg. Berlin 1838. 4. — Nr. 17) IV, 1. Hälfte S. 312f.

10) Ueber den Jura in Deutschland. Akad. Abhdlg. Berlin 1839. 4. — Nr. 17) IV, 1. Hälfte S. 388f.

11) Beiträge zur Bestimmung der Gebirgsformationen in Rußland. Berlin 1840. 8. — Nr. 17) IV, 2. Hälfte S. 566f.

12) Ueber Productus oder Leptaena. Akad. Abhdlg. Berlin 1842. 8. — Nr. 17) IV, 2. Hälfte S. 657f.

13) Ueber Cystideen, eingeleitet durch die Entwickelung der Eigenthümlichkeiten von Caryocrinus ornatus Say. Akad. Abhdlg. Berlin 1846. 4. — Nr. 17) IV, 2. Hälfte S. 750f.

14) Die Bären-Insel nach B. M. Keilhau geognostisch beschrieben von Leopold von Buch. Akadem. Abhdlg. Berlin. Bei G. Reimer. 1847. 4.

15) Ueber Ceratiten. Akad. Abhdlg. Berlin 1849. 8. — Nr. 17) IV, 2. Hälfte S. 842f.

16) Betrachtungen über die Verbreitung und die Grenzen der Kreide-Bildungen. Mit einem Theile der Weltkarte in Mercators Projection. Bonn 1849. 8. — Nr. 17) IV, 2. Hälfte S. 884f.

17) Leopold von Buch's gesammelte Schriften. Herausgegeben von J. Ewald, J. Roth und H. Eck. Berlin. Druck und Verlag von Georg Reimer. 1867 bis 1885. IV. 8. Der 4. Band zerfällt in 2 Hälften.

18. Lorenz Oken siehe § 247, 31 — Band V. S. 13. Vgl. auch unten S. 807

Friedrich Arnold Brockhaus. Sein Leben und Wirken nach Briefen und Aufzeichnungen geschildert von seinem Enkel Heinrich Eduard Brockhaus. Leipzig 1876. Theil 2, S. 165 bis 201 u. o.

1) Grundriß der Naturphilosophie von Oken. Frankfurt am Main. 1802. 8.

2) Uebersicht des Grundrisses des Sistems der Naturfilosofie und der damit entstehenden Theorie der Sinne von Oken. Frankfurt am Main. In Commission bei P. W. Eichenberg. o. J. [1804]. 22 S. 8.

3) Die Zeugung. Bamberg und Würzburg 1805. 8.

4) Abriß des Systems der Biologie, oder Moralphilosophie. Göttingen 1805. 8.

5) Beiträge (mit Kieser) zur vergleichenden Zoologie, Anatomie und Physiologie. Bamberg 1807. Vier Hefte. 4.

6) Ueber die Bedeutung der Schädelknochen. Bamberg 1807. 4.
Vergl. Band IV. S. 564. 616, 26). Goethes Werke (Hempel) 33, CXLIIf. 255.

7) Erste Ideen zur Theorie des Lichts. Jena 1804. 4.

8) Ueber das Universum als Fortsetzung des Sinnensystems. Ein pythagoräisches Fragment. Jena 1808. 4.

9) Ueber Licht und Wärme als das nichtirdische aber kosmische materiale Element. Jena 1809. 4.

10) Lehrbuch der Naturphilosophie von Oken.   Erster und zweiter Theil.
Jena, bei Friedrich Frommann. 1809. VI, 228 S.   Dritter Theil, erstes und zweites
Stück. 1810. XXII, 180 S.; drittes, letztes Stück. 1811. XXIV, 874 S. 8. —
Zweyte, umgearbeitete Auflage. Jena, Friedrich Frommann. 1811. X, 501 S. 8.
— Dritte Aufl. Zürich 1843. 8.

11) Grundzeichnung des natürlichen Systems der Erze. Jena 1809. 4.
Vergl. § 245, 49) 3, IV — Band IV. S. 739; Goethes Werke (Hempel) 3, 203.

12) Mitarbeit an den Deutschen Blättern. Hg. von Friedr. Arn. Brockhaus.
Leipzig und Altenburg 1813 bis 1816. Sieh F. A. Brockhaus in Leipzig. Hg.
von Heinrich Brockhaus. Leipzig 1872—1875. S. 41 f.

13) Okens Lehrbuch der Naturgeschichte. Leipzig bei Carl Heinrich Reclam.
1813 bis 1816. Der 3. Teil mit 1. und 2. Abteilung: Jena, bei August Schmid
und Comp. IV. 8.

14) Neue Bewaffnung neues Frankreich neues Theutschland von Oken. Jena
in der Crökerischen Buchhandlung. 1814. 205 S. 8.

15) Isis oder Encyklopädische Zeitung von Oken. Jena, in der Expedition der
Isis (1820 und 1821: Jena, beym Herausgeber, und Leipzig, bey Brockhaus; 1822:
Jena, beym Herausgeber; 1823 bis 1827: Jena, in der Expedition; 1828 bis 1848: Leipzig,
bey Brockhaus) 1817 bis 1848. 32 Jahrgänge von je 12 Heften. 4. Sieh F. A.
Brockhaus in Leipzig. Hg. von Heinrich Brockhaus. Leipzig 1872—1875. S. 43 und

16) Okens Dienstentlassung. Aktenmäßiger Bericht darüber. — Nro. I. Leipzig
im Monat July 1819. F. A. Brockhaus. 48 S. 8. Vergl. Band IV. S. 559 und
715, 17). Chronik des Wiener Goethe-Vereins 1895. Band 9, Nr. 7 bis 10.

17) Okens Naturgeschichte für Schulen. Leipzig, bei Brockhaus 1821. XXXII,
1004 S. 8.

18) Einleitung in die Entomologie, oder Elemente der Naturgeschichte der
Insekten. Von Wilhelm Kirby und Wilhelm Spence. Hrsg. von Oken. Stuttgart 1823 bis 1833. IV. 8.

19) Allgemeine Naturgeschichte für alle Stände, von Professor Oken. Stuttgart 1833 bis 1842. Hoffmann'sche Verlags-Buchhandlung. VII. 8.
I. 1839: Mineralogie und Geognosie, bearbeitet von F. A. Walchner. — II.
1839: Allgemeine und besondere Pflanzenkunde. — III. 1841: Mark- und Schaft-
pflanzen, Stamm- und Blüthenpflanzen, Fruchtpflanzen. — IV. 1833: Allgemeine
Naturgeschichte der Thiere. — V. 1835 bis 1836: Besondere Naturgeschichte der
Thiere. — VI. 1836: Fische und Amphibien. — VII, 1. 1837: Vögel- — VII, 2.
1838: Säugethiere. — Universalregister 1842. — Abbildungen dazu in 16 Lieferungen 1834 bis 1844 und 5 Ergänzungshefte von Erich Friedeberg und Fr.
Berge. 1843 bis 1845. Fol.

19. Carl Ritter, geb. am 7. August 1779 in Quedlinburg, wurde in Salzmanns
Anstalt zu Schnepfenthal erzogen, wo er besonders der Obhut von J. C. F. Guthsmuths
anvertraut war. Von 1796 studierte in Halle, um Erzieher zu werden, 1798 ging
er nach Frankfurt a. M. als Lehrer im Hause des Kaufmanns Bethmann-Hollweg.
Dort besuchte mit seinen Zöglingen von 1805 an das Gymnasium, um Griechisch
und Latein zu lernen; später unterrichtete er am Gymnasium selbst in Geographie,
Geschichte und Naturgeschichte. 1810 bis 1812 lebte er mit seinen Zöglingen in
Genf und hörte da bei Sismondi und Pictet und genoß den Umgang bedeutender
Männer. Zuletzt ging er noch nach Italien. Mitte des Sommers 1813 kam Ritter
nach Göttingen und blieb dort, um seine Erdkunde zu vollenden. Das Buch ist für
die Entwickelung der Geographie von einschneidendster Bedeutung. Im Jahre 1819
wurde Ritter an Schlossers Stelle Professor der Geschichte am Gymnasium in Frankfurt, 1820 berief man ihn als Lehrer der Geographie und Statistik an die Kriegsschule und als Professor der Erd-, Länder-, Völker- und Staatenkunde an die
Universität in Berlin. 1825 ernannte man ihn zum ordentlichen Professor und zum
Studiendirektor an der Kriegsschule. Er starb am 28. September 1859 in Berlin.
a. Meusel, Gel. Teutschl. 15, 174. 175 (hier unter Elias R.). 19, 877 f.
b. F. C. Matthiä, 5. Fortsetzung der Nachrichten vom Frankfurter Gymnasio
(1810) S. 4 bis 15. 14. Fortsetzung (1819) S. 14.
c. (Hitzig) Gelehrtes Berlin 1825. S. 218.
d. (Koner) Gelehrtes Berlin 1845. S. 293 bis 295.

e. G. Kramer, Zur Erinnerung an Carl Ritter: Ztg. f. allg. Erdkunde. 1859. N. F. Band 7, S. 209 bis 224.

f. H. Bögekamp, Karl Ritter. Eine kurze Charakteristik seines Wirkens. Berlin, Riegels Verlag. 1860. III, 85 S. 8.

g. G. Kramer, Carl Ritter. Ein Lebensbild nach seinem handschriftlichen Nachlaß dargestellt. Halle, Verlag der Buchhandlung des Waisenhauses. 1864 und 1870. II. 8. — Zweite Ausgabe. 1876. — g'. Sieh unten S. 807.

h. Gage, Charles Ritter. London 1867.

i. Oscar Peschel, Ueber Carl Ritter: Abhandlungen zur Erd- und Völkerkunde. Leipzig, Duncker und Humblot. 1877. Band I, S. 369 bis 423.

k. Friedrich Ratzel, Zu Karl Ritters hundertjährigem Geburtstage: Augsb. Allg. Ztg. 1879. Beilage Nr. 219. 221. 223. 227.

l. Alfred Kirchhoff, Karl Ritter zum Gedächtniß: Die Gegenwart 1879. 16, Nr. 39.

m. F. Marthe, Was bedeutet Karl Ritter für die Geographie? Berlin 1880.

n. G[eorg] Geilfus, Das Leben des Geographen Jakob Melchior Ziegler. Nach handschriftlichen Quellen. Winterthur 1884. 8. 106f.

o. Allg. dtsch. Biographie 1889. 28, 679 bis 697 (Friedrich Ratzel).

p. Julius Fröbel, Ein Lebenslauf. Stuttgart 1890. 1, 66f.

q. Ernst Deutsch, Das Verhältnis Carl Ritters zu Pestalozzi und seinen Jüngern. Diss. Leipzig 1893. 33 S. 8.

Carl Ritter's Briefwechsel mit Joh. Friedr. Ludw. Hausmann. Zur Säcularfeier von C. Ritter's Geburtstag hg. von J. E. Wappäus. Leipzig 1879. J. C. Hinrichs'sche Buchhandlung. 173 S. 8.

1) Europa ein geographisch-historisch-statistisches Gemälde für Freunde und Lehrer der Geographie, für Jünglinge, die ihren Kursus vollendeten, bey jedem Lehrbuche zu gebrauchen. Nach den neuesten und besten Quellen bearbeitet. Frankfurt 1804 und 1807. II. 8. — Wohlfeile [Titel-] Ausgabe 1811. II. 8.

2) Einige Bemerkungen über den methodischen Unterricht in der Geographie: Guths Muths, Bibliothek der pädagogischen Litteratur. 1806. Bd. 2, S. 198 bis 219.

3) Die Ruinen am Rhein. Ueber die Alterthümer von Köln: Rheinisches Archiv 1810.

4) J. W. Henning, Leitfaden heym methodischen Unterricht in der Geographie. Besonders für Eltern und für Lehrer in Elementarschulen bearbeitet und herausgegeben. Iferten 1812. Unter Beihilfe von Ritter.

5) Die Erdkunde im Verhältniß zur Natur und zur Geschichte des Menschen, oder allgemeine, vergleichende Geographie, als sichere Grundlage des Studiums und Unterrichts in physicalischen und historischen Wissenschaften, von Carl Ritter. Berlin, 1817 und 1818. Bei G. Reimer. 8. Die Einleitung abgedruckt in Nr. 28) S. 3 bis 62. — Sieh Nr. 7).

6) Die Vorhalle Europäischer Völkergeschichten vor Herodotus, um den Kaukasus und an den Gestaden des Pontus. Eine Abhandlung zur Alterthumskunde von Carl Ritter, Professor der Geschichte am Gymnasium zu Frankfurt am Main. Berlin, 1820. Bey G. Reimer. XIV, 479 S. 8.

7) Zweite stark vermehrte und verbesserte (vom 2. Theile an: umgearbeitete) Auflage von Nr. 5). Berlin, 1822 bis 1859. Gedruckt und verlegt bei Georg Reimer. XIX. 8.

I. 1822: Afrika. XXVIII, 1084 S. Allgemeine Bemerkungen über die festen Formen der Erdrinde daraus abgedruckt Nr. 28) S. 65 bis 99. — II bis XVII, 2: Die Erdkunde von Asien. II. 1832: Der Norden und Nord-Osten von Hoch-Asien. XXXII, 1143 S. — III. 1833: Der Nord-Osten und der Süden von Hoch-Asien. XX, 1206 S. — IV. 1834: Der Süd-Osten von Hoch-Asien; dessen Wassersysteme und Gliederungen gegen Osten und Süden. XX, 1244 S. — V. 1835: Die indische Welt. 1. Abthlg. XVIII, 1046 S. — VI. 1836: Die Indische Welt. 2. Abthlg. XIV, 1248 S. — VII. 1837: West-Asien. Uebergang von Ost- nach West-Asien. XII, 825 S. — VIII. 1838: West-Asien. Iranische Welt. XIV, 952 S. — IX. 1840: West-Asien. Iranische Welt. VIII, 1048 S. — X. 1843: West-Asien. Das Stufenland des Euphrat- und Tigrissystems. XVIII, 1150 S. — XI. 1844: West-Asien. Das Stufenland des Euphrat- und Tigrissystems. Zweite Abthlg. XIV, 1074 S. — XII. 1846: Die Halbinsel Arabien. XXIX, 1085 S. — XIII. 1847: Die Halbinsel Arabien. Fortsetzung. XIV, 1057 S. — XIV. 1848:

Die Sinai-Halbinsel. XVIII, 1141 S. — XV. 1850: Palästina und Syrien. XX, 780 S. —
XVI. 1852: Fortsetzung von Theil 15. XII, 834 S. — XVII. 1. 1852: Judäa, Samaria,
Galiläa. XXII, 995 S. — XVII, 2. 1855: Syrien. Schluß. XX, (996 bis) 2174 S.
    Namen- und Sachverzeichniß zu Carl Ritter's Erdkunde von Asien. 1. Ost-
Asien, bearbeitet von Julius Ludwig Ideler. Berlin 1841. 8.
    Namen- und Sachverzeichniß zu Carl Ritter's Erdkunde von Asien. 2. West-
Asien, bearbeitet von Georg Friedrich Hermann Müller. Berlin 1849. 8.

    8) Ueber geographische Stellung und horizontale Ausbreitung der Erdtheile:
Abhandlungen der Berliner Akademie der Wissenschaften. 1829. — Nr. 28) S. 103
bis 128.

    9) Bemerkungen über Veranschaulichungsmittel räumlicher Verhältnisse bei
graphischen Darstellungen durch Form und Zahl: Abhandlungen der Berliner
Akademie der Wissenschaften 1831. — Nr. 28) S. 129 bis 151.

    10) Ueber das historische Element der geographischen Wissenschaft: ebenda
1833. — Nr. 28) S. 152 bis 181.

    11) Der tellurische Zusammenbau der Natur und Geschichte in den Pro-
ductionen der drei Naturreiche, oder: Ueber eine geographische Productenkunde:
ebenda 1836 — Nr. 28) S. 182 bis 205.

    12) Die Stupa's (Topes) oder die architectonischen Denkmale an der Indo-
Baktrischen Königsstraße und die Kolosse von Bamiyan. Von Carl Ritter. Berlin,
in der Nicolaischen Buchhandlung. 1838. VIII, 272 S. 8.

    13) Die Zustände Liberias: Monatsberichte der Gesellschaft für Erdkunde. 1840.
Sieh auch: Begründung und gegenwärtige Zustände der Neger-Republik Liberia an
der Westküste Afrika's: Ztschr. f. Allg. Erdkunde. Berlin 1853. Bd. 1, S. 5 bis 49.

    14) Die Nestorianer: Monatsberichte der Gesellschaft für Erdkunde 1840.

    15) Die Australier am Vincent-Golf: ebenda 1841.

    16) Die Reisen der Missionare Krapf und Isenberg in Ost-Afrika: ebenda 1842.

    17) Ein Blick in das Nil-Quellland: Monatsberichte über die Verhandlungen
der Gesellschaft für Erdkunde zu Berlin 1844. N. F. Band 1, S. 277 bis 286. Vergl.
1847. N. F. Band 5, S. 156 bis 166.

    18) H. Abichs Untersuchung des Ararat: ebenda 1847. N. F. Band 4, S. 28
bis 62. 148 bis 164.

    19) Ueber die Quellen des Oxus und Jaxartes: ebenda 1847. N. F. Band 6.

    20) Ueber Amerikas Handel mit dem Osten: ebenda 1849. N. F. Band 6,
S. 251 bis 267.

    21) Ueber die syrisch-jacobitischen Christen in Asien und Rußland: ebenda
1849. N. F. Band 8, S. 267 bis 281. Vergl. 1847. S. 300.

    21') Der Jordan und die Beschiffung des todten Meeres. Berlin 1850. 8.

    22) Ueber räumliche Anordnungen auf der Außenseite des Erdballs und ihre
Funotionen im Entwicklungsgang der Geschichten: Abhandlungen der Berliner
Akademie der Wissenschaften 1850 — Nr. 28) S. 206 bis 246.

    23) Pater Ignaz Knoblechers Reise auf dem weißen Nil: Monatsberichte über
die Verhandlungen der Gesellschaft für Erdkunde zu Berlin 1852. N. F. Band 9,
S. 40 bis 64.

    24) Über die geographische Verbreitung der Baumwolle und ihr Verhältniß
zur Industrie der Völker alter und neuer Zeit. 1. Abschnitt. Antiquarischer Theil.
Berlin 1852. 63 S. 4.

    25) Ueber den Aral-See: Abhandlungen der Berliner Akademie der Wissen-
schaften 1852.

    26) Ein Blick auf Palästina und seine christlichen Bewohner: ebenda 1852.

    27) Ueber neue Entdeckungen und Beobachtungen in Guatemala und Yucatan:
Monatsberichte 1853, S. 161 bis 193.

    28) Einleitung zur allgemeinen vergleichenden Geographie, und Abhand-
lungen zur Begründung einer mehr wissenschaftlichen Behandlung der Erdkunde
von Carl Ritter. Berlin, 1852. Druck und Verlag von Georg Reimer. 8.
    Enth. a: Einleitung von Nr. 5). — b: Einige Vorbemerkungen aus Theil I
von Nr. 7). — c: Nr. 8). — d: Nr. 9). — e: Nr. 10). — f: Nr. 11). — g: Nr. 22).

29) Auffindung der Nordwest-Passage durch Capitain M'Clure: Zschr. f. Allg.
Erdkunde. Hg. von T. E. Gumprecht. Berlin 1853 Bd. 1, S. 419 bis 476.

30) Ueberwinterung des Capit.Maguire auf der polaren Nordwest-Küste Amerika's
und die West-Eskimaustämme (1852—1853): ebenda 1854. Bd. 2, S. 125 bis 167.

31) Ueber Lin's neueste chinesische Geographie, Haikwŏ-tu-sche, und die
Charakteristik ihres Verfassers: ebenda 1854. Bd. 3, S. 1 bis 18.

32) Die Schifffahrts-Expedition der Nord-Amerikaner L. Herndon, Lardner
Gibbon auf dem Amazonenstrome in den Jahren 1852 und 1853: ebenda 1855.
Bd. 4, S. 273 bis 282.

33) Ueber die wissenschaftliche Reise der drei Gebrüder Schlagintweit in
Indien: ebenda 1855. Bd. 5, S. 148 bis 171. Vergl. S. 257 bis 269 und 1856.
Bd. 6, S. 314 bis 329 und 580 f.

34) Geschichte der Erdkunde und der Entdeckungen. Vorlesungen an der
Universität zu Berlin gehalten von Carl Ritter. Hg. von H. A. Daniel. Berlin.
Druck und Verlag von Georg Reimer. 1861. 8. — Zweite Auflage 1880. 8.

35) Allgemeine Erdkunde. Vorlesungen an der Universität zu Berlin gehalten
von Carl Ritter. Hg. von H. A. Daniel. Berlin. Druck und Verlag von Georg
Reimer. 1862. 8.

36) Europa. Vorlesungen an der Universität zu Berlin gehalten von Carl
Ritter. Hg. von H. A. Daniel. Berlin. Druck und Verlag von Georg Reimer. 1863. 8.

37) Ritter schrieb Vorreden zu a. Roons Lehrbuch. — b. Hoffmeisters Briefen
aus Indien. — c. Tam's portugiesische Besitzungen in Südwest-Afrika. — d. Barths
und Overwegs Briefen aus der Sahara und dem Sudan. — e. Ferd. Werne, Expedition zur Entdeckung der Quellen des Weißen Nil.

Gotthilf Heinrich von Schubert sieh § 247, 32 — Band V. S. 13 f.

20. Ignaz Paul Vitalis Troxler, geb. am 17. August 1780 in Beromünster
(Kanton Luzern), studierte seit 1800 in Jena, Göttingen und Wien Medizin und
Philosophie, wirkte dann als Arzt in seinem Heimatsorte, wurde im Herbst 1819
Professor der Philosophie am Lyzeum in Luzern, aber am 17. September 1821 vom
Täglichen Rate des Kantons wegen seiner freisinnigen politischen Richtung wieder
entsetzt, siedelte 1823 nach Aarau über und war dort beim sog. Lehrverein, einer
Art von Akademie, thätig. Am 1. Juni 1830 erhielt er die Professur der Philosophie
an der Baseler Hochschule, verlor diese Stelle aber im August 1831 wegen seiner
Beteiligung an den Wirren zwischen Stadt und Landschaft, zog abermals nach Aarau
und trat 1832 in den dortigen Großen Rat. 1834 übernahm er die philosophische
Professur an der neugegründeten Universität in Bern; 1853 wurde er auf sein Ansuchen in den Ruhestand versetzt und kehrte nun zum drittenmal auf sein Landgut
in Aarau zurück. Hier starb er am 6. März 1866. [Italien hat Troxler nicht bereist].
     a. Meusel, Gel. Teutschl. 16, 52 f. 21, 134 bis 136.
     b. J. A. Balthasars Helvetia. Zürich 1823.
     c. Allg. dtsch. Biogr. 1894. 38, 667 (O. Liebmann).

1) Versuche in der organischen Physik von Dr. Troxler. Jena, in der akademischen
Buchhandlung. 1804. 525 bez. und zwei unbez. S. mit Druckfehlern. 8

2) Ueber das Leben und sein Problem. Vom Dr. Troxler. Göttingen, bey Justus
Friedrich Danckwerts 1807. 40 S. 8.

3) Elemente der Biosophie. Leipzig 1808. 8.

4) Blicke in das Wesen des Menschen. Von Dr. Troxler. Aarau 1812. Bei
Heinrich Remigius Sauerländer. X, 259 S. 8. Morgenblatt 1812. 8. 685.

5) Ueber die Schweiz. Von einem schweizerischen Vaterlandsfreunde. Heraus-
gegeben von K. A. Varnhagen von Ense. Stuttgart und Tübingen in der J. G.
Cottaschen Buchhandlung. 1815. 26 S. 8. — Wieder abgedruckt: Europäische
Annalen 1815. Band 1, S. 292 bis 314. 8. § 292, 1. 17).

6) Troxler gab heraus: Schweizerisches Museum. 1. Jahrgang. Aarau 1816.
Sechs Hefte. Vergl. J. Strickler, Die gemeinnützigen und politischen Zeitschriften der Schweiz. 1891.

7) Philosophische Rechtslehre der Natur und des Gesetzes mit Rücksicht auf
die Irrlehren der Liberalität und Legitimität von Doctor Troxler. Zürich 1820. 8.

8) Fürst und Volk nach Buchanan's und Milton's Lehre. Von Dr. Troxler. Aarau, 1821. Gedruckt bei Friedrich Jakob Bek. 141 S. 8. — Zweite Auflage in demselben Jahre.

9) Naturlehre des menschlichen Erkennens, oder Metaphysik. Von Dr. Troxler. Aarau 1828. Bei Heinrich Remigius Sauerländer. 860 S. 8.

10) Logik, die Wissenschaft des Denkens und Kritik aller Erkenntniß zum Selbststudium und für Unterricht auf hohen Schulen. Von Dr. Troxler. Stuttgart und Tübingen. Cotta'sche Buchhandlung, 1829. II. 8.

11) Die Gesammthochschule der Schweiz und die Universität Basel. Von Dr. Troxler, Professor der Philosophie an der Hochschule Basel. Trogen. Gedruckt und im Verlag bei Meyer und Zuberbühler. 1830. 170 S. 8.

12) Vorlesungen über Philosophie, über Inhalt, Bildungsgang, Zweck und Anwendung derselben auf's Leben als Encyclopädie und Methodologie der philosophischen Wissenschaften von Dr. Troxler, Professor an der Hochschule in Bern. Bern, Druck und Verlag von C. Fischer und Comp. 1835. X, 382 S. 8. — Zweite Ausgabe 1842.

13) Der Kretinismus und seine Formen als endemische Menschenentartung in der Schweiz. Zürich, bei Orell, Füßli und Comp. 1836. 4.

14) 1841. Sieh § 234. B, I. 17) α. = Band IV. S. 569.

15) Der Kretinismus in der Wissenschaft. Ein Sendschreiben an Herrn Dr. Maffei, Verfasser der Untersuchungen über den Kretinismus in den Norischen Alpen von Dr. Troxler. Zürich, bei Orell, Füßli und Comp. 1844. 31 S. 8.

16) Musterproben aus dem Schulunterricht der Jesuiten zu Luzern im achtzehnten Jahrhundert. Nachtrag zur Jesuitenfrage von Dr. Troxler. Bern, Verlag von Huber und Comp. 1844. 11 S. 8.

17) Die Verfassung der Vereinigten Staaten Nordamerika's als Musterbild der Schweizerischen Bundesreform. Mit Vorwort und Erläuterungen von Dr. Troxler. Zum Neujahr 1848. Schaffhausen. Verlag der Brodtmann'schen Buchhandlung. 87 S. 8.

18) 1852. Sieh § 240, 6) i = Band IV. S. 678.

21. **Karl Georg von Raumer,** geb. am 9. April 1783 in Wörlitz, wurde durch Privatlehrer vorgebildet, besuchte dann seit 1797 das Joachimsthalsche Gymnasium in Berlin, studierte 1801 in Göttingen die Rechte, hörte 1803 in Halle bei F. A. Wolf und H. Steffens, 1805 bei Werner in Freiberg. Mit Engelhardt aus Dorpat ging er 1808 nach Paris, 1809 mit Przystanowski nach Iferten zu Pestalozzi und wurde 1810 zu Berlin im Oberbergdepartement angestellt, 1811 Prof. der Mineralogie in Breslau, machte die Feldzüge 1813 und 1814 als Adjutant Gneisenaus mit, wurde 1819 Prof. der Mineralogie in Halle, gab diese Stelle auf und schloß sich 1823 dem Dittmarischen Erziehungsinstitut in Nürnberg an. 1827 Professor der allgemeinen Naturgeschichte in Erlangen; später las er über Pädagogik, über Palästina und über Augustins Konfessionen. Er starb dort am 2. Juni 1865.

a. Meusel. Gel. Teutschl. 19, 253.

b. A. G. Schmidt S. 312 f.

c. Erinnerungen aus den Jahren 1813 und 1814 von Karl von Raumer. Stuttgart. Verlag von Samuel Gottlieb Liesching. 1850. 8.

d. Karl von Raumer's Leben von ihm selbst erzählt. Stuttgart. Verlag von S. G. Liesching. 1866. VIII, 344 S. 8.

e. G. Thomasius, Rede am Grabe des .. K. v. R ... Erlangen 1865. 4.

f. A. v. Scheurl, Zum Gedächtniß Karl von Raumers. Erlangen, Verlag von Andreas Deichert. 1865. 8. Vorher als Nekrolog in der Augsburger Allg. Ztg., hier vermehrt.

g. Adolf von Harleß, Karl von Raumer, ein Erinnerungsblatt: Zeitschrift für Protestantismus und Kirche. Erlangen 1866. Bd. 51. — Neu gedruckt unter dem Titel: K. v. Raumer und A. v. Harleß. Ein Erinnerungsblatt. Mit einem Vorwort von Prof. A. v. Scheurl. Gütersloh. Druck und Verlag von C. Bertelsmann. 1880. 8.

h. Carl Dreher, Carl von Raumer. Vortrag gehalten in der freien Lehrerconferenz der Stadt Carlsruhe. Carlsruhe. Druck und Verlag von Friedrich Gutsch. 1866. 8.

i. Deutsche (Leipziger) Turnzeitung 1867. Nr. 1 f.

j. K. A. Schmids Encyklopädie des gesamten Erziehungs- und Unterrichtswesens. Zweite verb. Auflage. Leipzig, Fues's Verlag (R. Reisland). 1885. Band 6,
Seite 671 bis 680 (Palmer).

k. Allg. dtsch. Biogr. 1888, 27, 420 bis 423 (v. Gümbel).

1) Geognostische Fragmente von Karl von Raumer. Nürnberg, bey Johann
Leonhard Schrag, 1811. VIII, 78 S. 8.

2) Der Granit des Riesengebirges und die ihn umgebenden Gebirgs-Familien.
Eine geognostische Skizze von Karl von Raumer. Berlin 1813. 8.

3) Geognostische Versuche. Von M. v. Engelhardt und K. v. Raumer. Berlin
1816. 8.

4) Geognostische Umrisse von Frankreich, Großbritannien, einem Theile
Teutschlands und Italiens. Von Chr. Moritz von Engelhardt und Karl von Raumer.
Berlin 1816. 4.

5) Das Gebirge Nieder-Schlesiens, der Grafschaft Glatz und eines Theils von
Böhmen und der Ober-Lausitz, geognostisch dargestellt durch Karl von Raumer.
Berlin 1819. 8.

6) Ueber die Breslauer Turnstreitigkeiten. 1818.

7) Vermischte Schriften von Karl von Raumer. Berlin, 1819 und 1822. II. 8.
I. a: Ueberblick über die verschiedenen Arten der Erde oder einzelne
Theile derselben abzubilden. — b: Turnen. 1. Duldung und Wehr. 2. Leibes-
ertödtung. Leibesbelebung. 3. Reinigung. 4. Sinnenausbildung. — c: Bruchstücke, das Turnen und die Ausbildung der Sinne betreffend. — d: Unterricht in
der Steinkunde. — e: Das Turnen und der Staat. — f: Die Neuerer. — h: Geschichtliches.
II. i: Geschichte meiner Gebirgsforschung. — k: Kunde und Kunst. —
l: Sprache und Naturkunde. — m: Dichter und Pflanzenkundige. — n: Vorlesungen über Naturkunde. — o: Unterricht in der Gebirgskunde. — p: Bruchstücke.

8) Versuch eines ABC-Buchs der Krystallkunde. Erster Theil. Mit Nachtrag. Berlin 1820. 8.

9) Ueber den Unterricht in der Naturkunde auf Schulen. Berlin 1823. 8.

10) Beschreibung der Erdoberfläche. Eine Vorschule der Erdkunde von Karl
von Raumer. Leipzig: F. A. Brockhaus. 1832. 8. — Zweite unveränderte Aufl.
1832. 8. — Dritte verbesserte Aufl. 1838. 8. — Vierte verbesserte Aufl. 1844.
8. — Fünfte verbesserte Aufl. 1854. IV, 80 S. 8. — Sechste verb. Aufl. 1865.
86 S. 8.

11) Lehrbuch der allgemeinen Geographie. Von Karl von Raumer. Leipzig:
F. A. Brockhaus. 1832. XXVIII, 391 S. 8. — Zweite vermehrte Auflage. 1835.
XXXII, 488 S. 8. — Dritte vermehrte Aufl. 1848. XXXII, 584 S. 8.

12) Palästina. Von Karl von Raumer. Mit einem Plan von Jerusalem zur
Zeit der Zerstörung durch Titus und dem Grundriß der Kirche des heiligen Grabes.
Leipzig: F. A. Brockhaus. 1835. 8. — Zweite vermehrte und verbesserte Auflage.
1838. XVI, 488 S. 8. — Dritte vermehrte und verbesserte Auflage. 1850. XVI,
476 S. 8. — Vierte verm. und verb. Aufl. 1860. XVI, 512 S. 8.

13) Der Zug der Israeliten aus Aegypten nach Canaan. Ein Versuch von
K von Raumer. Beilage zu des Verfassers „Palästina". Leipzig: F. A. Brockhaus. 1837. 8.

14) Kreuzzüge von Karl von Raumer. Stuttgart. Verlag von S. G. Liesching.
1840 und 1864. II. 8.
I. a: Napoleon und Deutschland. — b: Der Dichter als Reisebeschreiber. —
c: Steigt Schweden oder sinkt die Ostsee? — d: Geographie der Engländer. —
e: Abrahams Nachkommen. — f: Göthe als Naturforscher. — g: Geologie? Theologie? Neologie. — h: Theologie und Naturwissenschaft. — i: Gesangbücher.
Choralbücher. — k: Das protestantische Missionswesen in Deutschland.
II. l: Zur Geologie. — m: Geschichtliche Versuche 1. Griechenland. 2. Indien.
— n: Johannes Kepler. — o: An G. H. v. Schubert. Das Manna. — p: Ein Druckfehler und ein Hiatus. — q: Die Union. — r: Brief bei Uebersendung eines neuen
Gesangbuchs. — s: Die kleinen deutschen Universitäten. — t: Fundationsbrief eines
Volkslehrerseminars vom Grafen G. von Schlabrendorf.

15) Beiträge zur biblischen Geographie von Karl von Raumer. Nebst einem
Höhendurchschnitte. Beilage zu des Verfassers „Palästina". Leipzig: F. A. Brockhaus. 1843. 8.

16) Geschichte der Pädagogik vom Wiederaufblühen klassischer Studien bis auf unsere Zeit. Von Karl von Raumer. Stuttgart. Verlag von Sam. Gottl. Liesching 1843 bis 1854. IV. 8. Der vierte Theil auch unter dem Titel: Die deutschen Universitäten. — Dritte Auflage 1857. IV. 8.

17) Geistliche Lieder. Zweite verbeßerte Auflage. Stuttgart, Verlag von Samuel Gottlieb Liesching. 1845. 8.

18) Franz Pocci und K. v. Raumer: Alte und neue Kinderlieder, mit Bildern und Singweisen. Leipzig o. J. [1852]. 8.

V. Die **Historiker** blieben zwar von den eigentlich bewegenden Ideen der Romantiker nicht unberührt; keiner aber von ihnen ging darauf aus, die Rückkehr zur römisch-katholischen Kirche unmittelbar zu empfehlen; nur daß sich manche mit einer durch die Zeitströmung beeinflußten Vorliebe auf die wissenschaftliche Erforschung des Mittelalters warfen und von da wohl einige absolutistische, aber durchaus nicht hierarchische Gelüste mitbrachten. Selbst die katholischen Schriftsteller waren unbefangen genug, die Berechtigung der Reformation anzuerkennen.

Um die Anfänge anschaulich zu machen, aus denen sich die Geschichtschreibung der Zeit emporrang, sind einige Namen nachzuholen, die in der vorigen Periode bedeutend, in der gegenwärtigen nur noch schwach wirkten. Die alte Universal- und Reichshistorie wich allmählich einer lebensvolleren Auffassung und Darstellung der Völkergeschichte, und der trockene Stil der Chronisten und Annalisten, die sich bei der Ermittelung positiver Daten beruhigten oder sich allenfalls zu einer reichsprozessualischen Deduktion der politischen Kämpfe und ‚Veränderungen' verstiegen, verwandelte sich in eine pragmatische, den Ursachen und Wirkungen nachspürende Behandlung der Geschichte, die von den Dynastien zu den Völkern überging. Mehr und mehr wurde der hinter den alten und veralteten Staatsformen arbeitende und nach Neugestaltung ringende Völkergeist, sowohl in der Vergangenheit wie in der Gegenwart, der anziehende Stoff und die Aufgabe des Geschichtschreibers. Die Erforschung der Thatsachen ging von durchaus anderen Gesichtspunkten aus, als den im achtzehnten Jahrhunderte maßgebenden, und gelangte zu völlig neuen Ergebnissen. Die Kritik Niebuhrs wurde, wenn man ihre Resultate auch nicht allgemein für giltig anerkannte, für alle Forschung bestimmend und für die Darstellung unentbehrlich. Ihre Wirkungen dauern bis auf die Gegenwart fort und erstrecken sich über alle Perioden der Geschichte. Man fragte mit Niebuhr nach den Quellen der Quellen und erforschte deren Verhältnis zu den Thatsachen, bevor man sie als giltig und beweiskräftig ansah. Dabei kamen Quellen in Sprache, Sitte, Recht, Glauben und Verfassung zu Tage, denen bis dahin keine oder wenigstens keine rechte Bedeutung eingeräumt worden war. Die Ergebnisse dieser neuen, in diesem Zeitabschnitt wurzelnden Geschichtsforschung zeigten sich meist erst in der folgenden Periode in quellenartigen Werken und in einer Menge populärer Darstellungen, die daraus abgeleitet wurden.

Die allgemeine Weltgeschichte behandelten Schlözer, Joh. v. Müller, J. G. Eichhorn, Spittler, Heeren, Schlosser, Becker; die alte Geschichte: Heeren, Hüllmann, Bredow, Schlosser, Niebuhr; das Mittelalter in Einzeldarstellungen: Hüllmann, Manso, Sartorius, Aretin, Frdr. v. Raumer; die Kreuzzüge: Spittler, Funck, Wilken; die neuere Geschichte: Eichhorn Bredow, Schlosser; den 30jährigen Krieg: (Schiller) Curths; den

7jährigen: Archenholz; die französische Revolution: Posselt (Wachsmuth); Einzelnes aus der allgemeinen Geschichte: Sartorius (Hansa), Dohm (Denkwürdigkeiten). Die deutsche Geschichte schrieben: M. I. Schmidt, Heinrich, Posselt (Pfister, Bülau), Wilken, Luden; die Geschichte Österreichs: F. S. Kurz, Hormayr, Dippold (Mailáth); die Preußens: Manso, Woltmann (Stenzel); die von Bayern: Westenrieder, Mannert, Aretin, Hormayr; die von Württemberg: Spittler und Pfister; die von Sachsen: Heinrich (und Böttiger); die von Hannover: Spittler; die von Ostfriesland: Wiarda; die von Hessen: Wenck. Der Geschichtschreiber der Schweiz war Joh. v. Müller. England fand Geschichtschreiber an Heinrich, Woltmann (J. M. Lappenberg und R. Pauli); Frankreich an Heinrich, Woltmann (E. A. Schmidt und Wachsmuth); (Spanien an Lembke und Schäfer, Portugal an Schäfer, Italien an Leo, die Niederlande an Kampen); Dänemark, Schweden und Norwegen an Schlözer, Spittler, Posselt, Hüllmann (Dahlmann, Geijer, Carlson); Rußland an Schlözer (Strahl und Herrmann; Polen an Roepell). Eine Gesamtbearbeitung der Geographie, die sich Büsching würdig angereiht hätte, fand nicht statt, dagegen erwarb sich Mannert um die alte Geographie die größten Verdienste, mit Einzelstudien befaßte sich auch Ukert. Für Kunstgeschichte waren Fiorillo und Fernow thätig. In der Litteraturgeschichte sind J. G. Eichhorn, Bouterwek und Wachler hervorzuheben; die Geschichte der Medizin und Botanik schrieb Kurt Sprengel. In der Kirchengeschichte ist neben Planck nur Spittler zu nennen; dieser Zweig der Wissenschaft gewann erst durch Giessler und Neander eine Neugestaltung. Die Geschichte der Rechtswissenschaft ist vorhin, unter Nr. III, erwähnt, und die Geschichtschreiber der Philosophie sind im vorigen Buche (§ 247) aufgeführt.

Franz X. von Wegele, Geschichte der deutschen Historiographie seit dem Auftreten des Humanismus. München und Leipzig 1885. 8. Viertes und fünftes Buch.

Ottokar von Lorenz, Die Geschichtswissenschaft in Hauptrichtungen und Aufgaben kritisch erörtert. Berlin Verlag von Wilhelm Hertz. 1886. 8.

Ludwig Wachler, Geschichte der historischen Forschung und Kunst seit der Wiederherstellung der litterärischen Cultur in Europa. Göttingen, bey Johann Friedrich Röwer. 1818. Fünfte Periode. S. 771 bis 793.

Hermann Wesendonck, Die Begründung der neueren deutschen Geschichtsschreibung durch Gatterer und Schlözer, nebst Einleitung über Gang und Stand derselben vor diesen. Eine von der philosophischen Fakultät der Universität Leipzig gekrönte Preisschrift. Leipzig, Joh. Wilh. Krüger. 1876. XII, 280 und zwei unbez. S. mit Druckfehlern und Berichtigungen. 8. Sieh vorhin Lorenz S. 30 Anm.

1. August Ludwig von Schlözer, geb. am 5. Juli 1735 zu Gaggstadt im Hohenlohischen, bei Kirchberg a. d. Jagst, studierte in Wittenberg Theologia, hielt sich eine Zeit lang in Stockholm auf, studierte dann in Göttingen Medizin, ging als Hauslehrer nach St. Petersburg und kam 1769 als Professor nach Göttingen. Hier ist er am 9. September 1809 gestorben. Mit großer Rücksichtslosigkeit und Unerschrockenheit deckte er in seinen Staatsanzeigen die Gebrechen der Zeit im Staatsleben auf und hielt durch seinen Freimut selbst die Mächtigen in Achtung. Sein Hauptverdienst als Historiker erwarb er sich durch seine russischen Studien; die übrigen Schriften sind meist in rohem Stil hingeworfene Scharteken wie für kleine Kinder, für die er die Menschen allerdings nicht selten ansehen mochte.

a. August Ludwig Schlözers öffentliches und privat-Leben, von ihm selbst beschrieben. Erstes Fragment. Aufenthalt und Dienste in Rußland vom J. 1761 bis 1765. Göttingen 1802. 8.

b. Meusel, Gel. Teutschl. 7,166 bis 171. 10,584 f. 11,671. 15,318 bis 320. 20,148.

c. Allg. Zeitung 1809. Nr. 294 und 295.

d. Zeitgenossen. Vierter Band 1819 Abtheilung 14. S. 8 bis 48. Unterz. B. A.

e. Christian von Schlözer, August Ludwig von Schlözers öffentliches und Privatleben aus Originalurkunden und, mit wörtlicher Beifügung mehrerer dieser letzteren, vollständig beschrieben von dessen ältestem Sohne. Leipzig, J. C. Hinrichssche Buchhandlung. 1828. II. 8.

Varnhagen von Ense Nr. 27) S. 127.

f. Heinrich Döring, Leben A. L. v. Schlözer's. Nach seinen Briefen und andern Mittheilungen dargestellt. Zeitz 1836. Bei Immanuel Webel. 8. — Gallerie deutscher Historiker. Zweites Bändchen.

g. Adolf Bock, Schlözer. Ein Beitrag zur Litteraturgeschichte des achtzehnten Jahrhunderts. Hannover 1844. Verlag von C. F. Kius. 8.

h. Friedr. Chph. Schlosser, Geschichte des 18. Jahrhunderts. 4. Auflage. Heidelberg 1858. Band 4 schildert die Wirksamkeit Schlözers für seine Zeit und die Bedeutung seiner Journale.

i. R. v. Mohl, Geschichte und Literatur der Staatswissenschaften. Erlangen. 1856. Band 2 zeichnet das Bild des Menschen, des Gelehrten und des Publizisten.

k. G. Waitz, Göttinger Historiker von Köhler bis Dahlmann: Göttinger Professoren. Gotha, Friedrich Andreas Perthes. 1872. 8. 239f.

l. Theodor Zermelo, August Ludwig Schlözer, ein Publizist im alten Reich. Progr. Berlin 1875. 40 S. 4.

m. Allg. dtsch. Biogr. 1890. 31, 567 bis 600 (F. Frensdorff).

n. F. Frensdorff, Eine Krisis in der Kgl. Gesellschaft der Wissenschaften zu Göttingen: Nachrichten von der Gesellschaft der Wissenschaften zu Göttingen 1892. Nr. 3. S. 53 bis 104.

Briefe an α. Böttiger: Der Böttigersche Briefwechsel in der Dresdner Königlichen Bibliothek enthält mehrere auf Nr. a. bezügliche Briefe Schlözers an Böttiger und Loder. — β. A. v. Kotzebue: Nachgelassene Papiere. Leipzig 1821. S. 328 bis 360. — γ. Loder sieh a. — δ. J. D. Michaelis: Michaelis Literarischer Briefwechsel, hg. von J. G. Buhle. Leipzig 1794. Thl. 1, S. 172 bis 188. S. 193 bis 199. S. 204 bis 232. — ε. Joh. v. Müller: Briefe an Müller. Hg. von Maurer-Constant. Schaffhausen 1839. 8, S. 27 bis 56. — ζ. C. G. Schütz: Darstellung seines Lebens, Charakters und Verdienstes von seinem Sohne F. K. J. Schütz. Halle 1835. Band 2, S. 449.

1) Schwedische Biographie enthaltend eine Sammlung von Lebensbeschreibungen berühmter Schwedischer Kriegs- und Staatsmänner hg. von August Ludwig Schlözer. Zwei Theile. Altona und Lübeck 1760 u. 1768. II. 8.

2) Hrn. August Ludwig Schlözer aus Hohenlohe Russ. Kays. ordentlichen Lehrers der Geschichte in Petersburg, Mitglieds der Kays. Akademie der Wissenschaften daselbst, wie auch der Königl. Societät (so!) zu Göttingen Abhandlung über die Aufgabe aus der polnischen Geschichte „könnte nicht die Ankunft des Lechs in Polen zwischen den Jahren 550 und 560 u. s. w." welcher von der Naturforschenden Gesellschaft in Danzig 1766 den 19. August der Fürstl. Jablonowskische Preis zuerkannt worden. Danzig, bei Daniel Ludewig Wedel 1767. 80 S. 4. Schlözer weist darin nach, daß Lech, der den polnischen Staat gegründet haben soll, ebensolch historisches Unding ist wie Czech, der vermeintliche Stammvater der Böhmen.

3) Neuverändertes Rußland oder Leben Catharinä der Zweyten Kayserinn von Bußland aus authentischen Nachrichten beschrieben. Riga und Leipzig, bei Johann Friedrich Hartknoch 1767. 8. Die Vorrede ist unterzeichnet Moscau, den 4/15. Jan. 1767. M. Joh. Jos. Haigold (d. i. Schlözer). — wiederh. 1772. 8.

M. Johann Joseph Haigold's Beylagen zum Neuveränderten Bußland. Zwei Theile. Riga und Mietau. Verlegts Johann Friedrich Hartknoch 1769 und 1770. II. 8.

4) Probe russischer Annalen aus dem Sclavonischen übersetzt mit Anmerkungen. Bremen 1768. 8.

Heyne: Gött. gel. gel. Anzeigen 1768 März. Von Schlözer aufgenommen Nr. 30) II. S. XXII.

5) Geschichte von Corsica. Göttingen und Gotha, J. Chr. Dieterich, 1769. 16.

6) Geschichte von Rußland bis auf die Eroberung von Moskau 1147. Göttingen und Gotha 1769. 8.

7) Allgemeine Nordische Geschichte. Aus den neuesten und besten Nordischen Schriftstellern und nach eigenen Untersuchungen beschrieben, und als eine Geographische und Historische Einleitung zur richtigern Kenntniß aller Skandinavischen, Finnischen, Slavischen, Lettischen, und Sibirischen Völker, besonders in alten und mittleren Zeiten, hg. von August Ludwig Schlözer. Halle, bey Johann Justinus Gebauer, 1771. 4. — Allgemeine Welthistorie vom Anbeginn der Welt bis auf gegenwärtige Zeit, Theil 31.

8) De la Chalotais Versuch über den Kinderunterricht, mit Anmerkungen und einer Vorrede, die Unbrauchbarkeit und Schädlichkeit der Basedowschen Erziehungsprojekte. Göttingen 1771. 8. Beylage 1771. 8.
Vergl. § 229, C. 30). R. Steig: Seufferts Vierteljahrschrift 1892. 5, 247 spricht Hordern die Rezension ab.

9) August Ludwig Schlözers Prof. in Göttingen Vorstellung seiner Universal-Historie. Göttingen und Gotha bey Johann Christian Dieterich 1772. 8.; 2. veränderte Aufl. 1775. 8. — Der zweite Theil (ebenda 1773. 8.) enthält Herders Beurteilung der Schlözerischen Universalhistorie mit Schlözers Anmerkungen über die Kunst, Universalhistorien zu beurteilen. Vergl. Frankfurter gelehrte Anzeigen vom Jahr 1772. Heilbronn 1883. 8. — Dtsch. Litt.-Denkm. Nr. 7 & 8. 8. 392 bis 396 und dazu S. XXXIX bis XLI; ferner Herder's Werke. Hg. und mit Anmerkungen begleitet von Heinrich Düntzer. Berlin. Gustav Hempel. o. J. 8. Theil 23, 8. 221 bis 225 und Nr. e. I, 8. 199f. § 229, C. 30) = Band IV. S. 289.

10) Pädagogische NebenStunden. 1. Stück. Göttingen und Gotha, bei J. Chr. Dieterich, 1773. 8.

11) Isländische Litteratur und Geschichte. Erster (einz.) Theil. I. Schlözer von der Isländischen Litteratur überhaupt, und der Edda insonderheit. II. [Kanzleirat] Ihre von der Upsalischen Edda, mit Schlözers Zusätzen. III. Drei Anmerkungen gegen Hrn. Thunmann (gegen Nord. Gesch.). Göttingen und Gotha im Verlage Joh. Christian Dieterichs 1773. 8.

12) Oskold und Dir eine Russische Geschichte kritisch beschrieben von August Ludwig Schlözer. Erste Probe Russischer Annalen. Zugleich eine Beilage zu Hrn. Schmidts Versuch einer Russischen Geschichte, und Hrn. Büschings Wöchentlichen Nachrichten St. 27. Göttingen und Gotha im Verlage Joh. Christian Dieterichs 1773. 8 Bl., 108 S., 1 unbez. 8. Inhalt. 8.
Gemeint ist Chph. von Schmidt gen. Phiseldeck, Versuch einer neuen Einleitung in die Russische Geschichte. Erster Theil. Riga 1773. 8.

13) Summarische Geschichte von Nord-Afrika, namentlich von Marocko, Algier, Tunis, und Tripoli. zum Gebrauch seiner Vorlesungen entworfen von August Ludwig Schlözer. Göttingen bey Johann Christian Dieterich 1775. 4 Bl., 93 S. 8. Auf drei unbez. Seiten folgt ein Verzeichniß einiger Bücher, die Nord-Afrikanische Geschichte betreffend.

14) A. L. Schlözers Briefwechsel, meist statistischen Inhalts. Göttingen 1775.

15) Ueber Rußlands Reichsgrundgesetze. Gotha, K. W. Ettinger, 1775. 8. — Zweite Auflage: Historische Untersuchung über Rußlands Reichsgrundgesetze von A. L. Schlözer. Gotha bey Carl Wilhelm Ettinger, 1777. 4 Bl., 118 S. 8.
Im Nachtrag: Schlözers Briefwechsel Nr. 17) Theil 3, 8. 61f. wird die Frage, ob Peters 1. Ukas wegen der Thronfolge confisziert worden sei, unwiderleglich bejaht.

16) Kleine Chronik von Leipzig. Erster Theil, bis zum Jahre 1466. Leipzig, im Schwickertschen Verlage 1776. X, 100 S. 8.
Drey vorläufige Abhandlungen: 1. Einleitung in die Handelsgeschichte von Leipzig. — 2. Anfang des Handels in Deutschland überhaupt. — 3. Vom alten Sorbenlande.

17) August Ludwig Schlözer's Briefwechsel meist historischen und politischen Inhalts. Göttingen, im Verlage der Vandenhoekschen Buchhandlung. 1776 bis 82. Sechzig Hefte nebst ausführlichen Registern. X Theile. 8. — Zwote Auflage der ersten zwei Theile 1778.
Vergl. (Jos. Val. Eybel) Der mit einem Buchhandlungs-Lehrjungen über das

41. Heft des Schlözerischen Briefwechsels sich unterredende Buchdruckergesell. Basel (d. i. Salzburg) 1781. 8.

Zu 1782, 10 S. 250 bis 256 und 279 bis 283 vergl. Zs. für die Gesch. der Juden 1892. 5, 75 bis 91.

18) Neue Erdbeschreibung von ganz Amerika. Nebst einem Anhange vom Fünften Welttheile. Aus dem Englischen [des D. Penning und I. Collyer]. Hg. von August Ludwig Schlözer. Göttingen und Leipzig, in der Weygandschen Buchhandlung. 1777. II. 8.

19) Historische und litterarische Erläuterungen des ehemaligen Successions-Falls der mit Herzog Johannes von Baiern erloschenen Straubingischen Linie. Mit Beylagen, und einer richtigen genealogischen Tabelle, hg. von Herrn Prof. Schlözer, in Göttingen. Göttingen 1778. 8.

20) Vorbereitung zur Weltgeschichte für Kinder. Erster (einz.) Theil. Göttingen im Verlag der Wittwe Vandenhoek 1779. 6 Bl., 114 S. 8. — 2. Aufl. 17 . . . — 3. Aufl. 1790; 4. Ausg. 1797; 5: 1800. — Sechste verbesserte Auflage, auch einen zweiten Teil enthaltend. Göttingen 1806. — Lateinisch von L. H. Teuscher. Leipzig, Köhler 1791. 8.

21) Staats-Anzeigen, gesammelt und zum Druck befördert von August Ludwig Schlözer. [Fortsetzung des Briefwechsels Nr. 17] Göttingen, in der Vandenhoek-schen Buchhandlung 1782 bis 1793. Zweiundsiebzig Hefte in 18 Bänden und drei Registerhefte von Friedrich Ekkard. XXI. 8.

Kritische Untersuchungen über das Geschlechtsregister der berüchtigten sogenannten Gräfin de la Motte; nebst einem aktenmäßigen Bericht über die Hals-bandgeschichte. Aus dem 51. und 52. Hefte seiner Staatsanzeigen. Mit nöthigen Abänderungen und einigen Anmerkungen. Frankfurt und Leipzig 1790. Zwei Hefte. 8.

Wiederhall aus der deutschen Lese-Welt auf des Herrn Hofrath Schlözers Ausruf von Büchern nach einem Höllen-Plan. Ein dienliches Nebenheft zu den 51. und 52sten Heften der Schlözerschen sogenannten Staats-Anzeigen: besonders in Ansehung der darinnen sehr gemißhandelten Französischen Gräfin de la Motte, und der Halsband-Geschichte. Mit Ankündigung neuer Staats-Anzeigen: einer Monatschrift in Schlözerscher Manier. o. O. 1790. 142 S. 8.

(Th. J. Schubbauer) Appellation zur Gerechtigkeit des Publicums wider die lügenhafte und unverschämte Vertheidigung der Justizmörder zu Amberg. Zur Rechtfertigung des Herrn Hofrath Schlözer und seines Ambergischen Corre-spondenten. Ein nöthiger Beytrag zum 10. Heft der Staatsanzeigen . . ., 1784.

(A. L. v. Schlözer) Briefe nach Eichstädt, zur Vertheidigung der Publicität überhaupt, und der Schlözerischen Staatsanzeigen insonderheit. Frankfurt und Eichstädt. 1785. 8.

22) WeltGeschichte nach ihren HauptTheilen im Auszug und Zusammenhange von August Ludwig Schlözer D. Hofrath und Professor in Göttingen. Zwei Theile. Göttingen, im Vandenhoek- und Ruprechtschen Verlage 1785 und 1789. H. 8. — Zwote. verbesserte, Auflage. Göttingen 1792 und 1801. II. 8.

Erster Theil: Einleitung. I. UrWelt. II. Dunkle Welt. III. VorWelt. Zweiter Theil: IV. Alte Welt; von Kyrus, 500 J. vor Christi Geb. — bis auf Hlodowich, 500 J. nach Christi Geburt.

23) Geschichte von Littauen, als einem eigenen Großfürstenthume bis zum J. 1569. Von August Ludewig Schlözer. Halle, bey Johann Jacob Gebauer, 1785. 4. — Allgemeine Welthistorie Theil 50, mit Ludewig Albrecht Gebhardi.

24) Ludwig Ernst, Herzog zu Braunschweig und Lüneburg, kaiserl. königl. und des h. Römischen Reichs FeldMarschall &c. Ein Actenmäßiger Bericht von dem Verfaren gegen Dessen Person, so lange HöchstDerselbe, die erhabenen Posten als FeldMarschall, Vormund und Repräsentant des Herrn ErbStatthalters, Fürst Wilhelms V von Oranien, in der Republik der Vereinten Niederlande, bekleidet hat. Zwei Theile. Göttingen 1786. II. 8.; Zwote Ausgabe 1787. H. 8.; Dritte Ausgabe 1787. II. 8.

Die Vorreden sind von Schlözer unterzeichnet.

25) Allgemeines StatsRecht und StatsVerfassungsLere. Voran: Einleitung in alle StatsWissenschaften. Encyklopädie derselben. Metapolitik. Anhang: Prüfung des (so!) v. Moserschen Grundsätze des Allgem. StatsRechts. von August Ludwig Schlözer. Göttingen, im Vandenhoek- und Ruprechtschem Verlag 1793. XII, 203 S. 8.

26) Kritische Sammlungen zur Geschichte der Deutschen in Siebenbürgen. Göttingen in Vandenhoek-Ruprechtschem Verlage. 1795 bis 1797. Drei Stücke. 8. Vergl. § 229, C. 87) — Band IV. S. 294.

27) August Ludwig Schlözer's kritisch-historische NebenStunden. Göttingen, in Vandenhoek- und Ruprechtschem Verlage. 1797. 8.
a: Origines Osmanicae. — b: Mongolen, Erfinder des PapirGeldes, im 13ten Säc. Vergl. Allg. Litter. Anzeiger 1798. 8. 577 bis 581. — § 229, C. 87) — Band IV. S. 294 f.

28) Münz-, Geld- und Bergwerks-Geschichte des Russischen Kaiserthums, vom J. 1700 bis 1789. Meist aus Urkunden beschrieben. Unter der Vorrede A. L. Schlözer. Göttingen, im Verlag bei Vandenhoek und Ruprecht. 1797. 8.
Schlözers Tochter Dorothea, verehl. Rodde (1770 bis 1825) hatte großen Anteil an dem Werke.

29) Handbuch der Geschichte des Kaiserthums Rußland, vom Anfang des Staats bis zum Tode Katharina's II. Göttingen 1802. 8.

30) Nestors russische Annalen in ihrer slavonischen Grundsprache verglichen, übersetzt und erklärt von A. L. Schlözer. Göttingen 1802 bis 1809. V. 8.
Sieh oben Nr. 4).

31) Theorie der Statistik. Nebst Ideen über das Studium der Politik überhaupt. Erstes Heft. Einleitung. Göttingen, in Vandenhoek- und Ruprechtschem Verlag 1804. 150 S. 8. Auch unter dem Titel: StatsGelartheit nach ihren HauptTheilen, im Auszug und Zusammenhang. Zweiter Theil. Allgemeine Statistik. Erstes Heft.

2. **Michael Ignaz Schmidt**, geb. am 70. Januar 1736 zu Arnstein im Bistum Würzburg, besuchte seit 1749 das Gymnasium in Würzburg, trat, um Weltpriester zu werden, in das bischöfliche Clericalseminar, wurde später Kaplan in Haßfurt und dann Erzieher im Hause des Großhofmeisters von Rotenhan zu Bamberg. Mit diesem zog er während des siebenjährigen Krieges auf dessen Güter (Neuhaus) bei Stuttgart und wurde von da an das Seminar nach Würzburg berufen. 1771 Universitätsbibliothekar und Mitglied der neuerrichteten Schulkommission, bald darauf auch Professor der Reichsgeschichte an der Universität; 1774 erhielt er eine Kanonikalpräbende und die Würde eines wirklichen geistlichen Rates. Auf die ersten vier Bände seiner Geschichte der Deutschen hin wurde er zum Custos der Wiener Hofbibliothek berufen, mußte den Ruf aber ausschlagen, da der Bischof s i Entlassung verweigerte. Es wurde ihm nur gestattet zur Benutzung der Archive nach Wien zu gehen. Als er aber dort war und Maria Theresia den Ruf erneuerte, nahm er ihn ohne weitere Rücksichten an. Er wurde zum wirklichen Hofrat und Direktor des Haus- und Staatsarchivs mit 4000 Gulden Gehalt ernannt. Kaiser Joseph wählte ihn gleich beim Regierungsantritt zum Mitgliede des neu organisierten Censurkollegiums und zum Lehrer in der Geschichte für seinen Neffen, den Thronfolger. Schmidt starb in Wien am 1. November 1794. Bei großem Fleiße zeichnet seine Geschichte der Deutschen ein ehrenhaftes Streben aus, den Protestanten trotz des katholischen Standpunktes, den der Verfasser einnimmt, gerecht zu werden.

a. Franz Oberthür, Michael Ignaz Schmidt's, des Geschichtschreibers der Deutschen, Lebens-Geschichte. Ein so wichtiger als reichhaltiger Beytrag zur Kulturgeschichte der Deutschen. Hannover, bey den Gebrüdern Hahn. 1802. 8.
b. Jördens 4, S. 593 bis 605.
c. Meusel, Lex. 12, S. 297 bis 301.
d. Baader 1, 2, 204 bis 207.
e. Archiv des histor. Vereins für die Geschichte von Unterfranken und Asch. Band 5, Heft 2, S. 120 f.
f. Wurzbach 1875. 30, S. 303 bis 308.
g. Franz Wegele, Geschichte der Universität Wirzburg. Wirzburg 1882. Band 1.
h. Allg. dtsch. Biogr. 1891. 32, 6 bis 8 (Wegele).
Brief an Möser: Mösers Vermischte Schriften 2, 228 f.
Brief an Schmidt von Möser: Nr. a. Oberthür S. 232 f.

1) Die Geschichte des Selbstgefühls (Griech. Motto aus Epiktet). Frankfurt und Leipzig (d. i. Würzburg (1772. 8. Die Vorrede ist unterzeichnet: M. I. Sch.

2) Michael Ignaz Schmidts Geschichte der Deutschen. Elf Theile. Ulm, 1778 bis 1793. In Verlag August Lebrecht Stettins. XI. 8. Nachdr.: Frankenthal und Mannheim 1783f. 8.
1. Von den ältesten Zeiten bis auf Konrad den ersten, — 2. bis auf Friderich den Zweyten. — 3. bis auf den Wenzeslaus. — 4. Karln den Fünften. — 5. Von dem Anfang der Regierung Karl des Fünften bis auf das J. 1544. — 6. Von dem Schmalkaldischen Krieg bis an das Ende der Regierung Karls V. — 7. Von Ferdinand dem I. bis Rudolph II. Vom Jahr 1556. bis 1576. — 8. bis auf Matthias (1612). — 9. Matthias und Ferdinand II. (1613 bis 1630). — 10. Ferdinand II. und Ferdinand III. (1630 bis 1648). — 11. Von den Westphälischen Friedenshandlungen bis zum Tod des Römischen Kaiser Ferdinands III. (1843 bis 1657).
(Joh. Ferd. Gaum) Vollständige Register über die von Michael Ignaz Schmidt herausgegebene Geschichte der Deutschen. Zu (den ersten 5 Theilen) der Ulmer Original-Ausgabe. Ulm, 1786. Auf Kosten der Stettinischen Buchhandlung. 8.
(Joh. Ferd. Gaum) Verbesserungen und Zusätze, welche in der neuen verbesserten gabe von Michael Ignaz Schmidts Geschichte der Deutschen enthalten sind aus Für die Besizer der ältern Ulmer Original-Auflage. Ulm, 1788. Auf Kosten der Stettinischen Buchhandlung. 8.

3) Michael Ignaz Schmidts Neuere Geschichte der Deutschen. Von dem Schmalkaldischen Krieg bis 1686. Wien, mit von Baumeisterischen Schriften. 1785 bis 1797. VII. 8. — Nr. 2) Bd. 6 bis 11. Der 7. Band ist von Joseph Milbiller [§ 214, 15) herausgegeben, von dem auch Band 8 bis 17 die Zeit bis 1806. Wien 1800 bis 1808 ausgearbeitet wurden. L. v. Dresch (geb. am 10. März 1786 in Forchheim, Professor der Geschichte in München, † am 31. Oktob. 1836; vergl. Allg. dtsch. Biogr. 1877. 5, 395 f.) setzte die Geschichte fort. Band 18 bis 22. Ulm, 1824 bis 1830. 8.

4) Luther und die Reformation, aus M. I. Schmidts Geschichte der Teutschen, mit Anmerkungen von Joh. Ferd. Gaum. Ulm 1785. 178 S. 8.
Wurde ohne Schmidts Vorwissen abgedruckt. Es erschien dagegen: Ehrenrettung der lutherischen Reformation gegen zwei Capitel von M. I. Schmidts Geschichte der Teutschen, nebst einigen Bemerkungen über gegenwärtige katholische Reformation im Oesterreichischen, von Karl Leonhard Reinhold. Jena 1789. 172 S. 8. Vorher: Teutscher Merkur 1786. Febr. 8. 116 bis 142. März 8. 198 bis 229. April 8. 43 bis 80.

5) Prüfung der Ursachen einer Association zur Erhaltung des Reichssystems, welche in der Erklärung Sr. Königl. Maj. von Preußen sind vorgelegt worden. Wien 1785. 4.
Dagegen erschien [vom Grafen E. F. von Herzberg]: Beantwortung der zu Wien herausgekommenen sog. Prüfung . . . Berlin 1785. 4.

8. Helfrich Bernhard Wenck, geb. am 19. Juni 1739 in Idstein, gest. als Oberschulrat in Darmstadt am 27. April 1803.
a. Meusel, Gel. Teutschl. 8, 487 bis 489. 10, 813. 11, 740. 16, 185. 21, 464f.
b. Strieder 1812. 16, 528 bis 532.
c. Joh. Georg Zimmermann (§ 301, 1), Von Wencks großen Verdiensten um das Gymnasium zu Darmstadt. Progr. Darmstadt 1803. 4.
d. Goethe, Dichtung und Wahrheit (Hempel) 22, 59. 97. 297 f. Vergl. Band IV. 8. 430. 766 und Dtsch. Litt.-Denkm. 7/8 Einleitung.
e. Allg. dtsch. Biogr. 1896. 41, 703 bis 709 (K. Wenck).

1) Helfrich Bernhard Wenck's Hessische Landesgeschichte. Mit einem Urkundenbuche und geographischen Charten. Band I erschien Darmstadt und Gießen, 1783, Band II und III Frankfurt am Main und Leipzig 1789 bis 1803. IV. 4.

2) Leben und Charakter des verstorbenen Tribunalraths Ludwig Julius Friedrich Höpfner von Helfrich Bernhard Wenck. Frankfurt a. M. 1797. 4.

3) Kleinere Lateinische Sprachlehre oder Grammatik für Schulen. Von Helfr. Bernhard Wenck. Siebente berichtigte Auflage. Frankfurt am Main, bei Frans Varrentrapp 1815. 8. Die 1. Aufl. erschien 1791. 2. Aufl. 1798.

4. Johann Wilhelm von Archenholz, geb. am 8. September 1748 in Lang-
fuhr bei Danzig, machte vom Dezember 1758 an den siebenjährigen Krieg in
Friedrichs Heere mit, nahm als Hauptmann nach dem Hubertusburger Frieden
seinen Abschied, bereiste fast ganz Europa, schriftstellerte, kaufte das Gut Oyen-
dorf bei Hamburg und starb dort am 28. Februar 1812.

 a. Meusel, Gel. Teutschl. 1, 86 bis 88. 8, 855. 9, 32. 11, 18. 13, 29. 17, 37.
 b. Jördens 1, 59 bis 68. 5, 720 bis 722. 6, 556.
 c. Gebh. Fr. Aug. Wendeborn's Erinnerungen aus seinem Leben, herausgegeben von C. D. Ebeling. Hamburg 1818. in der Bohn'schen Buchhandlung. 8.
Theil 1, S. 358 bis 367.
 d. Schröder 1851. 1, 84 bis 87.
 e. Allg. dtsch. Biogr. 1875. 1, 511f. (v. Meerheimb).
 Briefe an α. Brinckmann: § 291, 3, k — S. 160. — β. Schiller und von ihm:
§ 249, B. I, 6) II. 42) wo zu lesen 1828 statt 1838 — Band V. S. 99. 102; Jonas,
Schillers Briefe 4, 53. 208f. 380f. vergl. 515 zu Nr. 877. — J. Minor, Schiller 2, 431.
— γ. Chn. Gottfr. Schütz: Darstellung sein Lebens. Halle, 1835. 2, 6f. — S. 807.
 Briefe an Archenholz von Wieland: es 223. A, 2 — Band IV. S. 190.

 1) England und Italien von J. W. von Archenholz, vormals Hauptmann in
K. Preuß. Diensten. Zwei Bände in drei Teilen. Leipzig im Verlage der Dykischen
Buchhandlung 1785. III. 8. — Nachdruck: Reutlingen 1786. — Zweyte gänzlich
umgearbeitete und beträchtlich vermehrte Ausgabe. Fünf Theile. Leipzig, im
Verlage der Dykischen Buchhandlung, 1787. V. 8. — Nachdruck: Carlsruhe, bey
Christian Gottlieb Schmieder. 1787. V. 8.
 C. J. Jagemann, Fürstl. Sächs. Rath und Bibliothekar, Ehrenrettung Italiens
wider die Anmerkungen des Herrn Hauptmanns von Archenholz: Deutsches Museum
1786. Band 1, S. 387 bis 422 und 497 bis 530.
 Hauptmann von Archenholts (Dresden 24. Juni 1786), Rechtfertigung gegen
die Beschuldigungen des Hn. Bibliothekar Jagemann, die in dem Werk England
und Italien enthaltenen Bemerkungen betreffend: Deutsches Museum 1786. Band 2,
S. 352 bis 385.
 Vergl. Band IV. S. 489 gegen Ende; Goethe an Herder: Werke (W. A.) IV, 8. 76.
Tableau de l'Angleterre et de l'Italie. Traduit de l'Allemand [par L. F. baron de
Bilderbeck § 277, 24]. A Gotha 1788. III. 8. — Neue Ausgabe. Leipzig 1801. III. 8.
 Frdr. Wilh. v. Schütz (§ 265, 14), Briefe über London. Ein Gegenstück
zu des Herrn von Archenholtz England und Italien. Hamburg 1792. 8.
 2) Vorbericht zu: Heinrich von Watzdorf, Briefe zur Charakterisik von
England gehörig; geschrieben auf einer Reise im Jahre 1784. Leipzig 1786. 8.
 3) Die Engländer in Indien. Nach Orme von J. W. von Archenholtz. Drei
Bände. Leipzig im Verlage der Dykischen Buchhandlung 1786 bis 1788. III. 8.
 L'Anglais aux Indes, d'après Orme, par J. W. Archenholtz, ci-devant Capitaine
d'infanterie au service de S. M. le Roi de Pruss, Auteur de l'Histoire de la
guerre de sept ans, du Tableau de l'Angleterre, etc. traduit de l'Anglais. A
Lausanne 1791. III. 8.
 4) Annalen der Brittischen Geschichte des Jahrs 1788 (bis 1794). Als eine
Fortsetzung des Werks England und Italien von J. W. von Archenholtz. Zwanzig
Bände. (1789) bis 1800. Braunschweig auf Kosten des Verfassers und in Commission
bei B. G. Hoffmann in Hamburg. Der 2. Band: Manheim, 1790f. bey Schwan
und Götz. Der 3. und die folgenden Bände bis zum 11.: Hamburg, 1790. auf
Kosten des Verfassers und in Commission bey B. G. Hoffmann. Der 12. und 13.:
Tübingen, 1795. 1796 im Verlag der Cottaschen Buchhandlung, der 14. und 15.:
1797; 16. und 17.: 1798; 18. und 19.: 1799; der 20. Band 1800 enthält nur ein
ausführliches Personen- und Sachregister von J. S. Ersch.
 5) Geschichte der Königin Elisabeth: Historischer Kalender für Damen auf
das Jahr 1790. Von Archenholtz und Wieland [§ 223, C. 117]. Leipzig 1789.
8. 1 bis 189. Vergl. § 255, 2) η — Band V. S. 221.
 Ins Französische übersetzt (von Wilh. Mila). Berlin 1792. 8.
 6) Historisches Taschenbuch für das Jahr 1789 enthält die Geschichte des
siebenjährigen Krieges in Deutschland von J. W. von Archenholtz, vormals
Königl. Preuß. Hauptmann. Berlin, bey Haude und Spener. — Geschichte des
siebenjährigen Krieges in Deutschland von J. W. von Archenholtz, vormahls König-

lich Preußischem Hauptmann. Berlin 1798. bey Haude und Spener. II. 8. —
Dreizehnte Auflage. Mit dem Lebensabriß des Verfassers hg. von August Pott-
hast. Leipzig, C. F. Amelangs Verlag. o. J. [1893]. 8. — Reclams Univ.-Bibl.
Nr. 134/37.

Histoire de la Guerre de Sept ans en Allemagne, de 1756 à 1763. Par J.
W. d'Archenholtz. Traduite de l'Allemand, par d'Arnex. Berne, chez E Haller,
libraire. 1789. 8. — Traduite par le baron de Bock. Metz et Paris 1789. II. 12.

Historia belli septennis, in Germania ab a. MDCCLVI ad a. MDCCLXIII
gesti, auctors Joh. Guil. de Archenholz, olim in exercitu borussico centurione.
Latine vertit Henr. Godofr. Reichardus. Baruthi, apud Icann. Andr. Lubecci
heredes 1790. 8. — editio altera. Baruthi 1792. 8.

7) Kleine Historische Schriften von J. W. v. Archenholz. Zwei Bände. Berlin,
1791. Auf Kosten des Verfassers, und in Commission bei Friedrich Vieweg, dem
Älteren. II. 8. — Zweite Ausg. des ersten Bandes: Historische Schriften. Tübingen,
in der J. G. Cotta'schen Buchhandlung. 1803.

I. a: Gemälde der Preußischen Armee vor und in dem siebenjährigen Kriege.
— b: Historische Bemerkungen über die große sittliche Revolution im sechszehnten Jahrhundert. — c: Geschichte der Verschwörung des Fiesco, im Jahr
1547. — d: Geschichte des Papstes Sixtus V. — II. — Nr. 13)

8) Minerva. Ein Journal historischen Inhalts, herausgegeben
von J. W. v. Archenholz. 1792 bis 1812. 59 Bände. Im Verlage des Herausgebers
und in Commission bey B. G. Hoffmann in Hamburg. Fortgesetzt von Fr. Al. Bran.
Vergl. Ungar, Joseph II, Vater des Vaterlandes. Ein Gegenstück zu dessen
Schilderung im Februar der Minerva 1798 des Herrn Hauptmanns von Archenholtz. Prag 1798. 8. Auch u. d. T.: Nöthige Beylage zu des Hrn. Hauptmanns
von Archenholtz Minerva Febr. 1798. Als Gegenstück der Schilderung Josephs II.

9) (H. S. Pappenheimer) Die Pariser Jakobiner, aufgestellt in ihren
Sitzungen. Ein Auszug aus den Tagebüchern der Societät. Veranstaltet und mit
Anmerkungen versehen von J. W. von Archenholtz. Hamburg 1793. 8.

10) Sobiesky. Ein historisches Fragment: Schillers Horen 1795. Band 4,
St. 12, S. 62 bis 114. — Vergl. Schiller an Archenholz 1796 Jenner 8: Jonas 4,
380 f. Sieh Band V. S. 195.

11) Miscellen zur Geschichte des Tages. Herausgegeben von J. W. v. Archenholz. Zwei Bände. Hamburg, 1795 Auf Kosten des Herausgebers, und in Commission bey J. Ch. Dieterich in Göttingen. II. 8.

a: Robespierre's Schweif. Oder die Gefahren der Preßfreiheit. — b: Der
große Schweif des Laurent Lecointre. — c: Fox Rechenschaft an seine Wähler, die
Bürger von Westminster. — d: Correspondenz zwischen Camille Desmoulins und
dem General Arthur Dillon. — e: Danton. — f: Neu-französischer Ehestands-
Codex. — g: Beitrag zur Geschichte der französischen Revolutions-Processe. —
h: Ueber Geographie in politischer Hinsicht von Mercier. — i: Ueber das Charakteristische der frz. Revolution. — k: Rede von St. Just, angefangen in der
Convents-Sitzung am Tage vor seiner Hinrichtung. — l: Americanische Staats-
Correspondenz. — m: Englische Staatsschriften, die Besitznehmung von Corsica
betr. — n: Schreiben an die Franzosen von Gorani über Robespierre und die berüchtigte Convents-Revolution im May 1798.

II. o: Die Flucht der Girondisten, von J. B. Louvet, einem der i. J. 1793 ge-
ächteten frz. Convents-Deputirten. — p: Robespierre's letzte Rede, gehalten im
Convent am 26. July 1794, zwey Tage vor seiner Hinrichtung.

12) Geschichte Gustavs Wasa, Königs von Schweden, nebst einer Schilderung
des Zustandes von Schweden von den ältesten Zeiten an bis Ende des funfzehnten
Jahrhunderts. Von J. W. von Archenholtz. Zwei Bände. Tübingen 1801. In der
J. G. Cotta'schen Buchhandlung. II. 8.

Ins Französische übersetzt von J. F. G. [de] Propiac. Paris 1803.

13) Die Geschichte der Flibustier von J. W. von Archenholz. Tübingen, in
der J. G. Cotta'schen Buchhandlung. 1803. XIV, 479 S. 8. — Nr. 7) Zweiter
Band.

Als Quelle für Schillers Fragment: Die Flibustiers nachgewiesen von C.
Fries: Seufferts Vierteljahrschrift 1892. V, 124 bis 135. Vergl. § 255, 18) 7 —
Band V, S. 236.

Histoire des Flibustiers, traduit de l'Allemand de W. d'Archenholz [par Jean-
Francois baron de Bourgoing] avec quelques notes du Traducteur. A Paris 1804. 8.

Außerdem noch Zeitschriften: Litteratur und Völkerkunde. Dessau und Leipzig 1782 bis 91. 10 Jahrgänge. S. dazu unten S. 807.

Englisch Lyceum, a periodical Work mit seiner Fortsetzung u. d. T.: The British Mercury, or Annals of History... of the British Empire. Hamburg 1787 bis 1791. XI. 8.

5. Tileman Dothias Wiarda, geboren im Oktober 1746 in Emden, starb als Landsyndikus in Aurich am 7. März 1826.

a. Meusel, Gel. Teutschl. 8, 485 f. 10, 822. 16, 212. 21, 535.

b. Möhlmann, Kritik der Friesischen Geschichtschreibung. S. 144 f.

c. Karl Herquet, Miscellen zur Geschichte Ostfrieslands. Norden 1883. Vorrede. S. VIII f.

1) Ostfriesische Geschichte. Von Tileman Dothias Wiarda. Aurich, bey August Friedrich Winter. 10. Band: Leer, bei Johann Conrad Mäcken d. J. 1791 bis 1817. X. 8.

2) Geschichte und Auslegung des Salischen Gesetzes und der Malbergischen Glossen von T. D. Wiarda. Bremen und Aurich, bei Johann Heinrich Müller. o. J. (1808). 8.

3) Willküren der Brockmänner, eines freyen friesischen Volkes. Hg. übersetzt und erläutert von Tileman Dothias Wiarda. Berlin, 1820. Gedruckt und verlegt bei G. Reimer. XXIV, 182 S. 8.

Jacob Grimm, Kleinere Schriften, 8, 504 bis 507. — Karl Frhr. von Richthofen, Friesische Rechtsquellen. Berlin 1840. S. XV.

6. Christoph (nicht Christian) **Gottlob** (nicht Gottlieb) **Heinrich,** geb. am 14. August 1748 zu Dahlen in Sachsen, studierte in Leipzig die Rechte, beschäftigte sich aber vornehmlich mit historischen Forschungen, 1781 Professor der Geschichte in Jena (vergl. Band V. S. 38), starb am 24. Mai 1810.

a. Meusel, Gel. Teutschl. 3, 167. 9, 544. 14, 78. 18, 93.

b. Göttingische gel. Anzeigen 1810. Nr. 127. S. 1257 f.

c. Johannes Günther, Lebensskizzen der Professoren der Universität Jena seit 1558 bis 1858. Jena, Druck und Verlag von Friedrich Mauke. 1858. 8. S. 209.

d. Allg. dtsch. Biogr. 1880. 11, 644 f. (Wegele).

1) Geschichte des teutschen Reichs von C. G. H. (auf dem Titel des 3. Bandes: C. G. Heinrich). Riga und Leipzig, bey Johann Friedrich Hartknoch. 1778 bis 1779. III. 8.

2) Sächsische Geschichte von C. G. Heinrich. Leipzig, bey Weidmanns Erben und Reich. 1780 bis 1782. II. 8. Vergl. Allg. dtsch. Biogr. 1876. 3, 73 unter Joh. Gottlob Böhme und 6, 470. — Zweite Auflage: Handbuch der Sächsischen Geschichte von Christoph Gottlob Heinrich. Leipzig, in der Weidmannischen Buchhandlung. 1810. 8. Fortgesetzt und ergänzt von Karl Heinrich Ludwig Pölitz. Zweyter Theil. Nebst einem Register über beyde Theile. 1812. II. 8.

3) Teutsche Reichsgeschichte von Christoph Gottlob Heinrich. Leipzig, bey Weidmanns Erben und Reich. 1787 bis 1805. IX. 8.

4) Handbuch der teutschen Reichsgeschichte, von Christoph Gottlob Heinrich. Leipzig, in der Weidmannischen Buchhandlung. 1800. 8. — Zweyte, berichtigte, vermehrte und bis zum Jahr 1819. fortgesetzte, Auflage von Karl Heinrich Ludwig Pölitz. 1819. 8.

5) Geschichte von Frankreich, ein Handbuch von Christoph Gottlob Heinrich. Leipzig, bey Caspar Fritsch. 1802 bis 1804. III. 8.

6) Geschichte von England, ein Handbuch von Christoph Gottlob Heinrich. Leipzig, bey Paul Gotthelf Kummer. 1806 bis 1810. IV. 8.

7. Johann Dominicus Fiorillo, geb. am 13. Oktober 1748 in Hamburg, studierte auf der Malerakademie in Bayreuth und seit 1761 in Rom und Bologna Malerei, wurde nach seiner Heimkehr im J. 1769 Historienmaler in Braunschweig, ging 1781 nach Göttingen und erhielt dort 1784 die Aufsicht über die Kupferstichsammlung, 1799 eine außerordentliche, 1813 eine ordentliche Professur. Er starb am 10. September 1821.

a. Joh. Stephan Pütter, Gelehrten-Geschichte von der Universität zu Göttingen. Göttingen 1788 f. II, 198. III, 370.

b. Meusel, Gel. Teutschl. 2, 330f. 9, 346. 11, 224. 18, 888. 17, 578. 22Π, 141.
c. Allg. dtsch. Biogr. 1878. 7, 27 (Wessely).

Ein Brief Friedrich Schlegels, wie O. Walzel annimmt, an Fiorillo gerichtet, ist dem Bande 143 der Dtsch. Nat.-Litt. als Facsimile beigegeben. Sieh § 288, 3. 41).

1) Ueber die Groteske. Einladungsblätter zu Vorlesungen über die Geschichte und Theorie der bildenden Künste von Johann Dominicus Fiorillo. Göttingen, gedruckt bei Johann Georg Rosenbusch. 1791. 8.

2) Geschichte der zeichnenden Künste von ihrer Wiederauflebung bis auf die neuesten Zeiten. von J. D. Fiorillo. Göttingen, bei Johann Georg Rosenbusch. Vom 2. Bande an: bei Johann Friedrich Röwer. 1798 bis 1808. V. 8.

3) Kleine Schriften artistischen Inhalts von Johann Dominicus Fiorillo. Göttingen, bey Heinrich Dieterich. 1803 bis 6. II. 8.

Enth. I. a: Fragmente zur Geschichte der Mahlerey und Bildhauerey in Deutschland, von den Zeiten Carls des Großen, bis zum Anfang des fünfzehnten Jahrhunderts. Vergl. Lessing (Hempel) 13, 2, 381 Anm. — b: Ueber die Quellen, welche Vasari zu seinen Lebensbeschreibungen der Mahler, Bildhauer und Architecten benutzt hat. — c: Literarisch-kritische Untersuchungen über die verschiedenen Ausgaben des Vasari.— d: Ueber die Nothwendigkeit des Studiums der Naturkunde, für den Mahler, Bildhauer und Architecten. — e: Ueber den Dominicaner Francesco Colonna, und sein berühmtes Buch Hypnerotomachia. — f: Ueber das Alter der Oehlmahlerey. — g: Ueber Plin. Hist. Natur. Lib. XXXV, 10. — h: Bemerkungen über die sog. Agrippina in Dresden. — i: Ueber die Statue des Arotino in Florenz. — k: Ueber die Kenntniß der alten Künstler von der Perspective und ihre Wiederauflebung in neuern Zeiten. — l: Ueber Plin. Histor. Natur. Lib. XXXV, 10. — m: Ueber die alten Mahlereyen in den Kirchen zu Göttingen. — H. n: Versuch einer Geschichte der bildenden Künste in Rußland. (Auch besonders erschienen: Göttingen. 1806. VIII, 104 S. 8.). — o: Ueber einige Kunstwerke von rothem, grünem und schwarzem Porphyr. — p: Historische Uebersicht der Versuche, die enkaustische Mahlerey der Alten wieder herzustellen. — q: Ueber den Griechischen und Italiänischen Pyrgoteles. — r: Ueber die Kunst verschiedene Steine und Cameen nachzuahmen, den Marmor zu färben und ihn zur Mahlerey anzuwenden; verbunden mit einer Beschreibung des Fußbodens im Dom zu Siena. — s: Ueber verschiedene Römische Monumente, welche in Frankreich ausgegraben sind. — t: Einige Nachrichten von dem Cardinal Bembo und von Raphael. — u: Ueber die Slavischen Alterthümer. — v: Ueber H. Hemmelinck. — w: Beyträge zur Geschichte der Mahlerey in Deutschland. — x: Ueber das Wort Camee.

4) Beschreibung der Gemählde-Sammlung der Universität zu Göttingen. Von Johann Dominicus Fiorillo. Göttingen. 1805. Bei Heinrich Dieterich. XIV, 88 S. 8.

5) Über einige Italiänische Gelehrte und Künstler, welche Matthias Corvinus König von Ungarn beschäftigte. Ein Versuch von Johannes Dominicus Fiorillo. Göttingen, 1812. 82 S. 8.

6) Geschichte der zeichnenden Künste in Deutschland und den vereinigten Niederlanden von J. D. Fiorillo. Hannover, 1815 bis 1820. Bei den Brüdern Hahn. IV. 8.

3. Gottlieb Johann Planck, geb. am 15. November 1751 zu Nürtingen in Württemberg, studierte in Tübingen Theologie, 1780 Prediger an der Militärakademie, der hohen Karlsschule, in Stuttgart, 1784 Professor der Theologie in Göttingen, 1791 Konsistorialrat, 1805 Generalsuperintendent, 1828 Abt von Bursfelde (Titel), 1830 Oberkonsistorialrat, starb am 31. August 1833.

a. Joh. Steph. Pütter, Gelehrten Geschichte von der Universität zu Göttingen. Göttingen 1788f. II, 121. III, 283. IV, 270.

b. Meusel, Gel. Teutschl. 6, 114 bis 116. 10, 417. 11, 614. 15, 49f. 19, 146.
c. N. Nekrolog 1833. II, 581f.

d. Schläger, Zur Erinnerung an Planck. Hameln 1833.

e. Friedrich Lücke, Gottlieb Jacob Planck. Ein biographischer Versuch. Göttingen bei Vandenhoek und Ruprecht. 1835. 8.

f. Gottlieb Mohnike: Zsch. f. die histor. Theol. 1836. Band 6. 1. 313 bis 315.

g. Ernst Henke: Zsch. f. die histor. Theol. 1848. Band 18 = N. F. Band 7. IV, 75 bis 88.

h. F[erdinand] Ch[ristian] Baur, Die Epochen der kirchlichen Geschichtschreibung. Tübingen, Druck und Verlag von Ludwig Friedrich Fues. 1852. 8. S.174 bis 191.

i. E. Henke: Real-Encyklopädie für protestantische Theologie und Kirche, begonnen von J. J. Herzog. Zweite Auflage. Leipzig 1883. Band 12, S. 61 bis 68. k. Allg. dtsch. Biogr. 1888. 26, 224/7 (Wagenmann). — l. unten S. 807. Vergl. § 293, I, 7. 1) V. b. — oben S. 210.

1) Tagebuch eines neuen Ehemanns. Leipzig, Crusius. 1779. 8. Vergl. Alm. der dtsch. Muson 1781, 121. — Nachdruck: Tübingen 1779. 8.

2) Geschichte der Entstehung, der Veränderungen und der Bildung unsers protestantischen Lehrbegriffs vom Anfang der Reformation bis zu der Einführung der Concordienformel von Gottlieb Jakob Planc. Leipzig, bey Siegfried Lebrecht Crusius. 1781 bis 1800. VI. 8. — Zweyte verbesserte Auflage der ersten drei Bände 1791 bis 1797. Band IV bis VI auch mit dem Titel: Geschichte der protestantischen Theologie von Luthers Tode bis zur Einführung der Konkordienformel.

3) Briefe Jonathan Ashleys, in Deutschland geschrieben und aus dem Englischen übersetzt. Bern (d. i. Leipzig) 1782. 8.

4) Neueste Religionsgeschichte fortgesetzt (unter der Aufsicht: vom Zweyten Theile an weggelassen) von Gottlieb Jakob Planck. Drei Theile. Lemgo, im Verlage der Meyerschen Buchhandlung, 1787 bis 1793. III. 8.
· Begonnen wurde das Werk von Chn. Wilh. Franz Walch. Lemgo 1771 bis 1783. IX. 8.

5) Einleitung in die Theologische (!) Wissenschaften von G. J. Planck. Zwei Theile. Leipzig, bey Siegfried Lebrecht Crusius. 1794 und 1795. H. 8.

6) Abriß einer historischen und vergleichenden Darstellung der dogmatischen Systeme unserer verschiedenen christlichen Hauptpartheyen nach ihren Grundbegriffen, ihren daraus abgeleiteten Unterscheidungslehren und ihren praktischen Folgen. Zum Behuf seiner Vorlesungen darüber nebst der Einleitung zu diesen herausgegeben von G. J. Planck. Göttingen 1797. 8. — Zweyte Auflage. Göttingen bey Vandenhoek und Ruprecht 1804. 157 S. 8.

7) Geschichte der christlich-kirchlichen Gesellschafts-Verfassung. Von G. J. Planck. Fünf Bände. Hannover, bey den Gebrüdern Hahn. 1803 bis 1809. VI. 8.
Der erste mit dem bes. Titel: Geschichte der Entstehung und Ausbildung der christlich-kirchlichen Gesellschafts-Verfassung im Römischen Staat, von der Gründung der Kirche an bis zu dem Anfang des siebenten Jahrhunderts. — Der zweite. 1804: ... Verfassung in den neuen Staaten des Occidents, von ihrer Entstehung bis in die Mitte des neunten Jahrhunderts. — Der dritte. 1805: Geschichte des Pabstthums in den abendländischen Kirchen von der Mitte des neunten Jahrhunderts an. Erster Band. — Vierten Bandes Erster Abschnitt 1806: Geschichte des Pabstthums ... Zweyten Bandes Erster Abschnitt. — Vierten Bandes Zweyter Abschnitt. 1807: Geschichte des Pabstthums ... Zweyten Bandes Zweyter Abschnitt. — Fünfter Band. 1809: Geschichte des Pabstthums in den abendländischen Kirchen von dem Anfang des vierzehnten Jahrhunderts bis zu der Reformation.

8) Betrachtungen über die neuesten Veränderungen in dem Zustand der katholischen Kirche, und besonders über die Concordate zwischen protestantischen Souverains und dem Römischen Stuhl, welche dadurch veranlaßt werden möchten. Hannover 1808. 8.

9) Ueber Spittler als Historiker. Von G. J. Planck. Göttingen, bey Vandenhoek und Ruprecht. 1811. 58 S. 8.

10) Planck gab heraus Spittler Nr. 12. 5) Grundriß. 5. Auflage. Göttingen 1812.

11) Ueber die gegenwärtige Lage und Verhältnisse der katholischen und der protestantischen Parthey in Deutschland und einige besondere zum Theil von dem deutschen Bundes-Tage darüber zu erwartende Bestimmungen. Betrachtungen und Wünsche von G. J. Planck. Hannover bey den Gebrüdern Hahn 1816. VI, 182 S. 8.

12) Ueber den gegenwärtigen Zustand und die Bedürfnisse unserer protestantischen Kirche bei dem Schlusse ihres dritten Jahrhunderts. Betrachtungen, Vorschläge und Wünsche von G. J. Planck. Erfurt, in der Keyserschen Buchhandlung. 1817. VIII, 136 S. 8.

13) Geschichte des Christenthums in der Periode seiner ersten Einführung in die Welt durch Jesum und die Apostel. Von G. J. Planck. Zwei Bände. Göttingen bei Vandenhoeck und Ruprecht. 1818. II. 8.

14) Geschichte der protestantischen Theologie von der Konkordienformel an bis in die Mitte des achtzehnten Jahrhunderts. Von G. J. Planck. Göttingen bei Vandenhoeck und Ruprecht. 1831. XII, 370 S. 8.

9. Konrad Christian Wilhelm von Dohm, geb. am 11. Dezember 1751 in Lemgo, studierte in Leipzig Jurisprudenz, wurde Pagenlehrer in Berlin, Professor und Karolinum in Kassel, 1779 Kriegsrat und Geh. Archivar in Berlin, 1783 Geh. Rat, verhandelte bei den Vorbereitungen zum deutschen Fürstenbunde und wurde nach dessen Abschlusse 1786 Kriegsdirektorialrat und preußischer Gesandter beim Kurfürsten von Köln; 1797 nahm er am Rastatter Kongresse teil, wurde 1804 zum Kammerpräsidenten in Heiligenstadt befördert und ging in die Dienste des Königreichs Westfalen als Staatsrat über und versah auch den Gesandtschaftsposten in Dresden. Seit 1810 privatisierte er auf seinem Gute Pustleben bei Nordhausen bis zu seinem Tode am 29. Mai 1820.

Unter seinen historischen Schriften sind seine Denkwürdigkeiten die beste, obgleich nicht überall verläßlich, da vorgefaßte Meinungen und das Bemühen, sich persönlich hervorzuheben, der reinen Wahrheit mitunter Abbruch thun.

a. Meusel, Gel. Teutschl. 2, 79 bis 83. 9, 248. 11, 171. 17, 437 f. 22¹, 660.

b. W[ilhelm] Gronau, Christian Wilhelm von Dohm nach seinem Wollen und Handeln. Ein biographischer Versuch. Lemgo, Meyersche Hof-Buchhandlung 1824. 8.

b'. unten S. 807. — c. Zeitgenossen 1826. Band 5, S. 129 bis 194. — d. Allg. dtsch. Biogr. 1877. 5, 297 bis 299 (Falkmann).

Briefe an α. J. v. Müller: Hg. von Maurer-Constant Bd. 2, S. 251 bis 427. — β. Nicolai: Zsch. f. d. Gesch. der Juden 1892. 5, 75 bis 91. - γ. Chn. Gottfr. Schütz: Darstellung seines Lebens. Halle, 1885. 2, S. 46 bis 76.

1) Geschichte der Engländer und Franzosen im östlichen Indien. Leipzig 1776. 8.

2) Materialien für die Statistick und neuere Staatengeschichte gesamlet von Christian Wilhelm Dohm. Fünf Lieferungen. Lemgo, im Verlag (von der 2. Lieferung 1779 an: Verlage) der Meyerschen Buchhandlung, 1777 bis 1785. V. 8.

3) Teutsches Museum. Leipzig in der Weygandschen Buchhandlung 1776 bis 1778. V. 8. Mit Boie zusammen. Sieh § 201, 7. und § 232, 9. 3) — Band IV. S. 386.

4) Ueber die bürgerliche Verbesserung der Juden von Christian Wilhelm Dohm. Mit Königl. Preußischem Privilegio. Berlin und Stettin, bei Friedrich Nicolai, 1781. 3 Bl. Vorerinnerung, 200 S. 8.

a. A. F. Büschings Wöch. Nachrichten 1781. St. 40 und 42; dazu Schlözers Briefwechsel (Nr. 1. 17) 1782. 10, 250 bis 256. 279 bis 283; Zsch. f. d. Gesch. der Juden 1892. 5, 291 f. Vergl. auch S. 291 f.

b. (Joh. Chph. Unser § 226, 89) Anmerkungen zu der Schrift des Hrn. Dohm über die bürgerliche Verfassung der Juden. Altona 1782. 8.

c. § 222, 7. 10). 9. 6) — Band IV. S. 163. 166. — c'. unten S 807. — d. (Frdr. Ludw. Kahle) Anmerkungen zu dem Buche: Ueber die bürgerliche Verbesserung der Juden vom Herrn geheimen Rath von Dohm. Berlin und Stralsund 1789. 8. - e. Ueber die Juden weder für noch wider sie. Germanien 1804 30 S. 8. — e'. unten S. 807.

f. L. Geiger, Aus Briefen Dohms an Nicolai: Zsch. f. d. Gesch. der Juden 1892. 5, 75 bis 91.

5) Ueber den deutschen Fürstenbund. Von Christian Wilhelm Dohm. Berlin, im December 1785. bey dem Königl. Hofbuchdrucker G. J. Decker. 140 S. 8.

Vergl. Bemerkungen bey Gelegenheit des neuesten Fürstenbundes im Deutschen Reiche. Berlin und Leipzig, bey George Jacob Decker. 1786. 24 S. 8.

L'Alliance des Princes de l'Empire Germanique par Mr. Dohm etc. traduit de l'Allemand par H. Renfner. A la Haye 1786. 8.

6) Ueber das physiokratische System. Wien 1788. 8.

7) Die Lütticher Revolution 1789. Berlin 1790. 8.

8) Entwurf einer verbesserten Constitution der Kaiserl. freyen Reichsstadt Aachen, ihren patriotischen Bürgern vorgelegt vom Clevischen Subdelegato Christian Wilhelm von Dohm. Aachen im April 1790. 4.

9) Ueber Volkskalender und Volksschriften überhaupt. Leipzig 1796. 8.

10) Denkwürdigkeiten meiner Zeit oder Beiträge zur Geschichte vom letzten Viertel des achtzehnten und vom Anfang des neunzehnten Jahrhunderts 1778 bis 1806. Von Christian Wilhelm von Dohm. Lemgo und Hannover 1814 bis 1819. V. 8.

10. **Johannes von Müller**, geb. am 3. Januar 1752 in Schaffhausen, Sohn eines Predigers, wurde in seiner Vaterstadt vorgebildet und widmete sich früh dem Studium der Geschichte. Er studierte 1769 in Göttingen und wurde schon 1771 Professor der griechischen Sprache am städtischen Gymnasium in Schaffhausen. Enge Freundschaft mit Victor von Bonstetten und Verbindungen mit schweizerischen und anderen Gelehrten förderten ihn und befeuerten seinen rastlosen Fleiß. 1774 nahm er beim Staatsrat Jacob Tronchin-Calendrini in Genf die Stelle eines Hauslehrers an, ging aber im Jahre darauf nach Chambeisy am Genfersee zu dem Amerikaner Francis Kinloch, 1776 zu Charles Bonnet in Genthod bei Genf und lebte seit 1778 auf Bonstettens Gütern. Immer beschäftigte er sich mit dem Studium der Alten u   mit Sammelarbeiten aus Chroniken   Urkunden für seine Schweizergeschichte. Als der erste Band erschienen und mit Bewunderung aufgenommen worden war, ging er nach Berlin, wurde Friedrich dem Großen vorgestellt, aber nicht in Dienst genommen. Dagegen erhielt er eine Professur in Kassel, wo sich damals mehrere ausgezeichnete Männer sammelten. 1783 zog ihn Tronchin als Vorleser und Gesellschafter nach Genf zurück; er hielt dort Vorlesungen und arbeitete den ersten Band seiner Schweizergeschichte um. Im Jahre 1786 folgte er einem Rufe als Hofrat und Bibliothekar des Kurfürsten nach Mainz; hier nahm er auch an den öffentlichen Angelegenheiten, besonders infolge des Fürstenbundes Anteil, dann wurde er in der Kabinettskanzlei angestellt, auch mit einer Sendung nach Rom beauftragt und 1788 zum Geh. Legationsrat, später zum Geh. Konferenzrat, Geh. Staatsrat, Staats-Referendar und Direktor der kurrheinischen Archive ernannt. Als Mainz von den Franzosen besetzt wurde, forderte ihn Costine auf, die Leitung der Verwaltung zu übernehmen, Müller ging jedoch als wirkl. k. k. Hofrat nach Wien, von wo aus man ihn auf seine Bitte zum Reichsritter und Edlen von Müller zu Sylvelden ernannt hatte. In Wien blieb er auch, als er 1798 zum Mitgliede des helvetischen Tribunals ernannt worden war, er wurde erster Custos der Hofbibliothek, doch verleideten ihn Zensur-Bedrückungen und das zudringliche Ansinnen, zur römisch-katholischen Kirche überzutreten, den Aufenthalt. Im J. 1804 folgte er einem Rufe als Akademiker, Historiograph des Königshauses und Geh. Kriegsrat nach Berlin. Eben hatte er den Auftrag, eine Geschichte Friedrichs des Großen zu schreiben, zu lösen den Anfang gemacht, als durch die Schlacht bei Jena seine Stellung mit dem preußischen Staate zerrüttet wurde. Napoléon, der ihn in Berlin zu sich berief, machte einen solchen Eindruck auf ihn, daß er in der Rede über Friedrichs Ruhm am 29. Januar 1807 günstige Bemerkungen auf den Kaiser einfließen ließ. Dadurch wurde seine Stellung in Preußen unhaltbar. Aus dieser Lage befreite ihn ein Ruf an die Universität Tübingen (21. Okt. 1807). Auf der Reise dahin holte ihn ein französischer Kurier in Frankfurt ein mit dem Befehle Napoléons, sofort nach Fontainebleau zu kommen. Am 12. November traf er dort ein und mußte trotz seines Sträubens sogleich die Stelle als Minister-Staatssekretär in dem neuerrichteten Königreiche Westfalen übernehmen. Im Dezember kam er nach Kassel. Da er aber der Arbeitslast nicht gewachsen war, mußte er bald um seine Entlassung bitten. Er erhielt sie, doch wurde er zum Staatsrat und Generaldirektor des öffentlichen Unterrichts ernannt. In dieser Eigenschaft war er für die möglichste Erhaltung der westfälischen Universitäten und namentlich für Göttingen unermüdlich thätig. Bemerkenswert ist, daß durch seine persönliche Empfehlung Jacob Grimm im westfälischen Staatsdienste zuerst angestellt wurde. Stete Verdrießlichkeiten, die ihm Fremde und Deutsche bereiteten und an denen er teilweise selbst schuld war, rieben seine Kräfte auf. Er starb am 29. Mai 1809. Heeren versuchte ihn zu würdigen, Roth pries ihn, Gentz kündigte ihm die Freundschaft auf, Woltmann klagte ihn ob seines schmählichen Abfalls an. König Ludwig 1. von Bayern, der Bewunderer seiner Geschichtswerke, setzte ihm 1852 auf dem alten Kirchhofe in Kassel ein Denkmal.

Müller galt seiner Zeit als der größte Historiker. Bewunderungswürdig erscheint sein Sammelfleiß; er hatte gegen 2000 Schriftsteller exzerpiert und 17000 enggeschriebene Folioseiten mit seinen Auszügen gefüllt. Bei der reichsten Fülle des Stoffes kam ihm eine große Leichtigkeit der Auffassung, eine Schärfe der kritischen Sichtung, eine Gewandtheit des Gruppierens und eine Klarheit und Anschaulichkeit der Darstellung zu Hilfe, wie sie bis dahin kein Historiker seit dem Altertume gezeigt hatte. Sein Ideenreichtum, die Schärfe seines Blickes, sein Verständnis der Zeiten zeichneten ihn vor allen aus. Sein angeborner Freiheitsinn bricht überall durch, und sein redliches Streben nach Wahrheit läßt sich ebensowenig verkennen wie die Unschuld seines Herzens. Neben diesen glänzenden Eigenschaften treten freilich auch andere hervor, die die Ergebnisse seines bewegten, zwischen den Weltgeschicken umhergeschleuderten Lebens und unüberwundene Bestandteile seiner angeborenen, vielleicht auch anerzogenen Natur waren. Er rang den großen Vorbildern des Altertums, dem Thukydides und Tacitus, nach und gewöhnte sich in eine Gedrungenheit des Stiles, die nicht allzuweit von Manieriertheit entfernt ist. Seine Idealbedürftigkeit verleitete ihn mitunter, sich aus nichtigen und unbedeutenden Elementen Größen zu schaffen, und er begeisterte sich dann mehr für sie, als die Zeit hat gelten lassen. Dabei gab ihm eine persönliche Befangenheit oft den Charakter der Schwäche, und eingeschüchtert von der Macht in alter und neuer und neuester Zeit hielt er sich nicht frei von Menschenfurcht, auch als Historiker nicht, ja die Triumphe des Franzosenkaisers rissen ihn zu knechtischer Bewunderung hin, und die Unterjochung Deutschlands durch die Franzosen sah er als ein großes Glück an. Aber er rang nach antiker Gesundheit auch in seinem Handeln, und die Kleinlichkeit der üblichen Professoreneitelkeit ist ihm immer fremd geblieben. Seine Fehler kamen daher, daß er mit dem Gelehrten den Staatsmann verbinden mußte und in jener Eigenschaft der erste, in dieser wenigstens nicht der letzte sein wollte. Seine Neigungen gingen auf die Stille des Arbeitszimmers, Zeit und Schicksal aber warfen ihn auf die große Bühne der Welt. Dort versuchte er dann eine Rolle zu spielen, brachte es indes bei dem häufigen Wechsel der Szene nur zu einer bedauernswerten.

A. Biographisches.

a. Hans Jakob Holzhalb, Supplement zu dem allgemeinen helvetisch-eidsgenößischen oder schweizerischen Lexikon, so von weiland Herrn Hans Jacob Leu in alphabetischer Ordnung behandelt worden. 4. Theil. Zürich, im Verlag des Verfassers. 1789. 4. S. 249 bis 250.

a'. Friedrich Wilhelm Strieder, Grundlage zu einer Hessischen Gelehrten- und Schriftsteller-Geschichte 9, 809 bis 815. 14, 845 f. 15, 852 f. 16, 546 f. 17, 898.

b. Chronologie meines Lebens [Briefe an Bonstetten. Nr. 88. Wien, 10. Nov. 1800]; Nr. 83) 15. Theil. Tübingen 1812. 8. S. 123 bis 126.

c. Bildnisse jetzt lebender Berliner Gelehrten mit ihren Selbstbiographieen (hg. von S. M. Lowe). o. O. u. J. [Berlin 1806.] 8. 1 bis 49. Auch besonders erschienen: Johannes von Müller. Berlin, bei L. Quien. 1806. 8. Vergl. Isis. Eine Monatsschrift von Deutschen und Schweizerischen Gelehrten. Bd. 3. Zürich 1806. Bei Orell, Füßli und Compagnia. 8. S. 367 bis 389. — § 243, 11) 4; Goethe (Hempel) 29, 117 bis 121; sieh auch B, γ.

d. Johannes von Müller: Der Neue Teutsche Merkur. 1808. Januar. 1. Stück. 8. 1 bis 15. Nach Meusel 14, 614 von K. A. Böttiger.

e. Jördens 1808. Band 3, 8. 709 bis 721.

f. Karl Morgenstern, Johannes Müller oder Plan im Leben. Nebst Plan im Lesen und Von den Grenzen weiblicher Bildung. Drey Reden. Leipzig, bey G. J. Göschen. 1808. VI, 122 und 1 unges. 8. Druckfehler. 4. 8. 1 bis 58.

g. Johann von Müller: (Friedrich Buchholz) Gallerie Preußischer Charaktere. Aus der Französischen Handschrift übersetzt. Germanien, [Berlin, J. D. Sander]. 1808. Zweite Abtheilung. 8. 415 bis 445.

h. Adam Müller, Vermischte Schriften. Erster Theil. II. Nr. s. = Band VI. S. 197.

i. Fr. G. Zimmermann, Johann von Müller: Minerva. Ein Journal historischen und politischen Inhalts. Hg. von J. W. von Archenholz. Dritter Band. Für das Jahr 1809. July, August, September. Im Verlage des Herausgebers und in Commission bey B. G. Hoffmann in Hamburg. 8. July 1809. 8. 1 bis 67.

i¹. Johannes Müller's Todtenfeyer: (Gf. Bentzel-Sternau) Jason 1809. August. Nr. 1. — i². Chn. G. Heyne, Memoria Ioannis de Müller: Commentationes recentiores Societatis Gottingensis ad a. 1809. 4. Vol. I. — i³. Ch. W. Mitscherlich, Pietas Academiae Georgiae Augustae in funere Ioannis de Müller. Gottingae 1809. fol. — i⁴. Frdr. Rühs, Elegie um Johann von Müller. Im Sommer 1809. 8. S. unten S. 807.

j. Meusel, Gel. Teutschland 5, S. 324 f. 10, 8. 331. 11, 8. 554. 14, 8. 612 bis 614. 16, S. 366. 18, S. 762 f.

j'. Miscellen f. d. neueste Weltkunde 1809. Nr. 84 (Zschokke).

k. Christoph von Rommel, Rede zur Gedächtnißfeyer Johann von Müller's gehalten am 14. Junius 1809 im großen Auditorium zu Marburg. Marburg o. J. [1809]. 23 S. 8.

l. Christianus Godofredus Schütz, Memoria Ioannis Mülleri v. c. pot. Guestphaliae regis in re publ. gerenda consiliarii, et institutionis publicae supremi directoria. Halae 1809. 32 S. 4.

m. Ludwig Wachler, Johann von Müller. Eine Gedächtnißrede, gehalten im großen Universitäts-Hörsaale, den 14. Junius 1809. Marburg, in der Akadem. Buchh. 1809. 70 S. 8.

n. A. H. L. Heeren, Johann von Müller, der Historiker. Leipzig, bey G. J. Göschen. 1809. 92 S. 8. — Histor. Werke. Theil 6, S. 469 bis 497.

o. Karl Ludwig von Woltmann, Johann von Müller (Anhang: Müllers Briefe an Woltmann). Berlin, bei Julius Eduard Hitzig. 1810. 5 Bl., 318 S. und einem Anhang von LXXI S. 8. — Johannes von Müller vor dem Richterstuhle des Herrn. Karl Ludwig von Woltmann zu Berlin. Von Johann Georg Müller: Extra-Beylage zum Morgenblatt 1810. Nr. 5. 24 S. 4. — o'. unten S. 807.

p. C. J. Windischmann, Was Johannes Möller wesentlich war, und uns ferner seyn müsse. Eine Vorlesung, gehalten am Gedächtnißtage seines Hingangs am 29. Mai 1810, im großen akademischen Saale zu Aschaffenburg. Winterthur, in der Steinerischen Buchhandlung. 1811. 36 S. 8. (Gemessene und ruhige Widerlegung Woltmanns).

p'. Schlesische Provinzialblätter 1811. Stück 5, S. 393 bis 416 (Manso) — unten Nr. 15. 15) S. 187 bis 156.

q. Friedrich Roth, Lobschrift auf Johann von Müller, den Geschichtschreiber. Gelesen in der königl. Akademie der Wissenschaften zu München am 29sten Mai 1811. Sulzbach 1811. 46 S. 8. Nachgedruckt: Hormayrs Archiv für Geschichte. Jahrg. 1819.

r. Johann v. Müller und Wilh. Heinse. Züge zu ihren Charaktergemälden. 1786. Von Matthisson: Morgenblatt 1812. Nr. 119 bis 123; wiederh.: Hormayrs Archiv für Geschichte 1812. Nr. 79. S. 313 bis 318.

s. Markus Lutz, Nekrolog denkwürdiger Schweizer aus dem achtzehnten Jahrhundert. Aarau 1812 bei Heinrich Remigius Sauerländer. 8. S. 359 bis 362.

t. Karl Gottfried Siebelis, Joh. v. Müller, ein Muster für studirende Jünglinge. Progr. Bauzen 1813. 4. — Vier Schulschriften. Dresden 1817. 4. S. 57 bis 66.

t'. Siebelis, Wie Johannes von Müller über die griechischen und römischen Classiker und ihr Studium urtheilte. Progr. Bauzen 1817. 4. — Vier Schulschriften. Dresden 1817. 4. S. 91 bis 120.

u. Rudolf H. Bernhard v. Bosse: Zeitgenossen. Erste Reihe. Band II. 1818. Abthl. 8, S. 1 bis 85.

v. Ludwig Wachler, Johann von Möller's Leben und Schriften: L. Wachlers Philomathie. Frankfurt a. M. 1818. Band 1, S. 63 bis 119; wiederh. in den vermischten Schriften. Erster (einz.) Theil. Leipzig 1835. 8. S. 197 bis 260.

w. F. A. Koethe, Johannes Müller. Grundzüge aus dem Bilde seines Lebens: Zeitgenossen. Band III. 1818. Heft 1. S. 105 bis 124.

x. Lebensbeschreibungen berühmter und merkwürdiger Personen unserer Zeit. Hg. von C. Nicolai, Ch. Niemeyer, J. F. Krüger u. a. m. Quedlinburg und Leipzig, 1823. Band 4, S. 5 bis 58.

y. Deutscher Ehren-Tempel. Bearbeitet von einer Gesellschaft Gelehrter und hg. von W. Hennings, Herzogl. Sächs. Geheimen Legations-Rath. Achter Band. Gotha, 1826. 4. S. 105 bis 115.

y'. F. K. von Strombeck, Darstellungen aus meinem Leben und aus meiner Zeit. Zweiter Teil. Braunschweig 1833. S. 51 bis 66.

z. Heinrich Döring, Leben Joh. v. Müller's. Nach seinen Briefen und andern Mittheilungen dargestellt. Zeitz, 1835. Bei Immanuel Webel. 8. Mit einem Verzeichniß von Müller's Schriften und zwar selbständigen Schriften, Aufsätzen und Rezensionen und mit einer Zusammenstellung von Quellen zur Biographie Johannes von Möller's.

aa. [Joh. Jakob Schalch] Erinnerungen aus der Geschichte der Stadt Schaffhausen, zunächst für die reifere Jugend. Zweites Bändchen. Schaffhausen, in der Hurterschen Buchhandlung. 1836. 12. S. 168 bis 177.

bb. Charles Monnard, Biographie de Jean Muller. Paris 1839. CCXXXI S. 8. Besonderer Band zu des Verfassers französischer Übersetzung der Müllerschen Schweizergeschichte. — bb'. Sieh § 293, L 1. e.

cc. F. Zehender, Aus dem Jugendleben Johann von Müller's (1766—1769): Westermanns Jahrbuch der Illustrierten Deutschen Monatshefte. 3.Bd. Oktober 1857 bis März 1858. Braunschweig, Druck und Verlag von George Westermann. 1858. Nr.14.

dd. Julian Schmidt, Joh. v. Müller und seine Zeit: Grenzboten 1858. Nr. 15.
ee. F. Zehender, Johann von Müller. Ein Charakterbild: Die Schweiz. Monatsschrift des litterar. Vereins in Bern. Hg. von L. Eckard und Paul Volmar. Erster Jahrg. Schaffhausen. Verlag der Brodtmann'schen Buchhandlung. 1858. Nr. 10 bis 12.
ff. J. C. Mörikofer, Die Schweizerische Literatur des achtzehnten Jahrhunderts. Leipzig, S. Hirzel. 1861. 8. S. 459 bis 525.
gg. Gallerie berühmter Schweizer der Neuzeit. In Bildern von Fr. und H. Hasler. Mit biogr. Text von Alfred Hartmann. 1. Band. Baden im Aargau. 1868. Fol. Nr. 5.
hh. Biographieen berühmter Schweizer. Bearbeitet von J. H. Meier. Zürich, Druck und Verlag von Friedrich Schulthess. 1862. 16. S. 167 bis 208.
ii. Wurzbach, 1868. 19, 360 bis 372.
jj. Joh. v. Müller: Die Schaffhauser Schriftsteller von der Reformation bis zur Gegenwart, biographisch-bibliographisch dargestellt von C. M. [Conrad Mägis]. (Probe eines biographisch-bibliographischen Lexikons der Schweizer Schriftsteller). Schaffhausen. Druck und Verlag der Brodtmannschen Buchhandlung. 1869. 8. S. 51 bis 57.
kk. Joh. Müllers Testament: Neue Zürcher Zeitung 1875. Nr. 19. Sieh Illustrierte Zeitung 1846. Nr. 157.
ll. Heinrich W. J. Thiersch, Ueber Johannes von Müller den Geschichtschreiber und seinen handschriftlichen Nachlaß. Augsburg, Verlag von Richard Preyß. 1881. 54 S. 8.
ll'. Sieh § 223, B. αα) — Band IV. S. 196.
mm. K. Henking, Aus Johannes von Müllers handschriftlichem Nachlasse. Beilage zum Osterprogramm des Gymnasiums Schaffhausen. 1884. Ulrich u. Co. im Berichthaus-Zürich. 86 S. gr. 8.
Erweiterung eines an der Jahresversammlung der Allgemeinen geschichtsforschenden Gesellschaft der Schweiz am 25. Sept. 1883 zu Schaffhausen vorgetragenen Referates; ohne die Beilagen auch abgedruckt: Jahrbuch für Schweizerische Geschichte, hg. auf Veranstaltung der allgemeinen geschichtforschenden Gesellschaft der Schweiz. 9. Band. Zürich. S. Höhr. 1884. gr. 8. S. 169 bis 211.
nn. Franz X. von Wegele, Geschichte der Deutschen Historiographie seit dem Auftreten des Humanismus. München und Leipzig 1885. 8. S. 806 bis 848; außerdem sieh dort das Register.
oo. Karl Stokar, Johann Georg Müller, Doktor der Theologie, Professor und Oberschulherr zu Schaffhausen, Johannes von Müllers Bruder und Herders Herzensfreund. Lebensbild. Basel 1885. 8. S. 93 bis 100 und 257 bis 266.
pp. Allg. dtsch. Biographie 1885. 22, 587 bis 610 (Wegele).
qq. Franz Gundlach, Johannes von Müller am landgräflich hessischen und königlich westfälischen Hofe in Cassel: Jahrbuch für Schweizerische Geschichte. 18. Band. Zürich. 1893. gr. 8. S. 159 bis 288. — rr. Georg v. Wyss, Geschichte der Historiographie in der Schweiz. Zürich. Verlag von Fäsi und Beer (vormals S. Höhr). 1895. 8. S. 305 bis 311. — ss. unten S. 307.

B. Briefe.

α. Briefe eines jungen Gelehrten an seinen Freund [K. V. v. Bonstetten]. Zum Besten der Schweizer-Waisen herausgegeben (von Friederike Brun). Tübingen, in der J. G. Cotta'schen Buchhandlung. 1802. 8. Nur die Briefe bis 1779.
Vorher in Eggers' Magazin 1798 bis 1800. — Johannes Müller's Briefe an Carl Victor von Bonstetten. Geschrieben vom Jahr 1778 bis 1809. Hg. von Friederika Brun, geb. Münter. Zwei Theile. Tübingen, in der J. G. Cotta'schen Buchhandlung. 1812. 8. — Neue Ausgabe ... 1828. 8. — Sieh auch unten Nr. 33) Theil 27, S. 253 f.
Zwanzig von diesen Briefen (Schaffh. 1771 Dezember 20 bis 1772 Dezember 20) abgedruckt als: Auszüge aus den frühesten Briefen Johannes von Müllers an seinen ältesten Freund in der Schweiz: Helvetischer Almanach für das Jahr 1811. Zürich bey Orell Füßli u. Comp. 16. S. 89 bis 138.
Johannes Müllers Freundschaftsbund mit Karl Victor von Bonstetten: Schweizergeschichtliche Studien von Jakob Vogel. Bern, Verlag der J. Dalp'schen Buch- und Kunsthandlung. 1864. 8. S. 1 bis 63.
β. Briefe zwischen Gleim, Wilhelm Heinse und Johann von Müller. Aus Gleims litterarischem Nachlasse, hg. von Wilhelm Körte. Zwei Bände. Zürich, bey Heinrich Geßner. 1806. XL, 464 S. und 608 S. 8.
γ. Lettres de Jean de Muller à ses amis de Bonstetten [= α] et Gleim [sieh β], précédées de la vie et du testament de l'auteur. Zurich 1810. Chez Orell, Fussli

et Compagnie. XL, 359 S., 3 unbez. S. Druckfehler. 8. Das Leben ist die Übersetzung von c.

δ. Johann Müller's Briefe an seinen ältesten Freund in der Schweiz (d. i.
Johann Heinrich Füßli; vgl. Ign. H. Wessenberg, Joh. H. Füßli, Altrathsherr von
Zürich: Verhandlungen der schweizerischen gemeinnützigen Gesellschaft. Des 21. Berichtes zweite Abtheilung. Nekrologe. Trogen, gedruckt bei J. Schläpfer. 1836.
8. 174 bis 201 und in dem Sonderdrucke: Nekrologe der denkwürdigen Schweizer
P. Usteri, J. G. Ebel, H. Füßli, J. K. Horner. Zürich, Orell, Füßli und Comp. 1837.
8. S. 174 bis 201). Geschrieben in den Jahren 1771. bis 1807. Herausgegeben
von J. H. Füßli. Zürich, bey Orell, Füßli und Compagnie. 1812. 278 S. u. 4 unbez. S.
Inhalt und Druckfehler. 8.

Briefe an δ¹. Bertuch s. unten S. 807. — ε. (54) K. A. Böttiger: Dresdner
Kgl. öffentl. Bibliothek; vergl. Frauenzimmer-Almanach zum Nutzen und Vergnügen für 1820. 8. 6/17. Zeitgenossen 1837. 8. Reihe VI, 3. 4. S. 17 Anm. und
Goethe-Jahrbuch 1880. Band 1, S. 321. 333. — ζ'. K. G. v. Brinckmann: § 291, 3. k. —
ζ. H. K. Dippold: Der Gesellschafter 1843. Nr. 99 und 100. — η. J. G. Fichte:
Fichte's Leben und litterar. Briefwechsel. Sulzbach 1830. 8. Band 1, S. 510 bis 517.
Band 2, S. 380 bis 384. — ϑ. (21) Georg Forster: Johann Georg Forster's Brief-
wechsel. Hg. von Th. H., geb. H. Leipzig: F. A. Brockhaus. 1829. Theil 1 und 2. —
ι. F. v. Gentz: § 293, I, 1. 26) IV und Briefe an Joh. v. Müller. Band IV, S. 458
bis 462. Vergl. Frankfurter Konversationsblatt 1859. Nr. 128 bis 130. — ι'. Goethe:
unten Nr. 33) Th. 27, S. 349 f. — ϰ. Franz Ludwig von Haller: Der Schweizerische
Geschichtforscher. Zehnter Band. Bern 1838. Verlag von C. A. Jenni, Sohn. 8.
S. 485 bis 491. Der erste Brief vom 7. Juni 1785 vorher schon gedruckt: Berner
Monatsschrift. 1. Jahrg. Redig. von F. Schärer. Bern 1825. 4. S. 17 bis 23.
Vergl. Franz Ludwig Haller von Königsfelden (1755 Febr. 1 in Bern bis 1838
April 19). Ein biographischer Versuch: Der Schweiz. Geschichtforscher. Bern 1838.
Bd. 10, S. 448 bis 484. — ϰ'. Joseph v. Hammer: unten Nr. 33) Theil 27, S. 280 f. —
λ. Kaiser Joseph: Erneuerte vaterländische Blätter für den österreichischen Kaiser-
staat. Jahrg. 1817. S. 367. — μ. Kotzebue: Hinterlassene Papiere. Leipzig 1821.
8. 315. — μ'. (12) Bürgermeister Meyer in Schaffhausen und dessen Sohn: [Joh.
Maurer-Constant] Erinnerungen an Johann Conrad Maurer. Bilder aus dem Leben
eines Predigers (1771—1841). Größtentheils nach dessen hinterlassenen Papieren
herausgegeben. Nebst mehreren Briefen Johann v. Müller's, Heyne's und Anderer.
Schaffhausen. Hurter'sche Buchhandlung. 1848. 8. S. 370 bis 398. — ν. Karl
Morgenstern: Altpreußische Monatsschrift. N. F. 28, S. 108 bis 140. — ν'. Der
Briefwechsel der Brüder J. Georg Müller und Joh. v. Müller 1789—1809. Hg. von
Eduard Haug. Frauenfeld, J. Hubers Verlag. 1893. XII, 440 S. und 184 S. 8.
Grenzboten 50. II, 559. — ξ. Karl Müller-Friedberg: Johannes Dierauer, Müller-
Friedberg. St. Gallen 1884. 8. S. 452 bis 473.

o. Frdr. Nicolai: Hormayrs Archiv für Geschichte, Statistik, Literatur und
Kunst. Wien. Jahrgang 1810. Nr. 33 und 34. — o'. Posselt: unten Nr. 13. 12)
Vorrede S. 2 f. — o''. F. V. Reinhard: unten Nr. 33) Theil 27, S. 305 f.

π. A. L. v. Schlözer: Schlözers öffentliches und Privatleben beschrieben von
dessen ältestem Sohne Chn. von Schlözer. Leipzig 1828. Band 2, S. 214 bis 228. —
ϱ. (10) Sömmerring: Briefe berühmter Zeitgenossen an Sömmerring. Band 1,
Abthlg. 1. — σ. Ludwig Steckling: Dresdner Morgen-Zeitung. Hg. von Frdr.
Kind und K. C. Kraukling. 1827. Nr. 3. 148 und 149. — σ'. David Stokar: unten
Nr. 33) Theil 27, S. 297 f. — τ. (6) Charles de Villers, hg. von M. Isler. Hamburg 1879.
8. 219 bis 235; schon im 18. Bande der sämmtlichen Werke, hier aber nach dem
Originalen. — τ'. Friedrich Wilken: Adolf Stoll, Der Geschichtschreiber Friedrich
Wilken. Cassel 1896. Verlag von Th. T. Fischer u. Co. S. 233 f. — υ. Woltmann: sieh
vorhin A. Nr. o. — φ. Heinrich Zschokke: Heinrich Zschokke, geschildert nach seinen
vorzüglichen Lebensmomenten und seinen Schriften, mit seinen Freunden und Feinden.
Von Ernst Münch. Haag, bei Gebr. Hartmann. 1831. 16. S. 252 bis 260.

χ. Briefe von und über Johannes von Müller an Conrad Meyer. Mitgetheilt von
F. Fiala: Urkundio. Beiträge zur vaterländischen Geschichtforschung, vornämlich
aus der nordwestlichen Schweiz. Hg. vom geschichtforschenden Verein des Kantons
Solothurn. Erster Band. Solothurn. Verlag der Scherer'schen Buchhandlung. 1857.
gr. 8. S. 113 bis 123. Conrad Meyer (über ihn vergl. Wessenberg, Mittheilungen
über die Verwaltung der Seelsorge. Bd. 2, S. 136 bis 147), geb. am 27. Mai 1780
in Solothurn, studierte auf Kosten des Klosters St. Urban in Wien, 1805 Archivar

und Bibliothekar in St. Gallen, starb am 6. Januar 1818 auf dem Schlosse Herdern im Thurgau, einer Besitzung St. Urbans. — ψ. Beat Fidel Anton Johann Dominik von Zurlauben (Bessinge près de Genève ce 7. Juin 1774): Helvetia. Denkwürdigkeiten für die XXII Freistaaten der Schweizerischen Eidgenossenschaft. 6. Bd. Aarau bei J. J. Christen. 1880. gr. 8. S. 636 bis 688. — ω. Beiträge zur Geschichte Deutschlands in den Jahren 1805 bis 1809 aus brieflichen Mittheilungen Friedrich Perthes', Johann von Müllers, General Freiherrn von Armfelt's, und des Grafen Antraigues. Veröffentlicht durch den Herausgeber der Briefe an Johann von Müller [H. Maurer]. Schaffhausen 1843. 8.

Briefe an Johannes von Müller. Herausgegeben von Maurer-Constant. Mit einem Vorwort von Friedr. Hurter. Schaffhausen 1839 bis 1840. VI. 8.
Enth. Briefe I: von (47) Gentz. Vergl. § 293, I. 1. 26) IV, S. 1 bis 299 — Band VI. S. 192; (72) Böttiger. — II: (145) Heyne; (2) Therese Heyne; (58) Chn. Wilh. v. Dohm. — III: (6) Goethe, sieh auch Fr. Strehlke, Goethe's Briefe. 1. Theil. Berlin 1882. Gustav Hempel. 8. S. 490 bis 492 und Goethe's Werke (Weim. Ausg.) IV, 18, 8. 19; (4) Johannes Falk; (17) Schlözer; (22) Niklas Vogt; (5) Adam H. Müller; (3) Joh. Ge. Schlosser; (11) Gabr. Gottfr. Bredow; (18) K. Ludw. v. Woltmann; (10) J. C. v. Pfister; (18) Ludw. Wachler; (10) C. W. F. Breyer; (16) K. J. Windischmann. — IV: (40) Friedr. Nicolai; (16) C. M. Wieland; (11) Karl Morgenstern; (33) E. L. Posselt; (3) Dies; (6) F. A. Wolf; (1) Zach. Werner; (2) Jean Paul; (2) Seume; (1) Iffland; (10) Matthisson; (2) F. Rühs; (4) H. K. Dippold; (1) Müller an F. v. Gentz. — V: (?) König Ludwig v. Bayern benutzt in Ludwig I. von Bayern als Freund der Geschichte: Historische Vorträge und Studien. Dritte Folge. Von Karl Theodor Heigel. München, 1887. 8. 317 f.; (?) Fr. v. Mülinen, Schultheiß von Bern; (?) C. Müller v. Friedberg; (?) Pancratius, Fürstabt von St. Gallen. — VI. Erzherzog Johann v. Oesterreich (vergl. 48 Briefe des Erzherzogs Johann von Oesterreich an Johann v. Müller. Schaffhausen, Hurter. 1848. 107 S. 8. Sieh auch unten Nr. 38) Theil 27, S. 288 f.); Herder und seine Frau (vergl. Karoline Herders Briefw. mit J. Müller: § 229, A. 1. e) II); Georg Forster und seine Frau; der letzte Abt von St. Blasien; Martin Gerbert und Mauritz von Stäudlin; F. V. Reinhard; Blumenbach; Hufeland und seine Frau; Fichte und seine Frau; Planck; Walch; Dissen; Meiners; Sartorius; Trutpert Neugart; B. G. Niebuhr; Kotzebue und Zach. Werner.

D. A. Fechter, Der Geschichtschreiber Johannes Müller in seinem Briefwechsel mit Peter Ochs von Basel. 1775 bis 1786: Beiträge zur vaterländischen Geschichte. Hg. von der historischen Gesellschaft in Basel. Achter Band. Basel, H. Georg's Verlagsbuchhandlung. 1866. 8. S. 131 bis 170.

C. Werke.

1) Nihil esse rege Christo ecclesiae metuendum, Gotting. 1770. 62 S. 4. (Dissertatio. Dec.). Vergl. Nr. jj. Mägis S. 53 und Katalog der Stadt-Bibliothek in Schaffhausen. Schaffhausen, Brodtmann'sche Buchdruckerei. 1870. 8. S. 432.

2) Bellum cimbricum descripsit Ioannes Müller. Graecar. Litterar. Scaphusii professor. Turici. Litteris Orell, Geßner, Füßlin et sociorum 1772. XVI, 132 S. 8. Sieh Nr. 38) Band XII.

3) Die Geschichten der Schweizer. Durch Johannes Müller. Motto aus Torquato Tasso 6 Zeilen. Das erste Buch. Boston [d. i. Bern], bey der neuen typographischen Gesellschaft. 1780. XLVI, 444 S., 4 unges. S. 8. (30 Kapitel bis 1393).

Die zweite ganz umgearbeitete Auflage erschien in der Weidmannischen Buchhandlung in Leipzig unter folgenden Titeln:
Der Geschichten Schweizerischer Eidgenossenschaft erstes Buch. 1786. (Vom Anfang bis 1308). — Zweites Buch. 1786. (Von 1308 bis 1415). — Des dritten Buches erste beide Capitel, oder erste Abtheilung. 1788. (Von 1414 bis 1436). — Des dritten Buches zweite Abtheilung. 1795. (Von 1436 bis 1450).

Von den bisherigen drei Büchern erschien 1806 in demselben Verlage eine „Neue verbesserte und vermehrte Auflage', während daneben eine Fortsetzung des bisherigen Werkes erfolgte: Vierter Theil oder viertes Buch. 1805. (Von 1443 bis 1474). — Des fünften Theiles erste Abtheilung, oder fünftes Buch. 1808. (Von 1476 bis 1489).

Fortgesetzt V, 2 vom Tode des Bürgermeisters Waldmann bis zum ewigen Frieden mit Frankreich von Robert Gluts-Blozheim. Zürich 1816. 8. — VI und VII von Johann Jacob Hottinger. Zürich 1825 und 1829 (Geschichte der Eid-

genossen während der Zeiten der Kirchentrennung). — VIII bis X: Geschichte der
Eidgenossen während des 16. u. 17. Jahrhunderts von L[ouis] Vulliemin. Zürich
1842 bis 1845. 111. 8. — XI bis XV: Geschichte der Eidgenossen während des 18.
und der ersten Hälfte des 19. Jahrhunderts (bis 1835) von Charles Monnard [† am
12. Januar 1865 in Bonn im 75. Lebensjahre, Prof. der franz. Sprache und Litteratur
daselbst seit 1849]. Zürich 1847 bis 1858. V. 8. Die Fortsetzungen von Vulliemin
und Monnard (Band 8 bis 15) erschienen ursprünglich französisch.

Sach- und Personen-Register zu den Geschichten Schweizerischer Eidgenossenschaft von Johann von Müller und Robert Glutz-Blotzheim. Bern, bey Chr. Albr.
Jenni 1832. 2 Bl., 863 S. 8.

Müllers Arbeit wurde ins Französische übersetzt (Lausanne 1796. IX. 8. und
Lausanne 1795 bis 1808. XII. 8.), auch mehrfach nachgedruckt: Die Geschichten
schweizerischer Eidgenossenschaft. Frankenthal, im Verlag der Gegelischen Buchdruckerey und Buchhandlung. 1790 bis 1807. XVIII. kl. 8. Bis auf Waldmanns
Tod, 1489. — Die Geschichten Schweizerischer Eidgenossenschaft. Reutlingen 1824
bis 1825. V. 8. Reicht bis zum Beginne des Schwabenkrieges. Ein ‚Auszug für
Schulen und Liebhaber, hg. von E. Kopp‘ erschien Luzern 1828.

Allgemeine Weltgeschichte von der Schöpfung bis auf gegenwärtige Zeit; welche
alle bekannte Reiche und Staaten, ihre Veränderungen, Staatsverfassungen . . . in
sich begreift. Des siebzehnten Bandes erste — zweyte Abtheilung, Des siebzehnten
Bandes dritter Abtheilung erster Theil, welche (oder: welcher) die Geschichte der
schweizerischen Eidgenossenschaft von dem Anbau des Landes an enthält, nach
dem Plan Wilhelm Guthrie, Johann Gray und anderer gelehrten Engländer entworfen, ausgearbeitet, und aus den besten Schriftstellern gezogen von Johannes
Müller. Mit gnädigster Freybeit. Leipzig, bey M. G. Weidmanns Erben und
Reich. 1786 bis 1788. 111. 8. Reicht bis zum J. 1436. Titelausgabe der ersten
drei Bände von Nr. 3. Zweite Auflage.

Die Revolutionskriege der Schweizer, nach Joh. Müller. Frankfurt 1795. 8.

Rede an alle Eidgenossen (aus dem 4. Theile der Schweizergeschichte). Aarau
1805. 4. — Republikanische Kernworte. Aus J. v. Müllers Schweizergeschichte
gesammelt. Winterthur 1855. 8.

Heinr. J. v. Collin, Sämmtliche Werke 1814. 6, 68 f.

Ferd. Schwarz, Johannes von Müller und seine Schweizergeschichte. Basel
1884. 56 S. 8.

4) Essais Historiques. Par M. J*** M*****, Prof. à S********** [— Schaffhouse].
Contenant I. Vue générale de l'Histoire politique de l'Europe dans le moyen âge.
II. Considérations sur le Gouvernement de Bern. III. Tableau des troubles de la
Republique de Geneve (so!), depuis leur origine jusqu'à nos jours. Orientia tempora
notis Instruit exemplis. Horat. A Berlin, Chez G. J. Decker, Imprimeur du Roi.
MDCCLXXXI. 110 S. 8. — Essais historiques. Par M. J. M. Orientia tempora
notis Instruit exemplis. Borat. A Berlin, ches G. J. Decker, Imprimeur du Roi.
1781. 2 Bl., 187 S. 8. — Übersetzt in Winkopps Bibliothek für Denker und Männer
von Geschmack. Band 1, Stück 1, S. 40 f. 220 f. Stück 2, S. 184 f.

5) Antrittsrede an dem Geburtsfeste Friedrichs des Zweiten, Landgrafen zu
Hessen nebst einer Anzeige der Vorlesungen. Cassel 1781. 4. — Abgedruckt: K. G.
Küttner, Neue Miscellaneen. Leipzig 1781. 8. Stück 15. Nr. XXXVI. S. 466 bis
476; Wekbrlins Chronologen § 280, 11. 5) Band 9, S. 8 bis 14 und Deutsches
Museum 1782. Band 1. Stück 1. Jänner oder Eismond. S. 1 bis 8.

6) Briefe über ein schweizerisches Hirtenland. [Von Karl Victor v. Bonstetten.
Hrsg. von Joh. v. Müller.] Basel, bey Carl August Serini. 1782. 2 Bl., 135 S. 12. —
Neue (Titel-) Ausgabe: Carl von Bonnstetten (so!), Landvogts zu Nyon; Briefe
über ein Schweizer Hirtenland. Nebst der Geschichte dieser Hirtenvölker von
Johann Müller, Verfasser der Schweizergeschichte. Bern, bey der typographischen
Gesellschaft, 1798. 2 Bl., 185 S. 12.

In beiden Ausgaben fünfzehn Briefe. — Der funfzehnte Brief. Das Schloß
Greyerz. Geschichte dieser Hirtenvölker steht auf S. 128 bis 135. Die Briefe Bonstettens standen vorher im Teutschen Merkur 1781, Mai bis September.

7) Reisen der Päpste. Agnosco rerum dominos gentemque togatam! Virg.
o. O. 1782. 55 S. 8. — Neu herausgegeben, bevorwortet und erläutert von
G. Kloth. Aachen 1881. 8.

Les Voyages des Papes. Agnosco rerum dominos gentemque togatam! Virg.

[Traduits de l'allemand par l'auteur.] o. O. und J. [1782]. 43 S. 12. — Les Voyages des Papes. Agnosco rerum dominos gentemque togatam! Virg. o. O. 1782. 54 S. 8. Vgl. § 222, 22. 38); § 225, 28. 5) und § 228, 5. 7) — Band IV. S. 184, 237 und 273.

8) Darstellung des Fürstenbundes. Nimirum fuit semper illustre Germaniae Principum nomen, et fama celebris. Ea nondum est extincta, sed viget incolumis. Modo idem sentiamus et velimus omnes, in tuto res erit. Richard Churfürst von Trier. Leipzig, bey Weidmanns Erben und Reich. 1787. 8 Bl., 840 S. 8. — Nachdruck: Darstellung des Fürstenbundes. Frankfurt und Leipzig 1787. 388 S. und 6 unbez. 8. 8. — Zweyte, verbesserte Auflage. Leipzig, in der Weidmannischen Buchhandlung. 1788. 3 Bl., 809 S. 8.

Ins Französische übersetzt: Tableau de la Confédération Germanique. Traduit de l'Allemand [par G. A. H. Comte de Callenberg]. Berlin 1789. 8.

9) Briefe Zweener Domherren. Im April und Mai 1787. Frankfurt und Leipzig, 1787. 77 S. 12. Sieh Nr. 12).

10) Sur la convenance et les moyens d'attacher des princes ecclésiastiques d'Allemagne au système de l'union [1787]: Histor. Zeitschrift 1893. 85, 68 bis 76.

11) Deutschlands Erwartungen vom Fürstenbund. o. O. [Leipzig bei J. G. Göschen] 1788. 8.

12) Ueber das kaiserliche Empfehlungs- und Ausschließungsrecht bei deutschen Bischofswahlen. Fortsetzung der Briefe zweener Domherren. Frankfurt und Leipzig 1789. 8.

13) Die preußische Mitverwendung für den Reichsfrieden. Ulm 1795 (April). 28 S. 8.

14) Patriotische, aber ehrfurchtsvolle Bemerkungen über die von Sr. Majest. dem Könige von Preußen, durch höchst dero Minister am Reichstage zu Regensburg gemachte Erklärung in Betreff des am 5ten April, 1795 mit der französischen Republik geschlossenen Friedenstractates. 1795 (Mai). 22 S. 12.

15) Noch einmal Bemerkungen über den weitern preußischen Vertrag mit der Frankenrepublik, vom 17ten May, 1795 in Betreff der Demarkationslinie, und der Neutralität. 1795 (Mai). 32 S. 12.

16) Erklärung Sr. Majest. von Preußen in Betreff des zu Basel geschlossenen Friedens, mit Anmerkungen. 1795 (Mai). 91 S. 8.

17) Fernere Beleuchtung des zu Basel geschlossenen Friedens. 1795 (Juni). 79 S. 8. — 18) Die Uebereilungen. 1795 (Juni). 27 S. 12. — 19) Der Reichsfriede. 1795 (Juli). 26 S. 8. — 20) Die Gefahren der Zeit. August 1796. 34 S. 8. — 21) Mantua. 1796. 16 S. 8. — 21') Eine Ausbeute von Borgoforte. o. O. [Wien] 1796. 24 S. 8. Vergl. Nr. ii. Wurzbach S., 369 und nachher Nr. 33) Band XVIII. b.

22) Das sicherste Mittel zum Frieden. Wien, April 1797. 14 S. 8.

23) Ueber die Geschichte Friedrichs des Zweyten. Eine Vorlesung in der öffentlichen Sitzung der Königl. Akademie der Wissenschaften zu Berlin, am 24sten Januar 1805. Von Johann von Müller, Königlich-Preußischem Geheimen Kriegsrath und Historiographen. Berlin, bei J. D. Sander. 1805. 24 S. 8. Auf der Rückseite des Titels: Aus der Zeitschrift Eunomia, Februar [S. 81 bis 98; dazu ein Anhang März S. 161 bis 170] 1805, einzeln abgedruckt. Vgl. Schiller an Goethe 1805 Febr. 28 — Jonas 7, 217.]

24) Christian Thomasius, nach seinen Schicksalen und Schriften dargestellt von H. Luden. Mit einer Vorrede von Johann von Müller, Königlich Preußischem geheimen Kriegsrath und Historiographen. Berlin 1805. Bei Johann Friedrich Unger. XVI, 811 S. 12.

25) Der Cid. Nach Spanischen Romanzen besungen durch Joh. G. v. Herder. Mit einer historischen Einleitung durch Johannes von Müller. Tübingen 1805. 8.

26) Müllers Anteil an der Herausgabe von Herders sämtlichen Werken. Tübingen 1805f. sieh § 229, C. 106).

27) Selbstbiographie sieh oben Nr. c.

28) (Jos. v. Hammer-Purgstall) Die Posaune des heiligen Kriegs aus dem Munde Mohammed Sohns Abdallah des Propheten. Herausgegeben durch Johann

von Müller. Leipzig bey Johann Friedrich Gleditsch. 1806. 88 S. 8. Mit Vorrede
und Anmerkungen Müllers.

29) De la Gloire de Frédéric. Discours prononcé à la Séance publique de
l'Académie des Sciences, à l'occasion de l'anniversaire de Frédéric II. le 29 Janiver, 1807.
Par Jean de Muller, historiographe. A Berlin, chez L D. Sander. 1807. 16 S. 8.
Goethe's Werke (Hempel) 29, 121 bis 128. Sieh § 248, 12) 2 — Band IV. S. 700.
Friedrich's Ruhm. Vorlesung am 29. Januar 1807 durch Johann von Müller.
Aus dem Französischen von J. W. v. Goethe: Morgenblatt 1807 Nr. 53 und 54 —
Goethe's Werke (Hempel) 29, 844 bis 854; vergl. 27, 1, 176 f. — Tag- und Jahres-
Hefte 1807 (Weim. Ausg. I, 36, S. 27) unten Nr. 33) Thl. 27, S. 349 f.

Vgl. Goethe an Knebel 1807 April 4 Briefwechsel 1, 304 und Leipziger
Lit.-Ztg. 1808. Intell.-Bl. 19 und § 243, 21) — Band IV. S. 701.

Aus großer Zeit für die große Zeit. Ode Friedrichs des Großen an die Preußen
(1752) und Gedächtnißrede Johannes von Müller's auf Friedrich den Großen, gehalten
1807. Herausgegeben von Dr. Wilh. Schröder. Berlin, F. Kortkampf. 1871. 8.

30) Stimmen der Völker in Liedern. Gesammelt, geordnet, zum Theil übersetzt durch Johann Gottfried von Herder. Neu herausgegeben von Johann von
Müller. Tübingen 1807. 8. Sieh § 229. C. 51) — Band IV. S. 291 f.

B. Suphan, Herders Volkslieder und Johann v. Müllers ‚Stimmen der
Völker in Liedern‘: Ztschr. f. dtsch. Philologie 1871. 3, S. 458 bis 475.

31) Die Staatsweisheitslehre oder die Politik von Johann von Müller dar-
gestellt und ergänzt vom Doctor Hainichen [Joh. Adam Bergk aus Hainichen].
Nebst politischen Bemerkungen und Maximen von Macchiavelli und Montesquieu.
Leipzig, in der Baumgärtnerschen Buchhandlung. 1810. 8.

32) Vier und zwanzig Bücher Allgemeiner Geschichten besonders der Europäischen Menschheit. Durch Johannes von Müller. Herausgegeben nach des Verfassers Tode durch dessen Bruder Johann Georg Müller. Drei Bände. Tübingen
in der J. G. Cotta'schen Buchhandlung. Erste und Zweite Auflage. 1810. III. 8.
— Dritte Auflage. Tübingen 1817. III. 8. — Vierte Auflage. Tübingen 1823.
III. 8. — Neue Ausgabe in einem Bande. Stuttgart 1839. Lex.-8. — Stuttgart
1845. IV. 16. — Stuttgart 1852. IV. 16. — Stuttgart 1861. IV. 16.

Französisch: Histoire universelle, traduite par J. H. Hess. Genève 1814
bis 1817. IV. 8. Nouvelle édition. Paris et Genève 1835. IV. 8. — Vue générale
de l'histoire du genre humain. Tübing. et Stuttg. 1817 und 1819. II. 8. —
Bruxelles 1888. II. 8.

Englisch: An universal history. London 1818. III. 8.
Italienisch von Prof. Gaëtano Barbieri. Milano 1819.
Schwedisch: Upsala 1819.

Julius Hamberger, Das Licht der Geschichte. Mittheilungen aus Johann
von Müllers Werken. Gotha, F. A. Perthes. 1870. IX, 189 S. 8.

33) Johannes von Müller sämmtliche Werke. Siebundzwanzig Theile.
Herausgegeben von Johann Georg Müller. Tübingen, in der J. G. Cotta'schen
Buchhandlung. 1810 bis 1819. XXVII. 8.

Inh. I bis III: Vier und zwanzig Bücher u. s. w. — IV bis VII. Biographische
Denkwürdigkeiten, besonders Briefe an seine Verwandten. IV. a: Lebensgeschichte,
von ihm selbst beschrieben (1806). — b: Erinnerungen aus Johannes Müllers
Jugendgeschichte, vom Herausgeber. — c: Müllers Aufenthalt zu Schaffhausen (Okt.
1771 bis Febr. 1774). — d: (50) Briefe aus Genf 1774 bis 1779. — e: Beilagen
(Der Pedantismus (1769); Gedanken über die Freundschaft (1768); Ad Scholarchas
de Theologia mea; Über das Studium der griech. Litt.; Allen Patrioten und Freunden
unserer helvetischen Geschichte: Rede vor dem Rate am 14. Jenner 1774).

V. a: (15) Briefe aus Genf 1780 bis 1781. — b: Briefe aus Cassel 1781 bis
1782. — c: Briefe aus Genf und aus Bern 1783 bis 1786. — d: Briefe aus Mainz
1786 bis 1792. — e: Briefe aus Wien 1792 bis 1793.

VI. a: Briefe aus Wien 1794 bis 1797. — b: Briefe von 1798 und den folgenden Jahren (bis 1801).

VII. a: Briefe von 1802 bis 1809. — b: Beilagen (Grabrede des Ministers
Siméon; Gesch. von Müllers letzter Krankheit; [Rudolf Bosse] Ueber Johannes
von Müller's letztes Lebensjahr; Johannes von Müllers letzter Wille).

VIII. Kleine historische Schriften. a: Rede beim Antritt der Lehrerstelle
der Geschichte in Cassel. 1781. — b: Reisen der Päpste. 1782. — c: Briefe zweier

Domherren. 1787. — d: Ueber die Geschichte Friedrichs des Zweiten. 1805. — e: Ueber den Untergang der Freiheit alter Völker. 1806 (vorher: Der Freimüthige 1806. Nr. 29. 80). — f: Der Cid, Vorrede zu Herders Cid. 1805. — g: Versuch über die Zeitrechnungen der Vorwelt. 1806. — h: Uebersicht der Geschichte Persiens. 1803. — i: Das Christenthum. Gespräch mit Frau von B. in Hof Geißmar. 1782. (1805). — j: Vue générale de l'Histoire politique de l'Europe dans le moyen âge. 1781 (Aus Nr. 8). — k: De l'influence des Anciens sur les Modernes. — l: Histoire de l'établissement de la domination temporelle du Souverain Pontife, particulièrement dans la dernière moitié du huitième siècle. 1782. — m: Allemagne. 1781. — n: De la gloire de Frédéric (Nr. 27). — o: Christian Thomasius. (1805). — p: Ueber Studium und Uebersetzung des Tacitus. 1806. — q: Mohammeds Kriegskunst. 1806. — r: Notiz und Auszug des ersten Theils der Informazioni politiche. 1807. — s: Musik der Franzosen. 1800. — t: 5000 Eligibles nach der neuesten französischen Constitution. 1800.

IX. 1811. Schriften zur Geschichte des teutschen Fürstenbundes. a: Zweierlei Freiheit. Juni 1786. Zuerst: Deutsches Museum 1786. Band 2, S. 29f. — b: Darstellung des Fürstenbundes (Nr. 8) mit der (bis dahin ungedruckten) Vorrede. — c: Teutschlands Erwartungen vom Fürstenbunde. 1788.

X und XI. 1811. Historische Kritik — (90) Rezensionen und drei Beilagen.

XII. 1811. Zur Literatur und Geschichte der Schweiz — (38) Rezensionen und drei Beilagen, darunter Nr. 2 und Dippolds deutsche Übersetzung davon.

XIII bis XV. 1812. a: Briefe an Carl Victor von Bonstetten. Geschrieben vom Jahr 1778 bis 1809. Herausgegeben von Friederika Brun, geb. Münter. — b: Briefe an Carl Bonnet. — c: Beobachtungen über Geschichte, Gesetze und Interessen der Menschen.

XVI bis XVIII. 1814. a: Briefe an Freunde. Band 18 enth. ein ausführliches Register dazu. Hier werden nur einige ausgehoben, die den bei Maurer-Constant genannten Absendern entsprechen: (2) Bredow in Helmstedt; (1) Breyer; (4) H. K. Dippold in Leipzig; (1) Hans Heinr. Füßli in Zürich; (8) Gleim in Halberstadt; (4) Frdr. Heinr. v. d. Hagen in Berlin; (3) Heeren in Göttingen; (9) Herder; (2) Heyne; (27) Friedr. Heinr. Jacobi; (5) C. W. Justi in Marburg; (1) Karl Morgenstern in Dorpat; (21) Frdr. Nicolai in Berlin; (6) Frdr. Perthes in Hamburg; (3) Oberhofpred. F. V. Reinhard in Dresden; (2) F. Rühs; (12) Ulysses von Salis-Marschlins; (7) Schlözer in Göttingen; (4) Stäudlin in Göttingen; (10) Ludwig Steckling in Prenzlow; (5) Charles Villers in Lübeck; (1) L. Wachler in Marburg; (1) Zach. Werner; (8) Ign. Heinr. von Wessenberg; (1) Cbph. M. Wieland; (4) Windischmann. — b: Philippiken (Die Gefahren der Zeit. 1796, August; Mantua 1796; Eine Ausbeute von Borgoforte. 1796; Das sicherste Mittel zum Frieden. 1797, April; Schreiben über den Frieden 1800). — c: Anhang (Die Uebereilungen. 1795; Der Reichsfriede 1795; Das Erbrecht Ludwigs XVIII. 1795). — d: Zur histor. Kritik. Nachtrag von 20 Recensionen.

XIX bis XXVI. 1815 bis 1817. Der Geschichten Schweizerischer Eidgenossenschaft acht Theile. Nach der Ausgabe von 1806 abgedruckt.

XXVII. 1819. Nachlese kleiner historischer Schriften. a: Von den Geschichtschreibern der Schweiz und vom Ursprung des gegenwärtigen Zustandes von Europa. 1779. (Vorrede zur ersten Ausg. von Nr. 3). — b: Einleitung zu der Geschichte der Schweiz. 1778. Zuerst Eggers deutsch. Magazin 1799. 14, 397 bis 406. — c: Zuschrift an alle Eidgenossen. (1777). Ungedruckt. — d: Fragment einer Vorrede zum vierten Buch der Geschichte der Schweiz (1800). Ungedruckt. - e: Considérations sur le Gouvernement de Berne. 1781. (Sieh Nr. 4). — f: Lettre sur les troubles de la République de Geneve, 1771. (Sieh Nr. 4). — g: Fragmente von dem Kriegswesen, für die Schweizer (1777). Ungedruckt. — h: Tagebuch einer Schweizerreise (1777). Ungedr. — i: Einige Ideen über die Geschichte der Schweiz und über des Verfassers Grundsätze bey der Beschreibung derselben. Ungedruckt. — k: Abriß der Geschichte der Römischen Republik 1796. Ungedr. — l: Einleitung zu Vorlesungen über die neuere Geschichte Italiens, 1785. Ungedruckt — m: Einige Beobachtungen aus der Geschichte. 1774 bis 76. Ungedr. — n: Ueber Preßfreyheit. Ein amtlicher Vortrag, 1809. Ungedr. — o: Rede beym Schluß der ersten Versammlung der Reichsstände des Königreichs Westphalen, 1808. (Auch besonders erschienen: Kassel. 1808. 4.). — p: Nachtrag einiger Briefe von Johann von Müller.

84) Das Christenthum. Gespräch mit Frau von B. in Hof-Geißmar. 1782. o. O. 1811. 8. — Das Christenthum. Gespräch 1782. Schaffhausen 1826. 8. Sieh Nr. 83) VIII. i.

85) Johannes Müllers Räthe an die Eidgenossenschaft. Gesammelt und mit einigen Zusätzen begleitet von einem Freunde seines Vaterlandes. Im März 1814. o. O. [Aarau]. 31 S. 8. Auf S. 31 unterz.: W. V. — Joh. Wilh. Veith, Antistes in Schaffhausen (§ 335, 952).

86) Noch einige Räthe an die Eidgenossenschaft von Johannes Müller. Aus ungedruckten Papieren desselben [hg. von Joh. Wilh. Veith]. 1814, Mai. o. O. [Aarau]. 15 S. 8.   86') unten S. 807.

87) Johannes von Müllers Anmerkungen zur Bibel: Blicke in die Bibel in freyen Abhandlungen und Erklärungen einzelner Stellen, vorzüglich des Alten Testaments, von Johann Georg Müller, weiland Doctor der Theologie und Professor zu Schaffhausen. Nebst einem Anhange hinterlassener Noten zur Bibel von Johannes von Müller. Nach dem Tode beyder Brüder hg. von Johannes Kirchhofer. Zweyter Theil. Winterthur, in der Steinerischen Buchhandlung. 1830. 8. S. 453 bis 624.

88) Joh. v. Müllers sämtliche Werke. In 40 Bänden. Stuttgart 1831 bis 1835. Taschenausgabe. 16.

89) J. Georg Müller's handschriftlicher Nachlaß. C. [d. i. Abthlg. C.] Joh. v. Müller betreffend. [Handschriftliches von ihm und über ihn]: Erstes Supplement zum Katalog der Ministerial-Bibliothek in Schaffhausen. 1877—1885. Schaffhausen. Brodtmann'sche Buchdruckerei. 1886. 8. S. 3 bis 6. Nr. 87 bis 110.

11. Johann Gottfried Eichhorn, geb. am 16. Oktober 1752 zu Dörrenzimmern im Hohenlohischen bei Ingelfingen, studierte die älteren Sprachen in Göttingen 1770 bis Mich. 1774, 1775 bis 1788 Professor der orientalischen Sprachen in Jena, starb als Geheimer Justizrat und Professor in Göttingen am 25. Juni 1827.

a. Meusel, Gel. Teutschland 2, 174. 9, 284. 11, 192. 13, 316. 17, 486. 22 II, 28.

b. Oratio de Io. Godofredo Eichhornio illustri felicitatis academiae exemplo (1827): Henr. Car. Abr. Eichstadii Opuscula oratoria. Edit. II. Jenae 1850. 8. S. 595 bis 619 und 630 bis 689 (Annotatio).

c. Gött. gel. Anzeigen 1827 Nr. 105. S. 1041.

d. N. Nekrolog 5, 637f.

e. Heinrich Döring, Die gelehrten Theologen Deutschlands im 18. und 19. Jahrhunderte. Bd. 1, 356 f.

f. Ersch und Grubers Encyklopädie 1839. Erste Section. Theil 32, 21 bis 23 (Heinrich Döring).

g. Heinrich Ewald, Über die wissenschaftliche Wirksamkeit Eichhorns: Jahrbücher der biblischen Wissenschaft 1849. Jahrg. 1. S. 29 f.

h. Johannes Günther, Lebensskizzen der Professoren der Universität Jena seit 1558 bis 1858. Jena, Druck und Verlag von Friedrich Mauke. 1858. S. 207 f.

i. Allg. dtsch. Biographie 1877. 5, 731 bis 737 (Siegfried).

k. Herzogs Real-Encyklopädie 1879. 4, 112 bis 116 (E. Bertheau).

l. Goethe, West-östlicher Divan. Noten und Abhandlungen — Werke (W. A.) I, 7, 220; (Hempel) 4, 350.

α. Briefwechsel mit Herder: § 229. A, 1. e) II — Band IV. S. 282.

Briefe an β. Stapfer: Aus Philipp Albert Stapfer's Briefwechsel, hg. von Rudolf Luginbühl. Basel 1891. 1, LVII.

Briefe an Eichhorn von Joh. v. Müller sieh in der Vorrede zu Band 3 von Nr. 3); von Chn. F. Weiße: Schnorrs Archiv 1880. 9, 497.

1) Allgemeine Geschichte der Cultur und Litteratur des neueren Europa. Von Johann Gottfried Eichhorn. Göttingen, bey Johann Georg Rosenbusch 1796 bis 1799. II. 8.

2) Litterärgeschichte. Von Johann Gottfried Eichhorn. Erste und zweyte Hälfte. Göttingen, bey Johann Georg Rosenbusch. 1799 und 1814. II. 8. Die 2. Hälfte bey Vandenhoek und Ruprecht. — Neue Auflage der ersten Hälfte: 1812 bey Vandenhoek und Ruprecht.

3) Weltgeschichte. Von Johann Gottfried Eichhorn. Göttingen, bey Johann Georg Rosenbusch 1799 bis 1814. IV. 8. — Dritte verbesserte Auflage. 1817 bis 1820. IV. 8.

Band 1 und 2: Geschichte der alten Welt. Erster Theil, welcher die alte Geschichte von ihrem Anfang bis auf die Völkerwanderung enthält. — Band 3 und 4: Geschichte der neuen Welt. Zweyter Theil, welcher die neuere Geschichte von der Völkerwanderung bis zum Ende des achtzehnten Jahrh. enthält.

4) Geschichte der drey letzten Jahrhunderte. Von Johann Gottfried Eichhorn. Göttingen, bey Vandenhoek und Ruprecht. 1803 bis 1804. VI. 8. — Dritte, bis auf die neuesten Zeiten fortgesetzte Ausgabe. Hannover, bey den Gebrüdern Hahn. 1817 bis 1818. VI. 8.

4a) Neunzehntes Jahrhundert. Von J. G. Eichhorn. Zur Ergänzung der beyden ersten Ausgaben seiner Geschichte der drey letzten Jahrhunderte. Aus der dritten Ausgabe besonders abgedruckt. Hannover, bey den Brüdern Hahn. 1817. 8.

5) Geschichte der Litteratur von ihrem Anfang bis auf die neuesten Zeiten. Von Johann Gottfried Eichhorn. Göttingen, bey Vandenhoek und Ruprecht, 1805 bis 1813. Sieben Bände in 12 Abtheilungen. XII. 8. Band 4, 1 und 2 hat den besonderen Titel: Geschichte der schönen Redekünste in den neuern Landessprachen, Band 5: Geschichte der neuern Sprachenkunde, Band 6, 1 und 2: Geschichte der theologischen Wissenschaften seit der Verbreitung der alten Litteratur. Von Carl Friedrich Stäudlin, Band 7, 1 und 2:   Neue Ausgabe 1818 f.

12. **Ludwig Timotheus Freiherr von Spittler**, geb. am 11. November 1752 in Stuttgart, studierte in Tübingen und Göttingen Theologie, wurde 1777 Repetent am theologischen Seminar in Tübingen, 1779 Professor in Göttingen, 1788 Hofrat, 1797 Geh. Rat in Stuttgart, 1806 Freiherr und Minister, Präsident der Ober-Direktion der Studien und Kurator der Universität Tübingen. Er starb dort am 14. März 1810.

Spittler bewegte sich mit gleicher Sicherheit auf dem Felde der Kirchen- wie der Staatengeschichte und bearbeitete mit Vorliebe die Geschichte Württembergs und Hannovers. Namentlich ist seine Geschichte des Hannoverschen Hauses und Landes ein Muster lichtvoller Verarbeitung eines reichen Materials bei verwickelten Verhältnissen. Die Kürze seiner Darstellung thut weder der Vollständigkeit noch der Klarheit Abbruch. Mit einer bis dahin unbekannten schöpferischen Kunst wußte er die Urkunden zu beleben und aus einer Masse von Einzelzügen ein harmonisches Gesamtbild zu schaffen.

a. **Meusel**, Gel. Teutschland 7, 569 bis 571. 10, 688 bis 691. 15, 512. 16, 380. 20, 551.

b. G. J. **Planck**, Ueber Spittler als Historiker. Göttingen 1811. 8.

c. Spittler. Von Arn. H. L. **Heeren** und Gust. **Hugo**, nebst einigen Anmerkungen eines Ungenannten. Aus dem vaterländischen Museum, dem civilistischen Magazine, und dem Morgenblatte zusammen abgedruckt. Berlin, bey August Mylius. 1812. VIII, 64 S. 8.

d. Karl Ludwig v. **Woltmann**, L. T. Freih. v. Spittler: Zeitgenossen 1818. Zweiter Band. Heft 6. S. 65 bis 98.

e. F. Ch. **Baur**, Die Epochen der kirchlichen Geschichtschreibung. Tübingen, Druck und Verlag von Ludwig Friedrich Fues. 1852. 8. S. 162 bis 173.

f. David Friedrich **Strauß**, Ludwig Timotheus Spittler: Preuß. Jahrb. 1858. 1, 124 bis 150 = Kleine Schriften biographischen, literar- und kunstgeschichtlichen Inhalts. Leipzig: F. A. Brockhaus. 1862. S. 68 bis 121 = Gesammelte Schriften. Bonn 1876. Band 2, S. 83 bis 117.

g. G. **Waitz**, Göttinger Historiker von Köhler bis Dahlmann: Göttinger Professoren. Gotha. Friedrich Andreas Perthes. 1872. 8. 245 f.

h. Allg. dtsch. Biogr. 1893. 35, 212 bis 216 (**Wegele**). — i. unten S. 807. Briefe an Meusel in dessen Historischen und literarischen Unterhaltungen. Coburg 1818. 8. 253 bis 269.

1) Kritische Untersuchung des sechzigsten Laodicenischen Canons. Von Ludwig Timotheus Spittler, der Weltweisheit Magister. Bremen, bey Johann Heinrich Cramer, 1777. 86 S. 8.

2) Geschichte des kanonischen Rechts bis auf die Zeiten des falschen Isidorus. Halle, bey Johann Jacob Gebauer. 1778. VIII, 304 S. 8.

3) De usu versionis Alexandrinae apud Josephum. Göttingen 1779. 4.

4) Geschichte des Kelchs im Abendmal. Von Herrn Prof. Spittler in Göttingen. Lemgo, im Verlage der Meyerschen Buchhandlung, 1780. 112 S. 8.

5) Grundriß der Geschichte der christlichen Kirche von L. T. Spittler. Göttingen 1782. 8. — Zweite Auflage 1785. 8. — Nachdruck: Grundriß der Geschichte der christlichen Kirche. Von L. T. Spittler. Verbesserte Auflage. Mit Römisch Kaiser-

lichen Allerhöchst gnädigst. Privillegio. Reutlingen, bei Johannes Grözinger. 1790.
4 Bl. (Titel, Vorreden zur 1. und 2. Aufl.) und 512 S. 8. — Dritte Aufl. Göttingen
1791. 8. — Vierte Aufl. 1806. 8. — in der fünften Auflage bis auf unsere Zeit
herab fortgeführt von G. J. Planck. Göttingen, bey Vandenhöck und Ruprecht
1812. VI, 89 S. Ueber Spittler als Historiker von dem Herausgeber, und 569 S. 8.

6) Geschichte Wirtembergs unter der Regierung der Grafen und Herzoge
von L. T. Spittler. Göttingen, im Verlag der Witwe Vandenhoek, 1783. 4 Bl.,
308 S. und 84 S. Beylagen. 8.

7) Historische Beyträge zur rechtlichen Untersuchung über das würtembergische Privilegium de non appellando. Göttingen 1784. 8.

8) Geschichte des Fürstenthums Calenberg [Zweyter Theil: Hannover]
seit den Zeiten der Reformation bis zu Ende des siebenzehnten Jahrhunderts.
Zwey Theile. von L. T. Spittler, ordentlichem Professor der Georg-August-Uni-
versität. Göttingen, im Verlag der Witwe Vandenhoek 1786. II. 8. — Zweite
(unveränderte) Auflage. Hannover, Gebr. Hahn. 1798. II. 8.

9) Göttingisches Historisches Magazin von C. Meiners und L. T. Spittler.
Acht Bände. Hannover im Verlage der Gebrüder Helwing 1787 bis 1791. VIII. 8.
— Neues Göttingisches Historisches Magazin von C. Meiners und L. T. Spittler.
Drei Bände. Hannover 1792 bis 94.

Spittlers Beiträge aufgeführt: Meusel. Gel. Teutschl. 10, 688 bis 691, die von
Meiners: ebenda 5, 137 bis 145.

Über Christoph Meiners sieh Wegele, Gesch. d. dtsch. Historiographie S. 850.

10) Sammlung einiger Urkunden und Aktenstücke zur neuesten Wirtem-
bergischen Geschichte herausgegeben von L. T. Spittler. Göttingen, im Vandenhoek-
und Ruprechtschen Verlage 1791. 8. — Zweite Sammlung; sammt einem Entwurf
der Geschichte des engern landschaftl. Ausschusses. Göttingen, 1796. 8.

11) Entwurf der Geschichte der Europäischen Staaten vom Hofrath Spittler
in Göttingen. Zwei Theile. Berlin, bey August Mylius 1793 und 1794. II. 8.

11a) Spittler's Entwurf der Geschichte der Europäischen Staaten. Zweyter
unveränderter Abdruck. Mit einer Fortsetzung bis auf die neuesten Zeiten versehen von Georg Sartorius. Zwei Theile. Berlin, bey August Mylius. 1807.
II. 8. — wiederh. Berlin 1823. II. 8.

12) Geschichte der dänischen Revolution im Jahr 1660. Vom Hofrath Spittler
in Göttingen. Berlin, bey August Mylius 1796. 8 Bl., 286 S. 8.

L'histoire de la révolution de Danemarc, traduite de l'Allemand de Mr.
Spittler par F. S. Artaud. Metz 1805. 8.

13) Von der ehemaligen Zinsbarkeit der Nordischen Reiche an den Römischen
Stuhl. Eine von der Königl. Societ. der Wissenschaften zu Coppenhagen ge-
krönte Preisschrift. Vom Hofrath L. T. Spittler. Hannover, bei den Gebrüdern
Hahn. 1797. 118 S. 8.

14) Nebeninstruction von der Stadt- und Amtsverwaltung zu N. in Würtemberg, ihrem Landesdeputierten ertheilt. Stuttgart 1797. 8.

15) Ueber die Geschichte und Verfassung des Jesuitenordens von L. Th. von
Spittler. Herausgegeben und mit einer chronologischen Uebersicht der Geschichte
des Ordens und einigen Urkunden begleitet von L * * [Lindau]. Leipzig 1817,
bey W. Rein und Comp. 184 S. 8. Zuerst: Teutsche Encyclopädie. Frankfurt
a. M. 1793. Bd. 17. Anhang. Ohne des Vf. Namen.

16) Ueber Christoph Besolds Religionsveränderung. Mit Zusätzen von G. C.
F. Mohnike. Greifswald 1822. 8.

17) Geschichte des Papstthums, nach Spittlers akademischen Vorlesungen.
Mit Anmerkungen herausgegeben von J. Gurlitt, für den allgemeinen Gebrauch
erneuert von H. E. G. Paulus. Heidelberg 1826. 8.

18) Geschichte der Kreuzzüge. Aus dem litterar. Nachlasse Spittlers von
Dr. Gurlitt herausgegeben und mit Anmerkungen begleitet von C. Müller.
Hamburg 1827. 4.

19) Geschichte der Hierarchie von Gregor VII. bis auf die Zeit der Reformation. Aus dem literarischen Nachlaß, von Dr. Gurlitt herausgegeben und mit
Anmerkungen begleitet von C. Müller. Hamburg 1828. 4.

20) Vorlesungen über die Geschichte des Papstthums in fünf Programmen, und ein Anhang in drei Programmen, die ausführlichere Geschichte des Papstthums im 18. Jahrhundert enthaltend. Mit einigen Anmerkungen von Dr. J. G. Gurlitt. Originalausgabe, vollständig herausgegeben. Hamburg 1828. 4.

21) Ludwig Timotheus Freiherrn v. Spittler's Vorlesungen über Politik. Herausgegeben von Karl Wächter. Stuttgart und Tübingen, in der J. G. Cotta'-schen Buchhandlung 1828. XXVIII, 450 S. und 1 S. unbez. Druckfehler. 8.

22) Ludwig Thimotheus Freiherrn von Spittler's **sämmtliche Werke**. Herausgegeben von Karl Wächter. Vierzehn Bände. Stuttgart und Tübingen, in der J. G. Cotta'schen Buchhandlung. 1827 bis 1837. XIV. 8. I. Geschichte des kanonischen Rechts bis auf die Zeiten des falschen Isidorus. — Fragment aus einem 2. Theile der Geschichte des kanonischen Rechts. — II. Grundriß der Geschichte der christlichen Kirche (nach der 4. Auflage von 1806). — III. Entwurf Nr. 11) Erster Theil. — IV. 1828. Nr. 11) Zweiter Theil. — V. Geschichte der dänischen Revolution. — Geschichte Württembergs. — VI. Geschichte von Hannover. 1. Band. — VII. 1835. Gesch. von Hannover. 2. Band (neue, vermehrte und verbesserte Auflage). — VIII. Vermischte Schriften über Theologie, Kirchengeschichte und Kirchenrecht. — IX. 1836. 2. Band VIII. Geschichte der spanischen Inquisition. — Geschichte und Verfassung des Jesuitenordens. — Vorlesungen über die Geschichte des Papstthums. — X. 3. Band von Bd. VIII. a: Vorlesungen über die Geschichte der Mönchsorden. — b: Über die Geschichte des Kirchenrechts. — c. Rezensionen. — XI. Vermischte Schriften über deutsche Geschichte, Statistik und öffentliches Recht a: Grundriß der Geschichte des Privatlebens der deutschen Fürsten. (1782). — b: Mißheirathen deutscher Fürsten. — c: Rezensionen. — XII und XIII. 1837. Vermischte Schriften über württembergische Geschichte, Statistik und öffentliches Reiht. — XIV. Vermischte Schriften über Geschichte der europäischen Staaten.

13. Lorenz von Westenrieder, geb. am 1. August 1748, gest. am 15. März 1829. Vergl. § 224, 78 und dazu § 261, 19 wo zu ergänzen ist: Franz Muncker, Drei Komödien des Terenz [Der Selbstpeiniger, Eunuchus, Andria; i. J. 1770] übersetzt von Lorenz Westenrieder — Beiträge zur Deutschen Litteraturgeschichte aus Münchner Handschriften: Jahrb. für Münchener Gesch. 1894. V, S. 25 bis 52.

a. Meusel, Gel. Teutschl. 8, 467 bis 470. 10, 820. II, 742. 16, 203. 21, 514f.

b. N. Nekrolog 1829.

c. Maurus Gandershofer, Erinnerung an Lorenz von Westenrieder. München. 1830. 8.

d. [Karl Johann Friedrich] von Roth, Lobschrift auf Lorenz von Westenrieder, gelesen in der öffentlichen Versammlung der k. bayer. Akademie der Wissenschaften zur Feyer des Ludwigs-Tages 1832. München, in Commission der Weber'schen Buchhandlung. 8

e. Gotthilf Heinrich Schubert, Der Erwerb aus einem vergangenen und die Erwartungen von einem zukünftigen Leben. Erlangen 1856. III, 2, 608.

f. Aug. Kluckhohn, Aus dem handschriftlichen Nachlasse L. Westenrieders: Abhandlungen der bayer. Akad. der Wissenschaften 1882. Bd. 16.

g. August Kluckhohn, Über Lorenz von Westenrieders Leben und Schriften. Bamberg, Buchnersche Verlagsbuchhandlung 1890. 8. — Bayerische Bibliothek begründet und hg. von Karl von Reinhardstöttner und Karl Trautmann. Band 12.

h. F. Keinz, Über Aventins Tagebuch (Aventins Hauskalender): Münchn. Sitzungsberichte 1890. 8. 813 bis 828.

i. Forschungen zur Kultur- und Literaturgeschichte Bayerns, hg. von K. von Reinhardstöttner. München und Leipzig 1894. Buch 2, S. 201f.

Briefe an Westenrieder von F. H. Jacobi und Chn. F. Weiße: § 228, 5. f. — Band IV. S. 272.

1) Jahrbuch der Menschengeschichte in Bayern von Professor Westenrieder. München, 1782 und 1783. Bey Johann Baptist Strobl. Zwei Theile. 8.

2) Geschichte von Baiern, für die Jugend und das Volk. Auf höchsten Befehl hg. von der baierschen Akademie der Wissenschaften. München 1785. bey Johann Baptist Strobl. II. 8.

3) Baierisch-historischer Calender oder Jahrbuch der merkwürdigsten baierischen Begebenheiten alt- und neuer Zeiten für 1787 v. L. Westenrieder. München bey

Joseph Lindauer. 1787 bis 1815. XX. 12. Von 1790 an: Historischer Calender von L. Westenrieder. 1815: XX. und letzter Jahrgang.

4) Beyträge zur vaterländischen Historie, Geographie, Statistik und Landwirthschaft samt einer Uebersicht der schönen Literatur. Hg. von Lorenz Westenrieder. München 1788 bis 1817. X. 8.
Ein Inhaltsverzeichnis zu diesen zehn Bänden giebt Gandershofer Nr. c. S. 157 bis 167.

5) Abriß der baierischen Geschichte. Ein Lese- und Lehrbuch. Von L. Westenrieder. München, 1798. Bey Joseph Lindauer. 8.

6) Geschichte der [2. Band: königlich] baierischen Akademie der Wissenschaften, auf Verlangen derselben verfertigt, von Lorenz Westenrieder. München, zu finden im akademischen Bücherverlage. 1804 und 1807. II. 8.

7) Lorenz v. Westenrieder's sämmtliche Werke. Erste vollständige Originalausgabe. [vom 3. Bands an: Herausgegeben von Ernst Grosse.] Kempten, 1831 bis 1838. Druck und Verlag der Jos. Kösel'schen Buchhandlung. XXXII. 16. und Kempten 1831 bis 1838. X. 4.
I: Schriften über bildende Kunst. — II und III: Geschichte des dreißigjährigen Krieges. — IV und V: Leben des guten Jünglings Engelhof. — VI. 1832. a: Schluß von Band V. — b: Schriften über das Theater. — VII: Dritter Band zu Band II und III. — VIII. a: Geschichte der schönen Bürgerstochter von München. — b: Henriette Foley. Eine rührende Geschichte.
IX. a: Ueber die Ehe. — b: Von dem Zustande der Musik in München. — c: Ueber die Bayern. — d: Ob wir bey dem Fortschritte, welchen gegenwärtig die menschlichen Kenntnisse nehmen, klüger handeln, als Sachsen, Preußen und Oesterreich? (1783). — e: Was gibt einer Nation Macht und Ansehen? (1782). — f: Allgemeine Begriffe einer Staatsverfassung für jeden Bürger und Einwohner. (1782). — g: Zum Andenken des Andreas Felix von Oefele (vorher: München 1780). — h: Zum Andenken grosser und guter Seelen. — i. An unsere lieben Landsleute.
X. a: Aufklärung in Bayern (1780). — b: An Uns (1781). — c. An meine Zeitgenossen. — d: Ueber National-Erziehung. Ein Fragment für die Nachwelt. — e: Charaktere aus München. · f: Der Traum in drei Nächten. — XI. a: Schluß von Band X. f. — b: Von dem Unterschiede eines großen Geistes, und eines Helden. — c: Auszug aus Briefen eines Reisenden durch Bayern. — d: Fragmente aus dem Alterthume. Von dem Kunstneide der Schauspieler, worin gesagt wird, daß von je her die Kunst durch die Künstler am schändlichsten gelitten habe (Quintus Aninius).
XII. Fortsetzung von Band XI. d. — XIII. 1833 a: Einleitung in die schönen Wissenschaften (vorher: München 1777. 8.). — b: Von der Tragödie. — c: Von der Epopöe (Miltons verlornes Paradies).
XIV. Biographische Schriften. a: Johann Franz Seraph Edler von Kohlbrenner (vorher: München 1788. 8.). — b: Ferdinand Sterzinger. — c: Johann Georg von Lori. — d: Johann Georg Dominikus von Linbrun. — e: Johann Anton von Wolter. — f: Gerhoh Steigenberger. — g: Jakob Anton Kollmann. — h: Johann Baptist Straub. — i: Franz Andreas Schega. — k: Graf Sigmund v. Haimhausen. — l: Heinrich Braun. — m: Andreas Zaupser. — n: Theodor Sedlmaier.
XV. a: Johann Eucharius Preib. von Obermaier. — b: Franz Xaver Epp. — c: Franz Xaver Hueter. — d: Johann Nepomuk Mederer. — Gemischte Abhandlungen und Reden, pädagogischen und statistischen Inhalts. e: Erinnerungen über die Ursachen des geringen Nutzens, welchen man in den Schulen aus der Lectüre der classischen Autoren erhält (1774). — f: Warum man in den Schulen gewöhnlich mehr die Wissenschaften, als die Weisheit erlernst (1774). — g: Von den Ursachen, warum die Früchte der Schulverbesserungen nicht plötzlich sichtbar und allgemein werden (1775). — h: Von den gewöhnlichen Hindernissen und Mängeln guter Köpfe (1776). — i: Meine Meinung über den Geldreichthum, die freie Concurrenz, und die unbedingte Bevölkerung (1803).
XVI. a: Ob man Bürger und Bauern aufklären soll. — b: Warum man mit der Aufklärung der Bürger und Bauern noch so weit zurück, wie weit man gleichwohl gekommen ist (1790). — c: Woher kommt es, daß Dikasterianten keinen Geschmack an der Literatur besitzen, oder denselben verlieren? — f: Ob aus lüderlichen Jungen brauchbare Männer werden. — g: Warum große Köpfe so gar oft seltsame Köpfe sind. — h: Für Bayerns Töchter. — i: Hundert Sätze über die wichtigsten Gegenstände. — k: Briefe über und aus Gastein (vorher: München 1817. 8.).

XVII. Westenrieders historische Kalender. — XVIII. a: Aus Deutschlands Staatsgeschichte. — b: Aus der Geschichte deutscher Sitten, Gebräuche und Meinungen. — XIX. 1834. a: Fortsetzung der historischen Kalender. — b: Aus dem Leben der deutschen Könige, und römischen Kaiser (1792). XX und XXI. Fortsetzung der histor. Kalender (Heinrich 2. bis Konrad 4. 1002 bis 1254). — XXII und XXIII. Fortsetzung der histor. Kalender (K. Wilhelm von Holland 1254 bis K. Sigmund 1437). — XXIV und XXV. Fortsetzung der histor. Kalender (Hussitenkriege 1419 bis Karl 5. 1558). — XXVI. 1835. und XXVII. Fortsetzung der histor Kalender (Fortschritte des deutschen religiösen, sittlichen, literarischen Zustandes unter den Nachfolgern Karls 5. bis 1714). — XXVIII und XXIX. Fortsetzung der histor. Kalender (Kaiser Joseph 1. 1705 bis zum Ende des siebenjährigen Krieges). — XXX. 1836. Schluß der histor. Kalender (bis 1815). XXXI. 1837. Abriß der bayerischen Geschichte. – XXXII. 1838. Des Abrisses der bayerischen Geschichte zweiter Theil. Von 1180 bis 1799.

14. Konrad Mannert, geb. am 17. April 1756 in Altdorf, Lehrer an der Sebalder Schule in Nürnberg, 1797 Professor der Geschichte in Altdorf, 1805 in Würzburg, 1807 in Landshut, 1826 in München. Hier ist er am 27. September 1834 gestorben.

a. Will-Nopitsch Bd. 6, S. 856 bis 858. Band 8, S. 465.
b. Meusel, Gel. Teutschl. 5, 28f. 10, 243. 11, 508. 14, 487. 18, 617.
c. N. Nekrol. 1834. II, 783 bis 787.
d. Allg. dtsch. Biographie 1884. 20, 199f. (Wegele).
Brief an Chn. Gottfr. Schütz: Darstellung seines Lebens. Halle 1835. 2, S. 236 f.

1) Geschichte der Vandalen. Leipzig 1785. 8.
2) Geschichte der unmittelbaren Nachfolger Alexanders. Aus den Quellen geschöpft on Konrad Mannert. Leipzig im Verlage der Dykischen Buchhandlung. 1787. XVI, 881 S. 8.
8) Geographie der Griechen und Römer aus ihren Schriften dargestellt von Konrad Mannert. Nürnberg, Landshut und Leipzig 1788 bis 1831. X in 16 Abtheilungen. 8.
I. Nürnberg 1788. — Zweyte, umgearb. Aufl. 1799. — Dritte Auflage. Leipzig 1829: Allgemeine Einleitung. Hispanien. — II, 1. Nürnberg 1789. Zweite Aufl. Nürnberg 1804: Das transalpinische Gallien. — II, 2. Nürnberg 1795. Zweite Aufl. Leipzig 1822: Britannien. — III. Nürnberg 1792. — Zweite Aufl. Leipzig 1820: Germania, Rhaetia, Noricum, Pannonia. — IV. Nürnberg 1795. — Zweite Aufl. Leipzig 1820: Der Norden der Erde von der Weichsel bis nach China. — V, 1 und 2. Nürnberg 1797. Zweite Aufl. Leipzig 1829: Indien und die Persische Monarchie bis zum Euphrat. — VI, 1. Nürnberg 1799. — Zweyte Aufl. Leipzig 1831: Arabien, Palästina, Phönicien, Syrien, Cypern. — VI, 2 und 3. Nürnberg 1801 und 1802: Kleinasien. — VII. Landshut 1812: Thracien, Illyrien, Macedonien, Thessalien. Epirus. — VIII. Leipzig 1822. Zweite Aufl. 1822: Das nördliche Griechenland. Der Peloponnesus. Die Inseln des Archipelagus. — IX, 1. 1829 und IX, 2. 1823: Italia nebst den nseln Sicilia, Sardinia, Corsica u. s. w. — X. 1825: Afrika. 1. Ostküste von Afrika, Aethiopia, Aegyptus. 2. Marmarika, Kyrene, die Syrten, Karthago, Numidia, Mauritania, Westküste von Afrika, das innere Afrika, die westlichen Inseln.
4) Miscellanea meist Diplomatischen Inhalts. Bearbeitet von Konrad Mannert. Nürnberg, in der Adam Gottlieb Schneider und Weigelschen Kaiserl. privil. Kunst- und Buchhandlung 1795. 8.
5) Freyheit der Franken. Adel. Sklaverey. Untersuchungen über einen Theil der altdeutschen Verfassung, angestellt von Konrad Mannert. Nürnberg und Altdorf, bei J. C. Monath und J. F. Kußler. 1799. 8.
6) Statistik der Europäischen Staaten. Bearbeitet von Konrad Mannert, Professor der Geschichte zu Würzburg. Bamberg und Würzburg, bey Joseph Anton Göbhardt. 1805. IV, 458 S. und zwei unbes. mit Druckfehlern. 8.
7) Die älteste Geschichte Bajoariens und seiner Bewohner. Aus den Quellen entwickelt von Konrad Mannert. Nürnberg und Sulzbach, im Verlage der J. E. Seidelschem Kunst- und Buchhandlung. 1807. 8.
Vino. v. Pallhausen, Prüfung der von Herrn Conrad Mannert . . . aus den Quellen entwickelten Geschichte Bajoariens. München 1808. 8.

8) Kaiser Ludwig IV. oder der Baier. Gekrönte Preisschrift von Konrad Mannert. Landshut, bei Philipp Krüll, Universitätsbuchhändler. 1812. 8.

9) Handbuch der Alten Geschichte. Aus den Quellen bearbeitet von Konrad Mannert. Berlin und Leipzig, 1818. In G. C. Nauck's Buchhandlung. 8.

10) Die Geschichte Bayerns aus den Quellen und anderen vorzüglichen Hülfsmitteln bearbeitet von Konrad Mannert. Leipzig, In der Hahn'schen Verlagsbuchhandlung. 1826. II. 8.

11) Geschichte der alten Deutschen besonders der Franken von Konrad Mannert. Stuttgart und Tübingen, in der J. G. Cotta'schen Buchhandlung. 1829 und 1832. II. 8.

15. Johann Caspar Friedrich Manso, geb. am 26. Mai 1759 in Zella Sankt Blasii bei Gotha . . . sieh § 275, 10 — Band V. S. 457.

a. Meusel, Gel. Teutschl. 5, 30 bis 33. 10, 243. 11, 509. 14, 488. 18, 618.

b. Ernst Friedrich Glecker, Rede zum Andenken Dr. J. C. F. Manso's. Nebst einem Anhange zweyer Gedichte und einem chronologischen Verzeichnisse der Schriften Manso's. Breslau, bei A. Gosohorsky. 1826. IV, 60 S. 8.

c. Fr. v. Matthisson's Literar. Nachlaß. Band 4. Berlin 1832. S. 130.

d. Julius Tröger, Rektor Manso im Xenienkampfe: Festschrift zur 250jährigen Jubelfeier des Gymnasiums zu St. Maria Magdalena zu Breslau. Breslau, 1893. 4. Teil II, S. 1 bis 25. Auch besonders erschienen.

Briefe an Chn. Gottfr. Schütz: Darstellung seines Lebens. Halle, 1834. I, 388 bis 392. — andere s. unten S. 807.

Briefe an Manso von Garve: § 222, 16. Briefe b. II, 311 bis 380.

1) Virgil von der Landwirthschaft. Vier Bücher. Metrisch übersetzt und mit Anmerkungen erläutert. Jena 1788. 8.

2) Βιων και Μοσχος. Bion und Moschus. [Originaltext und Übersetzung nebst zwei Abhandlungen über B. und M.] Gotha 1784. 8. — Eine durchaus neue Übersetzung von Manso erschien u. d. T.: Bions und Moschus Idyllen übersetzt und erläutert. Leipzig 1807. 8. Darin auch Übertragung von Theokrits 19., 20. und 27. Idylle.

3) König Oedipus. Aus dem Griechischen des Sophokles [in Alexandrinern] nebst einer Abhandlung. Gotha 1785. 8. Vergl. § 257, 35. 7) — Band V. S. 258.

4) Ueber die Horen und Grazien. Zwey mythologische Abhandlungen. Jena, in der Crökerschen Buchhandlung 1787. 94 S. 8.

5) Das befreyte Jerusalem, ein episches Gedicht in zwanzig Gesängen. Nach dem Italienischen des Torquato Tasso. Erster (einz.) Band. Leipzig 1791. 8. enthält die ersten fünf Gesänge; den 6. Gesang veröffentlichte Manso: W. G. Beckers Erholungen 1798. Bd. 1, S. 78 bis 118.

6) Ueber den Genius der Alten. Breslau 1791. 4. — Wiedergedr.: Neue Bibl. der schön. Wiss. Band 44, St. 2, S. 163 bis 182 und Nr. 8) e.

7) Manso's Anteil an den Nachträgen zu Sulzer § 202, 8 (1792 f.) verzeichnet Jördens 6, 815 f. — Vergl. § 240, 1) d — Band IV. S. 672.

8) Versuche über einige Gegenstände aus der Mythologie der Griechen und Römer von J. C. F. Manso. Leipzig in der Dyckischen Buchhandlung. 1794. 8.

a: Ueber die Venus. — b: Ueber den Amor. — c: Ueber die Horen. Vergl. Nr. 3). — d: Ueber die Grazien. Vergl. Nr. 3). — e: Ueber den Genius der Alten. Vergl. Nr. 6). — f: Ueber die Parcen (vorher: Neue Bibl. der schön. Wiss. Band 36, St. 1, S. 1 bis 22 u. d. T.: Ueber Schicksal und dessen bildliche Vorstellung beim Homer und spätern Dichtern).

9) Christian Garve, nach seinem schriftstellerischen Charakter. Zur Ankündigung der ... Prüfung ... von Johann Caspar Friedrich Manso. Progr. Breslau 1799. 26 S. 4. Vergl. Nr. 15) d und § 222, 16. Nr. b = Band IV. S. 176.

10) Sparta. Ein Versuch zur Aufklärung der Geschichte und Verfassung dieses Staates, von J. C. F. Manso. Leipzig, in der Dyckischen Buchhandlung. 1800 bis 1805. III. in fünf Abtheilungen. 8.

11) Leben Constantins des Großen, nebst einigen Abhandlungen geschichtlichen Inhalts, von J. C. F. Manso. Breslau, bey Wilhelm Gottlieb Korn. 1817. 8.

12) Geschichte des Preußischen Staates vom Frieden zu Hubertusburg bis zur zweyten Pariser Abkunft. 1763—1815. Frankfurt am Main. Verlag der Hermann-

schen Buchhandlung. 1819 bis 20. III. 8. — Zweite, berichtigte Ausgabe. Frankfurt a. M. 1835 bis 36. III. 8. — Dritte unveränderte Ausgabe. Frankfurt und Leipzig. 1839. III. 8.

Französisch: Histoire politique, administrative, civile et militaire de la Prusse, depuis la fin du règne de Frédéric-le-Grand jusqu'au traité de Paris de 1815. Paris 1828. III. 8.

13) Ueber die Bildung der Rhetorik unter den Griechen. Progr. Breslau, 1820. 4. — Nr. 15) a.

14) Ueber Horazens Beurtheilung der älteren Dichter der Römer. Progr. Breslau, 1817. 4. — Nr. 15) c.

15) Vermischte Abhandlungen und Aufsätze von J. C. F. Manso. Breslau, bey Wilhelm Gottlieb Korn. 1821. 8.

a: — Nr. 13). — b: Ueber das rhetorische Gepräge der römischen Litteratur. — c: — Nr. 14). — d: Christian Garve nach seinem schriftstellerischen Charakter — Nr. 9). — e: Johannes von Müller. Eine Schulrede. — f: An vere de Martino Luthero vaticinatus sit Joannes Hussus. — g: Ueber den Begriff der Nemesis. — h: Die Cilicischen Seeräuber. — i: Ueber öffentliche Redeübungen auf Schulen. — k: Observationes in D. Jonii Juvenalis satiras. — l: Critische und philologische Kleinigkeiten. — m: Anhang einiger Gedichte.

16) Geschichte des Ost-Gothischen Reiches in Italien, von J. C. F. Manso. Breslau, Verlag von Josef Max und Comp. 1824. 8.

16. Arnold Hermann Ludwig Heeren, geb. am 25. Oktober 1760 in Arbergen bei Bremen, studierte in Göttingen und machte mit Gustav Hugo (§ 293, III. 1) und Frdr. Bouterwek (§ 276, 6) eine denkwürdige Reise nach Italien, den Niederlanden und Paris, wurde nach seiner Rückkehr 1787 außerordentlicher, 1794 ordentlicher Professor der Philosophie, 1801 der Geschichte in Göttingen und starb dort als Geh. Justizrat am 6. März 1842. Er war mit einer Tochter des Philologen Heyne, einer Schwester der Therese Huber, verheiratet; sie starb 1861 in Göttingen.

Heeren faßte den allgemein politischen Gesichtspunkt in der Geschichte auf und war mehr eleganter, für diplomatische Bedürfnisse berechnender Darsteller als Forscher.

a. Meusel, Gel. Teutschl. 3, 150 bis 152. 9, 585 f. II, 328. 14, 67. 18, 84 f. 22 II, 682 f.

b. Zeitgenossen 1818. Zweiter Band. Heft 5, S. 173 bis 176.

c. Nachher Nr. 16) Theil I. a.

d. N. Nekrolog 20, 217 bis 224.

e. A geburger Allgemeine Zeitung 1842. Nr. 25.

f. G.n Waits' Göttinger Historiker von Köhler bis Dahlmann: Göttinger Professoren. Gotha. Friedrich Andreas Perthes. 1872. 8. 248 f.

g. Allg. dtsch. Biogr. 1880. 11, 244 bis 246 (Wegele).

h. Aus Ph. A. Stapfers Briefwechsel, hg. von R. Luginbühl. Basel 1891. I, 224. 228.

Briefe an Gentz: § 293, I. I. 26) V, aa — oben S. 193.

Briefe an Heeren von J. v. Müller: oben Nr. 10. C. 33) XVI. a — S. 295.

1) Bibliothek der alten Litteratur und Kunst mit ungedruckten Stücken aus der Escurialbibliothek und andern. Göttingen bey Johann Christian Dieterich. 1786 bis 1794. Zehn Stücke. 8.

Herausgeber waren von Stück 1 und 2: Tychsen und Mitscherlich, von St. 3 bis 7: Tychsen und Heeren, von St. 8 bis 10: Heeren.

2) Ideen über die Politik, den Verkehr und den Handel der vornehmsten Völker der alten Welt von A. H. L. Heeren. Göttingen, bei Vandenhoek und Ruprecht 1793 und 1796. II. 8. — wiederh.: 1804 und 1805. II. 8. — Dritte Auflage 1815. II. 8. — Zusätze zur dritten Ausgabe für die Besitzer der zweiten (von Band I und 2). Göttingen 1815. 8. — Band 1: Africa. Band 2: Asien. Dritter Theil, 1. und 2. Abtheilung. Göttingen 1812. 8. Enth. Griechen. Nachdruck: Wien 1817. III. 8.

Vergl. Jenaische Allg. Litt.-Ztg. 1813. Erg.-Bl. Sp. 49 bis 60 (B. Niebuhr).

Vierte sehr verbesserte Auflage 1824 bis 1826. Drei Bände in sechs Abtheilungen. 8. — Werke Nr. 16) Theil 10 bis 15. Vergl. Schlosser. Nr. 80. 8) II. h.

Vergl. G. G. Gervinus, Historische Briefe 1832 — Ges. kleine Schriften. Karlsruhe 1838. 8. I bis 134.

8) Geschichte des Studiums der classischen Litteratur seit dem Wiederaufleben der Wissenschaften. Mit einer Einleitung, welche die Geschichte der Werke der Classiker im Mittelalter enthält. von A. H. L. Heeren. Göttingen, bey Johann Georg Rosenbusch. 1797 und 1801. II. 8. Der zweyte Band enthält als erstes Buch: Das fünfzehnte Jahrhundert und ist bey Johann Friedrich Röwer erschienen). — Geschichte der Künste und Wissenschaften seit der Wiederherstellung derselben bis an das Ende des achtzehnten Jahrhunderts. Von einer Gesellschaft gelehrter Männer ausgearbeitet. Vierte Abtheilung. Philologie. — Nr. 16) Werke Theil 4 und 5 unter dem Titel: Geschichte der classischen Litteratur im Mittelalter in zwei Theilen.

4) Handbuch der Geschichte der Staaten des Alterthums, mit besonderer Rücksicht auf ihre Verfassungen, ihren Handel und ihre Colonieen, zum Gebrauch öffentlicher Vorlesungen von A. H. L. Heeren. Göttingen, im Verlage bey Joh. Georg Rosenbusch's Wittwe. 1799. 8. — Zweite sehr verbesserte Auflage. Göttingen, bey Johann Friedrich Röwer. 1810. 8. — Dritte verbesserte Auflage 1817. 8. — Vierte Auflage (in den Werken) 1821. 8. — Fünfte Auflage 1828. 8. — Nachdruck: Wien 1817. 8. Vergl. Schlosser. Nr. 30. 8) I. h. und II. h.

5) Mémoires sur des Campagnes des Pays-Bas en 1745, 1746 et 1747. A Goettingue 1803. 8.

6) Kleine historische Schriften von A. H. L. Heeren, Professor der Geschichte in Göttingen. Göttingen, bey Johann Friedrich Röwer. 1803 bis 1808. III. 8. — Nachdruck: Wien 1817. II. 8. — Zweite Auflage (in den Werken) 1821. I. a: Entwickelung der politischen Folgen der Reformation für Europa. Ein vorläufiger Versuch zu der Beantwortung einer, von dem Französischen Nationalinstitut aufgegebenen, Preisfrage. — b: Geschichte der Revolution der Gracchen. — c: Versuch einer historischen Entwickelung des Ursprungs und Fortgangs des Brittischen Continental-Interesse. Erster Theil von Heinrich VII bis auf das Haus Hannover. — II. 1805. d: Zweyter Theil von c. Periode des Hauses Hannover. — e: Ueber die Entstehung, die Ausbildung und den praktischen Einfluß der politischen Theorien in dem neueren Europa. — f: Ueber die Colonisation von Aegypten und ihre Folgen für das Europäische Staatensystem überhaupt, und besonders für Rußland. — III. g: Versuch einer Entwickelung der Folgen der Kreuzzüge für Europa. Eine vom Nationalinstitut von Frankreich gekrönte Preisschrift. Sieh Nr. 7).

7) Versuch einer Entwickelung der Folgen der Kreuzzüge für Europa. Eine Preisschrift. Vom Hofrath A. H. L. Heeren. Göttingen, bey Johann Friedrich Röwer. 1808. 8.
Französisch: Essai sur l'influence des Croisades, Ouvrage qui a partagé le prix. Par A. H. L. Heeren. Traduit de l'Allemand par Charles Villers. A Paris ches Treutel et Würz. 1808. 8.

8) Handbuch der Geschichte des europäischen Staatensystems und seiner Colonien von der Entdeckung beider Indien bis zur Errichtung des französischen Kaiserthrons. Göttingen, bey Johann Friedrich Röwer. 1809. 8. — Verbesserte Ausgabe 1811. 8. — Dritte Ausgabe 1819. 8. — Vierte Auflage (in den Werken) 1821. 8. — Fünfte Auflage 1830. 8. — Vergl. Schlosser. Nr. 30. 8) I. h. und II. h.

9) Johann von Müller der Historiker. Von A. H. L. von Heeren. Virtus clara aeternaque habetur. Sallust. Leipzig, bey G. J. Göschen. 1809. 92 S. 8. — Werke. Theil 6, S. 469 bis 497.

10) Spittler. Von Arn. H. L. Heeren und Gust. Hugo, nebst einigen Anmerkungen eines Ungenannten. Berlin, bey August Mylius. 1812. VIII, 64 S. 8.

11) Christian Gottlob Heyne (§ 220, 4). Biographisch dargestellt von Arn. Herm. Lud. Heeren. Göttingen, bey Johann Friedrich Röwer. 1813. 8.
Vergl. § 283, 3. 33) Vierter Band, Nr. 1 und Schlosser. Nr. 30. 8) II. h.

12) Der deutsche Bund in seinen Verhältnissen zu dem europäischen Staatensysteme. Göttingen 1817. 8.

13) Etwas über meine Studien des alten Indiens von A. H. L. Heeren. Antwort an Herrn Prof. A. W. von Schlegel auf dessen an mich gerichtete drei ersten Briefe in seiner Indischen Bibliothek [§ 283, 1. 52) II. 10). Göttingen, bei Vandenhoek und Ruprecht. 1827. 8.

14) Sieh unten F. A. Ukert. Nr. 85. 8).

15) Meine Antwort auf die Schmähungen des geheimen Hofraths und Professors Schlosser in Heidelberg; in den Heidelberger Jahrbüchern im Mayheft dieses Jahrs von A. H. L. Heeren. Göttingen bei Vandenhoeck und Ruprecht. 1881. 20 S. 8.

16) Lateinische Abhandlungen über Plutarch, Strabo, Ptolomaeus, Ceylon, Palmyra u. s. w., meist in der Societät der Wissenschaften gelesen.

17) Historische Werke von Arnold Herrmann Ludwig Heeren. Göttingen, bei Johann Friedrich Röwer. 1821 bis 1826. XV. 8.

Theil I bis III. 1821: Vermischte historische Schriften.

I. a: Vorrede nebst Schreiben an einen Freund mit biographischen Nachrichten über den Verfasser. — b: — Nr. 6) a. — c: Anhang zu b: Etwas über die Folgen der Reformation für die Philosophie; eine am Reformationsjubileo gehaltene Rede. — d: — Nr. 6) c und d. — e: Anhang zu d: Erörterung der Fragen, die bewaffnete Neutralität betreffend. — f: — Nr. 6) e.

II. 1821. g: Ueber die Mittel zur Erhaltung der Nationalität besiegter Völker. — h: — Nr. 6) g. — i: Ueber den Einfluß der Normannen auf Französische Sprache und Litteratur; geschrieben 1789. — k: — Nr. 6) f. — l: Beilage zu k: Ueber die Verpflanzung des Kameels nach dem Cap der guten Hoffnung. — m: Der deutsche Bund in seinen Verhältnissen zu dem Europäischen Staatensystem; bei Eröffnung des Bundestags 5. Nov. 1816. — n: Nachschrift zu m.

III. o: Ueber den historischen Werth der Biographien Plutarch's; geschrieben 1821. — p: — Nr. 6) b. Statt Revolution: Staatsunruhen. — q: Archäologische und antiquarische Aufsätze. — r: Historische Miscellen. — s: Inhalt der Vorlesungen, geh. in der Gesellsch. der Wissenschaften.

IV und V. 1822: Geschichte der classischen Litteratur im Mittelalter. — VI. 1823: Biographische und literarische Denkschriften. — VII. 1821: Geschichte der Staaten des Alterthums. 4. Aufl. — VIII und IX. 1822: Handbuch der Geschichte des europäischen Staatensystems. 4. Aufl. — X bis XII. 1824: Ideen: I. Asiatische Völker, 3 Abtheilungen, 4. Aufl. — XIII und XIV. 1826: Ideen. II. Afrikanische Völker, 2 Abtheilungen, 4. Aufl. — XV. 1826: Ideen. III. Europäische Völker, 1. Abtheilung. Griechen. 4. Aufl.

17. **Karl Wilhelm Ferdinand von Funck**, geb. am 13. Dezember 1761 in Braunschweig, 1780 Lieutenant in kursächsischen Diensten, Freund Schillers während dessen Aufenthalts bei Körner in Dresden, stieg in den verschiedenen militärischen Graden, 1810 Generallieutenant der Kavallerie, trat 1813 in Ruhe und zog sich nach Wurzen zurück. Dort ist er am 7. August 1828 gestorben.

a. Zeitgenossen 1830. 3. Reihe. Heft 2.

b. Mouthé, Die Kursächsischen Truppen im Feldzuge von 1806. II, 262 f.

c. Allg. dtsch. Biogr. 1878. 8, 200 f. (Flathe).

Sieh Schillers Briefwechsel mit Körner.

Briefe an (3) Schiller: A. Cohns Autogr.-Katalog (W. v. Maltzahn) 1890 Nr. 304.

Brief an Funck von Schiller: § 249, B, I. 88); Hoffmann v. Fallersleben, Findlinge 1860. 8. 301; Jonas, Schillers Briefe 5, 159 f., vergl. 519 und dazu 7, 283.

1) Gustav Adolph von Schweden vor seiner Theilnehmung an dem deutschen Krieg: Schillers Neue Thalia 1792. Band 1, St. 2, S. 229 bis 275. St. 3, S. 307 bis 374 = Band V. S. 190.

2) Geschichte Kaiser Friedrichs des Zweiten. Züllichau und Freystadt, in der Frommannischen Buchhandlung. 1792. 8 Bl. Vorerinnerung, 400 S. 8.

3) Robert Guiscard Herzog von Apulien und Calabrien: Schillers Horen 1797. Bd. 9, St. 1, S. 1 bis 58. St. 2, S. 1 bis 33. S. 3, S. 1 bis 14 = Band V. S. 197. Vergl. § 288, 1. 12) c — oben S. 104.

4) Gemälde aus dem Zeitalter der Kreuzzüge. Vier Theile. Leipzig: F. A. Brockhaus. 1821 bis 1824. IV. 8.

I.: Tancred. Balduin III. — II. 1823: Die letzten Könige von Jerusalem und Saladin. — III. 1824: Die Kreuzfahrer und Saladin nach dem Falle des Königreichs Jerusalem. Konrad von Montferrat, Kaiser Friedrich I. und Richard der Löwenherzige. — IV. 1824: Kaiser Friedrich II. und der heilige Ludwig.

5) Erinnerungen aus dem Feldzuge des sächsischen Corps, unter dem General Grafen Reynier im Jahr 1812: aus den Papieren des verstorbenen Generallieutenants

von Funck. Dresden und Leipzig, in der Arnoldischen Buchhandlung. 1829. VIII, 215 S. 8.

18. Ernst Ludwig Posselt, geb. am 22. Januar 1763 in Durlach, studierte in Göttingen und Straßburg, Regierungsadvokat in Durlach, 1784 badischer Geheimsekretär und Prof. am Gymnasium in Karlsruhe, 1791 Amtmann in Gernsbach bei Rastadt, 1796 Legationsrat. Nachdem er seine Entlassung genommen hatte, lebte er in Durlach, Karlsruhe, Tübingen, Erlangen, Nürnberg und Straßburg. Im J. 1798 gründete er die Allgemeine Zeitung und redigierte sie bis zum September ds. J. In einem Anfall von Irrsinn stürzte er sich auf einer Reise in Heidelberg am 11. Juni 1804 aus dem Fenster. Noch an demselben Tage starb er an den Folgen des Sturzes.
     a. Meusel, Gel. Teutschl. 6, 152 bis 155. 10, 432. 11, 620. 15, 76. 19, 187.
     b. Gradmann S. 468 bis 471.
     c. Jördens 1809. 4, 197 bis 210.
     d. Taschenbuch für edle Weiber und Mädchen auf das J. 1805. 8. 177 bis 193.
     e. Ludwig A. Schubart, Sendschreiben über Posselt's Leben und Charakter. München 1805. 8. Sieh auch (Becker's) Nationalzeitung der Teutschen 1805. St. 5 (Ludw. Schubart).
     f. Siegmund Friedrich Gehres, Kleine Chronik von Durlach. Theil 2 a. u. d. Titel: Lebensbeschreibung von E. L. Posselt. Mannheim, Löffler. 1827. 8. S. 231 bis 272. — g. Allg. dtsch. Biogr. 1888. 26, 461 bis 464 (Binder). — h. Sieh unten S. 807.
     Briefe an (33) Joh. v. Müller: hg. von Maurer-Constant. Band 3, S. 263 bis 326.
     Briefe an Posselt von Joh. Müller: Nr. 12) Vorrede S. 2f. — Schubart: § 280, 12. Briefe e und f. — Band IV. S. 334: vergl. auch Dav. Frdr. Strauß, Schubart's Leben in seinen Briefen: ebenda g) 2, 305.

     1) An Sterne's Geist. Carlsruhe 1783. 8. o. N.
     2) Wissenschaftliches Magazin für Aufklärung. Hg. von Ernst Ludwig Posselt. Kehl, bei J. G. Müller, ältern, Hochfürstl. Markgräfl. Badenschen Hof- und Kanzlei-Buchdrucker. (Vom 2. Bande an: Leipzig, bey Friedrich Gotthold Jakobäer). 1785 bis 1788. III in 14 Heften. 8.
     Erster Band. Erstes Heft. a: Ueber die alten Schicksale der Teutschen in fremden Kriegsdiensten. ***. — b: Ist es wohl noch der Mühe werth, die römische Sprache zu studiren? Posselt. Sieh nachher Nr. 15) m. — c: Kann die Todesstrafe auf den Kindermord ohne Vorlesung der göttlichen Geseze abgeschaft werden, und ist es rathsam, dieses zu thun, oder nicht? Gottfried Leß in Göttingen. — d: Merkwürdiger Versuch der römischen Curie den Herzog August, Kurfürsten von Sachsen, zum katholischen Glauben zu bewegen 1585. Kanzler Le Bret in Stuttgard. — e: Hypothetische Erklärung des berühmten mechanischen Schachspielers des Herrn von Kempele. Hofrath Joh. Lohr. Böckmann in Carlsruhe. — f: Anrede des General-Advocaten Herrn Talon an König Ludwig XIV. im Parlament den 15. Jenner 1648 gehalten. — g: Welche Philosophie ist wahr? Heinrich Johann von Hahn. — h: Eines Barfüßer-Karmeliten aufgeklärte Exegese des mosaischen Texts von Sodoms Untergang und der Verwandlung von Loths Frau in eine Salzsäule. Posselt. — i: Die neuentdekte römische Bäder zu Badenweiler in der obern Markgrafschaft Baden. Posselt. — k: Anfrage an das Publikum, Hanns Georg von Merckelbach betreffend.
     Zweites Heft. a: Prüfung der auf die Lehre von der anziehenden Kraft der Pflanzen gegründeten neuen Frommelschen Theorie vom Kleebau. Professor Jos. Gottl. Kölrenter in Carlsruhe. — b: Ueber die Ungültigkeit der Testamente nach dem natürlichen Rechte. Geh. Legationsrath Joh. Carl Cour. Oelrichs in Berlin. — c: Cato von Utika nach Plutarch. Kirchenrath Gottl. Aug. Tittel in Karlsruhe. — d: Ueber die Denkmäler der ersten Geschichtschreiber. Hofrath Peter Wolfter in Mannheim. — e: Wer die Jurisprudenz verbessern will, muß erst einreissen. Hofkammerrath Carl Böll in Anspach. — f: Vergleichung der Belagerung von Ilium mit der Belagerung von Ptolemais. Prof. Seybold in Buchsweiler. — g: Vermuthungen über die wahre Lage der von Valentinian I. wider die Allemannen nicht weit von Basel angelegten Vestung Robur. Hof-Diakon Aug. Gottl. Preuschen in Carlsruhe. — h: Zwei authentische Actenstücke, die wegen der in Hungarn einzuführenden Conscription entstandenen Unruhen betreffend. — i: Schwedische Kriegsmacht in Teutschland zu Ende des dreißigjährigen Kriegs. — k: Nachricht aus Publikum, eine Anekdote in Gökingks Journal von und für Teutschland betreffend.

Drittes Heft. a: Einige isolirte Bemerkungen, auf einer kleinen Schweizer-
reise gesamlet. Böckmann. — b: Von nützlicher Anlegung eines eigenen Fabriken-
und Commerz-Collegiums. Böll. — c: Akademische Anrede bei Eröfnung teutscher
Vorlesungen über das römische Recht. Prof. F. X. Jellenz in Freiburg. — d:
Ueber das Postwesen, besonders in Teutschland, dessen Geschichte, Rechte und
Mängel. Posselt. Sieh nachher II. 1, b. und Nr. 15) n. — e: Gedanken und Vorschläge über die Verbesserung des Hebammenunterrichts. ***. — f: Sonderbarer
Briefwechsel zwischen König Erich XIV. von Schweden und dem dänischen Feld-
obersten, Graf Günther von Schwarzburg. — g: Ein Wort über Fürstenerziehung.
Nach den Ideen des Froib. von Seckendorf. Amtsassessor A. Elwert in Dorn-
berg. — h: Ueber Philipps des Grosmüthigen zweifache Ehe. Posselt. Sieh nachher Nr. 15) l. — i: Der Kaiserlichen Abgesandten bei dem Westphälischen Friedens-
kongreß im Mai 1646 verfaßtes Bedenken von der Wichtigkeit des Elsasses und
der Vestung Breisach, auch was dem deutschen Reich daran gelegen sey, daß
solches an Frankreich nicht überlassen werde. — k: Frage. L***.

Viertes Heft. a: Der Mann am Kapitol oder die Sendung der Mönche. An
mein Vaterland. Jellens. — b: Freundschaftliche Prüfung einiger Säze in Herrn
Justizrath und Prof. Mayers Erläuterungen des westphälischen Friedens über geistliche Mediatstifter, Güter, deren inn-und ausländische Renten. Joh. Nik. Fr. Brauer. —
c: Ueber Hierarchie und Jesuiten. Von einem angesehenen katholischen Geistlichen. —
d: Zur Prognose, für Ärzte. Kaufmann. Schweikhard. Zandt. — e: Von der
Gewalt, die der westphälische Frieden duldet. — f: Von Actum und Datum. — g:
Etwas von Schulen. A. G. Preuschen. — h: Ueber die Wahrheit der menschlichen
Erkenntnis gegen die scheinbarsten Einwürfe, vorzüglich der subtilen Zweifler. —
i: Von dem Unholz. Phil. Christ. Hildebrand. — k: Nachricht ans Publikum.

Zweiter Band. Leipzig, bei Friedrich Gotthold Jacobäer. 1786. Erstes Heft.
a: Beiträge zu einer Geschichte der Markgrafschaft Baden und ihrer Bewohner.
Hof- und Regierungsrath H. W. von Günderode. — b: Fortsetzung von I. 3, d. —
c: Hat die Politik gegen Auswärtige ein Gewissen? Hof- und Regierungsrath Fr.
von Drais. — d: Ein Stück der ältesten Englischen Geschichte. Elwert. — e:
Auch ein Beitrag zur Erziehung. Jellens. — f: Ueber Krankenanstalten, vorzüglich
die zu München. — g: Weltlicher Diener Uniform. Boell. — h: Berichtigung
einiger historischen Irrthümer, das Kloster Schwarzach betreffend. — i: Untersuchung
über die Frage: Welches ist heut zu Tage das Maas der herrschenden Aufklärung
in den Prinzipien der gelehrten Erziehung, und welche Folgen ergeben sich daraus
in Absicht auf die öffentliche Verbesserung dieser Erziehung? Aug. Friedr. Pauli
in Ludwigsburg. — k: Merkwürdiger Rangstreit zwischen einem teutschen Reichs-
fürsten und einem päpstlichen Nuntius. Joh. Ludwig Klüber in Erlangen.

Zweites Heft. a: Geschichte Kaiser Ludwig's 4. (zo). Wolfter. — b: Anti-
Hiero oder über die Glückseligkeit der Könige. Nach Schlossers verteutschtem
Hiero des Xenophon. Regierungsadvocat Jos. Ant. von Bandel in Freiburg. — c:
Bemerkungen über Joh. Jac. Mosers Rede, wie Universitäten, bes. in der juristischen
Facultät in Aufnahme zu bringen und darinn zu erhalten. — d: Eine Policey-Sorge:
Gesindverbesserung im Badischen. Tittel. — e: Ueber die Reden großer Römer
in den Werken ihrer Geschichtschreiber. Posselt. Sieh nachher Nr. 15) b. Auch
einzeln erschienen: Kehl 1786. 8. — f: Ueber den Frieden und das freye Amerika.

Drittes Heft. a: Denkmal, dem verstorbenen Freiherrn Hektor Wilhelm
von Günderode gen. von Kellner geweiht. Freih. v. Drais. — b: Ueber
Karls des Großen und Ludwigs des Frommen Unternehmungen, Anstalten, Grund-
sätze und Verdienste. — c: Gedanken, Wahrnehmungen und Vorschläge, die geheime Proselytenmacherey in Teutschland betreffend. Z . . . z. — d: Anfrage an
Litteratoren, eine Papier-Hsch. betr. A. Elwert. — e: Ueber Gesetzreformen.
B. — f: Ueber die Concurse in der Oesterreichischen Monarchie. — g: Gustav
Adolph. Eine Aufforderung an Teutschland. Freiherr von Zinck. — h: Ueber
Pforzheim. — i: Geistererscheinungen und Mönchsbetrug. Klüber. — k: Ein
kleiner Beytrag zur Kenntniß alter Gebräuche an teutschen Höfen. — l: Be-
schreibung des Landes Oesterreich und der kaiserlichen Erblande und Königreiche.
Ein Beytrag zur Statistik des vorigen Jahrhunderts.

Viertes Heft. 1787. a: Ueber teutsche Historiographie. Posselt. Sieh nachher
Nr. 15) a. Auch einzeln: Durlach 1786. 8. — b: Eines praktischen Oekonomen Gedanken
über die Verbesserung des Rebbaues. — c: Fredegund und Brunehild. - d: Ein paar
Worte über Denkfreyheit. — e: Feuerordnung Philipp des Großmüthigen (ohngefähr vom

J. 1560). — f: Versuch über das Ebenbild Gottes. — g: Marbod. — h: Fragment einer Schweizerreise. — i: Ueber unsere Prediger, von einem aufgeklärten katholischen Layen, nicht für seine Glaubensgenossen allein gesagt. — k: Idee zu einigen Kapiteln eines Criminalcodex. Bandel. — l: Uebersicht der Kriegsmacht Kaiser Ferdinands III. im 30j. Kriege. Elwert. — m: Nachricht von der schwimmenden Insel auf dem Nonnmattweyher in der obern Markgrafschaft Baden. Pfarrer J. G. W. Ziegler in Neuenweg. — n: Beschreibung eines Codicis msc juris Alemannici (Schwabenspiegel). Elwert.

Dritter Band. Erstes Heft. a: Der Beruf zum Klosterleben. Jellens. — b: Der mürrische Schachspieler. Jellens. — c: Schubart und Trenk. E. v. Sch. — d: Lorenzo von Medicis. — e: Rede eines amerikanischen Richters bey der Aufnahme zweyer Hessen zu Bürgern. Jellens. — f: Ueber die hundertjährige Feyer der Akademien. Pf** S**r. — g: Cäsar Tiberius wider den Luxus der Römer. Posselt. — h: Letzte Fehde und Tod des berühmten Ritters Frans von Sickingen. — i: An die Jünglinge meines Vaterlandes. Ueber Urbanität und Studium der Alten. Bandel. — k: Große Handlungen einiger ältern teutschen Geistlichen. — l: Etwas über das Verhältnis zwischen alter und neuer Historiographie.

Zweites Heft. a: Friedrich dem Großen. Posselt. Sieh nachher Nr. 15) g. Auch einzeln: Carlsruhe 1787. 8. — b: Ueber die besten und ausführbarsten Mittel, den Kindermord zu verhüten. Baron von Zinck in Emmendingen. — c: Die schöne Gegend. Jellens. — d: Von M. Iodocus Neobolus und seinem seltnen Buche über die Vielweiberey. Prof. Joh. Nast in Stuttgart. — e: Noch etwas über Historiographie und Schmidts Geschichte der Teutschen. D—f—e. -- f: Brief eines jungen Mönchs an sein Mädchen bey Aufhebung des Klosters. Jellens. — g: Wer kann dafür? Eine Fehde für den Fatalismus. Arthur. — h: Altdeutsche Sachen.

Drittes Heft. a: Bey Gelegenheit des teutschen Bundes. Isaak Maus, Bauersmann zu Badenheim in der Pfalz. — b: Das Wiederseh'n. Jellens. — c: Parentation am Grabe Clemens 14. 1774. Jellens. — d: Die Hofgalla. Jellens. — e: Auf die Ferdinandischen Regiments aus den Deux Avares entlehnten Marsch: la Garde passe ... Jellens. — f: Schluß von III. 2, b. — g: Des berühmten Ritters Götz von Berlichingen Gefangenschaft in Heilbronn, 1519 - 1522. — h: Des Thebaners Cebes Gemählde des menschlichen Lebens. Stadtrath von Bandel in Villingen. — i: Ueber unsere Broschüren.

Viertes Heft. 1787. a: Skizze einer Geschichte aller östreichischen Erblande. J. M. Weissegger. — b: Die kirchliche Gesandtschaften. Jellens. — c: Ueber Ovid's Lieder der Liebe, mit dem Versuch einer Uebersetzung. Posselt. Vgl. Nr. 6).

Fünftes Heft. a: Fortsetzung von III. 4, c. — b: Ueber Volksreden. Den Edlern der Nation zur Beherzigung. Posselt. — c: Dem Vaterlandstod der vierhundert Bürger von Pforzheim. Posselt. Sieh nachher Nr. 15) h. Auch einzeln: Carlsruhe 1788. 8. — d: Ueber die verschiedenen Arten von historischen Beweisen und deren Werth. — e: Schreiben des Herzogs von Sülly an die Königin und Regentin in Frankreich, nachdem er seiner Dienste erlassen und ihm hergegen einmal hunderttausend Kronen sammt der Würde eines Obermarschalls der Krone Frankreich angeboten worden, darinn das Königliche große Einkommen der Krone Frankreich etlichermaaßen angezeiget wird. 1611. — f: Ueber die Ehe und den Cölibat. Aus des Palingenii Zodiacus vitae, mit Noten eines katholischen Priesters.

Sechstes Heft. a: Fortsetzung von III. 4, b. — b: Orkus und Elysium. Bruchstück aus dem sechsten Buch der Aeneide, metrisch übersetzt. Neuffer. — c: Beschreibung eines Schützenfestes vom Jahr 1561. (von Heinrich Gering von Zürich). Sieh S. 807. — d: Weit davon ist gut vor den Schuß. Jellens. — e: Brite. Jellens.

3) Geschichte der deutschen Fürstenvereine. Leipzig 1787. 8. Vergl. Nr. 15) e.

4) Geschichte der Teutschen für alle Stände von Ernst Ludwig Posselt. Leipzig, bey Friedrich Gotthold Jacobäer, 1789 und 1790. II. 8. Fortgesetzt von Karl Heinrich Ludwig Pölitz. 1805 und 1819. II. 8. — wiederholt: Stuttgart 1828. IV. 12.

5) Die Bürger in Worms, und die Dreyzehnmänner in Worms. Zur lehrreichen Warnung für alle Reichsbürger ... gegen den Konrektor G. W. Böhmer, das Collegium der Dreyzehner. Frankfurt und Leipzig 1789. Fol. Sieh Meusel 6, 153.

Georg Wilhelm Böhmer, D. Ernst Ludwig Posselt. Zur lehrreichen Warnung für alle Injurianten. Frankfurt und Leipzig, 1790. 4.

6) Des Publius Ovidius Naso Lieder der Liebe. Metrisch verteutscht. Leipzig 1789. 8. Einiges daraus schon oben Nr. 2) III. 4, c. 5, a.

7) Ueber Mirabeaus Histoire secrète de la Cour de Berlin, aus authentischen Quellen. Karlsruhe 1789. 8.

8) Archiv für ältere und neuere, vorzüglich Teutsche Geschichte, Staatsklugheit und Erdkunde. (Auf dem zweyten Bändchen: Hg. von E. L. Posselt). Memmingen, bey Andreas Seyler. 1790 und 1792. II. 8.

9) Geschichte Karls 12., Königs von Schweden. nach Voltaire von Ernst Ludwig Posselt. Karlsruhe, in Schmieders Verlag, 1791. 8 Bl. Vorrede, 502 S. 8. — Marburg 1804. 8. — Neue Auflage. Frankfurt und Leipzig. 1805. 8. — Stuttgart 1828. II. 12.

10) Geschichte Gustaf's III. Königs der Schweden und Gothen, von Ernst Ludwig Posselt. Karlsruhe, in Schmieders Buchhandlung, 1792. 8. — Nachdruck: Straßburg [d. i. Frankfurt a. M.]. — Neue Auflage: Gießen 1805. 8.

11) Bellum populi Gallici adversus Hungariae Borussiaeque reges eorumque socios. Annus MDCCXCII. Scriptore Ern. Ludov. Posselt. Göttingae, apud Vandenhoek et Ruprecht 1793. 207 S. 8.
Krieg der Franken gegen die wider sie verbündeten Mächte. Jahrgang 1792. Aus dem Lateinischen des Ernst Ludwig Posselt (unter Posselts Aufsicht). Göttingen, bei Vandenhoek und Ruprecht 1793. 8. — Regensburg 1793. 8. — Der Jahrgang 1793 erschien Frankfurth in Commission bey Wilhelm Fleischer. 1794. XVI, 280 S. 8. Vorher war schon eine andere Übersetzung erschienen: E. L. Posselts Geschichte des Krieges der französischen Nation wider die Könige von Ungarn und Preußen und deren Alliirte ... Geschichte des Jahres 1792. Aus dem Lateinischen. Frankfurt und Leipzig 1793. 8.
Französisch: Histoire de la Guerre des François contre les Puissances coalisées de l'Europe. T. I. A Ronnebourg 1802. 8. — Histoire de la guerre des François contre la Coalition de l'Europe. I. 1790—93. Zwickau 1808. 8.

12) Unparteyische, vollständige und actenmäsige Geschichte des peinlichen Prozesses gegen Ludwig XVI König von Frankreich. Von Ernst Ludwig Posselt. Zwei Theile. Basel 1793. o. V. II. 8. — Vergl. Jördens 4, 206, 15. — Der Proceß gegen den letzten König von Frankreich, Ludwig den Sechzehnten, und dessen Gemablin. Ein Beitrag zur Geschichte der französischen Revolution. Von D. Ernst Ludwig Posselt. Erster [einz.] Band. Nürnberg 1802. 8.

13) Taschenbuch für die neueste Geschichte. 1. bis 9. Jahrgang. Nürnberg 1794 bis 1803. IX. 8. — Der 10. Jahrgang, unvollendet und von einem Ungenannten ergänzt und herausgegeben, erschien Nürnberg 1804.

14) Europäische Annalen. Jahrgang 1795 (bis 1806) von Ernst Ludwig Posselt. Tübingen, in der J. G. Cottaischen Buchhandlung. XII zu je 12 Stücken oder vier Bänden. 8. Nach Posselts Tode fortgesetzt unter Redaktion von K. J. Stegmann bis 1820, von da an als Politische Annalen von Fr. Murhard.

15) Ernst Ludwig Posselt's kleine Schriften. Nürnberg, in der Bauer- und Mannischen Buchhandlung. 1795. 8.
a: Uiber teutsche Historiographie. Vorher Nr. 2) II. 4, a. Vergl. 2) III. 1, l. 2, e. — Uiber die Reden groser Römer in den Werken ihrer Geschichtschreiber. Vorher Nr. 2) II. 2, e. — c: Uiber Anekdoten überhaupt, insonderheit Anekdoten von Kaiser Rudolf von Hapsburg. — d: Aphorismen über Bündnisse in Teutschland überhaupt, insonderheit zur Gränzbestimmung der Fürsten-Vereine. — e: An unsre Fürsten, als Zueignung vor einer Geschichte der Fürstenvereine. Vergl. vorher Nr. 3). — f: Erste Geschichte und Entwürfe des teutschen Bundes; aus den eigenhändigen Aufsäzen Friedrich's des Großen. — g: Friedrich dem Großen. Vorher Nr. 2) III. 2, a. — h: Dem Vaterlandstod der vierhundert Bürger von Pforzheim. Vorher Nr. 2) III. 5, c. — i: Dem Andenken Augusts Johann von Hahn. Vorher einzeln: Carlsruhe 1788. 8. — k: Versuch eines National-Almanachs für Teutsche. — l: Uiber die zweifache Ehe Philipp's des Grosmüthigen, Landgrafen von Hessen. Vorher Nr. 2) I. 8, b. Vergl. 2) III. 2, d. — m: Ist es wohl noch der Mühe werth, die römische Sprache zu studiren? Vorher Nr. 2) I. 1, b. — n: Uiber das Postwesen, besonders in Teutschland. Vorher Nr. 2) I. 8, d.

16) Entwurf eines historischen Gemähldes der Fortschritte des menschlichen Geistes. Nachlaß von Condorcet in's Teutsche übersetzt durch Ernst Ludwig Posselt. Tübingen 1796 im Verlage der J. G. Cottaischen Buchhandlung. 4 Bl., 325 S. und drei ungez. 8. 8.

17) Marche et résultat de la guerre soutenue par la France contre la Coalition jusqu'à la paix 1797. Strasbourg 1798. 8.

18) Neueste Weltkunde, heraus gegeben von E. L. Posselt. Tübingen 1798. 4. Die Fortsetzung mit Huber als: aAllgemeine Zeitung. Tübingen und Augsburg 1798 f. 4.

19) Ewald Friedrich Graf von Hertzberg. Mit Auszügen aus seiner Correspondenz, die neuesten WeltHändel betreffend von Ernst Ludwig Posselt. Tübingen 1798, im Verlage der J. G. Cotta'schen Buchhandlung. 55 und 58 S. 8.

20) Lexikon der französischen Revolution oder Sammlung von Biographien der wichtigsten Männer, die sich im Laufe derselben besonders ausgezeichnet haben. Von Ernst Ludwig Posselt. Nürnberg, 1802. Im Verlag der Bauer- und Mannischen Buchhandlung. 8.
Der Freimüthige 1804. Nr. 217. 8. 847.
Fortsetzung: Chronologisches Register der fränkischen Revolution, von Eröffnung der ersten Versammlung der Notablen, bis zur Einführung der Consular-Regierung, 22. Febr. 1787. — 15. Dec. 1799. Von D. E. L. Posselt. Bedeutend vermehrt und fortgesetzt von Karl Jochmus. Tübingen, in der J. G. Cotta'schen Buchhandlung 1808, 1809 und 1820. III. 8.

21) StaatsGeschichte Europa's vom Tractat von Amiens bis zum Wiederausbruch des Krieges zwischen Frankreich und England von E. L. Posselt. Als Taschenbuch für 1805. Tübingen, im Verlag der J. G. Cotta'schen Buchhandlung. 12.
Die Fortsetzung, die Ereignisse bis zum Jahre 1811 enthaltend, Jahrgang 2 bis 7 (Tübingen 1816) stammt von anderen.

22) Sämmtliche Werke mit Anmerkungen herausgegeben von W. Weick. Stuttgart 1828. VI. 12. Band 1 bis 4: Geschichte der Deutschen. — Band 5 bis 6: Karl XII.

23) Posselt gab heraus: Hektor Wilhelm von Günderode, sämtliche Werke aus dem Teutschen Staats- und Privat-Rechte, der Geschichte und Münzwissenschaft, mit neuen Abhandlungen und vielen Zusätzen. Leipzig 1787 und 1788. II. 8.

19. Karl Ludwig Fernow, geb. am 19. November 1763 in Blumenhagen bei Pasewalk, Sohn eines Ackerknechtes; Apothekerlehrling; widmete sich der Zeichenkunst, ging deshalb nach Weimar und Jena und mit Baggesen (§ 291, 5) nach Italien (sieh dazu unten S. 807), wurde 1802 Professor in Jena, 1804 Bibliothekar der Herzogin Amalie in Weimar, Freund von Johanna Schopenhauer. Er starb am 4. Dezember 1808 in Weimar.
a. Meusel, Gel. Teutschl. 2, 810 f. 9, 384. 11, 217 f. 13, 369 bis 371. 16, 844. 17, 561 f. 22 II, 124.
b. Neuer Teutscher Merkur 1808. Dez. S. 273 bis 302 (Böttiger); 1809. März S. 161 bis 164 (Ludw. Nauwerck).
c. Zeitung für die elegante Welt 1808 Nr. 234.
d. Morgenblatt 1808 Nr. 303, vergl. 307. 1809 Nr. 210.
e. Allg. Lit.-Zeitung 1809. Januar Nr. 19. S. 145 bis 157 (J. G. Gruber); dazu Berlin. Monatsschrift 1809. Dezember S. 856 bis 864 (J. H. Walther); [Neue] Jen. Allg. Lit.-Ztg. 1809. Intell.-Blatt Nr. 20, S. 157 f.
f. Johanna Schopenhauer, Carl Ludwig Fernow's Leben. Tübingen, in der J. G. Cottaschen Buchhandlung. 1810. 8.
Achim von Arnim: Kleists Berliner Abendblätter 1811 Nr. 25 und 26 vom 30. und 31. Januar.
g. Jördens 1811. 6, 882 bis 910.
h. Goethe, Tag- und Jahres-Hefte — W. A. I. 35, 155 f. 262. 36, 41. 264. 387 f. — W. v. Biedermann, Goethes Gespräche 2, 116 bis 119 u. o.
i. Allg. dtsch. Biographie 1877. 6, 716 f. (Arth. Richter).
Briefe an α. Baggesen: Aus Jens Baggesens Briefwechsel mit K. L. Reinhold und F. H. Jacobi. Leipzig 1831. Bd. 2, S. 869 bis 880. — β. Baggesen und Reinhold: Hells Penelope für 1844. S. 313 bis 885. — γ. K. A. Böttiger: Dresdner Kgl. Bibliothek. Vergl. dazu: N. teutscher Merkur 1808 Dec. S. 803 bis 814, 1809 Jan. S. 69 bis 82, Febr. S. 116 bis 124; Böttigers Zustände und Zeitgenossen Bd. 2, S. 283 bis 286 und Magdeb. Ztg. 1891. Beil. Nr. 52. — δ. Wilh. Jos. Kalman, ε. Gräfin Purgstall (vgl. Literatur-Blatt. Wien 1879. Nr. 9): Im neuen Reich 1879. 2, 813 bis 833. 869 bis 877. Sieh auch H. M. Richter, Geistesströmungen.

Berlin 1875. 8. 317f. — ζ. Matthisson: § 271, 3. 6) — Band V. 8. 249. — η. Ludw.
Nauwerck:Jördens 6,894f. — ϑ.Reinhold sieh β. — ι.Wieland:Dresdner Kgl.Bibliothek.
Briefe an Fernow von Böttiger: Dresdner Kgl. Bibliothek. — Goethe: Fr.
Strehlke, Goethe's Briefe. Berlin 1882. Theil 1, S. 180f. Weim. Ausg. IV. 17,
210. — W. v. Humboldt: Euphorion 3, 70.

1) Sendschreiben an den Schauspieldirektor, Herrn Fischer, über das Schweri-
nische Theater. Schwerin 1792. 8.

2) Fernows Beiträge in periodischen Schriften verzeichnet Jördens 6, 908. Vgl.
Nr. 5) Römische Studien; § 231, 3, i, § 243, 2). 15) — Band IV. 8. 363. 698. 700;
§ 258, 39) — Band V. 8. 191; § 289, 8. 6) IV, b — Band VI. 8. 112. Schreiben
Herrn Müllers, Mahlers in Rom über die Ankündigung des Herrn Fernow von
der Ausstellung des Herrn Professor Carstens in Rom: Schillers Horen 1797. Bd. 9,
St. 3, 8. 21 bis 44. Bd. 10, St. 4, 8. 4 bis 16. Dazu vergl. Goethe an Schiller
1797 Februar 1 und an Bury, April 28 — W. a. IV. 12, 28 f. 113.

3) Gemählde der merkwürdigsten Hauptstädte von Europa. Ein Taschenbuch
auf das Jahr 1803, enthaltend ein Gemählde von Rom. Gotha, bey J. Perthes 1802. 12.
Vorbericht von C. A. Böttiger. Auch u. d. T.: Sitten- und Kulturgemählde von Rom.

4) Leben des Künstlers Asmus Jakob Carstens, ein Beitrag zur Kunstgeschichte des achtzehnten Jahrhunderts von Carl Ludwig Fernow. Leipzig, 1806,
bei Johann Friedrich Hartknoch. 8.

K. A. Böttiger: Freimüthiger 1806 Nr. 108; § 243, 11) 7 — Band IV. 8. 699
— Goethe (Hempel) 28, 815f.; Hermann Grimm, Über Künstler und Kunstwerke.
Berlin 1865. 8. 78f.

Carstens Leben und Werke von K. L. Fernow. Hg. und ergänzt von Hermann Riegel. Mit 2 Bildnissen und der Handschrift von Carstens. Hannover,
Rümpler. 1867. XII, 404 8. 8.

5) Römische Studien von Carl Ludwig Fernow. Zürich bei H. Geßner. 1806
bis 1808. III. 8. K. A. Böttiger: Freimüthiger 1806 Nr. 130.

I. a: Über den Bildhauer Canova und dessen Werke (auch besonders erschienen).
— b: Über die Begeisterung des Künstlers (vorher im Eggerschen Magazin für
1798). — c: Über das Kunstschöne. — II. d: Über die Landschaftsmalerei (vorher
im N. dtsch. Merkur 1803). — e: Über die beweglichen Theater des Kurio (vorher
im N. dtsch. Merkur 1797). — f: Über den Begrif des Kolorits (vorher in Meusels
Neuen Miscellaneen St. 10). — g: Über den ästhetischen Eindruk der Peterskirche
(in Rom). — h: Über die Improvisatoren (vorher im N. dtsch. Merkur 1801). —
III. i: Über den Zwek, das Gebiet und die Gränzen der dramatischen Malerei. —
k: Über Rafaels Teppiche. — l: Über die Mundarten der italienischen Sprache.

6) Sieh § 220. 1. 20 — Band IV. 8. 128.

7) Leben Lodovico Ariosto's des Götlichen, nach den besten Quellen verfaßt
von C. L. Fernow. Zürich, bei Heinrich Geßner 1809. XXXII, 810 8. 8.
Morgenblatt 1809. Nr. 210 (Böttiger).

7 x) Francesco Petrarca dargestellt von C. L. Fernow. Nebst dem Leben
des Dichters und ausführlichen Ausgabenverzeichnissen hg. von Ludwig Hain.
Altenburg und Leipzig: F. A. Brockhaus. 1818. VIII, 352 S. 8.

Diese Arbeit ist eine wörtliche Übersetzung einer Abhandlung von Hans
Bernhard Merian, (geb. am 28. September 1783 in Liestall bei Basel, gestorben
am 12. Februar 1807 in Berlin als Direktor der Klasse der schönen Wissenschaften
bei der Akademie), die dieser in den Nouveaux Mémoires der Berliner Akademie
(Jahrgang 1786) veröffentlicht hatte. Infolge eines Irrtums von Johanna Schopenhauer wurde Fernow nach seinem Tode als Verfasser des Werkes betrachtet.

20. Karl Ludwig Johann Curths, geb. im Jahre 1764 in Calbe a. d. Saale,
besuchte 1777 bis 1783 die Schule des Klosters Bergen, studierte in Frankfurt an
der Oder und Halle Rechtswissenschaft; Auditeur bei dem Infanterie-Regiment Prinz
Heinrich, nach dem Feldzuge 1792 Regiments-Quartiermeister. Nach 1806 widmete er
sich ganz der schriftstellerischen Thätigkeit und schrieb zu Schillers Abfall der Niederlande den Schluß, dessen Vorrede aus Königsberg in der Neumark, 1808 datiert ist.
Später Expedient im Finanz-Ministerium; als solcher starb er am 10. Juli 1816 in Berlin.

a. Meusel, Gel. Teutschl. 17, 369 f. 22¹, 557 f.

b. Sieh Nr. 5) Cortez.

1) Geschichte des Abfalls der vereinigten Niederlande von der Spanischen Regierung. Von Friedrich von Schiller. Zweiter bis vierter Theil. Leipzig, 1808 bis 1810. bey Siegfried Lebrecht Crusius. III. 8 Mit dem Nebentitel: Der Niederländische Revolutionskrieg im 16ten und 17ten Jahrhundert. Als Fortsetzung der Schillerschen Geschichte des Abfalls der vereinigten Niederlande von der Spanischen Regierung von Karl Curths. Der 2. und 3. Theil 1809 und 1810 erschienen bei Friedrich Christian Wilhelm Vogel in Leipzig. Vergl. Band V. S. 147. 184; dazu S. 188 Ende von Nr. 27).

2) Sieh nachher Nr. 25. Woltmann. 11) XIV. b.

3) Die Bartholomäus-Nacht 1572. Von K. Curths. Leipzig und Altenburg, F. A. Brockhaus. 1814. 433 S. 8. Sieh nachher Nr. 25. 11) XIV. o.

4) Die Schlacht bei Breitenfeld unweit Leipzig am 7ten September 1631. und die Schlacht bei Lützen am 7ten November 1632. Zwei Szenen des dreißigjährigen Kriegs und Gegenstücke zu den Schlachten bei Lützen am 2. Mai 1813, und bei Leipzig am 16., 18. und 19. October 1813. von K. Curths. Verfasser der Fortsetzung von Schillers Geschichte der vereinigten Niederlande.· Leipzig und Altenburg, F. A. Brockhaus. 1814. 86 S. 8.

5) Cortez der Eroberer Mexico's. Historisches Gemählde von Carl Curths. Nach dem Tode des Verfassers hg. und mit einer Vorrede begleitet von August Rücker. Berlin, 1818. Bei August Rücker. 8.

21. Karl Dietrich Hüllmann, geb. am 10. September 1765 in Erdeborn bei Oberröblingen am See in der ehemaligen Grafschaft Mansfeld, Professor in Frankfurt a. d. Oder, Königsberg und zuletzt seit 1818 in Bonn. Dort starb er am 4. März 1846, nachdem er bis 1841 an der Universität gewirkt hatte.

a. Meusel, Gel. Teutschl. 3, 451 f. 9, 634. 14, 202. 18, 226 f. 22II, 866.

b. N. Nekrolog 1846. 24, 167.

c. Ferdinand Delbrück: Allgem. Zsch. f. Geschichte hg. von Adolf Schmidt. 1846. Bd. 6, S. 1 bis 14.

d. Allg. dtsch. Biogr. 1881. 13, 330 bis 332 (Wegele).

1) An Freunde geistreicher Unterhaltung. Fünf Redeversuche. Berlin 1795. 8.

2) Historisch-kritischer Versuch über die Lamaische Religion. Berlin 1796. Bei Carl Ludwig Hartmann.

3) Geschichte der Mongolen bis zum Jahre 1206. Ein Beytrag zur Berichtigung der Geschichte und Erdbeschreibung des mittlern Asiens. Von Karl Dietrich Hüllmann. Berlin, 1796. Bei Carl Ludwig Hartmann. XVI, 144 S. 8.

4) Handbuch der Geschichte von Schweden nebst einer kritischen Einleitung in die Geschichte des scandinavischen Nordens. Erster Theil. Warschau 1797. 8.

5) Entwurf einer besseren Behandlung der Europäischen Staatengeschichte in akademischen Vorlesungen. Nebst einer mit Dänemark angestellten Probe der Ausführung. Von K. D. Hüllmann, akademischem Privatlehrer zu Frankfurt an der Oder. Warschau, bei George David Wilke. 1796. 8. Auch unter dem Titel: Geschichte von Dänemark, nach einem vorangeschickten Entwurfe einer bessern Behandlung der Europäischen Staatengeschichte bearbeitet.

6) Historisch-etymologischer Versuch über den Keltisch-Germanischen Volksstamm. Von Karl Dietrich Hüllmann. Berlin 1798. Bei Gottlieb August Lange. VIII, 172 S. 8.

7) Historische und staatswissenschaftliche Untersuchungen über die Naturaldienste der Gutsunterthanen nach Fränkisch-Teutscher Verfassung und die Verwandlung derselben in Gelddienste. Berlin und Stettin 1803. 8.

8) Theogonie. Untersuchungen über den Ursprung der Religion des Alterthums. Von Karl Dietrich Hüllmann. Berlin, 1804. Im Verlage der Realschulbuchhandlung. 8.

9) Ueber Luthers Denkmal. Frankfurt an der Oder 1805. 8.

10) Deutsche Finanz-Geschichte des Mittelalters. Von Karl Dietrich Hüllmann. Berlin bei Heinrich Frölich. 1805. XII, 254 S. 8.

11) Geschichte des Ursprungs der Regalien in Deutschland. Von Karl Dietrich Hüllmann. Ein Nachtrag zu Nr. 10). Frankfurt an der Oder, in der Akademischen Buchhandlung. 1806. 8.

12) Geschichte des Ursprungs der Stände in Deutschland. Von Karl Dietrich Hüllmann. Frankfurt an der Oder. In der Akademischen Buchhandlung. 1806 bis 1808. III. 8. — Zweite Ausgabe: Berlin 1830. III. 8.

13) Plan zu Vorlesungen über die Staaten- und Kulturgeschichte des Alterthums. Frankfurt an der Oder 1807. 8.

14) Geschichte der Domänen-Benutzung in Deutschland. Von Karl Dieterich Hüllmann. Göttinger Preisschrift. Frankfurt an der Oder, in der akademischen Buchhandlung. 1807. 4 Bl., 143 S. 8.

15) Geschichte des Byzantischen Handels bis zum Ende der Kreuzzüge. Von Karl Dietrich Hüllmann. Göttinger Preisschrift. Frankfurt an der Oder, in der Akademischen Buchhandlung. 1808. 8.

16) Anfänge der griechischen Geschichte. Von K. D. Hüllmann. Königsberg, bei August Wilhelm Unzer. 1814. VIII, 276 S. und 1 Bl. Druckfehler. 8.

17) Urgeschichte des Staats. Von Karl Dietrich Hüllmann. Königsberg, bei August Wilhelm Unzer. 1817. VIII, 183 S. 8.

18) Ursprünge der Besteuerung. Köln 1818. 8.

19) Staatsrecht des Alterthums. Von Karl Dietrich Hüllmann. Cöln, bei Johann Peter Bachem. 1820. VIII, 416 S. 8.

20) Städtewesen des Mittelalters. Von Karl Dietrich Hüllmann. Bonn, bei Adolph Marcus 1826 bis 1829. IV. 8.
1: Kunstfleis und Handel. — 2: Grundverfassung. — 3: Gemeinheitsverfassung. — 4: Bürgerleben.

21) Ursprünge der Kirchenverfassung des Mittelalters. Von Karl Dietrich Hüllmann. Bonn 1831, bei Adolph Marcus. 8.

22) Römische Grundverfassung. Von Karl Dietrich Hüllmann. Bonn, bei Adolph Marcus. 1832. VII, 453 S. 8.

23) Staatsverfassung der Israeliten. Von Karl Dietrich Hüllmann. Leipzig: F. A. Brockhaus. 1834. VI, 227 S. 8.

24) Ursprünge der römischen Verfassung. Durch Vergleichungen erläutert. Bonn 1835. 8.

25) Ius pontificium der Römer. Von Karl Dietrich Hüllmann. Bonn, bei Adolph Marcus. 1837. 172 S. 8.

26) Würdigung des Delphischen Orakels. Von Karl Dietrich Hüllmann. Bonn. König und van Borcharen. 1837. VI, 187 S. 8.

27) Handelsgeschichte der Griechen. Von Karl Dietrich Hüllmann. Bonn 1839. 8.

28) Griechische Denkwürdigkeiten. Bonn 1840. 8.

29) Geschichte des Ursprungs der Deutschen Fürstenwürde. Von Karl Dietrich Hüllmann. Bonn, bei Adolph Marcus. 1842. 8.

30) Staatswirthschaftlich-geschichtliche Nebenstunden. Bonn 1843. 8.

Friedrich Bouterwek sieh § 276, 6 — Band V. S. 467.

22. Kurt Polycarp Joachim Sprengel, geb. am 3. August 1766 in Boldekow bei Anklam in Pommern, Sohn eines Predigers; von ihm wurde er so weit vorgebildet, daß er, ohne eine Schule besucht zu haben, eine Hauslehrerstelle übernahm. Im 19. Jahre ging er nach Halle, um Theologie zu studieren; er vertauschte dieses Fach aber bald mit der Medizin. 1789 erhielt er eine außerordentliche und 1795 eine ordentliche Professur der Medizin, 1797 die der Botanik. Er starb am 15. März 1833 in Halle.

a. Meusel, Gel. Teutschl. 7, 583 bis 586. 10, 695. 15, 515 f. 20, 559 bis 562.

b. Jul. Rosenbaum, De vita et scriptis C. Sprengelii: Curtii Sprengelii opuscula academica. Lipsiae, Viennae 1844. 8. S. VII bis XX.

c. Hirsch und Gurlt, Biogr. Lexikon.

d. Allg. dtsch. Biogr. 1893. 35, 296 bis 299 (E. Wunschmann und Pagel). Briefe an Böttiger: Dresdner Kgl. Bibliothek. Vergl. N. Ttsch. Mercur 1799 Jan. S. 35 bis 44 und März S. 239 f. Journal des Luxus und der Moden 1802 Aug. S. 439 bis 441.

Brief an Sprengel von Goethe: Weim. Ausg. IV. 16, 123.

1) Versuch einer pragmatischen Geschichte der Arzneikunde. Halle 1792 bis 1799. IV. 8. — Zweite Aufl. Halle 1800 bis 1803. V. 8. — Dritte Aufl. Halle 1821 bis 1828. VI in acht Abtheilungen. 8. Band 6, 1 und 2: Wien 1837 bis 40 von Burkard Eble. — Vierte Auflage mit Berichtigungen und Zusätzen von Julius Rosenbaum. Erster Band. Geschichte der Medicin im Alterthum. Erste Abtheilung. Leipzig 1846. 8.
Ins Französische übersetzt von Ch. Fr. Geiger. Paris 1809 bis 10. IV. 8.; von A. J. L. Jourdan und E. F. M. Bosquillon. Paris 1815 bis 1820. IX. 8.
Ins Italienische übersetzt von Renato Arrigoni. Venedig 1812 bis 1816; von Francesco Freschi. Florenz 1839. XI. 8.

2) Anleitung zur Kenntniß der Gewächse, in Briefen von Kurt Sprengel. Halle, bey Karl August Kümmel 1802 bis 1804. III. 8. — Zweite, umgearbeitete Ausgabe: 1817 bis 1818. III. 8.

3) K. Sprengel's Geschichte der Chirurgie. Halle bei Karl August Kümmel 1805. 8. — Der zweite Theil, von Wilhelm Sprengel, mit Vorwort von C. Sprengel erschien 1819. 8.

4) Johann Sinclair's Baronet, Handbuch der Gesundheit und des langen Lebens. Aus dem Englischen in einem freien Auszuge von Kurt Sprengel. Amsterdam, im Verlage des Kunst- und Industrie-Comptoirs. 1808. XVI, 365 S. 8. Vergl. Hufeland. § 293. IV. 11. 6).

5) Curtii Sprengel Historia rei herbariae. Amsteldami sumtibus Tabernae librariae et artium. 1807 und 1808. II. 8.

6) Curtii Sprengel Institutiones medicae. Amstelodami, sumtibus Tabernae librariae et artium. 1809 bis 1816. VII. 8.
I. 1809. Doctrinae de natura humana Pars prior. — 2. 1810. Pars secunda. — 3. 1813. Pathologia generalis. Editio altera auctior et emendatior. Lipsiae, sumtibus F. A. Brockhaus. 1819. — 4. 1814. Pathologia specialis. Editio altera 1819. — 5. 1816. Pharmacologia. Editio altera 1819. — 6. 1816. Pars prima. Therapia generalis. Ed. alt. 1819. — 6. 1816. Pars secunda. Medicina forensis. Ed alt. 1819.

7) Kurt Sprengel von dem Bau und der Natur der Gewächse. Halle, bey K. A. Kümmel 1812. 8. Vergl. Link. Nr. 12. 4).

8) Kurt Sprengels Geschichte der Botanik. Neu bearbeitet. In zwey Theilen. Altenburg und Leipzig: F. A. Brockhaus. 1817 und 1818. II. 8. Neue Bearbeitung von Nr. 7).

9) A[ugust] P[yr.] de Candolle's und K. Sprengel's Grundzüge der wissenschaftlichen Pflanzenkunde. Zu Vorlesungen. Leipzig, bey Carl Cnobloch, 1820. 8.

10) Literatura medica externa recentior seu enumeratio librorum plerorumque et commentariorum singularium, ad doctrinas medicas facientium, qui extra Germaniam ab anno inde 1750 impressi sunt: edita a Curtio Sprengel. Lipsiae: F. A. Brockhaus. 1829. 8.

23. Georg Friedrich Christoph Sartorius, Freiherr von Waltershausen, geb. am 25. August 1765 in Kassel, studierte in Göttingen anfangs Theologie, dann Geschichte, wurde 1786 dort Bibliotheksaccessist, 1788 Bibliothekssekretär, 1792 Privatdozent der Geschichte, 1797 außerordentlicher, 1802 ordentlicher Professor, 1827 wurde ihm vom Könige Ludwig 1. von Bayern der Freiherrnstand verliehen, er starb am 24. August 1828 in Göttingen.
a. Meusel, Gel. Teutschl. 7, 36f. 10, 539. 15, 261f. 20, 87f.
b. Pütter III, 852; IV, 290.
c. N. Nekrolog 2, 670.
d. Strieder 12, 205.
e. (Caroline Sartorius) Zum Andenken an Georg Sartorius. Göttingen 1830.
f. Allg. dtsch. Biogr. 1890. 30, 890 bis 894 mit ausführlichen Litteraturnachweisungen (F. Frensdorff).
g. Goethe, Tag- und Jahres-Hefte = W. A. I. 35, 109. 142. Vergl. Goethe an Chn. G. Körner 1803 Juni 16, an K. G. v. Brinckman Juli 1, Okt. 24 = W. A. IV. 16, 238. 245f. 383.
Briefe an Goethe: Goethe-Schiller-Archiv. Vergl. Goethe (W. A.) IV. 17, 160, 14 bis 20.

Briefe an G. Sartorius von Goethe: § 234. B, I. 128) — Band IV. S. 580 und Goethe (W. A.) IV. 15, 257 bis 261. 277 f. 16, 93 f. 138 bis 140. 21, 214 bis 216. 351 bis 354. Vergl. 17, 293 zu S. 15, 7.

1) Gedichte im Göttinger Musenalmanach von 1789, 1790, 1792 und 1793.

2) Grundriß der Politik. Göttingen 1793. 8.

3) Versuch einer Geschichte des Deutschen Bauernkriegs oder die Empörung in Deutschland im Anfang des sechszehnten Jahrhunderts von Georg Sartorius. Berlin, bey Joh. Friedrich Unger. 1795. 8.

4) Handbuch der Staatswirthschaft zum Gebrauch bey akademischen Vorlesungen, nach Adam Smith's Grundsätzen ausgearbeitet. Berlin 1796. 8. — Zweite Ausgabe: 1806. Sieh Nr. 6).

5) Geschichte des Hanseatischen Bundes von Georg Sartorius. Göttingen, bey Heinrich Dieterich. 1802 bis 1808. III. 8. Vergl. Goethe an ? 1802 etwa 22. April (nicht Mai): W. A. IV. 16, 89.
Joh. v. Müller: Jenaer Allg. Literatur-Ztg. 1804 — Nr. 10. 33) XI, S. 1 bis 25. Vergl. Goethe an J. v. Müller 1803 Septbr. 4: W. A. IV. 16, 292 f.; Schiller an Goethe 1804 Januar 17: Jonas 7, 114.

6) Von den Elementen des National-Reichthums, und von der Staatswirthschaft, nach Adam Smith. Zum Gebrauche bey akademischen Vorlesungen und beim Privat-Studio ausgearbeitet von Georg Sartorius. Göttingen, bey Johann Friedrich Röwer. 1806. 8. Sieh Nr. 4).

7) Sieh Spittler. Nr. 12. 11a).

8) Versuch über die Regierung der Ostgothen während ihrer Herrschaft in Italien, und über die Verhältnisse der Sieger zu den Besiegten im Lande; welchem am 6. Jul. des J. 1810 vom Institute Frankreichs der Preis zuerkannt ward. Hamburg, bey Friedrich Perthes. 1811. 8.
Französisch: Essai sur l'état civil et politique des peuples d'Italie sous le gouvernement des Goths, mémoire qui a remporté le prix . . . Paris 1812. 8.

9) Ueber die Vereinigung Sachsens mit Preußen. Von einem Preußischen Patrioten. o. O. 1814. 20 S. 8.

10) Ueber die gleiche Besteuerung der verschiedenen Landestheile des Königrei	Hannover von Georg Sartorius. Hannover, bei den Brüdern Hahn. 1815. 8.chs

10a) Nachtrag zu der Abhandlung über die gleiche Besteuerung Hannovers von Georg Sartorius. Hannover, bey den Brüdern Hahn 1817. 8.

11) Ueber die Gefahren, welche Deutschland bedrohen, und die Mittel, ihnen mit Glück zu begegnen. Von Georg Sartorius. Göttingen, in der Dieterichschen Buchhandlung. 1820. 8.

12) G. F. Sartorius Freyherrn von Waltershausen Urkundliche Geschichte des Ursprunges der deutschen Hanse. Herausgegeben von J. M. Lappenberg. Hamburg, verlegt von Friedrich Perthes. 1830. II. 4.

24. Johann Friedrich Ludwig Wachler, geb. am 15. April 1767 in Gotha, studierte in Jena Theologie und in Göttingen Philologie, 1789 außerordentlicher Professor in Rinteln, 1790 Rektor des Gymnasiums in Herford, 1794 ordentlicher Professor der Theologie in Rinteln, 1801 Professor der Philosophie und Theologie in Marburg, 1815 Regierungsrat, Konsistorialrat, Schulrat und ordentlicher Professor der Geschichte in Breslau; infolge des Streites um die Turnsache wurde ihm aber der Wirkungskreis als Konsistorial- und Schulrat genommen. 1824 wurde er zum Oberbibliothekar ernannt. Er starb am 4. April 1838 in Breslau.
a. Meusel, Gel. Teutschland 8, 278 f. 10, 779 f. 11, 733. 16, 122. 21, 283 bis 286. — a'. sieh unten S. 808. — b. Schlesische Provinzialblätter 1838. Band 107, S. 405 bis 418 (Albrecht Wachler). Auch bes. ersch. — c. N. Nekrolog 1838 16. Jahrg., S. 361 bis 373. — d. Nowack, Schlesisches Schriftstellerlexicon 1838 S. 154 bis 164. — e. Allg. dtsch. Biogr. 1896. 40, 416 bis 418 (M. Hippe). — f. s. unten S. 808.
Briefe an α. Böttiger: Dresdner Kgl. Bibliothek. — β. Joh. v. Müller: Maurer-Constant. Band 3, S. 277 bis 316. — γ. Charles de Villers: Hg. von M. Isler. Hamburg 1879. S. 314 bis 316.

1) Wachler vereinigte sich mit Carl Gottlieb Horstig, dem Herausgeber der theologischen Litteraturzeitung, zur Herausgabe der Neuen theologischen Annalen 1798 bis 1823. 26 Bände. 8. Im Jahrg. 1823 steht auf dem Titel: Hg. von Ludwig Wachler und David Schulz.

Die neuen theol. Annalen sind Fortsetzung der von Joh. Matthäus Hassencamp, † 1797, herausgegebenen Annalen der neuesten Theologischen Litteratur und Kirchengeschichte. Rinteln 1789 bis 1797. Neun Jahrgänge.

2) Versuch einer Allgemeinen Geschichte der Litteratur (2. und 3. Bd.: Litteratur). Für studirende Jünglinge und Freunde der Gelehrsamkeit von Ludwig Wachler. Lemgo, im Verlage der Meyerschen Buchhandlung. 1793 bis 1801. III. 8. Die schöne Litteratur im 3. Bande hat Professor Hartmann in Herford ausgearbeitet, die Geschichte der Philosophie, der mathematischen und physikalischen Kenntnisse, der Arzneikunde und der Rechtsgelahrtheit andere.

2a) Handbuch der Geschichte der Litteratur von Ludwig Wachler. Zweyte Umarbeitung. Frankfurt am Main Verlag der Hermannschen Buchhandlung 1822 bis 1824. IV. 8.

1. Theil: Handbuch der Geschichte der alten Litteratur Nebst einer Einleitung in die allgemeine Geschichte der Litteratur. — 2. 1823: Geschichte des Mittelalters. — 3. 1824: Geschichte der neueren Nationallitteratur. — 4. 1824: Geschichte der neueren Gelehrsamkeit.

Dritte Umarbeitung Leipzig, 1833. Verlag von Joh. Ambr. Barth. IV. 8.

3) Handbuch der Psychologie von Dietrich Tiedemann, hg. von Ludwig Wachler. Leipzig 1804. 8. § 247, 4. 5) — Band V. S. 4 f.

4) Ueber Universitäten, nach Schleiermacher, Villers und Tittmann von Ludwig Wachler. Abgedruckt aus den N. theol. Annalen. 1808. Sieh § 293, II. 3. Schleiermacher. Nr. 14).

5) Johann von Müller. Eine Gedächtnißrede, gehalten im großen Universitäts-Hörsaale, den 14. Junius 1809 von Ludwig Wachler. Marburg, in der Akademischen Buchhandlung 1809. 70 S. 8.

6) Geschichte der historischen Forschung und Kunst seit der Wiederherstellung der litterärischen Cultur in Europa. Von Ludwig Wachler. Göttingen, bey Johann Friedrich Röwer. 1812 bis 1820. Zwei Bände in 5 Abtheilungen. 8. Das Werk bildete die fünfte Abteilung der Geschichte der Künste und Wissenschaften seit der Wiederherstellung derselben bis an das Ende des 18. Jahrhunderts. Von einer Gesellschaft gelehrter Männer ausgearbeitet. Dort mit dem besonderen Titel: Geschichte der historischen Wissenschaften von Ludwig Wachler.

7) Friedrich Wilhelm Strieder's Grundlage zu einer Hessischen Gelehrten- und Schriftsteller-Geschichte. Sechszehnter Band Steuber — von dem Werder. Hg. von Ludwig Wachler. Marburg, 1812. 8.

Band 1 bis 15 von Strieder. Kassel 1780 bis 1804. — Band 16 von Wachler. — Band 17 und 18 von Karl Wilhelm Justi. Marburg 1819; von Justi eine Fortsetzung und Ergänzung bis 1830, meist Autobiographien. Marburg 1831. 8.; von Otto Gerland. Band 20 und 21. Kassel 1863 und 1868.

8) Übersicht der neuesten Französischen Litteratur nach der Bibliographie de l'Empire Français, hg. von Ludwig Wachler. Marburg, 1812. in der N. akademischen Buchhandlung. 8.

9) Ernste Worte der Vaterlandsliebe an alle, welche Deutsche sind und bleiben wollen. Deutschland (Marburg) im Nov. 1813. 8.

10) Worte vaterländischer Hoffnung, den edeln und biederen Männern deutscher Nation an das Herz gelegt. Marburg im Februar 1814. 8.

11) Einiger K. Sächsischen Gardisten Frevelthaten, verübt in Marburg den 5. Sept. 1814, beschrieben von Ludwig Wachler. o. O. (Frankfurt) 1814. 8.

12) Lehrbuch der Geschichte, zum Gebrauch bei Vorlesungen auf höheren Unterrichtsanstalten. Breslau 1817. 8. — Zweite verb. Aufl. 1821. 8. — Dritte berichtigte und vorm. Aufl. 1823. 8. — Vierte Aufl. 1826. 8. — Fünfte Aufl. 1828. 8. — Sechste verm. und verbesserte Aufl. Breslau 1838. 8.

13) Teutschlands Zukunft in der Gegenwart. Ansichten von Ludwig Wachler. Breslau 1817. 8.

14) Wilhelm Münscher's Lebensbeschreibung und nachgelassene Schriften. Hg. von Ludwig Wachler. Frankfurt am Main, Verlag der Hermannschen Buchhandlung 1817. 8.

15) Freymüthige Worte über die allerneueste teutsche Litteratur von D. Ludwig Wachler Professor an der Universität in Breslau. Breslau, bei Wilibald August Holäufer. 1817 bis 1819. III. 8. Das 3. Heft hat den bes. Titel: Jahresbericht über die teutsche Litteratur 1818.

16) Vorlesungen über die Geschichte der teutschen Nationallitteratur von Ludwig Wachler. Frankfurt am Main Verlag der Hermannschen Buchhandlung. 1818 und 1819. II. 8. — Zweyte berichtigte und vermehrte Auflage. 1834. II. 8.

17) Philomathie von Freunden der Wissenschaft und Kunst. Herausgegeben von D. Ludwig Wachler. Drei Bände. Frankfurt am Mayn Verlag der Hermannschen Buchhandlung 1818 bis 1822. 8.
Inh. I. 1818. a: Heinrich Steffens über die Bedeutung eines freyen Vereins für Wissenschaft und Kunst. — b: Franz Passow über Tacitus Germania. — c: L. Wachler über Johann von Müller. — d: H. Steffens über elektrische Fische. — e: L. Wachler, Luther Sprecher für die Rechte des Volkes. — f: K. E. Chr. Schneider über Julius Cäsars Charakter aus seinen Schriften. — g: Joachim Chn. Gaß, Versuch den Begriff des Mythischen näher zu bestimmen. — h: Verteutschungen aus Dante, Petrarcha u. Shakspeare von F. Passow und G. Regis. — i: Aus Seb. Frank's Sprichwörtern, von L. Wachler.
II. 1820. a: Wilh. v. Schmeling, Über Preußens gegenwärtige Kriegsverfassung.— b: A. Kayßler, Irrthum und Wahrheit der Philosophie unserer Zeit. — c: Fz. Passow, Über die romantische Bearbeitung hellenischer Sagen. — d: K. E. Chr. Schneider, Beitrag zur Schilderung des Cicero aus seinen Briefen. — e: Wilh. Harnisch, Die latein. Sprache als Mittelpunkt unserer Bildung. — f: L. Wachler, Versuch einer Würdigung der Statistik. — g: Karl Timoth. Zumpt, Über J. Agricola's deutsche Sprichwörter. — h: G. Regis, Übersetzungen aus dem Italiänischen (Dante, M. Angelo).
III. 1822. a: L. Wachler über J. J. Rousseau. — b: G. Regis, Bemerkungen über Swift und seine Werke. — c: W. Harnisch, Über Amerika's Urvölker. — d: W. v. Schmeling, Worauf ist im Frieden zu sehen, damit ein Volk für den Krieg vorbereitet sey? — e: Dan. v. Cölln, Das Symbol der Theokratie im Hebraismus. — f: Fz. Passow, Zur Geschichte der Demagogie in Griechenland.

18) Die Pariser Bluthochzeit. Dargestellt von Ludwig Wachler. Leipzig, 1826. Verlag von Johann Ambrosius Barth. 8. — Zweite berichtigte und vermehrte Ausgabe. Leipzig, 1828. 8.

19) Lehrbuch der Litteraturgeschichte von Ludwig Wachler. Leipzig, 1828. Verlag von Joh. Ambr. Barth. 8. — Zweyte verbesserte Auflage: 1830.

20) Ueber Werden und Wirken der Litteratur zunächst in Beziehung auf Teutschland's Litteratur unserer Zeit. Von Dr. Ludwig Wachler. Breslau 1829. Verlag von J. D. Grüson und Comp. 40 S. 8.

21) Paul Ludwig Courier im Verhältniß zu seiner Zeit. Ein Beitrag zur neuesten Geschichte Frankreichs. Von Ludwig Wachler: Raumers Bister. Taschenbuch 1830. 1, S. 255 bis 294.

22) Vorbereitung und Ausbruch des Aufstandes der Griechen gegen die osmanische Pforte. Von Ludwig Wachler: Raumers Histor. Taschenbuch 1831. 2, S. 367 bis 430.

23) Dr. Ludwig Wachler's vermischte Schriften. Erster (einz.) Theil. Leipzig, 1835. Verlag von Johann Ambrosius Barth. 8. Auch unter dem Titel: Ludwig Wachler's biographische Aufsätze.
a: Joh. Balth. Schuppius. — b: Joh. Jacob Rousseau. — c: J. H. Bernardin de Saint-Pierre. — d: M. C. Curtius. Vorher: Schlichtegrolls Nekrolog 1803. Bd. 2, S. 81 bis 122. — e: Johannes v. Müller. — f: P. L. Courier. Sieh Nr. 21). — g: C. Gottfr. Fürstenau. Vorher: Hessische Denkwürdigkeiten IV, 2, 61 f. — h: Phil. Fried. Weis. — i: Wilh. Münscher. Sieb Nr. 14). — k: Franz Passow.

24) Franz Passow's Leben und Briefe. Eingeleitet von Ludwig Wachler. Hg. von Albrecht Wachler. Breslau, Verlag von Ferdinand Hirt. 1839. 8.

25. Karl Ludwig von Woltmann, geb. am 9. Februar 1770 in Oldenburg, studierte in Göttingen; Privatdozent daselbst; 1794 außerordentlicher Professor der Philosophie in Jena, doch nicht lange; 1799 Hofrat in Berlin, 1800 homburgischer Legationsrat und Resident in Berlin, 1804 auch Chargé d'affaires des Kurerz-kanzlers Erzbischofs von Mainz, 1805 geadelt, in demselben Jahre vermählt mit Karoline, geb. Stosch, die seit 1804 von Karl Müchler (§ 295, I. 1) geschieden war (§ 295, III. 13), 1806 auch Gesandter der Hansestädte, flüchtete 1812 nach Prag (Morgenblatt 1815 Nr. 51) und starb dort am 19. Juni 1817.

Schiller an Goethe spricht mehrmals von Woltmann.

a. Zeitgenossen. Erste Reihe. Band 1. Abtheilung 2, S. 123 bis 176 (Selbst-biographie) = Nr. 20) a.

b. Meusel, Gel. Teutschl. 8, 620 f. 10, 841 f. 11, 750. 16, 279 f. 21, 703 f.

c. Morgenblatt 1815. Nr. 51.

d. Lebensbeschreibungen berühmter und merkwürdiger Personen unserer Zeit. Hg. von C. Nicolai, Ch. Niemeyer, J. F. Krüger u. a. m. Vierter Band. Quedlin-burg und Leipzig, 1828, bei Gottfried Basse. 8. 8, 855 bis 406.

e. Heinrich Laube, Moderne Charakteristiken. Zweiter Band. Mannheim. C. Löwenthals Verlagshandlung. 1835. 8. 270 bis 282.

f. G(. . . . .) Jansen, Aus vergangenen Tagen. Oldenburg 1877. 8. Deutsche Briefe. I. Leipzig, 1834. Friedrich Fleischer. Enth. Briefe Wolt-manns an Erich von Berger, Frdr. Buchholz, Karl von Dalberg, Goethe, von Halem, Varnhagen, Karoline Woltmann, und Briefe an Woltmann von Buchholz, Dalberg, Goethe. Vergl. Weim. Ausg. IV. 12, 102.

Briefe an α. Joh. v. Müller. Hg. von Maurer-Constant. Schaffhausen 1839. 3, S. 177 bis 226. Sieh dazu Nr. 4). — β. Varnhagen: oben S. 178.

1) Geschichte der Deutschen in der sächsischen Periode von Karl Ludwig Woltmann. Erster Theil. Göttingen, bei Johann Christian Dieterich. 1794. 8.

2) Beitrag zu einer Geschichte des französischen National-Charakters: Schillers Horen 1795. Band 2, St. 5, S. 15 bis 49.

3) Plan für historische Vorlesungen von Karl Ludwig Woltmann, Prof. der Phil. in Jena. Jena und Leipzig, bey Christian Ernst Gabler. 1795. 8.

4) Grundriß der neueren Menschengeschichte von Karl Ludwig Woltmann, Prof. der Philos. in Jena. Erster Theil. Jena, bei J. G. Voigt. 1796. 8.

5) Einleitung zur älteren Menschengeschichte. Erster Theil. Jena 1797. 8. Schiller an Goethe 1797 April 18, Goethes Antwort April 22 und Goethe an Woltmann April 26.

6) Geschichte der englischen Revolution. Berlin 1797. 8. Wirklich erschienen?

7) Kleine historische Schriften von Karl Ludwig Woltmann. Jena, bei J. G. Voigt. 1797. II. 8.

Enth. I a. Geschichte der Hohenstaufen in Italien. Erstes Buch. — b. Über Rousseaus Verhältniß zur Kultur seines Zeitalters. — c. Versuche über die Bio-graphie. 1. Biographien als Bedürfniß unsrer Zeit. 2. Begriff und Stoff der Bio-graphie. — d. Biographische Fragmente. 1. Sophonisbe. 2. Kaiser Otho. — e. Markus Brutus. Vergl. Nr. 11) XV, c. und 19) V, 10.

II. Fortsetzung von a. 1. Ueber die vorzüglichsten Quellen für das erste Buch. 2. Ueber die Mordversuche der Mailänder gegen Friedrich den ersten. — 3. Das Schisma. — f. Moses. — g. Herodot. Ein historischer Roman. — h. Theoderich, König der Ostgothen. Vorher: Schillers Horen 1796. Band 7, St. 7, S. 90 bis 105. St. 8, S. 1 bis 20.

8) Geschichte Frankreichs von Karl Ludwig Woltmann. Berlin. Bei Johann Friedrich Unger 1797. 8.

9) Geschichte Großbritanniens von Karl Ludwig Woltmann. Erster Band. Berlin, bei Johann Feiedrich (so) Unger. 1799. 8.

10) Historische Darstellungen von Karl Ludwig Woltmann. Geschichte der Reformation in Deutschland. Altona, bei J. F. Hammerich. 1800 bis 1805. III. 8. — Wohlfeile Aufl. 1817. III. 8.

11) Geschichte und Politik. Eine Zeitschrift herausgegeben von Karl Ludwig Woltmann. Berlin. Bei Johann Friedrich Unger. 1. bis 6. Jahrg. (je 12 Stück oder 3 Bände). 1800 bis 1805. 18 Bände. 8.

I. a: Geschichte und Politik. Woltmann. — b: Münnich. von Halem. — c: Sieyes, ein Fragment. — d: Blick auf die Geschichte der innern Staatsverwaltung Frankreichs. von Beguelin. — e: Kaiser Karl V. und die Häupter der Protestanten Woltmann. — f: Bemerkungen über die berühmtesten Männer des Freistaats in Nordamerika. Kierrulf aus Lund. — g: Despotismus in dem Freistaate Nordamerika's. Karl von Bülow. — h: Über Friedrich den Zweiten. Garve und Bastiani. — i: Rede über die Erziehung der Menschheit. Garve. — k: Freiherr von Görz, Freund Karls des Zwölften. Woltmann. — l. Garve über seinen Umgang mit den höhern Ständen. — m: Das englische Ministerium und Bonaparte: Pitt und Fox. Woltmann (Fortsetzung untersagt). — n: Schreiben aus Norköping über den Geist der schwedischen Reichstäge (Fortsetzung untersagt). — o: Johannes Diaz. Woltmann. — p: Wuth des Königs Johann über die Gründung der englischen Freiheit und Landung der Franzosen in England. Woltmann. — q: Beitrag zur geheimen GeschichteGustavs desDritten vonSchweden(Fortsetzung untersagt). — r: Fiesko. Heß.

II. In Ungers Journalhandlung. a: Schluß von I. r. — b: Schreiben an den Herausgeber. Graf Friedrich zu Solms. — c: Der deutsche Krieg. Woltmann. Sieh I. e. — d: Johann Georg Büsch. Heerwagen. — e: Bemerkungen über das Leben Francesko Sforza's, Herzogs von Mailand. Heß. — f: Erinnerungen aus Münnichs Feldzügen. Friedrich Ludwig, Graf zu Solms-Wildenfels. — g: Aktenstücke der angefangenen Friedensunterhandlungen zwischen Großbritannien und der französischen Republik. — h: Über die Aufnahme historischer Aktenstücke in Zeitschriften. Woltmann. — i: Bemerkungen über die Geschichte der Fronde. Heß. — k: Diego Hurtado de Mendoza. Buchholz. — l: Kunstwerke und Reliquien, die Preise des Sieges. von Halem. — m: Über den Einfluß der stehenden Heere auf die Kultur. von Boyen. — n: Einfluß von Kleinigkeiten auf wichtige politische Begebenheiten. Woltmann.

III. a: Karl der Dritte, Herzog von Bourbon. Buchholz. — b: Schicksal der englischen und französischen Kriegsgefangenen in französischer und englischer Gefangenschaft. Nach den neuesten Aktenstücken. Mit einem Nachtrag. Woltmann. — c: August, Kurfürst von Sachsen. Heerwagen. — d: Etwas über Erbfolge und Wahl. Heß. — e: Geschichte der Entstehung des Jesuitenordens bis zum Tode seines Stifters. Buchholz. — f: Erinnerung an die Verbindung zwischen den historischen Hülfswissenschaften und der Politik. Heß. — g: Damel der Heide, oder Afrikanische Großmuth. von Halem.

IV. 1801. a: Beitrag zur Lebensgeschichte des kursächsischen Kabinetsministers Freiherrn von Gutschmid. Teller. — b: Historische Kleinigkeiten. von Halem. — c: Beitrag zu Nachrichten über die gegenwärtige nordamerikanische Kultur. Friese. — d: Reden über die deutsche Nazion. Woltmann. — e: Über den Begriff und Umfang der sächsischen Geschichte. Heß. — f: Friedrich der Große von Preußen. Johannes Müller und Woltmann. — g: Wo könnten die vorzüglichsten Epochen in der Sächsischen Geschichte seyn? Heß. — h: Einleitung zu einer Geschichte des Europäischen Gleichgewichts. — i: Über die wichtigsten Reichsgesetze, die bis izt von Kaiser Alexander erlassen wurden. G. Merkel. — k: Hannibal und Scipio. Woltmann. — l: Ägypten. — m: Über Mariana und einige seiner Werke. Buchholz. — n: Brief an den König Alphonsus. von Halem. — o: Blick auf die Geschichte von Genua. Heß. — p: Noch ein Wort über Rousseau. — q: Oliver Kromwell. Woltmann. — r: König Emanuel von Portugal und die Kornjuden. Heß. — s: Katholizismus. von Halem.

V. a: Schluß von IV. m. — b: Der Historiker und sein Vaterland. Woltmann. — c: Erinnerung an eine gewisse Güter-Gemeinschaft für Sachsen. Heß. — d: Hannibals Abschied von Italien. Woltmann. — e: Düsaulx und Rousseau. Woltmann. — f: Der Hof Heinrichs des Dritten von England und der Graf von Leizester. Woltmann. — g: Über die Entstehung des gegenwärtigen Krieges zwischen Großbritannien und Frankreich. Woltmann. — h: Protokoll einer wegen des Türkenkriegs zu Wien gehaltenen Staatskonferenz. Graf von Seckendorf. — i: Reflexionen zu dem bevorstehenden Türkenkriege. Graf von (Königsegg). — k: Schreiben an den kaiserlichen Staatssekretär Freiherrn von Bartenstein. Prinz Joseph von Hildburghausen. — l: Bericht an den Grafen von Seckendorf. von Berenklau. — m: Pausanias, Wallenstein, Dumouriez. von Halem. — n: Bericht des Dragoner-Hauptmanns Illick aus Rabatsch. — o: Brief des Grafen von Seckendorff an den Herzog von Lothringen. — p: Mündliche Antwort des Herzogs von Lothringen. — q: Briefe des Prinzen Joseph von Sachsen-Hildburghausen an den Grafen von Seckendorff. —

r: Beiträge zur Geschichte der Finanzen der Französischen Republik. — s: Vermischte historische und politische Kleinigkeiten. Woltmann. — t: Gerichtliches Verhör einiger Liefländischen Bauern über ihren Großherrn. G. Merkel. — u: Kardinal Ximenes. Buchholz.

VI. a: Schluß von V, u. — b: Konstanze de Oezilli. S. Ascher. — c: Die Prinzessin Ursini. Chn. Aug. Fischer. — d: Mariatale. von Halem. — e: Etwas über einige Gemein-Güter für Deutschland überhaupt. Heß. — f: Ganz, wie bei uns. von Halem. — g: Kruse's historischer Atlas. Woltmann. — h: Der Prometheuskopf und die Menschlein. von Halem. — i: Anklage und Vertheidigung des kaiserlichen General-Feldmarschalls Grafen von Seckendorff. — k: Die Schlacht in den Katalaunischen Feldern. Ludwig Theobul Kosegarten. — l: Die Verheerung Roms durch Alarich. Ein historisches Bruchstück L. T. Kosegarten. — m: Über den Parallelismus der Kreuzzüge, der Reformation und der Revoluzion. Entworfen i. J. 1793. Christianus [d. i. Geo. Chn. Otto]. — n: Anastasius Ludewig Menken. Teller. — o: Miszellen.

VII. 1802. a: Johann Reinhold von Patkul. Nebst einem noch ungedruckten (steht schon im Theatr. Europ.) Berichte von seiner Hinrichtung. Judex. — b: Tsetang oder der Saal der Vorfahren. von Halem. — c: Nachtrag zu III, f. — d: Lucius Junius Brutus. Prof. Chr. Ferd. Schulze in Gotha. — e: Über die Prinzessin Ursini. Vergl. Bd. VI. c. — f: Bemerkungen über die Schreckensperiode. Fr. Buchholz. — g: Berichte des Prinzen Joseph von Hildburghausen an den Kaiserl. Hofkriegsrath. Sieh V, k. — h: Briefe des Grafen von Seckendorff an den Staatssekretär Freiherrn von Bartenstein. — i: Beiträge zur Kenntniß der östreichischen Militärverfassung im 18. Jh. — k: Berichte des Grafen von Seckendorff an Kaiser Karl VI. und geheime Sendschreiben des Kaisers. — l: Fortsetzung von k. — m: Poesie; Beredsamkeit. — n: Ueber stehende Heere. — o: Bemerkungen über III, c. Landrentmeister Hunger in Dresden. — p: Miszellen.

VIII. a: Fortsetzung von VII, L. — b: Friedrich Wilhelm, der große Kurfürst von Brandenburg. Schütz. — c: Schluß von VIII, a. — d: Fortsetzung von VIII, b. — e: Politische Bemerkungen über die neueste französische Kirchen-Verfassung. Zachariä. — f: Die Griechen und Römer. Eine historische Parallele. — g: Blanka, ein numismatisches Problem. Heß. — h: Noch ein Wort über einige Gemeingüter für alle Nazionen. Heß. Sieh V, c und VI, e. — i: Ein Wörtchen zu VII, b. Heß. — k: Pierre Pithon und sein Testament. Heß. — l: Erzbischof Egilbert von Trier, Rabbi Micha und die Juden. Eine Anekdote aus den Zeiten der Kreuzzüge. Heß. — m: Ueber den Werth der Alten. Buchholz. — n: Nachrichten vom Leben und von den Schriften des italiän. Geschichtschreibers Franzesko Guicciardini. — o: Tahoua-Kouting, oder die Trommel des Rechts. v. Halem. — p: Chinesischer Fürsten-Spiegel. v. Halem. — q: Die Friedensstifterin. Nach Vigneul Marville. v. Halem. — r: Ueber Ciceros Ansicht von der Geschichte. Buchholz. — s: Politische Bemerkungen über die durch die Konstituzion der italienischen Republik angeordneten Wahlkollegien. Zachariä.

IX. a: Zimee, eine Negergeschichte. v. Halem. — b: Luther und Loyola. Christianus. — c: Viriathus. Heinrich Gräve. — d: Unredlichkeit im gerichtlichen Verfahren gegen Maria Stuart (Bruchstück nach dem Engl.). C. Niemeyer. — e: Washingtons Testament. Woltmann. — f: Geschichte der Helvetischen Revoluzion. Sieh unten S. 808. — g: Über den unverkennbaren Zusammenhang der Erfindung des Schießpulvers mit den Resultaten der neueren Philosophie. Buchholz. — h: Weltgeschichte. Woltmann. — i: Über die Preßfreiheit. Buchholz. — k: Fortsetzung von IX, f. — l: Karl Wilhelm, Graf von Finkenstein. Woltmann. — m: Elisabeth, Essex, Bacon von Verulam. Buchholz. — n: Peters des Großen Jugend bis zum Ende der Regentschaft Sophia's. v. Halem.

X. 1803. a: Bonaparte auf dem Schlachtfelde von St. Ivry. Woltmann. — b: Über den Unterschied der Moral von der Gesetzgebung. Buchholz. — c: Christian der Vierte, König von Dänemark. Nach Suhm, mit Zusätzen. Rink. — d: Jesus und Mohamed. Eine Parallele. Buchholz. — e: Ansichten vom Vorgebirge der guten Hoffnung. Chn. Aug. Fischer. — f: Gonzalo Perez. Buchholz. — g: Der Bischof Synesius. Buchholz. — h: Quintus Sertorius. H. Gräve. — i: Schwedischer Reichstag 1788 und 89. Nach den Grafen v. Lynar und v. Finkenstein. — k: Leben des Grafen H. C. v. Kayserling. G. S. Bilterling. — l: Über pragmatische Behandlung der Geschichte. Vergl. Nr. 20) 7. Lieferung, y. — m: Schluß von X, i. — n: Gehässige Unruhen in Coburg. — o: Artois, Condé und Custine.

Eine Anekdote zur Geschichte der französischen Revolution. Professor Lange
in Helmstädt. — p: Einfluß der französischen Besitznehmung von Louisiana auf
Handel und Bevölkerung des nordamerikanischen Freistaats. F. Herrmann. —
q: Die Rolands-Säule in Bremen. Deneken.

XI. a: Versuch einer Geschichte des Grafen Hoyer von Valkenstein. Richter in Leipzig. — b: Über Niccolo Macchiavelli's Fürstenspiegel. Buchholz. —
c: Der Kampf der Fürsten und Städte. Ein Gemählde aus dem Mittelalter. —
d: Ueber den Beistand, den die Römer den Karthaginensern in dem Kriege mit
den Miethvölkern leisteten. Schulze. — e: Etwas über Anordnung der sächsischen
Geschichte. Heß. — f: Jakob Bonfadio. H. Gräve. — g: Ueber die Schiksale
des Schlosses und der Stadt Homberg in Hessen, vorzüglich im 30j. Kriege. B. C.
von Heister. — h: Kola di Rienzo. Christianus. — i: Notizen für Reisende
in Thüringen. Heß. — k: Friedrich der Große und Fasch. Woltmann.

XII. a: Fortsetzung von XI, h. — b: Markus Brutus. Heinrich Gräve. —
c: Ueber die Königlich Spanische Handlungskompagnie der Philippinen. Crome. —
d: Souwarows Einzug in Mailand 1799. — e: Wiedereinnahme von Mailand durch
Bonaparte 1802. — f: Muley Ismael, Beherrscher des Marokkanischen Reichs. —
g: Erneuerter Streit zwischen Staat und Kirche, oder Mishelligkeit zwischen dem
Senat und den lutherischen Diakonen und Predigern in Bremen. Woltmann. —
h: Noch etwas von den Grafen von Valkenstein am Harze. Wohlbrük. Vergl.
XI, a. — i: Themistokles. Heinr. Gräve. — k: Moriz von Sachsen und Albrecht
von Brandenburg. Woltmann. — l: Bergwerk und Forsten der Stadt Goslar, und
Anfang der Irrungen über dieselben mit dem Hause Braunschweig.

XIII. 1804. a: Bonaparte vor dem Teppich zu Bayeux. Woltmann. — b: Über
die Jesuiten unsrer Zeit. Buchholz. — c: Geist der neusten deutschen Reichsverfassung. Zachariä. — d: Karl der Große und Bonaparte. Woltmann. — e:
Große Thaten und die Historie. Woltmann. — f: Schluß von XII, a. — g: Über
den Verlust St. Domingo's und die politische Wichtigkeit dieser Insel. Buchholz. — h: Rettung der deutschen Nation durch ihre Autoren. Woltmann. —
i: Histor. und polit. Kleinigkeiten. Woltmann. — k: Johann Baptist Colbert,
französischer Finanzminister unter Ludwigs XIV. Regierung. Heerwagen in
Berlin. — l: Verführungskünste der französischen Könige gegen die Deutschen.
Woltmann. — m: Histor. und polit. Kleinigkeiten. Woltmann. — n: Eine Kloster-
scene aus dem Mittelalter. Woltmann. — o: Über den Unterschied des Despotismus und der Souveränität, in Beziehung auf Bonaparte. Buchholz. — p: Beitrag zur Beurtheilung der neuesten reichsritterschaftlichen Streitigkeiten. —
q: Miguel de Cervantes Saavedra. H. Gräve. — r: Fortsetzung von XIII, k. —
s: Über das organische Senatus Consultum vom 18. Mai 1804. Woltmann.

XIV. a: Thomas Münzer. L. v. Baczko. — b: Die Schlacht bei Fehrbellin
1675. Karl Ourths. — c: Historische Übersicht der norddeutschen Association
in den Jahren 1796 bis 1801. Vergl. g. — d: Einige Worte über die Menschen-
verschiffungen aus Hamburg nach Nord-Amerika. Vergl. h. — e: Frankreich bei
dem Anfang der Regierung des Kaisers Napoleon I. Crome. — f: Über die Wir-
kungen der Reformation. Woltmann. — g: Die norddeutsche Association in den
J. 1796 bis 1801. Woltmann. — h: Menscheuverschiffungen aus Hamburg nach Nord-
Amerika. Woltmann. — i: Fortsetzung von XIII, r. — k: Kaspar von Schwenkfeld.
Woltmann. — l: Zur politischen Teleologie. Zachariä. — m: Von der historischen
Arbeit und dem Urtheil über dieselbe. Woltmann. — n: Nachtrag zu VII, o.
Fischbach. — o: Die Bartholomäusnacht 1572. Karl Curths. — p: Idee einer
Deutschen Stadt. Woltmann. — q: Idee einer Deutschen Universität. Woltmann.

XV. a: Ueber den poetischen Gebrauch des historischen Stoffes. Woltmann.
— b: Schluß von XIII, r. — c: Marcus Brutus. Woltmann. Vergl. Nr. 7) I, e.
20) V, 10. — d: Landung der Franzosen in Ireland in den J. 1796 und 1797. —
e: Servilia und Porcia. Woltmann. — f: Demonax und Kant. Eine Parallele.
Buchholz. — g: Bemerkungen über den Zweikampf. Buchholz. — h: Madame
Luise, Tochter Ludwigs des Funfzehnten. Buchholz. — i: Historischer Wink
nach Afrika. Zeune. — k: Über das Verhältniß zwischen Cicero und Brutus.
Woltmann. — l: Geschichte der Verhältnisse zwischen Preußen und Rußland bis
auf den Anfang des 7jähr. Krieges. v. Baczko. — m: Merkwürdiger Seekampf
in dem ersten Viertel des 16. Jahrh. Buchholz. — n: Theorie und Praxis. Woltmann. — o: Kaiser Napoleon über Theorie und Praxis. Woltmann. — p: Lucius
Sergius Catilina. Heinr. Gräve. — q: C. Cornelius Tacitus. Woltmann.

XVI. 1805. a: Über Entstehung und Geist der Staaten des Alterthums. Fichte. — b: Das Jahr 1804. Woltmann. — c: Don Antonio Perez, Staatssekretär Philipps des Zweiten, Königs von Spanien. Buchholz. — d: Kampf der geistlichen und weltlichen Macht am Schlusse des 15. und zu Anfang des 16. Jahrhunderts im Süden von Europa. Buchholz. — e: Heinrich Dandolo, Doge von Venedig. Buchholz. — f: Erklärung. Woltmann.

XVII. a: Beschluß von XVI, d. -- b: Fortsetzung von XV, q. — c: Nelsons Tod. Woltmann. — d: Ein Charakterzug des Kaisers Alexander von Rußland. Woltmann. — e: Über das Königreich Italien. Buchholz. — f: Bemerkungen über den Geist der Alexiade der Anna Comnena. Buchholz. — g: Leben und Geist der Frau von Sévigné aus dem Zeitalter Ludwigs des Vierzehnten. Karoline Woltmann.— h: Über die verbündeten Staaten des französischen Reichs. Woltmann. — i: Erzherzog Karl. Woltmann. — k: Erinnernngen an französische Generäle.

XVIII. a: Abriß einer Geschichte des franz. Finanzwesens, veranlaßt durch eine Stelle in dem Verwaltungsbericht des Ministers des Innern von Frankreich. Buchholz. — b: Fortsetzung von XVII, b. — c: Der Herzog von Biron und Heinrich der Vierte, König von Frankreich. Buchholz. — d: Sicherung des französ. Föderativstaats. Weltmann. — e: Nelson, Gravina und Villeneuve. Woltmann. — f: Über Heinrich des Vierten Idee einer christlichen Republik. Buchholz. — g: Administration und kaiserliche Commission in der Rheingräflich Salmischen Grafschaft Horstmar. (Im ehemaligen Münsterlande.) Eine historische Skizze [Joh. v. Riese] sieh unten S. 808. — h: Schluß von XVIII, b. — i: Abschied von den Lesern dieser Zeitschrift. Woltmann. — k: Anzeige Histor. Werke von Tacitus verdeutscht durch Woltmann (Berlin 1811 bis 1817. VI. 8.).

12) Das brandenburgische Haus. Berlin 1801. 8.

13) Geschichte des Westphälischen Friedens. In zwey Theilen. Von Karl Ludwig von Woltmann. Leipzig, bey Georg Joachim Göschen. 1808 und 9. II. 8. (auch als Fortsetzung zu Schillers Geschichte des dreißigjährigen Krieges). Sieh Band V. S. 147 Z. 12 und 11 v. u., S. 184, 16) und S. 188 Abs. II.

14) Johann von Müller von Karl Ludwig von Woltmann. Berlin, bei Julius Eduard Hitzig. 1810. 8. [Nebst einem Anhange, LXXI Seiten, der Müller's 12 Briefe an den Verfasser enthält].

15) Geist der neuen Preußischen Staatsorganisation von Karl Ludwig von Woltmann. Leipzig, Züllichau und Freistadt bei Darnmann. 1810. 8.

16) Deutsche Blätter, herausgegeben von Karl Ludwig von Woltmann. Prag und Berlin, 1814. In der Expedition der Deutschen Blätter. Zwei Bände. 8. Darin Aufsätze über Goethes Dichtung und Wahrheit und Kotzebues Preußische Geschichte, ferner Dichtungen von Karoline v. Woltmann.

17) Catilina und Jugurtha von Caj. Crispus Sallustius. Deutsch. Einzig rechtmäßige Ausgabe. Prag 1814. 8.

18) Inbegriff der Geschichte Böhmens von Karl Ludwig von Woltmann. Prag, 1815. Bei J. G. Calve, II. 8.

19) Politische Blicke und Berichte von Karl Ludwig von Woltmann. Erster [einziger] Theil. Leipzig und Altenburg: F. A. Brockhaus. 1816. 236 S. 8.

20) Karl Ludwig von Weltmann's sämmtliche Werke herausgegeben von seiner Frau. Leipzig, auf Kosten der Herausgeberin im deutschen Museum. 1818 bis 1827. XIV. 8.

Inhalt: Erste Lieferung. 1. Band. a. Selbstbiographie mit Nachtrag von Karoline v. Woltmann. Vergl. W. v. Biedermann, Goethes Gespräche. Leipzig 1896. 10, 24. — b. Aeltere Menschengeschichte. — c. Geschichte der Aegyptier. — d: Geschichte der Israeliten. — 2. Band. e. Geschichte von Frankreich.

Zweite Lieferung. 1. und 2. Band. f. Geschichte Großbritanniens.

Dritte Lieferung. 1. und 2. Band (1819). g. Geschichte der Reformation in Deutschland vom Reichstage zu Nürnberg 1543 bis zum Religionsfrieden zu Augsburg 1555.

Vierte Lieferung. 1. Band. h. Geschichte des westfälischen Friedens. — 2. Band. i. Inbegriff der Geschichte Böhmens. Mit Anmerkungen von Abbé Joseph Dobrowsky.

Fünfte Lieferung. 1. Band (1820). k. Biographien: 1. Heinrich der Erste, Vorher: Berlin. Monatsschrift 1810. Nov. S. 269 bis 289. 2. Otto der Große. 8. Otto der Zweite. 4. Otto der Dritte. Vorher: Schillers Neue Thalia 1792. St. 8. S. 393 bis 412. 5. Heinrich der Heilige. — 2. Band. 6. Theoderich, König der Gothen.

7. Georg Heinrich, Freiherr von Görz. 8. Karl Wilhelm, Gf. Fink von Finkenstein. Sieh oben Nr. 11) IX, 1. 9. Albrecht von Waldstein. Vorher: Histor. Kalender f. 1803. 10. Marcus Brutus. Vergl. Nr. 7) I, e. 11) XV, c. 11. Margaretha von Anjou. 12. Ritter Georg von Frundsberg. Vorher: Berlin. Monatsschrift 1809. Nov. S. 272 bis 292. Dec. S. 321 bis 335. 13. Gottfried August Bürger.
Sechste Lieferung (1821). l. Das brandenburgische Haus. — m. Oesterreichs Politik und Kaiserhaus. — n. Oliver Kromwell. — o. Friedrich Buchholz.' — p. Ludewig von Berger. — q. Beyme. — r. Anton Gramberg. — s. Freiherr von Stein. Vorher: Zeitgenossen Heft 10, 8. 194 f. — t. Joseph Ludewig Stoll. — u. August Wilhelm Iffland.
Siebente Lieferung. 1. Band (1824). v. Plan für historische Vorlesungen. — w. Ueber den Entwurf der Geschichte der Europäischen Staaten, von Spittler, 2. Theil. — x. Günstige Erscheinungen der Gegenwart, für wissenschaftliche Einheit der Geschichte. — y. Ueber pragmatische Behandlung der Geschichte. Vergl. Nr. 11) X, 1. — z. Von der historischen Arbeit und dem Urtheil über dieselbe. Vergl. Nr. 11) XIV, m. — aa. Ueber Kotzebue's Geschichte von Preußen. Vergl. Nr. 16). — bb. Ueber Geschichtsforschung, geschichtliche Darstellung und Geschichtschreibung. — cc. Ueber die Grundsätze der Strategie, erläutert durch die Darstellung des Feldzuges von 1796 in Deutschland vom Erzherzog Karl. — dd. Ludwig Timotheus, Freiherr von Spittler. Vorher: Zeitgenossen 1818. Zweiter Band. Heft 6. 8. 65 bis 98. — ee. Ueber den poetischen Gebrauch des historischen Stoffes. Vergl. Nr. 11) XV, a.
Achte Lieferung. 1. und 2. Band. Berlin, bei August Rücker. 1827. ff. Memoiren des Freiherrn von S—a.
Vergl. § 295, I. 10 (Romane).

26. Franz Seraphin Kurz, geb. am 2. Juli 1771 in Kefermarkt bei Freistadt in Oberösterreich, trat ins Kloster St. Florian, 1799 Archivar im Klosterarchive, regulierter Chorherr und seit 1811 Pfarrer zu St. Florian im Lande unter der Ens. Dort starb er am 12. April 1843.
a. N. Nekrolog 1843. Jahrg. 21, 8. 282.
b. Mühlbacher, Litterarische Leistungen St. Florians.
c. Wurzbach 1865. 13, 421 bis 423.
d. Allg. dtsch. Biogr. 1883. 17, 419 bis 421 (Horawitz).
1) Beiträge zur Geschichte des Landes Oesterreich ob der Ens. Von Franz Kurz. Leipzig 1805 bis 1810 bei Friedrich Immanuel Eurich. IV. 8. 8. Theil: Linz, bei Cajetan Haslinger.
Erster Theil: Versuch einer Geschichte des Bauernkrieges in Oberösterreich unter der Anführung des Stephan Fadinger und Achatz Wiellinger. — Zweiter Theil: Geschichte des Aufruhrs im Hausruck- und im Machland-Viertel; nebst einem Anhange von Urkunden der Klöster Lambach und Garsten. Dritter Theil. 1808: Merkwürdigere Schicksale der Stadt Lorch, der Gränzfestung Ennsburg, und des alten Klosters St. Florian bis zum Ende des eilften Jahrhunderts. Nebst einer Sammlung der vorzüglicheren Urkunden der Klöster Gleink und Baumgartenberg. — Vierter. 1809: Geschichte des Kriegsvolks, welches der Kaiser Rudolph II. im Jahr 1610 zu Passau anwerben ließ. Nebst einer Sammlung der vorzüglicheren Urkunden der Klöster Waldhausen und Wilhering.
2) Geschichte der Landwehre in Oesterreich ob der Ens. Von Franz Kurz. Linz, bey Cajetan Haslinger. 1811. II. 8.
8) Oesterreich unter Kaiser Friedrich dem Vierten. Von Franz Kurz. Wien, 1812. Im Verlage bey Anton Doll. II. 8.
4) Oesterreich unter den Königen Ottokar und Kaiser Albrecht I. Von Franz Kurz. Linz. Bey Cajetan Haslinger. 1816. II. 8.
5) Oesterreich unter K. Friedrich dem Schönen. Von Franz Kurz. Linz, bey Cajetan Haslinger. 1818. 8.
6) Oesterreich unter H. Albrecht dem Lahmen. Von Franz Kurz. Linz. Bey Cajetan Haslinger. 1819. 8.
7) Oesterreich unter H. Rudolph dem Vierten. Von Franz Kurz. Linz, bey Cajetan Haslinger. 1821. 8.
8) Oesterreichs Handel in den älteren Zeiten. Von Franz Kurz. Linz, bey Cajetan Haslinger. 1822. 8.

21*

9) Oesterreichs Militärverfassung in älteren Zeiten. Von Franz Kurz. Linz, bey Cajetan Haslinger. 1825. 8.

10) Oesterreich unter H. Albrecht dem Dritten. Von Franz Kurz. Linz, bey Cajetan Haslinger. 1827. II. 8.

11) Oesterreich unter Herzog Albrecht IV. Nebst einer Uebersicht des Zustandes Oesterreichs während des vierzehnten Jahrhunderts. Von Franz Kurz. Linz, 1830. Bey Joseph Fink. II. 8.

12) Schicksale des Passauischen Kriegsvolkes in Böhmen bis zur Auflösung desselben im J. 1611. Prag 1831. 8.

13) Österreich unter K. Albrecht den Zweyten. Von Franz Kurz. Wien, 1835. Verlag von Kupffer und Singer. II. 8.

14) Der Einfall des von Kaiser Rudolf II. in Passau angeworbenen Kriegsvolkes in Oberösterreich und Böhmen. (1610—1611.) Von Franz Kurz, regul. Chorherrn von St. Florian. Aus dessen Nachlaß mitgetheilt und mit einer Einleitung versehen von Albin Czerny, regul. Chorherrn von St. Florian und Bibliothekar — 53. und 54. Jahres-Bericht des Museums Francisco-Carolinum. Linz 1895 und 1896. II. 8.

27. Johann Christian Pfister, geb. am 11. März 1772 zu Pleidelsheim in Württemberg, studierte in Tübingen und wurde dort Repetent am theologischen Stifte; bei einem Aufenthalte in Wien lernte er Joh. v. Müller kennen und ließ sich durch ihn zu historischen Studien begeistern. 1806 Diakonus in Vaihingen an der Enz und Pfarrer in Klein-Glattbach, 1813 Pfarrer in Unter-Türkheim, 1832 Generalsuperintendent und Prälat in Tübingen. Er starb am 30. September 1835 in Stuttgart.
  a. Meusel, Gel. Teutschl. 15, 37 f. 19, 122 f.
  b. N. Nekrolog 1835. 13, 810 bis 821.
  c. Württembergische Jahrbücher 1835. S. 188 bis 209.
  d. Allg. dtsch. Biogr. 1887. 25, 667 f. (Eugen Schneider).
  Briefe an Joh. v. Müller: Hg. von Maurer-Constant. Band 3, S. 227 bis 276.

1) Geschichte von Schwaben, neu untersucht und dargestellt von J. C. Pfister. Heilbronn am Neckar bey Johann Daniel Claß. (Der 5. Band: Stuttgart bey F. C. Löflund und Sohn.) 1803 bis 1827. V. 8.

2) Uebersicht der Geschichte von Schwaben von den ältesten bis auf die neuesten Zeiten. Durchaus nach ächten, zum Theil noch unbekannten Quellen entworfen von J. C. Pfister. Stuttgart, bei Joh. Fried. Steinkopf. 1814. 8.

3) Historischer Bericht über das Wesen der Verfassung des ehemaligen Herzogthums Württemberg, zugleich Entwurf eines größern Werks. Heilbronn 1816. 8.

4) Denkwürdigkeiten der Würtembergischen und Schwäbischen Reformationsgeschichte, als Beitrag zur dritten Jubelfeier der Reformation. Von J. C. Schmid und J. C. Pfister. Zwei Hefte. Tübingen, bei Heinrich Laupp. 1817. 8.
  Erstes Heft von J. C. Pfister, zweites von J. C. Schmidt: ein drittes ist nicht erschienen.

5) Herzog Christoph zu Wirtemberg, aus größtentheils ungedruckten Quellen. von J. C. Pfister. Tübingen, bei Heinrich Laupp. 1819 und 1820. II. 8.

6) Schwäbisches Taschenbuch erster Jahrgang 1820. Mit Beiträgen von Joh. Ch. Pfister, Lebret, Therese Huber u. A. Stuttgart 12. Band VIII. S. 101, 224.

7) Die evangelische Kirche in Würtemberg, ihre bisherige Verfassung, ihre neuesten Verhältnisse und Forderungen in gedrängter Kürze. Tübingen 1822. 8.

8) Eberhard im Bart, erster Herzog zu Wirtemberg, aus ächten, großentheils handschriftlichen Geschichtsquellen von J. C. Pfister. Tübingen, bei Heinrich Laupp. 1822. 8.

9) Geschichte der Teutschen. Nach den Quellen von J. C. Pfister. Hamburg 1829 bis 1835. V. 8. Sieh nachher Nr. 35. Ukert. 8) b und c.

10) Geschichte der Verfassung des württembergischen Hauses und Landes. Aus Pfisters hinterlassenen Papieren bearbeitet von K. Jäger. Heilbronn 1838. Zwei Abtheilungen. 8. — Neue Ausgabe: Heilbronn 1857. 8.

28. Johann Christoph Anton Maria Freiherr von Aretin, geb. am 2. Dezember 1772 in Ingolstadt, studierte in Heidelberg und Göttingen, wurde 1793

kurfürstl. Hofrath in München, 1799 Generallandesdirektionsrat, 1804 Oberhof-
bibliothekar und Vizepräsident der Akademie der Wissenschaften. Als diese norddeutsche Gelehrte nach München brachte, führte Aretin den Krieg der kleinlichsten
Intriguen gegen sie, sodaß, wenn das neue Institut nicht preisgegeben werden sollte,
seine Entfernung, wenigstens von München, notwendig wurde. Er wurde 1811 als
Direktor des Appellationsgerichtes nach Neuburg a. d. Donau versetzt, 1813 Vice-
präsident, 1819 Präsident des Appellationsgerichtes in Amberg. Er starb am 24. Desember 1824 in München, ein Vertreter des beschränktesten Partikularismus.

Sammlung der Aktenstücke in Sachen des Präsidenten der königlichen Akademie der Wissenschaften zu München F. H. Jakobi und 5 Consorten, Schlichtegroll, Breyer, Jakobs, Hamberger und Niethammer, als Kläger gegen den königlich
baierischen Hofbibliothekar Chr. Freiherr von Aretin, als Beklagten, puncto
injuriarum atrocissimarum et satisfactionis. Baiern [o. O. u. Verl.], 1810. 8

    a. Mensel, Gel. Teutschl. 9, 32f. 11, 19f. 13, 29 bis 31. 17, 38 bis 40. 22f, 59f.
    b. Kehrein, Lex. 1, 8f., wo die Verhältnisse tendenziös umgekehrt sind.
    c. Allg. dtsch. Biogr. 1875. I, 518f. (v. Inama).
    Briefe an α. K. A. Böttiger (10): Kgl. Bibliothek in Dresden. — β. an und
von Görres: oben S. 203.
    Brief an Aretin von Goethe: W. A. IV. 20, 299f.

1) Von den ältesten Denkmählern der Buchdruckerkunst in Baiern, und dem
Nutzen ihrer näheren Kenntniß . . von J. Christophor Freyherr von Aretin. München
1801. Bey Joseph Lindauer. 4.

2) Historisch-literarische Abhandlung über die erste gedruckte Sammlung der
Westphälischen Friedensakten. Mit urkundlichen Beylagen. Von Joh. Christ. Freyherrn von Aretin. München, bey Joseph Lindauer. 1802. 8.
    Vergl. Dtsch. Merkur 1801 Stück 9, S. 69f. und St. 12, S. 308 bis 12.

3) Aelteste Sage über die Geburt und Jugend Karls des Großen. Zum erstenmale bekannt gemacht und erläutert von J. Christ. Freiherrn v. Aretin,
in der J. Schererschen Kunst- und Buchhandlung. 1803. 8.

4) Beyträge zur Geschichte und Literatur, vorzüglich aus den Schätzen der
pfalsbaierischen Centralbibliothek zu München. Hg.von Joh.Chr. Freiherrn von Aretin.
München, in Kommission der Schererschen Kunst- u. Buchhandlung. 1803 bis 1814. X. 8.
    Darin viele Beiträge von Docen zur älteren deutschen Litteratur.

5) Geschichte der Juden in Baiern. Landshut 1803. 8.

6) Aussprüche der Minnegerichte. Aus alten Handschriften herausgegeben
und mit einer historischen Abhandlung über die Minnegerichte des Mittelalters
begleitet von Christophor Freiherrn von Aretin. München, in der Schererischen
Kunst- und Buchhandlung, 1803. 8.

7) Aretin gab heraus: Neuer literarischer Anzeiger. Eine Zeitschrift aus dem
Gebiete der Literatur und Kunst. Juli 1806 bis December 1807. München, Fleischmann. 4. Dritter Jahrgang 1808. Tübingen, Cotta. 4. Vergl § 2 — Band I. S. 2.

8) Über die frühesten universalhistorischen Folgen der Erfindung der Buchdruckerkunst. Eine Abhandlung . . von J. Christ. Freyherrn von Aretin. [Mit dem
vollständigen Fac-simile des ältesten bisher bekannten teutschen Druckes.]
München, (o. Verl.) 1808. 4.

9) Die Plane Napoleons und seiner Gegner, besonders in Teutschland und
Oestreich. München 1809. 8. — Straßburg 1809. 8. — Ueber die Gegner der
großen Plane Napoleons, besonders in Teutschland und Oestreich. Mit den Zu-
sätzen der Französischen und Spanischen Uebersetzungen dieser Schrift vermehrte
Ausgabe. (Leipzig) 1809. 8.
    Diese ohne Verfassernamen erschienene Schrift, eine Denunziation der nach
München berufenen protestantischen Gelehrten und ihrer Gesinnungsgenossen
nimmt zwar Joh. Nep. Ringseis für sich in Anspruch (Meusel 19, 870; vergl. Jen.
Lit.-Ztg. 1810. Nr. 21 und 25), sie stammt jedoch von Aretin. Sieh Deutsche
Rundschau 1877. 10, 475. Vgl. unten S. 308.

10) Systematische Anleitung zur Theorie und Praxis der Mnemonik, nebst
den Grundlinien zur Geschichte und Kritik dieser Wissenschaft von I. Chr. Freyherrn von Aretin. Sulzbach, in der Kommerzienrath J. E. Seidelschen Kunst- und
Buchhandlung. 1810. 8.

11) Literärisches Handbuch für die baierische Geschichte und alle ihre Zweige. Von Joh. Chr. Freyherrn von Aretin. München, 1810 bey Jakob Giel, Buchhändler. 8. 2 Hefte. Literatur der Geographie und Statistik. Literatur der Staatsgeschichte, von beiden nur der erste Teil.

12) Biographie Napoleons des Großen. Entworfen von J. Chr. Freyherrn v. Arctin. Wien 1810 in der Geistingerschen Buchhandlung in Commission. 95 S. 8. — München 1811. 8.

13) Nachrichten zur baierischen Geschichte aus noch unbenutzten Quellen. Zwei Bände. München, Lindauer. 1812. II. 8.

14) Sachsen und Preußen. Suum cuique. 1814. 48 S. 8. — Dritte Auflage. 1815.

14a) Noten zum Text: Sachsen und Preußen. Mit einigen bisher noch ungedruckten Urkunden, den Baseler Frieden betreffend. Honesti viri est, veritatis studio, non ira nec invidia causam disquirere. Germanien, 1815. 68 S. 8.

Dagegen: Preußen und Sachsen. (Von J. G. Hoffmann.) November 1814. Berlin, bei Duncker und Humblot. 61 S. 8.

Anmerkungen zu der Schrift: Preußen und Sachsen. Von einem Sachsen. (Aus der Allemannia besonders abgedruckt.) 1815. 56 S. 8.

Rechtliche Würdigung der Schrift: Preußen und Sachsen. „Berlin, bey Duncker und Humblot". Januar 1815. 54 S. 8.

Sachsen, Preußen und Europa, zur Widerlegung der Staatsschrift: Preußen und Sachsen. Fata viam invenient. Jänner 1815. 119 S. 8.

La Saxe et la Prusse, et la Prusse et la Saxe, ou le véritable suum cuique. Paris à la libraire grecque, latine et allemande. 1815. 109 S. 8.

15) Abhandlungen über wichtige Gegenstände der Staatsverfassung und Staatsverwaltung mit besonderer Rücksicht auf Bayern. München, o. Verl., 1816. 8.

16) Gespräche über die Verfassungs-Urkunde des Königreichs Baiern. Von Bojophilus Timonomus. 1. Heft. München, Thienemann. 1818. 8.

17) Die grundherrlichen Rechte in Baiern, eine Hauptstütze des öffentlichen Wohlstandes. Regensburg 1819. 8.

18) Ludwig der Bayer. Vaterländisches Schauspiel. München 1820. 8.
Kehrein, Dramatische Poesie 2. 274 f.

19) Wie darf man in den deutschen Bundesstaaten über politische Gegenstände schreiben? Eine Untersuchung von Joh. Christ. Freiherrn v. Aretin. Altenburg, Literatur-Comptoir. 1824. 99 S. 8.

20) Staatsrecht der konstitutionellen Monarchie. Ein Handbuch für Geschäftsmänner, studirende Jünglinge, und gebildete Bürger. In zwei Bänden. Von Joh. Christ. Freiherrn v. Aretin. 1. Band. Altenburg, Literatur-Comptoir. 1824. 8. Nach des Verfassers Tode fortgesetzt durch Karl v. Rotteck. Zweiten Bandes erste und zweite Abtheilung. 1827 und 1828. III. 8. — In drei Bänden. Angefangen von Joh. Christ. Freiherrn v. Aretin und fortgesetzt von Carl v. Rotteck. Zweite Auflage vermehrt und verbessert von Carl von Rotteck. Leipzig, 1838 bis 1840. Bei Friedrich Volckmar. III. 8.

· **29. Gabriel Gottfried Bredow,** geb. am 14. Dezember 1773 in Berlin, studierte in Halle anfangs Theologie, dann Philologie. 1794 Lehrer am grauen Kloster in Berlin, 1796 Lehrer in Eutin und nach dem Abgange von J. H. Voß Rektor, 1804 Professor der Geschichte in Helmstädt, 1809 in Frankfurt a. O., 1811 in Breslau; hier starb er am 5. September 1814.

a. Meusel, Gel. Teutschl. 9, 134 f. 11, 100. 13, 166 f. 17, 242 f. 22¹, 370 f.
b. Sieh unten Nr. 10).
c. Allg. dtsch. Biogr. 1876. 3, 282 f. (Wegele).

Briefe an α. (12) K. A. Böttiger: Kgl. Bibliothek in Dresden, die meisten beziehen sich auf eine Berufung Bredowe nach Leipzig, die an der Geldfrage scheiterte. — β. (11) Johannes v. Müller: Hg. von Maurer-Constant. Band 3, S.129 bis176. Briefe an Bredow von Joh. v. Müller: Nr. 10. 33) Theil 16.

1) Ausgabe des Reineke. Eutin 1798. 8. § 100, XVII. 6, 20) — Band I. S. 483.

2) Handbuch der alten Geschichte. Altona bei Johann Friedrich Hammerich. 1799. 8. — Zweite sehr verm. und verb. Auflage. 1808. 8. — Dritte Aufl. 1816. 8. Hg. von J. G. Kunisch. — Vierte Aufl. neu bearbeitet von J. G. Kunisch und K.

O. Müller. 1820. 8. — Fünfte Aufl. von J. G. Kunisch. Altona 1825. 8. — Sechste Aufl., von Kunisch. 1837. 8. — Siebente (Titel-) Ausg. 1851.

3) Untersuchungen über einzelne Gegenstände der alten Geschichte, Geographie und Chronologie hg. von G. G. Bredow. Altona bei Johann Friedrich Hammerich. 1800 und 1802. Zwei Stücke. 8.

1. a: Ueber die Jahre der Welt nach den biblischen Zahlen: besonders über die hohen Lebensjahre der Patriarchen, und über die Zahl 40. — b: Thule von (J. H.) Voß. — c: Ueber das ursprüngliche Reich Nimrods, nach 1 Mos. 10, 10. — d: Zu welcher Zeit des Jahres traten die römischen Konsuln ihr Amt an? — 2. e: Gosselin, über die Kenntniß der Alten von der West- und Ostküste Afrikas, und über die Umschiffung dieses Erdtheils. — f: Rennel, System der Geographie Herodots. — g: Vincent, über den Handelsverkehr der Alten mit Indien, und über ihre Kenntniß von der Ostküste Afrika's. — e bis g sind im Auszuge übersetzt und von G. G. Bredow durch Anmerkungen und Untersuchungen berichtigt und erweitert.

4) Bearbeitung der Elektra des Sophokles [gedruckt?], die Bredow am 17. Januar 1804 an Goethe sandte. Vergl. Goethe an Schiller 1804 Febr. 8 — W. A. IV. 17, 61; vergl. 302.

5) Merkwürdige Begebenheiten aus der allgemeinen Weltgeschichte. Für den ersten Unterricht in der Geschichte; besonders für Bürger- und Landschulen von G. G. Bredow. Altona, bei J. F. Hammerich, 1804. 8. — Vierte, aufs neue durchgesehene Auflage. 1808. 8. — Achte Aufl. 1815. — Elfte Aufl. 1820. — Fünfzehnte 1826. — Achtzehnte 1831. — Einundzwanzigste 1838. — Vierundzwanzigste 1843. — Sechsundzwanzigste, bis Ende des Jahres 1852 fortgesetzte Auflage. Altona 1852. 8.

Merkwürdige Begebenheiten aus der allgemeinen Weltgeschichte von G. G. Bredow. Vermehrt und bis auf das Jahr 1836 fortgesetzt von Präceptor Bames. Reutlingen, Druck und Verlag von J. N. Fischer. 1836. VIII, 141 S. 8.

6) Lehrbuch der Weltgeschichte, oder umständlichere Erzählung der merkwürdigen Begebenheiten aus der allgemeinen Weltgeschichte. Besonders für Bürger- und Landschulen, sowie auch für Töchterschulen und zum Selbstunterricht. Von G. G. Bredow. Altona, Verlag von Johann Friedrich Hammerich. 1804. 8. — Umständlichere Erzählung der merkwürdigen Begebenheiten aus der allgemeinen Weltgeschichte. Für den ersten Unterricht in der Geschichte. Besonders für Bürger- und Landschulen. Von G. G. Bredow. Vierte vermehrte und verb. Auflage. 1812. 8. — Fünfte Aufl. 1814. 8. — Siebente Aufl. 1820. 8. — Neunte von G. A. H. Stenzel vermehrte und verbesserte Auflage. Altona 1826. 8. — Zehnte 1829. 8. — Zwölfte 1850. 8. — Dreizehnte vermehrte und verbesserte Aufl. 1852. 8. — Fünfzehnte 1866. 8.

7) Chronik des neunzehnten Jahrhunderts. 1801 (bis 1805) von G. G. Bredow. Altona (und Leipzig) 1805 bis 1806/7. II. 8.

1. n e die Jahre 1801, 1802 und 1803. — 2. enthaltend die Jahre 1804 und 1805. thalt nd

Von Band 3 (1806) bis Band 22. N. F. (1826) bis 52 (1835) fortgesetzt durch Carl Venturini, geb. 1768 † 1849. Band 6 f. a. d. T.: Geschichte unserer Zeit. Schmalz, Berichtigung einer Stelle in der Bredow-Venturinischen Chronik für das Jahr 1806. Berlin 1815. 8. Sieh § 816 — Band VIII. S. 134f.

8) Grundriß einer Geschichte der merkwürdigsten Welthändel von 1796—1810 in einem erzählenden Vortrage von G. G. Bredow. Als Fortsetzung der Welthändel neuerer Zeit von Johann Georg Büsch. Hamburg, bei Carl Ernst Bohm. 1810. 8. Wurde auf Befehl Napoléons kassiert. — Vierte Ausgabe 1816. II. 8.

Johann Georg Büsch (§ 224, 14, wo Name und Todesjahr falsch angegeben sind), geb. am 3. Januar 1728 zu Altmedingen im Lüneburgischen, † am 5. August 1800 in Hamburg; über ihn Hamburg 1781. 8.

9) Karl der Große, wie Eginhart ihn beschrieben, die Legende ihn darstellt, Neuere ihn beurtheilt haben, bei der Feier seines tausendjährigen Gedächtnisses in Erinnerung gebracht von G. G. Bredow. Altona, bei Johann Friedrich Hammerich. 1814. X, 207 S. 8.

Enth. a: Karl der Große. Eine dramatische Dichtung zur Feier des 28sten Januars, 1814. — b: Leben und Thaten Kaiser Karls beschrieben von Eginhart. Aus dem Lateinischen übersetzt von J. G. Kunisch, Lehrer am Friedrichs-Gymnasium in Breslau. Mit Anmerkungen vom Herausgeber. — c: Van dem hylligen Keyser

Karolo. Eine plattdeutsche Legende des funfzehnten Jahrhunderts.. — d: Karl der Große, wie neuere Geschichtschreiber ihn geschildert haben: Voltaire, Henault, Millot, Mably, Anquetil, Montesquieu, Robertson, Gibbon, Sismondi, Süvern (sieh Die Musen, hg. von de la Motte Fouqué und Neumann. 1812. 4, b. = Band VI. S. 120). — e: Grabschrift auf Papst Hadrian I. im Namen Karls des Großen verfaßt von Alcuin, übers. von Kunisch. — f: Litterärisch-kritische Beilage von G. G. Bredow über Eginharts Leben und Schriften, über zwei Manuscripte seines Lebens Karls des Großen, über den Brief des Johannes Presbyter, über Karls Geburtstag, Heiligsprechung und Geburtsort, nebst einigen Berichtigungen Dippoldt's.

10) G. G. Bredow's nachgelassene Schriften. Mit dem Bildniß und dem Leben des Verfassers herausgegeben von J. G. Kunisch. Breslau, bei Josef Max und Komp. 1816. 8. — Neue Ausgabe 1823. 8.

Enth. a: Meister Adam, Lustspiel mit Gesang in einem Akt. — b: Andreas Gryphius. — c: Herr Peter Squenz oder Pyramus und Thisbe. Schimpfspiel in zwei Handlungen nach Andreas Greif. — d: Philipp Nericault Destouches. — e: Die falsche Agnes, oder der poetische Dorfjunker. Lustspiel in drei Akten nach Destouches. — f: Erzählungen und Abhaudlüngen aus dem Englischen übersetzt: 1. Erzählungen über Oliver Goldsmith. — 2. Shakespeare und seine Dramen von Johnson. — g: Gedichte Bredows. — h: Dionysios Schilderung des Erdkreises. Aus dem Griechischen übersetzt.

30. Friedrich Christoph Schlosser, geb. am 17. November 1776 in Jever, studierte in Göttingen von Ostern 1794 bis Herbst 1797 Theologie, war Hauslehrer in verschiedenen Familien, zuletzt bei Georg Meyer in Frankfurt a. M., 1808 Konrektor in seiner Heimat, gab die Stelle am Ende des folgenden Jahres auf, wurde 1810 Professor der Geschichte und der Philosophie am Gymnasium und am Lyzeum in Frankfurt a. M., 1814 Stadtbibliothekar, 1817 an Wilkens Stelle Professor der Geschichte in Heidelberg. Dort starb er am 23. September 1861.

a. Meusel, Gel. Teutschl. 15, 321. 20, 150f.

b. Zeitgenossen 1826 Band V, Heft 20, S. 65 bis (Selbstbiographie). Wieder gedruckt in Nr. n. S. 1 bis 50.

c. An Herrn Schlosser in Heidelberg: Varnhagen von Ense, Zur Geschichtschreibung und Litteratur. Hamburg 1833. 8. S. 282 bis 290.

d. Wuttke: Die Grenzboten 1844 Nr. 18.

e. Ferd. Eilers, Meine Wanderung durchs Leben. Ein Beitrag zur innern Geschichte der ersten Hälfte des 19. Jahrhunderts. Leipzig: F. A. Brockhaus. 1856. 1, 61 bis 70 u. o.

f. G. G. Gervinus, Friedrich Christoph Schlosser. Ein Nekrolog. Leipzig, Verlag von Wilhelm Engelmann. 1861. 86 S. 8.

g. (Löbell) Briefe über den Nekrolog Friedrich Christoph Schlossers von G. G. Gervinus. Ein Beitrag zur Charakteristik Schlossers vom litterarischen Standpunkt. Chemnitz, Otto May. 1862. 56 S. 8.

h. (W. Dilthey) Friedrich Christoph Schlosser: Preuß. Jahrbücher 1862. 9, 373 bis 433.

i. Georg Weber: Unsere Zeit. Deutsche Revue der Gegenwart. Leipzig 1862. 6, 314 bis 326. Wieder gedruckt: Nr. n. S. 50 bis 80.

k. Herrigs Archiv 1862. 7, 97 bis 98.

l. Zur Beurtheilung Friedrich Christoph Schlossers: H. v. Sybels Histor. Zsch. München 1862. Bd. 8, S. 117 bis 140.

m. G. L. Kriegk, Fr. Chr. Schlosser, der Geschichtschreiber. Oberhausen und Leipzig. Ad. Spaarmann'sche Verlagshandlung. o. J. 44 S. 8.

n. Georg Weber, Friedrich Christoph Schlosser, der Historiker. Erinnerungsblätter aus seinem Leben und Wirken. Eine Festschrift zu seiner hundertjährigen Geburtstagsfeier. Leipzig, Verlag von Wilhelm Engelmann. 1876. XVI, 363 S. 8.

1.: Schlossers Selbstbiographie. Sieh vorher Nr. b. — 2.: Nekrolog von Georg Weber. Sieh vorher Nr. i. — 3.: Briefe Schlossers an Frau Catharina Schmidt, geb. Müller, mit Einleitung von Eduard Souchay dazu. — 4.: Schlossers Nachruf an Voß bei dessen Tod [vorher § 298, II. 1. 15) S. 70 bis 109]. — 5.: Ueber die Denkwürdigkeiten des Grafen Christoph von Dohna. — 6.: Schlosser über Mirabeau. — 7.: Ueber die Memoiren des Karl Heinrich Ritter von Lang. — 8.: Ueber Schlossers Gesch. des 18. Jh. und des 19. bis zum Sturz des französischen Kaiserreichs von Georg Weber.

o. B. Erdmannsdörfer, Gedächtnißrede zur Feier von Schlessers hundert-jährigem Geburtstag. Heidelberg, Buchdruckerei von J. Hörning. 1876. 21 S. 4.

p. Franz Rühl, Friedrich Christoph Schlosser: Nord und Süd 1880. Juni. Band 13, S. 350 bis 371.

q. Heinrich von Treitschke, Deutsche Geschichte im Neunzehnten Jahr-hundert. Leipzig Verlag von S. Hirzel. 1885. 3, 696 bis 698.

r. Ottokar Lorenz, Die Geschichtswissenschaft in Hauptrichtungen und Auf-gaben kritisch erörtert. Berlin, Verlag von Wilhelm Hertz 1886 8. S. 1 bis 89: Die philosophische Geschichtschreibung (Friedrich Gustav Schlosser). Dieser erste Teil vorher: Wien 1878.

s. Allg. dtsch. Biogr. 1890. 31, 533 bis 541 (Wegele).

t. G. G. Gervinus Leben. Von ihm selbst. Leipzig 1893. 8. 150 bis 215 u. o.

u. Karl Gustav Wilh. Stenzel, Gustav Adolf Harald Stenzels Leben. Gotha. Friedrich Andreas Perthes. 1897. 8. S. 317 bis 320 u. o.

Briefe an α. G. L. Kriegk: sieh Nr. m. — β. Frau Schmidt: sieh Nr. n. 3. — γ. Stenzel: Nr. u. S. 479 bis 486.

1) Abälard und Dulcin. Oder Leben und Meinungen eines Schwärmers und eines Philosophen. Von Friedrich Christoph Schlosser. Gotha, in der J. G. Keil'-schen Buchhandlung 1807. VI, 217 S. 8. Morgenbl. 1807. Nr. 243.

2) Leben des Theodor de Beza und des Peter Martyr Vermili. Ein Beytrag zur Geschichte der Zeiten der Kirchen-Reformation. Mit einem Anhang bisher ungedruckter Briefe Calvins und Beza's und andrer Urkunden ihrer Zeit; aus den Schätzen der herzogl. Bibliothek zu Gotha. Von Friedrich Christoph Schlosser. Heidelberg bey Mohr und Zimmer 1809. XVI, 514 S. 8.

3) Geschichte der bilderstürmenden Kaiser des oströmischen Reichs mit einer Übersicht der Geschichte der frühern Regenten desselben von Friedrich Christoph Schlosser. Frankfurt am Main bei Varrentrapp und Sohn 1812. VIII, 659 S. 8.

4) Weltgeschichte in zusammenhängender Erzählung. Von Friedrich Christoph Schlosser. Frankfurt am Main, bei Franz Varrentrapp. 1815 bis 1841. IV in 8 Abteilungen. 8.

I. 1815: Alte Geschichte bis zum Untergange des Weströmischen Reichs.

II. 1 und 2. 1817: Geschichte der Weltbegebenheiten vom Untergange des Weströmischen Reichs bis auf den Verfall des Chaliphats von Bagdad in Asien, in Europa bis auf den Tod Gregors VII.

III, 1 und 2. 1821 und 1824: Allgemeine Geschichte der Zeiten der Kreuz-züge von der Zerspaltung des Chaliphats bis auf die Zeiten der Osmanischen Türken.

IV, 1 und 2. 1839 und 1841: Geschichte der Weltbegebenheiten des 14. und 15. Jahrhunderts.

4a) Vincent von Beauvais Hand- und Lehrbuch für königliche Prinzen und ihre Lehrer, als vollständiger Beleg zu drei Abhandlungen über Gang und Zu-stand der sittlichen und gelehrten Bildung in Frankreich bis zum dreizehnten Jahrhundert und im Laufe desselben von Friedrich Christoph Schlosser. Frank-furt am Main, 1819. bei Gebrüder Wilmans. 8.

5) Geschichte des achtzehnten Jahrhunderts in gedrängter Uebersicht mit steter Beziehung auf die völlige Veränderung der Denk- und Regierungsweise am Ende desselben. Von Friedrich Christoph Schlosser. Heidelberg, 1823. Aka-demische Buchhandlung von J. C. B. Mohr. II. 8. Zweite Aufl., vergl. Nr. 9).

6) Ueber Dante. Heidelberg, Oswald. 1825. 8. Vergl. Nr. 11).

7) Universalhistorische Uebersicht der Geschichte der alten Welt und ihrer Cultur. Von Friedrich Christoph Schlosser. Frankfurt am Main, bei Franz Varrentrapp. 1826 bis 1834. III in 9 Abtheilungen. 8. In der 9. Abthlg. aus-führliches Register von G. L. Kriegk.

8) Archiv für Geschichte und Literatur. hrg. von Fr. Christoph Schlosser und Gottlob Aug. Bercht. Frankfurt am Main. Verlag der Brönner'schen Buch-handlung. (S. Schmerber.) 1830 bis 1835. VI. 8.

I. a: Die Tochter und die Gemahlin eines Ministers der Revolution, den Be-gebenheiten und handelnden Personen der Revolution gegenüber. Schlosser. — b: Ueber die Quellen der spätern latein. Geschichtschreiber, besonders über Zeitungen, öffentliche Bekanntmachungen, Archive und deren Benutzung unter den Kaisern.

Schlosser, — c: Briefe über das Paradies von Dante's divina comedia. Schlosser. — d: Der Oberintendant Fouquet, dessen Prozeß und Gefangenschaft. Ein Beitrag zur Geschichte Ludwig's XIV. Bercht. — e: Ueber [Ludwig] Meyer's [von Knonau] Geschichte der Schweiz. Schlosser. — f: Universitäten, Studirende und Professoren der Griechen zu Julian's und Theodosius Zeit. Verhältniß der christlichen Lehrer, ihrer Grundsätze und Sitten, zu den Sitten und Charakteren berühmter heidnischer Lehrer; nach Eunapius, Libanius, Julian, Basilius dem Großen und Gregor von Nazianz. Schlosser. — g: Ueber Joseph Aschbach's Geschichte der Ommaijaden in Spanien. Schlosser. — h: Ueber einige Stellen in Heeren's Werken und eine Recension in den Göttinger Anzeigen. Bercht. — i: Ueber M. Bignon's Geschichte von Frankreich vom 18. Brümaire (1799) bis zum Frieden von Tilsit. Bercht. — k: Die Friedensunterhandlungen zu Lüneville nach Bignon. Mit Anmerkungen von Bercht. — l: Der Tod Paul's I. nach Bignon. Mit Anmerkungen von Bercht.

II. 1831. a: Ueber die Entstehung der den Franzosen des achtzehnten Jahrhunderts vorgeworfenen Widersetzung gegen die in Beziehung auf Staatswesen und Kirche in Europa geltenden Grundsätze. Schlosser. — b: Ezzelino da Romano. Kortüm in Basel. — c: Fortsetzung von I. c. — d: Hat Franken im zehnten Jahrhundert Landesherzoge gehabt? Aschbach. — e: Der Gefangene mit der eisernen Maske. Bercht. — f: Ueber die neuesten Bereicherungen der Literatur der deutschen Geschichte. Schlosser. — g: Berichtigungen zu I. e. — h: Noch Einiges, worauf es keiner Antworten bedarf. [Gegen Heeren.] Bercht. — i. Ueber die Entstehung des Strafrechts in Deutschland. — k: Urkundliche, bisher ungedruckte Beiträge zur Geschichte Deutschlands und Italiens im 12. und 13. Jh., gezogen aus den Handschriften der kaiserl. Hofbibliothek in Wien. Kortüm.

III. 1832. Vorrede erwähnt Varnhagen. § 291. 1. 27) S. 000 und Heeren. Nr. 16. 15). — a: Zur Beurtheilung Napoleon's und seiner neusten Tadler und Lobredner, besonders in Beziehung auf die Zeit von 1800 bis 1813, Erste Abtheilung, bis zum Consulat. Schlosser. — b: Beiträge zur inneren Geschichte von Aragonien. Gervinus. — c: Amtliche Beiträge zur neuesten Geschichte des Kantons Bern, mit Bemerkungen von Bercht. — d: Schreiben des gefangenen Landgrafen Philipp's des Großmüthigen an Granvella den Aelteren. von Rommel. — e: Landgraf Philipp's Lebensregeln für seinen Sohn Ludwig. von Rommel.

IV. 1833. a: Einleitung in die divina comedia nach Rossetti, nebst einem Anhang über Witte's Ausgabe von Dante's Briefen. Schlosser. Abgedruckt in Nr. 11). — b: Geschichtliche Darstellung des Finanz- und Steuerwesens in Spanien vor und während der Regierung der katholischen Könige. — c: Wesen und Schicksal der dorisch-lakonischen Ackergesetzgebung. — d: Nachrichten über die alte repräsentative Verfassung der Herrschaft Jever. Schlosser. — e: Geschichte des Landes und Hauses Luxemburg bis zur Erhebung der Grafen Heinrich IV. zum römischen Könige. — f: Ueber die Unterwerfung der Sachsen durch Karl den Großen. — g: Fortsetzung von II. f.

V. 1833. a: Fortsetzung von III. a. — b: Ueber Jean Froissart und seine Chroniken, mit bes. Rücksicht auf das Ritterwesen. Ed. Prätorius. — c: Beiträge zur Geschichte Polens und der Familie Sobieski aus handschriftlichen Quellen. Stenzel. — d: Historische Uebersicht der portugiesischen Gesetzsammlungen, nebst einem Blick auf den Gang der Gesetzgebung in Portugal. Schäfer. — e: Ueber die historische Größe. Gervinus. — f: Ueber des Hrn. Gervinus Geschichte der florentinischen Historiographie, bes. über Macchiavell. Schlosser.

VI. 1835. a: Fortsetzung von V. a. — b: Die drei ersten Jahre der französischen Revolution. Carové. — c: Geschichte der Heruler und Gepiden. Ein Beitrag zur Geschichte der germanischen Völkerwanderung. Aschbach.

I. a. erschien mit II. a. besonders: Frankfurt am Main, bei Siegmund Schmerber. o. J. 8. — Von I. a. erschien eine französische Übersetzung.:
Madame de Staël et Madame Roland, ou parallèle entre ces deux Dames en présence de quelques événements de la révolution. Traduit de l'Allemand. Francfort 1830. 8.

III. a, V. a und VI. a erschienen besonders: In drei Abtheilungen. Frankfurt am Main, bei Siegmund Schmerber. 1832 bis 1835. III. 8.

9) Geschichte des achtzehnten Jahrhunderts und des neunzehnten bis zum Sturz des französischen Kaiserreichs. Mit besonderer Rücksicht auf geistige Bildung. Von F. C. Schlosser. Heidelberg, in der academischen Buchhandlung von J. C. B. Mohr. 1836 bis 1848. VII. 8.

I. Das 18. Jh. bis zum Belgrader Frieden. — wiederh. 1843. — Dritte Aufl. 1853. — II. 1837: Bis zum allgemeinen Frieden um 1763. — wiederh. 1843. — Dritte Aufl. 1853. — III, 1. 1842: Bis auf die Capitulation von Yorktown. — wiederh. 1844. — Dritte Aufl. 1853. — III, 2. 1843: Vom Anfange des Seekriegs in Europa um 1778 bis zum Mai 1788. — wiederh. 1844. — Dritte Aufl. 1853. — IV. 1844: Bis auf den gescheiterten Versuch der Auflösung der französischen Parlamente um 1788. — wiederh. 1853. — V. 1844: Bis April 1797. — wiederh. 1856. — VI. 1846: Bis auf den Tilsiter Frieden. — VII. 1848: Bis zum Sturze des französischen Kaiserreichs.

9a) Vollständiges Namen- und Sachregister zu Schlossers Geschichte des achtzehnten Jahrhunderts und des neunzehnten bis zum Sturz des französischen Kaiserreichs. Nebst einigen biographischen und chronologischen Notizen zur Erläuterung und Ergänzung. Angefertigt von Georg Weber. Heidelberg, Akademische Verlagshandlung von J. C. B. Mohr. 1849. 8. 4. Aufl. 1861. 8.

10) Weltgeschichte für das deutsche Volk. Unter Mitwirkung des Verfassers bearbeitet von G. L. Kriegk. Frankfurt 1843 bis 1856. XVIII. 8. — Zweiter unveränderter Abdruck: Frankfurt 1846 bis 1850. IX. 8. — Zweite Ausgabe. Zehnte unveränderte Auflage. Mit Zugrundelegung der Bearbeitung von G. L. Kriegk besorgt von Oscar Jäger und Th. Creizenach. Fortgeführt bis auf die Gegenwart von Th. Bernhardt. Oberhausen und Leipzig. Ad. Spaarmann'sche Verlagshandlung. 1870 bis 1874. XVIII. 8. Register dazu von J. Treutler, ebenda 1875. 8.

11) Dante. Studien von F. Chr. Schlosser. Leipzig und Heidelberg, C. F. Winter'sche Verlagshandlung. 1855. VIII, 313 S. 8. Vergl. Nr. 6).

31. Karl Friedrich Becker, geb. 1777 in Berlin. Er starb als Privatgelehrter am 15. März 1806 in seiner Vaterstadt.
Allg. dtsch. Biogr. 1875. 2 222f. (Wegele).

1) Weltgeschichte für Kinder und Kinderlehrer. Berlin 1801 bis 1805. IX. 8. Band 10 von Johann Gottfried Woltmann 1809. — Fünfte Auflage Berlin 1826. XII. 8. Band 11 und 12: Geschichte unserer Zeit seit dem Tode Friedrichs II. von K. A. Menzel. — Karl Friedrich Beckers Weltgeschichte. Sechste Ausgabe, neu bearbeitet von Johann Wilhelm Loebell. Mit den Fortsetzungen von J. G. Woltmann und K. A. Menzel. Berlin, verlegt bei Duncker und Humblot. 1828 bis 1830. XIV. 8.

1 bis 3: alte Geschichte. 4 bis 6: mittlere Geschichte. 7 bis 11: neuere Geschichte. 12 bis 14: Geschichte unserer Zeit bis 1828. — K. A. Menzel, Geschichte der Jahre 1815 bis 1837. Supplementband. Berlin 1838. 8. — Siebente Auflage. Vierter unveränderter Abdruck. Berlin 1844. XIV. 8.

1 bis 3: Geschichte der alten Welt, neu bearbeitet von J. W. Loebell. — 4 bis 6: Geschichte des Mittelalters, neu bearbeitet von Max Wolfgang Duncker. — 7 bis 11: Geschichte der neueren Zeit, neu bearbeitet von J. W. Loebell. — 12 bis 14: Geschichte unserer Zeit seit dem Tode Friedrichs II. von K. A. Menzel. — Als Band 15 schließt sich an: Geschichte der letzten 40 Jahre von Eduard Arnd. Berlin 1854 und 1855. Zwei Teile. 8.

K. F. Becker's Weltgeschichte. Neu bearbeitet und bis auf die Gegenwart fortgeführt von Wilhelm Müller. Stuttgart. Druck und Verlag von Gebrüder Kröner. 1884 bis 1886. XII. 8.

2) Erzählungen aus der alten Welt. Halle 1801 bis 1803. III. 8. — wiederh. 1815. — wiederh. 1825.

I.: Ulysses von Ithaka. — II.: Achilles (Ilias). — III.: Kleine Erzählungen. — Neue Auflage, durchgesehen von F. A. E. 1832. — Siebente Auflage, bearbeitet von Friedrich August Eckstein. Halle 1844. III. 8. — Achte Auflage. 1848. III. 8. Fortsetzung: IV.: Die Geschichte der Perserkriege nach Herodot für die Jugend erzählt von F. J. Günther. — Zweite verb. Aufl. Halle 1855. 8. — V.: Die Geschichte der Messenischen Kriege nach Pausanias für die Jugend erzählt von Gustav Friedr. Hertzberg. Halle 1853. 8.

3) Die Dichtkunst aus dem Gesichtspunkte des Historikers betrachtet. Berlin 1803. 8.

32. Friedrich Wilken, geb. am 23. Mai 1777 in Ratzeburg, besuchte dort das Domgymnasium, studierte von 1795 an in Göttingen Theologie, trieb daneben klassische und orientalische Studien, später hörte er bei Schlözer und Spittler. Von 1800 bis 1803 war er theologischer Repetent; seine Hauptstudien aber galten der Geschichte der Kreuzzüge. Im J. 1803 begleitete er den Erbgrafen Georg von Schaumburg-Lippe auf die Universität Leipzig. Nachdem er mit diesem 1805 noch eine Reise durch Deutschland gemacht hatte, trat er im Oktober eine Professur der Geschichte in Heidelberg an. Dort wurde er 1808 auch zum Direktor der Universitätsbibliothek ernannt. Als solcher war er bemüht, die im 30jährigen Kriege geraubten Handschriften der bibliotheca Palatina, die sich in Paris und in Rom befanden, für Heidelberg wiederzubekommen. Ostern 1817 folgte Wilken einem Rufe an die Universität Berlin. Zunächst als Oberbibliothekar widmete er der Neuordnung der ihm unterstellten Sammlung seine Thätigkeit; daneben hielt er Vorlesungen, gehörte auch seit 1819 dem Oberzensurkollegium an. 1821 wurde er zum Historiographen des preußischen Staates ernannt, 1830 zum Geheimen Regierungsrat. Er starb am 24. Dezember 1840.

a. Meusel, Gel. Teutschl. 8, 531. 16, 233f. 21, 584 bis 586. — s'. Lübker-Schröder 1829. S. 756/9. — b. Nekrolog. 1840. S. 1189 bis 1196. — c. Friedrich Wilhelm Barthold: Allg. Zeitung 1841, Jan. 12. — d. Otto Friedrich Gruppe: Allg. Preuß. Staatszeitung 1841, Febr. 4.

e. Adolf Stoll, Der Geschichtschreiber Friedrich Wilken. Mit einem Anhang, enthaltend Aufzeichnungen von Karoline Wilken, geb. Tischbein, über ihren Vater Johann Friedrich August Tischbein und ihr eignes Jugendleben, sowie 5 Porträts [worunter das Wilkens]. Cassel 1896. Verlag von Th. G. Fisher u. Co. 350 S. 8. Vorher in drei Abteilungen, 1894 bis 1896, als Kasseler Programm erschienen. Darin, S. 243 bis 251, ein vollständiges Verzeichnis sämtlicher Schriften Fr. Wilkens. — Vergl. W. v. Biedermann, Goethes Gespräche. Leipzig 1896. 10, 28. 82 bis 84.

f. Ludwig Geiger, Berlin 1688—1840. Berlin 1895. Band. 2, S. 596f.

Briefe an α. Böttiger: Dresdner Kgl. Bibliothek. Dort auch Briefe von Caroline und Sophie Wilken an Böttiger und Briefe von Böttiger an Wilken. — β. Görres: oben S. 203.

Briefe an Wilken von K. L. v. Haller: Stoll. Nr. e. S. 235 bis 240. — Joh. v. Müller: Stoll. Nr. e. S. 233 f. — Freih. von Stein: Stoll. Nr. e. S. 240 bis 243.

1) Friderici Wilken Ratzeburgensis Commentatio de bellorum cruciatorum ex Abulfeda historia. Gottingae, typis Ioann. Christian. Dieterich. 1798. 254 S. 4.

2) Historisch-kritischer Versuch über die syrischen Nassairier: Stäudlins Magazin für Religion, Moral und Kirchengeschichte. Hannover 1801. Band 1, S. 154 bis 186.

3) Geschichte des Verfalls der Wissenschaft und Künste bis zu ihrer Wiederherstellung im 15. Jh. Aus dem Englischen. Göttingen 1802. 302 S. 8.

4) Die Turniere: Daub und Creuzers Studien. Frankfurt und Heidelberg 1806. Theil 2. S. 168 bis 203. Sieh § 293, I. 7. 1) II. f.

5) Geschichte der Kreuzzüge nach morgenländischen und abendländischen Berichten von Friedrich Wilken. Leipzig, bey Siegfried Lebrecht Crusius. Vom zweyten Theile 1813 an: bey Fr. Christ. Wilh. Vogel. 1807 bis 1832. VII. 8.

Hammer: Wiener Jahrbücher der Litteratur 1832. Bd. 60, S. 199 bis 222. — Kosegarten: Allg. Litt.-Ztg. 1832. II. S. 585 bis 602. 1834. I. S. 97 bis 108. — Aschbach: Berl. Jahrb. f. wissenschaftl. Kritik 1831. S. 409 bis 422. 1833. Oktober. S. 500 bis 517.

6) Handbuch der deutschen Historie von Friedrich Wilken. Erste Abtheilung. Heidelberg, bey Mohr und Zimmer. 1810. 8.

7) Geschichte der Bildung, Beraubung und Vernichtung der alten Heidelbergischen Büchersammlungen. Ein Beytrag zur Literärgeschichte vornehmlich des funfzehnten und sechzehnten Jahrhunderts von Friedrich Wilken. Nebst einem meist beschreibenden Verzeichniß der im Jahr 1816 von dem Pabst Pius VII. der Universität Heidelberg zurückgegebenen Handschriften und einigen Schriftproben. Heidelberg, in August Oswald's Universitäts-Buchhandlung. 1817. 8.

8) Ueber das s. g. Vaticinium Lehninense. Von Friedrich Wilken (1821 geschrieben): Adolf Schmidts Allg. Zsch. für Geschichte. Berlin 1846. Bd. 6, S. 176 bis 191.

9) Index librorum ad celebranda sacra saecularia reformationis ecclesiasticae tertia annis MDCCCXVII et MDCCCXIX cum in Germania tum extra Germaniam vulgatorum quos bibliotheca regia Berolinensis ad hunc usque diem comparavit. Berolini ipsis Calendis Maji MDCCCXXI. 8.

10) Geschichte der Königlichen Bibliothek zu Berlin, von Friedrich Wilken. Berlin, verlegt bei Duncker und Humblot. 1828. XIV, 242 S. 8.

11) Ueber die Partheyen der Rennbahn, vornehmlich im Byzantinischen Kaiserthum: Historisches Taschenbuch. Hg. von Friedrich von Raumer. Leipzig: F. A. Brockhaus. 1830. Jahrg. 1, S. 295 bis 337. Auch in den Abhandlungen der Akademie der Wissenschaften v. J. 1827. S. 217 bis 243 und in Sonderausgabe: Berlin 1829. 4.

12) Andronikus Komnenus: Histor. Taschenb. 1831. Jahrg. 2, S. 431 bis 545.

13) Die drei Perioden der Akademie der Wissenschaften in Berlin und Friedrich II. als Geschichtsschreiber. Zwei akadem. Reden. Berlin 1835. Bei Duncker und Humblot. 40 S. 8.

Fr. Chph. Schlosser: Heidelberger Jahrbücher. 1835. I. Hälfte. S. 389.

33. Barthold Georg Niebuhr, geb. am 27. August 1776 in Kopenhagen. Die Familie siedelte im Sommer 1778 nach Meldorf im Kreis Süderdithmarschen über. Dort ist N. meist durch den Vater unterrichtet worden. Ostern 1794 bis 96 studierte er in Kiel, wurde Privatsekretär des dänischen Finanzministers Grafen Schimmelmann und ging zu weiterer Ausbildung nach England. Anfang 1804 wurde N. erster Direktor der Bank in Kopenhagen, 1806 trat er auf Veranlassung des Freiherrn von Stein in preußische Dienste, wurde Mitdirektor der Bank und bei der Seehandlung und leistete in den schweren Zeiten dem preußischen Staate wichtige Dienste, sodaß er 1809 zum Geh. Staatsrat und Sectionschef für das Staatsschuldenwesen und die Geldinstitute ernannt wurde. Im Herbst 1810 begann er an der neugegründeten Universität Berlin Vorlesungen über römische Geschichte zu halten. 1816 ging N. als preußischer außerordentlicher Gesandter und bevollmächtigter Minister nach Rom, und es gelang ihm, das Verhältnis der neuerworbenen katholischen Landesteile zu Staat und Curie zu regeln. Im Sommer 1825 begann er Vorlesungen in Bonn und gewann großen Einfluß auf die Hörer. Er starb an Lungenentzündung am 2. Januar 1831.

Niebuhr war kritischer Geschichtsforscher, wie vor ihm noch keiner in der europäischen Litteratur aufgetreten war. Die scheinbar unverdächtigsten Geschichtsquellen prüfte er auf Grund ihrer eigenen Quellen nach ihrer Glaubwürdigkeit und schied ganze Perioden aus, weil sie, durch keine gleichzeitige Geschichtsquelle beglaubigt, den Quellen selbst zuwider waren. Mit den Mitteln der Kritik, deren er sich bei der römischen Geschichte bediente, schuf er eine historische Forschung, die weit über den behandelten Stoff hinaus wirksam geworden ist und eine ganz neue Geschichtsauffassung und Geschichtsdarstellung hervorgerufen hat.

a. Mensel, Gel. Teutschl. 18, 842.

b. Francis Lieber, Reminiscenses of an Intercourse with George Berthold Niebuhr, the Historian of Rome. London 1835. 8.

Erinnerungen aus meinem Zusammenleben mit Georg Berthold Niebuhr, dem Geschichtschreiber Roms. Aus dem Englischen übersetzt von Karl Thibaut. Heidelberg. In der Universitäts-Buchhandlung von C. F. Winter. 1837. 8.

c. Lebensnachrichten über Barthold Georg Niebuhr. Aus Briefen desselben und aus Erinnerungen einiger seiner nächsten Freunde. Hamburg. Verlag von Friedrich Perthes. 1838 bis 39. III. 8. Verfasserin ist Dora Hensler, Niebuhrs Schwägerin, dazu Mitteilungen von Classen, Bunsen, Brandis, Savigny.

d. Niebuhriana: Der Freihafen. Altona 1838. Zweites Heft. S. 173 bis 179. Drittes Heft. S. 215 bis 223.

e. Friedr. Carl v. Savigny, Erinnerungen an Niebuhr's Wesen und Wirken (1839): Vermischte Schriften. Band 4. Berlin 1850. Nr. XLI. S. 209 bis 254. Sieh dazu § 293, III. 6. 3) Vorrede und Ludwig Enneccerus, Friedrich Carl von Savigny. Marburg 1879. 8. S. 63 bis 67.

f. Ernst Moritz Arndt, Erinnerungen aus dem äußeren Leben. Leipzig 1840. S. 330 f.

g. Heinrich Luden, Rückblicke. Jena 1847. 8. S. 221 bis 238.

h. Chn. Karl Josias Bunsen, The life and lettres of Niebuhr. London 1852. H. 8.

i. Ernst Moritz Arndt, Wanderungen und Wandlungen mit dem Freiherrn vom Stein. Berlin 1858. 8. 167 f.

k. Clemens Theodor Perthes, Friedrich Perthes' Leben nach dessen schriftlichen und mündlichen Mitteilungen aufgezeichnet. 8. Aufl. Gotha 1896. 1, 128 f. 277 f. 3, 288. 315 f. u. o.

l. Ad. H. Horawitz, Zur Entwickelungsgeschichte der deutschen Historic-graphie. Wien 1865. 8.

m. Christian Carl Josias Freiherr von Bunsen. Aus seinen Briefen und nach eigener Erinnerung geschildert von seiner Witwe [Franziska, geb. Waddington]. Deutsche Ausgabe, durch neue Mittheilungen vermehrt von Friedrich Nippold. Leipzig: F. A. Brockhaus. 1868 bis 1871. III. 8.

n. Heinrich von Sybel, Drei Bonner Historiker [Niebuhr, Löbell, Dahlmann] Vorträge und Aufsätze. Berlin. 1874. A. Hofmann und Co. 8. 8. 21 bis 36.

o. Otto Mejer, Eine Erinnerung an Barthold Georg Niebuhr. Rostock, Stillersche Hofbuchhandlung. 1867. 92 S. 16. — Biographisches. Gesammelte Aufsätze. Freiburg i. B. 1886. 8. 58 bis 112.

p. E. Nasse, Die preußische Finanz- und Ministerkrisis 1810 und Hardenbergs Finanzplan: Sybels Histor. Zschr. 1871. 26, 282 bis 330.

q. O. Mejer, Zur Geschichte der römisch-deutschen Frage. Rostock 1871 bis 1874. Derselbe, Schön und Niebuhr: Preuß. Jahrb. 1873. 31, 503 bis 522.

r. Aus den Papieren des Ministers und Burggrafen von Marienburg Theodor von Schön. Halle a. S., Lippert'sche Buchhandlung 1875. Thl. 1, S. 181. Berlin. Verlag von Franz Duncker. 1875. Bd. 2, 95 bis 100.

s. Johannes Classen, Barthold Georg Niebuhr. Eine Gedächtnißschrift zu seinem hundertjährigen Geburtstage. Gotha. Friedrich Andreas Perthes. 1876. 8. Vergl. Dtsch. Rundschau 1877. 15, 159 bis 164 (M. Isler).

t. Wilhelm Lorenz, Barthold Georg Niebuhr. Rede, geb. zur Feier seines 100jährigen Geburtstages. Progr. Meldorf 1877. 4. 8. 8 bis 9.

u. Heinrich von Treitschke, Deutsche Geschichte. Zweiter Theil. Leipzig 1882. 8. 63 bis 67. Vierter Theil 1889. 8. 199 bis 202.

v. Allg. dtsch. Biogr. 1886. 23, 8. 646 bis 661 (Heinrich Nissen).

w. Franz Eyssenhardt, Barthold Georg Niebuhr. Ein biographischer Versuch. Gotha. Friedrich Andreas Perthes. 1886. 8.

x. Leopold von Ranke, Zur eigenen Lebensgeschichte. Hg. von A. Dove. Leipzig 1890. 8. 245.

y. A. Buchholtz, Niebuhr und G. Merkel: Voss. Ztg. 1892 Mai 1.

z. Barthold Niebuhrs Leben und Wirksamkeit. Moskau 1895.

Briefe an α. Baggesen: oben S. 163. — β. Goethe: Goethe-Jahrb. 1887. 8, 88 bis 100; dazu 119 f. — γ. J. v. Müller: oben S. 291. — δ. Ernst Münch: Erinnerungen, Lebensbilder und Studien. II; Der Freihafen. Altona 1838. Heft 3. S. 223 bis 281. — ε. Klette, Verzeichniß der von A. W. v. Schlegel nachgelassenen Briefsammlung. Nebst Mittheilung ausgewählter Proben des Briefwechsels mit den Gebrüdern von Humboldt, F. Schleiermacher, B. G. Niebuhr und Jacob Grimm. Bonn 1868. 8. IX bis XI und S. 20, Sp. 2 Nr. 178. — ζ. Varnhagen: oben S. 178.

Briefe an Niebuhr von August Boeckh: Mitteilungen aus dem Litteraturarchive in Berlin 1894. 1, 8. 1 bis 9. — Heinr. Chn. Boie: Mitteilungen aus dem Litteratur-archive in Berlin 1895. 2, 8. 43 bis 46. — Luise Boie: ebenda 2, 8. 61 f. — Joh. Albr. Frdr. Eichhorn: ebenda 1894. 1, 8. 10 bis 12. — Goethe: Nr. c. Lebensnachrichten. Bd. 3, 359 bis 365. — Wilh. v. Humboldt: Mitteilungen usw. 1896. S. 13 bis 21. — Karl Lachmann: Berliner SB. 1894. 33, 677. — Ludwig von Ompteda: Mitteilungen usw. 1896. 8, 8. 127 bis 132. — Baron von Rhediger: ebenda 1896. 3, 8. 133 bis 139. — Frdr. Wilh. Jos Schelling: ebenda 1894. 1, 8. 22 bis 24. — Frdr. Schleiermacher: ebenda 8. 23 bis 27. — Frdr. Chph. Schlosser: ebenda 1896. 8, 8. 140. — Frdr. Leop. Gf. Stolberg: ebenda 1894. 1, 8. 28 bis 36. — Ludwig Tieck: ebenda 8. 38 bis 41. — Abraham Voß: ebenda 1895. 2, 67 bis 72. — Ernestine und Joh. Heinr. Voß: ebenda 2, 47 bis 50 und 63 bis 66. — Heinrich Voß: ebenda 3, 51 bis 60.

1) Demosthenis erste Philippische Rede. Im Auszug übersetzt von B. G. Niebuhr. Hamburg. Verlag von Friedrich Perthes. 1805. 8. — Neuer Abdruck 1830. Vergl. Nr. 14) c. 13. H. v. Treitschke, Deutsche Geschichte. 4, 201.

2) Römische Geschichte von B. G. Niebuhr. Theil 1. Königszeit. Berlin 1811. 8.; 1826. 8.; 1828. 8.; 1833. 8. — Theil 2. Bis zu den Licinischen Gesetzen. Berlin

1812. 8.; 1880. 8.; 1886. 8. — Theil 3. Bis 241 v. Chr. Berlin, gedruckt und verlegt von G. Reimer. 1832. 8. Herausgeber: J. Classen. — Berichtigte Ausgabe in einem Bande. Berlin 1853. 8. — Neue Ausgabe von Isler. Drei Bände. Berlin 1873 und 74. III. 8. — Calvary's philol. und archäolog. Bibl. Bd. 2 bis 7. 13 bis 15 und Suppl.

Vergl. A. W. Schlegel: Heidelberger Jahrb. 1816. Nr. 53 und 54, Schwegler, Römische Geschichte. I, S. 150 f. und Nitzsch, Annalistik 1 f. Heinrich v. Treitschke, Deutsche Geschichte. Zweiter Theil. Leipzig 1882. S. 64 f.

Unter dem Titel: Römische Geschichte von B. G. Niebuhr. Vierter und fünfter Theil wurde herausgegeben: Römische Geschichte von dem ersten punischen Kriege bis zum Tode Constantins, mit einer Einleitung über die Quellen und das Studium der römischen Geschichte, nach Niebuhr's Vorträgen bearbeitet von Leonhard Schmitz. Aus dem Englischen übersetzt und mit eigenen Bemerkungen versehen von Gustav Zeiß. Jena, Druck und Verlag von Friedrich Mauke. 1844 und 45. II. 8.

Feodor Eggo [d. i. Peter Feddersen Stuhr], Der Untergang der Naturstaaten, dargestellt in Briefen über Niebuhr's Römische Geschichte. Berlin 1812. 8.

3) Grundzüge für eine Verfassung Niederlands, 1813 geschrieben. Berlin, Herz. 1852. 78 S. 8.

4) Der Preußische Correspondent (von ihm begründet und hsg. mit anderen). Berlin 1813. Erstes (2. April) bis drittes Quartal. Berlin 1814. Erstes bis drittes Quartal. Aufsätze daraus sieh unten Nr. 14) b., ferner oben Nr. w. S. 74 bis 133. Sieh Euphorion, Ergänzungsheft zu Band 2 (1895), S. 82 f. und oben S. 75 Nr. 30).

5) Preußens Recht gegen den sächsischen Hof. Von B. G. Niebuhr. Berlin, in der Realschulbuchhandlung. 1814. 100 S. 8. — Auszugsweise wiedergegeben: Nr. w. S. 134 bis 179. — Zweite Auflage mit Zusätzen 1815. 8. H. v. Treitschke, Deutsche Geschichte. Erster Theil. Leipzig 1879. S. 642 f.

6) Ueber geheime Verbindungen im preußischen Staat, und deren Denunciation [durch Th. Schmalz § 257, 35. 9 = Band V. S. 259]. Von B. G. Niebuhr. Berlin, in der Realschulbuchhandlung. October 1815. 82 S. 8.

Ueber des Herrn B. G. Niebuhrs Schrift wider die meinige, politische Vereine betreffend. Vom Geheimen Rath Schmalz. Berlin, 1815. In der Maurerschen Buchhandlung, Poststraße Nr. 29. 15 S. 8.

Vergl. § 288, 2. 7) = Band VI. S. 105.

Das Märchen von den Verschwörungen. Von Friedrich Rübs, Professor der Geschichte an der Universität zu Berlin. Berlin, 1815. In der Realschulbuchhandlung. 24 S. 8.

Beleuchtung der Niebuhrschen Aeußerung über Freimaurer. Leipzig 1816. 6.

7) Carsten Niebuhr's Leben von B. G. Niebuhr. Aus den Kieler Blättern abgedruckt. Kiel. Im Verlage der academischen Buchhandlung. 1817. 86 S. 8. — wiederh. Nr 12) I, a.

Carsten Niebuhr, des Historikers Vater, der berühmte Reisende, war am 17. März 1733 zu Lüdingworth im Lande Hadeln geboren und starb am 26 April 1815 als kgl. Justizrat und Landschreiber zu Meldorf in Süder-Ditbmarschen. Sieh Allg. dtsch. Biogr. 1886. 23, 661 f. (Carstens)

8) Inscriptiones Nubienses. Commentatio. Romae 1820. 4. — Wiederh. Nr. 12) H, S. 172 bis 196.

9) Lettre au Rédacteur de la Bibliotheca Italiana. Berlin 1820. 8.

10) Duplik gegen Herrn Steinacker. Bonn 1824. 8.

Vergl. Fr. W. Steinacker, Replik für Herrn Staatsrath Niebuhr, die ciceronianischen Fragmente de re publica anlangend. Leipzig 1824. 8.

11) Rheinisches Museum für Philologie, Geschichte und griechische Philosophie. Herausgegeben von B. G. Niebuhr und Chn. A. Brandis. Bonn 1827 bis 1829. III. 8.

12) Kleine historische und philologische Schriften von B. G. Niebuhr. Bonn, bey Eduard Weber. 1828 und 1843. II. 8.

I. a: Nr. 7). — b: Einleitung zu den Vorlesungen über die Römische Geschichte. — c: Abhandlungen in der Akademie der Wissenschaften zu Berlin gelesen. — d: Vermischte Aufsätze,

II. a: Einleitung zu den Vorlesungen über Römische Alterthümer. — b: wie I, c. — c: Vermischte Aufsätze (meist zuvor im Rhein. Museum gedruckt).

13) Brief an einen jungen Philologen. Mit einer Abhandlung über Niebuhrs philologische Wirksamkeit und einigen Excursen herausgegeben von K. G. Jacob [Direktor in Lübeck]. Leipzig 1831. 8.

14) Nachgelassene Schriften B. G. Niebuhr's nichtphilologischen Inhalts (Herausgegeben von Marcus Niebuhr [dem Sohne]). Hamburg, bei Friedrich Perthes. 1842. 8.

a: Circularbriefe aus Holland 1808. — b: Aufsäze aus dem Preuß. Correspondenten 1813 und 1814. 1. Einleitung. — 2. Der Krieg und das Preußische Heer. — 3. Ueber Frankreich. — 4. Kirchliche Verhältnisse in England. — 5. Die Donischen Kosaken. — 6. Sicilien. — 7. Niederland oder das Niederland? — 8. Die Schweiz. — c: Vermischte meist ungedruckte Aufsäze 1805 bis 1830. 1. Einige Nachrichten über Wilhelm Leyel und den Dänisch-Ostindischen Handel unter seiner Verwaltung. 1805.— 2. Ueber die Perioden des Genies in der Litteratur. 1810—12. — 3. Ueber Irland 1804—1806. — 4. Mémoire sur la guerre entre l'Angleterre et la France. 1806. — 5. Ueber Englands Zukunft 1828. — 6. Trennung der Union von Nordamerika, 1815. — 7. Vorrede zu ,Darstellung der innern Verwaltung Großbritanniens v. C. Preib. v. Vincke'. 1815. — 8. Apologie einer Äußerung in der vorstehenden Vorrede. 1818. — 9. Ueber das französische Wahlgesez von 1816. 1817. — 10. Ueber die Spanische Staatsschuld und die Finanzmaasregeln der Regierung seit der Revolution. 1821. — 11. Schreiben eines Protestanten an einen Katholiken. 1818. — 12. Ueber städtische Verfassung. 1826. — 13. Vorwort zum neuen Abdruck der Uebersetzung von Demosthenis erster philippischer Rede. 1830. Vergl. Nr 1).

15) Griechische Heroengeschichten. An seinen Sohn erzählt. Hamburg, bei Friedrich Perthes. 1842. 48 S. 8. — Zweite Aufl. Hamburg 1850. IV, 80 S. 8. — Elfte Aufl. Gotha 1896. 8. — Prachtausgabe mit Zeichnungen von F. Preller und Th. Grosse. Gotha, Perthes 1879. Fol. — Leipzig, Greßner und Schramm 1898. 12.
Mit Anmerkungen zum Übersetzen ins Französische von E. Burtin. Gotha, Perthes 1862. 12. — 2. Aufl. 1872. 8.
Englisch: Niebuhrs tales of greek heroes. Altenburg 1871. 16. — Easy english readings. Part?.

16) Geschichte des Zeitalters der Revolution. Vorlesungen an der Universität zu Bonn im Sommer 1829 gehalten von B. G. Niebuhr. Hamburg 1845. II. 8.

17) Historische und philologische Vorträge an der Universität Bonn gehalten. Vier Abtheilungen in acht Bänden. 1846 bis 1858. VIII. 8.
I. Abtheilung: Römische Geschichte bis zum Untergang des abendländischen Reichs. Hg. von M. Isler. Drei Bände. 1846 bis 1848. — II. Abtheilung: Vorträge über alte Geschichte nach Justinus Tode, mit Ausschluß der römischen Geschichte. Hg. von M. Niebuhr. Drei Bände. 1847 bis 1851. — III. Abthl.: Vorträge über alte Länder- und Völkerkunde. Hg. von M. Isler. 1851. — IV. Abthl.: Vorträge über römische Alterthümer. Hg. von M. Isler. 1858.
Der gesamte litterarische Nachlaß Niebuhrs befindet sich seit 1898 im Besitze der Litteraturarchiv-Gesellschaft in Berlin. Vergl. Euphorion 1, 283.

34. Heinrich Luden, geb. am 10. April 1780 zu Lockstedt im Bremischen, studierte in Göttingen Philosophie, 1806 außerordentlicher, 1810 ordentlicher Professor der Geschichte in Jena, später erhielt er den Titel eines Geh. Hofrates und starb am 23. Mai 1847.
a. Meusel, Gel. Teutschl. 14, 463. 18, 585 f. 23, 469.
b. N. Nekrolog 25, 375 f.
c. Dietrich Schäfer, Heinrich Luden. Akadem. Festrede: Preuß. Jahrb. 1880. 46, 379 bis 400. Mit Quellenangabe.
d. Allg. dtsch. Biogr. 1884. 19, 370 bis 385 (v. Wegele).
Briefe an α. (14) K. A. Böttiger: Kgl. Bibliothek in Dresden. — β. Alvar Augustin de Liagno: Blätter f. d. Gymnasial-Schulwesen 1895. Bd. 31. Heft 1.
Briefe an Luden von Goethe: Werke (W. A.) IV. 19, 284. 436. — § 234, B. I. 46 und 46a) — Band IV. S. 572. — Goethe-Jahrb. 1881. 2, 257 f. 481. — W. v. Biedermann, Goethes Gespräche. 2, 33 bis 102. 155 f. 3, 39 bis 44. 96 bis 108. Vergl. 9, 115 f. — Joh. v. Müller: Im neuen Reich 1881. 11, II. S. 922 bis 925.

1) Ueber den Glauben an den Sieg des Guten. Eine Predigt am letzten Sonntag des J. 1801 zu Göttingen gehalten. Mit einem Vorbericht hg. von C. F. Ammon. Göttingen 1802. 8.

2) Christian Thomasius, nach seinen Schicksalen und Schriften dargestellt von H. Luden. Mit einer Vorrede von Johann von Müller. Berlin 1805. Bei Johann Friedrich Unger. XVI, 811 S. 12. Sieh vorher § 293, V. 10. 24).

8) Hugo Grotius, nach seinen Schicksalen und Schriften dargestellt von Heinrich Luden. Berlin bei Johann Friederich Unger, 1806. 8.

4) Letzte Briefe des Jacobs Ortis (von Ugo Foscolo), nach dem Italienischen herausgegeben. Göttingen 1807. 8.
Preuß. Jahrb. 45, 61. 46, 70.

5) Kleine Aufsätze geschichtlichen Inhalts. Göttingen 1807 und 1808. II. 8.

6) Grundzüge ästhetischer Vorlesungen zum akademischen Gebrauche von Heinrich Luden. Göttingen, 1808. bei Justus Friedrich Danckwerts. XVI, 136 S. 8.

7) Ansichten des Rheinbundes. Briefe zweier Staatsmänner. Göttingen, 1808, bei Justus Friedrich Danckwerts. XXII, 168 S. 8. — Zweite unveränderte Auflage 1809. 8.

8) Einige Worte über das Studium der vaterländischen Geschichte. Vier öffentliche Vorlesungen aus dem J. 1808. Jena, bei Friedrich Frommann. 1811. 8. Sieh Nr. 15a).

9) Handbuch der Staatsweisheit oder der Politik. Ein wissenschaftlicher Versuch von Heinrich Luden. Erste Abtheilung. Jena 1811. 8.

9a) Ueber Sinn und Inhalt des Handbuchs der Staatsweisheitslehre von H. Luden. Jena, bei Friedrich Frommann. 1811. 8.

10) Allgemeine Geschichte der Völker und Staaten. Jena 1814 bis 1821. III. 8. I. Das Alterthum. Zweite verb. Aufl. 1819. Dritte Aufl. 1824. II und III. Das Mittelalter. 1821. — Zweite Aufl. 1824.

11) Nemesis. Zeitschrift für Politik und Geschichte. Jena 1814 bis 1818. XII, je vier Stück. 8.

12) Heinrich Ludens Verurtheilung und Rechtfertigung in der von Kotzebue'schen Bülletin-Sache. Mit einer Einleitungs-Vorrede von J. C. Gensler. Heidelberg 1818. 8.

13) Das Königreich Hannover nach seinen öffentlichen Verhältnissen; besonders die Verhandlungen der allgemeinen Stände-Versammlung in den Jahren 1814, 1815 und 1816. Zum Druck befördert durch Heinrich Luden. Nordhausen, bei Gottfr. Wilh. Happach. 1818. 8.
Der Verfasser des von Luden nur herausgegebenen Werkes war der Privatdozent K. von Lentsch in Jena, aus Hannover gebürtig.

14) Herders Ideen zur Philosophie der Geschichte der Menschheit. Zweite rechtmäßige Ausgabe mit einer Einleitung von Heinrich Luden. Leipzig 1821. II. 8.

15) Geschichte des teutschen Volkes. Von Heinrich Luden. Gotha, bei Justus Perthes. 1825 bis 1837. XII. 8.
Vergl. E. Dümmler, Jahrbücher des ostfränkischen Reiches. Vorwort.

15a) Ueber das Studium der vaterländischen Geschichte. Vier Vorlesungen aus dem Jahre 1808. Von Heinrich Luden. Neuer Abdruck. (Beilage zum vierten Bande der Geschichte des teutschen Volkes.) Gotha, bei Justus Perthes. 1828. VIII, 87 S. 8. Vergl. Nr. 8).

16) Herzog Bernhard v. Sachsen-Weimar-Eisenach, Reise durch Nord-Amerika in den Jahren 1825 und 1826. Hg. von H. Luden. Weimar, Hoffmann. 1828. II. 8.

17) Geschichte der Teutschen von Heinrich Luden. Jena, Friedrich Luden. 1842 bis 48. III. 8. Vergl. § 243, 47) — Band IV. 8. 704.

18) Hauptmann von Gerlach (General von Grolman) 1812 Student in Jena. Aus den ungedruckten ‚Rückblicken in mein Leben' von Heinrich Luden. Jena, Friedrich Luden. 1843. 48 S. 12.

19) Rückblicke in mein Leben. Aus dem Nachlasse von Heinrich Luden. Jena, Friedrich Luden. 1847. XII, 290 S. 8.

35. Friedrich August Ukert, geb. am 28. Oktober 1780 in Eutin, wurde, nachdem er in Halle und Jena studiert hatte, 1807 Bibliothekar in Gotha, später auch Professor am dortigen Gymnasium und starb daselbst am 18. Mai 1851.

Ukert machte sich um die alte, wie um die neuere Geographie (Afrika's) verdient und begründete mit Heeren die Sammlung von europäischen Staatengeschichten, die hier unter seinem Namen zusammengefaßt werden mag.

a. Meusel, Gel. Teutschl. 21, 156 f. vergl. 16, 58.
b. N. Nekrolog 1851. 29, 392 bis 394.
c. Wilhelm Herbst, Johann Heinrich Voß. Leipzig 1874. Band 2, I. S. 200. 274 A. 286 A. Band 2, II. S. 14. 178 f. 322 A.
d. Conrad Bursian, Geschichte der classischen Philologie. München und Leipzig 1883. Erste Hälfte. S. 559.
e. Allg. dtsch. Biogr. 1895. 39, S. 175 f. (W.).
24 Briefe an K. A. Böttiger: Kgl. Bibliothek in Dresden. Vgl. Euphorion, 1, 386.

1) Gemälde von Griechenland entworfen von F. A. Ukert. Königsberg, bei Friedrich Nicolovius. 1810. XVI, 379 S. 12. — Neue vermehrte (?) Ausgabe. Darmstadt, bei Karl Wilhelm Leske. 1833. 12.

2) Ueber die Art der Griechen und Römer, die Entfernungen zu bestimmen und über das Stadium. Ein Versuch von F. A. Ukert. Weimar, im Verlage des Landes-Industrie-Comptoirs. 1816. 114 S. 8.

3) Untersuchungen über die Geographie des Hekatäus und Damastes, von F. A. Ukert. Weimar, im Verlage des Landes-Industrie-Comptoirs. 1814. 58 S. 8.

4) Bemerkungen über Homer's Geographie, von F. A. Ukert. Weimar, im Verlage des Geographischen Instituts. 1814. 50 S. 8.

5) Geographie der Griechen und Römer von den frühesten Zeiten bis auf Ptolemäus; bearb. von Fr. Aug. Ukert. Weimar, im Verlage des Geographischen Instituts. 1816 bis 1846. Drei Theile in je zwei Abtheilungen. Vl. 8.
. I, 1: Geschichte der geographischen Entdeckungen und der Geographen. — 2: Mathematische Geographie der Griechen und Römer. — Zweite Auflage: Weimar 1822. 8. — II, 1. 1821: Physische Geographie der Griechen und Römer. a: Vom Lande. b: Vom Meere. c: Atmosphäre. d: Von den Producten. e: Veränderungen auf der Erde. f: Geschichte der Erde. Iberien. — 2. 1832: Ueber den Norden von Europa nach den Ansichten der Alten. — III, 1. 1843: Germania nach den Ansichten der Griechen und Römer. — 2. 1846: Skythien und das Land der Geten oder Daker nach den Ansichten der Griechen und Römer.

6) Dr. Martin Luther's Leben mit einer kurzen Reformationsgeschichte Deutschlands und der Litteratur von Georg H(einrich) A(lbert) Ukert, nach seinem Tode hg. von F. A. Ukert. Gotha, bey Justus Perthes. 1817. II. 8.

7) Vollständige und neueste Erdbeschreibung von Afrika, mit einer Einleitung zur Statistik dieser Länder. Bearbeitet von F. A. Ukert. Weimar, im Verlage des Geographischen Instituts. 1824 und 25. II. 8. — Bd. 21 und 22 des vollständigen Handbuches der neuesten Erdbeschreibung von Ad(am) Chr(istian) Gaspari, G. Hassel, J. G. Fr. Cannabich, J. C. F. Gutsmuths und F. A. Ukert. I. Nordhälfte. — II. Südhälfte.

8) Geschichte der europäischen Staaten, herausgegeben von A. H. L. Heeren und F. A. Ukert. Hamburg, 1829 f. Bei Friedrich Perthes. 8.
Später leitete W. von Giesebrecht die Herausgabe der Sammlung, jetzt steht K. Lamprecht an der Spitze.
. a. F(riedrich) C(hristoph) Dahlmann, Geschichte von Dännemark. Drei Bände. I. 1840. XXI, 514 S. Von den Anfängen der Staatsbildung bis Waldemar IV. 1360. — II. 1841. XXII, 382 S. Die Union der drei nordischen Kronen. 1. Hälfte. — III. 1843. XXII, 408 S. Die Union der drei nordischen Kronen, zweite Hälfte. (Bis 1523.)
Frdr. Chph. Dahlmann, geb. am 17. Mai 1785 in Wismar, † am 5. Dezember 1860 in Bonn. Sieh Anton Springer, Friedr. Chph. Dahlmann. Leipzig 1870 und 72. II. 8. und Allgem. dtsch. Biogr. 1875. 4, 693 bis 699 (A. Springer).
a.¹ Dietrich Schäfer, Geschichte von Dänemark. Ein Band. IV. 1873: Von der Vertreibung Christians II. (1523) bis zum Tode Christians III. (1559).
Dietrich Schäfer, geb. am 16. Mai 1845 in Bremen, Professor in Heidelberg.
b. J(ohann) C(hristian) v. [vom 4. Bande an] Pfister, Geschichte der Teutschen. Nach den Quellen. Fünf Bände. 1829 bis 1835. 8.
I. 1829: Von den ältesten Zeiten bis zum Abgange der Karolinger. — II. 1829: Von der Wahl K. Konrads I. bis nach dem Untergange der Hohenstaufen. — III. 1831: Von der Herstellung des Reichs nach den Hohenstaufen bis zu Kaiser Maximilians I. Tod. — IV. 1833: Von der Kirchenreformation bis zum westphälischen

Frieden. — V. 1835: Vom westphälischen Frieden bis zur Auflösung des Reichs.
— Register bearbeitet von J. H. Möller. 1836.
Joh. Chn. Pfister s. oben S. 324 und füge dort hinzu: Wilhelm Heyd,
Bibliographie der Württembergischen Geschichte. Stuttgart 1896. Bd. 2, S. 549.
b¹. Friedrich Bülau, Geschichte Deutschlands von 1806 bis 1830. Zugleich
als Fortsetzung von Pfisters Geschichte der Teutschen. Ein Band. 1842.
Frdr. Bülau, geb. am 8. Oktober 1805 in Freiberg in Sachsen, gest. am
26. Oktober 1859 in Leipzig.
b². Felix Dahn, Deutsche Geschichte. Zwei Bände.
I, 1. 1888: Bis s. 476. — I, 2. 1888: Bis s. 814.
Felix Dahn, geb. am 9. Februar 1834 in Hamburg, Professor in Breslau.
b³. Alfred Dove, Deutsche Geschichte. Ein Band.
VI, erste Hälfte. 1888: 1740 bis 1745.
Alfred Dove, geb. am 4. April 1844 in Berlin.
c. Gustav Adolf Harald Stenzel, Geschichte des preußischen Staats. Fünf
Bände.
I. 1830: Von den ältesten Zeiten (1191) bis 1640. — II. 1837: Von 1640 bis
1688. — III. 1841: Von 1688 bis 1739. — IV. 1851: Von 1739 bis 1756. — V. 1854:
Von 1756 bis 1763 und Register von J. H. Möller.
G. A. H. Stenzel, geb. am 21. März 1792 in Zerbst, gest. am 2. Januar
1854 in Breslau. Vergl. Allg. dtsch. Biographie 1893. 36, 58 und Karl Gustav
Wilh. Stenzel, Gustav Adolf Harald Stenzels Leben. Gotha. Friedrich Andreas
Perthes. 1897. 8.
c¹. E. Reimann, Neuere Geschichte des Preußischen Staates vom Hubertus-
burger Frieden bis zum Wiener Kongreß. Zwei Bände.
I. 1882: Frieden von Hubertusburg. Bündnis mit Katharina II. und Unter-
stützung der russischen Politik in Polen. Die erste Teilung Polens. — II. 1888:
Bis zum Tode Friedrichs des Großen.
Eduard Reimann geb. am 17. Okt. 1820 in Oels, Dir. des RGymn. z. h. G. in Breslau.
d. C(arl) W(ilhelm) Böttiger, Geschichte des Kurstaates und Königreiches
Sachsen. Zwei Bände.
I. 1830: Von den frühern Zeiten bis zur Mitte des 16. Jahrhunderts. —
II. 1831: Von der Mitte des 16. Jahrh. bis auf die neueste Zeit, 1553—1831. —
Register von J. H. Möller. 1837.
Karl Wilh. Böttiger, Sohn Karl Aug. Böttigers (§ 227, 19), geb. am 15. Aug.
1790 in Bautzen, † am 26. November 1862 in Erlangen.
Zweite Auflage bearbeitet von Th. Flathe. Gotha, Friedrich Andreas
Perthes. 1867 bis 1873. III. 8.
I. 1867: Von den frühesten Zeiten bis zur Mitte des sechzehnten Jahr-
hunderts. — II. 1870: Bis zu Anfang des neunzehnten Jahrhunderts. — III. 1873:
Neuere Geschichte Sachsens von 1806—1866.
e. Johann Nepomuk Graf Mailáth, Geschichte von Österreich. Fünf Bände.
I. 1834: Von 1218 bis 1526. — II. 1837 mit d. Titel Geschichte des östreichischen Kaiserstaates: [Ferdinand I. bis zum Tode des K. Mathias]. — III.
1842: Ferdinand II. und Ferdinand III. — IV. 1848: [Vom westphälischen Frieden
bis 1740]. — V. 1850: Vom östreichischen Erbfolgekrieg bis 1849. Mit Register
von J. H. Möller.
Joh. Gf. Mailáth, geb. am 3. Oktober 1786 in Pest, † am 3. Januar 1855
im Starnberger See mit seiner Tochter. Vergl. Gersdorfs Repert. 1855 Nr. 2631
und Allg. dtsch. Biogr. 1884. 20, 101 bis 105 (Krones).
e¹. Alfons Huber, Geschichte Österreichs. Fünf Bände.
I. 1885: Österreichs Vorzeit und die Entstehung und Fortbildung der drei
österreichischen Ländergruppen. — II. 1885: Das Emporkommen neuer Dynastieen
in Österreich, Ungarn und Böhmen und deren gegenseitige Beziehungen bis zur
ersten Vereinigung der drei Ländergruppen (1278 bis 1437). — III. 1888: 1437
bis zur Wahl Ferdinands von Österreich zum Könige von Böhmen und Ungarn
1527. — IV. 1892: Bis 1609. — V. 1896: Bis 1648.
Alfons Huber, geb. am 14. Oktober 1834 in Fügen, Prof. in Wien, † Nov. 1898.
f. J(ohann) M(artin) Lappenberg, Geschichte von England. Zwei Bände.
I. 1834: [Von den ältesten Zeiten bis zu den Angelsachsen]. — II. 1837:
[Von den Normannen bis Stephans Tod 1154].
Joh. Mart. Lappenberg, geb. am 30. Juli 1794 in Hamburg. † am 28. No-

vember 1865 in seiner Vaterstadt. Vergl. H. Meyer, J. M. Lappenberg. Hamburg 1867. 8. und Allg. dtsch. Biogr. 1883. 17, 707 bis 715 (Pauli).

f¹. Reinhold Pauli, Geschichte von England. Drei Bände.
III. 1853: Mit einem Vorworte von J. M. Lappenberg. XXIX, 912 S. [Von Heinrich II. bis Heinrichs III. Tode 1272]. — IV. Gotha 1855. XXII, 743 S. [Eduard 1. bis 1399]. — V. 1858. XXVI, 710 S. [Heinrich IV. bis 1509].
Georg Reinhold Pauli, geb. am 25. Mai 1823 in Berlin, † am 3. Juni 1882 in Bremen. Vergl. Ferd. Frensdorff, Reinhold Pauli: Deutsche Rundschau 1883. 34, 371 bis 375. Allg. dtsch. Biogr. 1887. 25, 268 bis 273 (Alfred Stern) und Elisabeth Pauli, Lebenserinnerungen an Reinh. Pauli. Als Manuscr. gedr. 1895. Sieh Wilhelm Heyd, Bibliographie der Württembergischen Geschichte. Stuttgart 1896. 2, 544 f.

f². Moritz Brosch, Geschichte von England. Vier Bände.
VI. 1890: [Von dem Ursprungs der englischen Reformation bis zum Tode Elisabeths]. — VII. 1892: [Von Jakob I. bis Jakob II.]. — VIII. 1893: [Von Wilhelm III. bis zur Zeit der Aufklärung im vorigen Jahrhundert]. — IX. 1895: Von 1783 bis 1815.
Moritz Brosch, geb. am 7. April 1829 in Prag, lebt in Venedig.

g. Ernst Alexander Schmidt, Geschichte von Frankreich. Vier Bände.
I. 1835: [Von den ältesten Zeiten bis 1328]. — II. 1840: [Geschichte Frankreichs während der um den Besitz des Thrones geführten englisch-französischen Kriege, während der Regierung Ludwigs XI. und während der Kriege der Franzosen um den Besitz Neapels und Mailands 1328—1559]. — III. 1846: [vom Anfange der Hugenottenkriege bis zum Tode Ludwigs XIII. 1559—1643]. — IV. 1848: [Ludwig XIV. und Ludwig XV. 1643—1774]. Mit Register von J. H. Möller.

g¹. Wilhelm Wachsmuth, Geschichte Frankreichs im Revolutionszeitalter. Vier Theile.
I. 1840: [Die letzten Jahrzehnde der königlichen Unumschränktheit bis zur ersten Heerfahrt der Fürsten gegen die Revolution. — II. 1842: [Vom Nationalconvent bis zur ägyptischen Expedition]. — III. 1843: [Bonaparte in Ägypten und Syrien bis zum Ausbau des Kaiserreichs bis 1812]. — IV. 1844: [Vom russischen Kriege an bis zur Julirevolution]. — Mit Register von J. H. Möller.
Ernst Wilhelm Gottlieb Wachsmuth, geb. am 28. Dezember 1784 in Hildesheim, Professor in Leipzig, † am 23. Januar 1866.

g². Karl Hillebrand, Geschichte Frankreichs von der Thronbesteigung Louis Philipp's bis zum Falle Napoleon's III. Zwei Bände.
I. 1877: Die Sturm- und Drangperiode des Julikönigthums. 1830 bis 1837. Mit einer Einleitung (158 S.): Die Julirevolution und ihre Vorgeschichte. — II. 1879: Die Blüthezeit der parlamentarischen Monarchie (1837 bis 1848).
Karl Hillebrand, geb. am 17. September 1829 in Gießen, war Lehrer des Deutschen an der Kriegsschule von St. Cyr; nach dem Kriege von 1870/1 lebte er in Florenz und starb dort am 19. Oktober 1884. Vergl. Homberger, Karl Hillebrand. Berlin 1884. 8.

h. Heinrich Leo, Geschichte der italienischen Staaten. Fünf Bände.
I. 1829: Vom Jahre 568 bis 1125. — II. 1829: Vom Jahre 1125 bis 1268. — III. 1829: Vom Jahre 1268 bis 1492. — IV. 1830: Vom Jahre 1268 bis 1492. — V. 1832: Vom Jahre 1492 bis 1830. — Register von J. H. Möller. 1837.
H. Leo, geb. am 19. März 1799 in Rudolstadt, † am 24. April 1878. Vergl. Preuß. Jahrb. 1878 I. S. 550 f. — Meine Jugendzeit. Von Heinrich Leo. Gotha 1880. 8.

i. N(ikolas) G(odfried) van Kampen, Geschichte der Niederlande. Zwei Bände.
I. 1831: Von den ältesten Zeiten bis zum Jahre 1609. — II. 1833: Vom Jahre 1609 bis 1815. — Register von J. H. Möller. 1837.
N. G. van Kampen, geb. am 15. Mai 1776 in Haarlem, † am 15. März 1839 in Amsterdam.

i¹. (Karl) Th(eoder) Wenzelburger, Geschichte der Niederlande. Zwei Bände.
I. 1879: [Von der römischen Zeit bis Karl V.] — II. 1886: [Vom Regierungsantritt Philipps bis zum Westfälischen Frieden].

k. Johann Wilhelm Zinkeisen, Geschichte des osmanischen Reiches in Europa. Sieben Theile.
I. 1840: Urgeschichte und Wachsthum des Reiches bis zum Jahre 1453. — II. Gotha 1854: Das Reich auf der Höhe seiner Entwickelung 1453—1574. — III. 1855: Das innere Leben und angehender Verfall des Reiches bis zum Jahre 1623. — IV.

1856: Zunehmender Verfall und neuer Aufschwung des Reiches bis zu dem Frieden von Vasvar und dem Falle von Candia in den Jahren 1664 und 1669. — V. 1857: Fortschreitendes Sinken des Reiches vorzüglich unter dem Einflusse der wachsenden Macht Rußlands, vom Ausgangs des Krieges mit Venedig im Jahre 1669 bis zum Frieden zu Kutschuk-Kainardsche im J. 1774. — VI. 1859: Umschwung des innern Lebens des osmanischen Reiches und der orientalischen Politik während der Revolutionszeit, von dem Frieden zu Kutschuk Kainardsche bis zum Frieden mit Frankreich im J. 1802. — VII. 1863: Die Zeit der Reformen und der Rivalität der Großmächte um ihren Einfluß im Diwan vom Frieden mit Frankreich i. J. 1802 bis zum Frieden mit Rußland zu Bucharest i. J. 1812. — Register von J. H. Möller. 1863.

Joh. Wilh. Zinkeisen, geb. am 11. April 1803 in Altenburg, † am 5. Jan. 1863 in Berlin.

l. Richard Roepell, Geschichte Polens. Ein Teil.
I. 1840: [Die Monarchie der Piasten bis zu ihrer gänzlichen Auflösung 1300].
l'. Jacob Caro, Geschichte Polens. Fünf Teile.
II. Gotha 1863: 1300 bis 1386. — III. 1869: 1386 bis 1430. — IV. 1875: 1430 bis 1455. — V, 1. 1886: 1455 bis 1480. — V, 2. 1888: 1481 bis 1506.
R. Röpell, geb. am 4. November 1808 in Danzig, † am 4. November 1893 in Breslau. Jacob Caro, geb. am 2. Februar 1836 in Gnesen, Prof. in Breslau.

m. Heinrich Schäfer, Geschichte von Portugal. Fünf Bände.
L 1836: Von der Entstehung des Staates bis zum Erlöschen der echten burgundischen Linie, 1383. — II. 1839: Bis zum Schlusse des Mittelalters. — III. 1850: Vom Regierungsantritt des Königs Manuel bis zur Vereinigung Portugals mit Spanien. — IV. 1852: Bis zur Absetzung des Königs Alfonso VI. (1667). — V. Gotha 1854: Bis zum Ausbruch der Revolution im Jahr 1820. — Register von J. H. Möller. 1854.
Heinr. Schäfer, geb. am 25. April 1794 in Schlitz in Oberhessen, gest. am 2. Juli 1869 in Gießen.

n. Philipp Strahl, Geschichte des russischen Staates. Zwei Bände.
I. 1832: Von den ältesten Zeiten bis zum Einbruche der Tataren 1224. — II. 1839: Von dem Einbruche der Tataren in Rußland bis zum Antritt der Regierung des Großfürsten Iwan III. Wassiljewitsch I. d. i. von 1224 bis 1505. I. Abthlg. Politische Geschichte.
Philipp Strahl, geb. Professor in Bonn, starb auf der Rückfahrt von England nach dem Festlande am 6. Mai 1840. — N. Nekrolog 18, 1870.

n'. Ernst Herrmann, Geschichte des russischen Staates. Fünf Bände.
III. 1846: Vom Großfürsten Wassilii IV. Iwanowitsch bis auf die Zare Iwan und Peter Alexejewitsch und die Regentschaft ihrer Schwester Sophia (1505—1682). — IV. 1849: Von der Regentschaft der Großfürstin Sophia Alexejewna bis auf die Thronbesteigung der Kaiserin Elisabeth Petrowna (1682—1741). — V. 1853: Von der Thronbesteigung der Kaiserin Elisabeth bis zur Feier des Friedens von Kainardsche (1742—1775). — VI. Gotha 1860: Rußlands auswärtige Beziehungen in den Jahren 1775 bis 1792. — Ergänzungs-Band. 1866: Diplomatische Correspondenzen aus der Revolutionszeit 1791 - 1797.
Ernst Adolf Herrmann, geb. am 25. März 1812 in Kämmerswalde im sächsischen Erzgebirge, studierte in Dorpat, † am 23. September 1884 in Marburg.

n². Alex. v. Brueckner, Geschichte Rußlands bis zum Ende des achtzehnten Jahrhunderts. Ein Band.
Alexander Brückner, geb. am 5. August 1834 in St. Petersburg, lebt in Jena.

o. Erik Gustav Geijer, Geschichte Schwedens. Aus der schwedischen Handschrift des Verfassers übersetzt von Swen P. Leffler. Drei Bände.
I. 1832: Mit einem tabellarischen Königsverzeichniß. — II. 1834: [Gustav Wasa bis Karl IX.]. — III. 1836: [Gustav II. Adolf bis Christinas Abdankung].
o'. Friedrich Ferdinand Carlson, Geschichte Schwedens. Nach der schwedischen Handschrift des Verfassers übersetzt von J. E. Peterson. Zwei Bände.
IV. Gotha, 1855: Bis zum Reichstage 1680. — V. 1874:
Fred. Ferd. Carlson, geb. am 13. Juni 1811 in Upland, † am 18. März 1887 in Stockholm.

p. Friedrich Wilhelm Lembke, Geschichte von Spanien. Ein Band.
I. 1831: Die Zeiten von der vollständigen Eroberung durch die Römer bis gegen Mitte des neunten Jahrhunderts.

p¹. **Heinrich Schäfer,** Geschichte von Spanien.
II. 1844: Von den ersten Jahrzehnten des neunten Jahrhunderts bis zum Anfang des zwölften. — III. Gotha, 1861: Geschichte des südöstlichen Spaniens, insbesondere seiner inneren Zustände im Mittelalter.

p². **Friedrich Wilhelm Schirrmacher,** Geschichte Spaniens. Drei Bände.
IV. 1881: Geschichte Castiliens im 12. und 13. Jahrhundert. — V. 1890: Geschichte Spaniens vornehmlich im 14. Jahrhundert. — VI. 1893: Vom Tode Don Pedros des Grausamen (1369) bis zur Eroberung von Granada (1492).
Friedrich Schirrmacher, geb. am 28. April 1824 in Danzig, Professor in Rostock.

q. **Johann Dierauer,** Geschichte der Schweizerischen Eidgenossenschaft. Gotha 1887. — 2. Band: 1892. 8.
J. Dierauer, geb. am 20. März 1842 in Berneck.

r. **Alfred von Reumont,** Geschichte Toscana's seit dem Ende des florentinischen Freistaats. Zwei Bände.
I. 1876: Die Medici. J. 1580 bis 1737. — II. 1877: Haus Lothringen-Habsburg. J. 1737 bis 1859. Mit Register.

s. **Gustav Friedrich Hertzberg,** Geschichte Griechenlands seit dem Absterben des antiken Lebens bis zur Gegenwart. Vier Bände.
I. 1876: Von Kaiser Arcadius bis zum lateinischen Kreuzzuge. — II. 1877: Vom lateinischen Kreuzzuge bis zur Vollendung der osmanischen Eroberung (1204 bis 1470). — III. 1878: Von der Vollendung der osmanischen Eroberung bis zur Erhebung der Neugriechen gegen die Pforte (1470 bis 1821). — IV. 1879: Von der Erhebung der Neugriechen gegen die Pforte bis zum Berliner Frieden (1821 bis 1878). — Register. 1879.
Gustav Hertzberg, geb. am 19. Januar 1824 in Halle, lebt dort als Professor.

t. **Moritz Brosch,** Geschichte des Kirchenstaates. Zwei Bände.
I. 1880: Das 16. und 17. Jahrhundert. — II. 1882: Die Jahre 1700 bis 1870. — Register. 1882.

u. **Sigmund Otto Riezler,** Geschichte Baierns. Drei Bände.
I. 1878: Bis 1180. — II. 1880: Bis 1347. — III. 1889: Von 1347 bis 1508.
Sigmund Riezler, geb. am 2. Mai 1843 in München, Oberbibliothekar der Hof- und Staats-Bibliothek daselbst.

v. **Paul Friedrich Stälin,** Geschichte Württembergs. Zwei Bände.
I. 1. 1882: Bis 1268. — I. 2. 1887: 1268 bis 1496.
Paul Stälin, geb. am 23. Oktober 1840 in Stuttgart, Geh. Archivrat in Stuttgart.

w. **Arthur Kleinschmidt,** Geschichte des Königreichs Westfalen. 1893. Mit Namenregister.
Arthur Kleinschmidt, geb. am 8. April 1848 in Wiesbaden, Prof. in Heidelberg.

9) Ukert gab mit Friedrich Jacobs heraus: Beiträge zur älteren Literatur, oder Merkwürdigkeiten der Herzogl. öffentlichen Bibliothek zu Gotha. Leipzig 1835 bis 1843. III. (in 6 Heften). 8.

10) Über Dämonen, Heroen und Genien [aus dem 1. Bande der Abhandlungen der philol.-histor. Classe der K. Sächs. Gesellschaft der Wissenschaften]. Leipzig 1850. 83 S. 8.

86. Joseph Freiherr von Hormayr zu Hortenburg, geb. am 20. Januar 1782 in Innsbruck, studierte dort, diente 1800 bei der Tiroler Landwehr, wurde 1802 bei der Staatskanzlei in Wien angestellt, leitete 1809 den Tiroler Aufstand, wurde 1810 kaiserlich-königlicher Reichshistoriograph. Im März 1813 ließ ihn Metternich verhaften und auf die Festung Munkács, dann nach Brünn schaffen. Im J. 1828 wurde H. nach München und Mitglied der Akademie der Wissenschaften, 1832 Minister-Resident in Hannover, infolge der Stellung, die er dem dortigen Verfassungsbruch gegenüber einnahm, nach Bremen versetzt. Als Direktor des Reichsarchivs starb er am 5. November 1848 in München.
Hormayr war ein fleißiger Forscher, dem aber Ruhe des Charakters, der Auffassung und der Darstellung fehlte, um ein Geschichtschreiber zu sein. Er ist ein leidenschaftlicher Parteigänger anfangs für, dann ebenso heftig gegen Österreich. Sein Stil entspricht seinem Charakter und ist ebenso zerfahren, hastig und derb wie dieser.

a. Meusel, Gel. Teutschl. 11, 373. 14, 188 f. 18, 209 f. 22 u, 888.
b. J. C. H. Merian, Biographische Zü aus dem Leben teutscher Männer.
Leipzig 1815. 8. Enthält die Biographie Hgsmayrs.
c. A. v. Schaden, Gel. München im J. 1834. 8. 42 bis 47.
d. Julius Schneller, Collin und Hormayr: Hinterlassene Werke. Leipzig
und Stuttgart 1834. 8, S. 139 bis 146.
e. Oesterr. National-Encyclopädie hg. von Gräffer. Wien 1835. H, S. 643.
f. Taschenbuch für die vaterländ. Geschichte, hg. von Hormayr i. J. 1886.
25, S. 419 bis 496. i. J. 1847. 88, S. 352 bis 867.
g. Blätter f. literar. Unterhaltung 1849 Nr. 1 bis 6.
h. Nekrol. 26, 676 bis 693.
i. Wurzbach 1868. 9, S. 277 bis 287.
j. Deutsche Rundschau 1879. 21, 481.
k. Allg. dtsch. Biogr. 1881. 13, S. 181 bis 185 (v. Heigel).
l. Franz Ritter von Krones, Aus Oesterreichs stillen und bewegten Jahren
1810—1812 und 1813—1815. I. Zeitgeschichtliche Studien. Aus dem Tagebuche
Erzh. Johanns von Oesterreich 1810—1812. II. Hormayrs Lebensgang bis 1816 und
seine Briefe an den Vorgenannten 1813—1816. Innsbruck. Verlag der Wagner'-
schen Universitäts-Buchhandlung. 1892. 8. S. 179 bis Ende.
m. Franz Ritter von Krones, Tirol 1812—1816 und Erzherzog Johann von
Oesterreich zumeist aus seinem Nachlasse. Innsbruck. Verlag der Wagner'schen
Universitäts-Buchhandlung 1890. 8. S. 49 f. u. o.
n. Frz. v. Krones, Aus dem Tagebuche Erzherzog Johanns von Oesterreich
1810—1815. Zur Geschichte der Befreiungskriege und des Wiener Kongresses.
Hg. und erläutert. Innsbruck. Verlag der Wagner'schen Universitäts-Buchhandlung. 1891. 8. S. 19 u. o.
Briefe an α. (63) K. A. Böttiger: Kgl. Bibliothek in Dresden. — β Albert v. Boyne-
burg: vergl. Anz. f. dtsch. Alterth. 1896. 23, 116. — γ. Deinhardstein: Dtsch.
Dichtung 1894. Bd. 15, Heft 12. — δ. L. A. Frankl: Wiener ,Presse' 1862. Nr. 81.
Vergl. Prager ,Bohemia' 1894. Nr. 87. Beil. — δ'. A. Grün: s. S. 808. — ε. Erzherzog
Johann: Krones Nr. l. — ζ. Joh. v. Müller: Archiv Nr. 11) 1816. 7, Nr. 114 f. —
η. Karol. Pichler: Wiener Kommunal-Kalender und Städtisches Jahrbuch. 32. Jahrg.
S. ?. — ϑ. Ludwig Tieck: Hg. von Karl von Holtei. Breslau 1864. Bd. 2, S. 1 bis 18.
1) Geschichte des Cisterzienserstifts Stambs. Aus Urkunden. Innsbruck 1795. 8.
2) Versuch einer pragmatischen Geschichte des Grafen von Andechs, nach-
herigen Herzoge von Merau. Innsbruck 1797. 8. O. V.
3) Kritisch-diplomatische Beyträge zur Geschichte Tirols im Mittelalter.
1. Bd. 1. und 2. Abthlg. Wien 1802 bis 8. II. 8. — Wien 1805. II. 8.
4) Tyroler Merkwürdigkeiten und Geschichten, oder Tiroler Almanach auf
die Jahre 1802. 1803. 1804. Wien. III. 8. Sieh unten 8. 655 f.
5) Friedrich von Oesterreich. Ein historisches Gemählde in 5 Aufz. Aufgeführt auf dem k. und k. k. Hoftheater zur Allerhöchsten Namensfeyer Ihro
Majestät des Kaisers und Königs am 4. October 1805. Wien 1805. Bey J. V.
Degen. 152 S. 8.
6) Leopold der Schöne. Ein Sittengemählde der Vorzeit in 5 Aufz. Vom
Verfasser des Friedrich v. Oesterreich. Wien, 1806. Bey J. V. Degen. XVI, 89 S. 8. 8.
7) Geschichte der gefürsteten Grafschaft Tirol. Von Joseph Freyherrn von
Hormayr zu Hortenburg, Tiroler Landmann, k. und k. k. Hofsekretair der geheimen
Hof- und Staats-Kanzley in auswärtigen Geschäften. Erster Theil, erste und zweite
Abtheilung. Tübingen, in der J. G. Cotta'schen Buchhandlung. 1806 und 1808. II. 8.
8) Oesterreichischer Plutarch, oder Leben und Bildnisse aller Regenten und der
berühmtesten Feldherren, Staatsmänner, Gelehrten und Künstler des österreichischen
Kaiserstaates. Von Joseph Freyherrn von Hormayr. Wien, 1807 bis 1814. XX. 8.
9) Historisch-statistisches Archiv für Süddeutschland. Wien 1808. II. 8.
10) Ueber Minderjährigkeit, Vormundschaft und Großjährigkeit im österreichischen Kaiserstaate und Kaiserhause. Wien 1808. 8.
11) Archiv für Geographie, Historie, Staats- und Kriegskunst. Wien 1810
bis 1822. Jahrg. 1 bis 13. 4. Fortsetzung: Archiv für Geschichte, Statistik,
Literatur und Kunst. Wien 1823 bis 1828. Jahrg. 14 bis 19. 4.

12) Taschenbuch für vaterländische Geschichte. Wien 1811 bis 1814. IV. 8. Sieh Nr. 20) und unten S. 523f.

13) Malerisches Taschenbuch für Freunde interessanter Gegenden, Natur- und Kunst-Merkwürdigkeiten der österreichischen Monarchie. Wien 1812 bis 1814 III. 12.

14) Mit J. v. Hammer, M. v. Collin und B. Kopitar nahm Hormayr wesentlichen Anteil an der im Spätjahr 1812 erfolgten Gründung der Wiener Literaturzeitung, die in Wien bei Gerold erschien und 1816 einging. Wien 1813 bis 1816. IV zu 12 Heften. 4.

15) Oesterreich und Teutschland. Ein historisch-politisches Gemählde großer Ereignisse unserer Zeit; mit Rückblicken auf die Vorwelt. Gotha 1814. 8.

16) Geschichte Andreas Hofer's, Sandwirths aus Passeyr, Oberanführers der Tyroler im Kriege von 1809. Durchgehends aus Original-Quellen, aus den militairischen Operations-Plänen, so wie aus den Papieren Hofers, des Frh. von Hormayr, Speckbacher's, Wörndle's, Eisenstecken's, der Gebrüder Thalguter, des Kapuziners Joachim Haspinger und vieler Anderer. Leipzig und Altenburg: F. A. Brockhaus. 1817. 460 S. 8. — Das Land Tyrol und der Tyrolerkrieg von 1809. Devota morti pectora liberae: — Genauni, implacidum genus, Breunique veloces et Vindelici, immanesque Rhaeti — et Arces alpibus impositae tremendis! Leipzig: F. A. Brockhaus. 1845. 8 A. u. d. T.: Geschichte Andreas Hofer's ... aus Originalquellen, aus den militairischen Operationsplänen, aus den Papieren des Freiherrn von Hormayr, Hofer's, Speckbacher's, Wörndle's, Eisenstecken's, Ennemoser's. Sieberer's Aschbacher's, Wallner's, der Gebrüder Thalguter, des Kapuziners Joachim Haspinger's und vieler Anderer. Zweite, durchaus umgearbeitete und sehr vermehrte Auflage. Dieses Werk stammt aus der Feder des Erzherzogs Johann; Hormayr war nur der Revisor der Tyrol betr. Abteilung.

17) Das Heer von Inneröstreich unter den Befehlen des Erzherzogs Johann im Kriege von 1809. in Italien, Tyrol und Ungarn. Von einem Stabsoffizier des k. k. Generalquartiermeister-Stabes eben dieser Armee; durchgehends aus officiellen Quellen, aus den erlassenen Befehlen, Operationsjournalen u. s. w. Leipzig und Altenburg: F. A. Brockhaus. 1817. 411 S. 8. — Zweite, durchaus umgearbeitete und sehr vermehrte Auflage. Leipzig: F. A. Brockhaus. 1848. 554 S. 8.

18) Aufsätze in den Wiener Jahrbüchern 1819 bis 1828.

19) Des Herrn Abts [Claude François Xaver] Millot, Mitgliedes der Académie zu Lyon, allgemeine Weltgeschichte alter, mittlerer und neuer Zeiten. Aus dem Französischen. Fortgesetzt bis auf unsere Zeit von Wilhelm Ernst Christiani und Freyherrn von Hormayer. 88 Bändchen. Glücksstaad im Bureau der fremden Klassiker. 1822 bis 1825. XXXVIII. 8.

20) Taschenbuch für die vaterländische Geschichte. Hg. durch Joseph Freyherrn von Hormayr und Mednyansky. Wien 1820 bis 1829. X. 12. Neue Folge (von Hormayr allein). Erster Jahrgang. 1830 bis 1849. XXXVIII. Jahrgang der gesammten und XX. der neuen Folge. 1. Jahrg. Stuttgart. Gebrüder Franckh. 1830.; 2. Jahrg. München. Gebr. Franckh. 1831.; 3. bis 5. Jahrg. München, Franz 1832 bis 1834.; 6. Jahrg. Braunschweig, Vieweg. 1835.; 7. bis 20. Jahrg. Leipzig, dann Berlin, G. Reimer. 1836 bis 1849. 16 u. 12. — Fortgesetzt von Georg Thomas Rudhart. 39. bis 42. Jahrg. München, Franz 1850 bis 1857. 12. Sieh Bd. VIII. S. 101f.

20a) Kern und Uebersicht der Taschenbücher für die vaterländische Geschichte, hg. von Joseph Freiherrn von Hormayr. o. O. 1845. Druck von G. Reimer in Berlin. 39 S. 8.

21) Des Freyherrn Joseph von Hormayr sämmtliche Werke. Stuttgart und Tübingen, in der J. G. Cotta'schen Buchhandlung. 1820 bis 1822. III. 8.

22) Wien, seine Geschicke und seine Denkwürdigkeiten. Im Vereine mit mehreren Gelehrten und Kunstfreunden bearbeitet und hg. durch Joseph Freyherrn von Hormayr. Wien, 1823 bis 1825. IX. 8. Der in Kupfer gestochene andere Titel lautet: Wien's Geschichte und seine Denkwürdigkeiten.

23) Ueber die Monumenta Boica. Gelesen am 71. Stiftungstage der Kgl. bayerischen Akademie der Wissenschaften am 28. März 1830 durch Joseph Freiherrn von Hormayr zu Hortenburg. München. Bei F. G. Franckh. 4.

24) Die Freskogemälde unter den Arkaden des k. Hofgartens zu München.

(Die geschichtlichen Fresken). München 1830. 8. — Zweite Ausgabe: Begleiter zu den landschaftlichen Freskogemälden unter den Arkaden u. s. w. München 1834. 8.

25) Historisches Tagebuch für Bayern. München 1831. Fol.

26) Herzog Luitpold. Gedächtnißrede zum 72. Stiftungstage der K. bayr. Akad. d. W. gelesen am 28. März 1831 durch Joseph Freyherrn von Hormayr zu Hortenburg. München 1831. 4.

27) Historisches Schatzkästlein für Bayern. I. München 1832. 8.

28) Die Bayern im Morgenlande. Gedächtnißrede zum 73. Stiftungstage der Kgl. bayr. Akad. d. W. Gelesen am 28. März 1832 durch Joseph Freiherrn von Hormayr zu Hortenburg. München. Druck und Verlag von Georg Franz. 4.

29) Das große österreichische Hausprivilegium von 1156 und das Archivwesen in Bayern. München 1832. Druck und Verlag von Georg Franz. 4.

30) Des Freiherrn Joseph von Hormayr zu Hortenburg kleine historische Schriften und Gedächtnißreden. München 1832. Verlag von Georg Franz. 4.
Darin Nr. 23), Nr. 26), Nr. 28) und Nr. 29).

31) Fragmente über Deutschlands und insonderheit Bayerns Welthandel und über die Wichtigkeit des einzigen ganz deutschen Stromes, der Weser. München 1840. 8. Ohne Verfassernamen; von Hormayr und Arnold Duckwitz.

32) Lebensbilder aus dem Befreiungskriege. I. Ernst Friedrich Herbert Graf von Münster. Drei Abtheilungen. Jena, Friedrich Frommann. 1841. 1844. 8. — 1. Abthlg.: 2. Aufl. 1843. 2. Abthlg.: 2. Aufl. 1844. Ohne Vfnamen.
Herr von Hormayr und die Lebensbilder aus dem Befreiungskriege. Piece aus den ‚politischen Predigten des Dr. Faber' [d. i. Gustav Zimmermann's, des damaligen Archivsekretärs, späteren Geh. Rats in Darmstadt: Politische Predigten, geh. im J. 1843 auf verschiedenen Dächern der Hauptstadt ⁜⁜⁜: Hg. von G. Faber. Leipzig, W. Engelmann. 1843. 8.]. Leipzig, W. Engelmann. 1844. 8.

33) Die goldene Chronik von Hohenschwangau, der Burg der Welfen, der Hohenstauffen und der Scheyren. Durch Joseph Freiherrn von Hormayr-Hortenburg. München, 1842. Georg Franz. 4.

34) Anemonen aus dem Tagebuch eines alten Pilgermannes. Jena, Frommann. 1845. 1847. IV. 8. Ohne Vfnamen.

35) Kaiser Franz und Metternich. Leipzig 1848. 8.

27. Hans Karl Dippoldt, in der später angenommenen Schreibung **Dippold,** geb. am 26. März 1788 in Grimma, studierte in Leipzig und Jena, Hofmeister Theodor Körners, habilitierte sich im J. 1808 in Leipzig, 1809 Custos der dortigen Universitätsbibliothek, 1810 Professor der Geschichte und Geographie am Gymnasium in Danzig. Dort starb er schon am 30. September 1811.
a. (Beckers) Nationalzeitung der Teutschen 1811 Nr. 44.
b. Meusel, Gel. Teutschl. 16, 339. 17, 422. 22¹, 686.
Briefe an α. (23) K. A. Böttiger 1808 bis 1811: Kgl. Bibliothek in Dresden. — β. J. v. Müller: oben S. 291. — Briefe an Dippold von J. v. Müller: oben S. 290. ζ.

1) De fontibus historiae Caroli Magni et scriptoribus eam illustrantibus commentatio historica. Scripsit et ... 1808 publice defendet Hans Carolus Dippoldt. Grimanus. Lipsiae. 40 S. 4.

2) Leben Kaiser Karls des Großen beschrieben durch Hans Karl Dippoldt. Tübingen in der J. G. Cotta'schen Buchhandlung. 1810. X S., 8 unbez. Bl. und 324 S. 8.

3) Geschichte des Hauses Oesterreich seit der Gründung dieser Monarchie von Rudolph von Habsburg bis zum Tode Leopolds II. 1278—1793. Von William Coxe. Deutsch hg. von H. K. Dippold und A. Wagner. Amsterdam (d. i. Leipzig) 1810 und 1811. H. 8.

4) Gab mit F. A. Köthe heraus: Allgemein-historisches Archiv. Leipzig 1811. Bd. 1, Heft 1 und 2. 8.

5) Skizzen der allgemeinen Geschichte. Vorlesungen ⁜⁜ in Danzig im Winter 1811 von Hans Carl Dippold. Nach seinem Tode herausgegeben. Berlin, bei Julius Eduard Hitzig. 1812. II. 8.

I. Von den ältesten Zeiten bis auf den Verfall des Römischen Reichs. — II. Von der Ausbreitung des Christenthums bis auf die neuesten Zeiten. Vergl. § 290, 1. 27) 1812. Zweites Quartal. n — oben S. 120.

6) Dippold übers. Shakespeares lustige Weiber von Windsor. S.§ 310, A.377.20) e

7) Sieh § 290, 1. 27) 1813. 1, i und k; 8, v. — 8) s. unten S. 808.

38. Friedrich **L u d w i g** **G e o r g** **von** **Raumer**, geb. am 14. Mai 1781 in Wörlitz bei Dessau, Bruder Karls von R. (s. S. 271), besuchte von 1793 an das Joachimsthalsche Gymnasium in Berlin, studierte 1798 in Göttingen, später in Halle die Rechte, 1801 Referendar in der kurmärkischen Kammer, dann Assessor, von 1806 bis 1808 stand er an der Spitze des Departement der Domänenkammer in Wusterhausen bei Berlin, wurde im Frühjahr 1809 Rat bei der neuorganisierten Regierung in Potsdam, arbeitete 1810 bis 1811 im Büreau des Staatskanzlers Hardenberg, wurde 1811 Prof. der Geschichte und Statistik in Breslau, 1819 in Berlin Professor der Staatswissenschaften und der Geschichte. Nach manchen Reisen in die verschiedenen Länder Europas besuchte er auch Nordamerika. Er starb am 14. Juni 1873 in Berlin.

a. Meusel, Gel. Teutschl. 15, 107. 19, 252f.

b. (Hitzig) Gelehrtes Berlin S. 205.

c. A. G. Schmidt S. 310f.

d. Briefe an Tieck. Breslau 1864. Sieh das Register im 4. Bde.

e. Sieh unten Nr. 37) und Nr. 42).

f. L. v. **R a n k e**, Eine Gedächtnißrede: Historische Zeitschrift 1874. 31, 149f.

g. W. v. **G i e s e b r e c h t**, Nekrolog: Sitzungsberichte der Münchner Ak. d. W. Jahrgang 1874. 8, 179 bis 187.

h. Allg. dtsch. Biogr. 1888. 27, 403 bis 414 (W e g e l e).

Briefe an: α. seine Frau: Nr. 42, 2 S. 156 u. o. — β. Prinz August: ebenda 184. — γ. Minister Eichhorn: 195. — δ. Friedr. Wilh. 4.: 177. — ε. Guizot: 190. — ζ. Hagen: 157. — η. v. Hinkeldey: 206. — ϑ. Präsident Keßler: 163 u. o. — ι. Löbell: 207. 213 f. — κ. Frau v. Lüttichau: 144. 214 f. — λ. Kronprinz Max: 197. — μ. Graf v. Redern: 150. — ν. Tieck: Nr. 87) Bd. 2, S. 77. 81. 131 u. o.; Nr. 42) Bd. 2, S. 139 u. o.

Briefe an Raumer von Prinz August: Nr. 42) Bd. 2, S. 184. — v. Eckstein: ebenda 201. — Min. Eichhorn: 195. — v. Eötvos: 207 u. o. — Friedr. Wilh. 4.: 151. 177. — Guizot: 191. — Heinrich: 177. — Hormayr: 169. — Prinz Johann v. Sachsen: 152. — K. Ludwig 1.: 192. — Graf v. Redern: 151. — Tieck: Nr. 42) Bd. 2, S. 142f. 148f. 150. 154. 161. — Trendelenburg: Nr. 42) Bd. 2, S. 211. — Varnhagen: 212. — Wachsmuth: 201.

1) Sechs Dialogen über Krieg und Handel. In den letzten Monaten 1805. Variis idem. o. O. [Berlin] 1806 im Mai. IV, 130 S. 8. Ohne Verfassernamen; durch Joh. v. Müller zum Druck befördert.

2) Das Britische Besteuerungssystem, insbesondere die Einkommensteuer, dargestellt mit Hinsicht auf die in der Preußischen Monarchie zu treffenden Einrichtungen. Berlin 1809. 8.

2a) Perikles und Aspasia. Eine Vorlesung. Berlin 1810. 8.

3) Die Reden des Aeschines und Demosthenes über die Krone. Berlin 1811. 8.

4) Handbuch merkwürdiger Stellen aus den lateinischen Geschichtschreibern des Mittelalters. Breslau 1813. 8.

5) Die Herbstreise nach Venedig von Friedrich von Raumer. Bonny soit qui mal y pense. Berlin, 1816. In der Realschulbuchhandlung. H. 8.

6) Vorlesungen über die alte Geschichte von Friedrich von Raumer. In zwei Theilen. Leipzig: F. A. Brockhaus. 1821. II. 8. — Zweite umgearbeitete Auflage. Leipzig: F. A. Brockhaus. 1847. II. 8. — Dritte nochmals wesentlich verbesserte und vermehrte Auflage. Leipzig: F. A. Brockhaus. 1861. II. 8.

7) Die Eroberung von Constantinopel im Jahre 1204. Von F. L. G. von Raumer: Urania. Taschenbuch auf das Jahr 1828. Leipzig: F. A. Brockhaus. 8.

8) Geschichte der Hohenstaufen und ihrer Zeit von Friedrich von Raumer. Leipzig: F. A. Brockhaus. 1823 bis 1825. VI. 8. — 1823 bis 1825. VI. 4. — Zweite verbesserte und vermehrte Auflage. Leipzig: F. A. Brockhaus. 1840 bis

1842. VI. 8. — Dritte, verbesserte und vermehrte Auflage. 1857 und 1858. VI. 8. — Vierte Auflage. 1871 und 1872. VI. 8. — Fünfte Aufl. 1878. VI. 8.

9) Ueber die geschichtliche Entwickelung der Begriffe von Recht, Staat und Politik. Von Friedrich von Raumer. Leipzig: F. A. Brockhaus. 1826. 8. — Zweite, verbesserte und vermehrte Auflage. 1832. 8. — Dritte, verbesserte und vermehrte Auflage. 1861. 8.

10) Solger's nachgelassene Schriften und Briefwechsel. Hg. von Ludwig Tieck und Friedrich von Raumer. Leipzig: F. A. Brockhaus. 1826. II. 8. Sieh § 247, 33. 1).

11) Ueber die preußische Städteordnung, nebst einem Vorworte über bürgerliche Freiheit nach französischen und deutschen Begriffen. Von Friedrich von Raumer. Leipzig: F. A. Brockhaus. 1828. 8.

12) Zur Rechtfertigung und Berichtigung meiner Schrift über die preußische Städteordnung. Von Friedrich von Raumer. Leipzig: F. A. Brockhaus. 1828. 8.

13) Über die Poetik des Aristoteles und sein Verhältniß zu den neuern Dramatikern von Friedrich von Raumer. Akademieschrift. Berlin 1829. 4.

14) Historisches Taschenbuch. Mit Beiträgen von [Passow, Raumer, Voigt, Wachler, Wilken], hg. von Friedrich von Raumer. Leipzig: F. A. Brockhaus. 1830 bis 1839. Zehn Jahrgänge. 12.
Auf jedem Jahrgange stehen die Namen derjenigen, die Beiträge dazu geliefert haben.

14a) Historisches Taschenbuch. Herausgegeben von Friedrich von Raumer. Neue Folge. Leipzig: F. A. Brockhaus. 1840 bis 1849. Zehn Jahrgänge. 12.

14b) Dritte Folge. 1850 bis 1859 Zehn Jahrgänge. 12.

14c) Vierte Folge 1860 bis 1869. Zehn Jahrgänge 12.
Von der fünften Folge an ist W. H. Riehl Herausgeber.
1830. a: Geschichte Ludwig's XIII. und des Cardinals Richelieu. — b: Rede, gehalten am 16. November 1822 zur Feier der 25jährigen Regierung des Königs von Preußen. — 1831. Geschichte Deutschlands von der Abdankung Karl's V. bis zum Westfälischen Frieden. (Erste Hälfte von 1558 bis 1630.) — 1832. a: (Zweite Hälfte von 1630 bis 1648.) — b: Polens Untergang. Erschien auch besonders in zwei Auflagen. 1832. — Le démembrement de la Pologne, par M. Frédéric de Raumer. Traduit de l'Allemand par Charles de Forster. Paris 1835. 8. — 1836. 8. — 1837. 8. — Quatrième édition dédiée aux hommes politiques de l'Europe. Paris. 1877. 8. — 1833. Ueber Ehe und Familie. — 1836. a: Das königl. preußische Generaloberfinanz-, Kriegs- und Domainendirectorium. — b: Kaiser Karl V. und der Waffenstillstand von Nizza 1538.
1840 Die Philosophie und die Philosophen des 12. und 13. Jahrhunderts. — 1841. Randglossen eines Laien zum Euripides. — 1842. Ueber die Poetik des Aristoteles und sein Verhältniß zu den neuern Dramatikern — Nr. 13). — 1843. Ueber die französischen Verfassungsformen seit 1789. — 1845. Ueber Johanna d'Arc, die Jungfrau von Orleans. — 1848. Ueber die römische Staatsverfassung. — 1849. Die Kirchenversammlungen von Pisa, Kostnitz und Basel.
1851. Drei Portugiesinnen. Ines, Marie und Leonore. — 1854. Eine Reise nach Südamerika. — Nr. 42) e. — 1856. Historisch-politische Gespräche, wie man sie hört und führt. — 1857. Zur neuern Geschichte Spaniens (1806 bis 1840) — Nr. 42)f. — 1858. Bruchstücke aus Erinnerungen von einer Reise nach Dänemark, Schweden und Norwegen im Sommer 1856 — Nr. 42) g. — 1859. Zur neuern Geschichte Roms. 1848 bis 1850 — Nr. 42) h.
1863. Sicilien und Palermo. Ein Vortrag — Nr. 42) i. — 1867. König Jakob II. und Anna Hyde — Nr. 42) k.

15) Briefe aus Paris und Frankreich im Jahre 1830 von Friedrich von Raumer. Leipzig: F. A. Brockhaus. 1831. II. 8.

16) Briefe aus Paris zur Erläuterung der Geschichte des sechzehnten und siebzehnten Jahrhunderts von Friedrich von Raumer. Leipzig: F. A. Brockhaus. 1831. II. 8.

17) Geschichte Europas seit dem Ende des funfzehnten Jahrhunderts von Friedrich von Raumer. Leipzig: F. A. Brockhaus. 1832 bis 1850. VIII. 8. Der achte Band auch unter dem Titel: Geschichte Frankreichs und der französischen Revolution 1740 bis 1795.

18) Ueber den Anschluß Sachsens an die deutschen Zoll- und Handelsvereine. Von Friedrich von Raumer. Leipzig: F. A. Brockhaus. 1833. 8.

19) Beiträge zur neueren Geschichte aus dem britischen Museum und Reichsarchive von Friedrich von Raumer. Leipzig: F. A. Brockhaus. 1836 bis 1839. V. 8. Der 3. bis 5. Theil haben den Titel: Beiträge zur neueren Geschichte aus dem britischen und französischen Reichsarchive.
1: Die Königinnen Elisabeth und Maria Stuart. — 2: König Friedrich II. und seine Zeit. — 3. bis 5: Europa vom Ende des siebenjährigen bis zum Ende des amerikanischen Krieges (1763 bis 1783).

20) England im Jahre 1835. Von Friedrich von Raumer. Leipzig: F. A. Brockhaus. 1836. II. 8. — Zweite, verbesserte und mit einem Bande vermehrte Auflage. 1842. III. 8. Der dritte Band auch u. d. T.: England im Jahre 1841.
Kritiken des Werkes von Friedrich von Raumer: England im Jahre 1835 aus der Morning Chronicle, den Times, dem Dublin Review, Foreign quarterly Review und Edinburgh Review. Leipzig: F. A. Brockhaus. 1837. 8.
Vergl. Nr. 42) Band 2, S. 228.

21) Leben und Briefwechsel Georg Washingtons. Nach dem Englischen des Jared Sparks im Auszugs bearbeitet. Herausgegeben von Friedrich von Raumer. Leipzig: F. A. Brockhaus. 1839. II. 8.

22) Italien. Beiträge zur Kenntniß dieses Landes von Friedrich von Raumer. Leipzig: F. A. Brockhaus. 1840. II. 8.

23) Die Korngesetze Englands von Friedrich von Raumer. Leipzig: F. A. Brockhaus. 1841. 12.

24) Rede zur Gedächtnißfeier König Friedrichs II, gehalten am 26. Januar 1843 in der Königl. preuß. Akademie der Wissenschaften, von Friedrich von Raumer. Leipzig: F. A. Brockhaus. 1843. 12.

25) Vortrag zur Gedächtnißfeier König Friedrich Wilhelms III, gehalten am 3. August 1843 in der Universität zu Berlin von Friedrich von Raumer. Leipzig: F. A. Brockhaus. 1843. 12.

26) Die versinigten Staaten von Nordamerika von Friedrich von Raumer. Leipzig: F. A. Brockhaus. 1845. II. 12.

27) Einleitungsworte zur öffentlichen Sitzung der Akademie der Wissenschaften am 16. Oktober 1845, von Fr. v. Raumer. Berlin, 1845. Buchhandlung des Berliner Lese-Kabinets. 8. — Zweite Auflage. 1845. 8.

28) Rede zur Gedächtnißfeier König Friedrichs II. gehalten am 28. Januar 1847 in der königl. preuß. Akad. der Wissenschaften von Friedrich von Raumer. Leipzig: F. A. Brockhaus. 1847. 12. — Zweite Ausgabe 1847.

29) Reden, die in Frankfurt nicht gehalten wurden von Friedrich von Raumer. I. bis VI. Leipzig: F. A. Brockhaus. 1848. 12.

30) Spreu. Honi soit qui mal y pense. Leipzig: F. A. Brockhaus. 1848. 8. Ohne Verfassernamen.

31) Briefe aus Frankfurt und Paris 1848—1849 von Friedrich von Raumer. Leipzig: F. A. Brockhaus. 1849. II. 12.

32) Briefe über gesellschaftliche Fragen der Gegenwart von Friedrich von Raumer. Leipzig: F. A. Brockhaus. 1850. 12

33) Antiquarische Briefe von A. Böckh, J. W. Loebell, Th. Panofka, F. von Raumer und H. Ritter. Hg. von Friedrich von Raumer. Leipzig: F. A. Brockhaus. 1851. 12.

34) Vermischte Schriften von Friedrich von Raumer. Leipzig: F. A. Brockhaus. 1852 bis 1854. III. 8.
1. a: Reden. — b: Staatswissenschaftliche Aufsätze. — c: Erzählungen. — d: Geschichtliche Scenen. — 2 e: Geschichtliche und kritische Aufsätze. — 3. f: Recensionen. — g: Theater und Musik. — h: Spreu.

35) Zur Politik des Tages. Von Friedrich von Raumer. Leipzig: F. A. Brockhaus. 1859. 8. Zwei Auflagen.

36) Historisch-politische Briefe über die geselligen Verhältnisse der Menschen. Von Friedrich von Raumer. Leipzig: F. A. Brockhaus. 1860. 8.

87) Lebenserinnerungen und Briefwechsel von Friedrich von Raumer. Leipzig: F. A. Brockhaus. 1861. II. 8.

38) Handbuch zur Geschichte der Litteratur. Von Friedrich von Raumer. Leipzig: F. A. Brockhaus. 1864 bis 1866. IV. 8.

39) Schwarz, Strauß, Renan. Ein Vortrag von Friedrich von Raumer. Leipzig: F. A. Brockhaus. 1864. 87 S. 8. Drei Auflagen.

40) Friedrich von Raumer an Rudolf Köpke. Ein historisch-politischer Brief. Berlin, 1866. Druck und Verlag von E. S. Mittler und Sohn. 8.

41) Sonst und Jetzt. Berlin, E. S. Mittler u. Sohn. 1867. 8.

42) Litterarischer Nachlaß von Friedrich von Raumer. Berlin, 1869. Ernst Siegfried Mittler und Sohn. II. 8.
I. a: Vorrede. — b: Zur späteren Lebensgeschichte Raumors. — c: Professor Grells Anrede an Raumer. — d: Briefe Alexanders v. Humboldt. — e: Eine Reise nach Südamerika (1854). — f: Zur Geschichte Spaniens (1857). — g: Reise nach Dänemark, Schweden und Norwegen (1858). — h: Zur neuern Geschichte Roms (1859). — i: Sicilien und Palermo (1863). — k: König Jakob II. und Anna Hyde (1868). — l: Reise nach Konstantinopel, Athen u. s. w. (1858). — m: Nr. 40). — n: Sonst und jetzt (1866). — o: Bemerkungen zu Professor Erdmann's Grundriß der Geschichte der Philosophie (1866). — p: Theologisirende Briefe aus Meran (1850). — q: Theologisirende Briefe. Fortsetzung. 1868.
II. a: Vorrede. — b: Randglossen eines mehr als achtzigjährigen Studenten zu naturwissenschaftlichen Studien. — c: Bemerkungen über das Theater, Briefe an Ludwig Tieck (1824). — d: Marie, eine Erzählung (1828). — e: Unabgeschickte Briefe eines Thoren. Episode eines unvollendeten Romans (1852). — f: Der griechische Roman (1867). — g: Proben deutschen Stils. — h: Briefwechsel. Darin Erinnerung an den Staatskanzler v. Hardenberg S. 152 f. Zur Geschichte der Gothaer Versammlung S. 208 f. Raumers Anrede an Hn. Portz, geh. in der öff. Sitzung der Ak. d. W. 6. Juli 1843. S. 196 und Raumers Ansprache bei Rankes Jubelfest 20. März 1867. S. 241 f. — i: Gedankenspäne.

VI. Aus dem Schoße der Kultur- und Literaturbewegung der Goethischen Zeit ging neu begründet auch die deutsche Philologie hervor, als deren Meister uns die Brüder Grimm und Karl Lachmann gelten. Unter dem Einfluß der französischen Litteratur kehrte man von bloß verstandesmäßigem Raisonnement über die Dinge zu den Dingen selbst zurück. Das Bedürfnis und Bestreben, das Geschehene örtlich wie zeitlich an seiner Stelle zu erklären, schuf den historischen Sinn, der nun gleichmäßig alle Wissenschaften zu durchdringen begann. Herder war derjenige, in dessen Persönlichkeit sich all die zerstreuten und zum Teil damals schon einzeln betriebenen Richtungen auf dem Gebiete der Litteratur sammelten. Ossian und Volkspoesie, Klopstocks poetische und Gräters mehr wissenschaftliche Bemühungen für die deutsche Vorzeit fanden an ihm einen Freund, doch nicht fachmännischen Vertreter. Er verhielt sich diesen Dingen gegenüber mehr rezeptiv, während sich Goethe zu selbständiger Produktion im Sinne dieser Bestrebungen gedrungen fühlte. Dies war der Grund, warum Goethe der späteren ‚forcierten‘ Hervorhebung des Altdeutschen niemals vorbehaltlos zustimmen mochte.

Die Aneignung der Stoffe war natürlich nicht ohne wissenschaftlich-kritische Arbeit möglich, und je stärker dieses Element in den einzelnen, je nach ihrer Begabung hervortrat, desto eher wurde auch bei der Wiederbelebung der deutschen Vergangenheit der Weg poetischer Erneuerung älterer Litteraturwerke verlassen und der der wissenschaftlich-kritischen Behandlung eingeschlagen. Dieser Vorgang vollzog sich durch mannigfaltige und leise Abstufungen hindurch. Während noch in Tiecks Weise

Brentano und Arnim die altdeutsche Litteratur genossen oder weiter zu
bilden suchten und in diesem Sinne auf die jüngeren, ihnen befreundeten
Brüder Jacob und Wilhelm Grimm einwirkten, schritt Jacob allmählich,
und ihm folgend Wilhelm, zu strengerer wissenschaftlicher Behandlungs-
weise fort. In ihrer Mitarbeit an Trösteinsamkeit und Wunderhorn, in
der Übersetzung der dänischen Lieder und der Edda, in der Sammlung
der Märchen und Sagen erscheint Wilhelm, und mit ihm Jacob, noch als
Vertreter der poetisch schaffenden Romantik: ein Moment, das auch später
auf ihre wissenschaftlich-kritischen Werke einzuwirken niemals aufgehört
hat. Aus Jacobs Händen empfing unsere Litteratur die Mythologie, die
Rechtsaltertümer, die Grammatik und Geschichte der deutschen Sprache
zurück; er erkannte und verwertete die sachlichen Ergebnisse der vergleichenden Sprachwissenschaft. Wilhelm baute die deutsche Heldensage
wieder auf. Und in der letzten Periode ihres Lebens vereinigten sie abermals ihre Arbeit zur Erschließung des deutschen Wortschatzes durch das
Wörterbuch.

Anders war die wissenschaftliche Herkunft Lachmanns. Er betrieb
von Anfang an die deutschen Studien im Zusammenhange mit der kritischen
Schule der klassischen Philologie, und seine Richtung ist dann auch durch
Moriz Haupt und dessen Schüler fortgesetzt worden. Lachmann wandte
Friedrich August Wolfs Homerkritik auf die Nibelungen an, und gleich-
wie Goethe zwanzig Jahre früher den bestechenden Zauber eines reinlich
ordnenden Kritizismus an sich erfahren hatte, so gaben auch die Brüder
Grimm jetzt der Verstandesschärfe Lachmanns nach, ohne sich doch dauernd
die Resultate seiner Untersuchung anzueignen. Lachmanns Methode, mittelhochdeutsche Texte zu behandeln und herauszugeben, ist auf Jahrzehnte
hinaus vorbildlich geworden und hat viele, die sich in irgend einem Sinne
seine Schüler nannten, zu nacheifernder Fortarbeit angeregt. Dagegen
machte und konnte die mehr individuell-persönliche Arbeitsart der Brüder
Grimm eigentlich keine Schule machen. Gerade die Verschiedenheit und
gegenseitige Ergänzung der Meister deutscher Philologie war aber die
glückliche Vorbedingung ihres schnellen Wachstums und ihres Einflusses
auf die Geschicke des deutschen Volkes im neunzehnten Jahrhundert.

Jacob Grimm, geb. am 4. Januar 1785, und Wilhelm Grimm, geb. am
24. Februar 1786, beide aus Hanau, verlebten ihre Kindheit in Steinau und besuchten
das Gymnasium in Kassel. Sie studierten, Jacob seit 1802, Wilhelm seit 1803, in
Marburg die Rechte unter still sich anbahnender Hinneigung zur deutschen Litteratur,
namentlich der älteren Zeit. Im J. 1805 ging Jacob nach Paris zu Savigny und
wurde dann in der Heimat beim Kriegskollegium beschäftigt. Unter dem westfälischen Regime rückte er zum Bibliothekar des Königs und Staatsratsauditeur auf.
Die Befreiungskriege führten ihn als hessischen Legationssekretär wiederum nach
Frankreich und nach Wien. Während der ganzen Zeit lebte Wilhelm, mit den Geschwistern zu einem Haushalt vereinigt, als Privatgelehrter in Kassel, bis er 1814
an der Bibliothek eine Anstellung fand. Auch Jacob trat 1816 aus der diplomatischen
Bahn in den Bibliotheksdienst über: so haben die Brüder in einem Amte gemeinsam
bis 1829 in Kassel gewirkt. Sie siedelten dann, weil übergangen, als Bibliothekare
und Professoren nach Göttingen über, mußten diese Stadt aber schon 1837 infolge des
hannöverischen Verfassungsbruches wieder verlassen. Friedrich Wilhelm 4. berief sie
1840 als Mitglieder der Akademie der Wissenschaften nach Berlin. Hier haben sie noch
zwei Jahrzehnte gelebt und gearbeitet. Wilhelm war mit Dorothea (Dortchen) Wild
verheiratet, von der, wie wir jetzt wissen, so viele schöne Märchen in der Grimmschen
Sammlung herstammen. Jacob blieb unverheiratet. Wilhelm schied zuerst, am

16. Dezember 1859. Jacob folgte ihm am 20. September 1863 nach. Sie ruhen nebeneinander auf dem Matthäi-Kirchhofe bei Berlin.

1896 wurde den Brüdern ein von Eberle gearbeitetes Denkmal in Hanau errichtet. In Hanau und in Kassel sind seitdem mit glücklichem Erfolge Grimm-Sammlungen begründet worden.

A. Briefe Jacob und Wilhelm Grimms.

1. An Familienangehörige. Briefwechsel zwischen Jacob und Wilhelm Grimm aus der Jugendzeit. Hg. von Herman Grimm und Gustav Hinrichs. Weimar, Verlag von H. Böhlau, 1881. VIII, 542 S. 8. — An Ferdinand Grimm: Kleinere Schriften von Jacob Grimm 1, 23 bis 24 (von Herman Grimm), und Reinhold Steig, Goethe und die Brüder Grimm. Berlin 1892, S. 212. — An Rudolf Grimm: Heinrich von Treitschke, Deutsche Geschichte im Neunzehnten Jahrhundert 5, 421. — Eine von Wilhelm Grimm unterschriebene Todesanzeige der Tante Henriette Zimmer (vgl. Briefwechsel aus der Jugendzeit S. 446 - 445) steht in der ‚Kasselschen Allgemeinen Zeitung' vom Dienstag den 18. April 1815.

2. An Fremde, Gelehrte und Freunde. α) Alexander Kaiser von Rußland: Private und amtliche Beziehungen der Brüder Grimm zu Hessen. Eine Sammlung von Briefen und Actenstücken als Festschrift zum hundertsten Geburtstag Wilhelm Grimms den 24. Februar 1886 zusammengestellt und erläutert von E. Stengel. Marburg. N. G. Elwert'sche Verlagsbuchhandlung 1886. Bd. 2, S. 27 bis 28. [im folgenden als ‚Hessische Beziehungen' citiert]. — β) v. Altenstein: Hessische Beziehungen 2, 74. 76. — γ) Arnason: Zeitschr. f. dtsch. Philol. 1881. Bd. 12, 353 (von Carpenter).

δ) Arnim: Reinhold Steig, Goethe und die Brüder Grimm. Berlin, Hertz 1892 (mehrfach). — ε) Auguste Kurfürstin von Hessen und ihre Tochter Marie Herzogin von Meinungen: Hessische Beziehungen 1, 403 bis 413. — ζ) Baensch: Geschichts-Blätter für Stadt und Land Magdeburg 1880. 15, 203 (H. Zurborg). — η) Bang: Hessische Beziehungen 1, 24 bis 123, und Steig, Goethe und die Brüder Grimm S. 220. 265. — ϑ) Bauer, geb. Ramus: Hessische Beziehungen 1, 9 bis 11. — ι) Benecke: Briefe der Brüder Jacob und Wilhelm Grimm an Georg Friedrich Benecke aus den Jahren 1808 - 1829 mit Anmerkungen herausgegeben von Wilhelm Müller. Göttingen, Vandenhoeck & Ruprecht's Verlag. 1889. XII, 188 S. 8. Vgl. Kleinere Schriften von Jacob Grimm 1, 111 bis 112, und zu Müller S. 83 W. Scotts Brief in Macmillan's Magazine. London 1868. Vol. XVII, S. 268 bis 270 (Herman Grimm). Dazu Reifferscheid, Beiträge zur Biographie und Charakteristik von G. F. Benecke: Anz. f. dtsch. Alterthum 1896. Bd. 22, 126 bis 128. — x) Benfey: Beiträge zur Kunde der indogermanischen Sprachen, hg. von Bezzenberger. Göttingen 1884. Bd. VIII, S. 264 bis 266. — λ) Bergmann: Anzeiger f. dtsch. Alterthum 1885. Bd. 11, 92 bis 94 (Martin). — μ) Berlit: Hessische Beziehungen 1, 13 bis 15.

ν) Bettina: Briefwechsel Meusebachs mit J. und W. Grimm. Heilbronn 1880, S. 284 bis 290. 298 bis 300; Steig, Goethe und die Brüder Grimm, S. 222 bis 223. Zwei weitere aus dem Grimmschen Nachlasse hergegebene facsimilierte Briefe vor der Festschrift zur Feier der Enthüllung des Nationaldenkmals der Brüder Grimm in ihrer Vaterstadt Hanau am 18. Oktober 1896. Druck von Lechleder u. Stroh, Hanau. 4. — ν') Beyer: Ztschr. f. dtsch. Philol. 1896. Bd. 29, 122 (Pick). — ξ) Bilderdijk: Briefe von J. Grimm an Tydeman, hg. von Reifferscheid, S. 88 bis 91; sieh Brieven van Mr. Willem Bilderdijk. Drede Deel. Te Amsterdam 1887, S. 196 bis 258. — ο) Blumenthal: Deutsches Wochenblatt. Herausgegeben von Otto Arendt in Berlin, 1896 Nr. 23, S. 269 bis 270 (Steig). — ο') Böhmer: Janssen, Joh. Friedr. Böhmers Leben, Briefe und kleinere Schriften. Freiburg 1868. 1, 187. 259. 260. 375. — π) Boisserée: Sulpiz Boisserée. Stuttgart 1862, 1, 202. 244. — π') Bopp: S. Lefmann, Franz Bopp, sein Leben und seine Wissenschaft. Berlin 1895. Anhang. S. 178*f. — ρ) J. H. Bormans: Tijdschr. v. Ned. Taal- en Letterk., 1e Afl. Jaarg. 1892, S. 78 bis 80 (von Dr. A. Beets). — σ) Bouterwek: Germania 1874. Bd. 19, 247 bis 253 (von Crecelius). — σ') v. Boyneburg: Anz. f. dtsch. Alterth. 1897. 23, 116 bis 119 (E. S[chröder]) — τ) Braun: Emil Brauns Briefwechsel mit den Brüdern Grimm und Joseph von Laßberg. Herausgegeben von R. Ehwald. Mit Porträt. Gotha. Friedrich Andreas Perthes. 1891. XII, 169 S. 8.

υ) Brentano: Clemens Brentano's Gesammelte Schriften 9, 84. Zeitschrift f. dtsch. Philologie 1896. Bd. 29, 212 (Steig). — υ') Breslauer philosophische Facultät: Deutsches Wochenblatt 1895 Nr. 21 S. 250 (Max Koch). — φ) Büsching: Germania

1877. Bd. 22, 882 (Symons). — φ') Candidus: Anzeiger f. dtsch. Alterthum 1886. Bd. 12, 117 bis 120 (E. Martin). — χ) v. Carlshausen: Hessische Beziehungen 2, 19 bis 96. — ψ) Chmel: Zeitschr. f. dtsch. Philol. 1882. Bd. 14, 237 bis 238 (Branky). Vgl. Rudolf Hübner, Jacob Grimm und das Deutsche Recht. Mit einem Anhang ungedruckter Briefe an Jacob Grimm. Göttingen, Dieterich'sche Verlagsbuchhandlung 1895. 8. 116 bis 118. — ω) Censur-Commission: Hessische Beziehungen 2, 123 bis 186. — αα) Cleasby: An Icelandic-English Dictionary, based on the ms. collections of the late Richard Cleasby, enlarged and completed by Gudbrand Vigfusson. Oxford 1874. 8. CH. — ββ) Comité flamand de France zu Dünkirchen: Weimarisches Jahrbuch für deutsche Sprache, Litteratur und Kunst, hg. von Hoffmann v. F. und Oskar Schade, 1856. 5, 192 bis 193. — γγ) Crecelius: Hessische Beziehungen 2, 858. — δδ) Crüger: Anzeiger f. dtsch. Alterth. 1881. Bd. 7, 327 (Hinrichs).

εε) Dahlmann (Fried. Christoph und Luise): Briefwechsel zwischen Jacob und Wilhelm Grimm, Dahlmann und Gervinus Herausgegeben von Eduard Ippel. Berlin, Ferd. Dümmlers Verlagsbandlung Harrwitz und Goßmann. 1885 und 1886. 8. — Dahlmann (Dorothee): Hessische Beziehungen 1, 22. — Dahlmann (Hermann): Hessische Beziehungen 1, 22 bis 23. — εε') Dahn: Jakob Grimm. Von Felix Dahn, in der Deutschen Revue 1885. 10, 317. — ζζ) Diefenbach: Hessische Beziehungen 1, 388 bis 396. — ηη) Dieterich: Hessische Beziehungen 2, 306. — θθ) Diez: Zeitschr. f. roman. Philol. 1882. Bd. 6, 501 bis 505 (Tobler); dazu ebenda 7, 481 bis 498. — ιι) Docen: Anzeiger f. dtsch. Alterth. 1888. Bd. 14, 150 bis 152 (Strauch). — κκ) Duyse: Nalatenschap van J. F. Willems. Dicht- en Tooneelstukken, met inleiding, bydragen en Aenteekeningen van Mr Prudens van Duyse. Te Gent, Gebroeder de Busscher. 1856, 8. LXI. — κκ') Dümmlersche Verlagsbuchhandlung: Kleinere Schriften von Jacob Grimm Bd. 1, Vorwort. — λλ) Ebert: Briefwechsel Meusebachs mit J. und W. Grimm. Heilbronn 1880. 8. 311 bis 316. 378 bis 380. — λλ') Eichhorn: Briefwechsel Meusebachs mit J. und W. Grimm. 8. 298. — μμ) Euler: Mittheilungen des Vereins für Geschichte und Alterthumskunde in Frankfurt a. M. Bd. VII, 1885. Nr. 6, 8. 146 bis 147 (Euler). — μμ') K. G. Förster: Gesetz der deutschen Sprachentwickelung, oder: Die Philologie und die Sprachwissenschaft in ihren Beziehungen zu einander und zum deutschen Geiste, von Dr. K. G. J. Förster. Berlin 1851. 8. II. — νν) Frau Joh. Frommann: F. J. Frommann. Das Frommann'-sche Haus und seine Freunde. 3. Aufl. Jena 1889, 8. 166.

ξξ) G. K. Frommann: Germania 1867. Bd. 12, 118 bis 125, 870 bis 874 (Pfeiffer); Anz. f. dtsch. Alterth. 1896. 22, 898 f. (Steinmeyer). — οο) Füglistaller: Jacob Grimm und Leonz Füglistaller: Anzeiger f. dtsch. Alterth. 1884. Bd. 10, 145 bis 160 (Steinmeyer). — ππ) v. Fürth: Anzeiger f. dtsch. Alterth. 1891. Bd. 17, 179 bis 181 (von Fromm). — ρρ) Gerling: Hessische Beziehungen 1, 123 bis 140. — σσ) Gervinus: Briefwechsel zwischen Jacob und Wilhelm Grimm, Dahlmann und Gervinus. — ττ) Luise Gies: Hessische Beziehungen 1, 16 bis 20. Die Gartenlaube 1896. Nr. 41. 8. 695 f. (Luise Gies). — υυ) Goedeke: Ges. Werke des Grafen August von Platen. In Einem Band. Stuttgart und Tübingen. Cotta, 1839, 8.438; vgl. Hessische Beziehungen 1, 11 bis 13, und 2, 408. Koning Ermenrikes dôt. Ein niederdeutsches Lied zur Dietrichssage aufgefunden und mit einem Briefe von Jacob Grimm herausgegeben von Karl Goedeke. Hanover. 1851. 8. 4 bis 7. Kleinere Schriften von W. Grimm 1, 27 Anm. Gött. gel. Anz. 1880. St. 32. 8. 1028 f. — υυ') Goldmann: Anz. f. dtsch. Alterthum 1888. Bd. 14, 148 bis 150 (Strauch). — φφ) Görres: Joseph von Görres Gesammelte Schriften. München 1874. Bde 8 und 9. — χχ) Görres (Marie): Janssen, Joh. Friedr. Böhmers Leben, Briefe und kleinere Schriften. Freiburg 1868. 3, 92. ψψ) Goethe: Steig, Goethe und die Brüder Grimm (mehrfach). Goethe-Jahrb. 1888. 9, 8. 20 bis 47. — ωω) Göttingische Redaction der Gelehrten Anzeigen (weder an Eichhorn noch an Benecke; vgl. Briefe der Brüder Grimm an Benecke 8. 142): Nachrichten von der königlichen Gesellschaft der Wissenschaften und der Georg-Augusts-Universität. Göttingen 1885, 8. 87 (von Frensdorff); sieh übrigens Briefe Eichhorns an Jacob Grimm im Anhang zu Hübner, Jacob Grimm und das Deutsche Recht, 8. 119 bis 120. — ωω') Göttingisches Universitäts-Curatorium: Nachrichten von der Königlichen Gesellschaft der Wissenschaften und der Georg-Augusts-Universität. Göttingen 1885. 8. 18. 32. — αa) Gräter: Briefwechsel zwischen Jacob Grimm und Friedrich David Graeter. Aus den Jahren 1810—1813. Herausgegeben von Hermann Fischer. Heilbronn, Verlag von Gebr. Henninger. 1877. 62 8. 8. — αb) Groote: Reifferscheid, Eberhard von Groote, in Picks Monatsschrift für rhein.-

westf. Geschichtsforschung und Alterthumskunde 1875. 1, 139 bis 165. 544 bis 558; vermehrt in Eberhard von Groote. Mitteilungen aus seinem Briefwechsel mit G. F. Benecke, Fr. Böhmer, S. Boisserée, J. Görres, J. Grimm, H. v. d. Hagen, A. v. Haxthausen, Hoffmann v. Fallersleben, A. W. v. Schlegel u. A. Hg. von Alexander Reifferscheid. Bonn 1876. 160 S. 8. — αc) v. d. Hagen: Anzeiger f. dtsch. Alterthum 1881. Bd. 7, 457 bis 461 (von Hinrichs); ebenda 1885. Bd. 11, 95 bis 97, und Bd. 12, 251 bis 253 (von Steinmeyer). — αd) Hahn: Germania 1867. Bd. 12, 116 bis 118, 374 bis 375; ebenda 1886. Bd. 31, 368 bis 874 (von Jeitteles). — αe) Halbertsma: Briefwechsel zwischen Jacob Grimm und J. H. Halbertsma, hg. von Symons. in der Zeitschr. f. d. Philol. 1885, Bd. 17, 257 bis 292.

αf) Haltrich: Haltrich, Deutsche Volksmärchen aus dem Sachsenlande in Siebenbürgen. 3. Aufl. Wien 1882. Anhang S. VIII bis X. — αg) v. Hammerstein: Anzeiger f. dtsch. Alterthum 1887. Bd. 13, 189 (von Francke). Vgl. Steig, Goethe und die Brüder Grimm, S. 77 bis 79. 144. 259. Hübner, Jacob Grimm und das Deutsche Recht, Anhang S. 140 bis 141. — αh) Familie v. Haxthausen: Freundesbriefe von Wilhelm und Jacob Grimm. Mit Anmerkungen herausgegeben von Alexander Reifferscheid. Mit einem Bildniß in Lichtdruck von Wilhelm und Jacob Grimm. Heilbronn. Verlag von Gebr. Henninger. 1878. X, 256 S. 8. Vgl. Annette v. Droste-Hülshoff und ihre Werke. Vornehmlich nach dem litterarischen Nachlaß und ungedruckten Briefen der Dichterin. Von Hermann Hüffer. Zweite Ausgabe. Gotha. F. A. Perthes. 1890. S. 94. 178. S. auch unten S. 808. — αch) Hayward: Festschrift zur Begrüßung des fünften allgemeinen deutschen Neuphilologentages, hg. von Julius Zupitza. Berlin 1892, S. 81 (von Erich Schmidt). — αi) Heeren: F. Frensdorff, Jacob Grimm in Göttingen, in ‚Nachrichten von der königlichen Gesellschaft der Wissenschaften und der Georg-Augusta-Universität', Göttingen 1895. Nr. 1, S. 14 bis 15. - αj) E. W. Heine: Anzeiger f. dtsch. Alterthum 1894. Bd. 20, 406 bis 407 (von Meissner). — αk) Hertz: Briefwechsel Lückes mit den Brüdern Grimm. Hannover-Linden 1891, S. 123. — αck) Hirzel: Anzeiger f. dtsch. Alterthum 1890. Bd. 16, 220 bis 264; ebenda 1891. Bd. 17, 237 bis 254 (von Lexer). — αl) Hoefer: Jahrbuch des Vereins für niederdeutsche Sprachforschung. Jahrgang 1888. 9, 146 bis 148 (Reifferscheid).

αm) Hoffmann von Fallersleben: Germania 1866. Bd. 11, 375 bis 388, 498 bis 511. 12, 383 bis 384. (von Hoffmann). — αn) Holtzmann: Versuch einer Lösung der Celtenfrage von K. v. Becker. Karlsruhe. J. Bielefelds Verlag. 1883, S. 105 bis 107. — αn') Alex. v. Humboldt: Briefe an Ludwig Tieck, hg. von Holtei. 2, 22. — αo) Hundeshagen: Noll, Hundeshagen und seine Stellung zur Romantik, Programm. Frankfurt a. M. 1891. — αp) Hupfeld: Hessische Beziehungen 1, 280 bis 284 und 2, 232 bis 288. — αp') v. Jakob (Talvj): Briefwechsel zwischen Jacob Grimm und Therese von Jakob. Von Reinhold Steig, in den Preuß. Jahrbüchern 1894. Bd. 76, S. 345 bis 366. — αq) v. Ipolyi-Stummer: Germania 1867. Bd. 12, 128. — αr) Kausler: Germania 1883. Bd. 28, 121 bis 124. — αs) v. Keller: Germania 1874. Bd. 19, 504 bis 505. Anzeiger f. dtsch. Alterthum 1888. Bd. 14, 97 bis 120 (Strauch). — αt) Klee: Germania 1881. Bd. 26, 127. — αu) Knaats: Hessische Beziehungen 2, 18 bis 19. — αü) Knatz und Frau Amalie geb. Völkel: Zeitschrift des Vereins für hessische Geschichte und Landeskunde IX, S. 332. 343 bis 347. — αv) Kosegarten: Jahrbuch des Vereins für niederdeutsche Sprachforschung. Jahrgang 1897. Bd. 22 (Reifferscheid). — αv') Kraut: Nachrichten von der königlichen Gesellschaft der Wissenschaften und der Georg-Augusts-Universität. Göttingen 1885, S. 41 bis 44.

αw) Lachmann: Zeitschrift f. dtsch. Philol. 1870. Bd. 2, 193 bis 215, 343 bis 365, 515 bis 528 (Zacher). Vergl. § 63, VII — Band I. S. 187. Die übrigen, noch ungedruckten Briefe zwischen Grimm und Lachmann sind in mehr oder weniger wörtlichen Auszügen benutzt: Kleinere Schriften von Jacob Grimm 1, 179 bis 182 (von Herman Grimm); Jacob Grimm. Von Wilhelm Scherer. Zweite verbesserte Auflage. Berlin, Weidmannsche Buchhandlung 1885. VIII, 361 S. 8.; Briefwechsel Meusebachs mit J. und W. Grimm. Heilbronn 1880; Die deutsche Heldensage von Wilhelm Grimm. Dritte Auflage v. Reinhold Steig. Gütersloh. Druck und Verlag von C. Bertelsmann 1889, Vorrede; und sonst gelegentlich. — αw') Lammers: Hildesheimer Sonntagsblatt 1854, den 6. August, Nr. 32, S. 256. — αx) Landau: Hessische Beziehungen 1, 397 bis 403. — αx') Lappenberg: Johann Martin Lappenberg. Eine biographische Schilderung von Klard Hugo Meyer. Hamburg, W. Mauke Söhne, vormals Perthes-Besser & Mauke. 1867. S. 78. 98.

123. 132. 133. 167. 172. 176. — α γ) v. Laßberg: Germania 1868. Bd. 13, 244 bis 249,
365 bis 384. 487 bis 488. Vgl. Nachrichten von der königlichen Gesellschaft der
Wissenschaften und der Georg-Augusts-Universität 1885, S. 23 Anmerkung; Hübner,
Jacob Grimm und das deutsche Recht, Anhang S. 153 bis 168. — α z) Lexer:
Carinthia, Mittheilungen des Gesch.-Ver. f Kärnten, redig. von Simon Laschitzer.
Klagenfurt 1895. 85. Jahrg. S. 152f. (ger Ritter von Möllwald). — α z') Lübeck;
s. u. S. 808. — α tz) Lücke: BriefwechsⅢgFriedrich Lückes mit den Brüdern Jacob
und Wilhelm Grimm. Mit erläuternden Zusätzen und Zugaben aus dem gemeinsamen Freundeskreise besonders über die akademische Krisis des Jahres 1837.
Herausgegeben von F. Sander. Hannover-Linden. Verlag von Mans & Lange.
1891. VIII, 134 S. 8. — β a) Lycealzeugnis Jacob Grimms: Zeitschr. f. dtsch. Philol.
1875. Bd. 6, 108 (Reifferscheid); das lateinische Original im Grimm'schen Nachlasse vorhanden (Steig). — β a') Marburger Universitäts-Rector: Hessische Beziehungen 2, 394 bis 395. — β b) Maercker: Zur Begründung des in der Sitzung
des Goethecomités am 7. April 1862 von Hotho, v. d. Hude und H. Grimm eingebrachten Antrages. Als Manuscript gedruckt. Berlin, Gustav Schade 1862,
S. 12 bis 13. Vossische Zeitung 2. Juli 1880 (von Maercker), wiederholt im
Goethe-Jahrbuch 2, 459. — β b') v. Martius (ins Album): Beilage zur Augsburger
Allgemeinen Zeitung 1881, 8. October, Nr. 281, S. 4134.

β c) Meusebach: Briefwechsel des Freiherrn Karl Hartwig Gregor von Meusebach
mit J. u. W. Grimm. Nebst einleit. Bemerkungen über den Verkehr des Sammlers
mit gelehrten Freunden, Anm. u. einem Anhang von der Berufung der Brüder
Grimm nach Berlin. Hg. von C. Wendeler. Heilbronn. 1880. CXXIV, 426 S. 8. —
β c') Michaelis; s. u. S. 808. — β d) Michelet: Revue germanique et française. Paris
1868. 21, 340/44; vgl. Les frères Grimm, leur vie et leurs travaux par Frédéric
Baudry. Paris 1864. 8. Sieh Michelets Briefe im Anhang von Hübner. Jacob Grimm
und das Deutsche Recht 168/74. — β d') Mohr und Zimmer: Zeitschrift f. dtsch.
Philol. 1896 Bd. 29, 215/17 (Steig). — β d") Mone; sieh u. S. 808. — β e) Müllenhoff:
Anz. f. dtsch. Alterth. 1885. Bd. 11, 235/46 (Steinmeyer). — β f) Müller (Otfried):
Kleinere Schriften von Jacob Grimm 1, 53/56 (Herman Grimm). — β g) Müller
(Julius): Hessische Beziehungen 1, 284/96. — β h) Nathusius (Heinrich!): Ilius Pam-
philius und die Ambrosia. Von Bettina Arnim. Leipzig, 1848. 2, 137. — β ch) Nyerup:
Briefwechsel der Gebrüder Grimm mit nordischen Gelehrten, herausgeg. von Ernst
Schmidt. Berlin, Ferd. Dümmlers Verlagsbuchhandlung, Harrwitz und Goßmann,
1885. X, 312 S. 8. [im folgenden als ‚Nordische Gelehrte' citiert]. S. 1 bis 83. —
β i) Oberhofmarschallamt: Hessische Beziehungen 2, 101/21. — β k) O'Donovan:
Revue Celtique 1883—1885. 5, 416 (H. Gaidoz). — β ck) Oetker: Hessische Beziehungen 1, 21. — β l) Pertz: Wissenschaftliche Beilage der Leipziger Zeitung 1882
Nr. 91 bis 93; Zeitschrift für deutsche Philologie 1884. 16, 231/51 (H. Michaelis).

β m) Pfeiffer: Germania 1866. Bd. 11, 111/28, 239/56. Bd. 12, 379/83. —
β n) Graf Platen: Platens Tagebuch. 1796—1825. Stuttgart und Augsburg. J. G.
Cotta'scher Verlag. 1860, S. 243 (sieh künftig: Die Tagebücher des Grafen August
von Platen, aus der Handschrift des Dichters hg. von G. v. Laubmann und L. v.
Scheffler. Stuttgart, Cotta 1896. 1897. Band 2); sieh drei Briefe Platens an Jacob
Grimm: Die Posaune. Norddeutsche Blätter für Literatur, Kunst und Leben, 1839
Nr. 132 und 1840 Nr. 7 (von Karl Goedeke). — β n') Pozzo di Borgo: Hessische Be-
ziehungen 2, 58. 88. — β o) onde de Pradel: Hessische Beziehungen 2, 59/62. —
β p) Quatremère-de-Quincy: Hessische Beziehungen 2, 78. — β q) Rafn: Nordische
Gelehrte, S. 145/84. — β r) C. F. Ranke: Zeitschr. f. dtsch. Philol. 1880. Bd. 11,
488 f. (von Imelmann); der erste Brief ist vom Jahre 1838, nicht 1848. — β s) Rask:
Nordische Gelehrte, S. 84/126. Sieh auch u. S. 808.

β t) R. v. Raumer: Anzeiger f. dtsch. Alterthum 1889. Bd. 15, 227 bis 246
(von Steinmeyer). — β u) Regnier: Revue germanique et française. Paris 1863. 21,
344 bis 345. — β v) C. Reimer: Anzeiger f. dtsch. Alterthum 1894. Bd. 20, 206
(von Steinmeyer). — β w) duc de Richelieu: Hessische Beziehungen 2, 76. —
β x) Ringseis: Emilie Ringseis, Erinnerungen des Dr. Johann Nepomuk v. Ringseis.
Regensburg und Amberg 1886 bis 1892. 1, 288. — β y) Roth: Frankfurter Neuphilologische Beiträge. Frankfurt 1887, S. 59 bis 70 (von Stengel). — β z) Rudloff: Briefwechsel Meusebachs mit J. und W. Grimm. Heilbronn 1880. S. 414. —
β tz) Ruhl: Erinnerungen an Jakob und Wilhelm Grimm von L. S. Ruhl in Kassel.
Als Manuscript gedruckt. Melsungen 1885. W. Hopf's Buchdruckerei. 28 S. 8.
S. 18 bis 22. Beilage der Münchener Allgemeinen Zeitung Nr. 256, 14. September 1892 (Ludwig Schemann).

γa) Rückert: Heinrich Rückert, in seinem Leben und Wirken dargest. von Amélie Sohr. Weimar. 1880, S. 144; vgl. S. 160. Germania 1883. Bd. 28, 124/6. — γb) Sander: Briefwechsel Lückes mit den Brüdern Grimm. Hannover-Linden 1891, S. 51. — γb') Sandvoß; s. u. S. 808. — γc) Savigny: Kleinere Schriften von Jacob Grimm 1, 182 (Herman Grimm); Briefwechsel Meusebachs mit J. und W. Grimm. Heilbronn 1880, S. 286. 353; Steig, Goethe und die Brüder Grimm. Berlin 1892, S. 222. — γd) Scharff: Nochmals ein A B C für die Jugend bearbeitet von Dr. Friedrich Scharff. Als Manuscript gedruckt [Frankfurt 1854]. Mit einem Brief [von Jacob Grimm] statt der Vorrede. Frankfurter Neuphilologische Beiträge, Frankfurt 1887, S. 52 bis 58 (von Stengel). — γe) Schlegel (Wilhelm und Friedrich): Heimsoethi narratio de epistolarum ad Frid. (so!) Aug. v. Schlegel datarum thesauro. Bonnae 1868, S. XIII bis XV. Dreihundert Briefe aus zwei Jahrhunderten. Herausgegeben von Karl von Holtei. Hannover. Karl Rümpler. 1872. 1, 156 bis 158. Vgl. Klette, Verzeichniß der von A. W. v. Schlegel nachgelassenen Briefsammlung. Nebst Mittheilung ausgewählter Proben des Briefwechsels mit den Gebrüdern von Humboldt, F. Schleiermacher, B. G. Niebuhr und Jacob Grimm. Bonn 1868. S. XI. XII. — γf) Schott: Germania 1867. Bd. 12, 377 bis 379. — γg) Schotten: Hessische Beziehungen 2, 164. — γh) Schröer: Germania 1867. Bd. 12, 126 bis 127.

γi) Schulze (Johannes): Steig, Goethe und die Brüder Grimm. S. 70. — γj) Simson: Zur Begründung des in der Sitzung des Goethecomités am 7. April 1862 von Hotho, v. d. Hude und H. Grimm eingebrachten Antrages. Als Manuscript gedruckt. Berlin, Gustav Schade 1862, S. 8 bis 11. — γk) Soulange: Hessische Beziehungen 2, 45 bis 47. — γck) Freiherr vom Stein: Briefe der Brüder Grimm an Benecke 1889, S. 82. Sieh Steins Briefe im Anhang zu Hübner, Jacob Grimm und das Deutsche Recht, S. 181 bis 185. — γl) Stöber: Anzeiger für dtsch. Alterthum 1886. Bd. 12, 107 bis 117; vgl Deutsche Litteraturzeitung 1896 Nr. 20, Sp. 617. (E. Martin). — γm) Suabedissen: Hessische Beziehungen 1, 141 bis 280. — γn) Suur: Jahrbuch der Gesellschaft für bildende Kunst und vaterländische Altertümer. Emden, Haynel 1892. Bd. 10, 131 bis 134. — γn') Taylor; s. u. S. 808. — γo) Thomas: Hessische Beziehungen 2, 168 bis 169; vgl. Frankf. Neuphilolog. Beiträge. Frankfurt 1887, S. 48/52. — γp) Tydeman: Briefe von Jakob Grimm an Hendrik Willem Tydeman. Mit einem Anhang und Anmerkungen hg. von Alexander Reifferscheid. Heilbronn. 1883. VI, 151 S. 8. Dazu Anzeiger f. dtsch. Alterthum 1884. Bd. 10, 160 bis 185 (E. Martin); Vigfusson, Corpus poeticum boreale 1, XCIV und Zeitschrift f. dtsch. Philologie 1892. Bd. 24, 563* (R. Steig).

γq) Uhland: Germania 1867. Bd. 12, 115 bis 116, 375 bis 377. Vgl. Deutsche Rundschau 1887 Bd. 51, S. 63. 66 (H. Grimm); Reinhold Steig, National-Zeitung 18. April 1894. — γr) Uppström: Nordische Gelehrte, S. 272 bis 307. — γs) comte de Vaublanc: Hessische Beziehungen 2, 89. — γt) Vernaleken: Germania 1867. Bd. 12, 125 bis 126. — γu) Villers: Briefe von Benj. Constant — Görres — Goethe — Jac. Grimm — Guizot — F. H. Jacobi — Jean Paul — Klopstock — Schelling — Mad. de Staël — J. H. Voß und vielen Anderen. Auswahl aus dem handschriftlichen Nachlasse des Cl. de Villers herausgegeben von M. Isler. Hamburg. Otto Meissner. 1879. S. 100 bis 121. Die vier ersten dieser fünf Briefe Grimms vorher gedruckt in der ,Germania' 1877. Bd. 22, 248 bis 256. — γv) Vilmar: Hessische Beziehungen 1, 297 bis 315. — γv') Waitz: Zum Gedächtnis an Jacob Grimm. Von Georg Waitz. Gelesen in der Köln. Gesellsch. der Wissenschaften, Göttingen 1863, S. 23 bis 24. — γw) H. und E. Wallot: Anz. f. dtsch. Alterth. 1884. Bd. 10, 280 f. (Socin). — γw') Weber: Breslauer Ztg. 1883. 14. Januar, Nr. 33. (Amélie Sohr); es ist jedoch nicht der zu den Göttinger Sieben gehörende Wilhelm Weber, sondern der Bremer Gymn.-Dir. Wilhelm Ernst Weber gemeint. — γw") Ferdin. Weckherlin; s. u. S. 808.

γx) Weidmann'sche Buchhandlung: Zeitschrift f. dtsch. Philol. 1869. 1, 227 bis 230. — γy) Weigand: Hessische Beziehungen 1, 315 bis 388. — γz) Wigand: Hessische Beziehungen 1, 1 bis 4, vergl. 2, 188. Hessenland, Ztschr. f. hess. Gesch. und Literatur 1896. Nr. 20. 10, 276 f. — δa) Wilhelm 1. u. 2., Kurfürsten von Hessen: Hessische Beziehungen 1, 4 bis 9. 2, 1 bis 8, 96 bis 99, 100 bis 103. — δa') Wille: Archiv für die Geschichte deutscher Sprache und Dichtung, hg. von J. M. Wagner. Wien 1874, 1. 222 (Hoffmann v. F.). — δb) Wolf (Joh. Wilh.): Hessische Beziehungen 2, 307 bis 323. — δc) Wuk Stephanowitsch Karadschitsch: Srbadija, Wien 1875, Heft 1; Die Heimath, Wien 1878. — δd) Wyn: Briefwechsel von Jakob Grimm und Hoffmann-Fallersleben mit Hendrik van Wyn. Nebst anderen Briefen

zur deutschen Litteratur. Herausgegeben und erläutert von Karl Theodor Gaedertz.
Berlin. Verlag von C. Ed. Müller. 1888. 8. 3 bis 16. — ♂e) Wyss: Anzeiger
f. dtsch. Alterthum und dtsch. Litteratur 1877. Bd. 3, 208 bis 211 (Hirzel). —
♂f) Zeune: Germania 1877. Bd. 22, 381 (Symons). — ♂g) Zimmer, sieh: Mohr. —
♂h) an?: Zeitschr. f. dtsch. Philol. 1892. Bd. 24, 284 (Wolf).

B. Schriften Jacob Grimms.

1. **Abhandlungen:** Kleinere Schriften von Jacob Grimm. 8 Bände. 8. Bd. 1
bis 7: Berlin, Ferd. Dümmlers Verlagsbuchhandlung 1864 bis 1884; Bd. 8: Gütersloh, C. Bertelsmann 1890. — Band 1 bis 5 besorgt von Karl Müllenhoff Band 6
bis 8 von Eduard Ippel; mit eingestreuten Lebensnachrichten von Herman Grimm.
2. **Selbständige Werke.** Die vollständige Liste sieh Kleinere Schriften 5,
483 bis 485.

C. Schriften Wilhelm Grimms.

1. **Abhandlungen:** Kleinere Schriften von Wilhelm Grimm. Herausgegeben
von Gustav Hinrichs. Berlin, Ferd. Dümmlers Verlagsbuchhandlung 1881 bis 1887.
IV. 8. Nachträge und Berichtungen, zu den Kleineren Schriften der Brüder Grimm:
Zschr. für dtsch. Philol. 1892. Bd. 25, 562 bis 567 u. 1896. Bd. 29, 195 bis 218 (Steig).
2. **Selbständige Werke.** Die vollständige Liste sieh Kleinere Schriften
4, 637 bis 642.

Viertes Kapitel.

Wie Goethe und Schiller von ihren schriftstellernden Zeitgenossen
fast erdrückt wurden, so hatten auch die Romantiker den Kampf mit der
selbstgenügsamen Unterhaltungs-Litteratur zu bestehen: Weder im lyrischen Gedicht, noch im Roman, noch im Fache der dramatischen
Poesie, die hier zusammengefaßt werden, war irgend einer der zeitgenössischen Schriftsteller, der, ganz abgesehen von der Tendenz, es an
innerer Begabung mit den im ersten Kapitel genannten Dichtern hätte
aufnehmen können. Aber die meisten von ihnen verstanden die schwere
Kunst, ihren kleinen Gehalt in einer äußerlich leicht abgerundeten Form
darzulegen und das Publikum, das sich von den phantastischen Gebilden
der Romantiker abgeschreckt fühlte, durch eine plane, auf eine angenehme
Spannung und erwünschte Lösung berechnete Darstellungsweise an sich
zu fesseln oder durch ihr Auftreten gegen die tonangebenden Romantiker
die Lacher auf ihre Seite zu ziehen. Erwägt man, daß sich Goethe und
Schiller nicht nur durch die ungeheure Produktionsmasse ihrer nächsten
Zeitgenossen, sondern auch durch die der Romantiker und deren Konkur-
renten zu der Geltung durchringen mußten, die ihre Schöpfungen endlich
im deutschen Volke gewonnen haben, so tritt ihre geniale Kraft nur um
so gewaltiger hervor.

§ 294.

Von den Dichtern, die sich in der Form der Epopöe versuchten,
hat außer Ignaz Heinrich von Wessenberg und Ernst Schulze keiner
eine dauernde Wirkung erlangt. Beide dankten ihren Erfolg sehr verschiedenen Ursachen: während Wessenberg durch eine allgemein huma-
nistische Weltansicht gewann — er der Katholik, der sich in der nach hierar-

chisch-römischen Zuständen drängenden Litteratur mehr an die Aufklärer
des vorigen Jahrhunderts schloß und auf einen wirklich geläuterten
Katholizismus hinarbeitete, von dem die Proselyten und Renegaten nur
verworren träumten — während Wessenberg durch den Inhalt seiner
Dichtungen anzog und fesselte, bemächtigte sich Ernst Schulze durch die
weiche, melodische Vollendung seiner poetischen Form des Publikums und
übte vorzugsweise auf die Jugend und die Frauenwelt eine Art von Zauber
aus.   An großen Stoffen fehlte es beiden: Wessenberg suchte seine
Gegenstände in der ethischen Welt; Schulze griff höher, indem er den
Sieg des Christentums über die nordische Heidenwelt episch zu verherrlichen unternahm (Cäcilie); doch blieb der Erfolg, den er hier errang,
teils des Stoffes, teils der weniger geglätteten Form wegen, hinter dem-
jenigen zurück, den sein Märchen, die bezauberte Rose, gewann.   In dies
weiche seelenvolle, aber eigentlich gegenstandslose Gedicht floß sein eigenes
Leiden und Lieben hinüber und gab der epischen, den Italienern abge-
sehenen Form einen lyrischen Charakter; darauf beruhte ein großer Teil
seines Erfolges.   Die übrigen Epopöendichter hatten weder durch die
Wahl des Stoffes, noch durch die Formgebung billigen Anspruch auf ein-
dringende Wirkung.   So gut gemeint es die Dichter haben mochten, die
den großen Weltkampf direkt oder indirekt zum Gegenstande genommen
hatten, so war doch dieser Stoff zu neu, die Dichter wurden viel zu sehr
von den Ereignissen erdrückt, als daß sie sie hätten künstlerisch be-
herrschen können.   Dichter dieser Richtung waren Könitzer, Mehring,
Oswald, Hinsberg und Wendelstadt; den richtigeren Weg schlug
Kanngießer ein, der in der Tataris die Befreiung Schlesiens von den
Tartaren als Spiegelbild der Befreiung Deutschlands von den Franzosen
aufzustellen versuchte; seine Kräfte aber blieben hinter dem Gegenstande
zurück.   Unbekümmert um die Zeit, schufen andere große Epopöen, die
unbeachtet vorübergingen: Seidel wetteiferte in seinem Moses mit Klopstock; Reinhardt in Lilar und Rosaide mit Wieland und Alxinger;
Fichard suchte mit der Pilgerfahrt in das heilige Land dem Tasso nach-
zustreben; die unbekannten Verfasser der Therese und des Burggeistes
setzten eine Art von Ritterroman episch in Szene; ganz in der alten
klassisch-französischen Manier Wielands bewegte sich Friedelberg.   Der
didaktischen Form bedienten sich Gerber und Burdach, mehr der Idylle
wandten sich F. A. Krummacher, Gerber und Eckermann zu.   Das
eigentlich komische Gedicht wurde nur von Bratring und Reinhardt
versucht; Oemler, der sich bezeichnend genug Ferkel nannte, fällt mit
seinem Gedichte fast aus aller Litteratur.

Vergl. die epischen Gedichte in § 274 von Gthard Ludw. Kosegarten Nr. 1.
26) Berlin 1803 und 25) 18::4. — Karl Andr. von Boguslawski Nr. 2. 1) und 2). —
Joh. Friedr. v. Meyer Nr. 8. 1) und 5). — Chn. Ludw. Neuffer Nr. 12. 2) und 8). —
Joh. Bapt. Tilly Nr. 17. 8). — Amalie v. Helvig Nr. 23. 1) und 2). — Joh. S. Sieg-
fried Nr. 24. 1) — Fr. v. Oertel Nr. 25. 2). — Frz. v. Sonnenberg Nr. 26. 4). —
den Laufpaß Nr 27. — Anton v. Klein Nr. 28. — Chn. Ludw. Stieglitz Nr. 30. 2). —
Detl. Friedr. Bielfeld Nr. 31. 1). — Heinr. Ernst Fischer Nr. 32. 1) und 2). — den
Hochzeittag Nr. 33. von ?Chn. Ad. Frh. v. Seckendorff § 334, 684. 2) — Band IH¹,
S. 902; ferner die in § 275 von Chph. A. Tiedge Nr. 7. 8). — Joh. Konr. Ihling
Nr. 14. 1). — Heinr. Wilh. Bommer Nr. 18. — Frdr. Schubart Nr. 19. — Frdr.
Ludw. Walther Nr. 20; ferner von Gtfr. Jak. Schaller § 270, 59. 5); von Karl H.
G. Witte § 278. 7. 1) und von Jens Baggesen § 291, 5. 8); endlich von Karl
Gtli. Lappe § 272, 2. 2) und von Gerh. Ant. von Halem § 271, 2. 8) Bd. 7 und 8.

1. **Ignaz Heinrich Karl Freiherr von Wessenberg**, geb. am 4. November 1774 in Dresden, wurde, nachdem er Theologie studiert hatte, 1802 von K. v. Dalberg zum Generalvikar und Präsidenten der geistlichen Regierung des Bistums Konstanz ernannt. Als solcher war er für Reform der Diözesanverfassung, der Bildung der jüngeren Geistlichen, für Verbesserung des Schulunterrichts und Einführung des deutschen Kirchengesanges unermüdlich und mit segensreichem Erfolge thätig. 1814 wurde er Koadjutor, war aber durch sein freisinniges Wirken dem römischen Stuhle unbequem geworden, sodaß er 1817, als er nach Dalbergs Tode zum Bistumsverweser ernannt wurde, die päpstliche Bestätigung nicht erhielt, während ihn die theologische Fakultät der damals freisinnigen Universität Freiburg zum Doktor ernannte. Trotz der mangelnden Bestätigung verwaltete er sein Verweseramt, bis 1827 das Bistum Konstanz infolge eines Konkordates aufgelöst wurde. Dann lebte Wessenberg unabhängig in Konstanz und war auch als Abgeordneter in der ersten Kammer des badischen Landtages thätig. Er starb am 9. August 1860 in Konstanz.

Seine poetischen Anschauungen bewegen sich ganz in der Schule Klopstocks und Matthissons, und die Darstellung in seinen Gedichten erhebt sich wenig über die alltägliche Prosa. Hier interessiert er nur wegen der Versuche im erzählenden Gedicht, worin er die Mängel seines Talentes noch am geschicktesten zu verbergen wußte, während in den lyrischen und didaktischen Gedichten die nach den Idealen strebende Tendenz mit der nüchternen Natur des Dichters, die sehr moralisch und human, aber wenig poetisch war, in stetem Zwiespalt erscheint.

a. Meusel, Gel. Teutschl. 10, 820. 16, 203. 21, 511 bis 513.

b. (Frz. Andr. Frey) Ueber die Ernennung des Herrn General-Vikars-Freyherrn von Wessenberg zum Koadjutor und Koadministrator des Bisthums Konstanz. Rom (Bamberg, Drausnick) 1816. 8. Vgl. Antwort auf die Schrift: Die Ernennung eines Coadjutors für das Bisthum Konstanz, aus dem kirchenrechtlichen Gesichtspunkte dargestellt. Bamberg (Drausnick). 1817. 8.

c. Die gegenwärtige Lage der Diöcese Konstanz aus dem kirchen- und staatsrechtlichen Gesichtspunkte betrachtet. Rom und Konstanz 1817. VI, 118 S. 8.

d. Die Beschwerden gegen den Bisthums-Verweser von Constanz, Freiherrn von Wessenberg. Tübingen, Laupp. 1817. gr. 8.

e. Fridolin Huber, Wessenberg und das päbstliche Breve. Nebst einem Anhange über Kirchengewalt, bischöfliche und päbstliche Rechte. Tübingen, Hepfer de l'Orme. 1817. 86 S. 8. — Vgl. (J. L. Doller), Wessenberg auf der Kehrseite. Ein Seitenstück zu J. H. Wessenberg und das päbstliche Breve. München 1818. 8. — Beleuchtung der „Kehrseite' eines Libells wegen des Bißthum-Verwesers Freiherrn von Wessenberg. Zürich, Orell. 1819. 8.

f. Fridolin Huber, Antwort an den anonymischen Beurtheiler der Schrift: Wessenberg und das päbstliche Breve. Tübingen, Hopfer de l'Orme. 1818. 84 S. 8.

g. Prüfung der drei aus dem Quirinal erlassenen Noten, in welchen die römischen Klagpunkte gegen den Freiherrn von Wessenberg enthalten sind. Erstes Heft. Frankfurt a. M., Sauerländer. 1818. 8. — Vgl. Antwort auf die Ausfälle der Aarauer Zeitung gegen den Verfasser der „Prüfung der drei aus dem Quirinal erlassenen Noten, an den Freiherrn von Wessenberg', von demselben Verfasser. Mainz, Müller. 1819. 8.

Prüfung der Prüfung der drei aus dem Quirinal erlassenen Noten gegen den Freiherrn von Wessenberg. Erstes Heft. Leipzig 1820. 8.

h. Denkschrift über das Verfahren des Römischen Hofs bey der Ernennung des General-Vikars Frhrn. v. Wessenberg zum Nachfolger im Bisthum Constanz und zu dessen Verweser, und die dabei von Sr. Königlichen Hoheit dem Großherzog von Baden genommenen Maßregeln. Carlsruhe, 1818. VIII, 142 S. Fol. — Auch in Frankfurt a. M., 1818. in der Andreäischen Buchhandlung. XXIV, 294 S. 8. — Vgl. Mehr Noten als Text zu der Denkschrift über das Verfahren des römischen Hofes bei der Ernennung des Freiherrn von Wessenberg zum Nachfolger im Bisthum Constanz. Karlsruhe (Bamberg, Drausnick) 1818. 8.

i. Fridolin Huber, Vollständige Beleuchtung der Denkschrift über das Verfahren des römischen Hofes bei der Ernennung des Freyherrn von Wessenberg zum Nachfolger im Bisthum Constanz, und zu dessen Verweser; nebst einem Anhange über die Eigenschaften eines Bischofs. Rotweil, Herder. 1819. gr. 8.

k. Die römische Kurie und die Jesuiten vom Geh. Rath Gärtler. Nebst Bemerkungen über dessen Denunziationsschrift gegen den Constanzischen Bisthums-Verweser Freyherrn von Wessenberg, dann über die Note des Cardinals Consalvi,

Beilage V der Denkschrift über das Verfahren des römischen Hofes usw. Karlsrube 1818. 8.

l. Frage: Möchte Papst Pius VII. nicht höchst wichtige Gründe wirklich, wie er vorgab, gehabt haben, da er dem Freiherrn von Wessenberg die bischöfliche Würde zu Constanz zu ertheilen verweigerte, oder so lange verzögert? Beantwortung durch die Denunciationsschrift des badischen Geh. Raths Gärtler etc. Mainz 1818. gr. 12.

m. Aufklärung über die, aus dem Dunkel endlich hervorgetretene Denunciationsschrift des Herrn Geh. Rath Gärtler gegen den Freiherrn von Wessenberg. Heidelberg, Winter. 1818. gr. 8.

n. Sendschreiben eines Laien aus dem Bisthum Konstanz an den dasigen Klerus. Mit Noten von einem Unpartheiischen. Bamberg, Drausnick. 1818. 8.

o. Räsonirender [so] Ueberblick der zwischen Sr. päpstlichen Heiligkeit Pius VII. und dem bischöfl. Konstanzischen Generalvikar Freiherrn von Wessenberg obwaltenden Irrungen. Augsburg, Doll. 1818. gr. 8.

p. H. E. G. Paulus (§ 293, II, 1), Beurtheilende Anzeigen einiger Schriften, welche das Betragen des römisch-päpstlichen Kirchen-Regiments gegen das General-Vicariat von Constanz, gegen die Großherzogl. Badische Regierung etc. beleuchten. Heidelberg, Winter. 1818. gr. 8. (Aus den Heidelb. Jahrbüchern besonders abgedruckt.)

q. Joh. Frdr Jos. Sommer, Rechtswissenschaftliche Abhandlungen. Erster Band. Nebst einer Abhandlung über das rechtliche Verhältniß Roms zu Deutschland und über Wessenberg und das päpstliche Breve. Gießen 1818. 8.

r. Johann Ludwig Koch, Ausführliches Rechtsgutachten über das Verfahren des römischen Hofes in der Angelegenheit der Constanzer Bisthumsverwaltung des Capitular-Vicars Freiherrn von Wessenberg, zugleich mit Hinsicht auf Coopers Briefe über den neuesten Zustand von Irland. [Vgl. unten Nr. 4)]. Frankfurt am Main, 1819. 140 S. 8. — Vgl. J. L. Doller, Frage: Hat das Rechtsgutachten des Herrn Dr. Koch über das Verfahren des römischen Hofes in der Angelegenheit des Freyherrn von Wessenberg ... die Ansicht der einsichtsvollern Deutschen? usw. Mainz, Müller. 1819. gr. 8. — Revision des ausführlichen Rechtsgutachtens über das Verfahren ... Wessenberg. Germanien (Bamberg, Drausnick) 1819. gr. 8.

s. Die Stimme eines Rufenden in der Wüste, oder was soll man von den Irrungen zwischen Pius VII. und von Wessenberg denken? München, Fleischmann. 1819. gr. 8.

t. Vertheidigung des Freiherrn von Wessenberg und des katholischen Klerus in Baden ... Rotweil, Herder 1819. 8.

u. Die Feinde des Herrn von Wessenberg, aus ihren Schmähschriften geschildert. Ulm (Wohler) 1819. 8.

v. Wessenberg's Aufenthalt im Breisgau. Dritte Originalauflage. Nicht vermehrt und nicht verbürgt aber mit nöthigen Anmerkungen versehen. Von einem Zuschauer, der noch ohne Brille sieht. o. O. (Bamberg, Drausnick) 1819. 8.

w. Freymüthige Beurtheilung sämmtlicher in der Angelegenheit des Frhrn. Ign. Heinr. v. Wessenberg erschienenen Streitschriften und der Schrift (von Dr. Koch) unter dem Titel: Untersuchung über die Einrichtungen der katholischen Kirche in Teutschland. (Aus dem 6. St. des Hermes bes. abgedr.) Amsterdam: 1820. 186 S. 8.

x. Felder-Waitzenegger 8, 585 bis 587.

z. Das Leben I. H. v. Wessenberg's, ehemaligen Bisthumsverwesers in Constanz. Nach schriftlichen und mündlichen Mittheilungen herausgegeben von einem Freunde und Verehrer des Verstorbenen. Freiburg i. B., Friedrich Wagner. 1860. 160 S. 8.

aa. Volksschulblatt für die katholische Schweiz. 1860. Jahrg. 1. S. 342.

bb. Neue Zürcher-Zeitung 1860. Nr. 242.

cc. Jos(eph) Beck, Freiherr I. Heinrich von Wessenberg. Sein Leben und Wirken. Zugleich ein Beitrag zur Geschichte der neuern Zeit. Auf Grundlage handschriftlicher Aufzeichnungen Wessenbergs. Freiburg, Friedrich Wagnersche Buchhandlung. 1862. XII, 528 S. 8. — Zweite [Titel?-] Ausgabe. Carlsruhe 1874. 8.

cc'. Jos. Beck, I. Heinrich von Wessenberg. Ein deutsches Lebensbild. Freiburg 1863. 140 S. 8.

dd. F. A. Kreuz, Zur Charakteristik von I. H. v. Wessenberg. St. Gallen, Scheitlin u. Zollikofer. 1863. 1 Bl., VIII, 118 S. 8.

ee. I. Heinrich von Wessenberg: Kirchenblatt für die reformirte Schweiz. Hg. von K. R. Hagenbach und G. Finsler. 1863. Jahrg. 13. Zürich, Verlag von Meyer und Zeller. 4. Nr. I.

ff. Blüthen der Erinnerung an Carl Theodor v. Dalberg und I. H. v. Wessenberg. Bühl [Karlsruhe, Bielefeld] 1867. VIII, 174 S. 8.

gg. Jos. Beck, Wessenberg und die kirchliche Reform oder Nationalität und Romanismus. Zweite Ausgabe. Carlsruhe 1874. 140 S. 8.

hh. Badische Biographieen. Hg. von Frdr. Weech. 1875. Bd. 2 (J. Friedrich).

ii. O. Hunziker, Geschichte der Schweizerischen Volksschule in gedrängter Darstellung mit Lebensabrissen der bedeutenderen Schulmänner und um das schweizerische Schulwesen besonders verdienter Personen bis zur Gegenwart. Zweiter Band. Zürich. Druck und Verlag von Friedrich Schultheß. 1881. 8. S. 358 bis 363. Unterz.: Rebsamen [Seminardirector].

jj. Ignaz Heinrich von Wessenberg: Schweizerisches Schularchiv. Organ der Schweizerischen Schulausstellung in Zürich. Hg. von O. Hunziker in Küsnacht und A. Koller in Zürich. Band III. Jahrg. 1882. Zürich, Druck und Verlag von Orell Füßli u. Co. 1882. 8. Nr. 11. November. S. 322 f.

kk. Kirchliche Aktenstücke. Hg. v. Pfarrer [Theod.] Brecht. Leipzig 1891. 8. Nr. 3: Katholische Urteile über den Jesuitenorden. 1. Reihe. v. Wessenberg ...

ll. Aus den Papieren des Barden von Riva [d. i. Frz. Jos. Bened. Bernold]. Hg. von E. Götzinger. St. Gallen 1891. 8.

mm. O. Wetzstein, Die religiöse Lyrik der Deutschen im 19. Jahrhundert. Ein Beitrag zur Litteraturgeschichte der Neuzeit. Neustrelitz 1891. 8.

nn. Kühner, I. H. Wessenberg, eine Lichterscheinung im Katholicismus des 19. Jahrhunderts: Deutsch-evangelische Blätter 1895. S. 385 bis 410.

oo. Wilhelm Lang, Graf Reinhard. Ein deutsch-französisches Lebensbild 1761 bis 1837. Bamberg, C. C. Buchner (Rudolf Koch). 1896. 8.

pp. Allg. dtsch. Biogr. 1897. 42, 147/57 (v. Schulte). — pp'. s. u. S. 808.

qq. Katalog der v. Wessenbergischen Bibliothek wissenschaftlich geordnet und aufgestellt von Professor F. A. Kreuz. Juli 1862. Constanz 1863. J. Stadler. X, 489 S. 8.

Briefe (4 und 3; Auswahl aus 87 und 48 vorhandenen Briefen von 1813 bis 1842) an und von Zschokke: Die Gartenlaube 1869. Nr. 38. S. 603 bis 605.

Briefe an Wessenberg von J. v. Müller: § 293, V. 10. C. 33) — oben S. 295. K. F. Graf v. Reinhard: § 284, B. 1. 57a) — Bd. IV. S. 573. Vgl. Lang Nr. oo, S. 448 f. 462 f. 468. 473 f. 477. 482 und sehr oft.

1) Ueber den Verfall der Sitten in Teutschland. Eine poetische Epistel. o. O. (Zürich) 1799. 19 S. 8. Auch in Nr. 2).

2) Gedichte von I. H. von Wessenberg. Erstes Bændchen. Zürich, bey Orell, Füssli und Compagnie. 1800. 1 Bl. Titel, 284 S. 8.

Inhalt: S. 5 bis 93: Oden und Lieder (23 Nummern, darunter: Der Kirchhof im Dorfe; Allgemeines Gebet; Gottesdienst; Lied im Regen; Gebet; Religion; Auf dem Grabe meiner Mutter; Auf den Tod meines unvergeßlichen Vaters; An meine Geschwister; Das Landleben; An den Rheinfall bei Schaffhausen; Gruß an den Frühling). — S. 95 bis 138: Erzählungen und Fabeln (9 Nummern, darunter: Der Schild; Die Aufklärung; Die Lust wohlzuthun). — S. 189 bis 234: Episteln über die Sitten (Ueber den Verfall der Sitten in Deutschland; Ueber unsere Aufklärung und den Einfluß unserer Philosophien auf die Sitten in Deutschland).

Gedichte von Ign. H. v. Wessenberg. Zweytes Bændchen. Zürich, bey Orell, Füssli und Compagnie. 1801. 237 S. und 6 S. Verbesserungen. 8.

Inhalt: S. 5 bis 82: Oden und Lieder (17 Nummern, darunter: Die Rache der Edeln; An die Fürsten; Meine Freude; Der Bodensee). — S. 83 bis 233: Episteln (Ueber die feine Lebensart, Titelsucht und Etiquette; Die Unsterblichkeit; Einladung auf das Land; die Weyhe des Schönen).

3) Der Geist des Zeitalters. Ein Denkmahl des 18. Jahrhunderts zum Besten des 19ten errichtet von einem Freunde der Wahrheit. Zürich 1801. gr. 8. Ohne Vfnamen.

4) Cooper's Briefe über den neuesten Zustand von Irland, nebst einer apologetischen Schilderung des Katholizismus in England, zur Beurtheilung der nothwendigen Emancipation dieser gedrückten Religionsparthei in dem uniirten Königreiche. Aus dem Englischen. Hg. von H. E. G. Paulus. Jena 1801. gr. 8. — Vgl. chen Koch. Nr. r.

5) Ueber die Folgen der Säkularisation. Zürich 1801. 4. Ohne Vfnamen.

6) Friedrich Spee'sauserlesene (9) Gedichte hg. v. I. H. v. Wessenberg. Zürich 1802. 62 S. 8. — Vergl. § 188, I. I) = Band III. S. 194 und unten Nr. 39) Band 2.

7) Die Hauptepoche der Weltgeschichte vor Christi Geburt. Zürich 1804. 8. Ohne Vfnamen.

8) Deutsche Lieder. Zürich 1809. 3 Bl., 210 S. 8. Sechs Bücher und Anhang von zwei Gedichten. Sieh Nr. 14). — S. 16: Lied beim Bittgang um die Fluren. — S. 20: Am Fest aller Heiligen. — S. 22: Am Allerseelentage. — S. 66: Der Bodensee. — S. 79: An den Rheinfall. — S. 110: Der Misantrop (so). — S. 125: An meine Geschwister. Vgl. oben Nr. 2).

9) Christkatholisches Gesang- und Andachtsbuch zum Gebrauch bey der öffentlichen Gottesverehrung im Bisthum Constanz; hg. durch das bischöfliche Ordinariat. Erster Theil: Für den vormittägigen Gottesdienst. Zweiter Theil: Für den nachmittägigen Gottesdienst. Constanz (1812). 8. — 6. Auflage. Constanz 1828. 8. — (Ein Auszug daraus: Kleines chr. G. u. A. usw. Rotweil 1820. 8.)

10) Fenelon. Ein Gedicht in drey Gesängen. Zürich 1812. 80 S. 8.

11) Ostereier. Gabe der Freundschaft. Zürich 1813. 8. — Morgenblatt 1813. Nr. 127.

12) Neujahrsgeschenk der Muse an Freunde. Zürich 1814. 8. — Morgenblatt 1814. Nr. 9.

13) Die Elementarbildung des Volkes im 18. Jahrhundert. Zürich 1814. gr. 8. — Die Elementarbildung des Volkes in ihrer fortschreitenden Ausdehnung und Entwickelung. Neue, ganz umgearbeitete und doppelt vermehrte Auflage. Constanz 1835. gr.8.

14) Neujahrsgeschenk der Muse an Freunde. Zürich 1815. 8. Sieh Nr. 8). Morgenblatt 1815. Nr. 58. 3. März.

15) Die Deutsche Kirche. Ein Vorschlag zu ihrer neuen Begründung und Einrichtung. o. O. (Zürich). Im April, MDCCCXV. 2 Bl., 70 S. 8. Ohne Vfnamen.

16) Die guten Sterne. Sidera dicam? Virg. Neujahrsgabe für Freunde. Von L G. (so) v. Wessenberg. o. O. 1817. 16 unges. S. 12. 8 Gedichte.

17) Blüthen aus Italien. von I. H. von Wessenberg. Carlsruhe und Baden, in der D. R. Marx'schen Buchhandlung 1818. 56 S. 8. Enth. 27 Gedichte. — Zweite, sehr vermehrte Ausgabe. Mit einer Titelvignette (‚Nemesis') in Kupferstich. Zürich, 1820. Bey Orell, Füßli u. Comp. 1 Bl, 132 S. 12. Enthält 63 Gedichte. Vergl. Deutsche Rundschau 1895. September. Bd. 84, S. 414f. — Lang Nr. oo. S. 448.

18) Die Bergpredigt unsres Herrn und Erlösers. Ein Neujahrsgeschenk für Freunde. — Zweite Auflage 1820. — Dritte Auflage 1821. — Vierte verbesserte Auflage. Constanz, bei W. Wallis. 1825. 8. — Fünfte verbesserte Auflage. St. Gallen, Scheitlin u. Zollikofer. 1845. 16. — Sechste Auflage. St. Gallen 1861. 16.

19) Das Gebeth des Herrn. Zürich 1821. 8.

20) Das Volksleben zu Athen im Zeitalter des Perikles. Nach griechischen Schriften. Zürich 1821. 1823. 2 Hefte 8. — Zweite verb. und verm. Aufl. Zürich 1823. 8.

21) Merzblumen (so), eine Gabe der Freundschaft. De tenero cingite flore caput. Ovid. Fast. III. 254. Constanz 1823. 84 S. 8.

22) Biblische Schilderungen. Constanz, bei W. Wallis. 1823. 12. Enth. a: Jesus der göttliche Kinderfreund. Vorher: Constanz 1820. 16. — 2. verb. Aufl. 1822. — 3. Aufl. St. Gallen 1861. 16. — b: Johannes der Vorläufer unsers Herrn und Erlösers. Vorher: Constanz 1821. 12. — c: Das heilige Abendmahl. Vorher: Constanz 1822. 12. — Auszug: Constanz 1824. 16. — 2. verb. Aufl. St. Gallen 1845. 16. — 3. Aufl. St. Gallen 1861. 16. — d: Die Auferstehung unsers Herrn. Vorher: Constanz 1821. 16. — 2. Aufl. St. Gallen 1861. 16.

23) Magdalena. Ein biblisches Gemälde. Constanz, bei W. Wallis. 1824. 8. — Zweite, verbesserte Auflage. St. Gallen, Scheitlin u. Zollikofer. 1846. 8. — Dritte Ausgabe. St. Gallen 1861. 16.

24) Ueber den sittlichen Einfluß der Schaubühne von I. H. v. Wessenberg. Segnius irritant animos demissa per aures, Quam quae sunt oculis subjecta fidelibus. Horat. Constanz, bei W. Wallis. 1825. 81 S. 8. — Zweite, sehr vermehrte und verbesserte Ausgabe. Constanz, bei W. Wallis. 1825. 115 S. 8.

Vergl. Carl Friedrich Städlin, Geschichte der Vorstellungen von der Sittlichkeit des Schauspiels. Göttingen 1823. 8.

25) Lieder und Hymnen zur Gottesverehrung des Christen von I. H. v. Wessenberg. Constanz, bei W. Wallis. 1825. 16.

26) Ueber den sittlichen Einfluß der Romane. Ein Versuch von I. H. v. Wessenberg. Si tibi nulla sitim finiret copia limphae, Narrares medicis. Horat. Constanz bei W. Wallis. 1826. 188 S. 8.

27) Neue Gedichte. Constanz 1827. 8.

28) Die christlichen Bilder ein Beförderungsmittel des christlichen Sinnes. von Ign. Heinr. von Wessenberg. Zwei Bände. Constanz, 1827. Verlag von W. Wallis. II. 8. — Neue Ausgabe (in 7 Lieferungen). Constanz, Wallis. 1832. gr. 8. — (Neue Ausg.) St. Gallen, Scheitlin u. Zollikofer 1845. II. gr. 8.

29) Chor-Lieder zu christlichen Volksgesängen. Ein Versuch von I. H. v. Wessenberg. Constanz, bei W. Wallis. 1823. VI, 46 gez. und 1 ungez. S. Inhalt. 12. 21 Lieder.

30) Neujahrsgabe von I. H. v. Wessenberg. o. O. u. Dr. 1828. 40 S. 12.

31) Nikodemus. Eine Erzählung. Constanz, Wallis. 1829. 12. — Zweite verb. Aufl. St. Gallen, Scheitlin u. Zollikofer. 1846. 16. — Dritte Aufl. St. Gallen 1861. 16.

32) Julius. Pilgerfahrt eines Jünglings. Gedicht in sieben Gesängen von I. H. v. Wessenberg. Stuttgart u. Tübingen, Verlag der J. G. Cotta'schen Buchhandlung. 1831. IV, 318 S. u. 1 S. Druckf. 8. — Vergl. Sämmtl. Dichtungen Bd. I.

33) Neujahrsgabe für Freunde von I. H. v. Wessenberg. o. O. u. Dr. 1831. 29 S. 12. Enthält 26 Gedichte.

34) Mittheilungen über die Verwaltung der Seelsorge nach dem Geiste Jesu und seiner Kirche. Augsburg 1832. II. gr. 12.

35) Franz und Paul oder die Wehen im Thale. Ein Gedicht in drei Gesängen. Konstanz, 1833. o. Verl. 58 S. 12. — Sieh Sämmtl. Dichtungen Bd. II.

36) Die Reform der Deutschen Universitäten. Konstanz 1833. 8. Ohne Vfnamen.

37) Über die Bildung der Gewerbtreibenden Volksklassen überhaupt und im Großherzogthum Baden insbesondere. Nebst einem Aubange von J. W. Straßer (Bemerkungen über die Einrichtung von Gewerbeschulen etc.). Konstanz 1833. gr. 8.

38) Die Kraft des Christenthums zur Heiligung des Sinnes und Wandels. Ein homiletisches Handbuch für den Kirchen- und Hausgebrauch während der 40 tägigen Fastenzeit. Constanz 1833. gr. 8. — Neue Ausgabe. St. Gallen, Scheitlin u. Zollikofer. 1845. gr. 8.

39) Sämmtliche Dichtungen von I. H. von Wessenberg. Stuttgart und Tübingen. Verlag der J. G. Cotta'schen Buchhandlung. 1834 bis 1854. VII. 16. Inhalt: I: Julius. Pilgerfahrt eines Jünglings. Gedicht in acht Gesängen. Zweite verm. und verb. Auflage. Sieh Nr. 32). II: Franz und Paul oder die Wehen im Thale. Sieh Nr. 85). — Anhang lyrischer Gedichte. — Zugabe: Spee's auserlesene Gedichte. Sieh Nr. 6). III: Blüthen aus Italien. 1817, 1829 und 1832. — Fenelon: Lieder und Hymnen zur Gottesverehrung der Christen. — IV: Vermischte Gedichte aus verschiedenen Zeiträumen [8 Bücher]. — V: Irene, die letzten Kämpfe des siegenden Christenthums, ein Gedicht in fünf Gesängen. — Bilder und Denkblätter aus Italien. — Vermischte lyrische Gedichte. — Epigrammatisches. — Beurtheilung des Zeitgeists. — VI: Neueste Gedichte in 6 Büchern (1: Natur. 2: Wanderungen. 3: Freundschaft. 4: Zustand und Weisheit des Lebens. 5: Religion. 6: Epigrammatisches). — VII: Neueste Dichtungen, zweites Bändchen.

40) Wäre der Beitritt Badens zum Preußischen Zollverein wünschenswerth? Von einem Badner. Konstanz 1834. 8. (Zwei Auflagen.)

41) Ueber Schwärmerei, Historisch-philosophische Betrachtungen mit Rücksicht auf die jetzige Zeit von I. H. v. Wessenberg. Quo teneam vultus mutantem Protea nodo? Horat. Heilbronn am Neckar. J. D. Claßische Buchhandlung. 1835. VI, 555 S. 8. — Zweite [Titel-] Ausgabe. Heilbronn, Landherr. 1848. 8.

42) Betrachtungen über die wichtigsten Gegenstände im Bildungsgange der Menschheit. Von I. H. von Wessenberg. Aarau 1836. Im Verlag von H. R. Sauerländer. VI, 399 S. 8.

43) Johann Heinrich Füßli. 1836: Sieh § 293. V. 10. B, ♂ — oben S. 290.

44) Die Parabeln und Gleichnisse des Herrn vom Reiche Gottes. Ein Volksbuch für alle Zeiten. Von I. H. v. Wessenberg. Constanz. Druck und Verlag von

Carl Glükher. 1839. 8. — Zweite verb. Aufl. Ein Volksbuch für alle Zeiten. St. Gallen 1845. 8. — Dritte wohlfeile Ausgabe. St. Gallen, bei Scheitlin und Zollikofer. 1861. 8.

45) Pilger-Lieder von I. H. v. Wessenberg. Blos für Freunde. o. O. u. Dr. 1839. 62 ungez. 8. 12. Enth. 59 Lieder.

46) Wanderlieder im Frühling von I. H. v. Wessenberg. o. O. u. Dr. 1839. 19 ungez. 8. 12. Enthält 23 Gedichte.

47) Wanderlieder im Sommer 1839. Neujahrsgabe für Freunde für 1840 von I. H. v. Wessenberg. o. O. u. Dr. 22 ungez. S. 12. Enth. 17 Gedichte.

48) Denkblätter vom Jahre 1840. Von I. H. v. Wessenberg. o. O. u. Dr. 40 ungez. 8. 12. Enthält 83 Gedichte.

49) Die großen Kirchenversammlungen des 15ten und 16ten Jahrhunderts in Beziehung auf Kirchenverbesserung geschichtlich und kritisch dargestellt mit einleitender Übersicht der frühern Kirchengeschichte von I. H. v. Wessenberg. Constanz, 1840. Druck und Verlag von Carl Glükher. Vier Bände. 8.

Vergl. E. Zsch[okke], Die Stunden der Andacht und die großen Kirchenversammlungen. Aus einem Briefwechsel (vergl. oben Briefe): Die Gartenlaube 1869. Nr. 38. S. 603 f.

50) Denkblätter für Freunde 1841. Von I. H. v. Wessenberg. Zweites Heft. o. O. u. Dr. 28 ungez. 8. 12. Enth. 18 Gedichte.

51) Denkblätter für Freunde. 1842. Von I. H. v. Wessenberg. o. O. u. Dr. 24 ungez. 8. 12. Enth. 22 Gedichte.

52) Denkblätter für Freunde 1843. Von I. H. v. Wessenberg. o. O. u. Dr. 32 ungez. 8. 12. Enth. 26 Gedichte.

53) Denkblätter für Freunde von I. H. von Wessenberg. 1845. o. O. u. Dr. 36 ungez. 8. 12. Enth. 33 Gedichte.

54) Denkblätter für Freunde von I. H. v. Wessenberg. 1846. o. O. u. Dr. 47 ungez. 8. 12. Enth. 85 oder 86 Gedichte.

55) Denkblätter. Blos für Freunde von I. H. v. Wessenberg. 1847. (o. O. u. Dr.) 19 ungez. 8. 12. Enth. 18 Gedichte.

56) Gedanken über die neue Gestaltung des Deutschen Bundes zum Behuf der Verwirklichung und Sicherung einer wahrhaft nationalen Einigung aller Deutschen. Zürich, Orell, Füßli u. Co. 1848. 30 S. gr. 8.

57) Wessenbergs Eintrag in das Schiller-Album im Schiller-Hause zu Weimar (Der Völker Auferstehen: ,Wer fühlt jetzt nicht allwärts die Schauer wehn.' Unterz. Constanz, den 25. Hornung 1848. I. H. Wessenberg): Die Gartenlaube 1880. Nr. 32, S. 523 f.

58) Denkblätter für Freunde. Zum Neujahrsgeschenk 1849. o. O. u. Dr. 29 ungez. 8. 12. Enth. 20 Gedichte.

59) Gott und die Welt oder das Verhältniß aller Dinge zu einander und zu Gott von I. H. v. Wessenberg. Zwei Theile. Heidelberg. Verlagshandlung von J. C. B. Mohr. 1857. II. 8.

60) Die Eintracht zwischen Kirche und Staat, auf die genaue Beachtung des wahren Zweckes beider begründet. Von Ign. Heinrich von Wessenberg. Aus dem handschriftlichen Nachlasse des Verfassers hg. von Dr. Joseph Beck. Aarau. Druck und Verlag von H. R. Sauerländer. 1869. XI, 250 S. 8.

An den ,Stunden der Andacht' (§ 332, 138. 87) — Band III¹. S. 669) hat Wessenberg keinen Anteil. Vergl. Gartenlaube 1869. S. 603 bis 605.

2. Friedrich Wilhelm August Bratring, geb. am 8. Dezember 1772 in Losse bei Seehausen in der Altmark, 1799 Gehilfe bei der kgl. Bibliothek in Berlin, 1803 geh. expedierender Sekretär bei der Forstpartie des Generaldirektoriums und seit 1813 gerichtlicher Bücherauktions-Kommissarius in Berlin. Hier starb er am 12. Januar 1829.

a. Meusel, Gel. Teutschl. 9. 131. 11, 97 f. 13, 161 f. 17, 235 f. 22ᴵ, 859 f.

b. (Hitzig) Gel. Berlin im J. 1825. S. 33 f.

c. Nekrolog 7, 169.

1) Die Luftjagd, am 22. May von Berlin gesehen und bewundert. Ein komisches Gedicht. Berlin 1800. 8. (Ohne Vfnamen).

2) Außerdem unter seinem Namen und unter dem Decknamen F.W. Blumenau eine Reihe statistisch-geographischer u. a. Werke.

3. Friedelberg, ‚Unterlieutenant bey dem ehemaligen Korps der Wiener Freiwilligen, nun bey dem k. k. Infanterie-Regimente de Ligne'. — Gest. 1800. Meusel, Lex. 8, 515. — Gel. Teutschl. 11, 242. — Unten S. 567, 53.

1) Sieh § 231, 8 — Band IV. S. 366.

2) Der Heldentod des durchlauchtigen Herrn Herrn Karl Joseph Aloys, des H. R. R. Fürsten zu Fürstenberg, Sr. K. K. Apost. Maj. Feldmarschalllieutenants etc. etc. in der Schlacht bei Stockach, am 25. März 1799. Von einem Offizier des K. K. Inf.-Regiments de Ligne. Der tief trauernden Wittwe, gebornen Fürstin v. Thurn und Taxis. dargereicht von einem Verehrer Ihres Hauses. Prag, in der K. K. Normal-schul-Buchdruckerey. 1799. 4 Bl. 4. Die Widmung unterz.: Steinsky; das Gedicht: Friedelberg.

3) Kallidion. Ein episches Gemälde in sieben Gesängen. Wien 1800. 2 Bl., 157 S. 8. — Wohlfeile Ausgabe. Wien 1802. 8. — § 272, 29.
Wielands Manier; freie Stanzen; die Titelheldin liebt und ehelicht den Lysias.

4. Moritz Erdmann Engel, geb. am 29. Juli 1767 zu Plauen im Vogtlande, Magister der Philosophie, 1792 Lehrer am Gymnasium in seiner Vaterstadt, 1801 Land- und bald darauf Stadt-Diakonus daselbst; seit 1802 gekrönter Dichter. Er starb am 10. Februar 1836.
Meusel, Gel. Teutschl. 2, 208. 9, 295. 13, 330. 17, 504. 22 II, 53 f. — Nekrolog 14, 146 bis 151.

1) Das Glück der Häuslichkeit. Ein Gedicht. Leipzig 1801. 8. — § 275, 17.

2) Sieh § 270, 68. e) — Band V. S. 419.

Außerdem eine lange Reihe von Kinder-, Erbauungs- und sonstigen Schriften.

Methusalem Müller § 295, I. 2. 13). — Johann Jakob Schweizer § 335, 969. — Christian Schreiber § 302, 86.

5. Johann Lorenz Gerbez war Hausarzt des Grafen von Chotek in Böhmen, später praktischer Arzt in Wien. Lebte noch um 1830.
Meusel 13, 457. 22 II, 332.

Ländliche Gemälde. Wien 1802. 8. — Neuer Abdruck: Wien 1807. 8.

6. Das Landleben. Ein Gedicht. Hamburg 1803. gr. 8.

7. Ernst Moritz.
Meusel, Gel. Teutschl. 14, 592f.

1) Die Geisterinsel. Eine Dichtung über Menschheit und Menschenschicksal. Herausgegeben von Ernst Moritz. Leipzig 1803. 8. S. Bd. VII. S. 668, 278¹.

2) Masken der Liebe; herausgegeben von Ernst Moritz. Leipzig 1803. 8.

8. Alexander Weinrich, geb. am 16. Juni 1762 in Weilburg, Sohn des dortigen Stadtpfarrers, 1783 Kollaborator an dem dortigen Gymnasium, 1789 Pfarrer zu Klein-Rechtenbach im Nassauischen, 1818 Superintendent in Wetzlar, † am 20. Mai 1830.
Meusel, Gel. Teutschl. 8, 404f. 10, 806. 16, 173. 21, 431 f.
Raßmann, Gallerie 56.

1) Virgils Hirtengedichte, in teutsche Jamben und Hexameter frey übersetzt und mit Anmerkungen begleitet. Marburg 1789 (d. i. 1788). 8.

2) Der Geburtstag, eine Jäger-Idylle in vier Gesängen. Hadamar 1803. 108 S. 8. — Goethes Rez. § 242, 20) 4 d; § 243, 11) 10; Werke (Hempel) 29, 445 bis 447; an Eichstädt 1806 Febr. 1 = W. A. IV. 19, 99. — Nr. 3) e.

3) Dichtungen. Wiesbaden 1816. II. 8.
Enth. a: Bianor, oder Blicke in das Heiligthum der Menschheit. — b: Milon und Daphne oder das Amorspiel, eine Idylle in drey Gesängen (Prosa). — c: Das Lied am Ufer des Meeres (Prosaeingang, dann Hexameter; Geschichte des Ceyx und der Halcyone). — d: Herostratus. Ein Monodrama (Iamben). — e: Nr. 2). — f: Anhang.

9. **Karl Heinrich Leopold Reinhardt**, geb. am 17. November 1771 in Wittenberg, studierte in Leipzig und Wittenberg die Rechte, wandte sich aber mehr den allgemeinen Wissenschaften und der Philosophie zu. Einige Zeit war er Privatdozent in Wittenberg und siedelte, als die Universität aufgehoben wurde, nach Merseburg, dann nach Leipzig über. Ein Gehörübel, das er sich in Wittenberg beim Baden zugezogen hatte, artete infolge falscher Behandlung in völlige Taubheit aus. Er starb am 2. April 1824 in Leipzig.

a. Meusel, Gel. Teutschl. 15. 127. 19, 296.

b. Nekrolog 2, 1106 bis 1108.

c. Hayn, Bibl. Germ. erot.³, S. 249.

1) Beiträge R.'s im Freimüthigen (1803. 1804. 1808. 1812), in der Ztg. f. d. eleg. Welt (1805. 1806. 1814), in der Salina (1812), in der Minerva (1816) und in dem Allgem. Anzeiger der Deutschen (1817).

2) Die Nasiade. Ein komisches Heldengedicht, oder Herrn Wahl's große Nase [§ 281, 7. 4)] unter Sang und Klang durch 100 Nasenstüber nonpoetisch geängstigt. Leipzig 1804. 8. Ohne Vfnamen.

3) Gedichte. Berlin 1806. bei Heinr. Frölich (Duncker u. Humblot). 8. — Darin u. a. Parodien von Schiller's ,Antritt des Jahrhunderts' und ,Götter Griechenlands', sowie von Goethes ,König in Thule'.

4) Lilar und Rosaide. Ein romantisches Gedicht in XX Gesängen. Leipz. 1807. gr. 8.

5) Die Kinder des Lichts und der Nacht. Ein Roman. Wittenberg 1818. 8.

6) Amor. Taschenbuch für Liebende auf das Jahr 1819. Leipzig 1818. 12.

7) Die Circe von Glas-Llyn. Ein Roman nach dem Englischen des W. Scott [Scott untergeschoben] von K. H. L. Reinhardt. Leipzig, Lauffer. 1822. IV. 8. — § 349, 187. Ill. 4).

8) Der Kreuzzug nach Griechenland. Roman. Leipzig, Ernst Klein. 1822, II. 8. I: Die Elfen. H: Die Tempelritter. — Morgenblatt 1823. Januar 3. — Euphorion 1896. 2. Ergänzungsheft S. 169.

Neue und wohlfeile Ausgabe. Leipzig 1834. II. 16. — Wohlfeile Bibliothek von Unterhaltungsschriften im Taschenformat. 13. u. 14. Bdch.

August Hobein. § 304, 99. 2).

10. **Der Jäger.** Ein Lehrgedicht in drei Gesängen. Halle 1805. gr. 8. Vergl. Ztg. f. d. eleg. Welt 1806. Nr. 58.

11. 1) **Der Falke.** Ein Gedicht in 6 Gesängen. Halle 1805. 8.

2) **Der Burggeist.** Ein Gedicht in acht Gesängen vom Verfasser des Falken. Halle und Leipzig, in der Ruffschen Verlagshandlung. 1810. 1 Bl., 156 S. 8. (Stanzen.)

12. **K. W. Oemler**, lebte in Jena, angeblich ein Freund Schillers. nach dessen Tode er zwei biographische Werke über ihn herausgab (§ 249, C. I. 4) 5), aus denen die fabelhaftesten Angaben in die spätern Biographien übergingen. — Das nachfolgende Gedicht wagte er nur unter fremdem Namen zu veröffentlichen. S. dazu S. 308.

Die heimlichen Gemächer. Ein Lobgedicht von Andr. Ferkel. Stendal 1805. 8.

Karl Streckfuß § 310, B. 182. 6) und 12).

13. **Johann Christian Gottlob Seidel**, ? gest. als Pfarrer zu Langenbielau am 5. Sept. 1846 im 82. Jahre. Vgl. Nekrolog 24, 1089.

Moses; ein Gedicht in zwölf Gesängen. Erster Band. Jena 1805. 8.

14. **Peter Friedrich Kanngießer**, geb. am 8. Mai 1774 in Glindenberg bei Magdeburg, studierte in Halle, wo er gleichzeitig an der Schule des Waisenhauses Lehrer und Erzieher war. Im Jahre 1799 wurde er Lehrer an der Gelehrtenschule des Waisenhauses in Bunzlau, 1805 Professor der griechischen und römischen Litteratur am Magdalenengymnasium in Breslau, 1814 Privatdozent an der dortigen Universität und 1817 Professor der Geschichte in Greifswald. Hier starb er am 7. April 1833.

a. Meusel, Gel. Teutschl. 14, 263. 18, 304. 23, 87 f.

b. Nekrolog 11, 243 bis 244.

c. Allg. Deutsche Biogr. 1882. 15, 79 f. (Pyl).

1) Die Gräfin von Rosenberg, oder das biedere Mädchen. Leipzig 1804. 8. Ohne Vfnamen.

2) Der Palmenhain [Gedichte und: 'Die Ueberschwenglichkeit, romantisch-komische Epopöe in 4 Gesängen]. Breslau 1805. 8.

8) Tataris oder das befreite Schlesien. In achtzehn Gesängen. Von Peter Friedrich Kanngießer. Breslau 1811. bey Carl Friedrich Barth. IV, 252 S. gr. 8.

4) Oden, zwei Bücher. Breslau 1814. 8.

5) Carmen seculare ad concelebrandam memoriam instauratæ ecclesiæ evangelicæ ab Academia Gryphiswaldensi editum. Gryphiswald. 1817. Fol.

6) Die alte komische Bühne in Athen dargestellt von Peter Friedrich Kanngießer. Breslau, bey Johann Friedrich Korn dem älteren. 1817. gr. 8.

7) Zum Andenken an Dr. Ludwig Gotthard Kosegarten einige Zeilen, nebst Umriß seines Lebens. Greifswald 1819. 8. — Vgl. § 274, 1 = Bd. V. S. 446.

8) Das Klosterhaus und die Urne [Gedicht]. Greifswald 1824. 12.

9) Geschichte von Pommern bis auf das Jahr 1129 von Peter Friedrich Kanngießer. Erster Band. Umfaßt die heidnische Zeit. Greifswald 1824. 8.

10) Der Püsserkrug und Karlsbad [Gedicht]. Greifswald 1832. 8.

M. Heinrich A. Schmidt § 311, 13. — Herm. Cludius § 303, 9. 14).

15. **Friedrich Adolf Krummacher**, geb. im Juli 1767 zu Tecklenburg in Westfalen, studierte seit 1786 in Lingen, seit 1787 in Halle Theologie, wurde 1790 Konrektor in Hamm, 1793 Rektor des Progymnasiums in Mörs, 1800 Professor der Theologie an der Universität Duisburg und übernahm 1807 die Stelle eines Predigers in Kettwig a. d. Ruhr. Im J. 1812 von dem Herzog Alexius Friedrich Christian von Anhalt-Bernburg als Oberhofprediger und Generalsuperintendent nach Bernburg berufen, wirkte er hier bis 1824 und ging in demselben Jahre als Pastor primarius an der St. Ansgarius-Kirche nach Bremen. Im J. 1843 legte er wegen zunehmender Körperschwäche sein Amt nieder und starb am 4. April 1845.
Sein Sohn war der Prediger Friedrich Wilhelm Krummacher (§ 341, 1495).
a. Meusel, Gel. Teutschl. 14, 873f. 18, 449. 23, 298f.
b. A. G. Schmidt. Anhalt'sches Schriftsteller-Lexikon S. 193.
c. Nekrolog 23, 255 bis 259.
d. Friedrich Adolph Krummacher und seine Freunde. Briefe und Lebensnachrichten mitgetheilt von A[rnold] W[ilhelm] Möller. Mit den [lithogr.] Bildnissen Krummacher's und seiner Gattin und einem Facsimile der Handschrift Krummacher's. Bremen, Johann Georg Heyse. 1849. II. gr. 8.
e. Allg. dtsch. Biographie 1883. 17, 240 bis 243 (O. v. Ranke).
f. Ersch und Grubers Encyklop. 1886. II. 40, 115 (B. Pünjer).
g. G. Albrecht, Friedrich Adolf Krummacher. Ein Gedenkblatt zum fünfzigjährigen Todestage: Wiss. Beilage zur Leipziger Ztg. 1895. Nr. 39.

1) Die Liebe. Ein Hymnus. Wesel 1801. 4. — Neue Aufl.: Hymnus an die Liebe. Essen und Duisburg 1809. 27 S. 8. Vgl. Morgenblatt 1808. Nr. 215. — Wiederh.: 1819. 8.

2) Ueber den Geist und die Form der Evangelischen Geschichte in historischer und aesthetischer Hinsicht. Leipzig, A. Barth. 1805. gr. 8.

3) Parabeln von Friedrich Adolph Krummacher. Essen und Duisburg 1805 und 1807. 8. — Zweite Aufl. 1808. II. 8. — Nachdruck: Wien 1808. II. 8. — Dritte Aufl. 1809. II. 8. — Vierte Aufl. 1814 bis 15. II. 8. — Fünfte Aufl. 1819 bis 20. II. 8. — Sechste Aufl. 1829. II. 8. — Siebente Aufl. 1840. II. 12. — Achte Aufl. 1850. XIV, 383 S. 8. — Neunte Aufl. 1876. 8. — Reclams Univ.-Bibl. (1877). Nr. 841 bis 843.
Außerdem eine Reihe von Auswahlen und Bearbeitungen für die Jugend: Stuttgart 1879. 16. — Von R. Martin. Leipzig 1880. 8. — Von H. Herold. Münster i. W. 1892. 12. — Von Werner Werther. Stuttgart (1892). 12.
Jean Paul's Werke (Hempel) 52, 108 bis 112.
Französisch: Choix des Paraboles. [Trad.] par X. Marmier. Paris et Strasbourg 1833. 12.; Paraboles, nouveau Choix par X. Marmier. Paris et Strasbourg 1834. 12. — Russisch: Petersburg 1895.

4) Die Kinderwelt. Ein Gedicht in vier Gesängen. Essen und Duisburg 1806. 8. — Neue Ausg. 1813. 8.

5) Festbüchlein. Eine Schrift für das Volk. Essen und Duisburg. III. 8. I: Der Sonntag. 1808; Zweite Aufl. 1810; Dritte Aufl. 1815. VIII, 158 S. 8. Vgl. Lithl. z. Morgenbl. 1815, S. 12; Vierte Aufl. 1823; Fünfte Aufl. 1828. A. Harder, Gesänge und Lieder aus dem Sonntage von Frdr. Ado. Krummacher .. in Musik gesetzt. Ein Beitrag zur Beförderung des einfachen Gesanges in Volks- und Bürgerschulen, wie auch in häuslichen Zirkeln. Essen 1809. II. gr. 4.; Zweite Aufl. Essen 1833. gr. 4.
II: Das Christfest. 1810; Zweite Aufl. 1816; Dritte Aufl. 1821; Vierte Aufl. 1846. III: Das Neujahrsfest. 1819; Zweite Aufl. 1832.

6) Apologen und Paramythien von F. A. Krummacher. Duisburg und Essen, bey Bädeker und Künzel, Universitätsbuchh. 1810. XXX, 247 S. 8.

7) Das Wörtlein UND. Eine Geburtsfeyer. Essen 1811. 8.

8) Siegespredigt, gehalten in der Marienkirche zu Bernburg, am 18. November 1813, nebst Anhang von 5 Kriegsliedern. Zum Besten der Verwundeten. Halle. 8.

9) Der Eroberer. Eine Verwandlung. Duisburg und Essen 1814. 4.

10) Johannes. Drama. Leipzig 1815. 290 S. 8. — Vergl. § 384, 755. — Nachdrucke: Reutlingen 1816. 8.; Stuttgart 1816. 8.; Wien 1816. 8.

11) A. J. Liebeskind, Palmblätter. Erlesene morgenländische Erzählungen für die Jugend. Zweite Aufl. verbessert und mit einer Vorrede hg. von F. A. Krummacher. Berlin 1816 bis 19. IV. 8. — Durchgesehen und verbessert von F. A. Krummacher. Berlin 1831. IV. 16. — Neue Ausg. Berlin 1857. XVIII, 411 S. 8. Vgl. § 229, C. 49) f) — Bd. IV. S. 291.

12) Fürst Wolfgang zu Anhalt. Eine geschichtliche Reformationspredigt am 31. November 1819 gehalten. Nebst Beylagen. Dessau 1820. gr. 8.

13) Briefwechsel zwischen Asmus [§ 232, 8] und seinem Vetter bei Gelegenheit des Buches Sophronizon [§ 293, II. 1, 11)] und wie Fritz Stolberg ein Unfreier ward [§ 282, 29. 39)]. Essen 1820. 54 S. 8. Ohne Vfnamen.

14) Die freie evangelische Kirche. Friedensgruss zum neuen Jahrzehend. Essen 1821. 8.

15) Die christliche Volksschule im Bunde mit der Kirche. Essen 1823. 8. — 2. verb. Aufl. 1826. 8.

16) Bilder und Bildchen. Essen 1823. 8. — Nachdruck: Feldkirch 1824. 8.

17) Das Täubchen. Zum Besten eines neuerbauten Kranken- und Schulhauses zu Düsseldorf. Essen 1826. 8. — Zweite Aufl. Essen 1828. 8. — Dritte Aufl. Zum Besten der Rettungsanstalt zu Düsselthal. Düsselthal 1840. gr. 12. — Vierte Aufl. Düsselthal 1859. 16.

18) St. Ansgar. Die alte und die neue Zeit. Zur Geschichte der christlichen Kirche, der Hierarchie, der Wunder und Reliquien von Friedrich Adolph Krummacher. Bremen. Bei Wilhelm Kaiser. 1828. VIII, 252 S. 8.

19) Der Hauptmann Cornelius. Betrachtungen über das zehnte Capitel der Apostelgeschichte. Bremen 1829. gr. 8.

20) Das getreue kleine Mädchen. Ein Neujahrs- und Geburtstagsbüchlein für Kinder. Nach dem Engl. des Verf. der ‚Marie Whyte' .. Bremen 1832. 12. — Wiederh.: Bremen 1862. 16.; 1872. 8.

21) Das Leben des heiligen Johannes. Eine Schrift für junge Christen. Essen 1833. 12.

22) Ueber die Krankenheilungen Jesu. Eine Vorlesung. Aus seinem Nachlasse herausgegeben von seinen Söhnen Friedrich Wilhelm und Emil Wilhelm. Elberfeld 1845. 8.

16. Therese. Eine erotische Erzählung in acht Gesängen. Leipzig 1806 bei Heinrich Gräff. 142 S. 8.
— In Hexametern. Der Schauplatz in der Schweiz. Nichts von Erotik im verrufenen Sinne. Adolf liebt Theresen, die er auf nächtlich geheimnisvollen Gängen (zu ihrer Mutter) bemerkt. Als der Verdacht beseitigt ist, ehelicht sich das Paar. Alles einfach, einfältig, ohne Leidenschaft, Tiefe und Bewegung.

17. Johann Heinrich Bürmann (auch Burmann und Burmane), war Professor und Direktor der Handelsakademie in Mannheim.

Meusel, Gel. Teutschl. 13, 206 f. 22¹, 450 f.

1) Philosophisches Gemälde des 18. Jahrhunderts. Reimgedicht. Offenbach 1790. 8. — Erschien 1795 u. d. T.: Philosophischer Rückblick auf das 18. Jahrhundert.

2) Sulmis, ein alt-orientalischer Hochgesang der Liebe. Mannheim 1806. 12. — Ohne einen Vf. zu nennen, führt Hayn, Bibl. Germ. erot. ² S. 806 auf: Sulmis . . Liebe. Frankfurt und Leipzig 1806. 8.

3) Eudoxo, ein neu-occidentalischer Hochgesang in 8 Zuschriften nebst Bemerkungen über Hochgesang, über Streben der Poesie nach Reinheit der Form, und einige Gedanken über Verbesserung des Recensionswesens von Professor Bürmann, Director der Großh. Bad. Handlungs-Akademie. Mannheim bey Schwan und Goetz. 1807. 12.

18. G. Th. von Lichtenströhm.

Enuckes, ein tragisches Gedicht in 2 Gesängen. Leipzig, P. F. Vogel. 1806. 8. Unter dem Namen G. Th. Becker von Lichtenström erschienen: Romantische Poesien für Geist und Herz. Leipzig, Tauchnitz 1805. 8.

Beide Autoren eine Person?

Chn. Frdr. Gtlo. Kühne § 279, 13. 16). - Karoline Friederike von Kamiensky § 302, 8. 6). — Joh. Heinr. Eichholz § 303, 33. — M. Schrettinger § 299, 19. 3).

19. Franz Anton Gerber.

1) Der schöne Landbau und die Landschafterey in der Natur. Ein Gedicht in 4 Gesängen. Mannheim 1807. 8.

2) Der Mensch. Metrisch bearbeitet in vier Büchern. Erstes und zweites Buch. Auf Kosten des Verfassers. Bruchsal 1832. 8.

20. Johann Karl von Fichard, gen. Baur von Eyseneck, geb. am 16. April 1773 zu Frankfurt am Main, besuchte mehrere Universitäten (in Jena, 1791, gehörte er unter die 5 guten Freunde, die mit Schiller zusammen speisten; vgl. Schiller an Körner 1792 Januar 1 — Jonas 3. 187. vgl. 520) und unternahm dann größere Reisen. Im Jahre 1797 wurde er Mitglied des Rats zu Frankfurt und im Juli 1798 Schöffe daselbst, trat aber schon im September desselben Jahres von allen Geschäften zurück, um sich ganz dem Studium der Geschichte zu widmen. Gänzliche Erblindung hinderte ihn in den letzten Jahren seines Lebens am selbständigen Forschen, nicht aber an der Teilnahme für Forschungen der Freunde, die sich bei ihm zu versammeln pflegten. Er starb am 16. Oktober 1829.

a. Frankfurter Oberpostamts-Zeitg. 1829. Nr. 295.

b. Nekrolog 7, 700 bis 702.

c. Allg. Deutsche Biogr. 1877. 6, 759 f. (Kelchner).

1) Die Pilgerfahrt in das heilige Land, in sechs Gesängen. Ausgabe für Freunde. Frankfurt a. M. 1807. 204 S. 8.

2) Fichard gab heraus: Frankfurtisches Archiv für ältere deutsche Litteratur und Geschichte. Frankfurt a. M. 1811 bis 1815. III. gr. 8.

21. Nikolaus Gottfried Christian Eckermann, geb. am 4. Oktober 1784 in Kiel als Sohn des dortigen Professors der Theologie Jak. Cbph. Rud. Eckermann, promovierte 1808 zum Dr. der Philosophie und wurde 1812 Professor, Bibliothekar und Rektor am Gymnasium zu Danzig. Er starb am 13. März 1813.

a. Meusel, Gel. Teutschl. 13, 308. 17, 474. 22 II, 13.

b. Lübker 1, 134.

Elektra, oder die Entstehung des Bernsteins; ein epischer Gesang [in Hexametern]. Halle 1807. gr. 4.

22. Karl Friedrich Grimm, gest. am 23. Oktober 1808.

Lebensgemälde in 3 Idyllen. Heidelberg 1808. 8.

23. Sophie Constanze Theodore Oehme, geb. am 14. Januar 1745 in Leipzig, als die Tochter des Buchhändlers Joh. Gtl. Imman. Breitkopf, vermählte sich am 24. Januar 1774 mit dem praktischen Arzte Karl Joseph Oehme in Dresden, nach dessen Tode (1783) sie in das väterliche Haus zurückkehrte. Sie lebte dann an verschiedenen Orten und starb am 8. Oktober 1818 in Leipzig.

Meusel, Gel. Teutschl. 5, 481. 11, 588 f. 19, 11.
Leipz. Lit.-Ztg. 1819. Nr. 20.
Idylle auf ihres ältern Bruders Hochzeit. Dresden 1808. 8. Ohne Vfnamen.
Von ihr auch: Fatimens Morgenstunden. Leipzig 1799. 16.
Heinrich Aug. Müller § 295, II. A. 3. 8). — Gtli. Ernst Klausen § 304,
84. 18). — J. K. D. Paul Reimold § 800, 18.

24. Der Kampf. Ein lyrisches Gedicht. Tübingen 1810. 8.

25. Christian Christoph Bodenburg, geb. 1765 ? im Magdeburgischen, besuchte vom 1. Okt. 1778 bis 30. September 1783 die Klosterschule Bergen, 1786
Rektor zu Burg, 1803 Prediger zu Kleinlübs bei Leitzkau im Magdeburgischen,
wo er am 21. Januar 1829 starb. — Nekrolog 7, 907.

1) Die Ströme Germaniens. Ein Gedicht in fünf Gesängen. Zerbst 1810. VIII, 116 S. 4.
Vgl. Literaturbl. z. Morgenblatt 1818. Nr. 1.

2) Preußische Kriegslieder. 1814, 8.

26. August Samuel Block, geb. am 15. Juni 1771 in Ratzeburg, Inhaber
eines Erziehungsinstituts zu Crimesse, nachher Prediger zu Hittbergen und später
zu Pötrau im Lauenburgischen. Hier starb er am 11. Mai 1814.

a. Meusel, Gel. Teutschl. 11, 81. 17, 183. 221, 285.
b. Rotermund, Gel. Hannov. 1, S. 190.
c. Lübker 1, 54. 2, 772.

1) Die Bürger Athens; ein Gedicht in sechs Gesängen. Leipzig 1810. 190 S.
8. — 2. Aufl. Leipzig 1816. 8.

2) Von Block auch: Das Buch Hiob, metrisch übersetzt. Ratzeburg 1799. 8.

Frz. Xav. Axenberger § 299, 29. — Aug. Hoch § 300, 71. — J. Frdr.
B. Walther § 306, 45. — Stan. Schmitt § 301, 32

27. Ludwig Gottlieb Karl Nauwerck, geb. am 5. September 1772 im
Domhof Ratzeburg, Sohn des Probsten Karl Albert Nauwerck am Dom. Er lebte
in seiner Vaterstadt als Kammersekretär und Registrator bei der Herzogl. Mecklen-
burgischen Regierung auf dem Domhof.
Mit einigen zu jener Zeit in Ratzeburg wohnenden Männern, wie Karl Rein-
hard (§ 270, 84), Bernh. Dräseke (§ 293, H. 5), Joh. Chn. Frdr. Dietz, Joh. Frdr.
Schink (§ 230, 18), Geo. Chn. Sponagel (§ 295, I. 33) u. a. bildete er die Litte-
rarische Gesellschaft, die, am 30. September 1807 gegründet, bis Ende 1810 bestand.
— Als die Regierung im J. 1814 nach Neustrelitz verlegt wurde, übersiedelte
Nauwerck dorthin, wurde 1815 Rat und starb am 25. Juni 1855 in Neustrelitz.
Nauwerck hat sich auch als Zeichner bekannt gemacht. Sein Lehrer war
Fernow, der im J. 1788 in Ratzeburg lebte. — 1805 beteiligte er sich an der Weimarer
Kunstausstellung und sendete Sommer 1810 einige Zeichnungen zum Faust an Goethe
nach Karlsbad. Sie wurden von der Prinzessin Karoline von Mecklenburg erworben.
Vgl. Goethe, Tag- u. Jahres-Hefte 1811 — W. A. I. 36, 66. 402; z. unten S. 808; Knebel
an seine Schwester 1811 April 20, Mai 15 und Juli 8. — Über N.s Zeichnungen
zum Faust, die Hamburg 1826 f. 3 Hefte Fol. ersch., vgl. Über Kunst u. Alterth.
VI, 1, 155 f. 2, 428 f. Sieh auch Preuß. Jahrb. 1893. 72, 277 f. 289 f.

a. Meusel, Gel. Teutschl. 14, 645. 18, 817.
b. Johanna Schopenhauer, C. L. Fernow's Leben. Tübingen 1810. S. 87 f.
c. Geo. as . Nagler, Neues allgemeines Künstler-Lexikon. München 1840.
Bd. 10, . 14X p
d. Raßmann, Pantheon u. Zusätze.
e. Max Schmidt-Ratzeburg, Die litterarische Gesellschaft in Ratzeburg zu
Anfang des XIX. Jahrhunderts: Archiv d. Vereins f. d. Gesch. d. Hgts. Lauenburg. 1896. Bd. 5, S. 86 bis 102.
Briefe an α. F. J. Bertuch: Goethe-Jahrb. 1881. 2, 412. — β. Joh. Schopenhauer: Nr. b. S. 87 f.
Briefe an N. von Fernow: Nr. b. S. 54 f. 88 f. 145 f. u. o. — Goethe (1810
Nov. 16): Werke (W. A.) IV. 21, 416 f. vgl. 844, 19.

1) Gedichte und Aufsätze in den Ratzeburg. litterarischen Blättern (erschienen
vom 1. Januar 1808 bis 29. Dezember 1810. 4. und wurden seit dem Sommer 1808
von J. F. Schink redigiert), im Genius der Zeit und in der Zeitung f. d. elegante Welt.

2) Den Manen meines Freundes Fernow: Der Neue Teutsche Merkur 1809. März S. 161 bis 164.

3) Psyche. Ein episches Gedicht [in zehn Gesängen; Hexameter]. Neustrelitz 1811. 180 S. 12. Unter der Widmung: ‚An meine Schwester J. G. geb. N. 12. Mai 1808.‘ Ohne Vfnamen. — Vgl. Ratzeburg. Litter. Blätter 1810 vom 17. Nov. — Litbl. z. Morgenblatt 1813. Nr. 1 und Zeitung f. d. eleg. Welt 1811. Nr. 14.

4) Gelegenheitsgedichte. Neubrandenburg, L. Dümmler. 1822. gr. 8 (auch Fr. Fleischer in Leipzig).

28. Traugott Christoph Friedrich Köultzer, geb. am 6. Dezember 1776 in Liebschütz bei Ziegenrück, Sohn des dortigen Lehrers, besuchte das Lyzeum zu Schleiz, studierte 1798 bis 1801 in Leipzig Theologie und Philosophie, wurde 1811 Diakonus in Pausa im Vogtlande, verheiratete sich 1813 mit Sophie Juliane Gottschalch aus Woyda, wurde 1816 Pfarrer in Pausa, brannte 1822 dort ab, wurde 1825 Pfarrer zu Höfgen bei Grimma, promovierte 1827 in Jena mit der lateinischen Abhandlung de præstantia philosophiæ und starb zu Höfgen am 13. Juli 1844. Er war Dichter, Musiker und Pomologe. (Mitteilung Franz Brümmers in Nauen).

a. Meusel, Gel. Teutschl. 18, 394. 23, 212 f.
b. Nekrolog 22, 1015.

Muth und Kraft. Ein Heldengedicht in zwölf Gesängen. Neustadt an der Orla. (1812). 8. — Zweite vermehrte Auflage in 14 Gesängen. Leipzig 1829. 268 S. 8.

Ralth. Ge. Franzen § 304, 60. — Joh. Aug. Günth. Heinroth § 302, 103.

29. Ernst Theodor Mehring, war um 1820 Prediger in Pritzwalk. Mensel, Gel. Teutschl. 18, 656.

1) Der Kampf der Freyheit oder das Jahr 1813. Ein Heldengedicht in vier Gesängen nebst Epilog. Berlin 1814. 8.

2) Glaube, Liebe, Hoffnung. Ein Gedicht. Berlin 1819. gr. 8.

Mehring veröffentlichte außerdem verschiedene Erbauungsschriften in Prosa, ferner als Seitenstück zu Knigges Umgang mit Menschen: Mann und Weib oder der eheliche Umgang in allen seinen Verhältnissen. 1. Theil. Leipzig 1820. 8.

30. Oswald. Ob das nur ein Deckname ist, wie Band III¹. S. 720, oder nicht? Scenen aus dem heiligen Kriege der Deutschen, episches Gedicht in drei Gesängen von Oswald. Neue wohlfeile Ausgabe. Hamburg 1814. 8.

31. Joseph von Hinsberg, geb. am 10. Februar 1764 in der Reichsgrafschaft Falkenstein (Rheinbayern), im elterlichen Hause unterrichtet; kam 1776 nach Wien auf das Gymnasium und studierte in der Folge auf der dortigen Universität die Rechte. Er wurde dann Sekretär in Falkenstein, später Oberamtsrat und während der französischen Revolutionskriege k. k. Regierungsrat in Günzburg. Nachdem Vorderösterreich durch den Preßburger Frieden an Bayern gekommen, wurde er in dem damals bayerischen Ulm Justizrat und bald darauf Oberappellationsrat in München. Hier starb er, in den Ruhestand versetzt, am 12. Januar 1836. Nekrolog 14, 860 bis 862.

1) a. Das Lied der Nibelungen; umgebildet von Joseph von Hinsberg. München, gedruckt bei Hübschmann 1812. 1 Bl., VI, 271 S. 8.; Wohlfeilere [Titel-] Ausgabe. München bei Joseph Lindauer 1829. 8. — Proben (in verschiedenen Strophenformen) vorher: Wielands Neuer Teutscher Merkur 1807. Bd. III, S. 17 bis 48; 1808. Bd. II, S. 173 bis 189; 1809. Bd. III, S. 133 bis 147 und: Apollonion. Taschenbuch u. s. w. Wien 1809. 8. 148 bis 158 (‚Der Zank der Königinnen‘; in Ottaven).

b. Das Lied der Nibelungen. Aus dem Altdeutschen Originale übersetzt von dem kgl. bayer. Ober-Appellationsrate Jos. von Hinsberg. Zweite verbesserte Auflage. München. Jos. Lindauer’sche Buchhandlung 1833. 1 Bl., 272 S. 8. — Dritte Auflage 1837. 8. — Vierte verbesserte Auflage. München, Jos. Lindauer’sche Buchhandlung (C. T. F. Sauer) 1838. 279 S. 8. — Das Nibelungenlied ... Fünfte unveränderte Auflage. München, Jos. Lindauer’sche Buchhandlung (C. T. F. Sauer). o. J. (nach Kayser’s Bücher-Lex. 10, 138ª: 1841, auch 1846). 1 Bl., 273 S. 8.

Vgl. Jac. Grimm, Kleinere Schriften. Bd. 6, S. 200 f. — Frdr. Zarncke, Das Nibelungenlied⁶. Leipzig 1887. 8. LXXIX f. — § 63, VI = Bd. I. S. 186. § 310, A. 449. 7) — Bd. VII. S. 732.

2) Die Völkerschlacht bei Leipzig. Fürth 1814. 8. Vorher: Morgenblatt 1814. Nr. 148 und 149.

8) Armin der Cheruskerfürst. Ein Gedicht in 14 Gesängen. München, J. Lindauer. 1814. 8. — München, J. Lindauer. 1834. 8.

4) Siegeslied: Morgenblatt 1815. Nr. 176. — Der 18. October: ebenda Nr. 249.

82. Abraham Burdach, geb. vor 1775, von Jugend auf ganz blind, gest...

1) Die Natur und ihr Schöpfer. Lehrgedicht [in Ottaverimen] von einem Blinden. Berlin 1814. 8. Ohne Vfnamen.

2) Morgenländische Erzählungen oder orientalische Blumenlese. Leipzig, Hinrichs. 1806. 8.

8) Schrieb die Biographie seines jüngeren Bruders Chrn. Gtfr. Heinrich Burdach (§ 843, 1683): Nekrolog 1, 811 bis 822.

83. Ludwig Karl Scriba, geb. am 11. Dezember 1781 zu Cher-Ramstedt (Hessen), besuchte das Gymnasium zu Darmstadt, studierte 1799 bis 1802 Theologie in Gießen, gründete eine Privatschule für Töchter in Darmstadt, die er 1804 nach Gießen verlegte; hier wurde er gleichzeitig Fraiprediger. Im J. 1813 ging er als Prediger nach Hochweisel, 1825 nach Bromskirchen und später nach Großrohrheim. Er starb daselbst am 15. März 1854.

Scriba 1, 889.

Gersdorfs Repertorium 1854. Nr. 8777.

Der Krieg. Ein Gedicht in ungebundener Sprache. Burgfriedberg 1814. 4.

84. J. L. Keil.

Leben und Thaten Napoleons zwischen Moskau und der Insel Elba. Ein komisches Heldengedicht in einem Gesang. Wiesbaden 1815. 8.

85. Georg Friedrich Christian Wendelstadt, geb. am 26. April 1774 in Hanau, 1802 kurerzkanzlerischer Physikus in Wetzlar, 1806 Medizinalrat, legte aber diese Stelle nieder und lebte seit 1807 als Gutsbesitzer zu Emmerich bei Limburg an der Lahn. Hier wurde er einige Jahre später herzogl. Nassauischer Medizinalrat, dann Obermedizinalrat in Hochheim und starb daselbst am 10. August 1819.

Meusel, Gel. Teutschl. 8, 441f. 10, 813. 16, 186 bis 188. 21, 467 bis 470.

Nationalztg. der Deutschen 1820. Stück 8, S. 439.

1) Rancé. Eine romantische Tragödie. Hadamar 1814. gr. 8. — Vergl. Litbl. z. Morgenblatt 1815. Nr. 22.

2) Die Völkerschlacht von Leipzig. Ein Heldengedicht in vier Gesängen. Als Anhang: Erklärende Anmerkungen und Erläuterungen zu Wendelstadt's V. bei L. von J. W. Abel. Hadamar 1815. gr. 8. — Vgl. Liter. Wochenbl. 1818. 2, 898.

Karl Ch. Wolfart § 296, 77. 7). — Adalb. Ph. Cammerer § 807, L. 84. 10).

86. Ernst Konrad Friedrich Schulze, geb. am 22. März 1789 in Celle, als der zweite Sohn des dortigen (1820 †) Bürgermeisters Ernst Friedr. Wilh. Sch. und dessen erster Frau Christina Johanna Hedwig, geb. Lampe. Er erhielt seine Vorbildung auf dem Lyzeum seiner Vaterstadt und bezog im Herbste 1806 die Univ. Göttingen, um Theologie zu studieren. Doch wandte er sich bald der Philologie zu und fand, namentlich bei seinen dichterischen Bestrebungen, in seinem Lehrer F. Bouterwek einen freundlichen Förderer, der ihn auch in die gesellschaftlichen Kreise der Hochschule einführte. Im Hause des Prof. Thomas Christian Tychsen (1758 bis 1834) lernte er im Dezember 1811 dessen Tochter Cäcilie kennen, zu der er im Laufe der Monate eine tiefere Neigung faßte. Ihr früher Tod († am 3. Dezember 1812, 18jährig, auf dem Weender Kirchhofe begraben) ergriff ihn schmerzlich und gab ihm den Gedanken ein, die Verstorbene in einem großen Epos ('Cäcilie') zu verherrlichen. Diese Verherrlichung galt aber auch ihrer jüngeren Schwester Adelheid, in die sich Sch. kurz nachher, ohne Erwiderung zu finden, verliebte. Im J. 1812 promovierte er und habilitierte sich als Privatdozent für philologische Fächer an der Göttinger Universität (vgl. das Verzeichnis seiner gehaltenen oder angekündigten Vorlesungen vom Sommersemester 1812 bis Sommersem. 1817 bei Koch Nr. p. S. 9), doch hatte seine akademische Lehrthätigkeit nur geringe Erfolge. Als die deutsche

24*

Erhebung des Jahres 1813, der Schulze anfänglich gleichgiltig gegenüber gestanden, auch Hannover in ihre Kreise zog, trat er am 8. Dezember 1813 als freiwilliger Jäger in das von dem Oberstlieutenant Beaulieu-Marconnay kommandierte grubenhagensche Jägerbataillon, rückte am 15. März 1814 mit seiner Truppe zur Nordarmee ab, kam am 4. und 7. April ins Gefecht und zog mit dem Bataillon am 30. Mai in das von Davoust geräumte Hamburg ein. Nach dem Friedensschlusse kehrte er in die, z. T. durch die erkaltenden Beziehungen zum Tychsenschen Hause, unerquicklichgewordenen Göttinger Verhältnisse zurück und bemühte sich erfolglos um eine ihm zusagende Stelle. Die Teilnahme an dem wieder ausbrechenden Kriege versäumte er. Ein Lungenleiden, das die Strapazen des Feldzuges beschleunigt hatten, machte seinem Leben am 29. Juni 1817 in Celle, wohin er im Mai gereist war, ein frühes Ende. Kurz vor seinem Tode erhielt er die Nachricht, daß seine ,Bezauberte Rose', die er zum Wettbewerbe an dem Brockhausischen Preisausschreiben nach Leipzig gesandt hatte, mit dem ersten Preise gekrönt worden sei. — Schulze liegt in Celle auf dem Friedhofe vor dem Hehlenthore begraben. Hier ließ ihm sein Verleger Brockhaus im J. 1855 ein Denkmal setzen, und seit 1885 schmückt eine Marmortafel sein Geburtshaus.

a. Schulze von Celle und Caecilie: Zschokkes Erheiterungen. 1819. Heft 2, S. 97 bis 142.

b. Fr. Saalfeld, Geschichte der Universität Göttingen. Hannover 1820. 8. 174.

c. Meusel, Gel. Teutschl. 20, 843 f.

d. Martin Hertz, Karl Lachmann. Eine Biographie. Berlin 1851. gr. 8. S. 7 f.

e. Ernst Schulze. Nach seinen Tagebüchern und Briefen sowie nach Mittheilungen seiner Freunde geschildert von Hermann Marggraff. Mit dem Bildniß Ernst Schulze's. Leipzig: F. A. Brockhaus. 1855. XV, 368 S. und 2 unges. Bl. 8. — Nr. 11) Bd. V.

f. J. Tittmann in seiner Ausgabe der bezauberten Rose. 1868.

g. H. Pröhle, Harz und Kyffhäuser in Gedichten, Schilderungen und Aufsätzen von Bürger, Goethe, Hölty etc. Berlin 1870. 8.

h. Friedrich Arnold Brockhaus in Leipzig. Leipzig 1872. 8. 109 bis 114.

i. H. Pröhle, Patriotische Erinnerungen und Abhandlungen aus den Zeiten der Kriege zwischen Deutschland und Frankreich. Berlin 1874. 8. 155 bis 167.

k. Ludw. Geiger, Ernst Schulze: Deutsche Dichtung 5, 272 f. vgl. 253. 274.

l. (K. E. Franzos?) Zur Charakteristik Ernst Schulze's. Nach ungedruckten Quellen: Deutsche Dichtung 6, 23 f. 49 f. 146 f. 228 f. 245 f.

m. (K. E. Franzos?) Ernst Schulze in Göttingen. Nach ungedruckten Quellen: Deutsche Dichtung 7, 50 f. 97 f. 170 f. 198 f. vgl. 8, Umschlag zu Heft 9.

n. Ad. Kohut, Mosaikbilder und Arabesken. Litterarische Spaziergänge, Plaudereien und Skizzen aus Vergangenheit und Gegenwart. Dresden 1889. 8. . . Auch in der Prager ,Bohemia' 1889. Nr. 88 Beil.

o. Gedächtnisfeier für E. Schulze, den Dichter der bezauberten Rose in Celle am 22. März 1789 geboren: Frankfurt. Ztg. 1889. Nr. 85 Morgenbl. 2. — Andere Festartikel: Anzeiger f. dtsch. Alterth. 16, 453.

p. M. Koch, Ernst Konrad Friedrich Schulze und Ernst Theodor Wilhelm Hoffmann. Berlin und Stuttgart. W. Spemann (1889). 8 — Kürschners Dtsch. Nat.-Litt. 147. Band; Schulze: S. 8 bis 48 Einleitung mit Inhaltsangabe und Proben aus der ,Cäcilie', S. 49 bis 118 Die bezauberte Rose.

q. K. E. Franzos, Der Dichter der bezauberten Rose. Ernst Schulzes Selbstbiographie: Frankf. Zeitg. 1890. Nr. 219. 224. 231.

r. (K. E. Franzos?) Thekla. Aus Ernst Schulzes Tagebüchern: Deutsche Dichtung 8, 198 bis 203.

s. Allgem. dtsch. Biogr. 1891. 32, 763 bis 765. (H. Pröhle).

t. (K. E. Franzos) Ernst Schulze und Cäcilie Tychsen. Nach ungedruckten Tagebüchern, Gedichten und Briefen Schulzes: Deutsche Dichtung 10, 119 f. 11, 171 f. 196 f. 244 f. 294 f. 12, 193 f. 221 f. 245 f. 267 f. 294 f.

u. Le Fevre-Deumier, Célébrités allemandes. Essais bibliographiques et littéraires. Paris 1893. 8.

v. (K. E. Franzos) Ernst Schulze und Adelheid Tychsen. Nach den ungedruckten Tagebüchern, Gedichten und Briefen Schulzes: Deutsche Dichtung 16, Heft 1 bis 12.

Briefe an α. Oberst Beaulieu-Marconnay: Nr. e. S. 204. 336 bis 338. — β. Bergmann: Nr. e. S. 23 f. 27 bis 36. 124 bis 135. 161 bis 167; Dtsch. Dichtung 7, 171 f. 194 f. 12, 198. 221. 246. 247. — γ. Fritz von Bülow (von B. u. an ihn): Dtsch. Dichtg. 7, 97 f. u. 170 f.; Voss. Zeitg. 1891. Nr. 10. 12. 14. — δ. Ludolf Dissen: Dtsch. Dichtg.

11, 294. — s. Auguste Gfin v. Egloffstein: Dtsch. Dichtg. 16, S. ?. — ζ. Julie Gfin. von Egloffstein: Nr. e. S. 266f.; Dtsch. Dichtg. 16, S. 222/4. — η. Karoline Gfiu. v. Egloffstein: Nr. e. S. 292f. 293f. vgl. 201. — ϑ. Furchau: Gf. L. Paars Autographen-Sammlg. 1893. Nr. 1392. — s. Adelheid Tychsen: Nr. e. S. 8 bis 6. 188 bis 199. 211 bis 254. 267 bis 289. 295 bis 310; Dtsch. Dichtg. 12, 294.

Briefe an Schulze von Bülow: sieh vorhin Nr. γ. — Dissen: Dtsch. Dichtg. 12, 249b. Aus Briefen von und an Ernst Schulze. Mitgeteilt von Karl Emil Franzos: Zs. f. d. Gesch. d. Juden. 1890. 4, 878 bis 884. — Vergl. Zs. f. dtsch. Sprache. 1890. 8, 878.

1) Schulzes älteste Reime: Deutsche Dichtung. 1889. Bd. 6, Heft 1 u. 3.

2) März 1806 hatte er 2 Gesänge einer im Geschmacke des Oberon gehaltenen Ritterdichtung ‚Lancelot vom See' ausgearbeitet, von der nichts erhalten ist. Im gleichen Jahre beschäftigte er sich mit einer Dichtung ‚Der Dämon des Sokrates', ‚halb in Prosa, halb in Versen'.

3) Gedichte in der Zeitung f. d. elegante Welt und in Bouterweks N. Vesta.

4) Incerti auctoris pervigilium Veneris commentario perpetuo illustratum, prooemio et lectionis varietate instructum. Dissertatio philologica, quam . . die XII Martii MDCCCXII publice defendet Ernestus Conr. Friderions Schulze Doctor Philosophiae Gottingae. 4.

5) Gedichte. Göttingen, Dieterich. 1813. 8.

6) Caecilie. Eine Geisterstimme [Stanzen]. Göttingen, Vandenhoeck und Ruprecht. 1818. gr. 8.

7) Die bezauberte Rose. Romantisches Gedicht in drei Gesängen von Ernst Schulze [ausgearbeitet Winter 1816 auf 1817]. Leipzig: F. A. Brockhaus. 1818. 12. S. 145 bis 154 An die geneigten Leser. Unterz.: Leipzig, den 15 ten Mai 1818. Brockhaus; S. 155 bis 182 Urtheil über die bezauberte Rose von Seiten der Preisvertheiler [Adolph Wagner in Leipzig § 296, 40]. Vorher: Urania. Taschenbuch für das Jahr 1818. S. 1 bis 91. — Zweite Auflage. Leipzig: F. A. Brockhaus 1819. 12. — Dritte Auflage. Leipzig: F. A. Brockhaus. 1820. 8. — Vierte Auflage. Leipzig: F. A. Brockhans. 1824. 8. — Fünfte Auflage. Leipzig: F. A. Brockhaus. 1832. 182 S. 8. — Sechste Auflage. Leipzig: F. A. Brockhaus. 1837. 8. — Siebente Auflage. Leipzig: F. A. Brockhaus. 1844. 8. (Zwei Ausgaben).

Oktav-Ausgabe. Achte Auflage. Leipzig: F. A. Brockhaus. 1852. 8. (Mehrere Ausgaben). — Wohlfeile Ausgabe. Leipzig: F. A. Brockhaus. 1860. 79 u. 1 unges. S. 8. — Illustrirte Prachtausgabe. Mit Holzschnitten nach Friedrich Baumgarten. Leipzig: F. A. Brockhaus. 1862. 3 Bl., 138 S. und 1 Bl. 4.

Miniaturausgaben von F. A. Brockhaus in Leipzig veranstaltet: 1848. 100 S. 8. — Zweite Aufl. 1849. VII, 94 S. — Dritte Aufl. 1850. — Vierte Aufl. 1851. — Fünfte Aufl. 1854. — Sechste Aufl. 1857. — Siebente Aufl. 1858. — Achte Aufl. 1860. — Neunte Aufl. 1863. — Zehnte Aufl. 1865. — Elfte Aufl. 1867. — Zwölfte Aufl. 1869. — Dreizehnte Aufl. 1877. — Vierzehnte Aufl. 1887.

DD. Zweite Abtheilung. Leipzig 1849. S. 344 bis 350. — Die bezauberte Rose. Ein Gedicht in drei Gesängen. Poetisches Tagebuch. Von Ernst Schulze. Mit Einleitung und Anmerkungen hg. von Julius Tittmann. Leipzig 1868. 8. — Bibliothek der deutschen Nationalliteratur des 18. und 19. Jahrhunderts. Bd. 7. Mit Biographie.

Sonstige Ausgaben: Leipzig, Dyk 1868. 16. — Diamantausgabe. Berlin, Grote. 1869. 32. — Reclams Univ.-Bibl. (1870) Nr. 239. — Die bezauberte Rose. Poetisches Tagebuch. Mit Illustrationen. Berlin 1872. 8. — bei Koch Nr. p. S. 49 bis 118. — Leipzig, Fock. 1889. 8. — Leipzig, Versandt-Bureau (W. Fiedler) 1892. 16; Leipzig, W. Fiedler. 1894. 16. — Hg. und bearb. von G. Bornhak. Leipzig, B. G. Teubner. 1892. 8. u. s. w.

Englische Übersetzungen: The enchanted Rose, a poem in three cantos, translated from Die bezauberte Rose, of Schulze: with an introduction and notice of his life. By William Waddilove. Hamburg 1835. gr. 8. — The enchanted Rose, a romaunt in three cantos, translated from the German by Caroline de Crespigny. Heidelberg 1844. 8. — Tschechisch: Jos. Kačer. We Wratislawi 1840. X, 105 S. 8.

Ed. Gehe [§ 334, 651. 8)], Maja und Alpino, oder die bezauberte Rose. Oper in 8 Akten. In Musik gesetzt von Jos. Wolfram. Dresden und Leipzig 1826. Arnold (Gedr. in der Gerlachschen Buchdr.). S. dazu unten S. 808.

Vergl. J. R. Wyss d. a. § 335, 943 = Band III¹. S. 975 geg. E.

8) Cäcilie. Ein romantisches Gedicht in zwanzig Gesängen [begonnen im Januar 1818, vollendet am 18. Dezember 1815] von Ernst Schulze. (Verfasser der bezauberten Rose.) Leipzig F. A. Brockhaus. 1818 und 1819. II. 8. — Nr. 11) I und II.
I. 1818. 4 S., XXIV, 378 S. u. 1 Bl. Anmerkungen: Erster bis neunter Gesang. II. 1819. 4 S. u. 365 S.: Zehnter bis zwanzigster Gesang. — Nachdruck: Reutlingen 1820. II. 12. — [Neue Auflage]. Leipzig: F. A. Brockhaus. 1821. II. 8. — Leipzig: F. A. Brockhaus. 1822. II. 8. (Zwei Ausgaben). — Nachdrucke: Reutlingen 1826. II. 12.; Wien 1826. Gedruckt und verlegt bey Chr. Fr. Schade. III. 16. — Classische Cabinets-Bibliothek. 92. bis 94. Bdch. I. 2 Bl., XXII S., S. 23 bis 240: Erster bis Sechster Gesang. — II. 2 Bl. u. 224 S.: Siebenter bis zwölfter Gesang. — III. 2 Bl. u. 208 S.: Dreyzehnter bis zwanzigster Gesang. — Leipzig: F. A. Brockhaus. 1849. II. 8. (Miniaturausg.). — Cäcilie oder der Sturz des Odinsdienstes in Dänemark. Graz 1880. II. 8. — Ch. Stecher's Deutsche Dichtung f. d. christl. Familie und Schule. Heft 3, 4, 7 und 8. — Inhaltsangabe mit Proben bei Koch Nr. p. S. 16 bis 41.

9) Psyche. Ein griechisches Märchen in sieben Büchern [geschrieben 1807 f.]. Von Ernst Schulze. (Verfasser der bezauberten Rose). Leipzig: F. A. Brockhaus. 1819. 4 S., 1 Bl. Vorwort, 1 Bl. Bericht über Ernst Schulze's sämmtliche poetische Schriften und 176 S. 8. — Vorher erschien das erste und zweite Buch u. d. T.: Amor und Psyche. Ein Fragment aus einem griechischen Märchen: Bouterwek's Neue Vesta. 1808. und ein Bruchstück aus dem fünften Buche: ebenda. 1810. — Leipzig, Junge. 1878. 16. — Leipzig, Fock, 1888. 16.
Vgl. Gustav Meyer, Amor und Psyche. Zur vergleichenden Märchenkunde: Essays und Studien zur Sprachgeschichte und Volkskunde. Berlin 1885. 8. S. . .

10) Vermischte Gedichte von Ernst Schulze. Leipzig: F. A. Brockhaus. 1820. 4, 240 S. 8. — Zweite Auflage. Leipzig: F. A. Brockhaus. 1841. 4 S., 1 Bl., 251 S. 12. — Gedichte von Ernst Schulze. [Dritte Auflage]. Miniaturausgabe. Leipzig: F. A. Brockhaus. 1852. VI, 251 S. 8.
Gedichte. Zwickau 1827. 12. — F. Raßmanns Deutsche Anthologie. 86. Bdch.

11) Ernst Schulze's sämmtliche poetische Schriften [hg. und eingeleitet von F. Bouterwek § 276, 6]. Leipzig: F. A. Brockhaus. 1818 bis 1820. IV. 8.
Enth. I. 1818. 4, XXIV, 878 S. und 1 Bl. Anmerkungen: Cäcilie, ein romantisches Gedicht in zwanzig Gesängen. Erster bis neunter Gesang. — II. 1819. 4, 365 S.: Cäcilie . . Zehnter bis zwanzigster Gesang. I und II = Nr. 8). — III. 1819. X, 316 S. a: Poetisches Tagebuch. — b: Reise durch das Weserthal [Sonetten-kranz]. — c: Psyche, ein griechisches Märchen. — IV. 1820. 6, 329 S. a: Vermischte Gedichte. — b: Die bezauberte Rose.
Sämmtliche poetische Werke von Ernst Schulze. Neue Ausgabe. Leipzig: F. A. Brockhaus. 1822. IV. 8 (Drei Ausgaben). — Nachdruck: Wien 1827. IV. 12.
Sämmtliche poetische Werke von Ernst Schulze. Dritte Auflage. Leipzig: F. A. Brockhaus. 1855. V. 8.
Enth. I. 4 S., 2 Bl., 876 S.: Cäcilie . . 1. bis 9. Gesang. — II. 4 S., 1 Bl., 367 S.: Cäcilie . . 10. bis 20. Gesang. — III. VIII, 328 S. a.: Poetisches Tage-buch. — b: Reise durch das Weserthal. - c: Psyche . . — IV. VIII, 354 S., 1 Bl. a.: Elegien. — b.: Episteln. — c.: Vermischte Gedichte. — d: Die bezauberte Rose. — V. — Marggraff. Nr. e.
Anthologie aus den sämmtlichen Werken von Ernst Schulze. Erster Theil. Zweiter Theil. Miniatur-Ausgabe. Hildburghausen u. New York. Druck und Verlag vom Bibliographischen Institut. 1831. II. kl. 16. — Miniatur-Bibliothek der Deutschen Classiker. 109. und 110. Lieferung.
Enth. I. 95 S. a: Biographisches Vorwort. Unterz. Göttingen, am 20. März 1819. Bouterwek. — b: Ausgewählte Gedichte und Fragmente. — c: Elegien. — II. 93 S. Die bezauberte Rose.
Ernst Schulze. Wilh. Müller. J. Chr. von Zedlitz. Kassel 1854. 16. — Moderne Klassiker. Deutsche Literaturgeschichte der neuern Zeit in Biographien, Kritiken und Proben. Bd. 55 bis 57.

12) De Rosis lusis. Scripsit Ernestus Schulze. Hg. von W. Müldener. Göt-tingen 1867. 16 S. gr. 8. S. unten S. 808.

13) Elegie [begonnen 4. Februar 1817]: Dtsch. Dichtung 8, 279 bis 282.

14) Mitteilungen über das verloren geglaubte Märchen ‚Rosiklair' (Vgl. Nr. e. S. 144. 182): Dtsch. Dichtg. 11, 300. 12, 198. vgl. 12, 274.

§ 295.

I. Die **Romanlitteratur** dieses Zeitraumes kennt in ihrer ganzen Unübersehbarkeit fast keine andere Aufgabe, als die Gedanken von den öffentlichen Angelegenheiten, den Wechselfällen des Krieges, den ungeheuern Welterschütterungen und der ungewissen Zukunft abzulenken und für müßige Stunden eine leichte Unterhaltung zu bieten. Im Vergleiche mit dem früheren Familienroman sind die kleinen idyllischen oder stürmischen Vorgänge, die aus dem Alltagsleben geschöpft werden, unendlich dürftig und schwächlich. Die Unsittlichkeit oder auf der anderen Seite eine kleinliche, engherzige Moral müssen den Reiz ersetzen, den die früheren Schriftsteller in breit und oft zu breit angelegten Gemälden der Welt suchten. Und da, wo sich, wie bei Ernst Wagner ein Geist regt, verirrt er sich in der Regel zum geistreichen Gerede über Gegenstände und Verhältnisse, die mit schattenhafter Kunst mehr angedeutet, als geschildert sind. Die kleine Erzählung gedieh mit großer Üppigkeit, der große Roman wurde kaum versucht. Zu den besten Leistungen dieser Art gehörte der Hermann von Löbeneck von L. A. Kähler; mit einer großen Kraft der Schilderung von Verhältnissen verband sich ein ruhiger, klarer Blick in die Welt und das menschliche Herz. Kähler lieferte in den kleineren Erzählungen nicht üble Versuche, psychologische oder sittliche Rätsel zu lösen; in dieser Beziehung ist seine Erbschleicherin wenigstens gut angelegt, wenn auch die Herausarbeitung des Gedankens weniger zu loben scheint. Den großen Roman versuchte auch Woltmann in den Memoiren des Frhrrn. v. S—a, und zwar mit Ausblicken in die Zeit. Für den geschichtlichen Roman, der noch nicht erfunden schien, hätte Haken die Mittel gehabt, allein er verzettelte sich in kleinen Geschichten, die mit der Zeit vorüber gegangen sind. An Heinrich von Kleists geschlossene Gestaltung reichte keiner von seinen Zeitgenossen, und keiner folgte ihm auf dem Wege, den er mit dem Kohlhaas eingeschlagen hatte. — Die Räuber- und Schauderromane dauerten fort; die Kinder-Unterhaltungsbücher begannen sich herauszubilden (Löhr), und die Frauen warfen sich mehr und mehr auf die Romanschriftstellerei; sie schilderten zum Teil eigene unglückliche Herzensschicksale und suchten die eigene Schuld in ihren Gebilden zu sühnen oder sich für die Unbilden des Lebens in ihren phantastischen Erfindungen an der Welt zu rächen.

1. **Karl Friedrich Müchler**, geb. zu Stargard in Pommern am 2. September 1763, studierte 1782 bis 1783 in Halle, wurde 1785 bei dem Generalauditoriat in Berlin angestellt, dann Expedient in Justizsachen; 5. März 1794 Kriegsrat, 1796 Expedient auch bei der Generallotterie-Administration; 1798 in gleicher Eigenschaft bei dem fränkischen Departement des Generaldirektoriums; 1802 Expedient beim General Grafen Schulenburg-Kehnert, der die Organisation der Provinz Hildesheim leitete; 1806 durch den Krieg aller Einnahmen beraubt, lebte er bloß von litterarischem Erwerbe; 1814 vom Generalgouverneur Fürsten v. Repnin nach Dresden berufen, um unter Baron Rosen die Kriegs- und höhere Sicherheitspolizei zu leiten; vom russischen Kaiser erhielt er im November 1814 ein lebenslängliches Gnadengehalt von 100 Ducaten; er bezog es über 42 Jahre lang; † am 12. Januar 1857 in Berlin. — Zahllose Schriften nach dem Geschmack der wechselnden Abschnitte seines langen Lebens, vom Jahre 1778 an, Beiträge zu längst vergessenen Zeitschriften würden ihn geeignet machen, die neuere Litteratur am Faden seiner Arbeiten kennen zu lehren; diese selbst aber sind ebenso unbedeutend und dürftig, wie zahlreich, sodaß sie wohl niemand vollständig verzeichnet, viel weniger gelesen hat.

Meusel, Gel. T. 5, 304 f. 14, 599 f. 18, 745 f. — (Hitzig) Gelehrtes Berlin 1825. 8. 175 bis 180. — Koner, Gel. Berlin 1846. S. 241 bis 247. — § 222, 15. — § 293, V. 25 und unten III. Nr. 12. — § 305, 46. 9) — Übersetzte nach Parny, Bouilly u. a. § 350, 292. 1) Taschenbuch für das Frauenzimmer f. d. Jahre 1779 bis 84. VI. 12. — 2) Aristipp. Berlin 1781. 8. — 3) Gedichte. Berlin, Realschulbuchhandlung 1782. 8. Vgl. G. Merkel, Briefe an ein Frauenzimmer 2. Bd. Berlin 1801, S. 461 bis 473. — 4) Meine Feierstunden. Leipzig 1782. 8. — 5) Schwärmereien. Halle 1782. 8. — 6) Kleine Frauenzimmerbibliothek. Hamburg 1782 bis 86. V. — 7) Anekdotenlexikon für Leser von Geschmack. Berlin 1783 bis 84. II. 8. Supplemente dazu Berlin 1785. 8.; Neue sehr vermehrte und verb. Aufl. 1817. II. 8. — 8) Lehrreiche Nebenstunden für die Jugend beiderlei Geschlechts. Eine Wochenschrift. Berlin 1785 bis 86. II (in Gemeinschaft mit J. G. L. Hagemeister § 258, 12). — 9) Der Reisegefährte. Eine Sammlung kleiner unterhaltender Erzählungen, launichter Einfälle u. s. w. Berlin 1785 bis 86. III. 8.

10) Gedichte. Berlin 1786. II. 8.; Neue Aufl. 1802. II. 8. Vgl. Neue Allg. dtsch. Bibl. 79, 68. — 11) Todtenopfer für Friedrich den Einsigen. Berlin (1786). 8. (Gedicht). — 12) Blüthen des Helikons, gesammelt und hg. Leipzig 1789; 1816. 304 S. 12. Mit Musikbeilage. Beiträge von Fr. Cramer, Gleim, v. Göckingk, A. L. Karschin, Mnioch u. a. — 13) Psyche. Singspiel in 2 Aufz. Hamburg 1789; 1797. Vgl. Allg. dtsch. Bibl. 99, 122. — 14) Kriminalgeschichten; aus gerichtlichen Akten gezogen. 1. Teil. Berlin 1792. 8. — 15) Erotische Tändeleyen. Leipzig (Halberstadt) 1793. 196 S. 12.; 1802; 1810. 28 und 196 S. 12. — 16) Neue Novellen des Ritters von St. Florian. Aus d. Frz. Berlin 1793 8.; Hohenzollern (Wien) 1796. — 17) Dramatische Bagatellen. Berlin 1794 bis 95. II. 8. — (a: Der Scharlachmantel, auch 1797. — b: Der Bildhauer 1797. — c: Nr. 13). — d: Was kümmerts mich 1797. — e: Hier ist das mittelste Stockwerk zu vermiethen 1796. — f: Das Geheimniß 1796. — g: Das verauktionirte Serail 1796. — h: Zamenide 1796). — 18) Berlinisches Taschenbuch, oder Toilettengeschenk für Damen. Berlin 1794 bis 95. II. 8. — 19) Die Farben; fünf Lieder, in Musik gesetzt von Hurka. Berlin 1795. 4. Neue Allg. dtsch. Bibl. 25, 146. Vergl. Nr. 41).

20) Juliane von Allern, oder: so bessert man Koketten! Lustspiel in 5 A. Berlin 1796. 8. Neue Allg. dtsch. Bibl. 81, 166. — 21) Polterabende. Ein Taschenbuch für Freunde des geselligen Vergnügens. Berlin 1798. 12. — 22) Gedichte. Berlin, Öhmigke. 1800. II. — 23) Taschenbuch für edle deutsche Frauen. Leipzig 1801. 12. — 24) Das scheidende an das neue Jahrhundert. Von Karl Müchler. (Ottaverime). Berlin 1801. 4. Neue Allg. dtsch. Bibl. 58, 278. — 25) Kleine Mährchen aus dem Morgenlande. Ein Angebinde für die Jugend a. d. J. 1802. Berlin 1801. 12.; 1816. 12. — 26) Sie und ich, oder Verirrung und Rückkehr. Nach d. Französ. Berlin 1802. II. — 27) Ein Roman, wie es mehrere gibt. Nach d. Französ. Berlin 1802. II. 8. — 28) Der Kritikaster und der Trinker. Ein Wechselgesang. In Musik gesetzt von L. Fischer. Berlin 1802. Darin das Lied: ‚Im kühlen Keller sitz ich hier‘, vgl. Hoffmann von Fallersleben, Unsere volksthümlichen Lieder‘ Nr. 707; P. Th. Falck, Ein musikal. Räthsel. Riga 1890; F. M. Böhme, Volksth. Lieder d. Dtsch. Lpzg. 1895. Nr. 561. — 29) Egeria. Ein Almanach der Musen auf die J. 1802 und 1805. Berlin II. 12. Neue Allg. dtsch. Bibl. 70, 346. 97, 247.

30) Aurora. Ein Taschenbuch für Freunde einer unterhaltenden Lektüre a. d. J. 1803 und 1816. Berlin. Neue Allg. dtsch. Bibl. 74, 248. — 31) Taschenbuch für die Kinder Israels, oder Almanach für unsere Leute. Berlin 1804. 16. — 32) Sphynx. Eine humoristische Zeitschr. für gebildete Leser. 1. und 2. Quartal. Berlin 1804. 4. (mit Jul. v. Voß). — 33) Kriegslieder, dem preußischen Heere gewidmet. Berlin 1806. 8. — 34) Satyren der Deutschen. Liskow's satyrische Schriften, hg. von Carl Müchler. Berlin 1806. III. 8. — 35) Komus, oder der Freund des Scherzes und der Laune. Unterhaltungsblatt. 2 Quartale. Berlin 1806. 4. (mit A. F. E. Langbein). — 36) Anekdotenalmanach auf das J. 1808 bis 13, 1815, 1817 bis 45. Berlin. XXXV. Dazu: Inhaltsverzeichnis zu den zehn ersten Jahrgängen (1808 bis 19) desselben nach alphabetischer Ordnung der Namen und Gegenstände. Berlin 1823. 12. — 37) Julius und Caeba. Eine preußische Geschichte aus dem Französ. Desmoulins. Deutsch und franz. Berlin 1808. 8. — 38) Der Anekdotenfreund. Auch u. d. T.: Arznei für Hypochondristen. Berlin 1808. 6 Hefte.

39) Sechszehn Lieder. Berlin, Litfaß 1808. 12. — 40) Epigramme, Fabeln und Erzählungen. Berlin 1808. 8. — 41) Die Farben, die Blumen und der Schmetterling.

Zehn Lieder. Musik von Zelter. Berlin 1808. 8. — 42) Vergißmeinnicht. Sammlung auserlesener Stellen von griech., römischen, italiänischen, portugiesischen, span., engl., franz. und deutschen Schriftstellern in der Originalsprache mit deutscher Übersetzung. Ein Taschenbuch vorzüglich zum Gebrauch für Stammbücher. Bd. 1: Berlin 1808; 3. verm. Aufl. 1823. Bd. II: 1809; 1815; 1823. — 43) Museum des Witzes, der Laune und der Satyre. Leipzig 1809 bis 12. V. 8. — 44) Spiele müßiger Stunden. Berlin 1809 bis 17. VIII. 12. V bis VIII auch u. d. T: Neue Spiele 1811 bis 17. — 45) Der neue Anekdotenfreund. Berlin 1810 bis 11. 16. — 46) Quodlibet für Freunde einer unterhaltenden Lektüre (Taschenbuch der Liebe und des Frohsinns auf 1811). Berlin 1811. 16. — 47) Räthsel, Charaden und epigrammat. Scherze (Taschenb. zur geselligen Unterhaltung). Berlin 1811. 16. — 48) Makulatur oder Zeitung für Narren und ihre Freunde. Breslau 1811 (mit Contessa und Sessa). 49) Neue Berliner Zeitschrift, von einem gesellschaftl. Vereine. Berlin 1812. 4. 50) Merkwürdige Kriminalgeschichten. Berlin 1812. 8. — 51) Authentische Nachricht von der großen französischen Armee, vom 15. bis 24. Oct. 1813; in saubere Reime gebracht. Berlin 1813. 8. — 52) Das Stammbuch. Eine Auswahl von Gnomen und Denksprüchen aus den Werken der vorzüglichsten deutschen und franz. Schriftsteller. Mit einem Anhang: Stammbuchs-Anekdoten. Berlin 1814. 12.; 1816; 1820. Neues Stammbuch 1823. — 53) Anekdoten für die Freunde des Bacchus. Beim Glase Wein zu lesen. Ein Weihnachtsgeschenk. Berlin 1813. 8. — 54) Gedichte, niedergelegt auf dem Altare des Vaterlands. Berlin bei C. Salfeld 1813. 8. — 55) Der Sturm von Leipzig im October 1813. Leipzig 1814. — 56) Anekdoten zur Charakteristik Napoleons, seiner Dynastie, Marschälle, Generale und Zeitgenossen. Leipzig 1814. Zwei Hefte. — 57) Die Weihe der Unkraft, von Fr. Ludw. Zacharias Werner. Nebst einer Antwort von einem Deutschen. Deutschland 1814. 8. § 287, 9). — 58) Gesellschaftslied zur Vorfeier des 18. Juli 1816, als an welchem Tage, nach einer merkwürdigen Prophezeihung, die Erde untergehen wird. Zur Gemüthserheiterung zu singen. Berlin 1816. 8. — 59) Lesefrüchte aus Buonaparte's Reden, Briefen und Proklamationen mit Anmerkungen. Nebst einem Anhang. Hg. von Karl Müchler. Berlin, 1816. Bei J. G. Wilde. 8. — 59a) Napoleon Buonaparte und seine Brüder. (Schattenrisse). Nebst einem Gespräch auf der Reise. (Nach dem Französischen.) Von Karl Müchler. Berlin, 1816. Bei J. G. Wilde. 8.

60) Parodien, gesammelt und herausg. Berlin 1817. 8.; 1820. XVI, 257 S. — 61) Der Kolibri, eine der Unterhaltung gewidmete Quartalschrift. Berlin, 1817. II. 8. (zusammen mit J. F. Schink). — 62) Stiefmütterchen. Berlin 1817. 8. — 63) Scherzhafte Denksprüche. Zum Gebrauch für Stammbücher, aus den Werken der vorzüglichsten deutschen Schriftsteller. Berlin 1817. 8. — 64) Das Glückskind. Kom. Roman. Berlin 1818. 8. — 65) Momus. Taschenbuch zur Aufheiterung für 1819. Berlin (1818). 872 S. 8. — 66) Schatzkästlein für deutsche Jünglin   ; Lehren der Tugend und Lebensweisheit von den vorzüglichsten deutschen Schriftstellern. Berlin 1818. 8.; Neue Ausg. Berlin 1820. VI, 246 S. 8. — 66') § 290, 8. 22). — 67) Scherzhafte Erzählungen. Berlin 1818 bis 23. IV. 8. Becks Rep. 1819. 1, 369. — 68) A. v. Kotzebue's Gedanken, Bemerkungen und Witzworte. Berlin 1819. 8. — 69) Anekdoten zur Charakteristik des Zeitgeistes. Berlin 1818 bis 1819. II. Becks Rep. 1820. 8, 240. — 70) Taschenbuch für Kartenspieler. Leipzig 1819. 12.

71) Epigramme. 1. Sammlung. Berlin 1820. 168 S. 12. Becks Rep. 1820. 4, 135. — 72) Jahrbücher der Erinnerungsfeste des Halleschen Universitätslebens in den Jahren 1780 bis 1785. (Als Handschrift für die Mitglieder.) Berlin, gedruckt bei J. W. Schmidts Wittwe u. Sohn. o. J. (1820). 8. — 73) Die Blumensprache, oder Symbolik des Pflanzenreichs, a. d. Frz. der Frau Charl. de Latour. Berlin 1820. XX, 388 S. 12. Becks Rep. 1820. 2, 52. — 73a) Blumensprache, oder Bedeutung der Pflanzen, Blumen und Kräuter, nach occidentalischer Art. Ein Hülfs- und Nothbüchlein. Berlin 1822. 12.; 1824. 12. — 74) Kleine Erzählungen in Versen zur Aufheiterung. Berlin 1820. VI, 186 S. 12. (89 Erzählungen und Epigramme). — 75) Die drei Freunde, oder die sieben Wunder. Eine abentheuerliche Arabeske. Berlin 1820. 8. — 76) Bekenntnisse eines Hagestolzen. Roman. Berlin 1820 bis 21. — 77) Der Blinde und das Muttersöhnchen. Berlin 1820. 8. — 78) Der 24. August oder der Stralauer Fischzug; eine tragikom. Geschichte. Berlin 1822. 8. — 79) Märchen und Erzählungen für die Jugend. Berlin 1821; 1822. — 79') Kleine Bühnenspiele. Berlin 1822. 8.; 1824. 12. (a: Das zerbrochene Bein. b: Der Kranke im Hospital. c: Der Selbstmord. — d: Der Langweilige. e: Die Gelegenheitsgedichte. f: Husarenliebe, oder die Heirath auf dem Husche).

80) Die Blumen. Nach d. Frz. des Ritters von Parny. Berlin 1828. 8. —
81) Zu Familienfesten. Eine Sammlung Gedichte und kleiner dramat. Scenen zu
Wünschen, Jahreswechsel, Geburstagen. Berlin 1823. 12.; 1827. 12. — 82) Erzählungen aus der Thierwelt. Berlin 1823. 8. — 82a) Bouillys Erzählungen zur Aufmunterung der Jugend. Berlin 1824. 360 S. 8. — 83) Kleiner Hausbedarf für Freunde
des Scherzes. Berlin 1824. — 84) Das Lied vom Bischof Otto zu Bamberg wie er vor
700 Jahren die Pommern zum Christentum bekehrt hat. Berlin 1824. 8. — 85) Der
Sekretär für die gebildete Welt. Berlin 1825. 8. — 86) Klio. Histor. Novellen,
Skizzen und Anekdoten. Berlin 1825. Becks Repert. 1825. 3, 165 f. — 87) Über
die Würdigung dichterischer Erzeugnisse. Bruchstück aus einer italienischen Handschrift v. J. 1594. Berlin 1825. 8. Becks Repert. 1825. 4, 82. — 88) Erzählungen
aus der Jugendwelt, zur Belehrung und Unterhaltung der Jugend. Berlin 1826. 8.
— 89) Kinderspiegel für Knaben und Mädchen. 12 Erzählungen. Berlin 1826. 8.

90) Das Standbild des Fürsten Blücher von Wahlstadt. Gedicht. Berlin 1826.
— 91) Der kleine Fabelnerzähler. Enthaltend 80 Fabeln und Erzählungen. Berlin
1826. 8. — 92) Gedichte aus dem häuslichen Leben, nebst Weihnachtsliedern.
Berlin 1827. 8. — 93) Gedenke mein! Denksprüche ernstern und heitern Inhalts
von deutschen Schriftstellern. Berlin 1828. 16. — 94) Kriminalgeschichten. Ein
Beitrag zur Erfahrungsseelenkunde. Berlin 1828 bis 33. VI. 8. Becks Repert.
1828. 1, 343. Neue Folge. Berlin 1836 — 95) Fabeln und Erzählungen für die
Jugend. Berlin 1828. 8. — 96) Sittenbilder in Fabeln und Erzählungen für die
Jugend. Berlin 1829. 8. — 97) Zu Polterabenden. Nebst Strohkranzreden. Berlin
1829. 8.; 1836. X, 286 S. 8. — 98) Polterabendscenen. Berlin 1830; 1841. —
99) Der Hausfreund. Eine Sammlung von Redespielen und Scenen. Berlin 1830. 8.

100) Die Bigamie. Kriminalgeschichte. Berlin 1831. 8. — 101) Fabellese für
die weibliche Jugend. Berlin 1831. 8. — 101') s. u. 8. 809. — 102) Lieber Onkel, erzähl uns doch was. Ein Lese- und Bilderbuch. Berlin 1834. 8. — 103) Otto und
Sophie. 12 unterhalt. Erzählungen zur sittl. und geistigen Bildung der Kinder von
8 bis 12 Jahren. Berlin 1834. 8. — 104) Euphrosine. Ein Taschenbuch, enthaltend
Redespiele, Scenen, Trinksprüche u. s. w. Zweite Ausg. Berlin 1834. 8. — 105)
Friedrich der Große. Zur richtigen Würdigung seines Herzens und Geistes. Berlin
1834. 8.; 1838. 8. — 106) Kleiner Preußischer Plutarch. Berlin 1835. — 107) Scenen
aus dem Leben Friedrichs des Großen und seines Bruders des Prinzen Heinrich
von Preußen. Berlin 1836. 8. — 108) Kinderspiegel, oder die sprechenden Thiere.
Berlin 1836. 8. — 109) Gedanken und Maximen Friedrichs des Großen. Berlin
1840. 8. — 110) Doppelflucht, um den Verfolgungen der Franzosen zu entgehen.
Bruchstücke aus Erinnerungen meines Lebens. Cottbus 1841.

Müchler hatte Anteil an der deutschen Übersetzung von Friedrichs des Großen
hinterlassenen Werken. Berlin 1789 f. und den Romanen des Retif de la Bretonne,
die unter dem Titel: Die Zeitgenossinnen. Berlin 1781 bis 85 erschienen; auch
übersetzte er die Verse in Merciers Nachtmütze. Berlin 1784 bis 86. IV. 8, in
Florians Schäferroman Galathea. Berlin 1787. 8. metrisch. — Zahlreiche Beiträge
zu Zeitschriften, s. Hitzig S. 179 f.

Zwei seiner Gedichte sind besonders bekannt geworden: 1. Der Wein erfreut des Menschen Herz, zuerst gedruckt in F. W. A. Schmidts Neuem Berliner Musenalmanach f. 1797. S. 48 f. (DD. 2, 238.) Das Gedicht wurde fälschlich
J. H. Voß zugeschrieben und irrig in Fr. v. Sonnenbergs Gedichte aufgenommen.
Vgl. Hoffmann von Fallersleben, Unsers volkstüml. Lieder⁴ Nr. 228. — 2. Der Eroberer. Mag das Volk in thörichtem Erstaunen, zuerst in den Gedichten,
niedergelegt auf dem Altar des Vaterlandes. Berlin 1813. 8. 68; dann als von
C. D. Erhardt herrührend, in dessen Nachlaß man es gefunden hatte, in der Abend-
zeitung 1817 Nr. 127, wogegen Müchler in der Abendzeitung 1817 Nr. 162 sein
Eigentum reklamierte. Dann brachte er die Brockhausische Urania (Mag die Welt
im thörichtem Erstaunen) für 1818 S. 147 f. (DD. 2, 238) das Gedicht mit der
Überschrift ‚Aus Schillers Nachlaß‘. Darauf als aus ‚Schillers Nachlaß‘, der in Cottas
Besitz übergegangen, und mit der Jahreszahl ‚1804‘ erschien das Gedicht im Morgen-
blatte 1835 Nr. 50 vom 27. Februar, wogegen Müchler in der Abendzeitung 1835
Nr. 149 reklamierte. Aus dem Morgenblatte nahm Hoffmeister das Gedicht in die
‚Supplemente zu Schillers Werken. Erste Abtheilung‘ 1840 S. 281 auf. Dagegen
reklamierte Müchler 1841 in einer Flugschrift (abgedruckt in der Abendzeitung 1842
Nr. 51 u. 52). Als bei einer neuen Auflage der Schillerschen Supplemente das

Gedicht wieder abgedruckt erschien, erließ Müchler seine ‚Nothgedrungene Reclamation zur Abwehr eines Plagiats 1841. Neuer Abdruck. Betreffend das Gedicht: Der Eroberer. Mit einer erläuternden Nachschrift von Karl Müchler. Berlin 1855. In Commission bei G. Bethge. Sparwaldsbrücke 16'. 24 S. 8. Dennoch spukte das Gedicht im Februar 1859 wieder in den Zeitungen als aus Schillers Nachlaß; so auch noch bei Friedrich Bloemer, Lessing, Schiller und Goethe. Berlin 1868. Müchler hatte es im Dezember 1806 zu Stargard in Pommern verfaßt.

2. **Karl Ludwig Methusalem Müller**, geb. am 16. Juni 1771 in Schkeuditz, Privatgelehrter, Herzogl. Sächs. Hildburghausischer Titulär-Hofrat in Leipzig, 1817 bis 1832 Herausgeber der Zeitung für die elegante Welt, † am 16. Oktober 1837 in Leipzig. — Mensel, Gel. T. 5, 845. 10, 838f. 14, 628f. 18, 775f. — Nekrolog 15, 1268 bis 70. — Allg. dtsch. Biogr. 1885. 22, 652 (Franz Schnorr von Carolsfeld). Briefe an K. A. Böttiger: Dresdner Kgl. Bibliothek.

1) Unterhaltungen für das Nachdenken und die Empfindung. Leipzig 1795. 8. — 2) Phantasie und Wirklichkeit, in vermischten Aufsätzen. Leipzig 1795. 8. — 3) Winterblumen. Leipzig 1796. 8.; N. A. 1798. 8. — 4) Sophie, aus Rousseaus Emil, ein Bild schöner Weiblichkeit. Leipzig 1797. 8. — 5) Rhaposiden aus den Papieren eines einsamen Denkers. Leipzig 1797. 8. — 6) Sommermorgen, in Erzählungen. Leipzig 1798. 8.; N. A. 1810. 8. Enth. a: Louise Wallner oder die Verführung. — b: Julie. — c: Mirza. — d: Scene aus Athen. — e: Werden wir uns wiedersehen? — f: Sophrons Erinnerung an seinen jungen Freund. — g: Gedichte. — 6a) Worte an einen edlen Jüngling der die Akademie beziehen wollte von K. L. M. Müller. Leipzig, bey Salomo Lincke. 1798. 71 S. 8.

7) Der Hausvater. Ein Gedicht. Leipzig 1798. 8. — 8) Helena, nach dem Franz. des Verf. v. Lottens Tagebuch. Leipzig 1798 8. Neue Allg. dtsch. Bibl. 56, 880. — 9) Nettchens 50 Franken; ein Roman (von Ducray-Dumenil). Leipzig 1799. 8. — 10) Alvarinos Schloß. A. d. Frz. Leipzig 1800. 8. — 11) Brick Boldmg, oder was ist das Leben? A. d. Frz. Leipzig 1800. 8. — 12) Eugenio und Virginie. Nach dem Franz. Berlin 1800. II. 8. — 13) Der Landmann, ein Gedicht in 4 Gesängen, nach Delille. Leipzig 1801. 8. Neue Allg. dtsch. Bibl. 71, 847 bis 850 (mit Probe). — 14) Marmontels neue moral. Erzählungen; a. d. Franz. Leipzig 1801. — 15) Gustav Salden (Roman). Berlin 1802. II. 8. Neue Allg. dtsch. Bibl. 87, 217. — 16) Ladusky und Floriska, eine poln. Familiengesch. a. d. Franz. Leipzig 1802. IV. — 17) Nicolas Romi, ein Roman. Altenburg 1802. 8. — 18) Leben, Liebschaften und Abentheuer vornehmer Einsiedler auf den Alpen. A. d. Franz. Leipzig 1802. 8. — 19) Orfeuil und Julie. A. d. Franz. v. St. Leon. Leipzig 1802. III. 8. — 20) Elmonde oder das Kind des Geheimnisses, nach d. Franz. v. Ducray-Dumenil. Leipzig 1805. IV. — 20a) Interessante Anecdoten aus dem Leben berühmter und berüchtigter Menschen. Leipzig 1805.

21) Alphonsine oder der Zögling unterirdischer Liebe (von v. Genlis). Leipzig 1806 bis 7. III. 8. — 22) Iconodora, eine Bildergallerie nebst Deutungen als Taschenbuch für 1806 mit 38 Kupfern. Leipzig 1806. 12. — 23) Julius, oder das Vaterhaus, frei nach Ducray-Dumenil bearb. Leipzig 1807. II. 8. — 24) Die Frau von Maintenon (von v. Genlis). Leipzig 1807. 8. — 25) Die Belagerung von Rochelle oder die Macht eines guten Gewissens im Unglück. Nach dem Franz. der Frau v. Genlis. Leipzig 1808. II. — 26) Belisar nach dem Franz. der Frau v. Genlis für Deutsche bearb. Leipzig 1808. II. — 27) Die Familie Luceval oder Denkwürdigkeiten a. d. Leben einer jungen Frau, die nicht hübsch war, nach dem Franz. (von Pigault le Brun). Leipzig 1808. II.; 1811. II.

28) Ueber den jetzt herrschenden Geist der Unzufriedenheit und Unruhe unter den Völkern Europa's. Ein Versuch zur Beschwichtigung dieses Geistes. Leipzig und Altenburg: F. A. Brockhaus. 1817. 47 S. 8.

29) Die Königseiche. Festspiel zur 50 jährigen Gedächtnissfeyer des Regierungs-Antritts des Königs von Sachsen. Leipzig 1818. 4. — 30) Ueber Ehre und Freiheit. Zunächst den Studirenden auf deutschen Universitäten zur Beherzigung empfohlen. Leipzig: F. A. Brockhaus. 1819. 80 S. 8. — 31) Liebe, Geheimniß und Aberglaube, nach dem Engl. der Mrs. Opie. Leipzig 1822. 8. — 32) (Simonde de Sismondi) Julia Severa oder das Jahr 492. Seitenstück zu W. Scotts Romanen. Aus dem Franz. Leipzig 1822. II. 8. — 33) Pauls Briefe an seine Verwandten. Nach dem Engl. W. Scotts. Leipzig 1822. — 34) Die Gräfin v. Fargy, nach v. Souza.

Leipzig 1828. II. — 35) Carl Theodor Anton Maria von Dalberg in: Denkmäler verdienstvoller Deutschen. 2. Bd. Leipzig 1828.

Übersetzte auch W. Scotts Werke, in der Ausg. von 55 Bänden. Leipzig 1828 bis 1828. Bd. 13. 23. 24. 29. 30. 43 bis 46, sowie Ivanhoe. Leipzig 1820. III. 8. — Der Alterthümler (mit W. A. Lindau). Berlin 1821. III. 8. — Das Kloster. Berlin 1821. III. — Quentin Durward. Leipzig 1823. III. 8. — Gedichte und Erzählungen in Bouterwek's neuer Vesta, in der deutschen Monatsschrift, in Hell's Penelope, Hundt-Radowsky's Erzähler.

8. Johann Christian Ludwig Haken, geb. am 25. März 1767 in Jamund bei Köslin, kam, als der Vater nach Stolpe versetzt wurde, in die Unterrichtsanstalt des Rektors Sangerhausen in Aschersleben und studierte seit 1785 in Halle Theologie. 1788 wurde er als Gouverneur bei der Kadettenanstalt in Stolpe angestellt, zog sich aber nach zwei Jahren aus diesem beschränkten Verhältnis zurück und wurde bald darauf Pfarrer zu Konikow bei Köslin, 1805 Pfarrer zu Symbow, wo er mit Schleiermacher, damaligem Schloßprediger in Stolpe, Freundschaft schloß; 1807 Superintendent zu Treptow an der Rega in Pommern, wo er die „Pommerschen Provinzblätter" gründete, die später Giesebrecht mitleitete. Infolge eines Falles gelähmt, erlag er am 5. Juni 1835 einem zehrenden Fieber.

Meusel, Gel. T. 3, 60. 9, 499. II, 314. 14, 23. 18, 29. 22 II, 552. — Nekrolog 13, 524 bis 526; aus dem allgem. pommerschen Volksblatt 1835, Nr. 31 bis 32.

1) Die graue Mappe aus Ewald Rinks Verlassenschaft. Berlin 1790 bis 94. IV. 8.; wiederh. Magdeburg 1813.

Inhalt. I. a: Die verlorene Tochter. — b: Kann man was man will? — c: Seelenadel. — d: Der Leibaffe. — e: Der Lüderliche. — II. f: Die Schrift am Felsen. — g: Die Geschichte vom fremden Manne. — h: Kokettenspiegel. — III. i: Ende gut alles gut. — k: Das Düttchenbrodt. — l: Licht und Schatten im Menschenherzen. — m: Die Ehen werden im Himmel geschlossen. — IV. n: Dunkers Marstall. — o: Bajamont Tirpokes Verschwörung wider Venedig. — p: Irrthum und Verirrung. Vgl. Allg. dtsch. Bibl. 108, 483 f. Neue Allg. dtsch. Bibl. 12, 60.

2) John Byron's Schiffbruch und Drangsale. Neu erzählt vom Verfasser der grauen Mappe. Berlin, J. F. Unger. 1793. 8.

3) Argenide. Hist.-polit. Roman aus d. Lat. Joh. Barklay's neu übersetzt vom Verfasser der grauen Mappe. Berlin 1794. II. 8. Vgl. Neue Allg. dtsch. Bibl. 17, 186 bis 192. 26, 121.

4) Romantische Ausstellungen. Vom Verfasser der grauen Mappe. Danzig 1797 bis 98. II. 8. Neue Allg. dtsch. Bibl. 34, 519; 47, 429; wiederh. Leipzig 1815. Enth. a: Die Augenoperation. — b: Das Ideal. — c: Die Freunde. — d: List für List.

5) Sympathien. Dramat. Versuch. Danzig 1797. Vgl. Neue Allg. dtsch. Bibl. 34, 161 f. Vergl. Bd. V. S. 253, 13. 2).

6) Phantasus. Tausend und Ein Märchen. Vom Verfasser der grauen Mappe. Leipzig 1802. IV. 8.; wiederh. 1819. Neue Allg. dtsch. Bibl. 84, 855.

7) Amaranthen. Xeranthemum annuum. Vom Verfasser der grauen Mappe. Magdeburg 1802 bis 6. IV. 8. Neue Allg. dtsch. Bibl. 73, 65; 89, 14.

8) Bibliothek der Robinsone. In zweckmäßigen Auszügen vom Verf. der grauen Mappe. Berlin 1805 bis 8. V. 8.

9) Xenophon und die Zehntausend Griechen. Ein historischer Versuch von Johann Christian Ludwig Haken. Zwei Theile. Magdeburg, bei Georg Christian Keil. 1805. II. 8.

10) Neue Amaranthen. Vom Verfasser der grauen Mappe. Magdeburg 1808 bis 11. II. 8.

11) Gemälde der Kreuzzüge nach Palästina zur Befreiung des heiligen Grabes von Joh. Christ. Ludw. Haken. Drei Theile. Frankfurth a. d. Oder. Akademische Buchhandlung (der 3. Theil: in der C. G. Flittnerschen Buch- und Kunsthandlung) 1808. 1810 und 1820. III. 8.

12) Bibliothek der Abentheuerer. In zweckmäßigen Auszügen. 1. Bd. (Der abentheuerl. Simplicissimus v. Sam. Greiffensohn v. Hirschfeld). Magdeburg 1810. 8.

13) Die Inquiraner. Eine Robinsonade. Chemnitz 1810. 8.; wiederh. 1828. 8.

14) § 224, 52. 24) — Band IV. 8. 219.

15) Joachim Nettelbeck, Bürger zu Colberg. Eine Lebensbeschreibung, von ihm selbst aufgezeichnet. Herausgegeben v. Verfasser der grauen Mappe. Erstes Bändchen. Halle 1821. In Commission der Rengerschen Buchhandlung. 8. Zweites und drittes Bändchen mit Hakens Namen erschienen Leipzig 1821 und 1823. 8. — Zweite Auflage. 1845. XVI, 471 S., 1 ungez. 8. 8. — Joachim Nettelbeck, Bürger zu Kolberg. Eine Lebensbeschreibung, von ihm selbst aufgezeichnet, herausgegeben von J. C. L. Haken. Mit einem Plane der Gegend um Kolberg und einem Anhang: Briefwechsel zwischen Nettelbeck und Gneisenau. Dritte Auflage. Zwei Theile. Leipzig: F. A. Brockhaus. 1863. 8. — Vierte Aufl. 1878. II. 8. — Collect. Spemann Nr. 79. 80.

16) Ferdinand von Schill. Eine Lebensbeschreibung nach Original-Papieren. Herausgegeben von J. C. L. Haken. Zwei Bändchen. Leipzig: F. A. Brockhaus. 1824. 8. — Becks Repert. 1825. 1, 41 f.

4. Johann Gottlieb Münch, geb. am 9. Dezember 1774 in Bayreuth, studierte Theologie in Jena, wurde Mitglied des pegnesischen Blumenordens und ging über Leipzig und Halle nach Erlangen, wo er seine Studien vollendete. 1796 wurde er Prof. der Philosophie in Altdorf, 1803 Hofprediger in Ellwangen. 1806 Pfarrer in Möhringen bei Stuttgart, 1808 an der Leonhardspfarrei zu Stuttgart, 1812 Dekan in Tübingen, auch außerordentl. Prof. der kirchlichen Gesetzeskunde. Er starb infolge eines Brandes am Fuße den 80. Juli 1887.

Meusel, Gel. T. 5, 850. 10, 840 f. 11, 561. 14, 629. 18, 785. — Nekrolog 15, 737 bis 740.

1) Ewald, ein Gemälde nach dem Tagebuche eines Unglücklichen. Leipzig. 1794. 208 S. 8. Neue Allg. dtsch. Bibl. 12, 401 f. — 2) Züge aus dem Leben glücklicher Menschen. Leipzig 1795. 8. — 3) Freund Heins Wanderungen. Görlitz 1795. 8. — 4) Die Verirrungen des menschlichen Herzens, oder so macht es die Liebe. Görlitz 1796. II. 8. — 5) Schwarze Rettige, gebaut von meinem Haussatyr. Nürnberg 1798. 8. — 6) Sonntagslaunen des Herrn Tobias Lausche, Gastwirths zum blauen Engelein an der schwäbischen Grenze. Nürnberg 1799. 8. Neue Allg. dtsch. Bibl. 52, 821. — 7) Hans Holzmeiers Durchzüge. Nürnberg 1799. 8. Allg. dtsch. Bibl. 52, 817. — 8) Theorie des Müssiggangs und der faulen Künste. Nürnberg 1799. 8.

9) Montagslaunen des Herrn Tobias Lausche, Gastwirths zum blauen Engelein an der schwäbischen Grenze. Nürnberg 1800. 8. Neue Allg. dtsch. Bibl. 68, 856. — 10) Das Mährleinbuch für meine lieben Nachbarsleute. Nürnberg 1800. II. 8. Neue Allg. dtsch. Bibl. Anh. zu 29 bis 68. 2, 704. — 11) Wintermärchen vom Gevatter Johann. Bayreuth 1800. 884 8. 8. — 12) Der Narr in Folio. Bayreuth 1800. 861 S. 8. — 13) Kleine satyrische Schriften. Nürnberg 1808. 8. — 14) Der Lumpenbrunnen. Eine anmutige Sage aus dem Schwarzwalde. Tübingen 1826. 8. — 15) Der arme Dorfschulmeister. Tübingen 1826. 8. — 16) Nichts bleibt verborgen: aus dem Leben bestrafter Verbrecher, zur Lehre und Warnung geschrieben für das Volk. Tübingen 1880. — Außerdem theologische und kirchenrechtliche Schriften.

5. August Samuel Gerber, Schriftstellername: Doro Caro, geb. am 3. August 1766 in Danzig; studierte in Königsberg Theologie, 1790 Oberlehrer daselbst, gab mit Joh. Dan. Funk die „Preußische Blumenlese für 1793" heraus, 1798 Prediger zu St. Lorenz; 1815 Prediger in Wargen bei Königsberg; † am 27. August 1821.

Meusel, Gel. T. 2, 580. 9, 415. 11, 265. 18, 456. 17, 692. 221, 831.

1) Novellen. Breslau 1795 bis 97. III. 8. Vgl. Neue Allg. dtsch. Bibl. 27, 50 f.; 82, 155; 40, 141. Die Vorrede spricht von seinen dürftigen Vermögensumständen. — 2) Neue Novellen. Breslau 1803. 8. Neue Allg. d c . Bibl. 86, 855. — 8) Chn. Tages Lebensgeschichte nach dessen eigenen Aufzeichnungen. Königsberg 1804. 8. Neue Allg. dtsch. Bibl. 98, 469. — 4) Mährchen und Erzählungen für Kinder und junge Leute. Riga 1809. 8. — 5) Ovids Schicksale während seiner Verbannung. Riga 1809. 8. — 6) Neueste Novellen. Leipzig 1819. 876 S. 8.; 1822. Becks Repert. 1819. 4, 75. Enth. a: Die Gespensterstunde. b: Die schwarze Frau im Walde. c: Das Toccadeglio.

6. Garlieb Helwig Merkel, geb. am 21. Oktober 1769 auf dem Pastorat Lodiger in Livland; früh verwaist lernte er auf eigene Hand, besuchte die Domschule in Riga ein Jahr und studierte dann wieder für sich, 1788 Hofmeister bei einem Landprediger, kam 1792 nach Riga, wo er mit dem Generalsuperintendenten Sonntag, dem Maler Graß und dem Dichter Andreä verkehrte. Von hier ging er nach Leipzig, um Medizin zu studieren, verkehrte mit Scume und Mahlmann und setzte seine Studien in Jena fort. Herders und Böttigers Ruf zog ihn nach Weimar; der Minister Schimmelmann berief ihn als Sekretär nach Kopenhagen, eine Stellung, die er bald wieder aufgab. Engels wegen begab er sich Sommer 1800 nach Berlin und wirkte in periodischen Schriften vorzugsweise gegen die romantische Schule. Nach der Schlacht von Jena flüchtete er vor den Franzosen nach Livland, wo ihn Napoléon 1812 aufzuheben versuchte. 1816 kehrte er nach Berlin zurück, konnte aber den ‚Alten Freimüthigen' nicht wieder emporbringen, vgl. § 258, 8. 124 — Band V. S. 283. Er wandte sich wieder nach Livland und gab den ‚Zuschauer' heraus, seit 1827 das Provinzialblatt für Kur-, Liv- und Estland. Am 9. Mai (27. April a. St.) 1850 starb er zu Depkinshof.

Meusel, Gel. T. 5, 179. 10, 284f. 11, 531. 14, 549f. 18, 678f. — Sivers 166 bis 193. — Recke-Napiersky 3, 206 bis 214. Nachtr. 2, 48f. — Neuer Nekrolog 28, 264 bis 268. — Erinnerung an Merkel. Von Julius Eckardt: Baltische Monatsschrift Jahrg. 5, Bd. 10, Heft 3, S. 220 bis 234. — § 249. C, IV. 8. § 292, I. 4 (Testimonia Auctorum). — Garlieb Merkel über Deutschland zur Schiller-Goethe-Zeit (1797—1806). Nach des Verf. Aufzeichnungen von Jul. Eckardt. Berlin 1887. Vgl. § 234. C, IV. 10. — R. Haym, Herder II, 733 bis 755. — Allg. dtsch. Biogr. 1885. 21, 433 bis 435 (Eckardt).

Briefe an K. A. Böttiger: Dresdner Kgl. Bibliothek. Vergl. Euphorion 1894. 1, 364. 385. — Briefe an Merkel von Böttiger, Herder, Wieland u. a.: Grenzboten 1867. II. S. 289f. III. S. 428f.

1) Versuch über die Dichtkunst. (Lehrgedicht). Riga 1794. 64 S. 8. Wiederholt in den kritischen Antiken, Nr. 29). — 2) Eine Klatschgeschichte, a. d. Engl. Leipzig 1795. 8. — 3) Die Letten, vorzüglich in Liefland, am Ende des philosophischen Jahrhunderts. Ein Beitrag zur Völker- und Menschenkunde. Leipzig 1797. (August 1796) 378 S. 8.; Zweyte sehr vermehrte u. verbess. Aufl. Leipzig 1800. 8. Vgl. Neue Allg. dtsch. Bibl. 64, 535. 98, 113f. Supplement zu den Letten. Weimar 1798. 8. vgl. Recke-Napiersky 1, 237. — 4) Der Lockenraub, ein scherzhaftes Heldengedicht von A. Pope, frey und metrisch übers. Leipzig 1797. 8. Neue Allg. dtsch. Bibl. 34, 22 bis 26. — 5) Die Vorzeit Lieflands, ein Denkmahl des Pfaffen- und Rittergeistes. Berlin 1798 bis 99. II. 8.; 1807. Neue Allg. dtsch. Bibl. 45, 455; 53, 441; vgl. 46, 363. Zum Teil im Neuen T. Merkur 1797, St. 4, S. 223.

6) Die Rückkehr ins Vaterland. Ein Halbroman. Kopenhagen, 1798. Neue Allg. dtsch. Bibl. 44, 376. Nr. 30) 2, 341. — 7) Eine Reisegeschichte; Halbroman. Berlin 1800. 8. Neue Allg. dtsch. Bibl. 55, 57. — 8) Der Tempel zu Guidos, von Montesquieu. Aus d. Franz. übers. Weimar 1800. 8.; 1804. 83 S. 8. Neue Allg. dtsch. Bibl. 101, 267. — 9) Erzählungen. Berlin 1800. 269 S. 8. Neue Allg. dtsch. Bibl. 58, 92. Enth.: a: Rousseaus Reise nach Paraclet. — b: Rousseau, der Rächer der Unschuld. — c: Hieronymus Spitzner. — d: Signora Contarini. — e: Männerstolz vor Fürstenthronen. — f: Auch ich war in Arcadien. - 10) Sammlung von Völkergemählden, nebst einem Versuch über die Geschichte der Menschheit. Lübeck 1800. 8. Neue Allg. dtsch. Bibl. 83, 219. Zu Nr. 11) s. u. 8. 809.

11) Briefe an ein Frauenzimmer über die neuesten (2. Titel: wichtigsten) Produkte der schönen Literatur in Deutschland. Berlin 1801 bis 3. III Jahrgänge, 26 Hefte. Neue Allg. dtsch. Bibl. 56, 454f.; 73, 487; 83, 545. — 12) Briefe über einige der merkwürdigsten Städte im nördlichen Deutschland. Leipzig, 1801. VIII, 428 S. 8. Auch u. d. T.: Briefe über Hamburg und Lübek. Neue Allg. dtsch. Bibl. 71, 165. Vergl. Böhlendorff, Recurs von des Herrn G. Merkels anständiger Kühnheit und gründlicher Besonnenheit an die Vernunft des Lesers. Berlin 1802. 8. — 13) Wannem Ymanta, eine lettische Sage. Leipzig 1802. XXXVI, 188 S. 8. Neue Allg. dtsch. Bibl. 89, 509. — 14) Randzeichnungen; ein Buch, dem der Verfasser viele Leser wünscht. Berlin 1802. 8. (scherzweise als 6. Aufl. bezeichnet). Neue Allg. dtsch. Bibl. 78, 536. — 15) Bruder Anton. 1. bis 3. Buch. Leipzig 1803. 320 S. 8.; Riga 1805. Neue Allg. dtsch. Bibl. 86, 345. Vergl. am Ende dieser Nr.

16) Ernst und Scherz. Ein Unterhaltungsblatt literarischen und artistischen Inhalts. Berlin 1803. 48 Nr. 192 S. 4. — 17) Der Freymüthige, oder Ernst und Scherz; Berlinische Zeitung für gebildete und unbefangene Leser. Berlin 1803 bis 6. 4. (Mit A. v. Kotzebue, Vgl. § 314, I. 50 und § 258, 8. 99). Dazu: Supplementblätter.

Riga 1807. 30 Nr. 4. — 18) Der Zuschauer. Eine literarisch-polit. Zeitschrift. Riga 1807 bis 1831. 4. — 19) Sämtliche Schriften. Band I und II: Erzählende Schriften. Leipzig und Riga 1808. 8. — 20) Ist das Fortschreiten der Menschheit ein Wahn? Sendschreiben an Herrn Prof. Dr. Heeren. Riga 1810. 64 S. 8.; 1811. 95 S. 8.
21) Zeitung für Literatur und Kunst. Riga 1811 bis 12. 48 und 25 Nrn. 4. — 22) Charaktere und Ansichten. Riga 1811. 8. — 23) Skizzen aus meinem Erinnerungsbuche. Riga 1812 bis 16. 4 Hefte. 8.; Neue verm. Ausg. Riga und Dorpat 1824. VI, 394 S. 8. Das 4. u. d. T.: Dr. G. Merkel's Uebersicht seiner Leistungen als Zeitschriftsteller Deutschlands. — 24) Glossen. Eine Zeitschrift. Riga 1813. 9 Nrn. 4. — 25) Ernst und Scherz, oder der alte Freymüthige. Berlin 1816 bis 17. 4. (anfänglich mit F. W. Gubitz zusammen).
26) Über Deutschland, wie ich es nach einer zehnjährigen Entfernung wiederfand. Riga 1818. II. 870 u. 240 S. 8. — 27) Livländischer Merkur für 1818. 4 Hefte, Riga. 256 S. 8. — 28) Deutsch-lettisches Lesebuch. Riga 1880, vgl. § 332, 46. — 29) Kritische Antiken. Ein Beitrag zur Literaturgeschichte Deutschlands. Riga 1837. II. XII, 66 S. 8. Darin Nr. 1). — 30) Darstellungen und Charakteristiken aus meinem Leben. Leipzig, Riga und Mitau 1839 bis 40. II. XXX, 818 und XIV, 882 S. 8. — 31) York und Paulucci. Aktenstücke und Beiträge zur Geschichte der Convention von Tauroggen. (18./30. December 1812). Aus dem Nachlaß Garlich Merkel's hg. von Julius Eckardt. Leipzig, Verlag von Veit & Comp. 1865. 8.
Aufsätze in Wielands Neuem Teutschen Merkur 1797. St. 4, S. 435: Briefe über die dänische Literatur; St. 5, S. 29: Über Dichtergeist und Dichtung unter den Letten. Ferner in der Eunomia 1801. 1, 193: Was heißt Humanität? in der Aglaja 1801: Gulhindy; ein Mährchen; in der Ruthenia 1807, S. 50: Reflexionen; in Grave's Taschenbuch Caritas 1825, S. 39 bis 74: Flüchtige Erinnerungen a. d. J. 1806; ebenda 1831, S. 129 bis 149: Engel als ausübender Philosoph für die Welt, oder: Schluß des Bruder Anton (Nr. 15); in der Zeitung für die elegante Welt 1825, Nr. 168, 169: Psychologische Miniatüren; 1826, Nr. 54 f. Meine Chronika u. s. w.

7. **Friedrich August Kuhn**, geb. am 30. Dezember 1784 in Eckartsberga, Dr. phil., lebte als Schriftsteller (Gegner der Romantiker) in Berlin, † am 6. August 1829.
Meusel, Gel. Teutschl. 14, 382. 18, 455. 23, 320 f. — Freimüth. 1829, Nr. 161. — Nekrolog 7, 602 bis 606. — Brief an K. A. Böttiger: Kgl. Bibliothek in Dresden.
Außer zahlreichen Übersetzungen (Hitzig S. 145, vgl. § 350) von ihm:
1) Eudora. Allen Verehrern des Schönen und Guten gewidmet von Louise Brachmann, Buri, A. Kuhn u. A. Leipzig 1803. 8. Neue Allg. dtsch. Bibl. 89, 308. — 2) Wiener Musenalmanach f. d. J. 1808, hg. v. Aug. Kuhn und Fr. Treitschke. Wien 1807. 12. — 3) Der Freimüthige oder Unterhaltungsblatt für gebildete Leser, hg. v. A. Kuhn. 5. bis 26. Jahrg. Berlin 1808 bis 29. 4. Damit verbunden: Zeitung für Theater, Musik und bildende Künste. Eine Begleiterin des Freimüthigen. Berlin 1821 bis 23. III. — 4) Gedichte. Berlin 1808. 8. — 4a) Lieder mit A. Kuhn mit Begleitung des Pianoforte. Von A. Harder. Berlin 180?. — 5) Juliane oder Wahnsinn aus Koketterie, ein Spiegel für Mädchen, nach einer wahren Geschichte bearbeitet. Berlin 1808. 8.
6) Kleine Romane und Erzählungen. Berlin 1809. II. 8. — 7) Der Anekdotensammler. Berlin 1809 bis 11. II. 8. — 8) Der Humorist, Sammlung kl. Erzählungen, Anekdoten und Schwänke. 1. Bdchen. Berlin 1810. 16. — 9) Hortensia, Taschenbuch für Damen auf die Jahre 1811 und 1812. Berlin. 16. — 10) Novellen. Berlin 1810. 8. (Aus dem Freymüthigen).
11) Nelken. Berlin 1810. II. 8. — Neue Ausg. 1820. — 12) Adolph und Stephania, oder die Franzosen in Louisiana; heit. Roman nach d. Franz. Berlin 1810. II. 8. — 13) Neue Romane und Erzählungen. 1. Bdchen. Berlin 1814. 8. — 14) Hans Jürgens Brautfahrt. Lustspiel in 2 Akt. Berlin 17. Juni 1822 aufgeführt; vgl. § 334, 845. — 15) Mimosen (Mimosa pudica L.). Erzählungen für gebildete Frauen. Berlin 1822 - 24. 8. 2. Bdeb. auch u. d. T.: Der Räuber Müller und seine Familie. — Die Drehorgel. — Nureddin's Zögling.
16) Sammlung schottischer Legenden. Aus d. Frz. 1. Legende. (Cölibat des heil. Oran). Berlin 1825. 8. — 17) Hortensia auf d. J. 1827. Berlin 1826. 16. Mit dem Bildnis des Herausgebers. Vgl. Becks Repert. 1826. 3, 52 bis 54. — 18)

Zinnien (Zinna multiflora L.). Novellen und Erzählungen. Berlin 1827. 8. — Gedichte in der Eunomia, im Morgenblatt, in Eichholzens Kallirrhoe.

8. Christian Jacob Salice-Contessa, geb. am 24. Februar 1767 in Hirschberg, besuchte das katholische Gymnasium in Breslau, lernte auf den Wunsch seines Vaters, der aus Oberitalien stammte, die Handlung in Hamburg, reiste seit 1788, verheiratete sich 1791, übernahm 1793 seines Vaters Handlung, wurde in die Untersuchungssache gegen den südpreußischen Kriegs- und Domänenrat Zerboni [mit Kausch und Leipziger] als angeblicher Verschwörer gegen den preußischen Staat verwickelt, auf die Festung gebracht. Nach seiner Freilassung lebte er in Hirschberg, in mehreren städtischen Ämtern thätig, wofür er 1814 den Titel Kommerzienrat erhielt, oder auf seinem Gute Lichtenthal bei Greifenberg. Hier starb er am 11. September 1825. Meusel, Gel. Teutschl. 1, 616. 13, 241. 17, 347 f. 22 1, 527 f. — N. Nekrolog 3, 987 bis 954 (W. L. Schmidt). — Joseph Kehrein, Lex. d. katbol. Schriftsteller. 1868. 1, 59. — Allg. dtsch. Biogr. 1876. 4, 453 (Palm).

1) Das Grabmahl der Freundschaft und Liebe. Ein Roman. Breslau und Hirschberg 1792. 8. Neue Allg. dtsch. Bibl. 6, 510 f. — 2) Hermann v. Hartenstein, Scenen aus dem Mittelalter. Breslau u. Leipzig 1793. 8. Neue Allg. dtsch. Bibl. 12, 405. — 3) Dramatische Scenen und hist.-romant Gemälde. Breslau 1794. 8.; daraus bes. Hedwig von Wolfstein; Trauersp. in 5 Akt. Breslau 1794. 8. — 4) Almansor. Novelle. Leipzig 179?. 8.; 1808. 8. Neue Allg. dtsch. Bibl. 101, 67. — 5) Alfred. Histor. Schausp. in 5 Aufzügen. Hirschberg 1809. 8.; 1818. 8. — 6) Dramatische Spiele und Erzählungen (mit seinem Bruder Karl Wilh. § 296, 74) Hirschberg 1812 bis 14. II. 8. Vgl. Fr. Horn, Umrisse zur Gesch. u. Kritik der schönen Litt. 8. 228 bis 234.

7) Des Dichters Ahnungen und Die Leipziger Völkerschlacht. Zwei Gedichte. Hirschberg 1815. 8. — 8) Das Bild der Mutter [von Karl Wilh. Contessa] und das blonde Kind. Zwei Erzählungen. Berlin 1818. 8. Vergl. § 296, 74. 21) α. — 9) Liddy und Gulhinda. Eine Erzählung: Penelope 1820. 8. 185 bis 214. — 10) Drei Erzählungen (a. Der Lustgarten im Riesengebirge. — b. Jugendliebe. — c. Andronicus Komnenus). Frankfurt 1823. 8. — 11) Der Freiherr und sein Neffe. Breslau 1824. 8. — 12) Gedichte. Herausgegeben von seinem Freunde W. L. Schmidt. Hirschberg 1826. 8.

Noch ungedruckt das Drama: Pflicht und Liebe.

9. Johann Wilhelm Ernst Hadermann, Dr. der Philos. und Rektor zu Philippseich im laenburgischen.

Meusel, Gel. Teutschl. 9, 489. 11, 308. — N. Allg. dtsch. Bibl. 65, 202 f. Intellbl.

1) Das menschliche Herz nach seiner Größe und Schwäche. Frankfurt a.M. 1799. 8.

2) Selmar oder die Schwärmer. Ein Roman. Erster Theil. Gießen, b. Heyer 1800. 414 8. 8. (8. 105: kief für kaufte.)

10. Karl Ludwig von Woltmann. Sieh § 293, V. 25.

1) Mathilde von Merveld; ein Roman. Hohenzollern (Wien) 1799. Altenburg 1799. II. 8. Neue Allg. dtsch. Bibl. 55, 148.

2) Heloise, ein kleiner Roman, hg. Berlin 1809.

3) Memoiren des Freiherrn v. S—a. (Sommariva). Prag u. Leipzig 1815 bis 16. III. 8.; wiederh.: Berlin, bei August Röcker. 1827. II. 8. als Band 13 u. 14 der sämtlichen Werke. — Neudr.: Hg. von Rud. Müldener. Altona u. J. (1874). 8. 1. Barbarei der deutschen Literatur. — 2. Gestalten aus der politischen und literarischen Welt der Deutschen. — 3. Diplomatie und Liebe. — 4. Gräfin Agnes. Erstes und Zweites Buch. — 5. Ist selbst die glücklichste Ehe ein Glück? Gedichte im Göttinger Musenalmanach, in Schillers MA. f. 1796 und 1797 und in Schillers Horen 1795 (St. 7, 8. 79 bis 84).

Gab heraus: Berliner Damenkalender für 1805 f.

In den Briefen Schillers an W. v. Humboldt und Goethe erscheinen öfters spöttisch erwähnt zwei Dichtungen Woltmanns: ‚Der Gerichtshof der Liebe. Oper' und ‚Cecilie von der Tiver (so schreibt Schiller; im Reg. bei Jonas 7, CXXIV: Tiber). Tragödie'. Sind sie gedruckt?

11. Franz Axter, geb. am 25. April 1772 in Bamberg, studierte in Erfurt, Jena, Erlangen und Würzburg Medizin; Feldarzt in österreichischen Diensten; 1800 wieder in Bamberg ohne Beschäftigung, entsagte der Medizin, Mitarbeiter an politischen Zeitungen in Würzburg und München, 1807 Untermautner in Schnaittach, Mautkontrolleur in Fürth, † am 29. Juli 1808 in Bamberg.

a. Meusel, Gel. Teutschl. 18, 48. 17, 60. 22¹, 90 f. — b. Baader 1, 1. 28. — c. Jäck, Pantheon der Literaten und Künstler Bambergs 1812, Sp. 87 bis 89.

1) Der Bund der Liebe. Bamberg 1806. 320 S. 8. Unter d. T.: Heinrich und Julie. Bamberg 1817. 8. — 2) Gemälde der Liebe. Roman. München 1806. 8. — 3) Novellen. München 1806. 220 S. 8. (wohl — Rosenblätter. Zwei Novellen. München 1823. 8.). — Aufsätze und Gedichte in der Aurora 1804 und 1805.

Noch ungedruckt: Adalbert von Babenberg, Trauerspiel in 5 Akt., aufgeführt am 11. Oktober 1806 in Bamberg. — Darius Tod, Trauerspiel in 5 Akt. — Scapins Kniffe, Posse in 8 Akt. — 105 Gedichte.

12. Christian Jacob von Schneider, Schriftstellername: **Julius Stendro,** geb. am 29. August 1772 in Berlin, nach dem Tode des (am 6. Febr. gestorbenen) Vaters, verlor die Mutter 1775, besuchte die dortigen Gymnasien, studierte 1794 bis 97 Theologie und Ästhetik in Halle, lebte dann in Thüringen, Freiburg, im Darmstädtischen und in Elze bei Hildesheim, trat 1799 in dänische Kriegsdienste, die er 1801 wieder verließ; hielt sich dann in Holstein auf und gründete in Glückstadt eine Buchhandlung, die er 1810 beim Rücktritt zum Militär aufgab. 1816 pensioniert ließ er sich zu Marne in Süderdithmarschen nieder, trat 1818 als Improvisator in Schleswig-Holstein und Mecklenburg auf und † am 11. März 1829 zu Marne.

Vgl. Lübker-Schröder 520; 852. — Nekrolog 1829, 242 bis 244.

1) Romantischer Rückblick in die Vergangenheit oder meine Wanderung nach Norden. Eine wahre Geschichte von Julius Stendro. Kiel und Altona. 1801 bis 3. XXVIII und 643 S. Neue allg. dtsch. Bibl. 90, 57. — 2) Das Menschenleben in seinen interessantesten Verhältnissen, dargestellt in Erzählungen. Hamburg und Mainz 1804. 8. — 3) August von Heidenthal, eine Geschichte. Leipzig 1804. — 4) Schnapps Bohnenbart der Siegfried unsrer Tage. Hamburg 1805. II. 8. — 5) Der Lieutenant. Ein Gemälde aus den Verwickelungen des menschlichen Lebens. Hildesheim 1805. 428 S. 8.

6) Udallos Kinder oder Glück, Unglück, Menschenwahn. Hildesheim 1806. III. 8.

7) Komische Erzählungen aus den Kreisen guter Menschen. Glückstadt 1806. 8.

8) Alltagsgeschichten. Altona 1806. ? Vergl. § 279, 15. 35).

9) Betty Reinhard, wie sie gelebt und geliebt. Treu dargestellt vom Verf. des Lieutenant. Glückstadt 1808. II. 8.

10) Konrad Medardus Nothrecht, wie er gelebt, gehandelt, gestorben. Als Seitenstück zu Betty Reinhard. Glückstadt 1809. 260 S. 8.

Außerdem Zeitschriften (vgl. Neue Allg. dtsch. Bibl. 82, 544) und politische Flugschriften.

13. Paul Ferdinand Friedrich Buchholz, geb. am 5. Februar 1768 zu Alt-Ruppin, besuchte die Schulen zu Perleberg, Neu-Ruppin und Berlin, studierte in Halle, wurde 1787 Lehrer an der Ritterakademie zu Brandenburg, legte die Stelle nieder, ging 1801 nach Berlin, um sich der Schriftstellerei zu widmen, gab 1815 bis 19 das „Journal für Deutschland historischen und polit. Inhalts' und 1820 bis 25 die „Neue Monatsschrift für Deutschland' heraus und † am 24. Februar 1843.

a. Meusel, Gel. Teutschl. 13, 186 bis 188. 17, 279 f. 22¹, 418 bis 418. — b. § 293, 25. 20) 6. Lieferung. S. 216/9. — c. Zeitgenossen, erste Reihe 2, 6, 189 bis 191. — d. (Hitzig) Gel. Berlin, S. 89 f. — e. Nekrolog 21, 1117 bis 1120; 23, 1090 bis 1094 Heinr. Döring. — S. unten S. 809.

Viele Aufsätze von B. in Weltmanns Gesch. und Politik oben S. 319 bis 322 (von 1800 an).

1) Bayard, den Offizieren der preußischen Armee gewidmet. Berlin 1801. 8. — 2) Handbuch der Span. Sprache und Literatur. Berlin 1801 bis 2. H. 8. — 3) Francisco (Roman). Berlin 1801. 8. — 4) Gravitationsgesetz für die moralische Welt. Berlin 1802. 8. — 5) Bekenntnisse einer Giftmischerin. Berlin 1803. Vgl. Hayn S. 24. Carl Müller, Die Ritter- und Räuberromane. Halle 1894. 8. 91. — 6) Moses und Jesus, oder über das intellektuelle und moralische Verhältnis der Juden und Christen. Berlin 1803.

7) Briefe eines reisenden Spaniers über sein Vaterland und Preußen. Berlin 1803. 8. — 8) Don Juan de Mariana. Berlin 1804. 8. — 9) Der neue Macchiavell.

Hamburg 1804. 8. — 10) Der neue Leviathan. Tübingen 1805. 8. — 11) Bekennt-
nisse einer schönen Seele. Berlin 1806. 8. — 12) Novellen für das Cottaische
Taschenbuch für Damen. Tübingen 1806 und 8. — 13) Hermes oder über die
Natur der Gesellschaft, mit Blicken in die Zukunft. Tübingen 1810.

14. Wilhelm Adolf Lindau, Schriftstellernamen: Jul. Lätus, Rudolf Wald,
Josef Aldoni, geb. am 24. Mai 1774 in Düsseldorf; lebte seit 1806 in Dresden
als Privatgelehrter, dann in Leipzig (vom 1. Okt. 1837 bis 1839 an Redacteur der
Leipziger Allgem. Zeitung), zuletzt wiederum in Dresden. Dort starb er am 1. Juni
1849. Unter seinen eigenen Romanen war die Heliodora eine Zeit lang sehr
genannt. Übersetzer Scotts.
　　Meusel 10, 209. 14, 440f. 18, 539 bis 545. 23, 422 bis 424. — Nekrolog 27,
1241f. — Haymann, Dresdens Schriftsteller und Künstler 1809, S. 278f. 340. —
Allg. dtsch. Biogr. 1883. 18, 664 (F. Schnorr von Carolsfeld).
　　Briefe an K. A. Böttiger: Kgl. Bibliothek in Dresden.

　　1) Heliodora, oder die Lautenspielerin aus Griechenland. Meißen 1799. III. 8.;
Leipzig 1802. II. 8. Neue Allg. dtsch. Bibl. 60, 103; 68, 108; 70, 488; 89, 17. —
2') Proben aus Stella, einem Roman von dem Vf. der Heliodora: N. Ttsch. Merk. 1801.
März S. 193 bis 215. — 2) Erminia, die Einsiedlerin unter Roms Ruinen. Vom Verfasser der Heliodora. Meißen 1800. 8. Neue Allg. dtsch. Bibl. 56, 133. — 3) Adolar.
Vom Verfasser der Heliodora. Freiberg 1802. II. 8. Neue Allg. dtsch. Bibl. 84,
360. — 4) Erato, eine Sammlung kleiner Erzählungen. Meißen 1802 bis 8. III. 8.
Neue Allg. dtsch. Bibl. 73, 66; 97, 87. — 5) Elise Dumenil, a. d. Frz. der Frau
von Montalembert übers. Leipzig 1802. IV. 8. — 6) Die Dankbaren und ihre Wohlthäter.
Erzählung. Freiberg 1802. 8. — 7) Das Vermächtniß eines Einsamen. Leipzig
1808. 8. Nicht zu verwechseln mit: Vermächtnisse eines Einsamen. Gesammelt
von W. G. K[rüger § 307, I. 56. 3)]. Hamburg 1802. Neue Allg. dtsch. Bibl. 83, 103.
　　8) Leonellos Arabesken. Von Jul. Lätus. Penig 1803. 8. — 9) Der Tempelherr. Leipzig 1804. II. 8. Neue Allg. dtsch. Bibl. 93, 410. — 10) Mährchen. Aus
d. Franz. Görlitz 1805. 8. — 11) Bibliothek der Grazien. Pirna 1803. III. 8.
(II nicht zu ihm, in III nur 2 Übersetzungen von ihm). — 12) Natalie von Bello-
zane. Frei a. d. Frz. Leipzig 1805. II. 8. — 13) Die Reise von 24 Stunden, nach
Teratry bearb. Leipzig 1806. 8. — 14) Wanderungen und Abentheuer zwischen
Dorf und Stadt. Posen 1806. 8.
　　15) Blüthenblätter. Leipzig 1807. 395 S. 8. — 16) Soenen aus Ishia. Görlitz
1807. 8. — 17) Elisabeth oder die Verbannte nach Sibirien; nach d. Frz. der Mad.
Cottin bearb. Leipzig 1807. II. 8. — 18) Der kleine Glockenspieler; a. d. Frz. v.
Ducray-Dumenil. Leipzig 1807. IV. 8. — 19) Einfache Erzählungen. Aus d. Engl.
der Marie Edgeworth. Görlitz 1807. 8. — 20) Der Contrast, oder die Früchte der
Erziehung. Aus d. Engl. v. Edgeworth. Görlitz 1807. 8. — 21) Leonore von Marie
Edgeworth. Nach d. Engl. bearb. Leipzig 1808. II. 8. — 22) Drei Erzählungen:
(a. Eugen und Rosalie; b. Die Gräfin von Santerre; c. Dorgeville). Leipzig 1809. 8.
　　23) Glorwina, oder das ⁓ Mädchen in Irland. Aus d. Engl. v. Miß Sidney
Owenson. Leipzig 1809. III. 8; wiederh. 1823. — 24) Edmunds Prüfungen. Görlitz
1810. II. 8. — 25) und 26) Lilienblätter, eine Sammlung romantischer Erzählungen.
Meißen 1810. 8. (auch — Erato III. Theil). — 27) Welcher ist mein Vetter? Lust-
spiel in 1 Akt. Nach Pain's Vanderville bearb. Görlitz 1811. — 28) Die Versöhnerin.
Meißen 1811. 8. — 29) Die weiße Frau, eine Geschichte aus der Ritterzeit. Nach d.
Franz. Leipzig 1811. III. 8. — 30) Die Gefangenen Rodrigo und Nauila, zwei
Rittergeschichten; und die Einsiedlerin, eine Novelle. Leipzig 1812. 8. — 31) Herbst-
blüthen. Leipzig 1812. 8. — 32) Die Pilgerinnen. Meißen 1812. 8. (Bedürfniß und
Überfluß. Die Belagerung von Amasia. Die Zauberbrille. Pfalzgraf Friedrich. Nunilo
und Alodie. Miszellen). — 33) Leonore oder das Werk der Barmherzigkeit, und die Jägerin.
Leipzig 1813. 8. — 34) Leonello. Meißen 1813. 8. — 35) Südfrüchte. Romantische
Erzählungen aus Spanien. Dresden 1813. 8. — 36) Der Wundergürtel; die Neben-
buhlerinnen: Abdolazi; Asmolan. Vier Erzählungen nach dem Spanischen. Leipzig
1813. 8. — 37) Der graue Ritter oder des Kriegers Abentheuer und Irrfahrten; eine
romant. Gesch. Leipzig 1814. IV. 8. — 38) Engerand de Balco; Erzählung aus der
Ritterzeit. Leichtsinn und Herzensgüte. Die Arche Noahs. Nach d. Span. Leipzig
1814. 8. — 39) Ich und meine Frau. Drei Erzählungen von Laun, Lindau und Schilling.
Dresden 1815. 8. Nachdr. Wien 1815. — 40) Bertha von Beichlingen, oder die
Zerstörung der Rothenburg. Vom Verf. der Heliodora. Leipzig 1816. 8. — 41) Holden-

gemälde aus der Vorzeit der europ. Völker. Leipzig 1817. 8. — 42) Lebensbilder. Dresden 1817. II. 8. Nachdr. Wien 1817. (Liebschaften in drei Weltteilen. Sechzehn und Sechzig. Klärchen. Die Perlen. Wer ist sie? Der Familienroman. Die Freundin.) 43) Maiblumen; Erzählungen. Görlitz 1817. 8. — 44) Romantische Geschichten Leipzig 1819. 8. — 45) Die Flüchtlinge, romant. Unterhaltungen. Leipzig 1820. 8. 45a) Frau von Stael, geborne Necker. Nach Frau von Necker de Saussure von W. Adf. Lindau: Zeitgenossen 1820. 5, Abth. 18. — 46) Mrs. Opies Geschichten für's Herz; a. d. Engl. übers. Leipzig 1821. II. — 47) Joann de Castro. Gemälde eines Heldenlebens. Hinrichs o. J. 8. — 48) Erzählungen. 1. Teil. Auch ᴏ Moosrosen. Brünn 1822. 8. — 49) Anastasius, Reiseabenteuer eines Griechen Nach dem Engl. v. Th. Hope. Dresden 1821 bis 25. V. 8. Zw. A. 1828. — 50) Erzählungen, a. d. Engl. v. W. Irving. Dresden 1822. - 51) Anna, ein Familiengemälde a. d. Engl. v. Johanna Austen. Leipzig 1822. II. 8. — 52) Erzählungen aus dem Leben in Schottland; a. d. Engl. Dresden 1824.

53) Gemälde aus der Geschichte Spaniens. Dresden 1824. 8. — 53a) Denkwürdigkeiten aus dem öffentlichen Leben des Exkaisers von Mexico, Augustin de Iturbide, von ihm selbst geschrieben. Nach der englischen Ausgabe übersetzt. Leipzig: F. A. Brockhaus. 1824. XXVII, 117 S. 8. — 54) Auserlesene Romane der Briten, neu übersetzt und mit Einleitung und Anmerkungen begleitet. 1. Bd: Der Landprediger v. Wakefield, von O. Goldsmith. Dresden 1825. 8. — 55) Neue Erzählungen für das frühere Jugendalter. Nach d. Frz. von J. N. Bouilly. Leipzig. 1825; 1826. — 56) Matthaeus Wald. Ein Roman a. d. Engl. Leipzig 1825. II. 8. — 57) Anselmo, ein Gemälde nach dem Leben in Rom und Neapel; nach d. Engl. v. A. Vieusseux. Dresden 1826. II. 8. — 58) Erzählungen. Leipzig 1827. 8. (Der Fremdling in der Heimath. Das Altarbild. Die beste Wahl. Marie). — 59) Schottische Erzählungen a. d. Engl. v. Allan Cunningham. Stuttgart 1827. III. 8. — 60) Paul Jones, a. d. Engl. v. Cunningham. Dresden u. Leipzig 1827—28. III. 8. — 61) Die bunten Abentheuer Hadschi Babas von Ispahan: a. d. Engl. v. Jac. Morier. Leipzig 1827. III. — 62) G. R. Gleig: Soldatenleben a. d. Engl. v. Hort. Leipzig 1830. II. 8. — 63) Hauptmann Reh, a. d. Engl. von Banim. Dresden 1830. II. 8.; wiederh. 1833. — 64) Peter aus der alten Burg. Von J. Banim. Aus dem Englischen übersetzt von Wilhelm Adolf Lindau. Leipzig: F. A. Brockhaus. 1834. II. 8. — 65) Die Guerillas. Von dem Grafen von Locmaria. Aus dem Französischen übersetzt von Wilhelm Adolf Lindau. Leipzig: F. A. Brockhaus. 1835. II. 8.

66) Übers.: W. Scott: Der Astrolog. Leipzig 1817; 1822. Robin der Rothe. Berlin 1819; 1822. Der schwarze Zwerg. Leipzig 1819; 1823. Die Schwärmer. Brünn 1820. III. Die Braut. Dresden 1820; 1822. Der Alterthümler. Berlin 1821. III. Eduard. (Waverley). Dresden 1821 bis 22. IV. Der Abt. Leipzig 1821. III. Das Herz von Midlothian. Dresden 1822. Macduffs Kreuz. Drama. Mit dem Original zur Seite. Leipzig 1823. Montrose. Leipzig 1824. II. Fielding und Smollet. Zwei Biogr. Leipzig 1824. u. v. a. Übers.

Andre borgten seinen Namen für ihre Übersetzungen § 350, 247. Vgl. Gersd. Rep. 19, 88f. 372f. 21, 93. 25, 463f.

15. Michael Kosmeli, geb. im Dezember 1773 zu Pleß in Schlesien, stammte aus einer angesehenen Familie in der Ukraine, wurde auf der Schule seiner Vaterstadt sowie in Brieg und Hirschberg vorgebildet, studierte in Halle, Göttingen und Jena bis Ostern 1794 die Rechte, wurde dann Hauslehrer zu Siurt in Kurland, ging 1795 wieder nach Deutschland, bereiste die Schweiz, 1796 Referendar beim Oberlandesgericht in Brieg, gab die Stelle auf, wohnte in Berlin, Hamburg, Altona und Dockenhuden (Holstein). Dann reiste er durch Holland, Frankreich, die Schweiz nach Petersburg, von dort mit dem georgischen Gesandten Fürsten Garsiewan Newasitsch Tschawtsawadse nach Tiflis, war gegen Ende 1802 in Cherson und kehrte 1804 nach Schlesien zurück, 1806 bis 8 machte er eine Reise in die Krim, nach Konstantinopel und studierte darauf Medizin in Jena, promovierte 1810, ging nach England und über Norwegen wieder nach Schlesien, 1814—15 lebte er in Italien, 1818 und später abwechselnd in Dresden, Berlin und Hamburg, machte dann 1826 als Virtuose auf der Maultrommel Reisen nach Rußland, lebte darauf wieder in Dresden und Halle, zuletzt in Breslau. Dort starb er am 18. Januar 1844 an der Brustwassersucht.

Lexikon der Hamb. Schriftsteller 4, 157. — Lübker 2, 742. — Nekrolog 8, 972. 22, 974f. — Recke-Napiersky 1, 865 bis 867; Nachtr. 1, 186. — Alberti 1, 479.

1) Lindor. Seitenstück zu Fr. Schlegels Lucinde. Altona 1799. 8. Hamburg
und Mainz 1801. 8. Sieh § 288, 3. 20c. — 2) Biographie einer Aeffin. Altona
(Hamburg und Mainz) 1800. 8. Altona 1799. Neue Allg. dtsch. Bibl. 71, 85. —
8) Reise ins Paulinerkloster im Fürstenthum Scherau. Hamburg u. Mainz 1801.
8. Neue Allg. dtsch Bibl. 83, 368. — 4) Mirabeaus erstes Abentheuer, aus d. Frz. v.
Le Suire übers. Frankfurt 1801. 8. — 5) Rhapsodische Briefe auf einer Reise in
die Krimm und die Türkei. Halle 1818. 8.

6) Reimereien einer Köchin, mit Zugaben von Kosmeli. Halle 1816. 8. —
7) Harmlose Bemerkungen auf einer Reise über Petersburg, Moskau, Kiew nach
Jassy. Berlin 1822. 8. — 8) Osterblumen (4 Erzählungen: a. Die Secretärs.
b. Die zufällige Heirath. c. Der Traum. d. Die verwelkte Blume). Halberstadt
1827. 8. — 9) Die Waise. Leipzig 1832. II. 8.

16. Johann Karl Christoph Nachtigal, Schriftstellername: **Otmar,** geb. am
25. Februar 1753 zu Halberstadt, Rektor der Domschule, 1809 Konsistorialrat,
1818 Generalsuperintendent, † am 21. Juni 1819.
      a. Meusel, Gel. Teutschl. 5, 378f. 10, 848 bis 350. 11, 567f. 14, 639. 18, 800. — b.
Allg. Lit.-Zeitg. 1819. 2, 839. — c. Biographie J. K. Ch. Nachtigals, von ihm selbst geschrieben und mit einigen seiner Schulreden herausg. v. (J. G) Hoche. Halberstadt 1820. 8.

1) Zion, ältestes Drama aus der vorhomerischen Urwelt. Leipzig 1796. 8. —
2) Einige Winke über Volkssagen und Volkserzählungen: Beckers Erholungen.
1796. II. 163 bis 207. — 3) Psalmen, gesungen vor Davids Thronbesteigung, übers.
und neu bearb. Halle 1797. 8. Auch u. d. Tit.: Gesänge Davids und seiner Zeitgenossen nach der Zeitfolge geordnet und neu bearbeitet von J. C. C. Nachtigal.
Erster Band. Leipzig in der Sommerschen Buchhandlung. 1796. 8. — 4) Apologen:
Beckers Taschenbuch für 1798 und 1799. — 5) Ruhestunden für Frohsinn und häusliches Glück (mit J. G. Hoche). Bremen 1798—1804. VI. 8. — 6) Volkssagen; nacherzählt von Otmar. Bremen 1800. 8. Neue Allg. dtsch. Bibl. 63, 96. — Beiträge zu
den Halberstädter gemeinnützigen Blättern, zur Deutschen Monatsschrift u. s. w.

17. Friedrich August Schuster, geb. 1764, † am 13. Febr. 1830 als Rektor
der Stadtschule zu Lüben. — Nekrolog 8, 929.
      Volksmärchen der Schlesier. Breslau 1801. 16.

18. Franz Christoph Horn, Schriftstellername: **J. G. Marquard,** geb. am
30. Juli 1788 in Braunschweig, wo er das Karolinum besuchte und bereits als Vierzehn-
jähriger Werke drucken ließ (vgl. seine Biogr. S. 71), studierte seit 1799 in Jena die
Rechte und in Leipzig Philosophie, Geschichte und Ästhetik, promovierte 1802, wurde
durch Gedike's Berufung 1808 außerordentlicher Lehrer am grauen Kloster zu Berlin,
1805. ordentlicher Lehrer am Lyzeum zu Bremen, verheiratete sich 1806 mit Rosa
Gedike, nahm 1809 wegen Krankheit seinen Abschied und lebte für sich, meist krank,
aber in regem Verkehre mit Dichtern und Schriftstellern in Berlin. Hier starb er am
19. Juli 1837, in seinen letzten Lebensjahren gepflegt von Caroline Bernstein (§ 343, 1638).
      a. Meusel, Gel. Teutschl. 14, 185 bis 187. 18, 211f. 22¹¹, 839f. — b. Grillparzer,
Werke⁴ 14, 142. — c. (Hitzig) Gel. Berlin. S. 113 bis 115. — d. Nekrolog 15, 715. —
e. (Carol. Bernstein), Franz Horn, ein biograph. Denkmal. Mit Horns Bildnis. Leipz.
1839. 399 S. 8. — f. Allg. dtsch. Biogr. 1881. 13, 136f. (Schramm-Macdonald).
      Briefe an α. K. A. Böttiger: Kgl. Bibliothek in Dresden. — β. Fouqué. Berlin
1848. 8. 146 bis 159. — γ. Fanny Tarnow: A. Cohns Autogr.-Kat. 1891. Nr. 618.

1) Raphael von Salvatara, oder der Mann ohne Liebe. Leipzig 1800. (= 2. Bd.
von Chn. Wilh. Hahn: Das Räubermädchen. Leipzig 1798—1800. Neue Allg.
dtsch. Bibl. 81, 106, vgl. 40, 828. Vergl. § 270, 92. 1). — 2) Cypressen von J. G.
Marquard. Braunschweig 1800. 8. — 3) Einige Worte über die Schauspiele der
Franzosen. Leipzig 1801. 8. — 4) Guiscardo der Dichter oder das Ideal, ein Roman.
Leipzig 1801. 8. Neue Allg. dtsch. Bibl. 89, 17; wiederh. 1817. 8. — 5) Der Einsame,
oder der Weg des Todes. Leipzig 1801. 8. Neue Allg. dtsch. Bibl. 89, 17; wiederh.
1807. — 6) Fantastische Gemälde (die Enthüllung; der Verkannte; vermischte Gedichte.) Nicht ganz von ihm. Leipzig 1801. 8.; wiederh 1807. — 7) Thyestes,
Trsp. des Seneca übers. mit Einl. über das Wesen der röm. Tragoedie. Penig 1802.
8. — 8) Victors Wallfahrten, Roman. Penig 1802. 8. Neue Allg. dtsch. Bibl. 79,
363. — 9) F. Gedike, eine Biographie, nebst einer Auswahl aus Gedike's hinterlassenen

Papieren. Berlin 1803. Neue Allg. dtsch. Bibl. 91, 434. — 10) Die Trojanerinnen,
Trsp. des Seneca. Penig 1803. 8.

11) Über Carlo Gozzis dramat. Poesie, besonders über dessen Turandot nach
der Schillerschen Bearbeitung dieses Schauspiels; in Briefen. Penig 1803. 8. Neue
Allg. dtsch. Bibl. 78, 408. 85, 359. — 12) Luna; Taschenbuch auf d. J. 1804 und 5.
Züllichau. 8. Darin von Horn die Novelle: Der Geist des Friedens. Neue Allg. dtsch.
Bibl. 90, 45; 97, 76. Sieh Nr. 15). — 13) Andeutungen für Freunde der Poesie. Ein
Anh. zu dem Taschenb. Luna. Züllichau 1804. 8. Neue Allg. dtsch. Bibl. 90, 45.
— 14) Henrico, Roman. Posen 1804 bis 5. II. 8.; wiederh. 1809. 8. Neue Allg.
dtsch. Bibl. 98, 403. 103, 255. — 15) Der Geist des Friedens. Phantast. Gemälde.
Züllichau 1804. Neue Allg. dtsch. Bibl. 93, 403. — 16) Liebe, Schmerz und Tod;
ein Roman. Posen 1805. 8. — 17) Octavio von Burgos; Roman; erster Theil.
Tübingen 1805. 8. — 18) Geschichte und Kritik der deutschen Poesie und Beredt-
samkeit. Berlin 1805. 8. — 19) Der Traum der Liebe. Roman. Berlin 1806. 8. 1810.

20) Philosophische Fragmente über Leben und Wissenschaft, Kunst und
Religion. Berlin 1807. 8. — 21) Otto; Roman. Bremen 1810. 8. — 22) Nero,
histor. Gemälde. Leipzig 1810. 8. — 23) Kampf und Sieg; Roman. Bremen 1811.
II. 8. Vergl. § 290, 1. 94) I. 8. 142 f. — 24) Tiberius, histor. Gemälde. Leipzig
1811. 8. — 25) Latona; Unterhaltungsschriften. Berlin 1811 und 12. II. 8. —
25a) Einige Worte über die Schauspiele der Franzosen. Jena 1812. 8. — 26) Die
schöne Literatur Deutschlands während des 18. Jahrh. Berlin 1812 und 13. II. 8.
— 27) Das Leben Friedrich Wilhelms des Großen. Kurfürsten von Brandenburg.
Berlin 1814 8. — 28) Friedrich der Dritte, Kurfürst v. Brandenburg, erster König
v. Preußen. Berlin 1816. 8. — 28a) § 290, 1. 62 und 63. — 29) Leben und Liebe;
Novelle. Berlin 1817. 8.

30) Die Dichter. Roman. Berlin 1817 bis 18. III. 8. Diesen Roman liebte
Horn selbst am meisten, s. Umrisse S. 264. — 31) Freundliche Schriften für
freundliche Leser. Nürnberg 1817 bis 20. II. 8. — 32) Novellen. Berlin 1819 bis
20. II. 8. Becks Repert. 1819, 3, 352. Inh. I: Der ewige Jude. Darnach: Wilh.
Jemand, Der ewige Jude. Didakt. Tragödie. Iserlohn 1831. 156 S. Becks Rep.
1833. 4, 218. Die diamantene Kutsche. Mitternacht. 2. Bd. auch = Romantische
Erzählungen. Becks Repert. 1820. 1, 359. Inh.: Beatrix. Verirrung und Strafe.
Reue und Vergebung. — 33) Umrisse zur Geschichte und Kritik der schönen
Literatur Deutschlands 1790 bis 1818. Berlin 1819. 8. Becks Repert. 1819, 3, 271.
1822, 4, 28, wiederh. mit Nachträgen 1821. Darin S. 329 f.: Momente aus meinem
literar. Leben. — 34) C. M. Wieland's Briefe an Sophie von La Roche 1820.
§ 223. A. f. — 35) Bertha, oder Liebe und Ehe. Roman. Berlin 1819. 309 S. 8.
Becks Repert. 1820. 2, 89. (Einfluß Goethes). Wiederh. 1821. Vgl. Nachtr. zu
den Umrissen S. 304 bis 306. — 36) Gedichte. Berlin 1820. 158 S. 8. Becks
Repert. 1820. 3, 124. — 37) Nachträge zu den Umrissen (Nr. 33). Berlin 1821. 8.
Darin S. 329 f. Momente aus meinem literar. Leben. — 38) Deutsche Abendunterhaltungen. Kleine Romane und Biographien. Berlin 1822. 8. Becks Repert.
1822. 3, 277. Darin S. 193 bis 274 Erinnerung an Johann von Besser wieder
abgedr. aus dem Frauentaschenbuch für 1819, S. 56 bis 113. — 39) Die Poesie
und Beredsamkeit der Deutschen von Luthers Zeit bis zur Gegenwart. Berlin
1822—29. IV. 8. Becks Repert. 1822. 4, 30. 1824. 2, 272 bis 275.

40) Shakespeare's Schauspiele erläutert. Leipzig: F. A. Brockhaus. 1823 bis 31.
V. 8. Becks Repert. 1823, 1, 210. 1825, 2, 199 bis 201. — 41) Beruhigung und Erhebung; Erzählungen und Lebensbeschreibungen. Berlin 1824. 8. — 42) Dichtercharaktere und biograph Skizzen vermischter Gattung. Berlin 1829. 8. — 43)
Fortepiano; kleine heitre Schriften. Iserlohn 1831—32. III. 8. III. Teil a. u. d. T.:
Heitere Spaziergänge. Vgl. Becks Report. 1833. 4, 284. — 44) Mai und September;
Sammlung von Novellen, Skizzen, Biographien, Gesprächen, Fragmenten, Kritiken
und Gedichten. Iserlohn 1833. II. 8. — 45) Wein und Öl. Erzählungen, Charakteristiken, Umrisse und Bilder. Dresden 1836. 326 S. Inh.: a. Der Interessante,
eine Novelle. b. Weibliche Bildung. c. Erinnerungen an Klopstock und Goethe.
d. Bilder und Szenen aus meinem Leben (vorher in der Abendzeitung). — 46) Psyche.
Aus Fr. Horns Nachlaß ausgewählt von G. Schwab und Friedr. Förster. Mit dem
Bildnis des Verf. Leipzig 1841. III. 16. Vgl. Gersdorfs Report. 31, 563 f.

19. Ludwig August Kähler, Schriftstellername: Fillbert, geb. am 6. März
1775 zu Sommerfeld in der Neumark, besuchte seit 1786 die Fürstenschule zu St.
Afra in Meißen, seit 1791 die Schule zu Soran, studierte seit 1793 in Erlangen

Theologie, wurde 1796 Hauslehrer auf dem Schlosse Buttenheim in Franken, nach
einem halben Jahre bei dem Erbherrn seiner Vaterstadt, v. Beerfeld, und im Oktober Adjunkt des Pastors Jungnickel zu Canig bei Guben in der Niederlausitz,
1809 Archidiakonus zu Kottbus, 1819 Prof. und Konsistorialrat zu Königsberg,
am 12. Februar 1843 in Ruhe gesetzt und siedelte im Mai desselben Jahres nach
Wogenab am Haff über. Dort starb er am 5. November 1855.

Meusel 18. 289 bis 291. 23, 70f. — L. A. Kähler, Mittheilungen über sein
Leben und seine [zahlreichen theolog. und historischen] Schriften von seinem Sohne
S. A. Kähler. Königsberg 1856. VIII, 154 S. 8.

1) Graf Friedrich v. Werben. Ein Roman von Filibert. Leipzig 1802. II. 8.
Neue Allg. dtsch. Bibl. 91, 847. — 2) Athanasia. Denkmal der persönlichen Zusammenkunft des Kaisers Alexanders von Rußland und König Friedr. Wilhelms III.
Leipzig 1802. 60 S. 8. Neue Allg. dtsch. Bibl. 74, 201. — 3) Bauer Martin der
Mörder. Ein Roman. Leipzig 1803. 8. Neue Allg. dtsch. Bibl. 87, 224. — 4) Hermann von Löbeneck oder Geständnisse eines Mannes. Leipzig bey J. G. Göschen.
1805 bis 6. III. 8. — 5) Theodore von Mannstein. Leipzig 1808. II. 8. — 6) Die
drey Schwestern. Novelle: Taschenb. Minerva f. 1811. S. 113/78. Heyse-Kurz,
Novellenschatz. Band 11. — 7) Domingo (Gedicht): Minerva f. 1812. S. 125/64.
— 8) Jungfer Pathe. Novelle: Minerva für 1813. S. 205/74. — 9) Schön-Lieschen:
Beckers Taschenbuch zum geselligen Vergnügen für 1814. S. 297 bis 354.

10) Die Erbschleicherin. Novelle: Minerva für 1815. S. 289 bis 356. —
11) Der neue Blaubart: Taschenbuch zum geselligen Vergnügen für 1816. S. 133
bis 192. — 12) Gustav Wasa: Minerva für 1816. S. 245 bis 286. — 13) Die Brüder:
L. Th. Beckers Rosen und Dornen. Nürnberg 1817. Bd. 2. — 14) Geschichte der
ersten Wiedererhebung des Hauses Oranien in den vereinigten Niederlanden. 1672:
Minerva 1817 und 1818. — 15) In welchem Alter steht jetzt die Menschheit?
Minerva für 1820. S. 279 bis 324. — 16) Epheuranken. Leipzig 1819. VI, 391 S.
8. Enth. Nr. 6); 8); 9); 10); 11); 12); 13); letzteres Stück mit geändertem Schluß.
— 17) Briefe griechischer Frauen über Frauensitte. Uebersetzt von Ludwig August
Kähler: Minerva für das Jahr 1824. S. 261 bis 276. — 18) Der Tag des Gerichts
und der ewigen Aussöhnung. Eine christliche Dichtung. Königsberg 1829. 8.

20. August Wichmann, Sohn Chn. Aug. W.'s, (§ 257, 16) geb. am 9. Nov.
1776 in Leipzig, Buchhändlergehilfe in Königsberg, Wien und Triest, bereiste
Italien; in Leipzig Sprachlehrer; 1803 bis 1804 Verleger (Burdachs Diätetik),
wieder Sprachlehrer, 1806 Dolmetscher der franz. und italien. Sprache, 1810
Landstuben-Steuer-Einnehmer; 1816 Inspektor beim Theater und Schauspieler in
Leipzig, 1820 in Mannheim, Mainz, 1823 bis 1824 Redakteur der Karlsruher
Zeitung, † am 7. Mai 1824 in Karlsruhe an der Auszehrung.

Meusel 8, 486 f. 16, 213. 21, 536 f. — Schmidts N. Nekrolog der Deutschen
1824, H. 2, S. 1141 f.

1) Babet von Etibal, frei nach d. Frz. des Abbé de Latour (Mad. de Charrier).
Leipzig 1799. 8.; Neue Ausg. 1807. — 2) Hermsprung oder Adelstolz und Menschen-
werth. Roman a. d. Engl. (Hermsprung; or, Man as he is not). Liegnitz und
Leipzig. 1799. II. 8. Neue Allg. dtsch. Bibl. 62, 78. — 3) Leben des blinden Franz
Adolf Sachse, von ihm selbst diktirt und bearbeitet. Gera 1801. II. 8. Neue
Allg. dtsch. Bibl. 72, 534. Vgl. § 278, 4, 10 und Gersdorfs Repert. 3, 239. — 4)
Das Labyrinth des Lebens. Eine Biographie aus Eduard Lehrbachs Hinterlassen-
schaft. Erster Teil. Leipzig 1802. 8. — 5) Drey Männer für Einen. Lustspiel in
5 A. nach Picard. Leipzig 1803. 8. Neue Allg. dtsch. Bibl. 87, 56. — 6) Fünf Er-
zählungen (a: Die Reise nach Venedig. — b: Die Brieftasche. — c: Das Abentheuer in den Apenninen. — d: Alix von Salisbury. — e: Die Messe von Udine).
Heidelberg 1823. 8.; Zw. A. 1824. Beiträge zu v. Erlachs Charis u. s. w.

21. Benjamin Silber, Schriftstellernamen: Karl Sebald, Eduard Blum,
geb. am 29. Dezember 1772 in Waldheim, sächs. Offizier seit 1798, † als Major
und Kassierer beim Soldaten-Knaben-Institut zu Annaberg am 7. April 1821.

Leipz. Repert. 1821, II, 231. Meusel, Gel. Teutschl. 15, 436. 20, 397. 482 f.

1) Die getäuschte Liebe, eine Autobiographie von Ed. Blum. Weißenfels 1802
8.; wiederh. Die getäuschte Xanthippe oder der zerstörte Hausfriede. Weißenfels
1805. 8. Neue Allg. dtsch. Bibl. 81, 101; 101, 69. — 2) Das Titelkupfer. Ein

Roman. Freiberg 1802. II. 8. Neue Allg. dtsch. Bibl. 90, 56. — 3) Die sieben
Sonntage. Freiberg 1803. 8. Neue Allg. dtsch. Bibl. 89, 506. — 4) Leben Oliver
Cromwells, Protektors von England. Leipzig 1804. II. 8.; wiederh.: 1807. 1815.
1817. 1820. — 5) Johann Friedrich der Großmüthige, Churfürst von Sachsen. Ein
histor. Trauerspiel aus den Zeiten der Reformation. Mit vier Pausen. Leipzig 1804.
8.; wiederh. 1818. 8. Vgl. § 242, 20) 4c = Band IV. S. 697. — 6) Opiate in
kleinen Erzählungen. Freiberg 1804 bis 5. III. 8. Neue Allg. dtsch. Bibl. 96, 305.
— 7) Richard und Angelika. Leipzig 1805. II. 8. — 8) Johanne und Albertine
oder die Nebenbuhlerinnen. Berlin 1806. II. 8. — 9) Erzählungen 1820. 8.

22. Johann Christian **Daniel Salchow**, Schriftstellername: **Gustav Stello**,
geb. am 10. August 1782 in Güstrow, besuchte die dortige Domschule, studierte
in Jena Rechte, promovierte 1801 und habilitierte sich daselbst, wurde 1810 ord.
Prof. in Halle und starb dort am 22. November 1829. — Nekrolog 7, 770f. und
1830. I, 150. Nationalzeitung der Deutschen 103, S. 828.

1) Das Brandmal oder Ugolinos Lebenswanderungen. Jena bey Wolfgang
Stahl 1802. 319 S. 8. — 2) Die Jesuiten. Eine Arabeske. Jena 1802. 8. Neue
Allg. dtsch. Bibl. 102, 328. — 3) Scenen aus dem akademischen Leben. Jena 1802
bis 4. II. 8. — 4) Rudolfin. Ein Roman für wenige Leser. Jena 1803. 8. Neue
Allg. dtsch. Bibl. 89, 28. — 5) Erzählungen. Jena 1803. II. 8. Enth. a: Das
Brandmahl. b: Der zweite Moritz und Amalia, oder Liebe und Trennung. Neue
Allg. dtsch. Bibl. 80, 345.

23. Theodor Heinrich **Friedrich**, geb. am 30 Oktober 1776 zu Königsberg in der Neumark, wo sein Vater Apotheker war, besuchte die dortige Stadtschule, seit 1791 Lehrling in einer Weinhandlung zu Stettin, besuchte aber schon
nach einem halben Jahre das Gymnasium in Stettin und Berlin und studierte
seit 1793 in Frankfurt a. d. O. die Rechte, wurde preuß. Regierungsrat zu Bialy-
stock, 1806 Oberlandesgerichtsrat zu Stettin. trat 1813 als Jäger in das Lützow'sche
Freikorps, lebte nach dem Frieden für sich in Berlin, Wien und seit 1817 in
Hamburg; hier stürzte er sich am 12. Dezember 1819 in die Elbe. — Meusel 17,
627. 22, 236. — Schröder 2, 393.

1) Deutschland und Freiheit, ein Gedicht. Berlin 1803. 8. — 2) Hypochondrie.
Lustspiel in 5 Akten. Berlin 1809. 8. — 3) Die Büste des Socrates, oder: Das
Tribunal unserer lieben Frauen. Lustspiel. Berlin 1809. 8. — 4) Vetter Kukuck.
Lustspiel in 4 A. Berlin 1811. 8 ; Neue Auflage Berlin 1816. 143 S. 8. — 5) Satyrischer Feldzug in einer Reihe von Vorlesungen, gehalten zu Berlin im Winter
1813 bis 1814; nebst einer Zueignungsschrift an den Einsiedler zu Elba. Berlin 1814.
III. 8.; wiederh. 1815. 1817. — 6) Zweiter satyr. Feldzug mit humoristischen Ab-
schweifungen; nebst einem Zueignungsschreiben an den Oberlieferanten und geheimen Finanzagenten Herrn Abr. Dav. Wallfisch. Berlin 1815. 8.; Zweite Aufl. 1817.
— 7) Dritter satyr. Feldzug, nebst Zueignungsschreiben an das kritische Orakel zu
Neu-Ephesus. Berlin 1816.; Zw. A. 1817. — 8) Deutsche Volkstracht oder Geschichte der Kleiderreformation in der Residenzstadt Flottleben. Berlin 1815. 12. —
9) Konnexionen oder der Weg zum Amte. Lustspiel in 5 A. Berlin 1815.

10) Julius von Medicis, oder Liebe, Rache und Freiheit. Trauerspiel in 5 A.
Berlin 1815. — 11) Der Glückspilz und die Glücksritter. Lsp. in 5 A. Berlin
1816. 8. — 12) Gedichte. Berlin 1816. 8. — 13) Satyrischer Zeitspiegel, eine
Erbauungsschrift in zwanglosen Heften für Freunde des Witzes und des lachenden
Spottes. Berlin 1816—17. 7 Hefte. 8. — 14) Almanach lustiger Schwänke für die
Bühne. Berlin 1816. 8. Zw. A. 1817. — 15) Feigen, hg. von G. Lotz. 1. Körbchen.
Hamburg 1818. 12. — 16) Sardellen für satyrische Näscher. Hamburg 1818. 8. —
17) Nobilitäten oder Scenen aus der höheren Welt; Beitrag zu den Sardellen.
Leipzig 1818. 12. — 18) Dialogische Turnspiele; d. i. erbauliche Gespräche zwischen
Spöttern und ernsthaften Leuten über allerlei Dinge. Berlin 1819. 12. — 19) Er-
zählungen und Märchen aus dem Reiche des Wunderbaren und Schauerlichen.
Berlin 1819. 8. — 20) Phalaena oder Leben, Tod und Auferstehung. Mit einem
biogr. Vorwort von K. G. **Prätzel**. Altona 1821. 8. Vgl. § 334, 808.

24. Die Zauberdose. Ein Märchen von Fritz **Möhbe.** Ronneburg und Leipzig
bey Aug. Schumann 1804. 258 S. 8. Neue Allg. dtsch. Bibl. 101, 73.

25. Karl Fr. Stein, Schriftstellername: Georg Schiller, war Kaufmann in Berlin.
1) Drillingskinder meiner Muse. Erzählungen. Hamburg 1803. 8. — 2) Albertine von Wackerbarth. Erzählungen. Hamburg 1806. — 3) Der Sonderling als Ehestandskandidat, Lsp. in 4 A. Berlin 1807. 8. — 4) Erzählungen. Berlin 1808. 8. — 5) Abenteuer des jungen Herren von Wackerbarth. Hamburg 1808. 8. Altenburg 1810.

26. Karl Stein, Schriftstellernamen: Gustav Linden, K. Jents, geb. am 23. Juni 1773 zu Neubrandenburg in Mecklenburg-Strelitz, 1815 Großherzogl. Sächs.-Weimarischer Rat und Professor, später preuß. Hofrat in Berlin. Hier starb er im Februar 1855. — Meusel 14, 442. 15, 532f, 20, 597 bis 99. — (Hitzig) Gel. Berlin 8. 276f.

1) Amoena, die Braut eines Verbrechers. Posen 1804. II. 8. Neue Allg. dtsch. Bibl. 101, 65 — 2) Ludmilla, das schöne Hussitenmädchen; eine romant. Darstellung aus der Wirklichkeit der Vorzeit. Posen 1805. II. 8. 1809. — 3) Histor.-romant. Gemälde in dramat. Form. Posen 1805. 8.; 1809. 8. (a: Simon Matern, der furchtbare Räuberhauptmann. b: Das Grab der Mutter c: Die Zurückkunft des Fürsten. — 4) Die Zurückkunft des Fürsten. Lustspiel in 1 A. Posen 1805. 8. — 5) Die Schädellehre, Lustspiel in 1 A. Berlin 1805. 8. — 6) Die Unergründlichen. Roman. Berlin 1806. 8. — 7) Der Sohn des Krieges. Dessen Leben bis nach dem Frieden von Tilsit und bis z. J. 1808. Mehr als Roman. Posen und Leipzig 1808. II. 8. — 8) Ein Tag in der Hauptstadt. Lustspiel in 3 A. Berlin 1807. 8. — 9) Die Nymphe der Spree, Lsp. in 1 A. Berlin 1807. 8. — 10) Herr von Schulterbein und sein Peter. Roman. Berlin 1807. 8.

11) Der neue Proteus, Lsp. in 4 A. Berlin 1808. 8. — 12) Die Wachsfigur, joviale Erzählung. Berlin 1808. 8. — 13) Ernst und Scherz im Wechsel. Erzählungen und Schwänke für das große Publikum. Berlin 1809. 8. — 14) Die Bundesgenossen, Lsp. in 4 A. Berlin 1810. 8. — 15) Die zweite Heirath, Lustspiel in 5 A. Amsterdam 1809. — 16) Die Probe, Lustspiel in 5 A. Amsterdam 1809. — 17) Die Wahl. Lustspiel in 5 A. Amsterdam 1809. — 18) Der Herr Nachbar, eine Sammlung von Erzählungen. Berlin 1809—10. II. 8. 1811. — 19) Ivar, König der Normänner, Trsp. in 5 A. Berlin 1811. 8. Auch: Dtsch. Schaubühne. Augsburg. Bd. 12. — 20) Der Hansnarr. Roman. Berlin 1811. II. 8.

21) Der rechte Mann, Lsp. in 3 A. Berlin 1811. 8. — 22) Die beiden Arlequine. Erzählung. Berlin 1811. 8 — 23) Der Gasthof zur silbernen Taube. Ein komischer Roman. Leipzig 1812. 8. — 24) Ein Buch für die Winterabende. Erzählungen. Berlin 1812. 13. 19. III. 8. III. T. auch u. d. T. Abendstunden. — 25) Kirschen. Erzählungen. 1. Bdchen. Berlin 1814 (1813). — 26) Die Verschleyerte, Roman. Berlin 1814. 8. — 27) Der Luftgeist, Roman. Berlin 1816. 8. Nachdr. Wien 1816. -- 28) Bunte Bilder. Erzählungen. Berlin 1817 und 18. II. 8. — 29) Die beiden Hofräthe oder die wunderbare Fügung des Schicksals. Kom. Roman. Berlin 1818. 8. — 30) Der Nothhelfer, kom. Roman. Berlin 1818. 8.

31) Thalia, Beiträge für die deutsche Schaubühne. Berlin 1818 8. Enth. a.: Der Frühlingsabend, Schausp. in 4 A. — b: Der goldene Löwe oder des Schicksals Tücke, Lsp. in 4 A. — c: Garrick, dramat. Gem. in 1 A, aufgef.: Berlin 1817 August 19 (Abendzeitung 1817 Nr. 212). — 32) Bruder Sausewind, Roman. Berlin 1819. 328 8. 8. (Gab Devrient den Stoff zu „Richards Wanderleben"). — 33 Abendschwingen. Kleine Romane und Erzählungen. Berlin 1820. 8. — 34) Der kühne Hirt oder: Die Befreiung des Vaterlandes, Rom. in 3 Büch. Berlin 1820. 8. — 35) Deutsches Theater. Berlin 1820. 8. a: Die armen Maler, Lustspiel in 1 A., aufgef.: Berlin 1818 Oktober 10: Wiener Burgtheater 1819 Februar 11; Dresden 1819 März 19; b: Shakespeare's Bestimmung. Schauspiel in 1 A., aufgef.: Berlin 1819 Januar 12 (Gesellschafter 1819. Nr. 17); Wiener Burgtheater 1819 April 30; c: Der Günstling. Sch. in 3 A.; d: Das Loch in der Thür, nach Stephanie d. j. neu bearbeitet. (§ 215, 17. 24). Aufgef.: Dresden 1819 November 30 (Abendzeitung 1819. Nr. 297). — 36) Abenderheiterungen. Kl. Romane, Erzählungen und Schwänke. Berlin 1820. 8. (a: Die Wolfsjagd; b: Gleich und gleich; c: Der Nachdrucker; d: Der Anspruchlose; e: Der fremde Lord; f: Die lebenden Bilder; g: Das Dampfschiff; h: Der Gottesbote; i: Der Taschenspieler und die Bauern). — 37) Der Wunderring: Kotzebue's Almanach dramat. Spiele. 19. Bd Leipzig 1821. — 38) Die Steckenpferde, kom. Roman. Berlin 1822. 8. — 39) Die Querstriche, Roman. Berlin 1822. 8. — 40) Robert der Wildfang, Roman. Berlin 1823.

41) Die Wanderer, kleine Romane, Erzählungen und Sagen. Berlin 1823. 8.
Becks Repert. 1823, 4, 192. — 42) Gleich und Gleich, komischer Roman. Berlin
1824; a. Nr. 36) b. — 43) König Gundobald und sein Günstling, histor. Roman
aus dem ersten Zeitraum des Mittelalters. Berlin 1825. 8. — 44) Das Blumenkörbchen, Sammlung von Erzählungen. Berlin 1828. 8.

Außerdem historische Werke und Lehrbücher, — Von ihm ist das einst viel-
gesungene Lied: ‚Freunde, wählt euch einen Talisman'. Vgl. Hoffmann
von Fallersleben: Unsere volksthümlichen Lieder'. Nr. 460.

27. Johann Ernst Wagner, geb. am 2. Februar 1769 in Roßdorf bei Meiningen, wurde von seinem Vater, einem Prediger, für die Universität vorbereitet
und studierte die Rechte in Jena, erhielt dann die Stelle eines Gerichtsaktuars,
Privatsekretärs und Verwalters des Freiherrn v. Wechmar in Roßdorf und wurde
durch Jean Pauls Vermittelung 1805 Kabinetssekretär des Herzogs von Meiningen.
Als solcher starb er am 25. Februar 1812.

Morgenblatt 1807. 8. 27. 63. u. o. 1808. Nr. 262. 1812. Nr. 217f. 1813. Nr. 54.
— Fr. Mosengeil, Briefe über den Dichter E. Wagner. Schmalkalden 1826. II. 8.
Becks Report. 1826. 4, 201f. — Ludwig Bechstein, Mittheilungen aus dem Leben
der Herzoge zu Sachsen-Meiningen und deren Beziehungen zu Männern der Wissen-
schaft. Halle, C. E. M. Pfeffer. 1856. 8. 8. 254 bis 258. 267 bis 269. — P. Nerrlieb, Jean
Paul. Berlin 1876. 8. 260f. — Allg. dtsch. Biogr. 1896. 40, 486 bis 489 (L. Fränkel).

1) Wilibald's Ansichten des Lebens. Ein Roman in vier Abteilungen. Meiningen und Hildburghausen 1805. II. 8. (XVI, 248. 350 S.). Zweite Aufl. Hildburghausen 1809. II. 8. Dritte Aufl. Leipzig 1822. II. 8. Schriften. Bd. 1, 2; mit
Bildnis. Vierte Aufl. Leipzig 1852. Fünfte Aufl. Leipzig 1854. VIII, 400 S. 8. —
2) Wilibald's neue Ansichten des Lebens. Gießen (Arnstadt) 1807. 8. Schriften
Bd. 2. Morgenbl. 1807 Nr. 10. Intellbl. — 3) Die reisenden Maler; ein Roman.
Leipzig 1806. II. 217 und 233 S. 8.; 1807—1810. 1820. Schriften 3. 4. — 4) Reisen
aus der Fremde in die Heimath. Erster Band. Mit dem Bildnisse des Herausgebers und einer wichtigen Schlußbeylage zum zehnten Briefe. Hildburghausen
1808. 4 Bl. und 476 S. 8.; wiederh. Leipzig 1818. 8. Zweyter Band. Nebst
einem Kupfer- und Notenblatt. Tübingen 1809. 394 S. 8. Schriften 7. 8.; Dritte
Aufl. 1854. 287 S. 8. Morgenbl. 1808. Nr. 68 — 5) Ferdinand Miller. Ein
Roman. Tübingen 1809. 8. — Nachdruck: Wien 1815. 206 S. 8. Schriften Bd. 6.

6) Historisches A B C eines vierzigjährigen hennebergischen Fibelschützen.
Ein Anhang zu den Reisen aus der Fremde in die Heimath. Tübingen 1810. 8.
Schriften Bd. 10. Vergl. (Wilh. Grimm): Heidelberger Jahrb. 1810. 5, 2. 371.
R. Steig, Zu den kleineren Schriften der Brüder Grimm: Zs. f. dtsch. Philol. 1896.
29, 8. 195f. — 7) Isidora. Ein Roman in drey Büchern. Tübingen 1812. 333 S. 8.
(vgl. Lithl. zum Morgenblatt 1813. Nr. 11). Schriften Bd. 5.

8) Ernst Wagner's sämmtliche Schriften. Ausgabe letzter Hand, besorgt von
Friedrich Mosengeil. Leipzig, bei Gerhard Fleischer. 1827 bis 28. XII. 16.; Neue
A. 1852. XII mit Bildnis. Enth. I bis II: Nr. 1) und 2). — III bis IV: Nr. 3).
— V: Nr. 7). — VI: Nr. 5). — VII bis VIII: Nr. 4) — IX: Der Reisen aus der
Fremde in die Heimath dritter Theil. — Der Wald von Myra. — X: Nr. 6). —
XI bis XII: Lebensgeschichtliche Nachrichten; Mittheilungen aus dem
handschriftlichen Nachlaß. a: Frühere poetische Versuche. — b: Thalheim, oder
die Liebe auf der wüsten Insel. — c: Briefe des Herzogs August von Sachsen-
Gotha. — e: Briefe von Jean Paul. — e: Briefe von Verschiedenen (Fichte u. a).
— f: Zwei Bruchstücke aus Wagner's ‚Jesus von Nazareth; eine Harmonie der
vier Evangelien, für Freunde der Religion'. — g: Wagner's Briefe an den Freiherrn
von Truchseß. — 9) Sämmtliche Schriften. Dritte Aufl. Leipzig 1853 bis 55. VI.
16. Enth. I: Nr. 1) und 2). — II: Nr. 3). — III: Nr. 7) und 5). — IV: Nr. 4). —
V: Wald von Myra; Nr. 6). — VI: Leben und Briefe.

28. Johann Georg Jonathan Schuderoff, geb. am 24. Oktober 1766 in
Gotha, studierte in Jena; 1790 Prediger in Drakendorf, 1797 Diakonus und 1805
Archidiakonus in Altenburg, 1806 Superintendent in Ronneburg, 1836 Geh. Konsi-
storialrat, 1839 des Amtes enthoben, 1840 wieder eingesetzt, † am 31. Oktober 1843.

a. Meusel, Gel. Teutschl. 7, 341. 11, 685. 15, 387f. 20, 303 bis 306. —
b. Nekrolog 21, 943 bis 952.

1) Die Märtyrer der Liebe (Roman). Hrsg. v. J. S. Berlin 1805. VIII, 212 S. 8. Enth. a: Rechtern's letztes Lebensjahr (in Briefen). — b: Karolinens Briefwechsel. — 2) Richard und Augusta. Ein Roman in Briefen. Schneeberg 1805. 8. — 3) Badebelustigungen. Tübingen und Stuttgart 1810. 8. — 4) Ehrenrettung der Protestanten gegen J. Ch. Aretins Beschuldigungen im Morgenboten und der Schrift: ‚Plane Napoleons und seiner Gegner' [§ 293, V. 28. 9]. Leipzig 1810. 8. — 5) Nebenstunden. Ronneburg 1823 bis 25. II. 8. Becks Repert. 1823, 4, 462. — 6) § 293, II. 3. 29) — Band VI. 8. 222. Außerdem Predigtsammlungen, homiletische, kirchenrechtliche und religiös-philosophische Schriften. Vgl. Neue Allg. dtsch. Bibl. 2, 488 bis 495; 24, 118.

29. Johannes Ignatz Weltzel, geb. am 24. Oktober 1771 zu Johannisberg im Rheingau als Sohn armer Winzerleute, besuchte 1783 das Gymnasium in Kreuznach, dann in Mainz. Die Kosten für Leben und Unterricht erwarb er sich hier durch Unterrichten jüngerer Kinder. Seine Studien auf der Universität daselbst unterbrach die Mainzer Clubistenzeit, er setzte sie fort in Jena und seit 1796 in Göttingen. In der Erkenntnis, daß er für die zünftige Gelehrsamkeit nicht tauglich sei, kehrte er nach Johannisberg zurück, besuchte im Sommer 1797 die Schweiz, trat 1798 als Commissaire du Directoire exécutif des Kantons Ottersberg bei Kaiserslautern in französische Dienste, wurde 1799 Commissaire bei der Munizipalverwaltung des Kantons Germersheim und kühlte in diesen Stellungen seine Begeisterung für das neufränkische Wesen ab. Bei der neuen Ordnung i. J. 1800 verlor er seine Stelle, nahm keine neue an, sondern gab eine politische Monatsschrift ‚Egeria' heraus und leitete die Mainzer Zeitung. Bei der Errichtung des Kaiserlichen Lyzeums in Mainz wurde er Professor, gab mit Nic. Vogt seit 1807 die ‚Europäischen Staatsrelationen' und seit 1810 das ‚Rheinische Archiv' heraus, später in Wiesbaden die Rheinischen Blätter, legte aber deren Leitung 1819 beim Erlaß der Karlsbader Beschlüsse nieder. 1820 zum Hofrat und Bibliothekar in Wiesbaden ernannt, war er publizistisch thätig, besonders als Mitarbeiter der Allgemeinen Zeitung. Er starb am 10. Januar 1837. a. Selbstbiographie Nr. 7). — b. Meusel, Gel. Teutschl. 16, 183 21, 456 f. — c. Allgem. Zeitung 1837. Nr. 67 bis 73 außerordentl. Beilage. — d. Nekrolog 15, 67 bis 83. — e. Scriba, 2, 781 bis 782. — f. Allg. dtsch. Biogr. 1896. 41, 630 bis 635 (W. Sauer).

1) Über die Bestimmung des Menschen und Bürgers. Mainz (Straßb.) 1800. 8. — 2) Lindau oder der unsichtbare Bund. Eine Geschichte aus dem Revolutionskriege. Frankfurt 1805. 315 S. 8. — 3) Eugen oder die Freischaft aus Liebe. Mainz 1809. 320 S. 8. — 4) Denkschrift von Napoleon Bonaparte, und dessen Ansicht der gegenwärtigen Weltlage, aus Berichten vom Northumberland. Wiesbaden 1814. 8.; Zw. Aufl. 1816 (15). 8.

5) August und Wilhelmine oder das Mißverständnis. Wiesbaden 1815 bis 16. II. 8. 1820. II. 8. — 6) Vermischte Schriften. Wiesbaden 1820 bis 21. III. 8. — Becks Repert. 8, 1, 366 f. — 7) Das Merkwürdigste aus meinem Leben und aus meiner Zeit. Leipzig (Frankf.) 1821 bis 23. II. 8. Becks Repert. 1821, 2, 365; 1823, 2, 262. — 8) Die Rheinreise. Erster Theil. Wiesbaden 1825 8. — 9) Napoleon durch sich selbst gerichtet. Frankfurt 1829 8. — 18) Scherz und Ernst, zur Characteristik unserer Zeit. Frankfurt 1830. 8. — 11) Geschichte der Staatswissenschaft. Stuttgart 1831 bis 33. II. 8. — 12) Briefe vom Rhein. Leipzig u. Stuttg. 1834. 8.

30. Johann Heinrich Christoph Vogler, Schriftstellername: H. Glover, geb. am 5. März 1772 zu Hessen im Braunschweigischen, studierte in Helmstädt Medizin seit 1792 (besonders von Beireis begünstigt), 1794 auch ein Halbjahr in Jena, promovierte in Helmstädt und wurde als Arzt in Braunschweig vereidigt, unterstützte dann seinen Vater in seiner Thätigkeit als Wundarzt in Hessen und ließ sich 1804 als Arzt in Halberstadt nieder, gab verschiedene Zeitschriften heraus und gründete 1809 eine Buchhandlung mit W. Körte (der 1817 ausschied), verlegte diese später nach Potsdam und starb dort am 3. Februar 1836. a. Meusel, Gel, Teutschl. 16, 103 f. 21, 237. — b. Nekrolog 14, 140 bis 142.

1) Georg Herrmann, eine wahre Geschichte von Dr. V. Leipzig 1805. 8. — 2) Clara Coudray, nach dem Franz. des Delvallé-Boissière. Leer 1829. 8. — 3) Altes und Neues für Geschichte und Dichtkunst. Mit F. H. Bothe. Potsdam. 1832. 8. — 4) Gab heraus: Halberstädt. Mittheilgn., eine Wochenschr. Halberstadt 1822 f. 8.

81. Christian Adolph E. von Gersdorf, geb. am 8. April 1773 zu Krischa, Oberlaus., diente in der sächs. Kavallerie. — Otto 4, 117.

Reichs-Söhne, oder die vier Facultäten, ein Roman. Görlitz 1805. 8.

82. Johann Friedrich Facius, geb am 26. Januar 1750 in Coburg. In seiner Vaterstadt starb er als Sächs.-Coburgischer Rat und Prof. am Casimirianum, dem akadem. Gymnasium, am 21. Juli 1825.

a. Meusel, Gel. Teutschl. 2, 284 f. 9, 322. 13, 360 f. 17, 547. 22 II, 104 f. — b. Neuer Nekrolog 1825, 724 bis 746 (E. v. Gruner). — c. Allg. dtsch. Biogr. 1877. 6, 531 f. (Eckstein).

1) Die zwei Portraite, oder Geschichte meines Landaufenthalts. Coburg 1799. 8. — 2) Poexile. Eine Quartalschrift. Coburg 1800 bis 1801. IV. 8. (Darin von ihm: Harlekin, Posse in 1 Anfz. Auch besonders erschienen: Der Harlekin, oder: Es hat alles in der Welt zwey Seiten. Eine Posse in einem Aufzug. Coburg 1801. 8. Ohne Vfnamen). — 3) Alessio. Ein Roman. Hildburghausen 1810. 8.

83. Georg Christian Sponagel, geb. am 12. August 1763 in Lüneburg, studierte Rechte; Advokat und Prokurator; 1801 Kammerkonsulent und Advokat zu Ratzeburg, 1823 dän. Justizrat; † am 27. Februar 1830 auf seinem Gute Rondeshagen bei Ratzeburg.

a. Lübker 573. 885. — b. Nekrolog 8, 188 bis 191. — c. Becks Repert. 1830, 1, 473. — Vergl. § 294, 27.

1) Meine viertägigen Leiden im Bade zu Pyrmont. In Briefen an einen Freund. Eine Brunnenlectüre in vier Portionen zu lesen, wenn der Arzt den Mittagsschlaf untersagt hat. Hannover 1809. 8.; Zw. Aufl. Hann. 1814. 8.; Dritte Aufl. Pyrmont 1824. 8. — 2) Des Vetters Feldzug in die Seebäder von Doberan. Hannover 1826. 377 S. 8. Nachtrag dazu: 1827. — 3) Das Hafermus, nach Hebel: Ratzet. Intelligenzbl. 1809, St. 27. Der Peter in der Fremde, nach Grübel: daselbst, St. 52.

34. Friedrich Ferdinand Hempel, Schriftstellernamen: **Peregrinus Syntax, Spiritus Asper, Nestorius, Fr. Cebes, Simplicissimus, Frater Timoleon,** geb. am 6. September 1778 in Treben bei Altenburg, Hofadvokat und Notar in Altenburg, verließ die Stadt 1819 und lebte in Odessa, später unter dem Namen Dr. Banack in Pesth. Hier starb er am 4. März 1836.

a. Meusel, Gel. Teutschl. 18, 110 (unter Ferdinand Ludwig H.). 111. 20, 550. 670 Anm. 22 II, 671 f. — b. Nekrolog 16, 1003.

1) Aphorismen über den Kuß. Ein Weihnachtsgeschenk für die kußlustige und kußgerechte Welt von einem Spiritus Asper. Neue Auflage, mit 10 herzlichen Kupfern. Leipzig, C. A. Solbrig, 1808. XXIV, 192 S. 16. Neu hg. als 4. Theil der Curiosa et Jocosa. Stuttgart, Scheible 1856 bis 57. IX. 12.; Hayn S. 872, vgl. S. 15. — 2) Nachtgedanken über das A-B-C-Buch von Spiritus Asper, für alle, welche buchstabiren können. Leipzig 1809. II. 8. — 3) Fragment einer Reise um den Tisch. Von Spiritus Asper: Urania für 1812. S. 273 bis 299. — 4) Politische Stachelnüsse gereift in den Jahren 1813 bis 1814 aufgetischt von Spiritus Asper. o. O. [Leipzig: F. A. Brockhaus]. 1814. 48 S. 12. Politische Stachelnüsse geschüttelt von Spiritus Asper. Zweyte Lieferung. o. O. 1815. 88 S. 12. — 5) Ein Paar merkantilische Stachelnüsse. Zur Messe gebracht von Spiritus Asper. Altenburg und Leipzig: F. A. Brockhaus. 1816. 8. — 6) Bergpredigt, gehalten am 24. Julius 1817 auf dem Pfefferberge bei Schmölln von Simplicissimus: Urania f. 1818. S. 877 bis 888. — 7) Nüsse. Gesammelt von Frater Timoleon. Cöln: bei Peter Hammer. Gedruckt im Jahre 1722. [Leipzig: F. A. Brockhaus. 1818] 28 S. 8.

8) Herzog uguet von Altenburg und seine Bauern. Altenburg 1819. 4. — 9) Osterländische Blätter. Alteub. 1819. 4. (Daraus besonders gedruckt und kon-fisziert: Das Allerleihaus. Ein Beitrag zur Topographie der Jungfernaue. Leipzig 1819. 8.) — 10) Zwei Romanzen von Peregrinus: Urania f. 1821. S. 373 bis 382. — 11) Taschenbuch ohne Titel für das Jahr 1822. Leipzig: F. A. Brockhaus. 1822. 8. — 12) Symposion. Ein Liederkranz für Freunde einer fröhlichen Tafel. Alteub. 1825. 8. — 13) Allgemeines deutsches Reimlexicon. Hg. von Peregrinus Syntax. Leipzig: F. A. Brockhaus. 1826. II. 8. — 14) Voltaire's Henriade, übers. Pesth 1828. II. — 15) Taschenbuch ohne Titel auf d. J. 1830 und 1832. Leipzig: F. A. Brockhaus. II. 8.

Sieh § 224, 28. 8).

35. Philipp Joseph von Rehfues, geb. am 2. Oktober 1779 als Sohn des Bürgermeisters in Tübingen, studierte daselbst Theologie, 1801 Hofmeister zu Livorno, 1807 Bibliothekar des Kronprinzen von Württemberg, bereiste Frankreich und Spanien, 1814 Generalgouverneur von Coblenz und dann Kreisdirektor zu Bonn, 1818 Regierungs-Bevollmächtigter an der Universität, 1819 Geh. Regierungs-Rat, 1826 geadelt, † am 23 Oktober 1843 auf seinem Gute am Siebengebirge.

a. Meusel, Gel. Teutschl. 10, 452. 11, 630. 15, 111. 19, 267 f. — b. Heinrich Laube, Moderne Charakteristiken. Mannheim 1835. 2, 420 bis 424. — c. Nr. 17) Autobiographisches. – d. Allg. dtsch. Biogr. 1888. 27, 590 f. (A. Kaufmann).

Briefe an Gutzkow: Prölß, Das junge Deutschland 1892. S. 723.

1) Italien. Eine Zeitschr. von zwei reisenden Deutschen. (Rehfues und J. F. Tscharner). Berl. 1803 bis 4. 11 Hefte. 8. — 2) Alfieris Trauerspiele übers. Berl. 1804. Zusammen mit J. F. Tscharner. Neue Allg. dtsch. Bibl. 101, 269. — 3) Italienische Miscellen. Tübingen 1804 bis 6. V. 8. Neue Allg. dtsch. Bibl. 103, 183. — 4) Plato in Italien. Aus einer Griechischen Handschrift übersetzt von ***. Hg. von P. J. Rehfues. Tübingen 1808 bis 11. III. 8. — 5) Gemälde von Neapel und seinen Umgebungen. Zürich 1808. III. 8. — 6) Briefe aus Italien während der Jahre 1801 bis 5. Zürich 1809 bis 10. IV. 8. — 7) Die Brautfahrt in Spanien. Ein kom. Roman, nach Lantier frei bearb. Berlin 1811. II. 8. — 8) Beschreibung meiner i. J. 1808 über Tyrol, Oberitalien, die Schweiz und Frankreich gemachten Reise. Frankf. 1812. 8.

9) Spanien nach eigner Ansicht i. J. 1808 und nach unbekannten Quellen bis auf die neueste Zeit. Frankf. 1813. IV. 8. — 10) (Zwei) Reden an das deutsche Volk. Deutschland (Nürnb.) 1813. 8.; 1814. 8. — 11) Die Oriflamme oder der Pariser Enthusiasmus unter Napoleon dem Großen, Kaiser der Franzosen, eine Sammlung merkwürdiger, vor der Aufführung dieser Oper in Paris gewechselter Briefe; als ein Beytrag zu der französischen Kunst, das Volk gegen sein eignes Herz und seinen Verstand zu bearbeiten. Nancy [Leipzig: F. A. Brockhaus]. 1814. VI, 80 S. 8. — 12) Groß-Griechenland. Gedicht. Bonn 1815.

13) Scipio Cicala. Leipzig: F. A. Brockhaus. 1832. IV. 8. Zweite ganz umgearb. Aufl. 1840. IV. 8. Gersdorfs Rep. 28, 85 f. Gutzkow, Beitr. Stuttg. 1836. 2, 280. Reclams Univ.-B. Nr. 2581 bis 88. — 14) Die Belagerung des Castells von Gozzo, oder der letzte Assassine. Von dem Verf. des Scipio Cicala. Leipzig: F. A. Brockhaus. 1834. II. 8. — 15) Abenteuer auf einer Reise durch die Gebirge von Abruzzo im 16. Jahrhundert. Mitgeteilt von dem Vf. des ‚Scipio Cicala': Urania f. 1835. 8. 153 bis 316. — 16) Die neue Medea. Roman. Stuttg. 1836. III. 8. Gersd. Rep. 11, 203 f. Stuttg. 1841. III. 8. — 17) Alex. Kaufmann, Bilder aus dem Tübinger Leben zu Ende des vorigen Jahrhunderts. Aus dem literarischen Nachlaß Phil. Josephs von Rehfues: J. H. Müllers Zsch. f. dtsch. Kulturgesch. 3, 99 bis 120. Vergl. dazu Schnorrs Archiv 1876. 5, 111 bis 116.

36. Friedrich August Wentzel, geb. 1773 in Breslau, Sekretär der Accis-Direktion in seiner Vaterstadt, lebte später als Privatgelehrter und † am 8. Juni 1823 daselbst. Er ahmte Wieland und dessen Nachahmer A. G. Meißner (§ 224, 52) nach, wetteiferte aber nur in Schlüpfrigkeiten mit ihnen.

a. Meusel, Gel. Teutschl. 16, 191. 21, 483. — b. Nekrolog 1, 901.

1) Angelica, oder der weibliche Agathon. Breslau 1804 bis 5. II. 8. Neue Allg. dtsch. Bibl. 93, 412. — 2) Die merkwürdige Maskerade, oder der seltne Tausch. Posen u. Leipzig 1806. II. 8. — 3) Aristobul der Fürstengünstling. Posen u. Leipzig 1808. II. 8.; 1817. II. 8. — 4) Lichtstrahlen für das höhere Leben. Breslau 1809. 8. — 5) Vaterlands-Opfer in romantischen Darstellungen. Breslau 1809. 8.

6) Matthias Corvinus und Maria, die Konsulstochter von Breslau, oder die Belagerung von Breslau im J. 1474. Ein historisches vaterländisches Schauspiel in 5 Akten. Breslau 1809. 8. 1817. 8. Auch: Dtsch. Schaubühne. Augsburg. Band 2. Vergl. § 259, 154. 12) = Band V. S. 341. — 7) Leonte, der schöne Fackelträger, oder Glück durch Frauengunst. Ein jovialer Roman. Breslau 1810. II. 8.; 1812. II. 8.; 1817. — 8) Kriegsgemälde des neueren Zeitalters im romantischen Gewande. Breslau 1812. II. 8. 1815. II. 8. — 9) Edwins abenteuerlicher Pfad zur Tugend. Romantisch dargestellt. Breslau 1815. 126 S. 8.

37. Karl Friedrich Christian Pietzker, Schriftstellername: Wendelin Volkmar, geb. am 1. Juni 1771 in Groppendorf bei Magdeburg, † als Geh. Finanzrat in Berlin am 12. Juli 1844. — Nekrolog 22, 1015. — (Hitzig) Gel. Berlin 1825. S. 193.

Erzählungen. Berlin 1808. 8. Enth. a: Der Glockenthaler. — b: Minneglück.
— c: Das Geheimniß. — Gedichte, Erzählungen und Aufsätze im Freimüthigen
von 1812 bis 17.

II. In den Ritter-, Räuber- und Geisterromanen findet sich alles
wieder, was früher (§ 279) von dieser Gattung der Unterhaltungslitteratur
gesagt ist. Humpen, Knappen, Burgwarte, Ehegesponse und Rüdengebell;
fanatische Mönche; wilde Lazzaroni, blutdürstige Kalabresen; verdammte
Geister und ihre Erlösung durch hehre Edelthaten; Räuber, die nach Brauch
und Herkommen edel, nur durch das blinde Geschick in ihr verworfnes,
übrigens höchst edelmütig geübtes Handwerk gestoßen sind und ohne viel
Bedenken durch einen Pistolenschuß ihrem Leben ein Ende machen; viel
Sinnlichkeit und athletische Kraftäußerung — das bildet die Masse, aus
der die erstaunlich fruchtbaren Herren Landprediger ihre Romane zusammen-
kneten. — Nicht sehr viel besser ist die meist süßliche Kinderlitteratur,
in der die lieben Püppchen zu widerlichen Äffchen zugestutzt werden.

Vgl. Carl Müller-Fraureuth, Die Ritter- und Räuberromane. Ein Beitrag zur
Bildungsgeschichte des Deutschen Volkes. Halle a. S. 1894. 8. Vgl. Literaturbl. f. germ.
und rom. Philol. 1896. Nr. 1 (Alb. Leitzmann); Lit.-Ztg. 1896. Nr 1; Euphorion 1896.
3, 540/9 (Rud. Fürst); Kochs Zs. f. vergl. Lit.-Gesch. N. F. 10, S. 277/80 (Carl Heine).

A.

1. Joseph Alois Gleich, Schriftstellernamen: Ludwig Dellarosa, H. Walden,
Adolph Blum, geb. am 14. September 1772 in Wien, besuchte die Josephstädter
Piaristenschule, legte sich auf die Staatsrechnungswissenschaft, stand 1790 bis 1830
im K. österreichischen Staatsdienst, von 1832 an in einer Hofbedienstung, war
nebenbei Theaterdichter der Josephstädter und später der Leopoldstädter Bühne,
Schwiegervater Raimunds, † am 10. Februar 1841 in Armut und Schulden. Seine
Zauberpossen und sog. Volksstücke s. § 334, 427.

a. Meusel, Gel. Teutschl. 2, 576. 9, 430. 11, 273 bis 275. 13, 474. 17, 725 bis
727. 22 II, 876 f. — b. Nekrol. 19, 1312. — c. Wurzbach 5, 214 bis 216.

1) Kitschtasp und Isphendiar, Könige von Persien. Kaschau 1794. II. 8. Vgl.
Neue Allg. dtsch. Bibl. 22, 457. — 2) Harald oder der Kronenkrieg. Kaschau 1794.
II. 8. Vgl. Neue Allg. dtsch. Bibl. 23, 178. — 3) Runaldo. Skizze der Vorwelt. Wien
1795. 8. — 4) Fridolin von Eisenfels, oder: Die Eulenburg. Kaschau 1796; 1823.
— 5) Rinold, der Maler für menschliche Herzen. Wien 1796. 8. — 6) Scenen aus
dem menschlichen Leben. Wien 1796. 8. — 7) Pierre Soucis oder: Die Philosophen
im Lande der Freiheit. Wien 1796. — 8) Gemälde für Liebende. Wien 1796. 8.
Zweite Aufl. a. u. d. T.: Mutter Irmentraut. Wien 1810. Vgl. § 259, 154. 13).

9) Der schwarze Ritter oder die drei Waisen. Geistergesch. a. d. 12. Jh.
Krems. 1797. 8. Vierte Aufl. Wien 1810. 8. — 10) Die Todtenfackel oder die
Höhle der Siebenschläfer. Wien 1798. 8.; 1821. 8. Vgl. § 259, 117. 15). — 11) Die
Wanderungen des Ritters Eckbert von Klausenthal. Scenen aus der Geister- und
Vorwelt vom Verfasser des schwarzen Ritters. Krems 1798. II. 8.; Wien 1803.
II. 8. — 12) Edwin und Blanka, oder Abentheuer eines Schottländers in zweyerley
Welttheilen; eine Robinsonade a. d. 1. Hälfte dieses Jahrh. Leipzig 1798. 8. —
13) Waldraf der Wandler. Wien (1798). 295 S. 8. Neue Allg. dtsch. Bibl. 45,
869 f. Zweite A. 1818. Vgl. § 259, 154. 1). — 14) Der warnende Zaubergürtel
oder das Schauermännchen. Wien und Leipzig 1798. 8. — 15) Der böse Appel
von Vitzthum, oder der Greis Loma. Wien und Prag 1799. II. 8. — 16) Jetta,
die schöne Zigeunertochter oder der Wolfsbrunnen. Wien 1799. — 17) Udo der
Stählerne oder die Ruinen von Drudenstein. Wien, bey Rehm. 1799. 216 S. 8.
Neue Allg. dtsch. Bibl. 54, 41; 1818. 8. — 18) Der Geist Gelanors oder Abentheuer
des Grafen Ludwig von Edelburg. Eine Wundergesch. vom Verf. des schwarzen
Ritters. Krems 1799. II. 8. — 19) Wallrah von Schreckenhorn oder das Todten-
mahl um Mitternacht. Leipzig 1799. 282 S. Neue Allg. dtsch. Bibl. 54, 40. 1802.
8. — 20) Die Brüder von Stauffenberg oder die Macht der Verborgenen. Wien
1799. 8.; 1805. 8. — 21) Winsened der Zwerg im Löwenthale. Wien 1800. 8.

22) Die dreihundertjährige Wandlerin nach dem Tode. Wien 1800. II. 8. — 23) Feinsteins Fall oder der Geist des Brunnens. Sage aus den Gräuelzeiten der Vorwelt. Wien 1800. 8. — 24) Emmerich von Wolfsthal oder das Schlossgespenst. Leipzig 1800. 8. — 25) Wippe von Königstein oder die Todtenhöhle am Fichtelberge. Geistergesch. a. d. Zeiten Kaiser Rudolfs von Habsburg. Vom Verf. Waldrafs des Wandlers. Leipzig (1800); Wien 1807; 1817; 1841. 8. — 26) Erdmann von Mühlenberg oder Schauerschwur zur Wanderung. Leipzig 1800. — 27) Die beiden Spencer oder die Wunder der Todtengruft. Wien 1800. 8.; 1843. 8. — 28) Idealische Gemälde aus der Phantasien- und Geisterwelt. Prag 1800. 8. — 29) Biandetto, der Bandit von Treviso. Seitenstück zu Rinaldo Rinaldini. Leipzig 1800. 8. — 30) Arbiger der graue Wanderer, oder Lasterstrafe und Tugendlohn. Wien 1800. II. 8.

31) Sagen der Ungarischen Vorzeit. Ein Gegenstück zu den Sagen der Vorzeit von Veit Weber [§ 278, 10. 1 — Band V. S. 492]. Wien 1800. 8. — 32) Elisa von Eisenthurm oder das Georgenhäuschen am Leopoldsberge. Leipzig 1800. 8.; Frankf. 1807. 8. — 33) Die Zwillinge vom Wichtsberge. Wien 1800. 8. — 34) Otfried von Tannenberg oder der Fluch der Verführung. Eine Sage a. d. Z. Friedrichs von Hohenstaufen. Wien 1800. 8.; 1843. 8. — 35) Guadrino's Schatten um Mitternacht. Wien 1800. 8. — 36) Werno der Kühne, eine Gesch a. d. Z. der Belagerung Wiens. Wien 1801. 8. Neue Allg. dtsch. Bibl. 76, 102. — 37) Edmund Westerholm, der Schwede. Wien 1801. 8. — 38) Die Unbekannte im Tannenhain. Eine Gesch. voller natürlicher Wunder. Leipzig 1801. II. 8. Neue Allg. dtsch. Bibl. 80, 349. — 39) Der Graf von Varennes oder der Todtenhügel im Waisenhain. Wien 1801. 8. — 40) Die Familie von Eichwalde, oder die Witwe von Marseille. Wien 1801. 8. — 41) Lord John Watwort oder die Mitternachtsstunde an Jenny's Grab. Wien 1801. 8.

42) Gideon der bedrängte Wanderer. Wien 1800. 8. — 43) Bodo und seine Brüder, oder das Schloß der Geheimnisse. Leipzig (Krems) 1801. II. 8.; 1803. 8. Neue Allg. dtsch. Bibl. 75, 396. — 44) Graf Odomar oder das Hirtenmädchen. Leipzig 1802. 8. — 45) Juliette von Lüneville, eine Gesch. a. d. Z. des letzten Friedensschlusses. Leipzig 1802. 8. — 46) Die Findlinge, Familiengeschichte des Marquis von Barcas. Wien 1802. 8. — 47) Peter Sehwalbe. der lahme Wächter des Beinhauses. Leipzig 1802. 8. — 48) Das Räubermädchen von Baden und die Teufelsmühle am Wienerberge. Schauerliche Schreckensscenen aus Oesterreichs Vorzeit. Leipzig 1802. 8.; Wien 1840. 217 S. 8.

49) Ruthard Arrevalo und das Mädchen vom Libanon. Leipzig (Krems) 1802. II. 8. — 50) Marno der Schreckenvolle und das Mädchen in der Löwenhöhle. Krems 1803. II. 8. — 51) Die Familie von Peterswaldau oder die Flüchtlinge. Seitenst. zu Lafontaine's Klara du Plessis. Leipzig 1804. 8 — 52) Dittmar von Arenstein, oder der Rächer in der Todtenhalle. Krems u. Wien 1804. II. 8. — 53) Bellido Dolfos und seine Familie, oder das Wiedersehen am Grabe. Krems 1804. II. 8. — 54) Odomar von Bärenstamm oder die unterirdischen Gefängnisse. Krems 1805. II. 8. — 55) Hunerich, Beherrscher der Vandalen, und seine Freunde. Wien 1806. II. 8.

56) Geschichte der Stadt Wienerisch-Neustadt. Wien 1809. 8. — 57) Sydonie oder Leidenschaft und Verhängniss. Aus dem Franz. Pesth 1815. 8. — 58) Mongolf von Rothenburg oder der Kampf um Mitternacht. Wien 1816. 8. — 59) Der Eheteufel auf Reisen. Kom. Novelle a. dem Geisterreiche. Von Ad. Blum. Leipzig 1821. 8. Becks Report. 3, 4. 212. 403. — 60) Drei Nächte außer dem Brautbette, oder die Töchter der Hexe von Endor. Wundergesch. vom Verf. des Eheteufels auf Reisen. Leipzig 1822. 8. — 61) Wendelin von Höllenstein oder die Todtenglocke. Wien 1822. 8.; 1844. — 62) Sylphide oder die Seefräulein auf ihrer Lustreise. Wien 1829. 8. — 63) Der schwarze Janosch oder die geheimen Gewölbe in Venedig. Wien 1829. — 64) Zöglinge froher Laune, oder Neueste Märchen, Erzählungen und Schwänke. Von H. Walden. Wien 1829 bis 30. III. Enth. Nr. 62). 63). 65).

65) Martin Pleyer, der Kreuzfahrer wider Willen. Wien 1830. 8. — 66) Wien und seine Bewohner. Humoristisch geschildert auf einem Spaziergange über die ganze Bastey ... von H. Walden. Wien 1834. 12. — 67) Das Blutmahl um Mitternacht oder das wandernde Gespenst in Wiener-Neustadt. Wien 1836. 8. — 68) Die Räuberbraut oder Felipo, der große Gebirgskönig und edle Räuberhauptmann. Eine wahre Gesch. Nordhausen. 1835. II. 184 und 200 S. 8. — 69) Die Zwillinge. Romant. Ritter- und Räubergemälde. Nordhausen 1835. 190 S. — 70) Mathilde von Arnstein, die Löwenbändigerin in Palästina oder das Todtengericht am Kreuzwege. Wien 1837. 8. Gersdorf Rep. 15, 199 f. — 71) Die Belagerung

Wiens durch die Türken. Wien 1838. II. 8. — 72) Guido von Sendenstein oder
die Tempelritter in Mödling. Wien 1839. Gersd. Rep. 20, 277.

73) Howora, der Träumer, oder die Schauernächte im Schlosse Krakow. Hist.-
romant. Beitrag zur Gesch. Böhmens. Wien 1839. 239 S. — 74) Das Blutgericht
im Thurme Daliborka am Hradschin zu Prag. Hist.-romant. Beitrag zur älteren
Gesch. Böhmens. Vom Vf. des Waldraf. Wien 1839. VIII, 224 S. — 75) Die
Wellenbraut oder die gespenstigen Rächer im Riesengebirge. Hist.-romant. Sage a.
d. Z. des 30jähr. Krieges. Vom Vf. des Waldraf. Wien 1839. VI, 218 S. — 76)
Die eiserne Jungfrau. Geistergesch. a. d. Vorzeit Böhmens. Wien 1840. 211 S. 8.
— 77) Andreas der Teppich-Krämer, oder der wunderbare Doppelgänger. Romant.
Gesch. a. d. 17. Jh. Wien 1840. II. 259 u. 168 S. 8. — 78) Dagobert von Greifenstein oder das Todtengericht um Mitternacht in den unterirdischen Schauerklüften
der Burgfeste Theben in Ungarn. Wien 1840. — 79) Arnulf Schreckenwald, genannt
der Eisenfresser, oder: Die Blutrache auf Burg Aggstein an der Donau. Wien 1840.
153 S. — 80) Odomar von Dürrenstein und Bertha von Scharfeneck, oder: Die Raubritter an der Donau. Wien 1841. 172 S. 8. — 81) Peter Szapary der Held im
Sclavenjoche, oder: Die Rache im unterirdischen Gefängnisse zu Ofen. Hist.-
romant. Erz. a. d. Z. Richards Löwenherz. Wien 1841. 172 S.

82) Mohamed der Eroberer, oder: Die Todtenbrücke in Konstantinopel. Liebes-
und Gräuelscenen aus der blutbefleckten Zeit der Zerstörung des griech. Reiches.
Wien 1841. 148 S. — 83) Amalie von Burgau, oder Schauerscenen in unterirdischen
Klüften. Wundergesch. natürlichen Inhalts a. d. Z. des 30jähr. Krieges. Wien 1840.
158 S. — 84) Eugen von Waldenhorst der lebendig Begrabene, oder: Bruderhaß
und Weibertreue. Romant. Räubergesch. a. d. Anfang dieses Jh. Nordhausen 1841.
264 S. 8. — 85) Die Nymphe von Teplitz, oder die Geisterglocke im Räuberthurm
zu Riesenberg. Volkssage aus Böhmens Vorzeit. Wien 1841. 8. — 86) Liebmundens
Riesenburg oder die eisernen Brüder. Sage a. d. Z. Herzog Lothars von Sachsen.
o. O. u. J. 238 S. 8. — 87) Reiseabentheuer mit dem Eilwagen. Frei nach dem
Franz. (von L. Angely) Wien 1841. Vgl. Gersdorfs Repert. 29, 879.
Unter Gleichs Namen gingen:
1) Mirandolo Pisani. Wien 1842. 8. — 2) Die Schloßruinen im Walde oder
Graf Rinaldo's fürchterliche Gestalt. Wien 1842. 8. — 3) Ludmilla von Sternberg, der Geisterliebling, oder die lebenden Bäume zu Stromka bei Prag. Wien
1842. 8.; 1851. 8. — 4) Markulf der Eisenarm mit dem Riesenschwerte, oder der
Todtentanz um Mitternacht im Schloß Engelhaus bei Carlsbad. Nach einer engl. und
böhm. Volkssage bearb. Wien 1843. 8. — 5) Das Marmorbild in der Räuberhöhle
bei Greifenstein oder Andolien der Löwenbändiger. Wien 1843. 8. — 6) Drahomira
mit dem Schlangenringe oder die nächtlichen Wanderer in den Schreckensge-
fängnissen von Karlstein bei Prag. Wien 1850. 8.

2. Heinrich August Kerndörffer, geb. am 16. Dezember 1769 in Leipzig,
Doktor der Philosophie und öffentlicher akademischer Lehrer der deutschen Sprache
und Deklamation in Leipzig, † in Reudnitz am 28. September 1846.
a. Meusel, Gel. Teutschl. 10, 71 f. 11, 421 f. 14, 280. 18, 327 f 23, 117 bis 119.
b. Nekrolog 24, 1094 f.

1) Die Familie von Bardenstern. Leipzig 1793. — 2) Hermann und Agnese;
Gemälde der Barbarei der Vorzeit. Leipzig 1794. — 3) Über die Liebe. Allen liebenden Jünglingen und Mädchen gewidmet. Leipzig 1795. 110 S. 8. — 4) Leben,
Meinungen und Schicksale des Sebaldus Götz, eines Kosmopoliten. Leipzig 1795. II.
8. Neue Allg. dtsch. Bibl. 23, 173; 26, 486. — 5) Mathilde, Gräfin von Adelingen.
Leipzig 1795. Neue Allg. dtsch. Bibl. Anh. zu 1 bis 28, 1, 201. — 6) Bekenntnisse
eines glücklichen Vaters. Frankfurt und Leipzig (Weißenfels) 1796. 8. — 7) Copien
nach der Natur. Cöthen 1796. — 8) Die Familie von Bornheim, histor. Gemälde
aus der großen Welt. Frankfurt u. Leipzig 1796. Neue Allg. dtsch. Bibl. 39, 412.

9) Athelin, Graf von Wolkenstern und seine Familie. Leipzig 1797. Neue
Allg. dtsch. Bibl. 38, 515. — 10) Moralische Gemälde aus der Ehe. Leipzig 1797.
300 S. Neue Allg. dtsch. Bibl. 84, 168 f. — 11) Wandernngen eines Mismuthigen
in die Gefilde ländlicher Zufriedenheit. Leipzig 1798. — 12) Darstellungen aus der
Menschenwelt; zur Beförderung eines weisen und frohen Lebensgenusses. Leipzig 1798.
— 13) Der Fluch des Leichtsinns, Familiengemälde. Frankfurt 1798. 216 S. 8.
Neue Allg. dtsch. Bibl. 47, 37 f. — 14) Sidonie, das Opfer einer unnatürlichen Mutter.

Braunschweig 1799. 8. — 15) Fürst Astolph und sein Freund Orion. Leipzig 1800.
8. Neue Allg. dtsch. Bibl. 60, 857. — 16) Worte eines edlen Greises an seine Zeitgenossen über einen weisen und frohen Genuß des Lebens. Leipzig 1800. 8. —
17) Worte eines edlen Vaters an den Geist und das Herz seines Sohnes. Leipzig 1801.
8. — Ermahnungen eines Vaters an d. G. u. d. H. s. 8. Leipzig (1825). 8.

18) Lorenzo, der kluge Mann im Walde, oder das Banditenmädchen; ein
Seitenstück zu Rinaldo Rinaldini. Leipzig 1801 bis 3. IV. 8. Neue Allg. dtsch.
Bibl. 81, 208; 89, 506. Umgearb. u. d. T.: Dianora oder die Verschwörung vom
schwarzen Bunde. Leipzig 1821. II. 8. — 19) Die Einsamen im Thale, oder Reue
versöhnt; eine Familiengesch. a. d. wirkl. Welt. Lübben 1802. — 20) Magazin für
Kinder zur Bildung des Herzens und Verstandes nach dem Franz. der Frau le Prince
de Beaumont frey bearb. Leipzig 1802. Neue Allg. dtsch. Bibl. 81, 541. — 21) Magazin
schrecklicher Ereignisse und fürchterlicher Geschichten. Leipzig 1803 bis 11. III.
(in 12 Heften). — 22) Urach der Wilde. Leipzig 1804. II; 1816. II; Neue Allg.
dtsch. Bibl. 90, 824. 826. Wiederh. 1823, II. — 23) Karlo Orsino, Räuber und
Zeitgenosse Rinaldo Rinaldini's. Leipzig 1804. II. 1810. II. 1816. II. Neue Allg.
dtsch. Bibl. 90, 828. — 24) Rinaldo di Sargino oder die Geheimnisse der unterirdischen Burg. Leipzig 1805. 8.; 1813. 8. — 25) Die Einsegnung, eine Klostergeschichte. Leipzig 1805. 8.

26) Die Ruinen der Geisterburg oder die warnende Stimme um Mitternacht.
Pirna 1805. IV. 8. Neue Allg. dtsch. Bibl. 96, 321. Wiederh. 1808; 1817. — 27)
Ullo der Barde des Gebirges oder die Schreckgeister in den Klüften des Chilo-Felsens.
Pirna 1806. II. 1808; 1817. — 28) Die Rudelsburg oder die wilden Jäger. Leipzig
1806. — 29) Erwina, oder die Geheimnisse der unterirdischen Gruft. Pirna 1806.
II. 8.; 1809; 1817. — 30) Der verkappte Ritter vom Winneberge oder die wandelnde
Jungfrau. Pirna 1807. 8.; 1810. 8; 1817. 8. — 31) Die Unsichtbaren oder die
Abenteuer in den Ruinen von St. Elmo. Leipzig 1807. 8. — 32) Roderigo Anduro
oder die Unbekannten in den Klüften des Pombino. Leipzig 1807. 8. — 33) Dämonio,
der umherwandelnde Unhold, oder das verschleierte Bild auf den Höhen des
Schreckhorns. Eisenberg 1807. 8.; 1810. 8.

34) Der Schreckensthurm am See oder die mitternächtliche Todtenglocke.
Chemnitz 1807. 8.; 1813. 8.; 1823. 8.; Stuttgart 1863. 12. — 35) Allino, der Greis
in vielerlei Gestalten, oder die Geheimnisse der Felsengruft. Pirna 1808. 8.; 1811.
8. — 36) Die Familie von der Garenburg oder Pflicht und Leidenschaft. Chemnitz
1808. 8.; 1815. 8. — 37) Der Mann im Mantel. Leipzig 1809. 8. — 38) Sionio,
der Greis des Gebirges. Leipzig 1812. II. 8.; 1813. 8. — 39) Gesänge für Freimaurer. Leipzig 1814. — 40) Die graue Stube auf der Burg Ulmenhausen oder das
stille Kind. Leipzig 1818. II. — 41) Die Ahnfrau. Leipzig 1821. III. 8.

42) Isidors schwärmerische Nächte oder romantische Darstellungen aus dem
Gebiete der Phantasie und der Träume. Leipzig 1822. 8.; wiederh. 1825. 8. —
43) Sophiens Reisen und merkwürdige Schicksale in England und der Türkei.
Leipzig 1824. 8. — 44) Der Flüchtling, eine abenteuerliche Geschichte. Jena 1826.
II. 8. — 45) Die Geheimnisse des Ahnen-Saales, eine abentheuerliche Geschichte
aus dem Archiv des Schlosses Alivaros. Leipzig 1829. 8.

Außerdem viele Bücher für Kinder, sowie: 46) Taschenbuch für Freunde der
Deklamation, mit Portraits. Hamburg 1807. 8. — 47) Handbuch der Deklamation.
Leipzig 1818 bis 15. III. — 48) Materialien für den ersten Unterricht in der Dekla-
mation. Leipzig 1815; 1820; 1828. Vgl. Beck, Rep. 1820. 4, 57. — 49) Muster-
stücke für Deklamation nebst erläuternden Bemerkungen. Leipzig 1822. 8. — 50)
Lauras Stammbuchblätter, oder Denkmäler der Liebe, Freundschaft und Dankbarkeit.
Leipzig 1822. 8. — 51) Toone. Leipzig 1823. — 52) Gedichte humoristischen, lächer-
lichen und komischen Inhalts, zum deklamator. Vortrag. Quedlinburg 1839. 8.

3. Heinrich (August) Müller, geb. 1766 in Greußen in Schwarzburg-
Sondershausen, 1797 Prediger in Menz bei Magdeburg, wohnte den Feldzügen 1813
und 14 als preußischer Brigadeprediger bei, Ritter des eisernen Kreuzes, seit 1815
Prediger in Wolmirsleben bei Egeln (Magdeburg), † am 2. August 1833. Verfasser
vieler Kinderbücher und Übersetzungen. Vgl. § 310, 583; § 350. — Nekrol. 11,
946 f. — Meusel, Gel. Teutschl. 5, 823 f. 10, 330. 11, 553 f. 14, 611. 628. 18,
757 bis 762.

1) Selbstmord und Raserei, die Folgen zärtlicher Liebe. Magdeburg 1798, Neue Allg. dtsch. Bibl. 54, 369. — 2) Traurige Folgen frühzeitiger Verlobungen. Magdeburg 1800. 8. — 3) Auserlesene Romane der classischen Schriftsteller Frankreichs. Hamburg 1801 bis 10. XV. 8. (Florian's und d'Arnaud's Romane; Valerie oder Briefe von Gustav v. Linar an Ernst v. G., a. d. Frz der Frau v. Krüdener; Alphonsine von v. Genlis; Zadig und der Hurone von Voltaire; Corinne von Frau v. Staël).

4) Unglücksfälle eines Edlen. Hamburg 1805. III. — 5) Maria Montansier. Romant. Gemälde. Hamburg 1806. 8. — 6) Marmontels auserl. Erzählungen, dem Zeitgeist gemäß bearb. Hamburg 1808. 8. — 7) Das Pfarrhaus zu Remsdorf. Hamburg 1808. 8.

8) Oswald und Luise. Gedicht in drey Gesängen als Seitenstück zu Baggesens Parthenais, Goethes Hermann und Dorothea und Vossens Luise. Hamburg, Vollmer [1809]. 4 Bl., 215 S. Ohne Vfnamen. — Vergl. § 242, 1) = Band IV. 8. 690. — 9) Fiorenzo oder die geheimen Verbündeten der Nacht. Hamburg 1810. 8. — 10) Don Juan und Diego. Hamburg 1810. 8. — 11) Hans Barthels Erscheinungen, Träume und Ehestandsscenen. Hamb. 1810. 8. — 12) Neue moralische Kinderbibliothek in Erzählungen. Magdeburg 1810. — 13) Bitte! Bitte! liebe Mutter! lieber Vater! lieber Onkel! liebe Tante, schenke mir das allerliebste Buch usw. Ein neues ABC- und Lesebuch nach Pestalozzi. Hamburg 1811. 8.; 1819. 8.

14) Bertrams Wallfahrten, Gefangenschaft und Liebe. Hamburg 1811. 8. — 15) Bonaventuri, der Geweihte der Nacht. Hamburg 1811. 8. — 16) Die Räuberhöhle. Hamburg 1811. 8. — 17) Meine Flucht aus Deutschland. Hamburg 1812. 8. — 18) Somarinsky, der Brudermörder. Hamburg 1812. 8. — 19) Ina, das geraubte Mädchen aus Algier. Quedlinburg 1813. II. 8.; 1831. II. 8.

20) Das Denkmal auf dem Brocken. Quedlinb. 1813. II. — 21)·Hermann Streit. Quedlinb. 1814. 8. — 22) Schwert und Pflug. Quedlinb. 1815. 8. — 23) Karl und Hermine oder Liebe und Täuschung, ein Warnungsspiegel für Mütter und ihre Töchter. Quedlinb. 1816. 8. — 24) Der neueste deutsche Jugendfreund, oder Erzählungen für Knaben und Mädchen, zur Ausbildung des Verstandes und Herzens. Quedlinb. 1816. II. 8. — 25) Friedensbüchlein. Eine Schrift fürs deutsche Volk. Mit erläuternden Gedichten. Quedlinb. 1817. 8. — 26) Der Klostersturm. Quedlinb. 1817. 8. — 27) Paulowna, oder das unglückliche Mädchen im Todtengewölbe unter dem brennenden Moskau. Schaudergemälde a. d. russ.-franz. Krieg. Quedlinb. 1817. III. 8.; 1830.

28) Abentheuerlicher Feldzug eines jungen Kosakenoffiziers. Quedlinb. 1817.— 29) Dedo von Adlerstein, der wilde Ritter, oder der Mädchenraub. Quedlinb. 1818. 8. — 30) Julius Wartberg, oder die dunkeln Wege des Geschicks. Quedlinb. 1818. II. 8. — 31) Vasco und Isabella, oder der Groß-Inquisitor. Schaudergesch. aus Spaniens furchtb. Inquisitionsgericht. Quedlinb. 1819. Vgl. Becks Repert. 1819. 2, 352. — 32) Albert Graf von Reinstein, oder das heimliche Gericht der Teufelsmauer. Rittergesch. a. d. Zeiten der Vehme. Quedlinb. 1819. III. 8.; 1828. Becks Repert. 1819. 2, 853.

33) Liebesprobe. Quedlinb. 1819. II. 8. Becks Rep. 1819. 2, 853f. — 34) Das Sarazenenschwert. Quedlinb. 1819. II. — 35) Die Verunglückten oder die Schreckensstunde um Mitternacht. Quedlinb. 1819. II. 8. — 86) Jesus, wie er lebte und lehrte. Quedlinb. 1819. Becks Repert. 1819. 3, 331. — 37) Der Meuchelmörder. Quedlinb. 1820. II. 8. — 38) Die schöne Morgenländerin oder Mädchentreue. Quedlinb. 1820. 8. — 39) Das Abentheuer im Walde, oder Therese. Quedlinb. 1820. II.

40) Der Bandit in Rom oder die schreckliche Verwechselung. Quedlinb. 1820. III. Becks Repert. 1820. 8, 172. — 41) Der Brautraub. Quedlinb. 1820. II. 8. Becks Repert. 1820. 2, 88. — 42) Benno von Rabeneck, oder das warnende Gerippe im Brautgemach. Quedlinb. 1820. II. 8.; 1831. — 43) Limbert der Schreckliche oder der Thaten Lohn. Quedlinb. 1820. II. 8. — 43') Ritter Golo der Grausame, oder die Büßende in der Felsengruft. Quedlinb. 1821. III. — 44) Die Corsarenbraut oder Fatime. Quedlinb. 1821. II. — 45) Das Kloster Mariaheim, oder Hermann von Wolfsburg. Quedlinb. 1821. II. 8. — 46) Das Pfarrhaus zu Liebenthal, oder die seltene Braut. Quedlinb. 1821. II. 8. — 47) Die Rächenden oder die schwarzen Gemächer des Inquisitionskerkers zu Toledo. Quedlinb. 1821. II. 8. — 48) Udo von Horstenburg, oder Vatermord und Rache. Rittergeschichte aus dem 13. Jh. Quedlinb. 1821. III. — 49) Die Gewalt der ersten Liebe. Quedlinb. 1821. II.

50) Teufeleien in und außer dem Ehestande. Quedlinb. 1822. II. 8. — 51)
Die Einsiedelei oder Theodora. Quedlinb. 1822. II. 8. — 52) Die Löwenburg oder
die Wunder des Heiligenbildes. Quedlinb. 1822. III. 8₈ — 53) Die Giftmischerin
oder die Geheimnisse des Grabes. Quedlinb. 1822. II. ⁸. — 54) Vetter Murrleben
oder die Brautfahrten eines verliebten Landjunkers. Quedlinb. 1823. 8. — 55)
Hermann von der Heideburg, oder der Eremit in der Waldklause. Quedlinb. 1823.
— 56) Das Opfer der Rache, oder der Giftbecher. Eine Geschichte aus der Vorzeit. Quedlinb. 1823. III. 8. — 57) Lady Glami, oder der Kerker von Stirling.
Roman nach W. Scott. Quedlinb. 1823. III. 8. — 58) Der Prätendent, Roman nach
W. Scott. Quedlinb. 1823. III. 8. — 59) Tremor, der Zerstörer des Druidenreichs,
nach W. Scott. Quedlinb. 1824. III. 8. — 59') Ritter Angus. Eine caledon. Gesch.
aus dem Engl. des W. Scott. Quedlinb. 1824. III. 8. In Nr. 57) bis 59') ist
der Name W. Scott nur vorgespiegelt. Vergl. Band III¹, S. 1339.

60) Janequeo, das Heldenmädchen von Chili. Gesch. a. d. Z. der Eroberung
Amerikas. Quedlinb. 1824. III. 8. — 61) Don Roman, der Goldmacher in Sevilla.
Span. Gesch. a. d. Z. der Eroberung von Peru. Quedlinb. 1824. II. — 62) Das
Blutschwert auf der Gerosburg, oder die strafenden Geister. Quedlinb. 1823. III.
8. — 63) Das Gelübde. Roman aus der Vorzeit. Quedlinb. 1824. III. 8. — 64)
Johanna, die Heldin der Bluthochzeit. Quedlinb. 1824. III. 8. — 65) Boja, das
schöne Räubermädchen, oder der große Teufel. Quedlinb. 1825. III. — 66) Der
Geächtete oder Pfaffenmord und Rache. Quedlinb. 1825. III. — 67) Prinz Clito
der Verfolgte, oder der Bruderkrieg. Quedlinb. 1826. III. 8. — 68) Das Stroh-
hüttchen. Quedlinb. 1826. III. 8. — 69) Burg Weinsberg oder deutsche Frauenliebe und Männertreue. Quedlinb. 1827. III. 8.

70) Die Kapelle des Schlosses von Saint-Doulagh, oder die Banditen von New-
gate, a. d. Engl. Quedlinb. 1827. IV. 8. — 71) Anna Boleyn, a. d. Engl. der Miß
Benger. Quedlinb. 1827. II. 8. — 72) Der Kerker zu Munkholm, oder Verbrechen
und Reue des Großkanzlers von Griffenfeld, zur Regierungszeit König Christians V.
in Dänemark. Rathenow 1827. II. 8. — 73) Robert der Schweizer. Historische
Bilder aus der Regierungsgeschichte Ludwigs XI. und Karls des Kühnen. Rathenow
1827. III. 8. — 74) Johann von Schwaben, oder die Ermordung des Kaiser Albrecht.
Quedlinb. 1829. II. 8. — 75) Die gräßliche Bartholomäusnacht. Quedlinb. 1829.
II. — 76) Kunigunde von Eisenberg, die Geliebte des Landgrafen Albrecht von
Thüringen. Quedlinb. 1831. II. 8. — 77) Lady Joh. Gray, frei bearb. nach W.
Scott. Braunschweig 1833. II. 8.

4. Johann Andreas Christoph **Hildebrandt**, geb. am 13. April 1763 in
Halberstadt, war Collaborator an der dortigen Martinischule, dann zweiter Prediger
in Weferlingen, † am 25. November 1846 als Prediger zu Eilsdorf in der Provinz Sachsen.
     Meusel, Gel. Teutschl. 9, 589. 14, 137. 18, 167 f. 22 II, 755 bis 757. — Nekrol.
26, 1017 f. — Appell S. 76.

1) Augusta du Port, oder Geschichte einer Unglücklichen. Ein Gegenstück
zu Friedrich Brack [vgl. § 230, 25. 14]. Berlin 1798 bis 99. II. 8. Vgl. Neue Allg.
dtsch. Bibl. 45, 86 f.; 46, 62. — 2) Eduard Nordenpflicht. Eine Familiengeschichte.
Königsberg 1799. III. 8.; 1804. — 3) Gustav Wildheim. Halberstadt 1799. 8. —
3') Familienscenen vom Vf. der Augusta du Port. Halberstadt 1800. II. 8. —
4) Adolph, oder die glücklichen Folgen eines Fehltrittes. Berlin 1801. 8.; Quedlinb.
1817. 8. — 5) Geschichte eines Verfolgten. Königsberg 1802. II. 8.; 1818. —
6) Wilhelm Müller. Leipzig 1805 8. — 7) Papiere aus meinem Feldprediger-
leben. Gießen 1807. III. 8. — 8) Schreckensscenen aus dem Leben der unglücklichen Rosaura Morana während Napoleons Krieg in Spanien. Quedlinb. 1814.
8. — 9) Daniel Fuchs der große Staatsmann. Ein satyr. Roman. Köln (Quedlinb.)
1815. 8.

10) Die Kolonie auf St. Helena. Quedlinb. 1816. II. 8. — 11) Hannchens
Geschichte. Quedlinb. 1816. 8. — 12) Der 18. Oktober, oder das eiserne Kreuz.
Quedlinb. 1816. III. 8. — 13) Der Negersklave. Quedlinb. 1817. II. 8. — 14) Der
Einsiedler auf Spitzbergen. Quedlinb. 1818. 8. — 15) Die schwarzen Ruinen oder
die unterirdischen Gefängnisse des Klosters Barbara Eremita. Quedlinb. 1818. II.
8. — 16) Der Schiffbruch. Quedlinb. 1817. 8. — 17) Robinsons Colonie. Fort-
setzung von Campes Robinson. Neue verm. Aufl. Leipzig 1819. Franz.: von S. H. Catel.
Leipzig 1808. 8. Becks Repert. 1819, 2, 111. — 18) Die Geheimnisse des Bundes.
Quedlinb. 1818. III. 8. — 19) Der Husar. Quedlinb. 1819. III. Becks Rep. 1819. 4, 16.

20) Die Burg Helfenstein oder das feurige Racheschwert. Quedlinb. 1819. II. 8. — 21) Brömser von Rüdesheim oder die Todtenmahnung. Ritterroman aus dem 12. Jh. Quedlinb. 1820. III. 8. Becks Repert. 1820. 4, 172. — 22) Der Theater-schneider. Kom. Roman. Quedlinb. 1820. III. Becks Repert. 1820. 3, 260. — 23) Der Bankerott, die Hiobspost u. a. Schwänke und Erzählungen. Quedlinb. 1820. 8. — 24) Maria, das Mädchen der Daneilshöhle. Eine Gesch. a. d. 12. Jahrh., und andere Erzählungen. Quedlinb. 1820. 8. — 25) Fernando Lomelli, der kühne Räuber, oder die Höhlen der Rache. Quedlinb. 1820. III. 8. — 26) Die Familie von Manteuffel, histor.-romant. Gemälde a. d. Z. des 7jähr. Krieges. Leipzig 1820. III. 8. — 27) Karl von Tellheim und Minna von Barnhelm. Ein kriegerisches Gemälde a. d. Z. Frie-drichs des Gr. Quedlinb. 1821. III. 8. — 28) Der Schleier, zwei Erzählungen (zu-sammen mit H. Müller). Quedlinb. 1821. 8. — 29) Kuno von Schreckenstein, oder die weissagende Traumgestalt. Ritterroman. Quedlinb. 1821. III. 8.; 1840.

30) Der Klausner im Schwarzwalde. Ritterroman. Quedlinb. 1821. II. 8. — 31) Schwarze Bilder aus der Vorzeit. Quedlinb. 1821. 8. — 32) Fedor und Atha-nasia oder die Schreckensmächte in den Qualgefängnissen der 7 Thürme zu Konstan-tinopel. Eine Schandergeschichte aus dem gegenwärtigen Freiheitskriege der Griechen. Quedlinb. 1822. IV. 8. — 33) Die Todtenhügel, Schandergemälde a. d. 15. Jh. Quedlinb. 1822. II. 8. — 34) Die Sklavin in Anadolis Wüste. Eine Gesch. a. d. Freiheitskriege Griechenlands. Quedlinb. 1822. III. 8. — 35) Die Geister der Schauer-höhle, oder das Wunderblümchen. Erzählung. Quedlinb. 1822. 8. — 36) Iwan und Fedora, oder die Entführte. Eine Geschichte aus den Zeiten des 7jähr. Krieges. Leipzig 1823. II. 8. — 37) Der Ahnherr, oder das Gespenst in der Felskluft, Ritter-und Geistergeschichte. Quedlinb. 1823. III. 8. — 38) Die heilige Eiche und andere Erzählungen aus dem Mittelalter. Quedlinb. 1823. 8. — 39) Die Ursulinerinnen oder das Geständniß in der Todesstunde. Quedlinb. 1823. II. 8.

40) Das nächtliche Abentheuer. Treue bis zum Tode und andere Erzählungen. Quedlinb. 1824. 8. — 41) Erzählungen. Greifswald 1824. 8. — 42) Historisch-romantische Gemälde merkwürdiger Begebenheiten aus der Geschichte berühmter Kriege. Auch u. d. T.: Mar. von Warkotsch und Caecilia von Törreck, oder Verrath und Treue, eine Gesch. a. d. 7jähr. Krieg. Leipzig 1824. II. 8. — 43) Ritterrache und Vehme. Quedlinb. 1824. 8. — 44) Rollino, der furchtbare Räuberhauptmann in den apenninischen Felsklüften. Quedlinb. 1824. III. 8. — 45) Das Vehmgericht, oder die unsichtbaren Oberen. Quedlinb. 1824. III. 8. — 46) Die Gemächer des Unglücks oder die Geprüfte. Quedlinb. 1824. III. 8. — 47) Kunz von Kaufungen oder der Prinzenraub. Quedlinb. 1825. 8. — 48) Der Mord am Hochaltare. Eine Geschichte aus dem 15. Jh. Quedlinb. 1825. II. — 49) Agatha oder der Eidschwur. Klostergesch. Quedlinb. 1825. III. 8. Vergl. Nr. 13. 1).

50) Julie oder die Abentheuer einer schönen Wittwe. Berlin 1825. 8. — 51) Tonni, oder das Zigeunermädchen. Quedlinb. 1825. II. 8. — 52) Corsanello, der furchtbare Seeräuber. Quedlinb. 1825. III. 8. — 53) Ferdinand von Waldau und Auguste, oder Trennung und Wiedersehen. Ein Gemälde aus den Zeiten Friedrichs II. Leipzig 1825. III. 8. — 54) Götz von Berlichingen, der furchtbare Ritter mit der eisernen Hand. Quedlinb. 1826. III. 8. — 55) Berthold von der Nidda, oder die Horde im Schwarzwalde. Gemälde a. d. 30jähr. Krieg. Quedlinb. 1826. III. 8. — 56) Die furchtbaren Kreuzritter oder Guido von Fleumingen und Prinzessin Mathilde. Geschichtl. Gemälde aus dem 12. Jh. Quedlinb. 1826. III. 8. — 57) Heinrich der Vogelsteller und die Hunnen. Quedlinb. 1826. 8. — 58) Der Freibeuter. Histor. Roman. Quedlinb. 1827. III. 8. — 59) Die Novize von St. Marienheim. Eine romantische Klostergeschichte aus der neueren Zeit. Greifswald 1827. II. 8.

60) Lilienström und Nordenstern. Ein geschichtl. Gemälde aus den Kriegen Karls XII. Leipzig 1827. III. 8. — 61) Saladin, Sultan von Aegypten, oder die deutschen Kreuzritter in der Gefangenschaft der Sarazenen. Quedlinb. 1827. 8. — 62) Fürst Scanderbeg, der Unüberwindliche, oder der furchtbare Aufstand der Albanier gegen den Sultan Amureth. Ein Gräuel- und Schreckensgemälde aus dem 15. Jhdt. Quedlinb. 1828. H. 8. — 63) Der Einsiedler und der Sklav. Zwei Erz. zur beleh-renden Unterhaltung für die erwachs. Jugend. Magdeb. 1828. Becks Rep. 1829, 4, 90. — 64) Interessante Abentheuer eines Türkensklaven, oder die schönen Favoritinnen des Paschas von Caramanien. Quedlinb. 1830. III. 8. — 65) Das merkwürdigste Jahr aus dem Leben eines alten Kriegers. Halberstadt 1830. II. 8. — 66) Ritter Franz von Sickingen, oder Rittersinn und Fürstenrache. Geschichtlicher Roman a. d. 16. Jahrh. Quedlinb. 1832. II. 8.

5. Gottlieb Bertram, geb. zu Bettmar im Braunschweigischen, war Privatlehrer, Kaufmann, Schauspieler in Braunschweig, zuletzt Uhrmacher in Osterwyk, † um 1811. — Meusel, Gel. Teutschl. 13, 111. 17, 154f. 22, 242f.

1) Der unbekannte Wanderer unter vielerlei Gestalten. Familiengesch. unserer Zeit. Braunschweig 1799. II. 8. Vergl. § 279, 10. 44). — 2) Die Unerforschlichen. Eine Schweizergesch. Seitenstück zu Lafontaines Rudolf von Werdenberg. Lüneburg 1800. II. 8. Neue Allg. dtsch. Bibl. 66, 99. — 3) Eva von Trott, vaterl. Schauspiel. Lüneburg 1801. 8. — 4) Mazarino der große Räuber in Lothringen. Lüneburg 1802. II. 8.; 1821. II. 8. — 5) Die wandernde Jungfrau. Seitenstück zum unbekannten Wanderer. Braunschweig 1802 und 1803. II. 8. — 6) Amina, die schöne Zirkassierin. Leipzig 1803. II. 8. Neue Allg. dtsch. Bibl. 85, 70. Allg. Jen. Litt.-Ztg. 1804. Nr. 58. § 258, 1, 27j.

7) Das Geheimniß. Hamburg 1803. II. 8. — Golisano, der irrende Dämon. Lüneburg 1803. II. 8. — 9) Gustav der Verwiesene. Lüneburg 1804. II. 8. Neue Allg. dtsch. Bibl. 90, 328. — 10) Der Alpenwanderer. Leipzig 1804. II. 8.; 1810. II. 8. Neue Allg. dtsch. Bibl. 93, 347. — 11) Der Eidschwur. Lüneburg 1804. II. 8. — 12) Nikel List, der furchtbare Abentheurer, genannt von der Mosel. Braunschweig 1804. 8. Vergl. Leibrock Nr. 29. 15).

13) Der Verstoßene oder die ungleichen Brüder. Schausp. in 5 A. Braunschweig 1805. 8. — 14) Der Sarkophag, oder die Geheimnisse des Schlosses Berby. Lüneburg 1805. II. 8. — 15) Alwina, Prinzessin von ***, oder die Kabalen. Leipzig 1807. IV. 8. — 16) Pugatschow, der furchtbare Rebell. Wolfenbüttel 1807. II. 8. — 17) Zoresko von Genua. Trauerspiel in 5 Aufzügen. Seitenstück zu Zschokkes Abällino. Frey bearb. Braunschweig 1808. 8.; Helmstädt 1819. 8. — 18) Der Räthselhafte, oder die beiden Alten. Leipzig 1811. Vorerinnerung (Geschrieben zu Braunschweig im Juni 1807) und 200 S. 8.; Gießen o. J. (1814).

19) Sigismund und Sophronia, oder Grausamkeit aus Aberglauben. Ein Schauspiel (im 21. Bd. der Deutschen Schaubühne). Augsburg 1812. — 20) Minna oder das neue Räubermädchen. Leipzig 1819. 8.

6. Karl Ludwig Nicolai, Schriftstellernamen: Fesca, Baptist v. Heinsburg, Hilarius Jocosus, Peter Hilarius, geb. am 24. Juni 1779 in Alsleben a. d. Saale, besuchte das Gymnasium in Magdeburg, studierte in Halle, wurde Advocat und Kriminalrat in Magdeburg und Blankenburg, lebte seit 1813 für sich in Halberstadt und starb dort am 30. November 1819.

Nekrol. 3, 1556 bis 59. — Meusel, Gel. Teutschl. 18, 836 bis 839.

1) Noradine, oder das Labyrinth, eine Geschichte seltsamen Inhalts, die sich während dem Feldzuge Bonapartes in Aegypten zugetragen hat. Aus der franz. Handschr. übersezt. London (Leipzig) 1800. 8. — 2) Maximilian Hulder und Prascha, oder der Bund fürs Glück der Bürger, mehr Geschichte als Roman. Leipzig 1800. III. 8. Hamburg 1802. Neue Allg. dtsch. Bibl. 72, 367. — 3) Das Felsenschloß von Sommerau oder Gesch. eines relegirten Studenten. Prag 1801. 8. Neue Allg. dtsch. Bibl. 82, 357. — 4) Franz von Werden. Penig 1802. IV. 8. (auch: Journal von neuen deutschen Original-Romanen. Penig 1802 bis 5, IV Jahrgg, 3. bis 6. Lieferung). — 5) Eduard von Kroneck, Seitenstück zu Franz von Werden. Penig 1803. III. 8. (= Journal von neuen d. Originalrom. 1. bis 3. Lieferung). — 6) Entschlossenheit und Liebe, eine abentheuerl. Gesch. Penig 1803. 8. Neue Allg. dtsch. Bibl. 85, 826. — 7) Neue Fackeln. Ein Journal in zwanglosen Heften. Deutschland (Quedlinb.) 1813 bis 16. VI oder 12 Hefte. 8.

8) Joachims Abentheuer, oder die Kunst, ein großer Herr zu werden. Eine Gesch. a. den Z. der Bulletins. Quedlinb. 1815. II. 8. — 9) Mary und Jerome, oder Liebe und Betrug. Mehr als Roman. Quedlinb. 1815. II. 8. — 10) Leuchtkugeln, Journal in zwanglosen Heften. Quedlinb. 1815 bis 16. IV. (oder 8 Hefte) 8. — 11) Festtagslaunen. Quedlinb. 1815. II. 8. — 12) Sonntagsnovellen. Quedlinb. 1815. II. 8. — 13) Humoristische Reise durch ein hochseliges Königreich (Westphalen). Quedlinb. 1816. II. 8. — 14) Wetterfahnen; freymüthige Blätter für Fürsten und Volk. Zeitschrift in zwanglosen Heften. Quedlinb. 1816 bis 17. 3 Hefte. 8.

15) Magazin der Biographien denkwürdiger Personen der neueren und neuesten Zeit. Quedlinb. 1816 bis 19. IV. 8. — 16) Erzählungen, Schwänke und Launen.

Quedlinb. 1816. II. 8. — 17) Die Riesensteinburg oder deutsche Frauenwürde. Quedlinb. 1816. II. 8. — 18) Wilhelm der Eroberer, dramat. bearb. Quedlinb. 1817; mit neuem Titel. (Trauersp. in 2 Abth.). 1818. — 19) Die Familie von Sternfels. Quedlinb. 1817. III; 1819. II. — 20) Verliebte Abentheuer, Kreuz- und Querzüge eines schalkhaften Freiers. Magdeb. 1817. II. 8. — 21) Der Austernschmaus. Die Liebschaft im Keller. — Die Tanzwiese. Quedlinb. 1817. 8.

22) Die Miethskutsche. Kom. Roman. Quedlinb. 1817. II. 8. — 23) Robert von der Osten, eine Begebenheit aus den Zeiten der neueren Kriege. Magdeburg 1817. 8. — 24) Schaudergeschichten. Magdeb. 1818. II. 8. I. a: Rache ohne Gränzen. — b: Versuche den Himmel nicht! — II. c: Das Teufelsbad. — d: Arabella.

25) Rolli oder das Mohrenmädchen. Quedlinb. 1818. 8. — 26) Das Grab am Vesuv. Quedlinb. 1818. — 27) Glorina, Legende. Der jüngste Tag, Schwank. Täuschung in der Liebe. Krähwinkel, keine Legende. Quedlinb. 1818. 8.

28) Die Brautnacht ohne Braut. Quedlinb. 1818. — 29) Die Banditenhöhle von Carastro. Quedlinb. 1818. — 30) Gemälde des weiblichen Lebens. Quedlinb. 1818. — 31) Versuch einer Theorie des Romans, kritisch-philosophisch abgehandelt. 1. Theil. Quedlinb. 1818. 8. — 32) Die Reise nach Aachen. Seitenstück zu Kniggens Reise nach Braunschweig. Halberstadt 1819. 8. Becks Rep. 1819. 2, 79. — 33) Erzählungen und Schwänke. Quedlinb. 1819. II.

34) Die Mitwelt, oder Biographie merkwürdiger Personen und historische Gemälde der neuesten Zeit. Eine Quartalschrift. 1819. Das 4. Heft wurde von Heinr. Aug. Erhard hg. Arnstadt 1820. 8. Becks Rep. 1819. 4, 230. — 35) Ernst II., Herzog zu Sachsen-Gotha und Altenburg (Entnommen aus Nr. 84). 1819. Becks Rep. 1819. 4, 228. — 36) Rosenlaunen. Magdeb. 1819. 8. — 37) A. v. Kotzebue's literarisches und politisches Wirken. Tobolsk (Nordhausen) 1819. 118 S. 8. Sieh § 258, 8. k. — 38) Authentischer Bericht über die Ermordung des A. v. Kotzebue. Mannheim (Nordhausen) 1819. 8. — 39) Lebenserfahrungen und Lebensbeobachtungen. Vom Vf. des Buchs über Selbstkunde, Menschen-Kenntniß und den Umgang mit Menschen. (Quedlinb. u. Leipzig 1816. II.) Magdeburg 1819. II. Becks Repert. 1819. 1, 67. 4, 210.

7. Karl Heinrich Georg Venturini, geb. am 80. Januar 1771 in Braunschweig, studierte Theologie, war 1795 bis 96 Sekretär des Etatsrats v. Schirach in Altona, später Lehrer in Kopenhagen, wurde 1807 Prediger in Hordorf bei Braunschweig, trat 1844 in den Ruhestand, siedelte nach Schöppenstedt über und starb hier am 25. Mai 1849.

a. Meusel, Gel. Teutschl. 8, 206f. 10, 766. 16, 86. 21, 202 bis 204. — b. Nekrolog 27, 1108 bis 1116. — c. Lübker-Schröder 651 bis 654. — Sieh § 293, V. 29. 7).

1) Natürliche Geschichte des großen Propheten von Nazareth. Bethlehem. (Kopenhagen) 1800 bis 1. IV. (Der erste Band nicht von ihm). — 2) Pythagoras und seine Zeitgenossen. Ein dramat. Gemälde der grauen Vorwelt. Chemnitz 1801 und 2. II. 8. Bd. I auch u. d. T.: Reisen ins Alterthum. Gegenstück zu Lafontaines Sagen aus dem Alterthum. II: Lafontaines Sagen aus dem Alterthum, fortgesetzt von Prof. V. Vgl. Neue Allg. dtsch. Bibl. 72, 855; 79, 77. — 8) Abul Casem Muhamed; histor.-dramat. dargestellt. Kopenhagen 1802 bis 8. II. Mit neuem Titel: Der Islam und sein Stifter Abul Casem Muhamed. 1822. — 4) Genius des Christenthums, a. d. Frz. Chateaubriands übers. Münster 1803. II. Neue Allg. dtsch. Bibl. 90, 23. — 5) Klosterzwang und Klosterflucht, oder Leben und Begebenheiten des gewesenen Kapuziner-Mönchs Joh. Fr. Hasse. Deutschland (Kopenhagen) 1804. Nur die 8 ersten Bogen sind von ihm.

6) Hermann, der Sassen Herzog, Teutschlands Rächer und Befreyer; ein romant. Bild. Kopenhagen und Leipzig 1804 bis 5. II. Neue Allg. dtsch. Bibl. 96, 818. — 7) Denkwürdigkeiten aus der Geschichte der Menschheit. Lüneburg 1814 bis 15. III. (II und III von E. F. K. Capelle). — 8) Rußlands und Deutschlands Befreiungskriege von der Franzosen-Herrschaft unter Napoleon Buonaparte in den Jahren 1812—1815. Von D. Carl Venturini. Leipzig und Altenburg: F. A. Brockhaus. 1816 bis 1819. IV. 8. — 9) Ehre und Wahrheit für Friedrich Wilhelm, den verewigten Herzog von Braunschweig-Lüneburg. Eine aus den besten Quellen geschöpfte biographische Skizze dieses Helden von einem vaterländischen Geschichtschreiber. (Aus den Zeitgenossen bes. abgedruckt.) — Habe ich übel geredet, so beweise es, daß es böse sey! — Leipzig und Altenburg: F. A. Brockhaus. 1816. 8. — 10) Deutsches Heldenbuch; histor.-dramat. Darstellung der größten deutschen Männer, welche für vaterländische Frey-

heit ruhmvoll kämpften. Braunschweig 1821 und 22. II. 8. — 11) Margarethe
von Nordheim, oder Ahnung und Schicksal. Leipzig 1824. II. 8. — 12) Erich
Stenbock und seine Freunde. Eine schwedische Gesch. a. d. letzten Hälfte des
16. Jh. Leipzig 1826. II. 8. — 13) Jean Cavalier, oder Ludwig XIV. im Kampfe
mit seinen protestantischen Unterthanen in Languedoc. Leipzig 1831. II. 8.

8. **Philipp Christoph Weyland**, geb. am 28. Mai 1765 in Buchsweiler, 1787
bis 89 Lehrer an Konr. Gottl. Pfeffels Kriegsschule in Colmar, seit 1790 im Dienste
des Herzogs von Sachsen-Weimar, 1794 Kriegsrat, 1798 Legationsrat in Weimar
und Rat des Landschafts-Kollegiums, 1816 Vizepräsident, 1818 Präsident dieser
Körperschaft, 1840 Geheimer Rat, † 1843.
     Meusel, Gel. Teutschl. 16, 210 f. 21, 533 f. — v. Biedenfeld, Weimar 1842.
S. 348 bis 350.
     1) Kleine Abentheuer zu Wasser und zu Lande. Hof 1801 bis 10. XII.
Neue Allg. dtsch. Bibl. 90, 85; 97, 458. — 2) Die Abentheuer des jungen Faublas;
a. d. Frz. von Louvet de Couvray. Mit einer Vorrede von A. v. Kotzebue. Leipzig 1804.

9. **Julius Wallenborn**, Schriftstellername wessen?
     Romando. Romant. Gemälde der Schwärmerei, der Ideale und der Geheim-
nisse. Dresden 1802. III. 8. 1806; 1821 (u. d. T.: Romando, Hauptmann einer
Räuberbande).

10. **Johann Philipp Christoph Lochner**, geb. am 12. Dezember 1779 in
Walkershausen bei Nürnberg, war Pfarrvikar in Hersbruck, † am 22. (Meusel:
15. April) 1803. — Sein Leben von G. W. F. Panzer. Nürnberg 1804. — Will-
Nopitsch (1805), 6, 325 bis 327. — Meusel, Gel. Teutschl. 11, 498. 23, 446.
     1) Das Kreuz im Walde oder Geisternächte in Ruinen und Schlössern. Eine
sehr abentheuerliche Geschichte. Nürnberg 1802. 8.; 1825. 8. — 2) § 258, 7. d.
Etwas... — 3) Die Erscheinung am Hochgerichte. Nürnberg 1808. 8.; 1825. 8.

11. **Wilhelm Frank**, genannt P. — Meusel, Gel. Teutschl. 13, 406.
     Leben und wunderbare Abentheuer des ersten und unvergleichlichsten aller
fahrenden Ritter der römisch-katbol. streitenden Kirche, Ignaz von Loyala. Leipzig
1802. II. Auch u. d. T.: Ignazens von Loyala wunderbares Leben und Abentheuer.
Neue Allg. dtsch. Bibl. 80, 112. 91, 156.

12. **K. Heinrich L. Bardeleben**, Schriftstellername: **Heinrich Frohreich**,
geb. am 9. Mai 1775 in Prenzlau, Doktor der Rechte, 1798 Lehrer am Kadettenkorps in Berlin, 1804 Regierungsassessor zu Bromberg, königl. preuß. Kommissions-
rat und Ritter des eisernen Kreuzes zu Frankfurt a. O. — Meusel, Gel. Teutschl.
9, 54. 11, 42. 13, 61. 422. 17, 639. 22^I, 118. 22^{II}, 252.
     1) Begebenheiten auf Bergach. Leipzig 1802 bis 4. III. (Bibl. deutscher
Romane. Bd. I bis III). — 2) Der Palmensonntag in drey Romanen. Leipzig 1803.
III.; 1811 (Hans Kasper, der Seifensieder. — Die Weberstochter zu Richterheim. —
Bernhard Naphthali, oder die Religion der Religionen.) Neue Allg. dtsch. Bibl.
98, 167. — 3) Die Wahl der Braut, oder Feyerabende im Sommerbinmensbosquet.
Posen 1804; 1809. — 4) Caesar Caffarelli, Graf von Casara, der kühne Räuber-
herzog. Posen und Leipzig 1805. II. 8. Neue Allg. dtsch. Bibl. 85, 319. — 5) Rah-
manet, König der Mauren, oder der magische Ring. Roman in 3 Büchern. Leipzig und Breslau 1805. 8.; Neue wohlfeile Ausgabe. Leipzig, Hinrichs. 1828.

13. **Xaver Maximilian Amadeus Edmund Vibeau**, geb. am 4. Juni 1781
zu Amiens, seit 1807 franzöz. Sprachlehrer an der Stadtschule zu Cöthen, † am
18. September 1818. — Meusel, Gel. Teutschl. 16, 90.
     1) Agathe, romantische Skizze aus der franz. Revolutionsepoche. Halle 1803.
II. 8. Vgl. Nr. 4. 49). — Agathina, Rinaldos Geliebte. Aus d. Engl. Erfurt 1803.
— Agathe, die Urmutter. Gesch. a. d. Geister- und Ritterzeit von F. W. v. F.
Leipzig 1809. II. — 2) Rosalie und Amadee, oder Schein und Liebe. Leipzig 1804.
8. — 3) Die neun Verschworenen. Zürich (Leipzig) 1805. 8. — 4) Babet, oder
die Raubschützen; ein ungewöhnlicher Roman. Basel 1806. 8.

14. **Gottlieb Benjamin Lehnert**, geb. am 4. September 1760 in Brieg, Kgl.
preuß. Regierungssekretär in Liegnitz. — Meusel, G. T. 4, 394. 14, 415. 18, 501 f.

Juliano Kompanini oder frappante Szenen aus dem Mönchsthum des südlichen Europa vorigen Jahrhunderts. Breslau und Leipzig 1803. 8.

15. Karl Friedrich Hoffmann, Schriftstellername: **Karl Friedrich Felswangen**, geb. 177? in Weißenfels, † 1813 als Regierungssekretär in Magdeburg. — Meusel, Gel. Teutschl. 13, 869. 18, 190.

1) Heraldo der Unergründliche. Leipzig 1803. II. 8. — 2) Die Familie Hellwig. Leipzig. 1803 bis 4. II. 8. (Zusammen mit F. W. Hempel, s. Mensel 14, 94. 18, 112. 22 II, 672 f.). Neue Allg. dtsch. Bibl. 90, 264. 100, 881. — 3) Lannen und Einfälle, Schwänke, Abentheuer, Schicksale und Wanderungen eines Anti-Hypcchondristen. Hg. vom Verf. Heraldo's des Unergründlichen. Leipzig 1806. II. 8.

16. Gottlieb Müller, lebte in Wien.
Mensel, Gel. Teutschl. 10, 329. 14, 610. 611. 18, 756.

1) Die nächtliche Erscheinung auf den Gräbern zu Helldorf. Wien 1803. 8. — 2) Emilie von Alten, oder Lieb' und Treue. Wien 1803. 8. Neue Allg. dtsch. Bibl. 85, 67. — 3) Leben, Liebschaften, Abentheuer und Schwänke des edlen Junkers Samuel von Hütenburg. Wien 1804. II. 8. Neue Allg. dtsch. Bibl. 97, 85. — 4) Das Alpenmädchen oder die wunderbare Leuchte. Wien 1804. 8. — 5) August und Johanna, oder die Geschichte der Familie Wallenberg. Wien 1804. II. 8.

6) Laura von Wien, oder das Mädchen im Augarten. Wien 1804. 8. — 7) Romane und Erzählungen. Wien 1804. III. 8. — 8) Hermann und Sophie. Familiengesch. Wien 1805. 8. — 9) Joseph und Josephine, oder der Graumantel. Wien 1806. II. 8.

17. Adolf August Bergner, Schriftstellername: **Karl Eginhard**, geb. in Langendorf bei Weißenfels, lebte in Weißenfels und Naumburg als Bauführer, † am 2. September 1828 zu Halle. — Vgl. Hall. Literatur-Ztg. 1828. 8. 880. — Meusel, Gel. Teutschl. 22 I, 227.

1) Anekdoten zur Charakteristik der Vorzeit. 1. Teil: Vom Adel. Ronneburg u. Leipzig 1804. 8. Auch u. d. T.: Charakteristik des Adels der Vorzeit in Auckdoten. 2. Teil: Von der Geistlichkeit. Ebenda 1804. Neue Allg. dtsch. Bibl. 99, 204. — 2) Die heiligen Rosen; romant. Sagen a. d. Mittelalter; hg. von Aug. Adolph u. Wilh. Ferdinand. Leipzig 1819 bis 22. I: Das Roß von Libanon, Thüringer Sage in 4 Büchern. II: Der blaue Schleier, romant. Archiv-Kunde.

18. Eduard Christoph Wilhelm Meißner, Arzt in Teplitz. — Mensel, Gel. Teutschl. 14, 537. 18, 665.

1) Karl Strahlenheim oder der dankbare Bandit. Berlin 1804. II. 8. Neue Allg. dtsch. Bibl. 93, 346. — 2) Die Geister. Roman in 4 Büchern. Berlin 1805. III. — 3) Die Räuber. Berlin 1809. II. 8.; 1812. II. 8. — 4) Scenen aus der wirklichen Welt. Berlin 1811. 8. — 5) Skizzen, Erzählungen und Schwänke. Berlin 1813. 8.

19. Karl Friedrich Mebus, Schriftstellername: **Karl Burghauser**, geb. in Berlin, Schauspieler in Warschau.
Ferdinand von Moll, oder die entlarvte Magie; wahre Gesch. a. d. baier. Successionskriege. Leipzig 1806. 8.

20. Georg (Christoph) Bernhard Depping, geb. am 11. Mai 1784 in Münster, lebte seit 1803 für sich in Paris, 1818 Mitglied der polytechnischen Gesellschaft, † in Paris am 6. September 1853. — Meusel, Gel. Teutschl. 17, 400/3. 22 I, 597. — F. Raßmann, Münsterländ. Schriftsteller-Lex. S. 26. Nachtr. s. unten S. 809.

1) Menodor und Laura; Novelle a. d. Z. der Belagerung von Damascus. Paris (Wesel) 1806. 8. — 2) Sammlung der besten alten Spanischen Ritter- und Maurischen Romanzen. Geordnet und mit Anmerkungen und einer Einleitung versehen von Ch. B. Depping. Altenburg und Leipzig: F. A. Brockhaus 1817. 8. — 3) Erinnerungen aus dem Leben eines Deutschen in Paris. Von G. B. Depping. Leipzig: F. A. Brockhaus. 1832. 12. — Wohl auch der Mitübersetzer von Goethes Wahlverwandtschaften. Paris 1810. III. 8. Sieh Band IV. S. 702, 80).

21. H. C. G. Brand, Schriftstellername: **H. C. G. Flamma**, Superintendent zu Burg im Magdeburgischen. — Meusel, Gel. Teutschl. 17, 590. 22 I, 848 f.

1) Wittekind der Große und seine Sachsen, romant. Erzählungen a. d. grauen Vorzeit. Leipzig 1806. 8. — 2) Brander, Fürst der Brennen oder Brandenburgs Gründung. Sage der Vorzeit. Magdeburg 1817 (1816). 8.

22. Brancaglio, Kriegssekretär in Braunschweig.
Meusel, Gel. Teutschl. 22¹, 347 f.

1) Der Admiral. Braunschweig 1808 bis 9. IV. 8. 2. Aufl. u. d. T.: Der Admiral Don Velasco da Gaston oder kühne Thaten eines Seeräubers des Mittelmeers. Helmstedt 1819. 8. — 2) Centilles, treuer Gefährte des Admirals Velasco de Gaston. Gesch. aus dem span. Insurrections-Kriege. Braunschweig 1816. II. 8.; 1821. II. 8. — 3) Alida und Cloridan, oder der Schwerdt-Tausch. Rittergesch. aus den Handschriften des Pater Ingulf. Frei nach dem Span. Braunschweig 1817. II. 8.; 1825. II. 8. — 4) Die Geheimnisse der Abtei von Santa Columba, oder der Ritter mit den rothen Waffen. Aus dem Engl. Braunschweig 1819. II. 8.; 1821. II. 8. — 5) Die Erscheinungen im Schlosse der Pyrenäen; frei nach dem Engl. der Anna Radcliff. Braunschweig 1819, 2, 79. Beck, Repert. 1819, 2, 79. — 6) Das wandernde Gerippe. Erz. a. d. Z. der franz. Revolution. Braunschweig 1821. II. 8.

7) Rosaline oder das Geheimniß. Braunschweig 1822. II. 8. — 8) Die Stimme des Unsichtbaren, oder Geschichte Francesco's, Enkel des unglückl. Don Sebastian, Königs von Portugal. Braunschweig 1822. II. — 9) Glückswechsel oder die Flucht nach Ostindien. Mehr Wahrheit als Dichtung. Leipzig 1823. 8. — 10) Die Priorin. Frei nach dem Engl. der A. Radcliff. Braunschweig 1824. III. 8. — 11) Der schwarze Bund. Quedlinburg 1824. 8. — 12) Der Thurm von Ruthyna im Lande Wallis. Leipzig 1824. II. 8. — 13) Neue Kriegsscenen aus Spanien, in den Begebenheiten eines Husaren-Offiziers, zur Würdigung des spanischen Volksgeistes, nach reinen Quellen bearb. vom Vf. der Stimme des Unsichtbaren. Leipzig 1824. II. — 14) Archibalds Abentheuer, oder des Schicksals seltsame Fügungen. Leipzig 1825. III. 8. — 15) Die Ruinen von Moncaldo oder Ferragand und seine Genossen. Eine abenteuerliche Geschichte. Braunschweig 1826. II. 8.

23. Karl Fischer, geb. in Württemberg. Doktor der Philosophie, lebte für sich in Gohlis bei Leipzig und in Jena.
Meusel, Gel. Tautschl. 2, 361. 9, 353. 13, 393. 22 II, 153 f.

1) Adolphino, der seltene Fr . . k . . . t (= Freiknecht); ein Roman für die elegante Welt. Leipzig 1810. III. 8.; 1821. III. 8. — 2) Jüngste Reiseabentheuer auf meiner Flucht im ersten Jahre der Freiheit. 1815. 8. — ? Gedicht in Schillers Musenalmanach f. d. J. 1796. Sieh Band V. S. 198 am Ende.

24. Gottfried Basse, Schriftstellername: Jocosus Federkiel, Emilie Gleim, J. C. Hagen, Ilsegarthe Klatschrose, Pastor Lachemann, Cyriacus Nießwurz, Gabriel Schlegel, Uriel a Costa, geb. am 1. Februar 1778 (1777: Beck, Repert. 1825. 4, 112) in Halberstadt, seit 1806 Buchhändler in Quedlinburg, † am 23. Oktober 1825 im 48. Jahre. Verleger einer großen Zahl von Schundromanen. — Meusel, Gel. Toutsobl. 17, 728; 22, 126 bis 128. — Nekrolog 3, 1556 bis 1559.

1) Prosaische Almathologie. Erzählungen von Langbein, Lafontaine, Schreiber, Rochlitz, Reinbeck, Steph. Schütze. Quedlinburg 1811. 8. — 2) Wunderliche Reise-Scenen und Abentheuer, auch Kreuz- und Querzüge eines deutschen Museumsohnes von Uriel a Costa. Quedlinburg 1811. 8. — 3) Neuestes Räuber-, Diebs- und Ganner-Archiv. Quedlinburg 1812. 8. — 4) Frische und eingemachte Judenkirschen, Sammlnng von Anekdoten, Schnurren und Lächerlichkeiten von Juden. Germanien (Quedlinburg) 1811 bis 13. III. 8.; 1814; 1819. Vgl. Justus Hilarius [d. i. Seb. Wilib. Schießler § 331, 61], Neue Folge frischer Judenkirschen. Sammlung belustigender Anekdoten, Einfälle, Schwänke und Schnurren von Juden und Judengenossen. Dritte Lese. Meißen und Pest 1829. 116 S. 16.

5) Neuester theatralischer Nußknacker. Sammlung von Schnacken, Schnurren, Anekdoten und Lächerlichkeiten noch lebender und verstorbener Schauspieler. Nebst eine Weihe an Aug. v. Kotzebue. Von Gabr. Schlegel. Quedlinburg 1813 (1812). — 6) Satyrisches Pillenschächtelchen, euth. Anekdoten, Epigramme, witzige Einfälle und Lächerlichkeiten von Ärzten. Hg. von Cyriak. Nießwurz. Quedlinburg 1813. 12. — 7) Die Plappertasche. Enth. witzige Züge, satyr. Bemerkungen, Anekdoten und Lächerlichkeiten von Frauen und Mädchen. Gesammelt von Ilseg. Klatschrose.

Quedlinburg 1813. 12. — 8) Knackmandeln. Unterhaltungsbüchlein. Quedlinburg 1817. 8.; 2. verb. Aufl. Quedlinburg 1819. 250 S. 8. Beck, Rep. 1819. 2, 303.

25. Stephan Christoph Stassebach, geb. am 20. Dezember 1757 zu Frankenberg in Kurhessen, studierte 1774 bis 78 in Rinteln Theologie, wurde 1780 Hauslehrer, 1785 Rektor in Gladenbach, 1799 Pfarrer in Simmersbach, 1805 Stadtpfarrer in Nidda. Dort starb er am 25. Mai 1825. — Scriba 2, 707f. — Meusel, Gel. Teutschl. 7, 622. 20, 585.

1) Adam im Paradiese. Ein Gemälde des Standes der Unschuld. Frankfurt a. M. 1792. 8. — 2) Die Waldburg oder der Forstmeister Lobeschütz und seine Familie. Eine lehrreiche und unterhaltende Gesch. a. d. 17. Jahrh. Karlsruhe 1812. II. 8. — 3) Hermanns Schlacht. Ein Gemälde der Tapferkeit und des Gemeinsinns der Chatten im ersten Jahrh. Teutoburg 1814. 8.

26. Karl Friedrich Richter, Schriftstellername: Karl Friedrich, geb. 1776 in Hettstädt bei Mannsfeld, Pastor in Neugattersleben bei Calbe a. d. Saale, starb als Diakonus und Pastor in Elsterwerda am 8. September 1838. — Meusel, Gel. Teutschl. 19, 344f. — N. Nekrolog 16, 1142.

1) Die Familie Barring oder das Scheinverbrechen. Magdeburg 1816. 8. — 2) Ludovika, oder Verbrechen aus Liebe. Roman. Quedlinb. 1817. II. 8. — 3) Die Versuchung. Zerbst 1818. II. 8. — 4) Die Zwillinge, oder die Verwechselung. Familiengesch. Magdeburg 1818. II. 8. — 5) Gemälde des menschlichen Herzens. Leipzig 1820. 8. — 6) Giuglio und Isidora, oder die Flucht aus den Kerkern der Inquisition; romantische Erzählung. Leipzig 1821. 8. Becks Rep. 3, 4, 402. — 7) Ortellino, der große Räuberhauptmann, Italiens Furcht und Schrecken. Mannheim 1823. II. 8. Becks Rep. 1823, 2, 455. — 8) Eduardo, Prinz von Parma, der unglückliche Fürstensohn, oder Ortellinos Jugendjahre. Romant. Gesch. Stuttg. 1824. 8. — 9) Ridogar, Fürst der Hölle, oder die Teufelsbeschwörung in der Geisterburg. Stuttgart 1824. 8.

27. Johann Friedrich Gottfried Nagel, Schriftstellername: Rechtlieb Gottfried Galen, geb. 1792 in Halberstadt, studierte Theologie, diente 1815 als Freiwilliger im preußischen Heere, wurde dann Rektor der Schule in Hornburg und 1819 Prediger in Hadmersleben bei Magdeburg; starb als Prediger in Brieg am 26. Juni 1847. — Meusel, Gel. Teutschl. 18, 804f. — N. Nekrolog 25, 934.

1) Poesien. Quedlinb. 1811. 8. U. d. T.: Gedichte 1816. 8. — 2) Oscar und Malvina, oder die Macht der Vaterlandsliebe. Eine Urkunde aus dem heiligen Kriege. Quedlinb. 1815. II. 8. — 3) Preußischer Patriotischer Spiegel. Quedlinb. 1815. — 4) Wundergeschichten und Legenden der Teutschen. Quedlinb. 1816. II. 8. — 5) Novellen. Quedlinb. 1817. 8. — 6) Wundervolle Sagen und abentheuerliche Geschichten aus alter Zeit. Helmstedt 1819. 8. — 7) Mein Ideal. Poetische Epistel an Friedrich. Halberstadt 1819. 8. — 8) Vier Wochen auf Reisen. Halberstadt 1820. 8. — 9) Tangu, der letzte Prinz von Pegu. Ein Roman. Leipzig 1831. 8. — 10) Erzählungen. Leipzig 1832. 8. — 11) Interessante Erzählungen. Leipzig 1832.

28. Johann Konrad Dahl, geb. am 19. November 1762 in Mainz, katbol. Pfarrer zu Gernsheim, Kirchen- und Schulrat und Stadtpfarrer in Darmstadt, 1829 Domkapitular des Bistums Mainz, † am 10. März 1833.

a. Meusel, Gel. Teutschl. 13, 256f. 17, 376f. 22, 562f. — b. Waitzenegger 3, 478f. — c. Justi, Hess. Gel.-Lex. 1831, S. 72 bis 75. 830. — d. Scriba 1, 61 bis 67. 489. 2, 145.

Der Burggeist auf Rodenstein, oder der Landgeist im Odenwald; eine alte Volkssage. Frankfurt 1816. 8. Nachdr. Würzburg 1816. Vgl. Die Vorzeit hg. von Justi 1822.

29. August Leibrock, geb. in Blankenburg, Lehrer an der Altendiecker Bürgerschule (Martinischule) in Braunschweig. Unter seinem Namen veröffentlichte die Kollmannsche Buchhandlung in Leipzig 51 meist zweibändige Romane. — Meusel, Gel. Teutschl. 23, 378f.

1) Wilhelm von Barnholm und Emilie Liebreich, oder die Gewalt der Liebe. Braunschweig 1818. 8. — 2) Der taube See, oder das St. Stephani-Kloster, eine Ritter- und Klostergesch. a. d. 13. Jahrb. Braunschweig 1819. 272 S. Becks

Repert. 1819. 4, 16. — 3) Aranzo der edle Räuberhauptmann. Ein Schrecken
in Spaniens Thälern und Gebirgen. Leipzig 1819. II. 8.; 1831. II. 8. — 4) Heinrich
von Heimburg und Mathilde von Treseburg. Leipzig 1820. 8. — 5) Liebe und Treue.
Irmas Schicksale. Louise. Drei Erzählungen. Leipzig 1820. 8. Zweite Aufl. mit
Hakkam Nr. 8) zusammen u. d. T.: Kleine Romane und Erzählungen. 1823. II. 8. —
6) Gonzalvo, Räuber und Zeitgenosse Aranzos. Leipzig 1820. III. 8. — 7) Der
steinerne Sarg im Ulmthale, oder der wandelnde Geist Erichs von Dreieichen, Ritter-
und Geistergesch. des 18. Jh. Leipzig 1821. II. 8. — 8) Hakkam. Historisches
Schauergemälde aus Spanien. Leipzig 1821. 8. Vergl. Nr. 5). — 9) Felix der Verfolgte. Eine Räubergesch. Leipzig 1822. II. 8. — 10) Giovanni, furchtbares Oberhaupt der Banditen zu Neapel. Leipzig 1822. II. 8.

11) Valloras Abentheuer. Romantisch dargestellt. Leipzig 1822. II. 8. — 12)
Die Todesklippe, oder Geribold von Hohenwart. Ritter- und Geistergesch. a. d. Zeiten
der Kreuzzüge. Leipzig 1823. II. 8. — 13) Therese von Bornthal, eine wahre Ge-
schichte. Leipzig 1824. 8. — 14) Der Cardinal, eine spanische Inquisitionsgesch.
Leipzig 1824. II. 8. — 15) Leben, Unthaten und Ende des berüchtigten Räubers
Nickel-List, genannt Herr von der Mosel, und seiner Bande. Nach den zu Celle 1701
gedruckt erschienenen Kriminal-Akten bearb. Leipzig 1824. II. 8. [Vergl. Bertrand.
Nr. 5. 12)]. — 16) Otto von Wölfenstein, oder die Schauderthat in der Geisterkapelle.
Leipzig 1824. 8. ··· 17) Gorillo, der große Räuberhauptmann, eine Geschichte
aus den neuesten Ereignissen in Italien, besonders im Kirchenstaate. Leipzig 1825.
II. 8.; Zweite verb. Aufl. Leipzig 1839. II. 8. — 18) Die Familie von Kronstein.
Leipzig 1826. II. 8. (Plagiat, s. Blätter für literar. Unterhaltung 1827, Nr. 6.
Beilage). — 19) Isidorens, Gräfin von Sigowin, drei merkwürdigste Lebensjahre, ver-
flochten in die Begebenheiten eines Räubers. Leipzig 1826. II. 8. — 20) Quorato
Orsini, der große Räuberhauptmann, Gerillos Nachfolger. Leipzig 1826. II. 8.

21) Heinrich Walthers seltsame Schicksale zu Wasser und zu Lande. Leipzig
1826. II. 8. — 22) Bligger von Steinach, der Geächtete. Leipzig 1827. II. 8. —
23) Hermine, eine Erzählung. Leipzig 1827. 8. — 24) Marmorino, der edle Bandit.
Leipzig 1827. II. 8. — 25) Der verwünschte Ball und drei andere Erzählungen.
Leipzig 1828. 8. — 26) Gustav und Elise, oder die Leiden der Familie Mahlmann.
Leipzig 1828. II. 8. — 27) Die Zerstörung der Burg Hohenbüchen, ein Gemälde
menschlicher Verirrungen aus dem 14. Jh. Leipzig 1828. II. 8. — 28) Eckbert
der Einäugige, oder: Die Ermordung der Braunschweiger Bürgermeister. Leipzig
1829. II. 8. — 29) Die furchtbaren Erscheinungen in der St. Annen-Capelle des
Clarissenklosters zu Neapel. Leipzig 1829. 8. — 30) Das Schlachtfeld bei Torento;
Räuber- und Revolutionsgesch. Leipzig 1829. II. 8.

31) Carlos de Mansaro, Chef eines spanischen Insurgenten-Corps während des
franzos. Kriegs in Spanien. Leipzig 1830. 8. — 32) Der Doctor, histor.-romant.
Sittengemälde des 17. Jahrh. Leipzig 1830. II. 8. — 33) Der Teufel und sein
Liebchen, oder der Student von Antwerpen. Leipzig 1830. 8. — 34) Das Turnier
zu Goslar, oder Kaiser Otto und seine Schützlinge. Leipzig 1830. 8. — 35) Hermann
und Emma, die schwer Geprüften; eine Elostorgeschichte. Leipzig 1831. II. 8. —
36) Matthias Klostermeier, der furchtbare Wildschützen-Hauptmann im Baiernland;
ein Seitenstück zum Hundssattler. (Vergl. Bornschein § 279, 25. 85)]. Nach den
Kriminalakten neu bearb. Leipzig 1831. 8. — 37) Die Grafen von Löwenhaupt;
histor.-romant. Gemälde des 13. Jahrh. Leipzig 1831. II. 8. - 38) Angiolino, der
König der Neapolitanischen Gebirge. Leipzig 1832. III. 8. — 39) Die Familie von
Streithorst. Eine Hof- und Familiengesch. a. d. ersten Jahren des 30jähr. Krieges.
Leipzig 1832. 8. — 40) Der Liebe Sieg und Lohn; eine Klostergesch. Leipzig 1832. II. 8.

41) Der weiße Sonntag und drei andere Erzählungen. Leipzig 1832. 8. — 42)
Albano der Leichtsinnige, oder der Jesuit als Beichtvater. Span. Inquisitionsgesch.
Leipzig 1834. II. 8. — 43) Der Klausner am Fuße der Teufelsmauer bei Blankenburg. Rittergem. a. d. 13. Jh. Leipzig 1835. II. 8. — 44) Leben, Gräuelthaten
und Ende eines furchtbaren Banditen im Kirchenstaate. Wahre Begebenheit. Leipzig
1835. 278 S. 8. — 45) Adelstolz und Bürgertugend. Familiengem. Leipzig 1835.
8. Gersdorfs Rep. 7, 75. — 46) Die beiden Ziska. Leipzig 1836. II. 8. Gersd. 9,
407. — 47) Seltsame Schicksale der Familie von Geroldseck während der Bauern-
Unruhen i. J. 1525. Leipzig 1837. II. 8. Gersd. Rep. 12, 414. — 48) Rosaura,
die Erbin von Marienthal. Familiengesch. Leipzig 1837. II. 8. Gersd., Rep. 11,
106 f. — 49) Der junge Gardist in Napoleons Armee im Feldzuge von 1812. Leipzig

1888. II. 8. Gersd., Rep. 18, 287. — 50) Balduin von Scharfenstein oder die Kaiserwahl zu Frankfurt. Leipzig 1841. II. 8. Gersd., Rep. 28, 573 f, — 51) Die schwarzen Husaren. Krieger. Halbroman a. d. J. 1809. Leipzig 1841. II. 8. Gersd., Rep. 81, 280.

30. Emanuel Marsch, Student der Rechte in Wien.
1) Hulda, eine romant. Volkssage. Wien 1818. 8. — 2) Die Spinnerin am Kreuze; romant. Erzählung. Wien 1818. 8. — 8) Der Thurm zu Raucheneck, oder der Talisman; eine österreich. Volkssage. Wien 1819. 8.

31. Georg Karl Ludwig Schöpfer, Schriftstellernamen: **L. Scoper, C. F. Fröhlich, G. Bertrant.** Sieh unten S. 809.
1) Graf Günther von der Halle. Nordhausen 1818. 8. — 2) Eduardo da Rasto, der kühne Seeräuber-Admiral. Nordhausen 1822. II. 8. 1828. II. 8. — 3) Hermann da Rasto, Sohn des Seeräubers Eduardo da Rasto. Nordhausen 1823. 8. — 4) Die Rächer oder die Zerstörung der Sachsenburg. Nordhausen 1824. 8. 1828. 8. — 5) Rolando Rolandini, der furchtbare Land- und Seeräuberfürst. Nordhausen 1824. H. 8.; 1831. II. 8.; 1848. II. 8. — 6) Der Aufruhr in Halberstadt, oder der lange Matthias, eine Erzählung aus der ersten Hälfte des 15. Jh. Nordhausen 1825. 8. — 7) Die Blutbrüder oder der Verrath; ein historisch-romantisches Gemälde aus den Zeiten des Befreiungskrieges der Niederländer. Nordhausen 1825. 8. 1831. 8. — 8) Leiden und Verfolgungen der Wertherschen Familie während des 80jährigen Krieges. Nordhausen 1825. 8.; 1829. 8.

9) Historische Bilder aus dem Morgenlande. I. Bd. auch u. d. T.: Die Johanniter-Ritter oder die Eroberung der Insel Rhodus durch die Türken. — 10) Sittah, eine Erzählung aus dem 11. Jh. Rathenow 1826. 8. — 11) Das böhmische Blutgericht. Nordhausen 1826. 8.; 1830. 8. — 12) Simon Tänzer, der furchtbarste, grausamste und frechste aller Seeräuber. Nordhausen 1826. II. 8. — 13) Aliman und Aethusa oder: Die Erstürmung von Constantinopel durch die Türken. Berlin 1827. 8. — 14) Die Jungfrau von Lohra, oder das Blutbad im Helbethale. Nordhausen 1827. 8. — 15) Konrad von Bärenburg und Adelgunde von Liebenstein oder die heilige Vehme in den Ruinen der Todtenburg. Nordhausen 1827. 8. — 16) Thomas Essex's, eines Holländers, seltsame Schicksale zu Wasser und zu Lande. Berlin 1827. 8. — 17) Der Alte vom Berge, oder: Thaten und Schicksale des tapferen Templers Hugo von Maltiz und seiner geliebten Mirza. Nordhausen 1828. 8.; Neue wohlf. Ausg. Nordhausen 1834. 8. — 18) Die sechs schlafenden Jungfrauen, oder der schreckliche Zweikampf. Nordhausen 1828. II. 8.

19) Sallo Sallini, der furchtbarste Räuberhauptmann in Italien und Böhmen. Nordhausen 1828. II. 8. — 20) Sultan Mahomed III. mit seinen 7 rechtmässigen Frauen und 1870 Kebsweibern oder die Flucht aus dem Harem zu Konstantinopel. Nordhausen 1828. 8.; 1834. 8. — 21) Die schöne Advokatentochter zu Wachholderleben. Ein Seitenstück zur Pfarrers-Tochter von Taubenhayn. [Vergl. Bornschein § 279, 25. 15)]. Nordhausen 1829. 8.; N. Aufl. Leipzig 1847. 8. — 22) Der mordlustige Glacco und der edle Räuberhauptmann Ruperto. Nordhausen 1829. II. 8. — 23) Seltsame Abentheuer des Chevalier Marhou, eine Räubergeschichte aus der neuesten Zeit. Nordhausen 1829. 8. — 24) Ritter Rinfried a Spada, Vater des Hasper a Spada. [Vergl. Cramer § 279, 10. 11)]. Nordhausen 1829 8. — 25) Lomellina, die schöne Guitarrenspielerin auf Malta. Nordhausen 1830. 8. — 26) Das Bett des Todes oder die geopferten Weiber und Mädchen in der Nacht. Weimar (1830). 167 S. 8. — 27) Bellarosa das schöne Mädchen aus der Strasse von Toledo. Nordhausen 1830. II. 8.

28) Fiorentina, die Sängerin aus den Ruinen von Portici, oder die räthselhafte Braut. Nordhausen 1830. 8. — 29) Die gefährliche Bekanntschaft, eine Räubergeschichte aus dem 80jährigen Kriege. Nordhausen 1830. 8. — 80) Die Eisenritter oder der Bund für Tugend und Recht. Nordhausen 1830. 8. — 81) Ritter Otto von Keilfels, oder Vater und Sohn in der Schürze. Nordhausen 1830. 8. — 82) Der gefürchtete Räuberhauptmann in Spanien und Calabrien. Nordhausen 1831. II. 8. — 83) Die Askanienburger und die Arnsteiner, oder der Sieg der gerechten Sache. Nordhausen 1831. II. 8. — 84) Romantische Gemälde der Vorzeit. Nordhausen 1831. 8. — 85) Brunhilde von Felsenburg und Adalbert von Alpenhorst oder die siegenden Tugend-Ritter. Nordhausen 1832. II. 8. — 86) Macellaio oder die Räuber in den Felsenklüften. Nordhausen 1832. II. 8. Leipzig 1866.

37) Die gefürchteten Seeräuber auf Marino. Nordhausen 1832. 8. — 38) Himlo Himlini, der Räuberhäuptling in Spanien mit seiner gefürchteten Bande. Großes Räubergemälde. Nordhausen 1833. 8. — 39) Leben, Thaten und Liebschaften des Rittmeisters von Strabaloff. Gegenstück zur ‚schönen Advokatentochter'. Nordhausen 1833. 8. — 40) Der verwegene Seeräuber Patorsch und seine wilden Gefährten im atlantischen Ocean. Nordhausen 1833. 8. — 41) Der schönen Xantali Schicksale, Thaten und Liebschaften in Amerika. Nordhausen 1834. 8. — 42) Die Schauerruinen der Unkenburg und der Haarzopf der Hölle, oder Geisterrache und Menschenhaß. Der Spuk-, Geister- und Räuberhistorien allerfurchtbarste. o. O. u. J. (1834) II. 192 u. 191 S. — 43) Marino Marineri, oder der gläserne Sarg. Eine Seeräubergesch. Nordhausen 1834. II. — 44) Hyazinthen. Eine romant. Frühlingsgabe. Nordhausen (Leipzig, Drobisch) 1834. Gersd., Rep. 3, 854. — 45) Historisch-romant. Bilder der Vorzeit: Gerlach von Welthausen, der furchtb. Waffenschmied. — Keitel Fuchs oder die Schrecken der Volksherrschaft. — Die Bluthunde. Nordhausen 1834. III. 8.

46) Lucrezia Borgia, oder des Papstes Tochter. Nordhausen 1834. II. 8. — 47) Die Vehmrichter, oder: der Ritter und der Mönch. Erz. a. d. 13. Jh. Nordhausen 1835. — 48) Des Zwingvoigts Tod. Romant. Erz. a. d. J. 1307. Frei nach W. Tell von Florian. Nordhausen 1835. — 49) Arosetta und Bertollino, oder: Der Räuber für Neapels Freiheit und der Kampf mit den Blutbrüdern. Romant. Räubergemälde. Nordhausen 1835. II. — 50) Maria Tudor, oder des Günstlings Hinrichtung. Histor. Gemälde a. d. 16. Jh. nach dem Drama M. Tudor von Victor Hugo bearb. Nordhausen 1835. II.

Wahrscheinlich ist dies Karl Schöpfer von Rodishain, der Spießens Werke (§ 279, 9. 40) herausgab.

32. Franz Rudolf Hermann, geb. 1787 in Wien, Doktor der Philosophie in Breslau, † am 8. April 1823 im Irrenhause. — Meusel, Gel. Teutschl. 18, 145. 22 II, 714. Sieh Band III¹. S. 964 f.

1) Die Nibelungen; in 3 Theilen: Der Hort, Siegfried, Chriembilds Rache. Leipzig 1819. — 2) Ideen über das antike, romantische und deutsche Schauspiel. Breslau 1820. — 3) Karlsbrunn. Gedicht. Breslau 1820. — 4) Eittersinn und Frauenliebe in Erzählungen und Sagen. Leipzig 1820. 280 S. Inh. a: Crescentia. Frey nach einem altdeutschen Gedicht. b: Die Geisterfrau. c: Herzog Swatopluk. d: Die Königl. Lilienmaid. e: Der Schwedenkönig Ingald. f: Tristan und Isalde. — 5) Scenen aus dem romant. Schauspiel: Cids Tod, in Bertuchs Journal des Luxus und der Mode 1820, März, S. 142 bis 250.

33. H. A. Ch. von Egloffstein, lebte in Cassel um 1830. — Meusel, Gel. Teutschl. 22 II, 19 f.

1) Blüthen und Blumen; Erzählungen und Geschichten. Nürnberg 1819. 317 S. 8. — 2) Neue Miscellen und Erzählungen aus dem Gebiete des Lebens. Nürnberg 1820. Becks Repert. 3, 1, 359. Sieh Nr 12). — 3) Neue Gemälde, in romant. Farben gezeichnet aus der Bildergallerie der Menschheit. Nürnberg 1821. 8. — 4) Ritter Adolph von Wildenfels, hist.-romant. Gemälde a. d. 13. Jh. Nürnberg 1821. 8. — 5) Der neue holsteinische Robinson, oder Entdeckung und Bevölkerung der Insel Angely. Gegenstück zu Campes Robinson. Nürnberg 1821; 1823. Becks Repert. 4 (1823) 1, 145. — 6) Ritter Rudolph von Ebersberg, genannt von Weihers, und Ida von Boyneburg. Nürnberg 1821. — 7) Alberts und seiner Freunde Abentheuer, Seitenstück zu dem Grafen Benjowsky von A. von Kotzebue. Nach Dellarosa frei bearb. Nürnberg 1822. II. 8. — 8) Die Brüder-Versöhnung, oder Ludwig u. Heinrich, Landgrafen zu Hessen. Cassel 1822. 8. — 9) Neue Blumenkränze, gewunden für Deutschlands Söhne und Töchter. Cassel 1822 bis 25. II. 2. T. auch u. d. T.: Dornenstiche auf der Pilgerfahrt des Menschenlebens, vom Schicksale mitgetheilt. — 10) Kleine Romane, Gedichte und Erzählungen. Cassel 1822. — 11) Carlo Coratti, der edle Räuber; Halbroman a. d. Z. der letzten Revolutionsauftritte in Neapel. Cassel 1822; 1831.

12) Neue Feierabende für die elegante Lesewelt in Erzählungen, Geschichten, Anecdoten u. s. w. Fulda 1823. II. (auch als 2. und 3. Teil von 2). — 13) Castro Lamego, der edle Räuberchef und furchtbare Guerillasführer. Mehr Wahrheit als Dichtung. Nordhausen 1825. — 14) Moosglöckchen. Erzählungen, Geschichten und kleine Romane. Nürnberg 1825. — 15) Blanka, oder die Kraft des Glaubens, der

Liebe und der Hoffnung; eine Räubergesch. Cassel 1825. — 16) Der Zeittödter.
Ausgewählte Erzählungen und Scenen aus der wirklichen Welt. Nürnberg 1825. —
17) Der neue Hessische Robinson, oder merkwürdige Abentheuer eines Casselaners.
Nürnberg 1826. II. 8. — 18) Laurette, die Zigeuner-Prinzessin; der Hut aus Paris;
der falsche Königssohn und andere Erzählungen. Nürnberg 1826. — 19) Charles
Deroi, oder das Vorgefühl des väterlichen Herzens. Wigo der Kühne, oder die Frei-
schützen in Böhmen. Nürnberg 1828.

34. **Gottfried Wilhelm Becker,** geb. am 22. Februar 1778 in Leipzig, Arzt
daselbst. gest. am 17. Januar 1854 in Leipzig. Medizinischer Vielschreiber, der häufig
nur mit *r zeichnete und auch den Decknamen Guillaume Boulanger benutzte. —
(Eck) Leipz. gel. Tagebuch auf d. J. 1801. 8. 79 f. — Meusel, Gel. Teutschl. 13,
79 bis 81. 17, 112 bis 114. 22, 162 bis 170.

1) Kotzebue, Skizze seines Lebens und Wirkens. Leipzig 1819. 30 S. 8. —
2) Hermannfried, oder der Fall der Thüringer; hist.-romant. Gemälde aus den Tagen
der Vorzeit. Leipzig 1820. 8. Beck, Repert. 1820. 3, 99 f. — 3) Basreliefs.
Schilderungen merkwürdiger Personen und interessanter Begebenheiten vergangener
Zeiten. Leipzig 1821 und 22. II. 8. — 4) Der Kastilianer, a. d. Engl. des Telesforo
de Trueba y Cosio, übers. von *r. Leipzig 1825. III. Beck, Repert. 1829. 2, 281. —
5) Gaston von Blondeville, oder die Hofhaltung Heinrichs des Dritten in Ardenner-
walde. Aus dem Engl. der A. Radcliffe von *r. Leipzig 1827. II. Beck 1829. 1, 281. —
6) Silvio Pellico, Graf von Saluzzo, Meine Gefangenschaft zu Mailand, unter den
Bleidächern zu Venedig und in den Kasematten auf dem Spielberge. Aus dem
Ital. von *r. Leipzig 1833. X, 275 S. Beck 1833. 2, 420. — Aufsätze in der
Eunomia, K. J. Kilian's Georgia, in Merkels Scherz und Ernst, Gubitz Gesellschafter.
? Von diesem G. W. Becker § 258, 7. e = Band V. S. 265?

35. **Johann Friedrich Stettner,** Schriftstellernamen: **Burkhard Ciryllus,
Rud. Siegmar.** Sieh Frz. Brümmer, Lexicon der dtsch. Dichter. Leipzig (1885).
S. 517.

1) Ritter Eppelein von Gailingen, der furchtbare Raubritter in Franken. Nürn-
berg 1822. II. 8. — 2) Die zwölf schlafenden Jünglinge, oder der Zauber-Adler der
Geister-Wittwe vom Schlosse Tripoldstein. Nürnberg 1822. II. 8. — 3) Ritter
Usmar von Hochburg, oder die Folgen des Weiberraubes. Nürnberg 1822. II. 8. —
4) Veronika, die Nonne mit dem Blutschleier, oder die furchtbare Erscheinung um
Mitternacht im Schlosse Strahlenfels. Nürnberg 1822. II. 8. — 5) Anastasia und
Phalanthus schreckliche Schicksale in der Gefangenschaft der Osmanen, eine Geschichte
aus dem jetzigen Freiheitskampf der Neugriechen. Nürnberg 1823. 8. — 6) Corando
Corandini, der kühne Räuberhauptmann. Nürnberg 1823. II. 8.

7) Graf Meinolf von Wildenforst oder des grauen Mannes wunderbares Wirken
auf den Burgen seiner Freunde Nürnberg 1824. 25. III. 8. — 8) Moranzo, furchtbares Oberhaupt kühner spanischer Räuber auf dem Lande und zur See. Nürnberg
1826. II. 8. — 9) Rudolph Albrecht Achilles, Markgraf zu Brandenburg, oder ächte
Liebe scheut kein Opfer. Nürnberg 1826. 8. — 10) Graf Albrecht von Hohenstein,
oder der Gang nach dem Eisenhammer. Nach Schillers Ballade romantisch bearbeitet.
Nürnberg 1827. 8. — 11) Kaspar der Thorringer, oder blutiger Kampf gegen Gewalt
und Unrecht. Ritterroman. Nürnberg 1831. 8. — 12) Ullo von Hohenau und sein
tapferer Sohn oder die unerwarteten Wirkungen des Vehmgerichts. Nürnberg 1833 8.

36. **Johann Georg Gustav Feldhann,** geb. in Dessau 179?, studierte die
Rechte, ging nach Griechenland und fiel in der Schlacht bei Arta am 16. Juli
1822. — Meusel, Gel. Teutschl. 22 II, 120. — Schmidt, Anhalt. Schriftst.-Lex. VII.

Gst. Feldham's Kreuz- und Querzüge, oder Abentheuer eines Freywilligen, der
mit dem General Normann nach Griechenland zog. Leipzig 1822. 8.

37. **Karl Julius Dehmel,** Schriftstellername: **Dorismund,** geb. am 31. Juli
1803 zu Bernstadt in Sachsen, seit 1817 auf dem Gymnasium in Zittau vorgebildet,
studierte 1821 in Leipzig, 1824 in Marburg Philosophie, Geschichte und Theologie,
1825 Lehrer am Blochmannschen Institute in Dresden; † am 10. Dezember 1828. —
Meusel, Gel. Teutschl. 22 I, 588.

1) Kampf und Liebe, oder die griechischen Brüder. Romant. Gemälde aus unserer
Zeit in 2 Büchern. Leipzig 1823. II. 8. — 2) Erzählu gen. Braunschweig 1823.
8. — 3) Die Grafen Weinthal. Celle 1825 bis 26. III. n 8.

38. J. Albini.

1) Das graue Felsenmännchen. Ritter- und Räubergeschichte aus dem Mittelalter. Quedlinburg 1828. II. 8.; 1839. II. 8.·— 2) Die unheimlichen Gemächer
in dem Schlosse Lovel. Braunschweig 1824. II. 8. — 3) Heinrich von Lindenhorst,
oder Die erfüllte Wahrsagung. Ritter-, Pfaffen- und Geistergeschichte. Quedlinburg 1824. III. 8. — 4) Herzlande von Rappoltstein, oder die Verbrecherin aus
Eifersucht; das Strafgericht und der Reinsteiner. Quedlinburg 1824. 8. — 5) Marko,
oder das Opfer der Treue. Quedlinburg 1824. — 6) Der wandernde Schatten,
oder die Mahnungen der Todten-Gruft. Quedlinburg 1824. 8.

7) Die Bastardbrüder oder der Fluch der Geburt. Quedlinburg 1825. 8. —
8) Giulio di Sorento, oder der Bund der heimlichen Rächer. Eine romantische Gesch.
aus den Papieren eines Unbekannten. Quedlinburg 1825. IV. 8. — 9) Der Zwerg
vom Berge, oder Spukgeister im Zauberschlosse. Eine nord. Sage aus der Vorzeit.
Vom Verf. des „grauen Felsenmännchens'. Quedlinburg 1825. II. — 10) Der schwarze
Ritter mit geschlossenem Visir, oder das furchtbare Strafgericht. Hildesheim 1828.
8. — 11) Der Verurtheilte und sein Richter, oder seltsame Begebenheiten eines
Findlings und seiner Aeltern; eine merkwürdige Kriminalbegebenheit aus dem Zeitalter Ludwig XIV. Hildesheim 1829. 8.

39. Karl Friedrich August Rublack, geb. am 24. August 1787 in Lieberose
in der Niederlausitz, Arzt in Dresden, † am 4. Nov. 1854 in Marbach bei Nossen. —
Mensel, Gel. Teutschl. 19, 456. — Kehrein, Dramat. Poesie 2, 189. — Gersdorf,
Repert. 1855. Nr. 1753.

1) Der Tag der Liebe. Allegorisches Festspiel zur Feier des 28. Oktobers 1817
gedichtet von August Rublack. Aufgeführt auf dem Priv. Theater zu Leipzig.
Dresden, bei Paul Gottlob Hilscher. 1817. 22 S. 8.

Die Vermählung des Erbprinzen Leopold von Toskana mit Maria Anna
Carolina, Prinzessin von Sachsen, wurde durch eine italienische, von K. M. von Weber
komponierte Kantate gefeiert; das Festspiel wurde in Dresden nicht aufgeführt.

2) Taschenbuch dramatischer Spiele zur Feier häuslicher Feste. Dresden
1818. 120 S. 12. Enth. a: Der Kranz. Ein Pathengeschenk. — b: Das Fest der
Geburt. — c: Das Sträußchen des Glück's. Ein Angebinde. — d: Der Tag der
Liebe. — e: Liebe und Ehe. Plastisch-mimische Darstellung in sechs Bildern mit
Prolog und Chor. — f: Der erste May. — g: Liebe und Treue. — h: Der Sieg der
Liebe von Otto.

3) Liebe um Liebe. Schauspiel in einem Akt von August Rublack. mit Chören.
Mit einem Widmungsgedichte „Seinem Könige am Tage Seiner funfzigjährigen
Regierung ehrfurchtsvoll geweiht'. o. J. [1818] u. O. 2 Bl., 19 S. 8.

4) Die Visconti. Trauerspiel in vier Aufzügen. Leipzig 1820. 8.

5) Wittgens Raubschloß, eine Sage der Vorzeit, unterz. A. Rublak: Abendzeitung
1825. Nr. 100 bis 123; dann besonders: Dresden u. Leipzig 1825. 8.; 1828. 8. —
6) Des Wildmeisters Kind. Historischer Roman von August Rublack. Leipzig 1852. II. 8.

40. August Werg, Schriftstellername: **Emil Abendorff**, geb. am 18. Dezember 1794
in Breslau, seit 1820 Privatlehrer in Berlin und seit dem 1. Januar 1832 Leiter des
Berliner Wochenblattes hg. zum Besten der Wadzeck-Anstalt. S. unten S. 809.

1) Nachtfalter, romant. Erz. Berlin 1825. II. 8. — 2) Memoiren eines Galeeren-
sklaven. Roman. Berlin 1826. 8. — 3) Die Schwüre, oder Ritter Fust von Hartenstein; eine Gesch. a. d. Zeiten des Faustrechts. Berlin 1827. 8. — 4) Gundeberga,
Königin der Longobarden oder der Gottesgerichtskampf in Pavia. Erz. a. d. 7. Jh.
Berlin 1827. 8. — 5) Die Prenzlauer, oder Verrath auf Verrath. Berlin 1832. 8. —
6) Der Liebe Rache und Lohn, oder die Normannen-Brüder. Neuhaldensleben 1832.
8. — 7) Placidia, Königin der Westgothen. Neuhaldensleben 1832. 8. — 8) Historisches Bilder-Cabinet für die Jugend. Berlin 1833. 16. — 9) Hans Pinzenauer
auf dem Kufstein. Berlin 1833. 8.

10) William Lithgow, oder die Gräuel der Inquisition. Berlin 1833. — 11) Die
Jüdin von Prag. Kriminalgesch. Berlin 1833. 8. — 12) Der Page von Brieg,
romant. Erz. aus einer schlesischen Volkssage. Berlin 1833. 8. — 13) Hermann
Werning, der edle Soldat. Heldengemälde aus dem Feldzuge der Franzosen in
Rußland. Neuhaldensleben 1833. 8. — 14) Schilderungen aus dem Kriegsleben der
letzten Jahrhunderte. Neuhaldensleben 1833. 8. — 15) Die Tiefenbacher und die

Brüder Roncavero. Zwei Erz. Berlin 1833. 8. — 16) Der Gang des Schicksals.
Erz. nach einer serbischen Volkssage. Berlin 1835. 8. — 17) Der Thurm der
sieben Straßen oder der Untergang des Hauses Gherardesca. Eine Erz. a. d. Z.
der Ghibellinen- und Guelfenkämpfe. Berlin 1836. 8.
18) Die beiden Zietenschen Husaren. Berlin 1835. 270 8. — 19) Das Schnupf-
tuch Katts und die Rettungsfrist. Zwei Erz. Berlin 1836. Gersdorf, Rep. 6, 182. —
20) Natalia Demidoff. Berlin 1835. 8. Gersdorf, Rep. 5, 505. — 21) König Wenzel
und seine Page. Hist.-romant. Erz. Berlin 1838. II. 8. Gersdorf, Rep. 16, 519. —
22) Gormas der Schreckliche und sein Seeräuber. Ein Gemälde des amerikanischen
Piratenlebens aus der letzten Hälfte des vorigen Jahrhunderts. Berlin 1839. 8. —
23) Die Vergeltungsnacht auf Cypern. Berlin 1841. 8. Gersdorf, Rep. 30, 188 f. —
24) Die Prophezeiung. Berlin 1842. Gersdorf 32, 473. u. a.

41. Karl Ludwig Häberlin, Schriftstellernamen: H. E. R. Belani, H. Me-
lindor, C. F. Mandien, Niemand, C. Niedtmann, geb. am 25. Juli 1784 in Erlangen, Sohn des Staatsrechtslehrers Häberlin, studierte in Helmstedt die Rechte,
wurde 1807 Auditor bei der Kammer in Braunschweig, 1814 Kreisamtmann in
Hasselfelde auf dem Harze, 1824 wegen Fehlens von Kassengeldern abgesetzt; nach
überstandener Gefängnisstrafe begab er sich nach Potsdam. Dort starb er im
Januar 1850. In den Jahren 1810 bis 1813 lieferte er unter dem Namen Louis
von Häfely und Avenella Erzählungen zu Zschokke's Erheiterungen, zu Th. Hell's
Penelope, zu Kuhn's Freimüthigen u. s. w. Seit 1826 schrieb er selbständige
Romane, denen der Buchhändler Carl Christian Friedrich Niedmann in Braunschweig
zum Teil seinen Namen lieh. An sich ohne Wert, haben sie in ihrer Masse die Bedeutung, die ein ausgedehnter und ausdauernder Leserkreis ihnen giebt. Vgl. § 332, 180.
Mensel, Gel. Teutschl. 18, 10 f. 22 I, 188 f. 22 II, 522 f.

1) Gundobald oder der Rächer mit den schwarzen Waffen. Quedlinburg 1825.
8. — 2) Die Kaisermörder. Quedlinburg 1826. 8. — 3) Zilia die Peruanerin, nach
dem Franz. Quedlinburg 1826. 8. — 4) Der Raubritter, ein histor. Roman aus
der Gesch. der Kucksburg auf der Teufelsmauer bei Blankenburg. Leipzig 1826.
III. 8. — 5) Scherz und Ernst auf einer Badereise. Leipzig 1826. 8. — 6) Schriften.
Braunschweig 1826 bis 1832. XVIII. 8. Enth. I und II: Die Belagerung von
Ancona. 1826. — III: Tyrolers Liebchen. 1826. — IV bis VI: Die Overstelzen.
1826. — V bis VIII: Gräfin Orzelska. 1827. — IX: Johannes von Calar. Der Ge-
sandtenball. Der Parasit. — X: Das Runenhaus und die Luftschiffer. 1827. —
XI: Zwei Tage auf dem Brocken. 1830. -- XII: Mittheilungen aus dem Narren-
spittel der Zeit. 1830. — XIII bis XVII: Die Creolin. — XVI bis XVII: Der Cala-
brese. 1831. — XVIII: Der Marodeur. Laura. 1832. — 7) Der Marodeur, oder
Walten der Leidenschaft. Schausp. in 3 A. a. d. Z. des Befreiungskrieges und ein
Vorspiel: Der Deserteur. Leipzig 1827. — 8) Die Demagogen. Novelle aus der
Gesch. unserer Zeit. Leipzig 1829. II. 8. — 9) Carls XII. erste und letzte Liebe
— Jahrbuch Deutscher Bühnenspiele hg. von F. W. Gubitz. 21. Jahrgang für 1842.
Berlin. — 10) Räuberleben in Italien. Neuhaldensleben 1832. II. 8. I: Angelo
dell' Duca; romant. Novelle und Sittengemälde aus dem Räuberleben in Italien.
Nach italien. Volksgesängen bearb. II: Pietro Mancino, der Bandit. Novelle und
Sittengemälde aus dem römischen Volksleben.

11) Erzählungen. (Untergang der Janitscharen. Der Demant. Die Walpurgis-
nächte). Braunschweig 1832. 8. — 12) Blutrache im Hause Anjou. Eine Trilogie
von Novellen aus Neapels und Ungarns Vorzeit. 1. Theil: Johanne I., Königin
von Neapel. 2. Theil: Otto der Tarentiner, Herzog von Braunschweig und König von
Neapel, und Elisabeth und Maria, Königinnen von Ungarn. Neuhaldensleben 1833. II.
8. — 13) Galanterien und Liebesgeschichten August des Starken. Nach „La Saxe
galante du Baron de Pöllnitz" frei und in Novellenform bearb. Neuhaldensleben
1833. II. 8. Vgl. Hayn S. 266. — 14) Bilder aus meinem Kriegs- und Wanderleben.
Neuhaldensleben 1833. III. — 15) Romantische Erzählungen aus Portugals Geschichte.
(Alfonso der Heilige. Ines de Castro). Frankfurt 1834. 8. Gersdorf, Rep. 3, 89. —
16) Der Heimathlose. Roman in Zeitbildern. Frankfurt 1834. III. 8. — 17) Der arme
Joseph. Novelle nach den Mittheilungen eines Kriminalbeamten erzählt. Neuhaldensleben 1834. 8. — 18) Novellen und Erzählungen. (Der Verstümmelte. Das Un-
glückskind. Der Stockjurist. Der Cholera-Cordon. Die Aristocraten. Gottvertrauen).
Helmstedt 1834. II. 8. Gersdorfs Repert. 3, 579. — 19) Der Premierminister.

Geschichtl. Lebensbild, Volks- und Sittengemälde. Frankfurt 1835. IV. 8. Gersdorfs Repert. 7, 331f. — 20) Liebe und Berufstreue. Doppelnovelle aus den Papieren eines jungen Arztes. (Albert. Lysinka). Breslau 1836. II. 8. Gersdorfs Rsport. 9, 811.

21) Der Geächtete. Geschichtl. Roman aus dem 16. Jahrh. Frankfurt 1836. III. — 22) Tyrol 1809. 1. Abth.: Der Aufstand in Tyrol. Leipzig 1837. III. 8. Gersdorfs Repert. 14, 111f. 2. Abth.: Andreas Hofer und der letzte Kampf der Tyroler im J. 1809. Leipzig 1838. III. 8. Gersdorfs Repert. 16, 183f. — 23) Des Beduinen Tochter und andere Novellen. Leipzig 1838. 170 S. 8. Gersdorfs Repert. 17, 382. — 24) Sidonia. Macht des Wahns. Histor. Novelle a. d. Anfang des 17. Jh. Leipzig 1838. 8. 252 S. Gersdorfs Repert. 17, 383. — 25) Hof und Bühne. Novelle aus dem modernen Leben. Leipzig 1838. III. 8. Gersdorfs Repert. 16, 539f. — 26) Das Haus Braganza (von 1807 bis 1832). Bister.-romant. Gemälde. Leipzig 1839. IV. 8. 1. Abth.: Dom João VI. und sein Hof. 2. Abth.: Dom Pedro und Dom Miguel. Auch u. d. T.: Die feindlichen Brüder. Gersdorfs Repert. 19, 91. 23, 373f. — 27) Der abtrünnige Bourbon. Geschichtl. Roman. Leipzig 1840. Gersdorfs Repert. 23, 373. — 28) Wittenberg und Rom. Histor.-romant. Gemälde aus der Reformationsgesch. Leipzig 1840. III. 8. Gersdorfs Repert. 26, 188. — 29) Novellenkranz. Wesel 1841. 8.

30) Die Auswanderer nach Texas. Histor.-romant. Gemälde aus der neuesten Zeit. Leipzig 1841. III. 8. Gersdorfs Repert, 28, 191. — 31) Schillers Dramen in erzählender Form, bearb. von Mehreren. 1. Bändchen: Wilh. Tell, bister-romant. Gemälde von H. E. R. Belani. Leipzig 1842. 8. Gersdorfs Repert. 33, 189ff. — 32) Don Carlos, Prätendent von Spanien. Leipzig 1842. III. 8. Gersdorfs Repert. 32, 190. — 33) Don Fernando. Aus dem Jugendleben des letzten Königs von Spanien. Leipzig 1842. II. 8. Gersdorfs Repert. 30, 281. — 34) Die Mutter des Legitimen. Lebensroman. Leipzig 1842. III. 8. — 35) Georginen. Novellen, Novelletten und Humoresken. Auch unter den Titeln: Schön-Tänheben. Der Liebe Täuschung. Leipzig 1842. 8. Gersdorfs Repert. 33, 287. — 36) Josephine. Geschichtl. Lebensroman. Leipzig 1844 III. 8.; 1866. III. 8. — 37) Kranichfels, oder Geheimnisse aus dem Leben eines Edelmanns. Leipzig 1844. 8. — 38) Die armen Weber und andere Novellen aus dem Mysterien einer neueren und ältern Zeit. Leipzig 1845. 8. — 39) Marie Antoinette. Leipzig 1846. II. — 40) Ein deutscher Michel vor 100 Jahren und der deutsche Michel von heute. Ein Lebensbild. Leipzig 1847.

41) Die Erbschaft aus Batavia. Volksroman. Leipzig 1846. III. — 42) Constantine. Leipzig 1847. — 43) Der Schatz des letzten Jagellonen. Leipzig 1848. III. — 44) ††† in der Schweiz. (Jesuitenumtriebe 1844 bis 1847). Leipzig 1848. III. 8. — 45) So war es. Politisch-socialer Roman. Leipzig 1849. — 46) Die Magyaren. Histor.-romant. Gemälde aus der Zeit der neuesten Bewegungen in Ungarn. Leipzig 1850. II. — 47) Reaktionäre und Demokraten. Geschichtlich-polit. Roman. Leipzig 1850. II. — 48) Die Emigranten. Novelle. Leipzig 1850. — 49) Treu und brav. Roman aus dem bürgerlichen Leben. Leipzig 1851. Mit einem Verzeichnis der Romane Häberlins.

Unter Häberlins Namen gingen:
50) Elisa, Markgräfin von Ansbach und deren Zeitgenossen. Leipzig 1852. II. — 51) Kronprinz Friedrich, seine Zeit und der Hof seines Vaters. Leipzig 1853. III. — 52) Hohe Liebe. Aus dem Leben des Freiherrn v. d. Trenck. Leipzig 1853. III. — 53) Peter der Große. Seine Zeit und sein Hof. Leipzig 1856. III. — 54) Russische Hofgeschichten. Von Peter dem Großen bis auf die neuere Zeit. Novellen-Kreis. Leipzig 1856. III. — 55) Dasselbe. Neue Folge: Von Katharina II. bis Nicolaus I. Leipzig 1857. III. — 56) Goethe und sein Liebeleben. Histor. Novellenkreis. Leipzig 1866. III. 8.

42. Karl Christian Friedrich Niedmann, Schriftstellernamen: Niemand, Mandien, H. Clauren, geb. 1802 (oder 1805) in Wolfenbüttel, Verlagsbuchhändler in Braunschweig; † am 6. Mai 1830. Er ließ mehrere von K. L. Häberlin verfaßte Romane unter seinem Namen drucken. — Vgl. Laun, Memoiren 3, 74. — N. Nekrolog 8, 405.

1) Der Fastnachtsball. IV. bis VI. Theil (Fortsetzung der Erzählung: Der Fastnachts-Ball von Heinr. Clauren). Wolfenbüttel 1826. 8. Auch u. d. T.: Das Geheimniß der grauen Stube. — 2) Napoleons Novellen. Dessen Erzählungen in

den Abendzirkeln zu Malmaison. Aus dem Franz. Braunschweig 1827. II. 8. — 3) Novellenkranz deutscher Dichterinnen. Erster Kranz aus Beiträgen von H. v. Chezy, El. v. Hohenhausen, S. May und Henr. v. Montenglaut gewunden von C. Niedmann. Wolfenbüttel 1828. 8. — 4) Memoiren des Herrn de la Folie. Braunschweig 1827. 8. — 5) Heinrich der Löwe. Ein biographischer Roman. Leipzig 1827 bis 28. IV. 8. — 6) Krähwinkel, wie es ist. Ein Sittengemälde, frei nach dem Französ. des Santo Domingo bearbeitet (verfaßt) von Niemand. Wolfenbüttel 1828. 8. — 7) Das Schicksalskätzchau. Humorist. Erz. Leipzig 1828. — 8) Die Verschwörung in Krähwinkel. Histor.-romant. Tragikomödie. Wolfenbüttel 1829. 8. — 9) Mitternachtszeitung Januar bis April 1830. 4. — 10) Dimitrij. Histor. Novelle. Braunschweig 1829. II. 8. — 11) Denkwürdigkeiten und Reisen des C. von Nordenfels, nach dessen hinterlassenen Tagebüchern. Braunschweig 1830. 8. — 12) Erzählungen aus dem Nachlaß. Braunschweig 1833. 8.

43. Seb. Aniello.

1) Die Ritter von der goldnen Binde. Quedlinburg 1827. 8. — 2) Prinz Hussein, der Gefesselte, oder die furchtbare Türkenschlacht. Quedlinburg 1827. II. 8. — 3) Rebellino, oder die furchtbaren Räuberbanden in den Apenninen und Calabriens Gebirgen. Vom Verf. der Ritter von der goldnen Binde. Quedlinburg 1827. III. 8. — 4) Carlo Endimirio, oder die furchtbaren Seeräuber auf dem mittelländischen Meere, vom Verf. der Ritter von der goldnen Binde. Quedlinburg 1827. II. 8. — 5) Francesco, der kühne Räuberchef in Calabrien, vom Verf. der Ritter von der goldnen Binde. Quedlinburg 1828. II. 8. — 6) Die Bundes-Ritter von der eisernen Krone, oder die geheimen Rächenden. Vom Verf. der Ritter von der goldnen Binde. Quedlinburg 1828. II. 8. — 7) Burg Löwenstein, oder der Sturz der Bundesritter von der eisernen Krone. Quedlinburg 1828. III. 8. — 8) Die gräßlichen Unholde der Mitternacht, oder der Schrecken des Castells St. Elmo zu Neapel. Quedlinburg 1829. 8. — 9) Der Kampf der schwarzen Ritter gegen die Löwenritter oder die Insel des Todes. (Seitenstück zu Spieß'Löwenrittern). Quedlinburg 1830. III. 8.

44. J. H. Barda, d. i. J. H. Boeckel (Weller).

1) Edmund von Geierstein oder die Rächer im Schauerthale. Quedlinburg 1827. III. 8. — 2) Carlo von Ortobello, oder der furchtbare Bund des unterirdischen Todtengewölbes. Quedlinburg 1829. III. 8. — 3) Don Coronna und Isabella, die Verfolgten, oder die erlebten Schrecknisse in den Kerkern der Inquisition. Quedlinburg 1831. H. 8. — 4) Odoardo Mirandolo, der gefürchtete Räuberchef der Gebirge, oder die Unglücksgenossen. Nordhausen 1834. — 5) Der Findling in der Löwengrube oder die mitternächtliche Schauderthat. Historischromantisches Rittergemälde aus den Zeiten der Kreuzzüge. Meißen 1834. IV. 8. — 6) Ritterschwur und Meineid, oder das wunderbare Todtengerippe in der Halle des Begräbnißgewölbes zu Burg Kroneck. Ritter- und Geistergesch. a. d. Z. der Kreuzzüge. Nordhausen 1835. — 7) Giuvanno Montobello der edle Räuberchef und Calomardo der Schreckliche, oder Gräuelthaten eines seltenen Bösewichts. Seitenstück zum Hundssattler. [Vergl. Bornschein § 279, 25. 35)]. Wien 1835 bis 36. II. — 8) Graf Ditmund von Heldenfels, der Stählerne genannt, oder die Ritter des Tigerbundes. Schaudergemälde a. d. Z. des Faustrechts. Meißen 1835. II. — 9) Wundervolle Abentheuer eines jungen Spaniers, oder: Der geheimnißvolle Greis in den Ruinen von Sagunt. Nordhausen 1835.

45. Ant. Velas, Deckname.

1) Granvilba, der spanische Räuberhauptmann und seine Getreuen. Quedlinburg 1827. 8. — 2) Antonio Astulpho, der kühne Seeräuberchef, und Schreckensscenen, Greuelthaten, Kämpfe und Seeschlachten der gefürchteten Flibustier von Formentara. Histor.-romant. Gemälde aus der 1. Hälfte des 17. Jh. Quedlinburg 1829. II. 8.

46. G. Ch. F. Wiedemann.

1) Graf Ortur der Grausame, Bitter Alfred und Isabella oder die geretteten Heidenopfer. Nürnberg 1827; Stuttgart 1864. 8. — 2) Horst, der Ritter der blauen Binde; der Geist in der Ruine Grauenstein. Anton von Siebeneck und Ursula von Weißenberg. Nürnberg 1827. 8. — 3) Richard der edle und schreckliche Räuber aus Bruderhaß. Nürnberg 1828. 8. — 4) Abentheuer Kuns des Kühnen, oder die Zerstörung der Vehmgerichte, und zwei andere Erzählungen. Nürnberg 1830. 8

47. Theodor Gräber.

1) Czernokow der Räuberhauptmann. Nordhausen 1830. II. 8. — 2) Die beiden Günther von Schwarzburg. Nordhausen 1830. 8. — 3) Wilhelm Wallace, der Befreier Schottlands von der englischen Knechtschaft. Nordhausen 1831. 8. — 4) Der welsche Räuberchef Ranconi und seine gefürchtete Schaar. Nordhausen 1831. II. 8. — 5) Fritz der Wilde, Räuberchef in Ungarns Wäldern. Nordhausen 1832. II. 8. — 6) Robert Regnand, der Räuberhauptmann im Departement Auvergne, oder: Die Schreckenshöhle. Nordhausen 1832. 8. — 7) Der Wald bei Hexheim, oder Königin Margaretha in ihrer höchsten Bedrängniß. Eine geschichtl. Erz. aus der 2. Hälfte des 15. Jh. während des Krieges zwischen der weißen und rothen Rose in England. Nordhausen 1832. 8. — 8) Die Schlacht bei Bosworth oder König Richard III. und Heinrich Graf von Richmond. Eine geschichtl. Erz. aus der 2. Hälfte des 15. Jh., als Fortsetzung des Krieges zwischen der rothen und weißen Rose in England. Nordhausen 1832. 8. — 9) Der Mörder Muravy. Eine Räubergeschichte aus dem 17. Jahrhundert. Nordhausen 1833. 8. — 10) Die Räuberhöhle auf Monte Viso. Nordhausen 1834. II. 8.

48. Joseph Karl v. Train, geb. am 7. Mai 1787 in Regensburg, besuchte das Gymnasium zu Landshut, ward Page zu Salzburg, Chevauxlegers-Offizier im bair. Regiment Kronprinz, machte als Oberleutnant die Feldzüge gegen Preußen, Österreich und Rußland mit, nahm als Hauptmann seinen Abschied und lebte in Regensburg, † nach 1850. — Meusel, Gel. Teutschl. 21, 107. — Gregor 3, 282.

1) Ernst und Frohsinn; eine Sammlung interessanter Lesestücke und Aufsätze, Anekdoten und Miscellen. Regensburg 1821. 8. — 2) Minervas Blüthenkränze, gewunden für deutsche Krieger. Regensburg 1824. II. 8. — 3) Sophrons Vermächtniß. Eine Reihe wahrer, lehrreicher Begebenheiten. Regensburg 1827. 8. — 4) Kriegerische Abentheuer; histor.-romant. Gemälde. Nordhausen 1831. II. 8. — 5) Erzählungen aus dem Gebiete der Romantik und des Abentheuerlichen. Nürnberg 1831. II. 8. — 6) Romantische Erzählungen aus dem grauen Alterthume. Nordhausen 1831. 8. Enth. a: Miliada, die Tochter der Wildniß. b: Mord aus Familienhaß. c: Das Gelübde. — 7) Historische Gemälde und Anekdoten aus dem Kriege. Nordhausen 1831. 8. — 8) Des Kriegers Leben und Walten. Seitenstück zu Paulowna, oder das unglückliche Mädchen im Todtengewölbe zu Moskau. Nordhausen 1831. 8. — 9) Grauenvolle Wanderung durch die unterirdischen Gefängnisse der Bergveste Kronstein; aus sichern Quellen und Akten geschöpft. Nürnberg 1831. 8. — 10) Zuchthaus und Rabenstein. Eine Gallerie merkwürdiger Verbrechen, aus Kriminalacten. Ilmenau 1832. 8. Vgl. Hayn S. 820.

11) Der Brief aus der Armensünderstube. Kriminalgesch. nach den urschriftlichen Geständnissen des Verbrechers bearbeitet. Nordhausen 1832. 8. — 12) Die Grauschilder, oder Todeskampf und Heldengröße. Rittergesch. a. d. Z. Heinrichs des Erlauchten. Seitenstück zu Spießens Löwenrittern. Nordhausen 1832. III. 8. — 13) Die blutende Nonne, oder die Erscheinung um Mitternacht in der Schauerhöhle. Nordhausen 1832. III. 8. — 14) Neueste Biographien der Wahnsinnigen. Meißen 1833. 8. Vgl. Hayn S. 819. — 15) Die Schauergruft in der Waldkapelle. Meißen 1833. 8. — 15') Giuseppe Balsamo der berüchtigste Abenteurer und Betrüger seines Zeitalters, oder der entlarvte Graf Alexander von Cagliostro. Kriminalgeschichte. Meißen 1833. 8. — 16) Die schwarze Garde oder Lips Tullian mit seinen Raub- und Blutgesellen. Histor.-romant. Criminal-Erzählung. Meißen 1834. III. 8. — 17) Wenzel Rüll und Wasensepp. Kriminalerzählung. Meißen 1834. II. 8. — 18) Der Züchtling, oder des Sünders wahre Reue versöhnt Gott und die Menschen. Regensburg 1834. 8. — 19) Der Siedler an der Felsenschlucht. Neustadt a. H. 1835. 8. — 20) Die schwarze Mappe des grauen Waldbruders. Schauergemälde aus den Wechselgestaltungen des Lebens. Meißen 1835. II. Vgl. Hayn S. 819. — 21) Gemälde aus dem Mönchs- und Nonnenleben ritterthümlicher Zeiten. Nach Urkunden und Handschriften aus dem Mittelalter. 1. (einziger) Band. Ilmenau 1838. Vgl. Hayn S. 819. — 22) Novellen. a: Wahn und Enttäuschung. b: Der letzte Sprößling. Wesel 1840. 8.

Außerdem:

Chochemer Loschen. Wörterbuch der Gauner und Diebs-, vulgo Jenischen Sprache. Meißen 1833. 8. (Jenisch-Teutsch. Teutsch-Jenisch. Gaunerschriften. Sceuen aus dem Gaunerleben).

49. Friedrich Bartels.

1) Concino Concini, der Räuberhauptmann. Nordhausen 1831. II. 8. — 2) Die Feuerritter. Roman aus den Zeiten der Kreuzzüge. Quedlinburg 1831. II. 8. — 3) Die Kindesmörderin oder Mönch und Nonne. Nordhausen 1831. II. 8. — 4) Der Todespalast, oder Venedigs Banditenfürst. Braunschweig 1831. III. 8. — 5) Der Todtenritter, oder das Bündniß des Brudermörders. Nordhausen 1832. 8. — 6) Edoardo Antonio, der Vatermörder, oder der Räuberhauptmann in den Apenninen. Nordhausen 1832. III. 8. — 7) Der Seufzerthurm, oder der blutige Geist um Mitternacht. Eine Ritter- und Geistergeschichte aus den Zeiten Heinrichs IV. Nordhausen 1832. III. 8. — 8) Der Calabrese, oder der schreckliche Frankenwürger. Romant.-histor. Räubergesch. aus dem italien.-franz. Kriege. Nordhausen 1833. III. 8. — 9) Diavolo, oder der deutsche Teufel in Neapel. Nordhausen 1834. II. 8. — 10) Die Marterkammern des Klosters Walkenried im Harze. Histor.-romant. Sittengemälde des Mittelalters. Nordhausen 1834. III. 8.

11) Giovine Italia oder der Jesuiten-Zögling. Romant. Erz. a. d. neuesten Zeitgesch. Nordhausen 1835. II. 8. — 12) Lorenzo Albano, genannt: Der Papst der Hölle. Romant. Räubergemälde a. d. 16. Jh. Weimar 1835. II. 8. — 13) Der Mönch, Spaniens Schrecken; oder: die Blutbrüder vom rothen Bunde. Histor.-romant. Gem. a. d. Leben omes span. Räubers. Nordhausen 1835. 224 S. 8. — 14) Die Teufelsschlacht im Dom zu Goslar. Histor.-romant. Gemälde aus den Zeiten Kaiser Heinrich's IV. Weimar 1835. III. Auch u. d. T.: Harzbilder in histor.-romant. Erz. Bd. 4 bis 6. — 15) Gulielmo, der Bandit von Rom. Nordhausen 1836. II. — 16) Otto von Falkenau, oder der Christ und der Muhametaner. Wesel 1837. 240 S. 8. Gersdorfs Repert. 12, 238 f. — 17) Die Teufelsmühle auf dem Ramberge. Romant. Gemälde. Nordhausen 1837. II. — 18) Der geheimnißvolle Unbekannte oder die Brüder von Neapel. Seeräubergesch. Nordhausen 1837. II. — 19) Die Victualienbrüder. Romant. Seeräubergesch. Nordhausen 1837. II. 8. — 20) De Càsari oder der Erbfluch des Verbrechens. Nordhausen 1838. III. 8. — 21) Die Vendeer. Historische Novelle aus dem Kriegsjahre 1793. Nordhausen 1838. 8. — 22) Robin Hood, oder der englische Freibeuter. Nordhausen 1839. II. 8. — 23) Der Muttersegen oder die neue Fanchon. Drama mit Gesang nach dem Franz. des la Grace de Dieu frei bearb. Nordhausen 1844. 175 S. 8.

B.

1. **Johann Michael Armbruster** § 269, 13. — Allgem. Litt.-Ztg. 1814. Nr. 112. 8. 117 f. — Gradmann S. 13 bis 15. — Allg. dtsch. Biogr. 1875. 1, 538 f. (Karl Goedeke). — Sieh auch § 219, 54. 22) und 82); § 280, 12. 44) und § 250, A. S. S. XV, 1 — Band V. S. 146: Gedicht auf J. S. Kerner; nach J. Minor, Aus dem Schiller-Archiv. 1890. S. 66 von Armbruster.

1) Erzählungen für Kinder und Kinderfreunde, nach dem Franz. der Frau de la Fite bearb. St. Gallen 1780 und 82. II; 1798. Neue Allg. dtsch. Bibl. 100, 227. — 2) Poetisches Portefeuille, St. Gallen 1784. 8. Sieh § 231, 22. — 3) Gedichte. Kempten 1785. 8. — 4) Schwäbisches Museum. Kempten 1785 bis 88. II. 8. — 5) Geist der sämmtlichen Schriften J. C. Lavaters. Gedichte. St. Gallen 1786. 8. — 6) Moralische Erzählungen und kleine Romane für Kinder jeden Standes. Bregenz 1787: Köln 1794. — 7) Der christliche Seeräuber. Erzählung. Straßburg 1788. 8. — 8) Vermischte Gedichte. Bregenz 1788 (auch von Anderen). — 9) Goldner Spiegel zum Nutzen und Vergnügen für Kinder und Kinderfreunde. Bregenz 1790. 8. — 10) Joseph der Zweite, ein Denkmal. Wien 1790.

11) Romantische Erzählungen und Skizzen; Wahrheit und Dichtung. St. Gallen 1790 und 93. II. 8. Neue Allg. dtsch. Bibl. 9, 304. — 12) Das rothe Blatt: Novellen, Erzählungen und Schnurren. Regensburg 1791. 8. — 13) Rosenblätter; neue Lieder und Erzählungen für Kinder. Leipzig und Jena 1791 bis 94. VII: 1822. Erster Teil auch Nürnberg 1808. 8. Neue Allg. dtsch. Bibl. 106, 581 f. — 14) Kindererzählungen. Bregenz 1793; St. Gallen 1798. — 15) Auserlesene Kindererzählungen. Bischofszell 1793. — 16) Gemälde aus der Kinderwelt. St. Gallen 1794. — 17) Amalie Seckendorf; Gesch. eines kleinen Mädchens. St. Gallen 1795. 8; Wien 1819. 8. — 18) Feierstunden; kl. Romane, Schwänke und Erzählungen. St. Gallen 1797; 1801; 1816. — 19) Kleine Sittengemälde für Kinder. St. Gallen 1799; 1815; Wien 1816; 1821. Becks Repert. 1823, 2, 103. 8, 465.

27*

2. Christian Karl André, geb. am 20. März 1763 in Hildburghausen, errichtete 1785 bis 88 mit Salzmann in Schnepfenthal eine Mädchenerziehungsanstalt, war seit 1790 Oberaufseher einer solchen in Gotha, 1798 Direktor der
Schule zu Brünn, seit 1821 kgl. Württembergischer Hofrat zu Stuttgart; gestorben
daselbst am 19. Juli 1831.

Meusel, 1, 69 bis 72. 9, 25f. 11, 15f. 13, 28. 17, 28f. 22, 45f. — Morgenblatt 1821· Nr. 154. — Nekrolog 1831. 9, 2, 637 bis 641. — Wurzbach 1, 35. —
Allg. dtsch. Biogr. 1875. 1, 432f. (Brückner). — Band VII. S. 17f.

1) Maria von Bismark, oder Liebe um Liebe; ein Gemälde nach dem Leben.
Leipzig 1786 bis 88. II. Vgl. Allg. dtsch. Bibl. 89, 97. — 2) Felsenburg, ein sittlich unterhaltendes Lesebuch. Gotha 1788 bis 89. III. Vgl. Neue Allg. dtsch.
Bibl. 87, 470. 96, 139. 94, 440. — § 192, II. 56) — Band III. S. 264. — Nr. 3. 1).

3. Johann Heinrich Gottlieb Heusinger, geb. am 1. August 1767 zu Römhild in Meiningen, 1807 bis 1831 Professor am Kadettenkorps in Dresden, † am
13. April 1837. Verfasser vieler philosophischer, ästhetischer u. pädagogischer Schriften.

Haymann, Dresdens Schriftsteller 1796. S. 55f. 64. 201. 250. 336. — Meusel,
Gel. Teutschl. 3, 291. 9, 580. 11, 351. 14, 127. 18, 157. 22ᴵᴵ, 739. — Nekrolog
15, 432f. — Allg. dtsch. Biogr. 1880. 12, 335f. (Prantl).

1) Ulrich Flaming. Ein lehrreiches Lesebuch für Kinder, welche gern die
Geschichte erlernen möchten. Braunschweig 1790 (zusammen mit Karl André
(Nr. 2) a. u. d. T. Vorbereitung zum Unterricht in der Geschichte). Vgl. Neue
Allg. dtsch. Bibl. Anh. zu 29 bis 60, 1, 521. — 2) Gutwills Spaziergänge mit seinem
Wilhelm, für junge Leser herausg. Zittau und Leipzig 1792. 8. — 3) Erzählungen
in Karl Stille'ns [§ 278, 5] Manier und Absicht. Jena 1796. 8.; 1804. 8. Neue
Allg. dtsch. Bibl. 101, 67. — 4) Die Familie Wertheim. Gotha 1798 bis 1800. IV.
8. Bd. V. 1809. Neue Allg. dtsch. Bibl. 52, 464. 64, 255.

4. Samuel Baur, geb. am 31. Januar 1768 in Ulm, besuchte das Gymnasium,
wurde 1787 Organist, studierte 1791 bis 93 in Jena und Tübingen Theologie,
wurde 1794 Pfarrer auf dem Rittersitze Burtenbach, 1796 Pfarrer und Schulinspektor
in Göttingen bei Ulm, seit 1811 zugleich Dekan im Oberamt Alpeck, † am 25. Mai
1832 in Göttingen.

Weyermann 1, 49f. — Gradmann S. 23. — Meusel, Gel. Teutschl. 1, 175. 9,
62. 11, 49f. 13, 72f. 17, 99. 22ᴵ, 147. — Nekrolog 1832. S. 428f. — Allg. dtsch.
Biogr. 1875. 2, 180f. (Kelchner).

1) Gemälde einsamer Leiden und Freuden, ein Lesebuch für Menschen, die
an dem Wohl und Weh ihrer Mitgeschöpfe Antheil nehmen, aus dem Franz. frey
übers. Leipzig 1789. II. 8. — 2) Der Mann vom Stande, a. d. Frz. des Abbé
Prevost d'Exiles. Leipzig 1790 und 91. II. 8. — 3) Reisen einer Negerin, charakteristisches Gemälde aus der gesitteten und rohen Welt, ein Pendant zu Voltaires
Candide, meist a. d. Frz. übers. Nürnberg 1790. 8. — 4) Nina, oder Liebe und
Klosterzwang; Schausp., nebst Ninas Leben a. d. Frz. des d'Arnaud. Gera 1790. —
5) Kurt, der schwarze Bastard, auf seinen Reisen in unbekannte Länder. Leipzig
1792. Neue Allg. dtsch. Bibl. 3, 588. — 6) Thessalische Zauber- und Geistermährchen von Mad. Lussan, a. d. Frz. Zittau 1794. II. (Bogen 1 bis 7 von Schorcht).
Vgl. § 223, Nr. 166. — 7) Herrn von Florians Gonzalvo von Cordova, oder die
Wiedereroberung von Granada. Berlin 1793. II. 8. — 8) Lord Neith und Lady
Thompson, zwei platonische Liebende in englischer Manier. Leipzig 1793. 8. —
9) Historisch-biographisches Unterhaltungsbuch. Ulm 1826. Becks Repert. 1826,
3, 219f. — 10) Viele Andachts- und geschichtliche Lesebücher.

5. Johann Balbach, geb. am 28. Mai 1757 in Nürnberg, Prediger des neuen
Hospitals zum heil. Geist daselbst, zuletzt Diakonus zu St. Jacob, † am 27. August
1820. — Meusel 1, 125 bis 127. 9, 50. 22, 40.

Lebensgeschichte der Rosine Meyerinn, oder die glücklichen Folgen eines
guten Verhaltens. Ein Lehrbuch für Mädchen und Jünglinge. Nürnberg und Jena
1793. 8. Neue Allg. dtsch. Bibl. 24, 870.

6. Karl Traugott Thieme, geb. zu Canitz bei Oschatz am 28. Januar 1745,
war 1772 Katechet an der Peterskirche in Leipzig, 1776 Rektor in Lübben und 1784
Rektor am Gymnasium in Merseburg, dann in Löbau, † daselbst am 30. Mai 1802.

a. Imm. Gttli Knebel, Vorarbeiten zu einer vollständigen Biographie und Charakteristik des M. Karl Traugott Thieme: Lausitzer Monatsschrift 1804 Julius und August. S. 1 bis 87. — **b.** Meusel, Gel. Teutschl. 8, 43f. 10, 741. 11, 719. 21, 387. 16, 16. 21, 41 bis 43; vergl. 13, 332. — **c.** Albrecht und Köhler, Sächs. Kirchen- und Predigergesch. 1, 523f.

Gutmann, oder der sächsische Kinderfreund. Leipzig 1794. II; 1797; 1802; III u. IV u. d. T.: Die Gutmannschule 1803 bis 4. Ein 5. Teil erschien 1806. - 11. Aufl. durchges. von J. Chr. Dolz. 1836. II. 8. Allg. dtsch. Bibl. 93, 437. 100, 878. Neue Allg. dtsch. Bibl. 17, 394. 81, 541. Becks Repert. 1822. 1, 71. Vgl. H. Gardthausen, Unterhaltungen und Erläuterungen über Gutmann oder den sächs. Kinderfreund. Hamburg 1803. III. Neue Allg. dtsch. Bibl. 81, 54. 93, 489.

7. Christ. Konrad Jacob Dassel, geb. am 16. März 1768 zu Harckesbüttel im Amte Gifhorn, sollte Schneider werden, erhielt aber 1782 eine Freistelle im Halle'schen Waisenhause, besuchte bis 1787 die lateinische Schule und ermöglichte durch Unterricht an derselben sich das theologische Studium. 1791 wurde er Lehrer an der Erziehungsanstalt der Carol. Rudolphi in Hamm, 1794 an der Hoftöchterschule in Hannover, seit 1796 Prediger zu Schloß Ricklingen an der Leine, 1800 zu Hohenbostel am Deister, 1806 Hauptpastor zu Stadthagen in Schaumburg-Lippe; gest. daselbst am 8. Januar 1845.

Neue Allg. dtsch. Bibl. 27, Intelligenzbl. 345. — Rotermund, Gel. Hann. 1, 432 bis 435. — Allg. dtsch. Biogr. 4, 760f. (Kelchner).

Merkwürdige Reise der Gutmannschen Familie. Ein Weihnachtsgeschenk für die Jugend. Hannover 1794 bis 98. IV; 1801; 1817; 5. Aufl. 1821. II. Vgl. Neue Allg. dtsch. Bibl. 29, 313. 45, 194.

8. Kaspar Friedrich Lossius § 272, 5. — Meusel 4, 515. 10, 226. 11, 497. 14, 160. 18, 581. 23, 468. — Hieron. Müller, K. F. Lossius aus seinem Nachlaß biographisch dargestellt, mit seinem Bildniß. Gotha 1818. 8. — Allg. dtsch. Biogr. 1884. 19, 219f. (Weißenborn).

1) Sammlung geistlicher Lieder und Gesänge. Erfurt 1777. 8. — 2) Gumal und Lina. Geseb. für Kinder zum Unterricht und Vergnügen, besonders um ihnen die ersten Religionsbegriffe beizubringen. Gotha 1795 bis 1800. III. 2. Aufl. 1800. Vgl. Neue Allg. dtsch. Bibl. 44, 197. 50, 246. 58, 499. 85, 209. 3. Aufl 1809. III. 6. Aufl. 1818 (mit des Vf. Bildnis). Ins Franz.: Gumal et Lina ou les enfans africans, imitée de l'allemand par Dumas. Strasbourg et Paris 1819. III. Drama in 1810. Vgl. § 302, 70. 8). — 3) Sittengemälde aus dem gemeinen Leben zum belehrenden Unterricht für Kinder. Gotha 1796 (1795). III. 1802. 2. Aufl. IV. Bdchen 1816. Bd II u. III. a. u. d. T.: Dramatische Sprichwörter zur angenehmen und nützl. Unterhaltung für Kinder. Gotha 1801 bis 2. — 4) Helius Eoban Hesse und seine Zeitgenossen. Gotha 1797. XVI, 334 S. Neue Allg. dtsch. Bibl. 86, 387 bis 393. U. d. T.: Anfang und Fortgang der Reformation oder Helius Eoban Hesse. Gotha 1817. — 5) Moralische Erzählungen für die Jugend. Gotha 1816.

9. Johann Christoph Fröbing, s. § 232, 29. 2); § 273, 22. Vgl. Neue Allg. dtsch. Bibl. 80, 276. 56, 522. 41, 841. 68, 517; 388. 60, 17. 40, 274. 112, 401. 96, 591. 94, 289. 99, 300. 100, 573. — Teutsche Nationalzeitung. 1805. St. 8, S. 158f. — Meusel 2, 442 bis 444. 9, 383f. 11, 245. 12, 330. 13, 420. 17, 687.

1) Georg Treumann, seine Familie und Freunde; eine dialogisirte Geschichte. Hannover 1796. 216 S. Vgl. Neue Allg. dtsch. Bibl. 33, 405. — 2) Heinrich Dornfelden, oder die Erbschaft. Göttingen 1797. 360 S. 8. Vgl. Neue Allg. dtsch. Bibl. 39, 275. — 3) Der Menschenbeobachter. Lesebuch für alle Stände. Bremen 1796. II. Band. Celle 1799 u. d. T.: Das angenehme Mancherley. Vgl. Neue Allg. dtsch. Bibl. 33, 406. 68, 321. — 4) Wilhelm Ehrenpreis und Karoline Sebastiani, oder der Spiegel für Ehegatten und die es werden wollen. Lemgo 1800. 8. — 5) Adolph Baron von Edelherz. Ein Gemählde nach dem Leben. Hannover 1808. 8.

10. Friedrich Wilhelm Herrmann, geb. am 28. Juni 1775 in Mittweida, Professor und Konrektor am Gymnasium zu Lübben, fürstl. Schwarzburg-Rudolstädtischer Hofrat, † am 11. Januar 1819 in Lübben.

Knorr, An A. Göring. Den Manen F. Herrmanns. Lübben 1820. — Allg. Lit.-Ztg.
1819. 1, 200. — Meusel 9, 574. 11, 847. 14, 117 bis 119. 18, 146f. 22^II, 714f.

1) Moralische Erzählungen für Kinder von 8 bis 12 Jahren. Warschau 1796. —
2) Eduard Bernau, eine Gesch., aus welcher Kinder Menschen kennen lernen sollen.
Warschau 1797. Neue Allg. dtsch. Bibl. 38, 94. 4, 58. — 8) — § 268, 19. —
4) Moralische Kinderbibliothek, oder die menschlichen Pflichten in Erzählungen
für die erwachsene Jugend. Lübben 1802 bis 4. III. Neue Allg. dtsch. Bibl. 81,
537. 99, 433. — 5) — § 293, V. 25. 11) X. p. — 6) Die Familie Angely, Gesch.
a d. Z. der franz. Revolution. Lübben 1804. — 7) Taschenbuch für Freunde und Freundinnen des Schönen und Nützlichen auf d. J. 1805 bis 7. Leipzig 1804 bis 6. III.
Das letzte auch mit neuem Titelblatt für 1808. Neue Allg. dtsch. Bibl. 97, 69. —
8) Neues Taschenbuch für Kinder zum Nutzen und Vergnügen auf das J. 1805,
in angenehmen Erzählungen und Geschichten zur Bildung und zum Sprachunterricht
hg. Leipzig 1805. 12. Auch u. d. T.: Harry and Lucy . . by Edgeworth, hg.
(engl. und deutsch); ferner a. u. d. T.: Henri et Lucy . . (französisch und deutsch).
— Die Erzählung des Jahrg. 1806 ‚Rosamunde‘ ist gleichfalls von Edgeworth. —
9) — § 249, C, IV. 14. — 10) Urania, Sammlung romantischer Dichtungen. Lübben
1806. — 11) § 311, 35. 209 — Band VII. S. 868. — 12) Die Ehe. Stanzen. Lübben
1814. 8. — 13) Die Irmin-Säule. An den Bildner, den Deutschen. Lübben 1814.
8. — 14) Gedichte in Winfrieds nordischem Musenalmanach. — 15) Aus seinem
Nachlasse: Argwohn und Unschuld. Drama in 3 A. Lübben 1825. 8.

11. Johann Gottfried Hoche, geb. am 24. August 1763 in Harzungen
(Grafschaft Hohnstein), Hofmeister, lebte für sich von 1795 in Halberstadt, 1797
Pfarrer in Rödinghausen (Grafschaft Ravensberg), 1800 zweiter Prediger in Gröningen bei Halberstadt, 1804 Oberprediger und Superintendent daselbst, von 1812
bis 1816 auch Konsistorialrat, † am 2. Mai 1836 in Gröningen.

Nekrolog 14, 1020f. — Meusel 3, 852. 9, 598f. 11, 859. 14, 149. 18, 177
22^II, 777. — Allg. dtsch. Biogr. 1880. 12, 519 (R. Hoche).

1) Vertraute Briefe über die jetzige abentheuerliche Lesesucht und über den
Einfluß derselben auf die Verminderung des häuslichen und öffentlichen Glücks.
Hannover 1794. 8. O. V. Vgl. Carl Müller-Fraureuth, Die Ritter- und Räuberromane 8. 95. — 2) Die Amtmanns-Tochter von Lüde. Eine Wertberiade für
ältere und jüngere Mädchen. Bremen 1797. 272 S. 8. O. V. Neue Allg. dtsch.
Bibl. 36, 436. § 237, 11. 62 = Band IV. 656. — 8) Geschichte der Grafschaft
Hohnstein. Halle 1798. 8. — 4) Adelheid von Wildenstein oder die Folgen der
mütterlichen Eitelkeit. Bremen 1798. 288 S. 8. O. V. Neue Allg. dtsch. Bibl.
42, 27. — 5) Des Pfarrers Tochter von Hoheneich oder Natur besiegt das Vor-
urtheil. Halberstadt 1798. 8. O. V. Neue Allg. dtsch. Bibl. 45, 37. — 6) Ruhestunden für Frohsinn und häusliches Glück. (Mit J. C. Nachtigal § 295, I. 16. 5).
Bremen 1798 bis 1802. IV. 8. Vgl. Neue Allg. dtsch. Bibl. 44, 485. 67, 120. 68,
255. — 7) Reise durch Osnabrück und Niedermünster in das Saterland, Ostfriesl.
u. Gröningen. Bremen 1800. 8. — 8) Neue Ruhestunden u. s. w. Frankfurt 1808
bis 4. II. Vgl. Neue Allg. dtsch. Bibl. 82, 586. 101, 490. — Gab die Monatsschrift Hebe heraus, vgl. Nerrlich, J. Paul S. 215.

12. Georg Wilhelm Mundt, Feldprediger des preußischen Dragonerregiments
von Irwing. — Meusel 10, 344. 14, 632. 18, 792.

1) Burgheim unter seinen Kindern. Halle 1798 bis 1801. III. 8. — 2) Vater
Burgheims Reisen mit seinen Kindern. Halle 1801 bis 4. II. 8. Neue Allg.
dtsch. Bibl. 95, 509.

18. Friedrich Philipp Wilmsen, geb. am 23. Februar 1770 in Magdeburg,
zweiter Prediger an der evangel. Parochialkirche in Berlin, Inspektor des Korn-
messerschen Waisenhauses, Präses der Direktion des Luisenstifts und Lehrer bei
der Luisenstiftung, † am 4. Mai 1831.

Meusel, Gel. Teutschl. 8, 542f. 10, 831. 11, 746. 16, 237. 21, 597 bis
602. — Nekrolog in Becks Repert. 1831. 1, 838. 2, 237. Voss. Ztg. 1831, St. 109.
— (Hitzig) Gel. Berlin 1826. 8. 297 bis 299. — Wilmsens Selbstbekenntnisse.
Berlin 1829. — Hesekiel, Erinnerungen an W. Berlin 1833. 8. (Mit vollständigem
Verzeichnis seiner Schriften).

1) Sammlung auserlesener poetischer Fabeln und Erzählungen. Berlin 1799. Vgl. Neue Allg. dtsch. Bibl. 52, 201; 1810; 1817; 1824. — 2) Berlinischer Kinderalmanach auf d. J. 1799. Vgl. Neue Allg. dtsch. Bibl. 87, 87. — 3) Taschenbuch für die sorgfältig gebildete Jugend des weiblichen Geschlechts. Berlin 1799 und 1800. II. — 4) Der Brandenburgische Kinderfreund. Berlin 1800. 8.; 14. Aufl. 1824. 8. — 5) Der deutsche Kinderfreund. Berlin 1800. Vgl. Neue Allg. dtsch. Bibl. 102, 71. 19. umgearb. u. verm. Aufl. 1812. 71. Aufl. 1823 = 6. unveränd. Stereotypen-Ausg. 1888: 226. Aufl. — 6) Anhang zum deutschen K. 1812. — 7) Heldengemälde aus Roms, Deutschlands und Schwedens Vorzeit. Berlin 1814. 8.; 1819. 8. — 8) Die glücklichen Familien in Friedheim; unterhalt. Lesebuch für Knaben und Mädchen. Berlin 1815; 1824. — 9) Der Mensch im Kriege, oder Heldenmuth und Geistesgröße in Kriegsgeschichten. Berlin 1815. 8.; 3. Aufl. 1820. — 10) Hersiliens Lebensmorgen, oder Jugendgeschichte eines geprüften und frommen Mädchens. Berlin 1816; 1822.

11) Die Schönheiten der Natur, geschildert von deutschen Musterdichtern. Berlin 1817. 8. — 12) Kleine Geschichten für die Kinderstube. Berlin 1818. 8. — 13) Knigge über den Umgang mit Menschen, bearb. und durch einen Anbang vermehrt: Regeln des Umgangs mit Kindern. Hannover 1818. Vgl. § 224, 84. 16). 14) Weltton und Weltsitte. Ein Ratgeber für junge Männer und Jünglinge. Hannover 1824. 8. A. u. d. T.: Knigge über den Umgang mit Menschen. 4. Theil. — 15) Eugenia, oder das Leben des Glaubens und der Liebe. Berlin 1819; 1824. — 16) Euphrosyne, oder deutsches Lesebuch zur Bildung des Geistes und Herzens. Berlin 1819. Becks Repert. 1819. 4, 231. — 17) Merkwürdige Bergreisen, Seefahrten und Abenteuer unserer Zeit. Berlin 1822. 8. — 18) Menschengröße auf dem Thron und im Volk. Berlin 1823. 8. — 19) Theodora, moral. Erzählungen für die weibliche Jugend. Berlin 1824. 8.

14. Friedrich Wilhelm Karl Wissellnck, auch C. v. Visselinck, reformierter Prediger in Elbing. — Meusel, Gel. Teutschl. 16, 95. 21, 641.

1) Einfache Lebensscenen aus der wirklichen Welt. Glogau 1799 und 1800. II. 8. Neue Allg. dtsch. Bibl. 68, 395; 95, 65. — 2) Morgenstunden eines Vaters mit seinen Kindern. Glogau 1801. II. Neue Allg. dtsch. Bibl. 72, 207.

15. Johann Andreas Christian Löhr, Schriftstellernamen: **J. C. F. Müller, Karl Friedrich Schmidt,** geb. am 18. Mai 1764 in Halberstadt, † als Oberpfarrer in Zwenkau bei Leipzig am 28. Juni 1823.

a. Meusel, Gel. Teutschl. 5, 328. 10, 220f. 331f. 597 (mit falschem Vornamen: Christian F. Schmidt). 11, 556. 14, 453f. 616. 18, 567 bis 571. 765f. 20, 199. 23, 451f. — b. Nekrolog 1, 546 bis 556. — c. Kesslin, Nachrichten von den Schriftstellern und Künstlern der Grafschaft Wernigerode. 1856. 161 bis 164. — d. Allg. dtsch. Biogr. 1884. 19, 137f. (J. Franck).

1) Kleine Geschichten und Erzählungen für Kinder. Leipzig 1799. 8. 4. verb. Aufl. 1818. Auch u. d. T.: Der erste Lehrmeister, 4. Band, ins Franz. übers. v. S. H. Catel. Leipzig 1809. — 2) Materialien zur Erweckung und Uebung des Verstandes. Leipzig 1799 u. oft. — 3) Gemeinnützige Kenntnisse. Leipzig 1800. 8. u. öfter. — 4) Kleine Erzählungen für Kinder. Frankfurt a. M. 1800. 8. U. d. T.: Kleine Erzählungen. Zum Vorlesen und zur Leseübung für kleine Kinder. Mit 8 Bildern von L. v. Kramer. 4. Aufl. Stuttgart. K. Thienemanns Verlag. o. J. (1891). 184 8. 8. — 5) Kleine Plaudereien für Kinder. Frankfurt 1801 bis 9. III. 8. u. öfter. — 6) Der Weihnachtsabend in der Familie Thalberg. Frankfurt 1805. 8.; 1813. Neue Allg. dtsch. Bibl. 101, 383. — 7) Tändeleien und Scherze für unsere Kinder. Leipzig 1804. II. — 8) Das Fabelbuch für Kindheit und Jugend. Leipzig 1815; 2. Aufl. 1819. 8.; Neue (3.) verm. Aufl. Hg. von C. A. L. Kästner. Leipzig 1824. 8. Nachdruck: Wien 1817.

9) Das Buch der Mährchen für Kindheit und Jugend. Leipzig 1818 bis 20. II. 8. — 10) Die Familie Oswald. Leipzig 1819. II. 8. Becks Repert. 1820. 3, 274. — 11) Mancherlei Begebenheiten und Geschichten aus dem Leben des kleinen Andreas. Leipzig 1820. 8.; 1826. 12. — 12) Neue kleine Plaudereien für Kinder. Leipzig 1821. II. — 13) Die ernsten und lustigen Dinge in der Familie Ehrthal, oder das Buch der Bilder. Leipzig 1821. II. — 14) Das Menschenleben in mancherlei freudigen und traurigen Begebenheiten. Leipzig 1821. 8. 349 ein Ver-

zeichnis der Kinderschriften Löhrs. — 15) Erzählungen und Geschichten für Herz und Gemüth der Kindheit. Leipzig 1822. II. 8. — 16) D. Martinus Katz- und Wachtelbüchlein. Leipzig 1824.

16. Rudolph Christoph Lossius, Bruder von Kaspar Friedr. Nr. 8, geb. in Erfurt 1760, Pfarrer in Schwerborn, seit 1802 in Großvargula, † als Pfarrer zu Tonndorf bei Weimar am 26. (16.) November 1819. — Meusel 4, 515. 10, 226. 14, 460.

1) Meister Liebreich, ein nützliches Lehrbuch für Volksschulen und bürgerliche Familien. Gotha 1800 bis 1. III. Allg. dtsch. Bibl. 79, 224. — 2) Rath Friedheims Röschen auf ihren ökonomischen Wanderungen. Ein ökonomisch nützlicher Roman. Leipzig 1800. 8.

17. Philipp Christian Wilhelm Morus, geb. in Ansbach am 21. Juni 1771, Kandidat des Predigtamtes daselbst, lebte 1820 in Heidenheim bei Ansbach.

1) Wilhelm Maienthal und Karoline Silhing; eine Gesch. in Briefen. Koburg 1800. — 2) Heinrich von Wild, oder der gute Onkel und die böse Tante. Ansbach 1804. Neue Allg. dtsch. Bibl. 95, 341. — 3) Unterhaltungen in Erholungsstunden. Seitenstück zu den Miscellaneen [Ansbach 1799. 8.] des Verf. Ansbach 1805. — 4) Das Nelkenbeet, oder Moritz und Elmire; romantisch-moral. Erzählungen. Ansbach 1813. — 5) Erzählungen in der Urania, den Abendstunden u. s. w.

18. Daniel Collenbusch, geb. am 12. September 1759 in Duisburg, Stadtphysikus in Kahla, Fürstl.-Schwarzburg-Rudolstädter Medizinalrat zu Eisenberg; dort starb er am 14. April 1841. — Meusel 1, 607. 9, 203. 11, 142. 13, 239 f. 22!, 522.

1) Karl Weber und seine Töchter, Schneeberg 1802 bis 4. III. — 2) Meine Freystunden, den Kindern gewidmet. Schneeberg 1802. 8.

19. August Nathanael Friedrich Seemann, geb. 1774 in Frankfurt a. d. O., Hauslehrer bei dem Oberhofmarschall von Massow zu Berlin und Steinhöfel, lebte um 1820 für sich in Halberstadt, zuletzt in Wiesbaden, † am 4. April 1825. — Meusel 15, 442. 20, 408 f.

1) Blumen und Früchte, zum Geschenk für die Jugend beim Antritt des 19. Jh. Berlin 1800. 8. — 2) Neujahrsgeschenk für gute Kinder auf das Jahr 1802. Berlin. U. d. T.: Blumenlese für gute Kinder, enth. kleine Erzählungen, Fabeln, Lieder, Räthsel. Berlin 1816. 8. — 3) Bruder und Schwester; Unterhaltungsbuch für Knaben und Mädchen. Helmstedt 1818. 8. — 4) Kleine Natur- und Sittengemälde zur Denk- und Leseübung für Knaben und Mädchen. Helmstedt 1820. 8. — 5) Darstellungen aus der Jugendwelt. Berlin 1820. — 6) Albert und Eugenie. Bildungsschrift für die Jugend. Hg. von Chr. W. Spieker. Leipzig 1823. Becks Repert. 1823, 4, 88. — 7) Die Familie Otto, hg. von Wilmsen. Leipzig 1826. 8.

20. Christian Wilhelm Spieker, geb. am 7. April 1780 in Brandenburg, studierte in Halle Theologie, Lehrer am dortigen Gymnasium und Pädagogium, 1805 Feldprediger, 1807 Lehrer in Dessau, 1809 a. o. Professor der Theologie in Frankfurt a. O., 1812 Archidiakonus, 1818 Superintendent und Oberpfarrer. Er starb dort am 10. Mai 1858. Seine Erbauungsbücher, die zu den besten in Deutschland gehören, haben ihre Wirkung bis auf die Gegenwart behalten.

a. Meusel, Gel. Teutschl. 15, 507 f. 20, 543 bis 546. — b. A. G. Schmidt, Nachlese auf dem Felde der Anhalt'schen Litterat. Dessau 1831. 8. 25 bis 29. — c. Allg. dtsch. Biogr. 1893. 35, S. 162 bis 164 (H. Pröhle).

1) Meine Reise von Halle nach dem Brocken i. J. 1802, zunächst für die Akademisten in Halle. Halle 1803. 8. — 2) Luise Thalheim. Bildungsgeschichte. für gute Töchter. Leipzig 1808. II. 12. Auch u. d. Tit.: Familiengeschichten für Kinder; Leipzig 1816. II. 12. — 3) Westphälisches Taschenbuch. Halle 1808. 16. — 4) Die glücklichen Kinder. Geschenk für gute Söhne und Töchter. Dessau und Leipzig 1808. IV. 12. A. u. d. T.: Familiengeschichten für Kinder. III. bis VI Band; Leipzig 1818. IV. 12.

5) Emiliens Stunden der Andacht und des Nachdenkens. Leipzig 1808. 8.; 1815. 8.; 1823. 8.; 1828. 8.; 1837. II. 12.; 1848. 8.; 1855. 8.; — 6) Vater Hellwig unter seinen Kindern, zur nützlichen und angenehmen Unterhaltung in Familien.

Nürnberg 1809. 8. Holländisch: Avondvertillingen voor de Jeugd. Haarlem 1812.
8. — 7) Kleines Gesangbuch für Schulen. Züllichau 1815. 8.; 1822. 8.; 1836. 8.;
Vierte Aufl. Halle 1842. 8.; 1852. 8. — 8) Gesangbuch für die evangelisch-christ-
liche Gemeinde in Frankfurt a. O. Fünfte Aufl. Frankfurt a. O. 1820. 8.

9) Erzählungen aus der Geschichte und dem häuslichen Leben. Leipzig 1819.
8. Becks Repert. 1819. 4, 280. — 19) Des Herrn Abendmahl. Ein Kommunions-
buch für gebildete Christen. Frankfurt a. O. 1819. 8.; Zweite Aufl. Berlin 1824.
8.; Dritte und vierte 1833. 8.; 1839. 8.; 1846. 8.; 1858. 8.

11) Andachtsbuch für gebildete Christen. Berlin 1816. 8.; 1818. 8.; 1821.
8.; 1824. II. 8.; 1830. 12.; 1839. II. 8.; 1851. 8.; 1855. 8.; 1860. 8.; Zehnte
Aufl. bearb. von H. Keßler. 1868. XX, 709 S. 8.

12) Sammlung geistlicher Lieder für die häusliche und öffentliche Andacht.
Berlin 1823. 8. Anhang: Christliche Gebete. Berlin 1825. 8.

13) Christliche Morgenandachten auf alle Tage des Jahres. Berlin 1831. 8.;
1835. 8.; 1850. 8.; 1855. 8.; 1859. 8.

14) Christliche Abendandachten auf alle Tage des Jahres. Berlin 1832. 8.;
1840. 8.; 1855. 8.; 1859. 8.

15) Ausgewählte Schriften für christliche Erbauung. Leipzig 1855. IV. 8.
Enth. 1.: Nr. 13). — 2.: Nr. 14). — 3.: Nr. 11). — 4.: Nr. 5).

21. Moritz Thieme, geb. am 8. Mai 1799 in Löbau, Sohn v. K. T. Thieme.
Nr. 6. oben S. 420, studierte in Berlin und Leipzig, lebte dann in Dessau und seit
1824 als Kandidat der Rechte in Ilmenau; 1829 gab er in Barmen das dortige
Wochenblatt heraus und starb am 20. Juli 1849 als Buchhändler in Iserlohn.
Meusel 21, 48 f. — Nekrolog 27, 1263.

1) Dramatische Spiele für die Jugend bei festlichen Gelegenheiten. Ein Weihnachtsgeschenk. Berlin, 1819. 8. Enth. a: Die Heimkehr. — b: Das Räthsel oder
der kleine Clavierspieler. — c: Die Schreibstunde. — d: Das Angebinde oder Emmas
Geburtstag. — e: Das frohe Fest. — f: Querstriche. — g: Der Namenstag. — h:
Die Weinlese. — 2) Mährchen und Sagen für die Jugend. Berlin 1820. Becks Repert.
1820. 4, 238. — 3) Geistergeschichten oder keine, wie man will. Leipzig 1821. —
4) Die Bilderlaube. Ein neues Bilderbuch für Knaben und Mädchen. Leipzig 1821.
12. — 5) Wanderungen dreier Musensöhne an den Rhein hinaus; in Briefen. Halberstadt 1821. — 6) Vorboten des Frühlings. Romant. Erzählungen und Gedichte.
Leipzig 1822. — 7) Der Kampf des Alten mit dem Neuen. Roman. Eisenberg 1822;
1824. — 8) Almanach dramatischer Spiele für die Jugend. Berlin 1822. 239 S. 8.
Vgl. Leips. Lit.-Ztg. 1823. 8. 899. — 9) Moralische Schilderungen für die Jugend,
romantisch bearb. Becks Repert. 1822. 4, 143. — 10) Der kleine Freyschütz. Ein
Singspiel in 3 A. für die Jugend bearbeitet (nach F. Kind). Leipzig 1823. 8. —
11) Des Generals Mina Leben und Feldzüge im Gebiete der Waffen und der Liebe.
Aus dem Tagebuche eines übergegangenen Miquelet entlehnt und a. d. Franz.
übers. Ilmenau 1824. Vgl. Hayn 8. 196. Becks Repert. 1824. 1, 195. — 12)
Frauenmuth. Schauspiel. Ilmenau 1824. — 13) Der kleine Cornelius Nepos.
Ilmenau 1824. — 14) Kinder des Frühlings. Ein Kranz für Freunde und Gönner.
Berlin, 1826. 8. — 16) Kleiner deutscher Ehrentempel, oder das Leben berühmter
Deutschen unserer Zeit. Vom Vf. des kleinen deutschen Cornelius Nepos. Heidel-
berg 1828. Becks Repert. 1830. 4, 202. Darin S. 98 bis 147 Klopstock. — 16)
L. Baczko: Neuer Nekrol. 1824, 8. 338 bis 407. — 17) Hedwigs liebste Puppe.
Ein Lese- und Bilderbuch für kleine artige Mädchen. Berlin, 1829. 12. — 18) Edmund
und Tony, die treuen Spielgefährten. Berlin 1830. 12. — 19) Jugendklänge.
Gedichte. Wohlfeile Ausgabe. Elberfeld 1830. 12.

22. Theodor Christian Tetzner, geb. am 15. November 1792 zu Franken-
hausen, Doktor der Philosophie und Lehrer zu Sohnepfenthal; 1817 am Waisenhause zu Halle, seit 1824 Direktor der Handlungsschule zu Magdeburg.
a. Meusel 21, 23 f. — b. Hesse, Verzeichniß geborener Schwarzburger. Stück
17, S. 10 f.

1) Die Abende auf dem Hermannstein; Sagen und Erzählungen für die reifere
Jugend. Magdeburg 1821. 8. — 2) Die Schule der sieben Weisen, ein Büchlein
für die Jugend. Nordhausen 1822.

III. Auch die Frauenromane gewähren wenig Freude. Frau v. Wobeser schilderte das Weib, wie es sein sollte, wie es aber nirgends zu finden war, eine Art von Idealismus, die ihr Gegenstück in zahlreichen Ausgeburten verirrter Phantasie fand. Mehr auf der Mittelstraße hielten sich Frau v. Ahlefeld, die einst gefeierte Verfasserin der Erna und Felicitas, Karoline v. Woltmann und Fanny Tarnow, der eine gewisse kräftige Anlage nicht abzusprechen ist. Am tiefsten las Karoline Engelhard in der Seele der Frauen, und zugleich wußte sie in schlichter Darstellung den klaren Gedanken klar und gewinnend vorzutragen.

1. **Augusta Friederike Freiin von Goldstein**, geb. v. Wallenrodt, Tochter der J. Isabelle Eleonore v. W. (§ 268, 20. § 277, 16), geb. am 20. Februar 1764 in Breslau, 1791 verheiratet und bald darauf geschieden; sie nannte sich (im Leben) nach ihrem Manne von Fölsch und verheiratete sich 1803 mit dem Freiherrn von Goldstein in Sachsen: aber auch von diesem trennte sie sich bald: er lebte in Sachsen, sie mit einer preußischen Pension in Liebenfelde bei Soldin in der Neumark, als Erzieherin, 1806 in Prag, in Brieg, zuletzt in Breslau. Dort starb sie am 18. Februar 1837.

Meusel 8, 327. 10, 787. 21, 840f. — Schindel 1, 166 bis 170. 3, 125. — Nekrol. 15, 259 bis 261. — Nowack 5, 50f. — Die von ihrer Mutter (in deren Autobiographie § 277, 16. 12) früher erhobenen Beschuldigungen wurden von derselben 1818 (bei Schindel 1, 169) zurückgenommen.

1) Die Glücksritter oder Die Liebe steht ihren Günstlingen bei. Lustspiel in 4 A. Wien 1783. 8. — 2) Kollmar und Klaire. Eine vaterländische Geschichte. Leipzig 1791—93. II. Neue Allg. dtsch. Bibl. 11, 815f. — 3) Weihnachtskörbchen für die Jugend. Ein Taschenbuch. 1794. 12. — 4) Sammlung theils dialogisirter Geschichten, theils Erzählungen. Rostock 1798. — 5) Der Traum und das Erwachen. Ein Fragment aus der wirklichen Welt. Berlin 1809 (= Sammlung poetischer und historischer Aufsätze mehrerer beliebter Schriftsteller). — 6) Farben des bunten Erdenlebens. Eine Sammlung von Erzählungen und fragmentarischen Familiengemählden. Liegnitz 1827. 435 S. 12.

Sie gab heraus: Geistesblüthen. Berlin 1812. Von Clara Maria Aurora Freiin von Goldstein, ihrer Tochter. Sieh § 305, 54 = Band VII. S. 423.

2. **Dorothea Margarethe Liebeskind**, geb. am 22. Februar 1765, Tochter des Professors Wedekind in Göttingen. Früh verheiratet mit dem Musikdirektor J. N. Forkel, auf dessen Wunsch sie ihren ersten Roman schrieb. Nach der Scheidung von ihrem ersten Manne, heiratete sie Johann Heinrich Liebeskind, der Justizkommissar in Königsberg war, 1797 preuß. Regierungsrat in Ansbach und 1808 bayr. Oberappellationsrat in München wurde. Sie übersetzte englische Reisebeschreibungen und geschichtliche Werke, die Georg Forster zum Teil unter seinem Namen erscheinen ließ; sie starb nach 1822.

a. Meusel 4, 451 bis 453. 10, 203. 11, 489. 18, 531. 23, 413f. — b. Schindel 1, 313 bis 316. 3, 204.

1) Maria, eine Gesch. in Briefen. Leipzig 1784. — 2) Die Bastille oder Karl Townley, ein Mann von der grossen Welt. Leipzig 1790. II. — 3) Leben und Thaten Anton Legers, des Schlaukopfs. Aus d. Engl. Leipzig 1790. III. — 4) Eine einfache Geschichte aus dem Engl. der Mrs. Inchbald. Leipzig 1791. IV. — 5) Euphemia a. d. Engl. von Mrs. Lennox. Berlin und Küstrin 1791. IV; 1804. — 6) Honorie Sommerville. A. d. Engl. von Mad. Forkel. Leipzig 1791. IV. 8. — 7) Hermione oder die Rache des Schicksals. A. d. Engl. Hannover 1792 und 98. II. 8. — 8) Celestine, von der Verf. der Emmeline. A. d. Engl. Leipzig 1792 bis 98. IV. — 9) Die nächtliche Erscheinung im Schlosse Mazzini (von Miß Radcliff). Hannover 1792. II. — 10) Adeline oder das Abenteuer im Walde. A. d. Engl. der Mrs. A. Radcliff. Leipzig 1793. III. 8. — 11) Desmond. Gesch. in Briefen a. d. Engl. von Mrs. Charl. Smith. Hamburg 1793. III. — 12) Mathilde und Elisabeth. Aus dem Engl. Leipzig 1793. IV.; 1779. IV. 8. — 13) Caleb Williams, a. d. Engl. von Godwin. Riga 1795. III. — 14) Das Schloß St. Valery; Gespenstergesch. aus den Zeiten des Richard Löwenherz. Hannover 1795. — 15) Udolpho's Gehsimnisse (von Radcliff). Riga 1795. IV. — 16) Marchmont (von Miß Charlotte Smith).

Leipzig 1799. IV. — 17) Die Italienerin, oder der Beichtstuhl der schwarzen
Büßenden (von Radcliff). Königsberg 1797 bis 98. III. Vgl. § 279, 25. 19). —
18) Denkwürdigkeiten aus S. Johnsons Leben. Königsberg 1797.

3. Marianne Ehrmann, geb. **von Brentano,** geb. am 25. November 1755
in Rapperswyl am Zürcher See, Erzieherin, Schauspielerin, als solche nannte sie
sich **Sternheim,** vermählt mit dem Juristen Theophil Frdr. Ehrmann, gest. am
14. August 1795 in Stuttgart.

T. F. Ehrmann, Denkmahl der Freundschaft und Liebe . . . der Frau M.
Ehrmann errichtet. Leipzig 1796. 8.

Meusel, Lex. 3, 57f. — Bassmann, Literar. Handwörterbuch 1826. S. 249. —
Wagenseil, Literar. Almanach 1832. S. 94. — § 232, 12. d).

1) Müßige Stunden eines Frauenzimmers. Kempten 1784. 8. O. V. — 2) Philosophie eines Weibes. Von einer Beobachterin. Kempten 1784. 8. O. V. Neue
Aufl. 1785. 8. Vergl. J. Felner, Philosophie eines Mannes. Basel 1785. Hayn,
Bibl. germ. erot. S. 235. — 3) Leichtsinn und gutes Herz, oder Folgen der Erziehung. Originalschauspiel in 4 Aufz. Straßburg 1786. 8. — 4) Amalie und
Minna, eine wahre Geschichte in Briefen. Bern 1787. II. 8. O. V. — 5) Ninas Briefe an
ihren Geliebten. Bern 1787. 8. O. V. — 6) Graf Bilding, eine Geschichte aus dem
mittleren Zeitalter, dialogisiert von der Vf. der Philosophie eines Weibes. Isny 1788. 8.

7) Kleine Fragmente für Denkerinnen. Isny 1788. 8. O. V. — 8) Amaliens
Erholungsstunden. Monatsschrift. Stuttgart 1790 bis 1792. III. 8. Allg. dtsch.
Bibl. 111, 244. — Fortgesetzt unter dem Titel: 9) Die Einsiedlerin aus den Alpen.
Monatsschrift. Zürich 1793 bis 94. II. 8. — 10) Erzählungen. Heidelberg 1795.
8. — 11) Antonie von Wanstein. Hamburg 1796 bis 1798. II. 8. — 12) Amaliens
Feyerstunden. Auswahl der hinterlassenen Schriften von M. Ehrmann. Hamburg
1796 bis 1798. III. 8. Neue Allg. dtsch. Bibl. 42, 275.

4. Ernestine von Krosigk, geb. v. Krüger, Schriftstellername: Emma, geb.
am 21. Oktober 1767 zu Berlin, früh gebildet, durch Zufall mit Ramler und Moritz
bekannt, trat sie als Dichterin in der Berliner Monatsschrift und den schlesischen
Bardenopfern (1788, 1789) auf und stand in Briefwechsel mit auswärtigen Schriftstellern. 1790 verheiratete sie sich mit dem Lieut. v. Krosigk. Ihr Vater, preuß.
Geh. Oberrevisionsrat, starb 1798. Sie zog sich verstimmt in Einsamkeit zurück,
aus der sie K. Müchler wieder in die Litteratur zurückführte. 1803 errichtete sie
ein Seminar für Erzieherinnen, das unter den Kriegsstürmen litt und zu Grunde ging.
Seit 1814 lebte sie als Schriftstellerin in Berlin und starb daselbst am 10. Mai 1843.
a. Meusel 4, 281. 10, 148. 11, 465. 14, 369. 23, 283. — b. Schindel 1,
271. 3, 190. — c. Nekrolog 21, 411 bis 416. — d. Groß 72.

1) Gedichte. Berlin 1792. 8. (zuerst in der Berliner Monatsschrift 1786). —
2) Novellen. Leipzig 1805. (Riodoro, oder Natur und Liebe, und die folgende
auch besonders gedruckte.) — 3) Das Dörfchen Larcy, oder Edelmuth und Liebe.
Leipzig 1805. 8. — 4) Ländliche Stunden. Berlin 1806. 8.; wiederh. 1832. 8. —
5) Ueber den Umgang mit Leidenden. Seitenstück zu A. Frh. von Knigges Schrift
ü. d. U. mit Menschen. Berlin 1826. 8.

5. Sophie Frömmichen, geb. am 28. November 1767 in Helmstädt, seit
1810 Vorsteherin einer Töchterschule zu Heiligenstadt, seit 1820 Oberlehrerin an
der allg. Bürgerschule. — Meusel 17, 638. 22 II, 251.

1) Die Familie Bernheim. Braunschweig 1793. V. Auch u. d. T.: Kinderalmanach. 1. Bd. — 2) Emilie von Willmar, oder Belohnung der Menschenfreund-
lichkeit. Braunschweig 1798; a. u. d. T.: Kinderalmanach. 2. Bd. — 3) Briefwechsel der Familie Bernheim. Braunschweig 1799. — 4) Schauspiele für Kinder.
Braunschweig 1808. 8.; Neue Aufl. 1806. 8. — 5) Lida, ein Geschenk für die erwachsene Jugend. Braunschweig 1803.

6. Wilhelmine Karoline von Wobeser, geb. v. Rebeur, geb. 1769 zu
Berlin, verheiratete sich mit dem preußischen Hauptmann F. v. Wobeser, der
später auf seinem Gute Wirschen bei Stolpe lebte; dort starb sie 1807.

Elisa, oder das Weib wie es sein sollte. Leipzig 1795. 328 S. 8.; 1797. 8.;
1798; 1799; 1800; 1811. Vergl. Neue Allg. Dtsch. Bibl. 26, 125f. 34, 516. 80, 510.
Vgl. Der Dorfprediger. Eine Geschichte wie sie ist, und wie sie durchgehends
seyn sollte. Zürich 1793. Von Heinrich Heidegger s. Meusel 9, 540. 22 II, 638.

Übersetzungen; Elisa, or the pattern of women. A moral romance, translated upon the german by John Ebers. Leipzig 1799. 12.; 1808. 8. Neue Allg. dtsch Bibl. 61, 504. — Elise, ou le modèle des femmes. Roman moral, trad. de l'Allemand par S. H. Catel. Leipzig 1808. 12.; 1812. 12.

Nachahmungen u. s. w. a: Elisa, kein Weib, wie es sein sollte. Ein höchst nöthiges Wort zur richtigen Schätzung der Schrift: Elisa usw. Hildesheim 1800. II. 8. N. Allg. dtsch. Bibl. 74, 326—34. Bd. 2 auch u. d. T.: Mustercharte von Weibern, Männern, Jünglingen und Kindern, wie sie sind, seyn können und seyn sollten. Vf.: J. G. L. Brakebusch? — b: Elisa oder das Weib wie es sein sollte. 2. Theil. (Über den Umgang der Weiber mit Männern.) Von Chr. A. Fischer. Leipzig 1802 (französ. Leipzig 1802). N. Allg. dtsch. Bibl. 59, 252. Hayn S. 323. — c: Chr. T. Voigt (§ 266, 23). α. Robert, oder der Mann, wie er seyn sollte. Ein Seitenstück zu Elisa, oder das W., wie es s. s. Leipzig 1799—1802. III. 8. Vgl. N. Allg. dtsch. Bibl. 62, 75. 69, 114. 82. 77; (J. Karl G. Schindler) Robert oder der Mann, wie er nicht seyn sollte, Leipzig 1800—4, s. Hayn 256. β. Moritz und Auguste, oder die Kleinen, wie sie seyn sollten. Leipzig 1800. — d: Maria, oder das Unglück Weib zu sein, ein Gegenstück zu Elisa. Aus dem Engl. der Miss Mar. Woltstone-Craft. Leipzig 1800. — e: Elisa's, des Weibes wie es sein sollte, Vermächtniß für ihre Tochter Henriette. Leipzig und Elberfeld 1801. 224 S. 8. N. Allg dtsch. Bibl. 63, 297. — f: Henriette, oder das Weib wie es sein kann. Aus der Familie Hohenstamm. Von Sophie Ludwig (§ 280, 7. 8). Leipzig 1800; Berlin 1805. N. Allg. dtsch. Bibl. 63, 141. — g: Louise, ein Weib, wie ich es wünsche. Breslau, Korn 1802. 348 S. N. Allg. dtsch. Bibl. 83, 355. — h: Jeanettens Spekulationen, oder das Mädchen, wie es nicht sein sollte. Wittenberg 1806. — i: Der Umgang mit Weibern, wie er ist und wie er seyn sollte. Berlin 1802. 8. — j: (H. A. Kerndörffer) § 295, II. A, 2: Anton der Knabe und Jüngling, wie seyn sollte. Leipzig 1800. 8. — j'. s. unten S. 809. — k: s. Wallenrodt § 277, 16. 14). — l: Pölitz § 279, 89. 3). — m: Schilling § 277, 27. 7) und 9) — n: s. Grüner § 279, 6. 11). — o: Laun § 279, 49. 13). — p: Müller § 279, 22 7). - q: (Gtfr. Aug. Pietzsch) Gustav Redlich, oder der Prediger, wie er seyn sollte. Leipzig 1801. 8. — r: J. A. Liebner, Der reinliche Jüngling, wie er seyn soll … In Briefen für junge Leute. Leipzig 1805. 8.

7. **Charlotte Sophie Louise Wilhelmine von Ahlefeld**, geb. von Seebach, Schriftstellernamen: **Natalie, Elise Selbig, Ernestine**, geb. am 6. Dezember 1781 in Stedten bei Weimar, Tochter des hannöverschen Obersten von Seebach, am 21. Mai 1798 mit dem Gutsbesitzer Joh. R. von Ahlefeld, Herrn von Saßdorf und Sehestedt in Schleswig-Holstein, verheiratet, trennte sich 1807 von ihm, lebte in Schleswig, seit 1821 in Weimar, † am 27. Juli 1849 in Teplitz.

a. Meusel, Gel. Teutschl. 17, 8. 20, 430. 22¹, 18 bis 20. — b. Lübker 1, 6. — c. Schindel 1, ö. 3, 4. — d. Groß 82f. — e. R. Steig: Euphorion 2, 318 bis 315. — f. Goethes Stammbuchblatt an Ch. v. Ahlefeld: Goethe-Jahrb. 1, 371. — f: Erinnernngen der Frau von Ahlefeld (an Cl. Brentano und Sophie Merean): H. Cardauns, Die Märchen des Clemens Brentano. Köln 1895. 8. 93 bis 100.

Briefe an α. Cl. Brentano: Brentanos gesammelte Schriften 9, 301; vergl. Steig, Arnim und Brentano. Stuttgart 1894. S. 352. — β. ?: Katalog von W. v. Maltzahns Autogr.-Sammlung 1890. Nr. 444.

1) Liebe und Trennung, oder merkwürdige Geschichte der unglücklichen Liebe zweyer fürstlicher Personen jetziger Zeit. London 1798 [Weißenfels 1797]. 8. — 2) **Marie Müller**. Roman. Berlin 1799. 888 S. 8. Neue Allg. dtsch. Bibl. 52, 44 bis 47; Schleswig 1815. 233 S. 8. — 3) Einfache Darstellungen aus dem menschlichen Leben. Berlin 1799. 8. Neue Allg. dtsch. Bibl. 60, 95. — 4) Gedichte von Natalie. Berlin 1800. 8. — 5) Die Bekanntschaft auf der Reise. Berlin 1801. 8. — 3. Bd. des Journals der Romane. Berlin 1800 bis 2. XI. 8. Nachdr.: Prag 1804. II. 8. — 6) Therese, Roman in Briefen. Hamburg 1805. II. 8. — 7) Liebe und Entsagung. Berlin 1805. II. 8. — 8) Louise und Mailand. Berlin 1807. 8. (= Journal der Romane Bd. 11.). — 9) Gedichte von Natalie. Berlin 1808. 149 S.; Gedichte von der Verfasserin der Erna, Felicitas u. s. w. Weimar 1826. 208 S. 8. Becks Repert. 1826. 3, 24. — 10) Die beiden Stiefsöhne. Altona 1810. 8.

11) Die Kokette. Breslau 1810. 8.; 1826. 8. — 12) Die Nymphe des Rheins: Beckers Taschenb. zum gesell. Vergnügen. 1812. 8. 1 bis 20. — 13) Briefe auf einer Reise durch Deutschland und die Schweiz. Altona 1810. 8. — 14) Selbstverläugnung.

Erz. a. d. Ritterzeiten: Taschenb. der Liebe und Freundschaft gewidmet f. d. J. 1813.
— 15) Rose oder der Fündling, ein kleiner Roman. Frankfurt a. M. 1813. 8. —
16) Klosterberuf. Roman. Kiel 1812; 1818. 328 S. 8. — 17) Franziska und Aenneli.
Altona 1813. 236 S. 8. — 18) Die beiden Pilger: Taschenbuch der Liebe und
Freundsch. f. 1814. — 19) Gedicht: Blumenlese aus dem Stammbuche der deutschen
mimischen Künstlerin, Frauen Henriette Hendel-Schütz gebornen Schüler. Leipzig
und Altenburg 1815. S. 246 bis 247. — 20) Myrthe und Schwert. Eine Erzählung
aus dem letzten Freiheitskriege von El. Selbig. Meißen 1819. 8.

21) Schneeglöckchen. 1819. 284 S. Becks Repert. 1819. 4, 74. — 22) Erna.
Kein Roman, hg. von C. Altona 1820. 806 S. 8. Becks Repert. 1820. 4, 171. —
23) Lustspiele von Maria von ** [d. i. M. Freiin von Zay]. Pesth 1820. 8. Auch
u. d. T.: Feierstunden. 2. Bändchen. Becks Repert. 1820. 3, 388 bis 90. — 24)
Der Mohrenknabe oder die Wallfahrt nach dem Montserrat. Roman von C. Altona
1821. 257 S. 8. Becks Repert. 3, 3, 182. — 25) Gesammelte Erzählungen von der
Verfasserin der Marie Müller. Schleswig 1822. 11. VI, 214 u. 216 S. 8. — 26)
Der Bote aus Jerusalem, ein Ritterroman. Altona 1823. 8. — 27) Friedchen, eine
wahre Geschichte. Altona 1823. — 28) Felicitas, Roman von der Verf. der Erna.
Berlin 1825. 346 S. 12. Becks Repert. 1825. 2, 208. — 29) Alte Zeit und neue
Zeit in Erzählungen und historischen Skizzen von C. Quedlinburg 1825. 8.

30) Clara, oder das Licht im Hüttchen, ein einfacher Roman von C. Quedlin-
burg 1825. 8. — 31) Bunte Blätter zur flüchtigen Unterhaltung aus dem Reiche
der Wirklichkeit und der Phantasie. Quedlinburg 1825. 8. — 32) Die Erscheinung:
L. Pustkuchens neuer Novellenschatz des deutschen Volkes. Bd. II. Leipzig 1826,
Nr. 5. — 33) Die Sicilianerin oder das Liebespfand. Romant. Erz. a. d. Ritterzeit.
Quedlinburg 1825. — 34) Amadea. Weimar 1827. 304 S. 8. — 35) Bilder aus der
grossen Welt. Quedlinburg 1827. 8. — 36) Der Brautsee und andere Erzählungen.
Quedlinburg 1827. 8. — 37) Rosamunde und andere Erzählungen aus dem Reiche
der Wahrheit und Dichtung. Quedlinburg 1827. 8. — 38) Römhild-Stift; Erz. a.
d. wirkl. Leben. Weimar 1828. II. 238 u. 238 S. — 39) St. Hubert und andere
Erzählungen. Leipzig 1828. 8.

40) Tagebuch auf einer Reise durch einen Theil von Baiern, Tirol und Oesterreich. Neustadt a. d. Orla 1828. X, 310 S. 8. — 41) Die Frau von 40 Jahren.
Eine Erzählung aus dem wirklichen Leben. Weimar 1829. 8. — 42) St. Jacobsfest
und andere Erzählungen. Leipzig 1829. 8. — 43) Hedwig, Königin von Polen, und
andere Erzählungen. Quedlinburg 1831. 8. — 44) Der Stab der Pflicht. Erz.
Weimar 1832. 12. — 45) Mit A. Berg [d. i. Amalie Ludecus], Wilhelmine Gensicke
u. a. gab sie heraus: Erheiterungen. Erfurt 1816. III. 8. — 46) Ferner: Der Kranz,
ein Almanach. Meißen 1817 bis 18. IV. — 47) Mit Wilh. Wilmar [d. i. W. Gensicke]:
Die Schmetterlinge. Meißen 1819 bis 21. III. I: Erato. II: Iris. Becks Repert.
1819. 4, 235. III: Hector. Becks Repert. 1822. 4, 265. — Viele Gedichte in
Beckers Taschenbuch zum geselligen Vergnügen 1811 bis 12, im Taschenbuch
Veranda auf 1811. Altona 1812. und früher die mit Charlotte v. P. unterz. in
S. Mereau's Kalathiskos 1802 und in deren Musenalmanach f. 1808 (§ 231, 8. k).

8. Wilhelmine Henriette Dorothea Neuenhagen, geb. am 12. Juni 1776
in Oschersleben, Tochter des preußischen Kommissionsrates Wensel. Um Erzieherin
zu werden, nahm sie Unterricht bei einem Lehrer Friedrich Gottlieb Neuenhagen.
Dieser heiratete sie nach seiner Anstellung als Collaborator am Gymnasium in Eisleben; dort starb sie am 10. August 1803. —

a. Meusel, Gel. Teutschl. 14, 652 f. — b. Schindel 2, 49 f.

1) Lauras Briefwechsel mit ihren Zöglingen, als Beitrag zu einer anständigen
Unterhaltung für gebildete Frauenzimmer. Leipzig 1799. 8. — 2) Klaudine oder
die treue Gattin. Eine wahre Gesch. Leipzig 1802. 8. — 3) Der Graurock, oder:
Der moderne treue Eckart. Eine etwas ungewöhnliche Geschichte. Weißenfels
1802. II. 8. Neue Allg. dtsch. Bibl. 72, 84.

9. Friederike Henriette Kühn, geb. Jedermann, Schriftstellername: Flora-
venti, geb. am 11. Juni 1779 zu Oschatz, 1796 mit dem Ratsbuchhalter Kühn in
Leipzig verheiratet, der in zerrütteten Verhältnissen lebte und Schulden halber
eingezogen wurde. Seine Frau begleitete ihn ins Gefängnis. Frei geworden errichtete
er eine Leihbibliothek, und diese Art der Beschäftigung, die nicht viel einbrachte,
führte sie zur Schriftstellerei im schlechtesten Geschmack der Leihbibliotheken. Sie

starb am 8. Juni 1808 an der Auszehrung, ihr Mann folgte ihr einige Jahre
darauf. — Schindel 1, 295. 3, 197.

1) Verbildung und Leichtsinn oder das Tagebuch eines Freudenmädchens in
der Geschichte der Emilie Berg, zur Warnung und Lehre für junge Frauenzimmer.
Leipzig 1800. 350 S. 8. Hohenzollern (Wien) 1800. Zofingen (Leipzig) 1804. —
2) Mathilde, die schöne Überall und nirgends, oder Schutzgeit der Unglücklichen.
Geistersage. Chemnitz 1802. 8.; 1814. 326 S. 8. Vgl. § 279, 9. Spieß. 14). —
3) Gustav Moraldino, der edle Banditensohn. Posen 1803. III. 8.; 1806. 8.; Breslau
1845. 8.

Amalie Ludecus sieh § 277, 23.

10. Amoene Otto, geb. Herold, geb. 1774 zu Hof im Vogtlande, 1800 mit
dem Freunde Jean Pauls, G. Chr. Otto in Baireuth, verheiratet, der am 7. Februar
1828 starb. — Nekrol. 1828. 6, 921. — Schindel 2, 72f.

1) Probe einer Übersetzung des Ossian: Pöcile, Quartalschrift v. J. F. Facius.
Coburg 1801. 8. — 2) Antonius, ein Roman von Amalie von Obyrn. Nürnberg
1810. 8.

11. Karoline Auguste Fischer, geb. Venturini, Schriftstellername: Karoline Auguste, geb. 1772 in Braunschweig, Tochter des dortigen Kammermusikus
V. Nachdem ihre Ehe mit dem dänisch-deutschen Hofprediger Chr. J. R. Christiani
getrennt war, heiratete sie 1808 den Schriftsteller Chn. A. Fischer (§ 279, 26),
mit dem sie unglücklich lebte. Die Gründe, aus denen er sie verstieß, erzählt
er in seinem „Katzensprung". Er wurde indessen gerichtlich verurteilt, die Frau
zu unterhalten, die während seiner Gefangenschaft ein Jahrgeld von der bair.
Regierung bezog. 1822 war sie Inhaberin einer Leihbibliothek in Würzburg.
Meusel, Gel. Teutschl. 17, 53. 22I, 81. — Schindel 1, 127 bis 130. 3, 89. —
Nekrolog 8, 9.

1) Gustav's Verirrungen. Ein Roman. Leipzig 1801. 8. Neue Allg. dtsch·
Bibl. 70. 71. — 2) Vierzehn Tage in Paris. Ein Märchen. Leipzig 1801. 8. —
3) Die Honigmonate. Posen 1802. II. 8. 1804. II. 8. Neue Allg. dtsch. Bibl. 83,
373. — 4) Der Günstling. Posen und Leipzig 1809. 8. – 5) Margarethe. Heidelberg 1812. 8. — 6) Über die Weiber, von der Verfasserin von 1). Heidelberg
1813. 8. — 7) Kleine Erzählungen und romantische Skizzen. (Rietchen [Ztg. f.
d. eleg. Welt 1817, Nr. 46]. — Wilhelm der Neger [das. Nr. 97]. — Mathilde. —
Saphir und Marioh. — Justin). Posen 1819. 8.

12. Karoline von Woltmann, Schriftstellername: Luise Berg, geb. am
6. März 1782 in Berlin, Tochter des Medizinal-Rates K. W. Stosch, 1799 mit K. Müchler
(§ 295, L. 1) verheiratet, 1804 geschieden und 1805 mit K. v. Woltmann verehelicht;
1813 begleitete sie ihn nach Prag; nach seinem Tode (1817) blieb sie längere Zeit
dort; später kehrte sie nach Berlin zurück und starb dort am 18. November 1847.
a. Meusel, Gel. Teutschl. 16, 280. 21, 704f. — b. Nekrolog 25, 710 bis 714. —
c. Groß 24f. — d. Schindel, 2, 452.

Briefe an Karl v. Woltmann: § 293, V. 25 — S. 318.

1) Euphrosyne; ein Roman von Louise Berg. Berlin 1804. 8. Wiederh. als:
Heloise; ein kleiner Roman. Berlin 1809. 8. — 2) Schriften von K. v. Woltmann
und Caroline v. Woltmann. Berlin 1806 bis 7. V. 8. (I—II: Erzählungen. III:
Blätter der Liebe. IV: Gedichte. V: [vergl. § 293, V, 25. 20) Fünfte Lieferung
11. 9 — oben S. 323] Lebensbeschreibungen. I. Theil. Margarethe v. Anjon·
Albrecht von Wallenstein). — 3) Denkwürdigkeiten des Grafen von Glenthorn
von Miß Edgeworth. Uebersetzt von Caroline von Woltmann. Leipzig 1814.
Amsterdammer Kunst- und Industrie-Comptoir. — 4) Schleichkünste von Miß Edgeworth. Uebersetzt von Caroline von Woltmann. Leipzig 1814. Amsterdammer
Kunst- und Industrie-Comptoir. — 5) Spiegel der großen Welt oder über Natur
und Bestimmung der Frauen. Prag 1814. Vgl. Goethes Werke (Hempel) 29, 884.
U. d. T.: Über Beruf, Verhältniß, Tugend und Bildung der Frauen. Prag 1820. —
6) Sie gab ihres Mannes sämtliche Werke heraus. Leipzig 1818 bis 21. XII. —
7) Volkssagen der Böhmen. Prag 1815. II. 8.

8) Orlando; Trsp. Prag 1815. 8. — 9) Marie und Walpurgis. Prag 1817
und 18. II. 8. — 10) Historische Darstellungen zur mehr individuellen Kenntniß

der Zeiten und Personen. Halberstadt 1820. 8.; Leipzig 1835. 8. — 11) Geschichten für junge Frauen, a. d. Franz. des J. N. Bouilly übers. Leipzig 1820. II. — 12) Neue Volkssagen der Böhmen. Halberstadt 1821. 8.; Leipzig 1835. 8. — 13) Die weißen Hüte; eine histor. Darstellung aus dem Mittelalter. Halberstadt 1822. II. 8.; Leipzig 1835. 8. — 14) Die Bildhauer. Berlin 1829. II. 8. — 15) Das Erbe. Novelle. Gera 1831. III. 8. — 16) Der Ultra und der Liberale, und: Die weiße Frau. Ausgewählte Erzählungen. Hamburg 1832. 8. — 17) Menschen und Gegenden. Breslau 1835. II. 8.

13. Judith Rave, geb. **Freiin von Scheither,** Schriftstellername: **Molly,** Tochter des hannöverschen Generals v. Scheither, wurde im Hause ihres Oheims, des Ministers von Horst in Berlin erzogen, verheiratete sich mit dem Pastor Rave in Groß-Solschen bei Hildesheim 1789, der ihr und dem sie untreu wurde. Beide trennten sich; sie lebte in Dessau und Halle, eine Zeit lang als Lehrerin in Hildesheim und als Erzieherin im Hause des Kriegsministers von Buggenhagen und soll um 1805 gestorben sein.

a. Meusel, Gel. Teutschl. 15, 107. — b. Schindel 2, 14. 3, 219. 228.

Sie schrieb unter geringer Verhüllung ihre Geschichte: Molly's Bekenntnisse, oder so führt Unbefangenheit ins Verderben; eine wahre Gesch. zur Warnung für alle Wildfänge unter den heiratslustigen Mädchen. Leipzig 1804. II. 8. Neue Allg. dtsch. Bibl. 96, 306.

14. Antoinette Wilhelmine von Thielau, geb. **von Honrodt,** geb. am 15. Oktober 1767 zu Veltheim an der Ohm im Braunschweigischen, verheiratete sich am 28. Januar 1790 mit August Wilhelm v. Thielau auf Neu-Döbern bei Kalau in der Niederlausitz; mit ihm lebte sie zuNieder-Sickte bei Braunschweig, † am 7. Mai 1807.

Schindel 2, 362 bis 864. (Bei A. G. Schmidt 542 nicht genannt). — Allg. dtsch. Biogr. 1894. 37, 746 (H. A. Lier).

Friederike Weiß und ihre Töchter. hg. von E. C. Trapp. Berlin 1805. 8.

15. Friederike von Reitzenstein, geb. **von Spitznas,** geb. am 8. Februar 1749 (1748) zu Stuttgart, Tochter des würtembergischen Generals v. Spitznas, am 24. März 1766 mit dem hannöverschen Obristen Traugott Leberecht von Reitzenstein († 22. September 1809) verheiratet, Mutter von 6 Söhnen und 7 Töchtern, bei deren jüngster, einer Stiftsdame zu Walsrode, sie am 20. August 1819 starb.

Meusel 15, 136. 19, 810. — Schindel 2, 161. 163. — Nekrolog 10, 952. — Groß 66.

Aurora von Clari. Von Fräulein K. v. R. Halle 1805. H. 8. Neue Allg. dtsch. Bibl. 103, 264. Nicht von ihrer Tochter Karoline, die 1805 starb, sondern von ihr und ihrer Tochter Therese, die als Stiftsdame in Walsrode lebte und daselbst am 24. März 1832 starb.

Karoline de la Motte Fouqué sieh § 290, 2.

16. Karoline Engelhard, geb. 1781 in Kassel, Tochter des Geh. Rats J. Philipp Engelhard und der Philippine Engelhard, geb. Gatterer (§ 232, 86), lebte in Kassel, Berlin, bei ihrer mit Gottlob Nathusius verheirateten Schwester in Althaldensleben, in Dresden, in Marburg, wo Sophie Brentano großen Einfluß auf sie übte, † am 14. September 1855 in Kassel.

Schindel 1, 238. 3, 181. — Justi, Grundlage eines hess. Gelehrten-Lexicons. S. 99 bis 101. — Gersdorfs Repertorium 1856. Nr. 829.

1) Gesammelte Briefe von Julien. Leipzig 1806 bis 8. IV. 8. — Zweite Auflage 1818. IV. 8. — Dritte Auflage. Leipzig 1830. IV. 8.

2) Der Oberförster Kraft und seine Kinder. Darstellungen der Häuslichkeit und Liebe. Von der Verf. von Juliens Briefen. Leipzig 1817. 8.

3) Lebensbilder. Von der Verf. der gesammelten Briefe von Julie. Leipzig 1818. 8. — Zweite Aufl. 1824. 8.

a: Die literarische Hausfrau. - b: Helmina. — c: Der Väter Sitte. — d: Die Wahl. — e: Der Weiberfeind (zuerst im Gesellschafter 1817). — f: Das Testament.

4) Erzählungen von der Verf. von Juliens Briefen. Braunschweig 1821. 8.

a: Viola. — b: Südliche (zuerst im Morgenbl. 1808). — c: Die Sängerin. — d: Die Großmutter. — e: Die Zigeunerin. — f: Die Männerfeindin (zuerst im Taschenbuch für Damen. Tübingen 1809). — g: Die Christbescheerung.

5) **Bunte Reihe.** Sammlung kleiner Erzählungen, von der Verf. von Juliens Briefen. Magdeburg 1823. 8.
     a: Die lebendige Todte und todts Lebendige. — b: Schach Nadir. — c: Der Brief. — d: Der Hypochonder (zuerst in Gubitz' Gaben der Milde 1817. 1, 151). — e: Das Ballkleid. — f: Die Reise ins Bad (zuerst im Gesellschafter 1817).
     6) **Juliens Nachlaß.** Von der Verf. von Juliens Briefen. Leipzig 1844. 8.

17. Julie Berger, bis 1809 Schauspielerin in Bremen.
Meusel, Gel. Teutschl. 13, 99 f. 17, 189. 22¹, 214. — Schindel 1, 44.

1) **Sophie,** oder die Folgen des Leichtsinns und der Unwirthlichkeit; eine wahre Geschichte. Müttern, Jungfrauen und Gattinnen geweiht. Bremen 1807. 8. — 2) Die sonderbare Burg des Ritters Benno zwischen Himmel und Erde. Bremen 1807. 8. — 3) Ida und Claire, oder die Freundinnen aus den Ruinen. Bremen 1807. II. 8.; 1820. 8. — 4) Das sonderbare Verlöbniß oder die steinerne Braut. Der hülfreiche Fisch. Das Kobermännchen. Drei Märchen. Bremen 1807. 8.; 1820. — 5) Kleine Romane. 2. Aufl. Eisenberg 1818. 8.

Louise Gräfin von Haugwitz sieh § 271, 17 — Band V. 8. 433.

18. Friederike Adelung, Schriftstellername: Klara, geb. am 2. November 1783 in Stettin, Tochter des Justizrats Adelung, Nichte Johann Chph. Adelungs, Freundin der Gräfin Haugwitz (§ 271, 17), lebte seit 1805 in Dresden, dann wieder in Stettin, seit 1817 als Erzieherin im Großherzogtum Posen. — Schindel 1, 3.

Emma, oder Liebe und Täuschung von Klara. Breslau und Leipzig 1810. 8.

19. Henriette Charlotte Sophie von Normann, geb. von Beyer, geb. am 22. Juli 1785 in Potsdam, Tochter des Geh. Kabinettsrats v. Beyer. Sie lebte in einer kurzen Ehe und dann als Witwe in Potsdam. — Schindel 2, 65 f.
1) **Elisa,** Gräfin von Stamfort. Greifswald 1811. 8. — 2) Die Geschwister, von der Verfasserin der Gräfin Elisa von Stamfort. Greifswald 1820. 8.

20. Franziska Christiane Johanna Friederike Tarnow, gewöhnlich Fanny Tarnow, Schriftstellername: Fanny, geb. am 17. Dezember 1779 zu Güstrow in Mecklenburg, lebte auf dem väterlichen Gute Neu-Bukow in Mecklenburg, trat um 1804 als Schriftstellerin auf, ging 1816 nach dem Tode ihrer Mutter zu einer Freundin nach St. Petersburg, verkehrte vielfach mit Klinger, vermochte aber das Petersburger Klima nicht zu ertragen und verließ Rußland bald wieder, lebte dann in Hamburg, Lübeck und seit 1820 in Dresden, seit 1829 in Weißenfals, † am 20. Juni 1862 in Dessau.
Vgl. Amely Bölte [Nichte von Fanny T.], Fanny Tarnow. Ein Lebensbild. Berlin 1865. 295 S. 8. — H. Groß S. 89 f. — Allg. dtsch. Biogr. 1894. 37, 399 bis 402 (Max Mendheim). — Carl Schröder, Fanny Tarnow. Ein Lebensbild: Jahrbuch LXVIII für Meklenburgische Geschichte u. Alterthumskunde 1902, S. 177/218.

1/2) Allwina von Rosen, eine Erzählung von Fanny: Rochlitz, Journ. f. deutsche Frauen 1804. — 3) Natalie, ein Beitrag zur Gesch. d. weibl. Herzens, von Fanny (in der kleinen Romanbibl., hrsg. von Frau v. Fouqué. Berlin 1811. 4. Lief.). — 4) Kleine Erzählungen (das. Lief. 6. 1815). Enth. a: Thekla. — b: Graf Gustav. — c: Kleopatra. Eine historische Skizze. — 5) Das Tagebuch Augustens: Frauentaschenbuch für 1815. 8. 222 bis 265. — 6) Thorilde von Adlerstein, oder Frauenherz und Frauenglück; eine Erz. aus d. großen Welt. Leipzig 1816. 8. — 7) Mädchenherz und Mädchenglück; Erzählung für Gebildete. Leipzig 1817. 8. — 8) Briefe auf einer Reise nach Petersburg an Freunde geschrieben. Berlin 1819. 8. — 9) Erzählungen. Leipzig 1820. 8. Mit Amalie Schoppe. a: Schuld und Buße. — b: Caecilie; eine Ehestandsgeschichte (zuerst in der Urania f. 1817. — c: Noch eine Ehestandsgeschichte. — d: Marie. — 10) Lilien. Leipzig 1821 bis 23. IV. 8. (I. Erinnerungen aus Franziskas Leben [autobiographisch]. — Endoxia Feodorowna. — Glaubensansichten. — Blätter aus Naliens Reisetagebuch. — Erinnerungen aus dem Leben des schwedischen Grafen v. Silverskiöld. — Treue und Dankbarkeit. — II. Jugendansichten. — Züge aus dem Leben des Grafen Miladorowitsch. — Fürst Olaf und Frau Lotte. — Dalinde von Linsingen. — III. Leo, Graf von Tönsberg. — Glaubenskraft. — Clotildens Briefe an Heleise. — IV. Franz von Bourbon und Margarethe von Valois.) Vgl. Beck, Rep. 1821, 4, 406. 1824, 8, 176.

11) Sydoniens Wittwenjahre. Nach d. Franz. frei bearb. Leipzig 1822. II. 8.
— 12) Lebensbilder. Leipzig 1824. II. 8. Vgl. Becks Rep. 1825, 2, 14. (Enth.
I. a: Das Ideal. — b: Beitrag zur Gesch. einer berühmten Frau. — c: Amala. —
d: Osmar. - e: Liebeslaunen. — II. f: Frauenliebe und Frauenfreundschaft. —
g: Franziska und Theodor. — h: Chimene. — i: Der Bettler. — k: Zwei Jahre
aus Melaniens Leben.) — 13) Malvina oder die Ruinen von Inesmore. Leipzig
1824. II. 8. Vgl. Becks Rep. 1824, 2, 119. — 14) Sir Richard Falconnet und
William. Frei nach dem Engl. Leipzig 1825. II. 8. Beck Rep. 1825, 4, 308. —
15) Die Prophetin von Caschmir, oder Glaubenskraft und Liebesgluth. Nach Lady
Morgan übers. Leipzig 1826. II. 8. Nachdr.: Wien 1827. — 16) Heloise. Leipzig
1826. III. 8. — 17) Margarethens Prüfungen. Ein Familiengemälde, frei nach dem
Engl. Leipzig 1827. II. 8. — 18) Reseda. Leipzig 1827. II. 8. (I. Weibliche
Seelenstärke. Wiederh. u. d. T.: Weibliche Heldengröße in Bd. I der Eleganten
Bibliothek moderner Novellen, hg. von Feodor Wehl. Berlin 1844. 12. — Frag-
mente über Irland. — Die Spanier auf Fühnen. Schauspiel in 4 A. (auch einzeln
Leipzig 1827. 8.). — Stummer Schmerz. — II. Die Freunde. — Das getheilte
Herz. Eine wahre Erzählung aus der großen Welt.) — 19) Auguste, oder die
Gefahren der großen Welt. Frei nach dem Engl. Leipzig 1828. II. 8. — 20)
Jugendbilder von St. Nelly [d. i. Karoline Stricker, geb. Schütz]. Hg. von Fanny
Tarnow. Leipzig 1828. II. 8
    21) Novellen. Leipzig 1830. III. 8. (I. Leonidens Verirrungen. — Valentine. —
II. Miranda oder die Folgen eines Fehltritts. — Die Stimme des Herzens. — III.
Berthold. — Helene.). — 22) Auswahl aus Fanny Tarnows Schriften. Leipzig 1830.
XV. 8. (I: Thekla (1807). — Leo, Graf von Tönsberg. II. Erinnerungen aus Graf
Gustavs Jugendleben (1811). - Kleopatra, Königin von Aegypten. — Amala. —
III: 3). — IV: Allwina von Rosen. — Das getheilte Herz. — Jugendansichten. —
Ottilie. — V: 6). — VI. Blätter aus Theresens Tagebuche. — Glaubenskraft. — VII.
Erinnerungen aus Franziscas Leben. — Eudoxia Feodorowna, Kaiserin von Rußland.
— Caecilie. — VIII: 8). — IX. Paulinens Jugendjahre. Zwei Jahre aus Melaniens
Lebens. — Erinnerungen aus dem Leben des schwed. Grafen v. Silverskiöld. —
X. Frans von Bourbon und Margaretha von Valois. — XI. Marie. Augustens Tage-
buch. — Fürst Olaf und Frau Lotte. — Frauenliebe und Frauenfreundschaft. —
Dalinde von Linsingen. — XII. Glaubensansichten. — Das Ideal. — XIII bis XV:
21). — 23) Erzählungen und Novellen, eigne und fremde. Leipzig 1833. 8. (Henrico und Cölestine. — Lorenzo. — Adaline. — Die Rose von Jericho.) — 24) Zwei
Jahre in Petersburg. Ein Roman aus den Papieren eines alten Diplomaten.
Leipzig: F. A. Brockhaus. 1833. 8.; 1848. 8. (enthält Mitteilungen über Klinger). —
25) Meister Jacobs Söhne. Frei nach Victor Ducange. Leipzig 1833. II. 8. —
26) Die Töchter der Wittwe. Nach Ducange. Leipzig 1834. III. Vgl. Gersd. Rep.
8, 894. — 27) Celeste. Nach Drouineau. Leipzig 1834. II. 8. — 28) Das Testament. Nach Ducange. Leipzig 1835. III. 8. Gersd. Rep. 7, 434. — 29) Eugenie.
Nach Balzac. Leipzig 1835. Gersd. Rep. 8, 894. — 30) Die Herzogin von Chateau-
roux, von Sophie Gay. Übers. Leipzig 1835. II. 8.
    31) Indiana, v. G. Sand. Leipzig 1836. II. — 32) Septimania, Gräfin von
Egmont; von S. Gay. Übers. Leipzig 1836. II. 8. — 33) Emmanuel. Nach
Drouineau deutsch bearb. Leipzig 1836 III. 8. Gersd. 9, 412. — 34) Denkwürdigkeiten einer Aristokratin. Aus den hinterlassenen Papieren der Verf., Frau Marquisin
v. Créquy. Leipzig 1836 bis 37. IV. — 35) Chlorinde Nach dem Franz. Leipzig
1837. II. 8. — 36) Pfarrer Moritz; aus dem Franz. Leipzig 1837. II. 8. — 37)
Der Marquis von Portanges, von E. Gay-Girardin. Leipzig 1837. II. 8. — 38)
Spiegelbilder. Leipzig 1837. Gersd. 15, 304. — 39) Gallerie weiblicher National-
bilder. Leipzig 1838 und 39. II. 8. Gersd. 19, 90. — 40) Anton. Von Frau
Charl. Reybaud (= H. Arnand). Übers. Leipzig 1838. II. 8. Gersd. 19, 873.
    41) Ehestandsgeschichten. Von Reybaud. Übers. Leipzig 1838. II. 8. — 42)
Liebe über Alles, nach der Franz. von Sophie Pannier. Leipzig 1838. III. 8.
Gersd. 17, 291. — 43) Mauprat, von G. Sand. Übers. Nebst zwei Zugaben. Leipzig
1838. II. — 44) Mutter und Tochter. Von Reybaud. Übers. Leipzig 1839. II. 8.
Gersd. 16, 182. — 45) Die Welt wie sie ist; von Marquis v. Custine; Leip-
zig 1839. III. 8. Gersd. 23, 878. — 46) Die Familie Flavy. Von der Generalin
Bauer. Übers. Leipzig 1839. II. Gersd. 20, 180 f. — 47) Kleinstädtereien, von
Camilla Bodin. Leipzig 1839. III. — 48) Ethel. Von Custine. Leipzig 1840.
Gersd. 23, 879. — 49) Kaiserin und Sclavin; ein histor. Roman a. d. 3. Jh. der

christl. Kirche. Leipzig 1840. III. 8. — 50) Oskar von Aizac. Ein aristokratischer Roman von Viel-Castel. Uebersetzt. Leipzig 1840. II. 8.

51) Gesammelte (13) Erzählungen. Leipzig 1840 bis 42. IV. 8. Meist Übersetzungen; s. Gersd. 26, 578; 30, 337f. (I. Mutter und Tochter. — Der Verbannte. — Der Abbé Perrin. — Mutterliebe. — Eine Alltagsgeschichte. — Franziska. — Emma. — II. Weibliche Ehrsucht. — Eine alte Fabel im neuen Gewande. Von Bernard. — III. Vater und Tochter. — Idalide. Ein Mährchen. — IV. Die glücklichste aller Frauen. Von Charl. v. Sor. — Das moderne Vehmgericht). — 52) Leonore von Biran, von Frau v. Cubières. Leipzig 1840. II. Gersd. 26, 578. — 53) Das Ehrenfräulein. Histor. Roman (1572), übers. nach (der Generalin) Bauer. Leipzig 1840. II. — 54) Melchior, von Camilla Bodin. Leipzig 1840. II — 55) Maria von Mancini, von Sophie Gay. Leipzig 1840. II. — 56) Die Großmutter. Eine Familiengesch. nach d. Franz. (von Barrault: Eugène). Leipzig 1841. II. Gersd. 27, 190. — 57) Anais, von J. Bastide. Uebersetzt. Leipzig 1841. II. 8. — 58) Das Geheimniß der Beichte und: Der Zerstreute, von A. v. Lavergne. Uebersetzt. Leipzig 1841. II. 8. — 59) Franz von Guise. 1563, von Brisset. Uebersetzt. Leipzig 1841. II. 8. — 60) Schwert und Feder, und der Graf von Mansfeld. Zwei Erzählungen, von A. v. Lavergne. Uebersetzt. Leipzig 1841. 8.

61) Fräulein von Verdün, von Viel-Castel. Aus dem Franz. übersetzt. Leipzig 1841. II. 8. — 62) Heinrich von England und seine Söhne; eine alte Sage neu erzählt. Leipzig 1842. II. 8. — 63) Das Thal Andora, von E. Berthet. Aus dem Franz. übers. Leipzig 1842. 8. — 64) Der Balafré, von Brisset. Aus dem Franz. übersetzt. Leipzig 1842. II. 8. — 65) Manuela Aviles (aus: Brune et Blonde), von Pitre-Chevalier. Aus dem Franz. übers. Leipzig 1842. 8. — 66) Hector von Goldon, von Frau von Cubières. Leipzig 1843. II. 8. — 67) Albert von St. Pouance, von Viel-Castel. Ins Deutsche übertragen. Leipzig 1843. II. 8. — 68) Marcelline, von Camilla Bodin. Leipzig 1843. II. — 69) Laura, von Camilla Bodin. Leipzig 1843. II. — 70) Clemenze, von Reybaud. Leipzig 1843. II. 8. — 70') Maskenbälle, von der Gräfin Dash. Übers. Leipzig 1844. II. 8.

71) Der Unbekannte, von A. v. Lavergne. Uebersetzt. Leipzig 1844. II. 8. — 72) Schloß Pinon, von der Gräfin Dash. Übers. Leipzig 1845. 8. — 73) Der Graf von Sombreuil. Ein histor. Roman von der Gräfin Dash. Uebers. Leipzig 1845. II. 8. — 74) Robertine, von der Generalin Bauer. Deutsch. Leipzig 1845. 8. — 75) Der Edelfalke. Erzählung aus der Zeit der Belagerung von Paris durch Heinrich IV., von E. Berthet. Aus dem Französ. übersetzt. Leipzig 1846. 8.

Mit Helmina v. Chezy gab sie heraus: Iduna. Schriften deutscher Frauen. gewidmet den Frauen. Chemnitz 1820. II. 8. Vgl. § 290, 2. 23).

22. Sophie Tasche, geb. Hoffmann, Schriftstellername: Sophie, geb. am 16. Mai 1780 in Darmstadt, Tochter des hess. geh. Rats Hans W. Hoffmann (geb. 1754, † 1818) und Witwe des 1838 verstorbenen Hofrats und Hofgerichtsrats G. Tasche. Vgl. Scriba 2, 721. — Schindel 2, 860 (wo sie die Frau des ehemaligen Buchhändlers Tasche in Gießen genannt wird, die dort eine Modehandlung errichtet gehabt und 1824 in Darmstadt gelebt habe).

1) Die Reise in's Bad, oder Gewalt der Liebe und des Zufalls mit Erzählungen und Märchen. Gießen 1812. 8. — 2) Dichtung und Wahrheit. Erzählungen von Sophie. Gießen 1813. 8. (a: Die Brieftasche. — b: Das arme Hannchen, oder das Zeitungsblatt. — c: Die Weltfahrt. — d: Die zerbrochene Schachtel.)

§ 296.

Bei den **Dramatikern** stellte sich mehr und mehr ein Zwiespalt zwischen Dichtung und Bühne, zwischen dem bloßen Buchdrama und der theatralischen Arbeit heraus. Während die Dichter der letztern Richtung beständig die Möglichkeit der Aufführung ihrer Lust-, Schau- und Trauerspiele vor Augen hatten und mit den früher (§ 258 f.) genannten Bühnendichtern das Publikum um sich zu versammeln wußten, entbehrten die für diesen Zeitraum bezeichnenden Dichter dieses Vorzuges. Von den theaterkundigen Dramatikern sind **Klingemann** und **Holbein** zu nennen,

die sich sowohl in selbständigen Arbeiten versuchten, wie durch die Bearbeitung fremder Stücke für die Bühne bekannt machten. Man sieht es
ihren Dramen deutlich an, daß sie mit dem Theater in praktischer Verbindung standen und den mittleren Geschmack des Theaterpublikums
kannten und zur Richtschnur nahmen. Ihnen schlossen sich an Scheerer,
Sievers, Reinbeck, Wetterstrand, Klähr und Contessa, dessen kleine
Lustspiele eine Zeit lang sehr beliebt waren, mit ihren Leistungen auf dem
Gebiete der ernsten und komischen Bühnenstücke. Seckendorff und Schoene
versuchten neben anderen (Sievers Nr. 33. 12) ältere Dramen fort-
zusetzen. Schoene zog seinen Faust in ganz andere Regionen als später
Goethe, Seckendorff wußte wenigstens die von Lessing gegebenen
Charakterzüge der Orsina geschickt zu benutzen und zu einer nicht übel
gearbeiteten Hofintrigue weiter zu entfalten. Weder in der unbeholfenen
Anlage, noch in der mehr lyrischen als dramatischen Ausführung anderer
Dichtungen war etwas was die Bühnenansprüche hätte befriedigen können.
So blieben Laube, Puttlitz, Loest, Rinne, Maltzahn und Giese-
brecht (§ 289, 6) mit ihren romantischen Ariodanten, Zoraiden, Clorinden,
Klotaren, Annen und Armiden von der Aufführung ausgeschlossen, und
dies war meist auch das Los der übrigen mehr in strengerer Form und
nach dem antiken Drama gebildeten Arbeiten von Ast, Passy, Levezow,
Apel, Perglas, Kettenburg, Petiscus und Eckstein. Ein der Anlage nach sehr wertvolles, in der Ausführung freilich nur unvollkommenes
Stück war die Sosandra von Vitzthum von Eckstädt. Manche Dichter
wie Keller, Wolfart, Eckschläger und Eckstein schlossen sich der
Richtung Schillers an und stellten Bilder voll patriotischer und freiheit-
licher Tüchtigkeit auf; sie waren jedoch nicht vermögend, sich der Bühne
anzupassen und haben schwerlich jemals Zuschauer gefunden. — Auch für
die Jugend wurden noch dramatische Stücke gearbeitet (K. F. Lossius
§ 295, II. B, 8. 3), L. Meynier, S. Frömmichen § 295, III. 5. 4),
K. A. Engelhardt, Schröder und A. Ziehnert § 311, 25. 1). — Die
komische Seite, mehr der Dichtung als des Zeitalters überhaupt, fanden
einzelne Autoren heraus, so Keller (Nr. 72. 5), Wagner (Nr. 40. 4),
Casper (Nr. 100) und die Verfasser der Eumeniden (Nr. 101), der Io
(Nr. 102) und der Comoedia divina (Nr. 103, die nach § 262, 5. 22
von A. W. Schreiber ist) und sie gaben sie, die dramatische Form nur
ganz äußerlich erborgend, dem Gelächter preis.

Vergl. die dramatischen Werke von: Siegfr. Schmid (Schmidt) § 274, 21. —
A. W. Schlegel § 283, 1 Fastnachtspiel 16) am E.; Ion 19). — F. Schlegel
§ 283, 3 Alarcos 22). — L. Tieck § 284, 1 Genoveva 50); Rothkäppchen 53); Anti-
Faust 57²); Octavianus 62); Donauweib 64); Fortunat 71). — S. Bernhardi § 284,
2. — Cl. Brentano § 286, 1 Musikanten 7); Ponce 8); Prag 27); Viktoria 31). —
K. v. Günderode § 286, 6. — A. v. Arnim § 286, 7 Halle 27); Schaubühne 29);
Gleichen 45). — Z. Werner § 287. — H. v. Kleist § 288, 1. — L. Wieland § 288,
2. — H. v. Collin § 288, 3. — M. v. Collin § 288, 4. — O. v. Loeben § 289. 1.
16). — W. v. Schütz § 289, 2. — K. Giesebrecht § 289. 6. — J. L. Stoll § 289,
7. — F. Fouqué § 290, 1. — H. v. Chézy § 290, 3. — A. v. Chamisso § 291, 1.
1) d. 9). 24). 30). Vgl. 13). — 1. v. Sinclair § 291, 4. — A. Oehlenschläger § 291,
7. — K. A. Varnhagen § 292, 1. 3). — J. A. Kanne § 293, I. 5. 3). 9). — G. G.
Bredow § 293, V. 29, 10) a. — J. v. Hormayr § 293, V. 36. 5). 6). — G. F. Ch.
Wendelstadt § 294, 85. — Ferner die im § 295 verzeichneten von: K. Müchler I.
1. 13). 17). 20). — A. Kuhn I. 7. 14). — Ch. Salice-Contessa I. 8. — F. Axter I.
11. — A. Wichmann I. 20. — B. Silber I. 21. — Th. H. Friedrich I. 23. — K.

F. Stein I. 25. — K. Stein l. 26. — J. F. Facius I. 32. — F. A. Wentzel I. 36. — G. Bertrand II, A. 5. — Karol. v. Woltmann III. 12.

Auf das in den folgenden §§, sowie im 4. und 5. Bande des Grundrisses verstreute, in diesen Zeitraum fallende dramatische Material kann nur im allgemeinen verwiesen werden; doch vergl. F. W. Jung § 301, 13. — Th. Körner § 311, 5. — K. F. G. Wetzel § 311, 8.

Theatergeschichten u. ä. Sieh unten S. 809 f.

Sieh auch Band II. S. 331 f.; § 256, 4; § 259 — Band V. S. 801; § 259, 19. 15 (Wien); § 261, d. (Augsburg); § 266. e (Leipzig); § 267, b bis d (Berlin).

a. F. Leist, Geschichte des Theaters in Bamberg bis zum Jahre 1862: 53. Bericht ü. Bestand u. Wirken d. histor. Vereins zu Bamberg f. d. J. 1891. Bamberg 1893. 8. — a'. Berlin: Sieh unten Scheerer Nr. 12. 12) und Rud. Génée, Iffland's Berliner Theaterleitung 1796—1818. Mit Benutzung handschriftlicher Dokumente. Berlin 1896. 50 S. 8. Aus der Nationalzeitung.

b. Braunschweig: Sieh unten Klingemann Nr. 11. 24).

c. (E. G. Berger) Grundsätze, die Breslauische Theateranstalt und deren Verwaltung betreffend. Breslau 1798. 8.

d. Frdr. v. Wrede, Ueber das Breslauer Theater. Breslau 1798. 8.

e. Clio-Thalia, oder Beleuchtung der Darstellungen von Friederike Unzelmann auf der Breslauer Bühne. Breslau und Liegnitz 1801. 8.

f. K. F. Heinrich, In Sachen der Breslauischen Theaterdirektion. Breslau 1803. 8.

g. Otto Rub, Die dramatische Kunst in Danzig von 1615 bis 1893. Danzig 1894. 150 S. 8.

h. Geschichte der Stadt Düsseldorf in zwölf Abhandlungen. Festschrift zum 600jährigen Jubiläum, hg. vom Düsseldorfer Geschichtsverein. Düsseldorf 1888. 8. Darin von J. Wimmer: Theater und Musik.

i. L. A. Gülich, Kritik der Vorstellungen der Schleswigschen Hofschauspielergesellschaft in Flensburg. 2 Abtheilungen. Altona 1800. 8.

j. Briefe über das deutsche Theater in Hamburg. Hamburg 1805. 8.

k. Sieh unten Albrecht Nr. 3. 2).

l. Leipzig: Sieh unten Blümner Nr. 2. 7).

m. J. v. Magius, Bemerkungen über das Theater in Lübeck. Lübeck 1804. 8.

n. (F. L. Reischel) Dramatischer Briefwechsel, das Münchner Theater betreffend, von einem Freunde der Schaubühne. München 1797. 8.

o. Max Leythäuser, Die Scheinwelt und ihre Schicksale. Eine 127jährige Historie der Münchener königl. Theater in populärer Form und als Jubiläums-Ausgabe. Zu Ehren des . . Freiherrn von Perfall. München 1893. VII, 173 S. 4.

p. Viedert, Almanach für Freunde der Schauspielkunst auf die Jahre 1828 bis 1830. Riga. Enth. eine Geschichte des Theaters in Riga von 1760 bis 1829.

q. Mor. Rudolph, Rigaer Theater- und Tonkünstler-Lexikon, nebst Geschichte des Rigaer Theaters und der musikalischen Gesellschaft. Erster Band. Riga 1889 f.

r. Ferd. Struck, Die ältesten Zeiten des Theaters zu Stralsund. (1697 bis 1834). Ein Beitrag zur Geschichte des deutschen Theaters. Mit einem Situations-Plan des alten Stralsunder Schauspielhauses und der genauen Nachbildung eines Stralsunder Theater-Zettels aus dem Jahre 1731. Stralsund 1895. 134 S. gr. 8.

1. Rupert (eig. Ludwig Anton Moritz) Kornmann, Sohn des Matthias K., geb. am 22. September 1757 in Ingolstadt, studierte in Amberg, trat 1776 in die Benediktinerabtei Prüfening (Prifling) bei Regensburg, 1780 zum Priester geweiht, 1782 zur weiteren Ausbildung nach Salzburg geschickt, kehrte 1785 ins Kloster zurück, dozierte dort Philosophie, Mathematik und Physik, 1790 zum Abt gewählt, 1793 Mitglied der Akademie der Wissenschaften zu München, 1794 Visitator der bayerischen Benediktiner-Kongregation, lebte nach Aufhebung der Abtei in Kumpfmühl bei Regensburg und starb daselbst am 23. September 1817.

a. Bock, Sammlung von Bildnissen gelehrter Männer. Heft 23.

b. Meusel, Gel. Teutschl. 11, 453. 18, 416 bis 418. 23, 235.

c. Felder (-Waitzenegger) 1, 141 bis 421. 3, 508 f.

d. Sieh unten Nr. 8).

e. H. v. Sicherer, Staat und Kirche in Bayern. München 1873. S. 179. 210.

f. Allg. dtsch. Biogr. 1882. 16, 721 f. (Reusch).

1) Zween Schullehrer in einem Dorfe, oder die entgegengesetzte Erziehung. Ein sittliches Gemälde in 8 Aufzügen, aufgeführt bey Gelegenheit der Preisevertheilung im Stift Prifling. 1790. 8.

2) Die guten Unterthanen, ein ländliches Sittengemälde mit Gesang in 5 Aufzügen. Von einem Freunde der Volkstugenden. München 1793. 8. Ohne Vfnamen.

3) Das Fest des Greisen. Eine Kantate. 1797. 8.

4) Die Versteigerung, oder: Keiner will sie haben und Alle wollen sie haben. Eine Operette in 2 Aufzügen.

5) Die Huldigung der Jäger. Ein Singstück 21. März 1806.

6) Die Sibylle der Zeit aus der Vorzeit. Oder politische Grundsätze, durch die Geschichte bewährt. Frankfurt und Leipzig 1810. II. 8. Ohne Vfn. — 2. vergrößerte Ausgabe. Regensburg 1814. III. 8. Mit seinem N. — 3. unveränderte Original-Ausgabe. 1825. — Nachdruck: Grätz 181?; 2. Aufl. 1825 f.

7) Die Sibylle der Religion aus der Welt- und Menschengeschichte. München 1813. 8. — 2. vergr. Ausg. Regensburg 1816. 8. — Nachdruck (wie Nr. 6). — 3. verb. Aufl. Regensburg 1843. gr. 8.

8) Nachträge zu den beiden Sibyllen der Zeit und der Religion. Mit dem Bildnisse und der Biographie des Verfassers. Regensburg 1818. 8. — Nachdruck: Grätz 1826.

9) Sämmtliche Werke. 8. Aufl. Grätz 1825 f. X. 12.

10) Sämmtliche Werke. Vollständige Ausgabe in einem Bande. Rotterdam 8.

2. Heinrich Blümner, geb. am 18. Oktober 1765 in Leipzig, wurde auf dem Nicolaigymnasium vorgebildet und studierte seit 1782 an der Universität seiner Vaterstadt die Rechte und Philologie. Im Jahre 1788 habilitierte er sich in der philosophischen Fakultät, kam 1794 in den Leipziger Magistrat, wurde 1804 Stadtrichter, 1810 Aedilis, 1828 Prokonsul, und daneben Mitglied des Oberhofgerichtes. Nachdem er schon 1817 Inspektor des Stadttheaters geworden war, das vorzüglich seinen Bestrebungen die Errichtung verdankte, zog er sich 1830 von den öffentlichen Geschäften zurück und starb am 13. Februar 1839 in Leipzig

a. Meusel, Gel. Teutschl. 1, 321. 9, 107. 11, 81. 13, 129. 17, 188. 22¹, 287.
b. N. Nekrolog 17, 214 bis 218.

1) Ueber die Medea von Euripides von Heinrich Blümner. Leipzig, gedruckt bey W. G. Sommer 1790. 8.

2) Die Dorffeyer. Ein Schauspiel mit Gesang. Leipzig 1790. 8. — § 266, 35.

3) Young, Die Rache. Ein Trauerspiel in 4 Aufzügen nach dem Englischen neu bearbeitet. Leipzig 1794. bei Georg Aug. Grieshammer. XIV, 146 S. 8. Das Vorwort vom Mai 1794 unterzeichnet: — m — . — Vgl. § 200, 54. 58, 1. Sieh unten S. 810.

4) Kurzgefaßtes Handwörterbuch über die schönen Künste, von einer Gesellschaft von Gelehrten [hg. von J. G. Grohmann § 350, 133 und H. Blümner]. Leipzig 1794 f. II. 8.

5) Familientheater nach neuen französischen Lieblingsstücken. Aufgeführt auf dem Hoftheater in Weimar. Leipzig 1808 bis 09 bei Georg Joachim Göschen. II. 8. Enth. die Lustspiele I. a: Eitle Mühe der Verliebten (nach Bélin). — b: Herr Temperlein, oder: Wie die Zeit vergeht! (n. Picard). — c: Cephise, oder: Der Sieg des Herzens (n. Marsollier). — II. d: Die beiden Lustspiel Dichter (Brosys und Palaprat, n. Étienne). — e: Haß den Frauen (n. Bouilly). — f: Die spanische Wand (n. Planard).

6) Ueber die Idee des Schicksals in den Tragödien des Aischylos. Von Heinrich Blümner, d. R. D. Kön. Sächs. Oberhofgerichts-Rath. Mitglied und Aedilis des Magistrats zu Leipzig. Leipzig bei Karl Tauchnitz 1814. 8 Bl., 169 S. 8. — Vgl. H. G. Gräf, Goethe und Schiller in Briefen von H. Voß d. j. Leipzig (1896). S. 165 f.

7) Geschichte des Theaters in Leipzig. Von dessen ersten Spuren bis auf die neueste Zeit. Leipzig: F. A. Brockhaus. 1818. X, 864 S. und 2 Bl. 12. — Vgl. Band II. S. 382, 13). — Ergänzungen: J. O. Opel im Neuen Archiv für sächsische Geschichte 5, 116 bis 141. — G. Wustmann: Schriften des Vereins f. d. Gesch. Leipzigs Bd. 2, S. 82 bis 92. — Wustmann, Aus Leipzigs Vergangenheit. Leipzig 1885. S. 282 bis 288; dazu Schnorrs Archiv 1887. 15, 82 bis 86 (W. v. Biedermann). —

Gustav Wustmann, Zur Geschichte des Theaters in Leipzig 1665 bis 1800: Quellen zur Geschichte Leipzigs. Hg. von Gust. Wustmann. Leipzig 1889. 1, 459 bis 493. Vgl. auch 422f. und 1895. 2, 523 bis 528.

8) Sieh § 253, 24) = Band V. S. 186.

3. Heinrich Christoph Albrecht, geb. im November 1763, nicht 1762, in Hamburg, Lehrer der englischen Sprache in Halle, dann Vorsteher eines von ihm gegründeten Instituts in Eppendorf bei Hamburg, lebte später als Sprachlehrer in Hamburg und zuletzt als Privatgelehrter auf seinem Gute Kielseng bei Flensburg. Hier starb er am 11. August 1800.

Meusel, Gel. Teutschl. 1, 42 bis 44. 9, 17. 11, 11. 13, 13. 17, 13. — Lex. 1, 60 bis 62. — Lexikon der hamburg. Schriftsteller. 1851. 1, 88 bis 40.

1) Venus und Adonis. Tarquin und Lukrezia. Zwey Gedichte von Shakespeare. Aus dem Englischen übersetzt. Mit beygedrucktem Original. Halle 1783. gr. 8.

2) Neue Hamburgische Dramaturgie. 1. bis 16. Stück (mehr nicht erschienen). Halle 1791. 8.

8) Carls des Ersten, Königs von England, Leben und Tod. Dramatisch bearbeitet. 1. Theil. Schleswig 1796. Christiani. 8. Auch u. d. T.: Die Revolution in England. Ein historisches Schauspiel.

4. Johann Heinrich Frambach, lebte um 1830 als Advokat in Köln.

Meusel, Gel. Teutschl. 2, 403. 17, 607. 22 II, 197. — Schröder 2, 848.

1) Menschenwerth. Ein Schauspiel in 5 Aufzügen. Wesel 1791. 8.

2) Betrug durch Heucheley. Ein Schauspiel aus der wirklichen Welt in 5 Aufzügen. Cöln 1792. 8.

8) Die Belagerung von Hamburg im Jahre 1216. Ein Trauerspiel in fünf Aufzügen. Hamburg, Nestler. 1810. 8.

5. Xaver Girzick, um 1795 Mitglied der deutschen Operngesellschaft in Pesth und Ofen.

Meusel, Gel. Teutschl. 2, 570. 17, 718.

· 1) Stephann der erste König der Hungarn. Ein Schauspiel in sechs Aufzügen. Pesth, 1792. Bei Joh. Mich. Landerer, Edlen v. Füskút. 184 S. 8. — Neue Aufl. Pesth 1808. Bey Jos. Leyrer.

2) Achilles und Polyxena. Eine Tragödie in fünf Akten, in elegischer Versart. Pesth, 1808. Gedr. bey Mathias Trattner. 233 S. 8.

8) Timotheus, oder: Die Wirkungen der Musik. Eine Cantate. Aus dem Italienischen übersetzt von Xaver Girzik. (Pesth) 1805. 16 S. 8.

4) Musik-Texte aus dem chinesischen Wunderhut, einem komischen Singspiele in 1 Aufzuge. Die Musik ist von Franz Roser. Ausgeführt in Vöréb, am Vorabende des Namensfestes des . . . Herrn Edlen Ign. v. Végh. den 30. July 1807. Gedr. mit Trattnerschen Schriften. 12 S. 4.

5) Israels Wanderung durch die Wüsten. Eine biblische Oper in 3 Aufz., verfertiget für das Theater in Ofen und Pest. Pesth 1811. Gedruckt mit Trattnerischen Schriften. 4 Bl., 79 S. 8.

6. a. Karl Rechlin, geb. am 31. Oktober 1769 in Lübeck, gest. daselbst als Privatgelehrter am 17. Dezember 1796. — Vgl. Hanseatisches Magazin 4, 1, 85 bis 114. — § 270, 87; § 279, 52 — Band V. S. 423. 529.

b. Karl Georg Curtius, Sohn des Arztes Karl Werner Curtius, geb. am 7. März 1771 in Lübeck, studierte in Jena die Rechte und Philosophie, 1798 Aktuar des Niedergerichts in Lübeck, 1801 zweiter, kaum ein Jahr darauf erster Syndikus; starb am 4. Oktober 1857 in Lübeck. — Darmstädter Allg. Schulztg. 1857. Nr. 40. — Wilh. Plessing, Carl Georg Curtius. Lübeck 1860. 8. — Allgem. dtsch. Biogr. 1876. 4, 650f. (Mantels).

Das nachfolgende Drama hatten R. und C. schon auf der Schule zu Lübeck gemeinsam auszuarbeiten begonnen und in Jena, wo sie sich Studiums halber aufhielten, vollendet. Sie sandten es, ohne sich zu nennen, an Schiller, der ihnen wenigstens die teilweise Aufnahme desselben in die Thalia in Aussicht gestellt zu haben scheint. Anfang 1792 schickte er es ihnen, als sie ihn drängten, wieder zurück und sie veröffentlichten es nun selbständig ohne Namen mit einer vom 16. Juli 1792 datierten Widmung an Schiller.

Vgl. Schiller an C. und R. (1790 Jun. 18) — Jonas 3, 81 f.; an C. (Anfang 1792 und Aug. 20) — 197. 209; dazu 499 f.

Demetrius. [Drama nach Livius]. Iena in der Akademischen Buchhandlung 1792. IV, 120 S. 8. — Vgl. Meusel 9, 219 f. (unter Curtius): ,Er bearbeitete mit einem andern Ungenannten das Schauspiel: Demetrius, in 3 Aufzügen. Wittenberg 1791. 8'.

Curtius veröffentlichte auch Gedichte in Winfrieds Nordischem Musenalmanach (z. B. für 1820).

7. Ernst Friedrich Hesler, Sohn von Jakob Nikolaus H., geb. am 4. August 1771 zu Dettingen im Württembergischen, Magister der Philosophie, seit 1796 fürstl. Ysenburgischer Hofrat zu Vaihingen in Württemberg.

Meusel, Gel. Teutschl. 8, 280. 9, 577.

1) Der Prozeß. Ein Schauspiel in 4 Akten von E. F. H***r. Frankfurt a. M. 1792. 8.

2) Das Wiedersehen. Ein Schauspiel in 3 Akten von E. F. H***r. Offenbach 1793. 8.

3) Die schöne Sünderin. Ein Schauspiel in 4 Akten von E. F. H . . . r. Leipzig 1794. 8. Das Schauspiel erschien auch in der Theatral. Sammlung Band 54.

8. Johann Wilhelm Döring, geb. am 12. März 1760 in Kassel, Inspektor des dortigen Museums. — Meusel, Gel. Teutschl. 17, 436.

1) Das heilige Kleeblatt. Ein Schauspiel mit Gesang, nach Veit Weber's Sagen der Vorzeit. (Musik von G. C. Grosheim). Cassel 1793. 8. Ohne Vfnamen. — Leipzig 1796. 8. — Vgl. § 278, 10. 1) — Band V. S. 492.

2) Sammlung von Schauspielen. Cassel 1798. 8. Auch u. d. T.: Schau- und Singspiele von J. W. D. Ohne Vfn.

Enth. a: Knapp Konrad von Hohemberg, genannt der Stählerne. Ein Schauspiel in 5 Aufzügen nach den romantischen Gemälden der Vorzeit bearbeitet. — b: Inkle und Yariko oder: Er war nicht ganz Barbar. Singspiel in 1 A. (komponiert von K. Müller in Halberstadt). Sieh unten S. 810. — c: Der Sturm. Singspiel in 3 Akten, nach dem Englischen des Shakespeare. Vgl § 257, 84 — Band V. S. 257 Z. 10.

Alle drei in demselben J. auch einzeln erschienen.

3) Hesus oder der Lohn der Tapferkeit. Cassel 1803. 8.

9. Heinrich Friedrich Christian Bertuch, geb. am 11. Juni 1771 in Gotha, auf den Schulen zu Eisenach und (seit 1784) zu Gotha vorgebildet, studierte 1788 in Jena, 1791 und 1792 in Göttingen die Rechte, ließ sich 1793 in seiner Vaterstadt als Amtsadvokat nieder, wurde 1796 Kammerarchivar, 1800 Kammersekretär, 1803 Hofadvokat, 1809 Kammerkonsulent, 1816 Rat, 1822 Landkammerrat und war auch Privatsekretär des Prinzen Friedrich in Gotha. Dort starb er am 10. Dezember 1828.

a. Meusel, Gel. Teutschl. 9, 93. 11, 70. 13, 113. 22¹, 245. — b. N. Nekrolog 1828. 6, 833. — c. Allg. dtsch. Biogr. 1875. 2, 553 (Beck).

1) Clara. 1794. So Nr. c. Gemeint?: Clara, oder der Triumph der ersten Liebe. Schauspiel. Zerbst 1794. 8.

2) Die Ahnen. Ein dramatisches Sittengemälde. Berlin 1795. 8. Ohne Vfnamen.

3) Gustav, oder die Widersprüche des menschlichen Herzens. Ein Charaktergemälde. Leipzig 1797. 8. Ohne Vfn.

4) Die Sollicitanten, ein dramatisches Familienstück in 3 Aufzügen. Leipzig, Schäfer. 1800. 128 S. 8. Ohne Vfn.

5) Ephemeron für Lectüre und Theater. Gotha 1807 (d. i. 1806). 8.

6) Alexei Petrowitsch, ein romantisch-historisches Trauerspiel in 5 Akten. Gotha 1812. 8. — Auch: Deutsche Schaubühne. Augsburg. Bd. 19.

7) Weinblüthen oder Novellen für Geist und Herz. Gotha 1816. 1818. II. 8.

8) Frische Weinblüthen. Eine Gallerie von Gemälden aus der großen und kleinen Welt. Riga 1821. II. 8.

10. Johann Christian Friedrich Piper, geb. am 17. Juli 1775 in Güstrow, studierte in Jena, 1796 Kandidat der Rechte in Rostock, 1797 Hof- und Landgerichtsadvokat in Güstrow, seit 1801 mit dem Charakter eines herzoglich Mecklenburg-Schwerinschen Hofrats. Er starb um 1840.

Meusel, Gel. Teutschl. 6, 106. 10, 415f. 19, 142.

1) Der Mammon. Ein Schauspiel in 4 Akten. Jena und Leipzig 1795. 8. 2. Aufl. 1796 (Cnobloch in Leipzig). 8.

2) Gewinn durch Verlust. Ein Lustspiel in 3 Akten. Gera 1796. 8.

3) Bemerkungen über den Roman Ludwig und Julius . . von Just am Walde [d. i. Aug. Evers]: Neue Monatsschrift v. u. f. Mecklenburg 1796. St. 11.

4) Gedichte und Aufsätze in der N. Monatsschr. v. u. f. Mecklenb. 1796 bis 1798; in Simonis' Taschenbuche zur Beförderung der Religiosität für gebildete Leser. Schwerin 1798 und in (Reichards) Theaterkalender 1798.

5) Die Brüder. Ein dramatisches Gemählde in 1 Akt. Rostock und Leipzig 1797. 8.

6) Die Freywilligen. Ein Lustspiel in 3 Akten. Rostock 1814. 8.

7) Drey Abendständchen, oder die Speculationen auf die Eroberung von Paris. Ein Lustspiel in 3 Acten. Zum Jahresfeste am 31. März. Rostock 1814. 8.

8) Die Schäferhütten. Ein Lustspiel in Versen, aus der Zeit, wo Napoleons Rückkehr von Elba nach Frankreich bekannt wurde. Rostock 1815. 8.

9) Das Brautpaar. Trauerspiel in fünf Akten von Friedrich Piper. Berlin 1821 bei Fr. Maurer. 152 S. 8. Güstrow, gedruckt bei H. H. L. Ebert. — § 322, 3. 14 — Band VIII. S. 315.

11. Ernst August Friedrich Klingemann, geb. am 31. August 1777 in Braunschweig, wurde auf dem Katharineum und Karolinum in seiner Vaterstadt vorgebildet und studierte von 1797 bis 1800 in Jena (vgl. oben S. 53) die Rechte, hörte aber auch Vorlesungen bei Fichte, Schelling und W. Schlegel. Eine Zeit lang bekleidete er ein Amt beim Medizinal-Kollegium in Braunschweig, leitete dann seit 1814 die dortige Bühne, zunächst in Gemeinschaft mit Sophie Walter, von 1818 an allein und unternahm mit seiner Gattin, der Schauspielerin Elise, geb. Anschütz (geb. 1785, † 1862; vgl. Allg. dtsch Biogr. 12, 189) mehrere Kunstreisen durch Deutschland, die er in seinem Buche Kunst und Natur näher beschrieben hat. Am 19. März 1826 wurde das Braunschweigische Nationaltheater wegen schlechten Geschäftsganges geschlossen, im Mai desselben Jahres jedoch als Hoftheater wieder eröffnet und K. mit der Direktion betraut. Nach Niederlegung dieses Amtes (1829) war K. eine kurze Zeit Professor am Karolinum, wurde 1830 zum Generaldirektor des Hoftheaters ernannt und starb am 24. Januar 1831. — K. war Nachahmer des herrschenden Geschmackes im Roman wie im Schauspiel, in dem ihm Schiller und Goethe, wie Werner und Möllner ohne Unterschied als Vorbilder dienten.

a. Meusel, Gel. Teutschl. 10, 95. 14, 307·f. 18, 361f. 23, 162.

b. Sieh unten Nr. 29).

c. N. Nekrolog 9, 96 bis 98.

d. Allgem· Theater-Lexikon 5, 18f.

e. A. Glaser, Geschichte des Theaters zu Braunschweig. Braunschweig 1861.

f. Allg. dtsch. Biogr. 1882. 16, 187 bis 189 (Jos. Kürschner).

g. Ersch und Gruber, Allg. Encyklopädie. Leipzig 1885. 2. Sect. 37. Theil, S. 110f. (A. Stern).

h. R. Steig, Arnim und Brentano. 1894. S. 17.

i. J. Wimmer, Ein deutscher Theaterdirektor [Klingemann] über Wien (1819): Wiener 'Fremdenblatt' 1895. Nr. 71.

Brief von K. an α. Schmidt: F. L. Schmidt, Denkwürdigkeiten 1, 305. Goethe-Jahrb. 1885. 6, 141f. — β. an?: W. v. Maltzahns Autogr.-Sammlg. 1890. Nr. 410. 411: A. Cohns Autogr.-Kat. 1891. Nr. 663.

Brief an K. von Goethe (Nov. 1828): Die Gartenlaube 1875. Nr. 41. S. 694f.

1) Wildgraf Eckardt von der Wölpe. Eine Sage aus dem vierzehnten Jahrhundert. [Drama]. Braunschweig 1795. 8. — 2. verb. Auflage. Leipzig 1886. 8.

2) Die Asseburg. Historisch-romantisches Gemälde, dramatisiert. Braunschweig 1796f. II. 8. — 2. verb. Aufl. Nordhausen 1818 (d. i. 1817). II. 8. — Vgl. Der Kosmopolit 1797. I. St. 4, S. 346 bis 356. St. 5, S. 447 bis 456 (C. D. V[oß]).

3) Die Maske. Ein Trauerspiel in 4 Aufzügen. Braunschweig 1797. 8. — Aufgeführt in Rudolstadt 1797 September 8. Vgl. Goethe an Kirms 1797 Ende Juni — W. A. IV. 12, 174 f. — Steig, Arnim und Brentano. S. 19.

4) Die Ruinen im Schwarzwalde. Eine Arabeske. Braunschweig 1798 f. II. 8. — 2. verb. Auflage. Leipzig 1836. II. 8.

5) Memnon. Eine Zeitschrift. Herausgegeben von August Klingemann Erster [einz.] Band. Leipzig 1800 bei Wilhelm Rein. gr. 8. — § 255, 1) b — Band V. S. 214. — § 286, 1. 2) — oben S. 59. — Schiller an Goethe 1800 Juli 26 — Jonas 6, 177. — Urlichs, Briefe an Schiller. Stuttgart 1877. S. 376. — Schnorrs Archiv 7, 274. — Euphorion 1895. 2, 818. — Bibliograph. Repertor. 1 (1904), 18/21.

6) Selbstgefühl. Ein [tragisches] Charaktergemählde in 5 Aufzügen. Braunschweig 1800. 8.

7) Romano. Braunschweig 1801. II. 8.

8) Ueber Schillers Tragödie: Die Jungfrau von Orleans. Von August Klingemann. Leipzig, bei Wilhelm Rein. 1802. 77 S. 8. — § 255, 6) c — Band V. S. 224.

9) Was für Grundsätze müssen eine Theaterdirektion bey der Auswahl der aufzuführenden Stücke leiten? Leipzig 1802. 8. — Vgl. Neue Allg. dtsch. Bibl. 73, 313 f. — R. v. Gottschall, Das Bühnenrepertoire und die Dichter: Bl. f. lit. Unterh. 1886. Nr. 1.

10) Albano der Lautenspieler. Vom Verfasser der Maske. Mit Musik für die Guitarre von Bornhardt [geb. am 19. März 1775 in Braunschweig, gest. am 9. Juli 1844]. Leipzig, Wilh. Rein. 1802. II. 300 und 324 S. 8. — Wird im § 281, 10. 4) — Band V. S. 550 und auch sonst Mahlmann zugeschrieben. Vgl. dort auch Nr. 6).

11) Beiträge K.'s in der Zeitung f. d. eleg. Welt: a: Einige Bemerkungen über den Chor in der Tragödie, besonders in Beziehung auf Schillers Braut von Messina. 1803. Nr. 57 f. — b: § 242, 15) — Band V. S. 694. — c: § 276, 4..14 — Band V. S. 464. — d: Wilhelm Hogarth. 1804. Nr. 15. — e: Einige Briefe über die neuesten Werke der deutschen schönen Litteratur. Nr. 68. 73. 77. 83. 91. 127. 143. — f: Einige Worte über L. Tieck. Auf Veranlassung seines Lustspiels Octavianus. Nr. 107 f. — g: Brief über Jean Pauls Vorschule der Aesthetik. 1805. Nr. 85. — h: § 249, D. I. 4) — Band V. S. 132. — i: Wer ist der schwarze Ritter in der Jungfrau von Orleans? 1806. Nr. 55. — k: Einige Worte über Schillers Uebersetzung der Phaedra von Racine. Nr. 126. — l: Das Weserthal bey Höxter. 1808. Nr. 140. — m: Scenen aus dem ungedruckten Lustspiel Die Brautnacht im Norden. 1813. Nr. 28 f. — n: Ehrenrettung der Emilia Galotti. 1817. Nr. 74 bis 76. — o: Ein Wort über Theaterkritiken. 1818. Nr. 213 f. — u. s. w. — Auch an anderen periodischen Schriften z. B.: Braunschweig. Magazin 1802; Kronos. Genealogisch-historisches Taschenbuch f. 1816. Leipzig. 12.; Gesellschafter 1817 f. u. s. w. beteiligte sich K.

12) Der Schweitzerbund. Leipzig 1804. II. 8. I.: Arnold von der Halden. II.: Der Sturz der Voigte.

13) Der Lazzaroni, oder der Bettler von Neapel. Ein romantisches Schauspiel in 5 Akten vom Verfasser der Maske. Hamburg (1805). 271 S. 8. — Hamburg 1814. 8.

14) Heinrich von Wolfenschießen. Ein Trauerspiel in fünf Akten. Von Aug. Klingemann. Historisches Seitenstück zu Schillers Wilhelm Tell. Leipzig 1806. 160 S. 8. — 2. Auflage. 1815. 8. — § 255, 12) ξ — Band V. S. 233.

15) Theater. Stuttgart 1808 bis 1820. III. 8.
Enth. I. 1808. a: Heinrich der Löwe. Trauerspiel. — b: Martin Luther. Schauspiel. — II. 1812. c: Leisewitz' Todtenopfer. — d: Cromwell. — e: Die Entdeckung der neuen Welt. — f: Columbus. Vgl. E. Loevinson, Christoforo Colombo nella letteratura tedesca. Torino 1893. 8. — III. 1820. g: Alphonso der Große. — h: Das Vehmgericht. — i: Oedipus und Iokasta.

16) Moses. Ein dramatisches Gedicht in fünf Akten. Mit einem Prologe. Helmstädt. 1812. 8. — 2. Auflage. 1825. 8.
Vgl. Morgenblatt 1810. Nr. 299 (Sievers).

17) Schill, oder das Deklamatorium zu Krähwinkel. Eine Posse in 3 Akten. Fortsetzung der deutschen Kleinstädter [§ 258, S. 86)] und des Carolus Magnus [§ 258, S. 127)]. Helmstädt 1812. 8.

18) Zweites Marschlied für die braunschweigischen Truppen. Fürs Pianoforte von J. H. C. Bernhardt. Braunschweig 1813. 4.

19) Faust. Ein Trauerspiel in fünf Acten von August Klingemann. Altenburg und Leipzig: F. A. Brockhaus. 1815. 7 unhes., 182 S. 8. — Reclams Univ.-Bibl. (1889). Nr. 2609. — Vgl. Wiener Moden-Ztg. u. Ztschr. f. Kunst, schöne Lit. u. Theater. 1816. 1, 109 bis 114 (W. Hebenstreit); Goethe-Jahrb. 14, 246 f. — F. L. Schmidt, Denkwürdigkeiten I, 181. — Deutsche Rundschau 1880. 24, 102/5 — Enslin § 246, 294) S. 29/35. — Lyons Ztschr. 1890. 4, 87. — S. unten S. 810.
Aufgeführt in Berlin 1816 September 12 und bis 1826 auf dem Spielplan erhalten.
Tschechische Übersetzung: Doktor Faust, aneb: Nevěsta s pekla [oder: Die Höllenbraut]. Truchlohra. Překlad od J. K. Tyla [Tyl]. V Praze 1872. 8. — Divadelní Ochotnik. Nové sbírky 45, 89 bis 78. Als hs. vorhanden wird diese Übers. bereits von Jungmann, Historie³ 1849. 8. 414ᵇ erwähnt.

20) Don Quixote und Sancho Panza oder: Die Hochzeit des Comacho. Dramatisches Spiel mit Gesang, in fünf Aufzügen. Leipzig und Altenburg: F. A. Brockhaus. 1815. 176 S. 8.

21) Hamlet. Trauerspiel in sechs Aufzügen von William Shakespear. Nach Göthes Andeutungen im Wilhelm Meister und A. Schlegels Uebersetzung für die deutsche Bühne bearbeitet von Aug. Klingemann. Leipzig und Altenburg: F. A. Brockhaus. 1815. XX, 196 S. 8. — § 247, 10) d — Band IV. S. 683; § 349, 155. 1) — Band III¹. S. 1324.

22) Deutsche Treue. Ein historisches Schauspiel in fünf Aufzügen. Helmstädt 1816. 8. — Proben vorher: Zeitung f. d. eleg. Welt 1815. Nr. 141 bis 143.

23) Die Grube zu Dorothea. Ein Schauspiel in fünf Aufzügen. Helmstädt 1817 (d. i. 1816). 8. — Proben vorher: Zeitung f. d. eleg. Welt 1816. Nr. 152/4 und Thusnelda 1816. 2. Bd. Oktoberheft.

24) Ueber das Braunschweiger Theater und dessen jetzige Verhältnisse. Braunschweig 1817. 8.

25) Dramatische Werke. Braunschweig 1817. 1818. II. 8. — Nachdruck: Wien 1818 bis 1820.
Enth. I. a: Rodrigo und Chimene. Trauerspiel in 5 Akten. [Bearbeitung des ‚Cid']. — b: Die Wittwe von Ephesus. Lustspiel in 1 Akte. Auch: Deutsche Schaubühne. Angsburg 1818. Bd. 42. — c: Heinrich der Finkler. Dramatische Legende in 1 Akte. Auch: Deutsche Schaubühne. Bd. 42. — d: Dramatische Kleinigkeiten und Gelegenheits-Gedichte.
II. e: Das Kreuz im Norden. Trauerspiel in 5 Akten. Auch: Deutsche Schaubühne. Bd. 43. — f: Ferdinand Cortez, oder: die Eroberung von Mexiko. Historisches Drama in 5 Akten. Auch: Deutsche Schaubühne. Bd. 44.

26) Gesetzliche Ordnungen für das Nationaltheater in Braunschweig. 1818. 8.

27) Prolog (zur Eröffnung des Braunschweiger Nationaltheaters den 28. Mai 1818 mit Schillers Braut von Messina).

28) Vorlesungen für Schauspieler. Helmstädt 1818. — Probestück vorher: Zeitung f. d. eleg. Welt. 1816.

29) Kunst und Natur. Blätter aus meinem Reisetagebuche. Braunschweig 1819. 1821. 1828. III. 8. — Auch u. d. Tit.: Erinnerungsblätter. — Wohlf. Ausg. 1823. II. 8.

30) Allgemeiner deutscher Theater-Almanach für das Jahr 1822. Braunschweig 8. — Neue (Titel-) Ausg.: Beiträge zur deutschen Schaubühne. Braunschweig 1824. 8.

31) Ahasver. Trauerspiel in 5 Akten. Braunschweig 1827. X, 126 S. 8. — Aufgeführt in Berlin 1825 September 5.

32) Einige Andeutungen über Goethes Faust in Beziehung auf eine bevorstehende [19. Jan. 1829 über die Szene gehende] Darstellung dieses Gedichtes auf dem herzogl. Hoftheater zu Braunschweig: Intell.-Bl. z. Mitternachtblatt 1829. Nr. 2.
Ueber K.s Inszenierung des Goethischen Faust vgl. Glaser Nr. e. S. ?. — F. L. Schmidt, Denkwürdigkeiten. Hamburg 1875. Bd. I, S. 184f. — Gartenlaube 1875. Nr. 41. 8. 694f. — Dentsche Rundschau 1880. 24, 105 bis 107 — Enslin § 246, 294) S. 35 bis 41. — Vgl. ferner die Litteratur im § 246 von Nr. 295) an.

33) Melpomene. Braunschweig 1830. gr. 8.
Enth. a: Die Braut vom Kynast, oder: Der Ritt um den Kynast. Schauspiel in 4 Aufzügen; Aufgeführt u. a. in Berlin 1828 August 3 und in Prag 1829. Vgl. Abendzeitung 1829. Nr. 55. Die Kunigunde von Kynast, eine Art Donna Diana, bot den Schauspielerinnen eine Paraderolle. — b: Bianca di Sepolcro. Trauerspiel in 5 Aufzügen.

12. Joachim Gottfried Wilhelm Scheerer, geb. am 19. November 1772 zu Treptow an der Rega in Hinterpommern, unternahm Reisen, lebte dann als Schriftsteller in Berlin und starb daselbst am 1. Oktober 1826. Mit Wadzeck bekämpfte er das Turnen.

a. (Hitzig) Gel. Berlin im J. 1825. 236 f.

b. Nekrolog 4, 1009.

1) Die Reise ins Vaterland. Schauspiel in zwei Aufzügen. Petersburg 1797. 8.

2) Der Speculant, oder Theatermanier. Posse in zwei Aufzügen. Stade 1803. 8.

3) Der Verschwender, oder Noth machte ihn weiser und glücklich. Schauspiel in 4 Aufzügen. Lauenburg a. d. Elbe 1803. 8.

4) Zurückgesetztes Verdienst. Schauspiel in 4 Aufzügen. Schwerin 1804. 8.

5) Das ländliche Gemälde. Schauspiel in drei Aufzügen. Rostock 1804. 8.

6) Christinchen in tausend Gefahren, oder Mutter und Tochter im Kindbette. Roman in 58 Kapiteln. Seitenstükk zu Hannchens Hin- und Heerzüge [!; vgl. Fischer § 279, 26. 16)]. Lüneburg 1806. 303 S. 8. Ohne Vfnamen.

7) a: Die Brieftasche, oder: Wer ist schuldig? Ein Lustspiel in einem Akte. Linz 1808. 8. — b: Die Schildwache. Ein Lustspiel in einem Anfzuge. Linz 1808. 8. — c: Der seltene Schmaus, oder die Glücklichen. Posse in einem Akte. Linz 1808. 8.

Nr. a bis c schreibt Meusel 20, 92 einem Heinrich Scherer zu. — Hitzig führt unter Wilh. Scheerers Werken auf: Nr. a und: Die Glücklichen. Lustspiel in einem Akt. Linz (in Nieder-Oestreich). 8.

8) Deutschlands Triumph, oder das entjochte Europa. Berlin, Hayn 1814. 1815. Zwei Hefte. 8. Aufsätze und Gedichte.

9) Die Turn-Fehde, oder: Wer hat Recht? Dargestellt von Wilhelm Scheerer. Berlin, 1818 f. II. 8. — Vgl. § 291, II. 17) — oben S. 174.

10) Der Märkische Bote, ein vaterländisches Wochenblatt, mit der Beilage: der Brandenburger Erzähler. Berlin 1819 bis 1821. 4.

11) Zeitenspiegel und Herzensergießungen. In ernst- und scherzhaften Dichtungen und Erzählungen. Berlin 1825. 8.

12) Fehde, Friede und abermals Fehde. Zur Beleuchtung der Henoch'schen Schrift: ‚Sachgemäße Erörterungen über das Königstädter Theater etc.‘ Mit verschiedenen Originalbriefen. (Ein merkwürdiger Beitrag zur Geschichte des deutschen Bühnenwesens). Berlin 1826. 8.

13) Gesammelte poetische und prosaische Schriften. Berlin 1829. III. 8. Enth. I: Johanna Stegen, oder: die Jungfrau von Lüneburg, eine große bürgerlich-militairisches National-Schauspiel in 3 Akten mit Kriegsgesängen und Chören. — II: Balsaminen und Schneeglöcklein, oder Erzählungen für heitere und ernste Stunden. — III: Moll- und Durklänge aus Zeit und Leben.

13. Johann David [nach Meusel: David Philipp] von Apell, geb. am 28. Februar 1754 in Kassel, Oberkammerrat und Direktor der Schauspiele daselbst, seit 1801 Geh. Kammerrat, während der westphälischen Zwischenherrschaft Direktor der Domänen im Fulda-Département, nach Wiederherstellung der rechtmäßigen Regierung im J. 1813 kurhessischer Rat bei der Kasseler Oberrentkammer und später deren Direktor. Er starb im Jahre 1833.

a. Strieder [-Justi], Grundlage 7, 162°. 12, 358. 15, 347 f. 17, 390.

b. Meusel, Gel. Teutschl. 9, 31. II, 17. 13, 28. 17, 36.

c. Sieh unten Nr. 13) S. 444; darnach

d. E. L. Gerber, Neues hist.-biogr. Lexikon d. Tonkünstler 1, 130. 4, 773.

e. Justi, Hessische Denkwürdigkeiten 2 (mit Hartmann), 301 f. 4, 2, 241.

f. Allg. dtsch. Biogr. 1875. I, 502 (v. D.).

1) Nachrichten und Anmerkungen von den gegebenen Stücken auf dem Casselischen Hoftheater: Gothaischer Theaterkalender 1780. S. 276 f.

2) Der Dienstfertige, oder er mengt sich in alles. Ein Lustspiel in 3 Akten. · Cassel 1798. 8.

3) Idomeneus, König von Creta. Eine heroische Oper, aus dem Italienischen, nach Mozarts Musik. Bonn 1798. 8. — Cassel 1805. 8.

4) Der Arrestant, oder zwey in einer Person. Eine komische Oper in 1 Akt a. d. Franz. Cassel 1801. 8.

5) Roland. Eine heroische Oper nach Marmontel und Piccini. Göttingen 1802. 8.

6) Essais poétiques. A Cassel 1803. 8.

7) Anakreon. Ein Liederspiel in Versen. Cassel 1803. 8.; wiederh.: 1826. 8. Vgl. Band V. S. 877, 38.

8) Die Jagd, oder Wohlthat und Vergeltung. Ein pantomimisches Ballet. Cassel 1805. 8.

9) Alexander in Persien. Ein heroisches Ballet. Cassel 1805. 8.

10) Daphnis und Chloë. Ein Pastoral-Ballet. Cassel 1805. 8.

11) Semiramis. Ein pantomimisch-heroisch-tragisches Ballet. Cassel 1805. 8.

12) Der Blasbalgmacher. Ein Lustspiel. Cassel 1806. 8.

13) Gallerie der vorzüglichsten Tonkünstler und merkwürdigen Musik-Dilettanten in Cassel, von Anfang des 16ten Jahrhunderts bis auf gegenwärtige Zeiten. Ein Beytrag zur Hessischen Kunstgeschichte. Cassel 1806. 8.

14. Johann Jakob Wagner, geb. 1766 in Leipzig, lebte daselbst als Zeichner und Kupferstecher und starb um 1835 in Leipzig.

a. (Füßli) Allgem. Künstlerlexikon. Zweyter Theil, Eilfter Abschnitt. Zürich MDCCCXX. 8. 4072b.

b. Meusel, Gel. Teutschl. 21, 816 f.

c. G. K. Nagler, Neues allgem. Künstler-Lexicon. München 1851. 21, 63 f.

1) Abendmuße zweyer Freunde, enthaltend belletristische Arbeiten und Fragmente, worinnen die äußerst merkwürdige Geschichte: Die Universitätsjahre des Grafen L. v. Z. von ihm selbst beschrieben mitbegriffen ist. Leipzig (Halle) 1792 bis 1794. II. 8. Ohne Vfnamen. Gemeinschaftlich mit dem herzogl. oldenburg. Legationsrate Koch. Wagners Beiträge sind mit W. bezeichnet.

2/3) Novellen aus der neuesten Zeit- und Sittengeschichte. Leipzig 1797. 8. Ohne Vfn.

4) Der Parvenü in Paris. Lustspiel in 1 Akt von Ludwig Charron. Leipzig 1801. 8.

5) Die Leipziger Messe. Eine humoristische Skizze vom Verfasser der Novellen. Leipzig 1804. 8.

6) Dramatische Kleinigkeiten, oder drey Lustspiele für Liebhabertheater (von J. J. Wagner. Hg. von Fr. Aug. von Falkenstein). Schleiz o. J. (1805). 8. Enth. a: Die Jagd zu Schönthal. — b: Wilhelmsruh oder der gute Sohn. — c: Die Ueberraschung.

7) Das deutsche Publikum und seine Romane: Leipzig. Tageblatt 1815.

8) Die vier Jahreszeiten oder die Badereise eines Hypochondristen. Lustspiel von Charron: Alm. dramat. Spiele f. 1831. Hamburg (1831). 29. Jahrgang.

15. G. F. W. von Fink, geb. 1739, lebte in Glogau, später in Gimmel bei Wohlau und starb hier am 9. Januar 1820.

Meusel, Gel. Teutschl. 9, 345. 22 II, 139.

1) Der Volkswohlthäter. Ein dramatisches Gemälde in Einem Aufzuge. Groß-Glogau 1798. 8.

2) Dramatische Probeschüsse ins Blaue der Kritik. Eine Sammlung von Schauspielen und Operetten. Glogau 1798. II. 8.

Enth. I. a: Isabella Monetti, oder der Einspruch zur Unzeit. Ein Singspiel in 4 Handlungen. — b: Der Rübenzähler. Ein schlesisches Vaterlands-Schauspiel mit Gesängen. — c: Das Eiland der Ruhe. Ein Singspiel in 2 Aufzügen. II. d: Der Sommernachts-Traum, nach Shakespeare. Lustspiel. Auch einzeln: Glogau 1798. Vgl. Band V. S. 257 Z. 9. — e: Der Thurm von Tosona. Trauerspiel. Auch einzeln: Glogau 1798. 8. — f: Das war nicht meine Absicht. Drama. — g: Die Weihe der Dichterin.

Einige Gedichte im 1. Bändchen der poetischen Versuche seiner Tochter, der Charlotte Luise Krause § 306, 49.

16. Johann Christian Markwort, geb. am 13. Dezember 1778 in Reisling bei Braunschweig, großherzoglicher Vokal-Musik-Direktor in Darmstadt. — Näheres § 301, 26 — Band VII. S. 247.

Meusel, Gel. Teutschl. 10, 247 f. 14, 494. — Joh. Bapt. Heindl, Galerie berühmter Pädagogen usw. 1859. 1, 560/76.

1/2) Haß und Täuschung. Ein Trauerspiel in drei Aufz. Braunschweig 1799. 8.

3) Der schüchterne Freier, oder das gezwungene Geständniß. Singspiel in 1 A. Darmstadt 1810. Gedruckt?

4) Siaph und Nitettis. Eine Oper. Darmstadt 1812.

17. Christoph Jett. — Meusel, Gel. Teutschl. 10, 25.

Bruderbund und Kampf gegen den Raub der geweihten römischen Volksfreyheit, oder Cajus Gracchus. Ein Trauerspiel in 3 Akten. Frankenthal 1799. 216 S. 8. — Mannheim 1800. 8.

18. Johann Friedrich von Sternhayn, 1805 badischer Hofrat, 1807 Polizeidirektor in Karlsruhe, 1809 wegen Staatsverbrechens zu neunjährigem Festungsarrest verurteilt.

Meusel, Gel. Teutschl. 10, 711. 15, 546. 20, 626 f.

Wilhelm und Betty. Ein Schauspiel in einem Aufzuge. Regensburg 1799. 8.

19. Georg [von] Reinbeck, geb. am 11. Oktober 1766 in Berlin als der Sohn des Archidiakonus R., ging, nachdem er in der Vaterstadt seine Studien vollendet hatte, als Hauslehrer beim Herrn von Uwaroff nach St. Petersburg, wurde 1792 Lehrer der deutschen und englischen Sprache sowie der Ästhetik an der von Büsching bei der St. Peterskirche gestifteten deutschen Hauptschule und 1804 am kaiserlichen Pageninstitute, das unter Klingers Aufsicht stand. Aus Gesundheitsrücksichten kehrte er 1805 nach Deutschland zurück und lebte vom September 1806 bis zum Frühjahr 1807 in Weimar, dann ging er nach Heidelberg, wo er sich zu Johann Heinrich Voß hielt, und nach Mannheim. 1808 siedelte er nach Stuttgart über, um gemeinschaftlich mit Haug die Redaktion des Morgenblattes zu führen und wurde 1811 mit dem Titel eines Hofrates zum Professor am obern Gymnasium ernannt, daneben auch von 1818 bis 1827 am Katharinenstifte. In dieser Stellung war er erfolgreich bemüht, der bis dahin an den württembergischen Lehranstalten stiefmütterlich behandelten deutschen Litteratur den gebührenden Platz neben den klassischen Studien zu verschaffen. Er wirkte länger als 31 Jahre in diesem Sinne und unterstützte auch die Bestrebungen auch außerhalb der Schule durch einen von ihm gegründeten und geleiteten Leseverein, sowie durch persönlichen Verkehr. Sein Haus war ein Sammelpunkt litterarischer Berühmtheiten, und besonders Nikolaus Lenau fand darin während seiner verschiedenen Aufenthalte in Stuttgart freundschaftliche Aufnahme und zuletzt treuliche Pflege. — R. war auch Gründer des Stuttgarter Schillervereins (1837; vgl. § 249. C, IV. 31. 32), dessen nächste Aufgabe die Errichtung des von Thorwaldsen und Stiglmair geschaffenen Denkmals war, und der in fortdauernd wachsender Wirkung die Begeisterung für Schiller äußerlich immer lebendiger machte, sodaß diese bei der Jahrhundertfeier am 10. November 1859 den Charakter einer einheitlichen Volksbegeisterung gewann. Im Jahre 1837 erhielt R. für seine Sorge um den Schillerverein den Kronenorden. 1841 ließ er sich in den Ruhestand versetzen und starb am 1. Januar 1849.

a. Meusel, Gel. Teutschl. 15, 122 f. 19, 284 bis 286.

b. Sieh Nr. 22) a.

c. N. Nekrolog. 1849. 27, 47 bis 50.

d. K. Gorok, Jugenderinnerungen. Leipzig 1875. 8. 167 f.

e. W. Meusel, Denkwürdigkeiten. Bielefeld 1876. 8. 251 f. — R. war auch Gründer des Stuttgarter Schillervereins

f. Goethe-Jahrb. 1884. 5, 54 f.

g. Allg. dtsch. Biogr. 1888. 28, 1 f. (Hermann Fischer).

h. W. v. Biedermann, Goethes Gespräche 2, 104 f, 151 bis 164. 165 f. — Vgl. unten Nr. 33).

i. Anton X. Schurz, Lenaus Leben. Großenteils aus des Dichters eigenen Briefen. Stuttgart 1855. II. .8

j. F. v. Hohenhausen, Nikolaus Lenau und Emilie Reinbeck [geb. Hartmann, zweite Gattin R.s]: Westermanns Illustr. Dtsch. Monatshefte 1873. Maiheft.

k. Paul Weisser, Lenau und Marie Behrends: Deutsche Rundschau 1889.
61, 420 f. 8. 443 f. Emilie Reinbeck über Lenaus Erkranken 1844; 8. 446 bis 450
Briefe Emiliens an M. Behrends und deren Mutter.

l. Lenaus Erkrankung (Emilie Reinbecks Tagebuch): Neue Freie Presse. 1891.
Nr. 9662 bis 64 (darin 4 Briefe von Sophie Löwenthal an Emilie. Vgl. Magazin
für Litteratur 1891. Nr. 39. 8. 615 f.).

m. A. Schlossar, Lenau und Reinbecks: Wiener Abendpost 1895. Nr. 188.
Briefe von R. an α. Johanna Schopenhauer (1809 Dez. 16): Goethe-Jahrb.
1892. 13, 142 f. — β. ?: W. v. Maltzahns Autogr.-Sammlg. 1890. Nr. 355.

Briefe an Emilie und Geo. v. R. von Lenau: Nikolaus Lenaus Briefe an
Emilie von Reinbeck und deren Gatten Georg von Reinbeck 1832 bis 1844 nebst
Emilie von Reinbecks Aufzeichnungen über Lenaus Erkrankung 1844 bis 1846
nach den großenteils ungedruckten Originalen herausgegeben von Ant. Schlossar.
Mit einem Briefe Lenaus an Emilie von Reinbeck in Faksimile-Wiedergabe. Stutt-
gart, Bonz u. Comp. 1896. 8.

1) Die Kosaken in der Schweiz. Ein Schauspiel in 1 Akt. Lübeck 1799.
8. — St. Petersburg 1801. 8.

2) Die Krönungsfeier. Vorspiel in 1 A. mit Chören und Gesängen. Lübeck 1802. 8.

3) Anteil R.s an (Kaffka's) Nordischem Archiv. Riga 1803. Zumeist Nachrichten und Kritiken über das Petersburger Theater.

4) Herr von Hopfenkeim. Fastnachtsposse in 4 Anzügen. Leipzig 1805. 8.
Auch in Nr. 6).

5) Graf Rasowsky, oder nicht alles ist falsch was glänzt. Ein russisches
Sittengemälde in 4 A. Leipzig 1805. 8. Auch in Nr. 6) und 22) b.

6) Schauspiele. Leipzig 1805. 8. Enth. Nr. 4). 5). — Zweite verb. und verm.
Ausgabe. Lübeck und Leipzig 1809. 8.

7) Flüchtige Bemerkungen auf einer Reise von St. Petersburg über Moskwa,
Grodno, Warschau, Breslau nach Deutschland im Jahre 1805. In Briefen von G. Reinbeck. Leipzig 1806. II. 8.

8) Erzählungen. Leipzig 1808. 8. — Wiederh.: 1817. 8.
Enth. a: Eitelkeit, Unschuld und Liebe. — b: Schwärmerei. Vorher: Morgenblatt. 1807. Nr. 101 f. Vgl. Ernst Müller, G. Reinbeck als Vorbild von W. Hauff
[Bettlerin vom Pont des Arts]: Euphorion 1897. 4, 819 bis 823 (8. 819 wird Reinbeck irrtümlich als 1827 verstorben bezeichnet).

9) Heidelberg und seine Umgebungen im Sommer 1807 in Briefen von G. Reinbeck.
Nebst einem merkwürdigen Beitrage zum Prozesse der Publicität gegen ihre Widersacher, u. einer Beilage. Tübingen 1808. 8. Teilweise vorher: Morgenbl. 1807. Sieh Nr. f.

10) Beiträge R.s im Morgenblatt: a: Bemerkungen über die deutsche und
französische tragische Bühne. 1809. Nr. 38 bis 40. — b: Schah Aulum, gegenwärtiger Kaiser von Indostan. 1810. Nr. 98 f. — c: Ueber Unsterblichkeit der
Schauspieler. 1811. Nr. 57.
Vgl. Nr. 8) b und Nr. 11) b. d. g. k.

11) Winterblüthen. Erster Kranz. Zweiter Kranz. Leipzig 1810. II. 8. —
Neue wohlfeile Ausgabe. Leipzig 1817. II. 8.
Enth. I. a: Die unverhoffte Erbschaft. — b: Nemesis, oder das Opfer des
Herzens. Vorher: Morgenblatt 1808. Nr. 23 bis 27. — c: Die Wiedervereinigung. —
d: Das Familienbild. Vorher: Morgenblatt 1809. Nr. 267 f. — e: Giovanni Altieri. —
f: Frauenwürde. — g: Edle Weiblichkeit. Vorher: Morgenblatt 1809. Nr. 302 bis
304. — h: Die glückliche Kur.
II. i: Versöhnung. — k: Das heimliche Sittengericht. Vorher: Morgenblatt
1810. Nr. 121 f. — l: Die Ueberraschung. — m: Der russische Zwerg. — n: Ab-
delazi oder der neue erwachte Schläfer. — o: Scaramus. — p: Das Geständniß.

12) (G. Basse) Prosaische Almathologie. Erzählungen von Langbein . .
Reinbeck, Steph. Schütze. Quedlinburg 1811. 8. — § 295, II. 24. 1).

13) Dichterrache. Eine Posse: Heidelberger Taschenbuch f. d. J. 1811. Hg.
von A. Schreiber. Mannheim (1810). — Castelli's Thalia 1811 Februar.

14) Zadig, der arme Fischer, eine Blüthe des Morgenlandes: Der Sammler.
Wien 1811 Jan.

15) Beiträge R.s in der Zeitung f. d. eleg. Welt: a: Die deutsche Oper. 1812. Nr. 9f. — b: Prüfung der herrschenden Definitionen des Lächerlichen. Nr. 24 bis 29. — c: Bemerkungen über die Oper. Nr. 58f. — d: Katharina Paulowna, Königin von Würtemberg. 1819. Nr. 110 bis 120. Vgl. unten Nr. 36).

16) Handbuch der Sprachwissenschaft mit besonderer Hinsicht auf die deutsche Sprache. Zum Gebrauch für die obern Klassen der Gymnasien und Lyceen. Duisburg und Essen 1813 bis 1828. IV. 8. Bd. I bis III in je 2 Abtheilungen. — Bd. I und II in 2. Aufl. 1819 bis 1826.

Außerdem: x: Deutsche Sprachlehre. Lübeck 1802. 8.; 5. Aufl. Stuttgart 1821. 8. Nachdruck: Wien 1817. Im Verlage der Härter'schen Buchhandlung. 2 Bl., 297 S. 8. — y: Kurze deutsche Sprachlehre. Hamburg 1805. 8. — z: Regellehre der deutschen Sprache. Essen 1822. 8. — z': Mythologie für Nichtstudirende. Von G. Reinbeck . . Wien 1817. Im Verlage der Franz Härter'schen Buchhandlung. 2 Bl., 117 [d. i. 217] S. 8.

17) Blüthen der Muße. Novellen und Erzählungen. Erstes Bändchen. Essen 1813. 8. — Zweites Bändchen von Nr. 24).

18) Nachdrucke von Erzählungen Reinbecks, Fouqués u. a.: Wien 1813. II. 8; von Erzählungen Reinbecks: Wien 1815. 8.; von Erzählungen Reinbecks, F. Kinds und L. Germars: Wien 1816. 8.

19) a: Der Deutsche Krieger in Rußland. Erzählung: Für müßige Stunden. Vierteljahrsschrift. Hg. von Fr. Baron de la Motte Fouqué usw. Hildburghausen 1816. 1, 141 bis 280. — b: Ein Spaziergang Fenelons. Nach dem Französischen: ebenda 1817. 2, 117 bis 132. — c: Der deutsche Krieger in Frankreich. Erzählung [Fortsetzung von a]: ebenda. Jena 1819. 3, 19 bis 82.

20) Anteil R.s an den: Mannigfaltigkeiten aus dem Gebiete der Literatur, Kunst und Natur. Stuttgart 1816. 4.

21) Rosalinde Ramsay oder die gefährliche Verbindung: L. Th. Beckers Rosen und Dornen. Nürnberg (1817) 1. Bändchen.

22) Sämmtliche dramatische Werke von Georg Reinbeck. Nebst Beiträgen zur Theorie der deutschen Schauspieldichtung und zur Kenntniß des gegenwärtigen Standpunktes der deutschen Bühne. Bd. 1 und 2: Heidelberg 1817. 1818; Bd. 3 bis 6: Coblenz 1818 bis 1822. VI. 8.

Enth I. 1817. XCII, 294 S. a: Mein dramatischer Lebenslauf. — b: Graf Rasowsky, oder: Nicht alles ist falsch was glänzt. Russisches Charakter-Gemälde in 4 Abtheilungen. Sieh Nr. 5). — c: Der Virginier. Lustspiel in 3 Abtheilungen. Vgl. II, g.

II. 1818. LXII, 298 S. d: Ueber den Werth der Schaubühne für die Menschheit. — e: Die Doppelwette, oder: Er muß sich mahlen lassen. Lustspiel in 5 Abtheilungen. — f: Lisinka, oder: Der Triumph der Dankbarkeit. Schauspiel in 5 Abtheilungen. — g: Anhang über das Lustspiel: Der Virginier (I, c).

III. 1818. LXIV, 288 S. h: Briefe über den gegenwärtigen Zustand der deutschen Bühne. — i: Die beiden Wittwen. Schauspiel in 3 Abtheilungen. — j: Der Schuldbrief. Lustspiel in 1 Abtheilung. — k: Der Quartierzettel. Lustspiel in 3 Abtheilungen (nach Langbein; aufgeführt in Berlin 1816 September 3).

IV. 1821. XLIX, 350 S. l: Der französische Dramaturg über deutsche dramatische Dichtung. — m: Gordon und Montrose. Trauerspiel in 5 Abtheilungen. — n: Der Dichter. Lustspiel in 1 Abtheilung. — o: Unbesonnenheit und gutes Herz. Lustspiel in 1 Abtheilung.

V. 1821. XXXVII, 360 S. p: Ueber die Wahl des Schauspielerstandes. Ein Brief. — q: Ein paar Worte über Theaterbeurtheilungen. — r: Der argwöhnische Ehemann. Lustspiel in 5 Aufzügen. — s: Der Verführer, oder: Die klugen Frauen. Lustspiel in 5 Abtheilungen. — t: Die Rückkehr. Vorspiel in 1 Aufzug.

VI. 1822. XXVIII, 548 S. u: Ein paar Worte über die Beurtheilung von Schauspieldichtungen in den öffentlichen Blättern, mit Rücksicht auf diese Sammlung. — v: Die Verschwörung des Fiesko in Genua. Ein republikanisches Trauerspiel von Schiller, für die Bühne neu bearbeitet in Iamben. Vgl. Ueber den Versuch einer metrischen Bearbeitung des Trauerspiels von Schiller: ,Die Verschwörung des Fiesko zu Genua', von Reinbeck: Lemberts Taschenbuch f. Schauspieler u. Schauspielfreunde. d. J. 1817. Stuttgart; Scenen aus der metrischen Bearbeitung des Fiesko: ebenda; Sieh § 252, 3) d — Band V. S. 172. — w: Der Westindier. Lustspiel in 5 Abtheilungen. Nach

dem Englischen des Cumberland. — x: Nachbar Specht, oder: Ihm entgeht nichts. Lustspiel in 8 Abtheilungen nach Picard.
.Sämtliche Stücke auch einzeln. — Sieh auch Nr. 25).

23) Das Gelübde: Rheinisches Taschenbuch f. d. J. 1819.

24) Abendunterhaltungen für gebildete weibliche Kreise. Novellen und Erzählungen. Essen 1820. II. 8. Zweites Bändchen Nr. 17).

25) Dramaturgische Abhandlungen. Coblenz 1822. 8. Aus den dramatischen Werken Nr. 22) zusammengedruckt. — Auch u. d. T.: Sämmtliche prosaische Aufsätze.

26) Ernst und Frohsinn. Eine Sammlung von Erzählungen, Gedichten und Charaden, mit Beiträgen von F. L. Bührlen, Haug, Lindner, Reinbeck, L. Robert, Richard Roos [d. i. K. A. Engelhardt] u. A. Hg. von Korsinsky. Für das Jahr 1822. Stuttgart (1822). 8.

27) Louise von Matthisson [geb. Schoch, geb. am 22. November 1790 in Wörlitz, seit 1810 zweite Gattin des Dichters Frdr. v. Matthisson, gest. am 18. November 1824 bei Stuttgart]: Nekrolog 1825. 2, 983 bis 998.

28) Vorhalle zum deutschen Schriftenthum. Eine Sammlung Aufsätze und Gedichte, zur Uebong im richtigen und darstellenden Lesen. Stuttgart 1827. 8.

29) Die Entführung. Russische Erzählung: Pantheon. Eine Sammlung vorzüglicher Novellen u. s. w. Stuttgart 1829. Bd. 9.

30) Lebensbilder. Novellen und Erzählungen. Essen 1829. III. 8.

31) Abriß der Geschichte der deutschen Dichtkunst und ihrer Literatur. Zum Gebrauche für die obern Abtheilungen der nicht-gelehrten männlichen und der höhern weiblichen Schulen, verfaßt von Georg Reinbeck. Essen, bei G. D. Bädcker. 1829. 8.

32) Sendschreiben an die geehrten Lehrer der Muttersprache in deutschen Gelehrtenschulen. Nebst 6 Beilagen, die deutsche Sprache und den Sprachunterricht betreffend. Ein Beitrag zur Methodik. Stuttgart 1832. 8.

33) Reise-Plaudereien über Ausflüge nach Wien [1811], Salzburg und dem Salzkammergut in Ober-Oesterreich [1834], Weimar [1806], in die Würtembergische Alb [1824] und nach den Vor-Cantonen der Schweiz und dem Rigi. Stuttgart 1837. II. 12. — Daraus oben Nr. h.

34) § 249, C IV. 31) = Band V. S. 122.

35) Situationen. Ein Novellenkranz. Nebst einigen Worten über die Theorie der Novelle. Stuttgart 1841. 8.

36) Catharina, Königinn von Württemberg. Ein Musterbild für gekrönte Frauen. Von Georg von Reinbeck. Beitrag zur Landesfeier der 25jährigen Regierung Sr. Majestät des Königs Wilhelm von Württemberg. Stuttgart 1842. 8. — Vgl. Nr. 15) d.

37) Leben und Wirken des Dr. Th. Johann Gustav Reinbeck, weiland K. Preußischen Consistorialrath, Probst zu Köln an der Spree etc. Nach Urkunden und Familiennachrichten 100 Jahre nach seinem Tode mitgetheilt von seinem Enkel. Ein Beitrag zur Lebens- und Charakter-Geschichte der Könige Friedrich Wilhelm I. und Friedrich II. von Preußen. Stuttgart 1842. 8.

20. C. J. Schott, fürstlich Speyerscher Hofkammerassessor und Sekretär in Bruchsal.
Meusel, Gel. Teutschl. 10, 620.
Germania, ein heroisches Singspiel in drey Aufzügen. In Musick gesetzt von Hrn. Musickdirektor Brandl. Stuttgart bei Franz Christian Löflund. 1800. 2 Bl., 90 S. u. 1 S. Druckfehler. 8. Die Dichtung ist dem Erzherzog Carl, ,dem erhabenen Helden und Retter Deutschlands' gewidmet. — § 262, 82 irrtümlich dem 1813 verstorbenen Oberbibliothekar Joh. Gtli. Schott zugeschrieben.

21. Christian Wilhelm Franke (eig. Francke), geb. am 6. Mai 1765 in Leipzig, Advokat, seit 1818 Börsensekretär daselbst; starb am 7. April 1831. — Mit Renatus Gotthelf Löbel Bearbeiter und Herausgeber, nach Löbels Tode (14. Februar 1799) Fortsetzer des Conversations-Lexicons (1796 bis 1808. VI. 8), das, im Oktober 1808 von F. A. Brockhaus angekauft, 1895 in 14. Auflage ausgegeben wurde.
Meusel, Gel. Teutschl. 22II, 207.
Hermann Francke [Sohn des obigen]. Das Conversationslexicon und seine Gründer. Eine literar.-historische Skizze: Die Gartenlaube 1872. Nr. 43. S. 706 bis 708.

1) Der Arrestant, oder die Aehnlichkeit. Operette in einem Aufzug nach dem Französischen des Alexander Duval und nach der Musik des della Maria. Leipzig 1800. 8. Ohne Namen.

2) Rezensionen in der Leipz. Lit.-Ztg. 1808 bis 1811.

3) Dramatische Kleinigkeiten nach dem Französischen frei bearbeitet. Leipzig 1804. 8. Ohne Namen.
Enth. a: Adolphine. Schauspiel in 1 Akt. — b: [List über List, oder] wer nicht wagt, gewinnt nicht. Lustspiel in 8 Aufzügen. — c: Die tiefe Trauer. Lustspiel in 1 Act. Alle drei in demselben J. auch einzeln erschienen.

22. David Friedrich Schulze, geb. 1775 in Tiefensee bei Düben als der Sohn eines Oekonomieverwalters, studierte in Leipzig Theologie, seit 1799 Hauslehrer bei dem Domherrn von Nostiz auf Oppach in der Oberlausitz, 1805 substituierter Prediger in Waldau, 1806 Diakonus in Bernstadt, 1807 Katechet und Zuchthausprediger in Zittau; starb auf einer Besuchsreise im Schlosse Waldheim am 27. Juli 1810.
a. Otto, Lex. d. Oberlaus. Schriftst. 3, 1, 232. 4, 394.
b. David Friedrich Schulze'ns Ehrengedächtniß. Zittau 1810. 8. — Todtenfeyer. Zittau 1810. 8.
c. Görlitzer Anzeiger 1810. 8. 145.
d. Meusel, Gel. Teutschl. 15, 406. 20, 342 f.

1) Der Liebhaber als Kammermädchen. Lustspiel in 1 A. Bautzen 1800. 8.

2) Die Rekruten. Ein Lustspiel in zwey Aufzügen. Budissin und Leipzig 1800. 8.

8) Verschiedene Epigramme: Lausitz. Monatsschrift 1800. 2, 241 f. — Alte und neue Zeit. Eine Parallele von (ps.) Moritz vom Berge: ebenda 1801. 2, 406 f.

4) Epigramme. 1800. 8.

23. J. M. Rinne, Schauspieler.

1) Etwas über Gesellschaftstheater. Zwickau 1800. 8.

2) Klotar. Ein Trauerspiel in 5 Aufzügen. Zwickau 1801. 8. — Meusel 15, 173: Klotar, ein Tr. in fünf Akten; neu bearbeitet. Ronneburg 1801. 8.
Kayser 4, 88ᵃ führt noch als von diesem Rinne auf: Merkwürdigkeiten der churfürstlich Sächsischen Stadt Dahme, aus den handschriftlichen Nachrichten Krakows bearbeitet und herausgegeben von Rinne. Dahme 1805. III. 4.

24. Christian Friedrich Wilhelm Barnickel. Sieh Band VII. S. 490, 59.
Meusel, Gel. Teutschl. 13, 61. — Jördens, Lex. 3, 80, 5.
Die Leiden der Ortenbergischen Familie. Ein Trauerspiel in vier Aufzügen. Dorpat 1801. gr. 8. — Kassel 1803. 8. — Vgl. § 258, 8. 6) — Band V. S. 275.

25. Albrecht Heinrich Baumgärtner, geb. am 5. Mai 1743 in Erlangen, fürstl. brandenburg. Rat und Sekretär bei dem Lotto in Ansbach, seit 1786 kgl. preußischer Kriegsrat und Resident im fränkischen Kreise, seit 1797 zu Frauenaurach bei Erlangen, erhielt im Herbst 1803 auf sein Ansuchen seine Entlassung, privatisierte seitdem in Erlangen und starb daselbst am 26. September 1809. Außer archäologischen Werken und Übersetzungen verfaßte er das unten folgende Singspiel. S. Band V. S. 365, 57.
a. Andr. Meyer, Biogr. u. liter. Nachrichten von den Schriftstellern .. Ansbach u. Bayreuth. Erlangen 1782.
b. Meusel, Gel. Teutschl. 1, 171. 9, 61. 11, 48. 13, 69. 16, 331.
c. Fikenscher, Gel. Fürstenth. Bayreuth 1, 1, 106 bis 112. 1³, 71 bis 76.
Der gute König. Ein ländliches Singspiel auf das Geburtsfest des Königs. Erlangen 1801. 8.

26. Joachim Lorenz Evers, geb. am 20. September 1758 in Altona, Goldschmied, von 1801 bis 1. Mai 1802 Direktor des Nationaltheaters in Altona, zuletzt Inhaber eines Kommissionskomptoirs daselbst; starb am 2. November 1807.
Meusel, Gel. Teutschl. 11, 208 f. 18, 852. — Sieh Band VII. S. 877, 46.

1) Das königliche Stammhaus Oldenburg, oder die Wahl Christian I. Ein historisch-romantisches Schauspiel mit Gesang in zwey Aufzügen. Altona 1801. 8.

2) Das 18. Jahrhundert. Ein allegorisches Gemälde mit Gesang in zwey Aufzügen. Altona 1801. 8. Ohne Vfn.

3) An meine Mitbürger, über meine Theater-Unternehmung und ihre Auflösung den 1. May 1802. Altona 1802. 8.

4) Evers ist Vf. des Liedes: ,Was ist der Mensch? Halb Thier halb Engel'. Vgl. Hoffmann v. F., Unsere volkst. Lieder'. Nr. 1191. — Das Gedicht wurde irrig J. G. Eggers (§ 280, 11; § 347, 1999) und auch Schiller zugeschrieben: ,Der Mensch (Was ist der Mensch? halb Thier, halb Engel. Sieben achtzeilige Strophen) ein Gedicht von Schiller in Musik gesetzt und für die Guitarre eingerichtet von Rodatz. Nr. 21, der Auswahl von Arien für die Guitarre. Nr. 851. Bei B. Schott in Mainz'. 2 Bl. qu.-Fol.; ohne Schillers Namen ,mit Clavierbegleitung. Nr. 585. Bei B. Schott in Mainz'. 2 Bl. qu.-Fol.

5) Außerdem einige historische und periodische Werke.

27. Magdalene Luise Meynier, geb. am 27. April 1766 in Erlangen, Lehrerin am freiadeligen Magdalenenstifte in Altenburg, dann Erzieherin im Hause des ehemaligen württembergischen Staatsministers Grafen von Zeppelin und um 1809 Erzieherin der Töchter des Grafen von Mengden in Riga. Lebte noch um 1820.

Meusel, Gel. Teutschl. 14, 570. 18, 698.

1) Kinderspiele in Erzählungen und Schauspielen zur Bildung des jugendlichen Herzens. Ein nützliches Weihnachtsgeschenk für die gebildete Jugend. Nebst einer kurzen Beschreibung des Freyadeligen Magdalenenstiftes zu Altenburg. Coburg 1801. 8.

Enth. die Schauspiele a: Der Geburtstag. — b: Das Weihnachtsfest oder die doppelte Bescheerung. — c: Prosit das neue Jahr! — d: Die Ueberraschung. — e: Die Modedame. — f: Der militärische Empfang des Onkels. — g: Die furchtsamen Mädchen.

2) Kleine dramatische Kinderromane zur Bildung und Veredelung des jugendlichen Herzens. Coburg 1802. 8. — Vgl. N. Allg. dtsch. Bibl. 79, 222.

Enth. I. a: Fräulein Hedwig, oder: Der Schein betrügt. — b: Erste Fortsetzung von a. Böse Gesellschaft verdirbt gute Sitten. — c: Zweite Fortsetzung von a. Die Artigkeit macht, daß man den Mangel der Schönheit nicht acht. — d: Dritte Fortsetzung von a. Was der Mensch wert ist, widerfährt ihm. — e: Fräulein Käthchen, oder Morgenstunde hat Gold im Munde. — f: Erste Fortsetzung von e. Jung gewohnt alt gethan. — g: Zweite Fortsetzung von e. Ist der Mann noch so fleißig und die Frau nicht ordentlich, so geht alles hinter sich. II. h: Bet' und arbeit', Gott hilft allzeit. — i: Hochmuth kommt vor dem Fall. — j: In der Noth erkennt man den Freund. — k: Gute Kinder sind der Eltern größte Freude. — l: Scheiden bringt Leiden. — m: Wohl aus den Augen, wohl aus dem Sinn. — n: Alte Liebe rostet nicht.

3) Mythologische Unterhaltungen für Deutschlands gebildete Töchter. Leipzig 1804. 1805. II. 8.

28. Lustspiele. Bern 1802. 8 (Geßner in Zürich). Enth. a: Das Liebhabertheater. — b: Coquetterie und Liebe. 8. Nachtr. Bd. VII. S. 868.

29. Edmund Freiherr von Harold, geb. 1737 in Limerick (Irland), kurpfalz-bayerischer Generalmajor. gest. am 28. Juni 180? in Düsseldorf.

Meusel, Gel. Teuschl. 3, 87. 14, 40.

1) § 218, 1. g). l) — Band IV. S. 106.

2) Sylmora, Tochter Cuthullins. Ein Drama in fünf Aufzügen. Nach Ossian bearbeitet. Düsseldorf 1802. gr. 8.

30. Anna Cäcilie Fabricius, geb. Ambrosius, Tochter eines wohlhabenden Kaufmannes in Flensburg. seit 1771 Gattin des Prof. Johann Christian F. (vgl. Allg. dtsch. Biogr. 6, 551 f.) in Kiel, seit 1808 verwitwet; starb im J. 1820. Sie vermachte der Kieler Universitätsbibliothek ein Legat von jährlich 240 Thalern, das 1869 erlosch.

a. Meusel, Gel. Teutschl. 9, 322. 13, 359. 22 II, 103.
b. Allg. Lit.-Ztg. 1808. Ergzgsbl. Nr. 78.
c. Steffens, Was ich erlebte. 8, 199 f.
d. Chronik der Kieler Universität. 1856. S. 24. 1867. S. 27. 1869. S. 8.
e. Zeitschr. d. Gesell. f. Schlesw.-Holst.-Lauenb. Gesch. 7, 171 f. (Ratjen).
f. Allg. dtsch. Biogr. 1877. 6, 504 f. (Ratjen).

Briefe Klopstocks (in u. bei Kopenhagen 29. August 1767 bis 20. Oktober 1770; nach Lappenberg § 216, A. n. zweifellos an Cäcilie gerichtet): Kieler Blätter 1816. 8. 53 bis 73 (Heinrich). Wiederholt und mit anderen Briefen an dieselbe Empfängerin vermehrt: Lappenberg § 216, A. n.

1) L. M. Réveillère-Lepaux, Betrachtungen über Gottesdienst, bürgerliche Gebräuche und Nationalfeste. Aus dem Französischen. Hamburg 1797. 8. Ohne Namen. — Auszüge daraus: Gottesverehrungen der Neufranken; oder Ritualbuch der Theophilanthropen. Aus dem Französischen (von D. W. Andreä). Leipzig 1798. 8. 8. 9f.

2) Heinrich der Vielgeliebte, oder die Würde der Protestanten. Ein Schauspiel. Helmstädt 1802. VI, 52 S. 8.

31. Abraham Friedrich Blech, Schriftstellername: Adolph Bergen, geb. am 12. Februar 1762 in Danzig, Prediger an der dortigen Marienkirche, als Professor der Geschichte am Gymnasium Nachfolger Dippolds, 1816 Konsistorialrat, 1824 Doktor der Theologie; starb am 17. Dezember 1830 in Danzig.

a. Meusel, Gel. Teutschl. 13, 98 (Bergen). 17, 181. 221, 280.

b. (Duisburg) Gemälde von Danzig. Berlin 1809. 8. 123.

c. A. Hagen: Neue Preuß. Provinzialblätter 1853. 4, 107 bis 114.

1) Sieh § 231, 36 — Band IV. S. 369.

2) Heinrich der Vierte, König von Frankreich. Ein Trauerspiel in fünf Aufzügen von A. Bergen. Königsberg 1802. 8. — Neue Ausgabe. 1817. 8.

3) Conradin von Schwaben. Ein Trauerspiel in fünf Aufzügen von A. Bergen. Königsberg 1803. 8. — Neue Ausgabe. 1817. 8.

4) Johanna, die Erste, Königin von Neapel. Trauerspiel in fünf Aufzügen. Königsberg, Nicolovius 1808. 8.

5) Dion. Trauerspiel (Iamben) in fünf Aufzügen. Königsberg, Nicolovius. 1809. 8.

6) Der Fall von Jerusalem. Dramatisches Gedicht. Aus dem Englischen des Milman von A. F. Blech. Königsberg 1823. 12.

7) Außerdem: w: Lehrbuch der allgemeinen Weltgeschichte. Königsberg 1808. 8. — x: Deutsche Sprachlehre für Schulen. Königsberg 1808. 8. — y: Lehrbuch der Erdbeschreibung. Königsberg 1810. 8. Neue verm. Ausg. 1818 8. — z: Geschichte der siebenjährigen Leiden Danzigs von 1807 bis 1814. Danzig 1815. II. 8.

32. Aemil Ludwig Philipp Schröder, Sohn des Professors und hannöverschen Leibarztes Georg Philipp Sch., geb. am 80. Juli 1764 in Göttingen, zuerst privatim, seit 1776 auf dem Gymnasium seiner Vaterstadt unterrichtet, studierte 1778 an der dortigen Universität, Ostern 1784 in Herborn und im Herbste desselben J. in Utrecht Theologie. Nachdem er in Kassel sein Examen abgelegt hatte, wurde er 1787 zweiter reformierter Prediger in Neuwied a. Rh., nebenbei Erzieher der drei jüngeren Söhne des Fürsten von Wied, trat später in die Dienste des Fürsten von Weilburg und starb als Dekan und Kirchenrat in Hachenburg (Nassau) am 1. Jan. 1835.

a. Meusel, Gel. Teutschl. 7, 822 (ohne Vornamen). 15, 381f. (mit den falschen V. Albrecht Ludwig Peter). 20, 286.

b. Allg. Kirchenztg. 14. Jahrg. Darmstadt 1835. Nr. 86. Sp. 694 bis 696. Daraus:

c. N. Nekrolog 1837. 13, 1, 33 bis 36.

d. Allg. dtsch. Biogr. 1891. 32, 502f. (H. A. Lier).

1) Barthélemy, Anacharsis Reise nach Griechenland in der Mitte des vierten Jahrhunderts vor Christi Geburt. Im Auszuge hg. von Schröder. Neuwied 1792f. III. 8.

2) Schauspiele für die erwachsene Jugend. Andernach 1802. 8.

Enth. a: Verliebt am meisten. — b: Die Geschwisterliebe. — c: Unverhofft kommt oft. — d: Gleich und Gleich gesellt sich gern. — e: Trau, schau, wem? — f: Es ist nicht alles Gold was glänzt.

3) Die indianische Strohhütte. Aus dem Französischen des Saint-Pierre übersetzt und mit Anmerkungen herausgegeben von A. L. P. Schröder. 2. Auflage. Frankfurt a. M. 1804. 8.

4) Ueber den Einfluß des Schauspiels auf die Bildung der Jugend. Gotha 1804. 8.

33. Georg Ludwig Peter Sievers, geb. 1766 in Braunschweig, lebte anfangs daselbst, später in Kassel, Altenburg und Paris, seit Anfang 1822 in Wien, dann einige Zeit in Rom und Neapel; starb nach 1830.

a. Meusel, Gel. Teutschl. 15, 478 f. 20, 479.

b. E. L. Gerber. Neues histor.-biogr. Lexikon der Tonkünstler. Leipzig, bey A. Kühnel 1814. 4, 205 f.

c. Goethe und der Schriftsteller Georg Ludwig Peter Sievers: Deutsche Bühnen-Genossenschaft 1886. 20 f. — Kürschners Signale 1886. — Goethe-Jahrb. 8, 312.

1) Der weibliche Abällino oder das Mädchen in vielerley Gestalten. Ein romantisches Schauspiel in fünf Akten. Leipzig 1802. 8. — Vgl. Zschokke § 332, 188. 6) und 7) — Band III. S. 668.

2) Die komische Ehe, oder sie werden ihre eigenen Nebenbuhler. Lustspiel in 1 Akt nach dem Französischen frey bearbeitet. Leipzig 1802. 8. — Auch in Nr. 5).

3) Hans von Krickrack, oder eine Lüge ist der andern werth. Posse in 1 A. nach dem Französischen. Leipzig 1802. 8. — Auch in Nr. 5).

4) Die Narbe an der Stirn. Ein Lustspiel in 4 Aufzügen. Leipzig 1802. 8. — Auch in Nr. 5).

5) Auswahl aus den vorzüglichsten französischen Schauspielen. Leipzig 1803. 8. Enth. Nr. 3). 4) und 2).

6) Lehmann, oder der Neustädter Thurm. Oper nach dem Französischen bearbeitet. Hamburg 1805. 8. — Auch in Nr. 9).

7) Betrug für Betrug, oder das vermeinte Frauenzimmer. Eine Posse in Versen. Hamburg 1805. 8. — Auch in Nr. 9).

8) Er und Sie. Ein Lustspiel in einem Aufzuge. Hamburg und Altona 1805. 8. — Auch in Nr. 9).

9) Neue Schauspiele. 1. Band. Hamburg 1805. 8. Enth. Nr. 6), 8 und 7).

10) Der Sarg oder die Zwillingsschwestern (Roman). Hamburg 1805 bis 1807. IV. 8. — Wolf. [Titel-] Ausgabe. Hamburg 1814. IV. 8. Vergl. § 279, 14. 10). Die ersten beiden Bände erschienen ohne Vfn. u. d. T.: Die Zwillingsschwestern. Der abentheuerlichste Roman unsres Jahrhunderts. Hamburg, Vollmer 1805; gleichfalls ohne Namen erschien Band 8 u. d. veränderten T.: Die Zwillingsschwestern oder der Sarg. Hamburg, Vollmer 1805; endlich Bd. 4 mit wieder geändertem Titel: Der Sarg oder die Zwillingsschwestern von G. L. P. Sievers. Hamburg, Vollmer 1807. 8.

11) Beiträge von S. in der Allgem. musikal. Ztg. hg. von Rochlitz. 1807: a. Charakteristik der Italienischen und Französischen Musik. Nr. 32, S. 508 bis 512. — b. Ueber die Anmerkungen eines Ungenannten in Nr. 33 der A. m. Z. zu meinem Aufsatze, die Metrik der Italienischen und Französischen Sprache betreffend. Ein Nachtrag zu jenem Aufsatze. Nr. 42, S. 661 bis 668. — c. Charakteristik der Teutschen Musik. Nr. 43, S. 677 bis 689. Nr. 44, S. 693 bis 702.

12) Der Schatzgräber. Posse in 1 Akt. Fortsetzung der beiden Billets. Hamburg (1807). 8. — Vgl. § 224, 85. 12). 13); § 240, 16) = Band IV. S. 226 f. 680. vgl. 509 f.; § 258, 18. 17) = Band V. S. 295. Das am letztern Orte angeführte ‚Bauerngut' erschien schon Leipzig 1798. 8. Vgl. unten S. 573, 1).

13) Treue und Untreue. Oper in 1 Akt. Hamburg (1807). 8.

14) Lessings Schädel. Original-Lustspiel in drei Aufzügen. Von G. L. P. Sievers. Hamburg, bei Gottfried Vollmer. (1807). 128 S. 8.

15) Der Schutzgeist Westfalens. Eine romantische Dichtung, dem funfzehnten November gewidmet. Cassel 1808. 8.

16) Beiträge von S. im Morgenblatt: a/b. Sieh Nr. 11. 16). — c. Ueber Paris aus Paris. 1818. Nr. 59 bis 65. 138. 155 bis 275 passim. — d. Woher hat Lessing seinen Nathan genommen? Nr. 280 f. — e. Ein Maytag auf den Höhen von Montmartre. 1819. Nr. 174 f. 177 f. 181 f. 184. — f. La Morgue in Paris. Nr. 202 f. — g. Die Pariser Bürger an Sonn- und Festtagen vor den Barrieren von Paris. Nr. 241 bis 244. 246 f. — h. Die vornehmsten Pariser Kaffeehäuser. Nr. 288 f. 294 bis 296. 299. 301 f. 304 f. 307. — i. Schiller's Maria Stuart auf dem Theater françois. 1821. Nr. 82 f. 109 bis 111. 114 f. — k. Wie lebt sich's in Paris? Nr. 148 f. 154. 158 (o. N.).

17) Anteil an K. Reinholds Archiv für Theater und Literatur. Hamburg 1809 und dessen Forts. 1810.

18) Der Citronenwald. Ein Original-Lustspiel mit Gesang in 4 Aufzügen. Leipzig 1809. 8.

19) Die Kleinstädter. Ein komischer Roman. Leipzig 1809. II. 8.

20) Schauspieler Studien. Ein unentbehrliches Handbuch für öffentliche und Privat-Schauspieler, so wie für sämmtliche Kunst-Freunde von G. L. P. Sievers. Braunschweig, 1813. Im Verlage des literarischen Museums. 8.

21) Der Eilfertige. Eine Original-Charakter-Comödie in fünf Aufzügen und in Versen von G. L. P. Sievers. Leipzig, 1814. bei Carl Cnobloch. VIII, 192 S. 8.

22) Ueber Madame Catalani-Valabregue als Sängerin, Schauspielerin und mimische Darstellerin. Von D. G. L. P. Sievers (in Paris). Leipzig und Altenburg: F. A. Brockhaus. 1816. 31 S. 8. Sonderabdruck (jedoch nicht wörtlich) aus den Zeitgenossen. Band I, Abthlg. 3, S. 113 bis 132.

23) Gallerie der vorzüglichsten jetztlebenden Schauspieler in Paris: Zeitgenossen 1817. Band 2, Abthlg. 7, S. 127 bis 170.

24) Anteil an der Wiener Ztschr. f. Lit. u. Kunst, Theater u. Mode. 1822. 1823.

25) Mozart und Süssmayer, ein neues Plagiat, ersterm zur Last gelegt, und eine neue Vermuthung, die Entstehung des Requiems betreffend. Von G. L. P. Sievers. Mainz 1829. XL, 77 S. 8.

34. Karl Rudolph Heinrich Kleedis, geb. am 2. Juni 1771 in Görlitz, Oberamtsadvokat in seiner Vaterstadt; starb daselbst am 17. November 1812.

a. Otto, Lex. d. Oberlaus. Schriftst. 2, 278. 3, 744.

b. Meusel, Gel. Teutschl. 18, 851.

1) Die beyden Veroneser. Ein Schauspiel in 4 Aufzügen. Nach Shakespears Schauspiele gleiches Namens, bearbeitet von Kleedis. Schneeberg, 1802 bey C. W. Th. Schill. 8. — Mannheim. Schwan und Götz. 8. — Vgl. § 257, 34 — Band V. S. 256. — Gisbert Frh. v. Vincke, ‚Die beiden Veroneser' in alter Bearbeitung: Shakespeare-Jahrbuch 1886. Bd. 21. Wiederh.: Gesammelte Aufsätze zur Bühnengeschichte. Hamburg 1893. 8. 106 bis 114 = Berth. Litzmann's Theatergesch. Forschungen. VI.

2) Die Bleydächer, oder die Staats-Inquisition zu Venedig. Ein Schauspiel in 4 Aufzügen. Görlitz 1803. 8.

3) Gedicht auf die Saecularfeier: Lausitz. Monatsschrift 1804. Jan.

35. G. H. V. Facilides.
Meusel, Gel. Teutschl. 18, 360.

1) Die Familie von Eißfelden, oder Trennung und Wiedersehen. Eine wahre abenteuerliche Geschichte aus den Zeiten der Neufranken in Italien; dramatisch bearbeitet. Leipzig und Elberfeld 1803. 8.

2) Die Faschingsnacht, oder die Rache im Grabe. Nach Lafontaine und Cramer von G. H. V. F—s. Ratibor 1804. 8.

36. Friedrich Karl Freiherr von **Danckelmann,** war Zoll- und Theaterdirektor in Reval.
Meusel, Gel. Teutschl. 18, 259. 17, 384. 22I, 567 f.

1) Gesetz und Natur. Ein Schauspiel in fünf Aufzügen. Fürth 1803. 8.

2) Das Rendez-vous, oder alles heirathet. Lustspiel in 3 A. Fürth 1804. 8.

3) Augusta, oder die Geständnisse einer Braut vor ihrer Trauung. Eine Geschichte aus der großen Welt. Weißenfels und Leipzig, in der Böseschen Buchhandlung 1804. II. 8. Der Prinzessin Katharine Amalie von Baden in Petersburg gewidmet. — Hayn' 8. 17: Augusta. Ein Roman aus der wirklichen Welt (von F. C. Frh. v. Danckelmann). o. O. (Rudolstadt) 1806. III. 8. Neue Ausgabe?: Auguste, oder die Geständnisse einer Braut. Leipzig 1808. III. 8.

4) Blumenblätter aus den Gefilden der Phantasie und Geschichte, gesammelt von Fr. Karl Frh. von Danckelmann. Nürnberg, bei Joh. Leonh. Schrag 1811. II. 8. Enth. I. XVI, 112 S. a: Zuschrift an eine esthländische Dame [Frau Anna von Aderkas]. St. Petersburg 1809. — b: Die Amtsräthin Sterntbal. Aus dem

Tagebuche eines teutschen Offiziers. — c: Der Salat des Apollo. Erotische Skizze aus der Göttergeschichte der alten Griechen. — d: Geselligkeit. — Häuslichkeit. Aphorismen aus einem ungedruckten Roman. — e: Childerich I. [und seine Liebschaft mit der Königin Basina]. — f: Laura de Sades. Die Liebende — die Geliebte [Petrarca's]. II. 3 Bl., 120 S. g: Ninon de Lenclos und der Nachtwandler, ein milesisches Märchen des 17. Jahrhunderts. — h: Schwärmereyen der Liebe. Aus der Schreibtafel eines jungen Offiziers. — i: [Vier] Wahre Anekdoten aus dem Libell: Amors Erfahrungskatalog. — k: Geßner's Tod. Idylle. — l: Maria von Frankreich [Gemahlin Philipps 3. von Frankreich].

Dasselbe Werk u. d. T.: Neue Gemälde der Liebe, vom Verfasser der Auguste. Leipzig [Nürnberg] 1814. II. 8. Teil I — Teil II, Teil II — Teil I der Original-Ausg. — Vgl. Hayn 8, 56.

Prosa; meistens in dialogischer Form; durchaus erotisch; Nachahmung der Meißnerschen Skizzen.

5) Dramatische Versuche einer Muntern Laune. Rudolstadt in der klügerschen Buchhandlung 1811. 1812. III. 8.

Enth. I. 1811. 2 Bl., 132 S. a: S. 1. Das Gaukelspiel oder Herzens-Reinheit. Ein Lustspiel in 1 Aufzuge. — b: S. 79. Die Auferstehung oder der Besuch nach dem Tode. Ein Lustspiel in zwey Aufzügen. — II. 1811. 2 Bl., 174 S. c: S. 3. Die Weihe des Gefühls. Ein Vorspiel. Zur Feyer des Geburtstages einer Freundinn. — d: S. 84. Vier Hengste und ein Schwiegersohn. Ein komisches Sittengemälde in zwey Aufzügen. — III. 1812. 2 Bl., 180 S. e: S. 5. Sanfte Zucht. Ein Lustspiel in einem Aufzuge. — f: S. 73. Der Nachtwächter. Komische Oper in zwey Aufzügen. Auch: Deutsche Schaubühne. Augsburg. Bd. 10.

37. Karl August Engelhardt. Sieh § 331, 77.

Beiträge zu einer Schaubühne für die Jugend. 1. Theil. Görlitz 1803. 8. Enth.: Die Medaille, oder No. 23456. Schauspiel in 4 A.

38. Georg Friedrich August Pauli, geb. am 5. März 1775 in Halberstadt, seit 1801 zweiter evangelischer reformierter Prediger des Friedrichs-Werders und der Dorotheenstadt in Berlin.

Meusel, Gel. Teutschl. 15, 14. 19, 73.

(Hitzig) Gel. Berlin im J. 1825. 8. 196.

Dramen an Schulfesten. Herausgegeben von August Hartung . . Berlin 1803. kl. 8. Ohne Vfnamen — Wilmsen's und Hartung's kleine Kinderbibliothek. 4 Bdch.

39. L. Andreas Petz, geb. 1778 in Landshut, lebte als Beamter in Innsbruck. Meusel, Gel. Teutschl. 15, 30.

1) Der Illuminat. Ein Drama. Landshut 1803. 8.

2) Neumodisches Quodlibet, oder gereimte Burleske gegen die häufigen Feiertage in katholischen Ländern. Mit Vorschlägen, philosophischen Träumen usw. Landshut 1804. 8. Ohne Vfn.

3) Die Freude der biedern Tiroler bei der Allerhöchsten Gegenwart der königlichen Majestäten von Bayern zu Innsbruck in Neubayern. Zum Besten der durch Elementar-Schäden verunglückten Tiroler von Schwatz, Inzing und Stubay. Innsbruck 1808. 8.

4) Die Maskerade. Ein Lustspiel nach höherer Ansicht von L. Andreas Petz. Omne tulit punctum, qui miscuit utile dulci. Innsbruck, auf Kosten des Verfassers. 1809. XVI, 112 S. 8.

S. III: ,Vorsprache'. Es sei keine persönliche Satire. S. VI: ,Alle und jede auch entfernteste Persönlichkeit und Anspielung habe ich streng vermieden. Sechs Jahre liegen folgende Blätter geschrieben; in einem Dorfe kamen sie zur Welt — ohne Taufe, und Gevatter' . . . verteidigt die Schlüpfrigkeit, will die Wahrheit in Scherz kleiden und dadurch Nutzen schaffen. — S. XIV: Uebrigens ist keiner der Menschen, die ich hier auftreten, und sprechen lasse, ohne Studium, ohne Welt, und Bildung; daher können ihre Dialoge nicht zu gesucht, nicht zu intellectuell tönen. Wollten wir die Leute in ihren Provinzialismen, und Barbarismen auch in Büchern hören, und so deutsch verhunzt geben, als sie uns im gemeinen Umgang aufstosen, so würde man zwar der Natur der Sache näher kommen, aber welcher Natur? Unstreitig der grobsinnlichen, die ohnedieß zur absurden, leider! dominirenden gehört. Indessen kann dem Autor kein gerechter Vorwurf gemacht werden, wenn er selbst in Sprachen, wie in Karakteren Ideale aufstellt. Diese Idealisirung dürfte die schöne, deutsche Sprache, die jeden andern in Rücksicht der Originalität, ihres Rhytmus, und ihres unerschöpflichen Reichthums, etc. etc. an die Spitze gestellt werden kann, — werden soll! allerdings versieren.

40. **Gottlob Heinrich Adolph Wagner**, Schriftstellername: Ralph Nym, geb. am 15. November 1774 in Leipzig, besuchte dort die Thomasschule und studierte seit 1792 an der Universität seiner Vaterstadt Theologie. Im J. 1798 ging er nach Jena, wo er mit Schiller bekannt wurde und fast täglich bei ihm war. Hier schloß er auch Freundschaft mit J. A. Kanne. Als Fichte Jena verließ, kehrte Wagner nach Leipzig zurück und führte hier, im Umgangs mit den ausgezeichnetsten Männern der Stadt, durch seine Wohlredenheit und Kenntnisse beliebt und durch die Schönheit seiner Erscheinung ausgezeichnet, ein angenehmes Leben. In der Folge vertauschte er dieses mit stiller Zurückgezogenheit, besonders seit sein Freund August Apel gestorben war. Seine letzten Tage brachte er auf dem Gute des Grafen Hohenthal in Großstädteln bei Leipzig zu und verschied hier am 1. August 1835. — Seine Gattin Christiane Sophie (1792—1860), Schwester von Amadeus Wendt, veröffentlichte unter dem Namen Adolfine einige erzählende Schriften, die in einen spätern Zeitraum fallen. Sein Neffe war der Tondichter Richard Wagner.

Außer eigenen Schöpfungen und Übersetzungen aus fremden Sprachen schrieb Wagner auch italienisch, freilich in einer Weise, daß Kenner wie Platen und die Italiener dieses Rotwelsch nach Würden benannten.

a. Meusel, Gel. Teutschl. 16, 127. 132f. 21, 805 bis 809.
b. N. Nekrolog 13, 649 bis 655.
c. J. Kehrein, Die dramatische Poesie der Deutschen. Leipzig 1840. 2, 823.
d. Allgem. Theater-Lexikon. 7, 182f.
e. Emil Kneschke, Zur Geschichte des Theaters .. in Leipzig. Leipzig 1864. 8. 74.
f. Illustr. Zeitg. Leipzig 1888. Nr. 2351.
g. Heinr. Eduard Schmieder, Erinnerungen aus meinem Leben (1794—1823). Für die Familie und die Freunde gedruckt [bereits 1861 und 1863 geschrieben. Hg. von Paul Schmieder]. Wittenberg (1892). 8. 100 bis 104.
h. Euphorion 2, 832. 642.
i. W. v. Biedermann, Goethes Gespräche. Leipzig 1896. 10, 123.
Briefe von W. an α. Falk: Vgl. Euphorion 2, 832. — β. Fouqué: Briefe an .. Fouqué. Berlin 1848. 8. 539 bis 587.

1) De Alcestide Euripidica. Lipsiae 1797. 8. Wiederholt in: Euripidis Alceste. Edidit, diatribe recognita et annotatione perpetua illustravit G. A. Wagner Lipsiae 1800. 8.

2) a: Ulrich Zwinglis Leben. Ein Seitenstück zu dem Leben Luthers, Huß und Melanchthons [Luther. Leipzig 1793. 8.; Huß 1798. 8.; Melanchthon 1795. 8. von J. F. W. Tischer § 302, 40.] Leipzig 1801 (d. i. 1800). 8. — b: Johann Wiklefs Leben. Leipzig 1801. 8. — c: Leben des Desiderius Erasmus. Leipzig 1802. 8. — d: Leben Ulrichs von Hutten. Leipzig 1803. 8. — e: Leben des Hieronymus von Prag. Leipzig 1803. 8. — f: Leben des Johannes Hausschein, genannt Oekolampadius. Leipzig 1803. 8.
a bis f auch u. d. T.: Lebensbeschreibungen berühmter Reformatoren. Bdch. 4. 5. 7 bis 10. Die Vorreden unterz.: G. A.

3) Ulrichs von Hutten fünf Reden wider den Herzog Ulrich von Würtemberg, nebst seinem Briefe an Pirkheimer. Aus dem Lateinischen übersetzt und mit einer gedrängten Schilderung seines Lebens und seines Zeitalters versehen. Chemnitz 1801. 8.

4) Der Bühnenschwarm oder das Spiel der Schauspieler. Eine Tragödie von Ralph Nym. Nebst den Bildnissen Ifflands und der Unzelmann. Leipzig 1804. 8. — Vgl. § 281, 87 — Band V. S. 552.

5) Der Rabe. Ein dramatisches Märchen. Aus dem Italienischen des Karl Gozzi. Leipzig 1804. 8.

6) Zwei Epochen der modernen Poesie in Dante, Petrarka, Boccaccio, Goethe, Schiller und Wieland, dargestellt von Adolf Wagner. (Motto aus Dante, Parud. I,

10, 8). Leipzig, bei Breitkopf und Härtel. 1806. 1 Bl. Titel, 2 Bl. Meinem Freunde, dem Senator, D. August Apel. Leipzig im Mai 1806. Adolf Wagner. und 111 S. 8. — Vgl. § 223, B. m); § 284, D. III. 39) — Band IV. S. 193. 615; § 249, D. I. 7) — Band V. S. 132.

7) Novellen, den ältesten Novellisten der Italiener nacherzählt. Sic calamo ludimus. Berlin, bei C. Quien. 1806. VIII, 246 S. 8. — Wiederh. u. d. T.: Novellen, frey nach dem Italienischen. Berlin, bei August Rücker 1816. VIII, 246 S. 8. — Vgl. Hayn² S. 219.

Enth. a: Unterricht in der Kunst zu lieben. — b: Das Geheimniss. — c: Weiberlist und Rache. — d: Die Träume. — e: Weibertreue. — f: Der heilige Nicolaus. — g: Der Traum. — h: Weiberlist, oder der auferstandene Todte. — i: Der Dieb aus Liebe. — k: Die Kürbisse am Galgen, oder der unschuldig Erhenkte. — l: Predigt, am Feste des heil. Lazarus. — m: Die Wette, oder der Tolle im Kuchenladen. — n: Das Bekenntniss dreier Verliebten, oder das Qui pro quo im Schlafgemach. — o: Alles entdeckt sich, oder der verwechselte Mord. — p: Der Bediente seiner ermordeten Frau. — q: Die treue Gattin, oder die Ritter am Spinnrad. — r: Der verhaftete Hahnrey, oder der Liebhaber im Kamin. — s: Schreckliche Rache verschmähter Liebe. — t: Der Nußknacker im Beinhause, oder der fette Pfarrer und sein Schöps.

8) Scherz und Liebe. In italiänischen Novellen. Berlin, bei Joh. Fr. Unger, 1806. VI, 290 S. u. 1 Bl. Druckf. — Vgl. Hayn S. 280.

Enth. folgende Stücke, entnommen den Novelliero Italiano (raccolto da Gir. Zanetti). Venetia 1754. IV. 8. a: Julie; von Luigi da Porto. — b: Dionysia; von Giov. Fiorentino. — c: Der Stiefsohn; von Giov. Fiorentino. — d: Rosello; von (Giov.) Sabadino degli Arienti. — e: Hortensia und Polidoro; von Nicolo Granucci. — f: Ranieri. — g: Margarethe; von Scipione Bargagli. — h: Hippolytus und Gangenova; von Scipione Bargagli. — i: Annippo und Amania; von Ascanio Mori da Zeno. — k: Gianotto; von Sebastiano Erizzo. — l: Arsinoe; von Sebastiano Erizzo.

9) Sieh § 289, 3. 6) 5/6, d — oben S. 112.

10) Verwahrung gegen die Schmähung der Theaterzeitung und des Freimüthigen in Betreff einer Kritik der Dessauer Schauspieler. Ein Beitrag zur Chronik des Theaterwesens. Leipzig 1808. 8. — § 266, d — Band V. S. 387.

11) Fragmente: Taschenbuch der Liebe und Freundschaft auf d. J. 1809. — Außerdem Beiträge in den Miscellen der ausländischen Litteratur, in der Minerva u. a.; Rezensionen in der Leipz. Lit.-Ztg. und in den Heidelberger Jahrbüchern.

12) La famiglia Suizzera. Opera lirica in tre atti . . Dresden 1810. 8.

13) Sieh § 290. 1. 27) 1812. 2. Quartal, b. n. — oben S. 120.

14) Sieh § 293, I. 5. 12) — oben S. 200.

15) Sophokles, König Oedipus. Trauerspiel, übersetzt. Leipzig 1814. 8. — 2. Auflage. Leipzig 1840. 8. — § 310, A. 101. 4) e — Band VII. S. 600.

16) Beleuchtung der Rede des Senators Grafen von Fontanes im Erhaltungssenate am 27. Dezember 1813. Teutschland (Leipzig 1814). 8.

17) Henotikon, oder Rede von der Einheit Deutschlands. Germanien (Leipzig) 1814. 8.

18) Ondina. Traduzion dal Tedesco de Federico Bar. de la Motte-Fouqué. Lipsia o. J. (1815). 5 Bl., 149 S. u. 1 S. Druckfehler. — § 290, 1. 23) — oben S. 119.

19) Theater von Adolph Wagner. Leipzig und Altenburg: F. A. Brockhaus. 1816. 331 S. 8.

Enth. a: Umwege. Lustspiel in 5 Aufzügen. Auch: Deutsche Schaubühne. Augsburg 1818. Bd. 47. — b: Hinterlist. Lustspiel. — c: Liebesnetze. Dramatisches Spiel in 2 A. Auch: Deutsche Schaubühne Bd. 50. — d: Ein Augenblick. Dramatisches Spiel.

Vgl. oben Litteratur Nr. c. bis e: Alle drei gebrauchen dieselben Ausdrücke zum Lobe der genannten Stücke, die sich durch nichts vom Gewöhnlichen auszeichnen.

20) Cecilie, oder der Zögling der barmherzigen Schwestern. Aus dem Französischen der Gräfin von Choiseul-Meuse übersetzt. Jena 1816. 8.

21) Johannes Falk's (§ 281, 9) Liebe, Leben und Leiden in Gott. Zu Luthers Gedächtniß herausgegeben von einem seiner Freunde und Verehrer im Jahr unseres Herrn 1817. Altenburg, verlegt's F. A. Brockhaus. 8.

22) Sieh § 294, 36. 7) — oben S. 373.

23) Liebestand und Liebesernst. Ein Roman. Jena 1818. 8.

24) Manfred. Trauerspiel von Lord Byron. Tentsch von Adolf Wagner. Leipzig: F. A. Brockhaus 1819 (d. i. 1818). 239 S. 8. Mit gegenüber gedrucktem Original.

25) Wagner gab heraus: Johannes Falk's auserlesene Werke. (Alt und neu). Leipzig 1819. III. 8. — § 281, 9. 15).

26) Das Reich des Scherzes von Adolf Wagner. Nebst einem Anhange von Johann Arnold Kanne. Leipzig 1823. 8. — § 293, I. 5. 29) — oben S. 201.

27) Theater und Publikum. Eine Didaskalie. Leipzig 1823. 8.

28) Walter Scott's sämmtliche Werke neu übersetzt. Leipzig, Gleditsch 1823 bis 1828. LV. 16. — (Neue Titel-Ausg.) Berlin, Klemann 1835f. XLIII. 16. — (N. wohlf. T.-A.) Berlin, Klemann 1840f. 55 Hefte 16.
Darin von W. übersetzt und mit Anmerkungen begleitet: Bd. 20 bis 22. 1824 St. Bonans-Brunnen. — Bd. 39 bis 42. 1826 (Bd. 31 bis 34. 1836; Heft 48 bis 51. 1841) Erzählungen meines Wirthes. Zweite Sammlung: Das Herz von Midlothian.

29) Il Parnasso Italiano . . Leipzig 1826. 4.
Enth. a: La divina Commedia di Dante Alighieri. — b: Le Rime di F. Petrarca. — c: L'Orlando furioso di L. Ariosto. — d: La Gerusalemma liberata di T. Tasso. Diese von ihm besorgte Ausgabe hat Wagner Goethen gewidmet.

30) Sieh § 270, 68. 21) — Band V. S. 420.

Außer den oben aufgeführten Übersetzungen W.s wären noch folgende hervorzuheben:

31) Julius Caesars Jahrbücher. Bayreuth 1808. II. 8. — 2. (Tit.-) Ausg. Hof 1815. II. 8.

32) Beresford: Sieh § 293, I. 5. 8) — oben S. 200.

33) Coxe: Sieh § 293. V. 37. 8) — oben S. 345.

34) William Shakespeare's Leben von Augustin Skottowe. Teutsch bearbeitet. Leipzig, E. Fleischer 1824. 16. Auch u. d. T.: Shakespeare's dramatische Werke. Supplementband.

35) Mrs. Jameson's Frauenbilder, oder Charakteristik der vorzüglichsten Frauen in Shakespears Dramen. Leipzig 1834. 12.

36) Das Haus Nowlan, oder: Hang und Geschick. Ein irländisches Familiengemälde von J[ohn] Banim. Aus dem Englischen. Leipzig: F. A. Brockhaus. 1835. II. 8.

41. Wilhelm von Hastenpflug, geb. am 4. Februar 1777 in Marburg, während der westfälischen Zwischenregierung Sekretär im Ministerium des Innern zu Kassel, später Offizier in einer russischen Legion und seit 1818 kurhessischer Hauptmann und Kompagniechef im Regiment Prinz von Solms zu Hersfeld.
a. Strieder-Justi 18, 525f.
b. Meusel, Gel. Teutschl. 18, 69f.

1) Anekdoten und Schnurren. (St. Petersburg) 1802. 8.

2) Der Gasthof in der Vorstadt. Lustspiel in 3 Akten. Riga 1804. 8.

3) Pater Damian und die schöne Christel. Ein Kloster-Roman. Erfurt und Gotha 1805. 8. Ohne Vfnamen.

4) Der Graf und sein Liebchen. Riga 1805. 8. Ohne Vfn.

5) Abentheuer eines Genies. Berlin 1809. 8. Ohne Vfn.
Beiträge zur Zeitung f. d. eleg. Welt, zum Morgenblatt u. s. w.

42. Louis Amanley de Guehery, geb. am 27. August 1779 in Guebery bei Paris, lebte von 1799 bis 1804 zuerst als Lehrer an der kgl. preußischen Artillerie-Akademie, dann als Adjutant in Berlin. Seit 1804 privatisierte er in Dresden und war im Sommer 1813 im Hauptquartier Napoleons angestellt, den er nach Schlesien begleitete.
Meusel, Gel. Teutschl. 17, 812 bis 814.

1) G. gab heraus: Das Chamæleon. Eine Zeitschrift. Berlin 1803. gr. 8.

2) Die Bildsäule Peters des Großen. Schauspiel in einem Akt. Berlin 1804. 12. Ohne Vfnamen. Erschien gleichzeitig auch französisch.

3) Die Kosacken. Lustspiel in einem Akt; in gereimten Versen. Memel und Polangen (Dresden) 1818. 8. Ohne Vfn. — Vgl. Nr. 4) d.

4) Dramatisches Taschenbuch auf das Jahr 1815. Dresden 1814. 268 S. 8. — 2. wohlfeilere Auflage. Dresden 1818. 8.

Enth. a: Der Czaar und der Bauer. — b: Der Römische Kaiser. — c: Das Bildniß. — d: Die Kosacken. Vgl. Nr. 3). — e: Drey Freyer in Einem. — f: Concursus Creditorum.

Sieh Band VIII. S. 129, 11.

5) Die Freyheit des Herzens. Ein Schauspiel in 1 Akt von Prof. von Guerri. In Deutscher und Italienischer Sprache. Leipzig 1818. 8.

6) Aufsätze in Kuhns ‚Freimüthigen‘.

43. Karl August Rochlitz.
Meusel, Gel. Teutschl. 15, 181.

Der Gutsherr. Ein Lustspiel in vier Aufzügen. Riga und Leipzig 1804. 8.

44. Schauspiele von Karl B*.** Danzig 1805. II. 8.
Enth. a: Brennow, oder Vernunft und Leidenschaft. Trauerspiel in 4 Akten. — b: Die Erfahrung oder Licht und Schatten. Lustspiel in 3 Akten. — c: Kaiser Karl der Große, oder Hulda von Waldsassen. Trauerspiel in 4 Akten. — d: Das Steckenpferd, oder Dr. Raps schießt fehl. Lustspiel in 2 Akten.
Sämtlich 1805 auch einzeln erschienen.

45. W. F. Alburg, Schauspieler.
Meusel, Gel. Teutschl. 22¹, 31.

1) Der Rachebund, oder die eiserne Jungfrau. Ein Schauspiel. Augsburg 1805. 8.

2) Die Grauensteine, oder Rache der Verführung. Augsburg 1805. 8.

46. C. W. E. von Grieshelm, kgl. preußischer Kammerherr.
Meusel, Gel. Teutschl. 13, 500.

1) Der Onkel Bott. Ein Lustspiel in 4 Aufzügen. Magdeburg 1805. 128 S. 8.

2) Das Modell, ein Lustspiel in zwey Aufzügen. Nach der Französischen Operette Une Folie von Bouilly frey bearbeitet. Magdeburg 1806. 8.

47. Friedrich von Rahmel. Vergl. § 268, 8.
Die Egoisten. Schauspiel in 3 A. nach Mercier. Breslau 1805. 8. — wiederh.: 1810. 8.

48. Ernst Vitzthum von Eckstädt, lebte, wie Raßmann, Pantheon, wissen will, in Weimar (oder war der am 19. November 1839 im 59. Jahre verstorbene Landschaftsdirektor zu Breslau? Vgl. Nekrolog 17, 1187).

Sosandra. Ein dramatisches Gedicht in vier Aufzügen. Herausgegeben von Karl von Haugwitz. Berlin 1805. 110 S. 8.

Der Priester, der, von der Nichtigkeit der Götter seines Volkes überzeugt, in ihrem Namen die Geschicke lenken will, wird vom eignen Truge überwältigt.

49. Jakob Andreas Konrad [von] Levezow, geb. am 3. September 1770 in Stettin, besuchte das Gymnasium seiner Vaterstadt, studierte dann in Halle Philologie, war mehrere Jahre Hauslehrer in Pommern, seit 1795 am philologisch-pädagogischen Seminar in Berlin thätig, 1797 ord. Lehrer, 1803 (bis 1824) Professor am Friedrich-Wilhelms-Gymnasium daselbst, 1804 Professor der Mythologie und Altertümer an der k. Akademie der Künste, 1821 adjungierter Mitaufseher des k. Antiken-Kabinets und der Kunstkammer und 1828 bei Gründung des Museums Vorstand des Antiquariums. Seit 1831 war er Ritter des roten Adlerordens 3. Klasse. Er starb am 13. Oktober 1835 in Berlin.

a. Meusel, Gel. Teutschl. 14, 480f. 18, 522f. 23, 403f.

b. (Hitzig) Gel. Berlin i. J. 1825. S. 150 bis 152.

c. Preuß. Staatszeitung 1835. Nr. 292.

d. N. Nekrolog 13, 2, 865 bis 871.

e. Allg. dtsch. Biogr. 1883. 18, 504f. (Urlichs).

f. E. Elster, Goethe und Levezow. Nebst ungedruckten Briefen Goethes: Die Grenzboten 1885. Nr. 24. 25. S. 562f. 620f. Auch besonders erschienen: Leipzig 1885. 8. — Goethes Werke (W. A.) IV. 16, 261. — Goethe-Jahrb. 1886. 7, 330f.

1) Iphigenia in Aulis. Trauerspiel in fünf Akten. Halle 1805. 215 S. 8. — Aufgeführt in Berlin 1804 August 3.

2) Ueber die Wahl des Stoffs zu einem großen historischen Drama. Bruchstück einer Abhandlung über die Frage: Kann Luther in ästhetischer Hinsicht dramatisch dargestellt werden?: Eurynome. Eine Zeitschrift . . . hg. von Fr. Koch. Stettin 1806. September.

8) Die Fischer bei Colberg. Schauspiel in 2 A. Musik von Rungenhagen (gedruckt? — Aufgeführt in Berlin 1814 August 31. Vgl. Morgenblatt 1814. Nr. 253, S. 932).

4) Dramaturgisches Wochenblatt in nächster Beziehung auf die Königlichen Schauspiele zu Berlin. Berlin in der Exp. des dramat. Wochenbl. Poststr. 27 [Maurer]. 4. Erschien jeden Sonnabend vom 8. Juli 1815 bis 28. Juni 1817. Zwei Jahrgänge. Im Ganzen 104 Nrn. Herausgeber waren Konrad Levezow und Frans Horn. — Vgl. (Hitzig) Nr. b. 8. 151 f. — G e i g e r, Berlin 1688 –1840. Berlin 1895. 2, 511 f. Eine geplante Fortsetzung u. d. T.: Berlinische dramaturgische Blätter. Bei Duncker und Humblot, ist nicht erschienen. — § 289, 6. nach 8) — oben S. 114.

5) Des Epimenides Erwachen. Ein Festspiel von Göthe. Berlin, bei Duncker und Humblot. MDCCCXV. XIV S. [Vorwort von K. L(evezow)] u. 66 S. 8. — § 243, 67) — Band IV. S. 708. — Fortgesetzt von Levezow als

6) Des Epimenides Urtheil. Ein Festspiel in einem Akt, zur Feier des Sieges bei la Belle Alliance und des Einzuges der Verbündeten in Paris, aufgeführt auf dem Königlichen Operntheater zu Berlin [16. Juli 1815]. Berlin 1815. 46 S. 8. Musik von B. A. Weber. — Vgl. Morgenblatt 1815. Nr. 189. S. 756. — Goethe-Jahrb. 14, 215 Anm.

7) Abschied von der Heimath; oder die Heldengräber bei Groß-Beeren. Schauspiel mit Gesang in einem Akt. Zur Feier des am 23sten August 1813 bei Groß-Beeren erfochtenen Sieges aufgeführt auf dem Königlichen Operntheater zu Berlin [23. August 1815]. Berlin 1815. 8.

8) Die Baukunst, ein Monolog. Dramatisch dargestellt zur Mitfeier des Berliner Künstler-Vereins. Berlin 1816. gr. 8. — Wiederh.: 1819. gr. 8.

9) Ratibor und Wanda. Schauspiel in 5 A. (Aufgeführt in Berlin 1819 Juni 11. Vgl. Abendzeitung 1819. Nr. 188; Gesellschafter 1819. Nr. 102, wo L. sein Stück selbst bespricht).

10) Innocentia. Trauerspiel in 5 A. (Aufgeführt in Berlin 1823 Juni 30. Vgl. Abendzeitung 1823. Nr. 254).

11) Albrecht Dürer. Lyrische Dichtung zur Gedächtnißfeier der Künstler in Berlin den 18. April 1828. In Musik gesetzt von Felix Mendelssohn-Bartholdy. Berlin (1828). 4.

12) Außerdem viele Abhandlungen und Schriften meist archäologischen Inhalts.

50. **Johann August Apel,** geb. am 17. September 1771 in Leipzig als Sohn des dortigen Bürgermeisters, studierte von 1789 bis 1789 in seiner Vaterstadt und in Wittenberg die Rechte, Philosophie und Naturwissenschaften, widmete aber auch der Musik seine Aufmerksamkeit, promovierte 1795 zum Doctor juris, ließ sich in Leipzig als Hofgerichts- und Konsistorial-Advokat nieder, wurde 1801 Ratsherr und starb am 9. August 1816 in Leipzig. — Vgl. oben S. 455 A. Wagner und § 332, 203 — Band III[1]. S. 728 Frdr. Pustkuchen. — Apels Sohn, Guido Theodor A. (1811 bis 1867; vgl. Allg. dtsch. Biegr. 1, 500 f.) hat sich gleichfalls als Dichter bekannt gemacht.

a. Meusel, Gel. Teutschl. 9, 81. 17, 85 f. 221, 54.

b. Ernst Ludw. Gerber, Neues historisch-biographisches Lexikon der Tonkünstler. Leipzig. 1, 129. 4, 773.

c. Frans J. C. W. Uthe-Spazier, Nekrolog: Zeitung für die elegante Welt 1816.

d. Morgenblatt 1816. Nr. 222 (Fouqué; vgl. § 290, 1. 94) I, 169 f. — oben S. 127). Nr. 274.

e. A. W[endt]: Zeitgenossen. Erste Reihe. 3, 12, 171 bis 182.

f. Ersch und Gruber, Encyclopädie 1820. 4, 887 f. (Heinroth).

g. Allgem. dtsch. Biogr. 1875. 1, 501 f. (Heinrich Schmidt).

Briefe von A. an Fouqué: Briefe an Fouqué. Berlin 1848. S. 1 f. — Vgl. W. v. Maltzahns Autogr.-Sammlg. 1890. Nr. 381.

1) Beiträge A.'s in der Aglaia; im Taschenbuch der Liebe u. Freundschaft; in Kind's Malven (§ 331, 76. 8) 4. 7. 8 und dazu unten Nr. 7) i. m. b]; im Journal f. dtsch. Frauen; in der Urania und in der Leipz. Allgem. Musik-Zeitg. Bd. 2 bis 12.

2) Rezension von Schillers Jungfrau von Orleans: Jen. Allg. Lit.-Ztg. 1802. Nr. 14 bis 16 (Vgl. Band V. S. 223). Wiedergedruckt: J. W. Braun, Schiller im Urteile seiner Zeitgenossen. Leipzig und Berlin 1882. 8, 198 f. — Vgl. Schiller an Goethe 1802 Jan. 20 und an Schütz Jan. 22 = Jonas 6, 832 f. 339 f. — Außerdem noch andere Rez. in derselben Ztg.

3) Polyïdos. Tragödie. Leipzig 1805. gr. 8. — Vgl. Hall. Lit.-Ztg. 1806. 2, 84 f.

4) Die Aitolier. Tragödie. Leipzig 1806. 8. — Wiederh.: Dresden 1811. 8.

5) Kallirhoë. Tragödie. Leipzig 1806. 85 S. 8. — Vgl. Morgenblatt 1807. Nr. 37.

6) Kunz von Kauffungen. Trauerspiel in 5 Akten. Dresden 1809. gr. 8.

7) Cicaden. Berlin 1810. 1811. III. 8. — Zwickau 1827. 12. = F. Raßmanns Deutsche Anthologie. 81. Bdch.
1. Schmutztitel: August Apel's Cicaden. Eine Aehrenlese. 2. Schmutztitel: August Apel's auserlesene Cicaden. XII, 180 S.
Enth. Gedichte. a: Cicade 1811. — b: Simonides. Ballade. 1804. — c: Liebesbitte. 1807. — d: Der Flatterer. 1807. — e: Sankt Johannes und seine Katze. Legende. 1805. — f: Die ferne Braut. 1804. — g: Curtius. Ballade. 1809. — h: Maria. Bucharische Legenden. 1807. 1. Das Loos; 2. Die Erhaltung; 3. Die Verkündigung; 4. Die Geburt; 5. Die Rechtfertigung. — i: Das Gottesgericht. Ballade. 1804. — k: Moosrose. 1804. — l: Sinfonie. Nach Mozart in Es dur. 1804. — m: Pater Anselmo's peinliche Klage. 1804. — Vergl. oben Nr. 1) Malven.
Prosa. n: Das stille Kind. Erzählung. 1806.

8) Agrionien von Apel, F. Laun und Fr. Kind. Hg. Theod. Hell. Taschenbuch f. das J. 1811. Leipzig. 8.

9) Gespensterbuch. Leipzig. G. J. Göschen 1810 bis 1812. IV. 8. Mit Frdr. Laun. — Reclams Univ.-Bibl. (1883) Nr. 1791 bis 95. — Sieh § 279, 49. 40) = Bd. V. S. 527. — Nr. 14). Auch Brentano hat daraus geschöpft: Euphorion 3, 796 f. (Steig).

10) Der Brautring. Novelle: Fouqué's und Neumanns Musen 1812. Drittes Quartal, d = oben S. 120.

11) Metrik. Von August Apel. Erster Theil. Zweiter Theil. Leipzig 1814. 1816 in der Weygand'schen Buchhandlung. II. 8. I: XVI, 1 Bl. Druckfeler, 1 Bl. Inhalt und 540 S. mit 1 Musikbeilage; ll: XLVIII, 692 S. u. 1 Bl. Druckfeler. — Apel starb, als der Druck bis zum 38. Bogen des zweiten Bandes vorgerückt war. Vgl. die ‚Nachschrift' 2, XXXVII bis LXVI unterz.: A. W[endt]. — Neue wohlfeile [Titel-] Ausgabe. Leipzig, 1834. 8. — Gelehrter Streit mit G. Hermann.

12) Wunderbuch. Leipzig, G. J. Göschen 1815 bis 1817. III. 8. Bd. 1 und 2 von Apel und Laun; Bd. 3 von Fouqué und Laun. — Vgl. § 279, 49. 57) = Band V. S. 527; § 290, 1. 75) = oben S. 125.

13) Zeitlosen [Sammlung von Erzählungen und Gedichten]. Berlin 1817 (d. i. 1816). 8.

14) Der Freischütz. Ein Volkssage (aus dem 1. Bande des Gespensterbuches besonders abgedruckt). Leipzig 1823. 8. — Quelle für Kinds Opern-Libretto § 331, 76. 43) = Band III¹. S. 608.

15) Das Weltgericht. Oratorium (Komposition von Friedrich Schneider 1819). — Französische Übersetzung: Strasbourg 1830. 16 S. 8. — Aufgeführt in Prag 1895 Dezember 21. Vgl. Bohemia 1895. Nr. 353. S. 18.

18) Pustkuchens berüchtigte ‚Wanderjahre' sollen unter Apels Mitwirkung entstanden sein; doch hat dies wenig Wahrscheinlichkeit für sich. Vgl. § 332, 203 = Band III¹. S. 729.

51. Joseph Stephan von Menner, geb. am 26. Dezember 1774 in Brünn, Offiziant beim niederösterreichischen Wasserbauamte in Wien.
a. Moravia 1815. Nr. 41 (Czikann).
b. Meusel, Gel. Tsutschl. 18, 675.
c. Raßmann, Pantheon 1823. S. 214.
d. Wurzbach 1867. 17, 360ᵇ.

1) Marie, Tochter Karl's des Kühnen. Ein Original-Schauspiel in fünf Aufzügen. Wien 1805. 8.

2) Asiens Edelster. Ein historisch-romantisches Schauspiel in fünf Aufzügen. Wien 1807. 8. 2a) sieh unten S. 810.

3) Austria. Ein Prolog auf das Jahr 1815. 4.

52. Gustav Anton Freiherr von Seckendorff, geb. am 20. November 1775 in Meuselwitz (Altenburg), studierte seit 1791 in Leipzig, Freiburg und Wittenberg, ging 1796 nach Amerika und erteilte in Philadelphia Unterricht in der Musik und Deklamation. Im Jahre 1798 kehrte er nach Deutschland zurück, bekleidete verschiedene Stellen in kurhessischen Diensten, wurde 1807 Kammerdirektor in Hildburghausen, nahm aber schon nach sieben Monaten seinen Abschied mit dem Titel eines Wirklichen Geheimen Rates und hielt von 1808 bis 1811 unter dem Namen Patrik Peale an verschiedenen Orten Deutschlands Vorlesungen über Aesthetik u. a. Im J. 1811 wurde er in Göttingen Dr. der Philosophie, habilitierte sich 1812 an der dortigen Universität, übernahm 1814 eine Professur der Philosophie und Aesthetik am Braunschweigischen Karolinum, ging 1821 abermals nach Amerika und starb dort im Sommer 1823 zu Alexandria (Louisiana). Sein Bruder war Chn. Adolph Frh. von S. (§ 334, 684).

a. Meusel, Gel. Teutschl. 15, 437. 20, 400 bis 402.

b. Saalfeld, Geschichte der Universität Göttingen. Hannover 1820. S. 280.

c. N. Nekrolog für 1823. S. 851.

d. Guden S. 214f.

e. Hoffmann v. Fallersleben, Mein Leben. 1, 66.

f. Allg. dtsch. Biogr. 1891. 33, 517f. (Franz Brümmer).

1) Scenen des höchsten Schmerzes. Erstes Bändchen. Leipzig 1801. 8.

2) Altenglische Lieder: Aug. Bode's Polychorda. Penig 1804. Jahrg. 2.

3) Otto III. Erster Theil: Der gutgeartete Jüngling. Ein Trauerspiel in fünf Aufzügen. Torgau 1805. 8. Zweiter Theil: Der schwankende Mann. Torgau 1805. 8.

4) Schiller's Todtenfeyer, theatralisch für einige Freunde bearbeitet: Wielands Neuer Teutscher Merkur 1806. Januar S. 38 bis 43.

5) Feuer! Feuer! Posse in 1 Anfzuge. Hildburghausen 1808. 8.

6) Aufsätze und Gedichte in der Zeitung f. d. eleg. Welt 1810f. 1813; in Beckers Erholungen; im Morgenblatt 1811 u. s. w.

7) Kritik der Kunst. Göttingen 1812. 8.

8) Die Grundformen der Toga, fragmentarisch untersucht. Göttingen 1812. 8.

9) Aphorismen, als Vorgänger eines Versuchs, die Gesetze des Universums anzuschauen. Berlin 1812. 8. Abdruck aus Fouqués und Neumanns Musen 1812. 4. Quartal, c = oben S. 120.

10) Vorlesungen über die bildende Kunst des Alterthums und der neuern Zeit. Mit Beyträgen zur Künstlerentwickelung. Aarau 1814. gr. 8.

11) Beyträge zur Philosophie des Herzens. Berlin 1814. 8.

12) Vorlesungen über Deklamation und Mimik. Braunschweig 1815f. II. 8.

13) Orsina. Trauerspiel in fünf Aufzügen, als Folgestück aus Lessings Emilia Galotti. Braunschweig 1816 (d. i. 1815). 192 S. 8. — § 221, D. 86) = Band IV. S. 148.

14) Adelheid von Bergau, oder innere Stimmen. Eine Romanze. Leipzig 1816. 5 Bl., 148 S. 8.

15) Grundzüge der philosophischen Politik. Ein Handbuch bei Vorträgen, von G. Freiherrn von Seckendorff. Leipzig und Altenburg: F. A. Brockhaus. 1817. 8.

16) Lehrsätze der Denkwissenschaft. Braunschweig 1819. 8.

17) Vier Gedichte. Den edlen Zwecken des Braunschweiger Frauenvereins ehrerbietig gewidmet. Braunschweig 1820. 8.

53. Heinrich Schorch, geb. am 12. Juli 1777 in Erfurt als der Sohn des Rechtsgelehrten Chn. Frdr. Imman. Sch. († 1804), Doctor der Rechte, Miteigentümer der Hennings'schen Buchhandlung in Erfurt, 1803 Magister der Philosophie, 1804 außerordentlicher, später ordentlicher Professor der schönen Wissenschaften an der Universität in Erfurt, Universitäts-Bibliothekar, 1817 Sekretär der Akademie gemeinnütziger Wissenschaften in Erfurt; starb daselbst am 27. Januar 1822.

     a. Meusel, Gel. Teutschl. 10, 620. 11, 680. 15, 369. 20, 256 f.
     b. Allgem. Lit.-Ztg. 1822. 1, 440.
     c. Leipz. Lit.-Ztg. 1822. 8. 1723.

     1) Harlekins Wiedergeburt. Ein Spiel lustiger Intrigue. Erfurt 1805. 182 S. 8. — Gotha, Hennings 1828. 8.

     2) Luthers Entscheidung. Dramatisches Gedicht in 4 Acten, nebst Vorwort und einem Prolog. Weimar 1817. X, 102 S. gr. 8.

     3) Erinnerungen an Friedrich den Großen. Erfurt 1819. gr. 8.

     54. Georg Anton Friedrich Ast, geb. am 29. Dezember 1778 in Gotha als der Sohn eines Hofbediensteten, besuchte das dortige Gymnasium, wo er u. a. den Unterricht von F. Jacobs genoß, bezog 1798 die Universität Jena, um Philologie und Theologie zu studieren, gab jedoch letztere schon nach einem halben Jahre auf und hörte statt ihrer Philosophie und Ästhetik bei Fichte, Schelling und F. Schlegel. Im Jahre 1802 promovierte er zum Doktor der Philosophie, hielt als Privatdozent Vorträge über Ästhetik und Geschichte der Philosophie, wurde 1805 ord. Professor der Philologie an der Universität in Landshut, später in München, 1827 ord. Mitglied der bayerischen Akademie der Wissenschaften und starb am 31. Oktober 1841 in München.

     a. Meusel, Gel. Teutschl. 9, 39. 11, 25. 13, 40 f. 17, 53 f. 22I, 76.
     b. (Jäck) Wichtigste Lebensmomente aller kgl. baierischen Civil- und Militair-Bedienstigten dieses Jahrhunderts. Augsburg 1819. 8.
     c. A. v. Schaden, Gel. München im J. 1834. 8. 3 f.
     d. N. Nekrolog 1841. 8. 1021.
     e. Allgem. dtsch. Biogr. 1875. 1, 626 f. (Halm).
     f. Conrad Bursian, Geschichte der classischen Philologie in Deutschland. München und Leipzig 1883. 335 f.

     Briefe von A. an α. Creuzer: oben S. 210. — β. Goethe: Goethe-Schiller-Archiv in Weimar. Vgl. Goethes Werke (W. A.) IV. 17, 324.

     1) Sieh § 289, 4. 4) b = oben S. 113.

     2) Leukippe. Ein Roman aus dem Griechischen des Achilles Taties übersetzt. Leipzig bey Fr. Aug. Hecht 1802. VIII. 306 S. und 72 S. Anmerkungen. Mit Güldenapfel. Die Anmerkungen von Ast allein. — Vgl. Hayn S. 315.

     3) Sophokles Trauerspiele. Uebersetzt von F. Ast. Leipzig 1804 8. — § 257, 35. 7) = Band V. 8. 258.
     Vgl. [Neue] Jen. Allg. Lit.-Ztg. 1804. Nr. 256 f. (Heinr. Voß); Asts „Erklärung und Anzeige" sowie H. Vossens [von Goethe verf.] „Antwort des Recensenten": Intelbl. der J. A. L.-Ztg. Nr. 141. — Vgl. § 242, 19) = Band IV S. 697; Goethe an Eichstädt 1804 November 14 = W. A. IV. 17, 214; Goethe-Jahrb. 17, 88; H. G. Gräf, Goethe und Schiller in Briefen von H. Voß d. j. Leipzig (1896) 8. 56 f. 67 f. 143. 147.

     4) System der Kunstlehre, oder Lehr- und Handbuch der Aesthetik, zu Vorlesungen und zum Privatgebrauche entworfen. Leipzig 1805. 8.

     5) Krösus. Ein Trauerspiel (in drey Aufz.). Leipzig 1805. 139 S. 8. — Vgl. Neue Allg. dtsch. Bibl. 100, 333. — Der Freimüthige 1805. Nr. 16.

     6) Sieh § 283, 3. 24) Bd. 2, St. 2, 8. 63 bis 81 = oben S. 23.

     7) Gab heraus: Zeitschrift für Wissenschaft und Kunst. 1. und 2. Jahrg. (8 Stücke). Landshut 1808. 1809. 8. — 3. Jahrg. (4 Stücke). München 1810. 8.

     8) Vorrede zu: Daphnis und Chloe. Aus dem Griechischen des Longus übersetzt durch Joh. Geo. Krabinger. Landshut 1809. 8.

     9) Grundlinien der Aesthetik. Landshut 1813. 8.

     10) Außerdem Lehrbücher und philologische Arbeiten, darunter: x: Platons Leben und Schriften. Leipzig 1816. 8. — y: Platonis quae extant opera. Lipsiae 1819 bis 1832. XI 8. Ausgabe mit lateinischer Uebersetzung und Kommentaren. — z: Lexicon Platonicum. Lipsiae 1835 bis 1838. III. 8.

55. Johann Heinrich Richter, geb. am 18. April 1778 in Leobschütz (Schlesien), besuchte das dortige von Franziskanern geleitete Gymnasium, studierte dann an der Leopoldina in Breslau und mußte als Schreiber dienen. Eine Unterstützung ermöglichte es ihm, 1798 nach Frankfurt a. O. zu gehen, um sich dort dem Rechtsstudium zu widmen. Er praktizierte hierauf eine Zeit lang bei der Oberamtsregierung in Brieg, war später in Leobschütz als Notar, weiterhin als Stadtsyndikus, zuletzt als Bürgermeister thätig, trat 1836 in den Ruhestand und starb am 16. November 1846.

N. Nekrolog 24, 749. — Nowack 6, 113 f.

1) Virginia. Tragödie in 4 Acten von J. R. Breslau o. J. 133 S. 8. Ohne Vfn.

2) Beiträge in Wunsters Zeitblüten 1814. 1815.

56. Samuel Gottlieb Laube, geb. 1781 in Thorn, um 1817 Präsident des Handels-Tribunals und Notar in Lissa, Landgerichtsrat in Fraustadt (Posen), um 1833 Ober-Appellationsrat in Posen; starb als Geh. Ober-Tribunalrat in Berlin am 23. Juli 1885.

a. Meusel, Gel. Teutschl. 14, 404 (hier auch unter Friedrich Laube). 18, 485 f. 23, 864.

b. N. Nekrolog 13, 1257.

1) Cupido ein poetisches Taschenbuch, auf 1804 hg. von I. Meier und S. G. Laube. Penig kl. 8. Vgl. Band VIII. S. 61, Nr. 67.

2) Ariodante. Eine Tragödie in fünf Aufzügen. Posen und Leipzig, bei Joh. Fr. Kühn. 1805. 122 S. 8. und 1 Musikbeilage. — Wiederh.: Posen 1809. 8.

3) Beiträge in Giesebrechts Mnemosyne (§ 289, 6. 2) und in der Zeitung f. d. eleg. Welt 1817 f.

4) Auswahl aus Petrarca's Gesängen, als Probe einer vollständigen Uebersetzung des Dichters. Glogau 1808. 8.

5) Ariost's Liebeskapitel [Capitoli amorosi] metrisch übersetzt von S. G. Laube. Glogau, Günter 1824. 8.

57. Joseph Passy, geb. am 4. September 1786 in Wien als Sohn des Seidenhändlers Johann Georg P., war zuerst im Geschäfte seines Vaters thätig, widmete sich aber später dem Theater und trat in Prag als Schauspieler auf. Da er als solcher keinen Erfolg hatte, kehrte er nach Wien zurück und nahm die Stelle eines Kanzlisten beim Bücher-Revisionsamte an. Er erlag einem Lungenleiden am 31. August 1820. — Seine Brüder waren Anton (§ 333, 299; § 336. 1038), Georg (Hgbr. der ‚Oelzweige,) und Johann Nepomuk P. (Band III¹. S. 774, 299).

a. Meusel, Gel. Teutschl. 15, 11. 19, 69.

b. Moriz Kornfeld, Ein Blümchen auf Joseph Passy's Grab: Gräffers Conversationsblatt 1820. 8, 1035.

c. Wurzbach 1870. 21, 332 f.

1) Thebas eine Tragödie mit dem Chor in fünf Akten. Auf Kosten des Verfassers. Wien und Triest 1805 in der Geis[t]inger'schen Buchhandlung (Penig, gedr. bey F. Dienemann u. Comp.). 171 S. 8.

2) Halem, ein Fragment aus einem noch ungedruckten Werke, Dramatische Skizzen, enthaltend: T. Manlius Torquatus (vergl. Nr. 10), Ephilin, Saul und David, Halem, das befreyte Jerusalem und Euripides. Von Joseph Passy, Verfasser der Thebas: Theaterzeitung 1806. S. 140.

3) Gedichte im Musenalmanach für 1808.

4) Die Verschreibung. Lustspiel in 1 Aufzuge (Aufgeführt in Wien, Burgtheater 1810 Juni 27. Vgl. Sammler 1810. Nr. 78; in Berlin 1810 September 28).

5) Die Riesenschlacht [Ein Gedicht, darin: dramatisch-rhapsodische Darstellung des Titanenkampfes]. Ein Taschenbuch für das Jahr 1811. Wien und Triest. 86 S. 16.

6) Scenen aus dem Schauspiel Die Rache des Vaters: Castellis Thalia 1811 Jul.

7) Gedichte im Sammler. Wien 1811 und im Morgenblatt 1812.

8) Gedichte in Castellis Selam 1813.

9) Bühnenbearbeitung von Romeo und Julie (Aufgeführt in Prag 1813 Dezember 2. Vgl. Sammler 1814. Nr. 2).

10) Titus Manlius Torquatus. Eine Tragödie. Wien 1816. 94 S. 8. —
Kayser, Schauspiele S. 72ª führt 2 Ausgaben vom J. 1816 auf: Wien. Schaumburg
u. Comp. und (lat. Druck) Wien, Wallishausser. — Vergl. Nr. 2).

11) Taschenbuch des Scherzes und der Satyre für das Jahr 1819. Prag und
Wien 1818. 12.

58. Karl B. Feyerabend (auch Feierabend), geb. in Danzig, war einige
Jahre Hauslehrer in Livland, sodann Adjutant eines russischen Generals und
später dritter Lehrer an der Oberpfarrschule zu St. Marien in Danzig.

Meusel, Gel. Teutschl. 13, 368. 17, 555 f. 22 II, 127 f.

Recke-Napiersky 1, 557 f. 2, 606. Beise 1, 184.

1) Sieh § 231, 36 — Band IV. S. 369.

2) Kosmopolitische Wanderungen durch Preußen, Kurland, Livland, Litthauen,
Vollhynien, Podolien, Gallizien und Schlesien, in den Jahren 1795—1798. In
Briefen an einen Freund. Germanien (Danzig) 1798 bis 1803. IV. 8.

3) Aufopferung. Ein Schauspiel in 5 Aufzügen. Nach Lafontaine frey bearbeitet. Danzig 1806. 8. Ging später in den Verlag von Kummer in Leipzig über.

4) Außerdem historische Werke.

59. Karl August de la Motte, Intendant des Theaters in München um 1820.

Meusel, Gel. Teutschl. 18, 739.

Schauspiele. Mannheim, Schwan und Götz 1806. 8. Enth. a: Der beste
Wucher. Ein Schauspiel in 3 Aufzügen. — b: Ida Münster. Ein Trauerspiel in
5 Aufzügen. Für die Weimar. Bühne bearb. von Vulpius 1810. Vgl. Seufferts
Vjschr. 3, 479. — Beide Stücke auch einzeln a. Mannheim und Heidelberg. 91 S.
— b. ebenda. 134 S. erschienen.

60. Johann Hinrich Decker d. Ä., geb. am 11. März 1740 in Hamburg,
war Makler dort und starb am 21. März 1887 in seiner Vaterstadt.

Meusel, Gel. Teutschl. 13, 263.

Schröder 2, 17.

Zwey Nachspiele, enthaltend 1) die Brandschatzung, oder das Wiederfinden
der Tochter; 2) der Versuch, oder Eitelkeit und Herzensgüte. Hamburg 1806. 8.

61. Franz Ignatz Holbein Edler von Holbeinsberg, geb. am 27. August
1779 in Zizzersdorf bei Wien, wurde, früh verwaist, von seinem Großvater, dem
Hofrat und Lotto-Direktor Joseph von H. erzogen, der ihn ins Kloster Lilienfeld
zur Ausbildung schickte. Nach dreijährigem Aufenthalte daselbst machte er eine
Reise nach Italien und wurde dann beim Lottoamte in Lemberg angestellt. Bald
jedoch verließ er diese Stelle, führte unter dem Namen Fontano ein abenteuerliches
Leben als Musiker, Schauspieler, Sänger und Dichter und ließ sich, nach seiner Vermählung mit der Gräfin Lichtenau, in Breslau nieder. Als die Ehe nach fünfjährigem
Bestande wieder gelöst wurde, nahm er das alte Leben auf, war eine Zeit lang als
Theaterdichter am Theater an der Wien thätig, trat dann in Regensburg und
anderen Städten als Schauspieler auf, leitete nacheinander die Bühnen in Bamberg
(mit E. Th. W. Hoffmann als Musikdirektor) und Karlsruhe, ging 1816 als Regisseur
nach Hannover, 1819 zunächst als Regisseur, von 1820 an als Mitunternehmer und
Leiter des ständischen Theaters nach Prag, 1825 als Direktor des Hoftheaters nach
Hannover und wirkte hier bis 1841 in erfolgreichster Weise. In demselben Jahre
folgte er einem Rufe ans Wiener Hofburgtheater, neben welchem er seit 1848
auch die Administration des Operntheaters führte. Er starb, nominell auch noch
unter Laube bis 1853 in seinen Stellungen belassen, am 5. September 1855.

‚H.s administrativer Gebahrung haben auch seine Feinde Gerechtigkeit
widerfahren lassen müssen; die Schaffung der Autoren-Tantième ist sein größtes
Verdienst aber auch als Dramatiker ist er keiner der schlechtesten von den
schreibfertigen Theaterpraktikern, wenigstens läßt sich seinen Lustspielen Situa-
tionskomik nicht absprechen'. (v. Weilen).

a. Meusel, Gel. Teutschl. 14, 174. 18, 201. 22 II, 823 f.

b. Sieh unten nach Nr. 21).

c. Sieh unten Nr. 20) S. 7 bis 79.

d. Gartenlaube 1859. S. 27; 1869. S. 732.

e. Wurzbach 1863. 9, 220 bis 224 (S. 223 f. weitere Litteraturangaben).

g. Heinr. Laube, Das Burgtheater. Leipzig 1868. 8. 142f.
h. Herm. Müller, Chronik des Königlichen Hoftheaters in Hannover. Hannover 1876. 8.
i. Edu. Wlassack, Chronik des k. k. Hof-Burgtheaters. Wien 1876. 8. 207f.
j. A. E. Brachvogel, Geschichte des kgl. Theaters in Berlin. Berlin 1877 bis 78. II. 8.
k. Allgem. dtsch. Biogr. 1880. 12, 725 bis 727 (Jos. Kürschner).
l. Osk. Teuber, Geschichte des Prager Theaters. Prag 1888. 8, 85 bis 131.
m. Das Wiener Burgtheater und das deutsche Drama. Beitrag zur Geschichte der dramatischen Produktion 1814 bis 1867. Nach ungedruckten Quellen: Deutsche Dichtung 1888. 3, 267f. 297f.
n. L. Speidel, Holbein und Laube. Ein Beitrag zu den Krisen des Burgtheaters: Neue Freie Presse. Wien 1888. Morgenbl. Nr. 8680f.
o. F. Leist, Geschichte des Theaters in Bamberg bis zum Jahre 1862: 55. Bericht ü. Bestand u. Wirken des Historischen Vereins zu Bamberg f. d. J. 1893. Bamberg 1893. 8. 141f.

Briefe von H. an α. ?: W. v. Maltzahns Autogr.-Sammlung 1890. Nr. 420. 668. — β. (an u. von) Eckardt-Koch: Sieh unten Nr. 12) a. — γ. Leop. Feldmann: Wiener Extrablatt 1895. Nr. 102.

1) Fridolin. Ein Schauspiel in 5 Aufzügen nach Schillers Gedicht Der Gang nach dem Eisenhammer. Für die k. auch k. k. Hoftheater. Wien, 1806. J. B. Wallishausser. 94 S. u. 1 Bl. 8. — Wien 1808. Wallishausser. 88 S. 8. — Berlin 1808. 8. — Nr. 5) a. — Wien 1812. 98 S. 8. — Vgl. Nr. 5) b. — § 254. 4) 17 m — Band V. 8. 207. — v. Biedermann, Goethes Gespräche 10, 56.
Aufgeführt in Wien, Burgtheater 1806 Januar 14. — Vgl. Goethe-Jahrb. 1889. 10, 80. — Sieh auch unten S. 810.
Übersetzungen. Holländisch: Amsterdam 1810. — Illyrisch von Ignatz Alois Berlič: Izbor igrokazah ilirskoga kazališta. Svezak VI. U Zagrebu [Agram] 1841. 2 Bl. u. 96 S. 8. — Tschechisch: Frydoljn, aneb: Cesta do železných hutj. Rytjřská činohra w pěti gednánjch, ztesstěná od Jana Nep. Stiepánka [Štěpánek] . . W Praze 1812. O. Verl. u. Dr. 86 S. u. 1 Bl. 8. Auch in: Diwadlo. Prag 1820. 1. Theil.

2) Mirina, Königin der Amazonen. Ein dramatisches Gedicht in drey Aufzügen. Als Melodram aufgeführt im großen Schauspielhause a. d. Wien mit der dafür componirten Music des H. Gyrowetz, Kapellmeister der k. auch k. k. Hoftheater. Wien mit v. Schönfeldschen Schriften (1806). 8. — Sieh Nr. 5) f.

3) Der Tyrann von Syracus. Dramatisches Gedicht in 6 A. Nach Schillers Bürgschaft (Aufgeführt: Wien, Burgtheater 1806 September 13; Prag 1807. Vgl. Teuber 2, 888).

4) Ida. Schauspiel in 4 A. mit Gesang. (Musik von Gyrowetz). Wien, 1807. Wallishausser. 87 S. 8.

5) Theater. Rudolstadt 1811. 1812. II. 8.
Enth. I. 1811. a: Fridolin Nr. 1) — b: Der Brautschmuck. Original-Schauspiel in 5 Aufzügen, als Fortsetzung des Fridolin. Auch: Deutsche Schaubühne. Augsburg 1812. Bd. 7; Tschechisch von J. N. Štěpánek (hs.). Vgl. Jungmann, Historie 1849. 8. 411a, 12. — c: Der Verstorbene. Ein romantisches Gemählde in 8 Aufzügen. Nach dem Französischen. Auch: Deutsche Schaubühne. Bd. 8. — d: Der Verräther. Lustspiel in 1 Akt. Auch: Wien 1813. Wallishausser. 86 S. 8.; 2. Auflage. Wien 1845. Wallishausser. gr. 8.; Vgl. Nr. 18). Aufgeführt in Wien, Burgtheater 1810 Oktober 19 (56 mal gegeben); Tschechisch von Joh. Nep. Štěpánek. Prag 1840. 27 S 8.
II. 1812. e: Leonidas. Dramatisches Gedicht in 5 Aufzügen. — f: Mirina Nr. 2). — g: Die beiden Blinden. Oper in 3 Aufzügen. (Musik von Gyrowetz). — h: Das Wiedersehen. Ein ländliches Gemählde in 1 Aufzuge; Aufgeführt in Prag 1808. Vgl. Teuber 2, 889.
Sämtliche Stücke auch einzeln.

6) Deutscher Sinn. Festspiel für Karlsruhe zum 18. October 1813. Vgl. Nr. 12) d'.

7) Der Vorsatz. Lustspiel in Einem Aufz.: Almanach für Privatbühnen. 3. Bdch. a. d. J. 1819. Hg. von A. Müllner. Leipzig. S. 883/420. — Sieh Nr. 12) c.

8) Neuestes Theater. Pesth, Hartlebens Verlag. 1820 bis 1823. V. 8.
Enth. I. 1820: Das Turnier zu Kronstein oder die drey Wahrzeichen. Ein
romantisches Ritterschauspiel in fünf Akten. 106 S. — Ein romantisches Ritter-
Lustspiel in fünf Abtheilungen. Zweyte unveränderte Auflage. Pesth, Hartlebens Verlag. 1835. 106 S. 8.
    Aufgeführt in Wien, Burgtheater 1820 Juni 15. Vgl. Costenoble, Tagebücher 1,71 f.
Tschechisch von Stěpánek. (hs.). Vgl. Jungmann S. 411.
    II. 1822: Das Käthchen von Heilbronn. Großes romantisches Ritterschauspiel
in fünf Aufzügen. Nebst einem Vorspiele (in einem Aufzuge), genannt: Das heimliche Gericht. Nach Heinrich von Kleist. Für die Bühne bearbeitet. — 2. Auflage. Pesth 1833. 8. — [Auf dem Umschlage: Dritte Auflage]. Pest, 1860. Verlag von C. A. Hartleben. 88 S. 8. — Vgl. Abendzeitung 1819. Nr. 299 f. (K. A.
Böttiger); Tieck, Dramat. Bl. I, 116 f. — § 288, 1. 6) = oben S. 102.
    Aufgeführt in Wien, Burgtheater 1813 Oktober 9.
Tschechisch von Wenzel Filípek (hs.). Vgl. Jungmann S. 416, 700.
    III. 1822: Liebe kann alles, oder die bezähmte Widerspenstige. Lustspiel in
4 Abtheilungen frei nach Shakespeare und Schink [§ 230, 18. 15) = Band IV.
S. 350]. 68 S. — Lustspiel nach F. v. Holbein frei bearbeitet von C. F. Wittmann. Leipzig (1886). 16. — Reclams Univ.-Bibl. Nr. 2135.
    IV. 1822: Das Alpen-Röslein, das Patent und der Shawl. Schauspiel in
3 Abtheilungen nach einer Erzählung Claurens. 96 S. — Aufgeführt in Wien,
Burgtheater 1820 Dezember 29. Vgl. Costenoble, Tagebücher 1, 109.
    V. 1823: Der Wunderschrank. Original-Lustspiel in vier Aufzügen. 118 S.
u. 1 Bl. — Aufgeführt in Wien, Burgtheater 1822 Mai 23. Vgl. Costenoble, Tagebücher 1, 186. — Band III¹. S. 969 Z. 3. — Tieck, Krit. Schriften. Leipzig 1852. 4, 22 f.

    9) Die Wittwe und der Wittwer . . Lustspiel in 1 A. Frei nach Gellert:
Almanach dramatischer Spiele f. 1822. Jahrg. 20. S. 257/98. — Aufgeführt am Burgtheater 1821 Juni 7. Vgl. Costenoble, Tagebücher 1, 127.
    Tschechisch von Magd. Dobrom. Rettig: Kwěty české (Zeitschr.). Prag
1838.   S. 56.
    10) Die Waffenbrüder. Gemälde der Vorzeit in 5 Abtheilungen. Nach H.
von Kleist's: Familie Schroffenstein, frei für die Bühne bearbeitet. Wien 1824.
Wallishausser. 147 S. gr. 8. — Vgl. Abendzeitung 1823. Nr. 284. — Aufgeführt
am Burgtheater 1823 September 12. — § 288, 1. 1) = oben S. 100.
    11) Stadt und Land. Original-Lustspiel in 3 A. mit 1 Vorspiel genannt: das
Wiedersehen. Wien 1825. 8.
    12) Dilettanten-Bühne für 1826. Erster Jahrgang. Wien 1826. Wallis-
hausser. XXVIII, 174 S. 12.
    Enth. a: Correspondenz zwischen dem Verfasser und dem Regisseur Eckard-
Koch. — b: Volkes-Stimme. Prolog, zur Feier des allerhöchsten Geburtsfestes Sr.
Majestät des Kaisers, im Charakter eines Landmädchens gesprochen. — c: Der
Vorsatz. Original-Lustspiel in 1 Aufzug. Sieh Nr. 7). — d: Die Nachschrift. Lustspiel in 1 Aufzug. Frei nach Heigel's Lustspiel: ‚Der Perückenstock' [§ 834, 522.
1) 1 = Band III¹. S. 870] bearbeitet. — e: Geniren Sie sich nicht. Original-
Lustspiel in 1 Aufzug. — f: Das Preisgedicht. Locales Lustspiel in 1 Aufzug. —
g: Commentar.
    In der Vorrede wird ein zweiter nie erschienener Band angekündigt, der
enthalten soll: a': Frauenwürde. Festspiel. — b': Die Harfe. Schauspiel in 1 A.
— c': Die Duenna. Lustspiel in 1 A. — d': Die verborgene Hütte. Gelegenheitsstück zum 18. Oktober mit 6)?].
    13) Maria Petenbeck. Historisch-romantisches Drama in 5 Aufzügen frei
nach Bruckbräus Erzählung. (Als Manuscript gedruckt). Hannover 1833. gr. 4.
    14) Der Doppelgänger. Lustspiel in 4 Aufzügen nach Adolph von Schadens
Erzählung [§ 831, 65. 39) 9 = Band III¹. S. 594] frei für die Bühne bearbeitet. (Als
Manuscript gedruckt). Hannover 1833. gr. 4. — Wien 1843. Wallishausser. gr. 8.
    Aufgeführt in Wien, Burgtheater 1832 August 27. Vgl. Costenoble, Tage-
bücher 2, 122.
    Tschechisch von Wenzel Filípek (hs.). Vgl. Jungmann S. 416 ª.
    15) Die erlogene Lüge. Original-Lustspiel in 4 Aufzügen. (Als Manuscript
gedruckt). Hannover 1839. gr. 8.

16) Der Jugendfreund. Lustspiel in 3 Aufzügen von Angelot und Comberouse. Frei nach dem Französischen bearbeitet von Franz von Holbein. Als Manuscript gedruckt. Hannover 1839. gr. 8.

17) Die verhängnißvolle Wette. Drama in fünf Aufzügen. Nach dem Französischen des A. Dumas von Franz von Holbein. (Als Manuscript gedruckt). Hannover 1839. gr. 8.

18) Die Verrätherin. Original-Lustspiel in einem Aufzug, als Seitenstück des Original-Lustspiels: ‚Der Verräther' [Nr. 5) d]. Hannover 1840. gr. 8.

19) Die Schlittenfahrt oder der Herr vom Hause. Original-Lustspiel von Franz von Holbein: Taschenbuch dramatischer Originalien. Hg. von Dr. Franck. Neue Folge. 1. Jahrgang. Leipzig 1842. (Mit H.s Bildnis).

20) Deutsches Bühnenwesen. Ein Handbuch für Alle, welche auf irgend eine Weise mit dem Theater in Beziehung stehen. Erster [eins.] Theil. Wien 1853, C. Gerold u. Sohn. 188 S. 8.

21) ‚Uebereilung und Argwohn' und zahlreiche andere ungedr. Stücke.

Die ‚Apologie der Gräfin von Lichtenau' (Leipzig und Gera 1808. II. 12), die öfters Holbein zugeschrieben wird, stammt nicht von ihm; er wird selbst darin angegriffen. Nach Meusel 15, 413 ist Stil, Einkleidung und Redaktion von J. G. Schummel (§ 224, 25), dem die Gräfin die Materialien dazu lieferte.

62. Karl Adolph Eckhardt lebte 1807 als Advokat zu Eschwege in Hessen. Meusel, Gel. Teutsobl. 13, 308.

Stolz und Edelmuth. Schauspiel in drey Aufzügen. Rudolstadt 1807. 104 S. 8.

63. Leopold Freiherr von Hahn, k. k. pensionierter Hauptmann. — Meusel, Gel. Teutsobl. 14, 22.

1) Baron Weydenthal, oder die Laune des Schicksals. Ein Lustspiel in fünf Akten. Linz 1807. 108 S. 8.

2) Allegorische Gedichte. Wien 1807. II. 8.

64. Leopold Graf van der Nath, k. k. wirklicher österreichischer Kämmerer und Hofsekretär in Wien.
Meusel, Gel. Teutschl. 14, 642.

Gonzalvo von Kordova, oder die Eroberung von Granada. Ein historisches Schauspiel in fünf Aufzügen. Wien 1807. 8. Sieh § 295, II. B, 4. 7).

65. Thomas Ried, geb. am 15. November 1773 in Hohenburg (Oberpfalz), studierte in Regensburg, wurde 1798 zum Priester geweiht, 1799 Hilfspriester in Sallach bei Geiselhöring, 1801 (bis 1823) Kanzleiinspektor und zugleich Sekretär des Konsistoriums in Regensburg, nebstdem 1822 Vikar im Regensburger Domkapitel, 1826 Kanonikus; starb am Schlagfluß am 14. Januar 1827.
  a. Waitzenegger 1820. 2, 158f.
  b. Meusel, Gel. Teutschl. 19, 350 f.
  c. Allgem. dtsch. Biogr. 1889. 28, 513f. (v. Ocfele).

Rieds Briefwechsel (er stand auch mit Docen in Korrespondenz) hat Will in Regensburg zur Veröffentlichung bearbeitet. Vgl. Nr. c. S. 514.

1) Geschichte und Denkmäler der ältesten und neuern teutschen Dichtkunst. 1808.

2) Sammlung vaterländischer Theaterstücke. 1807. V. 8. Nach Nr. c. konnte weder in Regensburg noch in München ein Exemplar aufgetrieben werden; v. Oefele vermutet, die Sammlung sei unterdrückt worden.

3) Außerdem historische u. a. Schriften.

66. Aegyd Josef Karl Freiherr von Fahnenberg, geb. am 9. Oktober 1749 zu Mons im Hennegan, studierte, nachdem er seine Vorbildung auf dem Gymnasium zu Wetzlar erhalten, in Würzburg und Heidelberg die Rechte, trat 1778 in k. österreichische Dienste, wurde 1782 beim Reichskammergerichte in Wetzlar verwendet, 1795 kais. Direktorial-Gesandte in Regensburg, trat 1806 in den Ruhestand, siedelte nach Wien über und starb dort am 8. Juni 1827.
  a. Meusel, Gel. Teutschl. 2, 286. 9, 323f. 11, 213. 13, 361. 17, 548. 22II, 106.

b. (Gräffer und Czikann) Oestreich. National-Encyklopädie. Wien 1835. 2, 99.
6, 434.
    c. Wurzbach 1858. 4, 133.
    d. Arnim an Brentano 1802 Jan. 22: Steig, Arnim und Brentano. 1894. 8. 28.
    Clara von Bernkastell, oder die Befreyung der Stadt Freyburg von der
Plünderung. Ein historisches Schauspiel in 5 Aufzügen. o. O. (Regensburg) 1807.
8. Als Manuskript für F.s Familie gedruckt.

    67. Karl Edler von Puttlitz, geb. um 1775 zu Marienburg in Westpreußen,
war preußischer Regierungsrat zu Plock in Neu-Ostpreußen, ging 1809 nach Wien,
wurde nach dem Frieden Regierungsrat in Cleve und 1820 Oberlandesgerichtsrat
in Münster. Hier starb er am 1. Juli 1822.
    a. Meusel, Gel. Teutschl. 15, 86. 19, 218f.
    b. Der Gesellschafter 1823. Nr. 54. S. 260.
    c. Ernst Raßmann, Nachrichten. Münster 1866. 8. 257.
    1) Zoraide. Dramatisches Gedicht in fünf Aufzügen. Berlin 1807. 8.
    2) Ueber Vaterlandsliebe und Verfassungswerth, von (ps.) Theudobach.
Berlin 1816 (d. i. 1815). 8.
    3) Klagelieder und Briefe unberühmter Personen über Gegenstände der Zeit
vom bekannten Satyrikus. Hamm 1817. 8. Ohne Vfnamen.
    4) Eunomia. Eine Quartalschrift zur geselligen Unterhaltung. Hamm 1820.
Vier Hefte. 8.
    5) Der Rabe. Tragisches Zauberspiel. Frei nach Carlo Gozzi bearbeitet
von K. Edlem von Puttlitz. Münster 1822. 8.

    68. Bernhard Gottlieb Wetterstrand, geb. am 9. (20. n. St.) Januar 1777
in Reval, besuchte die dortige Ritter- und Domschule, studierte 1795 bis 1798 in
Jena Theologie, war dann mehrere Jahre Hofmeister in Esthland, promovierte
1803 in Jena, bereiste fünf Jahre lang Deutschland, Frankreich, Italien und die
Schweiz, kehrte 1809 nach Reval zurück, errichtete hier eine Privatschule für
Knaben und leitete diese bis an seinen Tod, der am 20. September (2. Oktober
n. St.) 1843 erfolgte.
    a. Meusel, Gel. Teutschl. 16, 207. 21, 526.
    b. Recke-Napiersky 4, 492. 627. Beise 2, 273.
    c. N. Nekrolog 21, 849.
    d. (Augsb.) Allg. Ztg. 1885. Beil. Nr. 189. 8. 2778.
    1) Der Töchter Hochzeit. Ein Lustspiel in fünf Akten. Jena 1807. XVI,
176 S. 8.
    2) Graf Eugenius. Ein Schauspiel in fünf Aufzügen. Jena 1807. 157 S. 8.
    3) Liederbuch der Freunde des Gesanges in Reval, herausgegeben. Reval
(1821). 228 S. 8. — Wiederh.: 1839. 8.
    4) Die Macht der Zeit. Ein Lustspiel in 1 Act: Almanach dramat. Spiele f.
1822. Jahrg. 20, S. 299 bis 326. Ist Übersetzung von Le Grands Le triomphe du temps
passé. Vgl. Kochs Zsch. f. vgl. Lg. 1897. N. F. 11, 460f. (Emil Horner).

    69. Heinrich Wilhelm Loest, geb. am 2. März 1778 in Berlin, wurde auf
dortigen Schulen vorgebildet und studierte seit 1797 an der Universität in Frankfurt a. O. die Rechte. Im Jahre 1799 trat er als Auskultator beim Stadtgerichte,
1801 als Referendar beim Kammergerichte zu Berlin in Dienst und war von 1802
bis 1806 Justizrat in Warschau. Als die Franzosen die Stadt besetzten, ging er im
Auftrage eines Handelshauses 1807 nach Paris und nach seiner Rückkehr in
Angelegenheiten des Johanniterordens bis Mai 1809 nach Sonnenberg. Im Herbste
desselben Jahres kam er als Kriminalrichter am Stadtgerichte nach Berlin, 1810 als
Oberlandesgerichts-Assessor nach Stettin, wurde 1811 Rat am Handelsgerichte, 1813
Adjutant des Generalmajors von Trenk in Berlin, nahm an den Schlachten bei Denne-
witz und Leipzig und an der Belagerung Wittenbergs teil, wurde noch 1813 Gouverne-
ments-Kriegskommissar für die Provinzen zwischen Weser und Rhein, 1814 Ober-
Kriegskommissar des Reservearmeekorps und 1815 des Armeekorps der norddeutschen
Bundestruppen. Nach dem Frieden zum Intendanturrat in Münster ernannt, war er
seit 1817 auch Lehrer der Geschichte und deutschen Sprache an der dortigen

Brigadeschule, schloß Freundschaft mit Karl Immermann und übte auf ihn großen Einfluß. Im Jahre 1826 wurde er zu Mainz Referendar in Verwaltungsangelegenheiten des Heeres, 1835 Geh. Kriegsrat in Berlin, trat 1842 in den Ruhestand und starb infolge eines Falles am 2. Juni 1848 in Berlin.

a. Raßmann, Münsterländ. Schriftsteller-Lex. 2, 69. 8, 57. 4, 138. — b. Meusel, Gel. Teutschl. 18, 572. 21, 350. 23, 453. — c. W. Koner, Gel. Berlin. 1846. 8. 220. — d. N. Nekrolog 26, 425 bis 427. — e. Ernst Raßmann, Nachrichten 1866. 8. 201 f.

1) Anakreon. Melodrama. Musik von Ebell. (Aufgeführt in Breslau 1807). Ungedruckt.

2) Gedichte in der Zeitg. f. d. eleg. Welt 1808, im Frauentaschenbuch 1815 und in Rousseaus Westdeutschem Musenalmanach auf 1823 (u. d. N. Traug. Walter. Vgl. § 315, II. 257 = Band VIII. 8. 109 f.).

3) Die Alpenhirten. Singspiel. Komposition von Wollanck. 1811. (Aufgeführt in Berlin 1811 Februar 19). Ungedruckt.

4) Clorinde, eine Tragödie in fünf Akten von Heinrich Loest. Berlin 1811, in der Realschulbuchhandlung. 8. — Auch: Deutsche Schaubühne. Angsburg. Bd. 10. Vgl. F. H. K[oelle]: Fouqués und Neumanns Musen 1812. 1, 4, 193 bis 197.

5) Jahrbüchlein Deutscher Gedichte auf 1815 von Heinrich Löst... Stettin 1815. 4 Bl., 279 8. 8. — § 315, II. 167 — Band VIII. 8. 88.

6) Briefe zweyer Freunde über Religion und Glauben. Kein Buch für zünftige Schriftgelehrte und befangene Laien. Herausgegeben von (ps.) Traugott Walter. Hamm 1822. 8.

7) Johann von Leyden. Nationalschauspiel. (Aufgeführt in Münster und Düsseldorf 1824 und 1825). Ungedruckt.

8) Einsiedleransichten und Träume von dem Menschen, dem Staate, der Politik und der Kirche. Hg. von (ps.) Anselm Friedank, Glöckner des Augustinerklosters bei W .... Hamm 1828. 1829. II. 8. I: Der Mensch. Der Staat. II: Die Politik. Wissenschaft. Kunst. Die Kirche.

9) Geist und Leben echter Humanität, dargestellt in drei Trilogien. Berlin 1842. 8.

10) Patriotische Ergießungen über öffentliche und Privatzustände im Preußischen Vaterlande. Erstes Heft. 1. Die Eisenbahnen. 2. Der Wucher. 3. Der Pauperismus. Berlin 1844. 8.

70. Friedrich August Kanne, geb. am 8. März 1778 in Delitzsch (Pr. Sachsen) als Sohn eines Gerichtshalters, studierte in Leipzig Medizin, in Wittenberg Theologie, gab beide auf, war ein Jahr lang Sekretär im Dienste des Herzogs von Anhalt-Dessau, trieb dann eifrig Musikstudien und ging 1801 nach Leipzig, um sie fortzusetzen, und erteilte Unterricht. Seit 1808 lebte er in Wien und starb hier in größter Dürftigkeit am 16. Dezember 1833. — Kanne war das echte verkommene Genie, 'das Spiegelbild Grabbe's', wie ihn Vogl. (Nr. k) nennt. Außer verschiedenen Dichtungen und Kompositionen zu eigenen wie fremden Opern, Singspielen usw. schrieb er auch Aufsätze, unter denen die in der Allgem. musikal. Zeitung veröffentlichten durch ihr Eintreten für Beethoven von Bedeutung sind.

a. Ernst Ludw. Gerber, Neues historisch-biographisches Lexikon der Tonkünstler. Leipzig, bey A. Kühnel. 1813. 8, 11 bis 13.
b. Meusel, Gel. Teutschl. 18, 301. 23, 85.
c. Theaterzeitung 1833. Nr. 253.
d. Gesellschafter 1834. Nr. 6. Daraus:
e. N. Nekrolog 11, 804 f.
f. Heinr. Laube, Reisenovellen. Bd. V, 8. 86 bis 92 'Beethoven und Kanne'; wieder abgedr. in Bäuerles Allg. Theater-Ztg. 1848. Nr. 48.
g. Friedrich Laun [Schulze], Aehrenlese auf dem Felde der Memoiren: Blätter f. liter. Unterhaltung 1840. Nr. 75.
h. Gräffer, Kanne: L. A. Frankl's Sonntagsblätter. Wien 1843. 2, 497.
i. Franz Gräffer, Kleine Wiener Memoiren. Wien 1845. 2, 70. 8, 80.
k. J. N. Vogl, Von einem Verschollenen. Ein Stück aus Altwien: Joh. Nep. Vogl's Volkskalender für das Jahr 1862. Wien, Tendler. 8. 163 bis 185.
l. Wurzbach. 1863. 10, 438 bis 443 (8. 442 f. weitere Litteraturangaben).
m. J. N. Vogl, Aus dem alten Wien. Wien, Prandel und Ewald 1865. 8. 38 bis 61.

1) Kannes Lieder-Kompositionen seit 1801 zählt Gerber Nr. a. S. 12f. auf. Darunter u. a. die zu Schillers ,Erwartung' und ,Taucher' und zu Goethes ,Der Junggesell und der Mühlbach' und ,Der Fischer'. — Uberdies Kompositionen von Sonaten, Duos usw.

2) Orpheus. Große Oper in 2 Aufzügen. Musik vom Verfasser. Wien 1807. 8. — Aufgeführt in Wien, Kärnthnerthor-Theater 1807 November 10.

3) Miranda oder das Schwert der Rache. Heroisch-komische Oper in 3 Aufzügen. Wien 1811. Wallishausser. 86 S. 8. — Aufgeführt und ausgezischt im Theater an der Wien 1811 September 4. Vgl. Sammler Nr. 114.

4) Habsburgs Geist über Wiens Freudenflammen den 16. Juni 1814. Wien, Gerold 1814. 4.

5) Beiträge in der Allgem. musikalischen Zeitung in Wien 1817 bis 1821 (vgl. Wurzbach Nr. 1. S. 440); in Seyfrieds Wanderer; in Bäuerles Theater-Ztg. u. s. w.

6) Padmana. Trauerspiel in fünf Aufzügen von Fr. Aug. Kanne. Mit einer Vorrede von Jos. von Hammer. Wien 1818. Wallishausser. 153 S. 8. ,Anfangs nicht übel, im Ganzen voll wirksamer Theatercoups, aber alles verschwimmt in dem breiten Trochäengeplätscher'. (Goedeke).

7) Schloß Theben, oder: der Kampf der Flußgötter. Zauber-Oper in zwey Aufzügen. Nach einer Sage der ungarischen Vorzeit. In Musik gesetzt von Friedrich August Kanne. Wien 1818. Gedr. bey Anton Pichler. 59 S. 8. — Aufgeführt im Theater an der Wien 1818 Dezember 28. Vgl. Theater-Ztg. 1819. Nr. 1.15.20.

8) Vier Nächte oder romantische Gemählde der Phantasie von Friedrich August Kanne. Leipzig: F. A. Brockhaus. 1819. 2 Bl., 234 S. 8. Enth. a: Die Sommernacht oder der Kirchhof. — b: Die Winternacht oder das Müllermärchen. — c: Die Frühlingsnacht oder der Brocken. — d: Die Herbstnacht oder die Burg am Rhein.

9) Humoristisches Panorama von Wien, oder der frohe Zuschauer an der Donau. Eine Unterhaltungsschrift in zwanglosen [drei] Heften. Brünn 1820. 235 S. 8. — Vgl. Castelli, Memoiren 3, 243.

10) Gedichte in der Abendzeitung 1821.

11) Die Spinnerin am Kreuz. Volksmärchen in 4 Aufzügen nebst einem Vorspiel: Das Lösegeld. Brünn 1822. 127 S. 8. — Erste Aufführung im Theater an der Wien 1819 September 18. Vgl. Theater-Ztg. 1819. Nr. 114 und Abendzeitung 1819. Nr. 247.

12) Ankündigung einer reisenden Seiltänzer-Gesellschaft aus dem vorigen Jahrhundert: Gräffer's Ceres 1824. 2, 202 bis 209.

13) Ludwig van Beethovens Tod den 26. März 1827. Wien, Tendler 1827. gr. 8.

14) Der Prater und das Lob der Wienerin. Zwey Lieder im Volkstone, den Wienern gewidmet. Text und Musik von Kanne. Mit Melodieen. Wien bey Geistinger. o. J. 23 S. 12. Vergl. Neue Annalen 1808. 2, 236.

15) In Kannes Nachlasse befand sich der zweite Teil von Jean Pauls Aesthetik. — Verschollen sind die größeren (ungedruckten) Gedichte K.s a: Der Winter. — b: Das Weltmeer. — Bibliographisch nicht nachweisen ließ sich c: Die Jahreszeiten. Didaktisches Gedicht (soll gedruckt sein). — Vgl. Wurzbach Nr. 1. S. 441.

16) Nach Leopold Sonnleithner (Wurzbach Nr. 1. S. 440f.) komponierte Kanne die Musik zu folgenden Schau-, Sing-, Zauberspielen u. a. a: Deutscher Sinn. Vaterländisches Schauspiel in 1 Act von Deinhardstein, mit Ouverture und Chören von K. (Aufgeführt im Theater an der Wien 1813 September 28). — b: Die Belagerten. Militärisches Schauspiel mit Gesang in 3 Acten von Ludwig Wieland. Gesänge und Chöre von K. (Aufgeführt im Theater a. d. W. 1813 Dezember 15). Vgl. § 288, 2. 5) — oben S. 105. — c: Die gute Nachricht. Singspiel in 1 Act von Friedrich Treitschke. Musik von Mozart, Beethoven, Hummel, Gyrowetz, Weigl und Kanne (Aufgeführt in Wien, Kärnthnerthor-Theater 1814 April 11). — d: Die eiserne Jungfrau. Melodram in 4 Acten von Freiherrn von Biedenfeld. Musik von Kanne. (Aufgeführt im Theater a. d. Wien 1822 Juni 20). Vgl. § 332, 192. 8) Winterabende Bd. 2. — e: Malwina oder Putzerls Abenteuer. Zauberspiel mit Gesang in 2 Acten von Albin Pfaller. Musik von Kanne (Aufgeführt im Theater a. d. W. 1823 März 19. Vgl. Theater-Ztg. 1823

Nr. 37). — f: Lindane oder die Fee und der Haarbeutelschneider. Zauberspiel mit Gruppirungen in 8 Acten von Ad. Bäuerle. Musik von Kanne (Aufgeführt in Wien, Leopoldstädter Theater 1824 März 27. Vgl. Abendzeitg. 1824. Nr. 156); § 334, 423. 48) — Band IH¹. S. 827. — g: Die Zauberschminke oder das Land der Erfindungen. Zauberposse in 8 Acten von Ad. Bäuerle. Musik von Kanne (Aufgeführt am Leopoldstädter Theater 1825 Oktober 28. Vgl. Abendzeitg. 1826. Nr. 16); § 334, 428. 50) — Band III¹. S. 827. — h: Philipp und Suschen oder der falsche Jupiter. Mythologisches Zauberspiel mit Gesang in 2 Acten von Joseph Schickh. Musik von Kanne (Aufgeführt am Leopoldstädter Theater 1832 Oktober 21). — Außerhalb Wiens kamen zur Aufführung: i: Der Cyclop. — k: Die Elfenkönigin. — l: Sappho. — m: Der Untergang des Feenreichs. — n: Die Mainacht oder der Blocksberg.

71. Christoph Wilhelm Lohmann, Buchhandlungsdiener in Hannover, dann in Hamburg, lebte als Verlagsbuchhändler in Goslar, nachher um 1820 in Magdeburg. Meusel, Gel. Teutschl. 10, 222. 18, 575.

1) Schiffbruchsscenen vom Theater des jetzigen Seekrieges, geschildert von Charlotte Smith. Aus dem Englischen übersetzt von L. Hamburg 1797. 8. Nennt sich unter dem Vorbericht. — Goslar 1800. 8.

2) Die Nachbarn oder die Zudringlichen. Lustspiel in 1 Aufzugs nach dem Französischen. Goslar 1808. 8.

8) Adolph und Clara, oder die beyden Gefangenen. Lustspiel mit Gesang, nach dem Französischen des Picard. Goslar 1808. 8. Ohne Namen.

4) Sieh § 270, 68. 15) — Band V. S. 419.
u. s. w.

72. Heinrich Keller, Schriftstellernamen: H. J. Burke, F. H. Thelo, Heinrich von Itzenloe, geb. am 17. Februar 1771 in Zürich, Sohn des Civil- und Kriegsbaumeisters Kaspar K., lebte seit 1794 als Bildhauer in Rom und starb am 21. Dezember 1832 in Frascati.

a. Fernow 1802: § 293, V. 19. 8) S. 279 — oben S. 311.

b. Italienische Miscellen 1806. 8, 159 bis 169.

c. Meusels Archiv II. 2, 17.

d. (Füßli) Allgem. Künstlerlexikon. Zweyter Theil, Dritter Abschnitt. Zürich 1818. S. 617f.

o. Meusel, Gel. Teutschl. 18, 823.

f. G. K. Nagler, Neues allgem. Künstler-Lexicon. München, 1838. 6, 550f.

g. C. W. Hardmeyer, Leben und Charakteristik des Bildhauers Heinrich Keller aus Zürich: Fünf und dreißigstes Neujahrsstück der Künstlergesellschaft in Zürich auf das Jahr 1839. 27 S. 4.

h. Charlotte von Schiller und ihre Freunde. (Hg. von Urlichs). Stuttgart 1862. 2, 194.

i. Rob. Weber, Die poetische Nationalliteratur der deutschen Schweiz. Glarus 1866. 1, 423f.

k. Bernh. Wyss, Heinrich Keller, der Züricher Bildhauer und Dichter. Frauenfeld 1891. IV, 70 S. 8. Darin u. a. Briefe K.'s an seinen Freund Horner.

1) [Vier] Elegien. Unterz. K.: Schillers Musenalmanach für das Jahr 1798. S. 204 bis 215. — Vgl Schiller an Horner 1797 Juni 26; an Goethe Oktober 2 — Jonas 5, 208f. 270.

2) Nach Wyss Nr. k. S. 81 ist Keller Verf. der Elegie ‚An Karl Katz [Kaaz] nach Subiacco‘, die auch Schiller zugeschrieben wurde (SS. 11, 420. 426f.) — Vgl. auch Schnorrs Archiv 1876. 5, 621f. 1877. 6, 626 und G. Ch. Braun § 339, 1232. 8) — Band III¹. S. 1088.

3) Franzeska und Paolo. Trauerspiel in fünf Aufzügen von H. J. Burke. Mit 1 Titelkupfer. Zürich 1808. 12.

4) Ines del Castro von F. H. Thelo. Trauerspiel in fünf Aufzügen. Zürich 1808. 12.

5) Judith. Schauspiel von Heinrich von Itzenloe, Hofpoet bey Kaiser Rudolph II. [Vorgeblich] Aus einer alten Handschrift. Zürich 1809. 1 Bl., 198 S. 12.

6) Vaterländische Schauspiele. Von Heinrich Keller. Zürich 1813 bis 1816. III. 8. Enth. I. 1813. a: Karl der Kühne, Herzog von Burgund. Auch: Deutsche Schaubühne. Augsburg (1815). Bd. 27. 28; § 266, 5. 4) — Band V. S. 388 irr-

tümlich unter den Stücken des zu Prag 1788 † Heinrich Keller. — II. 1814. b:
Waldmann, Bürgermeister zu Zürich. — c: Die Heimkehr in die Alpen. — III. 1816.
[Trauerspiele:] d: Die Eroberung von Bizanz(!) — e: Johanna I., Königin von Neapel.

73. Karl Wilhelm Reinhold (hieß ursprünglich Zacharias Lehmann), geb.
am 24. Februar 1777 in Hamburg als der Sohn eines jüdischen Seidenhändlers,
war 1806 bis 7 weimarischer Hofschauspieler, studierte später Philosophie und
promovierte am 20. Oktober 1812 in Rostock. Im J. 1822 trat er im bremischen
Neuhaus zum Christentum über. Er starb in seiner Vaterstadt, wo er sich seit
langen Jahren niedergelassen hatte, am 22. Juni 1841. Seine zweite Gattin war
seit 18. Dezember 1812 die anmutige Schauspielerin Christians, geb. Loehrs († 1827).
:::a. Meusel, Gel. Teutschl. 15, 129f. 19, 299f.
:::b. Lexikon der Hamburg. Schriftst. 6, 219f.
:::c. Wöchentliche gemeinnützige Nachrichten 1841. Nr. 154.
:::d. N. Nekrolog 1842. 19, 1, 618f.
:::e. Allgem. Theater-Lexikon 1841. 6, 175.
:::f. Allgem. dtsch. Biogr. 1889. 28, 84 bis 86 (Julius Elias).
:::1) Beiträge R.'s in den Gemeinnützigen Unterhaltungsblättern 1806 bis 1815.
:::2) Gab heraus: Allgemeine Teutsche Theater-Zeitung. Leipzig 1808. 4.
:::3) Saat von Göthe gesäet dem Tage der Garben zu reifen. Ein Handbuch
für Aesthetiker und junge Schauspieler. Weimar und Leipzig. 1808. XIV, 248 S.
und 1 Bl. Druckf. 8. Ohne Vfnamen. — H. Laube, Das norddeutsche Theater.
Leipzig 1872. 8. 68f. — Wissensch. Beil. zur Leipz. Ztg. 1883. Nr. 65, 66. S. 385f.
389f. — Goethe-Jahrb. 1884. 5, 420. — § 294. B, VI. 1) — Band IV. S. 593. —
K. Stommel, Aus dem Geistesleben der Gegenwart². Düsseldorf 1891. S. 180.
190. — Julius Wahle, Das Weimarer Hoftheater unter Goethes Leitung —
Schriften der Goethe-Gesellschaft. Bd. 6. Weimar 1892. S. 188 bis 195.
:::4) Die Postkutsche zu Bocksdorf. Ein Lustspiel in fünf Aufzügen. Nach
dem Französischen des Picard [Le Collatéral, ou la Diligence de Joigny. 1799].
Leipzig 1808. 8.
:::5) Betrachtungen über den wahren Anstand und über die Mittel, die Haltung
des Körpers zu verschönern. Ein Handbuch für Erzieher, Künstler u. s. w. Nach
dem Französischen des Mereau, weiland Hoftanzmeisters zu Gotha, frey bearbeitet. Göttingen 1808. kl. 8.
:::6) Wörterbuch zu Jean Pauls Schriften, oder Erklärung aller in dessen
Schriften vorkommenden fremden Wörter und ungewöhnlichen Redensarten; nebst
kurzen historischen Notizen von den angeführten Personen aus der Geschichte
u. s. w. und faßlicher Verdeutlichung der schwierigsten Stellen im Zusammenhange. Ein nothwendiges Hülfsbuch für alle, welche jene Schriften mit Nutzen
lesen wollen. Erstes Bändchen, die Levana enthaltend. Leipzig 1808. 8. — Neue
wohlfeile [Titel-] Ausgabe: Wörterbuch zu Jean Pauls Levana. Leipzig 1811. 8.
— § 276, 4. 22) — Band V. S. 465.
:::7) Die Eheleute vor der Hochzeit, oder sie sind zu Hause. Ein Lustspiel
in einem Aufzuge. Nach dem Französischen [des Picard, La Noce sans Mariage.
1805] frey bearbeitet. Leipzig 1809. 96 S. 8.
:::8) Gab heraus: Archiv für Theater und Literatur. Hamburg 1809. Vgl. § 248,
28) — Band IV. S. 702. — Umgewandelt in: Archiv für Litteratur, Kunst und
Politik. 1810. — Abgelöst durch: Hamburgisches Unterhaltungsblatt. 1811 bis 1815.
:::9) Gab heraus: Hammonia. Eine Zeitschrift für gebildete Leser. Hamburg,
Hoffmann und Campe. 1817 bis 1828 [1827 u. d. T.: Hamburg. Sonntagsblatt].
12 Jahrgänge zu 12 Heften. gr. 4. — Fortgesetzt u. d. T.: Hamburg. 1829. —
Ferner u. d. T.: Der Hamburgische Referent. 1830 bis März 1831.
:::10) Hamburgische Chronik von Entstehung der Stadt bis auf unsere Tage.
Hamburg 1820. II. 8. Zum T. im Vereine mit G. N. Bärmann.
:::11) Seit 1829 arbeitete er mit an den Wöchentlichen gemeinnützigen Nachrichten, die er von 1832 bis 1. Juli 1840 leitete.
:::12) Die dramatische Literatur und das Theater der Deutschen im 19. Jh.,
nach ihren historischen Voraussetzungen betrachtet: Francks Taschenbuch dramatischer Originalien. Leipzig 1841. Jhrg. 5, S. 455 bis 543.

74. **Karl Wilhelm Salice-Contessa**, Bruder Christian Jakobs (§ 295, I. 8), geb. am 19. August 1777 in Hirschberg, besuchte vier Jahre lang das Pädagogium in Halle und schloß hier mit seinem Stubengenossen Houwald innige Freundschaft (vgl. § 322, 2 — Band VIII¹. S. 307. Im Jahre 1798 bezog er die Universität Erlangen, studierte hier und später in Halle die Rechte, unternahm 1800 eine Reise nach Frankreich, lebte dann unabhängig seit 1802 in Weimar und seit 1805 in Berlin (sieh oben S. 141 und Band VIII. S. 474). Nach dem Tode seiner zweiten Gattin, 1816, zog er mit seinem sechsjährigen Sohne zu Houwald auf dessen Gut Sellendorf, und, nachdem dieses verkauft worden war, mit dem Freunde nach Neuhaus bei Lübben. Er starb in Berlin, wohin er sich 1824, um Heilung für sein Lungenleiden zu finden, begeben hatte, am 2. Juni 1825. — In Hoffmanns Serapionsbrüdern wird er unter dem Namen Sylvester geschildert. — Von Contessas Werken waren ‚das Räthsel‘ und ‚Magister Rößlein‘ zu ihrer Zeit sehr beliebt.

a. Meusel, Gel. Teutschl. 17, 348. 22f, 528.

b. Nekrolog 3, 600 bis 606 (E. Hitzig).

c. Sieh Nr. 21) Bd. I.

d. Journal d. Luxus u. d. Mode 1825. Nr. 51.

e. Blätter für lit. Unterh. 1827. Nr. 24.

f. E. v. Houwald, Aus C. W. Contessas Leben: W. G. Beckers Taschenbuch z. gesell. Vergnügen a. d. J. 1828. S. 211 bis 246.

g. Ersch und Gruber, Allg. Encyklopädie. Leipzig 1829. 19, 205f. (H.).

h. Tieck, Krit. Schriften. Leipzig 1852. 3, 216.

i. H. A. Daniel, Zerstreute Blätter. Halle 1866. S. 73.

k. Allgem. dtsch. Biogr. 1876. 4, 453f. (Palm).

Briefe an ?: W. v. Maltzahns Autographen-Sammlung 1890. Nr. 408/9. — A. Cohns Autogr.-Kat. 1891. Nr. 381.

1) [a:] Das Räthsel und [b:] der unterbrochene Schwätzer. Zwei Lustspiele. Berlin 1808. 8. — Nr. a auch in Nr. 21) g; Reclams Univ.-Bibl. Nr. 572; vgl. Goethes Werke (Hempel) 28, 724; Bernards Dramaturg. Beobachter. Wien 1814. Nr. 18f. (B[rentano]). Vgl. auch Nr. 3) b. — Nr. b auch in Nr. 21)f.

2) Er und Sie (ein Drama): Zeitg. f. d. eleg. Welt 1808. Nr. 28. Nach Meusel 13, 241 von Christian Jak. Contessa.

3) [a:] Der Fündling, oder die moderne Kunstapotheose. Lustspiel in 2 Aufzügen und [b:] der Talisman, eine Kleinigkeit. Fortsetzung des Räthsels [Nr. 1) a]. Berlin 1810. 16. — Auch in Nr. 21) i. h.

4) Maculatur, oder Zeitung für Narren und ihre Freunde. [Hg. von Sessa, Müchler und Contessa]. Erstes [einz.] Heft. Breslau 1811. 7 Bogen. 4.

5) Dramatische Spiele und Erzählungen. Hirschberg 1812. 1814. II. 8. Mit seinem Bruder Christian Jak. C. Vgl. § 295. I. 8. 6). Darin von Wilhelm Bd. 2, S. 99 bis 169: Magister Rößlein. Auch in Nr. 21) m.

6) a: Lebensharmonie. Ein Sextett mit Schlußchor; b: Die Ehen werden im Himmel geschlossen. Ein Familiengemählde; c: Der Todesengel: Fouqués und Neumanns Musen 1814. Stück 1, b. 2, c. 3, c = oben S. 121. — a und b auch in Nr. 21) q. o; c auch in Nr. 8) a und 21) t.

7) Ueber den gemeinschaftlich mit Chamisso, Hoffmann und Fouqué 1815 begonnenen Roman nach dem Muster von Karls Versuchen und Hindernissen sieh § 290, 1. 50); § 291, 1. 16) = oben S. 123. 150. vgl. 141.

8) Zwei Erzählungen. Berlin, Ferdinand Dümmler. 1815. 8. Euth. a: Der Todesengel. Vorher: Nr. 6) c. Auch in Nr. 21) t. — b: Haushahn und Paradiesvogel. Ein Mährchen. Auch in Nr. 21) s.

9) Beiträge C.'s in der ‚Salina‘. Halle 1816.

10) Kinder-Mährchen. Von E. [!] W. Contessa, Friedrich de la Motte Fouqué und E. T. A. Hoffmann. Berlin 1816. 1817. II. 8. — Neue Auflage. Berlin 1839. 16.

11) Contessa gab heraus Houwalds Romantische Akkorde. Berlin 1817. 8.

12) a: Wer zuletzt lacht, lacht am besten. Ein dramatisches Sprüchwort [in Versen]: Abendzeitung 1817. Nr. 277 bis 279. Auch in Nr. 21) β. — b: Das Schauspiel im goldenen Bock: ebenda 1818. Nr. 47f. — c: Polterabend-Spiel: ebenda 1819. Nr. 140. — d: Der Ehrentisch: ebenda. Nr. 248. — e: Außerdem Gedichte in den Jahrgängen 1817 bis 1819.

13) Der Schatz. Lustspiel in 1 Akt: Müllners Almanach für Privatbühnen. 2. Jahrgang für 1818. Leipzig. Auch: Deutsche Schaubühne. Augsburg 1818. Bd. 46 und Nr. 21) z.

14) [a:] Das Bild der Mutter und [b:] das blonde Kind. Zwei Erzählungen. Berlin 1818. 8. — Nr. a auch in Nr. 21) α. — Nr. b von Christian Jak. Contessa.

15) Ich bin mein Bruder. Lustspiel in 1 Anfznge: Müllners Almanach für Privatbühnen. 3. Jahrgang für 1819. Leipzig. Auch in Nr. 21) l.

16) Erzählungen. Dresden 1819. II. 8. Enth. I. a: Meister Dietrich. — b: Der schwarze See. — c: Manon. — II. d: Der Instinkt. — e: Vergieb uns unsere Schuld. Auch in Nr. 21) k. v. b. e. u.

17) Ich bin meine Schwester. Lustspiel: Almanach dramatischer Spiele 19. Jahrgang für 1821. Auch in Nr. 21) ε.

18) Die weiße Rose: Beckers Taschenbuch für 1823. Auch in Nr. 21) ζ.

19) Aus Herr Balthasars Leben. Erstes und zweites Blatt: Taschenbuch zum gesell. Vergnügen für 1824. 8. 292 bis 336. Auch in Nr. 21) ϑ.

20) Das Quartettchen im Hause. Lustspiel in 1 A.: Beckers Taschenbuch für 1826. 8. 207f. Auch in Nr. 21) η. — Ins Tschechische übersetzt von E. F. Schmidleichner. Prag 1872. 48 S. 8. — Nové divadelní hry XXIX.

21) Sämmtliche Schriften. Herausgegeben von E. von Houwald. Leipzig, Göschen. 1826. IX. 16. und 8. Enth. I. a: Der Brief ohne Adresse. Lustspiel in 4 Aufzügen. — b: Manon. Vorher Nr. 16) c. — c: Der Gelehrte. Lustspiel in 4 Aufzügen nach Destouches. — d: Der Weiberfeind. Lustspiel in 1 Aufzug. II. e: Der Instinkt. Eine Erzählung. Vorher: Nr. 16) d. — f: Der unterbrochene Schwätzer. Lustspiel in 1 Akt. Vorher: Nr. 1) b. — g: Das Räthsel. Lustspiel in 1 Aufzug. Vorher: Nr. 1) a. — h: Der Talisman, eine Kleinigkeit. Fortsetzung des Räthsels. Vorher: Nr. 3) b. — i: Der Fündling, oder die moderne Kunstapotheose. Lustspiel in 2 Aufzügen. Vorher: Nr. 3) a. III. j: Der Liebes-Zwist. Lustspiel in 5 Aufzügen. — k: Meister Dietrich. Eine Erzählung. Vorher: Nr. 16) a. — l: Ich bin mein Bruder. Lustspiel in 1 Aufzug. Vorher: Nr. 15). IV. m: Magister Rößlein. Vorher: Nr. 5). — n: Raimund. — o: Die Ehen werden im Himmel geschlossen. Vorher: Nr. 6) b. — p: Almenorade. Trauerspiel. — q: Lebensharmonie. Vorher: Nr. 6) a. — r: Der Orakelspruch. Operette in 1 Akt. — s: Haushahn und Paradiesvogel oder die Gebirgsreise. Ein Mährchen. Vorher: Nr. 8) b. V. t: Der Todesengel. Vorher: Nr. 6) c. — u: Vergib uns unsere Schuld. Vorher: Nr. 16) e. — v: Der schwarze See. Ein Nachtstück. Vorher: Nr. 16) b. — w: Das Gastmahl. — x: Das Schwert und die Schlangen. Ein Mährchen in 8 Kapiteln. VI. y: Das entschlossene Mädchen. Oper in 3 A. nach Aloys Grafen von Brühl. Vgl. § 266, 3. 2) c — Band V. S. 387. — z: Der Schatz. Lustspiel. Vorher: Nr. 13). — α: Das Bild der Mutter. Vorher: Nr. 14) a. VII. β. Wer zuletzt lacht, lacht am besten. Dramatisches Sprichwort. Vorher: Nr. 12) a. — γ: Der Liebhaber nach dem Tode. Oper in 3 Akten. — δ: Die Schatzgräber. Erzählung. VIII. ε: Ich bin meine Schwester. Lustspiel. Vorher: Nr. 17). — ζ: Die weiße Rose. Vorher: Nr. 18). — η: Das Quartettchen im Hause. Lustspiel. Vorher: Nr. 20). — ϑ: Aus Herrn Balthasars Leben. Vorher: Nr. 19). IX. ι: Gedichte und kleine Aufsätze.

75. Karl August Freiherr Pergler von Perglas, geb. 1783 (in der Pfalz?), gest. als quiescierter Regierungsrat, kgl. baierischer Kämmerer, Ritter der Ehrenlegion u. s. w. in Augsburg am 3. Oktober 1843. N. Nekrolog 21, 1249.

Catilina. Ein Trauerspiel in 5 A. Heidelberg, gedruckt durch Gutmann, Universitätsbuchdrucker. 1808. (Mannheim, Schwan u. Goetz in Comm.) 87 S. und 1 S. Druckverbesserungen. 8.

76. Friedrich Hanf. Meusel, Gel. Teutschl. 18, 40. Alle strafbar! Ein Lustspiel in einem Aufzuge. Rudolstadt. 1809. 8.

77. Karl Christian Wolfart, geb. am 2. Mai 1778 in Hanau, ließ sich daselbst, nach erlangtem Doktorate der Medizin, 1797 als praktischer Arzt nieder, wurde 1799 außerord., 1803 ord. Professor der Physik und Medizin am dortigen kurfürstlichen Gymnasium und zeit 1800 Mitglied des Collegium medicum, auch Brunnenarzt am Wilhelmsbade. Nachdem er auf wiederholtes Ansuchen seinen Abschied erhalten hatte, ging er 1804 als praktischer Arzt nach Warschau und 1805 als Mitkommissarius der Kommission in Angelegenheiten des gelben Fiebers an die österreichische Grenze. Nach seiner Rückkehr lebte er als Arzt in Berlin, wurde 1810 Dozent, 1817 ord. Professor an der dortigen Universität und starb am 18. Mai 1832.

Wolfart war ein eifriger Verfechter der Lehre vom tierischen Magnetismus, den er, als Schüler Mesmers, praktisch in den Lazaretten anwandte.

a. Meusel, Gel. Teutschl. 16, 269 f. 21, 677 bis 681.
b. (Hitzig) Gel. Berlin im J. 1825. 8. 306 bis 308.
c. Strieder-Justi 17, 295 f.
d. N. Nekrolog 10, 398 bis 403.
e. Justinus Kerner, Franz Anton Mesmer aus Schwaben. Erinnerungen an ihn. Frankfurt am Main 1856. 8. 150 f.
f. Schleiermachers Leben 2, 428.
g. Schleiermachers Predigten. Bd. 4. Grabrede 4.
h. Geiger, Berlin 1640—1840. Berlin 1895. 2, 809 f.
i. Allg. dtsch. Biogr. 43 (1898) S. 789 f.

1) a: Der Wandernde. Romanze. — b: Die eine Farbe. — c: Räthsel. — d: Abschiedslied: Chamisso-Varnhagens Musenalmanach auf das J. 1805. Sieh § 291, 1. 3) t. y. vv. ββ — oben S. 146.

2) Guntha. Ein altdeutsch Mährlein. (Schauspiel). Mit 7 Steindruckplatten. Hanau 1809. 8. — Vgl. J. Noll, H. B. Hundeshagen u. s. Stellung zur Romantik. Progr. Frankfurt a. M. 1891. S. 7.

3) Indra's Verheißung. Ein allegorisches Festspiel zur Feier der Rückkehr des Königs und der Königin von Preußen nach Berlin 1809. Zum Besten d. Friedrich-Waisenhauses. Berlin 1809. 8. — Vgl. Geiger, Berlin 1640 - 1840. Berlin 1895. 2, 288 Anm.

4) Die Katakomben. Trauerspiel in fünf Aufzügen: Melpomene und Thalia. Taschenbuch für das Trauerspiel und Lustspiel. Berlin 1810. 16. Das darauffolgende Lustspiel sieh Bartholdy Nr. 86. 2). Vgl. Litbl. z. Morgenblatt 1810. Nr. 1. — Neue unveränderte Auflage. Wien 1812. J. B. Wallishausser. 144 S. 8. — Vgl. Euphorion 1897. 4, 371. 372 f.

5) Herman. Schauspiel von Karl Wolfart. Leipzig 1810. 1 Bl., 150 S. 8.

6) Sieh § 290, 1. 27) — oben S. 119.

7) Die Rheinfahrt. Ein romantisches Gedicht. Berlin 1815. 8.

8) Weihnachts-Klänge geistlicher Lieder. Von A[   ] und W[olfart]. Leipzig: F. A. Brockhaus. 1825. 192 S. 8. — Vgl. F. A. Brockhaus in Leipzig. Von Heinr. Brockhaus. Leipzig 1872. S. 214.

78. Karl Gottfried Klähr, Schriftstellername: Karl Fero, geb. am 12. Mai 1773 in Dresden, wurde am 1. August 1793 als Maler in der Porzellanmanufaktur in Meißen angestellt, am 1. Mai 1828 pensioniert und starb am 16. Mai 1842.

Meusel, Gel. Teutschl. 18, 347 f.

1) Dramatische Ephemeren von Karl Fero. Meißen 1809. 8. Enth. a: Die Lotterielisten. Ein Lustspiel in 2 Akten. Einzeln: Meißen 1811. 8. — b: Die Rettung. Schauspiel in 4 Akten. Einzeln: Meißen 1811. 8. Auch: Deutsche Schaubühne. Augsburg. Bd. 11. — c: Die geliebten Feinde. Lustspiel in 2 Akten. Einzeln unter Klährs Namen: Meißen 1811. 8.

2) Die Friedensfeyer. Ein Schauspiel in 2 Aufzügen von Karl Fero. Meißen 1809. 8. — 2. Auflage 1818. 8.

3) Neue Lustspiele von C. G. Klähr. (Verfasser der Lotterielisten). Meißen, 1814. 8. Enth. a: Das Wechselrecht oder das gestohlne Manuscript. Lustspiel in 5 Akten. 142 S. — b: Die ungewisse Hochzeit, oder die verbrannte Nachricht. Ein Lustspiel in 2 Akten, in gereimten Versen. 88 S. b. auch: Deutsche Schaubühne. Augsburg. Bd. 26 und unter dem veränderten Titel Der Patriot oder die ungewisse Hochzeit, in 2 Akten, auch einzeln: Meißen 1814. 8.

4) Blüthen der Natur. Meißen 1815. 8 Bl., 180 S. 8. Gedichte und: Die Pfirschen. Eine gereimte Posse in einem Akt.

5) Theaterspiele. Meißen 1816. 8.
Enth. a: Das Wachsfiguren-Kabinet. Lustspiel in 2 Akten. — b: Die Theaternoth. Posse in 4 Akten, ein Seitenstück zu den Deutschen Kleinstädtern [§ 258, 8. 86)]. — c: Die Pfirschendieng. Lustspiel in 2 Akten.

6) Neue Theaterspiele. Meißen 1817. 8.
Enth. a: Die Rache, oder wer zuletzt lacht, lacht am besten. Lustspiel in 4 Akten. — b: Röschens Hochzeit. Singspiel in 2 Akten. — c: Das moderne Paradies. Lustspiel in 2 Akten.

7) Bühnenspiele. Meißen 1819. 8.
Enth. a: Der Alchymist. Lustspiel in 4 Akten. 160 S.; auch einzeln: Meißen 1819. — b: Das seltene Wiedersehen. Kriegsscene in 3 Akten. — c: Der neue Zauberspiegel. Lustspiel in 2 Akten.

8) Zwei neue Lustspiele. Meißen 1834. 8.
Enth. a: Von Sieben die Häßlichste. Vgl. L. Angely § 334, 369. 16) — Band III¹. S. 959. — b: Wachtmantel und Schlafrock.

79. Karl Christian Ludwig Schöne, geb. am 10. Februar 1779 in Hildesheim, studierte, anfangs zum Maler bestimmt, seit 1799 in Göttingen Medizin, wurde 1813 Direktor des Militär-Lazaretts in Colberg, lebte um 1821 als Hofrat und Arzt in Stralsund und starb nach 1852.

a. Meusel, Gel. Teutschl. 15, 366 (hier als: Christoph Schoene und D. K. Schoene). 20, 245 f.

b. Biederstedt, Nachrichten von den jetzt lebenden Schriftstellern in Neuvorpommern und Rügen. Stralsund 1822. 8. 128 bis 131.

c. Goethe-Jahrb. 1881. 2, 292 bis 294. — d. unten S. 810.

Brief an Sch. von Goethe (1821 Dechr. 3): Nr. c. S. 291.

1) Faust. Eine romantische Tragödie. Berlin 1809. gr. 8. Mit Widmung an die berühmten Ärzte Welper und Hufeland. — Angeregt durch Klingers gleichnamigen Roman. — Vgl. Nr. c. S. 292 f.

2) Die Macht der Leidenschaft. Trauerspiel in vier Akten von Karl Schöne. Berlin 1818. Bei Carl Fr. Amelang. XXIII, 132 S. 8.
Gegen den Fatalismus. Ein weiblicher Bösewicht, Clara, bringt aus Rache über verschmähte Liebe, Uneinigkeit zwischen ein Brautpaar, die in Mord und Todschlag endet. Trochäen.

3) Gustav Adolfs Tod. Trauerspiel in fünf Acten von Karl Schöne. Berlin 1818. IV, 136 S. 8.
Im Vorwort sagt Schöne: Bald werden diesem Trauerspiele — Gustav Adolfs Lager und Gustav Adolf in Nürnberg, welche Stücke schon vollendet sind, im Drucke folgen. Ich wollte eine Trilogie neben Schillers Wallenstein aufstellen.

4) Rede gehalten im Lehrsaale der Universität Lund am Jubelfest der Reformation 1817 von Es. Tegnér. Aus dem Schwedischen übersetzt von (ps.) Karl Nord. Hamburg 1819. 8.

5) Fortsetzung des Faust von Goethe. Der Tragödie zweiter Theil. Berlin 1823. 12. Mit Widmung an Goethe. — Schöne sandte das Manuscript zur Einsicht an Goethe. Vgl. Goethe an Schöne (oben), an Zelter 1822 Dez. 14 — Briefw. 3, 279 und die (1836 zum erstenmal gedruckte) Invective G.s: Herr Schöne ('Dem Dummen wird die Ilias zur Fibel') — W. A. I. 5, 1, 191. — Göschel § 246, 85) und Enslin § 246, 294) S. 61 bis 64. — Band IV. S. 754. — Goethe-Jahrb. 3, 401.

80. Friedrich Albert Gebhard, geb. am 26. Juli 1781 zu Heldrungen in Thüringen als Sohn eines Lehrers, sollte Theologie studieren, ging aber, aus Sehnsucht zum Theater, 1799 heimlich nach Mitau und betrat hier zum erstenmale die Bühne. Von 1801 bis 1830 war er, einige Kunstreisen und ein Direktionsjahr in Reval abgerechnet, am deutschen Theater in Petersburg engagiert, gastierte dann mit vier Töchtern, gleichfalls Schauspielerinnen, in verschiedenen deutschen Städten, leitete von 1831 bis 1833 das Bamberger Theater, unternahm eine zweite Gastspielreise und gründete hierauf in Moskau ein deutsches Theater, das nach zwei Jahren wieder einging. Seitdem lebte er seinen litterarischen Arbeiten und starb am 18. April 1861.

a. Meusel, Gel. Teutschl. 17, 672. 22 II, 301.

b. Abendzeitung 1827. Wegweiser 73.

c. Allgem. Theaterlexikon 4, 17.

d. A. Heinrich's Deutscher Bühnen-Almanach. 22. Jahrg. Berlin 1858. 8. 133.

e. Brümmer, Lex. (1885) 8. 131.

1) Kleiner Beytrag für die Bühne. Leipzig 1809. 8. Enth. a: Die Rückkunft der Söhne. Lustspiel. — b: Der Sturm oder die Gerettete. Operette. — c: Der Leibkosak. Lustspiel. — d: Anton und Klärchen. Ländliche Scene. — e: Der Avanturier. Lustspiel. — f: Die Fuchsprelle. Oper. — g: Die heirathslustige Familie.

2) Gedichte in der Abendzeitung 1818.

3) Mamura, oder Blüthen aus Nordens Gärten. (Gedichte). o. O. (Riga) 1821 8. Ging später in den Verlag Arnolds in Dresden über.

4) Schauspiele. Braunschweig 1821. 8. Enth. a: Die Helden der neuen Welt. — b: Der stumme Verräther. — c: Die Geisterhallen und das Strafgericht.

5) Lomonossow, oder der Dichter als Rekrut: Original-Theater, als Fortsetzung der deutschen Schaubühne für das Jahr 1822. Augsburg. Bd. 1.

6) Das Modemagazin: Original-Theater f. d. J. 1822. Bd. 2.

7) Beitrag dramatischer Spiele. Quedlinburg 1826. 1827. II. 8. Enth. I. a: Die trostlose Witwe. Lustspiel. — b: Der Schmarotzer. Lustspiel. — c: Verrathener Liebe Sieg und Lohn. Schauspiel. II. d: König Alboin. Drama in 5 Abtheilungen. — e: Maria. Drama in 4 Abtheilungen. — f: Furioso oder das Vogelschießen in Krähwinkel. Singspiel in 1 A.

8) Johann Sobiesky. Schauspiel in 5 A. (Aufgeführt in Hannover 1829 März. Vgl. Abendzeitung 1829. Nr. 126).

9) Arina und Wasili. Russische Novelle. Nordhausen 1887. 8.

10) Ein Mittagsmahl in St. Petersburg und der Autobiograph. Nordhausen 1838. 8.

11) Gedichte. 1860.

12) Außerdem verschiedene ungedruckte Lustspiele, Possen, Opern u. s. w.

81. Ignaz Rauch, geb. am 30. Juli 1786 zu Störmede im Herzogtums Westfalen, 1808 Professor am Gymnasium zu Sitten in Wallis, 1810 Kaplan zu Brilon, 1815 Pfarrer zu Thülen im Herzogtum Westfalen. Seibertz, Westfälische Beiträge zur Deutschen Geschichte. Darmstadt 1823. 2. Meusel, Gel. Teutschl. 19, 251 f.

Julius der Martyrer. Ein Trauerspiel in 3 Aufzügen. Auf öffentlicher Schaubühne aufgeführt von der studirenden Jugend zu Sitten in Wallis den 11. und 13. Augustmonat 1809. Sitten 1809. 4. Ohne Vfnamen.

82. Karl Albrecht Eugen Schäffer, geb. am 28. März 1778 in Dresden, Maler und Architekt daselbst, seit 1805 Professor der Baukunst in Düsseldorf. Meusel's Archiv für Künstler 1808. 2, 4, 76 bis 79. Meusel, Gel. Teutschl. 15, 269. 20, 55.

Timoleon, eine Tragödie. Plesse 1810 (d. i. 1809). 4. Ohne Vfnamen.

83. Der Ahnenstolz, oder das Duell. Lustspiel in 3 Aufzügen von G. v. H. Osnabrück 1810. 8.

84. J. W. Großmann, Hofschauspieler in Wiesbaden. Meusel, Gel. Teutschl. 17, 796.

1) Das Angebinde. Schauspiel in 1 Akt. Bamberg 1810. 8. — Wiederh.: 1826. 8.

2) Die Belagerung der Stadt Hanau und deren Befreyung am 13. Junius 1636. Ein vaterländisches Schauspiel in 5 Aufzügen. Wiesbaden 1812. 8. — Auch: Deutsche Schaubühne. Augsburg. Bd. 16.

85. Karl Gottfried Theodor **Chladenius** (Chladni), Sohn des Amts- und Landphysikus Theodor Ch., geb. am 22. Juli 1759 in Großenhain, besuchte die Fürstenschule in Meißen, studierte in Leipzig die Rechte, wurde zuerst Accessist, dann Aktuar in Weißenfels und Nossen, 1782 Advokat in seiner Vaterstadt, 1784 Generalaccis-Inspektor daselbst, 1789 Ratsmitglied und später Bürgermeister (bis 1821), trat 1831 als Accisinspektor in den Ruhestand, feierte am 15. Oktober 1832 sein 50j. Jubiläum als Advokat und starb am 25. Mai 1837 in Großenhain.

    a. Meusel, Gel. Teutschl. 1, 580 f. 11, 136. 17, 328 f. 22J, 500 f.

    b. N. Nekrolog 1837. 15, 591 bis 598.

    c. Allg. dtsch. Biogr. 1876. 4, 126 (Stffb.).

    1) Mathilde, die Magdeburgerin, oder die zweimalige Rückkehr aus der Todtengruft. Schauspiel in zwei Theilen (zu 4 A.). Neustadt a. d. O. Wagner. 1810. 8. — Ohne Vfnamen. — Vgl. Ch. F. Wehrban, Mathilde die Magdeburgerin, oder die Wiederkehr aus der Gruft. Magdeburg 1800. 8.

    2) Amanda Dent, oder: Die Frau in unsträflicher Doppel-Ehe. Ein Schauspiel in 5 Aufzügen (nach einer wahren Geschichte der Vorzeit). Leipzig 1811. 8. — Auch: Deutsche Schaubühne. Augsburg 1813. Bd. 17.

    3) Thalto und Nauthold, oder die drey schweren Proben der Liebestreue. Ein Schauspiel in 2 Theilen (zu 4 Abtheilungen; theils nach Hrn. von Lafontaine, theils frei bearbeitet). Jena 1812. 8. — Auch: Deutsche Schaubühne. 1812. Bd. 15.

86. Jakob L[evi?] **Salomo Bartholdy** (ursprünglich: Salomon), geb. am 13. Mai 1779 in Berlin als Sohn jüdischer Eltern, studierte seit 1796 in Halle die Rechte, betrieb aber auch allgemeinere Studien, hielt sich seit 1801 mehrere Jahre in Paris auf, unternahm dann eine Reise nach Italien und Griechenland bekehrte sich 1805 in Dresden zum Protestantismus und nahm den Namen Bartholdy an. Er agitierte gegen die Franzosen in Deutschland, lebte zumeist in Wien als Privatmann und zog, als 1809 der Krieg Oesterreichs gegen Napoléon ausbrach, als Oberlieutenant in dem Bataillon der Wiener Landwehr aus, in welchem Leo von Seckendorff fiel (sieh oben S. 111). Im Jahre 1813 war er in der Kanzlei des Fürsten von Hardenberg angestellt, begleitete 1814 die verbündeten Heere nach Paris und ging von da nach London. Auf dem Schiffe lernte er den Cardinal Consalvi kennen, dessen Leben er später beschrieb. 1815 kam er als preußischer Generalkonsul für Italien nach Rom, wohnte 1818 dem Kongresse in Aachen bei, wurde als Geheimer Legationsrat Geschäftsträger am toscanischen Hofe, 1825 pensioniert und starb am 27. Juli 1825 in Rom. Er wurde unter der Pyramide des Cestius begraben. — Sein Neffe war der Komponist Felix Mendelssohn-Bartholdy.

    a. Meusel, Gel. Teutschl. 13, 62 (hier mit Geo. Wilh. Bartholdy vermengt). 17, 85. 22J, 125. — b. Allgem. Zeitung 1825. Beil. Nr. 230 (M. aus Albano bei Rom 30. Juli 1825). — c. N. Nekrolog 3, 852 bis 860. — d. § 245, 1) F nach 39 — Band IV. S. 726. — e. O. Mejer, Zur Geschichte der römisch-deutschen Frage. Rostock 1871 f. II, 2. — f. Allgem. dtsch. Biogr. 1875. 2, 107 (Steffenhagen). — g. Sieh unten S. 810.

    1) Bruchstücke zur nähern Kenntniß des heutigen Griechenlands und der Jonischen Republik; gesammelt auf einer Reise im Jahre 1803 und 1804. Erster [einz.] Band. Berlin 1805. 4. — Französische Übersetzung von A. du C***. Paris 1807. II. 8.

    2) Der Liebe Luftgewebe. Lustspiel in 2 Aufzügen von J. L. S. Bartholdy: Melpomene und Thalia. Taschenbuch für das Trauerspiel und Lustspiel. Berlin 1810. 16. — Litbl. z. Morgenblatt 1810. Nr. 1. — Sieh K. Wolfart Nr. 76. 4).

    3) Der Krieg der Tyroler Landleute im Jahre 1809. Mit einer Karte von Tyrol. Berlin 1814. 8.

    4) Züge aus dem Leben des Cardinals H. Consalvi. Stuttgart 1824. 8.

87. Heinrich Schmidt, geb. am 27. September 1779 in Weimar, besuchte das dortige Gymnasium, studierte von 1797 bis 1800 in Jena die Rechte, widmete sich dann in seiner Vaterstadt der Bühne, erhielt 1801 durch Goethes Vermittelung eine Stelle am Wiener Burgtheater, übernahm nachher die Direktion des fürstlich Esterházy'schen Theaters in Eisenstadt und 1815 die Leitung des Theaters in Brünn, die er bis 1825 und später noch einmal von Ostern 1831 bis 1837 in wirksamster Weise führte. Er starb am 14. April 1857 in Wien.

a. Schiller an L. v. Seckendorff 1801 Aug. 1 — Jonas 6, 297.
b. (K. J. Jurende's) Moravia. Brünn 1815. 8. 166.
c. Meusel, Gel. Teutschl. 20, 189.
d. Sieh unten Nr. 6).
e. Chn. Ritter d'Elvert, Geschichte der Musik in Mähren und Oesterreichisch-Schlesien. Brünn 1873. S. 203. 207.
f. Wurzbach 1875. 30, 258 f.
g. Alb. Rille, Aus dem Bühnenleben Deutsch-Oesterreichs. Die Geschichte des Brünner Stadttheaters [1734—1884]. Brünn 1885. gr. 8.
h. Allgem. dtsch. Biogr. 1890. 31, 732 f. (Paul Schlenther).
Briefe an Schmidt von Goethe: Strehlke, Goethes Briefe 2, 189 und Nr. 6).

1) Gedichte und Aufsätze Sch.s in Wielands N. Teutschen Merkur 1799. 1800; im Freimüthigen 1802. 1803; in der Ztg. f. d. eleg. Welt 1806. 1807; in K. Reinholds Allg. dtsch. Theater-Ztg. 1808 und in (Jurende's) Moravia 1815.

2) Gedichte. Weimar 1800. 8.

3) Aschenbrödel. Eine Zauberoper in 3 Aufzügen. Nach dem Französischen von Étienne bearbeitet. 2. Auflage. Wien 1811. Wallishausser. 8. — 4. Auflage. Wien 1815. 8. — Sieh unten S. 810 f.

4) Das österreichische Feldlager. Ein militairisches Gemälde mit Gesang. Nach Wallensteins Lager. Wien 1814. Doll. 8.

5) Drei Sammlungen von Liedern mit Compositionen von Frdr. Heinr. Hummel und Moriz Grafen v. Dietrichstein und eine Sammlung mit Compositionen von Anton Polzelli in Leipzig.

6) Erinnerungen eines weimarischen Veteranen aus dem geselligen, literarischen und Theater-Leben. Nebst Originalmittheilungen über Goethe, Schiller, Herder, Wieland u. a. Leipzig 1856. 228 S. 8. — Vgl. § 234, B. VI. 20) — Band IV. S. 594; § 249, D. I. 29) — Band V. S. 133; § 286, 1. o) — Band VI. S. 57. — W. v. Biedermann, Goethes Gespräche 1, 215 bis 219. 2, 123 f. — Euphorion 1895. Ergzgsh. 8. 52, 79.

88. Theodat. Tragödie in 4 A. Berlin 1811. 8.

89. Albert Ludwig Grimm, geb. am 19. Juli 1786 zu Schluchtern bei Heilbronn als Sohn eines Pfarrers, studierte in Tübingen und Heidelberg Theologie und Philologie, wurde Hauslehrer beim Kirchenrat Frdr. Hoinr. Chrn. Schwarz in Heidelberg, 1807 Lehrer am Pädagogium zu Weinheim, nach der Erweiterung der Anstalt Vorstand derselben bis 1854, in welchem Jahre er wegen Kränklichkeit pensioniert wurde. Er war zweimal Bürgermeister in Weinheim, 1825 und 1828 Abgeordneter zur zweiten württembergischen Kammer und in den dreißiger Jahren Sekretär derselben. Nach seiner Pensionierung wählte er Baden zum Aufenthaltsorte und starb dort am 1. Dezember 1872 nach schwerem Leiden.

Außer seinem biblischen Drama schrieb er eine Menge von Unterhaltungsbüchern für Kinder, die sehr verbreitet, aber nicht sehr wertvoll sind, da sie dem spielenden süßlichen Tone folgen.

a. Meusel, Gel. Teutschl. 13, 502. 17, 779. 22 II, 451 f.
b. (Augsb.) Allg. Ztg. 1872. 8. 5169. 5303. — c. S. unten S. 811.

1) Persephone. Ein Jahrbuch auf 1806. Hg. von A. L. Grimm und A. L. Danquard. Frankfurt a. M. 1806. 8.

2) Kindermährchen. Heidelberg o. J. (1809). 12. — 1817. 12. — 1840. 16. — Frankfurt a. M. 1844. 16. — 1860. 8. — 1869. 8. S. unten S. 811.

3) Davids Erhöhung. Schauspiel in 5 Akten. Carlsruhe 1811. VIII, 248 S. 8. — Vgl. Lithl. z. Morgenblatt 1813. Nr. 11. 8. 42.

4) Lina's Märchenbuch. Eine Weihnachtsgabe. Frankfurt a. M. 1816. 8. — Grimma 1887. II. 8. — 1839. II. 8.   4a) Cornelia 1817.

5) Sankta Musa (Legende): Für müssige Stunden. Vierteljahrsschrift. Hg. von F. L. Bührlen u. s. w. Jena 1819. 8. 83 ff.

6) Mährchen der Tausend und Einen Nacht. Frankfurt a. M. 1820 bis 1824. V. 8. Auch u. d. T.: Mährchenbibliothek für Kinder. 1. bis 5. Band. — Grimma 1837 f. II. 8. — 1838 f. V. 16. — Leipzig 1864. 8. — 1867. 8. — 7. Aufl. 1875. 8. — 8. Aufl. 1879. 8.

7) Mährchen der alten Griechen und Römer. Frankfurt a. M. 1824. 1826. II. 8. Auch u. d. T.: Mährchenbibliothek für Kinder. Bd. 6 und 7. — Grimma 1839. II. 16. — 1844. IV. (in 1 Bde.) 16. — Sagen und Märchen der G. u. R. für die Jugend bearbeitet. Leipzig 1865. 8. — 1872. 8. — 1877. 8.

8) Bunte Bilder aus der Feen- und Mährchenwelt der Tausend und Einen Nacht. Zur angenehmen Unterhaltung und Erweckung des Geistes für fleißige Kinder bearbeitet. (N. Ausg.). Grimma 1834. 8. — Bunte Bilder aus T. und E. N. für die Jugend bearbeitet. Leipzig 1867. 8. — 1874. 8. — 1879. 8.

9) Mährchen aus dem Morgenlande für die Jugend. Hamburg 1843. 16. — 1844. 16.

10) Deutsche Sagen und Märchen für die Jugend bearbeitet. Leipzig 1867. 8. — 1872. 8. — 1877. 8. — 1887. 8.

11) Mährchen des Tausend und Einen Tages. Leipzig 1869. 8. — 1879. 8.

12) W. Hauffs Märchen. Für die Jugend durchgesehen. Leipzig 1870. 8. — 1874. 8. — 1878. 8.

13) Märchenbuch. Leipzig 1871. 8. — 1877. 8.

14) Außerdem noch andere Schriften.

90. Wilhelm Eugen, wahrscheinlich der Schauspieler in Regensburg, über den L. v. Seckendorff an Schiller berichtete und der nach Ifflands Almanach fürs Theater 1811 noch 1809 am Regensburger Theater thätig war. Vgl. Schiller an Goethe 1801 Juni 28 = Jonas 6, 289.

Der zerbrochene Wagen. Schauspiel in 1 Aufzug. Regensburg, Daisenberger 1811. 8. — Auch: Deutsche Schaubühne. Augsburg. Bd. 14.

91. Josef August Eckschläger (auch: Eckschlager), wird in Ballus' Monographie der Stadt Preßburg als ein daselbst lebender Ausländer genannt. Nach andern war er Deutsch-Ungar. In den Jahren 1813 bis 1815 wirkte er als Kapellmeister und Theatersekretär in Preßburg und Baden und lieferte als solcher eine Reihe von Prologen und Texten zu lebenden Bildern.

a. Theater-Zeitung 1813. Nr. 139 bis 141. 1815. Nr. 13.

b. Meusel, Gel. Teutschl. 17, 475. 22^{II}, 14.

1) Ulrich Zwingli von Zürich. (Schauspiel). Zürich, Orell, Füßli und Co. 1811. 4 Bl., 96 S. 8. — Auch: Deutsche Schaubühne. Augsburg. Bd. 5.

2) Otto von Wittelsbach. Dramatische Dichtung. Regensburg 1811. 8. — Auch: Otto der Große, Pfalzgraf von Wittelsbach. Eine dramatische Dichtung in 3 Abtheilungen von J. A. Eckschläger: Deutsche Schaubühne. Bd. 6.

3) Herzog Christoph der Kämpfer. Eine Tragödie. Regensburg 1811. 8. — Auch: Deutsche Schaubühne. Bd. 9. — Vgl. Lithl. z. Morgenblatt 1811. Nr. 14.

4) Cäsar in Teutschland. Dramatische Dichtung. Baden 1814, gedr. bei F. Ullrich. 100 S. 8. — Vgl. Theater-Ztg. 1814. Nr. 114.

5) Petrarca. Dramatische Dichtung. Baden 1814, gedr. bei Ferd. Ullrich. 87 S. 8.

6) Der musikalische Schneider. Nach dem Französischen. (Aufgeführt in Baden 1815 Mai 17).

7) Noah. Biblisches Drama in 4 Aufzügen. — Als im Buchhandel erschienen angekündigt: Theater-Ztg. 1815. Nr. 118. — Aufgeführt in Preßburg 1815 Dezember. — In einer dreiaktigen Ueberarbeitung Kuffners mit Seyfrieds Musik gespielt im Theater an der Wien 1819 Oktober 19 und bis zum 6. November d. J. 17mal mit einer Einnahme von 45000 Gulden gegeben. Vgl. Band III^1. S. 800; Abendztg. 1819. Nr. 287; Costenoble, Tagebücher 1, 61. — Hs. in Wien, Hofbibliothek.

8) Der silberne Storch oder die unvermuthete Rettung. Schauspiel in 4 A. (Aufgeführt in Linz 1821 Oktober 29. Vgl. Theater-Ztg. 1821. Nr. 144.)

9) Der kleine Toms oder Glocke und Sporn. Zauberspiel in 3 A. nach dem Französischen (mit Rosenau, Musik von Eckschläger. Aufgeführt am Josephstädter Theater 1823 Januar 11. Vgl. Theater-Ztg. 1823. Nr. 79; Abendztg. 1823. Nr. 54).

10) Stumme Liebe oder die Holzhauer im Ardennen-Walde. Romantisches Melodrama in 3 A. nach dem Französischen des Cuvellier. (Musik von Gläser. Aufgeführt am Josephstädter Theater 1823 April 19. Vgl. Theater-Ztg. 1823. Nr. 52).

11) Der Treue Opfer. Festspiel in 1 A. (Aufgeführt am Josephstädter Theater 1824 Februar 11. Vgl. Theater-Ztg. 1824. Nr. 25: ‚matte Copie von Schillers Huldigung der Künste').

12) Das Felsenmädchen oder die Hochzeit im Ardennerwald. Romantisches Spektakelgemälde in 3 A. — Hs. Wien, Hofbibliothek.

13) Die Freier auf Lodbroks Schloß oder der Hund auf der Zauberbrücke. Ein romantisches Schauspiel in 4 A. nach einer altnordischen Sage (Aufgeführt in München am Isarthor März 1825, für den Gymnastiker Meyerhofer. Vgl. Abendztg. 1825. Nr. 111). Hs. Wien, Hofbibliothek. — Vgl. J. A. Gleich § 884, 427. 44) — Bd. III¹. S. 822.

14) Von Eckschläger ist das volkstümliche Lied Maienblümlein (Maienblümlein so schön, mag euch gern blühen sehn). 1811. Komponirt von K. M. v. Weber. — Vgl. F. M. Böhme, Volksthümliche Lieder der Deutschen im 18. und 19. Jh. Leipzig 1895. Nr. 213.

92. Karl Friedrich Ziegler, geb. zu Horn im Fürstentum Lippe-Detmold, studierte Medizin in Kiel, war Arzt auf Föhr, Distriktschirurg im Amte Cismar, 1819 Chirurg in Ahrensbeck; starb dort im Februar 1833.

    a. Meusel, Gel. Teutschl. 21, 785.

    b. Lübker 715.

    c. N. Nekrolog 11, 147.

    1) Der Graf zur Lippe. Ein dramatisches Gedicht. Kiel 1811. 159 S. 8.

    2) Gedichte in der Eidora. Vgl. § 315, II. 251 — Band VIII. S. 107.

93. Kuno Ludwig von der Kettenburg, geb. um 1775, wahrscheinlich in Schwetzin, war seit 1798 großherzoglich mecklenburg-schwerinscher Kammerherr, hatte längere Zeit in Italien, namentlich in Rom gelebt und war der tägliche Genosse des kleinen Kreises, der sich um die Erbprinzessin, geb. Prinzessin von Weimar, in Schwerin versammelte. Er starb am 14. Januar 1813 auf dem Schlosse zu Schwerin an den Masern. Sein jüngerer Bruder Johann Fr. erbte sein Gut Schwetzin.

    a. Nekrolog 9, 768 f.

    b. Literarischer Nachlaß der Frau Karoline von Wolzogen. Leipzig 1849. 2, 810 f. (hier irrig 1814 als Todesjahr angegeben).

    c. Briefe von Schillers Gattin an einen vertrauten Freund [Knebel]. Leipzig 1856. S. 97.

    d. Knebels Briefwechsel mit seiner Schwester Henriette. Jena 1858. S. 492. 604. 614. 642.

    1) Diego. Tragödie. Berlin 1811. 158 S. u. 1 Bl. 8.

    2) Julianus Apostata. Tragödie. Berlin 1812. 2 Bl., 154 S. 8.

94. Franz Graf von Waffenberg, geb. am 4. Juli 1788 in Brünn, Sohn des Grafen Joh. Nep. von W., war Rittmeister in der österreichischen Armee, aus der er später austrat; starb um 1856.

    a. Meusel, Gel. Teutschl. 21, 295.

    b. Wurzbach 1885. 52, 65 f.

Die Rosenkette. Ein Nachspiel. Olmütz 1811. 8.

95. August Heinrich Petiscus, geb. am 26. Juli 1780 in Neu-Ruppin, 1803 Gouverneur und Lehrer am kgl. Kadettenkorps in Berlin, 1806 Inspektor und Lehrer am kgl. Joachimsthalschen Gymnasium, 1807 (bis 1815) Prediger an der Charité, am Friedrichs-Waisenhause und an der Parochial-Kirche, 1810 Lehrer der Geschichte, Geographie und deutschen Sprache an der medizinisch-chirurgischen Pépinière (spätern Friedrich-Wilhelms-Institute) und seit dem 3. Dezember 1811 Professor. Er lebte, nach der von ihm selbst herrührenden Vorrede zur 8. Aufl. von Nr. 4) Olymp, noch 1854. Wann starb er?

    a. J. D. Preuss, Das königl. Preussische medicinisch-chirurgische Friedrich-Wilhelms-Institut. Berlin 1819.

    b. Meusel, Gel. Teutschl. 19, 97.

    c. (Hitzig), Gel. Berlin im J. 1825. S. 196 f.

    1) Cantate zur Einweihung der Luisenstiftung in Berlin, am 19. Juli 1811 gedichtet. Berlin 1811. 8.

    2) Crösus, König von Lydien. Ein Drama. Berlin 1812. 109 S. 8. — Vgl. Lithl. z. Morgenblatt 1814. Nr. 5. S. 18.

3) Rezensionen in der Allg. Hall. Lit.-Ztg. 1820 und in der Jen. Allg. Lit.-Ztg. 1823.

4) Der Olymp, oder Mythologie der Aegypter, Griechen und Römer [in den jüngern Aufl. auch anderer Völker]. Zum Selbstunterricht für die Jugend und angehende Künstler. Berlin 1821. 8. — 2. verb. u. verm. Aufl. 1822. 8. — 3.: 1824. 8. — 5.: 1832. 12. — 6.: 1837. 12. — 7.: 1848. 12. — 8. (von dieser an:) Leipzig 1854. 8. — 12.: 1860. 8. — 15.: 1867. 8. — 16.: 1872. 8. — 17.: 1874. 8. — 18.: 1878. 8. — 19.: 1883. 8. — 20. Auflage besorgt von E. Anthes. 1890. 8. Englische Übersetzung: The Gods of Olympos by A. H. Petiscus, Translated and edited by Katherine A. Raleigh, with preface by Jane E. Harrison. London 1892. 8

5) Cäcilie, oder der Muttersegen. Töchtern gebildeter Stände gewidmet. Berlin 1825. 8.

6) Johannes, oder der Vatersegen. Jünglingen gebildeter Stände gewidmet. Berlin 1825. 8.

7) Menschenwerth in Beispielen aus der Geschichte und dem täglichen Leben. Der Jugend zur lehrreichen Unterhaltung dargestellt. Berlin 1826. 8. — 2. verb. u. verm. Aufl. Berlin 1834. 8.

8) Die Geschwister aus der Fremde. Beitrag und Nahrung für Geist und Herz der Jugend gebildeter Stände. Leipzig 1831. 8.

9) Ehrenproben. Historische Erzählung aus der neuen Zeit für die reifere Jugend gebildeter Stände. Leipzig 1832. 8.

10) Noch andere Jugendschriften und Predigten.

96. Ferdinand Baron von Eckstein, geb. im September 1790 in Kopenhagen von jüdischen Eltern, wurde bei einem lutherischen Pastor erzogen, besuchte deutsche Universitäten, trat 1807 in Rom zur katholischen Kirche über und beendete seine juridischen Studien in Göttingen und Heidelberg. Als Freiwilliger im Lützow'schen Korps machte er die Feldzüge 1813 und 1814 mit, nach Beendigung des Krieges übernahm er die Leitung der Militär- und Zivilpolizei in Gent; später Generalkommissär der Polizei in Marseille, 1818 General-Inspektor beim Polizeiministerium in Paris. Nachher bis zur Julirevolution im Ministerium des Auswärtigen. Er starb im November 1861 als Privatmann in Paris. — Sein Neffe war Johannes Wit, gen. von Dörring § 316, 7. a. La Littérature Française Contemporaine. Paris 1848. 8, 420. — b. David August Rosenthal, Convertitenbilder. Schaffhausen 1866. 1, 74 88. — c. H. Heines Werke (Elster) 6, 29. 381. — d. Dtsch. Rundschau 1897. Juni. 91, 880 f. — e. S. 811.

1) Der Kampf um Pisa. Ein Trauerspiel in fünf Aufzügen. Heidelberg 1813. 8. Unter dem Vorwort nennt sich der Vf.

2) § 230, 16. 24) — Band IV. S. 347. — 8) § 283, 3. 83) III. ε — oben S. 25.

4) Le Catholique, ouvrage périodique dans lequel on traite de l'universalité des connaissances humaines sous le point de vue de l'unité de doctrine. Publié sous la direction de Mr. le baron d'Eckstein. Paris 1826 bis 1828. — Vgl. Görres: Der Katholik Bd. 21.

5) Des Jésuites. Paris 1827. 104 S. 8. Vgl. N. allg. polit. Annalen 1828.

6) Réponse aux attaques dirigées contre lui par M. Benjamin Constant dans son ouvrage intitulé ,de la Religion'. Paris 1827. 60 S. 8. — 7) De l'État actuel des affaires (Extrait du ,Catholique'). Paris 1828. 8. — 8) De l'Espagne: considérations sur son passé, son présent, son avenir. Fragments. Paris 1836. 8.

9) Des Élements de vie sociale et politique, qui se rencontrent dans la tribu pastorale. Paris 1855. 8. (Extr. du ,Correspondant'). — 10) Des Mots de charité, de tolérance, de liberté de pensée, de liberté de conscience; valeur et signification historique de ces mots. Paris 1855. 8. (Extr. du ,Correspondant'). — II) Questions relatives aux antiquités des peuples sémitiques, ouvrage de M. Ernest Renan, couronné par l'Institut. Paris 1856. 8. (Extr. de la ,Revue archéologique'). — 12) Des Sources de l'opinion publique dans l'Europe moderne. Paris 1856. 8. (Extr. du ,Correspondant'). — 13) Les Voyages du docteur David Livingstone. Paris 1859. 8. (Extr. du ,Correspondant'). — 14) Sur les Sources de la cosmogonie de Sanchoniathon. Paris 1860. 8. — 15) Geschichtliches über die Askesis der alten heidnischen und der alten jüdischen Welt als Einleitung einer Geschichte der Askesis des christlichen Mönchthums. Vom Baron v. Eckstein. Mit einem Vorworte von Joh. Jos. Ignaz v. Döllinger. Freiburg, Herder. 1862. X, 318 S. 8.

97. Albrecht Friederich, geb. am 13. Februar 1775 in Mannheim, war 1803 badischer Regierungsrat und von 1809 bis 1815 Legationsrat; starb als Geh. Rat am 24. Dezember 1843 in Karlsruhe.

Meusel, Gel. Teutschl. 11, 242. 17, 624. 22 II, 227 f.

1) Aufsätze und Gedichte in Eggers' deutschem Magazin 1801; in Archenholz' Minerva; in der Zeitg. f. d. eleg. Welt; im Taschenbuch der Grazien 1807 bis 1809; im Morgenblatt 1808. 1814 f. 1818. u. s. w.

2) Erinnerungen an Schiller, zu seiner Gedächtnißfeyer. Mannheim 1809. 8. — Auch in: (Bentzel-Sternau's) Jason 1, 205 f.

3) Ifflands Todtenfeyer. Dramatische Nänie. Karlsruhe 1814. 8. — Vgl. § 258, 7. p) — Band V. S. 265.

4) Dramatische Festspiele und Gesänge für Baden. Karlsruhe 1815. 12. Nennt sich unter der Vorrede.

5) Lieder. Aus dem Englischen Byrons von A. Friedrich. Karlsruhe, Müller. 1820. 8. — § 349, 178. 18) — Band III¹. S. 1330.

6) Noch andere Schriften z. B.: Geschichte der nach Rom entführten Heidelberger Bibliothek. Karlsruhe 1816. gr. 8. u. s. w.

98. Seidler.

Kuno von Kyburg. Trauerspiel in 5 Akten. Von (ps.) Reldies. Stuttgart 1815. 8.

99. Friedrich Freiherr von Maltzahn, Erbherr auf Peckatel u. s. w. im Mecklenburg-Schwerinschen.

1) Anna. Trauerspiel in 5 Acten. Berlin 1815. 206 S. 8. (Aus Ludwigs des Frommen Zeit um 818).

2) Heinrich der Vierte, Kaiser von Deutschland. Trauerspiel in 5 Acten von F. v. M. Neustrelitz 1826. gr. 8. Ohne Vfnamen.

3) Conradin. Trauerspiel in 5 Acten. Güstrow 1835. gr. 8.

4) Die Abenddämmerung. Eine nordische Sage. Zur Neujahrsgabe. (Gedicht). Güstrow 1839. gr. 8.

5) Mecklenburg in allgemeinen deutschen Beziehungen. Rostock 1842. 8.

6) Einige Worte an meine Landsleute. Rostock 1843. gr. 8.

7) Umriß einer christlichen Weltgeschichte. Rostock 1850. IV, 472 S. gr. 8. — 2. Aufl. Hamburg 1853. 890 S. 8.

100. Johann Ludwig Casper, geb. am 11. März 1796 in Berlin, lernte in einer Apotheke, studierte seit 1817 Medizin zuerst in Berlin, dann in Göttingen, 1818 in Halle, promovierte hier im Jahre 1819, bereiste seit 1820 Frankreich und England, ließ sich 1822 als ausübender Arzt in seiner Vaterstadt nieder, habilitierte sich als Privatdozent an der dortigen Universität und wurde 1825 Professor und Medizinalrat. Er starb als Geh. Medizinalrat am 24. Februar 1864 in Berlin.

a. Abendzeitung 1818. Nr. 18.
b. Meusel, Gel. Teutschl. 17, 319. 21, 81 f. 22 I, 483 f.
c. (Hitzig) Gel. Berlin im J. 1825. S. 43.
d. Callisen, Medicin. Schriftstellerlex. 1831. 4, 1 bis 6.
e. Prutz' Museum 1864. Nr. 36. S. 382.
f. Allgem. dtsch. Biogr. 1876. 4, 58 f. (Aug. Hirsch).

1) Bescheidene Zweifel gegen die neue Hellseherin in Carlsruhe, mit einigen Gedanken über den thierischen Magnetismus. Leipzig 1818. 8.

2) Die Karfunkel-Weihe romantisches Trauerspiel von (ps.) Till Ballistarius. o. O. (Leipzig) 1818. 4 Bl., 132 S. 8.

,Meistens mit der Dichter eigenen Unsinnsworten verfaßte dramatische Satire. Die Unzuchtsszene ,Im Park' S. 32 f. ist musivisch zusammengesetzt aus Stellen der Dolores (§ 286, 7. 23), der Hesperiden (§ 289, 1. 11), aus Godwi (§ 286, 1. 4), der Lucinde (§ 283, 3. 20), A. W. Schlegels Gedichten u. s. w. Zuletzt geht es in ein Handgemenge über, in dem die Geweihten unterliegen. Im ganzen elend und nur durch die stille Ironie des aufgetischten Unsinns wirkend'. (Goedeke).

3) Beiträge C.s in der Zeitg. f. d. eleg. Welt 1818 f. 1821 und im Gesellschafter 1818 f.

31*

4) Die wandernden Comödianten. Komische Oper in einem Acte von Dr. Casper (September 1821). Die (ungedr.) Komposition dazu von dem 13jährigen Felix Mendelssohn. Vgl. Goethe-Jahrb. 1891. 12, 111 f. — Hs. auf der Kgl. Bibliothek in Berlin.

101. Die Eumeniden oder Noten zum Text des Zeitalters. Motto: Suche Jeder, wen er reibe. Zürich 1801. 8.
Für die Brüder Schlegel, gegen deren Widersacher. — Vgl. Neue allgem. dtsch. Bibliothek 73, 311 f. — Jean Pauls Brief: Knebels literar. Nachlaß 2, 421 (darnach wären zwei Studenten die Vf.). — Koberstein, Grundriß³ 4, 866 f.

102. Die Comödia von der schönen Io, wie solche von dem heidnischen Gotte Jupiter geliebt, in eine Kuh verwandelt, und von Merkurio wunderbarlich errettet worden, in [drei Akten mit Prolog und Epilog und in] zierlichen Knittelversen, Stanzen, Terzinen, Sonnetten. natürlich und poetisch, freymüthig und elegant, ans Licht gestellet von (ps.) **Daniel Brummelsen**, poëta laureato. Prag [Leipzig. o. Verl.] 1804. 109 S. 8. — Anspielungen auf Schlegels Lucinde u. a. — Vgl. Hayn³ S. 38.

103. Comoedia divina mit drei Vorreden von Peter Hammer, Jean Paul und dem Herausgeber. Inspicere tanquam in speculum et ex aliis sumere exemplum sibi. .o. O. [Heidelberg] 1808. 1 Bl. u. 149 S. 8. — Vgl. A. W. Schreiber § 262, 5. 22) — Band V. S. 368. — Morgenblatt 1808. Nr. 192 bis 194. August 11 bis 13; Intell.-Bl. zum Morgenbl. 1808. Nr. 21.
Inhalt. S. 1: Die Weihe. — S. 7 f.: Die drei Vorreden von Görres [aus den Schriftproben § 293, I. 6. 17)], Jean Paul [aus den Vorlesungen in Leipzig] und dem Herausgeber [Travestie romantischer Einfälle], unterz.: Basel am 1. Mai 1808. W. G. H. Gotthardt. — S. 25: Erklärung des [hinzusudenkenden] Titelkupfers. — S. 31 bis 58: Die Leipziger Messe [Jupiter verwandelt Novalis Octavianus Hornwunder in eine Gans]. — S. 59 bis 84: Der Sündenfall [Adam philosophiert nach dem Genuß romantisch]. — S. 85 bis 95: Nachspiel. — S. 96 bis 104: Anmerkungen. — S. 105 bis 149: Des Dichters Küchengarten [Gedichte von W. v. Schütz, Lassaulx, Lochen, K. Rottmann, A. W. Schlegel und Aphorismen aus Novalis, der Lucindo und den Aphorismen über Kunst (§ 293, I. 6. 5) mit eingemischten Travestien].
Andere dramatische Satiren von: L. Tieck § 284, 1. Der gestiefelte Kater 34); Prinz Zerbino 88). — A. v. Kotzebue § 258, 8 Der hyperboräische Esel 58); Herr Gottlieb Mercks 157). — A. W. Schlegel § 283, 1 Kotzebue's Rettung oder der tugendhafte Verbannte. Ein empfindsam-romantisches Schauspiel in 2 Aufzügen, in: Ehrenpforte u. s. w. 12). — Cl. Brentano § 286, 1 Gustav Wasa 3). — Frey § 258, 8 Herr von Kotzebue in Sibirien 75) f. [Z. 8 lies: Zweite Vorrede (in Prosa). An die Leser. S. XXI—XXII: Dritte Vorrede (in Prosa). An die Herren Recensenten]. — Der Freimüthige § 258, 8. 99). — E. M. Arndt § 311, 1. 16) Der Storch und seine Familie. — L. Robert § 325, 1 Die Ueberbildeten 17). — Bittermann § 258, 8 Eitelkeit dein Name ist Poet 16). — J. Baggesen § 291, 6. Romanien in Jauer 18) III. — Sieh ferner die § 281, 34 f. genannten Satiren.

Fünftes Kapitel.

An die bisher genannten Schriftsteller von hervorragender Bedeutung oder bestimmter Richtung schließen sich untergeordnetere, die hier nach den Ländern ihrer Geburt und innerhalb dieser Grenzen nach der Zeit ihres ersten Auftretens geordnet sind. Zunächst folgen die Dichter aus Süd- und Mittel-Deutschland, aus der Schweiz, Österreich, Bayern und Franken, vom Mittelrhein und aus Hessen, sowie aus Sachsen und Thüringen.

§ 297.

Die Schweiz.

α. Robert **Weber**, Die poetische Nationalliteratur der deutschen Schweiz. Musterstücke aus den Dichtungen der besten schweizerischen Schriftsteller. Glarus 1866 bis 76. IV. 8. Band 4 von J. J. Honegger.

β. Alpenrosen. Ein Schweizer-Almanach, herausgegeben von Kuhn, Meisner, Wyß u. a. auf das Jahr 1811 [1889]. Bern und Leipzig, 1811 bis 1889. 12. Von 1831 ab: Besorgt von Schweizerischen Schriftstellern und Künstlern. Von 1837 ab: Hg. von A. E. Fröhlich, H. W. Wackernagel und K. R. Hagenbach.

1. **Johann Martin Usteri**, geb. am 12. April 1763 in Zürich, bereiste 1783 Deutschland, die Niederlande und Frankreich, trat nach seiner Heimkehr in das Handelsgeschäft seines Vaters, entsagte aber nach dessen Tode dem kaufmännischen Berufe, um sich ganz dem öffentlichen Leben, der Wissenschaft und der Kunst zu widmen. Im J. 1803 wurde er Mitglied des großen, 1815 des kleinen Rates und wirkte im Erziehungs- und Finanzrate. Er starb am 29. Juli 1827 in Rapperswyl am Züricher See.

a. Schweizerische Monats-Chronik 1827. Nr. 8. S. 177.

b. Nekrolog 1827. 5, 731.

c. David Heß. Nr. 10) Bd. 1.

d. DD. Zweite Abtheilung. S. 229.

e. Gallerie berühmter Schweizer der Neuzeit. In Bildern von Fr. und H. Hasler. Mit biographischem Text von Alfred **Hartmann**. 1. Band. Baden im Aargau. 1868. Fol. Nr. 22.

f. Robert **Weber**, Schweizerische Nationalbibliothek. I. Serie. 7. Bändchen. Aarau, 1886. 8. S. 1 bis 5: Usteris Leben und Dichtungen.

g. Allg. dtsch. Biogr. 1895. 39, 390 bis 396 (Daniel Jacoby).

1) Aufmunterung zur Freude ,Freut euch des Lebens': Neues Schweitzerisches Museum (Herausgegeben von H. H. Füßli). 1793. Heft X. Erster Jahrgang. Zürich, bey Orell, Füßli und Comp. 8. S. 797 bis 799, unterz.: Martin Usteri. Später unter der Überschrift Gesellschaftslied: Göttinger Musenalmanach für 1796. S. 27 bis 29 mit der noch heute genau so gesungenen Melodie von Nägeli (§ 835, 1007). Französisch: ,Gratez la vie': Morgenblatt 1807. Nr. 129. S. 514. Vergl. Hoffmann von Fallersleben. Unsere Volksthümlichen Lieder. Vierte Auflage. Leipzig 1900. Nr. 464; F. M. Böhme, Volksthümliche Lieder der Deutschen. Leipzig 1895. Nr. 304. — Eine politisch aufklärerische Umdichtung (,Freiheit, ihr Brüder, ist unser höchstes Gut'): Aug. Hennings' Genius der Zeit. Altona 1796. 9, 82. Vgl. Euphorion 1895. 2, 344. 1896. Zweites Erg.-Heft. S. 119¹).

2) Der Maler: Journal für Litteratur und Kunst. Zweites Heft. Zürich, 1805. In der Kunsthandlung von Füeßli und Compagnie. 8. S. 159 bis 169 ,Ein junger Maler vor manchem Jahr In einem freundlichen Dorfe war' 273 gereimte Verszeilen.

Vergl. den Neuen Teutschen Merkur vom Jahr 1805. Band 3, St. 11. November. S. 233 f. Von der Schweizergrenze d. 19. Sept. 1805 von R......d [d. i. H. A. O. Reichard].

3) I. (bis XXII.) Neujahrblatt [vom 15. an: Neujahrsblatt] der Gesellschaft der Feuerwerker in Zürich auf das Jahr 1806 (bis 1827). o. O. (Zürich) 4. 22 Hefte ohne besondere Titelblätter.

Die Neujahrsblätter der Feuerwehr-Gesellschaft erschienen vom J. 1691 in ununterbrochener Reihenfolge, bis sie infolge der Ereignisse von 1798 plötzlich aufhörten. 1806 rief sie Usteri von neuem ins Leben und setzte sie bis zu seinem Todesjahre fort. Von 1806 bis 1826 enthalten sie eine Kriegsgeschichte der Schweiz von den Zeiten der alten Helvetier bis zur Schlacht von Tättwyl 1351. Das letzte, das 22., behandelt die älteren staatsrechtlichen Verhältnisse des Landes Glarus und seine Geschichte von 1315 bis 1352 (Kampf am Rautiberg und ewiger Bund von Glarus mit Uri, Schwyz und Unterwalden, 6. Juni 1352). Viele der Blätter enthalten eine Vignette in braunem Tone, von J. M. Usteri gezeichnet, wahrscheinlich stammen von ihm auch die Lieder, die sich im 15. und 21. finden; er hat ihnen das Gepräge des Altertums gegeben.

15. 1820. S. 13 bis 16: Ein hübsch alt Lied von dem herten Stryte, beschechen vor Lauppen, nach wahrem Inhalt der Cronick. In der Weiß, wie des Ecken Ausfarth. — 21. 1826. S. 18 bis 22: Tättwyler Schlacht, Ao. 1351.

4) Künstler Lieder. Basel, gedruckt bey Wilhelm Haas. 1809. 3 Bl., 113 und
86 S. 12. Mit Vignetten und Melodien. — Zweite Auflage. Basel, gedruckt bey
Wilhelm Haas. 1826. 5 Bl., 152 S. 12. Mit Vignetten.
Herausgeber der Künstlerlieder, sowohl in der ersten wie in der zweiten
Auflage, ist M. Usteri. Von ihm stammen in der 1. Aufl.: a. S. 1 bis 4: Reise-
lied für Fußgänger zur Künstlergesellschaft in Zofingen ‚Habt ihr Satt euch ge-
plackt — Lustig! den Bock auf die Schulter gepackt!‘, 7 zehnzeil. Strophen. —
b. S. 10 bis 12: Einladung ‚In zartbelaubten Zweigen spielen‘, 9 fünfzeil. Strophen. —
c. S. 70 bis 76: Ballade ‚Es zog ein Maler wohl über Feld‘, 19 sechszeil. Strophen. —
d. S. 100 bis 103: Sehnsucht des Mahlers nach dem Esel mit den Geldsäcken
‚Das Glück besucht mich nur im Traum‘, 10 achtzeil. Strophen, — e. S. 104 bis
106: Künstlerschicksal ‚Drei Thaler verdien' ich, zuweilen auch vier‘, 6 achtzeil.
Strophen.
Die 2. Auflage bringt von Usteri neu hinzu: f. S. 116 bis 119: Frizens Be-
rufs-Wahl ‚Hör‘, Friz, so sprach die Mutter‘, 9 siebenzeil. Strophen. — g. S. 120 bis
122: Frizens Anmeldung ‚Mein Herr Mahler, nichts vor übel‘, 6 achtzeil. Strophen. —
h. S. 123 bis 125: Frizens Farbenreiben-Klage ‚Giebt's denn auf Gottes weiter
Welt Kein Leben ohne Plage‘, 6 achtzeil. Strophen. — i. S. 126 bis 130: Frizens
Freude und Leiden ‚Triumph! die Kunst ist nun errungen‘, 10 achtzeil. Strophen.
5) Die Schweizer-Reise. Erstes bis Zehntes Neujahrsstück der allgemeinen
Musik-Gesellschaft in Zürich. 1813 bis 1822. [Zürich]. 4. Zehn Hefte.
L ‚Sehnsucht nach den Bergen‘ und ‚Tagwache‘. — II. ‚Wanderers Morgen-
lied‘ und ‚Hoffnung‘. — III. ‚Der treue Hund‘ und ‚Aelpler-Lied‘. — IV. Romanze. —
V. ‚Uf Bergen, uf Bergen, da ischs ei'm so wohl‘ und ‚Arm Weiblein irrte zagend
Auf rauhem Pfad einher‘. — VI. Der Storch von Luzern. — VII. Ballade. — VIIL
Struth Winkelried. — IX. Die Sühne. — X. Wiedersehn.
Das zweite bis zehnte Neujahrsstück ohne besonderes Titelblatt. Die genannten
Lieder offenbar von Usteri.
6) Zuruf an die Gesellschaft der Böcke am 11. Februar 1813. Lied. [Zürich]. 8.
7) a: Beitrag zur Bezeichnung des Künstlers wie er sein sollte: Alpenrosen
für 1817. — b: Der Frühlingsbote. Gemälde von Breughel: ebenda. S. 49/63.
8) Der armen Frow Zwinglin Klag. Mit Kupfern. 16. Sonderabdruck aus
den Alpenrosen . . . auf das Jahr 1820.
9) Fahrt nach Basel, am 13. Juni 1820 [Zürich]. 8.
9a) Gedichte in den Alpenrosen 1824: Schützenlied. — 1825: Die arme Mutter.
10) Dichtungen in Versen und Prosa von Johann Martin Usteri. Nebst einer
Lebensbeschreibung des Verfassers herausgegeben von David Heß. Berlin, bei G.
Reimer. 1831. III. 12. Vergl. Zürcher Taschenbuch auf das J. 1890. N. F. Band 13. —
Wiederholt: Leipzig, Hirzel. 1853. III. 12. — Dritte Aufl. Leipzig 1877. III. 12.
Enth. I.: Lebensbeschreibung. Zuerst: Neujahrsblatt 1830. Zürich. Unten
Nr. 10.11). — a: Vermischte Gedichte. — b: Gelegenheits-Gedichte. — c: Balladen. —
d: Zeit bringt Rosen. Erzählung (vorher: Alpenrosen. 1811). — e: Der Schatz
durch den Schatz. Biographie Hans Breidbachs, des Goldschmidts von Fryburg
aus dem XVI. Jahrh. Sieh Nr. 17). — f: Thomann Zur Lindens Abenteuer auf
dem g s Schießen zu Straßburg 1576 (zuerst in den Alpenrosen für 1819). Neu
hg. Nrrol§h Vergl. Band III¹. S. 1188.
II. g: Künstlerlieder. — h: Volks-, Kinder- und andere Lieder in Schweizer-
Mundart. — i: De Vikari. Ländliche Idylle in Züricher Mundart. Reclams Univ.-
Bibl. Nr. 609/10. — Sieh: De Vikari. Idylle in fünf Akten nach J. M. Usteri.
Für die Bühne bearbeitet von Heinrich Cramer. Zürich. Im Selbstverlage des
Verfassers. Druck von David Bürkli. 1869. 82 S. 8. — k: Gott bescheert über
Nacht, Erzählung (zuerst in den Alpenrosen für 1814).
III. l: De Herr Heiri. Städtische Idylle in Zürcher-Mundart. — m: Der
Erggel im Steinhus.
Vergl. Grenzboten 1855. I, 150f.
Dichtungen von Johann Martin Usteri. Hg. von David Heß. Drei Bände.
Zürich, Fr. Schultheß. 1859. III. 8. — Schweizerische Volksbibliothek. Band
13 bis 15.
11) Der Schneider auf der Jagd. Zürich, H. Trachsler. 1842. 8.
12) Der Friede mit den Böcken in Zürich Ao. 1444. Lied. [Zürich 1844]. 8.

13) Gerold Edlibach's Chronik mit Sorgfalt nach dem Original copirt und mit einer gleichzeitig verfertigten Abschrift genau verglichen und aus derselben vermehrt und ergänzt von Joh. Martin Usteri. Nebst einem Anhang. Auf Veranstaltung der Antiquarischen und unter Mitwirkung der Vaterländisch-historischen Gesellschaft in Zürich dem Drucke übergeben: Mittheilungen der Antiquarischen Gesellschaft in Zürich. Vierter Band. Zürich 1846. XVI, 279 S. 4.

14) Gedichte des Herrn Ratsherrn Johann Martin Usteri für seine Zukunft zur Waag. 1854. 80 S. und 1 Bl. 8. (Druck der Schulthess'schen Offizin. Von 1819 bis 1823. Im Dialekt).

15) Die Legende von der frommen Zofingerin: (A. Schumann) Katalog des Zofinger Künstlerbuches. Juni 1876. Zofingen. Ringier'sche Buchdruckerei. 8. S. 7 bis 8 (Prosa).

16) Joh. Martin Usteri an Oberst Karl Pfyffer von Altishofen in Luzern (Zürich, den 4. Dezember 1824): Briefe denkwürdiger Schweizer. Luzern, Buchdr. von Gebr. Räber o. J. [1875]. 8. S. 4 bis 5. Handelt über die berühmten Wandgemälde des Hartenstein-Hauses in Luzern.

17) Der Schatz durch den Schatz. Biographie Hans Breidbachs des Goldschmidts von Fryburg, aus dem XVI. Jahrhundert. Nach einer gleichzeitigen Handschrift. Von J. M. U. o. O. und J. 44 S. 16. Mit 8 Kupferstichen von H. Lips, nach Zeichnungen von J. M. Usteri. (Zuerst in der Alruna, einem Taschenbuche für Freunde der Vorzeit. 1812. Vergl. § 315, II. 76 — Band VIII. S. 62). — Sieh Nr. 10) e.

18) Liebesidylle eines Zürichers vom glückhaften Schiff auf dem Freischießen zu Straßburg im Jahre 1576. Aus einem gleichzeitigen Msc. herausgegeben von Camillus Wendeler. Kurz darauf wurde ebenso wie die Vorrede das Titelblatt ersetzt durch ein neues:
Liebesabenteuer eines Zürichers vom glückhaften Schiff auf dem Freischießen zu Straßburg im Jahre 1576. Novelle von Johann Martin Usteri. Aus dem Originalmsc. des Dichters hg. von Camillus Wendeler. Halle a. S. Max Niemeyer. 1877. 47 S. 8. — Nr. 10) f.

19) Erzählungen von Johann Martin Usteri. Der Schatz durch den Schatz. Thomann Zur Lindens Abenteuer. Gott beschert über Nacht. Zeit bringt Rosen. Leipzig. Verlag von E. Kämpe. [1878]. 93 S. 8. Hochdeutsche Bearbeitung — Erzählungen des deutschen Hausfreunds. Heft 12.

20) In das Stammbuch einer jüngern Freundin. Von Martin Usteri (1822): Zürcher Taschenbuch auf das Jahr 1882. Hg. von einer Gesellschaft zürcherischer Geschichtsfreunde. Neue Folge: Fünfter Jahrgang. Zürich. 8. Höhr. 1882. 8. S. 217f. ,Lieb Töchterlein, vernimm mein Wort'. 28 gereimte Verszeilen.

21) Kleine Schweizerreise im September 1816. Meinen lieben Reisegefährten Hs. Conrad und Gustav Stocker widmet dieses Andenken an die mit ihnen und ihrem l. Papa gemachte Wanderung ihr getreuer Oheim J. Martin Usteri: Zürcher Taschenbuch auf das Jahr 1891. N. F. Vierzehnter Jahrgang. Zürich. S. Höhr. 1891. 8. S. 27 bis 69. Mit zwei Miniatur-Bildern Usteris zum 1. und 7. Tage. ,Die Wolken flieh'n, der Himmel lacht Nach trüben Regentagen!' Wechselndes Versmaß.

22) Das Vater Unser eines Unterwaldners, erfunden von J. Martin Usteri in Zürich, ausgeführt und in Tuschmanier geätzt von Marquard Wocher in Basel Freiburg, in der Herder'schen Kunsthandlung. Fol. — Vgl. Neuhofer § 299, 16. 5) II. 1.

23) Joh. Martin Usteri's dichterischer und künstlerischer Nachlaß. Von Conrad Escher. Zürich, Druck des Art. Institut Orell Füßli. 48 S. 4. — Neujahrsblatt, hg. von der Stadtbibliothek in Zürich auf das Jahr 1896.
I. S. 3 bis 27: Dichtungen. (Eine Anzahl Usteri'scher Gedichte und Arbeiten in Prosa, entweder ganz oder im Auszuge mitgetheilt oder auch nur angeführt, die bis jetzt noch nie veröffentlicht wurden). — II. S. 27 bis 46: Bildliche Darstellungen. (Summarischer Überblick über die vorhandenen Zeichnungen, Gemäldchen u. s. w.). — III. S. 47 und 48: Sammelwerke. (Kopien verschiedener Chroniken, Auszüge aus Rats- und Richtbüchern der Stadt Zürich, genealogische Notizen über verschiedene zürcherische Familien).

24) Usteri lieferte viele Artikel über hervorragende Schweizer unter der Chiffer U—i in die Bibliographie universelle, ancienne et moderne. Ouvrage rédigé par une Société de gens de lettres et de Savants. Tomes 1.–52. Paris, Michaud frères. 1811 bis 1828. 8.

2. Paul Usteri, geb. am 14. Februar 1768 in Zürich, studierte in Göttingen Medizin; Professor in seiner Vaterstadt, starb am 9. April 1831 als Bürgermeister in Zürich.

a. Meusel, Gel. Teutschl. 8, 176f. 10, 761f. 11, 728. 16, 66 bis 68. 21, 178.

b. Elwert, Nachrichten von dem Leben und den Schriften jetzt lebender deutscher Aerzte. Hildesheim 1799. 1, 622 bis 630.

c. Ehrenkranz, geflochten auf der Ruhestätte des seligen Herrn Paul Usteri. Cunctis ille bonis flebilis occidit. Zürich, bey Orell, Füßli und Compagnie. 1831. 72 S. 8.

d. N. Nekrolog 1831. 9, S. 810 bis 818.

e. Locher-Balber, Paul Usteri: Actes de la Société Helvétique des sciences naturelles. 17ª Session. Genève. De l'imprimerie Ch. Gruaz. 1832. 8. S. 162 bis 174.

f. Heinrich Zschokke unten Nr. 3).

g. Konrad Ott, Das Leben von Paul Usteri: Verhandlungen der schweizerischen gemeinnützigen Gesellschaft. Des 21. Berichtes zweite Abtheilung. Nekrologs. Trogen, gedruckt bei J. Schläpfer. 1836. 8. S. 5 bis 94; auch in dem Sonderdruck: Nekrologe der denkwürdigen Schweizer P. Usteri, J. G. Ebel, H. Füßli, J. K. Horner. Aus den Verhandlungen der Schweiz. Gem. Gesellschaft. Zürich 1837. 8. S. 5 bis 94.

h. Egb. Friedr. v. Mülinen, Prodromus einer Schweizer. Historiographie. Bern 1874. 8. 177 bis 178.

Briefe an und von Stapfer: Aus Philipp Albert Stapfer's Briefwechsel, hg. von Rudolf Luginbühl. Basel 1891f. II. 8.

1) Schweizerische Literaturblätter für d. J. 1824 bis 1831. [1824 bis 1830 hg. von P. Usteri, 1831 von J. C. v. Orelli]. 8 Theile. Zürich, Orell, Füßli und Co. 1824 bis 1831. 8. 1824 hat den Titel: Kritische Anzeigen und Beurtheilungen der Schweizerischen Literatur.

2) Denkrede auf Joh. Heinr. Rahn, der Arzneikunde Doktor, Chorherr und Professor der Naturlehre und Mathematik am Züricher Gymnasium, von Paulus Usteri, der Arzneikunde Doktor. Der medizinisch-chirurgischen Kantonalgesellschaft in Zürich vorgelesen am 21. Herbstmonat 1812. Zürich bey Orell, Füßli und Comp. 1812.

3) Kleine Gesammelte Schriften von Dr. Paul Usteri, weiland Amtsbürgermeister und Präsident des Großen Rathes des eidsgenössischen Standes Zürich. [Mit einer biographischen Vorrede hg. von Heinrich Zschokke]. Aarau. Im Verlag bei Heinr. Remigius Sauerländer. 1832. XVI, 428 S. 8. Darin S. 97 bis 159: Nr. 2).

Vergl. Varnhagen von Ense Nr. 27) S. 449.

3. Jost Bernhard Barnabas Häffliger, auch Häffliger, geb. am 11. Juni 1759 (nicht 1779) in Beromünster, 1783 zum Priester geweiht, seit 1793 Pfarrer und 1808 Dekan zu Hochdorf im Kanton Luzern. Dort ist er am 1. Juni 1837 (nicht 1838) gestorben.

a. Nekrolog 16, 1118 und 19, XXIII (Berichtigung).

b. Kasimir Pfyffer, Der Kanton Luzern, historisch-geographisch-statistisch geschildert. Erster Theil. (Auch u. d. T.: Historisch-geographisch-statistisches Gemälde der Schweiz. Dritter Band. I. Theil). St. Gallen und Bern. Bei Huber und Compagnie. 1858. 8. 281 und 8. 229f.

c. Joseph Kehrein, Biographischliterarisches Lexikon der katholischen deutschen Dichter ... im 19. Jahrh. 1. Bd. Zürich, Stuttgart und Würzburg. 1868. Leo Woerl'sche Verlagshandlung. 8. S. 94f.

d. Allg. dtsch. Biogr. 1879. 10, 321 (J. Baechtold).

1) Lied für Schwizer-Heeren, unterem Mittaglüthen vor de Repräsentanten Hüsern z'singen, wenn öppe eine ge Bärn käm. Luzern, gedruckt bey Meyer und Comp. (1800). 8 S. kl. 8. — Wiederholt: Lieder im helvetischen Volkston. Nr. 3) S. 52 bis 59.

2) Lied uf d'Sempacher Schlacht. Luzern 1801. kl. 8. — Wiederholt: Lieder ... Nr. 3) S. 69 bis 74.

3) Lieder im helvetischen Volkston, Vom Pfarrer Häfliger zu Hochdorf. Luzern, gedruckt bey Meyer und Compagnie. 1801. 3 Bl., 82 S. und 1 Bl. Inhalt. 12. 23 mundartliche Lieder aus den J. 1796 bis 1801. S. 1f: Was d' Schwytzer bruchid: Was brucht me[-n-] in der Schwyts.

4) Abschiedslied an Senator [Vincenz] Rüttimann, den 27. Jänner 1802, (Luzern). 8.

5) Es vertrouts Wörtli a d'Schwytzer im Augste 1802. (Luzern). 8. — Wiederholt: Volkslieder. Nr. 12) S. 53 bis 56.

6) Für die Helvetisch-Musikalisch Gesellschaft 1808. (Luzern). 8. — Wiederholt: Volkslieder. Nr. 12) S. 121 bis 127 ‚Harmonie, Harmonie Chnüpft lind und hert Note In es lichis Band'.

7) S' Bächli und d' Matte. (Luzerner Dialekt): Alpenrosen ... auf das J. 1811. S. 86 bis 88 ‚Es röllelet es Bächli schö Dert zwüschet luuters Flüehni abe' elf vierz. Strophen. — Wiederholt: Volksl. Nr. 12) S. 180 bis 182. Richtiger wäre: 's Bächli.

8) Die Gmein Sach: Alpenrosen ... auf das J. 1812, S. 192, 'S sind einist imme Dorf Huusvätter gsy'. — Wiederh.: Volksl. Nr. 12) S. 183 f.

9) Charade: Alpenrosen ... auf das J. 1812, S. 302 ‚Mys Erst sind Manne frank und frey'. — Wiederh.: Volksl. Nr. 12) S. 209 f.

10) Öppis vo der Schwytz: Versuch eines Schweizerischen Idiotikons. Von Franz Joseph Stalder, Dekan. Erster Band. Aarau 1812 bey Heinrich Remigius Sauerländer. 8. S. 61 f. ‚Was goht jez in der Schwytz'. Anm. unter dem Text: Von einem Freunde, dem bekannten Volksbarden, Herrn Bernard Häffliger, Pfarrer zu Hochdorf im Kanton Luzern.

11) D' Sträggele (Luzerner Dialekt): Alpenrosen ... auf das J. 1813, S. 149 bis 152 ‚Ke Mönsch glaubt me a d' Sträggele'. — Wiederholt: Volksl. Nr. 12) S. 197 bis 200.

12) Schweizerische Volkslieder nach der Luzernerischen Mundart von J. B. Häffliger, Dekan und Pfarrer in Hochdorf. Luzern gedrukt bey Xaver Meyer. 1813. XII, 234 S. nebst 18 ungez. 8. mit Melodien. 12. — Vergl. Litbl. zum Morgenblatt 1814. Nr. 6. S. 22. Sieh unten S. 811.

13) Es Schwytzer-Müsterli. Uf d' Wyß: ‚Aufl auf! ihr Brüder und seyd stark etc.' 12 fünfzeil. Strophen. o. O., Dr. u. J. [1813]. 4 S. — Wiederh.: Alpenrosen ... auf das J. 1814, S. 304 bis 307. Gesungen bey der allgemeinen Schweizerischen Musik-Gesellschaft, während ihrer Versammlung in Bern, im Augstmonat 1813.

4. Hans Ulrich Hegner, geb. am 7. Februar 1759 in Winterthur; studierte in Straßburg Medizin; bereiste Deutschland; Landschreiber der Grafschaft Kyburg; 1798 Appellationsrat in Zürich; ging 1801 nach Paris; 1805 Senator in Winterthur; starb am 3. Januar 1840.

a. E. Schellenberg-Biedermann, Erinnerungen an Ulr. Hegner. Zürich 1843. 16.

b. Ulrich Hegner's Jugendjahre: Neujahrs-Blatt von der Bürgerbibliothek Winterthur. Auf das Jahr 1855. Winterthur, gedruckt in der Ziegler'schen Buchdruckerei. 4. S. 311 bis 340.

c. Rob. Weber. 1866. Bd. 1, S. 288 f.

d. Gallerie berühmter Schweizer der Neuzeit. 1. Band. Baden im Aargau 1868. Fol. Nr. 39.

e. (A. Hafner) Theoretiker in den schönen Künsten: Neujahrs-Blatt von der Stadtbibliothek in Winterthur. Auf das Jahr 1873. Kunst und Künstler in Winterthur. Zweites Stück. Die Künstler und Kunstgelehrten des achtzehnten Jahrhunderts. Druck von Bleuler-Hausheer u. Co. [in Winterthur]. 4. S. 58 f.

f. J(akob) Frey, Ulrich Hegner: Schweizerischer Miniatur-Almanach auf das Jahr 1876. Unter Mitwirkung schweiz. Schriftsteller und Künstler hg. von Rud. Buri. 3. Jahrg. Bern. Verlag von Buri und Jeker. 16. S. 128 bis 140.

g. Karl Stokar, Johann Georg Müller, Doctor der Theologie, Professor und Oberschulherr zu Schaffhausen, Johannes von Müllers Bruder und Herders Herzensfreund. Lebensbild. Hg. vom Historisch-antiquarischen Verein in Schaffhausen. Basel, Verlag von C. F. Spittler. 1885. 8. S. 122 f. 278. 364 bis 365. Dort heißt es: Bei Müllers Nachlaß [in der Ministerialbibliothek zu Schaffhausen] finden sich 168 Briefe von Hegner an Müller, ca. 500 Briefe von Müller an Hegner aus den J. 1791 bis 1819 und das Manuscript von Nr. 1).

h. Ulrich Hegner's Leben und Wirken. Nach dessen eigenhändigen Aufzeichnungen erzählt von A. Hafner. I. Teil: Jugend- und Lernjahre. II. Teil: Hegner im Staatsdienste, als Schriftsteller und im Alter: Neujahrs-Blatt von der Stadtbibliothek in Winterthur auf das Jahr 1886 und das auf 1887. Winterthur. Buchdruckerei Bleuler-Hausheer u. Cie. 22 und 26 S. 4.

· i. Fünfzehntes und sechszehntes Bändchen der Schweiz. Nationalbibliothek. Ulrich Hegner. Hg. von Robert Weber. Aarau, 1886. 155 S. 8.

k. G. Geilfus, Ulrich Hegner zum Frieden im Hauskäppchen: Zürcher Taschenbuch auf das Jahr 1888. Hg. . . . Geschichtsfreunde. N. F.: Elfter Jahrgang. Zürich. 8. Höhr. 8. S. 1 bis 64.

Das Haus ‚zum Frieden‘ war Heguers Wohnhaus in Winterthur. Es heißt noch jetzt so.

l. Der Schriftsteller Hans Ulrich Hegner und der Historienmaler Georg Ludwig Vogel: Neue Zürcher-Zeitung. Beilage zu Nr. 190 vom 8. Juli und zu Nr. 194 vom 12. Juli 1888.

m. David Heß und Ulrich Hegner. Mittheilungen aus ihrem Briefwechsel in den Jahren 1812 und 1839. Hg. von F. O. Pestalozzi: Zürcher Taschenbuch auf das Jahr 1889. Hg. von einer Gesellschaft zürcherischer Geschichtsfreunde. N. F.: Zwölfter Jahrgang. Zürich. 8. Höhr. 1889. 8. S. 1 bis 96 und 1890. 8. 152 bis 195. Aus dem Briefwechsel zwischen Ulrich Hegner und Joh. Georg Müller. I. Theil: 1791 bis 1601. — II. Theil: 1801 bis 1810. — III. Theil: 1811 bis 1819: Neujahrs-Blatt der Stadtbibliothek Winterthur auf das 1892, 1893/94 und 1895/96 [offenbar verdruckt für 1894/95]. Winterthur. Buchdruckerei Geschwister Ziegler. 4.

1) Reise ins Land, wo Milch und Honig fließt. Von J. U. Hegner 1795: Stokar. Nr. h. S. 123 bis 126. Humoristische Schilderung einer gemeinsamen Fahrt mit J. G. Müller nach Gais in Appenzell a. Rh.

2) Ueber die Kunstausstellung zu Bern (Auszug eines Briefes): Journal für Litteratur und Kunst. Erster Band. Zürich, 1805. In der Kunsthandlung von Füßli und Compagnie. 8. S. 32 bis 48. Im Inhalt: von Herrn U. Hegner in Winterthur.

3) Fragmente aus dem Tagebuch einer Reise ins Bernersche, im Sommer 1804: Isis. Eine Monatsschrift von Deutschen und Schweizerischen Gelehrten. Erster Band. Zürich, 1805. bei Orell, Füßli und Compagnie. 8. S. 229 bis 268. Im Register: Von Hegner in Winterthur.

4) Drittes Neujahrsstück, hg. von der Künstler-Gesellschaft in Zürich auf das Jahr 1807. Enthaltend das Leben und die Charakteristik Johann Rudolf Schellenbergs von Winterthur. Zürich. 16 S. 4.

5) Auch ich war in Paris. Winterthur, Steiner. 1808 bis 4. III. 8. Ohne Vfn.

6) Gedichte in den Alpenrosen auf das Jahr 1812. S. 27: Die Kämpfer. — S. 28: George Anna Bellamy. — S. 52 bis 60: Kreuzerhöhung. Eine Legende (158 reimlose Verse). — S. 105: Wo? (Epigramm). — S. 106: Herr von N. und sein Petschaft (Epigramm) — 1814. 8. 27 bis 41: Ein Sommerabendmärchen. — 1815. Auf der Reise. — Der Sittenrichter. — Gespräch im Lenze. — Frage und Antwort. — 1816. Weltlauf. — Gewalt der Liebe. — Warnung. — Beifall. — Vorzug des übeln Geschmacks. — Oeftere Erfahrung. — 1818. 8. 233 bis 238: Goldnes A-B-C für ein Mädchen. — 1821. 8. 153 f.: Zur Erfahrungsseelenkunde. — S. 188: Nach dem Lateinischen. — S. 218 f.: Ende gut, alles gut. — S. 226: Kenner-Urtheil. Zürcher Dialekt. — S. 228: Beruhigung. — S. 272: Die böse Stunde. Die gute Stunde. — 1822. Im Alter. — Fromme Wünsche. — 1823. Das Mutterherz, zwei Balladen. — Am Geburtstage. — Napoleon auf dem Sterbebette. — Sicheres Geleit. — 1827. 8. 14 bis 81: Teinach. — 1830. 8. 295 bis 296: Ermunterung. — S. 310 bis 311: Ne quid nimis. — 1837. 8. 1 bis 4: Auffahrts-Lied. — Am Neujahrstage. — Untrennbares. — Dank. — Suchen und Grübeln.

7) Die Molkenkur. Zürich 1812. 8. — wiederh.: 1818. 8. — 1820. III. 8. — Nachdr.: Reutlingen, bei Fleischhauer und Sohn. 1822. III. 8. — 1827. III. 12. — Reclams Univ.-Bibl. Nr. 296/7. Vergl. J. Jac. Schweizer 1834 und Nr. 12). — G. J. Kuhn Nr. 5. 3) Alpenrosen 1828.

8) Saly's Revoluzionstage. Herausgegeben von Ulrich Hegner. Sæpe etiam est olitor valde opportuna locutus. Winterthur, 1814, in der Steinerischen Buchhandlung. VI, 301 S. 8. — Abdruck im Berner Bund 1890. Nr. 81 bis 85. — G. Geilfus, Ulrich Hegners Schrift ‚Salys Revolutionstage‘: N. Zürcher Zeitung 1890. Nr. 16 bis 18. 20.

9) Eilftes Neujahrsstück, hg. von der Künstler-Gesellschaft in Zürich auf das

Jahr 1815. Enthaltend das Leben und die Charakteristik Anton Graff's von Winterthur. Zürich. 17 S. 4.

Graff hieß von Hause aus G r a f, mußte sich aber in Dresden Graff nennen.

10) Berg-, Land- und Seereise. Zürich, Orell. 1815. 8. — wiederh.: 1818. 12.

11) Aufsätze in den Alpenrosen auf das Jahr 1817. S. 188 bis 200: Beytrag zur Bezeichnung des Künstlers wie er seyn sollte. — 1819. S. 113 bis 126: Die Reise nach dem Aufgang (Episode aus Suschen's Hochzeit, oder der Molkenkur zweytem Theile). — 1825. Der Todtentanz zu Basel.

12) Suschens Hochzeit oder die Folgen der Molkenkur. Zürich 1819. II. 8. Nachher wiederholt als Band II und III der 'Molkenkur'. Nr. 7) von 1820 ab.

13) Letzte Worte einiger Verstorbenen: Zschokkes Erheiterungen. Jahrg. 1826. 2, 276. 361. 385. 568.

14) Hans Holbein der Jüngere. Von Ulrich Hegner. Mit des Meisters Bildnisse. Berlin, bei G. Reimer. 1827. VIII, 374 S. 8.

15) Achtzehntes Neujahrstück, hg. von der Künstler-Gesellschaft in Zürich auf das Jahr 1822. Enthaltend das Leben des Malers Johann Kaspar Kusters von Winterthur. Zürich. 11 S. 4.

16) Ein und zwanzigstes Neujahrstück, hg. von der Künstler-Gesellschaft in Zürich auf das Jahr 1825. Enthaltend das Leben und die Charakteristik Johann Heinrich Troll's von Winterthur. Zürich. 11 S. 4.

17) Beiträge zur nähern Kenntniß und wahren Darstellung Johann Kaspar Lavater's. Aus Briefen seiner Freunde an ihn, und nach persönlichem Umgang. Von Ulrich Hegner. Leipzig, Weidmann'sche Buchhandlung. 1836. VIII, 343 S. 8.

Hedwig W a s e r, Joh. Kaspar Lavater nach Ulrich Hegners handschriftlichen Aufzeichnungen und 'Beiträgen zur nähern Kenntniss ... Lavaters' Zürich, Albert Müller's Verlag. 1894. 3 Bl., 120 S. 8.

18) Ulrich Hegner's gesammelte Schriften. Berlin, bei G. Reimer. 1828 bis 1830. V. 8.

Enth. I. a: Auch ich war in Paris. — II. b: Die Molkenkur. — III. c: Salys Revolutionstage. — IV. d: Briefe aus dem bernerischen Oberlande. — e: Tagebuch einer Reise nach München. — f: Berg-, Land- und Seereise. — V. g: Aus dem Leben eines Geringen. (Mit R o s e g g e r s Erzählung aus dem Hochgebirge: Das Ereignis in der Schum 1891 in Zürich durch den Verein für Verbreitung guter Schriften, Zürich Nr. 3. 8. 8. 27 bis 46 wieder herausgegeben.) — h: Leben Joh. Rudolf Schellenbergs. — i: Anton Graff. — k: Joh. Kaspar Kuster. — l: Joh. Heinr. Troll. Beitrag zur Bezeichnung des Künstlers, wie er seyn sollte. — m: Gedichte. — n: Gedanken, Meynungen, Urtheile.

19) Litterarische Aphorismen von Ulrich Hegner mitgeteilt von J. B a e c h t o l d und G. G e i l f u s: Akademische Blätter 1884. 1, 412 bis 420.

5. Gottlieb Jakob Kuhn, geb. am 16. Oktober (oder 12. November) 1775 in Bern, Sohn eines Buchbinders, wurde zum Geistlichen bestimmt, wie sein Oheim Pfarrer Kuhn in Meydorf, der bernerisch-deutsch predigte. Kuhn studierte in Bern, war dann vier Jahre Hauslehrer zu Trachselwald in der Familie des Landvogts v. Rodt und wurde von diesem wie ein Sohn behandelt. Als die Revolution ausbrach, flüchtete Kuhn 1798 mit der Familie Rodt nach Bern, das eben in die Hände der Franzosen fiel. Noch in demselben Jahre machte er sein Examen und wurde am 14. Dezember zum Predigtamte ordiniert. Bald darauf löste er seinen zum Pfarrer in Langenau ernannten älteren Bruder Rudolf als Vikar in Sigriswyl über dem Thuner See ab. Hier in der paradiesischen Gegend, bei Kuhreihen, Volksliedern und Sagen dichtete und sang er seine Lieder, und bald machte das Volk sie zu den seinigen. 1806 wurde er an die reorganisierte Lehranstalt in Bern als Lehrer der Elementarschule berufen und 1808 Lehrer an der Klassenschule (Gymnasium), versah von Bern aus die Vikariate in Wichtrach und Bremgarten, jedes ein halbes Jahr, und predigte auch in der Stadt. Im März 1812 wurde er Pfarrer zu Rüderswyl im Emmenthal, 1824 im Städtchen Burgdorf. Die Revolutionsjahre von 1830 an verbitterten ihm sein bis dahin friedlich freudiges Leben: er wurde kränklich, mußte 1839 einen Vikar nehmen und war seit 1845, infolge einer unglücklichen Operation, ein täglich Sterbender. Der Tod erlöste ihn am 23. Juni 1849.

a. Nekrolog 1849. 27, 1119 bis 1125.

b. Der Volksdichter Gottlieb Jakob Kuhn: Alpenrosen auf das Jahr 1851. Hg. von A. E. Fröhlich, Jer. Gotthelf, K. R. Hagenbach, .. u. a. Aarau und Thun. 12. S. V bis XXXII.

c. Hoffmann von Fallersleben, Unsere volksthümlichen Lieder. Dritte Auflage. Leipzig 1869. Nr. 398. 447. 450.

d. Robert Weber. 1866. Bd. 1. S. 307 bis 309.

e. Der Volksdichter Kuhn: Illustrierter Volks-Novellist. Familien-Blätter zur Unterhaltung und Belehrung für alle Stände. Basel, Chr. Krüsi's Verlagshandlung. 4. Band 9 [1869], Heft 6. S. 193 bis 195.

f. Ottiker Nr. 2) 1879. S. VII bis XXVIII.

g. Allg. dtsch. Biogr. 1883. 17, 339 f. (Fr. Fiala).

h. Robert Weber, Schweizerische Nationalbibliothek I. Serie. 7. Bändchen. Aarau 1886. 8. S. 33 bis 36: Kuhns Leben und Volkslieder.

1) Drei Volkslieder auf die Feier des Alpenhirtenfestes (zu Unspunnen). Bern 1805. 8.

2) Volkslieder und Gedichte von G. J. Kuhn. [mit Musik von acht Liedern, einem erklärenden Wörterbuch der darin vorkommenden Volkssprache]. Bern bey Ludwig Rudolf Walthard. 1806. XVI, 230 S. 8. — Zweite, ganz umgearbeitete Ausgabe. Bern bey J. J. Burgdorfer. 1819. XX, 196 S. 8. — Mit einem Wörterbuchs neu hg. von F. A. Ottiker. Aarau. Druck und Verlag von H. R. Sauerländer. 1879. 16. Darin: Buch, mir wey uf d's Bergli trybe. — Ha amen Ort es Blüemeli gseh. — Herz, wobi zieht es di? — Hoscho, Eisi, la mi yne. — I de Flüehne ist mys Lebe.

3) Kuhn war mit Meisner und Wyß Herausgeber der Alpenrosen 1811 bis 1820. Darin von ihm:

a. Erzählungen: 1813. S. 1 bis 9: Unverhofft kommt oft. Eine wahre Begebenheit. — S. 120 bis 137: Der blinde Geiger, oder alte Liebe rostet nicht. — 1814. S. 113 bis 147: Fritz Hellmuth. — 1815. Wanderung auf die Höhen am Thunersee. — 1816. Das Geheimniß. — 1817. S. 219 bis 238: Die Macht des Vorurtheils. — 1818. S. 146 bis 178: Der Kohlenbrenner und der Müller. — 1819. S. 194 bis 230: Michels Liebe und Leiden.

1821. S. 102 bis 141: Alter schützt vor Thorheit nicht. — 1822. Ein Blick über das Emmenthal. — 1823. Die Papierstreifen. — 1824. S. 261 bis 297: Jakob der Schuster. — 1825. Das Schnittermahl. — 1826. Ausflug durch das Emmenthal nach dem Jura. — 1827. S. 32 bis 40: Der Schatz. Wahre Geschichte. — 1828. S. 199 bis 235: Auch eine Molkenkur! Herrn Ulrich Hegner in Winterthur zugeeignet. — 1830. S. 1 bis 39: Felix der Glückliche.

b. Gedichte: 1814. S. 202: Der Kaiser. — S. 224: Der Bräutigam. — 1816. Die Braut. — Das Mädchen. — 1827. S. 212 f.: Der Gesang.

4) Im Berner Dialekt. a: Im Stadt-Dialekt. Der Hochzyter. Sieben vierzeil. Strophen. Von Herrn Kuhn, Vikar zu Sigriswyl im bernerschen Oberland, dessen schöne Volksgedichte eben (so) die Presse verlassen haben. — b: Im Dialekt des bernerschen Oberlandes. Wo der Winter z' früi cho isch [= Als der Winter zu früh kam]: Versuch eines Schweizerischen Idiotikon ... Von Franz Joseph Stalder ... Aarau 1812. 8. Band 1, S. 63 bis 66.

5) Die Parabel von dem verlorenen Sohne. Luk. 15, 11 bis 32. Mundart der Städter in Bern. Mitgetheilt vom Hrn. Pfarrer Kuhn in Rüderswyl: Die Landessprachen der Schweiz oder Schweizerische Dialektologie, mit kritischen Sprachbemerkungen beleuchtet. Nebst der Gleichnißrede vom dem verlorenen Sohne in allen Schweizermundarten. Von Franz Joseph Stalder. Aarau 1819. Heinrich Remigius Sauerländer. 8. S. 276 bis 278. ‚Es hed e Ma zwee Sühn g'ha'. — Mundart der Oberländer in Sigriswyl über dem Thunersee. S. 280 f. ‚E Mo het zwee Buebe gho'. — Vergl. Wyß Nr. 6. 14).

6) Das bevorstehende Reformations-Fest des Cantons Bern. Von G. J. Kuhn. Bern, 1826. In der Walthard'schen Buchhandlung. 56 S. 8.

7) Was ist das Reformations-Fest, das wir [1828] feyern wollen? Von G. J. Kuhn. Bern, gedruckt in der Stämpflischen Buchdruckerey. 1827. 48 S. 8.

8) Die Reformatoren Berns im XVI. Jahrhundert. Nach dem Berner'schen Mausoleum umgearbeitet von G. J. Kuhn. Bern, 1828. In der L. R. Walthard'schen Buchhandlung. VIII, 461 S. 8.

9) Mein Volk! Deine Leiter verführen dich! Bern 1830. 8. Ohne Verfassernamen.

10) Vater, vergieb ihnen, sie wissen nicht, was sie thun. Bern 1830. ·8. Ohne Verfassernamen.

11) Ueber die kirchlichen Angelegenheiten des reformirten Theils des Kantons Bern. Bern 1831. 8.

12) An meine christlichen Brüder zum neuen Jahr 1834.

13) Kuhn war Herausgeber der Schweizer Kuhreihen, sieh § 308, A. I. a und unten Wyß Nr. 6. 13).

14) Die Kirchenvisitation und ihr geschichtlicher Gang im reformirten Theile des Kantons Bern. Von Gottlieb Jakob Kuhn: Beiträge zur Geschichte der Schweizerisch-reformirten Kirche, zunächst derjenigen des Kantons Bern. Im Auftrage des Bernischen Pastoral-Vereins hg. von F. Trechsel, Pfarrer zu Vechingen. Bern. Verlag von C. A. Jenni, Sohn. 1841. 8. Zweites Heft. S. 110 bis 122.

15) Das (lies: Der) Wolfsgesang. Eine Reliquie aus den Zeiten vor der Reformation. Mitgetheilt von Herrn Pfarrer Kuhn: Ebenda. 1841. Heft 2, S. 137 bis 140. (Beschreibung einer seltenen anonymen Druckschrift dieses Titels in 4, 20 Bl., nebst einer prosaischen und poetischen Probe daraus).

16) Allgemeiner Synodus, gehalten zu Bern 1581. Mitgetheilt von Herrn Pfarrer Kuhn: Ebenda. 1841. Heft 2, S. 141 bis 152.

17) Der blinde Geiger oder Alte Liebe rostet nicht. Erzählung in der Schriftsprache: Frauenmut von Jacques Normand u. a. Bern. Hallersche Buchdruckerei. Dezember 1895. Verein f. Verbr. guter Schriften. Nr. 19. S. 59 bis 70. Vergl. oben Nr. 3) 1813. S. 120 bis 137.

6. Johann Rudolph **Wyß** der jüngere, geb. am 4. März 1782 in Bern, Sohn des im J. 1818 verstorbenen Münsterpredigers Johann David Wyß, 1803 Kandidat des Predigtamtes, 1805 Professor an der Akademie in Bern und 1827 Oberbibliothekar der Berner Stadtbibliothek, starb in seiner Vaterstadt am 21. März 1830.

a. Meusel, Gel. Teutschl. 21, 735 bis 737.

b. Nekrolog 1830. 8, 939 f.

c. Ludwig Lauterburg in seinem Berner Taschenbuch auf das Jahr 1853. 2. Jahrg. Bern. Haller'sche Buchdruckerei. 8. S. 312 f. Lebensskizze und Quellen.

d. Rob. Weber Band 1. S. 323 bis 346.

e. Gallerie berühmter Schweizer. 1868. Band 1, Nr. 18.

f. O. v. Greyerz. Nr. 25).

g. Ludwig Hirzel, Jacob Grimm und Johann Rudolf Wyß: Anz. f. dtsch. Alterth. 1877. S. 204 bis 208.

h. Robert Weber, Schweizerische Nationalbibliothek. I. 7. Aarau 1886. 8. S. 53 bis 56: Wyß' Leben und Schriften.

Briefe an Wyß von Jac. Grimm: Anz. f. dtsch. A. 3 (1877), 208/11. — Joseph von Laßberg: ebenda 20 (1894), 94 f. — Ludwig Uhland: 20, 94; vergl. 93.

1) Die Anwendung der Bildungsjahre künftiger Religionslehrer. Bern 1800. 8. W. hielt die Rede 1799 in der ,Studentensocietät' in Bern; er legte darin seinen Studiengenossen angesichts der bedrängten Zeit ihre Pflichten gegen Gott und das Vaterland so warm ans Herz, daß der Druck des Vortrags sofort beschlossen wurde.

2) Burkard von Unspunnen und Berchtold von Zäringen. Eine Romanze. Bern, gedruckt bei L. A. Haller. 1805. 8. Mit zwei Anhängen.

3) Ueber das gegenseitige Verhältniß der Moral und der Religion. Eine öffentliche Vorlesung von J. B. Wyß. Zürich, Orell Füßli u. Co. 1806. 8.

4) Schönheit und Kunst, gewidmet der Schweizer. Künstlergesellschaft. Zürich, bey Orell, Füßli u. Co. 1809. 8. (Gedicht).

5) Vaterlandslied für schweizerische Kanonier. (,Rufst du, mein Vaterland'. Nach der Weise: ,Gode save the king'): Kriegslieder, gesammelt zur Erholung für das Artillerie-Camp im Sommer 1811. Bern, gedruckt bei Maurhofer und Dellenbach, 1811. 8.

Das Heft enthält Gedichte von Schiller, Kuhn, Heß, Wyß u. a. und war für das Artillerie-Lager bestimmt, das 1811 auf dem Wylerfeld bei Bern der Übung wegen stattfand. Später unter d. T.: ,Kriegslied für schweizerische Vaterlandsvertheidiger' für die regelmäßig wiederkehrenden Laupenfeste umgearbeitet und um eine Strophe vermehrt, gelangte es in immer weitere Kreise, bis es zuletzt zum Nationallied wurde. Sieh O. v. Greyerz: Blumenlese. Bern 1872. 8. XVI f. Anm.

6) Vorlesungen über das höchste Gut. Ein moralisches Handbuch für gebildete Leser. 2 Theile. Stuttgart, J. G. Cotta. 1811. 8.

7) Beiträge, prosaische und poetische, in den Alpenrosen 1811: Heimweh. — Gute Auslegung. — Der trunkene Winzer. — Seelenwanderung. — Der Abschied des Bruders Niklaus von der Flüe (erschien auch besonders o. O. und Dr. 1812. 8. Zweiundzwanzig Stanzen). — Der Mittag auf dem Lande.

1812: Die Beter. — Die Teufelsburde. — Das Bad von Weißenburg (Fragment eines Briefes). — Das Gemslein. Eine Schweizer-Idylle. ‚Ringsum waltete Nacht im schattigen Thale der Alpen': 165 Hexameter. — Die Felswohnungen im Lindenthal. — Vorerinnerung zu ‚Umrisse, entworfen auf einer Reise durch die Schweiz' von A. W. Schlegel § 283, 1. 75) Band VIII.

1813: Berglied. — An eine Wachtel. — Die Erde und die Sterne. — Die Heimkehr des Kriegers. — Der Zwerg oder die belohnte Gastfreiheit. Ein Idyll. — Der Twingherr von Ringgenberg. Eine Erzählung.

1814: Rudolf von Erlach und der Graf von Nidau. — Die Rückkehr aus der Schweiz. Der Ritter von Aegerten. Ein Schweizer-Idyll. — Der Aelpler am Sonntag. — Der wankende Fuß. — Die saure Hochzeit. Eine Erzählung. — Das Gadmenthal und der Sustenpaß.

1815: Die g fu g   Schweizerknaben. — Regentenlast, ein Schwank. — An J. G. v. Salis. — Gemahnte Bestimmung. — Die Schifferin. — Das Ideal des Weisen. — Die Schweizerdichter. — Was heimelig syg, Gedicht im Berner Stadtdialekt.

1816: Wanderung in das Kienthal und nach dem Tschingel. — Frühlingsklage. — Das Gesicht im Grütli, nach einer neueren Volkssage. — Drei Stufen der Kunst. — Die Drachenhöhle. — Lied eines Schweizerknaben.

1817: Durchflug durch einige Theile der Kantons Bern, Neuenburg, Waat und Freiburg. — Sintram und Bertram. — Ausflug in's Freie. — Walther von Eschenbach. — An meine Kinderschuhe, Gedicht im Berner Stadtdialekt.

1818: Der Vogelschlag. Ein Nachspiel in einem Aufzuge. (Prosa). — Herbstwanderung von Basel nach Biel. — Der Hase und die Esel. — In der Nellenbalm neben dem untern Grindelwaldgletscher. — Der Graf von Froburg.

1819: Heinrich und Itha. — Ausflug nach Adelboden und Obersiebenthal im Sommer 1817. — Die Gefangenen von Chillon, aus dem Englischen des Lord Byron. — Die Lerche und der Maulwurf. — Künstlerglück, eine Romanze. — Die Schmetterlinge. — Jordan von Burgenstein.

1820: Eber, Fuchs und Marder. — Die Bärenjagd. — Die Gaben des Fremdlings. — Der Alpstrom. — Die Hanfbrecherinnen.

1821: Der ungehobne Schatz, nach einer Volkssage. — Ausflug in die nordöstliche Schweiz und nach Konstanz. — Der Kirchgang, ein Idyll. — Neuer Gruß auf alter Stelle. — Alpenwanderung im Regenwetter.

1822: Fritzens Meisterleiden und Meisterfreuden. — Geburt, Tod und Wiedergeburt. — Der Fuchs und der Winzer. — Tell's Tod (in 12 Liedern).

1823: Der Melkabend im Haslithal. — Das Ichneumon, Fabel. — Genuß und Erinnerung. — Die Kunst in der Schweiz. — Die Dattelnesser, Parabel. — Der Maulwurf, die Wachtel und die Lerche. — Der schweizerische Kriegerverein.

1824: Die Erbauung von Habsburg. — Mein Winkel und meine Bücher. — Schloß Falkenstein, drei Romanzen. — Der Greis in der Alphütte. — Nachtigall und Meise. — An hiedre Schweizer bei ihrer Auswandrung nach Nordamerika. — Diagoras und die Spinne, Parabel.

1825: Der Abend zu Gerenstein. — Ein Streifzug in's Siebenthal. — Die Tulpe und die Sonne. — Dem Knäblein, zum erstjährigen Geburtstag, Ged. in Berner Mundart. — Selmar's Trauer. — Die Fragen an das Glück. — Feiergesang auf dem Bromberg.

1826: Viel Noth und viel Hülf. Erzählung aus den Zeiten der Burgundischen Kriege. — Der Osterhaas; Ged. im Berner Stadtdialekt. — Menschenloos. — Morgenroth und Tag.

1827: Der böse Rath. — Lied. — Schlittenlust im Schweizerländchen. — Die Armbrust.

1828: Der Gewitterabend. — Die Blume im Korn. — Der Morgen im Alpengelände. — Rudolf von Erlach's Tod. — Gedicht zur Feier des Musikfestes in Bern.

1829: Ausflug nach Saanen und über den Sanetsch nach Sitten. — Häuschen zum Johannistage. — Der Resti-Thurm im Haslithale und die ersten Schweizer. 1880: Die Schneelawine. — Sanct Theodulus. — Glossen bei meiner Badecur. — Die Herzen und ihre Welt. Sieh unten S. 811.

8) Der Schweizerische Robinson oder der schiffbrüchige Schweizer-Prediger und seine Familie. Ein lehrreiches Buch für Kinder und Kinder-Freunde zu Stadt und Land. Herausgegeben von Joh. Rudolf Wyß. Zürich, Orell Füßli und Comp. 1812 und 1813. II. 8. Der Verfasser ist Johann David Wyß (geb. 1743), der Vater von Rudolf W. — Zweite Auflage: ebenda 1821. II. 8. — Schweizerischer Robinson oder der schiffbrüchige Schweizerprediger und seine Familie. Ein lehrreiches Buch für Kinder und Kinderfreunde von J. R. Wyß. Zürich, Druck und Verlag von Orell, Füßli und Comp. o. J. (1841 bis 1842). XVI, 640 S. 8. Herausgeber ist der Litterarhistoriker Heinrich Kurz. — Der Schweizerische Robinson oder ... Wyß. Dritte verbesserte Auflage. Zürich, Orell Füßli und Comp. 1851. II. 8.
Der Schweizerische Robinson oder ... Wyß. Drittes Bändchen. Zu den beiden Ausgaben der ersten Bändchen dienend. — Viertes und letztes Bändchen. Zu den drey Ausgaben der ersten Bändchen dienend. Mit Kupfern. Zürich, 1826 bis 1827. Bey Orell, Füßli und Compagnie. 8.
Der schweizerische Robinson von J. D. Wyß. 6. Original-Ausgabe, neu durchgearbeitet von Prof. Dr. F. Reuleaux. Zürich, Art. Institut Orell Füßli, Verlag. 1895. II 8.
Der schweizerische Robinson. Eine Erzählung für die Jugend. Nach Joh. Dav. Wyß frei bearb. von Paul Moritz. Stuttgart 1894. gr. 8.
Vergl. Ludw. Göring-Erlangen, Skizzen aus der modernen Jugendliteratur. II. Der Reise- und Abenteuerroman: Paedagogium. Monatsschrift für Erziehung und Unterricht. Hg. von Friedrich Dittes. 1890. Jahrg. 12, S. 56 f.
Französisch: Le Robinson Suisse. Traduit par Mme. de Montolier. 5 vols. Bruxelles 1841. 12. — par E. Voiart. Paris 1845. 8.

9) „Herz, mys Herz, warum so trurig? Und was soll das Ach und Weh?": Texte zu der Sammlung von Schweizer-Kühreihen und Volksliedern. Zum zweiten Male hg. von J. G. Kuhn. Bern 1812. Die erste Ausgabe dieser Texte hatte 1805 Sigm. v. Wagner veranstaltet. Sieh Nr. 13 a).

10) Idyllen Volkssagen, Legenden und Erzählungen aus der Schweiz. Von J. R: Wyß, Prof: Mit Kupfern. Bern, bey J. J. Burgdorfer, Leipzig, bey C. G. Schmid. 1815 und 1822. II. 8. In Versen und in Prosa.

11) Scizze (so) einer mahlerischen Reise durch die Schweiz. Aus dem Englischen eines Ungenannten. Herausgegeben, mit einigen Anmerkungen und einem doppelten Anhange, von Joh. Rud. Wyß. Bern, bey J. J. Burgdorfer. 1816. 4 Bl., 154 S. 8.

12) Reise in das Berner Oberland. Von J. Rud. Wyß. Mit Kupfern. Bern, bey J. J. Burgdorfer. 1816 und 1817. Zwei Abtheilungen. 8.
Ein Bruchstück davon vorher: Morgenblatt 1816. Nr. 176 f.

13) Sammlung von Schweizer-Kühreihen und Volksliedern. Recueil de ranz des vaches etc. 3. und 4. Ausgabe von Wyß. Bern 1818 und 1826. 4.

13a) Texte zu der Sammlung von Schweizer-Kühreihen und Volksliedern. Vierte viel vermehrte und verbesserte Ausgabe. Bern, bei Joh. Jak. Burgdorfer, Buchhändler. 1826. 152 S. 8.

14) Die Parabel von dem verlorenen Sohne. Luk. 15, 11 bis 32. 8. Mundart der Oberländer. c. In Grindelwald. Mitgetheilt von Herrn J. Rud. Wyß: Sieh Kuhn. Nr. 5) S. 233 f. „Es isch enn Man gsin, där heed zwen Sinn ghäbenn'. — In Oberhasli zu Guttannen an der Grimselstraße: ebenda S. 284 bis 286. „E Mensch het zwee Sihn ghäben'.

15) Conrad Justingers Berner-Chronik, von Anfang der Stadt Bern bis in das Jahr 1421. Hg. von E. Stirlin, Helfer am Münster, und J. R. Wyß, Professor der Philosophie in Bern. Bern, bey Ludw. Albr. Haller, Buchdrucker. 1819. XVI, 404 S. 8.

16) Bendicht Tschachtlans Berner-Chronik, von dem Jahre 1421 bis in das Jahr 1466. Hg. von E. Stierlin und J. R. Wyß. Bern, bey Ludw. Albr. Haller, Buchdrucker. 1820. XXIV, 850 S. 8.

17) Eine neugefundene Schweizer Chronik, sammt Inhalt und Probe derselben: Der Schweizer Geschichtforscher. Bern, bey Chr. Albr. Jenni, Buchhändler. 1825.

8. Band 5, S 204 bis 242. Vorangeht eine Abhandlung über die Chronik Ludwig Schwickards (die Mailänder Kriege beschreibend, mit 1500 beginnend und mit 1512 endend) von J. R. Wyß.

18) Valerius Anshelm's, genannt Rüd, Berner-Chronik, von Anfang der Stadt Bern bis 1526. Hg. von E. Stierlin und J. R. Wyß. Bern, bey L. A. Haller, obrigkeitlichem Buchdrucker. 1825 bis 1829. IV. 8. Den fünften und sechsten Band gab der Pfarrer E. Stierlin 1831 und 1833 allein heraus.

19) Beiträge: Künstler Lieder. Zweite Auflage. Basel, gedruckt bey Wilhelm Haas. 1826. 12.

a. S. 110 bis 112: Becherlied zu Ehren des Kunstbechers, eines Pathengeschenkes der löbl. Stadt Zofingen an die schweizerische Künstler-Gesellschaft ‚Wohlauf, ihr Freunde, das Herz gestimmt Zu jubelndem Freudengesange‘ 6 sechszeil. Str. — b. S. 131 bis 134: Das Ehren-Wappen der allgemeinen Schweizerischen Künstler-Gesellschaft ‚Heraldica, du hohe Kunst, Der Frau Pictura Muhme‘ 12 fünfzeil. Str. nach der Mel.: Ein freyes Leben führen wir. — c. S. 135 bis 137: Lob der ächten Mahlerzunft ‚Profaner Schwarm der Layen, fort von hinnen‘ 14 vierzeil. Str. nach der Weise: Bekränzt mit Laub den lieben.

a und c, die ebensowenig wie b in der ersten Auflage standen, waren schon vorher gedruckt auf je zwei Blättern o. O. u. J., unterz.: J. R. W.

20) Ueber Matthys Walthers gereimte Berner-Chronik: Der Schweizerische Geschichtforscher. 1828. Bd. 7, S. 118 bis 131. Unterz.: J. R. W.

Die Chronik von etwa 640 Versen beginnt mit der Gründung Berns durch Herzog Berthold 5. von Zähringen (1191) und geht bis zur Eroberung der Waadt durch die Berner (1536), darnach werden die Mühlhäuser Züge und der fernere Streit mit Savoyen noch kurz behandelt. Der Verfasser, geb. 1595, † 1654, war Glasmaler und stammte aus einem kurz vor der Reformation aus Nördlingen in die Schweiz eingewanderten Geschlechte, kam 1624 in den Großen Rath der bernischen Republik und verwaltete zuletzt die Schaffnerei des St. Johanser-Hauses.

21) Albrechts von Haller Versuch schweizerischer Gedichte. Zwölfte, vermehrte und viel verbesserte Original-Ausgabe, begleitet mit der Lebensbeschreibung des Verfassers. Durchgesehen und besorgt von Johann Rudolf Wyß. Bern, bey der typographischen Gesellschaft 1828. 8. Sieh § 204, 1. 1) n.

21 a) Auswahl aus Albrecht von Hallers Versuch schweizerischer Gedichte von J. R. Wyß. Zürich, Orell, Füßli und Comp. 1859. 16.

22) Ueber Weltbürger-Sinn und Vaterlands-Sinn im Studium der Wissenschaften. Bern 1831. 8.

23) Außerdem Gedichte und kleine Aufsätze in Jacobis Iris 1805. 1812; in Beckers Taschenbuch zum geselligen Vergnügen; im Cottaschen Taschenbuch für Damen; in der Isis. Einer Monatsschrift von deutschen und schweizerischen Gelehrten. Zürich 1805 bis 1807; in Zschokkes Erheiterungen und im Morgenblatt 1818 bis 1815. 1821 bis 1823.

24) Aus dem dichterischen Nachlasse verstorbener Berner. I. Johann Rudolf Wyß, der Jüngere: Berner Taschenbuch auf das Jahr 1855. Hg. in Verbindung mit mehrern Freunden vaterländischer Geschichte von Ludwig Lauterburg. Vierter Jahrg. Bern, Druck und Verlag der Haller'schen Buchdruckerei. 8. S. 81 bis 87: a. Die Urzeit. — b. Die Zeit der Heiden. — c. Die erste Christenzeit.

25) Blumenlese aus den sämmtlichen Werken von Johann Rudolf Wyß dem Jüngern. Mit einem Lebensabriß des Verfassers bg. von O. v. Greyerz, Pfarrer in Bern. Bern, Druck und Verlag von K. J. Wyß. 1872. 12.

I. Lieder [13]. — II. Vaterländische Gedichte [13]. — III. Legenden und Sagen [17]. — IV. Sinngedichte und Fabeln [16]. — V. Balladen und Romanzen [4]. — VI. Denksprüche, Glossen und Gnomen [12]. — VII. Erzählungen [5].

7. Johann Jakob Altorfer, geb. am 6. März 1741 in Schaffhausen, begleitete 1768 als Hofmeister einen jungen Imthurn (auch Im Thurn geschrieben) nach Lausanne und Lyon, dann nach Frankreich und Holland nach Göttingen, verweilte dort anderthalb Jahre und kehrte 1771 in die Heimat zurück. Zu Anfang 1772 kam er als Pfarrer nach Buch, wurde 1775 Professor der Philosophie am Collegium, 1778 zugleich Lehrer am Gymnasium in Schaffhausen, 1782 dessen Rektor, auch Professor der Theologie und Examinator, gest. am 30. Mai 1804.

a. Nr. 8) I. S. 1 bis 72.

b. C. M(ägis), Die Schaffhauser Schriftsteller. Schaffhausen 1869. 8. S. 2 f.

c. O. Hunziker, Geschichte der Schweizerischen Volksschule. Erster Band. Zürich, Friedrich Schultheß. 1881. 8. S. 252 bis 256.

d. Karl Stokar, Johann Georg Müller, Doktor der Theologie ... Basel, C. F. Spittler. 1885. 8. S. 341 und 406.

(81) Briefe an Eberhard Gaupp und J. G. Müller in Schaffhausen, 1775 bis 1800: Ministerialbibliothek in Schaffhausen.

1) Ode an den Verfasser der Schweizerlieder [J. K. Lavater], nebst einem Lied auf die Freiheit. Schaffhausen 1767. 8.

2) Trauer-Ode auf den Tod Herrn Bürgermstr. Schalch. Schaffhausen 1768. Fol.

8) Die Freiheit. Ein Gedicht. Göttingen 1770. 4.

4) Die Schweizer-Helden. Ein Gedicht, Schlözern gewidmet. Göttingen 1771. 4.

5) Trauungs-Rede bei der Verbindung Junker G. Fr. Imthurn und Juditha Stockar. 1772. 4.

6) An Junker G. Fr. Imthurn bei seiner Verbindung. (1772.) 4.

7) Rede von der Wichtigkeit öffentlicher Schul-Anstalten, bei der Eröffnung des neuen Gymnasiums. (Schaffhausen.) 1795. 8.

8) Joh. Jak. Altorfers hinterlassene poetische und prosaische Schriften, nebst dessen Lebensgeschichte von Johann Jakob Altorfer (dem jüngern, dem Vetter des Vf. 1754 bis 1829). Mit Vorrede von J. George Müller. Winterthur 1806. 8. Band 2 enthält Predigten.

8. Johann Jakob Heß, geb. am 21. Oktober 1741 in Zürich, daselbst 1777 Diakonus, 1795 erster Prediger und Antistes; † am 29. Mai 1828.

a. Nekrolog 6, 431 bis 439.

b. Nekrolog des sel. Herrn Antistes Heß: Schweitzerische Monaths-Chronik 1828. 79. Jahrg. Zürich, bey J. J. Ulrich. 4. Nr. 9. September. S. 197 bis 204.

c. G. Gesner, Blicke auf das Leben und Wesen des verewigten Johann Jakob Heß. Zürich 1829. 8.

d. Hesperus 1829. Nr. 19 f.

e. Johann Jakob Heß. 1795—1828: Die Zürcher Kirche von der Reformation bis zum dritten Reformationsjubiläum (1519—1819) nach der Reihenfolge der Zürcherischen Antistes geschildert von G. R. Zimmermann, Pfarrer beim Fraumünster und Dekan. Zürich, S. Höhr. 1878. 8. S. 358 bis 414.

f. Allg. dtsch. Biogr. 1880. 12, S. 284 bis 289 (G. v. Wyß).

g. Real-Encyklopädie für protestantische Theologie und Kirche. 2. Aufl. 1880. Bd. 6, S. 65 bis 71 (Justus Heer).

h. Karl Stokar, Johann Georg Müller, Johannes von Müllers Bruder und Herders Herzensfreund. Basel, C. F. Spittler. 1885. 8. S. Register S. 421 b.

1) Geschichte der drey letzten Lebensjahre Jesu. Sechs Theile. I und II: Leipzig, Hartwig 1768; III bis VI: Zürich, Orell 1772 bis 73. 8.

2) Von dem Reiche Gottes. Ein Versuch über den Plan der göttlichen Anstalten und Offenbarungen. Erste Hälfte. Zürich, Orell 1774. 8.

8) Vorlesung vor der Asketischen Gesellschaft in Zürich, dem Andenken ihres Vaters und Vorstehers Herrn Chorherrn Breitingers gewiedmet von Joh. Jakob Heß. Zürich, bey Joh. Caspar Füeßlin, Sohn. 1777. 8.

4) Lebensgeschichte Jesu. Tübingen 1780. 8. — Neue verbesserte Auflage. Bd. I. Tübingen 1784. 8.

5) Über die letzten Thaten und Schicksale unsers Herrn. Von dem Vf. der Lebensgeschichte Jesu. Zürich, Orell 1782. 8.   Sieh unten S. 811 zu Nr. 9).

6) Helvetiens neue Staatsverfassung von Seite des Einflusses der Religion und Sittlichkeit auf das Glück der Freystaaten betrachtet. Zürich 1798. 8.

7) Die vaterländische Kirche an den Gesetzgeber Helvetiens (Gedicht). Zürich 1800. 8.

8) Die Reise. Eine allegorische Erzählung. Zürich 1807. 8.

9) Lieder zur Ehre unsers Herrn, ein Schweizer Psalm und einige andre kleine Gedichte. Zweite verb. Aufl. Zürich 1813. 8. — Dritte Aufl. Zürich 1821. 8.

10) Meine Bibel. Ein Gesang Freunden der Bibelanstalt gewidmet. Zürich 1815. II. 8. Sieh Morgenbl. 1815. S. 212.

9. Heinrich Hirzel, geb. am 17. August 1766 in Weiningen bei Zürich, wo sein Vater Landschreiber war, brachte den größten Teil seiner Jugend auf dem Lande zu. Sechzehn Jahre alt trat er in das Karolinum, eine theologische Anstalt in Zürich. Nach Beendigung seiner philosophischen und theologischen Studien wurde er in seinem 21. Jahre zum Priester geweiht, Erzieher in Florens und nach anderthalb Jahren Professor in Zürich. Vor Antritt der Professur bereiste er Italien, übernahm dann 1790 den Lehrstuhl der Kirchengeschichte und rückte, der damaligen Ordnung der akademischen Stellen gemäß, in die Professuren der Logik, Rhetorik und Mathematik vor. 1809 wurde er Chorherr und Professor der Philosophie am Karolinum. Er starb am 7. Februar 1833 in Zürich.

Nekrolog 1833. 11, 98 bis 101.

1) Eugenia's Briefe an ihre Mutter, geschrieben auf einer Reise nach den Bädern von Leuk im Sommer 1806. Zürich 1809 bis 1815. III. 8. — Dritte Auflage. 1819 bis 1820. III. 8.

2) Briefe des Lullin von Chateauvieux über Italien. Zürich 1821. II. 8.

3) Ansichten von Italien nach neuern ausländischen Reiseberichten, in Verbindung mit einigen Freunden herausgegeben. Leipzig 1823 und 1824. II. 8.

4) Anrede an die studierenden Jünglinge Zürichs bey der öffentlichen Austheilung der Bücher und Prämien aus der Tomanischen Stiftung d. 7. Nov. 1826. Zürich 1827. 8.

5) Aus Reiseblättern: Minerva für 1829.

6) Goethes Briefe an Lavater. Leipzig 1833. 8. Sieh § 234. B, I. 17 — Band IV. S. 569.

Einer seiner Söhne, Salomon Hirzel, von 1852 bis zu seinem Tode am 8. Februar 1877 Inhaber der Verlagshandlung S. Hirzel in Leipzig, hat sich als Kenner und Sammler der Goethe-Litteratur ausgezeichnet. Er hat seine Goethe-Sammlung der Universitätsbibliothek in Leipzig vermacht. Vergl. Anz. f. dtsch. Alterth. 1878. 4, 281 f.

10. David Heß, geb. am 29. November 1770 in Zürich, war dort Mitglied des großen Rats; er starb am 11. April 1843 als Altratsherr in Zürich.

a. Nekrolog 21, 281.

b. Neujahrsblatt der Künstlergesellschaft in Zürich auf das Jahr 1844. Zürich. 16 S. 4. Mit Bildnis. 8. 1 bis 13: Lebensbeschreibung von David Heß [Von Dr. Meyer-Ochsner; vergl. Zürcher Taschenbuch auf d. J. 1882].

c. Allg. dtsch. Biogr. 1880. 12, 273 bis 277 (Meyer von Knonau).

1) Der Zapfenstreich. Ein Soldatenlied: Neues Schweitzerisches Museum [Hrsg. von H. H. Füßli]. 1794. Heft V. Zweyter Jahrgang. Zürich, bey Orell, Geßner, Füßli und Comp. 8. S. 394 bis 395. Zuerst setzte es Heß selbst, dann Brüning in Musik; in der zweiten Melodie ist es Volkslied geworden.

2) Drei Beiträge in Girtanners Revolutionsalmanach von 1795: a. Das Gefecht bei Landrecies am Ostertag 1794; b. An die Schweizergarde; c. Triumphpsalm eines Holländers im Januar 1795.

3) Kleine Gemählde, Reminiscenzen und abgebrochne Gedanken von einem Dilettanten. Zürich 1810. 8.

4) Gedichte in den Alpenrosen 1812. 8. 62: Rückblick. Mit einer Composition von dem Verf. selbst. — 1837. 8. 5/12: Das Alter. An meine Freunde Büel und Mayr. — Das stille Kind. — Schilderung. — 1820. 8. 147/210: Elly und Oswald oder die Auswanderung von Stürvis. Eine Bündtnerische Volkssage. Sieh unten S. 811.

5) Scherz und Ernst in Erzählungen von David Heß. Zürich bey Orell Füßli u. Compagnie. 1816. 2 Bl., 323 S. 8. a. S. 1 bis 46: Die besiegte Tanzlust. — b. S. 47 bis 88: Der wandernde Declamator. — c. S. 89 bis 137: Der Tonkunst Wettstreit mit der Mahlerey. — d. S. 139 bis 189: Der Alte auf dem Berge. — e: S. 191 bis 323: Der Wunderstab. Morgenblatt 1816. Nr. 12.

6) Die Badenfahrt. Von David Heß. Zürich bey Orell Füßli und Compagnie 1818. 1 Bl., X S., 1 Bl., 585 S. und 2 ungez. S. ‚Verbesserungen‘. 8.

7) Die Rose von Jericho. Eine Weihnachtsgabe von David Heß. Zürich bey Orell Füßli und Comp. 1819. VI, 164 S. 8. — Neu herausgegeben vom Verein für Verbreitung guter Schriften. Zürich. Nr. 2. 1891. 48 S. 8.

8) Salomon Landolt. Ein Charakterbild nach dem Leben ausgemalt von David Heß. Zürich, bey Orell, Füßli und Compagnie 1820. VIII, 294 S. 8. — Mit einigen Kürzungen. Zürich 1896. 144 S. 8. — Verein für Verbreitung guter Schriften. Nr. 21. Vergl. Nr. 9) Baechtold S. LXXXVf.; Gottfried Keller, Der Landvogt von Greifensee: Deutsche Rundschau 1877. 10, 335f. 11, 20f. — Züricher Novellen 1886. 1⁴, 174f.; J. Baechtold, G. Kellers Leben. Berlin 1897. 8, 250f.

9) Johann Caspar Schweizer und seine Gattin Anna Magdalena Heß. Eine biographische Skizze von David Heß. 1822. Nach dem auf der Stadtbibliothek befindlichen Manuscripte im Auszug bearbeitet von F. O. Pestalozzi: Zürcher Taschenbuch auf das Jahr 1880. Hg. von einer Gesellschaft Zürcherischer Geschichtsfreunde. Neue Folge. Jahrg. 3. Zürich 1880. 8. 8. 1 bis 190. — Joh. Caspar Schweizer. Ein Charakterbild aus dem Zeitalter der französischen Revolution von David Heß. Eingeleitet und hg. von Jakob Baechtold. Berlin 1884. Verlag von Wilhelm Hertz. 8.

10) Nekrolog Jakob Heinrich Meisters: Neue Zürcher-Zeitung. Zürich. 1826, November 11. Nr. 90. S. 357 bis 358. Vergl. Allg. dtsch. Biogr. 1885. 21, S. 258.

11) Sechs und zwanzigstes Neujahrsstück, hg. von der Künstler-Gesellschaft in Zürich auf das Jahr 1830. Enthaltend das Leben und die Charakteristik Johann Martin Usteri's von Zürich. Zürich (1829). 20 S. 4. Der ungenannte Verfasser ist David Heß. Sieh oben Nr. 1. 10) I.

12) Erinnerungen an David Heß in Beckenhof. Aufgezeichnet 1842. Mitgetheilt von E. Usteri-Pestalozzi: Zürcher Taschenbuch auf das Jahr 1882. Neue Folge. Jahrg. 5. Zürich 1882. 8. 8. 1 bis 116.

11. Felix Huber, geb. 1765 in St. Gallen, 1797 Hospitalschreiber in seiner Vaterstadt, gest. daselbst am 23. Februar 1810.
Meusel, Gel. Teutschl. 18, 220 f.
Gedichte von Felix Huber. Nebst der Schilderung seines Lebens und Karakters. [Hg. von Prof. P. Scheitlin]. St. Gallen, bey Huber und Compagnie. 1811. XXXIV, 338 S. 8.

Heinrich Keller sieh § 296, 73.

12. Conrad Näf aus Hausen im Canton Zürich, wurde auf der Cantonsschule in Aarau unter dem aus Hannover (1805) berufenen E. A. Evers gebildet, lebte später in Belgien (1819) und dann in Zürich. Genaueres läßt sich aus seinen Gedichten, die ihn als Nachahmer Klopstocks, Höltys, Matthissons und Schillers kund geben, nicht ermitteln.

1) Poetische Versuche von Conrad Näf. Zürich, bei Orell, Füßli und Comp. 1813. X, 80 S. 8. Morgenbl. Lit. Bl. 1813. Nr. 11 S. 42; 1814. Nr. 1. S. 8. — Zweyte, durchgesehene und vermehrte Ausgabe. Zürich, bei Orell, Füßli und Compagnie. 1825. XVI, 140 S. 8. Daraus die Ballade: Agamemnons Rückkehr von Troja, schon im Morgenblatte 1810. Nr. 124.

2) Gedichte in den Alpenrosen 1830. 8. 40: An der Limmat in Baden, im Juli 1828. — 212: Logogryph.

§ 298.

Österreich.

Die Länder, welche im Jahre 1804 zum Kaisertum Österreich vereinigt wurden, gehören so verschiedenen Kulturgebieten an, daß jedes von ihnen eine selbständige Betrachtung erfordert. Nicht alle waren altes deutsches Sprachgebiet; einige waren erst langsam fremden Nationen abgerungen worden, in anderen hatte das deutsche Wesen überhaupt nicht feste Wurzeln geschlagen; in den meisten war das geistige Leben hinter den anderen deutschen Ländern zurückgeblieben, und die Litteratur stand in ihnen unter dem Einflusse dort bereits veralteter oder veraltender Strömungen. Die Abhängigkeit der einzelnen Kronländer von Wien und den dort herrschenden litterarischen Richtungen war verschieden, Tirol und Salzburg neigten nach Bayern, Böhmen blickte nach Sachsen oder hielt sich selbständig, von dem protestantischen Ungarn und Siebenbürgen wurde die Brücke direkt nach dem Mittelpunkte der reichsdeutschen Kultur geschlagen, indem die jungen Theologen in Jena und, nachdem der Besuch dieser Universität 1799 verboten worden war, in Leipzig, Wittenberg, Göttingen und Tübingen studierten. Neben den Hauptstädten der einzelnen Kronländer (Linz, Salzburg, Innsbruck, Graz, Klagenfurt, Laibach, Görz, Triest, Prag, Brünn, Troppau, Lemberg, Pest, Agram, Hermannstadt) und den Universitätsstädten (Olmütz, Kaschau, Preßburg, Klausenburg) bilden sich weitere Mittelpunkte für das geistige Leben (Teschen, Bielitz, Ödenburg, Kaesmarck, Leutschau). Die Berührung mit den fremden Nationallitteraturen, die aus langem Schlafe zu neuem Leben erwachen und von der Regierung gefördert werden, giebt der deutschen Litteratur in den einzelnen Kronländern eine eigentümliche Färbung; zwar war die deutsche Sprache bis in die entlegensten Orte des weiten Reiches gedrungen; aber nicht überall beherrschte man sie gleichmäßig; stilistische Mängel, ja direkte Sprachfehler lassen sich in großer Menge selbst in Dichtungen nachweisen; Zeitschriften wie die Annalen werden nicht müde, solche Sprachfehler in den angeführten Titeln und Zitaten zu verbessern. Die deutsche Litteratur berührte sich in Böhmen und Mähren mit der tschechischen, in Galizien mit der polnischen, in Südtirol und Triest mit der italienischen, in Krain, Kärnten und Steiermark mit der slovenischen, in Ungarn mit der magyarischen, slovakischen, rumänischen und kroatisch-serbischen. Es wurde nicht bloß aus diesen Sprachen übersetzt, sondern die Bildung der fremdsprachlichen Schriftsteller war durchaus deutsch, die meisten schrieben in deutscher Sprache und umgekehrt schrieben einzelne der deutschen Dichter gleichzeitig oder später auch in den fremden Sprachen und gehören zu den Begründern oder Wiedererweckern der Nationallitteraturen. Endlich fehlt es nicht an zahlreichen Erzeugnissen in lateinischer Sprache, zumal in Ungarn, wo Latein bis zum Jahre 1848 die eigentliche Umgangssprache bildete. Den Strom der lateinischen Dichtungen in den Grundriß herüberzuleiten ist aber umsomehr Bedenken getragen worden, als es bei vielen dieser Dichter zweifelhaft ist, ob sie dem deutschen Volke zugerechnet werden dürfen.

Die Pflege der Dichtung ruht vielfach in den Händen der Schulmänner und der Geistlichen, der katholischen wie der protestantischen; besonders viele Ordensgeistliche und zahlreiche Exjesuiten begegnen uns. Die Poesie wird in den Schulen noch gelehrt und dadurch der Dilettantismus begünstigt und die Mittelmäßigkeit gezüchtet. Außerdem erscheinen die Juden, die Beamten und die Offiziere als die Träger der deutschen Kultur. Die Regierung stand seit dem Tode Josefs 2. der geistigen Bewegung meist ablehnend gegenüber; die Zensur wurde verschärft, sogar bereits erlaubte Bücher am Anfange des Jahrhunderts der Zensur nochmals unterworfen; in Wien brachte die Besetzung durch die Franzosen, im ganzen Reiche die patriotische Strömung nach dem Preßburger Frieden unter Stadion und dann das Zensuredikt vom Jahre 1810 größere Freiheit; freilich mußte sie der nach den Freiheitskriegen eintretenden Reaktion bald wieder weichen. Ein warmer patriotischer, ein dem Herrscherhause ergebener Geist weht durch die Dichtungen dieses Abschnittes besonders in den Alpenländern. Auf die Zusammenstellung dieser patriotischen Dichtungen ist daher besondere Sorgfalt verwendet worden. Auf Universitäten und Gymnasien lodert daneben die neuentflammte Liebe zur engern Heimat hoch auf; man studiert die heimische Geschichte, Sage und Sitte, bevorzugt nationale Stoffe und strebt in Sammlungen und Almanachen ein provinzielles Zusammenschließen an.

In den neunziger Jahren des 18. Jahrhunderts, aber auch noch zu Anfang des 19. dauert die Nachwirkung Klopstocks, Ramlers, Denis' und der Bardenpoesie in Österreich fort und verleiht der österreichischen Dichtung den Charakter des Zurückgebliebenen, den die Pflege des altfränkischen Epigramms und der Gelegenheitsdichtung noch verstärkt. Die Göttinger Dichter, besonders Hölty, dann Bürger und Claudius, Matthisson und Salis wirken teils direkt, teils durch ihre Nachahmer in den Wiener Musenalmanachen auf das jüngere Geschlecht ein. Blumauer macht immer von neuem Schule. Nur langsam beginnen Schiller und Goethe, ihren Einfluß auch nach dem Süden und Südosten auszudehnen. Rascher dringt, durch die Persönlichkeiten, die sich längere oder kürzere Zeit in Österreich aufhielten, getragen (Seckendorff, die beiden Schlegel, Tieck, Kleist, Brentano, die beiden Eichendorff, Streckfuß, Adam Müller, Gentz, Pilat, Kerner, Jac. Grimm), die romantische Poesie in Österreich vor. Es fehlt aber an bedeutenden Talenten, an einem großen überragenden Dichter; erst in der folgenden Periode (1816 bis 1830) erwächst in Österreich der klassischen Litteratur eine schöne Nachblüte, die die Jahre 1800 bis 1815 kaum ahnen lassen, obgleich ein Teil der er in diesen Jahren auftretenden Dichter in jene Zeit hinüberwirkt.

Österreich ist als selbständiges Litteraturgebiet in früheren Bänden mit Ausnahme des Dramas in § 259 nicht berücksichtigt worden. Daher haben nur die bedeutendsten Namen im allgemeinen Zusammenhange genannt werden können, während vom provinziellen und lokalen Standpunkte aus manches geringere Talent an Bedeutung gewinnt. Es wird deshalb hier der Versuch gemacht, die Dichtung der Jahre 1800 bis 1815 mit der Dichtung der theresianisch-josefinischen Periode zu verknüpfen und die Dichter, die seit dem Jahre 1792, seit dem Regierungsantritte des Kaisers Franz auftraten, hier nachzutragen, weil ohne sie die Wirksamkeit der folgenden Generation vielfach unverständlich bliebe. Auch sind in einigen Provinzen, wie in Tirol, in Steiermark und zum Teil auch in Böhmen gerade die neunziger Jahre von ausschlaggebender Bedeutung. Aus § 336 sind alle Dichter, die chronologisch hierher gehören, herübergenommen worden. Die in § 331 behandelten Belletristen sind an ihrem Platze verblieben, obgleich die Grenze zwischen ihnen und den hier verzeichneten Schriftstellern unbestimmt ist und obwohl die meisten von ihnen schon vor 1815 aufgetreten sind. Es sind lediglich ihre lyrischen Anfänge hier kurz erwähnt.

Aus § 202 bis 296 weisen außerdem noch nach Österreich: Friedrich Just Riedel § 202, 6 und § 205, 20; Karl Emil Freiherr von der Lühe § 205, 26 und Band IV. S. 757f.; § 205, 28; Wilhelm Ehrenfried Neugebauer § 210, 17; Heinr. Gottfr. v. Bretschneider § 210, 45 und § 281, 2; Graf Alexander Christiani § 211, 13; Abraham Jacob Penzel § 212, 44; Tobias Philipp Freiherr von Gebler § 215, 14; Christian Gottlob Stephanie § 215, 16; Gottlieb Stephanie § 215, 17; Friedrich Wilhelm Weiskern

§ 215, 21; Justus Christian Gottlieb König § 218, 23 und § 270, 56;
§ 218, 24; § 218, 32; Fiedler § 219, 60; Paul Weidmann § 219, 61;
Gerhard van Swieten § 222, 21; Johann Friedrich Jünger § 224, 83; Franz
Xaver Huber § 224, 98; Otto Heinrich Freiherr von Gemmingen § 226, 5;
Johann Friedrich Schmid § 226, 14; Franz von Heufeld § 226, 15; Johann
Friedrich Schink § 230, 18; Friedrich Justus Wilhelm Ziegler § 258, 14;
August Freiherr von Steigentesch § 258, 20; Friedelberg § 294, 3; Wilh.
Friedr. von Meyern § 276, 1; Johann Lorenz Gerbez § 294, 5; Leopold
Graf van der Nath § 296, 64; Friedrich August Kanne § 296, 70.

    a. (De Luca) Das gelehrte Oesterreich. Ein Versuch. Des ersten Bandes erstes
Stück. Wien gedruckt mit von Ghelenschen Schriften 1776. 25 Bl., 874 S. 8. —
Des ersten Bandes zweytes Stück. Wien, gedruckt bey Joh. Thom. Edlen v. Trattnern,
k. k. Hofbuchdruckern und Buchhändlern. 1778. 12 Bl. 556 S., 1 Bl. 8. — S. unten
S. 811. — a'. Jul. Wilh. Fischer, Reisen durch Oesterreich, Ungarn, Steyermark,
Venedig, Böhmen und Mähren in den Jahren 1801 und 1802. Wien 1803. III. 8.
    b. Michael Kunitsch, Biographien merkwürdiger Männer der Öster-
reichischen Monarchie. Grätz 1805 bis 1812. VI. 8.
    c. Freymüthige Briefe eines ungarischen Edelmannes über das österreichische
Staatsystem. Austerlitz 1806.
    d. (Greiner) Allgemeines Jahrs-Verzeichniß der Bücher, Musikalien und
Landkarten, die in dem Jahre 1806 in den k. k. österreichischen Staaten entweder
ganz neu gedruckt, oder sonst verbessert, wieder aufgelegt worden sind. Grätz,
in der Franz Ferstl'schen Buchhandlung. 62 S. 8.
Vgl. Neue Annalen 1807. 1, 284.
    e. Uebersicht der literarischen Thätigkeit in Oesterreich während der Jahre
1806 und 1807: Vaterl. Bl. 1808. 2, Nr. 28 bis 31.
    f. C. Bertuch, Bemerkungen auf einer Reise aus Thüringen nach Wien im
Winter 1805—6. Weimar 1808. II. 8.
    g. Suntinger, Darstellung der Cultur und Humanität des k. österr. Hofes.
Wien und Triest 1808.
    h. Uebersicht der im oesterreichischen Kaiserthume im Jahre 1809 bestehenden
politischen Zeitschriften und Intelligenzblätter: Int.-Bl. der Annalen. Januar 1809.
    i. Uebersicht der literarischen Zeitschriften und Journale in dem öster-
reichischen Kaiserthume nach alphabetischer Ordnung im Jahre 1809: Int.-Bl. der
Annalen. Febr. 1809.
    k. Sartori, Übersicht der literarischen Thätigkeit in Oesterreich während
der Jahre 1808 und 1809: Vaterl. Bl. 8. Jahrgang 1810. Nr. 57 bis 68.
    l. Joh. Frdr. Reichardt, Vertraute Briefe geschrieben auf einer Reise nach
Wien und den Oesterreichischen Staaten 1808—1809. Amsterdam 1810. II. 8.
Vgl. Schletterer, Reichardt S. 324f.
    m. Czikann, Beyträge zum gelehrten Oesterreich: Annalen 1811. 3, 228 bis 238.
    n. Oesterreichische Journalistik. (Von dem Redakteur der Annalen): Annalen
1812. 1, 132 bis 141. unters.: Glatz.
    o. Österreichische Journalistik im Anfange des Jahres 1813: Wiener Allge-
meine Litteratur-Zeitung. 1813, Nr. 2. 4. 6 bis 10.
    p. Uebersicht der poetischen Taschenbücher des Jahrs 1813: Wiener All-
gemeine Litteratur-Zeitung 1813 Nr. 14. Sehr scharf absprechend. Dagegen Joh.
Bapt. Rupprecht, Bescheinigung und Erklärung (Wien am 20. Februar 1813):
Ebenda Int.-Blatt April 1813 Nr. 1. — Dagegen: Aufklärung für Herrn Rupprecht
(von der Redaktion der Abtheilung der schönen Wissenschaften) und Erklärung
(von Christoph Kuffner, Wien, den 26. April 1813): Ebenda Int.-Bl. Nr. 6. May 1813.
    q. Historische und kritische Andeutungen über die Literatur des öster-
reichischen Kaiserstaates in den Jahren 1815 und 1816. Wien 1817.
    r. Schmidl, Österr. Jahrbuch der Literatur. Wien 1817.
    s. Gf. J. Berényi, Das große Zeitalter Franz des Ersten, K. v. Oe. Pest
1831. III. 8.
    t. H. Meynert, Franz I. Kayser von Oesterreich. Leipzig 1834.
    u. Ant. Joh. Groß-Hoffinger, Leben, Wirken und Tod des K. Franz I.
Stuttgart 1835.

v. Oesterreichische National-Encyklopädie von Gräffer und Czikann. Wien 1835. VI. 8.

w. v. Püchler, Geschichte der Regierung Kaiser Franz I. Wien 1841. III.

x. K. Franz I. und seine Zeit. Brüssel 1846.

y. Die Jacobiner in Österreich. Oesterreichische Memoiren aus dem letzten Decennium des 18. Jahrhunderts. Zürich und Winterthur 1842. — 8. Aufl. Leipzig 1848. Pipitz zugeschrieben; aber kaum mit Recht.

z. Franz Gräffer, Das literarische Oesterreich: Österreichische Blätter für Literatur und Kunst. 8. Februar 1844. Beiblatt Nr. 2.

aa. (Friedrich Anton Freiherr von Schönholz) Traditionen zur Charakteristik Österreichs, seines Staats- und Volkslebens unter Franz dem Ersten. Leipzig 1844. II. 8. Vgl. Oesterr. Rundschau. Wien 1883. 1, 717.

bb. A. Schmidl, Journalistische Zustände in Österreich: Österreichische Blätter für Literatur und Kunst 1846. 8, 34. 62.

cc. Adolph Wiesner, Denkwürdigkeiten der Oesterr. Zensur vom Zeitalter der Reformazion bis auf die Gegenwart. Stuttgart 1847.

dd. (Gräffer) Francisceische Curiosa. Wien 1849.

ee. Die Geschichte Oesterreichs aus dem Munde deutscher Dichter. Herausgegeben und mit historischen Einleitungen begleitet von J. Gebhart. Wien 1853. Buchhandlung J. F. Greß, Tuchlauben, Spenglergasse Nr. 427. VIII, 333 S. gr. 8.

ff. Museum aus den deutschen Dichtungen österreichischer Lyriker und Epiker der frühesten bis zur neuesten Zeit ausgewählt und in neuhochdentscher Sprache zusammengestellt von Dr. S. H. Mosenthal, Offizial im k. k. Ministerium für Cultus und Unterricht. Wien, 1854. Verlag und Druck von Carl Gerold & Sohn. XVI, 515 S. 8.

gg. Oesterreichisches Balladenbuch, herausgegeben von L. Bowitsch und Alexander Gigl. Wien 1856. II. 8.

hh. Johann Nep. Stoeger, Scriptores Provinciae austriacae Societatis Jesu ab ejus origine ad nostra usque tempora. Viennae et Ratisbonae 1856. G. J. Manz gr. 8.

ii. Biographisches Lexikon des Kaiserthums Oesterreich, enthaltend die Lebensskizzen der denkwürdigen Personen, welche 1750 bis 1850 im Kaiserstaate und seinen Kronländern gelebt haben. Von Dr. Constant von Wurzbach. Wien 1856 bis 1891. LX. ‚Ein Werk des mühsamsten, bewunderungswürdigsten Fleißes'. (Goedeke).

kk. Die Schriftsteller Oesterreichs in Reim und Prosa auf dem Gebiete der schönen Literatur; aus den ältesten bis auf die neueste Zeit. Mit biografischen Angaben und Proben aus ihren Werken. Von Ludwig Scheyrer. Wien 1858. IV, 595 S. 8.

ll. Ant. Springer, Geschichte Oesterreichs seit dem Wiener Frieden. Leipzig 1863 bis 64. II. 8. Sieh unten S. 811.

mm. H. Meynert, Kaiser Franz I. Zur Geschichte seiner Regierung und seiner Zeit. Wien 1872.

nn. (M. A. Becker) Die Sammlungen der vereinten Familien- und Privat-Bibliothek Sr. M. des Kaisers. Wien. Druck von Carl Finsterbeck. 1. Band 1873; 2. Band. 1. Abteil. 1875; Druck von Adolf Holzhausen. 2. Band. 2. Abteil. 1879. 3. Band. 1. Abteil. 1882. Fol.

oo. Geschichte Oesterreichs mit besonderer Rücksicht auf Culturgeschichte. Von Dr. Franz Meyer. Wien, 1874. Wilhelm Braumüller k. k. Hof- und Universitätsbuchhändler. II. 8. VIII, 826 S.; VIII, 830 S., 1 Bl.

pp. Johann Winckler, Die periodische Presse Oesterreichs. Eine historisch-statistische Studie. Wien 1875. 4.

qq. Adolf Beer, Zehn Jahre österreichischer Politik 1801—1810. Leipzig 1877.

qq'. Franz Krones, Geschichte der Neuzeit Österreichs vom achtzehnten Jahrhundert bis auf die Gegenwart. Berlin, Hofmann. 1879. 798 S. 8.

rr. Geschichtliche Bilder aus Oesterreich. Von Adam Wolf. Zweiter Band. Aus dem Zeitalter des Absolutismus und der Aufklärung. (1648—1792). Wien 1880. Wilhelm Braumüller, k. k. Hof- und Universitätsbuchhändler. V. 414 S. 8.

S. 1 bis 50 Einleitung. — S. 244 bis 311 Graf Karl von Zinzendorf 1739 bis 1813. — S. 312 bis 857 Friedrich Riedel und die Aufklärung 1760 bis 1790. — S. 858 bis 409 Städte und Bürger.

ss. Die Völker Oesterreich-Ungarns. Ethnographische und culturhistorische Schilderungen. Wien und Teschen. Verlag der k. k. Hofbuchhandlung Karl Prochaska. Band 1. Die Deutschen in Nieder- und Ober-Oesterreich, Salzburg, Steiermark, Kärnthen und Krain. Von Dr. Karl Schober. 1881.

Band 2. Die Deutschen in Böhmen, Mähren und Schlesien. Von Josef Bendel in zwei Hälften. 1884.

Band 8. DieDeutscheninUngarnundSiebenbürgen. VonDr.J.H.Schwicker.1881.

Band 4. Die Tiroler und Vorarlberger. Von Dr. Josef Egger. 1882.

tt. Grundriß der Oesterreichischen Geschichte mit besonderer Rücksicht auf Quellen- und Litteraturkunde bearbeitet von Dr. Franz Krones R. v. Marchland. Wien, 1882. Alfred Hölder, k. k. Hof- und Universitätsbuchhändler. VI, 926 S. gr. 8.

uu. Eugen Guglia, Gesellschaft und Literatur im alten Oesterreich. 1792—1818: Oesterreichische Rundschau. Herausgegeben von Anton Edlinger. Wien 1888. Heft 8. 9. 8. 714 bis 725. 828 bis 842.

vv. Geschichte Oesterreichs und Ungarns im ersten Jahrzehnt des 19. Jahrhunderts. Nach ungedruckten Quellen von Eduard Wertheimer. Leipzig, Verlag von Duncker & Humblot. Erster Band. 1884. XXIII und 375 S. — Zweiter Band. Von Preßburg bis Schönbrunn. 1890. XXII und 441 S. gr. 8.

ww. Goethe und die Gräfin O'Donell. Ungedruckte Briefe nebst dichterischen Beilagen, herausgegeben von R. M. Werner. Berlin, Hertz. 1884. Vgl. § 234. B, I. 147) — Band IV. S. 581.

xx. Düntzer, Goethes Verehrung der Kaiserin von Österreich Maria Ludovica Beatrix von Este. Köln und Leipzig 1885.

yy. Jakob Minor, Zur Bibliographie und Quellenkunde der österreichischen Litteraturgeschichte: Zeitschrift für die österreichischen Gymnasien 1886. Heft 8 und 9. Seite 561 bis 584.

zz. Die österreichisch-ungarische Monarchie in Wort und Bild. Auf Anregung und unterMitwirkungSeiner kaiserlichen und königlichenHoheit des durchlauchtigsten Kronprinzen Erzherzog Rudolf (in späteren Bänden: Auf Anregung und unter Mitwirkung weiland Seiner .... Rudolf begonnen, fortgesetzt unter dem Protectorate Ihrer kaiserl. und königl. Hoheit der durchlauchtigsten Frau Kronprinzessin-Witwe Erzherzogin Stephanie). Wien, Druck und Verlag der kaiserlich-königlichen Hof- und Staatsdruckerei. Alfred Hölder, k. k. Hof- und Universitätsbuchhändler. 1886 f.

Übersichtsband. 1. Abtheilung: Naturgeschichtlicher Theil. 2. Abtheilung: Geschichtlicher Theil. 1887. — Wien und Niederösterreich. 1. Abtheilung. Wien. 1886. 2. Abtheilung. Niederösterreich. 1888. — Ungarn. 4 Bände. 1886 f. — Oberösterreich und Salzburg. 1889. — Steiermark. 1890. — Kärnten und Krain. 1891. — Das Küstenland. (Görz, Gradiska, Triest und Istrien.) 1891. — Dalmatien. 1892. — Tirol und Vorarlberg. 1898. — Böhmen. 2 Abtheilungen. 1896. — Mähren und Schlesien. 1897.

aα. F. R. v. Krones, Zur Geschichte Österreichs im Zeitalter der französischen Kriege und der Restauration 1792—1816. Mit ·besonderer Rücksicht auf das Berufsleben des Staatsmannes Freiherrn Anton v. Baldacci. Gotha. Friedrich Andreas Perthes. 1886. XX und 896 S. gr. 8.

bα. Freiherr Anton von Baldacci über die inneren Zustände Österreichs. Eine Denkschrift aus dem Jahre 1816. Herausgegeben und eingeleitet von Dr. F. von Krones: Archiv für österreichische Geschichte. 1889. 74, 1 bis 160.

cα. Aus dem Tagebuche Erzherzog Johanns von Oesterreich. 1810—1815. Zur Geschichte der Befreiungskriege und des Wiener Kongresses. Herausgegeben und erläutert von Dr. Franz Ritter von Krones. Innsbruck. Verlag der Wagner'schen Universitäts-Buchhandlung. 1891. 8.

dα. Franz Ritter von Krones, Aus Oesterreichs stillen und bewegten Jahren 1810—1812 und 1813—1815. I. Zeitgeschichtliche Studien. Aus dem Tagebuch Ersh. Johanns von Oesterreich 1810-1812. II. Hormayrs Lebensgang bis 1816 und seine Briefe an den Vorgenannten 1813—1816. Innsbruck. Verlag der Wagner-schen Universitäts-Buchhandlung. 1892. XVI und 417 S. 8.

eα. (K. Glossy) Internationale Ausstellung für Musik- und Theaterwesen. Wien 1892. Abtheilung für Drama und Theater. Theatergeschichtliche Ausstellung der Stadt Wien 1892. (Am Schlusse: Verlag der Bibliothek und des Historischen Museums der Stadt Wien.) XIII, 281 S.

fα. Österreichische Bibliothek. Herausgeber: Dr. Albert Ilg. III. Band: Kaiserin Maria Ludovica von Österreich (1787—1816). Nach ungedruckten Briefen von Eugen Guglia. Wien. Verlag von Carl Graeser. 1894. XI, 196 S. 8.

gα. Deutsche Dichtung in Österreich von den Ausklängen der Romantik bis zum Durchdringen des Realismus. Lose Skizzen von Richard von Muth. 1896. Verlag von Anton Folk, Wiener-Neustadt. (Separatabdruck aus dem Jahresberichte der n. ö. Landes-Oberreal- und Gewerbeschule in Wr.-Neustadt). 52 S. 8.

Vgl. A. Sauer: Euphorion 1897. 4, 182.

hα. Christian **Meyer**, Österreich und die Aufklärung des 18. Jahrhunderts. Hamburg, Verlagsanstalt und Druckerei, A.-G. 1896 (Sammlung gemeinverständlicher wissenschaftlicher Vorträge, herausgegeben von R. Virchow und W. Wattenbach. Heft 250). Vgl. Euphorion 1897. 4, 181f.

iα. Deutsch-österreichische Literaturgeschichte. Ein Handbuch zur Geschichte der deutschen Dichtung in Oesterreich-Ungarn. Unter Mitwirkung hervorragender Fachgenossen herausgegeben von J. W. **Nagl** und J. **Zeidler**. Wien, C. Fromme. 1. und 2. Lieferung 1897.　　　　　　　　　　　　　　kα. Sieh unten S. 811.

A. Wien und Niederösterreich.

I. Allgemeines.

a. (Berisch) Die Wiener Autoren. Ein Beytrag zum gelehrten Deutschland. o. O. 1784. Mit einem Pseudonymenverzeichnis.

b. Wiener Schriftsteller- und Künstler-Lexikon, oder alphabetisches Verzeichnis aller gegenwärtig in Wien lebenden Schriftsteller, Künstler und Künstlerinnen mit der Angabe ihrer Namen, Stände und Werke gesammelt und herausgegeben von einer Gesellschaft ihrer Freunde. Wien 1793.

c. Bemerkungen eines Edlen von Ungarn bei Gelegenheit seines kurzen Aufenthaltes in Wien, entworfen 1802. (officiös). Wertheimer 1, 113f.

d. Überblick des neuesten Zustandes der Literatur, des Theaters, und des Geschmacks in Wien. 1802. (Wien, bey Anton Doll). 67 S. 8. 2. Heft. 80 S. 8. Vgl. Annalen Februar 1802. Nr. 11. August Nr. 63. Der vorgebliche Herausgeber dieser Briefe eines reisenden Grafen unterzeichnet sich I. B. v. M—y.

e. Die Franzosen in Wien. Eine historische Skizze. Photopel 1806.

f. Wien und Berlin in Parallele. Nebst Bemerkungen auf der Reise von Berlin nach Wien durch Schlesien über die Felder des Krieges. Ein Seitenstück zu der Schrift [von Frdr. von Cölln]: Vertraute Briefe über die innern Verhältnisse am preußischen Hofe seit dem Tode Friedrichs II. von F. v. C—n. [d. i. Friedrich von **Cölln**]. Amsterdam und Cölln [d. i. Leipzig] 1808. Vgl. Vaterl. Blätter 81. Sept. 1808. Nr. 43

g. (Sartori) Über die Zeitschriften Wiens: Vaterländische Blätter 1820. Nr. 1. 10. 18 bis 22. 35.

h. Frans **Sartori**, Verzeichniß der gegenwärtig in und um Wien lebenden Schriftsteller. Wien 1820. A. Strauß. 8.

i. Frans Heinrich **Böckh**, Wiens lebende Schriftsteller, Künstler, und Dilettanten im Kunstfache. Dann Bücher-, Kunst- und Naturschätze und andere Sehenswürdigkeiten dieser Haupt- und Residenz-Stadt. Ein Handbuch für Einheimische und Fremde. Wien 1821. B. Ph. Bauer. kl. 8. — Neue wohlfeile Ausgabe. Wien 1823. Tendler. Auch unter dem Titel: Merkwürdigkeiten der Haupt- und Residenzstadt Wien.

k. Verzeichniß der in Wien erschienenen Werke der Literatur und Kunst. Wien, bei Joh. Bapt. Wallishausser. 1826f.

l. **Kaltenbäck**, Über die Wiener Musenalmanache: Austriakalender für 1845.

m. Karl **Weiß**, Geschichte der Stadt Wien. 2. umgearb. Aufl. Wien 1882. Verlag von Carl Konegen. II. gr. 8.

n. Das Kriegsjahr 1809 nach Erinnerungen des Grafen Eugen von Černin von **Helfert**: Heimat 1877. 1, 241.

o. Geschichte der geistigen Cultur in Niederösterreich von der ältesten Zeit bis in die Gegenwart. Ein Beitrag zu einer Geschichte der geistigen Cultur im Südosten Deutschlands. Von Dr. Anton **Mayer**. Erster (emsiger) Band. Der Cultus. — Unterricht und Erziehung. — Die Wissenschaften. Wien 1878. Druck und Verlag von L. W. Seidel und Sohn. XIV und 453 S. gr. 4.

p. Anton **Schlossar**, Die Wiener Musenalmanache im achtzehnten Jahrhundert (1777 bis 1796). Ein Beitrag zur Geschichte des geistigen Lebens in Oesterreich: Oesterreichische Cultur- und Literaturbilder mit besonderer Berücksichtigung der Steiermark. Wien 1879. 8. 1 bis 64 (zuerst: Beilage zur Wiener Abendpost 1878. Nr. 1 bis 3).

q. Die Deutschen in Nieder- und Ober-Oesterreich, Salzburg, Steiermark, Kärnthen und Krain. Von Karl **Schober**. Wien und Teschen. Verlag von Karl Prochaska. 1881. (Die Völker Oesterreich-Ungarns. Ethnographische und culturhistorische Schilderungen. Erster Band). S. 260 bis 284: Nationale Poesie.

r. Jakob **Minor**, Die deutsche Literatur in Wien und Niederösterreich: Die

Österreichisch-ungarische Monarchie. Wien und Niederösterreich. 1. Abtheilung. 1886. 8. 139 bis 168.

s. Wien im Jahre 1809. Aus amtlichen Flugblättern: Neue freie Presse, 13. und 14. October 1887.

t. F. X. Maleber, Wien während der Anwesenheit der Franzosen im Jahre 1809: Vogls Volkskalender 1888.

u. Zur Geschichte Wiens im Jahre 1809. (Ein Beitrag zur Geschichte des Krieges von 1809). Nach ungedruckten Quellen. Von Eduard Wertheimer: Archiv für österreichische Geschichte 1889. 74, 161 bis 202.

v. E. V. Zenker, Geschichte des Wiener Zeitungswesens von seinen Anfängen bis zum Jahre 1800: Oesterr. ung. Revue, Februar und März 1891.

w. Geschichte der Wiener Journalistik von den Anfängen bis zum Jahre 1848. Ein Beitrag zur deutschen Culturgeschichte von E. V. Zenker. Mit einem bibliographischen Anhang. Wien und Leipzig. Wilhelm Braumüller k. und k. Hof- und Universitätsbuchhändler 1892. XI, 159 S. 8. Vgl. Walzel: Anzeiger f. dtsch. Alterth. 1893. 19, 79 bis 85.

x. Geschichte der Stadt Wien. Im Auftrage des Allgemeinen Niederösterreichischen Volksbildungsvereins Zweig ‚Wien und Umgebung' verfaßt von Eugen Guglia. Prag. Wien. F. Tempsky; Leipzig, G. Freytag. 1892. VI, 306 S. 8. 1 Bl. Inhalt.

y. Politische Meinungen und Stimmungen in Wien in den Jahren 1793 und 1794. Von A. Faulhammer. Separat-Abdruck aus dem Programme des k. k. Staats-Gymnasiums in Salzburg für das Schuljahr 1892 bis 1893. Salzburg 1893. Verlag von Hermann Kerber, Buch-, Kunst- und Musikalienhandlung. 82 S.

z. Die Dichter des Wiener Musenalmanachs: Lyriker und Epiker der klassischen Periode. Herausgegeben von Max Mendheim. Stuttgart [1893]. 2, 55 bis 135 (= DNL. Nr. 135. II). Vgl. A. Sauer: Jahresberichte für neuere deutsche Litteraturgeschichte. 1895. V. Band (Jahr 1893). IV 2a: 2.

aa. Karl Glossy, Das Wiener Aufgebot im Jahre 1797: Wiener Neujahrs-Almanach 1897. 8. 1 bis 50.

II. Zeitschriften.

a. Briefe eines Eipeldauers an seinen Herrn Vetter in Kakran. Wien 1785 bis 1821. Vergl. § 259, 47. 9) — Band V. S. 318.

b. Allgemeine Uebersicht der Wissenschaften und Künste in den k. k. Staaten 1789. Wien. I. Heft 1789. 8. Enthält auch Gedichte.

c. Wiener Zeitschrift. Herausgegeben von L. A. Hoffmann. 1792 und 1793. Zenker 1892 S. 96 f.; Faulhammer 1893 S. 16 f.

d. Oesterreichische Monatsschrift. Herausgegeben von Alxinger 1793 bis Juni 1794. Vgl. § 225, 4, 13) — Band IV. S. 233. — Zenker. 1892. S. 97 f. Im 1. Jahre von Alxinger, dann abwechselnd von Schreyvogel, Alxinger, Ehrenberg, Leon und Schwandner redigiert. — Faulhammer 1893 S. 23 f.

e. Magazin der Kunst und Literatur 1793—1797. Wien, M. A. Schmidt. 18 Bände. Redacteur: Hofstätter. Vgl. Faulhammer 1893 S. 18 f.

f. Neuestes Wienerisches Journal der Moden und der gesamten Haushaltungskunst; herausgegeben von einer Gesellschaft, und besorgt von J. Leyrer. 4 Hefte. Wien 1796. gr. 8. Vgl. Meusel 4, 441.

g. Überblick der (schönen) Literatur, des Theaters und der Kunst (in Oesterreich). Wien 1801. 2 Hefte.

h. α. Archiv für Geographie und Statistik, ihre Hilfswissenschaften und Literatur verfasset von einer Gesellschaft Gelehrten und herausgegeben von Jos. Marx Freiherrn von Liechtenstern. Wien, Industrie-Comptoir, 1801 bis 1804. IV. 8.

β. Neues Archiv für Welt-, Erd- und Staatskunde von Marx Preih. v. Liechtenstern. Wien, Gerold. 1810—1811. IV. 8. Becker 6498. 20728.

Liechtensterns Archiv entlehnte nach den Annalen 1812. 1, 137 seine Aufsätze größtenteils aus auswärtigen Journalen und Schriften.

γ. Allgemeiner Anzeiger, historisch-politisch-statistischen Inhalts. 1814 bis 1816. III. 8.

i. α. Annalen der österreichischen Litteratur herausgegeben von einer Gesellschaft innländischer Gelehrten. 1802. In Commission bei Herrn Buchhändler Anton Doll dem jüngern in Wien, und in der Commerzienrath Seidelschen Buchhandlung in München. 4

β. Annalen der Literatur und Kunst in den österreichischen Staaten. Wien. Gedruckt und verlegt bey J. V. Degen, und zu haben auf allen Postämtern und bey allen Buchhändlern 1803 – 1804. IV. 4.

γ. Jahrgang 1805 bei Anton Doll. II. 4.

δ. Jahrgang 1806 scheint nicht erschienen zu sein.

ε. Neue Annalen der Literatur des österreichischen Kaiserthumes. Wien. Im Verlage bey Anton Doll, und zu haben auf allen Postämtern und bey allen Buchhändlern. Gedruckt bey Anton v. Haykul. 1807–8. II. 4.

ζ. Annalen der Literatur und Kunst in dem österreichischen Kaiserthum. Wien. Ebenda. 1809–12. XVI. 8.

Begründer und erster Redacteur war Schultes bis 1806. Ihm folgte Franz Sartori bis Ende 1810. Vgl. Int.-Bl. Dez. 1810 S. 504: „Mit dem Schlusse des Jahres 1810 endigt sich das 5. Jahr meiner Redaction dieser Zeitschrift". Mitursache seines Ausscheidens sei der Tod Joseph Köderls, ,der einer der eifrigsten Theilnehmer der Annalen war'. Seit Januar 1811 redigirt von Glatz. Vgl. Annalen 1812. 4, 134; Wiener Allgemeine Literaturzeitung 1813 Nr. 5.

k. Literarisches Wochenblatt, bearbeitet von einer Gesellschaft Gelehrten, herausgegeben von Joseph Geistinger. Wien, Geistinger 1804. 4.

Becker Nr. 8843.

l. Monathliche Unterhaltungen für die Jugend. Verfasser Samuel Bredetzky, Jakob Glatz, Forstmeister Guilleaume, Karl Unger. Wien bey Peter Rehm's sel. Witwe 1804. 8. 1. Band. 3 Hefte. 288 S. 2. Band. 1. Heft.

Vgl. Annalen 1805. 2, 119.

m. Zeitung aus der Vorwelt. 1805. Zenker S. 154 Nr. 296.

n. Wiener Modenjournal für das Jahr 1805. Januar bis Junius 6 Hefte. Wien, Schmidbauer. 136 S. 4.

Annalen Nov. 1805 S. 319. Enthält auch Gedichte von Max Fischel, Kueffner (einige Scenen aus dem Singspiel Luna), Valtiner; ferner Kueffners Briefe über Tanzkunst, Mimik und Declamation.

Becker Nr. 8769.

o. Monathschrift für Theaterfreunde. Herausgegeben von Friedrich Linde. Erster Band. Erstes bis sechstes Heft. Mit einem Portrait. Wien 1805. Auf Kosten und im Verlag bey Joh. Bapt. Wallishausser. II. 8. 304 S. 1 Bl.; 294 S. 1 Bl. Inhalt. Redacteur war anfangs Bäuerle und später vermuthlich Hassaureck. Vgl. Scheyrer S.497.

Mit Beiträgen von Bäuerle (B – erle, arl., erle, – e), Ludwig Birg, C.***, J. v. Collin, J. C., Josef Dopler k. auch k. k. Raitofficier, E., B. E., Tob. Frech v. Ehrimfeld (F. v. E., Szenen aus dem ungedruckten Schauspiele, Die Horatier, nach Corneille), K. Jakob, L. K., K–ff–r. (Kuffner), L. Robert, H. S. S., J. v. S., August Schmitt, Jos. Sonnleithner (S. 242: Szenen aus „Dießmahl meint er's so"), –th— [Sonnleithner?], –ld–p— [Schwaldopler], J. Walter, Georg Weiß, August Wilfild (Drama), ferner S. 35 Stellen aus Schillers Wilhelm Tell; S. 48 Drey neue Räthsel der Turandot von Schiller; S. 104 Monclog aus Egmont, metrisch geordnet. („Alter Freund | Immer getreuer Schlaf,|"); S. 212 Schillers Unterthänigstes Promemoria (§ 253, 8). — Arie und Chöre aus der ungedruckten Oper der Sänger um Mitternacht. — Arie aus dem verliebten Verführer (Lonchamps). — Der Wagen. Eine dramatische Bagatelle in 1 Akt (Prosa). Vgl. Annalen, Nov. 1805. S. 317.

p. α. Wiener Theater-Zeitung. Erster Band. Herausgegeben von Christiani und Bolthart. July, August, September, Wien und Triest 1806. Auf Kosten der Herausgeber, und in Commission bey Geistinger. 181 S. 4. Beginnt 1. July 1806. Vgl. Adolf Bäuerle. Aus meinem Leben. Entstehung der Theaterzeitung: Scheyrer S.497.

β. Wiener Theater-Zeitung. Zweyter Band. Herausgegeben von einer Gesellschaft Theaterfreunde. October, November, December. Ebenda 1806. 182 S.

Mit poetischen Beiträgen von Auerhammer, Bäuerle (B – erle, – l—, — e), ... er., Kerndl, J. B. Klein, Carl Kellner, K. L. M. (S. 144: Prolog zu einem noch ungedruckten Trauerspiele Mirza die Afrikanerinn), Bened. v. Möser, Müller, Joseph Passy. Mit prosaischen Beiträgen von Bäuerle, Fr. Boltbart, Buchberger, C. W. Christiani (Ch – i), –er–, F–lker, Th. Ph. G., Chr. Fr. Haug, Jakob K*****, L. Kanner, Kerndl, L—mn—r, Lindner (L—ndner), –lth—, Ludwig, Mynhardt, Beauregard Pandin (Prag), Pokels, S—y. Vgl. Neue Annalen 1807. 2, 89—42.

γ. Zeitung für Theater, Musik und Poesie. Ein Unterhaltungsblatt für die gebildete Welt. Herausgegeben von einer Gesellschaft. Januar, Februar, März. 1807. Wien und Triest. Auf Kosten der Herausgeber, und in Commission bey Geistinger.

Mit Beiträgen von B., B . . . l, Julie von B—m., Bäuerle, Buchberger, F—lke, G., Haug, Fr. Kind (Sccnen aus Wilhelm der Bastard), Kotzebue, Lindner, v. Menner, Bened. v. Möser, Carl von Pießek, Georg Radl einstmahliger Schiffer, Schreiber, August Zarnack (A. Z.).

δ. Zeitung für Theater, Musik und Poesie. Ein Unterhaltungsblatt für die gebildete Welt. Herausgegeben von einer Gesellschaft. April, May, Junius. 1807. Wien, im Bureau der Theater-Zeitung, in der Bischoffgasse Nr. 814, im sogenannten Federlhof, bey dem Redacteur Bäuerle. Mit Beiträgen von: Brandler, Joh. Jac. Cz—nn [Czikann], Ebrimfeld, v. Guttenberg, A** v. L.**, L—l. (Nr. 22. Epigramm. Nach dem Dänischen), Landesmann.

ε. Zeitung für Theater, Musik und Poesie. Ein Unterhaltungsblatt für die gebildete Welt. Herausgegeben von einer Gesellschaft. Dritter Jahrgang. Januar, Februar, März. 1808. Wien, im Büreau der Theater-Zeitung, auf dem Kienmarkte im Dempfinger Hofe, Nro. 528, im zweyten Stock, bey dem Redacteur Bäuerle. Mit Beiträgen von: A.—, B., Bäuerle, B—le, Brandler, K., M , M—r, S. Molitor, Möser, W. ζ. . . . . Dritter Jahrgang. April, May, Juny. 1808. Wien im Büreau der Theater-Zeitung, unter den Tuchlauben Nr. 472 im von Hönigsbofischen Hause auf der hintern Stiege im 8ten Stock, bey dem Redacteur Bäuerle. Mit Beiträgen von Elison (Nr. 84: An Amor. Aus dem Spanischen des Villegas; Nr. 85: Sicilien und Neptun. Nach Baldi; Nr. 45: Versuch einer Übersetzung des Klopstockschen Bardiets: Hermanns-Schlacht, in fünffüßige Jambenl, M., v. M., Möser, Friedrich R—., Schreiber (Nr. 42. 43: Morna und Kathbat. Nach Ossian. [Verse.]).

η. Jahrgang 1809 und 1810 ist nicht erschienen.

ϑ. Theater-Zeitung. 1811. 3. August bis 23. Dec. Nr. 1 bis 43. Mit Beiträgen von: Bäuerle, G—d (Prag), Theodor Körner (4. Dec. Nr. 86: An Demoiselle Krüger), Joseph von Lichtenberg, Heinrich Mayer, Möser, Schwindler.

ι. Theater-Zeitung. Herausgegeben von Adolph Bäuerle. Jahrgang 1812. Erste Hälfte (Januar bis Ende Juny). Wien, im Bureau dieser Zeitschrift. Seilerstadt Nro. 1018 in der ungarischen Krone zur ebenen Erde.

„Es war kein leichtes Unternehmen, diese Theaterzeitung neuerdings bey einer Anzahl anderer hiesiger Journale herauszugeben, welche ebenfalls größtentheils über das Theater schrieben, ja von denen das eine ausschließlich der Bühne gewidmet war. Eine Menge Hindernisse stellten sich dem Unternehmen entgegen, und dieses erste Jahr [1811] schien beynahe nur ein Probejahr auszumachen.' Mit Beiträgen von: von Ayrenhoff, Wilhelm —b—, Bäuerle, S. Eckler, August Eckschlager, J. G., Ch. Gittermann, Klschd., —l—, Wilhelmine Maas deutsche Schauspielerin, Mayer, Nr. 62: Schluß-Scene des 4ten Akts des noch ungedruckten Trauerspieles Soliman vor Wien. Von Philipp Millaner, Möser, Oehlenschläger, P., Pichler, Ringulf, Saint Martin, Sannens, S. Semmler, Sch., J. K. W., D. Wohl, Johann B. Ritter v. Zahlhaas, Nr. 120: Des Oesterreichischen Adlers Frohlocken und Wappengruß. Volkslied. In Musik gesetzt von Wenzel Müller, Kapellmeister. Wien, 1813.

κ. Theater-Zeitung. 1813. Sechster Jahrgang. Mit Beiträgen von: B., E., Philipp Millauer (Nr. 40: Der getreue Eckart. Eine dramatische Situation), Sch.

λ. 7 Jahrgang 1814.

μ. 8. Jahrgang 1815. Mit Beiträgen von: A. B., Eckschlager, G., W. A. Gerle, K., Ksor., Lehr, Joseph v. Menner, ... n · ., Neefs, Perinet, Pfl., Qdt., R., Rosenau (Schauspieler), Karl Schikaneder, Adolf Schmidt, August Stein (Schauspieler).

q. Wiener Journal für Theater, Musik und Mode. Jahrgang 1806, bey Anton Doll in Wien.

r. α. Das Sonntagsblatt oder Unterhaltungen von Thomas West. — — — Non, si quid turbida Roma Elevet, adcedas, examenve improbum in illa Castiges trutina: nec te quaesiveris extra. Persius. Erster Band. Wien, 1807. In der Camesina'schen Buchhandlung. 460 S. 8.

β. Das Sonntagsblatt. Herausgegeben von Thomas West. — Quid sit pulchrum, quid turpe, quid utile, quid non. — Zweyter Jahrgang. Erster Band. Wien. In der Camesina'schen Buchhandlung. 1808. 894 S. 2 Bl. Register. 32 S. Literarischer Anzeiger. 2. Band. Nr. 70 bis 87. 888 S. und 32 S. Anzeiger. 3. Bd. Nr. 88 bis 104. 296 S. und 68 S. Anzeiger.

γ. Das Sonntagsblatt. Sunt quibus in Satira videor nimis acer, et ultra Legem tendere opus; sine nervis altera, quidquid Composui, pars esse putat. Dritter Jahrgang. Erster Band. Wien und Leipzig, 1809. In der Camesina'schen Buchhandlung in Commission. Nr. 105 bis 119. 338 S. 8.

Herausgeber ist Schreyvogel; vgl. A. Schönbach: Beilage zur Wiener Abendpost vom 4. bis 8. März 1879. Nr. 52f.; Mitarbeiter sollen Köderl, Lindner und
Ludwig Wieland gewesen sein.
Gedichte und Bruchstücke der Tassoübersetzung von Fridrich (F.).
s. Der Plauderer. Wien, 1808. 1. Stück. 80 S. 8.
Gedichte von Goethe, Hölty, Matthisson und anderen ohne Verfassernamen.
t. Penelope, Journal für Wiens edle und fleißige Töchter. 1808. Vgl. Vaterl.
Bl. 1810. S. 480.
u. Merkwürdigkeiten der Welt. Wien 1808. Vgl. Vaterl. Bl. 1810. S. 480.
v. Lebens-Accorde. Zeitschrift von Freih. v. Putlitz. Wien, Geistinger. 1808.
8. Vgl. Vaterl. Bl. 1810. S. 480. — Becker Nr. 9925.
w. Prometheus. Eine Zeitschrift. Herausgegeben von Leo v. Seckendorf und
Jos. Lud. Stoll. Wien, in Geistingers Buchhandlung. 1808. 6 Hefte. 8. § 289, 3.
6). NeueTitelausgabe: Prometheus, Sammlung deutscher Original-Aufsätze berühmter
Gelehrten, herausgegeben von Stoll. Wien 1810. 8.
x. Vaterländische Blätter für den österreichischen Kaiserstaat. Herausgegeben
von mehreren Geschäftsmännern und Gelehrten. Wien. In der Degenschen Buchhandlung. 1808 bis 1820. XIII. 4.
Redacteur: zuerst Armbruster (§ 295, II. B, 1 == Band VI. S. 419), später Sartori.
Über die Gründung dieses offiziösen Organs vgl. Moynert, Kaiser Franz. 1872.
S. 215; die Mitarbeiter Annalen 1810. 2, 149; Krones, Zur Geschichte Österreichs S. 97.
y. Oesterreichische Zeitung [redigiert von F. Schlegel im Hauptquartier des
Erzherzogs Carl; in den Briefen Dortheas an Friedrich Schlegel und sonst als ,Armee-
zeitung' angeführt]. Erschien 1809 vom 24. Juni bis 16. Dezember zweimal wöchentlich
in 52 Nummern. Vgl. O. F. Walzel: Anz. f. dtsch. Alterth. 1893. 19, 81. § 283, 3. 29a).
z. Zeitung für die gebildete Welt. Wien 1809.
Redacteur: Bäuerle. Vgl. Int. Bl. der Annalen Febr. 1809: ,ein elender Nachdruck von Artikeln aus ausländischen Blättern, ohne Wahl zusammen gelesen,
keinen bestimmten Zweck verfolgend'. — Vaterl. Bl. 1810. S. 480.
aa. Der Sammler. Ein Unterhaltungsblatt. Wien gedruckt und im Verlage
bey Anton Strauß. [in späteren Jahrgängen: In Commission bey Anton Doll im
Innland; Carl Schaumburg u. Comp. im Ausland]. 1809 bis 1815. VII. 4.
Beginnt mit Januar 1809. Redakteur: Castelli; später Joseph v. Seyfried und
Jos. Portenschlag. Mit poetischen Beiträgen von A., Adelheim, Albers, Apel, August
Appel, Arthur, Augusta, Ay—ff. (Ayrenhoff), B., B***, C. B. (1815: Herzog Leopold
von Oesterreich und die Minnesänger. Ein Lied aus alter Zeit), Baggesen (Der Feyen-
ball. Nach dem Englischen), Baldamos, Gabriele Batsany, Fried. B—b—k, Bauer-
schmidt (An den Frieden, gesungen am Friedensfeste zu Krems den 29. Juny 1814),
Franz Rudolf Bayer, Louise Brachmann, Becker, G. Berger, Jos. Carl Bernard,
J. Edler von Blaha, Bramigk, Johanne Gräfin Breda, Burckhardt, Buri (Sarbiewski), Bw.,
C., I. F. Castelli, Chezy, C. A. H. Clodius, Conz, Crisalin, G. Cords, Georg Crome,
Dr. D., B. J. D., Deinhardstein, A. F. Drechsler, A. G. Eberhard, E—y, Eckschläger,
Johannes Eremita, J. Erichson, G. S. Falbe, Feuerlein, Fischel (nach Guarini),
Louise Frey, Joseph v. Fritsch (Horaz), G. v. Gaal, August Gebauer, Wilhelm Gerhard
(nach Anacreon), W. A. Gerle, Agnes Eremita Geyer, Gewey, Ludwig Gisecke, Fr. Gleich,
Goethe, Gottwald, Carl Graß (1815: Umarbeitung eines alt-
teutschen Liedes), Gries, Karl Grumbach, F. W. Gubitz, J. Guggenberger, S. Gülden-
born, K. Hadermann, v. Halem, Haug (Hg.), Th. Hell, Fr. Herrmann, H. P. F. Hinze
(Hienze), J. K. Böck, Hofstätter (Probe altdeutscher Epen), Emmerich Th. Hohler,
P. Holzing Lieutenant, Hornthal, J. Hottinger, Friedrich Hückstädt, J. (Mimnermos),
J—s, J. G. Jacobi, Alois Jeitteles, Isidorus, K., J. H. K. (Nach Voltaire, Nach Pope),
U. Karow, Kästner, Franz Karpinsky (aus dem Polnischen), Ke., Justinus Kerner
(1815. Nr. 23: Die Spindel), Major Keßler, F. Kind, Aug. Klingemann, K—r (Horaz),
J. Knebel, Frans Kniasnin (aus dem Polnischen), J. P. Köffinger, Koreff, Th. Körner,
C. F. Kretschmann, Franz Xaver Alois Kreysband, Krippner, F. A. Krummacher,
Friedr. Krug v. Nidda (1815: Maurisches Ringrennen und Rohrgefecht. Bruchstück
aus dem zweyten Buche des Gonsalvo von Cordowa, von Florian), Kuffner (1811.
Scene: Tarpeja. Catilina. 1814: Punsch und Bundeslied. Gesungen beim Friedensfeste),
E. A. W., v. Kyaw, L., L—s., M. J. Landau, Langbein, Friedr. Laun, Lehr, Lep., Jos.
Lichtenberg (1814: Franz I. Rückkehr nach dem Pariser Frieden 1814), Liebel, O.
H. Graf von Loeben, C. v. Lohbauer, Lotte Fritz von Ludwig, M., J. C. M., A. Mark,
Maatalier, v. Matthisson, Messerschmid, J. C. Mielach, P. Millauer, Henriette von

Montenglaut, J. Mosel (Drama), J. L. L. Moritz, Möser, Carl Müchler, K. L. Methu-
salem Müller (K. L. M. Mr.), C. v. N. (oder R?), Natalie, Neuffer, v. Nicolai, Anton
Niemeyer (nach Grübel), Arthur vom Nordstern, O., P. (Horaz), Jos. Passy (1809.
Nr. 58: Kleobis und Biton. Meiner guten Mutter geweiht), Paul Pehem, Pfeffel,
Caroline Pichler, Pilat, Plener, C. F. Pockels, K. G. Prätzel (Ptzl.), Ramler, Fr. Raß-
mann, Rb., Wilhelm Redecker, Karl Reh, Rehfues, Emil Reiniger, Fr. Richter, J.
Fr. Richter, J. H. Richter, Ritter, Friedrich Rochlitz, Röller Kaffeh, Richard Roos,
J. S. Rosenheyn, Dapsul v. Rosenoble, Rupprecht (nach dem Englischen des Peter
Pindar, des Goldsmith, der Lady Irwin, des Lord Lyttleton, der Lady M. Wortley:
nach dem Franz. des d'Yvrande), S., v. S, S**., B. de Sanctis, Sannens, K. Schall,
S. W. Schiessler, Fr. Schiller, Schleifer, F. M. Schletzer, Freyherr v. Schlippenbach,
Schmidt, Ernst Schmidt, Schmidt v. Lübeck, L. A. Schneider, Julius Schneller,
A. Schreiber, Schubart, Ernst Schulze, St. Schütze, Schütz, E. M. Schwabe, Dr. G. Frhr.
v. Seckendorf, J. P. Graf von Sermage, J. R. v. Seyfried, J. v. S . . . ch, S – r, Elise
Sommer geb. Brandenburg, Karl Sommer, Lacrimas Sperling, Fr. Leop. Graf v. Stol-
berg, Theodor B. v. Sydow, Tenner W., Theone (Therese v. Artner), Theophrastus,
Fr. Treitschke, Ludwig Uhland, Uhlich, Martin Usteri, D. E. Veith (D. E. V.), Vischer,
J. B. v. Vitali, Ludwig Vogel, J. H. Voß (Tibull), Nina U–l., W. (nach Ovid), Susanne W.
(nach dem Spanischen des Don Juan Melendez Valdes), Fr. Waldeck, Fr. Wallner,
F. C. Weidmann, Henriette Weiler, Weissenbach (1809. Drama; 1813. Nr. 130: Ger-
maniens Wort und Gruß), Weissenthurn, Weisser, F. G. Wetzel, Wilhelmine Willmar,
A. Wilke (nach Gay), Dr. Wohl, Woldemar, J. R. Wyß, x., x –., – xy., X. Y. Z., Z.,
Z****, J. St. Zauper, Al. Zettler, J. G. Zimmermann, Vom Verfasser des Barden-
gesanges, Ungenannt (1809. Nr. 42: Mirva und Maldor. Ein Nair Lied. Von dem
Chevalier de Lawrence. Übersetzung: 1809. Nr. 105, 107, 111: Orientalische Gedichte;
1812: Vom Thor und dem Riesen Ymer. Aus der Edda. 1814. Nr. 42: Graf Franz
von Schlick oder der Schlag von Freundeshand. Fragment eines größern Gedichts.
1815. Nr. 79: Spruch. Aus dem Talmud).

    bb. Der Wanderer, 1809 begründet, ging jedoch wieder ein und erschien erst
von 1814 an in ununterbrochener Folge.
    Redacteur: J. R. v. Seyfried.
    Zenker 1892. S. 99.
    cc. Der oesterreichische Beobachter seit 2. März 1810.
    Redacteur: Fr. Schlegel, später Josef Anton Edler von Pilat.
    Zenker 1892. S. 104.
    dd. (Hormayrs) Archiv für Geographie, Historie, Staats- und Kriegskunst.
Wien, gedruckt und im Verlage bey Anton Strauß. 1810 f. Vgl. § 293, V. 36. II)
— Band VI. S. 343.
    Bis 1815 poetische Beiträge von: I. F. Castelli, Heinrich von Collin, Matthäus
von Collin, Deinhardstein, M. Fischel, de la Motte Fouqué (1812. Nr. 15/16: Der
Schuß aus der Feldschlange), Joseph von Hammer (J. v. H.), Lorenz Leopold Haschka,
Aloys Jeitteles, J. v. Kalchberg (1814. Nr. 41/42: Die Inquisition in Deutschland.
Drama in Prosa. Scene 1—3), Ignaz Kollmann, Kuffner, Kueffner (1814. Nr. 22/23:
Thusnelde an Arminius. Heroide; Nr. 41/42: Keller und Felbiger. Eine Schweizer-
ballade; Nr. 156: Das scheidende Jahrhundert an den Eroberer. Ein Nachtstück.
Am Schlusse des Jahres 1800 gedichtet), F. X. Ritter von Leßner (F. X. v. L.),
J. G. Meinert (1812. S. 312: Feldgesang der Taboriten und Waisen), Franz Maria
Nell (1815. Nr. 68/69: Der Barde des Tages), J. P. (1814. Nr. 30/31: Erstlingsopfer
auf dem Altare Germaniens bey der Jubelfeier seiner wiederhergestellten Freyheit.
Ein Bardengesang), Caroline Pichler, Johann Pierre, Joh. Bapt. Rupprecht (1814.
Nr. 43/44: Herr Hengist. Ballade von Lewis; 1815. Nr. 22/23: Sonnet von der
Königin Elisabeth), Schiller, J. P. Carl Graf v. Sermage, Sonnenfels, Theone (Therese
von Artner), Franz Weidmann. Ungenannte (1811. Nr. 120/121: Kriegslied der Hus-
siten: ‚Ihr, die ihr Gottes Krieger seyd'; 1814. Nr. 69/70: Auf die nahe Ankunft
Sr. Majestät des Kaisers: ‚Er kommt, der Kaiser kommt'; Nr. 71/72: Franzens
Wiederkehr; Nr. 117: Der Ankunft der hohen verbündeten Monarchen in dem er-
freuten Brünn: ‚Brünn! du alte, hohe Stadt der Czechen'; 1815. Nr. 26/27: Zur
Geburtsfeyer Sr. Majestät des Kaisers und Königs. Brünn am 12ten Februar 1815:
‚Des Krieges Sehreckenstöne sind verklungen').
    ee. α. Thalia ein Abendblatt; Den Freunden der dramatischen Muse geweiht.
Herausgegeben von J. F. Castelli. 1810 bis 1811. Wien und Triest in der Geistinger-
schen Buchhandlung. II. 4. Beginnt 4. July 1810 und reicht bis Ende 1811.

Mit Beiträgen von: Appel, D. Arnold, v. Auffenberg, B.—, J. v. B. (aus Prag), J. K. B., A. Bäuerle, Karl Blumauer, A. Bolz, G. G. Buse, C., Castelli (wohl auch: Der Perlen- und Pillensammler, Der Dichter mit 8 Vocalen und 4 Consonanten), Ch-l., Dr. D., Dambeck, Hanns Carl Dippold (aus der Urania für 1812), —ei—, J. F. X. Emil (Trimmel), Janus Eremita, Euphon., Gustav Fellinger, Gerning, —gl—, Griesel, J. Guggenberger, H—, H—d, H. H., Julius Hainfeld, Hassaureck, Haug, Joh. Herbst, Heinse, Jafr. (Parodie auf Makbeth), Dr. J—l, J—n—s, K., K—r—, Fr. Kind, von Klenke geb. Karschinn, August Klingemann, Klinguth, M. J. Landau (M. J. L.—), Langbein, Laue, Lehr, Leo, Löwen, J. B. M. (aus Brünn), Dr. Matz, Karl Meisl, v. Menn., Mosel, Müller, A. Z. Nasalbus, Ch. L. Noack, P., J. P. (Joseph Passy?) Joseph Passy (Drama), Joachim Perinet, Carl Philipp, P—t, Quandt, F. R., J. C. F. Rellstab, S—, Sch., Josef Ritter v. Seyfried, St., Carl Stein (Der Bothe, Lustspiel, aus dem Taschenbuch Hortensia für 1812 von A. Kuhn), Thümmel, Treitschke, J. F. X. Trimmel (Emil), E. Veith (—ei—, E. V.), v. W., A. W., Wallner, Weissenthurn, Weisser, Z. Werner (Probe aus dem vier und zwanzigsten Februar), L. M. Weschel, A—Z., A. Zettler.

β. Thalia, ein Abendblatt. Den Freunden der dramatischen Muse geweiht. Jan. bis Juni 1812. 218 S. 4.

Herausgeber: J. R. v. Seyfried. Außer Nachdrucken von Gedichten Schillers, Goethes, Heinses, Thümmels u. a. Beiträge von: I. F. Castelli, J. H. Dambeck, Deinhardstein, F***, J. Guggenberger, H., Hg., H—b, Julius Hainfeld, Herbst (Prag), R. J., I—n—s, Klingemann (Probe aus Faust), Aug. v. Kotzebue, Leon, L—l, Karl Meisl, P. Millauer, A. Z. Nasalbus, Henriette v. R..., S., Truggeschick, E. Veith (E. V.), W., W—ll—r., Wallner, Gustav Weiller, Amadeus Wendt, Dr. Wenzl aus Bayern (Baptista Orientalis), L. M. Weschel, Z., A.—Z.

γ. Neue Thalia. Herausgegeben von J. Erichson. Erster Band. Wien und Triest, in der Geistingerischen Buchhandlung. 1812. 1 Bl. Inhalt. 144 S. 8. Kündigt sich als die Fortsetzung „eines den Freunden der dramatischen Kunst in der Oesterreichischen Monarchie wohlbekannten Blattes"an. Vgl. § 289,8.3); Euphorion 1897.4,178.

Erstes Heft. a: Einleitung vom Herausgeber. — b: Aus dem Lustspiele: Die Liebeswerbung, von Mathäus von Collin. 157 reimlose Jamben. — c: Briefe an eine Freundin über verschiedene Gegenstände der dramatischen Kunst, von Matthäus v. Collin. I. Ueber das Erhabene, als die vorherrschende Empfindung im Trauerspiele. — d: Proben einer neuen Uebersetzung der Griechischen Anthologie vom Herausgeber. — e: Der Ueberfall von Sycion, Bruchstück eines größern Werkes, der achäische Bund. Von J. W. Ridler.

Zweites Heft. f: Aus einer neuen Uebersetzung der Griechischen Anthologie. Vom Herausgeber. Scherzhafte Epigramme. — g: Aus dem Lustspiele: Die Kunst zu fliegen. Von Stoll. (Künstlerdrama in Reimen) — h: Der Ueberfall von Sicyon. Fortsetzung. Von Ridler. — Zwei Epigramme. Von Erichson.

Drittes Heft. i: Aus dem Lustspiele: Der Socher und der Pocher. Von Stoll. (Meist Alexandriner). — j: Die Quelle des Ganges. Eine indische Legende nach dem Ajini Akheri. II. S. 53. — k: Der Ueberfall von Sicyon. Von Ridler.

Anzeiger. 192 S. Nr. 1. 6. Julius 1812. a: Proteus, oder Menelaus auf Pharus. Ballet in zwey Akten. Erfunden von J. Erichson. — b: Prolog bei Eröffnung des Schönbrunner Theaters 1812. Von J. J. Freyhr. v. Retzer. — c: Theaterkritiken von B. und K.

Nr. 2. d: Aphorismen über Litteratur und Kunst. J. Echsn. — e: Die reisende Mime. (Aus dem Griechischen.) Von J. E. — f: Ueber die schöne Gestalt. (Meistens nach Winkelmann.) — g: Theater.

Nr. 3. h: Die Zeit der Rosen (Gedicht). — i: Aphorismen über Litteratur und Kunst. (Fortsetzung). E. — j: Theater. Von B. und J. E. — k: Ueber die Einheit des Ortes, der Zeit und der Handlung in dramatischen Dichterwerken. R. J.

Nr. 4. l: Ueber die Einheit des Ortes, der Zeit und der Handlung in dramatischen Dichterwerken. Beschluß. R. J. — m: Theater. Von B. — n: Einige Beyträge zur Vergleichung der heyden Aufführungen der Zauberflöte, auf dem k. k. Hoftheater in der Stadt, und auf dem Theater an der Wien. — o: Auf die Entbindung der durchlauchtigen Frau F. v. L*** im Febr. 1812. [Sonnett]. Von J. C. Bernard. — p: An Sie. Sonnet. Von B. — q: Aufschriften unter den Bildnissen einiger Dramatiker Deutschlands. [Goethe. Schiller. Collin. Werner]. — r: Epigramme auf Wieland und Kant. Von B. — s: Der Narr. — t: Ueber den Nahmen der Kunst. — u: Correspondenz-Nachrichten aus Prag.

Nr. 5. v: Theater. — w: Die Sängerinn, Epigramm. — x: Aus Briefen.

Nr. 6. y: Recension. — z: Eginhard und Emma. — aa: Theater. — bb: Die Rosenhändlerinn. (Epigramm). — cc: Kunstnachrichten. — dd: Theaternachrichten aus Gratz.

Nr. 7. ee: Theater. — ff: Auf ein schönes Bad, griechisches Epigramm.

Nr. 8. gg: Eginhard und Emma, Fortsetzung. — hh: Kunstnachrichten.

Nr. 9. ii: Theater. — jj: Notizen.

Nr. 10. kk: Theater.

Nr. 11. ll: Theater.

Nr. 12. mm: Ueber Goethes Farbenlehre. — nn: Theater. — oo: Grabschrift auf Brockmann. — pp: Mlle. Maaß in Prag.

Nr. 13. qq: Theater. — rr: Recension. Friedrich Heinrich Jakobi's Werke. — ss: Gallianismus.

Nr. 14. tt: Grundlinien zu einer Theorie der Balletkunst, als einer schönen Kunst. — uu: Recension. Friedrich Heinrich Jacobi's Werke. (Fortsetzung). — vv: Miscellen. Von B. [Bernard].— ww: Sonnette. Von B. [Bernard].

Nr. 15. xx: Theater. Von E. — yy: Gedichte von Bernard.

Nr. 16. zz: Theater. — a': Die Alexandriner im Lustspiele. — b': Recension. Komische Gedichte von Gehwein [Gewey]. — c': Goethes Biographie.

Nr. 17. d': Gehwein. (Schluß). — e': Theater. Von B.

Nr. 18. f': Theater. Von K.

Nr. 19. g': Theater. Von P. — h': Aphorismen über Litteratur und Kunst. (Fortsetzung). — i': Ueber eine Stelle in Kotzebues Grille. Von J. W. Ridler.

Nr. 20. k': Recension. Ueber die Uebersetzung der Oper: Herr Johann von Paris von Seyfried. — l': Theater. P.

Nr. 21. 30. September 1812. m': Recension. Seyfried (Schluß). — n': Theater. Von G. und B. — o': Ueber den Plan und Inhalt des Anzeigers. Aufklärung einiger Mißverständnisse.

d. Thalia. 86 Nummern vom 4. Oct. bis Dec. 1812. 287 S. 8. Mit Beiträgen von: B., C., C. A. H. Clodius (Über den Ursprung und die Schicksale der griechischen Mythen), Deinhardstein (Deinhardsstein), J. F. (Mailand), E. Th. H. [Hohler?], Theodor Körner (S. 222 bis 224 Nr. 28 u. 29: Bey der Aufführung der Cantate: Timotheus oder: die Gewalt der Musik, am 22. November 1812, in der k. k. Reitschule), Kuffner (Nr. 12: Aus der musikalischen Tragödie: Andromeda; ohne Namen des Verfassers), P., K. G. Prätzel, R., S., —S., S. W. Schiessler, Schiller (Nr. 8 u. 9. S. 68 f.: Aus einem Briefe Schillers. Veranlaßt durch eine Beurtheilung der Kunstleistungen bey der ersten Aufführung der Maria Stuart in Weimar — Böttiger, Minerva 1813 S. 70), A*. W*. (Linz), F. W. (Berlin), Ungenannte (Nr. 15 bis 18: Aus der großen Oper Libussa; Nr. 31 u. 32 f.: Aus einem Bruchstücke der Geschichte der Wiener-Schaubühne).

S. 263. Nachricht: ,Die Zeitschrift Thalia erscheint mit dem Jahr 1813 ... wieder in Quart.'

e. Thalia. Januar bis Juli 1813. 308 S. 4.

Herausgeber: J. K. Bernard. Mit Beiträgen von A., E. v. B—r (Nr. 57: Einladung nach Baaden. An die Bewohner der Kaiserstadt), J. K. Bernard, Deinhardstein (Nr. 27: nach Grécourt), S. G. Dittmar, D. Grattenauer, J. Guggenberger, W. H., Herzog Konsistorial-Secretär (Linz), E. Th. Hohler, L. K., Kuffner (Nr. 49: Scene aus dem fünften Acte des Trauerspiels Tarpeja), B. T. L., M., Samuel Friedrich Sauter Schullehrer zu Elchingen an der Kraich im Großherzogthum Baden (§ 272, 10).

Nr. 76/77 (29. May 1813): ,Mit diesem Blatte ist die Erscheinung der Zeitschrift Thalia geschlossen. Sie hat mit Einschluß der neuen Thalia drey Jahrgänge vollendet und diese Dauer verbürgt ihren möglichen Werth. Der Wechsel der Herausgeber konnte nicht anders als vortheilhaft für eine deutlicher bestimmte Entwicklung ihrer eigentlichen Absicht wirken, ... Das Streben derselben war: klare und richtige Ansichten über Kunst und Darstellung zu geben. Sie mußte daher auf das Wesen dieser Gegenstände eingehen, und somit von äußeren Rücksichten durchaus unbeirrt bleiben. — Unbefangene, kundige Leser haben diese Bemühung offen anerkannt. Sie hat mit Einschluß der neuen Thalia drey Jahrgänge das Rechte zu wollen, des gegenwärtigen Herausgebers einzige Ermunterung. Dies hat ihn vermocht, da der erwähnte Zweck durch diese Zeitschrift nach seiner ganzen Ausdehnung ohne eine neue Umänderung nicht ferner zu erreichen stand, sie zu schließen, und ihn in einem andern Blatte zu verfolgen, das in der Anlage dazu umfassender und von zufälligen Hindernissen unabhängiger seyn wird.'

ff. Jokus oder des Hypochonders Feind. Ausgesuchte Anekdoten und Charakter-gemälde zur Erheiterung und Kurzweil für alle Stände. Wien 1812. II. 8. Vgl. Wiener Allgemeine Litteraturzeitung 1813. Nr. 9.

gg. Wiener musikalische Zeitung. Herausgegeben von Ignaz Edler von Schön-holz. Seit Anfang 1813.

hh. α. Paris Wien und London. Ein fortgehendes Panorama dieser drei Haupt-städte. Erster Jahrgang. Nr. 1. Rudolstadt in der Hof-Buch-und Kunsthandlung. 1811. Die Zeitung hieß früher London und Paris.

β. Paris und Wien . . . Zweyter Jahrgang 1812.

Vgl. Erichsons Thalia 1812. S. 224.

ii. Dramaturgischer Beobachter. Nr. 1/2, 15. September 1813 bis Nr. 47/48, 31. Dec. 1813. Wien, gedruckt bey Mathias Andreas Schmidt. Universitäts-Buch-drucker. Verlag: Kupfer und Wimmer. 192 S. 4. — Jahrgang 1814. Nr. 1 bis 86. Bis 25. März. Wien, in der Geistingerschen Buchhandlung. 144 S. 4.

Herausgeber: J. C. Bernard und in dessen Stellvertretung Clemens Brentano.

Vgl. A. Sauer, Ueber Clemens Brentanos Beiträge zu Carl Bernards Dramatur-gischem Beobachter: Euphorion, Ergänzungsheft zum 2. Band (1845) S. 64 bis 81.

Mit Beiträgen von: Arndt (S. 40: ‚Was ist des Deutschen Vaterland‘ ohne Vfn.), P. A., B. B. (= C. B.), J. C. Bernard, Clemens Brentano (B. C. B., Von dem Theaterkritiker aus Langensalza, CBdLR.), Ch., D . . . k, Joh. Ferd. Deinhardstein (D—n), Eunm., F., F—d., R. F., J. G. (Pesth), Dr. Grossing, V. R. Grüner, Kapf (Breslau), Körner (Nr. 29: Schwertlied), Chr. Kuffner (Andromache; s. u. S. 811), S. v. M., Mayhofen, A. P., Friedrich Roose, Starke, Ungenannt (Nr. 24: Ein Gesang mit Ballettanze, welcher am Ende des zum glorreichen Namens-Feste, Seiner Gräfl. und Bischöfl. Gnaden Ernest v. Bissingen, von Waitzner Bürger-Mädchen auf-geführten moralischen Schauspiels den 12. Jäner des 1814. Jahres abgehalten worden).

kk. Deutsches Museum, herausgegeben von Friedrich Schlegel. Wien 1812 bis 13. IV. 8. Vgl. § 283, 8. 33).

ll. Wiener Allgemeine Litteratur-Zeitung. 1813 bis 1816. IV. 4. Wien. Im Verlage der Camesinaschen Buchhandlung (1516: Im Verlage bei Heubner und Volke). Vgl. § 293, V. 86, 14). Redacteur war Sartori, seit Herbst 1814 Math. v. Collin; vgl. Walzel im Anz. f. d. A. 1893. 19, 8. 84. Friedrich Schlegel, der die Redaction der philosophischen Abtheilung übernommen hatte, scheint nichts dafür geliefert zu haben. Vgl. Walzel, Friedrich Schlegels Briefe an seinen Bruder August Wilhelm S. 539 und unten S. 811.

mm. Der Landfreund. Ein Sonntagsblatt für den ehrenfesten Bauernstand. Wien, Mösle. 1813. 8. — Becker Nr. 17311.

nn. Friedensblätter. Eine Zeitschrift für Leben, Litteratur und Kunst. Von einer Gesellschaft herausgegeben. Wien, 1814. Schaumburg. 4. — Trapp Nr. 2723.

oo. Historische und kritische Andeutungen über die Literatur des österreichi-schen Kaiserstaates 1815/16. Wien 1817.

pp. Abendunterhaltungen für den Winter. Wien 1817 bey Carl Gerold (2. Titel: Abendunterhaltungen für den Winter 1816—1817. zum Vortheile der Hausarmen Wiens). 400 S., 6 Bl. Pränumeranten-Verzeichniß. 8.

a: ‚So zieht denn hin, ihr Unterhaltungsblätter.‘ Florian. — b: Ideen zu einer Geschichte der Neigung der Menschen zur Wohltbätigkeit. Vorwort. Sympathie oder Mitgefühl. Johann Wächter, k. k. Consistorialrath und Superintendent. — c.: Feier-licher Einzug Ihrer Majestät der Kaiserin Königin Caroline Auguste in die Residenz-stadt Wien. Am 15. November 1816. (‚Fei'rlich tönt das Geläute‘). Joseph Wächter. — d: Die Schwestern des Amanden-Klosters. Louise Brachmann. — e: Blumenlese aus den italienischen Gedichten des Grafen Roncalli. Kollmann. — f: Pauline von Schwarzenberg. Kollmann. — g: Sitte, Leben und Art in Frankreich. Gemählde aus der Wirklichkeit von Herrn v. Jony, Mitglied der französischen Akademie. Betty. — h: Meinem lieben Reschen. M. L. Schleiffer. — i: Epigramme nach Owen. J. St. Zauper. — k: Der Gärtner. Marianne v. Neumann-Meißenthal, geb. v. Tiell. — l: Vorschlag zu einer Armen-Taxe, die man sich selbst auflegt. ***. — m: Räthsel. Friederike Susan, geb. Salzer. — n: Abdul Kader, oder Scarmentado der Zweite. Eine orientalische Erzählung. (Aus dem Portugiesischen). ***. — o: Am Strome. Anton Ottenwalt. — p: Vor Herrn v. Collin's Denkmal in der Karlskirche. Wilhelm Smets, genannt Stollmers. — q: Der Blinde. Ein Mährchen. (Nach dem Franzö-sischen frei bearbeitet). Marianne v. Neumann-Meißenthal, geborne v. Tiell. — r: Zufällige Gedanken. Marianne v. Neumann-Meißenthal. — s: Epigramme. Friederike

Susan, geb. Salzer. — t: Die Sinne. Anton Ottenwalt. — u: Der neue Regulus. L. M. Fouqué. — v: Neujahrsweihe. Dargesprochen in einem zum Besten der Armen geschloßenen Vereine. K. G. Prätzel. — w: Carl's des Großen Jugendliebe. Eine Erzählung. ‚Die Grundidee dieser Erzählung ist aus den Sei Giornate des Sebastiano Erizzo, wo sie ein Paar Blätter einnimmt.' Caroline Pichler, geborne v. Greiner. — x: An meinen Arzt. M. L. Schleifer. — y: Das holde Blümchen. (In Musik gesetzt von Anton Diabelli). Joseph Wächter. — z: Sigmund Freyherr von Herberstein. Kalchberg. — aa: Die Rettung. Carolinen Pichlern gewidmet. Theone. — bb: Der Schein. Das Ächte. Friederike Susan, geb. Salzer. — cc: Abendunterhaltungen im Gebirge. Der Bauer auf der Zillerbrücke. Der Teufelsstein im Rosenthal. Pinzgau-ische Volkssagen. Fr. M. Vierthaler, k. k. Rath. — dd: Der Kahn. Franz von Schlechta. — ee: Schön Röschen. Joseph Wächter. — ff: Ständchen aus der Ferne. Th. Hell. — gg: Der Tod. Franz v. Schlechta. — hh: Maria von Almi. Kollmann. — ii: Der Baum. Franz v. Schlechta. — kk: Vergänglichkeit. (Bei zwei entblätterten Rosen). Wilhelm Freyherr v. Eyb. — ll: Der Deutsche. Joseph Fridolin Lehne. — mm: Der Johannesabend. Des Sängers Trost. Franz von Schlechta. — nn: Aphorismen. T. H. Friedrich. — oo: Berta und Bertram oder die Spinnerin am Kreuze. J. Liebel. — pp: Allemaniaches Lied. Der ehrliche Frohsinn. (S. J. P. Hebels Allem. Gedichte S. 29). Gottlieb Leon. — qq: Lautentöne. Joh. Langer. — rr: Der Abend. Frie-derike Susan. — ss: Sinngedichte. J. J. Scherger [Scheiger?]. — tt: Logogryphe. Franz von Schlechta. — uu: Der Pilger. Eine Erzählung nach dem Französ. des Cazotte. J. Benigni v. Mildenberg. — vv: Der Knabe in der Wiege. Anton Otten-walt. — ww: Adelheid von Burgund. Kalchberg. — xx: An Frau Caroline Pichler geborne von Greiner. Marianne v. Neumann-Meißenthal. Antwort. Caroline Pichler. — yy: Der Sänger. Louise Brachmann. — zz: Epheu. Franz von Schlechta. — a': Mein Abentheuer während der Belagerung von Wien. H. Zsch . . . . — b': Trinklied. Nach Deutschlands Zeitaltern. J. v. A. — c': Auf Dr. A. Müllners Schuld. M. L. Schleifer. — d': Wiegenlied für alte Kinder. (In Musik gesetzt von Anton Gebauer). Dr. J. E. Veith. — e': Ruhe. F. L. Selliers de Moranville. — f': Fritzchens Gefühle im Lenz 1817. F. V. — g': Reflexionen. Jakob Glatz, k. k. Konsistorialrath. — h': Die Kränze. Franz von Schlechta. — i': Nacht und Sehnsucht. M. L. Schleifer. — k': Die Würde der Frauen nach Schiller. J. Filtsch. — l': Räthsel. Friederike Susan, geb. Salzer. — m': Logogryph. Franz von Schlechta. — n': Charade. P . . . . e. — o': Die alte, Persische Sitte. Fr. M. Vierthaler. — p': Der Bund. An meine Freunde. Joseph Wächter. — q': An den Abendstern. Triolet. Friederike Susan. — q': Mancherlei. Epigramme (Göthe. An den Verfasser des Woldemar. Kant. Rousseau. Rousseaus Emil u. s. w.). Jak. Glatz. — s': Die Fahrt auf dem Rokosch. Aus einem Briefe. Marianne v. Neumann-Meißenthal. — t': Das Tedeum in der St. Stephanskirche. Joh. Bapt. Rupprecht. — u': Der Wanderer. Frage und Antwort. Triolet. Friede-rike Susan. — v': Charade. Dr. E. Sommer. — w': Der bestrafte Adelstolz und der belohnte Adel. Eine dialogisirte wahre Anekdote. Jos. Filtsch. — x': Epistel an Herrn L. Georg Marienburg. — y': Die Karten. I. Verwünschung der Karten. II. Lob der Karten. Kuffner. — z': Das Leben. Franz von Schlechta. — α: ‚Un-geheuer! Aus den Sümpfen'. Georg Marienburg. — β: Bei einem Veilchen. Franz Prette. — γ: Die Erfüllung. Legende. Wilh. Smets, genannt Stollmers. — δ: Der Melancholikus. M. L. Schleifer. — ε: Ein Wort zur Beherzigung für die Großen und Reichen unsers Vaterlandes, mit Beziehung auf die gegenwärtige Noth. Johann Wächter, k. k. Consistorialrath und Superintendent. — ζ: Die Geisterstimme des Agathocles. Der Frau Caroline Pichler, geb. von Greiner zugeeignet.

III. Almanache.

    a. Wienerischer (seit 1786 Wiener) Musenalmanach auf das Jahr 1777 (bis 1796). XX. 12. Vgl. § 231, 8. Herausgeber waren Joseph Franz Ratschky, Martin Joseph Prandstetter, Blumauer und Gottlieb Leon.

    b. Taschenbuch für das Wiener Theater. 1. Jahr (v. K. v. Schelheim). Wien 1777. Trattner. 8.

    c. Wiener Taschenbuch zum Nutzen und Vergnügen f. d. J. 1785 bis 87 (von Karl Escherich). Wien. 8.

    Karl Escherich, geb. am 11. Juli 1756 zu Eltville im Rheingau, starb in Wien am 14. August 1810 als Sekretär bei dem k. k. Bücherrevisionsamte. Er war auch einige Jahre lang Theatersekretär. ‚In den früheren Jahren war er der Herausgeber des Damenkalenders, dann des Blumenstraußes und endlich des Freundes des schönen Geschlechtes bey Riedl*. Vgl. Annalen 1811. 1, 401; Meusel 2, 245.

d. Wiener Taschenbuch zum Nutzen und Vergnügen auf das Jahr 1786, aus Meisners Bianka Capello. Leipzig, Graffé. gr. 12.

e. Taschenbuch für Damen auf die Jahre 1786 bis 89. Wien, Wucherer.

f. Wiener Damenkalender (von J. J. Fezer), auf das J. 1787 bis 94. 12. Wien 1786 bis 93. Wucherer.

g. Taschenbuch für den weiblichen Adel in Wien, auf 1788. Wien, Wucherer. 8.

h. Taschenbuch für Damen, enthaltend: die Wittwe, aus dem Engl. der Miß Robinson, f. d. J. 1789. Wien. N. A. 1820. 12.

i. α. Blumenlese der Musen. Wien bey Franz Jacob Kaiserer 1790. 220 S. 4 Bl. 12. (Mit den Schattenrissen von Winkler von Mohrenfels und Schisling.) Vorbericht: Geschrieben in Wien den 15. März 1790. J. K. v. Lackner u. Caj. Tschink. Vgl. § 231, 32 — Band IV. 8, 368 f.

Mit Beiträgen von Joseph Ascher (S. 115: Lucinde. Nach dem Französischen). Benedikt von Auffenberg, Binder von Krügelstein (B—r), D—r (S. 188. Nach Owen), F—ch., Karl Ludwig Giesecke, Goekingk, Werner von Gruber, Friedrich Hegrad, Leopold Herz (S. 178: An die Brüder Franz Th. und Emanuel E. von Schönfeld. Brünn, im Sept. 1787. S. 191. Nach dem Engl.), Fr. Leopold Huglmann (S. 15 bis 17: Der Eremit. Eine Romanze. Nach dem Englischen), Jeronymo, Franz Kaiserer, Jg. Karl von Lackner (S. 68: Nach Owen), Liebel, Lödl, Marperger, E. C. Oye, J. Perinet, Christoph Regelsberger, v. Runtschner, Franz Schisling (S. 19: An den Kriegsgott Bey Eröffnung des Feldzugs gegen die Türken), Schleiffer, Franz Thomas von Schönfeld (S. 181 bis 184: Bruchstück aus einem lyrischen Gedichte, genannt: Die Musik; S. 189 f.: Sonnet. Nach dem Spanischen des Lopes de Vega), Emanuel Ernst v. Schönfeld (S. 196 bis 210: Fragment eines Gedichts, genannt: Die Zeit. 1 bis 9), S—th—r [Sonnleithner?] (S. 71 bis 81: Penelope an Ulisses. Aus dem Lat. des Ovidius übersetzt), A. St. [Anton Stein?] (S. 117: Die Einsamkeit. Nach dem Italienischen des Grafen Savioli), W. G. Straube, Cajetan Tschink, Benedikt Wagenmann, Wazlaw, Joseph Karl Winkler von Mohrenfels.

β. Blumenlese der Musen. Wien, bey Kaiserer 1791. 12.

k. Toiletten Kalender für Frauenzimmer 1792 f. Wien bey Jos. Grämmer.

Bloß Nachdrucke z. B. von Gedichten Langbeins ohne Angabe der Verfassernamen. Vgl. Richard Maria Werner: Zeitschrift für deutsches Alterthum 26, 149. 294.

Noch 1830 erschien dieser Toiletten-Kalender, bei J. Grämmers seel. Witwe. Vergl. Mully im Illyrischen Blatt 1829. Nr. 46: ‚Obschon durch 88 Jahre erscheint doch eigentlich dießmal zum ersten mal dieser Almanach als Original, unter der Firma des als Literat rühmlich bekannten Herrn Emil, wenigstens scheint dies aus der Einleitung hervorzugehen.‘

l. α. Wiener Theater-Almanach für das Jahr 1794. Wien, in der von Kurzbeckischen Buchhandlung. 189 S. 1 Bl.

Gelegenheitsgedichte. Ohne Namen. — Die Weihe der Tanzkunst. Eine mytische Dichtung an Herrn und Madam Vignano. [Prosa.] Gottlieb Leon.

β Wiener Theater-Almanach für das Jahr 1795. Wien, bey Jos. Camesina & Comp. LVI, 188 S. 12.

Vorbericht. S. XIV f. Abschiedsrede der Madame Weidner. [Verse]. — Gelegenheitsgedichte. (Ohne Verfassernamen). — Salvatore Viganò und Maria Medina Viganò an das Publicum. — Tribut der Dankbarkeit dem edlen Wienerpublikum dargebracht von Maria Medina Viganò den 3 ten März 1794 in ihrem und ihres Gatten Namen. — Gedichte von Alxinger und Caroline von Gr* (Greiner).

m. Taschenbuch für Dichterfreunde. Mit 13 von Herrn Kohl gestochenen Kupfern. Wien, 1794 bis 1801. Bey Joseph Grämer, Buchbinder. VIII. 16.

n. Almanach für das Schöne Geschlecht auf das Jahr 1796. Wien bey Thad. E. v. Schmidbauer u. Comp. 102 S. 16.

Die Berggeister. Eine wahre Geschichte. [Prosa]. Ohne Namen.

o. Toiletten-Bibliothek für Damen. Eine Auswahl historischer Gedichte, Balladen, Mährchen und Romanzen. Aus den vorzüglichsten Dichtern Deutschlands. Wien, bey Joseph Grämmer, Buchbinder in der Grünangergasse Nro. 885. o. J. VI. 8.

Nachdrucke von Gedichten Bürgers, Schillers, Stolbergs u. a. ohne Angabe der Verfassernamen.

p. Taschenbuch für Deutschlands Söhne und Töchter auf das Jahr 1797. Herausgegeben von J. B. Klein. Wien, bey C. F. Wappler. 4 Bl. 167 S. 12.

33*

Widmung: Nikolaus Edlen von Paraskowits . . ersten Stadt-Physikus in Wien. Prosaische Aufsätze: I. Apostrophe an die Deutschen. Im Monat May 1796. Von Marc. Anton Gotsch. — II. 1. Die Tannenbäume und 2. Der Laubengang von C. P. — III. Gedanken über verschiedene Gegenstände von Ignaz Joseph v. Kees. — IV. Ueber den jetzigen Theatergeschmack von Frans Xaver Huber. — V. Ferdinand II. und Saint Hilair von M. L. Schleifer. — VI. Ein Pinselstrich zu Josephs II. schönem Gemälde von J. B. Klein. — VII. Die Vernunft und die Mode. Ein Gespräch von D——a. — Gedichte von Therese v. **** [Artner?], B. v. Auffenberg, J. v. B——k, D——a, Ignaz Joseph v. Kees, J. B. Klein, Wilhelmine Maisch, M. L. Schleifer (S. 62: Epigramm. Nach dem Lateinischen; S. 94 bis 98: Für Deutschlands Krieger. ‚Wohlauf ihr deutschen Männer'; S. 99: Kriegslied eines österreichischen Kürassiers. Beym Anfang des Feldzuges 1793: ‚Dumpf rollend, feyerlich und har').

q′. Blumenstrauß für Musen und Menschenfreunde zum Neujahrsgeschenke 1798 bei Georg Friedrich Kraus Buchbinder im Bürgerspital.

q. Almanach für Theaterfreunde auf das Jahr 1798 bei Ignaz Grund. Vgl. Wiener Ztg. 1797, S. 8478.

r. α. Neuer Wiener Musen-Almanach auf das Jahr 1798. Herausgegeben von einer Gesellschaft. Wien. Bei J. K. Schuender, im k. k. Taubstummen-Institute. 1798. 6 Bl., 385 S. 1 Bl. Druckfehler. [Gedruckt mit Albertischen Schriften.] Mit Goethes Bildnis. C. Hannauer sc.

Vorbericht. . . . ‚Daß, seit der Entstehung des W. M. bis zum J. 1794 Hr. Blumauer, (die ersten Jahre mit Hrn. Ratschky, die letztern allein) in den Jahren 1795 und 96 aber Hr. Leon die Herausgabe desselben besorgte, das wird wohl schwerlich jemanden unbekannt sein, der von der Existenz eines W. M. nur irgend etwas weiß. Im Jahre 1797 blieb dieser Almanach ganz aus, was konnte nun dieses Ausbleiben wohl anders bedeuten, als daß Hr. Leon (gleichviel warum) die Herausgabe desselben gänzlich aufgegeben habe. Was Hr. Leon aufgab, dessen beschlossen einige Freunde der Dichtkunst sich anzunehmen. Sie sammelten, wählten, setzten zusammen; und so entstand denn dieser Almanach, den man zur Bezeichnung seiner Wiederauflebung mit dem Nahmen: Neuer W. M. taufte. [Anmerkung: Man bittet, diesen Almanach nicht mit jener Sammlung zu verwechseln, welche Herr Joachim Perinet unter dem Titel Musenalmanach (in der Wiener Zeitung) herauszugeben versprach.] . . . . . Erst im Jahre 1799 . . . . werden die Nahmen der Dichter in einem eigenen Verzeichnisse aufgestellt, und diese Weise jedes Jahr befolgt werden. . . . Im Dezember 1797. Die Herausgeber.

Der Hauptherausgeber ist nach § 231, 8. a. Johann Philipp Neumann. Mit Beiträgen von August, Ehrlich, J. Filidor, Max Fischel (S. 27 bis 51: Das Ideal [Wielandisch]; S. 72 bis 76: Die Nacht. [Prosa]), F. A. Gaheis, Haselböck (S. 241: Elegie von Properz), Holitzky, Jünger, J. R. Khünl (S. 308 bis 322: Aus einer Sammlung von Epigrammen unter der Aufschrift: Wien und Welt; S. 162 bis 164: Meinen Lieben in Mähren; S. 165 bis 170: Gnomen über das Schöne. Nach Kant's Kritik der Urtheilskraft. Distichen), Jos. Martinides, Heinr. Müller, Nannette K., J. Fil. Neumann (S. 299 bis 307: Pomone, eine Erzählung. [Wielandisch. Verse]; S. 323 bis 335: Der Ritt. Eine Erzählung), Rudolf, Jos. Schilling, Ungenannte (S. 185 bis 197: Der Kopf. Aus einer noch ungedruckten Oper).

Der Jahrgang 1799 ist nicht erschienen.

β. Neuer Wiener Musen-Almanach auf das Jahr 1800. Herausgegeben von F. A. Gaheis. In Commission bei Carl Schaumburg & Comp. 251 S. 5 Bl. 8.

Aus der ‚Erinnerung' (Wien, den 23. Nov. 1799): ‚Umstände, deren Kenntniß dem Publikum nicht anders als sehr gleichgültig sein kann, verhinderten die Herausgabe des N. W. Musen-Almanachs für das Jahr ‚1799. — Wieder andere Umstände veranlaßten mich zur Fortsetzung desselben für das J. 1800; allein unter dem Titel eines teutsch-englischen Almanachs, wie er auch in der Wien. Zeit. angekündigt wurde. Aber auch davon ging man wieder ab'.

Mit Beiträgen von: Agricola Schirmer, Magister Anton, August, Fr. Beckersbach, J. Filidor (S. 66: Leben und Tod. Nach Owen), Max Fischel, F. A. Gaheis (S. 90 bis 103: Versuch über die Schriftstellerei. Fragmente aus diesem Gedicht), H—ch—s—l (S. 138 bis 142: Die Küsse. Einige Proben aus einem längern Gedichte nach dem Johannes Secundus), J. Hinsberg (S. 152 bis 156, 217 bis 226: Kriegslieder 1799), J. Hochleitner, Math. Hochleitner, Aus Jüngers Nachlaß, J. R. Khünl, Kristof Kueffner (S. 131: Die Ruhe der Edlen. Nach dem Englischen des Collins), Jos. Martinides, Nanette K., J. Fil. Neumann (S. 142: An Chloe. Nach dem Englischen; S. 164 bis 178: Am Hügel; S. 185 f.: Rondeau. Nach dem Englischen des Dryden; S. 198: Das Wellenmädchen. Romanze, nach dem Englischen des Gay), J. R——nn, Krist. Regelsperger, Rudolf, Schwaldopler, Switting, Valtiner, Widemann.

s. Idealisches Taschenbuch für Damen auf das Jahr 1800. Wien [Schuender]. 134 S. 12.

1. Rulf Langbart oder Schicksale des Ritters von Dresenberg. Erzähl. — 2. Das Zauberstäbchen. Ein Wundermärchen aus den Zeiten Karl des Großen. — 3. Landulf von Starkensee oder die natürliche Erscheinung. Erz. — 4. Junker Veit von Schönau und das Wachtelröschen. Erz. — 5. Die Wunderquelle. Erz. — 6. Das rächende Gewissen. Erz. — 7. Liebestreue. — 8. Die Zaubernüsse. — 9. Al Mahmud. — 10. Der Weiberfeind. — 11. Arsan und Alkaide. — 12. Der wohlthätige Traum. Alles Prosa. Ohne Autornamen.

s'. Theater-Almanach. Wien 1800. 8. Von Perinet. § 259, 113. 19).

t. Theatralischer Guckkasten. (Wien) 1801. 8. Von Perinet. § 259, 113. 20).

u. α. Österreichischer Taschenkalender für das Jahr 1801. Mit Gedichten und Aufsätzen von Gabr. von Baumberg, Carolina Pichler, J. F. Ratschky, J. Fhr. v. Retzer, u. a. Wien. Bey Anton Pichler. 189 S. 12.

Mit Beiträgen von Gabriele (v. Baumberg), Carl A. v. Gruber, Caroline Pichler, J. F. Ratschky (S. 1: Das Wiener Aufgebot im April 1797. — S. 46: An einen treulosen Freund. Nach Ovids 8. Gedicht im 1. Buch seiner Trauerlieder), Jos. Friedrich Frh. von Retzer, Jos. Ludw. Stoll (S. 48: Der Schmetterling. ‚Das Gedicht der Schmetterling erschien zwar schon in den Blüthen und Früchten, welche Herr Wismay [Wismayr] im J. 1798 in Salzburg herausgab: allein mit so wesentlichen Veränderungen, die ich unmöglich für Verbesserungen halten kann, daß ich wünsche eine schickliche Gelegenheit gefunden zu haben, es ganz so, wie ich es schrieb, bekannt zu machen'), J. K. Unger, J. K. Wentheim (S. 180: An die reitzende Barbara. Nach Ursinus), von der Verfasserin des Briefes: Über die weiblichen Arbeiten im 9ten Stück der Grazien (S. 54 bis 66: Lydie an Elmiren, über die jetzige Art sich zu kleiden) und von einem Ungenannten (S. 67 bis 180: Olivier. Eine Erzählung).

β. Oesterreichischer Taschenkalender für das Jahr 1802. Mit Gedichten und Aufsätzen von M. Denis, Caroline Pichler, J. F. Ratschky, J. Frbn. v. Retzer u. a. Wien bey Anton Pichler. 248 S. 8.

Außer den im Titel genannten haben auch v. Gruber, Hinsberg (nach Ovid), Jos. Ludw. Stoll und Unger beigesteuert.

γ. Oesterreichischer Taschenkalender für das Jahr 1803. Mit Gedichten und Aufsätzen von Gabriele von Baumberg, Hinsberg, Leon, Carol. Pichler, Ratschky und and. Wien bey Ant. Pichler. 1803. 12.

Vgl. Annalen Febr. 1803. Nr. 16. — v. Gruber (Sacontala), Leon (Übersetzung einer Idylle de Le Clerc, Übers. von Card. Bernis), Ratschky (Proben einer Übers. des Claudianischen Gedichtes wider den Eutrop).

δ. Oesterreichischer Taschenkalender für das Jahr 1804. Mit Gedichten und Aufsätzen von Hinsberg, Leon, Meißner, Carol. Pichler, Ratschky, Freyh. v. Retzer u. anderen. Wien, bey Anton Pichler. 215 S. 12.

Die Annalen Jan. 1804 Nr. 12 nennen außerdem noch Beiträge von Gruber, Richter, Unger und ‚Wilhelm Tell, eine Schweizer-Idylle' (S. 114).

ε. Oesterreichischer Taschenkalender für das Jahr 1805. Mit Gedichten und Aufsätzen von Collin, Hinsberg, Leon, Carol. Pichler, Ratschky, u. a. Wien. Bei Anton Pichler. 204 S. 16.

Die Rezension in den Annalen 1805. 1, 248 hebt hervor: Blacklock, Hinsberg (Übers. von Ovids remedia amoris), Glatz, H. Richter, Scheiger, A. Stein.

ζ. Österreichischer Taschenkalender für das Jahr 1806. Mit Gedichten und Aufsätzen von Haschka, Hinsberg, Carol. Pichler, Ratschky, Freyb. v. Retzer u. a. Wien. Bey Anton Pichler. 247 S. 12.

B—n., v. B—n., Ant. Ferd. Drexler, F. v. Größing, Karl Anton von Gruber (S. 26: ‚Als ich Gabrielens von Baumberg Gedichte las'), Lor. Leop. Haschka, Hinsberg (S. 182: Das Reich der Thiere. Nach Walthern von der Vogelweide. S. 188: Die alten und die neuen Sitten), P. Hölzel, U. P., Ulrich Petrak (S. 70: Österreichs Erbkaiserthum. Am 8. December im Jahr 1804), C. Pichler, geb. v. Greiner (nach Hebel), J. F. Ratschky (S. 89: Cäsars und des Pompejus Reden vor der pharsalischen Schlacht. Aus Lukans Pharsalien Buch VII. V. 285 bis 384), Jos. Fried. Freyherr von Retzer, J. Richter, Sch., J. J. Scheiger, Streckfuß (Orlando furioso),

Unger, W., B. v. Wagemann, Aloys Zettler, S. 114: Die Lichter am Schiffe. An
J. Carl Unger von H. v. ***. — Vgl. Neue Annalen 1807. 1, 42 bis 46.
      Der Österreichische Taschenkalender scheint mit dem hie und da angeführten
Österreichischen Taschenbuch aus demselben Verlage identisch zu sein.
      v. Pfeffer und Salz. Ein Neujahrsgeschenk für 1802 den hohen Gönnern in Unter-
thänigkeit gewidmet von den Briefträgern des k. k. Oberpostamts. Wien 1802. 19 S. 8.
      Vgl. Annalen, Julius 1803. Nr. 51: ‚Der Verf. dieser Broschüre war ehedem
H. O. und seit einigen Jahren ist es H. J. U. D.‘
      w. Wiener Musen-Almanach auf das Jahr 1802. Herausgegeben von Ignaz
Liebel, Professor der schönen Wissenschaften. Wien, in der Camesinaischen Buch-
handlung. 2 Bl., 191 S. 4 Bl. 8. Vgl. 281, S. b) — Band IV. S. 367.
      Mit Beiträgen von A. F. Drexler, J. Ellbei, Ferd. Frick, Gabeis, Kauser, Liebel,
J. Martinides, Georg Meister, Philipp Neumann (S. 91 f.: Der Blumenstrauß. Über-
setzung eines krainerischen Volksliedes), A. Stein (zahlreiche Epigramme. S. 17:
Gespräch im Reiche der Todten. Pluto. Mercur) und einem Ungenannten (S. 47
bis 72; 164 bis 191: Syngrapheotherapānomachie. Eine komische Epopöe [in zwei
Gesängen. Behandelt den Streit zwischen dem Verfasser der Broschüre ‚Ueber
die Stubenmädchen in Wien‘ und den angegriffenen Stubenmädchen. Hexameter]).
      Vgl. Annalen März 1803. Nr. 24.
      x. Wiener Taschenbuch für 1803. Wird jährlich fortgesetzt. Wien. Bey
J. V. Degen, Buchdrucker und Buchhändler.
      Vorbericht: Auszüge aus den allgemein geschätzten großen und kostbaren
mahlerischen Reisen.
      Zweiter Titel: Historisch-malerische Reise durch Istrien und Dalmatien.
Wien, MDCCCIII. Bey J. V. Degen, Buchdrucker und Buchhändler. 2 Bl. 186 S.
8. (Vf.: Wiedemann).
      2. Jahrgang für 1804. 8. 1 bis 36: Historisch-mahlerische Reise durch
Syrien, Phönicien, und Nieder-Aegypten. — S. 37 bis 44: Wegweiser auf Ausflügen
und Streifzügen durch Oesterreich. Von J. A. Schultes. M. Dr. — S. 45 bis 58:
Die Unheilbaren. Ausgezogen aus Ulrich von Unkenbach und seine Steckenpferde.
Zwei Theile in 8. Wien, gedruckt und verlegt bei J. V. Degen.
      Vgl. Annalen, Dec. 1803. Nr. 108.
      3. Jahrgang für 1805. Historisch-mahlerische Reise durch Syrien, Phönicien,
und Nieder-Aegypten. Kupfer. Ohne Text. — S. 1 bis 39: Der Leopoldsberg,
Kallenberg und Cobenzl'sberg.
      4. Jahrgang für 1806 (und 1807). S. 1 bis 91: Historisch-malerische Reise
durch Neapel und Sicilien.
      1808. S. 1 bis 42. Schilderung des ottomanischen Reiches von Mouradgea d'Ohsson.
      1809. S. 1 bis 141: Historisch-mahlerische Reise durch Griechenland.
      y. Neueste deutsche Blumenlese. Für Freunde des Wahren, Guten und Schönen.
Wien, in der Camesinaischen Buchhandlung. Gedruckt bey J. V. Degen. 1803. 315 S. 8.
      Vgl. Annalen, April 1804. Nr. 47.
      y'. Sieh unten S. 811.
      z. Taschengesellschafter für 1804. Wien, bey J. V. Degen, Buchdrucker und
Buchhändler. 29 S.
      Vgl. Annalen, Dec. 1803. Nr. 108: ‚Kleinere Erzählungen, und prosaische
Aufsätze, eine Auswahl aus verschiedenen bereits vorhandenen Sammlungen;
8 kleine Gedichte von Pfeffel und Haug, und Sentenzen für Stammbücher‘.
      aa. Neu angekommen (so) kalckutisches Taschenbuch zum Vergnügen und Unter-
haltung auf jedes Jahr brauchbar mit Modenkupfer. Herausgegeben vom Verfasser. 53 S.
      Vgl. Annalen, May 1804. Nr. 49.
      bb. Annalen vom Postwagen. Erster Jahrgang. 1804. Den hohen Gönnern
und Gönnerinnen in tiefester Ehrfurcht zugeeignet von den Briefträgern der k. k.
Postwagens-Haupt-Expedition. Gedruckt ums neue Jahr. 18 S. 8.
      Vgl. Annalen, Julius 1804 Nr. 83, Vf. Doctor H. und O.
      cc. Misch-Masch. Ein Neujahrsgeschenk für 1804, den hohen Gönnern in
Unterthänigkeit gewidmet von den Briefträgern des k. k. Obersthofpostamtes. 19 S. 8.
      Annalen, Julius 1804. Nr. 83. Vf. Josef Pichler. Erscheint seit mehreren Jahren.
      dd. Eine Portion Melange. Dargebracht von den Briefträgern des k. k. mit
der großen Post vereinigten kleinen Ober-Postamts, als ein Neujahrgeschenk für
das Jahr 1804. Wien, gedruckt mit Pichlerischen Schriften. 16 S. 8.
      Vgl. Annalen, Julius 1804 Nr. 83.

ee. Almanach für Ernst und Laune auf's Jahr 1804. Wien, bey Ph. Jak. Schalbacher. 96 S.

Vgl. Annalen, März 1804. Nr. 86.

ff. α. Historisch-Mahlerisches Taschenbuch von und für Oesterreich. Wien, bey J. V. Degen Buchdrucker und Buchhändler. 1804.

Enthält: [I.] Historisch-mahlerische Reise durch Oesterreich. Erstes Heft. Wird fortgesetzt. Wien. Bey J. V. Degen, Buchdrucker und Buchhändler. 1804. S. 1 bis 24: Zeichnungen zu den Ausflügen nach dem Schneeberge. Von J. A. Schultes, M. Dr.

[II.] Denkwürdigkeiten aus der Geschichte der österreichischen Monarchie. Auf jeden Tag des Jahrs gesammelt. Von G. A. Griesinger. Wien. Bey J. V. Degen, Buchdrucker und Buchhändler. 1804. 2 Bl. XVIII, 464 S. 12.

Vgl. Annalen 1803. Nr. 108. — 1. Beylage zum Int.-Bl. der Annalen, April 1804. Antwort auf die Recension des zweyten Theiles des Taschenbuchs von und für Oesterreich in Nr. 108 der Annalen der Lit. u. Kunst vom J. 1803 (sammt der Replik des Recensenten). unterz. Wien 30. Dec. 1803. Griesinger.

β. Taschenbuch von und für Oesterreich auf das Jahr 1805.

Vgl. I. Beylage zum Intelligenz-Blatte der Annalen IV. Jahrgang (1805): Antikritik gegen: Beylage zu dem Wiener-Taschenbuche für 1805 bey J. V. Degen, das Schloß auf dem Leopoldsberge und die Entstehung der Stadt Wien betreffend. Wider den im obigen Taschenbuche befindlichen Aufsatz des Hrn. Doctors und Prof. Schultes. Wien. b. Ign. Grund, bürgl. Buchbinder zum grünen Buch am St. Stephansplatze neben dem Bischofshofe. 44 S. 12.

gg. Poetische und prosaische Versuche. Von einigen jungen Freunden der Wissenschaften. Wien, gedruckt bey J. V. Degen, 1804. 275 S. 1 Bl. Inhalt.

Vorrede: ,Ganz vertraut mit den Mängeln ihrer literärischen Erstlinge, übergeben sie dieselben nicht ohne Schüchternheit dem Urtheile des Publicums'. Wien im December 1803. Die Verfasser.

Erste Abteilung. Poetische Aufsätze. a: An die Muse der Dichtkunst. — b: Aufmunterung zur Dichtkunst an einen Freund. — c: Frühlingslied. — d: Greifenstein. — e: Am Geburtstage des Herrn v. R***z. — f: Die Nacht auf d. Lande. — g: Elegie (Hexameter). — h: Der Angarten. — i: Der Mann. — k: Auf die Geburtsfeyer Ihrer k. k. Majestät Marien Theresiens. den 6. Junius 1803. — l: Der Hagestolz. — m: Am Grabe eines Freundes. — n: Die Mondnacht. — o: Die Geisterstunde. — p: An Sie. — q: Impromtu auf die Ritterfeste in Laxenburg. — r: Der Frau von Lth** am 28sten Verehelichungstage. — s: Das Felsenpaar (Hexameter). — t: Die Bergreise. — u: Am Geburtstage eines Freundes. — v: Lob des Bieres. — w: Abendphantasie. — x: Ein Blümchen, eine Nachahmung des bekannten Liedes gleichen Inhalts. — y: Mein Mädchen. — z: Meinem Vater, am Geburtsfeste. — a': Die letzte Bitte. — b': An einen Freund. — c': Abend-Einsamkeit. — d': An die Hoffnung. — Zweyte Abtheilung. Prosaische Aufsätze. a': Ueber den Werth der Wissenschaften. — b': Versneb einiger diätetischer Regeln für Studierende auf Universitäten. — c': Bemerkungen über den aufrechten Gang des Menschen. — d': Bemerkungen über einige Sätze der stoischen Weltweisen. — e': Ueber die Nothwendigkeit des Studiums der Psychologie für angehende Aerzte. — f': Ueber die Verdienste Carls des Großen um die Cultur seiner Staaten. — g': Gedanken über den Selbstmord. — h': Eine Stelle aus Ammian Marcellin über den Zustand Roms in dem vierten Jahrhunderte nach Christi Geburt. — i': Cosmus, erster Großherzog von Florenz, ein biographischer Versuch. — k': Untersuchung über dem Einfluß des Clima auf Denk- und Gemüthsart des Menschen.

hh. Wiener Theater-Almanach auf das Jahr 1804, von Joachim Perinet. Verlust ist hier Gewinn! Wien, bey Riedl, bürgl. Buchbinder im Schottenhofe. 168 S. 12. Annalen, May 1804 Nr. 56.

S. 1: a. Ueber die Revolution des Theater-Geschmackes als Fortsetzung des vorjährigen Gespräches in Knittelreimen. — S. 28: [Ende des Todtengespräches]. — S. 29: b. Fortsetzung des Gespräches am Parnassus [Prosa]. — c. S. 66: Opernarien.— S. 166: Epiologus zum Schlusse des Theater-Almanachs für 1804.

ü. α. Wiener Hof-Theater-Almanach auf das Schaltjahr 1804. Wien. Bey Ph. J. Schalbacher, Buchhändler. 215 S. 12.

Vorbericht. unterz. ,Die Herausgeber'. (Der eigentliche Herausgeber ist Treitschke). Mit Beiträgen von Collin, Reil und Treitschke.

Vgl. Annalen. Febr. 1804. Nr. 22.

β. Wiener Hof-Theater-Taschenbuch auf das Jahr 1805. Zweyter Jahrgang. Wien bey J. B. Wallishaußer. 260 S. 1 Bl. Inhalt. Mit Beiträgen von Collin, Franz Horn, Reil, Treitschke. — S. 163 bis 188: Zwey noch unbekannte Briefe über das italienische Theater. (Eingerückt vom Freyherrn v. Retzer). [1.] Schreiben an Herrn Professor Schmid in Gießen. Wien, den 14. April 1778. — [2.] Schreiben des Grafen Algarotti an den Abt Franchini, Gesandten des Großherzogs von Florenz in Paris. Cyrey den 17. October 1735.

γ. Wiener Hof-Theater-Taschenbuch auf das Jahr 1806. Dritter Jahrgang. Wien. Auf Kosten der Herausgeber. Bey Ph. J. Schalbacher, Buchhändler. 196 S. 1 Bl. Inhalt. 12. Mit Beiträgen von Collin, Treitschke (Zobeis) und einem Ungenannten (S. 138: An Herrn Eckardt, genannt Koch, und Madame Betty Roose, geborne Koch. Zum Abschied von Regensburg den 26. Julius 1805).
Vgl. Neue Annalen 1807. 1, 87 bis 88: ‚Die Briefe über das Spiel des Herrn Lange auf dem Grätzer Theater im Monathe Julius 1807 ... sind aus der Grätzer Ztg. entlehnt, aber die Quelle nicht angegeben. Die Elegie ‚Nouseuls Schatten‘ von Collin, ist vor einem Jahre in einem andern Taschenbuche gedruckt worden‘.

δ. Wiener Hof-Theater Taschenbuch auf das Jahr 1807. Vierter Jahrgang. Wien, Bey Joh. Bapt. Wallishaußer. 190 S. 12.
Vorerinnerung: ‚Die Herausgeber dieses Taschenbuchs haben mich ersucht, die Anordnung des vierten Jahrgangs zu übernehmen. H. J. v. Collin‘.
Mit Beiträgen von: H. J. Collin, Matth. v. Collin, Streckfuß und Treitschke (Des Dichters Geburtsfest).
Vgl. Neue Annalen 1807. 1, 133 f.

ε. Wiener Hof-Theater Taschenbuch auf das Jahr 1808. Fünfter Jahrgang. Wien. Bey B. Ph. Bauer. 203 S. 8.
Mit Beiträgen von H. J. v. Collin und Treitschke (Idomeneus).
Vgl. Neue Annalen 1808. 1, 82.

ζ. Wiener Hof-Theater Taschenbuch auf das Jahr 1809. Sechster Jahrgang. Wien, bei J. B. Wallishausser. 168 S. 12.
Mit Beiträgen von: J. B. v. B., Castelli, H. J. v. Collin (Die Befreyung von Jerusalem. Macbeth), F. Hassaureck, Huber, Joseph Passy, Fr. Karl Sannens, Schildbach, P. Scodnigg. Die Gedichte fast alle auf den Tod der Schauspielerin Betty Roose. Vgl. Neue Annalen 1809. 2, 121.

η. Fortgesetzt bis 1819. Neunter Jahrgang auf 1812 rez. Theaterztg., 28. Des. 1811. Nr. 43 (Joseph v. Lichtenberg), Annalen 1812. 4, 313. — Zehnter Jahrgang auf das Jahr 1813. Herausgegeben von J. F. Castelli. 214 S. 12. — Eilfter Jahrgang auf das Jahr 1814. Herausgegeben von J. F. Castelli. 210 S. 12. Vgl. Wiener Allgemeine Litteraturzeitung 1814. Nr. 5.

kk. Der Freund des schönen Geschlechts. Taschenbuch auf 1804 f. Wien, Geistinger.

ll. Taschenbuch für Freunde schöner vaterländischer Gegenden, oder: Mahlerische Streifzüge durch die interessantesten Gegenden um Wien. Wien, Anton Doll. 1805 bis 1808. IV. 8.
Herausgeber: Joh. Georg Wiedemann und Maximilian Fischel.
Vgl. Annalen 1808. 1, 76.

mm. G. Gesner, Memorabilien der Zeit; ein Taschenbuch für gute Menschen. Wien, 1805, Geistinger. 12. 2. Aufl. 1808.

nn. Musenalmanach für das Jahr MDCCCV. Herausgegeben von Streckfuß und Treitschke. Wien Bey J. V. Degen, Buchdrucker und Buchhändler. IV und 176 S. 12. Vgl. § 231, 47 = Band IV. S. 870. — Mit Beiträgen von: Louise Brachmann, Collin, Eichholz, Federico, Max. Fischel, Ludwig Freytag, Giulio (—? J. K. A. Ressel, Haug, Franz Horn, Aug. Kuhn. F. A. Kuhn, Lindner, H. L., Sophie L. (S. 12: Die Ungewißheit. Nach dem Französischen. — S. 47: Die Verlassene an den Ungetreuen. Nach dem Französischen), Naumann (S. 51 bis 53: Philine. S. Wilhelm Meister von Göthe). A. S—r. (S. 157 bis 159: Der Traum), Franz Schneller, Streckfuß (S. 162 bis 168: Canzonen von Petrarch), T. (S. 159: An Aline. — S. 172 f.: Trauer), Treitschke, Winkler, W., Aug. Zarnak.
Vgl. Neue Annalen 1805. 1, 248.

oo. Historisches Taschenbuch. Mit besonderer Hinsicht auf die Oesterreichischen Staaten. Erster Jahrgang. Geschichte des Jahres 1801. Wien . . . . 2. Auflage. 1808. Im Verlage bey Anton Doll. 274 S. 1 Bl. Inhalt.
Doppeltitel: Geschichte des neunzehnten Jahrhunderts. Mit besonderer Hinsicht auf die Oesterreichischen Staaten. [Vign.: Erzherzog Carl]. Erstes Bändchen.

Geschichte des Jahres 1801. Zweyte verbesserte Auflage. Wien, 1808. Im Verlage bei Anton Doll.
S. III: Vorrede zur zweyten Ausgabe. Wien, im August 1807. Joh. Schwaldopler. — S. V: Vorrede zur ersten Auflage.
Zweyter Jahrgang. Wien 1806: Geschichte des Jahres 1802. 285 S. 1 Bl. 8. Widmung an Joseph Karl Graf von Dietrichstein. S. V: Vorrede. Wien im Juny 1805. Schwaldopler. — Vgl. Neue Annalen 1807. 1, S. 26 bis 28.
Dritter Jahrgang. Geschichte des Jahres 1803. Wien 1807. 208 S. 8. Vorrede: Wien im Sept. 1806.
Vierter Jahrgang. Geschichte des Jahres 1804. Wien, 1808. 246 S. 1 Bl. Inhalt. Vorrede: Wien, im Sept. 1807. — Vgl. Neue Annalen 1808. 1, 165.
pp. Wiener Taschenbuch für Soldaten und ihre Freunde. Wien 1806. Geistinger.
qq. Apollonion. Ein Taschenbuch zum Vergnügen und Unterricht auf das Jahr 1807 bis 1811. Wien, Bey J. V. Degen, Buchdrucker und Buchhändler. IV. 12. Herausgeber: Leon, Kreil und Ratschky.
1807. 4 Bl., 196 S. Mit Beiträgen von Corn. Herm. v. Ayrenhoff (S. 123: Thalia und der Jüngling. Eine Scene am Fuße des Parnasses. Prosa), F. v. Größing, Hinsberg (S. 89: Von der Minne. Nach einem noch ungedruckten Gedichte aus dem Zeitalter der Minnesänger. ,Vor meinem Aug' erschien die Minne'), P. Hölzel, Anton Kreil (S. 156 bis 178: Über die Erziehung. Juvenals XIV. Satyre. Verse), J. Leidesdorf, Gottlieb Leon (S. 49: Allemannische Gedichte von Hebel; S. 69 bis 88: Rabbinische Legenden; S. 178 bis 196: Über das Verboth des Weines bey den Römerinnen), U. P. [Ulrich Petrak], J. P*l. (S. 95 bis 119: Die Frauenschule. Nach dem Französischen. S. La Laitière de Saint-Ouen; suivie de Lorino et de plusieurs Contes par Joseph Rosny; a Paris chez Pigoreau, 1797 S. 111 bis 158. Prosa), Jos. Passy, J. F. Ratschky, J. Richter (S. 131 bis 141: Über den Geist des Widerspruches. Frey nach dem Französischen des Abbé Morellet. Prosa), Sch., J. J. Scheiger, Jos. Sonnleithner (S. 35: Der vereitelte Vorsatz. Nach dem Französischen des Moncrif). W., B. v. Wagenmann (S. 5: Der Hut. Ein Gegenstück zu Gellerts Fabel von dem Hute). Vgl. Neue Annalen 1807. 1, 184 bis 186.
1808. Wien. In der Degenschen Buchhandlung. 4 Bl. 212 S. kl. 8. Mit Beiträgen von B. D. Arnstein (S. 117: Die Geduld. Nach dem Englischen. Prosa; S. 154: Julius Alberoni. Prosa; S. 198: Die Welle. Nach dem Englischen des Georg Duxford. Prosa), Corn. Herm. v. Ayrenhoff (S. 31: Der Violinist. Nach dem Französ. Friedrichs II. Königs von Preußen], Gabriele Batsányi. W. E. Brandler, Anton Ferd. Drexler, Jos. v. Hammer (S. 80: Proben einer Uebersetzung des persischen Dichters Hafis), Hinsberg (S. 8: Hermann an Thusnelden. Antwort), A. Kreil (S. 161 bis 180; Trostgründe des Betrognen. Juvenals XIII. Satyre. Reimlose 5füßige Jamben), Gottlieb Leon (S. 37: Laura's Allgegenwart. Nach dem Petrarka; S. 49: Genealogie des Verstandes. Nach dem Französischen; S. 55: An den Floss, worauf die Kaiser von Frankreich und Rußland sich umarmten. Couplets. Nach dem Französ.; S. 60 und 75: Nach Ign. Felners Neuen Allem. Gedichten; S. 91: Mythen. Prosa), Ulr. Petrak (S. 9: An Wien, als Frans II. seinem großen Oheim auf dem Josephsplatze ein Denkmahl setzen ließ: ,Dein Kaiser, wonnetrunknes Wien'), J. F. Ratschky (S. 147: Bruchstück einer metrischen Uebersetzung der Pharsalien Lukans. Geschichte des Riesen Antäus und Beschreibung seines Zweykampfs mit Herkuln. Buch IV. V. 581 bis 660. Hexameter), Joh. Friedr. Frh. von Retzer, R*b**i [Ribini], J. Richter (S. 103: Der Rosenstock. Nach dem Französ. Prosa; S. 193: Ueber die Dummheiten vernünftiger Leute. Aus dem Französ.), Sch., J. J. Scheiger, Jos. Sonnleithner (S. 45: An Amor. Aus dem Schwedischen der Madame Widström), B. v. Wagenmann. Vgl. Neue Annalen 1808. 1, 41.
1809. 4 Bl. 228 S. Mit Beiträgen von B. D. Arnstein (S. 118: Die Miethskutsche. Nach dem Französ.), Gabriele Batsányi, Bürde (S. 52: Der neue Leander. Ballade), Ant. Ferd. Drexler (S. 60: Joseph des Zweyten Denkmahl enthüllt den 28. November 1807: ,Hieber den Blick, ihr lauten Bewunderer'), Gleim, Jos. v. Hammer (S. 139 bis 150: Morgenländische Sittenbilder. Auszüge aus dem Achlak al-Mohseni 1 bis 7. Prosa; S. 209: Der Wassermann. Aus dem Englischen von Lewis. ,Dem Uebersetzer war das ursprünglich von Herder in dessen Volksliedern Theil II. S. 155 übersetzte, von Göthe in die neueste Ausgabe seiner Werke aufgenommene Volkslied unbekannt. Hier ist die ungleich mehr ausgeführte englische Ballade'), Hinsberg (S. 151: Aus dem Liede der Nibelungen einem altdeutschen Gedichte. Wie Siegfried gegen Worms

kömmt. Wie Siegfried Chriemhilden zum ersten Male sah), A. Kreil (S. 188: Die
Hauptstadt. Juvenals III. Satyre. Reimlose 5 füßige Iamben), Gottlieb Leon (S. 6:
Hymne auf die Vermählung Seiner k. k. Maj. Franz des Ersten mit Ihrer königl.
Hoheit Maria Ludovica Beatrix, Erzherzoginn von Oesterreich, am 6. Januar im
Jahr 1808. Gesungen im Nahmen der jüdischen Nation in Wien: ‚Wir haben theurer
Fürst! den Schmerz so vieler Wunden‘; Gedichte nach Hebel; S. 68: Minnelieder.
1. Frauenlob. Nach Walther von Klingen: ‚Mancher Arten Lautentöne Stimmen uns
zu frohem Muth‘. 2. Frühlingslied. Nach Walther von der Vogelweide: ‚Wollt ihr
schauen, was der Meige Wonniglicher Gaben beut?‘. 3. Winterlied. Nach Conrad
dem Schenken von Landegg: ‚Das betagte Jahr ergreiset‘; S. 77: Allegorien. 1. Freund-
schaft und Liebe . . . Aus dem Franz. des C. Justin G . . . . 2. 3. Prosa), Manso,
Ulr. Petrak, J. Pezzl (S. 93: Erfahrungen eines alten Weltmannes über die Liebe.
Nach dem Franz. des Grafen v. Caylus, Prosa; S. 214: Lobrede auf die Lästersucht,
und ihr Nutzen im gesellschaftlichen Leben. Nach dem Franz. des Grafen v.
Caylus. Prosa), Retzer (Nach Owen), R*i**i [Ribini], J. Richter, Sch., J. J.
Scheiger, Jos. Sonnleithner (S. 110: Tibulls erste Elogie des zweyten Buches), X.
Vgl. Sonntagsblatt 1809. 1, 58.
1810 und 1811. Wien, gedruckt bei Anton Strauß. 189 S. 12.
Nach den Annalen 1811. 1, 166 mit Beiträgen von Alxinger, B. D. Arnsteiner,
v. Ayrenhoff, Blumauer, Bürde, Drexler, C. J. Friedrich, J. v. Hammer, Binsberg,
Kaiserer, Leon, Petrak, Pezzl (Übers. nach dem Fürsten Ligne), Frhr. v. Retzer,
Ribini, J. Richter, Ridler, Rupprecht, Scheiger, Schreyer, Sonnleithner, Wieland
(Auf die Verlobung der Weimarischen Prinzessin Caroline mit dem Erbprinzen
v. Mecklenburg-Schwerin), und Ungenannten.
rr. Musenalmanach für das Jahr 1808. Hg. von August Kuhn und Friedrich
Treitschke. Wien, auf Kosten und in Verlag bey J. B. Wallishaußer. 212 S. 12.
Vgl. § 231, 47 — Band IV. S. 870.
Mit Beiträgen von: A. (S. 123: Praxiteles Niobe. Aus der Anthologie),
Animose, Friedrich Heinrich Bothe (S. 84 bis 86: Pindars dritte isthmische Ode),
Luise Brachmann, Castelli, Federico, G. A. H. Gramberg, Haug, Theodor Hell,
Hermann, Isidorus Orientalis, Aus Kazners Nachlasse, Friedrich Kind, Klanier
Schmidt (S. 90 bis 94: An Julus Antonius. Nach Horaz 2. Ode 4. Buchs), Friedrich
Adolph Kuhn, August Kuhn (S. 1 bis 26: Menippos und Damokles. Neugriechisches
Idyll. Hexameter), K. O., Joseph Passy, K. Heinrich Leopold Reinhardt, Schlotter-
beck, G. P. Schmidt (S. 145: An Apollo. Horaz. I, 31; S. 157: Horaz II, 10).
Konrad Schneider (S. 132: An die Geliebte. Nach Saffo; S. 147: An Venus. Lukrez
I. 1 bis 41), Sev., Siv., C. Streckfuß (nach Petrarca), Sw., Franz Theremin, Friedrich
Treitschke, U. (Schillers Braut von Messina. Distichen), Weisser, Werner (S. 188:
Zueignung des Schauspiels: Die Weihe der Kraft. 1806. An mein Ideal; S. 189 f.
Epilog zu gedachtem Schauspiele. An die Deutschen), YZ, S. 205 f.: Nachschrift
unterz.: Fr. Treitschke.
Vgl. Neue Annalen 1808. 1, 36.
ss. Poesien. Von einigen Freunden der Muse. Wien. 1808. 160 S. 8.
Mit Beiträgen von Fr. Ant. Schreyer, J. F. X. Trimmel, F. J. Wallner, L.
M. Weschel und Ungenannten.
Vgl. Neue Annalen 1808. 2, 210 (getadelt).
tt. Almanach und Taschenbuch für 1809. (Wien). 16.
Wahrscheinlich blos Nachdrucke. Beiträge von Haug, Müchler (K. Mchlr.),
Stoll und Ungenannten.
uu. Castelli und Hassaureck, Sträußchen für Gebildete. Wien 1809.
Vgl. Vaterl. Blätter 1810. S. 427.
vv. Musen, Launen, Anekdoten und Erzählungen. Gesammelt und heraus-
gegeben von Johann Baptist Schilling. Wien, 1809. Im Verlag bey Joh. Bapt.
Wallishaußer. 144 S., 1 Bl. Druckfehler. 8. Vergl. Annalen 1809. 2, 126.
Mit Beiträgen von C. H. Cramer (S. 23: Die Damenfriseurs. Aus dem Franz.
Prosa), F—, J. Füger, G—ll—sch., J*n*s*h (S 4 bis 19: Die Frau nach der Mode.
Eine Satyre aus dem Pohlnischen des Herrn von Krasicki, Erzbischofs von Gnesen.
Mit der Anmerkung: ‚Dieß und einige andere Stücke erschienen bereits in früheren
Sammlungen. Ich habe daher keinen weitern Grund für mich, als dem Leser ein
wiederhohltes Vergnügen damit zu machen. Der Herausgeber‘), Kesk. (S. 58: Nach-
lese aus der griechischen Anthologie von Herder), Lovis, Lubi, Schilling (J. B. Sch.;
S. 8: An die Bildsäule Josephs des Zweyten; S. 73: An alle meine Wohlthäter.

Geschrieben im Jahre 1792, als ich nach Wien kam), Ungenannt (S. 83: Fragment einer lehrreichen Eselsgeschichte. Aus dem Franz. Prosa).

ww. Neoterpe. Auf das Jahr 1810. Von J. L. Stoll. Leipzig (Wien bey Geistinger). 88 und 16 S. 8.

Vgl. Annalen 1810. 1, 261. Enthält die Schnecken-Comödie und 4 Gedichte. § 289, 7. 8).

xx. Die Riesenschlacht. Ein Taschenbuch für das Jahr 1811. Wien und Triest bey Geistinger. 86 S. 12. Von Joseph Passy. Vgl. § 296, 57. 5) — Band VI. S. 463. Annalen 1811. 1, 818.

yy. Taschenbuch auf das Jahr 1811. Vor Aug. Freyh. v. Steigentesch. Wien und Triest, bey Geistinger. 192 S. 8. Vgl. § 258, 20. 13) — Band V. S. 296.

Enthält S. 1 bis 10., a: Der erste Kuß in Uri. (Verse). — S. 11 bis 63, b: Stufenfolge der Liebe. (Prosa). — S. 65 bis 180, c: Die Zeichen der Ehe. Lustspiel in drey Aufzügen. — S. 181, d: Gedichte: Die Geschichte des Lebens. Pirkfeld in Steyermark. Die Woche. Meine Wünsche. Was blieb und war.

zz. G. Gessner, Wilhelm und Louise. Ein Taschenbuch für das Jahr 1811. Wien und Triest, Geistinger. 12.

Vgl. Annalen 1811. 1, 93.

aα. Almanach der Liebe und Freundschaft auf das Jahr 1811. Wien und Triest, Geistinger. 12.

Vgl. Annalen 1811. 1, 90.

bα. Taschenbuch für das Jahr 1811, die Spieler im Glück und Unglück. Wien 1811. Geistinger. 12.

cα. Taschenbuch für die vaterländische Geschichte. Wien. Im Verlage bey Anton Doll. 1811 bis 1814. IV. 8.

Herausgeber: Hormayr, Redacteur des vierten Jahrganges: Ridler.

Erster Jahrgang 1811. a: Der Markgräfinn Schleyer. Legende von Caroline Pichler, geb. von Greiner. — b: Historisches Tagebuch für Österreicher. — c: Der letzte Babenberger, Friedrich der Streitbare, Herzog zu Österreich und Steyer. Vom Freyherrn von Hormayr. — d: Dürrenstein, Richards Löwenherz Gefängniß. Von Hormayr. — e: Der Graf von Habsburg. Von J. H. v. Collin.

Zweyter Jahrgang 1812. f: Philippine Welser, Ballade von Rupprecht. — g: Der kärnthnerische Herzogsstuhl. (Hormayr). — h: Beyträge zur Geschichte Österreichs unter den Babenbergen. (Hormayr). — i: Kaiser Wenzels zweymahlige Gefangenschaft in Österreich. (Hormayr). — k: Der Tag von Sacile. (16. April 1809). Aus einem größern, handschriftlichen Werke: „Der Feldzug der Armee von Innerösterreich in Italien, Tyrol und Ungarn im Jahre 1809. Von einem Augenzeugen'. [vgl. § 293, V. 86, 17)]. „Im Wesentlichen bereits abgedruckt im Archiv für Geographie u. s. w., im July, sowie der unmittelbar nachfolgende Aufsatz im Aprillhefte 1811'. (Hormayr). — l: Die Thermopylen der karnischen Alpen. (Hormayr). — m: Das Land an der Enns zwischen dem achten und zwölften Jahrhundert. — n: Friedrich IV. zu Neustadt und Andreas Baumkircher am Wienerthor. — o: Herzog Albrechts Rache. (1356). Ballade von Caroline Pichler, geb. von Greiner.

Vgl. Annalen 1812. 1, 219.

Dritter Jahrgang 1813. p: Gamming. (Gedicht). Von Caroline Pichler, gebornen von Greiner. — q: Die Lande ob und unter der Ens, vom IX. bis in das XII. Jahrhundert. — r: Beyträge zu der von des durchlauchtigsten Erzherzogs Johann kaiserlichen Hoheit gesetzten Preisfrage über die Geographie Innerösterreichs im Mittelalter. — s: Österreichische Kriegsscenen. Der Rückzug des Generals Mesko nach der Schlacht bey Raab. Von J. W. Ridler. — t: Kleine historische Denkwürdigkeiten. I. Heinrich des Dritten Reise durch Österreich, um statt der verlassnen polnischen, Frankreichs Königskrone zu gewinnen. — II. Graf Albrecht von Habsburg und sein Blutsverwandter, Heinrich von Rosenberg. — III. Über Maximilians II. angeblichen Protestantismus. — u: Maria, Königinn von Ungarn. Historische Ballade. Von Joh. Bapt. Rupprecht.

Vierter Jahrgang 1814. v. Markgraf Leopold der Erlauchte. Ballade von Caroline Pichler, geb. v. Greiner. — w: Über die wechselseitigen Verpflichtungen der österreichischen Völker. Eine Rede von J. W. Ridler. — x: Lobgesang auf die heil. mährischen Apostel Cyrillus und Methodius. Von J. G. Meinert. — y: Spatziergang an die Lunzerseen. Ein Brief an Caroline Pichler von J. W. Ridler. — z: Kriegslist des gefangenen Koranda. Von J. G. Meinert. — aa: Wohlthätige Frauen aus älterer Zeit. Von J. G. Meinert. — bb: Joseph der II. und Voltaire. Ein geheimer

Geschichtszug. Von J. W. Ridler. — cc: Der kärnthnerische Herzogsstuhl. Ein Bruchstück aus Ottocars von Horneck österreichischer Chronik. — dd: Österreichs Adler-
gejauchze und Wappengruss in Krieg und Sieg 1813. Von Clemens Brentano. —
ee: Österreichische Kriegsscenen. Von J. W. Ridler. 1. Das Infanterie-Regiment Erzherzog Rainer im Jahre 1809. 2. Züge vom Heldenmuthe einzelner österreichischer
Reiter. 3. Ausgezeichnete Krieger vom Infanterie-Regiment Ducka. 4. Der 9. und
10. März 1809. Ein Probestück aus der noch ungedruckten Geschichte der österreichischen Landwehr. — ff: Nachrichten über Thaddäus Hänke. Von J. W. Ridler.
— gg: Das cetische Gebirge. Von J. W. Ridler. — hh: Erinnerungen aus der Vorzeit der vaterländischen Geschichte. Von J. W. Ridler. 1. Der erste Kampf der
Römer mit den Germanen. 2. Cäsar im Illyrikum. 3. Die Eroberung von Metulum.
Vgl. Wiener Allgemeine Litteraturzeitung 1814. Nr. 63.
    dα. Mahlerisches Taschenbuch für Freunde interessanter Gegenden, Natur-
und Kunst-Merkwürdigkeiten der Österreichischen Monarchie. Wien, 1812 bis 18.
Im Verlage bey Anton Doll. VI. 8.
    Erster Jahrgang 1812. 252 S. 1 Bl. Widmung: ,Dem Herrn Johann
Bapt. Rupprecht, dem geist- und geschmackvollen Übersetzer der Dichtungen der
Britten, und seiner liebenswürdigen Frau Gemahlinn zum öffentlichen Beweise
meiner innigen Verehrung und Freundschaft und zum Danke so vieler genußreichen in
ihrem Hause verlebten Stunden geweiht von Dr. Fr. Sartori'. a: Wiens Gärten und
Umgebungen. Besungen im Jahre 1799 von Joseph von Hammer, und zugeeignet
seinem Freunde, Joseph Freyherrn von Kruft. (Hexameter). — b: Maria-Zell. Von
Caroline Pichler, gebornen von Greiner. — c: Das Felsenlabyrinth bei Adersbach
in Böhmen. Geweiht als Zeichen der Hochachtung seinem Freunde Herrn Joseph
Weigel, Großhändler in Wien. Vom Ökonomierath M. A. Eißl. — d: Der Erzberg
zwischen Vordernberg und Eisenerz in Steyermark, und seine Tropfsteinhöhlen. Von
Ignaz von Pantz, fürstlich Salmanischen Berg- und Hütten-Director. — e: Das Dona-
jeczer Schloß und seine Umgebungen im Zipser Comitate in Ungern. Von Christian
Genersich, Prediger in Käsmark. — f: Philippowaner und Mennonisten in Österreich.
Ein Beytrag zur Völkerkunde dieses Kaiserstaates. Von Samuel Bredetzky, Superinten-
denten in Galizien. — g: Die Saualpen in Kärnthen. Von Philipp von End, Pro-
fessor der schönen Wissenschaften. — h: Über Lieder und Volksfeste in [den]
Alpenländern, vorzüglich in Kärnthen und Steyermark. Von Philipp von End . . .
Die Verabschiedung des Winters. (Dialog). — i: Ausflug von Brünn nach der Burg
Eichhorn in Mähren. — j: Der Badeort Heiligenstadt bey Wien, und seine Um-
gebungen. Von Dr. Franz Sartori. — k: Matthäus Loder, Historien- und Landschaften-
Zeichner. Von Dr. Franz Sartori. — l: Mahlerische Reisen durch Salzburg und
Berchtesgaden. Von Wilhelm Friedrich Schlotterbeck, Landschaftszeichner und
Kupferstecher. (Recension). Von Dr. Franz Sartori. — m: Eißl's wissenschaftliche
Reise durch Ungern, Österreich, Bayern, Schwaben, die Schweiz, Italien, Baden,
Preußen, Sachsen, Böhmen, Steyermark und Kärnthen; von 1808 bis 1811. Von Dr. Franz
Sartori. — n: Nachschrift Wien, im September 1811. Von Dr. Franz Sartori.
    Zweyter Jahrgang 1813. 179 S. a: Weidling. Von Justine Freyinn von
Krufft. (Gedicht). — b: Weidling bey Kloster-Neuburg. Im Jahr 1797. (Gedicht).
Von Joseph von Hammer. Zugeeignet seinem unsterblichen Freunde Joh. v. Müller. —
c: Die Fahrt auf dem Plattensee in Ungarn, und die Umgebungen dieses Sees.
Vom Wirtschaftsrathe Eißl in Kärnthen. Meinem Freunde Johann v. Asboth,
gräflich Georg Festetitschischen Güter-Präfecten in Késthely geweiht. — d: Die
Steyermark. Eine Ode von Joseph Edlen von Hammer. — e: Burgveste Osterwitz
und ihre Umgebungen in Kärnthen. — f: Der Markt Medling, die alte Burg Medling, die Burgveste Lichtenstein und der Brühl. Von Dr. Franz Sartori. — g:
Das Muggendorfer Thal in Österreich. Von J. F. Richter. (Gedicht). — h: Die alte
Burg Falkenstein, bey Linz in Österreich ob der Enns. — i: Der Hermannskogel
bey Weidling in Österreich unter der Enns. (Gedicht). Von Jos. v. Hammer. —
j: Silberberg und seine Umgebungen in Kärnthen. (S. 112: Brunohilde von Silberberg. Eine mittelkärnthnische Sage). — k: Erinnerungen an eine Lustreise im
May 1806 von Wien nach Freßburg. Von Dr. Franz Sartori. — l: Der Rohitscher-
Sauerbrunnen in Steyermark. Von Doctor Franz Sartori. — m: Der Badeort
Töplitz und seine Umgebungen in Böhmen. — n: Die Sekler und Wallachen in
den siebenbirgischen Grenzen. Von J. Benigni von Mildenberg.
    Dritter Jahrgang. 1814. 166 S. a: Der Leander von der Traun. (Gedicht).
Seinem Freunde Herrn Doctor Sartori gewidmet von Joseph von Hammer. — b: Die

Burgveste Greifenstein, an der Donau bey Wien in Unterösterreich. Von Dr. S. —
c: Die Ruinen des Bergschlosses Gösting bey Grätz. Von J. A. Kumar. — d: Die
Sirbitzenalpen in Kärnthen. Von Prof. v. E. — e: Karlsbad und seine Umgebungen
Von Jos. Polt, Verfasser des Aufsatzes über Teplitz. Jahrg. 1812 [1813] des mahler.
Taschenbuches. — f: Die Mazzocha in Mähren. (Nach einem Besuch derselben im
July 1802). Von Joseph v. Hammer. (Gedicht). — g: Ansicht einer innern Karpathen-
Gegend. Von Prof. J. Genersich. — h: Die Brigittenkirchweihe in Wien. — i: Gurk,
und seine Umgebungen in Kärnthen. Von Prof. v. E. — k: Die Burgveste Habichts-
stein im Leutmeritzer Kreise in Böhmen. (Nach Meißners historisch-mahlerischen
Darstellungen aus Böhmen [1798] bearbeitet). — l: Einige Denkwürdigkeiten der
Umgegend von Maria-Schnee in Ungern. — m: Das Thal Scharka bey Prag in
Böhmen. Von Gerle in Prag (aus dessen Korallen). — n: Mittelkärnthnische Lieder-
und Gebräuche. Von Prof. v. E. — o: Die Blumau in Österreich unter der Enns.
— p: Kremsmünster, Legende. Von Caroline Pichler, geb. von Greiner. (Gedicht). — q: Das Rosenthal in Kärnthen. — r: Die Römerschanzen, bey Peterwardein in Ungern. — s: Die Riegersburg. Von Joseph von Hammer. (Gedicht).
Vgl. Wiener Allgemeine Literaturzeitung 1814. Nr. 5.
[1815 nicht erschienen.]
 Vierter Jahrgang. 1816. 4 Bl., 152 S. 8. Widmung: Herrn Franz Schams
in Peterwardein. — a: Vorrede. (Geschrieben am 15. November 1815). — b: Der
weiße und der grüne See in den Karpathen in Ungern. Vom Prediger Christian
Genersich in Käsmark. — c: Das Schwefelbad und die Leibitzer Berge in der Zipser-
gespannschaft in Ungern. Vom Prediger Christian Genersich in Käsmark. — d:
Nachträgliche Bemerkungen zu den Schilderungen der Bewohner Mittelkärnthens
und der obern Steyermark. Von Dr Schultes, Kajetan v. Leitner und Dr. Fr. Sartori.
Vom Prof. v. End. — e: Das Wietingthal in Kärnthen, von demselben. — f: Die
Felsengebilde ober Eberstein und St. Walpurgen gegenüber, von demselben. —
g: Empfindungen bey dem Besuche des alten Schlosses zu Klosterneuburg im J.
1797. Von Jos. v. Hammer. (Gedicht). — h: Hainburg. Ein Abendgemählde. Ge-
sungen im J. 1798. Von Jos. v. Hammer. — i: Die Bäder von Baden bey Wien,
in ihrer neuen Gestalt. Von Dr. Sartori. — j: Der Traum. Allen Freunden Weid-
lings gewidmet von Justine Freyinn von Krufft. (Gedicht). — k: Die Ruinen v.
Kaisersberg. Von J. v. Kalchberg. (Gedicht). — l: Mariatrost, ein romantischer
Wallfahrtsort bey Grätz. Aus einem Schreiben des Herrn J. A. Kumar an Marie
Clementine von Burgwalden. — m: Die Gämsejagd im Rauchthale in Obersteyor.
Von Kumar. — n: Mölk. Von Sartori. — o: Göttweih. Von Sartori. — p: Die
Riegersburg in Steyermark. Von Kollmann. (Mit Gedichten).
 Fünfter Jahrgang. 1817. a: Die steinerne Säule bey Weidling nächst Wien,
insgemein das schwarze Kreutz genannt (Ballade). — b: Carlsbad und seine Um-
gebungen, mit deren Natur- und Kunstmerkwürdigkeiten. Von Dr. Franz Sartori. —
c: Die Frauenburg in Steyermark. Von Dr. Franz Sartori. — d: Der Wallfahrtsort
Maria Hülf bey Gutaring in Kärnthen. Von Joseph Mitterdorfer. — e: Eisenstadt
in Ungarn, die Residenz des Fürsten Esterhazy. — f: Die Wallfahrtskirche Maria
Culm in Böhmen. Von Dr. Franz Sartori. — g: Der Weichselboden in Steyermark.
Von Dr. Franz Sartori. — h: Das Schloß Mannsberg und seine Umgebungen in
Kärnthen. Von Joseph Mitterdorfer. — i: Erinnerungen an Prag, gesammelt auf
einer Reise von Wien durch Österreich, Mähren und Böhmen nach Carlsbad im
Sommer 1816. Von Dr. Franz Sartori. — j: Grabmahle von Carl und Caroline auf
der Höhe des Kahlenberges. — k: Sophie von Admont. (Romanze).
 Sechster Jahrgang. 1818. Widmung: Dem Herrn Joseph Camillo Freyherrn
von Schmidtburg. — a: Auf der Donau. Von Johann Mayrhofer. (Gedicht). — b:
Tagebuch einer Donaureise von Passau nach Wien. Geschrieben in einer Reihe von
Briefen. Von Joseph Camillo Freiherrn von Schmidtburg. — c: Grundzüge einer
Schilderung des Reichthums der Naturmerkwürdigkeiten des österreichischen Kaiserthums. Für Reisende und Naturfreunde. Die Ruinen von Altkraig und ihre Umgebungen in Kärnthen. Von Joseph Mitterdorfer in Gurk. — d: Buchlau, der Wohnsitz des unsterblichen Grafen Berchtold — Mährens Howard. — e: Das Krappfeld
in Kärnthen. — f: Peterwardein, das ungrische Gibraltar, die erste Festung der österreichischen Monarchie, der Sitz der meisten Landesstellen Slavoniens, der Verwahrungs-
ort wichtiger Gefangener. — g: Über die Naturschönheiten des österreichischen
Kaiserthums. Von Sartori. — h: Die Ruinen von Taggenbrunn und ihre Umgebungen
in Kärnthen. Von Joseph Mitterdorfer. — i: Urnen im Fürstenthume Jägerndorf

gefunden. — k: Der Erlafsee. Von Mayrhofer. (Gedicht). — l: Lunz in Österreich
unter der Enns, als Ziel einer interessanten Fußreise von Wien im July, August
oder September.

e α. Taschenbuch zur Unterhaltung und Aufheiterung. Wien 1812. Pichler. 12.

f α. Wiener Musenalmanach 1812.

In § 229, S. 6) = Band VI. S. 115 verzeichnet ohne nähere Angabe.

g α. Der Hausfreund. Taschenbuch, allen Schönen gewidmet von J. B. v.
Vitali. Wien, Gerold. 1812 und 1813. 8.

Becker Nr. 10186. 10473.

h α. α. Selam. Ein Almanach für Freunde des Mannigfaltigen auf das Jahr 1812.
Von I. F. Castelli. Wien. Gedruckt und im Verlage bey Anton Strauss. 12.

Meinem Freunde F. J. Hassaureck gewidmet.

Ein paar Worte als Vorrede. ,Die Morgenländer verstehen unter dem Worte:
Selam, einen kleinen Strauß, welcher aus verschiedenen Blumen, Früchten, viel-
färbigem Holze und Seide zusammengesetzt ist, wovon jedes seine eigene allegorische Bedeutung hat. ... Übrigens hab' ich nur noch zu erinnern, daß ich alle
Blumen dieses Selams theils selbst gepflanzt, theils aus französischen Gärten
hierher verpflanzt habe'. Wien im August 1811.

I. Fabeln. — II. Erzählungen. Prosa. (Recipe für Weiber. — Zanubio und Teana,
eine italienische Novelle). — III. Lyrische Gedichte. — IV. Gespräch. (Der Jüngling
und das Echo. Nach dem Lat. des Erasmus von Rotterdam). — V. Ballade. —
VI. Aphorismen. — VII. Mährchen. — VIII. Kleine prosaische Miszellen. — IX. Alle-
gorien. — X. Lieder mit angehängter Musik. — XI. Eine Abhandlung über die
Mechanik älterer und neuerer Zeiten. — XII. Epigramme. — XIII. Anekdoten. —
XIV. Eine theatralische Situation. (Die beyden Engländer). — XV. Amoretten. —
XVI. Ein Lustspiel in 1 Act, betitelt: Sie liebt ihn nicht, weil sie ihn liebt. —
XVII. Charaden, Logogryphen und Räthsel. — XVIII. Theatralische Memorabilien.

Vgl. Theater-Ztg. 1812. Nr. 26. — Annalen 1812. 1, 199. Die Gruppen
wiederholen sich ähnlich in den späteren Jahrgängen.

β. Selam. Ein Almanach für Freunde des Mannigfaltigen auf das Jahr 1813.
Herausgegeben von I. F. Castelli. — Das Alter wie die Jugend, Und der Fehler
wie die Tugend Nimmt sich gut in Liedern aus. Göthe: An die Günstigen. Wien,
gedruckt und im Verlage bey Anton Strauß. IV Bl. 289 S. 2 Bl. Inhalt.

Widmung: an die Fürstinn von Lobkowitz, Herzoginn von Raudnitz, ge-
hornen Fürstinn von Schwarzenberg.

γ. Dritter Jahrgang. 1814.

,Der Freyfrau Franziska von Aronstein gewidmet'.

Vgl. Wiener Allgemeine Litteraturzeitung Jänner 1814. Nr. 5.

δ. Vierter Jahrgang. 1815.

,Seinen verehrten Freundinnen den Schwestern: Josepha, Rosine, Antonie,
Leopoldine, gebornen v. Roux gewidmet'.

Vgl. Wiener Allgemeine Litteraturzeitung Dec. 1814. Nr. 1803.

ε. Fünfter Jahrgang. 1816.

,Antonie Adamberger der allgemein geschätzten Künstlerinn gewidmet'.

ζ. Sechster Jahrgang. 1817.

,Marien gewidmet'.

Mit Beiträgen von: A—b—t. Therese v. Artner (Theone), B***, J. K. Bernard
(1814. S. 298: Nach Anakreons 15. Ode; 1815. Übers. aus dem Lat.), Billmann,
Brandler, A. Buzzi, J. F. Castelli (Nach Gresset und anderen Franzosen), M. v. Collin,
Dr. D—n, J. H. Dambeck, Deinhardstein, August Eckschlager, Enekes, Ermin,
Freyherr von Eyb, J. G. Fellinger (1814. S. 313: Probe einer Übersetzung eines
sloven. Gedichtes von Urban Jarnik), M. Fischel, Karl Julius Fridrich, Georg von Gaal,
Karl Anton v. Gruber (1816. S. 108: Tschokonais Gesang. ,Tschokonai ist ein class.
lyrischer Dichter meines Vaterlandes' [Ungarn]), F. Guggenberger, J. Guggenberger,
Jos. v. Hammer (Aus dem Pers., aus dem Ungar.), J. J. Hannusch, F. J. Hassaureck,
Franz Hermann, J—s., Aloys Jeitteles, Julius Australis, K., Johann v. Kalchberg, J.
A. Kanne, Theodor Körner, Justice Freyinn v. Krufft, Chr. Kuffner (Nach dem Engl.;
nach Causabon), M. J. Landau, Graf Heinrich Larisch, Lauer, Gottlieb Leon (Nach Hebel),
Lichtenberg, S. M. Mayer, J. G. Meinert, Carl Meisl, Ph. Millauer, Joh. Möser,
Joh. Ph. Neumann (aus Walther Scott, Pindar), Joseph Passy, Caroline Pichler geb.
v. Greiner, J. A. Pilat (Übers. aus Anakreon, Theokrit und anderen griech. Dichtern),
J. A. Friedrich Reil, Joh. Frh. v. Retzer (Nach dem Latein.), J. Fr. Richter, Fr. Richter,

Dapsul von Rosenoble, Joh. Bapt. Rupprecht (Übers. aus dem Engl. des Bruce, des John Suckling; Aus dem Franz. des Const. Dubos, des W. Etienne), Sannens, A. J. Schmid, K. A. Schneider, F. L. de Selliers, P. J. C. Graf v. Sermage, J. R. v. Seyfried, J. Sonnleithner, Steigentesch, A. Stein, Stoll, J. F. Trimmel, Fr. Treitschke (Nach dem Französ.), Graf Thurn, V—, V., Dr. Emanuel Veith, Franz Wallner, Raimund Walther (— J. P. Köffinger), F. C. Weidmann, Dr. Aloys Weissenbach, L. M. Weschel, Y—. (1814. 8. 291: Drey kleine Lieder nach dem Ital.), A. Zettler, Ungenannt (1814. 8. 299: Chöre aus Tasso's Amintas).

iα. α. Zu Neujahr 1812 erschien ein Almanach von Bäuerle. Nach der Theaterzeitung 18. Dec. 1811. Nr. 40: Apollo für 1812. Nach der Theaterzeitung 15. Jänner 1812. Nr. 5: Taschenbuch für Theater, Musik und Poesie mit Beiträgen von Bäuerle, Saint Martin, Lichtenberg, Heinrich Mayer, Menner und Esch.

β. Theater-Almanach für das Jahr 1813. Herausgegeben von Adolf Bäuerle. Mit den Bildnissen der Demoiselle Buchwieser und des Herrn Grüner. Wien, zu haben in des Verfassers Wohnung, Seilerstätte Nro. 1018. zur ebenen Erde im Bureau der Theaterzeitung. XIV S. Subskribenten. 168 S., 1 Bl. Inhalt. 8. 8 bis 5: An meine Leser. ‚Das ist nun der fünfte Almanach, den ich herauszugeben das Glück habe ... Das Lustspiel ‚Die Rezensenten' ist nur eine Bearbeitung nach Veit Weber ... Der Aufsatz über die lokalen Lustspiele gehört mir an ... Daß die Leser, das in der Theater-Ztg. bereits abgedruckte Melodram aus dem frühern Jahrgange: Dido widerfinden, können sie nicht tadeln, da es gewiß der Vergessenheit entzogen zu werden verdient. Es ist witzig und treffend wie wenige Parodien unserer Tage. Meine Parentation am Grabe Schikaneders folgt auch noch einmal, und mag es immer versuchen, den Wegfall zu erneuern, den sie vor wenigen Monathen erhielt. Die übrigen Aufsätze und Gedichte sind ganz neu ... Wien am 18. October 1812. Adolf Bäuerle'.

a: Demoiselle Cathinka Buchwieser. (‚Stolzer Geist, erhebe deine Flügell') Johann B. Ritter v. Zahlhas. — b: An Demoiselle Cathinka Buchwieser. Nach aufgegebenen Endreimen. (‚Hoch strebt mein reger Geist den Lorbeer zu erringen'.) R. — c: Unter das Bildniß des Herrn Franz Grüner, Regisseurs des k. k. priv. Theaters an der Wien. (‚Viel jagen der Ritter und Knappen herein'). Adolf Bäuerle. — d: Die Rezensenten. Ein Lustspiel in einem Akt. (Prosa). — e: Was würde Hamlet zu seinen Lesern für die Bühne noch hinzufügen, wenn er jetzt lebte? Eine Scene. (Prosa). Saint Martin. — f: Ueber die lokalen Lustspiele. Adolf Bäuerle. — g: Eine Scene aus dem Elisium, (Schikaneder). Adolf Bäuerle. — h: Thaliens und Melpomenens Kunstreise. (Prosa). J. A. Langer. — i: Ein neues Melodram mit Chören und Tänzen untermischt. Der Tod der Dido. Möser. — k: Emanuel Schikander (so). (Prosa). Adolf Bäuerle. — l: Ueber die Backenbärte der Schauspieler. (Prosa). Adolf Bäuerle. — m: An den Großmeister der deutschen Schauspielkunst A. W. Iffland. (‚Dir, den Germanien mit Fug und Recht'). Von einem Schauspieler. — o: An Herrn Lange. (‚Des kritischen Zwittergeschlechtes'). Heinrich Mayer. — p: An Demoiselle Buchwieser. (‚Wenn meines Liedchens heimliche Töne'). M. Kraupa. — q: Merkwürdige Vorfälle bey den Wiener-Theatern im Jahr 1812. — r: Anekdoten. Vgl. Theaterztg. 1812. 26. Nov. Nr. 95; Proben aus dem Theater-Almanach von Adolf Bäuerle für das Jahr 1813.

kα. Tändelei und Ernst. Taschenbuch für gesellschaftliche Unterhaltungen. Wien und Triest. Geistinger. 1813., 12. Becker Nr. 10588.

lα. Musen-Almanach für das Jahr 1814. Herausgegeben von Joh. Erichson. Mit Kupfern und Compositionen. Wien, bei Carl Gerold. 8 Bl. und 285 S. 8. Vgl. § 289, 8. 4).

Aus der Vorbemerkung (Wien, den 20. November 1813): ‚Als nach dem plötzlichen Untergange der Zeitschrift Prometheus die ungünstigen Zeitumstände die Wiedererneuerung dieses, für viele seiner Mitarbeiter so bedeutenden, und von dem Publikum in seinem Werthe anerkannten Journals nicht gestatteten, war die Herausgabe eines Museu-Almanachs das Einzige, wozu Kräfte, und Aussicht eines glücklichen Gelingens da zu seyn schienen. Er ward gebildet, aus einem kleinen Stamm, bey der Abbrechung jener Zeitschrift vorräthig gebliebener Manuscripte, aus den reichen Beiträgen ehemaliger Mitarbeiter derselben, und anderer ausgezeichneter, zum Theil seitdem erst bekannt gewordener deutscher Dichter. Einen schätzbaren Theil verdanke ich endlich Hrn. Friedr. Schlegel, der aus seinen litterarischen Schätzen von Freunden und Bekannten Mehreres dieser Sammlung widmen zu dürfen geglaubt hat ... Es kam noch hinzu, daß in der gegenwärtigen stürmischen Zeit Wien vielleicht der einzige ruhige Ort war, wo das zerstreut aufgeblühte gesammelt werden konnte'.

Mit Beiträgen von: J. K. Bernard (Grabschrift auf Wieland. Distichen), Clytia [Philippine v. Calenberg], Matthäus v. Collin (S. 252: Scenen aus dem romantischen Lustspiele Fortunat), Rosalia von Collin, Deinhardstein, B. J. Docen (S. 50: Die Rettung des Bacchus. Ein mythologisches Gemälde nach Homer, Ilias VI, 130 bis 40), Erichson (S. 77: Die Nacht. Nach dem Spanischen; mehrere Epigramme aus dem Griechischen), Fouqué (S. 15: Todtenliebe. Eine nordische Sage des Torfäus), Hammer, Franz Rud. Herrmann, Isidorus, Koreff, Theodor Körner (S. 92: Es lebe das Haus Österreich. Aus der Geschichte der Schlacht von Aspern), Kuffner, Ernst Freiherr v. d. Malsburg, Meinert (S. 178: Wielands Tod; S. 213: Volkslieder aus dem Kuhländchen in Mähren), M. H. Mvnart, Anton Passy, Philipp Otto Runge (S. 116: Die Blume der Blumen), Wilhelm v. Schütz (S. 43: Der Regent; S. 125: Aus einer Tragödie Charlotte Corday), Stoll, Weißer, Werner (S. 28: Die drei Reiter, ein Ehestandslied. Ballade; S. 85: Der Sieg des Todes. Ballade; S. 87: Sanct Annennacht in Wien. Sonnet; S. 89: Das künftige Geschlecht), Ungenaunto (S. 42: Auf Wielands Tod; S. 128: Bruchstücke aus einem Drama, Heliodor, oder der anvertraute Schatz. Nach einer christlichen Legende aus den ersten Jahrhunderten; S. 241: Auf den Brand von Moskau. Epigramme).

Vgl. Wiener Allgemeine Literatur-Zeitung 1814. Nr. 11.

mα. Wiener Theater-Almanach auf das Jahr 1814. von Joseph Alois Gleich. Dem Vergnügen gewidmet. Wien, bey Jos. Riedl. bürgl. Buchbinder im Schottenhof. 107 S. 16.

a: S. 1 bis 89: Der unterirdische Gang. Eine komische Operette in zwey Aufzügen, von Joseph Alois Gleich. — b: S. 90: Musikstücke aus den neuesten Opern in Wien. (Aus ,Fiesko der Salamikrämer' und ,Johann von Wieselburg').

nα. α. Theatralisches (so) Taschenbuch zur geselligen Unterhaltung vom K. K. priv. Theater in der Leopoldstadt. Wien [1814]. 108 S. 1 Bl. 12.

Vorrede: ,eine Schüssel Ragou von Gesangstücken aus den beliebtesten Opern, nebst lustigen Erzählungen, schmackhaften Anecdoten, scherzhaften Briefwechsel und launigten Räthseln'. Herausgeber war der Schauspieler G. J. Ziegelhauser.

a: Gesängstücke aus der beliebten Oper Orpheus und Euridice. — b: Aus der Oper Aschenschlägel. — c: Aus der Oper Pigmalion. — d: Aus der Oper Cora. — e: Rundgesang. Aus dem österreichischen Grenadier. — f: Des österreichischen Adlers Frohlocken und Wapengruß. — g: Volkslied nach der Melodie des Englisch bekannten National-Liedes God save the King. Heil Kaiser Franz. — h: Beliebter Schluß-Chor. Aus dem analogen Gemählde, die Bürger in Wien. — i: Gedichte. Ohne Vfnamen. — k: Anecdoten. Prosa. — l: Schreiben eines Bräutigams von Tribuswinkel an seine Fräule Braut in Wien zum Neuen Jahres Wunsch. Prosa. — m: Komische Correspondenz. — n: Gedruckte Komödien-Zettel einer reisenden Schauspieler Gesellschaft nach dem Original. — o: Fabeln. Verse. — p: Charaden. Verse.

β. Theatralisches Taschenbuch: vom k. k. p. Theater in der Leopoldstadt. Zweyter Jahrgang mit Kupfern. Wien 1815. 141 S. 4 Bl.

a: Prolog. — b: Gesangstücke aus verschiedenen Opern. Aus der Oper: Die Zauberinn aus Liebe. Von Hrn. Perinet. — c: Aus dem Lustspiel: Die Fräulein von Matzleinsdorf. — d: Aus der Oper: Die Abenteuer aus der Schlangenburg. Von Hrn. Volkert. — e: Aus dem analogen Gemählde. Der Vater ist wieder da, oder: Ehrlich währt am längsten. Von Hrn. Bäuerle. — f: Aus der Oper: Der Narrenthurm. Von Hrn. Perinet. — g: Aus der Posse: Der Herr Johannes vom Parisergassel. — h: Aus der Oper: Die Sängerinnen auf dem Lande. — i: Tyrolerlied aus dem Lustspiel: Die Kosaken in Wien. Von Hrn. Bäuerle. — k: Tyrolerlieder aus dem analogen Gemählde: Die Bürger in Wien. Von Hrn. Bäuerle. — l: Eingelegte Gesangstücke, Einladung und Abdankung des Herrn Ignaz Schuster in seinen Gastrollen auf dem Theater in Baden. — m: Der Bund der Dreyen. Eine Allegorie in freyen Versen mit Chören und einem damit verbundenen Divertissement, in einem Aufzuge. Von Herrn Karl Meißl. — n: Gedichte von G., H., H—n., J—l., Müller, N., Joachim Perinet und Ungenannten. — o: Zwey Komödienzettel vom Jahre 1650. [Auf der Rathhaus-Bibliothek zu Nürnberg]. Ein Komödienzettel vom Jahre 1767. — p: Liebesbrief, geschrieben von einem Fürsten im 16. Jh. — q: Anecdoten. — r: Charaden. — s: Epilog.

Erschien bis in die sechziger Jahre unter wechselnder Leitung zum Besten von Ziegelhausers Familie. Sieh Band. VIII. S. 81'84.

o α. **Aglaja.** Ein Taschenbuch für das Jahr 1815 herausgegeben von Joseph Sonnleithner, k. k. Hoftheatersecretar. Erster Jahrgang. Wien gedruckt und im Verlag bey Joh. Bapt. Wallishaußer. 2 Bl., 292 S., 2 Bl. 12.

Mit Beiträgen von Therese von Artner (Theone), Contessa, Gottlieb Leon, J. G. Meinert, Adolph Müllner, Marianne Neumann von Meißenthal (S. 124 bis 212: Die Familie Mollberg, oder die Page. Eine Erzählung), L. L. Pfest, Caroline Pichler geborne von Greiner (S. 230 bis 285: Der Graf von Barcellona), Freyherr von Rothkirch, Joh. Bapt. Rupprecht (nach Gay; S. 99 bis 123: Valentinus und Ursinus. Ballade in zwey Gesängen. Nach dem Altenglischen), J. Sonnleithner (Sinngedichte, F. Treitschke, Johanna Frauul v. Weissenthurn (S. 8 bis 78: Die arme Liese. Eine Erzählung).

Aus dem Schlußwort (Wien 6. Oct. 1814): ‚Als ich mein Wort gab, die Herausgabe eines Taschenbuches zu besorgen, konnt' ich noch nicht vermuthen, daß ich so viele neue Geschäfte erhalten würde, als ich bald hernach erhielt. Sie nahmen mir alle Muße, die mir meine Berufsgeschäfte übrig ließen, und so kam es, daß ich weder meine früheren Arbeiten durchsehen und verbessern, noch irgend einen neuen poetischen oder prosaischen Aufsatz verfassen konnte'.

Vgl. Wiener Allgemeine Lit.-Zeit. 1814. Nr. 92.

Die folgenden Jahrgänge gab Schreyvogel heraus, vgl. § 315, II. 163 — Band VIII. S. 84 f.

Vgl. § 212, 59; Cornelius Hermann von Ayrenhoff § 215, 15; Gottfried Uhlich § 215, 58; Karl Mastalier § 218, 12; Johann Christoph Regelsberger § 218, 13; Johann Joseph Hilarius Eckhel § 218, 14; Joh. B. Edler v. Alxinger § 218, 20, § 225, 4; Joseph Blodig von Sternfeld § 218, 22; Friedrich Aug. Müller § 225, 6; Paul Weidmann § 225, 9; Joseph Laudes § 226, 11; Philipp Hafner § 226, 13; Marie Antonie Teutscher § 226, 23; Karl Leonhard Reinhold § 247, 7; Friedrich Julius Wilhelm Ziegler § 258, 14; Andreas Joseph v. Guttenberg § 258, 19; Johann Friedrich Kepner § 259, 42, § 271, 11; Adolph Anton § 261, 85; Sophie von Reitzenstein, geb. Mariane S. Weickard § 262, 19; Karl Freiherr von Reitzenstein § 262, 20; Ferdinand Ochsenheimer § 266, 19; Joh. Michael Armbruster § 269, 13; Wilh. Friedr. v. Meyern § 276, 1; Franz Johann Seeder § 276, 2; Kajetan Tschink § 279, 23; Thomas Aschbrenner § 280, 1; Heinrich Joseph von Collin § 288, 3; Matthäus Casimir v. Collin § 288, 4; Joseph Ludwig Stoll § 289, 7; Joseph Alois Gleich § 295. II. A. 1; Gottlieb Müller § 295, II. A. 16; Emanuel Marsch § 295, II. A. 30; Joseph Passy § 296, 57; Franz Ignaz Holbein Edler von Holbeinsberg § 296, 61; L. Freiherr von Hahn § 296, 63; Heinrich Schmidt § 296, 87.

1. Johann Baptist Harmayr, geb. in Wien am 16. Mai (nach anderen: 16. März) 1742, Jesuit, seit 1773 Lehrer an den Gymnasien in Klagenfurt und Laibach; gest. in Wien, Todesjahr unbekannt.

a. De Luca I 1. S. 163. — b. Menzel 3, 86. — c. Stoeger 1856. S. 124. — d. Wurzbach 1861. 7, 367. — e: Bibliotheca Carnioliae 1862.

1) Hintritt Josephens Herzoginn von Bayern, zweiter Gemahlinn Joseph II. besungen. Laybach, 1767. 8.

2) Ein Gedicht auf die Durchreise des Großherzogs Leopold von Toscana durch Steyermark. Grätz 1769. erwähnt Meusel nach de Luca.

3) Joseph der zweyte besungen. Laybach 1773. 8.

4) Die Besitznehmung des österreichischen Antheils von Pohlen. Laybach 1773. beym Eger. 8.

5) Der Tag des eröffneten Augartens. Wien, Trattner 1775. gr. 8.

6) Gab mit seinem Ordensbruder Anton Renzenberg seit 1775 die Zeitschrift Nova latina in Wien heraus.

7) An die große Todte (M. Theresia) im Jahr 1781. Wien bey Jos. Kurtzbeck. 4 Bl. 4.

8) Catechetische Instruction für den Verfasser über die Begräbnisse. Wien 1782. (Eine Satire).

1a. Johann Rautenstrauch. § 218, 15 — Band IV. S. 111. S. unten S. 811.

1) Biographie Marien Theresiens. Wien 1779. 8. — 1ᵃ) s. unten S. 811.

2) Rechtliche und politische Aufsätze. Wien 1789. Oehler. 8.

3) Der Kampf für den Frieden. Eine Kantate. In Musik gesetzt von Franz X. Süßmaier. Wien, 1800. Ghelen.

2. Hedwig Albertine Louise Pernet, geb. Baronin Kemmeter [nicht: Kemmete] geb. in Schleswig am 22. Februar 1742 als Tochter des aus einem alten kärtnerischen Geschlechte stammenden, in Wien geborenen Marens Andreas Kemmeter zu Trübeni (1702 bis 1784) aus dessen zweiter Ehe mit Johanna Eleonora von Schildberg, verbrachte die Jahre 1760 bis 65 in Husum, siedelte 1765 mit ihrer Mutter nach Graz über, vermählte sich dort 1765 mit Johann Heinrich Pernet, k. k. Auditor im Infanterieregiment Baden-Durlach, der 1771 als Hofkriegskanzlist nach Wien, 1777 als Stabs-Auditor nach Freiburg i. B, 1779 als k. k. General-Auditor-Leutnant nach Hermannstadt versetzt wurde. 1785 kam sie nach Wien, folgte dann ihrem Manne nach den Niederlanden, blieb von 1794 bis zu dessen Pensionierung 1799 wieder in Wien, starb am 4. Januar 1801 in Pest. Nachahmerin Gellerts. Sieh § 210, 32.

a. Meusel 6, 56.

b. v. Winklern 1810. 8. 146 f.

1) Versuch in Fabeln und Erzehlungen, nebst einem comischen Trauerspiele in Versen [Selina]. Grätz 1770. 8.

Der Kaiserin Maria Theresia gewidmet.

2) Ode auf die Vermählung des Erzherzogs Ferdinand von Oesterreich mit der Herzogin Este von Modena. Wien 1771. 8.

3) Fragment eines in Versen geschriebenen Briefes: Wiener Realzeitung 1771.

4) Beiträge zu Riedels Wochenschrift: Der Einsiedler 1773.

5) Auf die hochbeglückte Wiederkunft Sr. Excellenz des Herrn Gubernators B. v. Br. [Baron v. Bruckenthal]. Von Hedwig Luise de Pernet, geborne Baronin Kemmeter, bei Barth, 1780. 2 S. 4.

Trausch 1868. 1, 197.

6) Neue vermischte Gedichte nebst dem ersten Gesang einer Kathariniade von der Frau de Fernet gebohrne Barone Kemmeter. Frankfurt am Main bei den Gebrüder van Düren. 1790. 176 S. 8. — Wiederh.: Heidelberg 1795. Pfähler. 8.

S. 1 bis 10: Chatariniade. Erster Gesaug. (,Daß sich mein blöder Geist zu Deiner Hoheit lenkt, Und staunend Deinem Ruhm in so viel Thaten denkt. Daß ich der Siege Zahl zu schildern mich erkühne; Nur dieß, erlaube mir unsterbliche Cath'rine!'). — S 26: Auf die Vermählung des Erzherzogs Ferdinand mit der Herzogin Este von Modena. — S. 32: Ode auf den Nahmenstag Ihro Königl. Hoheit der Erzherzoginn Maria Anna. — S. 34: Bey Gelegenheit der eingelangten Nachricht vom Frieden zwischen denen Russen und Türken 1777. — S. 35: An den Freyherrn van Swieten. — S. 36: Auf den Frieden vom Jahr 1779. — S. 38: Auf das Impromptü des Herrn Sined. Antwort. · S. 39: Auf das Impromptü der Madame Karschin. — Antwort. — S. 40: Auf das im Druck erschienene erhabene Gedichte des Grosen Metastasio: la Deliziosa Imperial Residenza di Schönbrun. — S. 44: An Herrn Lesing (so) bey seiner Ankunft in Wien. (,Herr Lesing kömmt, geschwind ein Sinn-Gedicht!') — S. 45: Auf ebendenselben. (,Als Kind gefiel mir Lesing schon'). — S 45: Auf die geschickte Schauspielerin Madame Dobler. — S. 46: Launen an meinen Faun über die im Druck zu Erfurt erschienene Launen des K. K. Raths Riedels an seinen darinnen abgedanckten Satyr. — S. 50 bis 57: Zweite – Sechste Laune. — S 59: Auf die erste glückliche Entbindung Ihre Majestät der Königin von Frankreich mit einer Prinzeßin. — S 60: Grabschrift auf Barhammers Leichenstein — S. 64: Bey Gelegenheit der Vermählung des Erz-Herzogs Franz mit der Prinzeßin von Würtemberg. — S. 75: Trauer-Ode auf den höchstbetrübten Hintritt Ihro Majestät der Römischen Kaiserin, Königin von Ungarn und Böheim Maria Theresia. — S. 80: Reinike Fuchs. (,Ein kleines Buch, wer kennt es nicht? Das Reinike der Fuchs sich nennet, Und jedes Trödelweib schon kennet'). — S. 81: An den Siebenbürgischen Herrn Gouverneur Baron von Bruckenthal, bey Gelegenheit seiner Wiederkunft von Wien. — S. 83: Von Hrn. Leßing an die Verfasserin bey einem Besuch in Wien. (,Der Griechen Sapho sang, ihr Lied war Wein und Liebe'). — S. 85: Der Eremit. (,Genährt nach altem Brauch, mit Stolz und Eitelkeit'). Diese Erzählung ist bereits als ein Beytrag in der von dem Herrn Rath Riedel zu Wien, herausgegebenen bekannten Wochenschrift, der Einsiedler genannt, erschienen. — S. 95: Auf das Absterben des Herrn Feldmarschalls Fürsten Wensel Lichtenstein zu Wien. — S. 97: Der Philosoph und die Frösche. [Zuerst in Riedels Einsiedler]. — S. 102: An Ritter Gluck und seine Nichte, eine berühmte Sängerin. — S. 103: Bey

dem Grabe der Virtuosen Tonkünstlerin Anne von Gluck. — S. 107: Impromptu
Bey Gelegenheit, als am 19. März 1789 eine Gesellschaft zu Brüssel Joseph des 2ten
Namensfest feierte. — S. 109: Auf die Reise Joseph II. unter dem Nahmen
Grafen Falkenstein. — S. 115: Unter das Bildniß des Fürsten von Kaunitz-Riedberg.
— S. 118: Auf Schubarts Befreyung. — S. 126: Auf Laudon. — S. 151: Nach dem
französischen Gedicht in der Neuwider Zeitung Nr. 26. 1790. — S. 156: Auf Laudon.
Nach dem in Nro. 75 der Erlanger Zeitung 1788 von einem Ungenannten angeführten
Gedicht ('Der wahre Held und Waffenfreund'). — S. 169: An die Madam Karschin.
— S. 174: Unter das Bildniß des berühmten Dichters und Professors Denis, Lehrer
am Theresiano zu Wien. — S. 175: Auf die Uebereinkommung der Höfe am 27ten
August 1790 zu Reichenbach in Schlesien, zu Beybehaltung des Friedens.

7) Ausgewählte Fabeln und Erzählungen von Hedwig Louise Pernet, gebornen
Baronin Kemmeter. Herausgegeben und biographisch eingeleitet von Franz M. Ko-
meter, Mitglied des Historischen Vereines für Kärnten. Mit Portrait und Facsimile
(des Herausgebers). Motto: Meine liebe Frau von Kemmeter, Näh' sie lieber Hemeder!
Josef II. Wien 1894. Im Selbstverlage des Herausgebers. IX, Hahngasse 30. 86 S. 8.

8. Joseph Friedrich Edler von Retzer. § 218, 18 — Band IV. S. 111.
   a. Annalen 1812. 4, 280.
   b. Meusel 6, 318. 10, 469. 15, 143. 19, 317.
   c. Kehrein 1871. 2, 50.
   d. Mendheim 2, 124.
   Briefe an Matthisson: § 271, 3. 6) — Band V. S. 429.
   Briefe an Retzer von Goethe: Goethes Briefe Nr. 4384. — Wieland: Auswahl
denkwürdiger Briefe von Wieland. 1815. 2, 67f.

   1) Metastasio. Eine Skizze. Wien 1782. 40 S. 8.

   2) Der Beichtvater und der junge Geistliche als Beichtkind. Wien 1785.

   3) Nachrichten von dem Leben des Bischofs Hier. von Balbi von Gurk. Wien 1790.

   4) Gab eine englische Anthologie heraus: Choice of the bestes poetical pieces.
Vienna 1783 bis 86.

   5) Gab die gesammelten Schriften der Herzogin von Giovane heraus. Sieh
unten Nr. 19. 4).

4. Zacharias Haunold, geb. in Wien 1744, Piarist, Lehrer am Josefstädter
Gymnasium, gest. im August 1808 in Görz. Sieh § 210, 38 — Band IV. S. 47.
   a. Int.-Bl. der Annalen Jan. 1804. Nr. 4 (F. C. Alter).
   b. Meusel 3, 120.
   c. Wurzbach 1862. 8, 72.

   1) Auszug einer Geschichte von China.

   2) Einige Fabeln und kleinere Gedichte, zum Theile aus fremden Sprachen
übersetzt. Grätz 1775.

   3) Josephs Zurückkunft von dem Heere, gesungen den 23. Wintermonath. Wien 1778.

   4) Rede über den Frieden zur Kriegszeit; den ersten Sonntag nach Ostern 1793
von der öffentlichen Kanzel zu Triest vorgetragen, und zum Unterrichte des gemeinen
Mannes herausgegeben. Triest 1793. 8.

5. Joseph Richter. § 259, 47 — Band V. S. 318.
   Nekrolog von Joseph Freyherrn von Retzer: Der Aufmerksame 1813. Nr. 61.
   1) Gedichte zweyer Freunde (Joseph Raditschnigg von Lerchenfeld und Joseph
Richter). Wien 1775. 8. § 227, 12 — Band IV. S. 261.
   2) Cantate Auf Theresens Tod. Von Prüh, Straus, und Richter. Wien mit
Geroldischen Schriften. 1780. 3 Bl. 8.
   3) Deutschlands Genius an den Erzherzog Karl bei seinem Heerzuge nach
Italien. Vom Verfasser der Eipeldauerbriefe. Wien 1797.
   Vgl. Wiener Zeitung 1797. Nr. 14. S. 517.
   4) Aufruf eines Oesterreichers an seine Mitbürger. Von Richter. Musik von
Raphael. Wien, Eder. 1797.
   Vgl. Wiener Zeitung 1797. S. 1574.
   5) Joseph Richters, Verfasser der Eipeldauerbriefe, Gedichte. Wien, Rehm'sche
Buchhandlung. 1809. 144 S. 8.
   Vgl. Annalen 1810. 1, 263.

6. Lorenz Leopold Haschka. § 270, 6 — Band V. S. 406.
a. Meusel 3, 103. 9, 522. 14, 47. 22 U, 593.
b. Kehrein, Lex. 1, 140.
c. Mendheim 2, 77. — S. unten S. 811.
Briefe an Caroline Pichler: Sonntagsblatt 1843. S. 617; an Reinhold: Keil,
Wiener Freunde.

1) Die Ehre der Tonkunst. Wien 1775.

2) Ehrenrettung des Kaisers und Klopstocks. Dresden, 1782. 8 S. 8. unterz.:
Wien, den 26. im Wonnemonden 82, Lorenz Leopold Haschka.

3) Die Wissenschaften. Wien 1784.

4) Unsere Sprache. Wien 1784.

5) Aufruf an die deutschen Schriftsteller wider Fr. Nicolai. Wien 1787.

6) Ode nach der Eroberung Belgrads. Wien 1789. 4 Bl. 8.

7) Auf die Rückkehr Leopold II. von der Krönung in Frankfurt. Wien 1790.

8) Auf den Friedensschluß von Szistow ein Gesang. Wien 1791. 8 Bl. 8.

9) An Wien über Hatschka. Den 29. Januar 1796. 15 S. 8.
S. 3: Das gerettete Teutschland, gesungen zu Wien im November 1795. von
Lorenz Leopold Hatschka. (,Am leichenvollen Rheine, den Eichenkranz'). — S. 11:
An Wien über vorstehende Ode (Prosa).

10) Dem Retter Deutschlands, Quod stant beneficio Eius, omnia, stator stabili-
torque est. Seneca d. Benef. IV. 7. zum Beschlusse des vierten Feldzuges wider
die Franzosen, gesungen von Lorenz Leopold Haschka, im Januar, 1796. Wien, gedruckt bey Ignaz Alberti's Witwe. 7 Bl. 8.
Sieges-Hymne ,Auf, meine Seele! steig in den goldenen'.

11) Gedichte auf die Vermählung Fräulein Carolinens von Greiner mit dem
Herrn Andreas Pichler, k. k. N. Ö. Regierungs-Secretär, von Johann von Alxinger
und Lorenz Leopold Haschka. Den 25. May, 1796. Wien, Gedruckt bey Fr. Ant.
Schrämbl. 4 Bl. 8.

12) Gott erhalte den Kaiser! Verfasset von Lorenz Leopold Haschka. In
Musik gesetzt von Joseph Haydn. Zum ersten Male abgesungen den 12. Februar
1797. Wien 1797. 2 Bl. querfol.
Zahlreiche Bearbeitungen und Erneuerungen unter anderm von: Ebert, Grill-
parzer, Holtei, J. N. Marchard, Erzherzog Max, J. A. Mooshammer, A. Müller, C.
F. Müller, J. G. Seidl, Franz Ritter von Steindl, Zedlitz, Johann August Zimmermann.
Übersetzungen in alle Sprachen des Kaiserreichs; auch ins Lateinische von W.
A. Swoboda, ins Hebräische von J. H. Kohn, ins Alt-Ebräische von M. Letteris, ins
Chaldäische von M. S. Rabener.
a. Allgemeine Wiener Musik-Zeitung 1842. 2. Jahrg. Nr. 126 und Beilage. —
b. Austria-Kalender 1847. — c. Österreichs Volkslied von Johann August Zimmermann, mit einigen Worten der Erläuterung von Michael Josef Febl. Wien 1848. —
d. Gräffer, Francisceische Curiosa 1849 S. 38/49. — e. Katholische Blätter. Linz
1858. 10. Jahrg. Nr. 16 f. — f. Holtei, Vierzig Jahre 2. Aufl. Band 5 S. 103 f. — g. Neue
Zeit. Olmützer Zeitung 19. August 1864.　　h. Stuttgarter Morgenblatt 1864. S. 637.
— i. Perthaler, Auserlesene Schriften 1, 273. 275 f. — k. Minor, Neue freie Presse 18.
August 1891. — l. A. Sauer: Mittheilungen des Vereins für die Geschichte der Deutschen
in Böhmen. 33. Jahrg., S. 354/64. — m. Oscar Teuber und Dr. Franz Schöchtner,
Unser Kaiserlied. Eine Denkschrift zum Centennarium der Volkshymne. Wien. Verlag
v. L. W. Seidel & Sohn, k. u. k. Hof-Buchhandlung 1897. 77 S. 8. — n. Ludwig Böck,
Zum Jubiläum der österreichischen Volkshymne (12. Februar 1797): Wiener Neujahrs-Almanach 1897. S. 51 bis 91. — o. Fest-Vorstellung zur Feier des Cente-
nariums der österreichischen Volkshymne veranstaltet von der k. k. Reichshaupt-
und Residenzstadt Wien im k. k priv. Carltheater. 12. Februar 1897. 4 Bl. gr. 8.
und 1 Notenbeilage. Druck von Wittasek u. Co. Wien, IX Universitätsstraße 10.
α: Programm der Fest-Vorstellung. — β: Prolog (Verfaßt von Hans Grasberger). —
γ: Facsimile der Original-Handschrift [Haydns] der österreichischen Volkshymne. —
δ: [Geschichte der Volkshymne]. — S. Nachtr. Bd. VII. S. 868.

13) Auf den Frieden von Campo Formio. Wien 1798

14) Auf die Siege Oesterreichs und Rußlands. Wien 1799.

15) Auf Denis Tod. Wien 1800.

16) Gab heraus: Sineds Letztes Gedicht. May 1801. Wien 1801. 8.

17) Auf Franz I. Erbkaiser von Oesterreich. Wien 1804.

18) Bey Gelegenheit, daß Se. Maj. Franz der Zweyte, erwählt. röm. u. erbl. Kaiser von Österreich, dem Herrn Ferdinand Edeln von Leber, k. k. Rath und Leib-Chirurgus, der Chirurgie Dr. und Prof. an der h. Univers. die grosse bürgerl. Ehren-Medaille mit der goldnen Kette, am 8. April 1805, allergnädigst zu verleihen geruhten. Gesungen von Lorenz Leopold Haschka. 4 Bl. 8.

19) Bey der erwünschten Rückkehr Sr. Röm. und Oesterr. K. K. Maj. Franz des Zweyten in Allerhöchst-Dero Haupt- und Residenz-Stadt, den 16. Januar, 1806. Gesungen von Lorenz Leopold Haschka. Wien, zu haben bey Ignatz Grund, bürgerl. Buchbinder und priv. Buchdrucker am Stephans-Freythofe. 5 Bl. 8. (‚Das Haupt in Wolken, aber den Fuß von Erz‘).

20) Josephs des Zweyten eherne Statüe zu Pferde, auf Befehl Sr. K. K. Ap. Maj. Franzens des Ersten gemacht von Franz Zauner, K. K. Rathe, Hof-Statuarius und Direktor der Academie der bild. K. allhier, besungen von Lorenz Leopold Haschka, den 24. November, 1807. Wien, zu haben in der Camesina'schen Buchhandlung am hohen Markte No. 582 neben dem Kunst- und Industrie-Comptoir. 4 Bl. 8. (‚Sey uns gegrüßt, o Joseph, in Delischem Erz' Auferweckter! Auferweckt durch die Kunst‘). Vgl. Neue Annalen 1808. 2, 186.

21) Auf die Vermählungs-Feyer Sr. k. k. Ap. Maj. Franzens des Ersten mit ihrer königl. Hoheit Maria Ludovica Beatrix, Erzherzogin von Oesterreich, am 6. Januar, 1808. Gesungen von Lorenz Leopold Haschka. Wien, in der Camesina'schen Buchhandlung. 8. Vgl. Neue Annalen 1808. 1, 124.

22) Auf die erwünschte Zurückkunft Sr. K. K. Majestät Franzens des Ersten in Allerhöchst-Dero Haupt- und Residenz-Stadt, den 27. November, 1809. Gesungen von Lorenz Leopold Haschka. Wien, gedruckt bey Anton Strauß. 3 Bl. 8. Ode. (‚Er kommt! Heraus, o Wien! Heraus, und Ihm entgegen!‘)

23) Auf die Vermählung Ihrer Kaiserlichen Hoheit Maria Ludovica, Erzherzoginn von Österreich, mit Seiner Majestät Napoleon dem Ersten, Kaiser der Franzosen, Könige von Italien, dem Beschützer des Rhein- und Vermittler des Schweizer-Bundes, am 11ten März 1810. Gesungen von Lorenz Leopold Haschka. Wien, gedruckt bey Anton Strauß. 8 S. 8. Ode. (‚So sprießt in Blut-Gefilden das helle Laub der Myrten auch?‘)

24) Ode bey der Heimkunft der Oesterreichischen Heere von dem französischen Feldzuge im Junius, 1814. — — — — Portas secura per omnes Turba salutandis effunditur obuia signis. Claudian. XXVI. 461. Gesungen von Lorenz Leopold Haschka. Wien, gedruckt bey J. B. Zweck. 5 Bl. 8. An Se. Durchlaucht den K. K. Feld-Marschall und Hof-Kriegs-Raths-Präsidenten Carl Fürsten von Schwarzenberg. ‚Die Fahnen Oestreichs, (Bürger, o seh't! o seh't!)‘

25) Auf Sr. K. K. A. Maj. Franzens des Ersten glorreiche Rückkehr in Allerhöchstihre Haupt- und Residenz-Stadt, den 16. Junius, 1814. Gesungen von Lorenz Leopold Haschka. Wien, gedruckt bey J. B. Zweck. 4 Bl. 8. Ode. ‚Von seinen Wällen grüßet mit Donner-Schall‘.

7. Gottlieb von Leon, geb. in Wien am 17. April 1757, studierte daselbst, wurde 1782 Scriptor, 1816 Custos an der Hofbibliothek, trat 1827 in den Ruhestand, starb am 17. September 1832.

a. Meusel 4, 413. 10, 193. 11, 484. 18, 510. 23, 289.

b. Ign. Frz. Edl. v. Mosel, Geschichte der k. k. Hofbibliothek zu Wien. Wien 1835. Franz Beck. 8. 181, 201 und 266.

c. Scheyrer 1858. 8. 318f. — d. Wurzbach 1866. 15, 1f.

e. Kehrein, Lex. 1868. 1, 228.

f. Allg. dtsch. Biogr. 1883. 18, 296 (A. Schlossar). — g. Mendheim 2, 96. Briefe an α. Brentano: Steig, Arnim und Brentano 1894. 8. 172. — β. Gräter: Bragur 1798. 6, 1. 168 bis 174. — γ. Reinhold: R. Keil, Wiener Freunde 1883. — δ. Nachtr. Band VII. S. 868.

1) Beiträge zum Wochenblatt für die Innerösterreichischen Staaten 1775, zum Wiener Musenalmanach seit 1777, zum Göttinger Musenalmanach (1780. 1783), zum Hamburger Musenalmanach (1783), zum Deutschen Museum (1782. 1783. 1787. 1788), zum deutschen Merkur (1787), zu den Wiener Ephemeriden u. s. w.

2) Anmuthige und züchtige Historia von dem schönen Ritter Engelhardt, eines edlen Ritters Sohn aus Lysabon, und der schönen Gertraud, einer Königstochter von Neapolis. Zum Nutz und Kurzweil wohlehrbarer Frauen und Jungfrauen in Reime gesetzt und ans Licht gestellt durch Amadeum Leon: Wiener Musenalmanach auf 1778. 8. 53 bis 70. „...Herrn Thaddäo Schlosser ... zugeeignet.'

3) Lied eines österreichischen Bauermanns bey dem Grabe seiner seligen Landesfürstin. Wien 1780. 8.

4) Der verlohrne Sohn; eine Originalkantate, aufgeführt im Jahr 1780. An Hrn. Maxim. Stoll, k. k. Rath und Prof. u. a. w. zu Wien, als am 18. Brachm. 1781 das Fest der Blattereinimpfung gefeyert ward. Wien 1781. 8.

5) Lied eines östreichischen Bauernmanns auf die Ankunft des heil. Vaters Pius VI. Wien 1782. 8.

6) Anmerkungen zur Frage: Was ist der Papst? nebst Zurechtweisung eines geistlichen Redners. Wien 1782. 8.

7) Empfindungen über den der Freymaurerey in den k. k. Erblanden öffentlich ertheilten Schutz. Von Gottlieb Leon. Virtus — — — — — Intaminatis fulget honoribus. Horatius. Wien 1786. 2 Bl. 8.
(„Heil uns! zerschmettert sind die ährnen Bastionen').

8) Gedichte von Gottlieb Leon. Wien, bey Rudolph Gräffer und Compagnie, 1788. XX, 208 S. 8. Vorrede: Wien, den 17. Märzen, 1788 an der k. k. Hofbibliothek. Zueignung: An Ihre Excellenz Frau Wilhelmine Gräfinn von Thun, gebohrne Gräfinn von Uhlenfeld.
Enthält: Oden, Lieder, Elegien. — Idyllen (zwoi in Prosa. — Salmacis und Hermaphrodit. Nach dem Ovid). — Balladen (Der Spieler. Aus einer ungedruckten Oper). — Minnelieder („Ihre [der Minnesänger] Gesänge athmen ganz den Geist ihres Zeitalters, und haben eine wundersame Mischung von Religion, Ritterthum und Liebe. Da ihre naive herzvolle Simplicität großentheils auch auf meine dichterische Bildung mit einwirkte, und mich oftmals in unser romantisches Altvaterthum versetzte; so versucht' auch ich, meine Empfindungen in dem Geiste dieser Zeiten auszudrücken'). — Volksgedichte. — Freymaurergedichte. — Briefe.
Vgl. Anz. des Teutschen Merkur 1788, S. 117 f.

9) Übersetzt Rousseaus Pygmalion: Deutsches Museum 1788. Dec. 2, 541 bis 552.

9a) Wiens Freudenfeyer über die Eroberung Belgrads am 14. October 1789. Wien 1789. 4 Bl. 8.

10) Über Joseph II. Tod an Eulogius Schneider. Von Gottlieb Leon. Wien gedruckt für F. A. Schrämbl bey Ignaz Alberti 1790. 4 Bl. 8.
(„Edler Sänger, dessen Zähren den erhabnen Todten ehren').

11) Gab mit v. Alxinger, v. Ehrenberg, Ratschky, Schreyvogel und v. Schwandner heraus: Oesterreichische Monatsschrift. Wien 1794. 8. Vgl. oben II. d.

12) Die Weihe der Tanzkunst, eine mythische Dichtung: Wiener Theateralmanach 1794. S. 84 f.

13) Gab die Jahrgänge 1795 und 1796 des Wiener Musenalmanachs heraus. Vgl. § 231, 8 — Band IV. S. 366.

14) Aufruf an eine edle hungarische Nation, aus dem Lat. [des Denis]. Wien 1796. 2 Fol. 4. Auch abgedruckt: Sonnabends-Anhang der Grätzer Zeitung vom 19. November 1796.

15) Verfaßte ein Gedicht auf den Bürgermeister von Wien Hörl anläßlich der Verleihung der Gnadenkette an diesen.
Wiener Ztg. 1797 Nr. 23.

15a) Beiträge zu Gräters Bragur. a: Altteutsche Volkslieder mitgetheilt aus der Kaiserlichen Bibliothek von Gottlieb Leon. Erste Lieferung [5 Lieder]. 1800. 6, 2, 70 bis 87; Zweite Lieferung [5 Lieder]. 1802. 7, 2, 89 bis 105. — b: Proben von Kaiser Maximilians I. hinterlassenen Schriften. Aus der Kaiserlichen Bibliothek. 1800. 6, 2, 168 bis 188. 1. Die Gärtnerey. S. 168 bis 181; 2. Volget weiter die Valkhnerey. S. 181 bis 188.

16) Serenate dem k. k. Kämmerer und N. Oe. Regierungsrath Joseph Karl Grafen von Dietrichstein gesungen im Nahmen des Korps der berittenen Freywilligen des Aufgebothes. In Musik gesetzt von Ignatz Wenzel Raphael. 2 Bl. 4. („Auf, Brüder, auf! Vereinigt euch zum Feste'.) unterz.: Gottlieb Leon.

17) Gab mit Ratschky und Kreil heraus: Apollonion. Ein Taschenbuch zum Vergnügen und Unterricht, 1807 bis 1811. Vgl. oben III. qq.

18) Gedichte in der Aglaja z. B. nach Hebels alemannischen Liedern 1816, 1817, 1819; nach Petrarca 1821 S. 70.

19) Kurzgefasste Beschreibung der k. k. Hofbibliothek in Wien. Wien 1820. Armbruster.

20) Rabbinische Legenden. Von Gottlieb v. Leon. Wien: In Carl Armbruster's Verlag. 1821. VIII, 96 S. 8. Prosa.

Dem unvergeßlichen Andenken meiner verewigten Freunde Michael Denis, Johann Gottfried von Herder und Johann von Müller gewidmet.

Vorerinnerung. „Den Stoff zu nachfolgenden Legenden fand ich großen Theils in der alten christlichen Polemik.... kurz, ich zog ihn ... aus alten, längst verschollenen Controversen voriger Jahrhunderte gegen die Juden, wo diese Mythen, meist zum Erweis des groben Irrthums und rohen Aberglaubens der Hebräer gebraucht, als Kinder des Wahns und der Thorheit verrufen wurden. Der hebräische Schriftsteller, aus dem sie der Judenfeind auflas, streute sie in formloser Gestalt oft nur als nothdürftiges Gleichniß oder Sittenbild hin, das seiner Gesetzlehre eine anschaulichere Erklärung geben sollte. Freylich gehörte Blick und Sinn dazu, den reinen Goldglimmer unter des Rabbinen gesetzlicher Wortschlacke zu erkennen und auszuscheiden. Sollten daher seine Lehrbilder, selbständig für sich, in Cours kommen, so mußte man ihren Gehalt, von ihrem vorigen Zusatze getrennt, ganz einschmelzen, und nebstbey ihrer oft vieldeutigen Moral ein einfacheres und schärferes Gepräge aufdrücken. Nur ihrer Wenige sind daher, wie sie ursprünglich waren, geblieben. Fünf bis sechs derselben ... können sogar für eigene Erfindungen des Verfassers selbst gelten, da sie bloß aus einzelnen rabbinischen Lehrmeinungen entsprossen sind'.

Erste Sammlung: Die Erschaffung des Menschen. — Das erste Grab. — Der Stab Mosis. — Die Kraft des Gebeths. — Josah und Elias. — Lohn der Wohlthätigkeit. — Der Opferstein des Baal. — Der Traum des Propheten.

Zweyte Sammlung: Die Macht der Zunge. - Die beyden Gaben. — Aristoteles der Jüngling. — Das Gericht Gottes. — Der Dienstlohn. — Channinah. — Der Tod des Gerechten.

Dritte Sammlung: Die Heiligkeit der Thorah. In sieben Gesichten. 1. Die Buße. 2. Rabbi Nachman. 3. Das Gastmahl. 4. Elieser und Josah. 5. Abbah. 6. Chyah und Josi. 7. Der Todesengel.

21) Zahlreiche Beiträge zur Wiener Zeitschrift für Kunst, Litteratur und Mode. Unter anderen: 26. April 1820. Nr. 50. S. 410: Liebe und Einsamkeit. Aus dem Spanischen des Don Christoval de Mesa [Sonett]; 1823. III. S. 755: Liebe und Hoffnung von demselben; 1823. IV. 1165: Die Allvergänglichkeit an Julien von demselben; 1824. I. 205: An einen Seidenwurm. Aus dem Spanischen des Don Alonso Geronimo de Salas Barbadillo, [auch: Italia für 1826 (Mailand) S. 86]; 1824. I. 325: An einen früh blühenden Mandelbaum von demselben; 1824. II. S. 400: Die unnütze Vorsicht. Aus d. Span. des Don Miguel de Cervantes; S. 585: Narcissus. Ein Paramithion. Salas Barbadillo; 1824. 8. 1282: An den Gott der Liebe. Aus d. Spanischen der Donna Mariana de Caravajal y Saavedra; 1338: Der entflohene Stieglitz; 1826. III. S. 785: An Julien, als sie ihre Blumen begoß, aus dem Spanischen des Don Alberto Lista; 1826. IV. S. 1101: Weibliche Laune aus dem Portugies.; 1828. III. S. 653: An Julien, beim Anbruch des Frühlings, aus d. Spanischen; 1828. IV. 1117: Der Spiegel. An Amathilden. Aus dem Span. des Don Franc. de Borja; 1829. I. 61: Gefallsucht im Alter, aus dem Spanischen; 1829. III. S. 954: Die Kürze d. Lebens. Aus d. Span.; 27. Febr. 1830. Nr. 25: Die Vergänglichkeit. Nach einem alten Volkslieds.

8. Franz Johann von König, geb. am 27. Dezember 1742 in Wien, trat 1760 in die Gesellschaft Jesu, 1761 und 62 als Novize in Brünn, studierte in Prag; 1772 Priester; nach der Auflösung des Ordens Erzieher in mehreren adeligen Häusern,

später lebte er erblindet in dem Hause des Grafen Joseph von Zierotin in Brünn. Todesjahr unbekannt.

    a. Czikann 1811, S. 89.
    b. Meusel 18, 390.
    c. Wurzbach 1864. 12, 219.
    1) Gedanken über die lateinische Sprache. Brünn. 1776. 8.
    2) Lied auf Mährens beglückten Zustand unter Leopold dem Zweyten. Gesungen am Tage der Namensfeyer Sr. k. k. Majestät 1790. Brünn. 8.
    3) Auf die Hinrichtung Ludwig XVI. Brünn 1793. 8.
    4) Ode auf den Frieden. Brünn 1801. Siedler. 8.
    5) Ueber den Geschmack. Brünn 1811. 8.
    6) Auf die Sr. Majest. dem Kaiser Franz II. dargebrachten freiwilligen Kriegsbeiträge. Brünn, Gastl. Vgl. Trapp S. 201.

    9. Joseph Lauber, geb. 1744 in Wien, Weltpriester, 1775 Katechet an der neuen Normalhauptschole in Brünn und geistlicher Vorsteher des Waisenhauses, 1778 Lehrer der Pastoraltheologie an der Universität in Brünn, seit 1782 in Olmütz, 1792 pensioniert, Weltpriester und Kuratbenefiziat unter den Weißgärbern in Wien, † 11. April 1810.

    a. Oesterreichische Biedermanns-Chronik. 1785. 1, 130.
    b. Brünner Zeitung 1788. S. 96, Beilage Nr. 42, 46; 1790, Beilage S. 590.
    c. Meusel 4, 366 f. 10, 177.
    d. Annalen 1811. 1, 400.
    e. d'Elvert, Geschichte des Bücher- und Steindruckes 1854. S. 298.
    f. Wurzbach 1865. 14, 211.
    1) Gab heraus: Wöchentliche Erinnerungen eines Freundes aus Brünn. 1777. Darin von ihm der Anfang einer Geschichte Mährens.
    2) Institutiones theologiae pastoralis compendiosae Tomi tres. Brünn [Wien bei Gräffer] 1781 und 1782. gr. 8. 5 Auflagen. — Deutsch: Praktische Anleitung zum Seelsorgeramte oder Pastoraltheologie. Brünn 1791. Gutsch. gr. 8.
    3) Was ist Wahrheit? An die heutigen Schriftsteller und unbärtigen Schriftstellerchen. Wien 1783. 8. S. unten S. 811.
    4) Strenger Beichtvater, statistisch, theologisch, praktisch und historisch betrachtet. 4 Stücke. Wien 1783 und 1784. Hörling 8.
    5) Übersetzte aus dem Französischen des Mesangui: Andachtsübungen aus der heil. Schrift. Wien 1784. — Neue Aufl. 1796.
    6) Kurzgefaßte Anleitung zur christlichen Sittenlehre oder Moraltheologie ... Wien 1784 bis 1788. Kaulfuß. V. gr. 8.
    7) Die Bibel aus dem Grundtexte in eine, dem gemeinen Manne verständliche deutsche Sprache übersetzt. 1. Band, die fünf Bücher Mosis. Wien 1786. 8.
    8) Leben Jesu und der Mutter Maria. Wien 1787. — Neue Auflage. Pesth 1797, Hartleben. 8.
    9) Dissertatio de justa sponsalium abolitione. Olomucii 1788. 8.
    10) Kritische Uebersicht des gesammten Lehr- und Erziehungswesens in den österreichischen Staaten. Olmütz 1788. II.
    11) Lob- und Trauerrede auf Kaiser Joseph. Brünn 1790.
    12) Dreihundert sechs und sechzig Lebensbeschreibungen der Heiligen Gottes zur Erbauung .... Wien 1795 bis 1797. VI. 8.
    13) Vollständiges homiletisches Werk für Seelsorger. Wien 1795 f. Kaulfuß. X. gr. 8. — 14) Denkmal der Vaterlandsliebe und Fürstentreue. Wien 1797. 8. — — 15) Neue katechetische Reden und Christenlehren. Wien 1797. II. 8.

    9 a. Sieh unten S. 811 f.

    10. Joseph Franz von Ratschky. § 218, 17 — Band IV. S. 111.
    a. Nekrolog: Intelligenzbl. der Annalen Sept. 1810. S. 516.
    b. Nekrolog: Vaterländische Blätter. 3. Jahrgang. Juni 1810. Nr. XI. Unterz. G. L. [Gottlieb Leon?].

c. Stuttgarter Morgenblatt 1810. Nr. 171. S. 171. S. 684.
d. Meusel 6, 225. 10, 446. 11, 627. 15, 104.
e. Kehrein 1871. 2, 88.
f. Mendheim 2, 117.
Brief an Buchh. Göschen: Holtei, 300 Briefe. 3. Theil. 1872. S. 7 bis 9.

1) Kontroverspredigt eines Laien über die Frage: Warum sind die Mönche theils verachtet, theils verhasst? gehalten vor einer Versammlung von Ordensgeistlichen. Wien 1782.

2) Auf die den Freymaurerorden vom Kaiser Joseph II. öffentlich bewilligte Duldung. Wien 1785.

3) a. Gedichte von Joseph Franz Ratschky. Wien, bey Rudolf Gräffer. 1785. 223 S. 8.
S. 3: Vorrede (in Versen). — S. 17: An Lydien. Horazens dreyzehnte Ode im ersten Buch. — S. 76: Parodie von Hamlets Monolog: Seyn oder nicht seyn? Nach dem Englischen. — S. 79: An Barinen. Horazens achte Ode im zweyten Buch. — S. 95. S. 114: Nach dem Franz. des Chevalier Parny. — S. 131: Nach dem Franz. des D'Hermitte de Maillane. — S. 144: Siegeslied. Ovids zwölfte Elegie des zweyten Buchs seiner Liebeslieder. — S. 174: Nach dem Englischen. — S. 176: Der beruhigte Geliebte. Nach dem Lateinischen des Joannes Secundus. — Viele Freimaurergedichte.

b. Neue vermehrte und verbesserte Auflage. Wien, gedruckt für Rudolf Gräffer und Compagnie bey Ignatz Alberti. 1791. 342 S., 3 Bl. Inhalt. 8.
S. 210: Der keusche Einsiedler Pachon. Der Inhalt ist aus der Legende der Heiligen. — S 228: Amor und der Tod. Nach dem Lateinischen des Sautel (vgl. Euphorion 1897. 4, 335). — S. 231. 274: Nach dem Franz. — S. 236: An das adriatische Meer. — S. 266: Parodie von Horazens neunzehnter Ode im zweyten Buch. — S. 276: An meinen lieben Freund S**r. Nach dem Engl. des Swift. — S. 290: Nach dem Engl. — S. 299: Melinde. Nach einer Gessnerischen Idylle. — S. 318: Alzingers Traumgesicht. Nach einem seiner lateinischen Gedichte. — S. 328: Der Einsiedler. Nach dem Engl. des Parnell.

4) Auf das bey der böhmischen Krönung K. Franz II. und Marien Theresiens am 12. Aug. 1792 gefeyerte Volksfest. Prag 1792.

5) Die Bürgersweiber von Weinsberg. Wien 1799. Schalbacher. 4.

6) Der Tyroler Landsturm. Eine Kantate. Inspruck. Wagner 1799. 8.

7) Neuere Gedichte von Joseph Franz Ratschky. Wien, bei J. V. Degen, Buchdrucker und Buchhändler. 1805. VIII, 249 S. 8.
S. III: Vorrede (in Versen). — S. 10: Nach dem Engl. des Thompson. — S. 13: Auf das bei der böhmischen Krönung Kaisers Franz II. und Marien Theresiens in Prag gefeyerte Volksfest. Prag im Sommermond 1792. : — S. 20. 87: Nach dem Engl. des Cowley. — S. 40: Parodie von Horazens vierzehnter Ode im zweyten Buch. — S. 51: Nach dem Franz. — S. 52: Bürgers Weiber von Weinsberg, im modernsten Geschmacke hexametrisirt und stylisirt, mit klassischer Sedulität emendirt und kastigirt, durch zahl- und lehrreiche kritische Glossen lokupletirt und illustrirt, und zum Nutzen und Frommen angehender Musenpfleglinge publicirt und promulgirt von dem Scholiasten der Striegliade. — S. 74: An einen treulosen Freund. Nach Ovids achtem Gedicht im ersten Buch seiner Trauerlieder. — S. 83: Die bestraften Fledermäuse. Aus dem Latein. des Phädrus. — S. 92: Das Wiener Aufgebot. Wien im April 1797. — S. 102: Klägliches Sendschreiben der Princessin Ariadne an ihren ungetreuen Liebhaber Theseus. Eine Travestirung der zehnten Heroide Ovids. — S. 117: Der Tod als Freyer. Nach dem Engl. des Swift. — S. 123: Einladung zum Genusse. Nach Horazens siebenter Ode im vierten Buch. — S. 146: Der Tyroler Landsturm. Wien im April 1799 (,,Heil dir, Tyrol! Uns zu erretten"). — S. 154: Nach dem Engl. des Walsh. — S. 155: Kaisers Theodosius des Großen Regierungunterricht für seinen Sohn Honorius. Nach dem Latein. des Klaudian. — S. 164: Auf eine abgelebte Buhlerinn. Nach Horazens dreyzehnter Ode im vierten Buch. — S. 182: Amor und die Zeit. Aus dem Französ. des ältern Segur. — S. 184: Cypern. Zum Theil nach dem Lat. des Klandian. — S. 187: Nach dem Franz. des Leger. — S. 190: Nach dem Franz. des Rulhiere. — S. 196: Prolog zu Schillers Jungfrau von Orleans. Wien im May 1802. — S. 204: Das erste Buch des Klaudianischen Gedichtes wider den Entrop.

Vgl. Neue Annalen 1807. 1, 39 bis 42.

8) Er war Mitherausgeber der Oesterreichischen Monatsschrift und des Apollonion. Vgl. oben II. d. und III. qq.

11. Frans Anton Schrämbl, gest. am 14. Dezember 1803 in Wien. § 259, 63 — Band V. S. 324.

a. Meusel 7, 297f. 11, 681.
b. Wurzbach 1876. 31, 254.

1) Heinrich der Vierte; ein Gedicht. Wien 1783. 8. (Eine Uebersetzung von Voltaires Henriade).

2) Das befreyte Deutschland, eine Kantate von Fr. A. Schrämbl. Wien 1797. Vgl. Wiener Ztg. 1797. S. 554.

12. Friedrich Hegrad. § 231, 8 — Band IV. S. 366; § 232, 32 — Band IV. S. 369; § 259, 240 — Band V. S. 351; § 279, 8 — Band V. S. 506.

1) Friedrich Hegrads vermischte Schriften. Erster Band. Frankfurt und Leipzig, 1785. 2 Bl., 232 S. 8.
a. S. 1: Peter und Paul. (Prosa). S. 69: Die Geschichte der Brüder Peter und Paul. Zweyter Theil. — b. S. 153: Die vier bezauberten Thurmknöpfe. Ein Marokanisches Mährchen. — c. S. 171: Das Blatt ohne Titel. Gedruckt in dem Jahr, Als der Papst zu Wien war. Den tiefgelehrten H. H. und P. P. Merz in Augspurg, Gruber in München, und Fast in Wien zugeeignet. Den 1. Junius 1782. — d. Gedichte. S. 203: Wilhelm Tell. Eine Ballade. S. 225: Anna Gabriele Baumberg an mich. Den 5. März 1785. — Logengedichte.
Zweyter Band 204 S. 8. e: Thamas-Lala-Beig, König von Babylon; und dessen Hofnarr Manes. Ein Persianisches Mährchen. — f: Vermischte prosaische Aufsätze. I. An meine sehr worthen Herren Kollegen. — II. Eine Stelle aus dem siebenten Buch des Marzellus Pallingenius, verteutscht. — III. Fragmente aus dem Roman Otto von Holdenburg: 1) Gespräche. — 2) Gemählde der Stadt. — 3) Hanns und Kätchen. Eine Erzählung. — IV. Herr Leander und seine Frau. Ein Ehestandsgeschichte, Stoff zu einer Hauskomödie. — V. Brief nach dem Pope. Frau von Weiß an die Frau von Schwarz. — VI. Die Hündin. Eine Fabel. [Prosa]. — VII. Was der Wolf den Gänsen predigte. Eine Fabel. — VIII. Medardo und Valenzia. Eine dramatische Skizze. — IX. An die Reichen im Namen der Armen. Eine Skizze. — X. Der entscheidende Ton. — XL Die Bücher-Titel. (Ein Fragment). — XII. Eulenspiegels Schreiben an einen sichern hochwürdigen Herrn. — XIII. Rede bey der Aufnahme der Herren ** und M . . . . t den 14. Dezember 1784.
Nachdruck: Friedrich Hegrads Schriften. Frankfurt und Leipzig. [Wien, Wucherer] 1793. II. 232 und 204 S. 8.

2) Lebensgeschichte Kaiser Leopolds II. Prag 1792. 180 S. 8.

13. Frans Reinhold Müller, geb. zu Horn. Piarist. 1803: 51 Jahre alt. Vgl. Annalen, Int.-Bl. Julius 1803. Nr. 19.

1) De incorrupta morum integritate cum optimarum artium Studiis copulanda, Oratio inauguralis cum primum PP. Piarum Scholarum Goritiae scholas aperirent. Goritiae 1780.

2) In obitum V. B. Petri Metastasii Poëtae celeberrimi, inter Arcades Romanos Artini Chorasii, Elegia ad illustr. Comitem Guidobaldum a Cobenzl. Goritiae 1782.

3) Bey der Durchreise seiner päpstlichen Heiligkeit Pius VI. durch Görz nach Wien. Görz 1782.

4) Die Morgenfeyer am 13ten März. An Se. Exzellenz Hrn. Grafen Joh. Philipp von Cobenzl. Görz 1782.

5) Das Gesicht. Bey Gelegenheit eines Lustspieles in Görz. Görz 1782.

6) Apollo, die Musen und die Arcadier zu Quiska. Aus dem Griechischen des Hrn. Jaroslaus Schmidt, Priesters der frommen Schulen, frey übersetzt. Wien 1782.

7) An den Janus. Wien 1783.

8) An den Hrn. Emanuel des heil. römischen Reichs Grafen von Torres. Görz 1783.

9) Die Erstlinge. Bey Gelegenheit der zu Horn errichteten Buchdruckerey. Görz 1783.

10) Und wenn der Kaiser dennoch nach Florenz reisete, wie sängest du? Wie ich sänge? Ode: Pannonia, Tyrrhenia. Wien 1783.

11) Auf den Tod Marien Theresiens. (Denkmähler dem unsterblichen Andenken M. Theresiens gewidmet). Wien 1785.

12) Auf den Tod des Hrn. Frans Ferdinand von Schrötter, Stiftlings und Hörers der Dichtkunst in der neu errichteten theresianisch-savoyischen Ritterakademie. Wien 1785.

13) Ode an Carl Wilhelm Ramler. Ueber das Denkmahl: D. M. Friderici II. 8. Wien 1787.

14) Kantate auf den Einzug Sr. churfürstl. Durchlaucht Clemens Wenzeslaus zu Trier in die neu erbaute Residenz in Koblenz. Koblenz 1786.

15) Auf die Vermählung Sr. königl. Hoheit des Erzherzogs Frans mit Elisabeth, der durchlauchtigst. Prinzessinn von Würtemberg. Wien 1788.

16) Epicedium in chitum Laudoni. Viennae 1790.

17) Paci. Anno MDCCXCI. Carmen Lyricum ad Leopoldum II. Aug. Viennae 1791.

18) Pace restituta. Anno MDCCXCVII. Viennae 1798.

19) Augurium melioris aevi. Viennae 1802. 8.

14. Leopold Trattinnick, geb. in Klosterneuburg am 26. Mai 1764, Sohn reicher Eltern, studierte in Wien anfangs die Rechte, widmete sich den Naturwissenschaften, lebte eine Zeitlang als Privatgelehrter, 1808 bis 1835 Custos des kais. Naturalienkabinets, † starb am 14. Januar 1849. Viele botanische Werke.
a. Meusel 8, 103. 132 Z. 1. 16, 42. 21, 110f.
b. Vaterländische Blätter 1808. 8. 62; 1809. 8. 63; 1810. 8. 133; 1815. 8. 407, 425; 1817. 8. 275.
c. Hormayrs Archiv 1811. 8. 183; 1819. 8. 535.
d. Morgenblatt 1815. Nr. 28. 8. 112.
e. Feierstunden. Wien 1835. 8. 129.
f. Gräffer und Czikann 5, 393.
g. Der österreich. Zuschauer 1837. 2, 636: Ignaz Zwanziger, Leopold Trattinick.
h. Frankls Sonntagsblätter 1846. 5, Nr. 8.
i. Nekrol. 27, 1198.
k. August Neilreich, Geschichte der Botanik in Niederösterreich: Verb. d. zoolog.-botan. Vereins in Wien 1855. 5, 23f.
l. A. Mayer 1878. 1, 335.
m. Wurzbach 1882. 46, 281.

1) ‚In seinen Jünglingsjahren beschäftigte er sich viel mit der Poesie, aber nur wenige dieser Arbeiten erreichten das Tageslicht. Seine allerersten Ausgaben waren ein Paar Trauergedichte auf den Tod der großen Theresia. Verschiedene andere Kleinigkeiten, Fabeln, Lieder etc. kamen die nächstfolgenden Jahre in dem damahls so beliebten Wienerblättchen zum Vorschein.‘ (Hormayrs Archiv 1811. Nr. 114/115).

2) Systematische Abhandlung der ganzen Naturwissenschaft. Wien 1790. II. 8.

3) ‚1792 lieferte er ein poetisches Sendschreiben unter der Aufschrift: An Florens Freunde in 4., womit er bloß seine Freunde erfreute.‘ (Hormayrs Archiv).

4) Anleitung zur Cultur der echten Baumwolle in Oesterreich. Wien 1797. 8. Selbstverlag.

5) Beiträge zu: Oesterreichs Tibur von Sartori. Wien 1819.

6) Oesterreichischer Blumenkranz. Ein poetisches Taschenbuch für alle Gebildete, besonders für Freunde der schönen Natur. Wien 1820. 8. — 2. Auflage: Kalliope und Flora oder Poetische Unterhaltungen in den Gefilden der blühenden Natur. Wien 1840. 12.

7) Botanisches Taschenbuch oder Conservatorium aller Resultate, Ideen und Ansichten aus dem ganzen Umfange der Gewächskunde. Erster (einziger) Jahrgang. Wien 1821. 8.

8) Die Schule der blühenden Natur oder ästhetisch-philosophische Unterhaltungen für Gartenfreunde, Spaziergänger auf dem Lande, auch für Sittenlehrer, Erzieher und alle Verehrer der Natur, der Tugend, des Schönen, Edlen und Guten. Wien 1843. Wallishausser. 8.

9) Versuche in der contemplativen Botanik oder geistige und gemüthliche Untersuchungen in den Gebieten der blühenden Natur. Probeheft. Wien 1843. 4.

15. Michael Maximilian Hainzmann.

1) Auf den Tod Marien Theresiens gesungen im Christmonate 1780. Laybach beym Eger. 8.

Vgl. Bibl. Carn. 24.

2) Klage der Völker um Joseph d. II. am 20. Hornung 1790. Wien bey Schmidtbauer. 4 Bl. 4.

3) Patriotische Gedanken bey der feyerlichen Eröffnung des Ehrendenkmahls Josephs des Zweyten an dem seinem Nahmen geheiligten Platze der Kaiserl. Besidenzstadt Wien. Von Michael Maximilian Hainzmann, k. k. n. ö. Bankal Administrations-Assessor. 1807. 4 S. 4.

Vgl. Neue Annalen 1808. 2, 136: ‚Ein höchst elendes poetisches Product mit Kienruß auf Löschpapier gedruckt‘.

15a. Trauerlied auf den betrübten Hintritt Ihro Majestät Mariae Theresiae der römischen Kaiserinn. Wien mit Schulzisch-Gastheimischen Schriften 1780. 4 Bl. 8.

15b. Trauerlied der Soldaten am Begräbnißtage der großen Theresie. Von einem Soldaten. Wien bey J. T. v. Trattnern 1780. 8 Bl. 8.

15c. C. J. Schultz. Eine Thräne bey dem Grabe der großen Kaiserin Maria Theresia geweint. Wien bey J. T. v. Trattner 1780. 4 Bl. 8.

15d. Rapsodie über die Herrlichkeit unserer seligen Monarchien (so) der großen M. Theresie nach ihrem Tode von G. F. L. Wien 1780. 4 S. 8.

15e. Rapsodie auf den Tod Marien Theresiens an Oesterreichs Patrioten von Joh. Jos. Jahn Universitäts-Buchdrucker. Wien (1780). 8 S 4.

15f. Theresens Christen- und Heldentod. 1780. Wien mit Kurtzbeckischen Schriften. 4 Bl. 8.

15g. Auf den Tod Marien Theresiens, Klaggesang von J. B. Wien bey M. A. Schmidt 1780. 4 Bl. 8.

15h. An mein Vaterland bey dem höchst betrübten Hinscheiden M. Theresien von J—h. P—l. Wien bey M. A. Schmidt 1781. 2 Bl. 8.

15i. Eine Erzählung und ein Kinderlied gesungen bey Theresiens Grabe von einem vierzehnjährigen Knaben. Wien bey M. A. Schmidt. 1781. 8 Bl. 8.

15k. Am Geburtstage Seiner Majestät Josephs des II. Kaysers, Königs. Wien bey J. T. Trattner. 1781. 3 Bl. 8.

15l. Jos. Friedr. Müller. Da Sr. Päbstliche Heiligkeit Pius VI. Sr. Eminenz Herrn Joseph Fürsten von Batthyanyi den Kardinalshut in Wien aufsetzte. Wien 1782. 4 Bl. 4.

16. Karl Julius Fridrich. § 279, 32 — Band V. S. 522.

1) Beiträge zu den Wiener Musenalmanachen (§ 231, 8 — Band IV. S. 366), zum deutschen Museum, zur Ollapotrida u. s. w.

2) Situationen, oder Versuche in philosophischen Gedichten. Leipzig 1782 (W. Vogel). 8.

3) Des alten Gotthols Epistel an die Dogmatisten. Berlin und Leipzig 1784. Leopold 8. — Wiederh.: Wien 1785.

4) Situazion des Sehers Aliba bey Zoroasters Grabe (ein Versuch über die Unsterblichkeit der Seele): Teutscher Merkur 1785. April. S. 30 bis 53.

5) Launen und Epigrammen: Teutsches Museum 1786.

6) i   i   von Karl Julius Fridrich. Verm. Originalausg. Wien 1786. XVI, 256 S. ℬ tuat onen

a. Vorerinnerung: Die Situationen . . . sind zur Hälfte neu, zur Hälfte verbessert, und unter diesen die meisten so umgearbeitet, daß sie fast eben so gut für neue gelten können. — b. Der Seher Aliba bey Zoroasters Urne. Ein Versuch über die Unsterblichkeit der Seele. An Jerusalem. (Wien 1784). — c. Lebensweisheit. An Klopstock. (Leipzig 1778). — d. Das rastlose Streben eines redlichen Zweiflers nach Wahrheit. An Ernst Platner. (Leipzig 1778). — e. Der Zweifler im Tempel der Natur. An Herder. (Berlin 1779). — f. Offenbarung der Natur. An J. J. Engel. (Leipzig 1778). — g. Heldendenkmahl. An den Fürsten, der Ihm gleicht. (Wien 1785). — h. Der Tempelherr bey den Ruinen eines Tempelhofes. An Born (Wien 1784). — i. Der Jüngling. An Fauth. (Halle 1776). — j. Der Hoffnungslose. (Berlin 1779). — k. Phantasie eines Schwermüthigen auf einem Todtenacker. (Halle 1776). — l. Heilige Aussicht. (Leipzig 1777). — m. Selbstberuhigung. (Berlin 1779). — n. Der alte, einsame Gotthold. An C. F. Weiße. (Leipzig 1781). — o. Feyer des Lebenslenses am Grabe. An C. F. Schwartz. (Leipzig 20. März 1778). — p. Mitleid und Menschengefühl. An C. F. Kadelbach. (Leipzig 1778). — q. Der Naturschwärmer. An Nathe. (Halle 1776). — r. Der ausgeschlossene Pythagoräer. An Matt (Wien 1785). — s. Anmerkungen.

7) Lieder der Liebe und Freude. Leipzig 1787. 8.

8) Eberhard der Rauschebart, Graf zu Wirtemberg. Skizzen aus seinem Leben. Leipzig und Stuttgart 1792.

9) Leben Wilhelm Penns, des Stifters von Pensilvanien; aus dem Französ. des Hrn. T. Marsillac v. K. Jul. Friedrich. Straßburg 1793 (eigentl. 1792). 8.

10) Zeichnungen von Menschen, nach Geschichte und Erfahrung. 1 Bändchen. Hamburg 1794. Gundermann. 8.

11) Die Friedensfeyer, lyrisches Drama. Wien, Schmidbauer 1797. (Wiener Ztg. 1797. S. 8442).

12) Aliba's Welt. An Herrn Hofrath Pfeffel: Das Sonntagsblatt. 1807. Nr. 18, 1, S. 325. Unterzeichnet: Fridrich. Mit der Anmerkung: ,Herr Fridrich, rühmlich bekannt durch seine Situationen, ist der VI. dieses Gedichtes; ein Mann, der seit beynahe fünfzehn Jahren das Unglück einer hoffnungslosen Blindheit mit ebenso viel Stärke und Heiterkeit des Geistes erträgt, als der edle Schriftsteller, an den es gerichtet ist'.

13) Das befreyte Jerusalem, metrisch übersetzt von Carl Julius Fridrich. Erster und zweiter Gesang: Sonntagsblatt 1808. Band 2, Nr. 70, 71, Band 3, Nr. 88 bis 90. Mit der Anmerkung: ,Hr. C. J. Fridrich . . . hat, ohne noch die neuern deutschen Bearbeitungen des Tasso von den Herren Gries und Hauswald zu kennen, die gegenwärtige metrische Uebersetzung angefangen.... Als er späterhin mit den Arbeiten jener beyden würdigen Nebenbuhler bekannt geworden, glaubten seine Freunde ihn dennoch zur Fortsetzung seines angefangenen Versuches aufmuntern zu dürfen; und er wird denselben, wenn sich noch andere Stimmen günstig für sein Vorhaben erklären, vollenden'.

14) Gesänge aus dem Thale des Friedens. Den treuen Freunden des Guten, Wahren und Schönen gewidmet von Karl Julius Fridrich. Wien. 1815. Beym Verfasser, Weihburggasse Nr. 972, im dritten Stock, und bey Anton Strauß auf dem Petersplatze im Auge Gottes. 86 S. 8. 8. 8. 8: ,An den Leser. Diese Gedichte, in ihrer Reihenfolge durch die großen Weltereignisse der ewig denkwürdigen Jahre 1813 und 1814 veranlaßt, waren bisher, wie fast Alles, was der Dichter seit seiner gänzlichen Abgeschiedenheit von der schönen Lichtwelt geschrieben hat, lediglich als Handschrift für den kleinen freundlichen Zirkel bestimmt, der ihn zunächst umgibt . . . Wien, den 24. Dec. 1814. 8. 5: Das Thal des Friedens. — 9: Gesänge aus dem Thale des Friedens. Erster Gesang. Des Dichters Erwachen zur Weihe bey der aufdämmernden Friedenshoffnung im Julius 1813. — 13: Zweyter Gesang. Teutona. Im August 1813. — 16: Dritter Gesang. Das Gesicht. Nach der Schlacht bey Leipzig am 18. October 1813. — 19: Vierter Gesang. An Vindobona. Nach dem zu Paris am 30. May 1814 abgeschlossenen Frieden. — 22: Fünfter Gesang. Ruf des Vaterlandes an die Söhne der Weihe. Beym Vereine des hohen Völkerrathes in Wien 1814. — 35: Weihung.

17. Johann Friedrich von Binder, Freiherr von Krügelstein. § 261, 40 — Band V. S. 362.

a. Franz Grundmayr, Der Ungläubige im Sterbebette. Augsburg 1790. 8.

b. Schreiben des Freyherrn Karl Binder an Franz Grundmayr. Wien 1791. 8.

c. Ists nur von weitem wahrscheinlich, daß der unter dem Namen B. Karls v. Binder an mich Franz Grundmayr erlassene Brief von ermeldtem H. Baron (einem Bruder des verstorbenen) verfaßt sey? München und Augsburg. 1791. 8.

d. Beantwortung der Frage: ists nur von weitem wahrscheinlich u. s. w. von Karl von Binder. Wien 1791. 8.

e. Oberteutsche Allgemeine Litteraturzeitung 1791. 1, S. 101. 431. 864. 1792, 1. S. 71.

f. Sandbüchlers Betrachtungen über wichtige von Obskuranten entstellte Religionsgegenstände. Salzburg 1792. 8. 159 bei 196.

g. Baader 1804. 1, 101.

h. Meusel 1, 302. 11, 77.

1) Gab mit zwei Freunden heraus: Briefe moralischen Inhalts über einige Gegenstände der Naturlehre. Wien 1782. 8.

2) Gedichte mit B - r unterzeichnet in den Wiener Musenalmanachen und in der Blumenlese der Teutschen (Wien 1790). Sieh Band IV. S. 366, 8.

8) Triumph der Treue, ein Singspiel in 8 Aufzügen. (Mit Musik von Danzi). München 1786.

4) Der Hexentanz, ein Gedicht. o. O. u. J. 8.

18. Joseph Johann Paul Karl Jakob Winckler von Mohrenfels, geb. am 10. September 1761, Lebensumstände unsicher. Entstammte einer alten fränkischen Familie und besaß das Gut Hainbofen bei Erlangen, lebte in Wien, gest. am 7. Juni 1798.

    a. Will-Nopitsch, Supplbd. 4, S. 405 f.

    b. Meusel, Lex, 15, 228.

    c. Raßmann 1823. S. 368.

    d. Wurzbach 1888. 56, 289.

1) Hebe, ein Pendant zu Ganymed. Germanien 1782. 8. Winckler hatte Cranz die Autorschaft des Taschenbuches überlassen, weil er wegen einer darin enthaltenen bedenklichen Stelle verborgen bleiben wollte.

2) Gedichte im Fränkischen Musenalmanach für das Jahr 1782; im Wiener Musenalmanach (§ 231, 8 — Band IV. S. 366) und in der Blumenlese der Musen. Wien 1790.

8) Gedichte von Joseph Karl Winkler von Mohrenfels. Wien, bei Joseph Stahel. 1789. 4 Bl. 238 S. 8.

Widmung an Uz (Wien im Oktober 1788). Uz habe ihn neben Hofrat Schmiedel und Professor Faber zur Dichtung aufgemuntert; unterz. sich als Hochfürstl. Brandenb. wirkl. Kammerjunker und Beisitzer am Kaiserl. Landgericht Burggrafthums Nürnberg.

S. 65: Vergangenheit, Gegenwart und Zukunft. Nach dem Englischen. — S. 69: Eginhard und Emma. — S. 140: Die goldne Zeit. Nach dem Französ. — S. 141: Liebeserklärung. Nach dem Französ. — S. 142: Guter Rath. Nach dem Französ. — S. 177: Abälard an Eloise. Vor der Zusammenkunft. — S. 180: Eloise an Abälard. Nach der Zusammenkunft. — S. 207: Gedicht in Marots Geschmack. Nach dem Französ. — S. 223: An meine Freunde Blumauer u. Prandstetter. Linz im Sept. 1788. — S. 231: Antwort. Unterz. Lieutenant von Blumencron unter Langlois, und Adjutant beim Prinzen von Waldeck. — Das älteste Gedicht von 1782.

19. Juliane von Mudersbach, vermählte Herzogin von Giovane. § 274, 14 — Band V. S. 450.

    a. Meusel 2, 567. 9, 427. 11, 271. 12, 832.

    b. Gräffer und Czikann 1835. 2, 874.

    c. Kehrein, Lex. 1868. 1, 114. — **d.** sieh unten S. 812.

1) Abhandlung über die Frage: Welche dauerhafte Mittel giebt es, die Menschen ohne äußerliche Gewalt zum Guten zu führen? Würzburg 1785. 8.

2) Lettera di una Dama sul codice delle leggi di S. Leucio. Napoli 1790. 8.

8) Lettres sur l'éducation des Princesses. à Vienne 1791. Schaumburg. 8.

4) Gesammelte Schriften der Frau Herzoginn Julie von Giovane geboren Reichsfreyinn von Mudersbach, Sternkreuz-Ordensdame, Ehrenmitgliedes der k. Akademie der schönen Wissenschaften, Künste und Alterthümer zu Stockholm. Herausgegeben von Joseph Edlen von Retzer. Wien, Gedruckt bey Ignaz Alberti, k. k. privil. Buchdrucker. 1793.

    a: Die vier Weltalter: Nach dem Ovid in vier Idyllen. Wien, gedruckt bey Ignaz Alberti 1793. 40 S. 8. Dem wohlgebornen, hochgelehrten Herrn Rath Salomon Geßner. Würzburg, den 4. October, 1784. Juliane v. Mudersbach. — **b:** Auf die Aufhebung der Leibeigenschaft in Böhmen. [Prosa]. — **c:** Abhandlung über die Frage: Welche dauerhafte Mittel gibt es, die Menschen ohne äusserliche Gewalt zum Guten zu führen? Principi non minus turpia multa supplicia, quam medico funera. Wien, gedruckt bey Ignaz Alberti, 1793. 45 S. 8. Vorrede: Wirzburg, den 18. März 1785. — **d:** Lettres sur l'Éducation des princesses. Par Julie, duchesse de Giovane née Baronne de Mudersbach. Conscientiae potius quam famae attenderis. Troisième édition revue et corrigée. Vienne, chez Ignace Alberti. 1793. 71 S. 8. A sa majesté la reine des deux Siciles. (Vienne, ce 19. Juin 1791). — **e:** Lettera di una dama sul codice delle leggi di S. Leucio indirizzata al Signor D. Giuseppe Vairo, medico di camera del re, professore primario di chimica nella regia università degli studj di Napoli, membro di più accademie d'Europa ec. ec. Vienna, appresso Ignazio Alberti. 1793. 16 S. 8. (Napoli il di primo Giugno 1789).

5) Plan pour faire servir les Voyages à la culture des jeunes gens, qui se vouent au service de l'État dans la carrière politique, accompagnée d'un Precis historique de l'usage de voyage & d'une Table, pour faciliter les observations statistiques et politiques; le tout suivi de l'Esquisse d'un Portefeuille à l'usage des Voyageurs et de celle d'une carte statistique. à Vienne 1797. Sammer. gr. 4.

20. Karl Timlich (nicht: E. C. Temlich) war Fechtmeister und Kupferstecher in Wien. § 225, 10 — Band IV. S. 233; § 259, 96 — Band V. S. 826.

a. Meusel 8, 20. 21, 84.

b. Böckh 1821. S. 52.

c. Raßmann 1823. S. 837.

d. Wurzbach 1881. 48, 270. 1882. 45, 163.

1) Gilbert und Zadine, ein Gedicht. Wien 1785. Gräffer. 8.

2) Der Teufel auf Reisen. Ein Roman von T. K. A. Frankfurt und Leipzig [Salzburg], 1789. Mayr. II. 8.

3) Der österreichische Robinson oder Leben und merkwürdige Reisen Andr. Geißlers; von ihm selbst geschrieben (und herausgegeben von Karl Timlich). Frankfurt und Leipzig [Salzburg] 1791, Mayr. 8.

4) Priap's Normal-Schule, die Folge guter Kinderzucht. Ein kleiner Roman, in gefühlvollen und zärtlichen Briefen. Berlin 1789. 168 S. 8. — Neudruck: Berlin und Leipzig 978 (so; 187?). kl. 8.

5) Abhandlung der Fechtkunst auf den Stoß. Wien 1807, Tendler.

6) Sammlung merkwürdiger Nationalcostüme des Königreichs Ungarn und Croatien, nach der Natur gezeichnet in 60 Blättern. Wien 1816, Schaumburg. 4.

7) Roland. Ein Gedicht nach Ariost aus den alten Ritterzeiten von Kaiser Karls Tafelrunde in 4 Gesängen. Wien 1819, Tendler. 8.

Er meinte den längst übersetzten Ariost erst bearbeiten zu müssen; an sich kein übler Gedanke, aus einem Epos Gestalten zu selbständigen Geschicken herauszuheben, nur wäre dann wirkliche Schöpferkraft erforderlich gewesen.

8) Gab in zweiter Auflage heraus das Werk des Forstmeisters L. Hofmann: Der vollkommene Jäger mit dem Vorstehhunde und sichere Schütze. Wien 1824. Tendler.

21. Karl Werner, geb. 1763 in Wien. niederösterreichischer Landschafts-Protomedicus, 1810 Regierungsrat, † am 16. Februar 1814.

a. Hall. Lit. Ztg. 1814 Nr. 63.

b. Meusel 8, 458. 10, 818. 16, 201. 21, 505.

c. Raßmann 1823 S. 561.

d. Wurzbach 1887. 55, 98.

1) Lyrische Gedichte samt Oden aus dem Horaz. Wien und Leipzig 1785. 8.

2) Apologie des Brownischen Systems der Heilkunde. Wien, 1799 bis 1800. II. 8.

3) Von dem Einflusse der Wärme und Kälte auf Erhaltung der Gesundheit und Heilung der Krankheiten: Gesundheits-Taschenbuch für d. J. 1801. Wien 1801.

4) Juvenal's erste Satyre. Allgemeine Sittenverderbnis: Wielands Neuer Teutscher Merkur Nov. 1805. S. 171 bis 200.

22. Anna Gabriele von Batsányi, geb. von Baumberg, geb. 1775 in Wien, verheiratete sich 1805 mit dem ungarischen Dichter Johann Batsányi (Bacsányi Janos), der damals bei der Wiener Bankdirektion angestellt war und 1809 die Proklamation Napoléons an die Ungarn vom 15. Mai ins Ungarische übersetzte. Verfolgt, floh er nach Paris und seine Frau folgte ihm dahin. Als er nach dem Frieden ausgeliefert und auf eine Grenzfestung gesperrt wurde, lebte seine Frau in Wien, verschwand dann plötzlich und erst nach ihrem Tode erfuhr man, daß sie bei ihrem Manne, der nach Linz verbannt war, gelebt hatte. Sie starb am 24. Juli 1839 in Linz (ihr Mann, geb. am 11. Mai 1763, † am 12. Mai 1845).

a. Schindel 1, 85. 3, 11.

b. Meusel 9, 61. 13, 69. 22I, 129.

c. Nekrol. 17, 641.

d. Karoline Pichler, Zerstreute Blätter aus meinem Schreibtische. Neue Folge 1845. 2 (Sämtl. Werke 60), S. 26: Gabriele Baumberg.

e. Wurzbach 1857. 1, 112 bis 114.

f. Scheyrer S. 344.

g. Eduard Wertheimer, Aus dem Leben einer Wiener Dichterin: Neue Freie Presse 1884 Nr. 7194.

h. Mendheim 2, 66.

Briefe von Joh. v. Müller an ihren Mann: Müllers Werke 33, 229. 39, 71. 172.

1) Gedichte in Blumauers und Ratschkys Wiener Musenalmanach. Vgl. § 231, 8 = Band IV, S. 366.

2) a. Friedrich Hegrads vermischte Schriften. 1785. 1, 225: Anna Gabriele Baumberg an mich, Den 5. März 1785.

b. An Gottlieb Leon. Von Fräulein Gabriela von Baumberg: Gedichte von Gottlieb Leon, Wien 1788, S. 178 bis 181.

3) Abschiedslied an Deutschlands Söhne. Den 17. April 1797. am Tage des Abmarsches der Wiener Freywilligen, gesungen von Gabriela v. Baumberg. Zweyte Auflage. Wien, 1797. Gedruckt bey Johann Carl Sehnender im k. k. Taubstummen-Institute auf dem Dominikanerplatze an der Schönlaterngasse Nro. 727. 2 Bl. 8. (,Herab, herab nun von der Wand, Verstummtes Saitenspiel‘).

4) Auf die Wiedergenesung Ihrer Königlichen Hoheit Frau Maria Christina, Erzherzogin von Oesterreich. Höchstderoselben erlauchtesten Gatten Herzog Albert von Sachsen in tiefster Ehrfurcht gewidmet von G** v. B**. März 1798. 4 Bl. 4. (,Dumpf scholl es durch die klagerfüllten Gänge‘).

5) a. Sämmtliche Gedichte Gabrielens von Baumberg. Wien, Gedruckt bey Joh. Thom. Edl. v. Trattnern, k. k. Hofbuchdrucker und Buchhändler. 1800. XXII, 297 S., 3 Bl. 8.

S. 13: Auf Laudons Ankunft in Wien nach dem glorreichen Feldzuge 1789. — S. 24: Ihr Bild. Nach dem Französischen. — S. 35: Herr von Alxinger an mich. — 39: Antwort. — 63: Liebel an mich (,Du Sappho Wiens, in deren holden Blicken Der Dichtkunst und der Liebe Feuer brennt‘). — 65: An Herrn Liebel, Professor der Aesthetik. — 91 bis 92: Fräulein Karoline von Greiner an mich bey Übersendung folgender Idylle. — 93: Die Blumenketten. Eine Idylle. — 100: An Fräulein Karoline von Greiner bey Übersendung folgender Idylle. — 102: Die Schäfchen. Nach der französischen Idylle der Madame Deshoulières: Les Moutons. — 131: Danksagung für die Entlassung eines Rekruten an den Herrn Stadthauptmann Grafen von Kueffstein. — 133: Sonnett nach dem Französ. der Madame Deshoulières. — 160: Mittel wider die Eifersucht. Ein Schwesterngespräch. 1788. — 162: Leon an mich, als ich sagte, daß Leere des Herzens auf Herzensfülle folge. — 165: An Leon. — 177: Ratschky an mich. — 183: Antwort an Freund Ratschky. — 198: Robert an die Liebe nach dem Franz. der Madam Deshoulières. — 243: Abendständchen. An Lina. Nach dem Französ. — 254: Danklied zur Ehre Karls an seinem Nahmenstage Ihrer königlichen Hoheit der Frau Erzherzoginn Maria Christina gesungen. den 4. November 1796. — 258: Abschiedslied an Oesterreichs Söhne, den 17. April 1797. am Tage des Abmarsches der Wiener Freywilligen. Alles für Kaiser und Vaterland! (,Herab! herab nun von der Wand, Verstummtes Saitenspiel‘). — 261: Danklied im Nahmen der Mährisch- und Schlesischen Studenten an die Frau Gräfinn Korzenska, geborne Freyinn von Kalkreut, als sie am 20. April 1797 die Collecte für die Equipirung der minder wohlhabenden Mährisch- und Schlesischen Studenten bey der Wiener-Universitäts-Brigade auf sich zu nehmen zusagte, bey dieser Zusage Thränen vergoß, und selbst eine reichliche Gabe reichte. — 263: Nachruf an Oesterreichs Krieger. Im Nahmen des vaterländischen Mädchens. — 273: Der Kanarienvogel an Gabriela von Baumberg. Vom Herrn von Alxinger.

b. Gedichte von Gabriele Batsányi, geborne Baumberg. Mit einer Abhandlung über die Dichtkunst, von F. W. M. Wien. Bey J. V. Degen. 1805. LXXII und 152 S. 8. (Pest bei Eggenberger.)

Vgl. Annalen 1805. 2, 376.

6) Amor und Hymen, ein Gedicht zur Vermählung einer Freundinn, von Gabriele Batsányi, gebornen Baumberg. Wien, gedruckt bey J. V. Degen. 1807. 40 S. 8. Vgl. Neue Annalen 1807. 1, 276 f.

7) Gedichte in der Aglaja.

22a. Johann Melchior Edler von Birkenstock, geb. zu Heiligenstadt im Eichsfeld am 11. Mai 1738, studierte in Erfurt und Göttingen, kam nach Wien, Hofsekretär, später Studienpräses, trat 1794 in den Ruhestand, † in Wien am 30. Oktober 1809.

a. Meusel 1, 304 f. 9, 102. 11, 78. 12, 312. 16, 333. 17, 174. — b. Ribini: Neuer Tontscher Merkur 1810. St. 2. S. 126 bis 131. — c. Annalen 1810. 1, 141 bis 145. — d. Meusels hist. und litter. Unterhaltungen S. 184 bis 196 (von Bretschneider). — e. Wurzbach 1856. 1, 406.

1) D. M. Friderici H. 8. Viennae 1786. 4. Deutsch: Wien 1786. 8. — Aus dem Latein. übersetzt und mit Anmerkungen begleitet von H. A. Nörlinger (Latein und Deutsch). Hellwing. Hannover 1787. gr. 8. — Übersetzt (von J. N. Bischoff? oder Raym. Dapp?). Berlin 1787. Nicolai. 8. — Aus dem Latein. von Spielberger. Mannheim 1787. gr. 4. — Vgl. Allg.dtsch. Bibl. 78. S. 8/16 und Nachtr. Bd.VIII. S. 701.

2) Ad Ungaros Ungarus. Wien 1796. 4. Ins Deutsche übersetzt von ihm selbst (Prosa). Wien 1796. 4. — Wiederh.: Sonnabends-Anhang der Grätzer Zeitung 1796 zu Nr. 805.

3) Carmen posthumum in monumentum aeternae memoriae Mariae Christianae, ArchiducisAustr... e marmore erectum opera Antonii Canovac. Wien 1813. Beck. gr.Fol.

23. Franz **Anton de Paula Gabeis**, geb. in Krems am 1. April 1763, besuchte daselbst das Gymnasium des Jesuiten-Collegiums; nach Aufhebung des Jesuitenordens sollte er den Studien entsagen und wurde Buchdruckerlehrling, setzte später doch die Studien fort, trat in Wien in den Orden der frommen Schulen, lehrte 1780 als Kleriker an der Normalklasse auf der Wieden und an der Hauptschule in der Josephstadt, 1788 Direktor der neuen Hauptschule in Korneuburg, 1798 wurde er auf besonderen Befehl des Kaisers zur Registratur des Wiener Magistrats versetzt, jedoch bei den Ausarbeitungen für einen neuen Studienplan verwendet, starb am 4. Februar 1811.

a. Int.-Bl. der Annalen 1803 Nr. 19.
b. Annalen 1810. 1, 330 (hier wird irrtümlich angenommen, daß er am 25.August 1809 verstorben sei, was in § 231, 8a = Band IV. S. 367 übergegangen ist).
c. Meusel 2, 477. 9, 399. 11, 253. 13, 435. 17, 660.
d. Gräffer und Czikann 2, 262.
e. Wurzbach 1859. 5, 54 f.
f. Kehrein, Lex. 1868. 1, 107.
g. Berichte und Mittheilungen des Alterthums-Vereins 1, 41.
h. Mayer 1, 287.

1) Der gute Wilhelm. Ein kleiner Roman für Kinder. 2 Abtheilungen. Wien bey Hartl, 1786. — Wien 1797. Doll.

2) Kindergebethe, oder Uebungen für Kinder, vor Gott zu reden. Wien 1786. 8. — 6. Aufl. Wien 1800. — 7. Aufl. Wien 1803.
Prières à l'usage des Enfans, ou Exoreices dans la pratique de s'entretenir en présence de Dieu. Traduites de l'allemand de M. F. A. Gabeis par Mr. L. Chimani, Vienne, 1798. Vgl. Nr. 47, 2).

3) Neue Kinderbibliothek. Mit Kupfern und Liedern. Wien 1788. III. 8. — Zweite verb. u. verm. Aufl. ebenda 1795 bis 1796. III. — 3. Aufl. 1797. VI.

4) Bey dem Grabe der Herrn Joseph und Johann von Pelsern. Von ihrem Freunde F. A. Gabeis. Im September 1789. Zweyte Auflage. Wien, gedruckt bey Anton Pichler, k. k. priv. Buchdrucker. 1797. 3 Bl. 8. (,Werden, Seyn und Vergehn ist seit dem Anbeginnswerden'.)
Nach Meusel wäre die 1. Auflage 1791 erschienen.

5) Die Freundschaft. An J** M**. Von F. A. Gabeis. Wien 1791. 8. 2. Aufl. ..... Dritte Auflage. Wien, gedruckt bey Anton Pichler, k. k. privil. Buchdrucker. 1797. 4 Bl. 8. (,Wenn den Mann, so gut, edel und weislich er'). Bl. 4: Erinnerung an meine Knabenjahre. (,O wie war ich so wonnereich').

6) Ehrengedächtniss des Herrn Joseph Knapp, der Arzneykunde Doktors. Wien 1791.

7) Zeitgeschichte für die Jugend und ihre Freunde. Wien 1792. 8.

8) Tägliches Handbuch der Geschichte, Naturlehre und Moral für die Jugend. 1. Jahrgang. Wien 1792. 12.

9) Vermischte Schriften von F. A. Gaheis. I. Sammlung. Wien 1793; 2. Auflage. Wien 1797. — II. Sammlung. 1804.

10) Auf den Tod Marien Antoniens verwittweten Königinn von Frankreich. Von F. A. Gabeis. Im October 1793. Wien, gedruckt mit Oehlerischen Schriften. 11 S. 8. („Also mußtest auch du, auch du, des edelsten Kieles Schönste Blume dahin sinken? so grausam dahin?").

11) Handbuch einer practischen Methodik des ersten Unterrichts in deutschen Schulen. Von F. A. Gaheis. 2. Aufl. Wien 1797; Lpzg. 1799. gr. 8.; 3. Auflage. Wien bey Aloys Doll. 1800. — Handbuch der Lehrkunst für den ersten Unterricht in deutschen Schulen. Wien 4. verb. Aufl. 1809, Al. Doll. 8.

12) Zur Geschichte, Dichtkunst und Moral gehörige Versuche. 2te Aufl. Wien, Ant. Doll. 1797.

13) Schulgesetze für Schüler der deutschen Schulen. Wien 1797.

14) Rundgesang der Wiener Bürgerschaft. Abgesungen am 18ten May 1797. Von F. A. Gaheis. Wien, gedruckt bey Matthias Andreas Schmidt, k. k. Hofbuchdrucker. 2 Bl. 4. („Heil und Gesundheit aus silbernem Pokal!").

15) Oesterreich, Böhmen und Mähren, in 4 Karten mit Zeichen und einer Erklärung für die Jugend vorgestellt von F. A. Gaheis. Wien 1797. 8.

16) John Browns System der Heilkunde in gedrängtem Auszuge. Von F. A. Gaheis. Wien 1797. 8.

17) Wanderungen und Spazierfahrten in die Gegenden um Wien. Herausgegeben von F. v. P. G. Wien 1797 bis 1800. bey A. Doll und I. C. Sehnender. V. 8. — 2. Aufl. 1798 bis 1800. — 3. verm. und verb. Aufl. Wien 1804. VII.

18) Beiträge zum Neuen Wiener Musenalmanach für 1798. Vgl. § 231, 8 — Band IV. S. 366.

19) Nachricht von der in Korneuburg bestehenden Industrie-Anstalt für die Jugend. Wien . . . 3. Aufl. 1798. 8.

20) Die Friedensfeyer. Eine Cantate von F. A. Gaheis. In Musik gesetzt von P. Maschek. Wien 1798.

21) a. Kleines Handwörterbuch der deutschen Sprache und Rechtschreibung. 1798. Wien. Sammer. 8.
b. Kleines Wörterbuch der deutschen Sprache und Rechtschreibung für jedermann, besonders für die Beamten, Geschäftsmann und den deutschen Schulstand. Aus den größern Werken Adelungs, Eberhards, Campens etc. gezogen. Wien bey Aloys Doll. 1799. 8.

22) Etwas für Freunde der Physiognomik: Allgemeiner literar. Anzeiger 1799 S. 485 bis 487.

23) Fünf Predigten zur Beförderung christlicher Vaterlands- und Fürstenliebe. Von F. A. G. 3. Auflage. Wien 1800.

24) Beschreibung der innern und äußern Merkwürdigkeiten der Stephanskirche in Wien. Wien. 5. Aufl. 1800. 8.

25) Gab den Neuen Wiener Musenalmanach auf 1800 heraus. Vgl. § 231, 8 — Band IV. S. 367.

26) Gallerie menschenfreundlicher Handlungen und Gesinnungen. Ein Denkmahl für edle Familien. Von F. A. Gabeis. Wien 1800. Ant. Doll. 8.

27) Biographien der österreichischen Dichter vom J. 1190 bis 1800. Wien 1801 bis 1803.

28) Teutsche Sprachübungen nach einer neuen Lehrart. Ein Hülfsbuch für Schüler zur Vorbereitung im Sprachunterrichte. Von F. A. Gabeis. Wien 1801. im Verl. bei A. Doll. 94 S. 8. — Neue Aufl. Wien 1818.
Vgl. Annalen März 1802 Nr. 23.

29) Beiträge zum Wiener Musenalmanach auf 1802.

30) Kurzer Entwurf zu einem Institute für blinde Kinder. Herausgegeben von Franz von P. Gaheis. Wien 1802 in Commission bey Ant. Doll und gedruckt bey Ant. Baykul auf Kosten des Verfassers. 1 Bogen. 8.
Vgl. Annalen, August 1803 Nr. 68.

31) Vorlesungen über die schönen Künste. Für Jünglinge in Bürgerschulen und zum Privatunterrichte für die weibliche Jugend aus gebildeten Ständen bey der Beurtheilung öffentlicher Kunstwerke. Von Fr. v. P. Gabeis. Wien 1803, in der Camesinaischen Buchhandlung. 303 S. 8.

Vgl. Annalen, April 1804 Nr. 42. 43.

32) Blumenlese am Helikon des südlichen Deutschlandes. Herausgegeben von Fr. v. P. Gabeis. Wien bey A. Doll 1803. III.

33) a. Cantate im Clavier-Auszuge, welche den 5. Novemb. 1804 bey Gelegenheit des Bürgermeisterfestes des Hrn. k. k. Rathes und Bürgermeisters von Wohlleben nach einer vorhergegangenen zu dieser Feyerlichkeit passenden Rede von wienerischen Bürgerkindern abgesungen wurde. Die Worte sind von Hrn. Fz. Gaheis, magistratischem Secretair in Musick gesezt von Hrn. Kapellmeister Preindl. Wien gestochen in der k. k. priv. chemischen Druckerey.

b. Ode an Wohlleben von Gaheis. Beides in: Bürgerfeyer am 30. October 1804 bey der Einsetzung des Wohlgebornen Herrn Stephan Edlen von Wohlleben k. k. Rathes, . . . in die Würde eines Bürgermeisters der k. k. Haupt- und Residenzstadt Wien, dann Ernennung desselben zum Obersten des löbl. Wiener Bürger-Regimentes. Herausgegeben zum Besten der armen Bürger in der Versorgungs-Anstalt zu St. Marks. Wien 1805 gedruckt bey Joseph Hraschantzky, k. k. Hofbuchdrucker, und zu finden bey Fz. Jos. Rötzl in der großen Schulerstraße im v. Hönigsteinischen Hause. 13 Bogen. Folio.

Annalen 1805. 1, 382.

34) Auf die Reise Franciscus des Zweyten. Den 29. May 1805. Von Franz v. P. Gaheis. Der Ertrag ist zum Besten der ärmeren Gebirgsbewohner Böhmens gewidmet, der Ladenpreis 20 kr., jedoch eine größere Gabe dem Gefühle des Abnehmers überlassen. Wien, 1805. Zu haben in dem Kirchenmeisteramte bey St. Stephan, und bey dem Verfasser Nro. 519 in der Stadt. 4 Bl. 4. (‚Im Rosenglanze lächelt das Jünglingsaug‘). Gedruckt mit Joseph Hraschanskyschen Schriften, auf Kosten einiger Bürger Wiens.

35) An Seine Königliche Hoheit den Herzog Albert von Sachsen-Teschen. Den 11. Julius 1805. Von Franz v. P. Gaheis. Bey Eröffnung der Springbrunnen des Albert-Christinen-Canals. Wien. Auf Kosten mehrerer Schätzer dieser Wohlthat. Gedruckt mit v. Schmidtbauerschen Schriften. 6 Bl. 4. (‚Mit jedem Tage rufet sich Tausende Natur ins Leben‘). Bl. 6: Anmerkungen.

36) Die Bürger Wiens im französ. Kriege 1805, ein Familiendenkmal für alle Bewohner Wiens . . . Wien 1806. Kaulfuß. 8.

37) Feyer der Frauenmilde. Eine Cantate. Veranlaßt im Nahmen der Bürgerschaft Wiens von dem Officierscorps des II. Regiments der Stadt-Miliz zum Theresien-Feste, und zum Besten der Wittwen und Waisen der im letzten Feldzuge gebliebenen Krieger. Der Text ist vom Herrn Franz v. P. Gaheis, Magistratssecretar. Die Musik vom Herrn Anton Fischer, Compositeur des k. k. Theaters an der Wien. Gegeben im k. k. Redouten-Sahle den 26. Okt. 1806. Wien, gedruckt mit Edl. v. Schmidbauerschen Schriften. 13 S. 8. (‚Laßt, Freunde des Guten! in jubelnden Chören‘).

38) Am Denkmahle Kaiser Joseph's II. Bey Errichtung desselben am Josephs-Platze zu Wien. Von F. v. P. Gaheis. Wien, 1806. Mit Anton Pichler'schen Schriften. 4 Bl. 8. (‚Des Herrschers Thron glänzt an der Unsterblichkeit‘). Bl. 4: Anmerkungen.

39) Am Infulations-Tage des hochwürdigsten Herrn Andreas, des löbl. Benedictiner-Stiftes zu den Schotten in Wien und zu Telk in Ungern Abtes, der Theol. Doctors, Sr. k. k. Maj. Rathes und N. Oesterr. Landstandes. Gesungen von F. v. P. Gaheis. Wien den 9. August 1807. 6 Bl. 4. (‚Nicht, was außen gleißt, kündet des Mannes Werth‘).

Rec. Neue Annalen 1808. 2, 239; vgl.: Beylage zum Intelligenzblatt der Annalen July 1808: Rechtfertigung; Abdruck des Gedichtes; Antwort des Recensenten.

40) Hochgesang auf die Vermählung seiner k. k. Apostol. Majestät Franciscus des I. mit Ihrer Königl. Hoheit Maria Ludovica Beatrix gefeyert am 6. Januar 1808. Von F. v. P. Gaheis. Wien, bey Anton Pichler, in der Plankengasse. 7 Bl. (‚Wenn in dem Tiefblau nächtlicher Himmel sich Das Aug' verlieret‘). Bl. 7: Anmerkungen. ‚Campe hält zwar das Wort Ode jetzt noch für unübersetzt und meint, es könne vor der Hand als Nothwort beybehalten werden. Ich glaube: Hochgesang und

35*

hohes Lied drucken die Bedeutung vollkommen aus, die wir mit Ode und lyrisch verbinden'. Auch die andern Anmerkungen sprachlicher und sprachreinigender Natur. Vgl. Neue Annalen 1808. 2, 238.

24. Joseph Georg Wldemann, k. k. Kreiskommissär und Kreisschulvisitator in Wien.

a. Meusel 8, 495.

b. Wurzbach 1887. 55, 242. — Zu Nr. 3) und 5) sieh unten S. 812.

1) Anleitung zur deutschen Rechtschreibung. Wien 1786. gr. 8.

2) Beiträge zum Neuen Wiener Musenalmanach. Vgl. § 231, 8a — Band IV. S. 367.

3) Streifzüge nach Innerösterreich, Triest und Venedig und einem Theile der terra ferma. Wien 1801, A. Doll. 8. Mit M. Fischel.

4) Streifzüge an Istriens Küsten. Vom Verfasser der Streifzüge nach Triest und Venedig. Wien. 1805. Bey Anton Doll. 131 S. 8. — Wiederh.: Wien 1810. Vgl. Neue Annalen 1807. 1, 37 bis 39.

5) Gab mit Fischel das Taschenbuch für Freunde malerischer Gegenden heraus. Vgl. oben III. 11.

25. Anton Joseph Steln, geb. in dem Dorfe Bladen in Oberschlesien am 24. April 1759, Sohn eines Gräfl. Neuhausischen Kanzlei-Beamten, besuchte die Dorfschule; kam im 14. Lebensjahre in das Gymnasium der Franziskaner zu Leob-schütz, absolvierte die philosophischen Studien in Breslau, von einer geplanten abenteuerlichen Fußreise nach Rom abgebracht, studierte er in Wien, kam 1781 als Gehilfe des geistlichen Hofmeisters Cosgran, eines Irländers, zu den beiden Enkeln des Feldmarschalls Daun in das Haus ihres mütterlichen Großvaters, des Grafen Auersberg, wo er den Sommer in Böhmen, den Winter in Ennsegg in Oberösterreich zubrachte, kam 1784 nach Wien zurück, 1785 Professor an dem akademischen Gymnasium, 1802 am Gymnasium zu St. Anna, 1806 Professor der Philologie und klassischen Literatur an der Universität, 1825 in den Ruhestand versetzt, starb am 4. Oktober 1844. Er war der Lehrer Grillparzers und Bauernfelds.

a. Meusel 20, 592.

b. Nekrolog von B. (Bergmann): Wiener Zeitung 1845. Nr. 4.

c. Allg. Theater-Ztg. 1844. S. 242.

d. Deinhardstein, Vorrede zu den Gedichten Nr. 11).

e. Kehrein 1871. 2, 170f.

f. Wurzbach 1879. 38, 20.

1) Beiträge zu den Wiener Musenalmanachen (§ 231, 8 — Band IV. S. 366), zu Lackners und Tschinks Blumenlese 1790, zu Liebels Musenalmanach 1802, zur Aurora 1812, zur Modezeitung u. s. w.

2) Magnus Turcarum Exercitus ad Martinestiam fusus ab Austriacis, Duce Principe a Sachsen-Coburg Sociis Russorum Cohortibus Carmen Epinicium. [Viennae] 1789. 4 Bl. 4.

3) ΛΟΥΔΩΝΙ ΤΩ ΠΟΛΙΟΡΚΗΤΗ ΑΣΜΑ ΕΠΙΝΙΚΙΟΝ. Loudonio urbium expugna-tori Belgrado recepto Carmen epinicium. Graece. [Viennae] 1789. 4 Bl. .4.

4) Vota Iuventutis Austriacae Litterarum studiosae, facta die VIII. Decembris MDCCCIV. Cecinit Antonius Stein Poeticae et Linguae Graecae in Gymnasio Vin-dobonensi ad S. Annae professor. Der studierenden Jugend Oesterreichs Wunsch am 8. Dezember 1804. Von Anton Stein, Professor der Poetik am Annäischen Gymnasium. Wien, 1804. Gedruckt bey Anton v. Haykul. 4 Bl. 4. (,Horcht! schon lang durchstürmt ein Hall die Lüfte!').

5) Élite d'épigrammes et madrigaux des meilleurs poëtes français depuis Marot jusqu'à nos jours; précedée d'un traité de la versification allemande, à l'usage des Allemands. Vienne 1810. Anton Doll. 8.

6) Der Prater, ein beschreibendes Gedicht von August Veith v. Schittlers-berg, k. k. wirklichen geheimen, dann Staats- und Conferenz-Rathe und Präsidenten des General-Rechnungs-Directoriums. Aus dem Lateinischen übersetzt und heraus-gegeben von Anton Stein, Professor der Philologie. Wien, 1811. Gedruckt bey Anton Strauß. XXIV, 94 S. gr. 8. (Lateinischer Doppeltitel).

. Vorbericht des Herausgebers. — S. XVII: Ad Manes auctoris. — S. XX: An die Manen des Verfassers.

S. 1: Nemus urbi Vindobonensi proximum vulgo Prater (Hexameter). — S. 41: Der Prater (deutsche Übersetzung in 5 füßigen reimlosen Iamben). — S. 91: Einige erläuternde Anmerkungen. — Vgl. Annalen 1812. 1, 11. 150.

7) Beleuchtung der Bemerkungen eines Ungenannten, unterzeichnet Δημητριάδης, über die Berichtigung einer Stelle des Strabo, im Intelligenzblatte der Wiener allg. Lit. Ztg. Nr. 15. Julius 1813. (a). S. 115. Unterz.: Wien, den 30. Julius. Ant. Stein, Prof. der Philologie: Int. Bl. der Wiener Allg. Lit. Ztg. Nr. 26. Sept. 1813.
8) Chrestomathia latina et graeca. Vindobonae 1816. A. Doll. 8. Mehrere Auflagen.
9) Anthologia epigrammatum latinorum recentioris aevi. Viennae 1816. Ant. Doll. 8.
10) Amor capnophilus. Carmen nuper repertum nunc commentario philologico aesthetico ethico illustratum edidit Palladius Philocharis. Vindobonae 1827. Schraembl. 8.
11) Deutsche, lateinische und griechische Gedichte von Anton Jos. Stein, k. k. Rath und emerit. Professor der klass. Literatur an der Wiener Universität. Wien. Gedruckt bei Carl Ueberreuter. 1843.
a: Gedichte von Anton Jos. Stein, ... 1843. 8 Bl. X, 186 S. Vorrede von Deinhardstein.
S. 30: Scythischer Winter. Aus des Ovidius Trist. III eleg. 10. — S. 33: Die Jahres-Feyer. Ovid. fastor. III, 523. Uebersetzung — veranlaßt durch ein ähnlich jährliches Volksfest in der Brigitten-Au nächst Wien, am 24. Julius. — S. 60: Der Hahn. Nach dem Lat. — S. 68: An N., der sich ein frisches, hohes, munteres Alter wünscht. Nach dem Lat. des Dr. Cohausen. — S. 69: Dichters Klage. Nach dem Lat. des Paschasius. — S. 77: Tischschwank. (Aus dem Lat. des Th. Morus). — S. 78: Nach dem Lat. des Sannazar. — S. 81, 83, 90: Nach dem Lat. des Jan. Pannonius. — S. 85: Wirkung eines Schneeballs. Nach dem Lat. des Angeriani. — S. 89: Europa. Ovid. fast. V, 605. — S. 97: Des Krämers Gebet zu Merkur. Ovid. fastor. V, 673. — S. 100: Der Geplagte. (Nach dem Lat. des Muretus). — S. 105: Zorn und Liebe. Nach dem Lat. des Boscovich. — S. 114: Deutschland, in der zweyten Hälfte des 16. Jahrhunderts. Nach dem Lat. des N. Chyträus. — S. 117: Simonie (nach Owen). — S. 141 bis 45: für Rauchfreunde. — S. 178: Blumenlese. Nach dem Latein. des Petri Scriverii ,Saturnalia'. — S. 180: An den siechenden Pastor Rauchern. (Aus dem Lateinischen des Med. Dr. Cohausen, in der Schrift Pica nasi) 1750. — S. 180: Wahnsinn und Liebe. Von ebendemselben. — S. 181 bis 185: (Audiatur et altera pars) als Proben feiner, hoher Begeisterung der philokapnischen Muse mögen folgende Strophen dienen: I. Aus Günthers ,Lob des Rauchtabacs' (von dem Kapnoman Triller eine geist- und feuerreiche Ode genannt). — II. Aus Triller's, ,Lob des Tabaks'. — III. Als Schluß stehe noch hier die erste Strophe aus dem Gedichte eines uns'rer neueren Poeten, etwas zweydeutig überschrieben: ,Mein Türkenkopf' (!).
b: Carmina Latina et Graeca. Antonii Jos. Stein, Consil. Caes. Reg. Prof. emerit. liter. lat. graec. Vindobonae. Typis Caroli Ueberreuter. MDCCXLIII. 3 Bl., 178 S. 1 Bl. Errata S. 18: Epicedia. — S. 19: In chitu Beethovii. — S. 43: Nicotiana. — S. 47: Goethe de se ipso. E Germanico: Epigramma Nr. 66. — S. 48: In Lupam (e Germanico Haugii). — S. 63: Echus Oracula. 1 bis 4. — S. 97: ΕΛΛΗΝΙΚΑ. — S. 116: Hymnus in Graeciam 1816.

26. Joseph Doppler, Rechnungs-Offizial der österr. k. k. Hofbuchhaltung und Mitarbeiter an der Theaterzeitung, starb am 25. Januar 1808 in Wien im 45. Jahre seines Alters.
Int.-Bl. d. Annalen März 1808.
Gedichte in den Wiener Musenalmanachen vgl. § 231, 8 und 8a — Band IV. S. 366 f.

26a. Die Neugekrönte Hoffnung am Tage der Vermählung Franzens mit Elisabeth. J. O. V. Wien 1788. 4 Bl. (,O du, die, ausgeflossen aus dem Quell der Wesen'). unterz.: S°s°g.

26b. J. F. E. Brown.
1) An die Oesterreichische Armee bey Eröffnung des Feldzugs gegen die Türken. Wien 1788. 4 Bl. 8.

2) Auf die Abreise des Feldmarschalls Laudon zur Kroatischen Armee. Wien 1788. 4 Bl. 8.

26 c. Jo. Kramer.
An Josephs und Achmeds Krieger. Zwey heroische Gedichte. Wien 1788. 16 S. 8.

26 d. Oesterreichische und türkische Kriegslieder. Wien bey Joseph Hraschánzky. 1788. 122 S. 8.

26 e. Christoph Regelsberger. § 218, 13. 11).
An den Helden Laudon den zehnten und grösten Belagerer Belgrads. Wien 1789. 4 Bl. 8. (Gedicht mit hist. Anmerkungen).

26 f. Das Lied von Belgrad. von **Blumauer.** 1789. 4 Bl. 8. § 225, 28.

26 g. Das erfreute Volk — ein Denklied (so) an Baron Laudon bei Gelegenheit der Eroberung Belgrads. Wien 1789. 4 Bl. 8. (Széchényi, Suppl. 1, 134).

26 h. Ode auf die Wiedereroberung der Festung Belgrad von C. K. Wien 1789. 4 Bl. 8.

26 i. Martin Joseph Prandstetter.
An den Herrn Feldmarschalllieutenant Klebeck als er uns die Nachricht von dem Falle Belgrads brachte. Wien 1789. 4 Bl. 8.

26 k. Da den XII. October der Feldmarschalllieutenant von Klebeck als Kourier von der Einnahme Belgrads einritt von C. v. G. Wien bey Ign. Alberti. 1789. 2 Bl. 4.

26 l. Volkslied nach der Eroberung Belgrads, gesungen am 14. Oct. 1789. Wien bey Th. v. Schmidtbauer. 8 Bl. 8.

27. Johann Baptist Premlechner. § 213, 79 — Band IV. S. 64.
Lucubrationes poeticae et oratoriae. Vindobonae 1789. 8. Darin auch fünf deutsche Gedichte, eine Ode auf den Vorhang im alcäischen Versmaß, und vier Fabeln in Lichtwer-Gellert'scher Manier, darunter eine in Prosa. Vgl. A. Niederegger, Joh. B. Premlechner und seine Lucubrationes. Eine Studie zur Litteraturgeschichte aus den Zeiten Maria Theresias. Programm des Staatsgymnasiums Kalksburg bei Wien. 1894. 56 S. 8.

28. Karl Giftschütz, geb. in Wien am 13. Februar 1753, studierte Jura, trat 1772 in das Priesterhaus zu St. Stephan, erhielt 1777 die Priesterweihe, Kooperator in St. Veit bei Wien, 1785 in Tulln, 1789 Direktor der Zoller'schen Hauptschule in Wien, † am 8. Januar 1831.
a. Annalen 1802. Intelligenzbl. Nr. 12.
b. Meusel 11, 270. 13, 467. 17, 715. 22 II, 358 bis 360.
c. Waitzenegger 1822. 3, 175.
d. Gräffer und Czikann 1837. 2, 372.
e. Wurzbach 1859. 5, 182.

1) Institutiones theologiae pastoralis. Wien 1789. Blumauer II. 8.

2) Leitfaden für die in den k. k. Erblanden vorgeschriebenen deutschen Vorlesungen über die Pastoraltheologie. Wien Hörling. II . . . 2. Aufl. . . . . 3. Aufl. in 1 Bande 1797. gr. 8. — Nachdruck: Köln 1796. Fabricius. II. gr. 8.

3) Kurze Rede zur Aufmunterung seiner Mitbrüder bey der allgemeinen Rüstung zum Kriege wider Frankreich. Wien bey John 1797.

4) Rede nach der öffentlichen Bekanntmachung der unterzeichneten Friedenspräliminarartikel mit Frankreich. Wien bey John 1797.

5) Biblische Erzählungen aus dem alten Testamente, mit beygefügten Anmerkungen und Sittenlehren für Kinder. Wien 1799. Heubner. 8. — 4. verb. Ausg. 1812. — 5. Aufl. 1825. 12.

6) Leitfaden zum katholischen Religionsunterrichte für die erwachsene Jugend. Wien. Heubner. 1800. gr. 8. — 4. Aufl. 1812. — 5. Aufl. 1816.

7) Kurze Betrachtungen eines nachdenkenden und gutgesinnten Christen über verschiedene Gegenstände seiner Religion, für jeden Tag eines Monats. Wien 1801. Heubner. 8. — 3. Aufl. 1816.

8) Sammlung verschiedener Gedichte zum Gebrauche für die gewöhnlichen Gedächtniss- und Vortragsübungen in deutschen Schulen, mit Pensen und Anmerkungen, nebst einer kurzen Erinnerung über die Eigenheiten des Versebaues.

1. Bändchen. Wien, Heubner 1802. — 2. Aufl. 1803. — 3. Aufl. 1805. — 4. Aufl. 1816. — 5. Aufl. 1818. — 6. Aufl. 1822. — 2. Bändchen. 1816. — 2. Aufl. 1823. 12.

9) Versuch einer kurzen Anleitung über die Mittel, junge Leute zur Fertigkeit in schriftlichen Aufsätzen zu bringen; nebst den nothwendigsten Regeln, gute Briefe zu schreiben, mit angehängten Beyspielen von Briefen zum Gebrauche für Lehrer und Schüler. Wien 1803. Camesina. 8. — 2. verb. Aufl. unter dem Titel: Muster von Briefen verschiedenen Inhalts, zur Beförderung des feinen Geschmacks im Briefschreiben. Wien 1812. 8. — 3. Aufl. unter dem Titel: Anleitung, gute Briefe zu schreiben, mit 117 Mustern von Briefen verschiedenen Inhalts, und einem Anhange von den gewöhnlichsten Titulaturen. Wien 1817. (Gerold). 8.

10) Sammlung einiger Fabeln und Erzählungen von Gellert, nebst mehrern Beyspielen von prosaischer Beschreibung derselben, mit Anmerkungen etc. Wien . . . . — 2. verm. und verb. Aufl. 1805 (Leipzig, Joachim).

11) Biblische Erzählungen aus dem neuen Testamente für die Jugend. Wien 1807. Heubner 8.

12) Christliche Sittenlehre für die Jugend. Wien 1807. Camesina (Heubner). 8.

13) Gebetbuch zum Gebrauch für katholische Christen. Wien, Mayer. 2. Aufl. 1812. — 3. Aufl. 1814. — Neue Aufl. 1827, 1830. 12.

14) Erster Unterricht der Kinder in der christl. Religion, mit Fragen und Antworten. Wien, Gerold . . . . 8. — 2. verb. Aufl. 1812. — 3. Aufl. 1817.

15) Das Leben Jesu in Fragen und Antworten, als Fortsetzung meines ersten Religionsunterrichts für Kinder. Wien, Gerold . . . . 2. verm. Aufl. 1812. — 3. Aufl. 1815.

16) Die katholische Religionslehre im Zusammenhange dargestellt, als Fortsetzung meines ersten Religionsunterrichtes für Kinder. Wien, Gerold. 1814. — 2. Abdruck 1818. — 2. Aufl. 1819. II. 8.

17) Erbauungsbuch für Kinder nebst den gewöhnlichen Andachts-Uebungen bey der häuslichen oder öffentlichen Gottesverehrung. Wien 1815.

18) Erklärung der sonntäglichen Evangelien und jener an höheren Festen des Herrn im ganzen Jahre, mit besonderer Berücksichtigung mancher dunklen Stellen, sammt Erklär. der Evangelien an allen gebotenen Feiertagen. Wien 1818. 8. Gerold.

19) Davids Bußpsalmen umschrieben. Wien bey Heubner 1819. 12.

20) Erklärung der Evangelien an allen gebothenen Feyertagen des ganzen Jahrs. Wien bey Geistinger. 1820.

21) Prämienbuch für die Schüler in den Wiederholungsschalen. Auf Veranlassung der hochlöbl. k. k. Landes-Regierung zum Drucke befördert. Wien. Heubner. 1820. gr. 8.

22) Kurze Belehrung über die gegenseitigen Pflichten der Eltern gegen ihre Kinder und der Kinder gegen ihre Eltern. Wien 1820. Heubner. gr. 8.

23) Der strenge Beichtvater in einem Gespräche dargestellt, von einem strengen Beichtvater. Wien 1822. Geistinger. 8.

24) Kurzgefaßte Geschichte von dem Entstehen und der Verfassung der M. v. Zollerschen gestifteten Hauptschule zu Wien in der Vorstadt am Neubau. Wien 1822, Geistinger. 8.

25) Erbauungsbuch für Kinder, nebst den gewöhnlichen Andachtsübungen bei der häuslichen und öffentlichen Gottesverehrung. Wien 1823. Geistinger 12.

26) Vermischte Aufsätze zum Vergnügen und zur Belehrung junger Leute, als eine Belohnung des Fleißes. Wien 1824. Geistinger. 8.

27) Ceremonien und Gebete der katholischen Kirche bei der Austheilung der heil. Sakramente nach der Vorschrift unseres Wiener Ceremonienbuchs in deutscher Übersetzung etc. Wien 1825. Geistinger. gr. 8.

28) Ein Paar Worte über das Zauber- und Hexenwesen. Wien. 1825. Gerold. gr. 8.

29. Benedict von Auffenberg.

1) Gedichte in den Wiener Musenalmanachen, vgl. § 231, 8 — Band IV. S. 366.

2) Poetische Versuche. Wien 1789. Schaumburg. 8.

3) Beiträge zu Lackners und Tschinks Blumenlese der Musen. 1790, § 231, 32 — Band IV. S. 369.

4) Denkmal unserer Freundschaft. Benedikt von Auffenberg. Leopold Matthias Schleifer. Frans Bernhard Engelbert Gruber. Wien. 1792. In Kommission bei F. J. Kaiserer. 128 S., 2 Bl. Verzeichnis der Pränumeranten. 8.

8 Widmungen: Meiner schönen Unbekannten Karoline von Beyschlag. Frans Bernhard Engelbert Gruber. — An Fräulein Therese von Zepharowich. Im Gefühle der wärmsten Hochachtung gewidmet. Benedikt von Auffenberg. — Meiner Marie. L. M. Schleifer.

8. 9: Die Wanderer. Januar 1792. Schleifer. — S. 11: An unsere Harfen [an Swieten]. Schleifer, Gruber, Auffenberg. — S. 14: An F. Gruber und L. Schleifer, am Einweihungstage. Auffenberg. — S. 17: Lied eines Deutschen unter Hermann. May 1792. Schleifer. — S. 19: Abschied von meinem Vaterlande. Ostermond. 1792. An Auffenberg und meine lieben Geschwister. Gruber. — S. 23: An Jakob von Zepharovich. Sonnet. Auffenberg. — S. 24: An Herrn Phylidor. Auffenberg. — S. 29: An Belinden. Auffenberg. — S. 55: Ramingdorf. Herbstmond 1791. Fragment aus meinem Tagebuch [Prosa]. Meinen lieben Schwestern: Mariane Maurer von Kronegg, und Antonie Gruber. Gruber. — S. 61: Burkhard und Bertha. An meine Schwester Josephine von Bennischeck. Auffenberg. — S. 72: Glückseligkeit. Eine Kantate. Thaumond 1789. Meinem Benedikt Jannekh. Gruber. — S. 77: Wallfahrt zu den heiligen Trümmern der Vorwelt. Herbstmond 1790. Fragment aus meinem Tagebuch. Meinem Freunde: Von Auffenberg. [Prosa]. I. Veste Lichtenstein. Gruber. II. Burg Mödling. Gruber. — S. 103: Zage nicht Pilger! Erndtemond 1790. [Prosa]. Gruber. — S. 127: Nachrede. Sommermond 1792.

5) Amalie von Nordfeld, oder die Freymaurer-Aufnahme in 4 Aufzügen. Frankfurt 1794. Gebhardt und Komp. 8.

30. **Joseph Meindl,** geb. in Wien 1756, Pfarrer in Tribus-Winkel bei Baden, Direktor des erzbischöflichen Alumnats, Kanonikus zu St. Stephan, Domkantor und infulierter Prälat zu Wien, † am 31. Dezember 1826 in Wien.

    a. Meusel 18, 657.

    b. Nekrolog 4, 1135.

    c. Kehrein, Lex. 1868. 1, 255.

1) 17 Lob- und Gelegenheitsgedichte, zu denen das folgende gehören dürfte: Ehrenlied auf Loudons treues Hündchen. Von M—dl. Wien, gedruckt mit von Ghelenschen Schriften 1790. 2 Bl. 8. ('Dem Hündchen, das den großen Mann vom Tod befreyet').

2) Predigten für das Landvolk. Wien 1804. 8.

8) Gedichte für die österreichischen Landwehrmänner. Wien 1810.

81. **Friedrich Leopold Huglmann.**

1) Beiträge zu Lackners und Tschinks Blumenlese, § 231, 32 = Band IV. S. 369.

2) An die Religion. Ihren treuen Verehrern gewidmet von Leopold Huglmann. 2 Bl. 4. 'Religion, du Himmels-Tochter! breite'.

8) Kleiner goldener Spiegel für jedes Alter und jeden Stand, von Leopold Friedrich Huglmann. Wien, 1813. 8. Becker Nr. 13987.

4) An den erwünschten Frieden. Allen würdigen Patrioten, vorzüglich den ausgezeichneten Helden der erhabenen verbündeten Mächte ehrfurchtsvoll gewidmet von Leopold Huglmann. Wien 1814. 2 Bl. 4. ('Schweb' herab o holder Seraph, Friede!').

5) Volksgesang bey der glücklichen Zurückkunft unsers erhabenen Landesvaters. Von Leopold Huglmann. Wien, 1814. 2 Bl. 8. ('Er kömmt! Er kömmt! eil't ihm entgegen! Entgegen unserm Vater Franz!').

81a. **Johann Peter Volt,** Prof. in Schweinfurt. Sieh § 299.

Empfindungen eines Ausländers bey dem höchst bedauerlichen und unerwarteten Ableben ... Leopolds des II. in einer Epistel an einen Freund in Wien ausgedrücket 1792. Wien mit Kurtzbeckischen Schriften. 4 Bl. 8.

82. **Matthias Leopold Schleifer,** geb. zu Wildendürnbach nächst Laa in Niederösterreich am 9. März 1771, Sohn eines Gastwirtes, der mit seinen fünf Kindern nach Wien übersiedelte, wuchs unter den dürftigsten Verhältnissen auf, trat 1781 in die lateinische Schule, mußte 1787 seine Studien abbrechen, erbat sich aber vom Kaiser zu deren Fortsetzung ein Stipendium und erhielt es auch. Er beendete 1793 die juristischen Studien, Amtschreiber in Velm nächst Himberg bei Wien, 1796 in Ober-Höflein; 1799 Kastner in Litschau; 1801 Oberbeamter in Wallsee, 1805 Pfleger in Ulmerfeld, 1814 zu Sirning im Traunkreise, 1826 Pfleger der Herrschaften Spital am Pyhrn und Klaus, 1829 Pfleger der kaiserlichen Salinenherrschaft Ort bei Gmunden, 1837 Bergrat in Gmunden. Dort starb er am 26. September 1842. Mit Lenau, A. Schurz, Feuchtersleben, dem Fürsten Fr. Schwarzenberg befreundet.

a. K. A. Kaltenbrunner in der Wiener Zeitschrift 1842, Nr. 206, S. 1644 bis 46.
b. Frankls Sonntagsblätter 1842, S. 725: Nekrolog. — 1844, S. 40: Deutsche Celebritäten von Dr. R(um)y. — 1845. S. 1195: Ein letzter Besuch bei dem Dichter Schleifer von Dr. Ant. Ruthner. — 1846, S. 1009: Mathias Leopold Schleifer. Ein Dichter in Oesterreich von K. A. Kaltenbrunner.
c. Nekrolog 20, 689.
d. Mailáths Iris f. 1844.
e. Oberösterreichisches Jahrbuch f. Literatur und Landeskunde. Herausgegeben von Kaltenbrunner, Linz. 1845. II. Jahrgang. — e'. Sieh unten Nr. 10).
f. Mosenthal, Museum 1854, S. 200.
g. Scheyrer 1858. S. 828.
h. Kehrein 1871. 2, 98f.
i. Wurzbach 1875. 30, 82 bis 87.
k. Allg. dtsch. Biogr. 1890. 31, 457 (A. Schlossar).
l. Mendheim 2, 127. — l'. s. unten S. 812.
m. Die Presse. Wien 1895. August 8.

Briefe von Matthias Schleifer. Mitgetheilt von Karl Ad. Kaltenbrunner: Oberösterreichisches Jahrbuch für Literatur und Landeskunde. 1844. 1, 64 bis 86: An Kaltenbrunner und an eine Freundin (Karoline). — 1845. 2, 1 f.: An einen Freund, an seinen Sohn Albert. — Von Erzherzog Maximilian: Gedichte. 1847. S. XXX.

1) Denkmal unserer Freundschaft. Wien 1792. 8. Mit Benedict von Auffenberg und F. B. Engelbert Gruber. Vgl. Nr. 29. 4).

2) Beiträge zu den Wiener Musenalmanachen (§ 231, 8 — Band IV. S. 866), zu J. B. Kleins Taschenbuch auf 1797 u. s. w.

3) Cantate auf den Frieden von M. Schleifer, in Musick gesetzt von Kajetan Freundthaler 4. Dez. 1802. gedruckt [Eggenburg] bey K. Dieterich. 1½ Bogen. Vgl. Annalen Oct. 1802 Nro. 30.

4) Poetische Versuche von Matthias Leop. Schleifer. Wien. Gedruckt bei Carl Gerold. 1830. VIII, 224 S. 8.
Vorrede: Spital am Pihrn, im Spätjahre 1829. — S. 17: Kennst du das Land? 1817. Nach Goethe. (,Kennst du das Land, wo zwischen Immergrün Vergißmeinnicht und Immortellen blühn'). — S. 39: Das Kleineln. 1827. An die Kleinler. — S. 54: Krieg und Liebe. 1828. Frei nach Ovids Eleg. IX. Militat omnis amans, et habet sua castra Cupido. — S. 62: Zechlied. 1812. Frei nach dem Lateinischen: Mihi est propositum etc. — S. 104: An die Natur. 1819. Nach dem Französischen. — S. 105: Schiller und Goethe. Bei Schillers Tod. Mai 1805. — S. 107 bis 129: Heloise an Abelard 1812. Frei nach Pope und Colardeau. — S. 137: An Scipio Dumouriez. Nach der Schlacht bei Neerwinden am 18. März 1793. — S. 142: An Deutschland. Beim Ausbruch des Krieges am Ende des 18. Jahrhunderts. (,Du strebst umsonst, den Riesen zu erlegen'). — S. 145: Die Friedensfeier von Lunneville. Am ersten Jahrtag, den 9. Hornung 1802. Ein Fragment. — S. 147: Die Stimme aus der Wüste. März 1809. (,Niebesiegter! deine Stunde naht'). — S. 150: Aufruf. 1809. (,Auf, Brüder, auf! Greift freudig zu den Waffen!') — S. 152: Die Schlacht von Leipzig. 1813 (,Bringt von der ält'sten Teutoburger Eiche'). — S. 185: Zuversicht. Veranlaßt durch Schillers Resignation. An Niembsch. — S. 195: Auf F. E. Grubers Grab. 1793. — S. 197: Als Schiller Herr von Schiller ward. 1803.—S. 197: Das Veilchen. Nach dem Französischen. — S. 200: Auf den Tod eines Grammaticus. 1792. Nach dem Lateinischen. — S. 201: Die Donau in ***. 1828. (Antixenion). — S. 219: Anmerkungen.

5) a. Die Genesung des Kaisers. Tedeum Laudamus. — b. Franz I. (Lat. Übersetzung von J. G. Seidl.) — c. An meinen Sohn: Bäuerle, Gott erhalte Franz den Kaiser. Wien 1827. 8. 114. 176. 180.

6) Der Nachtwandler: Iduna f. 1835.

7) Hannibal und Scipio, Dramatisches Fragment: Witthauers Wiener Zeitschrift 1838 Nr. 144. Wiederholt Gedichte 1847. 8. 299 bis 309.

8) Gedichte. Wien 1841. 8. Rez. in der Wiener Zeitung vom 15. August 1842 (Ludwig Gottfried Neumann).

9) Oberöst. Jahrbuch 1844. 1, 101: Aus dem Nachlasse von Matthias Leopold Schleifer. 1. Das Bild. 2. Der Engel Kranz um ihre Königin. 3. Wie die Sänger scheiden. ,M. L. Schleifers letztes Gedicht, welches der sterbende Dichter seinem jüngeren Sohne dictirte‘. Graf Mailáth hat es in. den Nekrolog Schleifers (,Iris 1844‘) aufgenommen. — 8. 259: Der Bándelmann. A Ráthsel.

10) Gedichte von Matthias L. Schleifer. Gesammt-Ausgabe. Herausgegeben von K. A. Kaltenbrunner. Wien, 1847. Verlag der Carl Haas'schen Buchhandlung. LII und 488 8. 8.

8. I bis LII: M. L. Schleifer's Leben. Von Karl Adam Kaltenbrunner (Wien im Jahre 1846). Darin auch Dialektgedichte, Übersetzungen: 8. 33 bis 55: Heloise an Abelard. Frei nach Pope und Colardeau. — 8. 56 bis 57: Zechlied. Frei nach dem Lateinischen: Mihi est propositum. — Nach Ovid. — Nach Lamartine. — Nach Victor Hugo.

11) So handeln Freunde. Lustspiel: soll unter fremdem Namen im Hofburgtheater aufgeführt worden sein.

W 83. Franz Johann Joseph von Reilly, Buchhändler und Schriftsteller in Wien.

a. Meusel 15, 120. 19, 282.

b. Gffr. [Gräffer], Wiens Kunsthandlungen vor einigen Decennien: Frankls Sonntagsblätter 1842. 1, 529.

c. Gräffer, Von unserem Reilly: ebenda 1843. 2, 497.

d. Wurzbach 1873. 25, 198.

1) Allgemeine Erdbeschreibung, geschöpft aus Büsching, Fabri, Bruns und Anderen. Wien 1792. 8. III. Trapp Nr. 6786.

2) Die Wünsche des österreichischen Volks bey der feyerlichen und frohen Ankunft Allerhöchst Ihrer k. und k. k. Majestäten Frans des II. und Marien Theresiens in die Hauptstadt, den 16. Januar 1806. Franz dem Zweyten dem gekrönten Vater und dem treuen Vaterlande gewidmet. Kronen von Eichen und Lorbern sind Zeichen froher Bedeutung, Beyde bezeichnen die Freud', welche dem Kaiservolk ward. Preßburg verschloß nun das Tempelthor des zweystirnigen Janus, Und der kommende Fürst bringt uns den Frieden mit Sich. Verfaßt in lateinischem Gedichte von Thomas Martin Steinegger, Patrizier im Canton Schwyz in der Schweiz, Weltpriester und Aushilfpriester in Wien an der St. Ursula Kirche; auf Ansuchen des Verfassers in deutsche Verse übertragen von Franz Joseph von Reilly, gebürtig aus Wien, Innhaber des Geograph. Verschleiß-Comtoirs. Wien, gedruckt in der Schrämblischen Buchdruckerey, im Verlag bey Christian Krotz in der Dorotheengasse. 6 Bl. Groß Folio.

An den Leser. An den Tadler. [Epigramm]. ,Oesterreichs Sonne geht, auf nach blitzendem Krieges-Geräusche‘. — Die Anmerkungen sind von dem Herrn Verfasser aus dem original Gedichte übersetzt, weilen der Herr Uebersetzer seiner überhäuften Geschäfte wegen, verhindert war. — Nachtrag an den Leser, wegen dem zufälliger Weise verfassten Originalgedichte. Unterz.: Wien den 16. Januar 1806. Th. M. Steinegger, Aushilfpriester an der St. Ursula Kirche.

3) Katechismus der neuesten Erdbeschreibung. Wien 1804 und 1806. II. Leipzig 1809. Barth; 2. Auflage. Wien 1818. Wimmer. — 1821 Schmidl.

4) Skizzirte Biographien der berühmtesten Feldherren Oesterreichs von Maximilian I. bis auf Frans II. In Verbindung mit der Geschichte ihrer Zeit und mit ihren echten Abbildungen. Wien 1813. Heubner. 864 S. gr. 4.

5) Noradin, oder Feen-, Helden-, Ritter- und Romanspiegel. Wien 1813. 8. Ohne Verfassernamen.

6) a. Sinngedichte in drey Büchern. Von Frans Joh. Jos. von Reilly. Nunquamne reponam? Wien bey Johann Georg Ritter von Mößle. Nur für die Vorausbezahler abgedruckt. 1816. 142 S. 8.

[Vorbericht: (Wien am 5. August 1816)]. ,Zum Theile suchte ich den Abgang meiner eigenen Kritik durch fremde zu ersetzen, und gab schon 1798 die bereits in die drey Bücher getheilte Sammlung in einem Kreise hiesiger Gelehrter herum, von welchen seitdem die meisten verstorben sind; dasselbe that ich auch 1818, nachdem ich die indessen stark vermehrte Sammlung geschlossen hatte; und da ich beyde Mahle, guten Rath nicht ungenützt ließ, so glaube ich, meine Absicht auch so erreicht zu haben. Der Umstand, dass ich einige wenige der hier mitgetheilten Einfälle späterhin auch bey andern fand, bewog mich, jedem der meinigen, so viel es geschehen konnte, das Jahr beyzusetzen, in welchem ich ihn niederschrieb'. . S. 5: Verzeichniß der Pränumeranten. — Eingang. — Sinngedichte. Erstes Buch: Bemerkungen. Nr. 1 bis 48. Nr. 34. Nach Owen. Nr. 88. Nach Göckingk. — Nr. 45. Das Gesetzbuch eines Ichlers (,Ein Egoist, zu Deutsch ein Ichler'). — Zweytes Buch. Anreden. Nr. 1 bis 50. Nr. 6. An die Lateinische Sprache. Nr. 28. Auf Lessings Sinngedicht: ,Mit dir und über dich zu lachen'. — Drittes Buch. Grabschriften. Nr. 1 bis 47. Nr. 4. Des Tonkünstlers Joseph Haydn. — Nr. 42. Auf Nelsons Tod. An den Kaiser und König Napoleon. Mit Ueber-setzungen ins Lateinische von Anton Stein, ins Italienische von Abáte della Lena, ins Französische von François Parmentier, ins Tschechische (?) von Joseph Valentin Zlobizky, ins Polnische von Le Comte Zalusky, ins Ungarische von Joseph v. Mátton. — Abschied. — Verzeichniß der Sinngedichte. — Verzeichniß der er-dichteten Nahmen und hindeutenden Worte.

b. Sinngedichte in drey Büchern. Von Frans Joh. Jos. von Beilly. Zweyte vermehrte Auflage mit einer Abhandlung über das Sinngedicht. Nunquamne reponam? Wien 1819, bey Carl Kupffer. 275 S. 8.

[Vorrede zur ersten Auflage]. — Erinnerung zur gegenwärtigen Auflage. Wien, den 1. Juny 1819. ,Diese Vorzüge bestehen nicht sowohl in den wenigen Verbesserungen, die ich in den schon 1816 gedruckten Stücken hin und wider anzubringen suchte, und in ein paar noch nie gedruckten Stücken; sondern vor-nehmlich in einer Abhandlung über das Sinngedicht, die ich hier das erste Mahl dem Urtheil der Kenner übergebe.

Eingang. — Sinngedichte. Erstes Buch. Bemerkungen. Nr. 1 bis 50. — Zweytes Buch. Anreden. Nr. 1 bis 53. — Drittes Buch. Grabschriften. Nr. 1 bis 49. — Abschied. — S. 119 bis 248: Von dem Sinngedichte. — S. 248 bis 260: Auszug aus einem Schreiben an den Freyherrn Joseph von Retzer in Wien vom 24. Hornung 1819. — Erstes Verzeichniß der Sinngedichte und Aufsätze. — Zweytes Verzeichniß der hindeutenden Nahmen und Worte.

7) Bibliothek der Scherze. VI. Ohne Verfassernamen.

34. Gottfried Baron Fraporta. Drey Gesänge. Wien 1792. Baumeister. 8. Trapp. S. 119.

35. Auf Kaiser Leopolds Tod. Von Benedict David Arnsteiner. Wien 1792. (Annalen. Int-Bl. April 1805).

Vgl. § 231, 8 — Band IV. S. 366; § 259, 80 — Band V. S. 825. — Schriften-verzeichnis siehe Annalen. Int.-Bl. Nr. 20. Juli 1803.

36. Das Fest der Freude am Krönungstage Franz des Ersten zum böhmischen König. Eine Kantate durch die menschlichen Alter. Dem Wohlgebornen Herrn Herrn Joseph d'Urban, Kapitän-Lieutenant des Löbl. 3. Feld-Artillerie Regiments gewidmet von Joseph Alois Wagner, Fourier des Löblichen 3ten Feld-Artillerie Regiments. Gedruckt, mit Neumann'schen Schriften. 1792. 16 S. 4.

37. Benedict Joseph von Koller. § 258, 18 — Bd. V. S. 295. S. dag. unten S. 812. Gedichte von Benedikt Joseph Koller. Wien 1793. bey Joh. Georg Edlen v. Mößle, auf dem Graben Nr. 1174. XXVI, 196 S., 2 Bl. Verzeichniß der Gedichte.

,Seiner Excellenz dem Freyherrn Van Swieten weiht seine Erstlinge der Verfasser'. Weihung (Verse). — S. XI: Pränumeranten-Verzeichniß. — S. XIX: Vorrede. — S. XXV: Ankündigung (Verse).

S. 1: Panegyrikus an die Herren Nachdrucker. — S. 82: Der liebende Mönch. Eine Nachahmung des französischen Liedes: Que ne suis-je la fougere &c. Antholog. française T. II. p. 261. — S. 88: Die Belagerung von Weinsberg im Jahre 1140. — S. 68: Auf den Tod Josephs des Zweyten. — S. 72: Auf Loudons Tod. — S. 104: Familiengemälde nach dem Lateinischen des Owen. — S. 138: Epistel an Gabrielen von Baumberg bey Uebersendung nachstehender Ballade. — S. 147: Kaspar von Quelfen. — S. 171: Morgenlied eines Europäers in Tahiti. — S. 175: Der Plantagen-Sklav an den Zucker.

38. Brennus, oder Etwas für deutsche Helden, junge Krieger und Freunde der Dichtkunst. Eroberung Roms in 6 Gesängen. Wien 1798. Schmidt. 8. Trapp Nr. 9506.

39. Marianne Neumann von Meißenthal, geb. v. Tiell, geb. am 20. Februar 1768 in Wien, Tochter des niederösterr. Regierungsrats Johann Ludwig v. Tiell, der sich 1776 von seiner zweiten Frau, Elisabeth Nagy von Felsöbuk trennte, worauf Mariane in eine Pension gegeben wurde. Hier schloß sie Freundschaft mit der Freiin v. Heidan und Josephine v. Gerstorff (später Kviatovska). Nach drei Jahren kehrte sie ins väterliche Haus zurück und wurde bis ins 15. Jahr französischen Gouvernanten, dann der Mutter, die in Ödenburg lebte, übergeben, die sie, verdüstert und mißtrauisch geworden, vielleicht zu herbe auf das praktische Hauswesen hinführte. Im Umgange mit Therese v. Artner entwickelte sich ihr poetisches Talent. Zwischen Kloster, wohin die Mutter sich zurückzuziehen beschloß, und der Werbung eines Emerich von Egrováry (oder Egervári) um ihre Hand entschied sie sich 1785 für den Bewerber, dem sie auf ein abgelegnes kleines Landgut nach Ungarn folgte. Aus dieser Einsamkeit wurde sie 1790 an das Sterbebett ihres Vaters gerufen, wo sie auch die versöhnte Mutter wiederfand. Mutter und Tochter gingen nun auf Egrovárys Gut, da aber die Vermögensumstände des Besitzers zerrüttet waren, nahm die Mutter ihre Tochter wieder mit sich nach Wien, später nach Ödenburg und dann wieder nach Wien. Inzwischen war Egrováry 1797 gestorben, 1799 starb auch die Mutter; Mariane heiratete 1800 den damaligen Major und Secondewachtmeister der deutschen Garde Karl Neumann v. M., mit dem sie glücklich war. Nach dessen Tode lebte sie zuerst in Ödenburg und dann in Wien kränklich, in beschränkten Vermögensverhältnissen und trauriger Zurückgezogenheit. Sie starb dort am 9. März 1837.

a. Erneuerte vaterländische Blätter für den österreichischen Kaiserstaat. Wien, 1817. Intelligenzblatt Nr. 63.

b. Karoline Pichler: Telegraph Wien 2. Jahrgang 1837 Nr. 53. Sämtliche Werke Wien 1839. 51, 247; Wien 1845. 60, 119: ‚Marianne von Neumann-Meißenthal‘.

c. Schindel 2, 52 bis 60.

d. Scheyrer S. 326.

e. Kehrein, Lex. 1868. 2, 256.

f. Wurzbach 1869. 20, 279 bis 282.

1) Beiträge zu den Wiener Musenalmanachen (vgl. § 231, 8 — Band IV. S. 366), zur Aglaja 1814 bis 1819, zur Moravia 1815, zu Gerolds Abendunterhaltungen 1816, zur Wiener Zeitschrift für Kunst, Litteratur, Theater und Mode u. s. w.

2) Feldblumen auf Ungarns Fluren gesammelt von Nina [Mariane Neumann v. M.] und Theone [Th. v. Artner]. Jena 1800. Voigt. II. 8. 2. Aufl. Ebenda 1812. 8. Vgl. Röslers Musen-Almanach von und für Ungern auf das Jahr 1804. 8. 181.

3) Die Familie Mollberg oder der Page. Eine Erzählung: Aglaja 1815.

4) Martin und Suse, oder der Berggeist des Karstes. Erzählung: Aglaja 1816. Auch: Illyrisches Blatt zum Nutzen und Vergnügen. 1820. Nr. 34. 35. 38. 43.

5) Aglaja 1818: Eugenia Bérenger. Aus den Zeiten des Terrorismus in Frankreich (Stanzen). — Graf Rudolph von Habsburg als Schutzherr von Zürich.

6) Wilhelm Herzog von Oesterreich. Erzählung: Aglaja 1819.

7) Nach Wurzbach wäre ein Lustspiel ‚Die Colonie‘ von ihr ohne Namen im Burgtheater aufgeführt worden.

40. Johann Fridrich Schillings Versuch in der Poesie. Erstes Heft. Wien, gedruckt bei Joseph Gerold, K. R. Hofbuchdrucker und Buchhändler. 1795. 95 S. 8. Widmung: Meinem gnädigsten Gönner Herrn Herrn Ignaz Schlager Doktorn der sämmtlichen Rechte. — S. 5: Hoch und breit gelahrte Herrn Rezensenten!!! [Prosa]. — S. 17: Patriotisches Circulare deutscher Mädchen vom letzten Jänner 1793. ‚Wer unsre Namen französirt, Der ist ein loser Bösewicht.‘ — S. 47: Am Grabe des jüngern Bruders. Nach Klopstock. (‚Dort ruhet seine Asche!‘) — S. 62: Rundgesang deutscher Biedermänner nach der Hinrichtung Ludwigs des XVI. — S. 77: Lehre für Dichter. Eine fast wörtliche Uibersetzung aus dem Lateinischen eines Ungenannten. — S. 80: An Brückner Rektorn des Kremsirer Piaristenkollegiums. — S. 82: Nach dem Sinne des 28ten Psalmes. — S. 90: Nach Abbetung des 81ten Psalmes.

Es ist nicht klar, ob dieser Joh. Fridr. Schilling identisch ist mit jenem Joh. Bapt. Schilling, dessen Museu, Lannen, Anekdoten und Erzählungen oben III. vv. verzeichnet sind oder mit jenem Friedrich Schilling (geb. 1754 zu Erfurt, Hofmeister in Wien, dann Hofsekretär, 1794 Hofrat bei der Polizei, † 8. Juli 1808), dem nach Meusel 7, 126. 11, 666 und Wurzbach 29, 826 nachfolgende Werke zugehören:

1) Die Niederkunft eines geliebten Mäuschens [Wurzbach: Mädchens], in fünf Gesängen. Wien 1776. 8.

2) Ein Wort zu rechter Zeit über einen wichtigen Gegenstand. Wien 1783. 8.

8) Es ist Friede. Wien 178?.

4) Über die Aufhebung der Begräbnisse.

5) Meine Launen in Baaden.

6) Sendschreiben des Stephansthurm an den Passauer Tölpel.

7) Vorrede zu (des Grafen von Pergen) Betrachtungen über die Revolution und das sogenannte demokratische System in Frankreich. Wien 1791. 8.

41. Ein Oster-Ey. Vom Wiener Nachtwachter an seine deutschen Mitbürger. Wien 1795. Zu finden bey Joh. Mart. Weimar auf der Landstraße im Gruberschen Hause Nr. 308. 4 Bl. 8. (,Ich hatte Euch zum neuen Jahr Ein kleines Liedlein vorgesungen').

42. Auf des hochedelgebohrnen Herrn Johann Joseph Edlen von Pilgram Beförderung zur Würde eines wirklichen k. k. N. Oe. Apellationsraths und Vicebürgermeisters der k. k. Haupt- und Residenzstadt Wien. Wien, gedruckt bey Mathias Andreas Schmidt, k. k. Hofbuchdrucker. 1795. 2 Bl. 4. unterz.: **J. B.** v. P. (,Verehrtester! Neig her Dein Ohr').

43. Johann Baptist Rupprecht, geb. zu Wölfelsdorf in der Grafschaft Glatz am 24. Juni 1776, an dem Josephinischen Konvikt in Breslau erzogen, Kaufmann und Fabrikant in Wien, erlitt 1809 bedeutende Verluste und widmete sich seitdem nur der Gartenkultur und Litteratur, fruchtbarer Schriftsteller und k. k. Bücherzensor, für seine Pedanterei und Engherzigkeit in dieser Stellung von Grillparzer durch scharfe Epigramme gegeißelt (Sämmtliche Werke 5. Auflage 3, 101). Er starb in Wien am 14. September 1846. Fleißiger Übersetzer aus dem Englischen.

Rupprechts Verspottung von Grillparzers Gedicht ,Auf die Genesung des Kronprinzen' gab die Veranlassung zu dessen Gedicht ,Klage' (Werke 2, 192). Vergl. Jahrbuch der Grillparzer-Gesellschaft 1892. 2, 257 bis 260. 298.

a. Gräffer und Czikann 1835. 4, 448.

b. Frankls Sonntagsblätter 1844. 8, 455.

c. Bäuerles Theaterzeitung 1846. Nr. 260, S. 1039: Nekrolog.

d. Neuer Nekrolog 1846. 24, 1092.

e. Gentz Tagebuch 2, 473 (1. Nov. 1821).

f. Atterbom S. 217.

g. Castellis Memoiren 3, 207. 229.

h. Wurzbach 1874. 27, 272.

i. Jahrbuch der Grillparzer-Gesellschaft 1892. 2, 80 f.

Brief an Cotta: Beilage zur Münchner Allg. Zeit. 1888. Nr. 19 und unten S. 812.

1) Beiträge zum Wiener Musenalmanache 1796 (§ 231, 8 — Band IV. S. 366), zum Selam, zu Hormayrs Archiv, zum Conversationsblatt, zur Modezeitung u. s. w.

2) Fahnenweihe des k. auch k. k. priv. ritterl. bürgerl. grauen Scharfschützen-Corps. Gesungen von Joh. Bapt. Rupprecht, ersten Lieutenant Adjutanten dieses Corps. Wien. Gedruckt bey Anton v. Haykul. Im Aprill 1806. 8 Bl. 4. (,Warum erschallt, die Ruhe zu verachten').

8) Das Krankenhaus zu Neutitschein in Mähren. Historische Skizze zum Besten desselben. Wien 1808.

4) Ode, auf die Entbindung Ihrer Majestät Marie Louise, Kaiserin von Frankreich etc. 1811. Wien bey Strauß. — Wiederholt Annalen 1812. 1, 879. — rez. Hallische Allg. Litztg. Sept. 1811. Nr. 256. — In Paris preisgekrönt. Vgl. Annalen 1812. 8, 278.

5) Dichtungen der Britten in metrischen Übersetzungen von Johann Bapt. Rupprecht. Erster [einziger] Band. Wien, auf Kosten des Verfassers. In Commission bei Anton Doll. 1812. Zweites gestochenes Titelblatt. Drittes Titelblatt: Dichtungen der Britten in metrischen Übersetzungen. Erster Band aus folgenden Autoren Addison Akenside Aus Ambrosio, der Mönch Broome Buckingham Carew Collins

Congreve Cowley Cunningham Dodsley Dorset Dryden Dyer Fielding Gay Goldsmith
Gray Hamilton Hawkesworth Hill Irwin Lady Jennyns Johnson Landsdowne Logan
Littleton Mallet Mickle Milton Montague Lady Moore Nugent Parnell Pattisou
Philips Pindar, Peter Pitt Pomfret Pope Prior Rochester Rowe Scott Sedley Shan-
stone Swift Thompson Thomson Tickell Ungenannte Waller Walsh Wolseley Wien,
auf Kosten des Verfassers gedruckt in Degens Buchdruckerey 1812. XX, 434 S. 4.
     S. V: Zueignung an meine liebe Gattinn. (Gedicht). — S. IX: Vorrede. Wien
am 31. Julius 1811. ‚Wer sich die Mühe einer sorgfältigern Vergleichung der bisher erschienenen Bearbeitungen lyrischer Dichtungen nicht verdrießen läßt, wird
sicher finden: daß sich die Uebersetzer immer mehr vom Original entfernten, je
weniger sie sich die Nachbildung seiner Versart selbst angelegen seyn ließen . . . .
Von dieser Ueberzeugung geleitet, erlaubte ich mir bloß im launigen, erzählenden
Ton manchmahl eine etwas freyere, dem humoristischen Vortrage besonders zusagende Bewegung. Bey ernsthaften Gegenständen, bey allen tragischen Stücken
blieb es mir dagegen ein unverbrüchliches Gesetz, das Original-Sylbenmaaß genau
zu beobachten; um so mehr, da der Reichthum unserer Sprache Balladen, Oden
und Lieder in derselben Versart oft durchgängig zu reimen erlaubte, die im Englischen nur mit unterbrochnen Reimen ausgestattet erscheinen.‘ S. Bd. VII. S. 699 f.
     Vgl. Anhang zur Grätzer-Zeitung. Nro. 186 den 21. November 1812.
     6) Weihgesang zur Zurückkunft unsers geliebten Kaisers Franz des Ersten
im Junius 1814. Von Johann Baptist Rupprecht. Der Betrag der ganzen Auflage
ist auf die Vereinseinladung vom 24. May d. J. zur österreichisch-kaiserlichen
Invaliden-Fonds-Stiftung gewidmet. Wien, gedruckt in der von Degenschen Buchdruckerey. 1814. 5 Bl. 4. (‚Er naht, Er naht: jauchzt Völker Ihm entgegen‘).
     7) Biographie des Demeter Nik. Darvar, [Verfassers des 'Οδηγὸς τοῦ βίου
u. s. w., mit einer Übersicht von dessen litterar. Thätigkeit]: Hormayrs Archiv
1816. Nr. 53. 54. Auch selbständig 1816.
     8) Merkenstein. Sr. Excellenz dem Herrn Grafen von Dietrichstein gewidmet.
(Mit Musik von Ludwig v. Beethoven): Selam 1816 S. 202 bis 204.
     9) Conversationblatt. 28. Dec. 1819. Nr. 52 S. 615: Die Lilie und die Rose.
Nach dem Franz. — 2. Jahrg. 4. Jänner 1820. Nr. 1 S. 4: Die alten englischen
Minstrels. 6. Jänner Nr. 2. S. 17: König Ryences Herausforderung. Übers. aus d.
Engl. 7. März. Nr. 28 S. 258 f.: Ritter Harolds gute Nacht. Aus Lord Byrons Pilgerfahrt.
     10) Wiener Zeitschrift 1820. S. 141: Prometheus, von Lord Byron übers.
     11) Über das Chrysanthemum indicum, seine Geschichte, Bestimmung und
Pflege. Ein botanisch-praktischer Versuch. Wien 1833.
     12) Am Sarge Seiner Majestät Franz des Ersten Kaisers von Oesterreich. Von
J. B. Rupprecht. Der Ertrag ist zum Vortheil des Spitals der barmherzigen
Schwestern in Gumpendorf bestimmt. Wien 1835. Gedruckt und in Commission
der Mechitaristen-Congregations-Buchhandlung. 4 Bl. 4. (‚Vermag der Sänger
endlich sich zu fassen‘). — 13) s. unten S. 812.
     44. Auf die Ankunft der Königlichen Prinzessinn von Frankreich. Von Joseph
Anton Kaiser. Wien, gedruckt und zu haben bey Joseph Kaspar Salzer, 1796.
2 Bl. 8. (‚Dankt unser'm Gott ihr deutschen Brüder!‘).
     45. Worte des Gefühls bey Aufführung der rührenden Kantate am 19. Sep-
tember 1796. Wien, bey B. Ph. Bauer, k. k. priv. Buchdrucker, auf der hohen
Brücke. 8 S. 8. (‚Dir volle Ehr, vollen Dank, o Dichter der Kantate! —‘).
     45a. Lied was hot auf die Karoli-Tag ein Ungarischi Heubauer zu Wienn
sungen. Wienn 1796. 4 Bl. 8. Vergl. Nr. 62.
     46. Johann Karl Wötzel (Wetzel), geb. in Großhelmsdorf bei Eisenberg
1765, lebte 1811 und 1812 in Dresden, ging 1812 als Faktor der Hirschfeldischen
Druckerei nach Wien, lebte dort bis 1835, zuletzt als Privatgelehrter, und soll
1836 in Jena gestorben sein.
     a. (Ecks) Leipz. gel. Tagebuch 1794. S. 20.
     b. Reichsanzeiger 1804. Nr. 335.
     c. Neue Allg. dtsch. Bibl. 95, 237. 103, 113 bis 128.
     d. Zeitung für die elegante Welt 1805. Nr. 49.
     e. Steinbecks Dtsch. Patriot 1805. 2, 168 f. Sieh Band V. S. 515, 86.

f. Meusel 8, 585. 10, 887. 11, 748. 16, 259. 21, 658.
g. Wurzbach 1887. 55, 185.
h. Euphorion 1896. 2, 180.

1) Volksmetaphysik für alle Stände. Leipzig 1797. Höfer. 8.

2) Der Teutsche Kinderfreund Rosenau, oder Originalübungen im Lesen für die erwachsene Jugend vom 8ten bis zum 12ten Jahre, zur faßlichen, angenehmen und natürlich-richtigen Bildung ihres Verstandes und Herzens. Leipzig 1798. 8.

8) Der teutsche Sokrates, oder Originalideen über das unabänderlich nothwendige Schicksal der Menschen, über ihre Aussichten und Erwartungen diesseits und jenseits des Grabes, für jedermann interessant dargestellt. Leipzig 1799. 8.

4) Vorrede zu der Kurzen historischen Darstellung der gesammten kritischen Philosophie nach ihren Haupt-Resultaten, für Anhänger und Freunde der Philosophie. Leipzig 1801. 8. Sieh unten S. 812.

5) Grundriß einer zweckmäßigen Propädeutik zum gründlichen und fruchtbaren Studio der Metaphysik oder der Transcendentalphilosophie. Leipzig 1802. Breitkopf u. H. gr. 8.

6) Versuch der einzig zweckmäßigen Propädeutik zum richtigen, gründlichen und fruchtbaren Studio der Vernunftlehre oder Logik, als der allgemeinen Grundlehre alles richtigen Denkens. Leipzig 1802. gr. 8. Breitkopf u. H.

7) Versuch eines neuen Entwurfs des einzig richtig und zweckmäßig dargestellten Systems der transcendentalen Elementarphilosophie oder der sogenannten Metaphysik, als der Grundlage des Kerns und Geistes aller wahren Philosophie und Wissenschaften überhaupt. Leipzig 1802, Küchler. gr. 8.

8) Grundriß einer zweckmäßigen Pädagogik oder Moralphilosophie. Leipzig 1803. Leo. gr. 8.

9) Versuch einer zweckmäßig vollständigen Vorbereitungswissenschaft zum richtigen Studium und gründlichen Bearbeiten der Metaphysik oder der transcendentalen Fundamentalphilosophie. Leipzig 1803. gr. 8.

10) System der empirischen Anthropologie oder der ganzen Erfahrungsmenschenlehre, in zwey Haupttheilen abgefaßt. Leipzig 1803 bis 4. gr. 8.

11) a. Meiner Gattin wirkliche Erscheinung nach ihrem Tode; eine wahre, unlängst erfolgte Geschichte, für jedermann zur Beherzigung, und vorzüglich für Psychologen zur unpartheyischen und sorgfältigen Prüfung dargestellt von D. J. K. W. Chemnitz 1804. 8. — 2. Aufl..... 8. Aufl..... — 4. ganz umgearbeitete, verbesserte und mit neuen Aufschlüssen vermehrte Ausgabe. Leipzig 1805. 8. § 223, C. 125) XXXVII.

b. Antwort auf des Herrn Landdrost und Kammerherrn, G. von Kampts, humane Aufforderung und Bitte an den D. J. K. W. Verfasser des Buchs ‚Meiner Gattin wirkliche Erscheinung nach ihrem Tode‘ 1804: Reichsanzeiger 1804. Nr. 835.

c. Nähere Erklärung und Aufschlüsse über seine Schrift: Meiner Gattin wirkliche Erscheinung .... Leipzig 1805. 8.

c'. Joh. Konr. Ihling, Ueber Geistererscheinungen. Ein Beitrag zur Erfahrungs-Seelenkunde. Nebst einer Beleuchtung der Schrift: Meiner Gattin wirkliche Erscheinung nach ihrem Tode. Coburg 1805. Sinner. 8.

c". Joh. Heinr. Helmuth, Sendschreiben an den Herrn Doktor J. K. W. über die wirkliche Erscheinung seiner Gattin nach deren Tode. Ein Nachtrag zur Volksnaturlehre. Braunschweig 1805. 8.

d. Abgenöthigte Antwort auf das an ihn gerichtete Sendschreiben sr. Hochw. des Herrn Superintendenten Helmuth, nebst gebührender Abfertigung des Herrn H. R. Wieland und Konsorten. Leipzig 1805. 8.

d'. Helmuth, Duplik gegen Hrn. Dr. Wetzel, die w. E. s. Gattin nach ihrem Tode betreffend. Stendal 1806. 8. § 279. 15. 86). 78. 5).

d". Andr. Letromi [Anagramm für Imortel, d. i. Chn. Gth. Anton], Lethe. Versuch einiger Grundlinien zur Untersuchung von der Fortdauer und dem Zustande der Menschen nach dem Tode. Mit Bemerkungen über einige Schriften verwandten Inhalts, bes. Wielands Euthanasia. Halle und Görlitz 1806. 8.

e. Die erste merkwürdige Geistererscheinung des 19. Jahrhunderts. Dresden, Arnold. 1805. 8.

f. G. Ch. Cannabich, Meine Gedanken über die menschliche Seele, deren Fortdauer und Erscheinung nach dem Tode, veranlaßt durch die Schrift: Meiner Gattin wirkliche Erscheinung etc. Leipzig 1805. 8. (Zwei Aufl.).

Vergl. Ferd. Dieffenbach, Die erste Geistererscheinung des 19. Jahrhunderts: Gartenlaube 1874. Nr. 25. 8. 408 f.

12) Grundriß eines eigentlichen Systems der anthropologischen Psychologie überhaupt und der empirischen insbesondere, Leipzig 1804 und 5. II. gr. 8.

13) Franzens Sieges-Feier während Seines feierlichen Einzugs in Wien am 16. Juni 1814. Wien 1814. v. Stöckholzer. 8. Trapp Nr. 8905.

14) Grundriß einer pragmatischen Geschichte der Declamation und der Musik, nach Schochers Ideen. Wien 1814. Mösle. gr. 8.

Schocher, gest. 9. März 1810: Todtenfeier Leopolds II. Leipzig 1792. gr. 4. Wurzbach 1887. 55, 185.

15) Grundriß eines allgemeinen und faßlichen Lehrgebäudes der Declamation und der Musik, nach Schochers Ideen, für Künstler, Dichter, Vorleser, Declamatoren, Redner, Lehrer und Kunstschauspieler aller Art, für deren Zuhörer und Zuschauer, zur richtigen Würdigung der Erstern, herausgegeben auf vielseitiges Verlangen wahrer Sachkenner, z. B. selbst des verewigten unsterblichen Schillers und Reinhards. Wien 1814. gr. 8. — 2. Aufl.: Grundriß eines allgemeinen interessanten und faßlichen Lehrgebäudes, oder System der Deklamation und der Mimik, mit Anwendung ihrer Gesetze auf Musik, Poesie, Oper, Pantomime und Ballet. 1820.

Bruchstücke daraus vorher: Dresdner Beyträge zur Belehrung und Unterhaltung. 1812. Nr. 5, 6, 11 bis 27.

16) Kurzer Grundriß einer declamatorisch-charakteristischen Statistik und Physiognomik aller gebildeten Staaten und Völker, nach Schochers Ideen. Wien 1815, Mösle. gr. 8.

17) Unmittelbare praktische Declamirschule oder Auswahl der schönsten Gedichte erhabenen und traurigen Inhalts, so charakterisirt und bezeichnet, daß sie auch ohne Vorbereitung sogleich gut vorgelesen werden können. Ein interessantes und nützliches Taschenbuch für alle gebildeten Personen. Wien 1816. 8.

18) Schöne Vorlesekunst für alle gebildeten Personen beiderlei Geschlechts. Ein allgemein interessantes und nützliches Lesebuch, auch für die obern Classen in Academien, Gymnasien u. s. w. Wien 1816. 8. 2. Auflage 1817. 8.

19) Versuch einer völlig zweckmäßigen Theaterschule, oder der einzig richtigen Kunst und Methode, vollkommener Kunstschauspieler, Opernsänger, Pantomime und Ballettänzer in höherem Grade und in kürzerer Zeit zu werden, als auf dem bisherigen Wege .. Wien 1817. 8.

Bruchstücke daraus vorher: Dresdner Beyträge 1813. Nr. 12 bis 14, 17 und 22.

20) Unter dem Decknamen Freimund Walter: Handbuch einer Universalhistorie oder eine wirklich pragmatische Geschichte der Menschheit. Wien 1820. Gräffer und Schmidl. 1 Band. gr. 8.

47. Leopold Chimani, geb. in Langenzersdorf bei Wien am 21. Februar 1774, Sohn eines Schullehrers, in Wien erzogen, studierte Pädagogik, unterrichtete in der Schule seines Heimatsdorfes, Erzieher der vier Söhne des Kreishauptmanns Freiherrn Johann von Sala, 1798 Gabeis' Nachfolger in der Direktion der k. k. Hauptschule zu Korneuburg, errichtete dort eine Erziehungsanstalt, 1807 Rechnungsfaktor und 1819 Administrator beim k. k. Schulbücher-Verschleiß in Wien, aushilfsweise als k. k. Bücher-Zensor verwendet, † am 22. April 1844.

a. Annalen Intelligenzblatt Julius 1805.

b. Meusel 13, 228. 17, 327. 22 I, 498 bis 500.

c. Gräffer und Czikann 1835. 1, 525.

d. Bäuerles Theaterzeitung 1844. Nr. 100.

e. Frankls Sonntagsblätter 1844. 3, 408: Nekrolog.

f. Neuer Nekrolog 22, 1. 383.

g. Wurzbach 1857. 2, 342.

h. Kehrein 1868. 2, 56 f.

i. Marianne Nigg, Leopold Chimani 1774—1844. Korneuburg 1895. 30 S. gr. 8.

k. Vgl. unten Nr. 112).

1) Verschiedene Beyträge zur neuen Kinderbibliothek von F. A. Gabeis. Wien bey I. C. Schuender 1797. VI.

2) Prières à l'usage des enfans, ou exercices dans la pratique de s'entretenir en présence de Dieu. Traduites de l'allemand de Mons. F. A. Gabeis. Vienne chez I. C. Schnender et Alois Doll 1798. Vgl. Nr. 23. 2).

8) Merkwürdigkeiten aus der Naturgeschichte: eine Leseübung für Kinder in den Unterhaltungs-Stunden. Korneuburg bey Edlingern 1799.

4) a. Zweyhundert und fünfzig syntaktische Aufgaben, eingetheilt nach den Regeln der Wortfügung. Anleitung zur lateinischen Sprache zum Gebrauche der studierenden Jugend in den k. k. Staaten. 2. Theil. Wien bey Aloys Doll. 1802. Vgl. Annalen 1802. 55 St. S. 440.

b. Dreyhundert und dreyßig syntactische Aufgaben, eingetheilt nach den Regeln der Wortfügung in dem ersten Theile der Anleitung zur lateinischen Sprache zum Gebrauche der studierenden Jugend in den k. k. Staaten. Gesammelt von Leopold Chimani, Director an der k. k. Haupt- und Industrieschule in Korneuburg. Wien, 1804. Bey Aloys Doll, Buchhändler im deutschen Hause nächst der Stephanskirche. 268 S. 8.

5) Rundgesang auf die Feyer der Jubel-Hochzeit des ehrwürdigen grauen Ehepaares Sebastian und Anna Sied in Korneuburg den 2. Aprill 1804.

6) Neues Prüfungsgeschenk, ein Buch zur Belohnung und Unterhaltung für fleißige und gutgesittete Kinder. Wien bey Gerold 1804.

7) Volkslied, gesungen bey dem Dankfeste wegen der von seiner k. auch k. k. Majestät Franz dem zweyten angenommenen erblich österreichischen Kaiserwürde von den frohen Einwohnern der l. f. Stadt Korneuburg den 16. December 1804. Korneuburg bey Edlinger.

8) Exercitia & colloquia latina & germanica: Lateinische und deutsche Sprachübungen und Gespräche, oder Versuch eines Stufenganges, die Anfänger in der lateinischen Umgangssprache zu üben. Wien. Al. Doll. 1806. II. 8. — 2. Aufl. 1814. — 3. Aufl. 1821.

9) Neue deutsche Aufgaben zum Uebersetzen ins Latein als Uebungen über die Regeln der in den Gymnasien der k. k. deutschen Erblande neu eingeführten lateinischen Sprachlehre für Anfänger gesammelt von Leopold Chimani, Director an der k. k. Haupt- und Industrie-Schule in Korneuburg. Wien. A. Doll. 1807 bis 1808. IV. 8. 168 S.; 166 S.; 184 S.; 144 S. — 2. Aufl. 1814. — 8. Aufl. 1821. Vgl. Annalen 1811. 2, 156.

10) Erzählungen und belehrende Unterhaltungen aus der Länder- und Völkerkunde, aus der Naturgeschichte, Physik und Technologie. Ein Geschenk für die Jugend. Wien, Anton Doll. 1809. 8. — 2. Auflage. 1816. — 8. verb. und verm. Orig.-Ausgabe. München 1834. Giel. 8.

II) Ein kleines Geschenk für gute Kinder. Mit 6 Kupfern. Von Leopold Chimani. Zweyte verbesserte Auflage. 1811. Wien, bey dem Verf. und im Verlagsgewölbe des k. k. Schulbücher-Verschleißes. 64 S. 16. Vgl. Annalen 1811. 2, 340.

12) A.H. Niemeyers Grundsätze etc. in einem vollständ. Auszug bearbeitet. 1812. II.

13) Französisch-deutsches Wörterbuch zu Fenelons Telemaque, mit geographisch-historischen und mythologischen Erklärungen. Wien, Al. Doll. 1813.

14) Vaterländischer Jugendfreund, ein belehrendes und unterhaltendes Lesebuch zur Veredlung des Herzens ... für die Jugend. Wien, Ant. Doll. 1814. VI. gr. 8.

15) Vaterländische Unterhaltungen für die Jugend. Ein belehrendes Lesebuch für die Jugend. Wien, Ant. Doll. 1815. VI. gr. 8. — Zweite Aufl. der 2. ersten Thle. 1827.

16) Der junge Krieger, ein militärisches Bilder- und Lesebuch für die deutsche Jugend. Wien, Haas, 1816. gr. 8.

17) Gemälde aus der Natur, Kunst, Völkerkunde und dem Menschenleben. Mit einem erklär. Texte für die Jugend. Wien, Müller 1816. II. 8.

18) Die kleine ABC-Schule für Knaben und Mädchen. Wien, Müller. 1816. 12.

19) Neue Bildergallerie über Gegenstände der Natur, Völker- und Gewerbkunde. Wien 1816. Haas. (Leipzig, Er. Fleischer). gr. 8.

20) Wilhelms und Linas Tagesbeschäftigungen. Wien und Prag 1816. Ohne Verfassernamen.

21) a. Schule der Belehrung und Warnung. Eine Sammlung wahrer Geschichten für die Jugend. Wien, Pichler. 1817. — 2. Auflage 18??. — 3. Auflage. 1827. — 4. mit 50 neuen Geschichten verm. Aufl. Wien 1838. Pichlers sel. Wittwe. 8.
b. Wahre Geschichten, welche sich in den letzten Tagen zugetragen haben. 3. Auflage. Wien, Gerold. 1817.
c. Goldkörner aus den Erfahrungen im Menschenleben, wiedergegeben in wahren Geschichten, welche sich in verschiedenen Gegenden zugetragen haben. Zur Belehrung und Warnung für die Jugend. 5. umgearb. und mit 35 neuen Geschichten verm. Aufl. der ,Wahren Geschichten'. Wien 1842. Pichler's sel. Witwe. 8. — 6. Aufl. 18??. — 7. Aufl. Wien 1861.

22) Erholungen für die Jugend in freien Stunden. Wien, Pichler 1817. 8.

23) Sittengemälde zur Veredlung jugendlicher Herzen. Wien, Müller 1817. 12.

24) Gemüthliche Erzählungen für die Jugend, zur Veredlung des Herzens und Bildung des moralischen Gefühles. Wien, Müller. 1817.

25) Fürchtegotts Lehren der Weisheit und Tugend, in kurzen und faßlichen Erzählungen für die zarte Jugend. Wien, Gerold. 1818. 8.

26) Tugendspiegel und Warnungstafel. Eine Sammlung lehrreicher und unterhaltender Geschichten. Zum Geschenk für fleißige und gutgesittete Kinder. Wien, Gerold. 1818.

27) Vater Traugott im Kreise seiner guten Kinder. Ein religiöses und moralisches Lesebuch zur Veredlung jugendlicher Herzen und Verfeinerung des sittlichen Gefühls. Wien, Wallishausser. 1818. 12.

28) Wunderbares Thierkabinet, oder Sammlung merkwürdiger Anekdoten aus dem Thierreiche. Wien, Bermann u. Sohn. 1818. 8.

29) Wunderbarer Schauplatz der Kunstfertigkeiten der Thiere, oder unterhaltende Bilder und Erzählungen von ausgezeichneten Thieren. Wien, Haas. 1818. gr. 8.

30) Blumengewinde nützlicher und lehrreicher Erzählungen für gute Knaben und Mädchen. Wien, Müller. 1820. 12.

31) Die Jagdlust. Ein unterhaltendes Bilderbuch für die Jugend. Wien, Müller. 1821. gr. 8.

32) Wunder der Schöpfung in der menschlichen Natur. Biographien außerordentlicher Menschen. Wien, Müller. 1821. 12.

33) Das alte Ritterthum. Eine Sammlung rührender Erzählungen aus dem Mittelalter. Wien, Müller. 1821.

34) Der guten Kinder Erzählungsstunden im trauten Familienkreise. Brünn & Olmütz 1821. Gastl.

35) Das Landleben, oder Lustreise der Familie Friedheim. Wien, Müller. 1822.

36) Ruhestunden. Ein lehrreiches Prüfungs-, Weihnachts- und Neujahrsgeschenk für Knaben und Mädchen. Wien, Pichler. 1822. 8.

37) Kinderpflichten. 2. verbesserte Auflage. Wien, Pichler. 1823.

38) Lebensbilder aus der wirklichen Welt. Zur Belehrung und Warnung für die Jugend. Wien 1823. gr. 12. 2. Aufl. Wien 1864.

39) Beispiel und Lehre, ein Lesebüchlein für Kinder zur Bildung und Unterhaltung. Wien 1823 (Leipzig, Er. Fleischer) gr. 12.

40) Gottes weise Fügungen, oder wunderbare Schicksale eines Knaben in Europa und Amerika. Wien, Grund. 1823. 12.

41) Anmuthige Geschichten für Kinder zur Veredlung des Herzens. Wien 1823. gr. 12.

42) Eusebia, oder Frauengrösse und weibliche Tugend. Ein Bildungsbuch für Töchter. Wien, v. Mösle. 1824. II. gr. 8.

43) Erheiterungen. Ein lehrreiches Geschenk für Knaben und Mädchen. Wien 1824. Pichler. 8.

44) Die Feyer kindlicher Liebe und Dankbarkeit, an Familien- und Schul-

festen. Eine Sammlung von 250 Glückwünschen für Kinder. Nebst mehreren Prüfungsreden. Wien 1824. 12.

45) Festgeschenk für gute Söhne und Töchter. Eine Sammlung lehrreicher Erzählungen und merkwürdiger Begebenheiten zur Erweckung des religiösen und moralischen Gefühls. Wien, v. Mösle. 1824. gr. 12.

46) Wanderungen durch das jugendliche Alter, in lehrreichen Gedichten und schönen Bildern. Wien 1825. Bormann u. Sohn. 12.

47) Die Milchbrüder, oder Gottes allweise, väterliche Fürsehung und strenge Gerechtigkeit in Leitung unserer Schicksale. Eine religiös-moralische Erzählung als Lehre und Beispiel für gute Kinder. Wien, Doll. 1825. 8. Zweite verb. Auflage. Wien 1837, Mausberger. gr. 12.

48) Recueil des contes nouveaux ... Sammlung der neuesten und anziehendsten moralischen Erzählungen. Aus französischen Jugendschriftstellern. Für die Jugend. In deutscher und französischer Sprache. Wien, Grund 1826. gr. 12.

49) Heitere Ansichten aus dem Leben guter Menschen. Eine Sammlung neuer und lehrreicher Erzählungen für die Jugend. Wien, Müller 1826. gr. 12.

50) Ehren- und Sittenspiegel aus der alten und neuen Geschichte, in Lebensbeschreibungen und Charakterzügen großer und tugendhafter Männer. Zur Bildu g, Ermunterung und Nachahmung für die Jugend dargestellt. Wien, Müller. 1826. gm8.

51) Ritter Landsberg, oder die wunderbaren Wege der göttlichen Fürsehung. Eine rührende Geschichte des Mittelalters. Lehrreich für die Kinder erzählt zur Belebung des religiös-moralischen Gefühls. Wien 1826. Mausberger. — 2. verb. Aufl. Ebenda 1841. Leipzig, Hunger. gr. 12.

52/3) Die fromme Königin Mathilde. Eine Geschichte zur Verbreitung des religiös-moralischen Gefühls für fromme Söhne und Töchter. Wien, Mansberger 1826. 12. — 2. verb. Aufl. 1837.

54) Morgengabe in schönen Bildern und lehrreichen Erzählungen. Wien 1827. Bermann u. Sohn. qu. 12.

55) Schauplatz für das jugendliche Alter. Mit Scenen im Zimmer, in der Stadt, im Walde und auf der See, zur bildlichen Darstellung von 84 Erzählungen. Wien, Müller. 1827. gr. 8.

56) Naturgemälde, Länder- und Völkermerkwürdigkeiten und Erzählungen aus den fünf Theilen der bewohnten Erde. Wien, Müller 1827. gr. 8.

57) Toms und Zabi, die treuen Insulaner. Eine Erzählung für die Jugend. Wien, Müller 1827. 16.

58) Religion und Tugend, die Leitsterne zur innern Zufriedenheit in dem menschlichen Leben und zum Heile. Eine Sammlung neuer Erzählungen lehrreichen, religiösen und moralischen Inhalts. Zunächst für die Jugend, aber auch für Erwachsene, die nach Glückseligkeit streben. Wien 1828. XII. gr. 12.

59) Bete und arbeite! Eine Sammlung neuer Erzählungen lehrreichen, religiösen und moralischen Inhalts, zunächst für die Jugend, aber auch für Erwachsene, welche nach Glückseligkeit streben. Wien 1828. Mausberger. VI. gr. 12.

60) a. Die Schiffbrüchigen unter den Wilden auf Newfoundland. Eine lehrreiche und unterhaltende Geschichte für Kinder. Wien 1828. Bermann u. Sohn. kl. 8.
b. Vertrauen auf Gott und Rettung. Oder wunderbare Geschichte eines Schiffbruches, einer verunglückten Schiffsgesellschaft, ihres Aufenthaltes auf wüsten Inseln, in den Urwäldern Floridas und ihrer glücklichen Wiedervereinigung. Für Jung und Alt lehrreich erzählt. Zweite verb. Auflage. Wien 1837. gr. 12.

61) Die verlassenen Kinder unter dem Schutze Gottes und der Obhut einer frommen und treuen Dienerin. Eine religiös-moralische Erzählung für die Jugend und Erwachsene. Wien, Grund 1828. gr. 12.

62) 60 biblische Geschichten des alten und neuen Testaments. Wien, Müller 1828. gr. 8.

63) Gute Kinder des Himmels reicher Segen. Eine Geschichte aus unserer Zeit, zur Belehrung für Aeltern, zur Lehre und Nachahmung für Kinder. Wien 1829. Mansberger. gr. 12.

64) Die mächtige Hilfe Gottes in den Tagen der Trübsale, der Noth und

Gefahr. Dargestellt in einer lehrreichen und rührenden Geschichte zur Belebung des religiösen Gefühls, zur Erbauung und Nachahmung für Jung und Alt. Wien 1829. gr. 8. 2. Origin.-Aufl. Neuburg 1843. Prechtler. 12.

65) Edelsinn und Herzensgüte. Eine Sammlung lehrreicher Erzählungen zur Veredlung der Jugend. Wien 1829, Bermann u. Sohn. kl. 8.

66) Meine Ferien-Reise, von Wien durch das Land unter und ob der Enns, über Linz, durch das k. k. Salz-Kammergut, nach Ischl und Hallstadt, nach Salzburg.... In topographischer, geschichtlicher, naturhistorischer, technologischer.... Beziehung. Im Jahre 1829. Wien, Pichler 1830. II. gr. 12.

67) Die Prüfung durch Unglück, oder: Gott wendet die Leiden in Freuden. Eine moral.-religiöse Erzählung für Jung und Alt. Wien 1830. Mausberger. gr. 12.

68) Erzählungen für die Jugend, von L. Chimani, J. S. Ebersberg, J. Glatz, G. C. Jerrer, Amalia Schoppe und ein Festspiel von J. F. Castelli. Wien 1830. Müller. 12.

69) Blüthen und Früchte aus dem Jugendleben und dem folgenden Alter, den Kindern zur Beherzigung und Nachahmung dargeboten. Wien 1830. Bermann u. Sohn. kl. 8.

70) Perlen aus der Tugendkrone edel und fromm gesinnter Menschen. Zur Beherzigung und Nachahmung der Jugend dargeboten. Wien, Müller 1830. gr. 8.

71) Der erzählende Kinderfreund im Kreise guter und wißbegieriger Söhne und Töchter. Eine Sammlung neuer Erzählungen aus dem Leben und nach dem Leben gezeichnet. Der Jugend zur Lehre und Belebung des moral. Gefühls, den Erwachsenen zur Beherzigung und Erbauung. Wien 1831. Mausberger. VI. gr. 12.

72) Der guten Kinder Erzählungsstunden im trauten Familienkreise. Ein Buch für Knaben und Mädchen zur Veredlung des Herzens... Brünn. Gastl. 1831. 8.

73) Theoretisch-praktischer Leitfaden für Lehrer in Kinder-Bewahrungsanstalten. Enthält. die Organisation derselben und die Gegenstände, welche und wie sie in derselben vorgenommen werden sollen. Mit einer Geschichte der Kinderbewahranstalten überhaupt und des Hauptvereins für Kinder-Bewahranstalten in Wien. Wien 1832. 8.

74) Biographien berühmter und verdienter Männer aller Zeiten und Nationen. Für die Jugend bearbeitet. Wien 1832. Müller. breit 12.

75) Vaterländische Merkwürdigkeiten: Biographien berühmter und ausgezeichneter Männer; Erzählungen aus der österreich. Geschichte; Schilderungen großer Städte, merkwürdiger Völker, der Sitten etc. derselben; Beschreibungen der Naturwunder und Naturerscheinungen, der Natur- und Kunst-Produkte, wohlthätiger und gemeinnütziger Anstalten, schöner und edler Handlungen im österreichischen Kaiserstaate. 2. verm. Aufl. Wien 1837. Pichler. VI. 8.

76) Ein Kränzchen von bunten Bildern mit einem erklärenden Texte. Zur Belehrung und Unterhaltung für wißbegierige Kinder. Wien 1833. kl. 8.

77) Bunte Bilder mit lehrreichen und unterhaltenden Erzählungen für gute Mädchen. Wien 1833. Bermann u. Sohn. kl. 8.

78) Die Silberquelle des Guten und Schönen Eine Sammlung lehrreicher und unterhaltender Erzählungen für Knaben und Mädchen edleren Sinnes. Wien 1833. Müller. 8.

79) Vorbilder eines frommen Sinnes und guter Handlungen. Zur Beherzigung und Nachahmung ... 1833. 12 (Leipzig, Fr. Fleischer).

80) Die schwarze Frau. Eine lehrreiche Erzählung für Kinder und Kinderfreunde. Wien 1834. 12.

81) Die beweglichen Bilder mit der Beschreibung einiger schönen Umgebungen Wiens, der Vergnügungen der höheren und niederen Stände, der Volkssitte, und mit mehreren lehrreichen und unterhaltenden Erzählungen. Zum Nutzen und zur Erheiterung der Jugend bearbeitet. Wien 1835. Müller. gr. 16.

82) Bilder und Geschichten. Zum Nutzen und Vergnügen der Jugend. Wien 1835. Bermann u. Sohn. 8.

83) Geschichte der Kreuzzüge und des Königr. Jerusalem, von dessen Entstehung bis zum Untergange. Für die Jugend und ihre Freunde lehrreich erzählt. Wien 1835, Pichler. II. gr. 12. — 2. Ausgabe. Wien 1843. Pichler's Witwe. 11.

84) Kinder-Schauspiele für den Familienkreis, welche sich gut lesen und leicht darstellen lassen. Wien 1836. Müller. kl. 8.

85) Bunte Scenereien aus dem Menschenleben. Ein Bilderbuch ganz neuer Art, zum Nutzen und Vergnügen der Jugend bearbeitet. Wien 1836. Müller. breit 8.

86) Historischer Bildersaal, oder Darstellungen berühmter Männer und merkwürdiger Begebenheiten aus der Geschichte aller Völker und Zeiten. Zur Belehrung und zum Vergnügen der Jugend bearbeitet. Wien 1837. Sammer. Lex. 8.

87) Der guten Knaben und Mädchen neuestes Erzählungs- und Bilderbuch. Eine Sammlung lehrreicher und unterhaltender Erzählungen, für die Jugend bearbeitet. Wien 1837. Bormann u. Sohn. gr. 8.

88) Kleine Erzählungen und Märchen für die Jugend. Wien 1837. Müller. gr. 8.

89) Angenehmer und nützlicher Gesellschafter für die Jugend in den freien Stunden. Zur Belehrung, Erheiterung und Warnung gesammelt. Wien 1837. Mausberger. gr. 12.

90) Kleine Erzählungen und Mährchen. Wien 1887.

91) Der Tugend die Krone, der Sünde folgt die Strafe. Eine Erzählung für die Jugend. Wien 1837. Mayer und Comp. 12.

92) Gefahren und Unglücksfälle aus Unverstand, Unbedachtsamkeit und Leichtsinn, nebst einigen ermunternden Erzählungen. Eine Sammlung durchaus wahrer Ereignisse zur Belehrung und Warnung für die Jugend und für Erwachsene. Wien 1838. Mausberger. gr. 12.

93) Jugend-Salon des Frohsinns, oder: bunte Conversationen munterer Knaben und Mädchen aus den gebildeten Ständen, mit Anekdoten, Gesellschaftsspielen und Räthseln, zur Erheiterung und Belebung des Scharfsinnes und Witzes. Wien 1838. VI. qu. 16.

94) Tugendglanz und Seelengröße guter Menschen im Handeln, Dulden und Leiden. Eine Sammlung lehrreicher und rührender Erzählungen für die Jugend. Wien 1888. Mausberger. gr. 12.

95) Knabenfreude. Eine Sammlung kurzer Geschichten. Zur Belehrung und Unterhaltung der Knaben in freien Stunden. Wien 1838. qu. 8.

96) Mädchenfreude. Eine Sammlung kurzer Geschichten. Zur Belehrung und Unterhaltung der Mädchen in freien Stunden. Wien 1838. Bermann u. Sohn. qu. 8.

97) Samenkörner des Guten und Nützlichen, gestreuet in die zarten Kinderherzen. Ein neues Bilderbuch für wißbegierige Knaben und Mädchen. Wien 1840. Bormann und Sohn. gr. 8.

98) Lichte Bilder aus dem Menschenleben, mit ihrer Schattenseite. Eine Sammlung lehrreicher und unterhaltender Erzählungen zur Belebung des moralischen Gefühls und Beförderung ächter Humanität für die Jugend bearbeitet. Wien 1840. Mausberger. gr. 8.

99) Das kleine Belvedere, oder: Mignon-Bilder-Gallerie. Eine Darstellung vorzüglicher Gemälde der k. k. Bildersammlung aus der neuern Zeit. Nebst erklärendem Text und lehrreichen Erzählungen für die Jugend. Wien 1840. Müller. gr. 8.

100) Die Tugend im Kampfe mit den Widerwärtigkeiten des Lebens, oder: ein frommes, Gott ergebenes Herz geht siegreich und mit geläuterter Tugend aus den herbsten Prüfungen hervor. Für die Jugend zur Erbauung und Nachahmung in rührenden Beispielen dargestellt, denen auch ermunternde Geschichten beigegeben sind. Wien 1841. Pichler's sel. Witwe. 8.

101) Das Portefeuille des Wißbegierigen. Ein Werk für die Jugend. Enthaltend: Sitten und Trachten verschiedener Völker; das Ritterthum; die Stephanskirche zu Wien und den Dom zu Mailand. Wien, Müller 1841. Lex. 8.

102) Der Christen-Sclave in Algier und Jerusalem. Eine Erzählung für die fromm gesinnte Jugend und für Erwachsene. Mit einer Beschreibung der durch den Wandel Jesu geheiligten Oerter in Palästina. 2. verb. u. verm. Aufl. Wien 1841. Mausberger. Leipzig, Hunger. gr. 12.

103) 127 kurze und anmuthige Erzählungen mit goldenen Sprüchen erläutert. Für Knaben und Mädchen, die nach Tugend und Weisheit streben. Wien, Müller 1842. 16.

104) Kindergarten mit Blumen, Blüthen und Früchten. Eine Sammlung von 200 kurzen und anmuthigen Geschichten für Knaben und Mädchen. Wien 1843, Müller. gr. 16.

105) Der kleine Vorleser. Eine Sammlung anmuthiger und lehrreicher Geschichten für die Jugend. Wien, Pichler's sel. Witwe. 1844. gr. 8.

106) Vaters Erzählungen. Wien, Müller 1845. 16.

107) Erzählungen der Mutter. Wien, Müller 1845. 16.

108) Maaßlieben. Erzählungen für die Jugend. Wien 1845, Müller. 16.
Marguerites. Historiettes pour la jeunesse. Traduites en Français par P. J. P. Vienne, Müller 1845.

109) Mohnblumen. Erzählungen für die Jugend. Wien 1845. 16.
Coquelicots. Recueil d'histoires instructives et amusantes pour la jeunesse. Traduites en Français par P. J. P. Vienne 1845. Müller. 16.

110) Erzählungsbuch der Großmutter. Wien, Müller 1845. 16.

111) Großvaters Erzählungsbuch. Wien, Müller 1845. 16.

112) Leopold Chimanis ausgewählte Jugendschriften. Unter Mitwirkung mehrerer Jugendfreunde neu bearbeitet und herausgegeben von Red. Ant. Brousil. 1. Bändchen: Gute Kinder des Himmels reicher Segen. Mit Portrait und Lebensgeschichte des Verfassers. Weyer a. d. Enns, A. Brousil. 1896. XV, 68 S. 12. — 2. Bändchen: Vaterländische Erzählungen. Neu bearbeitet von Ant. Brousil und J. Grünwald. Weyer a. d. Enns (Leipzig, X. Pflugmacher). 1897. 115 S. 12.

48. Maximilian Fischel, geb. in Wien 1779, trat 1799 in den Staatsdienst beim General-Kommando in Wien, wurde bald nach Brünn, Graz, Hermannstadt beordert, 1805 und 1809 bei den operierenden Armeen verwendet. Dann wurde er dem Feldkriegssekretär Colonius im General-Kommando für Innerösterreich an die Seite gegeben und führte nach dessen Tod das Referat; starb infolge von Überanstrengung zu Wien am 22. Mai (nach andern am 2. Mai) 1812.

a. Annalen 1812. 3, 137 („Von seinem poetischen Nachlasse dürfte . . . manches ans Licht treten').

b. Meusel 17, 578.

c. Wurzbach 1858. 4, 238.

1) Gedicht an Erzherzog Carl. 1797.

2) Gedichte im Neuen Wiener Musenalmanach. 1798 und 1800 (vgl. § 231, 8 a — Band IV. S. 367), im Musenalmanach für 1805, in Hormayrs Archiv, in Castellis Selam u. s. w.

3) Streifzüge durch Innerösterreich, Triest, Venedig und einen Theil der Terra Ferma (von M. Fischl und J. G. Wiedemann). Wien 1801. Ant. Doll. 8.

4) Malerische Streifzüge durch die interessanten Gegenden um Wien (von Jos. G. Wiedemann und M. Fischl). Wien, Ant. Doll. IV. 8.
Auch unter d. Titel: Taschenbuch für Freunde vaterländ. Gegenden. Vgl. oben III. 11.

5) Lieferte Beiträge zu Schütz ‚Erdkunde'.

49. Johann Baptist Hoheisel oder Hocheisel.

1) Beiträge zum Neuen Wiener Musenalmanach 1800 (vgl. § 231, 8 a — Band IV. S. 367) zu der Wiener Theaterzeitung, zum Wanderer, zum Illyrischen Blatt u. s. w.

2) Tändeleyen der Liebe und der Freude. Von Johann Hoheisel. Wien, in Commission bey Aloys Doll. 1802. 132 S.
Vgl. Annalen August 1803. Nr. 66: ‚Eigentlich eine Uebersetzung der Küsse des Johannes Secundus, wovon jedem Gedichte ein besonderer Titel vorgesetzt ist. Als Anhang befinden sich dabei ein paar Elegien, Fabeln und Friedensgesänge.'

3) Sämmtliche Gedichte von Johann Hoheisel. Wien, gedruckt bey Anton Pichler. 229 S. 2 Bl. Inhalt. 8.
Vorrede: ‚Die in gegenwärtiger Sammlung vorkommenden Tändeleyen sind schon im Jahre 1802 im Drucke erschienen, in den Annalen der öst. Lit. in Beziehung auf Kraft des Ausdruckes, Wärme der Farbengebung und Correctheit der Sprache empfehlend beurtheilt, und längst vergriffen worden. Noch früher wurden einige der hier aufgenommenen Fabeln in Musen-Almanachen und zerstreuten Blättern einzeln

abgedruckt. Eine sorgfältigere, schärfere Feile hat seit dieser Zeit manche heym ersten Erscheinen übersehene Härte zu heben gesucht'.

S. 5: Epistel an Herrn Simon. — S. 9: Fabeln und Erzählungen. 2 Bücher. — S. 76: Die Krone des Alters. (Nach Herders Adrastea). — S. 95: Sylben- und Worträthsel. 1 bis 86. — S. 111: Tändeleyen der Jugend. — S. 143: Die Sinne. Das Gesicht. Das Gehör. Der Geruch. Der Geschmack. Das Gefühl. — S. 151: Die Jahreszeiten. — S. 159: Trinklied bey der Zurückkunft des Oesterreichischen Aufgebothes am 3. May 1797. (,Freunde, laßt uns fröhlich leben!'). — S. 162: Elegien. — S. 169: Vermischte Gedichte. — S. 185: An das Vaterland bey der Wiederkehr des Friedens. (,So fiel es denn, des Krieges Ungeheuer'). — S. 188: Vaterländisches Lied der Studenten bey ihrem Ausmarsche den 17. Apr. 1797. (,Auf! Musensöhn', ins Waffenfeld Für's liebe Vaterland!'). — S. 190: Der Frühling und der Friede. 1797. Eine Kantate. (,Wenn auch ein Sturm das Meer bald an den Himmel trägt'). — S. 201: Die Ambarvalien 1797. (,Sieh auf dein flehendes Volk, Gott, Erhalter der Dinge!'). — S. 207: Aufruf an Oesterreich im Sept. 1800. (,Auf, Oesterreich! denn siegstolz droht'). — S. 209: Vaterländisches Lied für die Frey- willigen des Oesterreichischen Scharfschützen-Corps im Sept. 1800. (,Gezognes Rohr ist Heldenlust'). — S. 214: Sinnesäußerungen eines Oesterreichers beym Ausbruchs des Krieges im Octob. 1805. (,Krieg! — donnert es durchs Vaterland').

4) Theoretisch-praktische Anleitung zu schriftlichen Aufsätzen, mit besonderer Hinsicht auf die deutschen Erbländer der österreich. Monarchie betreff. Gesetze. Wien 1815. Armbruster. III. 8.

5) Der Geymüller'sche Garten bey Petzleinsdorf in vier Gedichten von Johann Hoheisel. Wien, gedruckt bey Anton Pichler. 1821. 16 S. 8.

6) Der Fürst-Schwarzenberg'sche Lustpark an Neu-Waldeck bey Dornbach. Von Johann Hoheisel. Wien, gedruckt bey Anton Pichler. 1823. 15 S. 8. (Gedichte.)

7) Bitte und Erfüllung. — Wiens Beleuchtung am Abende des neunten April 1826: Bäuerle, Gott erhalte Franz den Kaiser. Wien 1827. 8. 111. 193.

8) a. Neue, für jede Regel besonders gewählten Übungsstücke zur deutschen Rechtschreibung. Wien 1831. Pichler. 8.

b. Theoretisch-praktische Anleitung zur deutschen Rechtschreibung, mit vielen, für jede Regel besonders gewählten Uebungsstücken. 2. Aufl. Wien, Pichler. 1831. 8.

50. Karl Ludwig von Giesecke. § 259, 104 = Band V. S. 331.

1) Lieder eines alten Meistersängers In der Redoute am Faschingmontag ausgegeben Zum Frommen der Wiener Freiwilligen. Wien 1797.
Vgl. Wiener Ztg. 1797. S. 670.

2) Asche des Herrn Feldmarschalls Grafen von Clerfayt geweiht von der Wiedner Bürgergemeinde. Verfaßt von Karl Ludwig Gieseke. Wien, gedruckt mit Jahnischen Schriften 1798. 8 Bl. 8. (,So hast Du, Sieger mancher Schlacht').

51. Der Wiener Nachtwächter zum neuen Jahr 1797 an seine braven Mit- bürger. Wien. Rehm.
Vgl. Wiener Ztg. 1797. S. 99.

52. Liebe stärker als Waffen. Gesungen an die Mitglieder der Universität von Anton von Vogel, Mitglied des Universitätskorps. Wien, Oehler 1797.
Vgl. Wiener Ztg. 1797. S. 1620.

53. Friedelberg. § 294, 3 = Band VI. S. 864. Oesterreichisches Kriegs- lied von Friedelberg, in Musik gesetzt für das Clavier von Ludwig v. Beethoven. Wien. Artaria. 1797.
Vgl. Wiener Ztg. 1797. S. 1251.

54. Kriegslied für das adelige niederöst. ständische Freikorps. Gesetzt nach dem Aufruf den 14. April. Wien. Eder. 1797.
Vgl. Wiener Ztg. 1797. S. 1345.

55. Patriotisches Kriegslied der edlen Wienerbürger und deutschen Helden bey dem Aufbruchs ins Feld. Wien, 1797, im Verlage bey Ludwig Mausberger, k. k. priv. Buchdrucker. 2 Bl. 4. (In der Melodie: Laßt Brüder uns Gesundheit trinken, etc. ,Auf, ihr Deutschen! laßt uns eilen').

56. Seiner hochfürstlichen Durchlaucht dem Hochgebohrnen Prinzen Ferdinand, Herzog von Würtemberg, K. K. F. Z. M. General und Chef des Oesterreichischen Aufgebothes. In Unterthänigkeit gewidmet von J. T. Laforest, für sich und im Namen der sämmtlichen Mitglieder des berittenen Wiener Freykorps. Wien, den 8. May 1797. Wien, gedruckt bey Johann Joseph Jahn. 2 Bl. 4. (,Oft glänzte der schönste, der Lorbeerkranz dir').

57. An Wiens edle Bürger. Im May, 1797. 2 Bl. 4. (,Nimm meinen Dank, erhab'ne Bürger Schaar!').

58. Innigster Glückwunsch auf den glorwürdigen Geburtstag Sr. königl. Hoheit des Erzherzogs Karl dargebracht. Den 5ten September, 1797. Wien, 1797. Im Verlage bey Ludwig Mausberger, k. k. priv. Buchdrucker. 2 Bl. 4. (,Laßt ihr Deutsche heut vor allen').

59. Dankgefühl der n. ö. ständischen Freiwilligen bei 4facher Harmonie mit 2 Wechsel-Chören gesungen den 5/9 1797 im Landhaussaale nach Erhaltung der Ehrenzeichen. In Musik gesetzt von Sauer Musikdirektor des Waisenhauses. Wien. Bei Eder.
Vgl. Wiener Ztg. 1797. S. 2720.

60. Danklied der Wiener-Freiwilligen dritter Brigade, ersten Battalions zweyter Compagnie. Abgesungen nach erhaltenen Denkmünzen. Verfaßt von Franz Perger, Freywilligen eben dieser Compagnie. Wien 1797. Gedruckt mit Schuenderschen Schriften im k. k. Taubstummen-Institute. 3 Bl. 8. (,Der Trieb nach Lorbeer-Reiser Besliegelte der Deutschen Muth').

61. An Oestreichs biedre Aufgeboths-Mannschaft, bey ihrer Heimkehr nach Auflösung des Aufgebothes. Gesungen von Vinzenz Haslböck. Wien, 1797. 2 Bl. 4. (,Willkommen, tapfre Vaterlandesbrüder!').

62. Lied was hot auf die Allerhöchsti Nomenstag Koyser Franciscus on die vierti October di bekonnti ungrischi Heubauer zu di alererstimol in die Wirtshaus z' Loxiburg gsungen. Wien 1797. Rehm. Sieh Nr. 45 a.
Vgl. Wiener Ztg. 1797. S. 2999.

63. 3 Lieder vom Heubauer auf den Präliminarfrieden. Wien. Rehm. 1797.
Vgl. Wiener Ztg. 1797. S. 2999.

64. Eine Friedensode (Er machte Friede) in Musik gesetzt von Emanuel Alois Förster. Wien bei Johann Träg, Musikalienhändler Singerstraße. 1797.
Vgl. Wiener Ztg. 1797. S. 3766.

65. Des Wieners Lebensessenz. Wien, bey Christoph Peter Rehm. 1797. 62 S. 1 Bl. Inhalt. S. 18: Der Abzug des Wienerischen Aufgebothes. — S. 51: Für Wien siegen, oder sterben. — S. 54: Krieg und Frieden auf der Reise nach Wien. — S. 59: An ein Mädchen, dessen Liebling unter's Freykor ging).

66. Reim-Aufgaben zur Belustigung. Wien 1797. 8. Becker Nr. 13573.

67. Loblied auf den Prater. Wien 1797. Rehm. 8.
Vgl. Wiener Ztg. 1797. S. 2102.

68. Der Prater, Epistel an die Wiener. Wien, bey Ignaz Alberti's Witwe. 1798. 4 Bl. 4. (,Ihr edlen Bürger Östreichs, deren Muth').

69. Joseph Johann Bauer, geb. in Fides, einem Flecken im Viertel Ober dem Mannhartsberg, am 6. Februar 1763, Sohn eines Weinhändlers und wohlbegüterten Landwirtes, der in 15 Jahren dreimal abbrannte, studierte in Krems und Wien; kam als Erzieher nach Steiermark, 1792 Skriptor an der k. k. Bibliothek zu Gratz, † am 25. Mai 1798.
Kunitsch 1805. 2, 16 bis 21.
,Als Dichter legte er eine wohlklingende Ode an Ihre Majestät Caroline Königinn beyder Sicilien, und als Politiker den Sabbako unter die Presse. Er war auch mehrere Jahre Redakteur der damals in Gratz bestandenen sog. Bürgerzeitung, auch Vf. und Herausgeber des Frauen-Journals'.

70. Empfindungen bey der Jubelfeyer des Joh. Thomas Edlen von Trattnern, des heil. Röm. Reichs Ritters etc. als fünfzigjährigen Buchdrucker-Prinzipals von

dessen Hofbuchdruckerey sämmtlichen Kunstverwandten gesungen den 13ten May 1798. Wien, 1798. 4 Bl. 8. (‚Auf Kunstgenossen auf!‘).

71. Auf den Tod des Herrn Joseph Edlen von Mumelter, öffentlichen Lehrers der Universalgeschichte an der hohen Schule zu Wien [gest. 1. Dec. 1798]. Von J. P. H. Auf Kosten Einiger von seinen Schülern. [Wien]. 4 Bl. 8. (‚Wer schämte sich der heißen Zähre‘).

72. Joachim Perinet. § 259, 113 — Band V. S. 332.

1) Oesterreichs Ehrentag, am 17ten April, als 2ten Jahresfeier des allgemeinen Wieneraufgebothes 1799. Von Joachim Perinet. In Musik gesetzt von Herrn Ignaz Ritter von Seyfried. Wien, gedruckt mit Jahnischen Schriften. 4 Bl. 4. (‚Auf! auf! Heran! Der Trommelschlag‘).

2) Die Kaiserthräne. Eine Rückerinnerung an den unvergeßlichen Tag, den 16. Jänner 1806. Von Joachim Perinet. Wien 1806. Auf Kosten und im Verlage bey Joh. Baptist Wallishaußer. 10 S. 4. — Auch: Kaschau, 1806. Frz. Landerer. 8 S. 4. Dieses Gedicht kann nach der Melodie des Volksliedes ‚Gott erhalte unsern Kaiser etc.‘ gesungen werden. (‚Ewig, ewig unvergeßlich‘).

3) Das Josephs-Fest. Ein Völkerlied bey Aufstellung des Monument‘s Seiner Höchstseeligen Majestät Kaiser Joseph des Zweyten. Den Manen seines großen Oheims errichtet von Sr. k. und k. k. Majestät Franz dem Zweyten, auf dem Josephsplatze den 15. July 1806. Verfaßt von Joachim Perinet, Verfasser der Kaiserthräne. Wien 1806. Auf Kosten und im Verlage bey Joh. Baptist Wallishaußer. 8 S. 4. (Kann nach der Melodie: ‚Gott erhalte Franz den Kaiser‘ gesungen werden. ‚Ja, da steht der große Kaiser‘).

4) Das dankbare Wien an seine Wachehaltenden Bürger. Von Joachim Perinet. Wien 1809. 2 Bl. 4. (‚Danke Wien! Durch Bürgerschaaren‘).

73. Joachim Püger, geb. in Wien 1772, Jurist, seit 1796 beim Wiener Magistrat angestellt, 1815 niederösterreichischer Appellationsrat, 1819 Hofrat bei der obersten Justizstelle, gest. am 14. Januar 1833. Verfasser zweier oft aufgelegter juristischer Werke.

a. Gräffer und Czikann 1835. 2, 245.
b. Wurzbach 1859. 5, 8.

1) Ode auf Mantua‘s Wiedereroberung [‚Der holde Friede kömmt! — o spannt die stärksten Seiten‘] nebst einer freyen Uebersetzung jener fünf Elegien, so die Ebreichsdorfer Muse [Joachim Hödel] nach dem Frieden zu Campo Formio am 17. April 1798. bey Gelegenheit der Aufgebothsfeyer gesungen hat. Nebst der Ansicht der Stadt Mantua von Herrn Mannsfeld gestochen. Wien, bey Johann Georg Edler v. Mösle. 1799. 30 S. 4.
Dem Rathe und der Bürgerschaft der k. k. Haupt- und Residenzstadt Wien geweiht. Von Joachim Füger Auskultanten beym löbl. Senate in bürgerl. Rechtsangelegenheiten.

2) Gedichte in Schillings Musen, Launen Anekdoten und Erzählungen 1809.

3) Anakreons Gedichte in deutscher metrischer Uebersetzung mit gegenüberstehendem Urtexte. Von Joachim Füger, Justizrathe des Magistrats der k. k. Haupt- und Residenzstadt Wien. Wien bey J. G. Ritter von Mösle. 1809. 128 S. 8.
Vgl. Annalen 1810. 3, 250.

74. Johann Adam Friedrich Reil, geb. in Thal Ehrenbreitstein am 2. Februar 1773, gest. in Penzing bei Wien am 22. Juli 1843. Vergl. § 261, 56 — Band V. S. 365.

a. Meusel 6, 272. 10, 458. 11, 632. 19, 280.
b. Wurzbach 1873. 25, 196.

1) Beyträge zur Theaterkunde der alten Griechen und Römer: Wiener Hof-Theater-Almanach auf das Schaltjahr 1804. S. 138 bis 153. unterz. Reil. — Fortsetzung: 1805. S. 189 bis 197.

2) Hroswitha, Nonne und Lustspieldichterin im zehnten Jahrhundert: Wiener Hof-Theater-Taschenbuch auf das Jahr 1805. S. 106 bis 129. J. A. Friedrich Reil.

3) Die Gründung des Benedictiner-Stiftes Altenburg zu Sankt Lambert im J. 1144. Ein Klostergemälde aus dem Kreuzgang, verfertiget Mehr aus dem Gemüeth,

Und nicht sonderlich mit Kunst, Ganz aus dankbarlicher Erinnerung, aufgestellt zum und am Nahmensfeste des heil. Lambert den 17. September von einem gemüethvollen Wandersmanne ober dem Manhartsberg. Wien, gedruckt bey Georg Ueberreuter. Im Jahre nach Christi Geburt, als man zählet Eintausend Achthundert Zehn und Fünf. 15 S. 8.

Seiner Gnaden dem Hochwürdigen Herrn Herrn Berthold Reisinger, Abt des löblichen Benedictiner-Stiftes Altenburg zu Sankt Lambert, . . . ehrfurchtsvoll gewidmet von dem gemüethvollen Wandersmann J. A. F. R**l.

(Anfang: ‚Nicht weit von Horn, den Berg hinauf. Schluß: ‚Und eh flieh hin, du mein unsterblich Theil, Als daß mich je Vergessenheit eReil!‘

4) Der Schauspieler und der Pfarrer. Eine Erzählung. Aus dem Tagebuche eines Schauspielers: Bäuerles Taschenbuch für die deutsche Schaubühne auf das Jahr 1817. 8. 191.

5) Tranquillus. Charaktergemälde, n. d. Franz. (Burgtheater 1822. Descartes, die Zensur hatte dafür Tranquillus befohlen). Ztg. f. d. eleg. Welt 1822. Nr. 245. Gesellsch. 1822. Nr. 196.

6) Der Wanderer im Waldviertel. Ein Tagebuch für Freunde österreichischer Gegenden. Brünn, 1823. Traßler. 12.

7) Der Pulverthurm. Drama. (24. März 1824 im Theater an der Wien). Abendztg. 1824. Nr. 156.

8) Bei meinem Husaren. (Nach dem franz. Melodr. Leonide im Burgtheater 20. Dec. 1824). Abendztg. 1825. Nr. 41.

9) Der Finder des ersten Märzveilchens. — Der Entzückte über die Genesung Sr. Majestät des Kaisers. — Die Beleuchtung wegen der erflehten, glücklichen Genesung Sr. Majestät des Kaisers. Am 9. April 1826: Bäuerle, Gott erhalte Franz den Kaiser. Wien 1827. 8. 137. 147. 185.

10) Der Volksdichter am 12. Februar 1828. Zur glorreichen sechzigsten Geburtsfeyer Sr. k. k. Majestät Franz des Ersten. Von J. A. Friedrich Reil. Der Ertrag ist für Dürftige bestimmt. Wien, gedruckt bei Georg Überreuter. 32 S. 8. (Gedichte).

11) Die Musen und die Grazien. Zur vierzigjährigen Jubelfeyer der Johanna Frau von Franul: Weißenthurn als k. k. Hofschauspielerinn. Gedichtet von Friedrich Reil. Wien 1829. Gedruckt bey Georg Überreuter. 2 Bl. 8.

(‚Ein Mädchen, schön von Antlitz und Gestalt‘).

12) Das Donauländchen der kaiserl. königl. Patrimonialherrschaften im Viertel Obermannhartsberg in Niederösterreich. Geographisch und historisch beschrieben. Mit Tabellen. Wien 1835. (Volke).

13) Die Landestrauer. Eine Elegie auf das Hinscheiden des höchstseeligen Kaisers Franz. 5 Bl. unters: Friedrich Reil. Wien im August 1835.

(‚Der Kaiser ist nicht mehr! — In dieser Klage‘).

14) Der Gang nach dem Eisenhammer. Eine große romantische Oper in 3 Aufz., nach Schillers gleichnamiger Ballade. In Musik gesetzt von Conradin Kreuzer. Wien 1838. J. B. Wallishauser. 69 S. 8. Sieh § 254, 4) 17. o. — Band V. S. 207.

75. Johann Schwaldopler, Schriftstellernamen: J. B. Schütz und K. L. Schaller, geb. am 23. Mai 1777 in Wien; Konzepts-Adjunkt beim k. k. Hofkriegsrate; starb in Wien am 12. Februar 1808.

a. Annalen 1802. Juni S. 56. — März 1808.

b. Vaterländische Blätter 1808. Nr. 4. 8. 32.

c. Meusel 10, 646. 11, 691. 15, 419. 20, 371.

d. Kehrein, Lex. 1871. 2, 138.

e. Wurzbach 1876. 32, 270.

1) Das Waldmädchen; ein Naturgemählde. Wien 1799. Neue verb. Auflage. Wien 1802, A. Doll. 132 S. 8. Ohne Verfassernamen.

Vgl. Annalen Juli 1802. Nr. 55.

2) Beiträge zum Neuen Wiener Musenalmanach 1800. Vgl. § 231, 8a. — Band IV. S. 367.

3) Einige Bemerkungen über die Schrift des Herrn von Kotzebue: Über meinen Aufenthalt in Wien. Wien 1800. 8. Sieh § 258, 8. 55).

4) Erstlinge (drei kleine Romane). Wien 1800. [Liebeskind in Leipzig]. 8.

5) Raphael, Briefe aus dem jetzigen französischen Kriege. Seitenstück zum Grafen Donamar (von Bouterwek § 276, 6. 2). Wien 1800. II. 8. — Wiederh.: 1808. A. Doll. II. 8. Ohne Verfn.

6) Lieder der Lindenstein'schen Familie. Wien 1801. II. 8. Ohne Verfassernamen.

7) Tranquilla. Ein Gemälde aus Italiens sanfterm Himmel. Wien 1801. Im Verlage bei Anton Doll. 159 S. 8. Einleitungsgedicht: An Nina. Unterzeichnet: Schwaldopler.

8) Die Königin der schwarzen Inseln. Eine romantisch große Zauber-Oper in zwey Aufzügen. Frey bearbeitet nach Wieland [wohl nach seinem Winter-mährchen § 223, C. 77)?] von Schwaldopler. In Musik gesetzt von Hrn. Anton Eberl. Für das k. k. Hoftheater. Wien 1801. J. B. Wallishausser. 54 S. 8.

9) Geschichte des 19. Jahrhunderts. Mit besonderer Hinsicht auf die öster-reichischen Staaten. Wien 1801 bis 1804. Doll. IV. 8. — Auch unter dem Titel: Historisches Taschenbuch. Mit besonderer Hinsicht auf die österreichischen Staaten. I. bis IV. Jahrgang, Geschichte des Jahres 1801 bis 1804. 2. Auflage. Wien, Doll. 1808.
Vgl. oben III. oo.
Erlaß des Kaisers wegen dieses Taschenbuches: Int. Bl. der Annalen. Juli 1807. Vgl. auch Ebenda 1807. 1, 212 bis 214.

10) Das stille Dörfchen, ein Abendgemälde. Leipzig 1802, Liebeskind. 8. Die zweite Auflage unter dem Titel: Gräfin Rosa. Wien 1808. A. Doll. 8. Ohne Verfassernamen.

11) Der arme Flötenspieler. Wien 1802. [Leipzig, Liebeskind]. 8. Ohne Verfassernamen.

12) Blumen des Guten, Schönen und Wahren, zur Erheiterung in Stürmen und Kämpfen des Lebens und zu Denkschriften in Stammbüchern. Eine Auswahl aus Schillers Göthes Wielands Klingers Jean Pauls Herders und anderer berühmter Schriftsteller Werken. Gesammelt von J. Schwaldopler. Leipzig 1802. Ant. Doll. 191 S. 16. Neue Ausg. Pesth. 1810. Hartleben. 200 S. 8. — Dritte verbesserte Auflage. Pesth 1815. Bey Conrad Adolph Hartleben. 7 Bl., 143 S. 8.
Bl. 2: Vorrede. — Bl. 3: Schwaldoplers Denkmahl. (Wien am 14. Julius 1815. Kuffner). — Bl. 5: Uebersicht der Schriftsteller, aus deren Werken diese Blumen gesammelt sind. — Die Stellen sind nach Materien geordnet.

13) Übersetzte: a. And. Grasset de Saint Sauveur's Reise in den Balearischen und Pithiusischen Inseln. Wien 1803. Doll. 8.
b. Marc. Aug. Pictet's Reise durch England, Schottland und Irland aus dem Französischen. Wien 1804. A. Doll.
c. Desselben neue Reise nach Spanien. Alle drei Werke auch unter dem Titel: Auswahl neuer europäischer Reisen. III.

14) Größtenteils rührt von ihm her: Allgemeine Weltgeschichte für denkende und gebildete Leser. Nach Eichhorns, Galletis und Remers Werken bearbeitet von J. B. Schütz. Wien, Anton Doll. 1805. VIII. 8. — Zweyte verbesserte Auf-lage. Wien 1807. Im Verlage bey Anton Doll. VIII. 8. — Dritte verbesserte und vermehrte Auflage. 1811. Wien, bey Anton Doll. VIII. 8.
Vgl. Neue Annalen 1808. 2, 264.

15) Ueber Friedrich von Schiller und seine poetischen Werke. Von J. Schwal-dopler. Leipzig 1806. in Kommission bey A. G. Liebeskind. (Wien bey Anton Doll). 264 S. 8. — wiederh.: Wien 1844. § 249, D, I. 8) = Band V. S. 132.
Vgl. Neue Annalen 1808. 1, 127.

16) K. L. Schaller: Handbuch der deutschen Dicht- und Redekunst, aus Bei-spielen entwickelt. Wien 1806. A. Doll. II. 8. — 2. Auflage 1817.

17) Übersetzte und bearbeitete: P. Blanchard's Neuer Plutarch. Wien 1807. IV. 8.

18) Interessante Länder- und Völkergemählde, oder Schilderung neu unter-suchter Länder, Völker und Städte, anziehender Naturmerkwürdigkeiten, Kunst-werke und Ruinen. Nach den neuesten Reiseberichten bearbeitet von J. B. Schütz. Mit 12 Kupfern und einer Karte (von dem östlichen Theile Neu-Spaniens, ent-worfen von Humboldt). Wien, bey Anton Doll. 1809. VI. 8.
Vgl. Annalen 1812. 1, 85.
Die Vorrede ist unterz. Schütz und Fr. Jos. Valtiner.

19) Er hatte Anteil an den Sagen der österreichischen Vorzeit und den österreichischen Volksmärchen. (Annalen).

20) Gab nach Winklern 1810. 8. 251 und Wurzbach 53, 145 mit Wiedemann bei A. Doll in Wien ein Wiener Theater-Journal heraus. Damit hängt vielleicht die Erklärung in den Neuen Annalen 1807. Int.-Bl. April zusammen, daß er zu den bei Wallishauser & Geistinger erschienenen Wiener Theater-Journalen und Zeitungen auch nicht eine Zeile beigetragen habe.

76. Ludwig Bleibtreu (Bleibtreun), Buchhandlungs-Buchhalter in Wien. Meusel 22¹, 281.

1) Versuche in Gedichten von Ludwig Bleibtreu. Wien, 1799. 6 Bl., 116 S. 8. Zueignungsschrift an das schöne Geschlecht.
Vorbericht (Wien am 1. November 1798). — S. 19: Die Seligkeit der Liebe. Nach Hölty. — S. 26: Gugu-Dada. — S. 43: Der 17. April 1797. Gefeyert im Kreise guter Patrioten. — S. 86: Trinklied. Am Tage des glorreichen Namensfestes Franz II. Gesungen im Kreise guter Patrioten.

2) Der Bund der Treue. Cantate. — Becker Nr. 7347g.

3) Zur Allerhöchsten 46sten Geburtsfeyer Sr. k. k. Majestät Franz I. den 12ten Februar 1814. von Ludwig Bleibtreu. Gesungen von den sämmtlichen Mitgliedern der k. k. priv. Schaubühne in der Leopoldstadt. Auf die beliebte Melodie: Gott erhalte Franz, den Kaiser! Gedruckt für das k. k. pr. Theater in der Leopoldstadt. 2 Bl. 8. ('Heute schlagen alle Herzen').

77. Am Vermählungstage der Theresia Schwerdling, mit Herrn Mathäus Nachtigall, Wirthschafts-Secretair bei Seiner Durchlaucht des heiligen römischen Reichs Fürst von Kolloredo, Reichsvizekanzler. Den 15. Januarius 1799. Gewidmet von **Karl Schwerdling**. Wien, gedruckt mit Jahnischen Schriften. 4 Bl. 4. ('Heil Dir, liebe, traute Schwester').

78. Empfindungen eines österreichischen Unterthans bei der Jahresfeier des 17. April. Wien, 1799. — Trapp S. 99.

79. Dem Erzherzoge Carl. Von einem Deutschen. Im April 1799. WIEN, gedruckt bey Johann Thomas Edlen von Trattnern, kaiserl. königl. Hofbuchdrucker und Buchhändler. 2 Bl. 4. ('Schon einmahl brach dein starker Arm die Ketten').

80. An den Heerführer der Teutschen Erzherzog Karl von Oesterreich. Im April 1799. WIEN, gedruckt bey Johann Thomas Edlen von Trattnern, kaiserl. königl. Hofbuchdrucker und Buchhändler. 2 Bl. 4. ('Erhab'ner junger Held aus Habsburg hohem Stamme').

81. Bey der Feyer des Te Deum wegen der Eroberung von Mantua den 15. August 1799. Nach der Melodie des Marsches der Freywilligen: Fest sey unser Bund geschlossen, etc. Vom Hrn. Süßmayer. Wien, Bey Anton Pichler, k. k. privil. Buchdrucker. 4 Bl. 8. ('Unterm Donner der Kanonen').

81a. Sieh unten S. 812.

82. Georg Friedrich Treitschke, geb. am 29. August 1776 in Leipzig als Sohn eines Kaufmanns, war selbst zum Kaufmann bestimmt und wurde zur Ausbildung 1793 in die Schweiz geschickt, gewann in Geßners Hause in Zürich Neigung für die Studien und widmete sich, 1797 nach Leipzig zurückgekehrt, seit dem Tode des Vaters 1799 der Litteratur. 1802 kam er auf einer Reise nach Wien und wurde von Freiherrn v. Braun als Regisseur und Dichter an der Hofoper angestellt. 1809 und 1811 leitete er, von seinem Posten beurlaubt, das Theater an der Wien. 1822 wurde er Hoftheaterökonom und starb am 4. Juni 1842. Mit Ochsenheimer befreundet, wurde er von diesem zu entomologischen Studien angeregt und setzte dessen großes Schmetterlingswerk vom 5. Bande an fort.

a. Meusel 16, 44. 21, 118.

b. Guden 3, 258.

c. Bäuerles Allgemeine Theater-Zeitung 1842, Nr. 136 und 137: Nekrolog von Weidmann.

d. N. Nekrolog 20, I, 440. — e. Scheyrer 346.

f. J. N. Vogl, Aus dem alten Wien. Wien 1865 S. 230: Aus dem Leben des Schauspielers und Entomologen Ochsenheimer.

g.Wurzbach 1888. 47, 101/05. — h. Allg dtsch. Biogr. 1894. 38, 558 (MaxMendheim). Alxinger an. Treitschke: Sonntagsblätter 1847. Nr. 29. — Beethoven an Treitschke sieh unten S. 812.

1) Das Bauerngut, Fortsetzung der beiden Billets von Anton Wall, unter dessen Namen vielfach aufgeführt. § 258, 18. 17) und § 296, 33. 12).

2) Das Singspiel. Ein Singspiel in einem Aufzuge. Frey nach dem Französischen von G. F. Treitschke. Für die k. k. Hoftheater. Wien 1800. — Wien 1803. Auf Kosten und im Verlag bey Joh. Bapt. Wallishaußer. 32 S. 8. — Leipzig 1810. Musik von Della Maria.

3) Medea eine tragische Oper in drey Aufzügen Frey nach dem Französischen von G. F. Treitschke. Wien, auf Kosten und im Verlag bey Joh. Baptist Wallishaußer. O. J. [1802]. 47 S. 8. Die Musik von Cherubini. Wien 1808. — Für das k. k. Hof-Opern-Theater. Zweyte Auflage. Wien, im Verlage bey Joh. Bapt. Wallishaußer. 1812. 47 S. 8.
Vgl. Annalen, May 1803 Nr. 39. — Anz. f. dtsch. Alterth. 1893. 19, 828.

4) Die Tage der Gefahr. Ein Schauspiel mit Gesang in drey Aufzügen. Frey nach den deux journées des Bouilly, von G. F. Treitschke. Für die k. k. Hoftheater. Wien, 1802. Auf Kosten und im Verlag bey Joh. Bapt. Wallishaußer. 54 S. 8. Musik von Cherubini. — Wiederh.: Leipzig 1805.

5) Graf Armand. Ein Schauspiel mit Gesang in drey Aufzügen. Frey nach den deux journées des Bouilly, von G. F. Treitschke. Für die k. k. Hoftheater. Wien 1803. — Wiederh.: Leipzig 1805. — Wien, 1807. Auf Kosten und im Verlag bey Johann Baptist Wallishaußer. 56 S. 8. Die Musik ist von Cherubini.

6) Das zweyte Kapitel. Ein komisches Singspiel in einem Aufzuge. Nach Dupaty von G. F. Treitschke. Für die k. k. Hoftheater. Wien, 1803. Auf Kosten und im Verlag bey Joh. Bapt. Wallishaußer. 35 S. 8. — Wiederh.: Wien 1808. 8. Die Musik ist von Solié.
Vgl. Annalen, April 1803 Nr. 30.

7) Wagen gewinnt. Eine komische Oper in zwey Aufzügen. Nach Bouilly's Une folie frey bearbeitet, von G. F. Treitschke. Für die k. k. Hoftheater. Wien, 1803. Auf Kosten und im Verlag bey Joh. Bapt. Wallishaußer. 71 S. 8. Musik von Méhul.

8) Der portugiesische Gasthof. Singspiel in 1 Akt. Wien 1803.

9) Der Onkel in Livres. Ein komisches Singspiel in einem Aufzuge. Frey nach Duval, von G. F. Treitschke. Für die k. k. Hoftheater. Wien, 1803. Auf Kosten und im Verlag bey Joh. Bapt. Wallishaußer. 89 S. 8. — Wiederh.: Leipzig 1805. Wien 1808. — Musik von Della Maria.

10) Zwey Posten. Ein komisches Singspiel in drey Aufzügen. Frey nach Dupaty, von G. F. Treitschke. Für die k. k. Hoftheater. Wien, 1803. — Wiederh.: 1804. Auf Kosten und im Verlag bey Joh. Bapt. Wallishaußer. 67 S. 8. Musik von Tarchy.

11) Die Uniform. Eine Oper in zwey Aufzügen. Frey nach Carpani von Treitschke. Für die k. auch k. k. Hoftheater. Wien 1803. Neue Aufl. Wien 1805. Auf Kosten und im Verlage bey J. B. Wallishaußer. — Wiederh. 1806. — Musik von Joseph Weigl.
Vgl. Annalen 1805. 2, 109.

12) Das Admiral-Schiff. Ein Singspiel in einem Aufzuge, nach dem Französischen von Treitschke. Für die k. auch k. k. Hoftheater. Wien 1803. — Wiederh.: Wien, auf Kosten und im Verlag bey Johann Baptist Wallishaußer. 1806. 30 S. 8. Die Musik ist von Berton.

13) Das Singspiel an den Fenstern. Eine komische Oper in einem Aufzuge. Nach dem Französischen von Treitschke. Für die k. auch k. k. Hoftheater. Wien 1803. — Wiederh.: Wien, auf Kosten und im Verlag bey Johann Baptist Wallishaußer. 1806. 47 S. 8. Die Musik ist von Nikolo.

14) Julie oder der Blumentopf. Singspiel in 1 Act. Wien 1803. gr. 8.

15) Das Milchmädchen von Bercy. Ein Singspiel in zwey Aufzügen. Von G. F. Treitschke, nach Sewrins Vaudeville. Für die k. k. Hoftheater. Wien 1803. — Wiederh.: Wien, 1808. Im Verlage bey Johann Baptist Wallishaußer. 58 S. 8. Musik von A. Fischer, Kapellmeister des Theaters an der Wien.

16) Die wandernden Komödianten. Eine komische Oper in zwey Aufzügen. Nach Picard von Treitschke. Wien 1803. — Für die k. k. Hoftheater. Wien 1805 auf Kosten und im Verlage bey Joh. Bapt. Wallishaußer. — Wiederh.: 1807. 43 S. 8. Die Musik ist von Devienne.
Vgl. Annalen 1805. 2, 109.

17) a. Nachrichten über den jezigen Zustand der spanischen Bühne, unters. Treitschke: Wiener Hof-Theater-Almanach auf das Schaltjahr 1804, S. 124 bis 137.
b. Nachrichten über den jetzigen Zustand der portugiesischen Bühne. (Als Seitenstück und Fortsetzung des Aufsatzes über das spanische Theater im vorjährigen Almanache. Seite 124): Wiener Hof-Theater-Taschenbuch auf das Jahr 1805. S. 97 bis 105. unters.: Treitschke.

18) Aline, Königinn von Golkonda. Oper in drey Aufzügen. Nach Vial und Faviers, von G. F. Treitschke. Für die k. k. Hoftheater. Wien 1804. Auf Kosten und im Verlag bey Joh. Bapt. Wallishaußer. 48 S. 8. — Wiederh.: Wien 1808. Die Musik ist von Berton.

19) Die Neger. Eine Oper in 2 Acten. Wien 1804. 8.

20) Mitgefühl. Ein Liederspiel in einem Aufzuge. Von G. F. Treitschke. Wer hohen Muths sich rühmen kann, Den lohnt nicht Gold, den lohnt Gesang. Schlußchor. Wien. Bey J. V. Degen, Buchdrucker und Buchhändler. 1804. 88 S. 8. Musik von Paul Wranizky. S. 3: Vorrede [über den Charakter des Liederspiels]. Vgl. Annalen, Sept. 1804. Nr. 105.

21) Die Verwiesenen auf Kamtschatka, eine Oper in drey Aufzügen, frey nach Duval von G. Fr. Treitschke. Wien, Degen. 1804. 8.

22) Musenalmanach. Herausgegeben von Streckfuß und G. F. Treitschke für das Jahr 1805. Wien, Armbruster. 12. Vgl. oben III. nn.

23) Milton. Ein Singspiel in einem Aufzuge. Nach Jouy und Dieulafoi. Von Treitschke. Für die k. auch k. k. Hoftheater. Wien 1805. Auf Kosten und im Verlage bey Johann Baptist Wallishaußer. 88 S. 8. Die Musik ist von Spontini. — Neue Aufl. Wien 1808.

24) Auswahl verschiedener Gedichte von Collin, Haug, Horn, Kuhn, Lindner, Streckfuß u. A. von K. Streckfuß und G. F. Treitschke. Wien 1805, Degen. 8.

25) a. Scenen aus Zobeis romantisches Schauspiel in fünf Aufzügen. (Nach dem Mährchen des Gozzi). unters. Treitschke. (reimlose fünffüßige Iamben): Wiener Hof-Theater-Taschenbuch auf das Jahr 1806. 8. 77 bis 111.
b. Taschenbuch auf das Jahr 1807. Zobeis, ein romantisches Schauspiel in fünf Aufzügen, von Friedrich Treitschke. Nach dem Mährchen des Gozzi. Wien. Bey J. V. Degen. 216 S. 8.
Neue Annalen 1807. 2, 113 bis 121. — Morgenblatt 1807. Nr. 39. — Dagegen Schreyvogels Sonntagsblatt 1807. 1, S. 423. Nr. 24/25.

26) Das Singspiel auf dem Dache. Ein komisches Singspiel in einem Aufzuge. Von Treitschke, nach Dumersan's Idee. Für das k. k. privil. Theater an der Wien. Wien, 1807. Auf Kosten und im Verlag bey Joh. Bapt. Wallishaußer. 88 S. 8. — Wiederh.: Wien 1808. Musik von Fischer, Kompositeur am k. k. privil. Theater an der Wien. S. 3 [Vorbemerkung unters.: Im Januar 1807. Treitschke]: ‚Herrn Dumersan verdanke ich den ersten Entwurf der Dekoration, und die Charakterzeichnung der verschiedenen Personen. Scenenfolge, Bau der Musikstücke, und die ganze Catastrophe sind ursprünglich von mir'.

27) Die Junggesellen-Wirthschaft. Ein komisches Singspiel in einem Aufzuge. Frey nach dem Französischen. Von Treitschke. Für die k. k. Hoftheater. Wien, 1807. Auf Kosten und im Verlag bey Johann Baptist Wallishaußer. 85 S. 8. wiederh. 1808. Die Musik ist von Herrn Kapellmeister Gyrowetz.

28) Des Dichters Geburtsfest. Ein Liederspiel in einem Aufzuge. Von Friedrich Treitschke: Wiener Hof-Theater-Taschenbuch auf das Jahr 1807. Vierter Jahrgang S. 103 bis 142.
Vgl. Schreyvogels Sonntagsblatt 1807. Nr. 26.

29) Idomeneus, König von Creta. Eine Oper in drey Aufzügen, nach Mozart's Musik, von Friedrich Treitschke: Wiener Hof-Theater-Taschenbuch auf das Jahr 1808. S. 97 bis 146.

30) Schillers Ehrendenkmahl ein dramatisches Gedicht: Prager Theater-Almanach auf das Jahr 1808. 8. 169 bis 182.

31) Musenalmanach. Herausgegeben von A. Kuhn und Treitschke für das Jahr 1808. Wien, Wallishaußer. 12. Vgl. oben III. rr.

32) Ferdinando und Marie. Ein dramatisches Gedicht in Iamben und 5 Aufz. von Treitschke. (Zum 1. Mal im k. k. Hoftheater nächst der Burg 12. Juni 1808). Vgl. Theaterztg. 1808. II. Nr. 29. — Der Freymüthige 1808. Nr. 132. Dagegen Sonntagsblatt 1808. 2, 224 Nr. 79. — Int.-Bl. der Annalen. August 1808.

33) Helene. Schauspiel mit Gesang in 3 Aufzügen. Wien 1808.

34) Gabrielle d'Estrée. Singspiel in 3 Aufzügen. Wien 1808.

35) Kalaf. Eine Oper in drey Aufzügen nach dem Französischen, von Treitschke. Für die k. k. Hoftheater. Wien 1808. Im Verlag bey Johann Baptist Wallishaußer. 56 S. 8. Die Musik ist von Herrn D'Allayrac. Vgl. Int.-Bl. der Annalen Oct. 1808.

36) Singspiele nach dem Französischen. Wien, Wallishauser. 1808. V. 8. L a: Medea. — b: Graf Armand. — c: Das zweite Kapitel. — d: Wagen gewinnt. — II. e: Aline, Königin von Golconda. — f: Helene. — g: Der portugiesische Gasthof. — h: Der Onkel in Livres. — III. i: Zwei Posten. — k: Die Uniform. — l: Milton. — m: Das Admiralschiff. — IV. n: Gabriele d'Estrée. — o: Das Singspiel. — p: Das Singspiel am Fenster. — q: Das Singspiel auf dem Dache. — r: Julie, oder der Blumentopf. — V. s: Das Milchmädchen von Bercy. — t: Kalaf. — u: Die Junggesellenwirthschaft. — v: Die wandernden Komödianten.

37) Ein Brief über die Theater in Italien. Treitschke: Castellis Thalia 10/14. Nov. 1810. Nr. 88. 89.

38) Fidelio, eine Oper in zwey Aufzügen nach dem Französischen neu bearbeitet. Die Musik ist von Hrn. L. v. Beethoven. Erste Aufführung in Wien. 23. Mai 1814. (Theaterzettel bei Thayer, Chronologisches Verzeichnis der Werke Beethovens 8. 61 f.) Die ursprüngliche Bearbeitung rührt von Josef Sonnleithner her: Fidelio. Eine Oper in zwey Aufzügen. Frey nach dem Französischen bearbeitet von Joseph Sonnleithner. Die Musik ist von Ludwig von Beethoven. Wien 1805. Bey Anton Pichler. 59 S. 8. Vgl. Neue Annalen 1807. 1, 278 f. In der ersten Fassung erste Aufführung am 20. November 1805. In umgeänderter Gestalt kam die Oper am 29. März 1806 zur Darstellung: Leonore oder der Triumph der ehelichen Liebe. Eine Oper in zwey Aufzügen, frey nach dem Französischen bearbeitet von Joseph Sonnleithner. In Musik gesetzt von Ludwig von Beethoven. Für das k. auch k. k. Theater an der Wien. Wien, 1806. Gedruckt und verlegt bey Anton Pichler. Die Partitur der zu grunde liegenden französischen Oper hat den Titel: Léonore ou l'amour conjugal, fait historique Espagnol, en deux actes. Paroles de J. N. Bouilly, musique de P[ierre] Gaveaux, auteur du théâtre Faydeau. Représenté pour la première fois sur le théâtre de la Rue Faydeau le Ier Ventose de l'an 6 [19. Februar 1798]. Sieh unten S. 812. Denselben Stoff behandelte Ferdinand Paers 1804 in der in Dresden aufgeführten Oper: Eleonora ossia l'amore conjugale. Leipziger Allg. Musik-Zeitung 1806. 8, 237. 460. — Treitschke: Orpheus. Musikal. Taschenb. 1841. 8. 258. — Amadeus Wendt: Allg. Musikztg. 1815. 17. Nr. 25 f. 8. 413 f. — Seyfried, Beethoven Studien. Anhang S. 8 f. — Wegeler und Ries, Biographische Notizen S. 62. 103. — Schindler, Wiener Allg. Theaterzeitung 1844. Nr. 84 f. — Dr. L. Sonnleithner: Ebenda 1844. Nr. 108. — O. Jahn, Vorwort zum Klavierauszug der 2. Bearbeitung der Leonore (1851. Leipzig, Breitkopf und Haertel). — Vollständiges Textbuch des Fidelio hrsg. von Nottebohm. Leipzig 1864. Breitkopf und Härtel. — Reclams Univ.-Bibl. 2555. — O. Jahn, Leonore oder Fidelio: Gesammelte Aufsätze. Leipzig 1866. — Schindler, Beethoven 1, 96, 121 f. 2, 10, 47. — Thayer, Beethoven 2, 169. — Nohl, Beethoven 2, 571.

39) Der Zinngießer. Vaudeville in zwey Aufzügen. Von P. (so) F. Treitschke. Stuttgart 1814. 88 S. 8.

40) Die gute Nachricht. Singspiel in 1 Act zur Feier des Einzugs der Alliirten in Paris (11. April 1814) mit Musik von Beethoven, Gyrowetz, Hummel, Kanne, Mozart und Weigl. Ungedruckt. Vergl. § 296, 70. 16) c — oben S. 470.

41) Die Ehrenpforte. Singspiel. Während des Wienercongreßes, zuerst am
15. Juni 1815 am Kärtnerthortheater aufgeführt. Mit Musik von Beethoven,
Hummel, Seyfried, B. A. Weber und Weigl. Ungedruckt.

42) Gedichte von Friedrich Treitschke. Original-Ausgabe. Wien 1817. Im
Verlage bey I. B. Wallishaußer. 2 Bl., 164 S. und 2 Bl. Inhalt.
Seiner Königl. Hoheit . . . Ludwig Großherzog von Hessen-Darmstadt und
bey Rheyn. S. 21: Ruf vom Berge. (Musik von Beethoven). — S. 37: Schmetter-
lingsfang. An Freund Ochsenheimer. Epigramme an die einzelnen Schmetter-
linge. Distichen. — S. 53: Romanze vom Birnenbaum. Nach einer Alpenmelodie. —
S. 86: Auf Wanderungen. 1 bis 12. — S. 94: Erinnerungen an Gasthöfe. Distichen. —
S. 122: An der Ruhestätte meiner Gattinn Magdalene, gebornen de Caro. —
S. 127 bis 156: Sonette. S. 129 bis 141: Gemählde. 1 bis 13. — S. 155: Die
beyden Kränze. An Antonie Adamberger, nach der Aufführung des Trauerspiels:
Der Brautkranz. — S. 157 bis 164: Anmerkungen. („Darin der Lebenslauf seiner
Frau — Wiener Modenzeitung 11. Sept. 1816. Sie war erste Tänzerin in Wien,
Venedig, London und starb 24. August 1816, 29jährig). Inhalt mit der Angabe
der Entstehungszeit. Das älteste Gedicht von 1801.

43) Mariana. Schauspiel in fünf Aufzügen. Frei, nach Sheridan Knowles,
von Friedrich Treitschke. Wien, Verlag und Druck von J. B. Wallishaußer, 1838.
4 Bl., 94 S. 8.
[Vorbemerkung] Wien, am 16. Januar 1838: ‚Nur wenige Worte mögen mir
über nachstehendes Schauspiel vergönnt seyn, mit welchem ich nach dreizehn
Jahren neuerdings die Bahn betrat, von der mich ein anderes stilleres Streben,
das Studium der Naturgeschichte, weit entfernt hatte‘ . . . Er rechtfertigt die Abweichungen vom Original.

44) Des Stranders Tochter. Schauspiel in fünf Aufzügen. Frei, nach Sheridan
Knowles, von Friedrich Treitschke. Wien. Verlag und Druck von J. B. Wallishaußer. 1840. 91 S. 8. 5füßige Iamben.

45) Gedichte von Friedrich Treitschke. Wien, 1841. Verlag und Druck von
J. B. Wallishaußer. 2 Bl., 162 S. und 2 Bl. Inhalt. gr. 8.
Seiner Excellenz, Herrn Moriz Grafen von Dietrichstein-Proskau-Leslie.
a: Lieder. S. 18. Dunois. (Nach dem Französischen); S. 26 bis 31. Frühlingslieder. 1 bis 5. — b: Balladen und Romanzen. — c. Humoristisches. S. 71
bis 75. Schmetterlingsfang. 1 bis 12.; S. 82 bis 86. Erinnerungen an Gasthöfe.
1 bis 12. — d: Gelegenheitliches. S. 91. Germania's Wiedergeburt. Zur Feier
der ersten Einnahme von Paris, 1814. Musik von Beethoven; S. 96 bis 101. Auf
Wanderungen. 1 bis 10; S. 102. Bei Beethoven's Begräbniß. Am 29. März 1827;
S. 104 bis 113. Gespräche mit Bäumen. 1 bis 6. — e: Sonette. S. 119 bis 144.
Gemählde. 1 bis 25; S. 145 bis 148. Stephanskirche. 1 bis 4; S. 149 bis 154.
Schlaf ein! 1 bis 6. — f: S. 156. Lebensregeln. Nach dem Italienischen.

46) La maison des orphelins, drame lyrique en deux actes (en prose) imité
d'après Fr. Moll par F. Treitschke. o. O. u. J. 8.

47) Das Waisenhaus. Nach dem Französischen. Ungedruckt. — 48) Nachtigall
und Rabe. Nach dem Französischen. Ungedruckt. — 49) Ostade. Nach dem
Französischen. Ungedruckt. — Gesänge aus Adrian von Ostade. Ein Singspiel in
einem Aufzuge, von Treitschke. Die Musik ist von Joseph Weigl. Breslau o. J. 16 S. 8.

50) a. Die Schmetterlinge von Europa. Von Ferdinand Ochsenheimer. Leipzig
1807. Fleischer. gr. 8. Vom 5. bis zum 10. Bande (1834) von Treitschke fortgesetzt.
b. Hilfsbuch für Schmetterlingssammler. Systematische Stellung, Naturgeschichte, Jagd, künstliche Zucht und Aufbewahrung der Schmetterlinge. Beschreibendes Verzeichnis der meisten deutschen und kürzere Erwähnung der
fremden Arten. Mit 4 ausgemalten Kupfertafeln. Wien 1834. Wallishaußer.
gr. 8. Neue wohlfeile [wahrscheinlich Titel-] Ausgabe 1844.
c. Naturhistorischer Bildersaal des Thierreichs. Nach William Jardine bearbeitet. Herausgegeben von Treitschke. Pesth 1840 bis 1843. Hartleben.

83. Joseph Köderl, geb. 1772 in Schönbrunn bei Wien, studierte in Wien,
1795 beim Bücherrevisionsamte angestellt, seit 1802 auch Zensor, starb 11. Januar 1810.
a. Nekrolog: Annalen 1810. 2, 112; darin der Eingang eines unvollendet
gebl. Aufsatzes, der zu amtlichem Gebrauch bestimmt war, abgedruckt, mit einer
Selbstcharakteristik.

b. Zur Charakteristik des verstorbenen Herrn Joseph Köderl: Beylage Nr. 5 des österreichischen Beobachters 1809.

c. Carol. Pichler: Vaterländische Blätter 2, 462 (= Prosaische Aufsätze vermischten Inhalts. Wien 1814. 1, 210 — sämtl. Werke, Band 13).

d. Wurzbach 1864. 12, 208.

Rezensionen in der Erlanger Litteraturzeitung, im Sonntagsblatt, in den Annalen, seine letzte Rez. daselbst 1810 September S. 490 bis 494 betrifft: Schlegels Werk ‚Über dramatische Kunst und Litteratur‘.

Unter seinen Papieren fanden sich auch Sonette.

84. Christoff Kuffner vgl. § 331, 53.   § 334, 407.

1) Gedichte im Neuen Wiener Musenalmanach 1800, unterzeichnet Kristof Kueffner, und in den meisten der oben verzeichneten Almanache und Zeitschriften.

85. Die Wanderung der Musen nach Wien unter Apollos Geleit. Bey Gelegenheit der zu Ehren Sr. königl. Hoheit Joseph, Erzherzogs (so) von Oesterreich, Palatinus von Ungarn, und Höchst Desselben Gemahlinn, Ihrer kaiserl. Hoheit der Großfürstinn Alexandra Pawlowna, Erzherzoginn von Oesterreich gegebenen Freudenfeste. Gesungen im Jäner 1800. von J. J. v. Perkhofer. Wien, bey Mathias Andreas Schmidt, k. k. Hofbuchdrucker. 7 S. 8. (‚Einsam und still, von Menschen entfernt‘).

86. Johann Möser, geb. zu Wien 1767, trat 1783 in den Orden der Väter der frommen Schulen, verließ ihn aber schon nach drei Jahren wieder. Dann dreizehn Jahre lang Erzieher bei dem Minister Grafen Chotek, dessen sechs Söhne er unterrichtete. Nachdem er die juristischen Studien nachgeholt hatte, erhielt er 1802 eine Anstellung bei dem k. k. Oberst-Hofmarschallamte, wo er 1821 die Stelle eines Offizials bekleidete. Seit 1843 ist er aus dem Status dieser Hofstelle verschwunden. Todesjahr unbekannt.

a. Meusel 14, 585.   18, 719.

b. Wurzbach 1868.   18, 480.

c. Kehrein, Lex. 1868.   1, 281.

1) Sinngedichte von Johann Moeser. Wien, 1801. Bey Anton Pichler. 165 S., 6 Bl. 8.

S. 1 bis 152: 256 Epigramme. (Nr. 248: Aus dem Französ. — Nr. 254: Aus Lessings Latein. Sinngedichte auf die Alba); S. 153 bis 155: An meinen Freund St** bey Übersendung einer Dose; S. 156 bis 165: An die Feder.

Vgl. Annalen, Sept. 1803. Nr. 70.

2) Ein neues Melodram mit Chören und Tänzen untermischt. Der Tod der Dido: Theater-Zeitung. 28. Sept. 1811. Nr. 17 bis 20.

3) Beiträge zum Selam 1815.

4) Erato. Taschenbuch für das Jahr 1821, S. 25 bis 40: Notizen über Hanns Flaus. Ein Schwank. — S. 108: Epilog nicht gesprochen, nur gedacht nach dem Trauerspiel: Sappho.

87. Karoline Pichler. § 277, 29 — Band V. S. 484.

Briefwechsel mit Schneller in dessen Schriften 1, 260 f. — Briefe an Karl Streckfuß (1806—1828): Wiener Kommunal-Kalender und Städtisches Jahrbuch. 32. Jahrg. Vergl. Euphorion 1894. 1, 200 f.

Briefe von Goethe: § 234, B. I, 31 — Band IV. S. 571. — Grillparzer: Jahrbuch der Grillparzergesellschaft 1891. 1, 372.

1) An Iffland, als er zum letzten Mahl auf der hiesigen Bühne im Leichten Sinn auftrat. Von Carolina Pichler, gebornen von Greiner. Den 29. Junius 1801. Wien, gedruckt mit Pichlerschen Schriften. 1 Bl. gr. 8. (‚Heut, da zum letzten Mahl auf unserer Bühne‘).

2) Kaiser Ferdinand der Zweyte. Als am 8. März 1809 das Cavallerie-Regiment Hohenzollern durch die Stadt über den Burgplatz zog. Von Carolina Pichler, gebornen von Greiner. Wien, 1809. 4 Bl. 8. (‚Was reget die Stadt sich in fröhlicher Hast?‘).

3) Die Entstehung der Cisterzienser-Abtey Hohenfurt in Böhmen. Eine nach der bestehenden Volkssage von der Frau Carolina Pichler geb. v. Greiner verfaßte Ballade. Prag 1816. 5 Bl. 4.

88. Auf den Herrn Ferdinand Edlen von Leber, der Chirurgie Doctor, k. k. Rath, Leibchirurgus und Professor der Chirurgie an der hiesigen Universität, bey der Feyer des funfzigsten Jahres seiner Praxis und des vierzigsten seiner Professur, im Nahmen seiner dankbaren Schüler und Freunde gesungen den 25. May 1801. Wien gedruckt bey Fr. Ant. Schrämbl. ¹/₂ Bogen. 8.
Vgl. Annalen Junius 1803. Nr. 54.

89. Cantate, abgesungen am Vorabende des Namens-Festes des verehrungswürdigen Lehrers, Ioh. Ad. Schmidt. Wien 1801. 1 Bogen. 4.
Vgl. Annalen Julius 1802. Nr. 52.

90. Inschrift auf das dem durchlauchtigsten Herrn Erzherzog Carl zu Oesterreich etc. etc. kön. Hoheit, von dem deutschen Vaterlande zu errichtende Denkmahl. Verfast von Joh. Nic. von Schwabenhausen, kaiserlichen, wirklichen Hofrath und Reichshofraths-Secretär. 1801. ¹/₄ Bogen. 4. (Lat. und deutsche Hexameter).
Vgl. Annalen Aug. 1803. Nr. 64.

91. An den Primararzt Frank. Wien 1801. ¹/₂ Bogen. 4. (Gedichte).
Vgl. Annalen Julius 1803. Nr. 52.

92. Ueber das neue Schauspielhaus an der Wien unter der Direktion des Herrn Emanuel Schikaneder. Wien 1801. Im Verlage bey Ludwig Mausberger, k. k. priv. Buchdrucker. 8 B. 8.
Zum Singen auf die Arie des allgemein bekannten Liedes: ‚Ihres Hirten zu erwarten etc.‘ (‚Wenn nach vollendeten Geschäften Still und ernst der Bürger ist‘).

93. Ruhm und Adel. An S. Exc. H. H. Theodor Grafen von Batthyany. Wien 1802. ¹/₂ Bogen. 4. (Gedicht).
Vgl. Annalen März 1802. Nr. 17.

94. Zur frohen Feyer als Johann Thomas Edler v. Trattnern des heiligen römischen Reichs Ritter, des Königreichs Ungarn Edelmann etc. etc. den 12ten May im Jahr MDCCCII. die Stelle seines seeligen Großvaters als Druckerherr und Principal antrat. Dargebracht von seinen sämmtlichen kunstverwandten Hausgenossen. v. Trattnern. Wien MDCCCII. 4 Bl. Gr. Folio. (‚Der hohe Fruchtbaum, dessen Schatten‘).
Bl. 4: Nachweisung der in dem Gedichte auf die beyden Vignetten sich beziehenden Anspielungen, nebst anderen nöthigen Anmerkungen.
Vgl. Annalen, Int.-Bl. Dec. 1805.

94a. Eduard Witzig, geb. in Hietzing bei Wien am 22. April 1772, studierte in Klosterneuburg und Wien, trat in das Benediktinerstift Melk, wurde 1796 zum Priester geweiht, 1797 Hilfspriester in Ruprechtshofen, dann Kooperator in Haugsdorf und Ravelsbach, 1802 in Untersiebenbrunn, 1811 in Groissenbrunn, 1812 in Draiskirchen, 1822 bis 1825 Präfekt des Gymnasiums in Melk und Prior, zuletzt Pfarrer in Leobersdorf. Dort starb er am 2. Dezember 1833.
Scriptores ordinis S. Benedicti qui 1750—1880 fuerunt in Imperio Austriaco-Hungarico. Vindobonae 1881. 8. 515 f.

1) Freundschaftlicher Unterricht über die Kuhpocke, ertheilt meiner Pfarrgemeinde in Untersiebenbrunn im Jahre 1803. Wien, bei Ueberreuter. 8.

2) Meßlied (‚O Gott, wir kommen voll Vertrauen‘). Wien, 1803. Bei Ueberreuter. 8.

3) Die christliche Sittenlehre in kurze Verse gebracht für die Kinder von einem Landpfarrer. Wien, 1816. Bei Georg Ueberreuter. 8. — 2. sehr vermehrte Aufl. 1818.

4) Fastenlied (‚Laßt mit Wehmuth und Vertrauen‘). Wien, bei Ueberreiter. 8.

5) Predigt zur Feier des hundertjährigen Dankfestes wegen abgewendeter Pest, welches am dritten Sonntage nach Pfingsten in der Pfarrkirche zu Draiskirchen begangen wurde. Wien, 1822. Bei Georg Ueberreuter. 8.

6) Gymnasialreden an die studierende Jugend zu Melk bei Eröffnung des Schulcurses den 4. November 1822, 1823 und 1824, gehalten als Präfect. (Handschrift).

7) Kirchengesänge, welche von der Gymnasialjugend zu Melk an jedem Wochentage während der heiligen Messe gesungen werden. Wien, 1823. Bei Georg Ueberreuter. 8.

8) Beilage zu den Sonn- und Festtags-Evangelien. Ein Hausbüchlein in Denkreimen für christliche Familien. Wien, 1824. Bei Georg Ueberreuter. 8.

9) Regel des heiligen Vaters Benedict, neu übersetzt. 1824. (Handschrift).

10) Eine Sammlung nützlicher Früchte. Frei aus dem Französischen eines Ungenannten übersetzt und mit Denksprüchen vermehrt. (Handschrift).

11) Lesung und Gebet. Zur Ehre der Mutter Gottes zum heilsamen Brunnen genannt, nächst der Pfarre Leobersdorf. Am Tage der zweihundertjährigen Jubelfeier der ihr zu Ehren erbauten kleinen Kapelle. Wien, 1826. Bei Georg Ueberreuter. 8.

12) Meine kurze Biographie. (Handschrift).

13) Litanei-Gesang zur Ehre der seligsten Jungfrau. Die Melodie ist von Adam Krieg, Pfarrer zu Protes. (Handschrift).

14) Kalender des Heils für die ganze Lebenszeit in 366 gereimten Gedenksprüchen aus der heil. Schrift. 1830. (Handschrift).

15) Die christkatholische Lehre in kurzen Denkreimen. (Handschrift).

16) Flammen der Andacht, ein Gebetbuch für das Kirchenjahr. Wien 1831. Mausbergers Druck und Verlag. 8.

17) Rosenkranz-Gesänge, für die Kinder und auch Erwachsene an Wochentagen zu singen, nach bekannten Melodien. 1833.

18) Kurze Bemerkungen über alle Sonn- und Festtags-Episteln und Evangelien des ganzen Jahres, aus dem Französischen eines Ungenannten vom Jahre 1737 übersetzt. (Handschrift).

19) Heiliger Kreuzweg, oder Betrachtung des Leidens und Todes Jesu Christi in vierzehn Stationen. (Handschrift).

95. Franz Xaver Gaber.
a. Neue Annalen 1807. 1, 180f.
b. Meusel 13, 433.

1) a. Sammlung von Lehren und Grundsätzen für die Jugend. Herausgegeben von F. X. Gaber. Wien, gedruckt bey Joh. Thom. Edlen von Trattnern, k. k. Hofbuchdrucker und Buchhändler. 1803. 62 S. 8. Enthält auch Verse.
Vgl. Annalen Nov. 1803. Nr. 96.
b. Sammlung auserlesener Lehren und Grundsätze für die Jugend. Herausgegeben von I. H. Gaber. Erstes Bändchen. Wien 1804. Im Verlage bey Aloys Doll, Buchhändler im Deutschen Hause. 88 S. — Zweytes Bändchen. 56 S. (Gedichte).
Vgl. Annalen 1805. 1, 124.

2) a. Neuestes Prüfungsgeschenk zur Uebung im Schriftlesen und Kopfrechnen, nebst drey Rechnungsaufgaben zum angenehmen Zeitvertreibe der fleißigen Jugend beyderley Geschlechtes gewidmet. Von Franz X. Gaber. Wien, gedruckt bey Joh. Thom. Edlen von Trattnern, k. k. Hofbuchdrucker und Buchhändler. 1803. 39 S. 8. (Enthält auch Gedichte).
Vgl. Annalen Nov. 1803. Nr. 98.
b. Neuestes Prüfungsgeschenk zur Uebung im Schriftlesen, in kleinen schriftlichen Aufsätzen und im Zifferrechnen vom Multipliciren und Dividiren, nebst zwey Unterhaltungs-Exempeln zum angenehmen Zeitvertreibe der fleißigen Jugend beyderley Geschlechts gewidmet von F. X. Gaber. Wien bey Aloys Doll. 1804. H. 62 S. und 56 S. 8.

3) Materialien zu Texten, oder Vorschriften im Schön- und Dictandoschreiben; auserlesene Sittenlehren und Sentenzen, zur Herzens- und Verstandesbildung, Erziehungsvorschriften, Gesundheitsregeln, Neujahrswünsche für Kinder, Anreden bey Schulprüfungen etc. Ein Hand- und Hülfsbuch für Schullehrer zur Erleichterung des Unterrichtes der Jugend, herausgegeben von F. X. Gaber. Wien, 1804. Im Verlage bey Alois Doll dem ältern, Buchhändler im deutschen Hause. 196 S. (Meist Verse).
Vgl. Annalen 1805. 2, 60.

4) Vollständiges Lehrbuch der Rechenkunst, zum Gebrauch sowohl der Schullehrer, als auch der Gewerbs- und Kaufleute. Wien 1810. Al. Doll. II. gr. 8. — Neue Aufl. 1818.

5) Praktisches Rechenbuch fürs gem. bürgerliche Leben. Wien 1817. Al. Doll. gr. 8.

96. a. Funfzig neue Charraden zur Unterhaltung für die elegante Welt. Wien, 1803. bey Peter Rehm, seel. Wittwe. 16 S. 1 Bl. Auflösung. 8. (Verse). Vorbemerkung unterz.: J— R—.

b. Fünf und zwanzig neue Charraden zur Unterhaltung für die elegante Welt. Als Fortsetzung und Beschluß der jüngst vorhergegangenen funfzig Charraden. Wien, 1803. bey Peter Rehm, seel. Wittwe. 14 S. 1 Bl. Auflösung. (Verse). Vorbemerkung J. R.—.

97. Ode an Herrn Emanuel Schikaneder, von einem Freund: Vollständiges Verzeichniß der im k. k. priv. neuerbauten Theater an der Wien aufgeführten Schauspiele und Opern von dem Tage der ersten Vorstellung den 13. Juny 1801, bis den letzten Dezember 1802. Nebst einem Verzeichniß der ganzen Gesellschaft, und einer Ode an Herrn Emanuel Schikaneder; von einem Frennd. Dann eine Anekdote von Professor Engel in Berlin. Wien, 1803. 60 S. 8. 49 bis 51.

98. An dem Sarge des Biedermannes Karl, Edlen von Marinelli. Am 29. Jan. 1803. Cantate. Von Karl Friedrich Hensler. Wien, gedruckt bey Matth. Andreas Schmidt, k. k. Hofbuchdrucker. 2 Bl. 8. (,Ernste Stille herrscht in uns'rem Bunde').

99. Bei der Vermählungsfeyer des Herrn Carl Johann Wenig mit Marianna Hraschansky am VI. Februar im Jahre MDCCCIII. Zum fröhlichen Brautreihen dargebracht im Nahmen der sämmtlichen Kunstgenossen der Buchdruckerey des Herrn Brautvaters. Wien. 5 Bl. Groß Folio. (,Ein junges Paar, von biederm Sinn'). Unterz.: G. L. [Gottlieb Leon?].

100. Wunsch um die Wiedergenesung des Herzogs Albert, Königl. Prinzen von Pohlen und Lithauen, Herzogs zu Sachsen-Teschen etc. etc. Auf Kosten des Verfassers. Die Hälfte des eingehenden Betrages ist dem Armeninstitute gewidmet. Wien bey Christ. Peter Rehm sel. Witwe. 1803. 16 S. (Gedicht).

Vgl. Annalen Nov. 1803. Nr. 98.

101. Am Geburtstage des Herrn Staatsraths Martin von Lorenz. Gesungen den 8. September 1803. ½ Bogen. 4. (,Wie so bräutlich geschmückt, Gottheit erscheinst du').

Vgl. Annalen May 1804. Nr. 51.

102. Johann Franz Edler von Lüerwaldt, geb. in Wien am 4. August 1740, Sohn eines Hofrats, kam 19jährig nach Mailand, wo er fünf Jahre in verschiedenen Geschäftsverwendungen verbrachte, 1769 von den steirischen Ständen zum Verordneten gewählt, später mit der Wegdirektion betraut, trat 1782 in den Ruhestand, starb in Gras am 23. Februar 1804.

Kunitsch 1805. 1, 39 bis 43.

Verse, die er auf einem seiner letzten Spaziergänge niederschrieb, b. Kunitsch 1, 43.

103. Joseph Anton Edler von Pilat, geb. in Augsburg am 20. Februar 1782, besuchte die Schulen am Collegium ad Sanctum Salvatorem in seiner Vaterstadt, studierte Rechtswissenschaft in Göttingen, wurde 1801 Privatsekretär des Grafen Metternich in Berlin, folgte ihm nach Paris und Wien, 1818 wirklicher k. k. Hofsekretär, später Regierungsrat im außerordentlichen Dienst bei der Staatskanzlei, 1831 geadelt, starb zu Wien am 2. Mai 1865. Pilat war der Mittelpunkt der ultramontanen Partei in Österreich. Er war — als Nachfolger Friedrich Schlegels — von 1811 bis Ende März 1848 Redakteur des offiziellen ,Oesterreichischen Beobachters'. Unter seinen Gedichten sind Übersetzungen aus dem Griechischen und Lateinischen.

a. Varnhagen von Ense, Denkwürdigkeiten des eigenen Lebens. [Paris].

b. Meusel 15, 45. 19, 189. — c. Wiener Zeitung 1865. Nr. 105. S. 485: J. A. v. Pilat. — d. Wurzbach 1870. 22, 281 bis 284.

e. E. Guglia, Religiöses Leben in Wien 1815—1830: Münchner Allgemeine Zeitung 5. und 6. Juni 1891.

Briefe von Gentz an Cotta siehe unten S. 812; an Pilat sieh § 293, I. 1. r — Band VI. S. 190.

1) Ueber Arme und Armenpflege. Berlin 1804.

2) Betrachtungen eines Deutschen über die durch das Senatusconsult vom 16. November 1813 in Frankreich ausgeschriebene Conscription von 300.000 Mann. Frankfurt a. M. 1818.

3) Beiträge zu Castelli's Selam 1813, zu Passy's Oelzweigen, zum Hyllos 1819 bis 1821 u. s. w.

4) Übersetzte de Pradt's Geschichte der Botschaft im Herzogthume Warschau von 1812. Wien 1814 bis 15 und Karl Ludwig v. Hallers Schreiben an seine Familie, um ihr seine Rückkehr zur römisch-katholischen Kirche zu eröffnen. (Wien 1823). § 293, I. 2. 12) — Band VI. S. 195.

5) Gab 1857 den Briefwechsel zwischen Fr. Gentz und Adam Heinrich Müller heraus. Vgl. § 293, I. I. αα — Band VI. S. 190.

104. Benedict Pillwein, geb. zu Obersulz im Viertel Obermannhartsberg am 26. November 1779, Sohn eines Weinbauers, studierte 1792 bis 1801 in Salzburg, trat 1804 als Tagschreiber in die Staatsbuchhaltung ein, war 1806 bis 1816 Redakteur der Salzburger Zeitung, 1817 provisorischer Adjunkt bei dem Pfleggerichte Neumarkt, 1822 Ingrossist und später Rechnungsoffizial bei der Staatsbuchhaltung in Linz, 1846 pensioniert, gest. am 27. Januar 1847.

a. Meusel 19, 140 f.

b. Nekrolog von Bäuerle: Theaterzeitung 1. und 2. Februar 1847. Nr. 27 u. 28.

c. K. A. Kaltenbrunner: Wiener Zuschauer 23. Februar 1847. Nr. 26.

d. N. Nekrolog 1847. 25, 83.

e. B. Pillweins Leben und Wirken, geschildert von Dr. Heinrich Wallmann: Mittheilungen der Gesellschaft für Salzburgische Landeskunde 1866. 6, S. 1 bis 20.

f. Wurzbach 1870. 22, 804.

1) Was hat die Menschheit von Ferdinand zu hoffen? Salzburg 1804.

2) Sammlung der Chur-Salzburgischen Landes-Gesetze unter Ferdinand I. 3 Hefte. Salzburg 1805 bis 1808. Oberer. 8.

3) Verordnungen für das Herzogthum Salzburg und das Fürstenthum Berchtesgaden vom Jahre 1806 und 1807. 2 Hefte. Salzburg 1807 und 1808. F. X. Doyle. 8.

4) Kleine Naturlehre und Naturgeschichte für Kinder. Salzburg 1811. 2 Auflagen.

5) a. Die Lebens- und Leidensgeschichte des Heilandes, nebst Beschreibung der heiligen Orte, wo sich die heil. Begebenheiten ereignet. Salzburg 1814. 3. Aufl. Salzburg 1816. Duyle.

b. Die Festtage der Gottes-Mutter Maria, besonderer Heiligen und der Heiligen insgemein. (Als 2. Theil der Leidens- und Lebensgeschichte des Heilandes). Mit den betreffenden Evangelien, mit den Lebensbeschreibungen der vorkommenden Heiligen Gottes. 2. Ausg. Salzburg 1820. Mayrische Buchhandlung.

6) Evangelien auf alle Sonn- und andere Tage des Jahres. Mit Erklär. und Lebensbeschreib. der darin vorkommenden Personen, nebst Umriß und Karte des heil. Landes. Salzburg 1815. Neue Aufl. 1819. Duyle. gr. 8.

7) Die christliche Besteigung der Kalvarienberge. Salzburg 1816. 2. Auflage unter dem Titel: „Der dreifache Kreuzweg'. Wien bei Fr. Ludwig.

8) Lebensbeschreibungen von Heiligen Gottes in dem oft verkannten gemeinen und dem stets zu ehrenden Bauernstande. Salzburg .... 2. Aufl. 1819. Mayr.

9) Biografische Schilderungen oder Lexikon Salzburgischer, theils verstorbener, theils lebender Künstler, auch solcher, welche Kunstwerke für Salzburg lieferten. Nebst einem Anhange über die Glasmalerei auf dem Nonnberge und aufgefundene Alterthümer in und um Salzburg. Salzburg 1821, Mayrische Buchhandlung 356 S. 8.

10) Die Legenden gottseliger Handwerker und Künstler. Salzburg 1822.

11) Legenden Heiliger Gottes und verehrter Landespatrone in der österreichischen Monarchie. Salzburg 1822. Duyle.

12) Saamenkörner des Christenthumes oder die heiligen Märtyrer nach dem römischen Brevier, so wie nach sonstigen Urkunden bearbeitet und mit Erläuterungen versehen. Linz, bey Haslinger. 1823. 8.

13) Das zerknirschte Herz. Linz 1823, akademische Buchhandlung. — Das zerknirschte Herz in Anbetung vor Gott, in Verehrung und Anrufung der Jungfrau Maria sammt den Heiligen. Regensburg 1840. Reitmayr. 12.

14) Praktische Blicke in das Leben der Künstler und Handwerker. Linz 1824, bei Quandt. II. 8.

Vgl. Theaterzeitung 1836. Nr. 97.

15) a: Beschreibung der Provinzialhauptstadt Linz. Linz 1824. 8. — b: Neue Bearbeitung unter dem Titel: Neuester Wegweiser durch Linz und seine nächste Umgebung in histor., topograph., statist., commerzieller, industriöser und artistischer

Beziehung. Linz 1837. 236 S. 4. — c: Vermehrte und verb. Bearbeitung unter
dem Titel: Linz Einst und Jetzt, von den ältesten Zeiten bis auf die neuesten
Tage. Linz 1846, bei J. Schmid. II. 8.

16) Geschichte, Geographie und Statistik des Erzherzogthumes Oesterreich ob
der Enns und des Herzogthumes Salzburg. Linz 1827 bis 1839, bei Quandt. X. 8.

17) Chorographische Karte von Linz und Umgebung. Linz 1832, bei Hafner.

18) Das Festbuch Mariens. Linz 1833, bei Fink.

19) Erzählungen, Volkssagen und Schilderungen aus den Tagen der Vorzeit
und Gegenwart im Erzherzogthume Oesterreich ob der Enns und dem Herzogthume Salzburg. Linz 1834 und 1835. II. 8.

20) Der Untersberg bei Salzburg. Linz, bei Huemer (1835).

21) Zwölf und eine Welt, oder das Walten der Riesen und Zwerge im
Geisterreiche. Linz 1836.
Vgl. Theaterzeitung 1836. Nr. 206.

22) Wahrhafte kritische Beleuchtung über den Geburtsort des berühmten
Astronomen und Mathematikers Johannes von Gmunden. Linz 1836, bei Quandt.

23) Der wackere Schulmann Liebhart unter seinen Kindern zu Friedenthal.
Linz 1836, Weinmayr.
Vgl. Öst. Morgenblatt 1836. Nr. 64.

24) Die guten Einwirkungen des Pfarrherrn Seeburg auf seine Gemeinde in
seinem Amte. Linz (1836).

25) Föna oder der für seine Untreue schwer bestrafte Ehemann. Linz bei
Huemer (1836).

26) Der heilige Rosenkranz. Linz 1836.

27) Die christliche Gnadenpforte. Linz 1837.

28) Der goldene Himmelsschlüssel. Linz 1837.
Andere in Linz erschienene Gebetbücher von ihm: a: Die andächtigen Wall-
fahrer zu den ländlichen Kapellen des heil. Isidor, Wendelin und der heil. Noth-
burga. — b: Das Festbuch unseres Herrn Jesu Christi von Nazareth. — c: Heil-
bringende Tag- und Nachtgedanken eines frommen Christen. — d: Andacht zu
den 14 heil. Nothhelfern. — e: Die goldenen Samstage. — f: Herr! mit Thränen
säen wir aus, aber mit Freude ernten wir ein. 2. Aufl. umgearbeitet. — g: Der
bedächtige Wandersmann zu seinem Glücke hier und dort. 2. Aufl. umgearbeitet.
— h: Bittet, und es wird Euch gegeben werden. — i: Herr! erhöre unser Gebet.
— k: Liebe Gott über Alles und deinen Nächsten wie dich selbst. — l: Die andächtigen Begrüßungen Mariens. — m: Die heiligen Patrone der Haupt- und
Pfarrkirchen von Oberösterreich. — n: Die sieben Bußpsalmen Davids. — o: Herr
und Gott, unser Retter, Helfer und Heiland. Umarbeitung eines 1755 verfaßten
Gebetbuches. — p: Nehmet zu, wie Jesus, an Alter, Weisheit und Gnade. — q:
Kind! Ehre Vater und Mutter. — r: Der Wille des Herrn ist heilig. — s: Kind,
bete mit Andacht und fürchte Gott.

29) Guter Rath, fromm zu leben und selig zu sterben. Linz 1837. 2 Auflagen.

30) Neuer verbesserter 100jähriger Kalender vom Jahre 1837 bis 1937. Linz
1837, bei Huemer.

31) Zwei schöne Historien von den mächtigen und tapferen Fürsten und
Rittern Stillfried und Brunswig im uralten Böhmerlande. Linz. (1837).

32) Sagenwelt oder Volkssagen, Erzählungen, Anekdoten und dergl. aus der
österreichischen Monarchie und anderen Gegenden der Welt. Linz 1837 bis 1839,
bei Weinmayr. VI.

33) Sammlung von frommen Sagen aus der Gegenwart und Vergangenheit.
Linz 1837 bis 1839. IV. 8.

34) Kurzer Wegweiser durch den Traunkreis nach seinem jetzigen Bestande
in geschichtl., geograph. und statistischer Beziehung, mit besonderer Berücksichtigung auf das kaiserl. königl. Salzkammergut. Linz 1838. 12.

35) Fortunatus mit seinem Glücksäckel. Linz. 1838.

36) Der Zauberer. Linz 1839.

37) Die eilf Legenden der heilig gesprochenen Diener Gottes aus dem Orden

der Gesellschaft Jesu nebst Beschreibung der Feierlichkeiten bei einer Heilig-sprechung. Mit Benützung französischer Werke. Linz 1839.

38) Beschreibung des Freyenbergthurmes und der Kirche bei Linz. Linz 1841.

39) Die Tagesfeier des christlichen Beters. 2. und 8. Auflage. Linz 1842.

40) Chorographische Karte des Mühlkreises in Oesterreich ob der Enns. Mit geographisch-statistisch-historischen Daten außerhalb des Chartenrandes. Linz 1843, Haslinger.

41) Die Domkirche in Linz nebst den Bischöfen, Domherrn und Ehrendom-herrn seit der Entstehung des Bisthumes. Linz 1843.

42) Leopold IV. aus dem Hause der Babenberger, Markgraf von Oesterreich, der heil. Schutzpatron dieses Landes. Wien, Mechitaristen-Kongregation.

43) Gelegenheitsgedichte und Aufsätze in zahlreichen österreichischen Zeit-schriften.

105. Gedichte bey der Feyer des funfzigsten Jahrestages von Errichtung [so] der k. k. Academie der morgenländischen Sprachen. Gesungen im Nahmen der Zög-linge daselbst den 1. Januar, 1804. Wien, mit von Kurtzbek'schen Schriften. 16 Bl. 4. Originale mit Übersetzung nach den Türkischen; nach dem Arabischen; aus dem Persischen; Oda (lat.); Cantate (franz.); Sonetto (ital.); Ode (deutsch: ‚Steiget, Opfer des Dankes! Hymnen des Preises, tönt!').

106. Dankode der Wienerbürgerschaft bey der Jubilirung des hochedelg. Hrn. Hrn. Jos. Georg Hörl, k. k. Hofrathes, ihres ehemaligen verehrt- und geliebtesten Bürgermeisters: Bürgerfeyer am 30. October 1804 . . . Wien 1805.
Vgl. Annalen 1805. 1, 382.

107. Ein Dankopfer Franz dem Zweyten, am Tage da Ihm als Östreichs Erb-kaiser gehuldigt wurde, den 8. Dec. 1804. In Hebräischer Sprache gedichtet, und in das Deutsche übersetzt von M. Obernik, Herausgeber der Mincha Chadascha. Wien, gedruckt und unentgeltlich zu haben, bey Anton Schmid, k. k. priv. Hebräischen Buchdrucker. Original und Übersetzung. 12 S. 4.
Vgl. Neue Annalen 1807. 1, 191 f.

108. Ignaz Franz Castelli vgl. § 331, 54.

1) Rosenfelds poetische Versuche. Wien bey J. B. Wallishauser. 1805. 131 S. 8.

2) Kriegslied für die österreichische Armee. Von L. F. Castelli. In Musik gesetzt von Joseph Weigl, Kapellmeister der k. k. Hoftheater. Wien, gedruckt bey Anton Strauß. 4 Bl. 8.
Nachricht: ‚Es hat sich ein Unbekannter die sonderbare Freyheit genommen, dieses Lied nach einer Abschrift, welche ihm zu Gesicht gekommen ist, abdrucken zu lassen . . . ich . . habe . . darin so viele Fehler g g die Scansion, den Sprach-gebrauch, und selbst gegen die Orthographie entdeckt, daß ich gezwungen bin . . . Jene Auflage öffentlich für falsch zu erklären.' Der Verfasser. (‚Hinaus, hinaus mit frohem Muth! Hinaus in's Feld der Ehre'). Sieh unten S. 812.

3) Volksstimme. Ein Lied mit Chor. Von I. F. Castelli. Wien, 1809. 3 Bl. 8. (‚Hört die Kriegstrompete schallen').

109. Anton Passy, geb. am 31. März 1788 in Wien, studierte dort Theologie, trat 1809 in das Alumnat zu St. Pölten, seit 1810 Erzieher, war 1817 bis 1820 Lektor und Bibliothekar des Grafen Franz de Paula Szechény. Nach dessen Tode trat er in die Kongregation des heil. Erlösers und erhielt am 18. März 1821 die Priesterweihe; die Primizpredigt bei seiner ersten Messe (21. März) hielt Zacharias Werner, der ihn schon 1806 kennen gelernt hatte. Seit 1824 kränklich und deshalb sogar von dem Halten der strengen Ordensregel dispensiert, versah er nur die Pflichten des Beichtigers und die des Krankenbesuches; er starb infolge einer über-aus schmerzhaften Operation am Unterkiefer am 11. März 1847 in Wien. In mancher Hinsicht ein Geistesverwandter M. Enks (§ 333, 300), nur mehr dumpfe Klosterluft, von der die vielen asketischen Schriften Zeugnis geben. Die Canzone pflegte er nach Zedlitzens Vorgange.

a. Gräffer und Czikann 1835. 4, 162.

b. Nekrolog des hochwürdigen Herrn P. Ant. Passy, Priester aus der Ver-sammlung des heil. Erlösers, gest. 11. März 1847. Von Joh. Nep. Passy. Wien, Peter Rohrmann. 1847. 20 S. gr. 8.

c. Nekrol. 25, 198 bis 202.
d. Scheyrer 362.
e. Kehrein, Lex. 2, 3.
f. Wurzbach 1870. 21, 326 bis 332

1) Die Belohnung. Eine allegorische Erzählung. Wien 1805.

2) Empfindungen eines Genesenen. Wien 1806.

3) Bei Vermählung des wohledelgeb. Herrn Joh. Th. Edl. von Trattnern mit Fräulein Regina Kleebinder. 1806. (November).

4) Stimmen aus der Zeit oder Landwehrlieder für 1809. Wien, Ueberreuter.

5) Geist der Treue. Gedicht. Wien, bey Degen 1813.

6) Froehliche Theilnahme der Waisenkinder an dem feyerlichen Einzuge Sr. Majestaet des Kaisers von Oesterreich in seine Residenz, am XVI Junius MDCCCXIV. Ein Gedicht von Anton Passy. Wien. 8 Bl. 8. (,Die Waisenkinder sah mit Lorbeerzweigen').

7) Ein dankend Wort, als des Herrn J. G. Passy Bildniß im Versammlungssaale des hies. löbl. bürgerl. Handelsstandes feierlich aufgestellt wurde. Mai 1814. Ohne Verfassernamen.

8) Der Schutzgeist blinder Kinder. Zum Vortheile des hiesigen BlindenInstituts. Wien bei C. Gerold. 1816.

9) Die kleine Diebin. Operettchen für Kinder. Wien, 1816. C. Gerold.

10) Freuden-Denkmal. An die hohen Gäste der geschlossenen Abendunterhaltung am 27. Hornung 1816. Wien 1816. C. Gerold.

11) Worte eines Erziehers an den Vater seiner ersten Zöglinge. Wien 1817. Tendler und Sohn. Ohne Verfassernamen.

12) Grab und Vermächtniß Jesu des Gekreuzigten. Mit musikalischen Beilagen von Gräfin Battbyany, gebornen Szechenyi. Wien 1818.

13) Gottseliger Spruch: ,Gelobt sei Jesus Christus' ausgetheilt für den ganzen Tag. Sammt Musikblatt von der hochgeb. Gräfin Batthyany geb. Szechenyi. Wien 1818. Leop. Grund.

14) a. Des Jünglings Glaube, Hoffnung und Liebe. Ein Gedicht in drei Büchern. Mit einem einleitenden Gedichte von Fr. v. Schlegel. Wien 1821. 8. — b. 2. Ausgabe 1831. — c. Des Jünglings Glaube, Hoffnung, Liche. Lebensbilder von Anton Passy. Vorwort von Friedrich Schlegel. Dritte Auflage. Wien und Erlangen. Bei Theodor Bläsing. 1845. 2 Bl., 372 S. 8.
[Vorwort]: Diese dritte Auflage des ersten poetischen Werkes von A. Passy, welcher die Ausgaben von 1821 und 1831 zu Grunde liegen, erscheint hier zum ersten Male mit Beigabe eines neuen, unter dem Titel ,Carlsbadiana' vereinigten Ciclus von Gedichten, die auf einer vom Verfasser im Jahre 1840 unternommenen Reise durch Böhmen entstanden sind.'
S. 1 bis 19: Des Jünglings Glaube, Hoffnung und Liebe. — S. 3: Klagelied der Mutter Gottes. (,Es weint das Kind schon Liebesthränen'). Friedrich v. Schlegel. — S. 21 bis 24: Zur Einleitung. (Prosa). — S. 25: Vom Verfasser. (,Wie Licht und Glanz aus Feuerspracht gefunden'). — S. 27: Eingang. — S. 87 bis 106: Erstes Buch. (S. 75: Gesicht. Prosa; S. 90: Ewiges Streben. Prosa). — S. 107 bis 212: Zweites Buch. (S. 123: Mutter und Tochter. Prosa; S. 124: Erblicken der Schönen. Prosa; S 129 bis 151: Nächtliche Ständchen. S. 132: Vor ihrem Fenster). — S. 213 bis 292: Drittes Buch. — S. 293: Carlsbadiana. — S. 860: Anmerkungen.

15) Das Amt der Engel und das Amt der Priester. Predigt zur Primizfeier des hochw. P. Veith. Wien 1821.

16) Katholisches Andachtsbuch für Katholiken. Mit Kupfern von Schnorr. Pesth. Hartleben. 1821. Später neu aufgelegt.

17) Rosenkranzbüchlein. Wien, Wallishaußer. 1822. 2 Auflagen.

18) Lied zum Gedächtnisse des hochwürdigen seligen Herrn Friedrich Ludwig Zacharias Werner, Ehrendomherrn von Kaminiec und Großherzoglich Hessen-Darmstädtischen Hofrathes. Im Nahmen seiner Verehrer und Freunde gedichtet von Anton Passy, Priester aus der Congregation des allerheiligsten Erlösers. Zum Besten der Armen. Wien, 1823. Gedruckt bey J. B. Wallishaußer. 8 S. 1 Bl. Querfolio. Todesanzeige. (,Ich wollte lieben ewiglich').

S. 8: Anmerkungen mit biographischen Notizen über Werner.

19) Ermahnung über das, was man nach einer aufrichtig verrichteten General-
beichte zu thun hat. Wien. Wimmer. 1827. 12. — 2. Aufl. 18??. — 3. Aufl. 1842.
Ins Französische und Polnische übersetzt.

20) Ueber die Verbindlichkeit des Christen zur heil. Communion. Wien, Wimmer.
1827. — Spätere Auflagen Wien, Tendler und Schäfer.

21) Die sieben Worte des Gekreuzigten. Sein Grab und Vermächtniss. Wien,
Wimmer. 1827.

22) Daktyliothek von Augustus bis Augustulus. Ein Beitrag zur Geschichte.
Wien, Fr. Beck. 1828.

23) Memorabilien der Ewigkeit. Wien, Mechitaristen. 1828.

24) Der Ferienkursus. An Adam Müller's Tod. 1829.

25) Vollständige Sammlung der geistlichen Lieder des H. A. v. Liguori.
Uebersetzt und mit Noten. Wien, Mechitaristen. 1829. — 2. Ausgabe: Regensburg, Manz. 1842 mit Melodien von Simon Sechter.

26) Katholisches Trostbuch. In zwölf Vorträgen über das heil. Kreuz. Wien,
Mechitaristen. 1829. — 2. Aufl. 1838. — 3. und 4. Auflage bei Strauß' Witwe
und Sohn. 1843.

27) Denkwürdigkeiten aus dem Leben der Dienerin Gottes Maria Josepha,
Herzogin von St. Elias, geb. Gräfin Brandis. Mit ihrem Porträt. Nach dem
Italienischen. Wien 1830.

28) Orgeltöne. Geistliche Lieder, von P. D. Anton Passy. Wien 1830. 8. —
Zweite unveränderte Ausgabe. Wien 1843. C. Ueberreuter's Druck und Verlag.
XXXVL, 860 S., 8 Bl. Inhalt, 2 Bl. Verzeichniß der geistlichen Lieder, von P. D.
Anton Passy, die in dem Buche: Orgeltöne enthalten, und von berühmten Meistern
der Tonkunst in Musik gesetzt sind. 8. — VgL Nr. 40).
Widmung: Seiner Excellenz . . . . . . Johann Baptist Ladislaus Pyrker von
Felsö-Eör, Patriarch-Erzbischof von Erlau.

S. V: Vom Inhalte und dem Vortrage geistlicher Dichtungen. — Gruppierung
der Lieder: Von dem Glauben. Feste des Kirchenjahres. — Von der Hoffnung.
Feste der göttlichen Mutter. der heiligen Engel und der Heiligen; dann vom
Gebete. — Von der Liebe. Der Schüler der göttlichen Liebe. Liebe zum Leiden.
Die zehn Gebote Gottes und jene der heiligen Kirche.

29) Geschichte von Maria, dem Heile der Kranken zu Enzersdorf. Wien,
Mechitaristen. 1830.

30) Aus dem Leben Sr. Heiligkeit des neuerwählten Papstes Gregor XVI,
mit dessen Porträt. Wien, Mechitaristen. 1831.

31) Der heiligste Erlöser. Ein Vorbild geistlicher Vollkommenheit. Wien,
Mechitaristen. 1831. — 2. Aufl. Innsbruck 1842. Fel. Rauch.

32) Glaube, Hoffnung und Liebe. Rede bei feierlicher Ablegung eines
Glaubensbekenntnisses. Wien 1831.
Ins Italienische übersetzt.

33) Lese- und Gebetbuch für christkatholische Jungfrauen (nach Waldner).
Augsburg 1831. Viele Auflagen.

34) Fromme Andacht zu dem großen Kirchenheiligen Anton von Padua.
Augsburg 1831. 2 Auflagen.

35) Kurzgefaßte Geschichte des wunderthätigsten Gnadenbildes der seligsten
Jungfrau Maria zu Czenstochau. Wien 1831, Mechitaristen.

36) Andacht zum h. Rochus. Wien 1831.

37) Gebet und Lied zum h. Jacob dem Aelteren. Wien 1831. Mechitaristen.

38) Étrennes spirituelles ou l'année consacrée à la pratique de l'amour divin.
Trad. de l'allemand. Vienne 1831.

39) Umrisse des Lebens und des Todes des sel. H. Alphonsus Maria Liguori.
Augsburg, Herzog. 1832. 2 Auflagen.

40) Der Orgel Widerhall. Fortsetzung der ‚Orgeltöne‘. Bonn, Markus. 1832.
8. — 2. Ausgabe 1842.

Dazu: Noten für hundert dieser Gesänge, Compositionen der berühmtesten Musiker Deutschlands. 6 Hefte. Wien, Haßlinger. Folio.

41) Das Reich des Lichtes. Bei Gelegenheit der feierlichen Ablegung eines Glaubensbekenntnisses. Wien 1832.

42) Neuntägige Andacht zum h. Alois von Gonzaga. Wien, Mechitaristen. 1832. Oft nachgedruckt.

43) Neuntägige Andacht für Weihnacht zur Kindheit Jesu. Wien, Mechitaristen. 1832.

44) Neuntägige Andacht zur h. Theresia, nach Alphons von Liguori. Augsburg 1832. Mehrere Auflagen.

45) Tagzeiten von Jesu, Maria und Joseph. Wien, Mechitaristen. 1832.

46) Corone zum heiligsten Blut Jesu. Wien, Mechitaristen. 1832.

47) Geistliche Verhaltungsregeln für verlassene Seelen, besonders auf dem Lande. Augsburg [Landshut, Kröll] 1832. 12.

48) Ferdinand des I. gottgeweihte Töchter und Enkelinen. Innsbruck, Wagner. 1833.

49) Gesänge, verfaßt von A. Passy, componirt von Weiß, Professor der Tonkunst. Wien, Trentsensky. 1833. 2 Hefte.

50) Auszug des Denkwürdigsten aus dem Leben des H. A. M. Liguori. Wien, Mechitaristen. 1833.

51) Die streitende Kirche im Kampfe und Leiden. München, bei Jacob Giel. 1834. 2 Auflagen.

52) Meisterlosigkeit. Canzone von Anton Passy. Leipzig, bei Friedrich Ludwig Herbig. 1834. 140 S. 8.

53) Das Kinder-Paradies. Ein Festgeschenk in Reimen. Wien, Armbruster. 1834. — 2. Aufl. 1837. — 3. Aufl. Regensburg, Manz. 1842.

54) Marianischer Gnadenhimmel. Augsburg, Doll. 1834. 2 Auflagen.

55) Der vollkommene Christ. Aus dem Italienischen des heil. A. v. Liguori. Wien, Ullrich. 1834. — 9. Aufl. 1843.

56) Morgengruß an Se. Majestät Kaiser Ferdinand I. am 2. März 1835. Wien 1835.

57) Zeitspiegel. Novelle. Wien, Mechitaristen. 1835. 8. — Wiederh.: 1848.

58) Worte eines Bischofs an Bischöfe vom heil. Alphons v. Liguori. Dresden, Walter'sche Buchhandlung. 1835.

59) Brief eines Priesters an eine fromme Seele. Wien 1835. 3 Auflagen. Ins Ital., Französ. und Polnische übersetzt.

60) Tod und Auferstehung. Huldigungs-Canzone an Se. Majestät Kaiser Ferdinand I. Wien 1835. 8.

61) Goldenes Almosen in Lehren über den Umgang mit Gott. Augsburg, Herzog. 1836. — 2. Aufl. Wien 18??. 3. Aufl. Ebenda 18??.

62) Geistliche Übung für das Fest des heiligsten Erlösers. Wien 1836. 2 Aufl.

63) Religionis et pietatis officia, studiosae juventuti proposita. Augustae Vindelicorum, typis Antonii Herzog. 1836.

64) Die Braut Christi. Aus dem Italienischen des h. Alph. v. Liguori. Wien 1836. — 4. Aufl. 1842.

65) Andenken an Fr. Georg [seinen Bruder Georg Passy]. Wien 1837.

66) Rede bei feierlicher Einsegnung einer Ehe gehalten. Wien 1837.

67) Briefe über Roms Wohlthätigkeitsanstalten. Beitrag zur Geschichte der öffentlichen Wohlthätigkeit. Mit vier Tabellen. Regensburg, Manz. 1838. 8 Auflagen.

68) Wissen und Glauben. Dichtung. St. Pölten. 1839. Lex. 8.

69) Reue. Gedicht mit Musik von Calvallo. Wien, Haßlinger. 1840.

70) Vorrede zu der Schrift: Mission aux Antilles. Vienne 1840. Mechitar.

71) Einleitung zu dem Werke von Dr. Allioli: Syrien im Jahre 1840.

72) Am Grabe des hochwürdigsten Herrn Jos. Pletz [Hof- und Burgpfarrer in Wien]. Wien 1840.

73) Großbritanniens Urzeit. Historisches Tableau. Landshut, Vogel. 1841. (Sonderabdruck aus dem Repertorium für katholisches Leben und Wirken).

74) Lebensgenuß des h. Camillus von Lollis. Wien, Mechitaristen. 1841.

75) Die h. Philomena, ein Bild der Jugend für die Jugend von Schönbrunn in Böhmen. Leitomischl, Turetschek. 1841.

76) Geselligkeit der in Gottes Gnade und Liebe lebenden Seele. Wien, Tendler. 1842. 2 Auflagen.

77) Traumleben und Traumwelt. Leipzig, Volkmann. 1842. (Gedicht).

78) Das Paradies der Christen. Betrachtungsbuch. Wien und Insbruck. 1842. 2 Auflagen.

79) Uebung der Liebe zu Jesu Christo. Aus dem Italienischen des h. Alphons Maria Liguori. Wien 1842. Vier Auflagen.

80) Hundert Gedanken für die wichtigsten Wahrheiten unserer heiligen Religion. Aus dem Französischen. Wien 1842. Vier Auflagen.

81) Memento de l'éternité. Paris 2de édition; Wien, Rohrmann. 1842.

82) Hymnen beim Umzuge in der Grabkirche von Jerusalem. Metrisch übersetzt. Wien, Wimmer. 1842.

83) Gott ist die Liebe. Betrachtungen. Wien 1843. Drei Auflagen.

84) Leben des heil. Patriarchen Joseph von P. Saccardi. Uebersetzt aus dem Italienischen. Regensburg, Manz. 1843.

85) Das Leben in der Gnade und Liebe Gottes. Wien, Tendler und Schäfer. 1843. II. 8.

86) Gebetbuch, gezogen aus den Schriften des h. A. M. v. Liguori. Wien 1843.

87) Monatsandachten. Wien 1844. V. 8.

88) Kirchenhistorisches. Leipzig, G. Wigand. 1846. 2 Auflagen.

89) Philosophen der Neuzeit. Humana Comödia. Wien 1846. (Gedicht).

90) Kirchengesang und Kirchenmusik. Historische Abhandlung. Wien 1846.

91) Trost für Eltern am Grabe ihrer Kinder. Herausg. von Joh. Nep. Passy. St. Pölten 1846. 8. (Gedichte).

92) Beiträge zum Musenalmanach 1814, zu den Friedensblättern 1814, zum Sonntagsblatt für die Jugend 1818, zu den von seinem Bruder Georg herausgegebenen Oelzweigen, zu Häglspergers Chrysostomus 1835 und 1836, zu den Vaterländischen Blättern, zu dem Religionsfreunde, zu Benkerts Athanasia und zu Pletz Neuer theologischer Zeitschrift 1835 bis 1837.

110. Danklied der Bewohner jener Vorstädte Wiens, in welchen Seine Königliche Hoheit Herzog Albert von Sachsen-Teschen öffentliche Springbrunnen errichten ließen. Verfasset von Anton Eglißer. Gedruckt auf Kosten der Gemeinde von Ober-Neustift. Wien, bey Anton Strauß, k. k. privil. Buchdrucker, 1805. 2 Bl. Quer 8. Nach der Melodie: Gott erhalte Franz den Kaiser. ('Edler Herzog! Deine Güte').

111. Ode auf den Frieden für Oesterreich, welcher zu Preßburg im Monate Dezember 1805 abgeschlossen worden. Wien, gedruckt und im Verlage bei Ludwig Mausberger, k. k. privileg. Buchdrucker. 4 Bl. 8.

Ist auch zum Singen eingerichtet, nach der bekannten Aria: Wer Doris hat dir dieß entdeckt etc. ('Nun herrsche Ruhe — Frieden').

112. Vitalis Heller, geb. in Wien am 16. August 1778, trat 1801 in das Benediktinerstift zu den Schotten, starb am 13. Januar 1822.

Scriptores ordinis S. Benedicti qui 1750—1880 fuerunt in Imperio Austriaco-Hungarico. Vindobonae 1881. 8. 183.

1) Lobrede auf den heiligen Gregorius in Gaunersdorf. Wien 1806. Trattner.

2) Lobrede auf den heiligen Florianus. Wien 1810. Ghelen.

3) Syllabus chronologicus ss. rr. pp. concionatorum, qui post decessum rr. pp. Capucinorum antea munere hoc egregie functorum in ecclesia buiate Viennae B. M. V. ad Scotos ex ordine nostro s. P. Benedicti verbi divini praecones exstiterunt 1811.

4) Gesang auf eine Firmungsfeierlichkeit. Am 27. März 1812.

113. Kinder der Muse von Ephraym Isaak Wehli. Erstes Bändchen. 1806. Ohne Druckort und Verleger. 183 S. kl. 8.

Vgl. Neue Annalen 1807. 1, 45 f.

114. An mein Vaterland und meinen Kaiser. Am 16. Januar 1806. Von J. M. Wien 1806. Gedruckt bey Anton v. Haykul. 2 Bl. 4. (‚Jauchzt unserm Kaiser! Jauchzt, daß der Gallier‘).

115. Festgesang auf die erfreuliche Wiederkunft Sr. Majestät des Kaisers, Franz des Zweyten nach dem Friedensschlusse in die Residenzstadt Wien. Verfaßt von J. N. einem Unteroffizier, aus dem Corps der kais. auch kais. kön. Akademie der bildenden Künste im Jänner 1806. Wien, auf Kosten und im Verlag bey Johann Bapt. Wallishaußer. 2 Bl. 4. (‚Erfreu dich Wien! ertönts in allen Gassen‘).

116. An Wiens Bewohner bey der Ankunft Sr. Majestät des Kaisers in seinem guten Wien. Von J. R**. 1806. In der Rehmschen Buchhandlung. 2 Bl. 4. (‚Er kommt — ihr Bürger jauchzet ihm entgegen‘).

117. Als den sechzehnten Januar 1806, nach zu Prag kundgemachtem Frieden, die graduirten Priester der Themis sich zum Genusse der Freude versammelten. Von einem Mitglieds verfaßt, und zum Vortheile der leidenden Menschheit in den Feldspitälern und Lazarethen dem Drucke übergeben. Wien 1806. Gedruckt bey Anton v. Haykul. 4 Bl. 4.

118. Text zum Kaisermarsch des zweyten Regiments der Stadt-Miliz. Wien 1806. 2 Bl. 8. (‚Uns ruft die Pflicht, des Ruhmes Stimme klingt‘).

119. Bürger-Tugend den edlen Bürgern Wiens gewidmet. 1806. 4 Bl. 8. (‚Ein braver Bürger muß allein Nicht redlich nur und bieder seyn‘).

120. Wünsche für Herrn Stephan Edlen v. Wohlleben, K. auch K. K. Rath und Bürgermeister der römisch- und österreichisch-kaiserlichen Haupt- und Residenz-Stadt Wien. Dargebracht am zwölften August 1806, als Er sein vierzigstes Dienstjahr erreicht hatte. Wien 1806. Gedruckt mit Anton Pichler'schen Schriften. 3 Bl. 4. (‚Auf rauher Dornenbahn von vierzig langen Jahren‘).

121. Der treuen braven Kaiserstadt Wien, widmet dieses Gedicht als einen Beweis seiner innigsten Verehrung der Verfasser C. L. Hörner, gräflich Löwenstein-Wertheimischer Rath und Vogt, Mitglied des Instituts der Moral und der schönen Wissenschaften auf der Universität Erlangen. 1806. 3 Bl. (‚Das widrige Geschick entfaltet oft das Gute‘).

122. a. Am Denkmahle Kaiser Joseph's II. Bey Errichtung desselben am Joseph's-Platze zu Wien. Wien 1806. Mit Anton Pichler'schen Schriften. 4 Bl. 8. (‚Des Herrschers Thron glänzt an der Unsterblichkeit Erhabnen Pforte; selten erreichet doch‘).

b. Am Denkmahle Kaiser Josephs II. Bey Enthüllung desselben am Josephs-Platze zu Wien, den 23. November 1807. Wien, mit Pichlerschen Schriften. 4 Bl. 8.

123. Michael David Landsmann, geb. in Wien 21. Juni 1781, studirte in Linz, trat 1798 in das Benediktinerstift Kremsmünster, legte 1802 die Ordensgelübde ab, wurde 1804 zum Priester geweiht, 1804 Religionslehrer, 1805 Lehrer der Naturgeschichte und Naturlehre an dem Gymnasium in Kremsmünster, trat 1836 in die Seelsorge über. gest. in Kremsmünster 1. Juli 1853.

a. Felder 1817. 1, 427.

b. Theodorich Hagn, Das Wirken der Benedictiner-Abtei Kremsmünster für Wissenschaft, Kunst und Jugendbildung. Linz 1848, Quirin Haslinger. 8. passim.

c. Wurzbach 1865. 14, 81.

1) Gesänge zur öffentlichen Gottesverehrung der studirenden Jugend am Gymnasium zu Kremsmünster. Linz 1807. — Zweyte, vermehrte, und zur Unterstützung dürftiger Studierender veranstaltete Auflage 1813, Gedruckt bey Joseph Kastner und im Verlage des k. k. Gymnasiums zu Kremsmünster. Vorerinnerung 17 S. und 118 S. kl. 8. — Wiederh.: 1823. 1841. — Vergl. Annalen 1812. 4, 323.

2) Handbuch der Regilionsgeschichte des alten und neuen Bundes in steter Verbindung mit der Religionslehre. Zum Gebrauche für Aeltern, Katecheten und Schullehrer heym Unterrichte in der Religion überhaupt, besonders aber beym Vorbereitungsunterrichte angehender Gymnasialschüler. Wien 1813. III. 8. XVI, 168 S.; 150 S.; 89 S.

124. Herva (ein Pseudonymus, über dessen Lebensumstände nichts zu ermitteln war).

Hervas Gedichte. Wien bey Geistinger 1807. 130 S., 2 Bl. Inhalt. 8.

S. 14: Am Grabe Josephs des II^ten. — S. 44: Bey Errichtung des Wiener Freycorps (‚Hoch auf! hoch auf! wem deutsches Blut in seinen Adern kreiset‘). —

S. 53 bis 65: Amor und Pallas. Eine Nachahmung. — S. 82: Freys Nachahmungen einiger Stellen des Hohen Liedes. — S. 90: Geßners Todesfeyer.
Vgl. Neue Annalen 1807. 2, 121 bis 123.

125. Blumen der Freude bey der Erinnerungsfeyer des Wiedersehens des geliebtesten Kaiser-Paares Franciscus und Theresia, gestreut im Nahmen der Bürger Wiens von Bürgerstöchtern an der Metropolitan-Kirche zum heil. Stephan. Den 16. Jäner 1807. Gedruckt und zu haben bey Anton Pichler. 2 Bl. 4. (,Hier an des hohen Dom's geweihter Schwelle').

126. Auf den Tod Ihrer Majestät Maria Theresia, Kaiserinn von Oesterreich. Gesungen den 13ten April 1807. Wien, bey Anton Pichler. 8 S. 8. (Ode. ,Schaurig weht ein stöhnendes ödes Lüftchen').

127. Empfindungen der Zöglinge des k. k. Taubstummen-Instituts vor der Bildsäule Kaiser Joseph des Zweyten. Am 23. November 1807. 4 S. 8. (Verse).
Vgl. Neue Annalen 1808. 2, 136.

128. Dem Geiste Josephs des zweyten römischen Kaisers geweiht. Saluti publicae vixit non diu, sed totus. Wien. Gedruckt mit v. Schönfeld'schen Schriften. 1807. 4 Bl. Großfolio. (Prosa-Inschrift: ,Zur Hoffnung des Höchsten Glücks unter den Sterblichen geboren').
Vgl. Ztg. f. d. elegante Welt Nr. 199. 14. Dec. 1807: Feierlichkeiten bey Eröffnung der Statue Josephs des Zweyten. Vgl. Sonntagsblatt 1808, 2, 86. Nr. 54.

129. Tapferkeit und Biedersinn. 1807. 2 Bl. 4. (,Hoch leben die Bürger-Soldaten').

130. Elegie an mein Vaterland. In den Ruinen eines alten Bergschlosses geschrieben. Pannonien. 1807. 24 S. 8.
Vgl. Neue Annalen 1807. 2, 177 f.

131. Franz Rudolf Hermann vgl. § 334, 888 — Band III¹. S. 964.
1) Gedichte im Musenalmanach für 1808; für 1814.

132. Joseph Franz Emil Trimmel, Schriftstellername: **Emil**, geb. am 14. oder 15. Sept. 1786 in Wien, studierte Theologie, dann die Rechtswissenschaften, trat 1807 in den Staatsdienst, wurde 1832 Archivdirektor der vereinigten k. k. Hofkanzlei (des jetzigen Ministeriums des Innern), 1836 Registraturdirektor der bestandenen vereinigten Hofkanzlei und Studienhofkommission, trat 1848 in Pension und starb zu Mödling bei Wien 9. November 1867. Trimmel ist Junggeselle geblieben. Verhältnisse vereitelten seine Verbindung mit seiner Jugendliebe, der später berühmt gewordenen Reisenden Ida Pfeiffer.
a. F. Gräffers Conversationblatt 1820. 1, 275.
b. Ebersbergs Zuschauer 1837. 3, 1132.
c. Scheyrer S. 858.
d. Wurzbach 1883. 47, 202 bis 204.

1) Beiträge zu den Poesien 1808, zum Selam, zu der Aglaja, zur Theaterzeitung (ein Drama Amasis), zur Thalia, zur Isis; zahlreiche prosaische und poetische Beiträge im Taschenbuch des Leopoldstädter Theaters u. s. w.

2) Die Oliven, Singspiel in 1 Akt nach einem Märchen aus ,Tausend und Eine Nacht': Thalia.

3) Die Straubingerhütte zu Badgastein. Wien 1819. 2. Auflage 1831.

4) Mitarbeiter an Andrés Hesperus, von welchem er 1823 für einen Aufsatz mit einem Preise ausgezeichnet wurde.

5) Gab 1826 den ,Bertholdsdorfer Boten' heraus.

6) Edelinde oder der Liebe Sühnung. Ein Bild aus dem Gasteiner Thal. Wien, Doll 1827. 186 S. 8. Vgl. Abendzeitung 1828, Wegw. 80.

7) Reisehandbuch nach Gastein. Wien 1827. 2. Auflage 1832.

8) Das Räthsel. (Die Königinn von Saba. Salomo). Scene aus Emil's Melodram: die Huldigung der Königinn von Saba: Illyrisches Blatt. Nr. 49. 6. Dec. 1828.

9) Gab 1830 den Toilettenkalender für Frauenzimmer heraus. Vergl. oben III. k. S. 515.

10) Humoristische Ausflüge und chorographische Skizzen. Wien 1830.

11) Die Steingruben von Paris. Wien 1833. Erschien zugleich französisch.

12) Sagen und Bilder aus der Geschichte Österreichs. Wien 1837.

13) See- und Alpenbesuche in den Umgebungen Ischls. Wien 1842.

14) Österreichs Schlachten-Brevier. In 100 Xenien von Emil. Wien. Fr. Beck's Universitäts-Buchhandlung. 1847. 2 Bl., 82 S. 8.
Dem verabschiedeten Landsknechte gewidmet vom Verfasser.
S. 37 Notaten.

15) Gedichte von Emil **. Wien. Gedruckt bei A. Pichler's Witwe 1849. 4 Bl., 222 S., 3 Bl. 8.
Dem gefeierten Sänger des letzten Ritters: Anastasius Grün gewidmet vom Verfasser.
Nachrede. I. Frühlingsspenden der Jahre 1805 bis 1820. — II. Tagebuchblätter. S. 43: Aufruf zur Landwehr am 9. Juni 1808. ‚Pius gefangen'. — S. 44 bis S. 50: Landwehrlieder. 1809. — S. 65: Impromptu zu Freiligraths ‚Fritz im Himmel'. — S. 70: Am 12. März. — S. 71: Die Universität am 13. März 1848. — S. 75: Der 14. März. — S. 72: Die Constitutions-Verleihung am 15. März 1848. — S. 73: Der 15. Mai. — III. Herbstansichten. — IV. Österreichs Walhalla. — S. 136: Cantate. — V. Der Babenberger Heldensaal.

16) Wiener Zustände im Mittelalter. I. Die Thorwarte Wiens zur Zeit Heinrichs Jasomirgott. II. Wien, die Stadt der Kreuzzüge unter Leopold dem Tugendhaften und dessen Kreuzfahrt. Weimar 1855, Böhlau. II. 8. Bruchstücke daraus wiederh.: Alt-Wien, Monatschrift für Wiener Art und Sprache 1897. Jahrg. 6. Nr. 5 und 6. Alt-Wiener Literaturblatt.

17) In seinem Nachlasse fanden sich ein paar historische Arbeiten, die er auf Grund seiner archivalischen Forschungen vollendete: die Biographieen sämtlicher böhmischen obersten und österreichischen ersten Kanzler, dann eine Geschichte der Erbämter der Monarchie und ein Conversationslexikon der österreichischen Verwaltungsbehörden nebst den Gesetzen.

133. Leopold Matthias Werchel, geb. in Wien, am 4. Januar 1786, genaueres über ihn ist nicht bekannt; 1821 war er wahrscheinlich k. k. Hofkriegsrats-konzipist. Ob er zugleich Maler war, ist ungewiß. † zu Wien am 17. Februar 1844.
a. Böckh, Wiens lebende Schriftsteller 1821, S. 57.
b. Alexander Patuzzi, Geschichte Österreichs.
c. Wurzbach 1887. 55, 134.

1) Gab heraus: Poesien 1808. Vgl. oben III. ss. S. 522.

2) Selam 1813: Zwei Idyllen: Der Abendsegen in Versen. Das Lied der Nachtigall in Prosa. Zwei Allegorien in Versen: Der Knecht an der Fluth. Das Mädchen am Bache.

3) Die Leopoldstadt bei Wien. Wien, 1824. Strauß. 8. — Trapp Nr. 8764.

4) Hymne zur hohen Nahmensfeyer Sr. Majestät Franz des Ersten, Kaisers von Österreich. Abgesungen bey dem Feste der Grundsteinlegung zum Armen-Versorgungshause der Leopoldstadt und Jägerzeile am 4. October 1826. Gedruckt bey Anton Strauß, Dorotheergasse Nr. 1108. 2 Bl. 8. (‚Gott! dein Engelchor umschwebe'). Unterz. L. M. Weschel.

5) Kurze Geschichte des Ortes und der Kirche zu Döbling in Österreich unter der Enns. Aus Quellen zusammengestellt und bei Gelegenheit der Abtragung der alten und Erbauung der neuen Pfarrkirchen zu Döbling herausgegeben. Wien 1828. Tendler. 8.

134. Iffland! Besungen von einem Theaterfreunde während seines Aufenthaltes in Wien. 1808. Bey Wappler in Wien. 2 Bl. 4. (‚Eilt Wiens Bewohner! eilt hin in Thaliens Tempel'). Vgl. Neue Annalen 1809. 1, S. 188.

135. Nagelneui Lid, was di ungrischi Heubauer von di neui Wiener-Apollo-Saal in Pesth sungen hat. Zum singen im Tone der gewöhnlich beliebten Heubauern-Arie. 1808. 8 S. 8. (Heubauer kömmt nach Haus zu seiner Familie, und singt neui Lidl ‚Ich hab einmahl Zeitung lesen').

136. Die treuen Männer der Landwehr Ihrem guten Kaiser zur Fahnenweihe. Von einem Gemeinen bey des sechsten Battaillons sechster Compagnie. Wien, 1808. 2 Bl. 4 (‚Heil uns, wir sehen Dich in unsrer Mitte').

137. Trinklied für die Brüder der Landwehre. Wien, 1808. 8 Bl. 8. Zum singen nach der beliebten Melodie: Ein freies Leben führen wir u. s. w. (,Stoßt Brüder an, und lasset laut Die vollen Becher tönen'). — Wiederh.: 1809.

138. Empfindungen sämmtlicher Mitglieder .... des Carousels der Bürger-Cavallerie 1808 in der k. k. Reitschule. 4. Wien 1808. 4 Bl.

139. Christian Ludwig Reißig, nach einigen englischer, nach andern spanischer Oberst, der noch 1821 in Hietzing lebte (Const. Wurzbachs Mitteilung). Meusel 19, 305.

1) Gedichte in Beckers Taschenbuch für das gesellige Vergnügen 1809.

2) Blümchen der Einsamkeit. Von Christian Ludwig Reißig. Wien, auf Kosten und im Verlag bey Johann Baptist Wallishaußer. 1809. 118 S., 1 Bl. Inhalt 8. — London 1815. (Leipzig Göschen). 8. — 3. verb. Aufl. Wien, Wallishaußer 1815. 8.

S. 10: Elegie. Am Grabe meines Großvaters des Churhessischen Hauptmanns C. A. H. Wagner. — S. 24: Aufmunterung zur Hoffnung und Apologie derselben, an Herrn B***d. — S. 42: Die Gefallene. Bey der Wiege ihres schlummernden Säuglings. — S. 56: Warnung. (Aus dem Englischen). — S. 84f: An das Schönathal bey Aschaffenburg. — S. 94f: An die zukünftige Geliebte. — S. 109: Schiller (Epigramm). — S. 110: Über Goethe (Epigramm). — S. 112: Der Pastor Schläfrig. (Aus dem Englischen). — S. 210: Kriegerlied. (,Brüder auf! mit frohem Muthe'.) — S. 117: Zum Nahmensfeste dem Herrn C. J. T. Gouverneur bey dem Grafen J. von D. gewidmet.

140. Aufruf eines Österreichisch-Kaiserlichen Artillerie-Hauptmanns an seine Compagnie beym Auszuge von Wien. Von Werner von Gruber. 1809. 2 Bl. 4. (,Auf! auf! mit mir ins freye Feld!').

Vgl. § 231, 8 — Band IV. S. 366; § 231, 32 — Band IV. S. 369.

141. Auf die Abreise unsers allergnädigsten Kaisers und Landesvaters Franz des Ersten und seiner kaiserlichen Hoheit des Generalissimus Erzherzog Carl zur k. k. Armee. Ein Volksgesang. Wien, 1809. Im Verlage bey Ludwig Mausberger. 8 Bl. 8. Zum Singen eingerichtet nach der bekannten Arie: ,Das ganze Dorf versammelt sich' etc. (,Sie zieh'n aus dem geliebten Wien').

142. Ankunft Sr. Kaiserl. Hoheit des Erzherzogs Karl, Generalissimus, bey der Armee. Wien, 1809. 2 Bl. 4.

Vorrede. — Lied. (,Laß uns siegen oder sterben').

143. Lied der Landwehrmänner für den Marsch. Jedem edlen Patrioten geweiht. Kostet 4 Kreutzer. Wien, 1809. 7 Bl. 8. Es kann auch nach der beliebten Melodie von Schillers Lied: (,Ein freyes Leben führen wir') gesungen werden. (,Fort Brüder an die Gränze fort').

144. Marschgesang der patriotischen Wienerstudenten. Von Wenzel Neumann. In der Melodie: ,Fort Brüder auf die Gränze fort'. (,Hinaus! Wenn Muth belebt, hinaus! Es rufet Karl der Held!').

145. Oesterreichs schützender Genius schwebend über Oesterreichs Völker. Ein patriotisches Gelegenheits-Gedicht. Wien, 1809. 2 Bl. 4. Der Genius spricht in Prosa und Versen (,Entsprossen aus dem Heldenblute'). — Lied der Krieger. (,Es ziehst hin ins Feld der Ehre').

146. Empfindungen der Oesterreicher als der Friede am 14. Oktober 1809 durch den Kanonendonner verkündet wurde. Wien, 1809. 8 S. 8. (,Sey willkommen holder, bester Friede!').

147. Die treuen Oesterreicher, an ihren guten Kaiser bey seiner Zurückkunft nach Wien. Am 27. November 1809. 3 Bl. 4. Bl. 2: An Franz L (Gedicht: ,Willkommen, Franz, in deines Volkes Mitte'), den 30. November 1809. Bl. 3: Rede.

148. Volkslied für die Oestreichischen Unterthanen Auf die Begebenheiten des Jahrs 1809. Von J. F. Auch widrige Zeitumstände haben ihr Gutes — sie schließen die Menschen enger an einander, und fester an das Vaterland. Wien, bey Andreas Gaßler. 9 S. 8. (,Klage, wer zu klagen hat').

149. I. K. Bernard vgl. § 334, 458.

1) Hymenäus auf das Beylager Napoleons, Kaisers der Franzosen, Königs von Italien u. s. w. mit Maria Ludovica Erzherzoginn von Oesterreich, von Bernard. Wien und Triest, bey Geistinger. 4.
Vgl. Annalen 1811. 4, 63.

2) Der Allmacht Wunder. Hymnus. Von I. C. Bernard. Musik von Herrn Stockhausen zu Paris. 15 S. o. O. u. J. ('Schweb' empor, Hochgesang').

150. Carl Philipp, k. k. Hauptmann in Wien.

Meusel 19, 131.

1) Der Götterschluß. Seiner Majestät, dem Kaiser von Frankreich, König von Italien, Beschützer des Rheinbundes, Napoleon dem Ersten und Ihrer kaiserlichen Hoheit, der durchlauchtigsten Erzherzogin, Louise von Oesterreich, bey Ihrer allerhöchsten Vermählungsfeyer in tiefster Ehrfurcht geweiht von Carl Philipp, k. k. Hauptmann. Preßburg 1810. 8. Weber. 3¹/₂ Bogen. gr. Fol.
Vgl. Annalen 1811. 3, 74.

2) Habsburgs Feyer. Ein lyrisches Gedicht bey der Vermählung Ihrer kaiserl. Hoheit der durchlauchtigsten Erzherzoginn Marie Louise von Österreich. Mit Seiner Majestät dem Kaiser von Frankreich, König von Italien, Beschützer des Rhein-Bundes Napoleon dem Ersten. Von Carl Philipp, k. k. Hauptmann. Wien, gedruckt bey Anton Strauß. 10 S. Großfolio. ('Haucht Pindars Feuer, Musen, mir in die Brust!').

3) Die Redoute Parée. Ein allegorisches Gedicht. Frey nach der Schilderung des österreichischen Beobachters. 1 Bl. 4. unterz.: Carl Philipp, k. k. Hauptmann. ('Des Festes Lied zur Freude auserkoren').
Aus einer Zeitschrift.

4) Zeitgedichte. Ein Geschenk beym Wechsel des Jahres 1816. Österreichs Patrioten geweiht. Verfaßt und herausgegeben von Karl Philipp, k. k. Hauptmann. Zum Besten der Witwen und Waisen der in dem Feldzuge des verflossenen Jahres gefallenen österreichischen Krieger. Wien, gedruckt bey Anton Strauß. 63 S. 12.
S. 2: Anmerkung. Sechs dieser Gedichte wurden bereits früher in Pracht-Auflagen .... herausgegeben. Der Raum hat nicht gestattet die noch übrigen frühern acht Zeitgedichte in dieser kleinen Sammlung aufzunehmen. a: Prolog. An den Verein der adelichen Frauen. — b: Die Rückkehr des Vaters ('Ertönt! ihr hohen Feyerlieder'). — c: Die Schilderung der Beleuchtung im k. k. Militär-Hauptspitale. Nach dem Wunsche des k. k. Herrn Obersten und Commandanten Küffel von Küffelstain. Dem edlen Manne, dem Menschenfreunde, dem Vater der Armen biederherzig geweiht. — d: Die Ankunft der hohen Monarchen oder die Wonne des Wiederseh'ns. Eine poetische Schilderung. (Prosa). — e: Die Elemente. Ein allegorisches Gedicht. Als Schilderung der zu Ehren der hohen Monarchen veranstalteten Redoute Parée. — f: Österreichs Kriegern an dem bey Anwesenheit der hohen Verbündeten im Prater veranstalteten großen Militär-Feste. — g: Die Feyer des achtzehnten Octobers 1815. ('Erwache, froher Geist der Lieder'). — h: Die Weihe der Rückkehr des glorreichen vaterländischen Helden zum zweyten Mahl aus Paris. Sr. .... dem ..... Fürsten Carl zu Schwarzenberg in hoher Verehrung geweiht. — i: Die Genien der Vorsicht der Liebe und des Völkerglücks zur Feyer der Vermählung Ihrer Majestät der Kaiserinn von Österreich Maria Ludovica Beatrix. — k: Ode zur Krönungsfeyer Ihrer Majestät der Kaiserinn von Österreich als Königinn von Ungarn, zu Preßburg. ('Geweihte Hallen! Ehrfurcht durchschauer mich'). — l: Dem Geiste Josephs des Zweyten herausgegeben bey Inauguration der Statue am Josephs-Platze. Frey übersetzt aus dem Lateinischen. — m: Epilog an Österreichs Patrioten, deren edle Frauen, Söhne und Töchter.
Wahrscheinlich identisch mit dem bei Meusel 19, 131 angeführten Werke: Zeitgemälde nach erhabenen Gegenständen der Wirklichkeit. Wien 1817. 8.

5) Der Myrthenkranz. Eine Elegie am frühen Grabe unserer verewigten Landes-Mutter Maria Ludovica Beatrix Kaiserinn von Österreich, Königinn von Ungarn etc. etc. am Tage der trauervollen Ankunft der erhabenen Leiche in der Residenzstadt den 26. April 1816. Verfaßt von Carl Philipp k. k. Hauptmann. Wien. Gedruckt bey Anton Strauß. 2 Bl. Gr.-Folio. ('Durch der Schöpfung ew'ges Werde').

6) Der Zug zum Grabe. Eine Schilderung an dem Sarkophage der früh verewigten Herrscherinn Maria Ludovica Beatrix Kaiserinn von Österreich, Königinn von Ungarn etc. etc. am Abend des feyerlichen Leichenbegängnisses der erhabensten

Verblichenen den 28. April 1816. Verfaßt von Carl Philipp, k. k. Hauptmann. Wien. Gedruckt bey Anton Strauß. 2 Bl. Gr.-Folio. (‚Unsrer Jahre Raum‘).

7) Aspasia. Ein Original-Drama in 5 Acten. Wien 1827. Schrämbl. V, 218 S. 12.

8) Die Krönungs-Weihe Ferdinand des Fünften, Königs v. Ungarn, Kronprinzen v. Oesterreich. Wien, 1830. Chr. Fr. Schade. 7 Bl. gr. 8.

9) Alwin. Trauerspiel in 5 Acten von Carl Philipp, Verfaßer der Aspasia. Wien 1830. Chr. Fr. Schade. Widmung und 192 S. 12.

151. a. Neue Inschriften, welche am 29. März 1810, an welchem Tage die feyerliche Vermählung Ihrer kaiserl. Hoheit der Erzherzogin von Oesterreich, Marien Louisens, mit Sr. Majestät dem Kaiser der Franzosen, König von Italien etc. Napoleon, in Paris vor sich ging, bey Beleuchtung der Häuser in der Stadt allein dem Publikum transparent zum Lesen dargestellt wurden. Wien, 1810. Gedruckt und zu finden bey Ludwig Mausberger, k. k. privil. Buchdrucker. 16 S. 8. (Auch Verse).

b. Nöthiger Anhang zur Sammlung verschiedener Inschriften, welche den 11. März 1810 am Tage der feyerlichen Vermählung Ihrer kaiserl. Hoheit der Erzherzogin von Oesterreich, Marien Louisens, mit Sr. Majestät dem Kaiser der Franzosen, König von Italien etc. Napoleon, bey der Beleuchtung der Häuser in und vor der Stadt Wien dem Publikum transparent zum Lesen dargestellet wurden. Wien, 1810. gedruckt und zu finden bey Ludwig Mausberger, k. k. privil. Buchdrucker. 23 S. 8.

152. J. Th. Höfler. Elegie am Sarge der Fürstin Paulina zu Schwarzenberg. Wien, 1810. Kupfers Wittwe. 4.

153. Das Opfer. Eine Kantate zum Namensfeste der besten der Mütter gewidmet und gesungen von Ihren Kindern und Freunden. Wien 1810. 4 Bl. 4. (‚Herbei Freunde, Brüder! die Stunde erscheint‘).

154. Lyrische Gedichte von C. A. Gr. v. S. Wien, 1811. In der Rehm'schen Buchhandlung. 117 S. 8.

155. Ignaz Schumann von Mansegg, geb. in Wien 1786, 1808 zum Priester geweiht, Kooperator in Laa, 1810 in Wiener Neustadt, 1812 k. k. Hofkapellan. Waitzenegger 1822. 8, 869. — Meusel 20, 359.

1) Eine Primizpredigt vom Jahre 1812, gehalten zu Wiener-Neustadt, und gedruckt bey Jos. Tradler.

2) In Frints theologischer Zeitschrift: a. Ein Aufsatz über die Gränzen zwischen Toleranz und Indifferentismus. 1. Jahrgang, 1. Band, 2. Heft. — b. Eine Predigt über christliche Vaterlandsliebe. 2. Jahrgang, 1. Band, 2. Heft. — c. Ein kleines Gedicht an einen angehenden Seelsorger. 5. Jahrgang, 1. Band, 1. Heft. — d. Predigt, am 17. Sonntage nach Pfingsten gehalten. Jahrgang 1818, Heft 1. — e. Ueber das Verdienst der Märtyrer in der ersten christlichen Kirche. Jahrgang 1818 bis 1820.

3) Geschichte des Lebens weiland des Herrn Augustin Gruber, Erzbischofs von Salzburg. Salzburg 1836. 8.

4) Juvavia. Eine archäologisch-historische Darstellung der Merkwürdigkeiten der an dem Platze des jetzigen Salzburg einst bestandenen Celten-Römer- und römischen Colonialstadt. Salzburg 1842. gr. 8.

156. Albin Flet, geb. in Wien am 13. Mai 1773, Schauspieler am städtischen Nationaltheater in Brünn.

a. Czikann: Moravia 1815. Nr. 41.

b. Meusel 17, 595.

1) Beyträge zum Jokus 1812, besonders 18. März 1812. Nr. 23 und 24: Szenen aus dem noch ungedruckten Lustspiele: Der Kavalier aus Italien. Prosa.

2) Brünner Theater-Taschenbuch auf das Jahr 1814. Brünn. 12.

3) Gedichte über Brünn und die Vorstädte. 4 Hefte. Brünn 1814 und 1815. 8.

157. Johann Ludwig Deinhardstein, vgl. § 331, 58. Gedichte in Erichsons Thalia 1812, unterzeichnet: Deinhardstein und Deinhardstein; im Dramat. Beobachter 1818 und in Erichsons Musen-Almanach 1814.

158. Philipp Millauer, Magistratsbeamter zu Wien. Meusel 1821. 18, 708.

1) Gedichte im Selam, in Passys Oelzweigen u. s. w.

2) Nach der Theaterzeitung 1812 Nr. 36 giebt es von ihm ein selbständig gedrucktes Gedicht auf Brockmanns Tod.

3) Dichter-Lohn. Ein lyrisches Spiel [Verse]: Seyfrieds Thalia 1812. Nr. 43. 44.

4) Friedrich von Österreich und Conradin von Schwaben in der letzten Stunde ihres Lebens. Eine dramatische Situation: Castellis Selam f. 1813, S. 213 bis 224. P. Millauer.

5) Oestreichs Söhne. In drey Gesängen von P. Millauer. 1813. 8 S. 8. — I. Der Ruf. (,Gott ist mit euch!'). — 2. Der Abschied. (,Weib, gib mir die Hand, es glühet'). — 3. Das Lied zum Kampfe. (,Hinaus! Hinaus ins Schlachtengedräng').

6) Herbstblumen. Aphorismen: Taschenbuch des Leopoldstädter Theaters f. 1822, S. 109 bis 112.

159. Die Dankbarkeit im Tempel der Themis. Cantate. Gesungen dem Hochwohlgebohrnen Herrn Bernhard Edlen von Foelsch, k. k. wirklichem Hofrathe, emeritirtem Professor der Reichsgeschichte, des deutschen Staats- und Lehenrechtes, derzeit Vizedirektor der juristischen Studien. Bey Gelegenheit der feyerlichen Aufstellung seines Bildnisses im großen Universitätssaale durch sämmtliche Hörer der Rechte, am 16 August 1812. Verfaßt von Andreas Kreissle, Hörer der Rechte. In Musik gesetzt von Ignatz Ritter von Seyfried, Kapellmeister des k. k. privilegirten Theaters an der Wien. Wien, gedruckt in der Schrämblischen Buchdruckerey. 8 S. 4.

160. An Herrn Joseph Lange pensionirten K. K. Hofschauspicler. Bey Gelegenheit, als ihm von einem löbl. Wiener-Stadt-Magistrate im Monathe October MDCCCXII das Bürgerrecht verliehen wurde. Wien. 3 Bl. 8. (,Sey uns willkommen an dem schönen Tage').

161. Justina Freiin von Krufft, geb. in Wien am 17. August 1775, die musikalisch begabte Tochter des als Dichter bekannten Andreas Adolph Freiherrn von Krufft und der berühmten Musikdilettantin Anna von Haan, Schwester des Komponisten Nikolaus Freiherrn von Krufft, dessen Andenken sie durch Konzerte zu erhalten bestrebt war, starb am 19. Oktober 1832.

    a. Annalen 1811. 1, 425.
    b. Schindel 1, 294. 3, 181.
    c. Wurzbach 1865. 13, 278.
    Gedichte in Castellis Selam, in Matthissons Anthologie u. s. w.

162. Joseph Kenner, geb. in Wien am 24. Juni 1794, Sohn eines herrschaftlichen Beamten, früh verwaist, lebte mit seiner Mutter in Linz, studierte in Kremsmünster (seit 1805) und Wien (seit 1811), trat 1816 in Linz in den Staatsdienst, politischer Rat, erster Magistratsrat und Geschäftsleiter 1848 bis 1849; 1850 Bezirkshauptmann in Freistadt, 1854 in Ischl, trat 1857 in den Ruhestand. Pflegte mit Vorliebe die Legende.

    a. Bowitsch und Gigl, Oesterreichisches Balladenbuch. 1856. 2, 46. 721.
    b. Wurzbach 1864. 11, 167.
    c. Kehrein, Lex. 1868. 1, 189 f.
    Dichtungen von ihm: in den ,Beiträgen zur Erheiterung und Bildung der Jugend', in der ,Moravia' 1813, im ,Oberösterreichischen Album' 1843, in den ,Oberösterreichischen Jahrbüchern' 1844 bis 1845 u. s. w.

163. M. F. Watzlavsky, k. k. Beamter zu Wien. — Meusel 21, 367.
    Gedichte. Von M. F. Watzlavsky. Wien. In Commission bey Geistinger und Alois Doll. 1813. VIII, 117 S., I Bl. Berichtigung der Druckfehler. 8. — Rez.] Dramat. Beobachter 1813. Nr. 27.
    Zugeeignet Sr. Excellenz dem Hochgebornen Herrn Reichsgrafen Ferdinand Colloredo-Mansfeld.
    S. 88: Entschlossenheit. Als Aufruf eines Volontairs an seine Gefährten. — S. 39: Der Veteran an den Rekruten. (,Uib' immer Treu' und Tapferkeit Bis an das kühle Grab, Und weiche keinen Fingerbreit Von deinen Pflichten ab!') — S. 64: Erzherzog Anton. — S. 75: Das Schlachtfeld.

164. Chor von Riedinger mit Musik von Fräulein Paradis. Wien, gedruckt bei Carl Gerold, 1813. 3 Bl. 8. (,Auf, Brüder auf! genießt des Lebens Wonne').

165. J. v. Rauch, Militärische und normische Gedichte. Krems 1813. 8.

166. Der Nachtwächter in Wien. Gedicht von **J. W. S. Morus.** Mit Begleitung des Pianoforte. Wien 1813. 4.

167. Gedanken und Wünsche eines guten Patrioten. Dem hohen Adel und allen Gönnern der k. k. Hofschaubühne beym Eintritt des 1813ten Jahres in Unterthänigkeit gewidmet, von **Johann Georg Schlechel**, Logenmeister, im Kaiserl. Königl. National-Hoftheater nächst der Burg. Wien, gedruckt bey Georg Ueberreuter, k. k. privil. Buchdrucker. 8 Bl. 4. (,Welch Größe jenes Tag's! welch jenes Tages Feyer!").

168. Die Exekution. Ein militärischer Gesang, nach der beliebten Melodie: Die liebe Feyerstunde schlägt etc. Wien 1813. Im Verlage bey Ludwig Mausberger k. k. privil. Buchdrucker. 8 S. 8. (,Der alte Conrad kam nach Haus').

169. Aufrufslied eines Invaliden an die Tapfern Oesterreichs nebst Bittgesang zu Gott. Wien, 1813. 8.
Trapp Nr. 388.

170. Die Schlacht bei Leipzig. Ein Versuch nach Schillers Art. Wien, 1813. Strauß. 8.
Trapp Nr. 7327.

171. Jubel-Lied der Deutschen wegen der freudenvollesten erhaltenen Nachricht eines von den verbündeten Mächten über die französische Haupt-Armee bey Leipzig erfochtenen großen und folgenreichen Sieges. Gesungen nach der lustigen Melodie: (,Tiroler sind often recht lustig und froh' etc.). Wien. 8 S. 8.
S. 2: Vorrede des Verfassers. — S. 4: ,Die Deutschen sind Alle recht lustig und froh! Weil sich beym Haupttreffen das Blatt'l g'wend't so'.

172. Rosalie v. Collin vgl. § 334, 405.
Gedichte in Erichsons Musealmanach für das Jahr 1814.

173. Christoph Köpp Edler von Felsenthal, geb. in Wien 1776, ständischer Kassier, gest. am 20. Dezember 1821.
a. Meusel 18, 394 f. 23, 214.
b Gräffer und Czikann 3, 210.
c. Wurzbach 1864. 12, 233.
d. Berichte und Mitteilungen des Wiener Alterthums-Vereins 1, 47.
e. Mayer 1874. 1, 288.
1) Oesterreich und seine Herrscherreihe. Ein Zeitgemälde zur Feyer des Tages. Wien 1814. Strauß. 4.
2) Die Feyer des Fürstenbundes in der Kaiserstadt. Wien 1814.
3) Zusammen mit seinem Bruder Anton, dem Zeichner (14. Juni 1766 bis 11. Dezember 1826): Historisch-malerische Darstellungen von Oesterreich. Wien. Mayer und Comp. 1814 bis 1821. II. Fol.
4) Gab mit Chn. Kuffner heraus: Bibliothek der Humanitätswissenschaften.

174. Franz Maria Freiherr Nell von Nellenburg und Damenäcker, geb. am 17. Juni 1795 in Brünn, seit 1847 Vorsitzender der deutschen Postkonferenz, 1849 Hofrat bei der allgemeinen Hofkammer in Wien, dann Chef des Bundes-Kassen-Departements, starb am 6 oder 9. November 1852 in Frankfurt a. M.
a. Gräffer und Czikann. Wien 1835. 4, 84.
b. Nekrol. 30, 949.
c. Scheyrer 1858. S. 884.
d. Wurzbach 1869. 20, 169.
1) Beiträge zu Hormayrs Archiv 1814 f., zu der Ceres, zum Wiener Conversationblatt u. s. w.
2) Ueber die geognostischen Verhältnisse der Alpenkette in dem südlichen Theile der österreichischen Monarchie; Vaterländische Blätter Jahrgang 9, S. 229 und 242.
3) Baphomet. Aktenstücke zu dem durch Herrn J. v. Hammer Mysterium Baphomet. relevatum wieder angeregten Prozesse gegen die Tempelherren, zur Ehrenrettung eines christlichen Ordens. Wien 1820. Gräffer. gr. 8. Zuerst in Hormayrs Archiv 1819, Nr. 69 bis 75, 145, 146 und 1820.
Vgl. § 310, III B 93, C 20) VI. b und Gräffers Conversationbl. 1826. 2. Jahrg. Band I, Nr. 2 und 3: Ueber des Herrn von Hammers Anklage der Tempelherren.

4) Herostratos, Tragödie in 4 Handlungen. Wien 1821. 8.

5) Novellen. Wien 1823 bis 25. II. 12.
Erster Band. a: Das Bild der Braut oder die Büßenden. — b: Der Schach
im Bade oder die Verhüllten. — c: Der Abelit oder die Getäuschten. — d: Der
Meister ohne Namen oder die Entmuthigten. — e: Das Gottesgericht oder die
Entsagenden. — f: Das Brautpaar oder die Trotzenden.
Zweiter Band: Novellen von Frans Maria Nell. The proper study of mankind
is man. Pope. Wien, 1825. Bey Tendler und von Manstein. Auch unter dem
Titel: Nachtfalter. 4 Bl., 827 S. 12. — g: Die Bretterwelt. — h: Der Nacht-
wandler. — i: Der Todeskelch. — k: Der längste Tag.

6) Atala. Dramatisches Gedicht. Nach Chateaubriands gleichnamiger Novelle
von Franz Maria Freiherrn von Nell: Gräffers Philomele 1825, 8. 83 bis 204.
(Statt des Prologs: Der Niagara-Fall).

175. Florian Pichler.
1) So bethet und spricht Oesterreich für Franzen. Wien 1813. 8.
Trapp Nr. 6371.
2) Wiens Verklärung. Einem seiner Zöglinge dargestellt. Wien, 1814.
Pichler. 8.
Trapp Nr. 6371.
3) Franzens siegreiche Rückkunft. In drey Gedichten von Florian Pichler.
Wien bey Anton Pichler 1814. 20 S. 8.
I. An meinen Kaiser! (,Warum, mein Herz, so schnelle Freudenschläge'). —
II. Dankgesang bey Franzens siegreicher Rückkehr. (,Jauchz't ihr Jünglinge
Freudengesänge'). — III. Fürst Schwarzenberg. (,Gleich des Weltengerichts
rächenden Sturmgewittern').
4) Der deutsche Geist, eine Sammlung von Gedichten nach den Zeitumständen.
Wien 1814. Wallishaußer. 8.

176. A. Vincenz Kritsch. — Meusel 1834. 23, 277.
1) Ode auf die Rückkehr Sr. Majestät des Kaisers und Königes den 15. Junius
1814. Von A. V. Kritsch, öffentlichem Lehrer der Rhetorik und der griechischen
Sprache am k. k. akademischen Gymnasio und Präfecten im k. k. Convicte. Wien,
gedruckt bey Georg Ueberreuter, k. k. privil. Buchdrucker. 1814. 4 Bl. 8.
(,Freudenruf erschallt; er kommt, der liebende Vater!').
2) Λεξιϰίδιον ἑλληνοϱωματιϰόν, in commodum eorum, qui chrestomathia in
gymnasiis austriacis praescripta utuntur. Wien 1818. Geistinger. gr. 8.
3) Prosodia seu de syllabarum dimensione versu breviore et lucidiore scripta
et exemplis illustr. in commodum studiosae juventutis. Wien, Geistinger. 1820. 8.
4) Kleines griechisches Wörterbuch in etymologischer Ordnung zum Gebrauche für Schulen, neu verb. und verm. Wien, 1822. Geistinger. 8.
Trapp Nr. 4714.
5) Corn. Schrevelii Lexicon-Manuals graeco-latinum et latino-graecum . . .
Ad edit. Parisinam denuo recogn. ab A. V. Kritsch. Wien 1822. Geistinger. gr. 8.
6) Blumenlese aus griech. Dichtern, nach den verschiedenen Dichtungsarten
für Humanitätsschulen. Wien, Geistinger. gr. 8.

177. Die Adler. Von Joseph Luzac. Wien, 1814. 13 S. 8. (,Prächtige
Sonne, du Gottes Verkündigerin!').

178. E. v. Götz. — Meusel 22II, 404.
Deutsche Harfentöne. Germanien 1813. 22 S. 8.
Trapp Nr. 3106.

179. a. Gefühle eines deutschen Patrioten nach erfochtenem Siege bei Leipzig
mit dem Wunsche, einen dauerhaften Frieden zu erhalten. (Von F. G.). Wien,
1814. Tendler. 8.
Trapp Nr. 2870.
b. Patriotische Frohgefühle bei der Zurückkunft Sr. Durchlaucht des k. k.
Feldmarschalls Fürsten Karl von Schwarzenberg, Oberbefehlshaber der verbündeten
Armee, von F. G. Wien, 1814. Tendler. 8.
Trapp Nr. 2746.

180. Grüner.
Der treue österreichische Unterthan bei der glücklichen Ankunft unsers gnädigsten Monarchen zu Wien nach dem siegreich erkämpften Frieden im Jahre 1814. Wien, 1814. Schmidt. 4.
Trapp Nr. 3236.

181. F. Korell. Vgl. § 292. 5 — Band VI. S. 186; § 334, 810; § 350, 211.
Der Einzug des Kaisers. Wien, 1814. Strauß. 8.
Trapp Nr. 4602.

182. Europa's Rettung Seiner K. K. Apost. Majestät Franz dem Ersten Erb-
kaiser von Österreich etc. etc. etc. bey höchst seiner glorreichen Rückkehr von Paris nach Wien in tiefester Ehrfurcht geweiht von der k. k. Theresianischen Ritterakademie verfaßt von Georg v. Neustädter Zögling derselben. Wien, 1814, gedruckt bey Anton Strauß. 14 S. 4. („Heil uns! Bellona stürzt sich in des Orkus Klüfte').

183. Die Taubstummen an ihren Monarchen, Seine Majestät Franz den Ersten
Kaiser von Österreich bey seiner siegreichen Rückkehr den 16. Junius 1814. Wien, gedruckt bey Anton Strauß. 8 S. 4. („Tausend frohe Töne, tausend Stimmen').

184. Feyergesang am großen Tage des Vaterlandes: dem 16. Junius 1814.
Gesungen im k. k. Waisenhause in Wien. Wien, 1814. 2 Bl. 4. („Blick auch auf Waisen huldvoll nieder').

185. Adolf Bäuerle. § 331, 56; § 334, 428.
An S. Majestät den Kaiser bei seiner Zurückkunft nach den glorreichen Tagen des Jahres 1814 im Namen der 500 Kinder, welche der hiesige Bürger Johann Wolfgang Kugler dem Landesvater am 16. Juni zum freudigen Empfange entgegenführte. Wien, 1814. Stöckhölzer. 4.
Trapp Nr. 437.

186. Dankopfer der Israeliten bei der glorreichen Rückkehr unseres Sieg-
und Ruhm gekrönten Kaisers Franz I. in seine Haupt- und Residenz-Stadt Wien. Gefeyert am 19ten Juny 1814. Wien, 1814. Gedruckt bey Anton Schmidt, kaiserl. königl. privil. und n. ö. Landschafts-Buchdrucker. 22 S. 4.

187. Ode auf die Rückkunft des Kaisers, vorgetragen auf der Universität zu
Wien. Wien, 1814. Gedruckt bey Leopold Grund, k. k. privil. Buchdrucker. 2 Bl. 4. („Oesterreich bebet vor Lust, haucht einen Strom von Reinem Freudengefühl durch Zephyrlüfte').

188. Wiens Jubelfeyer am Tage der erfreulichen Ankunft der hohen aliirten
Mächte in Wien. Wien 1814. Im Verlage bey Ludwig Mausberger, k. k. privil. Buchdrucker. 8 S. 8. Zu singen nach der Melodie: „Es war ein deutscher Krieges-held' etc. („Für Vaterland und unser'm Franz').

189. Der Vater des Vaterlandes, oder Oesterreichs Triumph. Herausgegeben an dem Tage des feyerlichen Einzugs Kaiser Franz I. in Wien. Von einem Oester-reicher. Wien 1814. Im Verlage bey Ludwig Mausberger, k. k. privil. Buch-drucker. 8 S. 8.
8. 3: An die Bewohner der österreichischen Monarchie! (Prosa). — S. 5: Freuden-Lied. Zu singen nach der geschätzten Arie: Gott erhalte Franz den Kaiser etc. (Jubelt Brüder! und singt Lieder').

190. Zum Andenken deutscher Freiheit bei der glücklichen Zurückkunft Sr.
Majestät des österr. Kaisers Franz I. Wien, 1814. Tendler. 8.
Trapp Nr. 179.

191. Eine Blume zum Kranze des Friedens. Von A. B. 1814. Wien, zu finden bey Ignaz Eder, Kupferstichhändler, auf den obern Jesuiterplatzel oder sogenannten Schnlhof. 4 Bl. 8. Nach der Arie: Freude schöner Götterfunken. („Heil! der Friede ist geschlossen').

192. A. von B. Empfindungen bei der Rückkehr des Kaisers. Wien, 1814. 8.
1. Heft.
Trapp Nr. I.

193. Die Rückkehr Sr. Majestät des Kaisers Franz, oder Oesterreichs schönster
Tag. Wien, 1814. Wallishaußer. 4.
Trapp Nr. 7054.

194. Wiens größter und erfreulichster Jubel. Am Tage als Se. M. Franz I. Kaiser von Oesterreich etc. seinen feyerlichen Einzug hielt. Wien, 1814. 4. Trapp Nr. 8810.

195. Dem Friedensgeber Kaiser Franz. Nach der allbekannten Melodie: Gott erhalte Franz den Kaiser. Wien, 1814. 4 Bl. 8. (,Mehr als König, mehr als Kaiser').

196. Friedensgruß zur Bewillkommnung des k. k. Oesterreichischen Infanterie-Regiments Erzherzog Reiner bei dessen erfreulicher Rückkehr aus Frankreich, und dem feyerlichen Einzuge in die Garnison von Prag den 17ten July 1814. Gesungen von einer Abtheilung des Depot-Bataillons desselben Regiments. Verfaßt von Dr. F. X. B. Gedruckt bei Franz Gerzabek, im Sct. Gallikloster. 2 Bl. 4.
Anmerkung: Da der Vf. ein Wiener ist, so sey es ihm erlaubt, der rühmlichst bekannten Verdienste seiner damaligen Mitbürger in Achtung zu erwähnen.

197. Ode auf die den 6ten August 1814 von Paris nach Wien kommende eroberte große Kanone. Von einem kaiserl. königl. Artilleristen. Wien 1814. Im Verlage bey Ludwig Mausberger, k. k. privil. Buchdrucker. 2 Bl. 4. (,Wie Frauenlob einst die Weiber besungen, Besing ich, o schönster der Schlünde! nun dich').

198. Epilog bey Gelegenheit der öffentlichen feyerlichen Vertheilung der Schulpreise am Josephin. Gymnasio in Wien den 10. Sept. 1814. Vorgetragen von Joseph Wenz, Schüler der II. Humanitäts-Classe. Wien, gedr. bey Georg Holsinger kais. königl. priv. Buchdrucker. 7 S. 4. (,Ein Jahr ist wieder hingeroll't, ihr Brüder!').

198a und b sieh unten S. 812.

199. Ferdinand Joseph Wolf, geb. in Wien am 8. Dezember 1796, studierte in Wien und seit 1809 in Graz, 1819 nach Wien zurückgekehrt, sollte er sich nach dem Wunsche seines Stiefvaters der Advokatur widmen, trat aber noch in demselben Jahr als Konzeptspraktikant in die k. k. Hofbibliothek ein, 1827 Skriptor, 1853 dritter Kustos und Vorstand der Handschriften-Abteilung, † am 18. oder 19. Februar 1866.
Bedeutender Romanist, dessen Ausgaben u. s. w. hier beiseite bleiben.
· a. Graeffer und Czikann 1835. 6, 173. 629. — b. Nekrolog von Mussafia: Wiener Zeitung 1. März 1866. Nr. 63. S. 647. — c. Nekrolog von Dr. L. Lemcke: Allgemeine Zeitung 1866. 5. April. Beilage 95. — d. Unsere Zeit. Neue Folge 1866. 2. Jahrgang, S. 461. — e. Nekrolog von Miklosich: Almanach der kaiserlichen Akademie der Wissenschaften. 1866. 16, 171 bis 181. — Adolf Mussafia: Reihenfolge der Schriften Ferdinand Wolf's: Ebenda S. 181 bis 206 ohne die poetischen Werke. — f. Wurzbach 1889. 57, 273. — g. und h. sieh unten S. 812.
Über Wolfs Briefwechsel vgl. E. Stengel, Beiträge zur Geschichte der romanischen Philologie in Deutschland. Festschrift für den ersten Neuphilologentag Deutschlands in Hannover. Marburg 1836 (E. Stengel, Ausgaben und Abhandlungen 63). S. 22 bis 24: Verzeichnis der Adressaten; S. 29 bis 45: Briefe an Lemcke; ferner Nr. 80). — Briefe von Hoffmann von Fallersleben und M. Haupt: Sitzungsberichte der Wiener Akademie. 1874. Band 87, S. 97 f.

1) In der Grazer Zeitschrift: Der Aufmerksame. 1815. Nr. 2. Gedanken meiner Schüler über Weltgeschichte. Von Julius Schneller, Prof. Darin Beiträge von F. Wolf in Versen und in Prosa.

2) Bewarb sich 1816 mit einem Gedichte, dessen Stoff der deutschen Geschichte entnommen war, um den von dem Verleger der ,Urania' ausgesetzten Preis, den Ernst Schulze mit seinem Gedichte ,die bezauberte Rose' davontrug, während Wolf ein Akzessit zuerkannt wurde.

3) Freie Übersetzung von Petrarcas Sonett: Quando fra l'altre donne adora, adora 1817: Stengel S. 1.

4) An Friedrich Baron de la Motte Fouqué. Als Antwort auf seinen Prolog zu den Gedichten ,Aus dem Jünglingsalter' von Ferdinand Wolf: Wiener Zeitschrift für Kunst, Literatur und Mode. 11. Nov. 1819. Nr. 135. (Stengel S. 2].

5) An den **ten November. Aleardens Wiegenfest: Gräffers Conversationsblatt. Wien 1820. Nr. 144. unterz.: Arnold. (Stengel S. 1).

6) Die Einsiedelei von Malviedro; Elegie (Dist.): Gräffers Conversationsblatt Jahrgang 2. 1820. (Stengel S. 12 f.).

7) Anzeige von Fouqués Frauentaschenbuch für 1821: Literatur- und Kunstblatt zu Nr. 3 des Conversationblattes 1821. (Stengel S. 15 bis 17).

8) Anzeige von E. T. A. Hoffmanns Prinzessin Brambilla: Literatur- und Kunstblatt zu Nr. 22 des Conversationblattes 1821. (Stengel S. 17 bis 19).

9) Ueber ein Gedicht von Torquato Tasso [Vola, vola pensier fuor del mio petto]: Gräffers Conversationblatt. Wien 1821. Nr. 62. Mit deutscher Übersetzung. (Stengel S. 14).

10) Ueber die Musik und insbesondere den Gesang bei den Arabern: Gräffers Conversationblatt 1821. Nr. 100 bis 102. Nach Ebert, Jahrbuch für rom. und engl. Lit. 8, 275 Anmerkung, aus dem Frans. übersetzt. (Stengel S. Vf.).

11) Das Lied von Heinrich und Itha in 7 Abentheuern: Stengel S. 2 bis 11 in bedeutend verkürster Form(!). ‚Es sollte einem Vermerke auf dem Titelblatte nach in den ‚Feyerstunden‘ (herausgegeben von Ferd. Freib. von Biedenfeld und Chr. Kuffner bey J. G. Traßler in Brünn. 1821 bis 22. 2 Bde.) erscheinen. Das Manuscript hat auch bereits das Imprimatur, unterzeichnet Sartori, erhalten. Dasselbe ist datiert: Wien d. 20. April 1821‘. Über die Quelle bemerkt eine Anmerkung Wolfs: ‚Den Stoff dieses Liedes lieferten mir ein Paar Blätter einer Chronick, die Herr Prof. Wyß d. j. [§ 297, 6. 7) — oben S. 494] in dem Taschenbuch ‚Die Alpenrosen‘ für 1819 [S. 139f.] mittheilte‘.

12) Vergißmeinnicht. Maurische Romanze: Huldigung den Frauen. 1823 S. 235 bis 239.

13) Der grüne Rock, nach dem Spanischen des Don Vicente Rodriguez de Arcellano, frei bearb. von Ferd. Wolf: Wiener Ztschrft. 1828. 1. S. 89. 97. 105.

14) Beiträge zur Geschichte der castilischen Nationalliteratur. Aus den Jahrbüchern der Literatur besonders abgedruckt. Wien 1832. Gerold. 154 und 24 S. 8.

15) Ueber die neuesten Leistungen der Franzosen für die Herausgabe ihrer National-Heldengedichte, insbesondere aus dem fränkisch-karolingischen Sagenkreise; nebst Auszügen aus ungedruckten oder seltenen Werken verwandten Inhalts. Ein Beitrag zur Geschichte der romantischen Poesie. Wien 1833. Fr. Beck. VI, 182 S. 8.

16) Ueber altfranzösische Romanzen und Hofpoesie. Wien 1834. Gerold. 87 S. 8.

17) Kritische Beiträge zur anglo-normandischen Geschichte. Wien 1837, Gerold. 54 S. 8.

18) Das Lied vom Trinkhorn oder Wie Untreue sich nicht bergen mag. (Nach dem Altfranzösischen des Robert Biket): Witthauers Album zum Besten der Verunglückten in Pesth und Ofen. 1838. S. 265 bis 275. (Stengel S 236 bis 242).

19) Der Blanca-Fall. Spanische Volkssage. Dem Spanischen des D. J. A. de Achoa nacherzählt von Ferdinand Wolf. Aus der spanischen Zeitschrift ‚El Artista‘, Tomo III. p. 137 bis 142; Jahrgang 1836: Blätter zur Kunde der Literatur des Auslands. 1889. Nr. 20 bis 21. (Stengel S. 243 bis 249).

20) Ueber die Lais, Sequenzen und Leiche. Ein Beitrag zur Geschichte der rhythmischen Formen und Singweisen der Volkslieder und der volksmäßigen Kirchen- und Kunstlieder im Mittelalter. Mit VIII Facsimiles und IX Musikbeilagen. Heidelberg 1841. C. F. Winter. XVI, 514 S. 8.

21) Französische Nationalliteratur von den Zeiten der Kreuzzüge bis auf Frans I. 1096 bis 1515. 20 S. Leipzig. Brockhaus [1848?] (Aus der Allgemeinen deutschen Real-Encyklopädie).
Französische Übersetzung von C. Étienne. Vienne et Pesth chez Hartleben. 1848. 50 S. 8.

22) Ueber eine Sammlung spanischer Romanzen in fliegenden Blättern auf der Universitätsbibliothek in Prag. Nebst einem Anhang über die beiden für die ältesten geltenden Ausgaben des Cancionero de Romances. Wien 1850, Braumüller. 189 S. gr. 8.

23) Zur Geschichte der Romanzendichtung und der Liederbücher in Spanien. Leipzig 1852. 63 S. 8.

24) a. Ueber wissenschaftliche Akademien, mit besonderer Beziehung auf die k. österreichische. Von Dr. Ferd. Wolf. Wien 1856. W. Braumüller. 25 S. gr. 8. (zuerst: Familienbuch des österreichischen Lloyd 1852; vgl. Stengel S. 249 bis 259).
b. Polemisches über die k. Akademie der Wissenschaften. Zur Abwehr: Wiener Zeitung 1861. Nr. 231, S. 3598f.

25) Pietro Monti. Nekrolog: Oesterreichische Blätter für Kunst und Literatur. 1856. Nr. 36, S. 283 (Stengel S. 259 bis 261).

26) Schwedische Volkslieder der Vorzeit. Aus der Sammlung von Erik Gustav Geijer und Arvid August Afzelius. Im Versmaß des Originals übertragen von R. Warrens. Mit einem Vorwort von Dr. Ferd. Wolf. (Stengel S. 261 bis 273). Nebst 49 Melodien. Leipzig. F. A. Brockhaus 1857. S. V bis XL.

27) Studien zur Geschichte der spanischen und portugiesischen Nationalliteratur. Berlin 1859, A. Asher und Comp. II und 747 S. 8. a: Zur Geschichte der spanischen Literatur im Mittelalter. — b: Ueber die Romanzenpoesie der Spanier. — c: Zur Geschichte der spanischen Dramas. — d: Zur Geschichte der portugiesischen Literatur im Mittelalter.

28) Ueber Domingos José Gonçalves de Magalhaens. Ein Beitrag zur Geschichte der brasilischen Literatur. Wien 1861. Druck von Ludwig Mayer. 40 S. 8.

29) Vorwort S. 1 bis 6 zu: Drei spanische Sittengemälde von Fernan Caballero. Übersetzt von Hedwig Wolf. Wien, 1863. Mechitaristen-Congregations-Buchhandlung. (Stengel S. 273 bis 275).

30) Geschichte der schönen Literatur in Spanien von Georg Ticknor. Deutsch mit Zusätzen hg. von Nikolaus Heinrich Julius. Supplementband, enthaltend die wesentlichern Berichtigungen und Zusätze der dritten Auflage des Originalwerks, bearbeitet von Adolf Wolf. Mit einer Vorrede von Ferdinand Wolf. Leipzig: F. A. Brockhaus. 1866. 8.

31) Kleinere Schriften von Ferdinand Wolf .... zusammengestellt von Edmund Stengel: Ausgaben und Abhandlungen aus dem Gebiete der romanischen Philologie. Veröffentlicht von E. Stengel. LXXVII. Marburg. N. G. Elwert'sche Verlagsbuchhandlung. 1890. XV und 312 S. gr. 8.
Vorwort des Herausgebers. I. Gedichte. — II. Schönwissenschaftliche Anzeigen. — III. Wissenschaftliche Anzeigen 1 bis 22. — IV. Kleinere Aufsätze und Uebersetzungen 1 bis 8. (S. 275 bis 281: Legende von der heiligen Elisabeth [Isabel], Königin von Portugal. Vorher ungedruckt). — V. Auswahl aus F. Wolfs Briefen an Fr. Michel, De la Rue, P. Paris, Jubinal, Guizot, de Reiffenberg. Sieh unten S. 812.

200. Wenzel Gottfried Raphael Graf von Purgstall, geb. in Wien am 19. Februar 1798 als der Sohn des Wenzel Johann Gottfried Grafen von Purgstall (geb. zu Graz 12. Februar 1772; gest. zu Florenz 22. März 1812) und dessen Gemahlin Anna, geborenen Cranestoun, (gest. 23. März 1835) von überaus schwächlicher Gesundheit, nach des Vaters Tode von der Mutter verwöhnt, starb als letzter seines Stammes in Wien am 7. Januar 1817 an Lungenentzündung.
Die Gedichte und Kompositionen des frühreifen Jünglings sammelte der spätere Erbe seines Namens Joseph Hammer im Jahre 1821. Am begabtesten war er für Mathematik, hatte schon in seinem 13. Jahre Goethes Werk ‚Zur Farbenlehre' mit vielem Interesse gelesen und machte später einige hübsche Vorschläge über diesen Gegenstand.
a. Wurzbach 1872. 24, 92.
b. Aus dem Leben des vorletzten Grafen von Purgstall. Ein Beitrag zur Geschichte der geistigen Beziehungen Oesterreichs und Deutschlands am Ausgang des achtzehnten Jahrhunderts [Briefe]: Edlingers Literatur-Blatt. 1879. Bd. III, S. 62. 93. 114. 130. 144. 162.
c. Schlossar, 100 Jahre 1893. S. 35 f.
1) Mehrere Gedichte ohne Namen in der Grazer Zeitschrift: Der Aufmerksame gedruckt.
2) Ueber die Schauspieldichter der Alten. Als Manuscript für Freunde gedruckt.
3) Denkmal auf das Grab der beyden letzten Grafen von Purgstall. Gesetzt von ihrem Freunde Joseph von Hammer. Gedruckt als Handschrift für Freunde. Wien. Gedruckt bey Anton Strauß. 1821. 2 Bl., LXXVIII, 258 S. und 1 Bl. Druckfehler. 11 S. musikalische Compositionen.
Der Gräfin Johanna Anna von Purgstall, geborenen Cranestoun gewidmet.
Enthält a: Die Biographie von Vater und Sohn. — S. LXII bis LXV. b: Nekrolog [Raphaels] von Herrn Kollmann. — S. LXV bis LXVI. c: Geisterstimme aus Riegersburg. Von Hrn. Professor Neumann. [Verse]. — S. LXVI bis LXVII. d: Nekrolog von Hammer. — S. LXVIII bis LXXI. e: Erinnerungen von Hrn. Prof.

Benno. [Verse]. — S. I bis 164. f: Auszüge aus reisebeschreibenden Briefen des vorletzten [Wenzel Johann Gottfried] Grafen von Purgstall. — S. 165 bis 166. g: Empfindungen an meinem Fenster. In Toscana, Februar 1812. Vom Vorletzten Grafen von Purgstall, wenige Tage vor seinem Tode niedergeschrieben. [Verse]. — S. 167 bis 215. h: Geistesblüthen des letzten Grafen von Purgstall. — α. Gedichte (S. 186: Das neue Jahrhundert. — S. 193: An Mozarts Musik. — S. 195: Der Schlaf. Elegie [Distichen]. — S. 196: Sonnet an den Mond (improvisirt bey'm Tarokspiele). — β. S. 217 bis 234: Uebersetzungen aus dem Englischen (Uebersetzung des englischen Volksliedes: Rule Britannia. — Lied eines schottisch-gallischen Barden im Jahre 1745. Von Walter Scott. — Pibrock des Donnel Dhu. Aus Walter Scott's Lady of the Lake. — Der Feuerkönig. Von Walter Scott. — Des Fremdlings Klage. Nach Campbell). — γ. S. 235 bis 243: Einige Bemerkungen über das Theater der Alten und der Neuen. — δ. S. 245 bis 248: Bruchstück einer Übersetzung der Commentare des Marcus Antoninus (in englischer Sprache). — ε: S. 249 bis 258: Ideen über Musik (Pisa, 18. Decemb. 1811. written in consequence of the contempt the Italians expressed for German Music. Melody). — ζ: Musikalische Compositionen (darunter: Nur wer die Sehnsucht kennt, weiß was ich leide!).

    201. Neujahrswunsch der Zettelträger vom Leopoldstädter-Theater für 1816. Wien. 8 Bl. 8. ("Viel Glück zum neuen Jahr, ihr Gönner').

B. Oberösterreich.

    Die Mittelpunkte des geistigen Lebens in Oberösterreich waren in unserer Periode noch die großen Stifter; auch die deutsche Dichtung fand in ihnen eifrige Pflege. Die Hauptquelle für die Beurteilung der Lyrik in Oberösterreich aber ist uns unzugänglich, da der Linzer Musenalmanach an den Bibliotheken, an denen wir ihn gesucht haben (Linz, Wien, Salzburg, Prag, München, Dresden u. s. w.) nicht vorhanden ist.

    Vgl. Johann Nepomuk Cosmas Michael Denis § 218, 11; Franz Steininger § 218, 21; Franz Xaver Huber § 224, 93, § 259, 126 und § 274, 5; Johannes Aloys Blumauer § 225, 28; § 231, 46; Benedict Dominic Anton Cremeri § 259, 199; Johann Nepomuk Perchtold § 259, 200; § 259, 201; § 259, 202; Johann Prothke § 259, 221; Carl Starke § 259, 232; § 259, 262; Franz Seraphin Kurz § 293, V. 26; ferner Matthias Leopold Schleifer, oben A. Nr. 82; Bened. Pillwein, oben A. Nr. 104; Michael David Landsmann, oben A. Nr. 123; Joseph Kenner, oben A. Nr. 162.

I. Allgemeines.

    a. Geschichte des Lyceums von Linz. Von Adam Chmel. Linz 1826. — a'. sieh unten S. 812. — b. Franz Xaver Pritz, Geschichte des Landes Ob der Enns von der ältesten bis zur neuesten Zeit. Linz 1846 bis 1847. II. 8. — c. Das Wirken der Benedictiner-Abtei Kremsmünster für Wissenschaft, Kunst und Jugendbildung. Ein Beitrag zur Literar- und Kulturgeschichte Österreichs. Von Theodorich Hagn, Capitular des Stiftes und Archivar. Linz 1848. Q. Haslinger. 8. — d. Die vorzüglichsten Leistungen der Abtei Kremsmünster. Ein Beitrag zur Klosterfrage. Von Theodorich Hagn ... Linz 1848. 8. — e. Gaisberger, Geschichte des k. k. akademischen Gymnasiums zu Linz 1855. 122 S. 8. — f. Hans Lambel, Die deutsche Literatur [in Oberösterreich]: Die österreichisch-ungarische Monarchie. Oberösterreich und Salzburg 1889. S. 207 bis 218. — f'. und f". sieh unten S. 812.

    g. Gustav Bancalari, Bibliotheks-Katalog des Museum Francisco-Carolinum in Linz a. D. Herausgegeben vom Verwaltungsrathe des Museum. Linz, V. Fink in Komm. 1897. IX, 670 S. gr. 8.

    Konnte für den Paragraphen nicht mehr benutzt werden.

II. Zeitschriften.

    a. Linzer Zeitung, 1809 verlegt und redigirt von Franz Anninger. Vgl. Int.-Bl. der Annalen. Jan. 1809 u. unten S. 813. Besteht seit 90 Jahren.

    b. Unterhaltungen für Freunde des guten Geschmacks, eine Wochenschrift. Linz 1769. 8. Herausgeber: Gottfried Uhlich vgl. § 215, 58 = Band IV. S. 81, § 259, 39 = Band V. S. 316 f. und Bd. VII. S. 86 f. — b'. Unten S. 813.

c. Magazin des Schönen und Nützlichen zum Vergnügen und Unterricht. Mit
Musikstücken fürs Clavier von Caspar Lachner, k. k. Tabak- und Siegelgefällen-
Cameralhauptverleger. Linz, Trattner. I. Jahrgang 1798. II. Jahrgang 1799.
Trapp Nr. 8865 (darnach 1799 und 1800. II). Herausgeber: Fr. Xav. Wißhofer.
Wurzbach vermutet, daß der Linzer Musenalmanach eine Titelauflage des
Magazins sei.

Franz Xaver Wißhofer. Lebensdaten unbekannt. Nach Meusel war er zu
Ende der Neunziger Jahre Magistratssyndikus zu Rohrbach in Oberösterreich,
nach Kehrein 1802 bis 1809 Syndikus zu Schärding; Januar 1810 von der französischen Landesadministration zu Ried zum Justizrat ernannt.

α. Meusel, Gel. Teutschl. 8, 566.
β. Kehrein 1871. 2, 260.
γ. Wurzbach 1889. 57, 135.

d. Die in Linz von dem Domkapellmeister Glöggl herausgegebene musikalische
Zeitung. Vgl. Wiener Allgem. Litteraturztg. 1818. Nr. 10 und unten S. 813.

III. Almanach.

Linzer Musenalmanach für das Jahr 1805. Herausgegeben von F. X. Wißhofer. Linz, im Verlage der k. k. priv. akademischen Kunst-, Musik- und Buchhandlung. 98 S. 12. § 231, 46 — Band IV. S. 370. Nachschrift S. 94: ‚Um das
Urtheil über diesen Almanach desto freyer fällen zu können, ließ man geflissent-
lich die Namen der Verfasser weg, und wird diese erst im folgenden Jahrgang
angezeigt finden'. Auch für 1806 soll ein Jahrgang erschienen sein. — Vgl. II, c.
Vgl. Annalen 1805. 1, 250 (getadelt).

1. Beda (Franz) Plank, geb. in Weyer am 27. September 1741, studierte
in Garsten und Kremsmünster, trat dort 1759 in das Stift, wurde 1765 zum Priester
geweiht, 1765 bis 1785 Lehrer am Gymnasium, 1785 praefectus rationum, 1794
Regenschori, † am 23. Oktober 1830.

a. Hagn 1848. S. 88 f. 93 f. 232. 234. 287. 320.
b. Wurzbach 1870. 22, 395.
c. Scriptores ordinis S. Benedicti qui 1750—1880 fuerunt in Imperio Austriaco-
Hungarico. Vindobonae 1881. S. 349.

1) Abramo componimento sacro opera del Signore abbate P. Metastasio.
Styrae, Meuhardt. 1772. 62 S. 8.

2) Socrates veritatis victima. Styrae, Meuhardt, 1774. 20 S. 4.

3) Samson oder die Süße von dem Starken. Ein Singspiel in zwei Theilen.
Steyr, Wimmer. 1776. 16 S. 8.

4) Die Jubelfeier des tausendjährigen Kremsmünsters. Linz, Feichtinger.
1778. 287 S. 4.

5) Handschriftlich: Beschreibung der Reise nach Einsiedeln, Straßburg und
Mannheim, welche im Jahre 1779 den 20. September mit Erlaubniß der Obern
angetreten und den 7. November glücklich vollendet hat P. B. P. P. C.

6) Trauerrede auf Maria Theresia, unsere große Monarchin, im Grabe. In
der öffentlichen akademischen Versammlung vorgetragen von einem Mitgliede
der k. k. Akademie zu Kremsmünster, den 23. Christmonat 1780. Wien, Trattnern.

7) Handschriftliche Fortsetzung der Annalen des Stiftes: Kremsmünsters
Schicksale mit anderen Begebenheiten im österreichischen Staate getheilet von
dem Tode der Kaiserin Maria Theresia. 1780 bis 1830.

8) Übersetzte: Muretus Cremifanensis sive orationes academicae von Placidus
Fixlmillner.

9) Übersetzte viele lat. Dramen ins Deutsche.

2. Amand Berghofer, geb. in Grein am 1. Dezember 1745, kam im sechsten
Lebensjahre nach Passau, wo sein Vater als Rechtspfleger angestellt war, Lehrer der
deutschen Grammatik und Rhetorik, dann Direktor der k. k. deutschen Hauptschule
zu Steyr, legte 1787 sein Amt nieder, siedelte dann nach Muskau in der Oberlausitz
über zu dem Grafen Hermann von Calenberg und später nach Augsburg, lebte ein
Jahr in der Schweiz, dann 4 Jahre im Helenenthale bei Baden im freundschaftlichen
Verkehr mit Karl Julius Fridrich [oben A. Nr. 16] und dem Grafen Fries und von

Born unterstützt, wurde von dem dortigen Pfarrer vertrieben, ging nach Bayern, dann zum zweitenmal nach der Schweiz, kehrte nach Österreich zurück, lebte 26 Jahre lang als Direktor der Schulen und der aufgehobenen Klosterbibliotheken, sowie als Zensor in Prag, wurde seiner Stelle entsetzt, † zu Graz am 7. Februar 1825.

    a. Meusel 1, 239. 13, 100. 17, 140. 22⁴, 216.

    b. Carinthia 1817. Nr. 50.

    c. Biographie und Schriftenverzeichnis in Nr. 17).

    d. Selbstbiographie Nr. 19).

    e. Gräffer, Charakteristik: Frankls Sonntagsblätter 1843. 2, 78.

    f. Gräffer, Kleine Wiener Memoiren 1845. 2, 230.

    g. Wurzbach 1857. 1, 307 f.

Brief an Haager und Briefe von Faber, Haager, Graf Rottenhan, Westenrieder und Wieland in Nr. 17).

1) Empfindungen aus meinem Leben. Wien 1774. 8.

2) Briefe zu den Empfindungen aus meinem Leben. Wien. 1774. 8.

3) Empfehlung der Lectür und des Denkens. Wien 1778. 8.

4) Aufmunterung zur Weisheit und Tugend, aus Grundsätzen einer gesunden Moral. Wien 1779. 8.

5) Charakteristische Züge, mit freyem Geist entworfen. Zu finden in der Oberlausitz zu Muskau 1779. 8.

6) Berghofer. Der Name des Verfassers, der diesem Werke vorsteht, mag zugleich auch der Titel seyn; so wie sein Schicksal Stoff zu demselben war. Er hat den Versuch gemacht, die einfachen wahren Freuden des Menschenstandes gegen Scheinglück, Künsteley und Afterwohlstand zu verthätigen; die Unterdrückten über die Bedürfnisse der Thierheit zu erheben, und die unterdrückenden Großen zur Menschlichkeit zurück zu führen, über welche sie hinaus zu geben das Vorrecht haben wollen. Wien, bey J. F. Edlen von Schönfeld. 1782. 19 S. 8.

7) Die empfindsame Philosophie in Briefen an Cleis. Biel 1780. Dessau 1782. 8.

8) α. Berghofers Schriften. Hrn. Hofr. Ignaz v. Born zum Andenken der Freundschaft gewidmet. Auf Kosten des Verfassers. Wien, bei Kroyß. 1783. X, 70, 59, 46. 1 Bl. Inhalt.

    a: Vorrede. — b: Empfindungen aus meinem Leben. (Gedichte). — c: Beleuchtung einiger dunklen Oerter in den vornehmsten Gebäuden der Stadt. — d: Charakterzüge mit freiem Geist entworfen: Schicksal der Wahrheitsfreunde. Idiotenzunft. Nuassar. Zustand der Wissenschaften in Nuassar. — e: Vermischte Aufsätze: Erziehung. Arzneikunst. Klosterberuf. Gebirge. Ländliche Empfindungen. Sehnsucht nach Ruhe.

    β. Berghofers Schriften. Zweiter Band. Wien, bei Kroyß 1783. 124 S. 2 Bl. f: Lectür und Denken. — g: Mißbrauch der Vernunft. — h: Fragment zur Sittenlehre. — i: Briefe an Cleis. — k: Einige Scenen aus dem Schicksale des Verfassers.

9) Berghofers Neueste Schriften. [Schattenriß]. Homo sum, nil humani a me alienum puto. Wien 1784. 14 S., 176 S. 8.

2. Titel: Schmähsucht und Kritik an Nikolai von Berghofer. Aegrotandi [so] Leoni etiam asinus insultat. (Mit Beilagen). Wien, mit v. Schönfeldischen Schriften, 1784.

    a: Schmähschrift auf den Verfasser eines Fragments, das mit folgendem Titelblatt herauskam: Berghofer. (Der Name etc.). — b: Schwärmereien: 1. Fremdheit (an T— von S———). 2. An den Schatten meiner seligen Gattin. 3. Eintracht 4. Ansiedelung auf den Alpen. An Gabriel Tschiffeli, Landvogt zu Oron. 5. Patriotismus heutiger Schweizer. — c: Briefwechsel mit einem Landpriestor. — d: Aufrichtigkeit und Wahrheit. — e: Die römischen Rechte. — f: Selbstkenntniß. — g: Büchercensur. — h: Lotterie. — i: Land der Freiheit und Einfalt. — j: Geschlechtstrieb der Mönche. — k: Kezzergericht im Bißthum Passau. — l: Die Liebe des Weisen. — m: An den Leser.

10) Freyheitsgefühl in der Einöde. Smyrna 1785. 8.

11) Berghofers Schriften. Verminderte, verbesserte Auflage. Wien, gedruckt in dem k. k. Taubstummeninstitute, 1787. 204 S. 8.

    a: Vorrede. I. Jugendblüthen: b: Liebesphantasie. — c: Seelenliebe. — d: Nacht. — e: Sonnenaufgang. (Verse). — f: Todtenacker. — g: Ruhe. — II. h: Schicksal eines Freundes der Wahrheit und Natur. — III. i: Philosophie der Liebe.

(Briefe an Cleis). — IV. Charakterzüge: k: Nuassar. — l: Denkart in Nuassar. — m: Ketzergericht im Bisthum Passau [1782]. — n: Unwissenheit der Vielwisser. — o: Geschlechtstrieb der Mönche. — V. Philosophische Fragmente: p: Scharlatanerie. — q: Arzneikunst. — r: Luxus mit Menschen. — s: Land der Freiheit und Einfalt. — t: Freundschaft. — u: Blick aus der Einöde in die grosse Welt. — v: Der Verfasser.

12) Lebensrevision vom Mann am Berge mit kritischen Reflexionen. 1795. 2 Bl., 122 S. 1 Bl. 8.

13) Der Mann von warmen Herzen. Es ist gut, daß der Mensch Verfolgung leidet; sonst geht er dem Wohlleben nach, und bleibt sich selbst unbekannt. Jch. Mit Sennei's Bildniß. 1796. [Prag]. 153 S., 2 Bl. Inhalt. 8. Ohne Vfn.
a: An die Welt. — b: Die Hölle. — c: Unwesen im Hauswesen 1 bis 19. (Meist kleine Dialoge). — d: Ehrmann am Grabe seiner Gattin. (Gedicht). — e: Briefe an Arabella Sennei. — f: Sennei's Bild. — g: Die Gefährtin. — h: Nachlese. 1. Die Mode. 2. Das Narrenseil. 3. Die Klasse der Thoren. 4. An Freiherrn von B—n. 5. Ankündigung eines neuen Werkes: Schatten im Lichte des Jahrhunderts von einem Freunde der Ordnung — nicht wie sie, nach dem Wahnsinn der Neuerer, seyn soll; sondern — wirklich ist. Geschrieben in der L———schen Einsamkeit im Reiche der Nüchternen. — 6. Appellation.

14) Ueber Rezensenten-Unfug. Von Amand Berghofer, k. k. Zensor. Prag, 1804. 22 S. 8.
Vgl. Annalen 1805. 2, 128.

15) Verbotene Schriften. o. O. [Straubing] 1805· II. 8. — 2. verb. und verm. Aufl. o. O. 1809. II. 8.

16) Beiträge zur Aurora 1812.

17) Hofscheu und ländliches Heimweh. Eine Biographie. Wer sich von Freiheit keinen andern Begrif, als den der Zügellosigkeit macht, der hat als Mensch alle Würde verloren. Er ist in jeder Verfassung ein der Gesellschaft schädliches Mitglied, das die Vernunft nicht erkennt und seine Kräfte verwahrloset oder mißbraucht. Hamburg 1818, in Commission in der Herold'schen Buchhandlung. XVIII, 92 S. 8.
Inhalt: a: Vorrede. — b: Zueignungsschrift: An Faber, Bauer auf den Alpen, zum Denkmal unsterblicher Freundschaft. — c: Biographie. — S. 14: Ueber Berghofers Ansiedlung. Gedicht von Faber. — d: Biographische Beiträge: 1. Des vers d'un villageois, consacrés à l'amitié. 2. Teat Faber à Berghofer. 3. Wieland an Berghofer. (Weimar, den 29. September 1783). 4. Stelle eines Briefes aus Zürich (von einem aufgeklärten reformirten Geistlichen in Zürich an Berghofer). 5. Rottenban an B. 6. Westenrieder an B. 7. Die Wiener Autoren. Ein Beitrag zum Gelehrten Deutschland. 1784. (Ohne Druckort; vgl. oben A, I. a. S. 505). 8. Dankgefühl. (Gedicht, unterz.: J. G—f.). 9. Wiener Mode-Journal 1805. Nr. 3. Der österreichische Rousseau. 10. Baron Haager, der obersten Polizeihofstelle Präsident, an Berghofer. — Antwort. — e: Verbotene Schriften. — f: Bücherverzeichniß.

18) Literarisches Vermächtnis an seinen Sohn. Hamburg 1818. Herold jun. 8.

19) Selbstbiographie 1819.

20) Das höhere Leben. Herausgegeben von seinem Sohne Ludwig Berghofer. Schleswig 1824. 8.

3. Mathias Hoefer, geb. in Waizenkirchen am 7. Februar 1754, studierte in Kremsmünster, trat daselbst 1774 in das Kloster ein, 1778 zum Priester geweiht, studierte dann Jus an der Universität Wien, 1781 Lehrer des Jus an der Kloster-Akademie, 1797 Pfarrer in Steinhaus bei Wels, 1803 in Kirchheim bei Gmunden, 1812 in Kematen, † 21. Oktober 1826.
a. Meusel 9, 602. 14, 155 (hier falsch: Michael Höfner). 18, 179 f. 22 U, 784. b. Gräffer und Czikann 1835. 2, 594. c. T. Hagn, 1848. 8. 84. 86. 92. 94. 214. d. Wurzbach 1863. 9, 99. e. Scriptores ordinis S. Benedicti qui 1750—1880 fuerunt in Imperio Austriaco-Hungarico. Vindobonae 1881. 8. 189.

1) Exercitatio iuridica de origine ac proprietatibus peculiorum apud Romanos. Una cum positionibus ex universo iure civili et criminali. Vindobonae, typis haeredum nobilium de Ghelen. 1780. 45 S. 4.

2) Ueber das unglückliche Schicksal der Gelehrten. Wien, Sonnleithner. 1781. 40 S. 8.

3) Die Volkssprache in Oesterreich, vorzüglich ob der Enns, nach ihrer innerlichen Verfassung und der Vergleichung mit anderen Sprachen. Wien, Schaumburg. 1800. 140 S. 8. — 2. Aufl. Linz, Eurich. 1800. 8.

4) Der blaue Mondtag. Anleitung zu einem vernünftigen und vergnügten häuslichen Leben. Scherze und Erzählungen. Linz 1808. Haslinger. 144 S. 8.

5) Etymologisches Wörterbuch der in Oberdeutschland, vorzüglich aber in Oesterreich üblichen Mundart. Linz, Kastner. 1815. III. 8. 342 S., 362 S., 344 S.

6) Observationes in quaedam antiqua piscium vocabula, qualia sunt apud Plinium, apud Paulum Iovium et Conradium Gessner. 1821. (Handschrift).

7) Ferner sind handschriftlich von ihm vorhanden: a. Altdeutsches Wörterbuch. b. Abhandlungen über altdeutsche Litteratur. c. Handbuch deutscher Reime, jungen Dichtern zum Behuf, alten zum Zeitvertreibe.

4. Wenzel Sigismund Heinze, geb. am 21. November 1738 in Frankenstein in Schlesien, trat 1758 in den Jesuitenorden, Lehrer der Ästhetik am Lyzeum zu Linz, 1786 Pfarrer zu Altenfelden in Oberösterreich, trat 1828 in den Ruhestand, starb in Langhalsen am 18. April 1830.

    a. De Luca I. 1, 174. (darnach geb. 1738).
    b. Meusel 3, 177 (1737).
    c. Stoeger, 1856. S. 128. (1737).
    d. Christl. Hausschatz. Gmunden. 1858. S. 269 (1733).
    e. Wurzbach 1862. 8, 236.
    f. Kehrein, Lex. 1868. 1, 144.

1) Lyrische Gedichte. Linz 1780 bis 81. II. 8.

2) Vermischte Schriften, den Oberösterreichern gewidmet. Linz 1780 bis 81. II. 8.

3) Eybels gesammelte kleine lateinische Schriften ins Teutsche übersetzt. Linz 1781 bis 82. 3 Stücke. 8.

4) Fénelons Abhandlung über die Freiheiten der franz. Kirche, übersetzt, den Oesterreicherinnen gewidmet. Linz. 1782. 8. Ohne Verfassernamen.

5) Konduitenliste über verschiedene k. k. Beamte verschied. Ranges. Linz 1783. 8.

6) Die Feyer der Religionsduldung am Jahrestage ihrer Einführung. Linz 1784.

7) Die Linzer Kirche. Linz 1784.

8) Einzelne Gelegenheitsgedichte.

5. David (Bernard) Eder, geb. in Wels am 10. August 1751, Benediktiner von Kremsmünster, Kooperator in Neuhofen, Viechtwang und Steinerkirchen; † am 10. Mai 1796.

Scriptores ordinis S. Benedicti qui 1750 bis 1880 fuerunt in Imperio Austriaco-Hungarico. Vindobonae 1881. S. 75.

1) Feldblumen zu der Urne Mariä Theresiens hingestreut. Steyr, Wimmer. 1781. 8 S. 8.

2) Gedanken über verschiedene Oden auf den Tod Mariä Theresiens. Steyr, Wimmer. 8 S. 8.

6. Josef Wernekingh, geb. in Steyr am 4. März 1745, trat 1762 in den Jesuitenorden, 1772 Weltgeistlicher, 1775 Professor der Grammatikal·, 1792 der Humanitätsklassen in Graz, 1797 Professor der Poesie und Subdirektor am Theresianum in Wien; in den Ruhestand getreten, kehrte er 1806 nach Graz zurück; † am 31. Januar 1810.

    a. Richard Peinlich, Geschichte des Gymnasiums in Gratz. Gratz 1872. (Jahresbericht des k. k. ersten Staatsgymnasiums zu Gratz 1872) S. 24.
    b. Schlossar, Innerösterreichisches Stadtleben, 1877. S. 220. 308.
    c. Wurzbach 1887. 55, 45.
    d. Schlossar, Hundert Jahre. S. 11.

1) Auf den Tod Marien Theresien. Gratz, Lechner'sche Universitäts-Buchhandlung. 1781. 8.

2) Bey Eröffnung des Büchersaales an der hohen Schule in Grätz. Grätz 1781. Widmanstätter. 2 Bl. 8. (Wiederholt: Schlossar, Innerösterreichisches Stadtleben. 1877. 8. 220).

3) Arko, der Druidenfürst an der Murr, beim Antritte seines Domes, besungen von J. W***. Im Wintermonde 1786. Gratz, A. Leykam. 22 S.

4) An Grätz nach der feyerlichen Weihung der neuen Stadtfahne am 27. April 1806. Von W*n*k*. Gedruckt mit Leykamischen Schriften. 8 Bl. 4.
Vgl. Neue Annalen 1807. 1, 95 f.

5) Michaeli Werdnig amico suo veterano ex gravi morbo convalenti amicus J. W. MDCCCVII. Graecii, Andr. Kienreich. 8 Bl. 4.

6) Wurzbach verzeichnet noch folgende Oden: Auf den Nachfolger des Czarenthrones. — Des Kaisers Joseph II. Empfang in Innerösterreich. — Auf die Ankunft des Papstes Pius II. 1782. — Als Joseph II. Graz besuchte. — Josephs II. Sorgfalt für das Lyceum in Graz. — An die Verleumder der Mönchsorden. — Auf die Theaterfreunde.

7. Bertold Elchele, geb. am 5. Januar 1753 in Ried, studierte in München, trat 1777 in das Benediktinerkloster Lambach, Domprediger zu Linz, Pfarrer zu Braunau, wo er am 21. Okt. 1794 starb.
Intell.-Bl. der Annalen. Dec. 1810. 8. 535.

1) Siegespredigt nach der Einnahme Belgrads durch den Generalissimus Gedeon von Laudon, Linz, bey Feichtinger. 1789. 16 S. 8.

2) Trauerrede auf den Tod Leopold des Zweyten, vorgetragen zu Braunau den 16. März 1792. 16 S. 8.

3) Gelegenheitsgedichte.

4) Zugeschrieben wird ihm: Doctor Oberhauser, ein Gedicht. Philadelphia 1788. 1 Bogen. 8.

8. Ode auf die höchsterfreuliche Ankunft des k. k. Herrn Feldmarschalls und Reichsfeldzeugmeisters Grafen v. Klairfait in Linz. 1 Bl. 4. („In der Ferne der Zeit — reizet die Schönheit noch').

9. Anton Link, geb. am 20. April 1773 in Segginngen am Rhein, studierte in Solothurn, Freiburg im Breisgau und Linz, wo er i. J. 1800 die h. Weihen empfing; Katechet an der Normalhauptschule zu Linz und seit 1804 auch an der Mädchenschule der Ursulinerinnen. 1808 Pfarrer zu Rechberg im Mühlviertel, 1814 Spiritual an dem Priesterseminar und Konsistorialrat in Linz, gest. 1833. Ein thätiger Jugend- und Erbauungsschriftsteller.
a. Meusel 14, 444 f. 18, 552 f.
b. Gräffer und Czikann 1835. 3, 455.
c. Wurzbach 1866. 15, 214.

1) Lehrbuch der reinen Mathematik, in einer leichtfaßlichen Darstellung für die Jugend, und diejenigen Liebhaber dieser Wissenschaft, welche sich durch Privatfleiß darin selbst unterrichten wollen. 1. Theil, welcher die Zahlen- und Buchstabenrechnung, oder die gemeine und allgemeine Arithmetik enthält. Linz und Leipzig, 1803. 2. Theil 1821. II. kl. 8.

2) Lehr- und Erbauungsbuch für die liebe Jugend (auch wohl für Erwachsene), welches in einer leichtfaßlichen und zugleich gründlichen Darstellung die ersten Religionsbegriffe und die nöthigsten Sittenlehren, sammt einer kurzen Geschichte des alten Testaments, enthält; eine Einleitung zum Unterrichte in der christlichen Religion. Linz und Leipzig 1806. II. kl. 8. 2. Aufl. 1808.

3) Nützliches und lehrreiches Lesebüchlein für die ganz kleinen lieben Kinder, die erst anfangen, das Lesen zu lernen. Linz und Leipzig. 1807 und 1808. 8.

4) Leichtfaßlicher Unterricht in der Teutschen Rechtschreibung für die liebe Jugend, auch wohl für manche Erwachsene. Linz 1807. 8. — 2. durchaus verbess. Ausgabe 1815. — 4. verbess. Ausg. 1820.

5) Die Geschichte Jesu, faßlich und lehrreich erzählt für die liebe Jugend (auch wohl für Erwachsene). 1. Theil, welcher die Jugendjahre und Vorbereitung Jesu auf sein Lehramt enthält. Linz und Leipzig. 1807. 8. Auch unter dem Titel: Handbuch der Religion für die liebe Jugend (auch wohl für Erwachsene, besonders aber

für Katecheten, Schullehrer und alle diejenigen, denen die Erziehung und Bildung
der Jugend anvertraut ist), welches in einer leichtfaßlichen, gründlichen und herzlichen Darstellung die vollständige, Glaubens- und Sittenlehre, nebst der Geschichte des alten und neuen Testaments enthält.

6) Die Geschichte eines ungerathenen Kindes, frey bearbeitet nach der
biblischen Parabel vom verlohrnen Sohne; ein Geschenk für die liebe Jugend.
Linz und Leipzig. 1807. 8.

7) Leichtfaßlicher Unterricht in der Naturlehre für die liebe Jugend, auch
wohl für Erwachsene in Sonntagsschulen brauchbar. Linz 1808. III. 8. — Neue
verm. Aufl. Gratz 1820. 8. .

8) Deutlicher und gründlicher Unterricht im Rechnen mit Ziffern. Linz 1811. 8.

9) Neues katholisches Gebetbuch, für das liebe Landvolk verfaßt. Linz. 1812.
8. — 2. Aufl. 1822.

10) Neuer Kreutzweg in 15 Stationen. Zur Erbauung für das liebe Landvolk. Linz 1812. 8.

11) Neue Teutsche Sprachlehre, nach Adelung, Heynatz, Campo, Gedike,
Eberhard und Funke bearbeitet für Lehrer und Schüler. Linz 1813. II. gr. 8.

12) Sieben Fastenpredigten über die Leidensgeschichte Jesu. Seiner Gemeinde vorgetragen im J. 1814, und zur Erbauung für das liebe Landvolk herausgegeben. Linz. 1815. 8. — 2. Aufl. 1823.

13) Sittenspiegel, d. i. Sittenlehre in Beyspielen; ein Lesebuch für Kinder.
Linz 1815. Haslinger. 8.

14) Ausführlicher katechetischer Unterricht über das heilige Sakrament der
Firmung. Vorzüglich zur Belehrung derjenigen Kinder, welche gefirmt werden
sollen. Linz 1815. gr. 8.

15) Ausführliche Schulkatechisationen über den ersten Unterricht in der
Moral. Zum Behufe der Katecheten, Schullehrer und aller derjenigen, denen die
Erziehung der Jugend anvertraut ist. Linz 1817 und 1818. III. 8.

16) Ausführliche Schulkatechisationen über die geoffenbarte Religion, insbesondere über das Alte Testament. Linz 1819. II. 8.

17) Sieben Passionspredigten neben einer Homilie. Linz 1822. 8.

18) Gebetbuch für katholische Christen. Linz 1822. 8.

19) Homilien der ersten Art, d. i. Predigten auf alle Sonntage im Jahre.
Passau 1823 und 1824. II. 8. — 2. Aufl. 1834.

20) Beispiele der Religiosität, ein Christenlehr- und Prüfungsgeschenk für
Kinder. Linz. 1823. 8. — 2. verm. Aufl. von Häglsperger. Linz 1833. gr. 12.

21) Gebetbuch für Kinder, auch für Erwachsene brauchbar. Salzburg 1824.
4. Aufl. Linz 1837. gr. 12.

22) Neue Fastenpredigten über die Leidensgeschichte Jesu. Salzburg 1826. 8.

23) Sechs Predigten über die Gottheit Jesu und dessen Erlösung. Linz 1827. 8.

24) Prüfungsgeschenk für die Jugend. Eine Auswahl von Erzählungen. Ried
1828. 8. — 25) Homilien der ersten Art, d. i. Predigten auf alle Festtage im
Jahre. Linz 1829. 8.

10. Blumenlese von Grabschriften und Denkmählern, welche auf dem Gottesacker der k. k. Hauptstadt Linz befindlich sind. Allen Freunden und Freundinnen
der Verstorbenen gewidmet. Linz, 1811. Zu haben in der akademisch. Kunst-
und Buchhandlung. 128 S. 8. Enthält auch Verse.

11. Ignaz (Joseph) Reischl, geb. am 29. Mai 1782 in Sankt Peter, studierte
in Burghausen, Landshut, Linz und Kremsmünster, trat dort 1805 in das Stift, 1811
zum Priester geweiht, Professor am Stiftsgymnasium, starb am 8. August 1833.

Scriptores ordinis S. Benedicti qui 1750—1880 fuerunt in Imperio Austriaco-
Hungarico. Vindobonae 1881. 8. 366.

Ode auf die feierliche Einweihung der neuen Kriegsfahne für das k. k. Infanterieregiment Stein zu Kremsmünster am 13. August 1815. Linz, gedruckt mit
Zinnwaldischen Schriften. 4 S. 8.

12. bis 28. sieh unten S. 813 f.

C. Salzburg.

Der geistige Aufschwung, der in den letzten Jahren der Selbständigkeit des Erzbistums in Salzburg herrschte, kam auch der lyrischen Dichtung zugute. Es waren aber fast nur ältere Muster, die nachgeahmt wurden. Erst Weißenbach, von Geburt ein Tiroler, verpflanzte die neue Dichtung an die Ufer der Salzach. Vgl. Franz Xaver Huber § 224, 98; § 259, 126 und § 274, 5; Lorenz Hübner § 259, 126, 13 und § 261, 31; Ignaz Hübner § 261, 20; Johann Nepomuk Perchtold § 259, 200; Florian Reichssiegel § 261, 7; Ferdinand Prinner § 261, 30; Franz Michael Vierthaler § 261, 32; Friedrich Saam § 261, 33; Johann Christoph von Zabuesnig (d. i. Tschabuschnig) § 261, 41; Georg Heinrich Rathje § 261, 54 und § 261, 58; ferner Benedict Pillwem oben A. Nr. 104; Weißenbach unten E. Nr. 10.

I. Allgemeines.

a. Judas Thaddäus Zauner, Biographische Nachrichten von den Salzburgischen Rechtslehrern von der Stiftung der Universität bis auf gegenwärtige Zeiten. Salzburg 1789.

b. Judas Thaddäus Zauner, Nachtrag zu den biograpbischen Nachrichten nebst einem Entwurfe einer akademischen Bibliothek von Salzburg. Salzburg 1797.

c. M. Vierthaler, Reisen durch Salzburg. Salzburg 1799.

d. Geschichte des Schulwesens im Erzstifte Salzburg von M. Rumpler, Salzburg 1802. Neue umgearbeitete Ausgabe durch J. J. Hochmuth. Salzburg 1832 bei Mayr.

e. (M. Vierthaler) Geschichte des Schulwesens und der Kultur in Salzburg. Ein Versuch. Salzburg 1804 bei Doyle.

f. Judas Thaddäus Zauner, Verzeichniß aller akademischen Professoren zu Salzburg vom Jahre 1728 bis zur Aufhebung der Universität mit kurzen Nachrichten von ihren Schriften. Salzburg 1813.

g. Das Herzogthum Salzburg oder der Salzburgerkreis historisch, geographisch, statistisch beschrieben von Benedikt Pillwein. Linz 1844 bei Quandt. II.

h. Maria Vincenz Süß, Beiträge zur Geschichte der Topographie und des Buchhandels im vormaligen Erzstifte nun Herzogthume Salzburg. Salzburg 1845.

i. Das Leben des geheimen Kabinets- und Staatsrathes, Präsidenten der obersten Justizstelle und Landstandes im Churfürstenthume Salzburg Johann Franz Thadd. v. Kleimayrn, Verfassers der Nachrichten von Juvavia, beschrieben von J(ohann) F(elner). Wien 1848, Leop. Grund. gr. 8.

k. Die Geschichte des Salzburger Gymnasiums quellenmäßig dargestellt von P. A. Prennsteiner: Progr. Salzburg 1851/1852.

l. Franz Storch, Skizzen zu einer naturhistorischen Topographie des Herzogthums Salzburg. Salzburg 1857. Mayr. 8.

m. Jos. Mayr, Die ehmalige Universität Salzburg: Progr. des Salzburger Gymnasiums 1859.

n. Zeitbilder aus dem Ende des vorigen und Beginne des jetzigen Jahrhunderts. Nach Privat-Correspondenzen mitgetheilt von G. A. Pichler: Mittheilungen der Gesellschaft für Salzburger Landeskunde. III. Vereinsjahr 1863. S. 254 bis 259.

o. J. Riedl, Salzburg's Zeitungswesen: Mittheilungen der Gesellschaft für Salzburger Landeskunde. III. Vereinsjahr 1863. S. 289 bis 326.

p. Georg Abdon. Pichler, Salzburg's Landes-Geschichte. Salzburg 1865. gr. 8.

q. Fr. V. Zillner, Skizzenbuch aus Salzburg. Salzburg 1865 bei Mayr.

r. Magnus Sattler, Ein Mönchsleben aus der zweiten Hälfte des 18. Jahrhunderts. Regensburg 1868. VIII, 464 S. gr. 8. Enthält die Tagebücher eines Benedictiners von Andechs, P. Placidus Scharl.

s. Salzburgische Kulturgeschichte in Umrissen. Von F. V. Zillner, M. Dr. Veröffentlicht auf Veranlassung und Kosten des k. k. Baurathes Herrn Karl Ritter v. Schwarz. Salzburg 1871. Druck und Verlag der Endl & Penker'schen Buchdruckerei in Salzburg. In Commission der Mayrischen Buchhandlung. 255 und 15 S. 8.

t. (Dr. Theol. Al. Huber) Einige Bedenken zur salzburgischen Culturgeschichte von Med. Dr. Fr. V. Zillner, Salzburg 1872. Druck und Verlag der Zaunrith'schen Buchdruckerei.

u. Zur salzburgischen Biographik. Separatabdruck aus der „Salzburger Zeitung". Salzburg 1872.

v. Geschichte der Salzburger Bibliotheken von Dr. Carl Foltz. Herausgegeben durch die k. k. Centralcommission. Wien, Staatsdruckerei 1877. 119 S. gr. 8.

w. Die Literatur der Salzburger Mundart. Eine bibliographische Skizze von Nikolaus Huber. Salzburg, 1878. Im Verlage des Verfassers. In Commission der k. k. Hofbuchhandlung Heinrich Dieter. 81 S. 8.

x. Aus dem Zeitalter der Aufklärung. Von H. F. Wagner: Mittheilungen der Gesellschaft für Salzburger Landeskunde 1880. 20, 74 bis 83. 148 bis 186.

y. Die ,Benedictiner'-Universität Salzburg. Von P. Magnus Sattler, Prior in Andechs: Wissenschaftliche Studien und Mittheilungen aus dem Benedictiner-Orden. 1881. 2. Jahrgang. 1. Band. S. 61 bis 74. S. 273 bis 287. 2. Band. S. 89 bis 100. S. 282 bis 296. 1882. 3. Jahrgang. Band 1. S. 83 bis 96.

z. F. Z. [Zillner], Aus der Salzburger Universitätsmatrikel 1741 bis 1810: Mittheil. der Ges. f. Salzburger Landeskunde. 23. Vereinsjahr 1883. S. 40.

aa. Verzeichniß der wichtigeren Quellen zur Landeskunde des Herzogthumes Salzburg, mit Zusätzen und Bemerkungen von Dr. August Prinzinger d. Ä.: Mittheilungen der Gesellschaft für Salzburger Landeskunde 1884. 24, 251 bis 290. 1885. 25, 89 bis 130.

bb. Zum hundertjährigen Gedächtniß von Franz Thaddäus Kleimayrns Juvavia. 1784 bis 1884. Vertrag, gehalten in der Jahresversammlung am 6. November 1884. Von Eduard Richter: Mittheilungen der Gesellschaft für Salzburger Landeskunde 1885. 25, 1 bis 13.

cc. Eduard Richter, Das Herzogthum Salzburg, Wien 1885 bei K. Gräser: Die Länder Oesterreich-Ungarns in Wort und Bild. Band V.

dd. Gastein unter Baiern (1810 bis 1816): Salzburger Zeitung 1887. Nr. 168 und 169. (Auszug aus Briefen Westenrieders).

ee. Adolf Bekk, Die deutsche Literatur [in Salzburg]: Die österreichisch-ungarische Monarchie, Oberösterreich und Salzburg. 1889. S. 487 bis 498.

ff. Urkundliche Materialien zu einer Geschichte der gräflich Lodron'schen Kollegien Marianum und Rupertinum in Salzburg. Zusammengetragen von Med. Dr. Hermann Pick: Mittheilungen der Gesellschaft für Salzburger Landeskunde. 1889. 29, 263 bis 453. 1890. 30, 1 bis 113 und 169 bis 207.

gg. Alois Jos. Hammerle, Ein Beitrag zur Geschichte der ehem. Benedictiner-Universität in Salzburg: Studien und Mittheilungen aus dem Benedictiner- und dem Cistercienser-Orden. 1894. Jahrg. 15. S. 249/70. 445/61. 561/94. — hh. sieh unten S. 814.

II. Zeitschriften.

a. In Salzburg bestand von 1668 bis 1784 eine Zeitung mit wechselndem Titel. 1784 erschien sie als Salzburger Zeitung, 1787 bis 1800 als Oberdeutsche Staatszeitung. Redacteur Hübner. Von 1800 ab hieß sie Staatszeitung von Salzburg. 1800 bis 1806 Redacteur Michael Vierthaler. 1806 bis 1816 Benedict Pillwein. Vgl. Int.-Bl. der Annalen Jan. 1809; Annalen 1810 S. 542.

Beilagen. α. 1784 bis 1809: Das Salzburger Intelligenzblatt. 1810: Intelligenzblatt des Salzachkreises. 1811: Königl. bairisches Salzach-Kreis-Blatt. 1816: Kaiserl. königlich österreichisches Amts- und Intelligenzblatt.

β. Ueber das Neueste der Literatur Oberdeutschlands 1784. Redacteur Lorenz Hübner. 1785: Salzburger Gelehrte Zeitung. 1786 bis 1790: Salzburger monatliche Beiträge zur Literatur Oberdeutschlands. 1791 bis 1792: Räsonnirendes Magazin des Wichtigsten aus der Zeitgeschichte. 1793 bis 1795: Pragmatisches Register der Oberdeutschen Staatszeitung. 1796 bis 1799: Beilage zur allgemeinen oberdeutschen Staatszeitung.

γ. 1785 auch eine Monatschrift: Salzburger Kundschaftsblatt (nur 1 Jahr).

b. Theaterwochenblatt für Salzburg. 18. November 1775 bis Ende Februar 1776. 29 Stück. Gedruckt in der Hof- und Akademischen Waisenhausbuchdruckerei. kl. 8. Riedl S. 293.

c. Allgemeine oberdeutsche Literatur-Zeitung 1788 bis 1799. Gegründet von Lorenz Hübner und Prof. A. Schelle, der sich aber schon nach einem halben Jahr zurückzog. 1800 bis 1802: Literaturzeitung von Salzburg, herausgegeben von Vierthaler. 1803: Süddeutschlands pragmatische Annalen der Literatur und Kultur. Redacteur: Franz Ludwig von Schallhammer. (Hörte mit Ende 1803 auf).

d. Der Oberdeutsche Freund der Wahrheit und Sittlichkeit, von Fr. X. Huber. Salzburg 1787, bei Mayer. II. 8. Enthält auch Gedichte.

e. Der Halleiner Bothe. Hallein 1805 und 1806. Bey J. C. Laurent, Buch-
und Kanzleywaarenhändler. IV. gr. 8. Vgl. Neue Annalen 1807. 2, 76.
f. Salzburgische gelehrte Unterhaltungen. Salzburg 1812 bis 1813. Doyle.
Heft 1 bis 4. 8. Herausgeber: Corbinian Gärtner, geb. in Schwatz (Tirol) am
14. Juni 1751, gestorben in Ischl am 24. Mai 1824. — g. s. unten S. 814.

III. Almanache.

a. α. Salzburger Musenalmanach auf das Jahr 1787. Herausgegeben von Lorenz
Hübner. Auf Kosten des Herausgebers. Salzburg, In Kommission der Mayerschen
Buchhandlung. 216 S. 12. § 231, 29 = Band IV. S. 368.
,Die Beiträge für künftiges Jahr bittet man, längstens bis Ende Julius post-
frey an das Oberdeutsche Staatszeitungskomtoir zu Salzburg einzusenden; indem
man in Zukunft die Herausgabe für die Michaelismesse zu besorgen gedenket'.
Mit Beiträgen von Simeon Aigner, Exkapuziner, Felner, Florbach, S. Frank,
Geiger, Heldenberg (nach Owen, nach Martial), F. X. Huber, L. Hübner (S. 38 bis 71:
Das Chorpult. Eine freie Uebersezzung aus Boileau. Erster Gesang [Hexameter]:
,Ich habe die Ehre den Freunden der Dichtkunst hiemit den ersten Gesang meiner
freien Uebersezzung von Boileaus Pult, aus meinen jüngern Jahren, und den Stunden
meiner ersten fröhlicheren Muße zur Prüfung vorzulegen. Sollte man daran Geschmack finden, so werde ich in Zukunft nicht nur die übrigen Gesänge; sondern
auch noch andere poetische Kleinigkeiten meiner Jünglingsjahre der Presse übergeben'), Karl, Kummer, P. Liberatus, Michl (vermutlich Benno Michl, geb. 1761, gest.
am 18. Mai 1815), Nagel (S. 12 bis 26: Der Tod Anakreons in der Herbstlaube.
Eine Romanze auf die Urne des Herrn von Voltaire), Noemis, Pilger, Ungenannt
(S. 90 bis 130: Herkules auf Oeta. Ein Melodram in drei Aufzügen. Verse).
β. Salzburger Musenalmanach auf das Jahr 1788. Herausgegeben von Lorenz
Hübner. Salzburg. Im Verlage der hochfürstl. Waisenhausbuchhandlung. 252 S. 12.
,Die Beiträge für künftiges Jahr bittet man, längstens bis Ende Julius . . .
an das Oberdeutsche Staatszeitungskomtoir zu Salzburg einzusenden: sie werden
Vorzugsweise aus Oesterreich, Tirol, Baiern, und besonders dem Lande Salzburg
angenommen, obgleich auch anderwärtige nicht ausgeschlossen sind'.
Mit Beiträgen von: Baader, Bekker, Franz, From oder Fromm, Gieseke,
Heldenberg, L. Hübner (S. 75 bis 152: Das Chorpult. Zweyter und dritter Gesang),
Kronthaler, Kunz, Joseph Freiherr von L***, Lorenz, Michl, Heinrich von Wasen,
Ungenannt.
S. 243: An den Leser: ,Ich übergehe Ihnen diese zweyte Sammlung von
kleinen, hierländischen Gedichten, so gut, als ich sie aus dem kleinen Zirkel meiner
meistentheils jungen Freunde auflesen konnte'. Polemik gegen die Rezension in
Nr. 203 der Jenaer allgemeinen Litteraturzeitung 1787.
b. Blüthen und Früchte. Zur Aufmunterung und Veredlung jugendlicher
Talente herausgegeben von Joseph Wismayr, Präfekten des lodronisch-ruper-
tinischen Erziehungsstiftes in Salzburg. Mit Melodien von J. M. Haydn, A. J.
Emmert und Ph. Schmelz. Salzburg 1797. Im Verlage der Mayerischen Buchhandlung. IV S., 2 Bl., 206 S. 8.
S. I: An die Leser. ,Indem ich Ihnen das erste Bändchen der Blüthen und
Früchte übergebe, kann ich nicht umhin, vor Allem den Wunsch zu äußern, die Beurtheiler der hier gelieferten Aufsätze möchten die schon auf dem Titelblatte angegebene Absicht des Herausgebers nie aus dem Auge verlieren, und überhaupt bedenken, daß man keine Meisterstücke zu fordern berechtiget sey, wo nicht mehr als
Versuche jugendlicher Kräfte versprochen wurden. Nur solche zu sammeln, machte
ich mich durch meine Ankündigung vom 1. Jäner d. J. anheischig; und ich schmeichle
mir, der Entschuldigung kaum benöthigt zu seyn, daß die ersten Aernden, besonders
bey sogenannten Neubrüchen, meisten Theils weniger reichlich ausfallen, als die
folgenden. Was die hier eingerückten fremden poetischen Aufsätze betrifft, so habe
ich zu ihrer Vervollkommnerung, ohne Zeit oder Mühe zu sparen, so viel beygetragen,
als mir möglich war, und an Manchem so lange gefeilt, gerundet und gebessert, als
ich, unbeschadet des Ganzen, konnte oder durfte. Nur bey Einigen erlaubte ich
mir ganze Strophen abzuändern, wegzulassen oder beyzusetzen, weil ich dieß, um sie
einrücken zu können, für durchaus nothwendig hielt. Die Verfasser von diesen, so
wie von den meisten Uebrigen, werden, wie ich hoffe, meine Aenderungen als Ver-

besserungen anerkennen; und wenn dieß bey dem Einen oder Anderen nicht der Fall seyn sollte, so erbiethe ich mich hiermit, Jedem meine Gründe warum ich, und warum ich gerade so änderte, schriftlich mitzutheilen. Um übrigens nicht bloß als Sammler zu erscheinen, muß ich hier auch anmerken, daß die nicht-unterzeichneten Gedichte großen Theils Jugendarbeiten von mir, ein kleinerer Theil derselben aber von Einem meiner schätzbarsten Freunde [Michl?] sind. Da sich dieser jede Unterzeichnung unbedingt verbath, so muß ich diejenigen, die dieß interessiert, gleichwohl errathen lassen, ob der Verfasser dieses oder jenes zeichenloses Gedichtes — A. oder B. sey. Wer mich und meine Verhältnisse kennt, weiß ohnehin, welche Poesien mir angehören dürfen, und mag sich also darnach bescheiden. Unter den prosaischen Aufsätzen sind Etliche (nähmlich die allegorischen Erzählungen, ein Par Fabeln und das erstere Räthsel) frey von mir aus dem Englischen übersetzt... Im Betreffe der letzteren Art prosaischer Aufsätze: Fragen mit Gründen und Gegengründen (S. 157 f.), die ebenfalls mir zugehören, habe ich noch Folgendes zu erinnern..... Finden die hier eingerückten sechs den gewünschten Beyfall, so werde ich aus meinem sehr beträchtlichen Vorrathe ähnlicher, auf eben diese Weise bearbeiteter auch im künftigen Jahre (wenn mir anders meine Verhältnisse erlauben, ein zweytes Bändchen von Blüthen und Früchten herauszugeben) einige und vielleicht mehrere einrücken. Für dieses zweyte Bändchen mußte ich ohnehin auch eine Menge poetischer Aufsätze zurückbehalten, die mir zum Abdrucke in dem Ersten theils zu spät eingesandt wurden; theils die mir vorgeschriebene Bogenzahl zu sehr würden vermehrt haben, wenn ich auch nur den vierten Theil von allen Beyträgen, mit denen ich aus Oesterreich, Bayern, Schwaben, Franken etc. beehrt worden bin, hätte aufnehmen wollen... (Salzburg am 1. May 1797)'.

Mit poetischen Beiträgen von: C. A. Baader, (C. B...r), M. J. Baader, Ant. Bergh, E****ch., F—k., Gr. v. Franken, Hbr., O. H—r., K. (S. 69: Der Sommerabend. Dem Andenken meines Freundes Herb, Lehrer der Poesie in Bruchsal, gewidmet. ‚Dieser hoffnungsvolle junge Mann... starb in der Blüthe seiner Tage am Ende des Jahres 1796. Es wäre zu wünschen, daß Einer seiner Freunde ... die Mühe sich nähme, die hinterlassenen Schriften des Verstorbenen zu durchgehen, und wenigstens die vorzüglichsten seiner Gedichte durch den Druck bekannt zu machen...‘), Joseph Kirchdorfer (S. 83: Lob der Negerinn), Joseph Knechtl, F. J. E. Koch, Karl Lohbauer, J. C. L. Pflaum (J. C. L. Pfl.), Fr. P—e—r in Salzburg, W. Schr...r., Ungenannte (nach Owen).

Prosaische Aufsätze. a: Allegorische Erzählungen. I. Glück und Unglück. II. Arbeitsamkeit. III. Liebe und Ehe. — b: Fabeln. 1. Der Geitzhals. 2. Die swey Bäche. 3. Das Veilchen, die Rose und das Kind. J. C. L. Pflaum. 4. Der junge Fuchs und sein Großvater. P—ch—r. — c: Charaden und Räthsel. I bis IV. V. C. A. Baader. VI. VII. — d: Fragen mit Gründen und Gegengründen. Erste Frage: Sind große Gesellschaften dem engeren Kreise aufgeklärter Freunde vorzuziehen? — Zweyte Frage: Verträgt sich Spott mit Toleranz? — Dritte Frage: Nützt oder schadet Luxus dem Staate? — Vierte Frage: Macht Aufklärung glücklicher als Unwissenheit? — Fünfte Frage: Ist der Mensch zur Arbeit geboren? — Sechste Frage: Ist Bücher-Nachdruck zulässig oder erlaubt?

Zweytes Bändchen. Mit Melodieen von A. J. Emmert und B. Hacker. Salzburg 1798. Im Verlage der Mayerischen BuchHandlung. 4 Bl., 201 S. 8.

An die Leser: ...‚Wenn ich in die dießjährige Sammlung mehrere Gedichte von K. Ph. Lohbauer aufnahm, als von jedem Anderen der Beyträge-liefernden jungen Dichter, so scheint es mir, bedarf meine Wahl um so weniger eine Rechtfertigung, je mehr diese in den Gedichten selbst liegt, und je auffordernder zu jener der allgemeine Beyfall war, den man den Beyträgen eben desselben Dichters im vorigen Jahre schenkte. Was die prosaischen Aufsätze betrifft, so finde ich über diese hier gar nichts zu bemerken nöthig, als — daß ich mich zu dem größten Theile der Aphorismen bekenne .... Salzburg am 15ten May 1798'.

Mit poetischen Beiträgen von C. A. Baader, Ant. Bergh, Conrad, Georg Emmrich, Gimmger, Grimmer, O. H—r., F. J. E. Koch (S. 102: Das Beide-Röschen), Karl Lohbaner, Neumann (S. 8 bis 18: Der Ritt aus der Stadt. Eine Erzählung. ‚Das hier erzählte Mährchen [vom Vater und Sohn mit dem Esel] wurde schon von Mehreren, obgleich — so viel wenigstens mir bekannt ist — außer Falk — in der Blumen-Lese neuer deutscher und verdeutschter Gedichte. Leipzig 1795. — von keinem unserer neueren Dichter erzählt. Es findet sich unter den Fabeln aus den Zeiten der MinneSänger, bey Hans Sachs, La Fontaine, Canitz u. a. Allein die

ErzählungsArt des jungen Dichters.... die Eigenthümlichkeit seines Zweckes und Planes, so wie die verschiedene Charakterisierung seiner handelnden Personen geben ihm ohne Zweifel ein gegründetes Recht, die ganze Erzählung so wie sie hier eingekleidet ist, neu und sein zu nennen. Wer sich die Mühe nehmen will, ihn mit seinen Vorgängern zu vergleichen, wird sich bald überzeugen, daß er, außer dem Hauptgedanken des Sujets, nichts mit ihnen gemein hat.... Anmerk. des Herausgebers'), L. Pflaum, **r., A. Sch. (nach Martial), J. L. Stoll. Prosaische Aufsätze. a: Aphorismen. (Aus den Briefen zweyer Freunde). 1 bis 60. Wr. — b: LeseFrüchte, gesammelt durch ein neues nützliches GesellschaftsSpiel. 1 bis 50. Anmerkung über die Weise des Spieles und dessen Nutzen. C. A. Baader. — c: Fragen mit Gründen und Gegengründen. Erste Frage: Soll man das Volk aufklären? — Zweyte Frage: Ist das Theater eben so unschädlicher, als angenehmer ZeitVertreib? — Dritte Frage: Soll man die Menschen durch Belohnungen zur Tugend aufmuntern? — Vierte Frage: Kann man bey den Menschen von Liche zur Musik auf ein gutes Herz schließen?

1. Judas Thaddäus Zauner, geb. auf dem im Pfleggericht Mattsee gelegenen Bauerngute Zaun am 16. Oktober 1750, studierte seit 1764 in Salzburg, wollte 1772 Priester werden, widmete sich aber dann den juristischen Studien, 1779 Konsistorial- und Hofgerichtsadvokat und Notar, 1803 Professor an der Universität in Salzburg, nach deren Aufhebung Professor am Lyzeum und Bibliothekar. Starb am 10. Mai 1815.

    a. unten Nr. 9) und Nr. 29) S. 123 bis 137.

    b. Meusel, 8, 671 bis 673. 10, 850. 11, 752. 16, 301. 21, 758f.

    c. Baader 1824. I², S. 349 bis 353.

    d. Österreichisches Archiv 1832. S. 519.

    e. Gräffer und Czikann 1837. 6, 220.

    f. Zillner 1871. S. 200.

    g. Judas Thaddäus Zauner. Versuch einer biografischen Skizze. Von Friedrich Pirckmayer, k. k. Archivar: Mittheilungen der Gesellschaft für Salzburger Landeskunde 1886. 26, 316 bis 337.

    h. Wurzbach 1890. 59, 207 bis 209.

1) Versuch über die wahre Ursache der Ausschweifungen, der man die Advocaten von jeher beschuldigt hat, von einem patriotischen Advocaten. Frankfurt und Leipzig [Salzburg] 1781. 8. Ohne Verfassernamen.

2) Sendschreiben an meinen Freund zu *** über einige Stellen, welche mir in der Einleitung zum Auszuge der neuesten Chronik des Benediktiner Klosters zu St. Peter in Salzburg am meisten aufgefallen sind. (Salzburg) 1782. gr. 8. Ohne Verfassernamen.

3) Nekrolog einiger in diesem Jahrhundert verstorbenen Salzburgischen Rechtslehrer: Joh. Christian Siebenkees, Juristisches Magazin. Jena 1782. 1, 515 bis 527.

4) Ueber die Kollegialrechte in der katholischen Kirche. Ein Fragment zur neuesten Kirchenrechtsgelehrsamkeit. Wien (Salzburg) 1783. 8. Ohne Verfassernamen.

5) Abfertigung der sogenannten gründlichen Anmerkungen in bedenklichen Fragen über den erzbischöflichen Salzburgischen Hirtenbrief vom 29. Brachmonats 1782. — Aus der Wiener Realzeitung besonders herausgegeben. Nebst einem abgenöthigten Anhang des Herausgebers. Wien (Salzburg) 1783. 8.

6) Etwas über die Frage: Ob und in wie ferne ein katholischer Landesfürst in seinen Staaten die Kirchengewalt eines ausländischen Bischofs einschränken oder gar aufheben könne. Frankfurt und Leipzig (Salzburg) 1784. 8. Ohne Verfassernamen.

7) a. Auszug der wichtigsten hochfürstl. Salzburgischen Landesgesetze zum gemeinnützigen Gebrauch nach alphabetischer Ordnung herausgegeben. Salzburg 1785. 2. Band 1787. 3. und letzter Band nebst einem doppelten Anhange 1790. gr. 8.

    b. Sammlung der wichtigsten Salzburgischen Landesgesetze seit dem Jahre 1790 bis zum Schlusse der hochfürstlichen Erzbischöflichen Regierung. Salzburg 1805. gr. 8.

8) Beiträge zur Literatur des Salzburgischen Rechtes: Johann Christian Siebenkees, Beiträge zum deutschen Rechte. Nürnberg und Altdorf 1788. 3, 35 bis 80.

9) a. Biograpbische Nachrichten von den Salzburgischen Rechtslehrern von der Stiftung der Universität an bis auf gegenwärtige Zeiten. Salzburg 1789. gr. 8.

b. Nachtrag zu den biographischen Nachrichten von den Salzburgischen Rechts-lehrern von der Stiftung der Universität an bis auf gegenwärtige Zeiten. Nebst einem Entwurfs einer akademischen Bibliothek von Salzburg. Salzburg 1797. gr. 8.

10) Ueber das unredliche Betragen der Feinde der Aufklärung. Ein Wort zu seiner Zeit. Salzburg 1791. 8.

Dagegen: (I. Lidl) Meine Zweifel über das unredlich sein sollende Betragen der vorgeblichen Feinde der Aufklärung, dem redlich sein wollenden Verfasser Judas Thaddäus Zauner . . . zur Wissenschaft vorgelegt. Augsburg 1791. 8.

11) Meister Georg Hosenknopf's Sendschreiben an seinen Schwager Jakob Pfriem über die Augsburger Kritik. (Salzburg) 1791. 8. Ohne Verfassernamen.

12) Corpus Juris publici Salisburgensis, oder Sammlung der wichtigsten die Staatsverfassung des Erzstiftes Salzburg betreffenden Urkunden. Salzburg 1792. gr. 8.

13) Syllabus Rectorum Magnificorum Universitatis Salisburgensis inde ab ejus primordiis ad haec usque tempora. Salisburgi MDCCLXXXXII. gr. 8.

14) Breviarium Hominis Christiani. In usum studiosae praesertim Juventutis adornatum. Salisburgi MDCCXCIV. 8.

15) Ueber anonymische Schriften und deren Gesetzwidrigkeit. Ein Kapitel aus dem Bürgerrecht. Salzburg 1794. 8.

Vgl. Joh. Ludw. Klüber's Kleine Jurist. Bibliothek 7, 245 bis 250.

16) Zweifel für und wider die Exemption des Erzstiftes Salzburg von dem kur-pfälzischen Reichsvicariats-Sprengel. Salzburg 1794. 8. Ohne Verfassernamen.

17) Marforius Romanus Pseudomarforio Vindobonensi. Romae [Salzburg] 1795. 8. Ohne Verfassernamen.

Gegen eine wider J. J. Hartenkeil gerichtete Schmähschrift: Marforius Vindo-bonensis Pasquino Salisburgensi.

18) Chronik von Salzburg. 1. und 2. Theil. Salzburg 1796. 3. Theil 1798. 4. Theil 1800. 5. Theil 1803. 6. Theil 1810. — Fortsetzung bis zum 11. Bande 1. Theil von Corbinian Gärtner.

19) Rechtfertigung seines Betragens bei der Ehrenrettung der Hebamme Magdalena Geyerinn. Anhang zu: Dr. Jos. Barisani, Meine Antwort zur Rettung einer verläumdeten Hebamme und zur Bekehrung eines medizinischen Sünders. Salzburg den 8. März 1798. gr. 8.

20) Memoria Ioannis Philippi Stainhauser de Treuberg Jurisconsulti Antecessoris Salisburgensis commendata ab Juda Thaddeo Zauner Obertrumensi Salisburgensi. Salisburgi MDCCIC. 8.

Vgl. Aktenstücke, die über den Licentiaten Judas Thaddäus Zauner in Salz-burg verhängte Inquisition betreffend: Allgemeiner Literar. Anzeiger 1800. Nr. 79 bis 81. S. 777 bis 805. — Zanners Erklärung und keine Antikritik: Ebenda Nr. 170. S. 1679 bis 80.

21) Beiträge zur Geschichte des Aufenthaltes der Franzosen im Salzburgischen und in den angränzenden Gegenden. I. Band. 1. bis 3. Stück. Salzburg 1801. 2. Band. 4. bis 6. Stück. 1802. 3. Band. 3. und 9. Stück. 1802. gr. 8.

22) Nekrolog Oberdeutscher Rechtsgelehrten: Literaturzeitung vom Jahre 1802. Herausgegeben von Fr. M. Vierthaler. 5. Heft. S. 58 bis 74.

23) Juvavia rediviva sub novo Principe Ferdinando Austriaco. Auctore Teddaeo Renuza. (Salzburg) MDCCCIII. 4. — Editio nova auctior cum appendice. 1808. 8. (Elegie).

Salzburgs Wiedergeburt durch den Regierungs-Antritt Ferdinands, Erzherzogs von Oesterreich. Uebersetzt aus dem Latein von J. B. Kirchdorfer.

24) Historische Uebersicht des Lothringisch-Oesterreichischen Erzhauses. Als Einleitung zur Kenntniß des jetzt regierenden Kurhauses in Salzburg. 1808. gr. 8.

25) Oratio de immerito Juris Romani contemptu. In alma Literarum Universitate Electorali Salisburgensi publice habita ab Juda Thaddaeo Zauner, Jurium Doctore ac Antecessore Salisburgensi, quum die duodevigesima Novembris MDCCCIII. Professio-nem juris civilis publicam ordinariam auspicaretur Salisburgi. gr. 8.

26) Conspectus Juris Digestorum ordine naturali dispositus atque in usum praelectionum suarum editus Salisburgi 1804. gr. 8.

27) Introductio in Jus Digestorum ordine naturali disposita et in usum Praelectionum edita. Pars I. Salisburgi MDCCCV. gr. 8. Pars II. MDCCCVI. Pars III.
MDCCCX unter dem Titel: Introductio in Digesta Juris civilis etc.

28) Bemerkungen über den literarischen Werth der hohen Schule zu Salzburg. Salzburg 1810. 8. Ohne Verfassernamen.

29) Verzeichniß aller akademischen Professoren zu Salzburg vom Jahre 1728
bis zur Aufhebung der Universität mit kurzen Nachrichten von ihren Leben und
Schriften. Salzburg 1813. 8. Ohne Verfassernamen.

30) Lebens- und Regierungsgeschichte des berühmten Erzbischofs von Salzburg Wolf Dietrich von Raittenau. Salzburg 1813. 8.

31) Rezensionen in der oberdeutschen Literaturzeitung, Aufsätze im Journal
von und für Deutschland, darunter: Beiträge zu einem Salzburgischen Idioticon nebst
Fortsetzung (1787. 1. Stück); Etwas über die katholischen Universitäten in Deutschland; Etwas über die abnehmende Neigung der Jugend zum geistlichen Stande; Bemerkungen über die Ursachen der jetzigen Vielschreiberei in Deutschland.

2. Karl Maria Ehrenbert Freiherr von Moll, geb. im Dorfe Thalgau am
21. Dezember 1760, studierte seit 1773 in Kremsmünster und seit 1780 in Salzburg, 1782
Akzessist in Zell im Zillerthale, 1784 Mitterschreiber bei dem Pflegegericht Neumarkt,
1787 Oberschreiber in Abtenau, 1789 Oberbeamter in Lofer und erzbischöflicher
Hofrat, 1790 Prodirektor, Landtagskommissär und Direktor der Hofkammer in Salzburg, übernahm 1791 auch noch die Direktion über das Salz-, Münz- und Bergwesen,
machte sich um die kulturelle Hebung des Landes sehr verdient, 1800 wirklicher
Geheimrat, 1803 Mitglied der geheimen Regierungs-Konferenz, unter Erzherzog
Ferdinand Direktor der Landesregierung und Regierungspräsident, trat 1805 als
ordentliches Mitglied der Akademie in bayrische Dienste, 1807 Sekretär der mathe-
matisch-physikalischen Klasse, starb zu Augsburg in der Nacht vom 31. Januar
auf den 1. Februar 1838. Er besaß berühmte Sammlungen an Büchern, Handschriften,
Stichen, Naturalien etc. und war als Geolog und Naturforscher eifrig thätig.
     Hier werden nur seine allgemeineren Schriften und die von ihm herausge-
gebenen Zeitschriften erwähnt.
  a. Meusel 5, 276 f. 10, 819. 11, 545. 14, 589 f. 18, 724.
  b. N. Nekrolog 1838. 16. I. S. 143.
  c. Beilage zur Allgemeinen Zeitung 1838. Nr. 374 und 375.
  d. Allgemeine Lit.-Ztg. 1838. Intel.-Bl. März.
  e. Storch, 1857. S. 4.
  f. Karl Maria Ehrenbert Freiherr von Moll. I. Das Geschichtliche seiner Lebens-
verhältnisse, bearbeitet von Anton Ritter von Schallhammer. II. Die literarische
Thätigkeit von Dr. Ludwig Ritter von Köchel: Mittheilungen der Gesellschaft für
Salzburger Landeskunde. 5. Vereinsjahr 1865. Beilage. 79 S. Darin S. 48 bis 53:
Züge zu dem Charakterbilde Karl Ehrenb. Freiherrn von Moll. Von Dr. v. Martius.
  g. Wurzbach 1868. 19, 2 bis 10.
  h. Salzburger Zeitung 1887. Nr. 215.
     Briefwechsel Molls siehe Nr. 16).

1) Verzeichniß der Salzburgischen Insecten (Coleoptera). Von Karl Ekenbert
(so) Ritter von Moll: J. K. Füeßly's Neues Magazin für die Liebhaber der Entomologie. Zürich 1782. 1, 370 bis 389. 2, 27 bis 44. 1, 169 bis 198 (so).

2) Des Herrn Karl Ehrenbert von Moll Ritter und österreichischen Landmanns
Briefe an den Herrn Professor Heinrich Sander in Karlsruhe über eine Reise von
Kremsmünster nach Moßheim im Salzburgischen. Im Herbst 1780. (Aus einer
Handschrift). Erste und zweite Abtheilung. Reise bis Salzburg: Bernoulli, Samm-
lung kurzer Reisebeschreibungen. Berlin. Jahrgang 1783. Band 11, S. 283 bis 358.
Band 12, S. 185 bis 237.

3) So macht ich's mit den Mönchen, ein Brief von K* an S*. Rottenmann (Augsburg), 1783. 8.
     Rez. Salzburg. Intelligenzblatt 1784. Neuestes der Lit. Oberdeutschlands S. 11.

4) Abhandlung über die Schädlichkeit der Insecten. Aus des Ritter Karl von
Linné Amoenitt. academ. Mit Prof. Biwald's Zusätzen. Aus dem Lateinischen mit
vielen Anmerkungen übersetzt von ....l von ....l. Salzburg 1788. II. 68 S.; 43 S. 8.

5) Dieses Brieflein zukomme Sr. Hochwürden und Gnaden dem treufleißigsten

Herrn Landdechant N. General en chef der fanatischen Quäcker gegen den salzburgischen Hirtenbrief in Augsburg als dem Hauptlager der Controversisten. 1784. 52 S. 8.

6) Naturhistorische Briefe über Oesterreich, Salzburg, Passau, Berchtesgaden von Franz von Paula Schrank und Karl Ehrenbert Ritter von Moll. Salzburg 1785. II. 8. Von Moll sind im ersten Bande die Briefe IV bis X (S. 89 bis 193), im zweiten die Briefe XXII bis XXIV (S. 1 bis 156) und die Briefe XXVI bis XXVII (S. 324 bis 368). Darin seine ‚Beiträge zur naturhistorischen Nomenclatur'.

7) Nahm in den Jahren 1786 bis 1788 an den von Hübner herausgegebenen Zeitschriften Theil.

8) Oberdeutsche Beiträge zur Naturlehre und Oekonomie für das Jahr 1787. Gesammelt und herausgegeben von Karl Erenbert von Moll. Salzburg 1787. 293 S. 8. Von Schrank fortgesetzt: Abhandlungen einer Privatgesellschafft von Naturforschern und Oekonomen in Oberdeutschland. München, Lindauer 1792.

9) Salzburgisches Idioticon (ohne Moll's Namen): Hübner's Beschreibung des Erzstiftes und Reichsfürstenthums Salzburg in Hinsicht auf Topographie und Statistik. Salzburg 1796. Band 3, S. 955 bis 984.

10) Nebenstunden des Berg- und Hüttenmannes. Herausgegeben von Karl Erenbert Freiherrn von Moll. Erster [einziger] Band. Salzburg 1797. XLVI und 500 S. 8.

Vgl. Oberdeutsche Allg. Literaturzeitung 1797. S. 6 f.

11) a. Jahrbücher der Berg- und Hüttenkunde. Herausgegeben von Karl Ehrenbert Freiherrn von Moll. Salzburg 1797 bis 1801. V. 8.
b. Annalen . . . . . . Salzburg 1802 bis 1805. III. 8.
Vgl. F. L. von Schallhammers Süddeutsche pragm. Annalen 1803. S. 716 f.
c. Ephemeriden . . . . . 1. Band München 1805. 2. bis 5. Band. Nürnberg 1806 bis 1809.
d. Neue Jahrbücher. V Bände und VI. Bandes 1. und 2. Heft. Nürnberg 1809. 1812. 1815. 1821. 1824 bis 1826. 8.

12) Im Verein mit Ildephons Lidl und Matthäus Fingerlos soll er geschrieben haben: Ueber öffentliche Lehranstalten, insbesondere über Lektionskataloge auf Universitäten. 1. Bändchen. Germanien 1798.
Matthäus Fingerlos geb. in Lungau 1748, gestorben in Salzburg 1817. Vgl. Salzburger Zeitung 1886. Nr. 12. 16. 17.

13) Nachtrag zu Bodonis Druckverzeichnisse. Von K. Erenb. von Moll: Allg. litter. Anzeiger 1799. Nr. 197. 8. 1973 bis 1975.

14) Etat géographique et statistique du pays de l'Archevêché de Salzbourg, contenant l'étendue du terrain, la population et les revenus du pays (1800): J. Th. Zauners Beiträge zur Geschichte des Aufenthaltes der Franzosen im Salzburgischen und den angrenzenden Gegenden. Salzburg 1802. Band 2, S. 364 f.

15) Calendarium anni Millesimi quadringentesimi undecimi ex laminis ligneis perantiquis in bibliotheca sua asservatis arte lithographiae anno 1796 ab Aloisie Senefelder iventae descriptum edidit Car. Eremb. L. B. de Moll. 1814. Germanorum libertatis 1. 6 Bl. 4.

16) Des Freiherrn Karl Erenbert von Moll Mitteilungen aus seinem Briefwechsel. Prodromus seiner Selbstbiographie. M. S. C. (in 50 Abdrücken). 1829 bis 1835. IV Bände. 1419 S. 8. Unter den 205 Correspondenten aus allen Theilen der Erde seien hier nur hervorgehoben: Blumenbach, Leopold von Buch, Heyne, Alexander von Humboldt, F. H. Jacobi, Erzherzog Johann, Meusel, J. W. Ritter, Schlichtegroll, S. Th. von Sömmering und Westenrieder. — Darin auch 4, 1368 ein Wiegenliedlein, das er in einer schlaflosen Nacht dichtete und in Musik setzte.

3. Franz Anton von Braune, geb. am 16. März 1766 zu Zell im Pinzgau, studierte in Salzburg, 1790 Gerichtsakzessist in Werfen, 1794 Kanzlist, 1801 Sekretär im Berg- und Salzwesen bei der Hofkammer in Salzburg, viele Jahre lang Redakteur der K. K. Salzburger Zeitung, starb in Salzburg am 24. September 1853. Botaniker und Topograph.
a. Meusel 9, 133 f. 11, 99. 13, 164. 17, 240. 22¹, 367.
b. Baader 1804. 1, 145.
c. Gräffer und Czikann 1887. 1, 375.

d. Franz Storch, Skizzen einer naturhistorischen Topographie des Herzogthums Salzburg. Salzburg 1857. 1, 78f.
e. Wurzbach 1857. 2, 124.
f. Allg. deutsche Biogr. 1876. 3, 275. (Reichardt).

1) Cuenna und Vivonne, oder Rache und Untreue. Ein Trauerspiel in 5 Aufz. nach Meißners Skizzen frey bearbeitet von F. A. v. B. Salzburg bey Mayr 1793. 8. Nachgedruckt: Theatralische Sammlung. Band 87. Wien, Joh. Jos. Jahn, 1793. Sieh § 261, 51. Bromme existiert wahrscheinlich gar nicht.

2) Salzburgische Flora oder Beschreibung der im Erzstift Salzburg wild wachsenden Pflanzen. Salzburg 1797. Mayr. III. gr. 8.

3) Salzburg und Berchtesgaden. Taschenbuch für Reisende. Wien 1821. 2. Aufl. 1829.

4. Friedrich Franz Joseph Graf von Spaur, geb. am 1. Februar 1756, 1777 Domherr zu Salzburg, auch Domherr von Passau und Brixen, † 1821.
a. Meusel 15, 503f. 20, 537.
b. Wurzbach 1878. 36, 95.

1) Die christliche Freiheit, erklärt in einer Dompredigt. Salzburg 1794. Mayr. 8.

2) Wahrscheinlich gehört ihm zu: Biographie des Grafen Franz Spaur, kaiserlich geheimen Rathes und Reichs-Kammerrichters in Wetzlar. Von einem seiner nächsten Verwandten entworfen. Salzburg 1800, Mayr'sche Buchhandlung. 8.

3) Reise durch Ober-Deutschland, in Briefen an einen vertrauten Freund. Erster (einziger) Band. Marburg 1800, Krieger. 8. Ohne Verfassernamen.

4) Ueber die Pflicht des Staates, die Arbeitsamkeit zu befördern, die Betteley abzustellen, und die Armen zu versorgen. Salzburg 1802, Mayr. 8.

5) Nachrichten über das Erzstift Salzburg nach der Säcularisation. Passau 1805. 8.

6) Maximen für Jünglinge, die in die große Welt treten; aus der Welt- und Menschenkenntniß und guten Büchern geschöpft. Salzburg 1809. Mayr. 8.

7) Gedanken über die Bildung der Gutsbesitzer und Bauern zu ihrem Berufe, dem Landbau. Salzburg 1813, Oberer 8.

8) Spaziergänge in den Umgebungen von Salzburg. Salzburg 1813 bis 1815. 2 Theile in einem Band. 8.

5. Joseph Wismayr, geb. in Freising am 30. November 1767, trat nach dem plötzlichen Tode seines Vaters (1780) in das bischöfliche Alumnat 1785, studierte in Salzburg, wurde durch Lorenz Hübner sehr gefördert, 1790 zum Priester geweiht, 1792 Präfekt im Lodron-Rupertinischen Erziehungsstift in Salzburg, 1799 Oberpräfekt, 1802 auf seinen Wunsch von dieser Stelle enthoben, als General-Schulenund Studiendirektionsrat ins bayerische Ministerium des Innern in München berufen, wegen seines Schulplanes in Streitigkeiten mit J. H. Voß und anderen verwickelt, 1807 ordentliches Mitglied der Akademie, 1808 Oberschulrat, 1811 in die Kirchensektion versetzt und zum Oberkirchenrat ernannt, 1815 Vorstand der Kommission zur Organisierung des Kalenderwesens, starb am 9. Juli 1858.
a. Meusel 8, 565. 10, 834. 11, 747. 16, 250. 21, 638f.
b. Waitzenegger 1822. 3, 431.
c. Almanach der bayerischen Akademie. München 1855.
d. Sieh unten Nr. 12).
e. Deutscher Schulbote. Augsburg 1859.
f. Heindl, Biographien d. berühmtest. Pädagogen. Augsburg 1860. S. 485.
g. H. F. Wagner, Der Pädagog Joseph Wismayr in Salzburg. Ein Beitrag zur Geschichte des deutschen Sprachstudiums in Süddeutschland. 8. Programm der Lehrerbildungsanstalt in Salzburg. 1876. (Auch selbständig Salzburg 1876. Pustet. 14 S. 8.). — In erneuter Gestalt: Mittheilungen der Gesellschaft für Salzburger Landeskunde 1880. 20, 148 bis 186, mit Auszügen aus dem Briefwechsel zwischen Wismayr und Benno Michl.
h. Wurzbach 1889. 57, 127.

1) Grundsätze der deutschen Sprache zum Schul- und Selbstunterricht Salzburg 1796. II. — 2. Aufl. Ebenda 1803. — 3. Aufl. München 1805. (Tritt gegen die Fremdwörter auf).

2) Beiträge zur Oberdeutschen Litteraturzeitung unter den Chiffern J. W. und ssm. Nach Hühners Weggang von Salzburg 1799 führte er auch kurze Zeit die Redaktion dieser Zeitschrift.

3) Kleine deutsche Sprachlehre für öffentliche Vorbereitungsschulen und den Privatunterricht. Salzburg 1797. Zaunrieth. — 2. Aufl. 1800. Ebenda. — 5. Aufl. unter dem Titel: Lehrbuch der deutschen Sprache für die öffentlichen Unterrichtsanstalten des Königreichs Baiern. — 7. Aufl. München. 1816. — 9. Aufl. 1824. — Nachdrucke: Prag 1806; Breslau 1814.

4) Blüten und Früchte. Salzburg 1797 bis 1798. II. 8. Vgl. oben III. b.

5) Gab heraus: Ephemeriden der italienischen Literatur. Salzburg 1800 bis 1805. Mayr. VIII. 8.

6) Abgedrungene Erklärung gegen J. H. Voß und Compagnie: Oberdeutsche Literatur-Zeitung. II. 873 bis 880. 1. November 1805.
J. H. Voß, Beurtheilung des neuen Lehrplanes: Jenaer Litteraturzeitung 1. bis 3. April 1805. — Wieder abgedruckt: Kritische Blätter Band 2. — Oberdeutsche Lit.-Zeitg. 1805. I, 752.

7) Pantheon Italiens, enthaltend Biographien der ausgezeichnetsten Italiener, nebst deren Bildnissen, historisch-kritisch bearbeitet. 1. bis 3. Abtheilung. Salzburg 1815 bis 1818. Mayr. gr. 8. (Dante, Petrarca, Boccaccio). Das Manuskript für die übrigen 9 Hefte ging beim großen Brande 1818 in Salzburg zu Grunde.

8) Biographische Charakteristik Hühners. München 1855 (schon 1822 geschrieben). Vgl. Salzburger Landeszeitung 1855. Nr. 248 f.

9) Sechzig auserlesene Fragen und Antworten mit Gründen und Gegengründen. Der reiferen vaterländischen Jugend gewidmet. Freising 1857. VI, 143 S. gr. 8.

10) Sammlung von Lesefrüchten. Als Manuscript Freunden zum Andenken gewidmet. Freising 1857. VII, 116 S. gr. 8.

11) Geschichtliche Merkwürdigkeiten. Freising 1857.

12) Meine Selbstbiographie für Freunde und Freundlichgesinnte. In meinem 90. Lebensjahr zum Drucke befördert. Freising 1857. IV, 22 S. 4.

6. Leopold Ladislaus Pfest, geb. am 15. November 1768 in Isen bei Erding in Oberbayern, wurde auf dem Gymnasium in Freising vorgebildet, studierte in Salzburg Theologie und dann Rechte. 1791 Akzessist in Salzburg beim Stadtsyndikate, 1793 Anwalt in Salzburg, 1797 Mittelschreiber in Neumarkt, 1798 Oberschreiber in Mattsee, 1800 in Waging, 1802 zu Saalfelden im Pinzgau; 1804 Administrator des Pfleg- und Landgerichts in Neuhaus, dann in Glaneck, später des Berggerichts in Oberalm und 1805 kursalzburgischer Rat und wirklicher Pfleger in Neuhaus. Als das Fürstentum Salzburg am 30. September 1810 an Bayern kam, wurde Pfest bayrischer Landrichter in Salzburg, bei der späteren Regierungsveränderung am 1. Mai 1816 österreichischer Landrichter daselbst und † am 3. Oktober 1816.

a. Meusel, Gel. Teutschl. 15, 37. 19, 120.

b. Baader 1824. I, 2, 241.

c. Wurzbach 1870. 22, 190.

d. Kehrein 1871. 2, 8.

e. Josef Schwarzbach, Leopold Ladislaus Pfest: Salzburger Zeitung 1882. Nr. 132 bis 145.

f. Allg. dtsch. Biogr. 1887. 25, 661 (Franz Brümmer).

g. Leopold Ladislaus Pfest. Biographische Skizze von Josef Schwarzbach, Lehrer: Mittheilungen der Gesellschaft für Salzburger Landeskunde 1693. 33, 213 bis 218.

1) Beiträge zum Neuen Berlinischen Musenalmanach von Schmidt und Bindemann (Jahrg. 1797: S. 34. 88. 105), zum Anhang zur Grätzer Ztg. 1797; zum Salzburger Intelligenzblatt 1804 bis 1814; zu der Salzburgischen Literaturzeitung, zum Morgenblatt.

2) Cantate bei Ferdinands Einzug in Salzburg. März 1803: Juvavia an ihren Ferdinand.

3) Gedichte. Salzburg 1804, in der Mayr'schen Buchhandlung. 286 S. 8.

4) Anthologia epigrammatica latina, e poetis post renatas scientias ad nostra usque tempora claris, edita. Tomus I. Salzburg 1805. Mayr. 8. (Mehr nicht erschienen).

5) Historische Nachrichten von dem Geschlechte der Freiherrn von Rehling Salzburger Intelligenzblatt 1808. S. 309 bis 424.|

6) Epigramme von L. L. Pfest. Wien. In der Degenschen Buchhandlung. 1811. XVIII, 252 S., 1 Bl. Druckfehler. 8. — Neue Aufl. 1821. 12. S. 199: Auf Klopstocks Tod. — S. 214: Auf Schillers Tod. — S. 219: Schiller. — S. 225: Göthe. — S. 229: Apophtegmen. (Alles in Distichen). Vgl. Annalen 1811. 1, 74. — Oberdeutsche Lit.-Ztg. 1811.

7) Tisch- und Trinklieder der Deutschen. Gesammelt von L. L. Pfest. Wien. In der Degenschen Buchhandlung. 1811. II. 8. XII, 392 S.; X, 397 S. 8. Eine Anthologie. Vgl. Annalen 1811. 4, 61.

8) Die Jahreszeiten. Eine Liederlese für Freunde der Natur, von L. L. Pfest. Salzburg, in der Mayrschen Buchhandlung. 1812. 476 S. 8. Vgl. Wiener Allg. Litt.-Ztg. 1813. Nr. 103.

9) Beiträge zur Aglaja 1815.

10) Viele einzeln ausgegebene Fest- und Gelegenheitsgedichte.

7. Joseph Ernst Reichsritter von Koch-Sternfeld, geb. zu Wagrain im Pongau am 25. März 1778, studierte in Salzburg, 1800 Rechtspraktikant bei dem Landgericht in Gastein, 1801 und 1802 in Salzburg angestellt, ging 1803 zu seiner weiteren Ausbildung nach Göttingen, 1804 bis 1815 wieder in Salzburg in wechselnden Stellungen, 1805 als Direktor des neu zu begründenden historisch-statistisch-topographischen Bureaus nach München berufen und zum Legationsrat ernannt, 1817 diplomatischer und politischer Kommissär bei der Grenzregulierung mit Österreich, 1826 bis 1828 Professor an der Universität München, lebte seit 1830 ganz seinen topographisch-statistischen Studien, † zu Tittmoning am 28. Juni 1866.

a. Meusel 14, 326f. 18, 381f. 23, 194.

b. Wurzbach 1864. 12, 196.

c. Kurzer Nekrolog: Mitteilungen der Gesellschaft für Salzburger Landeskunde. VI. Vereinsjahr 1866. S. XVI.

d. Biographie von Anton Ritter von Schallhammer: ebenda. VIII. Vereinsjahr 1868. S. 3 bis 80. Ueber seinen Briefwechsel: ebenda S. 76.

Mitteilungen aus Briefen von Stüls, Freiherr von Reinhart, Zschokke, Ritter von Lang, Metternich, Jarke: ebenda S. 43 bis 55.

1) Ungedruckte Jugendschriften: a. Prosaische Schriften und Erzählungen. 1790 bis 1795. — b. Kleine Fragmente aus der Universalhistorie des Abts Millot. 1796. — c. Graf Roger, Herrscher des jenseitigen Calabriens. Novelle. 1798. — d. Die Colonie in den norischen Alpen. Singspiel in 3 Aufzügen. 1799. — e. Die Bergkorsen, Schauspiel in 4 Aufzügen. 1800.

2) Beiträge zu Wismayrs ,Blüthen und Früchte'. 1797 und 1798.

3) Beiträge zur Landeskunde im Salzburger Intelligenzblatt. 1800.

4) Rezensionen in der Oberdeutschen Literatur-Zeitung. 1800 bis 1802.

5) Gedichte, historische Notizen, Aphorismen und eine Criminalgeschichte in: Der oberdeutsche Volksfreund, hg. von Durach. Jahrgang 1 bis 3. Passau (später Regensburg) 1800 bis 1803.

6) Anteil an dem von Judas Thaddäus Zauner herausgegebenen Werke: Beiträge zur Geschichte des Aufenthaltes der Franzosen im Salzburgischen und in den angränzenden Gegenden. (Salzburg 1801 bis 1803.) 1, S. 308 bis 313.

7) Historisch-geographisches Repertorium über die unparteyische Abhandlung vom Staate Salzburg, über Juvavia und den diplomatischen Anhang des letztern Werks zum Behnf der Geschichte des salzburg. Staats- und Privatrechts und der Geographie des Mittelalters, 1. oder histor. Theil. Salzburg 1802. Oberer.

(J. F. Th. Kleimayrn) Unpartheyische Abhandlung von dem Staate des hohen Erzstifts Salzburg . . . Salzburg 1770. Fol.; Titelaufl. 1780.

Nachrichten vom Zustande der Gegenden und Stadt Juvavia vor, während und nach Beherrschung der Römer, bis zur Ankunft des h. Rupert und von deren Verwandlung in das heutige Salzburg. Nebst einem diplomat. Anhangs von verschiedenen schriftlichen Denkmalen und Urkunden aus dem VI., VII., VIII., IX. und X. Jahrhundert zur Beleuchtung der vorstehenden Nachrichten. Von Johann Franz Thaddäus Kleimayrn. Salzburg 1784.

8) Versuch über Nahrung und Unterhalt in civilisirten Staaten, insbesondere über Wohlfeilheit und Theuerung. Historisch und staatswirthschaftlich bearbeitet von J. E. Reichsritter von Koch-Sternfeld, churfürstl. salzburgischer Landesregierungs-Assessor. Ut fiat nec noceat regiminis esto. Eine gekrönte Preisschrift. München, bei Lentner. 1805. XVI, 416 S. gr. 8. — 2. Aufl. Salzburg 1813. Mayr.

9) Rhapsodien aus den norischen Alpen von J. E. R. v. Koch-Sternfeld, mit Melodieen von Ign. Brandstätter und Anderen. Landshut 1805, Storno. 8.; 2. Aufl. Salzburg 1813, Mayr. 8.; 3. und verm. Aufl. Mit erläut. histor., topogr. und literar. Notizen. München 1843. E. A. Fleischmann. XXIV, 236 S. 8.
Vgl. Münchener Lit.-Zeit. 1806, Nr. 14 und 1807, Nr. 122. — Neue Annalen 1807. Juli. — Allg. Lit.-Zeit. 1807, Nr. 175. — Der Freimüthige 1808, Nr. 53.

10) Salzburg und Berchtesgaden in historisch-, statistisch-, geographisch- und staatsökonomischen Beiträgen. Salzburg 1810, in der Mayr'schen Buchhandlung. ll. gr. 8. X, 272 S.; XII, 388 S.
Mit K. M. B. Schroll und Reisigl.

11) Das Innviertel mit dem Hausruckviertel statistisch dargestellt im Anfange des Jahres 1810 und nach der Bestimmung des Wiener Friedens vom 14. October 1809 mit der polit. kirchl. und ständ. Topographie. Salzburg 1810. Mayr. 8.

12) a. Das Gasteiner Thal mit seinen warmen Heilquellen im salzburgischen Gebirge. Ein Taschenbuch für Kurgäste etc. mit topographischen und historischen Notizen aus ältester Zeit. Von J. E. Ritter von Koch-Sternfeld, wirkl. Regierungsrath. Salzburg 1810. Mayr.
b. Das Gasteiner-Thal und seine Heilquellen in der Tauernkette. Zweite verbesserte Auflage. München 1820, bei Lindauer, und in Commission der Mayr'schen Buchhandlung zu Salzburg. XVIII, 84 S.
c. Die Tauern, insbesondere das Gasteiner-Thal und seine Heilquellen. Mit Rücksicht auf die ältere und neuere Geschichte des Volkes, des Bergbaues, der Salzwerke und des Handels in den Alpen. Zweite umgearbeitete und vermehrte Auflage. München 1820, bei Lindauer, und in Commission der Mayr'schen Buchhandlung in Salzburg. XX, 359 S. 8. Dazu als Anhang:
d. Beleuchtung der Sartori'schen Chronik. München bei Hübschmann. 1821. 62 S. 8.

13) Historisch-staatsökonomische Notizen über Straßen- und Wasserbau und Bodencultur im Herzogthume Salzburg und Fürstenthume Berchtesgaden. Ein Beitrag zur Culturgeschichte des Landes, von den Zeiten der Römer an bis jetzt. (Aus Monumenten, Urkunden und anderen Quellen bearbeitet und mit vielen zum Amtsgebrauche in diesem Berufsfache in allen Theilen des Landes vorzüglich dienenden Beilagen begleitet). Salzburg 1811, bei Mayr. VI, 203 S. gr. 8.

14) Geschichte des Fürstenthums Berchtesgaden und seiner Salzwerke. Salzburg und München 1815, bei Lindauer. III. 8.

15) Salzburg, die Stadt und ihre nächste Umgebung unter der Herrschaft der Römer. (Aus den ältesten Quellen und nach der bisher aufgefundenen Denkmälern). München 1815. 44 S. kl. 8.

16) Historisch-geographisches Repertorium der Staatsverwaltung Bayerns. München 1815. IV.

17) Über die Kriegsgeschichte der Bayern. München 1816, bei Lindauer. 58 S. 8. — 2. Aufl. Nürnberg, bei Riegel und Wiesner. 1817. 8.

18) Die letzten 30 Jahre des Erzstiftes Salzburg. (Separatabdruck aus der Zeitschrift für Bayern). München 1816. 8.

19) Gab mit Ch. Freih. von Aretin, Stumpf und Belli heraus: Zeitschrift für Bayern und die angränzenden Länder. 1816 bis 17. VIII. München.

20) Historisch-staats-ökonom. Ansichten von den Elementen des deutschen Staatsorganismus mit Beziehung auf das Bürgerthum und die jeweiligen Verhältnisse des öffentl. Dienstes. München 1822. Lentner. 126 S. gr. 8.

21) Über Arnos, Erzbischofs von Salzburg urkundlichen Nachlaß in Beziehung auf die baierische Landes- und Volkskunde. München, G. Franz. o. J. 1823 4.

22) Beiträge zur deutschen Länder-, Völker-, Sitten- und Staatenkunde. 1. Band Passau, bei Pustet. X, 416 S. 8. 2. Band. München, bei Hübschmann. 1826

XVIII, 434 S. 8. 3. Band auch unter dem Titel: Das Prädialprincip. Die Grundlage und Rettung der Rural-Staaten und insbesondere des christlich-germanischen
Staaten-Systems. München 1833, bei Jaquet. XX, 560 S. 8.

23) Grundlinien zur allgemeinen Staatskunde (Statistik) mit besonderer Rücksicht auf die organische, materielle und wirthschaftliche Grundmacht des Staats.
Von J. E. Koch-Sternfeld, k. b. Legationsrath. München 1826. Bei Joseph A.
Finsterlin. gr. 8.

24) Festgesang zur feierlichen Beisetzung des Herzens des verstorbenen Königs
Maximilian Joseph I. in der heil. Kapelle zu Altötting am 1. März 1826.

25) Die Wallfahrt auf Wittelsbach, eine dramatische Gedächtnißfeier. München,
Lentner 1826. 8.

26) Maximilian V. Graf Preysing-Hohenaschau, einige Züge aus dessen Leben
und Wirken, nebst historischen und topographischen Andeutungen über ihr Her- und
Aufkommen, Besitzthum und Geschick der Preysinger überhaupt. München, bei
Hübschmann. 1827. 8.

27) Ueber den Standpunkt der Staatskunde als Bürgschaft der Landes-Ordnungen und Freiheiten: Womit seine Vorträge über die allgemeine Staatskunde und
Staatswissenschaft an der k. Universität zu München am 14. Mai 1827 eröffnete
J. E. von Koch-Sternfeld, k. b. Legationsrath. München, bei J. A. Finsterlin. gr. 8.

28) Ueber den Urkataster des Königreiches Bayern behufs der allgemeinen
Grund- und Häuser-Steuer, zunächst in seiner historisch-topographischen Begründung.
München, Finsterlin. 1828. 8.

29) Bemerkungen über den Kampf des Grundeigenthums gegen die Grundherrlichkeit, dargestellt und beurtheilt von Dr. K. S. Zachariä, großherzogl. bad. geh.
Rath und Prof. auf der Universität Heidelberg [§ 293, III. 2. 19)]. Von J. E. Ritter
von Koch-Sternfeld. München 1833.. Bei George Jaquet.

30) Benedikt Werner, letzter Abt von Weltenburg und zur ehemaligen bayerischen Landschaft Mitverordneter. Mit einem Vorwort über die Abtei Weltenburg. Augsburg, bei Veith und Rieger, 1835. XII, 65 S. kl. 8.

31) Die deutschen, insbesondere die bayerischen und österreichischen Salzwerke; zunächst im Mittelalter als Anlagen und Bürgschaften des Cultus, des König-,
Adel- und Bürgerthumes, und der großen Masse, mit Betrachtungen über das
europäische Salzregale, in seiner Entwicklung und Verwicklung. München 1836,
bei Jaquet. XL, 132 S. Zweite Abtheilung 888 S. 8.

32) Literarische Warnungstafel: Bayerische National-Zeitung. München 1837.

33) Das Reich der Longobarden in Italien; nach Paul Warnefried u. s. w·
zunächst in der Bluts- und Wahlverwandschaft zu Bajoarien. München 1839·
XVI, 230 S. 4.

34) Betrachtungen über die Geschichte, ihre Attribute, und ihren Zweck; als
über eine der fürwährenden Aufgaben der bayerischen Akademie der Wissenschaften: vom Jahre 1759 bis zur Gegenwart. Gelesen in der öffentl. Sitzung
der königl. Akademie der Wissenschaften zur Feier ihres 82. Stiftungstages.
München 1841. Franz· gr. 8.

35) Topographische Matrikel, geschöpft aus dem diplomatischen Codex der
Juvavia (Salzburg) und aus dem Codex des Chronicon lunaelacense (Mondsee), vom
6. bis 11. Jahrhundert reichend. Mit einer Einleitung über die Unentbehrlichkeit
historischer Indices und topographischer Matrikeln. München 1841. 4.

36) Der Lampotinger Heimath, Weltleben und Vermächtniße. München 1842.
(Aus dem Oberbayrischen Archiv).

37) Das geographische Element im Welthandel, mit besonderer Rücksicht auf
die Donau. München 1843, bei Jaquet. 8.

38) Über das wahre Zeitalter des heil. Rupert, des Apostels der Bajoarier,
und Gründers des Erzstiftes von Salzburg. Nach Quellen, Forschungen und Vorarbeiten; und mit Prüfung der vom Hrn. Prof. M. Filz über den heil. Rupert hrsg.
Abhandlungen von 1831 bis 1843. Dazu einen Anhang. Wien 1851, Braumüller.
113 S. Lex. 8.

39) Culturgeschichtliche Forschungen über die Alpen, zunächst über das
dynastische, kirchliche, volkswirthschaftliche und commerzielle Element an der Mur,

Gurk und Drau, zu Friesach und Zeltschach an der Save und Saan und in der windischen Mark vom VIII. bis in das XI. Jahrhundert. München 1851 bis 52. II. gr. 4. (Abhandl. d. k. bayer. Akad. d. Wiss.).

40) Ueber Dr. Wiguleus Hundt's bayerisches Stammbuch. Von dem k. b. Legationsrathe Ritter von Koch-Sternfeld. Aus dem Oberbayerischen Archiv für vaterländische Geschichte, Band 7, Heft 1 besonders abgedruckt. München 1851. Druck der Dr. C. Wolfschen Buchdruckerei.

41) Zur Vorgeschichte der Dynasten von Mürzthal und Eppenstein in der Steiermark. Wien 1852. 13 S. gr. 8. Vorher im Archiv für österreichische Geschichtsquellen 1851.

42) Über das (angeblich) falsche Beinfeld Fridolfing's. München, Jaquet. 1852. 8.

43) Rückblick auf die Vorgeschichte von Bayern, als Anhang zu den culturgeschichtlichen Forschungen über die Alpen vom 8. bis 11. Jahrhundert (von den Jahren 1851 und 1852). Mit genealog. Schemen. München 1853. Franz in Comm. 80 S. gr. 4. (Aus den Abhandl. der k. bayer. A. d. Wiss.).

44) Begründungen zur älteren Profan- und Kirchengeschichte von Bayern und Oesterreich; aus den neuern und neuesten Verhandlungen über das wahre Zeitalter und die Wirksamkeit des heil. Rupert etc.; mit dem Direktorium zur einschlägigen Literatur und ihrer Quellen. Regensburg 1854. Manz. 1 Bl., XX, 255 S. Lex. 8. Vergl. Nr. 45).

45) Das Christenthum und seine Ausbreitung vom Beginn bis zum 8. Jahrhundert; insbesondere in den Alpen, zwischen Rhein und Donau; allmählig durch 14 Bisthümer gewahrt und durch das Martyrologium, als kirchl. Patronat, gepflegt; chronol., geograph., topograph. und culturgeschichtl. dargestellt. Zugleich Supplem. für die ‚Begründungen zur ältesten Profan- und Kirchengeschichte von Bayern und Oesterreich‘ etc. Regensburg 1855. Manz. XVI, 166 S. gr. 8.

46) Reichersberg am Inn, d. i. die Propstei regulirter Chorherren, und weiland ihr dynastisches Besitzthum in Bayern, Kärnthen und Österreich; — und die Abstammung und das tragische Geschick des erlauchten Stifters und das seiner blutsverwandten Verfolger — nach dem Laut der mystischen Legende — historisch, genealogisch, geographisch und topographisch dargestellt und kritisch erläutert. Nebst Anhang, enthalt. das chronolog.-genealog. Schema über die dynastische etc. Abstammung des Stifters etc. München 1855. Franz in Comm. 45 S. gr. 4. (Aus den Abhandl. der k. bayer. Ak. der Wiss.).

47) Die allgefeierte Dynastie des Babo von Abensberg; in ihrer Abkunft, Verzweigung und Gesammtgenossenschaft, in Bayern und Oesterreich. Aus den bisher gesammelten Ueberlieferungen; im ungleich weitern und höhern Bereich aber aus bisher nicht gekannten Quellen kritisch aufgefaßt und culturgeschichtlich dargestellt. Regensburg 1857. Manz. XIV, 131 S. gr. 4.

48) Vier Vermächtnisse. Behufs einer kritischen und lohnenden Geschichtsforschung und Geschichtschreibung in Bayern. Zugleich Supplement zur Geschichte der allgefeyerten Dynastie des Grafen Babo von Abensberg etc. in ihrem ehrenfesten und wissenschaftlichen Character. Regensburg 1858, bei Manz. XXI, 112 S. Lex. 8.

49) Zur Wahrung der Geschichte von Reichenhall. Burghausen, Lutzenberger. 1859. 8.

50) Rückblick der Geschichte der Stadt Laufen. Laufen, Schiffergemeinde. 1860. 8.

51) Das nordwestliche Bayern in der ersten Hälfte des 9. Jahrhunderts: zunächst die Mark Tannara, zwischen dem Lech, der Par, Ilm und Glan, später die zweite Heimath der Erlauchten zu Scheyern und Wittelsbach; in ihrem ethnographischen, dynastischen, kirchlichen und volkswirthschaftlichen Bestand. Aus gleichzeitigen Quellen. München 1860. Franz in Comm. 43 S. 4. (Auch: Abhandlungen der k. bayer. Akad. der Wiss.).

52) Bayern und Tirol (in der Richtung der Eisenbahn von München nach Innsbruck): Kulturhistorische Skizzen von den hieran und inzwischen liegenden Landschaften, Gebieten, Diöcesen etc. etc.; nach persönlicher Anschauung, und aus den bewährtesten Quellen; zumeist des Mittelalters; kritisch aufgefaßt und dargestellt von J. E. Ritter von Koch-Sternfeld. München 1861. Lindauer. XVIII, 139 S. Lex. 8.

53) Die Gründung und die wichtigern geschichtlichen Momente des ehemaligou fürstlichen Reichsstifts und heutigen Fürstentums Berchtesgaden, entgegen einem Correspondenzartikel im Sammler Nr. 106 der Augsburger Abendzeitung. ‚Berchtesgaden den 8. September [1860] zur Jubiläumsfeier‘. Auch mit Rücksicht auf den Sulzbacher Kalender für katholische Christen auf das Jahr 1861. Nachträglich eine wissenschaftliche Festgabe von J. E. R. von Koch-Sternfeld. Druck von Lutzenberger in Burghausen. Verlag bei Lindauer in München und Kaserer in Berchtesgaden. 43 S. Lex. 8.

54) Der Fischfang (das jus piscandi) in Bayern und Oesterreich ob der Enns, nach dem urältesten Landrecht, pragmatisch gegenüber gestellt: der ‚Fischwald in den bayer. Seen nach cultur-historischen Skizzen von Hartwig Peetz. München 1862'. München, bei Lindauer, 1863. 40 S. gr. 8.

55) Die seit dem 13. Jahrhundert schwebende, und jüngst einseitig abgefertigte Frage über die Abstammung der Gräfin Hazaga († c. 1100). Stifterin der Benediktiner-Abtei Fischbachau im bayerischen Gebirg, dann in die Burg Schleyern hinaus übersetzt, dürfte nun wissenschaftlich, erschöpfend und aufrecht gelöst seyn. Mit einem Anh. den ‚historisch-kritischen Nachlaß des Verf. über Bayern und Oesterreich betr.‘ München 1863. Lindauer. 27 S. gr. 8.

56) Stellung und Erlebnisse in der königlichen Akademie der Wissenschaften zu München. (Aus der am 14. Februar 1858 vom Legationsrathe Ritter von Koch-Sternfeld an das Ministerium des Aeußern eingereichten Denkschrift): Mittheilungen der Gesellschaft für Salzburger Landeskunde. VIII. Vereinsjahr 1868. 8. 27 bis 34.

57) Zahlreiche Aufsätze in verschiedenen Zeitschriften, von Schallhammer in den Mittheilungen 1868 einzeln aufgezählt. Dort fehlt:

Urkundliche Nachrichten von dem weiland Frauenkloster am Nonnberg im Isengau und der Umgegend von J. E. Ritter von Koch-Sternfeld. Besonderer Abdruck aus den ersten Bande der Beiträge zur Geschichte, Topographie und Statistik des Erzbisthums München und Freising.

8. Johann Baptist Durach. § 279, 24 — Band V. S. 518.

a. Meusel 2, 117. 11, 180 f. 17, 460. 22¹, 688.

b. Kehrein 1868. 1, 80.

1) Wochenblatt für den Bürger und Landmann. (Mit Huber und Kurz). Passau 1799. Il. 8.

2) Der oberdeutsche Volksfreund. Jahrgang 1 bis 3. Passau (später Regensburg) 1800 bis 1803.

3) Zahlreiche Gelegenheitsgedichte.

4) Beiträge zum Morgenblatt 1811 bis 1815; zur Zeitung für die eleg. Welt 1813 und 1822; zur Dresdner Abendzeitung 1823.

9. Johann Gregor Krämer, geb. am 30. März 1771 zu Wallthürn im Odenwalde, zum Priester geweiht am 14. Juni 1794, Pfarr-Koadjutor zu Berndorf unweit Salzburg.

a. Meusel 10. 132. 11, 455. 14, 350. 18, 426. 23, 248.

b. Baader 1801. 1, 621.

c. Felder 1817. 1, 421.

1) Hundert neue Schulgesänge, nebst einigen Bemerkungen über den Schulgesang, und einem Anhange. Mit Melodien versehen von Philipp Schmelz. Salzburg 1800. XX, 121 S. 8.

2) Jakob Ehrenmann, oder die Schule zu Wiesenfeld. Eine Geschichte fürs Volk auf dem Lande, wie auch in unsern Städten, und zunächst für junge Leute. Abgefaßt von G. Krämer. Leipzig und Augsburg 1802. XXV, 381 S. 8. — Salzburg 1804. 8. — München 1811. 8.

3) Predigt zur Verhütung der Blatternpest, gehalten am Feste des heiligen Josephs. Salzburg 1802. 8. (Auch in L. Kaplers Magazin für katholische Religionslehrer 1802. Band 2. Heft 1. S. 41 bis 65).

4) Gedichte und Lieder. Salzburg 1805. 8. — Auch unter dem Titel: Neues Liederbuch, zunächst für die Jugend, dann auch für Erwachsene.

5) Schul- und Christenlehrgesänge über alle wichtigen Dinge und Umstände. 3. Aufl. München 1810. Il. 8.

6) Geistliche Lieder, nebst einigen Gebeten und Litaneien, zum gottesdienstlichen Gebrauche. Münster 1810. 8.

7) Evangelien auf alle Sonn- und Festtage des Jahrs in Versen. Erster Theil mit Evangelien und Liedern auf die Feste des Herrn. München 1811. 8.

8) Predigt auf das Fest des heiligen Sebastians, nebst zwei Liedern auf den Heiligen. Mannheim 1814. 8. — Predigt .. und Lied auf den heiligen Charfreitag. Mannheim 1814. 8.

10. Joseph Glausen, Lehrer der Dichtkunst an der Universität zu Salzburg.

1) Ueber das Wesen der Dichtkunst. Ein ästhetischer Versuch in einer Rede, gehalten in einer feyerlichen Eröffnung der Studien den 5. November 1807. Von Joseph Glausen, öffentlichem Lehrer der Dichtkunst an der Universität zu Salzburg. Salzburg 1808. Mit Zaunriethschen Schriften. 1½ Bogen. Vgl. Neue Annalen 1809. 1, 42.

2) Erziehung zur Schönheit ist das einzige Mittel, einen Rückfall in die Barbarei zu verhindern. Landshut 1811. Krüll. 8.

3) Ode auf die feierliche Ankunft Ihrer Königlichen Hoheiten des Kronprinzen und der Kronprinzessin von Baiern. Salzburg 1811. Duyle. 4.

11. Friederike Susan, Tochter des Advokaten Salzer, geb. in Seekirchen bei Salzburg am 14. November 1784, mußte zu Beginn des Jahrhunderts Salzburg verlassen und verlebte ein Jahrzehnt teils im österreichischen Tyrol, teils an den Grenzen Italiens, kehrte 1810 in die Heimat zurück, vermählte sich am 4. Mai 1812 mit dem Komponisten Thaddäus Susan (geb. 1779), damaligem Kriminaladjunkten, späteren Pfleger zu Ried in Oberösterreich. Ihre zahlreichen in vielen Almanachen und Zeitschriften (z. B. in der Dresdner Abendzeitung) gedruckten Dichtungen sind nicht gesammelt.

a. Erneuerte vaterländische Blätter für den österreichischen Kaiserstaat. Wien 1817. Intelligenzblatt Nr. 63.

b. Meusel 20, 707 f.

c. Schindel 2, 348.

d. Scheyrer 8. 358.

e. Kehrein 1871. 2, 196.

f. Wurzbach 1880. 40, 346 f.

D. Steiermark.

Die dichterischen Bestrebungen Steiermarks finden in den neunziger Jahren des 18. Jahrhunderts ihren Mittelpunkt in dem Freiherrn von Kalchberg (§ 259, 183), der in den ,Früchten vaterländischer Musen' im Geiste der Wiener Musenalmanache eine Reihe junger Adeliger um sich versammelte, später in der belletristischen Beilage zur Grätzer Zeitung und zuletzt in Professor Schneller (§ 307, III. 10), dem Nachfolger Wartingers auf dem Lehrstuhle der Geschichte, dessen schöngeistige im Wesentlichen romantische Anregungen in seinem Stiefsohn Prokesch bis in die zweite Hälfte des 19. Jahrhunderts fortwirkten; die wissenschaftlichen Bestrebungen in Erzherzog Johann und seiner großartigen Schöpfung des Joanneums (1811). Bedentsam thut sich schon in dieser Periode die Familie Leitner hervor, die in der folgenden Periode Steiermark ihren größten Dichter schenken sollte.

Vgl. Michael Baldermann § 218, 16; Johann Franz Hieronymus Brockmann § 230, 18. 6); § 232, 12, § 259, 120 und 134, 4); Gottlieb Wetzinger § 259, 184; § 259, 185; § 259, 186; § 259, 187; Joseph Schimann § 259, 211; Freiherr von Hohenfels § 274, 9; ferner Johann Bauer A. Nr. 69; J. F. Edler von Lürwaldt A. Nr. 102; Joseph Wernekingh B. Nr. 6; Lorenz Chrysanth Edler von Vest: Kärnten; J. K. Kindermann und Michael Kunitsch: Ungarn.

I. Allgemeines.

a. B. F. Hermann, Reisen durch Oesterreich, Steyermark, Kärnten, Krain, Italien, Tyrol, Salzburg und Bayern, im J. 1780. Wien 1780, in der Lernardischen Buchhandlung. III. 8.

b. Skitze von Grätz. Grätz 1792. 8. in 2 Heften. Ohne Verfassernamen.

c. Joseph Marx Freyherr von Liechtenstern, Allgemeine Uebersicht des Herzogthums Steyermark in Rücksicht seiner geographisch und physikalischen Beschaffenheit; seiner Einwohner und ihrer Kultur, Gewerbe, Künste, Wissenschaften und Handlung, seiner religiösen, politischen, weltlichen und militärischen Verfassung und Geschichte. Wien 1799. Auf Kosten des Verfassers. 8.

d. Briefe eines französischen Offiziers, geschrieben im J. 1800 aus Steyermark, Kärnthen, Italien, der Schweiz. Bayern und Salzburg. Herausgegeben von dem Verfasser der Briefe über Frankreich und Italien [Karl Woyda]. Leipzig 1803, bey Peter Phil. Wolf. 8.

e. Biographische und litterärische Nachrichten von den Schriftstellern und Künstlern, welche in dem Herzogthume Steyermark geboren sind, und in, oder außer demselben gelebt haben und noch leben. In alphabetischer Ordnung. Ein Beytrag zur National-Litterärgeschichte Oesterreichs. Von Joh. Baptist von Winklern, Pfarrer zu St. Johann im Sagathale. Grätz 1810, bey Franz Ferstl, Buchhändler. 282 S., 3 Bl. Inhalt. 8.

f. F. J. Kleyle, Rückerinnerungen an eine Reise in Oesterreich und Steyermark. Wien 1814, bey Karl Fr. Beck. 8.

g. Josef Wartinger, Kurzgefaßte Geschichte der Steiermark. Grätz 1815, Ferstel. 8. — 2. Schulausgabe ebenda. — 3. verm. Ausgabe 1851.

Josef Wartinger, geb. in St. Stephan bei Stainz, einem Pfarrdorf am Fuße des Rosenkegels am 21. April 1773, Professor der Geschichte, ständischer Archivar, gest. in Graz am 15. Juni 1861.

C. G. Ritter von Leitner, Dr. Joseph Wartinger: Mittheil. des hist. Vereins f. Steiermark. Heft 20. — Wurzbach 1886. 53. 124.

h. Carl Schmutz, Historisch-Topographisches Lexikon von Steyermark. Auf Kosten des Verfassers. Gratz, gedruckt bey Ant. Kienreich. 1822 bis 1823. IV. 8. Darin Band IV, S. I bis LIV: Vaterländische Bibliothek oder Verzeichniß der gedruckten und handschriftlichen Quellen dieses Lexikons.

Karl Schmutz geb. auf Schloß Frondsberg zwischen Anger und Birkfeld am 1. Januar 1787, gest. in Linz am 20. April 1873.

Karl Schmutz. Sein Leben und Wirken. Von Franz Ilwof: Mittheilungen des Historischen Vereines für Steiermark. Heft 39. Graz 1891. 8. 166 bis 250.

Briefe Erzherzog Johanns an Karl Schmutz. Mit Einleitung und Anmerkungen herausgegeben von Franz Ilwof: Mittheilungen des Historischen Vereines für Steiermark. Heft 41. Graz 1893. 8. 27 bis 116.

i. Biographien denkwürdiger Steiermärker. Von Johann Baptist Edlen von Winklern, Hauptpfarrer und Dechant zu Pöls: Steiermärkische Zeitschrift. Neue Folge. 6. Jahrgang. 1. Heft. Grätz 1840. 8. 82 bis 139. 2. Heft. 1841. 8. 27 bis 80. 7. Jahrgang. 1. Heft. 1842. 8. 52 bis 114.

k. Peter Baldauf, Geschichte der merkwürdigsten Begebenheiten in der landesfürstlichen Provinzial-Hauptstadt Grätz in Steiermark.. Graz 1843. gr. 8.

l. J. C. Hofrichter, Ein Ueberblick der Wirksamkeit des Erzherzogs Johann in Steiermark: Oesterr. Blätter für Literatur und Kunst. 19. April 1845. Nr. 47.

m. Alois Beck von Widmannstätten. Biographische Skizze vom Ausschuß-Mitglieds J. C. Hofrichter: Mittheilungen des historischen Vereines für Steiermark. Gratz 1851. 2, 144 bis 150 (zur Geschichte des Buchdrucks in Graz).

n. Das Gymnasium zu Marburg in Steiermark. Von Prof. Dr. Rudolf Puff: Mittheilungen des historischen Vereines für Steiermark. Gratz 1853. 4, S. 220 bis 234.

o. G. Göth, Das Joanneum in Gratz. Gratz 1861. 8.

p. J. C. H. (Hofrichter), Lebensbilder aus der Vergangenheit. Als Beitrag zu einem Ehrenspiegel der Steiermark, bes. der Stadt Marburg. Gratz 1863. Leyrer. kl. 8.

q. Rud. Gust. Puff, Marburg in Steiermark. Seine Umgebung, Bewohner und Geschichte. Gratz 1847. Leykam. II. 8.

r. Geschichte des (k. k. I. Staats-) Gymnasiums in Graz, von Dr. R. Peinlich: Programme und Jahresberichte dieser Anstalt von den Jahren 1864, 1866. 1869 bis 1872. 4.

s. R. Knabl, Die Franzosen in Graz. (1809). Wien, 1867.

t. Kleine Beiträge zur Geschichte der Steiermark in der zweiten Hälfte des 18. Jahrhunderts. Zusammengestellt von Dr. Franz Ilwof (nach Aufzeichnungen v. Winklerns): Mittheilungen des historischen Vereines für Steiermark. Graz 1869. 17, 14 bis 45.

u. Adam Wolf, Die Aufhebung der Klöster in Innerösterreich von 1782 bis 1790. Ein Beitrag zur Geschichte Kaiser Joseph's II. Wien 1871. Braumüller. 174 S. 8.

v. H. J. Bidermann, Die Verfassungs-Krisis in Steiermark zur Zeit der ersten französischen Revolution: Mittheilungen des historischen Vereines für Steiermark. Graz, 1873. 21. Heft. S. 15 bis 105.

w. Innerösterreichisches Stadtleben vor hundert Jahren. Eine Schilderung der Verhältnisse in der Hauptstadt Steiermarks im achtzehnten Jahrhundert, zugleich Beiträge zur Literatur- und Culturgeschichte der Aufklärungsperiode von Dr. Anton Schlossar. Mit einer Ansicht der Stadt Graz in Lichtdruck. Wien 1877. Wilhelm Braumüller, k. k. Hof- und Universitäts-Buchhändler. XII, 316 S. gr. 8.

x. Erzherzog Johann von Oesterreich und sein Einfluß auf das Culturleben der Steiermark. Originalbriefe des Erzherzogs aus den Jahren 1810 bis 1825. Beitrag zur Culturgeschichte Oesterreichs, mit einer Einleitung, Erläuterungen, Anmerkungen und einem Anhange urkundlicher Beilagen zur Zeitgeschichte von Dr. Anton Schlossar. Wien 1878. Wilhelm Braumüller, k. k. Hof- und Universitäts-buchhändler. XVI, 403 S. 8. — Enthält die Briefe des Erzherzogs an Kalchberg mit Auszügen aus dessen Antworten. — S. 361 bis 367: Beilage I. Schreiben des Gubernialrathes und Studienreferenten J. A. Jüstel an den Erzherzog Johann über den geistigen Culturzustand Steiermarks. Grätz den 31. Jänner 1810.

y. A. Schlossar, Oesterreichische Cultur- und Litteraturbilder mit besonderer Berücksichtigung der Steiermark. Wien 1879.

z. Sigismund's Grafen v. Auersperg Tagebuch zur Geschichte der französischen Invasion v. J. 1797. Veröffentlicht von J. Kratochwill. Revidirt und mit Erläuterungen versehen von Dr. F. R. v. Krones: Mittheilungen des historischen Vereines für Steiermark. Graz 1880. 27, S. 106 bis 209.

aa. Emil Kümmel, Erzherzog Johann und das Joanneums-Archiv: Mittheil. d. hist. Vereins f. Steiermark. Graz 1881. 29, 106 bis 140.

bb. Franz Ilwof, Erzherzog Johann's Bedeutung für die Pflege der steiermärkischen Geschichte (Gedächtnisrede zu Erzherzog Johann's 100. Geburtstage): Mittheil. d. hist. Vereines f. Steiermark. Graz, 1882. 30, 8 bis 24.

cc. Die Grazer Zeitung. Eine Festgabe zu deren hundertjährigem Bestande von Dr. Anton Schlossar. Graz 1885. Im Selbstverlage des Verfassers. 53 S. 8. cc'. Sieh Nachtr. unten S. 814 und Band VII. S. 868.

dd. Die Franzosen in Graz 1809. Ein gleichzeitiges Tagebuch, veröffentlicht von J. Kratochwill, mit einem Vorworte von Dr. Fr. v. Krones: Mittheilungen des hist. Vereines f. Steiermark. Graz 1887, 35, 30 bis 96. 1888, 36, 3 bis 72.

ee. Steiermark im Franzosenzeitalter. Nach neuen Quellen von Dr. Franz Martin Mayer. Graz, 1888. Druck und Verlag ‚Leykam'. 2 Bl., 264 S. 8.

ff. Anton Schlossar: Deutsche Literatur und Theater [in Steiermark]: Die österreichisch-ungarische Monarchie. Steiermark. 1890. S. 273 bis 298.

gg. Hundert Jahre deutscher Dichtung in Steiermark 1785 bis 1885. von Dr. Anton Schlossar. Mit 10 Abbildungen. Wien. Verlag von Carl Graeser. 1898. (Oesterreichische Bibliothek. Herausgeber: Dr. Albert Ilg. II. Band). XI, 193 S. 8.

II. Zeitschriften.

a. Wochenblatt für die Innerösterreichischen Staaten. Graz 1776. III. 8. (Nach Meusel, Lex. 14, 182 in Wien erschienen).

Wahrscheinlich nur 1 Jahrgang. Nach Schlossar, Innerösterreich. Stadtleben S. 103 zeichnet der Herausgeber: Th. Sch. — Nach Meusel und Schlossar, Hundert Jahre S. 7 f. ist der Herausgeber Gottfried Uhlich (§ 215, 58; § 259, 39; sieh Band VII. S. 36), der das Blatt mit einem größern anonymen Gedicht: ‚Agatha oder die junge Martyrin' eröffnet.

b. α. Grätzer (später: Grazer) Zeitung. 1785 gegründet, besteht heute noch. Redacteure: 1785 und 1786 Michael Ambros; 1. Januar 1787 bis 1801 Josef Karl Kindermann; 1801 bis 1805 Cajetan Franz von Leitner; 1805 bis 1808 Alois Vincenz Florian von Leitner und Martin Rottensteiner; 1808 bis 1812 A. V. F. v. Leitner und der Verleger (Leykam); 1812 bis 1838 Ignaz Kollmann. — Sieh oben I, cc.

β. Sonnabends-Anhang der Grätzer Zeitung. Gräts, mit Leykam'schen Schriften. 1796 bis 1811. Die erste Nummer erschien zu Nr. 49 der Grätzer Zeitung, 27. Februar 1796. An der Redaction betheiligten sich die beiden Leitner, Martin Rottensteiner und I. H. Wastl.

Mit Beiträgen von: J. B——r., Birkenstock, W. Blumenhagen, Bürde, Mad. Bürger, H. v. Collin, Domaratius, Enzenberg, Ewald, Joh. Gustav Fellinger (1808, Nr. 189: Marsch für die Steyermärkische Landwehr. ‚Auf, Brüder! auf! die Fahnen

wehen!'), auch J. G. F., J. G. (17. Aug. 1799, Nr. 188: Einladung zur freudigen Theil-
nahme an der Eroberung Mantua's, an Deutsche Biedermänner gerichtet); J. Geiger,
Gessner (1809, Nr. 199: Brief an Weiße), Goethe, H. (Hammer? 1807, Nr. 114: Ab-
schied von Grätz, nach einer Persischen Ode von Bafis an seine Vaterstadt Schiras),
Fr. v. Hegire, Hormayr, Joseph Freyherr v. Jaquin der Sohn, v. K., Kalchberg, Koll-
mann, Jos. Aug. Kumar der Jüngere. Leon, Lubi, A. J. Penzel, Pfeffel, L. L. Pfest,
Pluth, Prechtl, J. W. Ridler, Frans Sartori, Schl***., Julius Schneller, Sohr., Franz
Schram, J. A. Suppantschitsch, J. B. de Vitali aus Mayland (1808, Nr. 77: An den
unsterblichen Haydn, über seine Schöpfung. Sonett nach Carpani), Leopold Walter,
Freyh. v. Wulfen, Ungenannt (1804, Nr. 16: Ode an Jüstel; 1806, Nr. 38: Ueber-
setzung der Gesänge der Heloisa und ihrer Nonnen am Grabe Abälards. Aus dem
Lat.; 1809, Nr. 56: Kriegerlied. ‚Wir ziehn durch Saaten und Felder'; 1811, Nr. 91:
Zwey Räthsel, 1649 gedichtet; 1811, Nr. 146: Die Sprachen. Sonette.
    γ. Der Aufmerksame. Ein vaterländisches Volksblatt. In Verbindung mit der
Grätzer Zeitung herausgegeben von Ignaz Kollmann, Scriptor am Joanneum.
Erster Jahrgang 1812. Grätz, mit Leykam'schen Schriften. Erschien bis 1842.
    Bis 1816 mit Beiträgen von F. Amtmann, Eduard Anker, H. v. Apfaltrer, F. S.
Appel (1814, Nr. 46: Deutsches Lied. Jetzt zu singen), Aretephilos, G. B. (1815,
Nr. 12: Die geraubte Genueserin, Novelle nach Bandello), Baumann, L. Baumgärtner,
Boguslawski, C. Bouvier, Büsching (1814, Nr. 130: Vom Vogel Greif; nach der
Beschreibung des Titurel), A. Buzzi, Clauren, Fragmente aus Collins litterarischem
Nachlasse, D. (1814, Nr. 138: Ueber die Slavischen Gesänge. Nach dem Französischen
des Hrn. Ch. Nodier), D**, Graf Moriz v. Dietrichstein, Ambrosius Eichhorn, Elise,
Graf Frans v. Ensenberg (1814, Nr. 34: Moskau's Brand. Ode. 1812), Joh. Eremita,
Joh. Gust. Fellinger (1815, Nr. 82: Schlachtgesang für Oesterreicher), Theophil
Freywald, J. v. G. (1813, Nr. 91: Ruf eines österreichischen Kriegers), Fr. Xav.
Gmeiner, J. Grob, Pastor Grüttner (Hasselbach), H., E. Th. H. [Hohler], Hg. (1814,
Nr. 126: Die Wunder des menschlichen Geistes. Zum Theile nach Santeuil), Joseph
v. Hammer, Holzer, J. Hörmann, J . . . (Waitzen), Jean Paul, K., F. A. K., J. K., J.
v. K., J. v. Kalchberg, R. K., Fr. S. Kandler, J. F. Knafl, Theodor Körner (aus dem
deutschen Museum), J. Kollmann (1814, Nr. 107: Uebersetzung eines Sonettes von
Clementino Bondi; 1815, Nr. 21: Frei aus dem Ital. des Alfieri. Op. post. Sat. III.;
1815, Nr. 57: Freie Uebersetzung eines Sonettes von Giangaetano Dott. Spada),
v. Kotzebue, Kuhn, J. A. Kumar, L., E. L . . . . ., J. v. L., Eduard Lannoy (geb. in
Brüssel am 3. December 1787, gest. in Wien am 29. März 1853), Alban Loew, A.
M., F. v. M., M. Macher, Georg Mally, Dr. A. Marcet, Joh. Chr. Mikan, Dr. J. Mis-
ley, **n., J. V. N., Franz Maria Nell Ritter von Nellenberg, Ott . . . . ., P . . . . .,
J. A. P., 1812, Nr. 55: Nachtgedanken des Fürsten Franz Seraphin Porcia (geb.
am 21. März 1755, † am 14. Februar 1827), Dr. Poppe, J. J. Prechtl, Prokesch (P.),
**r., Reaubees, Retzer, Richter, J. W. Ridler, S., v. S., S—r., F. K. Sannens, A.
W. Schlegel, Julius Schneller (1812, Nr. 25: Gedanken in der Winternacht aus
dem Englischen des Young gesammelt und übersetzt. Prosa), Fr. Schram (1813,
Nr. 52: An die Steyermark), J. P. Carl Graf v. Sermage, St., Steeger, Carl Strem-
nitzberg, Suppantschitsch, Treiber (1812, Nr. 83: Verschiedene Nahmen der Biere.
Aus einer Operette des Rektor Treiber vom Jahre 1705, wahrscheinlich eine der
ersten, vielleicht die erste Operette, die in Deutschland gegeben wurde), Lorenz
v. Vest, W—n—, Joseph Wächter, J. Watzger, Weid . . . . ., Aloys Weißenbach,
Weisser, Wets., Widmann, Johann Baptist von Winklern, Ferdinand Wolf, —y.,
Dor. —z—, Zech, Ungenannt (1812, Nr. 88: Untersteyrisches Leselied. Gesungen
zu Luttenberg an der Eisenthür am 21. Oct. 1812).
    c. Grätzer litterarisch-ökonomisches Wochenblatt (später: Grätzer Magazin
über verschiedene Gegenstände der Litteratur und Oekonomie) 1787. Graz, bei
G. Weigand und Franz Ferstl. II. 8. Herausgeg. von dem Scriptor der k. k.
Bibliothek Patr. Dengg. Darin Gedichte von Joseph R. v. Kalchberg, Ratschky,
Franz Xav. Unruhe. Schlossar, Stadtleben S. 115 bis 117.
    d. Der Freund des Steyermärkischen Volkes, Beyträge zur Verbreitung ge-
meinnütziger Kenntnisse unter demselben von J. C. Kindermann. 1787. Grätz,
bey Franz Ferstl. II. 8.
    e. Gratzer Merkur 1790 bis 29. December 1792. Gratz bei Widmannstetter.
Fortsetzung sieh Nr. g.
    f. Zeitung für Damen und andere Frauenzimmer. Grätz, gedruckt und zu finden
bei Anton Tedeschi. 1792 und 1793. — Neues Damenjournal allen Schönen Deutsch-

lands zur angenehmen und lehrreichen Unterhaltung ge i . 1794 im Verlage
von Caspar Rodelmayr. 11. 8.; von H. G. Hoff redigirtindazu eine Beilage:
Neueste Staats- und Kriegsbegebenheiten der gegenwärtigen Zeit, als ein Anhang
zum Damenjournal. — Gratzer Frauenjournal. Oesterreichs und Hungariens Töchtern
gewidmet von neun Freundinnen ihres Geschlechtes. 1795. — Frauen-Zeitschrift
1796. — Frauen-Journal, dem schönen Geschlechte und ihren Gönnern geweiht
1797 (letzter Jahrgang). In den letzten Jahren Redacteur: Joh. Jos. Bauer. Auf
diese Zeitschrift bezieht sich wol der Aufsatz von Radics, Die älteste österreichische Damenzeitschrift: Auf der Höhe 1, 226.
g. Allgemeines Zeitungsblatt für Innerösterreich. Graz, bei Widmannstetter.
Beginnt mit 1. Januar 1793. Fortsetzung des mit 29. December 1792 eingegangenen
‚Gratzer Merkurs'. Herausgeber: Stadelmann und später Sartori. Enthielt auch
Gedichte. Schlossar, Innerösterreichisches Stadtleben 1877, S. 88f. Als Beilage
dazu erschien: Gemeinnütziges Wochenblatt. Graz bei Widmannstetter. Redacteur
Ignaz Heinrich Wastl.
h. Vaterländischer Kalender der Steyermärker. Von J. K. Kindermann.
Gratz 1800 und 1801, bey Joh. Andreas Kienreich. 8.
i. Der Kinderfreund. Ein Wochenblatt. Grätz. 5 Theile.

III. Almanachs.

a. Früchte vaterländischer Musen. Herausgegeben zum Besten der leidenden
Menschheit. Gräz, gedruckt bei Andreas Leykam. Erstes Bändchen 1789. 4 Bl.,
160 S., 4 Bl. Inhalt. Zweites Bändchen 1790. 172 S., 4 Bl. Inhalt. 8. § 231, 30
— Band IV. S. 868. Schlossar, Innerösterreichisches Stadtleben 8. 154 f. 275 bis
299 (Proben).
Erstes Bändchen. a: An Ihre Königliche Hoheit Mariane Erzherzoginn
von Oesterreich. Widmung. Joh. Nep. E. v. Kalcbberg. — b: An Steiermark. v.
Kalchberg. — c: Mein Dank an Born. Schram. — d: Sehnsucht. J. J. Scheiger. —
e: Vaterlandslied 1788. (Ich bin ein deutscher Junge!). v. Unruhe. — f: Die
Sonne. [Prosa]. v. Kalchberg. — g: Siegeslied eines Stuzzers. v. Kalchberg. —
h: An Blum. Schram. — i: Die Grotte im Rosenhain. J. J. Scheiger. — k: An's
kleine Lorchen. 1788. v. Unruhe. — l: An die Grille. v. Kalchberg. — m: An
Henritten v. A*** 1786. v. Unruhe. — n: Die Thräne. v. Kalchberg. — o: Meine
Gesinnung. J. J. Scheiger. — p: Adolf und Nantchen. [Dialog]. v. Kalchberg. —
q: Das Nordlicht. Eine Szene. [Prosa]. v. Unruhe. — r: Mädchenlaunen 1782.
v. Kalchberg. — s: Der Kirschbaum. J. J. Scheiger. — t: Klagen einer Wittwe.
v. Kalchberg. — u: Auf den Tod Maria Ignaz Rusterholzes [† am 12. April 1788].
v. Kalchberg. — v: An das Schicksal. Schram. — w: Der Knabe und ein Vogel.
1788. v. Unruhe. — x: Grabschrift. Dr. Jos. Eustach König. — y: An Gabrielen.
(Holde—minnigliche Gabriele!). —b—. z: Das Kamel. J. J. Scheiger. — aa: An den
Mond. v. Kalchberg. — bb: Der König, sein Schazmeister und der Narr. Dr. Jos.
Eustach König. — cc: Der Fürst und die Nachtfalter. 1787. [Prosa]. v. Unruhe. —
dd: Glükwunsch an Johanna Gr. v. W**d. [Wurmbrand]. — g. — ee: Die Forelle.
v. Kalchberg. — ff: An die Hofnung. Schram. — gg: Der Bullenbeißer. v. Kalchberg. — hh: Seufzer eines Trinkers. Dr. Jos. Eust. König. — ii: Der Dichter. J.
J. Scheiger. — kk: Mailied. 1786. v. Unruhe. — ll: An die Männer. v. Kalch-
berg. — mm: An die Weiber. Gegenstük zum Vorigen. v. Kalchberg. — nn:
Eine Szene aus dem Landleben. [Prosa]. v. Unruhe. — oo: Der Todtengräber
und sein Weib. Dr. Jos. Eust. König. — pp: Empfindungen auf die glükliche
Operation des Hrn. Dr. Barth an Sr. Exzellenz den Herrn Landmarschall Grafen
v. Pergen. Schram. — qq: Der Frühlingsmorgen. An Mina. v. Kalchberg. — rr:
Die schönen Zähne. 1787. v. Unruhe. — ss: An Hofrath v. Beckchen. Bei meiner
Abreise in die Schweiz. 1786. Schram. — tt: Katholischer Rath. Dr. Jos. Eust.
König. — uu: Empfindungen. v. Kalchberg. — vv: Der Mönch und die Fliege.
[Prosa]. v. Unruhe. — ww: Mädchensitte. v. Kalchberg. — xx: Schwanenlied.
An meine Freunde. Schram. — yy: Heinz von Plasmann und Elise von Gall. Eine
Ballade. v. Kalchberg. — zz: Gespräch zwischen einem geistlichen Fürsten, der
in's Feld zieht, und einem Bauern. Dr. Jos. Eust. König. — a': Wilhelm auf Amalisns
Grabe. Mai 1788. v. Kalchberg. — b': Soldat und Bauer. Dr. Jos. Eust. König. —
c': Klage über die Schminke. v. Unruhe. — d': Wunsch eines Trinkers. Dr. Jos.
Eust. König. — e': An den Tod. v. Kalchberg.

Zweites Bändchen. a: Hanns von Stein und Hedwig von Wagen. Eine
Ballade. v. Kalchberg. — b: An Sined. Eine Antwort auf dessen Gedicht: Der
Bardenweg, im Wiener-Musenalmanach. 1781. 8** Gr. v. A***. [Siegmund Graf
von Auersperg]. — c: An ein verführtes Mädchen. v. Unruhe. — d: Frühlingslust
an ***. Gesungen zu Schönbrunn. Schram. — e: Das kranke Mädchen. v. Kalchberg. — f: Antwort. (Als jüngst ich in Gesellschaft war). X·Y. — g: Der Weiberfeind. v. Kalchberg. — h: An Freund Hain. König. — i: An meinen lieben Kalchberg. Im Aerntemonde 1788. v. Unruhe. — k: Erinnerung. 1782. v. Kalchberg. —
l: Auf den Tod seiner Ofnerflasche. Schram. — m: Kettenlied. 8**. — n: Amynt
an Lalagen. A** L**r. [Alois Leitner]. — o: An Fanny. 8** Gr. v. A***. —
p: Tischgespräch. Schram. — q: Lust am Liebchen. v. Unruhe. — r: Ode. (Wenn
im azurnen Aether der Eiche Haupt). A** L**r. — s: Tafellied am 1 ten Mai,
als dem Namensfeste des H. G. M. 8**r. — t: Menschenloos. v. Kalchberg. — u:
Jünglingsfülle. Schram. — v: Heurathskompliment. A**. L**r. — w: An den
Schlaf. v. Kalchberg. — x: Kettenlied. X·Y. — y: Um die Entfernte. August
1789. v. Unruhe. — z: Ahndungslied. Schram. — aa: Der Rabe. v. Kalchberg. —
bb: Das wahre Glük. Therese N——. — cc: Die todte Nachtigall. v. Kalchberg. — dd: An einen Censor meiner Gedichte. König. — ee: An meinen Gatten
im Felde. (Hier sizz' ich an der Schwarza Strand). Maximiliane v**. — ff: An den
guten, alten Ortenberg, als ich seine Seereise gelesen hatte. [Kotzebue § 258, 8.
6)] 1788 v. Unruhe. — gg: Widerruf. A** L**r. — hh: An d' Jungfer Agnes. Ein
altes Lied. (Komm, Agnes, komm laß dich umfangen). Schram. — ii: An Marianne.
v. Kalchberg. — kk: An H—ke. Schram. — ll: An S— Gr. v. A*** [Auersperg],
als ich ihn um Beiträge an dieser Sammlung ersuchte. v. Unruhe. — mm: Der
Blumenstrauß. S— Gr. v. A***. — nn: Aufmunterung zur Lebensfreude. Am
ersten Jäner. v. Kalchberg. — oo: Morgenlied. Schram. — pp: Andreas Eberhard
v. Rauber und Helena Scharsegin. v. Kalchberg. — qq: An den Extrinitar R. W***.
(Einem Mann von Verstand, welcher das Übermaß). Ungenannter. — rr: Der
Mensch. v. Kalchberg. — ss: An die Gegend um St. Leonhard. A** L**r. — tt:
Gärtnerlied. Schram. — uu: Er und Sie. König. — vv: An meinem neunzehnten
Geburtstage. Im Jäner 1789. v. Unruhe. — ww: Der glükliche Ehemann. 1786.
v. Kalchberg. — xx: Gesundheit meinem Unruhe. Angebracht an seinem Geburtstage 1790. Schram. — yy: Impromtü auf den Tod des k. k. Feldzeugmeisters
Baron v. Konvroy. 1789. v. Unruhe. — zz: Die zweifache Schminke. An Un-
ruhe. v. Kalchberg. — a': Klage. S— Gr. v. A***. — b': An den Mond. König. —
c': Elegie. v. Kalchberg. — d': Wunsch zweier Freunde an Johanna. v. K**. —
e': Antwort auf das Vorige. Johanna Gr. v. W**d. [Johanna Nepomucena Gräfin
Wurmbrand-Stuppach, verm. Gräfin Schaffgotsche, geb. am 4. Januar 1772, gestorben am 28. Juli 1834]. — f': Der Sommerabend. Nanette Gr. v. W**heim
[Gräfin von Wenckheim]. — g': Gedanken bei einem Kirchhofe. König. — h': An
Liebchen. v. Kalchberg. — i': Frage. v. Unruhe. — k': Melancholien. 8** Gr.
v. A***. — l': Abschiedslied des treuen Ritters, und seines Feinliebchens. Gesungen vor einer Reise nach Ungarn im Heumond 1789. v. Unruhe.

    b. Steyermärkischer Schulalmanach auf das Jahr 1798. Für Aufseher, Kate-
cheten und Lehrer; für Aeltern und Studierende; wie auch für Schul- und Er-
ziehungsfreunde. Erster Jahrgang auf Kosten des Verfassers. Grätz 1798. 112 S. 8.
Herausgeber: Michael Kunitsch. — Vgl. Annalen. Int.-Bl. May 1805.

    1. Johann Albrecht Huber, geb. in Graz am 26. Dezember 1744, studierte
in Wien, wurde 1769 zum Priester geweiht, 1774 Katechet an der k. k. Normalschule
in Freiburg in Breisgau, 1775 außerordentlicher Professor der deutschen Sprache an
der dortigen Universität, starb 1796 als Hofmeister eines Grafen Dietrichstein in Wien.
    a. De Luca I. 1, 206 bis 208.
    b. Meusel, Lex. 6, 146.
    c. Steyermärkische Zeitschrift, Neue Folge. 7. Jahrgang. 1. Heft. 1842.
8. 62 (Winklern).
    d. Ersch und Gruber II. 11, S. 318.
    e. Wurzbach 1863. 9, 370.

    1) Lehrsätze aus den politischen Wissenschaften. Wien 1773. 8.
    2) Rede über den Nutzen der Felbigerischen Lehrart in den k. k. Normal-
schulen für beyde Geschlechter. Freyburg 1774. 8.
    3) Anrede an den löbl. Magistrat zu Freyburg 1774. 8.

4) Die glückliche Verwandlung der Menschen, ein pantomimisches Ballet von Kindern. Freyburg 1774.

5) Trauerfeier bei der Asche des Helden von der guten Sache, gewidmet dem Gedächtnisse Emerich Joseph's, Churfürstens von Mainz. Freyburg 1774.

6) Dank der Schüler für eine neue Wohlthat. Freyburg 1775. 8.

7) Erwin und Elmire. Ein Schauspiel in zween Aufzügen von Göthe. Ohne Gesang herausgegeben von Huber. Frankfurt und Hanau bey Johann Kaspar Huber, Buchhändler in Koblenz. 1776. 55 S. und 1 S. Druckfehler. 8. Nachgedruckt Wien, 1776. Vorrede: Freyburg i. B. 25. Christmondes 1775.

Geiger: Goethe-Jahrbuch 1886. 7, 291. § 238, 8) = Band IV. S. 661.

8) Elfride, von Bertuch in Weimar [§ 227, 21. 10) = Band IV. S. 263], mit einigen Abänderungen und auf dem Nationaltheater in Wien am Tage Theresens aufgeführt. Wien 1776. 8.

2. Sigmund Theodor Graf von Auersberg, geb. in Graz am 1. Juni 1757, ein Sohn des am 27. Juli 1793 zu Graz verstorbenen Grafen Heinrich von Auersberg, gewesenen Gouverneurs von Galizien und böhmisch-österr. Hofkanzlers, und der Josepha gebornen Gräfin von Rothal, ein Schüler von Denis, starb auf seiner Herrschaft Retzhof bei Leibnitz (Steiermark) am 12. Dezember 1808.

a. v. Winklern 1810, 8. 9 f.

b. Schlossar, Hundert Jahre S. 24.

c. oben I, z. = S. 625.

1) Erster Versuch akademischer Verwendung aus dem deutschen Staatsrechte von der kaiserlichen Wahlkapitulation. Würzburg 1777. 8.

2) Beiträge zu Kalchbergs Früchten vaterländischer Museu. Band 2. 1790. unterz.: S** Gr. v. A***.

3. Franz de Paula Nunberger, geb. in Graz am 2. April 1743, trat 1759 in den Jesuitenorden, wurde nach dessen Aufhebung Weltgeistlicher und trug mehrere Jahre hindurch am Kollegium zu St. Anna in Wien die Redekunst vor, gest. in Wien am 5. Januar 1816.

a. Joh. Nep. Stoeger, Scriptores Provinciae Austriacae Societatis Jesu. Viennae 1855. 8. 246.

b. Wurzbach 1869. 20, 434.

1) Beiträge zu den Wiener Musenalmanachen § 231, 8 = Band IV. S. 366.

2) Cicero's oratorische Laufbahn; ein Auszug aus dem Buche Brutus, nebst einer Abhandlung von der Declamation der Alten. Wien, 1778. 8.

4. Die Feier im Tempel der Unsterblichkeit. Gratz 1778. Vgl. § 259, 38. 12).

5. Joseph (nicht Johann) Maria Weißegger von Weißeneck, Schriftstellername auch: Neuberger, geb. in Rieggersburg am 12 Juli 1755, Sohn eines Försters, studierte in Graz und Wien, 1784 Professor der Weltgeschichte zu Freiburg im Breisgau, 1797 Professor des allgemeinen Staats-, Völker- und peinlichen Rechts, der Diplomatik, Heraldik, Altertumskunde und Numismatik, 1804 geadelt. † am 14. März 1817.

a. Meusel 8, 419. 10, 809 f. 21, 452.

b. Gradmann, Gel. Schwaben 1802. S. 761.

c. v. Winklern 1810, S. 253.

d. Steiermärkische Zeitschrift 1841. Neue Folge. 6. Jahrg. 2. Heft. S. 61 f. (Winklern).

e. Kehrein 1871. 2, 248.

f. Wurzbach 1886. 54, 165 f.

1) Kurzer Leitfaden der Vernunftlehre. Wien 1779. Kurzbeck. 8.

2) Gedichte. Wien 1781 (d. i. 1780). 8.

3) Beyträge zur Schilderung Wiens. Wien 1781 bis 1782. H. 8. Unter Mitwirkung einiger Freunde Weißeggers.

4) Louise von Montfort, ein Trauerspiel in fünf Aufzügen. Wien 1782. 8.

5) Wohlgemeinter Unterricht für unstudierte Layen. I. Stück von dem römischen Bischofe oder dem Papste überhaupt. Wien 1782. 8.

6) (Neuberger) Ankunft und Aufenthalt Pius' VI. in Wien. Ein Beytrag für künftige Geschichtschreiber. Wien. 1782.

7) Aufsätze in L. A. Hoffmanns ‚Beiträgen zu den wöchentlichen Wahrheiten
für und über die Prediger Wiens‘ 1782 und in Posselts Magazin für Aufklärung
1787 [§ 298, V. 18. 2) 8. Bd., 4. Heft — oben 8. 808].

8) Anfangsgründe der Philosophie des Herrn v. Alembert; aus dem Französ.
übersetzt. Wien 1784. 8.

9) Sammlungen verschiedener Abhandlungen über einige vorzügliche Gegen-
stände der Weltweisheit, aus den Schriften der besten Philosophen übersetzt von
J. M. Weißegger. ·Wien 1784 bis 1792. gr. 8. 11. Der 2. Band auch unter dem
Titel: Des Abts Condillac Abhandlung über die Empfindungen.

10) Syrach, oder ein Wort der Wahrheit, über die Frage: Haben die Fränkischen
Directoren oder der Kaiser den Frieden Deutschlands gehindert? Teutschland 1799. 8.

11) ‚Eine im August 1799 deutsch und französisch herausgegebene Schrift an
die französische Nation, deren Titel er wegen seiner Lage jetzt nicht anführen
darf, erwarb ihm den Beyfall Sr. Maj. des Kaisers‘ (Gradmann).

12) Historisches Gemählde, oder biographische Schilderungen aller Herrscher
und Prinzen des Durchlauchtigsten Erzhauses Habsburg-Oesterreich von Rudolph
bis Maria Theresia. 1. Band Kempten 1800. 2. Band 1801. 8. Band 1802. 4. Band
1808. 5. Band 1808. Gedruckt und im Verlag bey Tobias Dannheimer. 8.

6. Johann Wenzel Leopold Thaddäus Haan (auch Hann), geb. in Graz
am 30. April 1763, studierte an dem Lyzeum in Graz, 1784 Professor der schönen
Wissenschaften und der klassischen Litteratur an der Universität in Lemberg, 1797
Ostgalizischer Bücherrevisor, 1807 Professor an der Universität zu Krakau, später
wieder in Lemberg. † dort 1816 (?).

Er soll mehrere polnische Werke ins Deutsche und Kleist's Frühling ins
Polnische übersetzt haben.

a. Meusel 3, 74. 9, 507. 14, 29.
b. Annalen 1810. 4, 353.
c. v. Winklern 1810. 8. 62f.
d. Steiermärkische Zeitschrift. Neue Folge. 7. Jahrg. 1842, 1. Heft, 8. 106f.
(Winklern).
e. Rud. Puff, Berühmte Männer von Grats in Steiermark: Schmidls Österreichische Blätter für Literatur 1845. 2, 903.
f. Wurzbach 1860. 6, 98f.
g. Schlossar, Innerösterreichisches Stadtleben 8. 179 bis 191 (mit Proben).
h. Schlossar, Hundert Jahre 8. 25f.
i. Finkel i Starzyński 1, 73 bis 75.

1) Schwarz auf Weiß; eine Wochenschrift. Grätz . . .

2) Oden und Lieder. Wien . . . .

3) Deutsche Übersetzung des Hymnus: O, qui terrarum cardines etc. Sieh
Nr. 4) 2, 34f.

4) Herrn W. Haan, Vermischte Versuche in der Dichtkunst. Von ihm selbst
gesammelt, und mit den nöthigsten Anmerkungen erläutert. Wien, gedruckt bei
Anton Lorenz Zentz. 1782. 12 Bl., 167 8. 8.

Nachricht des Herausgebers. — Statt eines Vorberichtes: ‚Ich bin itzt siebzehn
Jahre alt. Die Gedichte, die ich hier der Welt vor Augen lege, sind zwischen
dem vierzehnten, und sechzehnten Jahre meines Alters, einige davon auch noch
früher geschrieben. . . . Träume eines enthousiastischen Jünglings, Tändeleien,
Puppen, ein seltsames, Mischmasch von Gefühl, und Unsinn das ist ohngefähr der
Innhalt dieser Blätter. . . . Von der Ungebundenheit, und Uuregelmäßigkeit des
Silbenmaßes [im Xenokrat] habe ich nichts zu erinnern, nachdem ich hierinn
Wielanden zu meinem Vorgänger habe . . . G°. den 30ten April 1780‘.

8. 1 bis 94: Xenokrates ein Fragment. 1. und 2. Buch. — 8. 146 bis 159:
Roderich und Trudchen, oder die Seufzerallee. — 8. 160 bis 167: Versuch in Kinderliedern.

Zweites Bändchen. Wien, gedruckt bei Anton Franz Kroyß. 1788. 77 8. 8.
8. 1 bis 15: Uibersetzungen aus dem Griechischen. — 8. 18 bis 24: Auf die
Erweiterung der Preßfreiheit in Wien. 1781. — 8. 25 bis 27: Bei dem Tode meiner
Mutter: den 7. Oktober 1776. — 8. 28: An den Stolz. Nach dem Englischen des
Mr. Stephen Duck. — 8. 34 bis 38: Uibersezung des Hymnus belli tempore cantand.
O qui terrarum cardines etc. — 8. 38 bis 52: Die Toleranz. [Erster Gesang eines

komischen Epos. Der Satan überträgt dem Erfinder der Intoleranz und Inquisition seine Nachfolge im Höllenreiche). — S. 63 bis 77: Lieder an Nanten. — S. 73 bis 75: An ebendieselbe nach Petrarka.

5) Xenokrat ein Gedicht in sieben Büchern. 1787. 224 S. 8. — 3. Aufl. 1787. Vorerinnerung. S. 3: ,In meinen 1782 in Wien herausgekommenen ver-mischten Versuchen befindet sich das Fragment Xenokrat: hier ist das voll-ständige Gedicht. Die häufigen Veränderungen, die ich mit der ersten Skizze dieses Versuches vorgenommen habe, beweisen hinlänglich, wie unzufrieden ich damit war. S. 4: Ein ganz neues Gedicht müst' ich schreiben, wenn ich alle Mängel ausmerzen wolte, die mich noch in der gegenwärtigen Gestalt, die dieses Produkt meiner jüngsten Tage durch mehrere Umarbeitungen und Zusäze erhalten hat, beleidigen. ... Uiberhaupt bin ich in der Wahl meines Süjsts sehr unglüklich gewesen..... L**. 1786.¹

S. 205 f.: Anhang. Das Gleichgewicht 1782. — S. 219: Der Knabe. — S. 220: Der Jüngling. 1782. — S. 223: Der Mann. 1786. Sieh Band IV.⁵ S. 241, 85.

6) Selecta litterarum classicarum exemplaria, philologiae auditorum usui. Leopoli. 1789. II. 8.

7) Albert der Abentheurer; ein satyrischer Roman (aus dem Polnischen des Krasicki). Wien und Leipzig. 1794. bey Aloys Doll. 8.

8) Ankündigung (seine Vorlesungen und Schriften betreffend). Lemberg 1798.

9) Ankündigung einer Gesammtausgabe seiner Werke: Zeitschrift von und für Ungarn 1802. 1, 405 (auch Int.-Bl. der Annalen. Jan. 1803).

,Den Prospectus der Ausgabe einiger poetischen und prosaischen, größten Theils noch ungedruckten, Versuche des Unterzeichneten, zwischen dem 11. und 38. Jahre seines Alters geschrieben, von dem Verfasser selbst gesammelt, verbessert, und mit Anmerkungen versehen, diesen Prospectus, der bereits im Jahre 1796. für das nächst-folgende versprochen ward, belangend, hat man die Ehre zu versichern, daß selber dieses Jahrs unfehlbar erscheinen soll. ... Diese in acht Bänden zu veranstaltende Sammlung, wird außer den Original-Aufsätzen des Endes unterschriebenen, worunter etliche wie z. B. Xenokrat schon drey, lange ganz vergriffene Auflagen (die dritte vom Jahre 1787.) die Nachdrucke ungerechnet, erlebet haben, andere auszugsweise in Zeitschriften, wie z. B. Bruchstücke dem den Versuche in Kriegsliedern*) [*) S. Revolutions-Almanach 1801. Göttingen) eingerücket worden sind, auch ein paar Ueber-setzungen enthalten; als unter andern den Woyciech Zdarzynski zycie i przypadki swoie opisuacy, welchen Unterfertigter vor ungefähr 15. Jahren verdeutschte; welches Werkchen aber durch eine Verwickelung von Umständen erst 1794 unter dem Titel: Albert der Abentheurer. Wien und Leipzig, in der Dollischen Buchhandlung erschien ... Gegenwärtig beschäftigt sich Endesgesetzter noch mit Uebertragung einiger vor-züglicheren Pohlnischen Original-Werke. Lemberg 15. Jänner 1802. W. Haan'.

10) Erstlinge der Muse geopfert von W. Haan. Lemberg und Breslau. In Commission bei M. G. Korn. 1807. 246 S. 8.

Vgl. Neue Annalen 1807. 2, S. 221. Zu den 8 Bänden seiner Werke sollen noch 4 Supplement-Bände kommen. Dann erst ein Indisch-Aegyptisch-Persischer Roman, oder eigentlicher, historisch-moralischer Spiegel im romantischen Gewande — Pythagoras auf Reisen — in 2 Bänden.

11) Einiges über die Pohlnische Sprache und Literatur: Annalen 1812. II, 225. Aus der Einleitung zu einem geplanten ,Galizischen Musenalmanach'.

7. Ignaz Richard Wilfling, geb. in Graz am 1. August 1759, studierte in Graz, Wien und Prag, 1782 Lehrer an der Hauptschule am Tein zu Prag, 1784 an der Prager Normalschule, 1787 k. k. Schul-Kreiskommissär und Leiter der Volks- und Bürgerschulen des Kaurzimer Kreises in Böhmen, 1798 auf ein Jahr zur Verfassung neuer Instruktionen und Lehrbücher nach Wien berufen, 1799 kehrte er zurück, 1805 zweiter, 1811 erster Kreiskommissär, 1814 böhmischer Gubernialsekretär, 1824 Vorsteher des Bücher-Revisionsamtes in Prag, wo er am 23. Dezember 1827 starb.

a. Meusel 8, 528. 16, 233. 21, 580 f.

b. Mnemosynon der Nahmensfeyer am 31. July. Dem Herrn Ignaz Richard Wilfling k. k. Kreiscommißär, etc. dargebracht: im Nahmen des sämmtlichen Lehrkörpers der Neukoliner Hauptschule ob der Elbe, von F. S. Kandelfinger, Professor dieses Instituts. 1808.

c. v. Winklern 1810. S. 258 bis 267.

d. Annalen 1812. 1, 126.

e. Gräffer und Czikann. 1835, 6, 151.

f. Wurzbach 1888. 56, 162.

1) Ode auf die Eröffnung des neuerbauten k. ständischen Theaters in Prag. 1783, bey Hladky, 4 S. 8.

2) Was muß ein Kreisschulenvisitator wissen und thun, um der Kirche sowohl als dem Staate wahren Nutzen zu schaffen? oder: Fragen, welche bei dem im November 1786 zu Prag gehaltenen Konkurse den Kandidaten zu Kreisschulkommissärstellen aufgegeben worden, in Kürze beantwortet von Ignaz Richard Wilfling ordentlichen Lehrer an der k. k. prager deutschen Musterschule. Non est universe probanda veterum docendi methodus; multa excoluere cum tempore recentiores. Prag und Leipsig bei Caspar Widtmann. 1787. 280 S. 8.

Widmung: Joseph Anton v. Riegger.

3) Gab heraus: Kalender für Aufseher, Katecheten und Lehrer der Nationalschulen in Böhmen. 10 Jahrgänge 1789 bis 1798. Prag bey Widtmann.

4) Kurze Biographie des Architekten und Historienmahlers Jahn: Libussa 1803. Band 2, St. 1, S. 97 bis 106.

5) Böhmens Freude bey der Anwesenheit J. J. M. M. Franz II. und Marien Theresien im September und October 1804: Andrés patriotisches Tagblatt 1804. Nr. 91.

6) Beschreibung der am 16. April 1804 gehaltenen Ehejubelfeyer des Prager bürgerl. Wundarztes, Herrn Ignaz Junker; sammt der dabey vorgetragenen Rede. Herausgegeben zum Besten des hiesigen Taubstummeninstituts von einem Freunde des Guten. Prag, 1804, bey Franz Gerzabek im St. Gallikloster. 26 S. 8. Herausgeber: Wilfling. Die Rede von Ignaz Seyfert, Pfarrer zu Trebnitz.

Vgl. Annalen, Sept. 1804, Nr. 105.

7) Gab heraus: Ignaz Hubeneys Lehre, Weisheit und Klugheit zu einem glückseligen Leben. Prag 1806.

Schrieb dazu eine Vorrede: Ueber die Tendenz und den Doppelzweck: zum Besten des Taubstummeninstituts und Waisenhauses in Prag beizusteuern.

8) Biographie des Caspar Royko. Prag 1819.

9) Nekrolog Ludwig Kohl's, k. k. öffentlichen Lehrers der Zeichnungskunde an der Hauptmusterschule zu Prag, Mitglieds der k. k. Akademie der vereinigten bildenden Künste in Wien, und Ehren-Mitglieds der herzoglichen Kunstakademie zu Parma; herausgegeben und zu einer Prämienstiftung für die vorzüglichsten Zeichnungsschüler obgenannter Lehranstalt gewidmet, von Ignaz Richard Wilfling, k. k. Gubernialsekretär. Prag, 1821. In der k. k. Hofbuchdruckerey. 39 S. 8.

10) Mitarbeiter an Rieggers statistischen Schriften, an Meinerts böhmischem Wandersmann und Libussa, an Andrés patriotischem Tageblatte, an dem Sonnabendanhang zur Grätzer Zeitung.

8. Joseph Ignaz Scheiger.

a. Neuer Teutscher Merkur 1810. Dec. S. 224f.

b. Schlossar, Innerösterreichisches Stadtleben S. 175 bis 178 (mit Proben).

1) Beiträge zu den Wiener Musenalmanachen (§ 231, 8 = Band IV. S. 366) seit 1786, zum Voss. M.-A. f. 1787. S. 67f. (Der Richter und der Bauer. Unterz. J. J. S. In DD. 1849. 2, 235 irrthümlich unter Seume's Gedichten. Vgl. Redlich, Versuch eines Chiffernlexikons. Hamburg 1875. S. 37), zu Kalchbergs Früchten 1789, zum Volksfreund 1811.

2) Fabeln und Erzählungen von J. I. Scheiger. Wien, 1792. Bey Joseph Kaspar Salzer, Buchdrucker und Buchhändler. 223 S., 2 Bl. Verzeichnis. 8.

Widmung: ,.... Herrn Franz Karl von Hägelin. Kaiserl. Königl. N. Oe. Regierungsrath etc. etc. meinem gnädigen Beschützer und Gönner'. Stadt Laa an der Thaja den 15ten Christmonath 1791 .... Joseph Ignatz Scheiger, Vikar.

4 Bücher Fabeln. S. 82: Der Hof des Tods aus dem Englischen des Gay. — S. 70: Der Schmetterling und die Schnecke, nach Gay. — S. 88: Die Macht der Unschuld, aus dem Englischen des Gay. — S. 220: Psaphon. Aus den Fabeln meines verstorbenen Freundes Ferdinand Lob.

3) Gedichte. Wien 1831. Sollinger. gr. 12.

9. Leopold Matthias Franz Schram, studierte am Grazer Lyzeum, Freund Kalchbergs, von diesem bei seinen schlechten Vermögensumständen unterstützt, lebte in den zwanziger Jahren in Wien und starb 1834, achtzig Jahre alt.

a. Meusel 7, 298. 20, 269.

b. Schlossar, Innerösterreichisches Stadtleben S. 171 bis 175 (mit Proben).

c. Schlossar, Hundert Jahre S. 24 f.

1) Beiträge zu den Wiener Musenalmanachen (§ 231, 8 — Band IV. S. 366), zu Kalchbergs Früchten 1789 und 1790, zum Anhang zur Grätzer Zeitung 1798, 1805, zum Aufmerksamen 1813.

2) Der von Amorn verführte Schwan Denis am Brauttage d. 6. Jänner 1788. Elisabeth v. Würtemberg und Francisci II. Wien 1788. 4 Bl. 8. — Nr. 5) S. 87.

3) Die Stimme der Edlen an den Kaiser im Feldzuge wider die Pforte 1788. 8 S. 8. — Nr. 5) S. 117.

4) Auf die Abreise des Feldmarschalls Hadik zur k. k. Armee wider die Pforte. Wien 1789. 4 Bl. 4. — Nr. 5) S. 95.

5) a. Gedichte von Franz Schram. Gräz, gedruckt bei Andreas Leykam. 1790. 4 Bl., 160 S., 3 Bl. Inhalt. 8.

Widmung: Dem Hochwohlgebohrnen Herrn, Herrn Johann Nepomuk Edlen v. Kalchberg, des h. r. Reichs Ritter, und Landstand iu Steyermark, Herr der Herrschaften Pichl, Sommersdorf und Zechentgrub.

S. 7: Dem Grafen von Kuffstein. — S. 29: Der Knabe an den Westwind. — S. 32: Mein Dank an Born. — S. 34: An Blum. — S. 42: Empfindungen auf die glükliche Operation des Hrn. Dr. Barth an Se. Exzellenz den Herrn Landmarschall Grafen von Pergen. — S. 45: An Hofrath von Beckhen. Bei meiner Abreise in die Schweiz. 1786. — S. 58: An Born. — S. 65: Einladung auf Hetzendorf an den Grafen Schönburg. — S. 87: Der von Amorn verführte Schwan Denis am Brauttage dem 6ten Januars 1788. — S. 92: An die Liebe. Dem Edlen Johann v. Kalchberg. — S. 95: Auf die Abreise des Feldmarschalls Hadik zur k. k. Armee wider die Pforte 1789. — S. 101: Seiner unehelichen Tochter zum Geburtstage. Am 6ten Mai 1787. — S. 110: Beim Sarge des entschlummerten Grafen Fries. Im April 1788. — S. 117: Die Stimme der Edlen an den Kaiser im Feldzuge wider die Pforte 1788. — S. 121: Freimaurergebeth für Joseph den Zweiten. 1789. — S. 126: Die Wiedergenesung Josephs. 1789. — S. 133: Alchimistenlied. — S. 150: An X. Adolf v. Unruhe. Wien 19ten Oktob. 1789. — S. 151: Auf die Eroberung Belgrads.

b. Gedichte von Franz Schram. Zweiter Theil. Wien und Leipzig 1797.

6) Bardenhymenaeus gesungen zur Krönungsfeyer Hungariens, den Erlauchtesten der Erhabenen Nation gewidmet. Wien 1790. bey Weimar. 8 S. 8.

7) Auf den Tod Sr. Excellenz des Herrn Grafen Anton Károlyi von Nagy Károly etc. dem hochgräflichen Hause Károlyi gesungen. Wien den 24. August. 1791. 4 Bl. 4.

8) Feyergesang am Krönungstage Hungariens; gesungen dem erhabensten Königs und den Edelsten der Nation. Ofen 1792. 4.

9) Sein Tod am 1sten März 1792. Wien 1792. 4. (Auf den Tod Kaiser Leopold II).

10) Ode, dem Hrn. Ritter von Zimmermann in Hannover gesungen: Wiener Zeitschrift 1792. Heft 9. S. 354 bis 358.

11) Au meinen Kopf. Wien 1793. 8.

12) Epistel an meinen Sohn in Hagenau. Von Franz Schram. Wien, gedruckt mit Pichlerischen Schriften. 1794. 8 Bl. 4. (Verse).

Widmung: An Hern Melchior Joseph v. Baldtauff.

10. Xavier Adolph von Unruhe, geb. am 6. Januar 1770, studierte am Lyzeum in Graz, Freund Kalchbergs.

a. Schlossar, Innerösterreichisches Stadtleben S. 164 bis 168 (mit Proben).

b. Schlossar, Hundert Jahre S. 23 f.

1) Die Mainacht im Vollmonde: Gratzer litterarisch-ökonomisches Wochenblatt 1787.

2) Beiträge zu Kalchbergs Früchten 1789 und 1790.

11. Joseph Eustach König, geb. in Graz am 14. Januar 1758, Sohn des ehemaligen Stadtrichters, studierte in Graz und Wien, Advokat in seiner Vaterstadt, starb dort am 21. Dezember 1795. Er besaß eine große Bibliothek, übte ausgedehnte

Geselligkeit und veranstaltete auf seinem eigenen kleinen Theater in seinem Weingarten nächst Eggenberg vielbeliebte Dilettantenvorstellungen.

a. Winklern 1810. S. 106 f. (,Es sind auch manche andere Gedichte, unter andern eine metamorphosierte Geschichte der Erschaffung der Welt von ihm in Druck erschienen, die aber nicht unter das Publikum gekommen sind').

b. Kunitsch. 1805. 2, 50.

c. Steiermärkische Zeitschrift. Neue Folge. 6. Jahrgang. 1. Heft. Grätz 1840. S. 103 f. (Winklern).

d. Wurzbach 1864. 12, 220.

e. Schlossar, Innerösterreichisches Stadtleben S. 158 bis 164 (mit Proben seiner Gedichte).

f. Schlossar, Hundert Jahre S. 24.

Gedichte in den Wiener Musenalmanachen § 231, 8 — Band IV. S. 366 und in Kalchbergs Früchten vaterländischer Musen 1789 und 1790.

12. Alois Vincenz Florian von Leitner, geb. in Graz am 4. Mai 1767, Sohn des Kajetan Ignaz von Leitner, Hauptstadtkassierers in Graz, Oheim des Dichters Karl Gottfried von Leitner (§ 336, 1048). Er stand viele Jahre lang den sämtlichen Versorgungsanstalten seiner Vaterstadt vor und wurde 1817 zum k. k. Gubernial-Registratursdirektor befördert, starb aber schon am 22. Februar 1818. Er gab mit seinem Bruder Kajetan von Leitner und dem Rechnungsrate Martin Rottensteiner den Sonnabends-Anhang zur Grazer Zeitung heraus, für welchen er die Theaterkritiken lieferte.

a. v. Winklern 1810, S. 117 und 162.

b. Wurzbach 1865. 14, 342.

c. Genealogisches Taschenbuch der Ritter- und Adels-Geschlechter. Brünn 1877. S. 459 f.

d. Schlossar, Innerösterreichisches Stadtleben S. 164 bis 171 (mit Proben seiner Gedichte).

e. Schlossar, Hundert Jahre S. 27.

1) Beiträge zu Kalchbergs Früchten 1789 und 1790.

2) Der erleichterte Gottesverehrer, ein Gebet- und Erbauungsbuch. Grätz 1806. Tusch. 8.

3) Ein Aufruf als Flugschrift gedruckt. 1809.

4) Am Feste der Vermählung [Maria Louisens mit Napol. I.] von einem Genius zu Grätz ausgeteilt: vgl. Nr. 38, S. 47.

5) Ein dreiactiger Operntext: Romhilde oder der Untergang Friauls soll nach seinem Tode ganz verloren gegangen sein.

13. Joachim Hoedel, geb. in Graz um 1730, Jesuit, 1754 bis 1770 als Missionar zu Quito in Peru, nach der Auflösung des Ordens Pfarrer in Werschetz. Todesjahr unbekannt.

a. Stoeger 1856, S. 144.

b. Wurzbach 1863. 9, 93.

c. Petrik 1890. 2, 176.

1) Belgradum Turcis denno traditum honoribus Francisci regii principis et archiducis Austriae ddd. 1791. 12 Bl. 4. — Vgl. Nr. 4) II.

2) Belgradum expugnatum. Honoribus Alexandri, regii principis, et archiducis Austriae dum regni Hungariae palatinus eligeretur. Temesiae. (1792) Typ. Jac. Jonas. 10 Bl. 4. — Vgl. Nr. 4) I.

3) Luctus Hungariae in jubilum conversus, honoribus Seren. principis et archi-ducis Austriae Francisci I. dum in regem Hungariae solemni ritu inauguraretur. Budae 1792. Typ. reg. universitatis. 9 Bl. 4. — Vgl. Nr. 4) III.

4) Mvsa Verschetzensis Belgradi ac Hvngariae conversiones carmine elegiaco decantans. Libellus I. Belgradum expugnatum. II. Belgradum iterum Turcis traditum. III. Luctus Hung. in laetitiam mutatus (ob Coronat. Francisci I.) Edidit ac praefatus est Alexius Horányi. Pestini 1792. 76 S. 8.

5) Poeticum somnium. Laudes Illustr. Dni Sigismundi de Lovász cancellariae regiae hung.-Aulicae consiliarii complectens. Pestini 1792. Litt. Mathiae Trattner. 4 Bl. 4.

6) Carmen funebre musae Werschetcensis necem Ludovici XVI. regis galliarum die 21. Ianuarii 1798. a nationali Parisiensi conventu crudeliter peractam describens. 1798. 22 S. 8.

7) Carmen pastoritium ad cunas neo nati regii principis Fernandi a rurali Werschetzensi musa festive decantatum anno 1798. 1798. 16 S. 8.

8) Carmen prognosticum Illustr. Dni 1. Baronis Ignatii Lang nobilissimae consorti Theresiae, dum ea Sardum, nobilem Hungariae pagum comitatus Simighiensis, partum paterna in domo feliciter enixura cum conjuge suo proficisceretur, ab Ebreichsdorfensi musa pridie abitus oblatum die 6. Februarii 1797. 5 Bl. 4.

9) Musa Ebreichsdorfensis gloriosissimam Nationis Hungaricae Insurectionem festivo elego decantans, honoribus Jos. Batthyányi Primatis, et. Nicol. Principis Eszterházy die 8. Sept. 1797. Sopronii. 7 S. 4.

10) Oliva pacis inter Austriacos et Gallos amico foedere introducta, ac stabilita, honoribus inclyti scustns civici Viennensis dum is diem annuum gloriosissimae suae martialis insurrectionis in urbe principe solemni pompa, ac apparatu celebraret, ab Ebreichsdorfensi musa oblata, ac decantata, die 17. mensis Aprilis 1798. Sopronii, typ. Annae Clarae Siess. 12 S. 4. — Übersetzung von Joachim Füger sieh oben S. 569.

11) Nelsonis anglicani belliducis victoria navali pugna ad Nili fluminis ostia calendis Augusti anni 1798 reportata inclytae nationis anglicanae honoribus ab Ebreichsdorfensi musa festivo elego decantata. Sopronii, typ. Annae Clarae Siess. 8 S. 4.

12) Epicedium quo venerabile episcopale capitulum Sabariense praesuli suo Joanni Szily diem supremum obeunti, sub forma ac nomine devotissimae filiae patri optimo illacrymando parentat die 9. Aprilis anno 1799. 4 Bl. 4.

13) Ungarns Hochgesang an dem feyerlichen Namenstage Ihro Russisch Kayserl. Hoheit Alexandra Pawlowna der durchlauchtigsten Gemahlin S. k. Hoheit Erzherzogs Joseph Anton Palatins von Ungarn angestimmt von der Ebreichsdorfer Muse am 8. May 1800. Oedenburg, bey Jos. Ant. Sieß. 4 Bl. 4.

14) Moralische Sinngedichte eines siebenzigjährigen Musen-Zöglings zu Jedermann nützlicher Unterhaltung, besonders der noch lernenden Jugend, in deutsch und lateinischen Versen herausgegeben von der Ebreichsdorfer Muse. Wien, 1802. Carl Schnender. 8 Bl, 180 S. und 1 Bl. 8.

14. Joseph Schirnbrand, geb. in Graz am 22. März 1755, Syndikus in Kapfenberg.
Meusel 20, 123.
Sammlung einiger Gedichte sammt Schreiben von einem Landgute an eine Freundinn. Gräts 1791 bey Anton Tedeschi. 8.

15. Kajetan Franz von Leitner, geb. in Graz am 15. September 1768, studierte in seiner Vaterstadt, 1786 Akzessist bei der Staatsbuchhaltung in Inner-Oesterreich, 1795 Rechnungsoffizial bei der Steiermärkischen Staatsbuchhaltung, 1802 erster Rechnungsoffizial bei der ständischen Buchhaltung, 1805 Rechnungsrat, starb am 8. Dezember 1805. Mit seinem ältern Bruder Alois von Leitner und Rottensteiner war er Redakteur des Sonnabend-Anhanges zur Grätzer Zeitung und übernahm bei Kindermanns Abgang nach Wien 1800 auch die Redaktion der Gratzer Zeitung selbst. Er ist der Vater des Dichters Karl Gottfried von Leitner (§ 886, 1048).
    a. Meusel 10, 188. 14, 417.
    b. v. Winklern 1810. S. 114 bis 118.
    c. Steiermärkische Zeitschrift. Neue Folge. 6. Jahrgang. 2. Heft. 1841. S. 41 f. (Winklern).
    d. Wurzbach 1865. 14, 843 f.
    e. Schlossar, Hundert Jahre S. 27.
    1) Rede auf Leopold II. bei der von der Bürgerschaft von Grätz nach dessen Tode veranstalteten Trauerfeierlichkeit, vorgetragen von Raym. Ant Müller, a. d. O. d. H. Augustinus, der Grätzer Bürgermiliz Feldprediger. Grätz 1792, gedruckt mit Leykam'schen Schriften. Ohne Namen des Verfassers.
    2) Vaterländische Reise von Grätz über Eisenärz nach Steyer. Von K. F. v. L. Wien 1798, bey Fr. Jos. Rötzel. gr. 8.
    Neue Annalen 1807. Int-Bl. Februar.

16. **Johann Jacob Gabriel,** geb. in Graz am 24. Juli 1758, widmete sich seit 1781 der Seelsorge, Katechet und Kooperator zu Hartberg, Provisor der Dekanatspfarre Strasgang, um 1830 Kaplan zu Feldkirchen bei Graz.   Todesjahr unbekannt.

a. Meusel 2, 474. 9, 396. 22 II, 278.

b. v. Winklern 1810. S. 46 f.

1) Von den Mitteln, die Gesundheit zu erhalten; ein Geschenk für Kinder; allen Eltern, Lehrern und Jugendfreunden gewidmet. Grätz 1792. 8. Zweite verm. und verb. Auflage. Grätz 1802. bey Aloys Tusch.

2) a. Wörter-Katechismus, oder Erklärungen wichtiger Wörter nach ihren gemeinnützigsten Bedeutungen, und mit lehrreichen Beyspielen begleitet für die Jugend. Grätz 1795. 8.

b. Katechismus der gesunden Vernunft, oder Versuch in faßlichen Erklärungen wichtiger Wörter nach ihren gemeinnützigsten Bedeutungen, und mit einigen Beyspielen begleitet, zur Beförderung richtiger und bessernder Erkenntniß für die Jugend. Grätz 1803 bey Aloys Tusch. 8.

3) Denksprüche durch Beyspiele und Erzählungen erläutert für die Jugend. Von J. J. Gabriel. Grätz 1801. Gedruckt und verlegt bey J. Andreas Kienreich. 117 S. 8. — 4. Auflage. Grätz, Kienreich. 1815. 8.

Vgl. Annalen 1805. 1, 126.

17. **Joseph Höger Edler von Högen,** geb. in Graz am 2. Dezember 1767, studierte in Graz und Wien, wurde dann bei dem k. k. Appellations-Kriminal-gericht in Klagenfurt und hernach in Venedig angestellt, 1806 k. k. Landrechtens-Rat zu Linz, war 1810 wegen seiner zerrütteten Gesundheit bereits pensioniert. Todesjahr unbekannt.

a. Meusel 3, 361. 22 II, 784.

b. v. Winklern 1810. S. 37 f.

c. Schmidls Österreichische Blätter für Literatur und Kunst 1845, S. 903.

d. Wurzbach 1863. 9, 109 f.

e. Schlossar, Innerösterreichisches Stadtleben S. 191 bis 196.

f. Schlossar, Hundert Jahre S. 26.

1) Gedichte von Joseph Edlen von Högen. Erstes Bändchen. Leipzig und Grätz in der Franz Ferstlischen Buchhandlung. 1793. 80 S. 8.

Aus der Vorerinnerung. ,Diese kleinen Gedichte waren meine Erholungs-arbeiten vom 16ten bis zum 24ten Jahre, und haben vielleicht alle Mängel eines ersten Versuches an sich. . . Am 12ten Sommermond 1792'.

S. 16: Rudolph von Habsburg 1791. — S. 19 f.: An die Hochgebohrnen Frauen Gräfinnen von U . . . und von Chr . . . als Marie, und Therese im Vicekanzler [Schauspiel von Frz. Kratter § 258, 9 1)]. 1790. (,Einst folgten die le Kain's, die Schäkespäre'). — S. 21: An Herrn Appellationsrath Edlen von Pitreich. 1790. — S. 26: An die Oesterreichischen Kanonen. 1786. — S. 27: An Herrn Appellationsrath v. Modesti. 1788. — S. 35: Rundgesang eines jungen Muselmannes. 1788. — S. 42: An den Schnee. (Nach Blumauer). 1791. — S. 48: Bruchstücke aus der Brieftasche einer Nonne; gefunden im Jahr 1791. (,Ich bin die schöne Tullia, Im Kärntnerland gebohren'). — S. 65: An Herrn Franz Kovachich, meinen Freund, und vormaligen Lehrer. 1787. — S. 65: Dragoner-Lied. 1786. — (Das älteste Gedicht ist von 1784).

Zweytes Bändchen. 1793. 72 S. 8.

S. 9: Das Mährchen von König Ottokar. 1787. — S. 37: Frühlingsfeyer am 16ten Ostermond 1788 bey der ersten Entbindung der Hochgebohrnen Frau G. v. C . . . — S. 49 bis 68: Über die Regierungsformen. Ein Versuch. 1792. (Alexandriner).

18. Cantate: Der Retter in Gefahr, 22. Dec. 1796. Gespielt in Graz. Werbelied. (,Auf, auf! die Fahnen Stey'rmarks weh'n').

Vgl. Sonnabends-Anhang der Grätzer Zeitung zu Nro. 305. Den 31. Dec. 1796. ,Sowohl das Gedicht als die Musik sind Arbeiten zweyer in ihrem Fache wohlverdienter Bewohner dieser Hauptstadt, deren Namen, da sie sich selbst nicht nannten, bekannt zu machen, uns nicht zustehet'.

19. **Martin Rottensteiner,** geb. 1764 in Marburg, studierte in Klagenfurt und Graz, praktizierte beim Magistrat in Marburg, wurde bei der Steuerregulierung verwendet, starb als Rechnungsrat bei der k. k. Provinzial-Staatsbuchhaltung von

Steiermark und Kärnten in Graz am 7. Juni 1808 an den Folgen eines zwei-
maligen Sturzes aus dem Fenster.

Gab mit Xajetan v. Leitner und Alois v. Leitner seit 1796 den Anhang zur
Grätzer Zeitung heraus, worin er als Kritiker auftrat.

    a. Nekrolog: Int.-Bl. der Annalen. Oct. 1808.

    b. v. Winklern 1810. S. 160 bis 168.

20. Ignaz Heinrich Wastl, geb. in Graz am 7. Juli 1775, absolvierte daselbst
das Gymnasium und die philosophischen Studien, 1796 Akzessist bei der ständischen
Buchhaltung, starb als Rechnungsrat am 17. Dezember 1818. Redakteur des gemeinnützigen Wochenblattes, seit 1808 des Sonnabendsanhangs der Grätzer Zeitung.

    a. v. Winklern 1810. S. 251.

    b. Der Aufmerksame 1819. Nr. 12.

    c. Schmutz 1823. 4, 313.

    d. Hofrichter, Lebensbilder 1868. 1. Heft. S. 47.

    e. Ignaz Heinrich Wastl und Leopold Walter. Zur steierischen Literar-
geschichte: Correspondent für Untersteiermark. Marburg 1864. Nr. 1. 2. 4.

    f. Wurzbach 1886. 53, 144.

21. Leopold Walter, geb. in Graz am 13. Nov. 1778, studierte in Graz und
Wien, zog 1797 in der Studentenlegion ins Feld, Praktikant und später Konzipist
bei der k. k. Staatsgüteradministration in Graz, geistesgestört, † im Sommer 1842.
Eifriger Mitarbeiter am Sonnabend-Anhang zur Grätzer Zeitung.

    a. v. Winklern 1810. S. 248.

    b. Schmutz 1823. 4, 305.

    c. Großer steiermärkischer Nationalkalender auf das Jahr 1858. Gratz. 8. 24.

    d. Sieh Nr. 20, e.

    e. Wurzbach 1886 53, 25.

22. Johann Baptist von Winklern, geb. am 13. Januar 1768 in Murau im
Judenburger Kreis, studierte in Graz, 1786 bis 1789 Amtsschreiber in Millstadt in
Kärnten, verzichtete auf seine Stelle, trat in Graz in das k. k. Generalseminar,
wurde 1792 zum Priester geweiht, Hilfspriester zu Anger, zu St. Peter bei Graz,
1797 Aktuar und Katechet an der Ursuliner Mädchenschule in der Hauptstadt-
pfarre Graz; 1800 wirklicher Kurat; 1801 Pfarrer zu St. Johann im Sagathal im
Marburger Kreis, 1810 Pfarrer und 1819 Dechant in Unzmarkt, starb als Pfarrer
und Dechant in Pöls bei Judenburg am 22 August 1841.

    a. Meusel 8, 548. 16, 240. 242. 21, 624 f.

    b. Int.-Bl. der Annalen. März 1808.

    c. v. Winklern 1810. S. 270 bis 273.

    d. Waitzenegger 1820. 2, 521.

    e. Schmutz 1823. 4, 375.

    f. Gräffer und Czikann 1835. 6, 161.

    g. Ilwof: Mittheilungen des Vereins für Steiermark. Graz 1869. 17, 14 f.

    h. Wurzbach 1888. 56, 291. — i. Sieh unten S. 814.

    1) Ländliche Erzählungen. (Handschrift).

    2) Die Dose, ein Schauspiel in drey Aufzügen. (Handschrift).

    3) Die Feyer am Tage Theresens im Tempel der Dankbarkeit, ein Schauspiel
in einem Anfzngs. (Handschrift).

    4) Andreas Baumkirchner, ein vaterländisches Trauerspiel in 5 Aufzügen.
(Handschrift).

    5) Predigten auf alle Sonn- und Feyertage des ganzen Jahrs. Grätz 1797
bey J. A. Kienreich. III. 8.

    6) Erklärung der sonn- und festtäglichen Evangelien zum Gebrauche der
Schulen, und anwendbar für Frühepredigten, wie auch zur Privaterbauung. Grätz
1800. bey J. A. Kienreich. II. 8. — 2. Aufl. 1817. — 3. Aufl. Wien 1840.

    7) Achtzehn Fastenreden. Grätz 1805. bey J. A. Kienreich. 8. — 2. Aufl.
1818. — 3. Aufl. Wien 1840.

    8) Die parabolischen Erzählungen unsers Herrn Jesu Christi erklärt und an-
gewendet. Zum Gebrauch für Prediger, Katecheten und Seelsorger, auch zur
Familien-Erbauung. Von Johann Baptist von Winklern, Pfarrer zu St. Johann im
Sagathal. Grätz, gedruckt und verlegt bey Joh. Andreas Kienreich. 1805. 265 S. kl 8.

Vgl. Neue Annalen 1808. 2, 145.

9) Nützliches Sitten- und Unterhaltungbüchlein für die Jugend, bestehend in Erzählungen, Gedichten, Denksprüchen und Aufsätzen aus der Natur- und Weltgeschichte. Grätz 1806. bey J. A. Kienreich. 8. — 2. Aufl. 1816.

10) Kurze Lebensbeschreibung der h. Apostel und Evangelisten, d. h. Josephs, des h. Johann des Täufers, und des h. Erzmartyrers Stephans. Ein Büchlein zur Familienerbauung, besonders für das Landvolk. Grätz 1808. gedruckt und verlegt bey J. A. Kienreich. 8. — 2. Aufl. 1819.

11) Die heilige Charwoche, oder Anleitung diese Zeit dem Geist des Christenthums gemäß zuzubringen. Aus dem Meßbuche, dem Brevier, und andern liturgischen Werken zusammengetragen. Grätz 1808. bey Franz Ferstl. gr. 8. — 2. Aufl. 1817.

12) Vgl. oben I, e.

13) Kleines Gebetbüchlein für Kinder nebst Schul- und Kirchengesängen. Gratz 1810. — 2. Aufl. 1815. — 3. Aufl. 1818.

14) Vollständiges Gebetbüchlein für die Jugend auf alle Zeiten und Feste des ganzen katholischen Kirchenjahrs. Mit Bildern. Gratz 1810. 12. — Neu herausg., verbessert und vermehrt von Sebastian Brunner. Gratz 1843. 8.

15) Chronologische Geschichte des Herzogthums Steyermark. Grätz 1820, bey Franz Ferstl. 8.

16) Vorstellungen und Gebete für die heil. Messe, zu Ehren und Anbetung des Leidens und Sterbens unseres Herrn Jesu Christi. Gratz 1825. — 5. Aufl. 1829. 8.

17) Vorstellungen der heil. Messe für Kinder. Neue Aufl. Gratz 1829. 18.

18) Die Hauptpfarre Pöls in der obern Steiermark. Von Johann Baptist von Winklern: Steiermärkische Zeitschrift. Neue Folge. 3. Jahrgang. II. Heft. Grätz, 1886. S. 140 bis 156.

19) Vgl. oben I, i.

20) Vgl. oben I, t.

23. Johann Nepomuk von Kalchberg, § 259, 188 — Band V. S. 344.
a. Meusel 4, 22. 19, 55. 18, 298. 23, 80f.
b. v. Winklern 1810. 8. 97.
c. Nekrolog von Professor Appel: Steyermärkische Zeitschrift. VIII. Heft. Grätz, 1827. 8. 45 bis 58   (S. 56f. ungedruckte Gedichte).
d. Steiermärkische Zeitschrift. Neue Folge. 6. Jahrgang. 1. Heft. 1840. S. 127 bis 130. (Winklern).
e. Schlossar, Hundert Jahre S. 14.
Brief an Schiller: Urlichs, Briefe an Schiller S. 160. Briefwechsel mit Erzherzog Johann: Schlossar, Erzherzog Johann. Wien 1878. — Vgl. oben I, x.

1) An Joseph Adam, Fürstbischof von Seckau. Grätz 1798.

2) An Franz II. Grätz 1798.

3) Auf den Tod der Großfürstin und Erzherzogin Alexandra Pawlowna, kaiserliche Hoheit etc. Grätz, im Lenzmonat 1801. Gedruckt mit Kienreich'schen Schriften.

4) Die Stände Steiermarks an Se. des Grafen Ferdinand von Attems, Excellenz etc. bey dessen feyerlicher Installation zur Landeshauptmannswürde am 8. April 1801. Grätz o. J.

5) Friedensgesang im Jahre 1814. Grätz o. J.

6) Dem erhabenen Kaiserpaare Franz und Caroline zur Feier Ihrer allerhöchsten Anwesenheit in Grätz. 1817. Grätz o. J.

24. Betrachtungen und Gebete in der heiligen Charwoche, nebst einigen Hymnen. Für gebildetere Christen. Grätz, 1801. Gedruckt mit Tanzerschen Schriften. 3 Bogen. 8.
Vgl. Annalen Iunius 1802. Nr. 48.

25. Franz Sartori, geb. am 7. März 1782 in Unzmarkt, studierte in Graz, trat dort in den Orden der Minoriten, den er aber nach anderthalb Jahren noch vor abgelegter Profeß wieder verließ 1804 Redakteur der in Graz erscheinenden Zeitung für Innerösterreich und deren litterarischer Beilage, setzte 1806 seine Studien in Wien fort, 1807 Doktor der Medizin, Redakteur der Annalen, machte eine Reise durch den größten Teil der österreichischen Provinzen, trat 1808 ins k. k. Bücher-Revisionsamt, dessen Vorstand er 1812 wurde, 1818 begründete er die Wiener Litteratur-Zeitung, 1819 den österreichischen Kalender, seit 1814 auch Redakteur der Vaterländischen Blätter; † in Wien am 31. März 1832.

    a. v. Winklern 1810. 8. 184 bis 213.

    b. Meusel 15, 260 f. 20, 84 bis 86.

    c. Hormayrs Archiv 1815. 6, 427: Biographische Skizze.

    d. Gräffer und Czikann 1835. 4, 490.

    e. Steiermärkische Zeitschrift. Neue Folge. Jahrgang 7. 1842. Heft 1. 8. 56 bis 58 (Winklern).

    f. Mr. Siegerist, Franz Sartori und der Stern. Gratz, 1848.

    g. Wurzbach 1874. 28, 252.

    1) Artikel in Andrés Patriotischem Tageblatt.

    2) Ein Aufsatz über ein von ihm entdecktes Brotsurrogat: Justiz- und Polizey-Fama (redigirt von Hartleben) 2. Juli 1802. Nr. 76.

    3) Skizzirte Darstellung der physikalischen Beschaffenheit, und der Natur-geschichte des Herzogthumes Steyermark, als Grundlage zur Beförderung und Ver-besserung der Oekonomie und des Bergbaues in diesem Lande. Sammt zweck-mäßigen Mitteln zur Vervollkommnung dieser wichtigen Gegenstände. Von Franz Sartori. Grätz, bey Joh. And. Kienreich. 1806. 279 S. 8.

    4) Naturwunder des Oesterreichischen Kaiserthumes. Von Dr. Franz Sartori. Erster Theil. Wien, 1807. Im Verlage bey Anton Doll. XVI, 17 bis 262 S., 1 Bl. Inhalt. 8.

    Widmung: .... Herrn Ignaz, Grafen von Attems, ...

    S. V: Vorrede über die Kenntniß der Naturmerkwürdigkeiten des öster-reichischen Kaiserthumes (Wien, am 27. Juni 1806).

    Zweyter Theil. Wien 1807. — Zweyte verb. u. verm. Aufl. Wien, 1810. Im Verlage bey Anton Doll. 256 S. 8.

    Widmung: .... Herrn Stephan Benditsch Medicinä Doctor und Physiker zu Grätz ....

    Dritter Theil. Wien, 1809. VIII, 9 bis 276 S. 8.

    Widmung: Dem Herrn Doctor Caspar Duftschmid, Landschaftsphysicus zu Linz, dem mothigen Vertheidiger unserer Nationallehre bey Gelegenheit der famösen Natterngeschichte in Steyermark, ...

    S. V: Vorrede (Wien am 12. Julius 1808).

    Vierter Theil. Wien, 1809. 259 S. 8.

    Widmung: Dem Herrn Marcus Sandmann, Custos der k. k. Bibliothek zu Grätz ....

    4a) Annalen 1807 bis 1810: oben A. II. i, s. ζ == S. 507.

    5) Specimen nomenclatoris plantarum phanerogamarum in Styria sponte crescentium. Viennae 1808. Doll. 8.

    6) Grundzüge einer Fauna von Steyermark, oder systematische Aufzählung der bisher bekannten in Steyermark einheimischen Säugthiere, Vögel, Amphibien, Fische, Insecten und Gewürms nach Linné's System in deutsch, lateinisch und französischer Sprache, mit naturhistorischen und ökonomischen Anmerkungen. Gräts 1808. 8.

    7) Länder- und Völker-Merkwürdigkeiten des Oesterreichischen Kaiserthumes. Wien 1809. Doll. IV. 8.

    8) Neueste Reise durch Oesterreich ob und unter der Ens, Salzburg, Berchtes-gaden, Kärnthen und Steyermark, in statistischer, geographischer, naturhistorischer, ökonomischer, geschichtlicher und pittoresker Hinsicht unternommen von Dr. Franz Sartori, Mitglied mehrerer gelehrter Gesellschaften. Erster Band. Leipzig, 1812. Bey Gerhard Fleischer dem Jüngern. XXII, 461 S. 8. Oesterreich unter der Ens.

    Widmung: ... dem ... Erzherzoge Johann Baptist von Oesterreich.

    S. IX: Vorrede. (Wien am 1. April 1810).

    2. Band. 1812. 405 S. 8. Salzburg. Kärnten.

    3. Band. 1812. 320 S. 8. Steyermark.

    Dagegen: Kritische Andeutungen. Eine nothwendige Beilage zum zweiten Bande von Franz Sartoris neuester Reise: Carinthia 1811. Nr. 13 bis 18. Nr. 20. Dann selbständig: Klagenfurt 1812. Soll nach Wurzbach 10, 166 der Hauptsache nach von Johann Ritter v. Jenull, nach Wurzbach 13, 372 aber von Johann Gottfried

Kampf sein. — Beleuchtung der neuesten Reise durch Oesterreich ob und unter der Enns ... unternommen von Dr. Franz Sartori. Ein wesentlicher Beitrag zu dieser Reisebeschreibung, mit einziger Rücksicht auf Kärnthen. Klagenfurt 1812. 8. Von Meusel 17, 514 und Wurzbach 28, 253 dem Grafen Franz Josef En sen - berg zugeschrieben (wenn nicht beide Schriften identisch sind).

9) Mahlerisches Taschenbuch für Freunde interessanter Gegenstände. Wien 1812 bis 1818. A. Doll. VI. 8. Oben A. III, d α. S. 524 f.

10) Die östreichische Schweitz, oder mahlerische Schilderung des Salzkammer-gutes in Oesterreich ob der Enns. Mit einer Beschreibung des Steyrischen Salz-bergwerks zu Aussee und der Oestreich. Stifte Kremsmünster und St. Florian. Ein Taschenbuch auf Reisen in diese Gegend. Wien 1813. Doll. 8.

11) Neueste Geographie von Steiermark. Mit ihren statistischen, physikalischen, industriellen und topographischen Merkwürdigkeiten. Nebst einem alphabetischen Verzeichniß aller in Steiermark befindlichen Städte, Märkte, merkwürdigen Dörfer, Schlösser, Klöster, Berge, Flüsse, Seen, Mineral-Quellen, Straßen, Posten, Wasser-wege, historischen, physikalischen, industriösen, und statistischen Eigenheiten. Von Dr. Franz Sartori .... Grätz 1816. bey Franz Ferstl. 4 Bl., 235 S. 8.

Widmung: .... dem Herrn Ritter Joh. Nep. Edlen von Kalchberg, ... dem in ganz Deutschland geschätzten glücklichen Dichter ....

12) Pantheon denkwürdiger Wunderthaten volksthümlicher Heroen und furcht-barer Empörer des österreichischen Gesammt-Reiches; von Dr. Franz Sartori, vor-mahligem Redacteur der österreichischen Annalen und der Wiener Literatur-Zeitung, gegenwärtigem Herausgeber der vaterländischen Blätter und mehrerer gelehrter Gesellschaften Mitglied. Wien, 1816. In der Haas'schen Buchhandlung. III. 8.

Erster Band. (371 S.). a: Andeutung über Plan und Tendenz des Werkes. — b: Erasmus Lueger. — c: Andreas Hofer. — d: Joseph Speckbacher. — e: Paul Kray. — f: Stephan Fadinger. — g: Ziska und Procop. — h: Friedrich Stubenberg.

Zweyter Band. (398 S., 1 Bl. Inhalt). i: Marcellin Ortner. — k: Benyovsky. — l: Die Familie Eggenberg. — m: Ulrich Eyzinger,.

Dritter Band. (892 S.). n: Hunyady. — o: Die Wiener-Neustadt und Andreas Baumkircher. — p: Wallenstein. — q: Oswald von Wolkenstein. — r: Jacob Sicherer. — s: Wolfgang Holzer. — t: Peter Haider. — u: Andreas Jelky. — v: Martinuzi. — w: Zapolya. — x: Kohary.

13) Taschenbuch für Karlsbads Kurgäste, wie auch für Liebhaber von dessen Naturschönheiten. Wien 1817. Haas. 8.

14) Taschenbuch für Marienbads Kurgäste oder vollständige Beschreibung dieses Heilortes und seiner Umgebungen. Wien 1819. Haas. 8.

15) Oesterreichs Tibur oder Natur- und Kunstgemälde aus dem österreichischen Kaiserthume, seiner Alpen, Ströme, Seen, seiner Heilquellen und ihrer Wunder. Mit Beiträgen von Hammer, Schultes, Trattinick, Berzeviczy u. A. Wien 1819. Doll. 8.

16) Romantischer Bildersaal großer Erinnerungen. Aus der Geschichte des österreichischen Kaiserstaates. Brünn 1819. Traßler. H. 8. Ohne Verfassernamen.

17) Naturgemälde der neuentdeckten Polar- und Tropenländer, oder Merkwürdig-keiten der neuen Welt .... Brünn 1819, Traßler. II. 8. Ohne Verfassernamen.

18) Die Burgvesten und Ritterschlösser der österreichischen Monarchie. Nebst einer topographisch-pittoresken Schilderung ihrer Umgebungen. Brünn 1819 bis 1820. Traßler. VIII. gr. 8. Ohne Verfassernamen.

19) Ueberlieferungen aus der neuen Welt oder den Staaten, Kolonien und Völkern jenseits des Meeres .... Nach den jüngsten Entdeckungsreisen und interessantesten Gemälden. Brünn 1820. Traßler. II. 8. Ohne Verfassernamen.

20) Verzeichniß der gegenwärtig in und um Wien lebenden Schriftsteller, nebst den Wissenschaftsfächern, in welchen sie sich vorzüglich bekannt gemacht haben. Wien 1820. Gerold. 8. Vergl. oben A. 1, h = S. 505.

21) Geschichte und Beschreibung der merkwürdigen Gotteshäuser, Stifter und Klöster. Brünn 1821. II. Traßler. 8. Ohne Verfassernamen.

22) Naturwunder und außerordentliche Naturerscheinungen unserer Zeit in dem österreichischen Kaiserthume. Eine Fortsetzung der österreichischen Natur-wunder. Gratz 1821. Kienreich. H. 8.

28) Donau-Ansichten vom Ursprunge dieses Stromes bis zu dessen Mündung; nach der Natur gezeichnet von Jacob Alt, gedruckt in Stein von Adolph Kunike, mit erläuterndem Texte am Schlusse von Dr. Franz Sartori. 1821.

24) Die besuchtesten Badeörter und Gesundbrunnen des österreichischen Kaiserstaates. Brünn 1821. Traßler. II. 8. Ohne Verfassernamen.

25) Historisch-ethnographische Übersicht der wissenschaftlichen Cultur, Geistes-thätigkeit und Literatur des österreichischen Kaiserthums nach seinen mannigfaltigen Sprachen und deren Bildungsstufen. In skizzirten Umrissen bearbeitet von Dr. Franz Sartori, ... Erster (einziger) Theil. Mit einem Anhange: das Vaterunser in den Sprachen und Typen der verschiedenen in der österreichischen Monarchie einheimischen Nationen darstellend. Wien. Gedruckt und im Verlage bei Carl Gerold. 1830. XXII, 440 S., Umfaßt die Litteraturen der außerdeutschen Nationen.

26) Wien's Tage der Gefahr und die Retter aus der Noth. Eine authentische Beschreibung der unerhörten Ueberschwemmung Wien's, nämlich der Vorstädte Leopoldstadt, Jägerzeil, Roßau, Thury, Lichtenthal, Althann, Alservorstadt, Land-straße, unter den Weißgärbern, Erdberg, dann der Rothenthurmstraße, Adlergasse, am Fischmarkt und Salagries in der inneren Stadt, und des flachen an der Donau gelegenen Landes, sowie eine wahrheitgemäße Schilderung der außerordentlichen Rettungsanstalten, Hülfeleistungen und thätigen Nächstenliebe, wodurch sich die erhabenen Glieder unseres Kaiserhauses, der hohe Adel, das Militär, sowie die Behörden, kurz die Wiener überhaupt zu dieser Zeit um den Dank ihrer bedrängten Mitbürger verdient gemacht haben. Von Dr. Franz Sartori . . . Wien. Gedruckt und im Verlage bei Carl Gerold 1830. XIV, 248 S. gr. 8. Doppeltitel: Authen-tische Beschreibung der unerhörten Ueberschwemmung der Donau im Erzherzog-thume Oesterreich unter der Enns im Jahre 1830. Erster Theil. Wien 1830. [Widmungsgedicht]: Den edlen Rettern in den Tagen der Gefahr. (,Wie könnten Euch die Armen würdig lohnen'). S. VII: Vorrede. (Wien, am 24. September 1830). 2. Theil. 1832. XII, 88 S. Doppeltitel: Wiens .... Noth. Eine Beschreibung der unerhörten Ueberschwemmung des flachen an der Donau gelegenen Landes in Oesterreich unter der Enns, und Schilderung der..... Behörden zu dieser Zeit.... gemacht haben. Größten Theils aus amtlichen Quellen entnommen von Dr. Franz Sartori . . . 1832. [Widmungsgedicht]: Den Wohltätern in den Tagen der Noth. (,Wohltaten, still und rein gegeben'). S. VIII: Vorrede. (Wien, am 7. Nov. 1831).

26. Michael Lubi, Doktor der Rechte, geb. zu Tüffer; privatisierte 1810 in Graz. v. Winklern 1810. 8. 125.

1) Ode. Auf die Ankunft Sr. Excellenz, des in Inner- und Oberösterreich commandirenden Herrn General-Feldzeugmeisters, Grafen Anton v. Sztaray. Einzel-druck. Wiederholt: Sonnabends-Anhang der Grätzer-Zeitung zu Nro. 59, den 13. März 1802.

2) Gedichte von Michael Lubi. Gräts 1804, gedruckt bey den Gebrüdern Tanzer. (Sonnenfels gewidmet). 8 Bl. und 200 S. 8.

27. Vinzenz Graf von Battbyáni, geb. zu Graz am 28. Februar 1772, Sohn des Grafen Joh. Georg Batthyáni, ungarischer Statthalterei-Rat, Hofrat, Vize-präsident der allgemeinen Hofkammer, Obergespan des Honther, Administrator des Graner Komitats und Referent bei der Kommerz-Hofkommission in Wien, gest. am 8. Dezember 1827.

a. Meusel 13, 64. 17, 87. 22¹, 129.
b. Int.-Bl. der Annalen 1810. Oct. 8. 189.
c. v. Winklern 1810. 8. 12.
d. Steiermärkische Zeitschrift. Neue Folge. 6. Jahrgang. 2. Heft. 1841. S. 74 f. (Winklern).
e. Wurzbach 1857. I, 182 f.

1) a. Reise nach Constantinopel, in Briefen: Schedius' Zeitschrift von und für Ungarn. Band 2 bis 4. 1802.
b. Reise nach Constantinopel. In Briefen vom Herrn Grafen Vincenz Batthyáni. Zweyte verbesserte und vermehrte Ausgabe. Pesth, bey K. A. Hartleben. 1810. 270 S. 8.
Vgl. Annalen 1810. September. S. 396.

2) Rede auf den Tod des Barons Kray von Tapolya, Commandeurs des militär. Marien-Theresien-Ordens, Inhabers eines Infanterie-Regimentes, und k. k. Feldzeugmeisters. Von Vincenz Grafen von Batthyáni, k. k. Kämmerer und ungr. Statthalterey-Rathe. (Ofen] 1804. 15 S. 8.

Vgl. Annalen, August 1804. Nr. 96.

3) Ueber das ungrische Küstenland. In Briefen vom Herrn Grafen Vincenz Batthyáni. Pesth, bey K. A. Hartleben. 1805. XX, 228 S. 8.

Vgl. Schedius' Zeitschrift von und für Ungern 1804. 6, 257 bis 258. — Lübeck, Ungrische Miscellen I. I, S. 99. Rezension: Q. F. — Annalen 1805. 1, 180.

4) Rede bey Aufstellung des von Franz dem Ersten dem Andenken Joseph's des Zweyten gewidmeten Monuments von Vincenz Grafen Batthyáni. Pesth, bey Conrad Adolph Hartleben. 1807. 28 S. 4.

Vgl. Neue Annalen 1808. 2, 136.

5) Reisen durch einen Theil Ungarns, Siebenbürgens, der Moldau und Bukovina. Im Jahre 1805. Pesth, 1811. Hartleben. 235 S. 8.

Vgl. Annalen 1812. I, 202.

Ins Ungarische übers.: Pest 1818, Trattner. 160 S. 8.

28. Franz Xaver Sperl, Direktor der Hauptschule in Judenburg, lebte später in Wien.

a. Meusel 15, 506. 20, 540.

b. Wurzbach 1878. 86, 142.

1) Auswahl vorzüglicher Merkwürdigkeiten aus der Geschichte des Menschen, aus der Natur- und Kunstgeschichte, Länder- und Völkerkunde; nebst einigen Denkmählern altteutschen Witzes und altteutscher Biederkeit, zur Belehrung und Unterhaltung herausgegeben. Grätz 1802. 8.

2) Darstellungen edler Handlungen aus dem Leben guter Menschen. Gratz 1803, Kienreich. 8.

3) Prüfungsgeschenk für die fleißige und gesittete Jugend; in Denk- und Sittensprüchen, Sprüchwörtern, Anekdoten, Charaden und Räthseln [Th. 2: in Gedichten, Fabeln und Erzählungen]. Grätz 1804. II. 8.

4) Moralische Erzählungen und Anekdoten für die Jugend. Nebst des Marcus Antonius Muretus Sitten- und Klugheitslehren an seinen Brudersohn Marcus Antonius, aus dem Lateinischen neu übersetzt. Grätz 1806. 8.

5) Lesungen aus dem Gebiete des Seltenen und Wunderbaren in der Natur und dem Menschenleben. Gratz 1806. II. 8.

6) Geschichte merkwürdiger Menschen in physiologischer, psychologischer und moralischer Hinsicht. Gratz 1807. 8.

7) Des Phädrus, eines Freygelassenen des Augustus, Aesopische Fabeln. Neu übersetzt von F. X. Sperl. Grätz bey J. A. Kienreich, 1807. 68 S. 8. (Prosa).

Vgl. Neue Annalen 1808. 1, 44.

8) Sittliche Gemählde guter und böser Kinder, oder Unterhaltungen des Vaters Baratier mit seinem Sohne Philipp. Neu herausgegeben, und mit einer Nachricht von dem Leben des jungen Baratier begleitet von F. X. Sperl. Grätz, gedruckt und verlegt bey J. A. Kienreich. 1807. 64 S. 8. — 2. Aufl. 1810.

Vgl. Neue Annalen 1808. I, 233.

9) Unterhaltungen für fleißige und gute Kinder in den Feyerstunden. Von F. X. Sperl. Grätz bey J. A. Kienreich. 1807. 135 S. 8. — 2. Aufl. 1817.

Vgl. Neue Annalen 1808. 1, 233.

10) Feyerabende guter Söhne und Töchter. Herausgegeben von F. X. Sperl. Grätz, gedruckt und verlegt bey Joh. Andreas Kienreich. 1808. 118 S. 8.

Vgl. Neue Annalen 1809. 1, 231.

11) Vorbereitung der Jugend zum schriftlichen Gedankenausdrucke. Ein Handbuch für Lehrer. Grätz 1808. 8.

12) Staats-, Zeitungs- und Conversations-Lexicon nach [Joh.] Hübner. Umgearb. Ausg. Grätz 1817. II. gr. 8.

13) Lehrreiche Stoffe zu Vorschriften und zum Dictiren. 2. Aufl. Gratz 1817. 8.

14) Sprichwörtliche und andere im gemeinen Leben und in Schriften vorkommende Redensarten der deutschen Sprache, mit den nöthigen Erklärungen. Gratz 1824. 8.

15) Deutsches grammatisch-orthographisches Wörterbuch nach dem Geiste der neuen deutschen Sprachlehre bearbeitet. Gratz 1824. 8.

16) Tugend-Spiegel. Eine Reihe von Beispielen frommer und edler Gesinnungen und Handlungen. Grätz 1830. 8.

17) Die Völker der Erde. Ein kurzer Abriß derselben für Freunde der Länder- und Völkerkunde, zur angenehmen Belehrung für die Jugend. In alphabetischer Ordnung. Grätz 1830. 8.

29. Joseph Alois Süeß, geb. in Gras am 10. August 1777, Inhaber der Apotheke zum goldenen Hirschen in Gras, war noch 1823 Waisenvater am k. k. Kranken- und Findelhaus in Gras. Todesjahr unbekannt.
a. v. Winklern 1810. 8. 289. — b. Meusel 20, 703. — c. Schmutz 1823. 4, 146. — d. Wurzbach 1880. 40, 289.

1) Natur-Scenen und ländliche Gemählde, geschrieben in Stunden des Gefühls von J. A. Süess. Grätz, bey Johann Andr. Kienreich. 1808. XVI, 220 S. 8. (Verse). Vgl. Annalen, Junius 1804. Nr. 63.

2) Chemisch-physikalische Untersuchung des Rohitscher Sauerbrunnens. Gräts 1803.

30. Benno (Frans Xaver) Kreil, geb. in Admont am 1. November 1779, Sohn eines Gastwirtes, studierte in Admont und Gras, trat Oktober 1798 in das Benediktinerstift seines Heimatortes, 1802 Lehrer der biblischen Exegese an der theologischen Hausanstalt, vervollständigte seine Studien in Salzburg und Wien, 1809 Professor des Bibelstudiums des neuen Bundes an der theologischen Fakultät in Gras, dort mit Hammer-Purgstall befreundet, 1823 Administrator, 1839 Abt des Stiftes, gest. am 7. März 1863.
a. Grazer Tagespost. 1863. Nr. 123 und 124.
b. Richard Peinlich, Benno Kreil, Abt zu Admont. (Nekrolog). Im Auftrage des Stiftsadministrators verfaßt. Gratz 1863. 8.
c. Katholischer Wahrheitsfreund. Graz. Jahrgang 1863. Nr. 24 f.
d. Wurzbach 1865. 13, 178 f.
e. Scriptores ordinis S. Benedicti qui 1750—1880 fuerunt in Imperio Austriaco-Hungarico. Vindobonae 1881. S. 233.

1) Hauptlehrsätze aus der biblischen Alterthumskunde, der Einleitung in die Bücher des alten und neuen Bundes und der biblischen Auslegungskunde von P. Benno Kreil, approb. Professor. 1803. 8.

2) Gedichte im Aufmerksamen 1815. Nr. 10.

3) Die frühe Vollendung und Erinnerungen aus dem Leben des edlen Jünglings Wenzeslaus Grafen von Purgstall; besungen und den Freunden des Seeligen gewidmet von Pr. Benno. Grätz, gedruckt bei Andreas Leykam, 1817, am 20. Geburtstage des Seeligen. 8. — Vgl. oben A. 200. 8) e — S. 600 f.

31. Ode an den hochwürdigen k. k. wirkl. Steyermärkischen Gubernialrath, Domdechant an der hiesigen Cathedralkirche, und Director der hierortigen k. k. Lycäumsbibliothek, Herrn Joseph Jüstel, als vorgewesenen k. k. Professor der Moral- und Pastoraltheologie, bey Gelegenheit seines Austrittes aus dem Lehramte. Von seinen Schülern zum Dank gewidmet. Grätz, 1804. Gedruckt mit Tanzer'schen Schriften. 4. Wiederholt: Sonnabends-Anhang der Grätzer Zeitung zu Nro. 16, den 28. Jäner 1804. (,Nun du nicht mehr in unserem Kreise weilst').
Vgl. Annalen April 1804. Nr. 48.

32. Ode an den besten Lehrer und Freund Cajetan Edlen von Hammer. Von seinen Zöglingen geweihet. Grätz 1806, gedruckt mit Tanzer'schen Schriften. 4. Vgl. Neue Annalen 1807. I, 96.

33. Ode an Seine Hochwürden Herrn Michael Werdnig, Doctor der Theologie und Präfecten des k. auch k. k. Gymnasium zu Grätz, als Selber nach empfangener goldenen Verdienst-Medaille von seinem bisherigen Amte abtrat. Vorgetragen von Emanuel Schindler, Schüler der Poetik, am 14. April 1806. Gedruckt mit Tanzer'schen Schriften. 4.
Vgl. Neue Annalen 1807. 1, 95 f.

34. Michaeli Werdnig emerito Gymnasii graecensis praefecto, dum munificentia augusti XVIII. Kalendas Maj. aureo numo publice donaretur. Veterano amico amicus. 1806. 4.
Vgl. Neue Annalen 1807. 1, 95 f.

35. Der höfliche Schüler, verfasset von einem Freunde der Jugend. Grätz bey Joh. And. Kienreich. 1807. 96 S. 12.
Vgl. Neue Annalen 1808. I, 89: ‚Elende Verse'.

36. Auf Madams Roose, k. k. Hofschauspielerinn in Wien nach einigen von ihr auf dem ständischen Theater in Grätz dargestellten Gastrollen. 1 Bl. 4.
Vgl. Neue Annalen 1808. 1, 240.

37. Johann Gustav Fellinger (Schriftstellername: Gustav), geb. am 8. oder 23. Januar 1781 zu Peggau in Obersteiermark, trat 1808 in die Landwehr, 1809 als Offizier zu den Linientruppen. In der Schlacht an der Piave (8. Mai 1809) verwundet und als Gefangener nach Frankreich geführt, kehrte er nach dem Frieden in seine Heimat zurück, wo er wieder als Offizier eintrat. Wegen geschwächter Sehkraft konnte er die Freiheitskämpfe nicht mitmachen, verfiel darüber in Melancholie und starb als Konskriptionsrevisor in Adelsberg in Krain am 27. November 1816.
   a. v. Winklern 1810. S. 35 f.
   a'. Meusel 17, 559. 22^{II}, 121.
   b. Gesellsch. 1819, Nr. 153.
   c. Nekrolog: Illyrisches Blatt 1822. Nr. 10.
   d. C. Schmutz, histor.-topogr. Lex. 1822. I, 864. 3, 105.
   e. Steierm. Zeitschr. Gratz 1840. N. F. 6.Jahrgang. Heft 1, S. 130. (Winklern).
   f. Scheyrer 350 f.
   g. Mosenthal, Museum 1858. S. 250.
   h. Wurzbach 1858. 4, 170.
   i. Kehrein, Lex. 1868. 1, 98 f.
   k. Hermann 1860. III. 3, S. 231. 236.
   l. Schlossar, Hundert Jahre S. 47 f.
   m. Mitteilungen von C. G. Ritter von Leitner an Goedeke.
   n. Deutsch-slovenisches Lesebuch von Joh. Nep. Primic. Laibach 1873. S. 64 f.
   o. A. Pucsko, Ein vergessener vaterländischer Poet. Litt. Studie: Heimgarten 1894. S. 287 bis 292.
   p. Johann Georg (so) Fellingers Würdigung des krainischen Volkscharakters und Wertschätzung der slovenischen Sprache und Dichtung von A. Pucsko: Mitteilungen des Musealvereines für Krain. Laibach 1895. 8, 20 bis 80.

   1) Die Grafen von Sella. Schauspiel. Ungedruckt; in Klagenfurt aufgeführt. ‚Sein erster dramatischer Jugendversuch'. Hermann III. 3, 236.

   2) Beiträge zum Anhang zur Grätzer Zeitung, zum Aufmerksamen, zur Carinthia, zum Selam u. s. w.

   3) Abgerissene Scenen aus der Geschichte der Menschheit. Ein Versuch von Johann Gustav Fellinger. Grätz, 1808. Bey Franz Ferstl. 168 S. 8.
Vgl. Neue Annalen 1809. I, S. 123 und Allg. Lit.-Ztg. 1812. 4, 254.

   4) Fryolf, eine heroische Oper 1810 (ungedruckt).

   5) Der Graf von Flandern, heroische Oper 1812 (ungedruckt).

   6) Der Kampf des Rechts. Ein Gedicht. Salzburg 1813. Mayr. 8 S. 8.

   7) Der Kaiserhut. Ein Gelegenheitsstück. 1813. (Ungedruckt; in Klagenfurt aufgeführt.

   8) Poetische Schriften. Hrsg. von Joh. Gottfr. Kumpf. Gedichte. I. Klagenfurt 1819. Gedr. bey A. Gelb. XVI und 207 S. 8. II. Theil. Klagenfurt 1821. Gedr. bey A. Gelb. 198 S. 8.
Im erstenl Theile ist S. V bis XIV eine Skizze von Joh. G. Fellingers Biographie, von ‹ em Herausgeber J. G. Kumpf, Arzt in Klagenfurt. Ausgegeben wurden die Schriften erst im Okt. 1822.

   9) Inguo. Dramatisches Gedicht in 4 A. Hrsg. von S. M. Mayer. Klagenfurt, J. Leon 1863. 176 S. 16. Aufgeführt in Klagenfurt 17. März 1817, mit einem Prolog von Lorenz v. Vest; später auch in Graz.

10) In K. G. v. Leitners Nachlass fand sich die 2. Ausgabe von Fellingers Gedichten druckfertig zusammengestellt: Mitteilungen des Histor. Vereins für Steiermark 1898. 8. 222.

88. Sammlung verschiedener poetischer und prosaischer Aufsätze bey Gelegenheit der Vermählung Ihrer Kaiserl. Hoheit Maria Luise Erzherzoginn von Oestreich mit Seiner Majestät Napoleon I. Kaiser von Frankreich. Grätz 1810, gedruckt bey Andreas Leykam. 68 S. 8.

a: Eine Ode, von Haschka. (,So sprießt in Blut-Gefilden das helle Laub'). — b: Eine Mythe, von Sonnenfels. — c: Oesterreichisches Volkslied, von Trattinick. (,Nicht ein Wesen, wie die Besten'). — d: Habsburgs Feyer, von Hauptmann Philipp. (,Haucht Pindars Feuer, Musen, mir in die Brust'). — e: Louise die Braut Napoleons. Von Drexler. — f: Josephs Statue, an Frankreich; an Oesterreich; an Ludovika. — g: Napoleon und Louise, von Bäuerle. — h: Ein Volkslied, von Perinet. (,Gott erhalte Franz den Kaiser, Immer höher steig' Sein Glanz'). — i: Der neue Bund. (,Die größte Volkesliebe, die größte Herzensgüte'). — j: Letzter Zuruf guter Bürger bey dem Abschiede. (,Geliebteste! nun ziehest Du von hinnen'). — k: Empfindungen eines Oesterreichers bey dem Abschiede, von M. Sp. [Martin Span]. Prosa. — l: Gefühle guter Herzen, nebst beygefügten Gebethen von J. N. Friedrich. [Prosa]. — m: Empfindungen eines Oesterreichers bey der Vermählungsfeyer von B**. [Prosa]. — n: Oesterreichs Abschied an Marie Luise. [Prosa]. — o: Zur Vermählungs-Feyer, von Philipp Müllauer [Millauer. (,Verhallet ist das rauhe Kriegsgetöne'). — p: Die Stimme des Volkes, von Gleich. (,Wo des Krieges Donner brüllte'). — q: Volks-Lied auf die Vermählungsfeyer. (,Rauscht, Saiten, laut im Freudentone'). — r: [S. 47]: Am Feste der Vermählung von einem Genius zu Grätz ausgetheilet, von Aloys v. Leitner. — s: Bey der Vermählung Napoleons und Ludovikens. (,Ich wollte singen vom Kriege'). — t: Die Priesterinn des neuen Bundes. (,Die Welt war aufgelöst in feindlich trüben Massen'). — u: Wunsch der Völker an Luisen. (,Heil Dir, Louise, Heil! In Gottes Wunderstunden'). — v: ,Europens Heldenheer hat Ihn umsonst bekriegt!' (Epigramm). — w: Sammlung verschiedener Inschriften bey der Beleuchtung der Stadt und in den Vorstädten Wiens.

Vergl. Berichte aus Wien, die letzteren Tage vor der Abreise Ihrer Majestät der französischen Kaiserin Louise, und die Beleuchtung der Stadt und Vorstädte betreffend. Nebst einigen Inschriften bei der Beleuchtung, und Gelegenheits-Gedichten. 1810. 16 S. 8.

89. Urban Jarnigg oder Jarnik, geb. zu Nadizar in Potoka im Zillerthale der Steiermark, studierte Theologie, erhielt 1806 die höheren Weihen, Kaplan zu Gurnitz, Tultschnig und an der Hauptkirche in Klagenfurt, Pfarrer in St. Michael, 1829 in Moosburg, dort gestorben am 11. Juni 1844. Slovenischer Dichter und Sprachforscher, der in der Carinthia einige Gedichte selbst ins Deutsche übersetzte.

a. Jahrbücher für slavische Literatur, Kunst und Wissenschaft. Herausgegeben von J. P. Jordan 1845. 3, 122.

b. H. Hermann, Handbuch der Geschichte Kärntens. 2, 192. 195.

c. H. Hermann, Die literarischen Zustände Kärntens in der Gegenwart. Klagenfurt 1855. 8. 7. — d. Wurzbach 1863. 10, 105.

Briefe sieh Nachtrag Band VII. S. 868.

1) Gedichte und Aufsätze in der Carinthia.

2) Kleine Sammlung solcher altslovenischer Wörter, welche im heutigen wendischen Dialecte noch kräftig fortleben. Klagenfurt 1822. 8.

3) Versuch eines Etymologikons der slovenischen Mundart in Innerösterreich. Klagenfurt 1832. gr. 8.

40. Ignatius Kollmann, vgl. § 334, 497.
Zahlreiche Gedichte im Aufmerksamen seit 1812.

41. Anton Prokesch, später Freiherr und Graf von Prokesch-Osten, geb. in Gras am 10. Dezember 1795 als der Sohn des steierischen Gutsbesitzers Maximilian Prokesch. Der frühreife Knabe besuchte das Gymnasium, dann die philosophischen Studien in seiner Vaterstadt und widmete sich an der Universität daselbst dem Studium der Rechtswissenschaften. Nach dem Tode seines Vaters (1811) vermählte sich seine Stiefmutter (1815) mit dem Professor der Geschichte Julius Schneller (§ 307, III. 10.), der schon vorher großen Einfluß auf ihn gewonnen hatte. Er nahm

1818 als Fähnrich an den Freiheitskriegen teil und zeichnete sich durch Mut, Um-
sicht und Entschlossenheit aus, 1814 kam er nach Mainz, wurde 1815 Ordonanz-
offizier des damaligen Gouverneurs der Festung, Erzherzogs Karl, kam mit seinem
Regiment 1816 nach Linz, dann als Lehrer der höheren Mathematik an die Kadetten-
schule nach Olmütz. 1818 Adjutant des Fürsten Schwarzenberg, 1821 in Ungarn,
1823 in Triest. Seit 1824 im Orient zuerst als Privatmann, dann in wechselnden
offiziellen Stellungen bis 1830. Nach seiner Rückkehr 1830 als Ritter von Osten
geadelt, mit dem Herzog von Reichstadt befreundet. Ging 1831 zur diplomatischen
Carriere über; 1831 und 1832 zweimal in Italien, 1833 in Ägypten, 1834 bis 1849
bevollmächtigter Minister am griechischen Hofe; 1845 in den erblichen Freiherrnstand erhoben, 1848 Feldmarschallleutnant. 1849 bis 1852 Gesandter in Berlin;
1853 Bundes-Präsidialgesandter in Frankfurt a. M. Seit 1855 Internuntius, seit
1867 Botschafter in Konstantinopel, 1863 Feldzeugmeister, 1871 in den Ruhestand
versetzt und in den Grafenstand erhoben, lebte zuletzt meistens in Graz, starb in
Wien am 26. Oktober 1876. Als junger Offizier mit der Tochter der Karoline
Pichler verlobt, vermählte er sich 1832 mit Irene Kiesewetter von Wiesenbrunn,
der Tochter des Wiener Hofrates und Musikfreundes Raphael Kiesewetter.

Prokesch-Osten war zweifellos ein Mann von großer Begabung, von diplomatischem Geschick, von schriftstellerischer Gewandtheit und rascher Aneignungs-
fähigkeit, in jüngeren Jahren auch von hinreißender Liebenswürdigkeit. Daß Grillparzer und Bismarck nur seine nicht zu leugnenden Fehler ins helle Licht rücken,
entspricht nicht ganz der bedeutenden Stellung, die er in der österreichischen
Geschichte und Litteraturgeschichte einnimmt.

    a. Wiener Zuschauer 1838. 4, 1500.

    a'. Prokesch-Osten von einem dänischen Dichter, H. C. Andersen geschildert:
Wiener Zuschauer 1843. Sept. 22. Nr. 114. S. 1201 f.

    b. Augsburger Allg. Zeitung 1853. Nr. 19.

    c. Mosenthal 1854, S. 298.

    d. Grazer Zeitung 1865. Nr. 82.

    e. Kehrein 1871. 2, 21.

    f. Wurzbach 1872. 23, 349 bis 356.

    g. Baron Anton Warsberg: Augsburger Allgemeine Zeitung. 17. December
1876. Nr. 352. — h. Dietrich Baedeker: Unsere Zeit 1876.

    i. Nekrolog von Heinrich Siegel (nach einer Aufzeichnung von Prokesch
eigener Hand): Almanach der kaiserlichen Akademie der Wissenschaften. 1877. 27,128.

    j. Sieh unten S. 814.

    k. Bismarck über Prokesch: Ritter von Poschinger, Preußen im Bundestag
1851 bis 1859. 3 Bde. 1. Theil 1882. passim. bes. die Charakteristik S. 254 f. 312 f.

    l. Allg. deutsche Biographie 1888. 26, 631 bis 645 (v. Zeißberg).

    m. Schlossar, Hundert Jahre S. 61 bis 73.

    n. Gregorovius, Römische Tagebücher S. 546 f. (1872).

    o. Grillparzers sämtliche Werke 3, 104. 18, 142. 20, 167 f. 184. Jahrbuch der
Grillparzer-Gesellschaft 1890. 1, 124.

    p. Anton Schlossar, Goethe und Graf Anton Prokesch-Osten: Goethe-Jahr-
buch 1895. 16, 201 bis 209. — q. Sieh unten S. 814.

    α. Briefwechsel zwischen Julius Schneller und seinem Pflegesohne Prokesch.
Aus Schnellers hinterlassenen Papieren herausgegeben von Ernst Münch (— Julius
Schneller's hinterlassene Werke. Aus Auftrag und zum Besten seiner Familie heraus-
gegeben von Ernst Münch. Zweiter Band). Leipzig und Stuttgart: J. Scheible's Ver-
lags-Expedition. 1834. 400 S. 8. Vgl. auch Band 1 des Nachlasses und Nr. 14). —
β. Brief an Ed. Mauthner: Neue freie Presse 1876. Nr. 4452. — γ. Brief an Kavanagh
Neue freie Presse 1877. Nr. 4551. — δ. Briefe, Deutsche Revue. April 1881. —
ε. Aus dem Nachlasse des Grafen Prokesch-Osten, k. k. österr. Botschafters und
Feldzeugmeisters. Briefwechsel mit Herrn von Gentz [1826 bis 1832] und Fürsten
Metternich [1832 bis 1855]. Wien, Druck und Verlag von Carl Gerold's Sohn.
1881. Erster Band. X und 423 S. Zweiter Band. 414 S., 1 Bl. Inhalt.
    Vgl. O. Lorenz, Metternich, Bismarck und Prokesch: Staatsmänner und
Geschichtsschreiber des neunzehnten Jahrhunderts 1896. 8. 61 bis 80.

    ζ. [Anton Graf Prokesch v. Osten], Aus den Briefen des Grafen Prokesch
von Osten k. u. k. österr. Botschafters und Feldzeugmeisters (1849 bis 1855).
Audiatur et altera pars. Wien. Verlag von Carl Gerold's Sohn, Buchhandlung
der Kaiserl. Akademie der Wissenschaften. 1896. VII, 472 S. 8.

Briefe an seine Frau, Erzherzog Johann, Graf Rechberg, Fürst Schwarzenberg, König Otto von Griechenland, Mr. de Piscatory, Graf Buol, Freiherrn v. Koller, Graf Friedrich Thun, Herrn v. Biegeleben, Graf Hartig, Baron Hess, v. Philippsberg, Graf Apponyi, Graf Ficquelmont, Freiherrn v. Hübner, Graf Kielmannsegg, Freiherrn v. Werner, Frau Erzherzogin Sophie. — An Prokesch von Fürst Schwarzenberg, Graf Buol. — Anhang. S. 461 bis 472: Drei Aufsätze aus dem Jahre 1872. Erinnerungen an Berlin und Frankfurt. — C'. Briefe an und von Cotta, an Hamerling s. unten S. 814.

γ. A. Schlosser, Der deutsche Reichsverweser Erzherzog Johann und Graf Anton von Prokesch-Osten. Ein ungedruckter Briefwechsel 1848. 1849: Deutsche Revue. Jan. 1897.

ϑ. Griechenlands politische Zustände im Anfange der Vierziger Jahre. Ungedruckte Briefe des Grafen Prokesch-Osten aus Athen an Erzherzog Johann: Neue freie Presse. 21. und 22. April 1897.

ι. A. Schlosser, Erzherzog Johann von Oesterreich über Griechenland. Ungedruckte Briefe an den österr. Gesandten in Athen A. v. Prokesch von 1887/44: Deutsche Revue 1897. 22. Jahrgang. Juni. Juli. — *x.* Sieh Nachtr. Bd. VII. S. 868.

1) An Theodor Körner. (‚Du sankst dahin! — Ein heilig' leises Wehen'). unterz.: P.: Der Aufmerksame. 5. Oktober 1818. Nr. 93.

2) Bonaparte und sein letzter Schritt. Mainz 1814.

3) Schilderungen der Schlachten von Ligny, Quatre-Bras und Waterloo: Oesterreichische militärische Zeitschrift 1819. — Vgl. Nr. 16) Bd. 1, a.

Den Aufsatz über die Schlacht bei Waterloo übersetzte der Herzog von Reichstadt ins Französische und ins Italienische.

4) a. Denkwürdigkeiten aus dem Leben des Feldmarschalls Fürsten Karl von Schwarzenberg. Wien 1822. Schaumberg & Co. — Vgl. Nr. 16) Bd. 4, a. 8.

b. Denkwürdigkeiten aus dem Leben des Feldmarschalls Fürsten Carl zu Schwarzenberg. Von A. Prokesch, Oberlieutenant im kais. österreichischen Generalstabe. Neue Ausgabe. Mit einem einleitenden Vorworte des Verfassers, des jetzigen k. k. Feldmarschall-Lieutenants und Internuntius Anton Freiherrn von Prokesch-Osten. Wien, 1861. Wilhelm Braumüller, k. k. Hofbuchhändler. VII und 346 S. gr. 8.

5) Freundschaftliches Schreiben an den G..fen J.P. [Paar] zu Lüttich, über eine Flugschrift gegen Goethe. Von ersterem eingesendet: Hesperus 1823. Nr. 28 und 29; I. und 3. Februar. Datirt W** 10. November 1822. Unterzeichnet: A. Prokesch. — Vgl. Nr. 16) Bd. 5. II. a.

Gegen Ch. H. G. Köchys Schmähschrift § 234. C, IV. 13 = Band IV. S. 604.

6) Der Feldzug des österreichischen Hilfscorps in Rußland im J. 1812: bei Schwarzenbergs Tod druckfertig, aber nicht erschienen.

7) Über den Feldzug 1814. Wien 1823.

8) Erinnerungen aus Egypten und Kleinasien (1826 und 27). 1. und 2. Band. Wien, Armbruster. 1829. 3. Band. Wien 1831. Gerold. gr. 12.

9) Das Land zwischen den Katarakten des Nil. Mit einer Karte astronomisch bestimmt und aufgenommen im Jahre 1827. Wien 1831. Gerold. gr. 12.

10) Reise ins heil. Land. Im Jahre 1829. Wien 1831. Gerold. gr. 12.

Zweimal ins Tschechische übersetzt, von Martin Hoffmann und von Johann Thomas Nováček.

11) Schreiben unseres Landsmannes Prokesch von Osten an Ritter Friedrich von Gentz über die Mahlerey der Alten. (Neapel, August 1831): Steyermärkische Zeitschrift. 12. Heft. Grätz 1834. S. 1 bis 9.

12) Schreiben an *** über den Herzog von Reichstadt. Freiburg 1833. — Nr. 16) Bd. 4, c. 1.

13) Das Labyrinth von Creta. Rede, gehalten von Anton Ritter v. Prokesch-Osten in einer Gesellschaft gelehrter Freunde. Wien, September 1832: Steiermärkische Zeitschrift. Neue Folge. 3. Jahrgang. 1. Heft. Grätz 1836. S. 89 bis 95.

14) a. Erinnerungen aus Italien: Wiener Zeitschrift 1833.

b. Aus dem Tagebuchs meiner Reisen: Wiener Zeitschrift 1884.

c. Denkwürdigkeiten und Erinnerungen aus dem Orient. Aus Julius Schneller's Nachlaß herausgegeben von Ernst Münch. Stuttgart 1836 bis 1837. III. 12. Briefe an Schneller.

15) Gegensätze. Erzählung: Wittbauers Wiener Zeitschrift 1840. — Vergl.
Nr. 18) 5. Bd. I. o.

16) Kleine Schriften von Ritter Anton von Prokesch-Osten. Gesammelt von einem
Freunde. Erster Band. Stuttgart 1842. Hallberger'sche Verlagshandlung. 840 S. 8.
Militärisches. I. a: Die Schlachten von Ligny, Quatre-Bras und Waterloo.
Mit einer Uebersichtskarte und einem Schlachtplane. Neu bearbeitet nach dem im
6., 7. und 11. Hefte der österreichischen militärischen Zeitschrift, Jahrgang 1819,
gegebenen Aufsätzen. (Vorrede: Im Juni 1824). — b: Briefe eines Militärs an einen
andern. An Hauptmann Wilhelm von Mayern (so). Erster bis vierter Brief. Ueber
das 1815 erschienene Werk [von General v. Lossau]: ‚Der Krieg. Für wahre Krieger'.
Fünfter bis siebenter Brief. Ueber den Feldzug von 1812. Mit Beziehung auf
Vaudoncourts und Liebensteins Geschichte dieses Feldzugs, und die Betrachtungen
des Obersten Tschuikewitsch. — Strategische Uebersicht des Feldzuges in Russ-
land 1812.

Zweiter Band. 1842. 277 S. 8.
Militärisches. II. a: Die Vertheidigung und der Fall von Montmédy im Jahre
1657. — b: Ueber den Kosacken und dessen Brauchbarkeit im Felde. Geschrieben
1822. Dem russischen Heere als Zeichen der Achtung gewidmet. — c: Remarks on
the Organisation of the Corps of Artillery in the British Service. London 1818. —
d: Bemerkungen bei Lesung von Jomini's Tableau analytique des principales combi-
naisons de la guerre. Bruxelles 1831. — e: Denkschrift über die Möglichkeit der
militärischen Eroberung der europäischen Türkei durch die Russen. Konstantinopel, März 1826.

Dritter Band. 1842. X, 309 S. 8.
Militärisches. III. Der Feldzug in den Niederlanden. 1793.

Vierter Band. 1842. 256 S. 8.
Biographisches. a: Fürst Carl von Schwarzenberg. 1. Tod des Fürsten Carl
von Schwarzenberg. Leipzig, den 20. Oktober 1820. — 2. Nekrolog. — 3. Antwort
auf die in der Leipziger Literatur-Zeitung, 1822, Nro. 303, enthaltene Recension über
mein Werk: ‚Denkwürdigkeiten aus dem Leben des Feldmarschalls Fürsten Carl von
Schwarzenberg'. — b: Fürst Joseph von Schwarzenberg. Nekrolog. — c: Herzog
von Reichstadt. 1. Schreiben an *** über den Herzog von Reichstadt. Von einem
seiner Freunde. Wien, 1. October 1832. — 2. Memoiren des Grafen Montbel über
den Herzog von Reichstadt. Vom Rhein, im Februar 1833. — 3. Gegen Dr. Menzel.
Von der Donau. — d: Wilhelm von Mayern (so). Einleitung. Athen im November 1838.
Aufsätze von Meyern [§ 276, 1]: 1. Forderungen und Aeußerungen des Lebens. Was
und wie bedarf es? Arten seiner Offenbarung. — 2. Leben. Allgemeine Ansichten
und Verhältnisse. — 3. Des Lebens Entnervung und Entstellung. — 4. Gestaltung,
Art und Beding. — 5. Leben kennen, Leben mißkennen? Meinung oder Wahrheit
in beiden. — 6. Leben. Werth des — Werth für das Leben? Werth, den es enthält
und hervorbringen hilft? Werth, den es erhält; der auf solches übertragen, der an
an ihm entwickelt werden kann? — 7. Lebens-Oekonomie. — 8. Leben als Maaß, als
Beziehung des Haushaltes. — 9. Leben — Was? Seine Gestaltung Art und Beding.
— 10. Leben und Lebensglück. — 11. Lebenshalt verwandt mit Lebenskunst. —
12. Leben, Seyn, Werden, Vermögen, Wirken und Karakter desselben. — 13. Lebenskunst, Kunst als Folge. Kunst als Quelle des Lebens. — e: Graf Johann Paar.
Nekrolog. — f: Graf Carl Clam-Martinitz. 1. Nekrolog. — Gelegenheitlich der
Beerdigung des Grafen Clam-Martinitz.

Fünfter Band. 1844. 467 S. 8.
I. Kunst und Leben. a: Vierzehn Tage in Paris. (Geschrieben im Sommer
1815 für einen Kreis von Freunden in Mainz). — b: Gedankenspähne. (Geschrieben
in den Jahren 1816 bis 1824). — c: Theater in Leipzig. (Geschrieben im Jahr 1820. —
Wiener Zeitschrift). — d: Einiges zur Charakteristik des Orients. (Zu Constantinopel
im Jahr 1825 geschrieben. — Wiener Zeitschrift). — e: Ein Luftschloß. Aus dem
Jahr 1827 (Oesterr. Morgenbl. 1840). — f: Ballet Orpheus in Wien. (Geschrieben
im Jahr 1831. — Wiener Zeitschrift). — g: Triklinien, Briefe aus Italien. (Geschrieben
im Jahr 1833. — Wiener Zeitschrift). — h: Bruchstücke von Briefen aus Rom. (Geschrieben im Jahr 1832. — Aus dem Eccho). — i: Neues vom Parnaß. (Ueber ein
Gedicht von Fanny Fürstin von Porcia. Geschrieben im Jahr 1832. — Wiener Zeitschrift). — j: Schreiben aus Rom. (Geschrieben im Jahr 1832. — Wiener Zeitschrift).
— k: Ueber Volksgunst und Volksthümlichkeit. (Wiener Zeitschrift 1832). — l:
Maler Tunner. 1833. Ueber ein Altargemälde des Steuermärkers Tunner in Triest.

1839. (Wiener Zeitschrift). — m: Die Tumuli der Alten. (Geschrieben im Jahr 1836. — Wiener Zeitschrift. 4. Band). — n: Urtheil eines Layen über Griseldis. (Geschrieben im Jahr 1840. — Wiener Zeitschrift). — o: Gegensätze. Eine Erzählung. (Wiener Zeitschrift 1840).

11. Literarisches. a: Schreiben an Johann Grafen von Paar, über eine Flugschrift gegen Göthe. 1822. (Aus dem Hesperus. 1823). — b: Ueber Enck's Gedicht: ,Die Blumen'. 1822. (Wiener Zeitschrift). — c: Ueber Thiersch de l'état actuel de la Grèce. 1834. — d: Lamennais Paroles d'un Croyant. (Allg. Zeit. 1834). — e: Ueber die dermaligen Reformen im türkischen Reiche. 1832. (Jahrbücher der Litteratur, 59. Band). — f: Griechenland. (Allg. Zeitung 1882). — g: Die Pforte und die europäischen Mächte. (Gegen das Journal des Debats). (10. Jänner 1834). — h: Englische Journalstreite über den Orient. (Gegen die Times). (Allgem. Zeitung. 6. März 1834). — i: Gegen die Rede des Herrn von Lamartine über den Orient. (Allgem. Zeitung 1834). — j: Gegen Romarino's Vertheidigung seines Angriffs auf Savoyen. (31. März 1834). (Allgemeine Zeitung 1834). — k: Die Quadrupel-Allianz. (24. Juni und 30. August 1834). (Allgemeine Zeitung 1834). — l: Ueber die französische Kammersitzung vom 13. August. (21. August 1834. Gegen das Journal des Débats). (Allgemeine Zeitung 1834).

Sechster Band. 1844. IV, 324 S. 8. Auch separat: Gedichte von Ritter Anton von Prokesch-Osten. Gesammelt von einem Freunde. Stuttgart. Hallberger'sche Verlagshandlung. 1844. I. Sonette. 11. Wanderung. Venedig. Fahrt (1824). Levante (1824 bis 1834). Früheres 1811 bis 1824.

Grillparzer, Sämtliche Werke 5. Auflage 18, 142: Gedichte von Prokesch (1844).

Siebenter Band. 1844. IX, 278 S., 1 Bl. Druckfehler. Doppeltitel: Krieg des Vizekönigs von Aegypten Mohammed Ali's gegen den Sultan. In den Jahren 1831 bis 1833. Stuttgart. Hallberger'sche Verlagshandlung. 1844.

17) Über das Verhältnis des Phidias zur ionischen Kunst: Sitzungsberichte der kais. Akademie der Wissenschaften in Wien. 1851. Heft 10.

18) Griechische Münzen aus der Sammlung des Herrn von Prokesch-Osten. Mitgetheilt von demselben: Gerhard's Archäologische Zeitung 1843 bis 1852. — Andere Aufsätze über Münzkunde in den Denkschriften (1850 bis 1854) und Sitzungsberichten (1851) der kais. Akademie der Wissenschaften in Wien, in den Abhandlungen der k. Akademie der Wissenschaften zu Berlin 1845 bis 1850, in der Revue numismatique 1860.

19) Rede bei Enthüllung des Denkmals des Feldmarschalls Fürsten Karl zu Schwarzenberg. (Aus der österreichischen Revue abgedruckt). Wien 1867.

20) Geschichte des Abfalls der Griechen vom Türkischen Reiche im Jahre 1821 und der Gründung des hellenischen Königreiches. Aus diplomatischem Standpunkte. Von Anton Freiherrn von Prokesch-Osten. Erster Band. (Text. Band I). Mit Unterstützung der Kaiserlichen Akademie der Wissenschaften. Wien, 1867. In Commission bei Carl Gerold's Sohn. 3 Bl., 414 S. gr. 8.

Zweiter Band. (Text, Band II). 1867. 2 Bl., 516 S.

Dritter Band. (Beilagen, Band I). 1867. 2 Bl., 454 S.

Vierter Band. (Beilagen, Band II). 1867. 333 S.

In den letzten vierziger Jahren gearbeitet, 1853 im Drucke fast vollendet, jedoch verboten.

Vgl. Presse 1861. Nr. 311. — Aus Metternichs Papieren 8, 128.

21) Zahlreiche Aufsätze in den Wiener Jahrbüchern der Literatur (1832 bis 1834), im Corpus inscriptionum, in den Europäischen Annalen, in der Wiener Zeitschrift für Kunst und Literatur (1831 bis 1833), im Eccho (1834) u. v. a.

,Ein Verzeichnis der einzeln von mir in die Welt geschickten Aufsätze zu geben, das würde ich wohl nicht mehr können. Ich arbeitete in ganz früher Zeit für den Hesperus, für das Morgenblatt, für mehrere gelehrte Zeitschriften, für die Wiener Modenzeitung — gab in späterer Zeit, so wie ich eben den Drang dazu fühlte, manche Aufsätze in politische Blätter. Ich habe diese Aufsätze nie gesammelt und erinnere mich wol der Meisten kaum.' (Almanach der kaiserlichen Akademie der Wissenschaften 1877. 27, 135).

22) Russenspiegel (aus den nachgelassenen Papieren des Grafen Prokesch-Osten): Neue freie Presse 1876. Nr. 4407.

23) Mehmed-Ali Vize-König von Aegypten. Aus meinem Tagebuche, 1826 bis 1841. Von Grafen von Prokesch-Osten, ehemaligen kais. kön. Botschafter in Kon-

stantinopel. Wien, 1877. Wilhelm Braumüller, k. k. Hof- und Universitätsbuchhändler. 2 Bl., 173 S. 8.

24) Mein Verhältniß zum Herzog von Reichstadt. Zwei Sendungen nach Italien. Selbstbiographische Aufsätze aus dem Nachlaß des Grafen Prokesch-Osten, k. k. Oesterr. Feldzeugmeisters und Botschafters. Stuttgart. Verlag von W. Spemann. 1878. VII, 240 S. gr. 8.

1. Meine Begegnung mit dem Herzog von Reichstadt und mein Verhältniß zu ihm. Aus meinem Tagebuche. 1830 bis 1831. Anhang. Briefe: Graf Moritz Dietrichstein an Prokesch. Der Herzog von Reichstadt an Prokesch. Prokesch an den Herzog von Reichstadt. — 2. Meine erste Sendung nach Italien. 1831. Aus meinen Tagebüchern und Aufmerkungen. Anhang. Briefe: Graf Apponyi an Graf Lützow, Fürst Metternich an Graf Lützow. Graf Saurau an Prokesch. Prokesch an Graf Lützow. Graf Lützow an Prokesch. Prokesch an Herrn v. Gentz. — 3. Meine zweite Sendung nach Italien. 1832. Aus meinen Tagebüchern und Aufmerkungen. Anhang: Graf Radetzky an Prokesch. General Baron Hrabowsky an Prokesch. Prokesch an Gentz. Prokesch an Metternich.

42. Joh. Thaurer Ritter von Gallenstein, geb. in Judenburg in Steiermark, studierte in Graz, bewirtschaftete seine und seiner Familie Güter, Justitiär in Wolfsegg, 1820 ständischer Expedits- und Registraturbeamter in Klagenfurt, November 1821 bis Mai 1822 provisorischer Bürgermeister daselbst, † am 22. November 1840. Außer juristischen Schriften Gedichte und topographische Arbeiten in der Carinthia (seit 1814), in Hormayrs Archiv, in der Kärtnischen Zeitschrift, in dem Taschenbuch Noreja. Von ihm das Gedicht: Des Kärtners Vaterland.

a. Gräffer und Czikann 1837. 6, 441.

b. Nekrolog von S. M. Mayer: Carinthia 1840.

c. Wurzbach 1882. 44, 181.

43. Ulrich (Alois) Speckmoser, geb. in Stegmühl in Obersteiermark am 2. April 1781, trat 1803 in das Benediktinerstift zu Admont, 1805 zum Priester geweiht, 1806 bis 1836 Professor an dem akademischen Gymnasium in Graz, 1837 Präfekt des Gymnasiums in Marburg, † am 5. Mai 1845. Botaniker.

a. Puff 1847. 2, 230.

b. Fest-Programm des k. k. Gymnasiums in Marburg zur Erinnerung an die hundertjährige Jubelfeier dieser Lehranstalt, veröffentlicht von der Direction im Jahre 1858. Marburg 1858. S. 100.

c. Arabesken. Reise-, Zeit- und Lebensbilder aus Steiermark. Gratz [1861]. Fr. Ferstl. S. 86.

d. Wurzbach 1877. 35, 133.

e. Scriptores ordinis S. Benedicti qui 1750—1880 fuerunt in Imperio Austriaco-Hungarioo. Vindobonae 1881. S. 454f.

1) Der Sommerabend. Gedicht: Der Aufmerksame. 1815.

2) Nekrolog des Prior P. Andreas Reiner von U. S.: Der Aufmerksame. 1818.

3) Die eiserne Krone. Gedicht. An den hochwohlgebornen Herrn Ignaz, Edlen von Marquet, k. k. Gubernialrath und Kreishauptmann zu Marburg: Styria (Beiblatt zur Gratzer Zeitung) 1844. Nr. 77.

44. Georg Mally, geb. zu Grottenhofen nächst Kaindorf bei Leibnitz in Steiermark am 13. Januar 1793, Sohn einfacher, aber wohlhabender Landleute, besuchte die Dekanatschule in Leibnitz, das Gymnasium in Marburg. 1813 kam er nach Gratz als Zögling des k. k. Konviktes, in welchem er die philosophischen Studien beendete und sich mit dem Dichter K. G. L. v. Leitner (§ 336, 1048) befreundete. Nach beendeten Rechtsstudien trat er in die Justizpraxis, die er aufgab, als er 1820 als Grammatikallehrer an dem k. k. Gymnasium zu Cilli angestellt wurde. 1825 Professor in Marburg, 1848 Abgeordneter des Marburger Bezirkes in Frankfurt, trat 1853 in den Ruhestand, starb am 25. April 1858.

a. Dr. Rudolf Puff, Nekrolog: Der Aufmerksame. 1858. Nr. 90 bis 94.

b. Wurzbach 1867. 16, 335 bis 337.

Außer zahlreichen geschichtlichen, topographischen und naturgeschichtlichen Aufsätzen.

1) Gedichte in der Zeitschrift ,Der Aufmerksame' seit 1815.

2) Andeutungen über Mathematik und Philosophie und ihr Verhältniß zu einander. Gratz 1834, Damian und Sorge. 8.

3) Gedichte (Handschrift): Mittheilungen des historischen Vereins für Steiermark. Gratz 1866. 14, 26. Nr. 891.

15. Mathias Macher, geb. in einem Dorfe, südlich von Graz im Laßnitzthale in der Pfarre Preding am 8. Januar 1793, studierte Arzneiwissenschaft in Graz und Wien, übte einige Zeit in Marburg die medizinische Praxis aus, 1823 Armenphysikers-Substitut in Graz, 1823 Distriktsphysiker in Rann, 1828 in Maria-Zell, 1829 in Hartberg, 1850 Bezirksarzt in Stains, trat 1865 in den Ruhestand, starb in Graz am 27. Juni 1876.

a. Wurzbach 1867. 16, 204 f.

b. **Mathias Macher.** Von Dr. Franz Ilwof: Mittheilungen des histor. Vereines f. Steiermark. Graz, 1877. 25. Heft. Gedenkbuch 8. 47 bis 65.

Außer rein medizinischen Abhandlungen, Sammlungen von Sanitätsgesetzen etc. ist hervorzuheben:

1) Beiträge zum Aufmerksamen seit 1815.

2) Das Römerbad nächst Töffer in Steyermark; in physik.-med. Hinsicht dargestellt, für Cargäste. Grätz 1823. Ferstl. 8. — 2. Aufl. Neu umgearbeitet und vermehrt von Karl Friedrich von Hem, Badearzt und Director dieser Heilanstalt. Gratz 1846.

3) Physikalisch-medicinische Beschreibung der Sauerbrunnen bei Rohitsch in Steyermark mit Anleitung zum Gebrauche derselben an der Heilanstalt, für Kurgäste. Wien und Gratz 1826. 8. Den hohen Herren Ständen des Herzogthums Steiermark, den Beförderern alles Nützlichen und Schönen im Vaterlande ehrfurchtsvoll gewidmet.

3a) Die orientalische Brechruhr (Cholera morbus), ihre Vorbau- und Heilmittel, nach den neuesten Erfahrungen kurz und faßlich dargestellt für Aerzte und Nichtärzte, nebst einer Anweisung für Letztere, bis zum Eintreffen eines Arztes in dieser schnell verlaufenden Krankheit Hülfe zu leisten. Wien, im September 1831 (in Graz zensurirt und gedruckt, in Wien vor der Zensur verboten; eingestampft).

4) a. Der berühmte Wallfahrts-Ort Maria-Zell in Steyermark, historisch topographisch dargestellt nach seinem Wiederaufbaue aus dem Brandruinen vom Jahre 1827. Wien 1832. 8. Daraus die ersten 4 Bogen einzeln unter dem Titel:

b. Der Pilger nach Maria-Zell in Steyermark. Eine Beschreibung der Wallfahrtswege von Wien und Grätz nach diesem Gnadenorte etc. Wien 1832. 8.

c. Der Pilger nach Maria-Zell in Steyermark, eine historisch-topographische Darstellung dieses berühmten Wallfahrtsortes; Beschreibung der Gnadenkirche und Kapelle, der Schatzkammer und anderer Merkwürdigkeiten; der vorzüglichsten Wallfahrtswege, besonders der großen Wallzüge von Wien und Gratz dahin; Schilderung der merkwürdigsten Umgebungen dieses Gebirgsfleckens. Wallfahrtern und Freunden der gesunden Alpennatur gewidmet. 2. Ausgabe. Wien 1835. 8.

d. Der Fremdenführer nach dem Wallfahrtsorte Mariazell in Steiermark und seinen interessanten Gebirgsgegenden. Eine historisch-topographische Darstellung dieses berühmten Wallfahrtsortes und seines Bezirkes nach den neuesten Umstaltungen, Beschreibung der Gnadenkirche und Kapelle, der Schatzkammer und anderer Merkwürdigkeiten und der Semmering-Eisenbahn. 3. Auflage. Wien 1856.

5) Liederkranz, dem Franz Dirnböck und dessen Gattin Theresia, geborne Dewagner, zur Jubelfeyer der silbernen Hochzeit am 7. Februar 1833, dem 25. Jahrestage der Trauung gewunden von ihren Kindern, Enkeln und Freunden. Grätz 1833.

6) Die den Gränzen der Steiermark nahen Heilwässer in Ungarn, Kroaxien, Illyrien. Physik.-medicinische Beschreibung der Sauerbrunnen zu Tatzmannsdorf und Sulz, der schwefelhaltigen Bäder zu Waraxdin und Krapina und der Thermen zu Stubitxna, Tschatesch und Neustadtl. Gratz 1834, Ferstl. 8.

7) Pastoral-Heilkunde. Eine kurzgefaßte Pastoral-Anthropologie-Diätetik und Medizin mit besonderer Rücksicht auf die in den k. k. österr. Staaten geltenden Sanitäts-Gesetze und Verordnungen. Wien 1838, Bauer und Dirnböck. — 2. Aufl. Augsburg 1843. — 3. Aufl. unter dem Titel: Pastoral-Heilkunde für Seelsorger. Augsburg 1847. — 4. umgearbeitete Auflage 1860.

Joh. Ladislaus Pyrker von Felsö-Eőr, Patriarch-Erzbischof von Erlau gewidmet.

8) Offenes Sendschreiben an die steirischen Herrschaften und Bauern über die

Aufhebung des herrschaftlichen Unterthan-Verbandes und Ablösung der Unter-
than-Lasten unter Abrechnung der Verpflichtungen der Herrschaften. Graz 1848:
Blätter der Freiheit, Extrablatt Nr. 5.

9) Teutschlands gemeinsame parlamentarische Verfassung, Freiheit, Gesez,
Recht und allgemeine Verbrüderung vorbezüglich auf die gegenwärtigen Stände und
die künftige Konstituzion des Herzogthums Steier. Von einem freimüthigen Steirer.
Graz 1848. Gedrukt unter unbeschränkter Preßfreiheit. Jak. Fr. Dirnbök's Verlag.

10) Teutschlands und Östreichs Zukunft. Teutschland ein Bundesstaat, Oestreich ein Staatenbund; beide vereint ein einziges mächtiges Reich von der Nord-
und Ostsee bis zum Balkan und ins schwarze Meer. Eine Fantasie. Dem kon-
stituirenden teutschen Parlament in Frankfurt und der östreichischen Reichsver-
sammlung in Wien gewidmet. (Nebst einem Vorschlag zur Erzielung einer Einheit im teutschen und östreichischen Münzwesen, von demselben Verfasser). Graz
1848. Gedruckt unter unbeschränkter Preßfreiheit. Jak. Fr. Dirnbök's Verlag.

11) Weltliche Bauern-Predigt. (Worte der Wahrheit an alle braven Landleute). Von einem Bauersmann klüglich ausgedacht und altägleich zu Papier gebracht dieweil sie enthält gar nutzbare Lehr und der guten Ermahnungen mehr
über unsre neue Zeit voll gallbittrer Süßigkeit. Geziert mit einem Holzschnitt
gar sauber und fein Der Bauersmann wird wol getroffen seyn Gedruckt beim
Tanzer in Gratz fürwahr im 1849. Jahr verlegt und zu haben für Fern und Nah
um 4 kr. beim Dirnböck, Buchhändler alda. Bei einem Dutzend oder noch mehr
Ist der Preis um ein Erkleckliches billiger.

12) Gemeinschaftliche Belehrung für den Landmann, besonders für Gemeinde-
richter, Ausschüsse und Geschworne und für alle Jene, welche sich als östreichische
Reichsbürger näher unterrichten wollen über die allgemeine bürgerliche Gesellschaft, den Staat und die Staatsverfaßungen, vorzüglich über die östreichische
Reichsverfaßung mit ihren politischen Grundrechten, die Staatsverwaltung und das
künftige Beamtenwesen, den Reichstag und die Landtage, die Aufhebung und Ablösung der herrschaftlichen Grundlasten, das neue Jagdgesez und das provisorische
Gemeindegesez; nebst Anleitung zur Einteilung, Zusammenziehung und Einrichtung
der neuen Ortsgemeinden, sowie zu den Gemeindewahlen; dann Darstellung der
Rechte und Pflichten der Gemeindebewohner, der Gemeindeausschüsse und Vor-
stände (Bürgermeister und Gemeinderäte), der Bezirksausschüsse u. s. w. Von
einem Volksfreunde, Wien und Graz 1849.

13) Der neue Methusalem oder lange leben und gesund bleiben ohne Doctor
und Medicin.... Von einem Menschenfreunde. Wien, Dirnböck. 1850. 8. Ohne Vfn.

14) Uebersicht der Heilwässer und Naturmerkwürdigkeiten des Herzogthumes
Steiermark. Wien und Graz 1858. 4.

15) Wegweiser zu Ausflügen auf der Graz-Köflacher Eisenbahn. Graz 1860.
2. verb. und mit der neuesten Fahrordnung versehene Ausgabe. Graz 1863.

16) Handbuch der Topographie und Statistik des Herzogthums Steiermark,
mit besonderer Beziehung auf das Sanitätswesen. Gekrönte Preisschrift. Gratz
1860, Ferstl. II. 8.

17) Lebensbild Dr. Chrysanths Edlen von Vest Gubernialrath und Proto-
medikus in Steiermark, geb. 1776, gest. 1840: 4. Jahresbericht des Vereins der
Aerzte in Steiermark. Graz 1866/67 (auch selbständig: Graz 1867. Druck und
Verlag von Leykam's Erben).

18) Die lauteren Warmbäder (Akratothermen) des Herzogthums Steiermark:
Neuhaus, Topolschiz, Römer- und Franz-Josefbad, Einöd-, Grubegg- und Tobelbad,
nebst einer Beschreibung der Kaltwasser-Heilanstalt zu St. Radegund am Schöckel
bei Graz. Graz 1867.

19) Die Kuranstalt Einöd an der Kronprinz Rudolf-Eisenbahn und der
Steierm.-Kärtner Reichsstraße nächst Neumarkt in Obersteier mit ihrer merkwürdigen Sauerbrunn-Therme. Kurz dargestellt für Aerzte und Kurgäste. Graz
1868. In Leuschner und Lubensky's Universitäts-Buchhandlung.

20) Die Kaltwasser-Heilanstalt zu St. Radegund am Schöckel bei Graz. (Das
steierische Gräfenberg). Ein Führer für Kurgäste und Gebirgsreisende. Wien
1868. Wilhelm Braumüller, k. k. Hof- und Universitäts-Buchhändler.

21) Erinnerung zum fünfzigjährigen Doctorjubiläum des jubil. k. k. Bezirks-

und Gerichtsarztes Dr. Mathias Macher, gefeiert vom Vereine der Aerzte in Steiermark, am 31. Juli 1871. (Gedicht von ihm selbst).

22) a. Alte Schulverhältnisse in Steiermark: Grazer Tagespost 1871. Nr. 278. 279. 282.

b. Das akademische Gymnasium zu Graz im Anfange des 19. Jahrhunderts: Ebenda 1871. Nr. 298. 301. 311 und 824.

c. Die philosophischen Studien in Graz vor 60 Jahren: Ebenda 1871. Nr. 343 f.

23) Gleichenberg in Steiermark als klimatischer und Brunnen-Curort mit der Konstantins- und Emmaquelle, dem Johannisbrunnen, der Klausen-Stahlquelle, den Mineralbädern, der Inhalations- und Molkenkur, kurz dargestellt. Graz 1873. Erschien gleichzeitig in französischer, englischer, italienischer und ungarischer Sprache.

24) Abschied von den steirischen Bergen. Gedicht: Der Tourist. 1874.

E. Tirol und Vorarlberg.

In Tirol war von der mittelalterlichen Blütezeit her all die Jahrhunderte hindurch viel poetischer Sinn lebendig geblieben; von den zahlreichen, meist geistlichen Versuchen wurde aber außerhalb des Landes wenig bekannt und auch von den Dichtungen dieser Periode wurden viele, wie diejenigen A. Mayrs und Ladurners nur in engeren Kreisen handschriftlich verbreitet. Auch fanden die neuen poetischen Richtungen hier am spätesten Eingang. Die kriegerischen Ereignisse der Jahre 1796/97 lösten zahlreichen patriotischen Sängern die schwere Zunge. Man rief die Landsleute in begeisterten Versen zu den Waffen, begleitete die ausrückenden Schützen mit kampfesfrohen Marschliedern und feierte die Siege mit übermütigen Jubelhymnen. Diese patriotische Lyrik steht in der Mitte zwischen der des siebenjährigen Krieges und des bayrischen Erbfolgekrieges und der der Freiheitskriege. Ein großer Teil dieser Lieder ist im Dialekt gedichtet. ‚Sie zeichnen sich durch Kraft und Humor aus, freilich auch häufig durch eine Urwüchsigkeit, man darf wohl sagen Roheit, die sich nur durch die namenlose Erbitterung gegen den Feind rechtfertigen läßt‘ (v. Hörmann). Daneben fehlt es allerdings nicht an ‚schwülstigem Phrasengeklingel‘ in Nachahmung Ramlers und der Barden. Während der patriotischen Erregung des Jahres 1809, die das Volksgemüt noch weit stärker aufwühlte, scheint das dichterische Ertrāgnis dennoch nicht so bedeutend gewesen zu sein.

Vgl. Cassian Anton von Roschmann-Hörburg § 215, 18 und § 259, 189 Moriz von Brahm § 259, 26; § 259, 188; Anton Jakob Brenner § 259, 190; § 259, 192; Johann Baptist Bertholdi § 259, 193; Johann Baptist Primisser § 259, 194; § 259, 195; Andreas Petz § 296, 39.

I. Allgemeines.

a. (Joach. Christ. Friedr. Schulz) Reise eines Liefländers von Riga nach Warschau, durch Südpreußen, über Breslau, Dresden, Karlsbad, Bayreuth, Nürnberg, Regensburg, München, Salzburg, Linz, Wien und Klagenfurt nach Botzen in Tyrol. Berlin, Vieweg 1795. VI. 8.

b. Uiber die Tyroler. Ein Beytrag zur Oesterreichischen Völkerkunde (Joseph Rohrer). Wien 1796, im Verlage der Dollischen Buchhandlung.

c. Der Krieg der Tiroler Landleute im Jahre 1809, von J. L. S. Bartholdy. Berlin 1814.

d. Tirol unter der baierischen Regierung. Mit Aktenstücken. Von einem Tiroler. I. (einziger) Band. Aarau, Sauerländer, 1816. 8.

e. Geschichte der gefürsteten Grafschaft Tirol, von Heinrich Seel. München, Lentner. 1817. III. 8.

f. Geschichte der Jesuiten in Tirol von Lipowsky. München 1822. 8.

g. Verzeichniß der seit dem Jahre 1814 erschienenen Druckschriften über Tirol und Vorarlberg: Zeitschrift für Tirol und Vorarlberg. 1826. 2, 313 bis 323.

h. Verzeichniß der seit dem Jahre 1826 erschienenen Druckschriften über Tirol und Vorarlberg: Neue Zeitschrift des Ferdinandeums für Tirol und Vorarlberg, Innsbruck, 1835. 2, 123 bis 188.

i. Kriegslieder des Tiroler Landsturmes. Vom Jahre 1796: Almanach für Geschichte, Kunst und Literatur von Tirol und Vorarlberg, herausgegeben von Anton Emmert. Erster Jahrgang 1836. Mit 5 Bildern. Innsbruck. Auf Kosten des

Herausgebers, und in Commission der Wagner'schen Buchhandlung und der Unter-
berger'schen Kunsthandlung. S. 117 bis 168.

k. Tirol und Vorarlberg, statistisch und topographisch, mit geschichtlichen
Bemerkungen; in zwei Theilen von Johann Jakob S t a f f l e r. Innsbruck, gedruckt
bei Felizian Rauch. 1839 bis 1844. V. gr. 8.

Widmung: . . . ., dem . . . Erzherzoge Johann von Oesterreich.

l. M. M e r k l e, Vorarlberg. Aus den Papieren des in Bregenz verstorbenen
Priesters F. J. Waitzenegger. II. und III. Band. Innsbruck 1839. 1840.

m. Tirol im Jahre 1809. Nach Urkunden dargestellt von Doktor Joseph
R a p p, jub. k. k. Gubernialrath und Kammerprokurator zu Innsbruck. Innsbruck,
gedruckt bei Felizian Rauch. 1852. VIII, 876 S. β.: Zeitschrift des Ferdinandeums
für Tirol und Vorarlberg. Dritte Folge. 1., 2. und 3. Heft.

n. T h a l e r, Geschichte Tirols. Innsbruck 1854 f. III. 8.

o. Ueber Tirols Wiederkehr an Oesterreich in den Jahren 1813 und 1814.
Von Dr. Josef R a p p. Innsbruck. Druck der Wagner'schen Buchdruckerei. 1855.
30 S.: Zeitschrift des Ferdinandeums für Tirol und Vorarlberg. 3. Folge. 5. Heft. 1856.

p. Beiträge zur Geschichte der Gymnasien in Tirol. Von Dr. Jakob Probst,
k. k. jub. Statthaltereirath. Innsbruck. Druck der Wagner'schen Buchdruckerei.
1858. 168 S., 1 Bl. Druckfehler: Zeitschrift des Ferdinandeums für Tirol und
Vorarlberg. 3. Folge. 7. Heft. 1858.

q. Ludwig R a p p, Freimaurer in Tirol. Historische Skizze. Innsbruck 1867,
Wagner'sche Univ.-Buchhandlung. 8.

r. Die Alpen im Lichte deutscher Dichtung. Herausgegeben von Emil A u e r.
Gera, Amthor. 1872.

s. Ludwig R a p p, Eine Jakobinerverschwörung in Tirol. Innsbruck 1876.

t. Tirols Antheil an der poetischen Literatur des deutschen Volkes: Edlingers
Literaturblatt. 2. Band. 1878.

u. (L. v. H o e r m a n n) Die tirolischen Kriegslieder aus den Jahren 1796, 1797
und 1809 (zum Jahrestage der Schlacht von Spinges am 2. April 1797): Extra-Beilage
des Boten für Tirol und Vorarlberg 1879. Nr. 75 bis 78. 81. 87. 88. 90 und 92.

v. Geschichte Tirols von den ältesten Zeiten bis in die Neuzeit, von Dr. Josef
E g g e r. III. Band. Innsbruck. Druck und Verlag der Wagner'schen Universitäts-
Buchhandlung. 1880. VIII, 954 S., 1 Bl. 8.

w. Kleine Bilder aus der Vergangenheit Tirols. (Aus unedirten Originalakten).
Herausgegeben von L. R(app). IV. Jakobinerfurcht in Tirol: Zeitschrift des Ferdinandeums für Tirol und Vorarlberg. 8. Folge. 24. Heft. Innsbruck 1880. S. 54 bis 64.

x. J. F e d e r, Über die tirolischen Kriegslieder der Jahre 1796 und 1797:
Programm des k. k. (vereinigten) Staats-Gymnasiums in Taschen für das Schuljahr 1881/82. Taschen. Buchdruckerei von Karl Prochaska. 1882. 8. I bis 48.
Plagiat aus v. Hörmanns Aufsatz. Musste auf dessen Einspruch aus dem Buchhandel zurückgezogen werden.

y. Dr. Josef E g g e r, Die Tiroler und Vorarlberger. (Die Völker Oesterreich-Ungarns.
Ethnographische und culturhistorische Schilderungen. Band 4). Wien und Teschen.
Verlag von Karl Prochaska. 1882. 4 Bl. (S. 375 bis 525 Kunst und Wissenschaft).

z. L. A. F r a n k l, Andreas Hofer im Lied. 1884.

aa. Die Aufhebung der Klöster in Deutschtirol 1782 bis 1787. Ein Beitrag zur
Geschichte Kaiser Joseph's II. Von August L i n d n e r: Zeitschrift des Ferdinandeums.
für Tirol und Vorarlberg. 3. Folge. 28. Heft. Innsbruck 1884. S. 157 bis 234.
29. Heft. 1885. S. 145 bis 291. 30. Heft. 1886. S. 9 bis 271.

bb. Tiroler Dichterbuch. Herausgegeben im Auftrage des Vereins zur Er-
richtung eines Denkmals Walthers von der Vogelweide in Bozen von Dr. Ambros
M a y r. ‚Eine Fülle des Schönsten und Edelsten sänke unter, wenn nicht die
Poesie es rettete.' Alois Flir. Innsbruck, Verlag der Wagner'schen Universitäts-
Buchhandlung. 1888. XII, 811 S. fol.

cc. Liederfrühling aus Tirol. Herausgegeben von Rudolf Heinrich G r e i n s.
Leipzig, Verlag von H. Haessel. 1889. XII, 230 S. 8.

dd. Gestalten und Bilder aus Tirols Drang- und Sturmperiode. Größtentheils
nach ungedruckten Quellen bearbeitet von Joh. Adolf H e y l. Innsbruck. Verlag
der Wagner'schen Universitäts-Buchhandlung. 1890. VIII, 203 S. 8.

Enthält eine Biographie des auch als Schulschriftsteller thätigen Pfarrers
Anton K u e n, geb. zu Längenfeld im Ötzthale am 29. Mai 1740, gest. zu Lösen
bei Brixen am 6. März 1811.

ee. Tirol 1812 bis 1816 und Erzherzog Johann von Österreich. Zumeist aus seinem Nachlasse dargestellt von Dr. Franz R. v. Krones. 1890. XV, 309 S. 8. ff. Oben: Allgemeines S. 504, d α.

gg. Zur neueren deutschen Dichtung in Tirol. Eine Skizze von Adolf Pichler: Oesterreichisch-Ungarische Revue. 13. Band. 1892. Wien. S. 154 bis 180; 255 bis 269.

hh. Ignaz von Zingerle, Deutsche Literatur in Tirol: Die Österreichisch-ungarische Monarchie in Wort und Bild. Tirol und Vorarlberg 1893. S. 381 bis 398. hh'. sieh unten S. 814.

ii. Tiroler Kriegslieder aus den Jahren 1796 und 1797. Gesammelt und zur Jahrhundertfeier herausgegeben von J. E. Bauer. Innsbruck. A. Edlinger's Verlag. 1896. XV, 162 S. 8. Vgl. R. M. Werner: Deutsche Litteraturzeitung 1897. Nr. 26. Sp. 1023 bis 1025; A. Sauer: Euphorion 1897. 4, 605 f.

kk. Der tirolische Freiheitskrieg 1809. Neue Beiträge zur Geschichte der letzten Kämpfe von Dr. S. M. Prem: XXVI. Jahresbericht der k. k. Staats-Ober-realschule in Marburg. Veröffentlicht von der Direction am Schlusse des Schul-jahres 1895/6. S. 25 bis 46.

ll. Carl Unterkircher, Chronik von Innsbruck. Innsbruck, Vereins-Buch-handlung und Buchdruckerei. 1897. IV, 644 S. 8.

mm. Die Bozner Schützencompagnie in den J. 1796 bis 1797. Nach einer alten Handschrift von H. M. Bozen, A. Auer u. Co. 1897. 51 S. 8.

nn. Richard Rosenbaum, Die Tirolerin in der deutschen Litteratur des 18. Jh.: Zschr. f. Kulturgesch. 1897. 5, 48 bis 61.

oo. Sieh unten S. 814.

II. Almanache.

a. Gesellschaftsgedichte nach gegebenen Endreimen (Bouts-rimés) 1801. [Bozen, bei Karl Joh. Weiß]. 29 S. 8. Mit Beiträgen von Marquis v. Chasteler, Ant. v. Daubra-waik, J—g (Josef v. Giovanelli), Carl v. Menz, Pelegrin v. Menz, Franz v. Platner, Anton v. Remich. Teilweise wiederh.: Emmerts Almanach 1886. 1, S. 277/90.

b. α. Tiroler Almanach auf das Jahr 1802. Wien, bey Anton Gäßler. 2 Bl., 223 S. 8. Herausgeber: Freiherr v. Hormayr.

a: Das Lied von Tirol. ('Auf Deutschlands Mappe südost erscheint'). Doctor Weissenbach. — b: Der Masse-Aufstand der Tiroler gegen die Franzosen im Jahre 1797. Aus Urkunden. — c: Verzeichniß Jener Landesvertheidiger, welche im Hand-gemenge des linken Flügels mit den Franzosen bey Meransen und Spinges am 2. Aprill 1797 rühmliche Wunden erhalten haben, oder auf dem Bette der Ehre gefallen sind. — d: Aemtliche Darstellung der muthvollen Vertheidigung der Gebirg-engen von Latzfons und Villanders gegen die Franzosen im Frühjahre 1797. — e: Das Landlibell. — f: Tyrolische Land-Zuzugs-Ordnung. Vnd Instruction. — g: Aufruf des K. K. O. Oest. Landesguberniums einverständlich mit der Tirolischen Landschaft, an das getreueste Volk des Landes Tirol. Innsbruck am 24. März 1797. — h: Zug nach Rom. 1527. (Nach des K. K. geheimen Hausarchivars, Herrn Franz Gaßler ,Schilderungen aus Urschriften unserer Voreltern. 8. Innsbruck 1789' abgedruckt). — i: Bruchstück einer Rede des Herrn Professors von Mumelter. — j: Johann von Graff. — k: Freyherr Dominik von Cazan. — l: Jacob Sieberer. — m: Christian Stark. — n: Peter Haider. — o: Die gerettete Compagnie-Casse. — p: Die Passeyrer Schützen auf dem Scharlerjoche. — q: Die Tiroler Bauern am Gardasee. — r: Die Franzosen in Botzen und Brixen im Jahre 1797. — s: Der Unterjäger Bernard Dal Ponte. — t: Pater Pirminius Berghofer. — u: Das Füsi-lieren. — V: Abschiedsschreiben Sr. Excellenz des K. K. Hofcommissärs Grafen von und zu Lehrbach. Innsbruck am 30. October 1797. — w: An die Löbl. Landes-fürstliche und LandschaftlicheSchutzcommission im Oberinnthale. Abschiedsschreiben des F. M. L. Franz Freyherrn von Jellachich. Telfs am 31. December 1800. — x: An die edeln, biedern und tapfern Tiroler. Abschiedsschreiben des F. M. L. Freyherrn von Auffenberg. Botzen am 15. Januar 1801. — y: An den Erzherzog Carl bey seiner Abreise von der Armee. (Im Nahmen eines Grenadiers). Doctor Weissenbach. — Vgl. Annalen März 1802. Nr. 18.

β. Tiroler-Almanach auf das Jahr 1803. 2 Bl., 279 S. 8.

a: Graf Albrecht von Tirol. Eine vaterländische Ballade aus den Zeiten Frie-drichs des Rothbartes. 1158. — b: Relation. Welchergestalt Maximillian Emanuel Churfürst auß Bayrn mit dero, und beyhilf der französischen Waffen den 17ten Juny 1703 die gefürstete Grafschafft Tyrol feindlich Invadiert, und iberzochen. —

c: Tirolische Landesvertheidigung im Jahre 1799. — d: Landtag zu Botzen im Jahre 1508. — e: Ueber Oswald von Wolkenstein und sein Geschlecht. Vgl. γ. g. — f: Ueber die in den Baierischen Häusern Dachau und Andechs gewöhnlichen Titel: Herzog von Croatien, Dalmatien und Meran. (Von Freyherrn von Hormayr). — g: Die St. Christophs Brüderschaft auf dem Arlberg 1386. (Aus des K. K. geheimen Hausarchivars, Herrn Franz Gassler, Schilderungen aus Urschriften unserer Vorältern. 8. Innsbruck 1789). — h: Die Schnee-Lauwine bey Stams 1797. — i: Beytrag zur Geschichte der öffentlichen Verwaltung in Tirol. — j: Nachrichten von den bildenden Künstlern und der bildenden Kunst in Tirol. — k: Der Türkische Bothschafter zu Stams 1497. Ein gleichzeitiges, aus der Chronik des Cisterziensers Daniel Lebersorg entlehntes Gedicht. — l: Mumelter (Biographie). — m: Sammlung von Lebensmitteln für die K. K. Truppen. — n: Der blinde Bildhauer zu Nauders. Aus einem Schreiben des K. K. Pflegers und Landrichters zu Nauders, Joseph Rungger. — o: Das Scheibenschießen zu Brixen 1801. — p: Die Deutschen. — q: Die Gerichte Deutschofen und Carneid im Landsturme 1797. — r: Der Passeyrer und seine Kriegsgefangenen. — s: Oeffentliche Denkmahle. — t: Die Retterinn von Bregenz 1408. (Gedicht). — Vgl. Annalen Oct. 1808. Nr. 82 und 83.

γ. Tiroler Almanach auf das Jahr 1804. Wien, bey Andreas Gaßler. 2 Bl., 278 S. 4 Bl.

a: Der Burghauptmann zu Seeben. 1097. (Gedicht). — b: Die Schmalkaldischen Bundesverwandten in Tirol. (Aus der Handschrift des tirolischen Kanzlers Burglechner). — c: Versuch einer Stammgeschichte der Herzoge von Dalmazien, Kroazien und Meran, aus dem Hause Andechs. (Von Freyherrn von Hormayr). — d: Uibergabs-Urkunde Tirols an das Erzhaus Oesterreich 1363. — e: Der Cardinal Hadrian in Tirol. (Aus Sartori u. a). — f: Die Eroberung von Kuffstein. 1504. (Aus einer gleichzeitigen Handschrift). — g: Uiber Oswalden von Wolkenstein und sein Geschlecht. (Fortsetzung). — h: Georg von Freundsberg. (Die Fortsetzung folgt. Hier endet der Auszug aus Reisners erstem Buche). — i: An die tirolischen Bauern. 1703. (Dieses Gedicht ward im July 1703 verfasset von dem Grafen Dominik Urban v. Fieger, Verordneten zum engeren Ausschusse und Steuer-Commissär im Burggrafen-Amte. Sieh desselben Siben wolgeschmidte Discurs von den siben politischen Werk-Nägeln. Bozen bey Philipp Jakob Khuen 1704. 4to). — j: Adel und Kriegsruhm der Freyherren von Madruz. — k: Verzeichniß der Aebte des Prämonstratenser Stiftes Wilten. Ein Beytrag zur tirolischen Monasteriologie. — l: Die eroberte Kanone. — m: Die drey Bauernsöhne von Croviana im Sulzberg. — n: Der Freund in der Noth. — o: Der Rechtsstreit mit den Feldmäusen zu Glurns. — p: Graf Ludwig von Lodron. 1588. (Gedicht). — q: Fünf Minnelieder Oswalds von Wolkenstein, von ihm selbst in Musik gesetzt. — Vgl. Annalen Nov. 1804. Nr. 131.

Band 1 bis 3 wurden nochmals aufgelegt unter dem Titel: Tiroler Merkwürdigkeiten und Geschichten. Wien. III. 8. § 293, V. 36. 4).

δ. Tiroler Almanach für 1805. Wien, bey J. V. Degen, Buchdrucker und Buchhändler. XIV, 232 S. 12.

a: Heinrich der Stolze vor Ambraß. 1136. (Gedicht). — b: Der Bauernkrieg von 1525. (Aus der Handschrift des Tyrolischen Kanzlers Burglechner). — c: Geschichte der Herzoge von Meran. (Fortsetzung). — d: Römische Monumente in Tyrol. — e: Aelteste typographische Denkmähler in Tyrol. — f: Nekrolog: 1) Tartarotti (Hieronymus) Serbati, geb. zu Roveredo in Tyrol 1. Januar 1706, gest. 16. Mai 1761. — 2) Joseph Ignaz Freyherr von Hormayr zu Hortenburg, geb. 21. December 1705 zu Insbruck, gest. 8. August 1779. — 3) Joseph Freyherr von Sperges auf Palens und Reisdorf geb. 10. Januar 1726 zu Innsbruck, gest. 26. Oktober 1791 zu Wien. — g: Statistischer Abriß von Vorarlberg. — h: Lindau. — i: Die Reichsgrafschaft Rothenfels mit dem Allode Stauffen und Rittergute Werdenstein. — j: Ein Beytrag zur vaterländischen Statistik. — k: Die Drachenzunge von Wilten. (Eine Legende). 878. (Gedicht).

1. Joseph Anton Hofer, geb. zu Kastelruth 19. Mai 1742, studierte zu Brixen und Innsbruck, 1765 zum Priester geweiht, 1772 Professor der Rhetorik und bald darauf Präfekt am Gymnasium zu Brixen, 1776 Professor des Kirchenrechts, 1779 Kanonikus im Kollegiatstift zu Brixen, 1782 k. k. Gubernialrat und Referent in geistlichen Sachen zu Innsbruck, von 1786 bis 1807 wieder Professor des Kirchenrechts am Lyzeum zu Brixen, † 1820.

Waitzenegger 1822. 3, 223. — Meusel 22 II, 792.

1) Anleitung zur Geographie der ältern und neuern Zeiten. Brixen 1774.

2) Zegeri Bernardi Van-Essen Jur. Eccles. Univ. ad usum Auditorum in Compendium redactum. Brixen apud Thom. Weger. 1781. Tomi 4.

3) Conspectus Juris Eccles. publici. Brixen.

4) Ermahnungsrede am Titularfeste Mariä Verkündigung an die marianische Kongregation zu Brixen. Brixen 1793.

5) Kunstgriffe frommer Aeltern zur Erziehung wohlgesitteter Kinder in 2 Kanzelreden. Brixen 1794.

6) Das aufrichtige und wahrhafte — Gott wir loben Dich — vorgetragen in der hohen Domkirche zu Brixen bey Gelegenheit, als wegen Entfernung der Feinde und Rettung Tyrols ein Dankfest gehalten wurde. Brixen 1796.

7) Das Geschäft des Menschen. Eine Rede am letzten Abende des Jahres 1796. Brixen 1797.

8) Das untrügliche Kennzeichen der sittlichen Auferstehung. Eine Rede, gehalten am Ostersonntag 1795 in der Stadtpfarrkirche zu Brixen. Brixen 1798.

2. Karl Joseph Michaeler, geb. in Innsbruck am 6. Dezember 1735, Sohn eines Arztes, besuchte das Gymnasium in Hall, trat dort in den Jesuitenorden, setzte dann seine Studien in Neuburg an der Donau und Ingolstadt fort, Lehrer in Mindelheim, 1761 in Dillingen, studierte Theologie in Ingolstadt, wurde 1765 zum Priester geweiht, Lehrer an den Gymnasien zu Hall und Innsbruck, verblieb auch nach der Aufhebung des Ordens im Amte, 1777 Lehrer der allgemeinen Weltgeschichte an der Universität in Innsbruck, 1783 Custos an der Universitätsbibliothek in Wien, starb daselbst am 22. Januar 1804.

a. De Luca 1776. I. 1, S. 346. Journal der Lit. u. Statistik Bd. 1, S. 87. — b. Annalen 1804. Int.-Bl. Nr. 14. — c. Hormayrs Archiv 1810. S. 420. — c'. Meusel 5, 222f. 10, 299f. 11, 536. — d. Gräffer und Czikann 1835. 3, 663. — e. Staffler 1842. 1, 458. — f. Wurzbach 1868. 18, 208.

1) Tabulae parallelae antiquissimorum Teutonicae linguae dialectorum ex priscis monumentis collectae et per octo sermonis partes ordins grammatico commode dispositae. Oeniponti 1776. 8.

2) Zamagnae, Cunichii et Mazolani Romanorum Elegia, praefixa est Dissertatio de Stylo Catulliano, quam elucubratus est C. M. Accedunt selecta Graecorum Idyllia latine versa. Aug. Vindel. 1776. 8.

3) De studii historici in patria necessitate Oratio. Oeniponti 1777. 8.

4) Breviarium historiae universalis Schlözerianae hinc inde succinctius excerptae atque ad usus auditorum in universitate Oenipontana latine conversae. Oeniponti 1780. 8. Soll auch ins Deutsche übersetzt sein.

5) a. Beruhigung eines Katholiken über die päpstlichen Bullen wider die Freymaurerey von Bruder M*** Kosmopolis 5782. — Dagegen: Vertheidigung zwoer päpstlicher Bullen wider den Freymaurer M***. Osbor 1783. — Dagegen: b. Unbedeutendes Nötchen. — Dagegen: Wider den Freymaurer M*** und sein Nötchen von 36 Seiten. Osbor 1784.

6) Versuch über die erste Gestalt und Bevölkerung Tyrols. 1. Theil. Wien 1783. Hörling. 8.

6a) Collectio poëtarum elegiacorum stylo et sapore Catulliano scribentium; cum gemina de eodem diatribe — collegit, castigavit, praefatus est, suasque accessiones ineditas addidit. Vindobonae 1784. II. 8.

7) Ueber die kirchliche Unfehlbarkeit. Von Karl zum M. Würzburg [Wien] 1785. 8. — 2. verb. Anfl. samt einem Anhange über St. Peters Bisthum in Rom. Ebenda 1790. 8.

8) Unumstößliche Gültigkeit der heimlichen Priesterehe bis zur Aufhebung des Caelibats, aus der polemischen Geschichte des Herrn Abate Zaccaria gegen ihn bewiesen. Frankfurt und Leipzig [Wien] 1785 und 1789. III. 8. Der dritte Band unter dem Titel: Duplik auf die Replik in einer Antwort an den M. J. Caelebs über das Kirchliche des Caelibats. — Ohne Vfnamen.

9) Iwain, ein Heldengedicht von Hartmann, der nächst den Zeiten K. Friedrich's des Rothbarts lebte, zur Seite nach heutiger Mundart erkläret, mit Vorbericht, An-

merkungen und einem Glossarium versehen. Wien 1786 und 1787. II. 8. — § 39, 4).
§ 94, 2 = Band I. S. 92. 335.

10) De mechanismo physico miraculorum commentatio. Viennae 1784. 8. —
Deutsch: Ueber den natürlichen Mechanismus der Wunder. Wien 1787. 8.

11) De origine linguae tum primaria tum et speciali commentatio. Viennae
1788. gr. 8.

12) Collectio poetarum elegiacorum stylo et sapore Ovidiano scribentium, adhuc
plerorumque anecdotorum; collegit, castigavit, praefatus est, suas in auctarium accessiones addidit. Viennae 1789. II. gr. 8.

13) Theologisch-statistischer Versuch über die kirchliche Gewalt auf die Ehe-
sachen in den katholischen Staaten: erster Teil: Untersuchung der kirchlichen Gewalt
in Beziehung auf die Hindernisse der Ehe. Zweiter Theil: in Beziehung auf die
Auflöslichkeit der Ehe. Von Palaeophilus, einem Verehrer der alten Kirche.
Würzburg [Wien] 1791.

14) Historisch-kritische Abhandlung über die phönizischen Mysterien. Wien
1796. 8.

15) Das Neueste über die geographische Lage des irdischen Paradieses. Wien,
Rötzel. 1796 bis 1797. IV. 8.

16) Ueber das Geburts- und Sterbejahr Jesu Christi, nebst chronologischen
Tabellen, die zur richtigen Kenntniss der mit einschlagenden und nächst anhängenden
apostolischen Zeiten dienen mögen. Wien 1796. Zweiter Theil: das ist, Anmerkungen
über das am Ende der vorigen Schrift angekündigte neue Werk des Herrn Sanclementius
über die Verbesserung der christlichen Aera. Ebenda 1797. 8.

17) Geschichte in der Fabel, oder Versuch einiger nähern Bestimmungen über
den Ursprung der griechischen Theogonie oder Götterlehre, zur Aufklärung des
dunkeln und fabelhaften Zeitalters. Wien 1798. II. 8.

18) Fragmentum ex Fastis poëticis Austriacorum ad diem VIII. Idus Novem-
bres, cum Franciscus II. Augustus grave incendium praesentia et gubernatione sua
restinxisset, carmen elegiacum. Viennae 1798. 8.

19) Cleophas; ein christliches Hirtengedicht von Carl Jos. Michaeler. Aus dem
Lateinischen. Wien, Pichler, 1801. 8. [Lateinisch und deutsch]. Becker Nr. 9679.

20) Historisch-kritischer Versuch über die ältesten Völkerstämme und ihre
ersten Wanderungen, nebst weiterer Fortpflanzung nach Amerika. Wien 1801 bis
1803. Pichler. V. 8.

3. Claudius Martin Ritter von Scherer, geb. am 2. November 1752 in
Donauwörth, studierte in München, errichtete in Innsbruck eine Kattundruckerei,
widmete sich aber seit 1776 in Innsbruck und seit 1779 in Wien der Medizin. 1781
ordentlicher Lehrer der Tierarzneikunde zu Innsbruck, Leibarzt der Erzherzogin
Maria Elisabeth, 1789 Gubernialrat, Protomedicus für Tirol und Professor am Lyzeum
in Innsbruck, verließ Innsbruck 1805 mit der Erzherzogin, 1808 Professor der Landwirtschaft an der Hochschule in Graz, starb dort am 9. Juni 1834.

a. Baldinger, Neues Magazin für Ärzte. 1791. Bd. 13. St. 4. S. 325 bis 329. —
b. Meusel 7, 108. — c. Wurzbach 1875. 29, 206.

1) Über die Vortheile der Thierarzneykunde in den Händen der Aerzte. Eine
Rede. Innsbruck 1781. gr. 8.

1 a) Ankündigung der neuen Badeanstalt in Milau. Innsbruck 1786. 8.

2) Abhandlung über verschiedene Badeanstalten und ihren Gebrauch. Innsbruck 1789. 8.

3) Gab mit Franz Niedermayer heraus: ‚Der Tyrolische Arzt‘, eine medicinische
Wochenschrift für seine Landsleute. Innsbruck 1791 und 1792. 8.

4) Eine gelehrte Katzfechterei. Innsbruck 1792. 8. (Auch als Beilage zu
Nr. 2 des zweiten Jahrganges der Zeitschrift.)

5) Gedicht von Gubernialrath Scherer. 1797. Manuscript. ‚Es gab einst eine
schlimme Zeit‘. Bauer: 1797. Nr. 22.

6) Aufmunterung zur Kuhpockenimpfung durch Errichtung einer Impfanstalt
für Tyrol. Innsbruck 1804. 8.

4. Johann Friedrich Primisser, geb. zu Prad 21. August 1757, 1796 Re-
gistrant beim k. k. Gubernium, gest. 1. März 1812 als Gubernialsekretär, Registraturdirektor und Archivar in Innsbruck, Vetter des Johann Baptist Primisser. Seine
Dramen § 259, 191 = Band V. S. 345. Hinterließ eine Reihe historischer Werke
im Manuskript.

a. Meusel 19, 206.

b. Joseph Bergmann, Die 5 gelehrten Primisser: Berichte und Mittheilungen des Alterthums-Vereines in Wien. Wien 1861. Band 5, S. 177 bis 244.

c. Kehrein 1871. 2, 21. — d. Wurzbach 1872. 23, 306.

e. Feder 1882 S. 46 bis 48 in einem Exkurs: ,Johann Friedrich, Dichter sämmtlicher „Primisser"-Kriegslieder' weist nach, daß die Lieder nicht von Joh. Bapt. herrühren können, dessen (handschriftl.) erhaltene Lieder erotischen oder geistlichen Inhalts (Meßgesänge) sind, auch wohl Naturmalereien und dramatische Stücke, ,alle getragen und antik angehaucht'.

1) Martin Sterzinger oder Der bayrische Einfall ins Tirol. Ein vaterländisches Schauspiel in fünf Aufzügen, von Johann Friedrich Primisser. Innsbruck, gedruckt mit Wagnerschen Schriften. 1 Bl., 91 S. 8.

2) Für die Tyroler Scharfschützenregimenter den 27. May 1796. Innsbruck, mit Wagnerschen Schriften. 4 S. 8. (,Ladet eure Röhre!'): Emmerts Almanach S. 143 f. Hörmann Nr. 76. Feder S. 9. Bauer: 1796. Nr. 16.

3) A Lied im Franzosen-Rummel 1796. Vom sellen der s'Liedl gmacht hat: Ladet Eure Röhre. Innsbruck. Mit Wagnerschen Schriften. 8. ,Den Stutzen hear, beyn Saggara'. Im Oberinnthaler Dialect. Das erhaltene Konzept weicht vom Druck sehr stark ab: Emmerts Almanach, S. 145 bis 147. Hörmann Nr. 76. Feder S. 10. Bauer: 1796, Nr. 18. Sehr verbreitet und noch 1866 als ,a Lied zum Garibaldi-Rummel' umgemodelt. (Dorflinde 1866, Nr. 32). Engensteiner, Zur mundartlichen Dichtung in Tirol 1873.

4) Auf die Rettung Tirols den 19. November 1796. Innsbruck, mit Wagnerschen Schriften. 4 S. 8. (,Unser der Sieg'). Cramer nachgebildet: Emmerts Almach 1836, S. 167 bis 168; vgl. v. Hörmann Nr. 81. Anmerkung 2. Bauer: 1796. Nr.n26.

5) A Siegslied am heil. sant Isidoritag. Onna 1797. Im Weisl: den Stutzen hear, beym Saggara. 2 Bl. 8. (,Jest ischt er gar der Kirchtatanz'). Feder S. 32 bis 34. Bauer: 1797. Nr. 8.

6) Hymne. Gesungen vor der Abreise Sr. Excellenz des k. k. Hof-Commissärs Grafen von und zu Lehrbach etc. [Innsbruck]. Gedruckt mit Wagner'schen Schriften, 1797. 8. (,Als Cäsar Dich auf seinem Throne'). Feder S. 43 f. — Bauer: 1797. Nr. 20. Original-Manuskript in Innsbruck erhalten.

7) Ein Tyroler Schütze an des Erzherzogs Johann Königliche Hoheit. Scharnitz den 23. Sept. 1800. Innsbruck, Wagner. 8.

8) Die tirolische Muse des Jahres 1800. Gedicht: Innsbrucker Wöchentliche Anzeigen 1800. Nr. 44.

9) Prolog zu Ehren des Namensfestes der Erzherzogin Maria Elisabeth: Innsbrucker Wochenblatt 1801. Nr. 47.

10) Friedrich mit der leeren Tasche. Bei Bergmann erwähnt.

5. Franz Gaßler, k. k. Archivar zu Wien.
Meusel 2, 488.

1) Beiträge zum Wiener Musenalmanach § 231, 8 = Band IV. S. 366.

2) Abhandlung über Franz Guillimanns, österreichischen Staats- und Geschichtschreibers, Leben und Schriften. Wien 1783. Hörling. 8.

3) Schilderungen aus Urschriften unserer Voreltern. Innsbruck 1789. 8.

4) Beiträge zur deutschen Sittengeschichte des Mittelalters, aus ächten Urkunden des berühmten Archivs zu Ambras in Tyrol. Wien 1790. gr. 8.

5) Das höchste Geburtsfest Sr. Majestät des Kaisers Franz des Zweyten in Tyrol gefeyert den 12. Februar 1797. Von F.— G.— Innsbruck, gedruckt mit Wagner'schen Schriften 1797. (,Die Kriegstrompete rufet euch'). Komponirt von Pfaff, vgl. Feder S. 24 und Bauer: 1797. Nr. 3.

6) Festgesang für die Denkmünzen-Vertheilung 22. Juli 1798. Innsbruck. Vgl. Feder S. 24.

7) Beiträge zum Tiroler Almanach 1802.

6. Franz Joseph Mumelter von Seberuthal, geb. in Bozen am 2. Februar 1762 (nach Meusel und a. 7. Januar 1761), absolvierte das Gymnasium, die philosophischen und juristischen Studien zu Innsbruck, ging 1782 nach Wien, wo er 1786 das juristische Doktorat ablegte und Repetitor der politischen Wissenschaften am Theresianum wurde, hielt 1788 und 1789 Vorlesungen über die Geschichte der Österreichischen Monarchie an der Wiener Universität, wurde 1790 daselbst Professor der allgemeinen Weltgeschichte, starb am 1. Dezember 1798 in Wien.

   a. Wiener Hofzeitung, 8. Dec. 1798. — b. N. Teutscher Merkur 1799. 8. 87 f. — c. Biographie: Tiroler-Almanach auf das Jahr 1803. 8, 282 bis 249. — d. Meusel, Lex. 9, 459 f. Gel.' T. 5, 358. 10, 343. 11, 563 f. — e. Gräffer und Czikann 1835. 3, 786. — f. Staffler 1839. 1, 387. — g. Wurzbach 1868. 19, 454 bis 458.

1) Versuch einer systematischen Reichsgeschichte im Kleinen. I. Band. Von den ältesten Zeiten bis Heinrich IV. Wien 1786. 8.

2) Abänderungen der geistlichen Gerichtsbarkeit. Wien 1786. v. Mösle. 8, Sonnenfels gewidmet.

3) Sätze aus den sämmtlichen Theilen der Rechtsgelehrsamkeit nach einem historischen Leitfaden geordnet. Wien 1786. 8.

4) Allgemeine Weltgeschichte in Bildern. IV. 8. [Mit Johann Schwerdling, Kurat zu Wienerisch-Neustadt].

5) Gab mit einer Vorrede heraus: Freyherrn von Daisers Unpartheyische Betrachtungen über die Vorrede und Vortheile der Kaiserkrone. Wien 1790. 8.

6) Über die Verdienste Östreichischer Regenten um das Deutsche Reich. Wien 1790. Beck, gr. 8.

7) Manifest aller Völker gegen die französische Revolution von einem ausgewanderten Franzosen. Mit Anmerkungen des Deutschen Übersetzers. Wien 1792, bey Gassler. 8.

8) Rede eines Professors an seine Zuhörer über die freywilligen Kriegsbeyträge. Gehalten am 26. Januar 1793 in dem Hörsaale des II. philosophischen Jahrganges. Wien, bey Gassler. 1793. 8.

9) Neuer Versuch über die allgemeine Weltgeschichte. 1. Band, 1. und 2. Stück. 1794 und 1795. Beck. gr. 8.

10) Mit Schreyvogel: Plan zu einer allgemeinen Zeitung für die Österreichische Monarchie. Vgl. Karl Glossy: Bettelheims Biographische Blätter 1895. 1, 54 bis 65.

11) Beiträge zum Tiroler Almanach 1802.

7. Cassian von Sterzinger, Priester des Stiftes Wilten und Kurat in Igls bei Innsbruck. (Mitteilung Prems).

M. Kiem, Tiroliensien 4, 87.

Trauerrede auf den † Abt Vigilius Granicher v. Granichsfeld, wahrscheinlich auch ein deutsches Gedicht auf Abt Sebastian Stöckl (1790) und ein deutsches Schäferlied.

8. Joseph Vincenz Ferrerius Zobel, geb. in Schwaz in Tirol am 8. August 1748 (Waitzenegger: 1749), 1764 bis 1772 Jesuit in Ingolstadt und Eichstädt, 1778 Domprediger in Brixen, seit 1785 Pfarrer in Imst, seit 1794 Dechant daselbst und fürstbischöflich brixenscher geistlicher Rat, 1805 als Gubernialrat und Referent in geistlichen Sachen nach Innsbruck berufen, trat 1807 aus bayerischen in österreichische Dienste über, Regierungsrat und geistlicher Referent in Salzburg, Pfarrer in Laa in Niederösterreich, 1812 Domherr und geistlicher Referent in Linz, trat 1820 in den Ruhestand, starb zu Linz am 14. Februar 1824.

   a. Meusel 8, 710. 21, 819. — b. Waitzenegger-Felder. Lexikon 1822. 3, 440. — c. Bote für Tirol und Vorarlberg. 1828. Nr. 24, 25 und 45. — d. Wurzbach 1891. 60, 219 f.

1) Die Psalmen metrisch übersetzt, mit den nothwendigsten Anmerkungen von J. Zobel. ehemaligen Domprediger zu Brixen, itzigen Pfarrer zu Imst. Augsburg, In der Joseph-Wolffischen Buchhandlung. 1790. Erste Abtheilung. 1 bis LXXII. 4 Bl., 200 S., 1 Bl. Zweite Abtheilung. LXXIII bis CL. 2 Bl., 236 S., 1 Bl. 8. ‚Sie sind auch in die Sammlung von Gedichten zur Fortsetzung jener von Michael Denis aufgenommen, wo sie die V. und VI. Sammlung ausmachen'. Waitzenegger. —

In seinem Nachlaß befand sich eine zweite sorgfältig gefeilte, mit völlig neuer Übersetzung mehrerer Psalmen ausgeführte Umarbeitung.

2) Gesang für die deutschen Schulen.

9. Johann Nepomuk Vorhauser, geb. in Brixen am 18. August 1762, studierte Philosophie zu Innsbruck, Theologie zu Brixen; 1785 zum Priester geweiht. Lehrer am Lyzeum zu Brixen, 1790 Benefiziat am Dom zu Brixen, 1792 bis 1809 Professor der Philosophie, 1812 fürstbischöflicher Kaplan, 1816 Konsistorialsekretär, gestorben 1818. a. Waitsenegger 1820. 2, 468. — b. Meusel 21, 263. — c. Wurzbach 1885. 51, 293. — d. Heyl 1890. S. VI.

1) Prima Artis metricae Elementa ad componendos praecipue elegiacos Versus, quibus carmina elegiaca cum sacra, tum profana accedunt. Ad usum Scholarum. Brixinae 1795.

2) Ergänzte die Chronik von Lüsen.

3) Lateinische Verse auf das Jahr 1809.

10. Alois Weißenbach, geb. am 1. März 1766 zu Telfs in Tirol, in Klöstern erzogen, studierte am Gymnacium in Innsbruck und an der medizinisch-chirurgischen Josephsakademie in Wien, machte von 1788 bis 1799 als Unterarzt den Türkenkrieg und die französischen Feldzüge mit und rückte bis zum k. k. Feldarzte vor; 1804 Professor für Chirurgie und Tierarzneikunst am St. Johanneshospital in Salzburg, 1811 Direktor der landärztlichen Schule, 1818 wieder Professor an der medizinisch-chirurgischen Lehranstalt; starb in Salzburg am 26. Oktober 1821. a. Meusel 16, 180. 21, 452. — b. Das Sonntagsblatt 1809. Band 3. Nr. 109. 113. — c. Wiener Jahrbücher der Litteratur 4, 28. 7, 39. — d. Bote für Tirol und Vorarlberg 1821, S 348. — e. Gräffers Conversationblatt 1821. 4, Nr. 93. Nekrolog von Weidmann. — f. Der Aufmerksame. Gräts 1821. 10. Jahrgang. Nr. 135. — g. Oesterreichischer Zuschauer 1837, S. 1443. — h. Frankls Sonntagsblätter 1843. 2, Nr. 29 (Gräffer). — i. Gräffer, Kleine Wiener Memoiren 1845. 2, 188. — k. Staffler, Tirol und Vorarlberg. 1847. 1, 378. — l. Scheyrer 1858, S. 323. — m. Castelli, Memoiren meines Lebens 1861. 3, 247. n. Gustav Nottebohm: Presse, 13. Februar 1868 (= Beethoveniana. Leipzig und Winterthur 1872. Capitel 28). — o. Kehrein, Lex. 1871. 2, 248. — p. Alpenfreund 1871. 4, S. 23 f. 1873. 6, S. 128. — q. Adolph Pichler: Österreichische Wochenschrift 1872. — r. Adolph Pichler: Edlingers Litteraturblatt 1876. — s. Joh. Ev. Engl, Dr. Alois Weißenbach. Beiträge zu dessen Biographie. Salzburg 1876. Verlag der Oberer'schen Buchhandlung. 85 S. 8. (Separatabdruck aus der Salzburger Zeitung). — t. J. Bruck, Poetische Parallelen: Tiroler Bote 1881, S. 819. — u. J. C. Maurer, Ein vergessener deutscher Sänger: Oesterreichische Literaturzeitung 1885. v. Richard v. Strele, Alois Weißenbach: Wiener Mediz. Wochenschrift. 36. Jahrgang. 1886. Nr. 50, Sp. 1685 bis 1687. — w. Wurzbach 1886. 54, 167 bis 173. — x. Pagel, Biograph. Lexikon der hervorragenden Aerzte 1888. 6, 228. — y. Mayr 1888. 8. 100. — z. Greinz 1889. 8. 8 bis 11. — aa. Pichler 1892. 8. 163 bis 166. — bb. Tiroler Bote 1896. Nr. 258 bis 259. — cc. Neue Tiroler Stimmen 1896. Nr. 174. — dd. Allgemeine deutsche Biogr. 1896. 41, 601 (Pagel). — ee. Gentz Tagebücher 2, 168. — ff. Gentz an Pilat 1, 237. — gg. Hans K. Fh. v. Jaden, Th. Körner und seine Braut. Dresden 1896. 8. 37. 41 f. 45.

1) Die Todesfeier am Grabe Sr. königlichen Hoheit des Erzherzogs Leopold von Oesterreich, Palatin des Königreichs Hungarn. Von Alois Weissenbach, k. k. Feldchyrurgen. Prag 1795. bei August Geers, Buchhändler. 15 S. 8.

2) Das gerettete Tyrol. Innsbruck, gedruckt mit Wagner'schen Schriften. 1797. 8 Bl. 8.

Seiner Excellenz Seiner Majestät des Kaisers geheimem Rathe K. k. Hof-Commissär des heil. röm. Reichs Grafen von und zu Lehrbach geweiht von Aloys Weissenbach, K. k. Oberfeldarzte. (,Die Hände an die Felsenwände klammerend, Und nassen Auges Berg und Thal durchjammernd'). — Bauer: 1797. Nr. 15.

3) Tirols Dank. Von Aloys Weissenbach K. K. Oberfeldarzte. Wien, bey Anton Gassler. 1799. 7 Bl. 8.

,Seiner Majestät Franz II. und Seinem guten, edlen, treuen Volke in tiefester Ehrfurcht gewidmet'. (,Auf ihrer Alpen schroffen Felsgetrümmer Stand mitternachts, umblinkt vom Mondenflimmer').

4) Lied eines alten Grenadiers. Bey der Abreise Sr. königl. Hoheit des Erzherzogs Karl von der Armee. Innsbruck 1800. 4 Bl. 8. — Auch im Tiroler Almanach 1802, S. 220 bis 223 unterzeichnet: Doctor Weissenbach.

5) An Prenner bey seinem Abschiede von Wien. Gedicht: Innsbrucker Wöchentliche Anzeigen 1800. Nr. 18.

6) Hymnus an den Frieden, gesungen zu Nassenfuss den 24sten Hornung 1801. von D. Aloys Weissenbach, k. k. Oberfeldarzte, Laybach. 1 Bogen. 4. Annalen 1802. Nr. 3.

7) Die Barmeciden, oder Die Egyptier in Bagdad. Ein orientalisches Schauspiel in fünf Aufzügen. Von Aloys Weißenbach. Wien, auf Kosten und im Verlage bey Johann Bapt. Wallishausser. 1801. 120 S. 8.

8) Das Lied von Tirol. („Auf Deutschlands Mappe südost erscheint"): Tiroler Almanach auf das Jahr 1802. 8. 1 bis 8. Unterzeichnet: Doctor Weißenbach. — Wiederholt: Hormayrs Archiv. 7. Jahrgang. 1817. S. 245.

9) Ueber Theophrastus Paracelsus von Hohenheim, Rede bei Übernahme seines Lehramtes an der medizinischen Facultät in Salzburg. 1804. Gedruckt?

10) Medicinische Bemerkungen über das herrschende Fieber zu Livorno; als Unterricht für die Aerzte im neuen Spital von Dr. Gaetano Palloni zu Pisa. Aus dem Italienischen übersetzt. Salzburg 1805, Mayr. gr. 8.

11) Die Huldigung, ein dramatischer Prolog. Vorgestellt auf dem kaiserlichen auch kaiserlich königlichen Nationaltheater zu Salzburg den 17. März 1806. Als am Tage der feyerlichen Huldigung. [Salzburg 1806]. Gedruckt bei Kaspar Zaunrith. 1804. Ohne Verfassernamen.

12) Biographische Skizze von J. Jak. Hartenkeil, Dr. der Arzneiwissenschaft... und Protomedicus in Salzburg etc. Entworfen von Prof. Al. Weißenbach. Gedruckt mit Zaunrith'schen Schriften. Den verehrten Freunden Hartenkeil's gewidmet von seinem Schwager Professor Ehrhart. Salzburg 1808. gr. 8.

13) a. Scenen aus der Tragödie: Der Brautkranz. Vom Herrn Professor Weißenbach: Der Sammler. 21. Februar 1809, Nr. 22. 7. März, Nr. 28.

b. Der Brautkranz. Ein Trauerspiel in fünf Aufzügen. Vom Professor Aloys Weißenbach. Wien 1810. Im Verlag bei Joh. Bapt. Wallishausser. 128 S. 8.

Herrn Joseph Hartl Edlen von Luchsenstein. . . . N. Öst. Regierungsrathe. Widmungsgedicht: Salzburg den 10. Junius 1810. (5 f. Iamben. Palma, berühmter Maler zu Venedig. 15. Jh.).

Im Manuscript an Goethe gesandt. Goethes Antwort vom 8. März 1809. Goethes Werke W. A. IV. 20, 305 f. 8. M. Prem, Goethe S. 448. März 1816 im Wiener Burgtheater aufgeführt.

Rez. Int.-Bl. d. Annalen. März 1809. — Wiener Moden-Zeitung. 1. Jahrgang 1816, Nr. 13 — Dramaturg. Beobachter. Nr. 13. 11. Oct. 1813. — Vgl. Treitschke, Gedichte. 1817. S. 155: Die beyden Kränze. An Antonie Adamberger, nach der Aufführung des Trauerspiels: Der Brautkranz.

14) Das Willkommen der Hirten. Ein Festspiel in einem Aufzuge. Zur Feyer der höchsterfreulichen Ankunft... des Kronprinzen und der Kronprinzessin von Baiern. Gegeben im königl. Theater zu Salzburg den 16. Juni 1811. [Salzburg 1811]. 16 S. 4.

15) Das Opfer der Berge. Zur Feyer der höchsterfreulichen Ankunft Ihrer königlichen Hoheiten des Kronprinzen und der Kronprinzessinn von Baiern in der Kreis-Haupt-Stadt Salzburg. Eine Cantate, in Musik mit voller Orchesterbegleitung gesetzt von Th. Susan, k. b. Landesgerichts-Aktuar. [Salzburg]. Gedruckt mit Zaunrithschen Schriften. 1811. 8 Bl. 4.

16) Die Worte der Weihe. Cantate. Abgesungen bey der feyerlichen Eröffnung des neu decorirten Museum-Saales zu Salzburg. In Musik gesetzt von Ignaz Aßmayer. [Salzburg 1812]. 11 S. 4.

17) a. Germaniens Wort und Gruß. Prolog, gesprochen bei der Ankunft... des Kronprinzen und der Kronprinzessin von Baiern in Salzburg von Anna Ferrari. [Salzburg], Zaunrithsche Buchdruckerei. 1813. 10 S. 4. Aufgeführt mit Antonie Adamberger als Germania am 11. Febr. 1814 im Wiener Burgtheater.

b. Germania's Wort und Gruß. Von Professor Weißenbach. Mit Abänderungen.

Wien 1818. Im Verlage bey Joh. Bapt. Wallishausser. 11 S. 8. Sieh oben A. II, aa — S. 510.

18) Der heilige Augenblick. Von Dr. Aloys Weißenbach. Salzburg 1814. In der Mayrischen Buchhandlung. 4 Bl. 8. (‚Seht ihr die Heere brausend wogen‘). — Vgl. Nr. 21) S. 173. — Auch: Der Aufmerksame. 28. April 1814. Nr. 50.

19) a. Der Einzug des Kaisers Franz I. in Wien. Im Juny 1814. Von Dr. Aloys Weißenbach. Wien, gedruckt bey Anton Strauß. 6 Bl. Großfolio. (‚Hat sich die blut'ge Flut verloren‘).

b. Der Einzug des Kaisers Franz I. in Wien. Im Junius 1814. Von Dr. Aloys Weißenbach. Wien, bey Anton Strauß und in der Camesina'schen Buchhandlung. 18 S. 8. — Vergl. Nr. 21) S. 188.

20) Der glorreiche Augenblick. Cantate. Wien 1814. Mit Beethovens Musik in der Akademie vom 29. November 1814 aufgeführt. — Vgl. Nr. 21) S. 197.

21) Teutonia. Ein Denkmahl der vergangenen und Taschenbuch der neueren Zeit. Von Prof. Aloys Weißenbach. Wien 1815, gedruckt bey Anton Strauß. 7 Bl., 210 S. 8.

Zueignung: ‚Seiner Durchlaucht dem Herrn Fürsten Carl v. Schwarzenberg, Herzog zu Krumau . . . . . . Dem ersten und unsterblichen Heerführer im Erlösungs-Kampfe Europa's weiht dieß Denkmahl in tiefster Ehrfurcht der Verfasser. S. 1 bis 155: Die Erlösung der Teutonia. Dramatische Volkssage. [In zwei Aufzügen und in Versen]. — S. 157 bis 171: Teutonia's Wort und Gruss. Prolog, gesprochen auf dem Hoftheater bey der Ankunft Ihrer Königl. Hoheiten des Kronprinzen und der Kronprinzessinn von Bayern, in Salzburg im Monath October 1813. — S. 173 bis 182: Der heilige Augenblick. Im November 1813. (‚Seht ihr die Heere brausend wogen‘). — S. 183 bis 195: Der Einzug des Kaisers Franz I. in Wien. Im Junius 1814. (‚Hat sich die blut'ge Fluth verloren‘). — S. 197 bis 210: Der glorreiche Augenblick. Cantate. In Musik gesetzt von Ludwig van Beethoven.

22) Die Befreyung der Teutonia: Tiroler Bote 1815. Nr. 9. S. 84.

23) Das Wiedersehen. Cantate. Salzburg 1815. Zaunrieth. Musik von Th. Susan.

24) Das patriotische Mittagsmahl, oder Toasts für jedes teutsche Mittagsmahl. 2 Bl. 8. [1815].

25) Echte Größe. [Gedicht]. Gesprochen bey der Eröffnung des Museums zu Salzburg, am Nahmensfeste Ihrer Majestät der Königinn von Baiern 1810, in Gegenwart der Französischen Behörden: Aglaja für 1816. S. 57 bis 69.

26) Der erste May gefeyert zu Salzburg 1816. Salzburg, in Commission der Mayr'schen Buchhandlung. — Auch: Tiroler Bote 1816. Nr. 42. S. 837.

27) Festgedicht anläßlich der Vermählung der Prinzessin Karolina Augusta. — Anerkennungsschreiben dafür: Tiroler Bote 1816. Nr. 99. S. 793.

28) Meine Reise zum Congreß. Wahrheit und Dichtung. Original-Ausgabe. Wien 1816. Im Verlage bei J. B. Wallishausser. 242 S. 8.

29) Andreas Hofer's Schatten an seinen Kaiser und sein Vaterland am Huldigungstage. Innsbruck 1816. In der Wagner'schen Buchhandlung. 6 S. 8. — Wiederholt: Tiroler Schützen-Zeitung 1850. S. 151.

30) Der 10. November 1816. Gedicht: Wiener Moden-Zeitung 1816. Nr. 64.

31) Andenken an Trenchin (Trentschin), oder Abhandlung über das Trenchiner Bad. Brünn 1817.

32) Über das christliche Fatum als Grundprincip des modernen Drama. Von Dr. A. Weißenbach, k. k. Rath: Wiener Moden-Zeitung 2. April 1817. Nr. 27, 29, 33.

Vgl. Berichtigungen der Ansichten über das christliche Fatum als Grundprincip des modernen Drama. Von A. Günther: ebenda 7./10. Mai 1817. Nr. 37/38. — Grillparzers Werke. 5. Auflage. Band 19. S. 69.

33) Ueber den letzten Fund römischer Denkmäler in und um Salzburg: Wiener Zeitschrift für Kunst, Literatur und Mode 16. und 17. August 1817. S. 66 bis 68. Beilage.

34) Ode auf die Vermählungsfeyer Ihrer Kaiserlichen Hoheit der Frau Erzherzoginn Leopoldine von Oesterreich . . . Aus der Wiener Moden-Zeitung und Zeitschrift für Kunst, schöne Literatur und Theater. II. Jahrgang. Blatt 89. (Wien 1817). 8 S. 4.

35) Aigen. Beschreibung und Dichtung von Dr. Aloys Weißenbach, K. K. Rathe. Salzburg, im Verlage des Verfassers. 1817. 4 Bl., 278 S., 2 Bl. 8. 2. mit einer Ansicht vermehrte Aufl. Salzburg ... Mayr. gr. 8.

,Seiner Durchlaucht dem Herrn Fürsten und Bischoffe Ernst v. Schwarzenberg, Herzog zu Kruman etc. etc. dem Herrn und Schöpfer des einzigen Aigen. . .'

Auch: Botzen 1817. Eberle 8. Vgl. Trapp 8709.

36) Die Eröffnung des St. Johannes-Spitals zu Salzburg im Jahre 1696 durch seinen Stifter und Begründer, den Fürst Erzbischof Johann Ernest Grafen v. Thun etc. Dargesprochen in dem Museum zu Salzburg den 18. Februar 1818. Abgedruckt zum Besten einer armen Familie. Salzburg, gedruckt in der Mayr'schen Buchdruckerei. 4 Bl. 8.

37) Der Brand zu Salzburg den 30. April 1818. Auszug aus einem Schreiben des Herrn Dr. Aloys Weißenbach an einen Freund in Wien. Zum Besten der durch den Brand verunglückten Einwohner Salzburgs. Wien, gedruckt bey Anton Strauß. 29 S. 8.

38) Als ich Grillparzer's schönes Gedicht Abschied von Gastunia (Gastein) gelesen hatte: Aglaja 1820. 8. 214. Vgl. Jahrbuch der Wiener Grillparzer-Gesellschaft. 1897. 7, 27.

39) Mittheilungen aus einem Tagebuche meiner Reise von Salzburg nach Innsbruck zur Huldigungsfeier im Jahre 1816: Gräffers Conversationsblatt. 3. Jahrgang. 1821. Nr. 37 bis 42.

40) Der Kaffee. Parodie zu Schiller's Glocke. 18??.

11. Joseph Freiherr von Hormayr zu Hortenburg. § 293, V. 36 — oben S. 342.

Schriftenverzeichnis: Int.-Bl. der Annalen. April 1808.

Briefe an Schneller: Schnellers hinterlass. Werke 1, 69; an L. A. Frankl: Presse 1867. Nr. 81 vom 23. März.

1) Volkslied, den tapferen Tyroler Schützen und Landsleuten, welche im Begriffe stehen, ihr Vaterland wider die alles zerstörenden Frankreicher zu vertheidigen, von einem Gutgesinnten geweihet. Gesungen am 1sten Brachmonath 1796. Innsbruck, gedruckt mit Wagner'schen Schriften (,Das Vaterland ist in Gefahr!'): Emmerts Almanach 8. 154 bis 156. Hörmann Nr. 76. Bauer: 1796. Nr. 2.

2) Die Burgvesten und Ritterschlösser der österreichischen Monarchie von J. F. v. H. Brünn 1819 bis 1820. Trassler. VIII. 8. Trapp Nr. 1266.

12. Peter Paul Staudacher, Chorregent zu Schwaz.

1) An die frischen Tyroler bey Gelegenheit des Franzosenkrieges verfaßt und abgesungen mit Begleitung der türkischen Musik vom P. P. Staudacher, Chorregent, den 8. Julius 1796 auf der Schießstatt zu Schwaz. Gedruckt mit Wagner'schen Schriften ,Auf! frische Tiroler! Auf, spannt's enker Büchs!': Emmerts Almanach 1836. 8. 156 bis 157. Hörmann Nr. 75. Feder 8. 14f. Bauer 1796. Nr. 4.

2) Aufmunterung an die Tyrolischen Scharfschützen und Landesvertheidiger, vom Peter Paul Staudacher, Chorregent zu Schwatz, bey dem Ausmarsche der Scharfschützen unter Commando des Herrn Hauptmanns Harb, den 11. Hornung 1797. Innsbruck, gedruckt mit Wagner'schen Schriften. 8. (,He, lustig, ihr Herren und Schützen!').

Vgl. Hörmann Nr. 87. Feder 8. 22f. Bauer: 1797. Nr. 2.

3) Duxer-Lied an die Tyrolischen Landesvertheidiger. Von P. P. Staudacher, Chorregent zu Schwaz. Innsbruck, mit Wagner'schen Schriften 1797. 8. (,Wax auf beym Schlaggarar'). Original-Manuskript Staudachers aus dem Jahre 1796 in L. v. Hörmanns Besitz.

Feder 8. 6f. Bauer 1797. Nr. 5.

4) Tyroler-Liedel, abgesungen den 9. April 1797 zu Ehren des Generals Baron Loudon. Wien. Jahn. 1797. 4 S. 8. (,Auf brave Tyrola, erhebet die Stimm').

Bauer: 1797. Nr. 11.

5) Lied auf die Zurückkunft der zweyten Schützen-Compagnie von Schwatz, unter Anführung des Titl. Herrn Pet. Niklas Lergetporer. Vom Pet. P. Staudacher, Chorregent, Schwatz den 9. Mai 1797. Krat à kleins Liedl für enk (,Aft heunt

wohl a Liedl recht saggarisch doll'). Die letzten 2 Gesätzl sind von Herrn Lergetporer selbst zum Dank als Zugabe hinzugefügt.
Feder S. 38f. Bauer: 1797. Nr. 14.

6) a. Lied zu Ehren des Kaiserl. Königl. Hof-Commissär Herrn Grafen Von
und zu Lehrbach, und Herrn Gouverneur Grafen von Bissingen. Vom Pet. P.
Staudacher, Chorregent in Schwatz. Abgesungen den 2. Juny 1797 bey Dero Anwesenheit in Schwatz. A bißal a Liedl. o. O. 8. („Heunt hab' ma Poradi, heunt
is ja recht doll').
Feder S. 39f. Bauer 1797. Nr. 17.
b. A bißal a Liedl. Graf von Lehrbach in Tyrol: Salzburger Intelligenzblatt
1798. S. 454.

7) Danksagung von den Gemeinden Thierburg und Vollandsegg, bey hoher
Anwesenheit Sr. Excellenz des Herrn Grafen von und zu Lehrbach, K. K. Hof-Com-
missär etc. etc. Wie auch Sr. Hochgräfl. Excellenz Herrn Grafen von Bissingen,
Gubernaer im Lande Tyrol. Von Peter Paul Staudacher. Abgesungen den 14ten
September 1797. 2 Bl. 8. (Juchheisa, sa Schützen, seyts alle wohl auf').
Feder S. 42f. Bauer: 1797. Nr. 19.

13. Karl Prugger von **Pruggheim**, geb. im Schlosse Boseneck am Piller-
see, Gerichts Kitzbüchel im Unterinnthal am 30. April 1768, besuchte das Gymnasium zu Rot in Bayern und Admont in Steiermark, studierte in Wien; trat
achtzehnjährig zu Rot in den Benediktinerorden, kam 1786 als Kaplan an das
adelige Benediktiner Frauenkloster Nonnberg bei Salzburg, wo er 3 Jahre zugleich
die Universität besuchte, 1789 Lehrer der grammatikalischen Klassen zu Straubing,
1793 am Gymnasium zu Ingolstadt, kehrte 1794 in seine Heimat zurück und trat
als Weltpriester in die Seelsorge ein, Hilfspriester am Kirchberg im Brixenthale,
Repetitor der fürstbischöflichen Alumnen und Dekanats-Archivar zu St. Johannes
im Leoygenthale, 1803 Benifiziat zu Klössen im Unterinnthale. 1807 wurde er
von der bayerischen Regierung zum Professor der griechischen Sprache und zum
Studienrektor in Brixen ernannt, 1808 Regens im Priesterseminar daselbst. 1809
als Bayrischgesinnter seiner Stellen entsetzt, verließ er Tirol und erhielt die Pfarre
Zorneding bei München. 1811 Stadtpfarrer in Donauwörth, 1812 Königl. Distrikts-
Schulinspektor, als welcher er noch 1820 angeführt ist. Sein Todesjahr ist unbekannt.
a. Int.-Bl. der Annalen. Nov. 1805.
b. Meusel 6, 178f. 11, 628. 15, 84. 19, 210.
c. Waitzenegger 1820. 2, 180.
d. Ludwig Rapp, Ein tirolischer Reformator: Katholische Blätter aus Tirol
1867; umgearbeitet in dessen Kulturgeschichtlichen Bildern aus Tirol. Brixen
1892. 8. 74 bis 89.

1) Die Kunst, Freundschaften auszurechnen, oder leichtfaßliche Anleitung,
die Nähe der Verwandtschaft und Schwagerschaft richtig zu bestimmen; sehr
nützlich für Landleute bey Heurathen. Mit einem Stammbaum. Salzburg, Duyle
1796. gr. 8. Prugger nennt sich unter der Zueignung.

2) Lehren Jesu in vierzehn Stationen und Gebethen. Eingerichtet, wie sein
heiliger Kreuzweg für die lieben Landleute. Salzburg bey Fr. X. Duyle. 1798. kl. 8.

3) Christlicher Haussegen, den der Hausvater oder die Hausmutter, besonders
an hohen Festtägen den versammelten Hausleuten Abends laut vorbethen soll,
von einem Landgeistlichen im Brixenthale für die lieben Landleute. Salzburg
bey Duyle 1798. ½ Bogen.

4) Christkatholischer Wettersegen nach den vier heiligen Evangelien eingerichtet für die lieben Landleute von einem Landgeistlichen im Brixenthale. Salzburg bey Doyle. 1798. 1 Bogen.

5) Religionsvorträge für Landleute. Salzburg, in der Mayrischen Buchhandlung. 1800. gr. 8.

6) Tugendhafte Gesinnungen und Thaten von Heiden, Juden und Türken in
Erzählungen für Leser aus allen Ständen. München 1802 bis 1803. J. Lindauer. II. 8.

7) Philoklerus inner dem Gebürge. Oder Vorschläge zur Verbesserung der
Weltgeistlichkeit in Neubaiern. Augsburg und Leipzig, in der Stage'schen Buchhandlung. o. J. [1807]. 110 S. Rapp S. 75 bis 89.

7a) Ueber die Volkssprache im Lebengerichte Kitzbühel: Sammler f. d. Gesch. und Statistik von Tyrol 3, 25 bis 38.

8) Ueber kirchliche Neuerungen, ein Vorwort an das Landvolk. München 1810.

9) Ein Wort an die Tyroler von einem Tyroler. München 1810. Ohne Verfassernamen.

10) Die Paradorfer Conferenz, ein Collegium über Besteuerung der Geistlichkeit in Baiern. München 1811. Lentner. 8. Ohne Verfassernamen.

11) Rede am 27. Mai 1817, als am Einweihungstage der Landwehrfahne von Donauwörth. München 1817. J. Lindauer. 8.

12) Predigten. München 1818. Lindauer. 8.

13) Versuch, die Heerstraße der Römer von Passau an bis Windisch in der Schweiz zu erklären. München, G. Franz. 4.

14. Johann Wenzel Rautenkranz. Lebensdaten unsicher. Sein Vater soll als Abkömmling einer aus Sachsen ausgewanderten Familie in Senftenberg in Böhmen geboren sein und kam als kaiserlicher Beamter nach Wien und Innsbruck. Der Sohn, nach Raßmann in Wien geboren, studierte in Innsbruck die Rechtswissenschaft, wurde Landrechts-Kanzlist und soll um 1830 (in Bozen ?) gestorben sein. (Mitteilung Prems).

1) Ode auf den Tod seiner fürstlichen Durchlaucht des regierenden Herrn Alois von Lichtenstein. Von Johann Wenzel Rautenkranz aus Innsbruck. Innsbruck, gedruckt in der Wagner'schen Hofbuchdruckerey. 4 Bl. 8.

2) Ode auf Ochs und Gaymüller in Wien. Verfaßt von Johann Wenzel Rautenkranz aus Innsbruck. Diese Biedermänner opferten dem Staate bey dem östreichischen Aufgebothe 8000 fl. als Geschenk, und eine gleiche Summe als Darlehen, ferners weihten sie auch in diesem Jahre der leidenden Menschheit in Böhmen mehrere Tausende. Innsbruck, gedruckt mit Wagner'schen Schriften. 4 Bl. 8.

3) Auf den Retter Tyrols. Verfaßt von J. W. Rautenkranz, Physiker 1797. (Ode auf Lehrbach).

4) Auf den Lorbeersammler S. K. Hoheit den Erzherzog Karl. [Innsbruck]. Wagner. 1799.

5) An den Wucher. Gedicht: Innsbrucker Wochenblatt 1801. Nr. 7.

6) Widmung der Gedichte an Karl Graf Lamberg: Innsbrucker Wochenblatt 1801. Nr. 48.

7) Poetische Früchte meiner Nebenstunden. Verfaßt von Johann Wenzel Rautenkranz. Mit k. k. Censurs Bewilligung. Frankfurt und Leipzig. [Bregens]. Im Verlage bey Brentano & Compagnie 1802. 10 Bl. unnummeriert; S. 23 bis 238. Widmung: Ludwig . . . Grafen von und zu Lehrbach.
Bl. 8: Einleitungsgedicht. — Bl. 9b: An den schätzbarsten Leser! [Prosa]. Innsbruck den 16ten May 1801.
S. 23: Auf den Retter Tyrols. („In Feyerkleide schallet der Genius'). — S. 64: Volkslied beym Ausmarsch der Wiener. („Auf, Wiener, auf zur Schlacht!'). — S. 194: Agnes und Wilibald. Eine Ballade. („Ein Fräulein lebt im Bayerland'). — S. 234: Lied eines adeligen Greisen in der Sklaverey am Abend, da der Mond durch das Keller-Gitterscheint. („Willkommen, Denker Freund, erwachst Mir alten alten Mann').
Vgl. Annalen 1802. Nr. 2 und 3.
Rez. von Joh. K. v. Wörndle: Innsbrucker Wochenblatt 1801. Nr. 20.

8) Dedication seiner Beiträge zur Bildung und Belehrung der niedern Volksklassen an Fürst-Bischof Dalberg v. Konstanz: Innsbrucker Wochenblatt 1802. Nr. 23.

9) Poetische Versuche, gewidmet dem Grafen Ferrari: Innsbrucker Wochenblatt 1802. Nr. 48.

10) Poetische Blüthen und Früchte von Johann Wenzel Rautenkranz. Bregens am Bodensee, gedruckt und verlegt bey J. Brentano. 1805. 62 S., 1 Bl. Verzeichniß wichtiger Druckfehler.
Des regierenden Herrn Karl Eugen von Lamberg fürstlicher Durchlaucht in tiefster Ehrfurcht geweiht von dem Verfasser.
Aus der Vorrede (Innsbruck den 26ten May 1804): Zwar behaupten einige; es gäbe keine reine Liebe; sie sey eine Chimäre, Romanenschwärmerey. Diese Gegner

aber sind des Lasters niedrigste Sklaven, deren entmannter Geist den Serafsflug dieser erhabenen Empfindungen sich gar nicht denken kann, oder der gefüllten Keller und der dampfenden Küche bereitwilligste Diener. Auch die Erfahrung ist Zeuge, daß die schönsten Gemälde solcher Liebe die Hütte, wie den Pallast schmücken .... Dieß sind meine Meinungen von der Dichtkunst und Liebe, und nun zum Schlusse meinen Lesern einen deutschen Gruß und Händedruck.

S. 85: Des Herrn Grafen von Ferrari Hoch und Wohlgebohren geweiht von dem Verfasser. — S. 133: Des Herrn Johann Maria von Lutteroti Wohlgebohren in aller Hochachtung gewidmet von dem Verfasser. — S. 150: Empfindungen bey einem Bache. [Prosa].

Pränumeranten auf seine Poetischen Versuche: Innsbrucker Wochenblatt 1804. Nr. 16.

11) Ode an Se. Excellenz den ... Herrn Karl ... Grafen Palfy von Erdöd. o. O. 1806. 8 S. kl. 8.

12) Poetische Blumen. Bregenz 1807. 8.

13) Blumenstrauß für Musen und Menschenfreunde von Johann Wenzel Rautenkranz, J. U. C. Erster Band. Im Verlag beym Verfasser. Der Preis des Werkes ist auf Holländerpapier 4 fl. — auf Schreibpapier 8 fl. 30 kr. — auf Druckpapier 8 fl. Feldkirch, aus der Graffischen Buchdruckerey. 1810. 245 S. 8. Zweyter Band. 1 Bl. 8. 259 bis 504. — Wiederh.: München 1811. 8. — 4. vermehrte Auflage. Kempten 1818. Dannheimer. II. 8.

S. 3 bis 24: Abhandlung von dem Werthe der Dichtkunst, und Dankesäußerung, nicht zum Umschlagen, besonders für Fürsten nicht. Gegen die ‚Modedichter‘. Schließt mit einem Dank an die Königin von Bayern, die 8 Ex. subskribiert hatte. — S. 25 bis 31: Subscribenten-Verzeichnis. — S. 32: Wichtigere Druckfehler. — S. 33 bis 145: Oden [viele an Geistliche]. — S. 146 bis 163: Kriegslieder für die Truppen der Schweiz. Den .... Deputirten der schweizerischen Eidgenossenschaft .... geweiht von dem Verfasser. — S. 147: Widmung in Prosa. Bregenz, den 15. Juni 1807. - S. 234 bis 238: Poetisches Schreiben an Hertel, den Jüngeren in Augsburg. (Gereimte Hexameter!).

II. Theil. S. 270: Gesang bey Gelegenheit der ... Vermaehlung ... Napoleon des Großen mit ... Louise, (‚Entzücken rauschen nun der Engel Saitenspiele‘). — S. 371: Ode auf den Tod des fünfundachtzigjährigen Bürgermeisters Hoerl in Wien. (‚Wie tanzt der Quell, der sich dem Blumenschoß entwand‘). — S. 435: Ode auf den Tod ... der Königin von Preußen Louise. — S. 481: Prolog, gesprochen im Theater zu Bregenz bey der erfreulichen Ankunft des Herrn Barons von Merz, den 21. Juni 1807. (Person. Der Schutzgeist Vorarlbergs). — S. 484: Prolog, bey der zu Ehren des Herrn Herrn Barons von Merz, am 28. Juni 1807. zu Bregenz gehaltenen Feyerlichkeit. — S. 500: Nachrede. (Prosa). — S. 502: Verzeichniß der Gedichte.

14) Oden. Kempten 1824. 8.

15. Valentin (Johann Chrysostomus) Launbacher oder Lanpacher, geb. in Innsbruck am 17. Januar 1771, Subprior des Zistersienserstiftes Stams; nach dessen Aufhebung 1809 Kurat in Sölden, Seefeld, Pfelders und Sautens, starb am 16. Oktober 1838. Dichtete zahlreiche geistliche Lieder, die er meist nach derselben Melodie singen ließ. Nach einer handschriftlichen Notiz auf v. Hörmanns Exemplar gehört ihm das Lied an:

Waffen für die Töchter Tyrols oder: Bethen ist auch gestritten. Gemacht von einem Patrioten. 1796. (‚Ihr Töchter des Landes vom Kummer gedrückt‘). Hörmann Nr. 78. Bauer: 1796. Nr. 11.

Weniges Handschriftliche von ihm in Stams (Mitt. Prems).

16. Johann Baptist Rinna Ritter von Sarenbach, geb. zu Obercanins im Pusterthaler Bezirke Enneberg am 17. Mai 1764, 1772 Zögling des Cassianeums in Brixen, studierte die Rechtswissenschaft, trat 1786 in den Staatsdienst, 1789 Magistraturat in Görz, 1794 Landrat, 1795 Prätor und Kreisdirektor in Gradisca, Appellationsrat in Dalmatien, 1802 Gubernialrat in Triest, 1810 Hof- und Gubernialrat in Prag. 1812 geadelt. 1838 jubiliert, starb zu Wien am 6. Mai 1846.

    a. Katholische Blätter aus Tirol 1846. Nr. 33.
    b. Neuer Nekrolog 24 (1846), 1, 266.
    c. Staffler 1847. 2, 299.
    d. Wurzbach 1874. 26, 164.

1) An die Tiroler. Von J. Rinna. 1796. („Wie allverderbend wälzt sich die Höllenfluth', 14 alkäische Strophen): Emmerts Almanach S. 121 bis 122. Hörmann Nr. 76. Bauer: 1796. Nr. 12.

2) Ein christlich-philosophisches Drama: „Was ist Wahrheit?', das zur Zeit der letzten Belagerung Jerusalems spielt, blieb handschriftlich.

17. Joseph Baron von Giovanelli, geb. in Bozen am 7. Mai 1750, landschaftlicher Verordneter, 1784 Kassier der zu Bozen errichteten landschaftlichen Filialkasse, nahm 1809 an der Landesverteidigung hervorragenden Anteil, Freund und Ratgeber Andreas Hofers, gest. am 19. November 1812.
    a. Stafler 1847. 2, 872.
    b. Wurzbach 1859. 5, 194.
    1) Kriegslied der Tiroler. Von einem eifrigen Patrioten B[aron G[iuseppe] G[iovanelli]. 1796. Innsbruck, mit Wagner'schen Schriften. („Schon ferne erblick ich den muthigen Feind'): Emmerts Almanach S. 151 bis 152. Hörmann Nr. 76. Bauer: 1796. Nr. 15.
    2) Beiträge zu den Gesellschaftsgedichten 1801.
    3) Epistel an Malsiner 1810; Heyl S. 104. Gegen die Schrift „Zwei Aktenstücke über die Meutereien in Tirol'.

18. A. A. von Feldhofer.
    1) Landes-Defensions-Zug und Abschied der Tiroler. Verfaßt von A. A. v. F., einem ächten Patrioten. 1796. („Stolz auf so manch erschlich'nen Sieg'): Emmerts Almanach 1836. S. 134 bis 137. Bauer: 1796. Nr. 17.
    2) Tafel-Gespräch zwischen einem österreichischen Wirth, einem Vorarlberger, einem Ober- und Unterinnthaler, einem etschländischen Schützen, einem Pusterthaler und einem kaiserlichen Soldaten von der Rheinarmee. Verfaßt von A. A. v. F. 1796. („Willkommen ihr Kriegshelden! wie!'): Unvollständig abgedruckt in Emmerts Almanach 1836. S. 164 bis 166. Hörmann Nr. 81. Bauer: 1796. Nr. 28.

19. Anton von Remich.
    1) Kriegslied beim Abmarsche der Tiroler Scharfschützen im Mai 1796. o. O. („Die Trommel wirbelt! auf, ins Feld'). Andere Drucke: Marsch- und Kriegslied der boznerischen tyrolischen Landes-Vertheidigungs-Truppen, in Musik gesetzt von Abbé Bihler. Grätz, gedruckt bey Andreas Leykam. 1796. — Bozen bei Karl Joseph Weiss. — Innsbruck, mit Wagnerschen Schriften. — Emmerts Almanach S. 137 bis 138. Hörmann Nr. 77. Feder S. 12f. Bauer: 1796. Nr. 22.
    2) Der Tiroler Landsturm im Franzosenkriege. Ein Vaterländisches Schauspiel mit Musik, in zweyen Aufzügen verfaßt und in Musik gesetzt für die Gesellschaft der Tonkünstler in Botzen, und von diesen gewiedmet dem Publikum der Stadt Botzen. Aufgeführt im Fasching des Jahres 1798. Mit hoher Erlaubniß. Botzen o. J. 8.
    3) Beiträge zu den Gesellschaftsgedichten 1801.

20. Aufmunterung des getreuen Tirolers zum Vaterlands Schutze. Verfaßt von einem getreuen Patrioten zu Innsbruck. 1796. („Auf! auf! mein lieb's Tirol, du Pflanzstadt wahrer Treu'): Emmerts Almanach S. 123 bis 124. Hörmann Nr. 76. Feder S. 9. Bauer: 1796. Nr. 1.

21. Erfahrung für die gegenwärtige Lage den Bürgern Innsbrucks geweiht von einem patriotischen Freunde M. C. M. (Menk) den 12ten Juni 1796. („Auf! Mavors gebeut zur Fahne'): Emmerts Almanach S. 132 bis 134. Hörmann Nr. 76. Bauer: 1796. Nr. 3.

22. An seine Excellenz dem (so) Herrn Feldmarschall Grafen von Wormser bey dessen Durchreise durch Botzen im Tyrol zur Übernahme des Commando der k. k. Armee in Italien 1796. Gedruckt in Botzen bey Carl Joseph Weiss, k. k. Stadt- und Merkantil-Buchdrucker. („Du kömmst — und unsre Hoffnung steigt'). Hörmann Nr. 78. Feder S. 16. Bauer: 1796. Nr. 5.

23. Aufgeboth der Tiroler zur Rettung des Vaterlandes. Von **J. Mayr,** Mediciner. 1796. Ein Versuch, und mehr nicht, — in Reimen. („Rhätier auf!'): Emmerts Almanach S. 124 bis 126. Bauer: 1796. Nr. 6.

24. Schützen-Lied. Von einem Bauern von Hötting gemacht. 1796. ‚Auf Tyrol! nicht lang verweile': Emmerts Almanach S. 130 bis 132. Hörmann Nr. 76. Feder S. 8. Bauer: 1796. Nr. 7.

25. Empfindungen eines getreuen Patrioten bei Vertheidigung des Vaterlandes. 1796. (‚Auf tapferes Tiroll Du Mutter selt'ner Schützen'): Emmerts Almanach S. 163. Feder S. 8. Bauer: 1796. Nr. 8.

26. ‚Tyroler Kriegslied'. (‚Tyroler! es rucken Franzosen gen Berg'). 1796. Handschriftlich in Hörmanns Sammlung. — Hörmann Nr. 75. Feder S. 17.
Es scheint dem untern Eisacktale anzugehören und einen Dorfschullehrer zum Verfasser zu haben.

27. Beim Absuge der löblichen bürgerlichen Schützen-Compagnie zu Innsbruck 1796. (‚Wir greifen muthvoll zu den Waffen'): Emmerts Almanach 1836. S. 138 f. — Hörmann Nr. 77. Feder S. 14. Bauer: 1796. Nr. 19.

28. ‚Nur nicht verzagt!' 1796. Handschriftlich erhalten, vielleicht von Primisser. Hörmann Nr. 81. Feder S. 19.

29. Wahrheiten für gegenwärtigen Zeitpunkt. An alle Tyroler und Freunde des Fürsten. Von Riedl. 1796. (‚Auf Bürger zu gerechten Waffen'): Emmerts Almanach S. 126 bis 130. Bauer: 1796. Nr. 9.

30. Aufmunterung zum Gebet mit Vertrauen um Rettung des Vaterlandes. 1796. (‚Gott, der du an Erbarmen reich'): Emmerts Almanach 1836. S. 117 bis 119. — Hörmann Nr. 81. Feder S. 17. Bauer: 1796. Nr. 10.

31. Aufruf. 1796. (‚Feinde ringsum'). — Bauer 1796. Nr. 14. Dort Joh. B. Primisser zugeschrieben. Thatsächlich von K. G. Cramer in dessen 1791 erschienenen ‚Hermann von Nordenschild' eingelegt; vielleicht von Primisser umgearbeitet. — Hörmann Nr. 81.

32. Lied bey dem Absuge der Haller Schützen. (‚Ihr! Haller! Bürger und Schützen!') [Juli 1796]: Emmerts Almanach 1836. S. 139 bis 140. — Hörmann Nr. 77. Feder S. 14. Bauer: 1796. Nr. 20.

33. Neues Lied der Sterzinger Scharfschützen. Gesungen bey dem Auszuge wider die Franzosen 1796. (‚Wir sieh'n an unsre Gränzen hin'): Emmerts Almanach S. 141 bis 143. — Hörmann Nr. 77. Feder S. 13. Bauer: 1796. Nr. 21.

34. Lied der wackeren Etschländer, die zur Vertheidigung des Vaterlandes auf den Gränzen stehen. Gesungen von ihrem Landsmann J. P[eter] v. U[nterrichter] 1796. (‚Ja wir stehen hier wie Eichen'): Emmerts Almanach S. 161 bis 163. — Hörmann Nr. 81. Bauer: 1796. Nr. 23.

35. Aneiferung der an der Gränze stehenden Tyroler Scharfschützen zur Tapferkeit von F. K. 1796. (‚Nein Freiheit, du bist's nicht im Stande'): Emmerts Almanach 1836. S. 147 bis 148. — Feder S. 15. Bauer: 1796. Nr. 60. Hörmann Nr. 81: Aufmunterung der an der Gränze stehenden Tyroler Scharfschützen zur Tapferkeit von F. R. (so) und A. 1796.

36. Auf Wurmsers Siege in Italien. 1796. (‚Wenn uns die krachenden Donner von hoben'): Emmerts Almanach 1836. S. 149 bis 151. — Hörmann Nr. 78. Feder S. 16. Bauer: 1796. Nr. 25.

37. Lied, verfaßt von einem der zu Linz auf Transport gewesenen freiwilligen Vertheidigungs-Compagnie aus Tyrol. 1796. (‚Fröhlich auf ihr liebe Brüder'). — Bauer: 1796. Nr. 27.

38. Karl Franz Zoller und das Spingeser Schlachtlied. Vgl. unten Kärnten Nr. 6. 1) — S. 680.

39. J. von Aperger.
Für die Chronik von Tyrol, als Se. Excellenz der bevollmächtigte k. k. Hof-Commissär Herr Ludwig Graf von und zu Lehrbach aus dieser Provinz abreiste. 1797. (‚Es war um uns schon fast geschehen'). — Bauer: 1797. Nr. 21.

40. Franz Jordan, Schusterdichter aus Omes bei Axams in Tirol, starb dort 1821. Feder S. 41.
J. v. Alpenburg: Tirolische Monatsblätter 1858.

Anrede der Gemeinde Axams den 18. September 1797, als beide Excelenzien, der k. k. Hofcommissär Graf von und zu Lehrbach und der Herr Landesgouverneur Graf von Bissingen, die Ferner zu bestehen, durch Axams gingen. Es wurden schöne Triumphpforten aufgemacht und Schützen, Jungfrauen und Schulkinder aufgestellt. Gedruckt mit Wagner'schen Schriften. ('Spricht hier die Wacht, man läßt nicht gleich passieren'). Wiederholt: Innsbrucker Nachrichten 1874. Nr. 219. Bauer: 1797. Nr. 18.

41. Lied für die Tyrolischen Landesvertheidiger beym zweyten Einbruche der Franzosen. Innsbruck, mit Wagner'schen Schriften. 1797. 8. ('Was? in's Land ist wieder da Der Franzos gedrungen?') Vgl. Hörmann Nr. 87. Feder S. 23 f. Bauer: 1797. Nr. I.

42. Gedanken über die allgemeine Feyerlichkeit an dem hohen Geburtstage des allertheuersten Kaisers Franz des Zweyten. 1797. ('Brüder! Die ihr treu gedenket'). Bauer: 1797. Nr. 4.

43. ,Frisch auf, ihr Scharfschützen'. (Anonymes Lied auf die Spingeser Schlacht) mitgetheilt von Beda Weber, Das Thal Passeier und seine Bewohner. Innsbruck 1852. 8. 300 bis 304. Feder S. 34 f. Bauer: 1797. Nr. 6.

44. Empfindungen des Dankes der Stadt Botzen, als der k. k. General-Feldwachtmeister, Alexander Freyherr v. Loudon, nach Vertreibung der Franken am 4ten April 1797 in die Stadt einzog. ('Heil und Dank dem Sieger'). Feder S. 35. Bauer: 1797. Nr. 9.

45. Loudon rückt an. Nach der Melodie des alten Liedes auf den Grafen Gideon von Laudon nach dem siebenjährigen Preußenkriege. Gesungen von den Stadtmusikanten, als der Herr Generalfeldwachtmeister Freyherr von Laudon am 4. April 1797 siegreich in Botzen einzog. Botzen, gedruckt bei Johann Thomas Hofer.,k. k. Stadt- und Merkantil-Buchdrucker.
Melodie vgl. Laudon im Gedicht und Liede seiner Zeitgenossen. Gesammelt und herausgegeben von Wilhelm Edlen von Janko. Wien 1881. Wilhelm Braumüller. S. 187. — Feder S. 35. Bauer: 1797. Nr. 10.

46. Danklied der Völserschützen bey ihrer glücklichen Zurückkunft. Abgesungen auf dem hl. Blasienberg. Undatierte Handschrift in v. Hörmanns Sammlung. Sicher aus dem Jahre 1797. ('Von den wilden Kriegesflammen'). Feder S. 86 f.

47. Gesänge für die im Kriege umgekommenen Landesvertheidiger. Gehalten in Gegenwart einer zahlreichen löblichen Scharfschützen-Kompagnie. In der Pfarre Axams den 1. May 1797. ('Dankbarkeit ist höchste Pflichte'). Feder S. 87 f. Bauer: 1797. Nr. 18.

48. Ode an Seine Excellenz dem (so) römischen Reichsgrafen von und zu Lehrbach, k. k. Staatsminister und bevollmächtigten hohen Hof-Commissär in Tirol. Von Ignatz Lindner, Salz-Pfannen-Verwalter zu Hall. 1797. ('Den unsterblichen Ruhm, welchen zu singen kaum'). Bauer: 1797. Nr. 16.

49. Tyroler-Volks Dank und Sang an Seine Excellenz dem k. k. bevollmächtigten Hof-Commissär Herrn Graf von und zu Lehrbach etc. etc. als Hochdieselbe in der Eigenschaft eines k. k. Friedens-Bothschafter zum Reichs-Friedens-Congresse von hier abreisten. Innsbruck, 3ten November 1797. Bauer: 1797. Nr. 23. Prosa.

50. Bei der Zurückkunft J. K. H. der Erzherzoginn Maria Elisabeth etc. Von Max Anton Pontifeser, kaiserl. königl. O. Oe. Gubernial-Sekretär. Nach der Melodie: Freut euch des Lebens etc. Innsbruck 1797. ('Singet, frohlocket'). Bauer: 1797. Nr. 24.

51. Der einfältige Bauer und aufgeklärte Kriegsmann. Vorgestellt auf dem Kriegstheater in Tyrol mit ruhmvollen Thatsachen und öffentlichen Urkunden beleuchtet zur Zeit des französischen Krieges auf die Jahre 1796 und 1797 von P. H. Bauer S. X.

52. Freie Uebersetzung der lateinischen Ode, so auf die von der Tyrolischen Landschaft veranstalteten Austheilung der Ehrenmünzen am 28. Maymonaths 1798 verfertiget worden (Prosa). Bauer S. 158.
Der Vf. des lateinischen Originals (Bauer: 1797. Nr. 25) war der Präfekt Rigler, Jesuit, Gymnasialdirektor in Innsbruck, geb. 1748 zu Trient; gest. 1816.

53. Georg Stadelmann, geb. in Bregenz um 1780, studierte in Konstanz, Innsbruck und Graz, 1802 an der Lyzeal-Bibliothek in Graz angestellt; Redakteur der Beilage des Allgemeinen Zeitungsblattes für Innerösterreich, für die er gute Theateranzeigen lieferte, siedelte 1804 als Pächter der Kleinmayr'schen Buchhandlung und Buchdruckerei nach Laibach über, Redakteur der Laibacher Zeitung und des Wochenblattes. † 15. Januar 1807. Freund von Sartori und Suppantschitsch. Mitarbeiter am Brünner Patriotischen Tageblatt.

　　a. Int.-Bl. der Annalen. Oct. 1807.

　　b. Kunitsch 1812. 6, 59.

　　c. Wurzbach 1878. 36, 321.

　　1) Empfindungen eines österreichischen Patrioten bey der gänzlichen Befreyung Italiens.

　　2) Andere Gedichte handschriftlich.

54. Johann Kaspar von Wörndle, geb. um 1780 in Kitzbühel, studierte in Innsbruck, Advokat in Kitzbühel, siedelte Anfang der zwanziger Jahre nach Innsbruck über, vermutlich dort gestorben am 17. Dezember 1838.

　　a. Kehrein 1871. 2, 264. — b. Wurzbach 1889. 57, 226.

　　c. Hch. v. Wörndle, Johann Kaspar v. Wörndle, ein vergessener Tirolerdichter. Eine literargeschichtliche Skizze: Bote für Tirol und Vorarlberg 1893. Nr. 263 bis 267; vgl. Prem: Euphorion 1894. I, 831.

　　1) Auf Rußlands Helden 1799.

　　2) Friedensgesang eines Patrioten (28. Mai 1801): Innsbrucker Wochenblatt 1801. Nr. 20.

　　3) Dorchens Klage über ihr krankes Schoßhündchen. Sonett: Ebenda Nr. 23.

　　4) Empfindungen bei der Beerdigung des Herrn Franz Xav. v. Jellenz (13. Mai 1805): Innsbrucker Wochenblatt 1805. Nr. 19.

　　5) Prolog zur Feier des Namenstages des Kaisers: Innsbrucker Wochenblatt 3. October 1805.

　　6) Cosmus I., Herzog von Florenz; ein dramatisches Gemälde des 15. Jahrhunderts. Insbruck, Wagner. 1808. 12.

　　7) a. Gefangennehmung und Tod des Andreas Hofer. Ein Nat.-Trauerspiel in drei Aufzügen. (Verse). Handschrift. War zur Huldigung der Stände von Tirol für Kaiser Franz am 30. Mai 1816 bestimmt, wurde aber verboten.

　　b. Andreas Hofers Gefangennehmung und Tod. Ein tirolisches National-Trauerspiel in fünf Aufzügen. Handschrift. Umarbeitung des älteren Dramas. Die Drucklegung von der Zensurbehörde untersagt 19. März 1824.

　　8) Sinngedichte. Nach dem Lateinischen, Französischen und Englischen von Johann v. Wörndle, k. k Advocat zu Kitzbühel. 1. Heft. Innsbruck, Wagner. 1816.

　　9) Das katholische Kirchenjahr oder Geistliche Lieder auf die vorzüglichen Festtage Gottes und der Heiligen, nebst mehreren erbauenden Gedichten und Meßgesängen. Manuskript mit dem ‚Imprimatur' der Zensurbehörde vom 24. Nov. 1822.

　　10) Scherzhafte Gedichte für Freunde heiterer Laune und gesitteter Fröhlichkeit. Augsburg 1828. Kranzfelder. 12.

　　11) Kleine Gedichte für Freunde der Religion und Sittlichkeit. Innsbruck. Wagner. 1828.

　　12) Der Veilchenkranz, oder kleinere sittliche Erzählungen wirklicher Begebenheiten neuerer Zeit, zur nützlichen Unterhaltung und Belehrung der reifern Jugend. 1. Lieferung. Insbruck 1829. Wagner. 12. — 2. Aufl. 1830. — 2. Lieferung 1834.

　　13) Leichtfaßlicher und kurzer Unterricht über die zweckmäßige Führung der Vormundschaften und Kurateln für den Bürger und Landmann. Dargestellt in einer Reihe von Gesprächen. Mit 13 Formularen. Innsbruck 1832. Wagner. gr. 8.

　　14) Christliches Anekdoten-Buch für Freunde und Verehrer der Religion. Enthält lehrreiche und nachahmungswürdige Züge aus den Lebensbeschreibungen verklärter Freunde Gottes. 1. Bändchen. Augsburg 1833. gr. 12. — 2. unveränderte Ausg. Ebenda 1838. gr. 12.

　　15) Der arme Heinrich. — Die junge Melania. Zwei Erzählungen für die reifere und gebild. Jugend. Augsburg 1833. Veith und Rieger. 12. — 2. Aufl. Ebenda 1838.

16) Der Apfelbaum, oder Vater Bertram's Erzählungen im Kreise seiner Kinder. 1. Heft. Augsburg, Kollmann. 1835. 12.

17) Jh. Croiset, Von den Täuschungen des Herzens in jedem Range und Stande. Aus dem Frans. von Jh. Kaspar v. Wörndle. Augsburg 1836. Kollmann. II. gr. 12.

18) Jh. Croiset, Christliche Betrachtungen über verschiedene Gegenstände der Sittenlehre. Aus dem Franz. übersetzt von Jh. Kaspar v. Wörndle. Insbruck 1836. II. 8.; jeder Theil in 2 Abtheilungen.

19) Meister Konrad der Zinngießer. Eine lehrreiche Geschichte für Bürger und Handwerker in größeren und kleineren Städten und auf dem Lande von einem Jugendfreunde. Innsbruck bei Wagner. 1837. 8. Ohne Vfn.

20) Die Schule der Erfahrung. Eine Reihe von Erzählungen aus dem Leben einzelner Menschen. Zur Belehrung, Warnung und Unterhaltung besonders für die reifere und gebild. Jugend beiderlei Geschlechts. 2. unveränderte Ausg. Augsburg 1838. Lampart u. Comp. 12.

21) Fabeln, Parabeln und Erzählungen, oder Wahrheit im Kleide der Dichtung. 2. unveränderte Ausgabe. Augsburg, Lampart u. Comp. 1838. 12.

22) Kinderfreund für Tirol und Vorarlberg.

23) Beiträge zum National- und Volkskalender, zum Boten von Tirol.

55. Johann Gabriel Marquis von Chasteler-Courcelles, geb. in Möris am 22. Januar 1763, war 1801 als österreichischer Feldmarschalllieutenant in Tyrol, wo er eine rastlose Thätigkeit entfaltete, starb zu Venedig am 10. März 1825.
a. Zeitgenossen 1818. 2, 163. — b. Wurzbach 1857. 2, 331 bis 334.
Beiträge zu den Gesellschaftsgedichten 1801.

56. Ein Sträußchen an Seine königliche Hoheit den Erzherzog Karl. Von Thomas Denifle einem Tyroler. Wien, 1801. 4 Bl. 8. („Mit blutgefärbtem Speere stand der Kriegsgott über Leichen').

57. Joseph Rehmann.
1) An Peter Frank, von J. Rehmann. (Wien) 1801. 2 Bogen. 4.
Annalen Nov. 1802. Nr. 86.
2) Busengefühle von Joseph Rehmann. Nebst einem Anhange von Gedichten von Franz Jos. Seifried. Bregenz, gedruckt bey J. Brentano 1801. 237 S. 8.
Annalen Nov. 1802. Nr. 82. „Sprossen der Nacht und des Moders'.

58. Lorenz Falschlunger, Prior des Prämonstratenser Chorherrenstiftes zu Wilten bei Innsbruck, geb. in Pfunds bei Matrey am 9. Oktober 1752.
Annalen 1805. Jan. 8. 22. — Int.-Bl. September 1805.
Kurze Geschichte des unschuldigen Kindleins und wunderbaren Blutzeugens Andreas von Rinn oder bey dem Judenstein, wo seine heil. Gebeine in der wohl-löblichen Wallfahrtskirche, als am Orte seiner Marter, ruhen, im Unterinnthale der Pfarre Ampas Bisthum Brixen, Dechantey Matrey Tyrol, jenseits des Innstroms nebst Hall. In zehn Liedern neu verfaßt von einem Priester des Prämonstratenser Chor-herrn-Stiftes zu Wilten, unter dessen Seelsorge die Pfarr Ampas mit der Curalie Tulfes und Rinn stehet. Mit beygefügter Aufopferung der heil. Messe, und Litaney zu Ehren des Heiligen. Innsbruck, gedruckt mit Schiffnerischen Schriften. 1803. 60 S. 12.

59. Johann Evang. Fuhrmann, geboren in Zirl am 13. Dezember 1767, besuchte das Gymnasium zu Innsbruck und trat daselbst in das damalige General-seminar ein, wurde in Brixen zum Priester geweiht 10. Juni 1792, Hilfsgeistlicher in Wiesen bei Sterzing, Schulkatechet in Imst unter Pfarrer Joseph Zobel, Koope-rator in Wenns unter Pfarrer Franz Anton Mayr, 1802 nach Imst als Kooperator zurückberufen, 1809 durch ein Dekret des Oberkommandanten Andreas Hofer zum Professor der Pastoraltheologie in Innsbruck ernannt, ohne daß er diese Stelle in Wirk-lichkeit angetreten hätte, 1810 bis 1814 Kurat in seinem Heimatsorte Zirl, 1814 kam er zum drittenmal nach Imst, anfänglich als fürstbischöflicher Kommissär und Pfarr-verweser, bald darauf als wirklicher Pfarrer und Dekan; dort starb er in der Nacht vom 11. auf den 12. September 1819. Er dichtete Sprüche und geistliche Lieder, welche in Abschriften umliefen; ein Kommunionlied fand Aufnahme in Gebetbücher.

a. Ludwig **Rapp**, Ein tirolischer Landpfarrer: Katholische Blätter aus Tirol 1859; aufgenommen in dessen Kulturgeschichtliche Bilder aus Tirol. Brixen. Druck und Verlag von H. Weger's Buchhandlung. 1892. 8. 90 bis 176. Dort Auszüge aus dem Tagebuch Fuhrmann's 1815 bis 1819 mit zahlreichen Liedern und Sprüchen.
b. Biographische Note von L(udwig) R(app): Tiroler Bote 1887. Nr. 29. S. 285.

60. Anton Mätzler, geb. zu Andelsbuch in Vorarlberg am 25. Juli 1780; zum Priester geweiht 1802, Kurat in Großdorf, 1804 Pfarrer zu Langenegg, 1810 in Opfenbach.
Felder 1817. 1, 458 f. — Meusel 18, 604.

1) Belehrung über das Einimpfen der Kuhpocken für den gemeinen Mann. Ein Gespräch zwischen Kaplan N. und zwey Bauern Johann und Martin. Mit k. k. Censurbewilligung. Bregenz, gedruckt bey Joseph Brentano. Mit einer Titelvignette. 1805. 87 S. 8.

2) Ueber die Kommunion der Kinder. Auf welche Art ließe sich die erste Kommunion der Kinder a) ihnen selbst, und b) überhaupt den anwesenden Gläubigen recht erbaulich machen?: Kleines Magazin für katholische Religionslehren. Jahrg. 1806. 1, 75 bis 90.

3) Buß- und Kommunionunterricht zum Gebrauche der Schulen. 1807. — 8. Auflage. München 1834. 8.

4) Auf das Fest des h. Bischofs Nikolaus, Kirchenpatrons zu Opfenbach. Eine Predigt. Bregenz, gedruckt und verlegt bey Joseph Brentano. 1810. 20 S. 8.

5) Aufsätze in dem Archiv für die Pastoralkonferenzen. Jahrgang 1810. 1818.

6) Auf das Fest des h. Bischofs Gebhard, Kirchenpatrons in der neu errichteten Pfarre Meyerhöf, im königlich-baierischen Weiler im Vorarlberg. Eine Predigt. Bregenz, gedruckt bey Joseph Brentano. 1811. 81 S. 8.

7) Auf das Priesterjubiläum des hochwürdigen Herrn Johann Georg Papele, Beneficiaten zu Mowiler, der Pfarre Opfenbach. Bregenz, gedruckt bey J. Brentano. 1811. 12 S. 8.

8) Lebensgeschichte des h. Gebhard, Bischofs zu Konstanz. Mit Genehmigung des hochwürdigsten Ordinariats zu Konstanz. Bregenz, gedruckt bey Joseph Brentano. 1813. 125 S. 8.

9) Lebensgeschichte der h. Elisabeth, Landgräfin in Hessen und Thüringen. Bregenz bey Brentano. 1813. 39 S.

10) Reime, Denksprüche und Sprichwörter über die christliche Glaubens- und Sittenlehre nebst Klugheits- und Lebensregeln. Gesammelt und zusammengestellt zum Gebrauche für die Schulen. Mit Genehmigung des hochwürdigsten Ordinariats in Konstanz. Kempten bey Joseph Kösel. 1815. 8.

11) Geschichte der christkatholischen Kirche, dargestellt in den Lebensbeschreibungen der Heiligen Gottes. Kempten 1820 bis 1829. IV. 4.

12) Legenden der Heiligen auf alle Tage des Jahres. Oder: Die Herrlichkeit der katholischen Kirche, dargestellt in den Lebensbeschreibungen der Heiligen Gottes. Ein christkatholisches Hand- und Hausbuch zur Belehrung und Erbauung der Christen. 2. verb. Aufl. München 1830. II. 4. — 3. verb. Aufl. Landshut 1838. 4. — 4. verb. u. verm. Aufl. Landshut 1840 bis 42. Lex.-8.; Anhang zur 4. Aufl. Enthaltend jene kirchengeschichtlichen Abhandlungen, welche in der 1. und 2. Aufl. dieses Werkes enthalten, in der 3. aber weggeblieben sind. Landshut 1842. Lex.-8. — 5. Aufl. Landshut 1848. II. Lex.-8.

13) Lebensgeschichte a: des heiligen Antonius von Padua; b: des h. Benedikts; c: des h. Franziskus von Assisi; der h. Maria Magdalena. Augsburg, Schlosser. 1831. Je 1 Bd. 8.

14) Lebensbeschreibungen heiliger Handwerker. Augsburg, Schlosser. 1831. 8.

15) Knospen und Früchte wahrer Tugend und Frömmigkeit in erhabenen Beispielen zur Nachahmung für alle auf der Bahn des Heils wandelnde und Gott suchende Christen . . . Augsburg, Schlosser. 1836. 8.

16) Erklärung der Gebete und Ceremonien bei der Ausspendung der heiligen Sakramente in der katholischen Kirche. Augsburg, Schmidt'sche Buchh. (F. C. Kremer). 1843. gr. 12.

61. Joseph Philipp Benitius (Benizzi) Maria Mayr, geb. in Hall am
17. Dezember 1760, Sohn eines Bergschaffers; besuchte das Gymnasium zu Hall,
die Universität zu Innsbruck, trat 1777 in den Servitenorden, legte 1784 die
Ordensgelübde ab, wurde Ende desselben Jahres zum Priester geweiht, Hilfspriester
und Prediger bei der 1788 neuerrichteten Servitenpfarre bis zu ihrer Auflösung
im Jahre 1796, wurde 1793 Universitätsprediger, 1799 Lektor der Moral- und
Pastoral-Theologie in seinem Kloster, 1804 Professor der Religionsphilosophie,
1806 Professor der Ästhetik, 1811 Professor der Philosophie an der Universität zu
Innsbruck; unternahm 1816 eine Reise nach Italien, um Kunststudien zu machen,
1825 pensioniert, starb am 15. Juni 1826.   Bedeutender Kanzelredner.

    a. Waitzenegger 1822. 3, 320.
    b. Bote für Tirol und Vorarlberg 1826. S. 248.
    c. Hormayrs Archiv 1827. Nr. 125. S. 683.
    d. Sim. Köfler, Prof. Phil. Benitius Maria Mayr in seinem Werden und
Wirken als Jugendlehrer und Seelsorgpriester. Innsbruck 1829. 64 S. 8.
    e. Staffler 1842. 1, 575 f.
    f. Biographische Skizze über P. Philipp Benitius Mayr: Katholische Blätter
aus Tirol. 16. Jahrgang. 1858. Nr. 17 bis 26.
    g. Wurzbach 1868. 18, 86 bis 88.
    h. Pichler 1892. S. 160 f.

    1) Gedächtnißrede auf F. X. Jellenz. Innsbruck 1805, Wagner. 8.

    2) Empfindungen eines Bürgers von Innsbruck bey der frohen Ankunft Sr.
Königlichen Hoheit des Kronprinzen von Baiern. Innsbruck, Schiffner. 1810. 8.

    3) Rede am Feste der glücklichen Wiedervereinigung der gefürsteten Graf-
schaft Tirol nebst Vorarlberg mit dem österreichischen Kaiserstaate den 24. July
1814. Innsbruck bei Wagner.

    4) Topographie der Stadt Hall. Gesänge: Tiroler Bote 1820. S. 228. 244.
272. 296. 320.
    Vgl. Ambros Mayr 1888. S. 55.

    5) Fragmente aus seiner Italienischen Reise: Bote für Tirol 1821.

    6) Biographie des Tirolermalers Joseph Schöpf: National-Kalender 1824.

    7) Cantate an die tirolischen Landstände versammelt zu Innsbruck im Grossen
Ausschuss-Kongreße 1825. Innsbruck, Wagner. 4.

    8) Biographie Heilmosers: Tiroler Bote 1826. S. 232. 236. 240. 244. 248. 252.
Nachtrag dazu: 1829. S. 136.

    9) Betrachtungen über Religion und Kirche. Ein Nachlass. Innsbruck 1829.
Wagner. 8.

    10) Predigten, gesammelt und herausgegeben von einem seiner Verehrer.
Innsbruck 1838 bis 1843, Wagner'sche Buchhandlung. IV. 8.

    11) Cantate an Heilmoser: Tiroler Bote 1887. S. 701 in einem Aufsatz von
L. R(app) ‚Zur Erinnerung an Prof. Heilmoser'.

    12) Ungedruckt befanden sich ferner in seinem Nachlasse mehrere Kunstaufsätze,
seine Reise nach Italien und drei historische Dramen: Autharis und Theodolinde;
Ludwig der Bayer und Friedrich der Schöne; Andreas Hofer, der Sandwirth von Passeier.

    62. Schuldige Ehrenrettung der löblichen Junggesellenschaft in zierliche Reimen
gebracht und gesungen zur Hochzeitfeyer des Hrn. L. J. Weber mit Fräulein
Josephine Renner, nach der Weise: Auf, auf ihr Brüder etc. von Johann Weber,
Spengelin, Pfeiffer, W. Schultz. 1807. 4 Bl. 8. Ohne Druckort und Verleger.
    Neue Annalen 1808. 2, 96.

    63. Dem Herrn Johann Ludwig Weber aus Lindau am Tage seiner Ver-
mählung mit Jungfrau Johanne Josepha Renner. Von Friedrich Schultz. 1807.
8 Bl. 8. Ohne Druckort und Verleger.
    Neue Annalen 1808. 2, 96.

    64. Alexius Mayr, geb. 1778 zu Innsbruck, Weltgeistlicher, gestorben am
18. November 1821 (nicht 1822) in Rattenberg als Benefiziat. „Ein derber Realist,
der sich Blumauer zum Vorbild nahm. Humor und Witz, eine volkstümliche, oft
bis zum Gemeinen niedersteigende Sprache kennzeichnen seine Gedichte, die einst

handschriftlich weit verbreitet waren und heitere Leser fanden. Besonders beliebt waren die burlesken Dichtungen ‚Der Pfarrconcurs', ‚Antonius der heilige Einsiedler, Gedicht auf das Namensfest des Decans zu Matrei' und ‚Apologie des Hexenglaubens im XVIII. Jahrhundert'." Zingerle S. 891.

a. Ambros Mayr: Tirolerbote 1887. 7. Februar.

b. L. R(app): Tirolerbote 1887. Nr. 29. S. 235.

c. S. M. Prem: Oesterreichische Touristenzeitung 1890. Nr. 5 (S. 54: ‚Lob der Deutschen').

d. Pichler 1892. S. 160 f.

Seine Gedichte sind handschriftlich im Museum Ferdinandeum zu Innsbruck erhalten. Eine von Alois Flir beabsichtigte Sammlung kam nicht zu stande. Hervorzuheben sind:

1) Gedicht auf den Durchzug des Königs von Bayern durch Rothholz am 11. Januar 1808.

2) Trostschreiben an den nicht sonderbar wohl geborenen und noch weniger ehrsamen Napoleon Nikolaus Bonaparte, Exkaiser von Frankreich und wirklichem Ungeziefer auf der Insel Elba.

65. Graf Stachlburg aus Meran, geb. 1778, fiel als der letzte seines Geschlechtes am 25. Mai 1809 am Berg Isel. Ihm wird ein Kriegslied aus dem Jahre 1809 zugeschrieben.

a. Staffler 1842. 1, 503.

b. Rapp S. 336. 373.

66. Sieg der Tiroler im Ober-Innthal. Am 9., 10., 11. und 13. August 1809. (‚Jetzt hört mein Bayern, was ich euch will sing'). v. Hörmanns Abschrift.

67. Huldigung. (‚König Max, du graußigs Mandl'). 1809. v. Hörmanns Abschrift.

68. Unterinnthalisches Volkslied aus anno Neune. (‚Jatz foid i oas singa'). Handschrift im Besitze v. Hörmanns (gegenwärtig noch in der Gegend von Kufstein gesungen). Gedruckt: Kufsteiner Festschrift. Hg. von S. M. Prem. 1893. S. 38 f.

69. Tyroler Lied auf die Bejren. 1809. (‚O öß meine Boar thiets nit jubiliarn'). v. Hörmanns Abschrift.

70. Tyroler Lied. Auf die Bejren. 1809 (‚Nun lustig Tyroler, weils Stual recht chnallt)'. v. Hörmanns Abschrift.

71. Lamentation eines Tyrolers, unter der königlich bayerischen Regierung. Anno 1809. Cecinit D. Kerer Brix. (‚O weh! was ist mit uns geschehen'). Handschriftlich in v. Hörmanns Sammlung.

72. Epistel an die Tiroler. Im November 1809.

73. Joseph Ladurner, geb. in Meran am 13. März 1770, Sohn eines Pfarrmeßners, studierte in Meran und Innsbruck, 1793 zum Priester geweiht, Hilfspriester zu Riffian und Partschins, 1797 Benefiziat in Partschins, 1808 wegen Nichtanerkennung des von der Regierung eingesetzten Generalvikars zuerst in Meran und später in Trient eingekerkert und erst am 15. April 1809 befreit. Nach langer Krankheit am 10. April 1832 in Partschins gestorben. Verfaßte in seiner weltabgeschiedenen Einsamkeit eine Reihe von Werken, die sämtlich ungedruckt blieben.

Joseph Ladurner und seine Schriften: Neue Zeitschrift des Ferdinandeums für Tirol und Vorarlberg. Innsbruck 1836. 2, 90 bis 108.

1) Das Ur-Ländchen Tirol oder die Geschichte der zwei Landesviertel Vinschgau und Burggrafenamt.

2) Die Bischöfe von Chur in ihrer Dauer für das Vinschgau. II. 4.

3) Geschichte der Bisthumsveränderungen im Vinschgau. IV. 4.

4) Die Klöster im Vinschgau.

5) Schnals (eine historisch-topographisch-statistische Beschreibung des Thales dieses Namens, und der ehedem in mancher Beziehung dazu gehörigen Gemeinde Vent jenseits des Eisgebirges). II. 8.

6) Genealogie und Abstammung der Ladurner seit dem Jahre 1558. 8.

7) a. Jakob Rulanders Erzählungen von Guntraun oder Rabland. 592 S. 4.

43*

12 poetische Erzählungen, darunter: Gedanken an den Gräbern der Gerechten —
Steiner-Hedwig in 5 Abenden (274 Strophen mit eingestreuten Liedern); Anhang:
18 Lieder für Kinder. — Der sterbende Christ. (15 Lieder).

　　b. Jakob Rulanders Gesänge über Guntraun oder Rabland. 664 S. 4. 18 ländliche Lieder von Rabland. — Lieder über einzelne Abkömmlinge von Rabland:
40 weltliche, 36 geistliche, 24 Todtengesänge.

　　Ladurner dichtete für die Bauern seines Pfarrortes und insbesondere für die
Abkömmlinge seines Geschlechtes. Er hat die Geschichte in seinem Arreste zu
Trient theils ganz verfaßt, theils verbessert.

　　8) Die Macht der Kirche. II. 8.

　　9) Potamiana. (Geschichtspredigten). 8.

　　74. Frans von Weinhart, geboren in Innsbruck 1790, gestorben um 1850
in Hall? (Mitteilung Prems).

　　Das Ärndtefest der Tonkunst. Festspiel. Innsbruck 1812.

　　75. Anton Plattner, geb. in Zirl bei Innsbruck am 3. November 1787, besuchte das Gymnasium zu Hall, hörte die philosophischen Studien in Innsbruck,
nahm 1809 an der Erhebung gegen Bayern rühmlichen Anteil, durch den Brand
seines väterlichen Hauses verarmt, machte er eine abenteuerliche Reise durch
Bayern, Böhmen und Ungarn, setzte dann seine Studien fort, wählte den geistlichen Stand und erhielt 1818 die Priesterweihe, wirkte an verschiedenen Orten
Tirols als Seelsorger; verfiel aber periodischer Geisteskrankheit; er starb zu
Brixen am 27. Januar 1855. Seine Gedichte wurden erst nach seinem Tode bekannt.

　　a. Volks- und Schützen-Zeitung für Tirol und Vorarlberg (Innsbruck) 1855.
Nr. 36 bis 53: ‚Anton Plattner. Ein Lebensbild‘.

　　b. Alois Meßmer, Reiseblätter gesammelt zwischen Venedig und Amsterdam. 3 Bde. Innsbruck 1858.

　　c. Wurzbach 1870. 22, 405.

　　d. Greinz 1889. 8. 18 f.

F. Kärnten.

　　Die wenigen Dichter, die das kleine Land in dieser Periode hervorbrachte,
gruppieren sich um die Zeitschrift Carinthia, unterscheiden sich aber von dem stei-
rischen Dichterkreise des ‚Aufmerksamen‘ nur durch den stark ausgebildeten kärnt-
nerischen Lokalpatriotismus.　Außerdem schenkte Kärnten dem nah verbundenen
Tirol in Franz Karl Zoller den wirksamsten Schlachtensänger des Jahres 1797.
A. F. Zwote § 259, Nr. 196; § 259, 197; Alexander von Schell § 261, 49;
Johann Michael Konrad § 279, 88; Johann Gustav Fellinger, vgl. D. Nr. 37; Ulrich
Jarnigg, vgl. D. Nr. 39; Joh. Thaurer, Ritter von Gallenstein, vgl. D. Nr. 42.

1. Allgemeines.

　　a. Peter Alkantara Budik, Kurz gefaßte Geschichte der Entwicklung der
literarischen Zustände in Kärnten: Carinthia 1852. Band 42. Nr. 24 bis 30.

　　b. Heinrich Hermann, Die literarischen Zustände Kärntens in der Gegenwart. Klagenfurt 1855. Kleinmayr. 4.

　　c. Handbuch der Geschichte des Herzogthumes Kärnten in Vereinigung mit
den österreichischen Fürstenthümern. Von Heinrich Hermann. III. Band. 3. Heft.
Kulturgeschichte Kärntens vom Jahre 1790 bis 1857 (1859) oder der neuesten Zeit.
Klagenfurt 1860.　Druck und Verlag der J. Leon'schen Buchhandlung.

　　d. Verzeichniß von in Kärnten gebornen oder in besonderer Beziehung zu
Kärnten gestandenen Schriftstellern aus der Gesellschaft Jesu.　Mitgetheilt von
Dr. Ignaz Tomaschek: Archiv für vaterländische Geschichte und Topographie.
Klagenfurt 1860. 5, 111 bis 126.

　　e. Auszug aus dem Zeitbuchs des kärtn. Geschichtvereines (begonnen mit
dem Jahre 1800): Carinthia 1875. 65, 190 bis 193. 270 bis 273.

　　f. Geschichte Kärntens von der Urzeit bis zur Gegenwart mit besonderer Rücksicht auf Culturverhältnisse　Von Edmund Aelschker, k. k. Professor an der
Staats-Oberrealschule in Klagenfurt. Klagenfurt. Verlagsbuchhandlung Joh. Leon
sen. 1885. 2 Bände. XI. und 1484 S. gr. 8.

　　g. Die französische Invasion in Kärnten im Jahre 1809. Von Professor Josef
Hamberger: 32. Jahresbericht der Oberrealschule in Klagenfurt 1889.

h. Raimund Dürnwirth, Deutsche Literatur, Dialect und Dialect-Dichtung [in Kärnten]: Die österreichisch-ungarische Monarchie. Kärnten und Krain. 1891. S. 131 bis 143.

i. Valentin Pogatschnigg, Sage, Märchen, Lied und Spruch der Deutschen [in Kärnten]: Ebenda S. 143 bis 151.

II. Zeitschriften.

a. Klagenfurter Zeitung. Erscheint seit Anfang der siebziger Jahre des 18. Jahrhunderts bei Edlem v. Kleinmayr in Klagenfurt.

b. α. Carinthia. Ein Wochenblatt zum Nutzen und Vergnügen. 1811. 22 Nummern. — β. 1812. 1813. Je 52 Nummern. — γ. Carinthia. Ein Wochenblatt zum Nutzen und Vergnügen. 1814 (1815). Von einer Gesellschaft Vaterlandsfreunde. Klagenfurt, gedruckt mit edel v. Kleinmayrschen Schriften (1815: mit v. Kleinmayrschen Schriften). 52 Nummern.

1815, Nr. 52: Abschied von den Lesern dieses Blattes, unterz.: Klagenfurt am 30. Dez. 1815. Dr. Johann Jenull, k. k. Stadt- und Landrechtens-Rath. ‚Indem ich mit dem heutigen Blatte die Herausgabe der Carinthia schließe, fühle ich mich verpflichtet, den Lesern für den steigenden Beyfall zu danken, mit welchem sie diese — ihrem Plane und Umfange nach sehr beschränkte Wochenschrift zu belohnen die Güte hatten. Niemand kann es jedoch besser fühlen, wie viel ungeachtet dieses Beyfalls den zwey Jahrgängen der Carinthia (1814, 1815), während welchen ich die Redaction, und größten Theils auch die Bearbeitung derselben auf mich nahm, zur Vollkommenheit ihrer Art mangelt.‘

Die Carinthia beginnt mit dem 1. Juli 1811, gegründet von dem gewesenen Schauspieler Merci, der als gelernter Buchhändler bei Siegmund bedienstet war; mit Nr. 13 übernahm die Redaktion Johann Gottfried Kumpf und führte sie 1812 und 1813, 1814 bis 1815 redigirt von Dr. Johann Jenull, 1815 bis 1860 von Simon Martin Mayer, mit Ausnahme der beiden Monate Juli und August 1848, in welchen Vincenz Rizzi die Redaktion besorgte, von Mai 1855 wieder von Mayer. Besteht noch gegenwärtig in veränderter Gestalt.

Vgl. Annalen 1812. 1, 139; Wiener Allgemeine Litt. Ztg. 1813. Nr. 9; Kumpf, Carinthia 29. Juni 1850. S. 209 f.

Bis 1816 mit Beiträgen von: A. (1811, Nr. 21: Paraphrase des Martialschen Epigramms IV, 43. Ad se ipsum), A... (nach Horaz), Achazel, v. Alxinger, Therese, B. (nach Horaz; 1812, Nr. 19: Haidenröslein), B—., Br., Alex. Baxter, Fr. Rud. Bayer, W. G. Becker, Dr. Burger, A. Buzzi (1814, Nr. 2: Rückerinnerung auf das Jahr 1813. ‚Bekränzet mit den herrlichsten Trophäen‘, Nr. 6: Austrias Freudenruf am Geburtstage ihres Kaisers. ‚Frohlockend grüßten Austrias Völker heut‘); H. v. Collin (einmal fälschlich: G. J. v. Collin), A. v. E., P. A. E., v. Einem, Ambrosius Eichhorn, Präfect des Gymnasiums zu Klagenfurt, Ermin (— Kumpf; 1813, Nr. 22: Aus dem Slovenischen des Rajnki), Ernst, A. F., J. G. Fellinger, (G. F. 1811, Nr. 19: Die geraubte Locke, eine Tändelei in Bernards Manier; 1812: Nach dem Slovenischen des U. J. [Ulrich Jarnik]; 1812, Nr. 35: Die unbekannte Geliebte. Ein Versuch in der Manier der alten Troubadours; 1813, Nr. 21: Aus dem Slovenischen des Rajnki; 1813, Nr. 37: Kriegslied; 1813, Nr. 42: An die Deutschen, Bruchstück eines im verflossenen März verfaßten Gedichtes ‚Ihr Deutsche, auf! den alten Ruhm zu retten‘), Fridrich, G., J. v. G. (1813, Nr. 39: Lied eines Kriegers der Armee von Inner-österreich ‚Das Horn ertönt, die Trommel schallt‘), von Gallenstein, Gerbennes (1815, Nr. 7: Erzählung in Phädons Manier), Gotter, J. Grob, Guggenberger, Hamann, Haug (Hg.), v. Haupt, Hebel, Th. Hell, v. Hohenwart, Jean Paul, U. Jarnik Stadtkaplan (J., J***, U. J., Übersetzungen aus dem Slovenischen), Jenull, Kautzner, Friedrich Kind, Körner, A. v. Kotzebue, K—r, Justine Freyin v. Krafft, F. A. Krummacher, Kuffner, Dr. Kumpf, Karl Lappe, J. Lauer, **m**, L. M., M*h., Mahlmann, Fr. v. Maltitz, v. Matthisson, S. M. Mayer (1815, Nr. 5: Am Schlusse des Jahres 1814), Joh. Mitterdorfer, Joseph Mitterdorfer, N., Franz Maria Nell (1815, Nr. 40: Wehrmanns Lebewohl; Nr. 43: Als Ihre Majestät, die Kaiserin Luise Kärnten durchreiste. Im Oktober 1815), Novalis, P., Pfeffel, Pohl, K. G. Prätzel, Joh. Nep. Primitz Professor und Scriptor an der Lycealbibliothek in Laibach, Johann Probst, —r—, —r., v. R., R—d, J. W. Ridler, Prof. Rupperth, K. v. S., L. S., Salis, Sauter, Seume, Seyfried, Prof. L. Scheichenberger (— Leopold Scheuchenberger), Karl v. Scheichenstuel (geb. zu Schwarzenbach in Kärnten am 28. Oktober 1792, gest. in Salzburg am 21. Juli 1867), A. W. Schlegel, Klamer Schmidt, Schmidt

v. Lübeck, C. A. Schneider, Julius Schneller, Alois Schreiber, Jakob Alois Stadler
k. k. Hauptmann im Inf.-Regt. Fürst Hohenlohe-Bartenstein, Streckfuß, Johann
Stückler k. k. Lehrer an der Normal-Hauptschule, Theodor B. v. Sydow, t—.,
—t—, T—l, Nina U—l, Dr. v. Vest, Vischer (1815, Nr. 27: Ode an Wellington),
F. W., Weisser, D. Wohl, Woldemar, X., Y., Ungenannte (1811, Nr. 1: Deutscher
Grus an Deutsche. ,Vom alten deutschen Meer umflossen'; 1814, Nr. 24: Auf den
am 31. May 1814 in Paris geschlossenen Frieden. ,Nun jauchze, Volk, und trink
in raschen Zügen'; 1814, Nr. 25: 25. Juni. Auf die Ankunft Sr. Majestät des
Kaisers. ,Er kommt, der Kaiser kommt'; 1815, Nr. 2: An das Haus Habsburg.
.Hohenstaufen und Ottone'; 1815, Nr. 47: Die Schlacht bei Waterloo. ,Heiss brennt
der Sonne Mittagsstral'; Nr. 51: Bey Gelegenheit der frohen Rückkehr des kärntnerischen Landes-Regiments König Wilhelm von Niederlanden, am 17. Dez. 1815.
Erinnerungen aus Schiller. ,Auch der Krieg hat seine Ehre').

c. October 1814 ist im Aufmerksamen eine Zeitschrift: Inner-Oesterreichische
Ephemeriden angekündigt, die in Klagenfurt unter Redaktion von Johann Gottfried
Kumpf erscheinen soll. Sie soll auch Gedichte enthalten.

1. J. Dutwar, Bücher-Zensor, k. k. Lehrer an der Normalschule zu Klagenfurt.
Hermann III, 3, 235. 237.

1) Horst von Blumenau. Eine Ballade, gestöhnt von J. Dtwr. Philantown
im Zirkel der Jahre.

2) Eine Tragödie: Maria Monza.

2. Abraham Jakob Penzel, § 212, 44. geb. am 17. November 1749 zu Törten
in Anhalt-Dessau, kam 1778 als Erzieher in die Nähe von Krakau, wurde englischer
Sprachlehrer in Krakau, 1780 Direktor der akademischen Buchdruckerei, zweiter
Bibliothekar und Lehrer der deutschen Sprache im Seminarium St. Petri daselbst,
lebte 1792 als französischer Sprachmeister zu Teschen, gab 1794 zu Klagenfurt die
allgemeine gelehrte Zeitung ,Teutschland' für die österreichischen Staaten heraus,
1795 bis 1798 Professor an der zweiten Humanitätsklasse in Laibach, wegen unver-
besserlicher Trunkenheit entlassen, ging nach Triest und dann nach Jena, wo er
als Professor der englischen Litteratur am 17. März 1819 starb.
a. Meusel 6, 52 bis 54. 10, 408f. 11, 606. 15, 18. 19, 84f. — b. Jen.
Lit.-Ztg. 1819. Int.-Bl. Nr. 20. — c. Kopitars Selbstbiographie: Kopitars kleinere
Schriften 1857. S. 5 f. — d. Wurzbach 1870. 21, 457 bis 459.
Bruchstück eines Briefes an Goethe: Goethes Werke (W. A.) III, 7, 275. —
Briefe an Penzel vgl. Nr. 12).

1) Dissertatio de Barangis in aula Byzantina militantibus. Halae 1771. 4.

2) Dissertatio. vocis Caminatae origo Slavica. Halae 1771. 4.

3) Programm über die Hyperboreer. Halle 1772. 4.

4) Des Strabo, eines alten stoischen Weltweisen, aus der Stadt Amasia gebürtig,
allgemeine Erdbeschreibung. Aus dem Griechischen mit Anmerkungen und Zusätzen
von A. J. Penzel. Lemgo 1775 bis 1777. Meyer. IV. gr. 8. Mit G. S. Forbiger.

5) Triga observationum numismaticarum. Cracoviae 1780. 8.

6) De arte historica; ad Stanislaum comitem de Soltyk libellus. Cracoviae 1782;
Lipsiae 1784. Schwickert. 8.

7) Vernünftiger Versuch über die Grundwahrheiten des katholischen Glaubens
Krakau 1782. 8.

8) Briefe und Beschreibungen einiger Handschriften in Krakau: Murrisches
Journal Th. 10; 1782.

9) De litterarum in Polonia vetustate. Krakau 1786. (Bearbeitung des Werkes
von Broscius mit Anmerkungen).

10) Des Titus Dio Kassius Kokkejanus, ehemaligen Bürgermeisters zu Rom, Jahrbücher Römischer Geschichte; aus dem Griechischen übersetzt und mit Anmerkungen
versehen. 1. und 2. Band, I. und 2. Abtheilung. Leipzig 1786 bis 1818. Schwickert. 8.

11) Beiträge zum Anhang zur Grätzer Zeitung 1797.

12) Sammlung merkwürdiger und wichtiger Briefe, die von angesehenen Standes-
personen an ihn geschrieben sind; nach alphabetischer Ordnung. 1. Band. Leipzig
1798. gr. 8.

13) Thaliens Nachtfeyer am Abende vor der Eröffnung des neuerbauten Schauspielhauses den 17ten April 1801. Triest, gedruckt bey Casp. Weis. 24 S. 8. (Gelegenheitsgedicht).

Auszug: Sonnabends-Anhang der Grätzer Zeitung zu Nr. 138 den 20. Junius 1801. Vgl. Annalen Sept. 1802. Nr. 72.

14) Schiltberger's aus München von den Türken in der Schlacht von Nicopolis 1395 gefangen, in das Heidenthum geführt, und 1427 wieder heimgekommen, Reise in den Orient und wunderbare Begebenheiten. Von ihm selbst geschrieben. Aus einer alten Handschrift übersetzt und herausgegeben von A. J. Penzel. München 1813. Titelauflage. München 1814. Fleischmann. 8. — Vergl. § 97, 16. 9) — Band I. S. 379.

3. Joseph Raditschnigg von Lerchenfeld. § 227, 12, § 259, 46 und oben A. 5, 1). — Trausch 1870. 2, 353 f.

1) Rede auf Marien Theresien, in der Hermannstädter Normalschule verlesen den 16. Jänner 1781. Hermannstadt 1781. 33 S. 8.

2) Unsere Erwartungen oder Peter Leopold. Eine Rede, gehalten den 22. März 1790 in der Freimaurerloge zu Hermannstadt von Br. L. (— Bruder Lerchenfeld). Hermannstadt, bei Hochmeister. 49 S. 8. Beigefügt ist S. 51 bis 52 eine lateinische Ode von Eder. Auch: Siebenbürgische Quartalschrift. Band I. S. 140 bis 170 ohne die Ode.

4. Wolfgang Anselm von Edling, geb. 1741, wahrscheinlich aus demselben Görzer Grafengeschlechte, dem der Görzer Erzbischof Rudolf Josef Graf Edling angehörte, Stadtpfarrer und Dechant in Wolfsberg, Kapitular des Domkapitels von Loeben zu Göß, am 14. August 1778 zum Abt von St. Paul gewählt; gest. am 11. April 1794. Freund Blumauers.

Archiv für vaterländische Geschichte und Topographie. Klagenfurt 1860. 5, 21 f.

1) Geschichte des Herzogthums Kärnten zum Gebrauche der studirenden Jugend. Wien 1781.

2) Anselm Edlings Abbten zu St. Paul in Kärnten Ord. S. Bened. Anrede an seine Geistliche am Tag nach der Aufhebung am 5. November 1782. (Nach dem Original im Archive des Stiftes St. Paul abgedruckt): Archiv für vaterländische Geschichte und Topographie. Klagenfurt, 1860. 5, 21 bis 32.

3) Briefe in Kärnten und Lehrsätze für angehende Seelsorger. Klagenfurt und Laibach, Ignaz Kleinmayr. 1786.

4) Trauerrede auf den Tod der Durchlauchtigsten Erzherzogin von Oesterreich Marianne. — Seinen Freunden unter vier Augen gesagt. Am 22sten Wintermondes 1789. Klagenfurt. 8.

5) Der Priester, wie man ihn wünschen mag, und wie er nicht alle Tage zu haben ist. Ein Quid pro quo für manche müßige Stunde des Seelsorgers auf dem Lande. Von A. E—g. (Grätz) 1793. IV. 8.

6) Die Tradition schreibt ihm zu: Blumauer bei den Göttern im Olympus über die Travestirung der Aeneis angeklagt oder Tagsatzung im Olympus. Virgilius Maro contra Blumauer in puncto labefactae Aeneidis. Herausgegeben von einem P***. Leipzig und Grätz, bei Franz Ferstl. 1792. 2. Auflage. Grätz 1796. 3. verbesserte Auflage. Grätz und Leipzig. 1810. Auch aufgenommen in A. Blumauers gesammelte Werke. Stuttgart 1840. Band 4.

Vgl. Neue Bibliothek der schönen Wissenschaften 47, 1, 181 f.; Allgemeine Litt.-Ztg. 1792. 2, 307 f.; Neue Allg. Deutsche Bibl. 2, 1, 119 bis 122; v. Hofmann-Wellenhof, Alois Blumauer S. 68. 84 f.

5. Johann Ritter von Jenull, geb. zu Winklern im Möllthale Oberkärntens am 29. April 1773, Sohn eines wohlhabenden Landwirtes, besuchte die Schulen zu Kötschach, Dölsach und Lienz in Tirol und 1785 das Gymnasium zu Salzburg, sollte auf Wunsch seines Vaters Geistlicher werden, studierte seit 1794 in Graz Theologie, erhielt 1796 die niederen Weihen, wurde wegen eines an den seiner Stelle entsetzten Seminardirektor Jöstel gerichteten anonym erschienenen Trauergedichtes denunziert und vertauschte infolgedessen die theologischen Studien mit den juristischen, die er seit 1797 in Wien betrieb und in Innsbruck 1800 abschloß, Supplent für griechische Sprache am Gymnasium in Klagenfurt, 1808 Advokat, 1815 Rat beim kärnerischen Stadt- und Landknecht, 1817 Appellationsrat in Fiume, 1820 in Innsbruck, 1823 Hofrat bei der obersten Justizstelle in Wien, 1826 Präsident des k. k. Stadt- und Landrechtes in Innsbruck und bald darauf in den Ritterstand erhoben, 1839 Präsident des tirolisch-vorarlbergischen Appellationsgerichtes, trat 1851 in den Ruhestand, starb am 8. April 1853.

a. v. Hye: Carinthia 1848. Nr. 31 und 32. — b. And. R. v. Buzzi, Nachruf an Dr. Johann Ritter von Jenull: Archiv für vaterländische Geschichte und Topographie. Klagenfurt, 1860. 5, 1 bis 20. (Auch selbständig Klagenfurt 1859, Joh. Leon. 8.). — c. Hermann 1860. III, 3, 66. 187. 200. 405. — d. Wurzbach 1863. 10, 164 bis 166.

1) Gedichte und Aufsätze lokalhistorischen, topographischen, statistischen und politischen Inhalts in der Carinthia, deren Redaktion er 1814 und 1815 führte. Der ihm zugeschriebene Aufsatz gegen Sartoris Reise oben S. 639, 8).

2) Wer soll unter den gegenwärtigen Umständen sich dem Soldatenstande widmen? Anonyme Flugschrift 1813.

3) Rede in der Generalversammlung des tirolischen Nationalmuseums. Innsbruck 1833.

4) Rede bei der Aufstellung des Bildes Sr. Majestät Franz I., gesprochen in dem Rathszimmer des k. k. Stadt- und Landrechtes zu Innsbruck 1833. Innsbruck.

5) Die älteste Original-Urkunde im Joanneums-Archive. Mit Anmerkungen von Herrn Dr. Johann R. v. Jenull, mitgetheilt von J. Wartinger: Mittheilungen des histor. Ver. f. Steiermark. Graz 1850. 1. Heft. S. 83 bis 89.

6) Ungedruckt blieben: eine Übersetzung von Ciceros Ueber die Freundschaft, von Marc. Aurels Betrachtungen über sich selbst, Sammlungen für ein kärntnorisches Idioticon und wertvolle Notizen zur Geschichte der kärntnerischen Landesverfassung.

6. Franz Karl Zoller, geb. in Klagenfurt am 4. September 1748, Sohn eines Malers aus Telfs, in Hall auf der Schule, sollte nach des Vaters Tod (1768) Geistlicher werden, ging 1775 nach Wien, bildete sich zum Landschaftsmaler und Kupferstecher aus, 1785 Wegeinspektor im Unterinnthale, 1797 Adjunkt bei der Baudirektion in Innsbruck, 1809 von der bayerischen Regierung zum Oberbauinspektor in Brixen erhoben, 1810 nach München versetzt; er ließ sich aber pensionieren und kehrte nach Innsbruck zurück; nach der Wiederherstellung der österreichischen Herrschaft in Tirol erster Adjunkt bei der k. k. Provinzialbaudirektion, gest. am 18. November 1829. Zoller dichtete das vielgerühmte Spingeser Schlachtlied.

a. Bote für Tirol und Vorarlberg 1821, Nr. 46; 1831, Nr. 3 bis 7. — b. Gräffer und Czikann 6, 261. — c. Pichler S. 158 f. — d. Wurzbach 1891. 60, 248. — e. Feder S. 31.

Seine Selbstbiographie: ‚Rückerinnerungen über meinen Lebenslauf‘, Briefe von ihm und an ihn: Handschriftlich in Innsbruck.

1) Kriegslied eines Tyrolers im Landsturm An. 1797. Nach der bekannten Melodey: Jez wöll'n mier gien den heiligen Geist singen u. s. w. Innsbruck gedruckt mit Wagnerschen Schriften. 4 Bl. 8. (‚Jez wöll'n mär gien n' Franzosen zü gög'n gien').

Anmerkung: ‚Die Mundart dieses Lieds ist meist aus dem Wippthalischen und aus der Gegend von Störzing ... entnommen; und zugleich die eigentlich Tyrolische, indem selbe am wenigsten mit den angränzenden ausländischen Sprachenvermengt ist‘.

Kein eigentliches Schlachtlied, sondern ein Siegeslied, das die angenommene Aufreibung und Verjagung der Feinde feiert, während der Tag von Spinges selbst keinen Sieg bedeutete. Siegreich war erst am Tag darauf Laudon, der die Franzosen aus Bozen warf und gegen Brixen jagte. Das Vorbild ist ein schon am Ende des 18. Jahrh. beliebtes und verbreitetes Volkslied, das aus dem Pusterthal zu stammen scheint, die Melodie wird irrtümlich Johann Gänsbacher zugeschrieben, der neunzehnjährig bei Spinges mitkämpfte. Entstanden ist es, nach den zwei letzten Zeilen (‚Und du Lehrbach leb' fein g'sund Steif und rund'), zur Zeit als der Hofkommissär v. Lehrbach von Innsbruck zum Reichsfriedens-Kongreß nach Rastatt abberufen wurde oder als dessen baldige Abberufung wenigstens in Aussicht stand, also vielleicht bei Gelegenheit des großen Freischießens, das die Landschaft ihm zu Ehren am 4. Juli 1797 in Innsbruck gab, oder Anfangs November vor seiner Abreise (4. Nov.). Die Handschrift, wahrscheinlich die Druckvorlage, in v. Hörmann's Sammlung. Hörmann Nr. 88. 89. 90. 92.

Als ‚Spingeser Schlachtlied' herausgegeben von Cichna 1878, arrangiert von Komzak-Leiter; darnach auch im Tiroler Kalender 1881, S. 51.

v. A. (An der Lahn): Bote für Tirol und Vorarlberg 1878. Extra-Beilage Nr. 240. Feder S. 26 f. — Dr. J. Hausotter, Die Einweihung des Denkmals in Spinges am 1. Mai 1882: Bote für Tirol und Vorarlberg. 68. Jahrgang. Nr. 108, 104, 106, 107. — Johann Gänsbacher. Sein Leben und Wirken geschildert von Conrad Fischnaler. Innsbruck. Wagner. 1878. S. 9. — Greinz 1889. S. 7. — Tiroler Volkslieder. Gesammelt und herausgegeben von R. H. Greinz und J. A. Kapferer. 1889. — Bauer 1797. Nr. 7.

2) Alphabetisch-topographisches Verzeichniß sämmtlicher Graf- und Herrschaften, Landgerichte, Gerichte, Hofmarken, Städte, Marktflecken, Dörfer und aller übrigen merkwürd. Ortschaften der gefürsteten Grafschaft Tyrol und damit vereinigten Vorarlberg. Lande. Insbruck 1806. Wagner. gr. 12.

3) Tiroler Schützenlied auf das große Königliche Freischießen zu Innsbruck den 27. May im Jahre 1808. Von F. K. Z. Gedruckt mit Wagnerischen Schriften. 6 S. 8. („Der Länges ist umer, der Summer ist do').

4) Der Tiroler Bauer an seinen König. Ein Lied in der Volkssprache auf die höchsterfreuliche Zurückkunft Ihrer königl. Majestäten, und Sr. königl. Hoheit des Kronprinzen aus Italien. Von F. K. Z. Innsbruck, gedruckt mit Wagner'schen Schriften 1808. 4 Bl. 8. („Der König kümt aus Wälischland').

5) Nach der bekannten Melodie: Gott erhalte unsern Kaiser etc. („Bueben, schreyts enk müed und baiser'). 3 Bl. 8. Bl. 3: Allgemeine Anmerkungen. Bl. 3: Besondere Anmerkungen.
Nach dem 16. Mai 1809. (Hörmann).

6) Volkslied in Tyrol über die Regierung Bayerns. Brixen im Jahre 1809. 2 Bl. 8. („He Nochba Lenz beim Soggara').

7) Auf das Beylager des Kaisers Napoleon und der Erzherzogin Maria Luise. (Im Tiroler Dialekt). („Mecht ains beim Tuifel main, d' Welt war verkehrt'). 1 Bl. Folio. (Handschrift im Museum Ferdinandeum zu Innsbruck).

8) Sarà dunque permesso ai Villani. Ital. Gedicht. (Eigenhändiges Manuskript im Museum Ferdinandeum zu Innsbruck).

9) a. Geschichte und Denkwürdigkeiten der Stadt Innsbruck und der umliegenden Gegend von den ältesten Zeiten bis zur Erlöschung der österreichischtirolischen Linie mit Erzherzog Sigmund Franz. Von Franz Karl Zoller. Innsbruck, Wagner, 1816. 8.
b. Geschichte und Denkwürdigkeiten der Stadt Innsbruck und der umliegenden Gegend. Zweiter Theil, von K. Leopold L an, bis zur Uebergabe Tirols an den König von Baiern, mit Berücksichtigung der gleichzeitigen Kriegsereignisse. Von Franz Karl Zoller. Innsbruck, Wagner. 1825. 8.

10) Der Tiroler Kirchtag. Ein National-Lustspiel mit Gesang in zwey Aufzügen. Nec eruduit, silvas habitare Thalia. Virg. Innsbruck, in der Wagner'schen Buchhandlung. 1819. 108 S. 8.
S. 3 bis 6: Vorerinnerung des Verfassers: ,Unter den Theaterstücken, wo Tiroler als redende Personen eingeführt werden, fand ich nirgends den wahren tirolischen Dialekt. Der Tiroler Wastel [von Schikaneder], der lustige Tiroler Gärtner in den heyden Antons [von dems.], und andere sprechen ins gemein Ländlerisch (wie im Lande ob der Ens). Ein wahres Tiroler-Lustspiel, und zwar, wie es bey unsern Dorfkomödien üblich ist, in gereimten, doch nicht knittelsondern prosodischen Versen, schien mir von einigem Interesse für diejenigen Theaterfreunde zu seyn, welche entweder der Sprache kundig, oder neugierig sind, die verschiedenen Abweichungen näher kennen zu lernen, oder wenigstens sich an den vorkommenden Original-Charaktern, ergötzen wollen. Unsere sogenannten Bauern-Komödien sind meistens geistlichen Inhalts; davon gieng ich in so weit ab, daß ich mir anstatt einer Legenden-Geschichte ein ländliches Familien-Gemählde wählte, ohne jedoch dabey neben dem Zwecke der Belustigung den andern der moralischen Belehrung aus den Augen zu verlieren....'
S. 7 bis 11: Anmerkungen über die Aussprache.

11) a. Alphabetisch-topographisches Verzeichniß sämmtlicher Orte Tirols. Innsbruck 1827.
b. Alphabetisch-topographisches Taschenbuch von Tirol und Vorarlberg. (Zweite Auflage). Innsbruck 1827.

12) Post- und Reisekarte von Tirol und Vorarlberg, von Franz Karl Zoller, nach den neuesten Hülfsquellen berichtigt, und ganz ausgearbeitet, von Kassian v. Jenner. 1831. Lithographirt und herausgegeben von Anton Falger. 4 Blätter (auch auf 1 Blatt reduziert).

7. Lorenz Chrysanth Edler von Vest, geb. in Klagenfurt am 18. November 1776, studierte in Klagenfurt, Salzburg, Wien und Freiburg, wo er 1798 promovierte; nach seiner Rückkehr wurde er eines im Auslande gedichteten Freiheitsliedes wegen verhaftet und verurteilt, auf lebenslang als gemeiner Soldat zu dienen; zum kärntnerischen Infanterie-Regimente Nr. 26 assentiert, wurde er später auf Verwendung eines Verwandten als Arzt im Spital verwendet, machte als solcher die Schlacht bei Magnano und die Belagerung von Mantua mit. Auf Fürbitte seiner Verwandten 1800 vom Kaiser Franz aus dem Militärdienst entlassen, ließ er sich in Klagenfurt als praktischer Arzt nieder, 1804 Professor der theoretischen und praktischen Medizin am Lyzeum daselbst, 1811 Professor der Botanik und Chemie am Joanneum in Graz, 1829 k. k. Gubernialrat, Landesprotomedikus und Sanitätsreferent bei dem Gubernium in Steiermark, gest. am 15. Dezember 1840.

a. Dr. Matthias Macher, Lorenz Chrysanth Edler von Vest, Botaniker, Chemiker und Protomediker in Steiermark. Gefeiert vom Vereine der Aerzte in Steiermark: Vierter Jahresbericht des Vereines der Aerzte in Steiermark 1866 bis 1867. Graz 1867. S. 15 bis 48. — b. Dr. Lorenz Chrysanth Edler von Vest. Ein Lebensbild: Carinthia 1868. 58, Nr. 2, S. 73. — c. Wurzbach 1884. 50, 215. — d. Erzherzog Johann und Dr. Lorenz Chrysanth Edler von Vest. Mit Briefen des Erzherzogs. Von Franz Ilwof: Mittheilungen des Historischen Vereins für Steiermark. 42. Heft. Graz, 1894. S. 71 bis 117. — e. Sieh unten S. 814.

Außer zwei botanischen Werken und zahlreichen medizinischen und sonstigen Abhandlungen schrieb er:

1) Hymnus abgesungen in der ständischen Burg zu Klagenfurt zur Feyer des höchsten Beylagers Sr. Majestät des Kaisers am 7. Jänner 1808. Klagenfurt, gedruckt bey v. Kleinmayer und Kümel. Unterz.: Dr. der Med. von Vest.

Vgl. Neue Annalen 1808. II. S. 144.

2) Beiträge zum Hesperus 1811, zum Aufmerksamen 1812.

8. Franz Joseph Graf von Enzenberg, zum Freyen und Jöchelsthurm, geb. am 8. Mai 1747, trat 1771 als wirklicher Gubernial-Rat in den Staatsdienst, 1782 Vize-Präsident bei dem Inner- und Ober-Österreichischen Gubernium, 1790 Oberösterreichischer Appellations-Präsident, 1791 Appellations-Präsident in Klagenfurt, 1803 Justiz-Einrichtungs-Kommissär und Appellations-Präsident in Venedig, kehrte 1806 nach der Abtretung von Venedig nach Kärnten zurück, starb am 24. Juli 1821 zu Singen in Schwaben.

a. Meusel 17, 514. — b. Materialien für Gesetzkunde und Rechtspflege in den Oesterreichischen Staaten. Herausgegeben von Carl Joseph Pratobevera. Wien 1822. 6, 423 bis 425. — c. Schilderung des vierfachen Jubelfestes Seiner Excellenz des Herrn Franz. Reichsgrafen von Enzenberg, Präsidenten des k. k. innerösterr. Appellations- und Kriminal-Obergerichtes zu Klagenfurt, gefeiert am 8. Mai 1831: Archiv für vaterländische Geschichte und Topographie. Klagenfurt 1850. 2, 91. — d. Wurzbach 1872. 24, 404.

1) Beiträge zum Hesperus (1809), zum Aufmerksamen (1814).

2) Die Schafschur und die Bärenjagd auf dem Rieschberge in Kärnthen. Brünn 1811. 8. (Vorher in der Zeitschrift: Hesperus).

3) Beleuchtung der neuesten Reise durch Oesterreich, Kärnthen und Steyermark von Franz Sartori (Wien 1811); ein wesentlicher Nachtrag zu dieser Reisebeschreibung, mit einziger Rücksicht auf Kärnthen. Klagenfurt 1812. 8. Vgl. oben S. 640, 8).

9. Johann Gottfried Kumpf (Schriftstellername: Ermin), geb. in Klagenfurt am 9. Dezember 1781, absolvierte die humanistischen und philosophischen Studien in seiner Vaterstadt, studierte seit 1800 Medizin in Wien, legte 1805 in Pesth das medizinische Doktorat ab, praktischer Arzt und provisorischer Stadt-Physiker in Triest, kehrte 1811 nach Klagenfurt zurück, Redakteur der Carinthia 1812 und 1813, Begründer der „Kärnthnerischen Zeitschrift" 1818, starb am 21. Februar 1862.

a. S. M. Mayer, Biographische Skizze: Klagenfurter Zeitung 1862, Nr. 75. — b. Hermann III, 3, S. 159. 161. 191. 222. — c. Bohemia 1862. Nr. 52. — d. Wiener Zeitung 1862. Nr. 50. — e. Wurzbach 1865. 13, 372.

Außer wissenschaftlichen und populären medizinischen Arbeiten:

1) Poetische Beiträge zur Carinthia, zum Selam, zur Aglaja.

2) Kritische Andeutungen; eine nothwendige Beilage zum zweiten Bande von Franz Sartoris neuester Reise: Carinthia 1811; auch selbständig: Klagenfurt 1812. Vgl. oben S. 639 f., 8).

3) Kärntnerische Zeitschrift. 1. Bändchen, herausgeg. von Johann Gottfried Kumpf 1818. Klagenfurt, bei Leon. Darin Gedichte von Fellinger, Scheichenberger, Graf Sermage. 2. Bd. 1820. Vom 3. Band ab herausgeg. von S. M. Mayer. Bestand bis 1835.

4) Gab 1821 Fellingers Poetische Schriften heraus. Vgl. oben S. 644.

5) Ueber die asiatische Cholera und über die Schutzmittel dagegen. Klagenfurt 1831.

10. Andreas Ritter von Buzzi (Schriftstellername: Falkenberg), geb. zu Deutsch-Pontafel im kärntnerischen Kanalthale am 8. November 1779, Präsident des k. k. kärntnerischen Stadt- und Landrechts, Mitglied des Frankfurter Parlaments 1848, gest. zu Klagenfurt am 31. März 1864.

a. Hermann III, 3, 425 f. — b. Nachruf an Andreas Ritter von Buzzi. Klagenfurt 1864. Kleinmayr. — c. Carinthia 1868. Heft 5. S. 223. — d. Blätter für literarische Unterhaltung 1868. Nr. 32. S. 500. — e. Kehrein 1868. 1, 48. — f. Wurzbach 1872. 23, 369.

1) Dichtungen: in der Carinthia 1812/1813, im Selam 1814, im Aufmerksamen 1814 u. s. w.

2) Reise zur steinernen Mölk, und zur Grabstätte der heiligen Agatha, Hildegardis: Carinthia 1813. Nr. 33 bis 38.

3) Bemerkungen über die jetzige Lage der Dinge: Carinthia 1813. Nr. 34 u. 35. 28. August.

4) Er schrieb 1813 auch ein für die Wiener Hofbühne verfaßtes patriotisches Gelegenheitsstück, welches unter der Chiffre A. B. aufgeführt wurde (fälschlich Bäuerle zugeschrieben).

5) Falkenberg, Amulius, Trauerspiel. Dresden und Leipzig in der Arnoldischen Buchhandlung. 1845. gr. 8. Vergl. Nr. 8).

6) Phaedri Fabulae Aesopicae. Des Phädrus, Freigelassenen des Augustus, äsopische Fabeln. Uebersetzt von A. R. v. B. Leipzig 1857. Teubner in Comm. XX, 172 S. 8.

7) Nachruf an Dr. Johann Ritter von Jenull vergl. oben F. 5. b.

8) Dramatischer Nachlaß. Wien 1867. Wallishaußer. VII, 373 S. 8.

a: Amulius, König der Albaner. Trauerspiel in fünf Aufzügen (5 füßige Jamben). — b: Der Eremit aus den Ardennen, Schauspiel in fünf Aufzügen (Prosa). Beide Stücke schon 1838 vollendet. Ein drittes 1842 beendigtes Trauerspiel ,Bianca Capello' hat sich in seinem Nachlasse nicht vorgefunden. Einige Verse daraus, die als Übersetzung des bekannten Epigramms von Sannazaro dem Vater Biancas in den Mund gelegt waren, teilt Buzzis Sohn im Vorwort S. IV aus der Erinnerung mit.

11. Simon Martin Mayer (Schriftstellername: Julius Proben), geb. in Klagenfurt am 21. April 1788, Sohn eines Offiziers, der schon 1796 starb, besuchte die Schulen seiner Vaterstadt und widmete sich nach beendetem Lyzeum der Pharmazie, wurde aber dann Theolog und 1809 zum Priester geweiht. Kaplan zu Guttaring, dann an der Dompfarre in Klagenfurt, 1818 Domprediger daselbst, 1820 erster Prediger an der Klagenfurter Hauptpfarrkirche, trat 1859 in den Ruhestand, Todesjahr unbekannt. Mayer redigierte die Carinthia seit 1815, die Kärthnerische Zeitschrift seit 1820, die Klagenfurter Zeitung seit 1821 und förderte dadurch die lokalhistorischen Studien in außerordentlicher Weise. Seine Gedichte erschienen unter verschiedenen Pseudonymen, von welchen J. Proben am häufigsten vorkommt.

a. Hermann 1860. III, 3, S. 158 bis 163. 191. 193. 198. 258.

b. Wurzbach 1868. 18, 175 f.

1) Beiträge zum Selam 1815, zum Illyrischen Blatt u. s. w.

2) Noraja. Taschenbuch von S. M. Mayer. 1837. Klagenfurt, bei Ferd. S. v. Kleinmayr.

G. Krain.

Vgl. Abraham Jacob Penzel § 212, 44 und oben F. Nr. 2; Johann Friedrich Wieting § 259, 198; ferner Johann Baptist Harmayr, A. Nr. 1; Michael Maximilian Hainzmann, A. Nr. 15; Johann Gustav Fellinger, D. Nr. 37; Georg Stadelmann, E. Nr. 54; Franz Xaver Johann Richter, unten Mähren.

I. Allgemeines.

a. P. Markus Pochlin, Bibliotheca Carnioliae, ein bibliographisches Lexikon aller krainischen Schriftsteller. Wien bei J. F. Degen. 1803.

b. Marci [Pochlin] A. S. Paduano Er. Aug. Disc. Ord. Prof. Bibliotheca Carnioliae in qua reperiuntur scriptores, qui vel ipsi, vel eorum opera in Carniolia primam lucem aspexerunt; vel alias in, vel de Carniolia scripserunt, ordine alphabetico; seu ad formam bibliothecae pro alphabeti scrinia dispositi, pro varia ex eis et historica et critica, et chronologica notitia atque eruditione capessenda. ,Collectis oritur Novus': Beilage zum Jahrgang 1862 der ,Mittheilungen des historischen Vereins für Krain'. Redigirt von August Dimitz, k. k. Finanz-Concipist, Secretär und Geschäftsleiter des Vereins. Laibach 1862. Druck von Ign. v. Kleinmayr und Fedor Bamberg. 63 S. 4.

Marcus a. S. Antonio Paduano, geb. zu Laibach am 13. April 1735 als Sohn des Anton Pochlin, trat in den Orden der Augustiner Discalceaten zu Mariabrunn 1755, Prediger zu Laibach und zu Mariabrunn, 1781 Superior zu Laibach, 1791 Lehrer der Novizen zu Mariabrunn, starb dort am 5. Februar 1801.

Vgl. Int.-Bl. d. Annalen Mai 1803; Hoff 1808. 3, 146.

c. Uebersicht der Krainerschen Literatur im Jahre 1807: Intelligenzblatt der Annalen. Nov. 1807.

d. Statistisches Gemählde von dem Herzogthume Krain und dem demselben einverleibten Istrien, von Georg Heinrich Hoff, Secretär der k. k. Toback- und Stempelgefällen in Laibach. Laibach 1808. III. 8.

e. Valentin Vodnik, Geschichte des Herzogthums Krain, des Gebietes von Triest und der Grafschaft Görz. Wien 1809, Schulbücherverschleiß bei Sanct Anna. 2. verm. Aufl. besorgt von Richter 1820.

Valentin Vodnik, geb. in dem Dorfe Oberschischka bei Laibach, gest. am 8. Januar 1819, ist der Begründer der neueren slovenischen Litteratur. Seine Landwehrlieder (Pesmi sa brambovze 1809) sind freie Bearbeitungen der Collinischen.

f. Ueber das große Befreiungs- und Siegesfest zu Ehren des Kaisers Franz in Laibach: Laibacher Wochenblatt zum Nutzen und Vergnügen 1814. Nr. 7.

g. G. Kosmač, Die Lycealbibliothek in Laibach. Laibach 1857.

h. Nečasek, Geschichte des Laibacher Gymnasiums. Programm 1861.

i. Geschichte Krains. Ein Handbuch. Von P. von Radič. Laibach 1862.

j. Geschichte Krains von der ältesten Zeit bis auf das Jahr 1813. Mit besonderer Rücksicht auf Kulturentwicklung. Von August Dimitz, k. k. Finanzrath, Secretär des historischen Vereines für Krain. Vierter Theil: Vom Regierungsantritt Leopold I. (1657) bis auf das Ende der französischen Herrschaft in Illyrien (1813). ... Laibach 1876. Druck und Verlag von Jg. v. Kleinmayr & Fed. Bamberg. 896 S.

k. Kurzgefaßte Geschichte Krains mit besonderer Rücksicht auf Cultorentwickelung. Von August Dimitz. Laibach, Druck und Verlag von Jg. v. Kleinmayr & Fed. Bamberg. 1886. 3 Bl., 151 S. 8.

l. Laudon und das Land Krain. Von P. v. Radiés: Archiv für Heimatskunde von Franz Schumi. Laibach 1887. 2, 42 bis 56.

m. Alexander Puckó, Die satyrisch-humoristische Poesie in Krain während der Befreiungskriege: Mittheilungen des Musealvereines für Krain. Laibach 1890. 3, 216 bis 226.

n. Eduard Samhaber, Die deutsche Literatur in Krain: Die österreichisch-ungarische Monarchie. Kärnten und Krain 1891. S. 410 bis 416.

o. J. M. Klimesch, Zur Geschichte des Laibacher Gymnasiums. Programm. Laibach 1896.

II. Zeitschriften.

a. Das wöchentliche Kundschaftsblat im Herzogthum Krain 1775 und 76. Das erste Zeitungsblatt im Herzogthum Krain gedruckt und verlegt von Joh. Friedrich Eger. 8. Bibl. Carn. S. 50. Redakteur war der Jesuit Joh. Bapt. Schoetel, Professor der Mathematik und Philosophie am Laibacher Lyzeum.

b. Wöchentlicher Auszug aus Zeitungen. Laibach, Kleinmayr. 1783. Seit 1784: Laibacher Zeitung.

Ignaz Alois Edler von Kleinmayr war von Klagenfurt nach Laibach gekommen und hatte am 20. Dezember 1782 die Buchdruckereigerechtsame und das Zeitungsbefugnis erhalten. Vgl. Dimitz 1876. 4, 190. 224; Dimitz 1886. 8. 111.

Seit 1804 erschien als Beilage dazu:

c. Laibacher Wochenblatt zum Nutzen und Vergnügen, als Zugabe zur Edel v. Kleinmayerschen Laibacher Zeitung. 1ster Jahrgang vom 1. März bis letzten December 1804. 2. Jahrgang 1805. 4. Vgl. Neue Annalen 1807. 1, 93 bis 94. Redakteur: Georg Stadelmann, Pächter der Edel v. Kleinmayerschen Buchhandlung u. Buchdruckerei. Mitarbeiter: F.(ranz) A.(nton) v. B.(reckenfeld), gest. am 18. Jänner 1806 und Anton Suppantschitsch.

d. Eine zweite Laibacher Zeitung mit Int.-Blatt und literarischer Beilage erschien seit 1789 bei dem Buchdrucker Eger. 1809 war Redakteur der Prof. der Rhetorik am Laibacher Lyzeum Josef Peesenegger. Vgl. Int.-Bl. der Annalen, Jan. 1809.

e. In der französischen Zeit erschien in Laibach der Télégraphe official, der 1813 von Charles.Nodier geleitet wurde, während dieser Bibliothekar in Laibach war. (Wahrscheinlich identisch mit der gelegentlich erwähnten Zeitschrift: Illyrischer Moniteur).

III. Almanach.

Blumen aus Krain. Für das Jahr 1781. Laybach, gedruckt mit Egerschen Schriften. 158 S., 3 Bl. Inhalt und Druckfehler. Vgl. § 231, 15 — Band IV. S. 367. Enthält nur Gedichte des Herausgebers.

S. 2 [Widmung]: ‚Dem Urtheile der Kenner, und der Gnade der Liebhaber unterthänigst gewidmet von A. Th. Linhart'. — S. 3: Vorbericht. ‚Meine Absicht war bloß, die Nachbarn gegen Norden zu überzeugen, daß in unserem undeutschen gebirgigten Vaterlande hie und da zwischen Hecken und Disteln auch noch ein Blümchen heraufschießt, dessen Geruch freylich nicht ambrosisch, aber vielleicht erträglich ist. Nur etwas noch. Ich kündigte einen Musenalmanach an, und gebe einen Blumenstrauß. Man wird mirs, hofe ich, um so viel weniger übel nehmen, da ich bloß den Namen änderts, und die Sache behielt. Die Benennung Almanach verkündigt einen Kalender, so wie er auch in auswärtigen Almanachen gemeiniglich mitkömmt, und ein Kalender ist bey der Uiberschwemmung von Kalendern, die von allen Seiten herandringt, in der That höchst entbehrlich'. (Laybach, im Herzogthum Krain, am 15. Christmonats 1780). — S. 9 bis 86: Das öde Eiland. Ein Singspiel in einem Aufzuge. Nach Metastasio. — S. 87: Gedichte. — S. 89: Der Turnier zwischen Ritter Lamberg und Pegam. Nach den uralten Slavischen (‚Wie im Wetter, so stürmt auf seinem gewaltigen Wichrer'). Vergl. unten Nr. 11. 5). — S. 60: Ein Lappländer auf seine Geliebte. — S. 67: Die Menschenliebe Josephs des II. Eine freye Uibersetzung aus dem Slavischen. (‚Sieh den Menschenfreund dort, bey dem Gewirbel der Drommeln'). — S. 83: Der Schutt der Maultasch. (‚Röthlicht war nun der Mond hinuntergegangen. Doch hat sich'). — S. 93: Der Ton der Welt. Nach dem Französischen. — S. 98: Trinklied der Kroaten. (‚Setzt an, und trinkt, ihr Brüder all!'). — S. 106: Jasmin, und seine Braut. Nach dem alten Slavischen Liede. — S. 113: Die S9. Ode aus dem ersten Buche des Horaz. An den Julius Florus. (Lat. und deutsche Prosaübersetzung). — S. 116: Die 40. Ode aus dem ersten Buche des Horaz. An sein Büchchen. (Lat. und deutsche Prosaübersetzung). — S. 126: Kamilla's Augen. Nach dem Ritter Guarini. Der Dichter und Amor. — S. 129: Aemona's Feyer, als Karl des Heiligen Römischen Reichs Graf von Herberstein Fürstbischof wurde. Im Jahre 1773. (Anmerkung: ‚Ist frisch abgefeilt. Es war so unausgearbeitet, so unmündig, möcht ich sagen — Und konnte es denn auch in meinem fünfzehnten Jahre anders als unmündig seyn? — Ich bin so citel, daß ich wirklich glaube, es wäre so besser'). — S. 140: Uiber die Nutzbarkeit der natürlichen Philosophie. Nach dem Englischen. Prosa. — S. 157: Gedanken, gedacht beym Grabe Theresens. Prosa.

1. Anton Th. Linhart, geb. am 11. Dezember 1756 in Radmannsdorf, studierte in Laibach Jus, zu Laibach bei der bischöflichen Kanzlei angestellt, dann Protokollist beim Kreisamt, Kreis-Schulkommissär und landschaftlicher Sekretär, † am 14. Juli 1795. Linhart war auch slovenischer Dichter und Übersetzer. — Vgl. § 231, 15 — Band IV. S. 367.

a. Bibl. Carn. S. 82. — b. Mittheilungen des hist. Vereins für Krain 1862. S. 40. — c. Safaŕik 1864. 1, 28 f. — d. Wurzbach 1866. 15, 213. — e. Dimitz 1876. 4, 220 f.

1) An den Hochwürdigsten, Hochgebohrnen Herrn Herrn Carl des Heil. Röm.
Reichs Fürsten und Bischof zu Laybach aus dem gräfl. Hause von Herberstein etc.
bey dem Antritte des Laybacherischen Bisthumes gesungene Ode. Laybach 1773. 8.

2) An Joseph nach dem Tode Marien Theresiens im Winter. [Laybach 1780]. 8.

3) Miss Jenny Lowe, ein Trauerspiel in fünf Aufzügen. Augsburg bey Conrad
Heinrich Stade. 1780. 8. Vgl. § 262, 8 — Band V. S. 369.

4) Blumen aus Krain für das Jahr 1781. Vgl. oben III.

5) Versuch einer Geschichte von Krain und der übrigen südlichen·Slaven
Oesterreichs. Laybach, Eger. 1788 bis 1791. II. 8.

6) Sieh § 259, 47. 3). Die Übersetzung erschien Laibach 1790. 8.

2. Franz Sales. Christian, Weltpriester, Professor am Gymnasium zu Laibach.
Bibl. Carn. S. 13.

Auf den Tod des Hochwürdigsten, Hochgebohrnen Herrn, Herrn Leopold
Joseph des heil. Röm. Reichs Fürsten und Bischofes zu Laybach aus dem gräflichen Hause von·Pettazi etc. Leichengesang, gesungen an der Academie zu Laybach im Jahre 1773, bey Eger. 8.

3. J. L. Ode an Se. Excellenz den Hochgebohrn. Grafen und Herrn Hr. Vincenz des heil. R. R. Grafen Ursin und Rosenberg etc. Landeshauptmann in dem
Herzogthum Crain. Laybach, bey Joh. Friedr. Eger, landschaftl. Buchdrucker.
1773. Fol. Vgl. Bibl. Carn. S. 31.

4. Johann Nepomuk Graf von Edling, geb. zu Haidenschaft, Statthalterei-
rat und Schulreferent in Laibach.
a. Bibl. Carn. S. 17.
b. Dimitz 1876. 4, 220.

1) Allgemeine Landes-Normalschulordnung nach dem k. k. Dekret. Laybach
beym Eger. 1775. Fol.

2) Foderungen an Schulmeister und Lehrer der Trivialschulen. Deutsch und
slovenisch. Laybach 1778. Fol.   .

3) Kern des Methodenbuches in Carniolicum versum et Augustiss. Mariae Teresiae
Imp. dedicatum. Vien. apud Kurzboeck 1777. 8.

4) Der Isenz und die Laybach, eine Idyle. Augspurg bey Joh. Jak. Lotter. 1781. 8.

5) Ein Gedanken des Grafen und Herrn von Edling an einen jungen Barden
Freyherrn von S., eine poetische Epistel. Laybach 1781. 8.

5. Ignaz Faitlill. — Bibl. Carn. S. 18.

1) Ode an Ihro Hoch- und Wohlgebohrne Hochgräfl. Gnaden Eleonora Erdödinn,
eine gebohrne Gräfinn von Eichenbüchel. Laybach mit Egerschen Schriften. 1779. 8.

2) Fastengedanken in ungebundener Rede, gewidmet an Fräulein Joh. Nopo-
mucena Zois v. Edelstein. Laybach bey Eger. 1780. 4.

6. Martin Curalt, Hauskaplan des Laibacher Bischofs.

1) Predigt beym Eingange der neuntägigen Adventandacht in der Domkirche zu Laybach 1782, mit Kleinmayr. Schriften. 8. Vgl. Bibl. Carn. S. 15.

2) Die XV Augusti Elatae ad coelos Mariae sacro, Napoleonis Natali. (Gedicht.
Lat. und deutsch). unterz. ,Martin Kuralt Illyr.': Télégraphe officiel 1813. Nr. 65.
(Dimitz 1876. 4, 363 f.).

7. Auf die Eroberung Belgrad's. (,Zertrümmert liegt in schrecklichen Ruinen'):
Merk'sche Laibacher Zeitung. 85 Stück. Sonnabend den 25. Oktober 1789 (aus
einer Wiener Zeitung abgedruckt).

8. Auf Laudon's Eroberung (Epigramm): Motto zum 89. Stück der Merkischen
Laibacher Zeitung vom Sonnabend den 7. November 1789.

9. Loudon. (,Den Mond, der fünfzig Jahre schon über dir'): Merkische Laibacher Zeitung. 91. Stück. Sonnabend den 14. November 1789.

10. Bartholomäus Laurizh, geb. zu Treffen.
Bibl. Carn. S. 32.

Laybacks-Jubelfest am 18., 19. und 20. Weinmonats 1789 über die von Sr. Excellenz dem Hn. Feldmarschall und Oberstenbefehlshaber der k. k. Armee, Landstand des Herzogthums Krain, Gideon Freyherr von Laudon, am 7. nämlichen Monats und Jahrs bewirkte Eroberung Belgrads. Laibach bei Ignaz. Aloys. Edlem von Kleinmayr. 1789. 4.

11. Johann Anton Suppantschitsch, geb. in Laibach am 22. Mai 1788, wendete sich von der Theologie zur Geschichte und Altertumskunde, 1807 Hofmeister bei Franz Karl Haller v. Hallenstein, Supplent am Gymnasium in Laibach, 1817 Professor der Geschichte und Geographie in Cilli, 1819 Professor der Humanitätsklassen in Marburg, 1831 in Capo d'Istria, daselbst gest. am 26. Juli 1833. Gehört zu den Erweckern der slowenischen Studien. Als Balladendichter bekannt. Seine Korrespondenz mit Rudolf Puff im Besitz des historischen Vereins für Krain.
a. Hormayrs Archiv 1829, S. 684. — b. Carinthia 1835. Nr. 7. — c. Dr. Rudolf Gustav Puff, Frühlingsgruß. Gratz 1841. — d. Dr. Rudolf Puff, Johann Anton Suppantschitsch, k. k. Gymnasial-Professor: Carniolia. Zeitschrift für Kunst, Wissenschaft und geselliges Leben. Redigirt von Leopold Kordesch. Laibach 1844. 6. Jahrg. Nr. 105. Gallerie merkwürdiger Krainer. — e. Dr. Rudolf Gustav Puff, Marburg in Steiermark, seine Umgebung, Bewohner und Geschichte. Gratz 1847. 2, 228. Nr. 14. — f. Georg Matiaschitsch, Geschichte des k. k. Marburger Gymnasiums: Fest-Programm des k. k. Gymnasiums in Marburg zur Erinnerung an die hundertjährige Jubelfeier dieser Lehranstalt im Jahre 1858, S. 111. — g. Mittheilungen des historischen Vereins für Krain 1865. Nr. 5. S. 49. — h. Wurzbach 1880. 40, 334. — i. Schlossar, Hundert Jahre 1898. S. 81. — k. Allgemeine deutsche Biographie 1894. 87, 164 (A. Schlossar).

1) Beiträge zum Laibacher Wochenblatt, z. B. 1805, Nr. XXI: ein Gedicht: Der scheidende Mai und der Jüngling. — 1806: Fragmente über die krainerische Poesie. — Geschichte der Gesellschaften der Operosen und des Ackerbaues. — Dort auch sein Aufruf zur Durchforschung der krainerischen Landeskunde (wiederholt Int.-Bl. der Annalen. Nov. 1807).

2) Beiträge zum Anhang zur Grätzer Zeitung 1806.

3) Die Kuhpockenimpfung. Ein Gedicht an die Herzen der Mütter. Von J. A. Suppantschitsch. Laibach, 1806. ¹/₈ Bogen. 8.
Vgl. Neue Annalen 1809. 1, 126.

4) Elegie am Kirchhofe. Ein Todtenopfer für Stadelmann von J. A. Suppantschitsch. Laibach, 1807. 8 S. 8.
Vgl. Neue Annalen 1809. 1, 126.

5) Der Tournier zwischen den beyden Rittern Lamberg und Pegam. Ein krainerisches Volkslied mit einer deutschen Uebersetzung. Laibach, 1807. Mit Egerschen Schriften. 23 S. 8 Herausgeber war Vodnik. Vergl. oben III, S. 39.
Vergl. Neue Annalen Int.-Bl. Nov. 1807: 1809. 1, 126.

6) Das Bild der Zeit. Zur allerhöchsten Geburtsfeier Sr. Oesterreichisch kais. Majestät: Laibacher Wochenblatt zum Nutzen und Vergnügen. 1814. Nr. 23.

7) Ausflug von Cilli nach Lichtenwald. Cilli 1818, bey Joseph von Bacho. 142 S. 8.

8) Zahlreiche Beiträge zum Illyrischen Blatt. Laibach 1821 f.

9) Der Türkensturm auf Marburg im Jahre 1529. Dramatisierte Erzählung in 4 Abtheilungen von J. A. Suppantschitsch. Gratz 1829. Damian und Sorge. 88 S. 12.

10) Ergebung in den Tagen der Gefahr. (Gedicht). Triest 1832. 8.

12. Empfindungen der Bürger Laibachs bey der erfreulichen Ankunft Sr. Excellenz des Hochgebornen Herrn Herrn Bernard Freyherrn von Rosetti, neuernannten Landeschefs. ¹/₂ Bogen. Folio.
Vgl. Neue Annalen 1809. 1, 236.

13. Bey der erfreulichen Ankunft Sr. Excellenz des Hochgebornen Herrn Herrn Bernard Freyherrn von Rosetti, neuernannten Landeschefs. ¹/₂ Bogen. 8.
Vgl. Neue Annalen 1809. 1, 236.

14. Bey der erfreulichen Ankunft des Hochgebornen Herrn Herrn Bernard Freyherrn von Rosetti, neuernannten Landeschefs. ¹/₄ Bogen. 8.
Vgl. Neue Annalen 1809. 1, 236.

15. Bey der erfreulichen Ankunft Sr. Excellenz des Hochgebornen Herrn Herrn Bernard Freyherrn von Rosetti, neuernannten Landeschefs. ¹/₄ Bogen. 8. Vgl. Neue Annalen 1809. I, 236.

16. Gebeth beim französischen Krieg. (Handschrift). Ein Franzosen-Vaterunser. Pucskó S. 221.

17. Epistel an den jungen Herrn 1814 von einem Bürger Europens (Verse): Laibacher Wochenblatt zum Nutzen und Vergnügen. 1814. Nr. I.

18. Der 12. Februar 1814: Laibacher Wochenblatt zum Nutzen und Vergnügen. 1814. Nr. 7.

19. J. Selan, Friedenslied: Laibacher Wochenblatt zum Nutzen und Vergnügen. 1814. Nr. 25.

20. Karl Meisl, § 334, 429. Die Rückkehr des Kaisers nach Wien: Laibacher Wochenblatt zum Nutzen und Vergnügen. 1814. Nr. 29.

21. Fr. Rink, Der zweyte Kampf des Bundes: Laibacher Wochenblatt zum Nutzen und Vergnügen. 1815. Nr. 29.

H. Görz und Gradiska. Istrien und Triest. Dalmatien.

Zacharias Haunold § 210, 38 und oben A. 4; Abraham Jacob Penzel § 212, 44 und oben F. 2; Victorin Laber § 259, 174; ferner Franz Reinhold Müller oben A. 13; Anselm v. Edling oben F. 4; Graf Johann Nep. von Edling oben G. 4.

a. B. F. Hermann, Die Grafschaft Görz und Gradiska im Jahre 1780 mit Anmerkungen von de Fiori.

b. G. H. Hoff, Statistisches Gemählde von dem Herzogthume Krain und dem demselben einverleibten Istrien. Laibach 1808. III. 8. Vgl. oben G. I. d.

c. Vodnik, Geschichte des Herzogthums Krains, des Gebietes von Triest und der Grafschaft Görz. Wien 1809. 2. verm. Aufl., besorgt von Richter 1820. Vgl. oben G. I. e.

d. Carl Freiherr von Czoernig, Ueber Friaul, seine Geschichte, Sprache und Alterthümer: Sitzungsberichte der k. k. Akademie der Wissenschaften zu Wien 1853.

e. J. Freiherr von Formentini, Beiträge zur Geschichte der Grafschaft Görz. Görz 1856.

f. J. Freiherr von Formentini, Beiträge zur inneren Geschichte der Grafschaft Görz. Görz 1857.

g. v. Löwenthal, Geschichte der Stadt Triest. Triest 1859. II. 8.

h. Carl Freiherr von Czoernig, Görz, Oesterreich's Nizza. Nebst einer Darstellung des Landes Görz und Gradisca. Wien 1873 und 1874. Wilhelm Branmüller. II. gr. 8.

1. Hierher würde gehören Georg Johann Graf von Zuccato, geb. in Parenzo im Jahre 1761, Schillers Mitschüler in der Militärakademie, dem irrtümlich ein Anteil an Schillers Anthologie zugeschrieben wurde. Goedeke, Schillers Sämtliche Schriften I, 381. Weltrich I, 510. Minor I, 579f. Krauß, Schwäb. Litteraturgesch. 1897. 1, 414f.

2. Joël Kohen, geb. in Triest am 24. April 1778, Sohn eines wohlhabenden jüdischen Kaufmannes. Von Privatlehrern erzogen, seit seinem 12. Jahre von dem Exminoriten P. Leo Essenko, Professor der Beredsamkeit und Dichtkunst am Gymnasium zu Triest, studierte Philosophie in Görz und Medizin 1795 bis 1800 in Wien, lebte als praktischer Arzt in seiner Vaterstadt. Auf einer im Jahre 1802 in Italien unternommenen Reise lernte er die berühmtesten italienischen Aerzte kennen.

a. Annalen 1808, 2, Intelligenzblatt Nr. 23, Sp. 184; Hauptblatt S. 264.

b. Wurzbach 1864. 12, 287.

1) Versuche in der Dichtkunst, herausgegeben von dem Schüler Joël Kohen, Triest in der k. k. privil. Gubernialbuchdruckerey 1794. 86 S. 8. — Vgl. Int. Bl. der Annalen. März 1805.

2) Ode zur Nahmensfeyer des Hrn. Professors G. Prochaska. Dann eine Ode dem würdigsten Hrn. Hofrathe und Lehrer I. P. Frank, am Tage seiner Nahmensfeyer. Von der Ehrfurcht und Dankbarkeit seiner Schüler geweiht. Verfaßt von

J. Kohen, Candidaten der Medicin. Wien 1799. 4. — Vgl. Int.-Bl. der Annalen Junius 1805.

3) Beiträge zum Neuen Wiener Musenalmanach § 231, 8a — Band IV. S. 367.

4) Ode, bey Eröffnung des neuen Theaters zu Triest im Frühlinge 1801. Auf einem Bogen samt der italienischen Übersetzung des Dr. Domin. Rossetti gedruckt. Original und Übersetzung ohne Vfn. — Vgl. Annalen Sept. 1803. Nr. 76.

5) Ode, als die Büste des Grafen Pomp. v. Brigido in der Stadtbibliothek von Triest am 5. Nov. 1802 unter öffentlichen Feyerlichkeiten aufgestellt wurde.

6) Geschichte des epidemischen Fiebers, das in den Jahren 1799 und 1800 zu Genua geherrscht hat. Aus dem Italienischen des Doctors G. Rasori. Wien, 1808. in der Camesinaischen Buchh. 179 S. gr. 8. — Vgl. Annalen, May 1803. Nr. 83.

7) Ode. Triest in der Gubernialbuchdruckerey. 1804. 4 S. 4. Annalen, Int.-Bl. Dec. 1805. ‚Sie wurde am 14. Oct. 1804 in der Synagoge zu Triest ausgetheilt, als an diesem Tage die jüdische Nation in Triest das Fest der neuen österreichischen Erbkaiserwürde feyerte‘.

3. Der allgemeine Wunsch. Cantate. (Am 22. Januar 1801 in Zara von dem Sänger Luigi Moriccni aufgeführt, ursprünglich deutsch verfaßt, dann ins Ital. übers.) ‚Wie lange fährt der Krieg im Sturme‘. — Wiederholt: Sonnabends-Anhang der Grätzer Zeitung zu Nr. 36, den 14. Februar 1801.

4. Joh. Leonh. Zeitmann.

I) Opfer der Freundschaft, dem Herrn Michael Stengle am Tage seiner Vermählung mit Fräulein Maria Pollanz aus treugesinntem Herzen dargebracht von Joh. Leonh. Zeitmann. Triest, Gubernialbuchdruckerey, 1804. 6 S. 8. — Vgl. Annalen, September 1804. Nr. 97.

2) Denkmal wahrer Freundschaft, gewidmet dem Herrn Michael Stengle u.s.w. von Joh. Leonh. Zeitmann. Wiegenlied. Triest, Gubernialbuchdruckerei, 1804. Ein Streif in Folio. — Vgl. Annalen, Sept. 1804. Nr. 97.

5. Thränen einer gebeugten Familie. Geweint: am Sarge ihres Versorgers Joseph Gnesda. Triest im Monath August 1804 (Gubernialbuchdruckerey). 4 S. 8. — Vgl. Int.-Bl. der Annalen, Dec. 1805.

6. An Se. Excellenz, den obersten Landrichter, Präsidenten, des Niederösterreichischen Landrechtes, Vicepräsidenten der k. k. Gesetzgebungs-Hofkommission, Hrn. Matthias Wilhelm von Haan, als er zum Commandeur des hohen königlich-ungerischen St. Stephansordens erhoben ward. ¹/₃ Bogen Fol. (Aus dem Ital. des Dr. Sarchi). — Vgl. Int.-Bl. d. Annalen, Dec. 1805.

7. Ignatius Kollmann. § 334, 497.

I) Sessi. Triest, gedruckt in der k. k. priv. Gubernialbuchdruckerey 1806. ³/₈ Bogen. Ode an Sessi, unterz.: Kollmann. — Vgl. Neue Annalen 1807. 1, 240.

2) An die Hagestolzen. Epithalam nach aufgegebenen Endreimen und vorgeschriebenem Silbenmaße, freundschaftlich dargebracht dem Herrn Doctor Franz Nobile am Tage seiner Vermählung. 1807. ¹/₈ Bogen. unterz. L. K. — Vgl. Neue Annalen 1807. · II, S. 226.

3) Johann Heinrich Dumreichers Denkmahl. Die Feyer seiner Enthüllung. Von Ignaz Kollmann. ¹/₄ Bogen. 8. (‚In der Gotteshalle, deren Stille‘). — Vgl. Neue Annalen 1809. I, 47.

4) Triest und seine Umgebungen. Von Ignaz Kollmann. Triest, in der Geistingerschen Buchhandlung. O. J. 230 S. Taschenformat. — Vgl. Neue Annalen 1809. I. S. 249.

8. Der gute Genius Ihrer Excellenz der Frau Josephine, Gräfinn von Lováz gebornen von Zeke, gewidmet von einem für alle, am 19. März 1807. 1 Bl. Fol. Triest, in der k. k. priv. Gubernial-Buchdruckerey. — Vgl. Neue Annalen 1808. II, 143: ‚Gereimter Uasinu‘.

9. Freundschaftsgefühle zum (so) Nahmensfeyer der hochedelgebohrnen Frau Franzisca von Toppo hochachtungsvoll gewidmet. 1 Bl. Fol. 1807. Ohne Druckort und Verleger. — Vgl. Neue Annalen 1808. II, 143: ‚Verwirrte Gedanken, ängstliches Haschen nach poetischen Bildern, und mühsames Ringen mit den Reimen‘.

10. Am hohen Nahmensfeste Ihro Excellenz der hochgebornen Frau Gräfinn Josephine von Lovász etc. etc. I Bl. Fol. Ohne Druckort, Jahreszahl und Verleger. — Vgl. Neue Annalen 1808. II, 96.

11. Bey der ehelichen Verbindung des Herrn Joseph Pontini Wohlgebornen mit Fräulein Elisabethe Bemillner aus Wien. Italienisch und deutsch. 1 Bl. Fol. Ohne Druckort und Verleger. Unterz.: L. J. Silverio. — Vgl. Neue Annalen 1808. II, 96.

12. Am Tage der Enthüllung des in der Triester evangelischen Kirche A. C. dem dänischen Cousul J. H. Dumreicher von Hrn. W. F. Renner von Oesterreicher errichteten Monuments. 1808. ¹/₂ Bogen. 8. (Jeden Dank, den Liebe bringen wollte'. Vf.: [Georg Friedrich Wilhelm] Schultz, [evangel.-lutherischer Pfarrer in Triest. Meusel 15, 399f. 20, 283]). — Vgl. Neue Annalen 1809. I, 47.

13. Patriotisches Gemälde der schuldigen Treue des Unterthans gegen seinen Landesfürsten. Triest 1809. — Trapp 8. 128.

J. Böhmen.

Die entscheidenden Anregungen zur dichterischen Betbätigung gehen in Böhmen länger als ein halbes Jahrhundert hindurch von den Professoren der Ästhetik an der Prager Universität aus (Seibt, Meißner, Meinert, Dambeck, Klar), die die verschiedenen litterarischen Richtungen, vom Gottschedianismus bis zur Romantik nach Böhmen verpflanzen. Ihnen reihen sich schöngeistig angehauchte Kollegen der anderen Fakultäten werkthätig an. Von ihnen beeinflußt wirkten, über das ganze Land zerstreut, mehrere Generationen von dichtenden Gymnasiallehrern und dichtenden Beamten. Aus dem Kreise der ersteren erwuchs Goethe in Zauper ein begeisteter Prophet und verständnisvoller Erklärer. Diesen Anregungen parallel ging die Kräftigung des Nationalgefühls und die auf Erforschung der heimischen Geschichte, Sprache, Litteratur- und Kunstgeschichte gerichtete Thätigkeit der Pelzel, Cornova, Prochaska, Joseph Dobrowsky, Ungar, Dlabacz, J. J. Jungmann, Hanka und Swoboda, die schließlich in die Neubegründung der tschechischen Nationallitteratur und Fälschung der dieser fehlenden Dokumente auslief. Beide Richtungen vereinigten sich in Meinerts epochemachender Zeitschrift ‚Libussa', die die böhmische Vergangenheit im Licht der Romantik erscheinen läßt, und Meinert wie Dobrowsky wirken auf Brentano ein, der in seinem Drama: ‚Die Gründung Prags' die dichterischen Hoffnungen des Landes in überschwenglicher Weise erfüllte, ohne aus seiner Abneigung gegen das tschechische Volk ein Hehl zu machen. Die dichterische Behandlung national-böhmischer Stoffe bei W. A. Swoboda und Anton Müller leitet direkt zu den Bestrebungen Eberts, der Anteil des reichen und kunstverständigen böhmischen Adels an der geistigen Kultur des Landes in den Bemühungen des Grafen Sternberg in der folgenden Epoche hinüber.

Vgl. Johann Joseph Eberle § 214, 5; Anton Rafael Mengs § 220, 2; Maria Anna Sagar § 224, 42; Johann Josef Nunn § 257, 27; Johann Nepomuk Komareck § 258, 15; in § 259: Joseph Bernhard Pelzel Nr. 15; Franz Fuß 45; Johann Jakob Norbert Grund 95; Friedrich Karl Sannens 134, 204 und 205; Karl Franz Henisch 206; Franz Thomas Schönfeld 207; Johann Brunian 208; Karl Wahr 209; Johann Edler von Sternschutz 210; Joseph Schimann 211 und 212; Victoria von Rupp 214; Franz Joseph Fischer 216; Karl Franz Guolfinger, Ritter von Steinsberg 217; 218 bis 220; Johann Prothke 221; 223; Franz Bourgeois 224; 225 bis 227; Anton Daniel Breicha 228; Franz Meitl 229; F. G. Frühwärth 230; J. G. Haller 231; 232 bis 235; Gottfried Friedrich Steidele 236; J. H. Halbe 239 und § 266, 8; § 259, 241 bis 243; Ignaz Johann Gnad 244; 245 und 246; Joseph Kirpal 247 und 248; Fr. Karl Rosenau 249; 250 und 251; Johann Alois Senefelder § 261, 50; Karl Czechtizky § 267, 7; Maximilian Scholz § 268, 8; Friedrich Traugott Wettengel § 273, 7; Christian Heinrich Spieß § 279, 9; Joseph Max Czapek § 279, 95; Eduard Christoph Wilhelm Meißner § 295, II. A. 18; Karoline von Woltmann § 295, III. 12; ferner oben A. 196; Amand Berghofer B. 2; Ignaz Richard Wilfling D. 7; Johann Heinrich Dambeck und Alois Jeitteles unten Mähren.

I. Allgemeines.

a. Franz Martin Pelzel, Abbildungen böhmischer und mährischer Gelehrten und Künstler, nebst kurzen Nachrichten von ihren Leben und Wirken, Prag 1773. IV. 8.

b. Frans Martin Pelzel, Kurzgefaßte Geschichte der Böhmen von den ältesten bis auf die itzigen Zeiten. Prag 1774. 8. 2. Aufl. Prag 1779. Geschichte der Böhmen. 8. Auflage. Prag und Wien 1782. II. 8. 4. Aufl. Prag 1817. II. 8.

c. Sammlung auserlesener Predigten, die bey verschiedenen Gelegenheiten von verschiedenen berühmten Rednern in Böhmen sind gehalten worden. Erster Theil. Prag, bey Johann Mangoldt, 1781. 870 S. 8. Predigten von Matern Schäfer, Joseph Preisler, Johann Raymund, Joseph Wondrak, Expedit von Schönfeld, Johann Augustin Zippe, Jakob Wissinger, J. S. Franz, Aloysius Crabath, Frans Wenzel, Norbert Maria Steinmann, Augustin Zitte.

d. Ein Projekt die itzigeu, und künftigen Herrn Authoren zu ihren, und des Staates Besten zünftig zu machen. Herausgegeben von A** U** A*** P**. Prag, gedruckt bey Joseph Emmanuel Diesbach 1782. 84 S. 8.

e. Kalender ohne Heiligen auf das Jahr 1782. Oder kritisches Authoren- und Broschüren-Verzeichniß. Prag und Wien, in dem von Schönfeldischen Bücherverlag. 84 S. 8.

f. α. [Gotthardus de Libnie — Joh. Bapt. von Hartung] De hodierna Pragensi Viennensiqve Litteratvra ad Qvintivm Patricivm Pragensem nvnccivem Svlmonensem. Contrahe vela, Et multum studeas, non multis L. Sectan. Serm. III. Pragae, Litteris Francisci Gerzabeck. 16 S. 8. (Lateinisches Gedicht).

β. Sermonis primi de hodierna Pragensi Viennensique Litteratvra ad Qvintivm patricivm Pragensem nvnc civem Svlmonensem. Pars Altera. Addidit I. Schneider P. Aurea scribis carmina, Inli, maxime vatum. ex Prosodia. Pragae, 1782. 14 S. 8.

γ. Vertheidigung des Verfassers der heutigen Prager und Wiener Litteratur samt der Abfertigung seiner Gegner vornemlich des Herrn P. J. Schneiders einem Gelehrten Publiko gewidmet. Fragili quaerens illidere dentem, Offendet solido. Horat. Sat. lib. II. Sat. I. Prag im Jahre 1782. 69 S. 8. Unters.: Gegeben den 11. März im Jahre 1782. ganz ergebener Verfasser Johann Baptist von Hartung.

Gotthard Libnie, geb. in Schlackenwerth 1738, gest. in Prag am 13. Mai 1789. Vgl. Wurzbach 1866. 15, 190.

g. Frans Martin Pelzel, Böhmische, mährische und schlesische Gelehrte und Schriftsteller aus dem Orden der Jesuiten. Prag 1786. 8.

h. Beobachtungen in und über Prag von einem reisenden Ausländer. Prag, Gerle, 1787. II. 8.

i. Briefe des wandernden Hypochondristen aus Böhmen, Mähren, Österreich und Ungarn: Deutsches Museum 1787/88.

j. Neues Zeitungslexikon. Prag, Schönfeld. 1788.

k. [Kausch] Ausführliche Nachrichten über Böhmen. Vom Verfasser der Nachrichten über Polen. Salzburg 1794, in der Mayr'schen Buchhandlung. XIII, 280 S. 8. Den Manen Josephs des Zweyten. Widmungsgedicht.

l. Kurze Lebensbeschreibungen jener verstorbenen Gelehrten Männer aus dem Orden der Frommen Schulen, die sich durch ihr Talent und besondere Verdienste um die Litteratur und Wissenschaften von der Errichtung dieses Institutes bis auf gegenwärtige Zeiten vorzüglich ausgezeichnet haben. Verfasset von Jaroslaus Schaller a St. Josepho, Mitglieds eben dieses Ordens. Prag, 1799. gedruckt bey Franz Gerzabek, im St. Galli-Kloster. 4 Bl., VIII und 178 S. 8.

m. Gallerie der interessantesten und merkwürdigsten Personen Böhmens, nebst der Beschreibung merkwürdiger böhmischer Landesseltenheiten alter und neuer Zeiten. Aus den besten und bewährtesten böhmischen Geschichtschreibern historisch-chronologisch abgefaßt von Joseph Schiffner, Verfasser der Lebensgeschichten böhmischer Landespatronen. Prag, 1802 bis 1804. Bey Johann Buchler, Buchhändler. V. kl. 8.

n. Gottfried Johann Dlabacz, Allgemeines historisches Künstler-Lexikon für Böhmen und zum Theile auch für Mähren und Schlesien. Prag 1815, Gottlieb Haase. kl. 4.

o. Jos. Schiffner, Neuere Geschichte der Böhmen seit Joseph II. bis zum Frieden von Paris Prag 1816. 8.

p. Maximilian Millauer, Uebersicht sämmtlicher in den bisherigen Bänden von Abhandlungen der k. böhmischen Gesellschaft vorkommenden Aufsätze. Prag 1823. 8. (— Abhandlungen Band 8).

q. Übersicht der in Böhmen bisher erschienenen Zeitschriften ... von Professor Johann Helbling v. Hirzenfeld: Monatsschrift der Gesellschaft des vaterländischen Museums in Böhmen, 1827. September. 8. 14 bis 29.

r. Vorträge gehalten in der öffentlichen Sitzung der königlichen böhmischen Gesellschaft der Wissenschaften bei ihrer ersten Jubelfeier am 14. September 1836.

Prag, 1837. Druck und Papier von Gottlieb Haase Söhne. IV, 110 S., 1 Bl. Inhalt.
S. I bis 14: Geschichtlicher Uiberblick des fünfzigjährigen Wirkens der Gesellschaft. Vorgetragen vom Sekretär Dr. Mathias Kalina von Jäthenstein.
S. 99 bis 110: Verzeichniß der seit der Begründung der königl. böhmischen
Gesellschaft der Wissenschaften bis zu der am 14. September 1836 begangenen Feier
ihres fünfzigjährigen Daseyns verstorbenen Mitglieder derselben. In der Ordnung
der Aufnahme zusammengestellt vom Sekretär der Gesellschaft Dr. Math. Kalina
v. Jäthenstein.

s. Varnhagen von Ense, Josephine Gräfin von Pachta, geborne Gräfin
Canal-Malabaila: Galerie von Bildnissen aus Rahel's Umgang und Briefwechsel 1836.
2, 173 bis 183. Erweitert: Biographische Portraits 1871. S. 169 bis 208.

t. Varnhagen von Ense, Denkwürdigkeiten des eignen Lebens: Ausgewählte Schriften. 3. Auflage. 3, 1. 171. 188. 231.

u. Skizzirter Ueberblick der Geschichte der Literatur, Wissenschaften und
Künste unter den Deutschen in Böhmen: Die Deutschen in Böhmen. Geschildert
in geographisch-statistischer, staatswirthschaftlicher, volksthümlicher und geschichtlicher Beziehung von F. A. Schmalfuß. Prag, Verlag von Friedrich Ehrlich. 1851.
S. 219 bis 232.

v. Geschichte und Beschreibung der Prager Universitätsbibliothek. Von Joseph
A. Hanslik. Mit einem Grundrisse. Prag, 1851. Buchdruckerei von Friedrich
Rohliček. gr. Karlsgasse Nr. 188. 3 Bl., 683 S. gr. 8.
Zusätze und Inhalts-Verzeichnisse zu Hanslik's ‚Geschichte und Beschreibung
der k. k. Prager Universitäts-Bibliothek‘ (Prag 1851) zusammengestellt und mit
Unterstützung der kais. Academie in Wien herausgegeben vom Bibliothekar Dr. L. J.
Hanuš. Prag 1863. Selbstverlag. VIII, 92 S. gr. 8.

w. Ig. J. Hanuš, Systematisch und chronologisch geordnetes Verzeichniß sämtlicher Werke und Abhandlungen der königl. böhm. Gesellschaft der Wissenschaften.
Prag 1854.

x. J. Er. Wocel, Geschichte der königl. böhm. Gesellschaft der Wissenschaften
1868. 4.: Abhandl. VI. Folge. 1. Band.

y. Josef Wenzig, Blicke über das böhmische Volk, seine Geschichte und
Literatur, mit einer reichen Auswahl von Literaturproben. Leipzig, Friedr. Brand-
stetter. 1855. 8.

z. W. R. Weitenweber, Repertorium sämmtlicher Schriften der königl. böhm.
Gesellschaft der Wissenschaften vom Jahre 1769 bis 1868. Prag 1869. 8.

aa. Geschichte Böhmens von Dr. Ludwig Schlesinger. Herausgegeben vom
Vereine für Geschichte der Deutschen in Böhmen. Prag. In Kommission der J. G.
Calve'schen k. k. Universitätsbuchhandlung (für Oesterreich). Leipzig. In Kommission
bei F. A. Brockhaus. 1869. VIII, 657 S. gr. 8. — 2. verm. und verb. Aufl. Prag
1870. Verlag des Vereins. In Commission bei F. A. Brockhaus in Leipzig. Druck
von D. Kuh. VIII, 684 S., 1 Bl. gr. 8.

bb. Lieder der Heimath. Blüthenlese aus dem deutsch-böhmischen Dichtergarten
von Heinrich von Lohsdorf. Prag, 1871. C. H. Hunger, k. k. Hofbuchhändler.
XVIII, 601 S. 8.

cc. Karl Freiherr von Stein in Oesterreich. Vom Universitätsdocenten Dr.
Ferdinand Lentner. Wien 1873.

dd. Die deutsche Literatur in Böhmen im XVIII. und XIX. Jahrhunderte. Von
J. Neubauer: Programm des Communal-Real-Gymnasiums mit Oberrealschul-
Classen in Elbogen für das Schuljahr 1876/77. Elbogen 1877. Selbstverlag des
Real-Gymnasiums.

ee. Helfert, Aus den Knabenjahren eines böhmischen Dynasten: Heimat 1877.
1. Bd. S. 130.

ff. Richter, Das Deutschthum in Böhmen: Neue freie Presse 1880. Nr. 5600
bis 5602 und 5606. — Schriften der histor.-statist. Sektion der k. k. mähr. schles.
Gesellschaft zur Beförderung des Ackerbaues, der Natur- und Landeskunde 1884.
26, 780 f.

gg. Spitzberg-Album. Dichtungen aus Nordböhmen. Gesammelt von Dr. F.
Hantschel und Prof. A. Paudler. Zum Besten des Fendes für Erbauung des
Kronprinzessin Stephanie-Aussichtsthurmes auf dem Spitzberge bei Böhm.-Leipa.
Leipa 1883. 4 Bl., XII, 422 S. 8.

hh. Die Deutschen in Böhmen, Mähren und Schlesien. Von Josef Bendel. Erste
Hälfte. Wien und Teschen. Verlag der k. k. Hofbuchhandlung Karl Prochaska.

1884 (Die Völker Oesterreich-Ungarns. Ethnographische und culturhistorische Schilderungen. Zweiter Band).

ii. G. Wegner, Die königl. böhm. Gesellschaft der Wissenschaften 1784 bis 1884. (Verzeichnis der Mitglieder). Prag 1884.

kk. Generalregister zu den Schriften der königl. böhm. Gesellschaft der Wissenschaften 1784 bis 1884 zusammengestellt von Georg Wegner. Prag 1884 (Titel deutsch und tschechisch). XVI, 159 S.

ll. Geschichte der kön böhmischen Gesellschaft der Wissenschaften sammt einer kritischen Übersicht ihrer Publicationen aus dem Bereiche der Philosophie, Geschichte und Philologie. Aus Anlaß des hundertjährigen Jubelfestes der Gesellschaft 1884 in ihrem Auftrage verfaßt von Joseph Kalousek, a. o. Mitglied dieser Gesellschaft. Prag, Verlag der kön. böhm. Gesellschaft der Wissenschaften. — Druck von Dr. Ed. Grégr. 1885. VII und 303 S. gr. 8. — ll'. Sieh unten S. 814.

mm. Alfred Klaar, Die deutsche Literatur [in Böhmen] seit dem dreißigjährigen Krieg: Die österreich.-ungarische Monarchie in Wort und Bild. Böhmen (2. Abtheilung) 1896. S 139 bis 162.

nn. Deutsche Einflüsse auf die Anfänge der slavischen Romantik. I. Deutsche Einflüsse auf die Anfänge der böhmischen Romantik. Mit einem Anhang: Kollár in Jena und beim Wartburgfest. Von Dr. Matthias Murko. Graz. Verlagsbuchhandlung ‚Styria‘ 1897. XII, 373 S. gr. 8.

II. Zeitschriften.

a. Prager Ober-Post-Amtszeitung mit Intelligenzblättern. Seit 1781. Nach § 259, 252 — Band V. S. 352 war Augustin Zitte eine Zeitlang Redakteur. Von 1784 bis 1789 Eichler. Im Jahre 1809: Thomas v. Schönfeld, dann bis I. Februar 1812: Gerle.

Vgl. Annalen 1812. 1, 427.

Freundschaftliche Briefe an den Herrn Verfasser der Prager Oberpostamts-Zeitung 1781. 208 S., 2 Bl. Druckf. — Unterz.: P. A. S.

b. Prager kleine Zeitung. 1791 bis 1800 Redakteur: Eichler.

c. Die Unsichtbare, eine sittliche Wochenschrift. Erster Band. Prag bey Frans Augustin Höchenberger und Comp., 1771. 409 S. 8.

Die Unsichtbaren. Eine sittliche Wochenschrift, Zweiter Band. PRAG, Bey Frans Aug. Höchenberger, 1772. 8 Bl., 380 S. — Zuschrift. An den Herrn Kunstrichter P**** in Prag. 50 Stücke. Vom 23. Februar 1771 bis zum 10. Februar 1772. — Vgl. Prager gel. Nachrichten 1771. I, 308. 375. — Neue Litteratur 1772. 1, 54 bis 58. 66 bis 68. — Helbling v. Hirzenfeld 1827. S. 18. ‚Diese Zeitschrift wurde vom, auf dem Titelblatte nicht benannten, vor einigen Jahren verstorbenen, erzbischöfl. Consistorialsecretär Stum verfaßt'. ?Nunn. Vergl. § 257, 27. Meusel 5, 465.

d. Vorrede einer neuen Wochenschrift, genannt: Die Sichtbare. 4 Bl.
Die Sichtbare. Das (1.) Stück. Prag den 19. Maymonats 1770. — 51. Stück. Prag den 4ten May 1771. 422 S. 8. Am Schluß: Diese Blätter die Sichtbare sind in dem pragerischen Frag- und Kundschaftsamte auf der Altstadt hinter denen PP. Dominikanern, neben der eiserne Thür, bey Johanna Pruschin Wittib zubekommen. Enthält auch einige Gedichte und versifixierte Übersetzungen lateinischer Rätsel. — 47. Stück. S. 375: Hier folgt ein Lucianisches Todtengespräch. — Vgl. Neue Litteratur 1772. 1, 289 bis 293.

e. Prager gelehrte Nachrichten. Tros Rutulusve fuat. Virgil. Bey Wolfgang Gerle, 1771. 4 Bl. Vorbericht, 4 Bl. Register, 398 S. 8. Beginnt mit 1. Oct. 1771. — 25 St. 17. Martii 1773.

Aus dem Vorbericht: ‚Die Verfasser haben es sich zum unverbrüchlichen Gesetz gemacht, die Namen der Mitarbeiter geheim zu halten'.

Zweyter Band 1771 [vielmehr 1772]. 6 Bl. Register, 1 Bl. Vorbericht [Prag den 20ten des Herbstmonats 1772]. 400 S. I. Stück: 31. Martii 1772. — 25. St. 15. Sept. 1772. Redakteur: Leppert. Die einflußreichsten Mitarbeiter: Karl Heinrich Seibt und der juristische Professor Josef Groß. Vgl. R. Fürst, Böhmens erste kritische Zeitschrift: Ein Wiener Stammbuch. Dem Director des Museums und der Bibliothek der Stadt Wien Dr. Carl Glossy zum 50. Geburtstag, 7. März 1898, dargebracht von Freunden und Landsleuten. Wien, Konegen. 1898. Vgl. Kalousek 1885. S. 19 bis 28. Danach hat auch Pelzel Anteil daran gehabt.

(Jos. Thim) Untersuchung ob die Verfasser der Prager Gelehrten Nachrichten

in ihren Wochenblättern Wissenschaft, Redlichkeit und Sitsamkeit geäußert haben?
Berlin (d. i. Prag), 1773. 128 S. 8.

f. Briefe litterarischen Inhalts von Ephraim Wende. Erster Theil. Prag
1771. Bey Grübeln.
Vgl. Prager gel. Nachrichten 1771. 1, 60: ‚Der Verfasser dieser abgelebten
Blätter ist ein Ausländer, der uns Böhmen lehren wollte, wie man sich zu verhalten habe, da man hier anfängt verschiedene Schriften zu lesen‘.

g. Meine Einsamkeiten, eine Wochenschrift. Prag 1771 bis 1772. Bey Felician
Mangold und Sohn. — Vgl. Prager gel. Nachrichten 1771. 1, 170. 1772. 2, 209.

h. Neue Litteratur. Erster halber Jahrgang. PRAG, gedruckt mit Höchenbergischen Schriften 1772. 4 Bl. Ankündigung (Prag den 17. Julii 1771) und
400 S. 8. — Das (1.) Stück Prag den 3. August, 1771. — Das (25.) Stück. Prag
den 20. Februarii, 1772.
S. 399: Zur Nachricht. Da wir mit diesem 25sten Stücke die Hälfte des ersten
Jahrgangs unsrer Blätter beschließen; so müssen wir unsre Leser um Erlaubniß bitten,
die Fortsetzung derselben auf einige Wochen unterbrechen zu dörfen; und zwar aus
folgender Ursache. Bekanntermaßen haben wir bloß die Fortsetzung dieser litteri-
schen Wochenschrift, die von einem andern Verfasser angefangen worden, übernommen; und aus diesem Grunde sahen wir uns genöthigt, in dem einmal eingeschlagenen Gleise fortzugehen, und eine Veränderung in dem Wesentlichen bis
dahin, wo sich am füglichsten eine Abtheilung anbringen lassen würde, zu versparen;
welches uns in der Hälfte am thunlichsten zu seyn schien. Da aber nicht alle Mitarbeiter sich in hiesiger Stadt befinden, und gleichwohl eine Hauptveränderung in
diesen Blättern gemeinschaftlich verabredet und gut geheißen werden muß . . . .
so schmeicheln wir uns der Anführung mehrerer Gründe überhoben seyn zu können,
um diesen kleinen Stillstand zu rechtfertigen.
Vgl. Prager gel. Nachrichten 2, 160 bis 166. — Neue Hallische gelehrte Zeitungen
1771, 751. — Allgemeines Sachregister 1790. S. 163: ‚Diese period. Schrift fieng ein
gewisser Leppert an, wurde aber vom 5. Stücke an von P. Eberle [vielleicht ein Verwandter von Johann Josef Eberle], D. Groß, P. Rautenstrauch und Prof. Seibt fortgesetzt‘.—Fürst,Böhmens erste kritische Zeitschrift: Ein Wiener Stammbuch. Wien 1898.

i. [Bibliothek der Stutzer oder Nachrichten um zur Geschichte des guten Tons
und der außerordentlich guten Gesellschaft zu dienen. Aus dem Französ. Prag,
U. Gröbel und Sohn. 1771. Vgl. Neue Litteratur I, 233. Von Hirzenfeld S. 19
unter den Zeitschriften verzeichnet, schwerlich mit Recht].

k. Einladung zu einer neuen Wochenschrift, unter dem Titel: Wöchentlich
Etwas. Mit Bewilligung der k. k. Censur. Prag, bey Johann Ferdinand Edlen von
Schönfeld. 1773. 10 S. 8. Datirt: Prag, den 20ten December 1773.
Wöchentlich Etwas. Eine Wochenschrift. Prag, bey Johann Ferdinand Edlen
von Schönfeld. 1774. 194 S. Beginnt am 7. Jäner 1774. Herausgeber: Joh. Ferd.
Opiz. Mit Beiträgen von: — G—, F. U. N. G., J**, K—, M. . . . , F. A. v. N.,
Philemon, R**, U** (S. 87: Tändeleyen in Versen. I. Der verurtheilte Amor).
l. Meine Zweifel. Prag 1774, bey J. F. v. Schönfeld. Hörte mit dem 3. Bogen auf.
m. Unsere Gedanken über das Prager Theater, in Briefen. 1774. 8. 11 Bogen.
n. Acta litteraria Bohemiae et Moraviae. Recensuit atque edidit Adauctus
Voigt. Pragae typis J. C. Hrabae 1774—1775. 1. Band in 6 Teilen. 8.
Acta litteraria Bohemiae et Morauiae Recensuit atque edidit Adauctus Voigt
a S. Germano, Cler. Reg. Piarum Schol. Philosophiae Doct. hist. universalis in Caes.
Vniuersitate Vien. Prof. P. O. Bibliothecaeque ejusdem Vniuersit. Custos. Volumen II.
Pragae, in officina libraria Wolfgangi Gerle 1776 bis 1783. 461 S. 8. — Litterar.
Magazin 1787. 8, 83. — In Voigts Nachlaß fand sich ein 3. Teil handschriftlich vor.
o. Prager Ephemeriden. Prag 1775. Opiz entwarf Plan u. erste Einrichtung.
p. Gazette politique et littéraire de Prague, imprimée chez M. de Schoenfeld, 1774 oder 1775. 4.
q. Abhandlungen einer Privatgesellschaft in Böhmen, zur Aufnahme der Mathematik, der vaterländischen Geschichte, und der Naturgeschichte. Zum Druck befördert von Ignaz Edlen von Born. Prag. Im Verlage der Gerlischen Buchhandlung.
1. bis 8. Band 1775 bis 1777. 4. Band 1782. 6. Band 1784. —
Vgl. Böhm. Litt. 1779. 1, 807 bis 817. — Kalousek S. 28 bis 31.
r. Der Theaterfreund. Prag, bey Höchenberger 1775. 25 Stücke. Nach Meusel 4,
507. 8, 138 sind Stück 1 bis 7 von Güli. (auch Theophil) Friedr. Lorenz, die
Fortsetzung von Karl Hebenstreit von Streitenfeld.

s. Kosmica, die Alltagswelt, Wochenschrift, herausgegeben von A. P. Pollinger. Prag 1776.

t. Der Adel, eine Wochenschrift. Prag.

u. Böhmische Litteratur auf das Jahr 1779. Defendat, quod quisque sentit: sunt enim indicia libera. CIC. Ersten Bandes Erstes Stück. PRAG, im Verlag der Mangoldischen Buchhandlung. 1779. 82 S. 8. Zweytes Stück. 83 bis 175. — Drittes Stück. 177 bis 346. [Vorbericht]: Geschrieben zu Prag, den 24. März 1779. Joseph Dobrowsky.

Böhmische und Mährische Litteratur auf das Jahr 1780. Des zweyten Bandes Erstes Stück. PRAG, im Verlage der Mangoldischen Buchhandlung. 1780. 238 S. 8. Vorrede: Prag, den 24. May, 1780. Joseph Dobrowsky.

Böhmische und Mährische Litteratur. Des Dritten Bandes Erstes Stück. 164 S.

v. Revision der böhmischen Litteratur auf das Jahr 1779. in Briefen. Scripta est lex, ne quis impune sit petulans. Quintilian I. Heft. Mit Bestätigung der k. k. Censur. Prag 1779. Im Verlag der Gerlischen Buchhandlung. 70 S. 8. II. Heft. 1780. S. 71 bis 137. Von Raphael Ungar, regulirtem Chorherrn des Prämonstratenser Stiftes am Strahov.

Beschluß der Revision der böhmischen Litteratur. 'Η αγαπη ου περπερευεται ου φυσιουται, ουκ αχημονει. I. Cor. XIII. Mit Bestätigung der k. k. Censur. Prag 1780. im Verlag der Gerlischen Buchhandlung. 5 Bl., S. 187 bis 240.

Antwort auf die Revision der böhmischen Litteratur. 'Η αγαπη — — ου λογιζεται το κακον. I. Cor. c. XIII. Mit Genehmhaltung der k. k. Censur. Prag, 1780. Zu haben einzeln, und mit der böhm. Lit. in der Mangoldischen Buchhandlung. 30 S. 8. Vorbemerkung unterz.: Magister Dobrowsky.

w. Prager Magazin. Eine periodische Schrift mancherley nützlichen Inhalts für das Jahr 1780. Erstes Vierteljahr, Prag, verlegts Johann Ferd. Edler von Schönfeld. 13 Stücke. 8. — Vgl. Böhm. Litt. 1780. 1, 50: ‚Wird nicht mehr fortgesetzt'.

x. Prager Museum. Des ersten Bandes erstes Stück. Prag mit Schriften der k. k. Normalschulbuchhandlung. Monat Julius [1780]. 78 S. 8. 1 Bl. Inhalt. — a: Vorbericht: ‚... Vor allen käm es uns zu, eine solenne Rechtfertigung darüber zu geben, daß unser Journal inst um ein Qvartal später erscheint, als die erste Anzeige ankündigte. Doch hierüber setze man uns nicht zur Rede. Wir haben uns zum Theil schon in unsrer zweiten Anzeige vom 23. Mai d. J. dießfalls gerechtfertigt .....'. — b: Die neue Sapho. 8. .... a — c: Der Jüngling. H. — d: Vom Adel. Gespräch. H. — e: Poesien. Q. und H. — f: Erziehung. S ..... — g: Ueber unsre Normalschulen überhaupt. L. — h: Kinderlektüre. H. — i: Kritische Anzeige. H.

y. Der Kinderfreund, ein Wochenblatt. Erster, zweyter und dritter Theil. Prag, bey J. F. Edlen von Schönfeld. 1780. 8.

z. Türkische Briefe über Prag. Von Webel. Prag 1782, Hladky.

aa. Archiv denkwürdiger Ereignisse und anderer gemeinnütziger Gegenstände auf das Jahr 1782. Erster Band. 1stes bis 6stes Heft. Prag, in der Gerlischen Buchhandlung. 2 Bl., 566 S. 8. Zweyter Band. 7tes bis 12tes Heft. S. 567 bis 1174. Vgl Litterarisches Magazin. 1786. 2, 98.

bb. Uiber die Broschüren unserer Zeiten. Eine Wochenschrift. Semper ego auditor tantum, nunquamne reponam Vexatus toties rauci Theseide Codri? Impune ergo mihi recitaverit ille togatos, Hic elegos? — — — — stulta est clementia, cum tot ubique Vatibus occurras, periturae parcere chartae. PRAG, bey Johanna Pruschin, Wittib. 1782. 264 S. 8. 1. Stück den 4. May 1782. 16. Stück den 17. August 1782. Hrsg. von J. C. Hintzschius.

cc. Die Geißel der Prediger. Vom 3. Stück an: Predigtenkritik, herausgegeben von R. von Steinsberg. Prag 1782. 16 Stücke. 141 S. 8. Erschien vom 19. April bis 29. August. — Vgl. § 259, 217. 9); Uiber die Broschüren unserer Zeiten 1782. Stück 1 f. — Litterarisches Magazin 1786. 2, 118 bis 122. — Daran schlossen sich folgende Zeitschriften und Broschüren:

α. Erinnerungen an die Gesellschaft Gelehrter der Predigerkritiker für ihre erste herausgegebene Geißel der Prediger, über die Lobrede auf den heil. Kastulus des Herrn Professor Wydra. I. Stück am 24ten April 1782. Im Ganzen 6 St., 58 S. Herausgeber: J. Kraus. — Vgl. Uiber die Broschüren unserer Zeiten 1782. Stück 3. S. 46. 133.

β. [Pannich] Eine Geißel über die unberuffene Geißlerzunft in Prag, gedruckt bey Joh. Thom. Höchenberger. 8. — Vgl. Uiber die Broschüren S. 53.

γ. Geißel über die unberuffne Geißlerzunft zu Prag und zwar über ihr I. Stück vom 19. April 1782. 8. Am Schluß. Auf der Kleinseite in Seminario St. Petri unter der Brücke N. 292. unterz.: P. Joann Chr. Pannich Pres. in Sem. S. Petri. Die Fortsetzung über das I. Stück der Geißlerzunft. Am Schluß: Dienstags als heut über acht Tag ist die dritte vermehrte Auflage über die unberuffene Geißlerzunft im Seminario St. Petri .... 3 Bögen stark zu haben. Im ganzen 32 S. 8. — Vgl. Uiber die Broschüren unserer Zeiten 1782. S. 124.

δ. Die Geißel der Geißel der Prediger, verfasset von Anthropophil Nebiho (Schlagnicht drein). — Vgl. Uiber die Broschüren 1782. S. 61.

ε. Ueber Predigtenkritik. Wochenschrift von Heinzius. Prag bei Pruschin. 1782. 6 Stücke.

ζ. Wahrheiten über die Kritik der Prediger in Prag. Von J. H. Wolf. Prag, bey Schönfeld. 1782.

η. Der wunderbare Balsam. Zum Gebrauch der durch die Geißel der Kritik verwundeten Prediger. Bestehet in dreyzehen Fläschgen. 1782. Erstes Fläschgen. Prag den 2ten May 1782. — Vgl. Uiber die Broschüren 1782. S. 69.

ϑ. Kritik wider die Kritik der Prediger. Herausgegeben von Bernard Melchers. 1. Stück. 4 Bl. — 2. Stück. 4 Bl. — 3. Stück. 4 Bl. — Vgl. Uiber die Broschüren 1782. S. 126.

ι. Wurst wider Wurst ein heroisches Drama in einem Anfzuge, im Geschmack und Tone des Ritters von Steinsberg verfasset von J. F. Müller. — Vgl. Uiber die Broschüren 1782. S. 128.

ϰ. Beurtheilungsschreiben über die Geißel der Predigergeißler, nebst einem Recipe das kranke Gehirn zu heilen von Joh. Christ. von Reid. — Vgl. Uiber die Broschüren 1782. S. 139.

λ. Ragout, oder ein Gehackel aus den Predigtkritikern, Antikritikern, und Nachquackern. Von Meisterkoch Brenner. [Prag, Schönfeld]. 2 Bl. 8. — Vgl. Uiber die Broschüren 1782. S. 142.

μ. Aufgewärmtes, von dem am vorigen Freytage überbliebenen Ragout. Von Meisterkoch Brenner. 2 Bl. 8. [Prag, Schönfeld]. — Vgl. Uiber die Broschüren 1782. S. 142.

ν. Ragout oder ein Gehackel aus dem Meisterkoch Brenner. — Vgl. Uiber die Broschüren 1782. S. 142.

ο. Quack zweyer Fröschen, über des H. P. Pannichs Geißel über die unberuffons Geißlerzunft. — Vgl. Uiber die Broschüren 1782. S. 142.

π. Hysteronproteron oder Abfertigung des R. von Steinsberg und einer Gesellschaft Männer, die bereits dem Vaterlande wichtige Dienste geleistet haben sollen. — Vgl. Uiber die Broschüren 1782. S. 153.

ρ. Ritters von Steinsberg Ausschweifung allen Mitgliedern der gelehrten Gesellschaft der Predigergeißel samt und sonders geziemend zugeeignet. — Vgl. Uiber die Broschüren 1782. S. 189.

σ. Johann Werner, Späte aber gründliche Anmerkungen über das Ankündigungsblatt der Geißel der Prediger. Prag, bey J. Thom. Höchenberger. 28 S. 8.

τ. Meynungen über die Geißel der Prediger rund herausgesagt von Karl Staubmeier. Prag 1782. 31 S. 8. — Vgl. Uiber die Broschüren 1782. S. 190.

υ. Freye Gedanken über bekannte und unbekannte Musterer von J. Kraus. 1782. 20 S. — Vgl. Uiber die Broschüren 1782. S. 133.

φ. Erinnerung an das ansehnliche geneigte Publikum gegen die am 19ten Julius 1782. im 10ten Stücke über eine gehaltene Rede gegebene Kritik. Prag, bey Johann Ferdinand Edlen von Schönfeld. 8 S. 8.

χ. Freundschaftliches Sendschreiben des Bruders Hilarion, Einsiedlers zu Wildenheyn in Bayern an den Herrn Ritter v. Steinsberg zu Prag in Böhmen. Zwote Auflage. München 1782. 29 S. 8. Unterz.: Datum in der Wüste. Wildenheyn den 25. August 1782.

ψ. Auch ein Wörtchen an die gelehrte Geschellschaft (so) Der Predigerkritiker von Emanuel Gottlieb L....l. In der kleineren Stadt Prag, bey Johann Thomas Höchenberger, 1782. 19 S. 8.

ω. Briefe kritischen Inhalts für Prag von Fried. Meeltisch. 8 Hefte. In der Sammischen Buchhandlung 1782 und 1783.

dd. Wöchentliche Wahrheiten für und über die Prediger in Prag. Bearbeitet von einer Gesellschaft Gelehrter. Erster Band. Prag und Wien, bey J. F. Edlen von Schönfeld. 1783. 23 S. 8. Herausgeber: L. A. Hoffmann. 1. Stück:

Donnerstag den 20. Februar 1788. 8. 15: über die am 8ten Sonntage nach der Erscheinung Christi, den 26ten Jenner in der Kirche der k. k. Hibernern, vom dasigen ordentlichen Sonntagsprediger P. Heinrich, Ordens des heil. Augustini, gehaltene Predigt.

Sendschreiben eines gutten Freunds an den Andern, wegen der vom P. HEINRICH, Augustiner Ordens, am 26. Jänner, bey denen W. W. P. P. Hibernern gehaltenen Predigt, und darüber den 20. Feb. erfolgten Kritik. PRAG, gedruckt und zu finden bey Joh. Jos. Diesbach auf dem kleinen Ring Nro. 225. 19 S. 8.

ee. Religion und Priester. 1. St. 1782. Prag, bei Schönfeld. (11 Stücke).

ff. Geißel der Stutzer und Koquetten als Wochenschrift. Frey bearbeitet von Ritter R*** B—i. B—t. Prag, bey Jos. Emman. Diesbach, 1782. 8. — Vgl. Uiber die Broschüren 1782. 8. 144.

gg. Der Kosmopolit für Böhmen an seine Landsleute. Von Koch. Prag, bei Grübeln. 1788.

hh. Monatliche Beyträge zur Bildung und Unterhaltung des Bürgers und Landmanns. Erster Band 1. bis 5. Stück 1788. 6. Stück 1784. Prag, bey Wolfgang Gerle. 8. e r: Frans Steinsky. Erschien bis 1789. — Vgl. Litt. Magazin 1787. &H 2äusgebe

ii. Miscellaneen der Böhmischen und Mährischen Litteratur, seltener Werke, und verschiedener Handschriften, herausgegeben von Faustin Prochaska. Erster Band. PRAG, bei Caspar Widtmann. 1784. 7 Bl., 450 S., 7 Bl. Register. gr. 8. Ersten Bandes erster Theil 1784. a: Vorrede: im Heumonate 1784. — b: Abhandlung von der gelehrten Gesellschaft an der Donau. — c: Johann Zwolsky's Leben und Schriften, und bey dieser Gelegenheit etwas von der gelehrten Colimitianischen Gesellschaft. — d: Johann Rosins Leben und Handschriften, und hieraus das gelehrte Saaz.

Ersten Bandes Zweyter Theil 1785. a: Vorbericht, Prag, den 30. Jänner 1785. — b: Victorin Cerucls von Wschehrd Biographie, gedruckte Schriften, und Handschriften. — c: Bohuslaw Hassensteins von Lobkowitz auserlesene Trauergedichte und Grabschriften mit einigen Anmerkungen. — d: Critische Nachricht von den bisherigen Producten der Preßfreiheit in Böhmen. — e: Beyträge zur Hußitengeschichte aus einer Sammlung Handschriften.

Ersten Bandes Dritter Theil 1785. a: Vorbericht. — b: Berichtigungen der Taboritischen sechs und siebzig Artikel aus einer gleichzeitigen Handschrift. — c: Fortsetzung der Beyträge zur Hußitengeschichte aus einer Sammlung Handschriften. — d: Thomä Mitis von Limusa Leben und Schriften und bey dieser Gelegenheit etwas von der Litteratengesellschaft in Böhmen, Mähren, und Ungarn. — e: Einige Berichtigungen und Zusätze zum ersten Bande.

kk. Prager interessante Nachrichten, nebst der eigentlichen Intelligenz des Frag- und Kundschaftsamtes. Von A. A. Pruscha. 1784. 4. Erschien noch 1793.

ll. Der Spiegel der Welt, eine Wochenschrift. Bearbeitet von Klausner. Prag 1784, bey Diesbach. 12 Stücke.

mm. Der Spiegel der Dichter, eine Wochenschrift, den elenden Poeten zu Prag gewidmet. Von Frans Saar aus W. Prag, bey Diesbach 1784. 6 Stücke.

nn. Prager Zuschauer. 1785. 20 Stücke.

oo. Die Frau Zuschauerin. Von Franziska Obermayer in Pilsen, Prag bei Höchenberger. 1785. 5 Stücke.

pp. Prager Blättchen. Von Webel und Gesellschaft. Ein politisch-literärisches Journal. Prag, bey Höchenberger 1785.

qq. Kritische Anmerkungen über das Prager Theater. Prag, bey Diesbach. 1785.

rr. Das Prager-Allerley zur Unterhaltung und zum Vergnügen, eine Wochenschrift. Prag, gedruckt bey den Rosenmüllerischen Erben, durch Johann Beraneck, Faktor. 1785. 387 S. 8. 1 Bl. Inhalt. 8 Stücke. Erstes Stück: den 4. Julius 1785. Enthält auch Gedichte. S. 145: Sinnreiche und zum Theil scherzhafte Grabschriften. (Aus dem Spanischen, Lateinischen und Polnischen). S. 177 (7. u. 8. Stück): Der faule Schäfer, ein Lustspiel. Alexandriner.

ss. Abhandlungen der böhmischen Gesellschaft der Wissenschaften. Prag (später: Prag und Dresden) 1785 bis 1788. V. — Neuere Abhandlungen der königl. böhm. Gesellschaft der Wissenschaften. Wien und Prag 1791 bis 1798. III. (Sog. zweite Folge). — Abhandlungen der königl. böhm. Gesellschaft der Wissenschaften vom Jahre 1802—1823. Prag 1804 bis 1824. VIII Bände. (3. Folge) u. s. w.

tt. Litterarisches Magazin von Böhmen und Mähren. Herausgegeben von Joseph

Dobrowsky. Erstes Stück. Prag 1786, in der von Schönfeldschen Handlung.
164 S. Vorbericht: „Unsere periodischen litterärischen Schriften haben leider!
noch alle das unglückliche Schicksal gehabt, daß sie nur ein oder höchstens zwey
Jahre gedauert haben. Dieses Schicksal traf sowohl die Neue Litteratur, die gelehrten Prager Nachrichten, die acta litteraria Bohemiae & Moraviae, als auch die
böhmische und mährische Litteratur, deren zweytes Bändchen erst mit dem dritten
Stücke 1784, nachdem die zwey ersten schon 1780 herauskamen, beschlossen wurde,
Ob die neulich erschienenen Miscellaneen der böhmischen und mährischen Litteratur, so sehr wenige einzelne gelehrte Männer die Fortsetzung davon wünschen,
sich eine längere Fortdauer versprechen können, ist auch noch zweifelhaft. . . . .
Der Plan bleibt im Ganzen, noch immer derselbe, wie er in der Vorrede zur
böhm. und mährischen Litteratur entworfen ist. Prag, den 28. Februar 1786. —
Zweytes Stück. Prag 1786. 176 S. 8. — 3. Stück. 1787. 182 S. 8.
[Beilage zum litt. Magazin:] Allgemeine böhmische Bibliothek 62 S. „ein
systematisches Verzeichniß aller in böhmischer Sprache bisher gedruckten Bücher'.
— Vorrede unterz.: Prag den 11. Jänner 1786. Bibliothekar Ungar.
uu. **Der Volkslehrer.** Eine Monatsschrift. Prag. 3 Jahrgänge. 1786. 1787.
1788. Enthält mehrere Prosa-Erzählungen. Von Tomsa ins tschechische übersetzt.
vv. **Interessante Sammlung** nützlicher Abhandlungen, kleiner Romanen, Erzählungen und Fragmenten. Erstes Quartal. Junius. Julius. Augustus. Prag, In
der Gröblischen Buchhandlung 1787.
1. Heft. 128 S. a: Betrachtungen über den Geschmack der Satyren. oder
sinnreiche Spottschriften. — b: In was des Menschen zeitliche Glückseligkeit
bestehe. — c: Gedanken von der Menge der Trauer- und Lustspiele. — d: Ueber die
Inquisition in Spanien. Eine Unterredung, in Sevilla. — e: Ob es erweißlich sey,
daß jede Nazion ihr besonderes Laster habe? — f: Vergleichung des Irrthums mit
dem Laster. — g: Babuk oder wie's in der Welt geht! Erzählung von Voltaire. —
2. Heft. 128 S. — h: Betrachtungen über die Geistlichkeit, und Bisthümer und
Klöster. — i: Memnon oder die menschliche Weisheit. Erzählung von Voltaire. —
k: Allgemeine Religion für den ganzen Erdboden. — l: Der alte und der junge
Affe. — m: Von der so verderblichen Gewohnheit des Spielens. — n: Ueber die
Liebe. — o: Gille hättest du's geglaubt! Schwank. — p: Von den Sitten und Mängeln der Europäer. — q: Letzte Gedanken eines Greises vor seinem Abschiede aus
der Welt. — r: Andre Zeiten, andre Meynungen. — s: Welch ein Mann! Eine
fränkische Anekdote. — 3. Heft. 126 S. t: Flavilla, oder die kläglichen Wirkungen der Leichtsinnigkeit. — u: Zufällige Gedanken von der Thorheit und
Unersättlichkeit der menschlichen Wünsche. — v: Geschichte des Tay-sang, oder
des letzten ehrlichen Mannes in China. Aus dem Chinesischen, des weltberühmten
An-tang-tai-fo. — w: Die Freundschaft. — x: Ueber die Wohlthätigkeit. — y: Ueber
das schöne Geschlecht. — z: Zeineb. Eine morgenländische Erzählung. — aa: Die
Bonsen. — bb: Der sterbende Vater. Eine Scene fürs Herz. — cc: Rache der
gekränkten Tugend. Eine wirkliche Geschichte. — dd: Chinesische Maximen.
ww. ', Fabriken- und Gewerbzeitung. Prag 1787 bis 1788. v. Schönfeld. II. Mode
xx. **Der Ungebundene,** Wochenschrift. Prag 1787, bei Hladky. 4 Stücke.
yy. **Die Elternfreunde,** Wochenschrift für gemeine Väter und Mütter in der
Stadt und auf dem Lande. Prag 1787, bei Hladky. 9 Stücke.
zz. **Der Grobian.** Wochenschrift. Von Franz Baumeister, Sprachlehrer.
Prag 1787, bei Hladky. 15 Stücke.
aα. **Der Tyrann,** Wochenschrift. Prag 1788. bei Höchenberger. 4 Stücke.
aβ. **Der satyrische Biedermann,** eine Wochenschrift. 1. Heft. 1788. Prag,
b. Diesbach. 8
aγ. **Der Jüngling zu Hause** und auf Reisen, in Briefen von Ignaz Falke.
Wochenschrift. Prag 1788. bei Gerabek.
aδ. **Historisch-statistisch- und literärische Bemerkungen.** Prag 1788, bei
Höchenberger.
aε. **Der politische Kannengießer** oder die Zeitungsgesellschaft auf dem Lande.
Ein Volksblättchen über die Kriegsvorfälle von 1788. Herausgegeben von einem
Dorfschulmeister in 13 Abenden. Prag 1788. 204 S. 8.
aζ. **Prager Kinderzeitung** von Spielmann und Ritschel; nebst wöchentlichen
Unterhaltungen für Kinder und Kinderfreunde; mit Kupfern und Melodien. Prag
1788 und 1789, bei Stiasny, Buchbinder. 5 Teile. 8. — Neue Kinderzeitung nebst

wöchentlichen Unterhaltungen für Kinder und Kinderfreunde von G. Fechner. Prag, Diesbach 1789.

a η. Wöchentliche Literär-Notiz. Prag 1788, bei Gerle.

a ϑ. Blätter für Denker, Feinde des Vorurtheils, Freunde der Natur, und Liebhaber des Guten, Nützlichen und Schönen, periodische Schrift von G. J. Wenzel; in Paketen herausgegeben. Prag 1789.

a ι. Prager Journal vermischten Inhalts von Wolf. Prag 1789.

a κ. Sammlung politischer Nachrichten aus dem Reiche der Götter, Menschen und Thiere. Prag 1790, bei Höchenberger in wöchentlichen Stücken.

a λ. Journal der k. k. priv. vaterländischen Theater im Hibernergebäude, von Tham und Merunka. Prag 1791.

a μ. Französisch-deutsche Zeitung. Prag, bei Diesbach 1791.

a ν. Krönungsjournal für Prag. Herausgegeben von Albrecht. Prag, 1791. 9 Stücke.

Widmung: Denen hochlöblichen Herren Ständen des Königreichs Böheim.

Enthält außer der Beschreibung der Krönungsfeierlichkeiten und historischen Aufsätzen auch Gedichte: S. 432 bis 435: Alxingers Glükwunsch an die böhmische Nazion. — S. 467 bis 480: Kantate aufgeführt bei dem Pestin der Herren Stände. (,Heil dem Monarchen, der auf goldnem Throne'). [Meißner]. — S. 498 bis 500: Epilog der Secondaischen Gesellschaft. (,So hoch schlug unser Herz, bei unserer Trennung nie').

a ξ. Excorporationen, herausgegeben vom Verfasser der dreierlei Wirkungen [J. F. E. Albrecht]. Monatschrift von 6 Bogen 8. erschien 1791 bis Mai 1792 bei Albrecht u. C. in Dresden und Leipzig, von dieser Zeit an in Leipzig und Prag fortgesetzt 1793.

a ο. Blike in die Natur, periodisches Werk von Professor G. J. Wenzel. 1792.

a π. Praktisches Handlungs- und Industrial-Journal in Prag. Erstes Heft. Prag, zu haben in der Altstadt, bei Johann Wenzl Kunerle, Nro. 7. dann bei Jos. Lange Nro. 287. 1793. 64 S. 8.

a π'. Wochenblatt für Landleute. Prag 1793.

a ρ. Lieferungen für Böhmen von Böhmen. Prag 1793 und 1794.

Für Böhmen von Böhmen. Erste Lieferung. Prag, 1793. 174 und 56 S. 8. a: Lied eines Böhmen bey Gelegenheit der Ermordung Ludwig des XVI. Jos. Kirpal. — b: Konstantius Chlorns der Vater Konstantins des Großen. Ein Fragment aus der Geschichte der römischen Kaiser. Den 23. April 1793. Fr. Niemetscheck Prof. der Poetik am Pilsner Gymnasium. — c: Die freywillige Kriegsbeysteuer. Patriotische Szenen 1793. Der Ort der Handlung ist ein böhmisches Dorf an der sächsischen Grenze. Von Meinert mit Noe. — d: Die Böhmen waren immer monarchisch-gesinnt. — e: Uiber die Hauptgrundsätze der ersten französischen Revoluzions-Konstituzion. Einige Bemerkungen. Von Riegger. — f: Etwas Uiber den Charakter der Böhmen. Zur Erläuterung Stranky's [Stransky's?] Respubl. Bojem. C. IV. § 5. 6. Jos. Ign. Schmidt, Prof. am k. Gymnasium zu Pilsen. — g: Miszellen. 1. Uiber die Lektüre unserer Zeit. Ein Bruchstück. Von John mit Riegger und Noe. 2. Seltenes Beyspiel eines geschwisterlichen Edelmuthes in Böhmen. John. 3. Bey Gelegenheit des Todes des prager Oberrabiners. Riegger. 4. Einige Anekdoten von Peter dem Großen, als er in den Bädern zu Teplitz war. John. 5. Etwas für unsere Zeiten. (Aus der Berl. M. Schr. von Biester Jun. 1793. N. 5). 6. Uiber Ludwig den Gemordeten am 21. Jäner 1793. (Gleich am 4. Febr. in Prag gedruckt). Riegger. 7. Etwas für Menschengefühl. Riegger. 8. Ist es gut und räthlich, von Empörungen zu schreiben, um Empörungen zu verhüten? Meine Zweifel. Riegger. — h: Litteraturnachrichten. a. Bücheranzeigen. Von Riegger, John, Pelzel. b. Verschiedene literärische Nachrichten. Riegger und Noe.

Zweyte Lieferung 1793. 124 und 127 S. i: Der wahre Patriot. (,Am Gipfel eines Bergs, den niemal das Gebrülle'). J. Kirpal. — k: Von der Entdeckung und Vernichtung der nächtlichen Bachanalfeyer zu Rom. Nach Livius B. 39. Kap. 8. etwas freyer übersetzt. „D. h. nicht sklavisch, aber deßhalb nicht minder genau, so wie überhaupt Klassiker übersetzt werden sollten". Einige Betrachtungen über das Fragment aus dem Livius. Pilsen den 4 ten Juni, 1793. F. N. [Franz Niemetschek]. — l: Die heutigen Böhmen im Kriege. E**er [Eichler]. — m: Die Ritterromane. Todtengespräch. Meinert. Vgl o, 22. — n: Rede bey der Todtenfeyer Leopold des Zweyten, gehalten am 28 ten März 1792. in der Kapelle des prager kön. kleinseitner Gymnasiums. Nachricht von der Veranlassung derselben. Noe. — o: Miszellen. 1. Etwas

über die Rechtmäßigkeit des gegenwärtigen Kriegs gegen Frankreich. Riegger.
2. Züge einer edeln und erhabenen Dame, einer Böhminn. 1793. Sinke. 3. Etwas
von den Mysterien der Aegyptier. Riegger. 4. Buquoy. Der Böhme. Riegger.
5. Rechtschaffenheit wird belohnt. 1793. Riegger. 6. Akademisch-freundschaftliches
Fest. 1793. Riegger. 7. Marie Antonie Königinn von Frankreich ward gemordet
den 16. Oktober 1793. Geschrieben und gedruckt den 31. Okt. 1793. Riegger. 8. Eine
Dame in Prag, die ganz ihres Glückes genießt. Riegger. 9. Etwas über Weishaupt,
und den sogenannten Illuminatismus. Riegger. 10. Edle Handlungen. Wenzl Voigt,
Prof. der Rhetorik am Gymnasium zu Kommotau. 11. Einige Anekdoten und politische
Bemerkungen aus dem Revoluzions-Almanach [H.A.O. Reichards]. Göttingen 1794. 8.
12. Muster eines vortrefflichen Seelsorgers. Wilfling. 13. Bey der Nachricht von Marats
Ermordung. Stourzh. 14. An die Herren Stände des Königreichs Böhmen. (Alxinger in
's. Oest. Monatsschrift Sept. 1793). 15. Wohlgemeynte Stiftung eines guten Bürgers.
Riegger. 16. Lažansky als Musenfreund. Riegger. 17. Muß man Patriot bleiben ?
Riegger. 18. Epistel an die Patronen der Dummheit. ('Gesendet mit der Hölle Kreditiv').
S—dt. [Schmidt]. 19. Einige Aufgaben, die vielleicht bey itziger Zeit mit Nutzen
in den Lieferungen für Böhmen nach und nach beantwortet werden könnten. Riegger.
20. Nachrichten von Anton Salomon Großhändler in Rumburg, und Stifter der dortigen
Handlung und Industrie. Joseph Löhner. 21. Ein Paar Worte über die neueste
französische Konstituzion vom 24 Juny 1793. Riegger. 22. Etwas über die Geschicht-
Romane als ein Beytrag zum Aufsatz über die Ritterromane. Riegger. Vgl. m. — p:
Erinnerung an die Leser. Um alles Mißverständniß und Irrung zu vermeiden, muß
bemerket werden: daß es zwey gemeinschaftliche Herausgeber dieser Lieferungen sind,
und daß keinem als solchem etwas insbesondere zur Last, oder zum Guten gelegt
werden kann. In der Ankündigung haben sie sich beyde genannt. Jedoch scheint
es, daß man einem oder dem andern zu Gunsten, oder Nachtheil etwas zuschreiben
wolle, was gar nicht in Anschlag kommen kann — und was mit Rechte niemals
geschehen soll. — Auf die besonderen Aufsätze hat keiner einen weitern Anspruch,
als wenn er sie entweder ganz verfasset, oder doch ergänzet hat — und auch dafür
genannt werden will ... Die Herausgeber. [Inhalt der Materien von Riegger].
   III. Lieferung 1794. 140, 100 S. 5 Bl. Inhalt der Materien. q: Miszellen.
1. Einige Berichtigungen des schleswigschen Journals vom Monate Okt. 1793. A. K.
Eichler. 2. Der menschenfreundliche Jude. Von Sch[ul] R[at] Rößler. 3. Auch ich
kannte Sie. J—n [John]. 4. Der Minister. 1792. Riegger. 5. Etwas über die Belohnung
treuer Dienstbothen. Von Löhner mit Riegger. 6. Uiber Patriotismus. Löhner.
7. Die Geburtsfeyer K. Franz II. am 12. Hornung 1794. 8. 38: Lied der Böhmen
('Tag der Wonne, Tag des Jubels'). Niemetschek. 8. Beytrag zur Biographie Norberts
Martinek von Zalužan. Von Sch. R. Rößler. 9. Lied der Böhmen, an ihren neuen
Oberstburggrafen Grafen Stampach 1794. ('Sey im Lande deiner Väter'). Meinert.
10. Etwas von den Studentenstiftungen in Böhmen. Riegger. 11. Einige Bemerkungen
über den vorgeschlagenen politischen Katechismus. Löhner mit Riegger 12. Mathias
Rößler, Wohlthäter des Vaterlandes. Von Rößler, k. Schulcommissär. 13. Die Feuersbrunst zu Teplitz in Böhmen am 1. Juny 1793. Ludwig John. 14. Fortsetzung von
den Studentenstiftungen. Riegger. 15. Kleiner Beytrag zur Geschichte der Alchymie
unter Rudolph II. Von Mayer mit Riegger. 16. Leopoldinische Mädchenstiftung.
Riegger. 17. Auszug einer Reisebeschreibung eines Schweden im Jahre 1688. Mitgetheilt von unserm vortrefflichen Herrn Grafen Joachim Sternberg, der es in Stockholm aus der Originalhandschrift selbst abschrieb. 18. Wiedergenesung des Bischofs
von Königgrätz Herrn von Hay 1794. 8. 83: Ode Auf die Genesung unsers würdigen
Bischofs ('Thräne ahnender Furcht! rauschender Todesflug'). 19. Einige Nachrichten
von einem merkwürdigen Bauer in Böhmen. Franz Niemetschek aus Sadska, Professor
am k. prager kleinseitner Gymnasium. S. 94: Kurze Uibersicht des bösen und un-
gerechten Krieges des französischen Volkes, in Reime gebracht. Das tschechische
Original und eine deutsche Prosaübersetzung. 20. Merkwürdige Züge aus Hartigs
Biographie. Riegger. 21. Vergleichung und Berichtigung über den ausgemessenen
nutzbaren Flächeninhalt Böhmens. Biegger. 22. Etwas Weniges über Prospekte,
Grundrisse der Städte, Ortschaften und Gegenden des Königreichs Böhmen. Von
John mit Riegger. 23. Einige Zusätze zur II. und III. Lieferung. Riegger. — r:
Litteraturnachrichten. a. Bücheranzeigen. Von Riegger, Dobrowsky, John, Pelzel.
b. Verschiedene litterärische Nachrichten. Von Pelzel und Riegger.
   aσ. Apollo. Monatschrift, herausgegeben von A. G. Meißner. Prag und
Leipzig, bei Albrecht und Compagnie. VI. 8.

1793. Erster Band. Januar bis April. a: Ein paar Worte, zur Einleitung.
A. G. Meißner. — b: Alexander und der Quell der Unsterblichkeit. Ein persisches
Märchen. (Prosa). Meißner. — c: Ueber die Hinrichtung des Hieronymus von Prag.
Brief des Florentiners Poggi an Leonard Arctin. Prof. Cornova. — d: Mehdin. („In
einer persischen Bastillo büßte'). J. G. Meinert. — e: Zwei Hauptregeln der praktischen Moral. Pr. Mader. — f: Auch einer gestorbnen Frauen Winke muß man
folgen. Wahre Kriminal-Anekdote. Mßr. [Meißner]. — g: Der Marienthurm. Eine
Rittergeschichte. Spieß. — Februar. h: Die Schlacht bei Pavia. (Historisches Bruchstück aus einer noch ungedruckten Biographie Karls von Bourbon). A. G. Meißner. —
i: Amor an die Dichterlinge. („Ihr Herrchen, tändelt oft mit mir'). Langbein. —
j: Ueber das Vergnügen bei fremden Gefahren und Leiden. Prof Mader. — k:
Neunzigjähriges Leiden! Eine wahre Geschichte. Spieß. — l: Vier Leben statt eines
Todesurtheils. D. A. — m: Nachschrift des Herausgebers. Meißner. — n: Ein
Felsengrund schien seine Liebe und Ewigkeiten war sein Eid. 1790. („Mir that es
um den Schwur so leid!'). Sophie Albrecht. — März. o: Der Marienthurm.
Eine Rittergeschichte. (Fortsezung). Spieß. — p: Pithagoras und der Bauer. Nach
dem Englischen [des Gay]. J. G. Meinert. — q: Einige Bekehrungsgeschichten aus
älteren, und neueren Zeiten. J. Mader. — r: Ueber Prags Mortalitäts- und Zählungs-
Liste vom Jahr 1792. nebst Vergleichung mit einigen frühern Jahren. A. G. Meißner. — s: Wohlthätigkeit eines gemeinen, und doch wahrlich nicht gemeinen Mannes.
Wörtlich wahre Anekdote. Mßr. [Meißner]. — t: Der Sommer-Abend („Mit der Sonne
leztem Strale'). Meißner. — April. u: Der Marienthurm. (Schlus) C. H. Spieß. —
v: Ueber Industrie, und Handel in und um Rumburg in Böhmen. Prof. Löhner. —
w: Denkwürdigkeiten aus dem Herodot. Pr. Mader. — x: An Madame Craßa als
sie auf alle Gelehrten schimpfte. [Epigramm]. R. — y: Ueber Lesen und Be-
lesenheit. Einige abgebrochne Reflexionen. Meißner. — z: Die vergebliche Mühe.
(„Ich pflanzt' eine Laube im schattigsten Hain'). Sophie Albrecht.
1793. Zweiter Band. Mai. aa: Q. Fabius Maximus und P. Dezius Mus. Ein
historisches Bruchstük nach Livius. Prof. Cornova. — bb: An einen Taubstummen.
(I. „Mensch, du bist elend!' II. „Mensch, du bist glüklich!'). J. G. Meinert. — cc:
An eine Koquette. [Epigramm]. R. — dd: Das Feuerwerk. [Bruchstück aus dem
zweiten Theil der „Späne aus der Werkstatt Meister Sachsens']. Rupert Becker. —
ee: An einen jungen, aufs erste Werk alzustolzen Schriftsteller. [Epigramm]. R. —
ff: Beispiel eines Vorurtheils, wogegen nicht oft genug geeifert werden kan, Freiherr
von Apf—n [Apfaltern?]. — gg: Die schönste Grabschrift. Mßr. — Junius.
hh: Ueber Industrie und Handel in und um Rumburg in Böhmen. Schluß.
Prof. Löhner. — ii: Klugheitsregel. [Epigramm]. R. — kk: Totilas König
der Ostgothen, in Italien. 541 bis 552. Prof. Mader. — ll: Josephine. Nach
Cervantes und St. Florian. Meißner. — mm: Einige Gedanken über die Besezzung
der Richterstellen. J. L. Graf v. Auersperg. — Julius. nn: Totilas. Schluß.
Profeßor Mader. — oo: Miszellanien iuristischen Gepräges. 1 bis 10. (Nr. 2. 5. 8.
Verse). Kretschmann. — pp: Instruktion für Reisende. Brief des Grafen von
Northumberland, an seinen Sohn Lord Percy. H**. — qq: Die Steknadel. Eine wahre
Anecdote. Meißner. — rr: Der Thorwächter an der Höllenpforte. Eine wahre Geschichte. C. H. Spieß. — ss: Wie man die Sachen von verschiedenen Seiten betrachten kann! Meißner. — tt: Der Ursprung der schwarzen Kamaschen. Anekdote
und Anfrage. Meißner. — uu: Sennett. E. — Antwort. S. A. — August.
vv: Heinrich der Pilger. Rupert Bekker. — ww: Der Fuchs. („Durch einen Wald
in Polen lief'). Langbein. — xx: Der schmausende Philosoph. [Epigramm]. —n. —
yy: Veit Hanemann. Ein iuristischer Schwank. K. K. — zz: Der heilige Sebaldus.
An C. („Die Sonne sinkt; o gieb dem Abend schnellre Flügel'). J. G. Meinert. —
α: Ein paar Worte über die Geisteskräfte der Thiere. A. S. — β: Edles Betragen
einer Sachsenhäuserin. M. [Meißner]. — γ: Herkules im Olimp nach dem Französischen des St. Florian. („Als seiner Thaten schönen Lohn'). J. G. Meinert.
1793. Dritter Band. September. δ: Klara von Horgen. [Eine Erzählung].
F—r. — ε: Der Mönch und der Vezier. („Ein frommer Sohn des Vatikan'). Meinert. —
ζ: Juvenals achte Satire. Prof. Cornova. — η: Uiber das amerikanische gelbe Fieber.
Brief eines Arztes an seinen Freund. D. o Reilly. — ϑ: König Dionyß und sein
Unterthan. („Als Dionyß erfuhr: ein reicher Bürger habe'). Meißner. — ι: Das
Streitroß und die Ackergäule. Meißner. — Oktober. κ: Beitrag zur Geschichte des
Fürsten Alexander Danilowitz Mensikoff. O—ck. — λ: Memnon und der Miethsoldat.
(„In icnem Kampf, wo Philipps kübner Sohn'). Mßr. — μ: Uiber das amerikanische

gelbe Fieber. D. o Reilly. — *ν*: Mein Erwachen. An die Freunde. (‚Als ich weinend mich vom Schooße‘). J. G. Meinert. — *ξ*: Ein Beitrag zu Visionen und Träumen. Spieß. — o: Nachschrift zu dem vorstehenden Aufsaz, nebst einem vierten Traume. Meißner. — *π*: Unsterblichkeit der Seele. (‚Unsterblichkeit! o welch ein großer Name!‘) Joseph Ig. Schmidt. — *ρ*: Anekdote vom Spinoza. M. — November. *σ*: Analekten aus Böhmens älterer Geschichte. Prof. Cornova. — *τ*: Lob des tugendhaften Weibes. Nach dem Sirach. (‚Wohl dem Mann, der reich an Tugend‘). Hoser. — *υ*: Züchtigung des bösen Weibes. Nach dem Sirach. (‚Weh dem Mann! an deßen Seite‘). J. G. Meinert. — *φ*: Geschichte eines englischen Verbrechers. Rupert Becker. — *χ*: Dichterliebschaften oder die schwere Wahl. [Erzählung]. Mßr. — *ψ*: Der Fels der Liebenden. Romanze. Meißner. — D e z e m b e r. *ω*: Einige Anekdoten, den Zug K. Karl VIII. und das drüber geschriebne Buch, Vergier d'honneur betreffend. Meißner. — *αα*: Dichterliebschaften. (Schluß). Mßr. — *ββ*: Die Nachtigall und der Glühwurm. Nach dem Englischen [des Eduard Moore]. J. G. Meinert. — *γγ*: Uiber Prags Geburts- und Sterbelisten im Jahre 1793. Meißner. — *δδ*: Das Denkmal. Rup. Bekker. — *εε*: An die Leser dieser Zeitschrift. Meißner.
    1794. E r s t e r B a n d. J a n u a r. a: Die Berggeister. Eine wahre Geschichte. Spieß. — b: Zwei Sonnets. Die Schwermuth. An Emma. J. Schmidt [Prof. in Pilsen]. — c: Juristisch-astrologische Nativitäten, Witterungs- auch andere kuriose Bemerkungen, für das 1312te Jahr nach Sr. Glorwürdigsten Majestät Kaisers Justinian des Ersten Geburt [‚Bruchstück eines launigten Kalenders‘]. K. K. — d: Jason von Pherä. Biographie. Meißner. — F e b r u a r. e: Die Berggeister. Eine wahre Geschichte. Fortsezzung. — f: Der Senn. Eine Schweizeridille [Hexameter]. F. W. A. Schmidt [in Berlin]. — g: Pakuvius Kalavius und das Volk zu Kapua. Nach Livius. M. [Meißner]. — h: Einige Reflexionen. Prof. Cornova. — i: Kato und die Quiriter. Prof. Cornova. — k: Anekdote vom Graf Neuperg. Mßr. — M ä r z. l: Die Berggeister. Fortsezzung. Spieß. — m: Ausbruch höchsten Mismuths. Geschr. im Jan. 1791. (‚Ha! wer bin ich! und was soll ich hier‘). A. v. K. [Kotzebue]. — n: Griechenlands älteste Philosophen, eine Vorlesung auch für Nichtakademiker. Prof. Cornova. — o: Einige Volkslieder aus dem vorigen Jahrh. [Aus dem ‚Venusgärtlein‘]. Mßr. [Meißner]. — A p r i l. p: Die Taube. Eine Erzählung. A. v. K. — r: Der kleine Redner zu Athen. (‚Als einstmals sich der Zwietracht Schlangengift‘). R. — r: Uiber das Glück der Dümlinge. Aus dem Französischen. [Necker zugeschrieben]. J. G. Meinert. — s: Fortsezzung einiger alten Volksgesänge. — t: Sonderbare Art zu seinem Fürstenthume wieder zu gelangen. Anekdote aus der anhaltinischen Geschichte. (Nach Bekmann und Krause!). Mßr. — u: An die Einsamkeit. (‚Sei gegrüßt in deiner Stille‘). O. (‚Dieses Gedicht ist zwar vor einigen Jahren bereits abgedrukt worden; aber in einem Journal, das mit dem ersten Heft schon wieder sich schloß, das nie eigentlich im Buchhandel kam, und wovon gewiß noch nicht zweihundert Exemplare abgesezt wurden‘).
    1794. Z w e i t e r B a n d. M a i. a: Georg und Antonia. [Erzählung]. — b: List über List: eine Erzählung. (‚Der Schalk Kupid, und Bachus, waren‘). C. F. Kretschmann. — c: Von dem Unterschiede, nach Gefühl und nach Grundsaz zu handeln. A. S. — d: Fabeln. [Prosa]. F. A. Spilmann. — e: Don Alfonso und Almenon aus der spanischen Geschichte. Meißner. — f: An meine Jenny. Den 16. Mai 1794. (‚Mit der Frühlings-Morgenröthe‘). C. J. Schneider. — g: Der Affe, als Ankläger eine wahre Anekdote. W. L. — h: Epistel an H. (‚Du fliehst schon wieder von der Stadt‘). J. G. Meinert. — J u n i. i: Georg und Antonia. Fortsezzung. S. M. — k: Die Epoken. Elegie. Im Novbr. 1793. [Klopstock. Mit Anmerkungen von M. (Meißner)]. — l: Uiber ein Epigram des Martials VIII. 57. und Leßings Hipothese von demselben. Titze. — m: Schluss der Volkslieder aus dem vorigen Jahrhundert. M. [Meißner]. — n: Das böse Gewissen. [Eine englische Anekdote]. R. B. — o: Sonderbare Selbstvergeßenheit und Geistes-Gegenwart zugleich. Eine arabische wahre Anekdote. M. [Meißner]. — p: Uiber den in iezzigem Kriege neueingeführten Gebrauch ärostatischer Maschinen. M. [Meißner]. — J u l i. q: Die Genugthuung. Rupert Becker. — r: Ergebung. (‚Nim das leste, das du mir gelaßen!‘). J. Schmidt. — s: Entsagung. (‚Als ich sah Sie wieder! welch Entzükken!‘). J. Schmidt. — t: Der Pappenheimer, eine biographische Skizze. Cornova. — u: Die gescheiterte Liebeserklärung. [Dialog]. L. — A u g u s t. v: Ueber Steifheit und Pedanterie. R. Becker. — w: Der Pappenheimer. Fortsezzung. Prof. Cornova. — x: Minnelieder aus dem schwäbischen Zeitpunkt. F. W. A. Schmidt. — y: Etwas aus der Karakteristik des sanguinischen Temperaments. W—s. — z: Die Ruhestäte der Liebenden. A. S. — z': Der Gentleman. B.

1794. Dritter Band. a: Franz Graf zu Wesenstein. Eine teutsche Novelle. Aus den Papieren des Herrn von F . . . A. S. — b: Ein kleiner Beitrag zum Mode-Journal des XVIten Jahrhunderts und zur Spielkarten Geschichte. In Auszügen aus Johann Geilers von Kaisersperg Schriften. R. Becker. — c: Am Grabe meines Vaters im April 1794. („Mein Vater ist gestorben, ach!') K. v. Lackner. — d: Der weise Philipp. R. Becker. — e: Dü Moulin, eine englische Kriminal-Geschichte. M. [Meißner]. — f: Die Abendruh, Sonett an Louisen. F. K. v. Strombeck. — Oktober. g: Franz Graf zu Wesenstein. Fortsetzung. — h: Beruhigung. („Laß die Winde stürmen'). G. Kapf. — i: Ueber die Weiber (nach Boileau). Brief an einen heirathslustigen Freund. B. — k: Anzeige zweier Fragmente altteutscher Gedichte. P. Caspar Bauschek Mitglied und erster Bibliothekar des Prämonstratenser-Stifts Strahof. — l: Sonderbare Krankengeschichte. B. — m: Montesquien und der iunge Schriftsteller, wahre Anekdote. Meißner. — November. n: Ueber den Stand der Natur. Ein Fragment. D. Feuerbach. · o: Der Augenblik. („Es ist ein Augenblik im Menschenleben'). J. G. Meinert. — p: Ein Timon neuerer Zeit. Kopie, nicht Ideal. v. S—t. — q: Nachtrag zur vorstehenden Geschichte. Meißner. — r: Anzeige zweier Fragmente altteutscher Gedichte. Fortsezzung. Bauschek. — s: Blikke übers Grab. („Ushers Grab, da blik ich traulich hin!'). J. Schmidt. — t: Die Buße. Eine Erzählung. A. S. — u: Drollichte Definizion des Worts: Philosoph. Anekdote. R. — Dezember. v: Ueber König Wenzel von Böhmen, den Minnesänger. Prof. Löhner. [Register: Löhnert]. Drei Gedichte eben dieses Wenzels, mit Anmerkungen begleitet und in neueres Teutsch übertragen. von Bauschek. — w: An die Wahrheit. („Edler Hauch aus Gottes Munde'). Joseph Richter. — x: Der Tambour. [Wahre Geschichte]. M. [Meißner]. — y: Elegie auf den Tod meiner Mutter. J. G. Meinert. — z: Der scharfbestrafte Wildschüzze. Anekdote. R. — aa: Der thörichte Wechsel. („Vom Nord umbrüllt'). Dambek. — bb: Nachricht an das Publikum [über das verspätete Erscheinen des Apollo]. Prag. Anfang Oktobers 1796. Mßr. [Meißner]. Jahrgang 1795 und 1796 sind nicht erschienen.

Apollo . . . . . . Prag und Leipzig, bei Martin Neureuther. III. 8.

1797. Erster Band. Januar. a: Alkiphron und Agathokles. D. Feuerbach. — b: Die Verwandlung. („O welch ein thörichtes Beginnen!'). Meinert. — c: Der Spekulant. Rupert Becker. — d: Bild des Weisen nach Alembert. [Epigramm]. R. — Februar [fälschlich April]. e: Das Gastrecht zu Rothenhaus. (Eine historische Denkwürdigkeit). M. W. V. · f: Scheinwerth. („Ein Apfel, den schon früh im Jahr'). Meinert. — g: Bauern-Liebe. Eine wahre Anekdote. C. H. Spieß. — h: Ein Lied beim ersten Schnee. Gottlieb Kapf. — i: Masinißa. Meißner. — k: Klaglied eines gefangenen Spaniers in Algier. Nachts im Kerker. Dambeck. — l: Azolinis Mantel, wahre Anekdote. R. — März. m: Versuch über den Begrif: des großen Mannes. Ein philosophischer Entwurf. D. Feuerbach. n: Harmonie. („Reich mir in der Hofnung Lustgefilden') S. — o: Des Bruder Zižka Ungarischer Feldzug und Rükzug. Nach Brzezina von Prof. Pelzel. — p: Ueber Prags Bevölkerungs-Liste in den Jahren 1794, 1795, 1796. (Nebst zwei Tabellen). Meißner. — q: Raub, Todschlag, Brandanstekkung — in einem einzigen unglüklichen Schritt vereint. Kriminalgeschichte (aus einem Briefe an dem Herausgeber). W—l. — r: Die Schachkönigin und der Bauer. [Drei Fabeln in Prosa]. H. und M. — s: Ankündigung, die Pasigraphie betreffend. Schleswig, den 22 ten März 1797. Röhß. — April. t: Ueber den Begrif des Lächerlichen. D. P. J. A. Feuerbach — u: Skaliz („Hier, wo vom Tannenwald umdüstert'). J. G. Meinert. — v: Brief eines Städters an seinen Freund. Frh. A—r. — w: Oromazes und die Menschen. Eine persische Erzählung. („Schon manches Jahr verrann, seit auf sein mächtig: Werde!'). J. H. M. Dambeck. — x: Tamerlan und der Reißbrei. M.

1797. Zweiter Band. Mai. a: Briefe über die Sorge des Staats für die Erziehung überhaupt, und für die Töchter-Erziehung insbesondere. T. — b: Das Häuschen. („Es giebt ein Gäßchen in der Stadt'). J. H. M. Dambek. — c: Proben einer Uebersezung des Silius Italikus. An den Herrn Professor Meißner zu Prag. Kretschmann. — d: Die Punen. Aus dem Römischen des C. Silius Italikus. Kretschmann. — e: Die Trümmer von Haßenstein. („Fantasie, wo rauscht dein Aetherfügel?'). Joseph Richter. — Juni. f: Briefe über die Sorge des Staats etc. Fortsezung. T. — g: Klage und Trost. An Freundes-Grabe. („Schwermuth! holde Schwermuth!'). M. [Meißner]. — h: Wilhelm von St. Didier. R. B. [Rup. Becker]. — i: An Theonen. („Ob nicht ganz im frohen Stadtgewimmel'). J. H. M. Dambek. —

k: Theonens Antwort. J. H. M. Dambek. — l: Darius und Coeroes. M. [Meißner]. —
m: Liebeslied eines Beduinen. [Meinert]. — n: Liebeslied einer Beduine. — Juli.
o: Schluß der Briefe über die Sorge des Staats etc. T. — p: Thebens Wiederbefreiung. Ein Bruchstück aus dem Leben des Epaminondas. Meißner. — q: An
einen Freund auf dem Lande. ('Nach kurzen Wonnestunden'). J. H. M. Dambeck. —
r: Vom böhmischen Ablaß. Eine wahre Anekdote, aus Balbins Papieren. Frhr.
v. Bienenberg. — s: Morgenlied eines Bergmanns. Gottlieb Kapf. — t: Der Bergmann im Schacht. Gottlieb Kapf. — n: Die Freundschaft des jungen Wolfs.
M. [Meißner]. — v: Die Ansicht. M. [Meißner]. — w: Bitte an den Leser.
(Druckfehlerverzeichnis; Wiederabdruck der beiden Beduinenlieder Dambecks). —
August. x: Die Donau. Ode von Aschik Hassan. [Übersetzung]. Chaber. —
y: Baki und Misri. v. Hammer. — z: Der Mahler Courant. O. — aa: Die
Trösterin. ('Kummervoll, die blasse Wange'). J. B. v. K. — bb: Historische Bemerkungen über die ehemaligen festen Schlösser und Burgen in Böhmen, bis zum
dreißigjährigen Kriege. J. Q. Jahn. — cc: An die Ungetreue. Im September 1797.
('Nun so geh, und laß mir meine Thränen!'). J. Richter. — dd: Die wohl-
bewirtheten Fakire, eine wahre indianische Anekdote. M. — ee: An die Empfindsamkeit. ('Dir, des Himmels süsser Gabe'). J. H. Dambek.
　　　1797. Dritter Band. September. a: Ueber die Würdigung des schönen
Geschlechts von orientalischen Schriftstellern. Den Leserinnen dieser Zeitschrift
zugeeignet von Joseph Hammer. — b: Die Herbstnacht. ('Des Mondes Silberscheibe
rollt'). J. Richter. — c: Drei Briefe von Rabener, Cronegk, und Gottsched an
Wächtler, nebst einigen Lebensumständen dieses Leztern. D. — d: Die wurm-
stichige Nuß. Mß. [Meißner]. — Oktober. e: Miß Heald. Eine buchstäblich
wahre Geschichte aus der ersten Hälfte unsers Jahrhunderts. O. — f: Die Träume.
An Elisen. ('Mir träumt': ich wohnt' in einem Schloße'). J. H. Dambek. — g:
Kapua's Abfall und Strafe. Nach dem Lateinischen des Silius Italikus erzählt.
Kretschmann. — h: Gefühle bei Besuchung der Schönhofer Garten. (Schreiben an
den Herausgeber). [Jahn]. — i: Die Bildsäule und der Neid. Mßr. [Meißner]. —
k: Der seltne Kupferheller. Mßr. [Meißner]. — November. l: Fortsezzung der
Gefühle bei Besuchung der Schönhofer Garten. J. Q. J. [Jahn]. — m: Abend-Em-
pfindung. ('Lieblich erglänzt das Abendroth im Westen'). J. H. M. Dambek. —
n: Die Halsbind-Schnalle. Eine wahre Anekdote. Mßr. [Meißner]. — o: Kritische
Bemerkungen über Voltäre. Aus der französischen Handschrift des Hrn. Quidor
du Perrey übersetzt. — Dezember. p: Fortsezzung der kritischen Bemerkungen
über Voltaire. — q: Blumen persischer und arabischer Dichtkunst. v. Hammer. —
r: Ist alles wahrscheinlich, was wahr ist? [Eine Erzählung]. A. Z. — s: Hermann
und Flavius. Ein Fragment des Barden Rhingulf. Kretschmann.
　　　Vgl. Fürst, Meißner. S. 55 bis 63.
　　a r. Der Wahrheitsspiegel, eine Wochenschrift. Erstes Heft. Prag, in Kom-
mißion bey Franz Haas, Buchhändler. 1796. 13 Stücke. 208 S. 8. Begann Ende
1795 zu erscheinen.
　　　Enthält außer den Theaterrezensionen a: Entstehung des Wahrheitsspiegels. —
b: Die beiden Ezechiel. — c: An Frau von Hron in der Rolle des Mädchens von
Marienburg. ('Will Melpomene als Muster ächter Tugend') — d: Seyn und Scheinen.
('Sey ehrlich gegen deine Brüder Freund, und scheine'). — e: Eine schöne That.
M—y. — f: Neujahrswunsch. ('Da es von jeher Mode war'). — g: Der Schwiegersohn pr. 1200 fl. jährlich, und nicht anders. — h: Der arme Soldat leider Begebenheit, nicht Erfindung. ('Ein Krieger, der das Loos erfahren'). — i: Der Pfand-
leiher. — k: Der Kandidat Paul. ('Herr Paul der Rechte Kandidat'). — l: Lebensbeschreibung des Martinus Hagadurn, Mitglied der Hochgelahrten Gesellschaft der
Herausgeber des Wahrheitsspiegels. (Von ihm selbst geschrieben). — m: Ein Wort
über die Ritterromane. — n: Die Eiche und das Birkenstöckchen. ('Ein Eichstamm,
der die Freude'). — o: Amor mit dem Goldsacke. ('Voll Ernst im Blicke, mit
gemess'nen Schritten'). — p: Ueber die Masken. — q: Der Stadthaßer. Diese
Knittelreime fand man unter den Papieren eines (im vorigen Jahrhunderte) auf dem
Lande verstorbenen Mayerhöfers, der sich in der Gegend durch mehrere Bizarrerien
berühmt gemacht hat. ('Mein Leben froh zu genießen'). — r: Auszug aus einer
Reisebeschreibung. — s: Einer für alle, alle für einen. — t: Der Sonnenuntergang.
('Ein Graf war auf dem Lande einst mit seinem Blicke'). — u: Briefe eines Fremden
aus Y . . . an einen Freund in Prag. — v: Alphabetisch-Vademecum zum Nutzen
und Frommen meines in die große Welt trettenden Neffen. (Verse). — w: Über-

sicht der Geschichte des Prager Theatergeschmacks. — x: Zuschrift an die Herausgeber des Wahrheitsspiegels. N. N. — y: Schilderung der Weiber. Ein Gegenstück zur Schilderung der Männer, wozu der bekannte Herr Cibulka die Musik gesetzt hat, allen schönen Mädchen und Frauen gewidmet. (,Weiber sind'·. — z: Lächerlich und ärgerlich. (,Wenn Weiber, die am Stabe wanken'). As — i.

Zweites Heft. 1796. 18 Stück. 211 S. 8. a: Vorbericht. Prag, am 19. März 1796. Die Herausgeber. — b: Empfindungen am Tage des Namensfestes Eines unserer würdigsten Staatsmänner. Am 19. März 1796. — c: Die Mäuse beim Specke. (,Ein Mäusetrupp, der sich zum Abendschmause'). — d: Einige pädagogische Bemerkungen, in Hinsicht auf die Erziehung der Kinder bei höheren Ständen. J. G. — e: Die Distel und die Rose. Prosa. — f: Das schüchterne Mädchen. Epigramm. — g: Der neue Kolbert. (,Plor hat ein kleines Buch geschrieben'). — h: Aussichten in den Ehestand, wie er itzt in Paris ist; eine Uebersetzung. Epistel an N—. (,Du willst ein Weibchen Freund? — nun wohl, doch sieh'). — i: An die Herausgeber des Wahrheitsspiegels. unterz. Joh. Konr. Gout. — j: Der Bieresel, eine heroisch komische, romantische, groteske, bizarre, erzdrollichte Oper mit Gesang und Musik, und vielen Chören. Satire. — k: Da sich Bathill Vetullen zu Lieb als Frauenzimmer verkleidete. Epigramm. — l: Nicht jede Vermummung glückt. — m: Was ist nicht erlaubt? (,Jüngst küst' ich zum Scherze'). — n: Der gute Patriot. (,Zwey alte Herren, die sich nie'). — o: Unverschämtheit. (,Ein jedes Ding macht hier auf Erden'). — p: Epigramme. (Eines nach dem Engl.). — q: Die dankbaren Féen. Ein Mährchen. Gewidmet meiner Schönen. — r: Epigramme. — s: Nachrede: Prag, am 11. Junius 1796. Die Herausgeber. Ein ,zweyter Kurs' wird für Oktober versprochen.

Erschien bis 1798.

a υ. Patriotisches Journal von in- und ausländischen Sachen von Eichler. Prag 1796. 8.

a φ. Der theatralische Eulenspiegel von Hegrad. Prag 1797, bei Neureutter. 18 Stücke.

a χ. Hanns Klachels von Pfelautsch Correspondenz mit seinem Herrn Schwager. Prag 1797, bei Mangold. 33 Briefe.

a ψ. Deutsche Zeitung der Industrie und Speculation von J. F. v. Schönfeld. Prag 1796 bis 1799.

a ω. Journal der practischen Haushaltung und weibl. Oekonomie. 1. Band. 1 Stück. 1798.

b α. Theater- und Literatur-Zeitschrift. Prag 1798, bei A. Gerz.

b β. Verhandlungen der k. patriotisch-ökonomischen Gesellschaft. 1798 bis 1804. VIII. 8. Fortsetzung: Neue Schriften der k. k. patr. ökon. Gesellschaft. Prag, Haase 1825 f. 8. — Witterungsbeobachtungen 1825 f. 4.

b γ. Der Prager Allegoriker. 1801. 8.

b δ. Bürgerblatt, von Jakob Lehmacher, bürgerl. Handelsmann in Prag, wöchentlich 8 Stücke. Prag 1801 und 1802.

b ε. Der böhmische Wandersmann. Wochenschrift von J. G. Meinert. 1. Band. 1801. Wurde auch ins Tschechische übersetzt. Stück 7/8: Ein Wort über Iffland den Künstler.

De Böhmische Wandersmann, ein Begleiter der Prager Neuen Zeitung. Band IIr 1802.

S. 179 ist von einer Cantate auf den Prof. d. Rhetorik in d. Altstadt Michael Wenzel Voigt die Rede. Vf.: H. Bernard, Hörer der Philosophie im ersten Jahre. — S. 183: Sprachlehre. Böhmische Spracheigenheiten. [aus dem Leitmeritzer Kreise]. — Nr. 25. An die Leser. Vom 1. Juli ab werde der Wandersmann als ein für sich bestehendes Blatt erscheinen. J. G. Meinert zeigt an, daß er die Redaktion der Prager Neuen Ztg. niedergelegt habe und den Wandersmann allein dirigiren werde. — S. 156 bis 160: Heilige Dichtkunst. Lobgesang zur seligsten Jungfrau und Mutter Gottes Marie. Meinert.

Der Böhmische Wandersmann. Eine Wochenschrift. Band III. 1. Stück. 7. Julius 1802. — S. 193: Ein Körnlein braminischer Lehren. (Eingesandt). G**.

b ζ. Libussa. Eine vaterländische Vierteljahrschrift. Herausgegeben von J. G. Meinert. Jahrgang 1802. Erster Band. Prag, bei J. G. Calve. VIII und 832 S. 8. Zweiter Band. Ebenda 1804. 1 Bl. Inhalt, 832 S., 1 Bl. Verbesserungen.

Vgl. Annalen Febr. 1803, Nr. 13/14; Julius 1803, Nr. 53.

Mit Beiträgen von: B., v. Birkenstock (dem Sohn des Hofraths), J. Blum,

Eduardus de Bousifet, Karl Curione, J. H. M. Dambeck (1. 202: ‚Danklied Seiner Königlichen Hoheit dem Erzh. Karl v. Öst. gesungen May 1801), G. (2, 255 bis 264: Die Rache. Eine slavische Sage. Prosa; 307 f.: An Zephyr. Nach dem Spanischen des Markis Manuel Villegas), J. Große sämtl. Rechte Doctor (1. 219: Sonnett. Nach Dante), L. Gunz, Franz v. Habermann, J. D. J. (2, 116: ‚Hochzeitschmauß aus dem sechzehnten Jahrhundert‘), J. G. Meinert (26. März 1801: Friedensfeyer: ‚Der blut'ge Zwist ward ausgetragen‘; 2, 214 f.: Die Espe. Nach einem Volksliedchen; 309 bis 312: Lady Bothwell's Klage. Ein altschottischer Sang), Frans Niemetschek (2, 18 bis 58: Züge aus der Geschichte der Wissenschaften und des Geschmackes in Böhmen. Geschrieben im Jahre 1794), K. Gr. P., J. Pompe (Schüler der Poetik am altstädter Gymnasium, Sohn des Sekretärs der Staatsgüteradministration), D. G. Quandt (1, 85 bis 52: Bruchstücke aus dem Vermächtniß einer verliebten Komödiantin an ihre Tochter. Gedicht. Probestücke davon wider Willen des Vfs. im Janus 1800), A. J. Richter, Hofjäger Schmidt (1, 263 bis 269: Die Bauernhochzeit. Ein Beitrag zur Kenntniß böhmischer Sitten und Gebräuche), T., Emmanuel Veith, W. (2, 313 f.: Sonnett. Aus Petrarka), X. und einem Ungenannten.

b η. Diotima. Eine Monathsschrift, vorzüglich für unser Geschlecht, von Frauenzimmern. I. bis III. Heft. 1802. Prag auf Kosten der Herausgeberinnen. Gedruckt bey Haase und Widtmann. Zusammen 190 S.

Annalen, Junius 1803, Nr. 46: ‚Einige Blumen, dem Sänger der unsterblichen Lucinde von böhmischen gelehrten Frauen zum Ehrenkranze dargereicht‘. Enthält auch Gedichte. Nur eine Mitarbeiterin in den Annalen genannt: Charlotte von — thal.

Cyanen aus Diotimens Blumenkörbchen. Eine Sammlung von Erzählungen, Gedichten, Mythen, Fabeln, Apophthegmen und mehreren unterhaltenden und belehrenden Aufsätzen, in drey Heften oder Abtheilungen. Leipzig (Prag), 1803, bey Joseph Polt. 190 S. 8.

Annalen Sept. 1804, Nr. 107: ‚Ein neues Titelblatt zu der bis auf das III. Heft gediehenen Monathsschrift Diotima, welche im Juniushefte der Annalen vom vorigen Jahre S. 367 angezeigt worden ist.

b θ. Propyläen. Eine Zeitschrift. — si quid et nos, quod cures proprium fecisse, loquamur. Prag und Leipzig, 1802. bei Martin Neureutter, Buchhändler in der Jesuittengasse Nro. 491. 288 S. 8. Herausgeber: Lyttorf.

Mit Beiträgen (viele Fabeln in Versen und Prosa) von: D. (S. 238: Das Land- und Seeleben. Nach Moschus), Dg., Fll. (Ueber Dichtungen der Vorzeit. In Briefen; Uebersetzung der 20 ten Ode des 2 ten Buchs des Horaz; Briefe eines Reisenden. Aus dem Englischen), G—s—é, J. Hr., Kg., Lb., Lm. (S. 181: Etwas über das akademische Leben und seine Folgen), M. (S. 1: An die Herausgeber; S. 135: Grabschrift des verflossenen Jahrhunderts; S. 280: Verhör des achtzehnten Jahrhunderts vor dem Richterstuhle des neunzehnten), m., Rn., S—f—r., J. Zr.

b ι. Jüdisch-deutsche Monathsschrift, ersten Bandes erstes (und zweytes) Heft. Prag und Brünn. In der Elsenwangerschen Buchhandlung in der Eisengasse N. 31. 1802. 182 S. 8. Mehr nicht erschienen. — Vgl. Annalen 1805. II. S. 121. 185.

Hebräisch und deutsch. Enthält Erzählungen und Allegorien in Versen und Prosa nach dem Talmud und Midrasch.

b κ. Der Bürgerfreund. Ein Wochenblatt für Unstudierte. Erster Halbjahrgang. Prag, mit Johann Diesbachschen Schriften. 352 S. 8. 22 Stücke.

S. 3 [1. Stück]: Zum 6ten May 1802. Etwas statt einer Vorrede. — 22. Stück. Zum 30. Sept. 1802. Herausgeber: Buchenberger. Enthält Gedichte von J. B. Michaelis, Lichtwehr, Hagedorn, Thümmel, Weisse. — S. 121 bis 123: Lied des wackern Bürgers. (‚Ich bin ein Bürger, g'rad und schlicht'). P** A*****r. — S. 329 bis 332: Die neue Eva. (‚Lieber Gott, man muß sich placken').

b λ. Journal für Liebende von Polt und Czapek. Prag 1802. 12 Stücke.

b μ. Das Rumburger Monatblatt von Pohmann. Januar bis Juli 1803.

b ν. Die zweyte Lese unserer Jugendblüthen. Prag, Diesbach 1803. 8. Wann ‚Die erste Lese unserer Jugendblüthen‘ erschienen ist, weiß ich nicht.

b ξ. Prager Patriotische Zeitschrift, enthaltend ökonomische Handlungs- und Polizei-Gegenstände. 1. Juli 1803 bis Dec. 1804. Prag, Krezer. 4.

b o. Nahrung für alle Classen der Menschen. Eine nützliche Monathschrift. Gesammelt und herausgegeben vom F. J. Pietsch. Erstes Heft. Prag, gedruckt bey Gottlieb Haase. 1804. 160 S., 8 Bl. Inhalt. Vgl. Annalen Julius 1804. Nr. 76. Enthält auch Gedichte, wie es scheint von dem Herausgeber

b π. Zeitung der Industrie und Speculation von Kretzer. Prag 1805.

b ϱ. Slawin. Botschaft aus Böhmen an alle Slawischen Völker, oder Beiträge zur Kenntniß der Slawischen Literatur nach allen Mundarten. Von Joseph Dobrowsky, Mitglied der k. böhm. Gesellschaft der Wissenschaften zu Prag, und der gelehrten Gesellschaft zu Warschau. Erstes Heft. Prag, 1806, in der Herrlschen Buchhandlung. 479 S. 8. Sieh unten S. 814.

Glagolitica, Ueber die glagolitische Literatur: das Alter der Bukwitza: ihr Muster, nach welchem sie gebildet worden: den Ursprung der Römisch-Slawischen Liturgie: die Beschaffenheit der dalmatischen Uebersetzung, die man dem Hieronymus zuschrieb u. s. w. Ein Anhang zum Slavin. Prag 1807. 2 Bl., 96 S. 8.

b σ. Belehrung und Unterhaltung für die Bewohner des österreichischen Staats. Zeitschrift vom Herausgeber des Patriotischen Tageblatts. Erster Band. Stück 1 bis 3. Brünn, bey Johann Georg Gastl. 1809. 384 S. 2. Band. Stück 4 bis 6. 1810. 384 S. 3. Band. 1810. Stück 7 bis 9. 406 S. 4. Band. 1810. Stück 10 bis 12. 384 S. 8. Erst der Gesamttitel des ersten Jahrganges weist den Namen Hesperus auf: Hesperus oder Belehrung und Unterhaltung für die Bewohner des österreichischen Staats von Christian Carl André (ehemaligen Herausgeber des Patriotischen Tageblatts). Erster Jahrgang in 12 Stücken. Motto. Mittheilung der Erfindungen, Künste, Wissenschaften, — der Aufklärung, Geistesbildung, der Vernunft und der Einsichten ist Weltbürger Pflicht; Achtung und Vertheidigung der Regierung, der Gesetze, des Eigenthums und der Freiheit ist Staatsbürgerpflicht. Brünn, bei Johann Georg Gastl.

Vgl. Vorrede zu Andrés Vaterl. Magazin: ‚Und so erschien ganz bescheiden und anspruchslos im Oktav-Format 1809 meine Belehrung und Unterhaltung, fast im Entstehen gleich durch den begonnenen Krieg unterbrochen, und erst 1810 wieder fortgesezt‘.

Vgl. Schriften der historischen Section der mährischen Gesellschaft 6, 199 bis 201. 2. Jahrgang 1811. Ebenda. 4 Bände. 8. Band 4, S. 382: ‚An die Theilnehmer des Hesperus: ... von 1812 an wird er auf saubererem Papier, netter und korrekter gedruckt, in angenehmerem Gewande, im Quartformat und wöchentlich ... zu haben seyn ... Brünn im Dezember 1811‘.

Jahrgang 1812 bis 1816. Prag, bei Johann Gottfried Calve. je 2 Bände. 4. Vgl. Annalen 1812. IV. S. 807.

Außer den zahlreichen technologischen und nationalökonomischen Artikeln Beiträge von: A. — N. Adamek. — Alois Engelbert von Adelstern Domkapitular und Oberaufseher der Diözesanschulen in Brünn. — M. J. Frhr. v. Apfalterer. — Joseph Bayer. — Clemens Brentano (1812. 1, S. III bis VII: Erklärung der Sinnbilder auf dem Umschlage dieser Zeitschrift. Vgl. Ges. Schriften 4, S. 403 bis 413. § 286, 1. 23). — Börde. — Graf G. von Buquoy. — G. H. Buse (1811. 1, S. 344 bis 347: Bruchstücke aus einem noch ungedruckten Schauspiele, betitelt: Giovanni Altieri, oder die Vertauschten. Nach einer Novelle von Reinbeck [§ 296, 19. 11) e]. 5 f. lamben). — F. G. v. Buße. — Franz Graf Chorinsky, Oberster (1811. Deutsche Parodie eines franz. Rätsels; 1811. 8, S. 260 bis 272: Brief an André über J. H. v. Collin). — H. J. v. Collin (1816. Nr. 72: An Hormayr. Pesth, den 4. Julius 1809). — Cornova. — J. H. Dambeck (1812. 2, Nr. 88: Ode an Ihre kaiserlichen Majestäten Franz und Louise von Oestreich, und Maria Louise Kaiserin von Frankreich, bei Höchstderselben erfreulichen Ankunft zu Prag im Jahre 1812; 1816, S. 1408: Unserm Cornova. Zum 31. Juli 1816). — Franz Fürst von Dietrichstein. — J. M. Fr. v. Ehrenfels. — Enzenberg (1809. 1, S. 218 bis 222: Argumentum ad hominem oder Aufruf eines Gerichtsherrens und Gutsbesizers in Kärnten an seine Untertbanen zur allgemeinen Landwehre im Jahre 1808. (‚Auf Nachbar Veit! verlaß die Keusche, und den Pflug‘). Klagenfurt im Sept. 1808. Anmerkung: Dieses Volkslied war für einen projektirten Landwehrs-Almanach vom verehrungswürdigen Verfasser bestimmt. Da dieser aber nicht erscheint; so wird es hier als ein Muster, einen allgemeinen höchst wichtigen Gegenstand zu individualisiren und zu popularisiren, mitgetheilt. So sollte jede Provinz ihr National-Landwehrlied — aber auch in gleichem poetischen, patriotischen und ergreifenden Geist haben. Der Herausgeber; 1810. 3, S. 846 bis 858: Denkmahl für Johann Melchior Edlen von Birkenstock kaiserl. königl. Hofrath; 1810. 4, S. 844 bis 847: Freie Übersetzungen der Gedichte: La Comtesse de *** à la Marquise de ***. Par Pierre Corneille. und A mon Portier. Par le Marquis de Boufflers; 1811. 1, 71: Freie metrische Übersetzungen aus dem Französischen; 1811. 1, 257 bis 266: Gedichte und Feierlichkeiten bei der Anwesenheit der Allerhöchsten Majestäten zu Klagenfurt im Herbst 1810. Mitgetheilt von ... Enzenberg;

1811. 1. 313 bis 315: Ode auf den Kaffee. An Herrn Christian Karl André in
Brünn; 1811. 1, 318 bis 321: Klaglied eines Frauenzimmers über den beschränkten
Gebrauch des Kaffes als Parodie der vorgehenden Ode. An Madame Rosa Prechtl
geborne André in Wien; 1811. 3: Eine Reise-Geschichte als Gegenstück zu Just
Pöllners Abentheuer).
        F. (1814. I, Nr. 53: Der Kodex. Eine Posse. „Der Verfasser dieser Posse
hatte die Führung eines gewissen häuslichen Journals, welches man mit dem Namen
„Hauskodex' bezeichnete, übernehmen müssen'; Nr. 55. 56: Hebräische Dichtungen
frei nachgebildet). — F—. — Fellenberg. — F.....l..n. — Johann v. Festetitsch. —
W. Fichtner. — G. — Joseph H. A. Gallas (J. H. A. G..s). — Franz Gräffer. —
Gerbennez (aus der Carinthia). — Jos. Hanke. — H. Hell. — Roman Rudolf Holz-
mann. — Johann Georg Jacobi. — Jurende. — Joseph Konrad. — —L—. — Ignaz
Lauer. — Dr. Löhner. — K. M. — Apollonius v. Maltitz (A*** Freih. v. M.***). —
Franz von Maltitz (F. v. M. 1815: Übersetzungen aus dem Lateinischen und
Russischen). — Freyherr von M—y. — Joh. Christ. Mikan (1812. 2, Nr. 65: Lied
vor der Luftfahrt zu singen. Seitenstück zu Overbecks Schiffahrt. „Sich hoch in die
Lüfte zu heben'). — Johann Mücke. — F. A. Mussik (Musick. — Ohne Unterschrift
1812, Nr. 30/31: Neuester Zustand des Handels und der Manufakturen Rumburgs
und Gegend (so) an der sächsischen Gränze in Böhmen. Geschrieben im Monat Nov.
1811). — F. N. (1812. 2, Nr. 54: Empfindung in der Mitte des Adersbacher Felsen-
Labyrinths, Adersbach in Böhmen im Juni 1791). — N. N. — A. v. N—tt—g
(Rittig?). — K. A. Neumann. — von Neustädter. — Joh. Ferd. Opus (— Opiz). —
Botanophil Opis (— M. Ph. Opis). — J. J. Polt (P—t). — Thom. Jos. Powondra. —
J. J. Prechtl. — F. R. — P. S. R. (1813. 1, Nr. 84: Ueber den Tod der Antonia
Babitschek, gebornen Winzig [einer Patriotin]). — X. R. — Rieke jun. — A. Rittig
von Flammenstern. — Rittler. — Rösler. — Dr. Rumy. — S ... — M. J. S.
        Hugo Altgraf zu Salm. — Sch—r. — S. W. Schießler. — Dr. Schilling (1812.
2, Nr. 68: Beitrag zu einem ächt österreichischem Idiotikon. Als Versuch eingesandt).
— Karl Agn. Schneider (1814. Nr. 34: An Anselm von Feuerbach. Nach Durchlesung
seines Aufsatzes über die Unterdrückung und Wiederbefreiung Europens. Dkur am
6. Februar 1814; Nr. 43: Unserm hochverehrten Freunde Herrn Professor Corneva,
zu seinem 74ten Geburts- und Namenstage. Dimokur am 31. Juli 1814). —
F. Schöll. — Seume. — F. W. Sieber. — Steeger. — Kaspar Graf Sternberg. —
Michael Tekusch. — D. D. T. aus Frankfurth. — Vest (1811. 1, 257: Prolog. Ge-
sprochen vor J. J. k. k. Maj. zu Klagenfurt von der Frau Gräfin Josepha von Egger
am 23. September 1810. Volks-Lied gesungen vor J. J. kaiserl. königl. Majestäten
am 23. Spt. 1810. „Gott beschirme, Gott erhalte Unsers Kaisers theures Haupt').
— W. — Franz Aloysius Wacek. — Jos. Ed. Ziak (J. E. Z — k. 1814. 1: Unter
Beatricens Cenci's Bild. Sieh Hesperus S. 113. 1813). — C. A. Zipser (C. A. Z.). —
Ungenannte: 1809. 1, S. 129: Patriotisches Gebet. („Gott bringe Heil dem ganzen
Vaterlande'). — 1810. 3, S. 312: Just Pöllner oder Abentheuer und Besonnenheit
im Böhmer Walde. Eine Gespenster-Geschichte und Ritter-Roman. — 1810. 4,
S. 36: Adelheid von Swognanow. Eine Romanze. — 1811. 1, S. 257: An Se. Maj.
den Kaiser Franz I. bei Höchst Seiner Ankunft in Klagenfurth. An Ihre Majestät
die Kaiserinn Ludovika bei Höchst Ihrer Ankunft zu Klagenfurt. — 1811. 4, S. 83:
Meine Muse von einem jungen Schweizer. — 1811. 4, Nr. 26: Das alte Germanien.
(„Stark war Germanien!' dein kaiserlicher Arm'). — 1812. 2, Nr. 40: Der folgsame Ehemann. Ein ernsthaftes Heldengedicht. — 1812. 2. Nr. 44 bis 49: Fragmente aus Reiseschatten. — 1813. 1, Nr. 64: Aufruf an meine geistlichen Amtsbrüder zur Impfzeit der Schutzpocken. („Rings aus Hütten, wie aus Fürsten-
kammern'). — 1813. 1, Nr. 12: Ode eines österreichischen Veteranen an das tapfre
Heer. („Auf, zum Kampf entrollt die Fahnen'). — 1814. 1, Nr. 15: Ein klemer
Anachorism (so!) Schillers [im Wilhelm Tell]. — 1814. Nr. 57: Ode bei der Ankunft unserer verehrten vaterländischen Dichterin Karoline Pichler in Lilienfeld im
September 1814. („Ich sah sie! — Dank euch, Dank euch, ihr Himmlischen!').
        b r. Oekonomische Neuigkeiten und Verhandlungen. Zeitschrift für alle Zweige
der Land- und Hauswirthschaft, des Forst- und Jagdwesens im oesterreichischen
Kaiserthum. Herausgegeben von dem ehemaligen Redacteur des patriotischen
Tageblattes Christian Carl André ..... 1811. Erster Band, enthält Nr. 1 bis 80.
Prag, im Verlage der Calve'schen Buchhandlung. 4. Viele Jahre fortgesetzt. Erschien
später bei Medau in Leitmeritz.
        b v. Der Volksfreund, neueste Prager vaterländische Zeitschrift. Eine Ueber-

sicht interessanter Weltereignisse, patriotischer, statistischer, und ökonomischer Gegenstände, 1. Jahrgang 1810. — Der Volksfreund. Neueste Prager vaterländische Zeitschrift. Herausgegeben von Pabst, k. k. Staatsbeamten, ehemaligen k. k. Oberlieut. etc.; Phil. Edlen v. Büttner, Medicinae Doctor und Magister der Geburtshülfe etc.; und Jos. Peter Hofmann, k. k. Gymnasial-Professor, u. a. m. Laboremus pro Patria, qua frustra est labor, nisi utile sit, quod facimus. 2. Jahrgang 1811. Vgl. Annalen 1811. 2, 340. (,Was an gereimten u. versificirten Original-Beyträgen vorkommt, ist s. Th. erbärmlich'). Dagegen Pabst: Annalen 1811. 3, 395. 3. Jahrgang 1812. Bis 26. März steht Büttner mit auf dem Titel. Vom 2. April ab: Herausgegeben von . . . Pabst . . . und Johann Peter Hofmann, k. k. Gymnasial-Professor in Neuhaus. Mit Beiträgen mehrerer Freunde.

23. April 1812: ,Beiträge, welche nicht von anerkanntem Werthe sind, besonders Gedichte, welche nur einen tändelnden Inhalt und — fade Liebeleien zum Grunde haben, werden in diese Zeitschrift nicht eingeschaltet, . . . Dagegen werden alle Vaterlandsfreunde höflichst ersucht, die Redaktion des Volksfreunds, von Zeit zu Zeit mit solchen Nachrichten zu beehren, welche zur Verbreitung der Vaterlandskunde, zur Bekanntmachung nützlicher Erfindungen, zur Kenntniß des Landes, seiner Einwohner, der Industrie, oder wohlthätiger Handlungen, überhaupt, die zum allgemeinen Wohl oder zur Ehre der vaterländischen Litteratur, sey es in Prosa oder Poesie etwas beitragen können'.

Mit Beiträgen von: A., Charlotte von Ahlefeld geb. v. Seebach. Augusta (15. Nov. 1810: Der Harfner. ,In des Thales dunklen Gründen Saß ein Harfner Tagelang'), v. B—no (2, 864: Charade), P. B—o (2, 568: Räthsel), W. G. Becker, Büttner (2. Jan. 1812: Ode an die Vergangenheit. Zum Schlusse des Jahres 1811. ,Da liegt in schwarze Nacht gehüllt'), C . . ., H. Clauren, A. Devidels, Adolf Dilluer von Dillnersdorf (27. Februar 1812: Die Ehe. Nach der Melodie: ,Es haben viel Dichter die lange verblichen etc.' ,Mit Reisen verglichen schon viele das Leben'), F . . ., A. J. F—r, G. 8. Falbe, Justiziär Fischkandl, Karl Glaubrecht, J. Goldschmidt, Karl Graß (K. G.), Hadermann, Joh. Peter Hofmann (2, 589 bis 592: Epigramme. Nach dem Griechischen. Nach dem Lateinischen des Meragius, des Claudius Roselett, des M. A. Muretus, des Angel. Politian., des Joh. Secundus; 1. Oct. 1811: Die Schmiede in der Werkstatt. Eine Kantate. 1. Nov. 1811: Wer ist ein Volksfreund? oder: Ueber die Würde des Namens: Volksfreund. Ein Gesang an . . . Pabst; Gedanken bei der Erscheinung des Kometen im Jahre 1811. 2, 1042 bis 1049: Etwas aus und über Lessinges Emilia Galetti, das des Nachdenkens künftiger Geschäftsmänner sehr würdig ist. 2, 1186 bis 1189: Prolog zu Professor Hofmanns Lustspiele: Doktor Mendax Barth auf dem Jahrmarkte zu Geiersnest; oder die Schwätzer aus der römischen Kanzlei. 3, 17 und sonst: Versuch einer neuen Uebersetzung des Horaz in Prosa. Zwölf Oden nebst einer Epistel. 3, 117: Doktor Mendax Bart auf dem Jahrmarkte zu Geiersnest; ein satyrisch-komischer Versuch Lustspiel in Versen), Hufeland, J. v. Jttner, Kandelfinger (5. März 1812: Ode auf die Leichenfeyer Sr. Excellens des Herrn Anton Ulrich Freiherrn von Mylius General-Feldmarschall-Lieutenant . . . . Von F. 8. Kandelfinger, als ehemaligen Hofmeister allda), Em. Klein (Kl—n), M. Kögler (Köpler?), J. Konrad, Kotzebue, H. Kr., Chr. Kuffner, A. Lafontaine, M. J. Landau (2, 918: Macht des Kleinen. Nach dem Lateinischen des Jacob Balde), Langbein, Lep. (2, 646: Trinklied. Nach dem Bonneval. Mel.: Bekränzt mit Laub etc.), Fr. Ant. Lintemer, Fritz v. Ludwig Canonicus (2, 1190: Trinklied. Melodie wie Schillers Reiterlied. Wahren, im Mecklenburg-Schwerinschen), Nepomuk von Mildenstein, Anton Niemeyer (1. August 1811: Der Bauer und der Doktor. Nach Grübel), Nübling (1. Dezember 1810: Poetischer Versuch eines Dilettanten nach der Dichteraufgabe im vierten Stücke 1809 der Monatschrift Jason. ,Zu Falun, in Schweden in tiefem Schacht'); Pabst (1, XVIII: Gedicht bei der Ankunft des Kaisers von dem k. k. Staatsbeamten Herrn Pabst im Gefühle seiner Herrn Mitbeamten. ,Nicht der Trompeten schmetterndes Blasen'. — 2, 841: Betrachtungen am Sterbebette eines Vaters. Eine moralische Skizze zum Andenken und zur Beherzigung. — Wahrscheinlich gehören ihm auch die Beiträge mit den Chiffern P . . . ., P—b—t, P . . . t., wie die Ode bei Gelegenheit des am 1. December 1811 zu der Würde eines Metropoliten-Domherrns bei St. Veit zu Prag installirten Hochwürdigen Herrn Johann Luger, ehemaligen Dechants in Böhmischleipa. Dargebracht von seinem Schätzer und Landsmann. ,Du hebst den Glanz von Deiner Vaterstadt'. (Laun)); Alex Parižek; K. G. Prätzel; W. Ernst Reich; J. W. Riedler; W. Rosenauer Kaplan sen. in Böhm. Reichenau (W. R.); Rupprecht

(9. April 1812: An Winifred. Aus dem Englischen des Gilbert Cooper Esqr. —
30. April 1812: Jaromirs Rettung. Eine historische Ballade); J. J. Scheiger;
Schiller; Seume; Spielmann; S—r.; Sycora; K. Stein; Eduard Stern; Wendelin
Volkmann; W.; Johann Weidlich (nach dem Lateinischen des Laktanz); Weisser;
Ignaz Richard Wilfling (W**); Ungenannt (1. Sept. 1810: Ergebung in die Vor-
schung des Allweisen nach Gellert. — 15. Sept. 1810: Neid. Nach Gellert und
Lichtwehr. — 2. April 1812: Reiter Stanff. ‚Wie heißt der dort am Flügel
steht'. — 16. Juli 1812: Grabschrift eines verläumderischen Kritikus. Nach dem
Volateranus).

b φ. Bohemia, für gebildete Böhmen, von Böhmen. Zum Besten des Blinden-
Institutes in Prag. Nro. 1. 1812. 78 S. 8.

a. S. 3 bis 16: Uiber die Modepassion Wohlthätigkeit. — b. S. 17 bis 46:
Sprachen in Böhmen (S. 43: Rechtfertigung. ‚Brodelt nicht auf, liebe Brüder in
Bohemia, daß ein Böhme, und dazu noch ein Blankböhme, alles das zur Sprache
bringt, was einzelne unter Euch schon vorlängst gedacht haben. Liebt, pflegt und
hegt wie ehevor als eine litteräre Spielerei die Sprache unsers Urvaters Czech, leset,
schreibet und dichtet in ihr; nur fordert die Alleinherrschaft dieser vor Ungebrauch
ihrer Kräfte erschlappten Prätendentin nicht von Unbefangenen, die auf Kosten des
guten Geschmaks, und ihrer staatsämtlichen Laufbahn, diese eure Spielerei nicht
mitmachen wollen'). — c. S. 47 bis 52: Uiber die Noth an edlen Metall-Münzen in
Europa (die Fortsetzung im zweiten Bande). — d. S. 53 bis 75: Uiber die Unsittlichkeit unserer Dichter. (S. 58: ‚Eine Bande Bösewichter, mit einem Spitzbuben
an der Spitze, der nicht um einen Deut besser ist, als der berüchtigte Schinder-
hannes, machten schon mehrere schwindelnde Knabenköpfe nach diesem lustigen
Götterleben lüstern, wobei man noch immer ein vortrefflichor Mensch seyn kann.
Eine geile Fürstin, die Land und Gatten ihren thierischen Lüsten opferte, wird
gemalt, wie ein Engel, stirbt mit der Märtyrkrone. Ein herrschgieriger Abentheurer wird Rebell, begeht mehrere, impertinente Matrosenstückchen, wird nach
des Dichters Sinn mit Fug und Recht Herzog; endlich renet es den Dichter und
er läßt ihn in das Wasser werfen. Eben dieser Dichter begeht die Indiskretion,
die sich kein Natursohn erlauben würde, mit Fingern auf das Weib zu zeigen,
das er illicite umarmt haben will. Er läßt sie, umringt von ihren Frauen, erscheinen, und fieberhitzt von gewißen Gunstbezeigungen, die ihm das kluge Publikum glauben möchte, wenn es nicht wüßte, daß Dichter und Wahrheit ganz
heterogene Dinge sind'). — e. S. 76: Der Minister und sein Sohn. (‚Halb gnädig,
dürr, halb mit Verdruß'). — f. S. 78: Lentulus der Heerführer. (Epigramm). —
g. S. 78: Dummheit hilft. (Epigramm). — h. S. 78: Kunst und Natur. (Epigramm).
Mehr ist nicht erschienen. — Verfasser von b. und d. ist Uhle.

b χ. Jokus oder der fröhliche Hausfreund. Ein Tages- und Nachtblatt zur
Erheiterung für alle Stände. Erster Band. Prag 1812, bei C. W. Enders. 416 S.
Mehr nicht erschienen. Redacteur: S. W. Schießler.

Vgl. Annalen 1812. 4, 213. — Wiener Allgemeine Litteraturzeitung 1813. Nr. 9.
Mit Beiträgen von: ** bst (Pabst); Cl—s; v. D.; C. Dietz; Dietze; A. Dillner
v. Dillners-Dorf; K. A. Duchet; F.; Falk; A. Flet; Frmth.; Goldmayer; A. W.
Griesel (Nr. 4. 5: Fragment aus dem noch ungedruckten Lustspiele: Die Bekehrung.
Alexandriner); Grünbaum; A. H.; J. A. Hanslik; Hilaris Jukundus; H—t.; J.;
—i—; —i—e—; Jeronimo; Jokus; K.; —k—; G. Klinkicht; Kotzebue; Kretsch-
mann; A. F. E. Langbein; M.; Mkn. [Mikan]; M***r; K. A. Müller; —n; Pfeffel;
Joh. Jos. Polt; W. E. Reich; —r. —e; Jean Paul Friedrich Richter; Rösler (Nr. 25:
Tanzlied. Aus der Aurora für 1812, aber ‚mehr gefeilt'); S.; S—r; S. W. Schießler;
Schilling; Schmelka; S—g; W. Soldow; Sommer; —t; Ttttt. W——cky;
Weisser; v***; A Zarnack; Z—r; —*.

b ψ. Vaterländisches Magazin für diejenigen Landwirthe, Forstmänner, Künstler, Handwerker, Professionisten und bürgerliche Gewerbe Treibende aller Art,
ferner für alle Hausväter und Hausmütter in dem Oesterreichischen Staat, welche
über ihren Beruf nachdenken und die neusten ihnen nüzlichen Fortschritte, Einsichten, Erfindungen und Entdeckungen des Auslandes kennen lernen wollen, um
ihre Kenntnisse zu vermehren und ihre Geschäfte mit größerem Vortheil zu betreiben. Veranstaltet von Christian Carl Andre. Erster Band. Mit 18 Kupfern.
Prag 1813. Bey J. G. Calve, Buchhändler. 4 Bl., 656 S., 7 Bl. 8. 2. Band 570 S.
5 Bl. Kurzer Vorbericht unterz.: Brünn im März 1813. Andre.

b ω. Miscellen. Prag 1814. Calve. 8. Später in Jena herausgegeben.

cα. Allgemeiner deutscher Theateranzeiger von Quandt. Prag 1813. Früher in Leipzig erschienen.

Daniel Gottlob Quandt, geb. in Leipzig 1762, gest. in Prag am 26. März 1815. Vgl. Wurzbach 1872. 24, 135.

cβ. Kronos. Eine Zeitschrift politischen, historischen und literarischen Inhalts. Prag 1813. Auf Kosten der Redaction und in Kommission bei J. G. Calve. IV. 8. 1. Band 892 S. 2. Band 854 S. 3. Band 836 S. 4. Band 331 S. Später in Jena fortgesetzt. Redacteur: Bran. Vgl. Steig, Arnim, 1, 309.

Mit Beiträgen von: J. L. S. Bartholdi, Clemens Brentano (1, 79 bis 93: Die Entstehung und der Schluß des romantischen Schauspiels, die Gründung Prags, an seine Freunde); Mynart (3, 110: Stanzen aus einem noch ungedruckten Schauspiel); E. S. W.; v. Woltmann; Karoline v. Woltmann (4, 210: Frühlingsgesang der Deutschen im Jahre 1813) und Ungenannten.

cγ. Deutsche Blätter. Herausgegeben von K. L. v. Woltmann. Prag und Berlin 1814. II. 8. Vgl. § 293. V. 25. 16) = oben S. 322.

cδ. Isis. Eine Zeitschrift zur Beförderung des Wahren, Guten und Schönen, für die gesammte gebildete Lesewelt. Alteri vivas oportet, si tibi vis vivere. Seneca. Prag 1814. Gedruckt auf Kosten der Redaction. Am Schluß: Gedruckt bei Franz Johann Scholl, auf dem altstädter großem Ringe Nro. 933. 3 Bände. Redacteur: W. E. Gautsch. 3. Band, 3. Heft, Ende: Ankündigung. ‚Einer Aufforderung mehrerer ausländischen Gelehrten an mich, der Vollendung meines kritischen Handwörterbuchs der allgemeinen, oder doch wenigstens der auserlesenen Litteratur mich thätigst zu widmen, . . . nöthigt mich, mit diesem 3. Hefte des 3. Bandes die Redaction der Zeitschrift Isis niederzulegen . . . . Die Zeitschrift Isis wird aber nicht aufhören zu seyn. Ich habe das mir hohen Orts erworbene Recht zu ihrer Herausgabe an einen jungen vaterländischen Gelehrten abgetreten. W. E. Gautsch'. Eine Fortsetzung scheint aber nicht erschienen zu sein.

Mit Beiträgen von: A—ch; Adolf; B.; E. P. J. Bousifet de Moricourt; F. Bousifet de Beaulieu; Benedetto; Cornova; C—r; Deinhardstein; V. Dobrowsky; Dt.; Emil [= E. Trimmel]; S. F. (II. 2, S. 219f.: Schillers Versehen in seinen Räubern); Fritz Fallbrig; Fueglistaller, Prof. in Zürich (Schilleri oda gaudium celebrans); G.; W. E. Gautsch; J. Goldschmied; Gurya; Joseph Adolph Hanslik; Franz Emanuel Harant; J. Bentsch; Hl.; Dr. S. Hock; D. M. J.; E. Klein; Dr. A. Klingemann; Kunsthold; M. J. Landau (I. 1, S. 17f.: Die Nacht. Nach einem alten Minnesänger; L—u.; Anton Isidor Lutzinger; Freiherr v. Meidinger; J. Mras.; On.; J. F. Opiz (J. F. O.; III. 2, S. 76 bis 79: Uiber Lavater); Philipp Maximil. Opiz (Botanophil Opiz); J. A. V. Otto; Carl Eberhard Powondra; Prochaska (P . . . . . ska); —r.; v. Raab; W. E. Reich; S.; K. S. (II. 1: Das triumphirende Europa. Am 31. März 1814); Sarm.; Schmidt.; Karl Ag. Schneider; Joseph Schön (I. 2, S. 121 bis 125: Die Verwandlung der Raupe. Ein Lehrgedicht. Hexameter. III. 1, S. 85 bis 87: Ein Bruchstück aus der Gustavide des Wenzel Klemens von Žebrak. Frey übersetzt und erweitert); S. Semler; W. A. S—a (Swoboda); Talip.; Tschuga; Nina U—; Uhle; J. Wahr (Kunstberichte); Joh. And. Waniek; Franz X. Wimmer; Joseph Wöllner (I. 1, S. 47 bis 79: Über die neueste Musik. Als Einleitung zu einem Commentar über Mozarts Oper: Don Juan); X*.; J. St. Zauper (Nach Owen. II. 2, S. 148 bis 153: Die Poesie in ihren Formen. Ein didactischer Versuch 1803. III. 3, S. 217 bis 219: Ode de vi Poëseos); —*—.

Ohne nähere Angabe finde ich aus dem Jahre 1804 noch verzeichnet: Prager Allgemeine Zeitschrift von Polt.

III. Almanache.

a. Den ersten Schulkalender auf das Jahr 1783 gab Franz Scholz heraus (geb. im Dorfe Hermannsdorf im Bunzlauerkreis am 29. Oct. 1742, gest. am 20. März 1783). Kunitsch 1805. 2, 86.

Kalender für Aufseher, Katecheten und Lehrer der Nationalschulen im Königreiche Böhmen auf das Jahr 1789 bis 1798; von Ignaz Richard Wilfling k. k. Kreiskommissär in Schulsachen. Prag bey Kaspar Widtmann. 10 Jahrgänge. vgl. oben S. 632.

9. Jahrgang 1797: Dem Grafen Franz von Hartig gewidmet.

10. Jahrgang 1798: Herrn Wenzl Joseph Meyer, des Prämonstratenser Chorherrn-Stifts auf dem Strahof in Prag und zu Mühlhausen Abten. — S. 216: Inhaltsanzeige aller in den 10 Jahrgängen dieses Werks enthaltenen Gegenstände.

Mit Beiträgen von: Lorenz Emmanuel Amort Lehrer an der Stephansschule zu Prag; J. V. Cons; Joseph Anton Groß; Johann Peter Hofmann; Alois Klaar; J. G. Meinert; Johann Jakob Rößler k. k. Kreiskommissär in Schulsachen des Königgrätzer Kreises; Franz Xav. Třebitzky k. Physikus der Neustadt Prag.

b. Blumen, Blümchen und Blätter, statt eines Prager Musenalmanachs. Zusammengelesen von Johann Dionis John. Prag und Wien 1787. 170 S. 8. § 231, 28 — Band IV. S. 868.

Vgl. Meusel 8, 551. 10, 35. 23, 51. Allg. dtsch. Bibl. Anh. zu 53 bis 86. 1, 481.

c. Theater Taschenbuch vom 27ten März 1788, bis 27ten April 1789. In welchem alle aufgeführte Schauspiele und Ballets unter Direction und Unternehmung des Herrn Carl Wahr im Königl. altstädter Nationaltheater nebst dem Personale der Gesellschaft in Alphabetischer Ordnung, einigen Anekdoten, und Scenen aus einem noch ungedruckten Lustspiele zu ersehen sind. Zusammengetragen von Anton Genast [† am 4. März 1831 in Weimar]. Mitglied der hiesigen Schauspielergesellschaft. PRAG, gedruckt bey Joseph Emanuel Diesbach. 23 S. 8.

S. 31: Anekdoten. — S. 15: Scenen aus einem noch ungedrukten Lustspiele.

d. Erstlinge unserer einsamen Stunden. von einer Gesellschaft. Erstes Bändchen. Prag, gedruckt bey Johann Jos. Diesbach, 1791. 5 Bl., 150 S., 9 Bl. 8. — Zweytes Bändchen. 8 Bl., 144 S., 4 Bl. Als Herausgeber unterzeichnen: J. Herbst. J. Kirpal. Einsendungen erbeten an den Präfect des kleinseitner Gymnasiums H. Xaver Noe.

Mit Beiträgen von: Ant. Dan. Breicha; Bog; Graf v. Cavriani; Franz Du Chet Fähndrich bey dem löbl. Brechainvillischen Infanterieregiment; Bernhard Ehrlich Hörer der Rechte; v. E-b-n.; Baron v. Escherich; J. Grosse Hörer der Rechte; Habermann) Hantschl (nach Martial); Karl Helminger Doktor der Rechte; J. Herbst Kanzellist bey der k. Staatsgüteradministrazion; Hronn v. Leichtenberg; Jaworek; W. K**; Jos. Kirpal Hörer der Rechte; Koržinek; Gräfinn v. L**; Louise M.; W. M.; Anton Meckl; Meinerth Hörer der Rechte; J. M-k-n. [Mikan?]; v. M-r. (v. M.); J. Neuwirth; Niemeczek; Wenzl Prinz; S** (S. 118 bis 135: Recht und Gnade. Ein Fabliau. An *** Gr. v. **.); Fräulein von S—; Mademois. S.; Marianne S**; Jos. Schmidt. Professor in Pilsen; Karl Schneider (nach Martial); Schnell; M. Schuster, Doktor der Rechte; Franz Schouwärt, Schauspieler beym Dresdner Hoftheater; Fräulein von St.; Mad. S—T.; v. Sternek; Wender; Zwick; Ungenannter; Anonymus.

e. Taschenbuch des Scherzes und der guten Laune, für Freunde fröhlicher Stunden, In komischen Erzählungen. Auf das Jahr 1801 (und 1802). Herausgegeben von G. Cramer, F. Langbein, Polt, F. Allram, und dem Verf. des Odioso, Berlin (Prag). 197 S. Im Verlag der Jos. Poltischen Buchhandlung. 8.

Vgl. Annalen, März 1802. Nr. 19.

f. Helikoniaden herausgegeben von J. A. Pietschmann. Prag 1802. (Schmutztitel: Helikoniaden. Erster Band). 158 S., 1 Bl. Inhalt. Widmung: ‚August Gottlieb Meißnern ein Denkmal inniger Hochachtung'.

Mit Beiträgen von: Aloys Fritsch; J. H—g; J. A. Hurka (S. 1 bis 16: Friedens-Feier: ‚Friede, Friede, Nazionen-Retter'. 8. 157 f.: Apologen. Prosa); L. Jablonsky; F. S. Kandelfinger; J. A. Nigrin (S. 112: Elise, als sie betete. An V. Pietschmann geb. Haan); E. P—a. [Powondra?]; J. A. Pietschmann; J. F. Richter (S. 90 bis 92: ‚Hagedorn'. S. 121 bis 124: ‚Denis'); A. K. Ruh (S. 120: Die Wahl. Triolett); J. Schlutzka; Seibold; J. E. Silcher; Dem. Katharina Steiner; B. Stnhar. (S. 131 bis 156: Folgen des fidelen Lebens auf Universitäten. Aus dem Leben eines fidelen Bruders. Prosa); L. Swoboda; W. W. Welleba; ***.

g. α. Abentheuerliche Historia von dem wilden und unersättlichen Kriegesgotte bey dem gottlosen Heydenvolke Mars, Mavors oder Marspiter benamset: wie selbter eine honette Reisegesellschaft in schädlichen Zank und Hader verwickeln und ihr durch vielerley Schabernak, und gräulichen Spektakuln grausamlich mitspielen thät, von derselben Kompagnie aber in die Zuchtschule genommen, und öfteren tüchtiglich nach seinen Meriten abgeklopfet wird, bis er endlichen von einem mit hoher Vernunft und muthiglichem Herzen begabten Mann zur friedlichen Gesinnung und Ruhe sich persvadiren lässet; alles getreulich und mit untermengten passenden Proverbiis erzählt von einem Augenzeugen aus der Unterwelt, und von der Königl. Prager oberpostamtlich briefträgerischen Gesellschaft zur auferbaulichen und lehrreichen Ergötzung für alle Tit. H. H. wohl und edelhoch- und niedergeborne Gönner zum Druck befördert auf das gnadenreiche Jahr nach Geburt Christi 1802. Prag gedruckt bey Hrabischen Erben. 20 S. 8.

β. Der Moderne Briefsteller sammt beygefügten Addressen-Formular gesammelt von den k. k. Oberpostamts-Briefträgern zu Prag. 1804. 18 S. 8. Enthält auch Gedichte.

γ. Zum neuen Jahre 1804. Vom Wenzel Schwarz, des k. k. prager Oberpostamts Zeitungs-Expeditors. [Prag]. Gedruckt mit v. Schönfeldischen Schriften. 12 S. Darin Verzeichniß der inn- und ausländischen gelehrten Zeitungen, welche von Jänner 1804 bei der k. k. Oberpostamts-Zeitungs-Expedizion zu Prag . . . zu haben sind.

δ. Zum neuen Jahr 1808. Seinen hohen und gnädigen Gönnern gewidmet von Wenzel Schwarz, Oberpostamtszeitungsexpeditor. Prag, in der v. Schönfeldschen k. k. Hofbuchdruckerey. 8 S 8.

Das gebildete Zeitalter. Eine Neujahrs-Rhapsodie. (‚Hoch sieht vom Felsen ein sinnender Greis‘). Dram. Scene in Alexandrinern.

ε. Postbüchlein oder Versuch die löbliche Correspondenten-Schaar zu bewegen, dem Authorischen zum neuen Jahr etwas her zu geben. Falt L'année passée oV par qVatres VInts DIX IoVrs ne toMba pas Vne goVte, et Les arbres se sont troVVé en fLevrs! C'etolt bIen. 1811. 10 S. Am Schluß: J. Jung. 8. 8: Klagen eines alten Ex-Tanzmeisters. (Verse).

ζ. Die Seufzer. Ein Neujahrsgeschenk. Prag, im Jahre 1812. 10 und 16 S. Postbericht. Darin ein Gedicht: Ach! (‚Mit Seufzern fängt mein Lied heut‘ an‘). Am Schluß: Joseph Jung.

η. Von dem Ursprunge der Zeitungen und ihrem Fortgange. Zum neuen Jahre 1812. Von Wenzel Schwarz, Prager Oberpostamts-Zeitungs-Expeditor. Prag, in der v. Schönfeldschen k. u. k. Hofbuchdruckerey. 10 S. 8. Prosa

ϑ. Postbüchlein auf das Jahr 1815. Allen unsren hohen Gönnern nach Standesgebühr in Unterthänigkeit gewidmet. Prag, im Jahre 1814. 80 S. 8.

h. α. Zum neuen Jahre Seinen Verehrungswürdigsten Gönnern ehrfurchtsvoll gewidmet von Ihrem ergebenen J. Körndlein, Billeteur im k. ständischen Nazionaltheater. Prag, 1806. gedruckt bei Gottlieb Haase, königl. böhm. ständ. Buchdrucker. 8 S. 8. (‚Welt! vergänglicher Herrlichkeiten‘).

β. Zum neuen Jahre. Seinen Verehrungswürdigsten Gönnern ehrfurchtsvoll gewidmet von Ihrem ergebenen J. Körndlein, Billeteur der gesperrten Sitze im k. k. ständischen Nationaltheater. Prag, gedruckt bey Gottlieb Haase k. böhm. ständ. Buchdrucker. 1807. 4 S. 8 (‚Es war — ich glaube Anno Eins‘).

γ. Zum neuen Jahre. Meinen Hohen Gnädigen, und Verehrungswürdigsten Gönnern gewidmet von mit ehrfurchtsvoll ergebenen [so] J. Körndlein, Schlüsselverwahrer der gesperrten Sitze im k. k. prager Nationaltheater. Gedruckt bei Gottlieb Haase, 1814. 8 S. 8.

S. 2: ‚Wer drückt es aus, was durch des Lebens Gänge‘. — S. 7: Sehnsucht. (‚Kühl und labend‘).

i. α. Prager Theater-Almanach auf das Jahr 1808. Erster Jahrgang. Prag, in Commission in der Calve'schen Buchhandlung. 2 Bl. Hochlöbliche königl. ständ. Theateraufsichtskommission; 218 S.; 2 Bl. Erklärung der Kupfer. 12.

Enthält: a: Materialien zu einer Geschichte der prager Schaubühnen. Vom Herausgeber. — b: Uiber Declamation. Karl Blumauer (seit 1807 Schauspieler in Prag). — c: Aphorismen. Karl Blumauer. – d: Schillers Ehrendenkmal, ein dramatisches Gedicht. — e: Gedichte (drei von Karl Blumauer). — f: Des Mädchens Klage (Nach Ségur dem älteren). Im Mai 1806. Fr. Xav. B–r. — g: Anekdoten. Vgl. Annalen 1808. 1, 228.

β. Prager Theater Almanach auf das Jahr 1809. 2. Jahrgang. Prag, in Commission in der Calveschen Buchhandlung. 238 S. 8.

Neue Annalen 1809. 2, 126.

Darnach enthält er unter anderen: Drey Scenen aus Fernando und Marie, Schauspiel von Treitschke und einen Aufsatz von Kuffner über das Dichtungsvermögen.

k. Taschenbuch des Scherzes und der Satyre. Wien und Prag. Haas. 1811. Erschien noch für 1819. Vergl. § 296, 57. 11) — oben S. 464.

l. Neuer Nationalkalender für die gesammte österreichische Monarchie auf 1811. Zum Unterricht und Vergnügen für Geistliche und Weltliche, Lehrer und Beamte, Bürger und Landleute faßlich eingerichtet von Christian Carl Andre‚ ehemaligen Herausgeber des Patriotischen Tageblatts. Brünn und Ollmütz, bei Johann Georg Gastl, Buch- Kunst- und Musikalienhändler in der Sattlergasse.

. . . auf 1812. Zweyter Jahrgang. Wien, und Prag in der J. G. Calveschen Buchhandlung.

S. 21: Die drei Freunde. Eine Parabel. (Frey aus dem Hebräischen übers. von Geymann, Bibliothekar in Glogau. — S. 73: Fenelon, der würdige Erzbischof, von Pfeffel).

... auf 1813. 3. Jahrgang. Preßburg und Prag.

S. 42: Lied eines Landmanns in der Fremde von Salis. Mit Musik von Righini.

... auf 1814. 4. Jahrgang. Prag.

... auf 1815 5. Jahrgang. Preßburg.

S. 50 bis 52: Landwehrlied. Den 24. Februar 1814. Gottlob Oswald Löhlein, Senior der evangel. Gemeinden augsburg. Confession im Prerauer und Hradischen Kreise und Pastor zu Zauchtel bei Neutitschein in Mähren.

m. Aurora. Ein Taschenbuch zur gesellschaftlichen Erheiterung auf das Jahr 1812. Prag bei C. W. Enders & Co. 310 S., 3 Bl. Inhalt, 1 Bl. Nachschrift. Herausgeber: S. W. Schießler.

Mi Prosaischen Aufsätzen von: Gustav Bergmann, A. W. Griesel; Jg. Jeitteles; R.; Schütze; .*.

Mit Gedichten von: Bellvoglio; Berghofer; J. C. Bernard; J. H. Dambeck; G.; A. W. Griesel (S. 51: Ritter Horimir Ballade. S. 145 bis 157: Libussas Bad); F. Güllich; J. A. Hanslik (S. 216: Der Ehemann nach dem Tode seiner zanksüchtigen Frau. Nach dem Englischen. S. 225 bis 234: Ballade. Nach dem Englischen des Goldsmith. ‚Bewohnst du frommer Mann dieß Thal'); Joh. Herbst; Jg. Jeitteles; J. K—; D. Krombholz; Liebisch; Erich Mann; Fr. Richter; Rösler; S. W. Schießler (S. 50: ‚Schiller'. Gedicht); K. A. Schneider; Welleba.

Charaden, Räthsel und Logogryphen von: S. W. Schießler; G.; von Stein; Schütze; Bernard; Lo; Herbst; —en; G—d.

Vgl. Annalen 1812. 1, 195.

Annalen 1812. IV, 301: Der zweyte Jahrgang des von S. W. Schießler hrsgg. Taschenbuches: Aurora erscheint in diesem Jahre nicht, weil einige Anstände sich mit der Censur ergeben haben. Doch dürfte sie für 1813 und 1814 erscheinen'.

1. Karl Heinrich von Seibt. § 259, 213 — Band V. S. 348.

a. Vgl. de Luca, gel. Oest. Bd. 1, St. 2. — b. Böhm. Litteratur 1779. 1, 190. — c. Schlözers Briefwechsel. 6 Th. 32. Heft, 367. — d. Wilflings Schulkalender f. 1796. S. 157. — e. Int.-Bl. der Annalen. Nov. 1807. — f. Neuer litt. Anz. 1807. Nr. II. S. 169 bis 172. — g. Böttiger's Denkstein auf Karl Heinrich von Seibt: Wielands Neuer Teutscher Merkur 1807. St. 3. S. 175. — h. Anton Simon: Öst. Beobachter 1810. Beilage Nr. 21 f. — i. Meusel 7, 437. 10, 659. 15, 443. 20, 418. — k. Ernesti: Hirschings Handbuch 12, I, S. 133. — l. Otto S. 1, 270. 2, 801. — m. Glossy: Jahrb. d. Grillparzergesellschaft. 1897. 7, 272.

1) Von dem Einflusse der schönen Wissenschaften auf die Ausbildung des Verstandes; und folglich von der Nothwendigkeit, sie mit den höhern und andern Wissenschaften zu verbinden. Eine akademische Abhandlung von Carl Heinrich Seibt, öffentlichen Lehrer der schönen Wissenschaften und gelehrten Historie auf der Carl-Ferdinandischen Universität bey dem Antritte seines Lehramts an die sämmtliche die höhern Wissenschaften studierenden Mitglieder der Universität gerichtet. Altstadt Prag, gedruckt bey Johann Joseph Clausern, Königl. Hofbuchdruckern 1764. 88 S. 4.

S. 31: Grundriß zu meinen akademischen Vorlesungen über die schönen Wissenschaften und gelehrte Historie, In vier Abschnitte, und eben so viel Collegia abgetheilet.

2) Trauerode dem höchstseeligen Hintritte Franzen des Ersten, Römischen Kaisers und Königs zu Jerusalem etc. und dem tiefesten Leide der Allerdurchlauchtigsten Wittwe Kaiserinn Königinn etc. in tiefester Ehrfurcht geweihet von C. H. Seibt. WIEN, gedruckt bey Johann Thomas Edlen von Trattnern, kaiserl. königl. Hofbuchdruckern und Buchhändlern. MDCCLXV. 4 Bl. 4. (‚O welch ein Klaggeschrey, mit bangem Stehnen').

3) Von dem Nutzen der Moral in der Beredsamkeit sowohl in Absehn auf die Fertigkeit und Richtigkeit im Denken, als Genauigkeit im Ausdrucke. Eine akademische Abhandlung von Carl Heinrich Seibt .... nebst der Einladung zu seinen Vorlesungen. Altstadt Prag, Gedruckt bey Johann Joseph Clausern, Königl. Hofbuchdruckern, 1767. 30 Bl., 30 S.

Bl. 2: Vorerinnerung. ‚Geschrieben den 20. Octob. 1767'.

Vgl. Neue Litteratur 1772. 1, 68 bis 70.

4) Von dem Unterschiede des zierlichen, des Hof- und Curialstyls. Eine Akademische Abhandlung von Carl Heinrich Seibt . . . . . nebst der Einladung zu seinen Vorlesungen über die deutsche Schreibart. Altstadt Prag, Zu finden, bey Anton Elsenwanger Buchbinder in Carolin, 1768. 8 Bl., 45 S. 4.
Vorerinnerung: Geschrieben Prag den 16ten des Weinmonaths 1768.

5) Schreiben an den unbekannten Uebersetzer der Abhandlungen von Tugenden und Belohnungen. Prag 1769. 8.
Vgl. Böhm. Litt. 1779. 1, 194: Prof. Trottmann (Joseph) übersetzte aus dem Italiänischen des Hyacintho Dragonetti Abhandlung von Tugenden und Belohnungen, und vermehrte sie mit Anmerkungen. Prag 1769. 8.

6) Akademische Vorübungen aus den von Karl Heinr. Seibt gehaltenen Vorlesungen über die deutsche Schreibart. Altstadt Prag 1769. zu finden bei Anton Elsenwanger im Carolin. 3 Bl., XII, 176 S. und 1 Bl. Druckfehler. 8. — Prag 1771. — Widmung: . . . ‚Herrn Frans Karl Freyherrn Kreßl von Qualtenberg . . .‘
Darin veröffentlichten ihre Schülerarbeiten: Johann Böhm aus Prag; Johann Carl aus Saatz; Johann Debrois aus Prag; Christoph Fischer aus Graßlitz, Weltgeistlicher; Franz Fischer aus Brünn in Mähren; P. Ferdinand Kindermann von Königswalde, Weltgeistlicher; P. Franz Kulff aus Plan, Weltgeistlicher.

7) Mitarbeiter an den Zeitschriften: ‚Prager gelehrte Nachrichten‘ und ‚Neue Litteratur‘ 1771.
Vgl. oben S. 698 f.

8) Von dem Einflusse der Erziehung auf die Glückseligkeit des Staats. Eine Rede. von Karl Heinrich Seibt, zum Eingange seiner Vorlesungen über die Erziehungskunst gehalten. Prag, 1771 im Verlag der Mangoldischen Buchhandlung. 68 S. 8. Widmung: ‚An den Gubernialsekretär von Korunda‘.

9) Akademische Reden und Abhandlungen. Prag 1771. 8.
Vgl. Neue Litteratur 1772. 1, 225 bis 230.

10) Ueber die Vortheile eines empfindsamen Herzens; eine Rede. Prag 1773.

11) Von den Hülfsmitteln einer guten deutschen Schreibart, eine Rede von Karl Heinrich Seibt, zum Eingange seiner öffentlichen Vorlesungen über die deutsche Schreibart, gehalten. Nebst einigen dahin gehörigen Ausarbeitungen. Prag, 1773. In der Mangoldischen Buchhandlung. XIII, 342 S., 1 Bl. Verzeichniß der Verfasser vorstehender Ausarbeitungen.
Inhalt: a: Rede von den Hülfsmitteln einer guten deutschen Schreibart. — b: Vorerinnerung: ‚Es folgen nunmehr die besten der Versuche, ‚Die meine akademischen Zuhörer in verschiedenen Gattungen der Schreibart verfertiget haben. Die Wahl des Stoffs habe ich Ihnen iedesmal frey gelassen . . . . Der zweyte und dritte Dialog sind die einzige Ausnahme von dieser Regel, als wozu ich zwar den Stoff, aber auch nur summarisch, angegeben. — c: Dialogen. — d: Dialog. — e: Erzählungen. — f: Schilderungen. — g: Charaktere. — h: Uebersetzungen. — i: Schutzschrift für die Christen in Bithynien. — k: Homiletischer Versuch.
Die Verfasser dieser Stilübungen sind: Johann Debrois; Johann Karl; Franz Ehemant; Johann Polpan; Augustin Cippe, Weltgeistl.; Leonard R . . . r; Franz Fischer; Johann Quirin Jahn; Christian Heinrich Spieß; Joseph Polpan; Johann Gelb; Franz Brückner; B.*—z; Ungenannter; Wenzel Kroch.

12) a. Katholisches Lehr- und Gebetbuch herausgegeben von K. H. S. Prag, im Verlag der k. k. Normalschule 1779. 400 S. 8. — Bamberg 1780. 8. — Salzburg 1780. Mayr. 8.
Vgl. Böhm. Litt. 1779. 1, 818.
b. Neues katholisches Lehr- und Gebetbuch. — 2. rechtmässige durchaus verbesserte und ansehnlich vermehrte Ausgabe. Prag und Dresden. 1788. 8. — 3. verb. und verm. Aufl. Salzburg 1784. 8. — Nachdrucke zu Bamberg 1785 und zu München 1786. 8. — Neue Ausgabe Prag 1788. 8. — Katholisches Lehr- und Gebethbuch. Herausgegeben von Karl Heinrich Seibt, k. k. Rath, Direktor des philosopbischen Studiums etc. und Professor der schönen Wissenschaften, und der Moral an der Universität. Vierte, rechtmäßige und vermehrte Auflage. Prag, verlegt und zu haben bey der verwittweten Elsenwangerinn, in der Eisengasse, N. 31. 1794. 4 Bl., 400 S. 8. — 5. verb. und mit Kupfern verm. Ausg. Salzburg 1790. 8. Nachdruck: Bamberg 1791. 8. — Münster, Aschendorff. 1799. 8. — Augsburg. Doll. 1802. — 6. Aufl.

1805. — Neue Auflagen 1818, 1825, 1829, 1830. — Vollständiges Gebet- und Erbauungsbuch für kath. Christen. Neueste von C. H. v. Hauser durchaus verb. Aufl.
Mit Anh. Wien 1828. Haas. 8.

13) a. Lehr- und Gebetbuch für die unmündige Jugend, herausgegeben von
Karl Heinrich Seibt. Prag in der k. k. Normalschulbuchdruckerey. 1782. 214 S. 12.
b. Katholisches Gebet- und Erbauungsbuch für die Jugend, in der Sprache
des kindlichen Herzens. Augsburg, Rieger. 1791. Prag 1807, Neureutter. Neue
Aufl. Wien 1819, Geistinger. Wien 1830, Armbruster. Wien 1831, Haas.

14) Akademische Blumenlese. Herausgegeben von Karl Heinrich Seibt. Prag
1784, in der k. k. Normalschulbuchdruckerey durch Wenzel Piskaczek Faktorn,
verlegt von den Elsenwangerischen Erben. XIV, 408 S., 2 Bl. Inhalt und Verbesserungen. 8.

Schülerarbeiten in Versen und Prosa (Briefe, Gespräche, Beschreibungen,
Apologe, Erzählungen. Charakteristiken, Lieder, ländliche Scenen, Schilderungen
und Phantasien, philosophische Betrachtungen, Episteln, komische Erzählungen,
Fabeln), von: Johann Blaß, Anton Breicha, Johann Goldamer, Jacko, Wenzel
Moritz, Franz Mosig, Franz Pompe, Josef Pöschel, Franz Posselt, Franz Reichel,
Josef Schöfner, Johann Siebert. Anton Simmon (S. 177: Der Kreuzritter und der
Sarazen. Eine Erzählung aus dem zwölften Jahrhundert. S. 255: Leichenkarmen,
auf Herrn Hans von Prott. Eine freys Nachahmung des französischen Lieds: Le
pauvre de Palis est mort etc.), Franz Spielmann (S. 276: Versuch einer Über-
setzung einer Stelle aus Seneca), Karl Spiller, Joseph Thim.

15) Klugheitslehre, praktisch abgehandelt, in akademischen Vorlesungen. Von
Karl Heinrich von Seibt. Impellimur autem natura, vt prodesse velimus quam
plurimis, in primisque docendo, rationibusque prudentias tradendis. Cicero de
Finibus. Prag 1799. Zu haben im Elsenwangerschen Verlagsgewölbe in der Eisengasse,
Nro. 81. II. 4 Bl., 412 S.; 392 S. 8. — 2. Aufl. 1814. — 3. Aufl. 1824. Ebenda, Neu-
reutter. — Band 1, Bl. 2: Geschichte dieses Buches (Prag den 26. July 1798).

16) Die täglichen Opfer eines wahren Christen. Augsburg 1808. 12. —
13. Aufl. 1830. Ebenda. Doll.

2. Johann Ferdinand Opiz, geb. in Prag am 11. Oktober 1741, Sohn des
k. k. Appellationssekretärs Johann Augustin Opiz, trat in den Jesuitenorden, verließ ihn nach 5jährigem Noviziat und vollendete die juristischen Studien in Wien
und Prag, 1767 Kanzellist bei dem Fürsten Karl Egon von Fürstenberg, später
Sekretär und Bibliothekar, 1775 k. k. Bankogefälleninspektoratsadjunkt, 1787 Inspektor des Gefälles zu Tschaslau, † dort am 11. Januar 1812.
a. Meusel 5, 518 bis 520. — b. Vaterländ. Blätter 1812. 8. 127. — c. Isis
1814. 2. Band. 1. Heft. — d. Wurzbach 1830. 21, 67.

1) Ode auf den Tod der römischen Kaiserin Josepha. Wetzlar 1767. 4.

2) Der Held. Eine Ode auf das Nahmensfest des Fürsten Karl Egon zu
Fürstenberg. Wetzlar 1767. 4.

3) Der Philosoph ohne Zwang. Eine Wochenschrift. Wetzlar 1768 bis 1769. 4.

4) Der kleinere Pfiff. Eine Parallele des höheren Rufs. Wetzlar 1769. 24.
Ohne Vfn.

5) Die Menschenfreundin in Pupur. Zwo Oden auf die russische Kaiserin
Katharina die II. Wetzlar 1770. 8. Ohne Vfn.

6) Mein mittäglicher Spatziergang. Wetzlar 1770. 8.

7) Beiträge zu: Wetzlarische wöchentliche Anzeigen. Wetzlar 1772. 4.

8) Gab 1774 heraus: Wöchentlich Etwas. Vgl. oben II. k. — S. 694.

9) Daphnis, am IVten Tage des Wintermonates, dem Namenstage Sr. fürstlichen Durchlaucht, Herrn Karl Egon, Fürsten zu Fürstenberg. Prag, MDCCLXXIII.
8 Bl. Am Schluß: mit Johann Thomas Höchenbergers Schriften.
Des Daphnis Namenstag. Namque erit ille mihi semper Deus. Virg. den
IV. Nov. MDCCLXX. (Idylle in Prosa).

10) Fragmente eines Gebetes an Amor. Frankfurt und Leipzig 1774. 8. Ohne Vfn.

11) Le Triomphe d'Alexandre à Susa. Aus dem Teutschen übersetzt.
Prague 1774. 8.

12) Beschreibung der Hauptstadt Prag. Prag 1774. 8.

13) Verse zum neuen Jahre. Leipzig 1775. 12.

14) Etwas für das Fach der teutschen Staatskunst. Frankfurt und Leipzig 1775. 8. Ohne Vfn.

15) Jyny und As-smaun, eine wahre Geschichte. Leipzig 1775. 8. Ohne Vfn.

16) Ueber die Verschiedenheit unserer Kleidertrachten. Leipzig 1775. 8. Ohne Vfn.

17) Verse zum neuen Jahr. Prag 1775.

18) Prager Ephemeriden. Prag 1775. 8. (Plan und erste Einrichtung). Vgl. oben S. 694.

19) Louise Opitz über den Tod ihres Vaters. Wetzlar 1779. 8.

20) Philemon, oder der Becher der Liebe. Eine Idylle. Prag 1781. 8.

21) Die Köcher. Ein Recept für mein krankes Vaterland. Prag 1782. 8.

22) Schreiben eines vernünftigen Katholiken über den Prediger in Kreuzburg. Prag 1782. 8.

23) Eine kurze Erinnerung für den 30. Okt. 1782. Prag 1782. 8.

24) Verse zum neuen Jahre. Prag 1783. 8.

25) Eine Staatsrede an dem 19ten März im Jahre 1783 als dem Namenstage unsers weisestgütigsten Erblandesherrn Kaiser Joseph des zweyten, in dem Rathhause der königl. Stadt Tschaslau in Böheim gehalten von Johann Ferdinand Opitz, ersten Adjunkten des daselbst befindlichen k. k. böhmischen Bankogefälleninspektorats. 1783 (Dresden). 51 S. 8.

26) Die Bücherfreiheit. Brünn 1784. 8.

27) Allgemeines Comptoir für Deutschlands Gelehrte und Künstler. 1784.

28) Wer war und wie hieß Melchisedecks Vater? Eine gelehrte Dorfgeschichte in drey Büchern. Philadelphia (Triest) 1792. 8.

29) Handschriftlich hinterließ er eine litterarische Chronik von Böhmen in 20 Quartbänden (Im Besitze der kgl. böhm. Gesellschaft der Wissenschaften in Prag).

3. Franz Anton von Meyer. § 259, 29 — Band V. S. 315.

1) Lebensregeln in Versen und 6 Abschnitten . . . 1770. 8.

2) Kandace, ein aethiopisches Trauerspiel in drey Aufzügen. Von Franz Anton v. Meyer. Wien, gedruckt mit Schulzischen Schriften. 1772. 2 Bl. 163 S. 8.

3) Nuht die Gottheit von Nehestät ein Schäferspiel in einem Aufzuge von Franz Anton v. Meyer. aufgeführt auf der Hochgräflichen Schloßschaubühne den 2ten des Heumonats im Jahre 1773. 16 S. 8. [o. O.] Ein Kinderstück.

4) Diana und Endymion Ballet. Brünn 1775. 8. — Eine lyrische Darstellung in 2. Aufz. Prag 1781. — Diana und Endymion. Eine lyrische Vorstellung in zween Aufzügen mit Pantomime und Ballet. Dritte verbesserte Auflage. Prag, 1801. 45 S. 8. Vorwort unterz.: F. A. v. M-y-r.

5) Die Pflanzschule des menschlichen Herzens, oder die Grundlage der Erziehung. Brünn 1775. 8.

6) Sechs Reden, die sein Zögling bey verschiedenen Prüfungen hielt.

7) Julchen, oder Väter sehet nach euern Kindern! ein Schauspiel in einem Aufzuge, von Franz A. v. Meyer. Prag, Wien und Leipzig, in den von Schönfeldischen Buchhandlungen. 1783. 66 S. 8.

8) Die Dichterinnen. oder: Wissenschaft ist schön — Vernunft ist noch schöner! ein Lustspiel in einem Aufzuge. Von Franz Anton v. Meyer. (Sammlung verschiedener Drammatischen Stücke). Prag, gedruckt und verlegt bey Joseph Emmanuel Diesbach, auf dem kleinen Ringl. No. 225. 1784. 44 S. 8. Vgl. Zs. f. d. österr. Gymn. 1896. 47, S. 122f.

9) Morgengesang für alle vernünftige Religionen. von F. A. v. Meyer. Composition von N. Maschek. Iohann Berka sc. Pragae 1796. 1 Bl. Querfolio.

10) Das Freudenfest guter Unterthanen zum Empfange ihrer wohlthätigen Herrschaft. 12 S. 4.

Zweiter Titel: Beschreibung des freudenreichen und glücklichen Empfangs der Herrschaft Hohenelber Grundobrigkeit des ... Herrn Rudolph .... Grafen von Morzin, und seiner von Jedermann geehrt und geliebten Gemahlin der ... Frau Josepha ... Gräfin von Morzin, gebohrnen Gräfin von und zu Hohenwart, bei der ersten Ankunft dieser liebenswürdigen Dame in Hohenelbe am 23. Junius 1798. Nachmittags. unterz. F. M—y—r.
Enthält auch Gedichte.

11) Ode an das Geld von Franz Anton v. Meyer. Nach der Melodie von Friedrich Schillers Ode an die Freude. Prag, bei Kaspar Widtmann, 1802. 14 S. 8.

12) Die wandelnde Veredlung der Menschheit und ihrer Kräfte. Herausgegeben von F. A. v. M—y—r. Prag. gedruckt bei Gottlieb Haase, k. böhm. ständ. Buchdrucker. 1805. 15 S. 8. [Prosa].

13) Der Ruhm des Bieres. Ein Gesang. 2 Bl. 8. Prag, mit Schriften der k. k. Normalschul-Buchdruckerey. unterz. F. A. v. M. ‚Der Gerstensaft, geliebte deutsche Brüder! Ist schon ein alter Trank'.

14) Für Schauspieler und Theaterkritiker, ein Fragment aus Peter Clausens Geschichte. Prag, gedruckt und verlegt bey Joseph Emanuel Diesbach, auf dem kleinen Ringl, N. 225. 16 S. 8.

15) Der Tempel Aeskulaps, oder: Was ist des größten Opfers werth? Drama in einem Aufzuge. Von Franz A. v. Meyer. Prag 1819, in den vorzüglichsten Buchhandlungen 36 S. gr. 8. Alexandriner.

4. Franz Expeditus [Edler von Schönfeld], geb. in Prag am 7. März 1745, Jesuit, Professor an dem Gymnasium zu Prag-Neustadt und in Brzeznitz, Professor der Dichtkunst an der Universität Prag, 1779 Dechant in Reichstadt, Ehrendomherr des Stiftes zu Biben, geistl. Hofrat des regierenden Herzogs zu Zweibrücken und später des Prinzen Christian von Waldeck, begleitete 1800 die böhmischen Studentenlegion ins Feld. Gestorben vermutlich 1807.

a. Pelzel, Jesuiten S. 285. — b. De Luca 1778. I, 2, S. 105. — c. Meusel 7, 279. — d. Kehrein, Kanzelbereds. 1, § 82. — e. Kehrein, Lex. 1871, 2, 120. — f. Wurzbach 1876. 31, 149.

1) De amore veritatis et veritate amoris seu peculiaribus S. Joannis Evangelistae ornamentis. Pragae 1770.

2) De soliditate et sublimitate scriptorum S. Joannis Evangelistae sermo. Pragae 1771.

3) Auf die Reise Josephs des Zweyten, gesungen im Herbste, von F. E. Schönfeld, P. d. G. J. Prag 1771. Bey Edlen von Trattnern. 8.
Vgl. Prager gel. Nachrichten 1771. 1, 94.

4) Der Tod Oskar's des Sohnes Karuths, aus dem Lateinischen des Herrn Denis. Prag 1772. 8.

5) Laudatio dilecti Jesu discipuli ad mores vitae Apostolicae Sectatorum applicata. Pragae 1772.

6) De S. Thomae Aquinatis fervore in discendo et in docendo ardore. Pragae 1772.

7) De sincera SS. Petri et Pauli Apostolorum imitatione sermo ... Pragae 1773.

8) De Gloria, quam S. Joannes Religioni procuravit, et quam Religio tribuit S. Joanni, orationem dixit Nobilis a Schoenfeld, pres. eccl. Philosophiae in celeberrima Pragensi Universitate doctor, theologalis laureae Candidatus. Probante Caes. Reg. Censura. Excudit Joannes Ferdinandus nobilis a Schoenfeld. Pragae. M.D.CC.LXXIV. 18 S. 8.
Widmung: Honori ... principis ... domini Caroli Egonis a Fürstenberg dicatum.

9) De ratione, atque auctoritate, quibus religiosa de sancto B. M. V. Ortu sententia innititur, in Basilica RR. PP. Hybernorum eidem immaculatae conceptioni dicata orationem dixit Nobilis a Schoenfeld, praesb. eccles. in celeberrima pragensi universitate professor poeseos. R. P. O. Probante Caes. Reg. Censura. Pragae, in magna aula Carolina. M.DCC.LXXIV. 16 Bl. 8.
Widmung: Celsissimo Domino Domino S. R. I. Principi a Fürstenberg valetudine recuperata d. d. d. orator.

10) De catholico Sanctorum cultu oratio ... Pragae 1775.

11) Als Joseph seine Streiter bei Prag prüfte. Prag 1775. 8.

12) An den Oberdruiden Böhmens. Prag 1775. [An den Erzbischof von Prag!]

13) Einige Uebersetzungen von Schülern der Dichtkunst an der Hohenschule zu Prag. Herausgegeben als Sie zum erstenmal öffentlich geprüfet wurden. im Jahre 1775. Mit Bewilligung der k. k. Censur. PRAG, bey Johann Ferdinand Edlen von Schönfeld. k. k. Universitätsbuchdruckern. 36 S. gr. 8.
S. 1: Begleitung des Lehrers. unters.: Franz edler von Schönfeld, k. k. Lehrer der Dichtkunst. — S. 13: Virgils Erste Ekloge ins Deutsche übersetzt. Prosa. übers. von Franz Duchst. — S. 81: Ein Hirtengespräch auf des Welterretters Geburt, übersetzt aus dem Böhmischen. (Hexameter). Anton Schwanda Edler von Schemschitz, Franz Wlach Edler von Negro, Joseph Meißner. — Enthält auch Übersetzungen ins Lateinische und ins Tschechische.
Vgl. Böhm. Lit. 1779. 1, 189.

14) Einige Uebersetzungen von Schülern der Dichtkunst an der Hohenschule zu Prag. Herausgegeben als Sie zum zweitenmal öffentlich geprüfet wurden. Im Jahre 1775. Mit Bewilligung der k. k. Censur. PRAG, bey Johann Ferdinand Edlen von Schönfeld, k. k. Universitätsbuchdruckern. 47 S. 8.
S. 1: Begleitung des Lehrers (Widmung an Cornova) unters.: Franz von Schönfeld k. k. Lehrer der Dichtkunst. — S. 12: Virgils Vierte Ekloge ins Deutsche übersetzt. (Prosa). Von Joseph Schmidt. — S. 22: Virgils Fünfte Ekloge ins Deutsche übersetzt. (Prosa). Von Franz Duchet und Bernard Ulick. — S. 34: Virgils Sechste Ekloge. (Prosa). Von Emanuel Zuebert und Anton Schwanda von Schemschitz. — S. 42: Ein Klaglied Tibulls ins Deutsche übersetzt. (Verse). Von Franz Rudolph von Ehrenwald und Franz Giržik.

15) Quantum pia sententia de Sancto B. V. M. ortu jurando juri praestet argumentum et quantum piae sententiae robur addat jus jurandum Pragae 1777. 2. Aufl: Quantum pia sententia de sancto B. M. V. Ortu jurando juri praestet argumentum, & quantum piae sententiae robur addat jusjurandum. Coram sacris profanisque regni Bohemiae proceribus sermone ostendit Expeditus a Schoenfeld. Quem nunc honori, ac venerationi .... Domini Francis. Xav. Twrdy D. G. Episcopi Hypponensis &c. &c. dicatum. Sub solemnia inaugurati magistratus minoris coetus latini Recudi Fecerunt Poetae, Pragae Veteris, apud Joannem Ferdinand Nobilis a Schoenfeld. 1779. 21 S., 6 Bl.

16) An den Lenker der Weisen Oesterreichs. Prag 1778. 8.

17) Oratio de consensione Universitatis Pragenae cum Ecclesia Metropolitana in ornando S. Joanne Nepem. Prag. 1778.

18) An den Jüngern Freyherrn von Schönewitz, ein Gesang. Prag 1779. 8.

19) Rede von den Hauptabsichten der Wohlthäter, und von der Verbindlichkeit der Pflegkinder des Hauses der armen Waisen zu St. Johann den Täufer. Gehalten von Expedit Edlen von Schönfeld. Prag, bey Joh. Ferd. Edlen von Schönfeld 1779. 20 S. gr. 8.

20) Von dem Einflusse der guten und bösen Geister auf den Menschen. Prag 1779. Neue Aufl.: Rede von dem Einfluße der guten, und bösen Geister auf den Menschen. Gehalten an der Schutzengelfeyer von Franz Expedit Edlen von Schönfeld, wirklichen Dechanten in Reichstadt Prag, bey J. F. Edlen von Schönfeld. 1780. 8.

21) Zergliederung der epischen Gedichte Homer's, Virgil's, Klopstock's. Prag 1779.

22) Katholische Gebeter und Gesänge zum Gebrauche der Reichstädter Kirchenkinder. Prag 1780. 12.

23) De immaculato Beatae Virginis Mariae conceptu. Sermo. Coram ...... nec non coram toto senatv populoqve academico ante solennem ivrisivrandi pro sancto B. V. Mariae ortv instavrationem habitvs ab Expedito de Schoenfeld ... Adprobante caesareo-regia censvra. Pragae, literis caesareo-regiae scholae normalis, per Ioannem Adamvm Hagen. 1780. 40 S. 8.

24) Rede von den kaiserlichen Toleranzbefehlen in Böhmen. Gehalten am Tage seiner feyerlichen Einführung in die Kirche zu den heiligen Fabian und Sebastian in Reichstadt von Franz Expedit Edlen von Schönfeld, der freyen Künste und Weltweisheit Doktor, einst an der hohen Schule zu Prag öffentlichen und ordentlichen Lehrer der Esthetik; der k. k. Büchercensurkommission Beysitzer, des vermischten Faches Censor; dermalen bey dem uralten Stifte zu Biben Domherrn, und

des allzeitkatholischen Sprengels zu Reichstadt Dechanten. Prag und Wien, bey Johann Ferdinand Edlen von Schönfeld. 1782. 23 S. 8.

Widmung: Den sämmtlichen (Titl.) Domherren des allezeit getreuen Stiftes an der Metropolitankirche zu Prag.

25) Die heilige Monika als eine Gattin und als eine gute Mutter in einer Predigt vorgestellt zu Böhmischleipa bey den WW. Vätern Augustinern, von Franz Expedit edlen von Schönfeld, Dechant zu Reichstadt. Prag und Wien, bey Joh. Ferd. edlen von Schönfeld 1783. 21 S. 8.

26) Die sogenannte lauretanische Litaney. Erkläret von Dechant Schönfeld zu Reichstadt in Böhmen. 1783. Prag, bey J. F. Ed. von Schönfeld. 27 S. 8.

27) Religio catholica ferventer est praedicanda, propvgnanda est prvdenter, velvt illam praedicavit, et propvgnavit Nepomvcenvs. Oratio: qvam Pragae in Skalka dixit Franc. Expeditvs nob. de Schoenfeld, in Vniversitate Pragensi doctor. Cathedralis Ecclesiae Petinensis Canonicus, et Reichstadiensium in Bohemia Decanus. Pragae et Viennae, Literis Joan. Ferd. nob. a Schönfeld. 1783. 20 S. 8.

Widmung: . . . . Comiti a Wieschnik, ... supremo regni Bohemiae praefecto, tribunalis appellantium praesidi . . .

Auch deutsch: Die katholische Religion soll mit Eifer gepredigt, und mit Bescheidenheit vertheidiget werden, so wie sie Johann von Nepomuk predigte und vertheidigte. Eine Rede, lateinisch gehalten zu Prag in Skalka von Franz Expedit Edlen von Schönfeld, vormaligen k. k. Lehrer an der hiesigen hohen Schule, jetzt aber des uralten Stifts zu Biben Domherrn, und Dechanten zu Reichstadt. Ins Deutsche frey übersetzt von dem Verfasser selbst. Prag und Wien, in der von Schönfeldischen Buchhandlung. 1783. 22 S. 8.

Ihrer Excellenz der (Titl.) Frau . . . . Gräfinn von Wieschnik zugeeignet vom Uebersetzer. — Vgl. Litt. Magazin 1787. 3, 101 bis 126.

a. Recension und kritische Anmerkungen über des Reichstädter Hrn. Dechants von Schönfeld am 25. May in Skalka gehaltene lat. Lobrede auf den heil. Johann von Nepomuck. Verfaßt von M. D. Prag. 29 S. 8. Von Michael Dornik. Vgl. Glückselig in Klar's Libussa auf 1848. S. 338.

b. Kritische Betrachtungen über die Recension und gemachten kritischen Anmerkungen des H. M. D. über des Reichstädter Herrn Dechants von Schönfeld am 25. May in Skalka gehaltene lateinische Lobrede auf das Fest des heil. Johann von Nepomuk. Prag, 1783. 19 S. 8.

c. R. von Steinbergs Briefe an Herrn Meeltisch über verschiedene Gegenstände der Religion, dann über folgende zwo Fragen: 1. Ob der heilige Johann von Nepomuk jemals gelebt? und 2. Ob Johanko von Pomuk an seine Statt als heiliger Märtyrer angenommen werden könne. Dem Pragerischen Domkapitel gewidmet. Prag. 48 S. 8.

d. Nähere Erklärung über die Angelegenheiten des heil. Johann von Nepomuk. 1 Bogen.

e. P. Gelasii Dobner e Scholis piis Exprovincialis Vindiciae sigillo Confessionis dini Joannis Nepomuceni Protomartyris Poenitentiae assertae. Pragae et Viennae 1784. 50 S. 8. Auch in deutscher Sprache erschienen.

f. Schreiben eines Böhmen an einen Mährer über die Abhandlung des hochw. hochgel. Hrn. Gelas Dohners Exprovincials des Ordens der Frommen Schulen betitelt: Vindiciae etc. 1784. (Prag) 1 Bogen. 8.

g. Gicht es einen heiligen Johann de Nepomuk? An den irrenden Ritter von Steinsberg beantwortet von Matth. Johann Brada, Bürger in Nepomuk. Im Jahr 1784. ohne Druckort.

5. Der dichtende Jüngling. Prag bey Mangold. 1770. 230 S. 8.

Vgl. Prager gel. Nachrichten 1771. 1, 872. — Neue Litteratur 1772. 1, 124 bis 126. „Aber wodurch verdient denn Prag das Unglück, beständig fremde Werke, die kein answärtiger Verleger umsonst annehmen würde, in seinen Mauren an das Licht treten zu sehen?“

6. Franz Anton Steinsky, geb. in Leitmeritz am 16. Januar 1752, Professor der Schönschreibekunst an der k. k. Normalschule in Prag, seit 1775 ebendaselbst Lehrer der Naturwissenschaft, seit 1784 Professor der Alterthumskunde und der historischen Hilfswissenschaften an der Universität in Prag. 1811 Dekan der philos. Fakultät. Todesjahr unbekannt.

a. Wilflings Schulkalender f. 1796, S. 158; f. 1798, S. 179. — b. Meusel 7, 644 f. 10, 709. — c. Nagler, Deutsches allgemeines Künstlerlexicon 1839. 17, 806. — d. Wurzbach 1879. 38, 167.

1) Schriftmuster nach Grundsätzen der Prager Normalschule. Teutsch und Lateinisch (gestochen von Jos. Koch). 2 Hefte. Prag 17??.

2) Epigrammatische Verse auf Scherzkupferstiche, nach Art der englischen, bey den Gebrüdern Balzer zu Prag. Prag 1772 bis 1774.

3) Hatte Anteil an der Schrift von Amand Schindler (geb. in Wartha in Schlesien am 17. Dezember 1742, gest. zu Prag am 5. August 1782): Der Hauslehrer oder Beiträge zum Privatunterricht in den nöthigsten Lehrgegenständen. Prag 1778. 8.

4) Anteil an folgenden Schulschriften des Abbts von Felbiger: a: Anleitung zur richtigen Erkenntniss der merkwürdigsten natürlichen Dinge. Wien 1778. 8. — b: Erdbeschreibung für österreichische Schulen. Wien 1780. 8. — c: Katechetische Gesänge des P. Franz in Breslau, zum Gebrauch der teutschen Schulen . . . Umgearbeitet Prag 17??. — d: Disciplinarvorschrift in den Normalschulen. Ebenda 17??.

5) Danksagungsrede an das bey der öffentlichen Schulprüfung versammelte Publikum. Prag 1782. — Prag 1785.

6) Gab heraus: Monatliche Beyträge zur Bildung und Unterhaltung des Bürgers und Landmanns. 12 Stück oder II Bände. Prag 1783 und 89. Gerle. gr. 8. S. oben S. 697.

7) a. Lieder zur öffentlichen und häuslichen Andacht, mit Melodien größtenteils von den besten vaterländischen Meistern. Herausgegeben auf Veranlassung der k. k. Normalschuldirektion. Prag, in der k. k. Normalschulbuchdruckerey, 1783. 16 Bogen. 8. — Ebenda 1784. — 4. verm. Auflage. Ebenda 1794. 8. — Litterar. Magazin 1787. 3, 93 f. ,Die Lieder . . . sind größtentheils von Hrn. Prof. Steinsky neu verfertigt, einige aus andern kathol. Gesangbüchern entlehnet'.

b. Kleines Gesangbuch enthaltend die Lieder zum gewöhnlichen Gottesdienste.

8) Schreiben an den Hrn. Hofrath von Born über eine in Stein eingeschlossen gefundene Münze; nebst einigen Gedanken über die Entstehung der gegenwärtigen Oberfläche der Erde. Prag 1784. gr. 8. Auch in: Abhandlungen einer Privatgesellschaft in Böhmen 6, 377 bis 394.

9) Auswahl der merkwürdigsten Alterthümer Aegyptens; zum Behuf akademischer Vorlesungen über Alterthumskunde. Prag 1787. 8.

10) Gottesdienst gemäss allgemeiner Pfarreinrichtung. Auf Verordnung der k. k. Religionskommission in Böhmen. Nach Einverständniss des Hrn. Fürsterzbischoffs zu Prag und der Herren Bischöffe zu Leutmeritz und Königsgrätz. Prag 1787. 8. — 2. Ausg. Ebenda 1796. 8.

11) Inauguratio Ferdinandi Equitis a Schulstein, Episcopi Litomericensis celebrata X. Oct. 1790. Pragae 1791. fol.

12) Allgemeines katholisches Kirchenbuch; erschien wöchentlich seit Dec. 1797. Den Abnehmern dieser Zeitschrift wird in Wilflings Schulkalender f. 1798, S. 179 eine Schrift: ,Ueber die Aechtheit der Quellen des Christenthums' in Aussicht gestellt.

13) Der Heldentod des durchlauchtigen Herrn, Herrn Karl Joseph Aloys, des H. R. R. Fürsten zu Fürstenberg, Sr. K. K. Apost. Maj. Feldmarschalllieutenants etc. etc. in der Schlacht bey Stockach, am 25. März 1799. Von einem Offizier des K. K. Inf.-Regiments de Ligne. Der tief trauernden Wittwe, gebornen Fürstin von Thurn und Taxis. dargereicht von einem Verehrer Ihres Hauses. Prag, in der k. k. Normalschul-Buchdruckerey, 1799. 4 Bl. 4.
Widmung unterz.: Steinsky. Das Gedicht unterz.: Friedelberg. § 294,3 — VI. 364.

14) Ein Lied in: Ausführliche Beschreibung der am 15ten November 1800 gehaltenen Jubelfeyer der k. k. prager Normalschule, nebst der kurzen 25jährigen Geschichte dieser Schule. Von Alex. Parizek. Prag 1801. Vgl. S. 727.

15) Klaglieder des Propheten Jeremias. Nach der vulgaten lateinischen Bibel, mit Vergleichung der Grundsprachen, in deutsche Verse übersetzt. Prag, in der k. k. Normalschul-Buchdruckerey. 1808. 23 S. 8.
Vgl. Annalen März 1804. Nr. 29: ,Unter den Besorgern des Kirchenbuchs,

so viel uns bekannt, ist auch und vorzüglich der verdiente Hr. Professor Steinsky, der nun freylich noch keinen Beruf zu einem Uebersetzer eines hebräischen Dichters hat'. — 'Alle diese Stellen hat Rosalino richtiger, kürzer und besser übersetzt, als die Überarbeiter der Riedel'schen metrischen Uebersetzung'.

16) Beiträge zu Iselins und Beckers Ephemeriden der Menschheit; zu Meusels Neuen Miscellaneen artistischen Inhalts.

7. **Joseph Ritter von Mader**, geb. in Wien am 8. September 1754, Sohn des Bildhauers Johann Christoph Mader (geb. 1697 in Ullersdorf in Böhmen), studierte in Wien, Schüler Martinis, 1779 Professor der deutschen Reichsgeschichte und der Staatenkunde an der Universität in Prag, 1815 in den Ritterstand erhoben, starb am 25. Dezember 1815.

Biographie des Joseph Ritter von Mader, des kaiserlich österreichischen Leopoldordens Ritter, u. s. w. Verfaßt von Dr. Mathias Kalina von Jätenstein. Prag 1818. Gedruckt bei Gottlieb Haase, böhm. ständ. Buchdrucker. 30 S. 8.

1) Uiber einige Vorzüge des Naturrechts des Hrn. Karl Anton von Martini. Wien 1774. 8. Ohne Vfn.

2) Dissertatio inauguralis juridica, definitionem belli, item fundamentum imputationis illustrans. Viennae, apud Trattner 1777.

3) Vermischte Aufsätze aus der Moral, Staatskunst, und Staatenkunde, zum Versuch Lesen und Denken, besonders bey der studierenden Jugend zu befördern. Utilia dicere vitae. Prag, bey Kaspar Widtmann. 1788. 8 Bl., 239 S. 8. Ohne Vfnamen.

Vorrede: 'Einige meiner gewesenen Zuhörer zeigten Lust, in ihren Nebenstunden über Gegenstände aus der praktischen Philosophie und der Geschichte Ausarbeitungen zu machen, wenn ich ihnen dabey an die Hand gehen wolle .... Ich schlug meinen jungen Freunden allerley Materien vor, an denen sie ihre Kräfte versuchen könnten: und wenn einer was ausgewählt hatte, hieß ich ihn einen Plan entwerfen; ließ die andern ihre Meinung darüber sagen; zergliederte ihn sofort selbst; verwarf, billigte, änderte, ergänzte und führte meine Gründe an; zeigte ihm dann die Hülfsmittel, wie diese auszuarbeiten, und wie diese am besten zu gebrauchen seyen. Indessen empfahl ich ihnen, durch Uebersetzungen und Auszüge sich vorzubereiten ..... Zum Uebersetzen schlug ich solche Aufsätze vor, die mir vor andern geschickt schienen, einen Gegenstand unter verschiedenen Gesichtspunkten betrachten zu lehren, ... Aufsätze, in denen noch manches zu erläutern, zu ergänzen, zu berichtigen; die dem Innhalte nach erheblich und anziehend, dabey in einem gedrängten, lebhaften, nachdrücklichen Style abgefaßt wären .... Ich bin gegen meine jungen Freunde bey ihren Ausarbeitungen so streng, als ich es ihrem eigenen Vortheile, und wenn selbe gedruckt werden sollen, dem Publikum, und mir selbst schuldig bin'.

a: Ob die Aemter auf lebenslang ertheilet werden sollen? Gründe dawider. Uebersetzt aus: Des corps politiques, et de leurs gouvernements. Lyon 1764. tome 2 l. 4 ch. 8—10. Nr. — b: Von Projekten. Uebersetzt aus: Traités sur divers sujets intéressans de Politique et de Morale. 1760. N. 3. Zk. [Ziak?]. (Vorrede: 'Erst vor ein Paar Tagen las ich die schon [Lauban] 1778 herausgekommenen problematischen Beyträge zur Staatskunst, und fand S. 83 bis 86. ein Paar Stellen aus den Traités sur divers sujets de polit. & morale: ich glaube, daß unsere Uebersetzung der nähmlichen Stellen ... bey der Vergleichung nichts verlieren wird'). — c: Von den Urtheilen über Regenten, und Staatssachen. Dr. — d: M. Pillers und L. Mitterbacher's Reise durch die Poscheger Gespannschaft in Slavonien. im Jahre 1782. Aus dem lateinischen auszugsweise, und mit Anmerkungen. Lr. (Vorrede: Die Beschreibung der kleinen Reise durch die Poschegergespannschaft in Slavonien schien mir an sich lehrreich und unterhaltend, dabey wenig bekannt zu seyn ... Von den jetzigen Zeitumständen erhält sie ein neues Interesse ... Ich rieth meinem jungen Freunde das wichtigste in Bezug auf die Landwirtschaft, Industrie, und Handlung, auf den Karakter der Einwohner, auf ihre häusliche und politische Verfassung, mit einem Worte das, was statistisch merkwürdig, auszuheben. in eine gute Ordnung zu bringen, die hie und da zu weitschweifige, auch zu blühende, und rednerische Schreibart kürzer und einfacher zu machen, ohne jedoch dem Sinne oder dem Nachdrucke etwas zu vergeben, endlich einige der neuesten und zuverlässigsten Schriften über Slavonien damit zu vergleichen). — e: Von Handel, Ackerbau, Zollwesen u. s. w. bey den Römern. Uebersetzt aus: Saggio sopra la politica, e la legislations romana del Conte

B** di C**. [Botton von Castellamonte] 1782. Cap. 6. Ts. — f: Von den Sprüchwörtern. Dr. (Vorrede: ‚Der Aufsatz über die Sprüchwörter war eben unter der Presse, als ich von ungefähr in den Provinzialnachrichten aus den k. k. Staaten von diesem Jahre blätterte, und mir im 13ten Stücke nicht ohne einem plötzlichen Schrecken die Aufschrift: über deutsche Sprüchwörter, in die Augen fiel. Ich fand aber zu meinem Troste, daß jener noch immer gedruckt werden könne'). — g: Kleinigkeiten: 1. Haushaltungskunst. 2. Parlamentsakten aus der zwoten Hälfte des 16ten Jahrhunderts. 3. Lieber seyn, als scheinen; lieber scheinen, als seyn; seyn, und scheinen. 4. Weinkeller und Haberboden eines Erzherzogs von Oestreich, und eines Abbts im J. 1594. 5. Ferdinand I. ein Erwecker Todter Klosterschätze. 6. Die deutsche Sprache. 7. Kann man auch seine Sünden giriren? 8. Der gelehrte Censor. 9. Die freye Aussicht. 10. Ein glückliches Anagramm. 11. Gerechtfertigte Schmähungen. 12. Nulla dies sine linea. 13. Man spricht selten viel von der Tugend; die man besitzt. Lessing. 14. Gespräch. Zwischen einem Kavalier, dem Grundherrn der Gegend, und einem Bauernknecht, der ihn nicht kannte, und eben Abends mit dem Pfluge nach Hause kehrte: in Unterösterreich bey Seitenstätten. 1786. 15. Uiber einige Beynahmen der Venus. 16. Die Nacht. 17. Patriotische Delikatesse eines Lexikonsschreibers. 18. Die Nachahmer. 19. Preisaufgaben I. H. (Anmerkung: Wir haben meines Wissens im Deutschen kein Wort, welches das Ardelio ganz ausdrückt). 20. Die großen Herren. 21. Keine Regel ohne Ausnahme. Dr. (Vorrede: ‚Die Leser werden hoffentlich eher gerne sehen, als uns ausschelten, wenn wir mit unter scherzhafte Einfälle anbringen — die dann noch immer ernsthaftere Denken veranlassen können, und bey denen das verum atque decens nie aus den Augen gelassen werden wird, — oder wenn wir das nackte Räsonnement zuweilen mit ein bißchen Witz karmusiren. Aber freilich müssen sie ihn nicht von der allerfeinsten Sorte verlangen: anerwogen unser Standort um so viele Grade dem ewigen Eise näher liegt als Athen').

4) Empfindungen eines öst. Patrioten an dem Tage, da Böhmen seinem neuen Herrscher huldigte. Prag 1792. 4 Bl. 8. Verse.

5) Nach den Lieferungen von und für Böhmen 2, Miszellen 8. 1 hat er Anteil an: Betrachtungen über die Rechtmäßigkeit des gegenwärtigen Kriegs gegen Frankreich, und die Zweckmäßigkeit des in den Oest. Ländern eröffneten Gold- und Silberdarlehens. 4 Bog. 8.

6) Beiträge zu Bleggers Materialien zur alten und neuen Statistik von Böhmen, zum Apollo etc.

8. Ignaz Cornova. § 218, 19. — Band IV. S. 111.

a. Meusel 1, 620 f. 9, 209. 11, 144. 13, 242 f. 17, 349 f. 22¹, 531. — b. Pelzels Jesuiten 28 a. — c. Waitzenegger 1822. 3, 84. — d. Hormayrs Archiv 1823. Nr. 22 von Ritter von Rittersberg. — e. Nekrolog und Schriftenverzeichnis: Schriften der königl. Gesellsch. d. Wiss. 1824. (III. Folge). Band 8. — f. Kehrein, Kanzelberedsamkeit 1, § 79. — g. Kehrein, Lex. 1868. 2, 60. — h. An Cornova. 3 Bl. 8. (‚Bergen wolltest Dich in eine Hütte'). — i. Über Cornovas Leidenschaft für die Gräfin Josefine Pachta, die spätere Freundin Meinerts: Varnhagen, Biographische Porträts 1871, 185; Varnhagen, Ausgewählte Schriften 3, 18.

1) Gedichte von Ignaz Cornova. Prag, bey Wolfgang Gerle, 1775. 142 S., 2 Bl. Verzeichnis der Gedichte.

S. 3: Fabeln und Erzehlungen. (S. 8: Der Quaeker, und das Mäuschen nach dem Babioles literaires. — S. 12: Der böse Knabe einer alten Fabel Riederers. — S. 13: Der Löwe beym Gemälde nach dem Lafontaine. — S. 14: Der Esel, und die Iliade nach dem Desbillons). — S. 35: Idyllen. (S. 51: Apollo der Sieger Pythons, eine allegorische Idylle auf S. M. den Kaiser). — S. 75: Oden, und Lieder. (S. 78: Auf die Stiftung einer k. k. Akademie der Wissenschaften. — S. 81: Auf den Hochgräflichen Verfasser [Franz Joseph Graf von Kinsky] der Erinnerungen über einen wichtigen Gegenstand, von einem Böhmen. — S. 130: An Milon vom Lande. Ein grossetsches Briefchen). — S. 133: Sinngedichte. (Nach dem Martial. — Nach dem Lateinischen eines Ungenannten).

2) Die Helden Oesterreichs, besungen in Kriegsliedern, von Ignatz Cornova. Prag, 1777. mit Schriften der k. k. Normalschulbuchdruckerey, durch J. A. Hagen, Faktor. 3 Bl., 282 S. 8.

3) Or. funeb. qnum alma sodalitas latina major piis suorum manibus parentaret. Prag 1778.

4) Die Mutter schied. Von Ignaz Cornova. Prag, bey Johann Ferdinand Edlen von Schönfeld. 1781. 8 S. 8. („Zerfleußt in Thränen, Herzen voll Vaterland!").

5) Rede bey der Einweihung des Waisenhauses. Prag 1781. Vgl. Nr. 9).

6) Als die Hoffnung Böhmens verschwand, Vater Joseph zu sehen. Von J. Cornova. Prag und Wien, bey J. Ferd. von Schönfeld. 1782. ¹/₄ Bogen. 8.

7) Auf den Besuch Pius VI. bey Joseph dem II.; eine Ode. 1782.

8) An Böhmens junge Bürger. Ein Gedicht in vier Gesängen von Ignatz Cornova. Prag und Wien, bey Johann Ferdinand Edlen von Schönfeld. 1783. 103 S. 8.

9) Geschichte des Waiseninstituts zum heiligen Johann dem Täufer in Prag, von Ignaz Cornova. Prag 1785, verlegt auf Kosten einer Gesellschaft von Menschenfreunden; und wird zum Besten des Waisenfonds, um den erhöhten Preis von einem Gulden verkauft. 3 Bl., 118 S. 8.
Widmung: Der hochgebornen Frau Maria vermählten Gräfinn Malabaila Canal, gebornen Reichsgräfinn Chotek von Chotkowa und Wognin.
S. 99 bis 118: Rede bey der Einweihungsfeyer des von unserer verklärten Landesmutter dem Waiseninstitute zum heil. Johann dem Täufer geschenkten Hauses. In der neustädter Hauptkirche zum heiligen Heinrich am 8ten Heumonats 1781 vorgetragen von Ignaz Cornova.

10) Paul Stransky's Staat von Böhmen. Uebersetzt, berichtigt, und ergänzt von Ignaz Cornova. Prag, bey Johann Gottfried Calve. 1792 bis 1803. VII. 8. Vgl. Nr. 16).

11) Kurze Uibersicht der merkwürdigsten Empörungen in Böhmen und ihrer Folgen. Ein Gegengift wider den Freyheitstaumel. Von Prof. Cornova. Prag, 1793. bei J. G. Calve. 41 S. 8.

12) Briefe an einen kleinen Liebhaber der Vaterländischen Geschichte. Von Ignaz Cornova. Prag, bey Joh. G. Calve. 1796 bis 1797. IV. 8.
Erstes Bändchen. Geschichte Böhmens unter dem Přzemislischen Herrscherstamm. 1796. 5 Bl., 286 S. 8. — Zweytes Bändchen. Geschichte Böhmens unter den Lützelburgern. 1797. 810 S. 8. — Drittes Bändchen. Geschichte Böhmens unter Königen aus verschiedenen Häusern. 1797. 366 S. 8.

13) Der zweyte Punische Krieg nach Livius von J. Cornova. Prag, bey Johann Gottfried Calve. 1798. XVI S.: ‚An meine literärischen Zöglinge', 587 S. 8.

14) Unterhaltungen mit jungen Freunden der Vaterlandsgeschichte. Von Ignaz Cornova. Prag, 1799 bis 1803. bey Joh. Gottfried Calve. IV. 8.

14') Das Fest der Fürstenliebe, bei der Errichtung der vaterländischen Legion im böhmisch-ständischen Theater aufgeführt den 14. Christmonats 1800. Prag, in der v. Schönfeld'schen k. k. Hofbuchdruckerei. Vgl. Teuber, Gesch. d. Prager Theaters 2,367.

15) De rebus Sueco Pragam obsidente gestis commentariolus. Prag 1801.

16) Leben Josephs des Zweyten. Von J. Cornova. Aus Stransky's Staat von Böhmen. Prag, 1801. Bey J. G. Calve. 3 Bl., 614 S., 1 Bl. Druckfehler.

17) Beschreibung des feyerlichen Einzugs Kaiser Ferdinands I. in die Hauptstadt Prag den 8ten November 1558. Bey Kaiser Franzens II. Akademischer Geburtsfeyer. Aus dem Lateinischen einer gleichzeitigen Feder übersetzt und mit Anmerkungen begleitet von Ignaz Cornova. Prag, 1802. gedruckt bey Haase und Widtmann. 119 S. 8.
Auszug im Böhmischen Wandersmann von J. G. Meinert 1802. II. Bd. Nr. 7 bis 8.

18) Die Jesuiten als Gymnasiallehrer, in freundschaftlichen Briefen an den k. k. Kämmerer und Vizepräsidenten in Gallizien Grafen von Lażansky, von Ignaz Cornova. Prag, 1804. bey J. G. Calve. 8 Bl., 159 S., 1 Bl. Verbesserungen. 8.
Vgl. Annalen 1804. August Nr. 85. 86. Sept. Nr. 101. 102.

19) Die Erbverbrüderung der Häuser Böhmischlützelburg und Oesterreichhabsburg. Ein Denkmal der völkerbeglückenden Weisheit Karls IV. Von J. Cornova. Für die Abhandlungen der k. böhm. Gesellschaft der Wissenschaften. Prag, 1805 gedruckt bey Gottlieb Haase, königl. böhm. ständ. Buchdrucker. 40 S. 8.

20) Der große Böhme Bohuslaw vom Lobkowicz und zu Hassenstein nach seinen eigenen Schriften geschildert von Ignaz Cornova. Prag 1808, in der Calveschen Buchhandlung. XII und 482 S. 8.
Vgl. Annalen 1810. III, 50. 1811. II, 121.

21) Jaroslaw von Sternberg der Sieger der Tartarn [so] von Ignaz Cornova. Prag, 1813. Bey Johann Gottfried Calve. 2 Bl., 82 S. 8.

22) Das Nöthigste aus der alten Geschichte für junge Leser, von Ignaz Cornova. Prag 1814 bis 1815 in der Calveschen Buchhandlung. VI. 8.

23) Lebensgeschichte Johann Karls Grafen Krakowsky von Kolowrat, Freyherrn von Ugezd,..... kommandirenden Generals im Königreich Böhmen, und Innhabers eines Regiments zu Fuß. Von Ignaz Cornova. Gedruckt auf Kosten der Freunde des Verklärten zum Behuf der Erziehungsanstalt seines ehemaligen Regiments, itzt: Palombini. Prag, 1818, bei Gottlieb Haase, k. ständ. Buchdrucker. 75 S. 8.

24) a. Das Waiseninstitut der Italiener in Prag. Von Herrn Professor J. Cornova: Hyllos 1819. Nr. 2, 3, 4, 5.
b. Gedichte im Hyllos 1819.

25) Ueber die Pflicht für die hinterlassenen Kinder der Brüder zu sorgen, und über die Art und Mittel dieser Pflicht nachzukommen. Zum Gebrauch der gerechten und vollkommenen Loge Wahrheit und Einigkeit zu 3 gekrönten Säulen im Orient zu Prag. Ein Vorschlag des Bruders zweyten Aufsehers der Loge. Als Mannscript für Brüder und Schwestern. 83 S.
S. 83: Unterschrift. Br. Ignaz Cornova 2ter Aufseher der Loge. Dieser Vorschlag des Bruders 2ten Aufsehers, ist von der Loge durchgängig genehmigt, und in allen seinen Theilen zum Gesetz erhoben werden. Br. Müller, Sekretär.

9. Anton Peter Pollinger, † am 28. Mai 1779 in Prag. § 259, 215 — Band V. S. 348.
Böhmische Litteratur 1779. 1, 338 f.

1) Ein Gedicht auf die Genesung des Erzbischofs zu Prag.

2) Cosmica, die Alltagswelt. Eine Wochenschrift. Prag 1776. Geriet gleich bei Ausgabe der ersten Bogen ins Stocken. Vgl. oben S. 695.

3) Die Siebenkreuzerlaterne zur Beleuchtung der moralischen Betrachtungen des Hrn. F. J. G. Baseband, Doktorn der Vignetten. Gedruckt auf Kosten des Unsinns und zur Steuer der Wahrheit in der philanthropischen Druckerey, im Jahr, da schlecht zu schreiben, und viel versprechen Mode war. 8.

10. Leopold Alois Hoffmann stammte aus Böhmen. § 259, 57 — Band V. S. 323.

1) Am Tage Josephs, Ode von L. A. Hoffmann. Prag, in der Sammischen Buchhandlung. 1779. 4.

2) Der Triumph des Friedens, ein Melodram von L. A. Hoffmann. Prag, bey Gröbeln 1779. 80 S. 8.

3) An die Wahrische Gesellschaft beym Schluß der Bühne, den 8. Hornungs 1780. von L. A. H. Prag, mit Schriften der k. k. Normalschule. 8.

11. Milo Johann Nepomuk Grün, geb. zu Flöhau im Saazer Kreise am 11. November 1751, studierte in Saas und Prag, trat 1769 in das Prämonstratenserstift Strahow, wurde 1776 zum Priester geweiht, Sekretär des Stiftsabtes, Dechant und Probst in Iglau, 1804 Abt in Strahow, Professor der Theologie, † am 20. Januar 1816.
a. Meusel 11, 299. 22 II, 472 f. — b. Int.-Bl. der Annalen, April 1808 Sp. 155. — c. Vaterl. Blätter 1816. S. 117. — d. Waitzenegger 1822. 3, 184. — e. Gräffer und Czikann 1885. 2, 485. — f. Wurzbach 1859. 5, 392.

1) Positiones de universo systemate theologico. Pragae 1775. 4.

2) De laudibus angelici ecclesiae Doctoris Divi Thomae Aquinatis. Oratio in basilica S. Aegidii Abbatis, sacerrimi, ordinis Praedicat. Pragae veteris dicta. 1779. Pragae. fol.

3) Annales domestici ab anno 1780 bis 1790. Tom I. fol. Handschrift.

4) Kurzgefaßte pragmatische Geschichte Böhmens unter der glorreichsten Regierung Josephs II, die Anstalten der Religion und die damit verknüpfte Geistlichkeit betreffend. Wien 1788. Trattner. 8.

5) Die Stimme des Hirtens an seine Heerde bey Gelegenheit des itzigen Krieges. Von Johann Milo Grün,..... Iglau, gedruckt bey Fabian August Beinhauer, Buchdrucker und Buchhändler, 1794. 50 S. 8.

6) Lauretanische Lytaney zum Nutzen seiner Heerde ausgelegt. Iglau 1795. 8.

7) Rede bei der tausendjährigen Jubelfeier von der Erbauung der königl. i - und Bergstadt Iglau im Markgrafthume Mähren. Iglau 1799. Beynhauer. Kreis 8. — Trapp Nr. 8238.

8) Ein Wort zu seiner Heerde aus Gelegenheit des von Sr. fürstlichen Gnaden Herrn Bischoffen zu Brünn, Vinzenz Josef Fürsten von Schrattenbach etc. erlassenen Fleischdispenszirkulars. vom 19. Wintermonde 1801. Iglau 1801. Beynhauer. 8. Trapp S. 144.

9) Opfer der tiefsten Ehrfurcht, dargebracht dem Hochgebornen Herr Joseph von Grochmann, k. k. Staatsrath, bey seiner Durchreise. Iglau 1801.

10) Rede bey Gelegenheit, als die Kranken aus dem ehemaligen sogenannten Lazarethe in das geräumigere bürgerliche Krankenhaus der k. Kreisstadt Iglau übertragen, und dasselbe eingesegnet wurde. Iglau 1803. 8.

11) Sekundizrede, gehalten, als der Herr Karl Filibro, Pfarrer zu Ranzerau nächst Iglau, am 6. November 1803 sein 50jähriges Priesterthum feyerte. Iglau 1803.

12) Milonis Nepomuceni Grün Praemonstratensium Canonicorum in Monte Sion Pragae Abbatis ad suos dum studiis Theologicis domesticis initium dabant Allocutio. Die 22. Octobris Anno 1804. Literis Francisci Gerzabek. 12 S. 8.

13) Theses ex universa Theologia, quas canonici regulores Praemonstratenses Pragae in monte Sion progugnarunt Pragae 1805. 1806. 1807.

14) Rede am Tage der feyerlichen Wiedereröfnung des von Sr. k. k. Majestät Franz dem Ersten Erbkaiser von Oesterreich allergnädigst bewilligten Gymnasiums in der k. Kreisstadt Saas. Von Milo Johann Nepomuk Grün, Abten, und Prälaten des k. Prämonstratenserstifts Strahof zu Prag. Den 3. November 1807. Prag, gedruckt bei Franz Gerżabeck im St. Gallikloster. 22 S. 8.

15) Milo Joannes Nepom. Grün Abbas Sioneus Ad Sucs, Cum die 5. Junii Anni CIↃDCCCXI Sacra Divi Norberti Lipsana ad majorem Ecclesiae Aram transferrentur. Pragae Bohemorum, typis Theophili Haase. VII. 8. .

12. Anton Frans August Mosig, geb. in Wartenberg am 17. Januar 1757, besuchte das Jesuitengymnasium in Gitschin und das Piaristengymnasium in Kosmanos, studierte seit 1775 Philosophie und Theologie in Prag, 1780 zum Priester geweiht, Kaplan und Katechet in seinem Geburtsort, Professor am Gymnasium in Leitmeritz, 1798 Professor der Poetik am Gymnasium in Pilsen, 1807 Professor der Moral- und Pastoral-Theologie an dem Lyzeum zu Olmütz, starb dort am 28. November 1813.

a. Meusel 14, 596. 18, 737. — b. Czikann 1812. 8. 107. — c. Wurzbach 1868. 19, 159. — d. Sieh unten S. 814.

1) Predigt von Nachahmung der Märtyrer durch thätige Vaterlandsliebe, gehalten von Anton Mosig, Weltgeistlichen. Prag, mit Schriften der Normalschule. 1779. 8.

2) Böhmische Huldigung, und Krönungsfeier I. I. M. M. Franziskus II. Röm. Kaisers, Königs in Ungarn und Böhmen, Erzherzogs in Oesterreich etc. und Theresiens Sr. Durchlauchtigsten Gemahlin etc. Im August 1792. von Anton Mosig. 7 Bl. 8. Am Schlusse: Leitmeritz, bei Frans Karl Laube.
Bl. 2: Vorgesang. („Heut erfreu sich, Wer der Freude sizzt im Schos, Heute freu sich, wer der Freude nie genoß'). Bl. 3 b: 2. Weih- oder Huldigungsgesang. („Sammlet Euch Ihr Böhmens Väter'). — Auch in dem bei Albrecht in Prag erschienenen Krönungsjournal abgedruckt. Vgl. oben S. 699.

3) Uebereinstimmung des katholischen Christenthums mit der Vernunft, oder Entwurf einer allgemeinen pragmatischen christlichen Moral. Leipzig 1795. 8.

4) Katholisches Volksgebethbuch nach dem Zeitbedürfnisse. Prag 1805. 12.

13. Seladoniade, ein scherzhaftes Heldengedicht in 5 Gesängen. Prag, bey Joh. Ferd. von Schönfeld. 1779. 86 S. 8. § 225, 11 — Band IV. S. 233.

14. Alex Vinzenz Pałizek (Parzizek), geb. in Prag am 10. November 1748, vollendete dort das Gymnasium, trat 1765 in den Dominikanerorden und wurde 1771 zum Priester geweiht, Bibliothekar des Klosters in Gabel, 1775 Lehrer an der Prager Hauptnormalschule, 1783 Direktor der deutschen Hauptschule zu Klattau, 1786 Weltpriester, 1790 Direktor der deutschen Musterschule zu Prag, 1798 Ehrendomherr zu

Leitmeritz, zur k. k. Studienhofkommission nach Wien berufen, 1800 Mitvorsteher und Direktor des Erziehungsinstituts bei St. Johann in Prag, 1811 Dekan der theologischen Fakultät, 1816 k. k. infulierter Prälat, † in Prag am 15. April 1821. Verdienter Schulmann; auch tschechischer Schriftsteller, Komponist, Zeichner und Maler.
a. Wilflings Schulkalender 1796, S. 154; 1797, S. 165. — b. Meusel 6, 81 f. 10, 397. 11, 601. 15, 9. 19, 62 f. — c. Dlabacz 1815. 2, 426. — d. Vaterl. Bl. 1817, Nr. 25. — e. Waitzenegger 1820. 2, 85.

f. Biographie des hochwürdigen Herrn Alex Vinzenz Patizek, Direktors der k. k. prager Hauptmusterschule u. s. w. Verfaßt von Anton Joseph Raaz, Direktor der prager Israelitenhauptschule. Prag 1822. Gedruckt bei Anton Straschiripka am Bergstein, Nr. 842. VI, 34 S., 2 Bl. Verzeichniß der von dem verewigten Alex Patizek verfaßten und herausgegebenen Schriften. — S. III: Vorwort an die geehrten Leser. (Prag, geschrieben den 24 sten May 1822).

g. Jan Stepanek, Zivot a smrt I. D. P. A. Patizka, cis. kral. reditele vzorni skoly v Praze. Prag 1828. 8. — h. Hormayrs Archiv 1823, Nr. 85. — i. Gräffer & Czikann 1835. 4, 158. 6, 573. — k. Wurzbach 1870. 21, 814.

•1) Religion der Unmündigen auf katholische Art eingerichtet und vermehrt 1780. 6. verm. Aufl. 1805. Tschechisch 1781.

2) a. Versuch einer Geschichte Böhmens für den Bürger. Nebst angehängter Historischen Erdbeschreibung dieses Landes. Zum Gebrauche der Jugend verfasset von P. Alexius Patizek, Predigerordens. Mit Genehmhaltung der k. k. Censur. Prag, im Verlag der kais. königl. Normalschule. 1781. 247 S. 8. Vgl. Böhm. und mähr. Bibl. 3, 68 bis 70; Literar. Magazin 1786. 1, 68 bis 70. — b. Zweyte verbesserte und vermehrte Auflage. Prag .... 1782. 253 S. 8. Vgl. Lit. Magazin 1786. 2, 98.

3) Versuch einer kurzgefaßten Weltgeschichte für Kinder in Verbindung mit der Erdbeschreibung von P. Alexius Patizek. 1782. 108 S. 8.

4) Rede bey der feyerlichen Einweihung und Eröffnung der Hauptschule in der k. k. Kreisstadt Klattau. 1783.

5) Kurzgefaßte Naturgeschichte Böhmens, zum Gebrauche der Jugend, von P. Alexius Patizek. Prag, mit Schriften der k. k. Normalschulbuchdruckerey. 1784. 4 Bl., 150 S. 8.
Vorerinnerung: Klattau den 1. April 1784. — S. 144: Anhang. Von dem Menschen. — S. 147: Einige Gesundheitsregeln.

6) Erklärung der sonntägigen Evangelien in Schulen, zum Gebrauche der Katecheten. Von P. Alexius Patizek. Prag 1786 bis 1788. III. 8. — 5. verm. Aufl. III. 1808. — Tschechisch 1788 f. III. 8.

7) a. Skizze eines rechtschaffenen Schulmanns für angehende Landschullehrer. Prag 1791. 8.
b. Skizze eines rechtschaffenen Schullehrers, Katecheten und Schuldirektors. Ein Beytrag zur Bildung angehender Schulmänner; nebst einem Anhange von hundert Aphorismen über das Lehramt und Volksschulwesen überhaupt von Alex. Parizek. Zweyte, umgearbeitete und stark vermehrte Auflage. Prag 1808, bey Kaspar Widtmann. XII und 232 S. 8.
Annalen 1810. II, 46.

8) Katholisches Gebeth- und Erbauungsbuch für Frauenzimmer. 1791. — Katholisches Gebetbuch von einem Böhmen, verbessert und stark vermehrt. 1792.

9) Über Lehrmethode in Volksschulen für Präparanden, Katecheten und Lehrer. 1797. 2. Aufl. 1811. — Auch Tschechisch.

10) Ausführliche Beschreibung der am 15 ten November 1800 gehaltenen Jubelfeier der k. k. Normalschule in Prag; nebst einer kurzen fünf und zwanzigjährigen Geschichte dieser Schule. Von Alex. Parizek, Prag 1801, bey Kaspar Widtmann. 79 S. Darin ein Lied von Prof. Franz Steinsky (s. oben S. 721) und eine Cantate von Netolitzky. Vgl. Annalen, August 1802, Nr. 62.

11) Exhorten für Kinder auf alle Sonn- und Festtage, wie auch besondere Schulfeyerlichkeiten des ganzen Jahres; zum gottesdienstlichen Gebrauche in Schulen; auch für studirende Jünglinge und das erwachsene Volk brauchbar. Von Alex Patizek. Prag 1803 bis 1804. III. 8.

12) Exhorten für Jünglinge auf besondere Kirchenzeiten und über Kirchenzeremonien, auch für das erwachsene Volk brauchbar; als Anhang zu den Exhorten

für Kinder. Von Alex Pařizek .... Prag, bei Caspar Widtmann.° 1804. XII,
13 bis 426 S., 2 Bl. Inhalt, XV S. Materienregister. 8.

13) Erklärung der sonntägigen Episteln in Schulen, zum Gebrauche der Katecheten; von Alex Pařizek. Prag 1806 und 1807. II. 8. Am Schlusse jeder Erklärung eine gereimte ‚Gemüthserhebung zu Gott'. Vgl. Neue Annalen 1808. 1, 4.

14) Kriegsgebete zur Erflehung des göttlichen Segens für die vereinigten k. k.
Armeen gegen den gemeinschaftlichen Feind. Zum Gebrauche frommer Christen
während des gegenwärtig erneuerten Krieges. Prag, gedruckt bey Gottlieb Haase.
20 S. 8. Prosa.

15) Gebete um Segen für die k. k. Armeen, während des gegenwärtigen Krieges.
Zum Gebrauche bei der zu demselben Zwecke in den Pfarrkirchen verordneten drey-
tägigen Andacht und dem feyerlichen Bittgange. Verfaßt von Alex Pařizek. Prag,
gedruckt bei Gottlieb Haase. 1809. 20 S. 8. Tschechisch von Joseph Rautenkranz. Waitzenegger 1820. 2, 137.

16) Legende der Menschenliebe, oder Beispiele christlicher Liebe und Wohlthätigkeit gegen die Mitmenschen, aus den Biographieen der Heiligen gezogen.
Ein Erbauungsbuch für Christen von Alex Pařizek .... Prag, bei Kaspar Widtmann, 1809. X, 245 S., 2 Bl. Namensverzeichnis der Heiligen. 8.
    Vgl. Annalen 1810. Nov., S. 248. Dec., S. 419.

17) Christliche Tugendschule für Kinder, oder Anleitung, wie die Jugend schon
in ihrem ersten Alter tugendhaft zu werden sich bestreben soll. Ein neues Prüfungsgeschenk für lehrbegierige und wohlverhaltene Schüler, von Alex. Parizek ....
Prag 1810, bey Caspar Widtmann. 8.
    Vgl. Annalen Dec. 1810. 8. 423.

18) Kern der christlichen Andacht, zum täglichen Gebrauche katholischer
Christen größtentheils aus den besten Gebethbüchern gezogen von Alex Pařizek.
Prag 1812. — Dritte Auflage. Prag, bei Gottlieb Haase 1817. 156 S. 8. —
4. Aufl. Prag 1822, bei Gottlieb Haase. 192 S., 1 Bl. 8. Auch tschechisch.

19) Denkmal der vaterländischen Kunst aus der Vorzeit. Von Alex Parizek:
Volksfreund 27. Februar 1812. 8. 253 bis 257.

20) Was ist vom Kindertheater zu halten; und welchen Einfluß hat solches
auf die Sittlichkeit der Jugend? — Pädagogisch untersucht und beantwortet von
Alex Pařizek: Der Volksfreund 14. und 21. May 1812.

21) Biblische Darstellung der gegenwärtigen Zeitereignisse, nebst moralischen,
gleichfalls biblischen, Gedanken darüber. Allen Religions- und Wahrheitsfreunden
zur Beherzigung gewidmet von Alex Pařizek. Prag, 1814 gedruckt bei Gottlieb
Haase, böhm. ständ. Buchdrucker. 31 S. — Auch tschechisch.

22) Zwey Gesänge zur Friedensfeyer an der k. k. prager Normalschule,
sammt den dazu gehörigen Melodien. 1814.

23) Uiber Eigenliebe und Selbstsucht. Ein Wort zu seiner Zeit; zunächst an
die reifere Jugend, dann auch an jeden erwachsenen Christen. Von Alex Pařizek ....
Prag, bei Kaspar Widtmann 1815. VIII, 208 S. 8.

24) Leitfaden der Vorlesungen über die Katechetik, mit der Pädagogik und
Methodik verbunden. Nebst einem Verzeichnisse der brauchbarsten katechetischen
und pädagogischen Bücher; zum Behufe der sich für das Katechetenamt an deutschen
Schulen bildenden Theologen. Von Alex Pařizek. Prag 1816, bei Caspar Widtmann.
54 S. 8.
    8. 45: Verzeichniss der vorzüglicheren katechetischen und pädagogischen Bücher,
welche den Schulkatecheten theils zum gründlicheren Studium ihrer Amtswissenschaft,
theils auch zum praktischen Gebrauche bei ihren Amtshandlungen dienen können.

25) Der durch öftere kurze Herzenserhebungen zu Gott immerfort betende
Christ; oder Art, wie man durch inneres Gebet sein Herz bei jeder Gelegenheit mit
Gott vereinigen kann. Ein tägliches, zur beständigen Gebetübung für junge und
ältere Christen brauchbares Handbüchlein, von Alex Pařizek .... Prag, 1817, bei
Gottlieb Haase, k. böhm. ständ. Buchdrucker. 91 S., 2 Bl. Inhalt. 8.

26) Aphorismen und Lebensregeln für die austretende reifere Schuljugend.
Prag 1821. 8.

27) Redigierte längere Zeit die Zeitschrift: Der Schulfreund Böhmens.

28) Johann Ignaz von Felbigers Methodenbuch. Mit einer geschichtlichen Einleitung über das deutsche Volksschulwesen vor Felbiger und über das Leben und Wirken Felbigers und seiner Zeitgenossen Ferdinand Kindermann und Alexius Vincenz Pařizek. Bearbeitet und mit Erläuterungen versehen von J. Panholzer (Bibliothek der katholischen Pädagogik, Band V). Freiburg im Breisgau, Herder'sche Verlagshandlung 1892. XII, 368 S. gr. 8.

15. Joseph Dominik Preißler, geb. in Dux am 29. Januar 1748 von armen Eltern, seit 1762 im Seminar zum h. Vitus zu Neuhaus von den Jesuiten erzogen, trat 1767 in den Jesuitenorden, 1772 Lehrer der Grammatik in Eger, studierte von 1774 ab Theologie in Prag, 1779 Kaplan in Schwaz, 1781 Administrator der kaiserlichen Gesandtschaftskapelle in Dresden-Neustadt, Direktor der katholischen Hauptschule, 1789 Instruktor und Beichtvater der Prinzessin Maria Augusta. 1791 zugleich Beichtvater der Kurfürstin, seit 1806 Königin Maria Amalia Augusta von Sachsen, welche Stelle er noch 1813 innehatte. Später Lehrer und Direktor an der Stadtschule zu Gabel.

a. Waitzenegger 1822. 3, 352. — b. Meusel 1823. 19, 201.

1) Predigt an der Säkularfeyer der Munizipalstadtgemeinde Dux im Jahre 1780 wegen erlangter bürgerlicher Freyheit durch den Erzbischof Johann Friedrich Grafen v. Waldstein gehalten.

2) Beschreibung des neu erbauten Schulgebäudes als Einladung zur öffentlichen Prüfung 1786.

3) Der ungleiche Fortgang der Bildung in Schulen. Programm 1789. Sieh Hasches Magazin 1789. S. 636.

4) Sammlung christlicher Lieder zum Gebrauche der katholischen Schuljugend nebst Gebethen beym Schulgottesdienste. Dresden 1789. 8.

5) Anleitung das heil. Sakrament der Firmung würdig zu empfangen.

6) Historisch-kritische Abhandlung über die verschiedene Art, den römischen Bischof als das allgemeine Oberhaupt der katholischen Kirche zu wählen, vom ersten Jahrhundert bis auf unsere Zeiten.

7) Geschichte der katholischen Schulen in Dresden von 1719 bis auf unsere Zeiten.

8) Ode in Zaupers ‚Die Poesie in ihren Formen'. Dresden 1804. Vgl. unten Nr. 99.

9) Versuch eines Lesebuches für erwachsene Kinder der Landleute, als Seitenstück zu dem beliebten v. Rochow'schen Kinderfreunde. Enthaltend eine Sammlung bewährter Vortheile in der Feld- und Hauswirthschaft, wodurch Bauersleute ohne großen Geldaufwand ihren Wohlstand merklich verbessern können. Zum Besten des Schullehrerwittwenfonds der leitmeritzer Diözes. Herausgegeben von Joseph Dominik Preißler. Prag, 1822. In Kommission bei Joseph Krauß. XIV, 64 S. 8.

16. Augustin Zitte. § 259, 252 — Band V. S. 352.
Meusel 8, 708.

1) Gefühle der böhmischen Nation, am Trauergerüste der großen Kaiserinn. Von A. Zitte. Prag, bey Ferdinand Edlen von Schönfeld. 1780. 8 S. 8.

2) Der Hußar im Schmerz. Von A. Zitte. Prag, bey Johann Ferdinand Edlen von Schönfeld. 1781. 2 S. 8.

3) Huldigung am erfreulichen Jubiläumstage Anton Peters Fürsterzbischofs, von A. Z. Prag, bey Joh. F. Edlen von Schönfeld, 1781. ½ Bogen. 8. Vgl. Literarisches Magazin 1786. 1, 84.

4) Die Zeitungsschreiber. Ein komisch-Farcikalischer Schwank in zwei wunderlichen Zusammenkünften. Gezeichnet en Silhouette vom Verfasser, in diesem neuen Jahre. [Prag in der v. Schönfeldischen Buchdruckerei 1782?]. 36 S. 8. Ohne Vfn.

5) Neun neue Exhorten oder Ermahnungen bey Gelegenheit einer alten Noven; gehalten bey St. Salvator, am erzbischöflichen Priesterhause in der Altstadt Prag vom 23. bis 31. Juli im Jahre 1781, von Augustin Zitte Weltpriester. Prag, bey Johann Mangoldt 1783. 246 S. 8.

6) Peregrin Stillwassers geistliche Reisen durch Böhmen. Oder: Kapitel übers Mönchwesen, und Beyträge zur Geschichte des Cälibats, der Taxa Stolä, wie auch

der nöthigen Seel und Leibessorge. Samt allerley andern curjosen und abentheuerlichen Pastoral und Liebsaffären, item hie und da ein paar Züge der geistlichen
Leibeigenschaft. Crescit indulgens sibi dirus hydrops. Horat. Des ersten Bänd-
chens erster und zweyter Theil. Nimburg. Auf Kosten des Verfassers 1783.
IV Bl., 127; 131 S. 8. Ohne Vfnamen.

7) Lebensbeschreibungen der drey ausgezeichnetsten Vorläufer des berühmten
M. Johannes Huss von Hussineca, benanntlich des Konrad Stickne, Johannes Milicz
und Matthias von Janow; nebst einer kurzen Uebersicht der Böhmischen Religionsgeschichte bis auf seine Zeit. Prag 1786. 8.

8) Geschichte des englischen Reformators Johann Wiklef, als Einleitung zur
Lebensbeschreibung des M. J. Huss von Hussineca. Prag 1786. 8.

7) Lebensbeschreibung des Magister Johannes Hus von Hussineca. Von Aug.
Zitte, Weltp i   . Erste Hälfte. Prag bey Wolfgang Gerle, 1789. 286 S. 8. —
2. Hälfte 1790ester

17. Joachim Anton Cron, geb. am 29. Sept. 1751 in Podersam im Saazer
Kreis, studierte in Prag, trat 1776 zu Ossegg in den Zisterzienserorden, legte 1777
die Ordensgelübde ab, erhielt 1782 die Priesterweihe, Lehrer in Saas und Ossegg,
Gymnasialprofessor in Prag und Kommotau, 1795 Doktor der Theologie, Lektor für
Dogmatik und Kirchengeschichte in seinem Stifte, Adjunkt der k. k. Bücherzensur
in Prag, 1805 Professor der Dogmatik an der Universität zu Prag, trat 1822 in
den Ruhestand, gestorben am 20. Januar 1826 in Ossegg. War auch Musiker.
a. Wilflings Schulkalender 1796. S. 150. — b. Riegger, Statistik von Böhmen.
2. Heft. S. 415. — c. G. J. Dlabacz, Allgemeines historisches Künstler-Lexikon für
Böhmen. Prag 1815. 1, 297. — d. Felder-Waitzenegger 1817. 1, 126. 1822. 3, 478. —
e. Wiener Zeitung 1826. Nr. 30. — f. Meusel 22¹, 550. — g. Neuer Nekrolog. 1828.
IV. Jahrgang 1826. 2, Nr. 78. 3. 765. — h. Wurzbach 1858. 3, 30.

1) Eine Begeisterung in der Eremitenzelle auf M. Theresiens Tod gefühlt,
oder der getröstete Löwe, eine Erscheinung von der einsiedlerischen Muse gesehn
und in einer Elegie nach römischen Tonmaaß besungen. Prag bey F. A. Höchenberger (1780). 5 Bl. 4.

2) Dringende Vorstellungen an Menschlichkeit und Vernunft, um Aufhebung
des ehelosen Standes der katholischen Geistlichkeit. [ohne Ort] 1782. 17 Bl.,
478 S. gr. 8. Ohne Vfn.
Bl. 2: An die Mächtigen der Kirche und des Staates. — Bl. 11: Vorbericht
für einige Leser.

3) Hat der Schulmeister Brod? oder: Ich bin Schulpatron! Ein Lustspiel in
3 Aufzügen. Prag, bey Kaspar Widtmann, 1787. 8.

4) Joachim Crons, Cisterc. Ord. Priesters, des Stiftes Ossek Mitglieds, an der
k. k. prager Universität der Theologie Doktors Beitrag zur Methodik der Kirchengeschichte in seiner Inauguralabhandlung über einige Mittel, welche das Studium
der Kirchengeschichte erleichtern, und das Festhalten dieser Wissenschaft nach
dem Associationsgesetze der Ideen befördern könnten, nebst einer großen Tabelle,
welche auf 2 verbundenen Royalbögen das erste christliche Jahrhundert darstellt.
Prag, bei Kaspar Widtmann. 1795. 43 S. 8.
Widmung: ..... Herrn Mauritius Elbel, des Cisterzienserordens in Böhmen
und in der Lausitz Generalvisitator, des Stiftes Ossek Abte .... dankt hier
öffentlich, beim Schlusse des VI. Jahrhundertes, seit Osseks Stiftung durch den
Grafen Zlawko, unter dem ersten Abte Ruthardt, im J. 1196. mit dem Glücks-
wunsche zum Jubeljahre 1796. Der Verfasser.

5) Cassiodorus oder Die Schulen. Von D. Cron. Prag, 1800. Auf Kosten
des Verfassers. Am Schluß: Prag, 1800. Mit Schriften der Wittwe Elsenwanger,
durch Anton Petzold, Faktor. 8 Bl., 214 S. 8.
Bl. 2: Widmung: .... Karl Ludwig Erzherzog von Oesterreich Dem Unsterblichen Helden, Böhmens Retter .... — Bl. 6: Vorbericht. — Bl. 7: Uiber den
Titel der Schrift.
I. Uiber falsche Aufklärung. Die Fenster. Eine [satirische] Fabel. Verse. —
II. Sittenlehre. Eine Abhandlung über die Mittel, wodurch Lehranstalten überhaupt,
besonders Gymnasien der k. k. Staaten, auf die Sittlichkeit studirender Jünglinge
wirken können. — III. Schulzucht. Disciplinargesetze. Eine kaiserliche Verordnung

in Schulsachen. Aus dem vierten christlichen Jahrhunderte, vom J. Chr. 370. —
IV. Die Hofschule oder Schola Palatina. Ein Denkmal der Schulverbesserungen
Karls des Großen. — V. Klosterschulen. Eine Schulverordnung von Karl, dem
Großen, um das J. C. 787. Als dieser weise König der Franken den Bischöfen
und Aebten das Schulwesen empfahl. — VI. Prüfung der Schüler. Karl, der
Große, als Examinator. — VII. Prämien und Schulbibliothek.

6) Methodik oder der leichteste nnd kürzeste Weg eine todte Sprache zu
lernen, welche den Vorzug der Übersetzungsmethode vor der unzeitigen Wortfügung oder Zusammensetzung bei der Erlernung der lateinischen Sprache darstellt. Von Joachim Cron, der Theologie Doktor, k. k. substit. Censor und Verfasser des Cassiodorus. Prag, 1802. Bei Johann Buchler, Buchhändler. 50 S. 8.

Dem Löblichen k. k. Studienkonsesse an der Universität zu Prag in Böhmen . . .
zugeeignet . . .

7) Wahrheiten an der ersten Stuffe des Altars angehenden Priestern und
ihren Verehren in Primizpredigten zugesprochen von D. Joachim Cron . . . . .
Erstes Bändchen. Auf Kosten des Verfassers. Prag, gedruckt bei Johann Diesbach,
1806. 2 Bl. und 60 S. 8.

. . . den . . . Achten und Prälaten und . . . Aebtissinen des Cisterzienserordens in Böhmen, und in der Lausis . . . . zugeeignet.

8) Lobrede der Arbeitsamkeit und ihrer Beförderer, als in Oberleutensdorf
das hundertjährige Jubelfest der, durch Waldsteinische Weisheit errichteten Tuch-
fabrike gefeiert wurde, am 25ten September 1815, gesprochen von D. Joachim
Cron, Cisterzienserordens Priester, des Stiftes Ossegg Capitular, an der k. k. prager
Universität der Theologie Doktor, k. k. öffentlichem und ordentlichem Professor,
und der theologischen Fakultät zum zweiten Mal Dekan, k. k. Zensor und erzbischöflichen, beeideten Notar. Prag 1816, bei Caspar Widtmann. 28 S. gr. 8.

Allen Verehrern des großmüthigen, hohen Festgebers und den Beförderern
der vaterländischen Industrie gewidmet.

18. Der Soldat mit gebrochnem Herz auf der Gruft der Kaiserinn. Prag,
bey Johann Ferdinand Edlen von Schönfeld. 1780. 8 S. 8.

19. Franz Xaver Huber. § 259, 126 = Band V. S. 838.
Vaterländ. Blätter 1810, 1, 298,

1) Der Böhme am Grabe Marien Theresiens. Von F. X. Huber. Prag, bey
Ferd. Edlen von Schönfeld. 1781. 8 S. 8.

2) Dankopfer für die väterliche Sorgfalt: gebracht von den deutschen musikalischen Mitgliedern des k. k. Hoftheaters an der Nahmens-Feyer des Hoch und
wohlgebohrnen Freyherrn Peter von Braun, k k. Raths und Vice-Direktrs. der
k. k. Oberst-Hof-Theatral-Direkzion. Die Musik von Franz Xav. Sießmayer
Kapellmeister in wirklichen Diensten der k. k. Hoftheatral-Direktion. Die Worte
von Franz Xaver Huber. Gedruckt mit v. Schmidtbauerischen Schriften. 4 Bl. 4.

20. Der Tod Theresiens. Von Ritter von Morenbach. Prag, bey J. F.
Edlen v. Schönfeld. 1781. 8 S. 8.

21. Empfindungen beym Hintritte Theresiens. Von J** Str—ky. Prag, bey
Johann Ferdinand Edlen von Schönfeld. 1781. 8 S. 8. [Vielleicht von dem Leitmeritzer Professor Jacob Stransky, von dem in den Vaterländischen Blättern 1811,
S. 178 ein aus dem Gedächtnisse aufgezeichnetes Gedicht mitgeteilt wird. Ein
anderer Jacob Stransky starb als k. k. Kreiskommissär in Saaz am 26. Dezember 1820].

22. Stimme der Waisen und Vaterlosen im Prager Waiseninstitute über
Theresen. 1781. 8 S. 8.

23. Leidwesen des Orients über den Tod Theresiens im Occident, aus dem
Türkischen. Prag bey Schönfeld. 1781. 2 Bl. 8.

24. Philemon oder der Becher der Liebe. Eine Idylle. Prag bei Thom.
Höchenberger. 1781. 28 S. 8.
Vgl. Literarisches Magazin 1786. 1, 84.

25. Der freudige Soldat bey der Ankunft Josephs des Zweyten ins Exerzier-
lager bey Hlaupietin. Ein Lied gesungen von einem Soldaten. Gedruckt in der
Feldbuchdruckerey zu Wisotschan 1781. ¼ Bogen. 8.

26. Johann Ferdinand Ritter von Schönfeld, geb. in Prag 1750, Sohn des Hofbuchdruckers Hanns von Schönfeld, gründete eine deutsche und tschechische Prager Zeitung, richtete ein ‚Prag- und Kundschaftsamt' ein, erwarb den Anna-hof, ein aufgehobenes Dominikanerinnen-Kloster für seine Druckerei und Zeitungs-expedition und brachte als glücklicher Sammler ein berühmtes Museum zustande, mit dem er 1799 nach Wien übersiedelte, wo er gleichfalls eine Buchdruckerei und Buchhandlung errichtet hatte; † in Wien am 15. oder 21. Oktober 1821.
        a. Annalen 1810. 4, 319 bis 329. — b. Hormayrs Archiv 1811, S. 637; 1812, S. 381; 1815, Nr. 38 f.; 1823, S. 37. 124. — c. Vaterl. Bl. 1817. Int.-Bl. Nr. 46. — d. Böckh 1821. S. 215, 221. — e. Gräffer und Czikann 1835. 4, 579. - f. J. E. A. Scheiger, Das von Ritter Ferd. v. Schönfeld gegründete technologische Museum zu Wien. Prag 1824. — g. Wurzbach 1876. 31, 152. — h. Sieh unten S. 814.

    1) Die Kunst, das unverbrennbare Steinpapier zum Dachdecken nachzuahmen; durch Versuch des Hofr. v. Georgi geprüft. Wien 1782. Wimmer.

    2) Gab heraus: Oekonomische Arbeiten einiger Freunde des Guten und Ge-meinnützigen in Böhmen. Prag 1792. 8.

    3) Chronik und Geschichte der Landwirthschaft von Böhmen. Wien 1792. 8. Ohne Vfnamen.

    4) Oekonomisches A-B-C-Buch für junge Leute, welche die ganze Landwirt-schaft erlernen wollen. Wien 1792. 8. Ohne Vfnamen.

    5) Neues Lehrbuch der Industrie und Speculation für alle Künstler und Handwerker. Hg. von Herrn v. Trnova. Prag 1792. 8.

    6) Ideen zur Anlegung einer Landwirthschafts-Colonie von 100 armen Familien. Von Herrn v. Schönfeld auf Trnova. Wien und Prag 1793. 8.

    7) Schrieb die Vorrede zur 2. Auflage des Buches von Joseph Karl Schmidt: Der praktische Landwirth in Beispielen und Berechnungen. Wien 1793. 8.

    8) Gab 1796 bis 1799 heraus: Deutsche Zeitung der Industrie und Speculation. Vgl. oben II. a ψ. — S. 705.

    9) Technologisches Museum, zur Vertheidigung des Künstler- und Gewerbe-standes eröffnet in Wien. Prag 1798. 8.

    10) Die Industrie an Hungarns Edle. Wien und Prag 1802. In der v. Schön-feldischen Niederlage. 23 S. 8. (Gedicht). Vgl. Petrik-Szilághi 1891. 3, 329. Dagegen wird es von Kertbeny-Petrik 1886. 1, 116 einem Prager Domherrn Johann Friedrich v. Schönfeld, † 1807, zugeschrieben.

    11) Alte Hülfe der Böhmen und Mährer. Prag 1808. 8.

    12) Materialien zur diplomatischen Genealogie des Adels der österreichischen Monarchie. Prag 1812.

    13) Skizze des Catalogue raisonné über das Technologische Museum in Wien. Zum Vortheil der Künste und Gewerbe errichtet von J. F. v. Schönfeld, Ritter des kön. dänischen Danebrogordens. 1817. 76 S. 8. — Ins Französische übersetzt 1817.

    27. Andreas Wenzel Panzer, geb. zu Wanowitz am 26. September 1759, studierte zu Kosmanos und Prag, trat 1778 in das Prämonstratenserstift Strahow, Pfarrer zu Niklowitz in Mähren.
Waitzenegger 1820. 2, 84.
    1) Ein Sapphisches Karmen zum neuen Jahre. Prag 1782. 8.
    2) Ode Abbati Miloni, Equiti Leopoldini Caes. Regii Ordinis creato sacra. Typis Znogmensibus in Moravia. 4.

    28. Dankgebet, welches den 2. May 1782 bey der feyerlichen Einsegnung der deutschen Schulen in der Judenstadt zu Prag von den besten jüdischen Schul-sängern unter Musik abgesungen ward. — Von Ezechiel Landau Oberrabiner in Versen verfaßt, und von einem Prager Juden aus dem Hebräischen übersetzt. Prag, bey Joh. Ferd. Edl. v. Schönfeld. 1 Bogen.

    29. Der Tag Josephs des Zweyten. Prag bey Joh. Thom. Höchenberger. 1782. 1 Bogen. 8. — Zweyte verbesserte Auflage. Ebendaselbst.

    30. Der Tempel der Schande oder das schwarze Buch der Schreibsler, ein Gedicht mit Anmerkungen. Prag, bey Joh. Thom. Höchenberger, 1782. 56 S. 8.

31. Empfindungen rechtschaffener Unterthanen bey einigen neuen Staatseinrichtungen, nebst andern Aufsätzen, ausgearbeitet von den Schülern der obersten Humanitätsklasse am k. k. kleinseitner Gymnasium. Prag, bey J. Th. Höchenberger 1782. 32 S. 8.

32. Die Reformation der Hölle. Eine komische Erzählung von Hacker. — Prag und Wien, in der von Schönfeld. Buchhandl. 1783. 16 S. 8.

33. August Gottlieb Meißner. § 224, 52 — Band IV. S. 219.

August Gottlieb Meißner. Eine Darstellung seines Lebens und seiner Schriften mit Quellenuntersuchungen von Dr. Rudolf Fürst. Stuttgart, G. J. Göschen'sche Verlagshandlung. 1894. XV, 356 S. gr. 8.

1) Lob der Musik. Mit Musik von Capellmeister Schuster. Leipzig 1784.

2) Prolog am Namenstage des würdigsten Gemahls, des geliebtesten Vaters, gesprochen den 3ten Juli 1786. Prag, bey Edlen von Schönfeld. 4 Bl. 8.

3) Cantate Sr. Majestät Leopold II. gewidmet. Musik von Koželuch. Prag 1792.

4) a. Böhmens Dankgefühl dessen glorreichen Erretter, dem Erzherzog Karl Königl. Hoheit bei Franz Gerzabeck, Sohn. 1796. 30 S. 8. O. V. (,Sei willkommen, sei willkommen'). Vgl. unten Nr. 34. 7).

b. Böhmens Dankgefühl Cantate Sr. Königl. Hoheit dem Erzherzog Karl des Vaterlandes glorreichem Erretter gewidmet. verfertigt von A. G. Meißner, in Musik gesetzt von Vinc. Maschek. Prag. MDCCLXXXXVII. 1 Bl. [Verz. d. Pränumeranten], 119 S. Querfolio.

5) Empfindungen der Freude bei der frohen Wiederkehr des Friedens, Mozartischer Tonsetzung untergelegt, von A. G. Meißner, und gesungen bei Gelegenheit einer großen, musikalischen Akademie der Witwe Mozart, zu Prag am 15ten November 1797. 2 Bl. 4. (,Friede! Friede! — endlich Friede!').

6) Hymne [Von A. G. Meißner, in Musik gesetzt von Maschek]. 6 Bl. 8. (,Singt dem Herrn!').

34. Andreas Chrysogon [nicht Gustav] Eichler, geb. in Leitmeritz am 24. November 1762, führte vom Jahre 1781 an die Aufsicht über die Druckerei des Ritters von Schönfeld in Prag, ward 1789 Kanzlist bei der Steuerregulierungsoberkommission daselbst, 1790 Kanzlist beim Böhmischen Gubernium, 1800 Oberpolizeikommissär, 1800 bis 1813 Kurinspektor in Teplitz, 1807 k. k. Rat und erster Polizeikommissär, 1822 Zensor und interimistischer Vorsteher des Bücherrevisionsamtes, 1824 in den Ruhestand versetzt, lebte seitdem in Teplitz und starb dort am 18. September 1841. — Redakteur der Prager Ober-Postamtszeitung (1784 bis 1789) und der Prager kleinen Zeitung (1791 bis 1800).

Meusel 13, 817. 17, 487. 22 II, 29 bis 31.

1) Rede, gehalten bey der von Sr. Maj. dem Kaiser Joseph II. eingeführten neuen Wahlart der Bürgermeister und Räthe. Prag 1784. 8.

2) Der Geschäftsleiter, oder praktischer Unterricht für jene, die sich den öffentlichen Geschäften bey verschiedenen Aemtern, z. B. bey Landesregierungen, Kreisämtern, Magistraten, Ortsobrigkeiten u. s. w. widmen wollen, mit Einbegriff der neuesten diesfälligen Vorschriften. Prag 1790. 8.; 2. verb. u. verm. Aufl. ebenda 1792. — 2. Abtheilung 1791, 3. Abtheilung 1795.

Anhang zum Geschäftsleiter oder: praktischen Unterricht für jene die sich den öffentlichen Geschäften bei verschiedenen Aemtern, z. B. bei Landesregierungen, Kreisämtern, Magistraten, Ortsobrigkeiten u. s. w. widmen wollen. Mit Tabellen, von A. C. Eichler. Prag 1792, bey Joseph Walenta, Kunst- und Buchhändler. 20 Bl.

3) Die neueste und leichteste Methode, gute Briefe schreiben zu lernen, sammt Anweisung zu verschiedenen schriftlichen Aufsätzen und der Titulatur, mit Beispielen erläutert Vom Verfasser des Geschäftsleiters. Prag 1791, bei Joseph Walenta, Kunstund Buchhändler. 7 Bl., 239 S. 8. — 2. verm. und verb. Ausgabe. Prag 1804. 8. Vorrede: Prag am 1sten Oktober 1791. Der Verfasser.

4) Die Polizei praktisch. Oder Handbuch für Magistrate, Wirthschaftsämter, Aerzte, Wundärzte, Apotheker, u. s. w. dann für alle, denen die Aufsicht auf die Polizeigegenstände obliegt, oder die von ihr gründlich unterrichtet seyn wollen, mit Anführung der ergangenen Gesetze, dann der neuen Strafgesetze nach dem Patente

vom 8. Septemb. 1803. Von A. C. Eichler, k. k. Polizei-Oberkommissär. Zweite viel vermehrte Auflage. Prag, 1804. Bei Johann Herrl, Buchhändler. 323 S. 8. Vorrede. Geschrieben Prag den 15. Dezemb. 1803. Vierte verbesserte und vermehrte Auflage. Prag 1815. Bei Johann Herrl, Buchhändler. 323 S. 8.

5) Kurze Erklärung der Evangelien und Episteln. Prag 1796. 8. Ohne Verfassernamen.

6) Gab 1796 heraus: Patriotisches Journal von in- und ausländischen Sachen. Vgl. oben II. a v. — S. 705.

7) Volkslied von A. C. Eichler. in Musik gosszt von Anton Wittaßeck. Gesungen zum Schlusse der zum Besten der Wittwen und Waisen jener Männer, die bei den Treffen an der Gränze Böhmens geblieben sind, als ein Denkmal des Dankes für den k. Helden Karl aufgeführten meißnerischen Kantate. Prag, gedruckt bei Franz Gerzabek, Sohn. 1796. 4 Bl. 4. (,Gott sey mit unserm Kaiser Franz'). — Auch 2 Bl. 8.

8) Freudenlied der Freiwilligen des allgemeinen Aufgebots bei der Rückkehr nach Wien am 8. Mai 1797. Von A. Eichler, k. k. Beamten, in Musik gesetzt von A. Witasek. Oehler. — Wiener Ztg. 1797. 8. 1312.

9) Beschreibung von Töplitz und seinen malerischen Umgebungen nebst dem Gebrauch der Bäder. Ein Taschenbuch für Brunnengäste und Reisende von E. Prag. 1808. 12. — Nebst einem vollständigen Häuserverzeichniße, einem Plane der Schlacht bei Kulm, und Benennung derjenigen Regimenter, welche sich darin vorzüglich ausgezeichnet haben. Zweite verbesserte Ausgabe. Prag 1815. 8. S. 68: Zwei Gedichte unters.: D. Ludwig Aloys John. Nach der Schlacht bey Kulm (,In die Teplitzer Fluthen an Böhmens blauen Gebirgen') und Ueber Napoleons weitere fruchtlose Versuche nach Böhmen zwischen den Schlachten von Kulm und Leipzig. Zum Denkmal der Anwesenheit der allerhöchsten Aliirten in Teplitz vom 30. August bis 5. Oktober 1813 (,Glühend vor Wuth im Verhaue der Ur zu zerbrechen das Dickicht'). — Nebst dem Gebrauch der Bäder, besonders der Gartenquelle, einem vollständigen Häuserverzeichniße, einem Plane der Schlacht bei Kulm, mit Benennung derjenigen Regimenter, welche sich darin vorzüglich ausgezeichnet haben, und einer Abbildung nebst Beschreibung des im Jahre 1817 aufgestellten Preußischen Monuments. Dritte verbesserte und vermehrte Ausgabe. Prag 1818. 8. — 4. verb. und verm. Aufl. 1821. 8. — Fünfte, verbesserte und vermehrte Auflage. Teplitz, 1823. 8. — Sechste ganz umgearbeitete Auflage. Teplitz 1830. 8. — Achte Auflage. Teplitz 1834. 8.

10) Briefe an den Landmann über die gegenwärtigen Begebenheiten, von E. Prag 1814. 8. Erschien 1813 heftweise.

11) Kurzer und faßlicher Unterricht in der technischen Chemie, verbunden mit Naturgeschichte; zum Gebrauche für die Landwirthschaft, Haushaltung, Fabriken, Manufakturen und Gewerbe. In einer Reihe von Vorlesungen. Prag, 1819. Bei Caspar Widtmann. IV. 8. 212 S.; 200 S.; 352 S.; 228 S. Widmung: ,Meinem verehrten Freunde Herrn Karl Neumann, gräflich Clam-Gallas'schen bevollmächtigten Oekonomieinspektor ... .'.—Widmungsgedicht: ,Nimm dieses Blümchen in den Kranz' unterz.: Eichler. — Vorrede unterz.: Eichler k. k. Rath.

12) Böhmen, vor Entdeckung Amerika's ein kleines Peru, als Aufmunterung zum Bergbau, und mit einem besondern Blick auf das Niclasberger und Moldauer Revier. Prag. 1820. 8.

13) Bemerkungen zu Ant. Vogt's Beiträgen zur Geschichte von Kuttenberg und seiner Umgebung. Prag 1825.

14) Das Hieronymus Graf Colloredo-Mannsfeld'sche Monument zu Arbesau auf dem Schlachtfelde bei Kulm. Von A. C. Eichler, k. k. Rath. Mit der Abbildung des Monuments. Teplitz, 1825. Bei Johann Nep. Gerzabek. Gedruckt bei Franz Gerzabek in Prag. 32 S. 8.

15) Andachts-Uibungen zur heiligen Metten, oder dem Tage der Geburt unsers Herrn Jesu Christi. Von A. Chr. Eichler. Nebst einem Weihnachtslied von Welleba, (Verfasser der Gefühle für jene Welt). Prag, 1826. Bey Franz Gerzabek, auf der Altstadt, Michaelsgasse neben der eisernen Thür im halb goldenen Rad. 16 S. 8. S. 14: Weihnachtslied. (,Der Herr ward uns gebohren').

16) Gebet- und Andachtsbuch für gebildete Stände in gebundener Rede. Prag. 1826. 8.

17) Wegweiser für Fremde, bei dem Besuche der Prager Metropolitankirche St. Veit, der Lorettakirche und des dortigen Schatzes, dann der Stiftskirche und Bibliothek am Strahof. Prag, 1828. Verlegt und zu haben bei Frans Zimmer, Kunsthändler in Prag, in der Jesuitten-Gasse, dem rothen Hause gegenüber, im rothen Adler Nro. 452. 45 S. 8.

Vorwort: unterz. Prag am 30. Jäner 1826. Eichler.

18) Versuch einer medizinischen Topographie von Teplitz mit Schönau. Von A· Ch. Eichler, k. k. Rath, Ritter des r. A. Ordens etc. Teplitz, 1828. Bei Johann Nep. Gerzabek und Vinzenz A. Fischer. VI, 46 S. 8.

8. III: Vorrede (Teplitz am 1. Dezember 1827).

19) Mitarbeiter an den Unterhaltungsblättern (der späteren Bohemia) 1828 f.

20) Hundertjährige Jubelfeyer der Heiligsprechung des heiligen Johann von Nepomuk. Als Andachtsbuch bei dieser Feyerlichkeit. Von A. C. E., k. k. R. Prag, 1829. Gedruckt und in Verlag bei Frans Gerzabek, Michaelsgasse, neben der eisernen Thüre. 108 S. 16. Enthält auch Lieder.

21) Der Damenführer in Teplitz, Karlsbad, Fransensbad und Marienbad. Als Wegweiser für Alle, welche diese berühmten Kurörter besuchen. Von A. C. Eichler, k. k. Rath und Ritter des rothen Adler-Ordens. Teplitz bei Vincent Fischer, Joseph Spengler und Anton Helm. 119 S. 8.

[Vorrede] unterz.: Der Damenführer E..... Geschrieben zu Teplitz, Karlsbad, Franzensbad und Marienbad vom 1. Juli 1830 bis 1. Jäner 1831.

22) a. Teplitz im Jahre 1830 oder: Almanach für die Teplitzer Kurgäste auf das Jahr 1831. Von E. Prag, 1831, gedruckt bei Johann Nep. Gerzabek. 47 S. 8.

8. 14: Prolog von August v. Bannekow.

b. Teplitz ... 1831 oder: ..... 1832. Von E*****. Prag 1832 gedruckt in der Gerzabekschen Buchdruckerey. 71 S. 8.

8. 30: Prolog („Zum drittenmal betret' ich diese Stelle'), unterz. Eichler.

c. Teplitz ... 1832 oder: ..... 1833. Vom k. k. Rath und R. Eichler. Prag 1833 . . . 113 S. 8.

8. 9: Epilog („Wohlthätig seyn! Wie herrlich tönts gleich süßen Harfenklängen'), unterz.: Eichler. — 8. 19: Das Lebewohl der Teplitzer Schützen an Se. Durchlaucht den Herrn Anton Fürsten von Radziwill ... („Warum ertönt so dumpf der Stutzen Knall?'), unterz.: Teplitz, den 4. Juli 1832. Andreas Fischer, Andreas Junk, d. Z. Schützenvorsteher. — 8. 23: Der Genius von Teplitz an die Neuvermählten L. L. D. D. Herrn Ludwig Bohuslaw Fürsten von Radziwill, und Frau Leontine Fürstin von Radziwill, geb. Gräfin von Clary und Aldringen. („An jenem Berg, wo Lieb' und Ruhe traulich wohnen'). — 8. 28: Gedicht an die Fürstin Clary: „Wenn auch Durchlauchtigste! kein Blumenduft Dich labet', unterz.: Teplitz, den 29. Jäner 1832. Eichler. — 8. 31: Epilog. („Heil euch ihr Thermen! Zeugen einer Wonne'). Eichler. — 8. 35: [Prolog]. („Der Tag, an dem o Herr! dein höhes Walten'). Teplitz, den 1. März 1832. Eichler. — S. 45 bis 52: Vier Gedichte zur Vermählungsfeyer Seiner Durchlaucht des Herrn Friedrich Wilhelm Fürsten von Radziwill, königl. preußischen Obersten und Kommandeur des 11. Infanterie-Regiments, eines unterz.: Fritsch. — 8. 55: Prolog. („Wie oft erscheint des Himmels Walten'). Eichler. — 8. 85: Todt des k. k. Hofraths v. Gentz. („Diese rühmliche Zeilen rückt der Verfasser dieses Almanachs zu einem kleinen Denkmal für den Verblichenen hier ein, mit dem er seit mehr als 30 Jahren in Freundschaftsverhältnissen stand').

d. Teplitz ... 1833 oder: ..... 1834. Vom k. k. Rath und Bitter A. C. Eichler. Teplitz, 1834. In der Kunsthandlung des J. H. Spengler, bei A. Helm und V. Fischer. 68 S.

8. 26: Epilog. („Mit heißem Dank, der Vorsehung geweiht'). Eichler, k. k. Rath. — 8. 29: Festgesang. (Nach dem 21. Psalm Davids). — 8. 32: (Melodie: Heil Dir im Siegerkranz). „Umkränzt von Felsenhöh'n'. — 8. 34: Prolog. („Es eilen in dem Strome aller Zeiten'). Eichler.

e. Teplitzer Almanach für das Jahr 1841. Gegründet von A. C. Eichler, k. k. Rath, Ritter des rothen Adler-Ordens etc. etc., fortgesetzt von Vincenz Maria Hoffmann. X. Jahrgang . . In Commission der Teplitzer Buch- und Kunsthandlungen. 191 S.

8. 90: Ein Gedicht. — 8. 63: Novellen. — 8. 145: Räthsel, Charaden, Epigramme etc. — 8. 150: Gedichte ernsten und scherzhaften Inhalts.

f.... 1842. XI. Jahrg. 223 S.

[Widmung]: Dank dem Teplitzer Bade! („Mich hielt ein finst'rer Geist umfangen'). J. Jeitteles. M. D. aus Prag.

S. 16: Kaiserlied von Eichler. Nach Beckers Rheinlied gedichtet. („Wir
wollen ihn nur haben, den Kaiser Ferdinand'). — S. 29f.: Gelegenheitsgedichte
von Otto Leopold Freiherrn von Ende und Dr. August Böhringer, Privatgelehrten
aus Wittenberg. — S. 73: Novellen. — S. 133: Gedichte ernsten und scherzhaften
Inhaltes. Von E. V. Dietrich, O.....t., König Ludwig von Baiern, u. Ungenannten. — S. 159: Knallerbsen, Gold- und Pfefferkörner. Charaden und Räthsel.

23) Über einen neuen Text zur österreichischen Volkshymne im Jahre 1835
vgl. Sauer: Mittheilungen des Vereins für Geschichte der Deutschen in Böhmen 33, 358.

24) Teplitz vor 300 Jahren, oder der böhmische Dichter Thomas Mitis und
seine Idylle über Teplitz: als das älteste historische Document und erste Stück
der Literatur über diese Badestadt; mitgetheilt von einem dortigen Kurgaste und
herausgegeben von Andreas Chrys. Eichler. Prag, 1836. 8. Vorrede unterzeichnet:
M. M. (= Maximilian Millauer).

35. Anton Simon aus Reichenberg, † 1809, Miterzieher Kaiser Ferdinands I.,
verfaßte nicht bloß Erziehungsschriften, sondern auch dichterische Arbeiten.

d'Elvert 26, 672 nach Schlesinger, Geschichte Böhmens.

Beiträge zu Seibts Akademischer Blumenlese 1784.

36. Franz Spielmann, 1812 Dechant in Reichenberg.

1) Beiträge zu Seibts Akademischer Blumenlese 1784.

2) Gab 1788 und 1789 mit Ritschel heraus: Prager Kinderzeitung. Vgl. oben
II. a. ς. — S. 698.

3) Aehren gesammelt auf dem Felde der gesunden Vernunft. Erstes Bündel.
[Reimsprüche]: Der Volksfreund. 15. Oktober 1812. S. 1159 bis 1169. unterz.:
Spielmann. „Der Verfasser dieser Kleinigkeiten ist gesonnen, noch einige Bündel
in den Volksfreund zur Probe einzusenden, und sodann, wenn sie nicht leer an
gesundem Korn befunden werden sollten, die ganze Sammlung als ein Haus- und
Handbüchlein für den Bürger und Landmann herauszugeben'. 8. *... — Zweites
Bündel: 15. Dez. 1812. 8. 1335 bis 1340.

37. Ulrich Petrak, geb. in Königseck am 12. September 1753, trat 1771 in
das Benediktinerstift Melk, 1778 zum Priester geweiht, widmete sich in Wien in
Verbindung mit Ferd. Engelb. Gregor Mayer der orientalischen Litteratur, Professor am Stiftsgymnasium, 1783 Professor an den theologischen Lehranstalten des
Stiftes, 1786 Prior, 1789 Administrator der Stiftsherrschaft zu Ravelsbach in
Niederösterreich, starb dort am 9. Juli 1814. Eine von ihm zum Druck vorbereitete Auswahl aus seinen Gedichten ist nicht erschienen.

a. Vaterländische Blätter 1814. S. 376. — b. Wurzbach 1870. 22, 99f. —
c. Scriptores ordinis S. Benedicti qui 1750—1880 fuerunt in Imperio Austriaco-
Hungarico. Vindobonae 1881. 8. 389f.

1) Gedichte in den Wiener Musenalmanachen § 231, 8 = Band IV. S. 866,
im Apollonion.

2) Cantate zur Feier des fünfzigjährigen Priesterthums des Prälaten Urban
von Melk. St. Pölten, 1785. 8.

3) a. Praktischer Unterricht, den niederoesterreichischen Safran zu bauen.
Wien und Prag, Schönfeld. 1797. 8.

b. Über den Safranbau in Niederösterreich und Anleitung zu demselben:
Vaterländische Blätter. Jahrgang 1808.

4) Danklied für das Landvolk nach geendigtem Kriege. Wien, Baden, Triest,
1806. 8.

5) An Wien, als Franz II. seinen großen Oheim auf dem Josephsplatz ein
Denkmal setzen ließ. Wien 1806. 4.

6) Eine Vision. Auf die Reise über Melk nach dem Sonntagsberge. 1807.
(Handschrift).

7) Geistliche Lieder. Wien o. J. Gerold. 8.

8) a. Petrak's vierzehn Gesänge, bey verschiedenen Leichenbegängnissen, vierstimmig mit oder ohne Begleitung der Orgel zu singen, in Musik gesetzt von Maxm. Stadler. Wien. Jos. Geistinger. 8.
b. Vierstimmige Trauergesänge mit willkürlicher Orgelbegleitung, zum Gebrauche bei Beerdigungen in Musik gesetzt von M. Stadler. Wien 1815, Geistinger. 4. Neue Annalen July 1807. Int.-Bl. Sp. 46.

9) Petraks neue geistliche Lieder bey verschiedenen Gelegenheiten zu singen. Wien, Geistinger. 8. — Vgl. Int.-Bl. d. Annalen. July 1807.

10) Drei Kirchenlieder für meine Pfarrgemeinde, bei besonderen Andachten zu singen. Wien o. J. Gerold. 8.

11) Lieder der Liebe. Mit Orgelbegleitung. Wien. o. J. Gerold. 4.

88. Karl Agnell Schneider, geb. am 14. Dez. 1766 in Königgrätz als Sohn des dortigen Bürgermeisters, studierte in Prag, Leipzig, Halle und Göttingen, begann seine juristische Laufbahn beim Magistrat und Konsistorium in Königgrätz und setzte sie als Justitiär mehrerer Aristokraten im Leitmeritzer Kreise, seit 1796 in Gitschin, seit 1808 in Prag fort. Nach Meißners Abgang von Prag war er von 1805 bis 1806 Supplent der Ästhetik und klassischen Litteratur an der dortigen Universität. Später war er Ökonomie-Direktor des Fürsten Joseph Colloredo, als welcher er 1884 in den Ruhestand trat. Er starb zu Smidars 17. Mai 1885. Aus zwei Ehen waren ihm 19 Kinder geboren worden. Zweimal, in Smidars und in Königgrätz, büßte er seine sämtlichen Bücher und Manuskripte durch Feuersbrunst ～ ein. Er dichtete seit 1820 auch in tschechischer Sprache als Karel Sudemír Snaidr.

a. Meusel 10, 618. 20, 231. — b. (Hormayr's) Archiv 1827, S. 597. — c. Oesterreich im Jahre 1840. Von einem österreichischen Staatsmann. Leipzig 1840. 2, 325. — d. Vgl L. Scheyrer 825. — e. Kehrein, Lex. 1871. 2, 110. — f. Wurzbach 1876. 31, 81 bis 84. — g. Murko 1897. S. 57f.

1) Gedichte in den Wiener Musenalmanachen § 281, 8 — Band IV. S. 366, in der Libussa, im Hesperus, in der Aurora 1812, in der Isis 1814, im Byllos 1819, 1820, im Kranz 1822, 1823.

2) a. Gedichte von K. A. Schneider. Prag bey Caspar Widtmann. 1800. 13 Bl. u. 898 S. 8. (Auch unter dem Titel: Gedichte ... Erstes Bändchen. Prag 1799).
Meinem biedern Schwiegervater Herrn Joseph Franz Klingner in Reichenberg gewidmet.
Nach dem Subscribentenverzeichnis hat Klingner, J. F., k. k. öffentl. Notar u. Graf Clam. Ger. Verw. 10 Ex. unterzeichnet.
Nach der Widmung hatte Klingner den Verf. die schlüpferigen Stufen des Themis-Tempels hinangeführt, unter seiner Aufsicht bildeten sich seine Anlagen, Klingners sorgsame belehrende Freundschaft machte ihn zum nicht ganz unnützen Staatsbürger, seine Liebe zum glücklichen Gatten.
Geschrieben zu Gitschinowes in Böhmen am 19. Julius 1799, unterz.: Schneider. Exzell. Graf Schlickischer Ger. Ver.
Das Vorw. ist aus Gitschinowes am 20. März 1799 datirt.
Viel Epigramme nach Martial. — Sonette nach Tasso und eigene. — Romanzen. — Triolette. — Humoristische Gedichte.
S. 66: Die Erscheinung. Den Manen Bürgers. 1798. — S. 70: Elegie gesungen am Beerdigungstage unsers allgeliebten Bischofs Johann Leopold von Hay am 4. Juni 1794. — S. 96: Colmar und Colma. 1786. [Distichen]. — S. 101: An meine Freunde S** J**. 1789. Motto aus Tasso. — S. 108: An meinen Hühnerhund. Nur für Jagdliebhaber. 1785. — S. 115: An B** B** 1786. — S. 125: An Gellerts Grabe. 1795. — S. 182: Gesundheitslied, gesungen auf der Landpfarre zu Wostruschno der Exzell. Graf v. Schlikischen Herrschaft. Gitschinowes am Einweihungstage der dortigen Kirche. 1797. — S. 200: Mutter-Sorgfalt, den Manen der unglüklichen Königin von Frankreich gewidmet. — S. 204: An's Publikum. über die Geistergeschichten. — S 208: Eingang des VII. Gesangs des Mädchens von Orleans. 1798. — S. 209: Fantasie. Nach Hölty 1786. — S. 221: Hassan und Idalu. Negerromance. (,In der selbstgeflochtnen Hütte litt Mohrin Idalu'). — Das älteste Gedicht von 1785.
b. Poetische Versuche von Carl Agnell Schneider. 1ter Band. Prag bey Widtmann. Wien bey Anton Doll. 1817. Zweiter Titel: Prag 1817, gedruckt bei Gottlieb Haase. 6 Bl., 312 S., 2 Bl. Inh. 8.

Widmung: Den Manen meines theuern, mir ewig unvergeßlichen Herrn Joseph Grafen von Colloredo.

Vorrede zur ersten Ausgabe v. J. 1799. Gičzinowes am 20. März 1799. — Vorrede zur gegenwärtigen Ausgabe. Smidar am 19. März 1817. K. A. Schneider, hochgräfl. Rosina v. Colloredoscher Justizdirektor.

S. 149: Cartouche. Zweytes Buch. (‚Als Probe einer komischen Pudelepopöje, die bis jetzt nur bis zum 5ten Buch gedieh‘). — S. 198: Jeremiade einer Badegesellschaft über den Besuch der Schneekoppe. August 1798. Fr. Lenk [Prof. der Poesie und praktizirender Advokat]. — S. 202: Rübezahls Antwort auf Lenks Jeremiade. Vom 28. August 1798. — S. 209: An A. G. M—ß—r [Meißner]. Nach von ihm aufgegebenen Endreimen. — S. 295: Wilhelm Tell. Nach eben gelesenen Trauerspiele Schillers gleichen Namens. Dezember 1816. I—V.

3) Die Entzauberung. Dramolet von K. A. Schneider, begleitet von einem Hymnus an die Mildthätigkeit. Zum Besten der abgebranten Libaner. Prag, 1800. 10 Bl., 70 S. 8.

Joseph Grafen von Schlick gewidmet. (Gitschinowes den 31. Julius 1800). Pränumeranten-Verzeichnis, Nachtrag dazu.

Vorrede: ‚Gegenwärtiges Dramolet verdankt seine Entstehung dem Vorschlag meines Freundes Kunz in Prag, der mich im Frühjahr des verwichenen Jahres aufforderte, den mir mit einigen Worten angegebenen Stof, zu einer Kantate für Ihn zu bearbeiten. Statt der Kantate entstand im Niederschreiben dieser dramatische Versuch‘.

4) Der Erinnerung eines schönen Abends, der in der musikalischen Akademie beim Herrn K. K. Rath und Kanonikus v. Ungar den 25. Jenner 1804. zugebracht ward, gewidmet. Prag, 1804. Gedruckt bei Gottlieb Haase. 2 Bl. 8.

5) Abschieds-Kantate dem Herrn Professor August Gottlieb Meißner, als er die Prager Unversität verließ, von Seinen Freunden und Verehrern gegeben, am 4ten Jänner, 1805. Verfaßt von K. A. Schneider. In Musik gesetzt von J. Wittasek. Prag, gedruckt bei Gottlieb Haase, königl. böhm. ständischem Buchdrucker. 5 Bl. 4. (‚Verhüllt in Trauerflor die schmerzgelösten Haare‘).

6) Marienbad. (Gedichte). Prag, Haase. 1819. 8.

39. Johann Dionys John, geb. in Teplitz 1764, in Dresden erzogen, studierte in Prag, Arzt in Teplitz, wo er am 14. März 1814 starb.

a. Abhandlungen der kön. böhmischen Gesellschaft der Wissenschaften 1814, S. 57. — b. Meusel 8, 551. 10, 35f. 23, 51. — c. Wurzbach 1863 10, 244f.

1) Uiber die unverbesserlichen Gebrechen der Ausübung in der Arzneykunde. An Herrn Tissot, als ein Anhang zu dessen Werkchen von der Verbesserung der Arzneylehre. Prag 1786. 64 S. 8.

2) Blumen, Blümchen und Blätter statt eines Prager Musenalmanachs. Prag und Wien 1787. Schönfeld. 8. § 231, 28 und oben S. 712.

3) Lexikon der K. K. Medizinalgesetze bearbeitet von Johann Dionis John mit einer Vorrede von E. G. Baldinger ... Erster Theil. Prag bei Johann Gottfried Calve. 1790. Zweiter und dritter Theil 1790. Vierter Theil 1791. Fünfter Theil. Erste Fortsezung 1796. Sechster Theil 1798. gr. 8.

4) Die Bäder zu Töplitz in Böhmen. Dresden 1792. Walther. gr. 8. Ohne Vfnamen.

5) Gesundheitskatechismus für die Schuljugend, Prag 1794. 66 S. 8.

6) Die medizinische Polizei und gerichtliche Arzneiwissenschaft in den K. K. Erbländern. Ein unentbehrliches Handbuch für Kreis- Magistratual-Polizei- und Wirthschaftsbeamte, wie auch für Advokaten, Phisiker, Aerzte, Wundärzte, Hebärzte, und Hebammen, Apotheker, und alle, die das allgemeine Gesundheitswohl der Menschen und des Viehes, eine gesezmäßige Volksarzneikunde, und die Pflichten und Rechten des Arzneipersonals interessirt, bearbeitet von Johann Dionis John ..... Erster Theil. Mit Allerhöchster K. K. Hofbewilligung. Prag, bei Joh. Gottfried Calve 1796. 486 S. 8. Zweyter Theil. 1798. 724 S. 8.

7) Uiber den Einfluß der Ehe auf die allgemeine Gesundheit und Bevölkerung. Von D. Johann Dionys John. Prag, bey Johann Gottfried Calve. 1797. 4 Bl., 52 S. 8. Widmung: Teplitz, am 1. Oktober 1796.

8) Arzneywissenschaftliche Aufsätze Böhmischer Gelehrten. Gesammlet und

herausgegeben von Johann Dionys John, der freyen Künste, Weltweisheit und Arzneywissenschaft Doktor, ausübendem Arzte zu Teplitz. Prag und Dresden, 1798. In der Waltherischen Hofbuchhandlung.
Widmung: Herrn Joh. Christian Friedrich Scherf.
Anhang: Verzeichniß der lebenden böhmisch-medizinischen Schriftsteller [mit genauem Schriftenverzeichnis].

9) Allgemeine Beschreibung von Töplitz in Böhmen. I. Bändchen. Töplitz 1813. 8.

40. Prolog zu Weißens Freundschaft auf der Probe als sie am Namenstage der besten Mutter von den hoffnungsvollsten Kindern aufgeführt ward. Prag, 1786. mit von Schönfeldschen Schriften. 4 Bl. 4.

41. Des Dorfschulmeisters Balthasar hinterlassene Aufsätze und Manuskripte. Prag und Leipzig, bei Kaspar Widtmann. 1788. 8 Bl., 110 S., 1 Bl. Verbesserungen. 8.
a: Vorrede, unterz. B——f. den 24ten Oktober 1787. Balthasars eingesetzte Universalerbin. — b: Der würdige Regent. Eine Skizze. — c: Balthasar ist auch Fabeldichter: Die acht Fabeln seyen dir großer Denis! geweiht. (Prosa). — d: Beweiß. Daß das Bücherlesen zum gelehrt werden gar nicht nothwendig sey. — e: Flüchtige Bemerkungen ohne Zusammenhang. Über allerley Gegenstände. Dem gelehrtenCustos der wienerischen Universitätsbibliothek HerrnCarl Michaeler in Freundschaft zugeeignet. — f: Der Schneider. Eine Skizze. — g: Auszug aus einem funkelneuen Seelenbeschreibungsprotokoll der k. k. Residenzstadt Wien. — h: Traum von einer Zueignungsschrift an einen Bischof. — i: Fünf und zwanzig kuriöse Fragen. Aus der göttlichen Schrift. Dem Herrn Patris Fast erzbischöflich wienerischen Kur- und Chormeister, und gewesenen Dekan der philosophischen Fakultät von der wiener Universität in Freundschaft zugeeignet. Samt den auflösenden Antworten. — k: Sie Küsse. Aus einem berühmten Dichter übersetzt. — l: Balthasars flüchtige Berhenkung über den Ehestand. Allen Hagestolzen gewidmet. — m: Einige Gedichtchen nicht nach schulmeisterischem Geschmacke Herrn Zensor Blumauer in Wien zugeeignet (S. 98: Lied eines alten Deutschen an die deutschen Mädchen vom neuem Schlag. — S. 100: An Klopfstock). — n: Was wäre zu thun? wenn der Papst einen frommen, weisen Regenten vielleicht wegen einiger Reformazionen im geistlichen Fache exkommunizirte? — o: Wie kann man das Alter der Fische erkennen. — p: Gar besondere Anekdoten.

42. Gottfried Immanuel Wenzel. § 259, 287 — Band V. S. 351.
1) Gab 1789 heraus: Blätter für Denker u. s. w. oben II. a*9*. — S. 699.
2) Gab 1792 heraus: Blikke in die Natur, oben II. a o. — S. 699.
3) Der Weise in den wichtigsten Verhältnissen des Lebens. Aufgestellt von Gottfried Immanuel Wenzel, der freyen Künste und Weltweisheit Magister und Professor der Philosophie in Linz. Wien 1801. bey Franz Ioseph Rötzel. 209 S. 8. (Verse). — Vgl. Annalen, Jenner 1802, Nr. 4.

43. Ignaz Liebel, geb. in Falkenau 1754, studierte seit 1773 in Wien, 1784 Repetitor an der Theresianischen Ritterakademie, seit 1790 provisorischer und seit 1792 wirklicher Professor der Ästhetik und Philologie an der Universität in Wien, starb daselbst am 7. September 1820.
a. Meusel 14, 435. 18, 531. 23, 411. — b. Erneuerte vaterländische Blätter für den österreichischen Kaiserstaat 1820. Intelligenzblatt Nr. 80. S. 820: Nekrolog. — c. Oesterreich. Zuschauer 1837. 3, 1092. — d. Raßmann 197. — e. Wurzbach 1866. 15, 95. — f. Kehrein 1868. 2, 232.
1) Beiträge zur Blumenlese der Musen § 231, 32 — Band IV. S. 369, zum Wiener Musenalmanach 1802 u. s. w.
2) a. Gedichte von Ignaz Liebel Korrep. der schönen Wissenschaften im k. k. Theresianum. Wien, gedruckt in der k. k. priv. v. Baumeisterischen Buchdruckerey. 1787. 8 Bl. ‚Verzeichniß der Herren Pränumeranten‘, 238 S., 1 Bl. ‚Verzeichniß‘. 8.
b. Gedichte von Ignaz Liebel k. öffentl. u. ord. Professor der Ästhetik und der Geschichte der sch. K. und Wiss. an der Universität in Wien. Zweyte verbesserte und vermehrte Auflage. Wien, bey Anton Pichler. 1814. 392 S., 4 Bl. Inhalt. 1 Bl. Errata. 8. (Erster Theil: Lieder; Zweiter Theil: Oden nebst einigen andern Gedichten; Dritter Theil: Episteln).

3) Bei der Zurückkunft des Kaisers. Ein Gedicht in sieben Oden. Wien, 1814. 8. — Trapp S. 225.

4) Friedrich VI. in Wien. Eine Ode von Ignaz Liebel, k. k. öffentl. und ordentl. Professor der Theorie und Geschichte der schönen Künste und Wissenschaften, Doctor der Philosophie und der freyen Künste. Wien, 1816. In der Rehm'schen Buchhandlung. 8 S. 4. („Ich sah den edlen Fürsten und Menschenfreund').

5) Ueber Dichter und Dichtkunst unserer Zeit. Wien 1817. Bauer. 8.

6) Epistel über poetische Stümper und Stümpereien. Wien 1817. Kaulfuß. 8.

7) Archilochi jambographorum principis reliquiae, quas accuratius collegit, adnotationibus virorum doctorum suisque animadversionibus illustravit etc. praemissa de vita et scriptis poetae commemoratione. Nunc seorsum ed. Ign. Liebel. Leipzig 1812. Neue Tit. 1818. 8. Editio II. Wien 1819. Heubner. 8.

44. Johann Marian Mika, geb. am 9. Februar 1754 in Prag, trat nach Vollendung der vorbereitenden Studien 1776 im Stift Strahow zu Prag in den Praemonstratenserorden, legte 1778 die Ordensgelübde ab, wurde daselbst in der Philosophie und Theologie unterrichtet, 1779 zum Priester geweiht, 1782 bis 1786 Seelsorger in Iglau, 1786 bis 1804 Professor der Pastoraltheologie und praktischen Homiletik in Prag, 1804 Pfarrer u. Dechant bei St. Jacob in Iglau, † am 3. März 1816 in Iglau. War auch Musiker.

a. Meusel 10, 305. 18, 705 f. — b. Czikann 1812. 8. 102 bis 104. — c. Dlabacz 1815. 2, 318. — d. Wurzbach 1868. 18, 262.

1) Positiones ex Theologia universa. Pragae 1790. 8.

2) Programma, in welchem die außerordentlichen Vorlesungen über die praktische Homiletik angekündet werden. Prag 1793. Fol.

3) Warnung vor Fehlern, welche Unglück und Verderben über das ganze Land wie über Frankreich verbreiten könnten. In Form einer Predigt verfaßt. Prag 1794. 8.

4) Lobrede auf den heil. Bernard als Friedensstifter, gehalten in der Kirche des Cistercienser-Stifts Ossek den 20. August 1795. Prag 1795. 8.

5) Lobrede auf den heil. Johann von Nepomuk. Prag 1795. 8.

6) Die französische Revolution in ihren moralischen Quellen betrachtet. Prag 1797. 8.

7) Dankgefühl bey der weisen und gütigen Leitung Gottes in der Wahl der Ehegattin, als Herr Wenzel Kracziner, Besitzer des landtäflichen Gutes Oberdreyhöfen, mit Frau Maria Anna gebornen Mika, verwittweten Suchy von ihrem Bruder Johann Marian Mika den 6. November 1799 getraut wurde. Prag 1799. 8.

8) Sionis luctus ex morte R. D. Wenceslai Josephi Mayer, Strahoviensis et Melovicensis Abbatis, inscriptionum renunciatus a Pricre cum universo Capitulo Sioneo. Pragae 1800. 4.

9) Anweisung zur körperlichen Beredsamkeit. Prag 1802. 8.

45. Ignaz Blümel.

1) Das Versöhnungswerk oder Einfache Beleuchtung des Planes der Schöpfung des Menschen im Zusammenhange mit dessen vollbrachter Erlösung. belegt Mit buchstäblichen Zeugnißen der heiligen Schrift, der Väter, ältesten Liturgie, u. s. w. als Eine Betrachtung in der Charwoche In einer Anzahl kunstloser Verse Seinen Gönnern und allen Theilnehmenden gewidmet von Ign° Bl°°l. Mit Genehmhaltung der Königl. Böhmisch. Censur. Prag mit Johann Thomas Höchenbergischen Schriften, durch seinen Faktor Anton Joseph Zyma 1790. 35 S. 8.

2) Die Versöhnung Gottes mit dem Menschen. Eine Kantate in 4 Theilen als Gegenstück der Schöpfung, nach jener vorletzten Strophe: O glücklich Paar! etc. In Musik gesetzt von Karl Cžesnowaky M. D. k. Kreisphysikus im Königgratzer Kreise, der Tonkunst Virtuosen geschrieben. von Jg. Blümel k. K. Mit ungetheilter Genehmigung der k. k. Censur. Königgratz 1801, gedruckt mit Tybellischen Schriften, durch Franz Bauček. 31 S. 8.

46. Dank für Josephs Abschied, von einem alten Soldaten gewidmet dem Militair- und auch dem Civil-Stande. o. O. u. J. (Prag 1790). 8 S. 4. Széchényi, Suppl. 1, 132.

47. Johann Herbst, 1791 Kanzlist bei der k. Staatsgüteradministration, nicht identisch mit dem Schauspieler Joseph Herbst, § 268, 16 — Band V. S. 401, wie Meusel (3, 231) und Kayser (3, 109) annehmen.

1) Gab heraus: Erstlinge unserer einsamen Stunden 1791. 1792. Vgl. oben III. d. — S. 712.

2) Beiträge zur Aurora 1812, zum Hyllos 1819, zum Kranz 1822.

3) An Johann Bapt. Polledro. Am 15. November 1811. 2 Bl. 8. („Kehrst Du aus dem Reich' der Ideale').

4) Der Verein für die Unabhängigkeit Europens. Zum Behufe der durch feindlichen Einfall verunglückten Kulmer Bewohner. Prag, 1814. Enders. 4.

5) Prolog zur Feyer des Sieges bei Leipzig, am 18. Oktober 1813. Gesprochen im prager ständischen Nationaltheater von Mad. Sonntag. 1819. Prag, bei Franz Gerzabek. 2 Bl. 8. unterz.: Herbst.

6) Am Tage der feyerlichen Exequien. („Schweig! gemeine Klage! Menschheit strebe'). Herbst: Denkmal Dem großen Helden unsrer Zeit. Oder Zusammenstellung aller durch das Hinscheiden Seiner Durchlaucht des Herrn Karl Philipp Fürsten zu Schwarzenberg, K. K. Österreichischen Feldmarschalls, ... sowohl in Prag, Leipzig etc. veranstalteten Trauerfeyerlichkeiten, als der bei dieser Gelegenheit erschienenen Trauergedichte, nebst einer kurzen biographischen Andeutung. Prag, 1820. Gedruckt bei Franz Gořahek. 29 S. 4. S. 26.

7) Bey Gelegenheit der Installirung des k. k. Apellazionsraths Joseph Kirpal als Bürgermeister der k. Hauptstadt Prag den 24. Jouy 1820: Hyllos 29. Juli 1820.

8) Als die beseligende Kunde von der Wiedergenesung unseres allgeliebten Landesvaters und Kaisers in Prag einlangte: Bäuerle, Gott erhalte Franz den Kaiser. Wien 1827. S. 154.

9) Die Heirathslustige. (Zur Deklamation). Von J. Herbst: Carnevals-Almanach auf das Jahr 1830. Herausgegeben von S. W. Schießler. 1. Jahrgang. Prag, bei C. W. Enders. S. 232 bis 234.

48. Joseph Kirpal, Kriminalrat zu Prag, starb im Jahre 1823. § 259, 247 — Band V. S. 352.

Meusel 4, 102. 10, 83. 23, 137.

1) Gab heraus: Erstlinge 1791. 1792. Vgl. oben III. d. — S. 712.

2) Die Ehrenerklärung, ein Schauspiel in 2 Aufzügen; für das kurfürstl. Sächsische Hoftheater. Prag und Leipzig, 1794 (eigentlich 1793). 8. Neue Auflage. Prag 1807. 8.

3) Die Jugendfreunde, ein Schauspiel in 4 Aufzügen. Prag und Leipzig 1795. 8.

49. Michael Schuster, geb. in Prag 1775, Professor des Privatrechts an der Universität in Prag, gest. in Prag 1834. Juristischer Schriftsteller.

Wurzbach 1876. 32, 255.

Beiträge zu den Erstlingen 1791. 1792.

50. Bernhard Ambros Ehrlich, Gubernial- und Bücherrevisions-Beamter in Prag.

Vgl. Hesperus 1812. Nr. 15.

1) Beiträge zu den Erstlingen 1791. 1792, zum Neuen Wiener Musen-Almanach 1798.

2) Friedenslied. Verfaßt von Bernhard Ehrlich. 2 Bl. 4. („Du holder Friede! sei gegrüßt').

3) Volkslied. Verfaßt vom Bernhard Ehrlich. 1 Bl. 8. („Wie schnell zur hohen Wolkenbahn').

4) Gesänge bei Seelenmessen, verfaßt von Bernhard Ehrlich 1798. Prag, bei Polt. 4 Bl. 8.

5) Neujahrswunsch eines treuen Unterthans an seinen geliebten Monarchen Franz den Zweiten. von Bernhard Ehrlich. Prag, gedruckt bei Fr. Gerzabek, 1799. 8 S. 4.

6) Willkommen der Böhmen bey der frohen Ankunft Sr. Majestät Alexander I.

Kaysers von Rußland in Prag. Den 11. November 1805. Prag, gedruckt bey
Gottlieb Haase, kön. böhm. ständ. Buchdrucker. 2 Bl. 4.
Alexander kam damals nicht bis nach Prag.

7) Nationallied. Meinen patriotischen Mitbürgern, der Legion des Erzherzog
Carl, der Landwehr und den bürgerlichen Chören als Zeichen der Hochachtung
gewidmet. Von Bernhard Ambros Ehrlich. Ueber die Melodie des Floreat und
Pereat 1809. 2 Bl. 8. („Vaterland! Vaterland! Wir hören deine Stimme!').

8) Volkslied zur Feyer des am 30. May 1814 in Paris abgeschlossenen Welt-
friedens, Verfaßt von B. A. Ehrlich. 2 Bl. 8. („Laßt die Herzen überströmen').
Am Schluß: Abgesungen am Friedensfeste den 7ten July 1814 durch die privil.
drey Bürgerchöre der königl. Hauptstadt Prag.

9) Herzensfeyer des vier und vierzigsten Wiegenfestes Seiner Hoch- und
Wohlgeboren des Herrn Herrn Christian Grafen Clam von Gallas, k. k. wirklichen
Kämmerers, des k. k. Leopolds- und großherzoglich Toskanischen St. Stephans-
ordens Ritters, ehrfurchtsvoll gewidmet zum ersten September 1815 von den drey
Brüdern Ignaz, Mathias, und Bernhard Ambros und Ehrlich. Prag. Gedruckt
bei Franz Gerzabeck, in der eisernen Thür. 2 Bl. 4.

10) Das Geburtsfest des Hoch- und Wohlgebornen Herrn Herrn Friedrich
Grafen von Clam Gallas, k. k. wirklichen Kämmerers und Oberstlieutenants, Malteser-
ordensritters, Herrn der Herrschaften Brodetz und Luschtienitz; gefeyert von den
drey Brüdern Ignaz, Mathias, und Bernhard Ambros Ehrlich am 25ten Oktober
1815. Prag, gedruckt bey Franz Gerzabeck, in der eisernen Thür. 4 Bl. 4.

11) Der Dienst des Herrn oder die fromme Jungfrau. Ein Gebetbuch für
Frauenzimmer. Prag 1820. Calve. 8.

12) Die Feyer des Sylvesterabends. Von B. A. Ehrlich. Abgesungen in
dem Posthause zu Jungbunzlau am 31. Dezember 1825. Prag: gedruckt in der
Sommerschen Buchdruckerei im ehemaligen Annakloster Nro. 943. 2 Bl. 4.

51. J. K. Wietz. Lebensdaten unbekannt.
Kehrein (Lex. 1871. 2, 258) und Wurzbach (1888. 56, 98) vermengen seine
Werke mit denen eines F. K. Wiets und eines Karl Johann Wietz.
Meusel 21, 562.
Sicher scheint ihm nur zuzugehören:

1) Fabeln, Gedichte, Erzählungen und Lieder. Erster Theil. Prag 1791,
Diesbach. 8.

2) Streifzüge im Gebiete der Länder- und Völkerkunde. Nach den besten
neuesten Werken, für die reifere Jugend, bearbeitet von J. K. Wietz. Prag 1826
bis 1833 bei Peter Bohmanns Erben. XVIII. 12.

3) Sitten, Gebräuche und Trachten der Bewohner des osmanischen oder
türkischen Reiches. Von J. K. Wietz. Prag, 1828. Bei P. Bohmanns Erben.
181 S., 1 Bl. Register. 8.

4) Moralische Erzählungen und Sittensprüche zur Bildung des Geistes und
Herzens der weiblichen Jugend. Prag 1828. II. 8. 8. Aufl. 1837. 8.

5) Moralische Erzählungen und Sittensprüche zur Bildung des Geistes und
Herzens der männlichen Jugend. Von J. K. Wietz. Prag. Verlag von P. Bohmanns Erben. 1831. II. 8.

6) Alfred's merkwürdige Reisen und Abenteuer. Zur Unterhaltung für Jung
und Alt. Von J. K. Wiotz. Leitmeritz, J. C. Medau'sche Buchhandlung. 1831.

7) Die Ostergeschenke. Ein Schauspiel für die Jugend in einem Aufzuge
von J. K. Wietz. Leitmeritz, C. W. Medau'sche Buchhandlung. 1834. 31 S. 8.

8) Tugendlohn. Gemüthliche und unterhaltliche Erzählungen für Jung und
Alt. Leitmeritz 1834. 8.

52. Franz Reif, Lehrer in Leitmeritz.
1) Dankrede gewidmet dem löbl. königl. Stadtrathe und allen edeln für das
Wohl ihrer Kinder wachenden Bürgern verfaßt vom Lehrer Herrn Franz Reif,
vorgetragen an der dritten öffentlichen Prüfung in der k. k. Kreisstadt Leitmeritz
von Johann Trenkler, Schüler der 3ten Hauptschulklasse. Den 26. Jänner 1791.
Leitmeritz, gedruckt bei Franz Karl Laube. 8 Bl. 8.

2) An- und Dankrede gewidmet allen Jugendfreunden und Aeltern, deren Herzen der Wohlthätigkeitstrieb für die Glückesbeförderung ihrer Kinder belebet, verfaßt vom öffentlichen Lehrer Herrn Franz Reif, vorgetragen im Heumonate 1791. an der vierten öffentlichen Prüfung in der k. Kreisstadt Leitmeritz von Schülern der 3 ten Hauptschulklasse. Zum Drucke von Kinderfreunden befördert. Leitmeritz, gedruckt bei Franz Karl Laube. 14 S. 8.

3) An- und Dank-Rede, gewidmet allen Jugendfreunden und Aeltern zum Beweise der herzlichsten Erkenntlichkeit für die treue Unterstützung, deren die Schüler der Hauptschulklasse in der kön. Kreisstadt Leitmeritz genießen. Verfaßt vom öffentlichen Lehrer H. Franz Reif, vorgetragen an der fünften öffentlichen Prüfung im Hornung 1792. Leitmeritz bei Franz Karl Laube. 14 S. 8.

4) Prüfungslied gesungen an der ein und zwanzigsten öffentlichen Prüfung der Hauptschule der kön. Kreisstadt Leitmeritz, Bearbeitet von Herrn Franz Reif, öffentlichem Lehrer, Den 3. April 1800. 2 Bl. 8. (,Allvater! höre uns, du hast's gesagt').

5) Danklied, gesungen an der 22sten öffentlichen Prüfung der Hauptschule der königl. Kreisstadt Leitmeritz. Bearbeitet vom Herrn Franz Reif, öffentl. Lehrer. Den 30. August 1800. 2 Bl. 8. (,Vernimm, o Gott! mit Wohlgefallen').

6) Rede zur Einzugsfeier Seiner bischöflichen Gnaden des Hoch- und Wohlgebornen Bitters, Herrn Herrn Leopold Wenzel Chlumczansky von Chlumczan und Prestawlk. Bearbeitet von Franz Reif, öffentlichem Lehrer der dritten Hauptschulklasse in Leitmeritz, und vorgetragen von Franz Mayer von Mayerfels, Schüler eben dieser Klasse, den 30. Juny 1802. Prag, gedruckt bei Haase und Widtmann 1802. 4 Bl. 8.

7) Gesang der Installazionsfeyer des Hochwürdigsten Schulenoberaufsehers der leitmeritzer Diözes Herrn, Herrn Anton Hirnle, ... des bischöfl. leitmeritzer theologischen Studiums und Seminarismus Direkters, von Lehrern und Schülern der leitmeritzer Hauptschule mit ungeheucheltem Gefühle unbegränzter Hochachtung gewidmet. Bearbeitet von Franz Reif, öffentlichem Lehrer der dritten Hauptschulklasse. 4 Bl. 8. Am Schlusse: Leitmeritz bei Franz Karl Laube, 1806. (,Kommt, versammelt euch in Chören').

53. Wenzel Johann Roth, Justitiar der k. k. Staatsherrschaften Chotieschau, Kladrau und Prestiz, † in Chotieschau am 2. August 1805.

a. — Meusel 6, 458 f. 10, 515. 15, 219. 221 f. 19, 448. — b. Int.-Bl. d. Annalen, August 1805. — c. Wurzbach 1874. 27, 103.

Außer seinen vielbändigen Sammlungen der böhmischen Gesetze:

1) Auflösung der Preisfrage: Was ist Wucher? und wie ist demselben ohne Strafgesetze Einhalt zu thun? Wien 1791. Wucherer. 8.

2) Prüfung einiger Grundsätze zur Strafgerechtigkeit. Wien 1792. 8.

3) Gottes Daseyn und Willens-Wesen. Wien 1793. 8.

4) a. Alles, und das Höchste, was sich von Gott und über Unsterblichkeit denken läßt, dann Lider und Gedichte zur Enthüllung jener Wahrheiten, di stete Zufridenheit bei frohen Mute und ächter Güte begründen, von Dr. Johann Roth. Prag bei Widtmann. 1802. 2 Bl., 188 S. 8. Nur Weisheitsfreunden gewidmet.

Inhalt. ,Die mit * bezeichneten Gedichte sind abgeänderte Gesänge der Vorzeit. Die vorzüglich schönen Arien oder Melodien, nach welchen di meisten diser Lider gedichtet worden, sind bei jedem unten angemerket'.

S. 1 bis 16: Vorrede. — S. 17 bis 154: Gedichte (S. 96: Die Rose. Nach Sappho). — S. 155 bis 174: Denkmale für Weisheitsfreunde. [Aphorismen]. — S. 175: Gebet des göttlichen Wahrheitslehrers. [Prosa]. — S. 179: Gebetesgränze im Vernunftsgesetze.

b. Seligkeitsgrund von Wenzel Johann Roth. Prag bei Widtmann. 1802. 1 Bl. Inhalt, 188 S. 8. Gleichlautend mit a. Nur die Widmung auf der Rückseite des Titels fehlt.

Vgl. Annalen Jan. 1803. Nr. 7. 8.

Zugeschrieben wird ihm auch: Gebetbuch für denkende Christen. Prag, 1802. in der Herrlischen Buchhandlung, in der Jesuitengasse, N. 849. 1 Bl. Inhalt, 75 S. 8. Enthält auch Lieder.

54. Glückwunsch an die Böhmische Nation von einem Wiener. Prag, bey Calve. 1791. 2 Bl. 8. (,Beglückte Nation, die auf das Haupt').

55. Krönungslied und Gebeth, welches am höchstbeglückten Krönungstage unsere allerdurchlauchtigsten Monarchen Kaiser Leopold des II. auf Veranlassung des Joachim Edlen von Popper, als Primator der Landesjudenschaft, in allen Landessynagogen und Bethhäusern abgesungen und für eine allerhöchste und glorreiche Regierung gebethet worden. Prag am 6. September 1791. Hebr. Original und Übersetzung. 16 S. 4.

Vgl. Annalen. Int.-Bl. April 1805.

56. Cantate Sr. K. K. Majestaet Leopold. II. gewidmet. Bei dem den XII. September 1791. von den Staenden des Königreichs Böhmen gegebenen Volks-Feste. Prag, in der Kaiserl. Königl. Hofbuchdruckerei. 21 S. 4.

57. Johann Christian Mikan, geb. in Teplitz am 5. Dezember 1769, Sohn des späteren Professors der Chemie und Botanik an der Prager Universität Joseph Gottfried Mikan (geb. zu Böhmisch-Leipa am 4. Dezember 1742, gest. zu Prag am 7. August 1814), studierte in Prag. 1796 Professor der Botanik in Prag, 1798 seinem Vater adjungiert, 1800 Professor der allgemeinen Naturgeschichte, 1812 Professor der Botanik, nahm 1817 und 1818 an der naturwissenschaftlichen Expedition nach Brasilien teil, wurde 1831 in den Ruhestand versetzt, starb am 28. Dezember 1844. Seine wissenschaftlichen Werke bleiben hier bei Seite.

a. Vierteljahrsschr. für die prakt. Heilkunde. 2. Jahrg. Prag 1845. 7. Band, Analekten S. 174 f. · b W. R. Weitenweber: Lotos 1852. März. — c. Wurzbach 1868. 18, 263 bis 265.

1) Beiträge zu den Erstlingen 1792 (J. M—k—n), zum Hesperus, zum Jokus 1812 (Mkn.), zum Hyllos 1819.

2) Prager Universitätsfeyer im großen Karolinsaale am 12. Februar 1799, dem Geburtstage Seiner Majestät Franz II. Römischen Kaisers, wobey die Bildnisse Josephs II., Leopolds II. und Franz II. aufgestellt wurden. Prag, mit Schriften der k. k. Normalschul-Buchdruckerey, 1799. XLV, 22 S. und 4 Bl. 4.

Darin: Oratio Iosephi Godefridi Mikan Rectoris magnifici ad senatum, populumque academicum quam Francisci II. natalis dies ageretur pridie Id. Febr. MDCCXCIX.

Rede an die versammelten Akademischen Bürger, am 12. Februar 1799 dem Geburtsfeste Sr. Maj. unsers allergnädigsten Kaisers Frans des II. gehalten von Joseph Gottfried Mikan der Chemie und Botanik öffentl. ord. Professor . . . . . Prag, mit Schriften der k. k. Normalschul-Buchdruckerey.

Gesang der Prager Akademiker am Geburtsfeste Sr. Majestät des Kaisers den 12. Februar 1799. bey den feyerlichen Aufstellung der Bildnisse Josephs II., Leopolds II. und Franz II. im großen Karolinsaale. Verfaßt von Johann Christian Mikan, ... der Chymie und Botanik adjungirtem Professor.

3) Empfindungen der Böhmen. Ein Lied zur Feyer der Anwesenheit Ihrer kaiserl. königl. Majestäten Franz und Louise von Oesterreich und Maria Louise Kaiserin von Frankreich, auf der Insel des k. k. privilegirten Scharfschützenkorps zu Prag am 27ten Junius 1812. Text: vom Professor J. C. Mikan. Musik: von Anton Woytischek. Gedruckt bei Franz Geržabeck, im St. Gallikloster. 2 Bl. 4.

3) Die Befreyer Europa's in Paris. Am 15ten April, als am Tage der hohen Geburtsfeyer Sr. Durchlaucht des Feldmarschalls Fürsten Karl von Schwarzenberg, Oberbefehlshabers der verbündeten Armeen, gesprochen von der Schauspielerin Sophie Schröder, im ständ. Theater. Zweyte Auflage. Prag, 1814, gedruckt bey Gottlieb Haase, böhmisch-ständischem Buchdrucker. 2 Bl. 4. unterz.: J. C. Mikan, Doktor und Professor an der Universität zu Prag.

5) Volkslied, gesungen zur Feyer des Friedens in Prag bey voller Stadtbeleuchtung vor dem ständischen Landhause den 7ten July 1814. Verfaßt von Johann Christian Mikan . . ., in Musik gesetzt von Johann Wittassek, Kapellmeister am Dom. Prag, gedruckt bey Gottlieb Haase, böhmisch-ständischem Buchdrucker. 4 Bl. 4.

6) An Leitmeritz. Bey der Einführung des hochwürdigsten Bischoffs Joseph Franz Hurdalek in seine Kathedral-Kirche am 19. März 1816. Prag, gedruckt bei Gottlieb Haase. 2 Bl. 4. Sonett. unterz.: Joh. Christ. Mikan.

7) Des Kaisers Genesung. Cantate von Johann Christian Mikan. In Musik gesetzt von Adalbert Gyrowetz, Capellmeister der k. k. Hoftheater. Der durch den Verkauf dieser Cantate eingehende Ertrag ist zur Gründung einer Stiftung für einen

die Heilkunde studierenden Böhmen bestimmt. Wien. Gedruckt bey Anton Strauß. 1826. 8 S. 4. (,Wir athmen frey; sie ist verschwunden'). — In Musik gesetzt von A. Gyrowetz: Bäuerle, Gott erhalte Franz den Kaiser. Wien 1827. S. 119.

8) Kinder meiner Laune. Prag 1833. II. 8. — Kinder meiner Laune, ältere und jüngere, ernste und scherzhafte. Zur fernern Unterstützung der Witwen und Waisen der in Böhmen an der Cholera Verstorbenen ausgesendet. Zweiter, andern wohlthätigen Zwecken gewidmeter, unveränderter Abdruck der 1. Auflage. Prag 1833, Borrosch und André. gr. 8. Ein Anhang enthält: Authentische Nachricht vom leibhaften Daseyn der Cholera-Thierchen.

9) Willkommen und Lebewohl Ihren Kaiserlichen Königlich Majestäten Franz und Caroline bei Allerhoechst Ihrer Anwesenheit in Prag im Jahre 1833. Dargebracht von den Studierenden der K. K. Karl-Ferdinands-Universität. Prag, Druck und Papier von Gottlieb Haase Söhne. 4 Bl. 4.
a: Festgesang. Verfaßt von Dr. J. C. Mikan, k. k. jubil. Professor. — b: Die Wahlsprüche der Studierenden. Verfaßt von Carl Egon Ebert, fürstl. Fürstenbergischen Rath und Bibliothekar. — c: Der Vorsatz. Ebert. — d: Trennung und Wiedersehen. Verfaßt von W. A. Swoboda, k. k. Gymnasial-Professor. — e: Lebewohl. Verfaßt von J. Tandler k. k. Kamerad-Concepts-Practicanten.

10) An Ferdinand I. Kaiser von Oesterreich, König von Böhmen, als er im ersten Jahre Seiner Regierung Böhmen und die Prager Universitaet mit Seiner Gegenwart beglückte. Von der k. k. Karl-Ferdinands-Universität in tiefster Ehrfurcht dargebracht. Verfaßt von Dr. J. C. Mikan, k. k. jubil. Professor. Prag, 1835. Druck und Papier von Gottlieb Haase Söhne. 8 Bl. 4.

11) Atys. Als Erklärung des zum Vortheile des Prager Taubstummen-Institutes im königlich ständischen Theater am 12. April 1835 in drei Abtheilungen dargestellten Tableau's. Gesprochen von Dem. Friederike Herbst. 2 Bl. 8. untersz.: J. C. Mikan. — Druck bei M. I. Landau. (,Über Lydiens weite Marken').

12) Prag an die Deutschen Naturforscher und Aerzte. Im Jahre 1837. 2 Bl. 4. Unterz.: Dr. J. C. Mikan emeritirter Professor an der Prager Universität.

58. Joseph Georg Meinert, geb. 1775 zu Leitmeritz, studierte in Prag, wurde durch Vermittlung der Gräfin Josephine Pachta Professor am Gymnasium der Prager Altstadt, supplierte nach Meißners Abgang im Jahre 1806 einige Zeit die Lehrkanzel der Ästhetik an der Universität in Prag, trat 1811 in den Ruhestand, lebte seitdem auf der ihm von der Gräfin geschenkten Gute Partschendorf im Kuhländchen Mährens, trennte sich aber von der Gräfin und vermählte sich mit einer jungen Schweizerin. † am 17. Mai 1844.
a. Meusel 14. 533. 18, 661. — b. J. J. H. Czikann, Moravia 1815. Nr. 41 f. S. 160. — c. Al Klars Libussa 1851, S. 463. — d. Anselm Ritter von Feuerbachs Biographischer Nachlaß 1853. 1, 41 bis 44; 2, 295. — c. Scheyrer 1858, S. 343. — f. Wurzbach 1867. 17, 281 f. — g. Kehrein, Lex. 1868. 1, 66. — h. Varnhagen, Biographische Portraits 1871. 8. 186 bis 208; dort auch Meinerts Charakteristik durch Brentano S. 205 f.
α. Etwas über Tibull und Horaz. In einem Briefe an J. G. Meinert von Dr. Nikl. Titze: Oesterreichische Blätter für Literatur und Kunst 1846. 3. Jahrgang. Nr. 28. 29. — β Briefe von Josef Georg Meinert an Franz Niklas Titze von 1838 bis 1844. Mitgetheilt vom k. Rath Dr. F. N. Titze: Ebenda Nr. 51. 52. 53.

1) Gedichte in den Erstlingen unserer einsamen Stunden. (Unter anderen: 1792. 2, S. 1 bis 6: An die Böhmen ,Rollt schon wieder ein lang Jahrhundert vorüber, und Böhme! Immer noch schläfst du?'. Ohne Unterschrift. Im Register: Meinerth, Hörer der Rechte), in Meißners Apollo 1793 bis 1794, in Stampeels Aglaja, 1803, in Beckers Taschenbüchern und Erbolungen, in Castellis Selam 1814, in Erichsons Thalia, Aurora 1812, Byllcs 1819 u. s. w.

2) Franz Petrarka. Biografie. Prag und Leipzig, bei Albrecht und Compagnie. 1794. VIII, 279 S. 8.

3) Franz der Zweyte. 2 Bl. 8. (,Gott erhalt' uns unsern König! Gott erhalt' uns Vater Franz!'). — Auch 1796. 4. — Ferner: Der Geburtstag Seiner Kais. Königl. Majestät Franz des Zweiten unsers allergnädigsten Landesvaters. Gefeyert von der Karl Ferdinandischen Universität. Prag, gedruckt bei Johann Diesbach, 1797. 4. S. XXI bis XXIV: Franz der Zweite. Nationallied der Böhmen. Besonders ab-

gedruckt für eine Gesellschaft patriotisch denkender Freunde und von derselben gesungen am 22. Hornung 1797 im Koppmannischen Hause. Prag, gedruckt bey Franz Gerzabeck, Sohn. 4 Bl. 8. Ins Tschech. übersetzt von Joseph Rautenkranz. — Vgl. Waitzenegger 1820. 2, 187.

,Hast du von den vielen Kantaten gehört, die hier zu Ehren des Kaisers abgesungen wurden? Wenn ihr euren König zu lieben verstehet, so verstehen wir den unsrigen feierlich zu loben'. Josefine Gräfin Pachta an Rahel, Prag den 2. März 1796: Varnhagen, Galerie von Bildnissen. 1, 177.

4) Böhmens Errettung. Cantate. 24 S. 4. — Vgl. Nr. 5).

5) Danksagung der von den Bewohnern Prags großmüthig unterstützten Invaliden. Verfaßt von J. G. Meinert, gesprochen von J. V. Pecher am 10ten März 1797 bey der zweyten Aufführung der Cantate: Böhmens Errettung. 2 Bl. 4. (,Ein Böhm', und was der Stelzenfuß des Lahmen').

6) Hymne an den Frieden. Verfaßt von Herrn Professor J. G. Meinert, in Musik gesetzt von Herrn F. D. Weber. Abgesungen im Konviktsaale in der philosophisch-musikalischen Akademie den 2 Februar 1798. Prag, gedruckt bei Johann Diesbach. 1 Bl. Text, 4 S. Noten. Querfolio.

7) Das Gebet des Herrn. Metrisch bearbeitet von J. G. Meinert, Doktor der Philosophie und Professor am K. akademischen Gymnasium, in Musik gesetzt von F. A. Hoffmeister, Kapellmeister. Prag 1799 6 Bl. 4. [Gedruckt bei F. Gerzabeck, im St. Gallikloster].

8) Karl, Erzherzog von Oesterreich. Arie und Gebet von J. G. Meinert, in Musik gesezt und herausgegeben von F. D. Weber. Prag 1799, in Kommission bei Karl Barth, Buchhändler. 10 S. Noten. Querfolio.

9) a. Karl Fürst von Fürstenberg [Vignette: Bey Stockach fiel Er für Thron und Vaterland]. Prag 1799, in Commission bey Carl Barth, Buchhändler. 2 Bl. Text, 2 Bl. Noten. Querfolio.

Darin: Rede an die Zöglinge des Waisenhauses zum heil. Johann von Karl Ungar. — Elegie von J. G. Meinert, in Musik gesetzt und herausgegeben von F. D. Weber. (,Wir stehn um eine Bahre'). Vgl. Nr. 11) II. b.

b Rede an die Zöglinge des Waisenhauses bei den Exequien für Se. Durchlaucht den Fürsten von Fürstenberg, gehalten von Karl Ungar, k. k. Rath und Bibliothekar, Domherrn zu Bunzlau. Prag, gedruckt bei Johann Diesbach. 1799. 16 S. 8.

8. 9: Karl Fürst von Fürstenberg. Elegie von J. G. Meinert, in Musik gesetzt von D. Weber. — S. 15: Gebet. [Verse].

10) Feldgesang für die Böhmische Legion. Im Jahre 1800. Verfaßt von J. G. Meinert, Professor der Prinzipien am Königl. akadem. Gymnasium. In Musik gesetzt von Dionys Weber. Prag, gedruckt bey Franz Gerzabeck im St. Galligebäude, 8 Bl. 4. — Vgl. Nr. 11) I. a.

II) Nationalgesänge der Böhmen. Heft I. Prag, in Kommission bei Joh. Ferd. Edlen v. Schönfeld, und Franz Gerzabeck im St. Galligebäude. [Umschlag: Sammlung vaterländischer Gesänge, die bey öffentlichen Feyerlichkeiten gesungen wurden. Auf allgemeines Verlangen herausgegeben von F. D. Weber. Heft I. Prag, und ist Wien in Kommission bei Joh. Ferd. Edlen v. Schönfeld, und bey Franz Gerzabeck im St. Galligebäude, bey Wolla und Comp.] 2 Bl. Noten, 4 Bl. Text. Querfolio. a: Feldgesang der böhmischen Legion. (,Auf, Böhmen, auf!'). b: Nationallied der Böhmen. (,Gott erhalte unsern König'). — Heft II. 1800. 5 Bl. Querfolio. a: Gürtet euch mit Heldenstärke. b: Elegis. ,Wir stehn um eine Bahre'. c: Gebet. ,Genß o Herr! aus voller Schaale'. Texte deutsch und tschechisch.

12) Elegie [am Grabe des Joseph Speer, Syntaxist am k. akad. Gymnasium, † 14. Junius 1800, von seinen Mitschülern gesungen]. 2 Bl. 8. (,Wir haben Dich verloren, Du guter sanfter Speer!')

13) Friedensfeyer von J. G. Meinert. In Musik gesetzt von F. D. Weber. Prag, gedruckt bey Franz Gerzabek im St.-Gallikloster. [1801]. 11 S. 4.

14) Gab heraus die Zeitschrift ,Der böhmische Wandersmann' deutsch und tschechisch 1801 und 1802. Vgl. oben II. bʔ. — S. 705.

15) Gab die Zeitschrift Libussa heraus. 2 Bände. 1802 und 1804. Vgl. oben II. bζ. — S. 705.

· 16) Franz der Zweite, Erbkaiser von Oesterreich. Eine Kantate, von J. G. Meinert . . . Vorgetragen in der Musikalischen Akademie der Juristen am 13. Desember 1804. Prag, gedruckt bei Franz Gerżabeck. 5 Bl. 4.

17) Rede über das Interesse der Aesthetik, Pädagogik, Geschichte der Gelahrheit [so] und Filosofie für Gebildete Menschen, bei seiner öffentlichen Einführung am 10ten December 1806. vorgetragen von J. G. Meinert . . . Prag, bei Caspar Widtman. 1807. 55 S. 8.

18) Franz und Beatrix. Kantate zur allerhöchsten Vermählung Ihrer K. K. Majestäten. Verfaßt von J. G. Meinert . . . In Musik gesetzt vom Kapellmeister Vincenz Maschek. Vorgetragen von den Hörern der Medicin am 10. Febr. 1808. Prag, gedruckt bei Gottlieb Haase, königl. böhm. ständ. Buchdrucker. 4 Bl. 4.

19) Morgengebeth. Unter der heiligen Messe zu singen von den Hörern der Philosophie zu Prag. Vor der heiligen Wandlung. 2 Bl. 8. (,Die Nacht zerrann im Dufte gold'ner Strahlen'). — Vaterl. Bl. f. d. ö. K. 1811. Nr. 99.

20) Weihnachtsgesang von J. G. Meinert, mit Musik von F. W. Tomaschek, gräfl. Bouquoischen Tonsetzer. Zum Besten der Kaadner und Presnitzer Abgebrannten. Prag, 1811 zu finden in der Widtmannschen Buchhandlung. 8 S. 8. ,Ein Kind, gebohren gar wunderschön'.

21) a. Volkslieder aus dem Kuhländchen in Mähren. Gesammelt von Meinert. I. Belohnte Unschuld. II. Verabredung. III. Die Erprobte. IV. Der Prahler. V. Die Verliebte. VI. Wettgesang. VII. Die Mitgift: Erichsons Musen-Almanach für das Jahr 1814. 8. 213 bis 128. — b. Alte teutsche Volkslieder in der Mundart des Kuhländchens. Herausgegeben und erläutert von Joseph George Meinert. Erster Band. Wien und Hamburg 1817. in Commission bey Perthes und Besser. XVI, 462 S., 1 Bl. Berichtigungen. Gestochener Titel: Der Fylgie von Joseph George Meinert. Erster Band. Wien 1817.

22) Über die Königinhofer Handschrift: Hormayrs Archiv. 10. Jahrg. 1819. Januar, S. 1 bis 4. 7 bis 8.

23) Joannis von Marignola, mindern Bruders und päpstlichen Legaten, Reise in das Morgenland vom Jahre 1339 bis 1353. Aus dem Lateinischen übersetzt, geordnet und erläutert: Abhandlungen der kön. böhmischen Gesellschaft der Wissenschaften. Band 7, (1820). Auch selbständig. Prag 1820. Haase. 8.

24) Stimmen deutscher Vorzeit. Nach Handschriften der k. k. Hofbibliothek bearbeitet von J. G. Meinert: Minnespiegel: Der Kranz. 1824. III. Nr. 28.

25) Beiträge zur Kritik der böhmischen Münzkunde; nebst Gegenbemerkungen von St—.: Monatschrift der Gesellschaft des vaterländischen Museums in Böhmen. 2. Jahrgang 1827. September. 8. 205.

26) Meinert starb über der nach Dobrowskys Tod übernommenen kritischen Ausgabe des Jordanes für die Monumenta Germaniae.

27) Zahlreiche historische, literar-historische und antiquarische Abhandlungen in den Schriften des Vereins für ältere deutsche Geschichtskunde zu Frankfurt a. M., in den Wiener Jahrbüchern der Literatur, in der Monatsschrift des kön. böhmischen Museums, in Hormayrs Archiv für Geschichte u. a.

59. Sulammith und Eusebe. Ein Trauergedicht über den Tod unsers vielgeliebten Landesvaters Leopold des II. Von Joseph Euphrat. Aus dem Hebräischen Originale von dem Verfasser selbst übersetzt. Auf Kosten des Hrn. Löw Frankel. Prag 1792. 4.

Vgl. Int.-Bl. d. Annalen. April 1805.

60. Trost des Dichters bei der Trauerfeyer Leopolds d. II. o. O. u. J. (Prag). 2 Bl. 8.

61. Todt ist Er, der Allgeliebte! Wer fühlet nicht, daß es Leopold der Zweite sey? Prag, 1792. 4 Bl. 4. (Poetische Prosa).

62. Auf die Erhebung des Weisen des Edlen. Von einem Böhmen. 1792. 3 Bl. 4.

62a. Sieh unten S. 814.

63. Beschreibung des Aerndte- und Rosenfestes, welches in Gegenwart l. l. M. M. Franz II. und Marien Theresiens Königs und Königinn von Böhmen durch

die Landesstände veranstaltet von dem im Parke Bubenetsch bei Prag versammelten böhmischen Landvolks den 12ten August 1792 gefeyert worden. Prag, bei
Johann Gottfried Calve. 46 S. 4.
    Darin S. 38 bis 43: Das Rosenmädchen der Dorfgemeinde Bubenetsch beim
Aerntefeste an I. I. M. M. Frans und Marie Theresie König, und Königinn von
Böhmen. den 12. August 1792. (,Die Aerndte hat dem Fleiß nun seinen Lohn ge-
spendet'). Auch Einzeldruck: Prag, hey'm Buchhändler J. G. Calve. 4 Bl. 4.
    S. 44 bis 46: Gesang des bei dem Aerndtefeste im Bubenetsch versammelten
böhmischen Landvolkes in Gegenwart I. I. M. M. des Königs und der Königinn von
Böhmen den 12ten August 1792. (,Wen braucht der Landmann zu beneiden?'). Auch
Einzeldruck: Prag, bey Johann Gottfried Calve. 3 Bl. 4.

    64. Alois Klar, geb. in Auscha am 25. April 1763, besuchte das Gymnasium
in Leitmeritz, studierte in Prag Philologie und Theologie, 1786 Professor am Gymnasium in Leitmeritz, 1806 Professor der griechischen Philologie und klassischen
Litteratur an der Universität in Prag, 1807 Mitgründer des Prager Blinden-Erziehungs-
Institutes, 1825 Direktor dieses Institutes, 1832 Stifter der Blinden-Versorgungs-
anstalt, † am 25. März 1833. Großen Einfluß hatte er durch seine deklamatorischen
Übungen an der Universität 1811 bis 1830. Sein Sohn Paul Aloys Klar setzte
seine menschenfreundlichen Bestrebungen fort.
    a. Benkert: Religionsfreund. April 1833. Nr. 18 des Kirchenhistorischen Be-
merkers, S. 224; Nr. 19, S. 260 bis 267. — b. Fr. L. Čelakowský, Krátká správí
o životu a blahočinném působení Aloysia Klara, Doktora a Professora etc. W. Praze
1834, Tisk a papjr synů Bohumila Háze. 8. — c. Denkwürdigkeiten aus dem Leben
Alois Klar's . . . . Von Frans Weinolt . . . Der Ertrag ist zur Begründung eines
Stiftungsplatzes für einen armen Blinden in der Versorgungs- und Beschäftigungs-
anstalt für erwachsene Blinde in Böhmen bestimmt. Prag und Leitmeritz. 1835.
VIII, 178 S. gr. 8. (Darin auch Briefe von ihm und an ihn). — d Dr. Legis
Glückselig, Aloys Klar. Lebens- und Charakterbild eines Professors der Jubilar-
Hochschule zu Prag: Libussa für 1848. 7, 323 bis 427 (mit Briefen an seine Mutter
und an seine Frau). — e. Wurzbach 1864. 12, 11.
    1) Über das Gebeth in pädagogischer Hinsicht: Wilfings Schulkalender.
Prag 1793.
    2) Für und über Heiterkeit, Frohsinn und herschend gute Laune: Ebenda
1795 bis 1798.
    3) Wichtigkeit der Griechischen Sprache für vollendetere Bildung und gründ-
liche Gelehrsamkeit, selbt noch in unseren Tagen, mit einem Blicke auf das alte
classische Studium überhaupt. Eine Rede, gehalten im Jahr 1806 am 9. December,
von Aloys Klar. Prag, bey Caspar Widtmann. [1808]. 38 S.. 8.
    4) Die heiligen Apostel Jesu Christi, oder: die göttliche Kraft und Wirksamkeit
des Christenthums zum Segen der Völker, wie des einzelnen Menschen bis auf uns
herab und die noch künftigen Zeiten, dargethan und entwickelt aus der Würde der
Apostel Jesu Christi und ihrer fort daurenden Wichtigkeit für das Menschengeschlecht,
im Allgemeinen; nebst Nachrichten und Bemerkungen über jeden Einzelnen derselben
insbesondere, mit beherzenswerther Rücksicht auf die Bedürfnisse unserer Zeit. Ein
Buch für das Volk im edleren Sinne des Worts, lesbar allen Christen ohne Unter-
schied ihres besonderen kirchlichen Bekenntnisses. Von Aloys Klar . . . Prag, 1813.
Auf Kosten des Verfassers. 643 S, 1 Bl. Berichtigung erheblicherer Druckfehler. 8.
— Zweite gedrängtere Aufl. Prag 1846. XXIV, 344 S. 8.
    Rez. in Frints theolog. Zeitschrift Jahrg. 8. Heft 2. S. 354 bis 883.
    5) Kaiser Franz, Europeus Retter und Beruhiger. Prag 1814. (,Hoch lebe
Unser Kaiser Franz'): Weinolt S. 129.
    6) Rückblicke auf das vorige Jahrhundert in pädagogischer Hinsicht zur
Förderung des Erziehungswesens der Gegenwart: Der Schulfreund Böhmens 1818
bis 1819. Band 2, Heft 3 bis Band 3, Heft 2.
    7) Nekrolog des k. k. Gubernialrathes und infulirten Probstes der Kollegial-
kirche zu Allerheiligen an der Schloßstiege Kaspar Royko: Der Aufmerksame.
30. December 1819, Nr. 156.
    8) Uiber Declamation und declamatorische Uibungen, ein Vorwort bey Eröff-
nung der akademischen declamatorischen Uibungen am 7. Mai 1820 für sämmtliche

Hörer der Philosophie an der Karl-Ferdinandischen hohen Schule von Aloys Klar . . . .
Zum Besten der hierorts bestehenden Unterstützungs-Anstalt für Nothleidende
Hörer der Philosophie. Prag 1820, in Kommission bey Joseph Krauß. 84 S. 8. —
Zweyte Aufl. Ebenda 1820. 82 S. 8.

Der hoffnungsvollen akademischen Jugend Unseres Vaterlandes wohlmeinend
mit Liebe gewidmet von Ihrem Freunde und Lehrer.

9) Du sollst; betrachtet als Grundlage einer beseligenden Selbstständigkeit
und wahrhaft weisen Erziehung. 'Ριζωθέντες έκ θεού καὶ φυέντες της αὐτων ρίζης
έχώμεθα. Demoph. Vom Verfasser d. h. A. J. Ch. Prag 1820. In Kommission
bey Joseph Krauß. gr. 8.

Vorrede unterzeichnet: Prag den 19. April 1820. Aloys Klar, Professor.

10) Aloysii Klar . . . inclytaeque philosophicae facultatis decani Philosophiae
in hac Carolo-Ferdinandea Auditorum Academica civitate donandorum Inauguratio
ad diem pridio. Calendas Februarias, anno post Christum Natum MDCCCXXI.
Pragae Bohemorum. In Libraria Josephi Krauß. MDCCCXXI. 22 S. 8.

11) Aloisii Klar etc. Decani, juvenum in Caesareis Regils Pragenae urbis
gymnasiis Humanitati studentium civitate Academica donandorum inauguratis. Ad
diem pridie Calendas Februarias, anno post Christum natum 1821. Pragae 1821. 12 S. 8.

12) Die Schule zu Budecz in Böhmen: Der Schulfreund Böhmens 1821. Band 5,
Heft 2 bis 4.

13) Auswahl von Gedichten für declamatorische Uibungen. Herausgegeben von
Aloys Klar . . . . Zum Besten der hierorts bestehenden Unterstützungs-Anstalt für
nothleidende Hörer der Philosophie. Prag 1822, in der Joseph Krauß'schen Buchhandlung. XX, 266 S. und 7 Bl. alphabetisches Namenverzeichniß der (Titel) Herrn
Herrn Pränumeranten. — Neue Auflage. Ebenda 1829. XLIV, 372 S. gr. 8.

Widmung: Der hoffnungsvollen akademischen Jugend. (Prag im Jänner 1822).
Vgl. Böttiger, Dresdener Artistisches Notizenblatt. Jahrg. 1822. Nr. 7.

14) Empfindungen bei der Allerhöchsten Ankunft Ihrer K. K. Majestäten von
Oesterreich: Franz und Caroline in die Hauptstadt Böhmens am 13ten May 1824;
von Aloys Klaar, Doctor der Philosophie, k. k. öffentlichen ordentlichen Professor
des höhern praktischen Studiums der lateinischen Klassiker, der griechischen Philologie
und der griechischen Sprache an der Karl-Ferdinand's Universität etc. etc. 4 Bl. 4.
[Am Schluß: Prag 1824, gedruckt in der Sommerschen Buchdruckerey, im ehemaligen Annakloster. Nro. 948].

15) Vorwort bei Eröffnung der öffentlichen Prüfung des Privat-Erziehungs-
Institutes für arme unmündige Blinde etc. am 5ten October 1825. Gesprochen
von Johann Lischka Zögling des Institutes . . . . Prag, gedruckt in der Sommerschen
Buchdruckerey, im ehemaligen Annakloster. Nro. 948. 2 Bl. 4. („Es waltet — ja;
Ihn preise frommer Dank!') — unters.: Klar.

16) Nekrolog des Prokop Ritters von Platzer und Wohnsiedl, k. k. Gubernial-
raths und Berauner Kreishauptmanns, Subarrendirungskommissärs für das Königreich Böhmen, Directors des Gymnasium zu Beneschau . . . . Mit dessen Bildnisse in
Steindruck. Von Aloys Klar . . . . Zum Besten der hierortigen Privat-Erziehungs-
anstalt für arme unmündige Blinde etc. Prag, 1826. Gedruckt in der Sommerschen
Buchdruckerey, im ehemaligen Anna-Kloster Nro. 948. 16 S. gr. 8.

17) Zum siebenten öffentlichen Declamatorium der Hörer der Philosophie an
der Prager Hochschule unter der Leitung des Herrn Aloys Klar . . . . Am 29. Juli
1827. Prag, 1827. Gedruckt in der Scholl'schen Buchdruckerey, unter der Leitung
des Johann H. Pospischil. 3 Bl. 4.

Prolog: Johann Nowak Hörer der Philosophie im zweyten Jahr. — Epilog
Emil Heine, Hörer der Philosophie im ersten Jahr.

18) Meßgesang 1828. — In tschechischer Übersetzung von Chmelensky
Časopis pro katolické duchowenstwo 1828. 2, 289.

19) Zum achten öffentlichen Declamatorium der Hörer der Philosophie an der
Prager Hochschule unter der Leitung des Herrn Aloys Klar . . . Am 27. July 1828.
Prag, 1828. Gedruckt unter der Leitung des Johann H. Pospischil in der Scholl'schen
Buchdruckerei Liliengasse Nro. 946. 4 Bl. 4.

Prolog: Joseph Schwarz, Hörer der Philosophie im zweiten Jahre. — Epilog:
Emil Heine, Hörer der Philosophie im zweiten Jahr.

20) Friedrich von Schlegel, k. k. österreichischer Legationsrath; Beiträge zu seiner Lebensgeschichte: Monatsschrift der Gesellschaft des vaterländischen Museums in Böhmen. 8. Jahrgang. Mai 1829. S. 451 bis 460.

21) Zum neunten feierlichen Declamatorium der Hörer der Philosophie an der Prager Hochschule unter der Leitung des Herrn Aloys Klar, ... Am 26. Juli 1829. Prag, 1829. Gedruckt bei Johann Hist. Pospjssil, wirkendem Mitgliede des böhm. National-Museums und Buchdrucker. 8 Bl. 4.
Prolog: Wenzel Klapper.—Epilog: Johann Kinzel, Hörer der Philos. im 2. Jahre.

22) Ueber die Heiligen, zuerst tschechisch im Časopis pro katolické duchowenstwo 1830; dann deutsch: Benkerts Religionsfreund 1830. December. S. 1583 bis 1608.

28) Vorrede und Dedication zu dem von der philosophischen Fakultät herausgegebenen Urkundenbuch: Liber Decanorum Facult. philos. Univers. Pragensis. Pragae. 1830. 8.

24) Reverendissimo a Celsissimo Principi Domino Domino Aloysio Josepho Krakowsky e. S. R. J. Comitibus a Kolowrat L. B. ab Ugezd, Dei Gratia Archiepiscopo Pragensi etc. Ipsis Inaugurationis Solemnibus die 17. Apr. A. D. 1831, Franciscus Caroli S. M. Eccl. Prop. gratulatur. Litomericii, 1. 1831.

25) Gebet 1831. Deutsch und tschechisch.

26) Denkwürdigkeiten des Prager Privat-Institutes für arme blinde Kinder und Augenkranke. Nebst Ideen zu einer Versorgungs- und Beschäftigungs-Anstalt für Blinde. Von Aloys Klar . . . Der Ertrag ist zur Begründung einer Versorgungs- und Beschäftigungs-Anstalt für arme Blinde in Böhmen bestimmt. Prag, 1831. In der Joseph Krauß'schen Buchhandlung. XVI, 84 S. (2 Auflagen).
Widmung: Ihre K. K. Ap. Maj. Carolina Augusta, Kaiserin von Oesterreich . . . (Prag, den 17. März 1831).
2. Auflage: Nebst Ideen zur Errichtung einer Versorgungs- und Beschäftigungsanstalt für erwachsene Blinde. Ebenda 1831.

27) Statuten der Versorgungs- und Beschäftigungs-Anstalt für erwachsene Blinde in Böhmen. Verfaßt und herausgegeben von Aloys Klar . . . . Der Ertrag ist der Versorgungs- und Beschäftigungsanstalt für erwachsene Blinde gewidmet. Prag, 1833. 54 S. gr. 8. — 3. Aufl. Prag, 1858. 52 S. 8.
Widmung: . . . dem . . Herrn Karl Chotek, Grafen von Chotkowa und Wognin (Prag den 25. April 1833).

28) Religion; ist sie blos Mittel zur Glückseligkeit oder der Zweck und die Bestimmung des Menschen selbst, oder vielmehr beides zugleich? Nur in tschechischer Übersetzung abgedruckt: Časopis pro katolické duchowenstwo.

29) Über die Würde und Kraft des Christenthums: Benkerts Religionsfreund.

30) Aufsätze in Wilflings Kalender 1793 f., in Parzizeks Schulfreund 1818 f., im Gratzer Aufmerksamen 1819, in der böhmisch-theologischen Zeitschrift 1828, in der Monatsschrift des böhmischen Museums 1829, in Benkert's Religionsfreund und in Benkert's Athanasia, in Jaksch' Schullehrer-Kalender 1834.

85. Franz Xaver Niemetschek (Niemtschek, Németschek), geb. zu Saska am 27. Juli 1766, Professor am Gymnasium zu Pilsen, später an der Kleinseite in Prag, 1803 Professor der Philosophie und Pädagogik an der dortigen Uniserität, zugleich Bücherzensor und Direktor des Taubstummeninstituts, 1820 nach Wien berufen, bald darauf gestorben. Freund Mozarts und Erzieher von dessen Söhnen.
a. Int-Bl. der Annalen. April 1802. Dec. 1803. Nr. 34. — b. Wurzbach 1869. 20, 350.

1) Beiträge zu den Lieferungen von und für Böhmen 1793.

2) Volkslied Carmen precationis in Bezug auf die Rede des Universitäts-Rektors verfaßt von Franz Niemetschek ('Sieh herab auf deine Kinder'): Prager Universitätsfeyer in der Theynkirche am Geburtstage Seiner Majestät des Kaisers Franz II., unsers allgeliebten Friedensgebers. In Anwesenheit Seiner königlichen Hoheit des Erzherzogs Karl, Gouverneurs und General-Kapitäns in Böhmen. Prag, mit Schriften der k. k. Normalschul-Buchdruckerey, 1798. XXXV S. und 2 Bl.

3) Leben des k. k. Capellmeisters Wolfgang Gottlieb Mozart, nach Originalquellen beschrieben. Prag 1798. — Lebensbeschreibung des K. K. Kapellmeisters Wolfgang Amadeus Mozart, aus Originalquellen, von Franz Xav. Németschek. Zweite vermehrte Auflage. Prag 1808, in der Herrlischen Buchhandlung. 118 S. 8.

4) Elementa logica in commodum studiosae juventutis. 2. Auflage 1813.

66. An Seine Exzellenz, den Reichsgrafen von Lažanzky, Obristburggrafen in Böhmen. Von der juristisch-musikalischen Gesellschaft. 1798. 3 Bl. 4.

67. Dem Grafen Lažansky. Als er Prags Vater wurde. 2 Bl. 4.

68. An dem höchsterfreulichen Namensfeste Sr. Excellenz des Hochgebohrnen Grafen und des Heil. Römischen Reichsgrafen Herrn Herrn Prokop von Lažansky Obristburggrafen zu Prag von der deutschen Schauspielergesellschaft des Franz Seconda zu Bezeugung ihrer Hochachtung und Ergebenheit gewidmet. Prag den 4ten Juli 1798. 2 Bl. 4.

69. Denkmal dem Hoch und wohlgebornen Grafen Ferdinand Klebelsberg, errichtet von seinem ehemaligen Erzieher und Freunde **Johann Veith von Schittlersberg.** nach seinem erfolgten Heldentode in der Schlacht bey Maubeuge am 16ten Oktober 1793. aus dessen lateinischen frei übersetzt. Prag, bey Johann Jos. Diesbach 1794. 10 S 8.

70. Ludwig des XVI. Königs von Frankreich Urtheil und Tod, oder das Denkmal der Ungerechtigkeit. Aus öffentlichen Nachrichten, und Originalbriefen. Von **E****. Für die (Titl) Hrn. Pränumeranten der Prager Neuen Zeitung als ein Anhang zu Nro. 11. 1793. 36 S. 8. [Von Eichler?].
S. 36: Auf Ludwig des XVI. Todt. (,Gekrönter Martirer! Du wirst').

71. Trauerode dem Andenken Mozarts geweiht von der musicalischen Academie der Jur[isten]. Den 7. Februar. 1794. 2 Bl. 4.

72. Lied der Böhmen, gesungen, als die Prager Karl-Ferdinandäische hohe Schule das Geburtsfest Seiner Majestät unsers allergnädigsten Kaisers und Erb-Königs Franz II. in dem Universitätssaale feyerte. Den 12. Februar 1794. Prag, gedruckt bey Johann Diesbach. 4 Bl. 8. (,Tag der Wonne, Tag des Jubels').

78. Johann Peter Hofmann, geb. 1764 in Bamberg, kam als Knabe in das Baron von Auffseesische Seminarium zu Bamberg, Professor der Poesie und Rhetorik am Juliusspital in Würzburg, Lehrer an der Hauptschule zu Pardubitz, Direktor der Hauptschule zu Kolin, Professor am Gymnasium zu Kommotau, Pisek, Neuhaus und Leitmeritz, gestorben zu Prag am 14. Oktober 1817. Geistlicher und Jugendschriftsteller. Gab mit Phil. v. Büttner und F. A. Pabst den Prager Volksfreund heraus. — a. Wilflings Schulkalender 1796. S. 152; 1798. S. 177. — b. Meusel 3, 396. 9, 615. 22 II, 814. — c. Schriftenverzeichnis in Nr. 14). — d. Kurze Biographie in Nr. 15). — e. Wurzbach 1863. 9, 173 f. — f. Kehrein 1868. 1, 157.

1) Ode auf den 23sten Geburtstag I. k. k. Maj. Marien Theresiens [6. Juni 1795].

2) Versuch in ernsthaften Gedichten, nebst einem Fragmente einer Abhandlung über die Verbesserung der geistlichen Dichtkunst. Von Johann Peter Hofmann ... Prag und Leipzig 1795, bey Johann Buchler Buchhändler. 96 S., 1 Bl. Inhalt.
Vorrede: ,Sie [die wahren Kritiker] sollen entscheiden, ob ich mit Beruf und Herzensglut geistliche Lieder singe — ob ich nicht wenigstens Anlage zum geistlichen Diobter habe'. Geschrieben auf der k. k. Hauptschule zu Pardubitz in Böhmen, am 16. May's 1795.
S. 9: Fragment einer Abhandlung über die Verbesserung der geistlichen Dichtkunst. Auszug aus einer ,vor etlichen Jahren' geschriebenen Abhandlung. — S. 45: Der Allgegenwärtige. Nach David. — S. 58: Gott der Schöpfer aller Dinge. Zwo Stimmen. ,Dieses Gedicht wurde schon vor mehrern Jahren abgedruckt, und — so viel ich erfahren habe, gut aufgenommen. Ich habe die Winke, die mir damals ein Recensent gab, hier dankbar benutzet'. — S. 64 bis 67: Lied bei dem Begräbniß eines Märtyrers aus dem ersten Jahrhunderte des Christenthums. — S. 72 bis 75: Trauerlied auf Sauls und Jonathans Tod; nach David. — S. 76 bis 78: Das Donnerwetter. Nach der lateinischen Paraphrasis des ... Engländers Robert Lowth's. — S. 84 bis 87: Ein Paar Schullieder. I. Lied vor der Schule. II. Nach der Schule. ,Beide Lieder sind in dem siebenten Jahrgangs des .. Schulkalendes des ... k. k. Herrn Kreiskommissairs Wilfling abgedruckt, und schon zu verschiedenen Mahlen in Musik gesetzt'.

. 3) Neue Schullieder von Joh. Peter Hofmann. Aus einigen Zeitschriften zusammengetragen. Gedruckt in Pardubitz, 1795. 4 Bl. 8.

I. Lied vor der Schule. — II. Lied fleißiger Mädchen. — III. Aufmunterung zu Fleiß und Ordnung. — IV. Wenn die Kinder muthlos im Lernen werden. — V. Wozu bist du gekommen. — VI. Erweckung des Muthes bey einem Donnerwetter. — VII. Lied nach der Schule.

4) Kurze Anweisung, wie man die Jugend zum Briefschreiben anführen soll; für angehende Lehrer. Prag 1796. Widtmann. 8.

5) Feuerbüchlein für die liebe Schuljugend, auch für Erwachsene brauchbar; worinn sie durch verschiedene merkwürdige Exempel vor Unachtsamkeit mit dem Feuer gewarnt, und zur Behutsamkeit bei dem Gebrauche desselben ermahnet wird; von Johann Peter Hofmann. Gebt Acht auf Feu'r, gebt Acht aufs Licht, Denkt nicht, ein Funke schadet nicht! Ein Funke Feu'r, auch noch so klein, Der äschert große Städte ein. Prag bey Kaspar Widtmann Buchhändler 1796. VIII, 64 S. 8.
Vorrede: Pardubitz in Böhmen, den 20. Nov. 1795. — S. 59: Nachtwächterlied.

6) a. Einladung zur öffentlichen Prüfung und Klassenverlesung der Schüler an der Koliner Hauptschule am 6. und 7. April 1797. Prag in der k. Normalschulbuchdruckerey. — b. Einladung . . . am 30. und 31. August 1797 . . .

7) Feuerkatechismus für das gute Landvolk; oder: Kurze Anweisung in Gesprächen, Reden und Beispielen, um dadurch die Landleute zum behutsamern Gebrauche des Feuers und Lichts anzuleiten, wie auch ihnen beizubringen, was sie bei und nach einem Feuerunglücke zu beobachten haben. Prag bei Widtmann. 1798 (eigentlich 1797). 8.
Vgl. Wilflings Schulkalender 1798. 8. 177.

8) Kriegslieder der kaiserlichen königl. Armee, gewidmet von Johann Peter Hofmann . . . Prag, 1800. Bei Martin Neureutter Buchhändler in der Jesuitengasse Nro. 491. 40 S.
Vorrede: 1. Mai 1799.
S. 7: Entschluß für unsern allerhöchsten und allergnädigsten Monarchen Franz den Zweiten entweder zu siegen, oder zu sterben. — S. 12: Werblied oder Aufruf zu den k. k. Fahnen. — S. 18: Schlachtlied oder Aufruf an alle Tapfere Krieger, mit des durchlauchtigsten Erzherzogs Karls Königlicher Hoheit in die Schlacht voll fröhlichen und muthigen Herzens zu ziehen. — S. 19: Ein anderes Schlachtlied. — S. 25: Neues jüdisches Kriegslied oder Aufruf eines Juden an seine Mitbrüder, in den k. k. Staaten, willig und mit den k. k. Fahnen auf das Feld der Ehre zu folgen. — S. 30: Loblied auf den Tod des k. k. Feldmarschalls Freyherrn von Bender. — S. 33: Der Vater an seinen Sohn, als er ihm ein Kriegsschwert überreichte. (,Sohn! gürte dieses blanke Reuterschwert'). — S. 34: Die Schlacht bei Kolin besungen von einem alten Grenadier. (,Ich bin ein alter Grenadier. In zwanzig Schlachten, glaubet mir, Bewies ich Martin Stürmer gut Mein feuriges Soldatenblut').

9) Neuer Blumenkranz für Kinder beiderlei Geschlechts, bestehend aus Fabeln, Gedichten, Gesprächen, kleinen Erzählungen etc. aus den Jugendjahren vortrefflicher Männer, Sitten- und Klugheitslehren. Prag 1803, Krammer. 8.

10) Ganz neues Geschenk für artige und fleißige Kinder, bestehend aus Fabeln, Briefen und Gesprächen, Liedern, kleineren und größeren Erzählungen. Nebst einem Anhange, der 30 Gesundheits- und 126 Sittenregeln und Denksprüche aus der heiligen Schrift enthält. Verfaßt von Johann Peter Hofmann. Prag, 1804. bey Johann Buchler, Buchhändler. XII, 156 S., 3 Bl. Inhalt.
Widmung an den Prager Domherrn Karl Berger, Prodirector des Gymnasiums zu Kommotau. [datirt: Kemmetan am 1ten März 1803].
Vorrede: . . . ,Uibrigens habe ich mich bestrebt, auch schon den zartesten Knaben einen hohen Begriff vom Kriegsstande einzuflößen. In unserer Monarchie, wo die Krieger eine so zahlreiche und glänzende Klasse bilden, ist dieß dermalen eine unerläßliche Pflicht des Pädagogen'.
S. 59 bis 64: Ein k. k. Offizier schläft ruhig in einem Zimmer, worinn schon lange kein Mensch mehr, eines lärmenden Gespensts halber, übernachten wollte. — S. 96 bis 134: Höchst merkwürdige Jugendgeschichte des Herrn Generals von Königstreu; von ihm selbst erzählt.

11) Zweites neues Geschenk für artige und fleißige Kinder, bestehend in Fabeln, Erzählungen, wie auch in einer praktischen Anweisung zum Briefschreiben. Prag 1811, Buchler. 8.

12) Der Stern von Nepomuk; oder Gesang und Gebethe zur Ehre unsers heiligen LandespatronsJohanns vonNepomuk. Verfaßt von PeterHofmann. (Die Anmerkungen, welche dem Gesange beigefügt sind, können statt einer zwar kleinen, jedoch gründlichen Lebensbeschreibung dienen). Prag 1816, bei C. W. Enders. 105 S. 12.
Vorrede: In dem k. k. Forsthause zu Altbunzlau am 14. April 1816.

13) Die gebildete Jungfrau im Gespräch mit Gott, ein christkatholisches Gebetbuch. Prag 1816. Enders.

14) Geistliches Gesangbuch für katholische Christen. Prag 1817. 12. Darin soll ein Verzeichnis seiner Schriften stehen.

15) Lebensgeschichte der heiligen Ludmila, Herzogin der Böhmen. Nebst vierfacher chronologischer Tabelle über die älteste Kirchengeschichte Böhmens. Von Johann Peter Hofmann. Auf eigene Kosten des sel. Verfassers Wittwe. Prag 1819. Gedruckt in der erzbischöflichen Buchdruckerey im Seminarium Nro. 190. 4 Bl., 71 S. 8. — Pilsen 1838, Reiner und Schmid. 12. — Widmung: Gabriele Gräfin von Buquoy, gebornen Gräfin v. Rottenhann.

16) Beiträge zu der Zeitschrift ,Der Krans' 1828, z. B.: Liebesklage. (Nach dem Böhmischen). Nr. 4.

74. Auszüge aus den besten Dichtern Deutschlands zum Gebrauche der Jugend herausgegeben von Plazidus Lenert Priester der frommen Schulen, und Lehrer der Dichtkunst am k. Gymnasium zu Brüx. Prag, gedruckt bey Frans Gerzabeck im St. Galli-Kloster 1795. Erster Band. VIII, 326 S., I Bl. Inhalt. — Zweiter Band. 372 S., 2 Bl. Inhalt.

75. Rede, gesprochen von Madam Spengler im k. altstädter Nationaltheater den I ten Jenner 1795. 2 Bl. 8. (,Ein gutes Wort findt eine gute Statt').

76. Lied der Freude gesungen am Tage der funfzigjährigen Jubelfeyer des Eintrittes in die k. k. Staatsdienste Seiner Excellenz des hoch- und wohlgebornen Herrn Johann Wenzel des h. r. Reiches Grafen von Spork .... Prag, bei Johann Diesbach. 3 Bl. 8. [18. November]. (,Wie schön steigt aus dem Zeitenmeere').

77. Xaver Stark, k. Kreiskommissär in Schulsachen zu Pisek.
Wilflings Schulkalender f. 1796. 8 157: ,Vf. eines Schauspiels für Kinder, unter dem Titel: Aeltern, lernet eure Kinder kennen! dann einiger deutschen und böhmischen Lieder, und etlicher anderer Aufsätze'.

78. Mathias Karl Ehrlich, geb. zu Bärnsdorf am 22. Februar 1762, studierte in Prag, wurde 1783 in das Stift Strahow aufgenommen, erhielt 1788 die Priesterweihe, Katechet an der Klosterpfarrschule und 1805 am Gymnasium auf der Kleinseite, lebte noch 1835.
a. Wilflings Schulkalender 1796. S. 151. — b. Meusel 22 II, S. 23 f. — c. Waitzenegger 1822. 3, 112. — d. Wurzbach 1858. 4, 10.

1) Von der physischen Erziehung der Kinder. 179?.

2) Geschichte der Stift Strahower Pfarrschule, nebst einigen bey öffentl. Prüfungen üblichen An- und Dankreden, Gesprächen, Kinderbriefchen und Glückwünschen verschiedenen Inhalts. Prag 1802. 8. 2. Aufl.: Anreden und Dankreden bei öffentlichen Prüfungen; Gespräche zwischen Kindern über verschiedene nützliche Gegenstände; Glückwünsche an Eltern, Wohlthäter und Lehrer, nebst Kinderbriefen und Sittensprüchen, theils verfaßt, theils gesammelt, und herausgegeben von Mathias Karl Ehrlich. Prag 1816. Auf Kosten des Verfassers und in Kommission bei Kaspar Widtmann. 8 Bl., 348 S.

3) Cantate. Am Hohen Namensfeste des Hochwürdigen Gnädigen Herrn Milo Grün, Abten zu Strahof etc. etc. etc. gewidmet von seinen Brüdern den 16. Julius 1807. Gedruckt bey Frans Gerzabeck, im St. Gallikloster. 4 Bl. 8. Am Schluße: E. (,Voll Wonne tief gefühlt und rein').

4) Rede an die Schüler des k. kleinseitner Gymnasiums, bei Gelegenheit, als dieses Gymnasium ein feyerliches Todtenamt für den verblichenen Provinzialdirektor Prochaska [† 2. Dezember 1809] hielt. Am 1. Hornung 1810 gehalten von Mathias Karl Ehrlich. Prag, gedruckt bei Gottlieb Haase, k. böhm. ständ. Buchdrucker. 20 S. 8.

5) Vgl. Nr. 50. 9) und 10) — oben S. 742.

6) Am hohen Geburtstage unsers allgeliebten Landesvaters Franz I. Kaisers von Oesterreich, am 12ten Februar 1825, am k. k. kleinseitner Gymnasio gesungen von der studirenden Jugend. Verfaßt von Mathias Karl Ehrlich. Prag 1825. Gedruckt in der Sommerschen Buchdruckerey, im ehemaligen Annakloster Nro. 948. 2 Bl. 4. (,Laßt uns feyerlich erheben').

7) Betrachtungen über das Leiden Jesu in den drei letzten Tagen der Charwoche. Von Mathias Karl Ehrlich. Prag, 1826. Gedruckt bei M. J. Landau, Altstadt, großer Ring, Nro. 933. 48 S. 8.

8) Sittensprüche und Lebensregeln zu Vorschriften und zum Diktandoschreiben für öffentliche und Privatlehrer. Zweite vermehrte Auflage herausgegeben von Karl Mathias Ehrlich und mit einer Vorrede begleitet von Anton Müller, k. k. Professor der Aesthetik an der Karl-Ferdinandischen Universität zu Prag. Prag. Gedruckt bei M. J. Landau. 1829. XVII, 140 S. 8.
Gewidmet: Herrn Benedikt Johann Nepomuk Pfeiffer, Abt des kön. kanonischen Prämonstratenser-Stiftes Strahof.

9) Mehrere Gelegenheitsgedichte: auf den kaiserl. Prinzen Anton von Oesterreich, bei der Jahresfeier des Wahltages seines sel. Prälaten Wenzel Mayer.

79. Seraplon Hain, geb. in Braunau*am 14. August 1748, trat in den Orden der unbeschuhten Karmeliter, und legte 1767 das Ordensgelübde ab, starb als Pfarr-Kooperator in der Leopoldstadt zu Wien am 23. April 1801.
a. Annalen, Int.-Bl. Oct. 1803. Nr. 29. F. C. Alter. — b. Wurzbach 1861. 7, 219.

1) Rede bey der am 28ten May 1797 in der St. Johannes-Kapelle am Schanzel gehaltenen Feyerlichkeit wegen des Friedens. Wien bey Gerold 1797. 4

2) Christliche Charfreytagsbeschäftigung, d. i. der Christ bey dem Tode, Begräbnisse und dem Grabe sammt der Osterfeyer. Wien bey Gerold 1800. gr. 8.

80. Adolf Joseph Richter, Ratsprotokollist bei dem böhmischen Appellationsgericht, trat dann mit einem Handelsmann in Verbindung, starb in Katharinaberg im Saazer Kreis am 30. Dezember 1805 im 29. Jahre an der Auszehrung.
a. Int.-Bl. d. Annalen. Jan. 1807. — b. Hyllos 1819. Nr. 6. ,Aus dem poetischen Nachlasse Adolph Joseph Richters' mit einer biographischen Notiz von J. H. Dambeck.

1) Gedichte in Meißners Apollo 1797 und 1798, in Stampeels Aglaja 1801 und 1803.

2) Vermutlich rührt auch von ihm her: Lied der Böhmen bei der erfreulichen Ankunft Seiner königl. Hoheit des Erzherzogs Karl unseres gnädigsten Gouverneurs und Kapitän-General etc. etc. Abgesungen in der musikalischen Akademie der Juristen am 29. Dezember 1797, von J. R. 2 Bl. 4 [Prag, gedruckt bei Franz Gerzabek, Vater, im halben gold. Rad].

81. Prolog bei Wiedereröffnung des gräfl. Clamschen Liebhabertheaters mit der Darstellung von Ifflands Dienstpflicht am 20ten Februar 1797 gesprochen. Gedruckt mit Gerżabekschen Schriften im St. Gallikloster. 2 Bl. 4.

82. Mozarts Gedächtnißfeyer. Verfaßt und in Musik gesetzt von Carl Cannabich. Aufgeführt im Prager Nationaltheater am 17. März 1797. Gedruckt bei Franz Gerżabeck. 4 Bl. 8.

83. An Therese Strinasacchi [geb. 1767 oder 1768 in Rom, gefeierte Sängerin, † 1830 in London]. Sonnett vertheilt bey Ihrer Benefizvorstellung im altstädter Nationaltheater am 31. März 1797. 2 Bl. 4.

84. Gesinnungen der Böhmen bei der Abreise ihrer königlichen Hoheiten der durchlauchtigsten Erzherzoginnen und Erzherzoge. Prag am 15. Juny 1797. Gedruckt bei Franz Gerzabek, Sohn. 4 Bl. 8. Nach der Melodie: Tag der Wonne, Tag des Jubels u. s. w. (,Seel'ge Tagel ach, ihr floßet').

85. Theatralisches Fest aufgeführet in dem königlichen Theater zu Prag den 4ten Oktober 1797. Zur Feierung des glorreichen Namensfestes Sr. k. k. Majestät Frans des II. 2 Bl. 4.
Dasselbe: Festivita Teatrale da eseguirsi nel regio teatro di Praga Li XII. Febbraio MDCCLXXXXVIII. per solennizare il giorno natalizio della Maestà di

Francesco II. imperatore de' Romani Rè d'Ungheria e di Boemia Arciduca d'Austria &c. &c. &c. 2 Bl. 4.

86. Als die Mademoiselle Therese Dolliani ihre Benefizvorstellung gab von ihr abgesungen verfaßt von Karl Defranceschi. Prag, gedruckt bei Franz Gerzabeck, Sohn. 1797. 2 Bl. 8.

87. Zacharias Melzer, geb. in Böhmisch-Leipa am 24. August 1767, studierte in Prag, war 1788 und 1789 als Manipulant bei der Grundsteuer-Rektifikation angestellt, nach deren Aufhebung 1790 blieb er bei der Ökonomie als Amtschreiber auf dem Staatsgute Blaziowitz, Oktober 1797 wurde er Ingrossist in der ständischen Buchhandlung in Brünn. Er gab sich mit ombrometrischen Beobachtungen ab, deren Resultate er dem Publikum jährlich in einer gedruckten Anzeige vorlegte. † am ?. a. Czikann 1812. 8. 101 f. -- b. Wurzbach 1867. 17, 335.

1) Aufruf zur Freude an die Bewohner Brünns am Tage der Ankunft Sr. Majestät des Kaisers Franz den 27. Dezember 1798. Brünn. 4.

2) Der Bauernfreund, oder Wetter- und Wirthschaftskalender für das gemeine Jahr 1811. Erster Jahrgang. Brünn. 1810. 8.

3) Aufsätze im patriotischen Tageblatt.

88. Franz Anton Theodor Pabst. § 279, 82. — Band V. S. 534. Von Cornova und Meißner angeregt, beschäftigte er sich früh mit litterarischen und historischen Arbeiten. Nach beendeten Studien trat er zu Prag in den Staatsdienst und war in den Jahren 1814 bis 1824 Magistratsrat zu Hohenmauth im Chrudimer Kreise. Redakteur der Zeitschrift ‚Der Volksfreund'. Vgl. S. 708 f. a. Meusel 10, 394. 19, 50. — b. Wurzbach 1870. 21, 159 f.

1) Der Nachtwächter oder Das Nachtlager der Geister bei Saatz in Böheim. Eine fürchterliche Sage aus den Zeiten des grauen Zauberalters. von ** Pabst. P a . 1798. bei Johann Stiaßny, und in Comission bei Karl Barth. 8 Bl., 240 S. 8. [Roman].

2) Der patriotische Genius Böhmens und der Karlferdinand'schen Universität zu Prag. Eine historische Uibersicht der ältern und neuern Geschichte Böhmens, besonders in kriegerischer und gesetzlicher Hinsicht, mit Inbegriff der Legions-Landwehrs-Bürgerkorpsanstalten und anderer merkwürdigen Ereignisse, bis zur gegenwärtigen Epoche, nebst einer kurzen moralischen Abhandlung von der Würde eines ächten Bürgers. Von Franz Anton Pabst. Erster Theil. Prag, 1809. Gedruckt mit Hrabischen Erben Schriften. 4 Bl., X und 414 S., VIII Bl. S. 409 f.: Feldgesang für die Böhmische Legion im Jahre 1800. (‚Auf Böhmen, auf! Ins Waffenfeld').

3) Schrieb eine Chronik Böhmens in deutscher Sprache, welche seine beiden Freunde Hybl und Rulik ins Tschechische übersetzten und welche nur in dieser Übersetzung erschien: Nejnovější krenika a věrna poselkyně starého i nového národu českého. 1. bis 3. Theil. Prag 1809 bis 1812. 4. Theil 1827.

4) Historisch-kritischer Wahrheitsspiegel und Höllenfahrt gemeinschädlicher und ausgearteter Menschenklassen. Nebst einer kurzen Abhandlung vom Wucher. Ein Beitrag zur Menschenkenntniß, Belehrung, Warnung und Veredlung des Herzens in lehrreichen Erzählungen und Geschichten. Mit vier Kupfern. Prag 1810. In Kommission beim Karl W. Enders Buchhändler. 300 S. Inhalt: I. Einleitung über die Gemeinschädlichkeit des Wuchers aus dem Reiche der Wahrheit am Pauli Bekehrungstage im J. 1810. Der Verfasser ohne Haß und Furcht. — II. Fürchterliche Uiberfahrt des Charon mit Betrachtungen auf die Wohlthaten der Natur. — III. Lebenswandel des Hieronymus Füchsel eines berühmten Wucherers, nebst einem anpassenden Gedichte. — IV. Benesch von Wildenhorst Vertretter des jüdischen Urgroßmütterchens in Begleitung der Mäcklerzunft. — V. Fanfaron und Huschhusch der böse alte Betrüger und Verläumder, und der unglückliche William. — VI. Kollin und Welf von Dentenhof in Gesellschaft des Magister Mops, der Frau Elise, Joel und Konsorten.

5) Beiträge zum Jokus 1812 (** bst).

6) Rede über den Ursprung der ersten Gesetze in Böhmen, über die Wohlthaten einer weisen Justizpflege, und über den Werth und die Pflichten des Bürgerstandes. Am Tage der Installation des Franz Anton Pabst geprüften Magistratsraths in der

k. Leibgedingstadt Hohenmauth. Im Monate März 1814. Verfaßt von Ebendemselben. Auf Kosten des Verfassers, zum Besten der, durch den Krieg verunglückten Gemeinden Kulm, Arbesau, etc. ohne der Wohlthätigkeit Schranken zu setzen, um 30 kr. ein Exemplar. 6 Bl. 4.

7) Kriegsposaune oder interessante Übersicht der, seit der französischen Revolution bis jetzt zwischen Österreich und Frankreich vorgefallenen Kriege; sammt einer statistischen Ansicht des Anwachses des rußischen Reichs bis zur gegenwärtigen Epoche. Ein historisch-statistisches Werk für alle Staende. Herausgegeben von Franz Anton Pabst. Prag 1814. Bei C. W. Enders Buchhaendler. 11 Bl., 849 S., 1 Bl. Anmerkung, 6 S. statistische Tabellen.

Gewidmet den hoch erhabenen Vertheidigern der deutschen Selbstständigkeit und den ewig unvergeßlichen Rettern der bedrängten Menschheit vom Verfasser.

8) Wünsche und Gefühle der Bewohner des österr. Kaiserstaates zum Neuen Jahre 1824 zu dem Throne. In Musik gesetzt von Aloys Feichtinger. Linz, Feichtinger, 1824. 8. Bancalari 5561.

89. An Franz den Zweiten bei Wiederherstellung des Friedens und bei der Feier seines Geburtstages am zwölften Hornung 1798. Prag, gedruckt bei Franz Gerzabeck, Sohn. 4 Bl. 4. (,Der Jubel, der so laut und voll').

90. Dankopfer zum Namensfeste des hochwürdigen Herrn Gregorius Roller k. k. Präfekt am Neustädter Gymnasium geweiht von den Zöglingen des Piaristenhauses. 1798. gedruckt bei Franz Gerzabek. 4 Bl. 4. (,Tief durchdrungen von dem Reitze').

91. Der zärtlichsten Gattinn und besten Mutter Frau Franziska Ebenberger an Ihrem 42sten Namensfeste gesungen von Ihrem durch Sie in's 27ste Jahr beglückten Mann und Ihren gehorsamsten Kindern: Josepha, Wilhelm, Friedrich, Henrika und Barbara. Prag, gedruckt bei Johann Diesbach. 1798. 2 Bl. 4. (,Fünf Lustern schon in Glück und Frieden').

92. Hermann Joseph Rindel, geb. in Prag am 30. Oktober 1772, studierte daselbst und trat 1791 im Stifte Strahow in den Prämonstratenserorden. Am 25. März 1797 feierte er seine Primiz, später Professor der Dicht- und Redekunst an dem Saazer Gymnasium.

,Mehrere deutsche Gedichte kamen von ihm in den Druck, aber ihre Titel wurden nicht angegeben'. Waitzenegger 1820. 2, 165.

93. Johann Joseph Polt, geb. in Prag 1774 oder 1775, widmete sich nach Beendigung der philosophischen Studien dem Buchhandel und leitete 1798 bis 1811 eine eigene Buch- und Musikalienhandlung in Prag, die er wegen Kränklichkeit seinem Vetter A. W. Griesel (§ 334, 472) übergab. Er lebte in Prag als Privatgelehrter, starb daselbst am 3. Juni 1861. War auch Komponist.

a. Annalen 1811. 4, 346. — b. Meusel 19, 177 f. — c. Moravia 1815. 3. 4. 5. Heft. — d. Prager Zeitung 1861. Nr. 131. — e. Wiener Zeitung 1861. Nr. 133. — f. Kehrein, Lex. 1871. 2, 17. — g. Wurzbach 1872. 23, 90.

1) Herbert und Aline, oder die wunderbare Lampe. Leipzig 1799, Joachim. 8. Ohne Vfn.

2) Graf Heinrich v. Riesenstein und sein Sohn, eine Familiengeschichte aus dem Archiv der Liebe und des Leichtsinns. Prag 1800. Polt. 8. (Leipzig, Joachim). Ohne Vfn.

3) Martin Engelbrechts Abentheuer und Reisen. Prag 1800. Polt. 8. (Joachim in Leipzig). Ohne Vfn.

4) Albertine Mandalinsky oder das Mädchen aus Polen. Prag und Leipzig 1801. Joachim. 8. Ohne Vfn.

5) William Gordon, der Korsarenkapitain. London (Leipzig, Joachim). 1801. 8. Ohne Vfn.; Neue Auflage. Leipzig 1817. Centr.-Compt. 8. Ohne Vfn.

6) Saint-Alme und Hyle oder die glückliche Insel im Lybische Sandmeere. (Prag) 1802. 8. Ohne Vfn. (Ins Französische übersetzt von Boinvilliers und Touquez. Paris 1808 bei der Witwe de Vaux).

7) Gab mit Czapek heraus 1802: Journal für Liebende. Vgl. oben II. b 1. = S. 706.

8) Schwänke, Erzählungen und Anekdoten. Leipzig 1803. Joachim. 8. Ohne Vfn.

9) Die Seeräuberin von Tunis. Leipzig 1803. Joachim. 8. Ohne Vfn.

10) Vetter Michels Launen. Leipzig 1803. Joachim. 8. Ohne Vfn.

11) Fantasiegemälde, oder Sagen aus der Geister- und Zauberwelt. Prag 1805. (Joachim in Leipzig). 8. Ohne Vfn.

12) Der Christ im Geiste der Andacht mit Gott vereinigt. Ein Gebethbuch für katholische Christen. Prag 1805. Polt. 8.; Sechste verbesserte Auflage. Prag. 1817. bey C. W. Enders. VIII, 224 S. 8.
S. III: Vorbericht (unterz.: Prag, den 1. Mai 1816. Johann Joseph Polt): ‚Wer bey der ersten Auflage diese Sammlung der Gebete veranstaltet hat, ist mir unbekannt, denn erst bey der dritten habe ich neue Gebete und Lieder hinzugefügt, und dem Geiste unserer erhabenen Religion gemäß, bearbeitet ... In den Oesterreichischen Staaten und dem südlichen Deutschland ist dies Gebethbuch vorzüglich sehr vielen katholischen Christen zum Bedürfniß geworden, und deshalb ist auch jetzt in seiner innern Einrichtung nichts geändert worden, da man einmal die gewohnte Form ungern vermißt haben würde‘.

13) Um 1806: Rudolph von Werdenberg, romantisches Schauspiel in 4 A. Nach Lafontaines Roman gleichen Namens. Prag, Polt. 8. (Leipzig, Centr.·Comtoir).

14) Die Annalen 1811. 4, 346 schreiben ihm ferner zu die Romane: Karolo Karolini; das Felsenschloß von Sommerau und die Übersetzungen: Die Abtey von Grasville, Polidor und Charite, Das vermauerte Haus, Schloß Blendfort. Dagegen rührt die ihm dort gleichfalls zugeschriebene Übersetzung: ‚Die Glocke vor Mitternacht, aus dem Englischen. Leipzig 1801. Joachim. 8.‘ von Marie Cl. Spieß her.

15) Beiträge zum Volksfreund 1811, zum Jokus 1812, zum Hesperus, zum Kranz 1822, zum Hyllos u. s. w.

16) Handbuch der Geographie von Böhmen. Von Johann Joseph Polt. Prag 1813. Im Verlage der Calveschen Buchhandlung. 4 Bl., 178 S., 4 Bl.

17) Noradin oder Feen-, Helden-, Ritter- und Romanspiegel. Neue Auflage. Wien 1814. v. Mösle. 8. Ohne Vfn. Vgl. dagegen oben S. 554, 33. 5).

18) a. Der Veilchenstrauß. Eine Sammlung schöner Geschichten, Märchen und Erzählungen. Herausgegeben von Johann Joseph Polt. Ein Prämienbuch. Zur Beförderung einer angenehmen und nützlichen Lectüre für die Jugend. Prag 1814. Bei C. W. Enders. 3 Bl., 108 S. 8. — b. Der Veilchen-Strauß. Eine Sammlung schöner Geschichten, Märchen und Erzählungen von Johann Joseph Polt. Ein Prämienbuch für die Jugend zur Beförderung einer angenehmen und nützlichen Lectüre. Zweite Auflage. Prag. 1844. Druck und Verlag des artistisch-typographischen Instituts von C. W. Medau und Comp. IV, 111 S., 1 Bl. Inhalt. 8.

19) Sätze der Weisheit und Klugheit in Denksprüchen aus dem Gebiete der Moral-, Welt- und Menschenkenntniß für Kinder. Prag 1815. Buchler. 18.

20) Die Entdeckung von Amerika. Ein Unterhaltungsbuch für Kinder und junge Leute. Von Joachim Heinrich Campe. Vierter Theil, fortgesetzt von Joh. Jos. Polt. Mit einem Kupfer und einer Karte. Prag 1815. Bei C. W. Enders.
Spezialtitel: Ferdinand von Soto, oder Erster Kriegszug der Spanier durch Florida. Ein Unterhaltungsbuch für Kinder und junge Leute. Von Joh. Jos. Polt. Prag 1815. Bei C. W. Enders. 178 S. 8. Auch unter d. T.: Sämmtliche Kinder- und Jugendschriften von Joachim Heinrich Campe. 31. Bändchen.

21) Neue Fabellese, ein Prämienbuch für die fleißige Jugend. Prag 1815, Enders. 12. Vgl. Nr. 33).

22) Kriegslisten der Krieger aller Zeiten, ein Spiegel zur Nachahmung. Prag. 1815, Calve. 8.

23) Sieben leichte und angenehme Lieder für eine Singstimme mit Begleitung des Pianoforte. Prag. 1815.

24) Die Perlenschnur, eine Reihe der ausgewähltesten moralischen Erzählungen, der Jugend bestimmt. Brünn und Olmütz 1816, Gastl. 8.

25) Die Biene. Merkwürdigkeiten aus der Länder- und Völkerkunde. Ein sehr unterhaltendes und belehrendes Lesebuch für alle Klassen von Lesern, welches, wegen seines mannigfaltigen und pikanten Inhalts, den angenehmsten Zeitvertreib gewährt; Stoff in gesellschaftlichen Kreisen zu Gesprächen liefert, und insbesondere für Reisende,

einsame Spaziergänger, leichte Kranke u. s. w., zur Aufheiterung geeignet ist. Herausgegeben von Joh. Jos. Polt. Prag, 1824. Bei C. W. Enders. 2 Bl., 132 S. 8.

26) Der fröhliche Sänger, eine Sammlung ergötzlicher Lieder mit Melodien. 1. und 2. Heft. Wien 1826, Kaulfuß und Krammer. II. gr. 8.

27) Märchen und Erzählungen für Jung und Alt. Ein Geschenk für alle Jene, welche sich in freien Stunden belehren lassen und angenehm unterhalten wollen. Herausgegeben von J. J. Polt. Leitmeritz, 1835. In der C. W. Medau'schen Buchhandlung. 117 S. 8.

28) Sagen und Geschichten aus der Vorzeit Böhmens. Ein unterhaltendes Lesebuch für Jung und Alt. Gesammelt und herausgegeben von J. J. Polt. Prag, Leitmeritz und Teplitz, 1839. Bei C. W. Medau. Erstes Bändchen. 112 S. — a: Der Mädchenkrieg. — b: Udalrich und Božena. — c. Johannesbad. — d: Der Wrssowecen Rache. — e: König Artus und seine Genossen in Böhmen. — f: Die Kraft des Höchsten (Ballade). — g: Die Retter in der Noth. — h: Die drei Kreuze auf dem Hradeker Felsen. — i: Das Grab auf dem Millischow. — j: Die weiße Hand. Zweites Bändchen. 218 S., 1 Bl. Inhalt. 12. — k: Isolani's Geist. · 1: Die Burg Worlik. — m: Nathan. — n: Žižkas Beute. — o: Die Franzosen in Prag im Jahre 1742. — p: Meister Ruprecht. — q: Der alte Jüngling. — r: Die Höhle zu Tumayn. — s: Katharina, das Fräulein von der Rosenburg. - t: Tiburtins und Apollonia. — u: Die Frauenburg. — v: Die Fünfhundert vom Blanik. — w: Der Schatz von Opatowitz.

29) Vaterländische Bilder in unterhaltenden Erzählungen für die reifere Jugend von J. J. Polt, K. M. Schnabel und A. Klima. Mit vier illuminirten Kupfern. Prag. Verlag von Joseph Sckoll, Kunst- und Musikalienhändler, Eisengasse, rückwärts dem Karolingebäude, Nr. C. 544 –1. VI, 101 S. 12.
Vorrede: Prag, im Juni 1839: Joseph Sokoll.

30) Romantische Tugendschule in gemüthlichen Erzählungen für Jung und Alt. Bearbeitet und zusammengestellt von J. J. Polt. Prag, Leitmeritz und Teplitz 1840. Druck und Verlag von C. W. Medau. IV, 168 S., 1 Bl. Inhalt. 8.
Vorwort. — a: Geschwisterliebe. — b: Das wandernde Bein. — c: Der Eckensteher. — d: Der schwarze Bock. — e: Der Nagel. — f: Der listige Dieb. — g: Paul Lucke. — h: Die Perle von Brabant. — i: Lord Schirley und der Scharfrichter. — j: Das furchtbare Gastmahl. — k: Die Sparkasse. -- l: Der Schilling. — m: Die Kartenschlägerin.

31) Der angenehme Zeitvertreiber. Enthält kleine Geschichten und Erzählungen, Anekdoten, Witzspiele und komische Albernheiten, sowie Stoffe zum Wiedererzählen in freundlichen Gesellschaften, um Erheiterung, Lächeln und Lachen zu erregen. Gesammelt und mitgetheilt von J. J. Polt. Prag, Leitmeritz und Teplitz. 1848. Druck und Verlag von Carl Wilhelm Medau. IV, 120 S. 8.
Vorwort: ,Seit langen Jahren selbst an körperlichen chronischen Übeln leidend'. Prag, 1848.

32) Goldkörner. Parabeln und Erzählungen, Sprichwörter, moralische Sentenzen, Fabeln, Witzspiele und Räthselfragen. Auch zum Gebrauche beim Vorlesen, zu Vorschriften und Dictandoschreiben von J. J. Polt. Ein Prämienbuch für die fleißige Jugend. Prag und Leitmeritz, 1848. Druck und Verlag von C. W. Medau. 112 S. 12.

33) Die Moral des Lebens aus der Fabelwelt, mit Erläuterungen derselben zum Wohle der gesammten Jugend, nebst einem Anhang moralischer Sätze zur Verwendung auf Vorschriften und beim Diktandoschreiben. Ein Prämien-Büchlein für fleißige Schüler und Schülerinnen von J. J. Polt. Leitmeritz, 1849. Druck und Verlag von C. W. Medau. 102 S. 12.
Vorrede: ,Ich habe schon im Jahre 1815 bei dem Buchhändler C. W. Enders in Prag eine Fabellese [Nr. 21] mit der nämlichen Tendenz herausgegeben ...'.
Nachwort: ,Liebe Jugend! Dieses Büchlein liefert euch ein Mann, der das 78. Jahr erreicht, und nicht aufgehört hat, seine in der Jugend erworbenen Kenntnisse und spätere Erfahrungen, vom Mannesalter bis zur Greisenzeit, seinen Nächsten in vielfachen Aufsätzen mitzutheilen. Ihn hat kein gewöhnlicher Eigennutz zur Herausgabe bewegen, sondern bloß die Absicht, Nutzen zu stiften.'

34) Goldperlen. Erzählungen, Fabeln, Lebensregeln und Rathschläge, Räthselfragen, Räthsel und Charaden. Auch zum Gebrauche des Vorlesens, zu Vorschriften und Dictandoschreiben. Mitgetheilt von J. J. Polt, Herausgeber der Goldkörner. Ein

Prämienbuch für die fleißige Jugend. Prag und Leitmeritz, 1850. Druck und Verlag von C. W. Medau. 135 S. 12.

35) Goldblätter. Erzählungen, edler Sinn und edle Thaten, Bilder aus dem Leben guter Menschen, Parabeln und Fabeln, Sprüche und Lehren zur Beherzigung, Räthsel und Anekdoten aus den Jugend-Jahren. Auch zum Gebrauche beim Vorlesen, zu Vorschriften und Diktandoschreiben von J. J. Polt, Herausgeber der Goldkörner und Goldperlen. Ein Prämienbuch für die fleißige Jugend. Prag und Leitmeritz. Druck und Verlag von C. W. Medau. 132 S. 12.

36) Der willkommene Erzähler und Anekdotenfreund. Enthält kleine Geschichten und Erzählungen, Anekdoten, Witzspiele, komische Albernheiten u. d. gl. Mitgetheilt von J. J. Polt. Ein Beitrag zur Erheiterung der Gegenwart. Prag und Leitmeritz. 1850. Druck und Verlag von Carl Wilhelm Medau. 141 S., 1 Bl. Inhalt. S. 139: Sinngedichte.

37) Der frohsinnige Plauderer. Eine Zusammenstellung kleiner Geschichten und Erzählungen, Anekdoten und Witzspiele. Zur Erheiterung u. s. w.

38) Hört! Hört! Wer mich kauft, der liest auch mich; wer mich liest, erheitert sich. — Enthält kleine Geschichten und Erzählungen, Anekdoten, Witzspiele, komische Albernheiten, Wespen und Stechfliegen. Zur angenehmen Unterhaltung u. s. w. Auch als Namenstags- und Neujahrsgeschenk.

39) Was beliebt? Kleine Geschichten und Erzählungen, Anekdoten, Witzspiele, komische Albernheiten. Possen und Stechfliegen. Zur Ergötzung in der Selbstlektüre, wie auch zum Vorlesen in gesellschaftlichen Vereinen und Kreisen. Auch als Neujahrs- und Namenstagsgeschenk. Mitgetheilt von J. J. Polt. Herausgeber des angenehmen Zeitvertreibers, des willkommenen Erzählers, des frohsinnigen Plauderers und des Hört! Hört! Anekdotenbuches etc. Auch in Scherzen und mit Witzen, kann die Wahrheit leuchtend blitzen. Prag 1851. Druck und Verlag von Johann Spurny, Karlsgasse Nro. 184. 94 S.

40) Spitzbuben-Gallerie. Eine Reihe der pfiffigsten Gaunerstreiche in anekdotenartigem Vortrag. Zugleich belehrend und unterhaltend. Gesammelt von Krachowill Leopold 1851.

41) Blüthen und Blumen aus den Gärten der Jugend. Enthaltend: Kleine Erzählungen und Geschichten, edler Sinn und edle Thaten, Fabeln, Räthseln, Lebensregeln und Anekdoten aus der Jugendzeit. Ein Weihnachts-, Neujahrs-, Namenstags- und Prüfungs-Geschenk für die Jugend. Mitgetheilt von J. J. Polt, Herausgeber der .... Prag und Leitmeritz, 1852. Druck und Verlag von C. W. Medau. 155 S. 12.

42) Der unterhaltende Lese-Lieferant. Enthält kleine Geschichten und Erzählungen, Skizzen aus der Natur-, Länder- und Völkerkunde, Anekdoten und Witzspiele. Zur eigenen und gesellschaftlichen Unterhaltung und auch auf Eisenbahnreisen, Eilwägen u. d. gl. ein angenehmer Zeitvertreiber. Mitgetheilt von J. J. Polt. Leitmeritz 1854. Druck und Verlag von C. W. Medau. 121 S. 8. Vorrede: Prag, 1848.

43) Die fleißige Biene. Bringt das Neueste und Interessanteste aus der Natur-, Länder- und Völkerkunde. Ein unterhaltend-belebrendes Lesebuch für Jung und Alt. Mitgetheilt von J. J. Polt, Herausgeber .... Zweites Bändchen. (Für die Jugend auch ein lehrreiches Neujahrs-, Namenstags- und Prüfungsgeschenk). Prag und Leitmeritz. 1855. Druck und Verlag von Carl Wilhelm Medau. 122 S. 12. Vorbericht: Prag, 1852.

44) Eliezer und Nephtaly das edle Brüderpaar. Romantische Dichtung aus der Vorzeit. Ein moralisches Lesebuch für die reifere Jugend und das Alter. Aus dem Französischen des Herrn von Florian frei übersetzt von J. J. Polt, Herausgeber der Jugendschriften .... (Ein Prämienbuch und Namenstagsgeschenk). Prag und Leitmeritz. 1855. Druck und Verlag von Carl Wilhelm Medau. 83 S. 12. Vorbericht: Prag, 1852.

45) Silber-Pappeln. Erzählungen und Geschichten für Geist und Herz. Zur Beherzigung und Nachahmung der lehr- und lernbegierigen Jugend in belehrenden und unterhaltenden Vorträgen. Mitgetheilt von J. J. Polt, Herausgeber der Goldkörner, Goldperlen, Goldblätter, der Moral des Lebens aus der Fabelwelt, der Tugendschule, des Veilchenstraußes, der Blüthen und Blumen aus den Jugendgärten, der

Märchen und Erzählungen für Jung und Alt und der Perlenschnur. Ein Weihnachts-, Neujahrs-, Namenstags- und Schulprüfungs-Geschenk. (Mit zwei Lithographien). Prag und Leitmeritz. 1855. Druck und Verlag von Carl Wilhelm Medau. 97 S., 1 Bl. Inhalt. 12.
Vorrede: Prag 1853.

46) Silberblumen. Erzählungen edlen Sinnes und edler Thaten, Fabeln, Klugheitslehren aus der Jugendzeit u. s. w. für die liebe Jugend, ein Neujahrs-, Namenstags- und Prüfungsgeschenk, und zugleich ein entsprechendes Lesebuch in allen öffentlichen und Privatschulen. Mitgetheilt von J. J. Polt. Herausgeber der .... Leitmeritz und Prag. 1856. Druck und Verlag von C. W. Medau. 148 S. 12.

47) Das goldene Buch. Zur Belehrung und angenehmen Unterhaltung für die erwachsene Jugend. Enthält moralische Erzählungen, Fabeln, Sagen, Mährchen und Weltansichten. Mitgetheilt von J. J. Polt, Herausgeber der Jugendschriften: Goldkörner, Goldblätter, Goldperlen, Blüthen und Blumen, Silberpappeln u. a. m. Ein Neujahrs-, Namentags-, Prüfungsgeschenk und entsprechendes Lesebuch in öffentlichen und Privatschulen. Leitmeritz und Prag. 1856. Druck und Verlag von C. W. Medau. 214 S., 1 Bl. 12.

48) Silber-Rosen. Erzählungen für Geist und Herz nebst Gedichten, Scenen aus dem Jugendleben und Erzählungen edlen Sinnes und edler Thaten u. s. w. Ein Prüfungs-, Namenstags-, Neujahrsgeschenk und entsprechendes Lesebuch in allen Schulen für die erwachsene Jugend. Mitgetheilt von J. J. Polt, Herausgeber der Goldkörner, Goldblätter, Goldperlen, Silberpappeln, Silberblumen, des goldenen Buches u. s. w. Leitmeritz bei C. W. Medau. 1859. 188 S. 8.

49) Numa Pompilius, König von Rom. Operette in zwei Akten von Jos. Joh. Polt, wirkendem Mitgliede des königl. böhmischen Museums. Musik von Jos. Joh. Soukup. Prag 1861. In Kommission bei Franz Rziwnatz, Buchhändler im Museumgebäude. 35 S. 8.

50) Zu Anfang des Jahrhunderts scheint er eine ‚Allgemeine Zeitschrift' in Prag herausgegeben zu haben. Vgl. oben S. 711.

94. Johann Michael Konrad. § 279, 88. — Band V. S. 535.
a. F. L. Rieger, Slovník naučný 1859. 4, 796. — b. Wurzbach 1864. 12, 415f.

1) Mitarbeiter an Hormayrs Archiv, Andrés Hesperus, an dem Volksfreund, an der Carinthia.

2) Grundriß einer systematischen Uebersicht des Polizeiwesens im weitesten Verstande. Nürnberg 1813. Daraus ein Auszug:

3) Die Polizeiverfassung oder Theorie, Geschichte und Praxis der Polizei in ihrer allgemeinen Bedeutung mit vorzüglicher Rücksicht auf den österreichischen Kaiserstaat. Prag 1817.

4) Uebersicht einer Urgeschichte der Welt und der Menschen. In Bezug auf die ersten Ansiedlungen und Wanderungen des menschlichen Urstamme. Mit 4 Weltkarten. Prag und Wien 1818, Haas. gr. 8.

5) Vielleicht gehört ihm zu:
a. Gesang heym Cotillon. 1 Bl. 8. [1811?]. (‚Aufl — schlinget Reihentänze'). Auf dem Exemplar des böhmischen Museums in Prag steht handschriftlich: J. Conrad. Musik v. J. J. Polt. Tanzfiguren v. V. Spitzer.
b. Gesang zur Angloise. 2 Bl. Die ersten 2 Strophen gleich a., das folgende verändert; unters.: J — K.

95. Deutschlands Nazionalkraft, eine Kantate. Die Musik ist von Herrn Kapellmeister Franz Anton Hofmeister. Abgesungen in der musikalischen Akademie der Juristen. Prag den 8ten März 1799. Prag, gedruckt bei Johann Diesbach. 4 Bl. 4.
Es traten darin u. a. auf: Herrmann-Arminius; Childerich, ein deutscher Fürst; Der Schatten Tents.

96. Gefühle der Erinnerung an den Heldentod des durchlauchtigen Fürsten Karl zu Fürstenberg Seiner k. k. Majestät Feldmarschallieutenant und Innhaber eines Regiments zu Fuss, &c. &c. Er blieb in der Schlacht bey Stockach in Schwaben durch drey Kartätschenkugeln am 25. März 1799. Gedruckt bey Franz A. Gerzabeck. 7 S. 8. (‚Umzieh mit Flor die Schwerter und die Fahnen').

97. Lied, von den Schülern der Dichtkunst gesungen zum Schlusse des Schuljahres 1800 an dem königingrätzer Gymnasium. Königingrätz, 1800. Bauczek. 8. Trapp S. 226.

98. Wálečny Piseń Cžeských Wlastencuw. W Hradcy Králowé, 1800. V Alžbéry Tybely. 4 Bl. 8. Deutsch und tschechisch. („Auf, auf, auf, auf. Uns ruft das Vaterland').

99. Anton Ferdinand Drexler, geb. 1774 in Böhmen, war um 1822 Adjunkt an der Forstlehranstalt zu Mariabrunn bei Wien.
a. Meusel 22, 675. — b. Scheyrer S. 583.

1) Beiträge zum Neuen Wiener Musenalmanach 1801 und 1802, § 281, 8 a. — Band IV. S. 367; zu Liebels Almanach 1802; zum Oesterreichischen Taschenbuch 1804 bis 1806; zum Apollonion 1808 bis 1811.

2) Cantate auf das fünfzigjährige Dienstes-Jubelfest des Herrn Paul edlen von Rother, k. k. wirklichen Regierungsrathes und ersten Kammeral-Lotto-Gefällen Director. Im Nahmen seiner Amtsuntergebenen. Den 15. August. 1803. Einzeldruck.

3) Auf eben denselben. Auf eben dieselbe Gelegenheit. Im Namen des Herrn J. W. Den 15 August 1803. Einzeldruck.

4) An Herrn Raymund Zobel, k. k. Hofprediger und Präfecten des k. k. Wiener Hauptgymnasiums. Zur Nahmensfeyer. Den 31. August. 1805. Einzeldruck.

5) Ein Vergißmeinnicht für Menschenfreunde. Zum Besten eines unglücklichen Mädchens. 1807. 2. Auflage 1808.

6) An die Taube der Venus. Bey der Vermählungsfeyer Seiner k. k. Majestät Frans des Ersten mit ihrer kön. Hoheit der Erzherzogin Maria Ludovica Beatrix von Oesterreich. den 6. Januar 1808. Von Anton Ferdinand Drexler. Wien in der Geistingerschen Buchhandlung. 7 S. Folio.
Vgl. Neue Annalen 1808. II. S. 237.

7) Louise, die Braut Napoleons. Einzeldruck 1810. Auch: Neuer deutscher Merkur 1810. Band 2, St. 5. (Mai). S. 8.

8) An Seine Hochwürden und Gnaden, den Herrn Ignaz Fröhlich von Fröhlichsburg, Titular-Canonicus zu St. Stephan, emerit. Dechant, inful. Probst und Stadtpfarrer zu Wiener Neustadt etc. Zum Feste seines fünfzigjährigen Priesterthums. Im Nahmen der sämmtlichen Bürger der Stadt Baden. Den 25. März 1811. Einzeldruck.

9) Auf die Vermählung des Herrn Carl Freyherrn van Swieten, k. k. Kämmerers und Hauptmannes bey'm Infanterie-Regimente Seiner kais. Hoheit des Erzherzogs Carl, mit dem Fräulein Johanna Freyinn von Fahnenberg auf Burgheim. Den 20. Juny 1811. Einzeldruck.

10) Versuche in einigen Dichtungsarten. Von Anton Ferdinand Drexler. Auf Kosten des Verfassers. Wien, gedruckt bey Anton Strauß. 1812. 4 Bl., 261 S., 8 S. Inhalt.
S. 13 bis 15: Klage eines amerikanischen Sclaven. — Gicht in den Anmerkungen S. 254 bis 261 Beispiele, wie er bei der Feilung seiner Gedichte verfuhr und führt im Inhalt die ersten Drucke an.
Vgl. Annalen 1812. III. S. 322.

11) Poetisches Hülfsbuch. Eine Sammlung von poetischen und prosaischen Aufsätzen für alle Fälle im reiferen Lebensalter. Von Anton Ferdinand Drexler. Wien, 1816. Bey Anton Doll. IV, 160 S. 8.
S. III: Vorrede. „Aus meinen Versuchen in einigen Dichtungsarten habe ich in diese Sammlung jene Gedichte übertragen, welche mir als Gelegenheitsgedichte für dieselbe geeignet schienen'. Burkersdorf. Am 13ten October 1815.

12) Die kleinen Gratulanten; eine Sammlung von poetischen und prosaischen Aufsätzen für alle Fälle im jugendlichen Leben von Anton Ferdinand Drexler. Wien, A. Doll, 1816. 8. Neue unveränd. Ausg. Prag und Königgrätz 1832. 8.

13) Gedichte im reifern Lebensalter. Wien 1816. 8.

14) Das deutsche Hauptwort mit allen seinen biegsamen Bestimmungswörtern im Verhältnisse zu den übrigen Redetheilen. Tabellarisch dargestellt. Wien 1823. Härter. gr. Fol.

100. Joseph Stanislaus Zauper, geb. in Dux am 18. März 1784, studierte in Brüx und Prag, trat 1804 in das Prämonstratenserstift Tepl, seit 1809 Lehrer, seit 1832 Präfekt am Gymnasium zu Pilsen, starb daselbst am 30. Dezember 1850. Einer der hervorragendsten Schulmänner des vormärzlichen Österreichs. Durch seinen Verkehr mit Goethe bekannt.

a. Meusel 21, 759. — b. Hormayr-Mühlfeld's Archiv für Geschichte 1829. Nr. 6. — c. Oesterreichischer Zuschauer. Herausgegeben von Ebersberg. Wien 1838. 1, 336. — d. Nekrolog 28, 1857 f. — e. Kehrein, Lex. 1871. 2, 277. — f. Wurzbach 1890. 59, S. 210 bis 212.

Goethes Briefe an Zauper vgl. Nr. 8) c. § 234, B. I. 85. — Band IV. S. 571.

H. Lambel, Zu Goethes Briefwechsel mit Zauper. Berichtigungen und Nachträge: Mitteilungen des Vereins für Geschichte der Deutschen in Böhmen. 1881. 19, S. 178. — A. Sauer, ebenda 1895. 33, S. 294. 378.

Zauper an Klar, ebenda 33, S. 377 f. — Aus Briefen Eckermanns an Zauper: ebenda 19, 180. F. W. Riemer ann Zauper: ebenda 19, 182 f.

1) Reise von Dux nach Pillnitz im Herbstmonde 1811. Eine Poetische Erzählung von Joseph Zauper. Dresden, bey Heinrich Gerlach, 1801. 30 S. 8. [Distichen]. S. 4: Der durchlauchtigen Churfürstlichen Prinzessin Maria Augusta Herzogin von Sachsen Ehrfurchtsvoll gewidmet von Joseph Zauper. Zueignung. Distichen.

2) Vota ad divum Janum Calendis Januarii A. D. MDCCCII. A Josepho Zauper philosophiae in annum Imum auditore. Pragae-Bohemorum. Fridericostadii, apud Dresdam, prelo viduae Gerlach et Soc. (‚O Jane bifrons! tergeminae Sate‘). 2 Bl. 8.

3) Dem Durchlauchtigsten Fürsten und Herrn, Herrn Anton Herzogs zu Sachsen und Höchstdesselben Durchlauchtigsten Frau Gemahlinn Königl. Hoheit der gnädigsten Fürstinn und Frau Frauen Marien Theresien, Erzherzoginn von Oestreich und Herzoginn zu Sachsen, bei Höchstderselben Abreise von Prag den 27. October 1802. ehrfurchtsvoll gewidmet von Joseph Zauper. Friedrichstadt, gedruckt bei der Wittwe Gerlach und Comp. 2 Bl. 4. (‚Düstrer hebt sich herauf heute des Tages Licht‘).

4) Der Durchlauchtigsten Churfürstl. Prinzessinn, Maria Augusta, Herzoginn von Sachsen, am Tage Ihrer Geburt ehrfurchtsvoll gewidmet von Joseph Zauper, der Philosophie Beflissenen. Den 21. Junii, 1803. Prag, bey Caspar Widtmann. 2 Bl. 4.

5) Grati animi significationes et vota pro die nominis reverendissimi ac doctissimi D D. IOANNIS Baptistae Schneider, vicarii ac protonotarii apostolici serenissimi electoris Saxoniae Friderici Augusti conscientiae arbitri, sub schemate pastoritio fert Josephvs Zavper, philosophiae in annum II. stvdiosvs. VIII. Cal. Julii, MDCCCIII. Pragae, literis Widtmannianis. 2 Bl. 4.

6) Beiträge zu Meinerts Libussa 1804, zur Isis 1814, zum Hyllos 1820 u. s. w.

7) Die Poesie in ihren Formen. Ein didaktischer Versuch von Joseph Zauper, Candidaten des preißwürdigen Norbertiner Chor-Herrn-Stiftes Töpel in Böhmen. Geschrieben in Dux, den 12. October 1804. Dresden, mit Gerlachschen Schriften. 8 Bl. 8. [Gedicht]. Zueignung in Distichen mit Anmerkungen, darunter eine von Zaupers Oheim J. Preisler. Vergl. oben S. 729.

Vgl. Annalen 1805. 1, 312.

Wiederholt: Isis 1814. 2. Band. 2. Heft. S. 148 bis 153.

8) a. Grundzüge zu einer deutschen theoretisch-praktischen Poetik, aus Göthe's Werken entwickelt von J. St. Zauper. Wien. Im Verlag der Geistinger'schen Buchhandlung. 1821. 134 S. 8.

b. Studien über Goethe. Als Nachtrag zur deutschen Poetik. Wien 1822.

c. Studien über Goethe. Von J. St. Zauper. Wien. Druck und Verlag von Carl Gerold. 1840. II. 8.

Erstes Bändchen: Grundzüge zu einer deutschen theoretisch-praktischen Poetik aus Goethe's Werken entwickelt .... Neue durchgesehene und vermehrte Auflage. X, 250 S.: a: Vorwort. Pilsen, im Juli 1839. — b: Vorbegriffe. — c: Lyrik. — d: Epik. — e: Dramatik. — f: Unterschied, Veranlassung und Entschuldigung. — g: Allgemeines über Poesie und Kunst. — h: Allgemeines über Goethe. — i: Besonderes über Goethe. — k: Allgemeines übers Leben.

Zweites Bändchen: Aphorismen moralischen und ästhetischen Inhalts, meist in Bezug auf Goethe. Aus meinem Tagebuche. Nebst Briefen Goethe's an den Verfasser. 3 Bl., 282 S. a: Sittliches. — b: Religiöses. — c: Literatur, Kunst und Wissenschaft. — d: Zur Beurtheilung Goethe's. — e: Anhang. Briefe Goethes an den Verfasser. 1 bis 9.

9) Aphorismen über Litteratur und Leben, veranlaßt durch Göthes Werke und in Beziehung darauf (vom Professor Zauper): Der Kranz, herausgegeben von Karoline von Woltmann. Prag 1824. Band I. Nr. 23. 24. 25. — Xenien. (Vom Professor Zauper): Ebenda 1824. I Nr. 31; 1824. II. Nr. 11. 13. — Litterarische Ansichten, Tiecks Genovefa. Professor Zauper: Ebenda 1824. II. Nr. 33.

10) Homer's Werke. Prosaisch übersetzt von Professor J. St. Zauper. Prag J. G. Calve'sche Buchhandlung. 1826 bis 1827. IV. 8. Zweite, verbesserte Auflage 1840 bis 1841. IV. 8. Dritte verbesserte Auflage 1852 bis 1853. IV. 8. Dritte verbesserte Auflage, zweiter Abdruck 1854 bis 1856. IV. 8. Dritte verbesserte Auflage, dritter Abdruck 1859. IV. 8. Sondertitel: Homers Ilias. Prosaisch übersetzt von Professor J. St. Zauper. Erstes Bändchen. Prag . . . 1826. 888 S. 8. Goethe (Hempel) 29, 556 f. — Ilias. Zweites Bändchen. 1826. 422 S. — Odyssee . . . Erstes Bändchen. 1827. 328 S. — Odyssee . . . Zweites Bändchen. 1827. 308 S., 7 Bl.,

11) Aphorismen: Monatsschrift der Gesellschaft des vaterländischen Museums in Böhmen. 1. Jahrgang 1827. Juli. S. 15.

12) Praktische Anleitung zur Redekunst mit sorgfältig gewählten Beispielen für Schulen und zum Privatunterricht. Nebst einem Vorwort von K. A. Böttiger. Dresden 1829. Walther. Ohne Vfn. — 2. vermehrte Auflage. Stuttgart 1850.

13) a. Praktische Anleitung zur Dichtkunst, mit sorgfältig gewählten Beispielen für Schulen und zum Privatunterricht. Nebst einem Vorwort von K. A. Böttiger. Dresden 1829. Walther. Ohne Vfn.
b. Anleitung zur Dichtkunst mit sorgfältig gewählten Beispielen für Schulen und zum Privatunterricht. Von J. St. Zauper. Nebst einem Vorwort von C. A. Böttiger. Zweite, vermehrte Auflage. Stuttgart. Verlag von Scheitlin & Krais. 1851. XII, 196 S. 8.
S. III: Vorrede des Verfassers zur zweiten Auflage. Pilsen, im August 1850. Zauper. — S. V: Vorwort zur ersten Auflage. Von C. A. Böttiger. — S. VIII: Vorrede des Verfassers zur ersten Auflage.

14) Trauergesänge am Grabe des Philanthropen H. H. Franz de Paula Gf. Deym, Freiherr von Střitež etc. Prag, 1832. Haase. 4. — Trapp Nr. 9002.

15) Christkatholisches Gesangbuch. Landshut 1833. 12. Ohne N.

16) Gedicht zur Eröffnung der Versorgungs- und Beschäftigungsanstalt für erwachsene Blinde in Böhmen: Die Gründung und ersten Begegnisse der Versorgungs- und Beschäftigungsanstalt für erwachsene Blinde in Böhmen. Erster Bericht vom Beginne der Anstalt bis zum Schlusse des Jahres 1833. Prag 1834.

17) Pilsens alte Chronik. Pilsen 1835.
Randbemerkungen zu J. St. Zaupers ‚Alter Chronik von Pilsen'. Von Archivar M. Hruschka: Pilsener Reform 1870. Nr. 10.

18) Christkatholisches Gebet- und Erbauungsbuch für Gebildete. Pilsen 1836.

19) Der Graf. (Gedicht): Janus 1836. S. 73 bis 74.

20) Joh. Aloys Schneider, kurze Betrachtungen über die Leidensgeschichte Jesu, auf alle Tage in der Fasten. Berichtigte und vermehrte Aufl. Herausg. von J. St. Zauper. Prag 1837. Haase Söhne. gr. 12.
1. Aufl. Leipzig 1808; 2. Aufl. 1810; Neue Aufl. Wien 1830. Doll. -- Johann Alois Schneider, bedeutender Kanzelredner, geb. in Brünn am 12. April 1752, gest. in Dresden am 22. Dez. 1818.

21) Ins Gebethbuch Ihrer Majestät der Kaiserinn. (Sonett): Witthauers Album zum Besten der Verunglückten in Pesth und Ofen. 1838. S. 312.

22) Der Morgenstern. (Gedicht): Camellien. Almanach für das Jahr 1840. Herausgegeben von Ferdinand Grafen Schirnding und C. A. F. Hennig. Erster Jahrgang. Prag und Berlin. In C. Hennig's Steindruckerei und Kunstverlag. Leipzig. Bei Friedrich Fleischer. S. 382 f.

23) Beiträge zu Klar's Libussa, z. B. für 1843, S. 279 bis 307: Carl Egon Ebert, geboren in Prag am 5. Juni 1801, von Stanislaus Zauper; für 1848, S. 119 bis 121: Gedichte von J. St. Z . . . . .; S. 211 bis 229: Aus dem Leben. Aphorismen. Von J. St. Zauper; für 1850, S. 90 bis 100: Aus dem Leben. [Aphorismen]. Von Stanislaus Zauper.

24) Chronik des Pilsener Gymnasiums: Schmidls Oesterreichische Blätter für Literatur und Kunst 1845. S. 417 und 429.

101. Ignaz Jaksch, Ehrendomherr an der Kathedralkirche zu Leitmeritz, Schuldirektor der Herrschaft Gabel und Pfarrer zu Zwickau, 1808 Pfarrer in Politz, Vizedirektor des Gymnasiums zu Böhmisch-Leipa.

1) Schulschriften für die Lehrer und Jugend des Gabler und Zwickauer Sprengels gesammelt und gewidmet von Ignaz Jaksch. Prag 1801, gedruckt bey Franz Joh. Scholl. I. Theil 144 S., 2. Theil 173 S., 3. Theil 158 S. 8. Abschnitt VII: Sitten und Tugendlehren in Versen.
Vgl. Annalen, April 1803. Nr. 29. 30.

2) Neue Schulschriften zum nützlichen Gebrauche für Katecheten. Lehrer und die Jugend an den Normal- und Trivialschulen. Verfaßt und gesammelt von Ignaz Jaksch. Prag, 1819. Gedruckt bei Gottlieb Haase, böhm. ständ. Buchdrucker. II. 8.
Erster Band. 4 Bl., 118 S.
Vorerinnerung, unterz.: Prag den 12. July 1818. Peter Karl Jaksch, k. k. Gubernialregistrant.
I: Belehrungsschrift für das sämmtliche Schulpersonale des gabler Distriktes. Vorbemerkung: Zwickau den 21. Februar 1808. Nacherinnerung: (Leitmeritz 22. Dec. 1808). — II: Von der Kinderzucht aus einer alten Schulordnung. — III: Denk- und Lehrsprüche zum Gebrauche des Lehrers bei Wiederholung der Katechesen und Eintiefung des wesentlichen Inhalts derselben ins Gedächtniß der Jugend. [Verse]. S. 70: Erinnerung. Diese mitgetheilten Denk- und Lehrsprüche sind theils verfertigt, theils gesammelt von P. Karl Stadelbauer, Priester des ritterlichen Maltheserordens, und Kaplan in Langenau. — IV: Erweckungen religiöser Gefühle in der Jugend bei christlichen Festen und Anlässen zum weisen Gebrauche der Lehrer. [Verse]. — V: Weise Lehren zur Beherzigung für die Jugend und auch für die Erwachsenen. [Prosa].
Zweiter Band. 4 Bl., 111 S.
Vorbericht: Politz den 1. Oktober 1817.
I: Leitfaden für Katecheten, die Religionslehren mit Erfolg und Wirkung zu verbinden. An die Herren Seelsorger und Katecheten des böhmischleiper Schuldistrikts. [1811]. — II: Vorbereitung und Danksagung der Jugend zur und nach der ersten heiligen Beichte. — III: Ein Wort über den Vorschub der Religionslehre im Privatunterrichte. — IV: Rede bei der Einweihe der Trivialschule Kottowitz bürgsteiner Herrschaft am 24. November 1817.

3) Schullehrerkalender für das Jahr 1834. Von Ignaz Jaksch. Leitmeritz 1834. 8.

102. Johann Nepomuk Kanka, Sohn von Johann Nepomuk Kanka (geb. zu Prag 1744, gest. 1798). Daten unbekannt. Juristischer Fachschriftsteller und Komponist.
Wurzbach 1863. 10, 438.

1) Hymne zur Friedensfeyer. Bearbeitet und in Musik gesezt von Doctor Kanka. Prag, gedruckt bei Franz Gerzabek im St. Gallikloster. 1801. 2 Bl. 4. ('Wie das Toben der Orkane').

2) Zur Vermählungsfeyer des Hochgebornen Fräuleins Christiane Gräfin Clam-Gallas mit dem Hochgebornen Herrn Franz Grafen Colloredo-Mannsfeld k. k. Kämmerer und Hauptmann, am 25. September 1825. Von Dr. Johann Kanka. Prag, 1825. Gedruckt bei Scholl & Landau. 4 Bl. 8.

3) Heimathstöne nach der erfreulichen Vermählungsfeyer Seiner Durchlaucht des regierenden Herrn Herrn Ferdinand Fürsten zu Lobkowitz Herzogs von Raudnitz etc.; mit der durchlauchtigsten Prinzessin Marie von Lichtenstein: von J—. K—. Prag. Druck bei M. I. Landau, am altstädter großen Ringe, N. 933. 1826. 4 Bl. 8.

4) Mutuum Religionis et Justitiae in Civitate Foedus. Illustratum dum alma ac antiquissima Carolo Ferdinandea Universitatis Pragensis sociam se adjungeret laetabundae Bohemiae de saeculari memoria celebritatis, qua Joannes Nepomucenus, S. Metropolitane Ecclesiae Pragensis Canonicus, protomartyr poenitentiae, Vindex et Tutor de fama periclitantium Sanctorum Fastis adscriptus est. A Joanne Nepomuceno Kanka . . . . Die 15. Junii 1829. Pragae 1829. Typis M. I. Landau, in foro magno veteropragensi Nro. 933. 24 S. gr. Folio.

5) Unter seinen Kompositionen ist hervorzuheben: Lieder österreichischer Wehrmänner von H. J. v. Collin. 1. Abtheilung. Prag 1809.

103. Peter Franz Miller.

1) a. Warnungen für die unerfahrne Jugend, oder Sammlung von 212 Unglücks-geschichten aus dem Buche der Erfahrung, von Peter Franz Miller, erstem Knaben-schullehrer an der Stadtschule zu Schluckenau. Prag 1801, bey Joh. Buchler. 127 S. 8. Vgl. Annalen September 1802. Nr. 65.

b. Warnungen für die unerfahrene Jugend, oder Sammlung von 257 Unglücks-geschichten aus dem Buche der Erfahrung; von Peter Franz Miller. Zwote ver-besserte und viel vermehrte Auflage. Prag, 1804. bey Johann Buchler, Buch-händler. 158 S. 8.

Vorrede zur 2 Auflage: Schluckenau am 1. Oktob. 1803. — S. 152f.: Gebet eines guten Kindes. (Verse!).

c. 3. Aufl. Ebenda 1811.

2) Ruf zur Nachahmung guter Kinder, oder 100 Charakterzüge kindlicher Tugend. Ein Gegenstück zu den Warnungen für die unerfahrne Jugend. Allen Jenen gewidmet, denen das Wohl der Kinder am Herzen liegt; von Peter Franz Miller. Prag, 1803. Bey Johann Buchler, Buchhändler. 96 S. 8.

‚Vorerinnerung an meine Herren Amtsbrüder': Schluckenau, am 9ten Eis-mond, 1802. — 2. Aufl. Ebenda 1808. — 3. Aufl. Ebenda 1811.

104. Den edlen Musensöhnen Böhmens gewidmet von der Anton Gramasschen Schauspielergesellschaft. Verfaßt von J. N. Rauß, Mitglied der Gesellschaft. Ab-gesungen bei ihrer glücklichen Wiederkunft. Prag, 1801. Gedruckt mit Rokoaschen Schriften. 2 Bl. 8.

105. Dem verdienstvollen Herrn Wilhelm August Iffland, Direktor des berliner k. Nazionalhoftheaters, als er während seines Aufenthalts in Prag auf dem k. land-ständischen Theater einige Gastrollen spielte. Prag, gedruckt bey Haase und Widtmann. 1801. 2 Bl. 4.

106. Dankgefühle am Namensfeste unsers würdigsten Vorstehers Gregorius Roller Demselben in pflichtschuldigster Ehrfurcht gewidmet von seinen Zöglingen. In Musik gesetzt von Xaver Partsch. Prag, am 12. März 1801. 2 Bl. 8. unterz.: T. H.

107. Herzensergießung bei der ersten öffentlichen verläßlichen Friedens-nachricht; von einem Freunde des Friedens, Franz Horaczek, Pfarrer zu Groß-popowitz in Böhmen, allen mitfühlenden Gleichgesinnten, zum Besten eines durch den Krieg vaterberaubten Waisen, i t. Prag, im April 1801. bei Franz Gerzabek im St. Galli-Kloster. 4 Blgeä. drProsa.

108. Am Vorabende der Namensfeyer der Hoch- und Wohlgebornen Frau Sophia Gräfin von Chorinsky gebornen von Mertens. Am funfzehnten May 1801. 2 Bl. ‚Von allen, welche dich verehren', unterz.: Die Gesellschaft.

109. Herrn Karl Ungar k. k. Rath und Bibliothekar zum siebenundfunfzigsten Geburtstage im freundschaftlichen Kreise gesungen. Prag, gedruckt bei Fr. Gerza-bek. 1801. 2 Bl. 4. (‚Lächelnd, unter Blüthenregen').

110. Ke Klopsstokowe Zpěwačce od Čzeskeho překladatele Messyásse. An die Klopstocks Sängerinn von einem böhmischen Uibersetzer des Messias. 1801. 6 Bl. 4. Tschechisch und deutsch.

111. Die vier Jahrszeiten. Kantate von A. P. Kuttenberg, bei Franz Vincenz Koretz. 1801. 8 Bl. 8. (‚Jubelt, Brüder, voll Entzücken').

112. **Michael Kajetan Hermann,** geb. in Michelsdorf im Saazer Kreise am 27. September 1756, studierte in Prag, trat in den Dominikanerorden, den er, 1788 zum Priester geweiht, wieder verließ, Seelsorger in Ockenau, einem zur Herrschaft Klösterle gehörigen Dorfe, 1797 Pfarrer in Knöschitz, 1802 in Deblau, lebte noch 1835.

a. Annalen 1810. 4, 143 bis 149. — b. Gräffer und Czikann 1835. 6, 480. — c. Wurzbach 1862. 8, 888.

1) a. Unterhaltungen eines Christen mit Gott und seinen Heiligen. Prag 1802, Widtmann. — 8. Auflage 1820. Von Pařizek ins Tschechische übersetzt.

b. Unterhaltungen eines Christen mit Gott, besonders in der Charwoche. Prag 1808. Widtmann. 8. — 2. Aufl. 1817.

2) Gebetbuch für Kinder von etwas reiferm Verstande. Prag 1802. Widt-mann. 12. — 2. Aufl. Prag 1806. — 4. Aufl. Prag 1813. Haase.

3) Kürzere Kanzelvorträge. 1. und 2. Jahrgang à 2 Theile. Prag. 1802 bis 1804. Widtmann. 8. — 2. Aufl. 1807. — 3. Aufl. 1817. — 4. Jahrgang à 2 Theile. Prag 1806 bis 1807. Widtmann. 8.

4) Sittenlehren in Beispielen auf alle Tage des Jahres. Prag 1803 bis 1804. Widtmann. II. 8.

5) Fest- und Gelegenheitspredigten. 8 Jahrgänge à 2 Bände. Prag, Widtmann. 1803 bis 1808. gr. 8. — 2. Aufl. 1808 und 1814. — 3. Aufl. 1817.

6) Gebet- und Erbauungsbuch für junge Leute nach den Bedürfnissen unserer it. Prag. 12. — 2. Aufl. 1804. Widtmann. — 3. Aufl. 1808. — 4. Aufl. 1812. Be Haase.

7) Christus unter den Menschen, Gebetbuch. Prag 1804, Widtmann. Taschenformat.

8) Einige der gangbarsten Sprüchwörter näher erläutert und zu Predigten anwendbar gemacht, als Anhang in den Volkspredigten. Prag 1805. Widtmann. III. gr. 8.

9) Heiligenlegende zum öffentl. Gebrauche in der Kirche. Prag, Krauß. II. 8. — 2. Aufl. Prag 1808. Haase Söhne. II. gr. 8.

10) Biographien verklärter Freunde Gottes. Mit angehängten Sittenlehren auf alle Tage des Jahres. Prag 1808. Widtmann. II. gr. 8.

11) Gespräche zur Minderung des Aberglaubens und der gewöhnlichsten Volksirrthümer; ein sehr nützliches Volksbuch von Michael Kajetan Hermann. Prag, bey Caspar Widtmann. 1809. VI, 192 S. 8.
Vgl. Annalen 1810. III, 255.

12) Kurze Volkspredigten auf alle Sonn- und Festtage des ganzen Jahres. 4 Jahrgänge, jeder in 2 Theilen. Prag 1809 bis 1815. Widtmann. gr. 8. — 2. Ausgabe. Mainz. Kirchheim, Schott und Thielmann. 1833.

13) Fastenreden von Michael Kajetan Hermann. Prag, bey Caspar Widtmann, 1810. 202 S. gr. 8. — 2. verb. Aufl. Mainz 1838. Kirchheim, Schott und Thielmann. gr. 8.
Vgl. Annalen 1810. II. S. 391.

14) Schul- und Erziehungsreden, von Michael Kajetan Hermann. Prag, bey Caspar Widtmann. 1810. 318 S. 8. — 2. Ausg. Mainz 1833. Müller. 8.
Vgl. Annalen 1810. III. S. 262.

15) Interessante Wahrheiten nach den Bedürfnissen unserer Zeit, in Briefen. Prag 1812. Widtmann. II. 12.

16) a. Die dankbare, ihren Erlöser auf dem Wege seiner Leiden begleitende Seele, oder der sogenannte Kreuzweg. Prag 1812. Widtmann. 8. — 2. Aufl. 1819.
b. Schmerzhafter Kreuzweg unseres Heilandes Jesu Christi. Augsburg, Kranzfelder. 8.

17) Briefe über wichtige Gegenstände. Prag 1813. Widtmann. 8.

18) Der betende Christ in verschiedenen Lagen, Umständen und Zeiten seines Lebens. Ein Gebetbuch für aufgeklärte Christen. Prag 1813. Widtmann. 12.

19) Der Seelsorger in seinen wichtigsten Amtsgeschäften. Ein Buch, auch von Laien mit Nutzen zu lesen. Prag 1814. Widtmann. — N. A. Ebenda 1831. 8.

20) Briefe eines Vaters an seinen Sohn, zur Bildung des Verstandes und Herzens. Prag 1815. Widtmann. 8.

21) Briefe eines Vaters an seine Tochter, zur Bildung des Verstandes und Herzens. Prag 1815. Widtmann. 8.

22) Gebet- und Erbauungsbuch für junge und unverheyrathete Frauenzimmer von Michael Kajetan Hermann. Prag, bei Caspar Widtmann. 1815. Enthält auch Lieder.

23) Gebet- und Erbauungsbuch für Gattinnen und Mütter. Prag 1815. Widtmann. 12.

24) Homiletisches Handbuch über die sonntäglichen Evangelien des ganzen Jahres, zum Gebrauch für Prediger, Katecheten und zur häuslichen Erbauung. Prag 1816. Widtmann. gr. 8.

25) Der Christ in der Einsamkeit, oder heilsame Betrachtungen über wichtige Gegenstände. Prag 1817. Krauß. 8.

26) Nützliches Allerlei in Briefen. Prag 1817. Widtmann. 8.

27) Interessante Geschichten und Erzählungen. Prag 1817. Krauß. 8.

28) Volkspredigten auf alle Festtage des ganzen Jahrs über die epistolischen Texte und Lektionen; nebst einem Anhange von Gelegenheitsreden, von Michael Kajetan Hermann. Prag 1817, bey Caspar Widtmann. 2 Bl., 250 S., 1 Bl. Inhalt. gr. 8.

29) Freimüthige Gespräche über interessante Gegenstände. Prag 1818. Widtmann. 8.

30) Religionsgespräche über Gott und seine Eigenschaften, in sokratischer Lehrform. Prag 1818. Widtmann. 8.

31) Charakteristische Briefe von Michael Kajetan Hermann. Prag, 1819. Gedruckt bey Gottlieb Haase, böhm. ständ. Buchdrucker. 2 Bl., 234 S., 1 Bl. Register. 8.

32) Auserlesene Gedichte, Erzählungen, Anekdoten und Gedichte. Prag, Widtmann. 1819. 8.

33) Sammlung von Musterpredigten auf alle Sonntage des ganzen Jahres. Pesth 1819, Hartleben. gr. 8.

34) Sophron, der erfahrne Rathgeber in den wichtigsten Angelegenheiten des menschlichen Lebens. Von Michael Kajetan Hermann. Prag, 1819. Gedruckt bey Gottlieb Haase, böhm. ständ. Buchdrucker. 3 Bl., 211 S. 8.

35) Sprache des Herzens eines aufgeklärten Christen mit Gott und seinen Heiligen. Pesth 1820. gr. 12. — Uneränd. Aufl. 1822. Hartleben.

36) Beschreibung mannigfaltiger Religionen in der Welt, sammt einem chronologischen Verzeichnisse der merkwürdigsten Glaubensstreitigkeiten. Pesth 1821. Hartleben. gr. 8.

37) Sammlung musterhafter Kanzelvorträge auf alle Sonntage des Jahres. Pesth 1821. Hartleben. 11. gr. 8.

38) Gebet- und Erbauungsbuch für Leidende und Trostbedürftige. Pesth 1821. Hartleben. 8.

39) Frühpredigten auf alle Sonntage des ganzen Jahres. Prag 1822. Widtmann. gr. 8.

40) Auserlesene Sammlung nützlicher und unterhaltender Gedichte und Aphorismen. Prag 1823. Calve. 12. — Wohlf. Ausg. Ebenda 1827 (Leipzig, Centr.-Compt.). 12.

41) Andachts- und Erbauungsbuch nach den Bedürfnissen unserer Zeiten. 2. Aufl. Prag 1829. Haase Söhne. gr. 12. — 3. Aufl. 1833. — 4. Aufl. 1835. — 5. Aufl. Prag 1841.

113. Wenzel Franz Welleba, geb. in Prag am 5. September 1785, studierte zu Kuttenberg, wendete sich der Malerei zu und bildete sich unter Hawle, Bergler und Kohl zum Landschaftsmaler aus, besuchte daneben die Vorlesungen von Seibt und Meißner, lebte als Privatmann in Prag, † am 4. Juni 1856. Begründer eines geistlichen Frühlingsfestes 1807 und des Maifestes auf dem kleinseitner Friedhof in Prag 1817, das 1826 auf die anderen Prager Friedhöfe ausgedehnt wurde. Ein verspäteter Barde und Klopstockianer.

a. Annalen 1811. 4, 351. — b. Meusel 21, 461. — c. Gräffer und Czikann 1835. 6, 68. — d. Kirchhof und Frühling. Ein Maifest in Prag: Frankls Sonntagsblätter 1843. 2, 525. — e. Nagler, Künstler-Lexikon 21, 272. — f. Wurzbach 1856. 54, 226.

1) Gedichte in folgenden Zeitschriften und Almanachen: Helikoniaden 1802, Andrees patriotisches Tagblatt, Journal für Liebende, Diotima, Prager Allegoriker, Jokus, Erste Lese der Jugendblüten, Zweite Lese der Jugendblüten, Beckers Erholungen, Aurora 1812, Hyllos 1819 bis 1821, Der Kranz 1821 bis 1823, Unterhaltungsblätter (Bohemia) 1828 f.

2) Hymens Feyer, eine Cantate. Abgesungen am Vermählungstage unserer geliebten Freunde Ernest und Vinzenzie Proch, geborne Maschek. Dargebracht von Welleba den 7ten Juni 1803. Prag, mit Johann Diesbachschen Schriften. 6 Bl. 8. („Festlicher Hochgesang').

8) a. Der Gottesacker. Eine stille Betrachtung im Geiste für Freunde von Religion und Gefühl. Dem heil. Felde geweihet. 2 Bl. 8. Am Schluß: Prag, gedruckt bei Johann Diesbach, 1807.

b. Das hohe Lied von der Auferstehung. Allen Ruhenden ehrfurchtsvoll geweyht. Nach der Melodie: Alles schläft den Todesschlummer. Vom Verfasser des Gottesackers. Prag 1808, gedruckt und zu haben bei Franz Gerzabeck im St. Gallikloster. 2 Bl. 4.

c. Die Auferstehungsfeyer oder der Triumph der Christenheit. Dem erbarmenden Erlöser voll christlicher Liebe ehrfurchtsvoll geweibt. Ein jährliches Mayfest auf dem kleinseitner heiligen Felde. Prag, 1809. Gedruckt bei Franz Gerzabeck, im St. Gallikloster. 16 S. 8.
Der Gottesacker. Zweite Betrachtung. [Prosa]. Am Schluß: Verfaßt von Welleba.

d. Die Auferstehungsfeyer. Prag, gedruckt bei Josepha Diesbach 1810. 16 S. 8.
Der Gottesacker. Dritte religiöse Betrachtung. 4tes Jahr. S 15: Das hohe Lied von der Auferstehung. Nach der Melodie: Alles schläft im Todesschlummer. („Alle, die im Herrn entschliefen'). Am Schluß: Verfaßt von Welleba.

e. Die Auferstehungsfeyer oder der Triumph der Christenheit. Ein jährliches Mayfest auf dem kleinseitner heiligen Felde, gefeyert den Sonntag nach dem heil. Johann von Nepomuck um die 9te Vormittagsstunde. Prag, 1811. Gedruckt bey Franz Sommer. 8 Bl. 8.
Der Gottesacker. Vierte religiöse Betrachtung. Fünftes Jahr. — Bl. 6 b: Blumenstreue. Melodie: Kinder sammeln sich zu Greisen („Blumen streut auf deinen Hügel'). Am Schluß: Verfaßt von Welleba.

f. Die Auferstehungsfeyer, oder der Triumph der Christenheit. Ein jährliches Mayfest auf dem kleinseitner heiligen Felde. Verfaßt von Welleba. Prag, 1813. Gedruckt bei Josepha Diesbach, Wittwe. 12 S., 2 Bl. 8.
S. 3: Die Stunde der Andacht gefeyert auf Gräbern. Sechste religiöse Betrachtung. Siebentes Jahr. (Prosa). — Bl. 1: Das hohe Lied von der Auferstehung. Nach der Melodie: Alles schläft den Todesschlummer. („Alle, die im Herrn entschliefen'').

g. Zeit und Ewigkeit. Siebente religiöse Betrachtung. Achtes Jahr. Die Auferstehungsfeyer, ein jährliches Mayfest auf dem kleinseitner heiligen Felde. Verfaßt von Welleba. Prag, 1814. Gedruckt bei Josepha Diesbach, Wittwe. 12 S. u. 2 Bl. 8.
Prosa. Bl. 1: Das hohe Lied von der Auferstehung.' Nach der Melodie: Alles schläft den Todesschlummer. („Alle, die im Herrn entschliefen').

h. Die Vollendung. Achte religiöse Betrachtung. Neuntes Jahr. Ein jährliches Maifest, begangen auf dem kleinseitner heiligen Felde'. Verfaßt von Welleba. Prag, 1815. Gedruckt bei Josepha Diesbach, Wittwe. 16 S. 8.
S. 14: Das große Halleluja, auf Gräbern gesungen. Melodie: Schöpfer aller Kreaturen etc. („Von den Gräbern unsrer Brüder')

i. Trost und Beruhigung. Allen Bedrängten gewidmet. Zehnte religiöse Betrachtung. Eilftes Jahr. 2 Bl. 8. Am Schluß: Vom Verfasser der Auferstehungsfeyer.

k. Vergänglichkeit. Eilfte religiöse Betrachtung. Zwölftes Jahr. 1818. Vertheilt bei dem jährlichen Mayfeste auf dem kleinseitner Gottesacker. 4 Bl. 8. Am Schluß: Verfaßt von W. F. Welleba.

l. Ergießungen des Dankes. Beim Schluße des Auferstehungsfestes auf dem kleinseitner heil. Felde gesprochen von der 9jährigen Theresia Ecberer. Prag 1827, gedruckt in der Sommerschen Buchdruckerei, im ehemaligen Annakloster Nro. 948. 4 Bl. 4. Bl. 4: Verfertigt von W. F. Welleba.

m. Begeisterung und Dankbarkeit an Se. Gnaden den Hochwürdigsten Herrn Herrn Joseph Anton Köhler, General-Großmeister des ritterlichen Ordens der Kreuzherrn etc. etc. an dem Freudenfeste der Hoffnung der künftigen Auferstehung auf dem alt- und neustädter Gottesacker den 15. Juni 1828. Vorgetragen beim Schluße im geschlossenen Kreise der Garden von der 10jährigen Theresia Ecberer, und verfaßt von W. F. Welleba. Prag 1828. Gedruckt in der Sommerschen Buchdruckerei im ehemaligen Annakloster Nr. 948. 4 Bl. 4.

n. Die Jubilarfeyer, begangen auf Gräbern. Vierundzwanzigste religiöse Betrachtung. 15te Liederlieferung. 25tes Jahr. Zum Behufe des jährlichen Festes: Die Auferstehungsfeyer, oder: der Triumph der Christenheit, gefeyert auf dem kleinseitner Gottesacker im Freien, und verfaßt von W. F. Welleba. Prag 1831, gedruckt in der Sommer'schen Buchdruckerei, im ehemaligen Annakloster Nro. 948. 8 S. und 2 Bl. 8.

o. Die Feyer der Grundsteinlegung zu der neu zu erbauenden Kirche auf dem

kleinseitner Gottesacker, begangen den 20. Juni 1831. 8r. Durchlaucht dem....
Herrn Rudolph Fürsten Kinsky,..... als dem erhabnen Grundsteinleger, vorgetragen
im Kreise der Garden von Katharina Graf, und verfaßt von W. F. Welleba. Gedruckt bei Johann Nep. Gerżabek. [Prosa]. 2 Bl. 4.

q. Jubelklänge. Beim Schluße des ersten Jubiläumsfestes auf dem kleinseitner
heiligen Felde, gesprochen von Theresia Echerer, und gedichtet von W. F. Welleba.
Der Ertrag dem neuorganisirten Armeninstitut gewidmet. Prag, gedruckt in der
Sommerschen Buchdruckerei, im ehemaligen Annakloster Nr. 948. 1831. 2 Bl. 4.

q. Die Weihe. Sr. Gnaden, dem Hochwürdigen Herrn Herrn Joseph Anton
Köhler, General-Großmeister des ritterlichen Ordens der Kreuzherrn etc. etc. an dem
Freudenfeste der Hoffnung der künftigen Auferstehung, auf dem alt- und neustädter
Gottesacker den 22. Juni 1834, im Kreise der bürgerlichen Grenadier-Garde, beim
Schluße vorgetragen von Anna Malik, und gedichtet von W. F. Welleba. Achte
Lieferung. Prag, gedruckt bei Thomas Thabor, Firma: Sommersche Buchdruckerei.

r. Trost auf Gräbern ... den 26. Juni 1836 vorgetragen von Maria Beutel
von Lattenberg, und gedichtet von W. F. Welleba. Prag, gedruckt bei Thomas
Thabor, ehemaliges Annakloster, Nr. 948. 2 Bl. 4.

s. Zypressen-Zweige ... den 24. Juni 1838 vorgetragen von Mathilde Freiin
Wodniansky von Wildenfeld, und Magdalena Bambas. Gedichtet von W. F. Welleba.
Druck bei K. Gerżabek, Brenntegasse. 2 Bl. 4.

4) Bundesgesang der böhmischen Landwehr. Am Altar des Vaterlandespatriotisch
allen Patrioten geweiht von Welleba. Prag, 1809, bei Josepha Diesbach. 4 Bl. 8.
(„Hoch wehet, hoch flattert ihr Brüder! die böhmische Fahne im Land').

5) Kurzgefaßte Lebensgeschichte des verewigten Virtuosen auf der Flöte Anton
Paladins, von F. Heindl. Nebst einer Elegie als Blume auf sein frühes Grab, von
Welleba. Mit dem Portrait des Verblichenen. Den Freunden der Tonkunst gewidmet.
Wird zum Besten der durch den Krieg verunglückten Kulmer um 24 kr. verkauft.
Prag, 1814. Gedruckt bei Franz Johann Scholl, auf dem altstädter großen Ringe,
Nr. 933. 31 S. 8.

8, 26 bis 31: Elegie über des Jünglings Tod. („Auch das Edle wird ein Raub
der Grüfte').

6) Christus im Leiden. Zehn Momente. Prag 1817.

7) Letzte Ehre und Thränen der Dankbarkeit auf das Grab des Vaters der
Armen Fürsten von Lobkowitz, Vorsteher des Privatvereins zur Unterstützung der
Hausarmen Prags. Von den sämmtlichen Mitgliedern desselben Vereins. Verfaßt
von W. F. Welleba, Mitglied des Vereins. Prag 1819, gedruckt in der Sommer'schen
Buchdruckerey. 4 Bl. 8.

8) Gefühle für jene Welt, zur Erbauung für Christen dargestellt in religiösen
Betrachtungen, Gebeten und Gesängen von W. F. Welleba. Prag, 1820. Bei
Friedrich Tempsky. Firma: J. G. Calve. II, 178 S. 8.

9) Trost und Beruhigung in Gesängen. Prag 1820. Calve. 8.

10) Ode auf den Tod Ludwig Kohls 1821: Wilflings Nekrolog auf Ludwig
Kohl. Prag 1821. 8. 28f. — oben S. 632.

11) Mein Vertrauen und meine Zuflucht. Ein christkatolisches Gebet-Buch
für Frauen von W. F. Welleba, Verfasser der Gefühle für jene Welt. Prag 1825.
gedruckt bei Franz Gerżabek, neben der eisernen Thür im halb goldenen Rade.
198 S., 8 Bl. Inhalt.

12) Cypressenkranz. An der Ruhestätte des Hochwürdigsten Herrn Herrn Leopold,
des heiligen römischen Reichs Fürsten und exemten Bischofs von Passau, Grafen
von Thun und Hohenstein etc. etc. etc., gewunden von W. F. Welleba, Mitvorsteher des Kleinseitner heiligen Feldes. Prag 1826. Gedruckt in der Sommerschen
Buchdruckerey im ehemaligen Annakloster Nr. 948. 8 S. 4.

13) Weihnachtslied („Der Herr ward uns gebohren'): Andachts-Uibungen zur
heiligen Metten von A. Chr. Eichler. Prag 1826. 8. 14. Oben Nr. 34. 15) — S. 734.

14) Vollkommene Darstellung der Merkwürdigkeiten von Jerusalem, den
heiligen Orten und dem heil. Grabe. Nach den neuesten Reisebeschreibungen
geschildert. Prag 1827. 16.

15) Abbildung, Schilderung und Beschreibung der Statue des heiligen Wenzel
auf dem Reßmarkte zu Prag, Von W. F. Welleba. Aufgelegt von Roseph [so] Joh.

Rudl, Noten- und Kupferdrucker in Prag, auf der Altstadt, Königshofgasse Nro. 669. Prag 1827. Gedruckt in der Sommerschen Buchdruckerei, im ehemaligen Annakloster Nro. 948. 8 S. 8.

16) Preisgesang zum Feste des heiligen Wenzel, Herzog von Böhmen, Martyrer und Landespatron. Mit erklärenden Anmerkungen. Melodie: Windet euch von dem Gewühle etc. Zum erstenmal gesungen unter Trompeten und Paukenschall nach der Versetzung (den 24ten August) und Renovirung seiner Statue auf dem Roßmarkte zu Prag im Jahre 1827. Verfaßt von W. F. Welleba. Prag: gedruckt in der Sommerschen Buchdruckerey im ehemaligen Annakloster Nro. 948. 8 S. 8.

17) Die berühmte Prager Brücke und ihre Statuen in 37 Kupfern dargestellt, mit Beschreibungen und Legenden von W. F. Welleba. Aufgelegt von Joseph Rudl. Prag 1827, gedruckt in der Sommerschen Buchdruckerei im ehemaligen Annakloster Nro. 948. XVI, 160 S. 8.

18) Hauptmomente aus dem Leben des heiligen Johann v. Nepomuk, zu dem hundertjährigen Feste seiner Heiligsprechung dargestellt als Erbauungsbüchlein in 9 Kupfern, Beschreibungen, Betrachtungen, Gebeten und Gesängen von W. F. Welleba, und verlegt bei Johann Franz Marouschek, Kunsthändler in Prag. Prag 1829. Gedruckt in der J. H. Pospissil'schen Buchdruckerei Liliengasse Nro. 946. 84 S., 2 Bl. 12.

19) a. Die Glorie der hellstrahlenden Sterne des heiligen Johann von Nepomuk. Zu dem hundertjährigen Jubelfeste seiner Heiligsprechung dargestellt in 24 merkwürdigen Denkmalen der Vorzeit und Gegenwart seines ewig währenden Ruhmes, mit beigefügten Verehrungen, und als Denkschrift gewidmet mit religiösem Geiste allen seinen Verehrern und Verehrerinnen, und zum Opfer niedergelegt am Grabe des heiligen Johann von Nepomuk von W. F. Welleba. Prag 1829. Bei C. W. Enders. 75 S., 1 Bl. 8. — 2. Aufl. 1830.

S. 65: Jubellied zum Feste des heiligen Johann von Nepomuk 1826. — S. 70: Festlicher Hochgesang zum heiligen Johann von Nepomuk. — S. 75: Lobgesang am Schlusse erheblicher Festtage (Te Deum).

b. Palmenzweige, gebrochen zur Ehre des heil. Johann von Nepomuk. Prag 1829.

20) Opfergabe. An dem für die neu organisirte Armen-Anstalt zu Prag im Badsaale am 20. Jänner 1830 veranstalteten Balle zum Vortheile derselben bestimmt. (Der Preiß, ohne die Wohlthätigkeit zu beschränken, ist 2 kr. C. M.). Gedruckt bei Gerzabek, am Eck der kleinen Jesuiten- und Dominikaner-Gasse. 2 Bl. 4. Am Schlusse: Gedichtet von W. F. Welleba.

21) Immortellen auf die Gruft der am 9. November 1831 hingeschiedenen verewigten Hoch- und Wohlgebornen Frau Freyin Maria von Wasmuth, gebornen Freyin von Mladota. Verfaßt von Herrn W. F. Welleba, Schriftsteller und Dichter, auf Veranstaltung des Freyherrn von Wasmuth, k. k. Hofrath. Prag, gedruckt in der Sommerschen Buchdruckerei, im ehemaligen Annakloster Nro. 948. 1832. 2 Bl. 4.

22) Der Führer und Erklärer der Merkwürdigkeiten der Metropolitan- oder Domkirche zu Sct. Veit in Prag. Verfaßt von W. F. Welleba, Darsteller der berühmten Prager Brücke. Mit zwei Ansichten in Kupfer gestochen. Prag. Verlag von P. Bohmanns Erben. 67 S. 8. (Vorwort: Prag, Mai 1832). — Dritte verbesserte Auflage. Mit zwei Ansichten in Kupfer gestochen. Prag. Verlag von P. Bohmanns Erben, Altstadt, Zeltnergasse Nr. 561. 67 S. 8. (Vorwort: Prag, Juni 1834.) — Vierte verbesserte Auflage. Mit drei Ansichten. Prag, 1842. P. Bohmann's Erben. 72 S. 8.

23) Das erhabene Paar. Bei der höchsterfreulichen Ankunft Seiner Majestät Franz I. Kaiser von Oesterreich etc. etc. etc. mit Ihrer Majestät der Kaiserin Caroline etc. etc. etc. den 16. August 1833 zu Prag. Gedichtet von W. F. Welleba. Gedruckt in der Sommerschen Buchdruckerei. 2 Bl. gr. 8. (‚Mit dem schönsten aller Kränze').

24) Das hochbeglückte Münchengräz im Jahre 1833. Ode. Mit Beziehung auf ein durch Mitwirkung des Gräflich Christian Waldstein'schen Wirthschafts-Sekretärs Herrn Johann Goppold erschienenes, von K. Hennig lithographirtes allegorisches Kunstblatt, die Uibergabe des löblichen k. k. Georg Freiherr Wieland'schen 9. Husarenregiments am 19. September 1833 vorstellend. Gedichtet von W. F. Welleba. Gedruckt in der Sommerschen Buchdruckerei, ehemaliges Annakloster Nro. 948. 1 Bl. gr. Folio.

25) Gedichte von W. F. Welleba. Mit Anmerkungen. Prag, gedruckt bei Thomas Thabor, im ehemaligen Annakloster Nro. 948. 1845. XVI, 206 S. 8.

26) Immortellen, geschlungen um die Ruhestätten der Entschlafenen. Religiöse Betrachtungen und Gesänge von W. F. Welleba. Prag. 1847. Druck von C. W. Medau und Comp. XII, 367 S., 2 Bl. 8.

114. J. A. Pitschmann.

1) Gab heraus: Helikoniaden. Prag 1802. Vgl. oben III. f. = S. 712.

2) Opfer der Freundschaft. Cantate zum · Namensfeste des Herrn Wenzel Edlen von Bauer und Adelsbach der Arzneikunde Doktors ..... aus innigster Hochachtung und Verehrung geweiht von Wilhelmine Kriner am 28. Sept 1808. In Musik gesetzt von J. Kuchars. Prag, gedruckt bei Gottlieb Haase, k. böhm. ständ. Buchdrucker. 4 Bl. 4. (,Aus heil'gen Hallen nabst sich die Stunde').

8) Das Bild der Wohlthätigkeit. Ein großes Hapansymphonon Psalma verfaßt von J. A. Pitschmann in Musik gesetzt von Anton Wolanek dem neuen prager Armenhauße von dem k. k. priviligirten musikalischen Instrumenten-Fabrikanten Michael Weiß gewidmet am 23 ten März 1809. Prag, gedruckt bei Johanna Gerzabek. 8 Bl. 4. (,Im sanften Glanze stiller Feier').

115. F. S. Kandelfinger, Professor der Neukoliner Hauptschule.

1) Beiträge zu den Helikoniaden 1802 u. s. w.

2) Mnemosynon, der Nahmensfeyer am 31. July. Dem Herrn Ignaz Richard Wilfling, k. k. Kreiskommissär des Kaurzimer Kreises, der Philosophie Doctor, der churmainzischen Akademie, und der oberlausizischen Gesellschaft der Wissenschaften Mitgliede, dargebracht: im Nahmen des sämmtlichen Lehrkörpers der Neukoliner Hauptschule ob der Elbe, von F. S. Kandelfinger. 1808. ¼ Bogen. Vgl. oben S. 631. — Neue Annalen 1809. I. S. 188.

8) Libation der Namensfeyer des Hochwürdigen Herrn Herrn Alex Paržizek .... in Seinem, und einiger Pädagogen Prags Namen, gedichtet von F. S. Kandelfinger. In Musik gesetzt von J. Ch. A. Prochaska, des ritterlichen Kreuzherrnordens Priester, d. Z. Militair Kaplan. Am 17ten July 1812: Der Volksfreund. 16. July 1812. S. 887 bis 890.

4) Einsiedler-Lied. 1 Bl. 8. unterz. F. S. Kandelfinger. (,Ha wie glücklich, einsam und verborgen').

116. Ignaz Hubeney, Lehrer an der Stadtschule in Braunau.

1) Neue Unterhaltungen für Kinder und Kinderfreunde. Von Ignaz Hubeney. Prag, bei Caspar Widtmann. 1802. XII, 164 S.
Vorbericht: Schazlar, den 16. September 1801.
S. 73 f.: Ein Lied. An den Kippenberg in Schazlar. — S. 98 f.: Zum Namenstage des kleinen Franz Bothe. — S. 153 f.: Lied nach der Schule. Nach der bekannten Melodie: Die Prüfung ist vorbei. — Vgl. Annalen, May 1804. Nr. 50.

2) Moralisches Lesebuch für Kinder und Kinderfreunde. Von Ignaz Hubeney. Prag, bei Caspar Widtmann 1803. XVI, 174 S. 8. — Vgl. Annalen, May 1804. Nr. 50.

8) Ignaz Hubeneys Lehre, Weisheit und Klugheit zu einem glückseligen Leben. Prag 1806. Herausgegeben von Wilfling, der eine Vorrede dazu schrieb: Ueber die Tendenz und den Doppelzweck: zum Besten des Taubstummeninstituts und Waisenhauses in Prag beizusteuern. Vgl. oben S. 632. Int.-Bl. der Annalen. Jan. 1807 und Nov. 1807.

117. Moralische Lieder zum Nutzen und Vergnügen des lieben Landvolks. Theils verfaßt, theils gesammelt von **Christoph Holm,** Lehrer an der Hauptschule der Stadt Königinhof in Böhmen. Prag 1802. Bey Johann Buchler, Buchhändler. 84 S. und 2 Bl. Inhalt. 8.
S. 5: Vorrede. „... Daher habe ich für euch einige Lieder aufgesetzt und eine Anzahl von andern guten Männern, die euren Stand achten und euch herzlich lieben, dazu gesammelt und für Böhmens deutsche Landleute eingerichtet .... Man hat den möglichst wohlfeilsten Preis gemacht, damit sich dieses Liederbüchlein auch unbemittelte Leute kaufen können. ... Ich wollte Melodien dazu abdrucken lassen; aber da wären sie theuer und den Aermern dadurch der Ankauf erschwert worden; auch verstehen Viele von euch die Noten nicht. Es lassen sich aber sehr leicht Melodien, die ihr auf andere Lieder wißt, dazu anwenden. Versucht es nur. Gienge

aber nicht, so gebt eurem Lehrer ein gutes Wort, der euch ohne Zweifel zu
Melodien verhelfen wird ....'. Königinnhof am 21ten Jäner 1802.

84 Lieder in folgenden Gruppen: I. Morgenlieder eines Bauers. — II. Lieder
über die Beschaffenheit eines wahren Bauers. — III. Einladung aufs Land. —
IV. Ursachen, warum ein Landmann froh seyn könne. — V. Lieder für Bäuerinnen. —
VI. Lieder für junge Bauernbursche. — VII. Lieder für Landmädchen. — VIII.
Lieder verschiedenen Inhalts. — IX. Sommerlieder. — X. Winterlieder (Erzählungen
in der Rockenstube). — XI. Lied für Taglöhner. — XII. Abendlied eines Armen.
Vgl. Annalen 1805. 2, 116.

118. Leak, Professor der Dichtkunst am Gymnasium in Königgrätz.

Ode gewidmet Seiner Königlichen Hoheit dem Erzherzog Karl am Tage
seiner Ankunft in Königinngräz 1802. Königinngräz gedruckt mit Tybellischen
Schriften, durch Franz Bauczek Faktorn. 3 Bl. 4. (,Er kömmt umstrahlt vom
Glanze seiner Siege'). Wiederholt: Böhmischer Wandersmann 1802. Band 2.
Stück 16. 27. October. S. 296 bis 298.

119. Johann Emanuel Veith, geb. in Kuttenplan im nordwestlichen Böhmen
am 10. Juli 1787 von jüdischen Eltern, machte die vier ersten Gymnasialklassen
als Privatschüler in Klattau durch, kam 1801 an das Gymnasium in Prag, studierte
Philosophie (seit 1803) und Medizin (seit 1807) in Prag und (seit 1808) in Wien,
absolvierte 1809 auch den tierärztlichen Kursus; 1813 Korrepetitor, 1816 provisorischer, 1819 wirklicher Leiter an dem Tierarznei-Institut in Wien, trat 1816 zur
katholischen Kirche über, studierte Theologie, erhielt 1820 die erbetene Entlassung;
1821 zum Priester geweiht trat er wenige Tage darauf in den Redemptoristen-
orden ein, den er 1838 verließ, Weltpriester, Kooperator an der Pfarrkirche am
Hof, 1831 zweiter Domprediger bei St. Stephan, legte diese Stelle 1845 nieder.
† am 6. November 1876. Von Hoffbauer angeregt, mit dem Philosophen Günther
nahe befreundet, war Veith eine Hauptstütze der ultramontanen Partei in Österreich. Zahlreiche medizinische Schriften, die hier bei Seite bleiben.

a. Anton Passy, Das Amt der Engel und das Amt der Priester. Predigt zur
Primizfeier des hochw. P. Veith. Wien 1821. Vgl. § 298, A. 109. 15) — oben S. 584. —
b. Meusel 21, 198. — c. Gräffer und Czikann 1837. 5, 516. — d. Sebastian Brunner.
Kanzel und Politik. Wien 1850. — e. E. V. Franke, Der große Homilet. Augsburg
1851. — f. Dr. Johann Emanuel Veith: Anzeiger aus dem südlichen Böhmen, Bud-
weis 1854. Beilage Nr. 36. — g. Rosenthal 144. — h. Kehrein, Kanzelb. 1, § 144.
— i. Brühl S. 888. — k. Scheyrer S. 502. — l. Castelli, Memoiren meines Lebens
1861. 1, 287. 289. — m. F.(riedrich) S.(chlögl). Kleine Culturbilder. Neue Folge.
VII. Fastenpredigten und ihr Publikum: Neues Wiener Tageblatt 1869. Nr. 67;
Wienerisches. Wien und Teschen 1883. S. 395. — n. Kohrein, Lex. 1871, 2, 217.
— o. Bruno Walden, Dr. Johann Emanuel Veith: Neue Freie Presse. 4. September
1871. Nr. 2524. — p. Autobiographie für das biographische Register Heinrich Zimmers
in Frankfurt. — q. Joh. Ritter von Hoffinger. Dr. Johann Emanuel Veith: Wiener
Zeitung 1876. Nr. 50 (auch selbständig. 10 S. 8.). — r. S. Brunner, J. E. Veith,
ein Lebens- und Charakterbild: Deutscher Hausschatz. Regensburg 1877. S. 298.
— s. Johann Emanuel Veith. Eine Biographie von Johann Heinrich Loewe. Wien
1879. Wilhelm Braumüller. XXI, 360 S. Mit Benutzung von Veiths Briefwechsel. —
t. Wurzbach 1884. 50, 81. — u: Allg. dtsch. Biogr. 1895. 39, 553 f. (Reusch).
Brief an Robert Hamerling: Roseggers Heimgarten. April 1897. Band 21, Heft 7.

1) 1803 feierte er in einem gedruckten Gedichte den Berliner Hofschauspieler
Mattausch, als dieser am 25. Mai in Ifflands ,Der Spieler' auf der Prager Bühne
auftrat.

2) Beiträge zu Meinerts Libussa 1804, zu Castellis Thalia 1810/1811, zum
Selam, in der Aglaja, im Sammler u. s. w.

3) Eine Cantate, zur Hildebrandfeier 1809.

4) Ein Festgedicht zu Ehren des Freiherrn Bernhard v. Eskeles, als dieser
1810 nach einer glücklich ausgeführten finanziellen Negociation aus Holland und
Frankreich zurückgekehrt war.

5) Der Augenarzt. Singsp. in 2 A. nach dem Franz. Zw. Ausg. Wien 1812. 8.
Darin die Cavatine: ,Mir leuchtet die Hoffnung, sie täuschet mich nicht', Musik
von Gyrowetz. (Berlin 14. Aug. 1815).

6) Die Rückfahrt des Kaisers. Schauspiel in 1 A. Wien, 1814. Wallishauser. 8.

7) Eine Cantate auf Metternich und eine auf Schwarzenberg. 1814. Loewe, Veith S. 35 f. 30. April 1814: ‚Einen ganzen Karren voll Arbeiten, alle für die Rückkehr des Monarchen bestimmt, berechnet, bestellt und dgl., worunter sogar ein Hymnns für die hiesige Synagoge‘.

8) Beiträge zum Selam, z. B.: Schicksale eines verliebten Tabakrauchers. [Erzählung. Prosa]: Dritter Jahrgang. 1814. S. 89 bis 136. Dr. E. Veith.

Felix Entenschnabels, Hörers der Philosophie, mühseliger Liebeshandel sammt poetischen und algebraischen Bedenklichkeiten: Vierter Jahrgang. 1815. S. 111 bis 160. Dr. Eman. Veith.

Der Thürmer. Eine Erzählung in sechs Gesängen, von Dr. Eman. Veith. [Verse]: 1816. S. 245 bis 290.

9) Die Feldflasche. ‚Helft, Leutchen, mir vom Wagen doch‘ (DD. 2, 367 f.; Dichtungen für Kunstredner, hrsg. v. Deinhardstein. Wien und Triest 1815. S. 469 f.; Melodie von K. Keller, geb. zu Dessau 1784, † 1855 zu Schaffhausen).

10) Hatte großen Antheil an Georg Passys Zeitschrift: Oelzweige. Wien 1819 bis 1823.

11) Balsaminen. Ein Taschenbuch für das Jahr 1823 von E. J. Veith mit Beiträgen von F. L. Z. Werner. [Vgl. Seufferts Vjschr. 1892. 5, 312 bis 315]. Wien 1823, Volke. 12. Zweite Aufl. Regensburg 1837, Manz. 8.

12) Denkbüchlein vom Leiden Christi für die Tage der sieben Fastenwochen. Wien 1823, Volke; 2. Aufl. Wien, 1826, Wallishauser. 8.

13) Beherzigung des Wissenswürdigsten in einer Folgereihe katholischer Darstellungen. Wien, 1826, Armbruster. gr. 12. Zweite Aufl. Wien 1852, Braumüller. 8.

14) Die Leidenswerkzeuge Christi. Wien 1827; 2. Auflage 1828, Armbruster; 3. Aufl. 1833; 4. Aufl. 1851, Braumüller. 8.; 5. Aufl. Wien 1886. Mayer u. Co. 8. Von Theodor Nöthen in Albany ins Englische übersetzt.

15) Johannes der geliebte Jünger. Ein Vorbild des Priesters. Predigt zur Primizfeier des hochw. Frz. X. Krammer. Wien 1828, Wimmer. 8.

16) Das Friedensopfer in einer Folgenreihe kath. Darstellungen. Wien 1828. 2. Aufl. 1852.

17) Gab mit J. P. Silbert heraus: Der Bote von Jericho. 1. Bändchen. Wien 1828, Armbruster. gr. 12.

18) Wenceslaus Hollar von J. E. Veith: Monatschrift der Gesellschaft des vaterländischen Museums in Böhmen. 3. Jahrgang 1829. Januar. S. 52.

19) Die Worte der Feinde Christi. Wien 1829, Armbruster. gr. 12.; 2. Aufl. 1836; 3. Aufl. 1851, Braumüller. 8.; neueste Auflage ebenda 1861.

20) Jesus meine Liebe . . . . . 2. Aufl. Wien 1829 [Liebeskind in Leipzig]. gr. 12.; . . . . . 4. Aufl. Wien, Riedls Witwe. 8.; 5. Aufl. ebenda 1849.

21) Lebensbilder aus der Passionsgeschichte. Wien 1830, Armbruster. gr. 12.; 2. Aufl. Wien 1836, Mayer; 3. Aufl. 1855. Braumüller. 8.

22) Erzählungen und kleine Schriften. Wien 1830 bis 1831. II. 12. — Erzählungen und Humoresken. 2. vermehrte, durchaus umgearb. Aufl. Wien 1842, Braumüller. III. Neue Ausgabe 1848. gr. 12.

23) Austrias Trauer. Drei Reden, gehalten bei den feierlichen Exequien für Kaiser Franz I., 9., 10. und 11. April 1835 in der Metropolitankirche zu St. Stephan in Wien. Wien 1835, Mayer und Comp. gr. 8.

24) Homiletische Vorträge für Sonn- und Festtage. Wien 1830 bis 1854. VII. — 1. bis 3. Band. 3. Auflage 1846 bis 1848. 4. Aufl. 1852.

25) Die Cholera im Lichte der Vorsehung. Ein Kanzelvortrag, gehalten am Schlusse der öffentlichen Bittgänge in der Metropolitankirche zu St. Stephan am 9. September 1831 von Joh. Em. Veith, Weltpriester und Cooperator an der Pfarrkirche am Hof. Wien 1831, Mechit.-Congr.-Buchhandlung. gr. 8.

26) Etwas über die Mystik der Kirchenmusik, dargestellt in einer Homilie, am Pfingstmontage 1831, in der Kirche zur heil. Anna in Wien; zur Jahresfeyer der Gesellschaft für Beförderung der Kirchenmusik und des Choral-Gesanges. Von

J. E. Veith, Domprediger an der Metroplitan-Kirche(so) zum heil. Stephan. Wien, 1831. Im Verlage bei Franz Wimmer. 16 S. 8.

27) Leid und Mitleid. Ein Kanzelvortrag am Allerseelentage. Wien 1831, Mechit.-Congr.-Buchhandlung. gr. 8.

28) Das Vater-Unser. Fastenpredigten. Wien 1831; 2. Aufl. 1833, Sollinger. gr. 12.; 3. Aufl. 1835; 4. Aufl. 1852, Braumüller. 8.

29) Predigt zur Primizfeier des Fürsten von Schwarzenberg. Wien 1831.

30) Gab mit J. W. Ridler, die Fortsetzung des Hormayr'schen Archivs heraus: Oesterreichisches Archiv für Geschichte, Erdbeschreibung, Staatenkunde, Kunst und Litteratur. Wien 1831 f.

31) Erkenntniß und Liebe. Ein Gebetbuch für Katholiken. Wien 1832; 2. Aufl. 1834, Riedls Witwe. 8.; neue Aufl. 1851, Lienhart; neueste gänzlich umgearbeitete und verbesserte Aufl. ebenda 1861.

32) Die heiligen Berge. 1. Theil. Wien 1833, Sollinger. 8; 2. unveränderter Abdruck ebenda 1840. gr. 12; 2. Theil ebenda 1835. gr. 12.

33) Zur Feier der Grundsteinlegung des Hauses der barmherzigen Schwestern. Wien 1834.

34) Das Fest des heil. Leopold Markgrafen von Oesterreich im Stifte der regular. later. Chorherren zu Klosterneuburg am 15. November 1833. Wien 1834, Wimmer. gr. 8.

35) Klosterfrau und Meisterin. Predigt. Wien 1837.

36) Homilienkranz für das katholische Kirchenjahr. Wien 1837 bis 1839, Mayer und Comp. V. gr. 12. — Zweite durchaus vermehrte Auflage. Wien 1842 bis 1844. 8.

37) Der verlorene Sohn. Wien 1838, Mayer und Comp. gr. 12. Vgl. Nr. 59) XVI.

38) Fest- und Feiertagspredigten. Wien 1838, Mayer und Comp. gr. 12.

39) Die Samaritin. Fastenreden. Wien 1840. Mayer und Comp. gr. 12.

40) Die Erweckung des Lazarus. Wien 1842, Braumüller. gr. 12.

41) Mater dolorosa. Zwölf Fastenvorträge. Wien 1843. Mayer und Comp. 8.

42) Der Liebe Gesetz und Maß, dargestellt an den Statuten des Krankeninstitutes für Handlungscommis und vorgetragen am 27. Mai 1844 als dem jährlichen Patronats- und Dankfeste dieses Institutes. Wien 1845, Mayer und Comp. gr. 8.

43) Die geistige Rose. Enthaltend die fünfzehn Mysterien des Rosenkranzes in ebenso vielen Federzeichnungen von Jos. Führich, lith. von Jos. Binder, begleitet mit einem erklärenden Texte von J. E. Veith. Wien 1844, Mayer und Comp. gr. Q. 4.

44) Festpredigten zumeist in einer Doppelreihe. Wien 1844 bis 1845, Braumüller. II. Neue Ausgabe 1849. II. 12.

45) Die Heilung der Blindgeborenen in 12 Vorträgen. Wien 1846, Braumüller. gr. 12.

46) Eucharistia. Zwölf Vorträge über das heilige Meßopfer. Wien 1847, Braumüller. 8. Zweite vermehrte und verb. Aufl. 1852. gr. 12.

47) Gab 1848 mit Dr. M. A. Becker und von Nr. 27 mit Dr. J. P. Kaltenbäck heraus: Aufwärts. Ein Volksblatt für Glauben, Freiheit und Gesittung. Herausgegeben vom Katholikenverein, 80 Nummern vom 5. Juli bis 14. October; ferner mit Kaltenbäck das Wochenblatt: ‚Oesterreichischer Volksfreund‘, von dem nur 1 Nummer erschien.

48) Die Säulen der Kirche. Zwölf Vorträge über die Apostelgeschichte. Wien 1849, Braumüller. gr. 12.

49) Das Werk der Sühnung. Rede vor dem Seelenamte für weil. Se. Excellenz des k. k. Kriegsministers und Feldzeugmeisters Th. Grafen Baillet de Latour. Gehalten am 28. März 1849. Wien 1849, Dirnböck. hoch 4. (Zuerst im ‚Oesterreichischen Volksfreund‘).

50) Politische Passionspredigten nebst der Rede zum Seelenamte weil. des k. k. Feldzeugmeisters Grafen Baillet de Latour. Wien 1849, Braumüller 12.

Vgl. Dr. Seb. Brunner, Kanzel und Politik. Für Dr. Veith's Freunde und Feinde. Wien 1850.

51) Gab heraus mit Anton Günther: Lydia. Philosopbisches Taschenbuch als Seitenstück zu A. Ruge's ‚Akademie'. Wien. 1849 bis 1852. 8.

52) Weltleben und Christenthum. Sechs Vorträge, gehalten in den Fasten des Jahres 1850. Nebst einigen Zugaben. Wien 1851, Braumüller. gr. 12.

53) Vorwärts oder Rückwärts? Vortrag am Sylvesterabende des Jahres 1850 gehalten in der Kirche der E. E. F. F. Ursulinerinnen zu Prag. (Der Reinertrag ist für den Kirchenbau im Karolinenthal bestimmt). Prag, 1851. Verlag von Wenzel Heß, gr. Karlsgasse Nr. 186.

54) Charitas. Neun Kanzelvorträge, gehalten während der Fasten des Jahres 1851 mehrentheils in Prag. Wien 1851, Braumüller. gr. 12.

55) Das ewige Versöhnungsopfer. Gebetbuch für katholische Christen. Aus den vorzüglichsten Schriften gesammelt. 2. verb. und verm. Aufl. Würzburg 1851. Etlinger. 32.

56) Misericordia. Zwölf Vorträge über den 50. Psalm, gehalten in der Minoritenkirche in Prag während der Fasten 1852, 1853. Wien 1853. Braumüller. 8.

57) Der Dom der Heiligen. Würzburg 1853. Etlinger. 8.

58) Der Weg, die Wahrheit und das Leben. Zwölf Vorträge, gehalten während der Fasten des Jahres 1854 zu Wien. Wien 1854, Braumüller. 8.

59) Homiletische Werke. Wien 1855 bis 1877. XVI. 8.

I: Lebensbilder aus der Passionsgeschichte. — II: Der Weg, die Wahrheit und das Leben. — III: Die Samaritin. — IV: Dodecathon. Zwölf Vorträge, gehalten während der Fastenzeit zu den neun Chören der Engel in Wien. — V: Dodecathon. Zweiter Theil. (Die Mächte des Unheils). Sechs Fastenvorträge vom Jahre 1859. nebst einer gleichzähligen Reihe von Vorträgen an Festen U. L. F. — VI: Die Heilung der Blindgeborenen. In zwölf Vorträgen. Zweite durchaus umgearbeitete und vermehrte Auflage. — VII: Homiletische Aehrenlese. Auswahl von Predigten und Gelegenheitsreden, meist aus den Jahren 1850 bis 1861. — VIII: Zwölf Stufenpsalmen. In ebenso vielen Vorträgen gehalten in der Capucinerkirche in Wien in der Quadragesima des Jahres 1862. — IX: Die Anfänge der Menschenwelt. Apologetische Vorträge über Genesis 1 bis 11, gehalten in der Capucinerkirche in Wien im Frühjahre 1863 und sachgemäß erweitert — X: Von Advent bis Pfingsten. Vorträge über die sonntäglichen Perikopen. — XI: Prophetie und Glaube. Nach Vorträgen über die zwölf Prophetien in der Charwoche, gehalten in der Stadtpfarrkirche zu St. Peter in Wien. — XII: Meditationen über den 118. Psalm, nebst einer Reihe von Fest- und Gelegenheitsreden. -- XIII: Hundert Psalmen: Uebersetzt und mit Erklärungen begleitet. -- XIV: Der Leidensweg des Herrn. 46 Meditationen für alle Tage der Fastenzeit. – XV: Dikaiosyne. Die Epistelreihe des Kirchenjahres in ihrem Verhältnisse zu den Evangelien. — XVI: Die Parabel vom verlorenen Sohne. 2. durchaus verb. Aufl. — Band VIII. IX. XI bis XV auch besonders erschienen.

60) Sämmtliche Fastenpredigten. Wien 1856, Braumüller. XVIII. 8.

61) Reisen in und um Wien; Bauernweisheit; Leben und Liebe; Es ist nicht mehr auszuhalten: Humoristische Pillen herausgeg. von Bruno Schön. Wien, Prandl. 1857. Zweites Bändchen.

62) Stechpalmen. Erzählungen, Novellen und vermischte Aufsätze. 1. und 2. Band. Wien 1871. 1873. Braumüller. II. 8.

63) Wintergrün. Gedichte, Geschichten und Reime. Wien 1874, Braumüller. 8.

64) Christus, gestern, heute, ewig. Gebet- und Erbauungsbuch für Gebildete. Wien 1876, Braumüller. gr. 16.

65) Koheleth und Hoheslied. Uebersetzt von Johann Emanuel Veith. Aus dessen hinterlassenen Handschriften herausgegeben. Wien 1878, Braumüller. 8. (Herausgegeben von Domherrn Dr. Gruscha und Prof. Dr. Zschokke).

66) Ohne weitere Angaben finden sich noch verzeichnet:
a. Ein paar Gedichte an Freiin Fanny von Arnstein.
b. Eine Cantate zu Ehren der beiden Naturforscher Freiherrn von Jacquet Vater und Sohn.

120. Bei der neunzehnten Erinnerungsfeier der ehelichen Verbindung unserer lieben Eltern. [Prag]. Am 30. Jänner 1803. 4 Bl. 8. ‚Wo — das Herz voll Glutempfindung'.

121. Opfer der Treue. Sr. Königl. Hoheit dem Erzherzoge Karl von Oesterreich zu Dessen Namensfeste gewidmet von A. E. Schmück. Prag, gedruckt bey Gottlieb Haase. 1803. 2 Bl. 4. („Begrüßt vom Jubelchor der Lieder').

122. Prag am 25. Februar 1803. Auf die gewünschte Wiedergenesung des H. Thaddäus Edlen von Bayer . . . . ist folgendes Gedicht von J. Stelzer, Schüler der Poetik in Prag verfaßt worden. 1 Bl. 4. („Sei uns wieder gegrüßt, Du Vater der Armen und Waisen').

123. Dankrede der vom k. ständischen Nazionaltheater abgetretenen Schauspielerin Therese Glaser bei ihrem Abgang am 2. April 1803. 4 Bl. 8. „Zum letzten Mal, verehrte Gönner, tret".

124. Lied der Jugend, gesungen bei Gelegenheit der am 30ten May 1803 gehaltenau 25jährigen Jubelfeyer der k. k. Hauptschule in Kuttenberg von J. S. 2 Bl.

125. Den Herren Herren Direktoren der philosopbischen Fakultät Stanislaus Wydra und Joseph Mader zu Ihrer Wahl. Von den Hörern der philosophischen Wissenschaften. Prag, 1803. Gedruckt bei Frans Gerżabeck. 19 S. 4. Cantate. („Hebt sich höher der Stolz').

126. Den Freunden der Musik. Abgesungen in der letzten musikalischen Akademie der Juristen 1803. Prag, gedruckt bei Franz Gerżabeck. 2 Bl. 4. Cantate. („Ausgeschmückt zum Fest Euterpens').

127. Seelenergießung auf den Tod des berühmten Weisen, des ausgezeichneten Arztes und seligen Herrn Abraham Kisch. Gesungen zur Ehre des Verstorbenen und der Lebendigen von R. Schalom, Sohn des R. J. . . . Khon aus Berlin. Nebst einer deutschen Uebersetzung (mit jüdisch-deutschen Lettern gedruckt). Prag am 10. Junius 1803. 9 S. 8.

Vgl. Annalen 1804. Febr. Nr. 14: Vf. nennt sich: Salomon Khon aus Wolstein in Pohlen, Lehrer der hebr.-deutschen Sprache an der Freyschule zu Berlin.

128. Ignaz Jeitteles, geb. am 6. oder 13. Sept. 1783 zu Prag, studierte in Prag die Rechte, wandte sich unter A. G. Meißner der Dichtkunst und Ästhetik zu, trat zu Wien als Gesellschafter in ein Großhandlungshaus ein und war daneben journalistisch tätig. † am 19. Juni 1843.

a. Gräffer und Czikann 1835. 8, 30. — b. Wiener Zeitung 1843. Nr. 178. — c. Frankls Sonntagsblätter 1843. 2, S. 628. 741. 796. Todesnachricht, Nekrolog von Kuranda, Berichtigung von Castelli. — d. Nekrolog 21, 604. — e. A. Lewald, Biographische Skizze in Nr. 11). — f. Wiener Mittheilungen. Zeitschrift für israelitische Cultur-Zustände. Herausgegeben von Dr. M. Letteris. Wien. Jahrgang 1858. Nr. 7. 8. — g. Wurzbach 1863. 10, 122. — h. Sieb unten S. 814.

1) Gedanken an der Wiege eines Kindes jüdischer Eltern.

2) Seiner Majestät Franz dem Zweyten. Bei Gelegenheit der Annahme der erblichen Kaiserwürde v. Oesterreich. Von Ig. Jeitteles, der Rechte Beflissenen. Prag gedruckt bei Gottlieb Haase. 1804. 4 Bl. 4. — Vgl. Annalen. Jan. 1805. S. 64.

3) Die Kuhpocken-Impfung. Prag 1804. Mit seinem Vater Benedict, unter Leitung seines Großvaters Jonas.

4) Jonas Jeiteles, der Heilkunde Doctor, der Weltweisheit Baccalaureus, des gewesenen böhmisch-israelitisch-chirurgischen Gremiums immerwährender Präses, k. beeideter Physikus der Prager Israelitengemeinde und beständiger Arzt am dasigen Krankenhause. Eine biographische Skizze von seinem Enkel Jg. Jeiteles, der Rechtsgelehrsamkeit Beflissenen. Mit dem Bildnisse des Verblichenen. Prag, 1806. Bey Gottlieb Haase. 64 S. 8. — Vgl. Neue Annalen 1808. II. S. 285.

5) Analecten, Arabesken und Allegorien. Prag 1807.

6) Das Mährchen vom Pudel und der Katze [Prosa]: Schießlers Aurora 1812, S. 3 bis 36.

7) Gab mit seinem Vetter Alois Jeitteles 1819 das encyklopädische Wochenblatt für Israeliten ‚Siona' heraus, das aber bereits nach einem halben Jahre einging.

8) Clio, eine Reihe welthistorischer Scenen. Wien 1834.

9) a. Aesthetisches Lexikon. Alphabetisches Handbuch zur Theorie der Philosophie des Schönen und der schönen Künste nebst Erklärung der Kunstausdrücke aller ästhetischen Zweige. II. Wien 1835 und 1837.
b. Aesthetisches Lexikon, enthaltend: Kunstphilosophie. Poesie. Poetik. Rhetorik. Musik. Plastik. Graphik. Architektur. Malerei. Theater. Von Ignaz Jeitteles. Wien, 1839. Bei J. G. Ritter v. Mösle's Witwe und Braumüller, Graben 1144. II. 8. 436 S.; 540 S., 1 Bl. Druckfehler.

10) Eine Reise nach Rom, von Dr. Ignaz Jeitteles. Nebst einer biographischen Skizze desselben von August Lewald. Siegen und Wiesbaden 1844.
Rez. Jahrbücher der Literatur 1845. 112, S. 1 f.

11) Aufsätze in den Annalen, im Wiener Lit. Anzeiger; im Morgenblatt 1816 bis 1820; in der Zeitung f. d. elegante Welt 1809 bis 1812, in der Dresdner Abendzeitung 1817, in der Dessauer ‚Sulamith‘ 1806 bis 1818; in Hormayrs Archiv 1812 und 1818, in der Wiener Zeitschrift für Kunst und Literatur 1817 bis 1820; in Beck.ers ‚Deutschem Anzeiger‘, in Andrés Patriotischem Tageblatt, in Lewalds Europa. Gedichte in Castellis Huldigung den Frauen, in der Ceres, Philomele u. s. w.

129. Blumen auf Thaliens Gebiete entsprossen. Ein Nachlaß den Freunden seiner glücklicheren Jugend gewidmet von Joh. Ign. Tausig edlen von Hauenthal. Carmina — jam moriens — canit exequialia Cygnus. Originalauflage. Pilsen, bei Jos. Joh. Morgensäuler, 1804. 104 S. 8.
Balladen (S. 58: Elfriede). Romanzen, Idyllen. Lieder (S. 62: Eine Lotte beim Grabe ihres Werthers). — S. 104: ‚Erinnerung an den Leser! Daß sich bei einem jeden Werke Druckfehler, und unter dem Auge des Authors dieselben am öftersten einschleichen, rührt daher, weil der Verfasser nicht das ihm vorgelegte Exemplar beurtheilt, sondern nur das gedrückt zu seyn [schu?] glaubt, und es im Geiste liest, was seine Einbildungskraft im Feuer der Dichtkunst schuf. Diesem Vordersatze zu Folge bittet der Verfasser daher, weder ihm noch dem Verleger die bemerkten Druckfehler anzurechnen, und zeichnet folgende aus'.
Vgl. Annalen 1805. 2, 175.

130. Zur Bewillkommung der Carroussel-Ritter und Schärpen-Damen, an dem nach der dritten Vorstellung der ritterlichen Uebungen am 8ten Hornung 1804 bei dem Oberstburggrafen gehaltenen Balle. Prag, gedruckt bei Franz Geržabek. 2 Bl. 4.

131. An die edlen Carroussel-Ritter. Bei der letzten Vorstellung des Carroussels, am 16. Februar 1804. Prag, gedruckt bei Gottlieb Haase. 2 Bl. (‚Die Rosse zu tummeln, die Lanzen zu schwingen').

132. Bey der Vermählungsfeyer der Hochgebohrnen Frau Frau Karoline Freyin von Dubsky, gebohrnen Relehsfreyin von Wenz, mit dem Hochgebohrnen Herrn Joseph Ritter von Jordan am 15ten July 1804. 4 Bl. 4. (‚Laßt der angestaunten Größe').

133. Kantate aus Dankbarkeit gewidmet dem Herrn Norbert Karoli, Professor der kleinseitner Poetik, von seinen Schülern bei ihrem Austritte im Jahre 1804. Prag, gedruckt bei Johann Diesbach. 6 Bl. 4. (‚Woher die stille Wehmuthsthräne').

134. Empfindungen eines israelitischen Staatsbürgers Oesterreichs bey der höchst erfreulichen Anwesenheit Ihr. beyden k. k. apostol. Majestäten Franz II. und Maria Theresia im Königreiche Böhmen, im Septemb. 1804. Von Joseph Kinderfreund, gewesenem Lehrer und Vorsteher der Liebner Israelitengemeinde dermahlen Privatlehrer zu Prag. Prag bey Fx. Gerzabek im St. Galligebäude. 1 Bogen. 4.
Vgl. Annalen 1805. Jan. S. 64.

135. Kantate, Herrn Professor A. G. Meißner zur Abschiedsfeyer gegeben. Von den Hörern der Philosophie am 23. Dezember 1804. Prag, bei Franz Geržabeck, im St. Galligebäude. 4 Bl. 4. (‚Mit des Dankes heißer Thräne').

136. Johann Gottfried Sommer (Volte), geb. 1783 in Leuben bei Dresden, Sohn des Schuhmachers Volte, im Dresdner Schullehrerseminar gebildet, seit 1804 Lehrer an der Garnisonschule in Dresden, verheiratete sich, ließ sich scheiden, nannte sich Sommer, ging 1809 nach Böhmen, Schauspieler, Souffleur, dann Privatlehrer, Lehrer am Konservatorium der Musik, seit 1831 mit topographischen Arbeiten für das Museum in Prag beschäftigt, † am 12. November 1848.

a. Heymann, Dresdens Schriftsteller 1809. 8. 50; 116; 195 und 449 f. —
b. Meusel 20, 517 bis 519. — c. Gräffer und Czikann 1837. 5, 72. — d. Nekrol.
1849. 27. 1, 43 f. — e. Wurzbach 1877. 35, 286.

1) (Volte) Abendunterhaltungen eines Vaters mit seinen Kindern über die
Technologie. Ein Lesebuch für Kinder gebildeter Stände. Leipzig 1805. W. Vogel II. 8.

2) (Volte) Beschreibung der menschlichen Nahrungsmittel in naturhistorischer,
ökonomischer, technologischer und diätetischer Hinsicht. Ein Lesebuch etc. Leipzig
1806, Weidmann. III. 8.

3) (Volte) Erholungen für Kinder. Ein Sammlung kurzer Erzählungen und
Gespräche zur Belehrung über mancherlei Gegenstände des gemeinen Lebens.
Leipzig 1806. Leo. 8.

4) Beiträge zum Jokus 1812.

5) a. Neuestes wort- und sacherklärendes Verteutschungswörterbuch aller jener
aus fremden Sprachen entlehnten Wörter, Ausdrücke und Redensarten, welche die
Teutschen bis jetzt, in Schriften und Büchern sowohl als in der Umgangssprache,
noch immer für unentbehrlich und unersetzlich gehalten haben; verbunden mit einer
Erklärung auch der weniger bekannten Kunstwörter und andern Ausdrücke der
teutschen Sprache. Ein höchstnützliches Handbuch für Geschäftsmänner, Zeitungs-
leser, und für alle gebildete Menschen überhaupt, von Johann Gottfried Sommer,
Erzieher zu Prag. Prag, 1814 bei Johann Gottfried Calve. XIV S., 1 Bl., 518 S.,
1 Bl. 8. — b. Zweite durchaus umgearbeitete, verbesserte, und sehr vermehrte
Ausgabe. Prag, 1819. bei Friedrich Tempsky, Firma: Johann Gottfried Calve ....
533 S. 8. — c. Dritte verbesserte und vermehrte Auflage. Prag. J. G. Calve'sche
Buchhandlung. 1825. V, 570 S., 1 Bl. — d. Vierte verbesserte und vermehrte Auflage 1833. 3 Bl., 510 S., 1 Bl. 8. — e. Fünfte verbesserte und vermehrte Auflage.
Prag, J. G. Calve'sche Buchhandlung. 1839. 3 Bl., 448 S., 1 Bl. 8.

6) Neueste Jugendbibliothek oder die vorzüglichsten Gegenstände des Jugend-
unterrichts, von der Elementarbildung an bis zum reifern Alter. Prag bei Carl
Wilhelm Enders. 1816. Fünf Bändchen.

7) Vollständige und deutliche Anleitung zur teutschen Briefschreibekunst.
Herausgegeben von Johann Gottfried Sommer. Zwei Abtheilungen und ein Anhang.
Prag 1817, bei Johann Gottfried Calve. 5 Bl., 113 S. und 148 S. 8. Dazu noch
eine Beilage 1817 und ein Anhang. Prag, 1817. 75 S. 8.

8) Gemälde der physischen Welt oder unterhaltende Darstellung der Himmels-
und Erdkunde. Nach den besten Quellen und mit beständiger Rücksicht auf die
neuesten Entdeckungen bearbeitet von Johann Gottfried Sommer. Prag bei Fr.
Tempsky, Firma: J. G. Calve 8. 2. verb. u. verm. Auflage. Prag, J. G. Calve'sche
Buchhandlung. 1. Bd. 1819 (schon 1818 in Lieferungen). 2. Aufl. 1827. 2. Bd. 1821.
2. Aufl. 1828. 3 Bd. 1822. 2. Aufl. 1829. 4. Bd. 1823. 2. verbesserte und vermehrte Aufl. 1830. 5. Bd. 1825. 2. Aufl. 1831. 6. Bd. 1826. 2. Aufl. 1831. —
8. Aufl. Bd. 1 bis 3. 1834 bis 1843.

9) J. G. Sommers Kleines Verteutschungswörterbuch, oder Anleitung, die im
Teutschen am häufigsten vorkommenden Wörter aus fremden Sprachen richtig aus-
sprechen, verstehen und schreiben zu lernen. Ein Auszug aus des nämlichen Verfassers grösserm Verteutschungswörterbuche. Prag, 1822. in der J. G. Calveschen
Buchhandlung. 2 Bl., 242 S. 8.

10) Taschenbuch zur Verbreitung Geographischer Kenntnisse. Eine Uebersicht
des Neuesten und Wissenswürdigsten im Gebiete der gesammten Länder- und Völkerkunde. Zugleich als fortlaufende Ergänzung zu Zimmermanns Taschenbuch der
Reisen. Herausgegeben von Johann Gottfried Sommer. 1. bis 25. Jahrgang 1823
bis 1847. Prag 1822 bis 1846. J. G. Calve'sche Buchhandlung. gr. 12. Neue Folge.
1. Jahrgang (für 1848). Prag. 8.

11) Tabellarische Übersicht aller jetzt lebenden Glieder der europäischen
Regenten-Familien. Herausgegeben von Johann Gottfried Sommer. Prag, 1827.
J. G. Calve'sche Buchhandlung. Gedruckt bey Anton Strauß in Wien. IV, 58 S.
Quer 8.

12) a. Neuestes Gemälde von Asien und den dazu gehörigen Inseln. Wien
1829 und 1830. Anton Doll. IV. 8. (Allgemeine Erdkunde oder Beschreibung aller
Länder der fünf Welttheile, herausgegeben von J. B. Schütz. 3. bis 6. Band). —

b. Neueste Beiträge zu dem Gemälde von Asien (3. Supplementband desselben Werkes herausgegeben von Wimmer). — c. Neuestes Gemälde von Amerika. Wien 1831. Doll. 11. 8. (Allgemeine Erdkunde 7. und 8. Band).

13) Das Königreich Böhmen; statistisch-topographisch dargestellt von Johann Gottfried Sommer. Prag, in der J. G. Calve'schen Buchhandlung. 1833 bis 1849. XVI. 8. Vom 9. Band (1841) ab: Verlag der Buchhandlung von Friedrich Ehrlich.

14) Lehrbuch der Erd- und Staatenkunde. Von Johann Gottfried Sommer. Prag, J. G. Calve'sche Buchhandlung. 1. Band 1835. IV, 428 S. 8. Vorrede: Prag, am 28. November 1834. — Zweiter Band 1837 bis 1839. 2 Bl., 756 S. Vorwort: Prag, am 25. Jän. 1839. — 3. Band 1842.

15) Red. jahrelang den ,Hesperus' und die ,Oekonomischen Neuigkeiten'.

137. Anton Isidor Lutzinger, geb. in Prag am 17. April 1788, gest. ebenda Juni 1807 als Hörer der Rechtswissenschaften im 1. Jahrgange.

1) Denkmal inniger Verehrung dem Herrn Professor A. G. Meißner gewidmet von A. I. L. Hörer der Philosophie im zweiten Jahrgange. Bei Seinem Abgange von der Universität. Im Dezember 1804. Prag, bei Franz Gerzabeck, im St. Galli-gebäude. 2 Bl. 4. ,Ha, verzeih! wenn bei der schönen Thräne'.

2) Gedichte in der Isis 1814.

138. Lied, von A. G. Meißner's Freunden gesungen, am 8ten Jänner 1805. 2 Bl. 8. (,Sey uns gegrüßt, zum letztenmale').

139. Dankopfer. Dem Hoch- und Wohlgebornen Herrn Herrn Joseph, des heil. röm. Reichs Grafen Mallabaila von Canal, ... Präses der ökonom. patriot. Gesellschaft im Königreiche Böheim. Dargebracht von den Hörern der philosophischen Botanik. 1805. Prag, gedruckt bei Johann Diesbach. 4 Bl. 4. (,Edler Graf, erhabne Thaten').

140. Dem Hochwohlgebornen Herrn Herrn Ferdinand Edlen von Leber, ... Leibchirurgus und öffentlichen Professor der Wundarzney an der hohen Schule zu Wien, etc. etc. bey Gelegenheit der festlichen Uiberreichung der Ehrenmedaille sammt einer goldenen Kette, gewidmet mit tiefster Achtung und Dankbarkeit von A. Ig. Wawruch im Namen aller Mediziner. Wien den 8. April 1805. 4 Bl. 8.

141. Lieder zur öffentlichen und häuslichen Andacht, mit Melodien von den besten größtentheils vaterländischen Meistern; nebst einem Anhang von Gebethen. Herausgegeben am k. k. Normalschulinstitut. Fünfte, vermehrte Auflage. Mit Bewilligung der k. k. Censur. Prag, in der k. k. Normalschulbuchdruckerey. 1805. LX, 392 S. und 26 S. Gebethe. 8.

[Vorrede]: Vorstellung der Nützlichkeit des geistlichen Volksgesangs. ,Diese Vorrede zur ersten Auflage, wurde in den drey nachgefolgten ... weggelassen ... hier abormal, und wo es nöthig schien, etwas erweitert eingerückt'.

142. Franz Anton Ender, geboren zu Altlomnitz in Böhmen am 2. Februar 1774, Sohn eines Bauern, besuchte das Gymnasium in Glatz, studierte in Breslau seit 1792 Philosophie, später Theologie und trat 1797 in das katholische Schuleninstitut, 1800 Prediger in Sagan, 1. Januar 1801 Lehrer am katholischen Gymnasium daselbst, Ostern 1801 Professor am katholischen Gymnasium zu Glogau, 1820 interimistischer, 1821 definitiver Gymnasialdirektor daselbst, 1839 in den Ruhestand versetzt, † am 18. Februar 1841.

a. Nowack 1838. 8, 24 f. — b. Neuer Nekrolog 19, 242. — c. Schles. Provinzialblätter 1841. — d. Kehrein 1868. 1, 87 f.

1) Anteil an dem anonym erschienenen Werke: Schlesien wie es ist, von einem Oesterreicher. Berlin 1806. 3 Bde. VI, 392 S.; VIII, 843 S.; V, 320 S. In Gemeinschaft mit Xaver August Veith. Vgl. Nowack 1840. 4, 167.

2) Gegenwärtiger Zustand des k. katbol. Gymnasiums zu Groß-Glogau. Glogau 1820. 16 S. 8.

3) Über den Stand der Religionslehrer an den k. katbol. Gymnas. in Schlesien. Glogau 1821. 16 S. 8.

4) Quam caute rerum scriptoribus habenda sit fides, examine in Gregorii VII. P. M. adversarios instituto, juvenes ad academiam proficiscentes monuisse voluit. Glogau 1822. 19 S. 8.

5) Zur Geschichte des kgl. katbol. Gymnas. in Groß-Glogau. Von seiner Errichtung 1626 bis 1653. Glogau 1823. 27 S. 8. Die Fortsetzung von den Jahren
1654 bis 1740. Glogau 1824. 22 S. 8.

6) Die Vorstädte Glogau's im 16. Jahrh., ein Beitrag zur Geschichte und Topographie dieser Stadt, nach einem alten Manuscripte herausgeg. Glogau 1825. 18 S. 4.

7) Necrolog des Prälaten und Kgl. Konsistorial-Raths Dr. Sckeyde. Ein Beitrag zur Geschichte des kath. Schulwesens in Schlesien. Glogau 1830. 14 S. 4.

8) Mehrere Gelegenheitsgedichte.

143. Opfer der kindlichen Liebe und Dankbarkeit am Vorabende der Namensfeyer Seiner Hochwürden und Gnaden des Herrn Herrn Joseph Aloys Faschang,
Residenzial-Domherrn der uralten Collegialkirche zu den heil. Kosmas und Damian
in Altbunzlau, wirklichen Rektors des fürsterzbischöflichen Alumnats, und fürsterzbischöflichen Notairs. Von sämmtlichen Alumnen aus gerührtesten Herzen dargebracht. Prag, gedruckt bey Frans Gerżabeck, im St. Gallikloster, 1806. 4 Bl. 4.

144. August Wenzel Griesel. § 334, 472.

1) Aoide. X Lieder von A. W. Griesel. In Musik gesetzt von I. M. Haydn,
für eine Singstimme mit Begleitung des Pianoforte. Prag, im Verlag der Polt'schen
Musikalien-Handlung. (1807).
Vgl. Neue Annalen 1808. I. S. 130.

2) a. Probe-Scene aus dem noch ungedruckten Dramolett, Albrecht Dürer:
Castellis Thalia Nr. 54, 6. July 1811.
b. Szene aus dem noch ungedruckten Dramolett, Albrecht Dürer: Schießlers
Aurora f. 1812. S. 163 bis 177 mit der Anmerkung des Herausgebers: Wurde zur
Probe in der Zeitschrift: Thalia im Monate July 1811, und zwar aus Versehen ohne
der [so] Bemerkung abgedruckt, daß sie als Beitrag diesem Taschenbuche angehöre.

3) Der Wunderstoff. Schwank. (Frei nach dem Conde Lucanor des Don
Juan Manuel, Sohn des Infanten Don Manuel, und Enkel Ferdinands des heiligen,
Königs von Kastilien): Aurora f. 1812. S. 269 bis 290.

4) Gedichte im Jokus 1812.

145. Ephraim Isaak Wehle vgl. oben S. 587 (Wehli).
Elegie auf den Tod des edlen biedern Mannes, Wolf Simon Frankel, von
seinem Enkel Ephraym Isaak Wehle. Prag, 1807. Gedruckt in der Buchdruckerey
der Hrabischen Erben. 1¹/₈ Bogen. 4. — Vgl. Neue Annalen 1808. II. 134.

146. An Herrn Professor Sinke. Bei Niederlegung des philosopbischen Pro-
directorats 1807. Von E. K—l. Prag, gedruckt bei Gottlieb Haase. königl. böhm.
ständ. Buchdrucker. 2 Bl. 4. („Wem nicht das Herz in heiligem Dankgefühl').
Vgl. Neue Annalen 1808. 1, 240.

147. Rede und Rhapsodie an Herrn Ignatz Sinke, sämtl. R. Doktor, k. k. Professor des Kirchenrechts und fürsterzbischöfl. Konsistorialrath. Bei Niederlegung
seines philosopbischen Prodirektorats am 7. Julius 1807. Vorgetragen im Namen
sämmtlicher Hörer der Philosophie. Prag, gedruckt bei Gottlieb Haase, königl.
böhm. ständ. Buchdrucker. 4 Bl. 4.
Vgl. Int.-Bl. der Annalen, Januar 1808.

148. Danklied gesungen in der italiänischen Nazionalkapelle von den Spital-
zöglingen bei Gelegenheit der Bitt- und Dankrede an das neugewählte Direktorium,
dann der gesammten H. H. Vorsteher und Wohlthäter am Titularfeste Mariä Himmelfahrt den 15ten August 1807. [Prag]. 1 Bl. 4. („Der Waisen Vater! höre').

149. Emerich Thomas Hohler, geb. zu Schrickowitz in Böhmen am 26. Dezember 1781, studierte in Tepl, Prag und Wien, 1809 Lehrer im Hause des Fürsten
Schwarzenberg, 1823 fürstlicher Rat und Hausbibliothekar, starb zu Wien am
13. November 1846. Verdienter Schulschriftsteller, veranstaltete zahlreiche Ausgaben lateinischer Klassiker.
a. Neuer Nekrolog 24, 1111. — b. Wurzbach 1863. 9, 218 bis 220.

1) Cantate dem Herrn Medicinae Doctor Ritter von Lichtenfels gewidmet bei
der Genesung des Fräuleins Stella, Freyinn von Macneven ô Kelly. Verfaßt von
Th. E. Hohler, der Rechte Candidaten. In Musik gesetzt von Woytischek. Prag
am 23. Februar 1808. 4 Bl. 4. („Hygieia! sieh mit frohem Jubel').

2) Am Sarkophage Ihrer Durchlaucht der Fürstin Pauline zu Schwarzenberg, gebornen Herzogin von Arenberg. Eine Elegie. Wien 1810, Kupfer und Wimmer. 4. Vgl. Annalen Nov. 1810. S. 266; 1811. 1, 94.

3) Warum werden die Bankozettel eingezogen? Was hat Oesterreich von diesen Maßregeln zu erwarten? Zur Berichtigung der Meinungen über das Patent vom 20. Februar 1811. Wien, Geistinger. 8.

4) Kurze Uebersicht der allgemeinen Weltgeschichte als Erläuterungen zum Strom der Zeiten. Wien 1813, Geistinger. II. 12.

5) Historisch-politische Erläuterung über Bankanstalten überhaupt und über die österreichische Nationalbank insbesondere. Für alle Theilnehmer und Interessenten der privilegirten österreichischen Nationalbank. Von E. Th. Hohler, Verfasser der Schriften: Das Jahr 1813, 1814, und 1815. Wien, 1816. 68 S. 8.

6) Welches Hilfsmittel hat die österreichische Monarchie zur Herstellung eines regelmäßigen Geldumlaufes. Wien 1816, Heubner. 8.

7) Kurze Uebersicht der allgemeinen Geschichte. Wien 1819. Geistinger. II. 12.

8) Geschichte des österreichischen Kaiserstaates. 1823.

9) Lehrbuch der neuesten Erdbeschreibung. Wien 1828. IV.

10) Lehrbuch der neuen Staatengeschichte. Wien 1829· IV.

150. Das Opfer kindlicher Liebe. Am Tage der Silberhochzeit guter Aeltern, des Herrn Michael und Frau Therese Kriner. und zugleich am Namensfeste der besten Mutter aus innigster Verehrung und Liebe geweiht von Ihren dankbaren Kindern, am 15. Oktober 1808. Prag, gedruckt bei Gottlieb Haase, königl. böhm. ständ. Buchdrucker. 4 Bl. 4. (‚Seyd uns, Theure! hier gegrüßet‘).

151. Sebastian Willibald Schießler. § 331, 61.

1) Gedichte im Hesperus 1809, in der Aurora 1812, im Jokus 1812.

2) An Madame Schönberger über ihre Darstellungen als Sargines, Titus und Murney. 1 Bl. 8. (‚Bewund'rung lauscht‘ im Hain der Pieriden‘), unterz.: S. W. Schießler.

3) Froh-Gesang der Böhmen, bei der Ankunft Ihrer Majestäten, des Kaisers und der Kaiserinn von Oesterreich. Im Juny 1812. Verfaßt von S. W. Schießler. In Musik gesetzt von F. Rindler. Prag, gedruckt bei Franz Sommer. 2 Bl. 4.

152. Das Phantasie-Körbchen, das ist prosaisch gedichtet und nicht gedichtet. Prag, gedruckt bei Franz Neureutter. 1809. 135 S. (Gedichte in Prosa).

153. Dem frohen Namensfeste des Hochwürdigen und Wohlgebornen Herrn Milo Grün, Abten zu Strahof, des Königreichs Böheim Prälaten, Ritters des Leopoldsordens etc. etc. geweiht. 1809. [Gedruckt bei Franz Gerzabeck, im St. Gallikloster]. 4 Bl. 4. (‚Freude wohn‘ auf Sions Höhen‘).

154. Alois Zettler, geb. in Brüx 1778 von armen Eltern, besuchte das Gymnasium in Brüx, die Universität in Prag, von Seibt und Meißner gefördert. Er sollte in den Orden der Kreuzherren eintreten, verließ aber 1799 nach abgelegtem Probejahr den Orden und ging nach Wien. 1801 Humanitätsprofessor an der k. k. Akademie der orientalischen Sprachen, 1808 Landschafts-Obereinnehmer der niederösterreichischen Stände, Hofkonzipist bei der k. k. Polizei- und Zensurhofstelle, später Hofsekretär, † am 7. November 1828.
a. Kuffners Vorrede in Nr. 4). — b. Nekrolog der Deutschen 6, 972. — c. Scheyrer 347f. — d. Wurzbach 1890. 59, 352.
Brief an Grillparzer: Jahrbuch der Grillparzer-Gesellschaft 1890. 1, 255.

1) Gedichte in zahlreichen Wiener Taschenbüchern.

2) Gesellschafts-Gespräch über die Darstellung des Don Carlos, auf dem k. k. Hoftheater in Wien am 29 September, wobey Herr Mayer aus Mannheim die Rolle des Carlos, und Herr Schwadke aus Berlin, die des Posa, als Gast gab. unters.: A. Zettler: Castellis Thalia, Nr. 29, 10. October 1810.

3) Erfindung des Feuers. Mythe. [Fragment eines größern didactischen Gedichtes, Das Feuer], unterz.: A. Zettler: Selam 1814, 3, S. 47 bis 53.

4) Nachgelassene Gedichte von Alois Zettler. Mit einer Vorrede herausgegeben

von Chph. Kuffner. Wien. Bei Schmidl's Witwe und Jg. Klang. 1836. Gedruckt bei Frans Ludwig. XII, 254 S. gr. 8.

S. III: Vorwort mit kurzer Biographie von Chr. Kuffner.

S. 22: Der Wanderer, bey den Ruinen eines alten Bergschlosses. — S. 32: Herbstsonne. (Terzinen!). — S. 52: Die Dichternoth. Sonett. — S. 53: An das Echo. An Joseph Passy. — S. 68: Verstand und Liebe. An Freund Castelli. — S. 121: Epigramm auf Meißner. Auf Zettlers eigenen Namen. — S. 178: Lob der Ehe. Eine unvollendete Parodie des Rheinweinliedes vom Hölty: Ein Leben wie im Par. etc. an Bar. Gem. v. F. — S. 223 bis 254: Grabesfeyer. Ein lyrisches Nachspiel. — Zahlreiche Gelegenheitsgedichte 1807, 1809, auch an die Lehrer der Orientalischen Akademie.

155. Lieder zum Gebrauch der Zöglinge des Instituts für blinde Kinder und Augenkranke. Prag 1810, gedruckt bei Franz Gerzabeck im St. Gallikloster. 6 Bl. 8.

156. Dem Hoch- und Wohlgebohrnen Herrn Frans Grafen von Hartig, k. k. wirklichen Kämmerer, bey seiner Vermählung am 6. Jenner 1810. Prag, gedruckt bey Gottlieb Haase, kön. böhm. ständ. Buchdrucker. 4 Bl. 4. (,Beglückt der Mann, der von der Liebe Hand').

157. Tafel-Lied bey der Vermählung des Hoch- und Wohlgebornen Herrn Franz Grafen von Hartig und Fräulein Julie geb. Gräfin v. Grundemann, am 6. Jenner 1810. Prag, gedruckt bey Gottlieb Haase, kön. böhm. ständ. Buchdrucker. 4 Bl. 4. (,Auf, fröhliche Gäste, die Gläser zur Hand').

158. An Franz den Ersten. Sr. Kais. Königl. Majestät In tiefster Ehrfurcht überreicht von der Prager bürgerl. Scharfschützen-Gesellschaft am [31.] Mai 1810. Prag, gedruckt bei Gottlieb Haase. 2 Bl. 4. (,Willkommen uns aus deiner Väter Hallen').

159. An Madame Bethmann als Phädra. Zum Abschiede von Prag's Bewohnern. Am 1sten Juny 1810. Prag, gedruckt bei Gottlieb Haase. 2 Bl. 8. ,Auf rollt der Vorhang — es entfalten'.

160. An meine liebe und hochverehrte Großmutter Magdalena Widtmann zu Ihrem Namenstage. Am 22sten July 1810. 2 Bl. (,Du, deren mütterliche Sorg' und Güte'). unters.: Ludwig Haase.

161. Dem Hochwürdigen Herrn Frans Philipp Aschenbrenner, Pfarrer auf der Fürstl. Ditrichsteinischen Herrschaft Pomeisl Saazer Kreises im Königreich Böhmen, am 26. August 1810, als am Tage seiner fünfzigjährigen priesterlichen Jubelfeyer gewidmet in Ehrfurcht von seinem treu ergebenen Diener und Vetter Joseph Georg von Nuce, Rath bei dem Magistrate der k. k. Haupt- und Residenzstadt Prag, in eigenem, seiner Angehörigen und übrigen Verwandten Namen. Prag, gedruckt bey Gottlieb Haase. 2 Bl. 8. (,Am ersten Tag' des fünfzigsten der Jahre').

162. Dem Andenken des nun in Gott ruhenden Hochwürdigst-Durchlauchtigsten Fürsten und Herrn Wilhelm Florentin Johann Felix, Fürsten v. Salm-Salm, Erzbischofs zu Prag etc. etc. des Königreichs Böhmen Primaten etc. etc. gewidmet nach der Gesinnung und im Namen vieler Guten im Lande. Prag, gedruckt bei Josepha Diesbach. 1810. 13 S. 8. (Prosa).

163. Philipp Edler von Büttner, Professor der Diätetik an der Universität in Prag.

Unterhaltungsblätter (Bohemia) 1828. 1, Nr. 4.

1) Beiträge zum Volksfreund, dessen Mitherausgeber er von 1811 bis 26. März 1812 war; darin auch Gedichte von ihm. Vgl. oben S. 708f.

2) Rede über den Werth der Gesundheitspflege. Von Philipp Edlen von Büttner. Gehalten bei dem Anfange seiner im fünften Jahre fortgesetzten diätetischen Vorlesungen. Im Monat Dezember 1816. Prag bei Carl Wilhelm Enders. 17 S. 8.

3) Gesundheitspflege oder Diätetik. Von Philipp Edlem von Büttner. Prag, 1823. Bei Martin Neureutter. Leipzig. Bei Friedrich Fleischer. 307 S., 1 Bl. Inhalt.

4) Worte zum Schluße der diätetischen Vorlesungen für das Jahr 1824. Von Dr. Philipp Edlem von Büttner. Prag, gedruckt in der Sommerschen Buchdruckerei, im ehemaligen Annakloster Nro. 948. 2 Bl. 4.

5) Worte zum Anfange der im dreizehnten Jahre fortgesetzten diätetischen Vorlesungen. Von Dr. Philipp Edlem von Büttner. Im Dezember 1824. Prag, gedruckt in der Sommer'schen Buchdruckerei, im ehemaligen Anna-Kloster Nro. 948. 2 Bl. 4.

6) Glückseligkeitslehre. Prag bei C. W. Enders 1825.

7) Gesundheitspflege des Gesichtes. Prag bei C. W. Enders. 1827.

164. Moses J. Landau, geb. 1788, aus einer spanisch-jüdischen Familie, die in Polen ansässig war, der Enkel des Prager Oberrabiners Ezechiel Landau, begann in seinem 19. Jahre den Jesaias metrisch zu übersetzen, 1819 Inspektor der israelitischen deutschen Hauptschule in Prag, 1828 dritter Vorsteher, 1834 erster Vorsteher der israelitischen Kleinkinderbewahranstalt, Buchhändler, 1849 Stadtverordneter, 1850 Stadtrat, gest. am 4. Mai 1852.

a. Wurzbach 1865. 14, 69 f. — b. J. Brandeis, Biographie des Dichters in Nr. 16).

1) Beiträge zum Volksfreund 1811, zur Isis 1814, zum Selam 1815 u. s. w.

2) Scene aus dem noch ungedruckten und unaufgeführten dramatischen Gedichte: Moses und Zippora oder die Flucht nach Midien, von M. J. Landau. (Aus Prag eingesandt): Castellis Thalia 1811, Nr. 12.

3) Rede, gehalten am Jubelfeste der israelitischen Hauptschule in Prag den 10. Mai 1812 von Peter Beer, Lehrer der Moral etc. an dieser Hauptschule. Nebst einigen, bei dieser Gelegenheit von M. J. Landau verfaßten, und von Schülern, theils deklamirten und theils abgesungenen Gedichten. Wird zum Besten des jüdischen Waisenhauses, ohne der Wohlthätigkeit Schranken zu setzen, für 1 fl. W. W. verkauft. Prag, bei Franz Sommer, 1812. 32 S. 8.

S. 26 bis 30: Der Kaiser als Arzt. Von M. J. Landau einstmaligem Zögling dieses Instituts, und erzählt von Franz Beer. — S. 31 bis 32: Die Stiftung der Schule von Ebendemselben. Gesungen von den Schülern und Schülerinnen.

4) Predigt verfaßt und gehalten am 7 ten Juli 1814. bey Gelegenheit, der glorreichen Wiederkehr, unsers allgeliebten Kaisers Franz I. und des errungenen Friedens; in dem bestimmten Feyerlichkeitslokale: in der Meiselsynagoge von Rabbi Samuel Landau Oberjuristen der prager Israelitengemeinde, und übersetzt von M. J. Landau, Neffen des Predigers. Prag, 1814. Gedruckt bei Franz Johann Scholl. 18 S. 8.

5) Geist und Sprache der Hebräer nach dem zweyten Tempelbau. Enthält: I. Vorlesungen über Sprachlehre und Sprachgeschichte der Altrabbinen; nebst Anweisungen, ihre Werke ohne Punktation lesen zu können. II. Chrestomathie: eine Sammlung Erzählungen, Parabeln, Legenden, Sprüche und Philosopheme aus Talmud, Midrasch und Sohar. Von M. J. Landau Inspektor der israel. deutschen Hauptschule zu Prag. Prag 1822. Gedruckt in der Schollischen Buchdruckerey Altstadt großer Ring, im golzischen Hause Nro 933. IX S., 3 Bl., 260 S. 8.

6) Deutsche Übersetzung des Pentateuchs mit einem hebräischen Commentar 1824.

7) Sängers Maigruß bey der höchsten Ankunft der erhabensten Majestäten unseres huldreichsten Kaisers Franz und der Kaiserinn Auguste Caroline. von M. J. Landau, Inspector der israelitisch-deutschen Hauptschule zu Prag. Prag 1824. Gedruckt in der orientalischen und occidentalischen Buchdruckerey von Scholl & Landau, Altstadt, Großer Ring, N. 933. 4 Bl. 4. (,Wonne schwebet aus den Himmelshöh'n').

8) Fortuna, ein Neujahrsgeschenk für 1825. Von M. J. Landau, Prag, 1825. Bei Scholl & Landau.

Zweiter Titel: Amaranten. Von M. J. Landau. Erstes Bändchen. Prag, gedruckt bei Scholl & Landau, Altstadt, großer Ring, Nro. 933. 1825. 114 S., 2 Bl. Inhalt. 2.

Dichtungen aus dem Morgenlande. — S. 9 bis 20: Salomo und Sulamith. Eine morgenländische Fantasie. — S. 21 bis 33: Dichtungen nach Sadi. I bis VI. — S. 43: Vermischte Gedichte. S. 55 bis 64: Schillers früheste Monumente. I bis IV. — S. 65 bis 67: Die Nacht. Nach einem alten Minnesänger. — S. 74 bis 76: Des Teufels Ring. (Nach dem Ariost). — S. 94: Geständniß. (Nach Rabutin). — S. 103 bis 113: Charaden, Räthseln, und Logogryphe.

9) Freudenklänge bei der am 16. März 1826 erfolgten Wiedergenesung unseres huldreichsten allgeliebtesten Landesvaters Franz des Ersten Kaisers von Oesterreich. Von M. J. Landau, Amtsvorsteher der Israelitengemeinde, Inspektor der israelit.

deutschen Hauptschule und des hebräischen Sprachfaches. Prag, 1826. Gedruckt bei M. J. Landau, Altstadt, großer Ring, Nro. 933. 2 Bl. 4.

10) Der Zukunft Hymne an den zwölften Februar. Bei Gelegenheit der sechzigsten Geburtsfeyer unseres angebeteten Landesvaters Franz des Ersten Kaisers von Oester- reich. Von M. J. Landau, Amtsvorsteher der prager Israelitengemeinde, Inspektor der israel. deutschen Hauptschule und des hebräischen Sprachunterrichts daselbst, wirkendem Mitgliede der Gesellschaft des vaterländischen Museums. Prag 1828. Druck bei M. J. Landau, altstädter Ring, Nro. 933. 2 Bl. 4.

11) Leitfaden bei dem Elementarunterricht in der mosaischen Glaubens- und Pflichtenlehre. Leipzig 1828. Barth. gr. 8.

12) Rede bei Vertheilung der verbesserten Statuten der israelitischen Brüder- schaft für Krankenpflege, gehalten in dem Bethlokale dieses Vereins. Von M. J. Landau. (Der reine Ertrag ist dem Institute gewidmet). Prag. Druck bei M. J. Landau, altstädter Ring N. 933. 1829. 15 S. 8.

13) Feyergesang zum fünfzigjährigen Jubelfeste der Hauptschule der Israeliten- gemeinde zu Prag, von M. J. Landau. In Musik gesetzt von Albin Maschek, Chor- regenten bey der Stiftskirche zu St. Thomas. Der Ertrag ist zur Bekleidung der armen Schuljugend bestimmt. Prag. Druck bei M. J. Landau. 1832. 4 Bl. 8.

14) Der Trost Israels ausgesprochen bei der Ankunft des allerhöchsten Herrscher- paares Sr. Majestät des Kaisers Ferdinand des Ersten und Ihrer Majestät der Kaiserin Maria Anna Carol. Pia, im Namen der Israeliten-Gemeinde Prags von ihrem Amtsvorsteher M. J. Landau. Prag. Druck bei M. J. Landau. 1835. 2 Bl. 4.

15) Gebete der Israeliten. Uebersetzt und durch Anmerkungen erläutert von M. J. Landau. Prag 1839. breit 16. (Hebräisch und deutsch).

16) M. J. Landau's hinterlassene vermischte Schriften. Nebst einer Biographie und dem Bildnis des Verfassers. Herausgegeben von Senders & Brandeis. Prag, 1867. Eigenthum und Verlag von Senders & Brandeis. Leipzig, In Commission bei Oskar Leiner. 200 S., 3 Bl. 8.

Inhalt: Vorwort. — a: Gedichte. S. 11: Sonette des Franzesko Petrarka (als Versuch einer vollständigen Uebersetzung dieses Sängers der Liebe). 1. 2. S. 25 bis 94: Die Nacht. Nach einem alten Minnesänger. S. 53: Orientalische Poesien. — b: Aus meinem Tagebuche. (Journal). 1808. — c: Eine gekrönte Preis- schrift. (1815). — d: Die Censur. (Fragment). — e: Die ächte Quelle des heutigen ärztlichen Misbehagens. — f: Plutarch und der Talmud. Ein Beitrag zur Geschichte des großen Makedoniers. — g: Briefe über Antiochus Epiphanes. — h: Ein Wörtchen im Vertrauen. Lustspiel in einem Aufzugs, nach Voltaires Indiscret. (Prosa). — i: Biographie des Dichters von J. Brandeis.

165. Der erste Lebensmorgen. Mit tiefester Ehrfurcht und inniger Hoch- achtung gewidmet Seiner Excellenz dem Hoch- und Wohlgebornen Herrn Herrn Franz Anton Grafen von Kolowrat-Liebsteinsky, ... zum hohen Geburtsfeste am 31. Januar 1811. Prag, gedruckt bey Franz Gerabeck, im St. Gallikloster. 2 Bl. 4. (,Heil dem Tage, dessen Morgenstrahl').

166. An Herrn Friedrich August Durand. Nach der vom Hrn. Polledro ge- gebenen musikalischen Akademie am 8ten May 1811. 2 Bl. 8. (,Der Muse Lieb- ling auch, erflogen').

167. Sonnett. An Herrn F. A. Durand. 2 Bl. 8. (,Orpheus hehre Saiten- jubel hallten').

168. Cantate am Tage der feyerlichen Vermählung des Hochgebornen Herrn Christoph Grafen von Cavriani, mit Hochgebornen Fräulein Elisabeth Gräfin von Cavriani. Am 15ten Mai 1811. Prag, gedruckt bey Gottlieb Haase, königl. böhm. ständ. Buchdrucker. 4 Bl. 4. (,Sey uns im Glanz der Frühlingssonne').

169. Rundgesang für die große musikalische Akademie zum Besten des Prager neuen Armen-Hauses, in dem Exzell. Gräfl. Waldsteinischen Gartensaale am 23. Juny 1811. In Musik gesetzt von Hrn. F. R. Prag, gedruckt bey Gottlieb Haase, königl. böhm. ständ. Buchdrucker. 2 Bl. 4. (,Was schönres wohl verkündet').

170. Lied der geselligen Freude, bey Wiedereröfnung des Gräfischen Garten Saales. Abgesungen am 15ten September 1811. 1 Bl. 8. (,Im Reiche des Lieben und Schönen').

171. Wenig und Viel, oder die Hoffnung besserer Zeiten nebst einem Anhang von einigen Gedichten. Prag, C. W. Enders. 1811.

172. Lobgesang zur seligsten Jungfrau und Mutter Gottes Maria. 2 Bl. 8. Am Schluß: Prag, 1811. gedruckt bei Anton Joseph Zýma. (,Windet euch von dem Gewühle').

173. Lied zum heiligen Johann von Nepomuk. 1 Bl. 8, (,Böhmen, trocknet eure Zähren'). [Um 1811].

174. Vincenz Julius Edler von Krombholz, geb. zu Oberpolitz im Böhmisch-Leipaer Kreise am 19. Dezember 1782, Sohn eines Schullehrers, zum Handwerker bestimmt, durch Gönner unterstützt, wurde er in Böhmisch-Leipa von den Augustinern in den Gymnasial-Gegenständen unterrichtet, verließ die Anstalt, weil er sich weigerte, an einem Mitschüler die Prügelstrafe zu vollziehen, vollendete die Gymnasialstudien unter harten Entbehrungen in Prag, trat 1800 in die böhmische Legion ein, studierte in Prag und Wien zuerst Chirurgie und dann Medizin, seit 1818 Professor verschiedener medizinischer Disziplinen an der Universität in Prag, starb am 1. November 1843. Sein Andenken lebt an der Prager Universität in einer Stiftung für kranke Studierende fort. a. Nekrolog: Bohemia. 17. Nov. 1843. Nr. 138. — b. ‚Prag‘, Beiblatt zu Ost und West. 18. Nov. 1843. Nr. 184 (auch Lpz. Allg. Ztg.). Nekrolog von Joh. Zimmermann. — c. Wilhelm Weitenweber: Vierteljahrschrift für die praktische Heilkunde. Prag 1844. 1. Band. Analekten S. 289 bis 242. (Auch selbständig: Prag 1845). — d. Jos. Löschner: Oesterreichische Blätter für Literatur und Kunst (auch selbständig: Wien, bei A. Strauss' sel. Witwe & Sommer. 1844). — e. Vincenz Julius Edler v. Krombholz nach seinem Leben und Wirken. Geschildert von Bernhard Bolzano. Der reine Ertrag ist zur Stiftung eines zweiten Lehrers oder Gehilfen an der Schule zu Politz, dem Geburtsorte des Verewigten, bestimmt. Aus den Abhandlungen der königl. böhm. Gesellschaft (V. Folge, Band 4) besonders abgedruckt. Prag, 1845. Druck der k. k. Hofbuchdruckerei von Gottlieb Haase Söhne. 51 S. 4. S. 51: Schriftenverzeichnis. — f. Wilhelm Weitenweber: Sachs' med. Unterhaltungsmagazin. Berlin 1845. — g. Wilhelm Weitenweber: Lotos (Prag) 1852. Juni. — h. Cypressen. Nach Urkunden bearbeitete Biographien der im letzten Decennium zu Prag verstorbenen Persönlichkeiten. Von Jan z Praby (Joh. Nep. Druchsa). Prag 1852. C. Vetterl. kl. 8. I, 1, S. 8 bis 72. — i. Wurzbach 1865. 13, 247 bis 250. Außer medizinischen Fachschriften:

1) Eine Cantate zur Namensfeier seines Professors J. U. D. Ign. Sinke und eine andere zur Secundizfeier des Politzer Erzdechants, die Praupner in Musik setzte.

2) Beiträge zur Aurora 1812.

3) Leben und Studien des Dr. J. B. Monteggia. Eine Gedächtnißrede, gehalten von Dr. Acerbi. Als Programm mitgetheilt von J. V. Krombholz. A. d. Italienischen. Prag, 1821. 8.

4) Fragmente einer Geschichte der medicinisch-praktischen Schule an der Karl-Ferdinands-Universität. Prag 1831. 4.

5) Topographisches Taschenbuch von Prag, zunächst für Naturforscher und Aerzte. Prag, 1837. Haase. 8.

6) Bericht über die Versammlung deutscher Naturforscher und Aerzte in Prag im September 1837 vom Grafen Kaspar Sternberg und Prof. J. V. Edl. v. Krombholz. Prag 1838. Haase Söhne. gr. 4.

175. Ignatz Kunitz, geb. in Graupen am 24. März 1770, studierte in Prag, 1794 zum Priester geweiht, Kaplan in Kreibitz und Ebersdorf, 1801 Katechet der katholischen Schulen in Dresden, 1804 Direktor, 1816 Sonntagshofprediger, 1822 Beichtvater des Königs und des Prinzen Max von Sachsen. Waitzenegger 1822. 3, 277. — Meusel 1834. 23, 326.

1) Lehrbuch zum Gebrauch der katholischen Schulen. Dresden 1812. 8.

2) Gesangbuch zum Gebrauch der katholischen Schulen. Dresden 1813. 8.

3) Unterricht zum würdigen Empfang des heil. Sakraments der Firmung. Dresden 181?. 8.

4) Predigt, gehalten am Jubelfeste der 50jährigen glorreichen Regierung Friedrich Augusts, Königs von Sachsen. 1818.

5) Einige Einladungen zu öffentlichen Schulprüfungen.

6) Gab 3 Bände Fastenpredigten des Bischofs Schneider heraus.

176. Alois Uhle, geb. 1781, studierte in Prag, 1807 Professor der Geschichte zu Neuhaus in Böhmen, 1816 Professor der Humanitätsklassen in Pisek, 1825 Direktor der deutschen Realschule in Lemberg, † 1849. Anfangs ein Gegner der tschechischen Litteratur und dafür von Kollár in dem Epos Slávy dcera (die Tochter des Ruhms) in die slovenische Hölle versetzt, dichtete er später selbst in dieser Sprache.
    a. Wurzbach 1883. 48, 242. — b. Jahrbuch der Grillparzer-Gesellschaft 1892. 2, 91 f.

1) Sprachen in Böhmen: ‚Bohemia für gebildete Böhmen' 1812. 1, S. 17 bis 46. (S. 24: Was verhindert für die Gegenwart und Zukunft die Alleinherrschaft der böhmischen Sprache in Böhmen? — S. 31: Nun folgen meine Trostgründe, warmen und überenthusiastischen Verehrern der böhmischen Sprache an das Herz gelegt. — S. 39: Resultat. — S. 43: Rechtfertigung). Vgl. oben II. bφ. — S. 710.
    Dagegen: Jungmann, Slovo k statečnému a blahovzdělanému Bohemariusovi. (Ein Wort an den mannhaften und wohlgebildeten Bohemarius), in dessen Prvotiny pěkného uměni (Anfangsgründe der schönen Wissenschaften) 1813. S. 46.

2) Beiträge zur Isis 1814, zu Canavals Mnemosyne.

3) Bündige Denklehre, als Vorschule zur Lehre von der schriftlichen Darstellung in der unteren und mittleren Prosa. Lemberg 1825, Piller. 8.

4) Tagebuch Lembergs vor und nach Erstürmung desselben durch den schwedischen König Karl XII. im Jahre 1704. Wien 1829. 8.

5) Die Klanggränzen zwischen der böhmischen und polnischen Sprache: Monatschrift der Gesellschaft des vaterländischen Museums in Böhmen. Jahrgang 4. 1830. Heft 4. S. 458 bis 478.

177. Joseph Adolph Hanslick (Hanalik) geb. zu Lischau bei Rakonitz im westlichen Böhmen 1785, Sohn eines Bauern, sollte Theolog werden, trat aber nach einem Jahre aus dem Kreuzherrenkloster in Prag aus und studierte Philosophie, von Meißner und Meinert angeregt, versah eine Zeitlang den Lehrstuhl der Ästhetik an der Prager Universität, 1822 bis 1836 Skriptor der Prager Universitätsbibliothek, gab 1836 sein Amt aus Kränklichkeit auf, gest. in Prag am 2. Februar 1859. Ein großer Musikfreund, übersetzte für Wenzel Johann Tomaschek Lieder aus dem Tschechischen.
    a. Bohemia 1859. Nr. 31. — b. Krakauer Zeitung 1859. Nr. 29. — c. Wurzbach 1861. 7, 335 f. — d. Jahrb. der Grillparzer-Gesellschaft 1892. 2, 88. — e. Eduard Hanslick, Aus meinem Leben. 2. Auflage. Berlin 1894. 1, 1 bis II.

1) Beiträge zum Jokus 1812, zur Aurora 1812, zur Isis 1814, zum Hyllos 1819 u. s. w.

2) An Herrn Karl Liebich, k. ständischen Herrn Theater-Unternehmer und Direktor, als er nach einer gefährlichen Krankheit zum erstenmale wieder auftrat. Den 10 ten Oktober 1816. 2 Bl. 8. Sonett: ‚Wenn sich die Hände Atropos erheben'.

3) An den Hochwohlgeborenen Herrn Herrn Peter Ritter von Mertens, k. k. Vice-Präsidenten der k. k. Hofkammer, bei Seiner Abreise von Prag am 5. May 1823. (Aus dem Böhmischen frei übersetzt). Prag, Aus der von Schönfeld'schen k. k. Hofbuchdruckerey. 2 Bl. 4. unterz.: Joseph Hanslik.

4) Gab heraus: Dambecks Vorlesungen über Aesthetik. Prag 1823. II. 8.

5) Geschichte und Beschreibung der Prager Universitätsbibliothek. Prag 1851. Vgl. oben I. v. — S. 692. Nur in 200 Exemplaren gedruckt und nicht in den Buchhandel gekommen.

178. Georg Graf Thurn-Valsassina, geb. in Prag am 3. Januar 1788, Sohn des bei Giurgewo 1790 gefallenen Generalmajors Franz Joseph Grafen Thurn und einer geb. Gräfin Sinzendorf, trat 1808 als Hauptmann in die Landwehr, schied nach dem Feldzug von 1809 aus, trat aber 1813 in die aktive Armee, erkämpfte sich schon 1815 in der Schlacht am Mincio das Maria-Theresiakreuz, Legationssekretär in Petersburg, 1820 außerordentlicher Gesandter in Stuttgart, 1825 wieder zur Truppe einberufen, 1830 Oberst, 1845 Feldmarschalleutnant, zeichnete sich 1848 als Stell-

vertreter Nugents in Italien und 1849 besonders bei Novara aus. 1850 Feldzeugmeister, 1852 Präsident des obersten Militärgerichtshofes, 1861 Landeshauptmann
von Kärnten, † in Wien am 9. Februar 1866.
— a. Hoffinger, Oesterreichische Ehrenhalle 1866. S. '5. — b. Kehrein 1871.
2, 205. — c. Wurzbach 1882. 45, 119.

1) Jubelhymne: ‚Ha! Deutschland, Deutschland, du wirst frei, nun will ich
wieder freudig singen'. 1812. Vgl. Nr. 8), S. 74.

2) Beiträge zum Selam 1817, zur Dresdner Abendzeitung 1825.

8) Heimaths-Klänge. Poetisches Taschenbuch für das Jahr 1825. Wien. Ge-
druckt bey Anton Strauß, Dorotheergasse Nr. 1108   XIV, 146 S., 2 Bl. Inhalt,
7 Bl. Musikbeilagen. Ohne Vfn. Nur für Freunde gedruckt.
S. III: Beschreibung des Titelkupfers (einer Meister Hemmling zugeschriebenen
Madonna). — S. 6: Ton- und Dichtkunst. (‚Holde Muse des Gesanges'). — S. 7:
Der Ritter und sein Schwert. (Dialog). — S. 28: Sonnet auf das Gemälde des
heil. Johannes in der Wüste, von Raphael. (‚Von seinem Felsensitze hingeneiget'). —
S. 33: Dannecker's Amor und Psyche. (‚Soll sich des Lebens Funk' erheben zum
Urquell des Lichtes'). — S. 42: Sonnet bey Betrachtung des heil. Christophs, in
der Gemähldesammlung der HH. Boisserée. (‚Kann wohl der Mensch so schweren
Kampf bestehen?'). — S. 45: Auf einer Wasserfahrt nach Marbach, zu Schillers
Wohnung. (‚Schüchtern, mit zagendem Fuß, betret' ich die heilige Stätte'). — S. 47:
An L. bey der Geburt ihres ersten Kindes.*) *) ‚Dieses Gedicht von Haug war
Veranlassung zu den folgenden'. — S. 48: An dieselbe*). *) Die der Verfasser nach
ihrer Vermählung in ihrer Mutter Haus kennen lernte. — S. 49: Als das Kind
bald nach der Geburt starb. — S. 52: Brief aus Florenz. (‚Verse hoffst du zu hören
von mir, weil classischer Boden'). — S. 57: Maria*). *) Diesem Gedichte liegt eine
wirkliche Begebenheit zum Grunde, die sich auf der Insel Man zugetragen hat. —
S. 66: Jesimof. — S. 74: An die Deutschen. Im Jahre 1812. (‚Ha! Deutschland!
Deutschland! du wirst frey!'). — S. 78 bis 93: Lieder. (S. 93: Lied. Aus dem
Esthnischen frey übersetzt. ‚Trio sanft und holder Güte'). — S. 94 bis 102: Charaden (und Räthsel). — S. 108: Epigramme. — S. 110 bis 146: Seenon aus einem
noch nicht gedruckten Trauerspiele: Eteokles und Polinikes. (Verse).

4) Beiträge zur Geschichte des Feldzuges 1848 in Italien. Wien, Gerold. 1860.

179. Johann Mücke, Lehrdirektor des Prager Taubstummen-Instituts; lebte
noch 1884.

1) Bei der Feyer des fünf und zwanzigsten Jahrstages der Vermählung Ihrer
Exzellenzen des Herrn Reichsgrafen Joseph von Nostitz und Rieneck, ... und
der Frau Reichsgräfin Johanna von Nostitz und Rieneck, gebornen Reichsgräfin
von Beeß, Sternkreuzordensdame. Den 9. Juli 1812. Prag, gedruckt bei Franz
Sommer. 2 Bl. 4. Die silberne Hochzeit. [Distichen]. unterz.: Johann Mücke.

2) Bey der Vermählungsfeyer des Hochgebornen Herrn Reichsgrafen Johann
von Nostitz und Rieneck, k. k. Kämmerers und Rittmeisters in der Armee, mit
dem Hochgebornen Fräulein Caroline Reichsgräfin von Clam-Gallas. Den 28. Januar
1818. Prag, gedruckt bey Gottlieb Haase. 2 Bl. 4. Der heilige Augenblick.
unterz.: Johann Mücke.

3) Anrede bey der Trauung des Hochgebornen Herrn Reichsgrafen Johann
von Nostitz und Rieneck, k. k. Kämmerers und Rittmeisters in der Armee, mit
dem Hochgebornen Fräulein Caroline Reichsgräfin von Clam-Gallas. Den 28ten
Januar 1818. Von Johann Mücke, ehemaligen Erzieher der gräflich Joseph-
Nostitzischen Familie. Prag 1818. Gedruckt bey Gottlieb Haase. 4 Bl. 4.

4) Prolog zu dem am 26ten März 1820 zur Unterstützung des Prager Taub-
stummeninstituts gegebenen historischen Drama: Der Taubstumme, oder: Der
Abbé de l'Epée (Wobl von Bouilly-Kotzebue § 258, 8. 60). Gesprochen von Madame
Brunetti. Verfaßt von Johann Mücke. Gedruckt bei Franz Geržabek. 2 Bl. 4.
(‚Wer nennt das Elend, wer die Plage').

5) Rede über die Wohlthätigkeit des Taubstummen-Unterrichts, nebst der Ge-
schichte eines apoplektisch gestorbenen taubstummen Knaben, und der anatomischen
Untersuchung seines Kopfes. Vorgetragen bey der jährlichen Stiftungsfeyer des
Prager Taubstummen-Instituts am 10ten Dezember 1820 vom Abbé Johann Mücke . . . .

(Wird zum Vortheil des Taubstummen-Instituts verkauft). Prag, 1821. Gedruckt bey Franz Geržabek, im goldnen halben Rade. 16 S. 4.

6) Gebethbuch für Kinder von sechs bis zehn Jahren. Von Abbé Johann Mücke, Religionslehrer am Prager Taubstummen-Institute. Prag, 1828. In der k. k. Hofbuchdruckery. 56 S., 2 Bl. Inhalt. 8.

180. Wenzel Ernst Reich.
1) Beiträge zum Jokus 1812, zur Isis 1814.
2) Romantisches Taschenbuch von W. E. Reich. Prag, 1816. gedruckt bey Franz Geržabek. 92 S., 2 Bl. Inhalt. 8.

Vorwort: ‚An die Leser‘, unterz.: Jungbunzlau in Böhmen, im Dezember 1815. Die Gedichte stammen aus der Musenzeit seiner Universitätsjahre. — S. 7: Das Schöne. (‚Zum Theil nach einer ästhetischen Vorlesung). An Minna. — S. 45: Stanley an seinen Freund Delamore. Heroide. — S. 53: Winterlied. (Als Parodie des Mailiedes von Hölty: ‚Tanzt dem schönen Mai entgegen‘). — S. 52: Bey Gelegenheit des am 12. März 1815 gegebenen letzten Cassino der P. T. Herren k. k. Offiziere des löbl. Prinz Reuß-Plauenschen Infanterie-Regiments. — S. 57: Der Opferkranz. Der Charlotte Gräfinn v. °° zum 4. November 1815, auf dem Ball überreicht. — S. 58: Mitgefühl und Dank. Bey Gelegenheit des am 15. April 1816 zur Unterstützung der Invaliden in der königl. Kreisstadt Jungbunzlau von einer Gesellschaft gegebenen Unterhaltungsfestes. Eine Cantate. — S. 69: Die beschämte Eifersucht. Ein romanesker Schwank. — S. 84: Epistel des Herrn Griesgram, hypochondrischen Andenkens an seinen Neffen Jungblut. Nach °°° Prosa. ‚Diese versifizierte Tändeley ist eine meiner ältesten‘.

181. Anton Schreyer.
1) a. Poetische Versuche. Von R. S. Eger 1812, bei Joseph Kobrtsch. 91 S., 1 Bl. Inhalt. 8. Gedichte seit 1790.

S. 29: Poetisches Referat über einen Götterprozeß, besonders für Rechtskundige und bedienstete Männer. 1809. — S. 47 bis 54: Fabeln. Prosa. — S. 54 bis 62: Nun ist er da. Eine [Schäfer-] Idylle dramatisch bearbeitet in 1 Anfzuge. Prosa mit Arien. — S. 60 bis 65: Empfindungen bei dem Grabhügel einer guten Freundinn. 1809. Prosa. — S. 77 bis 89: Die unerwartete Verwandlung, oder: Wer hätte das gedacht. Ein ländliches Lustspiel in 2 Aufzügen. Prosa.

Vgl. Annalen 1812. 3, 61.

b. Poetische Versuche. Von Anton Schreyer, pens. Stadtrath. Zweytes Bändchen. Eger 1812. bei Joseph Kobrtsch. 118 S., 1 Bl. Inhalt. 8.; dann mit [121] 122 paginirt: Vorrede (Eger am 19. März 1812) zu dem Roman: ‚Ritter Bertholds Leiden und Freuden. Eine Geschichte in zwey Theilen‘, von dem nur das Titelblatt vorliegt.

S. 1f.: Charakteristische Gespräche. [Prosa]. — S. 16: Idyllen. [Prosa]. — S. 27: Das Dienstmädchen Kättchen. Eine moralische Erzählung. [Prosa]. — S. 30: Fabeln. [Prosa und Verse]. — S. 44f: Der verkannte König. Eine Erzählung. Prosa. — S. 60f.: Kupido und der Tod. (Eine Fabel frey aus dem lateinischen Gedicht des P. Sautel übersetzt. [Vgl. Euphorion 1896. 8, 354]). — S. 61 bis 69: Verschiedene Liebesanträge. Eines Kriegers. Eines alten Arztes. Eines Advocaten. Eines Bürgers. Eines Kaufmanns. Eines Landmanns. Eines Dichters. — S. 75 bis 118: Die Unternacht im Advente, oder die Horchengeber. Ein Lustspiel in drey Aufzügen. [Prosa].

182. Am Namenstage des guten Großvaters [Hrn. Kaspar Widtmann]. Prag am 6ten Jäner 1812 [von seinem Enkel Maria Herrl]. 1 Bl. 8. (‚Wie doch mein Herz dem Tag‘ entgegenbebte‘).

183. Vincenz Dobrowsky.
1) Bey der allerhöchsten Ankunft Sr. Majestät des Kaisers Franz I. [in Pilsen, 7. July 1812]. (‚Strahlend entstieg verjüngt des Tages Schimmer‘): Annalen 1812. III, 277.

2) Trauerode auf den Tod unseres würdigsten Professors Herrn Fr. Schmidt, Doktor der Philosophie, ehemaligen Dekan der k. k. Karlferdinandeischen Universität, … Geweiht von den Hörern des zweyten philosophischen Jahrganges am 25. May 1814. Prag, gedruckt bey Gottlieb Haase, böhm. ständ. Buchdrucker. 8 Bl. 4. Elegie unterz.: Vincenz Dobrowsky, Physiker.

3) Beiträge zur Isis 1814, zum Hyllos 1820. 1821.

184. Dem frohen Nahmensfeste des hochwürdigen und wohlgebohrnen Herrn Herrn Milo Grün, Abten zu Strahof, Ritters des österreichischen Leopoldordens etc. etc. geweiht von seinen Söhnen im Jahre 1812. Prag, gedruckt bey Gottlieb Haase. 8 Bl. 4. (,Froher Jubel hier erschalle').

185. Das Freudenfest. Eine Kantate. Prag, 1812 bey Gottlieb Haase, k. böhm. ständ. Buchdrucker. 8 S. 8. (,Sammelt euch, Freunde, zur heutigen Weihe').

186. **Wenzel Alois Swoboda** (Schriftstellername: **Navorovsky**), geb. zu Naverov im Bunzlauer Kreise am 8. Dezember 1791 von tschechischen Eltern, besuchte die Schule in Jenschowitz, später in Reichenberg, wo er deutsch lernte, studierte in Jungbunzlau und Prag, Schüler Dominik Kinskys und Bolzanos, 1814 provisorischer Grammatikallehrer am Gymnasium zu Pisek, 1815 Professor der Humanitätsklassen in Neuhaus, 1821 am Gymnasium an der Kleinseite in Prag, starb in der Nacht vom 8. zum 9. Januar 1849. Tschechischer Dichter, Mitfälscher und Übersetzer der Königinhofer Handschrift, Vermittler zwischen deutscher und tschechischer Litteratur (§ 350, 461), übersetzte u. a. Schillers Räuber ins Tschechische, und besorgte eine Auswahl der Gedichte von Schiller und Goethe in tschechischer Übersetzung (Prag 1847).

a. Meusel 20, 710. — b. Gräffer und Czikann 1887. 5, 240. — c. Uffo Horn, Litterarische Charaktere. I. Wenzel Alois Swoboda: Saphirs Humorist 1838. 2, Nr. 50, S. 198. — d. Bohemia 1844. Nr. 8/9. — e. Neuer Nekrolog. 1849. 8. 1196. — f. Wurzbach 1880. 41, 81 und 300. — g. Alois Adalbert Šembera, Wer schrieb im Jahre 1817 die Königinhofer Handschrift? (tschechisch). 1880. — h. Murko, Deutsche Einflüsse auf die böhmische Romantik 1897. (Register).

1) Er beginnt 1813 mit tschechischen Gedichten in Johann Hromadkos Zeitschrift ,Prvotiny peknych uměni' der litterarischen Beilage zu den ,Vídenské Noviny', ließ daselbst 1815 seine ,Ode an den Frieden Europas' erscheinen, die er gleichzeitig auch in deutscher und lateinischer Übertragung veröffentlichte.

2) Beiträge zur Isis 1814 [W. A. S—a], zu Hormayrs Archiv, zur Aglaja, zum Časopis českého Museum, zum Kranz u. s. w.

3) Weihgesang Seiner Gnaden Dem Hochwürdigsten Herrn Herrn Ernst Ružicska der Budweiser Diezös Zweytem Bischoffe als selber nach empfangener heiliger bischöfflicher Weihe von Prag nach seinem Sitze zurückkehrte geweiht von den sämmtlichen Professoren am k. k. Gymnasium zu Neuhaus. Neuhaus. Gedruckt bei Joseph Aloys Landfraß. 1816. 2 Bl. 8. Ohne Vfnamen. Auch in lateinischer und tschechischer Sprache.

4) Tragisches Theater der Römer. Uebersetzt und mit Anmerkungen, Einleitungen und Vergleichungen versehen. Erster Band. Seneca. Wien 1817. 8.

5) a. Die Königinhofer Handschrift. Eine Sammlung lyrisch-epischer Nationalgesänge. Aus dem Altböhmischen metrisch übersetzt von Wenzel Swoboda von Nawarow. Herausgegeben von Wenzel Hanka. Prag 1819, gedruckt bei Gottlieb Haase, (In Kommission bei J. Krauß). 63 S. kl. 8. — 2. Auflage:
b. Königinhofer Handschrift. Sammlung altböhmischer lyrisch-epischer Gesänge, nebst andern altböhmischen Gedichten. Aufgefunden und herausgegeben von Wenceslaw Hanka, Bibliothekar des k. vaterländischen Museum; verteutscht und mit einer historisch-kritischen Einleitung versehen von Wenceslaw Aloys Swoboda, k. k. Humanität-Professor. Nebst einem Facsimile. Prag. J. G. Calve'sche Buchhandlung. 1829. (Auch mit tschechischem Titel: XXVIII und 244 S. 8. Vgl. Nr. 12) Jahrg. 2.
S. VII bis XXII: Vorrede des Uebersetzers (Prag 1828).

6) Den Manen des großen Heldenführers, des Kämpfers für Europa's, für seines Vaterlandes Heil und Freybeit, Karl's, Fürsten von Schwarzenberg, Herzogs zu Krumman, k. k. Feldmarschalls etc. etc. gewidmet. Der Betrag ist für böhmische, in der Schlacht bei Leipzig invalid gewordene Krieger bestimmt. Prag 1820, gedruckt bei Gottlieb Haase, böhm. ständ. Buchdrucker. 4 Bl. 4. unterz.: Wenzel Aloys Swoboda, Prof. in Neuhaus.

7) Muster redender Künste, aus römischen Classikern, verdeutscht und mit Erläuterungen. Drei Theile. Prag 1820 bis 1829. Enders. 8.

8) Prolog zur musikalischen Akademie zum Vortheil des Taubstummen-Institut's. Gesprochen von Frau von der Klogen, am 27ten März 1825. Verfaßt von Wenzel Swoboda. Gedruckt bei Geržabek. 4 Bl. 4. (,Blick' um dich, Mensch, in wie gar holdem Glanze').

9) Prolog zur musikalisch-deklamatorischen Akademie, zum Besten der vom
hierortigen Frauenvereine gegründeten Erziehungsanstalt für arme Waisenmädchen.
Gesprochen von Madame Binder, am 27. Februar 1826, verfaßt von Wenzel Aloys
Swoboda. Gedruckt bei Franz Gerzabek. 2 Bl. 4.

˙ 10) Epilog bei der Vokal- und Instrumental-Akademie zum Vortheil des Taubstummen-Instituts. Am 19ten März 1826. Verfaßt von Wenzel Aloys Swoboda.
Gesprochen von Demoiselle Betty Pistor. Gedruckt bei Franz Gerzabek. 2 Bl. 4.

11) Drei kirchliche Lieder, aus dem Lateinischen übersetzt. Prag 1826.
Kronberger. 8.

12) Monatschrift der Gesellschaft des vaterländischen Museums in Böhmen.
1. Jahrgang. Prag 1827. Juni. S. 11 bis 16: Kleinskal. — September. S. 10 bis 13:
St. Wenzel im Fürstenrathe zu Regensburg. — December. S. 3 bis 5: Der eiserne
Hahn von Raab. Ballade. — 2. Jahrgang 1828. April. S. 304: Probe einer ver-
besserten Uebersezung der Königinhofer Handschrift. — 3. Jahrgang 1829. Juni.
S. 477: Legende vom heil. Johann von Nepomuk. — April. S. 329: Proben von
Conjecturalkritik über die angeblich Seneca'schen Tragödien.

13) Epilog zur musikalischen Akademie am 30. März 1828 zum Vortheile des
Taubstummen-Instituts. Verfaßt von W. A. Swoboda. Gesprochen von Madame
Binder; zugleich als Prolog der Schluß-Cantate, welche zur Feyer des sechzigsten
Geburtstages Sr. Majestät Franz des Ersten unsers allergnädigsten Kaisers zum
ersten Mahle in der Fürsterzbischöflichen Residenz am 12. Februar 1828 aufgeführt
wurde. Prag 1828. Druck bei M. J. Landau, am altstädter großen Ringe, Nro.
933. 2 Bl. 4.

14) Hymnus pro Caesaris Augustissimi Francisci I. salute populis Austriacis
cantari eclitus, latino idiomate redditus a Wenceslawo Aloysio Swoboda, caes. reg.
Humanitatis Professore. Pragae, typis Sommerianis, curam gerente Th. Thabor.
1832. 2 Bl. 8.

15) Prolog zur musikalisch-declamatorischen Akademie, zum Besten der vom
hierortigen Frauenvereine gegründeten Erziehung-Anstalt für arme Waisenmädchen
am 17. März 1832. Verfaßt von W. A. Swoboda, gesprochen von Dem. Nina Herbst,
Mitglied des k. ständ. Theaters. Prag, 1832. Druck und Papier von Gottlieb
Haase Söhne. 2 Bl. 4.

16) Ode, quum numismate aureo magno, meritorum praemio, Munificentia
Augusti insigniretur Carolus Matthias Ehrlich, c. r. Doctrinae sacrae in Gymnasio
Pragae Minoris Professor. Scripta a Wenceslawo Aloysio Swoboda, c. r. Humanitatis Professore. Die 22. Novembris 1832. Pragae, typis Sommerianis, curam
gerente Th. Thabor. 4 Bl. 8. Vgl. Nr. 78 oben S. 753.

17) Poëseos latinae Specimina, edit Wenceslawus Aloysius Swoboda, caes.
reg. Humanitatis classium in Gymnasio Pragae Minoris Professor. Pragae 1832,
prostat ad Theophili Haase Filios. XXIV, 292 S., 4 Bl. 8.

Widmung: ..Josepho Francisco Hurdalek, Dioeceseos Litomericenae Episcopo ...
A.: Propria. — B.: Germanica versu latino reddita: Lupus et opilio fab. Lessing. —
Sus et quercus, item. — ad tumulum patris. (Claudius). — Sänger der Vorwelt.
Schiller. — Sineds Klage. Denis. — Frühlingsfeier. Klopstock. — Uz. Gott im
Ungewitter. — Hymnus Christiani Ew. Kleist. — Jovis Aquila Josephi Meinert. —
Der Einzige von J. H. v. Collin. — Das Vaterunser von Klopstock. — Hostium
adventus. (Dusch). — C.: Graeca latino versu reddita. — D.: Carmina rhythmica.
S. 278: Fides, Spes et Charitas. Carmen Christiani Kuffner. — S. 280 f.: Hymnus
Austriacus. (Gott erhalte).

18) Trennung und Wiedersehen: Willkommen und Lebewohl 1833. Prag.
Vgl. oben Nr. 57, 9) d. — S. 745.

19) Bitte um Vaterhuld und Mutterliebe an Ihre Kaiser-Königlichen Majestäten
Ferdinand des Ersten und Maria Anna von den Pfleglingen des Waisenhauses zum
heiligen Johann dem Täufer in Prag. Verfaßt von W. A. Swoboda. Prag, 1835.
Druck und Papier von Gottlieb Haase Söhne. 3 Bl. 4.

20) Zahlreiche Gedichte in Klar's Libussa, z. B. 1844. S. 188 bis 197: Aus
der Legende: St. Johann von Nepomuk: Das Erntefest. — Die Geburt. — Der Lehrer.
Der Besuch. — Der Argwohn. — Die Versuchung. — 1845. S. 330 bis 340: Aus
Schwert und Kelch von J. Erazim Wocel. Verteutscht im Versmaß der Urschrift von

W. A. Swoboda: Das Krumauer Lied. — Die Nacht. — Die verbrannte Erde. — Der Auflauf. — König Wenzels Tod. — 1846. 8. 815 bis 818: Das Testament. Böhmische Ballade im Volkston von Joseph Kalina, verteutscht von Prof. Wenzel Aloys Swoboda. — 1848. 8. 302 bis 809: Der Kniaur. Neuhauser Volkssage. Von Wenceslaw Aloys Swoboda.

21) Selecta Friderici Schillerii carmina rhythmis latinis similiter desinentibus reddita. Pragae. 1845. Sieh § 250, B. IV. 57 — Band V. S. 158.

22) Nach Kayser, Bücher-Lexikon 5, 877 gehören ihm auch zu: a. Allgemeine Theorie der Tonkunst. Wien 1826. A. Kranß. 8. — b. Harmonielehre. Wien 1828. gr. 8.

187. Gemeinschaftliche Andachtsübung bei den Bittgängen um die Felder. Von F. R. [Franz Reif?]. Prag, 1813, gedruckt bei Gottlieb Haase, böhm. ständ. Buchdrucker. 80 S. 8.

S. 25: Lied bei dem Bittgange um die Felder. (‚Strenger Richter aller Sünder‘!).

188. Dankempfindungen. Eine Cantate, Mozart's Musik unterlegt, und am Schlusse des Jahrgangs gegeben von den Hörern der praktischen Medizin und der praktischen Chirurgie. Prag 1813, gedruckt bei Gottlieb Haase. 3 Bl. 4. (‚Hoch entschwebt' im Siegestone').

189. W. E. Gautsch.

1) Gab heraus: Isis 1814. Vgl. oben II. c♂. — S. 711.

2) Gedichte im Hyllos 1819 bis 1821.

8) Anekdoten mit und ohne Verbrämungen. Aus den Carpentariania. (Von W. E. Gautsch): Der Kranz 1821 6. Heft. Nr. 13. 14.

4) Neustadt ob der Mettau: Monatschrift der Gesellschaft des vaterländischen Museums in Böhmen. 3. Jahrgang 1829. April S. 356. Juni S. 527.

190. Ignaz Goldschmied, geb. in Prag 1784, sein Vater war Lehrer an der israelitischen Hauptschule, lebte als Journalist in Wien, einer der thätigsten Mitarbeiter an Saphirs Humoristen, starb am 13. März(?) 1847.

a. Frankls Sonntagsblätter 1847. S. 250. — b. Wurzbach 1859. 5, 260.

1) Beiträge zur Isis 1814.

2) Epigrammatisch-jocose Kleinigkeiten. Wien 1843. gr. 8. Mit Vorrede von M. G. Saphir.

191. C. J. Prochaska.
Wurzbach 1872. 23, 346.

1) Gedichte in der Isis von Gautsch 1814 unterzeichnet Prochaska und P.....ska.

2) Dramatische Dichtungen von C. J. Prochaska. Prag 1826 bis 1828. II. 12. l. a: Rosaura di Montaldi, oder der Liebe Kampf und Größe. — b: Menschenplan und Verhängniß. — c: Die politische Heirath. — II. d: Anna von Sachsen. Großes histor.-romant. Ritterschauspiel in 5 A. — e: Die Walpurgisnacht. Lyr.-romant. Oper in 3 A. Musik von Rumler. (Prag, Nov. 1827. Abendztg. 1827. Nr. 311).

192. Joseph Schön, widmete sich dem geistlichen Stande, war 1814 Professor der Humanitätsklassen zu Königgrätz, später Direktor des Gymnasiums zu Fiume, 1820 Präfekt zu Görz, zuletzt Präfekt des Gymnasiums zu Pisek, starb dort am 2. Februar 1838. Wandte sich zuletzt der tschechischen Litteratur zu. Wurzbach 1876. 31, 117.

Gedichte in den Zeitschriften Isis 1814, Hyllos 1820, Hesperus, Hormayrs Archiv, Monatsschrift und Jahrbuch des böhmischen Museums.

Nach Meusel 20, 241 und Raßmanns Pantheon gehört einem Joseph Schön zu Wien an: Katharina von Wartenberg; Trauerspiel in 4 Aufzügen. Wien 1821, Geistinger. gr. 8.; vielleicht eine Verwechslung mit Johann Schön § 334, 464.

193. Franz X. Wimmer, Oberlehrer zu Klattau in Böhmen. a. Meusel 21, 602 f. — b. Wurzbach 1888. 56, 227 f.

1) Gedichte in der Isis 1814, unterzeichnet Franz X. Wimmer.

2) Blumenkränzchen, geflochten im Kreise seiner Zöglinge; von Franz Wimmer. Klattau, 1820. Gedruckt bei Joh. Christ. Braun. 116 S. 8. Gedichte.

8) Geschenk für die reifere Jugend. Klattau 1821. 8.

· **194. Michael Spitzner.**

1) Schullied. Von Michael Spitzner, Lehrer an der Trivialschule der Israeliten in Neukollin. Kuttenberg 1814. Gedruckt in der Czaslauer k. k. kreisämtlichen Buchdruckerei. 2 Bl. 4.

2) Empfindungen und Wünsche, bey der Ankunft im Jahre 1826 zur General-Visitazion in Neukollin 8r. Fürstlichen Gnaden, des Hochwürdigsten, Hoch- und Wohlgebornen Herrn, Herrn Wenzel Leopold, von Gottes Gnaden Fürsten Erzbischofs zu Prag .... Verfaßt von Michael Spitzner, öffentlichem, deutschen Lehrer der israelitischen Jugend in Neukollin. Mit Bewilligung der k. k. Censur. Czaslau, gedruckt bey Karolina Reinhardt, Wittwe. 1826. 4 Bl. 4.

195. Friedensgesänge. 2 Bl. 8. Erster Gesang. („Der Friede kehrt uns nun zurück'). — Zweyter Gesang. („Friede, Himmelsbothschaft, Friede!').

196. Empfindungen an der von Sr. Majestät dem Kaiser wegen Befreyung des Pabstes Pius des VII. und seiner Rückkehr nach Rom auf den 24. April in Prag angeordneten Tedeumsfeyer. Prag. Gedruckt in der k. k. böhmischen Hofbuch-druckerey. 1814. 4 Bl. 4.

197. An Böhmens Helden bei ihrer Rückkehr ins Vaterland. Verfaßt von Joseph Graf, Lieutenant des k. k. privilegirten prager Scharfschützenkorps. Ver-theilt den 17ten July 1814. Prag, gedruckt bei Franz Gerzabek, im Sct. Galli-kloster. 2 Bl. 4.

198. Anton Müller, geb. zu Oschiz, einem Dorfe bei Niemes, 1792, Sohn von Landleuten, studierte in Prag, 1816 Professor am Gymnasium zu Gitschin, Professor der Ästhetik und der klassischen Litteratur an der Universität zu Innsbruck, 1826 in derselben Eigenschaft nach Prag versetzt, starb am 5. Januar 1843. Er war Theater-, Musik- und Kunstreferent der Prager Zeitschrift Bohemia von deren Beginn 1827 bis zu seinem Tode.

a. Goethe: Über Kunst und Alterthum 1827. VI. Bandes 1. Heft S. 197 f.; 1828. VI. Bandes 2. Heft S. 355 f.: Werke (Hempel) 29, 148. 151. 170 f. — b. Literarische Charaktere von Uffo Horn: Saphirs Humorist 1838. 2, Nr. 54. S. 214. — c. Nekrolog: Bohemia 1843. Nr. 4. — d. Neuer Nekrolog der Deutschen 1843. 21, II, 1104. — e. Wurzbach 1868. 19, 341 bis 343. — f. Ebert über Müller: Sauer, Mittheilungen des Vereins für die Geschichte der Deutschen in Böhmen 33, 295 f. 303 bis 309. 354 bis 356. 361 f.

1) Denkmahl der Kindesliebe. Geweiht dem Schatten der liebevollen Mutter zärtlichen Gattin Maria Hajek gebohrne Sigel, von ihren zehn unmündigen Kindern. Prag 1815, gedruckt bey Franz Gerżabeck, in der eisernen Thür Nro. 436. 4 Bl. 4. unterz.: Anton Müller.

2) Die Kränze. Eine allegorische Scene, gegeben als Prolog zur Feier des Allerh. Geburtsfestes Sr. Majestät des Kaisers. Innsbruck 1821. Wagner. 4.

3) Prolog zur musikalischen Academie zum Vortheile der vom hierortigen Frauenvereine gegründeten Erziehungsanstalt für arme Waisenmädchen. Gesprochen von Madame Binder am 17. März 1827. Verfaßt von Anton Müller. Prag, 1827. Gedruckt bei Gerzabeck, am Eck der kleinen Jesuiten- und Dominikanergasse. 2 Bl. 4.

4) Pater noster von J. Führich, deutsch in neun Blättern mit Text von Anton Müller. Prag 1827. 4. Für die Jugend: Prag 1832. 8. Ins Französische übersetzt von Demarteau. Prag 18??. Folio.
Zuerst sollte Grillparzer dazu den Text schreiben. Vgl. dessen Gedicht: Vater Unser, Sämmtliche Werke. 5. Auflage. 1, 185.

5) Der wilde Jäger (nach Bürger's Ballade). In fünf Blättern, gezeichnet von J. Führich. Mit kritischen Aufsätzen von A. Müller. Prag 1827. kl. Fol.

6) Monatschrift der Gesellschaft des vaterländischen Museums in Böhmen. 1. Jahrgang. Prag 1827. a: Horimir und sein Roß Šemik, in vier Romanzen. Februar S. 3 bis 18. — b: Der zwölfte Hornung. März S. 3 bis 5. — c: Kassa und Biwoi, nach einer alt-böhmischen Sage. October S. 8 bis 20. — d: Skizzen nach dem Leben. März S. 14 bis 24. — f: Einige Worte über das böhmische Volkslied. August S. 72 bis 80. — g: Held Surowec und Landwehrlied, a. d. Russischen. September S. 52 bis 56. 2. Jahrgang 1828. Bruchstück aus dem Epos: Neklan und Wlaslaw. Mai S. 347. — Russische Volkslieder, übersetzt von A. Müller. Juni S. 460.

8. Jahrgang 1829. Ein Wort über Volksschriftstellerei. Juli S. 48. August S. 109. — Die Burg Buchlau und ihre Besizer. November S. 359. Jahrgang 5. 1831. Heft 8. S. 316 bis 324. Ueber musikalische Bildung.

7) Cantate zur Feyer des sechzigsten Geburtstages Sr. Majestät Franz des Ersten unsers allergnädigsten Kaisers, zum ersten Mahle aufgeführt am 12. Februar 1828 in der Fürsterzbischöflichen Residenz. Verfaßt von Anton Müller. In Musik gesetzt von Johann Wittassek Kapellmeister an der prager Domkirche. Prag 1828. Gedruckt bei M. J. Landau, am altstädter großen Ringe, Nro. 983. 2 Bl. 4.

8) Bildercatechismus nach dem Leitfaden des großen Lesebuches für Eltern und Lehrer zur häuslichen Unterweisung und Erbauung. 1. bis 8. Lieferung. Prag, 1829. 8.

9) Worte der Freude Ihren Kaiserlichen Königlichen Majestäten Frans und Caroline zur Feyer Allerhoechst Ihrer Anwesenheit in Prag, im Jahre 1838, von der K. K. Karl-Ferdinands-Universität in tiefster Ehrfurcht geweiht. Verfaßt von Anton Müller. Prag, Druck und Papier von Gottlieb Haase Söhne 3 Bl. 4.

10) 1835 arbeitete er die österreichische Volkshymne um; vgl. Sauer: Mitteilungen des Vereins für die Geschichte der Deutschen in Böhmen 33, 854 bis 856. 361 f.

11) Zum Willkomm der deutschen Naturforscher und Aerzte bei ihrer Zusammenkunft zu Prag im September 1887. Druck und Papier von Gottlieb Haase Söhne, 2 Bl. 4. unterz.: Von Prof. Anton Müller.

12) Passionsbetrachtungen von Prof. Anton Müller, mit 14 Kupferstichen nach Albrecht Dürer und Lukas von Leyden. Prag, Buchhandlung von Gottlieb Haase Söhne.

13) In seinem Nachlaß soll sich ein Drama ‚Sokrates' Tod' gefunden haben.

199. Johann Anton Müller.

1) Das Fest der Erhörung. Eine Idylle; geweiht dem Herrn Joseph Zinner, Bürgermeister der Stadt Schlan von Johann Anton Müller. Zum Besten der dortigen Stadt-Armen. Prag gedruckt bei Josepha Diesbach, Wittwe, 1815. 3 Bl. 4. [Prosa].

2) Opfer der Dankbarkeit. Dargebracht am Namensfeste des Wohlgebohrnen Herrn Panosch von Krenzinfeld, k. k. Kreishauptmanne des rakonitzer Bezirks in tiefster Ehrfurcht von Johann Anton Müller. Zum Besten der Armen der freyen Stadt Schlan. Prag 1815, gedruckt bey Josepha Diesbach, Wittwe. 4 Bl. 4.

3) Andenken an Deutschlands Decius und Deutschlands Erwachen. Zwey Gedichte. Gewidmet Germaniens Sohne Theodor Körner von Joh. Ant. Müller. Karlsbad und Teplitz. 1816. 4 Bl. 4.

a: An Theodor Körner. (‚Wem der Tod die Schlummer-Schale'). — b: Deutschlands Erwachen. (‚Rauschet im freudigen Klange ihr Töne'). — c: Anhang. Schiller. (‚Einst im Klange des süßen Empfinden').

200. Ignaz Ehrlich, k. k. Landrechtsbeamter.

1) Vgl. Nr. 50. 9) und 10) — oben S. 742.

2) Wünsche zum hohen Vermählungsfeste. Dem Hoch- und Wohlgebohrnen Fräulein Christiane Gräfinn Clam Gallas, und dem Hoch- und Wohlgebornen Herrn Franz de Paula Grafen Colloredo Mannsfeld, k. k. Hauptmann des 33ten k. k. Regiments Bakonyi. In tiefster Ehrfurcht gewidmet von Ignaz Ehrlich, k. k. Landrechtsbeamten. Am 25. September 1825. Prag, gedruckt bei Franz Gerżabek. 4 Bl. 4.

201. Johann Jungmann (Schriftstellername: **Mansuet Young**), geb. in Prag 1799, ein entfernter Verwandter von Joseph Jacob Jungmann (§ 336, 1032), studierte in Prag, wurde 1819 Gymnasiallehrer zu Leitmeritz, 1840 am Altstädter Gymnasium zu Prag. Er begann als deutscher Dichter und schrieb unter dem Namen Mansuet Young für deutsche Unterhaltungsblätter, später wurde er tschechischer Schriftsteller und nationaler Agitator, starb ?.

a. Wurzbach 1863. 10, 318 f. — b. Kehrein, Lex. 1868. 1, 176 f

1) Gefühle des Dankes bey dem Schlusse des Schuljahres 1815. Dargebracht von den Schülern des k. k. altstädter akademischen Gymnasiums, verfaßt von Johann Jungmann, in Musik gesetzt von Ferdinand Pohl, Schülern der zweyten Humanitätsklasse. Prag. 4 Bl. 4.

2) Gefühle der treuen Böhmen bei der am 16. März 1826 erfolgten Wiedergenesung ihres gnädigsten Landesvaters Seiner Majestät Franz des Ersten Kaisers von Oesterreich. Prag, 1826. Gedruckt bei M. J. Landau, Altstadt, großer Ring,

Nro. 933. unterz.: Johann Jungmann Grammatikal-Professor am Leitmeritzer k. k. Gymnasium.

202. Gefühle des Dankes dem Wohlgebornen Herrn Adam Bittner, Doctor der Philosophie, Professor der practischen Mathematik am königlich ständischen polytechnischen Institute in Prag, und Adjunkt an der königl. Sternwarte, in tiefster Ehrfurcht und Hochachtung von seinen Schülern gewidmet. Im Jahre MDCCCXV. Prag, gedruckt bei Franz Gerzabek, in der eisernen Thür. 4 Bl. 4. Am Schluß: Verfaßt von M. M..ssl.

203. Am Geburtstage Seiner Majestät des Königs von Preußen Friedrich Wilhelm des III. Karlsbad am 3ten August 1815.

204. Preußen-Lied zur Feier des Dritten August's in Karlsbad 1815. Karlsbad, 1815. 2 Bl. ‚In diesen Wunder-Gründen'.

205. Gefühle der Liebe und des Dankes am Nahmensfeste der besten Mutter Barbara Kose   von ihren Kindern. Prag, gedruckt bei Gottlieb Haase. 1815. 4 Bl. dargebracht

206. Schüler-Dank geweiht den verehrungswürdigsten Vorstehern, und den geliebten Lehrern des k. Prager Kleinseitner Gymnasiums, am Schluße des Jahres 1815, von J. K. Lehky, in Musik gesetzt von J. Lemoch, Zöglingen dieses Gymnasiums. Prag gedruckt bei Josepha Diesbach, Wittwe. 4 Bl. 4.

207. Hymne bey der Feyer eines für den Herrn Schützenhauptmann Bernard Veith und die achte Compagnie des k. k. privillegirten Scharf-Schützenkorps am 10. Jänner 1816 veranstalteten Gesellschaftsballes abgesungen. In Musik gesetzt von Anton Wollanek. Prag. 1815. Gedruckt in der Scholl'schen Buchdruckerey. 4 Bl. Am Schluß: V. v. V. F. B.

Es folgen noch einige undatierte Einzeldrucke aus diesem Zeitraume:

208. Lied am Namenstage Seiner Majestät Kaiser Franz des Zweiten im Grafischen Gartensaale gesungen. o. J. 1 Bl. 4. (‚Schwebt mit uns in Freudentänzen').

209. Aufruf an die Böhmen. Worte und Musik verfaßt von zween Böhmen. 2 Bl. Querfolio. (‚Auf zum Kampf ihr wackern Böhmen').

210. Das Zeugniß der Hochachtung an dem Namensfeste des Hochwürdigen und Gnädigen HERRN Johann Nep. Diesbach, Domherrn zu Dünnaburg kaiserl. königl. Rath in Stipendien-Wesen, und der Philosophie und Theologie Doktor; Director der Phylosophischen Fakultät, im Physischen und Mathematischen Fache. Prag, gedruckt mit Joh. Jos. Diesbachs Schriften. 8 Bl. Fol. (‚Der Tag nach dem wir uns gesöhnt'). unterz.: Deine gehorsamste Anverwandten.

211. Dem Grafen Thun dem Edlen dem Menschenfreunde. 2 Bl. 8. (‚Zehrend Feuer in dem Denkmahl').

212. An die heiligen Blutzeugen und Landespatron Johann von Nepomuk. Gedruckt bei Josepha Diesbach. 2 Bl. 8. (‚Nepomuk hat Dir das Leben').

213. Lobgedicht auf die berühmte und uralte k. k. Karl-Ferdinandische Universität in Prag. o. O. u. J. 4 Bl. 8. (‚Wem erschallen der Begeist'rung Töne').

214. Dem Herrn Karl Liebich als Kaufmann Busch im Räuschgen. Von einem Freunde der dramatischen Kunst. 2 Bl. 8. (‚Ein Räuschgen entfaltet, was nüchtern verborgen').

215. Sonnett an Demois. Therese Müller als Marie im Raoul der Blauhart. 2 Bl. 8. (‚Ein freundliches Gebild am Himmelsbogen').

216. Der Ruhm des Bieres. Ein Gesang. 2 Bl. 8. (‚Der Gerstensaft, geliebte deutsche Brüder!'). Am Schluß: Kostet 2 Kr. Mit der Musik 4 Kr. Ist zu haben bey Martin Neureutter Buchhändler in Prag in der Jesuitergasse Nro. 491. Prag, mit Schriften der k. k. Normalschul-Buchdruckerey.

·Nachträge und Berichtigungen zu diesem Bande.

(Die mit * bezeichneten wurden im Texte des vorliegenden Neudrucks vollständig,
·die mit † beichneten zum Teil durchgeführt. Auf die allermeisten übrigen wird
an den betreffenden Orten verwiesen).

S. 3, Nr. b) Res. von Fr. Th. Vischer: Jahrbücher der Gegenwart 1848. Nr. 8.
Füge als s') hinzu: Heinrich von Treitschke. Zur Geschichte der
deutschen Romantik: Preuß. Jahrb. 1882. Bd. 49, S. 34 bis 79. Bruchstück aus dem 2. Bande der Deutschen Geschichte.

S. 4 füge als tz) hinzu: Friedrich Nitzsch, Die romantische Schule und
ihre Einwirkung auf die Wissenschaften, namentlich die Theologie: Preuß. Jahrb.
1894. Bd. 75, S. 821 bis 836.

*In der Mitte füge über dem Abschnitt ein: Erstes Kapitel.

*S. 5, Nr. 1, Z. 11 l. vier, st.: drei. — *S. 6, Z. 6 f. streiche: und bis Merkel.
Vgl. § 292, 1. 4).

S. 8, Nr. a') Briefe aus Berlin. Hanau 1882. S. 72 bis 74. Gegen Schlegel.
Nr. c'. Friedrich Steinmann, Mefistofeles. Revue der deutschen Gegenwart in Skizzen und Umrissen. Cassel, 1842. Th. 1, H. 2, S. 33/42.
Vgl. dazu 2. Theil. Münster, 1846. S. 810. — *Streiche Nr. p).
r. Emil Sulger-Gebing, Die Brüder A. W. und F. Schlegel in ihrem
Verhältnisse zur bildenden Kunst dargestellt. Mit ungedruckten Aufsätzen A. W. Schlegel's. München, 1897. Haushalter = Forschungen
zur neueren Literaturgeschichte. Hg. von Franz Muncker III.

S. 9 zu den Briefen ergänze an Althof: Strodtmann, Briefe Bürgers 3, 238. —
Bürger: ebenda 3, 245. 4, 102. 137; sieh auch dort das Register. — Brinckmann:
Euphorion 1896. 3, 423/25. — Goethe: Goethe-Jahrbuch 1897. 18, S. 76 bis 100. —
Görres: Joseph Görres Gesammelte Briefe 3, S. 264 bis 266. — Karl von Hardenberg:
ebenda S. 184 f. — Iffland: Joh. Valentin Teichmanns Literar. Nachlaß hg. von Franz
Dingelstedt. Stuttgart 1863. S. 275 bis 280. Vergl. dazu L. H. Fischer, Aus
Berlins Vergangenheit. Berlin 1891. S. 96 bis 107. — Georg Andreas Reimer:
Deutsche Revue 1893. 4, 247 f. — Dorothea Schlegel: Raich, Dor. v. Schl. Mainz 1881.
I, 209. — Chn. Gtlo. v. Voigt: Hoffmann v. Fallersleben, Findlinge S. 183. Vergl.
dazu Goethe-Jahrb. 1897. 18, S. 95 f.

†Bei den Briefen an H. Jacobi lies: II, 25 statt: I, 75; bei den an C. G.
Schütz lies: 11. statt: 12; bei den an Schleiermacher füge hinzu: u. o.
Vollständig müßte die Zahlenreihe lauten: 3, 71. 122. 130. 141. 147. 169.
181. 190. 196. 218. 223. 233. 242. 249. 262. 289. 355. 362. 379. 385. 431.
Unter γ) ist bei Briefen Goethes an Wilh. Schlegel nochmals auf § 284.
B, l. 48 zu verweisen.

S. 10, Nr. 9) II, g). Die auf S. 289 bis 306 der ‚Notizen' stehende Beurteilung
von Kants Anthropologie ist von Schleiermacher. III, e). Der auf S. 129 bis 139
der ‚Notizen' stehende Aufsatz über Garves letzte . . Schriften ist von Schleiermacher.
Nr. 12), Z. 6: Neudruck bei L. Geiger, Firlifimini. Berlin 1885. S. 117 bis 141.

S. 11 zu Nr. 14) vergl. Schiller und Cotta S. 426. — Nr. 16), Z. 6: Sz. vergl.
§ 289, 2. 1). — Z. 18: Idylle. ***. [Fichte]; sieh Redlichs Chiffrenlexikon S. 42. —
Z. 25: Der Frühling. H[ardenberg, G. A. K. von] — Z. 26: Ungenannter [F. A.
Schulze (Laun); vergl. dessen Memoiren 1, 166 f.]. — Z. 26: B[ernhardi, A. F.].

S. 12, Nr. 27), Z. 6 lies: Rom. Für die studirende Jugend besonders abgedruckt
und erklärt . . . 1853. 6 S. 8. — *Nr. 29) ist von Varnhagen: § 292, 1. 4). —
*Nr. 30) Z. 5 l.: Collins Werke VI, 103.

S. 13, Nr. 37) Ueber Napoleon Buonaparte und den Kronprinzen von Schweden,
eine Parallele in Beziehung auf einen Artikel der Leipziger Zeitung vom 5ten October
1813, von August Wilhelm Schlegel. Zweite vermehrte Auflage. o. O. [1814]. 8.
S. 3 bis 8: Vorbericht des Herausgebers, unterz. B. [d. i. Friedrich Arnold Brockhaus].
*Nr. 38) Z. 4 l.: Dieterich. — Nr. 42') Jakob Necker. Von A. W. Schlegel:
Zeitgenossen 1816. Erste Reihe. Bd. 1, Abthlg. 3, S. 91/212.
Nr. 43') Niobé et ses enfants: Bibliothèque universelle. Genève 1816.
Littérature. Tom. III. S. 109 bis 132.

Nr. 45'): a. Kunst- und Antiquitäten-Sammlung des Herrn Canonicus Pick, von A. W. von Schlegel: Jahrbuch der Preußischen Rhein-Universität. Bonn, bei Eduard Weber. 1819. I. Bandes I. Heft. S. 94 bis 98. — b. Ueber den gegenwärtigen Zustand der Indischen Philologie: ebenda 1819. I. Bandes II. und III. Heft. S. 224 bis 250.

*S. 14. Nr. 51 lies: § 284, 8. 6).

Nr. 56): Eine deutsche Übersetzung von J. B. Rousseau steht in dessen Rheinischer Flora. Blätter für Kunst, Leben, Wissen und Verkehr 1825. Vergl. Deutsche Rundschau 1875. 3, 371 f.

*Nr. 57) Vergl. § 293, IV. 2.

*Nr. 58), Z. 3 lies: 15, statt: 10.

*S. 15, Nr. 70), Z. 1 lies: Prichards.

S. 16, Nr. 75) VIII. Umrisse ... vorher: Alpenrosen 1812. S. 245 bis 266. 1813. S. 92 bis 105. Hier ist zum erstenmal geschrieben: der Rhone.

S. 17. Füge hinzu: p') Euphorion 1894. 1, 608 bis 612.

*S. 19, Nr. c), Z. 1 streiche: Neues bis (Z. 2) und 22.

Nr. d') Galerie von Bildnissen aus Rahel's Umgang und Briefwechsel. Hg. von K. A. Varnhagen von Ense. Leipzig 1836. 1, 223 bis 238.

Nr. i') David August Rosenthal, Convertitenbilder aus dem neunzehnten Jahrhundert. Schaffhausen 1866. 8. 89 bis 132. Herrigs Archiv 44, 84.

Nr. j') J. Kehrein, Biographisch-literar. Lexikon. 1871. 2, 92 bis 98.

S. 20. Ergänze zu den Briefen an Brinckmann: Euphorion 1896. 3, 422 f. — Görres: Joseph Görres Gesammelte Briefe 2, 337. 3, 337. — v. d. Hagen: Hoffmann von Fallersleben, Findlinge S. 198. — an ?: ebenda S. 195 und Schnorrs Archiv 1886. 14. 67. — Georg Andr. Reimer: Dtsch. Revue 1893. 4, S. 99 f. — Varnhagen von Ense: Dorow, Reminiscenzen. Leipzig 1842. S. 87 bis 89.

Nr. 8) Die Rezension von Schillers Horen Band 5, St. 7, S. 74 f.; vergl. Band V. S. 197. Achter Band zu Ende.

†*Nr. 11), Z. 2 lies: Band 1. St. 2. S. 258 bis 261. Vergl. S. 428. J. Minor (Nr. 40) Band 1, S. 114 bis 115.

Die Nummern 8) und 11) tauschen deshalb besser ihre Plätze, daß 11 zu Nr. 8) und 8 zu Nr. 11) wird. Nach der neuen Nr. 11) ist als 11') einzuschieben: Rezension von Jacobis Woldemar: Reichardts Deutschland Band 3, St. 8, S. 185 f. — § 283, 1. 12) I. a.

S. 21, Nr. 15) vor a. einzuschieben: Georg Forster. Fragment einer Charakteristik der deutschen Klassiker: Reichardts Lyceum ... 1, 1, 32 bis 78 = § 283, 1. 18) I. c. Sieh § 293, IV. 5. f.

Nr. 15') Rezension der vier ersten Bände von Niethammers philosophischem Journal: Jenaer Lit.-Ztg. 1797. 1, 713 f. — § 283, 1. 13) I. b.

Nr. 20), Z. 6. Vor Neue schiebe ein: Zweite unveränderte Ausgabe. Stuttgart: Druck und Verlag von Fr. Henne. 1859. 152 S. 8. — Statt: Coburg 1868. 8. lies: Neue unveränderte Ausgabe. Coburg, Verlag von Georg Sendelbach. 1868. 146 S. und 1 Bl. 8. — *Nr. c., Z. 2 lies: § 295, I. 15. 1).

*S. 22, Nr. 22), Z. 2 lies: 35) VIII statt: 35) VI.

*Nr. 23b) lies: § 289, 4. 4) a und b.

*Nr. 24) h. sieh § 290, 3. 1) — Band VI. S. 185.

*Nr. 24) i. lies: Von Raphael (die alte und die neue) Schule der italiänischen Mahlerei; usw.

S. 24, Nr. 29b) Mitarbeit am ,Österreichischen Beobachter', 1810 von Pilat redigiert: Zsch. f. dtsch. Philol. 1897. 29, 217 f. (Steig). Sieh § 298, A. II. cc. — oben S. 510.

Nr. 30) Adolf Huber, Friedrich Schlegels ,Romanze vom Licht': Festschrift des dtsch. akadem. Philologen-Vereins in Graz. Graz 1896. S. 99 bis 108.

Nr. 30') Die Zeitalter der Kreuzzüge: Vaterländisches Museum. Hamburg, bey Friedrich Perthes. 1810. 8. S. 571 f.

Nr. 32) Übersetzt ins Italienische von F. Ambrosoli. Zweite Auflage. Mailand 1857.

*Z. 4 von unten lies: A. Heinr., statt: A. B.

S. 27. Nr. 37) Übersetzt ins Englische von J. Burton Robertson. London 1859.
Nr. 37') Philosophische Vorlesungen insbesondere über Philosophie der
Sprache und des Wortes. Wien 1830.
*Nr. 39) am Ende lies: g, statt: f.
*Nr. 43) lies: Silbert, statt: Sibots. Vergl. § 336, 1028. 8).
Nr. 4. Briefe an Schleiermacher: Euphorion 1894. 1, 608 bis 612.
*Z. 6. v. u. lies: Dorow, Denkschriften.
*S. 28, Nr. 1. Z. 2 lies: Frdr. Gedike das Friedrich-Werdersche Gymnasium.
S. 29, Z. 17 v. u. In Rom wäre Tieck katholisch geworden, sieh D. A. Rosen-
thal, Convertitenbilder. Schaffhausen 1866. 1, 304. Vergl. aber S. 112 Anm.
und S. 1087. H. v. Chezy, Unvergessenes 2, 98. Köpke, Tieck 2, 142 und 283.
S. 31, Z. 10 v. u. lies: nahm er, von den dürftigen Anmerkungen abgesehen,
nur usw.

S. 32, Nr. a') Grabbe, Ueber die Shakespearomanie (1827): Grabbes Werke,
hg. von Blumenthal 4, S. 152 bis 154.
Nr. b) lies: Anbeter gemeiniglich den Großen zu nennen pflegen: Simon
Ratzebergers des Jüngsten u. s. w.
Nr. b') Litteraturblatt zum Morgenblatte 1828. Nr. 86 (W. Menzel?
vgl. ζζ) 4, S. 295).
Nr. d') Fr. Laun, Memoiren 1837. 1, S. 168 bis 176. 2, S. 142 bis 144.
162 bis 166 u. o.
Nr. d") Th[eodor] M[undt], Ludwig Tieck, Leben und Poesie: Charaktere
und Situationen. Vier Bücher Novellen, Skizzen, Wanderungen auf
Reisen und durch die neueste Litteratur. Wismar und Leipzig 1837.
2, 250 bis 289.
Nr. k') Fr. Adami, E. v. Houwalds Werke 1858. 1, S. 37. 40.
Nr. q') H. Th. Rötscher, Zur Würdigung Ludwig Tiecks: Kritiken
und dramaturgische Abhandlungen. Leipzig 1859. S. 205 bis 210.
Nr. q") Varnhagen von Ense, L. Tieck: Denkwürdigkeiten und ver-
mischte Schriften 1859. 8, S. 356 bis 359.
Nr. q³) Wilhelm Chezy, Erinnerungen aus meinem Leben. 1. Buch.
Schaffhausen 1863. S. 195 bis 199.
Nr. r') M. v. Weber, Carl Maria v. Weber 1864. 1, S. 416 f. 456 f. 2,
272 bis 275. 461.
Nr. s) lies: § 282, 1) S. 298.
Nr. u') C. C. Hense, Deutsche Dichter in ihrem Verhältnis zu Shakespeare:
Shakespeare-Jahrbuch 1871. 6, S. 101 bis 124.
Nr. u") Heinrich Laube, Das norddeutsche Theater 1872. S. 85 bis 96.
Nr. dd') J. Minor, Klassiker und Romantiker: Goethe-Jahrb. 1889. 10,
S. 212 bis 232.
Nr. dd") Eugen Kilian, Tieck und Immermann als Vorläufer der Münchner
Bühnenreform: Allg. Ztg. 1890. Beilage Nr. 184.
Nr. mm) Allg. dtsch. Biographie 1894. 38, 251 bis 276 (Wilh. Bernhardi).
Nr. nn) Gotthold Klee, Zu Ludwig Tiecks germanistischen Studien.
Progr. Bautzen 1895. 31 S. 4.
Nr. oo) Max Koch, Tieck's Stellung zu Shakespeare. Vortrag: Jahr-
buch der dtsch. Shakespeare-Gesellschaft 1896. 32, S. 330 bis 347.
Nr. pp) A. Bock, L. Tieck und G. Freytag: Velhagen-Klasings Monats-
hefte 1895. Juli; Allg. Ztg. 1896. Beilage Nr. 4. Die Briefe stehen
schon ζζ) 1, S. 215 bis 219.
Nr. qq) Heinr. Bischoff, L. Tieck als Dramaturg. Bruxelles 1897.
124 S. 8. Vgl. Dramaturgische Blätter. Beiblatt zum Magazin für
Litteratur 1898. Nr. 10. 11.
Zu den Briefen füge hinzu: (2) Briefe an den Bauchredner Alexander
(d. i. Alex. Vattemare): Die Gartenlaube 1868. Nr. 27. S. 425 f. —
β) August und Sophie Bernhardi: Euphorion, 8. Ergänzungsheft 1897.
S. 211 bis 215. — γ') Görres: Joseph von Görres Gesammelte Briefe.
Bd. 2, S. 600 f. — η) Zuerst: Aus dem Leben von J. D. Gries. 1855.
S. 148 bis 150. — η') Fr. H. v. d. Hagen: nn) S. 24 bis 26. — λ) Vergl.
Immermann, Münchhausen 4 (1839), Widmung. — μ) = Kerners
Briefwechsel mit seinen Freunden 1897. 2, S. 193 f. 199 bis 201. 389

bis 392. — π') J. Ch. B. Mohr: nn) S. 27f. — π'') B. G. Niebuhr:
Mitteilungen aus dem Litteraturarchiv in Berlin 1894. 1, S. 38 bis 41. —
r) Raumer: Histor. Taschenbuch 1841. N. F. 2, S. 274 bis 276 —
Raumer, Vorlesungen über die alte Gesch. 2. Aufl. 1847. 2, S 544f.
— r') Joh. Frdr. Reichardt: Holtei, Briefe an Ludwig Tieck 3, 103 bis
107. — r'') Ge Andr. Reimer: Deutsche Revue 1898. 4, S. 242f. —
χ) zwei an A. W. Schlegel: nn) S. 7. 11.

†S 85 Nr. 16) lies: Die Söhne. Eine Scene aus dem Mittelalter [1795]: Archiv
der Zeit und ihres Geschmackes. Berlin 1795. Bd. 1, S. 197 bis 203, 298 bis 308;
unter dem Titel: Die Versöhnung. Eine Erzählung: Schriften Band 14, 109f.

*S. 85 lies ebenso wie S. 86 überall: Straußfedern.
*Nr. 25) lies: 37 bis 58.

S. 36, Nr. 34) füge hinzu: Das Märchen vom gestiefelten Kater in den Be-
arbeitungen von Straparola, Basile, Perrault und Ludwig Tieck. Mit 12 Radierungen
von O. Speckter. Leipzig 1843. 4.
*Nr. 39) III. lies: 18, statt: 17.
Nr. 41) Zweite (Titel-)Auflage: Prinz Aldrovan oder das Ungeheuer.
Bremen, Joh. Heinr. Müller. 1807. 8.
Nr. 42) lies: Band 8, statt: Band 7.
*Nr. 43) VII streiche: 42) und lies: VIII: Nr. 42) und 44).
*Nr. 45), Z. 4 lies: Band III.

S. 37, Nr. 47) Vergl. Er. Schmidt, Tannhäuser in Sage und Dichtung: Festschrift zum 8. Okt. 1892. Weimar. S. 1 bis 41.

S. 38, Nr. 63) Vergl. nn) S. 22 bis 29.
Nr. 66) Vergl. Fr. Schlegel: Deutsches Museum 1, S. 193. 489 bis 446.
Nr. 70) Frauendienst . . . Mit Einleitung von Alfr. R. Ruhemann.
Leipzig 1885. 12. = R. Bergners Volks-Biblioth. Nr. 20.

S. 39, Nr. 76) Gemälde. — Auch: Heyse-Kurz, Dtsch. Novellenschatz. Band 2.

S. 40, Nr. 80) Nach mm) Bernhardi S. 272 hätte sich Dorothea mit Baudissin
in die Übersetzung der sechs Stücke geteilt. Diese Meinung ist für den 1. Band
abzuweisen, da Baudissin erst i. J. 1827 Tieck kennen lernte; Baudissin hat über
seinen Anteil nichts verlauten lassen.
†Nr. 83) Der Text der Spohrschen Oper ist von Karl Pfeiffer. Sieh Spohrs
Selbstbiographie 2, S. 175.

S. 41, Nr. 86) Gesellschaft auch: Ges. Novellen (Nr. 123) 8, 207f.
Nr. 87). Vergl. Karl Joh. Braun von Braunthal, Shakespeare. Drama
in 8 Acten. Nach Ludwig Tiecks Novelle „Dichterleben'. Wien 1836.
Ant. Pichlers Druck und Verlag. 108 S. 8.
*Nr. 89), Z. 5 lies: § 291, 4.

S. 42, Nr. 105) Zuerst in der Abendzeitung? . . . Vergl. Goethe-Jahrbuch
1889. 10, 164.
Nr. 111) Vergl. Grillparzer. Werke⁵, Band 13, S. 131 und Band 16,
(A. Sauer); Minor: Seufferts Vierteljahrschrift 5, S. 621 bis 624. 261.

*Nr. 118) Lebens Überfluß auch: Heyse-Kurz, Dtsch. Novellenschatz, Bd. 3.
*S. 43, Nr. 124) II. k. lies: 91, statt: 90.
*Nr. 127), Z. 8 lies: 20); 39'); 17) erster Teil; 77).
*S. 44, Nr. 128') Vergl. nn) S. 17 bis 20.
S. 45, Nr. 2. füge hinzu: Hans Genelli an Bernhardi: (Dorow) Denkschriften 2, 91 f.
*S. 46, Nr. 3. 5), Z. 1 lies: G. A. K.
Nr. 4. Brief an Sophie Tieck (1794 Februar 13): Zschr. f. d. österr.
Gymn. 1892. 42, 107f.
*S. 47, Nr. 5., Z. 1 lies: 2, statt: 23.
*Letzte Zeile lies: 798 bis 799.
*S. 48, Z. 6 bis 17 lies: Jena, dann (Mich. 1791) in Leipzig und (Ost. 93) in
Wittenberg Rechtswissenschaften. In Leipzig lernte er während des Wintersemesters
1791/92 Friedrich Schlegel kennen. Seine praktischen Übungen machte er von Herbst
1794 an im damals kursächsischen Tennstädt in Thüringen beim Kreisamtmann Just.

Damals lernte er in Grüningen bei Greußen, das von Tennstädt 1½ Meile entfernt ist, Sophie von Kühn kennen und verlobte sich am 15. März 1796 mit ihr, verlor sie aber schon am 19. März 1797 durch den Tod. 1796 wurde H. Salinen-Auditor in Weißenfels, Ende 1797 bis 1799 war er in Freiberg, um unter Werner Bergwerkskunde zu studieren. Ende 1798 verlobte er sich mit Julie, der Tochter des Berghauptmanns von Charpentier. In engeren Verkehr mit den beiden Schlegels kam er von 1797 ab. Als er 1799 Salinen-Assessor in Weißenfels geworden war, trat er mit dem Kreise der romantischen Dichter, die sich damals in Jena vereinigten, in nähere Verbindung und verfaßte von da an seine meisten Dichtungen. 1800 wurde er zum Amtshauptmann in Thüringen designiert, konnte aber sein Amt nicht antreten, da er langsam hinsiechte, nachdem er seit dem Tode der Sophie von Kühn gekränkelt hatte.

*S. 50, Nr. a) ist von J. C. Just — S. 51, Nr. 5) a.

Nr. a') Louise Brachmann, Einige Züge aus meinem Leben, in Beziehung auf Novalis: Kinds Harfe 1815. 2, 291 bis 310.

g') Wilhelm Dilthey, Leben Schleiermachers. 1870. 1, 530 f.

Zu i) vgl. Neue evangel. Kirchenzeitung Jahrg. 15, Nr. 33 und Jahrg. 26, Nr. 52. R[udolf] H[aym], Eine Nachlese zu Novalis' Leben und Schriften: Preußische Jahrbücher 1873. 81, 563 bis 576.

S. 51, zu Nr. l) Wörner. sieh Deutsche Litt.-Ztg. 1888. Nr. 12 (J. Minor).

Zu Nr. r) Bing. sieh Anz. f. dtsch. Alterth. 1896. 22, 129 bis 131 (O. F. Walzel).

Zu den Briefen ergänze: α') Joh. Benj. Erhard: Erhards Denkwürdigkeiten. Stuttgart 1830. 8. 300 f. — β') Reinhold: Morgenblatt 1844. Nr. ....; wiederh. Nr. 5) S 132 bis 143. — β'') Schiller: Morgenblatt 1844. Nr. 52; wiederh. Nr. 5) S. 129 bis 132.

Zu Nr. 4) e. füge hinzu: M. Maeterlinck, Novalis, Les disciples à Saïs et les fragments. Trad. de l'allemand. Bruxelles 1895. 8.

*S. 52, Nr. 2, Z. 2 lies: 1781, statt: 1778.

†Nr. 3. lies: Gottlob Albrecht Karl v. H. Seine Gattin Henriette Luise Juliane (1788 bis 1868). eine Tochter Frdr. Leopolds Grafen zu Stolberg (§ 232, 14) trat als belletristische Schriftstellerin hervor. Sie bediente sich der Decknamen S. J. F. Wendal und S. J. F. Wandel.

*Nr. 3., Zeile 2 lies: 5) statt: 4).

Nr. 4. Paul Lorenz, Johann Baptist von Albertini. Ein Lebensbild. Diss. Chur. 1894. 88 S. 8.

Letzte Zeile. Nach Meusel, Gel. Teutschl., war Joh. Jak. Winterwerber (1753 bis 1805) Lehrer, dann Direktor des rheinpfälz. öffentlichen Erziehungsinstitutes für männliche Zöglinge zu Mannheim.

S. 57, Nr. r') Ernst Raßmann, Nachrichten. 1866. S. 39 bis 42. 1881. S. 80 f.

S. 58, Nr. nn) lies: 72, statt: 8.

Nr. qq) A. Chr. Kalischer, Clemens Brentanos Beziehungen zu Beethoven: Ergänzungsheft zu Euphorion, Bd. 2. 1895. S. 86 bis 64, vgl. S. 77. — Dazu als „Beilage' August Sauer, Ueber Clemens Brentanos Beiträge zu Carl Bernards Dramaturgischem Beobachter: ebenda S. 64 bis 81; sieh ebenda 8, 797 bis 799.

Nr. rr) Erinnerungen der Frau von Ahlefeld: Cardanus, Die Märchen Clemens Brentano's. Cöln 1895. S. 93 bis 100.

Briefe an μ') Frau von Stägemann: Erinnerungen für edle Frauen von Elisabeth Stägemann. Leipzig 1846. 2, 276 bis 278.

*S. 60, Nr. 19) lies: Universitati literariae. Kantate auf den 15ten October 1810 von Clemens Brentano. Berlin 1810. 16 S. 4.

S. 61, Nr. 28). Vgl. auch Sauer. Nr. qq.

Nr. 28') Mitarbeit an den Wiener Friedensblättern.

Nr. 30') Mitarbeit für ‚Orient oder Hamburgisches Morgenblatt'; darin 6. Juli 1815 ‚Aufgang des Sterns von der Katzbach, à la belle alliance. Den 19. Juni 1815'. Schriften 2, 43 f.

Nr. 31') Mitarbeit am Nieder-Elbischen Merkur. Hamburg 1816.

*Nr. 36), Z. 3 lies: 1889, statt: 1891.

S. 62, Nr. 46. Zweite Auflage. Stuttgart, Cotta 1879. II. 1 Bl., L, 344 S. und 3 Bl., 422 S. 8. — Deutsche Volksbibliothek. Vierte Reihe.

(J. v. Eichendorff) Brentano und seine Märchen: Histor.-politische Blätter 1847. 19, 85 bis 94. — H. Cardauns, Die Märchen Clemens Brentano's. Köln 1895. 8. Sieh Euphorion 1896. 8, 791 bis 799 (Reinhold Steig).

S. 63, Nr. 2. Brieffragment an Merean: J. B. Erhards Denkwürdigkeiten. S. 386, S. 64, *Nr. 2 am Ende lies: V. S. 429, statt: VI, S. 429. — Zeile 3 von unten: Im J. 1821 nahm sich Goethe (Weim. Ausg. III. 8, 89) des Grabmals der Sophie Brentano an.

S. 66, Nr. 6. Zu a. vergl. Chn. Hermann Weiße: Jahrbücher f. wissenschaftl. Kritik 1840. Novbr. Nr. 96 bis 98 — Kleine Schriften zur Aesthetik und ästhetischen Kritik. Leipzig 1867. 8. S. 171 bis 194.
    b. lies: Karl Schwartz.
    f. Ernst Jeep, Karoline von Günderode. Mittheilungen über ihr Leben und Dichten. Wolfenbüttel [1895]. 8.
    g. R. Dittenberger, Karoline von Günderode (Briefe an Daub): Westermanns illustr. dtsch. Monatshefte. Dez. 1895. Bd. 79, S. 852 bis 857.
    h. R. Steig, Zur Günderode: Euphorion 1896. 3, S. 478 bis 480.
    i. Erwin Rohde, Friedrich Creuzer und Karoline von Günderode. Heidelberg 1896. XV, 142 S. 8.

S. 67, Nr. 1') Geschichte eines Brahminen, unterzeichnet ‚Tiann': Herbsttage von Sophie von Laroche. Offenbach 1805. 8. S. 24 bis 27.
    Nr. 4') Melete, von der Günderode und Creuser gemeinsam unternommen, bei Mohr und Zimmer in Heidelberg 1806 bis zum fünften Bogen gedruckt Das einzige (wie es scheint) erhaltene Exemplar auf Stift Neuburg bei Heidelberg. Mitteilungen daraus bei Rohde, Creuzer und K. v. Günderode. S. 124 bis 142.

S. 72, Nr. ff) Reinhold Steig, Achim von Arnims schwäbische Reise 1820: Schwäbische Kronik, des schwäbischen Merkurs 2. Abteilung 1. Bl. Sonntagsbeilage Nr. 242 und 245, 16. und 20. Oktober 1897.
    Briefe: α) Sieh auch Zsch. f. dtschn. Philol. 1896. Band 29, S. 202 und vergl. Nr. ff). — α') Böhmer: Janssen 1, 149; Cardauns, Die Märchen Clemens Brentano's. Cöln 1895. 8. 100 bis 103; Euphorion 3, 796 f. — ε') Ferdinand Grimm: Zsch. f. dtsch. Philol. 1896. Band 29, S. 211. — ο') Joh. Sigism. Ruhl: (Münch.) Allg. Ztg. 1892. Beilage Nr. 224. — ν') Thomas: Cardauns, Die Märchen Clemens Brentano's. S. 101. — ψ') Veit: Geiger, Dichter und Frauen 1897. S. 232. — ψ') J. H. Voß: Görres' Gesammelte Schriften 8, 40 bis 44. — ω') Ernst Wagner: Zsch. f. dtsch. Philol. 1896. Bd. 29, S. 209 bis 211.

S. 73, Nr. 12). Mit einer Einleitung von Gustav Wendt. Berlin 1873. II. 8. — Mit Einleitung und Anmerkungen hg. von Robert Boxberger. Berlin, 1884. Ferd. Dümmler. II. 8. — Zum Einleitungsgedichte vgl. Kochs Zsch. 1897. N. F. 11, 481 bis 484 (Otto Warnatsch).

*S. 82, r) lies: 1892. Bd. 72, S. 262 bis 274.
    Briefe an α') A... B.... (kgl. bayr. Appellrat, † 1857): Die Gartenlaube 1870. Nr. 20. S. 815 (über Beethoven).

S. 83, an β') Böhmer, Janssen 1, 148 f. — π') Lappenberg: E. H. Meyer, Lappenberg S. 129. — π') Franz Liszt: La Mara, Franz Liszt. 1895. S. 43. 46. 51. 240. 275. — ρ') Klara Mundt (Luise Mühlbach): Gf. L. Paars Autogr.-Sammlung 1893. Nr. 1793. — τ') Ranke: Deutsche Revue 1895. — φ') Rudloff; Briefwechsel Meusebachs mit J. und W. Grimm. Heilbronn 1880. S. 415.
    Brief an Bettina von Emanuel Geibel (1841 November): Euphorion 1896. 3, 18 bis 20.

*S. 84, Nr. 3) c, Z. 5 lies: Nr. n), statt: Nr. m).
    Nr. 3. Rezensionen. η') Paulus, Conversationssaal 1836. S. 145 bis 161; Neuer Sophronizon. Darmstadt 1841. 2, 405.
    Nr. 4) Übersetzt ins Englische 1841 von der Amerikanerin Margarethe Fuller-Ossoli.

S. 89, Nr. 6) 1857. Vergl. G. Keller an L. Assing 1858 Januar 1: J. Baechtold, Kellers Leben. Berlin 1894. 2, 413 bis 415.

*S. 90, Z. 6 lies: Karl, statt: Ludwig.
*S. 91, Z. 7 v. u. lies: 1810, statt: 1811.
*Z. 8 v. u. lies: 16. Juli, statt: 14. Juni.
*S. 92, Z. 17 lies: Enzersdorf.
S. 93, Nr. b) Sieh Tag- und Jahreshefte 1807. — W. A. I. 36, 391 bis 393.
    Nr. g'. Joh. Em. Veith, Nekrolog: Passys Oelzweige. Wien 1828. Jahrg. 5,
        Stück 15, S. 56 bis 64. (Sieh Joh. Heinr. Loewe, Joh. Em. Veith. S. 61).
S. 94, Nr. l'. Julius Schneller, Zacharias Werner: Hinterlassene Werke.
Leipzig und Stuttgart 1834. 3, S. 119 bis 138. Vorher im Hesperus 1819.
    Nr. l". Harter, Ausflug nach Wien und Preßburg im Sommer 1839.
        S. 150 f.
    Nr. m'. Karoline Pichler, Denkwürdigkeiten. Wien 1844. 3, 64 f.
    Nr. w). Geistes-Funken. Der Vf. ist nach Wellers Lex. Pseudon. Isidor
        Königsberger. Raßmann, Lex. dtsch. pseud. Schr., S. 148, teilt die
        Schrift Karl Frdr. Fenkohl zu; dieser aber bediente sich des Deck-
        namens Karl Frdr. Regiomontanus.
    Goethe und Werner s. Band IV. S. 580, 135.
    x. Gräfin Elise von Bernstorff, geborene Gräfin von Dernath. Ein Bild
        aus der Zeit von 1789 bis 1835. Aus ihren Aufzeichnungen. Berlin
        1896. Ernst Siegfried Mittler und Sohn. 8. 8. 180 f.
    Briefe: α. — Hitzig I, 361 bis 364. — α'. Dalberg: Sebastian Brunner,
        Clemens Maria Hoffbauer und seine Zeit. — γ'. Peguilhen: Gubitz,
        Erlebnisse 1, 217 f. — γ". Karl Regiomontanus: Blätter für literar.
        Unterhaltung 1827. Nr. 1 und 2. — γ'". Riemer: G. A. Müller, Un-
        gedrucktes aus dem Goethe-Kreise. München 1896. S. 22.
*S. 95, Nr. 18), am Ende lies: Nr. m), statt: Nr. g).
*S. 96, Z. 21 lies: Er wurde in Bern mit Heinrich Zschokke, Heinrich Geßner.
*S. 98, Nr. c) über der Zeile lies: 94, statt: 72.
S. 99, Nr. r') Theophil Zolling, Ein Porträt zum Kleist-Tage: Die Gegen-
wart 1881. Nr. 41.
    Nr. v') Heinrich v. Kleist: Wissenschaftliche Beilage der Leipziger Zeitung
        1882. Nr. 41.
    Nr. aa') Walther Bormann, Neueres über Heinrich von Kleist: Unsere
        Zeit 1886. Heft 4.
    Karl Liebrich, Zur Lebensbeschreibung H. v. K.: Grenzboten 1886. 45,
        Nr. 46 und 47.
    W. Bormann, Zur Biographie und Kritik Heinrich v. Kleists: Allg. Ztg.
        1887. Beil. Nr. 37, 42, 43 und 47.
S. 100, Nr. jj) zu vervollständigen: bis 347.
    Nr. mm') Heinrich von Kleist. Trauerspiel in 5 Akten von Karl Liebrich.
        Reudnitz-Leipzig, 1888. 8.
    Nr. pp. Hermann Conrad, Heinrich von Kleist als Mensch und Dichter.
        Berlin, Herm. Walther. 1896. 40 S. 8.
    Nr. qq. Helene Zimpel, Heinr. von Kleist und die Romantiker: Nord
        und Süd 1896. Band 77, S. 369 bis 391.
    Nr. rr. Georg Minde-Pouet, H. v. K. Seine Sprache und sein Stil.
        Weimar 1897. 8. Vgl. Euphorion 4, 680 bis 684 (Walzel).
    Nr. ss. Emil Mauerhof, Schiller und Heinrich von Kleist. Zürich und
        Leipzig 1898. 8.
    Brief an Goethe: Goethe-Jahrb. 1888. 9, 48 f.; dazu S. 93 f. — Goethe
        an Kleist: Strehlke, Goethe's Briefe 1, 342 f. und W. A. 4, 20. 15 f.
    Zu η) vergl. auch Karl Siegen, Heinr. v. Kleists Liebesleben: Magazin für
        die Lit. des In- und Auslands 1884. Nr. 37 und 38.
S. 100, Nr. 1) Hermann Conrad, Heinrich von Kleists ‚Familie Ghonorez':
Preuß. Jahrb. 1897. Bd. 90, S. 242 bis 279. — Eine Bearbeitung auch durch A.
B. Dulk: F. Wehls Deutsche Schaubühne 1862. 3. Jahrg. Heft 8.
    Nr. 2) Wilhelm Ruland, Kleists Amphitryon. Eine litterarhistorische
        Untersuchung. Berlin 1897. 8.

S. 102, Nr. 4) Penthesilea. Ein Trauerspiel in fünf Akten. Für die deutsche Bühne eingerichtet von Hermann Biotte. Mit einem Vorwort von Ewald Böcker. Leipzig 1876. 8.

*Z. 10 lies: 1893. VI, statt: 1894. V.

Nr. 6). Das Käthchen von Heilbronn für die Bühne eingerichtet von Eduard Devrient. Als Manuscript gedruckt. Dresden, o. J. (1852); vergl. ferner Feodor Wehl, Fünfzehn Jahre Stuttgarter Hoftheater-Leitung. Hamburg 1886. 8. 188 bis 212. — Karl du Prel, Käthchen von Heilbronn: Allg. Ztg. 1890. Nr. 320 vom 18. Novbr. — Spiridion Wukadinović, Über Kleists ,Käthchen von Heilbronn': Euphorion 1895. Ergänzungsheft. Band 2. S. 14 bis 36. — Von K. Siegens Neubearb. erschien 1898 im Verlage von Paul Beyer in Leipzig eine zweite, teilweise veränderte Ausgabe.

Nr. 7) I. a. Michael Kohlhaas ist auch von Wilhelm von Ising, Cassel 1861. 16., von A. Louis Schenk, Esslingen 1866. 8., von Wilh. Paul Graff, Leipzig 1871. 8. und von H. Riotte, Leipzig 1886. 8. dramatisiert worden. — I. b. Vergl. auch Goethe-Jahrb. 1884. 5, 60 und Grenzboten 1884. Nr. 22.

S. 103, Nr. 8). Eine Wiedergabe des J. J. Le Veau'schen Kupferstichs von Philibert Debucourts ,La cruche cassée' hat Karl Siegen in der Illustr. Ztg. Nr. 1756 vom 24. Februar 1877 veröffentlicht; ebenso in Nr. u).

Z. 10 lies: Gottlieb Ritter (d. i. Theophil Zolling) und Reinhold Köhler, Literaturgeschichtliche Antworten: Deutsche Dichterhalle 1873. Nr. 15. S. 105f. Beide Verfasser weisen zum erstenmale nach, daß das Urbild von Kleists ,Zerbrochenem Krug' der Le Veau'sche Kupferstich von Debucourts ,La cruche cassée' ist.

S. 104, * Nr. 16) lies: Nachträge, statt: Nachrichten.

Nr. 28) Heinr. von Kleists sämtliche Werke. Neu revidirte Ausgabe. Mit einer biographischen Einleitung (38 Seiten) hg. von Karl Siegen. Leipzig 1895. IV. 8.

Nr. 29) H. v. Kleist, Zwei Lustspiele, hg. von E. Wolff. Oldenburg, Schulzesche Hofbuchhandlung. Sieh Band VII. S. 668 zu S. 450.

* S. 105, Z. 2 lies: Bern, statt: Zürich.

* Brief an seinen Vater: Die Grenzboten 1870. 2, 262.

Nr. 2. 1) enthält: I. a: Dialogen. — b: Das Fest der Liebe. Eine Erzählung. — II. 1805. c: Die Glücksritter. Eine Erzählung. — d: Der Barbier von Bagdad. Eine Posse nach dem Französischen. — e: Der Unglückliche. Ein Schwank. — f: Verwegenheit aus Liebe. Eine Geschichte in Briefen. — g: Gespräch.

* Nr. 2. 5) Sieh § 296, 70. 16) b.

Nr. 2. 5') Beiträge zu Ludens Nemesis 1815. V. Seite 260f. 487f. 1816. VI. S. 614f. u. a.

S. 106, Nr. c'. J. Schneller: Werke 3, 139f.

Briefe an Ziegler: Lemberts Taschenbuch für Schauspieler und Schauspielfreunde auf 1822. — von Gentz: Aus dem Nachlasse Fr. v. Gentz 1, 18 bis 31. — von H. v. Kleist (s. S. 100).

* S. 107, Nr. 10) Mäon. Zuerst: Berlin 1809 bei Joh. Frdr. Unger.

* Nr. 15) ist bloß Titelausgabe der Einzeldrucke.

S. 108, Nr. 1. Briefe von Loeben an Raßmann: Friedrich Raßmann's Leben und Nachlaß. Nebst einer Auswahl von Briefen seiner Freunde. Münster, gedruckt bei Friedrich Regensberg. 1833. S. 189 bis 209. Vergl. außerdem dort S. 21. 23. 34. — Von Uhland: Uhlands Leben S. 26. — Aus dem Briefwechsel Helmina Chezys und Graf Loebens 1814: Mittheilungen aus dem Litteraturarchive in Berlin 1898, S. 33 bis 86.

* Z. 3 v. u. lies: Schwan, statt: Schwarz und ebenso S. 109, Nr. 3), Z. 2.

S. 109, Nr. 5') Mitarbeit an H. v. Kleists Berliner Abendblättern.

S. 110, Nr. 1. 26') Mitarbeit an dem in Mannheim 1821 bis 1824 erscheinenden Unterhaltungsblatte Charis.

Nr. 2. Vergl. D. A. Rosenthal, Convertitenbilder. Schaffhausen 1866. 1, 390 bis 407.

Nr. 6') Mitarbeit an Adam Müllers Staatsanzeigen; vgl. § 293, S. 18).

Nr. 9') Triumphe deutscher Vorzeit. Gedicht in fünf Kapiteln (Terzinen). W. v. Schütz: Askania, Zeitschrift für Leben, Litteratur und Kunst. Hg.: Wilhelm Müller. Dessau 1820. 8. 89 bis 125. Das Gedicht in Form der Triumphe Petrarcas war im J. 1810 geschrieben.

Nr. 10) Probescenen aus: Carl der Kühne. Trauerspiel von Wilhelm von Schütz: Askania, Zeitschrift für Leben, Litteratur und Kunst. Dessau 1820. 8. 381 bis 417. Der erste Akt.

8. 111, Nr. 3. Seckendorff. Vgl. (Karl Bertuch) Andenken an L. v. Seckendorf: Journal des Luxus und der Moden 1809. Dezember, 8. 785 bis 789. — Mayer, Uhland 1, 88 f. 146. — L. Fränkel, Leo von Seckendorff und die schwäbischen Dichter: Bes. Beilage des Staatsanzeigers für Württemberg 1892. 8. 207 f. — Steig, Arnim 1, 275. — Wilh. Heyd, Bibliographie der Württemberg. Geschichte. Stuttgart 1896. 2, 617. — Sonntagsblatt 2, 812. 825. 8, 18. 41. Brief an Schiller: Urlichs, Briefe an Sch. Nr. 296. Briefe an 8. von Schiller: Jonas 6, 254 f. 296 f. — Uhland: Uhlands Leben. 8. 79

*8. 113, Nr. 4. 4) a., Z. 5 lies: Kochen, statt: Kochem.

8. 116, Nr. h'. Arnold Steudener, Briefliche Plaudereien über norddeutsche Natur und norddeutsche Dichter. Progr. der Klosterschule Roßleben. Halle 1871. 4. 8. 28 f.

Nr. h". Nerrlich, Jean Paul und seine Zeitgenossen. 1876. 8. 252 f.
*Z. 4 von unten lies: Hofmeisters.
†Z. 8 von unten füge ein: Raßmann: Friedrich Raßmann's Leben und Nachlaß. Münster 1833. 8. 209 bis 218.

8. 117. Brief an Penqné von Dorothea von Schlegel (1814 Januar 15): Deutsche Dichtung Bd. 17, Heft 9.
*Nr. 9), 8 lies: § 292, 6. 3). statt: § 292, 5.

*8. 118, Nr. 12) lies: Brautwerbung, eine Sage des Saxo.
*Nr. 15) Pantheon 2 (1810). 8. 63 bis 77: Die gebrochene Burg. Eine altsächsische Geschichte in (sieben) Balladen.

Nr. 16') Zwei Gedichte: Vaterländisches Museum. Hamburg, bey Friedrich Perthes. 1810. 8. 8. 119 und 8. 461.

Nr. 17) Held. Graz 1881. 400 8. 8. — Ch. Stechers Deutsche Dichtung für die christliche Familie und Schule. Heft 12 bis 14.

Nr. 17') Mitarbeit an H. v. Kleists Berliner Abendblättern.

*8. 120, Viertes Quartal, Z. 2 am Ende ergänze: [Süvern, § 293, V. 29. 9) d].

*8. 121, Jahrg. 1814, I. d. l.: Auerswald. — *II. i: Cyans — Philippine Calenberg.

8. 122, Nr. 28') Der Schuß aus der Feldschlange: Hormayrs Archiv 1812. Nr. 15 f.

Nr. 84) d. und e. Die Heimkehr des großen Kurfürsten, dramatisches Gedicht; die Familie Hallersee, Trauerspiel, von Friedrich Baron de la Motte Fouqué. Mit Musik. Berlin, bei Julius Eduard Hitzig. 1813. 8.

*8. 124, Nr. 56) a. 8. 231/54 Hb. — *b. 8. 227/58 D. a. Claus ist von demselben.

8. 125, Nr. 74') Eine Shakespeare-Bearbeitung Fouqués (König Heinrich IV. für Berlin; 1817): Jahrbuch d. dtsch. Shakespeare-Gesellsch. Weimar 1897. 33, 8. 268 f.

8. 127, Nr. 96) J. V. Teichmann, Literarischer Nachlaß, hg. von F. Dingelstedt. Stuttgart 1863.

Nr. 102) Der Leibeigne. Schauspiel in fünf Aufzügen von Friedrich Baron de la Motte Fouqué. Berlin 1820. In der Schlesingerschen Buch- und Musickhandlung. 1 Bl., 222 S. 8. In fünffüßigen Iamben.

8. 128, Nr. 119 ¹) Der Eichbaum und die Weide. (VII) Altnordische Idyllen von La Motte Fouqué: Eidora. Taschenbuch auf das Jahr 1823. Schleswig. 8. 127 bis 144.

Nr. 119 ²) Island. Ein Skaldengruß von Friedrich Baron de la Motte Fouqué: ebenda 8. 379 bis 384.

Nr. 119 ³) Über die Schicksale eines bei uns eingebürgerten tiefsinnigen Wortes [Natur] aus der Römersprache von L. M. Fouqué. Vortrag, gehalten am 19. Februar 1823: Vgl. J Koch, Die ehemalige Berlinische Gesellschaft für deutsche Sprache und ihre Büchersammlung. Progr. Berlin 1894. 8. 16.

Nr. 128'). Die Gabe des Bautasteines. Erzählung von L. M. Fouqué:
Eidora. Taschenbuch auf das Jahr 1824. Schleswig. S. 1 bis 26.
In demselben Jahrgang auch Gedichte von ihm.

S. 129, Nr. 187'). Der alte Kinderfreund. Eine norddeutsche Volkssage. Von
Baron La Motte-Fouqué: Mitternachtblatt 1826. Nr. 144 f.

*Nr. 138), Z. 2 lies: Charmettes.

Nr. 143'). Der schwarze Handschuh. Eine Novelle von Friedrich de la
Motte Fouqué: Fortuna. Ein Taschenbuch für das Jahr 1829. Wien.
S. 195 bis 287.

S. 130, Nr. 151'). Musenalmanach. Eine Neujahrsgabe für 1833 hg. von
H. Küntzel und F. Melz. Darmstadt. S. 85: An eine junge Dichterin. — S. 238:
Nordische Ballade. — S. 823: Zelters Heimgang.

*S. 133, Nr. 46), Z. 3 lies: 56, statt: 47.

S. 135, Briefe: ζ'. Wilhelmine Schröder-Devrient (1837 Mai 18): Die Gartenlaube 1861. Nr. 19. S. 299 b. — Briefwechsel zwischen Helmine und Bopp: S. Lefmann, Franz Bopp. Berlin 1891. S. 171* bis 177*. — Im J. 1896 kaufte die
Berliner Litteraturarchiv-Gesellschaft aus dem Nachlasse Helminens 2800 Briefe an,
darunter den Briefwechsel mit O. v. Lochen, Ernst v. d. Malsburg u. s. w.

S. 136, Nr. 20). Die Biographie ist fortgesetzt worden im Gesellschafter, hg. von
Gubitz. 1838; im Morgenblatt 1840 und 1841; endlich in Mundts Freihafen und Pilot.

*S. 137, Nr. 82) II. l. lies: Schütze's.

Nr. 44). Vergl. dazu Adolf Stern, Helmina v. Chézy's Memoiren
und die deutsche Belletristik: Anregungen für Kunst, Leben und
Wissenschaft. Hg. von Franz Brendel und Richard Pohl. Leipzig
1859. Vierter Band, S. 134 bis 141.

*S. 138, Z. 3 L: 1814, st.: 1824 u. Z. 4 besser Wilhelm, st.: August.

S. 143, Nr. i'. Frdr. Kurts, Etwas über Chamisso: Der Gesellschafter 1839.
Bl. 1. Daraus das Wesentlichste bei Hitzig, Nr. k, S. 87 bis 92.

Nr. k. füge hinzu: Menzels Literaturbl. 1840 Mai 13.

*S. 144, Nr. gg., Z. 2 l.: Chamissos ... — Anz. u. streiche bei hh") ein G.

Nr. pp. Hermann Tardel, Quellen zu Chamissos Gedichten. Progr.
Graudenz 1896. 8.

Nr. qq. Xavier Brun, Adelbert de Chamisso de Boncourt. Lyon 1896. 371 S. 8.

Nr. rr. Julius Schapler, Der Humor bei Chamisso. Progr. Deutsch-
Krone. 1897. 4.

S. 148, Nr. 9) Fortunati G., hg. von Koßmann. Sieh dazu Euphorion 1897.
4, 132 bis 145 (Oskar F. Walzel); Anz. f. dtsch. Alterth. 1898. 24, 89 bis 93
(Valentin Pollak). — *Nr. 14) a. Z. 6 lies: nach Fouqué, Gedichte. 1817. Band 2,
S. 144 und Chamissos.

S. 149, Nr. 14) Z. 14 von unten füge hinzu: Allg. Ztg. 1839. Nr. 229 Aug. 17. —
Hallische Jahrbücher 1840. Nr. 72. S. 572 bis 576 (A. Ruge).

*S. 151, Nr. 24) Z. 3 lies: und Charlottenburg 12. Mai 1825.

*S. 155, Nr. d. lies: 34, statt: 29.

*S. 157, Nr. 29) lies: Anm.] und Cottas Morgenblatt 1839.

*Nr. 30) lies: (Gedicht: Morgenbl. 1839 Jan. 7).

S. 158, Nr. 2. 86'). Baffeto. Novelle von Franz Freiherrn Gaudy: Die Gartenlaube 1863. Nr. 6. S. 81 bis 84.

S. 160, Nr. 8. Briefe: ν. Karoline v. Wolzogen: Goethe-Jahrb. 1896. 17, 40 bis 42.

*S. 165, Nr. 7., Z. 3 und S. 166, Nr. m. lies: Efteralägteselskabet.

*S. 166, Nr. bb. lies: Le Fevre-Deumier.

*S. 167, Z. 5 lies: underbara, statt: underba. — *Nr. 3), Z. 4 lies: Sörgespil.

*S. 168, Nr. 8) I. a., Z. 2 lies: Eventyr i Digtninger. — *II. f. lies: Munkebrö-
drene. — *II. g. lies: Eremiten. — *Nr. 10) lies: Fostbrödrene. — *Nr. 11), Z. 5 lies:
af Thorwaldsens Hjemkomst.

*S. 169, Nr. 18), Z. 3 lies: Digteren. — *Nr. 22), Z. 4 lies: Röverborgen.

*S. 171, Nr. 82), Z. 4 und S. 172, Nr. 42) XII lies: Trillingsbrödrene. —
*Nr. 33), Z. 3 lies: Maanedsskrift. — *Nr. 39), Z. 3 lies: Örvarodds.

*S. 172, Nr. 42) XXIII lies: Norgearsreisen.

*S. 173. Briefe an Steffens von Goethe sieh auch Goethe-Jahrb. 1897. 18, 5f. und dazu S. 18 bis 20.

*S. 175, Nr. 38), Z. 2 lies: h, statt: f.

S. 177, Nr. m'. Aus den Papieren des Ministers und Burggrafen von Marienburg Theodor von Schön. Halle a. S. Lippert'sche Buchhandlung. 1875. Thl. 1.
　　　Nr. t. Theodor Wiedemann, Leopold von Ranke und Varnhagen von Ense vor Rankes italienischer Reise: Deutsche Revue. Hg. von Richard Fleischer. 1896. Jahrgang 21, August, S. 197 bis 209.

*S. 179, Nr. 17), Z. 4 lies: 20. 5) statt: 18. 4).

S. 184. Nr. 2. Briefe. C'. verw. Generalin v. Zielinski (spätere Frau v. Treskow): Die Gartenlaube 1873. Nr. 16. Sp. 266b.

S. 185. Briefwechsel zwischen Karoline von Humboldt, Rahel und Varnhagen, hg. von Albert Leitzmann. Weimar 1896. X, 221 S. 8.
　　　*Nr. 3. 1) lies: Neun, statt: Sieben.
　　　Nr. 3. 3) Brown. Berlin 1847. 8. — Neue Volksbücher. Hg. von C. Rienitz. Heft 1.

S. 186, Nr. 3. 4) Schornsteinfeger. Berlin 1850. 8. — Neue Volksbücher. Hg. von C. Rienitz. Heft 8.
　　　*Nr. 5., Z. 3 lies: 1807, statt: 1811.

S. 189, Nr. 1. Bis zum 20. Jahre schrieb er seinen Namen richtig: Gentse.
　　　Nr. d'. Friedrich Steinmann, Friedrich von Gentz, seine Vergötterer und Widersacher. Ein Resumé: Mefistofeles. Revue der deutschen Gegenwart in Skizzen und Umrissen. Leipzig, 1842. Erster Theil, erstes Heft, S. 49 bis 93.

S. 190, Nr. o'. Zahn: Steiermärkische Geschichtsblätter 1880. 1, 106.

†S. 191, Nr. 6) lies: 1794 bis 1798 die Neue Deutsche Monatsschrift. Berlin, bei Friedrich Vieweg, dem ältern heraus.

S 194, Nr. 1. 34) Oesterreichs Theilnahme an den Befreiungskriegen. Ein Beitrag zur Geschichte der Jahre 1813 bis 1815 nach Aufzeichnungen von Friedrich v. Gentz, nebst einem Anhang: „Briefwechsel zwischen den Fürsten Schwarzenberg und Metternich.' Hg. von Richard Fürst von Metternich-Winneburg. Geordnet und zusammengestellt von Alfred Freiherr v. Klinkowström. Wien 1887. XI, 844 S. gr. 8.

S. 195, zu Nr. 10) und 12) sieh H. Escher, Ueber die Philosophie des Staatsrechts, mit besonderer Beziehung auf die Hallerische Restauration und einem Vorwort über Herrn K. L. v. Hallers Uebertritt zur römisch-katholischen Kirche und dessen Ausschließung von den öffentlichen Aemtern in Bern. Zürich 1822. 8.
　　　Zu Nr. 12) Vergl. B. van den Wyenberch, Apologie des Herrn Karl Ludwig von Haller. Brieg und Solothurn 1821. 8.
　　　Andreas Räß, Prüfung der Prüfung, oder Bemerkungen über die Krugsche Prüfung des von Hallerschen Sendschreibens. Mainz 1822. 8.

S. 196, Nr. 3. b'. Aug. Wilh. Rehberg, Politisch-historische kleine Schriften. Hannover 1829. Im Verlage der Hahn'schen Hofbuchhandlung. 8. S. 240 bis 277. Vorher in der Hall. Allg. Litteraturstg. 1810. Nr. 107 bis 109.

*S. 199, Nr. 4. 7) Die Verweisung auf § 276 gehört zu 8).

S. 200, Nr. e'. Rud. v. Raumer, Gesch. der German. Philologie vorzugsweise in Deutschland. München 1870. S. 362 bis 365.
　　　Nr. g. Ersch und Grubers Encyklopädie 1882. 2. Sect. 32, 303f. (F. A. Eckstein).

*S. 201, Nr. 24) Vor der Parenthese ist einzufügen: Kanne gab heraus:

S. 202, Nr. d'. Die Jesuiten am Rhein und Görres: Blätter f. literar. Unterhaltung 1827. Nr. 240f.
　　　Nr. x'. Rud. v. Raumer, Gesch. der Germ. Philol. München 1870. S. 365 bis 372.

S. 203, Nr. mm. A. Stoll, Der Geschichtschreiber Friedrich Wilken. Cassel 1896. 4. S. 78.
　　　Nr. nn. L. Feuerbach, Leben A. Feuerbachs. Leipzig 1852. II, S. 269.

*S. 205, Nr. 27) lies: Rundschau, statt: Revue.
  *Nr. 40), Z. 2 lies: 3. Aufl. 1854. 8.

S. 206, Nr. 48), Z. 17. Verfasser von Goerres und Athanasius ist nach Nowack 3, 81: Heinrich Laube.

S. 210, o. Ein Urtheil über Creuzer: Preuß. Jahrb. 1858. 1, 819 f.
  Briefe. γ. Sieh jetzt: Friedrich Creuzer und Karoline von Günderode, Briefe und Dichtungen. Hg. von Erwin Rohde. Heidelberg 1896. XV, 142 S. 8. Sieh Euphorion 1897. 4, 358 bis 367 (Reinhold Steig). — ε. an Schütz: Chn. Gttfr. Schütz. Halle 1834. 1, S. 54 bis 62.

*S. 211, Nr. 7, 5). Fünfte Abtheilung. Z. 2 lies: Leben.

*S. 213, Z. 6 lies: Stimme. — *Z. 9 lies: 4, statt: 5.
  Nr. 6) Allg. Grundsätze. Verfasser ist nach Meusel 22ᴵ, 3: J. F. Abel (§ 224, 59). Paulus ist nur Herausgeber.
  *Nr. 12), Z. 5 lies: 12. statt: 11.

*S. 214, Nr. 2. 2) lies: K. Ch(ristian) E.

S. 219, B. Briefe. ζ'. ?: Die Gartenlaube 1874. Nr. 7. S. 119. — Briefe an Schleiermacher von Bertuch: G. A. Müller, Ungedrucktes aus dem Goethe-Kreise. München 1896. 8. 69 f. — Klinger: M Rieger, Briefbuch zu F. M. Klinger. Sein Leben und Werke(so). Darmstadt 1896. II.

S. 224, Nr. 4. Sieh Wilhelm Heyd, Bibliographie der Württembergischen Geschichte. Stuttgart 1896. 2, 622.
  Nr. 5. a'. Rotermund, Gel. Hannover 1, 486 f. — a". Wilhelm Schröter, Dräseke und Schuderoff als Prediger ... Altenburg 1821. 8. — p. Max Schmidt, Die litterar. Gesellschaft in Ratzeburg zu Anfang des 19. Jh.: Archiv des Vereins f. d. Gesch. des Hzgt. Lauenburg 1896. Band 5, S. 93 bis 95. Vergl. § 294, 27.

*S. 225, Nr. 11), Z. 2 lies: Hanstein.

S. 230, 5. Brief Paul Johann Anselm Feuerbachs: Allg. Zeitung 1891. Beilage Nr. 75.

S. 239. Anton Graffs Bildnis von J. R. Forster, das als verschollen galt, wurde März 1898 wieder aufgefunden. Besitzer: Buchhändler Otto Schütze in Düsseldorf.

S. 241, Nr. 32) XIV. b. H. Wansey's Tagebuch hat nach Meusel 11, 386 f. J. Ch. Hüttner übersetzt.
  *Nr. 34) und 37) lies alle dreimal: Klügel, statt: Klüpfel.
  Nr. 35). Nach Meusel 5, 207: G. Hamiltons Reise um die Welt ... a. d. Engl. (von F. L. W. Meyer § 232, 89); mit Anmerkungen von J. R. Forster. Berlin 1794. 8.
  Nr. 36) Übersetzer von Lafayette u. s. w. ist H. J. L. v. Rohr.

S. 242, Nr. 43) Übersetzer La Metheries ist Chn. Gtho. Eschenbach.

*S. 245. Briefe ψ, Z. 4 lies: Bern 1893.

S. 248, Nr. 39) Benjowsky. Vgl. K. M. v. Behm, Kurze Widerlegung eines Werks .. von G. Forster übers...: (Kaffkas) Nord. Archiv 1808. 1, 30 bis 41.
  *Nr. 40), Z. 2 lies: Dor., statt: Dr.

S. 249, Nr. 55), Volney. Füge Z. 6 hinzu: Mit einer Biographie Volneys hg. von Robert Habs. Leipzig o. J. [1886] = Reclams Univ.-Bibl. Nr. 2151/3.

*S. 255, Nr. 7. 6), Z. 3 lies: versehen [von A. H. Bertelsmann]. Nebst.

*S. 257, Nr. 7), Z. 8. Steinthals Ausgabe erschien zuerst 1871.
  Nr. 7) nach Z. 10 füge hinzu: J. J. Gradmann, Tabellarische Anweisung, gesund zu bleiben und alt zu werden, größtentheils ein Auszug aus Hufelands Kunst u. s. w. Bregenz o. J. 1 Bogen. — Ohne Vorwissen Gradmanns vom Verleger in zwei Bogen geordnet und mit dem Titel versehen: Die Kunst, das menschliche Leben zu verlängern, von Hufeland. Bregenz 1798. 2 Bogen. 8.
  Nr. 9), Z. 6. Die 12. Auflage, bearb. von Jul. Herm. Haake, erschien in Halle, nicht in Leipzig.

S. 258, Nr 12. b. = Carl Fr. Ph. v. Martius, Akademische Denkreden. Leipzig 1866. 8. 271 bis 316.

S. 259, Nr. Y. Carl Fr. Ph. v. Martius, Akademische Denkreden. Leipzig 1866. S. 383 bis 428.

*S. 260, Nr. ɪ., Z. 2 lies: Mara, statt: Marca.

S. 261, ʌˮ. Briefe Al. v. Humboldts an v. d. Schot und v. Jaquin: Allg. Zeitung 1891. Beilage Nr. 175.

S. 265, 16. Sieh Carl Fr. Ph. v. Martius, Akademische Denkreden. Leipzig 1866. S. 55 bis 71 und 523 bis 587.

S 266, Nr. 18. Sieh Carl Fr. Ph. v. Martius, Akademische Denkreden. Leipzig 1866. S. 322 bis 326.

*S. 267, Nr. 18. 13), Z. 2 lies: Schmid.

S. 268, Nr. g'. Herm. Adalbert Daniel, Carl Ritter: Preuß. Jahrb. 1860. 5, 328 bis 349 — Zerstreute Blätter. Abhandlungen und Reden vermischten Inhalts. Halle 1866. S. 163 bis 198.

*S. 271, Nr. 21. e. G. Thomasius, Rede am Grabe des Herrn Karl v. Raumer... Erlangen 1865. 4.

*S. 280, Nr. 4., Archenholz, b. lies: 5, 720, statt: 7, 720.
Brief an A., v. Lichtenberg: Holtei, 300 Briefe. 2, 186.

S. 282, Z. 1. Die ersten drei Bände der Zeitschrift ‚Litteratur und Völkerkunde‘ gab Leon Gomperz heraus. Sieh L. Neubaur, Leon Gomperz: Altpreuß. Monatsschrift 1895. Bd. 32, S. 457 bis 478, bs. S. 465.

S. 284, Nr. 8. l. Wilhelm Heyd, Bibliographie der Württembergischen Geschichte. Stuttgart 1896. 2. 552.

S. 285, Nr. 9. b'. Ernst Raßmann, Nachrichten. 1866. S. 85 bis 87. — Brief an die Karschin: Wagners Archiv 1874. S. 545.
Nr. 4) c'. (H. Frdr. v. Dietz) Ueber die Juden; an Herrn Kriegsrath Dohm in Berlin. Dessau und Leipzig 1788.: 8. — e'. F. Reuß, Ch. W. Dohms Schrift ‚Ueber die bürgerliche Verbesserung der Juden‘ und deren Einwirkung auf die gebildeten Stände Deutschlands. Eine kultur- und litteraturgeschichtliche Studie. Leipzig. Diss. Kaiserslautern 1891. 8.

S. 287, i⁴ wiederholt: Alpenrosen 1818. S. 155 bis 160.

S. 288, Nr. o'. Aug. Wilhelm Rehberg, Politisch-historische kleine Schriften. Hannover 1829. Im Verlage der Hahn'schen Hofbuchhandlung. 8. S. 165 bis 198. Vorher in der Hall. Allg. Literaturztg. 1809 (Nr. 199) und 1810 (Nr. 128 bis 130).

*Nr. p'., Z. 2 lies: 15, statt: 8.

S. 289, Nr. ss. Wilhelm Lang, Graf Reinhard. Ein deutsch-französisches Lebensbild 1761 bis 1837. Bamberg. 1896. 8. An mehreren Stellen.

†S. 290. Briefe an Bertuch: Im neuen Reich. 1881. II. S. 617 bis 627.

*Nr. v. lies: o, statt: O.

*S. 292, Z. 2 lies: L[ouis] Vulliemin.

*S. 294, Nr. 29), Z. 9 lies: 1807, statt: 1808.

S. 296, Nr. 36'). Aus einer Handschrift Johannes von Müllers: Morgenblatt 1814. Nr. 41.

S. 297, Nr. 12, i. Wilhelm Heyd, Bibliographie der Württembergischen Geschichte. Stuttgart 1896. 2, 625 f.

S. 302, Nr. 15. Briefe C. F. Mansos an K. A. Böttiger: Zsch. des Vereins für Geschichte und Alterthum Schlesiens 1897. Bd. 31, S. 16 bis 92. — an Frdr. Raumer: Schles. Provinzialblätter 1829. Band 89, S. 355. 363. 562. Wiederholt: Goethe-Jahrb. 1897. 18, 119 f.

*S. 304, Nr. 13, Z. 3 lies: 10, statt: 18.

S. 306, Nr. 18. Posselt. h. Ed. Heyek, Die Allgemeine Zeitung 1798 bis 1898. Beiträge zur Geschichte der deutschen Presse. München 1898. 8.

S. 308, Nr. 2). Dritter Band. Sechstes Heft. c: Nach Meusel 18, 727 hat die Beschreibung mitgeteilt: Friedrich Molter.

S. 310, Nr. 19. Z. 4 statt Rom lies: Italien, kehrte aber mit diesem nach Bern zurück, ohne Rom gesehen zu haben. Erst nachher (29/IX. 1794) gelangte er, von zwei großmütigen Adlichen unterstützt, nach dem ersehnten Rom.

S. 315, Nr. 24. a'. Strieder-Wachler 16, 864 bis 872 (Autobiographie). — *b. Verf. des Aufsatzes ist Albrecht Wachler. Auch besonders erschienen: Breslau 1838. 20 S. 8. — f. Heinrich Leo, Meine Jugendzeit. Gotha 1880. S. 115 f.

S. 320, IX. f. Verfaßt von K. U Boehlendorff § 307, I. 58. 3).

†S. 322, Nr. 11) XVIII. g. Verfaßt von Joh. v. Riese. Vergl. E. Raßmann. 1866. S. 275.

S. 325, Nr. 9) vergl. Personalien gesammelt von Friedrich Jacobs. Leipzig, in der Dyk'schen Buchhandlung. 1840. 8. S. 381 bis 419.

*S. 332, Nr. 32. a'. Lübker-Schröder 1829. 8. 756 bis 759.

*S. 341, m. Z. 5 lies: Alfonso. o. lies: Geijer. — *S. 342, w. Z. 3 lies: 8. April 1848. — *S. 843, m. Z. 2 lies: Nachlasse. — Brief an und von Anast. Grün: Grillparzer-Jahrbuch 1895. 5, 164. 161.

S. 346, Nr. 37. 8). Dippold, Fragmente über Danzig und seine Umgebungen (I. J. 1811 verfasst): Morgenblatt 1814. 8. 54. 57. 70. — Außerdem sieh Band VI. S. 511, Z. 4.

S. 348, Nr. 18) Z. 2 lies: 1833, statt: 1888.

S. 353. Zu αh) Haxthausen vgl. Deutsche Rundschau 1898. Februar. S. 187.

S. 354, Nr. αx') ins Lübecker Erinnerungsalbum 1847 September 26: National-Zeitung 1898 Februar 10, Abendausgabe. — βc') Zwei Briefe Jacob Grimms an Gustav Michaelis: Carl Theodor Michaelis, Gustav Michaelis. Progr. Berlin 1897. S. 22 bis 23; vergl. S. 13. — βd'') Mone: Neue Heidelberger Jahrbücher 1897. Jahrg. 7, S. 68 bis 94 (Waldberg). — βs) Rask: Anz. f. dtsch. Alterth. 1898. 24, 221 bis 223 (St[einmeyer]).

S. 355, Nr. γb') Sandvoß: Preuß. Jahrb. 1898. 91, 69. — γn') Taylor: Central-blatt für Bibliothekswesen, hg. von O. Hartwig. 1898. XV, 1. 2. S. 1 bis 16 (Hart-wig). — γw'') Ferdinand Weckherlin: Justinus Kerners Briefwechsel mit seinen Freunden. Stuttgart 1897. 1, 350; vgl. 354.

*S. 357, Z. 8 lies: Wessenberg.

S. 360, Nr. pp'. Karl Kühner, I. H. von Wessenberg und seine Zeitgenossen. Lichtgestalten aus dem Katholizismus des 19. Jahrhunderts. Heidelberg 1897. 51 S. gr. 8. = Bilder aus der evangelisch-protestantischen Landeskirche des Großherzogt. Baden. III.

†S. 364, Nr. 8. Alexander Weinrich starb am 20. Mai 1830 in Klein-Rechtenbach im Kreise Wetzlar. Seit 1817 verwaltete er auch die Superintendentur der Diözese Wetzlar. (Pfarrer in Wetzlar war er nicht).
    †Nr. 2) Der Geburtstag, eine Jäger-Idylle in vier Gesängen. Hadamar in der neuen Gelehrten-Buchhandlung 1803. 108 S. 8.

S. 365, Nr. 12., Z. 5 lies: Andreas Ferkel. Pastillos Rufillus clet, Gorgonius hircum. Flaccus. Stendal, bei Franzen und Grosse. 1805. 88 S. 8.

*S. 367, Nr. 11) Liebeskind. Neue Ausg. Berlin 1857. XVIII, 411 S. 8.

*S. 369, Z. 5 lies: § 295, II. A. 3. 8).
    Nr. 27, Z. 15 nach 402 füge ein: Tagebücher 1823. Juni 21 — W. A. III. 9, 65; vgl. 361 f. Im Maiheft des Neuen Teutschen Merkurs von 1797 stehen von Nauwerck S. 12 bis 19 Verse ,An Fernow in Rom'.

*S. 371, vor Nr. 36 lies: Karl Chn. Wolfart § 296, 77. 7). — *Adalb. Ph. Cam-merer § 307, I. 82. 10).
    *Nr. 36., Z. 2 f. lies: Bürgermeisters Ernst Friedrich Wilhelm Sch. und dessen erster Frau Christina Johanna Hedwig, geb.

*S. 373, Nr. 7), Z. 5 lies: 40, statt 217. — *Z. 5 von unten lies: 1840. X, 105 S. 8. — Z. 3 von unten lies: Wolfram (vgl. Alfred Meißner, Gesch. meines Lebens. Wien und Teschen 1885. 1, 13 bis 15).

*S. 374, Nr. 8), Cäcilie, Z. 14 lies: Heft 3, 4, 7 und 8.
    Nr. 12) lies: Schulze. Aus dem Original der Göttinger Universitäts-Bibliothek hg. und den Freunden des Dichters der ,Bezauberten Rose' gewidmet von Wilh. Müldener.

*S. 376, Z. 8 lies: 12, statt: 7.

S. 378, Nr. 101'). Anekdotenalmanach auf das Jahr 1834. Gesammelt und herausgegeben von Karl Müchler. Berlin, bei Duncker und Humblot.

S. 382, Nr. 11). Vergl. K. G. Schelle, Garlieb Merkel, als Schriftsteller und Kritiker in den Briefen an ein Frauenzimmer über die wichtigsten Producte der schönen Literatur und in der Berliner Zeitung, vor das Forum der Kritik, Philosophie und Kunst gezogen. Leipzig 1803. 8.

*S. 384, Nr. 10. 8) Der Neudruck erschien 1874. Hg. von Rud. Müldener.

*S. 385, Nr. 13. Nr. b. lies: V. 25. 20). — Daß Friedrich Buchholz der Verfasser der Gallerie Preussischer Charaktere. Aus der Französischen Handschrift übersetzt. Germanien 1808. ist, weist Franz Schnorr von Carolsfeld in den Grenzboten II. 1871. S. 417 bis 420 nach. Vergl. auch Ludwig v. Ompteda, Politischer Nachlaß I, 362.

Nr. 13. c'. Aug. Wilh. Rehberg, Politisch-historische kleine Schriften. Hannover 1829. Im Verlage der Hahn'schen Hofbuchhandlung. 8. S. 193 bis 289. Vorher in der Hall. Allg. Literaturztg. 1808. Nr. 122 f.

*S. 386, Nr. 14, Z. 7 lies: 209, statt: 309. — *Nr. 14. 7), Z. 2 lies: W. G. K[rüger § 307, I. 56. 3)].

*S. 388, Nr. 18. Der Verweis auf § 270 gehört zu Nr. 1) u. nicht zu Nr. 2).

*S. 390, Nr. 19. 6) Schwestern. Auch in: Heyse-Kurz, Dtsch. Novellenschatz. Band 1.

S. 407, Nr. 20, Depping, Z. 4 lies: Frdr. Raßmann, Münsterländ. Schriftsteller-Lex. S. 26. Nachträge: 1, 9. 2, 17. 3, 17 f. 4, 118. — Alfred Maury, Notice sur la vie et les travaux de George Bernard Depping .. Paris 1854. — Ernst Raßmann, Nachrichten. 1866. S. 72 bis 77. 1881. S. 46. — Allg. dtsch. Biogr. 1877. 5, 59.

S. 411, Nr. 31. Georg Karl Ludwig Schöpfer, geb. am 13. März 1811 in Göttingen, wohin seine Mutter zum Besuche ihrer Eltern gereist war. Den ersten Unterricht erhielt er von seinem Großvater, emer. Rektor des Gymnasiums in Göttingen, dann von seinem Vater, Prediger zu Rodishain und Stempeda in der Grafschaft Stolberg-Stolberg. Seit Michaelis 1825 besuchte er das Gymnasium in Nordhausen, von Ostern 1827 ab die lateinische Schule des Waisenhauses in Halle, studierte seit Ostern 1829 in Halle und 1½ Jahre später in Göttingen Philologie, wurde 1832 Hauslehrer auf dem Thüringerwalde, gab aber die Stelle bald auf, promovierte Ostern 1833 in Halle zum Doktor der Philosophie, wandte sich im Sommer desselben Jahres nach Nordhausen und erwarb seinen Unterhalt durch Unterrichtgeben und Schriftstellerei. Kurz vor Ostern 1834 machte er in Halle sein Lehrerexamen und trat sogleich sein Probejahr am Gymnasium in Nordhausen an. Seit Ostern 1838 lebte er als Privatgelehrter in Magdeburg. — Vgl. A. G. Schmidt, Gallerie deutscher pseudon. Schriftst. 1840. S. 1 f. S. 250 werden 32 Decknamen, deren sich Sch. bediente, aufgeführt.

*S. 412, Nr. 32. sieh Band III¹. S. 964 f.

*S. 413, Nr. 35. Sieh dazu Frz. Brümmer, Lexicon der deutschen Dichter und Prosaisten. Leipzig (1885). S. 517.

*S. 414, Nr. 39. 1), Z. 4 lies: Maria Anna Carolina. — Nr. 40. Füge hinzu: K. Büchner, Gel. Berlin 1834. S. 46 f.

*S. 416, Z. 2 lies: 20), statt: 15).

†S. 418, Nr. 48. 16) lies: Blutgesellen. Historisch-romantische Criminal-Erzählung von J. K. von Train. Meißen, bei Fr. W. Goedsche. 1834. III. 8.

*S. 428, Z. 5, Nr. a. Verfasser: J. G. L. Brakebusch? — Nr. j'. J. F. C. W(erneburg), Der Philosoph oder Weise, wie er seyn soll nicht seyn soll, muß, darf und kann ... (Leipzig) 1060 [1800]. 8. — *Nr. 7. f. lies: Cardauns.

S. 435, Z. 24 v. u. Vor K. F. Lossius einzufügen: F. F. Kosegarten § 307, I. 44. 4). — Z. 4 v. u. Vor G. F. Ch. einzufügen: F. A. Krummacher § 294, 15. 10).

S. 436, Z. 2. Nach II. A. 5 einzuschalten: K. L. Nicolai II. A. 6. 18). — Aug. Rublack II. A. 39.

S. 436 füge hinzu: f¹. Max Schlesinger, Geschichte des Breslauer Theaters. Erster Band. 1522—1841. Berlin 1898. IV, 230 S. gr. 8. — o¹. F. G. Arvelius, Geschichte des Revalschen Liebhabertheaters: Lenz' Livländ. Lesebibliothek. Dorpat 1795. 1,55 bis 92. 4,73 bis 102.

o². v. Campenhausen, Kurze Geschichte der deutschen Bühne und des Rigischen Theaters: (Kaffkas) Nordisches Archiv 1804. 3, 86 bis 112. 165 bis 198.
    o³. La Coste, Geschichte des Rigischen Theaters von 1760 bis 1811: Rigisches Theaterblatt, hg. von La Coste. 1815. Nr. 14 f.

S. 437, Nr. 2. Blümner. 3). Vergl. Die Rache. Ein Trauerspiel nach E. Young... Für das k. k. National-Hoftheater. Wien 1795. bey J. B. Wallishaußer. 105 S. und 1 Bl. Nachricht. 8. Nachdruck der Blümnerschen Uebersetzung?

S. 438, Nr. 4. Frambach. Bereits § 263, Nr. 27, aber verdruckt: Trambach.

*S. 439, Nr. 7. 3) lies: Akten von E. F. H----r. Das Schauspiel erschien auch in der Theatral. Sammlung Bd. 54.
    Nr. 8. 2) b. Vgl. Jördens, Lex. 6, 145 f. Dort Singspiel in drei Aufzügen.
    *Nr. 9. Bertuchs Rufname ist Heinrich.

S. 442, Nr. 19), Faust. Vergl. Roderich Warkentin, Nachkläng der Sturm- und Drangperiode in Faustdichtungen des 18. und 19. Jahrh. München 1896. gr. 8. — Frz. Munekers Forschungen zur neuern Litteraturgesch. I.

*S. 443, Nr. 12. 6), Z. 2 lies: Seitenstükk.

*S. 444, Nr. 13. von Apell. 7) Vergl. § 263, 38.
    *Nr. 14. Wagner. 3). Das Ständchen u. s. w. ist zu streichen.

*S. 446, Nr. 3), Z. 1 lies: Kaffka's.

*S. 449, Nr. 24. Christian Friedrich Wilhelm Barnickel. Sieh § 307, I. 59.
    *Nr. 25. Baumgärtner. S. § 261, 57. — *Nr. 26. Evers. S. § 304, 15.

*S. 452, Seitenüberschrift lies: § 296. — *Nr. 33, 12) Z. 4 Bauerngut. Vgl. § 298, A. 82. 1).

*S. 453, Nr. 34. 1), Z. 6 lies: Litzmann.

*S. 458, Nr. 47. Rahmel. Vergl. § 268, 8.

S. 461, Nr. 51. Menner. 2a) Die deutsche Sache siegt. Ein Gemählde aus dem jetzigen Kriege in 3 Aufzügen. Die Musik des Chors im 1. Akte und des Schlußgesangs von Herrn Franz Volkert, Kapellmeister. Aufgeführt in dem k. k. Theater in der Leopoldstadt zum ersten Mahl am 8. Jänner 1814. (Wien 1814.) Gedruckt bei Carl Gerold. 8.

*S. 463, Nr 55. Richter. Vgl. Nowack 6, 113 f.; *Nr. 1): Breslau o. J. 133 S. 8.

*S. 464, Nr. 58, Z. 5 lies: 557 f. 2, 606. Beise 1, 184.
    *Nr. 59. Karl August de la M. a. Mannheim und Heidelberg. 91 S. — b. ebenda 134 S.

S. 465, Nr. 1). Karl Fischer (§ 334, X. 905), Arien und Gesänge aus: der Gang nach dem Eisenhammer. (Nach Holbeins ‚Fridolin'.) Oper in drei Aufzügen. Musik von Franz Mejo. Breslau (1835). 40 S. 8.

*S. 468, Nr. 68. Wetterstrand. Nr. 4) ist Übersetzung von Le Grands Le triomphe du temps passé. Vgl. Kochs Zsch. f. vgl. Lg. 1897. N. F. 11, 460 f. (Emil Horner). — *Nr. 5) Gedichte u. s. w. ist zu streichen.

S. 469, Nr. 69. a. füge hinzu: 2, 69. 3, 57. 4, 138. — e. Ernst Raßmann, Nachrichten 1866. S. 201 f. — *Nr. 1) lies: Ebell.
    *Nr. 3) zu lesen: Wollanck.

*S. 470, Nr. 7). Schloß Theben, oder: der Kampf der Flußgötter. Zauber-Oper in zwey Aufzügen. Nach einer Sage der ungarischen Vorzeit. In Musik gesetzt von Friedrich August Kanne. Wien 1813. Gedr. bey Anton Pichler. 59 S. 8.

*S. 473, Z. 4 lies: 874 f. statt: 347 f.

S. 476, Nr. 79. Schöne. Sieh Roderich Warkentin, Nachkläng der Sturm- und Drangperiode in Faustdichtungen des 18. und 19. Jh. München 1896. 8. — Frz. Munckers Forschungen zur neuern Litteraturgeschichte. I.

S. 478, Nr. 86. Ein Aufsatz Bartholdys ‚Über den Volksgesang der Sicilianer‘ steht in Reichards Berlinischer Musikalischen Zeitung 1805. Nr. 5. Vergl. R. Steig Arnim und Brentano. S. 137. 355.

*S. 479, Nr. 87. Die Briefe von Goethe in Nr. 6). — Nr. 3) Aschenbrödel. Eine Zauber-Oper in drey Aufzügen. Nach dem Französischen des Etienne. Für das

k. k. priv. Theater an der Wien. Dritte Auflage. Wien 1812. Wallishauser. 64 S. 8. Die Musik ist von Nicolo Isouard.

Nr. 89. A. L. Grimms Mitarbeit an des Knaben Wunderhorn sieh dort Band 1, S. 88 und vergl. R. Steig, Arnim und Brentano. S. 146 f. 156. 172. Seine Mitarbeit an der von Alois Schreiber hg. ‚Wochenschrift für die Badischen Lande Heidelberg 1806 und 1807' sieh Neue Heidelberger Jahrbücher 1896. 6, 67. (Steig). Endlich Mitarbeit an der ‚Charis', der Rheinischen Morgenzeitung für gebildete Leser. 1823 und 1824.

Zu Nr. 2) vergl. die Vorrede der Kinder- und Hausmärchen der Brüder Grimm 1812 = Wilhelm Grimms kleinere Schriften 1, 327.

S. 482, Nr. 96. Eckstein. Sieh auch Alfr. Meißner, Geschichte meines Lebens. Wien und Teschen 1885. 1, 220 f. — *Letzte Z. lies: Mit einem Vorworte von Joh. Jos. Ign. v. Döllinger . . X, 315 S.

S. 489, Nr. 8. 12). Die Stadtbibliothek in Elbing besitzt nach gütiger Mitteilung des Prof. Dr. L. Neubaur eine Ausgabe von 1815, die XII, 234 und XX S. mit Melodien enthält.

S. 494, Nr. 7). Rud. Wyß d. j. bediente sich auch der Chiffren Q. Q., X. Y., A—b—n—o, A—n, O—r, Adrian, Oscar, Manfred.

*S. 497, Nr. 8. 5), Z. 1 lies: Von. — Nr. 9). Lieder. Die erste Auflage erschien nach Meusel 8, 282: Zürich 1785. 8.

S. 498, Nr. 10. 4) füge hinzu: Elly und Oswald oder die Auswanderung von Stürvis. — Friede ernährt — Unfriede verzehrt. Zürich. Druck von Jacques Bollmann. August 1894. 52 S. 8. — Verein für Verbreitung guter Schriften. Zürich. Nr. 15.

Die zweite Erzählung rührt von einem ungenannten Verfasser her.

*S. 499, Nr. 10. 8) Z. 4 l.: Vergl. Nr. 9) u. schreibe dann: 9), statt: 8).

S. 502. Nach a. einzufügen: Briefe über den gegenwärtigen Zustand der Litteratur und des Buchhandels in Oesterreich. (Zürich) 1788. 228 S. 8. Auch im Ttsch. Zuschauer Heft 22 bis 24. Vf. ist nach Meusel, G. T. 2, 465: Full.

S. 503, nach Nr. 11 einzufügen: Politische Zustände und Personen in den deutschen Ländern des Hauses Oesterreich von Carl VI bis Metternich. Von Clemens Theodor Perthes. Aus dem Nachlasse des Verfassers herausgegeben (Politische Zustände und Personen in Deutschland zur Zeit der französischen Herrschaft. 2. Band). Gotha. Friedrich Andreas Perthes. 1869. XII, 380 S. 8.

S. 505, Nr. k α. J. Beidtel, Geschichte der österreichischen Staatsverwaltung 1740 bis 1848. Mit einem Anhange: Übersicht der österreichischen Kirchengeschichte von 1848 bis 1861, aus s. Nachlasse hg. von A. Huber. 2 Bde. 1892 bis 98. Innsbruck, Wagnersche Universitätsbuchhandlung. Vgl. J. Jung: Euphorion 1898. 5, 388.

S. 513, Nr. ii., Z. 7 lies: 1895, statt: 1845. — †Z. 12 lies: Andromache, statt: Andromeda. Vgl. auch Euphorion, Ergänzungsheft. Band 2. 1895. S. 66.

Nr. 11. Ueber die allgemeine Literaturzeitung: Hesperus 1813. Nr. 22. 34. 49. 52.

S. 518, nach Nr. y. einzufügen: Almanach für Edle Herzen auf das Jahr 1808. Wien. Joseph Leyrer. 108 S. 16.

S. 529, Nr. 1 a. E. Schlesinger, Johann Rautenstrauch, Biographischer Beitrag zur Geschichte der Aufklärung in Österreich. Wien, Stern & Steiner, 1897. Vgl. Euphorion 1898. 5, 420.

Nr. 1 a. 1'). Rautenstrauchs Abschied von Herrn P. Patritius Fast. Wien, S. Hartel, 1782. 12.

*S. 531, Nr. 4. Z. 2 lies: 47 statt: 417.

S. 532, Nr. 6. Vergl. H. Meynert, Kaiser Joseph II. 1862. S. 100. Resol. des Kaisers Spt. 1782: ‚Die Ode des Hasske ist zu verbieten und dem Verfasser zu untersagen, bis auf weitere Erlaubnis etwas drucken zu lassen.' Haschke?

S. 536, Nr. 9. 8), Huber, Wahrmunds Antwort auf Herrn Laubers Sendschreiben. [Wien] Hartl, 1783. 12.

S. 536 vor Nr. 10. einzufügen: 9 a. Ueber die gegenwärtigen· schlechten

Gelegenheitsdichter, und die noch schlechtern Kritiker. Von J. F. K. Scribimus indocti, doctique poemata passim. Horat. WIEN, in der Geroldischen Buchhandlung. 1781. 7 S. 4. Gedicht in Hexametern ,Bis zum hohen Olymp, selbst bis zum Vater der Götter'.

S. 542, Nr. 19. Juliane Herzogin von Giovane. Ein Beitrag zur Geschichte der Aufklärungslitteratur in Oesterreich. Von Dr. E. Guglia: Oest.-Ung. Revue 1887. Neue Folge. 3. Bd. S. 88 bis 108.

*S. 545, Nr. 22 a., Z. 5 lies: 16, 333.

S. 548, Nr. 24. Meusel 16, 219. 21, 548 nennt Johann Georg Wiedemann, einen Rechtskonsulenten in Wien, das er 1809 verließ, als Verfasser von Nr. 3) bis 5). So auch Kayser.

S. 553, Nr. 32. l'. A. Grefe, Ein vergessener Dichter und dessen Beziehungen zu Lenau: Neue Freie Presse 1894. Nr. 10582.

S. 555, Nr. 37. Nach Meusel 11, 450f. ist Bened. Jos. Maria Koller § 225, 29 der Verfasser.

S. 557, Nr. 43. Joh. Bapt. Rupprecht. Brief lies: Nr. 19 und Ed. Heyck, Die ,Allgemeine Zeitung'. München 1898. S. 119 bis 121.

S. 558, Nr. 43, 13) Sonetten-Kranz zur Vermählung des Erzherzogs Albrecht von Oesterreich mit Hildegard von Bayern. Wien, Beck. 1844. gr. 8.

S. 559, Nr. 46. Karl Wötzel. 4) enthält die Vorlesungen von Franz Volkmar Reinhard. Vgl. Vaihinger, Kantstudien 2, 379.

S. 572, nach Nr. 81 füge ein: 81 a. Kriegsgebete aus der heiligen Schrift und Liturgie für Religion, Fürst und Vaterland. Diese Gattung von Teufeln wird nicht ausgetrieben, als durch Gebet, und Buße. Math. 17 = 21. 1799. 84 S. 8. Enthält auch gereimte Hymnen.

S. 573, Nr. 82. Frdr. Treitschke. Briefe: von Beethoven an Treitschke: A. Chr. Kalischer, Neue Folge ungedruckter Briefe Beethovens: Deutsche Revue April 1898. 23. Jahrgang. S. 104 bis 108.

S. 575, Nr. 82. Friedrich Treitschke. 38). J. V. Widmann, Bouillys ,Léonore' und der Text zu Beethovens Fidelio: Die Nation 1895. Nr. 49.

S. 580, Nr. 103. Pilat. Briefe an Cotta: E. Heyck, Die ,Allg. Ztg'. München 1898. S. 247f. 252. 261f. 269f. 274.

S. 583, Nr. 103. 2). Kriegslied für die österreichische Armee. Von I. F. Castelli. In Musik gesetzt von Vinzenz Maschek. Wird verkauft zum Besten der zurückgelassenen Weiber und Kinder der Landwehrmänner. 2 Bl. 8. (,Hinaus, hinaus mit frohem Mut!').

†S. 596, Nr. 178. E. v. Götz. — Deutsche Harfentöne. Germanien 1813. 22 S. 8.

S. 598, 198 a. Eichenblätter in Germania's Kranz gewunden. Von A. J. Schmid. Wien 1814. 72 S. 8. S. 18. An Vater Franz nach seiner Wiederkehr (,Welche Namen verdienst du'). — S. 70: Kurzgefaßte Anmerkungen für die, in der altnordischen Götterlehre nicht bewanderten Leser.

S. 598, 198 b. Josef Rossi. Denkbuch für Fürst und Vaterland. Enthält außer einer gedrängten Übersicht der Ereignisse des Jahres 1814 hauptsächlich die Schilderung der Freudenfeste bei der Heimkehr des Kaisers. Wien, Wallishauser 1814 bis 1815. H. 4.

S. 598, Nr. 199, g. Ebert, Ferdinand Wolf, seine Bedeutung für die romanische Philologie, namentlich die Litteraturgeschichte: Jahrbuch f. d. rom. und engl. Litteratur 1867. 8, 271 bis 305.

h. Allgemeine deutsche Biographie 1898. 43, 729 bis 737 (R. Beer).

S. 600, Nr. 31) Vgl. die Besprechung von C. A. Wilkens: Wiener Zeitung 1890 vom 5. und 6. August.

S. 601, B. I. a'. Bibliothek des Museum Francisco-Carolinum, von Josef Gaisberger. Linz, Museum 1845. kl. 8.

S. 601, B. I. f'. Hans Commenda, Materialien zur landeskundlichen Bibliographie Oberösterreichs. Einzeldruck des 49. Jahresberichts. Mus. Fr.-Car. Linz 1891. 8.

S. 601, B. I. f'. L. A. Frankl, Gmunden im Liede 1892.

S. 601, B. II, a. Linzer Zeitung, hieß zuerst mit Anfang des 18. Jahrh.: ‚Lintzer Montags- (und Freitags-) Ordinari Zeitung, zeit 1783 Linzer ordinari Zeitung, später Linzer Zeitung.

S. 601, B. II, b'. Der Patriot an der Donau; eine gemeinnützlich period. Wochenschrift für alle Stände. 8. Juni bis 25. November 1776. 1. Jahrg. Linz. 8.

S. 602, Nr. II. d. Musikalische Zeitung für die österreichischen Staaten. 1. Jahrg. 1812. Linz, Zeitungsbureau. 4. — Bancalari 14470.

S. 607, 12. Lied an Josef Anton, Bischof zu Linz, von C**i [Cremori?] (1789) — Bancalari 5424.

13. Lieder-Sammlung zur Feyer der Krönung Franz II. gesungen zu Steyer. Steyr, Medt. 1792. — Bancalari 5424.

14. Der Deutsche Michel in dem abgelebten Rock eines Poeten. (Lieder). Wels, Grassenmayr, 1793. 12. — Bancalari 4899.

15. Prinz Koburg im März 1793; von einem patriot. Ländler. Linz, Pramsteidel. 1793. 12. Polit. Gedicht. — Bancalari 5626.

16. Ode eines Patrioten in Oberösterreich über die Empörungsgeschichte Frankreichs. Linz, Pramsteidel. 1793. kl. 8. — Bancalari 5540.

17. Der oberösterreichische Nachtwachter an seine deutschen Mitbürger heym neuen Jahr 1795. (Gedicht). Wien. kl. 8. — Bancalari 5519.

18. Joseph Relther. 1) Ode bei Erneuerung der Ordensgelübde des Dechants F. X. Hoehmer. Linz 1796. 4. — Bancalari 11510.

2) Die Trösterinnen, bei Gelegenheit des Friedensschlusses mit Frankreich 1805. Linz 1806. 4.

3) Klagelied am Grabe Jos. Antons, zweiter Bischof von Linz, nebst mehreren anderen kleinen Gedichten. Linz 1807. Folio. — Bancalari 11511.

19. Sammlung aller in Oberösterreich zur Zeit der Anwesenheit des Erzherzogs Karl verfaßten, demsel ben überreichten Gedichte und Denkschriften. Linz, Trattner. 1798. kl. 8. — Bancalari 5754.

20. F. X. Wilßhofer Am Geburtstage Kaiser Franz II. Linz, Trattner. 1800. 8. — Bancalari 6051.

21. Leopold Freih. von Hahn. § 296, 63 = Bd. VI. S. 467. — Bancalari 5147.

1) Baron Weydenthal oder die Laune des Schicksals. Ein Lustspiel in fünf Akten. Linz 1807. 108 S. 8.

3) Lied beim Einmarsche des Baron Klebekischen Linien-Infanterie-Reg. Linz, Kastner. 1809. 8.

4) Empfindungen der Bewohner Linz beim Einmarsch des k. k. österreichischen Militärs. 6. und 9. Jänner 1810. Linz, Kastner. 1810. 8.

5) Gesinnungen etc. am 6. Jänner 1810. Linz, Kastner. 1810. 8.

22. Ignaz Schönbeck. 1) Elegie auf den Tod der Kaiserin von Oesterreich, Maria Theresia. Linz, Kastner. 1807. 8. — Bancalari 5803.

2) Auf die Ankunft der Erzherzogin Maria Theresia in Linz 18. Mai 1808. Linz, Kastner. 1808. 8. — Bancalari 5803.

3) Auf die Ankunft Franz I. in Linz, 8. Juny 1808 mit Erzherzogin Maria Elisabeth. Linz, Kastner. 1808. 8. — Bancalari 5803.

4) Elegie auf den Tod der Erzherzogin Maria Elisabeth. Linz, Kastner. 1808. 8. — Bancalari 5803.

5) Karakteristik des österr. Kaiserstaates. Linz, Kastner. 1809. Gedicht. — Bancalari 5804.

23. Landler-Empfindung, dargebracht dem Erzherzog Karl. Linz, Kastner. [1809?]. 8. — Bancalari 5388.

24. Jos. Guger, Am Grabe der Nina Kastner 1809. Gedicht. Linz. kl. 8. — Bancalari 11468.

25. J** S**. 1) Das Bild unseres guten Kaisers Franz I. und seiner Unterthanen. Linz, Kastner. 1807. 2) Ode auf die Ankunft Franz I. zu Linz, 15. März 1810. Linz, Kastner. 1810. 8. — Bancalari 5251. 5252.

26. Vermählung Maria Louisens mit Napoleon I. Linz, Kastner. 1810. 8. — Bancalari 5969.

27. Joseph Duftschmid. Die Nachwelt aus der Gegenwart, ein Gedicht, bei der Prämienvertheilung am k. k. Gymnasium zu Linz 1813 vorgetragen. Linz, Kastner. 1813. 4. — Bancalari 8380.

28. Kriegslieder der Verbündeten 1815 von **Jos. Kllemstein.** Linz, Feichtinger. 1815. kl. 8. — Bancalari 5424.

S. 608, Nr. e'. Nachrichten über das Erzstift Salzburg nach der Saecularisation. In vertrauten Briefen. Passau, Ambrosi. 1805. 8. — Bancalari 5518.

Nr. r'. Katalog. Städtisches Museum Carolino-Augusteum. Bibliothek. Salisburgensia. Salzburg 1870. 4.

Nr. r'', L. Spatzenegger, Die Salzburger Universität. Salzburg 1872.

S. 609, hh. F. V. Zillner, Geschichte der Stadt Salzburg. Salzburg, Oellacher. 1885 bis 1890. III. gr. 8.

S. 610, g. Gefühle am Altar des Vaterlandes. Auf die gegenwärtigen glücklichen Zeitereignisse für alle biederen Deutschen Salzburg 1814. 8. — Bancalari 5061.

*S. 616, Nr. 4. Spaur. 1777 Domherr zu Salzburg, auch Domherr von Passau und Brixen, nicht Domdechant, gest. 1821 (Mitteil. Prems).

*S. 618, Nr. 7. Koch-Sternfeld geb. in Wagrain, nicht Wagram (Mitteil. Prems).

S. 625, Nr. cc'. Dr. A. Schlossar, Die Literatur der Steiermark in histor.-geograph. ethnograph. Beziehung. Beitrag zur österr. Bibliographie. Graz, Goll. 1886. 8.

S. 637, Nr. 22. Winklern. i. Allg. dtsch. Biogr. 1897. 48, 456 (Ilwof).

S. 646, Nr. q. Anton Graf von Prokesch-Osten: Goethes Beziehungen zu Steiermärkern. Von Franz Ilwof. Graz 1898. 8. 35 bis 40.

Prokesch an Cotta: E. Heyck, Die Allg. Ztg. S. 262. — Cotta an Prokesch ebenda S. 270. — Briefe von Prokesch-Osten an Hamerling: Deutsche Revue 1895. Juni.

Nr. 41. j. Arnold Jpolyi, Denkrede auf Graf Anton Prokesch-Osten: Literarische Berichte aus Ungarn. Budapest 1878. 2, 142 bis 146.

S. 655, Nr. hh'. Ludwig von Hörmann: Andreas Hofer als Poet: Tiroler Tagblatt. 4. Januar 1894.

Nr. oo. Dr. Sigmund Waitz, Tirol im Jubeljahre seines Bundes mit dem göttlichen Herzen Jesu. Gedenkbuch der Säcularfeier im J. 1896. Brixen, Buchhandlung des Katholisch-politischen Preßvereines, 1897. VIII, 438 S. gr. 8.

S. 662, Nr. 17). Z. 3 lies: Antonie.

S. 682, Nr. 7. Vest. e. Allg. dtsch. Biogr. 1895. 39, 651 bis 653 (A. Schlossar).

S. 693, Nr. ll'. Von deutscher Dichtung in Böhmen. Skizze von Alfred Klaar: Öst.-Ung. Revue. Neue Folge. 3. Band. 1887. S. 311 bis 327. 4. Band. 1888. S. 66 bis 81.

S. 707, Nr. bϱ. Hanka Wenzl, Dobrowskys Slavín. Botbschaft aus Böhmen an alle Slawischen Völker oder Beiträge zu ihrer Charakteristik, zur Kenntnis ihrer Mythologie, ihrer Geschichte etc. Prag, 1834. 8. Schramm S. 81. — Hanka Wenzl, Dobrowskys Glagolitica. II. Aufl. Prag, 1832 und 1845. Geržabek. 2 Hefte. 8. Schramm S. 81.

S. 726, Nr. 12. Mosig. Sieh auch Neue Annalen 1807. Bd. 1. Int.-Bl. April.

S. 732, Nr. 26. Der Edle von Schönfeld vertheidigt gegen die Prager Buchdrucker. 1786. 12 Bl. 8. (Prosa).

S. 747, Nr. 62a. Trauer-Ode auf den Tod Sr. k. k. Majestät Leopold des Zweyten im März Monate 1792. Vom I. F. Erncsti von Ernest. Prag, mit Elsenwangerschen Schriften. 2 Bl. 4.

S. 776, Nr. 128. Ignaz Jeitteles Grabschriften von Grillparzer und Zedlitz vgl. (A. Jeitteles) Justus Frey, ein verschollener österreichischer Dichter. Von dessen Sohne. Leipzig 1898. S. 4. Anmerkung. Entwürfe dazu Grillparzers Sämtl. Werke. 5. Aufl. 3, S. 74 f.

S. 800 zu S. 63 lies: Mereau.

Register.

Inhaltsübersicht.

Siebentes Buch.
1. Abteilung.
Die Zeit des Weltkrieges.
Phantastische Dichtung.

DRUCK VON JOHANNES PÄSSLER, DRESDEN-N.

Lightning Source UK Ltd.
Milton Keynes UK
UKHW011206271218

334504UK00009BA/573/P